KB252318

매튜 헨리주석 마태복음

저자 **매튜 헨리** Matthew Henry 1662-1714

성경 주석가. 영국국교회의 복음주의 목사의 아들인 그는 통일령으로 아버지가 성직에서 쫓겨난 직후에 태어났다. 학문을 좋아하는 소년이었으며 1672년에 회심하였다. 옥스퍼드와 케임브리지의 학문성이 차츰 떨어지므로 1680년 런던 이슬링턴 대학에서 신학 교육을 받았다. 그 대학은 신앙을 저버린 시대에 높은 학문을 유지해왔다. 그 대학의 학장은 케임브리지에서 온 토머스 두리틀이었고, 부학장은 옥스퍼드에서 온 토머스 빈센트였다. 그 후에는 그레이 법학원에서 법률을 공부하였다. 그는 국교회 목사가 되려고 생각하였지만, 비국교도가 되기로 결심하였고, 개인적으로 장로교 목사 안수를 받았다. 첫 목회지는 체스터(1687-1712)였으며 그 뒤에 런던의 해크니(1712-1714)로 옮겼다. 청교도들에게서 크게 영향을 받은 그는 성경 해설을 목회의 중심으로 삼았다. 날마다 4시 또는 5시에 일을 시작하였던 그는 시간을 최대한 사용하는 것을 목적으로 삼았다. 1704년에 「성경 주석」을 집필하기 시작하였는데, 그는 사도행전까지 탈고하였으며, 그의 사후 목회 동역자들이 그의 노트와 저서들을 참고하여 신약성경 주석을 완성하였다. 그 주석은 성경에 대한 자세하고 종종 대단히 영적인 해설 양식을 취하였는데, 그 양식은 그 이후의 복음주의적 목회의 형태를 결정하였다. 스펄전은 자신이 매튜 헨리에게 큰 도움을 받았다는 사실을 인정하였다.

역자 **원광연**

역자는 총신대학 신학과를 졸업하고, 합동신학교를 수학하였으며, 호주 장로회 신학교(P.T.C.)를 졸업하였다. 호주 장로교회에서 목사 안수를 받고, 시드니 한인 교회에서 시무하였으며, 현재 연구와 번역에 힘쓰고 있다. 역자는 「기독교 강요」 번역을 평생의 과제로 알고, 이를 오랜 기간 동안 사명감으로 수행해왔다. 그 밖의 역서로 「생명의 길」(찰스 하지), 「신약의 초석」(랄프 마틴), 「구약의 기독론」(헹스텐베르크), 「하나님 나라」(조지 래드), 「신약과 비평」(조지 래드), 「바울의 생애와 신학」(로버트 L. 레이먼드) 등이 있다.

매튜
헨리
주석
전집

16

매튜 헨리 주석
마태복음 원광연 옮김

Matthew Henry

크리스챤
다이제스트

서론

이제 우리 앞에 우리 주요 구주이신 예수 그리스도의 신약(The New Testament of our Lord and Savior Jesus Christ)이 놓여 있다. 성경의 이 둘째 부분에 이 표제가 붙어 있는데, 이는 새 언약(The New Covenant)이라 부를 수도 있다. 그러나 그리스도의 약전(略傳)을 다루는 것으로 볼 때에는 이것을 유언(遺言: testament)이라 번역하는 것이 가장 합당할 것이다. 왜냐하면 그가 유언자(testator)이시며, 또한 그것이 그의 죽으심으로 효력을 발생하기 때문이다(히 9:16, 17). 또한 언약의 경우처럼 양 당사자 간의 사전의 협약 같은 것도 없고, 여기서 베풀어지는 내용이 — 물론 이는 조건이 붙여진 것이다 — 유언자의 자유롭고 선한 뜻에 의한 것이기 때문이기도 하다. 이 책에 포함되어 있는 모든 은혜는 우리 주요 구주이신 예수 그리스도께로부터 말미암는 것이다. 그리고 우리가 그를 우리의 주로 인정하지 않으면 우리의 구주이신 그에게서 아무런 은덕도 기대할 수가 없는 것이다.

이것을 가리켜 새 유언이라 부르는 것은 모세를 통하여 주어진 것(이것은 케케묵은 것이 아니다)과 구분하기 위함이며, 또한 그것이 언제나 새로우며 절대로 낡지 않으며 시대에 뒤떨어지지 않는다는 것을 나타내기 위함이기도 하다. 이 책들에는 모든 사람들에게 나타나 구원을 베푸는 그 은혜의 충만한 발견뿐 아니라, 그 구원을 모든 신자들에게 전달하며 그들에게서 확정되도록 하는 법적인 도구도 포함되어 있다. 친구가 유언으로 우리에게 상당한 재산을 남겼고, 또한 그 유언 속에 우리를 향한 그의 사랑에 대한 애절한 표현들이 들어 있다면, 우리가 그것을 얼마나 조심스럽게 보존하며 또한 얼마나 기쁘고도 주의 깊게 그것을 읽겠는가! 그렇다면 도저히 헤아릴 길 없는 우리의 복되신 구주의 모든 풍성한 것들을 우리에게 보장해 주는 그의 이 유언이야말로 얼마나 귀하겠는가! 이것은 그의 유언이다. 물론 대개 그렇듯이 다른 사람들이 쓴 것이지만(그리스도께서 친히 쓰신 기록은 하나도 없다) 이것은 그가 받아쓰게 하신 것이요, 그가 죽으시기 전 날 밤 성찬을 제정하실 때에 열두 증인 앞에서 서명하시고 인치시고 반포하신 것이다. 물론 이 책들이 후대의 유익을 위하여 영구한 기념물로(in perpetuam rei memoriam) 기록된 것은 그보다 몇 년 후의 일이지만, 우리 주 예수님의 새 유언(New Testament)은 그의 죽으신 때로부터 하나의 구술된 유언으로 확정되고 확증되고 선포되었으며, 이에 대해 이 기록들이 정확히 일치하는 것이다. 누가가 기록한 일들은 그가 기록으로 남기기 전부터 이미 지극히 확실하게 믿어지던 일들이요 잘 알려져 있던 일들이다. 그러나 그 일들이 기록되자 구전(口傳)은 뒤로 물러나고 이 기록들이 새 유언의 보고(寶庫)가 되었던 것이다. 이 점은 많은 헬라어 사본들에 붙여진 표제에서도 시사되고 있다: 테스 카이네스 디아떼케스 하판타 — 새 유언의 총체, 혹은 그에 속한 모든 일들. 이 속에 우리 구원에 관한 하나님의 뜻 전체가 선포되어 있는 것이다(행 20:17). 여호와의 율법이 완전한 것처럼(시 19:7) 그리스도의 복음도 그러하며, 따라서 거기에 덧붙일 것이 하나도 없다. 우리에게 있는 것이 전부이며, 더 이상 다른 것을 찾을 필요가 없는 것이다.

우리에게 네 복음서가 있다. 복음이란 좋은 소식, 기쁜 소식을 뜻한다. 그리스도께서 죄인들을 구원하시러 세상에 오신 역사야말로 의심의 여지 없이 하늘에서 땅에로 임한 소식 중에 최고의 소식이 아닐 수 없다. 천사가 그것에다 이 명칭을 주었다(눅 2:10): 유앙겔리조마이 휘민 — 내가 … 큰 기쁨의 좋은 소식을 너희에게 전하노라, 내가 너희에게 복음을 전하노라(눅 2:10). 그리고 선지자가 이를 예언하였다(사 52:7; 61:1). 메시야의 날에 좋은 소식이 선포될 것이라고 말씀한 것이다. "gospel"이라는 영어 단어는 옛 색슨어(old Saxon word)로서 하나님의 말씀(God's spell)이란 뜻인데, 하나님이 좋으신 분이므로 그것을 좋다고 한 것이다. Deus optimus — 지극히 훌륭하신 하나님. 그러므로 그의 말씀은 좋은 말씀인 것이다. "spell"이라는 영어 단어를 좀 더 적절한 의미인 "charm"(carmen)의 뜻으로, 곧 좋은 의미에서 감동을 주고 매혹시키는 것, lenire dolorem — 심령을 안돈케 함 — 에 해당하는 것, 혹은 영어의 "charming"(매혹적인)처럼 사모하는 마음이나 사랑을 불러일으키는 것 등의 의미로 취하면, 이를 복음에 적용시킬 수 있다. 우리 구주의 아름다움과 사랑의 매력보다 더 강력한 것이 어디 있겠는가? 신약 전체가 복음이다. 사도 바울은 그것을 내 복음이라고 부른다. 그가 그 복음 선포자 중의 한 사람이었기 때문이다. 우리 한 사람 한 사람이 그것을 기꺼이 받아들여서 그것을 우리의 것으로 삼고 거기에 굴복한다면 얼마나 좋겠는가!

그런데 구주의 역사를 다루는 네 권의 책을 보통 네 복음서라 부르고, 영감받은 그 기록자들을 복음 전하는 자(evangelists, 혹은 "전도자"), 혹은 복음서 기자(gospel-writers)라 부르는데, 이는 매우 적절치 못하다. 왜냐하면 이 명칭은 본래 특정한 부류의 사역자들, 즉 사도들의 조력자들에게 붙여진 것이기 때문이다: 그가 어떤 사람은 사도로 … 어떤 사람은 복음 전하는 자로 … 삼으셨으니(엡 4:11). 그리스도의 가르침이 그의 탄생과 생애와 이적과 죽으심과 부활의 이야기와 얽혀지고 그것들에 뿌리를 두어야 할 필요가 있었다. 그래야만 그 가장 선명하고도 강력한 빛이 드러나기 때문이다. 자연에서도 그러하듯이 은혜 안에서도 되어진 사실 그대로를 드러낸 것들에서 발견되는 것이야말로 가장 복된 것이다. 자연의 역사야말로 최상의 철학이요, 거룩한 진리의 가장 적절하고도 정당한 매개체인 구약과 신약의 역사도 마찬가지다.

이 네 복음서는 일찍이 초대 교회에서 받아들여졌고 그 이후로 줄곧 기독교 교회들에서 읽혀졌다. 이는 그리스도께서 승천하신지 약 일백 년 후에 살았던 순교자 유스티누스(Justin Martyr)와 이레나이우스(Irenaeus)의 기록들에서 드러난다. 그들은 더도 덜도 아닌 네 권의 복음서가 교회에서 받아들여졌다고 선언하고 있다. 이 시기쯤에 타티아누스(Tatian)가 이 네 복음서의 합본을 만들어 이를 토 디아 테싸론(네 권에서 추출한 복음서)이라 불렀다. 3세기와 4세기에는 여러 다양한 이단 집단들이 복음서들을 조작하여 공포하였다. 어떤 것은 베드로의 이름을 붙였고, 어떤 것은 도마, 어떤 것은 빌립의 이름을 붙였다. 그러나 박식한 휘트비 박사(Dr. Whitby)가 입증해 주는 바와 같이, 교회는 그것들을 인정한 적이 없고, 그것들에 어떤 신빙성을 부여한 적도 없다. 그는 이 네 권의 기록을 붙들어야 하는 합당한 이유를 제시하고 있다. 그 이유는 아무리 전승을 가장한다 해도, 그 일들을 마치 경험한 것처럼 그렇게 분명하게 보존하는 데에는 부족하기 때문이다. 그리스도께서 기록되지 아니한 많은 것들을 말씀하셨고 또한 행하셨으나(요 20:30; 21:15), 그것들에 대해 보존되어 있는 전승이 하나도 없고, 기록된 것 이외에는 모두 상실되었으므로, 기록된 복음서야말로 우리가 붙들어야 할 것이요, 또한 붙들 것이 우리에게 있다는 것이야말로 하나님께서 베푸신 복인 것이다. 그것이 역사의 확실한 말씀인 것이다.

우리 앞에 마태복음서가 있다. 이 책의 기록자는 유대인으로 난 자요, 세리였는데, 그리스도께서 그를 따를 것을 명하시자 다른 것들을 버려 두고 그를 따랐고, 요한의 세례로부터 우리 가운데서 올려져 가신 날까지 주 예수께서 우리 가운데 출입하실 때에 항상 우리와 함께 다니던 사람 중의 하나가 되었다(행 1:21, 22). 그러므로 그는 자신이 여기에 기록한 내용에 대해 충분한 자격을 갖춘 증인이었다. 그는 그리스도께서 승천하신 지 약 8년 후에 이 역사를 기록하였다고 한다. 많은 고대인들은 그가 히브리어 혹은 시리아어로 이 책을 기록하였다고 말하나 휘트비 박사의 논지가 이런 전승의 부당성을 충분히 입증해 준다. 의심의 여지 없이 이 책은 신약의 다른 책들과 똑같이 헬라어로 기록되었다. 유대인들에게만 특별하게 통용되는 언어가 아니라, 온 세상에 공통적으로 사용되는 언어로, 그리스도에 대한 지식이 땅의 모든 열방들에게 가장 효과적으로 전달될 수 있는 언어로 기록된 것이다. 그러나 마태 자신이 유대인들을 위하여 히브리어로 기록하면서, 동시에 그가 유대를 떠나 이방인들에게 전도하기 위하여 유대를 떠날 때에 이방인들을 위하여 헬라어로 기록하였을 가능성도 있다. 우리에게 이 책이 있고, 또한 그것이 우리가 이해할 수 있는 언어로 되어 있다는 것에 대해 하나님을 찬양하자.

제
— 1 —
장

개요

복음서 기자는 그리스도의 혈통과 탄생의 기사와 함께 시작한다. 그의 조상들의 계보와 그가 세상에 들어오게 된 경위를 보도함으로써 그가 과연 약속된 메시야이셨음을 밝히 드러내는데, 이는 메시야가 다윗의 자손이며 처녀에게서 탄생할 것임이 미리 예언되었기 때문이며, 그가 과연 그런 분이심이 여기서 분명하게 보도되고 있다. I. 아브라함으로부터 내려오는 그의 혈통. 총 42대가 14대씩 세 부분으로 나뉘어 나타남(1-17절). II. 그리스도의 탄생의 정황에 대한 기사로서 그가 처녀에게서 나셨음을 보여줌(18-25절). 이렇듯 우리의 복된 구주의 생애를 사람들의 생애를 기록하는 방식대로 질서 있게 기록하여, 그가 사람들의 모범이심이 더 분명하게 제시하는 것이다.

[1]아브라함과 다윗의 자손 예수 그리스도의 계보라 [2]아브라함이 이삭을 낳고 이삭은 야곱을 낳고 야곱은 유다와 그의 형제들을 낳고 [3]유다는 다말에게서 베레스와 세라를 낳고 베레스는 헤스론을 낳고 헤스론은 람을 낳고 [4]람은 아미나답을 낳고 아미나답은 나손을 낳고 나손은 살몬을 낳고 [5]살몬은 라합에게서 보아스를 낳고 보아스는 룻에게서 오벳을 낳고 오벳은 이새를 낳고 이새는 다윗 왕을 낳으니라 [6]다윗은 우리야의 아내에게서 솔로몬을 낳고 [7]솔로몬은 르호보암을 낳고 르호보암은 아비야를 낳고 아비야는 아사를 낳고 [8]아사는 여호사밧을 낳고 여호사밧은 요람을 낳고 요람은 웃시야를 낳고 [9]웃시야는 요담을 낳고 요담은 아하스를 낳고 아하스는 히스기야를 낳고 [10]히스기야는 므낫세를 낳고 므낫세는 아몬을 낳고 아몬은 요시야를 낳고 [11]바벨론으로 사로잡혀 갈 때에 요시야는 여고냐와 그의 형제들을 낳으니라 [12]바벨론으로 사로잡혀 간 후에 여고냐는 스알디엘을 낳고 스알디엘은 스룹바벨을 낳고 [13]스룹바벨은 아비훗을 낳고 아비훗은 엘리아김을 낳고 엘리아김은 아소르를 낳고 [14]아소르는 사독을 낳고 사독은 아킴을 낳고 아킴은 엘리웃을 낳고 [15]엘리웃은 엘르아살을 낳고 엘르아살은 맛단을 낳고 맛단은 야곱을 낳고 [16]야곱은 마리아의 남편 요셉을 낳았으니 마리아에게서 그리스도라 칭하는 예수가 나시니라 [17]그런즉

모든 대 수가 아브라함부터 다윗까지 열네 대요 다윗부터 바벨론으로 사로잡혀 간 후부터 그리스도까지 열네 대더라

우리 구주의 이 계보에 관하여 다음을 관찰하라.

I. 표제. 이것은 예수 그리스도의 계보(혹은 기록[記錄], 히브리어 단어 세페르가 책을 뜻하나 때로는 기록을 뜻하기도 함)로서, 육체를 따른 그의 조상들에 관한 기록, 혹은 그의 탄생의 서술이다. 이것은 비블로스 게네세오스, 즉 기원(起源)의 책(a book of Genesis)이다. 구약이 세상의 기원의 책으로 시작하는데, 그렇게 시작한다는 것이야말로 구약의 영광이다. 그런데 신약의 영광이 여기서 찬란하게 드러나고 있으니, 곧 그것이 세상을 지으신 그분의 기원의 책으로 시작한다는 사실이다. 그는 하나님이시므로, 그의 근본은 상고에, 영원에 있다(미 5:2). 그러므로 아무도 그 기원을 선포할 수가 없다. 그러나 그는 또한 사람으로서 때가 차매 보내심을 받아 여자에게서 나셨으며, 그러한 기원이 바로 여기서 선포되고 있는 것이다.

II. 주요 의도. 이것은 끝없는 족보나 불필요한 족보가 아니고, 위인(偉人)들의 족보가 대개 그렇듯이, 허세로 가득 차 있는 것도 아니다. Stemmata, quid faciunt?(옛 족보가 무슨 소용이 있는가?) 이것은 증거를 제시하고 칭호를 입증하며 무언가 주장하기 위해 제시된 족보의 성격을 띠고 있고, 그 의도는 우리 주 예수께서 다윗의 자손이요 또한 아브라함의 자손이시며 따라서 메시야가 나실 그 민족과 그 가문에 속하셨음을 입증하는 데 있는 것이다. 아브라함과 다윗은 그들의 시대에 메시야에 관한 약속을 맡은 위대한 인물들이었다. 축복의 약속이 아브라함과 그의 후손에게 주어졌고, 통치의 약속이 다윗과 그의 후손에게 주어졌으며, 따라서 그 안에서 땅의 모든 족속이 복을 받게 될 아브라함의 자손인 그리스도에 대해 관심을 갖게 될 자들은, 땅의 모든 족속들을 통치할 다윗의 자손이신 그리스도의 신실하고 충성된 신복(臣僕)들인 것이다. 그리스도가 그에게서 날 것이라는 약속이 아브라함에게 주어졌고(창 12:3; 22:18), 또한 다윗에게도 그가 그에게서 나실 것이라는 약속이 주어졌다(삼하 7:12; 시 89:3; 132:11). 그러므로 예수께서 다윗의 자손이요 아브라함의 자손이심이 입증되지 않으면, 우리로서는 그가 메시야이심을 인정할 수가 없다. 그런데 바로 이 사실이 복음서 기자들의 순전한 기록을 통해서 입증되고 있는 것이다. 유대인들은 그들의 족보를 매우

꼼꼼하게 보존하였고, 또한 거기에는 족장들에게서부터 내려오는 메시야의 계보를 분명하게 제시하고자 하는 하나의 섭리가 있었다. 그가 오신 이후에는 그 민족이 온 세상에 흩어져 뒤섞여서 세상의 그 어떤 사람도 자신이 아브라함의 자손임을 법적으로 입증할 수 있을지 의심스럽게 되어 버린 것이다. 그런데 아무도 자신이 아론의 자손인지 혹은 다윗의 자손인지를 입증할 수 없으므로 제사장직과 왕직을 포기하여 영원토록 상실해 버리든가, 아니면 그것들이 우리 주 예수의 손에 있는 것을 인정하든가 둘 중의 하나밖에는 없다는 것이 분명한 것이다. 그리스도는 여기서 먼저 다윗의 자손이라 불리는데, 이는 유대인들 가운데서 그가 그 칭호로 흔히 불려지고 그런 분으로 기대되기 때문이다. 그를 그리스도로 알았던 사람들은 그를 다윗의 자손이라 불렀다(15:22; 20:31; 21:15). 그러므로, 복음서 기자는 이렇게 해서, 그가 그냥 다윗의 자손이 아니라 어깨에 정사를 메실 다윗의 자손이시요, 또한 그냥 아브라함의 자손이 아니라 여러 민족의 아버지가 될 아브라함의 자손이심을 분명히 드러내고 있는 것이다.

복음서 기자는 그리스도를 다윗의 자손이요 아브라함의 자손으로 부름으로써, 다음과 같은 조건이 있음에도 불구하고 하나님께서 그의 약속을 신실하게 지키시며, 또한 자신이 말씀하신 바를 일일이 이루실 것임을 보여준다.

1. 그 성취가 오랫동안 연기되었음에도 불구하고. 하나님께서 아브라함에게 세상의 큰 복이 될 자손을 약속하셨을 때에, 어쩌면 그 자손이 자신의 직계 아들일지도 모른다는 기대를 가졌을지도 모른다. 그러나 그 자손은 아브라함의 42대 후손이요 그의 시대부터 2000년이나 후에 나게 된다는 것이 입증되었다. 그러므로 하나님께서는 장차 일어날 일을 그렇게 오래 전에 미리 말씀하실 수 있으며, 또한 자신이 약속하신 일을 그렇게 오랜 후에 성취하기도 하시는 것이다. 주목하라. 약속하신 긍휼하심이 지연되어 우리의 인내를 시험하기도 하나, 그것이 하나님의 약속을 약화시키지 않는 것이다.

2. 그 약속에 대한 기대가 무너지기 시작함에도 불구하고. 아버지 집의 영광이 되실 다윗의 자손이요 아브라함의 자손께서는 아브라함의 후손이 로마의 멍에 아래 속국이 되어 멸시받는 백성이 되었을 때에, 또한 다윗의 가문이 희미한 상태로 파묻혀 있을 때에 탄생하셨다. 그리스도께서는 마른 땅에서 나온 뿌리가 되실 것이었던 것이다(사 53:2). 주목하라. 하나님께서 그의 약속들을 성취하시는 때는 바로 그 약속이 전혀 성취될 것 같지 않은 상태에 있을 때인 것이

다.

Ⅲ. 계보의 시리즈. 아브라함 이후의 직계에서 이끌어낸 것으로, 역대기 서두에 기록되어 있는 족보들에 근거한 것이다(거기에 기록된 사항까지만).

이 족보에서 다음과 같은 몇 가지 구체적인 사항들을 관찰할 수 있을 것이다.

1. 그리스도의 조상들 가운데 형제가 있을 경우에는 대개 동생의 계보가 이어졌다. 아브라함이 그러했고, 야곱, 유다, 다윗, 나단 등이 그러했다. 이는 그리스도의 위대하심이 땅의 왕들의 경우처럼 조상들의 장자라는 사실에서 비롯되는 것이 아니라 하나님의 뜻에 의한 것임을 보여주는 것이다. 하나님께서는 그의 섭리의 방법에 따라서, 덜 귀히 여기는 것들을 더욱 귀한 것들로 입혀 주며, 부족한 지체에게 귀중함을 더하시는 것이다(고전 12:23, 24).

2. 야곱의 아들들 중에, 그에게서 실로가 오게 되는 유다를 제외하고는 여기서 그냥 형제라고만 언급된다: 유다와 그의 형제. 아브라함의 아들 이스마엘이나 이삭의 아들 에서에 대해서는 언급이 없다. 그들은 교회에서 제외되었기 때문이다. 반면에 형제라는 말로써 야곱의 아들들 모두를 언급하고 있다. 그들은 그리스도의 조상들은 아니었으나 교회의 족장들이었고(행 7:8), 그리하여 흩어져 있는 열두 지파를 격려하며 그들이 그리스도에 대해 관심을 갖고 있고 따라서 유다와는 물론 그리스도와도 관계를 맺고 있다는 점을 알려주고자 그들을 이 계보에서 언급하고 있는 것이다.

3. 유다의 쌍둥이 아들인 베레스와 세라 중에서 베레스만 그리스도의 조상인데, 그 둘이 모두 언급되고 있다. 이는 유다의 형제들을 언급한 것과 같은 이유에서다. 어떤 이들은 베레스와 세라의 탄생에 무언가 알레고리가 있기 때문이라고 보기도 한다. 세라가 장자(長子)였으나 베레스가 장자권(長子權)을 가졌다는 것이다. 유대인 교회도 세라처럼 처음에는 장자권을 지녔었으나, 불신앙으로 인하여 그것을 잃어버렸고, 이방인 교회가 등장하여 베레스처럼 장자권을 얻게 되었고, 이렇게 해서 이방인의 충만한 수가 들어오기까지 이스라엘의 더러는 우둔하게 된 것이라 그리하여 온 이스라엘이 구원을 받으리라(롬 11:25, 26).

4. 이 계보에 네 여자가 언급되는데, 그 중 두 여자는 본래 이스라엘 나라 밖의 사람이었다. 가나안 여인으로 창녀였던 라합과, 모압 여인 룻이 그들이다. 예수 그리스도 안에는 헬라인도 유대인도 없고, 외인도 나그네도 그리스도 안에서는

성도들과 동일한 시민으로 환영받는 것이다. 다른 두 여인 다말과 밧세바는 간음한 여자들이었는데, 이는 우리 주 예수님께 한층 더한 굴욕이 되는 것이었다. 예수께서 그런 조상들에게서 나신 것은 물론, 그 사실이 이 계보에서 전혀 가려지지 않고 오히려 구체적으로 명시되고 있는 것이다. 그는 스스로 죄 있는 육신의 모양을 취하셨고(롬 8:3), 심지어 크나큰 죄인들이라도 회개하면 그와 가장 가까운 인척 관계 속에 들어가는 것이다. 주목하라. 조상들의 악한 풍문들을 근거로 사람들을 비난해서는 안 된다. 그것은 그들로서는 어쩔 수 없는 일이고, 또한 가장 훌륭한 자들의 몫이기도 했다. 우리 주님 자신이 그러하지 않았는가? 다윗이 우리야의 아내에게서 솔로몬을 낳은 사실이 언급되고 있는데, 이는 다윗이 지은 범죄가 결코 그에게 주어진 약속을 방해하지 못했으며, 하나님께서는 바로 이 여인을 통해서 그 약속을 성취하기를 기뻐하셨음을 보여주고자 함이다(휘트비 박사[Dr. Whitby]의 견해).

5. 여러 왕들의 이름이 언급되지만, 다윗 이외에는 아무도 왕이라고 명시되지 않는다: 다윗 왕(5절). 이는 왕권의 언약이 그에게 주어졌고, 메시야의 왕국에 대한 약속이 그에게 주어졌기 때문이다. 그러므로 그가 그 조상 다윗의 왕위를 물려받을 것이라고 말씀하는 것이다(눅 1:32).

6. 유다 왕들의 족보 중에서 요람과 웃시야 사이에 아하시야, 요아스, 아마샤 등 세 왕이 빠져있다. 그러므로 요람은 웃시야를 낳고라는 표현은 히브리어의 용법을 따라서, 웃시야가 요람의 직계 손임을 뜻하는 것이다. 그리하여 히스기야에게도 왕의 몸에서 날 아들 중에서 사로잡혀 바벨론 왕궁의 환관이 되리라(왕하 20:18)고 말씀하였으나, 그들은 실제로 그의 몇 대 후손들이었던 것이다. 이 세 왕들이 빠진 것은 실수가 아니라, 아마도 복음서 기자가 참조한 족보에 그들이 빠져 있었기 때문이었을 것으로 보인다. 그러나 그는 그 족보를 순전한 것으로 받아들였을 것이다. 어떤 이들은 다음과 같은 이유를 제시한다. 그것은 마태가 기억을 돕기 위해서 그리스도의 조상들을 세 쌍의 14대로 맞추고자 하는 의도를 가졌고, 그러므로 이 기간 중에 세 왕이 생략될 수밖에 없었고, 아합의 우상 숭배를 다윗 가문에 도입시킨 저주받은 아달랴의 직계손인 그 세 왕보다 더 적합한 사람들이 없었다는 것이다. 이 세 왕 중의 두 사람은 배도자(背道者)들이었고, 하나님께서는 이들을 이 세상에서 그가 불쾌히 여기시는 표적으로 세우셨다. 세 사람 모두 죽임을 당하였던 것이다.

7. 어떤 이들은 이 왕들 중에 선한 왕들과 악한 왕들이 뒤섞여 나타나는 사실에 주목한다. 예를 들어(7, 8절) 악한 르호보암은 악한 아비야를 낳고, 선한 아사는 선한 여호사밧을 낳고, 선한 여호사밧은 악한 요람을 낳는다. 은혜가 혈통을 따라 흐르지 않고, 죄도 역시 혈통을 따라 지배하지 않는다. 하나님의 은혜는 하나님 자신의 것이요, 하나님께서 온전히 그의 기뻐하심을 따라 베푸시는 것이다.

8. 이 계보에서 바벨론 포로기가 하나의 획기적인 시기로 언급되고 있다(11, 12절). 모든 일들을 생각할 때에, 유대인들이 다른 민족들처럼 그런 포로 상태에서 완전히 버려지지 않았다는 것은 하나의 경이(驚異)였다. 그러나 이 사실은 그 백성이 그 죽음의 바다를 순전하게 지나도록 보호하심을 받은 이유를 시사해 준다. 그것은 육신으로 그리스도께서 그들에게서 나실 것이기 때문이었다. 그것을 상하지 말라 거기 복이 있느니라(사 65:8, 9). 복 중의 복이신 그리스도께서 그 중에서 나실 것이었던 것이다. 그들이 회복된 것은 바로 그리스도를 위한 것이었고, 또한 황폐한 성소에 주의 얼굴빛이 비쳐진 것이 주를 위함이었던 것이다(단 9:17).

9. 요시야가 여고냐와 그의 형제들을 낳았다고 말씀하는데(11절), 여고냐는 요시야의 맏아들 여호야김을 뜻한다. 그러나 여고냐는 스알디엘을 낳고 라고 말씀할 때(12절)의 여고냐는 바벨론으로 사로잡혀간 여호야김의 아들을 가리킨다. 그는 바벨론에서 스알디엘을 낳았고(휘트비 박사가 증명하듯이), 또한 성경은 여고냐가 자식이 없을 것임을 말씀하면서도 거기에 그의 자손 중에 아무도 형통하지 못하리라고 설명하고 있다(렘 22:30. 한글 개역개정판 성경에는 "그의 평생 동안 형통하지 못할 자"로 번역함:역자주). 여기서는 스알디엘이 스룹바벨을 낳았다고 말씀하나, 스알디엘은 브다야를 낳았고, 브다야가 스룹바벨을 낳은 것이다(대상 3:19), 그러나 앞의 경우와 마찬가지로, 손자를 가리켜 아들로 부르는 경우가 많다. 그러나 브다야는 그 아버지의 생전에 사망했을 가능성이 많고, 그리하여 그의 아들 스룹바벨이 스알디엘의 아들로 불려졌을 것으로 보인다.

10. 이 계보는 우리 주님의 어머니 마리아에게로가 아니라 마리아의 남편 요셉에게로 내려간다(16절). 유대인들은 항상 남자를 따라서 계보를 인정했기 때문이다. 그러나 마리아는 요셉과 같은 지파, 같은 가문에 속했고, 그리하여 우리 주님은 어머니와 그의 육체의 아버지를 통해서 다윗의 가문에 속해 있었다.

그러나 그가 그 가문에 속한 것은 요셉을 통해서였으나, 사실상 육체적으로 그는 요셉과 아무런 혈연 관계가 없었다. 이 사실은 메시야의 왕국이 다윗과의 혈연 관계에 있는 것이 아님을 보여주는 것이다.

11. 이 계보의 모든 내용은 바로 그리스도라 칭하는 예수에게 집중된다(16절). 이분이야말로 그렇게도 끈질기게 사모해왔고, 그렇게도 조급하게 기대해왔으며, 또한 족장들이 자녀를 바랄 때에 이 거룩한 계보에 들어가는 영예를 얻고자 하여 기대해온 바로 그분이시다. 하나님을 찬양하라! 우리는 그 때의 그들처럼 어둠과 구름에 둘러싸여 기대하는 그런 상태에 있지 않고, 이 선지자들과 왕들이 마치 어두컴컴한 유리를 통해서 바라보았던 그것을 선명하게 바라보는 것이다. 우리가 스스로 잘못을 범하지 않는 이상, 우리는 그들이 그렇게도 간절히 사모하던 것보다 더 귀한 때를 누릴 것이다. 하나님의 뜻을 행하는 자들은 육체를 따라 그와 혈연 관계를 맺은 자들보다 그리스도와 더욱 존귀한 관계 속에 있는 것이기 때문이다(12:50). 예수를 가리켜 그리스도라 부르는데, 이는 기름 부음 받은 자라는 뜻으로, 히브리어 메시야와 동일한 것이다. 그는 기름 부음을 받은 자 곧 왕이라 불리고(단 9:25), 또한 여호와의 기름 부음 받은 자로도 자주 불린다(시 2:2). 그는 이런 분으로 기대를 받았다: 네가 그리스도냐 ─ 네가 기름 부음 받은 자냐? 다윗 왕도 기름 부음 받았고(삼상 16:13), 제사장 아론도 기름 부음 받았으며(레 8:12), 또한 선지자 엘리사도 기름 부음 받았고(왕상 19:16), 선지자 이사야도 기름 부음 받았다(사 61:1). 그러므로 이 모든 직분들에 지명되셨고, 또한 그에 합당한 자격을 갖추신 그리스도께서도 기름 부음 받은 자라 불리시며 ─ 왕의 하나님이 즐거움의 기름을 왕에게 부어 왕의 동료보다 뛰어나게 하셨나이다(시 45:7) ─ 그의 이 이름에 근거하여 마치 기름이 부어지듯이, 그를 따르는 모든 자들이 그리스도인이라 불리는 것이다. 그들 역시 기름 부음을 받았기 때문이다.

12. 마지막으로, 12절에서 이 계보의 모든 내용을 세 쌍의 14대로 정리하며, 각기 괄목할 만한 시기로 구분하고 있다. 첫 14대에서는 다윗의 가문이 일어나고 아침처럼 환히 빛난다. 둘째 14대에서는 그 가문이 전성기를 구가한다. 그리고 셋째 14대에서는 그것이 점점 쇠퇴하여, 가난한 목수의 가문으로 희미해져 가고, 그러다가 그리스도께서 그 백성 이스라엘의 영광으로서 그 가문에서 밝히 빛을 드러내시는 것이다.

[18]예수 그리스도의 나심은 이러하니라 그의 어머니 마리아가 요셉과 약혼하고 동거하기 전에 성령으로 잉태된 것이 나타났더니 [19]그의 남편 요셉은 의로운 사람이라 그를 드러내지 아니하고 가만히 끊고자 하여 [20]이 일을 생각할 때에 주의 사자가 현몽하여 이르되 다윗의 자손 요셉아 네 아내 마리아 데려오기를 무서워하지 말라 그에게 잉태된 자는 성령으로 된 것이라 [21]아들을 낳으리니 이름을 예수라 하라 이는 그가 자기 백성을 그들의 죄에서 구원할 자이심이라 하니라 [22]이 모든 일이 된 것은 주께서 선지자로 하신 말씀을 이루려 하심이니 이르시되 [23]보라 처녀가 잉태하여 아들을 낳을 것이요 그의 이름은 임마누엘이라 하리라 하셨으니 이를 번역한즉 하나님이 우리와 함께 계시다 함이라 [24]요셉이 잠에서 깨어 일어나 주의 사자의 분부대로 행하여 그의 아내를 데려왔으나 [25]아들을 낳기까지 동침하지 아니 하더니 낳으매 이름을 예수라 하니라

그리스도의 성육신(成肉身: Incarnation)의 신비는 꼬치꼬치 캐들어 갈 대상이 아니라 높이 기려야 할 대상이다. 우리가 보통 사람들을 지으실 때의 성령의 역사하심도 모르고, 아이 밴 자의 태에서 뼈가 어떻게 자라는지도 모른다면(전 11:5), 하물며 그 복된 처녀의 태 중에서 복되신 예수께서 형성되신 일을 어떻게 알 수 있겠는가? 다윗도 자신이 기이하게 지음 받은 사실에 대해서 높이 기리는데(시 139:13-16), 어쩌면 이는 그리스도의 성육신에도 해당되는 말씀이라 할 것이다. 그리스도의 탄생과 관련되는 몇 가지 정황들이 여기에 기록되어 있는데, 그 중에는 누가복음에는 없는 내용들이 있다. 그 정황들은 다음과 같다.

I. 마리아가 요셉과 약혼함. 우리 주님의 어머니 마리아가 요셉과 약혼하고: 아직 완전히 결혼한 것은 아니고 그것에 대해 약속만 한 상태였다. 곧 미래에(de futuro)라는 말로써 결혼할 의사를 엄숙히 공포하며, 하나님께서 허락하시면 결혼을 행할 것을 약속한 상태였던 것이다. 성경은 여자와 약혼하고 그와 결혼하지 못한 자에 대해서 언급하고 있다(신 20:7). 그리스도께서는 처녀에게서 나셨으나, 그 여자는 약혼한 처녀였다. 여기에는 다음과 같은 목적이 있었다: 1. 결혼한 상태를 귀하게 여기게 하고, 그것을 지극히 존귀한 것으로 권장하고, 결혼을 금하고 독신의 상태를 완전한 것으로 제시하는 마귀의 가르침을 대적하고자 함이다. 약혼한 상태에 있던 마리아보다 더 존귀함을 얻은 사람이 어디

있는가? 2. 복된 처녀의 순결함을 드러내기 위함. 그렇지 않았다면, 순결하지 못한 것으로 드러났을 것이다. 그녀의 임신 사실이 결혼을 통해서 보호받고 그리하여 세상 앞에서 정당화되는 것이 적절했던 것이다. 고대의 한 사람은 말하기를, 이 아이가 창녀의 아들이 아니냐? 보다는 이 아이가 목수의 아들이 아니냐? 라는 질문을 받는 것이 더 나은 일이었다고 하였다. 3. 복된 처녀에게 그녀의 반려자요, 외로움과 여정의 동반자요, 그녀를 보호하는 남편이 있게 하기 위함. 어떤 이들은 요셉이 홀아비였고, 그리스도의 형제들이라 불리는 자들(13:55)은 요셉이 전 부인에게서 얻은 자녀들이었다고 생각한다. 요셉은 의로운 사람이었고, 그녀는 덕 있는 여자였다. 모든 결혼 관계에서 위로가 있고 하나님께서 축복해 주시기를 바란다면, 신자들은 믿지 않는 자와 멍에를 함께 메지 말고, 신앙이 있는 자들은 신앙이 있는 자들과 결혼해야 한다. 우리는 또한 이 일에서 결혼은 경솔하게 해서는 안 되고 신중하게 고려하여 행하는 것이 좋다는 것도 배울 수 있다. 후에 후회하는 것보다 사전에 미리 깊이 생각하는 시간을 갖는 것이 나은 것이다.

II. 약속된 씨를 잉태함. 동거하기 전에 잉태된 것이 나타났는데, 그 일은 과연 성령으로 된 것이었다. 약혼 후에 결혼이 늦어져서 결혼을 공식화시키기 전에 잉태된 사실이 나타났다. 잉태하기 전에 먼저 약혼한 상태였다. 아마도, 요셉이 그녀의 임신 사실을 안 것은 그녀가 사촌 엘리사벳과 함께 석 달쯤 있다가 돌아온 후였을 것이고(눅 1:56), 그녀도 임신 사실을 부인하지 않았다. 주목하라. 자기 속에 그리스도가 형성되고 있는 자들은 그것을 드러내는 법이다. 그리고 그것이 하나님의 일이라는 것이 알려지기 마련이다. 이 일로 인하여 그 복된 처녀가 얼마나 곤란한 처지가 되었을지 충분히 상상할 수 있을 것이다. 그 잉태의 사실이 하나님께서 행하신 일임을 그녀 자신은 알고 있었다. 그러나 그것을 어떻게 입증할 수 있었겠는가? 창녀처럼 취급받을 것이었다. 주목하라. 크고 높은 진보가 있은 후에는 그것으로 교만해지지 않게 하기 위하여 무언가 우리를 낮추는 것이 육체의 가시 같이, 아니 **뼈를 찌르는 칼** 같이 다가올 것을 예상해야 하는 것이다. 하와의 딸들 가운데 처녀 마리아만큼 고귀한 자가 결코 없었다. 그러나 악한 범죄자의 누명을 쓸 위기가 그녀에게 다가왔다. 그러나 그녀는 그것으로 인하여 전혀 마음을 다치지 않았고, 자신의 무죄함을 알고 있었으므로 평온한 마음을 유지하였고 또한 의롭게 판단하시는 이에게 자신의 대의를 맡겼다. 주목하라. 선한 양심을 조심스럽게 지키는 자들은 자신의 선한 이름을 지키는 중에 즐거이 하나님을 신뢰하여야 한다. 하나님께서 그들의 순전함은 물론 그들의 명예도 마치 한낮의 태양처럼 밝히 드러내실 것을 소망할 이유가 있는 것이다.

Ⅲ. 요셉의 고뇌와 이 일에 대한 대처. 자기가 그렇게 귀하게 여겨온 미래의 아내가 그런 악한 범죄의 혐의가 있는 것을 알았으니 그의 괴로움과 실망이 얼마나 컸을지 우리는 충분히 상상할 수 있을 것이다. 마리아가 이런 사람인가? 그는 다음과 같이 생각하기 시작하였다: '최고로 생각했는데 어떻게 이렇게 속임을 당할 수가 있을까! 그렇게 큰 기대를 가졌는데 어떻게 이렇게 실망스런 일이 있을까! 그는 그렇게 선한 여인이라 믿어온 사람이 그렇게 악한 일을 저질렀다고 믿기가 끔찍스러웠다. 그러나 그것은 너무도 악하여 변명할 여지도 없고, 너무도 분명해서 부인할 수도 없는 문제였다. 남자에게서 불 일듯 일어나는 싸늘한 질투와 마리아를 아끼고 사랑하는 마음 사이에서 얼마나 괴로웠겠는가?

관찰하라. 1. 그는 극단적인 처신을 피하고자 애썼다. 그는 그를 드러내지 아니하고 가만히 끊고자 하였다. 그는 얼마든지 그 문제를 드러낼 수 있었다. 율법에 의하면, 약혼한 처녀가 간음을 범했을 경우에는 돌로 쳐죽이도록 되어 있었기 때문이다(신 22:23, 24). 그러나 그는 율법을 이용하여 그녀를 처단하기를 원치 않았다. 그녀가 과연 죄를 범했는지를 알 수 없을 것이었다. 요셉이 여기서 보여준 자세는 유다의 자세와 얼마나 달랐는지 모른다. 유다는 그런 비슷한 상황에서 성급하게 가혹한 판단을 내려버렸던 것이다: 그를 끌어내어 불사르라(창 38:24). 요셉이 여기서 한 것처럼 일을 신중히 생각하는 것이 얼마나 좋은 일인지 모른다. 우리의 비판과 판단이 좀 더 사려 깊어진다면, 긍휼과 사려 깊은 처리가 그만큼 더 많아질 것이다. 그를 벌하는 것을 가리켜 여기서 그를 공적인 본보기로 만드는 것(making her a public example: 한글 개역개정판은 "그를 드러냄"으로 번역함:역자주)이라 부르는데, 이는 그 형벌의 목적이 어디에 있는지를 보여준다. 곧, 다른 사람들에게 본보기를 보여 경계로 삼게 하는 것이 그 목적이다. 그것은 모든 사람으로 하여금 듣고 두려워하게 하는 것이다. 거만한 자를 때리라 그리하면 어리석은 자도 지혜를 얻으리라(잠 19:25).

맹렬한 성격을 지닌 사람들은 요셉이 이렇게 관용을 베푼 것에 대해 비난할 것이다. 그러나 여기서는 그의 그런 처신을 칭찬하고 있다. 곧, 그가 의로운 사람이었으므로, 그녀를 드러내게 하기를 원치 않았다는 것이다. 그는 신앙적인 선한 사람이었다. 그러므로 하나님처럼 긍휼을 베풀고자 하는 마음을 가졌고, 용서함 받은 자로서 자신도 용서하는 마음을 가진 것이다. 약혼한 처녀가 들에서 욕을 당하였을 경우, 율법은 그 처녀가 소리를 지른 것으로 간주하여 처벌하지 않도록 규정하고 있었다(신 22:26). 요셉은 이 문제에 대해서 너그럽게 생각하였고, 바로 이 점이 그가 의로운 사람이었음을 드러내 준다. 오점을 남길 일을 절대로 하지 않는 사람의 면모를 여기서 드러내 보이는 것이다. 주목하라. 여러 경우들에서, 과실의 의혹을 받는 자들을 향하여 부드러운 태도를 갖고, 그들에 대해 최선의 결과를 바라며, 나쁘게 보이는 상황에 대해서도 좋게 입증될 것이라는 소망을 갖고서 최선으로 생각하는 것이 우리에게 합당한 일이다. Summum just summa injuria(법의 엄정함이 (때로는) 최고의 불의가 된다). 법의 엄정함을 순화시키는 양심의 법정을 우리는 평등의 법정(a court of equity)이라 부른다. 과실을 범한 자들도 어쩌면 어쩔 수 없이 과실을 범했을 수도 있고, 그러므로 온유한 자세를 회복해야 하며, 정당한 형벌이라도 반드시 순화되어야 하는 것이다.

2. 이러한 극단적인 처리를 피하는 구체적인 방법. 그는 가만히 끊고자 하였다. 즉 두 사람의 증인 앞에서 그녀의 손에 이혼증서를 들려줌으로써 그 문제가 겉으로 드러나지 않고 저절로 처리되게 하려 한 것이다. 그는 의로운 사람, 즉 율법을 철저히 지키는 사람이었으므로, 그녀와의 결혼 절차를 계속하지 않고 그녀를 끊고자 하였다. 그러나 그녀에 대한 부드러운 마음에서 가능한 한 그 일을 사사로이 처리하고자 한 것이다. 주목하라. 과실을 범한 자들에 대한 필요한 제재 조치들은 시끄러운 잡음이 없도록 처리해야 한다. 조용히 들리는 지혜자들의 말들이 우매한 자들을 다스리는 자의 호령보다 나으니라(전 9:17). 그리스도께서도 친히 다투지도 아니하며 들레지도 아니하실 것이다. 그리스도인의 사랑과 그리스도인의 사려 깊은 처신은 허다한 죄와 큰 죄들을 덮어 줄 것이다.

IV. 하늘의 현몽으로 요셉이 이 난국에서 벗어남(20, 21절). 이 일을 생각할 때에, 어떻게 처리할지를 아직 알지 못할 때에, 하나님께서 은혜를 베푸사 어떻게 할지를 지도하셨고, 그리하여 요셉이 문제를 해결하였다. 주목하라. 하나님께로부터 지도하심을 받고자 하는 자들은 그들 스스로 일들을 생각하여야 한다. 하나님께서는 생각이 없는 자들이 아니라 생각이 있는 자들을 인도하시는 것이다. 자신의 생각으로 할 수 있는 만큼 문제를 다루어오다가 난관에 봉착했을 때에, 바로 그 때에 하나님께서 개입하셔서 인도하시는 것이다. 주목하라. 하나님의 백성들이 난국에 처하여 어찌할 바를 모를 그 때가 바로 하나님께서 임하사 그들을 지도하시는 때인 것이다. 생각이 많고 괴로움에 가득 차 있는 사람에게 임하는 하나님의 위로야말로 지극한 기쁨이다. 주의 사자가 요셉에게 임하여 메시지를 전하였는데, 아마도 마리아에게 잉태의 소식을 전한 천사와 동일한 천사, 곧 천사 가브리엘이었을 것이다. 천사들을 통하여 하늘과 교류하는 일은 과거의 족장들은 경험했었으나 오랫동안 없었다가, 여기서 다시 나타나기 시작한다. 독생자께서 세상에 오실 때에 천사들이 그를 수종들도록 명령을 받고 있기 때문이다. 오늘날에는 하나님께서 어느 정도나 천사들의 사역을 사용하셔서 눈에 보이지 않는 방식으로 그의 백성들을 곤경에서 구해내시는지 우리로서는 알 길이 없다. 그러나 이것은 분명하다. 천사들은 모두 하나님의 백성들의 유익을 위하여 섬기는 영들이라는 것이다. 옛 조상들이 가끔 경험한 것처럼, 이 천사는 요셉이 잠들어 있을 때에 꿈 속에서 나타났다. 가장 고요하고 안정되어 있을 때가 하나님의 뜻을 전달받을 수 있는 최상의 상태인 것이다. 성령께서는 고요한 수면 위에 운행하신다. 이 꿈은 그것이 헛된 망상의 산물이 아니라 하나님께서 주신 것이라는 증거를 수반하고 있었다.

1. 요셉은 그가 의도했던 결혼 절차를 계속하라는 지시를 받는다. 천사는 그를 다윗의 자손 요셉이라 부른다. 곧, 그와 다윗의 관계를 상기시키며, 그리하여 누구나 다 다윗의 자손으로 오실 것임을 알고 있는 그 메시야와 그 자신이 어떤 관계가 될지에 대한 놀라운 소식을 전해 받을 준비를 갖추게 하는 것이다. 아주 비천한 자들에게 큰 영예가 맡겨질 때에 그것들을 수락하려 하지 않고 오히려 그것들을 벗어버리기를 바라는 경우도 있다. 그러므로 이 비천한 목수에게 그의 그 고귀한 출생을 상기시킬 필요가 있었던 것이다: "요셉아, 네 자신의 고귀함을 알아라. 너는 다윗의 자손이요, 메시야의 계보에 속해 있느니라." 우리 역시 참된 신자들 한 사람 한 사람에게 이렇게 말할 수 있을 것이다: "두려워 말라, 그대는 아브라함의 자손이요, 하나님의 자녀로다. 그대의 출생의, 그대의 새로운 출생의 위엄을 잊지 말라." 본문은 네 아내 마리아 데려오기를 무서워하지 말라고 말씀한다. 요셉은 마리아가 간음하여 아기를 가진 것으로 의심

하여 그를 데려오기를 두려워하였다. 그렇게 했다가 자기가 죄책이나 질책을 받지나 않을까 하여 염려한 것이다. 그러나 하나님께서는 아니라고 하신다. 무서워하지 말라, 문제가 그런 것이 아니라는 것이다. 어쩌면 마리아가 자기가 성령으로 말미암아 잉태한 사실을 말했었거나, 혹은 엘리사벳이 마리아에게 그녀에게 내 주의 어머니라고 한 말(눅 1:43)을 들었을지도 모른다. 만일 그랬다면, 그는 자기보다 월등히 지체 높은 사람과 결혼을 한다는 것이 두려웠을 것이다. 그러나, 그의 두려움의 원인이 무엇이었든 간에, 네 아내 마리아 데려오기를 무서워하지 말라라는 이 한 마디 말씀에 모든 것이 해결되었다. 주목하라. 우리의 두려움에서 해방되고, 의심을 해결하며, 그리하여 우리의 일을 만족스럽게 진행하게 된다는 것이야말로 크나큰 긍휼하심인 것이다.

2. 그는 여기서 그와 약혼한 아내가 현재 뱃속에 품고 있는 그 거룩한 자에 대한 말씀을 듣는다. 그녀가 임신하고 있는 그분은 바로 하나님께로부터 비롯된 분이시라는 것이요, 또한 마리아와 결혼함으로써 부정(不貞)에 함께 휩쓸려 들어가기는커녕 오히려 그 결혼을 통해서 자신에게 가능한 최고의 위엄을 나누게 될 것이라는 것이다. 그는 두 가지 말씀을 듣는다.

(1) 그녀에게 잉태된 자는 자연의 힘이 아니라 성령의 능력으로 된 것이라는 것. 세상을 내신 성령께서는 이제 세상의 구주를 내셨고, 그를 위하여 한 몸을 예비하셨다(히 10:5). 그리하여 하나님이 그 아들을 보내사 여사에게서 나게 하셨다고 말씀하면서도(갈 4:4), 또한 하늘에서 나신 둘째 아담이라고 말씀하는 것이다(고전 15:47). 그는 하나님의 아들이시면서도, 그의 어머니의 본체를 취하셨으므로 마리아의 태의 열매(눅 1:42. 한글 개역개정판은 "태중의 아이"로 번역함:역자 주)라 불리는 것이다. 그는 일상적인 생육법과는 다른 방식으로 잉태되셔야만 했고, 그리하여 인성을 취하시면서도 인간의 부패와 오염을 피하고 죄 중에 잉태되는 것을 피하셔야만 했다. 역사는, 알렉산더의 어머니처럼 신적인 능력에 의해서 임신한 체하는 자들에 대해서 이야기하고 있으나, 우리 주의 어머니 외에는 그 누구도 진정 그렇게 한 자는 없었다. 그런 점에서 그의 이름은 기묘자(奇妙者: Wonderful)다. 처녀 마리아가 자신에게 주어진 이런 영예를 이야기하고 다녔다는 기록이 없다. 그녀는 그것을 마음에 숨기고 있었고, 그리하여 하나님께서 천사를 보내 그 사실을 확증하게 하신 것이다. 자기 자신의 영광을 추구하지 않는 자들은 하나님께로부터 오는 영예를 얻을 것이다. 그것은 겸손한

자를 위하여 예비된 것이다.

(2) 그녀가 세상의 구주를 낳으리라는 것(21절). 아들을 낳으리니. 그 아들이 장차 어떤 자가 될지가 다음에서 암시되고 있다.

[1] 그 아들에게 주어지는 이름에서: 이름을 예수라 하라. 예수는 여호수아와 동일한 이름인데, 헬라어식으로 불려지면서 어미(語尾)가 바뀐 것이다. 여호수아는 예수라 불린다(행 7:45; 히 7:4). 구약에 이 이름을 지닌 인물이 둘인데, 이들 모두가 그리스도의 확실한 모형들이었다. 가나안 정복 시의 이스라엘의 군대 장관이었던 여호수아와, 또한 바벨론 포로의 귀환 후 정착시 대제사장이었던 여호수아가 그들이다(슥 6:11, 12). 그리스도는 우리의 여호수아시다. 그는 우리 구원의 대장이시요, 우리가 믿는 도리의 대제사장이시며, 이 두 가지 점 모두에서 우리의 구주이시다. 모세를 대신하여 오사 율법이 연약하여 할 수 없는 그것을 우리를 위하여 행하시는 여호수아이신 것이다. 여호수아는 호세아라 불렸었다. 그런데 모세가 그 이름 첫머리에 여호와를 뜻하는 한 음절을 덧붙여서 여호수아라 불렀는데(민 13:16), 이는 장차 그 이름을 지니실 메시야가 여호와이실 것을 암시하는 것이요, 그러므로 그는 완전히 구원하실 수 있으며, 또한 다른 이에게는 구원이 없는 것이다.

[2] 그 이름을 주는 이유에서: 이는 그가 자기 백성을 그들의 죄에서 구원할 자이심이라. 그는 유대 민족만이 아니라(그가 자기 땅에 오매 자기 백성이 영접하지 아니하였다, 요 1:11), 아버지께서 택하사 그에게 주신 모든 자들과, 또한 스스로 자기를 그에게 드린 모든 자들을 구원하실 것이다. 그는 자기 백성을 보호하며, 옛날 이스라엘의 사사들처럼 그들을 위하여 구원을 베푸는 왕이시다. 주목하라. 그리스도께서는 자신이 구원하시는 자들을 그들의 죄에서 구원하신다. 곧, 그가 죽으심으로 이루시는 공로로 그 죄의 죄책에서, 그의 은혜의 성령으로 죄의 권세에서 구원하시는 것이다. 그는 그들을 죄에서 구원하시되, 진노와 저주에서, 그리고 금생과 내생의 모든 비참함에서 그들을 구원하신다. 그리스도께서는 그의 백성을 구원하시되, 그들의 죄 안에서(in)가 아니라 그들의 죄로부터 (from) 구원하시며, 그들을 위하여 값을 치르시고 죄를 향한 자유(liberty to sin)가 아니라 죄로부터 벗어나는 자유(liberty from sin)를 사시며, 모든 불법에서 그들을 속량하시며(딛 2:14), 그리하여 그들을 사람 가운데에서 속량하사(계 14:4) 죄인에게서 떠나 계신 자기 자신에게로(히 7:26) 이끄시며, 그리하여 자기들의 죄를 떠

나며 그리스도의 백성으로서 그에게 자기 자신을 드리는 자들은 구주와 또한 그가 이루시는 큰 구원에 관심을 갖는 것이다(롬 11:26).

V. 이 모든 일에서 성경이 성취됨. 복음서 기자는 유대인들을 위하여 기록하므로, 다른 복음서 기자들보다 더 자주 이 점을 지적한다. 여기서 구약의 예언들이 우리 주 예수님에게서 성취되었고, 이로써 그가 과연 장차 오실 자이시며 따라서 우리가 다른 이를 찾지 말아야 한다는 것이 드러난다. 이분이야말로 주께서 선지자로 하신 말씀을 이루시는 분이시기 때문이다. 그리스도의 탄생으로 성취된 성경은 하나님께서 아하스 왕에게 표적으로 주신 약속이었다(사 7:14). 보라 처녀가 잉태하여 아들을 낳을 것이요. 거기서 선지자는 하나님의 백성들로 하여금 산헤립의 침략에서 구원받으리라는 약속에 대해 소망을 갖게 하기 위하여 그들을 장차 유다 백성들과 다윗 가문에게서 나실 메시야를 바라보도록 만드신다. 그 백성과 그 가문이 환난을 당하지만, 그 백성도 그 가문도 멸망할 수가 없다는 것을 보여주시는 것이다. 하나님께서 그런 영예와 그런 축복을 그들을 위하여 남겨두셨기 때문이다. 구약 교회를 위하여 하나님께서 이루신 구원의 역사들은 그리스도로 말미암는 큰 구원의 모형이요 그림자였다. 하나님께서 더 큰 일을 행하실 것이라면, 작은 일도 반드시 행하실 것이다.

여기서 인용하고 있는 예언은 보라라는 말로 시작하는데, 이는 높이 우러러 주목할 것을 명령하는 것이다. 경건의 비밀이, 곧 하나님이 육체로 나타나시는 큰 비밀이 여기에 있기 때문이다.

1. 그 때에 주어진 표적은 메시야가 처녀에게서 나시리라는 것이다. 처녀가 잉태하여, 그녀로 말미암아 메시야가 육체로 나타나실 것이라는 것이다. 알마라는 히브리어 단어는, 마리아가 스스로 나는 남자를 알지 못하니라고 시인하는 데에서 드러나듯이(눅 1:34), 철저한 의미에서 처녀(혹은 동정녀[童貞女])를 뜻한다. 그렇지 않았다면 그 표적이 본래 의도한 것처럼 놀라운 표적일 수가 없었을 것이다. 메시야가 처녀에게서 난다는 것은 처음부터 암시되었다. 그가 여자의 후손이 될 것을 말씀하는데, 이는 곧 메시야가 남자의 후손이 아닌 여자의 후손일 것임을 뜻하는 것이다. 그리스도께서 처녀에게서 나신 것은 그의 탄생이 초자연적인 성격을 띠게 하기 위함이었을 뿐 아니라 그의 탄생이 흠 없고 순결하며, 죄의 얼룩이 없게 하기 위함이기도 했다. 그리스도는 여왕이나 여황제에게서 나시지 않고 — 그는 외형적인 화려함이나 찬란함 속에 나타나지 않으시기

때문이다 ─ 처녀에게서 나실 것이었고, 이는 우리에게 영적인 순결을 가르치며, 모든 감각적인 쾌락들에 대해 죽고, 그리하여 세상과 육체로부터 우리 자신을 흠 없이 지켜서 우리가 정결한 처녀로 그리스도께 드려지게 하기 위함이었던 것이다.

2. 이 표적을 통해서 입증되는 진리는, 곧 그가 하나님의 아들이시요 또한 하나님과 사람 사이의 중보자시라는 것이다. 그의 이름은 임마누엘이라 할 것이기 때문이다. 즉 그가 임마누엘이시리라는 것이며, 또한 이는 곧 그가 여호와 우리의 의가 되실 것임을 뜻한다. 임마누엘은 하나님이 우리와 함께 계시다는 뜻인데, 이는 신비로운 이름이지만 매우 고귀한 이름이다. 우리 중에 육신의 모습으로 계신 하나님이시요, 우리와 화목되시는 하나님이시요, 우리와 언약을 맺으시고 자기 자신과의 교제에로 이끄시는 하나님이시다. 유대인들에게는 그들과 함께 계신 하나님이 계셨다. 그는 모형과 그림자로 그룹 사이에 거하셨다. 그러나 말씀이 육신이 되신 그 때처럼 하나님께서 함께 계신 적은 절대로 없었다. 그것이야말로 복된 쉐키나였던 것이다. 두 본성이 그렇게 중보자의 위격 속에 하나가 되었으니, 이것이야말로 하나님과 사람 사이의 평화와 교류의 확립을 위하여 복된 걸음이 디뎌진 것이다! 성육신으로 말미암아 그가 양쪽의 본성을 다 취하셨으므로, 그는 그 양편 모두에게 손을 얹기에 합당한 전례 없는 중보자요 조정자가 되신 것이다. 여기에는 그 어떤 것과도 비길 수 없는 가장 깊은 신비가 있고, 가장 풍성한 자비가 있는 것이다. 본성의 빛을 통해서 우리는 하나님을 우리 위에 계신 하나님으로 보며, 율법의 빛으로는 그를 우리를 대적하시는 하나님으로 바라보나, 복음의 빛으로는 그를 임마누엘로, 우리와 함께 계신 하나님으로, 우리의 본성을 입으시고 또한 우리의 유익을 위하시는 하나님으로 바라보는 것이다. 구속주께서는 바로 여기서 그의 사랑을 드러내신다. 임마누엘이라는 그리스도의 이름은 복음 교회에게 주어진 이름인 여호와 삼마, 즉 여호와께서 거기에 계시다(겔 48:35)와 비교할 수도 있을 것이다. 만군의 여호와께서 우리와 함께 계시는 것이다.

또한 그가 임마누엘이라 불리리라는 예언의 의도와 계획이 그를 예수라는 이름으로 부르는 데에서 성취되었다고 말한다 해도 부적절하다 할 수 없을 것이다. 만일 그가 임마누엘, 즉 우리와 함께 계신 하나님이 아니셨다면, 예수, 즉 구세주이셨을 수도 없을 것이기 때문이다. 바로 하나님과 사람을 하나로 이끄는 여기에 그가 이루실 구원이 있는 것이다. 하나님을 우리와 함께 계시게 하는 것, 바로 이것이 그가 계획하신 것이니, 이것이야말로 우리의 크나큰 행복이요, 우리를 하나님과 함께 있게 하는 것이야말로 우리의 크나큰 의무인 것이다.

VI. 신적인 명령에 요셉이 순종함(24절).　　요셉이 잠에서 깨어. 그 꿈에 대한 생각 때문에 잠에서 깨었다. 일어나 주의 사자의 분부대로 행하여. 그가 전에 가졌던 생각이나 의도와는 달랐으나 그는 그대로 따랐다. 그의 아내를 데려왔으나. 그는 지체하지 않고, 갈등하지도 않고, 기꺼이 이 일을 신속하게 처리하였다. 하늘의 이상에 그대로 순종한 것이다. 이와 같은 비범한 인도하심은 오늘날 우리로서는 기대할 것이 아니다. 그러나 하나님께서는 여전히 미심쩍은 사안들에 대해서 그의 뜻을 아는 방식을 주고 계신다. 섭리에 대한 암시, 양심의 조심스런 판단, 그리고 신실한 친구들의 권고 등이 그것이다. 그러므로 우리는 기록된 말씀의 일반적인 법칙들을 이런 방식 하나하나를 통해서 적용시킴으로써, 우리의 삶의 걸음걸이마다 ― 특히 요셉의 경우처럼 큰 전환점이 되는 경우에는 더욱더 ― 하나님께로부터 인도하심을 받으며, 그리하여 그가 우리에게 명하시는 대로 행하는 것이 안전하고 편안한 것을 깨닫게 되는 것이다.

VII. 하나님의 약속의 성취(25절).　　아들을 … 낳으매. 그리스도의 탄생의 정황은 눅 2:1 이하에서 더 상세하게 다루어진다. 주목하라. 성령으로 잉태된 태아는 결코 유산(流産)되지 않고, 반드시 정시에 출산되는 법이다. 육정으로나 사람의 뜻으로 잉태된 태아는 유산되는 경우가 많다. 그러나 그리스도께서 영혼 속에서 형성되셨다면, 하나님께서 선한 일을 시작하신 것이고 결국 반드시 그가 이루실 것이다. 은혜로 잉태된 것은 반드시 영광 가운데서 드러나는 법이다.

여기서 다음의 사실들을 관찰할 수 있다.

1. 요셉은 약혼한 아내 마리아와 결혼하였으나, 성령으로 잉태된 아기를 출산하기까지 그녀와 가까이하지 않았다. 아들을 낳기까지 동침하지 아니하더니. 마리아가 영구히 처녀로 남아 있었느냐 하는 문제에 대해서는 많은 논란이 있어왔다. 제롬(Jerome)은 헬비디우스(Helvidius)가 그것을 부인한 것에 대해 매우 분노하였다. 성경에 근거해서는 그것이 입증될 수 없는 것이 분명하다. 휘트비 박사(Dr. Whitby)는 이들을 낳기까지 동침하지 아니하더니라는 말씀은 곧 그 후에 그 이유가 사라지고 난 다음에는 율법에 따라(출 21:10) 그녀와 동거하였다는 것을 암시한다고 생각하는 쪽으로 기운다.

2. 그리스도가 맏아들이셨고, 따라서 그의 어머니가 그 이후에 다른 자녀들을 낳지 않았더라도 그렇게 불릴 수 있다. 또한 그리스도께서 맏아들이라 불리시는 것이 이상한 것도 아니다. 그는 모든 피조물보다 먼저 나신 이이시며 만물의 상속자이시기 때문이다. 그는 또한 많은 형제 중에서 맏아들이시니, 이는 모든 것 가운데서 그가 뛰어나심을 드러내기 위함이다.

3. 요셉은 그의 이름을 예수라 불렀다. 하나님께서는 그를 구주가 되시도록 정하셨는데, 이것이 예수라는 이름이 그에게 주어진 사실에서 암시되고 있다. 우리는 그를 우리 구주로 받아들여야 하고, 또한 그러한 하나님의 정하심을 좇아서 그를 우리 구주 예수라 불러야 마땅한 것이다.

제
— 2 —
장

개요

이 장에는 우리 구주의 유년기의 역사가 기록되어 있는데, 여기서 우리는 그가 얼마나 일찍부터 고난을 당하기 시작하셨는지를 알게 되고, 그가 친히 모든 의를 이루기 시작하시기 전에 그에게서 의의 말씀이 성취되었음을 보게 된다. I. 박사들이 그리스도에 대해 문의함(1-8절). II. 그들이 그가 계신 곳을 찾아 그에게 경배함(9-12절). III. 헤롯의 잔혹한 처사를 피하고자 그리스도께서 애굽으로 피신함(13-15절). IV. 베들레헴의 유아들이 야만적으로 살해당함(16-18절). V. 그리스도께서 애굽에서 이스라엘 땅으로 다시 돌아옴(19-23절).

[1]헤롯 왕 때에 예수께서 유대 베들레헴에서 나시매 동방으로부터 박사들이 예루살렘에 이르러 말하되 [2]유대인의 왕으로 나신 이가 어디 계시냐 우리가 동방에서 그의 별을 보고 그에게 경배하러 왔노라 하니 [3]헤롯 왕과 온 예루살렘이 듣고 소동한지라 [4]왕이 모든 대제사장과 백성의 서기관들을 모아 그리스도가 어디서 나겠느냐 물으니 [5]이르되 유대 베들레헴이오니 이는 선지자로 이렇게 기록된 바 [6]또 유대 땅 베들레헴아 너는 유대 고을 중에서 가장 작지 아니하도다 네게서 한 다스리는 자가 나와서 내 백성 이스라엘의 목자가 되리라 하였음이니이다 [7]이에 헤롯이 가만히 박사들을 불러 별이 나타난 때를 자세히 묻고 [8]베들레헴으로 보내며 이르되 가서 아기에 대하여 자세히 알아보고 찾거든 내게 고하여 나도 가서 그에게 경배하게 하라

그가 모든 나라의 보배이셨으나 그가 세상에 오신 사실이 거의 사람들의 눈에 띄지 않았고, 그의 탄생이 그렇게도 희미하고 주목을 받지 못했다는 것은 주 예수의 낮아지심(humiliation)을 나타내는 표였다. 그는 과연 하나님과 동등됨을 취할 것으로 여기지 아니하셨고 자기를 비우셨던 것이다. 만일 하나님의 아들이 세상에 오셔야 한다면, 가능한 모든 엄숙한 예식을 다 동원하여

그를 영접했어야 옳고, 면류관과 왕의 홀이 그에게 주어지고, 세상의 높고 위엄 있는 왕들이 그의 종들이 되었어야 옳을 것이라고 당연히 생각할 것이다. 유대인들은 바로 그런 메시야를 기대했다. 그러나 우리는 이 모든 것을 하나도 볼 수가 없다. 그가 세상에 오셨으나, 세상이 그를 알지 못하였다. 아니, 그가 자기 땅에 오매 자기 백성이 영접하지 아니하였다. 사람의 죄로 인하여 아버지께 저지른 잘못을 그에게 보상하시기 위하여, 그는 성육신하신 신격이 지니셔야 마땅할 그 존귀를 부인하셨다. 그러나 후에 그가 가장 극심한 굴욕을 당하실 때에도 그의 탄생 때처럼 영광의 광채가 나타났다. 그의 권능이 그 속에 감추어졌으나 그의 광선이 그의 손에서 나와서(합 3:4) 세상의, 특히 유대인들의 어리석음을 정죄했던 것이다.

그리스도가 탄생하신 후 그를 처음 안 것은 목자들이었다(눅 2:15 등). 그들은 그에 관한 영광스런 것들을 보고 듣고서 그것을 전하였고, 듣는 자가 목자들이 그들에게 말한 것들을 놀랍게 여겼다(눅 2:18). 그 후에 시므온과 안나가 성령의 감동을 받아 그에 대해 말씀했고, 모든 사람들이 귀담아 들었다(눅 2:38). 자, 그러니 유다와 예루살렘 거민들은 이런 힌트들을 잘 깨닫고서, 오랫동안 기다려온 그 메시야를 두 팔로 품어 안았어야 마땅했을 것이라고 생각할 수도 있을 것이다. 그러나 그런 일은 없었다. 그는 베들레헴에서 2년 가까이 있었으나, 이 박사들이 오기까지 그는 더 이상의 주목을 받지 못했다. 주목하라. 무관심하기로 결심한 자들은 그 무엇으로도 깨울 수가 없는 법이다. 오, 유대인들의 이 엄청난 어리석음이라니! 그리스도인이라 불리는 많은 사람들도 결코 그에 못지 않다! 다음을 관찰하라.

I. 그리스도에 관한 의문이 박사들에게서 일어난 시점. 그것은 헤롯 왕 때였다. 이 헤롯은 에돔 사람으로서, 당시 로마의 통치자들이던 아우구스투스(Augustus)와 안토니우스(Antonius)에 의해서 유대의 왕이 되었는데, 그는 거짓과 잔인함이 가득한 사람이었다. 그런데도 그를 헤롯 왕이라는 칭호로 부르고 있다. 그리스도께서는 그의 통치 제35년에 탄생하셨는데, 이 사실을 주목하는 것은 이미 규가 유다를 떠났고 통치자의 지팡이가 그 발 사이에서 떠났으며, 따라서 이 때야말로 실로가 오실 때요 그에게 모든 백성이 복종할 것임을 보여주고자 함이다(참조. 창 49:10). 이 박사들이 바로 그것을 눈으로 목격하는 것이다.

II. 이 박사들이 누구이며 어떤 사람들이었는가. 그들은 여기서 마고이, 즉

점성가들이라 불리고 있다(참조. 한글 개역개정판 난외주). 어떤 이들은 이 단어를 좋은 의미로 본다. 즉 페르시아인들은 철학자들과 사제들을 일컬어 마기라 불렀고, 먼저 마기의 반열에 들지 않았던 자는 그들의 왕으로 인정하지 않았다는 것이다. 다른 이들은 이들이 불법한 기술을 발휘하는 자들이며, 마술사 시몬에게(행 8:9, 11)와 마술사 엘루마(행 13:6)에 대해서도 이 단어가 사용되므로 성경은 이 단어를 다른 좋은 의미로 사용하지 않으며, 따라서 박사들의 경배 사건은 마귀에 대한 그리스도의 승리의 초기의 실례요 전조(前兆)라고 본다. 마귀에게 전심으로 복종해오던 자들이 아기 예수께 경배한 자들이 되었으니 말이다. 어둠의 권세에 대한 그의 승리의 트로피가 그렇게도 일찍 높여 세워졌다는 것이다. 자, 이 박사들이 과거에 어떤 사람들이었든 간에, 이제 그들 스스로 그리스도에 대해 탐문하고자 결심하였으니 과연 정말로 **박사들**(wise men)이 되기 시작한 것이다.

이들에 대해서 다음과 같은 점들은 확실히 알 수 있다: 1. 그들이 이방인들로서 이스라엘 민족에 속하지 않았다는 점. 유대인들은 그리스도를 깨닫지 못했으나, 이 이방인들은 그를 탐문하고 나섰다. 주목하라. 합당한 수단에 가장 가까이 있는 자들이 실상은 가장 멀리 있는 경우가 허다한 것이다(참조. 8:11, 12). 이 이방인들이 그리스도께 경배한 사실은 훗날 멀리 있던 자들이 그리스도로 말미암아 가까워질 때에 이어질 일에 대한 복된 전조요 실례였다. 2. 그들이 학자들이었다는 점. 그들은 각종 학문과 기술을 다루는 자들이었다. 좋은 학자들은 마땅히 좋은 그리스도인이어야 한다. 그리하여 그리스도를 배울 때에 비로소 그들의 학문이 완성되는 것이다. 3. 그들이 점을 치는 행위로 유명한(사 2:6) 동방의 사람들이었다는 점. 아라비아가 동방 곧 동쪽 땅이라 불리고(창 25:6), 아라비아인들이 동방 사람들이라 불린다(삿 6:3). 그들이 가져온 예물들은 그 지방의 산물이었다. 아라비아인들은 그리스도의 모형인 다윗과 솔로몬에게 경배했었다. 이드로와 욥도 그 지방 사람들이었다. 그 이상은 그들에 대해서 논할 것이 없다. 로마 교회의 전승에 의하면 그들이 세 명이었고(고대인 중 한 사람은 그들이 열넷이었다고 한다), 왕들이었으며, 콜렌(Colen)에 묻혔으며, 그리하여 그들을 가리켜 콜렌의 세 왕이라 불렀다고 하나 이는 경솔하기 그지없는 선해나. 우리로서는 기록된 사실보다 더 지혜롭기를 바라서는 안 될 것이다.

III. **그들이 그에 대해 탐문하게 된 원인.** 그들은 동방의 사람들로서 전에 보지 못했던 큰 별을 보았고, 그들은 그것이 유대 땅에 범상치 않은 인물이 출생했다는 징조로 받아들였다. 유대 땅을 향한 방향으로 그 별이 혜성(彗星), 혹은 유성(遊星)의 형태로 낮게 떠 있었던 것이다. 이런 현상이 다른 것과는 판이하게 달랐으므로, 그들은 그것이 무언가 비범한 일을 나타내는 것이라고 결론지었다. 주목하라. 하나님께서 피조물들 가운데 놀랍게 나타나시면, 우리는 그의 생각과 거기에 담긴 그의 뜻을 탐문하게 된다. 그리스도께서는 하늘의 표적을 예언하신 바 있다. 그리스도의 탄생이 유대인 목자들에게는 천사를 통해서, 또한 이방인 철학자들에게는 별을 통해서 알려졌다. 하나님께서는 그 두 부류의 사람들에게 그들 자신에게 합당한 언어로, 그들이 가장 잘 알 수 있는 방식으로 말씀하신 것이다. 어떤 이들은 그리스도께서 탄생하신 그 날 밤 목자들이 그들 주위에서 보았던 바로 그 빛이 먼 거리에 살고 있던 박사들에게는 별 모양으로 나타났다고 생각한다. 그러나 이것은 쉽게 받아들일 수가 없다. 그들이 동쪽에서 보았던 그 별이 얼마 후에는 그리스도께서 누워 계신 집에까지 그들을 인도했기 때문이다. 그 별은 말하자면 그들을 그리스도에게로 인도할 목적으로 켜진 등불과도 같은 것이었다. 우상숭배자들은, 특히 동방의 민족들은별들을 하늘의 주인으로 경배하였다. 그리하여 행성들이 그들의 우상 신들의 이름들을 지니고 있는 것이다. 아모스 선지자는 그들이 높이 받들어 경배하던 신들의 별을 언급하고 있다(암 5:26). 잘못 오용되어오던 별들이 이렇게 해서 사람들을 그리스도께로 인도하는 올바른 용도로 사용되게 되었고, 이방인들의 신들이 그의 시종들이 된 것이다. 어떤 이들은 이 별이 그들에게, 한 별이 야곱에게서 나오고 한 규가 이스라엘에게서 일어나리라는 발람의 예언(민 24:17)을 생각나게 했다고 생각하기도 한다. 발람은 동쪽산에서 온 자로서 그 지방의 지혜자 중 한 사람이었다. 다른 이들은 그들이 탐문한 것은 그 당시 동방에 위대한 군주가 난다는 일반적인 기대가 있었던 때문이었다고 추정하기도 한다. 타키투스(Tacitus)는 그의 역사서(lib. 5)에서 이 점을 지적하고 있다: 많은 사람들이 몇몇 고대의 사제들의 글들 속에 그 시기쯤에 동방의 권세가 힘을 발휘하고 유대에서 나올 인물들이 정권을 차지하리라는 예언이 있다는 사고를 갖고 있었다. 수에토니우스(Suetonius) 역시 베스파시아누스의 생애에서 그것을 언급하고 있다. 그러므로 그 박사들이 이 범상치 않은 현상을 바로 그 왕을 지시해 주는 것으로 생각했다는 것이다. 우리는 하나님께서 그들의 생각 속에 신적인 감동을 일으키셔서 그들로 하여금 이 별을 그리스도의 탄생에 대한 하나의 증표로 해석하도록 만들어 주었다고 생각할 수도 있을 것이다.

IV. 그들이 이 탐문을 시행해 간 경위. 그들이 동방으로부터 예루살렘에 이르렀다. 유대인의 왕을 탐문하고자 하니, 그 모성(母城)인 예루살렘 이외에 어디로 가겠는가? 지파들 곧 여호와의 지파들이 그리로 올라가는도다(시 122:4). 그들은 이렇게 말했을지도 모른다: "그런 왕이 났다면, 조만간에 우리 나라에서도 그분에 대한 이야기를 듣게 될 것이고, 그 때에 그에게 경의를 표해도 늦지 않을 것이다." 그러나 그들은 그에 대해 더 상세히 알고자 마음이 조급하여, 그를 직접 탐문하고자 머나먼 길을 떠났다. 주목하라. 그리스도를 알고 그를 찾기를 진정 사모하는 자들은 그 어떠한 고통이나 위험도 무릅쓰고 그를 찾아 나서는 법이다. 우리가 여호와를 알자 힘써 여호와를 알자(호 6:3).

그들의 질문은 유대인의 왕으로 나신 이가 어디 계시냐는 것이었다. 그들은 유대 땅에 왕이 나셨느냐? 라고 묻지 않았다(그 점에 대해서 그들은 확신하고 있었다). 주목하라. 그리스도에 대해 무언가 아는 자들은 그에 대해 더 많이 알기를 사모하지 않을 수가 없다. 그들은 그리스도를 유대인의 왕이라 불렀다. 메시야가 그런 분이기 때문이다. 그는 과연 모든 영적 이스라엘의 보호자시요 통치자이시다. 그는 왕으로 나신 것이다.

그들은 이 질문에 대해 곧바로 답변을 얻을 것이라 기대했고, 온 예루살렘이 이 새 왕의 발 앞에 엎드려 경배하는 모습을 볼 것이라 믿어 의심치 않았다. 그러나 이리저리 물어보아도 이에 대해 정보를 주는 사람이 하나도 없었다. 주목하라. 우리가 생각하는 것보다 세상에는 — 그리고 교회에서도 마찬가지로 — 더 심각한 무지(無知)가 있는 것이다. 우리를 그리스도께로 인도하리라 생각되는 사람들 중에 그 자신들이 그리스도에 대해 외인(外人)인 자들이 허다한 것이다. 예루살렘의 딸들과 결혼한 자가 내 마음으로 사랑하는 자를 너희가 보았느냐 라고 물었던 것처럼(아 3:3), 그들은 유대인의 왕으로 나신 이가 어디 계시냐고 물었다. "그대들은 어째서 그런 질문을 하느냐?"라는 질문을 받았다면, 그들은 동방에서 그의 별을 보았기 때문이라고 답변했을 것이다. "그대들이 무슨 일로 그를 찾느냐? 동방의 사람이 유대인의 왕과 무슨 관계가 있느냐?"라는 질문을 받았다면, 그들은 그에게 경배하러 왔노라라고 곧바로 답하였을 것이다. 그들은 후에 세월이 흐르면 그가 자기들의 왕이 될 것이며, 따라서 그에게와 또한 그 주위의 사람들에게 경배하여 환심을 사놓는 것이 적절할 것이라고 결론짓고 있었던 것이다. 주목하라. 마음속에 샛별이 떠올라 그리스도에 관한 지식을 조금이라도 받은 자들은 그에게 경배하는 일을 반드시 자기들의 일로 삼게 되는 법이다. 우리는 과연 그리스도의 별을 보았는가? 그렇다면 그에게 영광과 존귀를 돌리기를 힘쓰도록 하자.

V. 이 탐문에 대한 예루살렘의 반응. 이 소식이 마침내 왕궁에까지 이르렀다. 헤롯 왕과 온 예루살렘이 듣고 소동한지라(3절). 그는 메시야와 그의 나라에 관한 구약의 예언들과 또한 다니엘의 예언에 의해서 그의 나타나실 때가 제시된 사실에 대해 전혀 문외한일 수는 없었다. 그러나 그렇게 오랜 세월 동안 성공적으로 통치를 해온 터였으므로, 그런 약속들이 영원히 이루어지지 않기를 바랐고, 그 약속들에도 불구하고 자기의 나라가 영원토록 강건해지기를 소망하기 시작하였다. 그러던 차에 이 왕이 탄생했다는 소식을 접했으니, 그의 심정이 어떠했겠는가? 그가 나타나실 그 정해진 때가 이르렀다니 말이다! 주목하라. 육신적인 욕심에 사로잡힌 악인의 마음은 그 어떠한 것보다도 성경의 성취를 가장 두려워하는 법이다.

그러나 헤롯은 에돔 사람이니 매우 당혹스러워했겠으나, 예루살렘은 그 왕이 오셨다는 소식에 분명 크게 기뻐하고 즐거워했을 것이라고 생각할 수도 있을 것이다. 그러나 이스라엘의 위로를 기다리던 소수를 제외하고 온 예루살렘이 헤롯과 더불어 소동하였다. 이제 새 왕이 탄생했으니 어떤 결과가 미칠지, 전쟁이 일어날 수도 있고 혹은 그들의 욕심들이 억제를 당할 수도 있다고 생각했을 것이다. 그리고 그들로서는 오직 헤롯 외에는 다른 왕을 사모하지 않았다. 메시야라니, 그는 더더욱 안 된다고 생각하였던 것이다. 주목하라. 영혼의 상태를 변혁시키는 일에 필연적으로 어려움이 생기기 마련이므로, 이것 때문에 어리석게도 하나님의 자녀들의 영광스러운 해방보다 죄의 노예로 있는 상태를 더 선호하는 사람들이 허다하다. 헤롯과 예루살렘은 메시야의 왕국이 세속의 권력과 충돌을 일으키고 그것을 간섭하리라는 그릇된 생각을 갖고 있었고, 그리하여 소동한 것이다. 그를 왕으로 선포한 그 별이 메시야의 왕국이 하늘에 속한 것이요 이 낮은 세상에 속한 나라가 아니라는 것을 분명히 드러내 보여주었는데도 말이다. 주목하라. 이 땅의 왕들과 그 백성들이 그리스도의 나라를 대적하는 것은 그 나라를 알지 못하고 그 나라에 대해 잘못 판단을 하고 있기 때문인 것이다.

　VI. 이 탐문에 대해 서기관과 제사장들로부터 얻은 도움(4-6절).　유대인의 왕이 어디 계신지를 아는 체할 수 있는 사람은 아무도 없었다. 그런데 헤롯은 그리스도가 어디에 나겠느냐고 물었다. 그는 대제사장들과 서기관들에게 그것을 물었다. 대제사장은 가르치는 자의 직분을 지닌 자들이었고, 서기관들은 율법 연구를 업으로 삼고 있던 자들이었다. 그들의 입술은 지식을 지켜야 하겠고 사람들은 그의 입에서 율법을 구하게 되어야 했다(말 2:7). 그리스도가 베들레헴에서 나시리라는 것은 일반적으로 알려져 있었다(요 7:42). 그러나 헤롯은 그것에 대해 참모들의 의견을 얻고자 했고, 그리하여 적절한 사람들에게 물었다. 그리고 확실한 답변을 듣고자 하여 모든 대제사장과 백성의 서기관들을 모아놓고 그들에게 구약 성경에 따르면 그리스도가 어디서 나겠느냐고 물은 것이다. 좋은 질문을 나쁜 의도로 제기하는 경우가 많은데, 헤롯의 이 질문이 그러했다.

　제사장들과 서기관들이 이 질문에 대해 답변하는 데에는 별로 시간이 오래 걸리지 않았다. 그들은 모두 이구동성으로 메시야가 다윗의 동네인 베들레헴에서 나실 것이라고 답변하였다. 여기서는 이를 유대 베들레헴이라고 부르는데, 이는 스불론 땅에 속한 같은 이름의 동네와 구별하기 위함이다(수 19:15). 베들레헴이란 떡의 집이라는 뜻인데, 참된 만나, 즉 세상의 생명을 위하여 하늘에서 내려오는 떡이신 그분이 나시기에 가장 적합한 곳이었다. 그들이 세시한 증거는 미가 5:2이었다. 거기서는 베들레헴 에브라다야 너는 유대 족속 중에 작을지라도(미가서에 이렇게 되어 있다) 유대 고을 중에서 가장 작지 아니하도다(여기 마태복음에 이렇게 되어 있다)라고 예언하고 있다. 베들레헴의 영광이 다른 성들처럼 사람의 숫자에 있지 않고, 거기서 날 왕의 위엄에 있기 때문이라는 것이다. 베들레헴이 작은 마을이었으나, 이스라엘 모든 성 중에서 가장 뛰어났다. 여호와께서 민족들을 등록하실 때에는 그 수를 세시며 이 사람이, 곧 사람이신 그리스도 예수께서 거기서 났다 하시리로다(시 87:6). 네게서 한 다스리는 자가, 곧 유대인의 왕이 나와서. 주목하라. 그리스도는 그를 자기들의 다스리는 자로 모시기를 원하는 자들에게만 구원자가 되실 것이다. 베들레헴은 다윗의 동네였다. 곧, 다윗이 베들레헴의 영광이었다. 그러므로 다윗의 자손끼 후세자는 거기서 나셔야만 했던 것이다. 베들레헴 성문 곁에 유명한 우물이 하나 있었는데, 다윗이 물을 마시기를 사모한 곳이었다(삼하 23:15). 그리스도 안에서 우리는 먹고 살 떡만 있는 것이 아니라, 와서 생명수도 값없이 취할 수 있는 것이다. 여기서 유대인들과 이방인들이 예수 그리스도에 대한 사실들을 어떻게 비교하는지를 관찰하라. 이방인들은 별을 보고 그의 탄생의 때를 알았고, 유대인들은 성경을 통해서 그의 탄생의 장소를 알았고, 그리하여 서로에게 알려줄 수가 있었다. 주목하라. 우리가 아는 바를 서로 나누면 지식을 늘리는 데에 상당한 도움이 될 것이다. 사람들은 서로 거래하고 물건들을 교환하여 부를 축적시킨다. 이와 마찬가지로 우리의 지식을 다른 이들에게 전달해 주면 그들이 자기들의 것을 우리에게 전해 줄 것이고, 많은 사람이 빨리 왕래하며 지식이 더하리라(단 12:4).

Ⅶ. 이 탐문으로 인하여 생겨난 헤롯의 사악한 계획(7, 8절). 헤롯은 이미 35년 동안 통치하여 늙었다. 이 새 왕은 이제 갓 출생하였고, 앞으로도 여러 해 동안 별 영향을 미치지 못할 것이었다. 그러나 헤롯은 그를 시기하였다. 왕위에 앉은 사람은 후계자도 생각하기를 싫어하는 법이니, 하물며 경쟁적인 다른 왕이야 더 말할 것도 없다. 그러므로 이 어린 왕의 피를 보기 전에는 만족하지 못할 것이다. 그러므로 그는 만일 이 갓난아기가 과연 메시야라면 그를 대적하거나 그를 처단하려 하는 행위야말로 하나님을 대적하는 것이며, 따라서 그보다 더 헛되고 더 위험한 일이 없을 것이라는 생각이 도무지 들어오지 않았다. 격한 감정이 이성과 양심을 휘어잡는 법이다.

1. 그가 얼마나 간교하게 그 계획을 세우는지를 보라(7, 8절). 이에 헤롯이 가만히 박사들을 불러 이 문제에 대해 이야기하였다. 그는 자신의 두려움과 시기심을 겉으로 드러내지 않았다. 박사들이 그것을 안다면 그것이야말로 자신의 치욕이 될 것이고, 백성들도 알게 될 위험이 있었던 것이다. 죄인들은 아무도 모르게 속으로 은밀한 두려움에 짓눌려 있는 경우가 많다. 헤롯은 박사들에게 별이 나타난 때를 자세히 물었다. 그 시점에 따라서 적절한 조치를 취하고자 함이었다. 그리고 나서 그들에게 아기에 대하여 자세히 알아보고 와서 알려 달라고 명하였다. 만일 그가 나도 가서 그에게 경배하게 하라라고 하며 겉으로 신앙적인 모습을 보이지 않았다면, 이 모든 일들이 의심스럽게 보였을 것이다. 주목하라. 가장 심한 사악함은 경건의 가면 속에 자신의 정체를 감추는 경우가 많은 법이다. 압살롬은 그의 역모(逆謀)를 맹세로 위장하였다.

2. 이상하게도 헤롯이 이 일에서 참 어리석었던 것을 보라. 그는 어리석게도 박사들을 신뢰하였고, 자기에게 충성된 다른 신하들을 따로 보내지 않았다. 베

들레헴은 예루살렘에서 불과 10km 정도밖에 안 되는 거리에 있었다. 그러니 정탐꾼을 보내어 얼마든지 박사들의 행동을 주시하다가, 그들이 아기에게 경배할 때에 그 아기를 처단할 수도 있었을 것이었다! 주목하라. 교회를 쉽게 망하게 만들 수 있는 방법들이 있는데도 하나님께서는 교회의 원수들의 눈을 가리셔서 그것들을 보지 못하게 하실 수 있다. 하나님께서 모사를 벌거벗겨 끌어가시고자 뜻하시면, 그는 재판장을 어리석은 자가 되게 하시는 방법을 쓰시는 것이다(욥 12:17).

⁹박사들이 왕의 말을 듣고 갈새 동방에서 보던 그 별이 문득 앞서 인도하여 가다가 아기 있는 곳 위에 머물러 서 있는지라 ¹⁰그들이 별을 보고 매우 크게 기뻐하고 기뻐하더라 ¹¹집에 들어가 아기와 그의 어머니 마리아가 함께 있는 것을 보고 엎드려 아기께 경배하고 보배합을 열어 황금과 유향과 몰약을 예물로 드리니라 ¹²그들은 꿈에 헤롯에게로 돌아가지 말라 지시하심을 받아 다른 길로 고국에 돌아가니라

박사들은 이 갓난 유대인의 왕에게 겸손하게 경배하고, 그에게 존귀를 드렸다. 그들은 그 아기를 끝까지 찾으리라는 결심으로 예루살렘을 떠나 베들레헴으로 갔다. 그런데 그들이 홀로 그 곳으로 갔다는 것이 매우 이상하다. 왕궁이나 교회, 혹은 예루살렘의 사람 중에 몇 명이라도 양심으로는 아니더리도 그 박사들에 대한 예우 차원에서나 혹은 이 갓난 왕에 대한 호기심으로라도 그들과 함께 갔을 법한데, 그렇지 않았던 것이다. 심판 때에 남방 여왕이 일어나 이 세대 사람을 정죄하리라고 말씀하는데(마 12:41), 이 동방 박사들도 그 당시 사람을 정죄할 것이다. 그들은 먼 나라에서 와서 그리스도께 경배했으나, 그의 혈족(血族)인 유대인 중에는 일어나 옆 동네로 가서 그에게 경배한 사람이 하나도 없었기 때문이다. 그들이 찾던 그 왕이 집에 그렇게 무시당한 상태로 계시는 것을 보고 박사들은 크게 실망했을지도 모른다. 우리는 유대인의 왕에게 경의를 표하기 위해 이렇게 멀리서부터 왔는데 유대인들은 그와 우리를 이렇게 무시해버리다니, 어떻게 이럴 수가 있는가? 그러나 그들은 끝까지 결심대로 행하였다. 주목하라. 다른 사람들이 어떻게 행하든 간에 우리는 비록 우리 혼자서라도 계속해시 그리스도께 경배해야 하고, 그를 섬겨야 한다. 그들이 우리와 함께 천국에 가지 않으려 할지라도, 그들과 함께 지옥에 갈 수는 없는 것이다.

I. 그들은 본국에서 보았던 그 동일한 별을 통해서 그리스도를 찾아냈다(9, 10 절). 관찰하라.

1. 하나님께서 은혜롭게 그들을 인도하셨다. 별이 처음 나타났을 때에 그것을 보고서 어디서 이 왕에 대해 탐문해야 할지를 알게 되었고, 그리고 그 별이 사라져서, 그들은 일상적인 방법을 동원하여 탐문을 행할 수밖에 없게 되었다. 주목하라. 일상적인 수단이 있을 때에는 비범한 놀라운 도움이 있기를 기대해서는 안 된다. 그들은 할 수 있는 한 그 문제를 스스로 추적하였고, 결국 베들레헴에까지 갔다. 그러나 그 곳은 사람이 많이 사는 동네였으니, 거기까지 갔다 해도 어떻게 그를 찾을 수 있겠는가? 여기서 그들은 난관에 봉착하였고, 어찌할 바를 몰랐다. 그러나 그들은 그들을 말씀으로 거기까지 인도하신 하나님께서 거기서 그들을 버려 두지 않으실 것을 믿었고, 과연 그는 그렇게 하지 않으셨다. 동방에서 보던 그 별이 다시 보인 것이다! 주목하라. 의무를 다하기 위하여 할 수 있는 데까지 나아가면, 하나님께서 인도하사 우리 스스로 할 수 없는 일을 할 수 있게 하실 것이다. 일어나 행하라 주께서 너와 함께 계시리라. Vigilantibus non dormientibus, succrit lex (법은 게으른 자가 아니라 행동하는 자에게 도움을 베푼다). 그 별이 한동안 그들을 떠나 있었으나, 이제 다시 돌아왔다. 어둠 속에서 하나님을 따르는 자들은 빛이 자기들을 위해 예비되어 있음을 알게 될 것이다. 이스라엘은 불기둥으로 인도함 받아 약속의 땅으로 나아갔고, 박사들은 별로 인도함 받아 친히 광명한 새벽 별(계 22:16)이신 그 약속의 후손에게 나아간 것이다. 하나님께서는 부지런히 신실하게 그를 찾는 자들을 난관 가운데 내버려두지 않으시고 새 일을 창조하신다. 이 별은 하나님께서 그들과 함께 계시다는 하나의 증표였다. 그는 빛이시요, 또한 그 백성의 인도자로서 그들보다 앞서 가시는 것이다. 주목하라. 우리가 범사에 믿음으로 하나님을 바라보면, 우리가 그의 역사하심 아래 있음을 보게 될 것이다. 그가 우리의 갈 길을 가르쳐 보이시고(시 32:8) 이것이 갈 길이니 이리로 걸으라고 말씀하시며, 그리스도를 따르는 자들의 마음에 샛별이 떠오를 것이다(벤후 1:19).

2. 그들이 얼마나 기쁜 마음으로 하나님의 인도하심을 좇았는지를 관찰하라. 그들이 별을 보고 매우 크게 기뻐하고 기뻐하더라. 이제 그들은 자기들이 속은 것이 아니며, 이 기나긴 여정도 헛된 것이 아니라는 것을 알았다. 소원이 이루어지는 것은 곧 생명 나무니라(잠 13:12). 그들은 하나님께서 그들과 함께 계시다는

것을 확신하였다. 그의 임재와 보살피심의 증표가 있으면, 그것들의 가치를 가늠할 줄 아는 자들의 마음은 말할 수 없는 기쁨으로 가득 차지 않을 수가 없는 법이다. 얼마 전에는 예루살렘이 그들을 바보짓을 하는 자들로 비웃었으나, 이제는 그들이 예루살렘의 유대인들을 비웃을 수 있게 되었다. 성 안을 순찰하는 자들은 아무 소식도 줄 것이 없으나, 그들을 지나치자마자 마음에 사랑하는 자를 만난 것이다(아 3:3, 4). 사람에게는 아무리 적게 기대해도 지나침이 없으며, 하나님께는 아무리 크게 기대해도 지나침이 없는 것이다. 별을 보았을 때에 이 박사들의 기쁨이 어떠했겠는가! 오랫동안 종의 영의 권세 아래에서 외로운 유혹과 버려짐의 밤을 보낸 후에 마침내 친히 우리의 영과 더불어 우리가 하나님의 자녀인 것을 증언하시는 양자의 영을 받는 자들만큼 그 심정을 잘 알 사람은 없다. 이것은 어둠에서 빛으로 해방된 것이요, 죽은 자 가운데서 살아난 것이다. 새벽 별을 보았으니, 이제 그들은 주의 그리스도와 의로운 해를 속히 볼 소망을 가질 만했다. 주목하라. 그리스도께로 나아가는 길을 보여주는 것이면 무엇이든 다 기뻐해야 마땅하다. 이 별은 박사들을 왕의 접견실(接見室)에로 그들을 인도하기 위해 보냄을 받은 것이요, 그들은 이 안내자의 안내를 받아 그에게로 나아갔던 것이다. 하나님께서는 기쁘게 공의를 행하는 자와 그의 계명을 지키는 자들을 만나주시겠다고 약속하신다(사 64:5). 여호와를 구하는 자들은 마음이 즐거울지로다(시 105:3). 주목하라. 하나님께서는 때때로 어린 회심자들이 하나님의 길을 걸어가는 동안 난관에 봉착할 때에 그들에게 그의 사랑의 증표들을 보여주시고 그들을 격려하시기를 기뻐하신다.

Ⅱ. 그들이 그 아기를 만나 그에게 어떻게 대하는지를 관찰하라(11절). 이들이 그 아기 왕이 비록 나라에게는 무시를 당하였으나 그 집에서는 존귀하게 높임을 받는 모습을 보게 될 것을 기대했을 것이라고 얼마든지 상상할 수 있을 것이다. 그런데 이 초라한 움막이 그의 왕궁이며, 그의 가난한 어머니가 그를 시종하는 사람의 전부라는 것을 알았을 때에 얼마나 실망이 컸겠는가! 이것이 세상의 구주란 말인가? 이것이 유대인의 왕인가, 세상의 왕중의 왕이란 말인가? 그렇다. 이분이 바로 그분이시다. 그는 부요하신 이로서 우리를 위하여 가난하게 되셨다(고후 8:9). 그러나 이 박사들은 지혜로운 자들이어서 이 휘장을 관통하여 보았고, 이 멸시받는 아기에게서 아버지의 독생자의 영광을 보았다. 그리하여 그들의 탐문이 헛되지 않았음을 알았다. 그렇게 찾던 왕을 마침내 찾자, 그들은

먼저 그들 자신을 그에게 내어드렸고 그 다음에 예물을 드렸다.

1. 그에게 그들 자신을 내어드렸다: 엎드려 아기께 경배하고. 헤롯은 높은 권좌에서 왕의 위엄을 지니고 있었으나 그에게는 이들이 그런 경의를 표했다는 기록이 없다. 그런데 이 아기께는 이 존귀를 드렸다. 그저 한 왕으로서가 아니라 (만일 그랬다면 헤롯에게도 똑같이 존귀를 드렸을 것이다) 하나님으로서 존귀를 드린 것이다. 주목하라. 그리스도를 발견한 자들은 모두 그의 앞에 엎드려 그를 찬송하고 자신을 그에게 굴복시키는 법이다. 그는 네 주인이시니 너는 그를 경배할지어다(시 45:11). 만일 그들이 겸손하고도 신실하게 주 예수를 예배하는 자들이라면, 이것이야말로 가장 지혜로운 자의 지혜일 것이며, 그들이 그리스도를 알고 그들 자신과 및 그들의 참된 관심사를 깨닫고 있다는 것이 이로써 나타날 것이다.

2. 보배합을 열어 황금과 유향과 몰약을 예물로 드리니라. 동방 나라들에서는 왕을 알현할 때에 예물을 드려 경의를 표하였다. 그리하여 스바 왕들이 그리스도께 굴복하여 예물을 드리는 일이 언급되는 것이다(시 72:10). 스바 사람들은 다 금과 유향을 가지고 와서 여호와의 찬송을 전파할 것이며(사 60:6). 주목하라. 우리는 우리가 가진 모든 것을 예수 그리스도께 드려야 한다. 우리 자신을 그에게 진정 굴복시키려면, 우리가 가장 아끼는 것이나 가장 값진 것을 그에게, 또한 그를 위하여 포기하기를 꺼리지 말아야 한다. 먼저 우리 자신을 산 제물로 그에게 드리지 않으면, 우리의 예물도 받아들여지지 않는 것이다. 여호와께서 아벨을 돌아보시고, 그 다음에 그의 제물을 받으셨다. 그들이 드린 예물은 황금과 유향과 몰약이었다. 곧 돈과 돈의 값어치가 있는 것들이었다. 당시 가난한 처지에 있던 요셉과 마리아에게 이런 섭리를 통해서 필요한 재물이 공급된 것이다. 이 예물들은 그들 나라에서 나온 것들이었다. 우리는 하나님께서 은혜로 우리에게 공급해 주시는 것으로 그에게 영광을 돌려야 할 것이다. 어떤 이들은 그 예물들 자체가 의미 있는 것들이었다고 본다. 황금은 그 아기를 왕으로 여겨 그에게 조공을 드린 것이라고 한다. 가이사의 것을 가이사에게 드린 것이라는 것이다. 유향은 하나님으로 여겨 향연으로 그를 존귀하게 하는 의미를 지니며, 몰약은 죽을 사람으로 여겨 그를 존귀하게 하는 의미를 지녔다는 것이다. 몰약은 사람의 시체를 처리하는 데에 사용되었기 때문이다.

Ⅲ. 그에게 경배한 후 그들이 어떻게 떠났는지를 관찰하라(12절).   헤롯은

박사들에게 그들이 알아본 바를 자기에게 알려줄 것을 요청했었고, 만일 다른 일이 일어나지 않았다면 그들은 헤롯의 악한 계교를 의심하지 않고 그대로 알려 주었을 것이다. 정직하고 선한 사람들은 다른 이들도 자기들과 같을 것이라고 그냥 믿어버리고, 세상이 얼마나 악한지를 생각하지 못하는 경우가 얼마나 많은지 모른다. 그러나 주께서 경건한 자를 시험에서 건지실 줄 아시는 것이다(벧후 2:9). 박사들이 헤롯에게 다시 돌아가겠다고 약속했는지는 알 수 없으나, 만일 그렇게 약속했다면, 하나님이 허락하시면이라는 일상적인 단서를 붙였을 것이다. 그런데 하나님께서는 허락하지 않으셨고, 그리하여 아기 예수에 대한 헤롯의 음모를 방지하셨고, 박사들이 자기도 모르는 사이에 그 음모에 가담하게 되는 일을 막으신 것이다. 그들은 하나님께 지시하심을 받았다. 말씀으로 지시하심을 받아. 어떤 이들은 그들이 하나님의 인도하심을 구했고, 이것이 바로 그것에 대한 응답이라고 보기도 한다. 주목하라. 조심스럽게 행하며 죄와 함정을 두려워하는 자들이 하나님께 지도하시기를 구하면, 올바른 길로 인도함 받기를 기대할 수 있을 것이다. 박사들은 헤롯에게로도 예루살렘으로도 돌아가지 말라 지시하심을 받았다. 그들에게는 그리스도에 관하여 알려줄 만한 가치가 없는 자들이었고, 눈으로 보았다 해도 받아들이지 않았을 것이다. 그들은 다른 길로 고국에 돌아가 그 동족들에게 복된 소식을 전하였다. 그런데 이상한 일은 그들에 대해 더 이상의 언급이 없고, 그들이나 그늘의 동족들이 그 구유에 누워 계실 때에 경배했던 그를 후에 성전에서 경배했다는 언급이 없다는 점이다. 여하튼, 그들이 하나님의 지시하심을 받아 다른 길로 돌아갔다는 것은 그들이 이 아기를 하늘에서 오시는 주로 믿었다는 것을 다시 한 번 확증해 준다 할 것이다.

¹³그들이 떠난 후에 주의 사자가 요셉에게 현몽하여 이르되 헤롯이 아기를 찾아 죽이려 하니 일어나 아기와 그의 어머니를 데리고 애굽으로 피하여 내가 네게 이르기까지 거기 있으라 하시니 ¹⁴요셉이 일어나서 밤에 아기와 그의 어머니를 데리고 애굽으로 떠나가 ¹⁵헤롯이 죽기까지 거기 있었으니 이는 주께서 선지자를 통하여 말씀하신 바 애굽으로부터 내 아들을 불렀다 함을 이루려 하심이라

여기서는 그리스도께서 헤롯의 잔악한 처사를 피하여 그리스도께서 애굽으로 도피하시는데, 이는 박사들이 그에 대해 탐문한 결과로 일어난 일이

었다. 그 이전에는 그가 희미한 가운데 누워 계셨던 탓에 보호를 받았었다. 그저 갓난 그리스도께 최소한의 경의를 표한 것이 전부였으나(그는 마땅히 그 이상의 경배를 받으셨어야 했다), 이로 인하여 그 백성들 중에서 그가 존귀히 여김을 받으시기는커녕, 오히려 그가 전면에 드러나시는 결과가 초래된 것이다.

여기서 다음과 같은 사실들을 관찰하라.

I. 이에 대해 요셉에게 주어진 명령(13절).   요셉은 아기에게 닥친 위험도 몰랐고, 그것을 어떻게 피해야 할지도 몰랐으나, 하나님께서는 그 전에 그에게 지시하셨던 것과(1:20) 똑같이 사자를 통하여 그에게 현몽하셨다. 요셉은 과거에 그리스도와 관계를 맺기 전에는 지금처럼 천사들과 대화를 나눈 일이 별로 없었다. 주목하라. 믿음으로 그리스도와 영적인 관계 속에 있는 자들은 전에는 전혀 알지도 못했던 하늘과의 교제와 교류를 갖는 것이다.

1. 요셉은 천사들에게서 그들의 위험이 무엇인지를 듣는다. 헤롯이 아기를 찾아 죽이려 하니. 주목하라. 하나님은 교회의 원수들의 모든 잔혹한 계교와 음모들을 다 알고 계신다. 하나님은 산헤립에게 네가 나를 거슬러 분노함을 내가 아노라고 말씀하셨다(사 37:28). 복되신 예수께서는 그 어린 갓난아기 시절부터 고난을 당하셨다! 후에 성인이 되어서는 온갖 고생과 위험을 당하는 사람들도 대개 어린 시절은 평화롭고 조용하게 보내는 것이 상례인데, 복되신 예수님의 경우는 그렇지 못했다. 그의 삶과 고난이 동시에 시작된 것이다. 그는 예레미야처럼 나실 때부터 성별되셨고(렘 1:5) 온 세계에 다투는 자와 싸우는 자를 만날 자로 출생하신 것이다(렘 15:10). 그들이 내가 어릴 때부터 여러 번 나를 괴롭혔도다(시 129:1). 바로의 잔혹함이 히브리인들의 자녀들을 옥죄었고, 큰 붉은 용이 해산하려는 여자 앞에서 그가 해산하면 그 아이를 삼키고자 하였다(계 12:4).

2. 그는 위험을 피하기 위해서 해야 할 일을 지시받았다: 일어나 아기와 그의 어머니를 데리고 애굽으로 피하여 내가 네게 이르기까지 거기 있으라. 이렇게 해서 그리스도께서는 자신이 제시하신 법칙을 일찍부터 모범으로 보이셨다: 이 동네에서 너희를 박해하거든 저 동네로 피하라(10:23). 그는 우리를 위해 죽기 위해 이 땅에 오셨으나, 그의 때가 아직 이르지 아니하였으므로 자신의 안전을 위하여 도피하셨다. 자연의 법칙의 일부인 자기 보존(self-preservation)은 하나님의 법의 일부이기도 한 것이다. 피하라! 그러나 어째서 애굽으로 피하라고 하는가? 애굽은 우상숭배와 폭정(暴政)과 하나님의 백성에 대한 적대감으로 악명 높았다.

그 곳은 이스라엘이 종살이를 했던 곳이요, 특히 이스라엘의 유아들에게 잔인했던 곳이다. 라마에서와 같이 애굽에서도 라헬이 그 자식을 위하여 애곡했었다. 그러나 바로 그 곳이 아기 예수의 피난처로 지정된 것이다. 주목하라. 하나님께서 기뻐하시면 최악의 장소라도 최고의 목적을 이루게 하실 수 있다. 온 땅이 다 여호와의 것이기 때문이다. 그는 무엇이든 자신이 기뻐하시는 것을 사용하시며, 때로는 땅이 여자를 돕기도 하는 것이다(계 12:16). 모압을 그의 버린 자들의 보금자리로 만드신 하나님께서는 애굽을 그의 아들을 위하여 피난처로 삼으신다. 애굽을 택하신 목적으로 다음과 같은 점들을 생각할 수 있을 것이다.

(1) 요셉과 마리아의 믿음을 시험하기 위하여. 그들은 다음과 같이 생각할 유혹을 받았을지도 모른다: '우리가 들은 말씀대로 이 아이가 과연 하나님의 아들이라면, 이런 식으로 수치스럽게 도망하는 것 말고도 얼마든지 이 벌레 같은 사람에게서 그를 보호할 수 있는 다른 방도가 있지 않을까? 천군 천사들을 소집하여 그를 호위하게 하시거나, 화염검을 지닌 그룹들로써 이 생명 나무를 지키게 하실 수도 있지 않을까? 헤롯을 쳐서 죽게 하거나, 그를 대적하여 뻗은 그의 손을 마르게 하셔서 이 어려움에서 벗어나게 하실 수도 있지 않을까?' 그들은 최근에 그가 주의 백성 이스라엘의 영광이시라는 말씀을 들었었다(눅 2:32). 그런데 이스라엘 땅이 그렇게도 속히 그에게 괴로움의 땅이 된단 말인가? 그러나 그들이 그런 반론을 제기했다는 증서를 찾을 수가 없다. 시련 가운데서도 그들의 믿음이 굳건해졌고, 이적이 일어나 그를 보호한 것도 아니고 그저 일상적인 수단을 사용할 수밖에 없는 상황에서도 그들은 그 아들이 하나님의 아들이심을 믿었던 것이다. 요셉은 이 복된 처녀의 남편이 되는 큰 존귀를 얻었으나, 이 세상의 모든 존귀가 그렇듯이 그 존귀는 어려운 난관을 수반하는 것이었다. 요셉은 아기를 데리고 애굽으로 떠나야 했던 것이다. 아기와 그의 어머니를 위해서 하나님께서 얼마나 배려하셨는가 하는 것이 요셉을 그들의 보호자로 지명하신 데에서 잘 나타난다. 게다가 박사들이 가져다 준 황금이 또한 그 때에 요긴하게 쓰였을 것이다. 하나님은 그의 백성의 환난을 미리 보시고 그들보다 미리 앞서서 모든 것을 예비해 두고 계신다. 하나님께서 친히 역사하사 그를 보호하시고 인도하시리라는 것이 내기 내게 이르기까지 거기 있으라는 말씀에서 분명히 나타났고, 그리하여 요셉은 다시 하나님의 말씀을 듣게 될 것을 기대하였고 새로운 명령이 없이는 움직이지 않으리라는 결심을 갖게 되었다. 하

나님께서는 항상 그를 의지하는 그의 백성을 반드시 지키시는 것이다.

(2) 우리 주 예수의 낮아지심의 한 가지 실례를 보여주기 위하여. 베들레헴의 여관에 그를 위한 방이 하나도 없었던 것처럼, 유대 땅에 그가 조용히 지내실 만한 곳이 없었다. 그리하여 그는 이 땅의 가나안으로부터 쫓겨나셨다. 이는 죄로 말미암아 하늘의 가나안으로부터 쫓겨나 있는 우리로 하여금 영원토록 버려진 상태에 있지 않도록 하시기 위함이었다. 어느 때라도 우리와 우리의 아기들이 곤란 중에 있다면, 그리스도께서도 아기 때에 곤란을 당하셨음을 기억하도록 하자.

(3) 그리스도를 그렇게도 하찮게 여긴 유대인들에 대하여 하나님께서 불쾌히 여기신다는 하나의 증표로서. 자기를 가볍게 여긴 자들에게서 떠나시는 것은 지극히 정당한 일이다. 후에 유대인들이 복음을 거부할 때에 사도들이 이방인들에게 복음을 들고 나아가게 되는데, 여기의 이 일은 그 이방인들에 대하여 하나님께서 자비를 베푸신다는 하나의 보증이라 할 것이다. 그리스도께서 억지로 유대를 떠나실 때에 애굽이 그리스도를 맞아들인다면, 머지않아서 그들은 내 백성 애굽이여(사 19:25)라는 말씀을 듣게 될 것이다.

II. 이 명령에 대한 요셉의 순종(14절). 아기와 그의 어머니에게는 그 여정이 매우 불편하고도 위험천만한 것이었을 것이다. 여러 가지가 잘 구비되어 있지 못했고, 십중팔구 애굽에서도 냉대를 받을 것이었다. 그러나 요셉은 하늘의 명령에 불순종하지 않았다. 반대도 하지 않았고 불순종하여 꾸물거리지도 않았다. 명령을 받자마자 그는 즉시 일어나서 밤에, 즉 명령을 받은 바로 그 날 밤에 애굽으로 떠났다. 주목하라. 확실하게 순종하는 자들은 반드시 속히 실천하는 법이다. 그 옛날 조상 아브라함이 갈 바를 알지 못하고 하나님께 모든 것을 의지하고 떠났던 것처럼(히 11:8), 요셉도 그렇게 떠났다. 요셉과 그의 아내는 이런 상황에 별로 개의치 않았다. 풍족한 상황에서는 급히 도피해야 할 때에도 지체하게 되기가 쉽다. 부자가 자기들의 소유를 지니고 있을 때에는 가난한 자보다 여러 가지로 유리한 점이 많으나, 소유한 것들을 버려야 할 때에는 가난한 자가 부자보다 유리한 것이다.

요셉이 … 아기와 그의 어머니를 데리고 애굽으로 떠나가. 어떤 이들은, 여기서 아기를 주요 인물로 먼저 언급하고 또한 마리아를 가리켜 요셉의 아내라 하지 않고 그 아기의 어머니라고 불러서 그녀의 큰 위엄을 나타내고 있다는 점을 지적하기도 한다. 이 요셉은 형제들에게 미움을 받아 가나안으로부터 애굽으로 팔려간 첫째 요셉과는 달랐다. 이 요셉은 애굽에서 환영받아야 마땅했던 것이다.

전승에 신빙성을 둘 수 있을지 모르겠으나, 한 전승에 의하면 그들은 애굽에 들어가서 우연히 한 신전에 들어가게 되었는데, 그 때에 여호와께서 빠른 구름을 타고 애굽에 임하시리니 애굽의 우상들이 그 앞에서 떨겠고(사 19:1)라는 예언에 따라서 눈에 보이지 않는 능력에 의하여 모든 우상들이 다 넘어져 있었다고 한다. 그들은 헤롯이 죽기까지 애굽에서 계속 머물러 있었다. 어떤 이들은 이 기간을 7년으로 보고, 또 어떤 이들은 여러 달이 채 못된다고 보기도 한다. 그들은 거기서 성전과 성전의 예배로부터 멀리 떨어져 우상숭배자들 가운데 있었다. 그러나 하나님께서 그들을 그리로 보내셨으니, 그들에게 반드시 긍휼을 베푸실 것이었다. 비록 주의 성전으로부터 멀리 떠나 있었으나, 성전의 주님께서 그들과 함께 계신 것이었다. 하나님의 규례들로부터 어쩔 수 없이 벗어나 있고 억지로 악인들과 함께 있는 것은 선인(善人)이 당할 몫일지언정 죄는 아니다. 그러나 그렇더라도 그들에게는 큰 고통일 수밖에 없다.

Ⅲ. 이 일로 성경이 성취됨. 내 아들을 애굽에서 불러냈거늘(호 11:1)이라는 성경의 예언이 이로써 성취되었다. 마태는 그리스도와 관련되는 문제에서 성경의 성취 사실을 가장 많이 주목하고 있다. 그의 복음서는 유대인들을 위한 것이므로, 성경의 성취 사실이 그의 보도에 큰 힘과 광채를 불어넣어 주기 때문이었다. 여기 이 예언의 말씀은 이스라엘을 애굽에서 구원하신 사실을 지칭하는 것이 분명하다. 그 때에 하나님께서는 그들을 그의 아들로, 맏아들로 소유하셨던 것이다(출 4:22). 그러나 여기서는 유비(類比)를 사용하여 그 말씀을 교회의 머리이신 그리스도께 적용시키고 있다. 주목하라. 성경은 여러 차례 성취되는데, 그 성취는 충만하고 풍성하며 모든 일에 질서가 있는 법이다. 하나님께서는 날마다 성경을 성취하고 계신다. 성경은 사사로이 해석할 것이 아니다. 우리는 성경의 폭을 충만히 인정해야 한다. "이스라엘이 어렸을 때에 내가 사랑하였고, 내가 그를 사랑하여 애굽에 있는 동안 그를 크게 하였도다. 그러나 내가 그를 사랑하였으므로 정한 때에 내가 그를 애굽에서 불러냈도다." 이 본문을 읽는 사람들은 그 생각 속에서 과거를 돌아볼 뿐 아니라 앞을 내다보아야 한다: 이미 있던 것이 후에 다시 있겠고(전 1:9). 그리고 본문의 표현 방식이 이를 시사한다.

내가 그를 불렀다고 하지 않고, 내가 내 아들을 애굽으로부터 불렀다고 하기 때문이다. 주목하라. 하나님의 아들들이 낯선 땅 애굽에서 종 노릇 한다는 것은 새로운 일이 아니다. 그러나 그들이 다시 거기서 나올 것이다. 그들이 애굽에 감추어져 있을지라도, 거기에 계속 남아 있지는 않을 것이다. 하나님의 모든 택한 자들은 본질상 진노의 자식들이며 영적인 애굽에서 났으나, 회심 때에 유효적으로 부름을 받는다. 그리스도께서 애굽에 계셨다는 사실에 대해 이의를 제기할 수도 있을 것이다. 그러나 의로운 해는 당연히 어둠의 땅에서 솟아오르는 법이 아닌가! 그리스도께서 한때 애굽에 계셨다는 사실이 전혀 이상한 일이 아님을 이로써 알 수 있다. 이스라엘은 애굽에서 나왔고, 그리하여 최고의 존귀에까지 올라갔는데, 그리스도의 경우도 정확히 이와 일치하는 것이다.

[16]이에 헤롯이 박사들에게 속은 줄 알고 심히 노하여 사람을 보내어 베들레헴과 그 모든 지경 안에 있는 사내아이를 박사들에게 자세히 알아본 그 때를 기준하여 두 살부터 그 아래로 다 죽이니 [17]이에 선지자 예레미야를 통하여 말씀하신 바 [18]라마에서 슬퍼하며 크게 통곡하는 소리가 들리니 라헬이 그 자식을 위하여 애곡하는 것이라 그가 자식이 없으므로 위로 받기를 거절하였도다 함이 이루어졌느니라

I. 박사들이 떠나간 사실에 대한 헤롯의 분노. 그는 박사들이 돌아오기를 기다렸다. 더디기는 하지만 그들이 반드시 돌아오기를 바랐고, 그렇게 되면 이 경쟁 상대를 곧바로 처단하리라 생각했다. 그러나 사람을 보내어 알아보니 그들이 다른 길로 돌아갔다는 것이 밝혀졌고, 그리하여 그의 시기가 더 심해졌다. 그들이 혹 이 새로운 왕에 대해 관심이 있는 것이 아닌가 하는 의혹이 생겼고, 그리하여 심히 노하였다. 이런 실망 가운데서 그는 더욱 절박해졌고 잔인무도해졌다. 주목하라. 뿌리깊은 부패는 그 죄악된 행위가 장애를 만나면 더욱 기승을 부리는 법이다.

II. 나신 왕 예수를 제거하기 위한 그의 정치적 계략. 그는 구체적인 시도로 그를 처단할 수 없다면, 전면적인 공격을 통해서라도 그를 처단해야겠다고 생각하였다. 곧, 전쟁시에 검을 사용하듯이, 무차별하게 여러 사람들을 죽이는 방법이 그것이다. 이렇게 하면 확실할 것이다. 자기 자신의 악을 제거하려는 자들은 반드시 자기의 악을 모두 제거해야만 확실한 법이다. 헤롯은 에돔 사람이었

고, 이스라엘에 대한 적대감이 그의 가슴 속에 있었다. 도엑도 에돔 사람으로서 사울을 위하여 여호와의 제사장들을 다 살육하였다(삼상 22:18, 19). 헤롯이 그렇게 피비린내 나고 야만적이며 그렇게 비인간적인 방법을 사용할 수 있었다는 것은 이상한 일이었다. 그러나 악인의 손에는 악한 도구가 얼마든지 있는 법이다. 어린아이들은 인간의 법으로는 물론 인간의 본성으로도 언제나 특별히 보호하는 법인데, 이 폭군의 격렬한 분노에 이들이 희생되고 만다. 이 사람 헤롯의 통치 하에서는, 마치 네로의 통치에서처럼, 무죄하다는 것이 절대로 안전을 보장해주지 못했던 것이다. 헤롯은 그의 통치 내내 피를 흘린 사람이었다. 바로 얼마 전에 그는 산헤드린 전체를 완전히 파괴시켜버렸다. 하지만 피에 굶주린 사람에게는 피를 흘린다는 것이 마치 목마른 사람이 물을 마시는 것과도 같은 법이다. Quo plus sunt potae, plus sitiuntur aquae(마실수록 더 목이 마른 법이다). 헤롯은 이 당시 70세 가량 되었으므로, 두 살부터 그 아래의 아이들은 그에게는 아무런 장애가 못되었을 것이다. 그는 자기 자녀에 대해서도, 고관(高官)들의 자녀에 대해서도 특별히 애정이 있는 사람이 아니었다. 그는 전에 자기의 두 아들, 알렉산더(Alexander)와 아리스토불루스(Aristobulus)를 죽였고, 또한 사망하기 닷새 전에는 그의 아들 안티파터(Antipater)를 죽인 인물이었다. 그러므로 본문의 이 일은 순전히 그의 야만적인 교만과 잔인한 욕심을 만족시켜 주는 것이었을 뿐이다. 모두가 그의 그물에 걸려드는 고기였던 것이다.

그가 어떤 식으로 광범위한 방법을 사용했는지를 관찰하라. 1. 시간적으로. 그는 두 살부터 그 아래로 다 죽였다. 복되신 예수께서는 이 당시에 한 살도 채 못되셨을 것이다. 그런데 헤롯은 두 살부터 그 아래의 모든 유아들을 다 죽이라고 명했다. 자신의 먹이를 놓치지 않도록 확실히 하기 위함이었다. 그는 자기가 지목하고 있는 그 죄악된 대상이 피하지 못하게만 한다면, 아무리 무죄한 자들이 많이 죽는다 해도 상관치 않았다. 2. 장소적으로. 그는 베들레헴만이 아니라 그 모든 지경 안에 있는 사내아이를 모두 죽였다. 이것은 지나치게 악한 것이다(전 7:17). 미움, 절제 없는 분노, 부당한 권력은 사람을 지극히 어리석고 부당한 잔인한 짓을 저지르도록 만드는 경우가 많은 법이다. 하나님께서 이를 허용하신 것은 불의한 일이 아니었다. 모든 생명은 시작하자마자 버림받는 것이 하나님의 정의에 합당한 일이다. 한 사람의 불순종으로 말미암아 죄가 들어왔고 그로 인하여 죽음이 들어왔다. 그러므로 그 공통적인 죄책보다 더한 것을 생각해서는 안 되며, 이 어린아이들이 그런 일을 당했다고 해서 그들이 이스라엘의 모든 사람보다 더한 죄인들이었다고 생각해서도 안 된다. 주의 심판은 큰 바다와 같으니이다(시 36:6). 질병들과 어린아이들의 죽음은 과연 원죄(原罪)의 증거들이다. 그러나 이 유아들을 살육한 일을 다른 시각에서 바라보아야 한다. 그것은 그들의 순교(殉敎)였다. 그리스도와 그의 나라를 대적한 박해가 그의 생애 초기부터 시작된 것이다! 내가 세상에 화평을 주러 온 줄로 생각하지 말라! 화평이 아니요 검을, 바로 이와 같은 검을 주러 왔노라(10:34, 35). 여기서 주 예수에 대한 하나의 수동적인 증언이 주어진 것이다. 그가 뱃속에 있을 때에 그가 다가서자 다른 아이가 복중에서 기쁨으로 뛰놀았던 것처럼(눅 1:41), 지금 두 살부터 그 아래의 아이들이 그에 대해 증거하였던 것이다. 그들은 그로 인하여 피를 흘렸고, 그는 훗날 그들을 위하여 피를 흘리실 것이었다. 이 아이들은 순교자의 숭고한 반열에 속한 자들이었다. 이 어린아이들이 그렇게 피로써 세례를 받아 승리적 교회(the church triumphant)의 일원이 되었다면, 그들이 이 땅에서 잃은 것에 대하여 하늘에서 누리는 것으로 풍성하게 보상받았을 것이라고 말하지 않을 수 없을 것이다. 어린 아기와 젖먹이들의 입에서 나오는 찬미를 온전하게 하셨나이다(21:16). 그렇지 않다면, 전능하신 하나님께서 그렇게 고난을 주시는 것이 합당치 않을 것이다.

헬라 교회의 전승(에티오피아의 기도서[Aethiopic missal]에 나타난다)에 의하면 그 일로 죽임당한 어린아이의 숫자가 14,000명이었다고 하는데, 이는 매우 불합리하다. 세계에서 가장 인구가 많은 도시 가운데 하나에서 일주일 동안에 출생한 남아들의 숫자를 계산해 보면, 두 살 이하의 아기들의 숫자가 그렇게 많지 않았을 것이다. 그 40분의 1정도를 넘지 못했을 것이다. 그러니 여기서도 전승이 허망하기 그지없다는 것이 잘 드러난다 하겠다. 요세푸스(Josephus)가 이 이야기를 다루지 않는 것은 이상한 일이다. 그러나 그는 마태보다 훨씬 후에 글을 썼고, 오히려 이 이야기를 다루지 않는 것이 당연해 보인다. 왜냐하면 그는 열성적인 유대인이었으므로 기독교의 역사를 대면하기를 원치 않았을 것이기 때문이다. 그러나 만일 그 이야기가 사실이 아니었고, 또한 확증도 없는 것이었다면, 그는 당연히 이를 언급하고 그것에 대해 반박했을 것이다. 이교도 저술가인 마크로비우스(Macrobius)는 보도하기를, 헤롯이 두 살 이하의 아이들을 죽이라고 명령하면서 자기 아들까지 죽였다는 사실을 듣고 가이사 아구스도는 헤롯의 아들이 되는 것보다 차라리 그의 돼지가 되는 편이 낫겠다고 조롱했다고 하였다. 나라의 관습상 돼지는 죽이지 못했으나, 자기 아들을 죽이는 데에는 전혀 거칠 것이 없었던 것이다. 어떤 이들은 헤롯의 아들이 베들레헴에서 양육되고 있었다고 생각하고, 또 어떤 이들은, 어린아이들을 살해한 사건과 그의 아들 안티파터를 죽인 사건은 서로 별개인데 실수로 이 둘을 하나로 혼동한 것이라고 보기도 한다. 로마 교회는 그 때에 죽은 어린아이들을 거룩한 무죄자들(the Holy Innocents)라 부르며 그들을 위하여 특정한 날을 지정하여 그들이 헤롯에게 잔혹하게 살육당함으로써 의인들이 되었음을 기념하는데, 이것은 그들의 조상들이 선지자들을 기념하기 위하여 그들의 무덤을 만든 것과 똑같은 것이다.

어떤 이들은 어린아이들을 살육한 일에서 또 다른 하나님의 섭리의 계획이 있었음을 지적하기도 한다. 구약의 모든 예언들을 통해서 베들레헴이 메시야가 탄생할 장소였으므로, 이 시기에 출생한 베들레헴의 모든 어린아이들 가운데 오직 예수만이 살해되지 않고 난국을 피함으로써 예수님 이외에는 아무도 메시야 행세를 할 수 없게 되었다는 것이다. 헤롯은 이제 이 나라에서 이 새로운 왕을 제거하였으니 구약의 모든 예언들이 성취되지 못하도록 했고 별의 징조와 박사들의 열심을 물리쳤다고 생각했다. 벌집을 불태웠으니 이제 여왕벌이 죽었다고 결론지은 것이다. 그러나 하나님께서는 하늘에게 그를 비웃으시며 그를 조롱하시는 것이다. 사람의 마음에 아무리 간교하고 잔악한 계교가 있다 해도, 여호와의 계획은 영원히 서고 그의 생각은 대대에 이르리로다(시 33:11).

Ⅲ. 성경의 성취(17, 18절). 성경의 예언(렘 31:15)이 여기서 이루어졌다: 라마에서 슬퍼하며 크게 통곡하는 소리가 들리니. 성경의 충실함을 보고 높이 기릴지어다! 그 예언은 예레미야의 시대에 성취되었다. 느부사라단이 예루살렘을 함락시킨 다음 그의 모든 포로들을 라마로 데려가고(렘 40:1) 그들을 자기 뜻대로 혹은 칼로 죽이고 혹은 유배를 보낸 것이다. 그 때에 라마에서 통곡하는 소리가 베들레헴에까지 들렸다(이 두 도시는 하나는 유다 땅에 속하고 또 하나는 베냐민 땅에 속하는데, 둘이 서로 멀지 않았기 때문이다). 그런데 그 예언이 이제 다시 이 어린아이들의 죽음으로 인하여 사람들이 슬피 우는 것으로 성취되는 것이다. 그 성경의 예언은 다음과 같은 점에서 성취되었다.

1. 이 통곡의 장소. 그 슬피 우는 통곡 소리가 베들레헴으로부터 라마에까지

들렸다. 헤롯의 잔인한 처사가 베들레헴과 그 모든 지경에까지 확대되었고, 베냐민 땅에 있는 라헬의 자식들에게까지 임했기 때문이다. 어떤 이들은 베들레헴 주위의 지역이 라헬이라 불렸다고 본다. 라헬이 거기서 죽어 장사되었기 때문이라는 것이다. 라헬의 무덤은 베들레헴 근처에 있었다(창 35:16, 19, 또한 삼상 10:2과 비교하라). 라헬은 어린아이들에 대해 깊은 애착이 있었다. 그녀가 낳다가 목숨을 잃은 아들이 베노니, 즉 그녀의 슬픔의 아들이라 불렸다. 이 어머니들은 라헬과 같았다. 그들은 라헬의 무덤 근처에 살았고, 그들 가운데 많은 이들이 라헬의 자손이었다. 그러므로 그들의 슬픈 통곡을 라헬의 애곡으로 표현한 것이다.

2. 이 통곡의 강도(强度). 그것은 슬퍼하며 크게 통곡하는 것이었다. 이 엄청난 재난을 당한 그 사람들의 슬픈 심정은 이런 표현으로는 충족히 나타낼 수가 없을 것이다. 애굽에서도 맏아들이 죽임당하여 큰 통곡이 있었듯이, 여기서도 어린아이들이 살육당하여 큰 슬픔이 있었다. 어린아이들에게 닥치는 재난은 더욱더 애처롭다. 우리가 사는 세상이 바로 이런 모습이다. 세상에서 우리는 슬퍼하며 크게 통곡하는 소리를 늘 듣고, 또한 눌린 자들의 눈물을 본다. 어떤 이들은 이런 일로, 또 어떤 이들은 저런 일로 슬픔을 당한다. 우리네 인생은 눈물 골짜기를 지나가는 것이다. 이 슬픔이 너무나 커서 그들이 위로 받기를 거절할 정도였다. 그 속에서 완악해져서 오히려 슬픔 속에서 쾌감을 가졌던 것이다. 자식이 없으므로, 즉 그들이 산 자의 땅에 없으므로, 말하자면 그들이 어머니의 품에 없으므로, 위로 받기를 거절하였던 것이다. 만일 그들이 진정 없다면, 아무런 소망이 없는 것처럼 슬퍼한다 해도 변명할 수가 있을 것이다. 그러나 우리가 아다시피 그들이 잃어버려진 것이 아니라 먼저 간 것이다. 그들이 있다는 것을 잊게 되면, 우리가 위로를 얻을 최고의 근거를 잃어버리고 마는 것이다(살전 4:13). 어떤 이들은 베들레헴의 이 슬픔이 그들이 그리스도를 멸시한 데 대한 하나의 심판이었다고 보기도 한다. 하나님의 아들의 탄생을 즐거워하지 않는 자들이 자기들의 아들들의 죽음으로 슬퍼하는 것이 마땅하다는 것이다. 목자들이 전해 준 소식에 놀라워했을 뿐, 그 소식을 반갑게 환영하지는 않았기 때문이다.

이 예언의 인용은 이 슬픈 섭리에 대해 그리스도를 반대하여 제기할 수 있는 다음과 같은 반론을 약화시켜 줄 수도 있다: "메시야는 이스라엘의 위로가 될 자인데, 그가 과연 이런 모든 슬픔과 더불어 강림하실 수 있겠는가?" 그렇다. 그럴 것이라고 미리 예언되었고, 또한 그것을 예언한 성경이 반드시 성취되어야 하기 때문이다. 게다가 그 예언을 상세히 살펴보면, 라마의 큰 통곡은 지극히 큰 기쁨의 서막이었음을 알게 된다. 이 예언의 바로 뒤에, 네 일에 삯을 받을 것이며 너의 장래에 소망이 있을 것이라는 예언(렘 31:16, 17)이 이어지기 때문이다. 일이 악화될수록 일이 교정될 때가 가까운 것이다. 그들의 잃은 것들을 보상하기에 충족하신 한 아기가 그들에게 나신 것이다.

[19]헤롯이 죽은 후에 주의 사자가 애굽에서 요셉에게 현몽하여 이르되 [20]일어나 아기와 그의 어머니를 데리고 이스라엘 땅으로 가라 아기의 목숨을 찾던 자들이 죽었느니라 하시니 [21]요셉이 일어나 아기와 그의 어머니를 데리고 이스라엘 땅으로 들어가니라 [22]그러나 아켈라오가 그의 아버지 헤롯을 이어 유대의 임금 됨을 듣고 거기로 가기를 무서워하더니 꿈에 지시하심을 받아 갈릴리 지방으로 떠나가 [23]나사렛이란 동네에 가서 사니 이는 선지자로 하신 말씀에 나사렛 사람이라 칭하리라 하심을 이루려 함이러라

그리스도께서는 애굽으로부터 다시 이스라엘 땅으로 돌아오신다. 애굽은 잠시 동안 머물 피난처의 역할을 할 수는 있으나, 영구히 거저할 곳은 아니다. 그리스도께서는 이스라엘 집의 잃어버린 양들에게 보내심을 받았고, 그러므로 그들에게로 돌아가셔야 했던 것이다. 다음의 사실들을 관찰하라.

I. 그의 귀환의 계기가 된 일. 이는 곧 헤롯의 죽음이었다. 이 일은 어린아이들을 살육하는 일이 있은 후 얼마 지나지 않아서 일어났다. 어떤 이들은 3개월을 넘지 못했을 것이라고 생각한다. 하나님의 갚으심이 그렇게 속히 이루어졌다. 주목하라. 헤롯은 반드시 죽어야 했다. 교만한 폭군들과 경건한 자들을 짓누르는 자들은 산 자의 땅에서 떠나야 하고, 구덩이에 떨어져야 한다. 너는 어떠한 자이기에 죽을 사람을 두려워하느냐?(사 51:12) 이는 특히 사람이 죽을 때에 그들의 시기와 미움이 사라지고(전 9:6) 소요가 그치기 때문만이 아니라(욥 3:17), 그들이 형벌을 받기 때문이다. 모든 죄 가운데서 무죄한 자의 피를 흘린 죄가 가장 크다 할 것이다. 요세푸스는 이 헤롯의 죽음과 결부된 끔찍한 사정에 관하여 보도하고 있다(「고대사」 17.146-199). 그에 따르면, 헤롯은 속에서 열이

나서 말할 수 없는 고통을 당하는 질병에 걸렸고, 고기에 대한 식탐이 말할 수 없이 심했고, 복통과 통풍(痛風), 수종증(水腫症)이 있었는데 그 통증을 도무지 참지 못하여 발광을 했으므로 아무도 그 주위에 가까이 갈 수가 없었고, 자신의 처지를 비관하여 더욱더 잔인해져서 자기의 친아들을 죽이라고 명하였을 뿐 아니라 많은 귀족들과 고관들을 투옥시켰고, 자기가 죽는 즉시 그들을 모두 죽이라고 명령하기까지 했다. 그러나 그 명령은 집행되지 않았다. 그리스도와 그를 따르는 자들의 원수와 박해자들이 얼마나 악한 자들이었는지를 여실히 볼 수 있다. 기독교를 대적한 자들 중에 네로나 도미티아누스처럼 먼저 인간성을 벗어버리지 않은 자들이 거의 없었던 것이다.

Ⅱ. 귀환에 관한 명령이 하늘로부터 임하였고, 요셉이 이에 순종하였음(19-21절).   하나님은 요셉을 애굽으로 보내셨고, 그는 다시 돌아오라는 명령을 받기까지 그 곳에 머물렀다. 주목하라. 우리는 이주(移住) 문제에서, 우리의 길을 명확히 보는 것이 좋다. 하나님께서 우리보다 앞서 가시기 때문이다. 명령이 없이는 이 쪽으로나 저 쪽으로나 움직이지 말아야 한다. 이 명령은 천사를 통해서 임했다. 주목하라. 어디에 있든 하나님과의 교류가 유지되어야 한다. 하나님의 은혜로우신 방문이 임하지 못할 곳이 없는 것이다. 천사들이 애굽에 있는 요셉에게 나아갔고, 바벨론에 있는 에스겔에게 나아갔으며, 또한 밧모섬에 있는 요한에게 나아간 것이다.

1. 천사는 그에게 헤롯 등이 죽은 사실을 알려준다: 아기의 목숨을 찾던 자들이 죽었느니라. 그들은 죽었으나 그 어린 아기는 살아 있다. 때로는 박해받는 성도들이 그들을 박해하던 자들의 무덤을 밟고 살기도 한다. 교회의 왕께서는 그렇게 폭풍을 잠재우셨고, 또한 교회를 박해하던 많은 자들을 그렇게 잠재우시는 것이다. 아기의 목숨을 찾던 자들이 죽었느니라. 즉 헤롯과 그의 아들 안티파터가 죽었다는 뜻이다. 그 둘은 서로를 미워하였으나 이 새로운 왕을 멸하고자 하는 일에는 한 마음이었을 것이다. 헤롯이 먼저 안티파터를 죽이고 그 다음에 자신이 죽었으니 이제 방해거리가 완전히 제거된 것이다. 한 악한 도구가 다른 악한 도구를 망하게 했으니, 과연 여호와께서 자기를 알게 하사 심판을 행하셨음이다(시 9:6).

2. 천사는 요셉에게 할 일을 지시한다: 일어나 아기와 그의 어머니를 데리고 이스라엘 땅으로 가라. 그는 애굽 땅에 이제 꽤 정착되어 있다거나 이스라엘로의

여정이 고통스럽다는 식으로 — 만일 사람들의 생각처럼 헤롯의 죽음이 초겨울에 일어났다면 특히 더 힘들었을 것이다 — 핑곗거리를 찾지 않고, 지체없이 명령대로 행하였다. 하나님의 백성은 하나님께서 어디로 인도하시든지, 어디에 정착하게 하시든지 그대로 따르는 법이다. 이 세상을 우리의 애굽으로, 우리의 종살이하는 곳이요 우리의 유배지로 바라보고, 또한 천국을 우리의 유일한 가나안으로, 우리의 고향으로, 우리의 안식처로 바라본다면, 하나님께서 명하실 때에 요셉이 애굽을 떠난 것처럼, 우리도 명령을 받는 즉시 일어나 떠나야 할 것이다.

Ⅲ. 하나님께서 주신 후속적인 지시. 어디로 가며 이스라엘 땅의 어디에 정착할 지를 가르쳐줌(22, 23절). 하나님께서 앞의 지시를 주실 때에 이런 지시도 함께 주셨을 수도 있다. 그러나 하나님께서는 그의 백성들에게 단계적으로 뜻을 계시하셔서 그들로 하여금 계속해서 하나님을 바라게 하시고 그에게서 올 후속적인 지시들을 기대하게 하시는 것이다. 이 명령들을 요셉은 꿈에서 받았는데, 아마 전처럼 천사를 통해서 전달받았을 것이다. 하나님께서는 아기 예수를 통해서 요셉에게 그의 뜻을 알리실 수도 있었다. 그러나 이 과정에서 그가 일어나는 일을 아셨다는 기록이 전혀 나타나지 않는다. 이는 분명 그가 범사에 형제들과 같이 되심이 마땅하기 때문이었을 것이다. 그는 아기로서 아기처럼 말씀하셨고, 아기처럼 행동하셨으며, 그의 무한한 지식과 권능에 휘장을 쳐놓으셨고, 아기처럼 그는 지혜가 자라셨던 것이다.

이 거룩한 왕의 가족에게 주어진 지시 사항은 다음과 같다:

1. 유대 지방에 정착하지 말 것(22절). 요셉은 예수님이 베들레헴에서 나셨으니 그곳에서 자라나야 할 것으로 생각했을 수도 있다. 그러나 그는 아기를 위하여 거기로 가기를 무서워하였다. 아켈라오가 그의 아버지 헤롯을 이어 유대의 임금이 되었다는 것을 들었기 때문이다. 그러나 유대 이외의 다른 지방에는 그의 손길이 미치지 않고 있었다. 원수들이 대를 이어서 그리스도와 그의 교회를 대적하여 싸우는 것을 보라! 하나가 무너지면 또 다른 원수가 나타나서 옛 원수의 일을 계속하는 것이다. 이 때문에 요셉은 아기를 유대로 데려가지 말아야 했던 것이다. 주목하라. 하나님께서는 오로지 그의 영광을 위하고 그들을 연단시키고자 할 경우 이외에는 일부러 그의 자녀들을 위험에 몰아넣지 않으신다. 그의 경건한 자들의 생명과 죽음은 여호와께서 보시기에 귀중한 것이며(시 116:15),

그들의 피가 그의 눈 앞에서 존귀히 여김을 받으리로다(시 72:14).

2. 갈릴리에 정착할 것(22절). 빌립이 그 곳을 통치하고 있었는데, 그는 온건하고 조용한 사람이었다. 주목하라. 하나님의 섭리는 대개, 폭풍과 혼란으로부터 벗어난 고요한 삶이 그의 백성들에게 결핍되지 않도록 역사하는 법이다. 한쪽이 뜨겁고 메마르게 되면, 다른 쪽은 시원하고 온화하게 된다. 갈릴리는 북쪽에 위치하며, 사마리아가 갈릴리와 유대 사이에 놓여 있다. 예수님의 가족은 갈릴리 지방으로 떠나가 나사렛에 정착하였다. 그 곳은 스불론 땅의 중심부에 위치한 산 동네였다. 우리 주님의 어머니께서 그 거룩한 이를 잉태하였을 때에 그 곳에 살고 있었고, 아마 요셉도 그 곳에 살고 있었을 것이다(눅 1:26, 27). 그 곳은 그들이 익히 잘 아는 곳이며, 친척들이 함께 사는 곳이었으니, 그 곳이야말로 그들이 정착하기에 가장 적합한 곳이었다. 그들은 계속해서 그 곳에 살았고, 그리하여 우리 주님은 나사렛 예수라 불렸으며, 이것이 후에 예수께 걸림돌이 되었다. 나사렛에서 무슨 선한 것이 날 수 있느냐?(요 1:46).

이 일은 선지자로 하신 말씀에 나사렛 사람이라 칭하리라 하심을 이루기 위함이었다고 말씀한다. 나사렛 사람이라는 호칭은 다음과 같이 볼 수 있을 것이다: (1) 존귀와 위엄이 있는 사람으로. 물론 이 호칭은 나사렛 출신이라는 것 이상 다른 의미가 없으나, 이런 어법이 그리스도에게 적용될 때에는 다음과 같은 은밀한 의미가 담겨 있는 것이다: [1] 사 11:1에서 말씀하는 그 사람, 그 가지를 뜻함. 그 본문에서 네차르는 가지를 뜻하거나 혹은 나사렛 동네를 뜻한다. 그가 나사렛 동네와 연계되심으로써 그가 바로 그 가지이심이 드러나는 것이다. [2] 이는 그가 바로 큰 나실인으로서, 구약의 나실인(특히 삼손, 삿 13:5)과 또한 그 형제 중 나실인이라 불리는 요셉(창 49:26, 한글 개역개정판은 "그 형제 중 뛰어난 자"로 번역함:역자주)이 모형과 그림자로서 그를 예표하며, 또한 나실인에 관하여 규정된 내용이 그를 지향하는 것이다(민 6:2 등). 엄밀하게 말하면, 그리스도는 나실인이 아니셨다. 그는 포도주를 마시고 시체들을 만지셨기 때문이다. 그러나 탁월한 의미에서 그는 나실인이었다. 그는 유일무이하게 거룩하셨고, 또한 삼손이 이스라엘의 구원을 위하여 택함받았던 것처럼 우리를 구속하는 일에서 하나님의 존귀를 위하여 엄숙하게 지명되시고 거룩하게 구별되셨기 때문이다. 그러므로 나사렛 사람이라는 이름이야말로 우리가 기쁨으로 환영해야 할 이름이요, 이 이름으로 그리스도를 알아야 마땅한 것이다. (2) 멸시와 모욕을 받는 이름으로. 나사렛 사람이란 곧, 아무런 선한 것을 기대하지 못하고 존경할 가치도 없는 비천하고 무식한 사람이라는 뜻을 내포하는 것이었다. 마귀는 이 이름을 그리스도와 결부시켜 그를 비천하게 만들었고, 사람들로 하여금 그에 대해 편견을 갖게 하였고, 그리하여 이 이름은 그와 그의 추종자들의 별명처럼 굳어졌다. 어느 한 선지자가 이 사실을 구체적으로 예언한 것은 없으나, 선지자들은 전반적으로 그가 멸시를 받아 사람들에게 버림받으실 것을(사 53:2, 3), 벌레요 사람이 아니라 사람의 비방 거리가 되실 것을(시 22:6, 7), 또한 형제에게 객이 되실 것을(시 69:7, 8) 말씀한 바 있다. 우리 주님이 친히 나사렛 사람이라 불리셨으니, 우리로서는 주를 위하여 그 어떠한 멸시와 조롱을 받기를 어려워하지 말아야 할 것이다.

제
— 3 —
장

개요

이 장 첫 머리에 요한의 세례에 관한 내용이 나타나는데, 여기서 복음이 시작된다(막 1:1). 이 앞의 내용은 서언 혹은 서론이요, 여기서부터가 "예수 그리스도의 복음의 시작"이다. 베드로도 요한의 세례로부터 계산하는 동일한 방법을 취하고 있다(행 1:22). 왜냐하면 그 때에 비로소 그리스도께서 처음 그에게 나타나기 시작하셨고, 그 후에 그로 말미암아 세상에 나타나시기 때문이다. I. 새벽별, 즉 세례 요한의 영광스러운 등장(1절). 1. 그가 전한 가르침(2절). 2. 성경이 그에게서 성취됨(3절). 3. 그의 삶의 모습(4절). 4. 무리들이 그에게 모여들어 세례를 받음(5, 6절). 5. 바리새인과 사두개인들에게 행한 그의 설교: 여기서 그는 그들을 회개에 이끌고(7-10절) 결국 그들을 그리스도께로 인도하고자 애씀(11, 12절). II. 그 후에 즉시 의로운 해가 더욱 영광스럽게 떠오름. 여기서 다음과 같은 사실이 나타난다: 1. 요한의 세례에 그가 존귀를 베푸심(13-15절). 2. 성령이 그에게 강림하시며 또한 하늘로부터 소리가 남으로써 그에게 존귀가 베풀어짐(16, 17절).

¹그 때에 세례 요한이 이르러 유대 광야에서 전파하여 말하되 ²회개하라 천국이 가까이 왔느니라 하였으니 ³그는 선지자 이사야를 통하여 말씀하신 자라 일렀으되 광야에 외치는 자의 소리가 있어 이르되 너희는 주의 길을 준비하라 그가 오실 길을 곧게 하라 하였느니라 ⁴이 요한은 낙타털 옷을 입고 허리에 가죽 띠를 띠고 음식은 메뚜기와 석청이었더라 ⁵이 때에 예루살렘과 온 유대와 요단 강 사방에서 다 그에게 나아와 ⁶자기들의 죄를 자복하고 요단 강에서 그에게 세례를 받더니

요한의 설교와 세례에 대한 기사가 나타나는데, 이것이야말로 복음 시대(gospel-day)의 여명(黎明)이었다. 다음을 관찰하라.

I. 그가 나타난 시점. 그 때에(1절), 혹은 그 즈음에, 그 앞 장에 기록된 일이 있은 지 오랜 후에, 아기 예수의 유년 시절이 지난 후에. 그 때에, 성부 하나님께서 복음의 시작을 위하여 지정해 두신 때에, 때가 차매, 이는 구약에서 자주 쓰

이는 표현이었다. 그 때에, 즉 이제 다니엘의 마지막 이레가, 아니 그 이레의 후 반부가 시작되었고, 메시야가 많은 사람들과 더불어 한 이레 동안의 언약을 굳게 맺을 때(단 9:27)가 시작된 것이다. 그리스도께서 나타나신 일은 모두가 시의적 절한 것이다. 요한과 예수님의 출생 이전과 이후에 그들에 대해 영광스러운 사 실들이 보도되었고, 따라서 그들이 매우 어렸을 때에도 신적인 임재와 권능이 그들과 함께 한다는 놀라운 역사들이 나타날 것으로 기대했을 수도 있으나, 사 실은 전혀 그렇지 않았다. 그 둘이 삼십 세 가량 되기 전에는, 그리스도가 열두 살 때에 율법사들과 논쟁을 벌인 사실 이외에는 그 두 사람에게 특기할 만한 일은 전혀 일어나지 않았다. 그들의 유소년 시절에 대해서는 아무런 기록이 없 고, 그들의 생애의 큰 부분이 어둠 속에 감추어져 있었다. 이 아이들은 외견상으 로는 거의 차이가 없었다. 상속자인 그리스도는 만민의 주가 되실 분이지만, 종 인 요한보다 나이가 아래였고, 그와 다른 점이 하나도 없었다. 그리고 이것은 다음과 같은 점들을 보여준다: 1. 하나님께서 이스라엘의 하나님으로 역사하실 때에도, 구원자께서는 진실로 스스로 숨어 계시는 하나님이시라는 것(사 45:15). 여호와께서 과연 여기 계시거늘 내가 알지 못하였도다(창 28:16). 우리의 사랑하는 자는 창으로 들여다 보기 오래 전부터 벽 뒤에 서 계신 것이다(아 2:9). 2. 우리의 믿음이 주로 그리스도의 직분과 그 시행을 주목하여야 힘. 그의 권능이 거기서 드러나기 때문이다. 반면에 그의 위격으로 보면 그의 권능이 감추어져 있다. 이 때에도 그리스도는 신인(神人: God-man)이셨으나, 그가 선지자로서 나타나시 기 전에는 그가 무슨 말씀을 했고 그가 무엇을 행하셨는지에 대해 아무런 보도 가 없다가, 그가 선지자로 나타나신 후에야 비로소 너희는 그의 말을 들으라는 말씀이 임하는 것이다. 3. 젊은 청년들은 자격을 갖추고 있더라도 스스로 전면 에 나서서 공적인 일을 담당하려 해서는 안 되고, 겸손하고 삼가며, 스스로 뒤 로 물러서는 자세를 가져야 한다는 것. 듣기는 속히 하고 말하기는 더디 하라(약 1:19).

마태는 세례 요한의 잉태와 출생에 대해서는 아무것도 언급하지 않고 — 이 는 주로 누가복음이 보도한다 — 마치 어느 날 갑자기 광야에서 설교하기 위하 여 구름 속에서 뚝 떨어지기라도 한 것처럼, 성년이 된 후의 그의 모습을 보도 하고 있다. 삼백여 년 동안 교회에는 선지자가 없었고, 그 빛들이 오랫동안 꺼 져 있었으므로, 위대한 선지자가 될 자를 간절히 사모하고 있던 터였다. 말라기 이후에는 선지자도, 선지자 행세를 하는 자도 없었고, 세례 요한이 처음이었다. 그러므로 선지자 말라기는 구약의 그 어떠한 선지자보다 더욱 직접적으로 그를 지적하였다: 내가 내 사자를 보내리니(말 3:1).

Ⅱ. 그가 처음 등장한 장소.　유대 광야에서. 그 곳은 사람이 없는 사막이 아니라, 인구도 많지 않고 밭이나 포도원도 많이 없는 시골의 일부로 여호수아 15:61, 62에 언급되고 있다. 요한은 이 동네와 마을들에서 설교하였다. 그는 그 곳 헤브론에서 나서 그곳에서 자라났고, 그 곳에서 오랫동안 묵상하며 세월을 보냈고, 바로 그 곳에서 활동을 시작하였다. 그리하여 이스라엘에게 그 모습을 드러낼 때에도 그는 자신이 얼마나 한적한 상태를 사랑하는지를 잘 보여주었다. 주의 말씀이 여기 광야의 요한에게 임하였다. 주목하라. 아무리 외부로부터 격리된 한적한 곳이라도 하나님의 은혜는 얼마든지 임할 수 있다. 성도들이 하늘과 풍성하고 아름다운 교류를 갖는 일은 흔히 세상의 시끄러운 소리로부터 멀리 떨어져 있을 때에 일어나는 법이다. 다윗의 시편 63편은 하나님과의 아름다운 교제에 대해 노래하는데, 그는 바로 그 시를 유다 광야에서 기록하였다(호 2:14). 광야에서 율법이 주어졌고, 신약의 이스라엘도 구약의 이스라엘처럼 광야에서 먼저 나타났고, 하나님께서는 거기서 그를 만나시고 호위하시며 보호하셨다(신 32:10). 세례 요한은 아론의 서열을 따르는 제사장이었다. 그러나 그는 성전에서 직분을 받은 적이 없고 오히려 광야에서 설교하였다. 그러나 아론의 자손이 아닌 그리스도는 성전에 계셨고 거기서 권위 있는 자로서 앉아 계셨던 것을 보게 된다. 이는 미리 주어진 예언에 따른 것이다: 너희가 구하는 바 주가 갑자기 그의 성전에 임하시리니(말 3:1). 여기서 주란 그리스도로서 그의 길을 준비하는 사자와는 다른 것이다. 이는 그리스도의 제사장 직분이 아론의 제사장 직분을 광야로 밀어낼 것임을 암시해 준다 하겠다.

　광야에서 복음이 전파되기 시작한다는 사실은 이방 세계의 버려진 자들에게 위로를 전해 준다. 광야가 못이 되게 하며 마른 땅이 샘 근원이 되게 할 것이라(사 41:18, 19)는 예언이 반드시 성취되어야 했다. 또한 광야가 아름다운 밭이 되리라(사 32:15)고도 예언하는데, 헬라어 칠십인역은 이를 요단 광야로 번역하여 요한이 설교했던 바로 그 광야를 지칭하고 있다. 로마 교회에는 스스로 은둔자(hermit)라 부르면서 스스로 요한을 따른다고 하는 자들이 있으나, 그리스도께서는 보라 그리스도가 광야에 있다 하여도 나가지 말라고 말씀하시는 것이다

(24:26). 어떤 속이는 자가 자기의 추종자들을 데리고 광야로 들어간 적이 있었다(행 21:38).

III. 그의 선포. 그는 이 일을 자신의 업으로 삼았다. 그가 온 것은 싸우기 위함도, 논쟁을 벌이기 위함도 아니고, 말씀을 전파하기 위함이었다(1절). 전도의 어리석은 것으로 그리스도의 나라가 세워지기 때문이었다.

1. 그가 선포한 가르침은 회개에 관한 것이었다(2절). 회개하라. 그는 유대 광야에서, 유대인이라 불리며 신앙을 입으로 고백하는 자들에게 이를 선포하였다. 그들에게도 회개가 필요했기 때문이다. 그는 예루살렘이 아니라 유대 광야에서, 평범한 시골 사람들에게 회개를 선포하였다. 유혹과는 거리가 멀고, 도시의 환락과 온갖 악행과도 거리가 멀다고 스스로 생각하는 자들도 결코 무죄할 수가 없고, 따라서 회개하여야 했기 때문이다. 세례 요한의 사명은 사람들로 하여금 자기들의 죄를 회개하도록 촉구하는 것이었다. 메타노에이테 — 스스로 깊이 생각하라; "다시 한 번 생각하여 앞서 저지른 잘못을 교정하라. 네 길을 돌아보라. 생각을 바꾸어라. 그릇 생각하였으니, 다시 생각하라. 올바로 생각하라." 주목하라. 진정 회개하는 자는 하나님과 그리스도와 죄와 거룩과 금생과 내생에 대해 과거에 가졌던 것과는 다른 생각을 갖는 법이다. 생각이 바뀌고, 이어서 길이 바뀌는 것이다. 자기들이 그릇 행한 것에 대해 진징 잘못을 깨닫는 자는 다시는 그렇게 하지 않으려고 조심하는 법이다. 이 회개는 하나님의 녕령에 순종하여 행하여야 할 필수적인 의무요(행 17:30), 또한 그리스도의 복음의 위로를 얻기 위한 필수적인 준비 사항이요 자격 조건인 것이다. 사람의 마음이 계속해서 올바르고 흠이 없는 상태였다면, 이런 고통스런 과정이 없이도 하나님의 위로를 받았을 것이다. 그러나 마음이 죄악된 상태에 있으므로, 먼저 회개의 고통스런 과정이 있어야만 평안을 찾게 되고, 안식을 얻기 전에 먼저 수고해야 하는 것이다. 상처를 찾아내야만 그것을 치유할 수 있는 법이다. 나는 상하게도 하며 낫게도 하나니(신 32:39).

2. 회개를 강력하게 촉구하기 위해 그가 사용한 논지는 천국이 가까이 왔느니라였다. 구약의 선지자들은 일시적인 민족적인 자비를 얻기 위하여, 또한 일시적인 민족적 재난들을 방지하고 제거하기 위하여 백성들에게 회개를 촉구하였다. 그런데 이제는 촉구하는 바 의무는 동일하나 그 이유는 새롭고 순전히 복음적이다. 사람들을 사회적 정치적 집단의 구성원으로서가 아니라, 하나의 개

개인으로 대하는 것이다. 회개하라 천국이 가까이 왔느니라: 곧, 예수 그리스도의 죽으심과 부활로 말미암아 은혜 언약의 복음적 경륜이 임하고, 천국이 모든 믿는 자들에게 열린다는 것이다. 천국은 그리스도께서 주권자가 되시는 나라요, 우리는 그 나라의 충성스러운 신복(臣僕)들이어야 한다. 그 나라는 이 세상에 속하지 않고 하늘에 속한 나라요, 영적인 나라다. 그 기원이 하늘에 있고, 또한 하늘을 지향하는 나라인 것이다. 요한은 이 나라가 가까이 왔다고 선포하였다. 그 때에는 그 나라가 문 앞에 와 있었고, 우리에게는 성령이 부어지시고 복음적 은혜가 풍성히 드러남으로써 이미 임한 것이다. (1) 이것은 회개하도록 우리를 강력하게 유도한다. 하나님의 은혜를 생각하는 것만큼 죄에 대하여 또한 죄로부터 마음을 깨뜨리는 것이 없다. 그것은 그리스도를 바라보는 데에서, 그의 사랑과 또한 그로 말미암는 죄 사함의 소망을 지각하는 데에서 흘러나오는 복음적 회개다. 자비가 우리를 겸손하게 하고 녹게 하는 것이다. 그런 은혜를 대적하여, 그런 나라의 법과 사랑을 대적하여 죄를 지었다니 대체 내가 얼마나 무도한 죄인인가! (2) 이것은 회개하도록 우리를 강력하게 격려한다. "회개하라. 네가 회개하면 네 죄가 사함받을 것이다. 하나님께 돌아와 의무를 다하라. 그리하면 하나님께서 그리스도로 말미암아 네게로 돌이키사 긍휼을 베푸실 것이다." 죄 사함의 선포가 전에 멀리 도망하던 행악자를 발견하고 휘어잡는 것이다. 그리하여 우리는 사람의 줄과 사랑의 끈에 묶여서 하나님께로 나아가는 것이다.

IV. 그에게서 성취된 예언(3절).   이사야의 예언이 바로 그에 관한 말씀이다. 이 말씀은 지극히 복음적이며, 또한 복음 시대와 복음의 은혜를 지향하는 것이다(사 40:3, 4을 보라). 여기서는 요한에 대해 다음과 같이 말씀한다:

1. 광야에 외치는 자의 소리. 요한도 자기 자신에 대해 그렇게 알고 있었다: 나는 선지자 이사야의 말과 같이 주의 길을 곧게 하라고 광야에서 외치는 자의 소리로라(요 1:23). 사람이 자기 목소리로 자기의 뜻을 알리는 것처럼, 하나님께서 화자(話者)로서 요한을 통해서 그의 뜻을 알리시는 것이다. 하나님의 말씀은 반드시 하나님의 말씀으로 받아야 한다(살전 2:13). 바울이나 사도들이 소리가 아니고 무엇이었던가! 요한은 여기서 소리, 포네 보온토스, 즉 깜짝 놀라고 정신이 바짝 나도록 크게 외치는 자의 소리라 불리고 있고, 그리스도께서는 말씀이라 불리시는데, 말씀은 소리보다는 더 명확하고 뜻이 분명하고 더 교훈적인 성격

을 띤다. 요한이 소리로서 사람들의 마음을 각성케 했고, 그 다음에 그리스도께서 말씀으로서 그들을 가르치신 것이다. 요한계시록 14:2에서 보듯이, 많은 물소리와도 같고 우렛소리와도 같은 소리가 있은 후, 거문고 타는 자들의 아름다운 소리와 새 노래가 이어진 것이다(3절). 어떤 이는, 삼손의 어머니가 독주(毒酒: strong drink)를 마시지 말라는 명령을 받았으나 삼손은 강한 자(strong man)가 되었던 것처럼, 세례 요한의 아버지도 벙어리가 되었으나 세례 요한 자신은 외치는 자의 소리가 되었다고 한다. 벙어리 아버지에게서 외치는 자의 소리가 났으니, 이는 심히 큰 능력은 하나님께 있고 우리에게 있지 아니함을 보여주는 것이라 하겠다.

2. 그의 임무가 주의 길을 준비하며 그가 오실 길을 곧게 하는 것임. 그가 출생하기 전 이미 그에 대해서, 그가 그리스도의 예비자요 선구자로서 주를 위하여 세운 백성을 준비하리라는 말씀이 있었다(눅 1:17). 그는 그리스도의 나라의 본질을 암시하는 자였다. 왜냐하면 그는 무기를 들거나 화려한 복장을 하지 않고, 은둔자처럼 소박한 차림으로 왔기 때문이다. 길을 깨끗하게 정리하기 위하여 먼저 관리들이 보냄을 받았던 것처럼 요한은 주의 길을 준비하는 자였다.

(1) 그 자신이 그 시대의 사람들 중에서 그렇게 행하였다. 그 당시 유대인 교회와 민속은 모든 것이 실망스런 상황이었고, 영적인 부패가 극심하였고, 신앙의 본질적인 것들이 부패되고 상로들의 전통과 넝릴들에 벅혀 버린 상내였나. 서기관들과 바리새인들, 즉 세상에서 가장 외식하는 자들이 지식의 열쇠와 통치의 열쇠를 지니고 있었다. 백성들은 대부분 자기들의 특권에 대해 극히 긍지를 가지고 있었고, 죄를 지각하지 못한 채 자기들 자신의 의로 의롭다 하심을 받는다는 확신에 차 있었고, 따라서 최근 로마 제국의 속주가 된 지극히 수치스러운 섭리 아래 있으면서도 그들은 낮아질 줄을 몰랐고, 그 정서가 말라기의 시대와 거의 동일하여, 교만하고 방자하였고, 하나님의 말씀을 거스르기를 두려워하지 않았다. 그런데 이제 이런 산들을 낮추어 평지가 되게 하고 그들의 교만한 생각들을 낮추며, 그들의 죄를 보여주고, 그리하여 그리스도의 가르침이 보다 잘 받아들여지고 효력을 빈생하도록 하기 위하여 요한이 보내심을 받은 것이다.

(2) 주의 길을 준비하기 위하여는, 그 때와 마찬가지로 지금도 여전히 회개와 낮아짐에 대한 그의 가르침이 필요하다. 주목하라. 그리스도께서 영혼 속에

들어가시도록 길을 만들기 위해서는, 마음을 기울여 다윗의 자손을 영접하게 하기 위해서는(삼하 19:14) 많은 일들이 필요한데, 죄를 발견하는 것과 또한 우리의 의(義)로는 불충분하다는 확신을 갖는 것보다 이를 위해 더 절실한 것이 없는 것이다. 편견들이 제거되어야 하고, 교만한 생각들이 꺾여야 하고, 그리스도께 순종하도록 낮아져야 한다. 영광의 왕이 들어오시도록 영원한 문들이 열리기에 앞서서 먼저 청동(青銅) 문이 깨어지고 쇠빗장이 끊어져야 하는 것이다. 죄와 사탄의 길은 굽은 길이며, 따라서 그리스도를 위하여 길을 준비하려면 곧은 길이 만들어져야 하는 것이다(히 12:13).

V. 그의 차림새와 생활 양식(4절).   메시야를 세속적인 군주로 기대한 자들은 그의 선구자라면 찬란하고 화려한 차림을 하고, 위엄 있는 장신구들을 걸치고 와야 할 것이라고 생각했을 것이다. 그러나 사정은 그와 정반대였다. 그는 하나님 보시기에는 크나, 세상의 눈으로는 비천할 것이요, 그리스도 자신처럼 고운 모양도 없고 풍채도 없을 것이다(사 53:2). 이는 그리스도의 나라의 영광이 영적인 성격을 띠며 또한 그 나라의 일상적인 신복들은 초라하고 멸시받으며, 그들의 존귀와 기쁨과 풍요함은 다른 세상에 속하는 것임을 시사하는 것이다.

 1. 그의 의복이 평범하였다. 요한은 낙타털 옷을 입고 허리에 가죽 띠를 띠었다. 그는 서기관들처럼 긴 옷을 입지도 않았고, 왕궁의 신하들처럼 부드러운 옷을 입지도 않았고, 시골 농부의 옷을 입고 있었다. 그는 시골에 살았고, 그가 처한 환경에 합당한 차림을 했던 것이다. 주목하라. 하나님께서 그의 섭리로 우리를 넣어두신 그 장소와 처지에 우리 자신을 맞추는 것이 좋다. 요한이 이런 복장으로 나타난 것은 다음과 같은 목적에서였다: (1) 야곱처럼 그가 평민으로서 이 세상의 기쁨과 즐거움과 결별하였음을 보여주고자 함. 이는 참으로 이스라엘 사람이라! 마음이 겸손한 자들은 그 복장에 신경을 쓰지 않고 무관심하며, 또한 치장을 하지 않고 사람들을 차림새로 판단하지 않는 거룩한 자세로 그 마음을 드러내 보이는 법이다. (2) 그가 선지자임을 보여주고자 함. 선지자들은 세상에 초연한 사람들로 투박한 의복을 입었다(슥 13:4). 또한 특히 그가 약속된 엘리야임을 보여주고자 함이었다. 엘리야는 털이 많은 사람이었고(어떤 이들은 이것을 털옷을 입은 사람이라는 의미로 본다) 허리에 가죽 띠를 띠었다(왕하 1:8). 세례 요한은 자신을 죽이는 일에 있어서 결코 엘리야보다 못한 사람이 아니었다. 그러므로 그는 오리라 한 그 엘리야인 것이다. (3) 그가 강한 결심의 소유자임을

보여주고자 함. 그의 띠는 그 당시 흔히 띠던 부드러운 것이 아니고, 아주 단단한 가죽 띠였다. 주께서 오실 때에 허리에 띠를 띠고 있는 종은 과연 복된 자일 것이다(눅 12:35; 벧전 1:13).

2. 그의 음식이 평범하였다. 그의 음식은 메뚜기와 석청이었더라. 그가 그 밖의 것은 절대로 먹지 않았다는 뜻이 아니라, 이것들을 흔히 먹었고, 그가 홀로 거하며 오랜 기간 동안 묵상할 때에는 그것들이 그의 주식이었다는 뜻이다. 메뚜기는 날아다니는 곤충으로서 매우 좋은 음식이었고, 정결하여 먹도록 허용된 것이었으며(레 11:22), 소스가 별로 필요 없는 가벼운 음식으로 소화도 잘 되는 것이었다. 그러나 늙어 몸이 연약한 자들에게는 메뚜기도 위(胃)에 짐이 된다고 한다(전 12:5). 석청(야생 꿀)은 가나안에 넘쳐나는 것으로(삼상 14:26), 이슬에 젖은 채로 직접 채취하기도 했고, 아니면 나무나 바위의 우묵한 곳에 벌들이 형성시켜 놓은 것을 채취하는 것으로 꿀벌 통에서 채취한 것처럼 사람의 손길이 간 것이 아니다. 그가 메뚜기와 석청을 먹었다는 사실은 그가 별로 먹지 않았다는 것을 암시한다. 메뚜기와 석청으로 배를 채우려면 얼마나 많은 양을 먹어야 했겠는가? 요한은 와서 먹지도 않고 마시지도 아니하였다고 한다(11:18). 그는 영적인 일들에 완전히 사로잡혀 있어서 음식을 차려서 제대로 먹을 시간을 별로 찾지 못했던 것이다. (1) 이는 회개와 또한 회개에 합당한 열매에 관한 그의 가르침과 일치한다. 주목하라. 죄에 대해 슬퍼하며 죄를 죽이라고 촉구하는 임무를 수행하는 자들은 그들 스스로도 자기를 부인하고 죽이며 세상에 상관치 않는 진지한 삶을 사는 법이다. 세례 요한은 회개에 대한 선포를 요구하는 그 시대의 악함에 대한 자신의 깊은 인식을 이렇게 해서 보여주었다. 그에게는 매일이 금식일이었던 셈이다. (2) 이는 그리스도의 선구자인 그의 직분과도 일치한다. 이를 통해서 그는 천국이 어떤 것임을 자신이 알고 있으며, 또한 그 권능을 체험하였다는 것을 보여준 것이다. 주목하라. 신적이며 영적인 기쁨을 접하고 아는 자들은 모든 감각적인 쾌락과 장식물들을 거룩한 무관심으로 바라보지 않을 수 없다. 그보다 더 좋은 것들을 알고 있기 때문이다. 그는 다른 사람들에게 이런 모범을 보여줌으로써 그리스도를 위하여 길을 준비한 것이다. 주목하라. 세상과 거기에 속한 모든 것이 헛되다는 깨달음이야말로 마음에 천국을 누리는 최고의 비결이다. 심령이 가난한 자는 복이 있나니.

VI. 요한의 말씀을 듣고 그에게 나아온 사람들(5절). 예루살렘과 온 유대와 요단 강 사방에서 다 그에게 나아와. 도시와 시골의 각처에서 큰 무리가 그에게 나아왔다. 남자와 여자, 젊은이와 늙은이, 부자와 가난한 자 등 온갖 종류의 사람들이 다 몰려들었다. 바리새인들과 사두개인들도 천국에 대한 그의 설교를 듣자마자 그에게 나아왔다. 그들이 이미 그렇게 많이 들은 이야기를 듣고자 함이었다.

1. 그렇게 많은 무리가 몰려들고 그렇게 큰 명성을 누린다는 것은 요한으로서는 큰 영광이었다. 주목하라. 진정한 영광이 주어졌는데도 불구하고 흔히들 그 그림자도 드러내지 못한다. 자기를 죽이는 삶을 살며, 겸손하고 자기를 부인하며 세상에 대해 죽어 있는 사람들이야말로 존경받을 자들이며, 사람들은 그런 사람들을 그들이 상상하는 것 이상으로 은밀하게 귀하게 여기며 존경하는 것이다.

2. 이로 인하여 요한은 선을 행할 수 있는 귀한 기회를 갖게 되었으며, 이는 하나님께서 그와 함께 하신다는 증거였다. 사람들이 무리를 지어 천국으로 침입하며(눅 16:16), 복음의 새벽에 이슬 같은 주의 청년들이 주께 나오며(시 110:3), 고기가 많은 곳에 그물이 던져진 것을 보니, 이는 정말 복된 광경이 아닐 수 없다.

3. 이는 이제 크게 기대하는 때가 이르렀다는 증거였다. 모두들 하나님의 나라가 당장에 나타날 줄로 생각하였다(눅 19:11). 요한이 이스라엘에게 모습을 드러내어 서기관과 바리새인들과는 전혀 달리 살고 그렇게 탁월하게 설교하니, 사람들은 그가 그리스도라고 주저 없이 말하였고(눅 3:15), 또한 이로 인하여 사람들은 그를 그렇게 크게 신뢰하게 되었다.

4. 요한의 사역에서 유익을 얻으려면 광야에 있는 그에게로 나아가야 했고, 가서 그의 책망을 들어야 했다. 주목하라. 순전한 말씀의 젖을 진정 사모하는 사람은 그것이 자기들에게 주어지지 않을 때에는 그것을 찾으러 나가며, 회개의 가르침을 배우려는 자들은 반드시 이 세상의 복잡하고 바쁜 현실 밖으로 나아가 고요한 상태에 있어야 하는 것이다.

5. 요한에게 나아와 세례를 받은 많은 사람들 중에서 그것을 끝까지 붙든 사람이 많지 않았다는 것이 드러난다. 그리스도께서 유대와 예루살렘에서 냉대를 받은 것을 보라. 주목하라. 나아와 듣는 수많은 무리들 중에서 참된 신자는 몇 명 되지 않을 수도 있다. 호기심과 신기하고 다양한 것을 찾고자 하는 동기

로 많은 사람들이 복음 선포에 귀를 기울이고 일시적으로 그것에 호응하나, 결코 그 능력에 굴복하지 않는 경우가 얼마든지 있을 수 있는 것이다(겔 33:31, 32).

VII. **그가 제자들을 받아들이기 위해 행한 의식**(6절). 그의 가르침을 받아들이고 그의 말씀에 복종하는 자들은 요단 강에서 그에게 세례를 받음으로써 회개를 고백하였고 또한 메시야의 나라가 가까웠다는 믿음을 고백하였다.

1. 그들은 죄를 자복함으로써 회개를 증명하였다. 아마도 그들은 요한에게 자기들이 죄인이며 죄로 더러워져 있어서 정결케 하는 일이 필요하다는 것을 전제적으로 고백하였을 것이다. 그러나 하나님께는 구체적인 죄들을 고백하였을 것이다. 죄로 말미암아 그들이 하나님을 거슬러 행한 것이기 때문이다. 유대인들은 자기들 스스로 의로운 자로 여겨야 한다고 가르침받았었다. 그러나 요한은 그들에게 자기들 자신을 정죄할 것을 가르쳤고, 일년에 한 차례 속죄일(贖罪日)에 온 이스라엘을 위해 전체적으로 죄를 고백하는 것으로 만족하지 말고 각 사람이 자기 마음의 죄를 구체적으로 인식하고 고백할 것을 촉구한 것이다. 평화와 죄 용서를 얻기 위해서는 죄를 통회하고 자복하는 것이 필요하다. 그리고 바로 그런 사람들만이 그들을 모든 불의에서 깨끗하게 하시기 위해 수치와 슬픔을 당하신 예수 그리스도(요일 1:9)를 그들의 의(義)로 영접할 준비를 갖추는 것이다.

2. 이제 가까이 와 있는 그 천국의 은덕들이 세례를 통해서 그들에게 인쳐졌다. 그는 하나님께서 그들을 모든 불의에서 깨끗하게 하신다는 증거로서 그들을 물로 씻었다. 유대인들은 보통 그들의 종교로 받아들여지는 개종자들에게 — 의의 개종자들(proselytes of righteousness)은 물론 특히 할례를 받지 않은 상태의 문(門)의 개종자들(proselytes of the gate)에게도 — 세례를 베풀었다. 탁월한 종교 지도자들도 마찬가지로 학생과 제자들을 받아들일 때에 세례를 베풀었다고 생각하는 이들도 있다. 요한의 세례에 대해 그것이 하늘로부터냐 사람으로부터냐? 라고 물으신 그리스도의 질문은 당시에 신적인 사명과는 관계 없는 사람들의 사례가 있었다는 것을 시사한다. 요한은 이런 용법을 그대로 따랐으나, 그의 세례는 하늘로부터 온 것이요 따라서 다른 모든 사람들의 세례와 구별되는 것이었다. 그것은 회개의 세례였다(행 19:4). 온 이스라엘이 모두 모세에게 속하여 세례를 받았다(고전 10:2). 의식법은 먹고 마시는 것과 여러 가지 씻는

것 혹은 세례에 있었다(히 9:10). 그러나 요한의 세례는 치유의 법, 회개와 믿음의 법에 관한 것이었다. 그는 요단 강에서 세례를 베풀었는데, 그 강은 이스라엘이 통과했고, 또한 나아만이 병 고침을 받은 것으로 유명했다. 그러나 요한이 처음부터 그 강에서 세례를 베푼 것은 아니었던 것으로 보인다. 후에 세례를 받으러 나아오는 사람들이 숫자가 많아지자 요단 강으로 나아가 거기서 세례를 베풀었던 것이다. 세례를 통해서 그는 그들에게 거룩한 삶을 살겠다는 고백을 하게 했고, 결국 그들은 세례로 말미암아 거룩한 삶을 살아야 하는 의무를 부여받았던 것이다. 주목하라. 죄에 대한 고백에는 다시는 죄에게로 돌아가지 않겠다는 거룩한 결단이 하나님의 은혜의 능력 가운데서 수반되는 법이다.

[7] 요한이 많은 바리새인들과 사두개인들이 세례 베푸는 데로 오는 것을 보고 이르되 독사의 자식들아 누가 너희를 가르쳐 임박한 진노를 피하라 하더냐 [8] 그러므로 회개에 합당한 열매를 맺고 [9] 속으로 아브라함이 우리 조상이라고 생각하지 말라 내가 너희에게 이르노니 하나님이 능히 이 돌들로도 아브라함의 자손이 되게 하시리라 [10] 이미 도끼가 나무 뿌리에 놓였으니 좋은 열매를 맺지 아니하는 나무마다 찍혀 불에 던져지리라 [11] 나는 너희로 회개하게 하기 위하여 물로 세례를 베풀거니와 내 뒤에 오시는 이는 나보다 능력이 많으시니 나는 그의 신을 들기도 감당하지 못하겠노라 그는 성령과 불로 너희에게 세례를 베푸실 것이요 [12] 손에 키를 들고 자기의 타작 마당을 정하게 하사 알곡은 모아 곳간에 들이고 쭉정이는 꺼지지 않는 불에 태우시리라

요한이 전한 가르침은 천국이 가까이 왔다는 사실을 생각하고 회개하라는 가르침이었다. 여기서는 그 가르침의 적용을 보게 된다. 적용이야말로 설교의 생명이며, 따라서 요한의 설교도 마찬가지였다.

관찰하라. 1. 그는 그에게 세례를 받으러 나아오는 바리새인들과 사두개인들에게 그 가르침을 적용시켰다(7절). 다른 사람들에게는 회개하라 천국이 가까이 왔느니라라는 말로 족하다고 생각하였으나, 이 바리새인들과 사두개인들이 나아오는 것을 보고는 좀 더 구체적으로 설명하고 더 면밀하게 다루는 것이 필요하다고 여긴 것이다. 이들은 당시 유대인들 가운데 있던 세 가지 종교적 분파 가운데 둘에 해당되었고, 세 번째는 에세네인들(the Essenes)이었는데, 이들에

대해서는 복음서에 전혀 나타나지 않는다. 그들은 은둔 생활을 했고, 공적인 사건들에 관계되는 것을 꺼려했기 때문이다. 바리새인들은 의식을 위하여, 교회의 권세를 위하여, 또한 장로들의 전통을 위하여 열정이 투철한 자들이었다. 사두개인들은 바리새인들과 정반대의 극단에 빠져서 영의 존재와 미래의 상태를 부인하는 자들로 자연신론자들(deists, 혹은 이신론자[理神論者]들)보다 별로 나을 게 없는 자들이었다. 그런데 그들이 요한에게 세례를 받으러 나아왔다는 것은 이상한 일이다. 아마 호기심이 발동하여 그의 말을 들으러 나왔을 것이고, 그들 중에 몇 명이 세례를 받았을 것이다. 그러나 그들 대부분은 세례를 받지 않은 것이 분명하다. 모든 백성과 세리들은 이미 요한의 세례를 받은지라 이 말씀을 듣고 하나님을 의롭다 하되 바리새인과 율법교사들은 그의 세례를 받지 아니함으로 그들 자신을 위한 하나님의 뜻을 저버리니라라고 말씀하기 때문이다(눅 7:29, 30). 주목하라. 교회의 규례들에 나아와 참여하는 자들 중에 그 능력 아래 나아오지 않는 자들이 많다. 그들에게 요한은 모든 신실함으로 말씀하고 있고, 또한 무리들에게도 그 말씀을 하였다(눅 3:7). 그들 모두가 그의 말씀에 귀를 기울였기 때문이다. 2. 그 적용은 명확하여 양심을 찌르는 것이었다. 그는 그들 앞에서 설교하는 자가 아니라 그들에게 설교하는 자로서 말씀하는 것이다. 그는 홀로 교육을 받았으나 대중 앞에 모습을 드러낼 때에 부끄러워하지 않았고, 사람의 얼굴을 두려워하지도 않았다. 그는 성령의 능력으로 충만해 있었던 것이다.

Ⅰ. 그의 말씀은 깨달음과 각성을 촉구하는 말씀이었다. 그는 매우 거칠게 말을 시작한다. 그들이 늘 익숙해 있던 대로 그들을 랍비라 부르거나 기타 다른 칭호들을 쓰지도 않았고, 박수를 치지도 않았다. 1. 그는 그들에게 독사의 자식들이라는 칭호를 붙인다. 그리스도께서도 그들에게 동일한 칭호를 붙이셨다 (12:34; 23:33). 그들은 독사들이었다. 겉모양은 그럴듯하나 맹독(猛毒)을 지닌 자들이요 무엇이든 선한 것에 대해서 악의와 적개심이 가득한 자들이었다. 그들은 독사와 동일한 심정을 지녔고, 독사와 함께 자라난 자식들이었다. 그들은 자기들이 아브라함의 자손이라는 것을 자랑스러워했으나, 요한은 그들이 뱀의 자손이요(창 3:15와 비교하라) 그 아비는 마귀임을 말씀하였다(요 8:44). 그들은 독사의 집단이었다. 그들 모두가 비슷비슷했다. 서로 원수들이었으나 악행에서는 서로 협력하는 자들이었다. 주목하라. 악한 세대는 독사의 세대요 따라서 그런 말을 들어 마땅하다. 그리스도의 사역자들은 죄인들에게 그들의 진정한 모

습을 담대하게 보여주는 것이 합당한 일이다. 2. 요한은 그들에게 누가 너희를 가르쳐 임박한 진노를 피하라 하더냐? 라고 경고하였다. 이는 그들이 임박한 진노를 받을 위험에 처해 있음을 나타낸다. 그들은 너무나도 절박한 처지에 있었으나, 그런데도 그들의 마음은 너무나도 죄 속에서 완악해져 있어서(바리새인들은 신앙을 치장하고 드러내는 것으로, 또한 사두개인들은 신앙을 대적하는 그들의 논리로), 그들에게 무언가 희망 있는 일이 이루어진다는 것은 거의 기적에 가까운 일이었다. "너희들이 어째서 여기에 나아왔느냐? 누가 너희들을 여기서 보겠다고 생각하겠느냐? 무엇이 두렵기에 천국에 대해 궁금해하느냐?" 주목하라. (1) 현재의 진노 외에도 임박한 진노가 있다. 지금 쏟아지는 대접 외에 훗날을 위하여 쌓아놓은 미래의 진노가 있다. (2) 이 진노를 피하는 것이 우리 각자의 큰 관심사다. (3) 이 진노에서 피하라는 경고가 우리에게 주어진다는 것은 놀라운 긍휼이다. 생각해 보라. 누가 우리에게 경고하셨는가? 바로 하나님이시다. 그는 우리의 멸망을 기뻐하지 않으시고 기록된 말씀으로, 주의 사역자들로, 양심으로 경고하시는 것이다. (4) 이 경고들은 스스로 무사하다는 안일함에 빠져 있던 자들을 깜짝 놀라게 하기도 한다.

Ⅱ. 교훈과 권고의 말씀이 있다(8절): 그러므로 회개에 합당한 열매를 맺고. "임박한 진노를 피하라는 경고를 받고 있으니 그러므로 여호와께서 두려우신 줄을 알아 거룩한 삶을 살게 되기를 바라노라." 혹은, "너희가 회개를 고백하고 회개의 세례에 참여했으니, 너희가 참으로 회개했다는 증거를 드러내 보이라." 회개는 마음에서 일어난다. 마음에서 일어나는 회개는 하나의 뿌리와도 같다. 그러나 전면적인 개혁을 통해서 회개에 합당한 열매를 맺지 않으면, 아무리 마음속에 회개가 있는 체한다 해도 헛된 일이 되는 것이다. 모든 죄를 버리고 선한 것을 붙들어야 한다. 이것들이 회개에 합당한 열매인 것이다. 주목하라. 자기들의 죄에 대해 잘못을 인정하면서도 계속해서 죄를 짓는 자들은 회개라는 이름에 혹은 회개의 특권에 합당치 않은 것이다. 세례를 받는 자들이 다 그렇게 하는 것처럼, 회개를 고백하는 자들은 반드시 회개하는 자에게 합당하게 행하여야 하며, 회개하는 죄인에게 어울리지 않는 일은 절대로 해서는 안 된다. 회개하는 자는 스스로를 낮고 천하게 여기고, 조그만 자비에도 감사하며, 극심한 환난 중에도 인내하고, 죄의 온갖 모양들에 대해 경계하며, 모든 의무에 풍성하고, 다른 이들을 판단하는 데에 너그러워야 하는 것이다.

Ⅲ. 조심해야 할 것에 대한 말씀이 있다. 그들의 외형적인 특권들에 기대어, 회개하라는 이 부름에서 비껴가려 해서는 안 된다는 것을 지적한다(9절): 속으로 아브라함이 우리 조상이라고 생각하지 말라. 주목하라. 사역자들은 설득력 있는 강력한 하나님의 말씀의 능력이 전해질 때에, 육신적인 심령들은 온갖 허망한 생각들을 한다는 것을 예상하고 그것에 대처하기 위해 노력해야 한다. 네 마음의 악을 씻어 버리라(렘 4:14). 메 독세테 ― 체 하지 말라, 가정하지 말라. 이것이 너희를 구원하리라고 속으로 생각하지 말라. 그런 자만을 품지 말라. "이런 말로 너희 자신을 기쁘게 하지 말라. 이것으로 너희 스스로를 잠들게 하지도 말고, 너희에게 아첨하지도 말라." 주목하라. 하나님께서는 우리가 감히 겉으로는 내뱉지 못하고 속으로 하는 말을 다 아시며, 우리 심령의 그릇된 안일함을 다 아시며, 우리의 심령이 바른 것을 찾지 못하여 오류를 갖고서 스스로를 속이는 것도 다 아신다. 많은 이들이 그들 스스로를 망치는 거짓말을 속으로 감추며, 속에 심어두기를 부끄러워하여 혀 아래에 굴린다. 마귀의 관심사에 따라, 마귀의 지시에 따라 그것을 품는 것이다. 이제 요한은 그들에게 다음과 같은 것을 보여준다.

1. 그들의 속 생각이 무엇인지를 보여준다: 아브라함이 우리 조상이라. "우리는 이방인들과 같이 죄인이 아니다. 그들이 회개해야 하는 것은 당연하지만, 우리는 유대인이요 거룩한 나라요 택한 백성이니 우리에게 회개가 무슨 말이냐?" 주목하라. 전해지는 그대로의 말씀을 취하여 우리의 것으로 삼지 않으면 말씀이 우리에게 아무런 유익이 되지 않는다. "너희가 아브라함의 자손이라고 해서 다음과 같이 생각하지 말라." (1) "회개할 것이 없으니 회개할 필요가 없다. 아브라함의 자손이요 그와 맺어진 언약에 속하여 있으니 내가 거룩하므로, 생각이나 삶의 길을 바꿀 이유가 없다는 식으로 생각하지 말라." (2) "회개하지 않아도 별 문제가 없을 것이라고도 생각하지 말라. 내가 아브라함의 자손이니 회개하지 않아도 하나님께서 눈감아 주실 것이고 결국 심판에서 면제되고 임박한 진노에서 피하게 될 것이라는 식으로도 생각하지 말라." 주목하라. 우리 자신이 선하지 못하나 선한 가문에서 나면 구원받으리라는 식의 생각은 헛된 망상이다. 경건한 조상들에게서 나서 신앙 교육을 받았고, 하나님을 경외하는 분위기에서 자라났고, 좋은 친구들이 우리를 위해 기도하고 권면해 준다 할지라도, 우리가 회개하지 않고 회개의 삶을 살지 않으면 이 모든 것이 무슨 소용이 있

겠는가? 아브라함이 우리 조상이고 우리가 그의 자손이니, 그와 맺어진 언약에 속하는 특권이 우리에게 당연히 해당된다는 식으로 생각하지 말라. 우리가 교회의 자녀들이며 여호와의 성전이라는 식으로 생각하지 말라(렘 7:4). 주목하라. 가시적 교회의 회원이 되어 특권들과 유익들을 누리고 있다는 사실에 안주함으로써 천국에 이르지 못하는 자들이 무수히 많은 것이다.

2. 이런 속 생각이 얼마나 근거 없고 어리석은지를 보여준다. 그들은 자기들이 아브라함의 자손이므로 세상에서 자기들만이 하나님의 백성이며, 그러므로 자기들이 끊어져 나가면 하나님께서는 교회를 완전히 잃어버리시는 것이라고 생각했다. 그러나 요한은 이런 생각의 어리석음을 보여준다: 내가 너희에게 이르노니 (너희가 속으로 무슨 말을 하든 간에), 하나님이 능히 이 돌들로도 아브라함의 자손이 되게 하시리라. 그는 이 때에 요단 강가의 베다니에서 세례를 베풀고 있었다(요 1:28). 베다니는 통과의 집(the house of passage)이라는 뜻으로 이스라엘 자손이 통과한 곳이었고, 거기에는 여호수아가 열두 지파를 뜻하는 기념물로 세운 열두 개의 돌이 있었다(수 4:20). 그는 어쩌면 이 돌들을 가리키면서, 하나님께서 이 돌들로도 이스라엘 열두 지파를 일으키실 수 있다고 말씀했을지도 모른다. 아니면 이 말씀이 이사야 51:1을 지칭하는 것이었을 수도 있다. 거기서는 아브라함을 가리켜 너희를 떠낸 반석이라 부르고 있다. 그런 반석에서 이삭을 있게 하신 하나님께서는 그가 원하시기만 하면 그런 일을 다시 하실 수 있다는 것이다. 그에게는 능하지 못하심이 없기 때문이다.

어떤 이들은 요한이 그 현장에 있던 이방인 군졸들을 가리키면서, 유대인들에게 하나님께서 이방인들 가운데서 친히 교회를 일으키시고 아브라함의 축복을 그들에게 베푸실 것을 말씀한 것이라고 생각하기도 한다. 우리의 첫 조상이 타락했을 때에 하나님께서는 그들이 멸망하도록 내버려두시고 돌을 들어서 새로운 아담과 새로운 하와를 만드실 수도 있었다는 것이다. 혹은 다음과 같은 의미로 보기도 한다: "너희처럼 그렇게 완악하고 메마르고 거친 죄인들을 아브라함의 자손으로 받아들이느니 차라리 돌들이 아브라함의 자손들로 여겨지리라." 주목하라. 현 세대의 형편이 어떠하든지 간에 세상에서 교회가 사라지는 법은 절대로 없다는 사실은 시온의 죄인들에게는 자신감을 낮추는 것이 되고, 시온의 자녀들에게는 소망을 높이는 것이다. 유대인들이 타락하면, 이방인들이 모아들여질 것이다(21:43; 롬 11:12 등).

Ⅳ. 시대의 표적도, 하나님께서 임하시는 날도 알지 못하는 무관심하고 안일한 바리새인들과 사두개인들과 기타 유대인들에게 공포의 말씀이 있다(10절). "너희 주위를 살펴보고, 하나님의 나라가 가까이 왔다는 것을 깨닫고, 각성하여 다음과 같은 것을 지각하라."

1. 너희의 시험이 얼마나 엄격하며, 또한 그 시험의 때가 얼마나 가까이 왔는지. 도끼가 나무 뿌리에 놓였으니, 곧 너희 앞에 놓였으니, 너희가 잠시 후면 나무 뿌리처럼 될 것이고, 멸망으로 향하게 될 것이니, 속히 진정으로 회개하지 않으면 그것을 피할 수 없으리라. 하나님께서 전보다 그의 심판을 너희에게 더 속히 이루실 것이고, 그 심판의 역사가 하나님의 집에서 시작될 것이며, 그 심판은 더욱 속히 임할 것이고, 더욱 극심할 것이니라. 보라 내가 속히 오리라. 이제 그들에게 마지막 시험이 놓여져 있으니, 지금 구원받지 못하면 절대로 구원받지 못하리라.

2. "회개하지 않으면 너희의 당할 운명이 얼마나 쓰라리고 극심할지. 도끼가 나무 뿌리에 놓여 있다고 선포하는데, 이는 하나님의 선언이 과연 진지하다는 것을 보여주는 것이다. 나무마다, 아무리 존귀하고 고상하며, 아무리 그 외형적인 모습이 푸르다 할지라도, 좋은 열매를 맺지 아니하면, 회개에 합당한 열매를 맺지 아니하면, 하나님의 포도원의 나무로서 존재할 가치기 없으므로 찍혀 하나님의 진노의 불에 던져실 것이다. 열매 없는 나무에게 가장 이울리는 곳이 그곳 말고 또 어디가 있겠는가? 열매를 맺기에 합당치 못하면, 불쏘시개로나 합당할 뿐이다. 아마도 이는 로마인들에 의하여 예루살렘이 패망할 것을 지칭하는 것일 것이다. 그런데 이 패망은 과거의 다른 심판들처럼 가지들이나 몸통이 잘려 나가지만 뿌리는 남아 있어서 다시 싹이 돋아나는 것과는 전혀 다르다. 전적이며 최종적인 심판이 임하여 그 백성이 돌이킬 수 없도록 완전히 패망하게 될 것이고, 계속해서 회개하지 않는 자들이 모두 다 그렇게 멸망하게 될 것이었다. 이제 하나님께서는 충만한 결말을 보시고자 하실 것이었다. 그들에게 극한 진노가 임하고 있었던 것이다.

Ⅴ. 예수 그리스도에 관한 교훈의 말씀이 있다.   요한의 모든 설교가 바로 그에게로 집중되고 있었다. 그리스도의 사역자들은 자기 자신들이 아니라 바로 그리스도를 설교하는 것이다. 여기에는 다음과 같은 내용이 있다.

1. 요한보다 높으신 그리스도의 위엄과 탁월하심. 그가 그리스도를 높이기

위하여 자신을 얼마나 낮추어 말하는지를 보라(11절): "나는 물로 세례를 베풀거니와, 그것이 내가 할 수 있는 최고의 것이니라." 주목하라. 성례들은 그것들을 시행하는 자들에게서 그 효능이 나오는 것이 아니다. 그들은 그저 표만을 적용할 뿐이고, 그 표가 나타내는 그것을 주는 것은 오직 그리스도의 특권이다(고전 3:6; 왕하 4:31). 그러나 내 뒤에 오시는 이는 나보다 능력이 많으시니. 요한은 엘리야의 심령과 권능으로 왔으니 많은 능력이 있었으나, 그리스도는 그보다 더 능력이 많은 분이셨다. 요한도 진정 위대했고, 주님 보시기에 큰 자였으나(여자가 낳은 자 중에 그보다 더 큰 이가 없었다), 그는 스스로를 그리스도를 섬기는 가장 비천한 위치에 있기도 감당할 수 없는 것으로 여겼다: 나는 그의 신을 들기도 감당하지 못하겠노라. 그는 (1) 자기에 비해서 그리스도가 얼마나 권능이 크신지를 보았다. 주목하라. 예수 그리스도께서 자기들보다 권능이 크시므로 그의 신실한 사역자들이 할 수 없는 일을 그들을 위해서, 또한 그들을 통해서 행하실 수 있다는 사실은 그들에게 큰 위로가 된다. 그들의 연약함 가운데서 그의 강함이 온전해지는 것이다. (2) 그리스도에 비할 때 자신이 얼마나 비천한가를 보았다. 그는 자신이 그리스도의 신을 들고 뒤를 따라다니는 일조차도 감당할 수 없다고 여긴 것이다. 주목하라. 하나님께서 존귀하게 하신 자들은 그로 인하여 매우 겸손해져서 자기 자신을 비천하게 보게 되며, 그리스도께서 높아지시기 위하여 기꺼이 스스로 낮아지기를 원하며, 그리스도께서 모든 것이 되시도록 자기는 아무것도 아닌 것이 되기를 바라는 것이다.

2. 그리스도의 등장의 의도와 목적. 요한이 그리스도의 선구자로 보내심을 받을 것이라는 예언(말 3:1, 2)에 곧바로 이어서, 너희가 구하는 바 주가 갑자기 그의 성전에 임하실 것이며(1절) 그가 은을 연단하여 깨끗하게 하는 자 같이 앉을 것이라는 예언이 주어져 있다(3절). 그리고 엘리야가 온 후에, 용광로 불 같은 날이 이르리라고 예언하는데(말 4:1), 세례 요한이 여기서 이것을 지칭하는 것 같아 보인다. 그리스도께서 오셔서 다음과 같은 방식으로 분리(分離)의 역사를 이루실 것이다.

(1) 그의 은혜의 강력한 역사하심을 통하여. 그는 성령과 불로 너희에게, 즉 너희 중 일부에게, 세례를 베푸실 것이요. 주목하라. [1] 성령으로 세례를 베푸는 일은 그리스도의 고유한 특권이다. 그는 사도들에게 성령을 놀랍게 부으심으로써 이를 행하셨다. 그리스도께서는 요한의 이 말씀을 친히 이루시는 것이다(행

1:5). 그는 구하는 자들에게 성령의 은혜와 위로를 주심으로써 이를 행하신다(눅 11:13; 요 7:38, 39. 또한 행 11:16을 보라). [2] 성령으로 세례를 받는 자들은 마치 불로 세례를 받는 것과 같다. 하나님의 일곱 영이 등불 일곱으로 나타난다(계 4:5). 불이 밝혀 주는 역할을 하는가? 성령은 조명(照明)의 영이시다. 불이 뜨겁게 하는가? 속에서 마음이 뜨거워지지 않는가? 불이 태워 없애는가? 심판의 영도, 타오르는 영으로서, 인간의 부패한 찌꺼기들을 태우지 않는가? 불이 모든 것을 불처럼 만드는가? 불이 위로 향하여 올라가는가? 성령도 영혼을 자신처럼 거룩하게 만들며, 하늘을 향하게 만드는 것이다. 그리스도께서는 내가 불을 땅에 던지러 왔노니라고 말씀하신다(눅 12:49).

(2) 그의 최종적인 심판을 통하여(12절). 손에 키를 들고. 성부 하나님의 영원한 지혜로서 만물을 참된 빛으로 보시는 분으로 구별하실 능력이 있으시며, 또한 모든 심판을 맡으신 분으로서 구별하실 권위가 있으신 그분이야말로 손에 키를 들고 까부르시는 분이다(렘 15:7). 그런데 그는 은을 연단하여 깨끗하게 하는 자로서 앉아 계신다(말 3:3). 여기서 다음을 관찰하라. [1] 가시적 교회는 그리스도의 타작 마당이다: 내가 짓밟은 너여, 내가 타작한 너여(사 21:10). 교회의 모형인 성전은 타작 마당에 세워졌다. [2] 이 타작 마당에는 알곡과 쭉정이가 섞여 있다. 참 신자는 알곡으로서 가치가 있고 유용하다. 그러나 외식자들은 쭉정이로서 가볍고 공허하며, 쓸모도 가치도 없으며, 온갖 바람에 날린다. 지금은 선인도 악인도 동일한 외형적인 신앙 고백 아래 한데 뒤섞여 있고, 동일한 가시적 신앙 공동체에 함께 속하여 있다. [3] 타작 마당이 깨끗이 정리되고, 알곡과 쭉정이가 분리될 날이 장차 올 것이다. 이런 유의 역사가 이 세상에서 자주 행해지는데, 하나님께서 바벨론에서 자기 백성을 부르시는 때가 이에 속한다(계 18:4). 그러나 마지막 심판의 날은 까부르며 분리하는 역사가 행해지는 큰 날이 될 것이요, 그 날에 교리와 행위에 대하여(고전 3:13)와 인격에 대하여(25:32, 33) 오류 없는 결정이 있을 것이요, 성도들과 죄인들이 영원토록 서로 이별하게 될 것이다. [4] 천국(heaven)은 예수 그리스도께서 그의 모든 알곡을 모아들이는 곳간이며, 알곡 중 한 알도 잃어버리지 않고 거기에 모아들여질 것이나. 그는 익은 열매들을 모아들이듯이 알곡들을 모아들이실 것이다. 죽음의 낫이 알곡들을 그 백성들에게로 모으는 데에 사용되는 것이다. 천국에서는 성도들이 한데 모여 있고, 더 이상 흩어지지 않는다. 위험에 노출되지도 않고 안전하

며, 바깥의 부패한 이웃으로부터, 속의 부패한 것들로부터 완전히 분리되며, 그들 중에는 쭉정이가 없는 상태가 된다. 또한 알곡은 그냥 곳간에 모아들여지는 것이 아니라, 완전히 정결해진 상태로 모아들여진다(13:30). [5] 지옥은 꺼지지 않는 불이요, 여기서 쭉정이가 태워지고, 외식자들과 불신자들의 형벌과 영원한 멸망의 상태가 여기서 이루어질 것이다. 그러므로 생명과 사망, 선과 악이 우리 앞에 놓여 있다. 우리가 밭에서 어떤 상태로 있느냐에 따라서, 타작 마당에서도 그런 상태로 있게 될 것이다.

¹³이 때에 예수께서 갈릴리로부터 요단 강에 이르러 요한에게 세례를 받으려 하시니 ¹⁴요한이 말려 이르되 내가 당신에게서 세례를 받아야 할 터인데 당신이 내게로 오시나이까 ¹⁵예수께서 대답하여 이르시되 이제 허락하라 우리가 이와 같이 하여 모든 의를 이루는 것이 합당하니라 하시니 이에 요한이 허락하는지라 ¹⁶예수께서 세례를 받으시고 곧 물에서 올라오실새 하늘이 열리고 하나님의 성령이 비둘기 같이 내려 자기 위에 임하심을 보시더니 ¹⁷하늘로부터 소리가 있어 말씀하시되 이는 내 사랑하는 아들이요 내 기뻐하는 자라 하시니라

우리 주 예수께서는 어린 시절부터 거의 삼십 세가 되신 지금까지 갈릴리에 감추어진 상태로 계셨고, 이를테면 산 채로 파묻혀 계셨다. 그러나 오랜 어둠의 밤이 지나고 이제 보라, 의로운 해가 영광 중에 떠오른다. 때가 차매 그리스도께서 그의 선지자 직분을 취하시고 그 일을 행하신다. 그러나 예루살렘에서가 아니라(다른 이들처럼 해마다 절기에 참석하기 위해 세 번 그리로 가시긴 했으나), 요한이 세례를 베풀고 있는 그 곳에서 그 일을 행하셨다. 이스라엘의 위로를 기다리는 자들이 그에게로 나아갔고, 오직 그런 자들만 그가 환영하였기 때문이다. 세례 요한은 우리 주님보다 여섯 달 먼저 출생하였고, 따라서 그리스도께서 나타나시기 약 여섯 달 전에 전도와 세례 베푸는 사역을 시작했을 것으로 보이며, 대략 여섯 달 정도 요단 강에서 주의 길을 준비하는 일을 담당했을 것이다. 그리고 그 여섯 달 동안에 그 이전 여러 시대에 걸쳐서 행해진 것보다 더 많은 일이 행해진 것이다. 그리스도께서 세례를 받기 위하여 갈릴리로부터 요단 강에 오셨다는 사실은 거룩한 규례를 통해서 하나님께 가까이 나아갈 기회를 갖기 위해서는 고통이나 수고를 마다하지 말아야 한다는 것을 가르쳐 준다.

하나님과의 교제를 위해서는 가까이에서 멈출 것이 아니라 멀리까지도 기꺼이 나아가야 하는 것이다. 찾아 나서는 자가 찾는 법이다.

그리스도께서 세례를 받으신 이 기사에서 우리는 다음과 같은 것들을 관찰할 수 있다.

I. 요한은 그리스도께서 세례받으심을 허락하기를 매우 꺼렸다(14, 15절). 그가 스스로 요한에게 세례를 받으려 하신다는 것은, 죄를 알지도 못하시는 그가 회개의 세례를 받으려 하신다는 것은, 그리스도의 크신 겸손을 보여주는 것이었다. 주목하라. 그리스도께서는 전도를 시작하시면서, 가장 먼저 친히 모범을 보이셔서 겸손을 전하셨다. 모든 이들에게 겸손을 전하셨고, 특히 젊은 사역자들에게 그것을 전하셨다. 그리스도께서는 최고의 존귀를 입으실 분이셨으나, 첫 걸음을 떼시면서 그는 그렇게 자신을 낮추신 것이다. 주목하라. 높이 올라가고자 하는 자는 낮게 시작해야 한다. 존귀보다 먼저 낮아짐이 있는 법이다. 그리스도께서 그렇게 그에게 나아오셨다는 것은 요한에 대한 존중을 보여주는 것이었고, 요한이 그의 다가오심을 알아차리고 그를 위하여 행한 섬김에 대한 하나의 상급이었다. 주목하라. 하나님을 존귀하게 하는 자는 존귀하게 될 것이다. 이제 여기서 다음을 살펴보라.

1. 예수께 세례를 베풀기를 요한이 거절함(14절). 요한이 그를 말렸다. 그리스도께서 자기 발을 씻으려 하실 때에 베드로도 그랬다(요 13:6, 8). 주목하라. 그리스도께서 은혜로이 낮아짐으로 오시는 일은 너무나도 예기치 못한 일이어서 아무리 믿음이 강한 신자라도 처음에는 도저히 믿기가 어렵고, 너무도 깊고 신비한 일이어서 심지어 그의 마음을 아는 자들이라도 그 의미를 곧바로 깨닫지 못하고, 어둠 가운데서 그리스도의 뜻에 대해 반대하는 것이다. 요한은 이 일을 자기로서는 도저히 감당할 수 없는 크나큰 존귀로 여기고서, 자신의 생각을 그리스도께 그대로 표현하였다. 그의 어머니 역시 그리스도의 어머니에게 그렇게 했었다(눅 1:43): 내 주의 어머니가 내게 나아오니 이 어찌 된 일인가? 요한은 큰 명성을 이미 얻고 있었고, 모든 사람들에게 존경을 받고 있었다. 그런데도 그는 얼마나 겸손한지 모른다! 주목하라. 명성이 높아질 때에도 계속해서 마음을 낮추는 자들을 위하여 하나님께서는 더 큰 존귀를 예비해 놓고 계시는 것이다.

(1) 요한은 자기가 그리스도께 세례를 받아야 한다고 생각한다: 내가 당신에게서 성령과 불로 세례를 받아야 할 터인데 당신이 내게로 오시나이까? [1] 그는 이미

모태로부터 성령의 충만함을 받았으나(눅 1:15), 그 세례를 받아야 할 필요를 인식하고 있다. 주목하라. 하나님의 영이 충만한 자라도 이 불완전한 상태에 있는 동안에는 성령을 더 많이 받아야 하고, 더 많이 자신을 그리스도께 적용시켜야 한다는 것을 알아야 한다. [2] 요한은 여자가 낳은 자 중에 가장 큰 자였으나 그는 세례를 받아야 할 터였다. 그도 여자에게서 났으므로 아담의 후손에 속하는 다른 이들과 마찬가지로 오염되어 있고, 따라서 깨끗이 씻음 받아야 한다는 것을 스스로 알고 있었다. 주목하라. 순결한 심령일수록 자신에게 남아 있는 부정함을 깊이 지각하며, 영적인 씻음을 지극히 진지하게 갈망하는 법이다. [3] 아무리 훌륭하고 거룩한 사람이라도 그리스도를 필요로 하며, 더 나은 사람일수록 그런 필요를 더 절실하게 깨닫는 법이다. [4] 요한은 자기를 메시야로 받아들이려 할 정도로 자기를 지극히 높이는 무리들 앞에서 이 말씀을 하였다. 그는 자신이 그리스도께 세례를 받아야 할 자임을 공개적으로 인정한 것이다. 주목하라. 지극히 훌륭한 사람이 자신이 그리스도와 그의 은혜가 없이는 망한 자임을 고백한다고 해도, 그것은 결코 자신을 폄하(貶下)하는 것이 아니다. [5] 요한은 그리스도의 선구자였으나, 자기는 그에게서 세례를 받아야 한다는 것을 인정하였다. 주목하라. 시기적으로 그리스도보다 먼저 난 자들이라도 그에게 의존하며, 그에게서 은혜를 받았고, 그를 주시하였던 것이다. [6] 요한이 다른 사람들의 영혼을 대하는 동안, 자기 자신의 영혼에 대해서도 얼마나 절실하게 말씀하는지를 보라: 내가 당신에게서 세례를 받아야 할 터인데. 주목하라. 다른 사람들에게 설교하고 세례를 베푸는 사역자들은 그들 자신에게 설교하고 그들 스스로 성령으로 세례를 받는 일에 진지한 관심을 기울여야 한다. 네가 네 자신을 먼저 살피라. 이를 행함으로 네 자신 … 을 구원하리라(딤전 4:16).

(2) 그러므로 그는 그리스도께서 그 자신에게 세례를 받으신다는 것이 결코 가당치 않다고 생각하였다: 당신이 내게로 오시나이까? 죄인으로부터 완전히 분리되신 거룩한 예수께서 죄인으로서 죄인들과 더불어 죄인에게서 세례를 받으러 나아오신단 말인가? 어떻게 이런 일이 있을 수 있는가? 이를 어떻게 받아들여야 하는가? 주목하라. 그리스도께서 우리에게 나아오시는 일은 정말로 경이로운 일이다.

2. 예수께서는 이러한 요한의 반대를 물리신다(15절). 예수께서 대답하여 이르시되 이제 허락하라. 그리스도께서는 요한의 겸손은 받으시나, 세례 베풀기를 거

부하는 것은 받아들이지 않으셨다. 요한은 그 일을 행해야 했다. 우리가 이해하지 못하고 이유를 알지 못한다 할지라도, 그리스도께서 자신의 방법대로 행하시는 것이 합당한 일이다. 여기서,

(1) 그리스도께서 어떻게 자신의 뜻을 강변하시는가를 보라. 그는 이제 허락하라고 하신다. 요한이 그에게서 세례를 받아야 한다는 것을 부인하지 않으시지만, 그리스도 자신이 이제 요한에게서 세례를 받으실 것임을 말씀하시는 것이다. 아페스 아르티 ― 그렇게 되게 하라, 이제 그 일이 이루도록 하라. 주목하라. 때에 맞는 것은 모두 아름다운 법이다. 그러나 왜 이제이며, 왜 지금인가? [1] 그리스도는 지금 낮아지심의 상태 속에 계신다. 그는 하나님과 동등됨을 취할 것으로 여기지 아니하시고 자기를 비우셨다. 그는 종의 형체를 가지셨을 뿐 아니라 죄악된 사람의 모양으로 나타나셨고, 그리하여 그는 완전히 순결하시면서도 마치 씻음받으셔야 하는 것처럼 이제 요한에게서 세례를 받고자 하시며, 그리하여 죄를 알지도 못하시는 자로서 우리를 위하여 죄가 되신 것이다. [2] 요한의 세례는 이제 유명해져 있다. 하나님께서는 그 세례를 통해서 그의 일을 이루고 계신다. 그것이 현재의 경륜이요, 그러므로 예수께서는 이제 물로써 세례를 받으실 것이다. 그러나 그가 성령으로 베푸시는 일은 이후를 위해 예비된 것이다. 몇 날이 못되어(행 1:5). 요한의 세례가 이제 시행되는 중이며, 따라서 이제 그 세례에 존귀가 부여되어야 마땅하며, 그 세례에 참여하는 자들이 격려를 받아야 하는 것이다. 주목하라. 은사와 은혜를 크게 받은 자들도 그들이 처한 자리에서 그 제정된 규례들에 겸손하게 부지런히 참여함으로써 그 규례들을 증거하여 다른 이들에게 선한 모범이 되어야 하는 것이다. 우리가 보는 바를 하나님이 인정하시며, 그가 그렇게 하시는 것을 보면 우리도 그것을 인정해야 한다. 요한은 이제 흥(興)하고 있다. 그러므로 그것이 아직은 그렇게 되어야 한다. 그러나 얼마 지나지 않아서 그는 쇠(衰)하게 될 것이고 그 때에는 처지가 달라질 것이다. [3] 이제 허락해야 한다. 이제는 그리스도께서 대중 앞에 나타나시는 때가 되었고, 세례가 바로 그런 기회가 되기 때문이다(요 1:31-34을 보라). 이렇게 해서 그가 이스라엘에게 밝히 나타나셔야 하고, 자신을 지극히 낮추서서 세례를 받으신 그 행위에 하늘로부터 놀라운 이적이 임하여 그가 높이 드러나셔야 했던 것이다.

(2) 그가 제시하시는 이유를 보라: 우리가 이와 같이 하여 모든 의를 이루는 것이 합당하니라. 주목하라. [1] 그리스도께서 우리를 위해 행하신 일은 그 하나하나

가 다 합당한 것이었고, 모두가 은혜로운 것이었다(히 2:10; 7:26). 그러므로 우리는 해야 할 필요가 있는 일만이 아니라 우리에게 합당한 일도 부지런히 감당해야 한다. 절실하게 필요한 일만이 아니라 아름답고 선한 열매를 맺는 일에도 열심을 내야 하는 것이다. [2] 우리 주 예수께서는 모든 의를 이루는 것을 그에게 잘 어울리는 일로 여기셨다. 즉 (휘트비 박사[Dr. Whitby]가 설명하듯이) 하나님의 모든 의로운 계명들을 신적으로 제정된 것으로 인정하고 그것에 기꺼이 따르고자 하셨다. 이와 같이 하여, 요한을 보내사 회개의 세례를 베풂으로써 그리스도의 길을 예비하게 하신 하나님의 지혜를 인정하고 그의 의를 드러내는 것이 그에게 합당한 일이었다. 우리도 계명을 지키는 것은 물론 모범을 보임으로써 선한 모든 일을 격려하고 장려하는 것이 합당하다. 그리스도께서는 요한과 그의 세례를 높여 말씀하신 적이 많았고, 따라서 그 자신이 요한에게서 세례를 받는 것이 그러한 그의 태도에 더 잘 부합되었을 것이다. 이와 같이 하여 예수께서는 먼저 행하셨고, 그 다음에 가르치기 시작하셨다. 그러므로 그의 사역자들도 동일한 방식을 취하여야 마땅한 것이다. 이와 같이 하여 그리스도께서는 갖가지 정결례(淨潔禮)로 구성된 의식법(ceremonial law)의 의를 이루셨고, 그리하여 그의 교회에게 세례라는 복음의 규례를 제시하시고 그것에게 존귀를 부여하셨으며, 또한 그가 그 규례에 어떠한 덕을 부여하고자 하셨는지를 보여주신 것이다. 그리스도께서는 물로 베푸는 요한의 정결례에 굴복하는 것이 합당하였다. 왜냐하면 그것은 하나님께서 지정하신 것이었기 때문이다. 그러나 또한 바리새인들이 물로 행하는 정결례는 반대하는 것이 합당했다. 왜냐하면 그것은 인간이 만들어낸 것이었기 때문이다. 그리하여 그는 그의 제자들이 그것에 복종하기를 거부하는 것도 정당한 것으로 인정하신 것이다.

그리스도께서 이러한 뜻과 또한 그 뜻에 대한 이유를 제시하시자, 요한은 전적으로 만족했다. 이에 요한이 허락하는지라. 요한은 그리스도께서 그에게 베푸신 존귀를 처음에는 겸손함으로 사양했으나, 이제는 그와 동일한 겸손함으로 그리스도께서 명하시는 일을 시행하게 된 것이다. 주목하라. 겸손을 가장하여 우리에게 주어진 의무를 사양해서는 안 된다.

II. 하늘은 그리스도께서 세례받으심을 특별한 영광으로 만천하에 드러내기를 지극히 기뻐하였다(16, 17절).   예수께서 세례를 받으시고 곧 물에서 올라오실 새. 다른 사람들은 세례를 받을 때에 죄를 자복하였다고 말씀하나(6절), 그리스도는 자복할 죄가 없으시므로 즉시 물에서(out of water: 즉 '수면 위로' :역자주) 올라오셨다. 대개 본문을 이런 뜻으로 읽으나, 그렇지 않다. 본문은 아포 투 휘다토스 — 물로부터(from the water)로 되어 있다. 곧, 물로 씻음받기 위해, 즉 머리나 얼굴을 씻기 위해(요 13:9), 강가에서 물로 들어갔다가 강가로 다시 올라오셨다는 뜻이다. 여기에 의복을 벗으셨다거나 입으셨다는 언급이 나타나지 않기 때문이다. 만일 그가 벌거벗은 채로 세례를 받으셨다면 그런 정황적인 설명이 생략되지 않았을 것이다. 곧 물에서 올라오실새, 지극한 기쁨과 결연한 의지로 사명을 감당한 자로서 올라오셨다. 시간을 지체하지 않으셨다. 그것이 이루어지기까지 그의 답답함이 어떠했겠는가!(눅 12:50).

이제, 그가 물에서 올라오시자, 거기에 있던 모든 사람들이 그를 주목하였다.

1. 하늘이 열리고. 최소한 별들이 있는 궁창 저 너머에 있는 무엇이 그에게 드러났다. 이는 (1) 그를 격려하여 그가 그 앞에 있는 영광과 기쁨을 위하여 임무를 계속하시게 하기 위함이다. 그가 하고자 하신 그 일을 마치시자, 하늘이 열려 그를 받아들인 것이다. (2) 우리를 격려하여 그를 영접하고 그에게 복종하게 하기 위함이다. 주목하라. 예수 그리스도 안에서 또한 그를 통하여 하늘이 사람들에게 열린다. 죄는 하늘을 닫히게 하며, 하나님과 사람 사이의 친밀한 모든 교제를 단절시킨다. 그러나 이제 그리스도께서 모든 신자들에게 천국을 열어놓으신 것이다. 신적인 빛과 사랑이 사람에게 임하므로, 우리가 성소에 들어갈 담력을 얻은 것이다. 하나님께로부터 긍휼하심을 받았으니, 하나님께 의무를 돌려드리는 것이요, 이 모든 일이 예수 그리스도로 말미암아 되는 것이니, 그는 발이 땅 위에 있고 꼭대기가 하늘에 있는 사다리와 같아서 오직 그로 말미암아서만 하나님과 친밀한 교류를 갖고, 결국 하늘에 이를 소망을 갖는 것이다. 그리스도께서 세례를 받으셨을 때에 하늘이 열렸다는 것은, 우리가 하나님의 규례들에 정당하게 참여할 때에 하나님과의 긴밀한 교제를 기대할 수 있다는 것을 가르쳐 준다.

2. 하나님의 성령이 비둘기 같이, 혹은 비둘기로 내려 자기 위에 임하심을, 혹은 비추이신을 보시더니, 그리스도께서 그것을 보셨고(마 1:10), 요한도 그것을 보았으며(요 1:33, 34), 아마도 주위의 모든 사람들이 다 그것을 보았을 것이다. 이 일은 그가 임무를 시작하심을 공적으로 드러내고자 하는 의도로 시행된 것이기 때문이다. 다음을 관찰하라.

(1) 하나님의 성령이 비둘기 같이 내려 자기 위에 임하심을 보시더니. 태초에 하나님의 영이 수면 위에 운행하셨다(창 1:2). 마치 새가 둥지 위를 날아다니듯이 하셨다는 뜻이다. 이와 마찬가지로 이 새로운 세상의 시초에 하나님이신 그리스도께서는 성령을 받으실 필요가 없었으나 그의 위에 여호와의 영이 강림하시리라고 예언되었고(사 11:2; 61:1), 여기서 그렇게 강림하신 것이다. 그 이유는 [1] 그가 선지자가 되실 것이었고, 선지자는 언제나 그들에게 임하는 하나님의 성령으로 말씀했기 때문이다. 그리스도는 선지자 직분을 수행하실 것이었다. 그러나 그 자신의 신성(神性)을 발휘함으로써가 아니라(휘트비 박사의 말처럼), 성령의 임하심을 통해서 그렇게 하실 것이었다. [2] 그가 교회의 머리가 되실 것이었기 때문이다. 성령이 내려 그에게 임하신 것은 그리스도로 말미암아 그가 모든 신자들에게 임하사 은사와 은혜와 위로를 베풀게 하시기 위함이었다. 머리에 있는 보배로운 기름이 옷깃까지 내림 같고(시 133:2). 그리스도께서 사람들을 위하여 선물을 받으사 사람들에게 선물을 주셨다(엡 4:8).

(2) 하나님의 성령이 비둘기 같이 내려 자기 위에 임하심. 그것이 실제의 살아 있는 비둘기였는지, 아니면 이상(異想)에서 흔히 나타나듯이 비둘기 모양의 재현이었는지는 확실치 않다. 만일 육체적인 형체가 있다면(눅 3:22), 사람의 형체일 수는 없었다. 왜냐하면 사람의 모양으로 나타나는 일은 삼위 중의 제2위께만 고유한 일이었기 때문이다. 그러므로 공중의 새의 형체보다 더 적합한 것은 없었고(하늘이 열려 있으니), 또한 새 중에서도 비둘기만큼 의미가 깊은 것이 없었다. [1] 하나님의 성령은 비둘기 같은 영이시다. 지혜가 없는 어리석은 비둘기(호 7:11)가 아니라, 흠이 없는 순결한 비둘기와 같으신 것이다. 성령이, 새 중의 왕이지만 모든 것들을 잡아먹는 독수리의 형체가 아니라 비둘기 형체로 임하셨는데, 비둘기만큼 해가 없고 순결한 것이 없는 것이다. 그리스도의 영이 바로 그런 분이셨다: 그는 다투지도 아니하며 들레지도 아니하리니(12:19). 그러므로 그리스도인들도 비둘기 같이 순결해야 한다(10:16). 비둘기는 눈이 특별하다. 그리스도의 눈(아 5:12)과 교회의 눈(아 1:15; 4:1)이 비둘기의 눈에 비유되는 것을 보는데, 그들이 동일한 영을 지니고 있기 때문이다. 비둘기는 많이 운다(사 38:14). 그리스도께서도 자주 우셨고, 회개하는 심령들은 슬피 우는 골짜기의 비둘기들 같다(겔 7:17). [2] 비둘기는 새 중에서 제물로 드려진 유일한 짐승이었고(레 1:14), 그리스도는 영원하신 성령으로 말미암아 흠 없는 자기를 하나님께 드리

셨다(히 9:14). [3] 노아의 홍수 때에 비둘기가 감람나무 잎사귀를 물고 날아와서 물이 빠졌다는 것을 전했다. 그러므로 하나님과의 화목의 복된 소식도 성령이 비둘기로 나타나사 전하시는 것이 적절하다 할 것이다. 이는 사람을 향한 하나님의 호의를 말씀해 주며, 우리를 향하신 그의 생각이 선하며 악하지 않다는 것을 말씀해 준다. 비둘기의 소리가 우리 땅에 들리는구나(아 2:12). 갈대아(Chaldee) 성경은 이 본문을 성령의 소리로 풀어서 읽고 있다. 하나님께서 그리스도 안에서 세상을 자기와 화목시키신다는 기쁜 메시지가 마치 비둘기의 깃에게 임하듯이 우리에게 임하는 것이다.

3. 이러한 엄숙한 현상을 설명하기 위하여 하늘로부터 소리가 있었다. 이 소리는 함께 있던 모든 사람들이 다 들었다고 보아야 할 것이다. 성령께서는 비둘기의 형체로 자신을 드러내셨고, 성부 하나님은 소리로 그렇게 하셨다. 율법이 주어질 때에는 사람들이 말소리만 듣고 형상은 보지 못하였다(신 4:12). 이 복음 역시 그렇게 임하였다. 그것은 과연 복음이요 하늘에서 땅에 임한 소식 중에 최고의 것이었다. 그리스도에 대한 하나님의 사랑을, 또한 그리스도 안에 있는 우리에 대한 그의 사랑을 분명하고도 충만히 말씀하는 것이기 때문이다.

(1) 여기서 하나님께서 우리 주 예수를 어떻게 여기시는지를 보라: 이는 내 사랑하는 아들이요. 관찰하라. [1] 그와 하나님의 관계: 이는 내 아들이라. 예수 그리스도는 영원한 나심으로(by eternal generation) 말미암은 하나님의 아들이시다. 그는 모든 피조물보다 먼저 나신 이시다(골 1:15; 히 1:3). 또한 그는 초자연적인 잉태로 말미암아 세상에 오신 하나님의 아들이시다. 그가 하나님의 아들이라 불리신 것은 그가 성령의 능력으로 잉태되셨기 때문이다(눅 1:35). 그러나 이것이 전부가 아니다. 그는 세상의 구속자의 사역과 직분을 특별히 부여받으신 하나님의 아들이시다. 그는 그 임무를 위하여 거룩히 구별되시고 인침받으시고, 보냄받으셨고, 아버지의 곁에 계셨고(잠 8:30), 그 일을 위하여 지명받으셨다. 내가 그를 장자로 삼으리로다(시 89:27). [2] 그에 대한 아버지의 사랑. 이는 내 사랑하는 아들이라. 그는 그의 사랑의 아들이시다(골 1:13). 그는 영원 전부터 아버지 품 속에 계셨고(요 1:18), 언제나 그의 기뻐하신 바가 되셨다(잠 8:30). 그러나 무엇보다도 그는 중보자로서, 또한 사람을 구원하는 일을 수행하심에 있어서 그의 사랑하는 아들이셨다. 그는 아버지의 마음에 기뻐하는 자요 그의 택한 자이시다(사 42:1). 그가 구속의 언약에 동의하셨고, 또한 하나님의 뜻 행하기를 기뻐하셨으

므로 이로 말미암아 아버지께서 그를 사랑하신 것이다(요 10:17; 3:35). 그러니, 보라 아버지께서 어떠한 사랑을 우리에게 베푸사, 그의 사랑의 아들을 내어주셔서 진노의 자식들을 위하여 고난당하고 죽게 하셨는가! 그가 양을 위하여 목숨을 버리므로 그가 그를 사랑하신 것이다. 그런데 그가 그의 독생자를, 그가 사랑하신 그의 이삭을 아끼지 아니하시고 우리의 죄를 위하여 제물로 주셨으므로, 그가 우리를 사랑하신 것을 우리가 아는 것이다.

(2) 하나님께서 그리스도 안에서 우리를 받으시기를 준비하고 계신다는 것이 여기서 나타난다. 이는 내 사랑하는 아들이요 내 기뻐하는 자라. 이는 내가 그를 (with whom) 기뻐한다는 뜻일 뿐만 아니라 그 안에서(in whom) 기뻐한다는 뜻이다. 그는 그리스도 안에 있고 또한 믿음으로 그와 연합한 모든 자들을 기뻐하신다. 지금까지 하나님은 사람들을 기뻐하지 않으셨으나, 이제 그의 진노가 사라지고, 그의 사랑하시는 자 안에서 우리를 받으신 것이다(엡 1:6). 온 세상이 알지니, 이분이야말로 화평케 하는 자요, 또한 그로 말미암지 않고는 아버지께로 올 자가 없는 중보자이시다(요 14:6). 우리가 드리는 신령한 제사를 예수 그리스도로 말미암아 하나님이 기쁘게 받으신다(벧전 2:5). 하나님은 그리스도 바깥에서는 소멸하는 불이시다. 그러나 그리스도 안에서는 화목되신 아버지이신 것이다. 복음의 대요(大要)이요, 모든 사람이 받을 만한 미쁜 말씀이 이것이니, 곧 하나님께서 하늘로부터 나는 소리로 예수 그리스도께서 그의 사랑하는 아들이시요 그가 기뻐하는 자이심을 선포하셨다는 것이다. 우리는 이에 기꺼이 동의하여, 그가 우리의 사랑하는 구주시요 기뻐하는 자이심을 고백해야 할 것이다.

제
— 4 —
장

개요

세례 요한은 그리스도는 흥하여야 하겠고 자기 자신은 쇠하여야 하리라고 말씀했는데, 그것이 사실로 드러난다. 그리스도께 세례를 베풀고 그에 대해 증언한 이후에는 요한의 사역에 대해 별로 더 듣지 못한다. 그는 이제 자신이 행할 바를 다 행하였으므로, 이제부터는 예수님에 대한 내용으로 이야기가 전개된다. 해가 떠오르면, 새벽 별이 사라지는 법이다. 본 장에는 예수 그리스도에 대해 다음과 같은 내용이 담겨 있다. I. 그가 당하신 시험, 시험하는 자의 세 차례의 공격, 그리스도께서 각 공격을 물리치심(1-11절). II. 그의 가르치시는 사역, 그가 설교하신 장소들(12-16절), 그가 설교하신 주제(17절). III. 베드로와 안드레, 야고보와 요한 등의 제자를 부르심(18-22절). IV. 각종 질병들을 고치심(23, 24절), 가르침을 받고 병 고침을 받기 위해 큰 무리가 그를 따름.

[1] 그. 때에 예수께서 성령에게 이끌리어 마귀에게 시험을 받으러 광야로 가사 [2] 사십 일을 밤낮으로 금식하신 후에 주리신지라 [3] 시험하는 자가 예수께 나아와서 이르되 네가 만일 하나님의 아들이어든 명하여 이 돌들로 떡덩이가 되게 하라 [4] 예수께서 대답하여 이르시되 기록되었으되 사람이 떡으로만 살 것이 아니요 하나님의 입으로부터 나오는 모든 말씀으로 살 것이라 하였느니라 하시니 [5] 이에 마귀가 예수를 거룩한 성으로 데려다가 성전 꼭대기에 세우고 [6] 이르되 네가 만일 하나님의 아들이어든 뛰어내리라 기록되었으되 그가 너를 위하여 그의 사자들을 명하시리니 그들이 손으로 너를 받들어 발이 돌에 부딪치지 않게 하리로다 하였느니라 [7] 예수께서 이르시되 또 기록되었으되 주 너의 하나님을 시험하지 말라 하였느니라 하시니 [8] 마귀가 또 그를 데리고 지극히 높은 산으로 가서 천하 만국과 그 영광을 보여 [9] 이르되 만일 내게 엎드려 경배하면 이 모든 것을 네게 주리라 [10] 이에 예수께서 말씀하시되 사탄아 물러가라 기록되었으되 주 너의 하나님께 경배하고 다만 그를 섬기라 하였느니라 [11] 이에 마귀는 예수를 떠나고 천사들이 나아와서 수종드니라

여기서 우리는 미가엘과 용의, 여자의 후손과 뱀의 후손(아니 뱀 자신)의 유명한 대결의 이야기를 접하게 된다. 여자의 후손이 시험을 받으시고 발꿈치에 상처를 입으신다. 그러나 뱀이 시험 중에 크게 당혹스러움을 당하고 그의 머리가 상하게 되며, 결국 우리 주 예수께서 정복자로 나오시고, 그리하여 그의 신실한 백성 모두에게 위로를 주시고 최후의 승리를 보장해 주신다. 그리스도의 시험에 대해 다음과 같은 점들을 관찰하라.

I. 시험을 받으신 시기. 그 때에. 이는 강조의 의미를 지니는 표현이다. 하늘이 열리고 성령이 그의 위에 임하시고, 그가 하나님의 아들이시며 세상의 구주이심이 선포되고 난 직후, 그에 대해 듣는 다음 뉴스는 곧, 그가 시험을 받으신다는 것이다. 그 때야말로 그가 시험을 감당하실 수 있는 최적의 때인 것이다. 주목하라. 1. 신적인 사랑의 큰 특권과 특별한 증표가 있다고 해서, 그것이 시험을 면제받게 해 주지 않는다. 2. 큰 존귀를 입은 후에는 반드시 무언가 우리를 낮추는 것이 임하기를 기대해야 한다. 바울도 삼층천(三層天)에 들어간 이후 사탄의 사자가 있어서 그를 낮추게 했다. 3. 하나님께서는 보통 그의 백성들이 시험을 받기 전에 그것을 미리 준비시키신다. 그는 때를 따라 힘을 주시며, 예리한 시험이 있기 전에 특별한 위로를 주시는 것이다. 4. 우리가 하나님의 자녀임을 확신하는 것이야말로 시험을 이기는 가장 좋은 준비다. 성령께서 우리의 양자 됨을 증거하시면, 우리를 속이고 무너뜨리려는 악령의 모든 악한 논리들을 충족히 이기고도 남을 것이다.

그 때에. 엄숙한 규례를 마치고 나아왔을 때에. 세례를 받으신 그 때에 시험을 받으신 것이다. 주목하라. 하나님과의 하나된 교제 속에 들어간 후에는 반드시 사탄의 시험이 있을 것을 예상해야 한다. 풍성해진 영혼은 배나 더 경계해야 한다. 먹고 배부를 때에 경계하라. 그 때에. 이스라엘에게 공적으로 모습을 드러내기 시작하셨을 그 때에 그가 시험을 받으셨다. 주목하라. 마귀는 유용하게 쓰임받는 사람들을, 선할 뿐 아니라 선을 행하도록 부르심을 받은 사람들을 구체적으로 공격하며, 특히 처음 일을 시작할 때에 공격한다. 벤시라는 이렇게 권면한다: 내 아들아, 주를 섬기려면 시험에 대비하라(외경 집회서 2:1). 젊은 사역자들은 이것을 예상하고 미리 대비하여야 할 것이다.

II. 시험을 받으신 장소. 광야에서. 아마도 모세와 엘리야가 사십 일 동안 금식했던 시내 광야였을 것이다. 유대 광야에는 이처럼 인적이 없고 들짐승들에게 완전히 버려진 곳이 없었기 때문이다(막 1:13). 그리스도께서는 세례를 받으신 후 예루살렘으로 가셔서 자기에게 주어진 영광을 만천하에 공포하지 않으셨고, 광야로 물러가셨다. 하나님과의 하나된 교제를 나눈 후에는 잠시 홀로 있는 것이 좋다. 무리들과 세상의 복잡하고 바쁜 일들 속에 있다보면 우리가 받은 바를 잃어버릴 수가 있기 때문이다. 그리스도께서 광야로 들어가신 것은 1. 자신에게 유익을 얻기 위함이었다. 홀로 물러가 있는 것은 하나님과의 교제를 묵상할 기회가 된다. 활동적인 삶을 위해 부르심을 받은 자들에게도 고요히 묵상하는 시간이 필요하며, 따라서 먼저 하나님과 홀로 있는 시간을 찾아야 한다. 먼저 홀로 은밀하게 하나님과의 교제를 나누지 않은 자들은 다른 사람들에게 공적으로 하나님의 일들에 대해 말씀하기에 합당치 못한 것이다. 그리스도께서 하나님께로부터 온 선생으로 등장하실 때에, 사람들은 그에 대해서 "그는 해외에 나가 세상을 보고 갓 돌아온 분이시다"라고 하지 않고, "그는 광야에서 하나님과 홀로 대화하고 갓 돌아온 분이시다"라고 말할 것이다. 2. 시험하는 자에게 유리한 기회를 주기 위함이었다. 무리들과 함께 계실 때보다 그에게 더 쉽게 나아가게 하기 위함이었다. 주목하라. 홀로 있는 것이 선한 마음에 유익하지만, 그러나 사탄은 그것을 이용하여 우리를 공격하는 법을 알고 있다. 홀로 있는 자들에게 화 있으리라! 거룩힘과 헌신을 위하여 광야의 동굴 속으로 물러가 있는 자들도, 영적인 원수들에게서는 물러나 있을 수 없다는 것을 알게 되며, 성도들과의 교제의 유익이 필요하다는 것을 알게 되는 것이다. 그리스도께서 광야로 물러가신 것은 (1) 그의 승리를 더욱 찬란하게 드러나게 하기 위함이었다. 그는 원수에게 갖가지 유리한 조건을 주신 후에 그를 물리치셨다. 그는 마귀에게 유리한 위치에 있게 하셨다. 그에게는 이 세상의 임금이 아무것도 아니나, 우리에게는 크나큰 위협을 주는 존재요, 따라서 우리는 시험에 들지 않기를 위해서 기도하고, 해로운 길을 피하여야 하는 것이다. (2) 만민 가운데 나와 함께 한 자가 없이 내가 홀로 포도즙 틀을 밟았는데(사 63:3)라는 말씀처럼, 친히 최선을 다하셔서 그 자신의 힘으로 높아지실 기회를 갖기 위함이었다. 그리스도께서는 홀로 그 일을 이루신 것이다.

Ⅲ. 시험에 대한 대비로 행해진 일. 이는 두 가지다.

1. 그가 싸움터로 인도함을 받으셨다. 그가 의도적으로 그리로 나아가신 것이 아니라, 성령에게 이끌리어 마귀에게 시험을 받으신 것이다. 비둘기 같이 내려

그에게 임하신 성령께서 그를 온유하게 만드셨으나, 동시에 그를 담대하게 만드셨다. 주목하라. 우리는 시험에 들어가는 일을 염려해서는 안 되고, 하나님께서 그의 섭리로 우리를 시험의 상황 속으로 인도하실 때에 그것을 이상하게 여기지 말고 경계를 배가해야 할 것이다. 주 안에서 강건하고 믿음을 굳건하게 하여 그를 대적하라. 그리하면 모든 일이 잘 될 것이다. 우리가 우리의 힘을 의지하고 마귀를 유혹하여 우리를 시험하게 하면, 그것은 하나님으로 하여금 우리를 그냥 내버려두시도록 만드는 것이 된다. 그러나 하나님께서 어디로 우리를 이끄시든, 우리는 그가 우리와 함께 가시며 우리로 넉넉히 이기게 하실 것을 기대하고 바라는 것이다.

그리스도께서는 성령에게 이끌리어 마귀에게, 오직 마귀에게만 시험을 받으셨다. 다른 사람들은 자기 욕심에 끌려 미혹될 때에 시험을 받는다(약 1:14). 마귀가 그 욕심의 손잡이를 붙잡고 마음대로 휘젓는 것이다. 그러나 우리 주 예수님은 부패한 본성이 없으셨고 따라서 대장(大將)으로서 두려움이나 떨림이 없이 안전하게 이끌림을 받아 순전히 마귀에게만 시험을 받으신 것이다.

그리스도의 시험은 (1) 그 자신이 낮아지신 한 가지 경우다. 시험은 **맹렬한 화살이요, 육체의 가시요, 씨름이요, 까부르는 것이요, 싸움**으로서 거기에는 어려움과 고난이 결부되기 마련이다. 그러므로 그리스도께서는 자기 자신을 낮추시고자, 범사에 형제들과 같이 되시사 때리는 자들에게 등을 맡기시고자 시험에 굴복하신 것이다. (2) 사탄이 혼란에 빠지는 기회다. 싸움이 없이는 승리도 없다. 그리스도께서 시험받으신 것은 시험하는 자를 이기기 위함이었다. 사탄은 첫 사람 아담을 시험하였고 그에게 승리를 거두었다. 그러나 언제나 승리하지는 못한다. 둘째 아담이 그를 이기시고 **사로잡혔던 자들을 사로잡으실 것이다**. (3) 모든 성도들에게 위로를 주는 것이다. 그리스도의 시험에서 우리의 원수는 간교하고 교묘하며 매우 대담하게 시험한다. 그러나 그럼에도 불구하고 그가 천하무적이 아니라는 것이 드러난다. 그가 무장(武裝)을 한 강한 자라도, 우리 구원의 대장이 그보다 더 강하시다. 그리스도께서 **시험을 받으셨다**는 사실은 우리에게 위로가 된다. 그리스도께서도 시험을 받으셨으니, 굴복하지 않는다면 시험은 죄가 아니며, 오로지 기쁨으로 감당할 환난일 뿐인 것이다. 우리에게는, 시험을 받는다는 것이 무엇인지를 친히 경험으로 아시며 그리하여 우리의 연약함을 동정하시는 큰 대제사장이 계신 것이다(히 2:18; 4:15). 그러나 그리스도께서 시험을 받으시고 우리를 위하여 승리를 거두셨다는 사실은 우리에게 그저 위로를 주는 것보다 훨씬 더한 것이다. 우리가 대면하는 원수가 정복을 당하여 무장해제된 원수라는 것이요, 또한 그리스도의 승리가 우리의 것이요 또한 그를 통하여 우리가 넉넉히 이긴다는 것이다(롬 8:37).

2. 이기기를 다투는 자마다 모든 일에 절제하며(고전 9:25), 특히 싸움을 앞두고 음식을 절제하나, 그리스도께서는 다른 사람들의 경지를 뛰어넘으셨다. 그는 구약의 위대한 율법 제정자 모세와 위대한 개혁자 엘리야의 모형과 전례를 따라 사십 일을 밤낮으로 금식하신 것이다. 세례 요한은 도덕적인 면에서는 엘리야로 나타났으나 이적에 있어서는 그렇지 못했다(요 10:41). 그러한 존귀는 그리스도께 해당되는 것이었다. 그리스도께서는 금식을 통하여 자신을 죽일 필요가 없으셨다(그에게는 억눌러야 할 부패한 정욕이 없었으므로). 그러나 그가 금식하신 것은 (1) 자신을 낮추사 버림받은 자로 보이시기 위함이었다. (2) 사탄에게 자신을 공격할 기회와 유리한 위치를 주사 사탄에 대한 그의 승리가 더욱 드러나게 하시기 위함이었다. (3) 금식을 거룩히 구별하사 우리에게 권장하시기 위함이었나. 하나님께서 그의 섭리로 금식을 요구하시거나, 혹은 우리가 곤경에 처하여 일용할 양식이 없거나, 혹은 몸을 쳐서 복종시킬 필요가 있거나 기도로 영적 생명력을 회복시킬 필요가 있을 때에, 금식이 시험을 내비히는 훌륭한 방비가 되는 것이다. 선한 사람들이 낮아지거나 혹은 친구와 동료가 필요할 때에는, 그들의 주님께서 친히 그들과 똑같이 금식하셨다는 사실에서 위로를 얻을 수 있을 것이다. 금식을 하지 않고 양식을 공급받기를 원해도 여전히 하늘의 백성이요 성령의 인도하심을 받는 백성일 수 있다. 사순절 금식(lent-fast)을 그리스도의 이 사십 일 동안의 금식과 연결짓는 교황주의자들의 논리는 우리의 국가의 법으로도 그 허구성을 증언하는 허례요 미신인 것이다. 사십 일을 밤낮으로 금식하셨을 때에 그는 전혀 주리지 않으셨다. 그에게는 하늘과의 교제가 양식이요 음료였던 것이다. 그러나 그 후에는 주리셨으니, 이는 그가 진정 참으로 사람이셨음을 보여준다 하겠다. 그는 우리를 위하여 속죄하시기 위하여 우리의 본성적인 연약함을 스스로 취하신 것이다. 사람은 [선악을 알게 하는 나무를] 먹음으로써 타락하였고, 우리 역시 먹는 것 때문에 죄를 자주 범하며, 따라서 그리스도께서는 주리신 것이다.

Ⅳ. 시험 그 자체. 사탄이 그의 모든 시험에서 목표로 삼은 것은 그리스도로

하여금 하나님을 대적하여 죄를 범하게 하며 그리하여 영원토록 다른 사람들의 죄를 위하여 제물이 되실 수 없게 만드는 것이었다. 사탄이 구체적으로 목표를 두었던 것은 그리스도로 하여금, 1. 아버지의 선하심에 대해 절망하게 만들며, 2. 아버지의 권능을 주제넘게 이용하게 만들며, 3. 사탄에게 경배하게 만들어 아버지의 존귀를 망가뜨리는 것이었다. 앞의 두 가지 시험은 무죄한 것처럼 보이며, 바로 여기에 사탄의 교묘함이 있는 것이다. 그리고 마지막 시험은 탐낼 만하게 보이는 것이었다. 앞의 두 가지는 기술적인 시험으로서 큰 지혜가 있어야만 분별할 수 있는 것이었고, 마지막 시험은 강력한 유혹으로서 큰 결단이 있어야만 이길 수 있는 것이었다. 그러나 사탄은 이 세 가지 시험 모두에서 실패를 거두었다.

1. 사탄은 시험을 통하여 그리스도로 하여금 아버지의 선하심에 대해 절망하게 하고 또한 그 자신을 향한 아버지의 돌보심을 불신하게 만들고자 하였다.

(1) 시험이 어떻게 진행되었는지를 보라(3절). 시험하는 자가 예수께 나아와서. 주목하라. 마귀는 시험하는 자요, 따라서 그는 사탄 — 대적하는 자(an adversary) — 이다. 우리를 부추겨 죄를 짓게 하는 자들과 사탄의 수족(手足)이 되어 그의 일을 행하며 그의 계획을 수행하는 자들이 우리의 최악의 원수들이다. 그를 가리켜 강조적인 용법으로 시험하는 자라 부르는 것은 그가 인류의 첫 조상을 그렇게 시험하였고, 지금도 시험하고 있으며, 또한 다른 모든 시험하는 자들이 그의 조종을 받아 시험하기 때문이다. 시험하는 자가 눈에 보이는 모습으로 그리스도께 나아왔으나, 후에 동산에서 고뇌하실 때처럼 끔찍스러운 모습은 아니었다. 과거에 마귀가 광명의 천사로 가장했었다면, 그는 지금도 그렇게 할 것이며, 선한 사람으로, 수호 천사로 가장하고 나타날 것이 당연한 것이다.

시험하는 자의 교묘한 간계를 관찰하라. 그는 첫 번째 시험을 그 앞의 상황에 절묘하게 맞추어서 시험을 더욱 강력하게 만들고 있다. [1] 그리스도께서는 주리기 시작하셨으므로 자신을 지탱시키기 위하여 돌들을 명하여 떡덩이가 되게 하는 일이 지극히 적절한 것처럼 보였다. 주목하라. 우리의 외적인 처지를 유리하게 이용하여 시험의 힘을 더 강력하게 만드는 것이 사탄의 간계 가운데 하나다. 사탄은 악의를 지녔을 뿐 아니라 지극히 간교한 원수다. 그러므로 그가 간교하게 우리를 시험할수록 우리는 더욱 근면하여 조금도 틈을 주지 말아야 하는 것이다. 그리스도께서 주리셨고, 그것도 아무것도 먹을 것이 없는 광야에서 그런 처지에 계시자, 바로 그 때에 마귀가 그를 공격한 것이다. 주목하라. 궁핍과 빈곤이 불만과 불신앙에게 빠질 큰 시험거리가 된다. 부당한 수단을 사용하여 우리의 궁핍을 해결하게 만들고, 필연적인 사정을 위해서는 법이 필요 없고, 굶주림을 해결하기 위해서는 돌로 된 장벽을 허물어도 괜찮다는 식으로 정당화하게 되기가 쉬운 법이다. 그러나 이것은 변명거리가 될 수 없다. 우리에게 하나님의 법은 돌로 된 장벽보다 더욱더 강한 것이어야 하기 때문이다. 아굴은 빈곤을 면케 해 주시기를 기도하나, 그것이 환난과 치욕이기 때문이 아니라 그것이 시험거리가 되기 때문에 그렇게 기도한다: 내가 가난하여 도둑질하고 내 하나님의 이름을 욕되게 할까 두려워함이니이다(잠 30:9). 그러므로 곤경에 처하는 자들은 배나 더 경계에 힘써야 한다. 목숨을 부지하려고 죄를 지으며 애를 쓰는 것보다 굶어 죽는 것이 더 나은 것이다. [2] 그리스도께서는 바로 전에 하나님의 아들이라 선언되셨는데, 여기서 마귀는 그 점을 의심하도록 시험하고 있다: 네가 만일 하나님의 아들이어든. 하나님의 아들이 세상에 오시게 되어 있다는 것을 마귀가 몰랐다면, 이런 말을 하지 않았을 것이고, 그가 과연 그 하나님의 아들이시라는 것을 의심하지 않았다면, 이런 말을 하지 않았을 것이고, 만일 그리스도께서 수건으로 그의 영광을 가리지 않으셨다면, 그리고 만일 마귀가 뻔뻔스러운 얼굴을 하지 않았다면, 감히 이런 말을 하지 못했을 것이다.

첫째로, "너는 지금 네가 과연 하나님의 아들인지 아닌지를 의심해야 할 처지에 있는 것이다. 하나님의 아들이라면 만유의 후사인데, 그런 자가 그런 곤경에 처한다는 것이 과연 있을 수 있는 일인가? 하나님이 만일 네 아버지시라면 네가 주리는 것을 보지 않으실 것이다. 삼림의 짐승들과 뭇 산의 가축이 다 그의 것이니 말이다(시 50:10, 12). 하늘로부터 소리가 있어 말씀하시되 이는 내 사랑하는 아들이라고 한 것은 사실이지만, 그것은 사실 착각이었고, 너는 그 착각에 이끌린 바 된 것이다. 하나님이 네 아버지가 아니거나, 아니면 그가 매우 무정한 분이거나 둘 중의 하나일 것이니 말이다." 주목하라. 1. 선한 사람들을 유혹할 때에 사탄이 목표로 삼는 것은 아버지이신 하나님과의 관계를 뒤집어엎어서, 그를 의지하는 것과 그를 향한 의무와 또한 그와의 교제를 끊어버리는 것이다. 형제들의 보혜사이신 선하신 성령께서는 그들이 하나님의 자녀임을 증거하시며, 형제들을 참소하는 자인 악령은 그런 성령의 증언을 뒤흔들기 위해 모든 일을 다 하는 것이다. 2. 사탄은 하나님의 백성의 외적인 환난과 궁핍과 짐을 강력한 논증거리로 이용하여, 그들이 하나님의 자녀임을 의심하도록 만들려 한다. 아버지이신 하나님의 사랑에서는 결코 환난이 나올 수 없다는 식으로 주장하는 것이다. 그러나 거룩한 욥과 더불어 그가 나를 죽이실지라도, 그가 나를 굶겨 죽이실지라도, 나는 그를 의뢰하리니(욥 13:15. 참조. 한글 개역개정판 난외주: 역자주)라고 고백하고, 하나님께서 마치 원수처럼 우리를 대하시는 것 같을 때에도 그를 아버지로 신뢰하고 사랑할 수 있는 자들은 이 시험에 대해 어떻게 대처할지를 안다. 3. 마귀는 하나님의 말씀에 대한 우리의 믿음을 흔들어 그 말씀의 진리에 대해 의심하도록 만드는 것을 목표로 삼는다. 인류의 첫 조상에게도 그는 그렇게 시작했다: 하나님이 참으로 너희에게 동산 모든 나무의 열매를 먹지 말라 하시더냐? 그러나 하나님은 그렇게 말씀하신 일이 없다. 여기서도 마찬가지로 그는, 하나님이 너더러 그의 사랑하는 아들이라고 말씀하시더냐?라는 식으로 묻는다. 그러나 하나님은 그렇게 말씀하시지 않았다. 하나님께서 하신 말씀의 진실성을 의심하게 되면, 마귀에게 틈을 내어주고 마는 것이다. 거짓의 아비인 그의 일이 바로 하나님의 참된 말씀을 대적하는 것이기 때문이다. 4. 마귀는 하나님에 대한 온갖 힘든 생각을 갖게 만듦으로써, 곧 하나님이 자비하지 않으시고, 신실하지 않으시며, 그에게 모든 것을 건 자들을 저버리시고 잊으셨다는 식으로 생각하게 함으로써, 사람들을 사로잡으려고 최선을 다한다. 그는 우리의 첫 조상들에게도, 하나님께서 그들이 유익을 얻는 것을 꺼리셔서 그들에게 선악을 알게 하는 나무를 금지시키셨다는 식의 생각을 품게 만들려 했다. 여기서도 마찬가지로 마귀는 우리 주님께 아버지께서 그를 버리셨고 어려움 가운데 그냥 내버려 두신 것이라고 생각하도록 은근히 꾀는 것이다. 그러나 이런 생각 자체가 얼마나 어리석으며 또한 얼마나 쉽게 물리칠 수 있는 것인가를 보라. 그리스도께서 지금 주린 상태에 계시므로 그저 사람에 불과하신 것처럼 보인다 해도, 사십 일을 밤낮으로 금식하시면서도 주리지 않으셨으니 그저 사람이 아니라 하나님의 아들이심을 당연히 고백하지 않으셨겠는가?

둘째로, "이제 네가 하나님의 아들임을 보여줄 기회가 왔다. 네가 만일 하나님의 아들이어든, 그 사실을 증명해 보이라. 명하여 이 돌들로 떡덩이가 되게 하라(3절). 세례 요한이 바로 얼마 전에 하나님이 능히 이 돌들로도 아브라함의 자손이 되게 하시리라고 말씀한 바 있으니, 하나님의 능력이라면 얼마든지 돌들로도 그 자녀들을 위하여 떡을 만드실 수 있다. 네 자신이 굶주려 있으니 너를 위해서 지금 그 일을 행하라." 마귀는 아버지께 기도하여 그것들을 떡으로 만들어 주실 것을 구하라고 하지 않고, 돌들에게 명하여 그 일을 이루라고 말한다. "네 아버지가 너를 버려서 이런 처지에 두셨으니, 그의 신세를 지지 말라"는 것이다. 마귀는 자기를 낮추는 일을 위해서는 아무것도 하지 못하고, 자기를 높이는 일에 대해서는, 사람으로 하여금 하나님께 의지하는 것에서 벗어나게 하고 자기 스스로를 만족히 여기는 자세를 갖도록 하기 위해서는, 모든 일을 다 하는 것이다.

(2) 그리스도께서 이 시험을 어떻게 견디시고 이기시는지를 보라.

[1] 그리스도께서는 이 요구에 응하지 않으셨다. 그는 명하여 이 돌들로 떡덩이가 되게 하지 않으셨다. 그럴 능력이 없어서가 아니라, 그럴 뜻이 없으셨기 때문이다. 왜 그럴 뜻이 없으셨는가? 언뜻 보면, 그 일은 충분히 정당성이 있어 보인다. 여기서 드러나는 사실은 시험이 그럴 듯해 보이고 거기에 유익이 더 많아 보일수록 더욱더 위험하다는 것이다. 이 문제는 찬반에 대한 논란의 여지가 있어 보였다. 그러나 그리스도께서는 곧 그 숨은 간계를 인지하시고 아무 일도 하려 하시 않으신 것이다. 첫째로, 그것은 하늘로부터 들려온 소리의 진실성을 의심하는 것이요 또한 이미 확정된 사실을 새로이 시험하는 것과도 같았다. 둘째로, 그것은 아버지의 돌보심을 의심하는 것이요, 아버지의 공급하심을 한 가지 특정한 방식에만 억지로 제한시키는 것과도 같았다. 셋째로, 그것은 자기 스스로 임의적으로 일을 해결하려 하는 것이었다. 넷째로, 그것은 사탄의 부추김에 따라서 어떤 일을 도모함으로써, 결국 사탄을 높여주는 일이었다. 마귀의 권면이라도 정당하면 따르는 것이 합당하다고 말할 사람도 있을 것이다. 그러나 하나님을 바라는 자들에게는 하나님의 뜻을 묻고 그것을 좇는 것이 훨씬 더 합당한 일이다. 마귀의 권면을 따른다면 그것은 마치 이스라엘에 하나님이 계신데도 에그론에게 문의하는 것과도 같은 것이다.

[2] 그는 이 요구에 대해 답변을 할 준비가 되어 계셨다(4절). 예수께서 대답하여 이르시되 기록되었으되. 여기서 그리스도께서 사탄의 모든 시험들을 기록되었으되로 답변하시고 무산시키셨다는 것을 관찰할 수 있다. 그가 친히 영원한 말씀이시며, 따라서 구태여 모세의 글들에 의존하지 않아도 그는 얼마든지 하나님의 뜻을 제시하실 수 있었다. 그러나 그는 성경을 존중하셨고, 우리에게 하나의 모범을 세우셨다. 율법에 기록된 것에 근거하셔서 이 사탄에게 답변하셨다.

사탄이 성경에 기록된 것을 잘 알고 있다는 것을 전제로 그렇게 하신 것이다. 마귀의 자식들도 얼마든지 하나님의 책에 기록된 내용을 매우 잘 알고 있을 수 있는 것이다. 귀신들도 믿고 떠느니라(약 2:19). 언제라도 죄를 짓게 만드는 시험이 있을 때마다 우리도 이 방법을 사용하여, 기록되었으되로 시험을 대적하고 물리쳐야 한다. 하나님의 말씀이 성령의 검이며, 그리스도인의 전신 갑주 가운데 유일한 공격용 무기인 것이다(엡 6:17).

나머지 답변들도 마찬가지지만, 이 답변은 신명기에서 취한 것이다. 신명기는 둘째 법이라는 뜻인데, 거기에는 의식적인 내용이 거의 없다. 레위기의 희생 제사와 정결례들이 신적인 제도에 속하지만 그것들로는 사탄을 물리칠 수 없다. 하물며 인간이 만들어낸 성수(聖水)와 십자가 긋기로는 더더욱 불가능한 일이다. 도덕적인 강령들과 복음적인 약속들을 믿음으로 취할 때에, 하나님께서 도우사 그것들이 사탄을 물리치는 일에 강력한 역사를 발휘하는 것이다. 여기서 그리스도께서는 신명기 8:3을 인용하시는데, 거기에는 하나님께서 왜 이스라엘 백성에게 만나를 먹이셨는지에 대한 이유가 제시되어 있다. 사람이 떡으로만 살 것이 아니라는 것을 가르치기 위함이었다는 것이다. 그리스도께서는 이 말씀을 그 자신의 경우에 적용시키신다. 이스라엘이 하나님께서 애굽에서 불러내신 그의 아들이었듯이(호 11:1), 그리스도도 마찬가지셨다(2:15). 그 때에 이스라엘은 광야에 있었고, 그리스도도 지금 광야에 — 어쩌면 동일한 광야에 — 계신다. 첫째로, 마귀는 그가 곤경 중에 있는 사실을 이용하여 그로 하여금 하나님의 아들이심을 의심하게 만들려 했으나, 그는 말씀하기를, "아니다, 이스라엘이 하나님의 사랑하시는 아들이었으나 그들을 곤경 가운데 두셨다"라고 말씀하시는 것이다. 그리고 바로 뒤이어 사람이 그 아들을 징계함같이 네 하나님 여호와께서 너를 징계하시느니라는 말씀이 이어진다(신 8:5). 그리스도도 아들이시면서도 받으신 고난으로 순종함을 배우신 것이다(히 5:8). 둘째로, 마귀는 아버지의 사랑과 돌보심을 불신하도록 만들려 했다. 그러나 그리스도는, "아니다. 그것은 이스라엘과 똑같이 행하는 것이다. 그들은 굶주린 상태에 있을 때에 여호와께서 우리 가운데 계시냐? 하나님이 광야에서 식탁을 베푸실 수 있으랴? 그가 능히 떡을 주실 수 있으랴? 라고 말하였다(시 78:18-20)"라고 말씀하시는 것이다. 셋째로, 마귀는 그리스도로 하여금 주리기 시작하자마자 곧바로 음식을 구하게 만들려 했다. 그러나 하나님은 그의 지혜롭고 거룩한 목적을 따라 이스라엘을 낮추시고 그들에게 하나님의 권능을 입증하시고자 먼저 이스라엘을 주리게 하신 후에 그들을 먹이셨다. 하나님께서는 그의 자녀들이 핍절할 때에 그를 바랄 뿐 아니라 그를 기다리게 하시는 것이다. **넷째로**, 마귀는 그리스도로 하여금 그 스스로 떡을 마련하게 만들려 했다. 그러나 그리스도께서는 "아니다, 그럴 필요가 어디 있느냐? 사람이 떡이 없어도 살 수 있다는 것은 이미 오래 전에 확정되고 입증된 문제다. 이스라엘 백성도 광야에서 만나로 사십 년을 살지 않았더냐?"라고 말씀하시는 것이다. 하나님께서는 그의 섭리로 일상적으로는 땅으로부터 나오는 음식으로(욥 28:5) 사람들을 유지시키시지만, 그러나 그가 원하시면 얼마든지 다른 수단들을 사용하셔서 사람들을 지탱시키실 수 있다. 하나님의 입으로부터 나오는 모든 말씀이, 하나님께서 그 목적을 위하여 지정하시는 모든 수단이 떡만큼이나 사람을 활기 있게 지탱시켜 주는 것이다. 떡을 먹을 수는 있으나 하나님께서 축복하지 않으시면 양분을 공급받지 못하는 것처럼(학 1:6, 9; 미 6:14. 떡이 생명을 지탱시켜주는 것이지만, 그것이 효력을 발휘하게 하는 것은 하나님의 축복이기 때문이다), 우리가 떡을 원해도 그것과는 다른 방법으로 양분을 공급받을 수도 있는 것이다. 하나님께서는 모세와 엘리야를 떡이 없이도 지탱시키셨으며, 그리스도께서도 방금 사십 일 동안 지탱받으셨다. 그는 이스라엘을 하늘로부터 온 떡으로, 천사들의 양식으로 지탱시키셨다. 엘리야는 이적적으로 까마귀가 물어다 준 떡으로 공급받았고, 다른 때에는 과부의 양식이 이적적으로 불어나서 공급받기도 했다. 그러므로 그리스도께서는 돌들로 떡을 만드실 필요가 없었고, 하나님께서 그의 주린 상태를 무언가 다른 방식으로 해결해 주셔서 그를 지탱시키실 것을 신뢰하는 것으로 족했던 것이다. 주목하라. 풍부할 때에도 우리는 하나님이 없이 살 수 있다고 생각해서는 안 되며, 또한 곤경 중에라도 우리는 하나님을 의지하여 사는 법을 배워야 한다. 무화과나무가 무성하지 못하며, 밭에 먹을 것이 없으며, 우리를 유지시켜주는 모든 일상적인 수단들이 끊어질 때에도, 우리는 여호와로 말미암아 즐거워하여야 하며(합 3:17, 18), 하나님의 뜻과는 달리 우리의 뜻을 강행할 생각을 해서는 안 되고, 하나님께서 적절히 우리를 공급하시기를 겸손하게 간구하여야 하며, 또한 우리에게 주어지는 떡에 대해 감사해야 하는 것이다. 여기서 그리스도의 자세를 배워서, 우리 자신이 아니라 하나님의 뜻에 만족하며, 우리의 핍절한 상태가 절박할지라도 우리 스스로 공급하는 비정상적인 수단을 강구해서는 안 될 것이다

(시 37:30). 여호와 이레, 곧 여호와께서 그의 방식으로 공급하실 것이다. 하나님의 선하심의 열매들에 의지하여 가난하게 사는 것이, 우리 자신의 죄의 산물들에 의지하여 풍족하게 사는 것보다 나은 것이다.

2. 그는 그리스도를 시험하여 그로 하여금 아버지의 권능과 보호하심에 대해 주제넘게 억측하게 만들려 했다. 마귀란 얼마나 지칠 줄 모르는 끈질긴 원수인지 모른다. 한 가지 공격에서 실패하면 다른 공격을 시도하는 것이다.

여기 이 두 번째 시도에서는 다음과 같은 점들을 관찰할 수 있을 것이다.

(1) 그 시험은 어떤 것이었고, 마귀는 어떻게 이를 시행하는가. 일반적으로 볼 때에, 마귀는 그리스도께서 아버지의 돌보심과 먹이심을 확신하고 계시는 것을 알아차리고서, 그를 안전하게 지키시는 아버지의 역사하심에 대해 억측하도록 그를 유인한다. 주목하라. 우리는 좌로나 우로나 길을 잃어버릴 위험이 있다. 그러므로 한 쪽 극단을 피하다가 사탄의 계교에 빠져 다른 쪽 극단에 빠져 멸망하는 일이 없도록, 극단적인 절약을 극복하려 하다가 탐욕에 빠지는 일이 없도록 경계하여야 하는 것이다. 극단적인 것들 가운데 절망과 주제넘음의 극단보다 더 위험스러운 것은 없고 특히 영혼의 문제에 있어서는 더욱 그러하다. 그리스도께서 죄로부터 자기들을 구원하실 수 있고 기꺼이 구원해 주시리라는 믿음을 갖고 있는 자들 중에서는, 그가 죄의 상태 그대로 그들을 구원하시리라고 주제넘게 생각하도록 시험에 빠지는 자들이 있는 것이다. 이렇게 해서 사람들이 신앙에 열심을 내기 시작할 때에, 사탄이 그들을 무절제한 열정과 고집불통의 상태로 몰아가는 것이다.

이제 이 시험에서 우리는 다음과 같은 점들을 관찰할 수 있을 것이다.

[1] 마귀가 어떻게 그 시험을 준비했는가를 관찰하라. 그는 그리스도의 뜻에 거슬러 강제로 접근하지 않고, 그를 움직여 그와 함께 예루살렘으로 갔다. 그리스도께서 성전 뜰에 가셔서 계단을 거쳐 꼭대기로 올라가셨는지, 공중으로 가셨는지는 확실치 않다. 그러나 마귀가 그를 성전 꼭대기, 혹은 첨탑, 혹은 성곽에 세웠다는 것은 확실하다. 이제 관찰하라. **첫째로,** 그리스도께서는 이렇게 이끌림을 당하실 때에 그대로 따르셨다. 사탄이 최악의 행위를 하도록 허용하시면서도 그를 정복하신 것이다. 후에 그의 고난과 죽으심에서 나타나듯이, 그리스도의 인내하심이 사탄이나 그의 수족들의 권세보다 더 놀라운 것이다. 위로부터 베풀어진 바가 아니면 사탄도 그의 수족들도 그리스도께 아무런 힘도 발휘

할 수 없는 것이다. 자기 자신에 대해서는 사탄이 권세를 마음껏 발휘하도록 허용하시는 그리스도께서 우리에 대해서는 그렇게 똑같이 하게 하지 않으시니, 이 얼마나 다행한 일인가? 그는 우리의 연약함을 아시는 것이다. 둘째로, 마귀는 시험을 위한 장소 선정에서 지극히 교묘하였다. 그리스도를 꾀어 자기 자신의 능력을 과시하고 하나님의 섭리에 대해 주제넘게 허망한 생각을 갖도록 부추기기 위하여, 그는 그리스도를 인구가 많은 도시요 온 세상의 기쁨인 예루살렘에 있고, 모든 사람이 흠모의 눈으로 바라보는 세계의 신비에 속하는 성전의 한 공공 장소에 세워놓는다. 거기서 그는 모든 사람 앞에서 자기 자신을 놀랍게 드러내 보이고, 자신이 하나님의 아들임을 화려하게 증명해 보일 수 있었을 것이다. 바로 전의 시험 때처럼 인적이 드문 광야에서 숨어서 그렇게 하는 것이 아니라, 무수한 무리들 앞에서 화려하게 자신의 모습을 드러낼 수 있었던 것이다.

관찰하라. 1. 예루살렘이 여기서 거룩한 성이라 불려지는데, 그것이 이름으로나 명성으로도 그러했고, 그 안에 거룩한 씨가 있었고, 그것이 그 실체였기 때문이다. 주목하라. 땅 위의 그 어떠한 도시도 마귀와 그의 시험에서 우리를 면제시켜 줄 만큼 기룩한 곳은 없다. 첫째 아담은 거룩한 동산에서 시험을 받았고, 둘째 아담은 거룩한 성에서 시험을 받으셨다. 그러므로 어느 곳에서든 경계를 게을리 해서는 안 된다. 아니, 거룩한 성이야말로 마귀가 크게 유리하게 시험을 베풀며, 사람들로 하여금 교만하고 우쭐하게 만들어 성공을 거두는 곳이다. 그러나, 하나님을 찬송할지니, 위에 있는 그 거룩한 성 예루살렘에는 부정한 것은 절대로 들어갈 수 없고, 거기에는 시험이 없는 것이다. 2. 마귀는 그리스도를 성전 꼭대기에 세웠다. 요세푸스에 따르면(「유대 고대사」, 15.412), 그 곳은 거기서 아래를 내려다보면 현기증이 날 정도로 매우 높은 곳이었다. 주목하라. 성전 꼭대기는 시험의 장소로서 적격이다. 이는 다음과 같은 뜻이다: (1) 높은 곳들이 그렇다. 미끄러지기 쉬운 곳들이다. 세상에서 높은 자리에 올라가게 되면, 그 사람은 두드러진 목표물이 되어 사탄의 맹렬한 회살을 맞게 되는 법이다. 하나님께서는 높이 올리시기 위하여 먼저 낮추신다. 그러나 마귀는 낮추려는 의도를 갖고서 먼저 높이 올리는 것이다. 그러므로 아래로 떨어질까 조심하는 자들은 높이 오르기를 조심해야 하는 것이다. (2) 특히 교회에서 높은 자리들은 매우 위험하다. 뛰어난 은사를 지니고 있고, 유명한 위치에 있어서 큰 명성을 얻은 자들은 언제나 겸손을 유지해야 한다. 사탄이 반드시 그들을 목표로 삼고서 교만으로 그들을 추켜세우고, 그리하여 마귀의 정죄 속으로 떨어지게 만들려 하기 때문이다. 높이 서 있는 자들은 굳게 서 있도록 경계를 다하여야 하는 것이다.

[2] 마귀가 어떻게 그 시험을 진행시켰는가. "네가 만일 하나님의 아들이어든 세상을 향하여 네 자신을 내어 보이고, 네가 그렇다는 것을 스스로 증명해 보이라. 그러니 뛰어내리라. 그리하면" 첫째로, "네가 높이 칭송을 받을 것이요, 하늘의 특별한 보호하심을 받을 것이다. 그렇게 높은 곳에서 떨어졌는데도 상처를 하나도 입지 않은 것을 보면, 사람들이 (이방 사람들이 바울에게 말한 것처럼) '당신은 과연 하나님이십니다' 라고 말할 것이다." 전승에 의하면, 마술사 시몬이(참조. 행 8:9-24: 역자주) 바로 이 일을 시도하여 자신이 신임을 증명해 보이려 했으나, 그는 떨어져서 처참한 상처를 입었고, 그리하여 결국 그의 거짓됨이 여지없이 드러났다고 한다. "그러나," 둘째로, "너는 하늘로부터 특별한 사명을 받고 온 자로 환영을 받을 것이다. 네가 그저 사람이 아니라 갑자기 성전에 임하실 그 언약의 사자(말 3:1)라는 것을 온 예루살렘이 보고 인정할 것이다. 그러니 성전 꼭대기에서 떨어지고, 그 다음에 거룩한 성의 거리를 다니라. 그렇게 하면 유대인들을 납득시키는 일이 단번에 속히 이루어질 것이다."

관찰하라. 마귀는 뛰어내리라고 말했다. 마귀가 그리스도를 밀어 떨어뜨릴 수는 없었다. 주목하라. 사탄의 권세는 제한된 권세다. 마귀가 그를 밀어 떨어뜨렸다 해도, 그는 아무것도 얻는 것이 없었을 것이다. 주목하라. 우리가 무슨 잘못을 저지르든지, 그것은 우리 자신이 행한 것이다. 마귀는 우리를 유혹할지언정, 우리로 하여금 강제로 무슨 일을 하게 만들 수는 없다. 그는 우리에게 뛰어내리라고 말할 수는 있으나, 우리를 밀어 떨어뜨리지는 못하는 것이다. 사람은 누구나 유혹을 받을 뿐이다. 자기 자신의 정욕에 이끌리는 것이지, 강제로 그렇게 되는 것이 아니다. 그러므로 우리가 우리 자신을 상하게 하지 말아야 한다. 어느 누구도 우리를 상하게 할 수 없으니 하나님을 찬양할 일이다(잠 9:12).

[3] 마귀가 어떻게 성경을 근거로 이용하였는가. 기록되었으되, 그가 너를 위하여 그의 사자들을 명하시리니 그들이 손으로 너를 받들어 발이 돌에 부딪치지 않게 하리로다 하였느니라. 사울도 선지자들 중에 있느냐?(삼상 10:11, 12) 사탄이 그렇게 곧바로 성경 본문을 인용할 정도로 성경을 잘 알고 있는가? 그런 것 같다. 주

목하라. 머릿속에 성경의 개념들로 가득 차 있고, 입은 성경의 표현들로 가득 차 있으면서도, 마음은 하나님과 모든 선한 것에 대한 적개심이 가득 차 있는 일이 얼마든지 가능한 것이다. 마귀는 성경에 대해 갖고 있는 지식으로 오히려 그 처절한 악이 더 심화된다. 마귀는 그리스도께 당신이 누구신줄 내가 아노라라고 말했을 때보다 더 괴로운 때는 없었다. 마귀는 그리스도를 회유하여 그 스스로 뛰어내리게 만들려 하였다. 그렇게 하면 그리스도께서 스스로 자살하게 될 것이고 그렇게 되면 그와 그의 계획이 모두 종결될 것이었기 때문이다. 그는 그리스도의 계획에 대해 질투하였고, 그리하여 마귀는 그리스도께 뛰어내려도 위험이 없다고 말하였다. 사자들이 손으로 받들어 보호하실 것이라고 약속되어 있다는 것이었다. 그가 너를 위하여 그의 천사들을 명령하사 네 모든 길에서 너를 지키게 하심이라(시 91:11). 이 성경 인용에는,

첫째로, 올바른 내용도 있었다. 천사들이 성도들을 보호하는 것에 관하여 그런 약속이 있는 것이 사실이다. 마귀는 경험으로도 그것을 알고 있었다. 성도들에 대한 공격들이 수포로 돌아가는 것을 보았고, 욥에 대해서 그랬던 것처럼 성도들의 처지에 대해 이를 갈며 분을 품고 있다(욥 1:10). 그런 사실을 그리스도께 적용시킨 것도 옳았다. 성도들을 보호하는 일에 대한 모든 약속들이 가장 우선적으로 그에게 해당되는 것이요, 그 다음에 그를 통하여, 그의 안에서, 성도들에게 해당되기 때문이다. 그의 모든 뼈를 보호하심이어 그 중에서 하나도 꺾이지 아니하도다(시 34:20)라는 약속이 그리스도에게서 성취되었다(요 19:36). 또한 천사들이 그리스도로 말미암아 성도들을 보호하는 것이다(계 7:5, 11).

둘째로, 그릇된 내용이 많이 있었다. 어쩌면 마귀는 특별히 이 약속에 대해 반감이 많았고 그리하여 그것을 왜곡시켰을 것이다. 왜냐하면 그 약속이 그의 길을 가로막아 성도들을 향한 그의 악한 계획들을 무산시킨 예가 많았기 때문이다. 여기서 다음과 같은 점들을 보라: 1. 그는 악한 저의를 갖고 성경 본문을 그릇 인용하였다. 성경의 약속은 천사들이 너를 지킬 것이라는 것이다. 그러나 어떻게 지킨다는 것인가? 네 모든 길에서 지킨다는 것이다. 우리가 우리의 길에서 벗어나면, 우리가 의무로 감당할 길에서 벗어나면, 우리는 약속을 저버리는 것이요, 하나님의 보호하심에서 우리 스스로 벗어나는 것이다. 그런데 시험하는 마귀에게는 이 말씀이 거슬리는 것이요, 그는 애써 그 말씀을 인용하지 않고 내버려두었다. 그리스도께서 스스로 뛰어내린다면, 그것은 그 자신의 길에서

벗어나는 것이 되었을 것이다. 그렇게 처신하라는 부르심이 없었기 때문이다. 우리는 어떤 상황에 처하든지 성경 그 자체를 살펴보고, 하나님의 말씀을 조각 조각 잘라내어 왜곡시키는 자들에게 휩쓸려 무슨 일을 도모하지 않도록 하는 것이 합당한 것이다. 우리는 저 고상한 베뢰아 사람들이 날마다 성경을 상고한 것처럼 행해야 할 것이다(행 17:11). 2. 그는 성경 본문을 그릇 적용시켰고, 그것이 더 악했다. 성경을 억지로 해석하여 악을 조장하는 처사는 성경을 악용하는 것이요, 사람들이 그렇게 성경을 왜곡시켜 스스로 시험에 빠지게 되고, 결국 멸망에 이르게 되는 것이다(벧후 3:16). 이 성경의 약속은 확고하며 또한 선한 것이다. 그러나 마귀는 그것을 악용하여, 하나님의 보호하심을 주제넘게 시험하게 만들기를 조장하는 데에 사용한 것이다. 주목하라. 하나님의 은혜가 무절제한 방종에로 이어지는 것이나, 사람들이 죄인들을 향한 하나님의 자비하심을 알고는 그것을 죄를 권장하는 구실로 삼는 것이 새로운 일이 아닌 것이다. 그러나 은혜를 더하게 하려고 죄에 거하겠느냐?(롬 6:1). 우리 스스로 뛰어내려서 천사들이 우리를 받들도록 만들겠느냐? 결코 그럴 수 없는 것이다.

(2) 그리스도께서 어떻게 이 시험을 극복하셨는가. 그는 앞의 시험의 경우와 마찬가지로, 기록되었으되로 이 시험을 저지하시고 극복하셨다. 마귀는 성경을 악용하여 그리스도를 시험하였으나, 그리스도께서는 성경을 올바로 사용하셔서 이를 이기셨다. 그는 주 너의 하나님을 시험하지 말라고 강변하신 것이다(신 6:16). 이 말씀의 의미는, "그러니 너는 나를 시험하지 말라"가 아니고, "그러므로 나는 내 아버지를 시험하지 아니하리라"는 것이다. 인용된 구약의 본문에는 복수형이 사용되고 있다: 너희가 … 너희의 하나님 여호와를 시험하지 말라. 그러나 여기서는 단수형을 사용하셔서 주 너의 하나님을 시험하지 말라고 하신다. 주목하라. 일반적인 약속들을 우리들에게 구체적으로 하시는 말씀으로 듣고 받을 때에, 우리가 하나님의 말씀에서 유익을 얻게 된다. 사탄도 기록되었으되라고 말하고, 그리스도께서도 기록되었으되라고 말씀하신다. 그러나 이 성경이 저 성경과 모순을 일으키는 것이 아니다. 하나님은 한 분이시요, 그의 말씀도 하나요, 그의 뜻도 하나다. 그러나 저 본문은 약속이요, 이 본문은 명령이다. 그러므로 약속은 명령에 근거하여 해명하고 적용해야 하는 것이다. 성경의 최고의 해석자는 바로 성경이기 때문이다. 성경을 해명하는 자, 곧 예언하는 자들은 반드시 믿음의 분수대로(롬 12:6), 실제적인 경건에 부합되도록 해명해야 하는 것이

다.

만일 그리스도께서 뛰어내리신다면, 그것은 하나님을 시험하는 것이 될 것이었다.[1] 이미 너무나도 확실하게 확증된 바에 대해 다시 확증을 요구하는 것이 될 것이므로. 그리스도께서는 하나님이 이미 자신의 아버지이시며 그를 보호하셨고, 천사들을 보내사 그를 수종들게 하셨음을 풍성하게 확증하고 계셨다. 그러므로 그 점에 대해 새로이 실험을 행한다면, 그것은 하나님을 시험하는 것이 되는 것이다. 이는 마치 바리새인들이 이 땅에서 온갖 표적들을 접하고서도 하늘로부터 오는 표적을 요구하여 그리스도를 시험한 것과도 같은 것이요, 이는 이스라엘의 거룩한 자를 제한시키는 처사인 것이다.[2] 그렇게 해야 할 아무런 이유가 없는 일을 스스로 행하면서, 그 자신을 특별히 보호해 주기를 요구하는 것이 될 것이다. 하나님께서 우리를 버리지 않으시겠다고 약속하셨으니 우리가 의무를 행하는 길에서 벗어나도 여전히 우리를 보호하셔야 한다는 식으로 생각한다면, 그가 우리의 필요를 공급해 주시겠다고 약속하셨으니 그가 우리의 허망한 요구들까지도 다 들어주셔야 한다고 생각한다면, 그가 우리를 지키시겠다고 약속하셨으니 우리 스스로 고의적으로 우리 자신을 위험에 내몰아도 그가 우리를 지키실 것이라고 생각한다면, 이것은 하나님을 시험하는 것이 되는 것이다. 그러면서도 그가 우리 주 하나님이시라고 고백하는 것은 죄를 더욱 심화시키는 것이다. 그것은 그를 우리 하나님으로 모시며 누리는 특권을 악용하는 것이다. 하나님께서 우리의 하나님이 되셔서 그를 신뢰하도록 우리를 격려하신다고 해서 우리가 그를 시험한다면, 그것은 배은망덕한 짓이요, 우리 하나님이신 그분에게 행하여야 할 우리의 의무를 거스르는 것이기도 하다. 우리가 높이 받들어야 할 그분을 대적하는 것이 되는 것이다. 주목하라. 하나님께서 우리에게 약속하신 이상의 것을 우리 자신에게 약속하는 일이 있어서는 절대로 안 되는 것이다.

3. 마귀는 그리스도께 천하 만국과 그 영광을 주겠다고 제의하여 가장 무서운 우상숭배로 시험한다. 여기서는 다음과 같은 점들을 관찰할 수 있을 것이다.

(1) 마귀가 우리 주님에게 어떻게 이런 시험을 감행했는지(8-9절). 마지막을 위하여 최악의 시험이 예비되어 있었다. 주목하라. 때로는 성도들의 마지막 조우(遭遇)가 아낙 자손들과의 조우요 또한 가장 쓰라린 시련이기도 하다. 그러므로 우리가 지금까지 어떠한 시험을 당했든지 간에 더 심한 시험에 대비하여야

하고, 모든 공격을 막도록 좌우에 의의 병기를 갖추어야 하는 것이다.

이 시험에서 우리는 다음과 같은 점들을 관찰할 수 있다.

[1] 그는 천하 만국을 보여주었다. 이를 위해서 그는 마치 발락이 발람을 이겼듯이 그리스도를 이기고자 하여 그를 데리고 지극히 높은 산으로 갔다. 시험의 무대를 바꾼 것이다. 이를 위해서는 성전 꼭대기가 높지 못했다. 공중의 권세 잡은 자는 그를 데리고 자기의 영역에로 더 높이 올라가야 했던 것이다. 어떤 이들은 이 높은 산이 요단 강 건너편에 있었다고 본다. 왜냐하면 이 시험이 끝난 후 그리스도께서 그 곳에 계시는 것을 보기 때문이다(요 1:28, 29). 어쩌면 그 곳은 모세가 하나님과 교제 중에 가나안의 모든 나라들을 바라보았던 비스가 산이었는지도 모른다. 마귀는 예수님을 모든 곳을 다 바라볼 수 있는 곳으로 데려갔다. 세상을 지으셨고 다스려오신 예수께서 이미 알고 계신 것보다 자기가 그에게 더 넓은 세상을 보여줄 수 있기라도 한 것처럼 말이다. 거기서는 유대 근방의 몇몇 나라들은 볼 수 있었을 것이나, 그 영광은 볼 수 없었다. 그러나 거기에 사탄의 사기와 속임수가 있었음이 틀림없다. 아마도 그가 예수께 보여준 것은 그저 구름 속으로 희미하게 보이는 광활한 풍경밖에 없었을 것이다. 그러나 그 탁월한 속임꾼은 그 광경 속에다 적절한 색깔을 가미하고, 왕들의 영화와 찬란한 모습들과, 그들의 의복과 면류관, 시종들과 수행원들과 호위병들, 화려한 보좌들과 거대한 왕궁, 성 안의 호화로운 건물들과 정원들, 그리고 그들의 부귀와 쾌락과 즐거움을 보여주는 갖가지 실례들을 덧씌워서, 상상력을 자극하여 그것들을 흠모하고 바라는 마음을 갖게 만들려 하였다. 마귀는 그를 높은 산으로 데려가 광활한 풍경을 보여주며 거기에 속임수를 가미하여 세상의 영광을 보여주려 했다. 그러나 예수님은 스스로 동요되지 않으셨고, 그 속임수를 관통하여 사물을 직시하셨다. 다만 사탄이 자기 식대로 하도록 허용하셨고, 그리하여 그의 승리를 더욱 돋보이게 하신 것이다. 그러므로 사탄의 시험에 관하여 다음을 관찰하라. 첫째로, 사탄의 시험은 우리의 눈을 공격하여, 반드시 바라보아야 할 것들을 보지 못하게 만들고 피하여야 할 헛된 것들로 인하여 어지러움을 당하도록 만드는 경우가 많다. 최초의 죄는 눈에서 시작되었다(창 3:6). 그러므로 우리는 눈과 언약을 맺고, 하나님께서 우리의 눈을 돌이켜 허탄한 것을 보지 말게 하시기를 기도할 필요가 있는 것이다(시 119:37). 둘째로, 사탄의 시험은 보통 세상과 거기에 속한 것들로부터 온다. 육체의 정욕과 안목의 정욕과 이

생의 자랑이 사탄이 자기의 주장을 세우는 가장 효과적인 근거인 것이다. 셋째로, 마귀는 영혼을 시험할 때에 크나큰 속임수를 쓴다. 그는 사람을 속여서 무너뜨린다. 세상과 그 영광을 보여주되, 이 모든 영광을 얼룩지게 하는 죄와 슬픔과 죽음, 큰 소유물들에 수반되는 걱정거리들과 재난들, 그리고 면류관 자체와 결부되는 가시들은 사람의 눈에 띄지 않도록 가리는 것이다. 넷째로, 생각이 없고 경솔한 심령들에게는 세상의 영광이야말로 가장 매혹적인 시험거리이며, 또한 사람들에게 가장 강력한 효력을 발휘하는 것이다. 라반의 아들들이 야곱의 이 영광을 시기하였다. 이생의 자랑이야말로 가장 위험한 올무인 것이다.

[2] 그가 예수께 한 말: 만일 내게 엎드려 경배하면 이 모든 것을 네게 주리라(9절). 다음을 보라.

첫째로, 이 모든 것을 네게 주리라는 마귀의 약속이 얼마나 헛된 것인가를 보라. 마귀는 앞의 시험들에서 자기가 자신의 주장의 타당성을 부분적으로 세웠고 그리스도께서 하나님의 아들이 아니라는 것을 입증했음을 당연하게 여기고 있는 것 같다. 그가 요구한 증거들을 예수께서 제시하지 않으셨으니 그는 하나님의 아들이 아니며, 따라서 그는 그를 그저 사람으로만 바라보는 것이다. 그는 이런 식으로 말하고 있다: "네가 하나님의 아들이라 생각하나 그가 너를 버려두어 굶어죽게 하고 있으니 — 이는 그가 네 아버지가 아니라는 증표니 — 네가 나의 다스림을 받으면 내가 그보다 더 나은 것을 주리라. 나를 네 아비지로 여기고 나의 축복을 구하라. 그리하면 이 모든 것을 네게 주리라." 주목하라. 사탄은 사람을 쉽게 먹이로 삼는다. 얼마든지 사람들을 꾀어서 자기들이 하나님께 버림받았다고 생각하게 만들 수 있는 것이다. 이 약속의 오류는 이 모든 것을 네게 주리라에 있다. 이 모든 것이란 대체 무엇인가? 그것은 그저 그림에 불과하고 환영(幻影)에 불과하여 전혀 실체가 없는 것이다. 그는 이런 것을 주겠다는 것이다. 참 멋진 상(賞)이 아닐 수 없다! 그러나 사탄이 주는 것은 바로 그런 것이다. 주목하라. 존재하지도 않는 것에다 관심을 집중시킨 나머지 실제로 존재하는 것을 보지 못하고 놓쳐버리는 사람들이 무수히 많다. 마귀가 내어놓는 미끼는 모두가 속임수다. 그것들은 허깨비와 그림자에 지나지 않는데, 마귀가 그것들로 사람들을 속이기도 하고, 사람들이 스스로 속기도 하는 것이다. 천하 만국은 이미 오래 전에 메시야께 약속된 것이다. 그가 하나님의 아들이시면, 그 나라들은 그의 것이다. 그런데 사탄은 선한 천사를 가장하고 있다. 아마도 약속에 따라서 나라들을 메시야께 드릴 임무를 부여받은 그런 천사들 가운데 하나인 체하고 있는 것 같다. 주목하라. 하나님께서 이미 약속하신 것일지라도 마귀의 손에서 그것을 받는 일이 없도록 조심해야 할 것이다. 그것을 죄악된 방법으로 얻으려 할 때에 그런 우(愚)를 범하게 되는 것이다.

둘째로, 그가 제시한 조건이 얼마나 악한지를 보라: 만일 내게 엎드려 경배하면. 이교도들이 그들의 신들에게 드린 모든 예배는 마귀에게 드려진 것이다(신 32:17). 그리하여 그를 가리켜 이 세상의 신이라 부르는 것이다(고후 4:4; 고전 10:20). 마귀는 그리스도를 꾀어 자기의 관심사를 이루려 한다. 이제 그를 교사의 위치에 세우고서, 그를 회유하여 이방인의 우상숭배를 전파하고 또한 그것을 다시 유대인들에게 소개하게 하려 한다. 그리하면 천하 만국이 곧바로 그에게로 몰려들 것이라는 것이다. 이보다 가증스러운 시험이 또 어디 있겠는가? 주목하라. 지극히 거룩한 성도들도 가장 악한 죄를 범할 시험을 받을 수 있다. 특히 침체의 상태에 있을 때에는 예컨대, 무신론이나 신성모독, 살인, 자살 등을 범할 시험을 얼마든지 받을 수 있는 것이다. 그들이 이런 괴로운 시험을 받을 수 있다. 그러나 그 시험에 동의하거나 그것을 인정하지 않는 한 그것이 그들의 죄가 되지는 않는다. 그리스도께서도 사탄을 예배하도록 시험을 받으신 것이다.

(2) 그리스도께서 이러한 사탄의 공격을 어떻게 물리치시고 이기셨는지. 그는 다음과 같이 사탄의 제의를 거부하셨다.

[1] 혐오와 증오로. 사탄아 물러가라. 앞의 두 시험은 무언가 일리 있는 점이 있었고, 그리하여 생각의 여지가 있는 것이었으나, 이 시험은 너무도 악하여 생각할 필요조차 없는 것이었다. 그 가증함이 노골적으로 드러나 있는 것이었고, 따라서 즉시 거부하신 것이다. 만일 누군가가 다른 신들을 우리가 가서 섬기자라고 하며 이런 식의 제안을 하면, 그것이 가장 친한 친구의 말이라도 그 말을 그대로 참고 들어서는 안 된다(신 13:6, 8). 어떤 시험들은 그 사악함이 이마에 씌어 있고, 전면에 노골적으로 드러나 있기도 하다. 그런 시험들은 논란을 벌여서는 안 되고 단호하게 거부해야 한다. "사탄아 물러가라. 그 생각조차도 도저히 견딜 수가 없다!" 사탄이 그리스도로 하여금 침체의 상태에 빠져 실수를 범하도록 시험할 때에는, 그 시험에 빠지지는 않으셨으나 그래도 사탄의 말을 듣기는 하셨다. 그러나 시험이 하나님 자신에게로 향하자, 그는 그것을 견디실 수가 없었

다: 사탄아 물러가라. 주목하라. 하나님의 존귀를 손상시키고 그의 면류관을 벗기려는 그런 제의에 대해 격분하는 것은 의로운 분노다. 무엇이든 가증한 것은 주께서 미워하시는 것이요, 따라서 우리도 미워해야 마땅하다. 우리가 그런 일에 관여하는 일이 있어서는 절대로 안 되는 것이다. 주목하라. 시험을 물리치는 데에는 단호한 것이 좋으며, 사탄의 꾀임에는 귀를 기울이지 않는 것이 좋은 것이다.

[2] 성경에 근거한 논증으로. 주목하라. 죄를 대적하고자 하는 우리의 결심을 강화하는 데에는 그런 결심을 뒷받침해 주는 갖가지 근거들을 찾는 것이 좋다. 그리스도의 논증은 신 6:13과 10:20에서 취한 것으로 매우 적절하며 목적에 정확히 맞는 것이었다: 주 너의 하나님께 경배하고 다만 그를 섬기라. 그리스도는 마귀가 스스로 가장하는 대로 과연 빛의 사자인지 아닌지에 대해서는 문제를 제기하지 않으셨다. 그러나 그가 빛의 사자였다 해도 그에게 경배해서는 안 되는 일이었다. 왜냐하면 그 일은 오직 하나님께만 드려야 할 존귀이기 때문이다. 주목하라. 시험에 대한 우리의 답변을 충실하고도 간결하게 하여 반론의 여지를 남겨두지 않는 것이 좋다. 우리 주님은 이 시험에서 필수적이며 보편적으로 적용되는 근본적인 법에 근거하여 답변하셨다. 주목하라. 예배는 오직 하나님께만 드리는 것이요 그 어떠한 피조물에게도 드려서는 안 되는 것이다. 예배는 수외시킬 수 없는 면류관의 꽃이요, 하나님께서 어느 누구에게도 주지 않으시는 그의 영광의 가지인 것이다. 그는 아버지를 공경하는 것 같이 아들을 공경하라고 명령하시지만, 만일 그 아들이 그와 동등하시고 그와 하나이신 하나님이 아니시라면 그 아들에게도 예배의 영광을 드리지 않으셨을 것이다. 그리스도께서는 예배에 관한 이 법을 인용하시고 또한 그것을 자기 자신에게 적용시키신다. 여기에는 두 가지 목적이 있다. 첫째로, 그의 낮아지심의 상태에서 그리스도께서 스스로 이 율법 아래 계셨다는 것을 보여주시기 위함이다. 그는 하나님이시므로 예배를 받으셨으나, 동시에 사람이시므로 공적으로도 사적으로도 하나님을 예배하셨다. 그는 그가 친히 먼저 기꺼이 행하신 바를 우리에게 의무로 주시는 것이다. 그리하여 그가 모든 의를 이루시는 것이 합당한 일이었다. 둘째로, 예배가 영원한 의무임을 보여주시기 위함이다. 물론 그가 갖가지 예배 제도들을 폐기하셨고 변경시키셨으나, 그럼에도 불구하고 그는 이 땅에 오사 오직 하나님만을 예배해야 한다는 이 근본적인 법칙을 재가하시고 확증하시고 우리

에게 강화시키신 것이다.

V. 시험의 결국(11절).   하나님의 자녀들이 여러 가지 큰 시험들로 연단을 받을 수도 있으나, 하나님께서는 그들이 감당할 수 없는 시험을 당하도록 하시지는 않는다(고전 10:13). 그저 잠시 동안 여러 가지 시험으로 어려움 중에 있는 것이다.

시험의 결과는 영광된 것으로 그리스도의 존귀를 드높이는 것이었다.

1. 마귀가 패배하여 떠나갔다. 이에 마귀는 예수를 떠나고. 마귀는 사탄아 물러가라라는 그리스도의 명령의 권능에 눌려 물러가지 않을 수가 없었다. 그는 수치스러운 치욕적인 패퇴를 당하였다. 그의 시험이 대담한 것이었던 만큼 그의 패퇴도 뼈저린 것이었다. Magnis tamen excidit ausis(비록 실패했으나 그 시도는 대담한 것이었다). 마지막으로 천하 만국과 그 영광으로 그리스도를 시험하였는데도 그가 전혀 영향을 받지 않자, 무수한 사람들을 넘어뜨린 그 시험에 그가 굴하지 않자, 마귀는 그를 떠난다. 그리스도께서 그저 사람 이상이시라는 것을 인정한 것이다. 이것에도 전혀 요동이 없자, 마귀는 그를 흔들려는 자신의 뜻에 대해 절망을 느끼고서, 그가 하나님의 아들이시며 따라서 더 이상 그를 시험하는 것이 헛된 일이라고 결론을 내리기 시작하는 것이다. 주목하라. 우리가 마귀를 대적하면 그가 우리에게서 피한다. 우리가 우리의 땅을 지키면 그가 포기하는 것이다. 나오미는 룻이 자기와 함께 가기로 굳게 결심함을 보고 그에게 말하기를 그쳤다(룻 1:18). 마귀는 처절하게 패배하였다. 그리스도의 발꿈치를 상하게 하기 위하여 자신이 행한 시험으로 오히려 자신의 머리를 상한 것이다. 마귀는 그리스도께 아무것도 붙잡을 틈이 없음을 깨닫고 그를 떠났다. 아무리 시도해도 소용이 없다는 것을 알고 포기한 것이다. 주목하라. 마귀는 비록 모든 성도들의 원수이지만, 그러나 그는 이미 정복당한 원수다. 우리 구원의 대장께서 그를 패퇴시키셨고 그를 무장해제시키신 것이다. 그러므로 우리가 할 일은 오로지 승리를 향하여 전진하는 것뿐이다.

2. 거룩한 천사들이 승리하신 구속자께 나아와 수종들었다. 천사들이 나아와서 수종드니라. 마귀가 시험하러 올 때에 그랬던 것처럼 그들도 눈에 보이는 모습으로 나아왔다. 마귀가 우리 구주께 공격을 감행하는 동안, 천사들은 그에게서 멀리 떨어져 있었고 직접 수종드는 일이 보류되었었는데, 이는 구주께서 사탄을 자신의 힘으로 물리치신 사실이 드러나고 그의 승리가 더욱 찬란하게 드

러나게 하기 위함이었다. 그리고 후에는 미가엘이 용과 그의 사자들과 더불어 싸우면서 자신의 사자들(혹은, 천사들)을 사용하는데, 이는 그 천사들이 반드시 필요하거나 혹은 그 천사들이 없이는 일을 할 수 없기 때문이 아니라, 그가 그 사자들을 사용하여 그들을 존귀하게 하기를 기뻐하기 때문이다(계 12:7). 한 천사가 그에게 음식을 가져다주는 일을 했을지도 모른다. 그러나 많은 천사들이 그를 호위하는 것은 그에 대한 자신들의 경의를 나타내며 또한 어느 때라도 그의 명령을 받을 준비가 되어 있음을 드러내 보이기 위함이었다. 여기서 다음과 같은 점들을 주목할 필요가 있다: (1) 그리스도와 그의 교회와 모든 신자들을 대적하여 싸우는 악령들의 세계가 있듯이, 그들을 위하여 수종드는 거룩하고 복된 영들의 세계가 있다는 것. 마귀들과의 싸움에서 우리는 천사들과의 교통을 통하여 풍성한 위로를 받을 수 있는 것이다. (2) 그리스도의 승리는 곧 천사들의 승리라는 것. 천사들은 그리스도의 승리를 축하하고, 그와 함께 즐거워하고, 그의 이름에 합당한 영광을 그에게 드리기 위하여 왔다. 큰 용이 쫓겨날 때에 하늘에서 큰 음성이 나서 바로 그 사실을 노래하기 때문이다(계 12:9, 10). 이제 우리 하나님의 구원과 능력과 나라와 또 그의 그리스도의 권세가 나타났도다. (3) 천사들이 주 예수께 수종들며, 음식만이 아니라 무엇이든 이 큰 싸움 후에 그에게 필요한 것을 공급하였다는 것. 그리스도의 낮아지심과 자신을 낮추심이 그의 영광의 증표들과 얼마나 균형을 맞추어 나타나는지를 보리. 그가 연약하여 십자가에 못 박히셨으나, 그럼에도 불구하고 하나님의 능력으로 살아나셨던 것처럼, 그가 연약함으로 시험을 받으시고 주리고 목마르셨으나 하나님의 능력으로 그는 천사들에게 명령하신 것이다. 엘리야가 광야에서 천사에게서 음식을 공급받은 것처럼(왕상 19:4, 7), 인자는 이렇게 해서 천사들이 주는 음식을 잡수셨다. 주목하라. 하나님께서는 그의 백성들이 궁핍과 곤경에 처하도록 허용하기도 하시나, 그들의 필요가 채워지도록 효과적으로 보살피시며, 그들이 멸망하는 것을 보기보다는 천사들을 보내어 그들을 먹이기를 기뻐하시는 것이다. 여호와를 의뢰하고 선을 행하라 땅에 거하여 정녕히 먹으리로다(시 27:3, 참조. 한글 개역개정판 난외주: 역자주).

　그리스도께서는 시험받으신 후 이렇게 해서 도움을 받으셨다. [1] 이는 그의 사명을 위하여 계속 전진하도록 격려하기 위함이었다. 곧, 지옥의 권세들이 그를 대적할 때에 하늘의 권세가 그와 함께 있음을 보게 하기 위함이었다. [2] 우리로 하여금 그리스도를 신뢰하도록 격려하기 위함이다. 그는 고난을 당하고 시험을 받는 것이 무엇이며 또한 그것이 얼마나 어려운지를 몸소 체험으로 아셨으므로, 시험을 받을 때에 도움을 받는다는 것이 무엇이며 그것이 얼마나 위로를 주는가도 아셨다. 그러므로 우리는 그가 시험받는 그의 백성들을 동정하심은 물론 그들에게 시의적절한 안위를 주실 것을 기대할 수 있는 것이다. 아브라함이 전쟁터에서 돌아올 때에 그를 만난 멜기세덱처럼, 또한 여기서 그에게 수종드는 천사들처럼 그가 우리를 돌보시고 위로하실 것이다.

마지막으로, 그리스도께서 이렇게 아버지의 음성과 성령의 강림과 마귀에의 승리와 또한 천사들에 대한 그의 통치를 통하여 그의 위대하심이 눈에 보이지 않는 세계에서 드러나셨으니, 그는 눈에 보이는 세계에서 하나님과 사람 사이의 중보자로 나타나시기에 합당한 자격을 갖추신 것이 틀림없었다. 이 사람이 얼마나 높은가를 생각해 보라(히 7:4)!

¹²예수께서 요한이 잡혔음을 들으시고 갈릴리로 물러가셨다가 ¹³나사렛을 떠나 스불론과 납달리 지경 해변에 있는 가버나움에 가서 사시니 ¹⁴이는 선지자 이사야를 통하여 하신 말씀을 이루려 하심이라 일렀으되 ¹⁵스불론 땅과 납달리땅과 요단 강 저편 해변 길과 이방의 갈릴리여 ¹⁶흑암에 앉은 백성이 큰 빛을 보았고 사망의 땅과 그늘에 앉은 자들에게 빛이 비치었도다 하였느니라 ¹⁷이 때부터 예수께서 비로소 전파하여 이르시되 회개하라 천국이 가까이 왔느니라 하시더라

여기서 우리는 그리스도께서 갈릴리의 회당들에서 설교하시는 기사를 접하게 된다. 그는 세상에 오사 설교자로 나타나셨다. 그가 이루시는 그 큰 구원을 그 자신이 친히 전파하시기 시작하신 것이다(히 2:3). 이는 그가 얼마나 그 구원에 마음을 두고 계셨는가를 잘 보여주며, 따라서 우리도 그것에 마음을 두어야 마땅한 것이다.

그리스도의 생애의 순서상 그리스도의 시험받으심과 갈릴리에서의 설교 사이에 다른 복음서들의, 특히 요한복음의 몇몇 구절들이 중간에 끼여 있는 것으로 보인다. 그가 시험받으신 후에 처음 모습을 드러내신 것은 바로 세례 요한이 그를 가리켜, 보라 세상 죄를 지고 가는 하나님의 어린 양이로다라고 말했던 바로 그 때였다(요 1:29). 그 일 이후, 그는 유월절을 지키기 위하여 예루살렘으로

올라가셨고(요 2장), 니고데모와(요 3장), 사마리아 여인과(요 4장) 말씀을 나누셨고, 그 후에 갈릴리로 오셔서 거기서 설교하셨다. 그러나 갈릴리에 거주하였던 마태는 그리스도의 공생애의 이야기를 여기서 보도하는 대로 그리스도께서 갈릴리에서 설교하신 일로 시작하고 있다. 다음을 관찰하라.

I. 그 시기. 예수께서 요한이 잡혔음을 들으시고 갈릴리로 물러가셨다(12절). 주목하라. 성도들의 고난의 부르짖음이 주 예수의 귀에 들리는 법이다. 요한이 감옥에 던져졌음을 예수께서 들으시고, 거기에 따라 그의 활동의 방향을 잡으신다. 그는 그의 백성에게 있는 환난을 기억하시는 것이다. 관찰하라.

1. 요한이 잡힌 사실에 대해 듣기 전에는 시골로 가지 않으셨다. 주께서 친히 나타나시기 전에 그에게 주의 길을 준비할 시간을 주셔야 했기 때문이다. 그리스도께서 흥하시기 전에 요한이 쇠하여지도록 하나님의 섭리가 지혜롭게 일을 조정하신 것이다. 그렇지 않았다면, 백성들의 생각이 둘 사이에서 흐트러졌을 것이다. 한 사람은 나는 요한에게 속하였다고 하고, 또 다른 사람은 나는 예수께 속하였다고 했을 것이다. 요한은 그리스도의 경쟁자가 아니라 그의 길을 준비하는 사람이어야 했다. 태양이 떠오르면 달과 별들은 사라진다. 요한은 회개의 세례를 통해서 그의 사명을 완수했고, 그리고는 사라진 것이다. 증인들은 증거의 사명을 다한 후에 죽임을 당했다(계 11:7).

2. 요한이 감옥에 갇힌 사실을 듣자마자 그는 시골로 가셨다. 이는 자신의 안전을 위한 것이기도 했으나(그는 헤롯이 요한을 대적했던 것에 못지않게 유대의 바리새인들이 그를 대적하고 있다는 것을 아셨다) 동시에 세례 요한의 공백을 채우고 그가 세워놓은 좋은 터전 위에 건물을 세우시기 위함이기도 했다. 주목하라. 하나님께서는 언제나 자신을 위한 증인들을 남겨두시며, 그의 교회를 위해서도 언제나 인도자들을 남겨두신다. 한 사람의 유능한 도구를 데려가시면, 또 다른 사람을 일으키신다. 그에게는 성령이 계시며, 하실 일이 있으면 그가 그 일을 하시는 것이다. 내 종 모세가 죽었으니 여호수아가 일어났고, 요한이 잡혔으니 예수께서 일어나시는 것이다.

II. 그가 설교하신 곳은 갈릴리였다. 그 곳은 예루살렘으로부터 멀리 떨어진 변방으로 멸시와 천대를 받는 곳이었다. 그 땅의 주민들은 억센 사람들로서 병사들이 되기에는 알맞으나 예의바른 정중한 사람들이 아니라고 간주되었다. 그리스도께서는 그리로 가셔서 거기서 그의 복음의 깃발을 드높이셨다. 그러니 이 점에서도 그는 자신을 낮추신 것이다. 다음을 관찰하라.

1. 그가 거주지로 택하신 동네는 그가 자라난 나사렛이 아니었다. 그는 나사렛을 떠나셨다. 13절에서 이 사실을 특별히 주목하고 있다. 그가 나사렛을 떠나신 데에는 그만한 이유가 있었다. 그 동네 사람들이 그를 동네 밖으로 쫓아냈기 때문이다(눅 4:29). 주님은 나사렛 주민들에게 처음으로 섬김을 베풀려 하셨으나 그들이 그와 그의 가르침을 배척하였고, 그에 대해서 분개하였다. 그리하여 그는 나사렛을 떠나셨고, 그의 가르침을 받지 않고 배척한 그 곳 사람들에 대해 발의 먼지를 떨어 증거로 삼으신 것이다. 나사렛 사람들이야말로 그리스도를 거부한 최초의 사람들이었고, 그리하여 그로부터 배척을 받은 최초의 사람들이 된 것이다. 주목하라. 사람이 복음과 은혜의 수단을 가볍게 여기고 던져버릴 때에 하나님께서 그 복음과 그 은혜의 수단을 거두어 가시는 것은 지극히 정당한 일이다. 그리스도께서는 환영을 받지 못하시는 곳에서 오래 머물러 계시지 않을 것이다. 아아, 불쌍한 나사렛이여! 너도 오늘 평화에 관한 일을 알았더라면 좋을 뻔하였거니와 지금 네 눈에 숨겨졌도다(눅 19:42)!

그러나 그는 가버나움에 가서 사셨다. 그 곳은 갈릴리 지방에 속한 곳으로 나사렛에서 불과 몇 마일 정도의 거리에 있는 큰 동네였다. 이 곳은 해변 길가에 위치한다. 지중해가 아니라, 내륙에 속한 호수로서 게네사렛 호수라 불리는 디베랴 바다 옆에 위치한다. 요단강이 디베랴 바다로 흘러들어가는 곳 가까이에 가버나움이 있었다. 그 곳은 납달리 지파에 속하였으나 스불론 땅과의 변경에 있었다. 그리스도께서는 그리로 가셔서 가기서 거하신 것이다. 어떤 이들은 그의 부친 요셉이 그 곳에 거처가 있었다고 생각하며, 다른 이들은 최소한 그의 집이 그 곳에 있었다고 본다. 그리고 어떤 이들은 그가 시몬 베드로의 집에 거주하셨을 가능성이 높다고 생각하기도 한다. 그러나 그는 그 곳에만 계속 계신 것이 아니고, 이리저리 다니시며 사역하셨다. 그러나 한동안 그 곳이 그의 중심 거점이었다. 그러니 안정된 삶이 그에게 거의 없었을 것이다. 거점이 있었으나, 그 곳은 그 자신의 소유가 아니었고, 그는 머리 둘 곳이 없었던 것이다. 가버나움에서는 나사렛에서보다는 그가 더 환영을 받으셨던 것 같다. 주목하라. 어떤 사람들이 그리스도를 거부해도, 다른 이들이 그를 영접하고 환영할 것이다. 나사렛이 그를 배척하자, 가버나움이 받아들였다. 그리스도의 고향 사람들이 모아지지 않아도, 그는 여전히 영광을 받으실 것이다. "너 가버나움아, 지금 하늘로 높이 올려져 있으나, 네 자신을 위해 지혜를 가지라. 그리고 네 보응의 때를 알라."

2. 이로써 예언이 성취되었다(14-16절). 본문은 사 9:1, 2를 약간 변형하여 인용한 것이다. 선지자는 그 곳에서 임마누엘을 멸시하는 자들에게 미칠 더 큰 어둠의 환난을 예언하고 있다. 이 환난은 거기에 언급된 여러 곳들에 임한 환난보다, 즉 벤하닷을 통한 최초의 포로 상태에서 당한 환난(왕상 15:20)이나 앗수르 사람들을 통한 두 번째의 포로 상태에서 당한 환난(왕하 15:29)보다 더 처절할 것이었다. 복음을 거부한 것으로 인하여 유대 민족에게 임한 형벌은 그 두 차례의 포로 상태보다 더 쓰라릴 것이었다(사 8:21, 22을 보라). 그 포로 된 곳들은 포로 상태에서 어느 정도 회복을 보았고, 다시 큰 빛을 보았기 때문이다(참조. 사 9:2). 이것이 이사야의 예언의 의미였다. 그러나 성경은 여러 차례 성취된다. 여기서 복음서 기자는 포로 상태의 흑암 중에 있었던 그곳에 자유와 번영의 빛이 회복되는 것에 대해 말씀하는 나중의 부분만을 취하고, 그것을 그들 가운데 복음이 나타나는 사실에 적용시키고 있는 것이다.

그 곳들이 15절에 언급되고 있다. 스불론 땅을 해변 길이라 부른 것은 옳은 일이다. 스불론은 배 매는 해변(창 49:13)이었고, 밖으로 나감을 기뻐하였기 때문이다(신 33:18). 납달리에 대해서는 아름다운 소리를 발하며(창 49:21), 은혜가 풍성한 것(신 33:23)이라고 말씀했었는데, 이는 그에게서부터 복음이 시작되기 때문이다. 복음이야말로 진정 아름다운 소리이며, 그것이 영혼에게 하나님의 은혜를 풍성하게 하는 것이다. 마찬가지로 요단 강 저편 땅도 언급하는데, 이는 그리스도께서 그 곳에서도 때때로 설교하시기 때문이다. 이방의 갈릴리는 이방인들이 왕래하는 교통의 요충으로서 거기서 그들이 유대인들과 어울렸는데, 이는 불쌍한 이방인들에 대해 자비가 있을 것을 암시하는 것이다. 그리스도께서 가버나움에 오심으로써 복음이 그 인근 모든 지역들에게로 임한 것이다. 의로운 해가 되시는 그리스도의 널리 퍼지는 영향력이 그렇게 확산되는 것이다.

이제, 이 곳의 주민들에 관해서 다음의 사실들을 관찰하라. (1) 복음이 임하기 이전의 그들의 상태(16절). 그들은 흑암에 앉아 있었다. 주목하라. 그리스도 바깥에 있는 자들은 흑암에 앉아 있는 것이다. 아니, 그들 자신이 흑암이다. 깊음 위에 있었던 흑암(창 1:2)과도 같은 흑암이다. 그들은 사망의 땅과 그늘에 앉아 있었던 것이다. 곧, 무덤이 흑암의 땅이듯이 큰 흑암을 뜻할 뿐 아니라, 큰 위험을 뜻하기도 한다. 극심한 질병에 걸려 회복할 가망이 없는 사람은 아직 죽은 것은 아니나 사망의 음침한 골짜기에 있는 것이다. 이와 마찬가지로 그 가련한 백성들은 아직 정죄를 받지는 않았으나, 정죄받을 처지에 있으며, 말하자면 율법 안에서 죽은 상태에 있는 것이다. 그리고 이보다 더 비참한 것은 그들이 이런 상태에 앉아 있다는 것이다. 앉은 자세로 있다는 것은 그 상태에 머물러 있고자 하는 의도를 가졌다는 뜻이다. 그들은 흑암에 있었고, 또한 흑암을 사랑하였다. 빛보다는 흑암을 택하였고, 고의로 무지한 상태 속에 있었던 것이다. 그들의 처지는 애처로웠다. 오늘날의 여러 부강한 민족들의 처지도 마찬가지다. 이에 대해서 생각하고 위하여 기도하며 불쌍히 여겨야 마땅하다. 그러나 복음의 빛이 비치는 중에도 흑암 속에 앉은 자들의 상태는 더욱더 애처로운 것이다. 밤이기 때문에 흑암 속에 있는 자는 곧 태양이 떠오를 것을 확신할 것이다. 그러나 눈이 멀어서 흑암 속에 있는 자는 눈이 밝아질 수가 없을 것이다. 우리에게 빛이 있다 해도, 우리가 주 안에서 빛이 아니라면 그것이 무슨 소용이 있겠는가? (2) 그리스도와 그의 복음이 그들 가운데 임했을 때에 그들이 누린 특권. 그것은 캄캄한 밤에 길을 가는 여행객에게 밝은 빛이 비치는 것 이상으로 생기를 불어넣는 것이었다. 주목하라. 복음이 임하는 것은 곧 빛이 임하는 것이다. 어느 곳에 임하든, 어떤 영혼에게 임하든, 복음은 그 임하는 곳을 대낮처럼 밝히는 것이다(요 3:19; 눅 1:78, 79). 빛은 모든 것을 드러내며 길을 인도한다. 복음도 마찬가지다.

그 빛은 큰 빛이다. 곧, 복음 계시의 명백함과 증거를 의미한다. 복음의 빛은 촛불이 아니라 태양 빛과도 같은 것이다. 큰 빛이라는 것은 이제 그 그림자가 사라진 율법의 빛과 비교하여 크다는 뜻이다. 그 빛은 큰 빛이다. 큰 것들을 드러내고 광범위한 결과를 이루어내기 때문이다. 그 빛은 오래도록 지속될 것이고, 또한 멀리까지 퍼져갈 것이다. 그리고 그 단어가 암시하듯이 그 빛은 더욱 강렬해지는 빛이다. 그 빛이 밝혀졌다. 아직은 대낮이 되지 않았고, 이제 날이 밝았을 뿐이다. 그러나 그 빛은 더욱더 강하게 비칠 것이다. 복음의 나라는 겨자씨나 새벽빛과도 같아서 그 시초는 작고 희미하나 점점 자라나고 그 완성의 상태에서는 지극히 커지는 것이다.

관찰하라. 그 빛이 그들에게 비치었도다. 그들이 그 빛을 찾아다니지 않았는데도, 이 선한 축복들이 그들에게 베풀어진 것이다. 그들이 알아차리기도 전에,

정해진 때에 그 빛이 그들에게 임한 것이다. 아침에게 명령하고, 새벽에게 그 자리를 일러 주고, 그것으로 땅 끝을 붙잡고 악한 자들을 그 땅에서 떨쳐 버리신 그분께서 그렇게 하신 것이다(참조. 욥 38:12, 13).

Ⅲ. **그가 설교하신 내용**(17절): 이 때부터, 즉 갈릴리에, 스불론 땅과 납달리 땅에 오신 때부터 그가 설교하기 시작하셨다. 그 전에도 유대에서 설교하셨고, 여러 사람들을 제자로 삼고 세례도 베푸셨으나(요 4:1). 이 때처럼 공적이고도 지속적으로 설교하지는 않으셨었다. 사역의 일은 너무도 크고 엄정한 것이므로, 단계를 좇아 점진적으로 진행하는 것이 합당한 것이다.

그리스도께서 이제 설교하시는 주제(그것은 그의 모든 설교의 핵심이기도 했다)는 요한이 설교했던 것과 똑같은 것이었다(3:2): 회개하라 천국이 가까이 왔느니라. 경륜이 다르다해도 복음의 핵심은 동일한 것이기 때문이다. 명령도 동일하고, 그 명령을 제시하는 이유도 동일하다. 하늘로부터 온 천사라도 감히 다른 복음을 전하지 않고(갈 1:8) 그것을 전할 것이다. 그것이 영원한 복음이기 때문이다. 하나님을 두려워하며 회개하여 그에게 영광을 돌리라(계 14:6, 7). 그리스도께서는 요한의 메시지를 크게 존귀히 여기셨고, 그리하여 요한이 그보다 앞서 전했던 것과 동일한 내용을 전하셨다. 그리고 이로써 요한이 그의 사신이요 전령이었음을 드러내 보이셨다. 요한이 사역에 나섰을 때에 그것은 그가 요한을 보내어 전하게 한 것과 같은 것이며, 하나님께서는 그렇게 해서 그의 사자의 말씀을 확증하셨다(사 44:26). 종들이 부여받았던 사명을 아들이 친히 부여받고 임하신 것이다(21:37). 곧, 회개에 합당한 열매를 맺게 하는 것이었다. 그리스도께서는 아버지의 품 속에 계셨었고, 거기서 신적인 천상의 일들에 관한 숭고한 사상들을 전하실 수도 있었을 것이고, 그로 말미암아 학식 있는 모든 자들이 경계를 받고 즐거움을 얻었을 수도 있었을 것이다. 그러나 그는 이 평범한 옛 진리를 전하셨다: 회개하라 천국이 가까이 왔느니라. [1] 그는 처음부터 이것을 전하셨다. 사역자들은 새로운 견해를 제시하거나, 새로운 신학 체계를 세우거나, 새로운 표현들을 만들어내고자 하는 야망을 가져서는 안 되고, 평범하고 실제적인 일들, 우리의 입에나 마음에나 절실한 말씀으로 만족하여야 한다. 우리의 설교의 주제나 언어를 위해서 하늘로 올라갈 필요도 없고, 깊은 곳으로 내려갈 필요도 없는 것이다. 요한이 그리스도의 길을 준비했던 것처럼, 그리스도께서도 회개의 가르침으로 자신의 길을 준비하셨고, 그가 계획해두신 미래의 더 깊은 사실들을 위해서 길을 준비하신 것이다. 사람이 하나님의 뜻의 이 부분을 행하려 하면, 그의 교훈의 더 많은 것들을 알리라(요 7:17). [2] 그리스도께서는 이 주제를 자주 전하셨다. 어디를 가시든 이것이 그의 주제였다. 귀가 가려운 자들과, 희한하고 눈에 띄는 것을 진정 믿음을 세워주는 것보다 더 좋아하는 자들은 그런 주제를 케케묵은 낡아빠진 것으로 여겼을 것이나, 그리스도 자신이나 그의 추종자들이나 아무도 그렇게 여기지 않았다. 주목하라. 전에 설교로 들었던 내용을 다시 설교로 듣는 것도 매우 유익하며, 새로운 사모함으로 오히려 그 전보다 더 잘 들을 수도 있다. 바울은 전에 말씀한 내용을 눈물을 흘리며 다시 반복하여 말씀하였다(빌 3:1, 18). [3] 그는 이것을 복음으로 전하셨다: "회개하라, 너희의 길을 돌아보고, 스스로 돌이키라." 주목하라. 회개의 가르침은 올바른 복음의 가르침이다. 엄격하여 마치 병적으로 괴팍한 사람처럼 보였던 세례 요한은 물론, 온화하시고 너그러우셔서 입에서 꿀을 떨어뜨리시는 예수께서도 회개를 전하셨던 것이다. 회개를 위하여 여지가 남겨진다는 것이야말로 말할 수 없는 특권이기 때문이다. [4] 회개의 이유 역시 여전히 동일하다: 천국이 가까이 왔느니라. 그리스도의 승천 이후 성령이 부어지시기까지는 천국이 아직 충만히 임한 것이 아니므로 가까이 왔느니라라고 하신 것이다. 이보다 일 년여 전에 이미 요한이 천국이 가까이 왔다는 것을 전했었다. 그러나 이제는 그 메시지가 더욱 강력해졌다. 이제 우리의 구원이 처음 믿을 때보다 가까웠음이라(롬 13:11). 그 날이 가까움을 볼수록 더욱 스스로 일깨워 우리의 의무를 다 해야 할 것이다(히 10:25).

¹⁸갈릴리 해변에 다니시다가 두 형제 곧 베드로라 하는 시몬과 그의 형제 안드레가 바다에 그물 던지는 것을 보시니 그들은 어부라 ¹⁹말씀하시되 나를 따라오라 내가 너희를 사람을 낚는 어부가 되게 하리라 하시니 ²⁰그들이 곧 그물을 버려 두고 예수를 따르니라 ²¹거기서 더 가시다가 다른 두 형제 곧 세베대의 아들 야고보와 그의 형제 요한이 그의 아버지 세베대와 함께 배에서 그물 깁는 것을 보시고 부르시니 ²²그들이 곧 배와 아버지를 버려 두고 예수를 따르니라

그리스도께서는 설교하기 시작하시면서, 제자들을 부르기 시작하셨다. 그들은 지금 듣는 자들이 될 것이고, 후에는 그리스도의 가르침을 전하는 설

교자들이 될 것이었다. 지금은 그들이 그리스도의 이적의 목격자들이지만, 후에는 그 이적들을 전하는 증인들이 될 것이다. 이 본문에는 그리스도께서 자신과의 교제 속으로 부르신 최초의 제자들에 관한 기사가 나타난다.

이 기사에서는 다음과 같은 사실들이 나타난다. 1. 효과적인 부르심. 그는 설교를 통해서 모든 곳에서 일반적인 부르심을 주셨다. 그러나 그는 아버지께서 그에게 주신 자들에게 특별하고도 특수한 부르심을 주셨다. 그리스도의 은혜의 능력을 보고 높이 기리며, 그의 말씀을 그의 강력한 채찍으로 삼고, 그가 복음의 부르심이 효력을 발생하도록 필수적인 강력한 영향력들을 발휘하시기를 기다리자. 온 땅이 부르심을 받았다. 그러나 이 사람들은 불러냄을 받은 자들이요, 그들 중에서 구속함을 받은 자들이었다. 그리스도께서는 세상에게는 드러나지 않으셨으나, 그들에게는 밝히 드러나셨다. 2. 사역의 일을 위하여 그들을 지명하고 임명하는 기회였다. 그리스도께서 교사로서 그의 위대한 학교를 세우실 때에, 그가 하신 최초의 일은 가르치는 일을 담당할 문지기들, 혹은 보조 교사들을 세우는 일이었다. 그는 여기서 사람들에게 은사들을 주시는 일을, 질그릇에 보배를 담으시는 일을 시작하신 것이다. 이는 교회에 대해 행하신 그의 보살피심이 나타나는 초기의 사례였다.

여기서 우리는 다음과 같은 점들을 관찰할 수 있다.

I. 그들을 부르신 곳. 예수께서 다니시던 갈릴리 해변이었다. 예수께서 거하신 가버나움이 그 바다 근처에 위치해 있었다. 유대인들 중에는 이 디베랴 바다에 대해, 하나님께서는 그가 지으신 일곱 바다 중에서 다름 아닌 게네사렛 바다를 택하셨다는 말이 있었다. 이 말은 그리스도께서 그 바다를 택하사 거기 계시고 거기서 이적을 베푸심으로써 그 바다를 존귀하게 하신 사실에도 적용할 만하다. 이삭이 밭을 거닐며 묵상했던 것처럼 그리스도께서는 이 바닷가를 거니시며 묵상하셨다. 그는 그리로 가서서 제자들을 부르셨다. 헤롯의 궁으로 부르신 것도, 대제사장들과 장로들이 있는 예루살렘으로 부르신 것이 아니라, 갈릴리 바다에로 부르신 것이다. 과연 그리스도께서는 사람이 보는 것처럼 보는 분이 아니신 것이다. 베드로와 안드레를 효과적으로 부르신 그 동일한 능력이 안나스와 가야바에게도 역사했을 수도 있었을 것이다. 하나님께는 아무것도 불가능한 일이 없으니 말이다. 그러나 다른 경우들과 마찬가지로 여기서도 그리스도는 자신을 낮추시며, 그리하여 하나님께서 세상의 천한 것들을 택하셨

음을 보여주시는 것이다. 갈릴리는 그 나라의 먼 변경에 속하는 곳이었고, 그 주민들은 교양도 세련미도 없었고, 그들이 쓰는 언어조차도 교양 있는 자들에게는 투박하고 거칠게 들렸다. 그들의 말씨로 그들을 알아볼 정도였던 것이다. 갈릴리 바닷가에서 뽑힌 자들은 그 어떤 이점이나 개선의 여지 같은 것이 없었다. 갈릴리 사람 중에서도 좀 더 세련된 자들이 있었으나, 그들은 그런 사람들에도 끼지 못하는 자들이었다. 그러나 그리스도께서는 그리로 가셔서 장차 그의 나라에서 수상(首相)들이 될 그의 사도들을 부르신 것이다. 그는 세상의 미련한 것들을 택하사 지혜 있는 자들을 부끄럽게 하려 하시는 것이다(고전 1:27).

II. 그들의 면모.   이 본문에는 두 쌍의 형제들을 부르신 기사가 나타난다. 곧, 베드로와 안드레, 그리고 야고보와 요한이 그들이다. 앞의 두 형제는 (아마 뒤의 두 형제도 마찬가지일 것이다) 전부터 그리스도와 면식이 있었는데(요 1:40, 41), 이 때에 비로소 그리스도와 친밀하고도 항구적인 교제에로 부르심을 받은 것이다. 주목하라. 그리스도께서는 비천한 영혼들을 점차 단계적으로 자신과의 교제 속으로 이끄신다. 그들은 과거에 요한의 제자들이었으므로, 쉽게 그리스도를 따르도록 잘 준비가 되어 있었다. 주목하라. 회개의 가르침에 굴복한 자들은 반드시 믿음의 기쁨에도 환영받게 되는 법이다. 그들에 대해서 우리는 다음의 사실들을 관찰할 수 있을 것이다.

  1. 그들이 형제들이었다는 것. 주목하라. 형제 곧 골육의 친척(사도 바울의 말씀처럼, 롬 9:3)이 예수 그리스도와의 영적 교제에로 함께 인도함 받는 것은 복된 일이 아닐 수 없다. 한 가족 식구들이 함께 하나님의 권속에 속한다면 그것은 그 집의 존귀요 위로다.

  2. 그들이 어부였다는 것. 어부였으므로, (1) 그들은 가난한 사람들이었다. 재산이 있었다면, 고기잡이를 소일거리로 삼았을지언정 업(業)으로 삼지는 않았을 것이다. 주목하라. 그리스도는 가난한 자들을 멸시하지 않으시며, 따라서 우리도 그들을 멸시해서는 안 된다. 가난한 자들에게 복음이 전파되며, 가장 존귀가 없는 부분에게 존귀의 샘이 더 풍성한 존귀를 베풀기도 하는 법이다. (2) 그들은 무식한 사람들이었다. 애굽인의 모든 학문에 능했던 모세처럼 책이나 문헌을 접하며 자라지 못한 자들이었다. 주목하라. 그리스도께서는 때때로 천성적인 재능이 가장 없는 자들을 택하사 은혜의 선물들을 베푸신다. 그러나 그렇다고 해서 무식하고 무자격한 자들이 목회 사역에 마구 들어가는 것이 정당화

되는 것은 아니다. 목회 사역에 필요한 비범한 지식과 언변의 은사들이 있어야 하며, 또한 일상적인 방식으로 필수적인 능력들을 습득해야 한다. 이와 관련하여 유능한 자질이 없으면 아무도 목회 사역에 임하도록 허용되어서는 안 되는 것이다. (3) 그들은 열심히 일을 하며 살아온 사람들이었다. 주목하라. 정직한 소명에 부지런히 임하는 것이야말로 그리스도께서 기뻐하시는 것이요 또한 거룩한 삶에 방해가 되지 않는다. 모세는 양 떼를 돌보는 중에 부르심을 받았고, 다윗도 양 떼를 돌보는 중에 큰 일을 위하여 부르심을 받았다. 게으른 사람들은 하나님의 부르심보다 사탄의 유혹에 더 휩쓸리기가 쉬운 것이다. (4) 그들은 어려운 역경과 위험에 익숙해 있던 사람들이었다. 어부의 직업은 다른 무엇보다도 고되며 위험스러운 직업이다. 온갖 수고와 땀을 요하며, 물로 인하여 위험에 처하기 일쑤인 것이다. 주목하라. 역경을 견디고 위험을 무릅쓰기를 익힌 자들이야말로 예수 그리스도와 교제를 갖고 그의 제자가 되기에 가장 잘 준비를 갖춘 자들이다. 그리스도의 좋은 군사들은 반드시 어려움을 견뎌야 하는 것이다.

III. 그들이 행하고 있던 일들. 베드로와 안드레는 그물을 던져 고기를 잡고 있었고, 야고보와 요한은 그물을 깁고 있었다. 그들은 새 그물을 살 돈을 가지러 아버지에게 가지 않았고, 낡은 그물을 힘들여 수선하고 있었다. 우리가 가진 것을 한껏 사용하는 것이 합당한 일이다. 야고보와 요한은 아버지 세베대와 함께 있으면서, 그의 일을 돕고 있었다. 주목하라. 자녀가 부모를 돌보며 하는 것이야말로 복되고 소망 있는 처사요, 또한 그것이 자녀들의 의무인 것이다. 다음을 관찰하라. 1. 그들 모두가 바삐 일하고 있었고, 그 중에 게으른 자가 하나도 없었다. 주목하라. 그리스도께서 오실 때에, 일하는 상태로 그를 맞는 것이 좋다. 우리 스스로에게 "내가 그리스도 안에 있는가?"라는 질문을 하는 것이 지극히 필요하며, 그 다음에는 "내가 나의 소명을 다하고 있는가?"라고 자문해야 마땅한 것이다. 2. 그들은 서로 다른 일을 하고 있었다. 둘은 고기를 잡고 있었고, 둘은 그물을 깁고 있었다. 주목하라. 사역자들은 가르치든 연구하든 언제나 일을 하고 있어야 한다. 그릇 행하지 않으려면 언제나 무언가를 하여야 한다. 또한 적절한 때에 자기들의 그물을 깁는 일도 고기 잡는 일만큼이나 절실한 일인 것이다.

IV. 부르심의 내용: 나를 따라 오라 내가 너희를 사람을 낚는 어부가 되게 하리라

(19절). 그들은 일반 제자들처럼(요 1:37) 전부터 그리스도를 따랐었다. 그러나 이는 그리스도를 따르기 위함이요 또한 그들의 부르심을 따르기 위함이었다. 그리하여 이제 더 친밀하고 항구적인 교제에로 부르심을 받았고, 그러기 위해서는 그들의 업을 버려 두어야 했다. 주목하라. 그리스도를 따르도록 이미 부르심을 받은 자들이라도 계속해서 더 가까이에서 따르도록 부르심을 받을 필요가 있다. 특히 목회 사역의 일을 위하여 부르심을 받는 경우는 더욱 그러하다. 다음을 관찰하라.

1. 그리스도의 의도. 내가 너희를 사람을 낚는 어부가 되게 하리라. 이는 그들의 과거의 직업을 빗대어 하시는 말씀이다. 그들에게 새로이 맡겨지는 존귀에 대해 자랑하지 말도록 함이다. 그들은 여전히 어부들일 뿐이다. 그들에게 부여된 새로운 일에 대해 두려워하지 않도록 함이다. 그들은 이미 고기 잡는 일에 익숙해져 있고 여전히 어부들이기 때문이다. 그리스도께서는 그처럼 일상사에서 흔히 접하는 일들에 빗대는 표현들을 통해서 영적인 하늘의 일들을 말씀하시는 예가 많으셨다. 다윗은 양을 먹이는 일에서 부르심을 받아 하나님의 이스라엘을 먹이는 임무를 부여받았다. 그는 왕이면서도 목자인 것이다. 주목하라. (1) 사역자들은 사람을 낚는 어부들이다. 사람들을 그물로 낚아서 죽이는 것이 아니라 그들을 구원하는 자들이다. 그들은 사람을 낚되, 진노나 부귀나 명예나 자기 자신의 이득을 위해서가 아니라 영혼들을 위하여, 그들을 그리스도께로 인도하기 위하여 낚아야 한다. 그들은 너희 영혼을 위하여 경성하며(히 13:7), 그들이 구하는 것은 너희의 재물이 아니요 너희니라(고후 12:14). (2) 그들을 그렇게 만드시는 분은 예수 그리스도시다: 내가 너희를 사람을 낚는 어부가 되게 하리라. 이 일을 위하여 사람들을 구비시키시며, 그 일을 위하여 그들을 부르시고 권위를 부여하시며, 영혼을 낚는 일을 위하여 명령하시며, 그들을 인도하도록 지혜를 주시는 분이 바로 예수 그리스도이신 것이다. 예수 그리스도로 말미암아 그렇게 만들어지는 사역자들은 그들의 사역에서 위로를 얻는 법이다.

2. 이 일을 위해서 그들이 행하여야 할 일: 나를 따라오라. 스스로를 구별하여 부지런히 그를 따라야 하고, 겸손히 그를 본받아야 하고, 그를 자기들의 인도자로 알아 좇아야 했다. 주목하라. (1) 어떤 방면에서든 그리스도께서 자신을 섬기도록 쓰시는 자들은 먼저 그 일에 합당해야 하고 또한 자질을 갖추어야 한다. (2) 그리스도를 전할 자들은 먼저 그리스도를 배우고, 그 다음 그에 대해서

배워야 한다. 우리 스스로 그리스도를 잘 모른다면 어떻게 다른 이들에게 그리스도를 아는 지식을 전해 주겠는가? (3) 그리스도를 대면하여 알기를 원하는 자들은 부지런히 끊임없이 그를 따라야 한다. 사도들은 주 예수께서 그들 가운데 출입하실 때에 항상 그와 함께 다님으로써 그들의 사역을 위하여 준비하였다(행 1:21). 그리스도를 따름으로써 얻는 지식과는 그 어떠한 것도 비교할 것이 없다. 여호수아는 모세를 따르고 그를 섬김으로써 그의 후계자로서의 자질을 갖추었다. (4) 사람을 낚는 어부의 일을 할 자들은 그 일에서 그리스도를 따르며, 그가 행하신 대로 부지런히, 신실하게, 또한 온유함으로 그 일을 행하여야 한다. 그리스도는 모든 설교자들의 위대한 전형이시며, 따라서 그들은 반드시 그와 함께 일하여야 하는 것이다.

V. 이 부르심으로 생겨난 결과. 베드로와 안드레는 곧 그물을 버려 두고 예수를 따랐고(20절), 야고보와 요한도 곧 배와 아버지를 버려 두고 예수를 따랐다(22절). 주목하라. 그리스도를 올바로 따르려는 자들은 반드시 모든 것을 버려 두고 그를 따라야 한다. 그리스도인은 누구든지 애착을 갖는 모든 것을 버려 두어야 하며, 모든 것에서 떠나야 하며, 자기 부모와 처자와 형제와 자매와 더욱이 자기 목숨까지 미워해야 하며(눅 14:26), 그리스도보다 그들을 덜 사랑해야 하며, 그리스도를 위하여 그들을 버려 둘 준비를 갖추어야 한다. 목회 사역의 일에 헌신하는 자들은 특별히 모든 세상사에서 스스로 벗어나 자신을 그 일을 위하여 전적으로 드려야 한다. 그 일은 전인(全人)의 헌신을 요구하는 것이다.

1. 주 예수님의 능력이 이렇게 나타나는 것을 볼 때에 우리는 그의 충족한 은혜에 의지하고자 하는 선한 용기를 갖게 된다. 그의 말씀이 얼마나 강력하며 또한 효력이 있는가? 그가 말씀하시매 이루어지는 것이다. 나사로야 나오너라고 하신 주의 말씀에 능력이 있었던 것처럼, 나를 따라오라라는 주의 말씀에도 동일한 능력이 있었다. 곧, 즐거이 헌신하게 하는 능력인 것이다(참조. 시 110:3).

2. 제자들이 그의 말씀에 순순히 따른 사실은 그리스도의 명령에 순종하는 선한 모범을 보여준다. 주목하라. 부르심을 받을 때에 나아오며 어디든지 인도하시는 대로 주를 따르는 것이야말로 그리스도의 모든 신실한 종들의 선한 모습이나. 그들은 현재 지닌 직업이나, 가속에 대한 의무나, 부르심을 받은 그 직무의 어려움이나, 자기들의 자격 없음을 빙자하여 변명하지 않았고, 부르심을 받고서 그대로 순종하였고, 아브라함처럼 갈 바를 알지 못하고 나아갔으나, 자기

들이 따르는 그분은 잘 알고 있었다. 야고보와 요한은 아버지를 버려 두고 떠났다. 그 아버지가 그 일로 어떻게 되었는지는 기록되어 있지 않고, 그들의 어머니 살로메는 계속해서 그리스도를 따른 자였다. 그 아버지 세베대도 분명 신자였으나, 그리스도를 따르라는 부르심은 젊은이들에게 주어졌던 것이다. 젊은 시기는 배우는 시기요 애써 수고하는 시기다. 제사장들은 인생의 황금기에 사역하였다.

²³예수께서 온 갈릴리에 두루 다니사 그들의 회당에서 가르치시며 천국 복음을 전파하시며 백성 중의 모든 병과 모든 약한 것을 고치시니 ²⁴그의 소문이 온 수리아에 퍼진지라 사람들이 모든 앓는 자 곧 각종 병에 걸려서 고통 당하는 자 귀신 들린 자 간질하는 자 중풍병자들을 데려오니 그들을 고치시더라 ²⁵갈릴리와 데가볼리와 예루살렘과 유대와 요단 강 건너편에서 수많은 무리가 따르니라

여기서 다음의 사실들을 보라.

I. 그리스도는 과연 부지런한 설교자이셨다. 예수께서 온 갈릴리에 두루 다니사 그들의 회당에서 가르치시며 천국 복음을 전파하시며.

1. 그리스도께서 설교하신 내용 — 천국 복음: 천국, 즉 은혜와 영광의 나라를 가리켜 강조적인 의미로 그 나라(참조. 한글 개역개정판 난외주: 역자주)라 칭하고 있다. 곧, 장차 올 그 나라요, 이 땅의 모든 나라들을 이기고 끝까지 남을 그 나라이다. 복음은 그 나라의 헌장으로서 왕의 즉위식 서약이 거기에 포함되는데, 그 왕은 서약을 통하여 은혜로 그 나라의 신민들을 용서하고 보호하며 구원할 의무를 스스로 지셨다. 또한 거기에는 그 신민들의 충성 서약이 포함되는데, 그들은 이로써 왕의 명령을 준수하고 그를 존귀하게 하기를 구할 의무를 스스로 지는 것이다. 이것이 천국 복음, 혹은 그 나라의 복음이다. 그리스도께서는 친히 이것을 전하는 설교자가 되사 그것을 믿는 우리의 믿음이 확증을 얻게 하신 것이다.

2. 그가 설교하신 장소 — 회당에서. 반드시 거기서만 설교하신 것은 아니나 주로 거기서 설교하셨다. 이는 회당이야말로 지혜가 소리를 발하여야 하는(잠 1:21) 모임의 장소였고, 종교적 예배가 시행되는 장소였으므로, 따라서 사람들의 마음이 복음을 받아들일 준비를 갖추고 있을 만한 곳이었고, 또한 구약 성

경이 읽혀지므로 성경 해설을 통해서 천국 복음을 쉽게 소개할 만한 곳이었기 때문이다.

3. 그리스도께서 설교를 위하여 들이신 고통과 수고 ─ 온 갈릴리에 두루 다니사 … 가르치시며. 모든 사람들에게 공포하여 그에게로 나아오게 하셨을 수도 있으나, 그의 겸손과 그의 은혜로운 낮아지심을 보이시기 위하여, 자신이 몸소 그들에게로 나아가시는 것이다. 요세푸스는 말하기를, 갈릴리에는 이백 개가 넘는 성과 마을이 있었는데, 그리스도께서는 그 모두를, 혹은 그 대부분을 찾아 다니셨다고 한다. 그리스도처럼 지칠 줄 모르는 순회 설교자는 한 사람도 없었다. 마을마다 다니시면서 불쌍한 죄인들에게 하나님과 화목할 것을 권고하신 것이다. 사역자들은 이것을 본받아, 선을 행하기에 자신을 드리고, 즉시 말씀을 전하고, 또한 때를 얻든지 못 얻든지 항상 힘써 말씀을 전하여야 하는 것이다(딤후 4:2).

Ⅱ. 그리스도는 능력 있는 의원(醫員)이셨다. 그는 두루 다니사 말씀으로 가르치실 뿐 아니라 또한 말씀으로 고치셔서 무엇보다 그의 이름을 높이셨다. 그가 그의 말씀을 보내사 그들을 고치시고(시 107:20). 여기서 다음을 관찰하라.

1. 그가 고치신 질병 ─ 하나도 예외 없이 모든 질병을 다 고치셨다. 백성 중의 모든 병과 모든 약한 것을 고치시니. 의사들이 온갖 처방으로도 고치지 못하는 불치병들이 있다. 그러나 이 의원에게는 이 병들이 비로 그의 영광이었다. 그는 아무리 고질적인 병이라도 하나도 예외 없이 다 고치셨기 때문이다. 그의 말씀이야말로 진정 판파르마콘(panpharmacon), 즉 만병통치약이었던 것이다.

여기서 세 가지 일반적인 헬라어 단어들을 사용하여 이 사실을 묘사하고 있다. 그는 맹인, 앉은뱅이, 열병, 수종(水腫) 등 모든 앓는 자를 고치셨고, 유출증(流出症)과 폐병 등 각종 병을 고치셨으며, 통풍(痛風), 결석, 발작을 포함한 고통스런 이상 현상 등, 모든 고통들을 치유하셨다. 그 질병들이 심하든, 고질적이든 상관 없이 그 어떠한 것도 고치지 못하시는 것이 없었다. 그리스도께서는 말씀으로 고치셨기 때문이다.

또한 세 가지 구체적인 질병들이 별도로 언급되고 있다. 그리스도께서는 정신의 가상 큰 질환인 간질과 육체의 가장 큰 질환인 중풍병과 또한 육체와 정신의 가장 큰 재난인 귀신 들린 병까지도 모두 고치셨다. 그는 영혼과 육체를 모두 다스리시는 주권적인 의원이시요, 따라서 모든 질병이 그의 손에 있었던 것이다.

2. 그에게 나아온 병자들. 그렇게 쉽게 만날 수 있고, 그렇게 치유가 확실하며, 고통스런 기다림이나 망설임이 없이, 혹시 잘못되어 질병보다 오히려 더 고통스럽게 되지 않을까 하는 염려도 없이 즉시 고쳐주시며, 더욱이 아무런 돈도 받지 않고 무료로 고쳐주시니, 각양 병자들이 다 그에게로 몰려들지 않을 수가 없었다. 온 지방에서 큰 무리가 그에게로 몰려들었음이 나타나고 있다. 갈릴리와 그 인근 지방에서는 물론 먼 예루살렘과 유대에서까지 사람들이 몰려들었고, 그의 소문이 온 수리아에 퍼졌다. 유대인들에게만이 아니라 인근 나라들에게까지 퍼진 것이다. 그에 관한 이런 소문이 그렇게 널리 퍼짐으로써 훗날 그의 복음이 전파될 때에 그 복음을 받을 준비를 갖추게 되었을 것이다. 그에 관한 소문이 그렇게 널리 퍼져 있었기 때문에 그렇게 수많은 무리들이 그에게로 나아오게 된 것이다. 주목하라. 우리가 다른 사람들에게서 들은 그리스도에 관한 소문이 우리를 그에게로 이끌어가는 것이다. 스바 여왕은 솔로몬의 소문을 듣고 마침내 그를 방문하였다. 소문이 "와 보라"고 목소리를 높이는 것이다. 그리스도께서는 가르치시며 또한 고치셨다. 그들은 그리스도께 나아와 병 고침을 받았고, 그들의 평화에 관한 일(눅 19:42)에 관하여 가르침을 받은 것이다. 무슨 동기든 사람들이 그리스도께로 나아오게 된다면 그것은 좋은 일이다. 그에게로 나아오는 자들은 그에게서 그들이 기대했던 것보다 더 많은 사실을 접하게 될 것이다. 이 수리아 사람들은 수리아의 나아만처럼, 그리스도께 나아와 질병을 고침받았고, 그들 중 많은 이들이 신자들이 되었다(참조. 왕하 5:15, 17). 나귀를 찾아다니던 사울이 나라를 얻었던 것처럼, 육체의 건강을 찾아 헤매던 그들이 영혼의 구원까지도 얻은 것이다. 그러나 병 고치는 그리스도를 만나 기뻐하던 많은 이들이 교사이신 그를 망각해 버리는 현상이 일어났다.

그리스도께서 행하신 치유에 대해서, 우리는 그 이적과 그 자비와 그 신비를 관찰할 수 있다.

(1) 그 치유의 이적. 그가 그저 말씀하신 것뿐인데 신적인 초자연적인 권능으로 곧바로 결과가 나타났다. 이는 그가 하나님께로부터 보내심을 받은 사실에 대한 하나님의 인(印)이었다. 자연은 이런 일들을 행할 수가 없다. 자연의 하나님께서 그 일을 행하신 것이었다. 나이와 처지를 떠나서 모여든 각양 낯선 사람들이 안고 있던 모든 질병들이, 의원의 기술로는 치유가 불가능한 수많은 질

병들이 고침을 받았고, 더욱이 사실을 부인할 수도 있는 온갖 사람들이 직접 보는 앞에서 공개적으로 치유가 행해졌으며, 단 한 차례도 치유가 실패한 경우가 없었고, 후에 다시 재발한 경우도 없었다. 또한 그 치유는 자연적인 치유처럼 서서히 이루어진 것이 아니라 급속히 이루어졌다. 그리스도의 치유는 완전한 치유였고, 말씀으로 이루어진 것이었다. 이 모두가 그가 하나님께로부터 오신 선생이심을 증명해주는 것이다. 왜냐하면 아무도 그가 행하신 일을 행할 수가 없었기 때문이다(요 3:2). 그는 이를 자신에 대한 증거로 삼으신다(11:4, 5; 요 5:36). 메시야는 당연히 이런 유의 이적을 행하게 되어 있었고(요 7:31; 사 35:5, 6), 이것이 그가 메시야이시라는 움직일 수 없는 증거인데, 그 어떠한 사람도 그런 이적을 행한 일이 없었다. 그런데 일반적으로 그의 치유와 그의 설교가 함께 나아갔다. 그의 치유가 그의 설교를 확증해 주었던 것이다. 그는 여기서 이렇게 행하시며 가르치시기를 시작하신 것이다(행 1:1).

(2) 그 치유의 자비. 모세가 자신의 사명을 입증하기 위하여 행한 이적들은 대부분 재앙과 심판의 이적들이어서, 그 당시 사람들에게 공포를 불러일으키는 것이었다. 그러나 그리스도께서 행하신 이적들은 대부분 병 고치는 이적이었고, 모두가 (마른 무화과를 저주하신 일은 제외하고) 축복과 사랑의 이적이었다. 복음의 경륜은 사랑과 은혜를 기반으로 세워지고, 또한 우리에게 공포를 심어줌으로써가 아니라 우리를 자비로 이끌어 순종하게 하는 방식으로 진행되기 때문이다. 그리스도께서는 병 고치는 역사로 사람들의 마음을 얻고 자신과 자신의 가르침이 그들의 마음속에 다가가도록 하고자 하셨고, 그리하여 사랑의 줄로 그들을 이끄시고자 하신 것이다(호 11:4). 그 치유 역사의 이적은 그의 가르침이 미쁜 말씀임을 입증해 주어 사람들로 하여금 그 가르침을 신뢰하게 해 주었고, 그 치유 역사의 자비는 그의 가르침이 그들을 향한 사랑에서 나온 것으로 모든 사람이 받을 만한 것임을 입증해 주었다. 그것들은 그저 단순히 큰 일들만이 아니었고, 그가 아버지로 말미암아 보이신 큰 일이었다(요 10:32). 이러한 선한 역사는, 사람들을 인도하여 회개하게 하며(롬 2:4) 또한 기회가 닿는 대로 우리의 힘을 다하여 모든 사람들을 향하여 친절과 자비를 베풀고 선을 행하는 것이야말로 그리스도께서 세상에 오셔서 세우신 그 거룩한 신앙의 필수적인 요소들임을 보여주고자 의도된 것이었다.

(3) 그 치유의 신비. 그리스도께서는 육체의 질병들을 치유하심으로써 자신이

세상에서 행하실 사명이 영적인 질병을 치유하는 일임을 보여주고자 하셨다. 그는 의로운 해(태양)로서 그 날개 아래 치유를 품으시고 떠오르시는 자요, 죄인들을 돌이키는 자이시며, 영혼의 의사이시며, 자신을 그렇게 부르도록 우리를 가르치셨다(9:12, 13). 죄는 영혼의 병이요, 약한 것이요, 고통이다. 그리스도께서는 죄를 없애사 이 질병들을 치유하시기 위해 오셨다. 그리스도께서 병을 고치신 이야기들은 예증과 암시의 방식으로 영적으로 적용될 수 있음은 물론, 우리에게 영적인 것들을 계시하며 또한 영혼들을 회심하게 하고 성화(聖化)시키는 데 있어서 그리스도께서 그 영혼들을 어떤 식으로 다루시는가를 제시하고자 하는 의도가 다분히 개재되어 있다. 이 치유 기사들은 이처럼 가장 의미심장하고 교훈적인 방식으로 기록되어 있는 것이다. 그러므로 그것들은 우리의 모든 악행들을 용서하시고 우리의 모든 질병을 치유하시는 그 영광스러운 구속자에게 존귀와 찬양이 되도록 그렇게 해명되고 해석되어야 하는 것이다.

제
— 5 —
장

개요

이 장과 그 다음 두 장은 하나의 유명한 설교, 곧 산상 설교다. 사복음서에 기록된 주님의 설교들 가운데 가장 길고 가장 충실한 설교라 하겠다. 이것은 실천적인 강화(講話)다. 믿어야 할 기독교의 교리적인 내용은 많지 않고, 행하여야 할 주제들이 가득 차 있다. 그리스도께서는 그의 설교에서 이런 가르침들로 시작하신다. 누구든지 사람이 그의 뜻을 행하려면 가르침을 알아야 하기 때문이다. 우선 설교의 정황이 제시되며(1, 2절), 설교의 내용이 뒤따라 이어진다. 설교는 갖가지 개념들로 우리 머리를 가득 채우는 것이 아니라 우리의 행위를 규정하고 지도하는 것이다. I. 그는 팔복(八福)의 말씀에서 복을 목적으로 제시하시며, 복을 받을 자격이 있는 자들의 성격을 제시하시는데(이는 헛된 세상의 정서들과는 매우 다르다), 이를 역설(逆說: paradoxes)들이라 불러도 무방할 것이다(3-12절). II. 그는 의무를 그 길로 제시하시며, 우리에게 그 의무를 위한 법칙들을 제시하신다. 그는 제자들을 다음과 같이 지도하신다: 1. 그들이 무엇인지를 깨닫게 하신다 — 그들은 땅의 소금이요 세상의 빛이다(13-16절). 2. 그들이 행하여야 할 바를 깨닫게 하신다 — 도덕법의 지배를 받아야 한다. (1) 율법을 전반적으로 확증하시며, 또한 그것을 우리의 법칙으로 천거하신다(17-20절). (2) 각종 오류들을 구체적으로 교정하신다, 아니, 서기관들이 바리새인들이 율법을 해명하면서 제시한 고의적인 악한 부패한 것들을 개혁하시며, 반드시 해명하여야 할 갖가지 율법의 내용들을 진정으로 해명하신다(20절). 구체적으로 다음과 같은 것들에 대해 해명하신다: [1] 살인을 금하는 제육계명에 대해(21-26절). [2] 간음을 금하는 제칠계명에 대해(27-32절). [3] 제삼계명에 대해(33-37절). [4] 복수법에 대해(38-42절). [5] 형제를 사랑하는 법에 대해(43-48절). 그리고 이 모든 가르침의 목적은 율법이 영적인 것임을 보여주는 데 있다.

[1]예수께서 무리를 보시고 산에 올라가 앉으시니 제자들이 나아온지라 [2]입을 열어 가르쳐 이르시되

여기서는 이 설교에 대한 일반적인 기사를 접하게 된다.

I. 설교자는 세상의 빛이 되시려고 이 세상에 오신 우리 주 예수님이셨다. 그는 과연 설교자들의 왕이시요 교회의 위대한 선지자이셨다. 선지자들과 요한은 설교로 덕을 끼쳤으나, 그리스도께서는 그들 모두를 뛰어넘는 분이셨다. 그는 태초부터 아버지 품 속에 있는 영원한 지혜시요, 그의 뜻을 완전히 알고 계신 분이셨으며(요 1:18), 그는 하나님이 이 모든 날 마지막에 그를 통하여 우리에게 말씀하신 바 그 영원한 말씀이시다(히 1:2). 바로 앞 장 마지막 부분에 나타나는 바 그리스도께서 갈릴리에서 행하신 수많은 이적적인 치유들은 이 설교를 예비해 주는 성격을 띠었다. 사람들의 마음을 이끌어 신적인 능력과 선하심이 그렇게 놀랍게 나타나는 그분으로부터 교훈을 기꺼이 받게 하고자 하는 의도로 주어진 것이요, 또한 아마도 이 설교는 갈릴리 이 곳 저 곳의 회당들에서 행하신 설교들을 집약시킨 것, 혹은 정리한 것일 것이다. 그의 본문은, 회개하라 천국이 가까이 왔느니라였다. 이것은 그 본문의 앞부분에 관한 것으로, 회개하는 것이 무엇인지를 보여주는 것이다. 회개란 생각과 실천에서 개혁하는 것이요, 여기서 그는 우리가 어떻게 하여야 돌아가리이까(말 3:7)라는 질문에 대해 답변하신다. 그리고 후에는 여러 가지 비유들을 통해서 천국이 어떠한 것인지를 보여주는 방식으로 뒷부분에 대해 설교하셨다(13장).

II. 장소는 갈릴리의 한 산이었다. 다른 일에서와 같이 여기서도 우리 주 예수님은 별로 좋지 않은 정황 가운데 계셨다. 설교할 만한 편한 장소도 없으셨고, 아니, 머리 둘 곳조차도 없으셨다. 서기관들과 바리새인들은 존귀한 모세의 자리에 편안하게 앉아서 율법을 왜곡시켰으나, 위대한 진리의 교사이신 우리 주 예수님은 광야로 내몰리셨고, 산이 제공해 줄 수 있는 강단보다 나은 곳을 찾을 수가 없었다. 그것도 거룩한 산도, 시온 산도 아닌 그저 평범한 산이었다. 이로써 그리스도께서는 복음 아래서는 율법 아래서처럼 그렇게 거룩한 곳들을 구별하는 일이 없고, 이제는 편리하고 적당한 곳이면 어디서나 사람들이 기도하고 설교하는 것이 하나님의 뜻이라는 것을 암시하셨을 것이다. 그리스도께서 율법을 해명하는 이 설교를 산에서 행하신 것은 율법이 산에서 주어졌기 때문이요, 이 설교가 기독교 법에 대한 엄숙한 선언이기도 했기 때문이다. 그러나 다음과 같은 차이가 있다. 율법이 주어졌을 때에는 여호와께서 산 위에 내려오셨으나, 지금은 주께서 올라가셨다. 과거에는 그가 우레와 번개로 말씀하셨으나,

지금은 세미한 소리로 말씀하시며, 과거에는 백성들이 그 곳에 가까이 갈 수 없었으나, 이제는 그들을 가까이 불러모으시는 것이다. 이 얼마나 복된 변화인가! 만일 하나님의 은혜와 선하심이 그의 영광이라면(과연 그렇다) 복음의 영광은 모든 것을 뛰어넘는 영광이다. 은혜와 진리는 예수 그리스도로 말미암아 온 것이기 때문이다(요 1:17; 참조. 고후 3:7; 히 12:18 등). 갈릴리 지방의 두 지파인 스불론과 잇사갈에 대해서 예언하기를, 그들이 백성들을 불러 산에 이르게 할 것이라고 했는데(신 33:19), 바로 이 산으로 우리가 부르심을 받아 거기서 의로운 제사를 드리기를 배우게 되는 것이다. 이제 이 곳이 여호와의 산이었고, 그가 거기서 우리에게 그의 길을 가르치신 것이다(사 2:2, 3; 미 4:1, 2).

Ⅲ. 청중들은 그에게로 나아온 그의 제자들이었다.   막 3:13; 눅 6:13과 비교할 때에 그들은 그의 부르심을 받고 나아온 자들이었다. 그는 그들을 향하여 말씀하셨다. 다른 사람들은 병 고침을 위해서 그에게 나아왔으나, 그들은 사랑과 배움을 위하여 그를 따랐기 때문이었다. 그가 그들을 가르치셨다. 그들이 기꺼이 가르침받기를 원하였고(온유한 자에게 그의 도를 가르치시리로다, 시 25:9), 다른 이들은 그가 가르치시는 바를 미련한 것으로 알았으나 그들은 그것을 깨닫기를 원하였으며, 또한 그들이 다른 이들을 가르치게 될 것이기 때문이었다. 그러므로 그들이 이것들에 대해 그들 스스로 분명하고도 확실한 지식을 얻는 것이 필수적인 일이었던 것이다. 그들이 보내심을 받아 세워가게 될 그 천국에 들어가서 그 은덕을 누리게 될 사람들은 모두 이 설교에서 제시하시는 의무들을 양심적으로 이행하게 되어 있었다. 그리스도께서는 이 강화를 제자들을 향하여 행하셨으나, 이는 무리들이 듣는 데서 행하여진 것이다. 왜냐하면 무리들이 그의 가르치심에 놀라니라고 말씀하기 때문이다(7:28). 시내 산의 경우는 백성들이 가까이 가지 못하도록 경계가 그어졌으나(출 19:12), 이 산에는 그런 경계가 전혀 없었다. 우리는 그리스도를 통하여 하나님께로 나아가서 그에게 말씀드리며 또한 그의 말씀을 듣기 때문이다. 그는 이 설교를 하실 때에 무리를 의식하고 하셨다. 그의 이적들에 대한 소문을 듣고 사방에서 수많은 무리들이 그에게 나아올 때에, 그는 그것을 그들을 가르치는 기회로 삼으신 것이다. 주목하라. 수많은 고기들이 있는 곳에다 복음의 그물을 던지는 일은 신실한 목사에게 큰 격려가 된다. 그 중에 얼마라도 낚일 것이니 말이다. 많은 무리를 바라볼 때에 설교자는 활력을 얻게 된다. 그러나 자기 자신이 칭찬받고자 하는 것이 아

니라 그 무리들에게 유익을 주고자 하는 열심에서 그런 활력이 생겨나야 옳을 것이다.

Ⅳ. 그의 설교의 엄숙함이 "예수께서 … 앉으시니"라는 말에 암시되어 있다. 그리스도께서는 이따금씩 설교하셨고, 대화체의 강화도 여러 번 하셨다. 그러나 이번에는 하나의 고정된 설교였다. 카티싼토스 아우투, 곧 사람들이 가장 잘 들을 수 있는 곳에 앉으셨다. 심판자, 혹은 율법 제정자로서 좌정하신 것이다. 이는 하나님의 일들을 말씀하고 들을 때에 어떠한 마음의 자세와 태도를 가져야 할지를 암시해 준다. 그가 앉으신 것은, 그가 은을 연단하여 깨끗하게 하는 자 같이 앉아서 레위 자손을 깨끗하게 하되 금, 은 같이 그들을 연단하리라라는 성경을 성취하는 것이었다(말 3:3). 주께서 나의 의와 송사를 변호하셨으며 보좌에 앉으사 의롭게 심판하셨나이다(시 9:4)라는 말씀처럼, 그는 보좌에 앉으신 것이다. 입을 열어라는 문구는 그저 욥 3:1의 경우처럼 말하는 것을 나타내는 히브리식 어법에 지나지 않는다. 그러나 어떤 이들은 이것이 이 강화의 엄숙함을 시사한다고 본다. 많은 무리들이 모여 있으므로 보통 때보다 음성을 높여서 크게 말씀하신 것이다. 그는 오랫동안 그의 종 선지자들을 통하여, 그들의 입을 열어 말씀하셨었다(겔 3:27; 24:27; 33:22). 그런데 이제는 그가 친히 입을 열어 권세 있는 자처럼 자유로이 말씀하신 것이다.

고대인 중 어떤 이는 이에 대해 다음과 같이 논평하고 있다: 그리스도께서는 입을 열지 않으신 채로 많은 것들을 가르치셨다. 곧, 그의 거룩하신 모범적인 삶을 통하여 가르치셨다. 아니, 마치 도수장으로 끌려 가는 어린 양과 털 깎는 자 앞에서 잠잠한 양 같이 그의 입을 열지 아니하심으로써(사 53:7) 가르치신 것이다. 그러나 이제 그는 입을 열어 가르치셨으니, 이는 지혜가 부르지 아니하느냐? 그가 길 가의 높은 곳과 네거리에 서며, 그 입술을 열어 정직을 내리라 하는 성경을 성취하기 위함이었다(잠 8:1, 2, 6). 그가 그들을 가르치셨으니, 이는 네 모든 자녀는 여호와의 교훈을 받을 것이니(사 54:13)라는 약속에 따른 것이요, 그가 학자들의 혀를 지니셨고(사 50:4) 또한 여호와의 영을 지니신 것(사 61:1)이 바로 이 목적을 위한 것이었다. 그는 그들이 혐오해야 할 악이 무엇이며 그들에게 풍성히 있어야 할 선이 무엇인지를 가르치셨다. 기독교는 사색의 문제가 아니라, 우리의 마음의 정서를 규제하고 우리의 대화의 모습을 규제하는 데 있다. 복음의 때는 개혁할 때이며(히 9:10), 복음으로 우리가 개혁되어야 하며, 선해져야 하며, 더 나아져야 하는 것이다. 예수 안에 있는 진리는 바로 경건함에 속한 진리인 것이다(딛 1:1).

³심령이 가난한 자는 복이 있나니 천국이 저희 것임이요 ⁴애통하는 자는 복이 있나니 그들이 위로를 받을 것임이요 ⁵온유한 자는 복이 있나니 그들이 땅을 기업으로 받을 것임이요 ⁶의에 주리고 목마른 자는 복이 있나니 그들이 배부를 것임이요 ⁷긍휼히 여기는 자는 복이 있나니 그들이 긍휼히 여김을 받을 것임이요 ⁸마음이 청결한 자는 복이 있나니 그들이 하나님을 볼 것임이요 ⁹화평하게 하는 자는 복이 있나니 그들이 하나님의 아들이라 일컬음을 받을 것임이요 ¹⁰의를 위하여 박해를 받은 자는 복이 있나니 천국이 그들의 것임이라 ¹¹나로 말미암아 너희를 욕하고 박해하고 거짓으로 너희를 거슬러 모든 악한 말을 할 때에는 너희에게 복이 있나니 ¹²기뻐하고 즐거워하라 하늘에서 너희의 상이 큼이라 너희 전에 있던 선지자들도 이같이 박해하였느니라

그리스도께서는 복들로 설교를 시작하신다. 그는 우리의 큰 대제사장으로서, 복된 멜기세덱으로서, 땅의 모든 족속이 그로 말미암아 복을 얻을 자로서(창 12:3), 복 주시려고 세상에 오셨기 때문이다(행 3:26). 그가 오신 것은 비단 우리를 위하여 값을 주고 복을 사시기 위함만이 아니라, 복을 우리에게 부어주시고 선포하시기 위함이었다. 그런데 여기서 그는 권세 있는 자로서, 복을 명하며 영생을 명할 수 있는 자로서 그 일을 행하시는 것이다. 그리고 그것이 여기서 거듭거듭 선한 자들에게 약속된 복이다. 그가 복을 선포하시면 바로 그대로 이루어진다. 그의 축복을 받는 자들이야말로 복된 자들이기 때문이다. 구약은 저주로 종결되나(말 4:6), 복음은 복으로 시작한다. 우리가 부르심을 받은 것은 축복을 이어받기 위함이기 때문이다(히 12:17). 그리스도께서 여기서 선포하시는 복들에는 각기 이중적인 의도가 있다: 1. 진정 복된 자로 인정받는 자들이 어떤 사람들이며 그들의 성품이 어떠한지를 보여주고자 함. 2. 특정한 성품의 사람들에게 참된 복이 약속되는데, 그 복을 이루는 것이 과연 무엇인지를 보여주고자 함.

1. 이 가르침은 눈먼 육신적인 세상의 치명적인 오류들을 바로잡고자 하는 의도로 주어진 것이다. 복이 있는 상태야말로 사람들이 추구하는 것이다: 우리

에게 선을 보일 자 누구뇨?(시 4:6). 그러나 대부분 그 목적을 잘못 알고, 복에 대해 그릇된 사고를 갖고 있다. 그러니 그 목적을 향해 나아가는 길을 잘못 들어서는 것이 이상한 일이 아니다. 스스로 착각에 빠져 그림자를 좇는 것이다. 일반 사람들의 생각은, 세상에서 부유하고 위대하며 명예를 지닌 자들이 복이 있다는 것이다. 그들은 환락 가운데서 평생을 지내며 기름진 것을 먹고 단 것을 마시며 다른 곡식 단들이 모두 자기의 곡식 단에게 절하게 만든다. 그런 처지에 있는 사람들이야말로 복되며, 그들의 계획과 목표와 목적도 그런 처지에 따른다. 그들은 그 마음의 욕심을 자랑하며(시 10:3), 부하게 살고자 한다. 그런데 우리 주 예수께서 이런 근본적인 오류를 교정하시고, 새로운 가정(假定)을 제시하시고, 복 있는 상태와 복 있는 사람에 대해 전혀 다른 사고를 제시하시는 것이다. 편견을 가진 자들에게는 그것이 역설적으로 보일지라도, 그 자체는 영원한 진리의 규범이요 가르침이며 또한 구원의 빛을 받는 모든 자들에게는 그렇게 보이는 법이요, 이로써 우리가 판단을 받아야 할 것이다. 그러므로, 이것이 그리스도의 가르침의 시작이라면, 복을 얻는 그의 방법들을 이 가르침에서 취하여 거기에 따라 목적을 바로 세우는 것이 그리스도인의 실천의 시작이 되어야 할 것이다.

2. 이 가르침은 복음을 받는 비천하고 연약한 자들에게서 실망과 좌절을 제거하고자 하는 의도로 주어진 것이다. 그리스도께서는 그의 복음이 재능과 은혜와 위로와 능력들이 뛰어난 자들만 복되게 해 주는 것이 아니라, 천국에서 지극히 작은 자들까지도 그 나라의 존귀와 특권의 복을 누리게 해 주는 것임을 확신시켜 주고자 하신 것이다.

3. 이는 영혼들을 그리스도께로 초청하여 그의 법이 그들의 마음속에 들어가게 하고자 하는 의도로 주어진 것이다. 그리스도께서는 사람들이 물러가도록 이 복들을 설교의 맨 나중에 선포하시지 않고, 설교의 서두에 이 복들을 선포하심으로써 그가 그 이후에 행하실 말씀을 받도록 그들을 준비시키셨다. 이는 그리심 산과 에발 산에서 율법의 축복과 저주를 읽은 일을 상기시켜 준다(신 27:12 등). 거기서는 저주들이 명확하게 표현되고, 축복들은 그저 암시되기만 할 뿐인데, 여기서는 축복들이 명확히 선포되고, 저주들이 암시되고 있다. 두 경우 모두 생명과 사망이 우리 앞에 놓여진다. 그러나 율법은 우리로 하여금 죄를 멀리하도록 만드는 사망의 직분의 성격이 더하고, 복음은 생명의 직분으로

서 우리를 그리스도께로 이끄는 것이다. 오직 그리스도 안에서만 모든 선한 것이 얻어지는 것이다. 그의 손으로 행하신 은혜로운 치유를 보았고(참조. 4:23, 24) 또한 그의 입에서 나오는 은혜로운 말씀을 들은 자들은 모두 그가 사랑과 자비함이 풍성한 분이시라고 말할 것이다.

4. 이는 하나님과 사람 사이에 행해진 언약의 조목들을 정리해주고자 하는 의도로 주어진 것이다. 하나님의 계시의 목적은 하나님께서 우리에게 기대하시는 바와 우리가 그에게서 기대할 수 있는 것을 알게 하는 데 있다. 그런데 이곳만큼 그것이 몇 마디 말씀으로 충실하게 제시되어 있는 곳이 없다. 이것이 우리가 믿어야 할 복음이다. 믿음이 바로 이런 성품에 일치하며 이 약속들에 의지하는 것이 아니고 무엇이란 말인가? 행복에로 나아가는 길이 여기에 열려 있으며, 그것이 대로(大路)로 제시되고 있다(사 35:8). 그리고 그것이 예수 그리스도의 입에서 나오는데, 이는 우리가 씨와 열매를, 필요한 은혜와 약속된 영광을 모두 그로부터, 또한 그로 말미암아 받아야 한다는 것을 암시하는 것이다. 하나님과 타락한 사람 사이에는 그리스도의 손을 통하지 않고는 아무것도 일어날 수가 없는 것이다. 이교도 중에서도 지혜로운 몇몇 사람들은 나머지 사람들의 사고와는 전혀 달리 우리 주님의 가르침을 지향하는 복의 관념을 가지기도 했다. 세네카(Seneca)는 복 있는 사람을 묘사하면서, 오로지 정직하고 선한 사람만이 복 있는 자라 불릴 자격이 있음을 천명하였다. "선한 마음이나 악한 마음 이외에는 아무것도 선하거나 악한 것이 없다고 여기는 자들에게는 우쭐할 것도, 기죽을 것도 없는 법인데, 이들의 진정한 쾌락은 쾌락을 멸시하는 데에 있으며, 이들에게는 오로지 덕 이외에는 선한 것이 없고, 악행 이외에는 악한 것이 없다."

우리 주님은 여기서 복된 사람의 여덟 가지 성품들을 제시하시는데, 이는 그리스도인의 주된 은혜들을 나타내는 것이다. 그 하나하나에 대해 현재의 복이 선언되며 ― 복이 있나니 ― 또한 미래의 복이 약속되는데, 이는 은혜의 본질에나 신자가 감당해야 할 의무의 본질에 적합하도록 여러 가지로 표현된다.

그렇다면 복 있는 자는 과연 어떤 사람인가? 이에 대해서 주님은 다음과 같이 답변하신다.

I. 심령이 가난한 자는 복이 있다(3절).   심령이 가난한 상태에도 결코 사람을 복 있게 만들어 주지 못하는 것이 있는데, 곧 죄와 올무, 비겁함과 비열한 두려

움, 사람의 육신적인 정욕에 기꺼이 굴복하는 것 등이다. 그러나 여기서 말씀하는 심령이 가난한 상태는 영혼의 은혜로운 정서로서 예수 그리스도로 가득 채움 받기 위하여 우리 자신을 비우는 것이다.

심령이 가난한 상태는, 1. 하나님께서 우리가 감당할 몫으로 여기셔서 우리에게 명하시면, 세상의 부귀를 기꺼이 비우고 가난함으로 만족할 줄 아는 것이요, 우리의 처지가 열악할 때면 그 의미를 새기는 것이다. 세상에 가난하면서도 심령이 부유한 자들이 많고, 가난하고 교만하여 투덜거리고 불평하며 자기들의 처지를 비관하는 자들이 많다. 그러나 우리는 우리의 빈곤에 자족하고, 비천에 처할 줄도 알아야 한다(빌 4:12). 우리를 빈곤한 처지 속에 넣으시는 데에서 하나님의 지혜를 인정하고, 그 불편함을 인내로 견디며, 우리가 가진 것에 대해 감사하며, 우리에게 있는 것을 최대한으로 발휘하여야 한다. 이것은 세상의 모든 부귀에 마음을 두지 않고, 지극히 풍족한 상태에서도 우리에게 얼마든지 닥칠 수 있는 손해와 실망스러운 일들을 기꺼이 감당하는 자세다. 그러나, 특히 빈곤을 서원하고서도 민족(국가)들의 부(富)에 온통 마음이 가 있는 로마 교회 사람들처럼, 교만한 마음으로나 혹은 겉치레로 하나님께서 주신 것들을 던져 버리고 우리 스스로 가난하게 되는 것은 여기에 해당되지 않는다. 만일 세상에서 부유한 경우라면, 심령이 가난해야 한다. 즉 가난한 자들에게까지 우리를 낮추어서 그들을 불쌍히 여기고, 그들의 어려움에 한마음으로 공감해야 하며, 우리에게도 빈곤이 임할 것을 예상하고 대비하여야 하며, 빈곤을 무절제하게 두려워하거나 꺼려서는 안 되고 오히려 그것을 환영해야 하며, 특히 선한 양심을 지키는 일 때문에 그것이 올 때에는 더더욱 그렇게 해야 한다(히 10:34). 욥은 심령이 가난한 자였다. 하나님께서 재물을 주실 때에나 취하여 가실 때에나 똑같이 그를 찬양했던 것이다.

2. 이는 스스로 낮추고 우리 자신을 낮게 여기는 것이다. 심령이 가난한 것은 우리 자신에 대해, 우리 자신의 모습과 우리의 소유와 우리의 행위에 대해 비천하게 여기는 것이다. 구약에서는 가난한 자들을 안락함을 누리며 교만한 자들과 대조시켜서 겸손하고 자기를 부인하는 자들로 묘사하는 경우가 많다. 이는 우리 자신을 마치 어린아이들처럼 연약하고 어리석고 무가치한 존재로 여기는 것이다(18:4; 19:14). 라오디게아 교회는 영적으로 가련하고 가난한 상태였으나 스스로 부요하여 부족한 것이 없다고 생각하였다(계 3:17). 반면에 바울은

영적인 은혜와 은사가 부요하여 그를 따를 자가 없었으나, 심령이 가난하여 스스로를 사도들 중 가장 작은 자요, 모든 성도들 중 지극히 작은 자보다 더 작은 자로 여겼고, 스스로 아무것도 아닌 존재로 여겼다. 이는 우리 자신을 거룩히 천대하는 것이요, 다른 이들의 가치를 존중하고 그들과 비교하여 우리 자신을 낮게 여기는 것이다. 이는 기꺼이 우리 자신을 선을 행하기에 값싸고 비천하며 작은 자로 여기는 것이요, 모든 사람에게 모든 것이 되는 것이다. 이는 하나님은 위대하시며 우리는 비천하며, 그는 거룩하시며 우리는 죄악되며, 그는 만유이시며 우리는 무(無)요, 무보다 작고 무보다 악하다는 것을 인정하는 것이요, 그의 앞에서, 그의 권능의 손길 아래서 우리 자신을 낮추는 것이다.

3. 이는 우리 자신의 의와 힘에 대한 모든 신뢰를 끊어버리고 우리의 칭의(稱義)를 위해서는 그리스도의 공로에만 의지하며, 우리의 성화(聖化)를 위해서는 그리스도의 은혜와 성령께만 의지하는 것이다. 세리는 상한 심령으로, 하나님이여 불쌍히 여기소서 나는 죄인이로소이다라고 외쳤는데(눅 18:13), 이것이 바로 심령이 가난한 것이다. 우리는 우리 자신을 불쌍한 자로 여겨야 한다. 우리는 언제나 하나님의 은혜가 필요한 존재요, 언제나 하나님의 집 문 앞에서 구걸하며, 언제나 그의 베푸심에 의지하는 존재이기 때문이다.

(1) 심령이 가난한 것이 그리스도인의 은혜들 가운데 첫 번째로 제시되고 있다. 철학자들은 겸손을 여러 덕목 가운데 귀중한 것으로 여기지 않았으니, 그리스도께서는 그것을 첫째로 여기신다. 자기를 부인하는 것이 그의 학교에서 배워야 할 첫 번째 가르침이요, 따라서 심령이 가난한 것이 첫 번째 복을 차지해 마땅한 것이다. 모든 은혜들의 기초가 바로 겸손에 있다. 높이 세우고자 하는 자는 낮은 데서 시작해야 하는 법이요, 따라서 겸손은 복음의 은혜가 영혼 속에 들어가는 일을 위한 탁월한 준비를 갖추는 것이요, 겸손이 복음의 씨를 받아들이도록 흙을 고르는 역할을 하는 것이다. 수고하고 무거운 짐 진 자들은 심령이 가난한 자들이요, 따라서 그들이 그리스도와 더불어 안식을 찾을 것이다.

(2) 그들은 복이 있나니. 그들은 이 세상에서 복이 있다. 하나님께서 은혜로이 그들을 돌보시기 때문이다. 그들은 하나님의 자녀들이요 천사들이 그들을 보호한다. 하나님이 그들에게 은혜를 더하시므로 그들은 지극히 평안한 삶을 살며, 따라서 그들 자신에게나 주위의 모든 일들에 대해 평안한 마음을 갖는다. 그러나 심령이 부한 자들은 언제나 불평과 불안 가운데 있다.

(3) 천국이 그들의 것임이요. 은혜의 나라가 그런 자들로 이루어져 있고, 오직 그런 자들만이 가난한 자들의 회중이라 불리는(시 74:19, 한글 개역개정판에는 주의 가난한 자로 번역됨: 역자주) 그리스도의 교회의 일원이 되기에 합당한 자들이며, 영광의 나라가 이들을 위하여 예비되어 있다. 스스로를 낮추며, 또한 하나님이 그들을 낮추실 때에 그대로 순종하는 자들은 이렇게 높임을 받을 것이다. 심령이 부하고 교만한 자들은 **땅의 나라**의 영광에 마음을 쏟다가 그것과 함께 망하나, 겸손하고 온유하며 순종하는 심령은 천국의 영광을 소유하게 된다. 우리는 부유하여 재물로 선을 행하는 자들이야말로 천국이 그들의 것일 것이라고 생각한다. 그들은 재물로 내세를 위하여 선을 쌓을 수 있기 때문이다. 그렇다면 아무것도 가진 것이 없어 선을 행할 수 없는 가난한 자들은 어찌하겠는가? 주님은 재물을 유용하게 사용할 만큼 부유한 자들에게나 가난한 자들에게나 동일한 복이 약속하신다. 내가 주를 위하여 기꺼이 재물을 드릴 수 없고, 그를 위하여 기꺼이 가난을 받아들이는 것밖에는 할 수 없다 할지라도, 이것조차도 보상을 받게 될 것이다. 우리가 선하신 주님을 섬기고 있지 않은가?

Ⅱ. 애통하는 자는 복이 있나니(4절).   이 역시 이상한 복이며, 바로 앞의 복에 이어지는 것으로 아주 적절하다 하겠다. 가난한 자들은 애통하는 일에 익숙하며, 은혜 가운데서 가난한 자는 은혜 가운데서 애통한다. 우리는 즐거워하는 자가 복이 있다고 생각하기 쉽다. 그러나 스스로 애통하는 자이셨던 그리스도께서는, 애통하는 자는 복이 있나니라고 말씀하신다. 복 있는 자의 원수가 되는 죄악된 애통이 있는데, 세상의 슬픔이 그것이다. 곧, 영적인 일에 대하여 절망하며 세속적인 일에 대해 슬퍼하며 애통하는 것이다. 본성적인 애통도 있는데, 이는 복 있는 상태의 친구일 수도 있다. 하나님의 은혜가 함께 하여 우리가 애통하며 당하는 환난을 거룩하게 하시면 그렇게 되는 것이다. 그러나 은혜로 말미암는 애통이 있는데, 이것이야말로 복 있는 자의 자격 요건이 된다. 곧, 습관적인 엄숙함이요, 실질적인 슬픔이다.

1. 우리 자신의 죄에 대한 회한의 애통. 이는 경건한 슬픔으로서 하나님께로부터 오는 슬픔이요, 그리스도를 바라보며 죄에 대해 갖는 슬픔이다(슥 12:10). 하나님께 속한 애통하는 자들이 있는데, 이들은 곧 회개의 삶을 살며, 자신의 본성적인 부패성과 또한 실질적인 갖가지 범죄들을 슬퍼하며 그리하여 하나님께서 그들에게서 물러가신 일에 대해 슬퍼하며, 또한 하나님을 존귀히 여기려는

열심이 다른 이들의 죄에 대해서도 슬퍼하며, 모든 가증한 일로 말미암아 탄식하며 우는 자들이다(겔 9:4).

2. 다른 이들이 당하는 환난에 대해 동정하며 하는 애통. 이는 우는 자들과 함께 울며, 거룩한 절기로 말미암아 근심하며 시온의 패망을 인하여 우는 자들의 애통이며(습 3:18; 시 137:1), 특히 그리스도께서 예루살렘을 위하여 애통하신 것처럼, 멸망을 향해 가는 영혼들을 안타까이 여기며 그들을 위하여 우는 자들의 애통이다.

이처럼 은혜로 말미암아 애통하는 자는 (1) 복이 있나니. 헛되고 죄악된 웃음 중에도 마음이 슬퍼하듯이, 은혜로운 애통 중에도 마음이 타인이 참여하지 못하는 진지한 기쁨과 은밀한 만족을 누린다(잠 14:10). 그들은 복이 있는 자들이다. 슬픔을 당하신 주 예수를 닮았기 때문이다. 예수께서 웃으셨다는 기록은 성경에 전혀 나타나지 않고, 그가 우신 사실만 가끔씩 나타난다. 헛된 명랑함에 수반되는 갖가지 유혹들을 경계하며, 참된 용서와 안정된 평안이 주는 위로에 만족하는 것이다. (2) 그들이 위로를 받을 것임이요. 즉시 위로를 받지는 않는다 할지라도, 그들에게 위로를 주는 풍성한 배려가 있다. 그들에게 빛이 비칠 것이요, 나사로처럼(눅 16:25) 하늘에서는 확실하게 위로를 받을 것이다. 주목하라. 하늘의 복락은 완전하고도 영원히 위로를 받는 데 있으며, 하나님이 모든 눈물을 그 눈에서 닦아주시는 데 있다(계 21:4). 그 복락은 우리 주의 기쁨이요, 영원토록 누릴 충만한 즐거움이며, 이러한 경건한 슬픔으로 예비한 자들은 이를 배나 더 누릴 것이다. 애통하며 하늘을 향하여 나아가는 자들에게는 하늘이 진정 하늘일 것이다. 눈물의 골짜기를 통하여 그 기쁨의 산으로 나아가는 것이다(참조. 사 66:10). 눈물을 흘리며 씨를 뿌리는 자는 기쁨으로 거두리로다(시 126:5, 6).

Ⅲ. 온유한 자는 복이 있나니(5절). 온유한 자는 하나님께와 그의 말씀과 그의 막대기에 조용히 스스로 굴복하며 그의 인도하심을 따르며, 그의 뜻에 순종하는 자들이요, 범사에 온유함을 모든 사람에게 나타내는 자요(딛 3:2), 화를 돋구는 일이 있어도 화를 내지 않고 침묵하거나 부드럽게 대답할 줄 아는 자요, 불쾌함을 나타내 보이되 예의를 잃지 않으며, 다른 이들이 격렬한 감정을 나타낼 때에도 침착할 줄 알며, 인내로 자신의 영혼을 지킬 줄 아는 자들이다. 화를 잘 내지 않으며, 항상 쉽게 마음을 누그러뜨리며, 해 받은 일에 대해 복수하기보다는 해를 그저 용서하는 것을 삶의 원칙으로 삼는 자들이 온유한 자들이다.

이처럼 온유한 자들이 심지어 이 세상에서도 복 있는 자들로 제시되고 있다.

1. 그들은 복되신 예수님을 닮았으므로 복 있는 자들이다. 특히 예수께로부터 배워야 한다는 점에서 그렇다(11:29). 이들은 감정적으로 화를 내지 않으시는 하나님 자신을 닮은 자들이다. 이들은 지극히 편안하고도 방해받지 않는 상태로 자기들 자신과 이웃과 하나님을 누리기 때문에 복 있는 자들이다. 이들은 그 어떠한 인간 관계나 처지에도 다 적절히 대처하는 자들이요, 정당하게 살고 정당하게 죽는 자들이다.

2. 땅을 기업으로 받을 것임이요. 이는 시편 37:11의 인용으로서 신약 성경 전체에서 세속적인 약속이 제시되는 거의 유일한 예라 하겠다. 그들이 언제나 땅을 많이 지닐 것이라는 뜻도 아니요, 그들이 땅만을 받을 것이라는 뜻은 더더욱 아니다. 이런 자들은 특별한 방식으로 생명의 약속을 누리는 것이다. 온유함은, 이 세상에서 아무리 조롱을 받고 모욕을 당해도, 건강과 위로와 안전을 증진시키는 성향을 지니고 있다. 대개의 경우 온유하고 고요한 자는 완고하고 고집불통인 자들에 비하여 지극히 편안한 삶을 산다. 혹은 그들이 그 땅을 기업으로 받을 것임이요라고도 읽을 수 있다. 곧, 하늘의 모형인 가나안 땅을 기업으로 받을 것이라는 뜻인데, 이런 의미로 본다면, 위의 하늘의 모든 복락과 아래 땅의 모든 축복들이 온유한 자의 몫이라는 뜻이 된다.

IV. 의에 주리고 목마른 자는 복이 있나니(6절).   어떤 이들은 이것을 우리의 외형적인 빈곤의 실례로 이해한다. 곧, 이 세상에서 열악한 처지에 있어서 온갖 상해와 멸시를 당하며, 스스로 정당한 처우를 받기를 추구할 수 없는 상태로 보는 것이다. 그런 정의를 위하여 주리고 목마르지만, 그런 힘은 그들을 짓누르는 자들에게 있으니 그들로서는 속수무책이다. 그들은 오직 정의롭고 평등한 것을 바라나, 하나님을 두려워하지 않고 사람을 무시하는(눅 18:4) 자들이 그것을 거부하는 것이다. 이것은 정말 안타까운 경우가 아닐 수 없다! 그러나, 선한 양심을 위하여 이런 괴로움을 당하는 자들은 복이 있다. 정의가 이루어지게 하시며, 의를 세우시고, 불쌍한 자들을 압제자들에게서 구원하시는 하나님 안에 소망이 있으니 말이다(시 103:6). 기꺼이 압제를 견디며, 고요히 하나님께 그들의 사정을 아뢰는 자들은 정해진 때가 이르면 지혜와 친절함으로 풍성한 만족을 얻을 것이다. 그러나 이 본문은 분명 영적인 의미로 이해해야 한다. 곧, 영혼 속에서 이루어지는 하나님의 은혜로운 역사를 통하여 나타나며 하나님의 자비하심을 받은 자들에게서 나타나는 특질로 보아야 하는 것이다.

1. 여기서 말하는 의란 모든 영적인 복들을 뜻한다. 6:33; 시 24:5 등을 보라. 그 복들은 그리스도께서 그의 의를 값 주고 우리를 위하여 사신 것이요, 그 의가 우리에게 전가됨으로써 우리에게 확보된 것이요, 또한 하나님의 신실하심으로 말미암아 확증된 것이다. 하나님으로부터 나와서 우리에게 의로움이 되시고 (고전 1:30), 그의 안에서 하나님의 의가 되신 그리스도를 소유하며, 온전한 사람이 의로움으로 새로워져서 하나님의 형상을 지닌 새 사람이 되며, 그리스도와 그의 약속들에 대해 관심을 갖는 것 ─ 이것이 바로 의인 것이다.

2. 이것들에 주리고 목말라야 한다. 주리고 목마른 자들이 고기와 음료를 사모하며 그것들이 아니고서는 그 어떠한 것에서도 만족을 얻지 못하듯이, 또한 다른 것들이 없어도 오직 고기와 음료로만 만족하듯이, 우리는 그것들을 진정으로 소원해야 한다. 영적인 복들에 대한 우리의 바람이 진지하며 끈질겨야 한다: "이것들을 주십시오. 그렇지 않으면 죽으리이다. 다른 모든 것은 껍데기와 찌꺼기요, 만족스럽지 못하오니, 이것들을 주시옵소서. 그리하시면 다른 것이 하나도 없다 해도 그것으로 족하겠나이다." 주림과 목마름은 끊임없이 자주 나타나는 욕구로서 언제나 새로운 만족을 요구한다. 이와 마찬가지로 이 거룩한 욕구들은 이미 얻은 것에 안주하지 않고, 새로운 사하심과 날마다 새로운 은혜의 공급을 요구하는 것이다. 살아 있는 몸이 언제나 음식의 공급이 필요한 것처럼, 중생한 영혼에게는 끊임없이 의와 은혜의 신선한 공급이 필요한 법이다. 주리고 목마른 자들은 그것을 채움받기 위해 수고할 것이다. 이와 마찬가지로 우리도 영적인 복들을 바라는 것은 물론 정해진 수단을 사용하여 그것들을 공급받기 위하여 수고를 아끼지 말아야 한다. 하몬드 박사(Dr. Hammond)는 그의 실천적 요리문답에서 주림과 목마름을 서로 구별하고 있다. 주림이란 거룩하게 하는 의 같은 것을 유지시켜주는 양식을 바라는 것이요, 목마름이란 의롭다 함을 얻게 하는 의 같은 것과 죄 사함에 대한 인식을 신선하게 마시고자 하는 바람이라고 한다.

영적인 복들을 위하여 주리고 목마른 자는 복이 있나니 그런 복들로 채움받을 것이다(한글 개역개정판은 **배부를 것임이요**로 번역함: 역자주). (1) 그런 욕구 자체가 복 있는 것이다. 은혜를 바라는 모든 욕구들이 은혜는 아니지만(가장된 희미한 욕구들은 모두 은혜가 아니다), 이런 욕구는 은혜다. 무언가 선한 것이 있다는 증거요, 무언가 더 나은 것의 보증인 것이다. 이것은 하나님께서 친히 일으키시는 욕구요, 그는 자신이 일으키신 것을 저버리지 않으실 것이다. 영혼은 반드시 무언가에 대해 주리고 목마른 법이다. 그러므로 올바른 대상을 위하여 주리고 목마르며, 양식이 아닌 것을 사모하지 않는 자들은 복 있는 자들이다(암 2:7; 사 55:2). (2) 그 복들로 채움받을 것이다. 그들이 채움받기를 바라는 그것들을 하나님께서 주실 것이다. 영혼을 채우시는 분은 오직 하나님밖에 없으며, 하나님의 은혜와 자비야말로 영혼의 정당한 욕구들을 채우는 데에 적합한 것이다. 자신이 텅 비어 있음을 지각하고서 하나님의 충만하심에 의지하는 자들에게 하나님께서는 은혜 위에 은혜로 채우실 것이다. 그는 주리는 자를 좋은 것으로 배불리시며(눅 1:53), 연약한 심령을 만족하게 하신다(렘 31:25). 하늘의 복락이 분명 영혼을 가득 채워줄 것이요, 그들의 의가 완전해질 것이요, 하나님의 자비하심과 그의 형상에 완전히 드러날 것이다.

V. 긍휼히 여기는 자는 복이 있나니(7절).　이 말씀은 ─ 물론 나머지 말씀들도 그렇지만 ─ 하나의 역설(a paradox)이다. 긍휼히 여기는 자는 지혜 있는 자도 아니요, 부자일 가능성도 희박하다. 그러나 그리스도께서는 그들이 복이 있다고 선언하신다. 긍휼히 여기는 자란 비참한 상태에 있는 사람을 향하여 경건한 사랑을 품고 그들을 불쌍히 여기고 돕고 구해 주는 자들들이다. 풍부한 재물이 없어도 얼마든지 진정 긍휼히 여기는 자일 수 있다. 그럴 때에는 하나님께서 그 마음을 받으신다. 우리 자신의 환난을 인내로 견뎌야 함은 물론, 그리스도인의 사랑으로 형제의 환난에 기꺼이 동참해야 하며, 동정을 보이고(욥 6:14), 긍휼을 옷 입고(골 3:12), 비참한 상황 속에 있는 자들을 위하여 최선을 다하여 도움으로써 긍휼을 발휘해야 하는 것이다. 다른 이들의 영혼에 대해 불쌍히 여기는 마음을 갖고 그들을 도와야 한다. 무식한 자들을 동정하여 그들을 가르치며, 부주의한 자들을 불쌍히 여겨 그들을 경계를 시켜야 하며, 죄 가운데 있는 자들을 그슬린 나무처럼 불에서 건져내야 한다(슥 3:2). 침체와 슬픔 중에 있는 자들을 불쌍히 여겨 위로해야 하며(욥 16:5), 우리보다 열악한 처지에 있는 자들에게 심하게 대하지 말아야 하며, 궁핍한 자들에게 공급해야 한다. 그렇게 행하지 않으면, 우리가 무슨 말을 하든지 간에 우리는 도와 줄 마음을 닫는 것이다(약 2:15, 16; 요일 3:17). 주린 자에게 네 양식을 나누어 주라(사 58:7, 10). 선한 사람은 자기 짐승에게도 긍휼을 베푸는 법이다.

긍휼히 여기는 자에 대해서 다음과 같이 말씀한다: 1. 그들이 복이 있나니. 구약에서도 그렇게 말씀하고 있다: 가난한 자를 보살피는 자에게 복이 있음이여(시 41:1). 그들은 바로 이 점에서 하나님을 닮았다. 그는 선하심이 곧 그의 영광인 분이시다. 그가 긍휼히 여기시듯이 우리도 긍휼히 여기며, 그가 온전하신 것처럼 우리도 우리의 분량만큼 온전해야 하는 것이다. 이는 하나님을 향한 사랑의 증표요, 우리 자신에게도 만족이 되며, 다른 이들의 유익을 위한 도구가 된다. 이 세상에서 가장 순결하고 가장 세련된 기쁨 가운데 하나는 바로 선을 행하는 기쁨이다. 주는 것이 받는 것보다 복이 있다는 그리스도의 말씀(행 20:35. 이는 복음서에 나타나지 않는다)은 바로 긍휼히 여기는 자는 복이 있나니라는 이 말씀 속에 포함되는 것이다. 2. 그들이 긍휼히 여김을 받을 것임이요. 긍휼이 필요한 사람들을 긍휼히 여겨야 한다. 남을 윤택하게 하는 자는 자기도 윤택하여지리라(잠 11:25). 언제 우리 자신이 긍휼히 여김을 받아야 할 처지가 될지 모르므로 항상 긍휼을 베풀어야 하는 것이다. 그러나 특히 하나님과 더불어 긍휼히 여겨야 한다. 자비로운 자에게 그가 자비로우심을 나타내시는 것이다(시 18:25). 지극한 사랑과 긍휼히 여기는 마음이 있는 자들은 자신의 공로를 내세우지 않고, 긍휼을 구하는 법이다. 긍휼히 여기는 자는 하나님의 용서하시는 긍휼과(6:14), 공급하시는 긍휼과(잠 19:17), 지탱시키시는 긍휼과(시 41:2), 그 날에 필요한 긍휼(딤후 1:18)을 받게 될 것이요, 그들을 위하여 예비된 나라를 상속받게 될 것이다(25:34, 35). 반대로 긍휼을 베풀지 않는 자는 긍휼이 없는 심판(이는 곧 지옥 불이다)을 받게 될 것이다

VI. 마음이 청결한 자는 복이 있나니 그들이 하나님을 볼 것임이요(8절). 이것은 팔복 가운데 가장 포괄적인 것이다. 여기서 거룩함과 복이 하나로 합쳐져서 충실하게 묘사되고 있다.

1. 복 있는 자의 성품이 가장 포괄적으로 묘사되고 있다. 곧, 그들이 마음이 청결하다는 것이다. 주목하라. 참된 신앙은 마음이 청결한 데에 있다. 속이 청결한 자는 정결하고 더러움이 없는 경건의(약 1:17) 능력 아래 있음을 스스로 드러내 보이는 법이다. 참된 기독교는 마음속에, 마음의 청결함 속에 있고, 마음의 악을 씻어 버리는 데 있다(렘 4:14). 우리는 깨끗한 손만이 아니라 청결한 마음을 하나님께 올려드려야 한다(시 24:4, 5; 딤전 1:5). 마음이 뒤섞여 있지 않고 순결해야 하며 — 목표를 올바로 가진 정직한 마음이다 — 또한 포도주가 순전하고

물에 이물질이 들어 있지 않은 것처럼, 마음이 오염되거나 더러워지지 않고 청결해야 한다. 육신의 정욕과 부정한 생각과 욕심으로부터 마음이 순결을 유지해야 한다. 탐심을 가리켜 더러운 이득이라 부르는데(딛 1:11), 육체와 영혼의 모든 더러움으로부터 순결해야 한다. 마음에서 나오는 모든 것이 사람을 더럽게 하는 것이다(15:18). 마음이 믿음으로 정결케 되어 온전히 하나님께 드려져야 하며, 순결한 처녀로 그리스도께 드려져야 하는 것이다. 하나님이여 내 속에 정한 마음을 창조하소서(시 51:10)!

2. 복 있는 자가 받을 위로가 가장 포괄적으로 묘사되고 있다. 곧, 그들이 하나님을 볼 것이라는 것이다. 주목하라. (1) 하나님을 본다는 것이야말로 영혼의 가장 완전한 복이다. 우리의 현 상태에서는 믿음으로 보는 것이지만, 그를 보는 것은 과연 지상의 천국이다. 그리고 미래의 상태에서는 그를 보는 것이 천국의 천국인 것이다. 그 때에는 더 이상 거울로 보는 것 같이 희미하게 보지 않고, 얼굴과 얼굴을 대하여 그의 계신 모습 그대로 볼 것이요, 우리의 것으로 그를 보며, 그를 보고 그를 누릴 것이며, 그를 보고 그와 같이 될 것이요 주의 형상으로 만족할 것이며(시 17:15), 또한 그를 영원토록 보며 그를 놓치지 않을 것이다. 이것이 바로 천국의 복락이다. (2) 하나님을 보는 복이 오직 마음이 청결한 자들에게만 약속되어 있다. 마음이 청결한 자 외에는 아무도 하나님을 볼 수 없다. 마음이 불결한 자들에게는 이런 복이 없다. 거룩하게 되지 않은 영혼이 거룩하신 하나님을 바라본다면, 그것이 어떻게 해서 기쁨이 되겠는가? 하나님이 불의를 견디실 수 없는 것처럼, 그들도 그의 순결하심을 도저히 견딜 수 없는 것이다. 부정한 것은 절대로 새 예루살렘에 들어갈 수 없고, 오직 마음이 청결한 자들, 진정 거룩함을 입은 자들만이 하나님을 뵈옵는 것으로 거룩함을 입고자 하는 간절한 소망을 갖게 되는 것이요, 또한 하나님의 은혜는 이런 소망을 그냥 저버리시지 않는 것이다.

VII. 화평하게 하는 자는 복이 있나니(9절). 위로부터 난 지혜는 첫째 성결하고, 둘째 화평하다(약 3:17). 복 있는 자는 하나님을 향하여 청결하고, 사람을 향하여 화평을 추구한다. 양쪽 모두를 향하여 양심이 거리낌이 없어야 하는 것이다. 화평하게 하는 자들은 다음과 같은 것들을 지닌 자들이다. 1. 화평하게 하는 기질. 거짓말을 하는 것이 거짓말에 이끌리고 거기에 빠진 것인 것처럼, 화평하게 하는 것은 화평을 향하여 마음에서 우러나오는 강한 애정이 있는 것이다. 나는 화평을 원하노라(시 120:7). 그것은 화평을 사랑하고 사모하며 그것을 즐거워하는 것이요, 화평으로 옷 입는 것이요, 화평하기를 힘쓰는 것이다. 2. 화평하게 하는 행실. 화평이 깨어지지 않도록 할 수 있는 대로 부지런히 힘쓰며, 화평이 깨어졌을 때에는 그것을 회복시키기 위해 힘쓰며, 우리 스스로 화평을 위한 방안들에 귀를 기울이며, 형제들과 이웃 간에 거리가 있을 때에 그것들을 기꺼이 실천하며, 할 수 있는 대로 깨어진 틈을 메우는 자들이 되는 것이다. 화평케 하는 일은 때로 오히려 욕을 당하는 일이 되기도 하며, 싸움을 말리다가 오히려 양쪽에서 매를 맞을 수도 있다. 그러나 그것은 선한 직무요 반드시 그 일을 위해 힘써야 할 것이다. 어떤 이들은 이 말씀이 특히 사역자들에게 교훈을 주기 위한 의도가 있다고 보기도 한다. 사역자들이야말로 서로 어긋나 있는 자들을 힘써 화목하게 하며, 자신이 책임 맡은 그리스도인들 가운데 그리스도인의 사랑을 증진시키는 데에 힘을 쏟아야 하는 것이다.

그런데, (1) 그들이 복이 있나니. 곧, 화평을 유지하고, 화평을 회복시켜 다른 이들을 진정 섬김으로써 그들 자신이 만족을 누리기 때문이다. 그들은 세상에 임하사 원수된 것을 소멸하시고 평안을 전하신 그리스도(엡 2:16)와 함께 일하는 것이다. (2) 그들이 하나님의 아들이라 일컬음을 받을 것임이요. 화평하게 하는 것이 그들 자신에게 그들이 하나님의 자녀임을 드러내는 증거가 될 것이다. 하나님이 그들을 자녀로 수유하실 것이요, 그들은 이 점에서 하나님을 닮을 것이다. 그는 화평의 하나님이시며, 하나님의 아들은 화평의 왕이시며, 양자의 영은 화평의 영이시다. 하나님께서 친히 우리 모두와 화목하실 것을 선포하셨으므로, 서로를 대적하며 화목하지 않는 자들을 그의 자녀로 삼지 않으실 것이다. 화평하게 하는 자들에게 복이 있다면, 화평을 깨뜨리는 자들에게는 화(禍)가 있는 것이다! 이로써 분명히 드러나는 사실은, 그리스도께서는 절대로 그의 종교가 불과 검으로나, 혹은 형벌을 가하는 법으로 전파되는 것을 뜻하지 않으시며, 고집불통이나 절제 없는 격렬한 열심을 제자들의 덕성으로 인정하지 않으신다는 것이다. 이 세상의 자녀들은 바람 부는 바다에서 고기를 잡기를 좋아하나, 하나님의 자녀는 화평하게 하는 자들이요 평안히 땅에 사는 자들이다(시 35:20).

VIII. **의를 위하여 박해를 받는 자는 복이 있나니**(10절).   이것은 팔복 중에서 가장 큰 역설이요, 오직 기독교에만 있는 고유한 것이다. 그렇기 때문에 주께서는 맨 마지막에 이를 말씀하셨고, 가장 크게 강조하신 것이다(10-12절). 이 복은 바로(파라오)의 꿈처럼 배가된다. 거의 가망이 없어 보이지만 확실하기 때문이다. 그리고 후반부에서는 인칭대명사가 바뀌어 "너희에게 복이 있나니"라고 말씀한다. 곧, "나의 제자들이며, 나를 직접 따르는 너희에게 복이 있다. 덕이 뛰어난 너희에게 당장 닥치는 것이 이것이다. 너희는 다른 사람들보다 환난과 고통을 기꺼이 받아야 할 것이기 때문이다."

여기서 다음을 관찰하라.

1. 고난당하는 성도의 처지가 묘사되고 있다. 이는 아주 힘든 처지요 정말 안타까운 것이다.

(1) 이들은 박해를 당하며, 마치 해로운 짐승들이 잡혀 죽임을 당하듯이 그렇게 추적당하고, 붙잡히고, 고난을 당한다. 마치 그리스도인이 늑대의 머리를 지니고 있는 것처럼, 그를 붙잡아 죽이려 하는 것이다. 그들은 만물의 찌꺼기로 취급되어 버림받고, 갇히고, 유배를 당하고, 재산을 몰수당하고, 모든 이익과 이윤의 자리에서 제외되며, 모욕을 당하고 고통을 당하며, 언제나 죽음에 넘겨지며, 도살장으로 끌려가는 양처럼 대접을 받는다. 이것은 의로운 아벨의 때 이후 뱀의 후손이 그 거룩한 후손에게 적대감을 가진 결과였다. 히 11:35 등에서 보듯이 구약 시대에도 그랬다. 그리스도께서는 기독교 교회의 경우는 더욱더 그런 일을 당할 것이라고 말씀하셨고, 따라서 우리는 그것을 이상히 여기지 말아야 할 것이다(요일 3:13). 그 역시 친히 우리에게 모범을 남기셨다.

(2) 그들은 욕을 당하고 박해를 받고 거짓으로 모든 악한 말을 듣는다. 모욕을 주는 별명들을 그들에게, 의인들에게 붙여서 조롱하여, 그들을 미운 자들로 만들며, 때로는 그들을 아주 얄미운 존재로 만들어 강력하게 공격하기도 하며, 알지도 못하는 혐의를 거짓으로 씌우기도 한다(시 35:11; 렘 20:18; 행 17:6, 7). 다른 악행을 행할 능력이 없는 자들도 이런 일은 할 수 있으며, 또한 박해할 능력을 지닌 자들은 이런 일을 하는 것이 반드시 필요하다고 여기며, 야만적으로 그런 일을 저지르며 자신들을 정당화하기를, 그들이 곰 가죽을 뒤집어쓰지 않았더라면 그들을 괴롭히는 일은 없었을 것이고, 그들이 천하의 몹쓸 인간임을 스스로 드러내지 않았더라면 그렇게 처절하게 대하지도 않았을 것이라고 한다. 그들이 너희를 욕하고 박해할 것이다. 주목하라. 성도를 욕하는 것은 곧 그들을 박해하는 것이며, 이러한 사실은 완악한 말(유 15)과 조롱(히 11:36)이 정죄를 받을 때가 되면 즉시 드러날 것이다. 그들은 거짓으로 너희를 거슬러 모든 악한 말

을 할 것이다. 때로는 재판정에서 증인으로서 그렇게 할 것이요, 연회에서 망령되이 조롱하는 자들(시 35:16)과 더불어 오만한 자의 자리에서 그렇게 할 것이다. 그들의 말은 술주정뱅이들의 노래와도 같다. 때로는 마치 시므이가 다윗을 저주한 것처럼 직접 면전에서 그런 말을 하기도 하고, 때로는 예레미야의 대적들이 한 것처럼 등 뒤에서 하기도 한다. 주목하라. 그리스도의 제자들과 그를 따르는 자들에 대해서 거짓으로 퍼부어지는 악한 말만큼 처절하게 악한 것이 없는 것이다.

(3) 이 모든 것이 의를 위하여 당하는 것이요(10절), 나로 말미암아 받는 것이다(11절). 의를 위하여 당하는 것은 곧 그리스도로 말미암아 당하는 것이 된다. 그는 의의 일에 관심을 두시기 때문이다. 의의 원수는 곧 그리스도의 원수다. 이로 보건대, 정당하게 고통을 당하는 자들과 또한 진짜로 범죄를 저질러서 그것 때문에 진실로 악한 말을 듣는 자들은 이 복에서 제외된다 할 것이다. 그런 자들은 부끄러운 줄 알아야 한다. 그것이 그들의 형벌의 일부이기 때문이다. 순교자로 만드는 것은 고통 그 자체가 아니라 그 고통의 원인이다. 의를 위하여 고난당하는 자들은, 곧 양심을 거슬러 죄를 범하지 않으려는 것 때문에 고난을 당하는 자요, 선한 일을 행하는 것 때문에 고난을 당하는 자인 것이다. 박해하는 자들이 무슨 핑계를 대든 간에, 그들이 대적하는 것은 바로 경건의 능력이요, 중상을 당하고, 미움받고 박해를 받는 것은 과연 그리스도와 그의 의인 것이다. 주를 비방하는 비방이 내게 미쳤나이다(시 69:9; 롬 8:36).

2. 고난당하는 성도들에게 제시되는 위로.

(1) 그들에게 복이 있나니. 현재의 삶에서는 괴로움을 받으나(눅 16:25), 그들은 복이 있는 자들이다. 왜냐하면 그것이 그들에게 존귀가 되며(행 5:41), 그리스도를 영화롭게 하고 선을 행하며 특별한 위로와 은혜와 그리스도의 임재의 증거를 체험하는 기회가 되기 때문이다(고후 1:5; 단 3:25; 롬 8:29).

(2) 하늘에서 그들의 상이 큼이라. 천국이 그들의 것이다. 그들은 현재 천국에 들어갈 자격을 지니고 있고, 천국을 미리 맛보며, 머지않아 그것을 소유하게 될 것이다. 엄밀하게 말해서 그들의 고난이 하나님께 공로를 세우는 것은 결코 아니나(아무리 선한 자라도 그 죄는 가장 악한 벌을 받아 마땅하기 때문이다), 이것이 여기서 상으로 약속되고 있다: 하늘에서 너희의 상이 큼이라(12절). 그 상은 성도의 행위를 훨씬 능가할 만큼 크다. 그 상은 하늘에서 주어진다. 곧, 미래에

주어질 것이요, 따라서 현재에는 보이지 않으나, 우연이나 사기나 폭력이 닿지 않도록 확실하게 보장되어 있는 것이다. 주목하라. 하나님께서는 그를 위하여 잃어버리는 자들에게 ― 심지어 목숨까지도 ― 공급하시며, 따라서 마지막에 가서는 그로 인하여 아무것도 잃어버리지 않게 될 것이다. 우리의 여정에서 만나는 온갖 어려움들에 대해 결국 하늘이 최종적인 풍성한 보상이 될 것이다. 이것이야말로 시대마다 고난당하는 성도들이 마음에 두어온 것이요, 이것이야말로 앞에 있는 기쁨인 것이다(히 12:2).

(3) 너희 전에 있던 선지자들도 이같이 박해하였느니라(12절). "그들은 탁월함에 있어서 너희보다 앞서며, 너희들이 현재 도달해 있는 것보다 더 높은 차원에 있었고, 그들은 시간적으로 너희 전에 있어서 너희에게 고난과 오래 참음의 본이 되는 것이다(약 5:10). 그들도 비슷하게 박해와 욕을 당하였으니, 너희 혼자만 다른 방식으로 하늘에 가기를 바랄 수 있느냐? 경계에 경계를 더한 것 때문에 이사야가 조롱을 받지 않았던가? 대머리 때문에 엘리사가 조롱을 받지 않았더냐? 모든 선지자들이 다 그렇게 대접받지 않았던가? 그러므로 그것을 이상히 여겨 놀라지 말고, 어려운 일로 여겨 투정하지 말라. 고난의 길을 매맞는 길로 바라보는 것은 크나큰 위로요, 그런 지도자들을 따르는 것이야말로 존귀한 일이다. 그들을 이끌어 고난을 당하도록 인도한 그 은혜가 그들에게 족하였다면, 너희에게도 부족함이 없으리라. 너희를 대적하는 원수들은 그 옛날 주의 사자들을 조롱한 자들의 후손이요 후계자들이다"(23:31; 대하 36:16; 행 7:52).

(4) 그러므로 기뻐하고 즐거워하라(12절). 이런 고난을 마치 일상적인 어려움을 당하듯 인내로 견디며 자족하며 불평하지 않는 것만으로는 안 되고, 기뻐해야 한다. 그리스도를 위하여 당하는 고난의 존귀와 위엄과 즐거움과 유익이 그로 말미암아 겪는 고통이나 부끄러움보다 훨씬 더하기 때문이다. 우리의 고난을 자랑해야 한다는 뜻이 아니다(이는 모든 것을 망치는 일이다). 오히려 바울처럼(고후 12:10) 고난 가운데서 즐거워해야 한다는 뜻이다. 그리스도께서 이 일에서 우리보다 앞서 가시며 그가 우리를 그냥 내버려 두지 않으실 것을 잘 알기 때문이다(벧전 4:12, 13).

[13]너희는 세상의 소금이니 소금이 만일 그 맛을 잃으면 무엇으로 짜게 하리요 후에는 아무 쓸 데 없어 다만 밖에 버려져 사람에게 밟힐 뿐이니라 [14]너희는 세상의 빛

이라 산 위에 있는 동네가 숨겨지지 못할 것이요 ¹⁵사람이 등불을 켜서 말 아래에 두지 아니하고 등경 위에 두나니 이러므로 집 안 모든 사람에게 비치느니라 ¹⁶이같이 너희 빛이 사람 앞에 비치게 하여 그들로 너희 착한 행실을 보고 하늘에 계신 너희 아버지께 영광을 돌리게 하라

그리스도께서는 얼마 전 제자들을 부르시고 그들이 사람을 낚는 어부가 되어야 할 것이라고 말씀하셨는데, 여기서는 그들을 세상의 소금이요 세상의 빛으로 삼으시려는 자신의 의도를 더 상세히 밝히시면서, 이미 그들이 그런 상태에 있을 수 있다는 것을 말씀하신다.

I. 너희는 세상의 소금이니(13절). 이 말씀은 고난 가운데 있는 그들에게 격려와 뒷받침을 주었을 것이다. 그들이 비록 멸시를 당하여야 하나, 그들은 과연 세상에게 복이 되게 될 것이고, 특히 이렇게 고난을 당함으로써 더욱더 그러할 것이기 때문이다. 그들보다 앞서 간 선지자들은 가나안 땅의 소금이었다. 그러나 사도들은 온 땅의 소금이었다. 그들은 온 세상으로 나아가 복음을 전해야 할 것이기 때문이다. 그들에게는 그들의 숫자가 그렇게 적고 그렇게 연약하다는 것이 실망의 요인이었다. 온 땅이 그렇게 넓고 광활한데 그렇게 적고 연약한 무리가 무엇을 할 수 있겠는가? 검과 무기의 힘으로 하려 하면, 아무것도 할 수 없다. 그러나 소금이 되어 조용히 일하면, 한 움큼의 소금이 멀리까지 폭넓게 영향을 미칠 것이요, 누룩처럼 강력하고도 도저히 저항할 수 없는 방식으로 역사하게 될 것이다(13:33). 복음의 가르침은 소금과 같아서, 살아 있고 활력이 있어서 깊이 침투하며(히 4:12), 마음을 찌른다(행 2:37). 그것은 정결케 하며, 새롭게 하며, 썩지 않도록 보존시키는 힘이 있다. 성경은 그리스도를 아는 냄새(고후 2:14)에 대해 말씀하는데, 이것이 없이는 다른 모든 지식이 싱거운 것이 되고 만다. 영원한 언약을 가리켜 소금 언약이라 부르며(민 18:19), 복음은 영원한 복음이다. 모든 희생 제사에서 소금이 사용되었고(레 2:13), 또한 에스겔의 신비한 성전에서도 사용된다(겔 43:24). 이제 복음의 도리를 스스로 배웠고 또한 그것을 다른 이들에게 가르치는 직무를 부여받은 그리스도의 제자들은 소금과 같은 존재들이다. 주목하라. 그리스도인들은, 그리고 특히 사역자들은 세상의 소금이다.

1. 그들이 마땅히 되어야 할 바대로 되면, 좋은 소금처럼 하얗고 작으며 가루

로 빨아지지만, 매우 유용하고 필수적인 존재가 된다. 플리니우스(Pliny)는 이렇게 말하고 있다: Sine sale, vita humana non potest degere, 즉 소금이 없다면 인간이 삶을 지탱할 수가 없다. 여기서 다음과 같은 점들을 보라. (1) 그들 자신이 복음으로, 은혜의 소금으로 절어 있어야 한다. 그들의 생각과 감정과 말과 행실이 모두 은혜에 젖어 있어야 한다(골 4:6). 너희 속에 소금을 두라(막 9:50), 그리하지 않으면 다른 이들에게 그것을 나누어줄 수 없다. (2) 그들 자신이 선해야 함은 물론 다른 이들에게 선을 행하여야 하며, 사람들의 마음에 자기 자신을 심어주어야 한다. 그러나 이는 그들 자신의 세속적인 관심사를 위해서가 아니라 그들을 변화시켜 복음의 맛과 향을 내도록 만들기 위함이다. (3) 그들이 세상에 큰 복이 된다. 인류는 무지와 악에 젖어 있어서 마치 곧바로 썩어질 무미건조한 덩어리와도 같다. 그런데 그리스도께서는 제자들을 보내사 그들의 삶과 가르침을 통하여 지식과 은혜로 세상에 맛을 불어넣게 하사 하나님께 합당하게 되게 하신 것이다. (4) 그들은 스스로 세상 속으로 퍼져 들어가야 한다. 그들은 덩어리에 붙어 있어서도 안 되고, 계속해서 예루살렘에 함께 머물러 있어도 안 된다. 흩어져 소금이 되어 고기 속으로 들어가야 하며, 여기에 조금, 저기에 조금 흩어져야 한다. 레위인들이 이스라엘 전역에 흩어져서, 각자 사는 곳에서 그 냄새를 풍기듯이 그렇게 해야 한다. 어떤 이들은 말하기를, 어리석게도 소금이 우리에게 떨어지는 것을 나쁜 징조라고 여기지만 소금이 우리에게서 먼 것이야말로 나쁜 징조라고 하였다.

2. 만일 그들이 그렇지 못하면, 그것은 마치 소금이 그 맛을 잃는 것과도 같다. 여러분이 다른 이들에게 맛을 주어야 하는데, 여러분 자신이 무미건조하고, 영적 생명과 냄새와 활력이 없다면, 그리스도인이 그렇다면, 특히 사역자가 그렇다면, 그것이야말로 지극히 안타까운 일이다. 왜냐하면 (1) 그런 사람은 돌이킬 수 없기 때문이다. 무엇으로 짜게 하리요? 소금은 싱거운 고기를 짜게 하는 것이다. 그러니 짠 맛이 없는 소금은 전혀 소용이 없다. 기독교는 사람에게 맛을 준다. 그런데 사람이 그것을 취하여 계속해서 입으로 그것을 고백하면서도 여전히 무지하고 어리석으며 싱거우며 무미건조하다면, 그 어떠한 다른 가르침으로도, 그 어떠한 수단으로도 그 사람을 짠 맛을 갖게 만들 수가 없다. 기독교가 그 역할을 하지 못하면 아무것도 그렇게 할 수가 없는 것이다. (2) 그런 사람은 무익하기 때문이다. 후에는 아무 쓸 데 없어. 선을 끼치기는커녕 오히려 해를 끼

치니 무슨 소용이 있겠는가? 이성이 없는 사람이 무익하듯이, 은혜가 없는 그리스도인도 무익하다. 사악한 사람은 피조물 가운데 최악이며, 사악한 그리스도인은 사람 가운데 최악이며, 사악한 사역자는 그리스도인 가운데 최악이다. (3) 그런 자는 결국 멸망과 배척을 당하게 되어 있다. 밖에 버려져 ― 교회와 신실한 자들의 회중에서 내어쫓길 것이다. 그들에게 오점이요 흠이기 때문이다. 또한 그런 자는 사람에게 밟힐 뿐이니라. 하나님을 욕되게 하고 스스로 밟히는 것 외에는 아무 데도 쓸 데 없이 되어 버린 자들이 부끄러움과 내어 쫓김을 당할 때에, 하나님께서 영광을 받으시는 것이다.

Ⅱ. 너희는 세상의 빛이라(14절).   이 말씀 역시 그들의 유익함을 드러내지만 (Sole et sale nihil utilius ― 태양과 소금보다 더 유익한 것은 없다), 앞의 말씀보다는 더 영광스럽다. 모든 그리스도인들은 주 안에서 빛이며(엡 5:8), 또한 빛들로 나타내야 한다(빌 2:15). 그러나 특히 사역자들은 더욱더 그래야 한다. 그리스도께서도 자기 자신을 세상의 빛이라 부르시니(요 8:12), 그리스도인들은 그와 함께 일하는 일꾼들이며, 그의 존귀의 일부를 덧입은 것이다. 진실로 빛은 좋은 것이요 환영할 만한 것이다. 세상 첫 날의 빛이 어둠을 몰아냈을 때에도 그러했고, 날마다 오는 아침 빛도 그러하다. 복음도, 또한 복음을 전파하는 자들 역시 사람들에게 그와 같다. 세상이 어둠 속에 있으며, 그리스도께서는 제자들을 일으켜 그 속에서 빛을 밝히게 하셨다. 그런데 그들이 그렇게 하기 위해서는 그에게서 빛을 빌려와야 하는 것이다.

은유법을 사용한 이 말씀이 다음 두 가지로 설명된다:

1. 그들은 세상의 빛으로서 빛을 드러내는 눈에 띄는 존재들이요, 많은 눈들이 그들을 주시하고 있다. 산 위에 있는 동네가 숨겨지지 못할 것이요. 그리스도의 제자들은, 특히 그 중에서도 앞서서 열심히 섬기는 자들은, 눈에 띄게 되고, 등대처럼 주목을 받게 된다. 그들은 징조를 위한 자들이요(사 7:14), 예표의 사람들이어서(슥 3:8) 이웃의 모든 사람들의 주목을 받는다. 어떤 이들은 그들을 흠모하며, 좋게 여기며, 기뻐하고, 그들을 본받기를 힘쓰나, 또 어떤 이들은 그들을 시기하고 미워하고 배척하고 헐뜯기도 한다. 그러므로 그들은 조심하여 행한다. 그들을 주시하는 자들이 있기 때문이다. 그들은 세상의 주목거리들이므로 나쁘게 보이지 않도록 매사에 조심해야 한다. 그만큼 그들이 세상의 주목을 받기 때문이다. 그리스도의 제자들은 그에게 부르심을 받기 전에는 희미한 존재

들이었으나, 그가 그들에게 더하신 성품으로 인하여 그들이 존귀한 자들이 되었고, 복음을 전하는 자들로서 세상에 두드러지는 인물들이 된다. 그러므로 어떤 이들에게는 욕을 받으나, 어떤 이들에게는 존경을 받으며, 보좌에로 올려져 다스리는 자가 된다(눅 22:30). 그리스도께서는 그를 존귀하게 하는 자들에게 존귀를 주시기 때문이다.

2. 그들은 **세상의 빛**으로서 다른 사람들에게 빛을 주어 밝게 하는 임무를 지니고 있다(15절). 그러므로 (1) 그들은 빛들로 세워질 것이다. 그리스도께서 이 등불들을 밝히셨으니, 그들이 말 아래에 있게 되지 않을 것이며, 지금처럼 갈릴리의 동네들에 숨어 있거나 이스라엘의 잃어버린 양 떼 가운데서만 있지 않고, 온 세상을 향하여 보내심을 받게 될 것이다. 교회는 등불로 주위에 밝히는 금촛대이며, 복음은 너무도 강한 빛이요 또한 너무도 확실한 증거를 지니고 있어서, 산 위에 있는 동네가 숨겨지지 못하는 것처럼 숨겨질 수가 없고, 고의로 복음에 대해 눈을 감아버리는 자들 이외에는 모든 사람에게 그것이 하나님께로부터 온 것이라는 사실이 드러날 수밖에 없다. 그 빛은 집 안 모든 **사람**에게, 그것이 있는 곳으로 가까이 나아오는 모든 자들에게, **비치느니라**. 그 빛이 비치지 않는 자들은 스스로 감사해야 할 것이다. 그들은 빛이 있는 집 안에 있지 않을 것이요, 그 빛을 부지런히 찾아다니지도 않을 것이요, 그 빛을 반대하는 법이다. (2) 그들은 빛을 사람 앞에 비치게 해야 한다. [1] 그들의 선한 가르침을 통하여. 다른 이들에게 그들이 지닌 지식을 전하여 그들에게 유익을 끼쳐야 한다. 빛을 말 아래에 두지 말고, 비치게 해야 한다. 달란트를 수건에 싸서 파묻지 말고, 그것으로 장사하여 이문을 남겨야 하는 것이다. 그리스도의 제자들은 계획이나 자기 보호 등을 핑계로 자신의 은사들을 사사로이 파묻어 버려서는 안 되고, 은사를 받은 대로 사용해야 하는 것이다(눅 12:3). [2] 그들의 선한 삶을 통하여. 그들은 켜서 비추이는 등불이어야 하며(요 5:35), 그들의 품행으로 그들이 그리스도를 따르는 자들이라는 증거를 드러내 보여야 한다(약 3:13). 다른 사람들에게 교훈과 지도와 새롭게 함과 위로를 주는 자들이어야 한다(욥 29:11).

여기서 살펴볼 것은, 첫째로, 어떻게 우리의 빛을 비추어야 하는가 하는 것이다. 곧, 사람들이 우리의 착한 행실을 보고 그것을 인정하게 하는 것이다. 그들이 우리에게서 드러나는 행실을 보고 좋은 생각을 갖게 되면, 기독교에 대해서도 좋게 생각하게 될 것이다. 선행을 행하되, 다른 사람들에게 우리 자신을 뽐내기 위해서가 아니라, 다른 사람들에게 덕을 끼치기 위하여 해야 한다. 우리는 은밀한 중에 기도해야 하며, 하나님과 우리 영혼 사이의 문제들은 겉으로 드러내지 말고 속으로 지켜야 한다. 그러나 본질적으로 사람들의 눈에 드러나는 문제들에 대해서는 입으로 하는 말과 행실이 일치하도록 주의하여 칭찬을 받도록 해야 한다(빌 4:8). 우리 주위의 사람들이 우리의 좋은 말을 들어야 하는 것은 물론, 우리의 착한 행실을 보아야 하며, 또한 그리하여 우리의 신앙이 그저 이름뿐인 것만이 아니며, 또한 우리가 신앙을 말로만 보이는 것이 아니라 진실로 그 능력 아래 거한다는 것을 깨닫도록 해야 하는 것이다.

둘째로, 무슨 목적을 위하여 우리의 빛을 비추어야 하는가 하는 것이다. 그들로 너희 착한 행실을 보고, 너희에게가 아니라(바리새인들이 이를 목표로 삼았고, 그리하여 그들의 모든 선행을 망가뜨려 버렸다) 하늘에 계신 너희 아버지께 영광을 돌리게 하라. 주목하라. 하나님께 영광을 돌리는 것이야말로 우리가 신앙적으로 행하는 모든 일에서 목표가 되어야 할 것이다(벧전 4:11). 이것이 우리의 모든 행실의 중심이 되어야 한다. 우리 스스로 하나님께 영광을 돌리기 위해 열심을 기울여야 하지만, 동시에 다른 사람들이 그에게 영광을 돌리게 하기 위해서도 최선을 다해야 하는 것이다. 그들이 우리의 착한 행실을 보면 그렇게 하게 된다. 그 이유는, 1. 그것이 칭찬의 기회를 주기 때문이다. "그들로 너희 착한 행실을 보고, 하나님의 은혜의 능력이 너희에게 있는 것을 보며, 그것에 대해 하나님께 감사하고 또한 사람에게 그런 능력을 주신 하나님께 영광을 돌리게 하라." 2. 경건의 동기를 주기 때문이다. "그들로 너희 착한 행실을 보고, 기독교 신앙의 참됨과 탁월함에 대해 납득하게 되고, 거룩한 경쟁심이 발휘되어 너희의 착한 행실을 모방하게 되어 결국 하나님께 영광을 돌리게 하라." 주목하라. 성도들의 거룩하고 규칙적이며 모범적인 행실이 죄인을 회심하게 하는 데에 크게 기여할 수도 있다. 신앙을 전혀 접하지 못했던 자들이 이렇게 해서 신앙이 무엇인지를 알게 될 수도 있다. 모범이 가르치는 것이다. 신앙에 대해 그릇된 편견을 가진 자들이 이로써 신앙을 갖고 사랑하게 될 수도 있다. 그러므로 경건한 행실에는 영혼을 얻는 덕이 있는 것이다.

[17]내가 율법이나 선지자를 폐하러 온 줄로 생각하지 말라 폐하러 온 것이 아니요 완전하게 하려 함이라 [18]진실로 너희에게 이르노니 천지가 없어지기 전에는 율법의

일점 일획도 결코 없어지지 아니하고 다 이루리라 [19]그러므로 누구든지 이 계명 중의 지극히 작은 것 하나라도 버리고 또 그같이 사람을 가르치는 자는 천국에서 지극히 작다 일컬음을 받을 것이요 누구든지 이를 행하며 가르치는 자는 천국에서 크다 일컬음을 받으리라 [20]내가 너희에게 이르노니 너희 의가 서기관과 바리새인보다 더 낫지 못하면 결코 천국에 들어가지 못하리라

그리스도께서 제자들에게 전하신 이 말씀을 통하여 유익을 얻게 될 자들은 그 심령 속에 다음과 같은 것에 대한 안목을 갖고 있는 자들이었다: 1. 그들의 규범이 되는 구약 성경에 대해. 그리스도께서는 그것이 올바르다는 것을 그들에게 여기서 보여주신다. 2. 그들의 모범이 되는 서기관과 바리새인들. 그리스도께서는 그들이 그릇되다는 것을 여기서 보여주신다.

I. 그리스도께서 세우고자 오신 그 규범이 여기서 율법과 선지자라 불리는 구약 성경과 정확히 일치하기 때문이다. 선지자는 율법의 해명자들이었고, 이 둘 모두가 그리스도께서 유대인 교회 안에서 보좌 위에 세우신 바 믿음과 실천의 규범을 이루는 것이었다.

1. 그는 구약 성경을 무시하고 약화시키는 사고를 배격하신다: 내가 율법이나 선지자를 폐하러 온 줄로 생각하지 말라. "율법과 선지자에 대해 각별한 애정을 갖고 있는 경건한 유대인들은 내가 그것들을 폐하러 왔는가 하여 두려워할 필요가 없다." 그리스도께서 세우러 오신 그 나라가, 그들이 하나님께로부터 왔다고 믿고 있고 또한 그 순결함과 능력을 체험해 온 바 성경의 존귀함을 망가뜨릴 것이라 생각하여, 그리스도와 그의 가르침을 대적하는 일이 없도록 하라. 아니, 그리스도께서는 율법과 선지자에 대해 결코 무시할 의도가 없다는 것을 알고 만족하도록 하라. "율법과 선지자를 중요히 여기지 않고 그것이 주는 멍에를 지겨워하는 세속적인 유대인들은, 혹시 내가 그것들을 폐하러 온 것은 아닐까 하는 희망을 갖지 말라." 속된 방종자들은 메시야가 오신 것이 신적인 강령과 의무에서 그들을 놓임받게 하고 그들에게 하나님의 약속들을 보장하고 그들을 행복하게 하고 자기들 마음대로 살아도 괜찮게 하기 위함이라고 상상하지 말라. 그리스도께서는 자연법이나 도덕법이 금한 것을 명령하지도, 율법이 명령하는 것을 금지하지도 않으신다. 그가 그렇게 하신다고 생각하는 것은 큰 잘못이다. 그리스도께서는 여기서 그런 오류를 바로 잡으시는 것이다: 내가

율법이나 선지자를 폐하러 온 줄로 생각하지 말라. 영혼의 구주는 마귀의 일 이외에는 아무것도 폐하지 않으시며, 하나님께로부터 온 것이나, 모세와 선지자들에게서 온 그 탁월한 명령들은 하나도 폐하지 않으신다. 아니, 그는 그것들을 완전하게 하셨다. 즉 (1) 율법의 계명들에 복종하셨다. 그는 율법 아래에 나셨기 때문이다(갈 4:4). 그는 모든 점에서 율법에 굴복하셨고, 그의 부모들을 존귀히 여기셨고, 안식일을 성수하셨고, 기도하셨고, 구제하셨고, 다른 어느 누구도 행하지 못한 일을 행하셨고, 완전히 순종하셨고, 어떤 점에서도 율법을 어기신 일이 없었다. (2) 그를 증거해 주는 율법의 약속들과 선지자들의 예언들을 이루셨다. 은혜 언약은 본질적으로 그 때에나 지금이나 동일하며, 그리스도께서는 은혜 언약의 중보자이시다. (3) 율법의 모형들을 성취하고, 그리하여 (틸롯슨 주교의 말처럼) 그것을 헛되게 하지 않고 의식법을 성취하고, 그가 친히 그 모든 것이 그림자로 보여주는 그 본질이심을 드러내셨다. (4) 그 부족한 것들을 채워서 그것을 완전하게 하셨다. 그리하여 헬라어 플레로사이의 의미가 충실하게 실현되었다. 율법을 속에 물이 들어 있는 그릇으로 생각하면, 그리스도께서 오신 것은 그 물을 부어버리기 위해서가 아니라 그릇 가득 그 물을 채우시기 위함이었다. 혹은, 이를테면, 그리스도께서는 대략 윤곽만 그려 놓아서 대략적인 구도만을 보여주는 그림을 후에 완전히 다 채워넣으신 것이라 하겠다. 그리스도께서는 이렇게 해서 그의 해명과 천언을 통하여 율법과 선지자를 개선하신 것이다. (5) 동일한 계획을 수행하셨다. 기독교의 제도들은 유대교의 주요 계획이던 것을 무너뜨리고 뒤집는 것이 아니라, 오히려 그것을 최고의 경지에까지 나아가게 하는 것이다. 복음은 개혁할 때이다(히 9:10). 율법을 폐하는 것이 아니라, 수정하는 것이요, 결국 그것을 세우는 것이다.

2. 그는 구약 성경의 항구성(恒久性)을 말씀하신다. 자신이 그것을 폐할 계획이 없으신 것은 물론, 그것이 절대로 폐하여지지 않을 것을 말씀하시는 것이다: "진실로 너희에게 이르노니, 아멘이요 충성되고 참된 증인(계 3:14)인 내가 엄숙히 선언하노니, 천지가 없어지기 전에는, 시간이 다하여 불변하는 보상의 상태가 모든 율법을 대체할 때가 되기 전에는, 율법의 일점 일획도, 율법의 가장 미세한 세부적인 사항도, 결코 없어지지 아니하고 다 이루리라"(18절). 하나님께서 섭리와 은혜의 모든 역사를 통하여 행하시는 일이 성경을 성취하시는 것이 아니고 무엇이란 말인가? 하늘과 땅이 하나가 되고 그 모든 충만함이 황폐와 혼란에 싸

일 것이나, 하나님의 말씀은 하나도 땅에 떨어지거나 헛되지 않을 것이다. 율법의 말씀이나 복음의 말씀이나 모두 하나님의 말씀은 영영히 서리라(사 40:8). 관찰하라. 율법에 대한 하나님의 보살피심은 점이나 획같이 지극히 사소하게 보이는 것들에게까지 이른다. 무엇이든 하나님께 속하며 그의 각인이 찍힌 것은 아무리 사소한 것이라도 영원히 보존될 것이다. 사람의 법은 그 자체가 불완전한 것이어서 "법의 극단적인 점들은 법이 아니다"(Apices juris non sunt jura)라는 금언을 허용하지만, 하나님께서는 그의 율법의 일점 일획까지도 그대로 이루시는 것이다.

3. 그는 제자들에게 율법을 보존할 책임을 부여하시며, 그것을 소홀히 하고 멸시할 위험이 있음을 그들에게 보여주신다(19절). 그러므로 누구든지 이 계명 중의 지극히 작은 것 하나라도 버리는 자는(율법의 중요한 문제들은 소홀히 하며, 그렇게 가르치고, 자기들의 전통으로 하나님의 계명을 헛되게 만드는 바리새인들처럼, 참조. 15:3) 천국에서 지극히 작다 일컬음을 받을 것이요. 바리새인들이 스스로 교사들이라고 목소리를 높이나, 그들은 그리스도의 나라에서 교사들이 될 수가 없고, 누구든지 그리스도의 제자들이 하듯 이를 행하며 가르치고 그리하여 자기들이 바리새인보다 더 친한 구약 성경의 친구들임을 스스로 입증해 보이는 자들은, 비록 사람들에게는 멸시를 받을지라도, 천국에서 크다 일컬음을 받으리라. 주목하라. (1) 하나님의 계명 중에 어떤 것들은 다른 것보다 덜 중요한 것도 있으나, 모두가 상대적으로 그럴 뿐 그 어떠한 계명도 절대적으로 사소한 것은 없다. 유대인들은 율법의 가장 작은 계명을 새의 보금자리에 관한 계명(신 22:6, 7)으로 간주하나, 이 계명도 그 의의와 의도는 매우 크고 중요한 것이다. (2) 교리적으로나 실천적으로 하나님의 계명 중 지극히 작은 것을 무효화하고 깨뜨리는 일은, 즉 그 범위를 축소시키거나 그 의무를 약화시키는 일은 위험한 일이다. 누구든지 그렇게 하는 자는 스스로 위험을 초래하는 것이다. 그러므로 십계명 중 어느 하나라도 폐하는 것은 질투의 하나님의 내리치심을 초래하는 대담한 행위이며, 그것은 율법을 범하는 차원을 넘어서 율법을 폐하는 처사다(시 119:126). (3) 그런 부패함을 널리 퍼뜨릴수록 더욱더 악하다. 계명을 저버리는 것도 망령된 처사이나, 사람들에게 그렇게 가르치는 것은 그보다 더 정도가 심한 것이다. 이는 분명, 모세의 자리에 앉아서 자기들의 말로 본문을 왜곡시키고 부패하게 하는 자들을 지칭하는 것이다. 성경에 대한 부패한 해석들로

진지한 경건과 신앙의 필수 요건을 파괴시키는 그런 견해들을 갖는 것도 악하지만, 그것들을 하나님의 말씀으로 선전하고 가르치는 것은 그보다 더 악하다. 그렇게 행하는 자는 천국에서, 영광의 나라에서 지극히 작다 일컬음을 받을 것이요, 그런 자는 결코 그리로 들어가지 못하고 영원히 내어쫓긴 상태에 있게 될 것이다. 그러니 차라리 복음-교회의 나라에서 그렇게 일컬음을 받을 것이라고 보아야 할 것이다. 그런 자는 천국에 속한 교사의 위엄에 해당될 자격이 없고, 그 나라의 일원으로 여김받을 자격도 없을 것이다. 이런 거짓말을 가르치는 선지자는 그 나라에서 꼬리가 될 것이다(사 9:15). 진리가 그 증거 속에서 드러날 때가 이르면, 그런 부패한 교사들은, 아무리 바리새인들처럼 떠든다 할지라도, 지혜자와 선인(善人)들과 함께할 수가 없게 될 것이다. 율법을 부패하게 만드는 것만큼 사역자들을 비열하고 가증된 자로 만드는 것은 없다(말 2:8, 11). 죄를 가볍게 여기고 부추기며, 또한 철저한 신앙과 진지한 헌신을 조롱하고 멸시하는 자들은 교회의 찌꺼기들이다. 그러나 반대로, 삶과 교리를 통해서 스스로 실천적 신앙의 순결과 철저함을 증진시키며 선한 것을 가르치고 또한 행하는 자들은 참으로 존귀한 자들이요 그리스도의 교회에서 크다 일컬음을 받을 자들이다. 바른 교리를 가르치면서도 스스로 행하지 않는 자는 한 손으로 세우는 것을 다른 손으로 끌어내리는 자요, 스스로 거짓말을 하는 자들이요, 사람들로 하여금 모든 신앙이 환상에 불과하다고 생가하도록 유혹하는 자들이다. 그러나 체험에 우러나와서 말씀하며, 자신들의 가르침대로 생활하는 자들은 하나님을 존귀하게 하는 자들이요, 따라서 하나님께서도 그들을 존귀하게 하실 것이요(삼상 2:30), 후에는 자기 아버지의 나라에서 해와 같이 빛나리라(13:43).

II. **그리스도께서 오셔서 이 규범을 통해서 세우고자 하신 의는 서기관과 바리새인들의 의보다 더 나은 것이다**(20절). 서기관과 바리새인들을 신앙의 최고의 경지에 도달한 자들로 바라보던 자들에게는 이것이 이상한 가르침이었다. 서기관들은 가장 주목받는 율법의 교사들이었고, 바리새인들은 가장 추앙받는 율법 주창자들이었고, 그들 모두 모세의 자리에 앉아 있었으며(23:2) 따라서 백성들 사이에서 율법을 가장 철저하게 지키는 자들로 간주되었으며, 백성들은 감히 자기들이 그들보다 낫다고 생각할 수가 없었다. 그러니 자기들이 그들보다 더 나아야만 천국에 들어가리라는 말이, 그들에게는 깜짝 놀랄 만한 진술이었을 것이다. 그리하여 그리스도께서는 여기서 내가 너희에게 이르노니라고 하심으로써 그 진술의 엄숙함을 공언하신다. 과연 그렇다. 서기관과 바리새인들은 그리스도와 그의 가르침의 원수들이었고, 크나큰 반대자들이었으나, 그들에게 무언가 칭찬할 만한 점이 있었다는 것을 알아야 한다. 그들은 금식과 기도와 구제에 열심이었으며, 의식적인 법규들을 준수하는 데에 철저했고, 다른 이들을 가르치는 일을 자기들의 의무로 삼았고, 백성들을 돌보는 일에 큰 관심을 가졌으므로, 두 사람이 천국에 들어가면 그 중 하나는 바리새인일 것이라고 생각할 정도였다. 그러나 우리 주 예수께서는 여기서 제자들에게 그가 오셔서 세우고자 하신 그 신앙은 서기관과 바리새인들의 나쁜 점이 제외된 것임은 물론 그들의 좋은 점도 능가하는 것이라고 말씀하신다. 우리는 그들보다 더 많이 행해야 하고, 그들보다 더 낫게 행해야 한다. 그렇지 않으면 천국에 들어갈 수가 없다. 그들은 율법을 지키되 편중적이어서 율법의 의식적인 부분을 가장 크게 강조하였다. 그러나 우리는 그 점에서 보편적이어야 한다. 제사장에게 십일조를 드리는 것만으로는 안 된다. 하나님께 우리의 마음을 드려야 하는 것이다. 그들은 오로지 외면적인 것만을 중요시했으나, 우리는 내면적인 경건에 관심을 가져야 한다. 그들은 사람의 칭찬과 박수를 목표로 삼았으나 우리는 하나님께서 받으시는 것에 목표를 두어야 한다. 그들은 자기들이 행하는 신앙적 행위들을 자랑했고 그것을 의(義)로 여겼으나, 우리는 그 모든 일들을 행한 후에 우리 자신을 부인하고, 우리는 무익한 종이니이다라고 말해야 하며, 동시에 오로지 그리스도의 의만을 의지해야 한다. 이렇게 하면 우리가 서기관과 바리새인보다 낫게 될 수 있을 것이다.

[21]옛 사람에게 말한 바 살인하지 말라 누구든지 살인하면 심판을 받게 되리라 하였다는 것을 너희가 들었으나 [22]나는 너희에게 이르노니 형제에게 노하는 자마다 심판을 받게 되고 형제를 대하여 라가라 하는 자는 공회에 잡혀가게 되고 미련한 놈이라 하는 자는 지옥 불에 들어가게 되리라 [23]그러므로 예물을 제단에 드리려다가 거기서 네 형제에게 원망들을 만한 일이 있는 것이 생각나거든 [24]예물을 제단 앞에 두고 먼저 가서 형제와 화목하고 그 후에 와서 예물을 드리라 [25]너를 고발하는 자와 함께 길에 있을 때에 급히 사화하라 그 고발하는 자가 너를 재판관에게 내어주고 재판관이 옥리에게 내어주고 옥에 가둘까 염려하라 [26]진실로 네게 이르노니 네가 한 푼이라도 남김이 없이 다 갚기 전에는 결코 거기서 나오지 못하리라

그리스도께서는 모세와 선지자들이 아직도 그들을 다스리나 서기관과 바리새인들은 그들을 다스리는 자들이 아니라는 점을 이 원리들을 통하여 제시하신 후, 계속해서 구체적인 몇 가지 실례를 들어서 율법을 해명하시며, 그 그릇된 해석자들이 갖다 붙인 부패한 설명들의 오류를 지적하시고 율법을 바로 세우신다. 그는 새로운 것을 첨가시키지 않으시고, 다만 과거에 남용되었던 몇 가지 허용되는 것들을 제한하시며, 또한 계명들에 대해서는 설명해 주는 말씀들을 덧붙이사 의미를 더 분명하게 하시고 또한 그것들에 대해 온전히 순종하도록 하심으로써 그 넓이와 철저함과 영적인 본질을 보여주신다. 이 본문에서 그는 제육계명의 율법을 설명하시되 그 참된 의도와 그 충만한 적용 범위를 제시하신다.

Ⅰ. 계명 그 자체를 제시하신다(21절).   너희가 들었고 기억하고 있다. 그는 율법을 아는 자들에게, 안식일마다 회당에서 모세를 읽어온 자들에게 말씀하신다. 그가 그 말씀을 했다는 것을 너희가 들었으나, 혹은 난외주에 있듯이(한글개역개정판의 본문이 이를 따른다: 역자주) 옛 사람에게, 즉 너희 조상 유대인들에게 말한 바 살인하지 말라 … 하였다는 것을 너희가 들었으나. 주목하라. 하나님의 율법은 새로이 주어진 것이 아니라 옛적부터 사람들에게 전해진 것이다. 그것은 고대의 법이요, 절대로 낡아지지 않고 폐기되지 않는 그런 본질을 지닌 법이다. 도덕법은 본성의 법과 또한 선과 악을 기늠히는 영원한 법칙과 일치한다. 곧, 영원한 마음의 정의와 일치하는 것이다. 살인이 여기서 금지되고 있다. 직접적으로나 간접적으로나 우리 자신을 죽이는 것이나, 다른 어느 누구를 죽이는 것이나, 혹은 어떤 식으로든 그것을 방조하는 것이 금지되고 있는 것이다. 생명의 하나님이신 그 하나님의 율법이 우리의 생명을 보호하는 울타리가 되고 있다. 이것은 노아를 통하여 주신 계명 가운데 하나였다(창 9:5, 6).

Ⅱ. 유대인 교사들이 스스로 제시한 이 계명에 대한 해설이 제시된다.   그들의 해설은, 누구든지 살인하면 심판을 받게 되리라는 것이었다. 그들이 이 계명에 대해 말한 내용은 사악한 살인자들이 정의의 검을 받게 되며, 우연히 살인을 저지른 자들은 도피성의 재판을 받게 된다는 것이 전부였다. 주요 도시의 성문에서 재판정이 열렸는데, 대개의 경우 재판관들은 그 수가 23명이었고, 이들이 살인자들을 재판하고 정죄하고 형을 집행하였으므로, 누구든지 살인한 자는 그들의 재판을 받게 되어 있다는 것이다. 그런데 이 계명에 대한 그들의 이러한

설명은 그릇된 것이었다. 왜냐하면 그런 설명에는 다음과 같은 의미가 개입되기 때문이었다: 1. 제육계명의 율법이 오로지 외형적인 뜻이요, 살인 행위만을 금지하는 것이요, 싸움과 갈등을 불러일으키는 원인이 되는 내적인 욕망을 억제하는 것과는 아무런 관계가 없다는 것. 이것은 그야말로 유대인 교사들의 근본적인 오류다. 하나님의 율법이 죄악된 생각은 다루지 않고 오로지 죄악된 행위만을 금한다고 가르치기 때문이다. 그들은 율법의 문자에 안주하였고, 그 영적인 의미에 대해서는 전혀 관심갖지 않았다. 바울도 바리새인일 당시에는 그랬다. 그러나 하나님께서 은혜를 베푸사 제십계명의 열쇠를 깨닫게 하시고, 그리하여 다른 모든 계명의 영적인 본질을 이해하게 하실 때에야 비로소 그 의미를 바로 깨달았던 것이다(롬 7:7, 14). 2. 그들의 또 한 가지 오류는 이 율법이 그저 정치적이며 시민법적인 것으로 그들 사이의 재판을 위한 하나의 지침으로 주어진 것이요 그 이상 아무것도 아니라고 보았다는 것이다. 그들은 마치 그들이 이 율법의 유일한 대상자들이요, 그들이 죽으면 그 율법의 지혜도 함께 죽고 마는 것처럼 여긴 것이다.

Ⅲ. 그리스도께서 이 계명에 대해 올바른 해설을 제시하신다. 그의 해설에 따라서 우리 자신이 이 계명의 판단을 받아야 하며, 그렇게 이 계명의 다스림을 받아야 한다. 계명은 아주 폭넓게 적용되며, 육신의 뜻으로나 사람의 뜻으로 제한을 받아서는 안 되는 것이다.

1. 그리스도께서는 격한 분노가 마음으로 하는 살인임을 말씀하신다: 형제에게 노하는 자마다 제육계명을 범하는 것이다(22절). 형제란 여기서 모든 사람을 다 포괄하는 것으로 이해해야 한다. 우리보다 낮은 어린아이나 종도 다 여기에 포함된다. 우리 모두가 한 피에 속하기 때문이다. 노(怒)는 본성적인 격한 감정이다. 그것이 정당하며 칭찬할 만한 경우도 있다. 그러나 정당한 이유가 없이 노한다면 그것은 죄악된 것이다. 헬라어로는 에이케인데, 이는 이유가 없이, 선한 결과가 없이, 절제가 없이(sine causa, sine effectu, et sine modo) 이루어진다는 뜻을 나타낸다. 그러므로 다음과 같은 경우에는 노하는 것이 죄악된 것이다: (1) 정당한 원인이 제공되지 않았거나, 건전한 원인, 혹은 적절하고도 큰 원인이 없는 상태에서 노하는 경우. 어린아이들이나 하인들이 잊었거나 혹은 잘못 실수하여 어쩔 수 없이 저지른 일에 대해 화를 낼 경우에는 우리가 죄를 짓게 되기가 쉽다. 우리 자신이 똑같은 일을 저질렀다면 그렇게 화를 내지 않았을 것이

다. 근거 없이 추측만 갖고 화를 내는 경우나, 논할 가치가 없는 사소한 일에 대해 화를 내는 경우도 이에 해당한다. (2) 선한 목적이 없이 그저 우리의 권위를 세우며, 동물적인 격정을 만족시키고, 사람들로 하여금 우리의 분노를 알게 하고, 또한 우리 스스로 복수심을 고조시키기 위해서 노를 발하는 경우. 그것은 헛된 것이요 상처를 줄 뿐이다. 반면에 어느 때든 우리가 노를 발할 경우에는 반드시 범죄자를 일깨워 회개케 하며 다시는 같은 일을 저지르지 않게 하며, 또한 우리 스스로를 깨끗하게 하며(고후 7:11) 다른 이들에게 경계를 삼게 하기 위한 것이어야 한다. (3) 정당한 한계를 넘는 경우. 화가 머리끝까지 나서 격렬하게 이성을 잃고 노를 발하며 감정을 분출하여 상대방에게 상처를 입히기를 추구하는 경우. 이것은 제육계명을 어기는 것이다. 왜냐하면 그렇게 노하는 자는 할 수 있으면 살인이라도 할 것이고, 살인을 향하여 첫 발걸음을 내디딘 것이기 때문이다. 가인이 그 동생을 죽인 일은 노에서 시작되었다. 노를 발하는 자는 하나님 앞에서는 살인자다. 하나님은 그 사람의 마음을 아시며, 살인이 바로 거기에서 나오는 것이다(15:19).

2. 그가 형제에게 무례한 욕을 하는 것은, 그를 가리켜 **라가라** 하고 **미련한 놈**이라 하는 것은, 바로 혀로 살인하는 것임을 말씀하신다. 다른 사람들에게 그들의 허영과 어리석음을 납득하게 하기 위한 선한 목적을 갖고서 부드럽게 이런 말을 한다면, 그것은 죄악된 것이 아니다. 야고보도 아아 허탄한 사람아라고 말하며(약 2:20), 바울도 어리석은 자여라고 말하며(고전 15:36), 그리스도께서도 친히 미련하고 마음에 더디 믿는 자들이여라고 말씀하신다(눅 24:25). 그러나 속에서 치미는 화와 악의로 그렇게 하는 것이면, 그것은 지옥으로부터 불타오르는 불의 연기이며, 따라서 그것과 동일한 성격을 띠는 것이 된다. (1) 라가는 욕설이요, 교만에서 비롯되는 것으로 "속이 빈 친구야!"라는 뜻이다. 이것이 바로 솔로몬이 교만한 진노라 부르는 그런 언어요(잠 21:24. 한글 개역개정판은 "넘치는 교만"으로 번역함: 역자주), 이것은 우리의 형제를 짓밟는 처사요, 내 양 떼를 지키는 개 중에도 둘 만하지 못한 자들이라고 비웃는 것이다(욥 30:1). 율법을 알지 못하는 이 무리는 저주를 받은 자로다라는 말이 바로 그런 언사다(요 7:49). (2) 미련한 놈은 악의 있는 말이요 미움에서 나오는 것으로, 그 당사자를 존귀하지 않고 하찮은 존재로 보는 것이요, 더러워서 사랑할 대상이 아닌 것으로 바라보는 것이다. "너 사악한 자여, 너 버림받은 자여." 전자는 생각이 없이 사람을 이

야기하는 것이요, 이것(후자)은 (성경적 언어에서는) 은혜가 없이 사람을 이야기하는 것이다. 욕이 당사자의 영적인 상태를 거론할수록 더 나쁜 법이다. 전자는 우리 형제를 교만스럽게 형제를 비웃는 것이요, 이것은 그 사람에 대해 악의를 갖고서 하나님께 버림받은 자로 비난하며 정죄하는 것이다. 이것은 제육계명을 어기는 것이다. 악의 있는 비방과 비난은 은밀하고도 서서히 죽이는 혀 아래 감추어진 독(毒)이요, 독한 말은 갑자기 죽이는 화살과 같고(시 64:3), 혹은 뼈에 검을 꽂는 것과도 같다. 우리 이웃의 선한 명성이 이로 인하여 죽임을 당하게 되며, 따라서 이는 그렇게 할 힘이 있다면 우리 이웃을 쳐서 생명을 앗아가고자 하는 악한 뜻이 우리에게 있다는 하나의 증거인 것이다.

3. 그는 그들이 아무리 이 죄들을 가볍게 여긴다 할지라도, 그들이 분명 보응을 받을 것임을 말씀하신다. 형제에게 노하는 자마다 하나님의 진노와 심판을 받게 되고, 형제를 대하여 라가라 하는 자는 공회에 잡혀가게 되고, 즉 이스라엘 사람을 욕한 죄로 산헤드린에 의해서 벌을 받게 되고, 미련한 놈이라거나 불경스런 자라거나, 혹은 지옥의 자식이라 욕하는 자는 자기가 형제를 정죄한 그대로 지옥 불에 들어가게 되리라. 어떤 이들은 유대인들의 각종 법정에서 시행되는 여러 형벌들과 연관지어서, 그리스도께서는 격하게 화를 내는 죄를 그 죄의 경중에 따라 차등을 두어 형벌을 받게 된다는 것을 말씀하신다고 보기도 한다. 유대인들에게는 그 죄의 경중에 따라 사형 방법이 세 가지가 있었는데, 목을 베는 사형법은 재판으로 가해졌고, 돌로 치는 사형법은 공회나 산헤드린에 의해서 가해졌고, 힌놈의 아들의 골짜기에서 불태우는 사형법은 오로지 특별한 경우들에만 사용되었다. 그러므로 이는 격하게 화를 내는 것과 모욕적인 언사는 형벌 받을 죄인데, 어떤 것들은 다른 것보다 더 죄악되며, 따라서 더 큰 정죄와 더 쓰라린 형벌을 받게 된다는 것을 뜻한다. 그리스도께서는 어떤 형벌이 가장 끔찍한 것인가를 보여주심으로써 어떤 죄가 가장 죄악된 것인가를 보여주고자 하셨을 것이라는 것이다.

IV. 이 모든 사실을 볼 때에, 우리는 형제들과 그리스도인의 사랑과 평화를 보존하는 일에 신중을 기해야 한다. 또한 어느 때든 어떤 갈등이 일어날 경우에는 우리의 과실을 고백하고 형제들에게 우리 자신을 낮추며 용서를 구하고, 또한 말로나 행실로 잘못을 저지른 것에 대해 사안의 본질에 따라서 보상을 하여 화목을 위해 힘써야 하는데, 다음 두 가지 이유에서 이런 일은 속히 시행하여야 한다.

1. 이를 행하기까지는, 우리가 거룩한 규례를 통해서 하나님과 교제를 누리기에 완전히 부적절한 상태에 있기 때문이다(23, 24절). 주께서는 다음과 같은 상황을 상정하신다: "네 형제가 너에 대해 원망하거든", 네가 실제로 그에게 상처를 입혔거나 혹은 그의 생각에 네가 상처를 입혔다고 여기거든, 아니면 네가 상처를 받았거든, 지체할 필요가 전혀 없다. 네가 형제에 대해 혐의가 있거든 속히 그것을 해결하라. 그 사람을 용서하고 해 받은 것에 대해서도 용서하라(막 11:25). 네 쪽에서 갈등을 시작했고, 잘못이 네게 있어서 네가 형제에게 원망을 듣거든, 먼저 가서 형제와 화목하고 그 후에 와서 제단에 예물을 드리라, 곧 기도와 찬송과 말씀 듣는 일과 성례의 복음적 예배로 하나님께 엄숙하게 나아가라. 주목하라 (1) 신앙적인 행사에 참여할 때에, 그것을 기회로 삼아 진지하게 생각하고 자기를 점검하는 것이 좋다. 예물을 제단 앞에 둘 때에 생각해야 할 일이 많은데, 형제에게 원망들을 만한 일이 그 중의 한 가지다. 그러므로 진지하게 우리 자신을 살펴서 문제가 있으면 스스로 그 문제를 처리해야 하는 것이다. (2) 마음속에 화가 있는 상태에서 신앙적인 행사들에 참여하면 결코 하나님께서 받으시지 않는다. 시기와 악의와 무정함은 하나님을 거스르는 죄들이며, 그런 것이 마음에 있는 상태에서는 아무것도 하나님을 기쁘시게 할 수가 없다(딤전 2:8). 분노 중에 행하는 기도들은 독을 머금은 것이다(사 1:15; 58:4). (3) 사랑이 모든 번제와 희생보다 나으므로, 하나님께서는 예물을 드리기 전에 상처받은 형제와 화목하기를 바라시며, 분쟁 중에 죄를 범하면서 예물을 드리기 전에 그 문제를 처리하는 것을 바라신다. (4) 우리가 형제와 계속해서 분쟁 중에 있어서 하나님과 교제하기에 합당치 않다 할지라도, 그것을 핑계로 우리의 의무를 다하지 않거나 소홀히 할 수는 없다. "예물을 제단 앞에 두고 가라. 그렇게 하지 않으면 제단에서 떠나갔다가 다시 돌아오지 않을 유혹에 빠질 수도 있으니 말이다." 형제와 갈등 중이라는 것을 교회에나 성찬에 참여하지 못하는 이유로 제시하는 이들이 많다. 그러나 그것이 누구의 잘못인가? 한 가지 죄가 다른 죄의 핑곗거리가 될 수는 없다. 오히려 죄책만 가중시킬 뿐이다. 사랑이 없다는 것이 경건이 없다는 것을 정당화시킬 수는 없는 것이다. 그러나 그런 난제는 쉽게 극복할 수 있다. 우리에게 잘못을 범한 자들을 용서하고, 우리에게 잘못을 당한 이들에게는 우리가 적절히 보상하여 교제를 회복시키기를 시도하며, 그런데도

화목이 이루어지지 않으면 그것이 우리의 잘못이 아닌 것이 될 수도 있으며, 그 후에 와서 예물을 드리면 그것이 받아들일 만한 것이 될 것이다. 그러므로 해가 지도록 분을 품지 말아야 한다(엡 4:26). 왜냐하면 잠자리에 들기 전에 기도를 드려야 하기 때문이다. 그리고 안식일에 분을 품은 상태로 해가 뜨게 해서도 안 된다. 왜냐하면 그 날은 기도하는 날이기 때문이다.

2. 화목이 이루어지기 전에는 우리가 큰 위험에 노출되어 있기 때문이다(25, 26절). 속히 화해를 시도하지 않을 경우 우리는 다음 두 가지 면에서 위험을 당할 수 있다.

(1) 세속적인 면에서. 우리가 형제의 몸이나 재산이나 명예에 대해 과실을 범하였으므로 상대방이 그것에 대해 조치를 취하게 될 경우라면, 겸손히 인정하고 정당하고도 평화롭게 보상을 함으로써 그런 사태를 방지하는 것이 지혜로운 처사요 또한 우리 가족에 대한 의무이기도 하다. 그렇게 하지 않으면 법을 통해서 상해를 보상받으려 할 것이요 결국 옥에 갇히는 극한 상황이 초래될 수도 있다. 그럴 경우에는 버티기보다는 할 수 있는 한 최선의 노력을 경주하여 상대방과 화목하는 것이 더 낫다. 법과 싸우는 것이 헛된 일이요 또한 그러다가 우리가 다칠 위험이 있기 때문이다. 애초에 조금 양보하고 문제를 해결했더라면 될 것을, 스스로 저지른 과실을 인정하지 않고 완고하게 고집을 부리다가 재산을 몰수당한 사람들이 많다. 보증 문제에 대해 솔로몬은 곧 가서 겸손히 상대방에게 간구하여 스스로 구원하라고 조언하고 있다(잠 6:1-5). 합의하는 것이 유익하다. 법이 그만큼 큰 희생을 요하기 때문이다. 우리에게 과실을 범한 자들에게 긍휼을 보여야 하지만, 동시에 우리에게 과실을 당한 자들에게는 할 수 있는 만큼 정당히 보상해야 하는 것이다. "너를 고발하는 자와 급히 사화하라. 그렇지 않으면 너의 완고한 고집 때문에 화가 나서 극심한 것을 요구하게 되고, 결국 처음이라면 얼마든지 막을 수 있었을 사태를 초래하게 될 것이다." 어리석고 악하게도 자신의 교만과 방종 때문에 옥에 갇히게 된다면, 감옥은 더더욱 비참한 곳이 될 것이다.

(2) 영적인 면에서. "먼저 가서 형제와 화목하고, 그를 정당히 대하고, 그와 교제를 회복하라. 분쟁이 계속되는 동안 너는 제단에 예물을 드리기에 합당치 못하며, 주의 만찬에 참여하기에 합당치 못하고, 죽기에도 합당치 못할 것이기 때문이다. 네가 이 죄를 고집하면 하나님의 진노로 말미암아 갑자기 취하여 감을

당할 위험이 있다. 그의 심판은 도저히 피할 수도 면할 수도 없다. 그리고 그런 악행이 너의 책임으로 남아 있는 한, 너는 영원히 버림받은 자인 것이다." 지옥이야말로 악의와 무정함 가운데서 살고 죽는 모든 자들과 다투기를 좋아하는 모든 자들을 위한 감옥이요, 그 감옥에서는 영원토록 구원도, 구속도, 회피도 있을 수가 없다.

너를 고발하는 자와 함께 길에 있을 때에 급히 사화하라는 말씀은 그리스도로 말미암아 우리가 하나님과 화목되는 그 큰 문제에도 그대로 적용된다. 주목하라. [1] 위대하신 하나님은 모든 죄인들에게 대적이시다. 즉 법적인 고발자이시다. 그는 그들과 쟁변하시고 또한 그들을 상대로 행동하신다. [2] 그와 사화하며, 우리 스스로 그와 면식을 가져서 그와 평화하는 것이 필수적이다(욥 22:21; 고후 5:20). [3] 이 일을 함께 길에 있을 때에, 우리가 길을 가며 살아 있는 동안에 급히 행하는 것이 지혜로운 일이다. 죽은 이후에는 너무 늦어서 돌이킬 수가 없다. 그러므로 그 일을 행하기까지 네 눈을 잠들게 하지 말라(잠 6:4). [4] 계속해서 하나님과 원수된 상태에 있는 자들은 계속해서 그의 심판을 받고 그의 끔찍한 진노를 당할 위험에 노출되어 있는 것이다. 그리스도께서 심판자요, 회개치 않는 죄인들이 그에게 넘겨질 것이다. 심판을 다 아들에게 맡기셨으니(요 5:22). 그는 구주로서는 배척을 받았으나, 심판자로서는 도저히 피할 수가 없다(계 6:16, 17). 그러므로 어린 양이 사자가 되실 때에 주 예수께 넘겨진다는 것은 그야말로 무서운 일이다. 그리스도께서 그들을 천사들에게 넘겨주실 것이요(13:41, 42), 또한 마귀들도 죽음의 세력을 잡은 자로서 모든 불신자들에게 그것을 집행할 것이다(히 2:14). 지옥은 계속해서 하나님과 원수된 상태에 있는 자들이 던져질 감옥이다(벤후 2:4). [5] 정죄받은 죄인들은 영원토록 그 속에 남아 있게 되며, 한 푼이라도 남김이 없이 다 갚기 전에는 결코 거기서 나오지 못할 것이요, 그들은 영원토록 갚지 못할 것이다. 하나님의 공의가 영원토록 만족되는 과정 속에 있으나, 결코 만족되지는 않을 것이다.

[27]또 간음하지 말라 하였다는 것을 너희가 들었으나 [28]나는 너희에게 이르노니 음욕을 품고 여자를 보는 사마다 마음에 이미 간음하였느니라 [29]만일 네 오른 눈이 너를 실족하게 하거든 빼어 내버리라 네 백체 중 하나가 없어지고 온 몸이 지옥에 던져지지 않는 것이 유익하며 [30]또한 만일 네 오른손이 너로 실족하게 하거든 찍어 내버

리라 네 백체 중 하나가 없어지고 온 몸이 지옥에 던져지지 않는 것이 유익하니라 [31]또 일렀으되 누구든지 아내를 버리려거든 이혼 증서를 줄 것이라 하였으나 [32]나는 너희에게 이르노니 누구든지 음행한 이유 없이 아내를 버리면 이는 그로 간음하게 함이요 또 누구든지 버림받은 여자에게 장가드는 자도 간음함이니라

여기서 주님은 제칠계명을 해명하시는데, 그분이야말로 율법을 만드신 분이시요, 따라서 율법을 해석하기에 가장 합당한 분이셨다. 이는 부정(不貞)함을 금하는 법으로서, 그 앞의 율법에 이어지는 것으로 매우 적절하다. 제육계명은 죄악된 격한 감정을 억제하는 것이요, 이 계명은 죄악된 탐욕을 억제하는 것인데, 이 두 가지 모두 항상 이성과 양심의 통제 아래 있어야 하며, 이 두 가지 모두 일단 거기에 빠지면 동일한 해악을 당하게 되는 것이다.

I. 그 계명을 여기서 제시하신다: 간음하지 말라(27절). 이 계명은 다른 모든 부정한 행위들과 그것들에 대한 정욕을 모두 금하는 것인데, 바리새인들은 이 계명을 해명하면서 간음의 행위에만 한정되는 것으로 만들어 버린 것이다. 곧, 마음속으로만 불법을 행하고 더 이상 나아가지 않으면, 하나님께서 그것을 듣지 않으시고 개의치도 않으실 것이며(시 66:18), 따라서 그럴 경우라도 스스로 간음을 행한 자가 아니라고(눅 18:11) 얼마든지 말할 수 있다는 것이었다.

II. 이 계명을 세 가지로 엄밀하게 설명하신다. 장로들의 유전에 항상 이끌림을 받아왔고 또한 그들의 가르치는 것을 전부로 취했던 자들에게는 이것이 새롭고 이상스럽게 보였을 것이다.

1. 주님은 여기서 마음으로 짓는 간음이라는 것이 있다는 것을 가르치신다. 곧, 간음의 행위로는 절대로 이어지지 않는 음란한 생각과 성향들과 어쩌면 그런 생각들이 영혼에 끼치는 불결함이 제칠계명에 포함되는 것은 물론, 율법에 명시된 의식적인 오염 ― 그들이 의복을 빨고 물로 목욕하여 이것을 제거해야 했다 ― 이 바로 그런 것을 나타내는 것임을 분명히 말씀하시는 것이다. 음욕을 품고 여자(어떤 이는 다른 남자의 아내를 가리킨다고 보나, 모든 여자가 다 여기에 포함된다)를 보는 자마다 마음에 이미 간음하였느니라(28절). 이 계명이 금하는 것은 음행과 간음의 행위만이 아니다. (1) 음행과 간음의 모든 욕구는 물론 금지된 대상에 대한 욕망까지도 금한다. 욕심이 잉태되는 것이 죄의 시작이요(약 1:15), 죄로 나아가는 악한 걸음이다. 욕심을 품고 또한 그것을 인정하며, 방종

한 욕망을 달콤한 사탕처럼 혀 밑에 굴리게 되면, 그것은 마음으로 죄를 범하는 것이요, 죄 그 자체가 범해질 수 있는 편리한 기회가 주어지는 것이다. "생각이 타락한 것이다"(오비디우스[Ovid]). 욕심은 양심이 좌절되거나 비뚤어진 것이다. 죄에 대해서 아무것도 말하지 않는다면 그것은 비뚤어진 양심이요, 말을 하는데도 시행되지 않는다면 그것은 좌절된 양심이다. (2) 음행과 간음을 향하여 접근하는 모든 것들까지도 금한다. 금지된 실과를 눈으로 바라보는 것이나 욕심을 갖고자 하는 목적으로 바라보는 것은 물론, 욕심이 생길 때까지 바라보거나 혹은 더 이상 만족을 얻을 수 없을 경우 욕심을 채우는 정도만 바라보는 것까지도 모두 금하는 것이다. 눈은 이런 유의 사악함이 들어오고 나가는 통로다. 요셉의 경우(창 39:7)나, 삼손의 경우(삿 16:1), 다윗의 경우를 보라(삼하 11:2). 성경은 음심이 가득하고 범죄하기를 그치지 아니하는 눈에 대해 말씀한다(벧후 2:14). 만일 눈이 불순한 상상이나 욕망을 자극하는 것에는 절대로 시선을 두지 않는다면, 그리고 혹시 이것을 어기면 눈이 쑤시고 아파서 회개의 눈물을 흘리게 된다면, 거룩한 욥처럼 우리 눈과 약속할 필요가 어디 있겠는가(욥 31:1)! 부패한 것들을 보지 못하게 하고 더러운 인상을 받는 것을 막고자 하는 것이 아니면, 눈꺼풀이 무엇 때문에 있겠는가? 이 계명은 또한 정욕을 불러일으키기 위하여 다른 감각을 이용하는 것도 금하는 것이다. 미혹에 빠뜨리는 시선이 금지된 열매라면, 불결한 말과 방자한 장난들은 이보다 훨씬 더하다. 그것들은 지옥 불을 일으키는 연료요 풀무인 것이다. 이 계명들은 마음의 청결의 법을 위한 방비책들이다(8절). 눈으로 보는 것이 정욕이라면, 사람들의 시선을 받고 그들의 정욕을 불러일으키고자 하는 의도로 옷을 치장하며 자기 모습을 드러내는 이들도(눈을 그리고 머리를 꾸미고 창에서 바라보는 이세벨처럼, 왕하 9:30) 그에 못지않게 죄를 범하는 것이다. 사람들이 죄를 범하나, 마귀가 죄를 범하도록 유혹하는 것이다.

2. 그렇게 눈으로 보는 것과 그런 장난들이 그렇게도 위험하고 영혼을 파괴하는 것이므로, 눈과 손을 잃는 것이 죄에 굴복하고 그 속에서 영원히 멸망하는 것보다 나은 것이다(29, 30절). 마음의 간음을 금지하는 것에 대해 부패한 인간의 본성은 그것을 지키는 것이 불가능하다며 곧바로 반대할 것이다: "이 말씀은 어렵도다 누가 들을 수 있느냐(요 6:60)? 혈과 육은 아름다운 여인을 보는 일을 즐거워하지 않을 수가 없다. 그러니 그런 사물에 대해서 일어나는 정욕을

이기는 것은 불가능한 일이다." 이런 식의 변명은 이성으로는 거의 극복할 수가 없다. 그러므로 여호와의 두려움을 근거로 삼아 반박해야 하는데, 주께서는 여기서 그렇게 반박하신다.

(1) 이런 육체적인 정욕을 방지하기 위하여 주님은 극한 수술을 처방하신다. 네 오른 눈이 금지된 사물을 방자하게 바라봄으로 너로 실족하게 하거든, 또한 네 오른손이 방자하게 빈둥거림으로 너로 실족하게 하거든, 그리하여 눈과 손이 이런 악한 습관들에 완전히 젖어 있어서 그것들을 통제하여 그런 것들을 삼가게 하기가 정말 불가능하거든, 그것들을 억제시킬 다른 방도가(하나님의 은혜라는 방도가 있으나) 없거든, 차라리 중요한 오른 눈을 빼어 내버리고, 중요한 오른손을 찍어 내버리는 것이 그것들을 내버려 두는 것보다 더 낫다. 죄 가운데 빠져 영혼의 파멸을 초래하는 것보다 더 존귀하고 더 유익하기 때문이다. 정말 깜짝 놀랄 만한 이런 처방에도 복종해야 한다면, 몸을 쳐 복종하게 하고(고전 9:27), 자기를 죽이고 자기를 부인하는 삶을 살고, 우리 자신의 마음을 끊임없이 살피며, 또한 정욕과 부패가 마음에서 일어날 때에 애초에 그것을 누르며, 죄를 지을 기회를 피하고 죄의 시작을 거부하고, 아무리 즐겁다 할지라도 우리에게 함정이 될 자들과는 어울리기를 삼가며, 해를 주는 길을 피하고, 아무리 정당한 것들이라도 우리에게 유혹거리가 될 때에는 그것들을 사용하기를 피하며, 하나님께 은혜를 구하며 날마다 그 은혜에 의지하며, 또한 육체의 욕심을 이루지 아니하도록 성령을 따라 행하기로(갈 5:16) 결심해야 할 것이다. 이렇게 하면 오른 눈을 빼어 내버리는 것이나 오른손을 찍어 내버리는 것과 같은 효과가 일어날 것이고, 아마 혈과 육의 악한 성질을 거스르는 데에도 효과적일 것이다. 이것이 옛 사람을 죽이는 것이다.

(2) 주님은 이런 처방을 강화시키기 위해 한 가지 논지를 제시하시고(29절) 또한 동일한 말씀으로 반복하시는데(30절), 이 논지는 깜짝 놀랄 만한 것이다. 우리는 그런 거친 말씀을 듣기 싫어하기 때문이다(사 30:10). 눈이든 손이든 네 백체 중 하나가 없어지고 온 몸이 지옥에 던져지지 않는 것이 유익하니라. 주목하라. [1] 복음을 전하는 사역자가 지옥과 정죄를 전하는 것은 결코 어울리지 않는 일이 아니다. 아니 반드시 그것을 전해야 한다. 그리스도께서 친히 그렇게 하셨으며 또한 다가올 진노에 대해 경고하지 않으면 우리에게 맡겨진 임무를 다하지 않는 것이기 때문이다. [2] 몇 가지 죄들은 우리가 그것들로부터 두려움으로 구

원받아야 하는데, 특히 육체의 정욕들이 이에 해당된다. 이것들은 끔찍히 두려워하지 않고서는 도저히 이길 수 없는 본성적인 짐승들이다. 금지된 나무의 실과는 그룹들과 두루 도는 불 칼(창 3:24)이 없이는 막을 수가 없는 법이다. [3] 우리 자신을 부인하고 육체의 정욕을 십자가에 못 박는 일이 힘들다고 생각할 유혹에 빠질 때면, 불과 유황으로 타는 못(계 21:8)에 영원토록 있는 것이 얼마나 더 힘들지를 생각해야 한다. 지옥이 무엇인지를 알지 못하거나 믿지 않는 자들이 짐승 같은 더러운 정욕을 만족시키는 자신들의 행위를 부인한다면, 그것은 그 불꽃에서 영원토록 멸망할 위험을 무릅쓰는 것이다. [4] 지옥에는 육체의 고통이 있을 것이다. 온 몸이 지옥에 던져지면 몸의 각 부분에 고통이 있을 것이며, 따라서 자신의 몸을 염려하는 사람이라면 더러운 정욕으로가 아니라 거룩함과 존귀함으로 몸을 대할 것이다. [5] 혈과 육에 지극히 불쾌한 임무들이라도 우리에게 유익하니라. 우리 주님은 우리에게 유익이 되는 것 이외에는 아무것도 우리에게 요구하지 않으신다.

3. 남자가 그 아내와 이혼하는 것을 유대인들이 아무리 허용하고 또한 실제로 행한다 해도, 음행의 이유 이외에 그 어떠한 이유로(싫어한다거나 하여) 행하는 이혼은 간음으로 나아가는 문을 여는 것이므로 제칠계명을 범하는 일이다(31, 32절). 다음을 관찰하라.

(1) 주께서 이혼과 관련하여 이 문제를 어떻게 제시하시는가. 또 일렀으되(그는 전처럼 옛 사람에게 말한 바라는 식으로 말씀하시지 않는다. 바리새인들은 이것을 앞의 경우처럼 계명으로 이해하고 싶어했으나(19:7, 8) 이 경우는 계명이 아니고 그저 허용된 사항에 불과했기 때문이었다) "누구든지 아내를 버리려거든 이혼 증서를 줄 것이라. 격분한 상태에서 말로 그렇게 아내를 버릴 수 있다고 생각하지 말며, 문서로 기록하고 증인을 세우는 법적인 절차를 통해서 사려 깊게 행할 것이라. 혼인의 결속 관계를 끊으려 하면 그 일을 엄숙하게 할 것이라." 이렇게 해서 율법은 성급하고 조급한 이혼을 방지시켰다. 그리하여 처음에는 유대인들 사이에 문서로 기록하는 일이 흔하지 않았으므로 이혼이 희귀했으나, 세월이 흐르면서 그런 사례가 일상적인 일이 되었고, 정당한 사유가 있을 때에 이혼을 행하는 절차를 밟을 것을 지도하는 이 지침이 오히려 어떤 이유로든 이혼을 허용하는 것으로 잘못 오해된 것이다(19:3).

(2) 주께서 이 문제를 어떻게 수정하시고 매듭지으시는가. 그는 혼인의 규례

를 태초에 제정된 상태로 돌리셨다: 둘이 쉽게 분리되지 않도록 한 몸이 될지며, 따라서 혼인 언약을 깨뜨리는 음행의 사유가 아니고는 이혼은 허용되어서는 안 된다. 다른 사유로 아내를 버리는 자는 그로 간음하게 함이요 또 누구든지 버림받은 여자에게 장가드는 자도 간음함이다. 주목하라. 다른 이들로 하여금 죄에 대한 시험을 받게 하거나 그들을 죄 가운데 두거나, 죄에 노출되게 만드는 자는 자기도 그들의 죄를 함께 범하는 것이요 따라서 그것에 대해 책임을 지게 된다. 이것이 간음하는 자들과 동료가 되는 한 가지 길이다(시 50:18).

[33]또 옛 사람에게 말한 바 헛 맹세를 하지 말고 네 맹세한 것을 주께 지키라 하였다는 것을 너희가 들었으나 [34]나는 너희에게 이르노니 도무지 맹세하지 말지니 하늘로도 하지 말라 이는 하나님의 보좌임이요 [35]땅으로도 하지 말라 이는 하나님의 발등상임이요 예루살렘으로도 하지 말라 이는 큰 임금의 성임이요 [36]네 머리로도 하지 말라 이는 네가 한 터럭도 희고 검게 할 수 없음이라 [37]오직 너희 말은 옳다 옳다 아니라 아니라 하라 이에서 지나는 것은 악으로부터 나느니라

　　　　여기서는 제삼계명에 대한 해설이 주어지는데, 우리는 이것을 올바로 깨달아야 한다. 왜냐하면 여호와께서는 그의 이름을 망령되게 불러서 이 계명을 어기는 자를 죄 없다 하지 아니하리라(출 20:7)고 분명히 말씀하기 때문이다. 이 계명에 대해서 다음과 같은 사실을 보게 된다.

　I. 이 말씀이 거짓 맹세, 위증(僞證)을 금하고, 또한 맹세와 서원을 어기는 것을 금지한다는 것에는 모두 동의한다(33절).　　이 말씀이 옛 사람에게 주어진 것이요 또한 제삼계명의 참된 의도와 의미를 제시한다. 하나님 여호와의 이름을 망령되이 부르지 말라, 헛되이 사용하거나 취하지 말라(맹세로 그렇게 하듯이). 시편 기자는 여호와의 산에 오를 자는 뜻을 허탄한 데에 두지 아니하며라고 말씀한 다음, 곧바로 이어서 거짓 맹세하지 아니하는 자라고 이를 해명하고 있다(시 24:4). 거짓 맹세는 본성의 빛으로도 정죄를 받는 죄요, 하나님을 향한 불경과 사람을 향한 불의가 합쳐진 것으로서 사람을 하나님께 크게 미움을 받아 진노 아래 있게 만드는 죄다. 이 죄를 따르게 되면 항상 맹세의 형식들이, 하나님이여 내게 이렇게 행하소서라거나 하나님 나를 그렇게 도우소서라는 식으로 비는 것으로 바뀌게 되며, 결국 그릇되게 맹세하면 내가 절대로 하나님께로부터 도움을

얻지 못하게 되기를 바라는 식의 자기 저주가 되어 버린다. 이렇게 해서 사람들은 이렇게 자기 자신을 저주해왔고, 하나님의 이름을 엄숙하게 불러 증인으로 삼고서 진실을 거슬러 거짓말을 하면, 하나님께서 그들을 저주하실 것임을 의심치 않은 것이다.

성경의 다른 본문에서는, 사람이 여호와께 서원하였거나 결심하고 서약하였으면 깨뜨리지 말고 그가 입으로 말한 대로 다 이행할 것이니라(민 30:2)라고 덧붙이는데 이는 다음 두 가지 뜻 가운데 어느 하나일 것이다. 1. 하나님을 대상으로 한 약속들과, 하나님께 행한 맹세에 대한 내용. 이 경우는 철저하게 갚아야 한다(전 5:4, 5). 혹은 2. 하나님을 증인으로 삼아, 우리의 신실함을 증거해 주시기를 구하면서 우리 형제들에게 행한 약속들에 대한 내용. 이에 대해서는 여호와께 이행하여야 한다. 곧, 그를 직시하고 또한 그를 위하여 이행해야 한다는 것이다. 이는 맹세로 약속을 확증함으로써 우리 스스로 우리 자신을 여호와의 채무자로 만든 것이요, 따라서 그렇게 확증된 약속을 어길 시에는 사람에게만이 아니라 하나님께 거짓말을 한 것이 되기 때문이다.

II. 여기서 주님은 그 계명이 비단 거짓 맹세만이 아니라 경솔하고도 불필요한 모든 맹세를 금한다는 사실을 말씀하신다. 도무지 맹세하지 말지니(34절, 참조. 약 5:12). 모든 맹세가 다 죄악되다는 뜻은 아니다. 정당하게 행하는 것이라면 결코 그렇지 않다. 그것은 신앙적 예배의 일부요, 우리는 맹세로써 하나님 여호와를 경외하며 그를 섬기며 그의 이름으로 맹세할 것이다(신 6:13; 10:20; 사 45:23; 렘 4:2). 바울은 필요할 경우 그렇게 엄숙한 방식으로 자신의 말을 확증하였다(고후 1:23). 맹세란 무언가 잘 알려진 것의 진실성을 걸고서 무언가 의심스럽거나 알려지지 못한 것의 진실성을 확증하는 것이다. 더 큰 지식에, 더 높은 법정에 호소하는 것이요, 만일 거짓으로 맹세할 경우 의로운 재판장이 우리를 보응할 것을 자청하는 것이다.

이제 이 문제에 있어서 그리스도의 뜻은 다음과 같다.

1. 우리가 도무지 맹세하지 말아야 하나, 정당하게 맹세를 하여 형제에게나 혹은 국가에 대하여 문제를 분명히 해야 할 경우, 즉 국가의 관원이 재판관으로 개입되어 문제를 최후로 확정짓는 데에 맹세가 필연적일 경우에는 맹세할 수 있다. 그러나 맹세를 요구받아 어쩔 수 없이 맹세를 해야 할 경우에는 반드시 맹세해야 한다. 그러나 이 때에 우리의 세상적인 이익을 위해서 맹세에 우리

자신을 몰아넣는 일은 해서는 안 된다.

2. 일상적인 대화에서 경솔하게나 불경하게 맹세하는 일은 삼가야 한다. 영광스럽게 하늘에서 위엄 중에 계신 분에게 호소하는 것은 신성한 일이요 언제나 매우 진지해야 하는 것인데, 그런 일을 경박스럽게 행하는 것은 지극히 큰 죄악이다. 그것은 하나님의 거룩한 이름을 극심하게 더럽히는 것이요, 이스라엘 자손이 여호와께 거룩히 드리는 거룩한 것 가운데 하나를 더럽히는 것이다. 그것은 변명의 여지가 없는 죄이며, 하나님에 대한 적의(敵意)가 지배하는 무정한 마음의 증표다: 주의 원수들이 주의 이름으로 헛되이 맹세하나이다(시 139:20).

3. 그리스도께서는 여기서 특별히 약속의 의미를 지닌 맹세를 피해야 할 것을 말씀하신다. 그것들은 반드시 이행해야 하는 맹세들이기 때문이다. 확언의 의미를 지닌 맹세는 완전한 진실을 충실하게 발견하게 되면 즉시 종결된다. 그러나 약속의 의미를 지닌 맹세는 오랫동안 구속력을 지니며, 따라서 갑작스런 상황이나 강한 유혹 등 여러 가지 방식으로 깨어질 소지가 많으므로 정말 필수적인 경우 외에는 행해서는 안 되는 것이다. 자주 맹세를 요구하고 또한 행하는 현상을 볼 때에 그리스도인들은 그들의 진지한 말이 엄숙한 맹세와 똑같이 신성하여야 한다는 것을 생각해야 할 것이다.

4. 어떠한 피조물로도 맹세해서는 안 된다. 하나님의 이름이 존귀하므로 함부로 그것을 걸고 맹세해서는 안 되므로, 하늘이나 땅을 걸고 맹세하는 것이 합당하다고 생각한 사람들이 있었던 것 같다. 그리스도께서는 여기서 이것을 금지하시며(34절), 우리가 그 어떠한 것을 걸고 맹세하더라도 이런저런 식으로 반드시 하나님과 관계된다는 것을 보여주신다. 그는 만물의 근원이시며, 따라서 피조물들을 걸고 맹세하는 것은 하나님 자신으로 맹세하는 것과 똑같이 위험천만한 일이다. 피조물을 걸고 맹세한다는 것은 그 피조물의 진정성(verity)을 거는 것인데, 그 진정성은 summum verum, 즉 최고의 진리이신 하나님과 관련되지 않고서는 증거의 도구가 될 수 없는 것이다. 이에 대해 주님은 다음과 같은 실례들이 제시하신다.

(1) 하늘로도 하지 말라. "하늘이 있는 것이 확실하듯이 이것도 참이다" 라는 식으로 말하지 말라. 이는 하나님께서 거하시며 그의 영광을 특별히 드러내시는 바 하나님의 보좌임이요, 하나님께서는 임금으로 그 보좌에 계시는 것이다. 보좌는 천상 세계의 위엄이니, 하늘로 맹세하는 것은 하나님 자신으로 맹세하

는 것과 같은 것이다.

(2) 땅으로도 하지 말라 이는 하나님의 발등상임이요. 그는 이 낮은 세상의 운행을 관할하신다. 하늘에서 다스리심과 같이 땅도 다스리시는 것이다. 이 낮은 세상이 그의 발 아래 있으나, 동시에 그의 눈과 보살피심 아래 있으며 그와 관계하고 있는 것이다. 땅 … 은 다 여호와의 것이로다(시 24:1). 그러므로 땅으로 맹세하는 것은 곧 그 주인이신 하나님으로 맹세하는 것이 되는 것이다.

(3) 예루살렘으로도 하지 말라. 예루살렘은 유대인들이 신성히 여기는 장소로서, 그들이 걸고 맹세하기에 그보다 더 신성한 것이 없는 것이었다. 예루살렘이 땅의 일부로서 하나님과 관계되는 것 외에도, 예루살렘은 하나님과 특별한 관계가 있다. 이는 큰 임금의 성이요(시 48:2), 하나님의 성(시 46:4)이며, 따라서 그가 그 성에 관심을 갖고 계시며, 그 성을 걸고 하는 모든 맹세에도 관여하시기 때문이다.

(4) "네 머리로도 하지 말라. 그것이 네게 가깝고 너의 근본적인 일부지만, 그것은 네 것이 아니라 하나님의 것이다. 그가 그것을 지으셨고 그 모든 샘과 능력들을 이루셨기 때문이다. 반면에 네 자신의 본성적인 고유한 영향력으로는 한 터럭도 희고 검게 할 수 없으니, 네 머리로도 맹세하는 것은 곧 네 머리의 생명이시요 또한 네 머리를 드시는 자이신 하나님(시 3:3)으로 맹세하는 것이 되는 것이다."

5. 그러므로 우리의 모든 의사 전달에서 우리는 옳다 옳다, 아니라 아니라로 만족하여야 한다(37절). 일상적인 담화에서, 무엇을 확증하려면 그저 옳다라고만 하고, 혹시 확신의 증거를 제시할 필요가 있을 경우에는 옳다 옳다라고 하라. 진실로 진실로가 바로 우리 주님의 옳다 옳다였다. 또한 무엇을 부정할 때에도, 아니라고 말하는 것으로 만족하며, 혹시 필요할 경우 아니라 아니라고 하여 부정을 반복하는 것으로 만족하라. 우리의 신실성이 이미 알려져 있는 경우는 그렇게 말하는 것으로 충분히 우리의 진실함이 전달될 것이요, 만일 그것이 의심을 받는 경우라면 맹세하고 저주를 해도 더욱 의심만 가중될 뿐이다. 속된 맹세를 삼킬 수 있는 사람은 거짓말에도 개의치 않을 것이다.

그 이유를 여기서 보게 된다: 이에서 지나는 것은 맹세의 악함에는 미치지 못하지만 악으로부터 나느니라. 여기서 고대의 필사본은 엑 투 디아볼루로 되어 있는데, 이는 악한 자 마귀로부터라는 뜻이다. 이것은 사람의 부패한 본성에서, 격정과 격렬한 충동에서, 정신을 지배하는 허영과 신성한 것들에 대한 경멸의 태도에서 비롯되며, 사람 속에 있는 거짓된 성향(deceitfulness)으로부터 나는 것이다. 모든 사람이 거짓말쟁이다(시 116:11). 그렇기 때문에 사람들이 이런 극한 단언들을 사용하는 것이다. 그들이 서로를 신뢰하지 못하기 때문에, 그런 극한 단언이 없이는 자기들의 말이 신뢰를 받지 못한다고 생각하는 것이다. 주목하라. 그리스도인들은 그 자체가 악한 것만이 아니라 악으로부터 나는 것과 악의 모양을 지닌 것까지도 피하여(살전 5:21) 그들의 신앙에 대해 신뢰를 주어야 한다. 악한 동기에서 나는 것은 악한 것으로 의심해야 한다. 맹세는 사람들이 사용하는 하나의 치료약인데, 이는 질병이 있음을 전제하는 것이다.

[38]또 눈은 눈으로, 이는 이로 갚으라 하였다는 것을 너희가 들었으나 [39]나는 너희에게 이르노니 악한 자를 대적하지 말라 누구든지 네 오른편 뺨을 치거든 왼편도 돌려 대며 [40]또 너를 고발하여 속옷을 가지고자 하는 자에게 겉옷까지도 가지게 하며 [41]또 누구든지 너로 억지로 오 리를 가게 하거든 그 사람과 십 리를 동행하고 [42]네게 구하는 자에게 주며 꾸고자 하는 자에게 거절하지 말라

여기서 주님은 인간 관계의 법을 해설하시면서 어떤 점에서 그것을 폐지하신다. 다음을 관찰하라.

I. 상해의 문제에 있어서 구약이 허용한 것은 무엇인가. 여기서 주님은 "…하였다는 것을 너희가 들었으나"라는 표현을 쓰시는데, 이는 십계명에 관한 해설에서 "옛 사람에게 말한 바 …을 너희가 들었으나"라는 표현을 쓰신 것과는 다르다. 그것은 누구나 반드시 이행하여야 하는 하나의 계명이었다. 그러나 원할 시에 그들은 눈은 눈으로, 이는 이로 갚을 것을 정당하게 주장할 수도 있었다. 이를 출 21:24; 레 24:20; 신 19:21 등에서 보게 되는데, 이 일은 관원이 행하도록 되어 있다. 그는 공연히 칼을 가지지 아니하고 하나님의 사역자가 되어 악을 행하는 자에게 보응하는 자인 것이다(롬 13:4). 상해를 가한 경우 그 처벌에 관하여, 가해자에게는 두려움을 주고 또한 피해자에게도 억제력을 발휘하기 위해서 적절한 정도 이상 가혹한 형벌을 가하지 말라는 것이 유대 민족의 재판관들에게 주어진 지침이었다. 곧, 눈은 생명으로, 이는 팔로 갚는 식이 아니고 적절한 균형을 지켜야 한다는 것이다. 그리고 이런 상해의 경우 금전으로 그것을 보상할

수도 있다는 것이 암시되고 있다(민 35:31). 살인자는 생명의 속전을 받지 말고 반드시 죽일 것이며라고 되어 있는데, 이는 고의가 아닌 경우 상해에 대해서 금전적인 보상이 허용되었음을 상정하는 것이기 때문이다.

그러나 유대인 교사들 중에 어떤 이들은 무정하게도 그런 보복을 반드시 행해야 하며, 심지어 개인이 사사로이 보복을 행해야 하며, 용서라든가 다른 보상을 행할 여지가 전혀 없다는 식으로 주장하였다. 그런데 로마 관원들의 통치를 받고 있어서 유대인의 시민법이 땅에 떨어져 있을 그 당시에도 그들은 가혹하고 극심하게 보이는 것을 무조건 고집하였던 것이다.

그런데 여기까지는 우리에게도 적용이 되고 있다. 곧, 관원들이 그 땅의 선하고 건전한 법에 따라 정의의 검을 사용하여 행악자들에게 두려움을 주고, 눌린 자들의 한을 풀어주는 하나의 지침이 되고 있는 것이다. 하나님을 두려워하지 않고 사람을 무시하는 재판장은 가난한 과부의 원한을 풀어주지 않으려 한다(눅 18:2, 3). 그러므로 범죄와 형벌의 형평을 지혜롭게 맞추어 약탈과 폭행을 억제하고 무죄한 자들을 보호하는 것이 법 제정자들에게 하나의 법칙으로 작용하는 것이다.

Ⅱ. 신약의 가르침은, 상해를 당한 피해자로서는 자기가 당한 상해를 용서하고, 공공의 선을 유지하기 위해 필요한 정도 이상의 형벌을 고집하지 말아야 할 의무가 있다는 것이다.   이 가르침은 그리스도의 온유함과도 일치하며 또한 그의 멍에의 가벼움과도 일치한다.

그리스도께서는 여기서 두 가지를 가르치신다:

1. 우리는 보복의 마음을 품어서는 안 된다(39절). 나는 너희에게 이르노니 악한 자를, 곧 네게 상해를 가하는 악인을 대적하지 말라. 권세를 거스르는 행위와 마찬가지로(롬 13:2), 우리에게 가해지는 악한 시도에 대적하는 일이 전면적으로 분명하게 금지되고 있다. 그러나 그렇다고 해서 자기 방어의 법과 또한 우리 가족을 보호해야 할 의무가 무시되는 것은 아니다. 우리 자신의 안전을 지키기에 필요한 경우 그것을 대적할 수도 있는 것이다. 그러나 악을 악으로 갚아서도, 당사자를 미워해서도, 우리 스스로 보복을 하거나 우리에게 불친절하게 대한 자들에게 똑같이 불친절하게 대해서도 안 되며, 그들을 용서함으로써 그들을 뛰어넘어야 하는 것이다(잠 20:22; 24:29; 25:21; 롬 12:7). 보복의 법은 사랑의 법과 일관성이 있어야 한다. 누군가 우리에게 해를 입혔을 경우에 그

사람에 대한 보복이 우리 손에 있는 것이 아니라 하나님의 손에 있으므로, 우리는 그의 진노에 맡겨야 한다. 그리고 때로는 공공의 평화를 보존하기 위해 세움받은 하나님의 대리자들의 손에 있기도 하다. 그러므로 해를 당했을 때에 그 해를 되돌려 주면서 그가 먼저 시작했다고 말하는 식이 되어서는 안 된다. 그렇게 하면 다시 분쟁이 시작되는 것이다. 우리가 해를 당했을 때에, 그것을 기회로 삼아 우리에게 해를 가한 그 당사자에게 다시 해를 가하는 것이 아니라, 그 사람을 용서함으로써 우리가 참된 그리스도의 제자임을 스스로 드러내 보여야 하는 것이다.

우리 주님은 세 가지를 구체적으로 거론하셔서 그리스도인이 자신을 힘들게 하는 자들에게 인내로 대해야 한다는 것을 보여주신다.

(1) 뺨을 때리는 것. 이는 내 몸에 상처를 입히는 것이다: 누구든지 네 오른편 뺨을 치거든 왼편도 돌려 대며(39절). 이것은 상처를 내는 것일 뿐 아니라 모욕이며 분노를 일으키는 행위다(고후 11:20). 누군가 분에 못 이겨서 혹은 너희를 멸시하여 그렇게 악을 행하거든 "왼편 뺨도 돌려 대라", 즉 "그 해에 대해 보복하지 말고 또 다른 해를 대비하고 그것을 인내로 견디라. 무례한 사람이 기승을 부리도록 하지 말고, 그에게 도전하지도 말고, 그를 대적하여 행동을 취하지도 말라. 그 사람으로 하여금 선한 행실을 하도록 만드는 것이 공공의 평화에 필요하거든 그 일을 네 스스로 하려 하지 말고 관원에게 맡겨 두라. 그렇게 하는 것이 대개 가장 지혜로운 처신일 것이니, 다시 그 일을 주목하지 말라. 뼈가 부러진 것도 아니고, 큰 해를 당하지 않았을 경우는 그것을 용서하고 잊어버리라. 그리고 교만한 바보들이 너희의 그런 처신을 보고 비웃는다면, 모든 지혜로운 자들이 너희의 그런 처신을 값있게 보며 너희를 복되신 예수님을 따르는 자로 존귀히 여길 것이다. 그는 이스라엘의 재판자이셨으나 자기의 뺨을 치는 자들에게 뺨을 치지 않으셨다"(미 5:1). 비열한 자들이 이것을 기회로 삼아 또다시 우리를 모욕하며, 결국 우리가 왼편 뺨도 돌려 대게 될 수도 있으나, 이것에 개의치 말고, 우리가 의무를 다하면 하나님과 그의 섭리가 우리를 보호하실 것을 신뢰하여야 할 것이다. 한 번의 상해를 보복하면 또 다른 상해가 발생하게 되나 어쩌면 한 번의 상해를 용서하는 것이 또 다른 상해를 미연에 방지해 줄 수도 있을 것이다. 대적하게 되면 더욱더 격분하게 될 사람도 용서하고 굴복하게 되면 누그러질 수도 있는 법이다(잠 25:22). 그러나 우리에 대한 보상은 그

리스도의 손에 있다. 우리가 그렇게 견딘 그 부끄러움에 대해 그가 영원한 영광으로 갚아 주실 것이다. 그리고 직접 보복을 하지 않고 양심을 위하여, 또한 그리스도의 모범을 따라, 조용히 견디면 그리스도를 위하여 당한 고난의 상처 위에 영원한 영광이 씌워질 것이다.

(2) 의복을 요구하는 것. 이는 내 재산에 해를 주는 것이다: 너를 고발하여 속옷을 가지고자 하는 자에게 겉옷까지도 가지게 하며(40절). 이것은 어려운 경우다. 주목하라. 법적인 절차들이 가장 큰 해를 끼치기 위해 이용되는 경우가 매우 흔하다. 재판관들이 정의롭고 신중하다 해도, 악인이 양심을 거슬러 거짓 맹세와 증거를 동원하여 법에 따라서 강제로 사람에게서 속옷을 빼앗을 수도 있는 것이다. 그것을 이상히 여기지 말라(전 5:8). 그런 일을 당할 때에 법에 호소하여 보복하려 하지 말고, 너희의 권리를 지키기 위해 끝까지 거기에 맞서서 소송을 제기하려 하지도 말고, 그 사람으로 하여금 네 겉옷까지도 가지게 하라. 작은 문제여서 우리 가족에게 큰 해를 끼치지 않을 경우는 평화를 위해서 그냥 굴복하는 것이 좋다. "빼앗긴 속옷을 위하여 법의 절차를 밟는 것보다 차라리 겉옷을 한 벌 새로 사는 편이 비용이 덜할 것이다. 그러니 공정한 수단으로 그것을 되찾을 수 있는 경우가 아니면 상대방이 그것을 차지하도록 두는 편이 낫다."

(3) 억지로 오 리를 가게 하는 것. 이는 내 자유를 침해하는 것이다: 누구든지 너로 억지로 오 리를 가게 하거든, 자기를 위해 심부름을 가게 하든가 혹은 그를 기다리게 하거든 그것에 대해 불편한 마음을 갖지 말고, 그 사람과 십 리를 동행하고(41절). "강제로 시키지 않으면 기꺼이 하겠으나 억지를 쓰는 것은 견딜 수 없다"라고 말하지 말고, 오히려 "따르지 않으면 분쟁이 있을 것이니 그대로 따를 것이다"라고 말하라. 너희 자신의 교만한 욕심과 복수심을 만족시키기보다는 그 사람을 섬기는 것이 더 낫다. 어떤 이들은 이를 이런 의미로 보기도 한다. 곧, 유대인들은 지혜자의 제자들과 율법 학도들은 공적인 일로 여행을 하도록 하는 왕의 관리들의 요구에 응하지 말아야 한다고 가르쳤으나, 그리스도께서는 그의 제자들에게 이런 특권을 주장하지 말며, 행정 당국을 거스르지 말고 복종할 것을 말씀하신다는 것이다.

이 모든 가르침을 정리하자면, 그리스도인들은 따지기를 좋아해서는 안 되며, 작은 상해에 대해서는 굴복해야 하고, 그것들을 돌아보지 말아야 하며, 보상을 요구하여야 할 만큼 상해가 클 경우에는 선한 목적을 위해서 그렇게 해야 하며 보복의 마음을 가져서는 안 되며, 상해를 촉발시켜서도 안 되고, 또한 상해를 당할 때에 의무를 다하여 기꺼이 당해야 하며, 그것들로 최선의 유익을 추구해야 한다는 것이다. 혈과 육은 그런 모욕을 도저히 그냥 지나칠 수 없다고 말하는 자가 있다면, 혈과 육은 하나님 나라를 이어 받을 수 없다는 것(고전 15:50)을 기억하여야 할 것이다.

2. 우리는 사랑으로 베푸는 마음을 가져야 한다(42절). 이웃들에게 해를 끼쳐서도 안 되거니와, 그들에게 할 수 있는 대로 모든 선한 일을 행하기에 힘써야 한다.

(1) 기꺼이 주고자 하는 마음을 가져야 한다: 구하는 자에게 주며. "네게 능력이 있을 경우라면, 가난한 자가 무슨 요구를 할 때에 그가 구제의 의무를 다할 기회를 네게 주는 것으로 알아서 그대로 들어 주라." 사랑을 베풀 진정한 대상이 스스로 우리에게 다가올 때에 기꺼이 주어야 할 것이다: 일곱에게나 여덟에게 나눠 줄지어다(전 11:2). 그러나 사랑을 베풀 때에 그 일을 사려 깊게 정의로 행하여야 한다(시 112:5). 그렇게 하지 않으면, 정말 우리의 도움을 필요로 하며 또한 도움을 받아 마땅한 자들에게 주어야 할 것을 게으르고 무가치한 자들에게 주게 될 수도 있기 때문이다. 하나님께서 우리에게 하시는 말씀을 우리의 가난한 형제들에게도 기꺼이 해야 할 것이다: 구하라 너희에게 주실 것이요(6:7).

(2) 기꺼이 꾸어주고자 하는 마음을 가져야 한다. 때로는 이것이 그냥 주는 것만큼이나 값진 사랑의 도움이 되기도 한다. 현재의 위급한 상황을 완화시켜 줄 뿐 아니라 꾸는 자로 하여금 근검 절약하고 정직하여야 할 의무를 지우는 것이 되기 때문이다. "그러므로 생활비를 위해서나 혹은 장사할 비용을 위해서 네게 꾸고자 하는 자에게 거절하지 말라. 그런 것이 필요하다는 것을 알고도 그런 요청을 거절하거나 혹은 핑계를 대며 물리치는 일을 삼가라." 꾸고자 하는 자에게 편안히 대하라. 그가 부끄러워하고 자기의 처지를 신뢰성 있게 설명하거나 도움을 청하지 못한다 해도, 그의 필요와 그의 바람을 네가 잘 알고 있으니, 그에게 친절을 베풀라. "나는 간청을 받기 전에 그대로 따를 것이며, 합당한 요청을 미리 예상할 것이다"(세네카). 친절을 베푸는 행위에서 그렇게 미리 앞서 가는 것이 우리에게 합당하다. 왜냐하면 우리가 부르기 전에 하나님께서 우리의 청을 들으시며 주의 아름다운 복으로 우리를 영접하시기 때문이다(시 21:3).

⁴³또 네 이웃을 사랑하고 네 원수를 미워하라 하였다는 것을 너희가 들었으나 ⁴⁴나는 너희에게 이르노니 너희 원수를 사랑하며 너희를 박해하는 자를 위하여 기도하라 ⁴⁵이같이 한즉 하늘에 계신 너희 아버지의 아들이 되리니 이는 하나님이 그 해를 악인과 선인에게 비추시며 비를 의로운 자와 불의한 자에게 내려주심이라 ⁴⁶너희가 너희를 사랑하는 자를 사랑하면 무슨 상이 있으리요 세리도 이같이 아니하느냐 ⁴⁷또 너희가 너희 형제에게만 문안하면 남보다 더하는 것이 무엇이냐 이방인들도 이같이 아니하느냐 ⁴⁸그러므로 하늘에 계신 너희 아버지의 온전하심과 같이 너희도 온전하라

마지막으로 주님은 네 이웃을 사랑하라는 두 번째 돌판에 속한 크고 근본이 되는 법, 즉 율법을 성취하는 계명을 해설하신다.

Ⅰ. 여기서 이 법이 유대인 교사들의 해설 때문에 왜곡되어 있었다는 것을 보게 된다(43절). 하나님께서는 네 이웃을 사랑하라고 말씀하셨는데, 그들은 이웃을 자기 나라와 민족과 종교에 속하여 친구로 기꺼이 바라볼 수 있는 그런 사람들만을 지칭하는 것으로 이해하였다. 그러나 이것만이 아니었다. 네 이웃을 사랑하라는 이 계명에서 그들은 하나님께서 전혀 의도한 적이 없는 내용을 유추하여 거기에 덧붙여 놓았다. 곧, 네 원수를 미워하라가 그것이다. 그리고 그들은 누구든지 자기들이 원하는 대로 원수로 여겼고, 그리하여 그들의 전통이 명백한 율법과 배치되는데도 불구하고(출 23:4, 5) 그 전통을 통해서 하나님의 큰 계명을 헛된 것으로 만들고 있었던 것이다. 에돔 사람과 애굽 사람이 이스라엘의 원수들이었으나 하나님은 너는 에돔 사람을 미워하지 말라 … 애굽 사람을 미워하지 말라고 말씀하는 것이다(신 23:7). 물론 하나님께서 가나안의 일곱 족속들을 멸하고 그들과 동맹하지 말라고 분명히 명시하신 것은 사실이다. 그러나 거기에는 구체적인 이유가 있었다. 이스라엘이 가나안에 들어가 정착할 여지를 만들고, 그들이 그들에게 올무가 되지 않도록 하기 위함이었던 것이다. 그러나 이것을 근거로 모든 원수들을 다 미워해야 한다는 식으로 추론하는 것은 매우 악한 것이었다. 그런데 이교도들의 도덕 철학은 이를 허용하였다. 키케로의 법칙은 다음과 같다: "사전에 해를 받은 경우가 아니면 아무도 해를 가하지 말라." 부패한 인간의 격정이 얼마나 하나님의 말씀에게서 얼굴을 돌리게 하며, 하나님의 계명을 이용하여 오히려 자기 자신들을 정당화시킬 기회로 삼는지를

이로써 여실히 보게 된다.

II. 주 예수의 계명으로 이 모든 것이 깨끗이 정리되는 것을 보게 된다. 그는 우리에게 또 하나의 가르침을 주신다: "나는 너희에게 이르노니, 화평하게 하는 위대한 자요 인류를 화목하게 하는 자로 왔고, 너희가 외인이요 원수들일 때에 너희를 사랑한 나는 너희에게 이르노니 너희 원수를 사랑하라"(44절). 사람들이 항상 악한 상태에 있어서 우리를 향하여 그렇게 비열하게 그 악함을 드러낸다 할지라도, 그렇다고 해서 우리의 동족과 우리의 혈육을 사랑할 큰 빚이 우리에게서 면제되는 것이 아닌 것이다. 우리는 우리를 미워하고 우리를 악하게 대해 온 자들에게 상처를 주기를 바라고 혹은 최소한 아주 냉담한 자세로 선을 끼치려 하기가 매우 쉽다는 것을 인정할 수밖에 없다. 그러나 이런 마음 밑바닥에는 쓰라린 원한의 뿌리가 있는 것이다. 우리는 이것을 뿌리뽑아야 하고, 부패한 본성의 잔재를 은혜로 정복해야 하는 것이다. 주목하라. 원수를 사랑하는 것이야말로 그리스도인들의 큰 의무다. 노골적으로 사악하고 속된 것에 안일하게 대처해서도, 거짓임을 알고 있는 것에다 신뢰를 두어서도, 또한 모든 것을 똑같이 사랑해서도 안 된다. 그러나 인간 본성에 대해 존중하는 자세를 취하여야 하고, 그런 정도만큼 모든 사람을 존귀히 여겨야 한다. 우리의 원수들에게서도 사랑할 만하고 권장할 만한 점이나 순전함, 절제력, 학식, 도덕성, 친절함, 종교적 열심 등을 기꺼이 주목하고, 그들이 비록 우리의 원수들이지만 그런 점들을 사랑해야 한다. 그들을 향하여 연민의 마음을 가져야 하고 그들이 잘되기를 바라야 한다. 여기서 주님은 다음과 같은 사실들을 말씀하신다:

1. 그들을 좋은 말로 대해야 한다: 너희를 저주하는 자를 축복하며(한글 개역개정판에는 이 부분이 없음: 역자주). 그들에게 말할 때에 그들의 욕설들을 정중하고도 다정한 말로 답하며 욕을 욕으로 갚지 말라. 그들의 등 뒤에서 그들의 좋은 점들을 드러내어 격려하며, 그들에 대해 모든 선한 말을 다 하고 더 이상 달리 말하지 말아야 한다(벧전 3:9을 보라). 혀에 친절이 있는 사람은 자기에게 악한 말을 하는 자들에게 선한 말로 답할 수 있는 것이다.

2. 그들에게 선을 행해야 한다: 너희를 미워하는 자들에게 선을 행하며(한글 개역개정판에는 이 부분이 없음: 역자주). 좋은 말보다는 이것이 사랑이 있다는 더 좋은 증거가 될 것이다. 할 수 있는 대로 모든 친절을 그들에게 행할 준비를 갖추며, 그들의 몸과 재산과 명예와 가족들에게 사랑을 행할 기회가 있을 때에

기꺼이 행하며, 특히 그들의 영혼을 위하여 선을 행하라. 크랜머 대주교에 대해서, 그에게 악으로 갚는 사람은 그와 결국 친구가 되었다는 말이 전해진다. 그는 자기를 거슬렀던 많은 이들을 그렇게 섬긴 것이다.

3. 그들을 위하여 기도해야 한다: 너희를 악의로 대하며(한글 개역개정판에는 이 부분이 없음: 역자주) 너희를 박해하는 자를 위하여 기도하라. 주목하라. (1) 악한 사람들이 지극히 훌륭한 성도들을 미워하고 저주하며 박해하고 악의로 대하는 것이 전혀 새로운 일이 아니다. 그리스도께서도 친히 그런 대우를 받으셨다. (2) 어느 때든 그런 일을 당하면, 바로 그 때야말로 그렇게 우리를 악하게 대하는 자들을 위하여 기도함으로써 우리가 그리스도의 계명과 또한 그의 모범에 일치한다는 것을 보여줄 기회가 된다. 그들을 향한 우리의 사랑을 달리 입증할 수 없다 할지라도 이를 통해서 겉으로 드러나지 않고도 그렇게 할 수 있다. 이것이야말로 우리가 감히 속일 수 없는 것이다. 하나님께서 그들을 용서해 주시기를 기도해야 하며, 그들이 우리에게 행한 일보다 더 악하게 보응을 받지 않기를 위해 기도해야 하며, 또한 그들이 우리와 평화를 이루게 해 주시기를 위해서 기도해야 한다. 그리고 기도하는 것이야말로 그들을 그렇게 만드는 한 가지 방법인 것이다.

플루타르크(Plutarch)는 그의 『간결한 경구』(*Laconic Apophthegms*)에서 아리스토(Aristo)에 대해서 다음과 같이 쓰고 있다. 누군가 클레오메네스(Cleomenes)가 "선한 왕은 어떻게 행해야 하는가"라는 질문을 받고 "친구에게는 선히 대하고 원수에게는 악하게 대하라"라고 답했다는 말을 하면서 그것을 칭찬하자, 아리스토는 말하기를, "우리의 친구들에게 선을 행하고 우리 원수들을 친구로 만들라가 그보다 얼마나 더 좋으냐"라고 했다고 한다. 이것이야말로 숯불을 그 머리에 쌓아 놓는 것이다(롬 12:20).

여기서 원수를 사랑하라는 이 계명을 강화시켜 주는 두 가지 목적이 제시된다. 우리가 그렇게 하는 목적은 다음과 같다.

(1) 하나님 우리 아버지와 같이 되고자 함이다. "이같이 한즉 하늘에 계신 너희 아버지의 아들이 되리니, 너희가 그의 아들임을 스스로 입증하게 되리니." 더 나은 복사판을 만들 수 있을까? 그것은 가장 악한 원수들을 향한 사랑이 무한한 순결과 거룩함과 함께 어우러지는 복사판이다. 하나님은 그 해를 악인과 선인에게 비추시며 비를 의로운 자와 불의한 자에게 내려주신다(45절). 주목하라. 첫째로,

햇빛과 비는 세상에 임하는 큰 복으로서 하나님께로부터 오는 것이다. 빛을 비추는 것은 그의 해요, 비는 그가 보내시는 것이다. 그것들은 자연적으로나 우연히 오는 것이 아니라 하나님께로부터 오는 것이다. 둘째로, 일반 은총을 하나님의 선하심을 드러내는 증거로서 가치 있게 보아야 한다. 하나님은 일반 은총을 통해서 인류들에게 풍성히 은혜를 베푸시는 분이심을 보여주시는 것이다. 이런 호의가 없다면 인류는 지극히 비참해질 수밖에 없으며, 또한 그들은 그 은총의 지극히 작은 분량도 받을 자격이 전혀 없는 존재들인 것이다. 셋째로, 일반적인 섭리에서 나오는 이 은사들이 선인과 악인에게, 의로운 자나 불의한 자에게 차별이 없이 베풀어지므로, 우리 앞에 있는 것으로는 사랑도 미움도 알 수가 없고, 다만 우리 속에 있는 것으로만 알 수 있다. 우리 머리 위에 해가 비치는 것으로가 아니라, 의로운 해가 우리 마음속에 떠오르는 것으로 알 수 있는 것이다. 넷째로, 아무리 악한 자라도 금생의 위로거리들을 다른 이들과 똑같이 누린다. 그들이 그것들을 악용하고 그것들로 오히려 하나님을 대적하여 싸운다 할지라도 그것들이 그들에게 똑같이 베풀어진다는 사실은 하나님의 인내하심과 너그러우심을 보여주는 놀라운 실례가 아닐 수 없다. 하나님께서는 단 한 번 그의 해가 이스라엘 사람들의 거처에는 비치되 애굽 사람들에게 비치는 것을 금하신 적이 있다. 하나님은 날마다 그렇게 차별하실 수 있는 분이시다. 다섯째로, 그를 거역하는 악인에게 하나님께서 너그러이 은혜를 베푸신다는 사실에서 우리는 우리를 미워하는 자들에게 선을 행하기를 배워야 한다. 특히 우리에게 하나님을 거스르는 육신적인 본성이 있는데도 불구하고 우리가 그의 너그러움을 누린다는 것을 생각하고서, 더욱더 그렇게 행해야 할 것이다. 여섯째로, 그를 닮기에, 특히 그의 선하심을 닮기에 힘쓰는 자들만이 하나님의 자녀로 영접을 받게 될 것이다.

(2) 남보다 더하고자 함이다(46, 47절). 첫째로, 세리도 그 친구들을 사랑한다. 그들은 본성적으로 그렇게 하는 성향이 있고, 그렇게 하게 하는 관심이 그들에게 있다. 우리에게 선을 행하는 자들에게 선을 행하는 것은 인간성의 공통적인 규범이요, 심지어 유대인들이 미워하고 멸시하는 그들도 그렇게 행하여 그들이 좋은 사람이라는 증거를 드러내는 것이다. 세리는 그리 평판이 좋은 사람들이 아니었다. 그런데도 그들은 그들을 도와준 자들에게 감사할 줄 알았고, 그들을 후원해 주는 자들에게 정중히 대하였다. 그런데 우리가 그들보다 나을 것이

없단 말인가? 그렇게 행함으로써 우리 자신을 섬기며 우리 자신의 이익을 추구한다. 그렇다면, 하나님을 생각하고 의무를 생각하여 우리의 본성적인 성향과 세상적인 관심사에 따라 행하는 것 이상으로 행하는 것이 없다면 과연 무슨 상을 기대할 수 있겠는가? 둘째로, 그러므로 그들보다 낫기 위해서 우리 원수들을 사랑하여야 한다. 우리가 서기관과 바리새인보다도 더 나아야 한다면, 세리보다는 훨씬 더 나아야 하는 것이다. 주목하라. 기독교는 단순한 박애주의보다 더한 것이다. 다음과 같은 질문은 아주 심각한 질문으로, 우리 스스로 자주 반문해야 하는 것이다: "우리가 남보다 더하는 것이 무엇이냐? 우리가 무슨 훌륭한 일을 행하는가? 우리는 남보다 더 많이 알며, 남보다 하나님의 일에 대해 말도 더 많이 하며, 남보다 더 많이 고백하고 약속했다. 하나님께서 우리를 위해서 더 많이 행하셨으니 남보다 우리에게서 더 많은 것을 기대하시는 것이 당연하다. 하나님의 영광이 남보다 우리에게서 더 문제가 된다. 그런데 우리가 남보다 더하는 것이 무엇이냐? 우리가 과연 어떤 점에서 이 세상의 자녀들보다 더 높은 삶을 살고 있는가? 우리가 속되지 않은가, 그리고 그리스도인의 성품 이하의 삶을 살고 있지는 않은가? 우리는 특히 다음과 같은 점에서 남보다 더하는 것이 있어야 한다. 즉 누구나 선을 선으로 갚을 것이나 우리는 악을 선으로 갚아야 하며, 그렇게 하면 대부분의 사람들이 행동하는 원칙보나 너 높고 고상한 원칙에 합당한 모습을 보일 것이다. 님들은 형세에세 무안하며, 사기 파에 속한 사람이나 길과 생각이 같은 사람들을 반갑게 맞는다. 그러나 우리는 시야를 그렇게 제한시켜서는 안 되고, 우리의 원수를 사랑하여야 한다. 그렇지 않으면 우리에게 무슨 상이 있으리요? 세리의 덕스러운 모습 이상으로 더 높이 오르지 않고서는 우리가 그리스도인에게 주어지는 상을 기대할 수가 없는 것이다." 주목하라. 남보다 더 높은 상을 받을 것을 스스로 약속하는 자들은 남보다 더하기를 힘써야 하는 법이다.

마지막으로, 우리 주님은 다음과 같은 권면으로 이 주제를 결론지으신다: 그러므로 하늘에 계신 너희 아버지의 온전하심과 같이 너희도 온전하라(48절). 이는 다음과 같은 의미로 이해할 수 있을 것이다. 1. 일반적인 의미로, 우리가 모든 면에서 사랑하는 자녀답게 하나님을 따르는 자들이 되어야 한다는 뜻으로. 주목하라. 은혜와 거룩함 가운데서 완전을 사모하며 그것을 목적으로 삼고 힘써 나아가는 것이 그리스도인들의 의무다(빌 3:12-14). 그리고 바로 이 점에서 우리 자신을 하늘 아버지의 모범에 일치시키기를 힘써야 하는 것이다(벧전 1:15, 16). 혹은, 2. 바로 앞에서 언급된 대로. 원수에게 선을 행하는 이 문제에서 구체적으로 아버지 하나님을 닮아야 한다는 뜻으로 볼 수도 있을 것이다(눅 6:36을 보라). 해 받으신 것을 용서하시고 외인을 영접하시며, 악한 자와 감사치 않는 자들에게 선을 행하시는 것이 하나님의 온전하심이니, 우리도 그와 같이 그렇게 되어야 할 것이다. 우리의 모든 것을 하나님의 너그러우심 덕분에 누리고 있으니, 마땅히 할 수 있는 대로 그의 너그러우심을 그대로 본받아야 할 것이다.

제
— 6 —
장

개요

그리스도께서는 앞 장에서, 특히 율법의 해설(이를 그들의 누룩이라 부르신다, 16:12)에서 드러나는 바 서기관들과 바리새인들의 부패한 가르침과 사고들에 대해서 그의 제자들을 무장시키신 다음, 이 장에서는 그들의 부패한 행위에 대하여, 특히 그들의 두 가지 죄를 경계하신다. 그들은 자기들의 가르침으로는 그 정당성을 입증하지 못하면서도 행위로 항상 악을 범하며 심지어 그들을 따르는 자들에게 그것들을 권장하기까지 하는데, 곧 외식(外飾)과 세상적인 마음(worldly-mindedness)이 그것이다. 모든 죄들 가운데서도 이 죄들이야말로 입으로 신앙을 이야기하는 자들이 가장 경계해야 할 것들이다. 정욕을 통하여 생겨나는 더 큰 오염을 피한 자들도 이 죄들에 빠지기가 너무나도 쉽고, 따라서 위험천만하기 때문이다. 여기서 우리는 다음과 같은 사항에 대해 경계를 받는다. I. 외식에 대해서. 우리는 외식하는 자들과 같아서도, 그들처럼 행동해서도 안 된다. 1. 구제에서(1-4절). 2. 기도에서(5-8절). 여기서 무엇을 기도하며 어떻게 기노할지에 대해(9-13절), 또한 기도로 용서해야 하는 사실에 대해 배우게 된다(14, 15절). 3. 금식에서(16-18절). II. 세상적인 마음에 대해서. 1. 보물에서. 이것은 외식하는 자들을 망치는 죄악이다(19-24절). 2. 염려에서. 이는 많은 선한 그리스도인들이 범하는 불안하게 하는 죄다(25-34절).

[1]사람에게 보이려고 그들 앞에서 **너희** 의를 행하지 않도록 주의하라 그리하지 아니하면 하늘에 계신 **너희** 아버지께 상을 받지 못하느니라 [2]그러므로 구제할 때에 외식하는 자가 사람에게서 영광을 받으려고 회당과 거리에서 하는 것 같이 **너희** 앞에 나팔을 불지 말라 진실로 **너희**에게 이르노니 그들은 자기 상을 이미 받았느니라 [3]**너는** 구제할 때에 오른손이 하는 것을 왼손이 모르게 하여 [4]네 구제함을 은밀하게 하라 은밀한 중에 보시는 **너의** 아버지께서 갚으시리라

마음의 죄와 마음의 간음과 마음의 살인을 피하는 데에서 서기관과 바리새인들보다 나아야 하는 것처럼, 행하는 바를 내적인 생명 있는 원리에 따

라서 함으로써 — 사람의 칭찬이 아니라 하나님의 인정하심을 받고자 하여 — 마음의 신앙을 계속 유지해 가는 데에서도 그래야 한다. 바리새인들의 가르침은 물론 그들의 누룩인 외식을 경계해야 한다(눅 12:1). 구제, 기도, 그리고 금식은 그리스도인의 세 가지 큰 의무들이다. 아라비아인들은 이것들이 율법의 세 가지 초석이라고 말한다. 이것들을 통해서 하나님께 충성과 섬김을 행한다. 기도는 우리의 영혼으로 그를 섬기는 것이요, 금식은 우리의 몸으로 그를 섬기는 것이요, 구제는 우리의 재물로 그를 섬기는 것이다. 이렇게 해서 우리는 악에서 떠나는 것은 물론 선을 행해야 하며, 또한 잘 행해야 하며, 그렇게 영원토록 거해야 한다.

이 구절들에서 우리는 구제와 관련한 외식에 대해 경계를 받는다. 이를 주의하라. 주께서 우리더러 주의하라고 명하신다는 사실은 곧 그것이 죄임을 시사한다. 1. 우리가 이에 빠질 위험이 크다. 이것은 매우 교묘한 죄다. 우리가 미처 깨닫기도 전에 허영심이 우리 속에 스며드는 것이다.

제자들은 많은 기이한 일들을 행하는 능력이 있었으므로 그 능력으로 인하여 유혹을 받았을 것이고, 또한 그들을 흠모하는 자들과 또한 그들을 멸시하는 자들과 함께 살고 있었으므로, 그 두 부류의 사람들 모두에게 겉으로 그럴 듯하게 보이고자 하는 유혹이 그들에게 있었을 것이다. 2. 그 죄로 인하여 우리가 큰 위험에 빠지게 된다. 외식을 주의하라. 그것이 너희를 지배하게 되면, 그것이 너희를 망치게 될 것이다. 값진 향유가 들어 있는 통을 죽은 파리 한 마리가 완전히 망치는 법이다.

여기서 주님은 두 가지를 상정하신다.

I. 구제는 큰 의무요, 그리스도의 제자들이라면 누구나 자기 능력에 따라 풍성히 행하여야 할 의무다. 본성의 법도, 모세의 율법도 이를 규정하고 있고, 선지자들도 이를 크게 강조하고 있다. 여러 고대의 사본들이 여기서 텐 엘레모수멘(너희의 구제)을 텐 디카이오수넨(너희의 의)으로 읽는다(한글 개역개정판은 후자를 따른다: 역자주). 구제가 의이기 때문이다(시 112:9; 잠 10:2). 유대인들은 가난한 자가 구걸을 위하여 내미는 상자(box)를 의(義)의 상자라 불렀다. 가난한 자에게 베풀어지는 것을 가리켜 그들이 마땅히 받을 것이라고 한다(잠 3:27). 외식하는 자들이 자기들의 교만을 채우기 위해 악용한다고 해서 그 의무의 필수성이 덜해지는 것도 아니요 그 의무의 고귀함이 떨어지는 것도 아니다.

미신적인 교황주의자들이 사랑의 행위를 공로로 여긴다고 해도, 그런 선행에 인색한 탐욕스런 개신교도에게 그것이 빌미가 되지는 않을 것이다. 물론 우리의 구제 행위가 천국에 들어가게 할 만한 가치가 있는 것이 아닌 것은 사실이다. 그러나 그 행위가 없이는 천국에 갈 수 없다는 것도 똑같이 사실이다. 그것이 정결하고 더러움이 없는 경건이요(약 1:27), 마지막 그 큰 날에 그것이 테스트가 될 것이다. 여기서 그리스도께서는 그의 제자들이 구제를 하고 있다는 것을 전제로 하시니, 구제를 하지 않는 자들은 그의 백성이 될 수 없을 것이다.

II. 구제는 거기에 큰 상이 주어지는 의무다. 그러나 외식으로 구제를 행하면 그 상을 잃게 된다. 이에 대한 상은 때로는 세속적인 것들로 풍성하게 받기도 하고(잠 11:24, 25; 19:17), 궁핍으로부터 안전을 얻기도 하며(잠 28:27; 시 37:21, 25), 환난에서 구원받기도 하며(시 41:1, 2), 존귀와 선한 이름을 받기도 하는데(시 112:9), 이는 그것들을 가장 적게 탐하는 자들에게 주어질 것이다. 그러나, 이에 대한 궁극적인 상은 의인의 부활에서(눅 14:14), 영원한 복락에서 주어질 것이다. "네가 베풀어주는 부가 네가 언제나 간직할 유일한 재산이리라"(마르티알리스).

이것을 전제하고, 다음을 관찰하라.

1. 이 의무와 관련한 **외식하는 자들의 행위.** 그들이 이를 실천한 것은 사실이다. 그러나 그들은 하나님에 대한 순종이니 사람에 대한 사랑의 원리에 근거해서가 아니라, 교만과 허영심에서 그렇게 한 것이며, 불쌍한 자들에 대한 연민에서가 아니라 순전히 스스로 선한 사람으로 칭찬을 받고 사람들에게 높이 기림을 받고, 그리하여 자기들이 노력한 것보다 훨씬 더 큰 것을 얻고자 하여 겉모양으로만 그렇게 한 것이다. 이런 의도를 가지고서 그들은 사람들이 많이 모이는 회당과 거리에서 구제를 하였다. 사람들은 그들의 자비로운 구제 행위에 박수를 보내지만, 그들의 가증스런 교만을 분별해 내지를 못했던 것이다. 아마도 가난한 자들을 위하여 헌금하는 일이 회당에 있었을 것이고, 보통 거지들이 거리와 큰 길가에 즐비하게 있었을 것이며, 이처럼 대중 앞에 드러날 경우에 그들은 보란 듯이 구제를 행했을 것이다. 사람들이 우리를 볼 때에 구제하는 것이 불법이라는 뜻은 아니다. 그렇게 할 수도 있다. 그러나 사람들이 우리를 보도록 하기 위해서 구제하는 일은 있어서는 안 된다. 우리는 오히려 겉으로 잘 드러나지 않는 경우를 구제의 대상으로 선택하여야 할 것이다. 외식하는 자들은 혹시

자기 집에서 구제를 할 경우에는, 구제물을 받을 가난한 자들을 불러모은다는 구실로 나팔을 불었다. 그러나 사실은 그들의 구제 행위를 선전하고 사람들의 주의를 끌어 모으며, 자기들의 일을 화제로 삼게 만들려고 그렇게 했던 것이다.

그리스도께서는 바로 이런 처신에 대해서 크게 경고하신다: 진실로 너희에게 이르노니 그들은 자기 상을 이미 받았느니라(2절). 언뜻 보면 이것이 하나의 약속인 것처럼 보인다. 그들이 자기 상을 이미 받았다면 그들이 충족히 받은 것이 아닌가? 그러나 두 가지 점에서 그것은 약속이 아니라 하나의 경고다.

(1) 그것이 상인 것은 사실이나 그들의 상이다. 즉 선을 행하는 자들에게 하나님이 약속하시는 그런 상이 아니라, 그들 스스로 자기들에게 약속하는 상이요, 그 상은 초라하기 짝이 없는 상이다. 그들은 사람에게 보이려고 그런 일을 행했고, 사람들에게 자기들의 모습을 보였다. 그들은 스스로 착각을 선택하여 그것으로 자기들 스스로를 속인 것이요, 결국 그들이 선택한 그것을 받게 될 것이다. 겉으로는 신앙을 고백하면서도 속에는 세상적인 마음이 가득한 자들은 하나님께 승진, 명예, 부귀 등을 요구하며 그런 것들로 배를 불리게 될 것이다(시 17:14). 그러나 그런 사람들은 그 이상은 결코 기대해서는 안 된다. 그것들이 그들의 위로요(눅 6:24), 그들의 선한 것(눅 16:25)이요, 따라서 이것들 이상은 아무것도 얻지 못할 것이다. "네가 나와 한 데나리온의 약속을 하지 아니하였느냐(20:13)? 그러니 네가 한 데나리온을 얻었으면 그것으로 족하도다."

(2) 그것이 상인 것은 사실이나, 그것은 현재의 상이요 그들이 이미 받은 상이며, 따라서 그들은 더 이상 미래에 받을 것이 남아 있지 않다. 하나님께로부터 받을 것을 이미 다 받았다. 금생에 이미 상을 받았으니, 내생을 위해서는 아무런 소망이 없는 것이다. 아페쿠시 톤 미스톤. 이는 완전히 다 받은 것을 뜻한다. 경건한 자들이 금생에서 받는 상은 전체의 상 중의 일부에 불과하다. 훨씬 더 많은 것이 남아 있는 것이다. 그러나 외식하는 자들의 경우는 이 세상에서 모든 것을 다 받는 것이요, 그들이 당할 운명 역시 마찬가지다. 그들 스스로가 그렇게 결정지은 것이다. 성도들에게 세상은 예비적인 것이요, 요컨대 쓸 돈과 같은 것이다. 그러나 외식하는 자들에게 세상은 완전한 지불이며, 그들이 받을 몫은 그것으로 끝나는 것이다.

2. 이 의무에 관한 우리 주 예수님의 교훈(3, 4절). 스스로 겸손의 모범이신 주께서는 다음과 같은 지침이 구제 행위가 하나님께 받아들여지는 데에 절대적

으로 필수적임을 제자들에게 분명히 단언하신다: "너는 구제할 때에 오른손이 하는 것을 왼손이 모르게 하라." 이는 어쩌면 고르반을 내어놓거나 혹은 구제물을 넣는 통에 자의로 헌금을 넣는 것을 암시하는 것일지도 모른다. 그 통이 성전 입구의 오른쪽에 있어서 오른손으로 헌금을 집어넣었던 것이다. 혹은 오른손으로 구제한다는 것은 그 일을 위한 기꺼운 마음과 결심을 암시하는 것일지도 모른다. 그렇다면 이는 어색하게 하거나 혹은 악한 의도로 하지 않고 아주 능숙하게 한다는 의미일 것이다. 가난한 자들을 일으켜 세우고, 그들을 위해 편지를 쓰며, 그들의 상처를 싸매는 등, 그저 구제물을 주는 것 외에 다른 방법들로 그들을 돕는 일이 오른손으로 행해졌을 수도 있을 것이다. 그러나, "오른손이 가난한 자들에게 어떤 친절을 베풀든 간에 왼손이 모르게 하라. 할 수 있는 만큼 그것을 감추라. 그것을 사사로이 행하도록 부지런히 힘쓰라. 구제를 하되, 그 일이 네게 좋은 명성을 가져다주기 때문에 그 일을 하지 말고, 그 일이 선한 일이기 때문에 행하여라." "모든 행위에서 우리는 (우리의 행위를) 바라보는 사람이 아니라 대상을 생각하여야 하고, 거기서 영향을 받아야 한다"(키케로).

이는 다음과 같은 점들을 시사한다. (1) 우리가 행하는 일을 다른 사람이, 우리 왼쪽 아주 가까이 서 있는 사람들이 알게 하지 말아야 한다. 그들에게 알리지 말고, 할 수 있다면 그 일을 드러내지 말라. 그 일을 알리기를 원치 않는 모습을 보여서, 혹시 그 일이 알려지더라도 그 일을 안 사람이 그 일이 더 이상 널리 퍼져나가지 않도록 스스로 조심하게 만들라. (2) 우리 자신도 그 일을 지나치게 유념하지 말아야 한다. 왼손은 우리 자신의 일부다. 우리가 행하는 선한 일을 우리 스스로 지나치게 주시하고, 우리 스스로 자화자찬하지 않도록 조심해야 한다. 스스로 우쭐해지며, 스스로 안일에 빠지며, 우리 자신의 그림자를 흠모하는 일은 교만의 일부로서 사람들 앞에서 자기를 드러내며 체하는 허영심만큼이나 위험한 것이다. 다른 이들은 그들의 선행을 기억하고 그들을 존귀히 여기는데, 정작 그 일을 행한 당사자들은 이미 그 일을 잊어버린 자들이 있는 것이다: 우리가 어느 때에 주께서 주리신 것을 보고 음식을 대접하였으며 목마른 것을 보고 마시게 하였나이까(25:37)?

3. 구제하는 일에 그렇게 신실하며 겸손한 자들을 향한 약속. 네 구제함을 은밀하게 하라. 그리하면 은밀한 중에 보시는 너의 아버지께서 그것들을 보실 것이다. 주목하라. 우리의 선행들을 우리 스스로 주목하지 않으면, 하나님께서 그것들을

상세히 주목하신다. 우리가 듣지 못할 때에도 하나님께서 우리에게 행해지는 악담들을 들으시듯이(시 38:14, 15), 우리가 보지 않더라도 그는 우리가 행하는 선행을 보시는 것이다. 하나님께서 은밀한 중에 보신다는 것은 외식하는 자들에게는 끔찍한 일이요 신실한 그리스도인들에게는 큰 위로가 된다. 그러나 이것만이 아니다. 하나님께서는 보시고 칭찬하실 뿐 아니라 그 일을 보상하신다. 너의 아버지께서 갚으시리라. 주목하라. 구제할 때에 하나님께 인정받기를 힘쓰는 자에게 하나님은 보상하시는 주(主)로서 대하신다. 외식하는 자들은 그림자만을 잡을 뿐이나, 의인은 실체를 분명히 부여잡는 것이다. 이 점이 얼마나 강조되고 있는가를 보라. 너의 아버지께서 친히 갚으시리라(한글 개역개정판에는 "친히"가 없음: 역자주). 그가 친히 상 주시는 이가 되실 것이다(히 11:6). 오로지 그가 상을 베푸실 것이다. 아니 하나님께서 친히 상이 되실 것이요, 지극히 큰 상급이 되실 것이다(창 15:1). 그가 네 아버지로서, 종에게 오로지 그가 번 것만을 주는 주인으로서가 아니라, 자기를 섬기는 아들에게 인색함이 없이 풍성히 더 베풀어주는 아버지로서 네게 상을 주실 것이다. 아니, 그가 상을 베푸시되 공개적으로 그렇게 하실 것이다. 금생에서는 아니더라도 그 큰 날이 오면, 각 사람이 하나님을 찬송할 것이요, 사람들 앞에서 네가 칭송을 받으리라. 선행이 공개적으로 행해지지 않으나, 그보다 더 나은 상급이 공개적으로 베풀어질 것이다.

5또 너희는 기도할 때에 외식하는 자와 같이 하지 말라 그들은 사람에게 보이려고 회당과 큰 거리 어귀에 서서 기도하기를 좋아하느니라 내가 진실로 너희에게 이르노니 그들은 자기 상을 이미 받았느니라 6너는 기도할 때에 네 골방에 들어가 문을 닫고 은밀한 중에 계신 네 아버지께 기도하라 은밀한 중에 보시는 네 아버지께서 갚으시리라 7또 기도할 때에 이방인과 같이 중언부언하지 말라 그들은 말을 많이 하여야 들으실 줄 생각하느니라 8그러므로 그들을 본받지 말라 구하기 전에 너희에게 있어야 할 것을 하나님 너희 아버지께서 아시느니라

기도의 문제에 있어서는 구제의 경우보다 더 직접적으로 하나님을 대하게 되며, 따라서 기도할 때에는 더욱더 순전해야 하는데, 여기서 주님은 바로 이 문제에 대해 말씀하신다. 또 너희는 기도할 때에(5절). 그리스도의 모든 제자들이 기도한다는 것이 당연한 사실로 전제되고 있다. 바울도 회심하자마자 기

도하였다: 그가 기도하는 중이니라(행 9:11). 살아 있는 사람이 숨을 쉬지 않는 것을 볼 수 없듯이, 살아 있는 그리스도인이라면 누구든지 기도하는 법이다. 이로 말미암아 경건한 자는 주를 만날 기회를 얻어서 주께 기도할지라(시 32:6). 기도가 없으면, 은혜도 없다. 또 너희는 기도할 때에 외식하는 자와 같이 하지 말라(5절). 주목하라. 외식하는 자들의 행위와 방법대로 행하지 않는 사람들은 그들의 모습이나 기질도 외식하는 자들과는 달라야 한다. 주님은 여기서 아무도 거명하지 않으신다. 그러나 23:13을 보면, 여기서 외식하는 자란 특히 서기관과 바리새인들을 의미하는 것으로 볼 수 있다.

여기서 주님은 기도와 관련하여 그들이 범한 두 가지 큰 과오에 대해서 우리에게 경계하시는데, 곧 헛된 영광(5, 6절)과 헛된 반복(7, 8절)이 그것이다.

I. 우리는 기도할 때에 교만해서도 안 되며 헛된 영광을 구해서도 안 되며, 사람의 칭찬을 목표로 삼아서도 안 된다.   여기서 다음을 관찰하라.

1. 외식하는 자들의 방법과 행위. 분명히 드러나는 것은, 경건을 위한 모든 활동에서 그들이 목표로 삼은 가장 주요한 것은 바로 이웃들에게서 칭찬을 받는 것이었고, 그리하여 자기들 스스로 관심을 얻는 것이었다는 것이다. 기도를 통해서 높이 올라가는 것처럼 보이면서도(올바른 기도라면, 영혼이 하나님을 향하여 올라가는 것이다), 그들의 시선은 아래를 향하였고, 그들의 먹이를 향하였다. 관찰하라.

(1) 그들이 경건 활동을 위해서 택한 장소들. 그들은 회당에서 기도하였다. 공적인 기도는 회당에서 하는 것이 적절했으나, 개인적인 기도는 그렇지 않았다. 그들은 회당에서 기도함으로써 자기들이 집회의 장소를 존귀하게 여기는 체하였으나, 사실은 자기들 자신을 존귀하게 보일 의도를 갖고 그렇게 했던 것이다. 그들은 사람들이 많이 다니는 큰 거리 어귀에서 기도하였다. 마치 도무지 지체할 수 없는 어떤 경건한 충동을 받기라도 한 것처럼 거기서 서서 기도하였으나, 사실은 사람들의 주목을 받기 위해서 그렇게 했다. 두 거리가 만나는 곳에서 기도하면 지나가는 사람들이 가까이에서 그들을 주목하게 되고, 그들의 말을 들을 수 있었던 것이다.

(2) 기도할 때에 그들이 취한 자세들. 그들은 서서 기도했다. 서서 기도하는 것은 합당하고도 적절한 자세다(막 11:25, 서서 기도할 때에). 그러나 무릎을 꿇는 것이 더 겸손하고 경건한 자세다(눅 22:41; 행 7:60; 엡 3:14). 그들이 서서 기

도한 것은 그들 스스로 자신에 대해 자부심과 신뢰가 있다는 것을 은연중에 드러내기 위함이었던 것 같다: 바리새인은 서서 따로 기도하여(눅 18:11).

(3) 이런 공공 장소들을 선택한 그들의 교만함. 이는 두 가지로 나타난다: [1] 그들은 거기서 기도하기를 좋아한다. 그들은 기도하는 일 그 자체를 좋아한 것이 아니라, 그것이 그들 자신이 사람들의 주목을 받을 기회를 제공해 줄 경우에 기도하기를 좋아한 것이다. 선행을 공개적으로 할 수밖에 없고, 그리하여 우리의 선행을 다른 사람들이 볼 수밖에 없는 상황도 있을 수 있다. 그러나 우리가 다른 사람들의 주목을 받게 되는 그런 상황을 좋아하고 기뻐하게 되면 그것은 죄요 위험천만한 것이다. [2] 그들은 **사람에게 보이려고** 그렇게 하였다. 하나님께서 기도를 받으시게 하기 위함이 아니라, 사람들이 우러러보며 박수를 치게 하기 위하여, 또한 그리하여 고아와 과부의 재물들을 손쉽게 손에 쥐게 되게 하기 위해서(그렇게 경건하게 기도하는 사람을 그 누가 신뢰하지 않았겠는가?), 또한 그 재물들을 얻고서 아무런 의심도 받지 않고 스스로 먹어치우고 (23:14) 백성들을 종처럼 부리고자 하는 그들의 공공연한 계획을 효과적으로 이루기 위하여 그렇게 한 것이다.

(4) 이 모든 일의 결과. 그들은 자기 상을 이미 받았느니라. 그들은 이런 봉사에 대하여 하나님께로부터 기대할 보상을 모두 받았다. 그런데 이 얼마나 초라한 보상인지 모른다. 우리 주님께서 우리에게, 잘 하였도다라고 말씀하시지 않는다면, 동료 된 종들이 아무리 좋은 말을 해 준다 한들 그것이 우리에게 무슨 소용이 있겠는가? 하나님과 우리 사이의 그 큰 관계 속에서 기도하면서 사람의 칭찬처럼 그렇게 하찮은 것을 염두에 둔다면, 그것이 우리가 받을 상의 전부라는 것이 당연한 것이다. 그들은 **사람에게 보이려고** 기도하였고, 그렇게 사람에게 보였으니 그것으로 그들에게 합당한 상을 받은 셈이다. 주목하라. 자기들의 신앙의 순전함을 보임으로써 하나님께 스스로 인정받기를 바라는 자들은 사람들의 칭찬을 염두에 둘 수밖에 없다. 그러나 우리는 사람에게 기도하는 것도 아니고, 그들에게서 응답을 기대하는 것도 아니다. 그들이 우리의 재판관들이 아니다. 그들은 우리 자신과 똑같이 그저 티끌이요 재에 불과한 존재들이다. 하나님과 우리의 영혼 사이에 오가는 것은 눈에 보이지 않아야 하는 것이다. 우리의 회당 예배에서, 우리는 우리의 개인적인 경건을 두드러지게 드러내는 성향이 있는 것은 무엇이든 피해야 한다. 공적인 장소는 사사로운 엄숙한 기도를

하기에는 적절치 못한 것이다.

2. 이에 대해 반대하시는 예수 그리스도의 뜻. 그리스도께서 우리에게 가르치시는 두 가지 큰 교훈은 바로 겸손과 신실함이다. 너희는 기도할 때에 이렇게 이렇게 하라(6절). 너희는 기도할 때에, 즉 너희 홀로, 너희 자신을 위하여 기도할 때에. 여기서 개인적인 기도가 그리스도의 모든 제자들의 의무와 실천으로 상정되고 있는 것이다. 다음을 관찰하라.

(1) 개인 기도에 관하여 제시하시는 지침들.

[1] 회당과 거리 어귀에서 기도하지 말고, 네 골방에 들어가 문을 닫고 홀로 기도하라. 이삭은 들로 나갔고(창 24:63), 그리스도께서는 산으로 가셨고, 베드로는 지붕 꼭대기에 올라갔다. 목적에 합당하다면 어느 곳이든 상관 없다. 주목하라. 은밀한 기도는 겉모양으로 드러내는 것을 피하도록 사람들이 보지 않게, 또한 산만해지지 않도록, 또한 자유로이 마음껏 기도하도록, 방해받지 않는 상태로 홀로 행하여야 한다. 그러나 주위의 이목을 피할 수 없는 상황이라고 해서 기도의 의무를 소홀히 해서는 안 된다. 기도의 의무를 준수하는 것보다 핑계를 대고 소홀히 하는 것이 더 큰 과오가 되기 때문이다.

[2] 사람에게 보이려고 기도하지 말고, 은밀한 중에 보시는 아버지께 기도하라. 나를 위하여, 나를 위하여 하라(슥 7:5, 6). 바리새인들은 하나님에게가 아니라 사람에게 기도하였다. 기도의 형식이 어떠했든 간에, 그들의 기도의 목적은 사람들의 박수를 받고 칭찬을 얻고자 하는 데 있었다. "자, 너희는 하나님께 기도할 것이요, 그것으로 만족하여라. 그를 아버지로, 네 아버지로 여기고 그에게 기도하라. 그가 기꺼이 들으시고 응답하시며, 너를 긍휼히 여기시고 도우시며 구하시리라. 은밀한 중에 보시는 네 아버지께 기도하라." 주목하라. 은밀한 기도에서 우리는 어느 곳에나 임재해 계시는 하나님께 시선을 집중시켜야 한다. 그는 너 이외에는 아무도 없는 네 골방에도 계신다. 그 골방에서 너 가까이 계셔서 네가 구하는 바를 들으시는 것이다. 은밀한 기도를 통해서 우리는 하나님의 보편적인 임재하심의 영광스러움을 찬송하는 것이요(행 17:24), 또한 그의 임재의 사실에서 위로를 얻을 수 있는 것이다.

(2) 은밀한 기도와 관련하여 주께서 우리에게 주시는 격려.

[1] 네 아버지께서 은밀한 중에 보신다. 사람의 눈이 너를 향하지도 않고, 사람이 네게 박수를 보내지 않아도, 그의 눈이 너를 향하시며 너를 받으신다. 그리

스도께서는 나다나엘에게, 네가 무화과나무 아래에 있을 때에 보았도다라고 말씀하셨다(요 1:48). 그는 바울이 직가라 하는 거리의 유다의 집에서 기도하는 것을 보셨다(행 9:11). 하나님께는 비밀도, 갑작스런 일도 없다. 그는 모든 것을 보시는 분이시다.

[2] 그가 공개적으로 갚으시리라. 공개적으로 기도하는 자들은 그들의 상을 이미 받았으나, 너는 은밀한 중에 기도하니 너는 상을 잃지 않으리라. 여기서 상이라 부르고 있으나, 그것은 하나님께서 지신 빚을 갚아 주신다는 의미가 아니라 은혜로 그것을 베풀어주시는 것을 뜻한다. 구걸하는 일이 과연 무슨 공로가 되겠는가? 그 상은 공개적으로 베풀어질 것이다. 그냥 상을 받는 것이 아니라 존귀하게 상을 받게 될 것이다. 공개적인 상은 외식하는 자들이 좋아하는 것이나 그들은 그것을 받기까지 기다릴 인내가 없다. 신실한 자들은 추호도 그것을 바라지 않으나, 그들에게 그것이 풍성하게 베풀어질 것이다. 때로는 이 세상에서 은밀한 기도들이 놀랍게 응답됨으로써 이 세상에서 그 기도가 공개적으로 상을 받기도 한다. 그리하여 원수들도 그렇게 기도하는 하나님의 백성들을 그 양심으로 생각하게 되는 것이다. 그러나, 저 마지막 큰 날에, 모든 기도하는 백성들이 그 위대하신 중보자와 함께 영광 중에 나타날 그 때에, 그들에게 공개적인 상이 주어질 것이다. 바리새인들은 온 마을 사람들 앞에서 상을 받았으나, 그것은 그저 섬광과 그림자에 지나지 않는 것이다. 참된 그리스도인들은 온 세상 앞에서, 천사들과 사람들 앞에서 상을 받을 것이요 그것은 무궁한 영광의 상이 될 것이다.

Ⅱ. 기도할 때에 중언부언하지 말아야 한다(7, 8절). 기도 생활이 영혼을 높이 들어올리며 마음을 쏟아 붓는 것에 있으나, 기도에서, 특히 공동으로 하는 기도에서, 무슨 말을 하느냐 하는 것도 중요한 문제다. 왜냐하면 기도에서는 말이 반드시 필요하며, 우리 주께서 특히 여기서 그 문제에 대해 말씀하시는 것 같기 때문이다. 앞에서는 너는 기도할 때에라고 하셨는데, 여기서는 너희는 기도할 때에(한글 개역개정판에는 "너희는"이 번역되어 있지 않음)라고 말씀하신다. 또한 그 다음에 이어지는 주기도는 공동으로 하는 기도인데, 공동 기도에서는 다른 사람들을 대표하여 기도하는 자의 편에서 자기 자신을 드러내며 뽐내는 언어와 표현을 사용할 위험이 큰데, 주님은 여기서 바로 이 점에 대해서 경계하시는 것이다. 혼자서 기도하든 혹은 다른 사람과 함께 기도하든 중언부언하지

말라. 바리새인들이 외식으로 길게 기도하였다(막 12:40). 그들은 기도를 길게 하는 데에만 온통 관심을 기울였던 것이다. 이제 다음을 관찰하라.

1. 주께서 여기서 책망하고 정죄하시는 과실은 과연 무엇인가. 곧, 기도의 의무를 그저 입술만의 수고로, 영혼의 봉사가 없는 그저 혀만의 봉사로 만들어 버리는 것이다. 여기서 이것이 바톨로기아와 톨릴로기아라는 두 단어로 표현되고 있다. (1) 중언(重言) ― 이는 똑같은 말들을 목적 없이 헛되이 계속 반복하는 것이요, 말을 많이 하는 우매한 자들처럼 하는 것인데(전 10:14), 이는 어떤 담화에서도 예의 없는 행위요 지겨운 것인데 하물며 하나님께 말씀하는 일에서야 어떠하겠는가? 여기서 주께서 정죄하시는 것은 기도에서 행해지는 모든 반복이 아니고, 헛된 반복이다. 그리스도께서도 기도하실 때에 간절한 마음과 열정으로 동일한 말씀을 반복하셨다(26:44; 눅 22:44). 다니엘도 그랬다(단 9:18, 19). 그리고 아주 세련되게 말을 반복하는 예도 있다(시 136편). 우리 자신의 간절한 마음을 표현하고 또한 다른 사람에게서도 간절한 마음을 일으키도록 하는 데에도 이런 반복법이 사용될 수 있을 것이다. 그러나 교황주의자들이 염주를 돌리며 아베마리아(Ave-Maria)나 파테르노스터(Paternosters) 등을 반복하여 중얼거리듯이 동일한 말을 미신적으로 반복하는 것이나, 혹은 그저 기도를 길게 하려는 목적으로나 아무런 간절함이 없으면서도 겉으로 간절한 것 같은 모양을 나타내 보이려고 같은 말을 무미건조하게 반복하는 행위 등은 여기서 정죄하는 중언에 속하는 것이다. 공연한 말을 많이 떠벌릴 때에는 목적에 합당한 말은 많이 할 수가 없으며, 하나님께나 모든 지혜로운 사람에게 이것은 지극히 불쾌한 것이다. (2) 부언(附言) ― 이는 교만이나 미신에서, 혹은 하나님께 우리의 논리를 알려드리거나 조목조목 제시해드려야 한다는 식의 생각에서나, 아니면 그저 어리석음과 경솔함에서든, 기도할 때에 말을 장황하게 하는 것을 가리킨다. 물론 길게 하는 기도라고 해서 모두 금지되는 것은 아니다. 그리스도께서는 밤새도록 기도하셨다(눅 6:12). 솔로몬의 기도도 긴 기도였다. 우리의 임무나 우리의 간절함이 특별할 경우에는 때때로 긴 기도가 필요하기도 하다. 여기서 정죄하시는 것은, 길게 기도하면 하나님께서 더 기뻐하시거나 하나님께서 더 잘 들으시는 것처럼 생각하여 무작정 기도를 길게 하는 것이다. 여기서 많이 기도하는 것을 정죄하시는 것이 아니다. 우리는 항상 기도해야 한다. 여기서 정죄하시는 것은 말이 많은 것이다. 말로는 기도를 하면서도 실제로 마음으

로 기도하지 않을 때에 이런 과오를 범할 위험이 있는 것이다. 솔로몬은 이에 대해서 마땅히 말을 적게 할 것이라고 교훈한다(전 5:2). 잘 생각하고 잘 가려서 말을 하라는 것이다. 말씀을 가지고(호 14:2), 말을 택하여 하며(욥 9:14), 마음에 떠오르는 대로 아무 말이나 막 해서는 안 되는 것이다.

2. 이에 대해서 주님은 무슨 이유들을 제시하시는가.

(1) 이것은 이방인들의 방식이다. 이방인과 같이. 이방인들이 자기들의 신들을 예배하듯이 그리스도인들이 그들의 하나님께 예배한다면 이는 전혀 어울리지 않는 것이다. 이방인들은 본성의 빛에 의하여 하나님을 예배해야 한다는 것을 가르침받았으나, 예배할 대상이 되시는 하나님에 관하여 그들의 생각이 허망하여졌으니, 예배의 방식에 대해서도 그렇게 된 것이 무리가 아니다. 그들은 하나님이 자기들과 똑같은 것으로 생각하여, 자기들이 여러 말로 설명해 주어야 이해하는 것처럼 하나님도 그러신 것으로 여기고, 혹은 하나님께서 자기들처럼 연약하고 무지하시므로 요구 사항을 관철하기 위해서는 여러 가지로 회유하여야만 되는 것으로 생각하는 것이다. 바알 선지자들은 이른 아침부터 밤늦게까지 계속해서 헛된 말을 반복하였다: 바알이여 우리에게 응답하소서. 이는 과연 헛되이 말을 반복하는 것에 불과했다. 그러나 엘리야는 진지하고도 침착한 태도로 아주 간결한 기도를 드렸고, 하늘로부터 불이 임하여 모든 것을 태우는 역사를 체험하였다(왕상 18:26, 36). 기도에서 입술의 수고가 아무리 크더라도 그것밖에 없다면, 그것은 헛된 수고일 뿐이다.

(2) "구하기 전에 너희에게 있어야 할 것을 하늘에 계신 너희 아버지께서 아시니, 말을 그렇게 많이 해야 할 이유가 없다. 그렇다고 해서 기도할 필요가 없는 것은 아니다. 하나님께서는 너희가 너희의 필요를 하나님께 구하며 그에게 의지할 것을 요구하시고, 그렇게 하여 그의 약속의 요건을 충족시키기를 원하시므로, 너희는 너희의 문제를 아뢰고 너희의 마음을 그 앞에 쏟아 붓고 그 문제를 그에게 맡겨야 하기 때문이다." 다음을 생각하라. [1] 우리가 기도를 아뢰는 그 하나님은 창조를 통해서, 언약을 통해서 우리의 아버지가 되시는 분이시며, 따라서 그에게 아뢰는 말씀은 쉽고도 자연스럽고 꾸밈이 없어야 한다. 자녀들은 무엇이 필요하여 부모에게 요구할 때에 장황한 말을 사용하지 않는다. 내 아버지여, 내 아버지여라는 말로 족한 것이다. 아버지께 나아가되, 자녀의 심정으로, 사랑과 경외와 의존의 자세로 나아가야 할 것이다. 그럴 때에는 많은 말이 필

요 없고, 양자 삼으시는 성령께서 가르치시는 대로 **아빠 아버지**로 족한 것이다 (롬 8:15). [2] 그는 우리의 사정을 다 아시며 우리의 필요를 우리보다 더 잘 아시는 아버지이시다. 그는 우리에게 필요한 것을 다 아시며, 그의 눈이 온 땅을 두루 감찰하사 그 백성의 필요한 것들을 아시는 분이시며(대하 16:9), 부르기 전에 주시며(사 65:24), 우리가 구하거나 생각하는 모든 것에 더 넘치도록 주시는 분이시다(엡 3:20). 그러니 그 백성들이 구하는 바를 주시지 않을 때에는, 그들에게 그것이 필요치 않거나 그들에게 유익이 되지 않는다는 것을 그가 아시기 때문이다. 이에 대해서 우리보다도 아버지께서 더 확실한 판단을 하시는 것이다. 우리의 사정을 아뢰는 데에 장황한 말을 써서 길게 기도할 필요가 없다. 그는 우리가 말로 설명하는 것보다도 그것을 더 잘 알고 계시는 것이다. 다만 그는 우리로부터 그 일에 대해서 듣기를 원하시며(내가 네게 무엇을 해주기를 바라느냐?) 그것이 무엇인지를 그에게 아뢰고 난 후에는, 주여 나의 모든 소원이 주 앞에 있나이다라고 그에게 고백해야 할 것이다(시 38:9). 하나님께서는 우리의 기도가 길거나, 언어로 인하여 기도를 받으시고 응답하시는 것이 결코 아니다. 가장 능력 있는 간구는 바로 말할 수 없는 탄식으로 행해지는 간구인 것이다(롬 8:26). 하나님께 무엇을 지시해서는(prescribe) 안 되고, 그에게 순복하여야 (subscribe) 하는 것이다.

9그러므로 **너희는** 이렇게 기도하라 하늘에 계신 우리 아버지여 이름이 거룩히 여김을 받으시오며 10나라가 임하시오며 뜻이 하늘에서 이루어진 것 같이 땅에서도 이루어지이다 11오늘 우리에게 일용할 양식을 주시옵고 우리가 우리에게 죄 지은 자를 사하여 준 것 같이 우리 죄를 사하여 주시옵고 13우리를 시험에 들게 하지 마시옵고 다만 악에서 구하시옵소서 (나라와 권세와 영광이 아버지께 영원히 있사옵나이다 아멘) 14**너희가** 사람의 잘못을 용서하면 **너희** 하늘 아버지께서도 **너희** 잘못을 용서하시려니와 15**너희가** 사람의 잘못을 용서하지 아니하면 **너희** 아버지께서도 너희 잘못을 용서하지 아니하시리라

잘못된 것을 정죄하신 후 그리스도께서는 바른 기도를 가르치신다. 지금까지 하신 그의 말씀은 교훈의 성격을 띤 책망이었다. 우리가 마땅히 기도할 바를 알지 못하기 때문에, 그는 여기서 기도에서 해야 할 말을 가르치심으

로써 우리의 연약함을 도우신다: 너희는 이렇게 기도하라(9절). 유대인들 사이에 기도의 의무와 관련하여 부패한 것들이 수없이 끼어들어 있었으므로, 그리스도께서는 일상적으로 기도할 문제와 또한 기도의 방식이 무엇인지를 가르치기 위하여 기도의 새로운 지침을 주시는 것이 필요하다고 여기신 것이다. 이는 기도의 한 형식으로 사용하기에 매우 합당한 내용으로서 갖가지 특수한 우리 기도의 내용들을 정리해 놓은 것이다. 언제나 오로지 이 형식만을 사용해야 한다는 뜻은 아니다. 우리의 다른 기도들을 거룩하게 만드는 데에 이 기도가 필요한 것도 아니다. 여기서 주님은 이런 방식으로, 이런 말들로, 혹은 이런 식으로 기도하라고 말씀하신다. 누가복음에 나타난 기도는 이것과 다르다. 사도들이 이 기도를 사용하는 것이 나타나지도 않는다. 그리스도의 이름으로 기도하라는 가르침도 이 기도에는 없다. 여기서 나라가 임하기를 기도하라고 배우게 되는데, 성령께서 부어지실 때에 그 나라가 이미 임하였다. 그러나, 그럼에도 불구하고 이 기도를 하나의 형식으로 기도하는 것이 매우 유익하며, 이 기도로 기도하는 것이 성도의 교제의 보증이 되기도 한다. 왜냐하면 (휘트비 박사에 따르면) 최소한 3세기 이후 시대마다 모든 교회가 이 기도를 사용해왔기 때문이다. 이 기도는 우리 주님의 기도요, 그가 작성하신 것이요, 그가 지정하신 기도다. 이 기도는 매우 간략하면서도 매우 포괄적이며, 기도에 있어서 우리의 연약함을 잘 돕는 것이다. 그 내용은 아주 필수적이며, 그 방법은 매우 교훈적이며, 그 표현은 매우 간단명료하다. 이 짧은 기도에는 많은 내용이 담겨 있으며, 또한 우리로서는 이 기도의 의미와 의의를 친숙하게 아는 것이 필수적이다. 이 기도를 사용하되 반드시 올바로 깨닫고서 사용해야 하며, 헛된 반복이 없이 사용해야 하기 때문이다.

주기도는 (사실 모든 기도가 다 그렇지만) 땅에서 하늘로 보내는 하나의 편지와도 같다. 편지의 제목이 있고, 이 편지를 받으시는 분(우리 아버지)이 계시고, 주소(하늘)가 있으며, 여러 가지 요구 사항이 담긴 본문이 있으며, 종지부(나라와 권세와 영광이 아버지께 영원히 있사옵나이다)가 있고, 인(印: 아멘)이 있으며, 심지어 날짜(오늘)도 있다.

이 기도는 세 부분으로 이루어져 있다.

I. 서두: 하늘에 계신 우리 아버지여. 본론으로 들어가기 전에 우리의 문제를 다 주관하시는 그를 향한 엄숙한 부름이 있어야 한다. 우리 아버지여. 이는 혼자

우리 자신을 위해 기도해야 할 뿐 아니라 동시에 다른 사람들과 함께 그들을 위하여도 기도해야 한다는 것을 시사한다. 우리는 함께 지체된 자들이요, 서로 간의 교제 속으로 부르심을 받은 자들이기 때문이다. 여기서 우리는 오직 하나님께만 기도해야 하고, 성인들이나 천사들에게 기도해서는 안 된다는 가르침을 받는다. 그들은 우리에 대해 무지한 자들이요, 우리의 기도를 받을 만큼 높은 존귀를 가진 자들이 아니며, 우리가 기대하는 그런 호의를 베풀 수도 없는 자들이기 때문이다. 또한 그 하나님을 어떻게 불러야 하며, 그에게 드려야 할 칭호가 어떤 것인지(그는 지엄한 재판장이 아니라 자비하신 아버지이시다)에 대해서도 배우게 된다. 우리는 은혜의 보좌 앞에 담대히 나아가야 하는 것이다.

1. 우리는 그를 우리 아버지라 불러야 한다. 그는 창조로 말미암아 온 인류 모두의 아버지이시다(말 2:10; 행 17:28). 그러나 그는 양자 삼으심과 중생으로 말미암아 특별한 방식으로 성도들에게 아버지가 되시니(엡 1:5; 갈 4:6), 이는 말할 수 없이 귀중한 특권이 아닐 수 없다. 그러므로 우리는 기도할 때에 그를 바라보아야 하고, 그에 대해 좋은 생각들을 가져야 한다. 하나님을 아버지로 부르는 것만큼 하나님을 기쁘시게 하고 우리에게 기쁨이 되는 것이 없는 것이다. 그리스도께서는 기도하실 때에 대부분 하나님을 아버지로 부르신다. 그가 우리의 아버지시라면, 연약한 중에 있는 우리를 긍휼히 여기실 것이요(시 103:13), 우리를 아끼실 것이요(말 3:17), 우리의 행위가 매우 걸림이 많으나 그것을 최상으로 받으실 것이요, 우리에게 좋은 것은 무엇이든 다 베푸실 것이다(눅 11:11-13). 우리는 마치 아버지를 대하듯이 그에게 담대히 나아가며, 또한 우리에게는 아버지 앞에서 대언자가 계시며, 양자 삼으시는 성령이 계시는 것이다. 우리 죄를 회개할 때에, 탕자가 그렇게 했듯이(눅 15:18; 렘 3:19) 하나님을 아버지로 바라보아야 한다. 또한 우리가 은혜와 평화와 자녀의 기업과 복을 구할 때에, 하나님께서 우리를 정죄하며 보응하는 재판장이 아니라 사랑과 은혜가 풍성하사 그리스도 안에서 우리와 화목하신 아버지이시라는 것이야말로 우리로 하여금 담대하게 그에게 나아가도록 용기를 주는 것이다(렘 3:4).

2. 우리 아버지께서 하늘에 계시니, 이는 어느 곳에나 계신 것이다. 하늘이 그를 가두어 둘 수 없기 때문이다. 그러나 동시에 하늘에 계시다는 것은 곧 거기서 그의 영광이 드러난다는 뜻이다. 하늘이 그의 보좌이기 때문이다(시 103:19). 또한 그 보좌는 신자들에게는 은혜의 보좌이며, 우리가 그 보좌를 향

하여 우리의 기도를 올리는 것이다. 중보자이신 그리스도께서 지금 하늘에 계시기 때문이다(히 8:1). 하늘은 눈에 보이지 않으며, 또한 영들의 세계다. 그러므로 기도로 하나님과 대화하는 일은 영적이어야 한다. 하늘은 높이 있으며, 따라서 기도에서 우리는 세상 위로 높이 올라가야 하며 우리 마음을 높이 올려야 한다(시 5:1). 하늘은 완전히 순결한 곳이니, 우리는 정결한 손을 높이 들어야 하고, 그의 이름을 거룩하게 하기에 힘써야 한다. 그는 거룩하신 자시요 거룩한 곳에 거하시기 때문이다(레 10:3). 하나님은 하늘로부터 인생들을 살피신다(시 33:13, 14). 그러므로 우리는 기도할 때에 우리를 바라보시는 그의 눈을 바라보아야 한다. 그는 우리의 모든 필요와 힘든 짐과 욕망들과 우리의 모든 연약한 것들을 완전하고도 명확하게 보고 계시는 것이다. 또한 하늘은 그가 모든 것을 바라보시는 곳이기도 하지만, 동시에 그의 권능의 궁창이기도 하다(시 150:1). 그는 아버지로서 우리가 구하고 생각하는 것 이상으로 우리를 도우실 수 있고 우리를 위하여 놀라운 일들을 행하시며 우리에게 모든 필요를 공급하실 수 있는 분이시다. 모든 온전한 선물이 다 위로부터 오기 때문이다(약 1:17). 그가 아버지이시니 우리가 담대함으로 그에게 나아갈 수 있는 것이다. 그러나 그것만이 아니다. 그는 하늘에 계신 아버지이시므로 우리는 경외의 자세로 그에게 나아가야 한다(전 5:2). 그러므로 우리의 모든 기도는, 그리스도인으로서 우리가 지닌 위대한 목표, 즉 하늘에서 하나님과 함께 있는 것과 일치해야 하는 것이다. 하나님과 하늘을 우리의 모든 삶의 목적으로 알아서 기도할 때마다 이를 구체적으로 바라보아야 한다. 우리 모두가 추구하는 모든 것의 중심이 바로 여기에 있는 것이다. 기도할 때에 우리는 우리가 지향하고 있음을 고백하는 그 곳으로 우리 자신을 보내는 것이다.

II. 간구. 여기서 여섯 가지 간구가 나타나는데, 처음 세 가지는 하나님과 그의 존귀에 좀 더 직접적으로 관계되며, 나중 세 가지는 우리의 육신적이며 영적인 관심사들과 관계되는 것들이다. 이는 십계명 중에 처음 네 가지는 하나님을 향한 우리의 의무를 가르치며, 나중 여섯 가지는 이웃을 향한 의무를 가르치는 것과도 유사하다. 이런 기도 방법은 먼저 하나님의 나라와 그의 의를 구하고 그 다음에 다른 모든 것을 더하실 것을 소망하여야 할 것을 가르쳐 준다(6:33).

1. 이름이 거룩히 여김을 받으시오며. 여기서 우리는 (1) 하나님께 영광을 돌린

다. 이를 간구로 보지 않고 하나님을 높이 우러르는 앙모(仰慕: adoration)로, 즉 주께서 높임을 받으시오며 영광을 받으옵소서라는 의미로 볼 수도 있을 것이다. 하나님의 거룩하심은 그의 모든 완전한 속성들의 위대함과 영광이기 때문이다. 우리는 하나님을 찬송하는 것으로 기도를 시작해야 하며, 먼저 그를 섬기는 것이 지극히 타당한 일이다. 하나님께로부터 자비와 은혜를 기대하기에 앞서서 먼저 그에게 영광을 돌려야 하는 것이다. 하나님의 완전하신 속성들에 대해 찬송을 돌리고, 그 다음에 그 속성들로부터 유익을 얻기를 바라야 할 것이다. (2) 우리의 목표를 고정시킨다. 우리가 지향하여야 할 올바른 목표는, 그리고 우리의 모든 간구들에서 가장 궁극적인 목표로 삼아야 할 것은, 바로 하나님이 영광을 받으시는 것이다. 다른 모든 간구 사항들은 바로 이 목표에 종속되어야 하며, 이 목표를 추구하는 것과 결부되는 것들이어야 한다. 곧, "아버지여, 내게 일용할 양식을 주시고 내 죄를 용서하시는 중에 친히 영광을 받으옵소서"라는 식이어야 한다. 만물이 그의 것이요 그로 말미암아 있으니, 모든 것이 그에게로 향하고 그를 위하여야 마땅한 것이다. 기도할 때에 우리의 생각과 감정이 하나님의 영광을 위하는 데에로 온전히 모아지고 그렇게 진행되어야 한다. 바리새인들은 자기들의 이름 높이기를 기도의 최고의 목표로 삼았으나(5절, 사람에게 보이려고), 이에 반하여 우리는 하나님의 이름 높이기를 우리의 최고의 목표로 삼도록 가르침받고 있는 것이다. 우리의 모든 간구 사항들이 이것을 중심으로 하고, 이것으로 통제를 받게 해야 할 것이다. "주의 이름의 영광을 위하여 이 일을 내게 행하소서. 그것이 주의 이름의 영광을 위한 것이라면, 이 일을 내게 행하소서." (3) 우리는 물론 다른 사람들도, 그리고 특히 하나님 자신이 하나님의 이름을, 즉 하나님 자신을 거룩하게 여기며 영광을 돌리기를 바라고 기도한다. "아버지여, 당신의 이름이 영광을 받으시오며, 아버지께서, 하늘에 계신 아버지께서 당신의 선하심과 높으심, 주의 위엄과 긍휼의 영광을 드러내시옵소서. 아버지의 이름이 거룩히 여김을 받으옵소서. 주의 이름은 거룩하옵니다. 우리의 오염된 이름이야 어떻게 되든 관계 없사오나, 주여, 주의 위대한 이름은 어떻게 하시겠나이까?" 하나님의 이름이 영광을 받으시기를 위하여 기도할 때에 우리는, [1] 지극히 합당한 일을 구하는 것이다. 우리가 바라든 바라지 않든 간에 하나님께서 그 자신의 이름을 거룩하게 하실 것이기 때문이다. 내가 뭇 나라 중에서 높임을 받으리라(시 46:10). [2] 반드시 응답을 받을 확신이 있는 일을 구하는 것이다. 그리스도께서 아버지여 아버지의 이름을 영화롭게 하옵소서라고 기도하시자, 즉시 내가 이미 영광스럽게 하였고 또다시 영광스럽게 하리라라는 응답이 있었다(요 12:28).

2. 나라가 임하시오며. 이 간구는, 그리스도께서 이 당시에 전하고 계셨고 또한 세례 요한이 그 전에 전했었고 후에 사도들을 보내사 전하게 하실 그 도리 ─ 천국이 가까이 왔느니라 ─ 와 관계되는 것이 분명하다. 하늘에 계신 너희 아버지의 나라가, 메시야의 나라가 가까이 왔으니 그 나라가 임하기를 위하여 기도하라는 뜻이다. 주목하라. 우리가 듣는 말씀을 기도로 전환시키며, 우리의 마음에 그 말씀이 메아리치도록 해야 한다. 그리스도께서는 진실로 내가 속히 오리라고 약속하시지 않았는가? 그렇다면 우리 마음으로 아멘 주여 오시옵소서라고 대답해야 할 것이다. 사역자들도 말씀에 근거하여 기도해야 한다. 하나님의 나라가 가까이 왔느니라라고 말씀을 선포할 때면, 동시에 아버지여 주의 나라가 임하시옵소서라고 기도해야 하는 것이다. 하나님께서 약속하신 것에 대해서 우리가 반드시 기도해야 한다. 약속이 베풀어진 것은 기도를 없애기 위함이 아니라 오히려 기도를 촉진시키고 격려하기 위함이다. 그러므로 약속의 성취가 가까이 와 있을 때에는, 천국이 가까이 와 있을 때에는 그것을 위하여, 나라가 임하시오며 라고 더욱 간절히 기도해야 하는 것이다. 다니엘은 이스라엘의 구원과 회복의 때가 가까이 왔다는 것을 깨닫고서 엎드려 그 일을 위하여 기도하였다(단 9:2). 눅 19:11을 보라. 유대인들은 날마다 하나님께 기도하기를, 그의 나라가 통치하게 하시며, 그의 구속이 흥왕하게 하시고, 그의 메시야가 임하사 그 백성을 구원하게 하소서라고 하였다. "주의 나라가 임하시오며, 복음이 모두에게 전파되고 모두에게 받아들여지게 하시오며, 모두가 하나님께서 그의 아들에 관하여 그의 말씀 속에 계시하신 기록을 받아들이게 하시며, 또한 그를 구주와 주권자로 받아들이게 하소서. 복음 교회의 영역이 넓혀지게 하시고, 세상 나라가 그리스도의 나라가 되게 하시며, 만인이 그 나라의 백성이 되게 하시며, 그 나라의 백성다운 성품으로 살게 하소서"

3. 뜻이 하늘에서 이루어진 것 같이 땅에서도 이루어지이다. 우리는 하나님의 나라가 임하여 우리와 다른 이들이 그 나라의 모든 법과 규례에 복종하게 되기를 위하여 기도한다. 이로써 그리스도의 나라가 임하였다는 것이 드러나게 하소서, 하나님의 뜻이 이루어지이다. 그리고 이로써 그 나라가 천국으로 임하였음

이 드러나게 하시며, 이로써 땅 위에 하늘이 임하게 하소서. 만일 우리가 그리스도를 왕이라 부르면서 그의 뜻을 행하지 않는다면, 그리스도를 그저 이름뿐인 군주로 만드는 것일 것이다. 그러므로, 그가 우리를 다스리시기를 기도한 후에, 우리는 다시 모든 일에서 우리가 그에게 다스림을 받게 해 주시기를 기도하는 것이다. 관찰하라. (1) 기도의 내용: 주의 뜻이 이루어지이다. "주여 나와 내 것에 대해 주께서 기뻐하시는 대로 행하소서(삼상 3:18). 내 자신을 주께 내어놓사오니, 나에 대하여 주의 모든 뜻대로 행하시옵소서. 내가 완전히 만족하리이다." 그리스도는 나의 원대로 마시옵고 아버지의 원대로 하옵소서(26:42)라고 기도하셨는데, 이것이 바로 이런 의미였다. "나를 구비하게 하사 나로 주께서 기뻐하시는 일을 행하게 하소서. 주의 뜻을 아는 바른 지식을 갖고 또한 그것에 합당하게 복종하기에 필요한 은혜를 내게 주소서. 나와 다른 이들이 주의 뜻을 양심적으로 행하게 하소서. 우리 자신의 뜻도, 육신의 뜻도, 사람의 뜻도(벧전 4:2), 사탄의 뜻도 물리치게 하사(요 8:44), 무슨 일이든 하나님을 불쾌하시게 하는 일을 행하지 않게 하시며(ut nihil nostrum displiceat Deo), 하나님께서 무슨 일을 행하시든 우리가 그것을 불쾌하게 여기지 않게 하소서(ut nihil Dei displiceat nobis)." (2) 그 이루어지는 방식: 안식과 기쁨의 장소인 하늘에서 이루어진 것 같이 땅에서도, 곧 우리가 시련과 시험을 당하는 바로 그 현장에서도(우리의 일이 행해지는 그 곳에서도) 이루어지이다. 하나님의 뜻을 준행함으로써 이 땅이(곧, 사탄의 뜻이 횡행하여 거의 지옥과 흡사하게 되어 버린 이 땅이) 더욱 하늘과 같이 되게 해 주시기를 기도하며, 또한 성도들이 헌신과 순종으로 좀 더 거룩한 천사들과 같이 되게 해 주시기를 기도하는 것이다. 우리는 땅 아래 있지 않고 땅에 있다. 우리는 적막한 데로 내려간 죽은 자들(시 115:17)을 위해서 기도하지 않고, 오직 산 자를 위해 기도하는 것이다.

4. 오늘 우리에게 일용할 양식을 주시옵고. 이 세상에서의 영적인 복지를 위해서는 우리의 육신적인 삶이 필수적이므로, 하나님의 영광과 나라와 뜻에 관한 일들에 대해 기도한 다음, 현재의 삶에 필수적인 것들을 위해 기도한다. 이것들은 하나님의 선물이므로 그에게 구하여야 마땅한 것이다. 톤 아르톤 에피우시온 — 다가오는 날을 위한 떡. 곧, 우리의 남은 여생을 위한 떡이라는 뜻이다. 다가올 때를 위한 떡, 혹은 우리의 존재와 생명 유지를 위한 떡, 곧 이 세상에서의 우리의 처지에 맞는 떡이다(잠 30:8). 우리의 사정과 지위에 따라 우리와 우리의 가족

에게 유용한 양식이다.

여기서 단어 하나하나가 교훈을 준다. (1) 우리는 양식을 구한다. 이는 우리에게 근검(勤儉)과 절제(節制)를 가르쳐 준다. 우리는 맛좋은 것이나 여분의 것들이 아니라 양식을 구하는 것이요, 세련되고 좋은 것이 아니라 건강에 유익한 것을 구하는 것이다. (2) 우리를 위한 양식을 구한다. 이는 정직과 근면을 가르쳐 준다. 다른 사람들의 입에서 양식을 빼앗아 주시기를 구하는 것도 아니고, 속이고 취한 음식물(잠 20:17)이나 게을리 얻은 양식(잠 31:27)을 구하는 것도 아니고, 정직하게 얻은 양식을 구하는 것이다. (3) 우리에게 필요한 일용할 양식을 구한다. 이는 내일 일을 위하여 염려하지 말고(34절), 그날 벌어 그날 먹는 사람들처럼 끊임없이 하나님의 섭리에 의지할 것을 가르쳐 준다. (4) 하나님께서 우리에게 양식을 주시옵기를 구한다. 파시거나 빌려주시는 것이 아니라 주시기를 구하는 것이다. 아무리 위대한 사람도 일용할 양식을 위하여 하나님의 긍휼하심에 의존할 수밖에 없는 것이다. (5) 우리는 "양식을 주시되 내게만이 아니라 우리에게 주옵소서. 나와 함께 하는 다른 이들에게도 주옵소서"라고 구한다. 이는 가난하고 핍절한 사람들에 대해 사랑과 연민의 마음을 가질 것을 가르쳐 준다. 또한 우리가 가족과 함께 기도해야 할 것도 시사한다. 우리와 가족이 함께 먹으므로 함께 기도해야 마땅한 것이다. (6) 하나님께서 양식을 오늘 우리에게 주시기를 구한다. 이는 우리의 육체의 필요가 날마다 새롭게 생기는 것처럼 하나님을 향하는 우리 영혼의 욕구를 새롭게 할 것을 가르쳐 준다. 날이 바뀔 때마다 우리는 하늘에 계신 아버지께 기도하여야 하며, 음식을 먹지 않고 하루를 견딜 수 없듯이 기도가 없이 하루를 견딜 수 없다는 것을 깨달아야 하는 것이다.

5. 우리가 우리에게 빚진 자(한글 개역개정판은 "죄 지은 자"로 번역함)를 사하여 준 것 같이 우리 빚을(한글 개역개정판은 "죄를"로 번역함) 사하여 주시옵고. 이것은 바로 앞의 내용과 연결되는 것이다. 사하여 주시옵고는 곧, 우리 죄를 용서받지 않고서는 삶에서 위로를 얻을 수도 없고 삶이 지탱될 수도 없다는 것을 시사한다. 이는 또한 일용할 양식을 위하여 기도해야 하는 것처럼 날마다 죄 용서를 위하여 기도해야 한다는 것을 시사하기도 한다. 이미 목욕한 자도 발을 씻을 필요가 있는 것이다. 여기에는 다음과 같은 내용이 담겨 있다.

(1) 간구. 하늘에 계신 우리 아버지여 우리의 빚을, 우리가 주께 지은 빚을 사하여

주시옵소서. 주목하라. [1] 우리의 죄는 우리의 빚이다. 우리가 피조물로서 우리의 창조주께 지고 있는 의무의 빚이 있다. 우리는 그 빚을 면하기 위해서가 아니라, 그 빚을 갚지 못하여 생겨난 형벌의 빚을 면하게 해 달라고 기도하는 것이다. 하나님의 뜻에 순종하지 못하였으므로 우리는 하나님의 진노를 촉발시키게 되었고, 율법의 규례들을 준수하지 않음으로써 형벌을 받아야 할 처지에 있게 된 것이다. 빚진 자는 청산 절차를 강제로 받을 처지에 있으니, 우리 역시 그러하며, 죄인은 율법에 대해 빚진 자이니 우리 역시 그러한 것이다. [2] 우리의 하늘 아버지께 날마다 드리는 우리 마음의 간구와 기도가, 우리에게 우리의 빚을 사하여 주시옵고, 형벌을 받아야 할 의무가 취소되고 생략되게 해 주시며, 정죄가 우리에게 임하지 않게 해 주시며, 우리가 형벌을 면제받고 위로를 얻게 해 주십사 하는 것이어야 할 것이다. 우리 죄를 사해 주시기를 구할 때에 우리가 의지하는 큰 근거는 바로 우리의 중보자이신 주 예수께서 죽으심으로 사람의 죄에 대하여 하나님의 정의를 보상하신 사실에 있는 것이다.

(2) 이 간구를 강화시키는 논지: 우리가 우리에게 빚진 자를 사하여 준 것 같이. 이것은 공로에 근거한 간청이 아니라 은혜를 구하는 간청이다. 주목하라. 하나님께 나아가 그에 대해 저지른 죄를 용서해 주시기를 구하는 자들은 그들을 거슬러 행한 자들을 양심으로 용서해야 한다. 그렇지 않고 주기도로 기도하면 자기 자신을 저주하는 것이 된다. 우리의 의무는 우리에게 빚진 자를 사하는 것이다. 금전상의 빚에 대해서는 도저히 사정이 되지 않아 갚지 못하는 자들에게 가혹하게 독촉하여 받아내려 해서는 안 될 것이다. 그러나 여기서는 특히 상해를 입혀서 빚을 진 경우를 뜻한다. 우리에게 빚진 자들이란 우리를 대적하고 우리의 뺨을 치는 자들이다(5:39, 40). 엄정하게 법을 적용시키면 그 일로 그들을 감옥에 가둘 수도 있을 것이나, 우리에게 가해진 모욕과 상해를 견디고 용서하고 잊어야 할 것이며, 이것이 죄 사함과 마음의 평안을 얻는 도덕적인 자격 요건이 되며, 그렇게 할 때에 하나님께서 우리를 사하여 주시리라는 소망을 갖게 되는 것이다. 우리 속에 이런 자비로운 마음이 있다면, 그것은 하나님께서 행하신 일이요, 탁월하고도 초월적인 완전한 용서가 하나님 자신에게 있는 것이다. 우리가 남을 용서한다는 것은 곧, 하나님께서 우리를 용서하셨고 우리 속에 용서의 자세를 일으키셨다는 하나의 증거인 것이다.

6. 우리를 시험에 들게 하지 마시옵고 다만 악에서 구하시옵소서. 이 간구는 다음

과 같은 식으로 표현되고 있다:

(1) 소극적으로: 우리를 시험에 들게 하지 마시옵고. 죄책이 제거되기를 기도한 다음, 우리는 다시 어리석음에게로 되돌아가지 않기를 위하여, 그런 시험을 받게 되지 않기를 위하여 기도하는데, 이는 지극히 합당한 일이다. 그러나 이는, 하나님께서 사람을 죄에 빠지도록 시험하신다는 것을 상정하는 것이 아니다. 오히려 "주여, 사탄을 우리에게 허용하지 마소서. 그 우는 사자 같은 자를 묶어 두소서. 그는 간교하며 간악하나이다. 주여, 우리를 홀로 내버려두지 마시옵소서(시 19:13). 우리는 매우 연약하옵나이다. 주여 우리 앞에 거치는 돌과 함정을 놓지 마시고, 타락할 소지가 있는 상황 속에 우리를 두지도 마소서." 시험에 들지 않기 위해서 반드시 기도해야 한다. 그것이 불편하고 괴롭기 때문이기도 하거니와 그로 인하여 우리가 위험에 휩싸이게 되고, 그렇게 되면 죄악과 근심이 생겨나기 때문이다.

(2) 적극적으로: 악에서 (아포 투 포네루 — 악한 자로부터, 곧 시험하는 자 마귀로부터) 구하시옵소서. "우리를 지키사 마귀에게서 공격을 당하지 않게 하시고, 그 공격들로 인하여 무너지지 않게 하소서." 혹은 악한 것, 죄, 악 중에서 가장 악한 것, 유일한 악으로부터 구하시옵소서. 하나님이 미워하시고 사탄이 사람을 미혹하여 무너뜨리기 위해 사용하는 악으로부터 구하시옵소서. "주여, 우리를 세상의 악에서, 탐욕으로 말미암아 세상에 존재하는 부패에서 구하시옵소서. 세상의 모든 처지의 악한 것에서, 사망의 악에서, 사망의 쏘는 것, 곧 죄에서 우리를 구하시옵소서. 우리 자신들에게서, 우리 자신의 악한 마음에게서 구하시옵소서. 악한 사람들에게서 우리를 구하사 그들이 우리에게 함정이 되거나 우리가 그들의 먹이가 되지 않게 하옵소서."

Ⅲ. 결론: 나라와 권세와 영광이 아버지께 영원히 있사옵나이다 아멘. 어떤 이들은 이를 다윗의 영광송과 관련짓는다: 여호와여 위대하심과 권능과 영광과 승리와 위엄이 다 주께 속하였사오니(대상 29:11).

1. 이것은 일종의 호소로서 앞의 간구들을 강화시키는 것이다. 기도할 때에 하나님께 호소하며, 변론할 말로 입을 가득 채우는 것이 우리의 의무다(욥 23:4). 그러나 이는 하나님을 움직이기 위함이 아니라 우리 자신을 변화시키며, 우리의 믿음을 격려하며, 우리의 간절함을 일으키고 그 증거를 드러내게 하기 위함이다. 그런데 기도에서 가장 좋은 호소는 하나님 자신으로부터 취한 것들

이요, 하나님이 그 자신에 대해 알리신 내용에서 취한 것들이다. 호소의 내용에 있어서나 호소의 간절함에 있어서나 우리는 하나님 자신의 힘으로 하나님과 씨름해야 하는 것이다. 여기의 호소는 처음 세 가지 간구와 특별히 관계된다. "하늘에 계신 우리 아버지여, 주의 나라가 임하시올지니 이는 그 나라가 주께 있음이오며, 주의 뜻이 이루어지올지니 이는 권세가 주께 있음이오며, 주의 이름이 거룩히 여김을 받으시올지니 이는 영광이 주께 있음이니이다." 그리고 이 호소들은 우리들의 구체적인 사정들에 대해서도 격려해 준다: "나라가 주께 있사옵나이다. 세상을 통치하시며 성도들과 세상에 있는 주의 신민들을 보호하시는 역사가 주께 있사옵나이다." 하나님은 마치 임금처럼 베푸시고 구원하시는 분이시다. "권세가 주께 있사옵나이다. 그 나라를 유지하시고 지탱하시며, 주의 백성에게 행하시는 주의 모든 일을 선하게 만드시는 권세가 주께 있사옵나이다." 영광이 주께 있사옵나이다. 성도들의 기도들에 응답하여 그들에게 베푸시고 그들을 위해 행하시는 모든 일의 결국이 바로 그의 영광을 찬송하는 데 있는 것이다. 이것이야말로 기도에서 성도들에게 위로와 거룩한 확신을 주는 것이다.

2. 이것은 일종의 찬양과 감사다. 하나님께 드리는 가장 좋은 호소는 바로 그를 찬양하는 것이다. 이것이야말로 긍휼하심을 더 얻는 길이다. 찬양을 통해서 우리가 긍휼을 받을 자격을 부여받기 때문이다. 하나님께 드리는 모든 밀씀에서, 찬양이 상당 부분을 차지하는 것이 합당하다. 왜냐하면 성도들에게 찬양이 어울리기 때문이다. 그들은 우리 하나님께 이름과 찬양이 되게 할 자들이다. 우리가 하나님을 찬양하고 그에게 영광을 돌리는 것은 그에게 그것이 필요하기 때문이 아니라 — 그는 천사들로 말미암아 찬양을 받으신다 — 그에게 그것이 합당하기 때문이다. 따라서 그에게 영광을 돌리는 것이 우리의 임무요, 이것이야말로 그가 자기 자신을 우리에게 계시하신 그의 의도에도 맞는 것이다. 찬양은 천국의 일이요 복락이며, 또한 후에 천국에 들어갈 사람들은 모두 지금 그들의 천국을 이 땅에서 시작하여야 하는 것이다. 관찰하라. 이 영광송은 지극히 충만한 것이다: 나라와 권세와 영광이 모두 주의 것이니이다. 주목하라. 하나님을 향한 찬양이 우리에게 풍성해야 마땅하다. 참된 성도는 이 정도면 충분히 하나님을 합당하게 찬양했다는 식의 생각을 절대로 가질 수가 없다. 성도의 찬양에는 지극한 풍성함이 있어야 하며, 또한 이것이 영원히 있어야 한다. 영원히 하나님께 영광을 돌린다는 것은, 찬양이야말로 천사들과 하늘의 성도들과 함

께 영원히 해야 할 의무요 또한 영원토록 찬양하기를 간절히 사모하는 것이 합당한 일임을 인식하는 것을 시사한다(시 71:14).

마지막으로, 주께서는 이 모든 내용에다 우리의 아멘 — 그대로 될지니라 — 을 덧붙일 것을 가르치신다. 하나님의 아멘은 허락(곧, 그렇게 될지어다)이지만, 우리의 아멘은 우리의 소원을 정리하는 것(곧, 그렇게 되게 하옵소서)에 불과하다. 하나님께서 들으시기를 바라는 마음과 또한 들으시리라는 확신의 증거로 우리가 아멘이라고 말하는 것이다. 아멘은 그 앞에 행한 모든 간구 하나하나를 지칭하는 것이요, 그러므로 주께서는 우리의 연약함을 생각하시고, 모든 내용을 한 마디 말로 엮어서 구체적인 내용들 속에 그냥 흘려버린 것을 전체적으로 모을 것을 가르치시는 것이다. 신앙적인 의무들을 뜨거운 마음과 열정으로 종결지음으로써 우리의 영혼이 활기를 얻고 나아가게 하는 것은 좋은 일이다. 옛적에 그리스도인들은 기도를 마칠 때마다 아멘이라고 말하였는데, 이는 좋은 습관이다. 그러나 이 때에, 사도들이 교훈한 대로(고전 14:16) 깨달음을 갖고서 올바르게 행해야 하며, 겉으로 드러나는 열망과 확신에 걸맞는 생명과 활력과 내적인 표현이 거기에 담겨 있어야 한다.

주기도의 간구들은 표현은 다를 수 있으나 대부분 유대인들이 그들의 경건 생활에서 흔히 사용하던 것들이었다. 그러나 우리가 우리에게 죄 지은 자를 사하여 준 것 같이라는 다섯째 간구는 전혀 새로운 것이었고, 그리하여 우리 주님은 여기서 그것을 첨가하신 이유를 제시하시는 것이다. 그 당시 사람들의 까다로운 자세와 따지기를 좋아하는 자세에 대해 주님의 개인적인 생각을 말씀하시는 것이 아니라 — 물론 그럴 이유도 충분했으나 — 그 문제 자체가 필수적이고 중요하기 때문에 그렇게 하시는 것이다. 우리를 용서하시는 하나님께서는 우리가 우리에게 해를 끼친 자들을 용서하는 일에 특별한 관심을 갖고 계시며, 따라서 용서를 위해 기도할 때에는 그 의무에 대한 우리의 양심을 언급하여, 우리 스스로 그것을 생각나게 할 뿐 아니라, 그 의무를 반드시 실천하도록 되어야 하는 것이다. 18:23-35의 비유를 보라. 그런데 사람의 이기적인 본성이 이 의무를 행하기를 싫어하므로, 주께서는 여기서 14, 15절의 내용을 가르치시는 것이다.

1. 약속: 너희가 사람의 잘못을 용서하면 너희 하늘 아버지께서도 너희 잘못을 용서하시려니와. 이것이 유일한 조건은 아니다. 회개와 믿음과 새로운 순종이 있

어야 한다. 그러나 다른 은혜들이 참되게 있으면 당연히 이것도 있을 것이며, 따라서 이것이 우리에게 있는 다른 은혜들이 순전하다는 좋은 증거가 될 것이다. 형제를 향하여 측은히 여기고 용서하는 자는 그 자신이 하나님께 회개하는 자라는 것을 보여주는 것이다. 주기도에서는 빚(죄)이라는 단어를 사용했는데, 여기서는 그것을 잘못이라 부른다. 즉 상해의 빚, 우리의 육체나 재산이나 명예에 가해진 과실을 뜻하는 것이다. 잘못은 정상참작이 되는 가벼운 정도의 과오다. 파랍토마타 — 실수, 잘못, 과실. 우리에게 행해진 상해를 아주 경미한 명칭으로 부르는 것은 다른 이들을 용서했다는 좋은 증거요, 또한 용서하는 데에 큰 도움이 되는 것이다. 그런 해를 가리켜 반역, 즉 의도적인 사악한 상해 행위로 여기지 말고, 잘못, 즉 부주의로 인하여 우연히 저지른 과실로 여겨서 그런 기회를 최선으로 돌리는 것이 합당한 것이다. 혹 잘못이 있었을까 두렵도다(창 43:12). 우리가 용서받기를 바라는 존재들이니 만큼 우리도 용서해야 한다. 그러므로 악의를 품거나 간접적인 복수를 꾀하지 말아야 하는 것은 물론, 형제가 우리에게 가한 상해로 그 형제를 비난해서도 안 되고, 그 형제가 상처를 당할 때에 기뻐해서도 안 되고, 오히려 그를 돕고 그에게 선을 행해야 할 것이며, 또한 혹시 그가 회개하고 다시 친구 관계를 회복하기를 구하면 다시 예전처럼 자유롭고도 친숙한 교제를 가져야 하는 것이다.

2. 경고: "너희가 너희에게 상해를 가한 사람의 잘못을 용서하지 아니하면 이는 너희가 다른 필수 요건들도 충족시키지 못했으며 따라서 죄 용서를 받을 자격이 전혀 없다는 증거이니, 너희 아버지로서 합리적인 조건하에서 너희에게 은혜를 베푸시는 너희 아버지께서도 절대로 너희 잘못을 용서하지 아니하시리라. 만일 다른 은혜들이 순전한데도 용서하는 일에서 큰 결함이 있다면, 죄 용서를 받았다는 마음의 위로를 기대할 수가 없고, 이를 행하지 못한 것에 대해서 너희 심령에 무언가 괴로움이 있을 것이다." 주목하라. 하나님께로부터 긍휼을 받고자 하는 자는 반드시 그 형제들에게 긍휼을 보여야 한다. 우리가 분노와 다툼이 없이 하나님께 거룩한 손을 들지 않으면(딤전 2:8), 하나님께서 그의 은혜의 손길을 우리에게 향하실 것도 기대할 수 없는 것이다. 우리가 분노를 품고 기도하면 하나님께서도 분노로 응답하시리라는 두려움이 있는 것이다. 분노를 품고 드리는 기도는 쓸개에 기록된다는 말이 있다. 형제들이 우리에게 진 하찮은 데나리온의 빚을 용서하지 않는다면, 하나님께서 우리가 그에게 진 크나큰

달란트의 빚을 용서하실 이유가 어디 있겠는가? 그리스도께서는 화평하게 하는 자로 세상에 오셨다. 그는 우리를 하나님께 화목시키실 뿐 아니라, 우리들 서로서로를 화목시키기 위해 오신 것이며, 우리는 이 점에서 그와 일치해야 하는 것이다. 그리스도께서 여기서 그렇게 크게 강조하시는 내용을 가벼운 문제로 취급한다면, 이는 지극히 뻔뻔스런 일이요 이로 인하여 아주 위험한 결과가 초래될 것이다. 사람들의 격한 감정들이 하나님의 말씀을 좌절시킬 수는 없는 것이다.

16금식할 때에 **너희는** 외식하는 자들과 같이 슬픈 기색을 보이지 말라 그들은 금식하는 것을 사람에게 보이려고 얼굴을 흉하게 하느니라 내가 진실로 **너희에게** 이르노니 그들은 자기 상을 이미 받았느니라 17너는 금식할 때에 머리에 기름을 바르고 얼굴을 씻으라 18이는 금식하는 자로 사람에게 보이지 않고 오직 은밀한 중에 계신 네 아버지께 보이게 하려 함이라 은밀한 중에 보시는 네 아버지께서 갚으시리라

앞에서 구제와 기도에서 외식에 대해 경계하신 것처럼, 여기서는 금식의 문제에서 외식에 대해 경계하신다.

I. 신앙적인 금식이 그리스도의 제자들에게 요구되는 하나의 의무라는 것이 여기서 제시되고 있다. 하나님의 섭리 가운데서 그것이 요청될 경우, 또한 어떤 이유든 제자들 자신의 심령이 그것을 요구할 경우에는 마땅히 금식을 해야 하는 것이다. 신랑을 배앗길 날이 이르리니 그 때에는 금식할 것이니라(9:15). 금식이 여기 맨 마지막에 다루어지는 것은, 금식은 금식 그 자체를 위한 의무가 아니고, 다른 의무들을 위하여 우리를 구비시켜 주는 하나의 수단이 되기 때문이다. 기도가 구제와 금식 사이에 다루어지는데, 이는 기도가 구제와 금식의 생명과 혼이기 때문이다. 그리스도께서는 여기서 특히 사사로운 금식에 대해 말씀하신다. 곧, 자원하여 드리는 예물처럼 사람이 스스로 결정하여 행하는 금식을 지칭하는 것인데, 이는 경건한 유대인들 사이에 흔히 행해지던 것이었다. 어떤 이들은 매주 하루를, 어떤 이들은 이틀을 금식하였고, 또 어떤 이들은 이보다 뜸하게 부정기적으로 필요할 때마다 금식하였다. 금식하는 날에는 해 지기까지 음식을 먹지 않았고, 해가 진 후에도 최소한의 음식만 먹었다. 그리스도께서는 바리새인들이 한 주에 이틀씩 금식했다는 사실을 정죄하신 것이 아니고, 그

것을 자랑한 그들의 태도를 정죄하신 것이다(눅 18:12). 금식은 매우 추천할 만한 것이다. 그러므로 그리스도인들 가운데 금식이 전반적으로 무시되고 있다는 것은 정말 안타까운 일이다. 안나는 주야로 금식하였다(눅 2:37). 고넬료도 금식하며 기도하였다(행 10:30). 초기의 그리스도인들 역시 많이 금식하였다(행 13:3; 14:23). 또한 사사로운 금식이 전제되기도 한다(고전 7:5). 금식은 자기를 부인하며 육체를 죽이는 행위요, 우리 자신에게 행하는 거룩한 복수요, 하나님의 손에 겸손히 우리를 맡기는 행위다. 그러므로 성숙한 그리스도인들은 자기들에게 자랑할 것이 있기는커녕 오히려 스스로 일용할 양식을 받을 가치도 없는 자들임을 깨닫는 법이다. 금식은 육체와 육체의 정욕을 억제하여 신앙적인 일에 더욱 활기를 얻는 수단이 되기도 한다. 음식을 가득 먹으면 나른해지기 십상이기 때문이다. 바울은 자주 금식하였고, 그리하여 그의 몸을 쳐 복종하게 하였다(고전 9:27).

II. 금식을 하되, 외식하는 자들과 같이 하지 말라는 경고가 주어진다.   금식에 대한 상을 잃어버리지 않게 하기 위함이다.

1. 뉘우침이나 심령의 낮아짐이 금식의 생명이요 핵심인데도 불구하고, 외식하는 자들은 그것이 속에 전혀 없으면서도 겉으로 금식하는 체하였다. 그들의 금식은 알맹이가 없는 겉치레요 껍데기뿐인 금식이었다. 실제의 상태보다 더 겸손한 것처럼 보이고자 하여, 하나님을 속이려 하였으니, 이는 하나님께 밀할 수 없는 모욕을 안겨 드리는 것이었다. 하나님께서 인정하시는 금식은 사람이 그 마음을 괴롭게 하는 날이지, 사람이 머리를 갈대 같이 숙이고 굵은 베와 재를 펴는 것이 아니다(사 58:5). 그런 것을 금식이라 부른다면 그것은 크나큰 오류인 것이다. 오로지 육체의 행위뿐이라면, 별로 유익될 것이 없다. 그것은 하나님을 위해서 하는 금식도 아니요 그 당사자 자신을 위해서 하는 금식도 아니다.

2. 그들은 자기들의 금식을 선전하였고, 또한 그들을 보는 모든 사람들이 그들이 금식하고 있다는 것을 알아차리도록 그렇게 만들었다. 금식을 하고 있다면 골방에 있어야 마땅한 데도 그들은 초췌한 모습을 하고 우울한 표정을 지으면서 천천히 엄숙한 자세로 거리를 오갔고, 그리하여 철저하게 자기를 위장하여 자기들이 얼마나 자주 금식하는지를 사람들에게 과시하였고, 그리하여 사람들이 그들을 자기를 극기하는 경건한 사람으로 높이 칭찬하게 하려 한 것이다. 주목하라. 감각적인 악(惡)인 쾌락을 어느 정도 정복한 사람들이, 그에 못지

않게 위험한 영적인 악인 교만 때문에 망한다는 것은 정말 안타까운 일이 아닐 수 없다. 여기서도 그들은 자기 상을 이미 받았다. 그들이 탐하여 조작해낸 사람들의 칭찬과 박수를 받았으니, 상을 족하게 받은 것이다.

Ⅲ. 사적인 금식을 시행하는 법에 대한 지침이 주어진다. 곧, 금식을 홀로 사사로이 행해야 한다는 것이다(17, 18절). 주님은 얼마나 자주 금식해야 하는지에 대해서는 언급하시지 않는다. 상황에 따라 다를 것이며, 여기에 지혜가 필요하다. 말씀 속에서 역사하시는 성령께서는 그 문제를 마음에 역사하시는 성령께 맡겨두신 것이다. 그러나 한 가지를 규범으로 지켜야 한다. 곧, 언제든 금식의 의무를 행할 때에는 반드시 사람들에게 네 모습을 보이려 하지 말고 하나님께 스스로 인정받기를 힘써야 하며, 우리 자신을 낮추는 일에 반드시 마음의 겸손이 함께 있어야 한다는 것이다. 그리스도께서는 금식에 해당하는 것들을 줄이라고 말씀하시지 않는다. "고기를 조금 먹고, 음료수를 조금 마시라"라고 말씀하시지 않는다. "육체가 고통당하게 하라. 그러나 그 모양이나 모습은 드러내지 말라. 보통 때의 모습과 표정과 차림새를 그대로 유지하라. 네 몸의 즐거움을 스스로 부인하는 동안에는 네게 가장 가까이 있는 자들도 알아채지 못하도록 하라. 즐겁게 보이고, 보통 때처럼 보이게 하기 위해 머리에 기름을 바르고 얼굴을 씻으라. 그렇게 하면 후에 상을 잃지 않을 것이다. 사람들의 칭찬은 받지 못하나 하나님께로부터 칭찬을 받을 것이다."

금식은 영혼을 낮추는 것이며(시 35:13), 바로 이것이 금식의 내면이다. 그러므로 겉으로 드러나는 외면보다 내면에 관심을 기울이라. 엄숙한 금식에 순전하며 겸손하고, 전지(全知)하신 하나님이 우리의 증인이 되신다는 것과 선하신 그가 우리에게 상을 베푸시리라는 것을 신뢰하게 되면, 그가 은밀한 중에 보시고 공개적으로 갚으시리라는 것을 깨닫게 될 것이다. 신앙적인 금식을 올바로 준행하면, 곧 영원한 잔치로 보상받을 것이다. 우리가 사사로이 행하는 금식을 하나님께서 받으신다는 것을 깨달으면, 사람들의 칭찬에 대해서도(이것을 기대하고 금식해서는 안 된다), 사람들의 비난에 대해서도(이것이 두려워 금식을 꺼리는 일이 있어서도 안 된다) 죽은 자처럼 되는 것이다. 다윗의 경우는 금식하여 욕을 얻었다(시 69:10). 그러나 사람들이 무슨 말을 하든, 그는 "나를 반기시는 때에 내가 주께 기도하오니"라고 하였다(13절).

[19]너희를 위하여 보물을 땅에 쌓아 두지 말라 거기는 좀과 동록이 해하며 도둑이 구멍을 뚫고 도둑질 하느니라 [20]오직 너희를 위하여 보물을 하늘에 쌓아 두라 거기는 좀이나 동록이 해하지 못하며 도둑이 구멍을 뚫지도 못하고 도둑질도 못하느니라 [21]네 보물 있는 그 곳에는 네 마음도 있느니라 [22]눈은 몸의 등불이니 그러므로 네 눈이 성하면 온 몸이 밝을 것이요 [23]눈이 나쁘면 온 몸이 어두울 것이니 그러므로 네게 있는 빛이 어두우면 그 어둠이 얼마나 더하겠느냐 [24]한 사람이 두 주인을 섬기지 못할 것이니 혹 이를 미워하고 저를 사랑하거나 혹 이를 중히 여기고 저를 경히 여김이라 너희가 하나님과 재물을 겸하여 섬기지 못하느니라

세상적인 생각(worldly-mindedness)은 다른 어떤 것에 못지않게 흔히 나타나며 또한 치명적인 외식의 증상(症狀)이다. 눈에 보이는 종교적인 모습의 겉옷 속에 사탄이 확실하게 영혼을 사로잡을 수 있는 죄로서 이만한 것이 없기 때문이다. 그러므로 그리스도께서는 사람의 칭찬을 탐하지 말 것을 경계하신 후에 계속해서 세상의 재물을 탐하지 말 것에 대해 경계하시는 것이다. 이 문제에 대해서도 외식하는 자들처럼 되지 않도록 주의를 기울여야 할 것이다. 외식하는 자들이 범하는 근본적인 오류는 그들이 세상을 그들의 상으로 택한다는 것이다. 그러므로 우리는 외식과 세상적인 생각을 주의하여, 그것을 우리의 보물로, 우리의 목적으로, 또한 우리의 주인으로 삼지 않도록 해야 할 것이다.

I. 보물을 쌓는 일. 사람은 자기가 보물로, 자기의 몫으로 삼는 것에 마음이 가 있고, 그것에 온통 관심을 기울이며, 미래를 그것에 의존한다. 그것은 솔로몬이 그렇게 강조하여 말하는 그 선한 것이며(전 2:3), 영혼이 최고의 것으로 우러러보며 다른 모든 것보다 더 신뢰하고 의지하는 것이다. 여기서 그리스도께서는 우리의 보물을 빼앗으시는 것이 아니라 그것을 바르게 택하는 법에 대해서 우리를 가르치신다.

1. 눈에 보이는 세속적인 것들을 최고의 것으로 여기고 우리의 행복을 그것들에게다 두는 것에 대해 경고하신다: 너희를 위하여 보물을 땅에 쌓아 두지 말라. 그리스도의 제자들은 이미 모든 것을 버려두고 그를 좇고 있다. 그러니 그런 동일한 선한 생각을 그대로 유지하도록 할 것이다. 보물이란 그 자체로서 (최소한 우리가 보기에는) 고귀하고 값지며 내생에서도 우리를 유지시켜 줄 그런 것이 풍성한 것을 가리킨다. 그런데 우리 보물을 땅에 쌓아 두지 말아야 한다. 즉

(1) 이것들을 최고의 것들로나, 그 자체로서 가장 값진 것들로나, 우리에게 가장 유용한 것들로 여겨서는 안 된다는 뜻이다. 라반의 아들들이 했던 것처럼 이것들을 최고의 것으로, 혹은 우리에게 가장 유용한 것으로 여겨서는 안 된다. 그것들을 바라보고 소유하되, 그것들이 탁월하신 하나님의 영광에 감히 비교할 것들이 못된다는 것을 보고 깨달아야 한다는 뜻이다. (2) 사람들이 보물에 대해서 흔히 하는 것처럼, 이것들이 풍성해지기를 탐해서도, 끝없이 그것들을 쌓는 일에 마음을 두어서도 안 된다는 뜻이다. (3) 마치 그것들이 미래를 보장해 주기라도 하듯 미래에 대해서 그것들을 의지해서는 안 된다는 뜻이다. 재물을 향하여 그대가 내 소망이다라는 식으로 말해서는 안 된다. (4) 우리에게 필요하여 우리가 바라는 것이 그것들뿐인 것처럼, 그것들로 만족해서는 안 된다는 뜻이다. 우리의 쓸 것으로 주어지는 적은 것에 만족할 줄 알아야 하고, 모든 것을 우리의 몫으로 알고 탐해서는 안 된다. 이것들을 우리의 위로로 삼거나(눅 6:24), 우리의 좋은 것으로 삼아서는 안 되는 것이다(눅 16:25). 우리는 보물을 우리의 후손을 위하여 이 세상에 쌓아 두는 것이 아니라, 우리 자신을 위하여 다른 세상에 쌓아 두는 것임을 생각하여야 한다. 우리에게 선택권이 주어졌고, 어떤 점에서 우리 자신이 우리 자신을 깎아 새기는 자들이 되었다. 우리 자신을 위하여 쌓아 두는 것은 우리의 것이다. 그러니 지혜롭게 선택하는 일이 당신에게 달려 있다. 당신이 당신 자신을 위하여 선택하는 것이요, 당신이 선택하는 대로 될 것이다. 우리가 무엇이며, 우리가 무엇을 위해 지음받았으며, 우리의 능력이 얼마나 크며, 우리가 얼마나 오래 삶을 지속할지를 알고 생각하면, 그리고 우리의 영혼이 바로 우리 자신이라는 점을 생각하면, 보물을 땅에 쌓아 두는 일이 얼마나 어리석은 일인가를 알게 될 것이다.

2. 땅에 속한 것을 우리의 보물로 바라보아서는 안 될 이유가 주어져있다. 곧, 다음과 같은 것들로 인하여 잃어버리고 썩을 위험이 있기 때문이다.

(1) 우리 속의 부패로 인하여. 땅 위에 있는 보물은 좀과 동록이 해한다. 보물을 좋은 의복 속에 쌓아 놓으면 좀이 슬어 버려서, 그것들이 지극히 안전하게 쌓여 있을 것이라고 생각할 때에 그것들이 사라져버렸고 완전히 망쳐져 버린 것을 알게 될 것이다. 곳간을 곡식으로 가득 채워 둔 사람처럼(눅 12:16, 17) 곡식이나 기타 먹을 것을 보물로 쌓아 두면, 동록이 그것을 썩게 만든다: 브로시스 – 먹는 것. 즉 사람들이 먹어치우는 것이나(재산이 많아지면 먹는 자들도 많아지

나니, 전 5:11), 쥐나 기타 해충들이 먹는 것이나(만나도 벌레가 먹었다), 혹은 곰팡이가 피어 망가지고 상하고 얼룩지는 상태를 가리킨다. 열매들은 곧 썩어 버린다. 혹은 금이나 은을 보물로 생각할 경우는 색이 변하고 녹이 슬어 버린 다(약 5:2, 3). 금속이나 의복 그 자체에 좀과 동록이 끼는 것이다. 주목하라. 세상의 부귀는 그 자체 내에 부패의 원리를 지니고 있어서, 스스로 시들어 버리고 썩는 것이다.

(2) 외부에서 비롯되는 폭력과 강탈로 인하여. 도둑이 구멍을 뚫 … 고 도둑질 … 하느니라. 폭력의 손길은 항상 속에 보물이 쌓여져 있는 집을 목표로 삼는 법이다. 그 어떠한 것도 완전히 안전하게 쌓아 둘 수는 없다. "운명이 아무리 밝아 보인다 해도 나는 절대로 운명을 신뢰하지 않는다. 운명이 나를 관대하게 여겨 무엇을 베풀든지 간에, 그것이 재물이든, 명예든 영광이든, 나는 그것이 언제든 예고 없이 그것들을 도로 거두어 갈 것이라 여긴다"(세네카). 그렇게 쉽게 강탈당할 수 있는 것들을 우리의 보물로 삼는다는 것은 어리석은 일이 아닐 수 없다.

3. 합당한 교훈이 주어진다. 다른 세상의 기쁨과 영화를, 즉 눈에 보이지 않는 영원한 것들을 우리의 최고의 것들로 삼고, 그것들에다 우리의 행복을 근거시키라는 것이다. 오직 너희를 위하여 보물을 하늘에 쌓아 두라. 주목하라. (1) 이 땅에 있는 보물과 마찬가지로 확실하게 하늘에도 보물이 있다. 하늘에 있는 부물이야말로 유일한 참된 보물이다. 거룩하게 된 자들이 완전한 거룩함에 이를 때에 하나님의 우편에 있는 부귀와 영광과 복락을 누리게 될 것이다. (2) 바로 그 보물들 속에 우리의 보물을 쌓아 두며, 예수 그리스도로 말미암아 영생에 이르기를 부지런히 힘쓰며, 그것을 우리의 행복으로 의지하며, 이 땅의 모든 것들을 그것과는 전혀 비교할 수 없는 것으로 바라보는 거룩한 자세를 갖는 것이 지혜로운 처사다. 그런 행복이 과연 있다는 것을 확고히 믿으며 그것으로 만족하기로 결심하고, 오직 그것으로 만족하여야 하는 것이다. 그렇게 그 보물들을 우리의 보물로 삼으면 그것들이 쌓여지며, 하나님께서는 우리를 위하여 그것들을 안전하게 지키실 것이다. 그러므로 우리의 모든 계획을 그리로 집중시키며, 우리의 모든 소망을 거기에 두며, 우리의 최상의 수고와 최고의 애착을 거기에 두도록 하자. 이 세상의 재물로 우리 자신에게 부담지우지 말자. 그것들은 우리를 무겁게 하고 더럽히며, 우리를 가라앉히기 십상이다. 안전을 보장해 주는 선한 것들을 쌓아 두자. 이 약속들은 모든 참된 신자들에게 하나의 계약서와도

같다. 그들은 이 계약서에 따라 보물을 하늘에 쌓으며, 그 약속대로 미래에 하늘에서 지불될 것이다. 그러므로 이로써 그것이 확실하다는 것을 확신하게 되는 것이다. (3) 우리 보물을 하늘에 쌓아 두는 일은 우리에게 큰 격려가 된다. 거기서는 그 보물이 안전하기 때문이다. 스스로 썩는 일도 없고, 좀이나 동록이 해하지 못하며, 강제로나 사기(詐欺)로 그것을 빼앗지도 못하며, 도둑이 구멍을 뚫지도 못하고 도둑질도 못하는 것이다. 그것은 위에 있는 행복이요, 세상의 온갖 변화와 세월의 변화를 뛰어넘는 것이요, 쇠하지 아니하는 유업(벧전 1:4)인 것이다.

4. 우리가 그렇게 선택해야 할 합당한 이유와 우리가 그렇게 선택했다는 증거가 주어진다(21절). 이 땅이든 하늘이든, 네 보물이 있는 그 곳에 네 마음도 있느니라. 그러므로 우리는 우리의 보물의 선택에서 우리가 과연 올바르고 지혜로운지에 대해서 관심을 갖게 된다. 왜냐하면 우리의 마음의 정서와 또한 그로 인한 우리의 삶의 기조가 그 선택 여부에 따라 육신적이기도 하고 영적이기도 하며, 땅에 속한 모습을 띠기도 하고 하늘에 속한 모습을 띠기도 하기 때문이다. 바늘이 바늘 꿰는 돌을 따라가고, 해바라기가 해를 따라가듯이 마음이 보물을 따라가는 법이다. 보물이 있는 그 곳에, 곧 가치 있고 존귀한 것이 있는 곳에 사랑과 애착이 있으며(골 3:2), 따라서 사람의 정욕과 바람이 가는 길을 향하여 사람의 목표와 의도가 모아지고, 모든 일이 그것에 따라서 행해지는 것이다. 보물이 있는 그 곳에 우리의 근심과 두려움이 있고, 혹시 거기에 이르지 못할까 하는 염려가 우리에게 가장 큰 것이다. 보물이 있는 그 곳에 우리의 소망과 신뢰가 있고(잠 18:10), 그 곳에 우리의 기쁨과 즐거움이 있을 것이며(시 119:111), 또한 그 곳에 우리의 내적인 생각이, 첫째가는 생각이, 자유로운 생각이, 고정된 생각이, 자주 일어나는 생각이, 아주 친숙한 생각이 있을 것이다. 마음은 하나님께 드려서 그가 취하시도록 해야 마땅한 것이요(잠 23:26), 우리의 보물도 그에게 쌓아 두어야 하는 것이다. 그렇게 하면 우리의 영혼이 그에게로 올려질 것이다.

우리의 보물을 쌓아 두는 문제에 대한 이러한 지침은 그 앞의 경계의 가르침(즉 우리의 신앙적인 행위들을 사람에게 보이려고 행해서는 안 된다는 가르침)에 아주 적절히 적용될 수 있을 것이다. 우리의 보물이란 우리의 구제와 기도, 금식, 그리고 그것들에 대한 상이다. 이런 것들을 오로지 사람들의 칭찬을 받기 위해서 행했다면, 이는 보물을 땅에 쌓아 둔 것이요, 사람의 손에다 맡겨 둔 것이며, 따라서 절대로 그 이상의 것을 받을 것을 기대해서는 안 된다. 그렇게 한다면 그것은 정말 어리석은 일이다. 우리가 그렇게 탐하는 사람의 칭찬은 언제라도 바뀔 소지가 있는 것이요, 곧 녹이 슬고, 동록이 해하며, 바래지고 말 것이다. 죽은 파리처럼 … 적은 우매가 그것을 온통 망쳐버릴 것이다(전 10:1). 비방과 중상모략이 도둑이 되어 구멍을 뚫고 도둑질하면, 우리의 행위의 모든 보물을 잃게 될 것이다. 열심히 달려온 것이 허사가 되고, 열심히 수고한 것이 헛된 것이 될 것이다. 그런 모든 일들을 행한 우리의 의도가 잘못된 곳에 있었기 때문이다. 외식으로 행하는 봉사들은 하늘에 아무것도 쌓아 두는 것이 없다(사 58:3). 하나님께서 그 영혼을 거두실 때에는 그 유익하던 것들이 다 사라져 버릴 것이다(욥 27:8).

그러나 만일 진정으로 올바르게, 하나님 앞에서 그가 받으실 것을 생각하고 기도하고 금식하고 구제하여 그 모든 행위에서 우리 자신이 하나님께 인정을 받았다면, 우리는 그 보물을 하늘에 쌓아 둔 것이다. 여호와 앞에 있는 기념책에 기록하셨느니라(말 3:16). 그 책에 기록된 자들은 거기서 상을 받을 것이요, 우리는 죽음과 무덤 저 편에서 그들과 다시 기쁨으로 만나게 될 것이다. 외식하는 자들은 흙에 기록이 되나(렘 17:13), 하나님의 신실한 백성들은 그 이름이 하늘에 기록되어 있는 것이다(눅 10:20). 하나님께서 빛으시는 것이야말로 하늘에 쌓아 둔 보물이다. 이것은 썩지도 않고, 도둑질당하지도 않는다. 잘 하였도다라는 그의 말씀이 영원토록 있을 것이다. 그러므로 우리의 보물을 그에게 쌓아 두었다면, 우리의 마음이 그에게 가 있을 것이니, 마음을 두기에 이보다 더 좋은 곳이 또 어디 있겠는가?

Ⅱ. 우리가 바라보는 최종의 목표를 택하는 데 있어서 외식과 세상적인 마음을 조심해야 한다. 이에 대한 가르침이 사람들에게 있는 두 종류의 눈을 통해서 제시된다. 곧, 성한 눈과 나쁜 눈이 그것이다(22, 23절). 이 표현들이 간단하기 때문에 그 의미가 다소 희미하여, 이에 대해 다양한 해석들이 있다. 눈은 몸의 등불이니. 이는 분명하다. 눈은 발견하며 방향을 지시해 준다. 이러한 몸의 등불이 없으면 세상의 빛도 별로 소용이 없을 것이다. 눈의 빛은 마음을 기쁘게 한다(잠 15:30). 그러나 여기서 몸에 있는 눈에 비유되는 그것은 과연 무엇인가?

1. 눈이, 즉 마음이(어떤 이들은 이런 의미로 본다) 성하면— 하플루스— 자유롭

고 순전하면(롬 12:8; 고후 8:2; 9:11, 13; 약 1:5 등에서 이 단어가 이런 의미로 번역되며. 잠 22:9에는 "선한 눈"이라는 표현이 나타난다). 마음이 선함과 순결함에 풍성하게 영향을 받고 그것을 지향하면, 사람이 그리스도인의 행위를 갖게 되고, 모든 행실에 참된 기독교 신앙의 증거가 가득하며, 하나님 아버지 앞에서 정결하고 더러움이 없는 경건의 모습이 드러나(약 1:27) 온 몸이 밝을 것이요, 착한 행실이 가득하여 이로써 우리 빛이 사람 앞에 비치게 할 것이다(5:16). 그러나 눈이, 즉 마음이 나쁘면, 탐욕과 시기와 완고함이 있어서 짜증과 원망이 있으면(이런 마음의 기질이 나쁜 눈으로 표현되기도 한다, 20:15; 막 7:22; 잠 23:6, 7), 온 몸이 어두울 것이다, 즉 모든 행실이 그리스도인답지 못하고 이교적일 것이다. 악한 자는 그 그릇이 악하며 또한 항상 악할 것이나, 존귀한 자는 존귀한 일을 계획하나니 그는 항상 존귀한 일에 서리라(사 32:5-8). 네게 있는 빛이, 즉 우리를 선한 것에게로 인도해야 할 우리의 마음이 어두우면, 부패하여 세상적이면, 사람에게 선한 본성도 선한 기질도 없으면, 사람의 부패함이 얼마나 더하겠으며, 그 사람의 어둠이 얼마나 더하겠느냐! 이런 의미로 보는 것이 문맥과도 일치하는 것 같다. 풍성하게 구제를 베풂으로써 보물을 하늘에 쌓아 두어야 할 것이다. 그러나 억지로 하지 말고 기꺼운 마음으로 해야 할 것이다(눅 12:33; 고후 9:7). 그러나 병행 구절(눅 11:34)에 나타나는 동일한 말씀은 이것과는 경우가 다르다. 그러므로 이처럼 두 본문이 일치한다는 것이 이 본문의 의미를 결정지어 주는 것은 아니다.

　2. 어떤 이들은 눈을 깨달음, 실질적인 판단, 양심을 뜻하는 것으로 본다. 눈이 몸에게 하듯, 이것이 영혼의 다른 기능들에게 작용하여, 그 움직임을 인도하고 방향을 지시하는 것이다. 그런데 눈이 성하면, 즉 이성이 올바르고 참된 판단을 하고 다른 것들을 — 특히 보물을 쌓아 두는 큰 문제에 관하여 — 분별하여 올바른 방향을 선택하면, 그것이 감정과 행위들을 올바로 인도할 것이요, 결국 은혜와 위로의 빛으로 온 몸이 밝을 것이다. 그러나 이것이 부패하여 있거나 나쁘면, 그리하여 그 휘하의 기능들을 올바로 인도하기보다는 그것들에게 이끌리고 미혹당하고 그것들로 인하여 왜곡되면, 이것이 그릇된 상태에 있게 되면, 마음과 삶이 온통 어두울 수밖에 없으며, 행실 전체가 부패할 것이다. 알지도 못하고 깨닫지도 못하는 자들은 흑암 중에 왕래한다고 한다(시 82:5). 여호와의 등불이 되어야 할 사람의 영혼(잠 20:27)이 어리석은 불(ignis fatuus)이 되어 버리면, 백

성을 인도하는 자들이 백성들을 미혹하면, 이는 정말 슬픈 일이다. 인도를 받는 자들이 멸망을 당하기 때문이다(사 9:16). 실질적인 판단에서 오류를 범하면 이는 치명적인 것이다. 이는 곧 악을 선하다 하며 선을 악하다 하는 것과 마찬가지다(사 5:20). 그러므로 우리는 사물을 올바로 깨달아야 하고, 우리의 눈에 안약을 발라야 하는 것이다.

3. 눈을 목표와 의도를 뜻하는 것으로 이해할 수도 있다. 우리 앞에 목표를 설정하고, 표적을 향하여 시선을 모으고, 어떤 장소를 향하여 가는 것이 모두 눈으로 말미암아 되는 것이다. 그 목표를 계속해서 바라보고 거기에 따라서 움직임을 맞추어 간다. 신앙적으로 행하는 모든 일에 우리의 눈 속에 이런저런 것이 자리잡고 있다. 그런데 눈이 성하면, 즉 우리가 정직하게 목표를 갖고, 올바른 목표를 정하며, 그것을 향하여 올바로 움직이면, 오직 하나님의 영광만을 순전하게 목표로 삼고 그의 존귀와 은혜를 구하며 전적으로 모든 것을 그에게로 향하면, 눈이 성한 상태다. 바울은 내게 사는 것이 그리스도니(빌 1:21)라고 말씀했는데, 이것이 눈이 성한 상태라 할 것이다. 만일 이 점에서 정상이라면, 온 몸이 밝을 것이요, 모든 행위들이 은혜롭고 정상적이며 하나님을 기쁘시게 하고 우리 자신에게 위로가 될 것이다.

그러나 눈이 나쁘면, 즉 하나님의 영광과 그에게 합당한 것만을 목표로 삼지 않고, 사람들의 칭찬에 눈을 돌려서, 하나님을 존귀하게 한다고 말하면서 실제로 우리 자신들을 존귀하게 하는 데에 관심을 기울이고, 그리스도의 일을 구한다는 명목으로 우리 자신의 일들을 구한다면, 이는 모든 것을 망치는 것이요, 모든 행위가 악하고 더러운 것이 되어 버릴 것이요, 근본에서 어긋나게 될 것이며, 혼란과 온갖 악행 외에는 아무것도 없을 것이다. 네게 있는 빛이 희미할 뿐 아니라 어두우면, 이는 근본적인 오류요 그 다음에 이어지는 모든 것이 결국 무너지고 말 것이다. 목표가 중간의 모든 행위들을 규정짓는 것이다. 우리가 목표를 올바로 잡아서 잠깐 동안의 것이 아니라 영원한 것을 주목하는 것이 신앙에 있어서 최종적으로 중요한 것이다(고후 4:18). 외식하는 자는 마치 배에 앉아 노를 저으면서 다른 곳을 쳐다보는 사람과도 같다. 그러나 참된 그리스도인은 길을 가면서 그 종착지를 늘 또렷하게 바라보는 여행객과도 같다 할 것이다. 외식하는 자는 솔개처럼 높이 날아오르면서도 눈은 땅 아래에 있는 먹이를 향하며, 기회만 있으면 속히 내려가 그것을 잡아먹으려 한다. 그러나 참된 그리스도인은 마치 종달새처럼 땅 아래의 것들은 잊고 높이 날아오르는 것이다.

Ⅲ. 우리는 우리가 섬길 주인을 택하는 일에서도 외식과 세상적인 마음을 경계해야 한다. 한 사람이 두 주인을 섬기지 못할 것이니(24절). 두 주인을 섬긴다는 것은 성한 눈과는 모순된 것이다. 눈이 주인의 손만을 바라볼 것이기 때문이다(시 123:1, 2). 우리 주 예수께서는 여기서, 하나님과 세상을 서로 구별하고, 보물을 땅에도 쌓고 또한 하늘에도 쌓으려 하며, 하나님을 기쁘시게 하고 동시에 사람도 기쁘게 하려는 사람들이 자기들의 영혼에게 드리우는 속임수를 여지없이 드러내신다. 외식하는 자들은, 왜 그렇게 하면 안 되는가? 라고 말한다. 한 사람의 활에 두 개의 화살을 드리우는 것이 좋지 않은가? 그들은 자기들의 신앙이 자기들의 세속적인 관심사에도 유익하게 할 수 있다는 소망을 갖고서 양쪽으로 관심을 다 기울이는 것이다. 갓난 아기의 친어머니인 체했던 자는 아기를 절반으로 갈라서 나누어 달라고 했다. 사마리아인들은 하나님과 우상들을 뒤섞어 놓았다. 그러나 그리스도께서는 이에 대해서 아니라고 말씀하신다. 그것은 경건을 이익의 방도로 생각하는 것에 불과한 것이다(딤전 6:5). 여기서 다음과 같은 점들을 보게 된다.

1. 일반적인 잠언 한 가지가 제시된다. 이것은 유대인들 사이에 통용되던 잠언의 하나였을 것으로 보인다. 한 사람이 두 주인을 섬기지 못할 것이니. 두 하나님을 섬기는 것은 더더욱 안 되는 일이다. 주인의 명령들이 때때로 서로 어긋나고 모순을 일으키고, 서로 충돌할 것이기 때문이다. 두 주인이 함께 가는 동안은 한 종이 그 둘을 따를 수도 있을 것이다. 그러나 주인들이 서로 갈라서면, 그 종이 과연 어느 주인에게 속하는가 하는 것이 드러날 것이다. 두 주인을 사랑할 수도 없고, 섬길 수도 없고, 명령을 따를 수도 없어진다. 한 주인을 따르고 다른 주인을 거역하게 되고, 어느 한 주인을 미워하고 멸시할 수밖에 없게 된다. 이것은 일상적인 사례를 통해서도 분명하게 드러나는 진리인 것이다.

2. 이 잠언이 당면한 문제에 적용된다. 너희가 하나님과 재물을 겸하여 섬기지 못하느니라. 재물을 뜻하는 맘몬은 시리아어인데 유익(gain: 혹은 이익)을 의미한다. 그러므로 이 세상에서 얻는 모든 유익(빌 3:7)이 맘몬이다. 이 세상에 있는 모든 것, 즉 육신의 정욕과 안목의 정욕과 이생의 자랑(요일 2:16)이 모두 맘몬이다. 어떤 이들에게는 자기들의 배(腹)가 맘몬이어서 그것을 섬긴다(빌 3:19). 또 어떤 이들에게는 안락함, 잠, 여가 등이 맘몬이며(잠 6:9), 또 어떤 이들에게는 세

상적인 부귀가 맘몬이고(약 4:13), 또 어떤 이들에게는 명예와 지위가 맘몬이다. 바리새인들에게는 사람들의 칭찬이 맘몬이었다. 한 마디로, 세상 모든 것들의 중심을 이루는 자기 자신, 감각적이고 세속적인 자아가 맘몬인데, 이는 하나님과 겸하여 섬길 수가 없다. 그것을 섬기려면 하나님을 거스르고 그를 반대해야 하기 때문이다. 그는 하나님과 재물을 겸하여 섬기지 말아야 한다고 하지 않고, 겸하여 섬기지 못한다고 말씀하신다. 둘 다 사랑할 수가 없고(요일 2:15; 약 4:4), 둘 다 붙잡을 수도 없고, 둘이 동시에 우리를 붙잡아 줄 수도 없다. 그 둘이 서로 대적하기 때문이다. 하나님께서 "내 아들아, 네 마음을 내게 다오"라고 하시고, 맘몬은 "아니다, 내게 다오"라고 말한다. 하나님은 "네가 가진 것들을 탐하지 말라"라고 하신다. 그러나 맘몬은 "할 수 있는 만큼 모든 것을 다 탐하여라"라고 말한다. Rem, rem, quocunque modo rem(돈이다, 돈이다, 선한 수단이든 악한 수단이든, 돈을 모아라). 하나님은 "속이지 말고 거짓말하지 말며, 모든 일에서 정직하고 공정하라"고 하신다. 그러나 맘몬은 "이익을 얻을 수만 있다면, 네 아버지까지도 속여라"라고 한다. 하나님은 "너그러이 구제를 베풀어 주라"고 하시나, 맘몬은 "남에게 퍼주다가는 곧 바닥나고 말 것이니, 네 것을 꼭 쥐고 내어주지 말라"고 말한다. 하나님은 "아무것도 염려하지 말라"고 하시는데, 맘몬은 "모든 것 하나하나를 다 염려하라"고 한다. 하나님은 "안식일을 거룩하게 지키라"고 하시는데, 맘몬은 "다른 날처럼 똑같이 세상을 위해서 사용해라"고 한다. 하나님과 맘몬의 명령이 이처럼 서로 모순되기 때문에, 둘 다 겸하여 섬기지 못하는 것이다. 그러므로 하나님과 바알 사이에서 머뭇거리지 말고, 우리가 섬길 자를 오늘 택하고, 우리의 선택한 대로 그대로 따르도록 하자(수 24:15).

[25]그러므로 내가 너희에게 이르노니 목숨을 위하여 무엇을 먹을까 무엇을 마실까 몸을 위하여 무엇을 입을까 염려하지 말라 목숨이 음식보다 중하지 아니하며 몸이 의복보다 중하지 아니하냐 [26]공중의 새를 보라 심지도 않고 거두지도 않고 창고에 모아들이지도 아니하되 너희 하늘 아버지께서 기르시나니 너희는 이것들보다 귀하지 아니하냐 [27]너희 중에 누가 염려함으로 그 키를 한 자라도 더할 수 있겠느냐 [28]또 너희가 어찌 의복을 위하여 염려하느냐 들의 백합화가 어떻게 자라는가 생각하여 보라 수고도 아니하고 길쌈도 아니하느니라 [29]그러나 내가 너희에게 말하노니 솔로몬의 모든 영광으로도 입은 것이 이 꽃 하나만 같지 못하였느니라 [30]오늘 있다

가 내일 아궁이에 던져지는 들풀도 하나님이 이렇게 입히시거든 하물며 너희일까 보냐 믿음이 작은 자들아 [31]그러므로 염려하여 이르기를 무엇을 먹을까 무엇을 마실까 무엇을 입을까 하지 말라 [32]이는 다 이방인들이 구하는 것이라 너희 하늘 아버지께서 이 모든 것이 너희에게 있어야 할 줄을 아시느니라 [33]그런즉 너희는 먼저 그의 나라와 의를 구하라 그리하면 이 모든 것을 너희에게 더하시리라 [34]그러므로 내일 일을 위하여 염려하지 말라 내일 일은 내일이 염려할 것이요 한 날의 괴로움은 그 날로 족하니라

우리 주 예수께서 제자들에게 아주 엄숙하고도 진지하게 경고하신 죄 중에서, 삶의 갖가지 일들에 대한 근심과 염려와 걱정보다 더한 것은 없을 것이다. 이 죄에 대해서 주님은 다양한 논지들로 제자들을 무장시키셨다. 세상살이에 대한 염려와 근심은 보물과 마음이 모두 땅에 있다는 아주 나쁜 징조요, 따라서 이에 대해서 아주 엄숙하게 경계하시는 것이다. 여기서 우리는 다음과 같은 점들을 보게 된다.

I. 금지 명령이 주어진다. 이 세상의 일들에 대해 염려하지 말라는 것이 주 예수의 교훈이요 또한 명령이다. 내가 너희에게 이르노니. 그는 법을 제정하시는 분으로서, 또한 우리 마음을 주관하시는 주권자로서 이를 말씀하시며, 또한 우리의 위로자로서, 우리에게 기쁨을 주시는 보혜사로서 이를 말씀하시는 것이다. 그런데 그가 하시는 말씀이 무엇인가? 바로 이것이니, 들을 귀 있는 자는 들으라. 곧, 목숨을 위하여도 너희의 몸을 위하여도 염려하지 말라(25절), 염려하여 이르기를 무엇을 먹을까 무엇을 마실까 무엇을 입을까 하지 말라(31절). 염려하지 말라(34절), 메 메림나테 – 걱정하지 말라. 외식에 대해서와 마찬가지로 세상적인 근심에 대해서도 경계의 말씀이 세 번 반복된다. 그러나 이는 헛된 반복이 아니다. 경계에 경계를 더하며 교훈에 교훈을 더하여야 하는 법이다. 그만큼 이 죄가 우리에게 끼어들기 쉬운 것이다. 이 점은 우리가 염려 없이 사는 것을 그리스도께서 얼마나 기뻐하시는지를 암시해 주며, 따라서 우리는 그렇게 살도록 힘써야 할 것이다. 주 예수께서는 그 제자들에게 그들의 마음을 세상에 대한 염려로 갈기갈기 찢어 놓지 말 것을 거듭하여 명령하신 것이다. 삶의 일들에 관하여 생각하는 것은 정당할 뿐 아니라 우리의 의무이기도 하다. 덕 있는 여인에게 그렇게 할 것을 말씀하기도 한다(잠 27:23). 바울이 교회들에 대해 생각하

는 것과 디모데가 영혼들의 상태에 대해 생각하는 것을 묘사할 때에도 이 단어가 사용된다(고후 11:28; 빌 2:20).

그런데 주께서 여기서 금하시는 것은 다음과 같은 생각이다. 1. 불안하게 하며 괴로움을 주는 생각. 곧, 마음을 이리저리 산만하게 하며, 안정을 빼앗아 가는 생각으로서, 하나님 안에서 누리는 기쁨을 방해하며 하나님에 대한 우리의 소망을 짓누르며, 잠을 방해하고, 우리 스스로나 친구들과의 교제나 하나님께서 우리에게 주신 것들을 누리지 못하도록 훼방하는 것이다. 2. 신뢰하지 못하게 하고 믿지 못하게 하는 생각. 하나님께서는 우리의 목숨 그 자체나 음식이나 의복 등, 생활을 위해서나 경건을 위해서 그의 백성들에게 필요한 모든 것들을 공급하실 것을 약속하셨다. 화려하고 진기한 것들이 아니라 필요한 것들을 약속하셨다. 하나님은 한 번도 "그들이 산해진미(山海珍味)를 먹으리라"고 하신 적이 없고, 다만 "진실로 저희가 양식을 얻으리라"고 말씀하셨을 뿐이다. 그런데, 앞날에 대한 무절제한 염려나, 공급되어야 할 것들이 없을 것에 대한 두려움은 이런 약속들에 대한 불신과 또한 하나님의 지혜롭고도 선하신 섭리에 대한 불신에서 비롯되는 것이요, 그렇기 때문에 악한 것이다. 현재 우리의 삶을 유지하는 일을 위해서 정당한 수단을 사용할 수 있고 또 사용해야 한다. 그렇게 하지 않으면 하나님을 시험하는 것이 된다. 우리의 갖가지 소명들에 부지런히 임해야 하고 우리가 가진 것을 쓰는 일에서 지혜로워야 하며, 또한 일용할 양식을 위하여 기도해야 한다. 그리고 혹 다른 모든 수단들이 허사가 되면, 도움을 줄 수 있는 사람들에게 도움을 청할 수도 있고 또한 청해야 한다. 빌어먹자니 부끄럽구나(눅 16:3)라고 말하는 사람이나, 상에서 떨어지는 것으로 배불리려 하는 자(눅 16:21)나 결코 바람직한 모습이 아니다. 그러나 미래에 대해서 우리는 걱정거리를 하나님께 맡기고, 염려하지 말아야 한다. 염려하는 것은 마치 하나님이 질투하는 것처럼 보이기 때문이다. 우리는 지금 우리에게 필요한 것을 구하는 법을 모르나, 하나님은 우리가 원하는 것을 어떻게 주실지를 잘 알고 계시는 것이다. 우리의 영혼이 하나님 안에서 평안히 거하여야 할 것이다. 이처럼 은혜로운 무관심이야말로 하나님께서 그 사랑하시는 자들에게 주시는 잠과 동일한 것이다(시 127:2). 여기서 주께서 경계하시는 것들을 잘 관찰하라.

(1) 목숨을 위하여 염려하지 말라. 목숨이야말로 이 세상에서 우리의 가장 큰 관심사다. 사람이 목숨을 위해서라면 그 가진 전부를 내어 줄 것이나 목숨에

대해서 염려하지 말라. [1] 목숨의 연장을 위해서 염려하지 말라. 늘리시든 줄이시든 하나님께서 기뻐하시는 대로 하시도록 그에게 맡기라. 나의 앞날이 주의 손에 있사오니(시 31:15). [2] 이생의 위로거리들에 대해 염려하지 말라. 쓰라리게 하시든 부드럽게 하시든 하나님께서 기뻐하시는 대로 하시도록 그에게 맡기라. 양식과 의복 등, 삶의 유지에 필수적인 것들에 대해서 염려해서는 안 된다. 하나님께서 이것들을 약속하셨으니 우리는 더더욱 확신을 갖고 기대해야 한다. 무엇을 먹을까 하지 말라. 이는 어찌할 바를 모르는 거의 절망의 상태에 빠진 사람이 하는 말이다. 그러나 선한 백성들 가운데 가진 것이 거의 없는 자들이 많은데도, 삶의 유지를 위해 공급받지 못하는 자는 거의 없는 것이다.

(2) 내일 일을 위하여 염려하지 말라. 내년에 어떻게 살까, 늙어서 어떻게 살까, 나중에 무엇을 남기고 떠날까, 등에 대해 염려하지 말라. 내일에 대해 자랑할 것이 없는 것처럼, 내일에 대해서 염려해서도 안 되는 것이다.

Ⅱ. 이 금지 명령을 강화시키기 위하여 그 이유와 정당한 논지들이 제시된다. 그리스도의 명령만으로도 이 어리석은 염려의 죄를 범하지 않도록 막는 데에 족하다고 생각할 수도 있을 것이다. 그러나 그리스도께서는 자신이 이 문제에 대해 얼마나 마음을 두고 계시며 또한 그의 자비하심을 믿고 소망을 갖는 자들을 얼마나 기뻐하시는지를 보여주기 위하여, 명령에다 지극히 강력한 논지들을 덧붙이신다. 이성적으로만 생각해 보아도, 이 가시들에 대해서 우리가 편안한 마음을 갖게 될 것이다. 염려에서 벗어나게 하고 또한 염려를 제거하기 위하여, 그리스도께서는 위로를 주는 생각을 갖고 그 생각들로 가득해질 것을 말씀하신다. 우리 자신의 마음으로 이런 논지들을 따져보고 그것으로 염려를 떨쳐내며, 그것들에 대해 부끄러움을 갖는 것이 참으로 가치 있는 일이다. 올바른 이성적인 생각으로 염려가 약화될 수도 있다. 그러나 그것들을 극복하는 길은 오직 능동적인 믿음뿐이다. 다음을 생각해 보라.

1. 목숨이 음식보다 중하지 아니하며 몸이 의복보다 중하지 아니하냐(25절). 과연 그렇다. 이는 의심의 여지가 없다. 현재의 것들의 참된 가치를 알 만한 이성을 가진 사람이라면 그렇게 말할 것이다. 하나님께서 그것들을 지으셨고, 그것들을 지탱시키시고, 그것들로 우리를 유지하게 하시니, 이것은 자명한 일이다. 주목하라. (1) 우리의 목숨이 우리의 생계보다 더 큰 축복이다. 생계가 없이는 목숨이 유지될 수 없는 것은 사실이다. 그러나 여기서 목숨과 몸보다 덜 중한 것

으로 제시되는 음식과 의복은 치장과 쾌락을 위한 것들이고, 이런 것들에 대해서 우리가 염려하는 경향이 있다. 음식과 의복은 목숨을 위한 것인데, 목적이 수단보다 더 고귀하고 더 귀중한 것이다. 기름진 음식과 세련된 의복은 땅에서 오는 것이나, 목숨은 하나님의 숨(the breath of God)에서 비롯된 것이다. 목숨은 사람의 빛이다. 그러나 음식은 그 빛을 위하여 소용되는 기름에 지나지 않는다. 그러므로 부자와 가난한 자 사이의 차이는 별로 크지 않다. 가장 큰 것들에서 그들은 동등한 지위에 서 있으며 덜 중요한 것에서만 차이가 있을 뿐이기 때문이다. (2) 이는 음식과 의복에 대하여 하나님을 신뢰하게 하고, 그리하여 그것들에 대한 온갖 걱정과 근심들에서 벗어나도록 우리를 격려해 준다. 하나님은 우리에게 목숨을 주셨고 또한 몸을 주셨다. 이러한 하나님의 행위는 능력의 행위요, 사랑의 행위였고, 우리의 관심이나 염려와는 상관 없이 이루어졌다. 그러니 그가 우리를 위해서 하지 못하실 일이 무엇인가? 그 일을 누가 행하셨는가? 그가 행하지 않으실 일이 무엇인가? 우리의 영혼과 영원이 몸과 또한 육체의 목숨보다 더 중요한데, 이것에 대해 염려한다면, 음식과 의복을 우리에게 공급하는 문제는 하나님께 맡길 수 있을 것이다. 하나님께서 지금까지 우리의 목숨을 유지시키셨다. 때로는 콩과 물로 유지시키셨으니, 이것이 그 목적을 보증하는 것이다. 그가 우리를 보호하셨고 살려두신 것이다. 우리가 익에게 드러나 있으나 그가 우리를 보호하시니, 그가 또한 우리에게 필요한 선한 것들을 공급하실 것이다. 우리를 죽이고, 우리를 굶겨 죽이기를 기뻐하셨더면, 그의 사자들을 명하사 우리를 지키게 하는 일은 하지 않으셨을 것이다.

2. 공중의 새를 보라. 그리고 들의 백합화가 어떻게 자라는가 생각하여 보라(26-28절). 이것은 열등한 피조물들에 대한 하나님의 일반 섭리와 또한 그 피조물들이 그 능력에 따라 그 섭리에 의존하는 사실에서 취한 논지다. 타락한 인간이 중대한 사태에 이르렀고, 학교에 보내어져서 공중의 새에게서 배워야 하게 되었다(욥 12:7, 8).

(1) 공중의 새를 보라. 그리고 음식에 대하여 하나님을 신뢰하기를 배우라(26절). 그리고 무엇을 먹을까 염려하지 말라.

[1] 새들에 대한 하나님의 섭리를 관찰하라. 그것들을 보고 거기서 교훈을 받으라. 갖가지 종류의 새들이 있고 무수히 많으나, 모두 양식을 먹고 살며, 필요한 만큼 먹이를 얻는다. 양식이 없어서 죽는 경우는 심지어 겨울철에도 극히

희박하며, 일년 내내 먹이가 적지 않다. 새들은 사람에게 가장 유익을 덜 주는 짐승이요, 따라서 사람이 보호하는 것도 가장 적다. 사람들이 가끔씩 먹이를 주기도 하지만, 계속해서 먹이는 경우는 거의 없다. 그런데도 새들은 먹이를 먹고 산다. 어떻게 그렇게 하는지는 알 수 없으나, 어떤 새들은 혹독한 기후에도 먹이를 잘 먹고 지낸다. 바로 너희 하늘 아버지께서 그것들을 먹여 기르시나니, 그는 산의 모든 새들을 다 아신다(시 50:11). 참새가 곡식을 얻기 위해 밭을 가는 일이 없을지라도, 하나님의 섭리로 인하여 다 먹이를 먹고 산다. 하나님의 섭리는 그처럼 지극히 하찮은 피조물에게까지도 역사하는 것이다. 그런데 여기서 특별히 관찰해야 할 것은, 새들은 아무런 염려나 계획이 전혀 없이 먹이를 얻어먹는다는 점이다. 심지도 않고 거두지도 않고 창고에 모아들이지도 아니하되. 개미와 벌은 일을 한다. 그러므로 그것들이 근면의 모범이 된다. 그러나 공중의 새는 그렇지 못하다. 그것들은 앞날을 위해서 먹이를 모아두는 법이 없는데도, 날마다 먹이가 공급되며, 그것들의 눈이 위대하시고 선하신 주인이시요 모든 육체에게 음식을 베푸시는 하나님을 기다리는 것이다.

[2] 이로써 격려를 받아 하나님을 신뢰하도록 하라. 너희는 이것들보다 귀하지 아니하냐. 그렇다. 분명 우리는 이것들보다 귀하다. 주목하라. 하늘의 상속자들이 하늘의 새들보다 훨씬 더 낫고, 더 고귀하며, 더 훌륭한 존재들이며, 그들은 믿음으로 더 높이 날아오른다. 그들은 본성이 더 낫고, 하늘의 새들보다도 더욱 지혜롭다(욥 35:11). 여호와의 규례를 알지 못하는 이 세상의 자녀들은 공중의 학과 산비둘기와 제비와 두루미만큼도 지혜롭지 못하나(렘 8:7), 너희는 하나님께서 더 아끼시며 더 하나님께 가까이 있는 것이다. 그가 그 새들의 주인이시요 주님이시다. 그러나 이 모든 것 외에, 그는 너희의 아버지시요, 따라서 너희는 무수한 새들보다도 그에게 더 소중한 존재다. 너희는 그의 자녀요, 그의 장자다. 그러니 새들을 먹이시는 그분께서 그의 자녀들을 굶어 죽게 하시겠는가? 새들은 너희 아버지의 섭리를 신뢰하는데, 너희가 그것을 신뢰하지 않는단 말인가? 하나님의 섭리에 의지하여, 그들은 내일에 대해 염려하지 않고, 그렇기 때문에 모든 피조물 중에서 가장 즐거운 삶을 산다. 그것들은 나뭇가지 사이에서 지저귀며(시 104:12), 그렇게 자기들의 최고의 능력으로 창조주를 찬송한다. 만일 우리가 믿음으로 마치 공중의 새들처럼 내일에 대해 염려하지 않게 된다면, 새들이 하듯 즐겁게 노래해야 마땅할 것이다. 다른 무엇보다도 우리의 명랑함

을 망치고, 우리의 기쁨을 앗아가고, 우리의 찬송을 막히게 하는 것이 바로 세상적인 염려인 것이다.

(2) 들의 백합화를 보고, 의복에 대해서 하나님을 신뢰하기를 배우라. 무엇을 입을까 하는 것이 우리의 염려의 또 한 가지 부분이다. 예의를 위해서 몸을 가리며, 보호를 위해서 몸을 따뜻하게 하며, 많은 사람들에게는 위엄과 치장을 위하여 훌륭하고 세련되게 꾸미는 일에 관심을 갖는다. 복장에 다양한 변화를 주는 일에 관심이 지나쳐서, 이것에 대한 염려가 일용할 양식에 대한 염려만큼이나 자주 돌아오는 것이다. 자, 이런 염려에서 벗어나기 위해서, 들의 백합화를 생각하여 보라. 그것들을 바라보지만 말고(모두들 즐겁게 그것들을 바라본다) 생각하여 보라. 주목하라. 날마다 일상적으로 보는 것에 대해 생각하여 배우는 것은 참으로 좋은 일이다(잠 6:6; 24:32).

[1] 백합화가 얼마나 약한가를 생각하여 보라. 그것은 들에 핀 풀에 불과하다. 백합화는 그 아름다운 색깔이 다른 것들보다 뛰어나지만, 그것은 들풀에 지나지 않는다. 모든 육체는 풀과 같다(벧전 1:24). 이 들풀은 오늘 있다가 내일 아궁이에 던져지며, 우리는 이 땅에 있으나 장차 무덤이라는 아궁이에 던져질 것이고, 들풀이 불 속에서 타듯이 우리도 거기서 탈 것이다(시 49:14). 그렇기 때문에 우리는 내일에 대해 염려해서는 안 된다. 우리가 내일 입을 의복이 결국 무덤에 들어가기 위해 입는 수의(壽衣)가 될 수도 있기 때문이다.

[2] 백합화가 얼마나 염려에서 자유로운가를 생각하여 보라. 사람처럼 의복을 벌기 위해, 또한 종들처럼 생필품을 얻기 위해, 수고도 아니하고, 여인들처럼 의복을 짓기 위해 길쌈도 아니하느니라. 그렇다고 해서 이 세상의 삶을 위한 적절한 일들을 소홀히 하거나 무관심해야 한다는 것은 아니다. 현숙한 여인에 대해서 성경은 손으로 솜뭉치를 들고, 베로 옷을 지어 판다고 칭송하였다(잠 31:19, 24). 게으름은 하나님을 신뢰하는 것이 아니라 오히려 그를 시험하는 것이다. 그러나 열등한 피조물들을 위해서 그들의 수고가 없이 모든 것을 공급하시는 하나님은 우리에게 수고를 의무로 주셨고, 그러므로 우리의 수고에 복 주셔서 우리를 위해 공급하실 것이다. 그리고 질병 등의 이유로 우리가 수고와 길쌈이 불가능할 경우에는 하나님께서 우리에게 필요한 것으로 채워주실 수 있는 것이다.

[3] 백합화가 얼마나 아름다우며 섬세한지를 생각하여 보라. 그것들이 어떻게

자라는가, 어떤 상태로부터 자라는가를 생각하여 보라. 백합화나 튤립의 뿌리는 다른 뿌리들처럼 겨울철에는 땅 밑에 숨겨져 있다가, 봄이 돌아오면 나타나고 조금 지나면 싹이 튼다. 그러므로 하나님은 그의 이스라엘에게 그들이 **백합화 같이** 피겠다고 약속하셨다(호 14:5). 아무것도 보이지 않는 희미한 상태에서 몇 주간만에 활짝 피어올라서 솔로몬의 모든 영광으로도 입은 것이 이 꽃 하나만 같지 못하게 되는 것이다. 솔로몬의 치장은 매우 화려하고 장엄하였다. 왕으로서 각 지방의 진기한 보물들을 소유하였고 모든 화려함과 용맹을 다 갖춘 사람이라면 틀림없이 가장 풍요한 의복을 지녔을 것이고, 사용 가능한 최고의 치장을 했을 것이다. 특히 최고의 전성기에 높은 영광 중에 있을 때에는 더더욱 그러했을 것이다. 그러나 그가 아무리 세련되게 의복으로 치장한다 해도 백합화의 아름다움에는 비길 수가 없고, 튤립이 가득 피어 있는 화단의 찬란함에는 비길 수가 없는 법이다. 그러므로 백합화보다 못한 솔로몬의 영광을 사모하기보다는, 그 누구도 따를 자가 없던 솔로몬의 지혜(우리의 처지에서 우리의 의무를 행하는 지혜)를 사모하도록 하자. 아름다움이나 화려한 의복이 아니라, 지식과 은혜야말로 사람의 온전함을 이루는 것이다. 그런데 여기서 하나님께서 들풀을 입히신다고 말씀한다. 주목하라. 피조물의 모든 고귀한 것들은 하나님께로부터 나오는 것이요, 그가 만물의 근원이시요 샘이시다. 말에게 힘을 주신 것도, 백합화에게 아름다움을 주신 것도 바로 하나님이시다. 피조물 하나하나의 모습(그것 자체가 지닌 모습이나 우리에게 비치는 모습이나 간에)은 바로 하나님께서 만드신 그대로인 것이다.

[4] 이 모든 것이 우리에게 어떤 교훈을 주는지를 생각하여 보라(30절).

첫째로, 좋은 의복에 대해서. 이것에 대해서는 전혀 염려하지 말고 탐하지도 말고 자랑하지도 말 것을 가르쳐 준다. 아름다운 옷을 입는 외모로 단장하려 하지 말라(벧전 3:3). 이는 우리가 아무리 염려하고 관심 갖고 치장해도 백합화의 아름다움이 우리를 훨씬 더 능가할 것이기 때문이다. 아무리 세련되게 옷을 입어도 백합화보다 못할 텐데, 어째서 그것들과 경쟁하려 한단 말인가? 백합화의 아름다움은 곧 사라질 것이고, 우리의 아름다움도 마찬가지가 될 것이다. 그것들은 오늘 있으나 내일이면 다른 쓰레기들과 함께 아궁이에 던져질 것이고, 우리가 자랑하는 의복들도 낡아지며, 찬란함이 곧 사라지고, 색깔도 바래며, 모양도 유행에 뒤떨어진 것이 되어 버릴 것이며, 그렇지 않으면 잠시 후면 의복 그 자체가 낡아질 것이다(사 40:6, 7). 사람의 모든 화려함도 마찬가지며, 특히 부자의 화려함은 더욱 그러하다. 그가 풀의 꽃과 같이 지나감이라(약 1:10).

둘째로, 필수적인 의복에 대해서. 이것에 대한 염려를 온전히 하나님께 맡길 것 ― 여호와 이레 ― 을 가르쳐 준다. 백합화를 입히시는 하나님께서 너희가 입어야 할 것을 너희에게 공급해 주실 것을 신뢰하라. 들풀에게 그런 좋은 의복을 주신다면, 그의 자녀들에게야 그보다 훨씬 더 적절한 의복을 주시지 않겠는가? 땅이 고요할 때에 남풍으로 말미암아 몸을 따뜻하게 해 줄 뿐 아니라(욥 37:17) 북풍으로 말미암아 몸을 시원하게 해 줄 그런 의복을 주실 것이다. 너희는 더 귀한 피조물이요 더 훌륭한 존재이니 너희를 더욱더 잘 입히실 것이다. 그렇게 잠깐 있다 사라지는 들풀을 입히신다면, 영원불멸하도록 지음받은 너희야 그보다 훨씬 더 잘 입히시지 않겠는가? 니느웨의 백성들을 박넝쿨보다 더 아끼셨으니(욘 4:10), 하나님과 언약을 맺은 시온의 자녀들이야 훨씬 더 아끼지 않으시겠는가? 여기서 제자들에게 믿음이 작은 자들이라고 말씀하신 사실을 관찰하라(30절). 이는 다음과 같은 의미로 취할 수 있을 것이다. ① 아직 연약하지만 참된 믿음을 격려하고자 하는 의미. 이 믿음이 우리를 하나님의 보살피심을 받게 하며, 적절한 공급을 약속받게 한다. 큰 믿음을 갖기를 격려할 것이고, 또한 큰 믿음이 큰 것을 얻지만, 그럼에도 불구하고 작은 믿음도 거부되지 않는다. 그 작은 믿음으로도 음식과 의복을 공급받는 것이다. 비록 강한 신자들은 아닐지라도, 건전한 신자라면 누구나 적절히 공급받을 것이다. 가족 중의 어린 아기들은 장성한 자녀들보다 더 특별한 보살핌을 받고, 음식과 의복을 공급받는 법이다. 나는 아이라, 나는 마른 나무라 하지 말라(사 56:3, 5). 나는 가난하고 궁핍하오나 주께서 나를 생각하시기 때문이다(시 40:17). 혹은 ② 이는 오히려 참되기는 하나 연약한 믿음에 대한 책망이다(14:31). 우리의 모든 무절제한 염려와 근심의 밑바닥에 무엇이 있는가를 시사해 준다. 그것은 우리의 믿음이 연약하기때문이요, 우리 속에 불신앙의 잔재가 남아 있기 때문이다. 믿음이 강하면, 염려도 덜한 법이다.

3. 너희 중에 누가, 너희 중에 아무리 지혜롭고 강한 자라도, 염려함으로 그 키를 한 자라도 더할 수 있겠느냐(27절). 어떤 이는 여기의 그 키를 "그 수명"으로 읽기도 한다. 그러나 자는 키를 재는 것이지 수명을 재는 것이 아니다. 수명은 한 뼘 길이만큼 되는 것이다(시 39:5). 다음을 생각하여 보라.

　(1) 우리가 현재의 키로 자란 것이 걱정하고 염려한 덕분이 아니라 오직 하나님의 섭리의 덕분이다. 키가 한 뼘밖에 안 되는 갓난 아기가 육척 장신의 성인으로 자랐다. 그런데 한 자 한 자 어떻게 해서 자라났는가? 그 사람의 예상이나 궁리로 그렇게 된 것이 아니다. 그 사람은 어떻게 그렇게 자라났는지 모르지만, 하나님의 능력과 선하심으로 말미암아 그렇게 된 것이다. 그러나 우리의 몸을 지으셨고 그 몸을 현재의 키로 만들어 주신 이가 그 몸을 위하여 필요한 것들을 반드시 공급해 주실 것이다. 주목하라. 우리의 육체적 힘과 키의 성장에서 하나님의 역사를 인정해야 하며, 그 모든 필요한 것들의 공급에 대해서도 그를 신뢰해야 한다. 그가 우리의 몸의 외모를 지으셨고, 또한 그 몸을 돌아보시기 때문이다. 우리가 생각하지도 않고 관심을 기울이지도 않지만 우리는 계속해서 자란다. 그러니 이런 일에서 우리를 양육하신 그가 양육받는 우리를 위해 필요한 것을 공급하지 않으시겠는가?

　(2) 우리는 하고 싶어도 우리의 키를 바꿀 수가 없다. 사람이 자기 키를 줄이려고 자기를 혹사시키고 잠도 자지 않고 머리를 마구 때리면서, 키가 줄어들지 않는 것 때문에 계속해서 염려한다면 이 얼마나 어리석고 미련한 짓이겠는가? 결국 아무런 소용이 없다는 것을 알게 될 것이니, 현재의 상태에 만족하고 그대로 받아들이는 것이 더 나을 것 아니겠는가! 우리 모두 키가 다 다르지만, 키의 차이는 별로 중요한 것이 아니다. 키가 작은 사람은 이런저런 사람만큼 키가 컸으면 하고 바라겠지만, 그것이 아무런 소용이 없다는 것을 아니 그냥 그대로 받아들이는 것이 좋은 것이다. 자, 우리의 육체의 키에 대해서 이렇게 하듯이, 우리의 세상적인 형편에 대해서 그래야 하는 것이다. [1] 우리의 키를 한 자 늘리기를 탐하지 말아야 하는 것처럼, 이 세상의 부귀를 탐해서는 안 된다. 키는 조금씩 자라는 것으로 족하며, 갑자기 키를 자라게 할 수 있다 해도 그것은 지혜롭지 못한 것이요 자기 자신에게 부담스런 일이 될 수밖에 없다. [2] 우리의 키에 대해 그렇게 하듯이, 우리의 처지에 대해서도 납득하고 받아들여야 한다. 불편한 점들에다 편리한 점들을 대비시켜서 가난함의 유익한 점을 보아야 한다. 상태를 바꿀 수 없는 것에 대해서는 그 현실을 최고의 것으로 만드는 것이 유익한 법이다. 하나님의 섭리로 되어지는 일들은 변경시킬 수가 없다. 그러므로 그것들을 그대로 인정하고 그것들에 우리 자신을 적응시키고, 할 수 있는 만큼 불편한 점들을 최고로 사용하는 것이다. 삭개오도 나무에 기어올라감

으로써 자신의 작은 키의 불편함을 해소시켰다.

4. 이는 다 이방인들이 구하는 것이라(32절). 세상에 대해 염려하는 것은 이방인들이 짓는 죄요, 따라서 그리스도인들에게는 어울리지 않는 것이다. 이방인들은 이런 것들을 구한다. 왜냐하면 더 나은 것들을 알지 못하기 때문이다. 그들이 이 세상에 대해 간절한 소망을 갖고 있는 것은 그들이 더 나은 세상에 대해 외인(外人)이기 때문이다. 그들이 근심과 걱정으로 이런 것들을 구하는 것은 그들이 세상에서 하나님이 없는 자들이요 또한 그의 섭리를 깨닫지 못하기 때문이다. 그들은 자기들의 우상을 두려워하고 섬기나, 구원과 삶의 필요를 위해서 우상들을 신뢰할 줄을 모르며, 그리하여 걱정으로 가득 차 있는 것이다. 그러나 그리스도인들이 그렇다면 그것은 부끄러운 일이다. 그리스도인은 더 고귀한 원리 위에 서 있고, 또한 그저 섭리라는 것이 있다는 정도가 아니라 현재의 삶에 유익을 주는 약속들이 있어서 하나님을 신뢰하고 세상을 멸시해야 할 것을 가르치며 또한 이에 대한 타당한 이유들을 제시하는 그런 신앙을 고백하는 자들이기 때문이다. 그리스도인들이 이방인들처럼 생활하며 그들의 머리와 마음을 이런 것들로 가득 채운다면 이는 정말 부끄러운 일이다.

5. 너희 하늘 아버지께서 이 모든 것이 너희에게 있어야 할 줄을 아시느니라. 음식이나 의복 등 이런 필수적인 것들이 우리에게 필요하다는 사실을 하나님께서 우리보다 더 잘 알고 계신다. 그는 하늘에 계시고, 그의 자녀들은 이 땅에 있으나, 그는 그 자녀들 가운데 가장 약하고 가난한 자들의 처지를 관찰하고 계시는 것이다: 내가 네 환난과 궁핍을 알거니와(계 2:9). 그런 좋은 친구가 너희의 필요와 곤경을 잘 알고 있다고 생각하면, 곧 마음에 안심이 될 것이다. 그런데 너희 하나님께서 그것들을 알고 계시며, 그는 또한 너희를 사랑하고 불쌍히 여기시며 너희를 도울 준비를 갖추고 계시는 너희의 아버지이시다. 너희 하늘 아버지께서 너희의 필요를 모두 공급하실 것이다. 그러므로 모든 염려와 근심과 걱정을 물리치고, 네 아버지께로 나아가 그에게 말씀드리라. 네가 이런저런 것이 필요하다는 것을 그가 알고 계시니 말이다. 그는 너희에게 물으신다: 얘들아 너희에게 고기가 있느냐?(요 21:5). 네게 고기가 있는지 없는지를 그에게 말씀드려라. 그가 우리의 필요를 알고 계시지만 그는 우리에게서 그 사항을 알기를 원하시니, 그에게 입을 열어 말씀드리고 기꺼이 그의 지혜와 권능과 선하심에다 그 문제를 맡겨 버리도록 하자. 그러므로, 우리의 염려를 하나님께 맡김으로 우

리 자신의 짐을 가볍게 해야 할 것이다. 우리를 돌보시는 분이 바로 하나님이시기 때문이다(벧전 5:7). 그렇다면 대체 무엇 때문에 염려하겠는가? 하나님이 돌보신다면, 어째서 우리에게 염려가 필요하겠는가?

6. 너희는 먼저 그의 나라와 그의 의를 구하라 그리하면 이 모든 것을 너희에게 더하시리라(33절). 여기서 염려의 죄에 대하여 두 가지 논지가 제시된다. 너희의 목숨과 몸을 위하여 염려하지 말라. 왜? (1) 너희에게는 염려해야 할 더 크고 더 나은 것들이 있기 때문이다. 너희 영혼의 삶, 너희의 영원한 복락, 이것이 필요한 한 가지요(눅 10:42), 이것에 대해 생각을 모아야 하는데, 세상의 염려가 있는 자들에게서는 이것이 흔히 무시된다. 하나님을 기쁘시게 하고 또한 우리 자신의 구원을 이루는 일에 더 생각이 모아지고 있다면, 우리 자신을 즐겁게 하며 세상의 안락한 삶을 위해 쏟는 생각이 그만큼 골똘해지지 않는 법이다. 우리의 영혼에 대해 염려하는 것이야말로 세상에 대한 염려를 치유하는 가장 효과적인 길이다. (2) 이생의 필요한 것들을 얻는 데에는 그것들에 대해 염려하고 근심하고 불평하는 것보다 더 확실하고 더 쉽고 더 안전하며 더 효과적인 방법이 있기 때문이다. 그것은 곧 먼저 하나님의 나라를 구하며, 신앙을 너희의 일상적인 업으로 삼는 것이다. 이러다가 굶어 죽는다고 말하지 말라. 이것이야말로 이 세상에서도 가장 잘 공급받을 수 있는 길이다. 여기서 다음을 관찰하라.

[1] 우리의 모든 의무의 총체요 골자를 이루는 큰 임무가 요구되고 있다: "먼저 하나님의 나라를 구하고, 신앙을 너희의 크고 근원적인 관심사로 알고 그것에 마음을 쏟으라." 우리의 임무는 이런 것을 구하고 사모하고 추구하고 목표로 삼는 것이다. 이 말씀은 우리를 향한 새 언약의 강령의 많은 부분을 그 속에 담고 있다. 우리가 온전히 이루지 못하였고 많은 점에서 부족하고 연약하지만, 신실하게 구하는 일은(조심스럽게 관심을 쏟고 진지하게 애쓰는 일은) 용납된다. 이제 관찰하라. **첫째로,** 이렇게 구하는 대상이 하나님의 나라와 그의 의라는 점이다. 천국을 우리의 목적으로 삼고, 거룩을 우리의 길로 삼아야 한다. "은혜와 영광의 나라의 위로들을 너희의 행복으로 알아 그것을 구하라. 천국을 목적 삼고 그것을 향하여 힘써 전진하라. 그것을 확고히 하도록 부지런히 수고하라. 이 영광과 존귀와 불멸성을 구하라. 세상과 세상의 기쁨과는 비교할 수 없을 만큼 천국과 천국의 복락을 최고로 삼으라." 우리의 신앙이 천국을 목표로 삼지 못하면 우리의 신앙은 아무런 유익이 없는 것이다. 그리고 이 나라의 복락과 함께

이 나라의 의를 구하라. 곧, 하나님의 의, 그가 우리에게서 이루어지기를 요구하시는 그런 의, 서기관과 바리새인들의 의보다 나은 의를 구하는 것이다. 이를 위해서 우리는 화평함과 거룩함을 따라야 하는 것이다(히 12:14). 둘째로, 그 순서다. 먼저 하나님의 나라를 구하라. 너희의 영혼과 내세(來世)에 대한 관심이 다른 모든 근심을 대신하게 하라. 그리고 이 세상의 모든 걱정거리들이 내세의 삶에 대한 걱정들에 종속되게 하라. 우리 자신의 일들보다 그리스도의 일들을 더 구해야 한다. 그것들이 서로 경쟁하며 다가올 때에, 그 가운데 어느 것을 우선으로 삼아야 할지를 반드시 기억해야 한다. "이것들을 먼저 구하라. 네 인생에서 첫째로 삼으라. 네 젊음의 때를 하나님께 드리라. 무엇보다 지혜를 먼저 구해야 한다. 신앙을 갖는 일은 일찍 시작하는 것이 좋다. 날마다 먼저 그것을 구하라. 아침에 일어나서 맨 처음 하나님을 생각하라." 가장 필요한 그 첫째가는 것을 행하며, 처음이신 그분이 첫 자리를 차지하시도록 하는 것을 우리의 원칙으로 삼아야 할 것이다.

[2] 은혜로운 약속이 덧붙여져 있다: 이 모든 것을, 삶에 필요한 공급할 거리들을, 너희에게 더하시리라. 너희가 구하는 바 하나님의 나라와 그의 의를 얻을 것이다. 진심으로 구하는 자에게는 그 구하는 것이 절대로 헛되지 않기 때문이다. 그리고 마치 물건을 사는 자에게 그 물건을 포장하는 종이와 끈이 덤으로 주어지듯이, 너희에게도 덤으로 음식과 의복이 주어질 것이다. 경건은 금생과 내생에 약속이 있느니라(딤전 4:8). 솔로몬은 지혜를 구했으나, 그에게 다른 모든 것들이 함께 주어졌다(대하 1:11, 12). 이 세상에서 가장 편안하게 필요한 것을 공급받는 가장 좋은 길이 바로 내세에 가장 관심을 두는 것이라는 사실을 진리로 확고히 믿기만 해도, 우리의 마음과 삶에 얼마나 복된 변화가 생기겠는가! 그렇게 믿으면, 우리는 하나님과 함께 시작할 때부터 이미 우리의 삶의 최종 목표에서 시작하는 것이다. 하나님의 나라와 그 나라의 의를 우리 자신에게 확고히 하는 일에 부지런히 힘쓰면, 이 세상의 모든 일에 대해서는 여호와 이레다. 곧, 주께서 보시기에 우리에게 유익한 대로, 또한 우리가 원하는 것 이상으로 공급하실 것이다. 마지막에 받게 될 우리의 기업의 몫에 대해서 하나님을 신뢰한다면, 그것에 이르는 도중에 우리에게 주어질 우리의 잔의 소득(시 16:5)에 대해서도 그를 신뢰해야 하지 않겠는가? 하나님의 이스라엘은 나중에 가나안에 들어갔을 뿐 아니라, 광야를 지나는 동안 그 필요한 것을 공급받았다. 보이지 않는

것들과 영원한 것들에 대해 마음을 쏟기를 바란다. 그렇게 되면 보이는 것들과 일시적인 것들에 대해서 덜 염려하게 될 것이다. 또 너희의 기구를 아끼지 말라 (창 45:20).

7. 내일 일은 내일이 염려할 것이요 한 날의 괴로움은 그 날로 족하니라(34절). 미래의 일들에 대해서 무절제하게 근심해서는 안 된다. 날마다 그 날에 해당되는 걱정의 짐이 생기기 때문이다. 우리 자신을 바라보고 그리하여 두려움이 은혜와 이성이 가져다주는 구원을 망치게 하지 않는다면, 그 때 그 때마다 힘을 공급받는 것이다. 그러므로 여기서 다음을 말씀하고 있다.

(1) 내일에 대한 염려는 불필요한 것이다: 내일 일은 내일이 염려할 것이요. 그 날 그 날 필요한 것과 어려움들이 새롭게 생겨난다면, 도움과 공급도 마찬가지로 새롭게 주어지는 법이다. 여호와의 인자와 긍휼이 … 아침마다 새로우니(애 3:22, 23). 성도들에게는 아침마다 그들의 팔이 되시며(사 33:2), 매일 정수대로 새롭게 공급해 주시는 친구가 있으며(스 3:4), 그가 자기에게 끊임없이 의지하는 그 백성을 그렇게 지키시는 것이다. 그러므로 내일 일은 내일의 힘으로 담당하도록 맡기도록 하자. 내일과 내일의 일들은 우리 바깥에서 공급될 것이니, 그렇게 공급되도록 이미 지혜롭게 작정된 일에 대해서 그렇게 고심하며 염려할 필요가 무엇이겠는가? 그렇다고 해서 사려 깊은 예측이나, 그것에 따라 대비하는 일을 하지 말라는 것은 아니다. 다만, 닥치지 않을지도 모르고, 혹은 닥친다 해도 그 악한 것을 잘 경계하여 해를 입게 되지 않을 수도 있는 그런 앞날의 어려움과 재난들에 대해서 미리부터 염려하고 걱정하는 것을 삼가라는 것이다. 곧, 현재의 임무를 생각하고 그것들에 마음을 쏟으며, 그리고 모든 일어나는 일들은 하나님께 맡기라는 것이다. 한 날의 일을 그 날에 행하고, 내일 일은 내일이 염려하게 하라는 것이다.

(2) 내일에 대한 염려는 어리석고도 해로운 정욕에 속하는 것이다. 부자들이 특히 이것에 잘 빠지며, 사람들이 이것으로 자기 자신들을 찔러서 많은 괴로움을 불러일으키는 것이다. 한 날의 괴로움은 그 날로 족하니라. 오늘의 괴로움만으로도 족하다. 미래의 괴로움을 예상하여 짐을 더 쌓을 필요도 없고, 오늘의 괴로움에다 내일의 괴로움을 더하여 근심할 필요도 없는 것이다. 내일의 괴로움이 어떤 것이 될지는 확실치 않다. 그러나 그것이 어떤 것이든 그것이 닥치면 그 때에 충분히 생각할 수가 있다. 내일의 괴로움을 오늘 미리 지고서 염려하

고 두려워하는 것은 정말 어리석은 일이다. 그렇게 하면 내일이 올 때에 결코 밝아질 수가 없다. 하나님께서 섭리로 지혜롭게 여러 묶음으로 나누어서 지도록 하신 것을 우리가 한꺼번에 다 지려 해서는 안 될 것이다. 그러므로 이 문제 전체의 결론은, 주 예수님의 뜻과 명령은 그의 제자들이 괴로움에 대해 염려함으로써 자기들 스스로를 괴롭게 해서도 안 되고, 이 세상을 지나는 길을 하나님께서 괴로움들을 허용하여 만드시는 것보다 더 어둡고 불쾌하게 만들어서도 안 된다는 것이다. 날마다 드리는 기도를 통해서 그 날 그 날의 괴로움을 지며 또한 거기에 뒤따르는 유혹거리들에 대해 무장할 수 있는 힘을 얻어야 하고, 이런 것들에 절대로 흔들려서는 안 되는 것이다.

제

— 7 —

장

개요

이 장은 그리스도의 산상수훈이 계속되고 마무리되는 장으로 지극히 실제적이며, 하나님과 사람에 대하여 우리의 행실을 올바르게 할 것을 가르친다. 기독교 신앙의 목표가 사람들을 모든 면에서 선하게 만드는 것이기 때문이다. 내용을 정리하면 다음과 같다: I. 비판과 책망에 관한 몇 가지 원칙들(1-6절). II. 우리의 필요에 대하여 하나님께 기도하라는 격려(7-11절). III. 철저한 행실의 필요성에 대한 권고(12-14절). IV. 거짓 선지자들을 삼가라는 경고(15-20절). V. 산상수훈 전체의 결론으로서, 그리스도의 명령들에 대한 전폭적인 순종의 필요성을 보여줌(21-27절). VI. 그리스도의 가르침에 대한 청중들의 반응(28-29절).

[1]비판을 받지 아니하려거든 비판하지 말라 [2]너희가 비판하는 그 비판으로 너희가 비판을 받을 것이요 너희가 헤아리는 그 헤아림으로 너희가 헤아림을 받을 것이니라 [3]어찌하여 형제의 눈 속에 있는 티를 보고 네 눈 속에 있는 들보는 깨닫지 못하느냐 [4]보라 네 눈 속에 들보가 있는데 어찌하여 형제에게 말하기를 나로 네 눈 속에 있는 티를 빼게 하라 하겠느냐 [5]외식하는 자여 먼저 네 눈 속에서 들보를 빼어라 그 후에야 밝히 보고 형제의 눈 속에서 티를 빼리라 [6]거룩한 것을 개에게 주지 말며 너희 진주를 돼지 앞에 던지지 말라 그들이 그것을 발로 밟고 돌이켜 너희를 찢어 상하게 할까 염려하라

우리 주님은 여기서 다른 이들의 과실에 대하여 처신하는 문제에 대해 말씀하신다. 그의 표현들은 서기관과 바리새인들을 책망하고자 하는 의도를 드러내는 것 같다. 그들은 매우 엄격하고 가혹하며, 매우 거만하고 거드름을 피우며, 주위의 모든 사람들을 정죄하며, 오만하여 자기를 정당화시키는 자들이다.

I. 비판(judging. 혹은 판단)에 대한 경고(1, 2절).   판단하는 임무를 지닌 자

들이 있는데, 관원들과 목사들이다. 그리스도는 스스로 재판관이 되신 것도 아니요 재판관들을 폐하기 위해 오신 것도 아니다. 왕들이 그로 말미암아 정의를 공포하는 것이다. 그러나 이 말씀은 재판관들이 아니라 사사로운 개인들에게, 그의 제자들에게 주시는 것이다. 후에는 그들이 보좌에 앉아 심판할 것이지만(19:28), 지금은 아니다. 여기서 다음을 관찰하라.

1. 금지 명령: 비판하지 말라(혹은, 판단하지 말라). 우리 자신과 우리 자신의 행위는 비판해야 하지만, 다른 사람들에 대해 비판할 권세가 우리에게 있기라도 한 것처럼 우리의 형제를 비판해서는 안 된다. 우리도 다른 사람이 우리 위에 있는 것을 허용하지 않기 때문이다. 우리의 규칙은 피차 복종하는 것이다(엡 5:21). 선생이 많이 되지 말라(약 3:1). 우리 스스로 재판관 석에 앉아 우리의 말이 모든 사람에게 법이 되게 하는 식이어서는 안 된다. 형제를 비판해서는 안 된다. 야고보는 형제를 비방해서는 안 된다고 하여 이를 설명하고 있다(약 4:11). 형제를 비판해서도 안 되고, 업신여겨서도 안 된다(롬 14:10). 형제에 대해서 경솔하게 판단해서도, 근거 없이 정죄해서도 안 된다. 그것은 오로지 우리의 시기와 악한 본성의 산물일 뿐이다. 사람들을 악인들로 만들어서도 안 되고, 그들의 말이나 행실에서 거슬리는 것들을 사실과 다르게 추정해서도 안 된다. 사랑도 없이 긍휼도 없이 판단해서도 안 되고, 그 사람을 있는 그대로가 아니라 우리에게 비쳐지는 모습으로 판단해서도 안 된다. 그렇게 되면 우리가 편파적이기 쉬운 법이기 때문이다. 다른 사람의 마음이나 의도를 판단해서도 안 된다. 마음을 살피는 일은 하나님만의 대권이므로 우리가 그의 보좌에 올라가려 해서는 안 되는 것이다. 또한 사람들의 영원한 상태를 판단해서도 안 되고, 그들을 외식하는 자들이나 버린 자들이라 불러서도 안 된다. 이런 일은 우리의 한계를 벗어나는 것이다. 다른 사람의 종에 대해서 우리가 해야 할 일은 무엇인가? 그에게 조언을 하고 도움을 주되, 판단을 해서는 안 되는 것이다.

2. 이 금지 명령을 강화시키는 이유. 비판을 받지 아니하려거든. 이는 다음을 암시한다. (1) 우리가 다른 이들을 판단하려 하면, 우리 자신도 판단을 받을 것이다. 재판관 석을 탈취한 자는 재판정에 소환을 받을 것이다. 사람들에게 판단을 받을 것이다. 판단을 가장 잘 하는 사람이 누구보다 더 많이 판단을 받는 것이 상례다. 모든 사람이 그에게 돌을 던질 것이다. 이스마엘처럼 말로, 손으로 모든 사람을 치는 자에게는 모든 사람의 손이 그를 칠 것이다(창 16:12). 다른 사람

의 명예를 존중하지 않는 자는 그의 명예도 결코 존중받지 못할 것이다. 그러나 그보다 더 악한 것이 있다. 그들은 하나님의 판단을 받게 될 것이요 그에게서 더 큰 심판을 받을 것이다(약 3:1). 양쪽 모두 반드시 하나님의 심판대 앞에 설 것이며(롬 14:10), 하나님은 겸손하여 판단을 당한 자들을 받으시고, 교만하여 비방한 자들을 내치시고 합당하게 심판하실 것이다. (2) 다른 이들을 비판할 때에 온유하고 사랑이 있게 행하며, 그들을 판단하기를 거부하고 오히려 우리 자신을 비판하면, 우리가 주님께 심판을 받지 않을 것이다. 하나님께서는 형제를 용서하는 자들을 용서하실 것인데, 이와 같이 그는 형제를 판단하지 않는 자들도 심판하지 않으실 것이다. 긍휼히 여기는 자는 복이 있나니 긍휼히 여김을 받을 것임이요(5:7). 그것은 겸손과 사랑과 하나님께 대한 복종의 증거요, 그에 따라서 하나님께로부터 상을 받을 것이다(롬 14:10).

다른 이들을 판단하는 자들이 판단을 받는 것은 보응의 법에 따른 것이다: 너희가 비판하는 그 비판으로 너희가 비판을 받을 것이요(2절). 의로우신 하나님께서는 그의 심판에서 행한 만큼 갚으시는 법칙(a rule of proportion)을 준수하시는 경우가 많다. 아도니베섹의 경우가 그러하다(삿 1:7). 또한 계 13:10; 18:6을 보라. 이렇게 해서 그의 심판이 정의롭고 위엄이 있을 것이니, 모든 육체가 그의 앞에서 잠잠할 것이다. 너희가 헤아리는 그 헤아림으로 너희가 헤아림을 받을 것이니라. 아마도 이 세상에서 그렇다는 뜻일 것이다. 그리하여 사람들이 자기들이 받는 형벌에서 자기들의 죄를 깨닫게 될 것이다. 이 점을 주지하여 형제를 대할 때에 결코 가혹하게 행해서는 안 될 것이다. 만일 하나님께서 우리가 형제를 판단할 때에 하는 것처럼 그렇게 우리를 엄격하고도 가혹하게 판단하신다면, 그가 우리를 똑같은 저울에 올려놓고 측정하신다면 어떻게 되겠는가? 형제에게 없는 것까지 찾아내어 가혹하게 판단한다면, 우리도 똑같이 그대로 받게 될 것이다. 다른 일에서도 그렇지만, 이 일에서도 사람을 가혹하게 대하면 그것이 그대로 우리의 머리에로 돌아가는 것이다.

II. 책망에 대한 몇 가지 경고. 다른 이들을 판단하는 것이 큰 죄이므로 우리가 그런 일을 해서는 안 되지만, 그렇다고 해서 다른 이들을 책망하지 말아야 하는 것은 아니다. 그 일은 우리가 감당해야 할 큰 의무요, 또한 영혼을 죽음에서 구원하는 수단이 될 수도 있다. 그러나 이는 다른 사람의 죄에 동참하지 않도록 우리의 영혼을 구원하는 수단이기도 하다. 여기서 다음을 관찰하라.

1. 누구나 다른 이들을 책망하는 일에 적합한 것은 아니다. 남을 정죄하면서 자기도 똑같은 과오를 저지르고 있는 자가 책망한다면, 이는 스스로 수치를 드러내는 것이요, 그 책망을 받는 자들에게도 전혀 유익이 되지 못할 것이다(3-5절).

(1) 비난하기를 잘하는 자들에 대한 정당한 책망이 여기에 있다. 이들은 형제의 사소한 과실을 문제삼으면서, 자기들의 큰 과실에 대해서는 눈을 감는다. 형제의 눈 속에 있는 티는 잡아내면서도, 자기 눈 속에 있는 들보는 깨닫지 못한다. 아니, 자기의 눈 속에서 티를 빼내는 일조차도 매우 꺼려한다. 주목하라. [1] 죄에는 경중(輕重)의 정도가 있다. 어떤 죄는 상대적으로 티와 같고, 어떤 죄는 들보와 같다. 어떤 죄는 하루살이와 같고, 어떤 죄는 낙타와 같다(23:24). 그러나 하찮은 죄가 있다는 뜻은 아니다. 우리가 마구 죄를 범해도 괜찮은 하찮은 하나님이 없기 때문이다. 그것이 티라면 눈 속에 있는 것이요, 그것이 하루살이라면 목구멍에 있는 것이다. 둘 다 고통스럽고 위험천만하며, 따라서 그것들이 제거되기 전에는 편할 수가 없는 것이다. [2] 우리 자신의 죄들이 다른 사람에게 있는 동일한 죄들보다 더 크게 보여야 한다. 형제를 향한 사랑의 마음으로 형제의 죄를 눈 속에 있는 티 정도로 칭하게 하며, 참된 회개와 경건한 자세에서 우리 자신의 죄를 우리 눈의 들보로 여기는 것이다. 다른 이늘의 죄들은 가볍게 보고, 우리 자신의 죄는 더 위중한 것으로 보아야 하기 때문이다. [3] 자기 눈 속에 들보가 있는데도 전혀 개의치 않는 자들이 많다. 매우 위중한 죄에 대한 책임과 그 권세 아래 있으면서도 그것을 전혀 깨닫지 못하고, 오히려 회개나 개선의 필요가 전혀 없는 것처럼 스스로를 정당화하는 것이다. 사람이 그렇게 죄악되고 비참한 처지에 있으면서도 그것을 깨닫지 못한다는 것은, 마치 눈 속에 들보를 갖고 있으면서도 전혀 그것을 알지 못하는 것만큼이나 이상스런 일이다. 그러나 이 세상 신이 그들의 마음을 그렇게 간교하게 어둡게 만들기 때문에, 그런 상태에도 불구하고 그들은 큰 확신에 가득 차서 우리가 본다고 말하는 것이다. [4] 스스로 가장 죄악되면서도 그것을 가장 깨닫지 못하는 자들이 다른 이들을 판단하고 비난하는 데 가장 앞서는 것이 상례다. 바리새인들은 가장 교만하게 자기들 자신을 정당화하면서, 동시에 다른 사람들을 가장 혹독하게 정죄하였디. 그들은 그리스도의 제자들이 손을 씻지 않고 음식을 먹는다는 이유로 그들을 혹독하게 비난하였다. 눈 속에 있는 티만도 못한 이런 허물을 탓하면

서도, 그들은 사람들에게 부모를 멸시하도록 조장하였다. 이것은 들보에 해당하는 죄였던 것이다. 교만과 사랑 없음이 보통 다른 이들을 비난하는 자들의 눈에 있는 들보다. 다른 사람에게서 발견되면 영락없이 정죄하고 벌했을 그런 죄를 스스로 자기 속에 은밀하게 지닌 사람들이 많은 것이다. "네가 남에 대하여 불평하는 과실이, 철저히 조사해 보면 네 자신에게서도 발견될 수 있다는 것과, 또한 네 자신의 범죄에 대해서 그렇게 공적으로 분노를 표시한다는 것이 부당하다는 것을 생각하라"(세네카). 그러나, [5] 사람이 다른 이들의 과실에 대해서는 그렇게 가혹하면서, 자기들의 과실에 대해서는 그렇게 관대하다는 것은 외식의 증표다. 외식하는 자여(5절). 그런 사람이 아무리 이리저리 가장하더라도 그가 죄의 원수가 아니라는 것은 분명하다(만일 죄의 원수라면 자기 자신의 죄에 대해서도 원수일 것이다). 그러므로 그는 칭찬할 가치가 없는 자다. 아니, 그는 자기 형제의 원수요, 따라서 욕을 당해야 할 자인 것이다. 이러한 영적인 사랑은 가정에서부터 시작되어야 한다. "네 자신을 개혁하는 일에 아무런 관심도 없으면서 어찌하여 형제에게 말하기를 나로 네 눈 속에 있는 티를 빼게 하라 하겠느냐? 이것이 얼토당토않은 일이라는 것을 네 마음이 너를 치지 않느냐? 네가 악한 마음으로 이 일을 하니 모든 사람이 네게 말하기를, 악이 죄를 교정하다니, 의사여 너 자신을 고치라(눅 4:23)고 할 것이다." I prae, sequar (네가 먼저 가라. 내가 뒤따르리라). 롬 2:21을 보라. [6] 우리 자신에게 부족한 점들을 생각하여야 하지만, 그렇다고 해서 그것 때문에 친절한 책망을 하지 않게 되어서는 안 된다. 다만 교만한 비난을 삼가야 하고 다른 사람을 비판하는 일에 매우 솔직하고 사랑이 담기도록 해야 하는 것이다. "그러므로 온유한 심령으로 그러한 자를 바로잡고 너 자신을 살펴보아야 한다(갈 6:1). 하나님께서 너를 네 자신 그대로 버려 두신다면, 과거에는 네가 어떤 사람이었으며, 현재는 어떤 사람이며, 장차는 어떤 사람이 되겠는가를 생각하라."

(2) 비난하는 자들에게 좋은 규범이 제시된다(5절). 올바른 방법으로 그 일을 행하라. 먼저 네 눈 속에서 들보를 빼어라. 우리 자신의 상태가 나쁘다는 것은 결코 우리가 남을 책망하지 않는 것에 대한 변명이 될 수가 없다. 우리가 남을 책망하기에 부적절한 상태가 되었다는 것이 오히려 우리의 나쁜 상태를 더욱 악화시키는 것이기 때문이다. "내 눈 속에 들보가 있으니, 내 형제의 눈 속에 티가 있어도 아무런 도움을 줄 수가 없다"는 식으로 말해서는 안 된다. 사람의 과실

은 결코 그의 변명거리가 될 수 없다. 오히려 먼저 나 자신을 개혁하여야 하고, 그 다음에 내 형제를 개혁하는 일에 도움을 줄 수가 있게 되고, 그를 책망할 자질을 갖추게 되는 것이다. 주목하라. 다른 이들을 비난하는 자들은 그들 스스로 비난받을 것이나 티가 전혀 없어야 한다. 직무상 책망해야 하는 자들, 즉 관원들과 목사들은 행실을 삼가며 품행을 올바르게 가져야 한다. 감독은 책망할 것이 없으며, 외인에게서도 선한 증거를 얻은 자라야 할지니(딤전 3:2, 7).

2. 모든 사람이 다 책망받기에 합당한 것이 아니다. 거룩한 것을 개에게 주지 말며(6절). 이는 다음 중 한 가지 의미로 볼 수 있을 것이다. (1) 제자들이 복음을 전하는 일에 해당되는 하나의 규칙. 악하고 속된 자들에게 전혀 복음을 전하지 말아야 한다는 뜻이 아니라(그리스도께서도 친히 세리와 죄인들에게 말씀을 전하셨다), 복음을 전한 후에도 계속해서 완악하게 복음을 모독하고 전도자들을 박해하는 자들에게 복음 전하는 일을 그만두라는 뜻이다. 그런 자들에게 많은 시간을 소비할 필요가 없다. 시간과 정력의 낭비일 것이니 다른 사람들에게로 향하라(행 13:41). 휘트비 박사가 이런 의미를 취한다. (2) 책망하는 일에 관하여 모든 사람에게 해당되는 규칙. 죄를 대항하고자 하는 열심에 분별이 있어야 하며, 따라서 진리를 조롱하는 완악한 자들에게 교훈하며 조언하며 책망하며, 더욱이 위로하는 일은 삼가야 한다는 뜻이다. 그렇게 해도 그것이 그 사람들에게 유익이 되지도 않으며, 오히려 우리의 그런 도움에 대해 더욱 노를 발할 것이다. 돼지에게 진주를 던지면 마치 돌을 던지기라도 한 것처럼 그것에 대해 노를 발할 것이다. 책망을 욕으로 받아들일 것이니(눅 11:45; 렘 6:10) 거룩한 것들을 개와 돼지(부정한 짐승들)에게 주지 말 것이다. 주목하라.

[1] 선한 조언과 책망은 거룩한 것이요 진주이다. 또한 하나님의 규례들이므로 고귀한 것이다. 슬기로운 자의 책망은 금 고리와 정금 장식이요(잠 25:12), 지혜로운 자의 책망은 머리의 기름이며(시 141:5), 생명 나무다(잠 3:18).

[2] 악한 자의 세대 중에 개와 돼지로 여김 받을 만큼 사악한 상태에 이른 자들이 있다. 그들은 뻔뻔스럽고도 악명 높게 악한 자들이요, 오랫동안 죄인의 길에 행하였고 오만한 자들의 자리에 앉아 있는 자들이다(시 1:1). 그들은 공공연히 교훈을 미워하고 멸시하며 그것을 뿌리치므로 돌이킬 수 없을 만큼 악하여 있는 자들이다. 그들은 개가 그 토하였던 것에 돌아가고 돼지가 씻었다가 더러운 구덩이에 도로 누워 있는 것과도 같은 것이다(벧후 2:22).

[3] 교훈의 뜻으로 책망을 해 주면 오히려 개와 돼지들이 행하듯이 온갖 멸시와 악행을 당하게 될 것이다. 그 책망들을 발로 짓밟고 그것들을 욕하며 화를 발하게 될 것밖에는 아무것도 기대할 수가 없다. 그런 이들은 통제에 약하고 자기들을 거스르는 것에 대해 조급하여 책망하는 자들에게 달려들어 물어뜯고, 끓는 혈기로 그들의 명예를 더럽히며, 박해로 그들을 찢을 것이기 때문이다. 헤롯은 자신이 한 약속을 지키고자 세례 요한을 찢어 놓았다. 여기서 개와 돼지와 같은 사람의 증거가 무엇인지를 볼 수 있다. 책망과 책망하는 자들을 미워하는 자들과, 친절하게 사랑하는 마음으로 죄와 위험에 대해 지적해 주는 자들에게 욕을 주는 자들은 그런 자들로 취급해야 한다. 이들은 자기들에게 베풀어지는 치료를 거슬러 죄를 짓는다. 고침을 받지도 않고 도움을 받지도 않는 자들을 과연 누가 고치고 돕겠는가? 그런 자들은 하나님께서 멸하시기로 작정하신 것이 분명하다(대하 25:16). 여기 제시되는 법칙은 복음의 규례들을 구별하고 인치는 데에도 적용될 수 있다. 공공연히 악을 행하는 속된 자들에게는 복음의 규례들을 시행해서는 안 된다. 거룩한 것들이 그로 인하여 멸시를 받게 되고, 거룩하지 못한 자들이 그로 인하여 완악해질 것이기 때문이다. 자녀의 떡을 취하여 개들에게 던짐이 마땅하지 아니하니라(15:26). 그러나 개와 돼지로 정죄할 때에 매우 조심해야 하며, 시험을 한 후 충분한 증거가 있을 때에만 그렇게 해야 한다. 잃어버린 상태에 있는 환자들 가운데는 수단이 시행되었다면 구원받았을 수 있는 자들이 많은 법이다. 신앙을 고백하는 모든 사람을 외식자들로 판단함으로써 선한 이들을 악하다 칭하지 않도록 조심해야 하듯이, 악한 자들을 개와 돼지로 판단함으로써 그들을 버림받은 자로 취급하는 데에도 조심해야 하는 것이다.

[4] 우리 주 예수님은 그의 백성들의 안전에 큰 관심을 기울이시며, 따라서 그들이 그들을 찢어 상하게 할까 염려스러운 자들에게 불필요하게 노출되는 것을 바라지 않으실 것이다. 그러므로 지나쳐서 스스로를 파괴시키는 일이 없어야 할 것이다. 그리스도께서는 자기 보존의 법칙을 그 자신의 법의 하나로 삼으신다. 그에게는 그의 종들의 피가 귀중한 것이다.

⁷구하라 그리하면 너희에게 주실 것이요 찾으라 그리하면 찾아낼 것이요 두드리라 그리하면 너희에게 열릴 것이니 ⁸구하는 이마다 받을 것이요 찾는 이는 찾아낼 것

이요 두드리는 이에게 열릴 것이니라 [9]너희 중에 누가 아들이 떡을 달라 하는데 돌을 주며 [10]생선을 달라 하는데 뱀을 줄 사람이 있겠느냐 [11]너희가 악한 자라도 좋은 것으로 자식에게 줄 줄 알거든 하물며 하늘에 계신 너희 아버지께서 구하는 자에게 좋은 것으로 주시지 않겠느냐

앞 장에서 우리 주님은 기도를 하나님을 존귀하게 하는 것이요 또한 올바르게 행하면 상급이 주어질 하나의 의무로 명령하셨는데, 여기서는 우리가 필요한 것을 — 특히 하나님께서 이미 주신 계명들(이 중에는 혈과 육에게는 너무도 불유쾌한 것들도 있다)에 순종하는 은혜를 — 얻는 지정된 수단으로 말씀하신다.

I. 주님은 동일한 의미로 세 가지 단어를 사용하여 권고하신다. 구하라, 찾으라, 두드리라(7절). 한 마디로 말해서, "기도하라. 자주 기도하라. 진실함과 진지함으로 기도하라. 기도하고 또 기도하라. 기도를 양심으로 삼고 끊임없이 그 안에 있으라. 기도를 사업으로 삼고 그 사업에 진지하라. 구하라. 거지가 구제물을 구걸하듯이 그렇게 구하라." 은혜가 풍성한 자들은 반드시 구걸하는 초라한 업을 자신의 것으로 삼으며, 그것이 과연 굉장한 업임을 발견하게 되는 법이다. "구하라. 너의 필요와 짐을 하나님께 내어놓고, 그의 약속에 의지하여 공급과 지원을 구하라. 여행객이 길을 묻는 것처럼 그렇게 구하라. 기도하는 것은 하나님께 구하는 것이다(겔 36:37). 찾으라. 우리가 잃어버린 값진 것을 찾듯이, 혹은 상인이 귀한 진주를 찾듯이 그렇게 찾으라. 기도로 간구하라(단 9:3). 두드리라. 집 안으로 들어가기를 바라는 자가 문을 두드리듯이 그렇게 두드리라." 그러면 하나님과 대화를 나누도록 허락을 받을 것이며, 그의 사랑과 은혜와 그의 나라에 영접받을 것이다. 죄가 그 문을 우리에게 닫았고 가로막았다. 그러나 기도로 우리가 두드리는 것이다. 주여 주여 우리에게 열어주소서. 그리스도께서는 우리 문 밖에서 두드리시며(계 3:20; 아 5:2), 또한 우리가 그의 문에서 두드리는 것을 허용하시는데, 이는 보통의 거지들에게는 허용되지 않는 호의인 것이다. 찾는 것과 두드리는 것은 구하고 기도하는 것 이상의 의미를 함축하고 있다.

1. 우리는 구할 뿐 아니라 찾아야 한다. 우리의 기도 뒤에 수고가 뒤따라야 한다. 우리가 구하는 바를 지정된 수단을 사용하여 찾아야 한다. 그렇지 않으면 이는 하나님을 시험하는 것이다. 포도원지기는 열매를 맺지 못하는 무화과에

대해 일년만 참아달라고 구하면서, 내가 두루 파고 거름을 주리라고 했다(눅 13:7, 8). 하나님께서는 성경을 탐구하는 자들에게 지식과 은혜를 주시며, 지혜의 문에서 기다리신다. 그리고 죄의 기회들을 피하는 자들에게 죄를 이길 힘을 주시는 것이다.

2. 우리는 구할 뿐 아니라 두드려야 한다. 하나님의 문에 나아가 끈질기게 구해야 한다. 기도할 뿐 아니라 간구하고 하나님과 씨름해야 한다. 부지런히 찾아야 한다. 계속해서 두드려야 한다. 기도에 인내하고, 수단을 사용하는 데에 인내해야 한다. 마지막까지 임무를 다하며 견뎌야 하는 것이다.

Ⅱ. 여기에 약속이 덧붙여져 있다. 우리의 기도의 수고가, 우리가 진정 기도로 수고하면 그것이 헛되지 않을 것이라고 한다. 하나님 앞에 기도하는 마음으로 나아가면, 반드시 기도를 들으시는 하나님을 만나게 될 것이요, 그가 화평의 응답을 주실 것이다. 이 권고는 세 가지다: 구하라. 찾으라. 두드리라. 그러나 약속은 여섯 가지나 되어 우리를 격려해 준다. 약속에 대한 견고한 믿음이 우리로 하여금 기쁘게 끊임없이 순종하게 하는 것이다.

1. 약속이 주어지며, 권고와 정확히 일치되고 있다. 구하라 그리하면 너희에게 주실 것이요(7절). 너희에게 빌려 주신다거나 너희에게 파실 것이라고 하지 않고, 너희에게 주실 것이라고 한다. 선물처럼 값없이 주어지는 것이 어디 있는가? 이 약속에 따르면, 무엇을 기도하든, 무엇을 구하든 너희에게 주실 것이라고 한다. 곧, 하나님께서 너희에게 적절하게 여기실 경우에 주시겠다는 말씀인데, 그 이상 더 무엇을 가질 수 있겠는가? 우리는 구하고 받을 뿐이다. 너희가 얻지 못함은 구하지 아니하기 때문이요 구하여도 받지 못함은 잘못 구하기 때문이요, 구할 가치가 없고 받을 가치가 없는 것을 구하기 때문이다(약 4:2, 3). 찾으라 그리하면 찾아낼 것이요, 너희의 수고가 헛되지 않으리라. 하나님께서는 친히 그를 찾는 자들에게 찾아지시며, 우리가 그를 찾는다면 그것으로 족한 것이다. "문을 두드리라 그리하면 너희에게 열릴 것이니. 긍휼과 은혜의 문이 원수와 침입자들에게처럼 너희에게 닫혀지지 않을 것이요, 친구들과 자녀들에게처럼 너희에게 열릴 것이다. 문에 있는 자가 누구냐?라는 물음이 있을 것이요, 이에 대해 '친구요'라고 말할 수 있으면 들어갈 것을 의심치 않는 믿음의 손에 약속의 티켓이 곧바로 주어질 것이다. 한 번 두드려서 문이 열려지지 않으면 끊임없이 기도로 계속 두드리라. 문에서 두드리고 그냥 가버린다면 그것은 친구를 모욕하

는 것이 된다. 지체할지라도 기다려야 한다."

2. 약속이 반복되고 있다(8절). 의미는 동일하나 몇 가지 첨가되는 내용이 있다. (1) 올바로 기도하는 모든 자들에게 이 약속이 확대되고 있다. "내 제자들인 너희가 기도할 때에 그 기도하는 바를 받을 것임은 물론, 구하는 이마다 받을 것이다. 유대인이든 이방인이든, 젊은이든 늙은이든, 부자든 가난한 자든, 지체 높은 자든 낮은 자든, 주인이든 종이든, 학식 있는 자든 무식한 자든 모두가 믿음으로 나아가면 은혜의 보좌 앞에서 환영받을 것이다. 하나님은 사람의 외모를 보는 분이 아니시기 때문이다(행 10:34)." (2) 현재형 동사가 사용되어 미래에 대한 약속 이상의 의미를 지닌다. 곧, 이미 허락하신 일로 제시되는 것이다. 구하는 이마다 받을 것임은 물론, 이미 받고 있다. 믿음으로 약속을 적용하고 전용함으로써 우리는 실질적으로 선한 약속을 누리는 것이다. 하나님의 약속은 너무도 확실하고 변함 없는 것이어서 그것들이 결국 현재의 소유를 베풀어 주는 것이다. 적극적인 신자는 즉시 들어가서 그의 것으로 약속된 축복들을 현실로 누리는 것이다. 우리가 약속에 따라 소망 중에 갖고 있는 것은 우리가 손에 쥐고 있는 것만큼이나 확실하며 감미로운 것이다. 하나님이 그의 성소에서 말씀하시되 … 길르앗이 내 것이요 므낫세도 내 것이며(시 108:7, 8). 하나님의 약속을 믿음으로 그것을 내 것으로 삼을 수밖에 없다면, 그것은 모두 내 것이다. 조건적인 약속들은 그 조건을 이행힐 때에는 절대적인 약속이 된다. 그러므로 여기서도 구하는 이마다 받을 것이라고 말씀하는 것이다. 여기서 그리스도는 간구에 대하여 확실한 재가(裁可)를 하시는 것인데, 그가 모든 권세를 지니고 계시니 그것으로 족한 것이다.

3. 이 땅의 부모들이 자녀들의 구하는 바를 기꺼이 베풀어주는 사랑에서 취한 하나의 직유법적인 해설이 덧붙여져 있다. 그리스도께서는 청중들에게 호소하신다: 너희 중에, 아무리 괴팍하고 무정한 사람이라도, 누가 아들이 떡을 달라 하는데 돌을 주며 생선을 달라 하는데 뱀을 줄 사람이 있겠느냐(9, 10절). 이를 근거로 하여 그는 다음과 같이 논지를 제시하신다: 너희가 악한 자라도 좋은 것으로 자식에게 줄 줄 알거든 하물며 하늘에 계신 너희 아버지께서 구하는 자에게 좋은 것으로 주시지 않겠느냐(11절). 이는 다음과 같이 적용할 수 있다.

(1) 우리의 기도와 기대를 지도하는 데에. [1] 우리는 하나님께 나아가되, 자녀로서 하늘에 계신 아버지께 존경과 신뢰를 갖고서 나아가야 한다. 자녀가 무

엇이 필요하거나 어려움을 당할 때에 그 아버지에게 달려가, 내 머리야 내 머리야 라고 부르짖는 것이 얼마나 자연스런 일인가! 이와 같이 우리가 새 사람이 되었다면 하나님께 나아가 지원과 공급을 구하는 것이 당연한 것이다. [2] 좋은 것들을 위하여 그에게 나아가야 한다. 아버지께서 구하는 자에게 좋은 것으로 주시기 때문이다. 이는 우리 자신을 그에게 맡길 것을 가르쳐 준다. 우리는 우리 자신에게 좋은 것이 무엇인지를 알지 못한다(전 6:12). 그러나 우리에게 좋은 것이 무엇인지를 그가 아시니, 그것을 그에게 맡겨야 하는 것이다. 아버지, 주의 뜻이 이루어지이다. 여기서 자녀는 떡을 구하는데, 이는 필요한 것이요, 또한 생선을 구하는데 그것은 건전한 것이다. 하지만 자녀가 어리석게도 돌이나 뱀을 구하고, 설익은 과실을 먹겠다고 구하고, 날카로운 칼을 갖고 놀려고 그것을 구한다면, 아버지는 아무리 사랑이 많아도 그런 것은 주지 않을 것이다. 우리는 우리에게 있으면 오히려 해(害)가 될 것을 하나님께 구하는 때가 많다. 하나님께서는 이것을 아시기 때문에 우리에게 주시지 않는 것이다. 사랑으로 거부하는 것이 진노하여 허락하는 것보다 더 나은 법이다. 우리가 바라던 것을 모두 다 얻었다면 우리는 이미 망해버렸을 것이다. 이 점이 이교도인 유베날리스(Juvenal, *Sat.* 10)에게서 정말 잘 표현되고 있다:

"그대의 운명을 위의 권세들에게 맡기라.

그것들이 너를 이끌고, 실수 없는 그들의 지혜가

그대에게 필요한 것을 보도록 맡기라.

선함에서도 위대함에서도 그들이 뛰어나나니;

아아, 우리가 우리 자신을 그들의 절반만이라도 잘 사랑한다면!

우리는 우리의 고집센 격정들에 맹목적으로 이끌려,

친구를 찾고, 결혼하기를 바라고

그 다음에는 상속자들을 바라나, 오직 신들만이

우리의 미래의 자녀와 아내들을 아나니."

(2) 우리의 기도와 기대를 격려하는 데에. 우리의 간구가 거부되지 않을 것이라는 소망을 가질 수 있다. 떡을 구하는데 돌을 받아서 우리의 치아를 망가뜨리거나, 생선을 구하는데 뱀을 받아서 물리는 일은 없을 것이다. 이것을 염려하는

것은 충분히 일리가 있다 우리가 그런 것을 받아 마땅하기 때문이다. 그러나 하나님은 우리의 죄로 인하여 우리가 당한 처지보다 우리를 더 잘 대해 주실 것이다. 세상은 떡 대신 돌을 주고, 생선 대신 뱀을 주는 경우가 허다하나, 하나님은 절대로 그렇게 하시지 않는다. 아니, 우리는 구하는 바를 얻게 될 것이다. 자녀는 그 부모로 말미암아 생존하기 때문이다.

[1] 하나님께서는 부모들의 마음속에 그 자녀들을 구하고 그들의 필요에 따라 공급하고자 하는 애정어린 성향을 집어넣으셨다. 양심이 거의 없는 자들조차도, 이를테면 본능적으로 그런 일을 행하여 왔다. 부모들이 의무적으로 자기의 정당한 자녀들의 삶을, 그리고 솔로몬 시대에는 부정당한 자녀들의 삶을, 유지하게 하도록 무슨 법을 제정할 필요가 전혀 없었다.

[2] 하나님께서는 우리에게 아버지의 관계를 취하셨고, 우리를 그의 자녀로 소유하신다. 우리 자녀들의 어려움을 해소하고자 하는 기꺼운 심정으로 볼 때에, 우리는 우리 자신의 처지를 하나님께 아뢰고 그에게 구할 용기를 갖게 된다. 아버지들이 가진 사랑과 온유함이 그에게서 오는 것이다. 자연에게서가 아니라 자연의 하나님에게서 오는 것이다. 그러므로 하나님의 아버지로서의 사랑과 온유함은 인간 아버지들보다 무한히 더 큰 법이다. 그는 자기 백성에 대한 자신의 관심을 아버지가 자녀들에게 갖는 관심에 비유하시며(시 103:13), 아니, 아버지보다 더 부드럽고 섬세한 어머니의 사랑에 비유하시기도 한다(사 66:13; 49:14, 15). 그러나 여기서는 하나님의 사랑과 온유하심과 선하심이 이 땅의 부모의 그것을 훨씬 뛰어넘는다는 점이 제시되고 있다. 그러므로 하물며 하나님께서 좋은 것을 주시지 않겠느냐고 말씀한다. 이는 하나님이 이 땅의 부모들보다 무한히 더 나은 아버지시요 그의 생각이 그들의 생각보다 높으시다는 의심의 여지 없는 진리에 근거한 것이다. 이 땅의 아버지들이 우리를 돌보아왔고, 우리도 우리 자녀들을 돌보아왔으니, 하나님께서 그의 자녀들을 더욱 더 잘 돌보실 것이다. 이 땅의 부모들은 본래부터 악한 자들이요, 타락한 아담의 썩은 씨들이다. 그들은 인간성에 속한 선한 본성을 상당히 잃어버렸고, 기타 부패한 것들 중에서도 어긋나고 불친절한 성격을 지니고 있다. 그러나 그럼에도 불구하고 그들은 좋은 것으로 자식에게 줄 줄 알며, 또한 적절히 때에 맞추어 줄 줄을 안다. 그러니 하물며 하늘에 계신 아버지께서야 좋은 것으로 주시지 않겠느냐? 땅의 부모는 자식을 버리지만 하나님은 그들을 영접하시는 것이다

(시 27:10). 그리고 **첫째로**, 하나님은 더 많이 아신다. 부모는 어리석은 경우가 많다. 그러나 하나님은 무한히 지혜로우사 우리의 필요를 아시며 우리의 소원을 다 아시며, 우리에게 적절한 것을 다 아시는 것이다. **둘째로**, 하나님은 더 친절하시다. 세상의 모든 온유한 아버지들의 모든 사랑이 한 자녀에게 완전히 다 쏟아부어진다 할지라도, 우리 하나님의 온유한 자비에 비하면 그것은 마치 태양 빛 아래에 있는 촛불과도 같고, 대양 속에 한 방울의 물과도 같을 것이다. 육신의 아버지들이 아무리 노력해도, 하나님은 그들보다 더 풍성하시고 그 자녀들에게 주시고자 하는 마음도 더 간절하시다. 그는 우리의 영들의 아버지이시요, 영원히 사랑하시며 영원히 사시는 아버지이시기 때문이다. 마치 다윗이 압살롬을 안타까이 여기듯이 하늘 아버지의 마음이 불성실한 자녀들을 향하여, 탕자들을 향하여 나아가니, 이 모든 것이 무언의 불신앙을 깨뜨리지 않겠는가?

[12]그러므로 무엇이든지 남에게 대접을 받고자 하는 대로 너희도 남을 대접하라 이것이 율법이요 선지자니라 [13]좁은 문으로 들어가라 멸망으로 인도하는 문은 크고 그 길이 넓어 그리로 들어가는 자가 많고 [14]생명으로 인도하는 문은 좁고 길이 협착하여 찾는 자가 적음이라

우리 주님은 여기서 참된 신앙의 필수적인 가지가 되는 바 사람들을 향한 의를, 그리고 보편적인 의의 필수적인 가지인 하나님을 향한 신앙을 우리에게 강조하신다.

I. 우리는 의를 우리의 규범으로 삼고 그것의 다스림을 받아야 한다(12절). 그러므로, 무엇이든지 남에게 대접을 받고자 하는 대로 너희도 남을 대접하는 이것을 너희의 원리로 세우라. 그러므로, 앞의 권고들을 구체적으로 준수하여 다른 이들을 판단하고 비난하지 않으려면, 이 일반적인 규범을 지키라. 네가 비난받지 않으려면 비난하지 말라. 혹은 앞에서 제시한 약속들의 유익을 얻기 위해서라도 이 규범을 지키라. 기도의 법에 정의의 법을 덧붙이는 것은 지극히 당연한 일이다. 우리가 행실에서 정직하지 못하면, 하나님께서 우리 기도를 듣지 않으실 것이기 때문이다(사 1:15-17; 58:6, 9; 슥 7:9, 13). 우리가 처신을 올바로 하지 않고, 정직하고 사랑스러우며 사람들 가운데 선한 증거를 얻지 않으면, 하나님께로부터 좋은 것들을 받을 기대를 할 수 없는 것이다. 우리는 경건할 뿐 아

니라 정직해야 한다. 그렇지 않으면 우리의 경건이 외식이 되고 마는 것이다. 여기에는 다음과 같은 내용이 있다.

1. 정의의 규범이 제시된다. 무엇이든지 남에게 대접을 받고자 하는 대로 너희도 남을 대접하라. 그리스도께서는 이 땅에 오사 우리가 알고 믿어야 할 것뿐 아니라 우리가 행하여야 할 것을, 하나님을 향하여 뿐 아니라 사람을 향하여, 함께 형제된 제자들을 향하여 뿐 아니라 일반적인 모든 사람들을 향하여 행하여야 할 것을 가르치신 것이다. 공평의 황금률은 남에게 대접을 받고자 하는 대로 우리도 남을 대접하는 것이다. 이교도 황제인 알렉산더 세베루스(Alexander Severus)는 이 규범을 크게 흠모하였는데, 그의 골방 벽에 이 문구를 써 놓고 재판을 할 때에 자주 인용하였으며, 이 황금률 때문에 그리스도를 높였고, 그리스도인들을 선호하였다. Quod tibi, hac alteri (남에게 대접을 받고자 하는 대로 너희도 남을 대접하라). 이를 소극적으로 취하거나 적극적으로 취하거나 의미는 동일하다. 남이 우리에게 행한 악이나 그들이 우리에게 행할 악을 남에게 행해서는 안 된다. 남에게서 받기를 바라지 않는 악을 남에게 행해서도 안 되고, 오로지 남이 우리에게 행해주기를 바라는 그런 일을 남에게 행해야 하는 것이다. 이는 네 이웃을 네 자신과 같이 사랑할지니라라는 위대한 계명에 근거하는 것이다. 우리 자신에 대해 갖는 애정과 동일한 애정을 이웃들에 대해 가져야 하는 것이다. 이 규범의 의미는 세 가지에 있다.

(1) 그것이 저절하며 합당하다고 우리 스스로 인정하는 바를 우리 이웃들에게 행해야 한다는 것. 이는 우리 자신의 판단에 호소하는 것이요, 또한 우리 자신의 경우에 비추어서 우리 자신의 뜻과 기대에 부응하는 바에 따라 판단할 것을 말씀하는 것이다.

(2) 다른 이들을 우리 자신의 수준에 맞추어야 하고, 그들이 우리에게 의무를 지는 것만큼 우리도 그들에게 의무를 지고 있음을 인식하여야 한다는 것. 우리도 그들만큼 정의의 의무를 이행할 책임이 있고, 그들 역시 우리만큼 그 의무의 혜택을 누릴 자격이 있는 것이다.

(3) 사람들을 대할 때에 우리 자신이 우리가 대하는 그 사람들이 처한 것과 동일한 처지와 형편에 있는 것으로 가정하고, 거기에 따라서 처신해야 한다는 것. 어떤 사람을 깎아내리고서 그 사람의 열악한 처지와 곤란한 상황을 대한다면, 나는 다른 사람들에게 어떻게 대접받기를 바라고 기대해야 하겠는가? 이것

은 그저 가정에 불과하다. 왜냐하면 그들의 처지가 언제 우리의 처지가 될지 우리가 모르기 때문이다. 그러나 우리가 대접을 받고자 하는 대로 남을 대접하지 못했다면, 최소한 하나님께서 우리를 심판하셔서 우리가 다른 이들을 대하는 것과 똑같이 우리에게 행하실까 두려워하는 마음은 갖게 될 것이다.

2. 이 규범을 강화시키기 위해 한 가지 이유가 제시된다. 이것이 율법이요 선지자니라. 이것은 온 율법과 선지자의 강령이 되는 두 가지 계명 가운데 하나인 저 둘째 되는 큰 계명의 요약이다(22:40). 율법이나 선지자에 나타나는 많은 말씀들이 여기에 없지만, 이는 율법과 선지자 전체의 가르침의 총체인 것이다. 이웃을 향한 우리의 의무에 관하여 거기에 나타나는 모든 내용을 간추리면 바로 이 규범이 된다. 그리스도께서는 여기서 이 규범을 이 율법에다 적용시키시며, 그리하여 구약과 신약이 모두 우리에게 이 규범을 제시하는 것이다. 이 규범으로 말미암아 그리스도의 법이 권장되며, 또한 이 규범과 비교하여 그리스도인들의 삶이 정죄를 받는 것이다. Aut hoc non evangelium, aut hi non evangelici (이것이 복음이 아니든가, 아니면 이 사람들이 그리스도인이 아니든가 둘 중의 하나다).

II. 여기서는, **신앙을 우리의 본분으로 삼고 그것에 전념해야 하며 우리의 행실에 철저하고 신중해야 한다**는 것이 좁은 문으로 들어가는 것과 좁은 길을 걷는 것으로 표현되고 있다(13, 14절).   여기서 다음을 관찰하라.

1. 악한 죄의 길과 선한 거룩의 길에 대한 묘사. 옳은 길과 그릇된 길, 선한 길과 악한 길, 천국에 이르는 길과 지옥에 이르는 길 등, 이렇게 두 길 밖에는 없고, 우리는 이 두 길 중 어느 하나를 가고 있다. 미래의 중간적인 장소도, 현재의 중간적인 길도 없다. 사람이 성도와 죄인들로, 경건한 자와 불경건한 자로 구별되어 결국 우리 모두가 영원 속으로 들어가게 될 것이다. 여기에는 다음과 같은 내용이 담겨 있다.

(1) 죄와 죄인들의 길에 대한 묘사. 그 중에서 최상의 것과 최악의 것이 묘사된다.

[1] 많은 무리들을 미혹시켜 그 속에 들어가게 하고 그 안에 있게 하는 것. 멸망으로 인도하는 문은 크고 그 길이 넓어 많은 여행객들이 그 길을 간다. 첫째로, "그 길에서는 풍부한 자유를 누릴 것이다. 그 문은 크고, 활짝 열려 있어서 사람들을 미혹하여 그 뒤에 이어지는 길로 들어가게 한다. 네 모든 정욕을 그대로 갖고서 이 길을 갈 수도 있다. 네 취향이나 네 격정에 대해서도 염려할 필요가

없다. 그대로 갖고 있으면 된다. 네 마음의 길로, 네 눈이 보는 대로 걸어갈 수도 있다. 충분한 여유가 있기 때문이다." 이 길은 넓은 길이다. 그 안에서 걷는 자들에게 거칠 것이 전혀 없다. 그러나 그들은 끝없이 방황한다. 이 길에는 수많은 작은 길들이 있다. 서로 어긋나는 죄악된 작은 길들이 수없이 있는데, 이 작은 길들 모두가 넓은 길에 속해 있는 것이다. 둘째로, "그 길에서 함께 할 길동무가 수없이 많다. 이 문으로 들어가 이 길을 걷는 자가 많다." 많은 무리를 따르는 길은 곧 악을 행하는 길이다. 군중과 함께 가면 그릇된 길로 빠지게 된다. 대다수의 사람들이 하는 것처럼 흐름을 따라 내려가는 경향이 우리에게 있다. 그러나 무리와 함께 지옥으로 내려가고 무리와 함께 기꺼이 정죄를 받으려 하는 것은 결코 칭찬할 일이 못된다. 그렇게 되면 우리와 함께 천국에 들어갈 수가 없을 것이기 때문이다. 많은 사람들이 멸망한다면, 우리는 그만큼 더 조심해야 하는 것이다.

[2] 우리 모두가 두려워해야 마땅한 것. 곧, 그 길이 멸망으로 인도한다는 것이다. 죽음, 곧 영원한 죽음이 그 종착점이다(죄의 길이 그 곳을 향하고 있다). 주님의 임재로부터 벗어나는 영원한 멸망이 그것이다. 공공연한 신성모독을 일삼는 고속도로이든, 감추어진 외식을 일삼는 뒷길이든, 그 길은 죄의 길이요, 우리가 회개하여 돌이키지 않으면 멸망하게 될 것이다.

(2) 거룩의 길에 대한 묘사.

[1] 그 속에 많은 이들을 두렵게 만드는 요인이 있다. 그 최악의 상태를 알자. 그리하여 앉아서 그 대가를 생각하자. 그리스도께서는 우리를 신실하게 대하시며 우리에게 다음과 같은 사실들을 말씀하신다.

첫째로, 그 문은 좁다. 회심과 중생이 바로 이 길로 들어서서 믿음과 진지한 경건의 삶을 시작하게 되는 그 문이다. 거듭남을 통하여 죄의 상태에서 은혜의 상태로 옮겨져야 한다(요 3:3, 5). 이 문은 좁은 문이어서 찾기도 힘들고 통과하기도 힘들며, 마치 험한 두 바위 사이에 있는 좁은 통로와도 같다(삼상 14:4). 새 마음과 새 영이 있어야 하고 옛 것이 지나가야만 한다. 영혼의 구부러진 것이 변화되어야 하고, 부패한 습관들과 관습들이 깨어져야 하며, 과거에 해오던 것이 다시 철회되어야 한다. 물의 흐름을 거슬러 헤엄쳐 올라가야 하고, 많은 반대와 씨름해야 하고, 안팎에서 가해오는 공격들로 깨어짐을 당해야 한다. 사람이 온 세상을 상대하는 것보다 자기 자신을 상대하는 것이 더 어려운 법인데, 회심한 사람은 바로 자기 자신을 상대하여 싸워야 하는 것이다. 이 문은 좁은 문이어서, 몸을 숙이고서야 들어갈 수 있다. 우리는 어린아이처럼 되어야 한다. 교만한 생각들이 끊어내려져야 한다. 아니 우리 스스로 세상을 벗어던지고, 우리 자신을 부인하며, 옛 사람을 벗어야 한다. 그리스도 안에서 갖는 우리의 관심을 위하여 모든 것을 기꺼이 버려야 하는 것이다. 그 문은 모든 사람에게 좁지만, 어떤 이들에겐 다른 사람들보다 더 좁다. 특히 부자들 중에 신앙에 대해서 오랜 편견을 지닌 자들에게는 더욱 그렇다. 그 문이 좁다는 것은 하나님을 찬양할 일이다. 그 문이 닫혀진 것도 아니요, 우리에게 잠겨 있는 것도 아니고, 불타는 화염검으로 가로막힌 것도 아니다. 그러나 잠시 후면 그렇게 될 것이다(25:10).

둘째로, 길이 협착하다. 홍해를 건너자마자 가나안에 이른 것이 아니듯이, 좁은 문을 지나자마자 곧바로 천국에 있게 되는 것이 아니다. 아니다. 반드시 광야를 지나야 하고, 좁은 길을 걸어가야 한다. 이 길은 하나님의 율법의 장애물이 있다. 그 장애물이 지극히 넓어서 그 길을 좁게 만드는 것이다. 자기를 부인해야 하고, 몸을 쳐 복종시켜야 하고, 오른 눈과 오른손처럼 부패한 것들을 찍어내야 하며, 날마다 유혹을 이겨야 하고, 우리의 성향을 거스르는 임무들을 감당해야 한다. 어려움을 견뎌야 하고, 씨름해야 하고, 고뇌 속에 있어야 하고, 모든 일에 경계하고, 조심스럽고 신중하게 걸어가야 한다. 우리는 많은 환난을 통과해야 한다. 이 길은 호도스 레틀림네, 즉 환난의 길이요, 가시나무가 우거져 있는 길이다. 그러나 감사하게도, 완전히 막혀 있지는 않다. 육체를 지니고 가야 하고, 여전히 부패한 것들이 우리 속에 남아 있어서, 우리의 의무의 길을 더 어렵게 만든다. 그러나 깨달음과 우리의 의지가 점점 자라게 되고, 더 넓어지고 더 커지고, 그리하여 그 길이 점점 더 유쾌한 길이 될 것이다.

셋째로, 그 문은 좁고 길이 협착하여 찾는 이가 적은 것이 이상한 일이 아니다. 많은 이들이 부주의하다가 그 길을 지나쳐 버리며, 그것을 찾으려 애쓰지도 않는다. 현재의 상태 그대로 좋다고 생각하여 길을 바꿀 필요를 느끼지 않는 것이다. 또 어떤 이들은 그 길을 바라보고, 그리고 가지 않는다. 그렇게 제한을 받고 속박을 받는 것을 좋아하지 않기 때문이다. 천국으로 가는 자들은 지옥으로 가는 자들과 비교할 때에 그 수가 적다. 그들은 남은 자요, 적은 양 떼요, 방주에서 구원받은 여덟 명과도 같다(벧전 3:20). "악의 길에서는 사람들이 서로를 부추겨 앞으로 전진한다. 무리들에 의해서 강제로 전진하도록 압박을 받으며 그 반대의 영향력은 전혀 받지 못하니, 어떻게 한 사람인들 안전한 길로 회복될 수 있겠는가?"(세네카, Epist. 29). 이 점 때문에 많은 이들이 좌절한다. 그들은 혼자 서는 것을 싫어한다. 그러나 천국에 들어가는 자가 그렇게 적다면, 이 사실 때문에 걸려 넘어질 것이 아니라, 누구보다도 내가 그 대열에 참여해야겠다고 다짐해야 할 것이다.

[2] 그러나 이런 모든 어려움에도 불구하고 이 길에는 모든 사람을 끄는 점이 있다. 그것은 곧, 그것이 생명으로 인도한다는 사실이다. 이 길은 하나님의 사랑 안에 있는 것을 위로로 제시한다. 이것이야말로 영혼의 생명이다. 이 길은 영원한 복락으로 인도한다. 길이 끝나는 곳에서 주어질 이것에 대한 소망이 길에서 만나는 온갖 어려움과 불편한 점들을 다 극복하게 하는 것이다. 생명과 경건은 하나다(벧후 1:3). 그 문은 좁고 길이 협착하며 오르막길이지만, 천국에서의 한 시간이 모든 것을 상쇄하고도 남는 것이다.

2. 이 모든 사실을 생각하여 우리 각자가 담당해야 할 큰 의무. 좁은 문으로 들어가라. 이 문제가 적나라하게 진술되고 있다. 삶과 죽음, 선과 악이 우리 앞에 놓여 있다. 두 길과 두 종착점이 제시되고 있다. 그러므로 치우치지 않고 이 문제 전체를 취하고, 오늘 어느 길을 걸을지를 선택하라. 아니, 문제 그 자체가 이미 결정되어 있으니, 논란의 여지가 없다. 아무리 교수대를 향하여 가는 길이 부드럽고 유쾌하다고 해도 자기 지혜로 그 길을 택할 사람은 아무도 없을 것이다. 또한 아무리 길이 힘들고 더럽더라도 그 때문에 궁궐과 보좌에 오르기를 거부할 사람도 아무도 없을 것이다. 그러나 넓은 길을 택하는 자들은 바로 이처럼 어리석은 죄를 범하는 것이다. 그러므로 지체하지 말라. 더 이상 머뭇거리지 말고, 좁은 문으로 들어가라. 진지하고 꾸준한 기도와 수고로 그 문을 두드리라. 그러면 너희에게 열릴 것이다. 아니, 넓은 문도 열릴 것이고, 효과 있는 문도 열릴 것이다. 물론, 하나님의 은혜의 도움이 없이는 아무도 그 문으로 들어갈 수도 없고 그 길을 가지도 않는다는 것은 사실이다. 그러나 은혜가 값없이 베풀어지므로 그 은혜를 찾고 그것에 굴복하는 자들에게는 결코 모자람이 없을 것이라는 것도 사실이다. 회심은 힘든 일이다. 그러나 그것은 절대적으로 필요하다. 그런데 정말 감사하게도, 우리가 애쓰면 그것이 불가능하지 않은 것이다(눅 13:24).

[15]거짓 선지자들을 삼가라 양의 옷을 입고 너희에게 나아오나 속에는 노략질하는 이리라 [16]그들의 열매로 그들을 알지니 가시나무에서 포도를 또는 엉겅퀴에서 무화과를 따겠느냐 [17]이와 같이 좋은 나무마다 아름다운 열매를 맺고 못된 나무가 나쁜 열매를 맺나니 [18]좋은 나무가 나쁜 열매를 맺을 수 없고 못된 나무가 아름다운 열매를 맺을 수 없느니라 [19]아름다운 열매를 맺지 아니하는 나무마다 찍혀 불에 던져지느니라 [20]이러므로 그들의 열매로 그들을 알리라

여기서 주님은 거짓 선지자들에 대해 경계하신다. 그들에게서 속지 않도록 주의를 기울이라는 것이다. 선지자들은 장차 될 일들을 미리 예언하는 자들인데, 구약 성경에도 거짓 선지자들이 언급되고 있다. 정당한 근거도 없이 스스로 선지자인 양 행세하나, 후에 일어나는 사건들이 그들의 허구를 드러낸 것이다. 시드기야(왕상 22:11), 또 다른 시드기야(렘 29:21) 등이 이에 속한다. 그러나 선지자들은 또한 백성들에게 바른 의무를 가르쳤으며, 따라서 거짓 선지자들이란 곧 거짓 선생들(혹은, 교사들)이다. 그리스도는 선지자요 동시에 하나님께로부터 온 선생이시며, 그의 아래에 있는 선생들을 각처에 보내는 일을 계획하시는데, 여기서 그는 모든 사람들에게 가짜를 조심할 것을 경계하신다. 곧, 온전한 가르침으로 영혼을 치유하는 것이 아니라, 그렇게 하는 체하면서 오히려 그들에게 독을 심어놓는 자들을 주의할 것을 경계하시는 것이다.

다음과 같은 자들은 거짓 선생들이요 거짓 선지자들이다. 1. 사실 그렇지 않은데도, 하나님께로부터 직접 선지자로 임명받았고 직접 지시를 받았으며, 신적으로 영감받은 것처럼 꾸며대는 자들. 그들의 가르침이 참일 수도 있으나, 우리는 그런 자들을 거짓 선지자들로 삼가야 한다. 거짓 사도들은 자칭 사도라 하되 아닌 자들이며(계 2:2), 이런 자들이 거짓 선지자들이다. "한 가지 얼토당토않은 것을 용인하면 천 가지가 뒤따라오니, 그렇게 되지 않도록 계시를 받았다고 사칭하는 자들을 삼가고, 충족한 증거가 없이는 그들을 용인하지 말라." 2. 신앙에 본질적인 것들에서 거짓 가르침을 전하는 자들. 예수 안에 있는 그대로의 진리와 경건에 합당한 진리에 어긋나는 것을 가르치는 자들. 전자가 거짓 선지자 혹은 가짜 선지자의 적절한 개념과 일치하는 것 같아 보인다. 그러나 흔히 후자를 그 범주에 속하는 것으로 본다. 진리를 보다 성공적으로 공격하려는 의도가 아니라면 누가 가짜 색깔을 드러내어 참된 진리를 가장하겠는가? "그들을 경계하

고, 의심하고, 시험하라. 그리고 그들의 거짓이 드러나면 그들을 피하고 그들과 아무 관계도 갖지 말라. 이 유혹을 확실히 경계하라. 이런 유혹이 개혁의 시기에 흔히 제기되며, 하나님의 빛을 깨뜨리는 일이 보통 이상의 힘과 찬란한 광채로 이루어지는 법이다." 하나님의 역사가 재개되면, 사탄과 그의 졸개들도 아주 바삐 움직이는 것이다. 여기서 다음을 보라.

I. 이렇게 경계해야 할 합당한 이유. 거짓 선지자들을 삼가라 양의 옷을 입고 너희에게 나아오나 속에는 노략질하는 이리라(15절). 우리는 이들을 지극히 조심해야 한다.

1. 왜냐하면 그들의 겉모습이 너무도 근사하고 그럴 듯하여, 경계하지 않으면 속기가 쉽기 때문이다. 그들은 양의 옷을 입고 나아오며, 선지자들의 습관처럼 평범하고도 초라한 모습으로 나아온다. 그들은 사람을 속이려고 털옷도 입지 않는다(슥 13:4). 칠십인역 성경은 엘리야의 겉옷을 헤 멜로테, 즉 양가죽 옷이라 부른다. 긴 옷을 입고 다니는 것을 원하는 서기관들에게(눅 20:46) 속아넘어가듯이, 사람의 복장이나 의복에 속아넘어가지 않도록 삼가야 한다. 아니면, 비유적인 의미로 보아, 그들이 양인 체하며, 겉으로 천진난만하며, 온유하고, 열심이 출중한 것 같은 모습을 보인다는 뜻으로 볼 수도 있을 것이다. 그들은 스스로 의인인 양 가장하며, 그런 겉모습 때문에 그들이 양의 무리에 받아들여지게 되고, 그렇게 되면 그들은 사람들이 알아채기 전에 온갖 악한 일을 그 속에서 자행할 기회를 갖게 되는 것이다. 그들의 본 모습과 그들의 오류들이 거룩하고 헌신적인 그들의 겉모양으로 가려지는 것이다. 사탄은 광명의 천사로 가장한다(고후 11:13, 14). 원수는 어린 양 같이 두 뿔이 있고(계 13:11), 사람의 얼굴 같다(계 9:7, 8). 속이는 자들은 언어와 행실이 교활하기 이를 데 없는 것이다(롬 16:18; 사 30:30).

2. 왜냐하면 이런 겉모습 이면에 숨은 그들의 의도가 지극히 악하며 해롭기 때문이다. 속에는 노략질하는 이리라. 외식하는 자는 양의 옷을 입은 염소다. 양이 아닌 것은 물론, 양의 가장 악독한 원수요, 오로지 양들을 찢고 삼키고, 흩어버리고(요 10:12), 그들을 하나님과 서로서로에게서 벗어나 곁길로 빠지게 만들려는 목적으로 다가오는 것이다. 진리에 대해 우리를 속이고 우리에게 오류를 심어주는 자들은 겉으로 어떻게 가장하든 간에 우리의 영혼을 해치려는 속셈을 갖고 있는 것이다. 바울은 그들을 사나운 이리라 부른다(행 20:29). 그들은

노략질하며, 자기들의 배만 섬기며(롬 16:18), 우리를 먹이로 삼으려 하고, 우리에게서 이익을 보려 하는 것이다. 그런데, 이렇게 하는 것이 너무도 손쉬운 일이고, 또한 그들에게 속는 것이 너무도 위험천만한 일이므로, 거짓 선지자들을 삼가라.

Ⅱ. 이렇게 경계하기 위해 지킬 좋은 규범. 범사에 헤아리고(살전 5:21), 영을 시험해야 한다(요일 4:1). 그런데 여기에 한 가지 시금석이 제시되고 있다. 그들의 열매로 그들을 알지니(16-20절). 다음을 관찰하라.

1. 이 비교에 대한 예증. 곧, 열매로 그 나무를 안다는 것이다. 나무껍질과 잎사귀로도, 가지가 퍼져 가는 것으로도 나무를 잘 분간할 수 없고, 그들의 열매로 그들을 알 수 있다. 그 나무와 일치하는 열매가 나오는 법이다. 사람들은 자기들의 본성을 뒤로 감추고 그것과는 전혀 다른 모습을 겉으로 내보일 수 있다. 그러나 그들의 행위의 흐름과 구부러짐은 본래의 모습대로 나올 수밖에 없다. 그리스도께서는 나무와 열매가 일치한다는 사실로써 이를 강조하여 말씀한다.

(1) 어떤 나무인지를 알면, 어떤 열매를 기대할 수 있을지도 안다. 가시나무에서 포도를, 또는 엉겅퀴에서 무화과를 기대하지 말라. 그런 열매를 맺는 것은 그 나무들의 본성의 능력 밖이다. 사과나 혹은 포도송이들이 가시나무 위에 달려 있을 수도 있다. 이와 마찬가지로 선한 진리나 선한 말씀이나 행실이 악인에게서도 나타날 수 있다. 그러나 그것이 절대로 그 나무에서 자라난 것이 아니라는 것을 알 수 있는 것이다. 주목하라. [1] 부패하고 악하며 거룩하지 못한 마음은 죄와 함께 오는 것으로 마치 가시나무와 엉겅퀴처럼 아무런 가치가 없고 해를 끼치며 결국 불에 던져질 것이다. [2] 선한 행위는 포도나 무화과처럼 좋은 열매로서 하나님을 기쁘시게 하고 또한 사람에게도 유익을 준다. [3] 이 좋은 열매는 결코 악인에게서는 기대할 수 없는 것이요, 부정한 것에서 정결한 것을 기대할 수가 없다. 악인에게는 그들에게 영향을 주는 바람직한 원리가 없는 것이다. 쌓은 악에서 악한 것이 나올 수밖에 없다(12:35).

(2) 반면에 열매가 어떤지를 알면 그것에 근거하여 그 나무를 알 수 있다. 좋은 나무가 나쁜 열매를 맺을 수 없고 못된 나무가 아름다운 열매를 맺을 수 없느니라. 아니, 못된 나무는 나쁜 열매를 맺을 수밖에 없다. 그렇다면, 나무가 자연적으로 맺는 ― 그 순전한 산물로 일상적으로 풍성하게 맺는 ― 열매를 알아야 한다. 사람은 특정한 어떤 행동들이 아니라 그들의 행실의 경과와 전반적인 상태로

써, 또한 자주 빈번하게 나타나는 행위들로써, 특히 외적인 동기나 부추김의 영향이 가장 적은 자유로운 상태에서 지극히 자연스럽게 나타나는 행위들로써 알 수 있는 것이다.

2. 이 예증을 거짓 선지자들에게 적용시킴.

(1) 공포와 강력한 경계를 통하여. 아름다운 열매를 맺지 아니하는 나무마다 찍혀 불에 던져지느니라(19절). 이는 과거에 세례 요한이 했던 말씀이다(3:10). 그리스도께서는 다른 말씀을 사용하여 동일한 의미를 드러내실 수도 있었고, 이 말씀을 수정하거나 새롭게 바꾸실 수도 있었다. 그러나 요한이 앞서 말씀한 것과 동일한 말씀을 하는 것을 전혀 자신을 깎아내리는 것으로 생각하지 않으셨다. 목사들은 새로운 표현을 만들어내는 데에 관심을 쓰지도 말고, 새롭고 진기한 것으로 사람들의 귀를 긁어주려 하지도 말고, 오히려 동일한 글과 동일한 말을 하는 것을 꺼리지 말아야 한다. 그것이 안전한 것이다. 여기서 다음을 보게 된다. [1] 열매 맺지 못하는 나무에 대한 묘사: 아름다운 열매를 맺지 아니하는 나무. 열매가 있어도 그것이 아름다운 열매가 아니면(행위가 있는 것 자체도 선한 일이지만, 그 행위가 올바른 자세와 올바른 목적으로 잘 행해지지 않으면) 그 나무는 열매 맺지 못하는 나무로 간주된다. [2] 열매 맺지 못하는 나무가 당한 운명: 찍혀 불에 던져지느니라. 사람이 땅바닥에 나뒹구는 마른나무를 다루듯이, 하나님께서 그렇게 그들을 다루실 것이다. 그들에게 그의 진노의 표시를 하실 것이요, 그들의 은사와 조건에 따라 그들을 채찍질하실 것이요, 그들을 죽음으로 끊어내실 것이며, 그들을 지옥 불에 던지셔서 하나님의 진노의 불길에 휩싸이고 마른나무들과 함께 태워버리실 것이다(겔 31:12, 13; 단 4:14; 요 15:6과 비교하라).

(2) 시험을 통하여: 그들의 열매로 그들을 알지니.

[1] 그들의 인격과 말과 행동의 열매들과 그들의 행실의 경과를 통하여. 그들이 옳은지 그렇지 않은지를 알려면, 그들이 어떻게 사는가를 관찰하라. 그들의 행위들이 그들을 증명해 줄 것이다. 서기관과 바리새인들은 모세의 자리에 앉아서 율법을 가르쳤다. 그러나 그들은 교만하며 탐욕스럽고, 거짓되며 강압적이었다. 그리하여 그리스도께서는 제자들에게 그들과 그들의 누룩을 삼가라고 경계하셨다(막 12:38). 사람이 만일 선지자인 체하면서 부도덕하다면, 그것으로 그들의 본색이 드러나는 것이다. 그런 자들은 그리스도의 십자가의 참된 동지

들이 아니다. 그들이 무슨 이야기를 하든 그들의 신은 배요 또한 그들은 땅의 일을 생각하는 자들이다(빌 3:18, 19). 그들은 거룩하신 하나님께 가르침도 보내심도 받지 않은 자들이요, 그들이 더러운 영에게 이끌림을 받고 있다는 증거가 그들의 삶을 통해서 드러나는 것이다. 하나님은 질그릇에 보배를 넣어두시나, 그런 썩은 그릇에는 두지 않으신다. 그들이 하나님의 율례들을 선포할 수도 있다. 그러나 그것들을 선포하려면 대체 어떻게 해야 되겠는가?

[2] 그들의 가르침의 열매들을 통하여. 그들이 선지자들로서 맺는 열매들을 통해서 알 수 있다. 물론 이것이 가르침들을 시험하는 — 그것들이 하나님께 속하였는지 아닌지를 시험하는 — 유일한 길은 아니나, 한 가지 길임은 분명하다. 그들이 어떤 결과들을 만들어내는가? 그들이 그들에게서 가르침을 받는 사람들을 어떤 정서와 행위에로 이끄는가? 만일 그 가르침이 하나님께 속해 있다면, 분명 진지한 경건과 겸손과 사랑과 거룩과 자비 등 갖가지 그리스도인에 합당한 열매를 맺게 할 것이다. 그러나 반대로, 이 선지자들이 전하는 가르침들이 사람들을 교만하게 하고 세상적이 되게 하고 싸움을 좋아하게 만들며 느슨하고 부주의한 행실을 하게 하고, 불의하고 무자비하며 파당적이며 공공의 평화를 깨뜨리는 자들로 만든다면, 육신적인 자유함에 빠지고 사람들로 하여금 자신과 가정을 좁은 길의 철저한 규범으로 다스리는 데에서 멀어지게 만든다면, 우리는 그 권면은 우리를 부르신 이에게서 난 것이 아니라고 결론지을 수 있다(갈 5:8). 이러한 지혜는 위로부터 내려온 것이 아니요 땅 위의 것이요 정욕의 것이요 귀신의 것이니(약 3:15). 믿음과 착한 양심은 늘 함께 하는 법이다(딤전 1:19, 3:9). 주목하라. 의심쩍어 논란의 여지가 있는 가르침들은 은혜로운 증거들과 확실히 드러나는 의무들로써 시험해야 한다. 죄에로 이끄는 가르침은 하나님께로부터 오는 것이 아니다. 그러나 그들의 열매로 그들을 알 수 없을 경우에는, 저 위대한 시금석에, 율법에, 증언에 의존할 수밖에 없다. 그들이 과연 그 규범과 일치하게 말하는가?

[21] 나더러 주여 주여 하는 자마다 다 천국에 들어갈 것이 아니요 다만 하늘에 계신 내 아버지의 뜻대로 행하는 자라야 들어가리라 [22] 그 날에 많은 사람이 나더러 이르되 주여 주여 우리가 주의 이름으로 선지자 노릇하며 주의 이름으로 귀신을 쫓아내며 주의 이름으로 많은 권능을 행하지 아니하였나이까 하리니 [23] 그 때에 내가 그

들에게 밝히 말하되 내가 너희를 도무지 알지 못하니 불법을 행하는 자들아 내게서 떠나가라 하리라 ^{24}그러므로 누구든지 나의 이 말을 듣고 행하는 자는 그 집을 반석 위에 지은 지혜로운 사람 같으리니 ^{25}비가 내리고 창수가 나고 바람이 불어 그 집에 부딪치되 무너지지 아니하나니 이는 주추를 반석 위에 놓은 까닭이요 ^{26}나의 이 말을 듣고 행하지 아니하는 자는 그 집을 모래 위에 지은 어리석은 사람 같으리니 ^{27}비가 내리고 창수가 나고 바람이 불어 그 집에 부딪치매 무너져 그 무너짐이 심하니라 ^{28}예수께서 이 말씀을 마치시매 무리들이 그의 가르치심에 놀라니 ^{29}이는 그 가르치시는 것이 권위 있는 자와 같고 서기관들과 같지 아니함일러라

이는 이 길고도 탁월한 설교의 결론에 해당한다. 이 결론의 목적은 그리스도의 계명에 복종하는 것이 필수적임을 보여주고자 하는 것이다. 이는 그 점을 틀림없이 확정짓고자 못을 박는 것이다. 이는 언제든 그가 설교하실 때마다 그의 발 아래 앉아 듣고 어디든 그가 가시는 곳마다 그를 따르는 그의 제자들에게 주시는 말씀이다. 사람들에게 칭찬받는 것을 구하셨다면, 그는 이제 이것으로 족하다고 말씀하셨을 것이다. 그러나 그가 세우러 오신 신앙은 말에만 있는 것이 아니라 능력에 있는 것이요(고전 4:20), 그러므로 좀 더 말씀하시는 것이 필요한 것이다.

I. 그는 아주 평범한 권고를 통해서, **외형적인 신앙 고백이 아무리 뛰어나도 거기에 걸맞는 행실이 따르지 않으면 그것이 우리를 천국으로 인도하지 못한다는 사실을 보여주신다**(21-23절). 모든 심판이 우리 주 예수께 있으며, 열쇠가 그의 손에 쥐어져 있다. 삶과 죽음의 새로운 조건들을 제정할 권세와, 또한 그것들에 따라 사람들을 심판할 권세가 그에게 있는 것이다. 그리고 이 말씀은 바로 그 권세에 준한 엄숙한 선언인 것이다. 여기서 다음을 관찰하라.

1. 그리스도의 법이 제시된다: 나더러 주여 주여 하는 자마다 다 천국에, 그 은혜와 영광의 나라에, 들어갈 것이 아니요(21절). 이는 여호와여 주의 장막 — 전투적 교회(the church militant) — 에 머무를 자 누구오며 주의 성산 – 승리적 교회(the church triumphant) — 에 사는 자 누구오니이까?(시 15:1)라는 질문에 대한 답변이다. 그리스도께서는 여기서 다음을 보여주신다.

(1) 주여 주여라는 말만으로는 안 된다는 것. 우리는 그리스도께서 우리 주이심을 말과 혀로 고백하고, 그에게 말씀하며, 하나님께 기도할 때에나 사람들과

의 대화에서 그를 고백한다. 그리스도께 주여 주라고 불러야 하고, 또한 그렇게 부르는 것이 옳다. 그가 과연 그러한 분이시다(요 13:13). 그러나 과연 천국에 들어가기에 이것만으로 족하겠는가? 이처럼 형식적인 언사가 그렇게 보상을 받는다는 것이, 혹은 마음을 아시며 중심을 보시는 하나님께서 본질을 제쳐두고 이런 겉으로 드러나는 모습을 보신다는 것이 과연 합당하겠는가? 사람들을 칭찬하는 것은 예의에 속하는 것으로 칭찬으로 되돌아온다. 그러나 그것이 진정한 봉사로 인정받아 상을 받는 일은 결코 없다. 그런데 그리스도께서 그런 것을 돌아보실 수 있겠는가? 주여 주여라고 하며 끈질기게 기도할 수도 있다. 그러나 겉으로 나오는 표현에 걸맞는 내적인 마음이 없다면, 그저 소리 나는 구리와 울리는 꽹과리(고전 13:1) 외에 아무것도 아닌 것이다. 그렇다고 해서 기도에서 주여 주여라고 하지 말아야 하고, 기도 시에 진지하고도 담대하게 그리스도의 이름을 불러서는 안 된다는 것이 아니다. 다만 이런 경건의 모양에 안주하고, 경건의 능력은 없는 상태가 되어서는 안 된다는 것이다.

(2) 우리의 행복을 위해서는 그리스도의 뜻(이는 곧, 하늘에 계신 그의 아버지의 뜻이다)대로 행하는 것이 필수적이라는 것. 그리스도의 아버지이신 하나님의 뜻은 복음에 나타난 그의 뜻이다. 하나님께서 복음 안에서 우리 주 예수 그리스도의 아버지로 알려지시며, 또한 그의 안에서 우리의 아버지가 되시기 때문이다. 그런데 그의 뜻은 곧 우리가 그리스도를 믿고, 죄를 회개하며, 거룩한 삶을 살고, 우리가 서로 사랑하는 것이다. 하나님의 뜻은 이것이니 너희의 거룩함이라(살전 4:3). 하나님의 뜻을 따르지 않으면서 그에게 주여 주여라고 부른다면, 그런 사람은 그리스도를 조롱하는 자요, 그리스도에게 좋은 옷을 입히고 유대인의 왕이여 평안할지어다라고 외치던 자들과(요 19:3) 똑같은 자다. 말과 행동은 서로 별개의 것이요, 사람들의 행실에서 서로 어긋나는 경우가 많다. 아버지 가겠나이다라고 말한 아들은 전혀 가지 않았다(21:29). 그러나 이 두 가지를 하나님께서 명령으로 짝지어 주셨으니 사람이 나누지 못할지니라(19:6). 이를 범하는 자는 천국에 들어갈 생각을 하지 말아야 한다.

2. 이 법의 가혹함에 대한 외식자의 탄원. 이들은 순종 대신 다른 것들을 제시한다(22절). 이 탄원은 그 날에, 곧 각 사람이 자기 모습 그대로 드러날 그 큰 날에 행해질 것이다. 마음에 숨겨진 모든 은밀한 것들과, 죄인들이 현재 자기들의 헛된 소망을 뒷받침하기 위해 주장하는 것들의 은밀한 실상이 그 날에 드러

날 것이다. 그리스도께서 그들의 탄원의 강점을 아시는데, 그들이 내어놓는 강점은 약점밖에는 없다. 그들은 자기들이 현재 가슴에 품고 있는 것들을 그 날에 심판을 면하기 위해 제시할 것이지만, 모두 허사가 되고 말 것이다. 그들은 주여 주여라고 하며 아주 간절하게 탄원하며, 또한 큰 확신을 갖고서 그리스도께 호소한다: 주여, 다음과 같은 사실들을 모르시겠나이까? (1) 우리가 주의 이름으로 선지자 노릇 한 것을. 그렇다 얼마든지 그럴 수 있다. 발람과 가야바가 감동을 받아 선지자 노릇을 하였고, 사울도 자기의 뜻과 달리 선지자 중에 있었다. 그러나 그것이 그들을 구원해 주지는 못했던 것이다. 이 사람들은 그리스도의 이름으로 선지자 노릇을 했다. 그러나 그는 그들을 보내신 적이 없다. 그들 혼자서 그의 이름을 도용해온 것이다. 주목하라. 사람이 설교자로서 목회 사역의 은사들이 있고 외적인 소명이 있으며 또한 그 사역에서 어느 정도 성공했으면서도, 여전히 악인일 수가 있다. 다른 사람을 도와 천국에 이르게 하면서도 정작 자기 자신은 천국에 들어가지 못할 수도 있는 것이다. (2) 주의 이름으로 귀신을 쫓아낸 것을. 이 역시 그럴 수 있다. 유다는 귀신을 쫓아냈으나 그는 멸망의 자식이었다. 오리게네스(Origen)는 말하기를, 그의 시대에는 그리스도의 이름이 귀신을 쫓아내는 것이 너무도 퍼져 있어서, 어떤 경우에는 사악한 그리스도인들이 그 이름을 사용해서 귀신이 쫓겨났다고 한다. 다른 사람에게서 귀신을 쫓아내면서도, 자신은 그대로 귀신을 지니고 있을 수도 있고, 심지어 그 자신이 귀신일 수도 있는 것이다. (3) 주의 이름으로 많은 권능을 행한 것을. 의롭다 하심을 얻게 하는 믿음이 없는 경우에도 이적을 행하는 믿음이 있을 수 있다. 그리고 그렇게 이적을 행하는 믿음은 사랑과 순종으로써 역사하는 믿음(갈 5:6)이 아니다. 방언과 병 고침의 은사는 사람들을 세상에서 드러나 보이게 만든다. 그러나 하나님께서 받으시는 것은 진정한 거룩이다. 산을 옮기거나 사람의 방언과 천사의 말을 하는 것보다 은혜와 사랑이 더욱더 좋은 길이다(고전 13:1, 2). 은혜는 이적을 행하는 것이 없이도 사람을 천국에 데려다 주지만, 이적 행하는 것은 은혜가 없이는 절대로 사람을 천국에 데려갈 수 없는 것이다. 그들이 이적을 행하면서 마음에 두고 신뢰했던 것은 바로 이적이 놀랍다는 사실이었다. 마술사 시몬은 이석을 보고 놀라움을 금치 못했고(행 8:13), 그리하여 돈을 주고 그런 권세를 사려고 했던 것이다. 관찰하라. 그들에게는 호소할 만한 선한 행위들이 많지 않았다. 그들은 경건과 자비에 속한 은혜로운 행위들을 많이 한 것처럼 가장할 수가 없었다. 그런 행위가 한 가지만 있었어도 많은 권능보다 더 나은 인정을 받을 수 있었을 것이다. 그러나 그들이 계속해서 불순종 가운데 있었으니 그 모든 것이 전혀 소용이 없었다. 이적은 이제 사라졌고, 그들과 함께 이 탄원도 사라졌다. 그러나 육신적인 심령들은 이처럼 전혀 헛된 것에다 근거 없는 소망을 두고 스스로를 격려하고 있지 않은가? 그들은 자기들이 신앙을 고백하는 자들 가운데서 좋은 명성을 얻어왔고, 금식도 했고, 구제도 했고, 교회 내에서 칭찬을 받아왔으니, 당연히 천국에 들어갈 것이라고 생각한다. 마치 이것이 그들을 사로잡고 있는 교만과 세상적인 마음과 감각적인 생각과 또한 하나님과 사람에 대한 사랑이 결핍된 상태를 상쇄해 주기라도 하는 것처럼 말이다. 그들은 벧엘을 의뢰하며(렘 48:13), 성산에서 교만하며(습 3:11), 자기들이 여호와의 전이라고 자랑한다(렘 7:4). 겉으로 나타나는 특권과 실적들에 안주하지 않도록 경계해야 할 것이다. 그렇지 않으면 우리 자신을 속이게 되고, 수많은 무리들과 똑같이 오른손에 있는 거짓 것과 더불어(사 44:20) 영원히 멸망하고 말 것이다.

3. 이 탄원이 뻔뻔스런 것으로 거부받음. 율법 제정자인 그분(21절)이 여기서는 그 법에 따라 심판하는 분으로 나타나서(23절) 그런 탄원을 공적으로 물리치실 것이다. 그 때에 내가 그들에게 밝히 ─ 할 수 있는 만큼 엄숙하게, 재판장이 선고를 내리듯이 ─ 말하되, 내가 너희를 도무지 알지 못하니 불법을 행하는 자들아 내게서 떠나가라 할 것이다. 관찰하라.

(1) 그리스도께서 그들과 그들의 탄원을 물리치시는 이유와 근거. 이는 그들이 불법을 행하는 자들이기 때문이다. 주목하라. 경건으로 유명하면서도 얼마든지 불법을 행하는 자일 수 있고 그리하여 큰 정죄를 받게 될 수도 있다. 눈에 보이는 경건한 모습 이면에 감추어진 은밀한 죄악이 외식하는 자들을 망치는 것이다. 사람이 아무리 겉으로 그럴 듯하게 가장해도, 죄 가운데서 살면 그 모든 것이 허사가 되는 것이다.

(2) 그 심판의 표현. 내가 너희를 도무지 알지 못하니. "나는 너희를 나의 종으로 소유한 적이 절대로 없다. 너희가 내 이름으로 선지자 노릇 할 때에도, 너희의 명성이 최고조에 달하여 칭찬을 받을 때에도 너희는 나의 종이 아니었다." 이는, 그리스도께서 주께서 그의 자녀를 아시는 것처럼 그렇게 그들을 아시고 그의 것으로 소유하시고 사랑하셨다면, 끝까지 그가 그들을 아시고 소유하시고 사랑하셨을 것임을 암시한다. 그러나 그는 그들을 도무지 알지 못하셨다. 그는

항상 그들을 외식하는 자들로, 유다처럼 마음이 썩은 자들로 아셨기 때문이다. 그리하여 내게서 떠나가라고 하신다. 과연 그리스도께 그런 악한 손님들이 필요하겠는가? 그가 육신으로 오셨을 때에는 죄인들을 그에게로 부르셨다(9:13). 그러나 영광 가운데서 다시 오실 때에는 죄인들을 그에게서 쫓아내실 것이다. 그에게 나아와 구원받지 못하는 자들은 정죄를 받아 그에게서 떠나갈 수밖에 없다. 그리스도에게서 떠나가는 것이야말로 지옥 중의 지옥이다. 중보자 그리스도로부터 은덕을 입을 모든 소망에서 끊어지는 것이야말로 정죄받는 자들의 모든 비참함의 기반인 것이다. 그리스도를 섬기는 일에서 그저 겉으로 고백하는 것 이상 더 나아가지 않는 자들은 그 큰 날에 그리스도의 영접을 받지 못하며 그의 소유가 되지도 못한다. 그처럼 높은 소망에서 저 깊은 비참 속으로 떨어지니 이 얼마나 처참한 일인가! 천국의 문턱에서 지옥으로 떨어지다니 말이다! 그리스도인들은 모두 이러한 사실을 생각하고 각성해야 한다. 귀신을 내어쫓고 권능을 행하는 설교자가 그리스도께로부터 불법을 행하는 자로 인정받아 내어쫓긴다면, 우리도 얼마든지 그렇게 될 수 있다. 우리가 그런 자들로 인정받으면 어떻게 되겠는가? 우리가 그런 사람이라면, 반드시 그런 자로 인정받게 될 것이다. 하나님의 법정에서는 겉으로 드러내는 신앙의 모습은 아무런 소용이 없다. 사람의 행실과 죄악된 내면이 그대로 드러날 것이다. 그러므로 그리스도의 이름을 부르는 자마다 모든 불의에서 떠날지어다!

Ⅱ. 그는 한 가지 비유를 통해서, 그리스도의 이 말씀들을 듣고서도 양심적으로 실천하지 않으면 우리가 행복해질 수 없고, **이 말씀을 듣고 행하면 우리의 행위가 복되다는 사실을 보여주신다**(24-27절).

1. 그리스도의 말씀을 듣는 자들이 두 종류로 나뉜다. 듣고 그대로 행하는 사람도 있고, 듣고서도 행하지 않는 사람도 있다. 그리스도는 뒤섞인 무리들에게 말씀을 전하셨고, 그리하여 후에 모든 민족이 그의 앞에 모이게 될 그 큰 날에 하실 것처럼 여기서 그들을 서로 분리하시는 것이다. 그리스도는 여전히 그의 말씀과 성령으로 말미암아 하늘로부터 말씀하고 계시며, 목사들을 통해서, 섭리들을 통해서 말씀하시는데, 그의 말씀을 듣는 자들 중에 두 부류가 있는 것이다.

(1) 그리스도의 이 말을 듣고 행하는 자들이 있다: 비교적 숫자가 적지만, 그런 사람들이 있다는 것이 얼마나 감사한 일인지 모른다. 그리스도의 말씀을 듣는

것은 그저 귀로 듣기만 하는 것이 아니고, 그의 말씀대로 순종하는 것이다. 주목하라. 그리스도의 말씀을 듣고 그대로 행하는 것이 우리 모두에게 지극히 중요한 일이다. 우리가 그의 말씀을 듣는다는 것 자체가 하나님의 긍휼이다: 너희 귀는 들음으로 복이 있도다(13:16, 17). 그러나 듣는 바를 실천하지 않으면, 그것은 은혜를 헛되이 받는 것이다. 그리스도의 말씀대로 행한다는 것은 그가 금하시는 죄들을 양심적으로 삼가며, 그가 요구하시는 의무들을 이행하는 것이다. 우리의 생각과 감정, 우리의 말과 행동, 우리 마음의 성향과 우리 삶의 방향이 그리스도의 복음에 합당해야 한다. 이것이 그가 요구하시는 것을 행하는 것이다. 그리스도의 모든 말씀 ─ 그가 세우신 법만이 아니라 그가 계시하신 진리들까지도 ─ 을 행해야 하는 것이다. 주의 말씀은 우리의 눈에게만이 아니라 우리의 발에 빛이며(시 119:105), 우리의 판단에 지식을 주는 것만이 아니라 우리의 마음과 삶을 개혁시키기 위해 주어진 것이다. 그러므로 우리가 그 말씀에 일치하게 살지 않으면, 진정 그 말씀을 믿지 않는 것이다. 관찰하라. 그리스도의 말씀을 듣고 이해하고, 듣고 기억하고, 듣고 그것에 대해 이야기하고, 되풀이하고, 논쟁하는 것만으로는 안 된다. 그 말씀을 듣고 행하여야 한다. 이를 행하라 그리하면 살리라. 하나님의 말씀을 듣고 지키는 자가 복이 있으며(눅 11:28; 요 13:17), 그런 자들이 그리스도의 친척인 것이다(12:50).

  (2) 그리스도의 이 말을 듣고 행하지 아니하는 자들이 있다. 그들의 신앙은 순전히 듣는 데에만 머물러 있고 더 이상 나아가지를 않는다. 마치 구루병(골연화증으로 등뼈 따위가 굽는 병)에 걸린 어린아이들처럼 머리에는 헛된 생각만 가득하고, 제대로 소화시키지 못한 사상이 넘치나, 관절이 허약하고, 몸이 무겁고 기력이 없다. 그들은 선한 의무를 행할 수도 없고, 또한 그것에 대해 개의치도 않는다. 그들은 마치 공의를 행하며 그의 하나님의 규례를 저버리지 아니하는 사람들 같이 하나님의 길 알기를 즐거워하기라도 하는 것처럼 하나님의 말을 들으나 그대로 행하지 아니한다(사 58:2; 겔 33:30, 31). 마치 미가가 여호와를 자기 하나님으로 모시지 않으면서도, 레위인을 자기 제사장으로 두고 있으니 스스로 복되다고 생각했던 것처럼, 그들은 자신을 속이는 것이다(삿 18장). 씨가 뿌려졌으나 싹이 나지를 않는다. 그들은 말씀의 거울로 얼룩진 모습을 보고서도 그냥 잊어버리는 자들이다(약 1:22, 24). 그리하여 그들은 자기들의 영혼을 속인다. 왜냐하면, 말씀을 듣는 것이 순종의 수단이 되지 않으면, 말씀을 들음으로써 오

히려 불순종이 더 심화되기 때문이다. 그리스도의 말씀을 듣기만 하고 행하지 않는 자들은 천국으로 향하는 도중에 주저앉는 자들이요, 결코 여정의 마지막 목적지에 도달하지 못하는 것이다. 그들은 그리스도와 절반쯤만 피가 섞인 자들이요, 이런 자들은 기업을 상속받을 자격이 없는 것이다.

2. 그리스도의 말씀을 듣는 이 두 종류의 사람들의 참된 모습과 참된 상태가 두 건축자의 비유를 통해서 제시된다. 하나는 지혜로운 건축자로서 그 집을 반석 위에 지었고, 폭풍이 불어도 그의 집은 무너지지 아니한다. 다른 하나는 어리석은 건축자로서 그 집을 모래 위에 지었고, 결국 그의 집은 무너지고 만다.

(1) 이 비유의 전반적인 기조에서 우리는 우리의 영혼과 영원을 확실히 보장하는 유일한 길은, 주 예수님의 말씀을, 이 산상수훈의 말씀을 듣고 행하는 것임을 배우게 된다. 듣고 행하는 일은 전적으로 실천적이다. 그 말씀 중에는 혈과 육이 받아들이기에 힘든 말씀처럼 보이는 것도 있으나, 그것들도 행해야 한다. 이렇게 행함으로써 장래에 자기를 위하여 좋은 터를 쌓는 것이다(딤전 6:19). 여기의 좋은 터를 어떤 이들은 좋은 끈으로 읽기도 한다. 곧, 우리 자신이 만들어내는 끈이 아니라 하나님께서 만드시는 끈, 곧 복음의 조건에 따라 구원을 보장해주는 끈이니 좋은 끈이다. 곧, 마리아처럼 그리스도의 말씀을 들을 때에 그의 발 아래 앉아 그 말씀에 굴복하는 것이다. 주여 말씀하옵소서. 주의 종이 듣겠나이다.

(2) 이 비유의 구체적인 여러 부분들이 다양한 좋은 교훈을 준다.

[1] 우리는 각자 지어야 할 집이 있는데, 그 집은 곧 천국에 대한 우리의 소망이라는 것. 우리의 부르심과 택하심을 굳게 하고(벧후 1:10) 우리의 구원을 확고히 하며, 천국의 복락에 이를 권리를 확보하며, 그것에 대한 확실한 증거를 얻는 것을, 우리의 육신이 무너질 때에 영구한 처소로 영접받을 것임을 우리 자신에게 굳게 하는 것을, 우리의 첫째가는 항구적인 관심사로 삼아야만 한다. 이것에 대해 전혀 마음을 쓰지 않는 자들이 허다하다. 그들의 생각은 이 문제와 거리가 멀다. 그들은 이 세상을 위하여 집을 짓고 있다. 마치 그것이 영원토록 여기 있을 것처럼 여기면서, 다른 세상을 위해서 집을 짓는 일에 대해서는 전혀 무관심한 것이다. 신앙을 입으로 고백하는 사람은 누구나 무엇을 행해야 구원받을까, 어떻게 하면 결국 천국에 이르게 될까를 궁구하는데, 중도에 근거가 확실한 소망을 갖게 될 수도 있는 것이다.

[2] 이 집을 세우는 데에 기초가 되는 반석이 우리에게 제공된다는 것과, 또한 그 반석은 곧 그리스도시라는 것(고전 10:4). 그를 기초로 삼았노니(사 28:16), 다른 터를 닦아 둘 자가 없다(고전 3:11). 그는 우리의 소망이시다(딤전 1:1). 우리 안에 계신 그리스도는 그런 분이시다. 우리는 천국에 이를 소망을 그리스도의 충만한 공로의 터 위에 세워야 한다. 죄 사함과 성령의 권능과 우리의 성화(聖化)를 위하여 그리스도의 공로를 의지해야 하고, 그가 우리를 위해 값 주고 사신 그 모든 은덕들을 전해 받는 일을 위하여 그의 간구하심의 효력을 의지해야 한다. 그에게는 우리의 모든 괴로운 것들을 고치기에, 또한 우리에게 필요한 모든 것들을 채울 만한 충족한 것이 있으므로, 그는 온전하신 구주이신 것이다. 교회는 이 반석 위에 세워졌고, 각 신자마다 그러하다. 그는 반석처럼 강하시며 변함이 없으시다. 우리의 모든 것들을 걸 만한 분이시요, 그는 결코 우리의 소망을 부끄럽게 아니하실 것이다.

[3] 남은 자, 곧 그리스도의 말씀을 듣고 행하며, 그 소망을 이 반석 위에 세우는 자들이 있다는 것. 그들의 지혜는 바로 이것이니, 곧 그리스도께서 아버지께로 나아가는 유일한 길이시며, 믿음으로 순종하는 것이 그리스도께 나아가는 유일한 길이라는 것이다. 오직 그에게 복종하는 자들에게만 그가 영원한 구원의 주가 되시기 때문이다. 그리스도 위에 세우는 자들, 곧 그를 그들의 왕이요 구주로 여겨 그에게 진정으로 복종하는 자들은 그의 거룩한 신앙의 모든 규범을 따르기를 항상 힘쓰며, 하나님께로부터 도움을 받는 문제와 또한 하나님께서 그들을 받으시는 문제에 대해 전적으로 그에게 의지하는 자들이요, 또한 그리스도를 얻고 그 안에서 발견되려 하여 모든 것을 잃어버리고 배설물로 여기는 자들이다(빌 3:8, 9). 반석 위에 집을 세우기 위해서는 신중한 경계와 고통들이 따른다. 부르심과 택하심을 든든히 하려는 자들은 반드시 부지런히 힘써야 하는 법이다. 능히 다 이루도록 공사를 시작하는 자는 지혜로운 건축자요(눅 14:30), 그러므로 그런 자들은 기초를 든든히 세우는 것이다.

[4] 천국에 이르기를 소망한다고 이야기하면서도 이 반석을 멸시하고 오히려 모래 위에 자기들의 소망을 세우는 자들이 많다는 것. 이런 자들은 별로 고통이 없이 집을 세우나, 바로 그것이 그들의 어리석음이다. 그리스도 이외의 모든 것이 다 모래다. 어떤 이들은 자기들의 세상적인 번영에다 소망을 세운다. 마치 그것들이 하나님이 인정하신다는 확실한 보증이기라도 한 것처럼 말이다(호

12:8). 또 어떤 이들은 겉으로 말로 하는 신앙의 표현들이나 자기들이 누리는 특권들, 그리고 그런 표현들과 더불어 보여주는 행위들과 또한 그로 인하여 사람들에게서 얻는 평판들 위에 소망을 세운다. 이들은 그리스도인이라 불리고, 세례도 받고, 교회에도 출석하며, 그리스도의 말씀을 듣고, 기도도 하며, 아무에게도 해를 끼치지 않는다. 그러니 이런 자들이 멸망한다면, 하나님이여, 정말 많은 이들을 도와주소서! 이것은 그들 자신이 불(火)에서 나는 빛일 뿐이다. 그들은 큰 확신으로 이것에 자신을 걸지만, 이것은 모두 모래일 뿐이요, 천국을 향한 우리의 소망을 지탱시키기에는 너무도 허약한 것이다.

[5] 폭풍이 불어와서 우리의 소망의 밑바닥에 있는 것을 시험할 때가 온다는 것. 그 날이 공적을 밝히리니(고전 3:13). 그 기초를 바닥까지 드러내셨나이다(합 3:13). 비가 내리고 창수가 나고 바람이 불어 그 집에 부딪치되. 때로는 이 세상에서도 시험이 있다. 말씀으로 말미암아 환난이나 박해가 일어날 때에는(13:21), 말씀을 듣기만 한 자와 말씀을 듣고 행한 자가 드러날 것이요, 우리의 소망을 사용할 기회가 올 때에, 그것들이 바르고 기초가 잘 된 것인지 아닌지가 시험받게 될 것이다. 그러나, 죽음과 심판이 올 때에, 그 때가 폭풍이 오는 때요, 지금 아무리 잔잔한 것처럼 보여도 그 때가 반드시 올 것이다. 그렇게 되면 이 바른 소망 이외에는 모든 것이 다 무너질 것이요, 그 소망이 남아 있으면 그것이 영원한 결실로 돌아올 것이다.

[6] 바위이신 그리스도 위에 세워진 소망은 폭풍이 올 때에도 견고하게 서 있을 것이라는 것. 하나님의 보호하심을 받아, 망쳐지지도 않고 흔들리지도 않는다. 그 사람의 신앙 고백이 마르지 않으며, 그의 위로들이 무너지지 않으며, 그것들이 그의 힘과 노래가 될 것이며, 이는 영혼의 닻 같아서 튼튼하고 견고할 것이다(히 6:19). 그가 마지막으로 오실 때에, 그 소망들이 죽음과 무덤의 공포를 제거할 것이요, 그를 기쁘게 이끌어 어둔 골짜기를 지나게 할 것이요, 그 소망들이 심판주께 인정받을 것이요, 그 큰 날의 시험을 견딜 것이요, 또한 끝없는 영광의 면류관을 얻게 될 것이다(고후 1:12; 딤후 4:7,8) 주인이 올 때에 그 종이 이렇게 하는 것을 보면 그 종이 복이 있으리로다(24:46)

[7] 그리스도 이외의 것을 기초로 하여 그 위에 세우는 어리석은 건축자늘의 소망은 반드시 폭풍이 불어오는 그 날에 무너질 것이라는 것. 그런 소망은 괴로움과 죽음의 때와 심판 날에 참된 위로와 만족을 전혀 주지 못하며, 또한 박

해의 때에 배도(背道)에의 유혹을 막아주는 방벽이 되지도 못한다. 불경건한 자가 이익을 얻었으나 하나님이 그의 영혼을 거두실 때에는 무슨 희망이 있으랴(욥 27:8). 그것은 마치 거미줄 같은즉 그 집을 의지할지라도 집이 서지 … 못하리라(욥 8:14, 15). 건축자가 가장 필요로 하고 또한 그것이 보호처가 되리라고 기대하는 폭풍의 때에 그것이 무너지는 것이다. 다른 것을 세우기에 이미 때가 늦은 시기에 그것이 무너지는 것이다. 악인은 죽을 때에 그 소망이 끊어지나니(잠 11:7) 그 소망이 결실될 것이라고 생각한 그 때에 그것이 무너져 그 무너짐이 심하게 되는 것이다. 그런 일로 건축자는 크게 실망하게 될 것이요, 부끄러움과 손해가 막심할 것이다. 사람이 소망을 높이 둘수록 그만큼 낮게 떨어지는 법이다. 이것이야말로 형식적인 신앙인들에게 다가올 것들 가운데 가장 쓰라린 것이다. 가버나움이 당한 운명을 보라.

Ⅲ. 마지막 두 절에서는 그리스도의 이 말씀이 청중들에게 준 감동에 대해 말씀한다. 이는 탁월한 설교였다. 그리고 여기에 기록된 것보다 그가 더 많은 말씀을 하셨을 것으로 보이며, 또한 분명 그는 입술 가득 은혜를 발하며 이 말씀을 전달하셨을 것이고 이러한 전달로 인하여 이 말씀이 청중들에게 그런 놀라운 감동을 주게 되었을 것이다.

1. 무리들이 그의 가르치심에 놀라니. 그런데 이들 가운데 이 말씀을 듣고서 그를 따른 자들이 별로 없었다는 것이 정말 두려운 사실이다. 그러나 현재 그들은 놀라움으로 가득했다. 주목하라. 좋은 설교를 흠모하면서도 여전히 무지와 불신앙 속에 남아 있을 수도 있다. 놀라기는 하지만 아직 거룩하게 되지는 않은 것이다.

2, 그들이 놀란 이유는 그리스도의 가르치시는 것이 권위 있는 자와 같고 그들의 서기관들과 같이 아니했기 때문이다. 서기관들은 그 어떠한 선생들보다 권위 있는 체했고, 또한 그들이 얻을 수 있는 모든 외형적인 유리한 점들로 뒷받침 받기도 했다. 그러나 그들의 설교는 초라했고, 무미건조했고, 빈약하였다. 그들은 마치 자기들이 설교하는 내용을 스스로 숙지하지 못한 것처럼 말씀했고, 그들에게서 나오는 말씀에는 생명도 힘도 없었다. 그들은 마치 학교 다니는 소년이 자기 교과 과목을 이야기하는 것처럼 말씀을 전했던 것이다. 그러나 그리스도는 재판관이 피고에게 선고문을 낭독하듯이 그렇게 말씀을 전하셨다. 그는 진정 권위 있는 어조로 말씀을 전하신 것이다. 그의 가르침이 법이었고, 그의

말씀은 명령의 말씀이었던 것이다. 서기관들이 모세의 자리에 앉아 보여준 것
보다 그리스도께서 산 위에서 참된 권위를 더 많이 보여주셨다. 그러므로 그리
스도께서 그의 성령으로 말미암아 영혼 속에서 가르치실 때에, 그는 권위로 가
르치신다. 그가 빛이 있으라 하시면 빛이 있게 되는 것이다.

제 8 장

개요

마태복음 기자는 앞의 장들에서 주님의 설교의 견본을 제시하였고, 이제는 그가 하나님께로부터 오신 교사요 또한 질병에 걸린 세상의 위대한 치료자이심을 입증해 주는 몇 가지 그의 이적의 실례들을 제시한다. 이 장의 주요 내용은 다음과 같다. I. 나병환자를 고치심(1-4절). II. 중풍병과 열병을 고치심(5-18절). III. 그를 따르고자 하는 두 사람과의 대화(19-22절). IV. 폭풍을 잠잠케 하심(23-27절). V. 귀신을 내어쫓으심(28-34절).

¹예수께서 산에서 내려 오시니 수많은 무리가 따르니라 ²한 나병환자가 나아와 절하며 이르되 주여 원하시면 저를 깨끗하게 하실 수 있나이다 하거늘 ³예수께서 손을 내밀어 그에게 대시며 이르시되 내가 원하노니 깨끗함을 받으라 하시니 즉시 그의 나병이 깨끗하여진지라 ⁴예수께서 이르시되 삼가 아무에게도 이르지 말고 다만 가서 제사장에게 네 몸을 보이고 모세가 명한 예물을 드려 그들에게 입증하라 하시니라

첫 절은 그 앞의 설교가 종결되었음을 알려 준다: 그의 말씀을 들은 사람들이 그의 가르치심에 놀랐고, 그 결과로 그가 산에서 내려 오시니 수많은 무리가 따랐다. 그는 엄격하신 법 제정자이셨고, 그렇게도 신실하신 책망자이셨으나, 그들은 부지런히 그를 따랐고, 그에게서 떠나 흩어지기를 싫어하였다. 주목하라. 그리스도께서 사람들에게 자신을 드러내시면, 그들은 그와 더 잘 알기를 사모하지 않을 수가 없다. 그리스도에 대해 많이 아는 자들은 더 많이 알기를 사모하며, 우리가 그렇게 주를 알고자 그를 따르면, 이것으로 우리가 그의 백성임을 아는 것이다. 사람들이 그리스도께 영향을 받아 늘 그의 말씀을 더 사모하고자 하는 것과, 또한 가장 선한 것들에 영향을 받아 건전한 말씀 선포에 늘 귀를 기울이며, 어디든지 어린 양이 가는 곳마다 그를 좇는 모습을 보는 것이야말로 정말 즐거운 일이다. 그에게 모든 백성이 모이리로다(한글 개역개

정판은, "그에게 모든 백성이 복종하리로다"로 번역함)라는 메시야에 관한 야곱의 예언이 여기서 성취되었다(창 49:10). 그러나 그렇게 모여든 모든 사람들이 다 그를 붙든 것은 아니었다. 그를 항상 긴밀하게 따른 자들은 무리를 지어 그를 따르던 많은 사람들에 비하면 숫자가 적었다.

여기서 우리는 그리스도께서 한 나병환자를 깨끗하게 하신 사실을 보게 된다. 마태는 이 기사를 산상수훈 다음에 기록하고 있으나 — 이는 먼저 그리스도의 가르치심의 기사를 기록하고 그 다음에 그의 이적들을 기록하고자 하는 의도에 따른 것이다 — 막 1:40 과 또한 눅 5:12과 비교해 보면, 이 본문에 나타난 사건은 그 설교를 하시기 얼마 전에 일어난 것으로 보인다. 그러나 이는 그리 중요한 문제가 아니다. 이 기사는 그리스도의 이적들 가운데 첫 번째 것으로 기록되기에 아주 적절하다. 그 이유는, 1. 유대인들 사이에서 나병은 하나님께서 불쾌히 여기신다는 하나의 구체적인 증표로 여겨졌기 때문이다. 그러므로 미리암이나 게하시나 웃시야가 특정한 죄에 대한 형벌로 나병에 걸렸음을 보게 되며, 그리하여 그리스도께서는 자신이 죄를 제거하심으로써 하나님의 진노를 제거하러 오셨음을 보여주시고자 나병환자의 치유부터 시작하신 것이다. 2. 나병은 직접 하나님의 손으로부터 오는 것이며 따라서 직접 그의 손에 의하여 제거되는 것으로 생각되었기 때문이다. 그러므로 사람들은 나병을 의원들의 손으로 고치기를 시도하지 않았고, 주의 목사들인 제사장들이 살피며, 하나님께서 어찌 하실지를 기다리며 관찰하였던 것이다. 그리고 나병이 의복에나 집의 벽에도 있었는데, 이는 전적으로 초자연적인 현상이었다. 그리고 이것은 현재 우리가 나병이라 부르는 그것과는 질적으로 아주 다른 질병이었던 것 같다. 이스라엘 왕은, 내가 하나님이냐, 어찌하여 사람을 내게로 보내 나병을 고치라 하느냐라고 말했다(왕하 5:7). 그리스도는 친히 많은 이들의 나병을 고치셨을 뿐 아니라 제자들에게 그의 이름으로 나병을 고치는 권세를 부여하심으로써 (10:8) 자신이 하나님이심을 입증하셨는데, 이는 그가 메시야시라는 여러 증거들 가운데 하나다(11:5). 그는 또한 자신이 그의 백성을 죄에서 구원하실 구원자이심을 보여주셨다. 물론 모든 질병이 죄의 열매요 또한 영혼의 부조(不調)로서 하나의 죄의 현상이지만, 나병은 특별히 그러하였기 때문이다. 나병은 다른 질병과는 차원이 다른 오염을 초래하였고, 그렇기 때문에 거룩한 것들에게서 완전히 단절시켜야 했으며 따라서 그에 관한 율법에서는(레 13, 14장)

그것을 하나의 질병이 아니라 부정으로 취급하였고, 제사장이 그 나타난 증상에 따라서 당사자를 깨끗하다거나 부정하다고 선언하게 되어 있었다. 그러나 나병환자들을 깨끗하게 회복시키는 영광은 오직 그리스도께 있는 것이었다. 우리가 믿는 도리의 대제사장이신 그가 그 일을 행하시게 되어 있었던 것이다. 율법이 육신으로 말미암아 연약하여 할 수 없는 그것을 그가 오셔서 행하시는 것이다(롬 8:3). 제사장이 나병환자에게 행한 것처럼, 율법은 죄를 발견하고(율법으로 말미암아 죄를 알기 때문이다) 죄인들을 부정하다 선언하여 그들을 매어 놓았으나(갈 3:23), 그 이상은 더 나아갈 수가 없었다. 율법은 나아오는 자들을 언제나 온전하게 할 수 없다(히 10:1). 그러나 그리스도께서는 죄를 제거하시고 우리를 죄로부터 깨끗이 씻으사, 거룩하게 된 자들을 영원히 온전하게 하시는 것이다(히 10:14). 여기에 다음과 같은 내용이 있다.

I. 나병환자가 그리스도께 아룀.　마태복음에 기록된 대로 만일 이 일이 산상수훈 이후에 일어났다면, 이 나병환자는 질병 때문에 이스라엘의 성읍에 들어갈 수 없었으나 그리스도의 설교를 듣고 용기를 얻어 그에게로 나아올 마음을 갖게 되었다고 생각할 수도 있을 것이다. 그리스도께서는 그 가르치시는 것이 권위 있는 자와 같으므로 자기의 질병을 치료하실 수 있다고 생각하였고, 그리하여 그가 신적인 능력으로 옷 입으신 분임을 알고서 그에게 나아와 경배하고, 주여 원하시면 저를 깨끗하게 하실 수 있나이다라고 아뢴 것이다. 그를 깨끗하게 하신 일은 다음과 같이 생각할 수 있을 것이다.

　1. 세속적인 긍휼로. 그에게 긍휼을 베푸사, 생명을 위협하지는 않으나 생명을 괴롭고 쓰라리게 만든 그 육체의 질병을 깨끗하게 하신 것으로 보는 것이다. 그러므로 이는 육체의 질병을 치유하는 능력을 지니신 그리스도께 우리 자신을 내어드릴 것을 가르치는 것은 물론, 우리가 그의 능력을 확신하고, 그가 과거 이 땅에 계실 때와 동일하게 지금도 질병을 치유하실 수 있다는 것을 믿고 그에게 나아갈 것을 가르쳐 준다. 그러나 그의 뜻에 굴복하는 자세로 나아가야 한다: 주여 원하시면 저를 깨끗하게 하실 수 있나이다. 세속적인 긍휼에 대해서는, 하나님께서 과연 그런 긍휼을 베푸시고자 하는 뜻이 있으신지에 대해서 확신을 가질 수가 없다. 왜냐하면 하나님의 능력은 그의 영광과 우리의 유익을 위하여 무제한적이기 때문이다. 그의 뜻에 대해 확신할 수 없을 때에라도 그의 지혜와 긍휼은 확신할 수 있으므로 기꺼이 그것에 의지할 수 있는 것이

다. 주의 뜻이 이루어지이다. 이렇게 하면 우리의 기대가 쉬워질 것이요, 또한 사건이 있을 때에 더욱 편안해질 것이다.

2. 예표적인 긍휼로. 죄는 영혼의 나병이다. 그것은 하나님과의 교류를 완전히 닫히게 한다. 그런 하나님과의 교류를 회복하려면, 우리가 이 나병에서 깨끗하게 되어야만 하며, 따라서 이것이 우리의 큰 관심이 되어야만 한다. 여기서 관찰하라. 우리가 위대한 의원이신 그리스도께 우리 자신을 내어드리고 그가 원하시면 우리를 깨끗하게 하실 수 있다는 것을 믿는다면 이것이야말로 우리에게 위로가 된다. 그러므로 겸손함과 믿는 담대함으로 그에게 나아가 그렇게 말씀드려야 할 것이다. 즉 (1) 우리 자신을 그의 능력에게 맡겨야 한다. 그리스도께서 우리를 깨끗하게 하실 수 있다는 것을 확신해야 한다. 그의 의로우심은 아무리 큰 죄라도 속죄하기에 충족하며, 아무리 썩은 것이라도 그의 은혜가 그것을 제거하기에 충족한 것이다. 하나님께서는 모든 면에서 직무 수행의 자격을 갖춘 자가 아닌 의원을 그의 병원에 지정하실 리가 없는 것이다. (2) 그의 불쌍히 여기심에 호소해야 한다. 우리의 죄 문제 해결을 하나의 빚으로 그에게 요구할 수가 없고, 오로지 불쌍히 여기사 베풀어 주시기를 겸손히 호소해야 하는 것이다. "주여 원하시면 제가 주의 발 아래 엎드리겠나이다. 망한다 해도 거기서 망하겠사옵니다."

Ⅱ. 나병환자의 호소에 대한 그리스도의 친절한 답변(3절).

1. 예수께서 손을 내밀어 그에게 대시며. 나병은 정말 역겹고 추한 질병인데, 그리스도께서는 그를 만지셨다. 그는 세리와 죄인들과 교류하고 그들에게 유익을 주기를 마다하지 않는 분이셨기 때문이다. 나병환자와 접촉하면 의식적인 오염에 걸리게 되어 있었다. 그러나 그리스도께서는 자신이 죄인들과 교류하셔도 전혀 오염될 위험이 없으시다는 것을 보여주고자 하셨다. 이 세상의 주관자가 그에게 아무것도 행할 수 없기 때문이다. 우리는 오물을 만지면 더러워진다. 그러나 그리스도는 죄인들 가운데 사실 때조차도 죄인들에게서 완전히 분리되어 계셨던 것이다.

2. 그는 내가 원하노니 깨끗함을 받으라고 말씀하셨다. 그는 엘리사가 나아만에게 말한 것처럼, 요단 강에 가서 씻으라고 말씀하지 않으셨다. 성가시고, 귀찮고, 힘든 치료 과정을 거치게 하지도 않으시고, 말씀으로 그를 치유하신 것이다. (1) 이는 친절한 말씀이다: 내가 원하노니. 네가 치유받기를 바라는 만큼 나

도 기꺼이 너를 도와줄 마음이다. 주목하라. 믿음으로 그리스도께 나아가 긍휼과 은혜를 구하는 자들은 그들이 바라는 긍휼과 은혜를 그가 기꺼이 자의로 베풀어주신다는 것을 확신할 수 있을 것이다. 그리스도는 언제나 계시므로 구태여 계신 곳을 더듬어 찾아갈 필요가 없는 의원이시며, 또한 그는 강권할 필요도 없는 분이시다. 우리가 말씀하면 그가 들으시니 말이다. 그는 삯을 지불할 필요도 없는 분이시다. 그는 값이나 상을 위해서가 아니라 값없이 무료로 치유해 주신다. 그는 자신이 죄인들을 구원하실 수 있고 또한 구원하기를 원하신다는 것을 가능한 모든 증거들로 보여주셨다. (2) 이는 능력의 말씀이다: 깨끗함을 받으라. 권위의 능력과 힘의 능력이 이 말씀 속에 드러난다. 그리스도는 우리에게 명령의 말씀을 하심으로써 치료하신다: 깨끗함을 받으라. "깨끗함을 받기를 원하라. 그리고 수단을 사용하라. 스스로 모든 더러움에서 깨끗하게 하라." 그러나 여기에는 우리에 관한 명령의 말씀, 곧 치유의 역사를 이루는 말씀이 함께 들어 있다: 내가 원하노니 깨끗함을 받으라. 치유에는 이런 말씀이 필수적이며, 이 말씀이 치유의 역사를 이룬다. 진정으로 치유를 사모하는 자들에게는 이 말씀을 하는 전능하신 은혜가 모자람 없이 임할 것이다.

Ⅲ. 복된 변화가 즉시 나타남: 즉시 그의 나병이 깨끗하여진지라. 자연은 서서히 역사한다. 그러나 자연의 하나님은 즉시 역사하신다. 말씀하시는 그 즉시 이루어지는 것이다. 그러나 그의 역사는 효과적이다. 그가 명령하시면 그대로 이루어지는 것이다. 모세가 행한 첫 이적 가운데 하나는 자기 자신의 나병을 치유하는 일이었다(출 4:7). 율법 아래서 제사장들은 먼저 자기 자신의 죄에 대해서 제사를 드렸기 때문이다. 그러나 그리스도께서 처음 행하신 이적 중의 하나는 다른 사람의 나병을 치유하신 것이었다. 그는 스스로 속죄할 죄가 없으신 분이셨기 때문이다.

Ⅳ. 나병이 치유된 후 그리스도께서 그에게 하신 지시. 그리스도로 말미암아 치유함 받은 자들은 그 후부터 언제나 그의 다스림을 받는 것이 합당한 것이다.

1. 삼가 아무에게도 이르지 말고. "제사장에게 네 몸을 보여서 그가 너의 깨끗함을 선언하여, 전에 네가 나병환자였다는 것과 지금 완전히 깨끗해졌다는 법적인 증거를 얻기 전에는 아무에게도 말하지 말라." 그리스도께서는 그가 행하신 이적들이 충실하게 증거로써 드러나기를 바라셨고, 그렇게 공적으로 드

러나기 전에는 사람들에게 말하지 못하게 하신 것이다. 주목하라. 그리스도의 진리들을 전하는 자들은 그 진리들을 증명할 수 있어야 한다. 그들이 전하는 바를 변호하고, 반대하는 자들을 납득시켜야 하는 것이다. "삼가 아무에게도 이르지 말고 다만 가서 제사장에게 네 몸을 보이라. 누가 네 몸을 낫게 했다는 것을 제사장이 알면 시기하여 네게 치료의 증명을 해 주지 않을 것이니, 스스로 숨기라." 그리스도 당시의 제사장들이 그러했으므로, 그들과 조금이라도 관계할 일이 있는 자들은 뱀처럼 지혜로워야 했던 것이다.

2. 다만 가서 제사장에게 네 몸을 보이고. 이는 율법에 따른 것이다(레 14:2). 그리스도께서는 불필요하게 사람들을 거스르지 않기 위하여, 또한 그가 질서를 지키시며 또한 직분을 지닌 자들을 정당하게 존중하신다는 것을 보이시기 위하여, 환자로 하여금 율법을 준수하게 하신 것이다. 영적인 나병에서 깨끗함을 얻은 자들도, 그리스도의 목사들에게 나아가 그들의 사정을 그들에게 밝혀서 그 영적인 상태에 대해 상담을 통해 그들을 돕고, 권면하고 위로하며 그들을 위하여 기도할 수 있도록 하는 것이 유용할 것이다.

3. 하나님을 향한 감사의 표현으로, 또한 제사장의 수고에 대한 보답으로, 모세가 명한 예물을 드려 그들에게 입증하라. 여기서 입증한다는 것은 다음 두 가지 의미 중 하나일 것이다; (1) 모세가 명한 예물. 의식법은 하나님의 권위와 그들의 돌보심과 후에 나타나게 될 그 은혜에 대한 예물이었다. (2) "그것을 증거물로 드려서, 제사장으로 하여금 누가 어떻게 너를 깨끗하게 했는지를 알게 하라. 그러면 그것이 대제사장도 행할 수 없는 일을 행하는 자가 그들 가운데 있다는 것을 입증하는 증거물이 될 것이다. 그것이 나의 능력에 대한 증언으로 기록되어 남아 있게 하라. 그들이 그 증거를 사용하고 발전시키면 그것이 그들에게 증거가 될 것이요, 반대하면 그렇지 아니하리라." 그처럼 그리스도의 말씀과 행위는 증거물들이었던 것이다.

⁵예수께서 가버나움에 들어가시니 한 백부장이 나아와 간구하여 ⁶이르되 주여 내 하인이 중풍병으로 집에 누워 몹시 괴로워하나이다 ⁷이르시되 내가 가서 고쳐 주리라 ⁸백부장이 대답하여 이르되 주여 내 집에 들어오심을 나는 감당하지 못하겠사오니 다만 말씀으로만 하옵소서 그러면 내 하인이 낫겠사옵나이다 ⁹나도 남의 수하에 있는 사람이요 내 아래에도 군사가 있으니 이더러 가라 하면 가고 저더러 오라 하

면 오고 내 종더러 이것을 하라 하면 하나이다 [10]예수께서 들으시고 놀랍게 여겨 따르는 자들에게 이르시되 내가 진실로 너희에게 이르시니 이스라엘 중 아무에게서도 이만한 믿음을 보지 못하였노라 [11]또 너희에게 이르노니 동 서로부터 많은 사람이 이르러 아브라함과 이삭과 야곱과 함께 천국에 앉으려니와 [12]그 나라의 본 자손들은 바깥 어두운 데 쫓겨나 거기서 울며 이를 갈게 되리라 [13]예수께서 백부장에게 이르시되 가라 네 믿은 대로 될지어다 하시니 그 즉시 하인이 나으니라

여기서 우리는 그리스도께서 한 백부장의 하인의 중풍병을 고치신 기사를 보게 된다. 이는 현재 그리스도께서 머물고 계시는 가버나움에서 된 일이다(4:13). 그리스도께서는 바깥으로 다니시면서 선을 행하셨고, 집으로 오셔서도 선을 행하신다. 어느 곳을 가시든 그 곳이야말로 그가 일하시기에 적절한 곳이었다. 그리스도께서는 다음과 같은 사람들의 문제를 처리하셨다.

1. 한 백부장. 그는 이방인이요 로마인이며, 군대의 장교였고, 아마도 가버나움에 주둔해 있던 로마 군의 파견대의 지휘관이었을 것이다. (1) 그는 군인이었으나(군인들에게는 경건을 거의 볼 수 없는 것이 상례였다) 경건한 사람이었고, 경건이 뛰어난 사람이었다. 주목하라. 하나님은 온갖 종류의 사람들 가운데 그의 남은 자들을 남겨두셨다. 세상에서 사람의 직업이나 성장지가 불신앙과 불경건의 핑곗거리가 되는 경우는 하나도 없고, 그 큰 날에 가서도 내가 군인만 아니었다면 신앙을 가졌을 것이라는 식으로 말할 사람도 없을 것이다. 그런 자들 중에서 여호와께서 구속하신 자들이 있기 때문이다. 때로는 은혜가 지극히 엉뚱한 자들을 정복하기도 한다. 그러나 이 백부장은 선한 자였고, 매우 선한 자였다. (2) 그가 로마의 군인이었고 그가 유대인 중에 거한다는 사실 자체가 유대인들이 로마의 멍에 아래 굴복해 있다는 증표였으나, 유대인의 왕이신 그리스도께서는 그를 사랑하셨고, 그리하여 우리에게 원수들에게 선을 행하며, 불필요하게 민족 간의 적대감에 빠지지 말 것으로 가르치신 것이다. (3) 그가 비록 이방인이었으나, 그리스도께서는 그를 돌아보셨다. 그가 이방인의 성읍에 나아가지 않으신 것은 사실이나(가나안 땅은 곧 임마누엘의 땅이었다, 사 8:8), 그는 이방인들의 호소를 받아들이셨다. 이제 그가 이방을 비추는 빛이요 주의 백성 이스라엘의 영광이시라는 시므온의 예언(눅 2:32)이 성취되기 시작하는 것이다. 마태는 백부장의 하인을 고치신 사건을 유대인 나병환자를

고치신 일과 병행시키고 있는데, 이는 다음과 같은 뜻이 있음을 시사한다. 곧, 그리스도께서는 유대인들에게 개인적으로 나아가 설교하셨으므로 나병환자인 유대인은 만지시고 고치셨으나, 이방인들에게는 직접 나아가지 않으시고 그의 말씀을 보내어 고치셨으므로 중풍병에 걸린 이방인들은 멀리서 치료하신 것이다. 그러나 이 일에서 그의 높으심이 더 드러났다.

2. 그 백부장의 하인. 환자는 백부장의 하인이었다. 여기서도, 하나님께서는 사람의 외모를 보시지 않는다는 것이 드러난다. 그리스도 예수 안에는 할례나 무할례나, 종이나 자유자나 구별이 없는 것이다. 그는 가장 비천한 종도, 가장 부유한 주인과 마찬가지로 기꺼이 치료하신다. 그가 친히 종의 형체를 가지셔서 가장 비천한 자들을 향한 그의 사랑을 보여주신 것이다.

이제 이 하인의 병을 고치신 이야기에서, 우리는 그리스도와 그 백부장 사이에 자비와 사랑이 서로 오가는 모습을 관찰할 수 있다.

I. 백부장의 마음이 그리스도께 전달됨. 로마의 군인에게서 과연 선한 것이, 용납할 만한 것이 나올 수 있겠으며, 과연 칭찬할 만한 것이 나올 수 있겠는가? 와 보라. 이 백부장에게서 정말 귀하고 모범적인 선한 것이 풍성하게 나오는 것을 알게 될 것이다. 다음을 관찰하라.

1. 예수 그리스도께 드린 사랑이 넘치는 그의 호소.

(1) 우리의 위대한 주님을, 비천한 자를 구하시고 낮게 하실 수 있고 또한 그럴 뜻이 있는 자로 여기는 경건한 호소. 그는 예수께 나아와 간구하였다. 그는 아람 사람 나아만(그 역시 군대장관이었다)이 엘리사에게 나아와 높은 자의 위치에 서서 치료를 요구한 것처럼 하지 않고, 간청하는 자로서 모자를 손에 들고서 겸손하게 구하였다. 그냥 겉보기로만 보는 자들에게는 그리스도의 모습이 보통 사람의 모습보다 일그러져 있었으나, 그는 그리스도에게서 언뜻 눈에 비치는 것보다 더한 것을, 무언가 존경할 수밖에 없는 점을 보았던 것 같다. 그는 군대의 장교로서 마을을 통치하는 자이므로 스스로 중요한 위치에 있는 인물이었으나, 그는 자신의 높은 위치에 대한 생각을 내려놓고서 그리스도께 나아가 간구하였던 것이다. 주목하라. 아무리 위대한 사람도 그리스도 앞에서는 구걸하는 자가 될 수밖에 없다. 그는 그리스도를 주(主)라 부르고 자신의 사정을 그와 그의 뜻과 지혜에 맡기고 형식적인 분명한 탄원이 없이 그저 온건한 간구를 드림으로써 그의 주권을 인정한다. 그는 자신이 지금 대하고 있는

분은 지혜와 은혜가 풍성하신 의원이시며, 따라서 그에게는 질병의 사실을 드러내는 것만으로도 지극히 간절하게 간청하는 것과 같다는 것을 알았다. 우리 자신의 영적 결핍과 질병의 상태를 겸손히 고백하면 반드시 화평의 답을 듣게 되는 법이다. 그대의 사정을 주께 토로하라. 그리하면 긍휼이 쏟아질 것이다.

(2) 불쌍한 하인을 측은히 여기는 마음. 자기 자녀를 위하여 그리스도께 나아오는 사람들의 이야기는 많이 있으나, 자기 하인을 위하여 주께 나아온 경우는 이 백부장이 유일한 경우다: 내 하인이 중풍병으로 집에 누워 몹시 괴로워하나이다. 주목하라. 상전들은 그 휘하의 사람들이 곤란 중에 있을 때에 그들을 돌볼 의무가 있다. 하인이 중풍병에 걸려 일을 하지 못하고 병상에 누워 고통을 당하고 있을 때에, 그는 그 하인을 외면하거나(아말렉 사람이 자신의 종에게 한 것처럼, 삼상 30:13), 그 동료들에게 떠맡기거나, 홀로 버려져 누워 있게 하지 않고, 자기가 할 수 있는 최선의 방법을 찾아 그를 낫게 하려 한 것이다. 상전이 여기서 그 하인을 위해 한 일은 도저히 하인이 상전에게 하지 못했던 일이었다. 백부장의 하인들은 그에게 매우 충직하였는데(9절), 그들이 어떻게 해서 그렇게 충직하게 그를 섬기게 되었는지를 여기서 보게 된다. 남종이나 여종이 우리와 더불어 쟁론할 때에 그의 권리를 저버리지 말아야 하듯이(욥 31:13, 15), 하나님께서 그들과 쟁론하실 때에도 그들의 사정을 멸시해서는 안 된다. 우리나 그들이나 동일한 본성을 지니고 있고, 동일한 손으로 지음받았으며, 하나님 앞에서 동일한 위치에 서 있기 때문이다. 백부장은 그 하인의 질병을 위하여 마녀나 무당에게 가지 않고, 그리스도께 나아왔다. 중풍병은 의원의 기술로는 보통 고치지 못하는 질병이다. 그러므로 그가 그에게 나아와 치료를 간청했다는 것은 그에게 그리스도의 능력에 대해 — 자연적인 치유 능력을 뛰어넘는 큰 능력이 그에게 있다는 — 믿음이 있었다는 큰 증거라 할 것이다. 관찰하라. 그는 하인의 사정을 지극히 안타까운 것으로 제시하고 있다. 그의 하인은 중풍병에 걸려 있었는데, 이 병에 걸리면 대개는 고통을 지각하지 못한다. 그러나 이 사람은 몹시 괴로워하였다. 아직 젊은 사람이어서 그의 몸이 이 질병과 강하게 싸우고 있었고, 그 때문에 고통스러워했던 것이다. 이 병은 단순 마비(paralysis simplex)가 아니라 괴혈병(scorbutica)이었다. 이와 같이 우리도 우리 자녀들과 하인들 중에 영적인 중풍병에 걸린 자들의 영혼을 보살펴야 한다. 무감각한 영적 악들에 대해서와 영적으로 선한 일에서 무기력한 상태에 대해 치

유와 건강의 수단을 강구하며 치료와 건강에로 이끄는 수단을 사용해야 하는 것이다.

2. 백부장의 큰 겸손과 자기를 낮추는 자세를 관찰하라. 그리스도께서 가셔서 그의 하인을 고치실 의향을 밝히신 다음에(7절), 그는 그보다 더 겸손한 마음의 자세를 표현하였다. 주목하라. 그리스도께서 자비를 베푸사 그들에게로 내려오시면, 겸손한 심령들이 더욱더 낮아지는 법이다. 그의 겸손한 언어가 어떠했는지를 관찰하라: 주여 내 집에 들어오심을 나는 감당하지 못하겠사오니(8절). 이는 자기 자신을 비천하게 말하고, 주 예수 그리스도를 지극히 높여 말하는 것이다. 그는, "내 하인은 초라한 방에 거하니 주께서 들어가심을 감당하지 못할 것이옵니다"라고 하지 않고, 내 집에 들어오심을 나는 감당하지 못하겠사옵니다라고 말하였다. 이 백부장은 큰 사람이었으나 하나님 앞에서 자신의 비천함을 보았던 것이다. 주목하라. 겸손은 귀한 사람들에게 매우 잘 어울린다. 그리스도는 지금 세상에서 별로 볼품없는 모습이셨으나, 그 백부장은 그를 선지자로, 아니 선지자보다 나은 자로 알아서 그에게 이런 존귀를 돌리는 것이다. 주목하라. 심지어 외적인 조건상 우리보다 모든 면에서 매우 낮은 자들에게서도, 하나님의 역사하심을 보면 그에 대해 가치를 인정하고 높이 기려야 하는 것이다. 백부장은 그리스도께 나아와 긴구하였고, 자신의 낮음을 그렇게 표현한 것이다. 주목하라. 그리스도께 나아가고 또한 그리스도를 통하여 하나님께 나아갈 때마다 우리 자신을 낮추고 우리 자신의 무가치함을 지각하여 낮게 엎드리는 것이 합당한 일이다. 비천한 피조물들과 악한 죄인들로서 하나님께로부터 선한 것을 받거나 혹은 그와 관계할 때에는, 그렇게 하는 것이 합당한 일인 것이다.

3. 백부장의 큰 믿음을 관찰하라. 겸손할수록 믿음이 큰 법이요, 우리 자신을 낮출수록 예수 그리스도에 대한 우리의 확신이 더 커지게 된다. 백부장은 그리스도께서 그의 하인을 낫게 하실 수 있다는 믿음의 확신이 있었고, 게다가,

(1) 그리스도께서 멀리서도 그를 고치실 수 있다는 확신이 있었다. 자연적인 치료의 경우처럼 육체적인 접촉이나, 환부에 약을 바르는 것이 전혀 필요 없었다. 다만 의원과 환자가 연결만 되면 하인이 나을 것이라고 믿었던 것이다. 후에 중풍병자를 그리스도께 데려온 자들에 대한 기사를 읽게 되는데, 그들은 많

은 어려움 끝에 그를 그리스도 앞에 내려놓았고, 그리스도께서는 그들의 믿음을 수고하는 믿음으로 칭찬하셨다. 이 백부장은 중풍병으로 고생하는 하인을 데려오지 않았고, 그리스도께서는 그의 믿음을 신뢰하는 믿음으로 칭찬하셨다. 갖가지 방식으로 나타나더라도 참된 믿음은 그리스도께서 받으신다. 그리스도께서는 사람들이 취하는 갖가지 다른 양상의 신앙을 잘 받으시며, 우리에게도 그렇게 하라고 가르치신 것이다. 이 백부장은 그리스도의 능력에는 한계가 없으며 따라서 멀리 있으나 가까이 있으나 그에게는 마찬가지라는 것을 믿어 의심치 않았다. 어느 곳에나 계시는 하나님께는 거리의 멀고 가까움이 전혀 문제가 되지 않는다. 어떤 조건에서도 그는 사정을 아시고 역사하시는 것이다. 나는 가까운 데에 있는 하나님이요 먼 데에 있는 하나님은 아니냐?(렘 23:23).

(2) 그가 말씀만으로 그를 고치실 수 있다는 확신이 있었다. 약을 보내거나 무슨 부적을 보내거나 하지 않으셔도, 다만 말씀으로만 하옵소서 그러면 내 하인이 낫겠사옵나이다. 여기서 그는 그리스도께서 신적인 능력과 모든 피조물과 자연의 능력을 다 주관하는 권세를 가지신 분이요, 따라서 태초에 그의 전능하신 말씀으로 빛이 있으라 하신 것처럼 자연에서 무엇이든 원하시는 바를 행하실 수 있는 분으로 인정하는 것이다. 사람에게는 말과 행동은 서로 별개의 것이다. 그러나 그리스도께는 그렇지 않다. 그는 여호와의 팔이시다. 그는 영원한 말씀이시기 때문이다. 그가 덥게 하라 배부르게 하라(약 2:16)고 말씀하시면, 곧바로 치료가 나타나고, 몸이 더워지고, 배가 부르게 되고 치유의 역사가 나타나는 것이다.

백부장은 여기서 그리스도의 능력에 대한 자신의 믿음을 그 자신이 백부장으로서 휘하의 병졸들에 대해 지닌 권세로 비유하여 제시한다. 이더러 가라 하면 가고 저더러 오라 하면 오고 내 종더러 이것을 하라 하면 하나이다. 그들 모두가 그의 명령 아래 있으므로 그들을 시키면 멀리서도 일을 시행할 수가 있다. 그들에게는 그의 말이 곧 법이었다(dictum factum). 잘 훈련받은 병사들은 상관의 명령에 대해서는 논란이 있을 수 없고 오직 복종밖에는 없다는 것을 잘 알고 있는 것이다. 이처럼 그리스도께서도 말씀만 하시면 그대로 이루어진다. 그가 모든 육체의 질병들에 대해서 그런 능력을 갖고 계시다는 것이다. 백부장은 자기 병사들에 대해 이런 명령권을 지니고 있었으나 그 자신도 남의 수하에 있는 사람이었다. 그는 군대장관이 아니라, 중간급의 장교였다. 그러니 지극히 높으신 만유의 주재이신 그리스도는 어떠시겠는가? 백부장의 하인들은 매우 복종적이어서 주인이 뜻을 조금만 드러내도 곧바로 가고 오고 했던 것이다. 자, 〔1〕 우리 모두 하나님께 그런 종들이어야 한다. 그의 명령에 따라, 그의 말씀의 지시를 따라, 또한 그의 섭리의 역사에 따라 가고 오고 해야 한다. 그가 보내시면 가고, 그가 돌이키시면 돌아오고, 그가 정하시는 일을 행하여야 한다. 하나님의 뜻이 우리의 뜻과 어긋나면, 그의 뜻이 우선되어야 하고 우리의 뜻은 옆으로 제쳐져야 하는 것이다. 〔2〕 그런 종들의 육체적 질병들이 다 그리스도께 달려 있다. 그가 질병들을 보내시면 그것들이 우리를 사로잡고, 그가 다시 물리시면 그것들이 우리를 떠난다. 질병들은 그리스도께서 명하시는 효과를 우리의 몸과 우리의 영혼에 가하는 것이다. 그리스도의 능력이 신자들의 유익을 위하여 시행되고, 모든 질병이 그의 권위 아래서 그의 명령을 시행하는 것으로 그의 통제 아래 있으며 또한 그의 은혜로우신 의도를 이루기 위한 것이라는 사실은 그리스도께 속한 모든 자들에게 큰 위로가 되는 것이다. 질병이 그렇게도 선하신 친구의 손에 있다는 것을 깨닫는 자들은 질병이나 그 질병의 결과를 두려워할 필요가 없는 것이다.

Ⅱ. 그리스도의 은혜가 이 백부장에게 나타남. 자비한 자들에게 주께서 친히 자비를 보이실 것이다.

1. 기꺼이 백부장의 간청을 수락하신다. 백부장은 하인의 처지를 이야기하고 고쳐달라고 간구하는데, 그리스도께서는 이에 대해 아주 편안한 말씀으로 답하신다: 내가 가서 고쳐 주리라(7절). 내가 가서 보리라라고 말씀했어도 그가 친절한 구주이심이 드러났을 것인데, 그렇게 말씀하지 않고, 내가 가서 고쳐 주리라고 말씀하신다. 이는 그가 전능하신 구주이심을 보여주는 것이다. 이는 위대한 말씀이다. 그저 좋게 만들 수 있다는 뜻이 아니다. 그의 날개 아래에 치료가 있으므로, 그의 나아오심이 곧 치료인 것이다. 빌려온 능력으로 이적을 행하는 자들은 여기 그리스도의 말씀처럼 그렇게 적극적으로 말씀하지는 못했다. 그는 자기 자신의 능력으로, 권위를 가진 자로서 이적을 행하신 분이신 것이다. 목사가 병환 중에 있는 신자를 방문할 때에는, 내가 가서 그를 위해 기도하리라는 말밖에는 할 수가 없다. 그러나 그리스도께서는 내가 가서 고쳐 주리라고 말씀하신다. 그리스도께서 목사들이 할 수 있는 것 이상을 행하실 수 있다는 것은 정말 좋은 일이다. 백부장은 그가 자기 하인을 고쳐 주기를 바랐다. 그런

데 그는, 내가 가서 고쳐 주리라고 말씀하시며, 그리하여 그가 구하고 기대한 것 이상의 호의를 나타내시는 것이다. 주목하라. 그리스도께서는 비천한 자들의 간구를 기대 이상으로 이루시는 때가 많다. 그는 왕의 신하가 자기의 병든 아들을 위하여 간청하였으나 가시지 않았다(요 4:47-49). 그러나 병든 하인은 기꺼이 가서 고치려 하신 것이다. 그리하여 그는 그의 백성 중 비천한 자들을 돌아보시며, 그런 자들에게 더 풍성한 존귀를 베푸시는 것이다. 기꺼이 가고자 하시는 그리스도의 겸손이 그에게 모범이 되었고, 그리하여 그 역시 그가 나아오시는 것을 감당하지 못하겠다는 겸손한 자세를 갖게 된 것이다. 주목하라. 그리스도께서 은혜로이 자신을 낮추사 우리에게 나아오시니, 우리 역시 그 앞에서 더욱 겸손하고 자기를 낮추는 자세를 가져야 마땅한 것이다.

2. 그리스도께서 백부장의 믿음을 칭찬하시며, 이를 계기로 가련한 이방인들에 대해 친절한 말씀을 하신다(10-12절). 강하면서도 자기를 부인하는 믿음이 예수 그리스도께로부터 어떤 큰 것들을 얻을 수 있는가를 보라.

(1) 백부장 자신에게. 그리스도께서는 그를 인정하시고 영접하실 뿐 아니라(이런 존귀는 모든 참된 신자들이 소유하는 것이다), 그를 높이 보시고 칭찬하셨다. 이는 욥 같은 위대한 신자들이 갖는 존귀다: 그와 같이 … 자는 세상에 없느니라(욥 1:8).

[1] 그리스도께서는 그를 높이 보셨다. 그의 위대함에 대해서가 아니라 그의 자비로움에 대해서 그렇게 평가하신 것이다: 예수께서 들으시고 놀랍게 여겨. 그가 전혀 새로운 일로 깜짝 놀라셨다는 것이 아니다. 그는 백부장의 믿음을 알고 계셨다. 그 믿음이 크고 훌륭하고 희귀하고 비범했으므로, 그리스도께서 그것에 대해 놀라운 것으로 말씀하셔서 우리에게 무엇을 높이 보아야 할지를 가르치신 것이다. 세상적인 화려함과 장식이 아니라, 거룩함에서 풍기는 아름다움과 하나님 보시기에 값진 장식을 높이 보아야 하는 것이다. 주목하라. 자연이나 섭리의 경이로운 것들보다 은혜의 경이로운 것들이, 이 세상의 성취보다 영적인 성취가 더 놀랍게 다가와야 한다. 금과 은이 풍성한 자가 아니라 믿음이 풍성한 자에 대해서, 그들이 이 모든 영광을 보았다고 말해야 할 것이다(창 31:1. 한글 개역개정판은 "이 모든 재물을 모았다"로 번역함). 그러나 사람의 믿음에 아무리 칭찬할 만한 것들이 있더라도, 그 모든 것은 결국 그리스도께 영광을 돌리는 것이 된다. 그는 신자들 중에서, 또한 그들을 위하여, 놀라운 일

들을 행하신 자로서 친히 모든 믿는 자들에게서 놀랍게 여김을 얻으실 것이기 때문이다(살후 1:10).

〔2〕 그리스도께서는 그를 따르는 자들에게 그를 칭찬하셨다. 다가올 세상에서는 모든 신자들이 그렇게 칭찬을 받을 것이다. 그러나 몇몇 신자들은 이 세상에서 사람들 앞에서 그리스도께로부터 인정과 칭찬을 받기도 한다. 내가 진실로 너희에게 이르노니 이스라엘 중 아무에게서도 이만한 믿음을 보지 못하였노라. 이 말씀은 첫째로, 백부장을 높이 칭찬하는 것이다. 그는 아브라함의 자손이 아니면서도 아브라함의 믿음을 상속받은 자요, 그리스도께서 그렇다고 보신 것이다. 주목하라. 그리스도께서 찾으시는 것은 믿음이요, 아무리 겨자씨만한 작은 믿음이라도 있기만 하면 그가 찾으시는 것이다. 그는 큰 믿음을 발견하신 것이 아니다. 마치 가난한 과부에 대해 다른 모든 사람보다 많이 넣었도다라고 말씀하신 것처럼(눅 21:3), 모든 일들과 수단을 감안하여 보신 것이다. 백부장이 이방인이었음에도, 그렇게 칭찬을 받은 것이다. 주목하라. 우리에게는 불평이나 시기가 없어야 한다. 그래서 우리의 교단이나 우리의 활동 영역 바깥에 있는 자들이라도 정당하게 칭찬받을 일이 있으면 앞으로 나서서 칭찬해야 하는 것이다. 둘째로, 이 말씀은 이스라엘에게 부끄러움을 주는 것이다. 이스라엘에게는 양자 됨과 영광과 언약이 있었고, 또한 믿음의 모든 도움과 격려가 있었는데도 그런 믿음이 없었다. 주목하라. 인자가 오실 때에는 믿음을 거의 찾지 못하실 것이며, 따라서 그만큼 열매도 거의 보지 못하실 것이다. 주목하라. 영혼을 위해 거의 도움을 받지 못한 몇몇 사람들이 이룬 영적 성취가, 풍성한 은혜의 수단을 누리는 가운데서도 그것들을 잘 사용하지 못한 많은 이들의 죄와 멸망을 더욱 가중시킬 것이다. 그리스도께서 그를 따르는 자들에게 이 말씀을 하신 것은, 바울이 말씀하듯이(롬 11:14) 그 말씀이 그들에게 자극제가 되어 거룩한 열정을 불러일으키게 하려 함이었다. 그들은 아브라함의 후손들이었다. 그 존귀에 대한 열심으로 그들이, 특히 아브라함이 탁월함을 보여준 그 은혜에서 이방인에게 밀려나지 않으려는 마음을 갖게 하시려는 의도가 있었던 것이다.

(2) 다른 사람들에게. 그리스도께서는 이를 계기로 유대인들과 이방인들을 비교하시며, 그들에게 두 가지를 말씀하신다. 구원이 유대인에게서 나는 것으로 가르침받아온 그들로서는 이 말씀에 깜짝 놀랄 수밖에 없었을 것이다.

〔1〕 수많은 이방인들이 구원을 얻을 것이라는 것(11절). 백부장의 믿음은 이방인들의 회심의 한 가지 예요, 그들이 교회에 입양될 사실의 서곡에 불과했다. 우리 주 예수께서는 이 주제에 대해 자주 언급하신 바 있다. 그런데 그는 여기서 확신을 갖고 말씀하신다. 내가, "모든 사람을 아는 내가", 진실로 너희에게 이르노니. 이 말씀은 그에게는 지극히 즐거운 것이요, 또한 유대인들에게는 지극히 불쾌한 것이었다. 나사렛에서도 이런 유의 암시를 하셨다가 많은 이들의 반대를 받으신 적이 있다(눅 4:27). 그리스도께서는 여기서, 첫째로, 구원받을 사람들에 대해 말씀하신다: 동 서로부터 많은 사람이 이르러 천국에 앉으려와. 전에는 생명으로 인도하는 문은 좁고 길이 협착하여 찾는 자가 적다고 말씀하셨었는데(7:14), 여기서는 많은 사람이 구원받을 것이라고 말씀하신다. 한 시와 한 장소에서는 적으나, 그들이 함께 오면 그 숫자가 많을 것이다. 여기저기서 그저 한 사람이 은혜에로 인도함 받는 것을 본다. 그러나 얼마 지나지 않으면 우리 구원의 대장께서 많은 이들을 이끌어 영광에 들어가게 하시는 것을 보게 될 것이다(히 2:10). 그는 수만의 거룩한 자와 함께(유 14), 아무도 능히 셀 수 없는 큰 무리와 함께(계 7:9), 또한 구원받은 만국과 함께 임하실 것이다(계 21:24). 그들이 동 서로부터, 서로 완전히 동떨어진 곳으로부터 오나, 모두가 그들의 연합의 중심인 그리스도의 오른편에서 만날 것이다. 주목하라. 하나님께서는 해 뜨는 곳에서부터 해 지는 곳까지(말 1:11) 모든 곳에 그의 남은 자들을 남겨 두셨다. 사방에서부터 택한 자가 모아들여질 것이다(24:31). 그들은 땅에 심겨져 있고, 그 중에 어떤 이들은 밭의 사방 모서리에 흩어져 있기도 하다. 이방 세계는 동 서로 뻗어 있는데, 여기서는 특히 그들을 뜻한다. 지금은 그들이 약속의 언약에 대하여는 외인이요(엡 2:12), 또한 과거 오랫동안 그래왔으나, 하나님께서 그들 가운데 어떤 이들을 감추어 놓으셨는지 누가 알겠는가? 엘리야의 시대에 이스라엘처럼(왕상 19:14), 그 시대 이후 곧바로 수많은 무리들이 교회 안으로 몰려들어온 것이다(사 60:3, 4). 주목하라. 천국에 가면, 거기에 갔으리라고 생각하던 많은 이들이 거기에 없는 것을 알게 될 것이요, 또한 거기 있으리라 기대하지 않던 수많은 이들을 거기서 만나게 될 것이다. 둘째로, 그리스도께서는 구원 그 자체에 대해 말씀하신다. 그들이 모두 함께 그리스도께로 이를 것이라고 하신다(살후 2:1). 1. 그들이 땅에 있는 은혜의 나라에, 아브라함과 이삭과 야곱과 맺은 은혜의 언약에 들어가게 될 것이며, 그들이 이방

인에게 미치는 아브라함의 복을 누리게 될 것이다(갈 3:14). 바로 이 때문에 삭개오가 아브라함의 자손이 된 것이다(눅 19:9). 2. 그들이 천국의 영광의 나라에 들어갈 것이다. 그들이 마치 비둘기가 창으로 날아들듯이 즐겁게 올 것이요, 마치 하루의 일과를 끝마치고 앉아 쉬듯이 모든 수고를 내려놓고 앉아서 안식할 것이다. 앉는다는 것은 지속성의 의미를 지닌다. 서 있는 동안은 우리가 어디론가 가고 있다. 그러나 어딘가 앉는다는 것은 곧 머문다는 뜻이다. 천국은 안식의 상태 속에 남아 있는 것이요, 그것은 계속 지속되는 도성이다. 그들은 마치 보좌에 앉듯이 그렇게 앉을 것이요(계 3:21), 식탁에 앉듯이 그렇게 앉을 것이다. 여기의 앉으려니와는 이런 의미를 지닌다 할 것이다. 그들은 앉아 잔칫상을 받을 것이다. 이는 교제의 충만함과 또한 그 교제의 자유로움과 친숙함을 의미하는 것이다(눅 22:30). 그들이 아브라함과 함께 앉을 것이다. 이 세상에서는 시간과 장소, 혹은 외적 조건에서 서로 멀리 떨어져 있었던 자들이 천국에서는 모두 함께 만날 것이다. 고대인들이나 현대인들이나, 유대인이나 이방인이나, 부자나 가난한 자나 모두 함께 만날 것이다. 지옥에 있는 부자는 아브라함을 보나, 나사로는 그와 함께 앉아 있고, 그의 품에 안겨 있는 것이다. 주목하라. 거룩한 사회는 천국의 복락의 일부다. 땅 끝에서 오는 자들과 지극히 비천한 자리에 있는 자들이 저 위대한 족장들과 함께 영광을 나누게 될 것이다.

〔2〕 유대인들 가운데 수많은 사람들이 멸망하리라는 것(12절). 관찰하라.

첫째로, 이례적인 말씀을 전하신다. 그 나라의 본 자손들은 바깥 어두운 데 쫓겨나. 불신앙 가운데 계속 거하는 유대인들은 태생으로는 그 나라의 본 자손이지만, 가시적 교회에서 끊어질 것이다. 그들이 하나님 나라의 자녀들이라 자랑하지만, 거기서 쫓겨날 것이요, 백성 아닌 자들이 되고, 긍휼하심을 얻지도 못할 것이다(롬 11:20; 9:31). 그 큰 날에는 유대인이든 그리스도인이든 그 나라의 본 자손이었다는 것은 아무 소용이 없을 것이다. 그 날에는 사람들이 그들의 출신이 아니라 그들의 본 모습에 따라서 심판을 받을 것이기 때문이다. 자녀이면 또한 상속자이지만(롬 8:17), 그러나 가문에서나 출신 성분에서는 자녀이지만 실제로는 자녀가 아니어서 기업을 받지 못할 자들이 많다. 신앙을 고백하는 부모에게서 난 자들은 그로 인하여 그 나라의 자손으로 구분된다. 그러나 거기에 머물고, 그것 외에 천국에 대해 보여줄 것이 아무것도 없다면, 우리는 쫓겨나게 될 것이다.

둘째로, 악을 행하는 자들에 대한 이례적인 형벌을 묘사하신다. **바깥 어두운 데 쫓겨나.** 곧, 바깥에 있는 자들의 어둠, 교회 바깥에 있는 이방인들의 어둠 속으로 쫓겨난다는 뜻이다. 유대인들이 그리로 쫓겨났다. 아니 그보다 더한 어둠 속으로 쫓겨났다. 사도들이 말씀하듯이, 그들은 눈이 어두워졌고, 완악해졌으며, 공포로 가득 차 있는 것이다(롬 11:8-10). 교회 바깥에서 영적 심판들에 내버려져 있는 자들은 이미 완전한 어둠 속에 있다. 그러나 여기서 말하는 어두운 데는 그보다 더 나아가서, 지옥에 있는 정죄받은 죄인들의 상태를 바라보는 것이다. 이것에 비하면 다른 어둠은 서곡에 지나지 않는다. 그들은 하나님께로부터, 또한 모든 참된 위로로부터, **바깥 어두운 데로 쫓겨날** 것이다. 지옥에는 불은 있으나 빛은 없다. 그러므로 완전한 어둠이요, 지극한 어둠이다. 남아 있는 부분도 없고, 다른 것과 섞인 것도 없고, 소망도, 빛도 전혀 없는 최고도의 어둠이다. 최소한의 희미한 불빛도 없다. 이는 그들이 그 빛의 땅 천국으로부터 쫓겨난 결과로 오는 어둠인 것이다. 지금도 바깥에 있고 어두운 지경에 거하는 자들은 그것으로 끝나지 않고, 어둠 속에서 울며 이를 갈게 될 것이다. ① 지옥에는 크나큰 슬픔이 있을 것이요 아무 소용도 없는 눈물이 홍수처럼 흘러내릴 것이다. 하나님의 진노를 지각하여 심령의 고뇌가 영원토록 심장을 갉아먹는 것이야말로 저주받은 자들이 당하는 고통인 것이다. ② 크나큰 분노가 있을 것이다. 저주받은 죄인들이 탄식과 고뇌로 이를 갈게 될 것이요, 여호와에 대한 격노로 가득할 것이다. 다른 이들이 누리는 행복을 시기하여, 또한 행복을 누릴 수 있는 가능성이 과거에 그들 자신에게도 있었으나 이제 다 지나갔다는 끔찍한 사실을 생각하여 이를 갈게 되는 것이다.

3. 그리스도께서 백부장의 하인을 고치신다. 백부장의 간구에 대해 칭찬하시고, 또한 그가 간구한 바를 허락하시는 것이다. 이것이 진정한 응답이다(13절). 관찰하라.

(1) 그리스도께서 그에게 하신 말씀. 그의 말씀은 백부장에게 큰 호의요, 또한 그의 하인에게는 더 큰 호의였다: 네 믿은 대로 될지어다. 하인이 질병을 고침받았고, 주인은 자신의 믿음을 확인받고 인정받은 것이다. 주목하라. 그리스도께서는 다른 이들을 위하여 기도하는 그의 백성들에게 격려의 응답을 주시는 때가 많다. 다른 이들을 위한 기도가 응답받는다는 것은 우리에게도 복된

일이다. 욥이 그의 친구들을 위하여 기도할 때에, 하나님께서는 욥의 곤경을 돌이키셨다(욥 42:10). 그리스도께서 네 믿은 대로 될지어다라고 말씀하셨다는 것은 이 백부장에게는 크나큰 영광이었다. 그보다 더한 것을 어떻게 받을 수 있겠는가? 그러나 그에게 말씀하신 것은 우리 모두에게도 말씀하시는 것이다: 무엇이든지 믿고 구하는 것은 다 받으리라(21:22). 여기서 그리스도의 능력과 믿음의 능력을 보라. 그리스도께서 그가 원하시는 바를 행하실 수 있는 것처럼 능동적인 신자도 그가 원하는 바를 그리스도께로부터 받을 수도 있다. 은혜의 기름이 많아져도, 믿음의 그릇이 깨어지면 아무런 소용이 없는 것이다.

(2) 이 말씀의 효과. 믿음의 기도는 응답받는 기도다. 언제나 그러했고, 앞으로도 언제나 그럴 것이다. 병 고침이 갑작스럽게 이루어진 것을 보면, 그것이 이적적인 치료였음을 알 수 있다. 그리고 그것이 그리스도께서 말씀하신 때와 일치하는 것을 보면, 그 이적이 그리스도께서 행하신 이적이었음을 알게 된다. 그가 말씀하시니 그대로 된 것이다. 이것은 그리스도의 전능하심을 보여주는 증거다. 어느 위대한 의사가 관찰한 바로는, 그리스도께서 고치신 질병들은 주로 자연적인 수단으로는 가장 고치기 힘든 질병들이었다고 한다. 특히 중풍병이 그렇다. "각종 중풍병은, 특히 오래 지속되어온 고질적인 중풍병은, 젊은 환자의 경우에도 치료가 불가능하거나 아니면 의학적 기술로는 치료기 지극히 이려우므로, 나는 그리스도께 치료를 의뢰한 모든 질병들이 기장 고질적이고 기망이 없는 종류의 질병들이었다는 것을 자주 언급해왔다" (메르쿠랄리스[Mercuralis], *De Morbis Puerorum*, 2권 5장).

¹⁴예수께서 베드로의 집에 들어가사 그의 장모가 열병으로 앓아 누운 것을 보시고 ¹⁵그의 손을 만지시니 열병이 떠나가고 여인이 일어나서 예수께 수종들더라 ¹⁶저물매 사람들이 귀신 들린 자를 많이 데리고 예수께 오거늘 예수께서 말씀으로 귀신들을 쫓아 내시고 병든 자들을 다 고치시니 ¹⁷이는 선지자 이사야를 통하여 하신 말씀에 우리의 연약한 것을 친히 담당하시고 병을 짊어지셨도다 함을 이루려 하심이더라

사복음서의 조화에 비판적인 자들은 이 본문으로부터 9장 마지막까지를 마가복음과 누가복음이 취하는 순서에 따라서 산상수훈보다 앞서는 것으

로 본다. 라이트푸트 박사는 오로지 이 본문만을 산상수훈보다 먼저 일어난 일로 보고, 18절 이후는 그 이후에 일어난 것으로 본다. 여기에는 다음의 내용들이 있다.

I. 베드로의 장모의 열병을 고치신 기사.

1. 그 정황. 이는 특별하다 할 것이 없다. 열병은 가장 흔한 질병이었다. 그러나, 환자가 베드로의 가까운 친척이므로 여기서 그리스도께서 그의 제자들의 가족들을 특별히 친절하게 보살피신 사례로 기록되고 있는 것이다. 여기서 다음을 관찰하라. (1) 베드로는 아내가 있었으나, 그러면서도 그리스도의 사도로 부르심을 받았다. 그리스도께서는 베드로의 아내의 친척을 보살피심으로써 결혼한 상태를 인정하신 것이다. 그러므로, 목사들의 결혼을 금하는 로마 교회는 사도에게서 무오성(無誤性)을 이어받는다고 하면서도 사실 사도를 거스르고 있는 것이다. (2) 그리스도는 집이 없었으나(20절). 베드로에게는 집이 있었다. 베드로는 제자로서 그의 주님보다 더 낫게 공급받았다. (3) 베드로는 본래 벳새다 출신이었으나 그의 집이 가버나움에 있었다. 아마도 그리스도께서 가버나움으로 가셔서 거기 거하시게 되자, 그 때에 그 역시 가버나움으로 이주했을 것이다. 주목하라. 그리스도와 더 가까이 있고 그와 대화를 나눌 기회를 갖기 위해 우리의 주거지를 옮기는 것은 가치 있는 일이다. 언약궤가 옮겨가면, 이스라엘도 언약궤를 따라 옮겨가야 했던 것이다. (4) 베드로는 장모를 모시고 있었다. 이는 결혼한 자들에게 하나의 모범이 된다. 곧 함께 멍에를 지고 가는 상대방의 친척들을 자기의 친척들로 돌보는 것이 합당하다는 것을 가르쳐 준다. 아마도, 이 여인은 늙었으나 그 모든 온유함과 부드러움으로 존경과 보살핌을 받았을 것이다. (5) 그 여인이 열병으로 누워 있었다. 젊음의 강건함도, 늙음의 유약함과 냉랭함도 이런 질병을 막는 장벽이 될 수는 없었다. 중풍병은 고질병이요, 열병은 혹독한 질병이었으나, 둘 다 그리스도께서 치료하신 것이다.

2. 열병의 치료(15절). 치료 과정: 그의 손을 만지시니. 의원들처럼 어떤 병인지 알고자 맥을 보기 위해서가 아니라, 치료하기 위하여 그렇게 하셨다. 이는 그의 친절함과 부드러우심을 보여준다. 그는 우리의 연약함을 동정하시는 자시다(히 4:15). 이는 또한 영적 치료의 방법을 보여준다. 곧, 그리스도의 말씀과 더불어 그의 능력을 시행하며, 그리스도를 우리 자신에게 적용시킴으로써 영

적 치료가 이루어지는 것이다. 성경은 말씀을 말씀하고, 성령은 만지신다. 마음을 만지시고, 손을 만지시는 것이다. (2) 치료의 증거. 열병이 떠나가고 여인이 일어나서 예수께 수종들더라. 여기서 다음과 같은 점들이 나타난다. 〔1〕 그리스도의 긍휼이 온전히 이루었다. 자연의 능력으로 열병에서 회복된 자들은 보통 연약하여서 한동안은 아무 일도 할 수가 없다. 그러므로 이 기사는 그 여인의 치료가 자연의 능력을 뛰어넘는 것이었음을 보여준다. 그 여인은 치료를 받자마자 가사의 일을 돌볼 만큼 완전히 회복되었던 것이다. 〔2〕 그리스도의 긍휼이 거룩하게 되었다. 그러니 그것이 온전히 이루어진 것이 당연하다. 그렇게 특별한 호의로 큰 은혜를 입었으나, 그녀는 자기 스스로 의기양양해지지 않았고, 곧바로 식탁에서 섬기는 일을 했다. 기회가 주어지는 대로 여타 종들처럼 처신한 것이다. 그리스도께로부터 존귀를 입은 자들은 겸손해야 한다. 그렇게 구함 받았으니, 이제 주께 무엇을 돌려 드릴까를 생각한 것이다. 그리스도로 말미암아 치료를 받은 자들은 그를 섬기는 것이 지극히 합당하다. 그의 비천한 종들로서 날마다 그를 섬겨야 마땅한 것이다.

II. 그리스도께서 행하신 갖가지 치료의 역사에 대한 기사. 베드로의 장모를 고치신 일로 인하여 많은 환자들이 그에게 몰려든 것이다. "그분을 고치셨다면, 나도 고치실 것이 아니겠는가? 그 사람의 장모를 고치셨으니, 내 친척도 고치실 것이 아니겠는가?"

1. 그가 행하신 일(16절). (1) 예수께서 말씀으로 귀신들을 쫓아 내시고. 욥의 경우처럼, 자연적인 원인으로 발생하는 질병들에, 특히 정신적인 질병들에 하나님의 허용하심을 따라 사탄의 역사가 많이 개입되었을지도 모른다. 그러나 그리스도께서 지상에 계시던 시기에는 사람들의 몸을 사로잡고 괴롭게 하는 귀신의 활동이 보통 있는 정도보다 훨씬 더 많았던 것 같다. 마귀가 자기의 때가 얼마 남지 않은 줄을 알므로 크게 분내어 너희에게로 내려갔음이라(계 12:12). 하나님께서 그렇게 허용하신 것은 그의 지혜였다. 곧, 그리스도께서 사탄을 이기는 자신의 권세와 또한 자신이 세상에 오신 목적과 의도를 — 이는 사탄을 무장해제시키고 그의 권능을 깨뜨리며 그의 일을 멸하기 위함이었다 — 드러내 보일 기회들을 더 확실하게 더 자주 갖도록 하시며, 그리하여 그리스도의 의도의 자비로움과 또한 그의 성공의 영광스러움을 드러내시기 위함이었다. (2) 병든 자들을 다 고치시니. 아무리 환자들이 비천하고 질병이 극심하다 해도 한 사

람의 예외도 없이 모든 병든 자들을 다 고치신 것이다.

2. 이 일로 성경이 성취됨(17절). 구약의 예언들을 성취시키는 일이야말로 그리스도께서 염두에 두신 큰 일이었고, 또한 그것이야말로 그가 메시야이시라는 큰 증거였다. 다른 여러 가지 예언들이 있으나, 그에 대해서 우리의 질고를 지고 우리의 슬픔을 당하였거늘(사 53:4)이라고 기록되어 있다. 그런데 이 말씀을 베드로는 우리 죄를 담당하셨으니(벧전 2:24)의 의미로 인용하며, 여기서는 우리의 병을 짊어지셨도다의 의미로 인용하고 있다. 우리의 죄들이 우리의 질병을 우리의 슬픔으로 만드는 것이다. 그리스도께서는 그의 죽으심의 공로로 죄를 담당하셨고, 그의 생애의 이적들로써 질병을 짊어지신 것이다. 이런 이적들이 중지되었으나, 우리는 그리스도께서 친히 나무에 달려 그 몸으로 우리 죄를 담당하셨을 때에 그가 우리의 병을 짊어지신 것이라고 말할 수 있을 것이다. 죄야말로 병의 원인이요 그 고통이기 때문이다. 우리 몸이 걸릴 수 있는 질병과 재난들이 많은데, 철학자들의 모든 글보다는, 예수 그리스도께서 우리의 병을 짊어지셨고 우리의 슬픔을 담당하셨다는 복음서의 이 한 줄이 철학자들의 모든 글보다 우리를 지탱시키고 위로를 주는 것이 더 많은 것이다. 그는 우리보다 앞서 그것들을 짊어지셨다. 그는 한 번도 병에 걸리신 적이 없으나 그는 주리셨고 목마르셨고 지치셨고 심령이 상하셨고 슬픔에 잠기셨고 마음의 무거움을 경험하셨다. 그는 그의 고난에서 우리를 위하여 그것들을 지셨고, 우리를 동정하셔서 우리와 더불어 그것들을 지시며, 우리의 연약함을 동정하시며, 그리하여 우리의 잘못으로 인한 것이라도 친히 그것들을 지셔서 우리에게서 떠나게 하시고, 우리를 가볍게 하시는 것이다. 여기서 그가 우리의 연약한 것을 친히 담당하시고 병을 짊어지셨도다라는 말씀이 얼마나 강조적으로 표현되는지를 보라. 그는 그런 문제에 개입하실 수 있었고 또한 기꺼이 개입할 뜻을 갖고 계셨고, 그리하여 우리의 의원으로서 우리의 연약한 것과 병을 다루신 것이다. 인간 본성의 재난 가운데 그 부분을 그가 특별히 관심을 두셨고, 그는 기꺼이 질병을 고치시는 자세로써 이를 입증해 보이셨다. 그러므로 그는 지금도 그 때에 못지않게 능력이 많으시고 온유하신 것이다. 천국에 들어가기에 그보다 더 악한 처지가 없었다는 것이 확실하기 때문이다.

[18]예수께서 무리가 자기를 에워싸는 것을 보시고 **건너편으로 가기를 명하시니라** [19]

한 서기관이 나아와 예수께 말씀하되 선생님이여 어디로 가시든지 저는 따르리이다 [20]예수께서 이르시되 여우도 굴이 있고 공중의 새도 거처가 있으되 인자는 머리 둘 곳이 없다 하시더라 [21]제자 중에 또 한 사람이 이르되 주여 내가 먼저 가서 내 아버지를 장사하게 허락하옵소서 [22]예수께서 이르시되 죽은 자들이 그들의 죽은 자들을 장사하게 하고 너는 나를 따르라 하시니라

I. 그리스도께서 디베랴 바다 건너편으로 옮겨가려 하사 제자들에게 배를 준비하라고 명령하심(18절). 이 의로운 해이신 그리스도의 영향력은 어느 한 곳에만 한정될 것이 아니고, 온 지역 전체에 퍼져야 하는 것이었다. 그는 이곳 저곳을 다니시며 선을 행하셔야 했다. 영혼들의 절박한 사정들이 그에게, 와서 우리를 도우라고 부르고 있었던 것이다(행 16:9). 그는 무리가 자기를 에워싸는 것을 보시고 장소를 옮기셨다. 무리들은 그가 거기 계시기를 바랐지만, 그는 그가 함께 계시기를 똑같이 간절히 바라는 다른 사람들이 있으므로 그들과도 함께 하셔야 한다는 것을 알고 계셨다. 그가 한 곳에서 환영받으시고 사람들에게 유익을 끼치신 사실이 그가 다른 곳으로 가시는 일에 걸림돌이 된 것이 아니고, 오히려 그것이 그가 장소를 옮기신 이유가 되었다. 과연 그의 설교가 거리가 떨어진 곳에서 행해질 때에도 그 무리들의 간절한 자세가 그대로 이어져서 그들이 그를 계속 따르게 될 것인가를 시험하려 하신 것이다. 그런 도움을 바로 옆에서 얻을 수 있다면 기꺼이 기쁨으로 받겠지만, 바다 건너편까지 좇아가는 수고는 하려 하지 않을 사람들이 많이 있을 것이었다. 그리하여 그리스도께서는 이렇게 해서 간절한 열정이 적은 자들은 떨어버리시고, 온전한 자들이 확연히 드러나게 하신 것이다.

II. 그리스도께서 바다 건너편으로 떠나실 때에 두 사람과 대화하심. 이들은 뒤에 남기를 싫어하여 그를 따를 마음이 있었다. 그를 따르던 다른 무리들과는 달리, 그의 제자들의 부류에 들어가기를 바랐다. 이 일은 대부분 꺼리는 일이었다. 왜냐하면 철저한 생활이 이어지므로 이를 좋아할 수도 없고 잘 조화를 시킬 수도 없는 일이었기 때문이다. 그런데 이 두 사람은 그렇게 전적으로 그리스도를 따르는 자가 되기를 바라는 마음이 있었으나 옳지 못했다. 이 기사는 그리스도와 긴밀하게 되지 못하도록 만드는 장애거리들의 표본으로 주어진 것으로, 우리 역시 그리스도를 따르려 하지만 그렇게 되지 못하고, 든든히 설 수

있도록 집을 반석 위에 짓지 못할 수도 있다는 하나의 경고이기도 하다.

여기서 우리는 그리스도께서 서로 성향이 다른 두 사람을 대하시는 모습을 보게 된다. 하나는 성격이 급하고 열정적이며, 또 하나는 망설이고 무거운 성향을 지녔다. 그는 이 두 사람 각각에게 합당하게 지침을 제시하시는데, 이는 우리에게도 중요한 것이다.

1. 한 사람은 너무 성급하게 말부터 앞서는 사람으로 한 서기관이요(19절), 학자요 학식 있는 사람이요, 율법을 연구하고 해명하는 사람이었다. 대개 복음서에서는 이런 사람들의 성격이 별로 좋지 않게 나타난다. 보통 바리새인들과 함께 그리스도와 그의 가르침을 대적하는 원수들로 나타나는 것이다. 이 세대에 서기관이 어디 있느냐(고전 1:20. 한글 개역개정판은 "변론가"로 번역함). 서기관이 그리스도를 따르는 예는 거의 없는데, 여기서는 그들 중에 그의 제자가 되기를 매우 사모하는 자가 언급되고 있다. 말하자면, 사울이 선지자 중에 있는 것과 같다 할 것이다. 이제 다음을 관찰하라.

(1) 그가 자신의 사모하는 마음을 표현함. 선생님이여 어디로 가시든지 저는 따르리이다. 이보다 어떻게 더 낫게 말로 표현할 수 있겠는가! 그리스도를 위하여 자신을 헌신하겠다는 그의 말은 〔1〕 아주 흔쾌하였고, 편견 없는 마음의 끌림에서 나온 것이었다. 그리스도께서 그렇게 하도록 부르신 것도, 제자들 중에 그를 강권한 자가 있었던 것도 아니다. 그 자신의 뜻으로 그리스도를 가까이에서 따르는 제자가 될 마음을 품었다. 그는 압력을 받은 것이 아니라 자원자였다. 〔2〕 결의가 확고했다. 이미 결단이 서 있는 것처럼 보였다. "어디로 가시든지 나는 따를 마음이 있나이다"라고 하지 않고, "마음에 결심했나이다. 반드시 따르리이다"라는 뜻으로 말하는 것이다. 〔3〕 제한이 없었고, 아무런 조건이 없었다. "어디로 가시든지, 바다 건너편만이 아니라, 땅 끝까지도, 저는 따르리이다." 우리는 이 사람처럼 확고한 자세를 가져야 한다. 그러나 그리스도의 답변으로 볼 때에, 이 사람의 결심은 성급했고, 그의 목적은 낮고 육신적이었던 것으로 보인다. 그가 전혀 생각 없이 그런 말을 했거나, 그 문제를 깊이 생각해야 할 것으로 여기지 않았던 것 같다. 그는 그리스도께서 행하시는 이적들을 보았고, 또한 그가 세상적인 나라를 세울 것으로 소망했고, 지금 고생하고 수고하여 후에 그 나라에서 한 몫을 차지하려는 생각이었을 것이다. 주목하라. 신앙을 위하여 하는 결심들 중에는 갑작스런 찔림을 받고서 정당한 사려 깊은 생각이 없

이 성급하게 행해지는 것들이 많은데, 이는 실패로 끝나는 것이요 아무런 열매가 없다. 쉽게 익고, 쉽게 썩는 것이다.

(2) 그리스도께서, 그 결심이 신실한 것인지 아닌지를 시험하심(20절). 그가 따르기를 사모하는 이 인자는 머리 둘 곳이 없다는 사실을 알려 주신다(20절). 그리스도의 극심한 궁핍에 대한 이 기사에서 다음을 관찰하라.

〔1〕 하나님의 아들이 세상에 오실 때에 자신을 그렇게 지극히 열악한 처지에다 집어넣으셔서, 가장 열등한 생물에게도 있는 정해진 쉴 곳조차 없이 사셨다는 사실 자체가 의아스럽다. 만일 그가 우리의 본성을 취하시려 했다면, 가장 최상의 지위와 환경 속에서 취하셨어야 했다고 생각하는 이도 있을 것이다. 그러나 그는 가장 최악의 처지에서 우리의 본성을 취하신 것이다. 여기서, **첫째**로, 열등한 생물들이 얼마나 잘 공급받고 있는지를 보라. 여우도 굴이 있고. 인간에게 유용하지도 않고 오히려 해를 주는 짐승인데도 하나님께서는 그들이 잠잘 수 있도록 굴을 주신다. 사람들이 그것들을 멸하려 하나 그렇게 해서 그들이 보금자리를 찾는다. 굴이 그들의 성(城)인 것이다. 공중의 새도, 자신을 보살피지 못하지만, 하나님께서 보살피셔서 그들에게 거처가 있다(시 104:17). 들에도 거처가 있고, 집에도 있고, 하나님의 궁정에도 있다(시 84:3). **둘째로**, 주 예수께서 얼마나 열악하게 공급받으셨는가를 보라. 짐승과 새들이 그렇게 잘 공급받는다는 것을 보면서 하나님께서 우리의 쓸 것을 공급하시리라는 신뢰를 갖도록 격려를 받을 수도 있고, 우리가 쓸 것이 없을 때에는 우리보다 먼저 우리 주께서 그런 형편에 처하셨다는 사실에서 위로를 받을 수도 있을 것이다. 주목하라. 우리 주 예수님은 이 땅에 계실 때에 극한 궁핍의 치욕과 곤란함에 그대로 굴복하셨다. 그는 우리를 위하여 지극히 궁핍해지셨다. 그에게는 정해진 거처도, 쉴 곳도, 머리를 둘 자기 소유의 집도 없었다. 그와 그의 제자들은 사람들이 베푸는 것으로 살았다. 그들은 자기들의 소유로 그들을 섬겼다(눅 8:2). 그리스도께서 이런 처지에 굴복하신 것은 자신이 모든 점에서 자신을 낮추고 그리하여 그를 가난하고 궁핍한 자로 말씀하는 성경을 성취하기 위함이었고, 동시에 이 세상의 부귀가 헛되다는 것을 우리에게 보여주시고 또한 그것을 거룩하게 멸시하는 자세로 내하도록 가르치시기 위함이요, 또한 우리를 위하여 더 나은 것들을 값 주고 사셔서 우리를 부요하게 하시기 위함이었던 것이다 (고후 8:9).

〔2〕이 서기관에게 그런 말씀을 하신 것이 의아스럽다. 그 사람이 그리스도를 따르겠다고 제의했을 때에, 누구나 그리스도께서 그를 격려하시면서, 오라 내가 너를 돌보리라라고 말씀하실 것으로 생각했을 것이다. 열두 사람의 어부보다는 한 사람의 서기관이 그에게 더 이득이 되고 그를 보다 효과적으로 섬길 능력이 있을 것이다. 그러나 그리스도는 그의 마음을 보시고, 그런 마음의 생각을 향하여 답변하신 것이며, 여기서 우리 모두에게 어떻게 그리스도께 나아와야 하는지를 가르치시는 것이다. **첫째로,** 서기관의 그런 결심이 갑작스런 것으로 보인다. 그러므로 그리스도께서는 신앙의 표명을 할 때에는 먼저 앉아 그 **비용을 계산하고**(눅 14:28), 사려 깊게 잘 숙고한 다음 경건의 길을 택할 것을 가르치시는 것이다. 다른 길을 모르기 때문에가 아니라, 보다 나은 길을 모르기 때문에 그 길을 택하여야 한다는 것이다. 먼저 잘 생각하지 않은 채 갑자기 사람을 취하는 것은 신앙에 전혀 도움이 되지 않는다. 갑작스런 양심의 찔림으로 신앙적 결의를 표명하면, 곧 후회하고 그것을 던져버릴 것이다. 그러므로 시간을 갖고 생각하여야 한다. 그것이 더 속히 행하는 길이다. 그리스도를 따르고자 하는 자는 그 최악의 상황을 알아야 하고, 어려움을 당할 것을 예상해야 하는 것이다. **둘째로,** 그의 결심은 세상적이며 탐욕적인 생각에서 비롯되었던 것으로 보인다. 그는 그리스도께서 행하신 놀라운 치료의 역사들을 보았고, 그리하여 그가 많은 치료 대금을 받아 곧 재산을 모을 것이라고 결론지었다. 그는 그에게 재물이 늘어날 희망으로 그를 따르려 한 것이다. 그러나 그리스도께서는 그의 잘못을 바로잡으시며, 자신은 부자가 되기는커녕 머리 둘 곳도 없으니 자신을 따라와도 더 나아질 것이 아무것도 없다는 뜻으로 말씀하신 것이다. 주목하라. 그리스도께서는 세상적인 이익을 추구하기 위해서나 혹은 천국 이외의 다른 어떤 것을 신앙의 목적으로 삼고서 그를 따르는 자는 아무도 받지 않으신다. 이 서기관은 이 말씀을 듣고서 자신의 기대가 완전히 무너져서 실망하며 돌아갔을 것이다. 오직 그리스도만을 바라보지 않는 자는 그를 따르기에 합당치 못한 것이다.

2. 또 한 사람은 실천이 너무 더딘 사람이었다. 실행이 더딘 것도 경솔하게 결단하는 것만큼이나 나쁘다. 시간을 갖고 사려 깊게 생각하여 결심한 다음에는, 절대로 오늘 할 수 있는 것을 내일 하겠다고 미루어서는 안 된다. 이 사람은 이미 그리스도의 제자가 된 사람이요, 넓은 의미에서 그를 따르는 자였다

(21절). 알렉산드리아의 클레멘스(Clemens Alexandrinus)는 고대의 전승에 근거하여 이 사람이 빌립이었다고 한다. 그는 앞의 서기관보다 더 나은 자격과 기질을 갖춘 것으로 보인다. 경솔하거나 자만하지 않기 때문이다. 대담하고 열정적이며 지나치게 앞서가는 기질은 신앙에 있어서는 그리 가망이 없는 법이다. 때로는 나중 된 자가 먼저 되고, 먼저 된 자가 나중 되는 것이다. 이제 여기서 다음을 관찰하라.

(1) 그리스도를 즉시 따르기를 연기하고자 이 제자가 한 변명(21절). "주여 내가 먼저 가서 내 아버지를 장사하게 허락하옵소서. 주를 가까이서 계속 따르기 전에 먼저 내 아버지께 해야 할 마지막 의무를 행하도록 허락하옵소서. 그 일을 행하기까지는 이따금씩 시간이 날 때에 주의 말씀을 듣도록 허락하옵소서." 어떤 이들은 그의 아버지가 현재 병들어 죽어가고 있거나 죽었다고 보며, 또 어떤 이들은 그 아버지가 현재 늙어서 오래 더 살지 못할 처지였으므로 그 남은 기간 동안 아버지의 질병과 사망과 장사의 의무를 다 행하고 그 후에 그리스도를 섬기고자 했다고 본다. 이것은 얼마든지 이해할 수 있는 요구처럼 보이나, 올바른 것이 아니었다. 그 일을 위해 가졌어야 하는 열심이 없었으므로 이런 간청을 했던 것이다. 그 간청이 얼마든지 그럴 듯해 보였기 때문이다. 주목하라. 머뭇거리는 마음에는 언제나 핑곗거리가 끊이지 않는다. 여유가 없으면 산만함도 없다. 그것이 아버지에 대한 진정한 애정과 존경에서 나온 것이라 할지라도, 여전히 그리스도를 섬기는 일이 우선되어야 했던 것이다. 주목하라. 가족과 친척들에 대한 지나친 염려로 인하여 진지한 경건의 삶이 방해를 받는 경우가 많다. 이것이 물론 합당한 일이지만, 이런 세상에 대한 빚에 사로잡혀서 하나님을 향한 우리의 의무가 소홀해지고 뒤로 미루어지는 일이 있어서는 안 된다. 그러므로 이 점에서 우리는 경계를 배가시킬 필요가 있는 것이다.

(2) 그리스도께서 이 핑계를 허락하지 않으심(22절). 예수께서 이르시되 … 너는 나를 따르라 하시니라. 이 말씀에 능력이 있었을 것이므로, 그는 그리스도를 따랐고, 그를 붙들었을 것이 틀림없다. 오르바가 나오미를 떠나간 것처럼 앞의 서기관은 그리스도를 떠나갔으나, 이 사람은 룻이 나오미를 따른 것처럼 그리스도를 따랐다. 앞의 서기관은 그리스도께, 저는 따르리이다라고 말했고, 그리스도께서는 이 사람에게, 너는 나를 따르라 하셨다. 이 둘을 비교해 보면, 우리가 그리스도께 이끌림을 받는 것은 우리가 그에게 하는 약속의 힘이 아니

라 우리를 부르시는 그의 부르심의 힘으로 되는 것임을 알게 된다. 원하는 자로 말미암음도 아니요 달음박질하는 자로 말미암음도 아니요 오직 긍휼히 여기시는 하나님으로 말미암음이니라(롬 9:16). 더 나아가서, 주목하라. 택한 그릇들이 핑계를 대고 하나님의 부르심을 좇는 일을 한동안 연기시킨다 할지라도, 그리스도께서는 결국 그들의 핑계들을 물리치시고, 그들의 머뭇거림을 이기시고, 또한 그의 발 앞에 나오게 하실 것이다. 그리스도께서 부르실 때에는 모든 것을 극복하시고, 그 부르심을 효력 있게 하시는 것이다(삼상 3:10).

그리스도께서는 그의 핑계를 충족하지 못한 것으로 간주하여 제쳐 두신다: 죽은 자들이 그들의 죽은 자들을 장사하게 하고. 이것은 잠언적인 표현이다. "죽은 사람이 다른 죽은 사람을 장사하게 하라. 그리스도를 섬기는 일을 소홀히 하기보다는 차라리 장사하지 말고 그냥 누워 있게 하라. 영적으로 죽은 자들이 육체적으로 죽은 자들을 장사하게 하라. 세상적인 임무는 세상적인 사람들에게 맡겨두고, 너는 그 일에 얽매이지 말라. 죽은 자를 장사하는 일은, 특히 죽은 아버지를 장사하는 일은 지극히 선한 일이다. 그러나 지금 네 할 일은 그것이 아니다. 너처럼 그리스도를 섬기도록 부르심을 받거나 자격을 갖추지 못한 다른 자들이 그 일을 해도 상관없을 것이다. 너는 해야 할 다른 일이 있으니 지체하지 말라." 주목하라. 부모를 섬기는 일이 우리의 신앙에 크고 필요한 부분이기는 하나, 하나님을 향한 경건이 부모를 향한 효도보다 우선되어야 하는 것이다. 율법에 의하면, 나실인들은 친부모를 위해서도 곡을 해서는 안 되게 되어 있었다. 그들은 여호와께 거룩한 자이기 때문이었다(민 6:6-8). 그리고 대제사장은 그의 부모로 말미암아서도 더러워지게 해서는 안 되었다(레 21:11, 12). 그리스도께서는 자기를 따르려 하는 자들에게 자기 부모를 미워할 것을, 그들을 하나님보다 덜 사랑할 것을 요구하신다(눅 14:26). 아무리 가까운 친척이라도 그들이 그리스도와 경쟁 관계에 있게 되면, 그를 위하여 행하거나 고난당하는 일보다 그들을 상대적으로 소홀히 하고 낮게 여겨야 하는 것이다.

[23]배에 오르시매 제자들이 따랐더니 [24]바다에 큰 놀이 일어나 배가 물결에 덮이게 되었으되 예수께서는 주무시는지라 [25]그 제자들이 나아와 깨우며 이르되 주여 구원하소서 우리가 죽겠나이다 [26]예수께서 이르시되 어찌하여 무서워하느냐 믿음이 작은 자들아 하시고 곧 일어나사 바람과 바다를 꾸짖으시니 아주 잔잔하게 되거늘 [27]

그 사람들이 놀랍게 여겨 이르되 이이가 어떠한 사람이기에 바람과 바다도 순종하는가 하더라

그리스도께서는 제자들에게 디베랴 바다 건너편으로 가기를 명하셨었다. 그 곳은 갓 지파에 속한 가다라 지방으로 요단 강 동쪽에 위치하고 있었다. 그리스도께서는 군대 마귀에 사로잡힌 가련한 사람을 구원하시고자 그리로 가신 것이다. 그는 그 사람을 어떻게 처리해야 할 줄을 이미 예견하고 계셨다. 1. 그는 바다를 건너가는 방법을 택하셨다. 바다를 둘러서 육지로 가셨더라도 별 문제가 없었을 것인데, 그는 바다를 건너가기로 하셨는데, 이는 그 자신이 육지의 하나님이시며 동시에 바다의 하나님이심을 드러내시며, 또한 하늘과 땅의 모든 권세가 자신에게 있음을 보여주실 기회를 갖기 위함이었다. 배를 타고 바다에 내려가며 거기서 자주 위험에 처하는 자들로서는, 그들이 신뢰하는 구주께서, 바다에 있다는 것이 어떤 것이고 또한 바다에서 풍랑을 만난다는 것이 어떤 것인지를 아는 그분께서 함께 계시다는 것이 큰 위로가 되었을 것이다. 그러나 그가 바다로 내려가셨을 때에, 호화 요트나 유람선이 아니라 제자들의 초라한 고기잡이배가 그를 기다리고 있었을 뿐이었다. 2. 제자들이 따랐더니. 다른 이들이 육지에 남이 있고 열두 제자들이 그와 함께 배를 탔다. 주목하라. 그와 함께라면 기꺼이 바다에까지, 위험과 어려움 속으로 나아가는 자들만이 그리스도의 참된 제자들이다. 많은 이들이 육지의 편한 길을 통해서 천국에 이르려 하거나, 아니면 가만히 서 있거나, 혹은 뒤로 물러가고, 위험스러운 바다로 나아가기를 꺼린다. 그러나 그리스도와 후에 안식을 누릴 자들은 지금 배를 타거나, 감옥에 갇히거나, 혹은 궁궐에 들어가거나, 어디든지 그리스도께서 인도하시는 대로 따라가는 것이다. 이제 여기서 다음을 관찰하라.

I. 이 항해에서 제자들이 당한 위험과 혼란. 그리스도께서 방금 전에 하신 말씀, 곧 그를 따르고자 하는 자는 위험을 예상해야 한다는 말씀(20절)이 참이라는 것이 이로써 드러나게 된다.

1. 바다에 큰 놀이 일어나(24절). 그리스도께서는 이 풍랑을 막으셔서 제자들로 하여금 유쾌한 항해가 되게 하실 수도 있었다. 그러나 그렇게 하면 그들을 풍랑에서 구하는 것만큼 그의 영광을 드러내고 그들에게 믿음의 확신을 주지 못했을 것이다. 이 풍랑은 그들을 위한 것이었다(요 11:4). 그리스도께서 그들

과 함께 계시니 순풍을 만났어야 했다고 생각할지도 모르나, 전혀 그렇지 않았다. 그리스도께서는 그와 함께 이 세상이라는 큰 바다를 통과하여 건너편으로 가는 자들이 도중에 반드시 풍랑을 만나게 된다는 것을 보여주고자 하신 것이다. 교회는 곤고하며 광풍에 요동한다(사 54:11). 영원한 고요함을 누리는 것은 오로지 위에 있는 곳뿐이요, 이 낮은 땅에서는 언제나 곤고와 괴로움이 있는 것이다.

2. 예수는 주무시는지라. 그리스도께서 주무셨다는 기사는 오직 여기에만 있다. 그는 밤을 지새며 하나님께 기도하시기를 자주 하셨다. 여기서 주무신 것은 요나가 풍랑 속에서 잠을 잔 것처럼 안일한 잠이 아니라 거룩한 고요함과 아버지에 대한 전적인 의존에서 나오는 그런 잠이었다. 그는 주무심으로써 자신이 진정으로 사람이시며 무죄하시면서도 우리의 본성의 연약함에 굴복하여 계셨음을 보여주셨다. 일을 하셔서 피곤하셨고 그리하여 주무셨다. 그에게는 아무런 죄책감이나 두려움이 없었고, 따라서 잠을 망칠 만한 요인이 전혀 없었다. 깨끗한 양심의 베개 위에 머리를 놓을 수 있는 자들은 베드로처럼(행 12:6) 풍랑 속에서도 고요히 달콤하게 잠을 잘 수 있을 것이다(시 4:8). 그리스도께서 이 때에 주무신 것은 제자들의 믿음을 시험하셔서, 그가 그들에게 관심을 두지 않으시는 것 같을 때에도 그들이 과연 그를 신뢰하는지를 알고자 함이었다. 그가 주무신 것은 피곤을 푸시고 기분을 새롭게 하고자 함이 아니라, 제자들로 하여금 그를 깨우게 하기 위함이었던 것이다.

3. 제자들은 바다에 익숙한 사람들이었음에도 크게 겁에 질려 있었고, 그들의 두려움이 그리스도에게까지 다가갔다(25절). 그들이 달리 어디에다 호소하겠는가? 주께서 그들과 그렇게 가까이 계시다는 것이 천만다행이었다. 그들은 그를 깨우며, 주여 구원하소서 우리가 죽겠나이다라고 간청하였다. 주목하라. 기도를 배우고자 하는 자들은 바다로 나아가야 한다. 절박한 위험이 눈앞에 닥치면 사람들이, 어려울 때에 홀로 도움이 되시는 그분께로 나아가게 되는 것이다. 그들의 기도에는 간절함이 있다: 주여 구원하소서 우리가 죽겠나이다. (1) 그들의 간구는 주여 구원하소서였다. 그들은 그가 그들을 구원하실 수 있다고 믿었고, 그리하여 그가 구원해 주시기를 간구한 것이다. 그리스도께서 세상에 오신 것은 구원하시기 위함이었다. 그러나 누구든지 주의 이름을 부르는 자만 구원하시는 것이다(행 2:21). 그리스도께서 이루신 영원한 구원에 믿음으로 관심

을 가진 자들은 그를 겸손히 신뢰하여 그에게 세상적인 구원을 아뢸 수 있는 것이다. 관찰하라. 그들은 그에게 주여라고 부른 다음 구원하소서라고 간구하였다. 주목하라. 그리스도께서는 오직 그를 주로 받아들이는 자들만을 구원하실 것이다. 그야말로 왕이시요 구주이시기 때문이다. (2) 그들의 호소는 우리가 죽겠나이다였는데. 이는, 〔1〕 두려움의 표현이었다. 자기들의 처지가 절박함을 보았고, 달리 모든 소망을 포기한 상태였다. 그들은 속으로 이미 사망 선고를 받았고, 그리하여 호소한 것이다: "주께서 우리를 구원하지 않으시면 우리가 죽겠나이다. 그러니 우리를 불쌍히 여기시옵소서." 〔2〕 그들의 열정의 표현이었다. 그들은 목숨을 구걸하는 자처럼 진지하게 간구한다. 그러므로 기도에서 끈질기게 씨름하는 것이 합당하다. 그리스도께서 주무신 것은 이러한 간절한 끈기를 이끌어내시기 위함이었던 것이다.

Ⅱ. 예수 그리스도께서 은혜와 능력으로 그들을 구원하심. 그 때에 주 예수께서 깨어나셨다(시 78:65). 교회가 풍랑 속에 있을 때에 그리스도께서 주무실 수도 있다. 그러나 그는 절대로 지나치게 주무시지 않는다. 환난을 당하는 그의 교회를 위하여 정해진 때가 되면 그가 오시는 것이다(시 102:13).

1. 그는 제자들을 꾸짖으셨다. 어찌하여 무서워하느냐 믿음이 작은 자들아(26절). 주무시는 예수께 간청한 것에 대해서 꾸짖으신 것이 이니라 그들이 두려움에 휩싸인 것에 대해서 꾸짖으셨다. 그리스도는 먼저 책망하시고, 그 다음에 그들을 구원하셨다. 그의 방법은 먼저 긍휼을 받을 준비를 갖추게 하시고, 그 다음에 긍휼을 베푸시는 것이다. 관찰하라. (1) 그는 그들이 무서워하는 것을 좋아하지 않으셨다. "어찌하여 무서워하느냐. 너희가 내 제자들이냐? 시온의 죄인들은 두려워하고, 이방의 어부들은 풍랑 속에서 떨지만, 너희는 그래서는 안 될 것이니, 너희의 두려움의 원인을 살펴보고 따져 보라." (2) 그는 그들의 무서움의 원인을 진단하셨다. 믿음이 작은 자들아. 참된 믿음이 있으면서도 그 믿음이 연약하여 별로 역할을 하지 못하는 자들이 많다. 주목하라. 〔1〕 그리스도의 제자들은 풍랑이 일 때에 무서워서 안절부절못하기도 쉽고, 일이 잘 되지 않고 상황이 더 나빠질 것이라는 생각으로 스스로 괴로워하기가 매우 쉽다. 〔2〕 풍랑이 일 때에 무절제한 두려움에 압도되는 것은 우리의 믿음이 약한 탓이다. 믿음이야말로 영혼의 닻이요 기도의 노가 되기 때문이다. 믿음으로 우리는 풍랑을 통과하여 고요한 해변을 바라보고 결국 그리로 가게 될 것이라는 소

망으로 용기를 얻을 수 있는 것이다. 〔3〕 그리스도의 제자들이 풍랑 속에서 무서워하는 것과, 또한 그 원인이 되는 그들의 불신앙은 그리스도께 매우 불쾌한 것이었다. 그것은 그를 존귀하게 대하지 않는 것이요, 그리하여 공연히 스스로 괴로움 중에 있는 것이기 때문이다.

2. 예수께서 바다를 꾸짖으셨다. 제자들을 꾸짖으신 것은 마음의 주관자로서 우리 속에서 뜻하시는 바를 행하실 수 있는 은혜의 하나님으로서 그렇게 하신 것이요, 바다를 꾸짖으신 것은 세상의 주관자로서 우리를 위하여 뜻하시는 바를 행하실 수 있는 자연의 하나님으로서 그렇게 하신 것이다. 그의 능력은 바다의 설렘과 만민의 소요까지 진정시키는 것이다(시 65:7). 여기서, (1) 이 일이 얼마나 쉽게 이루어졌는지를 보라. 말 한 마디로 문제가 해결되었다. 모세는 지팡이로, 여호수아는 언약궤로, 엘리사는 선지자의 겉옷으로 물에게 명령했으나, 그리스도는 말씀으로 그렇게 하셨다. 모든 만물을 다스리는 그의 절대적인 통치권을 보라. 만물이 그의 존귀를 드러내고, 그의 다스림을 받는 만물들의 축복을 드러낸다. (2) 그 일이 얼마나 효과적으로 이루어졌는지를 보라. 갑작스럽게 모든 것이 아주 잔잔하게 되었다. 정상적으로라면 풍랑이 있은 후에는 물결이 일게 되어 있다. 그리고 한참 후에야 고요해지는 것이다. 그러나 그리스도께서 말씀하시면, 풍랑이 사라지는 것은 물론 그 모든 효과들까지도 남김 없이 완전히 사라지는 것이다. 영혼을 가두는 종의 영의 능력 아래에서 일던 의심의 큰 풍랑과 영혼의 두려움이 양자 삼으시는 성령의 역사로 말미암아 놀라운 고요함으로 바뀌는 경우가 많은 것이다.

3. 이로 인하여 제자들이 크게 놀랐다. 그 사람들이 놀랍게 여겨(27절). 그들은 바다에 오랫동안 익숙해 있던 자들이었으나, 풍랑이 그렇게 갑작스럽게 완전한 고요함으로 바뀌는 것은 평생 한 번도 본 일이 없었다. 그 사건에는 이적의 증표와 흔적이 가득했다. 그것은 주의 행하심이요 그들의 눈에 놀라웠던 것이다. 관찰하라. (1) 그리스도를 찬양함. 이이가 어떠한 사람이기에! 주목하라. 그리스도는 도저히 비길 데 없는 분이시다. 그에게 있는 모든 것이 찬양을 받아 마땅하다. 그만큼 지혜롭고, 능력 있고, 그렇게 친절한 분이 없는 것이다. (2) 그를 그렇게 찬양한 이유. 바람과 바다도 순종하는가. 이 기사에서 제자들은 그리스도께서 심지어 바람과 바다에게까지도 명령을 시행케 하는 능력이 있다는 사실로 인하여 그를 찬양한 것이다. 다른 이들은 질병들을 고치는 체하지만,

그리스도께서는 바람에게까지도 명령하시는 것이다. 우리는 바람이 가는 길조차 알지 못한다(요 3:8). 그러니 바람을 통제하는 것은 더더욱 불가능하다. 그러나 그는 바람을 그 곳간에서 내시고(시 135:7), 바람을 그 장중에 모으시니(잠 30:4), 이런 일을 하실 수 있는 분이라면 어떤 일도 하실 수 있고, 아무리 풍랑이 가득한 날에도 그를 신뢰하고 그의 안에서 위로를 얻게 하기에 충족하신 것이다(사 26:4). 여호와께서는 홍수 위에 좌정하시며 많은 물소리보다 더 강하시다. 그리스도께서는 바다에게 명령하심으로써 자신이 세상을 지으시고 또한 그의 꾸짖음에 물이 도망한 그분(시 104:7, 8)과 동일한 분이심을 보여주신다. 지금 그의 꾸짖음에 바다가 잠잠해진 것이다.

28또 예수께서 건너편 가다라 지방에 가시매 귀신 들린 자 둘이 무덤 사이에서 나와 예수를 만나니 그들은 몹시 사나워 아무도 그 길로 지나갈 수 없을 지경이더라 29이에 그들이 소리 질러 이르되 하나님의 아들이여 우리가 당신과 무슨 상관이 있나이까 때가 이르기 전에 우리를 괴롭게 하려고 여기 오셨나이까 30마침 멀리서 많은 돼지 떼가 먹고 있는지라 31귀신들이 예수께 간구하여 이르되 만일 우리를 쫓아 내시려면 돼지 떼에 들여 보내 주소서 하니 32그들에게 가라 하시니 귀신들이 나와서 돼지에게로 들어가는지라 온 떼가 비탈로 내리달아 바다에 들어가서 물에서 몰사하거늘 33치던 자들이 달아나 시내에 들어가 이 모든 일과 귀신 들린 자의 일을 고하니 34온 시내가 예수를 만나려고 나가서 보고 그 지방에서 떠나시기를 간구하더라

　　　여기서 우리는 그리스도께서 귀신 들린 두 사람에게서 귀신을 내어쫓으신 이야기를 접하게 된다. 인간으로서는 도저히 고칠 수 없는 육체적인 질병들을 다스리신 일과, 인간으로서는 더더욱 통제가 불가능한 바람과 바다를 다스리신 일과, 마지막으로 이 가운데 가장 강력한 힘을 지닌 귀신들을 정복하신 일을 기록함으로써, 그리스도의 신적인 능력을 보여주고자 하는 것이 이 장의 목적이다. 그리스도는 하늘과 땅과 깊은 곳의 모든 권세는 물론 지옥의 열쇠까지노 지니셨다. 그가 낮아지심의 상태에 계신 동안에도 모든 통치와 권세와 능력과 주권이 그에게 굴복하였으며, 이는 그가 영광 가운데 들어갈 그 때에 되어질 일의 보증이었다(엡 1:21). 그는 그들을 무력화하셨다(골 2:15). 그리스도께서

말씀으로 귀신들을 쫓아 내셨다는 것이 일반적으로 언급된 바 있으나(16절), 여기서는 그 한 가지 구체적인 사례가 나타나는데, 다른 경우보다 그 정황이 여러 면에서 두드러진다. 이 이적은 가다라 지방에서 행해진 것이다. 어떤 이들은 이 곳이 옛 기르가스 족속이 살던 곳이었다고 보기도 한다(신 7:1). 그리스도는 주로 이스라엘 집의 잃어버린 양에게로 보내심을 받았으나, 때때로 여기서와 같이 그 경계 지역에도 나타나셔서 사탄에 대해 승리를 거두셨는데, 이는 이방 세계에서 사탄의 군대를 정복하신 일의 한 표본이었다.

그런데 여기서는, 그리스도께서 사탄을 이기는 권세가 있으며 또한 그가 사탄을 무력화하고 물리치실 의도를 갖고 계셨다는 일반적인 사실 이외에도, 특별히 악령들이 사람을 대적하여 역사하는 방법에 대해서 볼 수 있다. 그들이 있는 곳에서 어떤 일을 행했으며, 또 그들이 가는 곳에서는 어떤 일을 행했는가를 보게 된다.

I. 귀신들이 있는 곳에서 행한 일.   이는 귀신들에게 사로잡힌 두 사람의 비참한 처지에서 잘 드러난다. 어떤 이들은 이 두 사람이 서로 부부 사이였다고 보기도 한다. 왜냐하면 다른 복음서 기자들이 한 사람에 대해서만 말씀하기 때문이다.

1. 이들은 무덤 사이에 거하고 있었다. 그들은 거기서 나와서 그리스도를 만났다. 귀신은 사망 권세를 지니고 있어서 — 사망을 선고하는 심판자로서가 아니라 그 시행자로서 — 그의 승리의 트로피들, 즉 사람의 죽은 시체들, 사이에 거하기를 즐거워했다. 그러나 마치 후에 해골의 장소인 골고다에서 행하신 것처럼, 그가 스스로 가장 큰 승리에 고무되어 있는 바로 그 곳에서 그리스도께서 그를 정복하시고 무력화시키신 것이다. 귀신 들린 가련한 사람들의 우울함과 광포함이 무덤 사이에 거하는 것으로 더욱 가중되었고, 그들의 육체적인 발작으로 인해서 귀신의 장악력이 더욱 강해졌고, 그리하여 그들의 상태가 다른 사람들이 도저히 손을 쓸 수 없는 정도가 되어 버린 것이다. 사람들은 무덤 사이에서 일어나는 갖가지 일들을 보고서 그저 깜짝 놀랄 뿐이었다.

2. 이들은 몹시 사나웠다. 자기들 스스로 통제할 수 없었을 뿐 아니라, 다른 사람들에게도 해를 끼쳤고, 많은 이들을 놀라게 하며 몇 사람을 다치게 하였으므로, 아무도 그 길로 지나갈 수 없을 지경이었다. 주목하라. 귀신은 인류에게 해악을 끼친다. 사람들로 하여금 서로 미워하게 하고 악의를 품게 만드는 것이

다. 서로 사랑하고 도와야 마땅한 데도 서로 적대감을 갖는 것은 인류 전체에 대한 사탄의 적의(敵意)의 결과요 그 증거다. 그는 한 사람을 다른 사람에게 늑대로, 곰으로, 마귀로 만드는 것이다(Homo homini lupus). 사탄이 한 사람을 영적으로 장악하여 그 사람이 다른 사람에 대하여 탐욕과 교만과 시기와 악의를 갖게 되면, 그 사람은 인간 사회에 합당치 못하게 되며, 아무런 가치 없는 존재가 되며, 또한 사회의 위로가 아니라 원수가 되는데, 바로 이 사람들이 그런 상태가 되어 버린 것이다.

3. 그들은 예수 그리스도께 도전하고, 그에게 상관하지 말기를 주장하였다 (29절). 이는 귀신들을 다스리는 하나님의 능력이 나타나는 실례라 하겠다. 곧, 귀신들이 이 불쌍한 사람들에게와 또한 그들을 통하여 온갖 악행을 하도록 역사하지만, 귀신들은 그 사람들이 예수 그리스도와 대면하지 못하도록 막을 수가 없었다. 그리스도께서 그 사람들이 자기와 만나도록 모든 일을 정리하셨기 때문이다. 그의 권능의 손이 이 더러운 악령들을 끌어다가 자신의 임재 앞에 세워놓으신 것이요, 귀신들은 다른 어떠한 일보다 이것을 끔찍하게 두려워했다. 사람들이 묶어놓은 사슬은 그들을 얽어맬 수 없었으나, 그리스도의 사슬은 그들을 꼼짝못하게 묶어놓을 수 있었던 것이다. 그러나 그의 앞에 끌려오자, 그들은 그의 통치권에 대해 격렬히 항의하였다. 하나님의 아들이여 우리가 당신과 무슨 상관이 있나이까. 여기서 다음을 보리.

(1) 귀신이 마치 거룩한 자처럼 말한 한 마디 말. 그는 그리스도 예수를 하나님의 아들이라 불렀다. 이는 좋은 말이요, 특히 진실이 입증되는 이런 때에는 더욱 그러했고, 이는 혈과 육이 베드로에게 알게 하지 못한 훌륭한 말이었다 (16:17). 귀신들은 그리스도께서 하나님의 아들이심을 알고 믿고 고백하지만 여전히 귀신들로서 그리스도를 악하게 적대하며 그들 스스로 완전한 고통을 당하는 것이다. 하나님의 아들이라고 알고 있는 분을 향하여 어떻게 적대하지 않을 수가 있겠는가? 주목하라. 성도와 귀신을 구별지어 주는 것은 지식이 아니라 사랑이다. 그리스도를 알면서도 그를 미워하며, 그에게와 그의 법에 굴복하려 하지 않는 자들은 지옥의 처음 난 자식이다. 얼마 전만 해도 그리스도께서 하나님의 아들인지 아닌지를 의심했고 그리하여 그로 하여금 그 사실을 의심하도록 회유했던 것을 기억하는데(4:3), 이제는 그 사실을 분명히 인정하는 것이다. 주목하라. 사탄이 하나님의 자녀들에게 그들과 하나님 아버지의 관계

를 의심하게 하여 시험할 때에 많은 혼란에 빠질 수도 있으나, 양자의 영께서 결국 모든 것을 분명하게 하셔서 그들을 만족시키시며, 마귀의 거짓된 모순에 넘어가지 않도록 견고하게 세우실 것이다.

(2) 그가 귀신답게 말한 두 마디 말.

〔1〕 도전의 말. 우리가 당신과 무슨 상관이 있나이까. **첫째로**, 귀신들이 구주이신 그리스도와 상관이 없는 것은 사실이다. 그가 오신 것은 타락한 천사들을 붙들어 주려 하심이 아니기 때문이다(히 2:16). 그들은 그와 아무런 관계가 없다. 그들은 그리스도로 말미암아 아무런 혜택도 없고 그것에 대한 희망도 없다. 타락한 천사들은 그리스도와 아무런 상관이 없는데, 타락한 인간은 그리스도와 그렇게 긴밀하게 **상관이 있다니**, 오오, 이 하나님의 사랑의 신비의 깊음이여! 그리스도에 대해 아무런 상관도 없으면서도 그의 안에 있는 그 찬란함을 억지로 인정할 수밖에 없으니, 이 얼마나 고통스런 일이었겠는가? 주목하라. 사람이 예수를 하나님의 아들이라 부르면서도 정작 그와 아무런 관계가 없을 수도 있다. **둘째로**, 귀신들이 통치자이신 그리스도와 상관이 있는 것을 바라지 않는다는 것도 사실이다. 그들은 그를 미워하며, 그를 향한 적대감으로 가득 차 있고, 그를 반대하는 입장에 있고, 그의 면류관과 위엄에 대해 공공연히 반역하는 상태에 있다. 그리스도의 복음과 그의 법과 규례들과 전혀 상관하지 않는 자들과, 그의 멍에를 던져버리는 자들과, 그의 결박을 벗어버리는 자들과(시 2:3), 전능자를 향하여 예수여 우리에게서 떠나소서라고 말하는 자들이 과연 누구의 언어를 빌려서 말하는가를 보라. 이들은 그들의 아비 마귀에게서 났으니 그 아비의 욕심대로 행하며(요 8:44), 그의 언어로 말하는 것이다. **셋째로**, 그러나 귀신들은 심판자이신 그리스도와는 상관이 있다. 그들도 그 점을 알고 있다. 귀신들로서는 우리가 당신과 무슨 상관이 있나이까라고 말할 수 없는 처지였고, 하나님의 아들이 귀신들의 심판자이심을 부인할 수가 없었다. 그들은 그의 심판에 매여 있고, 어둠의 사슬에 묶여서 꼼짝하지 못하며, 그 끔찍한 사실에 대한 생각도 떨쳐버릴 수 없는 상태에 있었던 것이다.

〔2〕 두려움과 격렬한 반대의 말. "우리를 괴롭게 하려고 여기 오셨나이까 ― 이 사람들에게서 우리를 내어쫓으시고, 더 이상 해를 끼치지 못하게 하시려나이까?" 주목하라. 묶여서 악행을 하지 못하게 되는 것이야말로 귀신에게는 고통이다. 그의 위로와 만족은 오로지 사람들의 비참함과 멸망에 있기 때문이다.

그렇다면 선을 행하는 것을 우리의 천국으로 여기며, 선을 행하지 못하도록 가로막는 것을 우리의 고통으로 여겨야 하지 않겠는가? 그런데 귀신들은 **때가 이르기 전에 당신이 우리를 괴롭게 하셔야 합니까?** 라고 한다. 주목하라. 첫째로, 지금 당하는 것보다도 귀신들이 더 고통을 당할 때가 있으며, 그들도 이를 알고 있다. 마지막 날의 그 심판대야말로 귀신들의 완전한 고통을 위하여 고정되어 있는 때다. 도벳이 옛날에 이미 세워졌으니 왕을 위하여, 마귀와 그 사자들을 위하여 예비된 것이다(사 39:33; 마 25:41). 그들은 심판 때를 위하여 예비되어 있는 것이다(벧후 2:4). 이 악한 영들은 신적인 허용으로 말미암아 갇힌 자들로서 땅에서 이리저리 다니나(욥 1:7), 지금도 사슬에 매여 있다. 그들의 능력이 어느 정도까지 미치나 그 이상은 나아가지 못한다. 그러나 그 때에 가서는 완전히 갇힌 상태가 될 것이다. 지금은 약간의 여유가 있으나 그 때에는 완전한 고통 가운데 있게 될 것이다. 그들은 이것을 당연한 것으로 받아들이며, 전혀 고통을 당하지 않게 해 달라고 요구하지 않고(놓임 받을 소망이 전혀 없다는 것이야말로 그들의 비참함이다), 다만 그 때가 이르기 전에 고통을 당하지 않게 해 달라고 간청한다. 그 심판의 날이 언제 임할지는 모르나, 그 때가 아직 이르지 않았다는 것은 알고 있었던 것이다. 둘째로, 귀신들은 그 심판과 격렬한 진노를, 또한 그들이 능력으로 저지른 온갖 광포한 일에 대해 검사 받을 것을, 두려워하며 전전긍긍하고 있었다. 그리스도의 모습을 보고 또한 시람에게서 나오라는 그의 명령의 말씀을 듣자, 그들은 자기들이 장차 당할 그 고통을 감지하게 되었다. 귀신들도 믿고 떠느니라(약 2:19). 하나님과 사람을 향한 그들 자신의 적의가 그들을 황폐하게 하며, **때가 이르기 전에 그들을 괴롭게 하는 것** 이다. 정죄받을 것으로 이미 정해진 가장 절박한 죄인들은 그 날이 가까움을 볼수록 두려움에 떨며 마음을 주체하지 못하는 것이다.

II. 귀신들이 가는 곳에서 어떤 일을 행했는지를 보자. 귀신들은 사람에게서 나와서 멀리 있는 돼지 떼에게 들어갔다(30절). 이 가다라 지방 사람들은 요단강 저편에 살고 있었으나 유대인들이었다. 율법이 부정하다고 선언하여 먹거나 만지지 못하도록 한 이 돼지들이 그들과 무슨 상관이 있었는가? 아마도 그 곳이 변방 지방이었으므로 많은 이방인들이 그들 중에 있었을 것이고, 이 돼지 떼들은 그들의 소유였을 것이다. 아니면 로마인들에게 팔거나 교환하기 위해 사육하였을지도 모른다. 로마인들은 유대인들과 많은 거래가 있었으며, 그들은 돼지고기를 좋아했기 때문이다. 자, 다음을 관찰하라.

1. 귀신들이 돼지 떼를 사로잡았다. 돼지들이 멀리 있어서 위험이 없었으나, 귀신들은 그 돼지들을 눈여겨보았고 그들에게 악을 행한 것이다.

(1) 귀신들은 돼지 떼에 들여 보내 주기를 구하였다(31절). 그들은 만일 우리를 쫓아 내시려면 돼지 떼에 들여 보내 주소서라고 예수께 간청하였다. 여기서, 〔1〕 그들은 악을 행하는 그들의 본색을, 악을 행하는 것이 그들에게 얼마나 즐거운 일인지를 드러낸다. 그러므로 사람을 넘어뜨리지 못하면 잠이 오지 아니하는 자들(잠 4:16)은 귀신들의 자녀들이요 그들을 닮은 자들이다. "고통의 곳으로 들어가게 하기보다는 차라리 어디든 악을 행하는 곳으로 가게 하시고, 우리로 돼지 떼에게 들어가게 하소서." 사람들의 육체를 해치는 일이 허용되지 않으면, 그들의 재산이라도 해치려 하며, 그리하여 그들로 하여금 그리스도에 대해 부담을 갖게 하여 그들의 영혼을 해칠 심사였던 것이다. 저 교묘한 옛 뱀의 행위는 그렇게 악하고 교묘한 것이다! 〔2〕 귀신들은 그리스도의 능력이 자기들 위에 있음을, 곧 그의 허락이 없이는 돼지 떼에게조차 해를 끼칠 수가 없다는 것을 인정하였다. 귀신의 능력이 아무리 크다 할지라도 그것은 제한된 것이요, 그들이 품은 악의와 동등할 수가 없다(만일 그들의 능력이 그들의 악의와 동등하다면 우리가 어떻게 되겠는가?)는 것은 주의 백성들 모두에게 참 위로가 된다. 특별히 그들은 우리의 지극히 신실하시며 능력이 많으신 친구요 구주이신 우리 주 예수의 다스림 아래 있으므로, 사탄과 그의 졸개들은 그가 허용하시는 한계를 넘어서는 한 치도 더 나아갈 수가 없는 것이다. 그들의 높은 파도가 여기서 그칠지니라(욥 38:11).

(2) 그들이 허락을 받았다. 사탄이 욥에게 나아가 그를 괴롭게 하고자 할 때에 하나님께서 그에게 하신 것처럼, 그리스도께서는 그들에게 가라고 말씀하셨다. 주목하라. 하나님께서는 그의 지혜롭고도 거룩하신 목적으로 사탄의 격렬한 활동을 허용하시고, 그가 하고자 하는 악행을 하도록 하시는 때가 자주 있으며, 그들의 그런 활동을 통해서조차도 그의 목적을 이루어 가신다. 귀신들은 그리스도의 포로들일 뿐만 아니라 그의 노예들이기도 하다. 그가 그들을 장악하고 계시다는 것은 그들이 더 이상 악행을 하지 못하도록 막으시는 데에서도 나타나지만, 동시에 그들이 가하는 상해(傷害)에서도 나타난다. 그리하여 그들의 진노조차도 그리스도께 찬양이 되게 하며, 그것을 넘어서는 것은 그

가 억제하시는 것이다. 그리스도께서 이것을 허용하신 것은 〔1〕 그 당시 유대인들 중에서 영의 존재를 부인하면서, 눈에 보이지 않으니 그런 존재들은 없는 것이라고 주장하던 사두개인들에게 깨우침을 주시고자 함이었다. 그리스도께서는 이 일로써 악한 영들의 존재와 그 무수한 숫자와 능력과 악의를 눈에 보이는 방식으로 증명하시고자 하셨다. 그러므로 이것을 통해서도 그것을 납득하지 않으면, 그들의 불신앙에 대해 변명할 길이 없도록 하신 것이다. 바람이 눈에 보이지 않지만, 그렇다고 해서 바람을 부인한다는 것은 어리석은 일이다. 나무와 집들이 바람에 날려 가는 것을 보기 때문이다. 〔2〕 가다라인들을 벌하시기 위함이었다. 이들은 어쩌면 유대인들이면서도 율법을 거슬러 거리낌없이 돼지고기를 먹으며 생활해왔을 것이다. 그러나 돼지를 치는 일은 악과 인접한 일이었다. 그리하여 그리스도는 그들이 얼마나 지옥의 악령들에게서 구원함을 받았는지를 보여주고자 하셨다. 그가 허용하셨더라면 그 귀신들이 돼지 떼에게 한 것처럼 곧바로 그들을 질식시켜버렸을 것이다. 귀신들은 그리스도의 명령에 복종하여 사람들에게서 나와, 곧바로 돼지에게로 들어갔다. 사탄이 얼마나 부지런하며 또한 얼마나 날쌘 원수인가를 보라. 그는 악을 행하는 일에 조금도 시간을 지체하는 법이 없는 것이다.

2. 귀신들이 돼지들을 사로잡자 온 떼가 비탈로 내리달았다. 그들은 돼지 떼의 생명을 구원할 의무가 없었고, 그리하여 온 돼지 떼들을 이끌어 비탈로 내리달아 바다에 들어가서 물에서 몰사하게 하였는데, 그 수가 이천 마리나 되었다(막 5:13). 주목하라. 귀신이 사로잡는 것은 멸망을 위한 것이다. 그리하여 귀신은 사람들을 이끌어 속히 죄를 범하게 하고, 사람들이 삼가기로 결심하였고 또한 그들에게 큰 수치와 슬픔이 되는 일을 속히 하게 만드는 것이다. 그러니 그렇게 많은 이들이 어리석은 정욕에 빠져서 신앙과는 물론 세상적인 올바른 이성과도 정면으로 모순이 되는 그런 일들을 행하고 있으니, 악령이 불순종의 아들들 가운데서 얼마나 강력하게 역사하고 있는 것인지 모른다! 그러므로 악령은 그들을 급하게 이끌어 멸망에 빠뜨린다. 그는 크나큰 파괴자인 것이다. 사람들이 그의 정욕에 따라 행하므로, 그들이 파멸과 멸망에 빠지는 것이다. 집어삼키는 것이 사탄의 뜻이다. 그러니 그의 뜻에 따라 그에게 사로잡히는 자들의 처지가 비참한 것이다. 그들은 이보다 더 악한 못, 곧 불과 유황으로 타는 못에 던져지게 되는 것이다(계 21:8). 관찰하라.

3. 이것이 돼지 주인들에게 미친 효과. 돼지를 치던 자들에 의해서 이 일이 곧 사람들에게 알려졌다. 이들은 무엇보다도 돼지들을 잃은 일에만 관심이 있었던 것 같다. 그들은 돼지들을 잃어버린 일을 이야기하기 전에는 귀신 들린 자들에게 일어난 일에 대해서는 말하지 않았기 때문이다(33절). 그리스도께서는 시내에 들어가지 않으셨으나, 돼지 떼에 대한 이야기 때문에 그가 거기 계시다는 것이 알려졌고, 이에 그는 그 사람들의 반응에 따라서 그대로 행하셨다.

(1) 그들은 호기심이 나서 예수를 만나러 나왔다. 온 시내가 예수를 만나려고 나가서 보았다. 그들은 그렇게 놀라운 일을 행한 사람을 보았노라고 말하고 싶었을 것이다. 그리하여 그리스도를 만나기 위해 많은 이들이 줄지어 나왔으나, 그들은 그에 대해 진정한 사랑이 없었고, 그를 알고자 하는 열심도 없었다.

(2) 그들은 탐욕으로 인하여 기꺼이 그를 떠나게 하려 하였다. 그를 자기들의 성읍으로 모셔들이거나 병든 자들을 데려와 고쳐 주기를 간구하지 않고, 예수께 그 지방에서 떠나시기를 청하였다. 하나님의 아들이여 우리가 당신과 무슨 상관이 있나이까라는 귀신들의 말을 빌려오기라도 한 것처럼 말이다. 이제 귀신들은 돼지 떼들을 몰살시킨 그들의 목적을 달성하였다. 귀신들이 일을 저지르고도, 사람들로 하여금 마치 그리스도께서 그 일을 행하신 것처럼 믿게 만들었고, 그리하여 그에 대해 편견을 갖게 만든 것이다. 그는 우리의 첫 조상도 하나님께 대하여 그릇된 생각을 품게 하여 유혹하였다. 그리고 가다라 사람들에게도, 그리스도께서 유익보다 해를 끼치기 위해 그 지방에 오신 것으로 생각하도록 만들어서 그를 배척하도록 만든 것이다. 그리스도께서 두 사람은 고치셨으나, 이천 마리의 돼지 떼를 몰살시키신 것처럼 보였기 때문이다. 그리하여 귀신은 하나님의 밭에 가라지를 심으며, 기독교 교회에서 악을 행하고는 이 모든 것을 기독교의 탓으로 돌리고, 그리하여 사람들로 하여금 기독교를 배척하도록 선동하는 것이다. 그리하여 그들은 마치 애굽의 모세처럼 또 다른 재앙을 일으키지 않도록, 그가 떠나시기를 구하였다. 주목하라. 구주보다 돼지를 훨씬 더 선호하여 그리스도와 그가 베푸시는 구원에 이르지 못하는 사람들이 무수하게 많다. 그들은 그리스도께서 그들의 마음에서 떠나시기를 바라며, 그의 말씀이 그 속에 자리잡는 것을 허용하지 않는다. 그리스도와 그의 말씀이 그들의 짐승 같은 정욕을 — 그들 스스로 먹이기를 포기한 돼지 떼들을 — 파괴시킬

것이기 때문이다. 그리고 그리스도께서는 그렇게 자신을 혐오하는 자들을 버리시고, 지금 전능자에게 우리에게서 떠나소서라고 말하는 그들에게 너희 저주받은 자들아 떠나가라고 말씀하실 것이다.

제
— 9 —
장

개요

이 장에는 주 예수님의 능력과 연민의 자세가 드러나는 놀라운 사례들이 기록되어 있어서, 그가 그로 말미암아 하나님께 나아가는 모든 사람을 끝까지 구원하실 수 있으며 동시에 그것을 원하신다는 것을 납득하기에 충족하다. 그의 능력과 연민의 자세는 그가 행하신 선한 직무들에서 나타난다. I. 사람들의 몸에 행하신 직무에서. 중풍병자를 고치심(2-8절), 한 관리의 딸을 살리시고 혈루증 앓는 여인을 고치심(18-26절), 두 맹인의 시력을 회복시키심(27-31절), 귀신을 쫓아내심(32-34절), 그리고 모든 질병을 고치심(35절). II. 사람들의 영혼에 행하신 직무에서. 죄를 사하심(2절), 마태를 부르시고, 또한 세리와 죄인들과 자유로이 교제하심(8-13절), 금식의 의무와 관련하여 제자들의 연약함을 돌아보심(14-17절), 복음을 전파하시며, 또한 무리들을 불쌍히 여기사 그들을 위하여 전도자들을 보내심(35-38절). 이렇게 해서 그는 자신이 노련하며 신실한 영혼과 육체의 의사이심을 스스로 입증하셨다. 그는 영혼과 육체의 모든 질병들에 대한 충족한 치유책을 지닌 분이시다. 그러므로 이 질병들의 치유를 위해서 그에게 나아가야 하며, 우리의 육체와 영으로 그에게 영광을 돌려야 한다. 그가 우리의 육체와 영혼에 베푸신 일에 대해 우리가 그에게 영광을 돌리는 것이 마땅한 일이다.

[1]예수께서 배에 오르사 건너가 본 동네에 이르시니 [2]침상에 누운 중풍병자를 사람들이 데리고 오거늘 예수께서 그들의 믿음을 보시고 중풍병자에게 이르시되 작은 자야 안심하라 네 죄 사함을 받았느니라 [3]어떤 서기관들이 속으로 이르되 이 사람이 신성을 모독하도다 [4]예수께서 그 생각을 아시고 이르시되 너희가 어찌하여 마음에 악한 생각을 하느냐 [5]네 죄 사함을 받았느니라 하는 말과 일어나 걸어가라 하는 말 중에 어느 것이 쉽겠느냐 [6]그러나 인자가 세상에서 죄를 사하는 권능이 있는 줄을 너희로 알게 하려 하노라 하시고 중풍병자에게 말씀하시되 일어나 네 침상을 가지고 집으로 가라 하시니 [7]그가 일어나 집으로 돌아가거늘 [8]무리가 보고 두려워하며 이런 권능을 사람에게 주신 하나님께 영광을 돌리니라.

　　9장의 첫 진술을 이해하기 위해서는 8장의 마지막 부분으로 거슬러 올라가야 한다. 거기서는 가다라 지방 사람들이 돼지를 잃은 것에 분개하여 그리스도께서 계시는 것을 혐오하였고, 그리하여 그에게 떠나시기를 간구하였다. 그리하여 여기서 보도하듯이 예수는 배에 오르사 건너가셨다. 그들은 떠나기를 종용했고, 예수께서는 그들의 말을 그대로 받아들이셨다. 그리고 다시는 그가 그 지방으로 가셨다는 기사가 나타나지 않는 것이다. 여기서 관찰하라. 1. 그의 공의 ― 그가 그들을 떠나신 사실. 주목하라. 그리스도께서는 자신이 환영받지 않으시는 곳에 오래 지체하지 않으신다. 의로우신 판단으로 그는 그에 대해 지겨워하는 곳과 사람들을 버리시며, 그가 머무시기를 바라며 사모하는 자들과 함께 계시는 것이다. 혹 믿지 아니하는 자가 그리스도에게서 갈리거든 갈리게 하라. 그 자신이 파멸에 빠질 뿐이다(고전 7:15). 2. 그의 인내 ― 그들의 멸시와 오만불손은 형벌을 받아 마땅했으나 그는 심판의 역사를 뒤에 남겨두지 않고 그냥 떠나셨다. 이미 귀신의 권세 아래 있는 그들을 그 돼지 떼들을 따라 죽게 하셨어도 얼마나 정당한 일이었겠는가? 사실 그렇게 하도록 진노를 부추기는 것이 매우 컸다. 그러나 그는 그것을 참으시고 그대로 지나치셨다. 그는 사람들의 이런 태도에 대해 분개하거나 책망하지 않으시고 배에 오르사 건너가셨다. 이 때는 그가 인내하실 때였다. 그가 오신 것은 사람이 목숨을 멸하기 위함이 아니라 구원하기 위힘이었고, 죽이기 위함이 아니라 고치기 위함이었던 것이다. 영적인 심판이 복음의 때의 성격과 더 어울린다. 그러나 어떤 이들은 지적하기를, 이로부터 얼마 지나지 않아서 로마인들이 유대인들을 향하여 피비린내 나는 전쟁을 일으켰는데, 이 때에 로마인들은 이 가다라 지방의 동네를 맨 처음 함락시켰다고 한다. 주목하라. 그리스도를 내쫓는 자들은 모든 비참한 것들을 스스로 자초하는 것이다. 하나님께서 우리에게서 떠나가시면 우리에게 화가 있으리라.

　예수께서는 본 동네에, 즉 가버나움에 들어가셨다. 그는 현재 가버나움을 주거처로 삼고 계셨고 그리하여 이 곳이 본 동네라 불린다. 그는 선지자가 자기 고향에서는 거의 존귀를 받지 못한다는 것을 친히 입증하셨었다. 그러나 그는 가버나움으로 오셨다. 그는 자기의 영광을 구하지 않으셨고, 오히려 낮아지심의 상태에 계셔서 사람들에게서 멸시를 받는 것에 만족하셨던 것이다. 이 장에 기록된 모든 일들이 가버나움에서 일어난 것이며, 그 때문에 여기 함께 모아

기록되어 있는 것이다. 그러나 다른 복음서들과 조화를 시켜보면, 중간에 다른 사건들이 개입되는 것을 보게 된다. 가다라 지방 사람들이 그리스도께서 떠나시기를 구하자, 가버나움의 사람들이 그를 영접하였다. 그리스도께서 어떤 이들에게 배척을 받으시면, 그를 영화롭게 여기는 다른 자들이 있는 것이다. 한 사람이 그를 영접하지 않으면 다른 사람이 할 것이다.

그리스도께서 가버나움에 들어가신 후 처음 일어난 사건이 여기에 기록되어 있는데, 곧 중풍병자를 고치신 일이 그것이다. 여기서 우리는 다음을 관찰할 수 있을 것이다.

I. 중풍병자를 그리스도께 데려온 친구들의 믿음. 그는 질병으로 인하여 혼자서는 그리스도께 나아올 수 없었고, 다른 사람들이 데려다 주어야 했다. 주목하라. 사지를 움직이지 못하는 병자라도 그리스도께 데려갈 수 있고, 그리스도께서는 그들을 거부하지 않으신다. 우리가 할 수 있는 대로 행하면, 그가 우리를 영접하신다. 그리스도께서는 그들의 믿음을 보셨다. 어린아이들도 그들 스스로는 그리스도께 나아갈 수 없으나, 그가 그들을 데리고 오는 자들의 믿음을 보시니, 그 일이 결코 헛되지 않을 것이다. 예수께서 그들의 믿음을 보시고. 중풍병자를 그에게 데려온 자들의 믿음은 물론 그 환자 자신의 믿음을 보신 것이다. 그 환자가 질병 때문에 지능이 손상되어 그 기능을 제대로 발휘하지 못하는 상태에 있었을지도 모르나, 그리스도께서는 믿음의 습관을 보셨다. 그들의 믿음은, 1. 강한 믿음이었다. 그들은 예수 그리스도께서 그를 치료하실 수 있고 또 치료할 뜻을 갖고 계시다는 것을 확고히 믿었다. 그렇지 않았다면 그렇게 어려움을 물리치고서 공개적으로 그 환자를 그리스도께 데려오려 하지 않았을 것이다. 2. 겸손한 믿음이었다. 그 환자는 한 걸음도 움직이지 못했으나, 그들은 그리스도께 그를 찾아주시기를 청하려 하지 않고, 자기들이 그를 그리스도께 데리고 간 것이다. 우리가 그리스도를 기다리는 것보다 그가 우리를 기다리시는 것이 더 합당한 것이다. 3. 적극적인 믿음이었다. 그리스도의 능력과 선하심을 믿고서, 그들은 그 환자를 침상에 누인 채로 그에게 데리고 왔는데, 이는 큰 고통과 어려움을 감내하지 않고는 할 수 없는 일이었다. 주목하라. 강한 믿음은 그리스도를 구하며 나아가는 데에 그 어떠한 장애물도 개의치 않는 법이다.

II. 그리스도의 호의. 그는 그 환자에게 말씀하신다. 아들아 안심하라 네 죄 사함을 받았느니라. 이 말씀은 환자에게는 더할 나위 없는 청량제였고, 기꺼이 병상에 누워 있게 하고, 그 일을 쉽게 감당할 수 있게 만들기에 족한 것이었다. 그 환자가 그리스도께 한 말에 대해서는 아무런 기록이 없다. 아마도 이 불쌍한 환자는 말도 하지 못했고, 그를 데려온 친구들이 말보다는 행동으로 말하기를 택했을 것이다. 그들은 그를 그리스도 앞에 데려왔고, 그것으로 족했던 것이다. 주목하라. 우리 자신과 우리의 친구들을 그리스도께서 불쌍히 여기시도록 그의 앞에 데려가는 것은 헛된 일이 아니다. 죄뿐만 아니라 우리의 비참한 처지들이 큰 소리로 외치며, 긍휼이 공의에 못지않게 속히 그것을 듣는 것이다. 여기 그리스도의 말씀 속에는, 1. 친절한 호칭이 나타난다: 아들아(한글 개역개정판은 "작은 자야"로 번역함). 주목하라. 괴로움 중에 있는 자들에 대한 권면과 위로는 마치 아들에게 하는 것과도 같다. 괴로움은 아버지의 징계이기 때문이다(히 12:5). 2. 자비하신 격려가 나타난다. "안심하라. 용기를 내라." 아마 침상에 누운 채로 예수 앞에 내려진 그 불쌍한 사람은 그렇게 무례하게 갑자기 나타난 것에 대해 책망을 받을까 전전긍긍했을 것이다. 그러나 그리스도께서는 그를 향하여 안심하라고 말씀하신다. 모든 것이 잘 될 것이니 그리스도 앞에 헛되이 데려와진 것이 아님을 가르치신 후에 그를 고쳐 주신다. 그는 그에게 나아와 은혜를 구하는 자들이 그를 찾고 그를 신뢰하는 데에서 안심하고 용기를 갖도록 만드시는 것이다. 3. 용기를 내야 할 합당한 이유가 나타난다. 네 죄 사함을 받았느니라. 이 말씀은 다음 두 가지 의미 중 하나로 이해할 수 있을 것이다. (1) 그의 육체적 질병의 치유에 대한 서언으로. "네 죄 사함을 받았으니 네가 고침을 받으리라." 주목하라. 죄가 질병의 원인이므로, 죄 사함은 곧 질병에서의 회복을 의미한다. 죄 사함을 받아도 질병이 제거되지 않는다거나, 질병이 제거되어도 죄 사함이 없을 수도 있다는 것이 아니다. 하나님과의 화목에서 오는 위로가 있고 거기에 질병으로부터 회복되는 위로가 있다면, 과거 히스기야에게 그랬던 것처럼(사 38:17) 이것이야말로 우리에게 긍휼이 되는 것이다. 혹은, (2) 질병을 고치실지의 여부와는 관계 없이 단순히 안심하라는 말씀에 대한 이유로. "내가 혹시 너를 고치지 않더라도, 네가 헛되이 구하였다고 생각하지 말라. 내가 네가 죄 사함을 받았다는 확신을 준다면, 네가 계속 중풍병자로 누워 있다 해도 그것이야말로 위로를 얻을 충족한 이유가 되지 않겠느냐?" 주목하라. 은혜로 말미암아 죄 사함을 받았다는 증거가 있는 사람은 아무리 외부적인 괴로움이나 환난에 처하여 있다 할지라도 안심하고 용기를 낼 이유가 충분한 것이다(사 33:24을 보라).

Ⅲ. 서기관들이 그리스도의 말을 트집 잡음(3절).   그들은 마음속으로 은밀하게 이르되 이 사람이 신성을 모독하도다. 하늘의 권능이 드러나는 지극히 위대한 사실에 대해서, 지옥의 적의에서 나오는 가장 추악한 말로 폄하하는 것을 보라. 그리스도께서 죄를 사하시는 것을 신성 모독으로 취급하는 것이다. 그가 하나님께로부터 그럴 권세를 받지 않으셨다면 그보다 덜하지 않았을 것이다. 그러므로, 죄 사함의 권세도 없으면서 죄를 사하는 체하는 자들은 신성모독의 죄를 짓는 것이다.

Ⅳ. 그리스도께서 그들의 트집의 불합리성을 질책하심.

1. 그는 그들을 책망하셨다. 그들은 속으로만 그런 생각을 했으나, 그는 그들의 생각을 아신 것이다. 주목하라. 우리 주 예수님은 우리가 속으로 생각하는 모든 것을 완전히 다 아신다. 생각은 은밀하며 갑작스럽게 나타나지만, 영원한 말씀이신 그리스도 앞에서는 벌거벗은 것 같이 낱낱이 드러나며(히 4:12, 13), 그는 멀리서도 나의 생각을 밝히 아시는 것이다(시 139:2). 그는 그들에게 너희가 어찌하여 마음에 악한 생각을 하느냐고 말씀하셨다(이는 인간으로서는 할 수 없는 말씀이었다). 주목하라. 주 예수님을 대적하는 죄악된 생각에는 굉장한 악이 있다. 그는 마음을 다스리는 주재이시므로, 죄악된 생각은 그의 권리를 침해하는 것이요, 그의 소유를 해치는 것이다. 그러므로 그는 그것들을 아시며, 그것들에 대해 매우 불쾌해하신다. 그 생각들 속에 악의 뿌리가 있는 것이다(창 6:5). 마음에서 시작되어 밖으로 나가지 않고 마음에서 끝나는 죄들도 다른 어떠한 죄에 못지않게 위험한 법이다.

2. 그리스도께서 그들과 변론하심(5, 6절). 여기서 다음을 관찰하라.

(1) 그는 은혜의 나라에서의 자신의 권위를 확언하신다. 그는 중보자이신 인자가 세상에서 죄를 사하는 권능이 있다는 것을 확실히 밝히신다. 아버지께서 심판을 다 아들에게 맡기셨고, 인자됨으로 말미암아 심판하는 권한을 그에게 주신 것이다(요 5:22, 27). 영생을 주는 권능이 진정 그에게 있다면(요 17:2), 죄를 사하는 권능도 그에게 있는 것이다. 천국에 이르기 위해서는 죄책이 반드시 제거되어야 하며, 그렇지 못하면 아무도 천국에 갈 수 없기 때문이다. 죄를 사하는 권능이 인자의 손에 있다는 것은 가련한 죄인이 회개하기에 얼마나 귀한 용기

를 주는지 모른다. 인자께서는 우리의 뼈 중의 뼈가 아니시던가! 그가 세상에 서도 이 권능을 지니고 계시다면, 아버지의 우편에 높이 오르신 지금에야 얼마 나 더 회개함과 죄 사함을 주실 수 있으시며 그리하여 임금과 구주가 되시겠는가 (행 5:31)!

(2) 그는 자연에서의 자신의 능력으로, 즉 질병을 고치는 능력으로, 자신의 권위를 입증하신다. 네 죄 사함을 받았느니라 하는 말과 일어나 걸어가라 하는 말 중에 어느 것이 쉽겠느냐? 선지자로서 선언함으로써나 혹은 하나님으로서 권위 적으로 질병을 치유할 수 있는 자라면, 이와 비슷하게 죄도 사할 수 있는 것이 다. 〔1〕 이는 그리스도께서 신적인 사명을 받으신 분이라는 것을 입증하는 하 나의 일반적인 논증이다. 그의 이적들은, 특히 이적적인 질병 치유의 역사들 은, 그가 말씀하신 대로 자신이 하나님의 아들이심을 확증해 주는 것이다. 그 의 병 고침의 역사에서 나타난 능력이 그가 하나님께로부터 보내심을 받은 자 임을 입증해 주며, 또한 그 때에 나타난 연민의 자세는 그가 병을 고치고 구원 하기 위하여 보내심 받았음을 입증해 준다. 진리의 하나님께서 거짓에다 그의 인(印)을 치시는 법은 없는 것이다. 〔2〕 이는 경우가 특별하다. 중풍병은 죄의 질병의 한 증상에 불과했다. 그 증상을 즉시 제거하심으로써 그리스도께서는 자신이 구원적인 질병을 효과적으로 치유하실 수 있다는 것을 드러내신 것이 다. 죄와 질병 사이에 그만큼 긴밀한 관련이 있었던 것이다. 형벌을 제기할 권 능이 있는 자는 죄를 사하는 권능도 있는 것이 분명하다. 서기관들은 율법의 의에 기대고 있었고, 그것을 신뢰하였으므로 죄 사함의 문제는 크게 여기지 않 았다. 그리하여 그리스도께서는 죄 사함의 교리를 존귀하게 드러내시며, 그리 하여 자신이 세상에 오신 큰 목적이 그 백성을 죄에서 구원하시고자 함이라는 것 을 보여주려 하신 것이다.

V. 중풍병자의 즉각적인 치료. 그리스도께서는 서기관들과의 논쟁에서 돌 이키사 그 사람을 명하여 고침받게 하신다. 아무리 필수적인 논쟁이라 할지라 도 그 때문에 우리 손이 행하여야 할 선행이 소홀히 되어서는 안 되는 법이다. 그가 중풍병자에게 말씀하시되 일어나 네 침상을 가지고 집으로 돌아가라 하시니, 곧바로 치료의 역사가 일어나 그가 힘을 얻어 일어나 집으로 돌아갔다(7절). 그 런데, 1. 그리스도께서 중풍병자더러 네 침상을 가지고 가라고 명하셨는데, 이 는 그가 완전히 고침받았으며, 따라서 더 이상 침상에 누워 있을 이유가 없고 오

히려 침상을 들고 갈 힘이 있게 되었다는 것을 보여주기 위함이었다. 2. 그는 그에게 집으로 가라고 명하셨는데, 이는 그가 오랫동안 짐이 되어온 그의 가족에게 복이 되게 하기 위함이었다. 그가 친히 그 고침받은 사람을 데리고 가서 보여주지 않았다. 사람에게서 칭찬받고자 하는 사람이라면 그렇게 했을 것이나, 그는 그런 분이 아니셨다.

VI. **이 일로 인하여 무리들이 받은 감동**.   그들은 두려워하였고 하나님께 영광을 돌렸다(8절). 주목하라. 우리가 당하는 모든 경이로운 일들을 통해서 우리는 마음으로 하나님께 영광을 돌리게 되어야 한다. 오직 하나님만이 놀라운 일들을 행하시는 것이다. 무리들은 예수께서 이 불쌍한 사람을 위해 행하신 일을 보고 하나님께 영광을 돌렸다. 주목하라. 다른 이들이 베푸는 자비들이 우리의 찬양이 되어야 하고, 우리는 그들에 대해서 하나님께 감사드려야 한다. 우리는 서로서로의 지체들이기 때문이다. 이 무리 중에서 이 일로 감동을 받아 그리스도를 믿고 그를 따르게 된 사람은 거의 없으나, 그들은 그를 높이 흠모하였다. 하나님으로서나 하나님의 아들로서가 아니라, 하나님께로부터 이런 권능을 받은 사람으로서 그를 높이 기린 것이다. 주목하라. 선을 행하도록 사람에게 주신 모든 권능에 대해 하나님께 영광을 돌려야 한다. 모든 권능은 본래 하나님의 것이다. 권능은 물의 근원이신 하나님께 있고, 또한 저수지인 사람에게도 있는 것이다.

⁹예수께서 그 곳을 떠나 지나가시다가 마태라 하는 사람이 세관에 앉아 있는 것을 보시고 이르시되 나를 따르라 하시니 일어나 따르니라 ¹⁰예수께서 마태의 집에서 앉아 음식을 잡수실 때에 많은 세리와 죄인들이 와서 예수와 그의 제자들과 함께 앉았더니 ¹¹바리새인들이 보고 그의 제자들에게 이르되 어찌하여 너희 선생은 세리와 죄인들과 함께 잡수시느냐 ¹²예수께서 들으시고 이르시되 건강한 자에게는 의사가 쓸 데 없고 병든 자에게라야 쓸 데 있느니라 ¹³너희는 가서 내가 긍휼을 원하고 제사를 원하지 아니하노라 하신 뜻이 무엇인지 배우라 나는 의인을 부르러 온 것이 아니요 죄인을 부르러 왔노라 하시니라

여기에는 그리스도께서 비천한 세리들, 특히 마태에게 은혜와 호의를 베푸신 기사가 나타난다. 그가 여러 부류의 사람들에게 그렇게 하신 것은 그들

의 영혼에 대한 계획을 이루기 위한 것이었다. 여기서 다음을 관찰하라.

I. 이 복음서를 쓴 마태를 부르심. 마가와 누가는 그를 레위라 부른다. 한 사람이 두 가지 이름을 갖는 것은 일상적인 일이었다. 어쩌면 마태는 그가 세리로서 가장 잘 알려진 이름이었고, 그리하여 그는 좀 더 존귀한 이름인 레위보다는 마태라는 비천한 이름으로 자기를 칭한다. 어떤 이들은 마태라는 이름은 그리스도께서 그를 사도로 부르실 때에 주신 것이라고 본다. 그렇다면 이는 그리스도께서 시몬을 베드로라 부르신 것과도 같다. 마태라는 이름의 뜻은 하나님의 선물이다. 목사들은 교회에게 주시는 하나님의 선물이다. 그들의 사역과 그들의 능력이 그들에게 주시는 하나님의 선물인 것이다. 이제 관찰하라.

1. 그리스도께서 부르실 당시의 마태의 처지. 그는 세리였으므로 세관에 앉아 있었다(눅 5:27). 그는 가버나움의 세관의 관리였거나, 혹은 물품세나 토지세를 거두는 세리였다. (1) 그리스도께서 부르신 다른 사람들의 경우와 마찬가지로, 그는 자기 직업에 충실하고 있었다(4:18). 사탄은 게으른 자들에게 다가와 시험하지만, 그리스도께서는 일하고 있는 자들에게 오셔서 그들을 부르신다. (2) 그의 직업은 진지한 사람들에게 명예롭지 못한 것이었다. 그 직업에 굉장한 부정부패가 결부되어 있었고, 그리하여 정직하게 그 직무를 다하는 사람이 매우 적었기 때문이다. 바울의 말씀처럼(딤전 1:13) 마태는 회심하기 이전의 자신의 처지가 그러했던 것은 그를 부르신 그리스도의 은혜가 더욱 귀하게 되며, 또한 하나님께서 각양각색의 사람들 가운데 그의 남은 자들을 두셨다는 것을 보여주기 위함이라고 여긴다. 아무도 세상의 직업을 핑계로 자기의 불신앙을 정당화할 수는 없다. 아무도 그 가운데서 구원받을 수 없을 만큼 죄악된 직업도 없고, 누구나 그 가운데서 구원받을 수 있을 만큼 정당한 직업도 없는 것이다.

2. 그리스도의 부르심의 능력. 마태가 그리스도를 찾아 다녔다거나 그를 따르고자 하는 마음의 끌림이 있었다는 것은 찾아볼 수 없고, 다만 그의 친척 가운데 이미 그리스도의 제자들이 된 자들이 있었을 뿐이다. 그러나 그리스도께서는 그의 선하심의 축복들로 그를 이끄셨다. 그는 그를 찾지 않는 자들에게 나타나셨나. 그리스도께서 먼저 말씀하셨다. 우리가 그를 선택한 것이 아니라 그가 우리를 선택하신 것이다. 그는 마태에게 나를 따르라고 하셨고, 그러자 앞에서 중풍병자를 고치실 때에 일어나 네 침상을 가지고 집으로 가라 하는 말씀에

함께 역사했던 것(6절)과 동일한 신적인 전능한 능력이 이 말씀과 더불어 역사하여 마태를 회심시킨 것이다. 주목하라. 영혼 속에 구원 얻는 변화가 일어나는 것은 그 주인이신 그리스도께서 그의 말씀을 수단으로 사용하셔서 이루시는 것이다. 그의 복음이야말로 구원을 주시는 하나님의 능력인 것이다(롬 1:16). 그의 부르심은 유효적인 것이었다. 그가 부르심을 받고 나아왔기 때문이다. 그는 거부하지도 않고, 복종하기를 뒤로 미룬 것도 아니고, 즉시 일어나 그리스도를 따르니라. 신적인 은혜의 능력은 곧바로 나타나며 또한 모든 장애거리들을 극복한다. 그리스도께서 부르시면 자신의 직업상의 임무도, 그로 말미암은 이득도 거리낌이 없는 것이다. 내가 혈육과 의논하지 아니하고(갈 1:15, 16). 마태는 곧바로 자기 직업과 장래의 소망을 다 버렸다. 과거에 고기잡이를 하던 제자들은 이따금씩 다시 고기잡이를 했으나, 마태가 다시 세관에 갔다는 기록은 전혀 나타나지 않는다.

II. **이 때에 그리스도께서 세리와 죄인들과 교류하심**.   그리스도께서는 마태를 부르사 그 직업에 종사하는 사람들과 교류하게 되었다. 예수께서 집에서 앉아 음식을 잡수실 때에(10절, 한글 개역개정판은 "예수께서 마태의 집에서 앉아"로 번역함). 다른 복음서 기자들은, 마태가 큰 연회를 마련하였다고 보도하는데, 이는 가난한 어부들이었던 제자들로서는 부르심을 받을 때에 전혀 할 수 없었던 일이다. 그러나 이 사건을 보도할 때에 마태 자신은 그것이 그 자신의 집이었다는 말도, 그것이 연회였다는 말도 하지 않고, 다만 그리스도께서 집에 앉아 음식을 잡수셨다는 사실만을 보도하여, 자신이 그리스도를 존경하여 대접하였다는 사실보다는 그리스도께서 세리들에게 호의를 보이셨다는 사실을 보존시키고 있는 것이다. 주목하라. 우리 자신의 선행에 대해서는 거의 말하지 않는 것이 우리에게 잘 어울린다.

이제 여기서 관찰하라. 1. 마태가 그리스도를 초청할 때에 그의 제자들도 함께 앉도록 초청하였다. 주목하라. 그리스도를 환영하는 자들은 그리스도께 속한 모든 이들을 그리스도를 위하여 함께 영접하며 그들을 마음에 두는 법이다. 2. 그는 많은 세리와 죄인들을 초청하여 그를 만나게 하였다. 옛 동료들로 하여금 그리스도를 만날 수 있는 기회를 갖고자 하는 것이 마태가 연회를 마련한 주요 목적이었던 것이다. 그는 그리스도의 은혜가 할 수 있는 일을 경험으로 알고 있었고, 그의 은혜가 그들을 그냥 내버려두지 않을 것을 알고 있었던 것이다. 주목하라. 자신이 그리스도께로 유효적으로 이끌림을 받는 자들은 다른 이들 역시도 그리스도께 이끌림을 받도록 하는 일에 열심을 갖고 또한 그 일을 위하여 스스로 무언가를 하고자 하는 마음을 가질 수밖에 없다. 참된 은혜를 받은 자는 그 은혜의 부스러기들을 혼자서만 만족스럽게 먹지 않고, 다른 사람들을 초청하여 함께 나누고자 하는 것이다. 마태의 회심으로 인하여 동료들 간의 우애가 깨어지려 할 때에, 그의 집은 세리들로 가득 찼고, 그리하여 그가 그리스도를 따르자 그들 중의 몇몇도 함께 그리스도를 따른 것이 분명하다. 안드레와 빌립도 그렇게 그리스도를 따른 것이다(요 1:41, 45; 4:29; 또한 삿 14:9을 보라).

Ⅲ. 바리새인들이 이를 불쾌히 여김(11절).　그들은 이것을 보고 비방하였다: 어찌하여 너희 선생은 세리와 죄인들과 함께 잡수시느냐? 여기서 관찰하라.

1. 그리스도께서 비방의 대상이셨다는 점. 죄인들이 자기에게 거역한 일을 참으신(히 12:3) 일은 그에게는 고난 축에도 들지 못한다. 하나님과 사람 사이의 큰 분쟁을 책임지시기 위해 오신 그분만큼 사람들에게서 비방을 받은 사람은 아무도 없었다. 그는 육신을 입으신 하나님으로서 마땅히 받으셔야 할 존귀를 이토록 스스로 부인하신 것이다. 그의 말씀이 언제나 정당하게 인정받아야 마땅하고, 그가 하신 모든 말씀 하나하나가 복종받아야 마땅한데두 말이다. 그는 단 한 마디도 틀린 말씀을 하신 적이 없는데도, 그가 말씀하시고 행하신 일 하나하나가 다 트집과 비방의 대상이 되었던 것이다. 이렇게 해서 그는 우리에게 비방을 예상하고 대비하며, 그것을 인내로 참아 견딜 것을 가르치신 것이다.

2. 그를 비방한 자들은 교만하며, 스스로를 자랑하며, 다른 이들을 판단하는 바리새인들이었다는 점. 이들은 선지자 시대에, 너는 네 자리에 서 있고 내게 가까이 하지 말라 나는 너보다 거룩함이라(사 65:5)라고 말하던 자들과 같은 자세를 지닌 자들이었다. 이들은 죄인들을 피하는 데에는 지극히 철저했으나 죄를 피하는 데에는 그렇지 않은 자들이었다. 경건의 모양을 위해서는 그들만큼 열심 있는 자들이 없었으나, 경건의 능력에 대해서는 그들보다 큰 원수가 없었던 것이다(딤후 3:5). 그들은 장로의 유전들을 세세하게 지키는 데에 주안점을 두었고, 그리하여 그들 스스로 지배를 받은 것과 동일한 자세를 퍼뜨리고 있었던 것이다.

3. 그들이 이런 비방을 그리스도가 아니라 그의 제자들에게 했다는 점. 그들

은 그리스도 면전에서 그런 비방을 할 용기가 없었다. 제자들이 함께 있었으나 선생을 비방한 것이다. 그가 비방받을 일을 하지 않았다면, 그들이 비방하지 않았을 것이다. 그들은 그가 선지자이면서도 자기들보다 못하게 행동했다고 생각했다. 그가 위엄이 있는 분이라면 다른 사람들보다도 더 그런 이들과 거리를 두는 것이 마땅했을 것이라고 생각한 것이다. 선생에게 불쾌한 마음을 갖고서, 제자들에게 비방한 것이다. 주목하라. 그리스도인들은 그리스도와 그의 가르침과 법들을 변호하고 정당화시킬 수 있어야 하며, 또한 너희 속에 있는 소망에 관한 이유를 묻는 자에게는 대답할 것을 항상 준비하여야 하는 것이다(벧전 3:15). 그가 하늘에서 우리를 위하여 대언자가 되시니, 우리는 이 땅에서 그를 위한 대언자들이 되고, 그를 향한 비난을 우리 자신의 것으로 삼아야 할 것이다.

4. 바리새인들의 비방은 그리스도께서 세리와 죄인들과 함께 잡수신다는 것이었다. 악인들과 함께 친밀하게 지내는 것은 하나님의 율법을 거스르는 것이다(시 119:115; 1:1). 어쩌면 그들은 그리스도의 이런 점을 제자들에게 비난함으로써, 그들을 그리스도와 이간시켜서 그를 싫어하게 만들고, 그리하여 더 나은 자들과 교류하는 자기들의 제자가 되도록 회유하려는 의도였는지도 모른다. 그들은 교인 한 사람을 얻기 위하여 바다와 육지를 두루 다니는 사람들이었던 것이다(마 23:15). 세리들과 친밀하게 지내는 것은 장로의 유전에도 거슬리는 것이었다. 그리하여 그들은 그것을 악한 일로 보았다. 그들이 이 일로 그리스도를 불쾌히 여긴 이유는, (1) 그들이 그가 잘못되기를 바랐고, 그리하여 그를 오도할 기회를 찾고 있었기 때문이다. 주목하라. 지극히 선한 말과 행동을 지극히 악한 것으로 조작하여 만드는 일이 쉽고도 아주 흔히 있는 일이다. (2) 그들이 세리들과 죄인들이 잘되는 것을 바라지 않았고, 그리스도께서 그들에게 호의를 베푸는 것을 시기하였으며, 그들이 회개하게 되는 것을 보는 것을 혐오했기 때문이다. 주목하라. 다른 사람들이 함께 은혜를 누리는 것에 대해 기뻐하지 않고 오히려 불평하는 자들은 하나님의 은혜가 없는 자들이라고 의심하는 것이 정당한 일일 것이다.

IV. 그리스도께서 자기 자신과 제자들을 위하여, 세리와 죄인들과 친밀하게 교제하는 일의 정당성을 변호하심. 제자들은 아직 믿음이 연약한 터여서 바리새인들의 비방에 대한 답변을 찾을 수밖에 없었고, 그리하여 그것을 그리스도께 말씀드렸고, 그리하여 그가 그것을 들으셨거나(12절), 아니면, 바리새인들이 제자들에게 속삭이는 말을 옆에서 들으셨을지도 모른다. 오직 그리스도께서 자신을 변호하시며, 그의 대의를 드러내시고, 그 자신과 우리들을 위하여 답변하시도록 해야 한다. 그리스도께서는 그의 변론에서 두 가지를 강조하신다.

1. 세리들의 처지의 절박함. 그들의 절박함이 그의 도움을 청하였고, 그리하여 그들의 유익을 위하여 그들과 교제하신 것이요, 따라서 이는 정당한 것이었다. 그리스도께서 하늘의 순결한 곳에서 내려와 이 부정한 자들에게로 오신 것은 바로 가련한 잃어버린 죄인들의 극한 절박함 때문이었다. 그리고 부정하다고 여겨지는 자들과 함께 어울리시게 된 것도 동일한 이유 때문이었던 것이다. 여기서,

(1) 그는 세리들의 절박한 사정을 입증하신다: 건강한 자에게는 의사가 쓸 데 없고 병든 자에게라야 쓸 데 있느니라. 세리들은 병든 자들이요, 따라서 그들을 도와 고쳐줄 자가 필요한 처지다. 그러나 바리새인들은 그들이 그렇지 않다고 생각하는 것이다. 다음을 주목하라.

〔1〕 죄는 영혼이 병든 상태요, 죄인들은 영적으로 병든 자들이다. 원시의 부패성은 영혼의 질병이요, 실질적인 범죄들은 그 상처나 혹은 그 질병이 겉으로 발발하는 증상들이다. 이것은 형체를 일그리지게 하며, 약하게 하며, 요동하게 하며, 삶을 허비하게 하고 죽이나, 감사하게도 고칠 수 없는 것이 아니다. 〔2〕 예수 그리스도는 영혼의 위대한 의사이시다. 그가 육체의 질병을 고치시는 것이 이를 나타내 준다. 그는 그의 날개 아래 치료를 지니고 떠오르신 것이다(말 4:2. 한글 개역개정판은 이를 "치료하는 광선을 비추리니"로 번역함). 그는 전능하시며 신실하시고 자비하신 의사이시며, 병자를 고치는 것이 그의 사명이요 일이다. 지혜롭고 선한 사람들은 주위의 모든 사람들에게 의사와 같아야 하는데, 그리스도께서 바로 그러하셨던 것이다. "지혜로운 자는 주위의 모든 사람들을 향하여 의사가 환자를 향하여 갖는 자세를 갖는다"(세네카). 〔3〕 죄로 병든 영혼들에게는 이 의사가 필요하다. 그들의 질병은 위험하며, 자연으로는 아무런 도움이 되지 않기 때문이다. 그 어떠한 사람도 이를 도울 수 없다. 그리스도가 없이는 우리가 영원히 망한 상태에 있으므로, 우리에게는 반드시 그리스도가 필요한 것이다. 지각 있는 죄인들은 자기들의 필요를 깨닫고, 그에게 나아

가 도움을 구하는 것이다. 〔4〕 스스로 건전하고 안전하다고 믿으며, 그리스도가 전혀 필요 없고 마치 라오디게아 사람들처럼(계 3:17) 그가 없이도 얼마든지 잘 지낼 수 있다고 생각하는 사람들이 무수하게 많다. 그러므로 바리새인들은 그리스도의 말씀과 그의 길을 알기를 사모하지 않았다. 그들에게 진정 그가 필요한데도, 그들 스스로는 그가 필요 없다고 생각했기 때문이다(참조. 요 9:40, 41).

(2) 그리스도께서는 그들의 절박한 사정이 그들과 친밀하게 교제한 그의 행동을 정당화시키고도 남으며, 따라서 자신이 그 일로 비난받을 것이 없다는 사실을 입증하신다. 그들의 사정이 그렇게 절박하므로 그 일은 구제의 행위요, 종교적인 외형적인 형식보다 언제나 구제의 행위가 우선되어야 하는 것이다. 겉모양이나 그림자보다는 본질이 더 낫고 중요하듯이, 종교적인 찬란한 형식보다는 실질적인 은혜와 아낌없이 베푸는 것이 더 중요한 법이다. 도덕적이며 자연적인 의무에 속하는 것들이 예식적이며 의식적인 신적인 율법들보다 우선하게 되어 있으니, 하나님의 율법을 그 본래의 의도보다 더 엄격하게 만드는 사람들의 조작과 장로들의 유전보다 우선하는 것은 두말할 필요도 없는 사실이다. 그는 호세아서 6:6에서 인용한 진술로써 이를 입증하신다: 내가 긍휼을 원하고 제사를 원하지 아니하노라(13절). 바리새인들이 주장하는 바 세리들과의 교제를 삼가는 행위는 제사보다 못한 것이다. 그러나 그리스도께서 그들과 교제하시는 것은 그저 보통의 자비의 행위보다 더한 것이요, 따라서 그것보다 당연히 우선되어야 하는 것이다. 사무엘의 말씀처럼(삼상 15:22, 23), 우리 스스로 잘 행하는 것이 제사보다 낫다면, 다른 이들에게 선을 행하는 일이야 당연히 제사보다 나은 것이다. 그리스도께서는 자신이 여기서 죄인들과 함께 교제하시는 것을 긍휼이라 부르신다. 영혼의 회심을 증진시키는 일이야말로 우리가 상상할 수 있는 최고의 긍휼의 행위요, 그것은 영혼을 사망에서 구원하는 것이다(약 5:20). 그리스도께서 이 구약의 말씀을 어떻게 인용하시는지를 관찰하라: 너희는 가서 내가 긍휼을 원하고 제사를 원하지 아니하노라 하신 뜻이 무엇인지 배우라. 주목하라. 성경의 문자를 접하여 아는 것만으로는 안 된다. 그 말씀의 뜻을 깨닫기를 배워야 하는 것이다. 성경의 말씀을 자신에게 적용시켜 자신의 과오들에 대한 책망으로, 또한 그들의 생활의 규칙으로 받아들이기를 배운 자들이 성경의 뜻을 가장 잘 배운 자들이다. 그리스도께서 인용하신 이 성경은

그의 정당성을 입증해 줄 뿐 아니라, 〔1〕 참된 신앙은 외형으로 율법의 규정을 준수하는 것이나, 먹는 것과 마시는 것과 또한 거룩을 뽐내는 것이나, 사소한 구체적인 견해나 의심쩍은 논쟁에 있는 것이 아니라, 다른 이들의 육체와 영혼에게 행하는 모든 선한 일에 있으며, 의와 화평에 있으며, 고아와 과부를 돌아보는 데에 있다는 것을 보여준다. 〔2〕 신앙을 도덕적인 생활보다는 의식적인 규례에 두는 바리새인들의 외식을 정죄한다(23:23). 그들은 자기들의 교만과 탐욕과 야망과 악의와 일치하며 또한 거기에 복속하는 그런 경건의 형식들을 추구하나, 그런 정욕들을 죽이는 경건의 능력은 싫어하는 것이다.

2. 그는 그 자신의 사명의 본질과 목적을 변호하신다. 그는 자신이 받은 명령들을 지키셔야 하고, 그가 위대한 선생으로 지명받으신 그 목적을 수행하셔야 했다. 그리하여 그는 말씀하신다: "나는 의인을 부르러 온 것이 아니요 죄인을 불러 회개하게 하러 왔노라(한글 개역개정판은 "죄인을 부르러 왔노라"로 번역함). 그러므로 세리들과 교제해야 하는 것이니라." 관찰하라. (1) 그의 임무가 무엇이었는가? 그것은 불러 회개하게 하는 것이었다. 그리스도의 설교가 언급된 처음 본문에서도 그랬고(4:17), 그의 모든 설교의 방향이 이를 지향하였다. 주목하라. 복음의 부름은 회개에로의 부름이요, 우리의 생각을 바꾸고 우리의 삶의 길을 바꾸라는 부름인 것이다. (2) 그가 임무를 수행할 대상이 어떤 자들이었는가? 그것은 의인이 아니라 죄인이었다. 즉 〔1〕 사람들이 죄인이 아니었다면, 그리스도께서 그들 가운데 오실 이유가 없었다. 그는 그냥 사람이 아니라 타락한 사람을 구원하시는 구원자이시다. 첫 사람 아담이 계속 그의 원시의의 상태 속에 있었다면, 우리에게 둘째 아담이 필요치 않았을 것이다. 〔2〕 그러므로 그리스도께서는 큰 죄인들에게 큰 볼일이 있으시다. 죄인의 상태가 위험할수록, 이 의사의 도움이 더 절실한 것이다. 그리스도께서는 죄인을, 그 중에서도 특히 괴수를 구원하시려고 세상에 임하셨다(딤전 1:15). 죄인들이면서도 비교적 의로운 자들이 아니라 가장 추악한 죄인들을 부르려고 세상에 임하신 것이다. 〔3〕 죄인들이 자기들의 죄성에 대해 지각하고 알수록 그리스도와 그의 복음을 더 환영하게 된다. 그리스도께서는 의인들 가운데서 성공하실 것을 기내하시 않으셨다. 그들은 스스로 의롭다고 자랑하는 자들이요 따라서 얼마 지나지 않아 자기들의 죄를 혐오하기보다는 오히려 그들의 구주를 지겨워할 자들이다. 그리스도께서는 오히려 자신의 죄를 아는 비천한 죄인들 가운데서 성

공하실 것을 기대하셨다. 그런 자들에게 그리스도께서 임하실 것이다. 그들에게 환영을 받게 될 것이기 때문이다.

[14]그 때에 요한의 제자들이 예수께 나아와 이르되 우리와 바리새인들은 자주 금식하는데 어찌하여 당신의 제자들은 금식하지 아니하나이까 [15]예수께서 그들에게 이르시되 혼인 집 손님들이 신랑과 함께 있을 동안에 슬퍼할 수 있느냐 그러나 신랑을 빼앗길 날이 이르리니 그 때에는 금식할 것이니라 [16]생베 조각을 낡은 옷에 붙이는 자가 없나니 이는 기운 것이 그 옷을 당기어 해어짐이 더하게 됨이요 [17]새 포도주를 낡은 가죽 부대에 넣지 아니하나니 그렇게 하면 부대가 터져 포도주도 쏟아지고 부대도 버리게 됨이라 새 포도주는 새 부대에 넣어야 둘이 다 보전되느니라.

그리스도와 그의 제자들을 향하여 제기된 비방들로 인하여, 그리스도의 말씀 중 가장 유익한 말씀 가운데 하나가 전해지게 된다. 그러므로 비방하는 자들에게서 받는 반대로 인해서 오히려 진리가 전해질 기회를 갖게 되는 경우가 많은 법이다. 그리고 이렇게 해서 악에서 선을 이끌어내시는 그리스도의 지혜가 드러나는 것이다. 이렇게 강론이 주어지는 것이 본 장에 들어서만 세 번째다. 서기관과 바리새인들의 비방을 기회로 하여, 죄를 사하는 권세에 대한 강론과 또한 죄인들을 기꺼이 영접하시는 것에 관한 강론이 주어졌고, 여기서는 그의 제자들의 금식과 관련한 행위에 대한 문의가 있었고, 그것을 기회로 하여 그의 제자들을 향한 그의 부드러움에 관한 강론이 주어지는 것이다. 관찰하라.

I. 요한의 제자들이 그리스도의 제자들을 향하여 제기한 반론. 그리스도의 제자들이 자기들처럼 자주 금식하지 않는다는 것. 요한의 제자들은, 세리와 죄인들과 함께 먹는 것 외에도 금식을 하지 않는 것이 그들의 신앙 생활의 느슨함을 보여주는 또 하나의 사례임을 지적하였다. 그러므로 그들은 그리스도의 제자들에게 신앙 생활을 더 철저하게 바꿀 것을 권고한 것이다. 다른 복음서들에는(막 2:18; 눅 5:33), 바리새인의 제자들이 그들과 함께 이런 반론을 제기한 것으로 나타난다. 그러므로 바리새인의 제자들이 요한의 제자들을 부추겨 대변인 격으로 이용한 것이라고 의심하는 것도 일리가 있다. 요한의 제자들이 그리스도와 그의 제자들에 대해 더 호의적이었으니, 그들을 이용하면 더 그럴

듯하게 반론을 제기할 수 있었기 때문이다. 주목하라. 악인들이 선인들을 내세워 귀를 기울이게 하는 일이 전혀 새로운 일이 아니다. 하나님의 백성들이 정서가 서로 다를 때에, 악인들이 그것을 기회로 삼아 불화를 일으키고 서로 이간질시키고, 그리하여 쉽게 그들을 자기들의 먹이로 만드는 것이다. 요한의 제자들과 예수님의 제자들이 서로 충돌한다면, 바리새인들이 그 일을 뒤에서 꾸미고 조종했을 것이라고 얼마든지 의심할 수 있는 것이다. 그들의 불평은 이것이었다: 우리와 바리새인들은 자주 금식하는데 어찌하여 당신의 제자들은 금식하지 아니하나이까? 거룩한 사랑을 확증하는 것이어야 할 신앙의 여러 의무들이 분쟁과 시기의 기회가 되는 것은 안타까운 일이다. 그러나 여기처럼 그렇게 될 경우가 많다. 다음을 관찰하라.

1. 그들이 자기들의 금식하는 일을 자랑함. 우리와 바리새인들은 자주 금식하는데(한글 개역개정판에는 "자주"가 나타나지 않음). 모든 시대의 교회에서 금식을 거룩히 지켜왔고, 바리새인들도 이를 많이 강조하였다. 그들 중 많은 이들이 일주일에 이틀씩 금식했으나 그들의 대부분은 외식자들이요 악인이었다. 주목하라. 거짓된 형식적인 신자들이 겉으로 드러나는 헌신의 행위에서나 심지어 자기를 죽이는 외적인 행위에서 다른 이들보다 출중한 경우가 많다. 요한의 제자들은 자주 금식하였는데, 부분적으로는 그들의 스승의 행위를 그대로 본받은 데서 연유한다. 요한은 먹지도 않고 마시지도 아니하였던 것이다(11:18). 물론 동일한 내적인 원리에서 그렇게 하지는 않아도, 사람들은 자기들의 지도자의 행위를 본받기를 잘 한다. 그들이 금식한 것은 부분적으로는 그 스승의 회개의 교리를 따른 데 연유할 것이다. 주목하라. 아직 종의 영의 통제 아래 있는 자들이 더 심한 신앙적 자세를 고수하는 경우가 많다. 물론 이것도 그 처지에서는 선하지만, 우리는 이것을 통과하여 하나님 안에서 기쁨의 삶을 누리며 그에게 의지하는 데에로 나아가야 한다. 그들은 그리스도께 나아와 자기들이 최소한 자기들의 생각으로는 자주 금식한다고 말한다. 주목하라. 많은 사람이 각각 자기의 인자함을 자랑하나니(잠 20:6). 신앙을 고백하는 자들이 자기들의 신앙적인 행위에 대해서 허풍을 떨기가 쉽다. 특히 그 행위들 자체가 매우 탁월할 때에는 더욱 그렇다. 아니, 사람 앞에서만 자랑하는 것이 아니라 하나님 앞에서도 그것들을 내세우고, 그것들을 자기들의 의로 의지하기까지 하는 것이다.

2. 그리스도의 제자들이 자기들처럼 자주 금식하지 않는 것을 탓함. 어찌하여 당신의 제자들은 금식하지 아니하나이까? 그들이 그리스도께서 전에 제자들에게 금식을 은밀하게 행하고 그것이 사람들에게 드러나지 않도록 하라고 가르치신 사실을 몰랐을 리가 없다. 그러므로 그리스도의 제자들이 자기들의 금식을 드러내지 않는다고 해서 그들이 금식하지 않는다고 결론지었다면 그것은 너무 매정한 것이다. 주목하라. 눈에 보이는 것과 세상의 관찰에 드러나는 것으로 사람의 신앙을 판단하려 해서는 안 된다. 만일 그리스도의 제자들이 그들만큼 자주 금식하지 않았다고 가정해 보라. 그렇다고 해서 그들이 그리스도의 제자들보다 더 나은 신앙이 있다고 생각할 근거가 어디에 있는가? 주목하라. 헛되이 겉으로만 믿는 체하는 자들은 흔히 자기들을 신앙 문제의 표준으로 삼고서 그것으로 사람들과 일들을 시험하고 측정하고는 그들과 다른 사람들은 모두 그릇된 것으로 본다. 자기들보다 덜한 자들은 너무 신앙이 없다고 보고, 더 열심인 자들은 너무 지나치다고 보는 것이다. 그러나 이는 그들에게 겸손과 사랑이 없다는 분명한 증거인 것이다.

3. 그들이 그리스도께 이런 불평을 제기하였음. 주목하라. 그리스도의 제자들이 어떤 일을 행하거나 행하지 않음으로써 거리낌을 주면, 그리스도 자신에게 허물이 돌아가게 된다. 오 예수여, 이들이 당신의 그리스도인들입니까? 그러므로 그리스도의 존귀함을 기리는 자들로서 우리는 행실을 잘 해야 하는 것이다. 관찰하라. 그리스도에 대한 비방은 제자들에게 행하여졌고(11절), 제자들에 대한 불평은 그리스도께 제기되었다(14절). 이것이 바로, 교인들을 목사들과, 또한 목사들과 교인들을, 그리고 교인들끼리 서로서로 불화하게 만들고 사랑을 깨뜨리는 길이다.

Ⅱ. 이 문제에 대해 그리스도께서 제자들을 위하여 변론하심. 그리스도께서는 요한의 제자들의 말에 대해서 책망하셨을 수도 있다: "어찌하여 너희는 자주 금식하느냐? 아니다. 너희가 어째서 금식하는지 너희가 가장 잘 알 것이다. 그러나 사실은 겉으로 드러나는 헌신의 모습이 풍성한 자들 중에 왜 그렇게 행하는지 무엇을 위하여 그렇게 행하는지를 전혀 모르는 사람들이 많은 것이다." 그러나 그는 그저 제자들의 행위를 변호하기만 하신다. 그들 스스로 아무런 할 말이 없을 때에, 그리스도께서 그들을 위하여 기꺼이 변호하시는 것이다. 주목하라. 지혜가 그 모든 자녀들로 의롭다 함을 얻는 것처럼, 지혜에게서 의롭다

함을 얻는 것이야말로 그 모든 자녀들의 행복이다. 그리스도의 가르침과 모범을 따라 우리가 행하는 일에 대하여는, 그리스도께서 반드시 나서서 증거하실 것이요, 따라서 우리로서는 확신을 갖고서 우리의 순전함을 증명하는 일을 그리스도께 맡겨야 할 것이다.

"주여, 주께서 나를 위하여 응답하시리니" ― 허버트(Herbert).

제자들이 금식하지 않는 것에 대해 그리스도께서는 두 가지로 변호하신다.

1. 그 때는 금식을 위해서 적절한 때가 아니라는 것. 혼인 집 손님들이 신랑과 함께 있을 동안에 슬퍼할 수 있느냐?(15절). 관찰하라. 그리스도께서는 자기 제자들의 행위를 충족히 정당화하면서도 동시에 요한이 세운 제도나 그의 제자들의 행위를 정죄하지 않도록 그렇게 답변하신다. 바리새인들이 이 문제를 거론하게 만들었을 때에는, 그리스도께서 자기 제자들에게나 혹은 요한의 제자들에게 비난의 화살을 들이대실 것으로 기대했으나, 그는 어느 쪽도 비난하지 않으신 것이다. 주목하라. 어느 때든 우리가 부당하게 비난을 받으면, 우리는 우리 자신을 변호하는 데에만 신경을 써야 하고, 다른 사람들을 비난하거나 그들의 탓을 해서는 안 된다. 정황이 매우 다양하므로, 다른 사람들의 행위들을 정죄하지 않고서도 얼마든지 우리 자신의 행위를 정당화시킬 수 있을 것이다.

그의 논지는 결혼 예식이 진행되는 동안 즐거움과 기쁨이 있는 일반적인 현상에 근거하고 있다. 결혼 예식 동안에는 침울하고 슬퍼하는 일은 부적절하며 시의에 맞지 않는 것이다. 삼손의 결혼이 그랬다(삿 14:17). 그런데, (1) 그리스도의 제자들은 혼인 잔치에 초대받아 거기에 참석해 있는 혼인집 손님들이다. 그러나 바리새인의 제자들은 그렇지 못했고, 여종의 자녀로서(갈 4:25, 31) 계속해서 어둠과 두려움 아래 있는 것이다. 주목하라. 양자(養子)의 영이 있는 그리스도의 신실한 제자들은 계속해서 잔치에 참여하는 것이요, 종과 두려움의 영이 있는 자들은 다른 사람들처럼 기쁨으로 즐거워할 수가 없다(호 9:1). (2) 그리스도의 제자들에게는 신랑이 함께 있다. 그러나 요한의 제자들은 그렇지 못했다. 그들의 선생이 지금 옥에 갇혀 있고 거기서 끊임없이 목숨의 위협을 받고 있으므로 그들로서는 자주 금식하는 것이 아주 적절했다. 그러나 그리스도의 제자들에게도 신랑을 빼앗기고 그의 육체적 임재가 사라질 날이 올 것인데, 그 때에는 금식할 것이다. 그가 가실 때에 이별에 대한 생각이 그들을 슬프게 할 것이다(요 16:6). 그가 가신 후에는 괴로움과 환난이 그들에게 임할 것이니, 그 때에는 슬퍼하고 기도할 것이다. 즉 금식을 할 것이다. 주목하라. [1] 예수 그리스도는 그의 교회의 신랑이시요 그의 제자들은 혼인집 손님들이다. 그리스도께서 요한의 제자들에게 이 비유를 사용하여 자신에 대해 말씀하시는 것은 요한 자신이 이 비유를 사용했었기 때문이다. 그는 자기 자신을 신랑의 친구라 불렀던 것이다(요 3:29). 그러니 만일 그들이 이 힌트를 통해서 그 스승이 한 말씀이 생각났다면, 해답은 자명해졌을 것이다. [2] 혼인집 손님들인 자들의 처지는 이 세상에서 갖가지 변화를 겪게 된다. 긍휼과 심판을 노래하는 것이다. [3] 신랑이 함께 있느냐 없느냐에 따라서 혼인집 손님들은 즐거워하고 슬퍼한다. 신랑이 함께 있을 때에는 하나님의 등불이 그들의 머리 위에 환히 비치고 모든 것이 좋다. 그러나 신랑이 잠시라도 물러가 계시면, 그들이 괴로워지고 무거워진다. 해가 떠 있으면 낮이고, 해가 가까이 있으면 여름이지만, 해가 없으면 밤이요 해가 멀리 있으면 겨울이다. 그리스도께서 교회의 즐거움의 모든 것이 되시는 것이다. [4] 모든 의무는 적절한 시기를 좇아 행하여야 한다(전 7:14; 약 5:13). 슬퍼할 때가 있고 웃을 때가 있는데, 이런 때에 맞추어서 처신해야 하고, 적절한 시절을 좇아 열매를 맺어야 하는 것이다. 금식에 있어서는 우리를 향하신 하나님의 은혜의 방법들을 고려해야 한다. 그가 우리에게 슬픔을 주실 때에는 슬퍼해야 한다. 그리고 하나님의 섭리의 역사도 고려해야 한다. 하나님께서 슬피 울고 애통하라 하실 때에는 그렇게 해야 한다. 또한 우리 앞에 특별한 역사가 놓여 있을 때에도 이를 고려하여 금식하여야 한다(17:21; 행 13:2).

  2. 금식을 할 만한 충족한 능력이 그들에게 없다는 것. 이는 두 비유에서 제시된다. 하나는 생베 조각을 낡은 옷에 붙이는 것인데, 그렇게 하면 낡은 옷이 해어져 버리고 만다고 한다(16절). 또 하나는 새 포도주를 낡은 가죽 부대에 넣는 것인데, 그렇게 하면 부대가 터져 버린다고 한다(17절). 그리스도의 제자들은 요한과 바리새인의 제자들처럼 이 극심한 의무를 잘 견딜 수 없었다. 이에 대해서 저 박식한 휘트비 박사는 다음과 같은 이유를 제시한다. 유대인들 중에는 엄격한 생활 규칙을 적용시킨 바리새파와 에세네파만이 아니라, 선지자들의 학교들이 있었는데 이들은 산악 지대와 사막에 많이 살았고, 그들 중에는 나실인들이 많았다. 이들은 또한 철저한 규율로 사람들을 훈련시키는 사설 학교들을 보유하고 있었다. 어쩌면 요한의 제자들 중에서 이 부류와 바리새파에 속했

던 자들이 많았을 것이다. 반면에 그리스도의 제자들은 세속의 직업의 현장에서 곧바로 불려온 자들이어서 이런 종교적인 엄격한 생활에 적응해 있지 못했고, 그리하여 그런 엄격한 의무는 그들에게 적절치 않았던 것이다. 주목하라. (1) 신앙적 의무들 가운데는 다른 것들보다 어렵고 힘든 것들도 있다. 마치 생베와 새 포도주처럼 강력한 정신을 요하며 혈과 육에게 가장 힘들고 거슬리는 것인데, 종교적인 금식과 거기에 따르는 의무들이 그것이다. (2) 아무리 훌륭한 그리스도의 제자들이라도 어린아이의 상태를 통과한다. 그리스도의 정원의 모든 나무들이 다 장성해 있는 것이 아니며, 그의 학자들 모두가 동일한 상태도 아니다. 그리스도 안의 어린 아기들도 있고 장성한 사람들도 있는 것이다. (3) 신앙적인 실천의 명령에 있어서는 어린 그리스도인들의 연약함과 부족함이 고려되어야 한다. 그들에게 베풀어지는 음식이 그들의 나이에 맞는 것이어야 하듯이(고전 3:2; 히 5:13), 그들에게 부여되는 일도 그들의 상태와 걸맞아야 한다. 그리스도께서는 제자들이 아직 감당할 수 없는 일에 대해서는 말씀하지 않으시는 것이다(요 16:12). 신앙에서 이제 막 걸음마를 시작한 어린아이에게 처음부터 가장 힘든 의무를 부여해서는 안 된다. 실망하고 좌절하게 될 것이기 때문이다. 하나님께서 이스라엘을 애굽에서 이끌어내셨을 때에 그들을 돌아보셔서 블레셋 사람들의 길로 인도하지 않으신 것처럼(출 13:17, 18), 또한 야곱이 자기 자녀들과 기축 떼를 돌아보아 너무 지나치게 몰지 않은 것처럼(창 33:13), 그리스도께서는 그의 권속들 가운데 어린 자들과 그의 양 떼 중에서 어린 양들을 보살피시고, 그들을 부드럽게 인도하시는 것이다. 이런 보살핌이 없으면, 부대가 터져 포도주가 쏟아지는 경우가 허다하다. 처음에 부주의하여 믿음에 성장이 없고 결국 아무것도 아닌 것이 되기도 하는 것이다. 주목하라. 실천을 잘 하는 데에도 지나침이 있을 수 있고, 지나치게 의로움을 추구하는 것도 있을 수 있다. 그렇게 지나치면 사탄의 교묘한 공격에 의해서 아무런 결과도 내지 못하게 될 수도 있는 것이다.

[18]예수께서 이 말씀을 하실 때에 한 관리가 와서 절하며 이르되 내 딸이 방금 죽었사오나 오서서 그 몸에 손을 얹어 주소서 그러면 살아나겠나이다 하니 [19]예수께서 일어나 따라가시매 제자들도 가더니 [20]열두 해 동안이나 혈루증으로 앓는 여자가 예수의 뒤로 와서 그 겉옷 가를 만지니 [21]이는 제 마음에 그 겉옷만 만져도 구원을

받겠다 함이라 22예수께서 돌이켜 그를 보시며 이르시되 딸아 안심하라 네 믿음이 너를 구원하였다 하시니 여자가 그 즉시 구원을 받으니라 23예수께서 그 관리의 집에 가사 피리 부는 자들과 떠드는 무리를 보시고 24이르시되 물러가라 이 소녀가 죽은 것이 아니라 잔다 하시니 그들이 비웃더라 25무리를 내보낸 후에 예수께서 들어가사 소녀의 손을 잡으시매 일어나는지라 26그 소문이 그 온 땅에 퍼지더라

여기에는 예수께서 야이로의 죽은 딸을 살리신 사실과 또한 야이로의 집으로 가던 도중 혈루증 앓는 여인이 치료받은 두 가지 역사적 사실이 기록되어 있는데, 후자가 전자의 한가운데에 마치 괄호처럼 들어가 있다. 그리스도의 이적들은 이처럼 촘촘히 심어져 서로 얽혀 있었다. 그를 보내신 하나님의 일을 행하는 것이 그의 일과였다. 그는 앞에서 바리새인들의 비방에 답변하실 때에 요청을 받아 이 선한 일을 행하시게 된 것이다. 예수께서 이 말씀을 하실 때에(18절). 그처럼 논쟁을 행하는 불유쾌한 일이 그렇게 간섭을 받게 된 일은 유쾌한 일이었을 것이다. 때로는 그런 논쟁이 필요한 경우도 있으나, 선한 사람이라면 기꺼이 그런 불유쾌한 논쟁을 그만두고 헌신이나 사랑의 일을 행할 것이다. 다음을 보라.

I. 한 관리가 그리스도께 아룀. 한 관리가, 회당장이, 와서 절하며(18절). 과연 관리들 중에 그를 믿은 자들이 있었던가? 그렇다. 여기에 한 사람이 있다. 곧, 교회의 장이었는데 그의 믿음이 다른 관리들의 불신앙을 정죄하였다. 이 관리에게는 열두 살 난 어린 딸이 있었는데 방금 죽었다. 이 일로 인하여 그의 가족의 위로가 사라져서 그가 그리스도께로 나아오게 된 것이다. 주목하라. 어려울 때에 반드시 하나님을 찾아야 한다. 우리 가족들이 죽으면 우리의 생명 되시는 그리스도께로 나아가야 한다. 우리 가족에 환난이 있을 때에 깜짝 놀라 주저앉지 말고, 욥처럼 엎드려 경배하여야 할 것이다. 여기서 관찰하라.

1. 그가 그리스도께 겸손히 나아옴. 그는 자신의 용무로 종을 보내지 않고 몸소 그리스도께 나아왔다. 주목하라. 아무리 높은 관리라도 직접 주 예수께 나아오는 것이 수치가 아니다. 그는 그리스도께 무릎꿇고 절하며 경배하였고, 가능한 최고의 존경을 표시하였다. 주목하라. 그리스도께 긍휼을 얻고자 하는 자들은 그에게 존귀를 드려야 한다.

2. 그의 말에서 나타나는 믿음. "내 딸이 방금 죽었사오니." 다른 어떤 의사가

와도 이미 늦었으나(사망 후의 약 처방처럼 어리석은 것이 없다), 그리스도께는 아직 늦지 않았다. 그는 사망 이후도 책임지시는 의사이시다. 그는 부활이요 생명이시기 때문이다(요 11:25). "오오, 그러니 오셔서 그 몸에 손을 얹어 주소서 그러면 살아나겠나이다." 이것은 자연의 능력을 훨씬 뛰어넘는 것이나(a pivatione ad habitum non datur regressus — 한 번 잃어버린 목숨은 회복될 수가 없다), 그리스도의 능력으로는 얼마든지 가능한 것이었다. 그에게는 생명이 있고, 그는 자기가 원하는 자들을 살리시기 때문이다(요 1:4; 5:21). 지금은 그리스도께서 자연을 거스르지 않고 자연을 좇아서 일상적으로 행하신다. 그러므로 믿음이 있다 해도 이런 요구를 그에게 제시할 수는 없다. 생명이 있는 동안에는 희망이 있고, 기도할 여지가 있다. 그러나 우리의 친구들이 죽으면, 문제가 결정되어 버리는 것이다. 우리는 그들에게로 가게 될 것이지만, 그들은 우리에게 돌아올 수가 없는 것이다. 그러나 그리스도께서 이 땅에 계셔서 이적을 행하실 당시에는 이런 확신이 허용되는 것은 물론 지극히 칭찬받을 만한 것이었다.

Ⅱ. 그리스도께서 그 관리의 말에 기꺼이 응하심(19절).　예수께서 즉시 일어나 그를 따라가셨다. 그는 그 관리의 소원을 기꺼이 들으사 그 딸의 생명을 다시 살리시려 하셨고, 게다가 친히 그의 집에까지 가셔서 그 일을 행하시려 하셨다. 그는 야곱 자손에게 너희가 나를 혼돈 중에서 찾으라고 이르신 적이 없는 분이시다(사 45:19). 주여 내 아이가 죽기 전에 내려오소서라고 한 왕의 신하의 요청에는 따르지 않으셨으나(요 4:48-50), 회당장의 오셔서 그 몸에 손을 얹어 주소서 그러면 살아나겠나이다라는 회당장의 요청에는 그대로 따르셨다. 그리스도께서 이적을 행하시면서 이처럼 다양한 방법을 사용하신 것은 그에게 나아온 자들의 각기 다른 상태와 기질 때문인 것으로 여겨지는데, 사람의 마음을 살피시는 그분께서 그런 것들을 완전히 아시고 거기에 맞추신 것이라 하겠다. 그는 사람의 속에 무엇이 있는지를 아시며, 또한 자신이 어떤 방법을 취하실지를 아시는 것이다. 그리고, 예수께서 일어나 따라가실 때에, 그가 택하사 늘 함께 동거하게 하신 그의 제자들도 갔다는 점을 주목하라. 그들을 대동하신 것은 그의 이적을 직접 목격한 증인들이 되게 하기 위함이었다. 그들은 장차 그의 가르침을 전파할 자들이었던 것이다.

Ⅲ. 가련한 여인의 혈루증을 고치심.　그 여자를 가련한 여인이라 부르는 것은, 그녀의 증상이 애처로웠기 때문만이 아니라 그녀가 질병을 고치기 위하

여 재산을 모두 소비하였으나 전혀 고치지 못했기 때문이다. 이는 그녀의 애처로운 처지를 배나 가중시키는 것이었다. 과거에는 재물이 풍성했으나 지금은 텅 빈 상태다. 건강의 회복을 위하여 모든 것을 아낌없이 썼으나, 건강을 찾지 못했던 것이다. 이 여인은 열두 해 동안이나 혈루증으로 앓고 있었다(20절). 이 질병은 몸을 허약하게 하고 소진하게 만들어 지치게 하는 것은 물론, 의식적으로 부정하게 만드는 질병이요, 이 여인은 이 질병 때문에 여호와의 집의 뜰에도 들어갈 수가 없었다. 그러나 그리스도께 나아오는 일에서는 막힘이 없었다. 이 여인은 자신을 그리스도께 의탁했고, 그로부터 긍휼을 얻었다. 딸이 죽은 관리를 따라 그의 집으로 가시던 중, 주께서 이 여인을 고치신 것이다. 그 관리에게는 이 일이 큰 격려가 되었을 것이고, 또한 이 일로 인하여 그리스도의 능력에 대한 믿음이 더욱 커졌을 것이다. 그리스도께서는 이렇듯 연약한 신자들의 처지를 돌아보시고, 그들의 연약함을 고려하시는 것이다. 관찰하라.

1. 그리스도와 그의 능력에 대한 여인의 큰 믿음. 그녀의 질병은 그 성격상 다른 사람들처럼 공개적으로 드러내놓고 그리스도께 치유를 구할 수 있는 것이 아니었다. 그러나 그녀는 믿음의 성령의 특별한 감동을 받아, 그에게 충만한 치유의 역사가 있음을 믿었고, 그 겉옷만 만져도 고침을 얻을 것으로 여긴 것이다. 어쩌면 여기에는 믿음과 상상이 섞여 있었는지도 모른다. 어떤 이들의 생각처럼, 그녀가 시체들이 엘리사의 뼈와 접촉하여 다시 살아난 사실을 생각해내지 않았다면(왕하 13:21), 이런 식으로 그리스도께 적용할 전례가 없었을 것이다. 그러나 그녀의 깨달음이 아무리 연약할지라도, 그리스도께서는 기꺼이 그 점을 간과하셨고, 그녀의 믿음의 순전함과 강력함을 받아들이셨다. 그는 꿀 송이를 꿀과 함께 잡수시는 분이시기 때문이다(아 4:11). 그녀는 그리스도의 겉옷만 만져도 고침을 받을 것이라고 믿은 것이다. 주목하라. 그리스도께 속한 모든 것 하나하나에 덕이 있다. 대제사장이 부음받는 보배로운 기름이 그의 옷깃까지 내리는 것이다(시 133:2). 우리가 다 충만한 데서 받을 만큼 그리스도께 은혜가 가득한 것이다(요 1:16).

2. 이 여인을 향한 그리스도의 크신 긍휼하심. 그는 그의 치유의 능력이 발휘되는 것을 가로막지 않으시고, 이 난처한 환자가 아무도 모르게 — 물론 그리스도께서도 그 일을 모르신다고는 생각할 수 없었을 것이다 — 그의 치유의 능력에 힘입도록 허용하셨다. 그리고 그녀는 이제 자신의 목적을 이루었으므

로 돌아가도 무방했을 것이다. 그러나 그리스도께서는 그녀가 그냥 돌아가는 것을 내버려두지 않으셨다. 그녀의 질병이 치유받게 하심으로써 그의 능력이 드러났으나, 그녀에게 위로를 주고 칭찬하심으로써 그의 은혜를 높이 드러내고자 하신 것이다. 예수께서는 돌이켜 그녀를 보셨다(22절). 주목하라. 사람들에게서 자신을 감추는 비천한 그리스도인들에게는 그리스도께서 그들을 아시며, 지극히 은밀한 중에도 그들을 보시고 천국으로 향하게 하신다는 사실이 얼마나 큰 용기가 되는지 모른다. 여기서 다음을 보라.

(1) 그는 딸아 안심하라라는 말씀으로 그녀의 마음에 위로를 주신다. 그녀는 자신이 가만히 그리스도께 나아온 일로 두려웠으나, 여기서 위로를 얻고 있다. 〔1〕 그는 그녀를 딸이라 부르신다. 그는 중풍병자를 아들이라 부르셔서 아버지의 부드러움으로 대하신 것처럼(2절), 그녀에게도 동일한 자세로 말씀하시는 것이다. 주목하라. 그리스도께서는 한나처럼(삼상 1:15) 마음에 슬퍼하는 시온의 딸들을 위하여 기꺼이 위로를 베푸신다. 믿는 여자들은 그리스도의 딸들이요, 따라서 그는 그들을 그렇게 대하실 것이다. 〔2〕 그는 그녀에게 안심하라고 말씀하신다. 그리스도께서 딸로 대하시면 얼마든지 안심할 수 있는 것이다. 주목하라. 성도의 위로는 그들이 양자가 되었다는 사실에 근거한다. 건강할지어다라는 그의 말씀으로 건강이 돌아왔듯이, 안심하라는 말씀으로 안심하게 된 것이다. 주목하라. 그의 백성이 안심하는 것은 그리스도의 뜻이요, 또한 괴로워하는 심령들에게 위로를 명령하는 것은 그의 대권이다. 입술의 열매를 창조하는 자 여호와가 말하노라 … 평강이 있을지어다(사 57:19).

(2) 그는 그녀의 믿음을 칭찬하신다. 네 믿음이 너를 구원하였다 하시니 여자가 그 즉시 구원을 받으니라. 그리스도께서는 모든 은혜 중에서 믿음을 가장 존귀하게 여기시듯이, 모든 신자들 가운데서 가장 겸손한 자들을 가장 존귀하게 여기시는데, 자기가 생각한 것보다 믿음이 더 많았던 이 여자에 대해서도 이것이 그대로 나타났다. 그녀는 안심할 만한 충족한 이유가 있었다. 몸이 온전해졌기 때문이기도 하거니와, 그녀의 믿음이 그녀를 온전하게 하였기 때문이다. 즉 〔1〕 그녀는 영적으로 고침받았다. 그녀에게 치유가 일어났다는 것은 믿음과 죄 사함과 은혜의 역사의 적절한 열매요 결과다. 주목하라. 세속적인 위로에 그것과 비슷한 영적인 축복들이 함께 임할 때에 우리는 풍성하게 위로를 얻을 수가 있다. 믿음으로 생명의 떡을 먹으며, 예수 그리스도의 의를 옷 입을 때에 우리

의 음식과 의복이 편안해질 것이요, 믿음으로 우리가 하나님 안에서 쉬며, 그의 안에서 편안히 거할 때에 우리의 휴식과 잠이 편안해지며, 믿음으로 우리의 영혼이 번성하며 건강한 상태에 있을 때에 우리의 건강과 번영이 편안해질 것이다(사 38:16, 17). 〔2〕 그녀의 육체적인 치유는 그녀의 믿음의 열매였고, 이 사실 때문에 그 치유가 진정 복되고 편안한 치유가 되었다. 마귀가 그 속에서 내어쫓긴 자들은 그리스도의 주권적인 능력의 도움을 받았는데, 이 중에는 다른 이들의 믿음으로 말미암아 그렇게 된 자들도 있다(2절의 경우처럼). 그러나 이 여자의 경우에는 네 믿음이 너를 구원하였다. 주목하라. 믿음으로 받을 때에 세속적인 자비들이 진정 우리에게 위로가 된다. 자비를 구할 때에 믿음으로 그 약속을 바라보고 그것을 의지하고 그것을 위해 기도하면, 하나님의 영광을 위하여 그것을 바라고 하나님의 뜻에 전적으로 순종하고자 하는 자세를 갖고 믿음과 사랑과 순종으로 맡기면, 믿음으로 그것을 얻었노라고 말할 수 있을 것이다.

IV. 그 관리의 집의 사정.　　피리 부는 자들과, 즉 악사들과, 떠드는 무리들이 있었다(23절). 집에는 모든 사정이 급히 돌아가고 있었다. 한 가족에게 죽음이 찾아오면 그런 일이 일어난다. 죽은 자를 눈에 보이지 않게 정중하게 장사지내야 하고, 슬픔을 잊게 하는 여러 가지 방법들이 적용되는 등 필요한 일들이 일어나는 것이다. 이웃사람들이 함께 와서 딸을 여읜 부모를 위로하고, 장례를 치를 준비를 하고 있었다. 유대인들은 장례를 오래 끌지 않았다. 이방인들의 관습을 따라 피리 부는 자들이 그들 가운데서 구슬픈 곡들을 연주하여 슬픔과 애도의 분위기를 연출하고 있었다. 그런 곡조는 그 자체만으로도 슬픈 감정이 불러일으켜지고, 소망이 없는 자들처럼 슬퍼하게 되는 것이다. 신앙은 기운을 내게 하지만, 불신앙은 침체를 불러일으킨다. 기독교는 슬픔을 완화시키지만, 이교도 신앙은 오히려 그것을 부추기는 것이다. 혹시 어쩌면 이 악사들은 그 가족의 슬픔을 제거하고 흥겹게 하려고 애를 쓰고 있었는지도 모른다. 그러나 마음이 상한 자에게 노래하는 것은 추운 날에 옷을 벗음 같고 소다 위에 식초를 부음 같으니라(잠 25:20). 부모들은 딸의 죽음으로 큰 괴로움 중에 잠잠하고 있었으나, 피리 부는 자들과 무리들은 억지로 애곡하느라 시끄럽게 한 것이다. 주목하라. 시끄러운 슬픔이 언제나 가장 큰 슬픔은 아니다. 물길이 얕을수록 물소리가 시끄러운 법이다.－ "눈에 띄지 않는 슬픔이 가장 진지한 것이다." 그러나 이 경우는 슬퍼하는 것이 눈에 띄므로, 딸이 정말 죽었다는 것을 보여준다. 모두들 그 딸의 죽음에 애도하고 있는 것이다.

V. 이런 성급한 소란에 대해 그리스도께서 책망하심. 물러가라(24절). 주목하라. 때로는 세상적인 슬픔이 압도할 때에는 그리스도와 그가 주시는 위로가 들어가기가 힘들다. 슬픔 중에 싸여 고집을 부리며 라헬처럼 위로를 받지 아니하는 자들은, 괴로워하는 그들에게 그리스도께서 물러가라고 말씀하신다는 것을 생각해야 할 것이다. "이스라엘의 위로가 되시며 친히 강한 위로를 베푸시는 그분을 위해 여지를 남겨 두어라. 그를 심령 속에 받아들이기만 하면 그가 이 세상의 슬픔이 주는 모든 혼란과 괴로움을 충족히 극복할 만한 위로를 주시리라." 그리스도께서는 그들이 그렇게 소란을 피우며 서로 슬퍼해서는 안 되는 정당한 이유를 제시하신다: 이 소녀가 죽은 것이 아니라 잔다.

1. 이제 곧 생명을 되찾을 것이니, 이 소녀에 대한 이 말씀은 과연 참이다. 그 소녀는 죽어 있었으나, 그리스도께는 그렇지 않았다. 그는 자신이 행하실 수 있고 또한 행하실 일을 속으로 이미 알고 계셨고, 또한 그 소녀의 죽음을 잠으로 만들고자 하는 의지를 갖고 계셨던 것이다. 잠과 죽음은 그것이 끊이지 않고 계속되느냐의 여부 외에는 별로 다를 것이 없다. 다른 차이가 있다 해도 그것은 꿈에 지나지 않는다. 이 소녀의 죽음은 잠시만 계속될 뿐이므로, 그것은 마치 하룻밤을 쉬는 것 같은 잠과 다를 바 없는 것이있다. 죽은 사를 살리시는 이는 또한 없는 것을 있는 것으로 부르시기도 하는 것이다(롬 4:17).

2. 어떤 점에서는 모든 죽는 자들이, 특히 주 안에서 죽는 자들이 그러하다. 주목하라. (1) 죽음은 잠이다. 모든 나라와 언어들이 그렇게도 끔찍하고 피할 수 없는 죽음을 좀 부드럽게 완화시키고 또한 스스로 그것과 조화를 이루고자, 한결같이 죽음을 잠으로 부르고 있다. 심지어 사악한 왕들에 대해서도 그들이 조상과 함께 잔다고 하며, 다시 부활하여 영원한 멸시를 당할 자들에 대해서도 땅의 티끌 가운데에서 잔다고 말씀하는 것이다(단 12:2). 죽음은 영혼의 잠이 아니다. 영혼의 활동은 중지하지 않는다. 죽음은 육체의 잠이다. 육체가 무덤 속에 누워서 고요히 침묵하고 있으며, 외부 세계와는 전혀 관계 없이 어둠 속에 싸여 있는 것이다. 잠은 짧은 죽음이요, 죽음은 긴 잠이다. 그러나 의인의 죽음은 특별한 방식으로 하나의 잠으로 간주된다(사 57:1, 2). 그들은 예수 안에서 잔다(살전 4:14). 낮의 힘든 수고에서 쉬는 것일 뿐 아니라, 부활의 아침에 다시

기쁘게 깨어날 소망 가운데서 쉬는 것이다. 그 아침이 되면 새로운 상태로 깨어나 새 생명을 누리며 복락의 옷을 입고 면류관을 쓰되 다시는 잠들지 않게 되는 것이다. (2) 이 사실을 생각하여, 사랑하는 친족이 죽을 때에 우리의 슬픔을 절제하여야 한다. "그들을 잃어버렸다고 말하지 말라. 아니다. 그들은 먼저 간 것뿐이다. 그들이 죽임당했다고 말하지 말라. 아니다. 그들은 잠들었을 뿐이다. 사도는 그리스도 안에서 잠자는 자가 망하였다는 상상을 터무니없는 일로 말씀한다(고전 15:8). 그러므로, 슬픔이여 물러가라. 은혜의 언약이 주는 위로를 받으라. 미래의 상태와 장차 나타날 영광에게서 그 위로를 얻으라."

그런데, 우리 주 예수의 입에서 나온 이 놀라운 위로의 말씀이 그렇게 조롱을 당했다니, 어떻게 그런 일을 상상이나 할 수 있었겠는가? 그들이 비웃더라. 이 사람들은 가버나움에 사는 자들로, 당연히 그리스도께서 절대로 경솔하거나 어리석은 말씀을 하신 일이 없다는 것을 잘 알고 있었다. 그가 놀라운 역사를 얼마나 많이 일으켰는지도 잘 알고 있었다. 그러니 그리스도의 말씀의 뜻을 깨닫지 못한다 할지라도 최소한 그 뒤에 되어질 일에 대해 기대를 갖고 조용히 했어야 옳았을 것이다. 주목하라. 그리스도의 말씀과 행위는 이해할 수 없다 할지라도 결코 멸시할 것이 아니다. 신적인 말씀들의 신비는 심지어 우리의 확신과 모순되는 것처럼 보일 때에도 반드시 우러러보아야 한다. 이런 신비가 여기의 이적을 확증해 주는 것이다. 그녀가 분명 죽은 것으로 보이므로, 그것을 그렇지 않다고 말하는 것 자체가 매우 우스꽝스럽다는 생각이 든 것이다.

Ⅵ. **그리스도의 능력으로 그 소녀가 일어남**(25절). 무리를 내 보낸 후에. 주목하라. 자기들의 능력 밖의 일에 대해서는 직접 보고 들을지라도 비웃는 조롱하는 자들은 그리스도의 놀라운 역사의 증인이 될 수 없다. 그 역사의 영광은 허세에 있는 것이 아니라 능력에 있는 것이다. 나인성 과부의 아들과 나사로는 공개적으로 다시 살리셨으나, 이 소녀는 사사로이 다시 살리셨다. 질병을 고치는 약한 이적들을 조롱한 가버나움은 그보다 더 큰 생명을 살리는 이적은 볼 자격이 없었다. 발로 밟을 자들 앞에는 이 진주를 던지지 말아야 하는 것이다(참조. 7:6).

그리스도께서 들어가사, 마치 그녀를 깨워 일어나도록 도우시려는 듯 — 그는 그녀가 잔다고 하신 자신의 비유적 표현을 행동으로 옮겨 행하신 것이다 — 소녀의 손을 잡으셨다. 그리스도의 모형인 대제사장은 시체를 가까이하지 못하게 되어 있었으나(레 21:10, 11), 그리스도께서는 죽은 시체를 잡으셨다. 레위 제사장들은 죽은 시체를 그 부정한 상태 그대로 남겨두며, 따라서 그것들과 거리를 두었다. 그 상태를 치유할 수가 없기 때문이었다. 그러나 그리스도께서는 죽은 자를 살리는 능력을 지니셨으므로 이런 오염을 초월하시며 따라서 시체를 만지기를 꺼리지 않으시는 것이다. 소녀의 손을 잡으시매 일어나는지라. 그의 이적은 너무도 쉽게 너무도 효과적으로 일어났다. 엘리야와(왕상 17:21) 엘리사가(왕하 4:33) 한 것처럼 기도로써가 아니라 손을 잡으심으로써 이적을 일으키신 것이다. 그 선지자들은 종들로서 이적을 행하였으나, 그는 아들로서, 사망에서 벗어남을 주시는 하나님으로서 행하신 것이다. 주목하라. 예수 그리스도는 영혼의 주(主)이시며, 그가 원하시는 때에 원하시는 방식으로 그들을 명령하신다. 그리스도께서 손을 잡으시지 않는 한 죽은 영혼들은 영적 생명으로 살아나지 않는다. 그 일은 그의 권능의 날에 일어날 것이다. 그가 우리를 도와 일으키시든가, 아니면 우리는 고요히 누워 있는 것이다.

VII. **이 이적이 사사로이 행해졌으나 그 소문이 널리 퍼짐.** 그 소문이 그 온 땅에 퍼지더라(26절). 이 일이 사람들의 큰 화젯거리가 되었다. 주목하라. 그리스도의 역사들은 깊이 생각하고 고려하기보다는 그것에 대해 이야기만 무성한 경우가 더 많다. 그리고 물론, 그리스도의 이적들에 관한 소문만을 들은 자들이나, 그 이적들을 눈으로 목격한 자들이니 똑같이 그 일에 대해 책임이 있다. 우리는 이처럼 멀리 떨어져 있으므로 그리스도의 이적들을 목격하지 못했으나, 그 일들에 대한 순전한 역사를 접하였으니, 우리는 이를 근거로 그리스도의 가르침을 받아들여야 마땅하다. 그리고 보지 못하고 믿는 자들이 복된 것이다(요 20:29).

²⁷예수께서 거기에서 떠나가실새 두 맹인이 따라오며 소리 질러 이르되 다윗의 자손이여 우리를 불쌍히 여기소서 하더니 ²⁸예수께서 집에 들어가시매 맹인들이 그에게 나아오거늘 예수께서 이르시되 내가 능히 이 일 할 줄을 믿느냐 대답하되 주여 그러하오이다 하니 ²⁹이에 예수께서 그들의 눈을 만지시며 이르시되 너희 믿음대로 되라 하시니 ³⁰그 눈들이 밝아진지라 예수께서 엄히 경고하시되 삼가 아무에게도 알리지 말라 하셨으나 ³¹그들이 나가서 예수의 소문을 그 온 땅에 퍼뜨리니라 ³²그들이 나갈 때에 귀신 들려 말 못하는 사람을 예수께 데려오니 ³³귀신이 쫓겨나고 말

못하는 사람이 말하거늘 무리가 놀랍게 여겨 이르되 이스라엘 가운데서 이런 일을 본 적이 없다 하되 ³⁴바리새인들은 이르되 그가 귀신의 왕을 의지하여 귀신을 쫓아 낸다 하더라

이 구절들에는 우리 구주께서 함께 행하신 다른 두 가지 이적들에 관한 기사가 기록되어 있다.

I. 두 맹인을 고치심(27-31절).　그리스도는 생명의 근원이시며 동시에 빛의 근원이시다. 앞에서 죽은 자를 살리심으로써 자신이 태초에 사람에게 생기를 불어넣으신 바로 그 동일하신 분이심을 친히 보여주신 것처럼, 이제는 맹인의 시력을 회복시키심으로써 자신이 태초에 어두운 데에 빛이 비치라고 명령하신 바로 그분이심을 보여주신 것이다. 관찰하라.

1. 두 맹인이 그리스도께 끈질기게 간청함. 예수께서 관리의 집에서 자신의 거처로 돌아가실 때에, 마치 거지들처럼 두 맹인이 따라오며, 끈질기게 소리 질렀다(27절). 그렇게도 쉽게, 효과적으로, 그렇게 값싸게 질병을 고치셨으니, 환자들이 많았을 수밖에 없다. 물론 달리도 유명하셨지만, 그는 안과의사로도 유명하셨다. 관찰하라.

(1) 이 맹인들이 그리스도께 붙인 칭호: 다윗의 자손이여 우리를 불쌍히 여기소서. 다윗에게 그의 자손 중에서 메시야가 오시리라는 약속이 주어진 사실이 잘 알려져 있었고, 그리하여 그 메시야를 가리켜 흔히 다윗의 자손이라 불렀다. 이 당시에는 그가 나타나시리라는 기대감이 일반적으로 퍼져 있었고, 이 맹인들은 그 메시야가 왔고 이분이 바로 그 메시야라는 것을 알고 믿고, 또한 가버나움의 거리들에서 그 사실을 선언하는데, 이는 그를 부인하고 반대한 대제사장들과 바리새인들의 어리석음과 죄악을 더 가중시키는 것이다. 그들은 그도, 그의 이적들도 볼 수가 없었다. 그러나 믿음은 들음에서 나는 것이다(롬 10:17). 주목하라. 하나님의 섭리로 말미암아 육체적인 시력을 잃어버린 자들도, 하나님의 은혜로 마음의 눈이 밝아져서, 지혜로운 자와 총명한 자들에게 감추어진 바 하나님의 큰 일들을 분별하게 될 수도 있는 것이다.

(2) 그들의 간구: 우리를 불쌍히 여기소서. 다윗의 자손이 자비하시며(시 72:12, 13) 또한 그에게서 우리 하나님의 긍휼이 비치리라(눅 1:17)고 미리 예언되었었다. 주목하라. 우리의 형편과 짐이 어떠할지라도, 우리에게는 우리 주

예수의 긍휼에 참여하는 것보다 더한 공급과 후원이 없다. 그가 우리를 고치시든 고치지 않으시든 간에, 그가 우리를 불쌍히 여기신다면 그것으로 족하며, 구체적인 긍휼의 사례와 방법들에 대해서는 그리스도의 지혜에게 우리 자신을 맡기는 것이 안전하고 지혜로울 것이다. 그들은 각기 저마다 나를 불쌍히 여기소서라고 외치지 않았다. 둘이 함께 우리를 불쌍히 여기소서라고 외쳤다. 주목하라. 동일한 환난 가운데 있는 자들은 함께 마음을 합하여 기도하는 것이 합당하다. 함께 고난 중에 있는 자들이 서로 함께 간구하는 자들이 되어야 하는 것이다. 그리스도 안에는 모든 사람이 족한 것이다.

(3) 그들의 끈질김: **따라오며 소리 질러 이르되.** 처음에는 예수께서 그들을 돌아보지 않으신 것 같은데, 이는 그들의 믿음을 시험하고자 하심이요, 그들의 기도를 활기 있게 하시고 그리하여 그의 치유를 더욱 가치 있게 하시며, 또한 우리에게 항상 기도하고 낙심하지 말아야 하며(눅 18:1) 응답이 즉시 오지 않더라도 계속 기다리며, 상황과 처지가 우리의 기도들과는 모순되는 것처럼 보일 때에도 섭리를 따라야 한다는 것을 가르치시고자 함이었다. 그리스도께서는 이 맹인들을 거리에서 공공연히 고치려 하지 않으시고, 사사로이 고치려 하셨다(30절). 예수께서 집에 들어가시매 맹인들이 거기까지 따라가 그에게 나아왔다. 주목하라. 믿고 끈질기게 간구하는 자들에게 그리스도의 문은 언제나 열려 있다. 그가 쉬고자 하여 집에 들어가실 때에 거기까지 그를 따라 들어가는 것이 무례하게 보였으나, 우리 주 예수님은 온유하셔서, 그들의 대담함을 마다하지 않으시고 환영하신 것이다.

2. 그리스도께서 그들로 하여금 믿음의 고백을 하게 하심. 그들이 나아와 불쌍히 여겨 주실 것을 구하자, 그는 그들에게 물으셨다: **내가 능히 이 일 할 줄을 믿느냐?** 주목하라. 믿음이 그리스도의 은혜를 얻는 큰 조건이다. 그리스도의 긍휼을 받고자 하는 자들은 반드시 그리스도의 능력을 확고히 믿어야 한다. 그가 우리에게 해 주시기를 바라는 그 일을 과연 그가 하실 수 있다는 것을 온전히 확신해야 하는 것이다. 그들은 그리스도를 따라왔고, 따라오면서 소리를 질러 외쳤다. 그러나 큰 문제는 **네가 믿느냐?** 하는 것이다. 끈질긴 자세는 자연적으로도 일어날 수 있다. 그러나 믿음을 일으키는 것은 오직 은혜밖에는 없고, 신령한 축복들은 오직 믿음으로만 얻어지는 것이다. 그들은 그리스도가 다윗의 자손이심과 그의 긍휼하심을 믿는 믿음이 있음을 이미 암시했었다. 그러나 그

리스도께서는 또한 그의 능력을 믿는 믿음을 고백할 것을 요구하신다. 내가 능히 이 일 할 줄을, 중풍병자를 고치고 죽은 자를 살린 것처럼 맹인의 시력도 회복시킬 줄을, 믿느냐? 주목하라. 믿음을 발휘할 때에 구체적인 것이 좋다. 하나님의 능력과 그의 선하신 뜻과 일반적인 약속에 대한 전반적인 확신을 우리의 구체적인 상황에 적용시키는 것이다. 모든 것이 합력하여 선을 이루느니라(롬 8:28). 모든 것이 그러할진대, 다음과 같은 진술이 성립될 것이다: "내가 그저 선지자로서 하나님께 간구함으로써가 아니라 내 자신의 능력으로 능히 이 일 할 줄을 믿느냐?" 이는 곧 그들이 그가 다윗의 자손일 뿐 아니라 하나님의 아들이심을 믿은 것이 될 것이다. 맹인들의 눈을 여시는 것은 하나님의 대권이며(시 146:8), 그가 눈 밝은 자가 되게 하시기 때문이다(출 4:11). 욥은 맹인의 눈이 되었고(욥 29:15), 그들의 눈을 대신해 주었으나, 맹인에게 눈을 줄 수는 없었다. 우리에게도 동일한 질문이 주어진다. 우리는 과연 그리스도께서 우리를 위해 능히 이 일을 할 줄을 믿는가? 그가 과연 그의 공로와 하늘에서의 간구하심의 능력으로, 마음에서 역사하는 그의 성령과 은혜의 능력으로, 세상에서 역사하는 그의 섭리와 통치의 능력으로 능히 이 일을 할 줄을 믿는가? 그리스도의 능력을 믿는 것은 그것에 대해 우리 스스로 확신을 갖는 것임은 물론 우리 자신을 그 능력에 맡기는 것이요, 그 능력 안에서 우리 자신을 격려하는 것이다.

이 질문에 대해 그들은 주저 없이 곧바로 답변한다. 주여 그러하오이다. 그가 잠시 그들을 시험하시고 도움을 주지 않으셨으나, 그들은 정직하게도 그것이 그의 연약함 때문이 아니라 그의 지혜로우신 처사이심을 인정하고서, 여전히 그의 능력에 대해 확신하고 있다. 주목하라. 그리스도의 능력 속에 담겨 있는 긍휼이라는 보배는 주를 두려워하는 자를 위하여 쌓아 두신 것이다(시 31:19).

3. 그리스도께서 그들을 치유하심. 그들의 눈을 만지시며(29절). 이렇게 하신 것은 그들의 믿음을 격려하시기 위함이요 — 치유를 지체하신 것은 그들의 믿음을 시험하기 위함이었다 — 또한 그의 은혜의 역사로 말미암아 그 맹인들에게 시력을 찾게 해 주신다는 것을 보여주시기 위함이다. 그리고 그는 그들의 믿음에 근거하여 병 고침을 허락하신다. 너희 믿음대로 되라. 그들이 병 고침을 간청했을 때에, 그는 그들의 믿음에 대해 물으셨다: 내가 능히 이 일 할 줄을 믿느냐?(28절). 그들의 재물에 대해 — 시력을 회복하면 얼마나 지불할 수 있는지 — 묻지 않으셨고, 그들의 명성에 대해서도 — 그들을 낫게 해 주면 과연 그

가 명예를 얻을까 ─ 묻지 않으셨다. 그는 그들의 믿음에 대해 물으셨다. 그리고 이제 그들이 믿음을 고백하자, 문제를 그 믿음에다 돌리시는 것이다. "너희가 믿는 것을 내가 아노니, 너희가 믿는 그 능력이 너희에게 발휘될지니라. 너희 믿음대로 너희에게 되라." 이는 다음의 사실을 말해 준다. (1) 그가 그들의 믿음의 순전함을 아시고, 그 믿음을 용납하시고 인정하셨다는 것. 주목하라. 예수 그리스도께서 그들의 믿음을 아시고 그것을 기뻐하신다는 것이야말로 참된 신자들에게는 큰 위로가 된다. 그 믿음이 연약할지라도, 다른 사람들은 그것을 분별하지 못할지라도, 그들 스스로도 그것에 대해 의문을 가질지라도, 그는 아시는 것이다. (2) 그들의 믿음을 필수적인 것으로 여겨 강조하셨다는 것. "너희가 믿으니, 너희가 구하는 것을 취하라." 주목하라, 예수 그리스도께 아뢰는 자들은 그들의 믿음대로 대해질 것이다. 그들의 헛된 생각대로도 아니고, 그들의 말대로도 아니고, 그들의 믿음대로 될 것이다. 즉 불신자들은 하나님께 그 어떤 호의도 얻기를 기대할 수 없으나, 참된 신자들은 복음에 제시되는 모든 호의를 반드시 얻을 것이다. 그리고 우리의 믿음의 강약에 따라 우리가 받는 위로도 달라진다. 그리스도 안에서 궁핍하지 않다면, 우리 스스로도 궁핍하게 여기지 말아야 할 것이다.

4. 병 고친 사실을 알리지 말라는 경고. 삼가 아무에게도 알리지 말라(30절). 그가 이런 경고를 주신 것은, (1) 겸손과 마음을 낮춤의 모범을 보이사, 우리로 하여금 그에게서 배우도록 하시기 위함이었다. 주목하라. 선을 행할 때에 우리 자신의 칭찬을 구하지 말고, 오직 하나님의 영광을 구해야 한다. 선행을 하는 것을 다른 이들에게 보이는 것보다는 선하게 쓰임받는 일에 더 신경을 쓰고 노력해야 한다(잠 20:6; 25:27). 이렇게 하사 그리스도께서는 오른손이 하는 것을 왼손이 모르게 하라는 자신의 규범(6:3)을 스스로 준수하신 것이다. (2) 어떤 이들은 그리스도께서 이 사실을 은밀하게 하심으로써 가버나움의 주민들에 대한 자신의 불쾌감을 나타내셨다고 본다. 그들은 그렇게도 많은 이적들을 보고도 믿지 않았기 때문이라는 것이다. 주목하라. 그리스도의 역사들을 선포해야 할 자들이 잠잠하는 것은 어느 곳이나 어느 사람들에게나 심판이다. 그리고 불신앙으로 완악해져 있는 자들에게 그리스도께서 깨달음의 수단을 거부하시고, 그들의 눈을 가려서 빛을 보지 못하게 하시는 것도 심판이다. (3) 그 자신의 보존을 고려하여 그렇게 하신 것이다. 그가 두드러질수록 유대인의 통치자들이

그가 사람들에게 호평받는 것을 더 시기할 것이기 때문이었다. (4) 휘트비 박사는 또 다른 매우 설득력 있는 이유를 제시한다. 그리스도께서 때때로 자신의 이적들을 감추시고 또한 나중에는 그의 변화한 모습을 드러내기를 금하신 것은 유대인들 사이에 만연되어 있던 해로운 상상에 — 그들의 메시야가 세속적인 왕이시라는 것 — 빠지지 않으시고, 또한 그 백성들이 소동과 무력을 통해서 그의 나라를 세우고자 하는 것에 빌미를 주지 않기 위함이었다는 것이다. 실제로 그들은 그런 시도를 한 바가 있다(요 6:15). 그러나 그가 부활하신 후 (그의 부활은 그의 사명의 완전한 증거였다), 그의 영적인 나라가 세워질 때에, 그 때에는 그런 위험이 없어질 것이요, 따라서 그리스도께서 행하신 일들이 만국에 전파되어야 할 것이다. 그리고 휘트비 박사는 또한, 그리스도께서 이방인들과 가다라 지방에서 행한 이적들은 널리 전하도록 명령하셨다는 점을 지적한다. 그들에게는 그런 위험이 없었기 때문에 그렇게 명령하셨다는 것이다.

그러나 존귀는 마치 그림자와 같아서, 그것을 따르는 자에게서는 피하여 달아나고, 그것을 피하는 자는 따라다니는 법이다. 그들이 나가서 예수의 소문을 그 온 땅에 퍼뜨리니라(31절). 이것은 사려 깊은 행위라기보다는 열정이 가득한 행위였다. 물론 그리스도의 영광을 위하는 자세로 정직하게 행해진 것이지만, 구체적인 경고를 따르지 않은 것이므로 결코 정당한 것이라 할 수가 없다. 하나님의 영광을 위하는 의도를 갖고 있을 때마다, 우리는 언제나 우리의 행위가 하나님의 뜻에 맞아야 한다는 것을 유념해야 한다.

Ⅱ. 귀신 들려 말 못하는 사람을 고치심. 여기서 관찰하라.

1. 이 사람의 처지. 그는 매우 안타까운 처지였다. 그는 귀신의 능력에 사로잡혀서 말을 하지 못하는 상태였다(32절). 이 세상의 재난이 가득한 상태를 보라. 괴로움당하는 자들의 괴로움들이 얼마나 다양한지 모른다. 두 맹인이 떠나가자마자, 이제는 말 못하는 사람을 만나게 되니 말이다. 우리가 보고 말한다는 사실에 대해 정말 하나님께 감사해야 마땅할 것이다. 인류를 향한 사탄의 악한 궤계를 보라. 얼마나 다양한 방식으로 그것을 드러내는가? 이 사람의 말 못하는 상태는 귀신 들린 결과였다. 그러나 앞에서 귀신 들린 사람처럼 강제로 우리가 당신과 무슨 상관이 있나이까(8:29)라고 말하는 것보다, 차라리 말을 하지 못하는 것이 훨씬 더 나았다. 두 사람 중에 하나님을 모독하는 사람보다는 말

못하는 귀신 들린 사람이 더 낫다. 귀신에 들리면, 선한 것에 대해서는 무조건 침묵하게 되며, 기도와 찬양에서 아무 말도 하지 못한다. 귀신은 기도와 찬양의 철천지 원수이기 때문이다. 사람들이 이 불쌍한 사람을 그리스도께 데려왔다. 그는 자기 자신의 믿음으로 나온 자들만이 아니라 다른 친구들의 믿음에 이끌려 나온 자들도 받으신 것이다. 의인은 그의 믿음으로 말미암아 영원히 살지만, 그러나 세상적인 자비들은 우리를 위하여 간구하는 자들의 믿음을 보시고 우리에게 베풀어질 수도 있는 것이다. 고침받은 맹인들이 나가자마자 그들이 그 사람을 데려왔다. 그리스도께서 얼마나 열심히 선을 행하셨는지를 보게 된다. 한 가지 선행이 끝나자 곧바로 다음의 선행이 이어지니 말이다! 자비와 놀라운 긍휼의 보화들이 그에게 감추어져 있으니, 이것이 계속해서 전달되어 나오는 것이다. 그러나 이것은 결코 다함이 없는 것이다.

2. 이 사람이 갑작스럽게 고침받음. 귀신이 쫓겨나고 말 못하는 사람이 말하거늘(33절). 주목하라. 그리스도의 치유는 그 근원을 해결하는 것이요, 원인을 제거함으로써 그 효과를 제거하는 것이다. 그는 영혼을 장악하고 있는 사탄의 권세를 깨뜨림으로써 그 사람의 입술을 여신다. 거룩하게 하시는 역사에서 그는 물 근원에 소금을 뿌리심으로써 물을 깨끗이 정화시키시는 것이다. 그리스도께서 그의 은혜로 귀신을 쫓아내자마자 곧바로 말 못하는 사람이 말을 하게 된다. 바울도 회심하자마자 그기 기도하는 중이니라(행 9:11). 그리고 이 때에 말 못하는 사람이 말을 하게 된 것이다.

3. 이 병 고침의 결과들.

(1) 무리가 놀랍게 여김. 이는 당연한 일이다. 믿는 이는 적으나, 놀라워하는 자들은 많은 법이다. 다른 어떠한 반응보다 일반 백성들이 놀라워하는 것이 먼저 일어났다. 기이한 일에 대하여 새 노래, 새 언약의 노래가 불러질 것이 예언되었었다(시 98:1). 그들은 이스라엘 가운데서, 그러므로 다른 어느 곳에서도, 이런 일을 본 적이 없다고 하였다. 이스라엘이 경험한 그런 놀라운 자비는 다른 어떤 백성들도 경험한 바가 없었던 것이다. 과거에도 이스라엘에 기이한 이적들을 행한 자들이 있었으나, 그리스도는 그들 모두를 능가했다. 모세가 행한 이석들은 이스라엘 전체를 하나의 백성으로 상대하고 행해진 것이다. 그러나 그리스도의 이적들은 구체적인 사람들에게 행해졌다.

(2) 바리새인들은 그리스도를 모독함(34절). 이 이적들의 분명한 증거들 앞

에서 그것들을 부인할 수 없게 되자, 그들은 그것을 귀신의 힘으로 돌렸다. 마치 귀신들이 서로 자기들끼리 충돌하기라도 한 것처럼 말이다: 그가 귀신의 왕을 의지하여 귀신을 쫓아낸다 하더라. 이것은 도저히 말도 되지 않는 끔찍한 진술이다. 이에 대해서와 또한 이에 대한 그리스도의 답변에 대해서 뒤에서 좀 더 상세히 다룰 것이다(12:25). 여기서는 다만 악한 사람들과 속이는 자들은 더욱 악하여진다(딤후 3:13)는 것만을 관찰하라. 그것이 그들의 죄요 또한 형벌인 것이다. 그들은 그리스도에 대해서 트집 잡기를, 그가 죄를 사하며(3절), 세리와 죄인들과 함께 잡수시며(11절), 금식하지 않는다(14절)고 했는데, 이는 물론 악의가 있기는 하나 그래도 거기에 경건과 순전함과 헌신의 기미가 있었다. 그러나 이런 트집은(그들을 벌하시기 위해 그런 트집을 잡도록 내버려 두신 것이다) 오로지 악의와 거짓과 최고조의 지옥의 적개심 외에는 아무것도 볼 수가 없다. 이는 처음부터 끝까지 마귀적이며, 따라서 사하심 받을 수 없는 죄로 선언되어 마땅한 것이다. 사람들이 놀라워하므로, 그들로서는 무언가 그 이적을 깎아내릴 말을 해야 했고, 그래서 이 말밖에는 할 말이 없었던 것이다.

[35]예수께서 모든 도시와 마을에 두루 다니사 그들의 회당에서 가르치시며 천국 복음을 전파하시며 모든 병과 모든 약한 것을 고치시니라 [36]무리를 보시고 불쌍히 여기시니 이는 그들이 목자 없는 양과 같이 고생하며 기진함이라 [37]이에 제자들에게 이르시되 추수할 것은 많되 일꾼이 적으니 [38]그러므로 추수하는 주인에게 청하여 추수할 일꾼들을 보내 주소서 하라 하시니라

여기에는,

I. 앞에 나타나는 그리스도의 설교와 이적 기사의 결론이 제시된다. 예수께서 모든 도시와 마을에 두루 다니사 … 가르치시며 … 고치시니라(35절). 이는 앞에서 보도된 것과 동일하다(4:23). 거기서는 이런 보도 다음에 그리스도의 설교(5, 6, 7장)와 그의 치유(8, 9장)에 대한 구체적인 기록이 이어졌는데, 여기서는 이 구체적인 사례들의 기록 마지막 부분에 아주 세련되게, 입증할 점으로 반복되어 제시되는 것이다. 마태복음 기자는 마치 이렇게 진술하는 것과도 같다: "이제 구체적인 사례들을 제시하여 그리스도께서 가르치시고 고치신 일이 입증되었기를 바란다. 그의 설교들의 요지들도 보았고, 병을 고치심으로써 그

의 가르침을 확증하신 몇 가지 사례들도 보았는데, 이것을 기록함은 너희로 믿게 하려 함이라." 어떤 이들은 이것이 첫 번째와 비슷한 그리스도의 두 번째 갈릴리 순회 사역이었다고 본다. 그는 전에 들어가서 복음을 전했던 자들을 다시 방문하셨다는 것이다. 바리새인들이 그에게 트집 잡고 반대했으나, 그는 계속해서 그의 일을 행하셨으니, 곧 천국 복음을 전파하신 것이다. 그는 백성들에게 이제 중보자의 통치 아래 세워질 은혜와 영광의 나라에 대해 말씀하셨다. 이것이야말로 과연 복음이요, 복된 소식이요, 큰 기쁨의 좋은 소식이었다.

그리스도께서 복음 전파 시에 다음을 존중하셨음을 관찰하라.

1. 여러 마을들. 그는 크고 부유한 도시만이 아니라 가난하고 이름 없는 마을들도 찾아 가셨다. 거기서 가르치셨고 병든 자들을 고치셨다. 그리스도께는 세상에서 가장 비천한 자들의 영혼들도 가장 위대한 인물들의 영혼만큼이나 고귀하다. 그러므로 우리에게도 그래야 할 것이다. 부자와 가난한 자들이, 도시민들과 촌사람들이 모두 그의 안에서 만난다. 이스라엘에서 마을 사람들을 위한 그의 의로우신 일을 노래해야 할 것이다(삿 5:11).

2. 공적인 예배. 그는 그들의 회당에서 가르치셨는데, 이는 (1) 그들 가운데 부패한 모습이 있으나 엄숙히 모이는 집회에서 증언하시기 위함이었다. 우리는 모이기를 폐하는 어떤 사람들의 습관과 같이 하지 말아야 할 것이다(히 10:25). (2) 사람들이 듣고자 하는 자세로 함께 모여 있는 그 곳에서 실교할 기회를 갖기 위함이었다. 그리하여, 복음적인 교회가 세워져 있고, 그리스도인의 집회가 확립되어 있는 곳에서도, 사도들이 유대인의 회당에서 설교한 예가 많은 것이다. 주어진 환경을 최대한으로 사용하는 것은 사려 깊은 지혜인 것이다.

II. 그리스도께서 사도들을 내어보내시는 다음 장의 기사에 대한 하나의 서두 혹은 서언이 나타난다. 그는 무리를 주목하셨다(36절). 비단 그를 따르는 군중들만이 아니라, 그가 지나시면서 보신 그 땅에 가득히 널려 있는 무수한 사람들까지 돌아보셨다. 각 도시와 마을마다 얼마나 많은 주민들이 있으며, 각 회당마다 얼마나 많은 사람들이 있으며, 기꺼이 문을 열어 줄 회당들이 얼마나 많은지를 보셨다. 그 민족의 인구가 이제 그렇게 많아졌다. 그리고 이는 아브라함에게 주신 하나님의 축복의 결과였다. 그리스도께서는 이 점을 보시고,

1. 그들을 불쌍히 여기시고 그들을 돌아보셨다. 무리를 보시고 불쌍히 여기시니(36절). 맹인이나 다리 저는 자나 병든 자를 불쌍히 여기실 때처럼 어떤 세

속적인 이유 때문이 아니라, 영적인 이유로 그들을 불쌍히 여기셨다. 그들의 무지함과 부주의함과 또한 보지 못하여 멸망할 수밖에 없는 처지를 보신 것이다. 주목하라. 예수 그리스도는 고귀한 영혼들을 사랑하는 그들의 친구이시다. 그가 여기에다 특별히 마음을 쓰시는 것이다. 그를 하늘로부터 땅으로 오게 했고, 또한 땅에서 십자가에게로 나아가게 한 영혼들이야말로 불쌍한 존재들이었다. 비참함이야말로 긍휼의 대상이며, 죄악 가운데서 자기를 망치는 영혼들의 비참함은 그 중에서도 가장 비참한 것이다. 그리스도는 자기 자신을 불쌍히 여기지 않는 심령들을 가장 불쌍히 여기신다. 그러니 우리도 그래야 할 것이다. 그리스도인의 가장 큰 연민은 영혼들을 향한 연민이다. 그것이 가장 그리스도를 닮은 것이다.

그로 하여금 불쌍히 여기도록 만든 요인을 보라. 그것은 (1) 그들의 기진함이었다. 그들은 핍절한 상태에서 완전히 지쳐 있었다. 그들은 고생하고 있었고, 서로서로 풀어져 있었다. 연합이라 하는 막대기가 꺾여 있었다(슥 11:14). 그들은 영혼을 도울 자도 없고, 쓸모 있는 것이 아무것도 없었다. 서기관과 바리새인들은 헛된 사상들로 가득 채우며, 장로의 유전들을 지우며, 온갖 오류로 그들을 미혹시키고 있었고, 그런 가운데서 그들을 올바른 의무를 배우지도 못하고, 하나님의 율법의 범위와 영적 본질에 대해서도 접할 수가 없었다. 그리하여 그들은 기진한 상태에 있었다. 생명의 떡 대신 껍데기와 재만 먹는 영혼들에게 어떻게 영적 건강과 생명과 활력이 있을 수 있겠는가? 의무를 행하여야 하고, 시험을 이겨야 하고, 환난을 견뎌야 할 때에 진리의 말씀으로 영양을 얻지 못하므로, 고귀한 영혼들이 기진하여 있는 것이다. (2) 그들이 목자 없는 양과 같이 흩어져 있었다. 이 표현은 왕상 22:17에서 빌려온 것으로, 하나님의 일들에서 앞서서 인도할 신실한 인도자들이 없는 안타까운 처지를 묘사하는 것이다. 양처럼 흩어져 곁길로 빠지기를 잘 하는 짐승도 없다. 한 번 흩어지면 속수무책으로 이리저리 헤매며, 바른 길을 다시 찾기가 더욱 힘들어진다. 죄악된 영혼들은 잃어버린 양과 같아서, 그들을 다시 돌이킬 목자의 보호가 필요한 것이다. 당시 유대인들에게 있던 교사들은 스스로 목자인 체했으나, 그리스도께서는 그들이 목자가 아니었다고 말씀하신다. 그들은 차라리 없는 것만도 못한 자들이었기 때문이다. 그들은 양들을 인도하여 들이기는커녕 오히려 흩어버리고, 양들을 먹이기는커녕 오히려 털을 깎아 파는 게으른 목자들이요, 렘 23:1;

겔 34:2 등에서 묘사하는 그런 목자들이었다. 주목하라. 목사가 전혀 없거나 아니면 목사가 있어도 없는 것과 마찬가지인 — 그리스도와 영혼의 일들을 돌아보지 않고 자기 잇속만 챙기는 — 그런 사람들의 처지는 매우 불쌍하다.

2. 그는 제자들에게 그들을 위하여 기도할 것을 촉구하셨다. 그는 그들을 불쌍히 여기사 그 백성들에게 유익을 줄 수 있는 수단을 강구하셨다. 이 때에 사도들을 내어보내시기 전에, 그리스도께서는 친히 오랜 시간 기도하신 것으로 나타난다(눅 6:12, 13). 주목하라. 우리가 불쌍히 여기는 사람들을 위하여 기도해야 한다. 그들을 위하여 하나님께 말씀하신 다음, 그는 제자들을 향하여 말씀하신다.

(1) 현재의 처지가 어떤지에 대하여. 추수할 것은 많되 일꾼이 적으니. 사람들은 좋은 설교를 바랐으나, 좋은 설교자들이 별로 없었다. 해야 할 일은 많고, 해야 할 선은 많은데, 그 일을 행할 손이 부족했던 것이다.

〔1〕 추수할 것이 많다는 것은 고무적인 일이었다. 교훈이 필요한 사람들이 무수히 많다는 것은 이상스런 일이 아니었다. 그러나 교훈을 필요로 하고 또한 그것을 사모하는 자들이 달려나가 그것을 받는 일은 자주 있는 일이 아니었다. 제대로 가르침받지 못한 자들은 더 잘 가르침받기를 사모하였다. 백성들의 기대감이 고조되었고, 약속된 바와 같이 그런 사모하는 자세들이 일어났다 주목하라. 사람들이 좋은 설교를 사랑한다는 것은 정말 복된 일이다. 그렇게 되면 골짜기에 곡식이 가득 덮여 있고, 추수가 잘 될 것이라는 소망이 있다. 이는 귀중한 기회로서 두 배나 조심스럽고도 부지런하게 사용하여 결과를 내야 한다. 추수 때는 바쁜 때이기 때문이다.

〔2〕 그런데 이런 때에 일꾼이 그렇게 적다는 것은 정말 안타까운 일이었다. 추수꾼이 없어서 곡식이 그대로 방치되어 밭에서 썩는다는 것은 안타까운 일이다. 빈둥빈둥 노는 자들은 많으나 일꾼들은 매우 적은 법이다. 주목하라. 좋은 일꾼이 없어서 선한 일이 제자리 걸음을 하거나 아니면 더디 이루어진다면, 이는 교회에 아주 나쁜 요인이 된다. 그럴 때면 교회에 있는 일꾼들이 매우 바빠질 수밖에 없다.

(2) 이 상황에서 그들이 담당해야 할 임무에 대하여. 추수하는 주인에게 청하여 추수할 일꾼들을 보내 주소서 하라(38절). 시대의 안타까운 사정과 고귀한 영혼들의 절박한 처지를 볼 때에, 간절한 기도가 일어나야 마땅하다. 일들이 실

망스러워 보일 때에 기도를 더 많이 하고, 불평과 두려움을 덜해야 한다. 그리고 교회의 현재의 처지에 맞추어 기도하여야 한다. 이스라엘이 어떻게 행하여야 할지는 물론 이스라엘이 무엇을 기도해야 할 지를 알 만큼, 우리가 시대에 대해 깨달음이 있어야 한다. 주목하라.

〔1〕 하나님은 추수하는 주인이시요, 내 아버지는 농부라(요 15:1). 이는 만군의 여호와의 포도원이다(사 5:7). 추수하여 거두어들이는 것은 그를 위한 것이요, 그에게 하는 것이요, 그를 섬기며 높이는 일이다. 너희는 하나님의 밭이요(고전 3:9), 그의 타작마당이요 그의 마당의 곡식이다(사 21:10). 그는 그가 원하시는 대로, 일꾼들이 언제 어디서 얼마나 오래 일할 것인가를 포함하여 추수에 관한 모든 일을 명하신다. 하나님께서 친히 일을 주관하시므로 그가 최선의 명령을 주실 것이니, 이것이야말로 추수를 담당하는 일꾼들에게는 가장 위로가 된다.

〔2〕 목사들은 하나님의 추수를 담당하는 일꾼들이며 또한 그런 일꾼들이어야 하며, 목회 사역은 하나의 일이요 따라서 거기에 합당하게 행하여야 한다. 그것은 추수하는 일이요, 그 때에 합당하게 사려 깊고도 근면하여 그 모든 일을 담당하여야 한다. 그러나 그 일은 즐거운 일이다. 그들은 기쁨으로 곡식을 거둔다. 그리고 복음을 전하는 자들의 즐거움이 추수하는 즐거움에 비유되며(사 9:2, 3), 추수한 품꾼은 삯을 받으며 하나님의 밭에서 수고한 품꾼의 삯은 반드시 지불될 것이다(약 5:4).

〔3〕 추수꾼을 내어보내는 것은 하나님의 일이다. 그리스도께서 목사들을 만드신다(엡 4:11). 목사의 직분은 그리스도께서 지정하시며, 목사의 자격은 그가 이루시며, 목사의 소명은 그리스도께서 주시는 것이다. 임무도 없고, 자격도 없고, 부르심도 없는 자들은 일꾼이 아니요, 일꾼으로 품삯을 받을 수도 없다. 보내심을 받지 아니하였으면 어찌 전파하리요?(롬 10:15).

〔4〕 그리스도와 영혼들을 사랑하는 모든 자들은 하나님께 간절히 기도함으로 그 사랑을 보여야 한다. 특히 추수할 것이 많을 때에는, 유능하고, 신실하며, 지혜롭고 근면한 추수할 일꾼들을 보내 주시기를, 죄인들을 회심하게 하고 성도들을 강건케 하는 일을 담당할 자들을 일으키시기를, 그들에게 그 일을 위한 열심을 주시고 그 일을 위하여 부르시고 그 일에서 성공을 거두게 하시기를, 그들에게 영혼을 얻는 지혜를 주시기를, 또한 자신들의 연약함과 사람들의 사

악함과 반대 때문에 나아가 일하기를 꺼리는 일꾼들을 내치시기를, 또한 우리가 안팎의 모든 어려움을 다 이기고 극복하기를, 위하여 기도해야 한다. 그리스도께서는 추수를 위하여 사도들을 내어보내시기 전에, 그들에게 이를 위하여 기도할 것을 촉구하시는 것이다.

주목하라. 하나님께서 은혜의 보좌를 사모하는 자들을 감동하셔서 일을 위하여 기도하게 하시면, 그것은 하나님께서 그 백성들에게 무언가 특별한 자비를 베푸시려 한다는 좋은 징조다(시 10:17). 더 나아가 관찰하라. 그리스도께서는 추수할 일꾼으로 보내질 그의 제자들에게 이 말씀을 하셨다. 그들은 첫째로, 하나님께서 그들을 보내 주시기를 위해 기도해야 했다. 내가 여기 있나이다 나를 보내소서(사 6:8). 주목하라. 기도의 응답으로 보내심을 받으면 이는 십중팔구 성공을 거두게 되어 있다. 바울은 택한 그릇이니, 그가 기도하는 중이라(행 9:11, 15). 둘째로, 다른 이들도 보내 주시기를 위해 기도해야 했다. 주목하라. 일반 교인들만이 아니라 목사 자신들도 목사의 수가 증가하기를 위해 기도해야 한다. 자기들 자신의 이익을 추구하는 자들은 자기 혼자만 있기를 바라나(목사의 수가 적을수록 더 대우를 잘 받으므로) 그리스도의 일을 구하는 자들은 자기들이 빛을 잃을지언정 더 많은 일꾼들을 원하며, 더 많은 일이 행해지기를 바라는 것이다.

제
— 10 —
장

개요

본 장은 우리 주 예수의 임직식 설교로서, 그가 열두 제자들에게 사도의 직분을 맡기시면서 하신 것이다. 앞 장 마지막에서 그는 그들과 또 다른 이들에게 하나님께서 일꾼들을 보내 주시기를 위하여 기도하라고 촉구하셨었는데, 여기서 그 기도의 즉각적인 응답을 보게 된다. 그들이 아직 기도하기도 전에 그가 들으시고 이행하시는 것이다. 그리스도의 지시에 따라 우리가 기도해야 할 내용이 주어질 것이다. I. 제자들에게 전반적인 위임과 명령이 주어짐(1절). II. 이 위임과 명령을 받은 사람들의 명단(2-4절). III. 그들에게 주어진 지시 사항들. 이는 매우 충실하고 구체적이다. 1. 그들이 해야 할 봉사들에 관하여. 복음 전파하는 일, 이적 행하는 일, 그들의 사역의 대상자들, 행동시 주의 사항, 사용할 수단(5-15절). 2. 그들이 당할 고난에 관하여. 그들이 누구에게서 어떤 고난을 당할 것인가에 대한 교훈, 이 때에 어떻게 처신해야 할지에 대한 지침, 고난 가운데서도 기꺼이 짐을 지라는 격려(16-42절). 이 일들은 우선적으로 사도들에게 주는 지침이지만, 모든 그리스도의 목사들에게도 그대로 적용된다. 그리스도께서는 그의 말씀으로 세상 끝까지 그들과 항상 함께 하실 것이다.

[1]예수께서 그의 열두 제자를 부르사 더러운 귀신을 쫓아내며 모든 병과 모든 약한 것을 고치는 권능을 주시니라 [2]열두 사도의 이름은 이러하니 베드로라 하는 시몬을 비롯하여 그의 형제 안드레와 세베대의 아들 야고보와 그의 형제 요한, [3]빌립과 바돌로매, 도마와 세리 마태, 알패오의 아들 야고보와 다대오 [4]가나안인 시몬 및 가룟 유다 곧 예수를 판 자라

I. 그리스도께서 그의 사도 혹은 사신으로 세우신 자들이 누구였는지가 제시되고 있다. 그들은 그의 제자들이었다(1절). 그리스도는 얼마 전에 바로 옆에서 그를 따르며 항상 함께 있던 자들을 제자로 부르시면서 그들이 사람을 낚는 어부가 되리라고 말씀하셨었는데, 그 약속을 이제 이행하신다. 주목하라.

그리스도께서는 보통 존귀와 은혜들을 단계적으로 베푸신다. 그가 베푸시는 존귀와 은혜의 빛이 아침 햇살처럼 더 강해지는 것이다. 그리스도께서는 그동안 열두 제자들을 다음과 같은 상태에 두셨다.

1. 시험의 상태에. 사람 속에 있는 것을 아시고, 그들 속에 있는 것을 처음부터 아셨지만(요 6:70), 그는 그의 교회에게 모범을 주시기 위하여 이 방법을 취하셨다. 주목하라. 목회 사역에는 큰 신뢰가 필수적이므로, 사람을 일정 기간 동안 먼저 시험한 후에 그 일을 맡기는 것이 적절하다. 그들을 먼저 시험하여 보라(딤전 3:10). 그러므로, 아무에게나 갑자기 안수해서는 안 되고, 먼저 후보생과 수습자로 삼아 지켜보아야 한다(딤전 5:22). 어떤 이들은 먼저 죄를 짓고 또 어떤 이들은 나중에 죄를 짓기 때문이다.

2. 준비의 상태에. 그는 그동안 이 위대한 일을 위하여 그들을 적절히 준비시키셨다. 주목하라. 그리스도께서는 그가 의중에 두시고 어떤 일을 위하여 부르신 자들을 먼저 그 일을 위하여 어느 정도 준비시키시고 자격을 갖추도록 만드신다. 그는 다음과 같은 방식으로 그들을 준비시키셨다: (1) 자기와 함께 있게 하심으로써. 주목하라. 목회 사역을 위해 가장 좋은 준비는 예수 그리스도를 알고 그와 함께 교제하는 것이다. 그리스도를 섬길 자들은 반드시 먼저 그와 함께 있어야 한다(요 12:26). 바울은 이방인들에게 나아가 그리스도를 전하기 전에 먼저 그 자신에게는 물론, 그의 속에 그리스도께서 나타내신 바 되었다(갈 1:16). 활기 있는 믿음의 행위들과 끊임없는 기도와 묵상의 시행을 통하여, 그리스도와의 교제가 유지되고 지켜져야 한다. 이것이 목회 사역을 위한 한 가지 필수적인 자격 요건이다. (2) 그들을 가르치심으로써. 그들은 학생 혹은 제자들로 그와 함께 있었고, 그는 공적인 설교를 통해서 유익을 얻은 것은 물론 그에게서 사사로이 가르침을 받았다. 그들에게 성경을 밝히 드러내셨고, 성경에 대한 깨달음을 얻게 하셨다. 그들에게는 천국의 비밀을 아는 것이 주어졌고, 그것도 밝히 아는 특권이 주어진 것이다. 주목하라. 선생이 되고자 하는 자는 먼저 학생이 되어야 한다. 다른 이들에게 나누어주고자 하면, 먼저 그것을 자신이 받아야 한다. 다른 사람들을 가르칠 수 있어야 하는 것이다(딤후 2:2). 복음을 전하는 목사로 임명되기 전에 먼저 복음의 진리가 그들에게 전수되어야 한다. 능력이 없는 자들에게 다른 사람들을 가르칠 권위를 부여하는 것은 하나님과 교회를 조롱하는 것 이외에 아무것도 아니다. 그것은 미련한 자 편에

기별하는 것과도 같은 것이다(잠 26:6). 그리스도께서는 제자들을 내어보내기 전에 먼저 그들을 가르치셨다(5:2). 그리고 그 후에 그들의 사명을 확대시키실 때에, 좀 더 충분한 지침들을 주셨다(행 1:3).

Ⅱ. 그리스도께서 그들에게 주신 사명이 무엇이었는가가 제시되고 있다.

1. 그들을 자기에게로 부르셨다(1절). 그는 전에 이미 그들더러 자기를 따라오라고 부르셨었다. 그런데 이제 그들을 자기에게로 부르시며, 더 친숙한 단계로 그들을 받아들이시며, 지금까지 지켜온 거리를 그대로 유지하지 않게 하시는 것이다. 자기 자신을 낮추는 자들은 그렇게 높아질 것이다. 율법 아래서 제사장들은 일반 백성들보다 더 가까이 하나님께 나아가도록 되어 있었다. 복음을 전하는 목사들에 대해서도 똑같이 말씀할 수 있을 것이다. 그들은 그리스도께 가까이 나아가도록 부르심을 받은 자들이다. 이것이 존귀한 일이나 동시에 이는 그들에게 경이로운 일이어야 마땅하다. 그리스도께서 자기에게 가까이 나아오는 자들 중에서 거룩하게 되실 것이기 때문이다. 제자들이 가르침을 받을 때에도 그들은 스스로 그리스도께 가까이 나아갔던 것을 보게 된다(5:1). 그런데 이제 그리스도께서는 그들을 부르셔서 그들을 임직시키셨다. 주목하라. 그리스도의 제자들은 가르치기보다는 배우기 위해서 더 한 걸음 나아가는 것이 합당하다. 우리는 우리 자신의 무지함을 지각하고서, 가르침받을 기회를 구하여야 하며, 또한 동일한 의미에서 우리는 남을 가르치는 일을 맡기 전에 부르심을, 분명한 부르심을 기다려야 한다. 이런 존귀한 일을 자기 마음대로 취해서는 안 되기 때문이다.

2. 그들에게 권능(엑수시안)을 주셨다. 즉 그의 이름으로 사람들에게 복종을 명령하는 권위를 주셨고, 또한 그 권위를 확증하기 위하여 귀신들을 복종시키는 권위를 주셨다. 주목하라. 모든 정당한 권위는 예수 그리스도께로부터 오는 것이다. 모든 권능이 그에게 한량없이 주어졌고, 거기에 부속하는 권능들이 그에게 지정되었다. 마치 모세가 여호수아에게 자신의 권위의 일부를 부여한 것처럼, 그리스도께서는 그의 이런 존귀 가운데 일부를 그의 목사들에게 부여하시는 것이다. 주목하라. 그리스도께서 그가 사용하시는 자들에게 그의 권능을 부여하시고 그가 행하신 이적들을 그들도 그의 이름으로 행할 수 있도록 능력을 주실 수 있다는 것이야말로 그리스도께서 중보자로서 발휘하신 권능의 충만함을 입증하는 부인할 수 없는 증거인 것이다. 그는 더러운 귀신을 쫓아내며

모든 병과 모든 약한 것을 고치는 권능을 그들에게 주셨다. 주목하라. 복음의 계획은 귀신을 정복하고 세상을 고치는 것이었다. 이 전도자들은 모든 외형적인 유익한 것들이 전혀 없는 상태로 보내심을 받았다. 그들에게는 재물도, 학식도, 명예로운 칭호도 없었고, 오히려 매우 초라한 사람들로서 보내심을 받았다. 그러므로 그들에게는 서기관들보다 뛰어나게 해 주는 무언가 비범한 능력이 있어야 했던 것이다.

(1) 그는 그들에게 더러운 귀신을 쫓아내는 권능을 주셨다. 주목하라. 그리스도의 목사들에게 맡겨진 권능은 귀신과 그의 나라를 직접 상대하는 것이다. 귀신, 즉 더러운 영은 교리적인 오류와(계 16:13) 또한 실천적인 방탕으로(벧후 2:10) 역사하며, 이 모든 것에서 목사들은 귀신을 대적할 권위를 갖는다. 그리스도께서 사람들의 몸에서 귀신을 쫓아내는 권능을 주셨기 때문이다. 그러나 그것은 귀신의 영적인 나라와 그의 모든 역사들의 파멸을 의미하는 것이었다. 바로 이 목적을 위하여 하나님의 아들이 나타나신 것이다.

(2) 그는 그들에게 모든 병과 모든 약한 것을 고치는 권능을 주셨다. 그는 그들에게 그들의 가르침을 확증하고, 그것이 하나님께 속한 것임을 입증하기 위하여 이적을 행할 수 있는 권능을 주셨다. 그들의 가르침이 신실할 뿐 아니라 모든 사람이 받을 만하다는 것을, 복음이 치료하고 구원하는 것임을 그런 이적들을 통해서 증명하게 하신 것이다. 모세의 이적들 중에 많은 것들이 파괴를 위한 것이었다. 이슬람교도들은 자기들을 자랑하기 위해 이적을 행하는 체했다. 그러나 그리스도께서 친히 행하시고 또한 사도들을 보내어 행하게 하신 이적들은 모두가 강건하게 하기 위한 것이었고, 또한 그리스도께서 위대한 선생이요 통치자이실 뿐 아니라 세상의 위대한 구속자이심을 증명하기 위한 것이었다. 그들의 권능이 모든 병과 모든 약한 것을 다 고친 사실이 강조되는 것을 보라. 불치의 병으로서 의사들이 혐오하는 질병까지도 포함하여 단 하나의 예외도 없이 모든 질병이 고침받은 것이다. 주목하라. 복음의 은혜에는 모든 쓰라림을 낫게 하는 연고가 있으며, 모든 질병을 고치는 치료가 있다. 아무리 고질적이며 악성인 영적 질병이라도 충족히 낫게 하는 권능이 그리스도께 있는 것이다. 그러므로 아무도 소망이 없다고 하거나, 혹은 갈라진 것이 바다처럼 넓어서 도저히 고칠 수 없다는 말은 하지 말아야 한다.

Ⅲ. 사명을 받은 자들의 수와 이름들이 열거되고 있다. 이들은 사도들, 즉

사자(使者: messengers)들이 되었다. 천사와 사도는 모두 동일한 뜻을 지닌다. 곧, 사명을 받아 보냄을 받은 자, 곧 사신(使臣)이라는 뜻이다. 모든 신실한 목사들이 다 그리스도에게서 보내심을 받으나, 최초로, 또한 직접, 그리스도에게서 보내심을 받은 자들을 특별히 사도들이라 부르며, 그들이야말로 그의 나라에서 으뜸가는 목사들인 것이다. 그러나 이 때에는 그들의 직분이 아직 초기 상태에 있던 때였다. 그리스도께서 모든 하늘 위로 오르셨을 때에 그가 어떤 사람은 사도로 삼으신 것이다(엡 4:11). 그리스도 자신도 사도라 불린다(히 3:11). 그 역시 아버지께로부터 보내심을 받으셨고, 그렇게 자기도 제자들을 보내신 것이다(요 20:21). 선지자들도 하나님의 사자들이라 불렸다.

1. 그들의 수는 열둘이었는데, 이는 이스라엘의 지파의 수와 또한 이 지파들의 족장들이었던 야곱의 아들들의 수를 지칭하는 것이었다. 복음 교회는 하나님의 이스라엘이다. 유대인들이 먼저 초청받아 그 속에 들어가야 하고, 사도들이 영적인 아버지들로서 그리스도께 후손을 낳아야 했다. 육체를 따른 이스라엘은 그들의 불신앙으로 인하여 배척되므로, 이 열두 사람이 또 다른 이스라엘의 아버지들로 지명을 받는 것이다. 이 열둘은 그들의 가르침으로 이스라엘 열두 지파를 다스릴 것이다(눅 22:30). 이들은 교회의 면류관을 이루는 열두 별이었고(계 12:1), 새 예루살렘의 열두 문이요(계 21:12, 14), 또한 아론의 흉배에 붙인 열두 보석들과 진설상 위의 열두 개의 떡과 엘림의 열두 우물로 예표되었다. 이들은 왕 중의 왕과 인류 사이에 심문하기 위하여 둘러선 그 유명한 심판자들이었다. 그런데 이 장에서는 그들이 모든 심판을 맡은 그분에게서 사명을 받는 것이다.

2. 여기에 그들의 이름이 기록되어 있고, 이것이 그들의 존귀다. 그러나, 이 땅의 위대한 자들의 용맹스런 이름들이 모두 땅에 묻히는데, 그들의 경우는 이로써 그 이름이 하늘에 기록된 것이야말로 기뻐할 더 큰 이유였던 것이다(눅 10:20). 관찰하라.

(1) 이 열두 사도들 중에는, 바돌로매와 가나안인 시몬처럼 성경에서 그 이름 외에는 아무것도 알 수 없는 자들도 있다. 그러나 그들은 그리스도와 그의 교회에게 신실한 종들이었다. 주목하라. 그리스도의 선한 목사들이 모두 똑같이 유명한 것도 아니고, 그들의 공적들이 똑같이 높임받는 것도 아니다.

(2) 이들이 쌍으로 열거된다. 처음에는 그들이 둘씩 짝지어 보내심을 받았기

때문이다. 둘이 하나보다 낫고, 서로 상대방을 섬길 수 있고, 또한 함께 그리스도와 영혼들을 더 잘 섬길 수 있기 때문이었다. 한 사람이 잊으면 다른 사람이 기억할 수 있고, 두세 증인의 입으로 말마다 확증하게 하라(18:17). 이 중에 세 쌍은 서로 형제 간이었는데, 곧, 베드로와 안드레, 야고보와 요한, 그리고 다른 야고보와 다대오가 그들이었다. 주목하라. 사람들 간의 관계에서 우정과 형제애가 반드시 유지되어야 하고, 또한 신앙에 유익이 되어야 한다. 혈연적으로 형제인 자들이 은혜로도 형제가 되어 서로 간의 끈이 강해지는 것은 정말 좋은 일이다.

(3) 베드로가 맨 처음 거명되는데, 이는 그가 맨 처음에 부르심을 받았기 때문이거나, 아니면 제자들 중에 가장 앞선 자로서 모든 일에서 다른 사람들의 대변인 역할을 했기 때문이었고, 또한 그가 할례자들을 향한 사도가 될 것이었기 때문이었을 것이다. 그러나 그렇다고 해서 그가 나머지 사도들 위에 군림할 권세가 있었던 것도, 그가 가장 뛰어난 사도였다는 증거나, 혹은 그가 그렇게 주장했다는 증거도 없다.

(4) 이 복음서를 쓴 마태가 여기서 도마와 함께 열거되는데(3절), 이에 대해서는 마가복음과 누가복음의 기록(막 3:18; 눅 6:15)과 두 가지 점에서 차이가 나타난다. 마가복음과 누가복음에서는 마태가 먼저 거명되는데, 이는 그가 도마보다 먼저 제자로 부르심받았기 때문으로 보인다. 그러나 여기 마태 자신이 기록한 명단에는 도마가 먼저 거명된다. 주목하라. 그리스도의 제자들은 서로 상대방을 나보다 낮게 여기는 것이 합당하다. 마가복음과 누가복음에서는 그저 마태라고만 부르는데, 여기서는 세리 마태라 기록되어 있다. 세금을 거두는 그 악명 높은 직업에 있는 중에 사도가 된 사실이 그대로 드러나는 것이다. 주목하라. 그리스도와 함께 존귀한 위치에 있는 자들로서는, 그들을 떠낸 반석을 바라보며(사 51:1), 그리스도께서 부르시기 전에 그들이 어떠했는지를 자주 기억하여, 스스로 겸손을 유지하고 하나님의 은혜가 더욱더 영광을 받게 하는 것이 합당한 일이다. 사도 마태는 세리 마태였던 것이다.

(5) 시몬이 가나안인이라 불리고 있다. 어쩌면 가나인, 곧 갈릴리 가나 출신으로 보는 것이 더 합당할 것이다. 혹은 어떤 이들은 카나니테스라는 헬라어 단어의 의미를 취하여 그를 열심당원 시몬으로 보기도 한다.

(6) 가룟 유다는 언제나 마지막에 거명되고, 그의 이름에 예수를 판 자라는

단서가 따라 붙는다. 이는 처음부터 그리스도께서 그가 버림받은 자요, 마귀를 지녔고, 결국 배반할 자라는 것을 아셨다는 것을 시사한다. 그러나 그리스도께서 그를 사도 가운데 두신 것은, 어느 때에 최상의 교제 가운데 지극히 악한 추문이 일어나더라도 그의 교회가 그것 때문에 깜짝 놀라고 실망하게 되지 않게 하시기 위함이었다. 우리의 사랑의 교제에도 그런 오점들이 있어왔다. 알곡 중에 가라지들이 있었고, 양 떼들 중에 이리들이 있었다. 그러나 외식자들의 정체가 드러나고 내어쫓기는 그런 분리의 날이 있을 것이다. 유다의 사악함이 감추어지고 겉으로 드러나지 않았을 동안에는 그가 열두 사도 중에 끼어 있었어도, 다른 사도들에게는 아무런 악영향도 주지 못했다.

[5]예수께서 이 열둘을 내보내시며 명하여 이르시되 이방인의 길로도 가지 말고 사마리아인의 고을에도 들어가지 말고 [6]오히려 이스라엘 집의 잃어버린 양에게로 가라 [7]가면서 전파하여 말하되 천국이 가까이 왔다 하고 [8]병든 자를 고치며 죽은 자를 살리며 나병환자를 깨끗하게 하며 귀신을 쫓아내되 너희가 거저 받았으니 거저 주라 [9]너희 전대에 금이나 은이나 동을 가지지 말고 [10]여행을 위하여 배낭이나 두 벌 옷이나 신이나 지팡이를 가지지 말라 이는 일꾼이 자기의 먹을 것 받는 것이 마땅함이라 [11]어떤 성이나 마을에 들어가든지 그 중에 합당한 자를 찾아내어 너희가 떠나기까지 거기서 머물라 [12]또 그 집에 들어가면서 평안하기를 빌라 [13]그 집이 이에 합당하면 너희 빈 평안이 거기 임할 것이요 만일 합당하지 아니하면 그 평안이 너희에게 돌아올 것이니라 [14]누구든지 너희를 영접하지도 아니하고 너희 말을 듣지도 아니하거든 그 집이나 성에서 나가 너희 발의 먼지를 떨어 버리라 [15]내가 진실로 너희에게 이르노니 심판 날에 소돔과 고모라 땅이 그 성보다 견디기 쉬우리라

여기에는 그리스도께서 제자들을 보내시면서 주신 지침들이 제시되어 있다. 이 말씀이 한 번에 주어졌는지, 아니면 여기 나타나는 몇 가지 주제들에 근거하여 이것이 여러 번에 나뉘어 주어진 것인지 하는 문제는 중요한 것이 아니다. 그는 제자들에게 이 말씀으로 명하셨다. 야곱이 그의 아들들에게 축복한 것을 가리켜 그가 그들에게 명하였다고 하는데, 그리스도께서는 이 명령들로써 축복을 명하신 것이라 하겠다. 관찰하라.

I. 누구에게 제자들이 보냄받았는가. 그리스도께서는 이 사신들이 어디로

가야 할지를 지정하신다.

1. 이방인과 사마리아인에게 가지 말라. 어떠한 유혹이 있더라도 이방인의 길로도 가지 말고, 이스라엘 땅 바깥으로 나가는 길로도 가지 말라. 유대인들이 먼저 복음을 거부하기 전에는 이방인들이 복음을 받아서는 안 되었다. 사마리아인은 앗수르 왕이 사마리아에 심은 혼혈 종족의 후손들로서 그들의 땅이 유대와 갈릴리 사이에 있었으므로, 사마리아인의 길로 가는 일은 피할 수 없었으나, 사마리아인의 고을에는 들어가지 말아야 했다. 그리스도께서 이방인이나 사마리아인들에게 자신을 나타내기를 원치 않으셨으니, 사도들 역시 그들에게 복음을 전하지 말아야 했다. 만일 복음이 어느 곳에 전해지지 않으면, 그것은 곧 그리스도께서 그 곳에서 자신을 숨기시는 것이다. 이러한 금지 사항은 다만 제자들의 첫 선교 사명에만 해당되었고, 후에는 온 세상으로 나아가 모든 민족을 가르칠 사명을 부여받게 되는 것이다.

2. 오히려 이스라엘 집의 잃어버린 양에게로 가라. 그리스도께서는 친히 그들 중에서 사역하셨다(15:24), 그는 할례의 사역자(한글 개역개정판은 "할례의 추종자"로 번역함)이셨기 때문이다(롬 15:8). 그러므로 그리스도의 수행자들이요 대리인들인 사도들도 그들에게만 사역해야 했다. 구원이 먼저 유대인들에게 베풀어져야만 했던 것이다(행 3:26). 주목하라. 그리스도는 이스라엘 집을 위하여 구체적이고도 매우 간절한 관심을 깊고 계셨다. 그들은 조상들로 말미암아 사랑을 입은 자들이었다(롬 11:28). 그는 그들을 불쌍히 여기사 잃어버린 양으로 바라보셨다. 그는 그들의 목자로서 그들을 죄와 오류의 길에서 모아들이고자 하셨다. 그들은 지금 죄와 오류의 길에 빠져 있으므로 거기서 다시 건져내지 않으면 끝없이 방황할 수밖에 없는 상황이었다(렘 2:6을 보라). 이방인들 역시 잃어버린 양이었다(벧전 2:25). 그리스도께서는 제자들이 보내심을 받아 부지런히 구해내야 할 그 사람들을 잃어버린 양이라 묘사하신다. 그런데 그들은 이스라엘 집에게로 보내심을 받았으니(얼마 전까지 그들 역시 거기에 속했었다), 그들을 불쌍히 여기고 도움을 주고자 하는 열심이 없을 수가 없었던 것이다.

Ⅱ. 제자들이 담당해야 할 전도의 일.　아무런 일도 없이 그들을 보내신 것이 아니다. 가면서 전파하여 말하되(7절). 그들은 순회 설교자로 보내심을 받았다. 어디로 가든지 천국이 가까이 왔다고 말하여 복음의 시작을 선포해야 했다. 그

밖에 다른 것을 전혀 말하지 말아야 한다는 것이 아니라, 이것이 그들의 주요 주제여야 했다는 뜻이다. 하늘로서 오신 주이신 메시야의 나라가 성경에 따라 이제 세워지려 하며, 따라서 사람들이 죄를 회개하고 그것들을 버려서 그 나라의 특권들을 받아 누리게 되어야 한다는 것을 백성들에게 알리는 것이 그들의 임무였던 것이다. 제자들이 나가서 회개하라 전파하였다(막 6:12)고 말씀하는데, 이는 천국이 가까이 왔다는 이 가르침을 적절히 적용시킨 것이었다. 그러므로 그 백성들은 이 오랫동안 기다려온 메시야에 대해서 더 듣기를 기대해야 하고, 또한 그의 가르침을 기꺼이 받아들이고 그를 믿고 그의 멍에를 져야 하는 것이었다. 이런 설교는 마치 아침 햇살과도 같아서 떠오르는 해가 다가오는 것을 지각하게 해 주는 것이었다. 이 설교는 멸망이 가까이 왔다고 선포한 요나의 설교와는 전혀 다른 것이었다(욘 3:4)! 이 설교는 구원이 가까이 왔으며, 그의 구원이 그를 경외하는 자에게 가까우며 인애와 진리가 같이 만난다는 것(시 85:9, 10)을, 즉 천국이 가까이 왔다는 것을 선포하는 것이었다. 왕이 친히 임재하신다는 것이 아니라(이를 맹목적으로 사모해서는 안 된다), 왕의 육체적 임재가 제거될 때에 사람들의 마음속에 하나의 영적인 나라가 세워진다는 것을 선포하는 것이었다.

이것은 세례 요한과 그리스도께서 전에 설교하셨던 것과 동일한 것이다. 주목하라. 선한 진리들은 거듭거듭 가르치고 전해질 필요가 있다. 그것들이 새롭게 전해지고 받아들여지면, 그것들이 전혀 새로운 것인 듯 그렇게 받아들여진다. 복음에서 그리스도는 어제나 오늘이나 영원토록 동일하시니라(히 13:8). 후에 성령께서 부어지시고 기독교 교회가 형성될 때에는, 이 천국이 임하여 있게 된다. 그러나 지금은 그것이 가까이 왔다고 말씀한다. 그러나 우리의 설교의 주제는 여전히 천국이어야 한다. 이제 천국이 임하여 있으니, 그것이 임하여 있다는 것을 사람들에게 말해야 하고, 그들 앞에 그 나라의 강령들과 특권들을 제시하고, 또한 영광의 나라가 장차 임할 것임을 전하여 그들로 하여금 그 모든 사실을 깨닫고 부지런히 대비하도록 그들을 깨워야 하는 것이다.

Ⅲ. 이 가르침을 확증하기 위하여 그들에게 이적을 행하는 능력이 주어짐(8절). 그리스도께서는 제자들을 보내어 자신이 전하셨던 것과 동일한 가르침을 전하게 하시면서, 그들에게 그 가르침을 확증하도록 그 자신이 지니셨던 동일한 신적인 증표들을 주셔서 그들이 전하는 가르침이 결코 거짓말일 수가 없

음을 분명히 드러내게 하셨다. 그러나 하나님 나라가 임하여 있는 지금은 이것이 필요 없다. 지금 이적을 요구하는 것은 건물을 세운 다음 다시 기초를 쌓는 것과도 같다. 그리스도와 그의 사도들이 행한 이적들을 통해서 그리스도의 가르침이 확실히 세워졌고 충족히 입증되었으므로, 표적을 더 요구하는 것은 하나님을 시험하는 것이 되는 것이다. 제자들에게 다음과 같은 지침이 주어진다.

1. 그 받은 능력으로 선을 행할 것. 가서 "산을 옮기는 일"이나 "불을 하늘로부터 내리게 하는 일"을 하려 하지 말고, 병든 자를 고치며 나병 환자를 깨끗하게 하라고 하신다. 그들은 공적인 축복으로서, 사랑과 선함이 그들이 전하는 복음과 또한 그들이 세우는 그 나라의 핵심이요 정수임을 세상에 전하기 위하여 보냄을 받은 것이다. 그들이 과연 선하시며 또한 선을 행하시며 그 지으신 만물에 대해 긍휼하신 하나님의 종들이라는 것이, 또한 그들이 전하는 가르침의 의도가 병든 영혼을 고치고 죄 가운데 죽어 있는 자들을 일으키는 데 있다는 것이 이러한 능력을 통해서 드러날 것이었다. 어쩌면 죽은 자를 살리며라는 문구가 나타나는 것이 바로 이러한 영적인 부활을 지칭하는 것인지도 모른다. 그리스도의 부활 이전에는 그들이 죽은 자를 살린 기사가 전혀 나타나지 않는다. 그러나 그들은 많은 이들을 영적 생명에로 일으키는 도구들이 되었던 것이다.

2. 능력을 행할 때에, 너희가 거저 받았으니 거저 주라고 하신다 모든 질병을 고치는 능력을 지닌 자들은 얼마든지 자신을 부유하게 할 기회가 있었다. 아무리 값이 비싸다 한들, 돈을 주고라도 그런 질병을 고치려 하지 않을 자가 어디 있겠는가? 그러므로, 이적을 행하는 능력을 시행하여 그것으로 이득을 얻지 말라고 경계하시는 것이다. 값없이 고쳐주어야 하고, 그리하여 복음의 나라의 본질과 구성이 은혜로만이 아니라 값없는 은혜로 이루어져 있다는 것을 드러내라는 것이었다. 하나님의 은혜로 값없이(롬 3:24). 돈 없이, 값없이 치료를 사라(사 55:1). 왜냐하면 너희가 거저 받았기 때문이다. 병든 자를 고치는 능력에는 아무런 비용도 들지 않는다. 그러니 그들도 그 능력으로 세속적인 이득을 추구해서는 안 되는 것이다. 마술사 시몬이 성령의 능력들을 얻으려고 돈을 지불하려 했는데, 만일 그 능력으로 자신에게 이득이 있을 것이라는 희망이 없었다면 돈을 지불하려 하지 않았을 것이다(행 8:18). 주목하라. 그리스도께서 값없이 우리를 위해 선을 베푸신 것을 생각하면, 우리 역시 다른 이들에게 값없이 선을 행하여야 할 것이다.

IV. 이 전도 사역에서 제자들을 위하여 베풀어질 것들. 이는 사명을 위하여 사신을 보낼 때에 반드시 고려해야 할 문제다.

1. 그들 스스로는 아무것도 준비하지 말아야 한다(9, 10절). 금이나 은이나 동을 가지지 말고. 그들을 스스로 일하여 재물을 모으지 말아야 하는 것처럼, 그들이 가진 조그만 재물을 자기들을 위해 쓰지 말아야 할 것이다. 이 지침은 현재의 사명에 한정되는 것이었으며, 그리스도께서는 이로써 그들에게 다음과 같은 교훈을 주고자 하신 것이다. (1) 인간적인 검소한 자세에 근거하여 행할 것. 지금은 그들에게 짧은 전도 여행이 주어져 있고, 곧바로 다시 주께로, 본부로 돌아가게 될 것이니, 필요도 없는 것으로 부담을 지을 필요가 어디 있는가? (2) 하나님의 섭리에 의지하여 행할 것. 그들은 목숨을 위하여 염려하지 않는 삶을 사는 법을 배워야 했다(6:25). 주목하라. 모든 사람들 가운데 특히 그리스도의 사명을 받고 나아가는 자들은 모름지기 양식의 공급 문제에 대해 그를 신뢰해야 한다. 그는 자기를 위하여 일하는 자들을 굶기지 않으실 것이니 말이다. 그를 위해 일하는 자들은 특별한 보호를 받을 뿐 아니라 특별한 공급도 받는 것이다. 그리스도께 쓰임받는 종들은 충족한 양식을 공급받아 살아갈 것이다. 우리는 하나님과 우리의 임무에 대해 신실하고 우리에게 맡겨진 일에 충실히 매진하면서 우리의 다른 염려 거리들은 모두 하나님께 맡겨야 한다. 여호와 이레라 했으니, 여호와께서 그가 보시기에 합당한 대로 우리와 우리 식구들에게 공급하시도록 하는 것이다.

2. 그들의 임무를 받는 자들이 그들의 쓸 것을 공급해 줄 것을 기대할 것이다. 일꾼이 자기의 먹을 것 받는 것이 마땅함이라(10절). 엘리야의 경우처럼 이적을 통해서 양식을 공급받기를 기대해서는 안 되고, 오히려 하나님께서 그들을 맞는 사람들의 마음을 감동하사 그들이 쓸 것을 공급하게 하시기를 기대해야 할 것이다. 제단에서 섬기는 자들이 제단으로 말미암아 부자가 되기를 바라서는 안 되지만, 그 일을 통해서 생활을 하고 편안하게 살기를 기대할 수는 있는 것이다(고전 9:13, 14). 그들이 그들의 일로써 생활을 유지하는 것이 합당한 일이다. 목사들은 일꾼이요 수고하는 자들이며, 반드시 그래야 한다. 그리고 그런 이들은 자기의 먹을 것 받는 것이 마땅하다. 그래서 구태여 다른 일을 하지 않고서도 자신의 본연의 직무만으로 생활을 할 수 있게 되어야 한다. 그리스도께서는 그의 제자들이 하나님을 불신하지 말기를 원하시는 만큼, 그들의 동족들

을 불신하여 그들 가운데서 편안히 생계를 보조받는 문제에 대해 의심하게 되는 일이 없기를 바라시는 것이다. 여러분이 그들에게 나아가 복음을 전하고 그들에게 유익을 주기 위하여 수고하면, 그들은 분명 여러분의 생활에 필요한 만큼 먹을 것과 마실 것을 베풀어 줄 것이다. 그들이 그렇게 베풀어주면, 절대로 안락하고 좋은 것을 바라지 말라. 하나님께서 후에 여러분의 수고를 갚아주실 것이요, 그 때까지 그들의 공급이 계속 이어질 것이다.

V. 어느 곳에서나 처신 상 지켜야 할 절차들(11-15절).　　그들은 전혀 가본 일도 없고, 초대받지도 않았고, 예상하지도 않은 곳으로 나아간다. 아무도 아는 사람이 없는 외지(外地)로 나아가는 것이다. 이 때에 그들은 어떤 원칙을 갖고 나아가야 하며, 어떤 절차를 취하여야 하는가? 그리스도께서는 충실한 지침을 주셔서 그들을 내어 보내신다. 그것들은 다음과 같다.

1. 낯선 사람들을 향하여 어떻게 처신할 지에 대한 지침.

(1) 낯선 성과 마을에 들어갈 때의 처신. 어떤 마을에 들어가면 그 중에 합당한 자를 찾아내라. 〔1〕 전반적인 부패와 배도(背道)가 가득한 시대이지만, 다른 사람들보다 복음을 잘 받아들이고 복음 전하는 자들을 잘 영접할 자세를 가진 자들이 어느 곳에나 있다는 것이 전제된다. 주목하라. 아무리 악한 시대와 악한 곳에도, 자기 자신들을 구별하며 다른 사람보다 더 나은 자들이, 시류를 거슬러 행하며 기리지 중 알곡에 속하는 자들이 있다는 소망을 가실 수 있다. 네로(Nero)의 가문에도 성도들이 있었다. 합당한 자를, 즉 하나님을 두려워하는 모습이 눈에 보이는 자들, 그리고 자기들이 지닌 빛과 지식을 선히 사용해온 자들을, 찾아내라. 아무리 좋고 선한 자들도 결코 복음을 받을 만한 자격과 공로가 있는 것이 아니다. 그러나 사람들 중에는 사도들과 그들의 메시지를 호의적으로 받아들이고, 이 진주들을 발로 밟지 않을 법한 자들이 있을 것이다. 주목하라. 선한 것에 대하여 사람들이 갖고 있는 기존의 자세들은, 사람들을 대하는 데에 목사들에게 방향 제시도 되고 또한 격려도 된다. 이미 말씀에 대해 호감을 갖는 쪽으로 기울어져 있는 자들에게 말씀이 유익을 주어서 그들을 변화시킬 가망성이 가장 많은데, 이런 자들이 여기저기에 있는 법이다. 〔2〕 최고급의 여관을 찾아다니지 말고, 그런 자들을 찾아내야 한다. 돈도 없고(9절) 돈을 벌 수도 없는 자들(8절)에게는 여관 같은 곳이 머물 만한 곳이 못 되고, 그들을 환영해 주고, 아무런 대가를 기대하지 않고 다만 선지자와 사도들의 기도

와 설교만을 기대하는 그런 자들의 집들에서 머물기를 구해야 한다. 주목하라. 복음을 누리는 자들은 그에 따른 비용에 대해 꺼려해서도 안 되며, 이 세상에서 복음으로 무언가를 얻으리라고 생각해서도 안 된다. 누가 부자인가가 아니라 누가 합당한가를 생각해야 한다. 주목하라. 그리스도의 제자들은 어디로 가든지 그 곳의 선한 사람들을 찾아 그들과 교분을 가져야 한다. 하나님을 우리의 하나님으로 섬기면, 그의 백성도 우리의 백성으로 취한 것이다. 유유상종(類類相從)이니 말이다. 바울은 전도 여행 때마다 형제들을 만났다(행 28:14). 이는 곧, 선한 사람들이 누구인가를 찾으면, 그런 이들을 찾게 되리라는 것을 시사한다. 이웃들보다 더 정직하고 사려 깊고 선한 삶을 사는 자들이 눈에 띄기도 하고, 누군가가 그런 이들에 대해 이야기할 수도 있을 것이다. 이런 자들은 오른손에 묻혀진 향수와도 같아서 그 자체의 냄새를 집 안에 가득 풍기기 때문이다. 선견자의 집이 어디인지를 누구나 다 알고 있었다(삼상 9:18). 〔3〕 합당한 자를 찾으면 그들의 집에 계속 머물러야 한다. 이는 그들이 각 마을에 머물 시간이 극히 짧아서 거처를 옮길 필요가 없다는 것을 시사하기도 하지만, 동시에 하나님의 섭리로 처음 머물게 된 그 집에서 마지막에 그 마을을 떠날 때까지 계속 머물러야 한다는 것을 뜻한다. 거처를 자주 옮기는 자들은 선한 의도가 없는 자들로 의심받아 마땅한 것이다. 주목하라. 그리스도의 제자들은 주어진 것을 최고로 사용하며 거기에 머무는 것이 합당하다. 불편하거나 싫다고 해서 거처를 옮기거나 바꾸는 것은 옳지 않은 처사다.

(2) 낯선 집에서의 처신. 합당하다고 여겨지는 사람의 집을 발견하면, 그 집에 들어가면서 인사하여야 한다. "이런 일상적인 예의를 표함으로써 너희의 겸손의 증거를 나타내 보여라. 너희 자신을 그 집에 소개하는 일을 곤혹스럽게 여기지도 말고, 너희 자신이 그 집에 초청받을 때에도 주저하지 말라. 그 가족에게 공손히 인사함으로써, 〔1〕 너희의 메시지를 소개할 기회를 가지라. (일상적인 화제로부터 자연스럽게 그들에게 영적으로 유익이 되는 대화로 옮겨갈 수 있을 것이다). 〔2〕 너희가 영접을 받는지 그렇지 않은지를 시험하라. 너희가 인사할 때에 겸연쩍게 혹은 차갑게 받아들이는지, 아니면 기꺼운 환영의 인사로 받아들이는지를 알게 될 것이다. 너희의 인사를 친절하게 받아들이지 않는 자는 너희의 메시지도 친절하게 받아들이지 않을 것이다. 작은 일에 불친절하고 불성실한 자는 큰 일에도 그럴 것이기 때문이다(눅 16:10). 〔3〕 너희 자

신에 대해 좋은 인상을 갖도록 하라. 그 가족에게 평안하기를 빌라. 그러면 너희가 진지한 사람일지언정 언짢은 사람은 아니라고 여기게 될 것이다." 주목하라. 신앙은 우리에게 예의바르고 정중할 것을 가르치며, 우리가 대하는 모든 사람들에게 그런 자세로 대할 것을 가르친다. 사도들은 하나님의 아들 자신의 권위로 나아가지만, 형제의 집에 들어갈 때에, 명령을 하는 것이 아니라 평안을 빌며 인사하여야 할 것을 지시받고 있다. 명령할 수도 있으나 도리어 사랑으로써 간구하는 것이 복음의 방법이기 때문이다(몬 8, 9). 먼저 사람의 줄로 영혼을 그리스도께로 이끌고, 사랑의 줄로 그에게 계속 이끌리도록 하는 것이다(호 11:4). 베드로가 처음 이방인 고넬료에게 복음을 제시하러 갔을 때에, 그가 먼저 인사를 받았다(행 10:25). 유대인의 예의를 이방인들도 그대로 받아 행한 것이다.

경건하고 예의바르게 인사하고 난 후, 그 집의 반응 여부로 그 집에 대해 판단하고, 그에 따라 처신하여야 한다. 주목하라. 우리가 선한 사람들과 선한 목사들에게 어떻게 대하는지를 하나님께서 주시하시며, 따라서 그 집이 이에 합당하면 너희 빈 평안이 거기 임할 것이요, 만일 합당하지 아니하면 그 평안이 너희에게 돌아올 것이니라(13절). 그러므로, 그들이 합당한 자를 찾아낸 다음(11절), 그들이 합당치 않은 자들에게도 빛을 비추어줄 수 있을 것이다. 주목하라. 일반적인 이야기나 견해를 참작하는 것은 지혜로운 일이나, 그것에 의존하는 것은 어리석은 일이다. 그러므로 분별 있는 판단을 사용하여야 하고 우리 눈으로 직접 보아야 한다. 슬기로운 자의 지혜는 자기의 길을 아는 것이다(잠 14:8). 그런데 이런 법칙에는 다음과 같은 의도가 담겨있다.

첫째로, 사도들의 만족을 위함이다. 일상적인 인사는 평안이 있으라라는 것이었는데, 그들이 이 인사말을 사용하면 이것이 복음으로 바뀌었다. 곧, 그들이 바라던 바 하나님의 평안, 천국의 평안을 비는 뜻이 되는 것이었다. 그런데 악을 행하는 자들에게도 이 복을 비는 것이 되지 않을까 하는 우려를 갖지 않도록 하기 위해 ― 이 축복을 전혀 무가치하게 떠벌리는 자들이 많았으므로 ― 이 말씀을 하신 것이다. 그리스도께서는 이 복음의 간구(그 인사말이 이제 이렇게 변하므로)가 모든 사람을 향하여 드려져야 하며(복음이 모든 이들에게 제시되는 것이므로) 또한 이 간구에 대한 응답 여부는 각 사람의 마음과 그 참된 성격을 아시는 하나님께서 친히 정하셔서 행하시도록 그에게 맡겨야 한다는 것을 말씀하시는 것이다. 그 집이 합당하다면, 너희의 축복의 혜택을 받을 것이다. 그리고 합당하지 못하더라도 해 될 것이 없고, 너희가 그 축복의 혜택을 잃지 않을 것이요, 그 평안이 너희에게로 돌아올 것이니라. 다윗이 배은망덕한 그의 원수들을 위해 간구한 것이 그에게 이루어졌다(시 35:13). 주목하라. 모두에 대해 너그럽게 판단하며, 모두를 위해 마음을 다해 기도하고, 모두에게 예의바르게 처신하는 것이 우리에게 합당한 일이다. 그것이 우리의 몫이기 때문이다. 그리고 그것이 그 사람들에게 어떤 효과를 이룰지를 결정하는 일은 하나님께 맡겨야 한다. 그것은 하나님이 하시는 일이기 때문이다.

둘째로, 그들에게 지침을 주기 위함이다. "너희가 인사할 때에 그들이 진정 합당하다는 것이 드러나면, 그들과 함께 있으면서 너희 빈 평안이 그들에게 임하게 하라. 그들에게 복음을 전하고, 예수 그리스도께서 주시는 평안을 빌라. 그러나 만일 그렇지 못하면, 너희를 무례히 대하고 너희에게 문을 닫으면, 너희가 빈 그 평안이 너희에게로 돌아올 것이다. 너희가 앞서 말한 바를 철회하고 그들에게 등을 돌리라. 이를 가볍게 대함으로써 그들 스스로 너희가 베풀 호의를 받기에 합당치 못함을 드러낸 것이니, 그들에게서 호의를 끊어 버리라." 주목하라. 아주 작고 하찮아 보이는 행위로 인하여 큰 축복들을 잃어버리는 경우가 많다. 에서가 이렇게 하여 장자권을 상실했고(창 25:34), 사울도 이렇게 하여 그의 나라를 잃어버렸다(삼상 13:13, 14).

2. 그들을 거부하는 자들에 대해 어떻게 처신할지에 대한 지침. 너희를 영접하지도 아니하고 너희 말을 듣지도 아니하는 자들의 경우가 제시된다(14절). 사도들은, 이제 전해야 할 가르침이 있고 또한 그 가르침을 확증시켜 줄 이적 행하는 놀라운 능력이 자기들에게 있으니 어디로 가든지 자기들이 환영을 받을 것이라는 식으로 생각할지도 몰랐다. 그러므로, 그들이 무시를 당하고, 그들과 그들의 메시지가 모욕을 당할 수도 있다는 점을 미리 사전에 말씀하시는 것이다. 주목하라. 아무리 능력 있는 최고의 복음 설교자들이라도 그들의 말씀을 전혀 듣지 않고 그들을 존중하지도 않는 자들을 만날 것을 예상해야 한다. 즐거운 노래도 듣지 않고, 술사의 홀리는 소리도 듣지 않고 능숙한 술객의 요술도 따르지 아니하는 자들이 많은 법이다(시 58:5). 관찰하라. "그들이 너희를 영접하지도 아니하고 너희 말을 듣지도 아니하리라." 주목하라. 복음에 대한 멸시와 복음 목사들에 대한 멸시는 보통 함께 나타난다. 그리고 이런 멸시는 그리스도에

대한 멸시로 이어지며, 따라서 그리스도에 대한 멸시로 인정될 것이다.

그런데 여기서 다음의 내용을 보게 된다.

(1) 어떻게 처신할지에 대한 지침이 사도들에게 주어진다. 그 집이나 성에서 나가야 한다. 주목하라. 복음은 그것을 멸시하는 자들에게 오랫동안 남아 있지 않는다. 나가면서 너희 발의 먼지를 떨어 버리라. 이는 다음과 같은 의미를 지닌다. 〔1〕 그들의 악에 대한 혐오. 그것은 가증스러운 일이요, 그들이 밟고 있는 땅까지도 오염시키는 행위이며, 따라서 그것을 더러운 것으로 여겨 떨어 버려야 할 것이다. 사도들로서는 그들과 교제나 교류를 갖지 말아야 하고, 그 성의 먼지를 지니고 가서도 안 된다. 나는 비천한 것을 내 눈 앞에 두지 아니할 것이요 배교자들의 행위를 내가 미워하오니 나는 그 어느 것도 붙들지 아니하리이다(시 101:3). 선지자는 벧엘에서 떡도 먹지 말며 물도 마시지 말아야 했다(왕상 13:9). 〔2〕 그들을 향한 진노의 선언. 이는 그들이 먼지처럼 더럽고 추하며, 따라서 하나님께서 그들을 떨어 버리시리라는 것을 의미하는 것이었다. 사도들의 발에서 떨어져 그들에게 남겨진 먼지가 그들을 대적하여 증언할 것이요, 또한 복음이 그들에게 전파되었었다는 증거가 될 것이다(막 6:11). 약 5:3과 비교하라. 또한 이에 대한 구체적인 실천의 사례를 보라(행 13:41 ; 18:6). 주목하라. 하나님과 그의 복음을 멸시하는 자들은 그들 역시 가볍게 취급받을 것이다.

(2) 그런 사악한 자들을 향하여 심판이 선포된다(15절). 심판 날에 그 성과 똑같이 사악한 소돔과 고모라 땅이 그 성보다 견디기 쉬우리라(15절). 주목하라. 〔1〕 심판의 날이 오는데, 그 날에는 복음을 거부한 모든 자들에게 반드시 책임을 물을 것이다. 그러나 지금은 그들이 복음을 가벼이 대한다. 그들을 구원할 가르침을 들으려 하지 않는 자들이 그 때에는 그들을 멸망시킬 심판의 선고를 듣게 될 것이다. 그들에 대한 심판이 그 날이 오기까지 유예되는 것이다. 〔2〕 그 날에 사람들이 각기 정도가 다른 형벌을 받게 될 것이다. 지옥의 모든 고통들이 견딜 수 없을 것이지만, 사람들마다 그 정도가 다를 것이다. 어떤 죄인들은 다른 죄인들보다 지옥에 더 깊이 들어가며 채찍을 더 많이 맞기도 할 것이다. 〔3〕 복음을 거부하는 자들에게 그 날에 임할 정죄는 소돔과 고모라에게 주어진 정죄보다 더 심하고 무거울 것이다. 소돔은 영원한 불의 형벌을 받는다고 한다(유 7). 그러나 큰 구원을 멸시하는 자들에게 그 형벌이 한층 더해져서 임

할 것이다. 소돔과 고모라는 지극히 악했고(창 13:13), 그들의 악의 분량이 가득 차도록 만든 것은 곧 그들이 자기들에게 보내어진 천사들을 영접하지 않고 그들에게 악을 행하였고(창 19:4, 5) 또한 그들의 말씀을 듣지 않은 사실이었다(14절). 그러나 그리스도의 사도들을 영접하지 않고 그들의 말씀을 듣지 않는 자들에게는 그 소돔과 고모라보다 더 극심한 형벌이 주어질 것이다. 하나님의 진노가 그들에게 더 맹렬히 타오를 것이요, 그들 자신의 처참한 처지를 더 심하게 느낄 것이다. 영생을 얻으라는 충분한 초청을 받고도 오히려 죽음을 택한 자들의 귀에, 아들아, 내가 기억하노라라는 말씀이 무시무시하게 들려올 것이다. 하나님께서 그의 종 선지자들을 보내셨을 때에 이스라엘이 행한 악이 소돔의 악행보다 더 심한 것으로 나타나니(겔 16:48, 49), 이제 하나님께서 그의 아들 곧 그 위대한 선지자를 보내신 지금이야 훨씬 더 심한 것이다.

¹⁶보라 내가 너희를 보냄이 양을 이리 가운데로 보냄과 같도다 그러므로 너희는 뱀 같이 지혜롭고 비둘기 같이 순결하라 ¹⁷사람들을 삼가라 그들이 너희를 공회에 넘겨 주겠고 그들의 회당에서 채찍질하리라 ¹⁸또 너희가 나로 말미암아 총독들과 임금들 앞에 끌려 가리니 이는 그들과 이방인들에게 증거가 되게 하려 하심이라 ¹⁹너희를 넘겨 줄 때에 어떻게 또는 무엇을 말할까 염려하지 말라 그 때에 너희에게 할 말을 주시리니 ²⁰말하는 이는 너희가 아니라 너희 속에서 말씀하시는 이 곧 너희 아버지의 성령이시니라 ²¹장차 형제가 형제를, 아버지가 자식을 죽는 데에 내주며 자식들이 부모를 대적하여 죽게 하리라 ²²또 너희가 내 이름으로 말미암아 모든 사람에게 미움을 받을 것이나 끝까지 견디는 자는 구원을 얻으리라 ²³이 동네에서 너희를 박해하거든 저 동네로 피하라 내가 진실로 너희에게 이르노니 이스라엘의 모든 동네를 다 다니지 못하여서 인자가 오리라 ²⁴제자가 그 선생보다, 또는 종이 그 상전보다 높지 못하나니 ²⁵제자가 그 선생 같고 종이 그 상전 같으면 족하도다 집 주인을 바알세불이라 하였거든 하물며 그 집 사람들이랴 ²⁶그런즉 그들을 두려워하지 말라 감추인 것이 드러나지 않을 것이 없고 숨은 것이 알려지지 않을 것이 없느니라 ²⁷내가 너희에게 어두운 데서 이르는 것을 광명한 데서 말하며 너희가 귓속말로 듣는 것을 집 위에서 전파하라 ²⁸몸은 죽여도 영혼은 능히 죽이지 못하는 자들을 두려워하지 말고 오직 몸과 영혼을 능히 지옥에 멸하실 수 있는 이를 두려워하라 ²⁹참새 두 마리가 한 앗사리온에 팔리지 않느냐 그러나 너희 아버지께서 허락하지 아

니하시면 그 하나도 땅에 떨어지지 아니하리라 ³⁰너희에게는 머리털까지 다 세신 바 되었나니 ³¹두려워하지 말라 너희는 많은 참새보다 귀하니라 ³²누구든지 사람 앞에서 나를 시인하면 나도 하늘에 계신 내 아버지 앞에서 그를 시인할 것이요 ³³누구든지 사람 앞에서 나를 부인하면 나도 하늘에 계신 내 아버지 앞에서 그를 부인하리라 ³⁴내가 세상에 화평을 주러 온 줄로 생각하지 말라 화평이 아니요 검을 주러 왔노라 ³⁵내가 온 것은 사람이 그 아버지와, 딸이 어머니와, 며느리가 시어머니와 불화하게 하려 함이니 ³⁶사람의 원수가 자기 집안 식구리라 ³⁷아버지나 어머니를 나보다 더 사랑하는 자는 내게 합당하지 아니하고 아들이나 딸을 나보다 더 사랑하는 자도 내게 합당하지 아니하며 ³⁸또 자기 십자가를 지고 나를 따르지 않는 자도 내게 합당하지 아니하며 ³⁹자기 목숨을 얻는 자는 잃을 것이요 나를 위하여 자기 목숨을 잃는 자는 얻으리라 ⁴⁰너희를 영접하는 자는 나를 영접하는 것이요 나를 영접하는 자는 나를 보내신 이를 영접하는 것이니라 ⁴¹선지자의 이름으로 선지자를 영접하는 자는 선지자의 상을 받을 것이요 의인의 이름으로 의인을 영접하는 자는 의인의 상을 받을 것이요 ⁴²또 누구든지 제자의 이름으로 이 작은 자 중 하나에게 냉수 한 그릇이라도 주는 자는 내가 진실로 너희에게 이르노니 그 사람이 결단코 상을 잃지 아니하리라 하시니라

이 단락의 모든 말씀들은 그리스도의 목사들이 일에서 당하는 고난에 관한 것인데, 그들이 그런 고난을 예상하고 대비하여야 할 것을 여기서 가르침받는다. 또한 고난을 어떻게 견디며, 고난 중에도 어떻게 일을 계속해 나갈지에 대해서도 가르침받는다. 이 부분에서 주님은 제자들의 현재의 사명만이 아니라 더 멀리까지 바라보고 계신다. 왜냐하면 그리스도께서 함께 계시는 동안에는 그들이 큰 어려움이나 박해를 만나는 것을 보지 못하기도 하거니와, 그동안에는 어려움들을 잘 견딜 수가 있었기 때문이다. 여기서는 장차 그리스도의 부활 이후 그들의 사명이 더 확대되고 또한 천국이 가까이 와 있는 것이 아니라 실제로 세워지고 있을 때에 그들이 당하게 될 괴로움에 대해 미리 경계하시는 것이다. 그들은 이 당시만 해도 그런 고난에 대해서는 전혀 꿈도 꾸지 않았고, 오히려 외형적인 허식과 권력을 얻기를 꿈꾸고 있었다. 그러나 그리스도께서는 크나큰 고난이 올 것을 예상하라고 말씀하시며, 그들이 왕들이 되리라고 예상하던 바로 그 때에 그들이 옥에 갇히게 되리라는 것을 말씀하시는 것이다.

우리가 장차 당하게 될 어려움들이 무엇인지를 듣는다는 것은 좋은 일이다. 미리 대비할 수가 있고, 허리띠를 동이고 있어야 할 때에 마치 고삐가 풀리기라도 한 듯 자만하지 않게 될 수 있기 때문이다.

여기에는 다음의 내용들이 뒤섞여 있다: I. 어려움에 대한 예언들. II. 이와 관련한 위로와 권고의 내용들.

I. 제자들이 사역하는 중에 반드시 당하게 될 힘든 고난에 대한 예언들이 여기 제시된다. 그리스도께서는 자신의 고난은 물론 제자들의 고난까지도 미리 보셨다. 그리하여 자신이 계속 사명을 감당하시듯, 그들도 계속 사명을 감당하게 만드시는 것이다. 고난을 미리 말씀하시는 것은 고난이 올 때에 깜짝 놀라 믿음이 충격을 받지 않도록 하기 위함이기도 하며, 또한 예언이 성취될 때에 그것으로 오히려 그들의 믿음이 확증되도록 하기 위함이었다.

그는 제자들에게 그들이 어떤 고난을 당하며, 또한 누구에게 그런 고난을 당하게 될지를 말씀하신다.

1. 그들이 당할 고난. 이는 어려운 일임에 틀림없다. 보라 내가 너희를 보냄이 양을 이리 가운데로 보냄과 같도다(16절). 연약하고 힘도 없고 보호받지도 못하는 양이 사나운 이리 떼들 가운데 있다면 물어뜯기는 것밖에 무엇을 기대할 수 있겠는가? 주목하라. 악인들은 이리와 같아서 삼키고 파괴하는 것이 그들의 본성이다. 하나님의 백성은, 특히 그의 목사들은 그들과 정반대의 성품과 기질을 지닌 악인들에게 양과 같아서, 그들에게 노출되어 있고 또한 그들의 먹이가 되기가 쉽다. 그리스도께서 자기를 따르기 위해 모든 것을 버려 두고 떠나온 자들을 그런 위험을 당할 처지에 두신다는 것이 무정한 것처럼 보인다. 그러나 그는 그의 양을 위하여 예비된 영광을 알고 계셨다. 그 큰 날 그들이 그의 오른편에 앉을 때에, 그들이 이 땅에서 당한 고난과 봉사에 대해 충족한 상급을 받게 될 것임을 알고 계셨던 것이다. 그들은 끔찍하게도 이리 가운데 있는 양의 처지다. 그러나 그리스도께서 그들을 그렇게 보내시니 그것이 그들에게 위로가 된다. 그를 보내시는 그분이 그들을 보호하시고 지탱시키실 것이기 때문이다. 그러나 최악의 상황을 그들이 알도록, 그들이 예상해야 할 일을 구체적으로 말씀하시는 것이다.

(1) 미움받기를 예상해야 한다. 너희가 내 이름으로 말미암아 모든 사람에게 미움을 받을 것이나(22절). 이것이 나머지 모든 일의 뿌리인데, 정말 쓰라린 뿌리

다. 주목하라. 그리스도께서 사랑하시는 자들은 세상의 미움을 받는다. 세상이 이유 없이 그리스도를 미워하였다면(요 15:25), 세상이 그의 형상을 지니고 그의 대의를 섬긴 자들을 미워한다는 것은 전혀 놀랄 일이 아니다. 우리는 메스꺼운 것을 싫어한다. 그런데 그들이 만물의 찌꺼기로 취급받는다(고전 4:13). 우리는 불쾌한 것을 싫어하는데, 그들이 땅을 괴롭게 하는 자들로(왕상 18:17), 또한 이웃을 괴롭게 하는 자들로(계 11:10) 취급받는 것이다. 미움을 받는 것과 그렇게 악의를 당하는 대상이 되는 것은 괴로운 일이다. 그러나 내 이름으로 말미암아 그렇게 된다고 한다. 그들이 미움을 받는 진정한 이유가 이렇게 밝혀지니, 무슨 핑계로 미움을 받더라도 그렇게 미움을 받는 자들이 이로써 위로를 받는 것이다. 그 일은 선한 대의를 위한 일이요, 또한 그 일을 함께 나누시고 그 일을 그 자신의 일로 여기시는 선한 친구가 그들에게 계신 것이다.

(2) 악인으로 취급받고 인식받기를 예상해야 한다. 그들의 끈질긴 악의가 끈질기게 발동하여, 그들이 너희를 공회에, 공안을 책임지는 총독이나 재판관에게 넘겨 주기를 시도하는 것은 물론 반드시 그 일을 관철시킬 것이다(17, 18절). 주목하라. 법과 정의를 빙자하여 선한 사람들에게 악행이 자행되는 경우가 많다. 재판하는 곳 거기에도 악이 있어서(전 4:16) 횡포를 부리는 법이다. 그들은 끈질기게 문제를 일으키며, 그 일을 위해 공회의 하급 관리들만이 아니라 총독과 왕까지도 이용한다. 그리스도의 제자들에게 보통 씌워지는 지독한 거짓 혐의를 쓰고 그들 앞에 끌려간다는 것은 끔찍스럽고도 위험한 일이었다. 왕의 진노는 사자의 울부짖는 소리와도 같기 때문이다. 이 일이 사도들의 행적에서 자주 성취되는 것을 보게 된다.

(3) 죽임당할 것을 예상해야 한다. 형제가 형제를, 아버지가 자식을 죽는 데에 내주며(21절). 화려함과 엄숙함으로 사형을 부여하여 죽게 하며, 이 때에 그들이 공포의 왕으로 자신의 모습을 최고조로 드러내는 것이다. 원수들의 악의가 죽음을 가하기까지 높이 끓어오른다. 그들은 성도들의 피에 굶주려 있다. 그러나 성도들의 믿음과 인내는 이것을 미리 예상하고 끝까지 견고하게 서 있는 것이다. 나의 생명조차 조금도 귀한 것으로 여기지 아니하노라(행 20:25). 그리스도의 지혜가 이를 허용한다. 순교자들의 피가 어떻게 진리의 인침이 되며 교회의 씨가 되는지를 잘 알기 때문이다. 이 숭고한 군대가 자기 생명을 아끼지 않고 죽음에 내어놓음으로, 사탄이 무너져왔고, 그리스도의 나라와 그 대의가 크게 전

진해온 것이다(계 11:11). 원수들이 의도하는 대로 그들은 범죄자들로 죽임을 당하였으나, 사실 그들은 희생 제물이요(빌 2:17; 딤후 4:6), 번제물이요, 하나님의 진리와 대의로 그의 존귀를 위하여 드려진 희생 제물들인 것이다.

(4) 이런 고난 중에 극도로 치욕적인 오명을 쓰게 될 것을 예상해야 한다. 그렇게 잡아들인 자들에게 그럴 듯한 혐의를 먼저 씌우고, 자기들의 잔인함을 정당화시켜 줄 명분을 세우지 않으면, 박해자들이 이 세상에서 부끄러움을 당할 것이다. 여기서 그들이 제자들에게 뒤집어씌울 극도의 치욕적인 오명이 제시되고 있다. 곧, 그들을 귀신의 왕 바알세불이라 부른다(25절). 그들은 제자들을 어둠의 나라의 대의를 위해 활동하는 장본인들로 삼으며, 또한 모든 사람들이 귀신을 미워하기 때문에, 이렇게 해서 그들은 온 인류에게 가증스런 존재로 만들어 버리는 것이다. 이 세상이 저지르는 악행을 보면 놀라지 않을 수 없다. 〔1〕 사탄의 철천지원수를 사탄의 친구로 취급한다. 사탄의 나라를 허무는 사도들을 가리켜 귀신이라 부르며, 이리하여 그들이 전혀 알지 못하는 일만이 아니라 그들이 지극히 혐오하며 그들과 정반대 되는 일까지도 그들에게 혐의를 씌우는 것이다. 〔2〕 사탄의 철저한 종들을 사탄의 원수들로 여긴다. 그리하여 자기들이 사탄을 대적하여 싸우는 체하는데, 이처럼 사탄의 일을 효과적으로 수행할 수가 없다. 마귀와 가장 가까운 자들이 그렇지 않은 체하는 경우가 많으며, 또한 겉으로는 전혀 다른 모습을 하는 자들이 마음속으로 사탄의 지배를 받고 있는 경우가 많은 법이다. 그러나 감추인 것이 드러나게 될(26절의 말씀처럼) 날이 반드시 오게 될 것이다.

(5) 이 고난들이 여기서 검(劍)과 불화로 묘사되고 있다(34, 35절). 내가 세상에 화평을, 곧 세속적인 평화와 외형적인 번영을 주러 온 줄로 생각하지 말라. 그들은 그리스도께서 그를 따르는 모든 자들에게 이 세상에서의 부귀와 권세를 주기 위하여 오신 것으로 생각하였다. 그러나 그리스도께서는 "아니다"라고 말씀하신다. "그들에게 화평을 주러 온 것이 아니다. 하늘에서의 평화에 대해서는 확신을 가질 수 있으나, 이 땅에서의 화평에 대해서는 그렇지 않다." 그리스도께서는 하나님과의 화평을, 우리 양심의 화평을, 우리 형제들과의 화평을 주러 오셨다. 그러나 세상에서는 너희가 환난을 당하리라(요 16:33). 주목하라. 복음을 고백하면 이 세상에서의 환난을 면할 것이라고 생각하는 자들은 복음의 의도를 잘못 아는 것이다. 오히려 그로 인하여 환난을 당하게 될 것이 분

명하기 때문이다. 온 세상이 그리스도를 영접한다면, 전세계적인 화평이 이어질 것이다. 그러나 그를 거부하는 자들이(또한 이 세상의 자녀일 뿐 아니라 뱀의 후손인 자들이) 세상에 많이 있고 또한 있을 것이므로, 이 세상에서 부르심을 받는 하나님의 자녀들은 그들의 적대적인 자세의 열매들을 당할 것을 예상하여야 하는 것이다.

〔1〕 화평을 찾지 말고, 검을 찾으라. 그리스도는 말씀의 검을 제자들에게 주어 그것으로 세상을 대적하여 싸우게 하며, 이 검으로 정복의 일을 이루시기 위해 오셨다(계 6:4; 19:21). 또한 세상에게 박해의 검을 주러 오셨다. 세상은 이 말씀의 검에 마음이 찔리고(행 7:54), 그리스도의 증인들의 증언으로 괴로움을 당하여(계 11:10), 박해의 검으로 제자들을 대적하여 싸우며, 그 검으로 잔인한 일을 저지르는 것이다. 그리스도께서는 복음을 보내어 세상으로 하여금 이 검을 사용할 빌미를 제공하시며, 따라서 그가 이 검을 보내신다고 말할 수 있다. 그는 그의 백성들의 은혜들을 시험하고 칭찬하기 위하여, 또한 원수들의 죄를 분량을 채우기 위하여, 그의 교회를 명하여 이런 고난의 상태에 있게 하시는 것이다.

〔2〕 화평을 찾지 말고, 불화를 찾으라. 내가 온 것은 사람이 … 불화하게 하려 함이니(35절). 복음을 전하여 이런 효과가 나타나는 것은 복음의 잘못이 아니라 그것을 받아들이지 않는 자들의 잘못이다. 전해지는 말씀을 믿는 자들이 있고 또한 믿지 않는 자들이 있으면, 믿는 자들의 믿음이 믿지 않는 자들을 정죄하며, 따라서 믿지 않는 자들은 믿는 자들에 대해 적의를 갖게 된다. 주목하라. 세상에서 일어난 가장 격렬하고도 무자비한 분쟁들은 종교적인 차이에서 생겨난 것들이었다. 박해자들의 적의 같은 적의가 없고, 박해받는 자들의 결연함 같은 결연함도 없다. 그리하여 그리스도께서는 그의 제자들에게 그들이 당하게 될 일을 말씀하시는데, 이는 정말 어려운 말씀이다. 이것들을 견딜 수 있으면, 어떤 일이라도 견딜 수 있다. 주목하라. 그리스도께서는 우리가 그를 섬기는 중에 당할 수 있는 최악의 경우를 말씀하셔서 우리를 공평하고도 신실하게 대하셨고, 또한 우리도 조용히 앉아서 희생을 미리 따져봄으로써 우리 자신을 그렇게 대하기를 바라신 것이다.

2. 제자들이 누구로부터 이런 힘든 고난을 당할 것인지를 말씀하신다. 분명 지옥 자체가 놓임을 받은 것이 틀림없고, 귀신들이, 저 절박한 처지에 있는 영

들이, 그 큰 구원과 관계 없는 자들이 육친의 모습을 입어서, 그런 사람에게 유익을 주며 또한 세상을 하나님과 화목하게 하는 가르침이 철천지원수들을 만나게 된 것이다. 여러분도 생각해 보았는가? 이 모든 악행을 복음을 전하는 자들에게 저지르는 것이 바로 그들이 구원을 전하러 나아간 그 사람들이다. 그러니, 피 흘리기를 좋아하는 자는 온전한 자를 미워하고 정직한 자의 생명을 찾느니라(잠 29:10). 또한 그러므로 천국이 이 땅에서 그렇게도 대적을 당하는 것이다. 땅이 지옥의 권세 아래 있기 때문이다(엡 2:2).

그리스도의 제자들은 다음과 같은 자들에게서 이런 힘든 일들을 당하게 되어 있다.

(1) 사람들에게서(17절). "사람들을 삼가라. 심지어 너희와 본성이 같은 자들도 너희 스스로 경계해야 할 것이다." 사람의 본성은 그렇게 부패해 있고 타락해 있으므로(homo homini lupus: 사람은 사람에게 늑대다) 간교할 뿐 아니라 짐승처럼 잔인하고 야만적이며, 인간성이라 불리는 그것이 완전히 상실된 상태다. 주목하라. 박해의 광포와 적의는 사람을 짐승으로, 마귀로 바꾸어 놓는다. 바울은 에베소에서 사람의 모습을 한 짐승들과 싸웠다(고전 15:32). 가장 친한 친구가 있으면서도 사람들을 삼가야 하는 상황이라면 세상이 참으로 안타까운 처지에 있다 할 수밖에 없다. 뼈 중의 뼈요 동일한 피를 지닌 자들에게서 괴로움이 일어나니, 고난당하는 그리스도의 종들의 괴로움이 더 가중될 수밖에 없다. 이런 점에서 박해자들은 짐승보다 더 악하다. 자기들의 동족을 먹이로 삼으니 말이다. 사나운 곰들도 자기들끼리는 잘 어울린다. 우리를 보호하고 동정할 것이라 기대되던 사람들이 우리를 치러 일어난다는 것은 정말 쓰라린 일이다(시 124편). 그들은 사람일 뿐 그 이상 아무것도 아니며, 성도가 아니며 육에 속한 자요(고전 2:14), 이 세상에 속한 사람일 뿐이다(시 17:14). 성도들은 사람 이상이요, 사람 중에서 구속함을 받은 자들이요, 그렇기 때문에 그들에게서 미움을 받는 것이다. 거룩함을 입지 않으면, 사람의 본성이야말로 마귀의 본성 다음으로 세상에서 가장 악한 본성인 것이다. 그들은 사람이며, 따라서 종속적이요 의존적이며, 죽어가는 피조물들이다. 그들은 사람이지만 인생일 뿐이니(시 9:20), 너는 어떠한 자이기에 죽을 사람을 두려워하느냐(시 51:12)? 사람들을 삼가라. 하몬드 박사는 이를, 면식이 있는 사람들, 곧 그리스도를 버린(벧전 2:4) 유대의 산헤드린의 사람들을 삼가라는 뜻으로 본다.

(2) 신앙을 고백하는 사람들에게서, 즉 경건의 모양이 있고 겉으로 신앙의 모습을 보이는 자들에게서. 그들이 회당에서 채찍질하리라. 하나님을 예배하고 그들의 교회적 권징을 시행하기 위해 모이는 장소에서 채찍질한다는 것인데, 곧 그리스도의 목사들을 채찍질하는 일을 자기들의 신앙의 일부로 간주한다는 것이다. 바울은 회당들에서 매를 다섯 번 맞았다(고후 11:24). 유대인들은 모세를 위하는 열정을 빙자하여 그리스도와 기독교를 가장 극렬하게 박해하였고, 그런 잔인무도한 행위들을 자기들의 신앙으로 치부하였다. 주목하라. 그리스도의 제자들은 양심적인 박해자들로부터 많은 고난을 받아왔다. 그들은 제자들을 회당에서 채찍질하며 사로잡고 죽이면서도, 이것이 하나님을 섬기는 일이라고 생각하며(요 16:2) 또한 여호와께서는 영광을 나타내시기를 원하노라라고 말하는 것이다(사 66:5; 슥 11:4, 5). 그러나 회당은 결코 박해를 거룩하게 구별하는 일과는 거리가 멀고, 오히려 박해야말로 회당을 더럽히며 부패시키는 것이다.

(3) 위대한 사람들과 권세 있는 사람들에게서. 유대인들은 자기들의 남은 권한을 최대한 발휘하여 제자들을 채찍질하는 것은 물론, 더 이상 할 수 있는 일이 없을 때에는 그들을 로마의 권력에게 넘겨주었다. 그리스도도 그렇게 넘겨준 것이다(요 18:30). 너희가 … 총독들과 임금들 앞에 끌려 가리니(18절). 그들은 권력이 더 많으므로 그보다 더한 악행을 지지를 힘이 있다. 총독들과 임금들은 그리스도로부터 권력을 받으며(잠 8:15), 따라서 그의 종들이어야 마땅하고, 그의 교회들을 보호하고 양육하는 어버이가 되어야 마땅하다. 그런데도 그들은 자기들의 권력을 이용하여 그리스도를 대적하며, 그를 배반하며, 그의 교회를 대적하는 경우가 많다. 세상의 군왕들이 그리스도의 나라를 대적하여 나서는 것이다(시 2:1, 2; 행 4:25, 26). 주목하라. 선한 사람들이 권력 있는 자들을 원수로 맞는 경우가 많았다.

(4) 모든 사람에게서. 너희가 내 이름으로 말미암아 모든 사람에게, 세상에 일반적으로 퍼져 있는 모든 악인에게 미움을 받을 것이다(22절). 이렇듯 온 세상이 악 속에 있는 것이다. 그리스도의 의로운 대의를 사랑하고 자기 것으로 삼는 자들이 너무나 수가 적으므로, 그들이 모든 사람에게 미움을 받는다고 말할 수 있을 정도다. 모든 사람이 다 치우쳐 있고(시 14:3), 그리하여 하나님의 백성을 삼키는 것이다. 하나님께로부터의 배도(背道)가 나아가는 정도만큼 성도

들을 향한 적개심도 그만큼 나아간다. 그리고 때로는 이런 적개심이 다른 때보다 더 전반적으로 나타나기도 하지만, 이런 맹독(猛毒)의 일부가 모든 불순종의 아들들의 마음속에 자리잡고 있는 것이다. 세상이 너희를 미워하니 이는 그들이 짐승을 따르기 때문이다(계 13:3). 모든 사람이 다 거짓말쟁이이니, 진리를 미워할 수밖에 없다.

(5) 친족들에게서. 형제가 형제를, 아버지가 자식을 죽는 데에 내주며(21절). 이로 인하여 사람이 그 아버지와 불화하며, 아니 연약한 여성도 박해자가 되고 또 박해받는 자가 되어 박해하는 딸이 믿는 어머니를 대적할 것이다. 본성적인 혈연 관계와 가족으로서의 의무가 있으니 그런 분쟁이 방지되거나 곧 종식될 것이라고 생각하지만 그렇지 않을 것이라는 것이다. 그러니 서로 시기하여 분쟁이 곧잘 일어나는 며느리와 시어머니가 서로 불화하는 것은 전혀 놀랄 일이 아니다(35절). 일반적으로 말해서, 사람의 원수가 자기 집안 식구리라(36절). 사람이 기독교를 받아들인 것 때문에, 특히 박해를 받기까지 기독교를 붙드는 것 때문에, 그의 친구가 되어야 할 자들에게 분노가 불일 듯하여, 그를 박해하는 자들과 합세하여 그를 대적한다는 것이다. 주목하라. 친족 간의 사랑과 의무의 가장 강력한 끈조차도 그리스도와 그의 교의에 대한 적의로 인하여 깨어지는 경우가 많다. 참된 종교에 대한 그릇된 편견과 거짓 종교에 대한 열정의 힘이 그만큼 강력하므로, 지극히 본성적이며 신성하고, 지극히 정이 깊은 다른 모든 이해 관계들이 이 몰록들에게 희생되어 버리고 마는 것이다. 여호와와 그의 기름 부음 받은 자를 대적하는 자들은 심지어 그들의 맨 것을 끊고 그의 결박을 벗어 버리기까지 하는 것이다(시 2:2, 3). 그리스도의 신부는 그 어머니의 아들들에게 노여움을 받는 고난을 당한다(아 1:6). 이런 자들에게서 당하는 고난은 다른 무엇보다 쓰라리고 아프다. 그는 곧 너로다 나의 동료, 나의 친구요 나의 가까운 친우로다(시 55:12, 13). 그리고 이런 적의가 보통 가장 돌이키기 어렵다. 노엽게 한 형제와 화목하기가 견고한 성을 취하기보다 어렵다(잠 18:19). 고대나 현대나 순교 사화들을 보면, 이런 예가 수없이 나타난다. 무릇 그리스도 예수 안에서 경건하게 살고자 하는 자는 박해를 받으며(딤후 3:12), 하나님의 나라에 들어가려면 많은 환난을 겪을 것을 기대해야 하는 것이다(행 14:22).

II. 이런 환난에 대한 예언과 더불어, 시련의 때를 위한 권고와 위로의 지침들이 제시된다. 그리스도는 그들을 보내어 위험이 예상되는 상황 속으로 그들을 보내시지만, 교훈과 격려로 그들을 무장시켜서 이 모든 시련들을 충족히 견디게 하시는 것이다. 그가 말씀하시는 내용을 정리해 보자.

1. 여러 가지로 권면하시고 지도하신다.

(1) 뱀 같이 지혜로우라(16절). 어떤 이들은 이를 허용의 의미로 보기도 한다: "뱀처럼 지혜로워도 좋다. 비둘기처럼 순결을 유지한다면, 너희 뜻대로 용의주도해도 좋다." 그러나 이를 명령의 의미로 취하는 것이 낫다. 곧, 자신의 가는 길을 잘 아는 신중한 자의 지혜가 언제나 유익하며, 특히 고난의 때에는 더욱 그러한데, 이러한 지혜를 가질 것을 말씀하는 것이다. "양이 이리들 중에 있는 것처럼 너희가 위험에 노출되어 있으니 뱀 같이 지혜로우라. 다른 이들을 간교하게 속이는 이리와 같이 되라는 것이 아니라, 자기 자신을 방어하고 자신의 안전을 위해 자리를 움직이는 뱀 같이 되라는 것이다." 그리스도의 제자들은 뱀 같이 미움을 받고 박해를 받으며, 사람들이 그들을 망하게 하려고 안간힘을 쓴다. 그러므로 뱀의 지혜가 그들에게 필요한 것이다. 주목하라. 그의 백성과 목사들이 이 세상의 온갖 어려움에 너무나 노출되어 있으므로, 그들이 스스로를 불필요하게 노출시키지 말고 정당한 모든 수단을 사용하여 스스로를 보존시키는 것이 그리스도의 뜻이다. 그리스도께서는 이런 지혜의 모범을 우리에게 제시하셨다(21:24, 25; 22:17, 18, 19; 요 7:6, 7). 게다가 그리스도께서는 그의 때가 오기까지 그의 원수들의 손아귀에서 수없이 건지기도 하신다. 바울의 지혜의 실례를 보라(행 23:6, 7). 그리스도의 대의를 위하여 우리는 생명과 그것이 주는 모든 위로들을 기꺼이 내어놓아야 한다. 그러나 그것들을 우리 손으로 탕진해서는 안 되는 것이다. 그 머리를 안전하게 지켜서 깨어지지 않도록 하고, 술객의 요술도 따르지 아니하며(시 58:4, 5), 또한 바위틈을 보금자리로 삼는 것이 뱀의 지혜다. 그러므로 이런 점에서 우리도 뱀 같이 지혜로워야 하는 것이다. 우리 스스로 어려움을 자초하는 데에 지혜로울 것이 아니라, 도움이 된다면 악한 때에 침묵을 지키며 우리 스스로 문제를 일으키지 않는 데에 지혜로워야 하는 것이다.

(2) 비둘기 같이 순결하라. "비둘기가 그렇듯이 부드럽고 온유하며 침착하라. 아무도 해치지 말고 아무에게도 악의를 품지 말며, 미움을 갖지 말라. 뱀 같이 지혜로우면서도 언제나 반드시 이것이 있어야 한다." 그들이 이리 가운데로 보냄을 받으니 뱀 같이 지혜로워야 하지만, 동시에 그들이 양으로서 보냄을 받으

니 비둘기 같이 순결해야 하는 것이다. 우리는 우리 자신을 보호하도록 지혜로 워야 한다. 그러나 다른 사람에게 해를 가하기보다는 차라리 우리가 해를 당하 는 편을 택해야 한다. 뱀의 간교함을 사용하여 다른 이들에게 해를 가하거나 해를 되돌려 주기보다는, 비둘기의 순결함을 사용하여 우리 스스로 스무 번의 해를 견뎌야 하는 것이다. 주목하라. 모든 그리스도의 제자들은 특히 그들이 원수들의 한가운데에 있다는 점을 깊이 생각하여 말과 행동에서 무죄하고 온 유함을 보이도록 항상 조심해야 한다. 사나운 새들과 더불어 있을 때에는 비둘 기 같은 정신을 가져서, 그들에게 화를 촉발시키지도 않고, 그들로 인하여 화 가 촉발되지도 않는 것이 중요하다. 다윗은 매의 날개보다는 비둘기의 날개를 사모하였다. 그것으로 멀리 날아가 쉼을 얻기를 바랐던 것이다. 성령이 그리스 도 위에 비둘기 같이 강림하였다. 그리고 모든 신자들이 그리스도의 영에게, 전 쟁이 아니라 사랑을 위해 존재하시는 비둘기 같은 영에게 참여하는 것이다.

(3) 사람들을 삼가라(17절). "언제나 조심하여 위험한 자들과 어울리지 않도 록 하라. 너희의 말과 행동을 삼가며, 사람의 정절에 대해 지나치게 생각하지 말고, 지극히 그럴 듯해 보이는 행위들에 대해서도 경계하라. 친구를 의지하지 말며 네 품에 누운 여인도 의지하지 말라"(미 7:5). 주목하라. 은혜로운 자들은 경계하는 것이 합당하다. 사람을 의지하지 말라고 가르침받고 있기 때문이다. 우리는 누구를 신뢰해야 할지를 모르는 몹쓸 세상을 살고 있는 것이다. 우리 주께서 그 자신의 제자 중의 한 사람의 입맞춤으로 배반을 당하셨으므로 우리 는 사람을 삼가며, 거짓 형제를 삼갈 필요가 있는 것이다.

(4) 어떻게 또는 무엇을 말할까 염려하지 말라(19절). "관원들 앞에 서게 될 때 에 예의 바르게 처신하되, 어떻게 해서 어려움을 모면할까 하여 염려하지 말 라. 사려 깊은 신중한 생각은 있어야 하나, 고민하며 괴로워하는 생각은 있어 서는 안 된다. 무엇을 먹을까 무엇을 마실까 하는 염려는 물론 이런 염려도 하 나님께 맡기라. 말을 멋지게 하려고, 환심을 사려고, 애쓰지 말라. 멋있는 표현 을 생각해 내거나 유머를 쓰려고 애쓰지 말라. 이는 오히려 일을 그르칠 뿐이 다. 선한 자의 황금은 그런 데에는 필요가 없다. 이렇게 인위적으로 방법을 쓰 면 오히려 마치 여러분의 대의 그 자체가 충실하게 증명해 주기에 부족하며 여 러분에게 자신이 없는 것처럼 비쳐질 뿐이다. 너희가 어떤 근거 위에서 나아가 는지를 잘 알고 있으니, 적절한 표현들이 시의적절하게 나타날 것이다." 다니엘의

세 친구만큼 총독과 임금 앞에서 더 잘 말한 사람이 없었다. 그들은 사전에 무엇을 말할까 염려한 적이 없었다. 느부갓네살이여 우리가 이 일에 대하여 왕에게 대답할 필요가 없나이다(단 3:16. 또한 시 119:46을 보라). 주목하라. 그리스도의 제자들은 어떻게 말을 잘 할까보다는 어떻게 행동을 잘 할까를, 어떻게 그들의 진실함을 증명할까보다는 어떻게 그 진실함을 유지할까를 더 많이 생각해야 한다. 우리의 자랑하는 말이 아니라 우리의 삶이 최상의 변론이 된다.

(5) 이 동네에서 너희를 박해하거든 저 동네로 피하라(23절). "너희와 너희의 가르침을 거부하는 자들을 거부하고, 다른 이들이 너희와 너희의 가르침을 받아들일지를 시험하라. 그렇게 해서 너희 자신의 안전을 위하여 장소를 옮기라." 주목하라. 임박한 위험이 있을 경우, 그리스도의 제자들은 도피함으로써 자신을 지킬 수 있고 또한 반드시 그렇게 해서 자신을 지켜야 한다. 그 때에 하나님께서 그의 섭리로 그들에게 피할 길을 열어 주신다. 피하는 자는 다시 싸울 수가 있다. 그리스도의 군사들이 그들의 색깔을 바꾸지 않는다면, 그들이 처한 곳을 떠나도 전혀 치욕스런 일이 아니다. 의무의 길에서 떠나가서는 안 되나, 위험한 길에서는 떠날 수 있는 것이다. 그리스도께서 그의 제자들을 보살피사 그들을 위해 쉴 만한 보금자리를 마련하시며, 모든 곳에서 동시에 박해의 불길이 일어나지 않도록 역사하시며, 이 동네가 그들에게 너무 뜨거울 때에 저 동네를 그보다 시원한 그늘로 예비하시는 것을 보라. 이런 호의가 베풀어질 때에 그것을 무시하지 말고 받아들여야 하는 것이다. 그러나 죄악되고 정당치 못한 수단을 사용해서 도피해서는 절대로 안 된다. 그럴 경우에는 그것이 하나님께서 여시는 문이 아닌 것이다. 그리스도와 그의 사도들 모두의 역사에서 이 원칙을 보여주는 실례들을 많이 접하게 된다. 이 원칙을 구체적인 경우에 적용시킬 때에는 지혜와 순결함을 따르는 것이 유익한 것이다.

(6) 그들을 두려워하지 말라(26절). 그들은 몸은 죽여도 영혼은 죽이지 못하기 때문이다(28절). 주목하라. 아무리 큰 원수라도 두려워하지 않는 것이 그리스도의 제자들의 의무요 관심사다. 진정으로 하나님을 두려워하는 자는 사람을 두려워할 필요가 없고, 지극히 작은 죄까지도 두려워하는 자는 지극히 큰 환난도 두려워할 필요가 없다. 사람을 두려워함이 올무가 되나니, 이것이 우리의 평화를 깨뜨리는 곤란한 올무가 되며, 우리를 얽어매어 죄에 빠뜨리는 올무가 된다. 그러므로 이를 조심스럽게 보아야 하고, 여기에 빠지지 않도록 힘쓰고 기

도해야 한다. 시절이 아무리 힘들고, 원수들이 아무리 요동하고, 일들이 아무리 위협적이라 할지라도, 우리는 두려워할 필요가 없다. 우리에게 그렇게 좋으신 하나님이 계시며, 그렇게도 좋은 대의가 있고, 은혜로 말미암아 그렇게도 귀한 소망이 있으니, 땅이 변할지라도 우리는 두려워하지 아니하리로다(시 46:2, 3).

그렇다, 이것은 말하기는 쉽다. 그러나 시련이 오고, 황폐와 고통, 지하 감옥과 노예선, 도끼와 교수대 등 끔찍한 것들이 우리 앞에 닥치게 되면 아무리 강한 마음을 가진 자라도 두려워 떨기 마련이고, 특히 조금만 양보하여 뒷걸음질 치면 다시 시작할 수 있다는 것이 분명히 드러날 때에는 더욱더 약해지기 쉬운 법이다. 그러므로 이런 유혹을 대적하여 방비를 튼튼히 하여야 할 것이다. 여기서 다음의 사실을 생각하여야 한다.

〔1〕 두려워하지 말아야 할 충족한 이유가, 원수들의 능력이 한정된 것이라는 사실을 근거로 제시된다. 그들이 몸은 죽일 수 있다. 그들의 격한 진노가 보일 수 있는 최대의 한계가 거기까지다. 하나님께서 허용하시면 거기까지는 갈 수 있다. 그러나 그 이상은 나아갈 수가 없다. 그들은 영혼은 죽이지 못하며, 영혼을 해치지도 못한다. 그런데 그 영혼이 사람인 것이다. 이로써, 어떤 이들이 상상하듯 사망 시에 영혼이 잠에 빠지는 것도 아니요 생각과 지각을 빼앗기는 것도 아니라는 것이 드러난다. 만일 그렇다면 몸을 죽이는 것이 곧 영혼까지도 죽이는 것이 될 것이기 때문이다. 영혼은 그것이 하나님과 그의 사랑으로부터 분리되고, 그의 진노의 그릇이 될 때에 죽임당하는 것이다. 하나님의 사랑이 영혼의 생명이니 말이다. 그러니 이것은 사람들의 능력 밖이다. 환난이나 곤고나 박해가 우리를 모든 세상으로부터 끊을 수는 있으나, 우리와 하나님 사이를 갈라놓을 수도 없고, 우리를 그를 사랑하는 데에서, 혹은 하나님에게서 사랑을 받는 데에서 끊을 수도 없는 것이다(롬 8:35, 37). 그러므로, 우리가 우리의 영혼을 보석으로 여겨 그것에 대해 더 염려한다면, 사람을 덜 두려워하여야 마땅하다. 그들의 힘으로는 영혼을 빼앗을 수가 없기 때문이다. 몸은 죽일 수 있다. 그것은 죽이면 곧바로 죽기 때문이다. 그러나 영혼은 그렇게 할 수 없다. 몸이 죽어도 여전히 살아 있어서 하나님을 누릴 것이기 때문이다. 그들은 그저 장롱을 부수는 것밖에는 할 수가 없고, 이 장롱을 부수기 위해 폭군을 동원하는 것이다. 아낙사쿠스의 사건은 마음대로 악용할 수 있으나, 아낙사쿠스 자신을 해칠 수

는 없다. 고귀한 진주는 건드리지 못하는 것이다. 세네카는 분명히 말하기를, 지혜롭고 선한 사람은 해칠 수가 없다고 했다. 왜냐하면 그에게는 죽음조차도 아무런 해가 되지 않기 때문이라는 것이다. "그 최후의 극한적인 것을 고요함과 평정함으로 맞는다면, 해를 끼치는 법도 무정한 폭군도 그 이상으로는 가할 것이 아무것도 없고, 거기서 그의 통치가 종결되니, 죽음이 악이 아니라는 것을 알게 된다. 그것이 조금도 해를 가하지 못하기 때문이다"(세네카).

〔2〕 사람을 두려워하는 것에 대한 좋은 치료. 그 치료는 곧 하나님을 두려워하는 것이다. 몸과 영혼을 능히 지옥에 멸하실 수 있는 이를 두려워하라. 주목하라. 첫째로, 지옥은 몸과 영혼 모두의 멸망이다. 몸과 영혼의 존재(being)의 멸망이 아니라, 몸과 영혼의 잘됨(well-being)의 멸망이며, 이것은 바로 전인(全人)이 망한 상태다. 영혼이 버림받았으면, 몸도 버림받은 것이다. 이 둘이 함께 죄를 지은 것이며, 몸이 영혼을 시험하여 죄를 짓게 하였고, 죄에 빠지게 한 도구다. 그러므로 그 둘이 함께 영원토록 형벌을 당해 마땅한 것이다. 둘째로, 이 멸망은 하나님의 능력에서 온다. 그는 멸하실 수 있다. 이것은 그의 힘의 영광으로부터 가해지는 멸망이다(살후 1:9). 그는 그 일로 그의 능력을, 멸망을 선고하는 그의 권세뿐 아니라, 그 선고를 집행하는 그의 능력을 알게 하실 것이다(롬 9:22). 셋째로, 그러므로 이 세상에서 가장 훌륭한 성도들도 하나님을 두려워해야 한다. 주의 두려우심을 알므로 사람들을 권면하거니와, 하나님을 두려워하라. 그의 두려움과 같이 그의 진노도 그러한즉 그의 진노가 어떠함 같이 그를 두려워해야 하리라. 특히 아무도 주의 진노의 두려움을 알지 못하기 때문에 더더욱 그렇다(시 90:11). 아담도 무죄한 상태에서 경고로써 두려움을 가졌으니, 그리스도의 제자라면 누구든 거룩한 두려움의 통제를 받을 필요가 없다고 생각해서는 안 될 것이다. 언제나 두려워하는 자가 복이 있다. 죽은 아브라함의 하나님은 아직 살아있는 이삭의 하나님으로도 불렀다(창 31:42, 53). 넷째로, 하나님을 두려워하며 영혼을 다스리시는 그의 권능을 두려워하는 것이야말로 사람을 두려워하는 것을 막는 주권적인 방비가 될 것이다. 세상의 미움을 받는 것이 하나님의 미움을 받는 것보다 나으니, 사람보다 하나님께 복종하는 것이(행 4:19) 그 자체로서도 지극히 옳을 뿐 아니라 우리에게 지극히 안전한 일인 것이다. 죽을 사람을 두려워하는 자는 그들을 지으신 여호와를 잊어버린 자다(사 51:12, 13; 느 4:14).

(7) 내가 너희에게 어두운 데서 이르는 것을 광명한 데서 말하라(27절). "아무리 위험할지라도 너희의 일을 계속하며 온 세상을 향하여 영원한 복음을 전하며 선포하라. 그것이 너희의 할 일이니 그것에 신경을 쓰라. 원수들의 계획은 단순히 너희를 멸하는 것만이 아니요, 그 복음을 저지하려는 것이니, 결과가 어떻게 되더라도 개의치 말고 그 복음을 선포하라." 내가 너희에게 이르는 것을 말하라. 주목하라. 사도들이 우리에게 전한 것은 그들이 예수 그리스도에게서 받은 것과 동일한 것이다(히 2:3). 그들은 그가 말씀하신 것을 말씀하였다. 그것을, 그것 모두를, 오직 그것만을 말씀한 것이다. 그 사신들은 사사로이, 어두운 데서, 귓속말로, 한 모퉁이에서 비유들로 받았다. 예수께서는 드러내 놓고 세상에 말하였고, 그가 대중 앞에 선포한 내용과 다른 것을 은밀하게 말씀한 것은 아무것도 없었다(요 18:20). 그러나 부활하신 후 제자들에게 주신 하나님의 나라의 일에 관한 특정한 교훈들은 그들에게만 은밀하게 주신 것이다(행 1:3). 그 때에는 그 자신을 공개적으로 드러내신 적이 한 번도 없기 때문이다. 그러나 그들은 공개적으로, 광명한 데서, 지붕 위에서 그들의 메시지를 전해야 했다. 복음의 도리는 모든 사람들에게 관계되는 것이며(잠 1:20, 21, 8:2, 3), 따라서 들을 귀 있는 자는 들을지니라. 이방인들이 교회에로 편입되리라는 지시를 최소로 받은 일이 지붕에서 이루어졌다(행 10:9). 주목하라. 그리스도의 복음 중에 감추어야 할 부분은 없다. 하나님의 뜻을 다 드러내야 하는 것이다(행 20:27). 아무리 뒤섞인 무리에게라도 그것을 분명하고도 충실하게 전할 것이다.

2. 위로하시고 격려하신다. 이 목적을 위하여 매우 많이 말씀하시는데, 그들이 사역의 과정 전체를 통하여 극복해야 할 온갖 어려움들을 생각할 때에, 또한 그들의 연약함을 생각할 때에 — 그들은 무언가 강력한 지원이 없이는 그렇게 쓰임받는 일도 거의 감당할 수 없을 정도로 연약하였다 — 그런 말씀만으로는 아주 부족했다. 그러므로 그리스도께서는 그들이 용기를 가져야 할 이유를 제시하시는 것이다.

(1) 그들의 현재의 사역에만 특별히 적용되는 한 마디 말씀이 있다. 이스라엘의 모든 동네를 다 다니지 못하여서 인자가 오리라(23절). 그들은 인자의, 곧 메시야의 나라가 가까이 왔다는 것을 전해야 했다. 그들은 주의 나라가 임하시옵소서 라고 기도해야 했다. 그런데 이스라엘의 모든 동네를 다 다니지 못하였고, 그렇게 기도하고 그렇게 전하기를 다 마치지 못하여서 그 나라가 임하며, 그리스도께

서 높이 오르시고, 성령이 부어지시는 것이다. 이것은 위로였다.

〔1〕 이는 그들이 말한 것이 그대로 이루어진다는 것이다. 그들이 인자가 오신다고 말씀했는데, 보라 그가 오신다. 그리스도께서 그의 종의 말을 세워 주며 그의 사자들의 계획을 성취하게 하시는 것이다(사 44:26).

〔2〕 그들이 말한 것이 속히 이루어진다는 것이다. 주목하라. 그들의 수고하는 때가 짧아서 곧 끝날 것이요, 고용된 품꾼들이 그 날에 일이 끝나며, 수고와 싸움이 잠시 후에 종결되리라는 사실은 그리스도의 일꾼들에게는 큰 위로가 된다.

〔3〕 그 후에는 그들이 더 높은 지위로 올라가리라는 것이다. 인자가 올 때에 그들이 위로부터 더 큰 능력을 입을 것이다. 지금은 그들이 사신과 대리인으로 보내심을 받았다. 그러나 잠시 후면 그들의 임무가 확대될 것이요, 전권대사로서 온 세상으로 보내심을 받게 될 것이다.

(2) 그들의 사역 전반과 관련되며, 또한 사역 시에 만나는 어려움들과 관련되는 여러 말씀들이 있다. 그리고 그 말씀들은 좋은 말씀이요 위로의 말씀들이다.

〔1〕 그들의 고난이 그들과 이방인들에게 증거가 되리라는 것(18절). 유대인 권세자들이 너희를 로마의 총독들에게 넘겨주어 그들이 너희를 죽게 할 수도 있으나, 너희가 그렇게 이 재판정에서 저 재판정으로 속히 옮겨지는 일이 너희의 증언이 더욱 공개성을 띠게 해 줄 것이요, 또한 그것이 복음을 유대인은 물론 이방인들에게로 가지고 갈 기회를 줄 것이다. 아니, 너희가 당하는 그 어려움들을 통하여 그들에게, 그들을 대적하여 증거할 것이다. 주목하라. 하나님의 백성들은, 또한 특히 하나님의 목사들은 그의 증인들이다(사 43:10). 사역을 행하는 데에서는 물론 그들이 고난을 당하는 데에서도 증인들인 것이다. 그러므로 그들이 마튀스, 곧 그리스도를 위한 증인들이라 불리며, 그의 진리들이 의심의 여지 없는 확실함과 가치를 지닌 것이며, 또한 그를 증언하는 것이므로 그와 그의 복음을 대적하는 자들을 대적하는 증언들이기도 한 것이다. 증인들의 고난은 그들이 전하는 복음의 진리를 증언하며, 동시에 그들을 박해하는 자들의 적의를 증언하기도 한다. 이렇게 해서 그들의 고난이 그들을 대적하는 증언이 되며, 저 큰 날 성도들이 세상을 심판할 그 때에 증거로 제시될 것이다. 그리고 그 선고의 이유는 곧, 너희가 이들에게 한 것이 곧 내게 한 것이기 때문이다. 그들

의 고난이 증언이 된다면, 그들이 얼마나 즐거운 마음으로 그것을 감당해야 하겠는가! 증언은 그들이 오고 난 후에야 비로소 종결되니 말이다(계 11:7). 그들이 진정 그리스도의 증인이라면, 그들에게 주어진 책무를 반드시 감당해야 할 것이다.

〔2〕 어떤 경우든 하나님의 특별하신 임재와 성령의 즉각적인 도우심이 그들과 함께 하실 것이요, 특히 그들이 총독들과 임금들 앞에서 증언하게 될 때에는 더더욱 그럴 것이라는 것. 그 때에 너희에게 할 말을 주시리니(19절). 그리스도의 제자들은 세상의 어리석은 자 중에서 선택된 자들이요, 학식이 없고 무식한 사람들이며, 따라서 자기들의 능력에 대해 자신이 없을 수도 있고, 특히 높은 권세자들 앞에 불려갈 때에는 더더욱 의기소침할 수 있었다. 모세는 바로에게 보내심을 받을 때에, 나는 본래 말을 잘 하지 못하는 자니이다라고 하며 주저하였다(출 4:10). 예레미야도 소명을 받을 때에, 나는 아이라 말할 줄을 알지 못하나이다라고 하며 거부하였다(렘 1:6, 10). 이런 상황을 전제하여, 첫째로, 그들이 말을 하기 조금 전이 아니라 바로 말을 해야 할 그 때에 해야 할 말을 주시겠다는 약속이 주어진다. 그들은 즉흥적으로 말을 하게 될 것이나, 마치 사전에 철저히 준비해 놓기라도 한 것처럼 목적에 정확히 일치하는 말을 하게 될 것이다. 주목하라. 하나님께서 우리를 부르사 그를 위하여 말씀하게 하실 때에는 그가 우리에게 할 말을 가르치실 것이요, 우리는 그 가르치심에 의지할 수가 있다. 심지어 우리가 지극히 불리하며 절망적인 상황에서 수고할 때조차도 그를 의지할 수 있는 것이다. 둘째로, 복되신 성령께서 그들을 위하여 말씀하실 것이라는 약속이 주어진다. 말하는 이는 너희가 아니라 너희 속에서 말씀하시는 이 곧 너희 아버지의 성령이시니라(20절). 그럴 때에 그들이 홀로 남겨지는 것이 아니라 하나님께서 그들을 위해 역사하신다. 그의 지혜의 영께서 그들 속에서 말씀하시며, 또한 때로는 그의 섭리가 그들을 위하여 놀랍게 말씀하기도 하여 이 둘을 통해서 그들이 박해자들의 양심에까지도 드러나게 될 것이다. 하나님께서는 목적이 맞게 말씀하는 능력뿐 아니라, 할 말을 거룩한 열정으로 말하는 능력도 주셨다. 강단에서 그들을 도우신 그 동일한 성령께서 법정에서도 똑같이 도우신 것이다. 그런 놀라운 대언자가 있는 자는 일이 잘 될 수밖에 없다. 이들에게 하나님께서는 과거에 모세에게 하신 말씀처럼 말씀하신다: 이제 가라 내가 네 입과 함께 있어서 할 말을 가르치리라(출 4:12).

〔3〕 끝까지 견디는 자는 구원을 얻으리라는 것(22절). 이에 대해 다음의 사실을 생각하면 매우 큰 위로를 얻게 된다. 첫째로, 이 괴로운 일들에 끝이 있을 것이라는 것. 오래 지속될 수는 있으나 영원토록 계속되지는 않을 것이다. 그리스도께서는 이 사실로 친히 위로를 얻으셨으니, 그의 제자들도 위로를 얻을 수 있을 것이다: 내게 관한 일이 끝남이니라(눅 22:37, 한글 개역개정판 난외주를 보라). 하나님이 이것들도 종식시키시리라. 주목하라. 우리의 환난의 시기를 믿음으로 전망하는 것이 환난 중에 큰 도움을 준다. 악한 자가 소요를 그치면 거기서 피곤한 자가 쉼을 얻으며(욥 3:17). 그 기대하는 끝을 하나님께서 주실 것이다(렘 29:11). 마치 일꾼의 하루처럼 어려움이 길게 끄는 것 같아 보여도, 영원한 것이 아니니 하나님을 찬양해 마땅한 것이다. 둘째로, 어려움이 계속되는 동안 그것들을 견딜 수가 있으리라는 것. 그것들이 영원한 것이 아니므로 견딜 수 없는 것도 아니다. 견딜 수 있으며, 또한 끝까지 견디는 것이다. 그 어려움을 당하는 자들이 영원하신 팔에 의지하여 그것들을 견디기 때문이다. 능히 감당하게 하시느니라(고전 10:13). 셋째로, 끝까지 견디는 모든 자들에게 구원이 임하여 영원한 보상이 되리라는 것. 폭풍이 치고 길이 험해도, 집에 도착하여 누리는 즐거움이 이 모든 것을 이기게 해 주는 법이다. 시대마다 고난당하는 성도들은 영광의 면류관을 믿음으로 바라봄으로써 위로와 힘을 얻었다(고후 4:16, 17, 18; 히 10:34). 이것은 우리로 하여금 견디도록 격려할 뿐 아니라, 끝까지 견디며 힘쓰도록 격려해 준다. 잠시 견디다가 시험의 때에 넘어지는 자는 헛되이 달린 것이요, 그 때까지 이룬 모든 것을 잃고 만다. 그러나 오직 끝까지 인내하는 자만이 상급을 확신하는 것이다. 죽도록 충성하라. 그리하면 생명의 면류관을 얻으리라.

〔4〕 그리스도의 제자들이 아무리 힘든 일을 당한다 해도 그 선생이 전에 당한 것보다 더 심하지 않다(24, 25절). 제자가 그 선생보다 높지 못하나니. 이 말씀을 하신 것은, 그들이 가장 천한 임무라도 주저하지 말고 이행하여야 하는 이유를 제시하기 위함이었다. 그들은 서로의 발을 씻는 일도 하여야 하는 것이다(요 13:16). 그리고 여기서는 이 말씀이 아무리 어려운 고난이라도 넘어져서는 안 되는 이유로 제시되고 있다. 그는 후에 그들에게 다시 이 말씀을 상기시키신다(요 15:20). 종이 그 상전보다 높지 못하나니는 잠언적인 표현으로서, 종이 상전보다 더 나은 처지를 기대해서는 안 된다는 뜻이다. 주목하라.

첫째로, 예수 그리스도께서 우리의 상전이시며 우리를 가르치시는 선생이시요, 우리는 그에게서 배우는 그의 제자들이다. 그는 우리를 다스리시는 상전이시며 우리는 그에게 복종해야 할 그의 종들이다. 그는 집의 주인으로서 그의 집인 교회에서 주권적인 권세를 지니신 분이시다.

둘째로, 우리 주요 상전이신 예수 그리스도는 이 세상에서 지극히 큰 어려움을 당하셨다. 그들은 그를 바알세붑(바알세불) 즉 파리의 신이라는 뜻의 귀신의 왕의 이름으로 불렀고, 그를 귀신과 한 패로 취급하였다.그리스도를 그렇게 모욕한 사람들의 사악함을 놀라워해야 할지, 아니면 그렇게 멸시를 당하사 스스로 고난당하신 그리스도의 인내를 놀라워해야 할지 가늠하기가 힘들다. 영광의 하나님이신 그분께서 파리들의 신의 오명을 쓰셨고, 이스라엘의 왕이신 그분이 에그론의 신으로 취급당하신 것이요, 빛과 생명의 주께서 사망과 어둠의 권세를 잡은 왕으로 취급당하신 것이요, 사탄의 가장 큰 원수요 또한 사탄을 멸망시킬 그분께서 그의 부하로 격하되신 것이나, 그는 그런 죄인들의 허물을 견디신 것이다.

셋째로, 그리스도께서 세상에서 당하신 이런 그릇된 처우를 생각할 때에 우리도 그와 같은 처지를 예상하고 대비하며, 또한 인내로 견뎌야 할 것이다. 그리스도를 미워하는 자들이 그의 제자들을 미워하는 것을 이상하게 여기지도 말고, 잠시 후면 영광 가운데서 그와 같이 될 자들이 고난 중에 그와 같이 된다는 것을 어렵게 생각하지도 말자. 그리스도께서 쓴 잔을 마시며 시작하셨으니, 우리도 기꺼이 그를 따르자. 그가 십자가를 지신 것을 생각하면 우리의 고난이 더욱 쉬워질 것이다.

〔5〕 감추인 것이 드러나지 않을 것이 없다는 것(26절). 우리는 이 말씀을 다음과 같이 이해한다. 첫째로, 복음이 온 세상에 드러나는 것에 관한 말씀으로. "너희가 그것을 전파하라(27절) 그것이 전파되리라. 지금 비밀로서 사람의 자녀들에게 감추어진 그 진리들이 만국에 전파되어 모든 사람이 그들의 언어로 그것을 알게 되리라"(행 2:11). 땅끝이 반드시 이 구원을 보게 될 것이다. 주목하라. 그리스도의 일을 행하는 자들에게는 그 일이 반드시 이루어질 일이라는 것이야말로 큰 격려가 된다. 그 일은 하나님께서 속히 이루실 일이다. 혹은 둘째로, 그리스도의 고난당하는 종들의 무죄함이 깨끗이 드러나게 된다는 뜻으로. 그들이 바알세불로 불리고, 온갖 거짓 혐의로 그들의 진정한 모습이 가려져 있

고, 그들의 무죄함과 훌륭한 모습이 아무리 감추어져 있다 해도, 그것들이 반드시 드러날 것이다. 때로는 이 세상에서도 이어지는 사건들을 통해서 성도들의 의로움이 밝히 비치게 되기도 한다. 지금은 그들이 온 세상에게, 천사와 사람들에게 구경거리가 되고 있으나(고전 4:5), 그 큰 날에는 그들의 영광이 그들 모두에게 환히 드러나게 될 것이다. 주목하라. 사람들의 온갖 비방과 탄핵을 받는 하나님의 백성들에게는 마지막 날에 육체뿐 아니라 이름까지도 부활하게 되며, 의인이 해와 같이 빛날 것이라는 것이야말로 위로가 되는 것이다. 그리스도의 목사들은 그의 진리들을 신실하게 드러내며, 그들의 진실함을 드러내는 문제는 정하신 때에 그가 행하시도록 그에게 맡겨야 할 것이다.

〔6〕 하나님의 섭리가 고난당하는 성도들을 위해 특별히 역사한다는 것(29-31절). 우리의 첫째 원리를 의지하는 것이 좋고, 특히 하나님의 보편적인 섭리의 교리를 의지하는 것이 좋다. 하나님의 섭리는 모든 피조물들과 그 모든 활동에, 심지어 가장 작고 세밀한 부분에까지도 미치는 것이다. 본성의 빛이 이를 가르쳐 준다. 이것이 모든 사람에게 위로가 되나, 특히 믿음으로 그의 하나님을 아버지로 부를 수 있고 또한 하나님께서 온유하게 보살피시는 모든 선한 사람들에게는 말할 수 없는 위로가 되는 것이다. 여기서 다음과 같은 점들을 유의하라.

첫째로, 섭리의 일반적인 범위가 모든 피조물에게, 심지어 가장 작고 미천한 참새에게까지 미친다는 것(29절). 이 작은 짐승은 너무도 하찮은 것이어서 한 마리로는 값에 치지도 않는다, 두 마리가 되어야 그나마 조금이라도 가치가 있다(아니, 다섯 마리라야 겨우 두 앗사리온의 값어치가 있을 뿐이다, 눅 12:6). 그런데 하나님의 보살피심이 이것들에게까지도 미치는 것이다. 너희 아버지께서 허락하지 아니하시면 그 하나도 땅에 떨어지지 아니하리라. 이는 곧, 1. 참새가 먹이를 위해서 곡식알을 줍기 위해서 땅에 앉는 것이 아니라, 너희 하늘 아버지께서 그의 섭리로 그렇게 하게 하시는 것이라는 뜻이다. 이와 병행 구절인 눅 12:6은 하나님 앞에는 그 하나도 잊어버리시는 바 되지 아니하는도다라고 표현한다. 하늘 아버지께서 기르시는 것이다(6:26). 그러니 참새도 먹여 기르시는 하나님께서 성도들을 굶겨 죽이시겠는가? 2. 그 하나도 땅에 떨어지지 아니하리라. 곧, 참새들이 자연적으로나 어떤 사고로나 죽는 일이 하나님의 허락이 없이는 일어나지 않는다는 뜻이다. 참새가 지극히 작은 창조의 일부이나, 그들의 죽음까지도 하나님의 섭리의 범주에 속하니, 그 제자들의 죽음이야 더욱더 하나님의 섭리에 속하지 않겠는가? 관찰하라. 창공을 솟아오르는 새들도 죽을 때에는 땅에 떨어진다. 죽음은 가장 높은 존재를 땅으로 떨어뜨리는 법이다. 어떤 이들은 그리스도께서 여기서 나병환자를 정결케 하는 데 쓰이는 참새 두 마리(레 14:4-6)를 넌지시 빗대어 말씀하시는 것이라 생각한다. 그 중 한 마리는 죽이고 ― 그러니 그 새는 땅에 떨어지는 것이다 ― 나머지 한 마리는 날려보냈다. 그런데 두 마리 중 어느 것을 죽이느냐 하는 문제는 그 일을 맡은 사람이 자기 생각대로 처리하지만, 하나님의 섭리가 그것까지도 계획하며 그 중 어느 것을 죽일지를 결정한다는 것이다. 그러니, 이렇게 참새도 그의 피조물로 여기사 돌보시는 하나님께서 그의 자녀인 너희를 얼마나 더 돌보시겠는가? 참새도 하나님의 허락이 없이는 죽지 않는다면, 사람의 경우는 더욱더 분명하다. 그리스도인은, 목사는, 나의 친구, 나의 자녀는 결코 하나님의 허락이 없이 죽는 법이 없는 것이다. 하나님의 섭리의 인도하심이 없이는 새가 사냥꾼의 그물에 걸리지도 않고, 총에 맞지도 않고, 그리하여 장터에 팔려나오지도 않는다. 너희의 원수들이 간교한 사냥꾼처럼 함정을 놓고, 은밀하게 공격한다 할지라도, 하나님께서 허락하지 않으시면 여러분을 취할 수도 없고, 맞출 수도 없는 것이다. 그러므로 죽음을 두려워하지 말라. 너희 원수들에게는 위로부터 베풀어진 것 외에는 아무런 힘이 없기 때문이다. 하나님은 그들의 활과 함정을 부수실 수 있으며(시 38:12-15; 64:4, 7), 우리의 영혼으로 하여금 새처럼 피하게 하실 수 있는 것이다(시 124:7). 그러므로 두려워하지 말라(31절). 주목하라. 하나님의 섭리의 교리는 하나님의 백성의 모든 두려움을 잠잠케 하고도 남는다. 너희는 많은 참새보다 귀하니라. 모든 사람이 그렇다. 왜냐하면 다른 피조물들이 사람을 위하여 지음받았고, 그의 발 아래 있기 때문이다(시 8:6-8). 그러니 예수 그리스도의 제자들은 이 땅에서 마치 참새 한 마리보다 못한 것처럼 멸시를 당해도 그들이야말로 이 땅에서 더욱더 존귀한 자들인 것이다.

둘째로, 하나님의 섭리가 그리스도의 제자들을, 특히 그들이 고난받을 때에, 구체적으로 보살피신다는 것. 너희에게는 머리털까지 다 세신 바 되었나니(30절). 이는 잠언적인 표현으로서, 하나님께서 그 백성들의 만사를, 심지어 지극히 세밀하고 가장 관심이 없는 부분까지도 돌보시고 지키신다는 것을 뜻한다. 이것을 호기심을 갖고 탐구할 문제로 삼아서는 안 되며, 이를 통하여 하나님의 섭리의 돌보심을 의지하여 살도록 격려를 받아야 할 것이다. 그의 섭리가 일어나는 모든 일에 미치나, 영원하신 하나님의 무한하신 영광이 무시되거나 그의 무한한 안식이 방해받는 일이 없는 것이다. 하나님이 그들의 머리털을 세신다면, 그들의 머리는 당연히 세시는 것이요, 당연히 그들의 생명과 위로거리들과 영혼들을 돌보시는 것이다. 이는 그들이 자기들을 보살피는 것보다 하나님께서 그들을 더 보살피신다는 것을 시사한다. 자기들의 돈과 재물과 가축들을 염려하며 숫자를 세는 자들도, 수시로 떨어지는 자기들의 머리털을 세고 관리하여 그 중 하나도 잃어버리지 않을 정도로 세심할 수는 없다. 그러나 하나님은 그 백성의 머리털까지 다 세시며, 머리털 하나도 상하지 않게 하시며(눅 21:18), 아무리 하찮은 부분이라도 상하게 하지 않으신다. 그만큼 성도들과 그의 생명과 죽음이 하나님께 소중한 것이다.

〔7〕 지금 환난의 날에 그리스도를 소유하는 자들이 잠시 후 승리의 날에 그의 소유가 될 것이며, 그를 부인하는 자들은 영원히 내어 쫓기리라는 것(32, 33절). 주목하라.

첫째로, 사람 앞에서 그리스도를 시인하는 것이 우리의 의무요, 그리고 그렇게 하면 후에 우리가 말할 수 없는 존귀와 복을 누릴 것이다.

1. 그리스도를 믿는 것만이 아니라, 그를 섬기는 중에는 물론 그를 위해 고난을 받는 중에 그 믿음을 고백하는 것이 우리의 의무다. 그리스도와의 관계나 우리가 그를 섬긴다는 사실이나, 그에게 거는 우리의 기대에 대해 절대로 부끄러워해서는 안 된다. 이로써 우리 믿음의 신실성이 입증되며, 그의 이름이 영광을 받으며, 다른 이들의 믿음이 강건해지는 것이다.

2. 이 때문에 우리가 어떠한 굴욕과 괴로움을 당한다 할지라도, 그것에 대하여 풍성하게 보상을 받을 것이다. 의인의 부활 시에 그리스도께서 다음과 같이 말씀하는 것을 듣는다면 그것이야말로 말할 수 없는 존귀와 복이 될 것이다: "그를 시인할 것이라. 비록 이 땅의 가련한 벌레에 불과하나 그는 내 것이요, 내 친구요 아끼는 자이며, 나를 사랑하였고 내게서 사랑을 받은 자요, 내 피로 값 주고 산 자요, 나의 영의 동역자다. 내가 하늘에 계신 내 아버지 앞에서 그를 시인할 것이요. 내 아버지 앞에 나타나 영원한 운명을 판가름 받을 때에 그를 위하여 선한 말을 할 것이요, 내가 그를 내 아버지께 내어놓고 그를 대신하여 말할 것이다." 그리스도를 존귀하게 하는 자들은 그에게서 이렇게 존귀를 받을 것

이다. 그들은 사람 앞에서 그를 존귀하게 하는데, 이는 하찮은 일이다. 그리고 그리스도께서 그의 아버지 앞에서 그들을 존귀하게 하실 것인데, 이는 큰 일이다.

둘째로, 사람 앞에서 그리스도를 부인하는 일은 누구에게든지 위험천만한 일이다. 그런 이들은 그들에게 그리스도가 가장 절실히 필요한 그 큰 날에 그리스도의 부인을 당할 것이기 때문이다. 그를 상전으로 인정하지 않는 자들을 그 날에 그가 그의 종으로 인정하지 않으시는 것이다. 내가 너희를 도무지 알지 못하니(7:23). 기독교의 첫 시대에는 사람이 그리스도를 인정하려면 이 세상에서 아끼는 모든 것을 버릴 각오가 있어야 했으니, 세속적인 유리한 점들이 수반된 그 이후의 시대보다 더 그들의 믿음의 신실성이 시험받은 것이다.

[8] 그들의 제자도의 기초가 고난을 매우 가볍고도 쉽게 감당할 수 있는 기질과 성향 위에 놓여져 있다는 것. 그리스도께서는 그런 고난에 대해 준비된 자세를 조건으로 하여 그들을 제자들로 삼으신 것이다(37-39절). 그는 먼저, 그를 위하여 모든 것을 기꺼이 버릴 마음이 없다면 그들이 그에게 합당하지 아니하다고 말씀하셨다. 사람들은 그들의 헌신에 반드시 수반되는 그런 어려운 일들에 대해 주저하지 않는다. 즐거움으로 그런 괴로움과 어려움을 감당하거나, 아니면 그런 헌신의 특권들과 유익들을 다 포기하든지 둘 중의 하나다. 그런데, 그리스도에 대한 관심을 귀중히 여겨 다른 모든 관심사보다 우선시키지 않는 자들은 기독교 신앙의 위엄과 행복에 합당하지 않은 것으로 간주된다. 이 조건에 해당되지 않는 자들은 아무런 유익을 기대할 수가 없는 것이다. 자, 이렇게 해서 그 조건이 정해졌다. 신앙이 조금이라도 가치 있는 것이라면, 그것은 모든 가치가 있는 것이요, 따라서 신앙의 진실성을 믿는 자들은 모두 곧 그 값을 치르게 되며, 신앙을 자기의 일과 행복으로 삼는 자들은 다른 모든 것을 그것에 종속시키는 법이다. 그리고 이런 조건 위에서 그리스도를 따르지 않는 자들은 그를 떠날 것이나, 위험을 감수해야 할 것이다. 주목하라. 우리가 그리스도를 위하여 무엇을 버리고 무엇을 잃으며 어떤 고난을 당하든, 그것이 우리 자신에게 크게 힘든 일이 아니라는 것은 정말 고무적인 일이다. 이 값진 진주를 위하여 무엇을 포기하든 간에, 그것이야말로 가치 있는 일이라는 생각을 갖고서 위로를 받을 수 있는 것이다. 그 조건이란, 곧 우리가 그리스도를 우선해야 한다는 것이다.

첫째로, 우리와 가장 가깝고 사랑스런 친족들보다 우선해야 한다. 아버지나 어머니를 … 아들이나 딸을. 이들 사이에는 시기 같은 것이 거의 없고 대개 사랑이 있으므로, 이 관계들이 가장 우리에게 영향을 미침직한 관계로 제시되는 것이다. 자녀는 부모를 사랑하기 마련이며, 부모는 자녀를 사랑하기 마련이다. 그러나 그들을 그리스도보다 더 사랑한다면, 그리스도께 합당하지 않은 것이다. 그가 말씀하신 것처럼 우리의 친족들의 미움 때문에 그리스도를 버려서도 안 되지만(21, 35, 36절), 그들의 사랑 때문에도 그리스도를 저버려서는 안 되는 것이다. 그리스도인들은 그의 부모에게 대하여 이르기를 내가 그들을 보지 못하였다고 한 레위와 같아야 하는 것이다(신 33:9).

둘째로, 우리의 안락함과 안전보다도 우선해야 한다. 우리의 십자가를 지고 그를 따라야 한다. 그렇지 않으면 우리는 그에게 합당하지 아니한 것이다. 여기서 다음을 관찰하라. 1. 그리스도를 따르고자 하는 자는 그들의 십자가를 예상하고 그것을 져야 한다. 2. 십자가를 지는 일에서도 그리스도의 모범을 따르며 그가 지신 대로 져야 한다. 3. 우리에게 십자가들이 닥칠 때에 그것들을 짐으로써 그리스도를 따르게 되는데, 그가 이미 길을 보여주셨으므로 우리가 신실하게 그를 따르면 그가 우리를 인도하여 고난을 이기게 하시며 또한 그와 함께 영광을 받게 하신다는 사실은 우리에게 큰 격려가 된다.

셋째로, 목숨보다도 우선해야 한다. 자기 목숨을 얻는 자는 잃을 것이요(39절). 그리스도를 부인하여 목숨을 구하였다고 생각하는 자는 영원한 죽음을 당함으로써 목숨을 잃을 것이다. 그러나 그리스도를 위하여 자기 목숨을 잃는 자는, 그리스도를 부인하기보다 차라리 목숨을 버리는 자는 목숨을 얻으리라. 영생을 얻어 말할 수 없는 복락 가운데 있을 것이다. 이 세상의 삶을 버릴 자세를 가진 자야말로 장차 올 미래의 삶을 위하여 가장 준비를 잘 갖춘 것이다.

〔9〕 그리스도께서 친히 마음으로 그들의 수고를 돌아보시며, 그들의 모든 친구들을 친구로 대하실 것이요, 그들에게 베풀어져야 할 환대(歡待)로 그들에게 갚아주실 것이라는 것(40-42절). 너희를 영접하는 자는 나를 영접하는 것이요.

첫째로, 여기서, 대부분의 사람들이 그들을 거부할 것이지만, 개중에 그들을 영섭하고 환대하며, 메시지를 마음으로 받아들이고 그 메시지를 인하여 그들을 집으로 들일 사람들이 있으리라는 것이 암시되고 있다. 복음의 장터가 세워지는 것이, 받아들이지 않을 사람이 있으나 받아들일 사람도 있다는 것 때문이 아니고 무엇이랴! 때가 아무리 악해도, 은혜의 선택하심을 따라 남은 자들이 있는 법이다. 그리스도의 목사들의 수고는 결코 헛되지 않은 것이다.

둘째로, 예수 그리스도께서는 그의 신실한 목사들에게 행한 일을, 친절히 행한 것이든 불친절하게 행한 것이든, 자기 자신에게 행한 것으로 여기시며, 그들이 당하는 일을 자기 자신이 당하시는 것으로 간주하신다. 너희를 영접하는 자는 나를 영접하는 것이요. 사신을 존귀하게 대하거나 그를 멸시하거나 하면, 그것은 곧 그를 보내는 임금을 존귀하게 대하거나 멸시하는 것이 되는데, 목사들이 곧 그리스도의 사신들인 것이다. 그리스도를 존귀하게 하는 자들을 통해서 그가 지금도 영광을 받으신다는 사실을 생각하라. 그의 백성과 목사들이 우리 곁에 언제나 있다. 그리고 그가 그들과 항상 함께 계신다. 심지어 세상 끝까지 함께 계시는 것이다. 아니 존귀가 더 높아진다. 나를 영접하는 자는 나를 보내신 이를 영접하는 것이니라. 그리스도만이 그 일을 자기에게 행한 것으로 여기시는 것이 아니라, 그리스도를 통하여 하나님께서도 그렇게 여기신다. 그리스도의 목사들을 영접함으로써, 자기도 모르는 사이에 사자들이 아니라 그리스도를 영접하는 것이 되며, 또한 하나님 자신을 영접하는 것이 된다. 25:37에서 나타나듯이 자기도 모르는 사이에 그렇게 하게 되는 것이다. 주여 우리가 어느 때에 주께서 주리신 것을 보았나이까?

셋째로, 그리스도의 제자들에게 베푼 친절이 아무리 작다 할지라도, 그럴 기회가 주어졌을 때에 그 이상 베풀 능력이 없다면, 그것이 비록 이 작은 자 중 하나에게 냉수 한 그릇이라도 주는 것에 불과할지라도 그것이 인정받을 것이다(42절). 그리스도의 제자들은 비천하고 연약한 작은 자요, 휴식이 필요하고 지극히 작은 친절에도 기뻐할 처지에 있는 경우가 많다. 그러므로 심한 경우에는 냉수 한 그릇조차도 큰 호의가 되기도 한다. 주목하라. 그리스도의 제자들에게 베푸는 친절은 그리스도의 책에 귀하게 기록되는데, 그 호의의 값에 따라서가 아니라 베푸는 자의 사랑하는 마음에 따라서 기록된다. 이와 같은 기준으로, 과부의 동전이 그저 보통의 수준을 넘을 뿐 아니라 값지고 귀한 것으로 인정을 받은 것이다(눅 21:3, 4). 이렇게 해서, 비록 세상에서 가난할지라도 은혜에 진정 풍성한 자들이 선행에 풍성한 것이다.

넷째로, 그의 제자들에게 베푼 친절이 그리스도께서 받으시는 것이 되려면, 그리스도를 바라보며, 또한 그를 위하여 베푸는 것이어야 한다. 선지자는 선지자의 이름으로 영접해야 하며, 의인은 의인의 이름으로 영접해야 하고, 작은 자 중 하나는 제자의 이름으로 영접해야 한다. 이는 그들이 학식이 있거나 유머가 있기 때문도, 그들이 친족이거나 이웃이기 때문도 아니고, 그들이 의로운 자로서 그리스도의 형상을 지니고 있기 때문이며, 그들이 선지자와 제자들로서 그리스도의 사명을 받고 보내심을 받은 자들이기 때문이다. 그리스도의 목사들에게 베푼 친절이 그리스도께서 받으실 만한 가치를 지니게 되는 것은 바로 그리스도를 믿는 자세로 그를 위하여 베푼 사실 때문인 것이다. "너희가 행하는 섬김에 대해서 내가 너희에게 의무감을 갖기를 바라면, 섬기는 일을 행하는 것은 물론 그 일이 나를 위해 하는 것이라는 것을 내게 납득시켜야 할 것이다"(세네카).

다섯째로, 그리스도의 제자들과 목사들에게 베푼 친절은 인정받을 뿐 아니라 풍성하고도 적절한 상을 받을 것이다. 그리스도의 제자들에게 선을 베풂으로써 굉장한 것을 얻을 것이다. 그 일을 주께 행하면, 그가 이자를 붙여서 갚아 주실 것이다. 하나님은 불의하지 아니하사 사랑의 수고를 잊지 않으시기 때문이다(히 6:10).

1. 그들이 상을 받을 것이요 결단코 상을 잃지 아니할 것이다. 그는 그들이 상을 받을 자격이 있다고 말씀하시지 않는다. 우리는 그 어떠한 것도 마치 품삯처럼 하나님께 요구할 만큼 공로를 세울 수가 없다. 그는 오히려 그들이 하나님의 값없는 선물로 상을 받을 것이며 또한 결단코 상을 잃지 아니하리리고 하신다. 사람들 사이에는 선한 봉사가 상을 잃는 경우가 많다. 상을 주어야 할 자들이 거짓된 자들이거나 상 주기를 잊을 수가 있기 때문이다. 상이 연기될 수도 있고, 또한 완전한 상은 의인의 부활 시까지 연기될 것이다. 그러나 결단코 그 상을 잃지 아니할 것이요, 따라서 상이 연기된다고 해서 그들이 잃어버린 자들이 되지도 않을 것이다.

2. 이는 선지자의 상이요 의인의 상이다. 이는 다음 두 가지 뜻 가운데 하나다. (1) 하나님께서 선지자들과 의인들에게 주시는 상으로서, 그들에게 베풀어지는 축복들이 그들을 영접하는 자들에게 베풀어질 것이라는 뜻이거나, 혹은 (2) 그가 선지자들과 의인들을 통하여 그들의 기도에 대한 응답으로 주시는 상을 뜻할 것이다. 그는 선지자라 그가 너를 위하여 기도하리니(창 20:7). 이것이 선지자의 상이요, 이는 그들의 사역을 통해 베풀어지는 것이다. 하나님께서 말씀의 설교자들에게 친절히 대하는 자들에게 말씀의 교훈과 위로를 주심으로써

선지자의 상을 주시는 것이다. 선지자의 상은 하늘의 것들 속에서 누리는 영적인 축복이며, 그것들을 값진 것으로 알면 그것들을 선한 보상으로 인정하게 될 것이다.

제
— 11 —
장

개요

이 장에는 다음과 같은 내용이 있다. I. 복음을 전하는 위대한 일을 위한 우리 주 예수의 꾸준하고 지칠 줄 모르는 부지런하심(1절). II. 요한의 제자들에게 자신이 메시야이심을 강론하심(2-6절). III. 그리스도께서 세례 요한에 대해 행하신 존귀한 증언(7-15절). IV. 요한의 사역과 그리스도 자신의 사역의 성공 여부와 관련하여 그 세대 전반과 또한 특정한 지역에 대해 하시는 통탄의 말씀(16-24절). V. 복음의 큰 비밀들을 드러내실 때에 그가 취하신 지혜롭고도 은혜로운 방법에 대해 아버지께 감사를 드리심(25, 26절). VI. 불쌍한 죄인들에게 그에게 나아와 다스림을 받고 가르침을 받고 구원을 받으라고 부르시는 그의 은혜로우신 부르심과 초청(27-30절). 이 장만큼 우리를 경계하는 복음의 처절한 화와 우리를 격려하는 복음의 감미로운 은혜에 대해 잘 가르치는 곳이 없다. 이 장은 우리 앞에 생명과 사망, 축복과 저주를 제시하고 있다.

[1]예수께서 열두 제자에게 명하기를 마치시고 이에 그들의 여러 동네에서 가르치시며 전도하시려고 거기를 떠나가시니라 [2]요한이 옥에서 그리스도께서 하신 일을 듣고 제자들을 보내어 [3]예수께 여짜오되 오실 그이가 당신이오니이까 우리가 다른 이를 기다리오리이까 [4]예수께서 대답하여 이르시되 너희가 가서 듣고 보는 것을 요한에게 알리되 [5]맹인이 보며 못 걷는 사람이 걸으며 나병환자가 깨끗함을 받으며 못 듣는 자가 들으며 죽은 자가 살아나며 가난한 자에게 복음이 전파된다 하라 [6]누구든지 나로 말미암아 실족하지 아니하는 자는 복이 있도다 하시니라.

어떤 이들은 이 장의 첫 절을 앞장과 연결시켜 앞 장을 종결짓는 것으로 보는데, 이것도 전혀 일리 없는 것은 아니다.

1. 앞 장에서 제자들을 임명하시면서 하신 위임 설교가 여기서는 그들에게 주신 명령으로 불리고 있다. 주목하라. 그리스도의 임명은 곧 명령을 시사한다. 복음을 전하는 일은 그들에게 허용되기만 한 것이 아니라 그들에게 명령된

것이다. 그 일은 그들의 재량에 맡겨진 일이 아니라 반드시 행하여야 하는 것이었다(고전 9:16). 그가 주신 약속들이 이 명령에 포함되어 있다. 은혜의 언약은 그가 명령하신 말씀인 것이다(시 105:8). 예수께서 명하기를 마치시고. 주목하라. 그리스도께서 주시는 교훈은 충만한 교훈이다. 그는 그의 일을 완전히 행하시는 분이시다.

2. 그리스도께서는 제자들에게 하실 말씀을 마치시고 거기를 떠나 가시니라. 제자들은 선생을 떠나기를 싫어하였을 것이다. 그리하여 그가 그들을 떠나시고 그들을 홀로 남겨두시고 떠나 가셨다. 마치 어린아이가 홀로 지내기를 배우도록 유모가 그 손을 물리듯이 하신 것이다. 그리스도께서는 이제 그들에게 그의 육체적 임재가 없이 살고 일하는 법을 가르치고자 하시는 것이다. 그리스도께서 그렇게 잠시 떠나 계시는 것은 그들에게 유익한 일이다. 그렇게 함으로써 그와의 오랜 이별을 준비할 수 있기 때문이요, 또한 성령의 도우심으로 그들이 자기들의 손으로 족하게 되고(신 33:7), 그들이 항상 어린아이로 있을 것이 아니기 때문이다. 제자들이 이 명령을 수행하기 위해 구체적으로 어떻게 행했는지에 대해서는 기록된 것이 거의 없다. 그들이 다른 지역으로 나갔을 것은 분명하다. 아마 유대 지방으로 가서(갈릴리에서는 지금까지 복음이 거의 전파되었기 때문이므로) 그리스도의 가르침을 전하고, 그의 이름으로 이적을 행하였을 것이다. 그러나 그리스도께로부터 너무 멀리 떨어지지 않고 가까이에서 그를 의지할 수 있도록 사역을 행하였다. 이렇게 그들은 그들의 큰 일을 위하여 점진적으로 훈련을 받은 것이다.

3. 그리스도께서는 거기를 떠나 가사, 제자들을 먼저 보내어 이적을 행하게 하여 사람들에게 기대감을 갖게 함으로써 나중에 그를 영접하도록 길을 예비하신 그 동네(10:1-8)에서 가르치시며 전도하셨다. 이렇게 주의 길이 예비되었다. 요한은 백성들을 회개하게 함으로써 그 길을 예비하였으나, 그 자신은 전혀 이적을 행하지 않았다. 그런데 제자들이 더 멀리 나아가 이적을 행함으로 복음을 확증한 것이다. 주목하라. 회개와 믿음이 그리스도께서 주시는 천국의 복락을 위하여 사람들을 예비시켜 준다. 관찰하라. 그리스도께서는 그들에게 이적을 행할 능력을 주시고, 자신은 가르침과 전도를 행하신다. 마치 그 둘 중 그것이 더 존귀하기라도 한 것처럼 말이다. 이적 행하는 것은 가르침과 전도를 위한 것이었다. 병자를 치유하는 것은 육체를 구원하는 일이었으나, 복음을 전

하는 일은 영혼을 구원하는 일이었다. 그리스도께서는 제자들에게 복음 전파의 사명을 부여하셨으나(10:7), 자신도 전도하는 일을 중단하지 않으셨다. 그가 그들에게 일을 부여하신 것은 그 자신이 편하기 위해서가 아니라 백성들의 안위를 위함이었으며, 따라서 전혀 변함없이 그 스스로 복음을 전하신 것이다. 그러니 다른 사람에게 멍에를 지우고 자기들은 한가하게 노는 자들은 그리스도와 얼마나 다른지 모른다! 주목하라. 주의 일을 위하여 우리의 수고와 부담이 늘어나는 것을 우리의 임무를 소홀히 할 변명거리로 삼을 것이 아니라, 더욱 부지런히 힘쓰도록 하는 격려로 여겨야 마땅할 것이다. 다른 사람들이 더 바삐 일하는 만큼 우리도 바삐 일해야 한다. 지금까지 이룬 것이 너무 적고, 아직 할 일이 너무도 많은 것이다. 관찰하라. 그리스도는 그들의 여러 동네에서 전도하셨는데, 그 동네는 인구가 많은 곳이었다. 그는 고기가 가장 밀집한 곳에다 복음의 그물을 던지신 것이다. 지혜가 성문 어귀와 성중에서(잠 1:21) 여러 출입하는 문에서(잠 8:3), 유대인의 동네에서 소리를 발한다. 그들이 그를 가벼이 여겼으나, 그럼에도 불구하고 그들에게 먼저 복음이 전해진 것이다.

그가 구체적으로 어떤 내용을 전하셨는지는 기록되어 있지 않다. 그러나 아마도 산상수훈과 동일한 목적으로 전하셨을 것이다. 그런데 그 다음에 세례 요한이 그리스도께 사람을 보내어 전한 메시지와 그에 대한 그리스도의 응답이 기록되어 있다(2 6절). 전에 예수께서 요한이 당한 고난에 대해 늘으신 사실을 살펴본 바 있다(4:12). 그런데 여기서는 요한이 감옥에서 그리스도의 사역에 대해 듣고 있었다는 것이 나타난다. 그는 옥에서 그리스도께서 하신 일을 듣고 틀림없이 기뻐했을 것이다. 그는 신랑의 참된 친구였기 때문이다(요 3:29). 주목하라. 하나의 유용한 도구가 뒤로 물러가면, 하나님께서는 그 대신 다른 여러 도구들을 일으키사 사용하신다. 요한이 옥에 갇혀 있어도 그 일은 계속되었다. 그러므로 그 일이 계속된다는 사실은 그의 동료들에게는 괴로움이 아니라 큰 위로를 더해 주었다. 환난 중에 있는 하나님의 백성에게는 그리스도께서 하신 일을 듣는 것보다 더 위로가 되는 것은 없고, 특히 그들의 영혼이 그 일을 체험할 때에는 더더욱 그렇다. 그렇게 되면 감옥이 궁궐로 변한다, 그리스도께서 이런저런 방식으로 양심을 위하여 고난을 당하는 자들에게 이렇게 그의 사랑을 전해 주시는 것이다. 요한은 그리스도께서 하신 일을 직접 볼 수가 없었으나, 그 일에 대해 기쁨으로 들었다. 그리고 보지 못하고 듣기만 하고도 믿는 자가 복이 있는 것이다.

그런데 세례 요한은 그리스도께서 하신 일을 듣고 그의 두 제자를 그에게 보냈고, 그들과 그리스도 사이에 오간 내용이 여기에 기록되어 있다. 여기서 다음을 살펴보라.

I. 그들이 그리스도께 제시할 수밖에 없었던 질문. 오실 그 이가 당신이오니이까 우리가 다른 이를 기다리오리이까? 이는 심각하고도 매우 중요한 질문이었다. 당신이 약속된 메시야이오니이까? 당신이 그리스도시오니이까? 말씀해 주소서. 1. 메시야가 오시리라는 것을 당연시하고 있다. 오는 자 혹은 장차 오실 자가 그가 구약의 성도들에게 알려지신 이름들 중의 하나였다(시 118:26). 그가 이제 오셨다. 그러나 우리는 그가 다시 오실 것을 기대하고 있다. 2. 그들은, 만일 그가 오실 그 이가 아니면 다른 이를 기다릴 것임을 암시한다. 주목하라. 우리는 오실 그분을 기다리기에 지쳐서도 안 되고, 그를 만나 누리기까지 도저히 더 기다리지 못하겠다고 말해서도 안 된다. 그가 더디 오신다 해도 그를 기다려야 한다. 우리 때에는 아니더라도 오실 자가 반드시 오실 것이기 때문이다. 3. 그들은 또한, 만일 그가 오실 그이라는 것이 납득되면 의심하지 않고 만족할 것이요 다른 이를 기다리지 않을 것임을 암시한다. 4. 그러므로 그들은 오실 그이가 당신이오니이까라고 묻는다. 요한은 자기에 대해 나는 그리스도가 아니라고 하였다(요 1:20).

여기서, (1) 어떤 이들은 요한이 자신의 만족을 위해 이 질문을 하게 했다고 본다. 그가 그리스도에 대해 숭고한 증언을 했었던 것은 사실이다. 그가 하나님의 아들이시며(요 1:34), 하나님의 어린 양이시며(요 1:29), 성령으로 세례를 베푸는 이이시며(요 1:33), 하나님이 보내신 이이심(요 3:34)을 선포했었는데, 이는 큰 일이었다. 그러나 그는 그가 과연 그렇게 오래 전에 약속되셔서 사람들이 기다려온 그 메시야시라는 것에 대해 더 분명한 확신을 갖기를 원하였다는 것이다. 주목하라. 그리스도와 그로 말미암은 우리의 구원에 관한 문제에 대해서 확신을 갖는 것은 좋은 일이다. 그리스도께서는 그에 대해 사람들이 기대해온 것처럼 외형적인 화려함과 권세를 지니고 나타나지 않으셨다. 그리스도의 제자들도 이것이 걸림돌이 되었고, 어쩌면 요한도 그랬는지도 모른다. 그리스도께서는 이런 질문의 밑바닥에 무언가 이런 점이 깔려 있는 것을 보셨고, 그리하여 누구든지 나로 말미암아 실족하지 아니하는 자는 복이 있도다라고 말씀하신 것이다. 주목하라. 평범한 오류라도 그냥 견디기가 어렵고, 심지어 선한 사람들도 마찬가지다.

(2) 요한의 의심은 그 자신의 현재의 처지에서 비롯되었을 수도 있다. 옥에 갇힌 상태에 있었으니, 그는 예수께서 과연 메시야시라면 그의 친구요 선구자인 내가 그렇게 오랫동안 이런 어려움에 처해 있는 데도 나를 돌보지 않고, 찾아오지도 않고, 내게 사람을 보내지도 않고, 나에 대해 묻지도 않고, 나의 옥생활을 부드럽게 하거나 내가 속히 출옥하도록 돕지도 않으니 그럴 수 있겠는가 라고 생각하게끔 유혹을 받을 수도 있었을 것이다. 우리 주 예수께서 옥에 갇힌 요한을 찾아가지 않으신 데에는 그만한 이유가 있었다. 마치 그 두 사람 사이에 무슨 밀약이 있었던 것 같은 의혹을 주지 않기 위함이었다. 그러나 요한은 이를 자신에게 소홀히 하는 것으로 여겼고, 어쩌면 그리스도를 믿은 그로서는 그것이 충격이었을지도 모른다. 주목하라. 〔1〕 참된 믿음이 있어도, 거기에 불신앙이 뒤섞여 있을 수도 있다. 아무리 훌륭한 성도도 언제나 똑같이 강한 것이 아닌 것이다. 〔2〕 그리스도를 위한 고난은, 특히 오랜 기간 동안 약화되지 않고 계속 당할 때에는, 때때로 견디기가 정말로 어려운 믿음의 시련이 되기도 하는 것이다. 〔3〕 선한 사람들에게도 여전히 불신앙이 남아 있어서, 때때로 시험을 받을 때에 그것이 뿌리를 내리치고, 그리하여 분명하게 정리된 것으로 여겨지던 가장 근본적인 진리들에 대해서도 의문을 세기하기도 한다. 수께서 영원히 버리실까?(시 77:7). 그러나 우리는 요한의 믿음이 이 문제로 무너지지 않았고, 다만 그가 믿음을 강건하고도 견고하게 하기를 바랐다는 소망을 가질 것이다. 주목하라. 아무리 훌륭한 성도들도 그들의 믿음을 강건케 하고 불신앙으로 나아갈 시험을 방비하기 위하여 얻을 수 있는 최상의 도움을 필요로 하는 법이다. 아브라함은 믿었으나, 그러면서도 증거를 원하였고(창 15:6, 8), 기드온도 그랬다(삿 6:36, 37).

그러나, (3) 다른 이들은 요한이 그리스도께 제자들을 보내어 이 질문을 한 것이 그 자신이 만족하기 위함이 아니라 자기 제자들을 만족시키기 위함이었다고 생각한다. 관찰하라. 그가 비록 옥에 갇혀 있었으나, 그들은 그를 따랐고 그를 돌보았고, 그로부터 교훈을 받고 있었고, 그를 사랑했고, 그를 떠나려 하지 않았다. 그런데, 〔1〕 그들은 지식이 연약했고, 믿음이 흔들렸고, 따라서 확실한 교훈이 필요했다. 그리고 이 문제에 있어서 그들은 다소 편견을 갖고 있었고, 그들의 선생을 위하여 우리 주님에 대해 시기하고 있었다. 예수로 인하여 요한이 빛을 잃었기 때문에 그들은 예수께서 메시야이심을 인정하기를 싫어했고, 또한 그들의 선생이 자기 자신과 그들을 쳐서 말씀할 때에 그들의 선생의 말도 믿기를 싫어했다. 선한 사람들은 자기들의 관심사에 따라서 자기들의 판단을 복되게 하는 경향이 있다. 그런데 요한은 그들의 편견들을 확인하려 했을 것이고, 그 자신은 물론 그들도 만족을 얻게 되기를 바랐을 것이다. 주목하라. 강한 자는 약한 자의 연약함을 돌아보아야 하며, 할 수 있는 대로 그들을 도와야 한다. 그리고 우리 스스로 도울 수 없는 문제에 대해서는 도울 수 있는 자들에게 보내어야 한다. 너는 돌이킨 후에 네 형제를 굳게 하라(눅 22:32). 〔2〕 요한은 마치 학생을 고등학교에서 대학교로 진학시키듯이 그의 제자들을 그리스도께로 돌리려고 계속해서 애를 썼다. 어쩌면 그 자신의 죽음이 다가오고 있는 것을 미리 예견하고서, 그의 제자들을 그리스도께로 보내어 그를 더 잘 알게 하고, 그리스도께 그들을 맡겨 그의 돌보심을 받게 하려 했는지도 모른다. 주목하라. 목사들의 임무는 각 사람을 그리스도께로 인도하는 것이다. 그리고 그리스도의 가르침을 분명히 알고자 하는 자는 스스로 그에게 나아가야 한다. 그는 깨달음을 주시기 위해 오신 분이시기 때문이다. 은혜 안에서 자라고자 하는 자들은 묻기를 좋아해야 하는 것이다.

Ⅱ. 이 질문에 대한 그리스도의 답변(4-6절). 그의 답변은, 네게 말하는 이가 곧 그니라라는 답변처럼 직접적이거나 선명한 것이 아니었다. 그러나 그것은 진정한 답변이었고 사실적인 답변이었다. 그리스도께서는 우리가 복음 진리들의 설득력 있는 증거들을 잘 해석하고, 힘써 파들어 가서 지식을 얻게 하시는 것이다.

1. 그는 그들이 듣고 본 바를 지적하셔서, 그들이 그것을 요한에게 이야기하여 요한이 그것을 근거로 그 제자들을 더 충실하게 가르치고 납득시킬 기회를 갖도록 하신다. 너희가 가서 듣고 보는 것을 요한에게 알리라. 주목하라. 우리의 오관(五官)의 적절한 대상이 되는 것들은 오관에 호소할 수 있고 또한 호소해야 한다. 그러므로 실질적인 임재를 가르치는 교황주의자들의 교리는 예수 안에 있듯이라는 진리와 일치하지 않는다. 그리스도께서는 우리에게 우리가 듣고 보는 것들을 말씀하시기 때문이다. 가서 요한에게 알리라.

(1) 그리스도의 이적들의 권능에 대해 너희가 보는 것을 요한에게 알리라. 예수

의 말씀으로 맹인이 보며 못 걷는 사람이 걸으며 나병환자가 깨끗함을 받는 일들을 보지 않았느냐? 그리스도의 이적들은 모든 사람이 보도록 공개적으로 행하여 졌다. 그의 이적들은 아무리 강력하고 객관적인 조사를 한다 해도 꺼릴 것이 아무것도 없는 순전한 이적들이었던 것이다. Veritas no quaerit angulos (진리는 숨을 곳을 찾지 않는다). 그들은 그 이적들을 다음과 같이 보아야 한다. 〔1〕 신적인 권능의 행위로. 자연의 힘을 통제하고 그것을 능가할 수 있는 자는 자연의 하나님 이외에 아무도 없다. 특히 맹인들의 눈을 여는 것은 하나님의 대권(大權)으로 분명히 언급되고 있다(시 146:8). 그러므로 이적들은 하늘의 인치심이요 이적들과 결부되는 가르침은 하나님의 가르침일 수밖에 없다. 왜냐하면 그의 권능은 절대로 그의 진리와 모순을 일으키지 않으며, 또한 그가 거짓된 것을 인치신다고 생각할 수도 없기 때문이다. 거짓 교훈을 입증하는 증거로 거짓된 기사(奇事)가 제시될 수도 있으나, 참된 이적들은 신적인 재가(裁可)를 분명히 드러내는 법이다. 그리스도의 이적들이 바로 그런 것들이었고, 그러므로 그가 하나님께로부터 보내심을 받았으며 또한 그의 가르침은 바로 그를 보내신 이의 것이라는 것이 의심의 여지가 없었던 것이다. 〔2〕 신적인 예언의 성취로. 우리 하나님께서 임하실 것이요 또한 그 때에 맹인의 눈이 밝을 것임이 이미 예언되어 있었다(사 35:5, 6). 그런데 그리스도의 역사가 선지자의 이 말씀과 일치하고 있으니, 그렇다면 이분이 우리가 기다려온 우리의 하나님이시며 오셔서 갚아 주실 것이라 하신 그 하나님이신 것이 틀림없는 일이었다. 이분이야말로 그렇게도 사람들이 바라던 그분이신 것이다.

　(2) 그의 이적들에 수반되는 바 그의 복음 전파에 대해 너희가 듣는 것을 요한에게 알리라. 믿음은 보는 것으로 확증되나, 듣는 것에서 온다. 그에게 알리라. 〔1〕 가난한 자가 복음을 전파한다는 것을. 어떤 이들은 이런 뜻으로 읽는다. 그가 그의 나라를 세울 때에 모든 세속적인 혜택들이 하나도 없는 가난한 자들을 사용하신 것이 그리스도께서 하나님이 보내신 자이심을 입증하는 것이다. 그들은 가난하고 힘없는 자들이므로 신적인 권능이 함께 하지 않았다면, 도저히 그 일을 이룰 수가 없었던 것이다. 〔2〕 가난한 자에게 복음이 전파된다는 것을. 그리스도의 말씀을 듣는 자들은 서기관들과 바리새인들이 멸시하고 경멸하는 자들이요 또한 값을 지불할 수가 없어 랍비들이 가르치려 하지도 않는 자들이었다. 구약의 선지자들은 대부분 왕들과 귀족들에게 보내심을 받았으나 그리

스도는 가난한 자들의 회중에게 복음을 전하셨다. 그리스도께서 은혜로이 자신을 낮추시고 가난한 자들을 동정하신 것이야말로 그가 우리 하나님의 온유하신 긍휼을 세상에 가져오시는 분이시라는 증거인 것이다. 다윗의 자손이 가난한 자의 왕이 되실 것이라는 것이 이미 예언된 바 있다(시 72:2, 4, 12, 13). 혹은 이 부분을, 세상의 가난한 자가 아니라 심령이 가난한 자를 뜻하는 것으로 이해하여, 여기서 이는 여호와께서 내게 기름을 부으사 가난한 자에게 아름다운 소식을 전하게 하려 하심이라고 한 성경(사 61:1)이 성취되는 것으로 볼 수도 있을 것이다. 주목하라. 그리스도의 가르침이 과연 복음이요, 죄에 대한 안타까움으로 자기를 부인하며 진정 자기를 낮추는 자들에게 아름다운 소식이라는 것이야말로 그리스도께서 하나님이 보내신 분이시라는 증거가 된다. 하나님께서는 언제나 그들을 향하여 자신이 긍휼히 여기실 것을 선포해오신 것이다. [3] 가난한 자가 복음을 받는다는 것을. 그들이 전도를 받으며, 복음을 받고 환영하며, 그것으로 변화되며 마치 틀 속으로 넣어지듯 복음 속에 넣어진다는 것이다. 주목하라. 복음의 놀라운 효능이야말로 그 복음의 기원이 하나님께 있다는 증거가 된다. 가난한 자들이 복음의 역사함을 받는다. 선지자들은 가난한 자들이 여호와의 길을 알지 못한다고 탄식하였다(렘 5:4). 선지자들은 그들에게 아무런 유익을 줄 수 없었다. 그러나 그리스도의 복음은 그들의 무식한 마음속에 들어가 역사하는 것이다.

2. 그는 그로 말미암아 실족하지 아니하는 자들에게 복이 있음을 선언하신다(6절). 그리스도에 대한 이러한 증거들이 너무도 분명하므로, 고의적으로 그를 대적하여 편견을 갖고 그에 대해 험담하는 자들이 아니면(그러나 세상은 그러하다), 그의 가르침을 받아들이고 그 안에서 복을 누리지 않을 수가 없다. 주목하라. (1) 그리스도께는 무식하고 생각이 없는 자들이 실족하기 쉬운 것들이 많으며, 그의 복음의 골자를 거부하게 만드는 정황도 있다. 그의 외모의 초라함, 나사렛에서의 성장, 그의 빈곤한 생애, 그의 제자들의 초라함, 권세 있는 자들이 그를 무시한 사실, 그의 가르침의 철저함, 혈육에게 어려움을 주는 사실, 그의 이름을 고백하는 데에 따르는 고난 등이 많은 사람들로 하여금 그를 멀리하게 만드는 요인들이다. 이런 것들만 없으면 사람들이 그에게서 신적인 요소를 보지 않을 수가 없다. 그리하여 그는 심지어 이스라엘에서도 많은 사람을 패하게 하기 위하여 세움 받으셨고(눅 2:34), 부딪치는 돌이 되신 것이다(벧

전 2:8). (2) 이런 요인들을 극복하는 자들은 복 있는 자들이다. 그런 자들이 복이 있도다라는 표현은, 이런 편견들을 극복한다는 것이 어려운 일이며 또한 그것들을 극복하지 못하는 것은 위험천만한 일이라는 것을 시사해 준다. 그러나 이런 반대 요인에도 불구하고 그리스도를 믿는 자들에 대해서는 그들의 믿음이 더욱더 찬송과 존귀와 영광이 될 것이다.

[7]그들이 떠나매 예수께서 무리에게 요한에 대하여 말씀하시되 너희가 무엇을 보려고 광야에 나갔더냐 바람에 흔들리는 갈대냐 [8]그러면 너희가 무엇을 보려고 나갔더냐 부드러운 옷 입은 사람이냐 부드러운 옷을 입은 사람들은 왕궁에 있느니라 [9]그러면 너희가 어찌하여 나갔더냐 선지자를 보기 위함이었더냐 옳다 내가 너희에게 이르노니 선지자보다 더 나은 자니라 [10]기록된 바 보라 내가 내 사자를 네 앞에 보내노니 그가 네 길을 네 앞에 준비하리라 하신 것이 이 사람에 대한 말씀이니라 [11]내가 진실로 너희에게 말하노니 여자가 낳은 자 중에 세례 요한보다 큰 이가 일어남이 없도다 그러나 천국에서는 극히 작은 자라도 그보다 크니라 [12]세례 요한의 때부터 지금까지 천국은 침노를 당하나니 침노하는 자는 빼앗느니라 [13]모든 선지자와 율법이 예언한 것은 요한까지니 [14]만일 너희가 즐겨 받을진대 오리라 한 엘리야가 곧 이 사람이니라 [15]귀 있는 자는 들을지어다

여기서 우리 주 예수께서는 세례 요한에 대해 높이 칭찬하시는데, 이는 그의 존귀를 회복시키기 위함이며 동시에 그의 사역을 회복시키기 위함이었다. 그리스도의 제자들 중에서 요한이 사람을 보내어 질문을 행한 일을 계기로 그에 대해서 연약하고 흔들리며 일관성이 없는 것으로 생각했을 수도 있고, 그리스도께서는 이를 방지하기 위하여 그에 대해 이렇게 칭찬하신 것이다. 주목하라. 형제의 명예를 생각하며, 그들에 대한 시기와 악한 생각들을 제거할 뿐 아니라 줄이고 미연에 방지하는 것이 우리의 임무다. 칭찬받을 만한 사람들에 대해서는 연약한 점들이 발견되는 경우에도 기회마다 좋게 말하여, 그들의 손의 열매를 그들에게 돌려야 하는 것이다. 세례 요한은 자신은 현장에 있고 그리스도는 백성들에게 아직 나타나지 않으셨을 때에, 그리스도에 대해 증언하였다. 그런데 이제는 그리스도께서 대중 앞에 모습을 드러내시고 요한은 구름에 가려진 상태에서 그가 요한에 대해 증언하시는 것이다. 주목하라. 스스로

확증된 관심을 지닌 자들은 그것을 발휘하여, 기질 때문에나 주어진 상황 때문에 인정받지 못하고 있는 다른 사람들의 명예를 도와야 한다. 이것은 존귀를 받아 마땅한 자에게 존귀를 베푸는 것이다. 요한은 그리스도를 높이기 위해 자신을 낮추었고(요 3:20, 30; 마 3:11), 그리스도께서 만유가 되시도록 하기 위해 자신을 아무것도 아닌 존재로 여겼는데, 이제는 그리스도께서 요한을 이와 같이 높이 칭찬하시는 것이다. 주목하라. 자신을 낮추는 자는 높아질 것이요, 그리스도를 높이는 자는 그가 그들을 높이실 것이며, 사람들 앞에서 그를 시인하는 자들은 그가 그들을 시인하실 것이며, 때로는 심지어 이 세상에서 사람들 앞에서도 그들을 시인하실 것이다. 요한이 이제 자신의 증언을 종결지었으므로 이제 그리스도께서 그를 칭찬하시는 것이다. 주목하라. 그리스도의 종들이 일을 마치고 난 후에 그리스도께서 그들을 존귀하게 하신다(요 12:26).

요한에 대한 주님의 칭찬에 대해서 다음을 관찰하라.

I. 그리스도께서 요한에 대해 칭찬하시되, 요한의 제자들이 듣는 데서가 아니라 그들이 떠나매, 그들이 떠난 직후에 하셨다(눅 7:24). 요한이 자기에 대한 칭찬으로 우쭐해지는 일이 없게끔 그렇게 하셨고, 그리하여 그런 칭찬이 요한의 귀에 들어가지 않게 하신 것이다. 주목하라. 형제들을 격려하기 위하여 그들에게 합당한 칭찬을 하는 것이 필요하지만, 아첨 같이 보이거나 혹은 형제들을 우쭐하게 만드는 따위의 칭찬은 피해야 한다. 다른 일들에서는 세상에 대해 자신을 잘 죽이는 자들도 자기에 대한 칭찬에는 약해지기 마련이다. 교만은 부패한 것으로, 우리 자신에게서나 다른 이들에게서 부추겨서는 안 되는 것이다.

II. 그리스도께서 요한에 대해 칭찬하신 것은 **그 자신을 높이기 위함인 동시에 요한의 사역에 대한 기억을 되살리게 하여 사람들에게 유익을 주기 위함이기도 했다.** 과거에 요한의 사역을 통해서 많은 사람들이 유익을 얻었었으나 이제는 이상하게도 잊혀진 상태였던 것이다. 그들은 한 때 그의 빛에 즐거이 있기를 원하였었다(요 5:35). "이제 생각해 보라. 너희가 무엇을 보려고 광야에 나갔더냐? 이 질문을 너희 스스로 생각해 보라."

1. 요한은 광야에서 말씀을 전했고, 그 곳이 먼 곳이요 가기에 불편한 곳이었음에도 사람들이 그리로 무리를 지어 몰려들었었다. 선생들이 한 구석으로 사라지면, 그들이 없이 있는 것보다는 그들을 좇아가는 것이 더 낫다. 그런데 만

일 그의 설교가 그런 고통을 감수하고 들을 만한 가치가 있었다면, 그것을 다시 회상하고 기억할 만한 가치도 있는 것이 분명했다. 말씀을 듣기 위해 감수하는 어려움이 클수록, 우리가 그 말씀에서 유익을 얻고자 하는 마음이 큰 법이다.

2. 그들은 그를 보기 위해 광야로 나아갔다. 그러나 그의 건전한 교훈에서 영혼의 양식을 얻기보다는 이 사람의 범상치 않은 차림새로 눈을 즐기기 위해 나아갔다. 양심을 위해서라기보다는 호기심 때문에 나아간 것이다. 주목하라. 말씀을 들으러 나오는 사람 중에는 배우고 가르침을 받기보다는 보고 또 보이고 싶어서 나오며, 구원에 이르는 지혜를 얻기보다는 무언가 말할 거리를 얻기 위해서 나오는 사람들이 많다. 그리스도께서는 그런 이들에게 이렇게 말씀하신다: 너희가 무엇을 보려고 나갔더냐? 주목하라. 말씀을 듣는 자들은 후에 그들의 의도가 무엇이며 목적이 무엇이었는지를 하나님 앞에 직고(直告)하게 될 것이다. 우리는 설교가 끝나면 더 이상 신경 쓸 것이 없다고 생각하지만, 그렇지 않다. 설교가 끝나면 가장 크게 신경 써야 할 것이 생기게 된다. 잠시 후면 다음과 같은 질문에 답변을 해야 할 것이다: "그런 규례에 참여하는 그런 시간에 너는 무엇을 했느냐? 네가 무엇을 위하여 거기에 나갔더냐? 그저 습관이었느냐 아니면 사람들을 만나기 위해서였느냐, 아니면 하나님께 존귀를 돌리고 유익을 얻기 위해서였느냐? 무슨 지식을, 무슨 은혜를, 무슨 위로를 얻으려고 갔더냐? 네가 무엇을 보려고 나갔더냐?" 주목하라. 말씀을 읽고 들으러 갈 때에, 우리는 과연 우리의 그런 행위가 옳은가를 살펴야 할 것이다.

Ⅲ. 요한에 대한 그리스도의 칭찬이 어떤 것이었는지를 보자. 그리스도의 질문에 대해 그들은 어떻게 대답해야 할지를 몰랐다. 그리하여 그리스도께서 말씀하시는 것이다: "그렇다면 세례 요한이 어떤 사람이었는지를 내가 말하리라."

1. "그는 견고하고 단호한 사람이었고, 바람에 흔들리는 갈대가 아니었다. 그에 대한 너희의 생각이 그와 같았으나, 그는 그렇지 않았다. 그는 원칙에서도 흔들림이 없었고, 그의 처신도 치우침이 없었고, 꾸준하며 변함없는 일관성이 탁월했다." 갈대처럼 연약한 자들은 갈대처럼 흔들린다. 그러나 요한은 영이 강하였다(엡 4:14). 한 쪽에서 대중의 칭찬과 박수의 바람이 세차게 불어올 때에도, 다른 쪽에서 헤롯의 분노의 폭풍이 맹렬하게 밀려올 때에도, 요한은 여전히 변함이 없었고, 온갖 기후에도 늘 동일하였다. 그가 그리스도에 대해 행한

증언은 갈대의 증언도, 또한 오늘 마음과 내일 마음이 다른 사람의 증언도, 바람개비의 증언도 아니었다. 그리스도에 대한 그의 증언이 변함없는 것이었다는 사실이 암시되고 있다(요 1:20). 그는 선포하고 후에 그것을 다시 부인하지 않았고, 고백한 후에는 결코 변치 않았다(요 3:28). 그러므로 요한의 제자들이 제기한 이 질문은 요한이 전에 말씀했던 사실에 대해 의혹이 생겼기 때문에 제기된 것이 아니었다. 백성들이 그에게 몰려든 것은 그가 갈대와 같지 않았기 때문이었다. 주목하라. 사람들의 칭찬을 받으려고도 하지 않고 사람들이 이맛살을 찌푸리는 것을 두려워하지도 않으면서 흔들리지 않는 단호한 결의로 우리의 일을 계속해 나가면 결국에 가서는 하나도 잃어버리는 것이 없는 법이다.

2. 그는 자기를 부인하는 사람이요, 이 세상에 대해서 죽는 사람이었다. "그가 부드러운 옷 입은 사람이더냐? 만일 그렇다면 그를 보러 광야에 나가지 않고 왕궁으로 갔을 것이다. 너희는 낙타 털옷을 입고 허리에 가죽띠를 띤 사람을 보러 그리로 간 것이다. 그의 차림새와 습관을 보면 그가 세상의 온갖 화려한 것들과 쾌락에 대해 죽은 자라는 것을 알 수 있었다. 그의 의복도 광야에서 살기에 적절한 것이었고, 그가 거기서 전한 가르침도 회개의 가르침이었다. 그러니, 왕궁의 쾌락에 대해 전혀 이방인이었던 그가 감옥의 공포에 못 이겨 마음을 바꾸게 되었고 그리하여 예수가 메시야인지 아닌지에 대해 의심을 하게 되었다는 식으로 생각할 수가 없는 것이다!" 주목하라. 자기를 죽이는 삶을 살아온 자들은 박해로 인하여 그들의 신앙을 저버릴 가능성이 가장 적다. 그는 부드러운 옷을 입은 사람이 아니었다. 물론 그런 사람들이 있다. 그러나 그들은 왕궁에 있다. 주목하라. 사람들은 그 모든 외모가 그들의 성격과 처지와 일치하는 것이 합당하다. 설교자들은 왕궁에 있는 사람처럼 멋을 내서도 안 되고, 일반 시민으로 살아야 할 사람들이 왕궁에서나 입는 세련된 차림을 할 욕심을 가져서도 안 된다. 모든 것이 어울려야 합당한 것이다. 요한은 거칠고 불쾌해 보였으나, 사람들이 무리를 지어 그에게로 몰려들었다. 주목하라. 하나님의 말씀을 전하는 일에 대해 전에 우리가 가졌던 열정을 기억하여 우리의 현재의 일에 힘을 내야 한다. 우리가 그렇게 많은 일을 했고 또 고난을 당했으나 그 모든 것이 헛되다, 우리의 달음질도 헛되고 수고도 헛되다는 말은 하지 말아야 할 것이다.

3. 무엇보다 그에 대해 가장 크게 칭찬할 거리는 그의 직무와 사역이었다. 개인적인 재능이나 자질보다 그것이 더 큰 존귀였다. 그러므로 그리스도께서

는 이것을 가장 크게 칭찬하신다.

(1) 그는 선지자였다. 과연 선지자보다 더 나은 자였다(9절). 그렇기 때문에 그는, 위대한 선지자요 또한 모든 선지자들이 증언하는 그분에 대해 말씀한 것이다. 요한은 말하기를 자기는 그 선지자, 즉 그 위대한 선지자, 곧 메시야가 아니라고 하였다. 그런데 지금 그리스도는(그는 지극히 유능한 재판장이시다) 요한에 대해서 그가 선지자보다 더 나은 자였다고 말씀하신다. 요한은 자신을 그리스도보다 열등한 존재로 여겼고, 그리스도께서는 그를 다른 모든 선지자들보다 월등한 자로 여기신 것이다. 관찰하라. 그리스도의 선구자는 왕이 아니라 선지자였다. 이는 메시야의 나라가 지상의 권력으로 세워지는 것처럼 보이지 않게 하기 위함이었다. 그러나 그의 바로 앞에 온 선지자는 말하자면 초월적인 선지자요 구약의 선지자보다 더 나은 자였다. 그들 모두가 덕으로 행하였다. 그러나 요한은 그들 모두보다 위대하였다. 그들은 멀리서 그리스도의 날을 보았고 그리고 그들이 본 이상은 한참 후에 실현될 것이었다. 그러나 요한은 그 날이 밝는 것을 보았고, 해가 떠오르는 것을 보았고, 백성들에게 메시야를 그들 중에 계시는 분으로 말씀한 것이다. 선지자들은 그리스도에 대해 말씀하였으나, 그는 그를 지적하였다. 그들은, 처녀가 잉태하리라고 말씀했으나, 그는 보라 하나님의 어린 양이로다라고 말씀한 것이다.

(2) 그는 그리스도의 선구자로 예언된 바로 그 사람이었다. 이 사람에 대한 말씀이니라(10절). 그는 다른 선지자들에 의해 예언된 자요, 따라서 그들보다 더 나은 자였다. 말라기 선지자는 요한에 대해서 예언하였다. 보라 내가 내 사자를 보내리니 그가 내 앞에서 길을 준비할 것이요(말 3:1). 구약의 선지자들이 요한에 대해서 말씀하고 기록하였으니, 그리스도의 존귀의 일부가 요한에게 주어진 것이다. 그리고 이런 존귀는 모든 성도들의 것이기도 하다. 그들의 이름이 어린 양의 생명책에 기록되어 있기 때문이다. 그가 그리스도의 선구자라는 사실이야말로 요한이 모든 선지자보다 더 나은 이유다. 그는 큰 사명을 띠고 보내심을 받은 사자였다. 그러나 그는 천(千)에 하나인 사자였다. 그를 보내신 그분의 존귀의 일부를 함께 누린 사자였기 때문이다. 그는 하나님께로부터 보내심을 받은 내 사자이며, 그의 일은 그리스도의 길을 준비하는 것이요, 백성들로 하여금 그들의 죄와 비참한 처지와 또한 구주가 필요하다는 사실을 깨닫게 하여 그들이 구주를 영접하도록 만드는 일이었다. 요한 자신도 전에 자기에 대해서 이

를 말했었고(요 1:23), 이제 그리스도께서 그에 대해 그 사실을 말씀하셨다. 그리고 이는 그저 요한의 사역에 대해 존귀를 부여하기 위한 것만이 아니라 백성들로 하여금 메시야를 위해 길을 준비하는 그의 사역을 다시 기억하게 하기 위함이기도 했다. 주목하라. 하나님의 경륜의 아름다움의 상당 부분은 그것들이 서로 연결되고 일치한다는 데에 있다. 요한이 구약 선지자들보다 더 나은 위치에 있었던 것은 그가 그리스도 바로 앞에서 그의 길을 준비하였다는 사실 때문이었다. 주목하라. 누구든 그리스도께 가까울수록 그만큼 더 진정 존귀한 법이다.

(3) 여자가 낳은 자 중에 세례 요한보다 큰 이가 일어남이 없었다(11절). 그리스도는 사람을 그 가치의 정도에 따라 평가할 줄을 알고 계셨고, 그는 요한을 그 앞에 있었던 모든 사람보다, 일상적인 생육법(生育法)을 따라 여자가 낳은 모든 사람보다 큰 이로 본 것이다. 하나님께서 일으키시고 그의 교회에서 섬기도록 부르신 모든 사람들 가운데 요한이 가장 뛰어난 자요, 그는 심지어 모세보다도 뛰어난 자다. 왜냐하면 그는 진정 회개하는 자에게 죄 사함이 있다는 복음의 가르침을 선포하기 시작하였고, 또한 다른 누구보다도 하늘로부터 선구자로서 계시를 받았기 때문이다. 그는 하늘이 열리고 성령이 강림하는 것을 보았던 것이다. 그는 또한 그의 사역에서 큰 성공을 보았다. 유대 민족 거의 전부가 그에게로 몰려들었다. 요한이 행한 것처럼 그렇게 위대하고 고귀한 사명을 수행한 사람이 없었고, 그만큼 사람들에게 전폭적으로 영접받은 사람도 없었다. 여자가 낳은 많은 사람들이 세상에서 큰 인물이 되었으나, 그리스도는 그들보다 요한을 더 크게 보시는 것이다. 주목하라. 위대함은 겉으로 드러나는 외모의 찬란함으로 가늠되는 것이 아니다. 가장 위대한 성도가 가장 위대한 사람이요, 요한처럼 주 앞에 큰 자가 가장 위대한 축복인 것이다(눅 1:15).

그런데 요한에 대한 이런 높은 찬사에 놀랍게도 단서가 붙여진다: 그러나 천국에서는 극히 작은 자라도 그보다 크니라. [1] 영광의 나라에서. 요한이 크고 선한 사람이었으나, 그는 아직 연약하고 불완전한 상태에 있었고, 따라서 영화롭게 된 성도들과 온전하게 된 의인의 영들에는 못 미친다. 주목하라. 첫째로, 천국에는 영광의 정도가 다양하다. 어떤 이들은 다른 이들보다 영광이 덜하다. 그러나 각 그릇마다 똑같이 충만하나, 모든 그릇이 똑같이 큰 것이 아니다. 둘째로, 천국에서 지극히 작은 성도가 이 세상에서 가장 큰 자보다 더 크며, 하나님을 더 많이 알고 더 많이 사랑하며 그를 더 많이 찬양하며, 그에게서 더 많은 것을 받는다. 땅에 있는 성도들은 존귀한 자들이다(시 16:3). 그러나 천국에 있는 성도는 더욱더 존귀하며, 이 세상에서 가장 큰 자라도 천사보다 조금 못하나(시 8:5. 한글 개역개정판 난외주를 보라), 천국에서는 지극히 작은 성도라도 천사와 동등하다. 그러므로 우리는 약한 자가 다윗 같게 될 그 복된 상태를(슥 12:8) 사모해야 마땅할 것이다. [2] 여기의 천국은 은혜의 나라, 즉 그 권능과 순결함이 완전한 복음의 경륜을 뜻하는 것으로 이해해야 할 것이다. 그리고 천국에서는 지극히 작은 자가 요한보다 크다고 한다. 어떤 이들은 이 지극히 작은 자를 그리스도 자신으로 이해한다. 그는 요한보다 나이가 어리고, 또 어떤 사람들의 생각에는 요한보다 못하여, 언제나 자기 자신을 낮추어 나는 벌레요 사람이 아니라고 말씀하였으나, 요한보다 더 큰 자였고, 그리하여 내 뒤에 오시는 이가 나보다 앞선다는 세례 요한의 말씀(요 1:15)과 일치한다는 것이다. 그러나 이는 오히려 복음의 선지자들인 신약의 사도들과 목사들을 지칭하는 것으로 이해하여야 한다. 그리고 이들과 요한은 그들의 개인적인 거룩함이 아니라 그들의 직무가 서로 비교되는 것이다. 요한은 오시는 그리스도를 전하였으나 그들은 이미 오셨을 뿐 아니라 십자가에 달리시고 영광을 받으신 그리스도를 전하는 것이다. 요한은 복음의 날이 밝아올 때에 왔고, 그리하여 그 이전의 모든 선지지들보다 뛰어났다. 그러나 그는 그 닐의 오전 중에, 휘장이 찢어지기 전에, 그리스도의 죽으심과 부활, 그리고 성령의 부으심 이전에 돌아갔다. 그러므로 사도와 전도자들 중 지극히 작은 이도 그보다 더 큰 것을 지녔고 그보다 더 큰 사명에 쓰임받으며, 따라서 요한보다 큰 것이다. 요한은 이적을 행하지 않았으나 사도들은 많은 이적들을 행하였다. 이렇게 신약의 성도들을 요한보다 우선시키는 근거는 신약의 경륜을 구약의 경륜보다 우선시키는 데에 있다. 그러므로 신약의 목사들이 큰 것은 그들의 직분이 그렇기 때문이다(고후 3:6 등). 요한은 자기의 계열에서 가장 큰 자였다. 그는 그가 속한 경륜이 허용하는 최고의 자리에까지 나아간 것이다. 그러나 가장 높은 계열에서 가장 작은 자가 가장 낮은 계열에서 가장 큰 자보다 큰 법이다. 산 위에 있는 난쟁이가 산 아래 계곡에 있는 거인보다 더 멀리 보는 법이다. 주목하라. 사람의 참된 위대함은 그리스도께서 은혜로 그들에게 얼마나 자신을 드러내셨느냐에 달려 있다. 가장 큰 사람은 그리스도께서 기뻐하사 그들을 크게 만드시는 정도밖에는 크지 못하는 것이다.

우리가 천국의 날들 중에서 이렇게 큰 빛과 사랑 아래 있게 되었으니, 이것만으로도 우리는 감사할 수밖에 없는 것이다. 그러나 큰 빛과 사랑을 받을수록, 하나님의 은혜를 헛되이 받으면 그 책임도 더 커지는 것이다.

(4) 세례 요한에 대해 그렇게 크게 칭찬한 것은, 하나님이 그의 사역을 주장하사 얼음을 깨뜨리고 천국을 위하여 백성들을 준비시키는 일에 놀라운 성공을 거두게 하셨다는 데 있다. 세례 요한이 처음 나타난 때부터 지금까지(2년이 채 못된다), 굉장히 많은 선이 행해졌고, 중심이신 그리스도께 가까이 왔으니 움직임이 그만큼 빨라진 것이다. 천국은 침노를 당하나니 — 폭풍처럼 몰아쳐 도시를 함락시키는 군대의 공격처럼, 혹은 집으로 몰려들어가는 무리의 요란한 움직임처럼 — 침노하는 자는 빼앗느니라. 이 문구의 의미는 병행 구절인 눅 16:16에서 볼 수 있다: 하나님 나라의 복음이 전파되어 사람마다 그리로 침입하느니라. 수많은 사람들이 요한의 사역에 감동되며, 그의 제자들이 되는 것이다. 그런데 이 무리는,

[1] 있을 법하지 않은 무리다. 아무런 권리도 권한도 없다고 여겨지는 자들이 이 나라에 자리를 차지하려고 애썼다. 그리하여 마치 침입자들이 강제로 들어가는 것처럼 보였다. 그 나라의 자손들이 그 나라에서 배제되고 많은 이들이 동과 서로부터 와서 그 나라에 들어갈 때에는, 침노를 당하게 되는 것이다. 이를 21:31, 32와 비교하라. 서기관들과 바리새인들이 배척한 요한을 세리들과 창녀들은 믿었고, 그리하여 그들보다 먼저 하나님의 나라에 들어갔다. 주목하라. 우리보다 나은 자들보다 먼저 천국으로 나아가는 것은 선한 예의를 위반하는 것이 결코 아니다. 복음의 유아기부터 지극히 어울리지 않을 것 같은 많은 사람들이 거룩하게 되어왔다는 것이야말로 복음의 위대함인 것이다.

[2] 끈질긴 무리다. 이런 침노는 요한의 사역을 따른 자들의 힘과 용맹과 간절한 소망과 수고를 뜻한다. 그렇지 않았다면 그들이 그의 사역을 받고자 그렇게 멀리까지 오려 하지는 않았을 것이다. 이는 또한 천국을 신앙의 목적으로 삼고자 하는 모든 자들에게 어떠한 열정이 있어야 하는지를 보여준다. 주목하라. 천국에 들어가고자 하는 자들은 천국이 거룩한 침노를 당하도록 그리로 들어가기를 힘써야 하며, 자기를 부인해야 하고, 마음의 편견과 경향, 구조와 기질을 바꾸어야 하며, 힘든 고난을 견뎌야 하고, 부패한 본성을 강제로 죽여야 하며, 달리고 씨름하고 싸워야 하고, 간절해야 하고, 또한 안팎에서 오는 온갖

반대를 무릅쓰고 나가야 한다. 침노하는 자는 빼앗느니라. 그 큰 구원에 관심을 갖는 자들은 강한 소원으로 그것을 향하여 전진하며, 어떤 조건에서도 그것을 취하며, 온갖 어려움들을 힘든 것으로 여기지도 않고, 축복이 없이는 중도에 절대로 포기하지 않는다(창 32:26). 부르심과 택하심을 굳게 하려는 자들은 부지런히 힘써야 하는 것이다. 천국은 한가한 자들이 안락한 중에 탐닉하도록 주어진 것이 절대로 아니다. 그것은 수고하는 자들에게 쉼이 되기 위해 주어진 것이다. 더 많은 사람들이, 분노한 열심으로 천국 바깥에서 사람들을 마구 모아들이는 것이 아니라 거룩한 열심으로 자기들 스스로 천국 안으로 밀려들어오는 것을 볼 수 있다면, 이 얼마나 복된 광경이겠는가!

(5) 막 1:1과 행 1:22에 언급되어 있듯이, 요한의 사역은 복음의 시작이었다. 이 사실이 여기서 두 가지로 나타난다;

〔1〕 구약의 경륜이 요한에게서 종결되기 시작하였다(13절). 구약의 경륜이 그 충만한 힘과 덕으로 오랫동안 지속되어왔으나, 그것이 쇠퇴하기 시작하였다. 모세의 율법을 지킬 의무는 그리스도께서 죽으시기까지 제거되지 않았으나, 구약에서 제시된 것들이 가까이 와 있는 천국의 좀 더 분명한 현현(顯現)들로 대체되기 시작한 것이다. 복음의 빛보다(본성의 빛처럼) 그 율법이 선행하며 그 길을 예비하여야 했으므로, 복음에 앞서서 구약의 예언들이 종결되었다(기한이 다하여 종결된 것이 아니라 완성되어 종결된 것이다). 그러므로 모든 선지자와 율법이 예언한 것은 요한까지니라는 그리스도의 말씀은, 첫째로, 구약의 빛이 어떻게 제시되었는지를 보여준다. 그것은 율법과 선지자 속에 제시되었다. 율법과 선지자가 희미하게나마 그리스도와 그의 나라에 대해 말씀하였다. 관찰하라. 선지자는 물론 율법도 장차 오실 그분에 대하여 예언한다고 한다. 그리스도는 모세에서 시작하셨다(눅 24:27). 그리스도는 선지자들의 좀 더 분명한 목소리를 통해서는 물론 모세의 율법의 말 없는 표징(sign)들을 통해서도 예언되셨고, 말로 표현된 예언들에서는 물론 인격적인 실물의 모형들 속에서도 제시되신 것이다. 우리에게 구약의 예언들을 설명해 줄 신약의 가르침이 있다는 것이, 또한 신약의 가르침을 확증하고 예증해 줄 구약의 예언들이 있다는 것이(히 1:1) 얼마나 감사한 일인지 모른다. 두 그룹들처럼 이 둘이 서로를 마주 바라보고 있는 것이다. 율법은 오래 전에 모세에 의해서 주어졌고, 요한 이전의 삼백 년 동안 선지자가 없었다. 그러나 그 둘이 모두 요한의 때까지 예언하였다

고 말씀한다. 율법이 여전히 지켜졌고 사람들이 모세와 선지자들을 여전히 읽고 있었기 때문이다. 주목하라. 성경의 인간 저자들은 사라졌으나 성경은 오늘날까지도 가르치고 있다. 모세와 선지자들은 죽었고, 사도들과 전도자들도 죽었다(슥 1:5). 그러나 주의 말씀은 세세토록 있도다(벧전 1:25). 성경 저자들은 티끌 속에서 침묵하고 있으나, 성경이 밝히 말씀하고 있는 것이다. 둘째로, 이 빛이 어떻게 뒤로 물러갔는지를 보여준다. 선지자와 율법이 예언한 것이 요한까지라는 그리스도의 말씀은 그들의 영광이 그것들을 뛰어넘는 영광으로 인하여 빛이 바래졌다는 것을 시사한다. 그것들이 예언한 것들이 보라 하나님의 어린 양이로다!라는 요한의 증언에 의해서 대체되었다는 것이다. 해가 떠오르기 전에도, 새벽빛이 밝아와 어둠을 밝혀 준다. 그리스도가 오셨다는 요한의 말에 그가 장차 오리라고 한 과거 선지자와 율법의 예언들이 퇴색된 것이다.

[2] 신약의 날이 요한에게서 밝아오기 시작했다. 왜냐하면 오리라 한 엘리야가 곧 이 사람이기 때문이다(14절). 요한은 구약과 신약을 있는 연결점에 위치하였다. 마치 노아가 두 세계를 잇는 연결고리였던 것처럼, 그도 두 언약을 잇는 연결고리였던 것이다. 구약의 마지막 예언은 바로 보라, 내가 선지자 엘리야를 너희에게 보내리라(말 4:5, 6)였다. 그 말씀들은 요한이 오기까지 예언하였고, 요한이 와서 그것이 역사로 바뀌어지면서 그 예언이 그쳐진 것이다. 첫째로, 그리스도께서는 세례 요한이 신약의 엘리야라는 것을 큰 진리로 말씀하신다. 그러나 육신적인 유대인들이 기대했듯이, 엘리야 그 자신이 다시 온 것이 아니다. 그리스도께서는 그것을 부인하셨다(요 1:21). 그는 오히려 엘리야의 심령과 능력으로 오는 자요(눅 1:17), 엘리야와 기질과 품행이 비슷하여 두려움으로 회개를 촉구하며, 말라기의 예언에 나타나 있는 대로 아버지의 마음을 자녀에게로 돌이키게 하는 자인 것이다. 둘째로, 그리스도께서는 이를 메시야의 나라를 세속적으로 보는 사고에 집착하는 자들은 쉽게 깨달을 수 없는 진리로 말씀하신다. 그는 이 진리를 환영하는 것에 대해 의혹을 표시하신다. 만일 너희가 즐겨 받을진대. 그들이 즐겨 받든 받지 않든 간에 그것이 참이라는 뜻이 아니다. 그는 그들이 편견을 갖고서 그들에게 그렇게도 유익한 큰 진리들을 자기들의 정서와 반대되는 것으로 여겨 받아들이기를 꺼리는 현실에 대해 책망하시는 것이다. 아니면, "만일 너희가 즐겨 받을진대, 혹은 너희가 요한의 사역을 그 약속된 엘리야의 사역으로 받아들이면, 그가 너희에게 엘리야가 되어 너희를 돌이

켜 주를 위해 준비하게 하리라." 주목하라. 복음의 진리들은 받아들이는 여부에 따라 생명의 냄새가 되기도 하고 사망의 냄새가 되기도 한다. 그들에 관한 진리를 받아들이는 자들에게는 그리스도가 구주가 되시며, 요한이 엘리야가 되는 것이다.

마지막으로, 우리 주 예수께서는 주목하라는 엄숙한 요구로써 이 강론을 종결지으신다. 귀 있는 자는 들을지어다(15절). 이는 곧, 이 내용들은 어두워서 깨닫기가 힘들므로 주의가 필요하나 이는 큰 결과를 초래하는 중대한 문제이므로 주목할 만한 충분한 가치가 있다는 뜻이다. "모든 사람이 이것을 주목할지니, 만일 요한이 전에 예언된 엘리야라면 이는 크나큰 격변이 있다는 것이요, 메시야의 나라가 문앞에 와 있다는 뜻이며, 곧바로 세상에 갑작스런 복된 변화가 있으리라는 뜻이다. 이는 너희가 진지하게 생각하여야 할 일들이요, 따라서 너희는 나의 말을 귀담아 들어야 한다." 주목하라. 하나님의 일들은 모두가 큰 관심을 가져야 할 것들이다. 귀 있는 자는 누구나 이것을 듣는 일에 주의해야 한다. 이는 곧, 하나님께서 우리에게 요구하시는 것은 다만 그가 우리에게 이미 주신 기능들을 올바로 잘 사용하라는 것이다. 그는 귀가 있는 자들에게 들을 것을 요구하시며, 이성(理性)이 있는 자들에게 이성을 사용할 것을 요구하시는 것이다. 그러므로 사람들이 무지한 것은 능력이 없기 때문이 아니라 의지(意志)가 없기 때문이다. 그러므로 사람들이 듣지 않는 것은 귀머거리 독사처럼 귀를 막기 때문인 것이다(시 58:4).

[16]이 세대를 무엇으로 비유할까 비유하건대 아이들이 장터에 앉아 제 동무를 불러 [17]이르되 우리가 너희를 향하여 피리를 불어도 너희가 춤추지 않고 우리가 슬피 울어도 너희가 가슴을 치지 아니하였다 함과 같도다 [18]요한이 와서 먹지도 않고 마시지도 아니하매 그들이 말하기를 귀신이 들렸다 하더니 [19]인자는 와서 먹고 마시매 말하기를 보라 먹기를 탐하고 포도주를 즐기는 사람이요 세리와 죄인의 친구로다 하니 지혜는 그 행한 일로 인하여 옳다 함을 얻느니라 [20]예수께서 권능을 가장 많이 행하신 고을들이 회개하지 아니하므로 그 때에 책망하시되 [21]화 있을진저 고라신아 화 있을진저 벳새다야 너희에게 행한 모든 권능을 두로와 시돈에서 행하였더라면 그들이 벌써 베옷을 입고 재에 앉아 회개하였으리라 [22]내가 너희에게 이르노니 심판 날에 두로와 시돈이 너희보다 견디기 쉬우리라 [23]가버나움아 네가 하늘에까지

높아지겠느냐 음부에까지 낮아지리라 네게 행한 모든 권능을 소돔에서 행하였더라면 그 성이 오늘까지 있었으리라 ²⁴내가 너희에게 이르노니 심판 날에 소돔 땅이 너보다 견디기 쉬우리라 하시니라

그리스도께서는 계속해서 세례 요한과 그의 사역에 대해 칭찬하고 계셨다. 그런데 여기서 갑자기 그 일을 중단하시고, 세례 요한과 그의 사역과 또한 그리스도와 사도들의 사역을 헛되이 받는 자들을 향하여 책망하신다. 그 세대에 대해서 우리는 그가 그들을 누구와 비교하시는가를 볼 수 있고(16-19절), 또한 구체적인 장소에 대해서도 그들을 누구와 비교하시는가를 볼 수 있다(20-24절).

I. 그 세대에 대하여. 이는 그 당시의 유대 백성들의 총체를 지칭한다. 그 중에는 과연 천국으로 침노하는 자들이 많았다. 그러나 대개의 사람들은 계속해서 불신앙과 완고함 속에 있었다. 요한은 위대하고 선한 사람이었다. 그러나 그가 속한 그 세대는 지독하게 메마르고 무익한 상태였고 그의 사역을 받을 만한 가치가 없었다. 주목하라. 처지의 열악함은 선한 목사들의 아름다움을 돋보이게 한다. 노아는 의인이요 당대에 완전한 자라는 찬사를 받았다. 요한을 칭찬하신 다음, 그는 그와 함께 하면서도 그의 사역에서 유익을 얻으려 하지 않은 자들을 정죄하시는 것이다. 주목하라 사람들이 칭찬받을 만할수록, 그들이 그를 가벼이 여기면 심판의 날에 그만큼 정죄를 받을 것이다.

우리 주 예수께서는 여기서 이를 비유로 제시하시면서도, 마치 이를 표현할 적절한 비유를 찾지 못하신 것처럼 말씀하신다. 이 세대를 무엇으로 비유할까? 주목하라. 선한 말씀 선포가 그들 중에 있는 데도 그것으로 전혀 나아지지 않는 자들이 범하는 죄만큼 어처구니없는 것이 없다. 그들의 처지를 설명하기가 어렵다. 이 비유는 유대인 어린아이들 가운데 흔한 놀이에서 취한 것인데, 어린아이들이 보통 그렇듯이 이들은 어른들이 결혼식이나 장례식에서 하는 것을 흉내내어 춤추고 슬피 우는 놀이를 하곤 했다. 그러나 모두가 장난에 불과하므로 아무런 감동도 주지 못하는 것이었다. 그 세대를 향하여 행해진 세례 요한의 사역이나 그리스도의 사역도 그 이상의 효과를 내지 못했다. 그는 특히 교만에 빠져 있는 서기관들과 바리새인들을 염두에 두고 계신다. 그러므로 그들을 낮추기 위하여 그들을 어린아이들에 비유하시며, 그들의 행동을 어린아이

들의 장난에 비유하시는 것이다.

이 비유는 다음과 같은 다섯 가지 점으로 밝히고 예증하여 설명하는 것이 가장 좋을 것이다.

1. 하늘의 하나님은 불쌍한 영혼들의 회심과 구원을 위하여 적절한 수단과 방법을 다양하게 사용하신다. 그는 모든 사람이 구원받기를 바라시며, 따라서 그 일을 위하여 모든 조치를 다 취하신다. 그가 목표로 두시는 큰 일은 우리의 의지들을 녹여서 하나님의 뜻을 따르게 하는 것이요, 또한 이 일을 위해서 그가 자신에 대해 주신 계시들로 우리에게 영향을 미치신다. 갖가지 영향력들이 가해져야 하므로, 그는 다양한 방식으로 그들에게 역사하신다. 이것들은 서로 다르지만 결국 동일한 것을 지향하는 것이다. 하나님께서는 그 다양한 방식으로 동일한 계획을 실행하시는 것이다. 이 비유에서는 이것을 그가 우리에게 피리를 부시는 것으로, 또한 그가 우리에게 슬피우시는 것이라 부른다. 하나님께서는 복음의 고귀한 약속들로써 — 이것은 소망을 불러일으키기에 적절하다 — 우리에게 피리를 불으셨고, 또한 율법의 끔찍한 경고들로써 — 이는 두려움을 불러일으켜 우리를 죄에서 돌이켜 하나님께로 향하게 하기에 적절하다 — 우리에게 슬피 우셨다. 그는 은혜롭고도 자비하신 섭리로 우리에게 피리를 불으셨고, 재난과 환난의 섭리로 우리에게 슬피 울으셨으며, 이 두 가지 섭리로 번갈아 역사하셨다. 그는 그의 목사들에게 목소리를 바꿀 것을 가르치셨나(갈 4:20. 한글 개역개정판은 이를, 언성을 높이는 것으로 번역함: 역자주). 때로는 시내 산으로부터 우레로 말씀하시며, 때로는 시온 산으로부터 세미한 음성으로 말씀하시는 것이다.

이 비유의 설명 부분에서는, 그 세대의 위대한 두 빛이었던 요한의 사역과 그리스도의 사역의 서로 다른 정서가 제시된다.

(1) 요한은 와서 그들에게 슬피 울었고, 먹지도 않고 마시지도 아니하였고, 사람들과 친밀하게 처신하지도 않았고, 사람들과 어울려 먹지도 않았고, 홀로 광야의 독방에서 지내며 메뚜기와 석청을 먹었다. 그러니 이것이 그 사람들에게 역사했으리라고 사람들은 생각할 것이다. 그런 엄격한 절제의 삶은 그가 전파한 가르침과 매우 일치하는 것이었기 때문이다. 목사는 그의 행위가 그의 가르침에 부합될 때에 유익을 줄 가능성이 많은 법이다. 그러나 그런 목사의 복음 선포라도 항상 효과가 있는 것은 아니다.

(2) 반면에, 인자는 와서 먹고 마시며, 그렇게 그들에게 피리를 불으셨다. 그리스도는 온갖 사람들과 친밀하게 행하셨고, 누구에게도 엄격하거나 가혹하게 대하지 않으셨다. 그는 친절하셨고 쉽게 다가갈 수 있으셨으며 사람들과 어울리기를 꺼리지 않으셨고, 잔치 자리에 자주 참석하셨고, 바리새인들과도 세리들과도 구별 없이 대하셨다. 요한의 엄격한 사역으로 영향을 받지 못한 자들에게 이렇게 해서 영향을 주려 하신 것이다. 요한의 찌푸린 눈살로 유익을 얻으려 하지 않은 자들에게 그리스도의 미소로 유익을 주려 하신 것이다. 바울도 그리스도를 본받아 여러 사람에게 여러 모습이 된 것이다(고전 9:22). 그러나 우리 주 예수께서는 그의 이러한 자유로움으로 요한을 정죄하신 것이 아니요, 요한도 예수님을 정죄하지 않았다. 이처럼 그 둘의 정서가 서로 매우 달랐는데도 말이다. 주목하라. 우리가 우리 자신의 행위가 선하다는 것을 완전히 확신한다 해도, 그것으로 다른 사람들을 판단해서는 안 된다. 여러 가지 다양한 사역이 있을 수 있으나, 모든 것을 모든 사람 가운데서 이루시는 하나님은 같으시며(고전 12:6), 이처럼 다양하게 성령의 역사가 나타나는 것은 모두에게 유익하게 하려 하심인 것이다(고전 12:7). 특히 관찰하라. 하나님의 목사들은 갖가지 다양한 은사를 부여받는다. 어떤 이들의 능력과 재질은 이 방향에 있고, 다른 이들의 능력과 재질은 저 방향에 있다. 어떤 목사들은 보아너게, 즉 우레의 아들들이요, 또 어떤 이들은 바나바, 즉 권위(勸慰)의 아들들이다. 그러나 이 모든 일은 같은 한 성령이 행하시는 것이요(고전 12:11), 따라서 우리는 다른 이들을 정죄해서는 안 되고 오히려 모두를 존중해야 하며, 이렇게 갖가지 기질을 가진 사람들을 갖가지 방식으로 다루셔서 죄인들이 돌아오게 되든 아니면 핑계할 수 없게 되든, 결과가 어떻든 간에 하나님이 영광을 받으시리라는 것에 대해 하나님을 찬양해야 할 것이다.

2. 하나님께서 죄인의 회심을 위하여 다양한 방법들을 취하시지만 많은 경우 열매가 없고 효과가 없다. "너희가 춤추지 않았고 너희가 가슴을 치지 아니하였다. 이 방법으로도 저 방법으로도 너희가 합당하게 영향을 받지 않았다." 약(藥)이 그렇듯이 구체적인 수단에는 구체적인 강렬한 면이 있는데, 그 위대한 전반적인 의도가 성공을 거두기 위해서는 이에 대해 반드시 반응이 있어야 하며, 또한 그 구체적인 인상들에 대해서도 반드시 그것들을 받아들여야 한다. 그런데 만일 사람들이 율법으로도 묶이지 않고, 약속들로도 주께 나아오지 않

고, 심각한 경고들로도 두려워하지 않는다면, 지극히 큰 일들에도 각성하지 않고, 멋진 일들에도 매혹되지 않고, 끔찍한 일들에도 깜짝 놀라지 않고, 지극히 분명한 일들도 지각하지 못한다면, 사람들이 성경의 음성에도, 이성에도, 경험에도, 섭리에도, 양심에도, 중요한 관심사에도 귀를 기울이지 않는다면, 대체 더 무엇을 할 수 있겠는가? 풀무불을 맹렬히 불면 그 불에 납이 살라져서 단련하는 자의 일이 헛되게 되느니라 이와 같이 악한 자가 제거되지 아니하나니(렘 6:29). 목사들의 수고가 헛되게 되며(사 49:4), 또한 이보다 더 큰 손실은 하나님의 은혜를 헛되이 받는 것이다(고후 6:1). 주목하라. 신실한 목사들이 그들의 수고에도 거의 성공을 보지 못할 때라도, 세상에서 최고의 설교자들과 최고의 설교도 그 의도한 목적을 이루지 못하는 것이 전혀 새로운 일이 아니라는 것을 생각하면 다소 위로가 될 것이다. 우리가 전한 것을 누가 믿었느냐? 죽은 자의 피에서, 용사의 기름에서도, 저 위대한 대장이신 그리스도와 요한의 활이 헛되이 돌아왔다면(삼하 1:22), 우리의 활이 그렇게 되고, 우리의 예언이 마른 뼈들에게 아무런 일도 일으키지 못한다 해도 놀랄 것이 없는 것이다.

3. 은혜의 수단으로 아무런 유익을 얻지 못하는 자들은 대개 사악한 자들이요, 또한 은혜의 수단을 베푸는 목사들에게서 스스로 유익을 얻지 못하므로 말씀과 또한 그 신실한 설교자들에 대해서 편견과 왜곡된 생각들을 일으키고 선전함으로써 입힐 수 있는 모든 상처를 나쁜 이들에게 입힌다. 하나님께 복종하여 그를 따라 행하려 하지 않는 자들은 그를 대적하며 그를 거슬러 행하는데, 바로 이 세대가 그렇게 행하였다. 그리스도와 요한을 믿어야 마땅한데도 그들을 믿지 않기로 결심했기 때문에, 그들을 능욕하고, 그들을 최악의 상태로 나타내고자 한 것이다. (1) 세례 요한에 대해서는, 그들은 그가 귀신이 들렸다고 말했다. 요한의 철저함과 절제를 우울증 때문인 것으로, 또한 사탄에 사로잡힌 것 때문인 것으로 만들어 버린 것이다. "온갖 공상이 가득하고 미친 상상력에 사로잡혀 있는 저 가련한 우울증 환자의 말을 귀담아 들을 이유가 무엇이란 말인가?" (2) 예수 그리스도에 대해서는, 그의 자유롭고 친절한 처신을 사치와 쾌락을 즐기는 더 사악한 습관 때문인 것으로 치부하였다. 보라 먹기를 탐하고 포도주를 즐기는 사람이라. 생각이 그렇게 악하고 불공평할 수가 없었다. 배은망덕한 아들을 그렇게 불렀다: 방탕하며 술에 잠긴 자라(신 21:20). 그런데 이것처럼 거짓되고 불의한 말이 없었다. 그리스도는 자기를 기쁘게 하지 아니하셨고

(롬 15:3), 그리스도처럼 자기를 부인하며 죽이며 세상의 멸시를 받는 삶을 산 사람이 하나도 없었기 때문이다. 더러움이 없고 죄인에게서 떠나 계셨던 그가 여기서 죄인들과 한통속인 자로, 그리고 죄인들에게서 오염된 자로 치부되는 것이다. 주목하라. 아무리 흠 없는 순결하고 유례가 없이 훌륭하다 할지라도, 그것이 언제나 혀로 가하는 치욕을 방비해주는 것은 아니다. 아니, 오히려 유익을 주기 위한 좋은 의도와 좋은 계획으로 행해진 사람의 최상의 은사와 최상의 행동이 오히려 그 사람의 치욕거리가 될 수도 있다. 다윗의 금식처럼 우리의 최상의 행위가 우리에 대한 가장 악한 정죄거리가 되기도 하는 것이다(시 69:10). 어떤 의미에서는 그리스도께서 세리와 죄인의 친구라는 말은 사실이다. 그는 그들의 가장 좋은 친구이셨다. 그는 죄인을, 큰 죄인들을, 죄인 중의 괴수까지도, 구원하시려고 세상에 임하셨다. 세리와 죄인이 아니고 바리새인이요 죄인이었던 사도 바울이 이처럼 감격에 차서 말씀하였다. 그러나 이러한 사실은 영원토록 그리스도를 찬양할 거리다. 그런데 이렇게 이러한 사실을 치욕스런 것으로 바꾸어 버린 자들은 그 사실의 은덕을 저버린 것이다.

4. 은혜의 수단 아래 있는 사람들이 이처럼 열매가 없고 사악하게 된 원인은 바로 그들이 장터에 앉아 노는 아이들과 같다는 데에 있다. 그들은 아이들처럼 어리석고 고집불통이며, 생각이 없고 장난기가 가득하다. 그러니 그들이 지혜에서 장성한 사람이 되기만 해도, 어느 정도 소망이 있을 것이다. 어떤 이들에게는 그들이 앉아 있는 장터가 게으름 피우는 장소이며(20:3), 또 어떤 이들에게는 세상적인 사업의 장소요(약 4:13), 모든 사람에게 그 곳은 시끄러운 소음과 어지러움의 장소다. 그러므로 사람들이 어째서 은혜의 수단에서 유익을 별로 얻지 못하느냐고 물으면, 그들이 게으르고 한가하며, 수고하기를 사랑하지 않기 때문이며, 혹은 그들의 머리와 손과 마음이 세상으로 가득 차 있고, 세상의 염려가 말씀을 가로막아 결국 그들의 영혼이 질식되었고(겔 33:31; 암 8:5), 그리하여 그들이 진지한 모든 일에서 생각을 다른 데로 돌리는 데에 여념이 없기 때문이라 할 것이다. 그들이 장터에 있고, 거기에 앉아 있다. 그들의 마음이 그런 것들에 가 있고, 그것들과 함께 거하기에 여념이 없는 것이다.

5. 대부분의 사람들이 이렇게 은혜의 수단을 가벼이 여기고 무시해버리지만, 은혜로 말미암아 그 수단들을 받아들이고 그 의도대로 응답하여 하나님께 영광을 돌리고 그들 자신의 영혼에 유익을 얻는 남은 자들이 있다. 지혜는 그

자녀들로 인하여 옳다 함을 얻느니라(한글 개역개정판 난외주를 보라:역자주). 그리스도는 지혜이시며, 그의 안에는 지혜의 모든 보화가 감추어져 있고, 성도는 하나님께서 그에게 주신 자녀다(히 2:13). 복음은 지혜요, 위로부터 난 지혜다. 참된 신자들은 이 지혜로 거듭나며, 위로부터 난다. 그들은 지혜로운 자녀들이요, 그들 스스로도 지혜롭고 그들의 참된 관심사도 지혜로우며, 장터에 앉아 노는 어리석은 아이들과 같지 않다. 이 지혜의 자녀들이 지혜를 옳다 한다. 그들은 하나님의 은혜의 계획들에 복종하며, 그 의도에 부응하며, 그 은혜가 취하는 갖가지 방법들에 적절히 영향을 받고, 감동을 받으며, 그리하여 이런 방법들을 적용함으로써 그리스도의 지혜를 드러내는 것이다. 이는 눅 7:29이 설명해 준다: 모든 백성과 세리들은 이미 요한의 세례를 받은지라 이 말씀을 듣고 하나님을 의롭다 하고, 후에 그리스도의 복음을 받아들였다. 주목하라. 사람들은 은혜의 수단이 어리석은 것이라고 하나님을 탓하나, 그 수단이 성공함으로써 이 수단을 택하신 하나님의 지혜가 옳다 함을 얻는 것이다. 의사의 명령을 그대로 따르는 환자들이 모두 치료를 받게 되면, 그것으로 그 의사의 지혜가 옳다 인정을 받는다. 그러므로 바울은 그리스도의 복음을 부끄러워하지 아니한다. 왜냐하면 다른 사람에게는 어떨지라도 모든 믿는 자에게는 그것이 구원을 주시는 하나님의 능력이 되기 때문이다(롬 1:16). 그리스도의 십자가가 다른 사람들에게는 거리끼는 것이요 미련한 것이지만, 부르심을 받은 자들에게는 하나님의 능력이요 하나님의 지혜이며(고전 1:23, 24), 따라서 그들은 그것을 아는 것을 그들의 최고의 소망으로 삼으며(고전 2:2), 또한 그것을 최고의 자랑거리로 삼는다(갈 6:14). 그리고 이로써 지혜는 그 자녀들로 인하여 옳다 함을 얻는 것이다. 지혜의 자녀들은 세상에서 지혜의 증인들이며(사 43:10), 또한 지금 성도들로 인하여 옳다 함을 얻고 있는 그 지혜가 그의 성도들에게서 영광을 받으시고 모든 믿는 자들에게서 놀랍게 여김을 얻으실(살후 1:10) 그 날에도 증인들로 서게 될 것이다. 어떤 이들이 불신앙으로 그리스도를 거짓말하는 자로 몰아 모욕한다 할지라도, 다른 이들은 믿음으로 그가 참되시며 그가 또한 지혜로우시다는 것(고전 1:25)을 인침으로써 그를 존귀하게 할 것이다. 우리가 하든 하지 않든 그 일이 이루어질 것이다. 하나님께서 말씀하시고 하나님께서 판단하실 때에는 하나님의 공평하심만이 아니라 그의 지혜도 옳다 함을 얻을 것이다.

자, 이것이 그리스도께서 그 세대에 대해 보시는 시각이다. 그리고 그 세대는 사라지지 않고 그 비슷한 상태로 계속 이어져간다. 그 이후에도 그 세대와 같았고, 여전히 같기 때문이다. 그 말을 믿는 사람도 있고 믿지 아니하는 사람도 있는 것이다(행 28:24).

Ⅱ. 그리스도께서 가장 많이 대하신 고을들에 대해서. 그 세대에 대해 전반적으로 하신 말씀을 그 고을들에 구체적으로 적용시키셔서 그들을 변화시키려 하셨다. 그 때에 그들을 책망하시되(20절). 그들에게 말씀을 전하기 시작하신 것은 이미 오래 전의 일이었으나(4:17), 그들을 책망하는 일은 지금 비로소 시작하신 것이다. 주목하라. 먼저 부드러운 수단을 사용한 다음, 거칠고 불유쾌한 수단을 사용해야 한다. 그리스도는 책망을 잘 하시는 분이 아니다. 죄인들이 완악하여 고집을 부리지 않는 한 그는 후히 주시고 꾸짖지 아니하신다. 지혜는 먼저 부드럽게 권고한다. 그러나 그런 권고가 무시되면, 그 때에 책망하는 것이다(잠 1:20, 23). 먼저 책망부터 시작하는 자들은 그리스도의 방법을 따르지 않는 것이다. 이제 관찰하라.

1. 그들에게 죄를 물으심. 이는 도덕법에 관한 것이 아니다. 그랬다면 복음에 호소했을 것이고 그러면 문제가 해결되었을 것이다. 그러나 이는 치유를 위한 법인 복음에 대해 저지른 죄요, 이는 회개하지 않는 완악함이다. 그들이 회개하지 아니하였다는 것, 이것이 바로 그리스도께서 그들의 가장 부끄럽고도 배은망덕한 일로 책망하시고 꾸짖으신 것이다. 주목하라. 고의로 회개하지 않는 것이야말로 복음을 받는 무리들을 정죄하는 큰 죄요, 다른 어떤 죄보다 이것에 대해 죄인들이 영원토록 책망을 받을 것이다. 세례 요한과 그리스도와 사도들이 전한 큰 가르침은 바로 회개였다. 피리를 불고 슬피 우는 사역을 통해서 의도한 것은 사람들을 감화시켜 그들의 생각과 삶을 변화시키고 죄를 내버리고 하나님께로 돌이키게 하는 것이었다. 그런데 그들은 이렇게 되지를 않았던 것이다. 그들을 책망하신 것은 그들이 그리스도께서 하나님께로부터 온 선생이라는 것을 믿지 않았기 때문이 아니었다(그들 중에 많은 이들이 그것을 믿었다). 그가 책망하신 것은 그들이 회개하지 아니하기 때문이었다. 그들의 믿음이 그들의 마음을 변화시키고 그들의 삶을 개혁시키는 데까지 나아가지 못했던 것이다. 그리스도께서는 그들을 회개하도록 이끄시기 위하여 그들의 다른 죄를 책망하셨다. 그러나 그들이 회개하지 아니하므로 그들이 치료받기를 거부한다는 사실에 대해 그들을 책망하신 것이다. 그것에 대해 책망하신 것은 그

들 스스로 자기들을 책망하게 하며, 또한 결국 자기들의 어리석음을 보게 하시기 위함이었다. 자기들의 절박한 질병을 치료할 수 있는 길을 스스로 거부했으니, 그들의 질병은 영원히 치료받지 못하게 되어 버린 것이다.

2. 죄를 가중시킴. 그 곳들은 그가 가장 강력하게 권능을 행하신 고을들이었다. 그가 한동안 그 지역을 주 거처로 삼으셨기 때문이다. 주목하라. 어떤 곳은 다른 곳들보다 은혜의 수단을 더 풍성하게, 더 강력하게, 더 순결하게 누리기도 한다. 하나님은 자유로이 행하시는 분이요, 그의 모든 행위에서 자유로우시다. 자연의 하나님으로서도, 은혜의 하나님으로서도, 자신의 자유로 행하시는 것이다. 그들은 마땅히 그리스도의 권능으로 감화를 받아 그의 가르침을 받아들일 뿐 아니라 그의 법에 복종했어야 옳았고, 육체적인 질병의 치유가 그들의 영혼의 치유가 되었어야 옳았다. 그러나 그렇게 되지 않았던 것이다. 주목하라. 회개하도록 하는 권고가 강할수록, 회개하지 않은 자세가 더 악하며, 따라서 그것에 대한 심판도 더 심해진다. 그리스도께서는 우리 가운데서 행하신 권능과 우리를 위하여 행하신 은혜로운 역사를 기록해 놓고 계신다. 그러니 우리는 반드시 그 역사로 인도함 받아 회개하게 되어야 하는 것이다(롬 2:4).

(1) 고라신과 벳새다가 여기서 화가 있을 곳으로 거명된다(21, 22절). 화 있을진저 고라신아 화 있을진저 벳새다야. 그리스도께서는 우리를 복 주시려고 세상에 임하셨다. 그러나 그 복을 무시하면 그는 화를 예비하고 계시고, 그의 화는 다른 누구의 화보다 더 무서운 것이다. 고라신은 갈릴리 바다의 동쪽에, 벳새다는 그 서쪽에 위치하였으며, 둘 다 풍요롭고 인구가 많은 곳이었다. 벳새다는 후에 분봉왕 빌립에 의해서 도시로 승격되었다. 이 곳에서 그리스도께서는 사도들 가운데 최소한 세 사람을 취하셨다. 이렇듯 이 곳은 그리스도께서 크게 선호하신 곳이었다. 그러나 그들이 보살핌 받는 날을 알지 못하였으므로, 이런 화를 당하게 되고 말았다. 이 화가 그들에게 임하여, 그로부터 얼마 후 이들이 쇠퇴하였고, 결국 초라하고 미미한 고을로 전락되었다. 죄가 도시들을 그렇게도 치명적으로 망하게 하는 것이요, 또한 그리스도의 말씀이 그렇게도 확실하게 이루어지는 것이다!

그런데, 고라신과 벳새다가 여기서 구약 성경에 많이 나타나는 두 해안 도시인 두로와 시돈과 대비되고 있다. 이 두 도시는 망하였으나 다시 번창하기 시작했다. 이 두 도시는 갈릴리 지방의 변경에 위치하였고, 우상숭배를 비롯한 갖가지 악행으로 유대인들 사이에 악명이 높았다. 그리스도께서는 때때로 두로와 시돈의 해안으로 들어가셨으나(15:21. 한글 개역개정판은 '두로와 시돈 지방으로'로 번역함), 그러나 그 안으로 들어가신 적은 없다. 만일 그가 그 곳에 들어가셨다면, 유대인들은 그것을 매우 악한 행위로 취급했을 것이다. 그러므로, 그리스도께서는 여기서 유대인들을 납득시키고 낮추기 위해 다음과 같은 점들을 보여주신다.

〔1〕두로와 시돈도 고라신과 벳새다처럼 악하지는 않았으리라는 것. 만일 그들이 동일한 말씀을 받았고, 동일한 이적들을 보았더라면, 그들이 그 옛날 니느웨가 그랬던 것처럼 벌써 베옷을 입고 재에 앉아 회개하였을 것이라. 모든 사람의 마음을 아시는 그리스도께서는 만일 자신이 그들에게 가서 함께 살면서 그들에게 복음을 전하셨더라면 지금 계시는 이 곳에서보다 훨씬 더 유익을 끼치셨을 것이라는 것을 알고 계셨다. 그러나 그는 한동안 이 곳에서 계속 사역하셨으니, 이는 그의 목사들도 바라는 만큼의 성공을 보지 못하더라도 그렇게 하도록 격려하시기 위함이었다. 주목하라. 불순종의 아들들 가운데서도 어떤 이들은 다른 이들보다 복음 선포의 역사에 더 쉽게 영향을 받는다. 그러므로 은혜의 수단을 풍성하게 누리는 자들이 회개하지 않는 것은 죄를 크게 가중시키는 것이 되는 것이다. 동일한 은혜의 수단을 누리는 자들 중에서 많은 이들이 영향을 받을 뿐 아니라, 동일한 은혜의 수단을 누리지 못한 자들 중에서도 만일 그 수단을 누렸다면 그것에 영향을 받았을 사람들이 더 많은 것이다. 겔 3:6, 7을 보라. 우리의 회개는 느리고 더디다. 그러나 그들의 회개는 신속했을 것이요, 그들은 즉각 회개했을 것이다. 우리의 회개는 가볍고 피상적이지만, 그들의 회개는 베옷을 입고 재에 앉아서 하는 깊고도 진지한 회개였을 것이다. 그러나 우리는 하나님의 주권을 두려움으로 높이 사모하는 마음으로 바라보아야 한다. 물론 은혜의 수단이 그들 중에 있었더라면 두로와 시돈 사람들이 회개했을 것이나, 그렇다 할지라도 그들이 죄 중에 멸망하는 일은 정당하다는 사실이다. 하나님은 아무에게도 빚진 자가 아니시기 때문이다.

〔2〕그러므로 두로와 시돈이 고라신과 벳새다처럼 비참하지 않을 것이며 심판 날에 더 견디기 쉬우리라는 것(22절). 주목하라. 첫째로, 심판 날에 오류가 없고 변경이 불가능한 판결로 사람의 영원한 상태가 결정될 것이다. 행복과 비참함이, 그리고 그에 따른 정도가 그 날에 결정될 것이다. 그러므로 그것을 가리

켜 영원한 심판이라 부른다(히 6:2). 그것이 영원한 상태를 결정짓기 때문이다. 둘째로, 그 심판에서는 시험의 상태에서 누린 모든 은혜의 수단들이 분명 고려될 것이며, 우리가 얼마나 악했는가는 물론 만일 우리 자신의 허물이 아니었다면 우리가 얼마나 나아졌겠는가도 고려된다(사 5:3, 4). 셋째로, 멸망에 이르는 모든 자들의 정죄가 견딜 수 없을 것이지만, 그리스도의 능력과 은혜에 대해 지극히 충만하고도 명확하게 알면서도 회개하지 않은 자들의 죄는 다른 모든 사람들의 경우보다 지극히 더 견딜 수 없을 것이다. 복음의 빛과 소리가 그것을 보고 듣는 모든 자들의 기능을 열고 확대시켜서, 하나님의 은혜의 풍성한 것들을 받아들이게 하든지, 아니면 (만일 그 은혜를 무시하면) 하나님의 진노의 충만한 발산을 받게 하든지 둘 중의 하나인 것이다. 자기를 책하는 것이 지옥의 고통이라면, 천국에 이를 충족한 기회를 누렸던 자들에게는 과연 그러한 지옥의 고통을 당해 마땅한 것이다. 아들아, 이것을 기억하라.

(2) 여기서 가버나움에 대한 정죄가 강조되고 있다(23절). "가버나움아 손을 들고 너의 멸망을 들어라." 이스라엘의 모든 도시 중에서 가버나움은 그리스도께서 가장 많이 거주하셨던 곳이었다. 그 곳은 마치 옛날의 실로처럼 그가 택하시고 그의 이름을 두신 곳이요, 실로처럼 그가 보신 곳이었다(렘 7:12, 14). 이 곳에서는 그리스도의 이적이 일용할 양식이었다. 그러므로 옛날의 만나처럼 그 이적들이 멸시를 당하고 가벼운 떡으로 취급받은 것이다. 그리스도께서 감미롭고 편안한 은혜의 강론들을 그들에게 많이 행하셨으나 그것들이 거의 목적을 이루지 못했고, 그러므로 이제 그는 그들에게 처절한 진노의 강론을 행하시는 것이다. 은혜의 강론을 듣지 않는 자는 진노의 강론을 처절하게 듣게 될 것이다.

여기 가버나움의 운명이 제시된다.

〔1〕 적극적으로. 네가 하늘에까지 높아지겠느냐 음부에까지 낮아지리라. 주목하라. 첫째로, 복음을 능력 있고 순결한 상태로 누리는 자들은 그로 인하여 하늘에까지 높아지며, 그로 인하여 현재를 위해서는 큰 존귀를 얻고 영원을 위해서도 큰 유익을 얻는다. 그들은 하늘을 향하여 올라가는 것이다. 그러나 그럼에도 불구하고 그들이 여전히 땅에 집착하면 그들이 하늘에 올려지지 않는 것에 대해 스스로 감사할 수도 있다. 둘째로, 복음의 유익과 전진을 오용하면, 죄인들이 지옥에까지 가라앉게 될 것이다. 외형적인 특권들이 우리를 구원시키지

못하면, 우리의 마음과 삶이 그 특권들에 부합하지 않으면, 그것들은 그저 우리의 심판의 불길을 지펴줄 뿐이다. 절벽이 높을수록 거기서 떨어지면 그만큼 더 치명적인 법이다. 그러므로 높은 마음을 품지 말고 도리어 두려워하며, 게으르지 말고 부지런히 힘써야 할 것이다. 욥 20:6, 7을 보라.

〔2〕 여기서 가버나움의 운명이 소돔의 운명과 대비되고 있다. 소돔은 죄와 멸망으로 다른 어느 곳보다 더 악명 높은 곳이다. 그러나 그리스도께서는 여기서 우리에게 말씀하신다.

첫째로, 가버나움에게 베푼 수단이면 소돔을 구원하셨으리라는 것. 이 이적들이 소돔 사람들 가운데서 행해졌다면, 그들이 아무리 악했더라도 회개하였을 것이요, 그 성이 오늘까지 하나님의 살려두시는 자비의 기념물로 남아 있었을 것이다. 그러나 소돔은 지금 멸망시키시는 공의의 기념물로 남아 있다(유 7). 주목하라. 그리스도로 말미암아 참되게 회개하면, 아무리 큰 죄라도 사함받고 아무리 큰 멸망이라도 미리 예방되며, 소돔의 죄와 멸망도 예외가 아니다. 천사들이 소돔에 보내졌으나, 그 성은 남아 있지 못했다. 그러나 만일 그리스도께서 그리로 보내지셨다면, 그 성이 오늘까지 있었으리라. 그러니, 장차 올 세상이 천사들에게가 아니라 그리스도께 복종하니, 이 얼마나 우리에게 다행한 일인가!(히 2:5). 만일 롯이 이적을 행했더라면, 그가 조롱을 당하는 자처럼 되지 않았을 것이다.

둘째로, 그러므로 소돔의 멸망이 심판 날에 가버나움의 멸망보다 덜하리라는 것. 소돔이 많은 일에 대해 답변해야 할 것이다. 그러나 그리스도를 무시한 죄는 아니다. 그런데 가버나움은 그런 죄에 대해 답변해야 할 것이다. 복음이 사망의 냄새요 죽이는 냄새라면, 그것은 배나 더 그러하다. 사망으로부터 사망에 이르는 냄새이니 말이다(고후 2:16). 그리스도는 그의 목사들과 그들의 복음을 받아들이지 않는 다른 모든 곳에 대해서도 동일한 말씀을 하신 바 있다(10:15). 심판 날에 소돔 땅이 너보다 견디기 쉬우리라. 현재 기록된 말씀이 우리 손에 있고, 복음이 우리에게 선포되며, 복음의 규례들이 우리에게 시행되고 있고 우리가 성령의 역사하심 아래 살고 있으니, 우리는 고라신과 벳새다와 가버나움에 못지않은 혜택을 누리고 있는 것이요, 따라서 심판 날에 우리가 이것에 따라서 심판을 받을 것이다. 그러므로 이 세상의 사람들이 천국에 가든 지옥에 가든, 이 세상의 사람들이 이 둘 중 어느 한 곳의 큰 빛을 진 자들일 것이라는 말이 있는데, 이는 정당한 말이라 할 것이다. 천국에 들어간다면, 그리로 들어가게 만든 그 풍성한 수단들로 인하여 하나님의 자비하심에 크게 빚진 자들일 것이며, 지옥에 들어간다면, 그들을 천국에 들어가지 못하도록 막은 그 풍성한 수단들로 인하여 하나님의 공의하심에 크게 빚진 자들일 것이다.

[25]그 때에 예수께서 대답하여 이르시되 천지의 주재이신 아버지여 이것을 지혜롭고 슬기 있는 자들에게는 숨기시고 어린아이들에게는 나타내심을 감사하나이다 [26]옳소이다 이렇게 된 것이 아버지의 뜻이니이다 [27]내 아버지께서 모든 것을 내게 주셨으니 아버지 외에는 아들을 아는 자가 없고 아들과 또 아들의 소원대로 계시를 받는 자 외에는 아버지를 아는 자가 없느니라 [28]수고하고 무거운 짐 진 자들아 다 내게로 오라 내가 너희를 쉬게 하리라 [29]나는 마음이 온유하고 겸손하니 나의 멍에를 메고 내게 배우라 그리하면 너희 마음이 쉼을 얻으리니 [30]이는 내 멍에는 쉽고 내 짐은 가벼움이라 하시니라

여기서 그리스도께서는 하늘을 우러러보시며 구속의 언약의 주권과 안전에 대해 아버지께 감사를 드리시며, 또한 이 땅의 사람들을 둘러보시며 이러한 선물들이 임하게 될 모든 사람들에게 은혜 언약의 특권들과 은덕들을 제시하신다.

I. 그리스도는 여기서 아버지께서 어린아이들에게 호의를 베푸사 그들에게 복음의 신비를 나타내심을 감사하신다(25, 26절). 예수께서 대답하여 이르시되. 앞에 자기 자신의 말씀밖에 기록된 것이 없는데 이를 가리켜 대답이라 하는 것은, 이 말씀이 그 앞의 침울한 말씀에 대한 너무나도 편안한 답변이기 때문이요, 또한 그 앞의 말씀과 균형을 이루어 적절히 제시되기 때문이다. 화가 있을 도시들의 죄와 멸망은 주 예수께 슬픔이었다. 그는 예루살렘을 향하여 그러셨던 것처럼 그들을 향해서도 우실 수밖에 없었다(눅 19:41). 그러므로 그는 본문에 나타난 것과 같은 생각으로 자신의 마음을 새롭게 하시며, 또한 마음을 더욱 새롭게 하시고자 다음과 같은 사실에 대해 감사하시는 것이다. 곧, 이런 모든 슬픈 현실에도 불구하고 남은 자가 있다는 것이 그것이다. 그들은 어린아이에 불과하나 그들에게 복음의 일들이 나타내신 바 된 것이다. 이스라엘이 모이지 않아도 그가 영화롭게 될 것이라. 주목하라. 우리 주위에 실망스런 일밖에 보

이지 않을 때에도 하나님을 우러러보면 큰 위로를 받을 수 있다. 대부분의 사람들이 자기들에게 주어지는 행복에 대해 관심이 없다는 것은 참 안타까운 일이다. 그러나 그럼에도 불구하고 지혜로우시며 신실하신 하나님께서 결국 그 자신의 영광이 되는 일을 이루실 것이라는 사실은 큰 위로를 준다. 예수께서 대답하여 이르시되 천지의 주재이신 아버지여 … 감사하나이다. 주목하라. 감사야말로 암울하고 염려스런 생각들에 대한 적절한 대답이요, 그런 생각들을 잠재우는 효과적인 수단이 될 수 있다. 찬양의 노래는 침체에 빠진 영혼들에게 위대한 청량제요, 침체를 치료하는 도움이 될 것이다. 슬픔과 두려움을 자아내는 생각들에 대해 별다른 대답이 없을 때에라도, 아버지여 감사하나이다에 의지할 수 있을 것이다. 현재의 상태보다 더 나쁘지 않다는 사실에 대해 하나님을 찬송해야 할 것이다.

그리스도의 이 감사에서 다음을 관찰할 수 있을 것이다.

1. 그가 하나님께 붙이시는 칭호: 천지의 주재이신 아버지여. 주목하라. (1) 기도로든 찬양으로든 하나님께 나아갈 때마다 그를 아버지로 바라보고 그 계시를 붙드는 것이 우리에게 좋다. 우리에게 필요한 자비를 구할 때에는 물론, 이미 받은 바 자비에 대해 감사할 때도 마찬가지다. 우리에게 베풀어지는 자비를 아버지의 사랑의 증표요 아버지께서 친히 주시는 선물로 받아들일 때에, 그 자비가 배나 더 고귀해지며, 우리 마음에 찬양을 불러일으키는 능력을 갖게 되는 것이다. 아버지께 감사하게 하시기를(골 1:12). 자녀라면 감사하는 것이 마땅하며, 아버지여 간구하오니라는 말 못지않게 아버지여 감사하나이다라고 말하여야 할 것이다. (2) 아버지이신 하나님께 나아갈 때에 우리는 그가 천지의 주재이심을 기억해야 한다. 그러므로 그에게 만유의 주재에게 합당한 높은 존경으로 나아가야 마땅하며, 동시에 우리에게 필요하며 우리가 바라는 모든 것을 우리를 위해 행하실 수 있고 또한 우리를 모든 악으로부터 보호하시며 또한 우리에게 모든 선한 것들을 공급하실 수 있는 분으로 알아서, 그에 대한 든든한 신뢰로 나아가야 마땅한 것이다. 그리스도는 오래 전에 멜기세덱을 통해서 하나님을 천지의 소유주요 천지의 주재로 찬양하였다. 우리는 흐르는 시냇물 속에서 베풀어지는 온갖 자비에 대해 감사함으로써 그 근원에 있는 모든 것에 충족한 영광을 그에게 돌려 드려야 하는 것이다.

2. 그가 하나님께 감사드리시는 일. 이것을 지혜롭고 슬기 있는 자들에게는 숨

기시고 어린아이들에게는 나타내심을. 이것을. 이것이 무엇인지는 말씀하시지 않
으나, 이는 복음의 큰 일들을, 평화에 관한 일들을(눅 19:42) 뜻한다. 그가 이렇
게 이것을 강조하여 말씀하신 것은 이것들이 그에게 충만했고 또한 우리에게도
충만해야 할 그런 일들이었기 때문이다. 다른 모든 일들은 이것에 비하면 아무
것도 아닌 것이다. 주목하라.

(1) 영원한 복음의 큰 일들이 지혜롭고 슬기 있는 자들, 즉 학식과 세상의 지
략에 탁월한 많은 자들에게 숨겨졌고, 지금도 숨겨져 있다. 최고의 학자들과
최고의 정치가들 중에는 복음의 비밀에 전혀 낯선 자들이 많았다. 이 세상이 자
기 지혜로 하나님을 알지 못한다(고전 1:21). 그렇다. 복음을 대적하기 위해 거짓
된 지식의 반론이 제기되는 것이다(딤전 6:20). 감각적이며 세속적인 일들에 가
장 유능한 전문가들이 영적인 일에서는 대개 가장 경험이 적은 법이다. 자연의
신비와 정치의 신비 속으로 깊이 파들어 간다 하더라도, 천국의 신비에 대해서
는, 그 신비의 능력을 체험하지 못하여, 무지하고 오류를 범하는 경우가 얼마
든지 있는 것이다.

(2) 세상의 지혜롭고 슬기 있는 자들이 복음의 신비에 대해 어두운 상태에 있
는 동안 그리스도 안에 있는 어린아이들까지도 복음의 신비에 대한 구원 얻는
지식을 얻어 거룩하게 된다. 어린아이들에게는 나타내심을 감사하나이다. 그리스
도의 제자들이 그리했다. 그들은 출신과 교육이 비천한 사람들이었고, 학자도,
예술가도, 정치가도 아니었고, 배운 것이 없는 무식한 사람들이었다(행 4:13).
이렇듯 지혜의 오묘한 비밀들이(욥 11:6) 어린아이들과 젖먹이들에게 알려졌
고, 그리하여 그들의 입으로 권능이 세워졌고(시 8:2), 그리하여 하나님의 찬양
이 온전하게 되었다. 세상의 학식 있는 자들이 아니라 세상의 미련한 것들이 복음
을 전하는 자들로 택함받은 것이다(고전 2:6, 8, 10).

(3) 슬기 있는 자들과 어린아이들 사이의 이러한 차이는 하나님께서 친히 만
드시는 것이다. 〔1〕 이것을 지혜롭고 슬기 있는 자들에게는 숨기신 것이 바로 하
나님이시다. 하나님께서 그들에게 다른 사람들보다 탁월한 능력과 학식과 인
간의 명철(明哲)을 주셨고, 그들은 그것을 자랑스러워하고 그것에 만족하였
고, 또한 그 이상 더 바라보지 않았다. 그리하여 하나님께서는 공의로 지혜와
계시의 성령을 그들에게 주지 않으셨고, 그리하여 그들이 복음의 소리를 들으
나 그것이 이상한 것으로 보이는 것이다. 하나님께서 그들에게 무지와 오류가

있게 한 장본인이 아니시다. 그는 다만 그들을 자기들 홀로 내버려두시는 것이요, 그리하여 그들의 죄가 그들의 형벌이 되며, 이 일에서 여호와는 의로우신 것이다(요 12:39, 40; 롬 11:7, 8; 행 28:26, 27 등을 보라). 그들이 자기들이 지닌 지혜와 슬기로 하나님을 존귀하게 대했더라면 이 더 나은 것들에 대한 지식을 그들에게 주셨을 것이다. 그러나 그들이 자기들의 지혜와 슬기로 자기들의 정욕을 만족시켰기 때문에 이 깨달음을 그들의 마음에서 숨기신 것이다. [2] 이것을 어린아이들에게 나타내신 것도 하나님이시다. 나타난 일은 우리 자손들에게 속하는 것이요(신 29:29), 그는 그들에게 이것들을 받아들이고 감화를 받을 수 있는 명철을 주신다. 하나님은 이렇게 해서 교만한 자를 물리치시고 겸손한 자에게 은혜를 주시는 것이다(약 4:6).

(4) 이러한 조치는 하나님의 주권의 일환으로 이루어지는 것이다. 그리스도께서도 친히 이 점을 인정하셨다: 옳소이다 이렇게 된 것이 아버지의 뜻이니이다. 그리스도는 여기 이 문제에 대해 그 아버지의 뜻에 복종하신다: 옳소이다. 하나님께서는 자신을 영화롭게 하기 위하여 그의 기뻐하심에 따라 어떤 길이든 취하시며, 또한 어떤 방식으로든 그 기뻐하시는 대로 우리를 그의 일을 수행하는 도구로 사용하신다. 그의 은혜는 그의 것이며, 따라서 그가 기뻐하시는 대로 베푸실 수도 있고 물리실 수도 있는 것이다. 어부인 베드로는 사도가 되었는데, 바리새인이요 유대인의 권세자로서 그리스도를 믿었던 니고데모는 어째서 사도가 되지 못했는지, 우리는 그 이유를 설명할 수가 없다. 그러나 이렇게 된 것이 아버지의 뜻이었다. 그리스도께서 그의 제자들이 듣는 데서 이런 말씀을 하신 것은 그들이 그렇게 구별된 권위의 자리에 있게 되는 것이 그들 자신의 공로로 된 것이 아니라 전적으로 하나님의 뜻대로 된 것임을 보여주고자 하심이었다. 하나님께서 그들을 달리 만드신 것이다.

(5) 우리 주 예수께서 그렇게 하셨듯이, 우리도 이 같은 하나님의 은혜의 분배 방식을 모든 감사함으로 인정해야 한다. 우리는 다음의 사실에 대해 하나님께 감사해야 한다. [1] 이것을 나타내심을. 오랜 세월 동안 감추어졌던 신비가 드러났고, 또한 그것들이 몇몇 사람들에게 나타난 것이 아니라 온 세상에게 선포되었다는 것을 감사해야 한다. [2] 그것들이 어린아이들에게 나타났다는 것을, 온유하고 겸손한 자들이 이 구원으로 아름다움을 얻는다는 것을, 그리고 이러한 존귀가 세상에서 멸시를 받는 자들에게 베풀어진다는 것을 감사해야

한다. 〔3〕 이것들이 지혜롭고 슬기 있는 자들에게 숨겨진다는 것이 어린아이들에게 베풀어지는 자비를 더욱 고귀하게 해 준다. 구별하여 베풀어지는 호의야말로 지극히 귀중한 것이다. 하나님께서 주실 때에나 취하여 가실 때에나 욥이 똑같이 여호와의 이름을 찬양했던 것처럼, 우리도 하나님께서 이것을 지혜롭고 슬기 있는 자들에게 숨기실 때에나 어린아이들에게 그것을 나타내실 때에나 똑같이 그를 찬양해야 마땅할 것이다. 이것이 그들의 비참한 운명이기 때문이 아니라, 사람의 자아를 낮추며 교만한 생각들을 끌어내리고 모든 육체로 잠잠하게 하며, 하나님의 권능과 지혜가 더욱 밝히 빛나게 하기 위한 수단이기 때문이다.

II. 그리스도께서는 여기서 복음의 혜택들을 모든 이들에게 은혜로이 제공하신다. 이것들이야말로 어린아이들에게 나타내어진 것들이다(25절).   여기서 다음을 관찰하라.

1. 이 부르심 혹은 초청에 앞서서 주어지는 엄숙한 서언. 이는 우리에게 그 부르심에 주목할 것을 명령하기 위함이며 동시에 그 부르심에 순종할 것을 격려하기 위함이다. 그리스도께서 그의 권위를 먼저 말씀하셔서 자신의 신뢰성을 드러내시는 것은 우리 앞에 있는 소망을 얻으려고 피난처를 찾은 우리에게 큰 안위를 받게 하기 위함이다(히 6:18). 그가 이런 초청을 하실 만한 권세가 있다는 것이 드러날 것이다.

여기 우리 앞에 두 가지 사실이 놓여 있다(27절).

(1) 그가 아버지께로부터 위임받으셨다는 사실: 내 아버지께서 모든 것을 내게 주셨으니. 그리스도께서는 하나님으로서는 아버지와 권능과 영광에서 동등하시다. 그러나 중보자로서는 그의 권능과 영광을 아버지께로부터 받으신다. 모든 판단이 그에게 맡겨져 있는 것이다. 그는 하나님과 사람 사이에 새 언약을 세우실 권세가 있으시며, 또한 배도한 세상에게 그가 적절하다고 여기시는 조건에 따라서 평화와 행복을 베푸실 권세가 있으시다. 그는 이 위대한 일을 이루시기 위하여 유일한 전권대사(全權大使)로 거룩히 인침받으신 분이시다. 이를 위하여 그는 하늘과 땅의 모든 권세와(28:18), 모든 육체를 다스리는 권세와(요 17:2), 심판을 행하는 권위를 지니신다(요 5:22, 27). 그가 우리를 영접하시고 우리가 바라는 것을 우리에게 주실 권한을 위임받으셨고, 또한 만유의 주이신 그분께서 그 목적을 위하여 모든 것을 그에게 주셨다는 사실에서 우리는

그리스도께 나아갈 용기를 얻게 된다. 모든 권세와 모든 보화가 그의 손에 있는 것이다. 관찰하라. 아버지께서는 그의 모든 것을 주 예수의 손에 주셨다. 그러므로 우리가 우리의 모든 것을 그의 손에 드리기만 하면 일이 이루어진다. 하나님은 그를 위대한 재판자로, 복되신 중재자로 삼으셔서 우리에게 역사하게 하셨다. 그러므로 우리로서 해야 할 일은 주 예수의 명령에 굴복하며 그의 중재를 받아들이는 것이다.

(2) 그가 아버지와 친밀하다는 사실: 아버지 외에는 아들을 아는 자가 없고 아들 … 외에는 아버지를 아는 자가 없느니라. 이 사실이 우리에게 또 다시 풍성한 만족을 준다. 사신(使臣)들은 대개 국가 원수를 대리하는 권한은 물론, 외교적 협상에서 자기의 의도대로 행할 수 있는 재량권을 지닌다. 우리 주 예수께서도 이 두 가지를 갖고 계셨다. 우리를 구속하는 이 중대한 일을 이루시기 위하여 권위는 물론 능력도 지니셨던 것이다. 여기서 아버지와 아들이 주요 당사자로 등장하는데, 이 둘 사이에 평화의 의논이 있으리라(슥 6:13). 그러므로 이 두 분이 이 일에서 서로를 매우 잘 이해하신다는 것이야말로 우리에게 얼마나 용기를 주는지 모른다. 또한 사람들 사이에서는 서로 간의 오해로 인하여 계약이 파기되고 공동으로 취한 조치들이 무산되는 경우가 비일비재한 것을 볼 때에, 아버지가 아들을 완전히 아시고 아들이 아버지를 완전히 아시므로(이를 아버지와 아들 사이의 상호 의식이라 부를 수도 있을 것이다) 이 문제에 대해서 오류가 있을 수 없다는 사실은 우리에게 크나큰 위로와 격려가 되는 것이다. 아들은 영원 전부터 아버지 품 속에 계셨다(요 1:18). 그는 말하자면 내각(內閣)에 속하는 자였다. 그는 아버지 곁에 계신 자요(잠 8:30), 따라서 아들 외에는 아버지를 아는 자가 없는 것이다. 그리고 그는 여기에 또 아들의 소원대로 계시를 받은 자를 덧붙이신다. 주목하라. 〔1〕 사람의 행복은 하나님을 알고 그와의 교제 속에 있는 데에 있다. 이것이 영생이요, 이것이 이성 있는 존재들의 완전한 상태다. 〔2〕 하나님을 알고 그와 교제를 갖고자 하는 자는 반드시 예수 그리스도께 나아가야 한다. 하나님의 영광을 아는 빛이 그리스도의 얼굴에서 비치기 때문이다(고후 4:6). 아담이 타락한 이후 성부 하나님의 뜻과 사랑에 대해 우리가 갖는 모든 계시가 그리스도 덕분에 얻어진다. 중보자 안에서, 그리고 중보자를 통해서가 아니면, 거룩하신 하나님과 죄악된 사람 사이의 편안한 교류가 절대로 있을 수 없는 것이다(요 14:6).

2. 우리에게 행해지는 부르심과 초청. 그렇게 엄숙한 서론이 있으니 무언가 매우 큰 것을 기대할 수 있을 것이다. 이것이야말로 모든 사람이 받을 만한 미쁜 말씀이요, 우리를 구원받게 하는 말씀이다. 여기서 우리는 우리의 제사장이요 왕이요 선지자이신 그리스도께 초청을 받는다. 이는 구원받으라는 초청이요, 또한 구원받기 위하여 그의 다스림과 가르침을 받으라는 초청이다.

(1) 우리는 우리의 안식이신 예수 그리스도께 나아가야 하고, 또한 우리 자신이 그의 안에서 쉬어야 한다: 수고하고 무거운 짐 진 자들아 다 내게로 오라(28절). 다음을 관찰하라.

〔1〕초청받는 사람들의 성격: 수고하고 무거운 진 진 자들. 이는 곤고한 사람에게는 정말 반가운 말씀이다(사 50:4). 견딜 수 없이 무거운 멍에인 의식법의 짐을 지고 탄식하며, 게다가 장로들의 유전으로 인하여 더 무거운 짐을 진 자들은(눅 11:46), 그리스도께로 나아오라. 그러면 가벼움을 얻을 것이다. 그리스도께서 오신 것은 그의 교회를 이 멍에에서 자유하게 하시며, 강제로 부과된 그 육신적인 규례들을 무효화하시며, 더 순결하고 더 신령한 예배의 방법을 소개하시기 위함이었다. 그러나 오히려 이 말씀은 죄의 짐을, 즉 죄책(罪責)과 죄의 권세를 의미하는 것으로 이해해야 할 것이다. 주목하라. 죄를 무거운 짐으로 지각하며 그 아래에서 탄식하는 자들과, 자기들이 지은 죄가 악하다는 것을 납득할 뿐 아니라 자기들의 죄에 대해 마음으로 뉘우치는 자들과, 자기들의 죄를 진정 혐오하며, 세상과 육신의 일에 대해 지쳐 있는 자들과, 또한 죄 때문에 자기들의 상태를 한심하고 위험스런 것으로 바라보며 또한 그것에 대해 고통과 두려움 속에 있는 자들 — 이 모든 자들이, 그리고 오직 이런 자들만이, 그리스도 안에 있는 안식에로 초청을 받는다. 에브라임(렘 31:18-20), 탕자(눅 15:17), 세리(눅 18:13), 베드로의 말씀을 들은 자들(행 2:37), 바울(행 9:4, 6, 9), 빌립보의 간수(행 16:29, 30) 등이 이런 자들이었다. 이것은 죄 사함과 평안을 얻는 데에 필수적인 예비 단계다. 보혜사께서 먼저 책망하셔야만 하는 것이다(요 16:8). 여호와께서 우리를 찢으셨으나 도로 낫게 하실 것이요(호 6:1).

〔2〕초청 그 자체: 내게로 오라. 앞에서 만유의 주(主)로서의 그리스도의 위대함이 영광스럽게 드러나니(27절), 우리가 무서워서 그에게 물러날 수도 있을 것이다. 그러나 여기서 그는 황금 규를 내미시사 우리가 그 꼭대기를 만지고 살도록 하신다. 주목하라. 예수 그리스도께 나아오는 일은 곤고하고 무거운 짐

진 죄인들이 자신들을 위해 해야 할 의무다. 그를 대적하는 자리에 있거나 혹은 그와 경쟁 관계에 있는 모든 것들을 다 버리고, 그를 우리의 의사(醫師)요 대언자로 받아들여야 하며, 또한 그의 지도와 통치에 우리 자신을 드려야 하며, 그로 말미암아, 그 자신의 방식으로, 그 자신의 조건에 따라 구원받기를 기꺼이 원하여야 한다. 오라! 그리고 너희가 그렇게 무겁게 지고 있는 그 짐을 그에게 내어 맡기라. 이것이 바로 복음의 부르심이다. 성령과 신부가 말씀하시기를 오라 하시는도다 목마른 자도 올 것이요 또 원하는 자는 값없이 생명수를 받으라(계 22:17).

[3] 오는 자들에게 약속되는 복. 내가 너희를 쉬게 하리라. 그리스도는 우리의 노아이시다. 그의 이름은 안식을 뜻하며, 그리하여 우리를 이 아들이 쉬게 하리라 하였다(창 5:29; 8:9). 과연 쉼(혹은 안식)은 좋은 것이다(창 49:15). 특히 수고하고 무거운 짐 진 자들에게는 더욱 그렇다(전 5:12). 주목하라. 예수 그리스도는 살아 있는 믿음으로 그에게 나아와 쉼을 구하는 곤고하고 지친 심령들에게 확실한 쉼을 주실 것이다. 곧, 확실한 근거 위에서 양심에 평안을 누리며, 죄의 끔찍한 공포로부터 쉬는 것이요, 영혼을 정당하게 다스리고 정상적인 질서를 유지함으로 죄의 권세로부터 쉬는 것이요, 하나님 안에서 쉬는 것이요, 그의 사랑 안에서 영혼의 평안을 누리는 것이다(시 11:6, 7). 이는 하나님의 백성에게 남아 있는 안식으로서(히 4:9), 은혜 안에서 이미 시작되었고, 영광 중에 완성될 것이다.

(2) 우리는 우리의 통치자이신 예수 그리스도께 나아가야 하고 그에게 우리 자신을 굴복시켜야 한다: 나의 멍에를 메고(29절). 이것이 앞의 것과 더불어 있어야 한다. 그리스도께서 높아지셔서 왕이요 구주가 되시며, 보좌 위에 계신 제사장이 되시기 때문이다. 그가 약속하시는 쉼(혹은 안식)은 죄의 곤고함에서 해방되는 것이지 하나님을 섬기는 데서 해방되는 것이 아니다. 그 안식은 우리가 그에게 드려야 할 의무인 것이다. 주목하라. 그리스도께서는 우리의 머리에 면류관을 씌우기도 하시지만 동시에 우리의 목에 멍에를 드리우시며, 우리는 이 멍에를 메고 그의 인도하심을 받아야 한다. 수고하고 무거운 짐 진 자들을 불러서 그들에게 멍에를 메게 한다는 것은 이미 괴로움 중에 있는 자들에게 괴로움을 더해주는 것처럼 보인다. 그러나 이것이 타당하다는 사실이 나의라는 단어에 있다. "너희는 지금 너희를 곤고하고 지치게 만드는 멍에를 메고 있다. 그

것을 벗어버리고 나의 멍에를 메라. 그러면 가벼워질 것이다." 종들이 멍에 아래에 있다고 말씀하며(딤전 6:1), 또한 신하들도 멍에 아래에 있다고 말씀한다(왕상 12:10). 그리스도의 멍에를 멘다는 것은 우리 자신을 그의 종이요 신하들로 놓고 그에 따라 처신하며 그의 모든 명령에 양심적으로 복종하며 그의 모든 분부를 기꺼이 따른다는 것이다. 그것은 그리스도의 복음에 순종하고, 주께 우리 자신을 드린다는 것이다. 그것은 그리스도의 멍에다. 곧, 그가 지정하신 멍에요 우리보다 먼저 그 자신이 친히 메셨던 멍에다. 그 역시 순종을 배우셨기 때문이다. 그리고 그의 성령으로 우리와 더불어 이 멍에를 지신다. 그가 우리의 연약함을 도우시니 말이다(롬 8:26). 멍에에는 힘든 수고가 결부되나, 짐승을 길들이는 데에는 멍에가 도움을 준다. 그리스도의 명령은 모두가 우리의 유익을 위한 것이다. 우리는 이 멍에를 지고 그의 명령을 따라야 할 것이다. 우리가 멍에를 지는 것은 일하기 위함이다. 그러므로 우리는 부지런해야 한다. 우리가 멍에를 지는 것은 굴복하기 위함이다. 그러므로 겸손하고 인내해야 한다. 우리는 함께 종된 동료들과 함께 멍에를 진다. 그러므로 우리는 성도들의 교제를 유지해야 한다. 지혜자들의 말씀들은 그렇게 멍에를 지는 자들에게 **찌르는 채찍**들 같은 것이다(전 12:11).

그런데 이것이 우리에게 가장 힘든 부분이다. 그러므로 여기에 단서가 붙는다. 내 멍에는 쉽고 내 짐은 가벼움이라(30절). 그러니 너희는 두려워할 필요가 없다.

〔1〕그리스도의 명령이라는 멍에는 쉽다. 그것은 크레스토스, 곧 쉬울 뿐 아니라 은혜롭다는 뜻이다. 이 멍에는 손쉽고 유쾌하다. 목을 쑤시게 하는 것도 없고 상처를 주는 것도 없다. 오히려 우리를 새롭게 하는 것이 있을 뿐이다. 이 멍에에는 사랑이 함께 연결되어 있다. 그리스도의 모든 명령들의 본질이 이런 것이다. 그 자체가 지극히 합리적이며, 우리에게 지극히 유익하므로, 그 모든 명령들이 저 감미로운 사랑이라는 한 단어로 정리된다. 그가 우리에게 주시는 도움이 너무도 강력하고, 그의 격려가 너무도 적절하며, 그의 위로가 너무도 확실하므로, 우리가 의무를 행하며 나아가는 중에, 이것이 과연 즐거운 멍에라는 고백을 진정으로 하게 되는 것이다. 이 멍에는 새 사람에게는 쉽고, 명철한 자에게도 쉽다(잠 14:6). 처음에는 다소 힘들 수도 있으나, 그 후에는 쉽다. 하나님의 사랑과 천국에 대한 소망이 그 멍에를 쉽게 만들어 주는 것이다.

〔2〕그리스도의 십자가의 짐은 가벼운 짐이요, 매우 가볍다. 우리가 사람으로서 그리스도로부터 오는 괴로움을 당하기도 하고, 우리가 그리스도인으로서 그리스도를 위하여 괴로움을 당하기도 하는데, 여기서는 특히 후자를 의미한다. 이 짐 자체는 즐겁지 않고 괴로운 것이다. 그러나 그것이 그리스도의 짐이므로 가벼운 것이다. 바울은 그 누구에게 못지않게 이 점을 잘 알고 있었고, 그리하여 이것을 환난의 경한 것이라 부른다(고후 4:17). 하나님의 임재하심(사 43:2), 그리스도의 동정하심(사 63:9; 단 3:25), 그리고 특히 성령의 도우심과 위로(고후 1:5)가 그리스도를 위하여 당하는 고난을 쉽고 가볍게 해 주는 것이다. 환난이 사방에 가득하고 오랫동안 지속되나, 위로도 그만큼 사방에 가득하고 오랫동안 지속되는 것이다. 그러므로 이 사실을 확신하고, 그리스도를 위하여 수고하고 고난을 당하면서 겪는 어려움들을 이기고 갖가지 실망스런 일들을 당할 때에 도움을 얻어야 할 것이다. 우리가 그리스도를 위하여 모든 것을 잃어버릴 수는 있어도, 그리스도께서 우리에게 모든 것을 잃게 하시지는 않을 것이다.

(3) 우리는 우리의 선생이신 예수 그리스도께 나아와 그에게서 배워야 한다(29절). 그리스도께서 위대한 학교를 세우시고 우리를 초청하사 그의 학생들이 되게 하셨다. 그러므로 우리 스스로 그 학교에 들어가 다른 학생들과 교류하며 날마다 그의 말씀과 성령을 통해 우리에게 주시는 교훈들을 받아야 한다. 그가 하신 말씀들을 주의 깊게 상고하여야 하며, 만나는 모든 일들마다 그 말씀을 사용할 준비를 갖추어야 하며, 그가 행하신 일을 따르며, 그의 발자취를 따라야 할 것이다(벧전 2:21). 어떤 이들은 나는 마음이 온유하고 겸손하니라는 그 앞의 말씀을 우리가 그리스도의 모범으로부터 배워야 할 구체적인 교훈으로 이해하기도 한다. 우리는 그에게서 온유하고 겸손하기를 배워야 하며, 우리를 그리스도와 전혀 다르게 만드는 우리의 교만과 격정을 죽여야 한다. 우리는 그리스도에 대하여 배워서 그리스도를 배우게 되어야 한다(엡 4:20). 왜냐하면 그는 선생이시요 동시에 우리가 배워야 할 교훈이시며, 인도자이시요 동시에 길이시며, 만유 가운데 만유이시기 때문이다.

우리가 어째서 그리스도께 배워야 하는지에 대해 두 가지 이유가 제시되고 있다.

〔1〕나는 마음이 온유하고 겸손하니 너희를 가르치기에 합당하다.

첫째로, 그는 온유하셔서, 다른 이들이 혐오할 만한 무지한 자를 동정하실 수 있다. 많은 유능한 선생들이 열렬하며 조급하여, 배움이 느리고 더딘 자들에게 큰 실망을 안겨 준다. 그러나 그리스도는 그런 자들을 능히 견디시며 그들의 깨달음을 열어 주시는 것이다. 그가 열두 제자들을 대하신 일들이 그 한 가지 실례다. 그는 그들에게 부드럽고 온유하셨고, 그들을 최고로 만드셨다. 그들이 생각이 없고 잊기를 잘하였으나 그는 그들의 어리석음을 극단적으로 지적하지 않으셨던 것이다.

둘째로, 그는 **마음이 겸손하시다**. 그는 자신을 낮추사 능력이 열악한 학생들을 가르치시며, 풋내기들을 가르치신다. 그는 제자들을 택하셨으나, 왕궁에서나 학교에서가 아니라 해변가에서 택하셨다. 그는 갓난 아기들이 먹는 젖처럼 가장 기초가 되는 원리들을 가르치시며, 몸을 굽히사 지극히 능력이 열악한 자들을 일으키시며, 에브라임에게 걸음을 가르치셨다(호 11:3). 과연 그처럼 가르치는 자가 누구인가? 우리가 그런 선생에게 가르침을 받는다는 것은 큰 격려가 아닐 수 없다. 그는 온유하고 겸손하셔서 선생이 될 자격을 갖추고 계시니, 그에게서 배우는 자들도 온유하고 겸손하게 될 것이요, 이것이 그들의 최고의 자격 조건이 될 것이다. 온유한 자를 정의로 지도하심이여(시 25:9).

〔2〕 **너희 마음이 쉼을 얻으리니**. 이 약속은 렘 6:16에서 빌려온 것이다. 그리스도는 선지자들의 언어로 그의 뜻을 표현하셔서 신약과 구약 사이의 조화를 보여주기를 즐겨하셨다. 주목하라. 첫째로, 마음의 쉼이야말로 가장 바람직한 쉼이요, 그것은 영혼이 평안히 거하는 것이다. 둘째로, 우리 마음이 쉼을 얻는 유일하고도 확실한 길은 그리스도의 발 아래 앉아 그의 말씀을 듣는 것이다. 의무를 행하는 길이 곧 쉼의 길이다. 명철은 하나님과 예수 그리스도를 아는 데에서 쉼을 찾으며, 또한 모든 피조물들이 찾으려 애쓰나 찾지 못한 그 복음에서 지혜를 발견하고 거기서 풍성한 만족을 얻는 것이다(욥 28:12). 그리스도께서 가르치시는 진리들은 우리의 영혼을 걸 만한 것이다. 마음이 하나님과 예수 그리스도의 사랑 안에서 쉼을 찾고, 그 속에서 그들에게 풍성한 만족과 평정과 확신을 영원토록 주는 그런 안식을 누리는 것이다. 그리고 그 만족은 천국에서 완성되며 영원히 있게 될 것이요, 거기서 우리는 하나님을 직접 뵙고 즐거워할 것이요, 그가 우리의 것이니 있는 그대로의 그의 모습을 뵙고 그를 즐거워하게 될 것이다. 그리스도께 배우는 모든 자들이 그리스도와 함께 하는 이 안식을

얻게 될 것이다.

자, 이것이 복음의 부르심과 초청의 총체요 골자다. 여기서 우리는 예수 그리스도께서 우리에게 요구하시는 것을 단 몇 마디 말씀으로 듣는 것이요, 그리고 이것은 하나님께서 그에 대해 거듭 말씀하신 다음의 사실과 그대로 일치하는 것이다: 이는 내 사랑하는 아들이요 내 기뻐하는 자니 너희는 그의 말을 들으라(17:5).

제
— 12 —
장

개요

이 장에는 다음과 같은 내용이 기록되어 있다. I. 그리스도께서 안식일에 관한 제4 계명에 대해 유대인 교사들이 가르쳐온 미신적인 관념들의 오류를 지적하사 바른 교훈을 밝히 제시하시며, 그 날에 필수적인 일들과 자비의 일들을 행할 것을 보여주심(1-13절). II. 이적을 행하심에서 드러나는 우리 주 예수님의 사려 깊으심, 겸손, 그리고 자기 부인(14-21절). III. 그리스도께서 자신이 귀신을 내어쫓으신 일을 귀신과 연루시킨 서기관들과 바리새인들의 신성모독적인 중상과 비방에 대해 답변하심(22-37절). IV. 그리스도께서 하늘로부터 오는 표적을 보여달라는 서기관들과 바리새인들의 요구에 대해 답변하심(38-45절). V. 그리스도께서 자기 동족과 친척들에 대해 판단하심(46-50절).

¹그 때에 예수께서 안식일에 밀밭 사이로 가실새 제자들이 시장하여 이삭을 잘라 먹으니 ²바리새인들이 보고 예수께 말하되 보시오 당신의 제자들이 안식일에 하지 못할 일을 하나이다 ³예수께서 이르시되 다윗이 자기와 그 함께 한 자들이 시장할 때에 한 일을 읽지 못하였느냐 ⁴그가 하나님의 전에 들어가서 제사장 외에는 자기나 그 함께 한 자들이 먹어서는 안 되는 진설병을 먹지 아니하였느냐 ⁵또 안식일에 제사장들이 성전 안에서 안식을 범하여도 죄가 없음을 너희가 율법에서 읽지 못하였느냐 ⁶내가 너희에게 이르노니 성전보다 더 큰 이가 여기 있느니라 ⁷나는 자비를 원하고 제사를 원하지 아니하노라 하신 뜻을 너희가 알았더라면 무죄한 자를 정죄하지 아니하였으리라 ⁸인자는 안식일의 주인이니라 하시니라 ⁹거기서 떠나 그들의 회당에 들어가시니 ¹⁰한쪽 손 마른 사람이 있는지라 사람들이 예수를 고발하려 하여 물어 이르되 안식일에 병 고치는 것이 옳으니이까 ¹¹예수께서 이르시되 너희 중에 어떤 사람이 양 한 마리가 있어 안식일에 구덩이에 빠졌으면 끌어내지 않겠느냐 ¹²사람이 양보다 얼마나 더 귀하냐 그러므로 안식일에 선을 행하는 것이 옳으니라 하시고 ¹³이에 그 사람에게 이르시되 손을 내밀라 하시니 그가 내밀매 다른 손과 같이 회복되어 성하더라

유대인 교사들은 많은 계명들을 그 본래 의도한 것보다 느슨하게 해석함으로써 그것들을 왜곡시켰었는데, 그리스도께서는 산상수훈에서 이러한 오류를 발견하고 올바로 교정하신 바 있다(5장). 그런데 제4계명에 대해서는 그와 정반대의 극단에 빠져서 그 계명을 너무 엄격하게 해석하였다. 주목하라. 마음이 부패한 상태에 있는 사람들은 각종 의식과 외형적인 신앙적 행위를 열정적으로 행하면 그들의 도덕적인 삶의 느슨한 상태를 상쇄할 수 있다는 식으로 생각하는 것이 보통이다. 그러나 이 책의 말씀에서 제하여 버리는 자나 더하는 자는 저주를 받는다(계 22:16, 19; 잠 30:6).

그런데 우리 주 예수께서 여기서 제시하시는 것은, 유대인들이 여러 경우에 거리낌을 갖도록 가르침을 받아온 바 필연적인 일들과 자비를 베푸는 일들은 안식일에 행하는 것이 합당하다는 것이다. 그리스도께서 제4계명에 대해 하신 설명은, 사람이 칠일 중 한 날을 거룩한 안식일로 종교적으로 준수할 영구한 의무가 있다는 것을 시사한다. 곧바로 폐기될 법이라면 구태여 해명하려 하시지 않았을 것이다. 그러나 모든 시대에서 그의 교회에 사용될 법이므로 여기서 분명하게 정리하려 하신 것이다. 그러므로 이는 우리의 기독교 안식일이 비록 제4계명의 지침 아래 있으나 유대인 장로들의 유전 아래 있는 것이 아님을 우리에게 가르치고자 하는 것이다.

율법의 의미를, 실제로 발생하는 사안들에 대하여 제시되는 판단들을 통해서 정리하는 것이 상례인데, 여기서도 비슷한 방식으로 이 율법의 의미가 정리된다. 이를 위해 두 가지 이야기가 함께 제시되는데, 이 둘은 일어난 시간도 성격도 서로 상당히 차이가 있으나 모두 이런 의도를 대변해 주는 것이다.

I. 그리스도께서는 안식일에 밀 이삭을 잘라먹은 제자들의 행위를 정당한 것으로 말씀하심으로써, **필연적인 일은 안식일에도 합당하다는 것을 입증하신다**. 여기서 다음을 관찰하라.

1. 제자들이 행한 일. 그들은 어느 안식일에 주님을 좇아 밀밭으로 갔다. 아마 그들은 회당으로 가는 중이었던 것 같다(9절). 그 날에 한가하게 거니는 일은 그리스도의 제자들에게는 어울리지 않는 일이기 때문이다. 그런데 그들이 시장하였다. 그렇다고 해서 우리 주님의 식구 돌보시는 일에 소홀함이 있었다고 보아서는 안 된다. 오히려 우리는 그들이 안식일의 일에 너무 열중한 나머지 식사하는 것을 잊었으며, 오전의 예배에 많은 시간을 보낸 나머지 아침 식

사를 할 시간이 없었고, 회당에 늦게 도착하지 않으려고 식사를 걸렀다고 보는 것이 타당할 것이다. 하나님의 섭리로 그들이 **밀밭 사이로** 가게 되었고, 거기서 먹을 것을 공급받은 것이다. 주목하라. 하나님은 그의 백성이 필요할 때에 갖가지 방법으로 적절히 공급하시며, 그들이 회당으로 갈 때에 그들을 구체적으로 돌보신다. 옛날 그들이 하나님을 위해 예루살렘으로 올라갈 때에 그렇게 하셨던 것처럼 말이다(시 84:6, 7). 비가 고랑을 가득 채우는 것이 누구를 위함이겠는가? 우리가 의무를 행하는 동안, 여호와 이레, 곧 오직 하나님께서 우리를 위해 공급하시는 것이다. 밀밭 사이에서 그들은 이삭을 잘라먹었다. 이것은 하나님의 율법이 허용하는 일이다(신 23:25). 그 백성에게 이웃을 생각하는 자세를 가지며, 사소한 일에서 자기 재산을 따지지 말고 다른 사람이 유익을 얻도록 할 것을 가르치기 위함이었던 것이다. 그리스도와 그의 제자들에게 이것은 비록 보잘것없는 공급에 불과했으나 그들이 누린 최고의 것이었고, 그들은 그것으로 만족했다. 저 유명한 휫모어(Whitmore)의 볼 선생(Mr. Ball)은 자기에게는 안식일 저녁 식사로 두 접시의 고기를 먹는다고 말하곤 했다. 하나는 뜨거운 우유가 담긴 접시요, 또 하나는 차가운 우유가 담긴 접시인데, 이것만 있으면 족하고 또 족하다는 것이었다.

2. 바리새인들이 이에 대해 책잡은 허물. 그것은 그저 마른 아침 식사에 불과했으나, 바리새인들은 그들이 조용히 식사를 히도록 내비려두려 하지 않았다. 그들이 책잡은 것은 제자들이 다른 사람의 밀밭에서 이삭을 잘라먹었다는 것이 아니라(그들은 정의를 수호하는 강직한 자세가 있는 자들이 아니었다), 그 일을 안식일에 행했다는 것이었다. 안식일에 밀 이삭을 자르고 비비는 일을 장로들의 유전이 명확히 금하고 있었고, 그 때문에 제자들을 책한 것이다. 왜냐하면 그런 행위는 일종의 추수 행위였기 때문이다.

주목하라. 그리스도의 제자들의 지극히 무해하고 순결한 행위들이, 특히 자기들이 만들어낸 제도와 행위들에 열심인 자들에게서, 악한 것으로 비방을 받고 불법한 것으로 치부되는 일이 전혀 새로운 일이 아니다. 바리새인들은 제자들이 하지 못할 일을 한 것에 대해 그들의 선생께 와서 따졌다. 주목하라. 하나님께서 불법한 것으로 여기지 않으시는 일을 불법한 일로 만드는 자들은 결코 그리스도와 그의 제자들의 친구가 아니다.

3. 바리새인들의 이런 비방에 대한 그리스도의 답변. 이에 대해 제자들 스스

로는 거의 아무 말도 할 수 없었다. 항의하는 그들이 자기들 편에서 안식일을 거룩히 지키는 일에 대해 경직된 자세를 갖고 있었기 때문이다. 그러므로 그들의 오류를 그냥 내버려두는 것이 안전했다. 그러나 그리스도께서 오사 제자들을 자유하게 하셨다. 바리새인들의 부패한 사고에서 뿐 아니라 그들의 비성경적인 요구에서도 자유하게 하셨고, 그들을 위해 말씀하셨고, 비록 그들의 행위가 바리새인들의 강령을 어기는 것이었으나 그 행위의 정당성을 드러내셨다.

(1) 그는 바리새인들 자신도 선한 일로 허용한 전례들을 제시하심으로써 제자들의 행위의 정당성을 입증하신다.

[1] 그는 그 옛날 다윗이 행한 한 가지 일을 제시하신다. 다윗은 하지 말았어야 할 일을 필연에 의해서 어쩔 수 없이 행하였다(3, 4절). "율법이 제사장 외에는 먹지 못하도록 지정해 놓은 진설병을 다윗이 먹은 이야기를(삼상 21:6)을 읽지 못하였느냐?" 이 떡은 아론과 그의 자손에게 돌리는 것으로 지극히 거룩함이니라(레 24:5-9). 그러므로 타인은 먹지 못할지니 그것이 거룩하기 때문이라(출 29:33). 그런데도 제사장은 이 떡을 다윗과 그의 사람들에게 주어 먹게 했다. 필연적인 사정이 있을 때에는 예외가 적용된다는 것이 명확히 표현되지는 않았으나, 모든 의식적인 규정들에서 그것이 시사되었던 것이다. 다윗이 진설병을 먹은 동기는 자신의 위엄을 높이기 위한 것이 아니었고(웃시야는 왕이면서도 마음의 교만 때문에 제사장의 직무를 찬탈하였다가 나병에 걸려 쓰러졌다. 대하 26:16 등), 시장함을 해결하기 위함이었다. 아무리 높고 위대한 자라도 자기들의 욕심에 빠져서는 안 된다. 그러나 아무리 비천한 자라도 그들의 필요는 고려되는 것이다. 시장함은 본성적인 욕구로서 죽일 수가 없고 반드시 만족을 얻어야 하는 것이며, 이는 음식 이외에는 어떠한 것으로도 가시지 않는다. 그러므로 시장함이 돌 벽도 뚫는다는 말을 하는 것이다. 여호와는 육체를 위하는 분이시요, 그리하여 괴로운 사정이 있을 때에는 그 자신의 규정이 어겨지더라도 그것을 허용하셨으니, 장로들의 유전을 어기는 일이야 얼마든지 더 허용되는 것이었다. 주목하라. 필연적인 사정이 있을 때에는 그렇게 할 수 있으나, 그 외에는 그렇게 할 수 없다. 필연적인 사정에 관한 법은 없으나, 그 사정이 그 자체에게 법인 것이다. 도둑이 만일 주릴 때에 배를 채우려고 도둑질하면 사람이 그를 멸시하지 아니하고, 동정하는 법이다(잠 6:30).

[2] 그는 제사장들의 일상적인 예를 제시하신다. 이 역시 **율법에서 읽는 것이**

며, 끊임없이 적용되어오고 있는 것이다(5절). 안식일에 제사장들이 성전 안에서 희생 제물들을 죽이고, 가죽을 벗기고, 불에 태우는 등 온갖 노동을 행하였다. 이런 일은 일상적인 경우에는 안식을 범하는 일이었다. 그러나 제사장들의 경우에는 결코 제4계명을 어기는 것으로 간주되지 않았다. 왜냐하면 성전 봉사를 위해서는 그런 일이 필연적으로 요구되므로 그런 일이 정당화되기 때문이었다. 이러한 사실은 생명을 지탱시키기 위해서나 안식일의 봉사를 위해 필연적인 노동들은 ― 회중들을 불러모으기 위해 종을 치는 일이나, 교회당으로 가는 일 등은 ― 안식일에도 정당하다는 것을 시사하는 것이다. 안식일의 안식은 안식일의 예배를 방해하려는 것이 아니라 그것을 장려하기 위함인 것이다.

(2) 그는 세 가지 설득력 있는 논지들로써 제자들의 행위의 정당성을 입증하신다.

〔1〕 성전보다 더 큰 이가 여기 있느니라(6절). 성전 봉사가 제사장들의 행위들을 정당화시킨다면, 그리스도를 섬기는 목적이야 제자들이 그를 수행하면서 행한 일을 훨씬 더 정당화시킨다는 것이다. 유대인들은 성전을 지극히 높이 받들었다. 성전은 금을 거룩하게 하는 것이었다(23:17). 스데반은 그 거룩한 곳을 모독한 죄로 죽임을 당했다(행 6:130). 그러나 밀밭에 계신 그리스도는 성전보다 더 큰 분이셨다. 그 안에는 하나님의 임재가 상징적으로 거하는 것이 아니라, 하나님의 신성의 모든 충만함이 육체로 거하기 때문이나. 주목하라. 무엇을 하든 그리스도의 이름으로 행하고 또한 그에게 행하여 드리는 것이면, 사람이 아무리 금하고 비방한다 할지라도 하나님께서는 은혜로 받으신다.

〔2〕 하나님은 자비를 원하고 제사를 원하지 아니하신다(7절). 의식적인 의무들보다 도덕적인 의무들이 우선하며, 의식적인 준수 사항보다 본성적인 사랑과 자기 보존의 법이 우선한다. 이 말씀은 호 6:6의 인용이다. 앞의 9:13에서는 사람의 영혼에 대한 자비의 정당성을 입증하기 위해 사용되었는데, 여기서는 사람의 육체에 대한 자비의 정당성을 입증하기 위해 사용되고 있다. 안식일의 안식은 사람의 유익을 위하여 육체를 생각하여 제정된 것이다(신 5:14). 그러므로 그 어떠한 법도 그 자체의 목적과 상충되는 식으로 해석해서는 안 된다. 그 말씀의 참 뜻을 너희가 알았더라면, 자비한 마음을 갖는다는 것이 무엇인지를 알았더라면 그들이 시장함을 면하기 위하여 어쩔 수 없이 행한 일에 대해 측은한 마음을 가졌을 것이요, 무죄한 자를 정죄하지 아니하였으리라. 주목하라.

첫째로, 무지(無知)가 우리의 형제를 경솔하게 무정하게 비난하는 원인이 된다. 둘째로, 성경을 아는 것만으로는 부족하고, 성경의 참 뜻을 알기에 힘써야 한다. 읽는 자는 깨달을진저! 셋째로, 다른 이들에게 성경을 가르치는 자들이 성경의 참 뜻에 대해 무지하다는 것은 특히 부끄러운 일이다.

〔3〕 인자는 안식일의 주인이니라(8절). 다른 모든 것처럼 율법도 그리스도의 손에 맡겨져 있고, 그는 그가 선히 여기시는 대로 얼마든지 그것을 변경하시고, 확인하시고, 혹은 폐기하실 수 있다. 하나님께서는 아들로 말미암아 세상을 지으셨으며, 사람이 무죄한 상태에 있을 당시에 그로 말미암아 안식일을 제정하셨고, 그로 말미암아 시내 산에서 십계명을 주셨으며, 그는 중보자로서 자신이 적절히 여기시는 대로 규례들을 제정하고, 바꾸실 권세를 지니고 계시며, 또한 그는 안식일의 주인이시므로, 그 날을 변경하여 주일(主日), 곧 주 그리스도의 날이 되게 하실 권세도 갖고 계셨다. 그리고 만일 그리스도께서 안식일의 주인이시라면, 그 날과 그 날의 모든 일을 그에게 드리는 것이 마땅한 것이다. 이러한 권세를 지니시므로, 그리스도께서는 여기서 필연적으로 행하는 일들은 ― 필연을 가장하거나 스스로 꾸며내는 경우가 아니라 진정으로 어쩔 수 없는 일들은 ― 안식일에 행하여도 정당한 것임을 확인하신다. 그리고 그가 율법을 이렇게 해명하신다는 것은 이것이 영구한 법칙임을 분명하게 보여주는 것이다. Exceptio firmat regulam (예외가 규정을 확증한다).

그리스도께서는 이렇게 분명한 논지로 바리새인들을 잠잠하게 하신 다음, 거기에서 떠나 그들의 회당에, 이 바리새인들의 회당에, 들어가셨다(9절). 바리새인들과 이런 논쟁을 하신 다음 그들이 모임을 주재하는 그 회당으로 들어가신 것이다. 주목하라. 첫째로, 거룩한 규례를 위하여 가는 도중에 발생하는 일들로 인하여 그 규례에 합당하지 못하게 되거나 혹은 그 규례에 참여하지 않게 되는 일이 없도록 조심해야 한다. 사탄의 교묘한 공작들이 있더라도 우리의 의무를 계속 행하여 나가야 한다. 사탄은 악한 생각과 부패한 마음을 비롯한 갖가지 방법을 사용하여 우리를 어지럽히고 괴롭히려 애쓰는 것이다. 둘째로, 사사로운 싸움이나 불쾌한 일들로 인하여 공적인 예배를 소홀히 하는 일이 없어야 한다. 바리새인들이 이렇게 악의를 갖고 그리스도를 비방하였으나, 그는 회당에 들어가셨다. 만일 사탄이 형제들 사이에 불화의 씨앗을 심을 때에 그들이 ― 그들 중 한 사람이라도 ― 회당으로부터, 신자들의 교제로부터 멀어지게 되면, 이는 사탄에게 지는 것이다.

II. 그리스도께서는 한쪽 손 마른 사람을 고치심으로써 **자비를 베푸는 일을 행하는 것이 안식일에 정당하며 적절하다는 것을 보여주신다.**   필연적인 일은 제자들이 행하였고 그가 그 정당성을 입증하셨으며, 자비를 베푸는 일은 그리스도 자신이 행하셨다. 선을 행하는 것이 그의 양식이요 음료였다. 그는 내가 전하여야 하리니라고 말씀하신다(눅 4:43). 병을 고치신 기사가 여기에 기록된 것은 그 일이 안식일에 행하신 일이었기 때문이다. 여기서 다음을 관찰하라.

1. 이 불쌍한 사람이 당하고 있던 괴로움. 손이 마비되었으므로, 그에게는 손으로 일을 하여 생활을 유지하는 일이 전혀 불가능했다. 제롬(St. Jerome)은 말하기를, 나사렛파(the Nazarenes)와 에비온파(the Ebionites)가 사용한 히브리어로 된 마태복음에는 이 손 마른 사람의 이야기에 다음과 같은 정황을 덧붙이고 있다고 한다. 곧, 그는 벽돌공이었는데, 그리스도께 다음과 같이 청하였다고 한다: "주여, 나는 벽돌공으로서 나의 노동으로 살아왔나이다. 오 예수여, 주께 구하오니 내 손을 회복시키사 양식을 구걸하게 되지 않게 해주소서." 이 불쌍한 사람이 회당에 있었던 것이다. 주목하라. 세상을 위하여 거의 아무것도 할 수 없고 혹은 거의 할 일이 없는 사람일지라도 그들의 영혼을 위해서는 더욱 힘써 행하여야 한다. 영혼의 일을 위해서든 부자든, 노인들이든, 연약한 자들이든 상관 없는 것이다.

2. 이 사람을 보고서 바리새인들이 그리스도께 던진 악의에 찬 질문. 사람들이 물어 이르되 안식일에 병 고치는 것이 옳으니이까?(10절). 이 불쌍한 사람이 그리스도께 병 고침을 구한 내용은 본문에 나타나지 않는다. 그러나 그들은 그리스도께서 이 사람을 주목하시는 것을 보았고, 그가 그를 찾지 않는 자들에게도 다가가시는 것이 상례라는 것도 알고 있었다. 그리하여 그들은 그가 선을 행하실 것을 악의로 예상하였고, 안식일에 병 고치는 것이 옳은가 하는 문제를 걸림돌로 제기하여 선을 행하는 일을 가로막기 시작한 것이다. 의사가 안식일에 병 고치는 것이 옳든 옳지 않든 간에 — 이는 그들의 책에서 논란이 제기된 문제였다 — 선지자가 병 고치는 일이 옳다는 것은 논란의 여지가 없는 일이었을 것이다. 그리스도께 병 고치는 일은 그런 모든 일에서 친히 신적인 권능과 선하심을 드러냄으로써 자신이 하나님께로부터 보냄을 받았음을 밝히 드러내는 일이었다. 하나님께서 그의 말씀을 보내사 병을 고치셨다면, 과연 그것에 대해

옳고 그름을 따질 사람이 있었겠는가? 물론 그리스도는 율법 아래 계셨고, 자의로 율법에 복종하셨다. 그러나 그는 절대로 장로들의 유전 아래 계신 것이 아니다. 안식일에 병 고치는 일이 옳으니이까? 어떤 행동의 옳고 그름에 대해 질문하는 것은 매우 좋은 일이며, 또한 그리스도께 나아가 그런 질문을 하는 것보다 더 적절한 것은 없다. 그러나 그들이 여기서 그런 질문을 한 것은 그리스도께 교훈을 얻기 위함이 아니라, 그를 고발하기 위함이었다. 만일 그가 안식일에 병 고치는 것이 옳다고 말씀하시면, 그가 제4계명을 어긴다고 고발할 것이었다. 바리새인들은 안식일에 대하여 굉장한 미신을 갖고 있어서, 생명이 위협을 받는 경우 이외에는 안식일에 그 어떠한 의료 행위도 허용하지 않았던 것이다. 그리고 만일 그 일이 옳지 않다고 말씀하시면, 그들은 그를 편파적이라고 고발할 것이었다. 방금 그가 안식일에 밀을 비빈 제자들의 행위의 정당성을 주장하신 바 있기 때문이다.

3. 이 질문에 대한 그리스도의 답변. 그는 바리새인들 자신의 생각과 행위를 물으신다(11, 12절). 양 한 마리(한 마리밖에 아니니 그것을 잃는다 해도 손해가 막심하지는 않았을 것이다)가 안식일에 구덩이에 빠졌을 경우라면 그 양을 끌어내지 않겠느냐? 두말 할 것도 없이 그들은 그렇게 할 것이다. 제4계명이 그것을 허용하기 때문이다. 그리고 반드시 그렇게 해야 할 것이다. 자비로운 사람은 자기 짐승의 목숨을 돌아보는 법이므로 양을 잃기보다는 자기들의 할 일을 할 것이기 때문이다. 그리스도께서 양을 불쌍히 여기시는가? 과연 그렇다. 그는 사람과 짐승 모두를 보존하시며 그들의 필요를 공급하시는 분이시다. 그러나 여기서 그는 우리를 위하여 말씀하시며(고전 9:9, 10), 그리하여, 사람이 양보다 얼마나 더 귀하냐? 라고 말씀하신다. 양은 해가 없고 유용한 짐승이며, 그리하여 귀하게 여기고 돌본다. 그러나 사람은 양보다 훨씬 더 귀한 존재다. 주목하라. 그 존재 가치를 따지면, 가장 나은 짐승보다 훨씬 더 낫고, 더 가치가 있다. 사람은 이성적인 피조물로서 하나님을 알고 사랑하고 그에게 영광을 돌릴 능력이 있으며, 따라서 양보다 더 귀한 것이다. 그러므로 양을 드리는 제사로는 사람의 영혼의 죄를 속할 수 없었다. 하나님의 불쌍한 자나 자기 식구들보다도 오히려 자기들의 말과 개를 훈련시키고 보존시키고 그 필요를 공급하는 일에 더 세심한 관심을 쏟는 자들은 이러한 사실을 생각하지 않는 것이다.

그리하여 그리스도께서는 언뜻 보아도 지극히 합당하며 절실하게 보이는 한

가지 진리를 유추해 내신다. 그러므로 안식일에 선을 행하는 것이 옳으니라. 그들은, 안식일에 병 고치는 것이 옳으니이까? 라고 물었는데, 그리스도께서는 선을 행하는 것이 옳다는 것을 입증하시며, 그리하여 그 누구도 병 고치는 것이 선을 행하는 것이 아니라고 판단하지 못하게 하신 것이다. 주목하라. 병든 자를 돌아보고, 가난한 자들을 구제하고, 갑작스런 어려움에 빠져 고생하는 자들을 돕는 등, 하나님께 예배하는 의무들 이외에도 안식일에 선을 행할 일들이 많다. 이런 일은 선을 행하는 것이다. 그리고 이 일은 사랑과 자비의 원리에 근거하여, 겸손과 자기 부인의 자세로, 천국의 마음 자세로 행하여야 한다. 그렇게 하면 선을 행하는 것이 되고, 하나님께서 받으실 것이다(창 4:7).

4. 그리스도께서 그 사람을 고치심. 그는 바리새인들이 거슬림을 받을 것을 예견하시고도 그는 손 마른 사람을 고치셨다(13절). 그리스도의 논지에 대해 답변할 수는 없었으나, 그들은 그리스도를 향하여 계속해서 편견과 적대감을 갖기로 결심하였다. 그러나 그럼에도 불구하고 그리스도는 그의 일을 계속 행하셨다. 주목하라. 사람을 거스를까 두려워하여 의무를 이행하지 않거나, 선을 행할 기회를 그냥 지나쳐서는 안 된다. 여기서 그 사람을 고치시는 방식을 관찰할 필요가 있다. 그는 그 사람에게 손을 내밀라고 하셨다. 이는 할 수 있는 만큼 힘을 쓰라는 뜻이다. 그가 그대로 행하자 회복되어 성하게 되었다. 그리스도께서 행하신 치료의 역사가 다 그렇듯이, 이 사건도 영적인 의미가 있다.

(1) 본질상 우리는 손이 마른 상태다. 우리 스스로 선한 일을 행할 능력이 전혀 없다.

(2) 오직 그리스도께서 그의 은혜의 권능으로 우리를 고치시는 것이다. 죽은 영혼 속에 생명을 집어넣으심으로써 마른 손을 고치시며, 우리 속에 역사하사 뜻을 갖고 행하게 하시는 것이다.

(3) 우리를 고치시기 위하여, 그는 우리더러 손을 내밀라고 명령하신다. 우리의 본성적인 힘을 개선시키고 할 수 있는 만큼 행하고, 하나님께 기도함으로 손을 내밀고, 믿음으로 그리스도를 붙듦으로써 손을 내밀며, 거룩한 수고로써 손을 내밀라고 하시는 것이다. 그런데 이 사람은 자기 스스로 마른 손을 내밀 수가 없었다. 마찬가지로 중풍병자도 자기 힘으로 일어나 침상을 들고 갈 수 없었고, 나사로도 무덤 바깥으로 나올 수 없었다. 그런데 그리스도께서는 그렇게 하라고 명령하시는 것이다. 손 마른 사람에게 손을 내밀라고 하신 그리스도

의 명령이 결코 불합리한 것이 아니듯이, 우리 스스로 할 수 없는 일을 하라 하시는 하나님의 명령도 결코 불합리하거나 불의한 것이 아니다. 그 명령과 더불어, 그 말씀을 통하여 베풀어지는 은혜의 약속이 있기 때문이다. 나의 책망을 듣고 돌이키라 보라 내가 나의 영을 너희에게 부어주며 내 말을 너희에게 보이리라(잠 1:23). 만일 이 사람이 손을 내밀려는 시도를 하지 않았다면 그 때문에 고침을 받지 못했을 것이요, 달리 핑계할 것이 없었을 것이다. 이와 마찬가지로 멸망하는 자도 핑계할 거리가 없는 것이다. 그러나 구원받는 자도 이 사람과 마찬가지로 자랑할 것이 없다. 이 사람이 손을 내민 것이 그 손이 고침 받는 데에 아무것도 기여한 것이 없고, 오히려 그리스도의 권능과 은혜에 그만큼 빚을 진 것이요, 구원받는 우리도 역시 그와 같으니 말이다.

[14]바리새인들이 나가서 어떻게 하여 예수를 죽일까 의논하거늘 [15]예수께서 아시고 거기를 떠나가시니 많은 사람이 따르는지라 예수께서 그들의 병을 다 고치시고 [16]자기를 나타내지 말라 경고하셨으니 [17]이는 선지자 이사야를 통하여 말씀하신 바 [18]보라 내가 택한 종 곧 내 마음에 기뻐하는 바 내가 사랑하는 자로다 내가 내 영을 그에게 줄 터이니 그가 심판을 이방에 알게 하리라 [19]그는 다투지도 아니하며 들레지도 아니하리니 아무도 길에서 그 소리를 듣지 못하리라 [20]상한 갈대를 꺾지 아니하며 꺼져가는 심지를 끄지 아니하기를 심판하여 이길 때까지 하리니 [21]또한 이방들이 그의 이름을 바라리라 함을 이루려 하심이니라

그리스도께서 크게 겸손을 보이시는 중에도 그의 위엄의 증거들이 나타나듯이, 그가 크나큰 존귀함 중에 계신 중에도 그는 그의 겸손하심의 증거들을 주셨다. 그가 권능을 행하심으로써 자신을 높이 드러내실 기회가 왔는데도, 그는 오히려 그 자리에서 그가 자기를 비우시고 자신의 명성을 취할 것으로 여기지 아니하신 분이심을 나타내셨다. 여기서 다음을 관찰하라.

Ⅰ. **그리스도를 향한 바리새인들의 저주스러운 악의**(14절). 그가 이적을 베푸사 설득력 있는 증거를 제시하시는 것에 분노하여, 그들은 나가서 어떻게 하여 예수를 죽일까 의논하였다. 그들이 분개했던 이유는, 그가 이적을 행함으로써 그의 존귀하심이 그들을 완전히 무색하게 만들었기 때문이기도 했고, 게다가 그가 전하신 가르침이 그들의 교만과 외식과 세상적인 관심사와 정반대 되

는 것이었기 때문이었다. 그러나 그들은 자기들이 그리스도께서 안식일을 범한 것에 대해 분개한 척하였다. 율법에 의하면 안식일을 범하는 일은 사형에 해당하는 것이었다(출 35:2). 주목하라. 지극히 악한 행위들이 지극히 그럴 듯한 구실로 포장되는 것이 새삼스런 일이 아니다. 그들의 처신을 관찰하라. 그들은 어떻게 효과적으로 일을 도모할지를 서로 의논하였다. 서로를 돕고 격려하여 은밀히 음모를 꾸민 것이다. 그들의 잔인함을 관찰하라. 그들은 그리스도를 옥에 가두거나 추방하려 한 것이 아니라, 그를 제거하고, 우리로 영생을 얻게 하려고 오신 그분을 죽이려 하였다. 우리 주 예수를 범죄자(이리의 머리를 지닌)로 몰다니, 이 얼마나 치욕스러운 일인가! 그 나라의 가장 큰 복이시요 그 백성 이스라엘의 영광이신 그를 그 나라의 재앙으로 몰고 있으니 말이다!

Ⅱ. 그리스도께서 그 곳을 떠나가심. 그는 그런 위험을 당하지 않도록 물러가셨으나, 그의 일은 그만두지 않으셨다. 그의 때가 아직 이르지 아니하였으므로, 거기를 떠나가신 것이다(15절). 이적으로 자신을 보호하실 수도 있었으나, 그는 피하여 물러가는 일상적인 방법을 사용하셨다. 다른 일에서처럼 이 일에서도 그는 인간의 본성의 무죄한 연약함에 굴복하려 하신 것이다. 여기서 그는 자기를 낮추사, 스스로 지극히 속수무책인 사람의 처지가 되셨고, 그리하여 이 동네에서 너희를 박해하거든 저 동네로 피하라는 그 자신의 법칙에 친히 모범을 보이고자 하신 것이다. 정당한 논지와 이적을 베푸셨으니 그리스도께서는 바리새인들을 납득시키는 일을 위해 하실 말씀과 일을 다 하신 것이다. 그런데도 그들은 완악하여 분개하였고, 그리하여 그는 그들을 버리고 떠나신 것이다(렘 51:9).

그리스도는 스스로 편하기 위해서나 자신의 일을 그만둘 핑계를 찾기 위해 물러가신 것이 아니다. 그가 물러가셨으나 그에게는 할 일이 가득했고, 피하여 계시는 중에도 여전히 선을 행하셨다. 이렇게 해서 그는 그의 목사들에게 모범을 보이셨고, 하고자 하는 일을 할 수 없을 때라도 할 수 있는 일을 행하며, 모퉁이로 몰릴 때에라도 가르침을 계속할 것을 가르치신 것이다. 그 민족의 거물들인 바리새인들은 그리스도를 내쫓았고, 그 스스로 물러가게 하였으나, 일반 백성들은 무리를 지어 그를 따랐다. 많은 사람이 따르는지라. 이것을 두고 어떤 이들은 그를 욕하며 그를 폭도들의 우두머리라 부르기도 하겠지만, 이 일은 진정 그의 존귀를 드러내는 일이었다. 편견이 없고 세상의 화려한 것에 눈이 어두워지지 않은 자들은 모두 그를 향하여 마음으로 깊은 열정이 있었고, 그가 어디로 가든지, 그에게 어떤 위험한 일이 닥치든지 그를 따르고자 하였던 것이다. 가난한 자에게 복음이 전해지는 것이 그의 은혜의 존귀함이기도 했다. 그들이 그를 영접하면, 그도 그들을 영접하셨고 그들 모두를 치유하신 것이다. 그리스도는 만인의 의사가 되시기 위해 세상에 오셨다. 치료하는 광선을 비추시고자 낮은 세상에 해(日)로서 강림하신 것이다. 바리새인들이 선을 행하시는 그리스도를 박해하였으나 그는 그 일을 계속하셨고, 권력자들의 사악함 때문에 백성들이 악을 더 당하도록 내버려두지 않으셨다. 주목하라. 우리에게 불친절한 자들이 있을지라도, 그 때문에 다른 이들에게 불친절해서는 안 된다.

그리스도께서는 자신이 유익하게 쓰임 받으시는 일과 사사로이 지내시는 것을 서로 조화시키기 위해서도 힘쓰셨다. 그는 그들의 병을 다 고치셨다. 그러나 동시에 자기를 나타내지 말라 경고하셨다(16절). 이를 다음과 같이 볼 수 있을 것이다.

1. 사려 깊은 처신으로. 바리새인들을 격분시킨 것은 이적들 자체가 아니라 이적들에 관하여 대중 앞에서 행하신 강론이었다(23, 24절). 그러므로 그리스도께서는 선을 행하는 일을 중단하지 않으시면서도, 그들을 거슬리게 하여 스스로 위험에 빠지지 않도록 가능한 한 소리 없이 그 일을 하고자 하신 것이다. 주목하라. 지혜롭고 선한 사람들은 선을 행하기에 열정적이면서도 선을 행한 다음 그 일이 사람들에게 회자되는 것을 결코 바라지 않는다. 그들이 원하는 것은 사람의 칭찬이 아니라 하나님께서 인정하시는 것이기 때문이다. 그리고 고난이 있을 때에도 역시 임무를 다하는 일을 담대히 계속해야 하지만, 우리를 대적할 기회를 찾는 자들을 필요 이상으로 자극하지 않도록 상황을 잘 궁리하여야 하는 것이다. 뱀 같이 지혜로우라(10:16).

2. 바리새인들에 대한 의로운 심판의 행위로. 그리스도의 이적들을 보고도 그렇게 가볍게 여겼으니 그들은 더 이상 그의 이적들에 대해 들을 가치가 없었다. 빛을 향하여 눈을 감아 버림으로써, 그들 스스로 빛의 혜택을 저버린 것이다.

3. 겸손과 자기 부인의 행위로. 그리스도께서 이적을 베푸신 의도가 자신이 메시야이심을 입증하고 사람들로 하여금 그를 믿게 하는 데 있었고, 그렇게 하자면 당연히 그들이 그 이적들에 대해 알아야 했다. 그러나 때때로 그는 사람

들에게 이적들을 발설하지 말 것을 명하셨는데, 이는 겸손의 모범을 세우기 위함이요, 우리 자신의 선함이나 유용함을 스스로 선전하지도 말고 그것이 선전되기를 바라지도 말 것을 가르치기 위함이었다. 그리스도께서는 그의 제자들이 사람들에게 보이려고 모든 일을 행하는 자들과 정반대가 되기를 바라신 것이다.

III. **이 모든 일에서 성경이 성취됨**(17절). 그리스도께서 홀로 물러가신 것은, 그가 물러가심으로써 하나님의 말씀이 성취되고 그리하여 밝히 드러나고 영광을 얻게 하려 하심이었다. 그는 바로 이것에 마음을 두고 계셨던 것이다. 여기서 성취된 것으로 나타나는 성경은 사 42:1-4인데, 이것이 18-21절에 길게 인용되고 있다. 이는 우리 주 예수의 행하심이 얼마나 온유하고 조용하며, 그러면서도 얼마나 성공적인지를 보여준다. 여기서 다음을 관찰하라.

1. 아버지께서 그리스도를 기뻐하심(18절). 보라 내가 택한 종 곧 내 마음에 기뻐하는 바 내가 사랑하는 자로다. 그러므로 우리는 여기서 다음과 같은 사실들을 배울 수 있다.

(1) 우리 구주께서 우리의 구속을 위한 위대한 역사에서 하나님의 종이셨다는 것. 그 역사에서 그는 아버지의 뜻에 스스로 굴복하셨고(히 10:7), 사람의 배도로 말미암아 생겨난 불화를 복구하심으로써 아버지의 은혜의 계획과 그의 영광을 위해 섬기고자 하셨다. 종이신 그에게 큰 일이 맡겨졌고, 또한 크나큰 신뢰가 그에게 베풀어졌다. 이것은 그의 낮아지심의 일부였다. 하나님과 동등됨이 결코 무리한 일이 아니었음에도, 그는 우리를 구원하는 역사를 위하여 종의 형체를 가지신 것이다(빌 2:6, 7). 그는 아들이시면서도 순종함을 배우셨다(히 5:8). 이 왕의 모토는 바로 내가 섬기노라인 것이다.

(2) 예수 그리스도께서 우리를 구속하기 위한 위대한 역사를 진행하시기에 유일하게 합당하고 적절한 분으로 하나님의 택하심을 받으셨다는 것. 그는 내가 택한 종이요, 임무 수행에 적격인 자이시다. 구속자의 일을 행하실 수 있는 분은, 구속자의 면류관을 쓰기에 합당하신 분은 오직 그밖에 없었다. 그는 백성 중에서 택함받은 자이셨다(시 89:19). 무한하신 지혜자이신 아버지께서 그를 택하사 사람도 천사도 자격이 없는 그 섬김과 존귀의 자리에 세우셨다. 그 누구도 아닌 그리스도를 택하사, 그가 모든 일에서 존귀를 받게 하신 것이다. 그리스도께서 스스로 이 일에 자신을 밀어 넣으신 것이 아니다. 그 일을 위하여

정당하게 택함받으신 것이다. 그러므로 그리스도 하나님의 택한 자로서 모든 택함받은 자들의 머리가 되셨다. 우리가 그리스도 안에서 택하심받았기 때문이다(엡 1:4).

(3) 예수 그리스도께서 하나님의 사랑하는 자요 그의 사랑하는 아들이시라는 것. 하나님으로서 그는 영원부터 그의 품 속에 계셨고(요 1:18), 날마다 그의 기뻐하신 바가 되셨다(잠 8:30). 아버지와 아들 사이에는 시간이 있기 전부터 영원하며 도저히 가늠할 수 없는 사랑의 교류와 교제가 있었고, 그리하여 여호와께서는 그 조화의 시작 곧 태초에 일하시기 전에 그를 가지셨다(잠 8:22). 아버지는 중보자로서의 그를 사랑하셨고, 여호와께서 그를 상하게 하기를 기뻐하실 때에 그는 그것에 복종하셨고, 이로 말미암아 아버지께서 그를 사랑하셨다(요 10:17).

(4) 예수 그리스도께서 아버지께서 마음으로 기뻐하는 자시라는 것. 이는 상상 가능한 최고의 만족을 의미한다. 하나님은 하늘로부터 나는 소리를 통해서 그가 그의 사랑하는 아들이요 기뻐하는 자라고 선언하셨다. 아들이 아버지의 기뻐하는 자이신 것은 그가 하나님께서 마음을 쏟으신 그 놀라운 역사를 기꺼이 시행하시는 분이시기 때문이요, 또한 아버지께서는 그의 안에서 우리를 기뻐하신다. 그는 사랑하시는 자 안에서 우리에게 거저 은혜를 베푸셨으니 말이다(엡 1:6). 타락한 사람이 하나님 안에서 얻는, 혹은 얻을 수 있는, 모든 은덕은 바로 하나님이 예수 그리스도를 기뻐하시는 덕분이요 또한 그 사실에 근거하는 것이다. 그로 말미암지 않고는 아버지께로 올 자가 없으니 말이다(요 14:6).

2. 아버지께서 그에게 주시는 두 가지 약속.

(1) 그가 맡겨진 임무를 위해 모든 면에서 자격을 갖추시리라는 것. 그의 위에 여호와의 영 곧 지혜와 총명의 영이 강림하시리니(사 11:2, 3). 하나님께서는 어떤 일을 위하여 누구를 부르실 때에 반드시 그를 그 일에 합당하도록 자격을 부여하시며, 그 자격을 통해서 그가 그들을 그 일에 부르셨다는 것이 드러나는 것이다. 모세의 경우가 그러했다(출 4:12). 그리스도께서는 하나님으로서 아버지와 권능과 영광이 동등하셨고, 중보자로서는 아버지께로부터 권능과 영광을 받으셨는데, 아버지께서 임무를 위해 자격을 갖추시도록 그에게 주신 모든 것이 바로 내가 내 영을 그에게 줄 터이니라는 말씀으로 정리된다. 이것은 바로 하나님이 그에게 부어 그를 동류들보다 뛰어나게 하신 그 즐거움의 기름이었다(히

1:9). 그는 성령을 받으시되, 한도가 있게 받지 않으시고 한량없이 받으셨다 (요 3:34). 주목하라. 하나님께서 택하신 자가 누구든, 하나님은 그들을 기뻐 하시며, 그들에게 반드시 그의 영을 주실 것이다. 어디에 그의 사랑을 베푸시든, 그는 그의 모양을 닮은 자들에게 베푸시는 것이다.

(2) 그가 그의 모든 일에서 풍성한 성공을 거두시리라는 것. 하나님께서는 그가 보내시는 자들을 반드시 소유하신다. 그의 손으로 여호와께서 기뻐하시는 뜻을 성취하리라는 약속이 오래 전에 이미 예수 그리스도께 주어져 있었다(사 53:10). 그리고 여기서 우리는 그 풍성한 하나님의 기뻐하심에 관한 기사를 접하게 된다.

〔1〕 그가 심판을 이방에 알게 하리라. 그리스도께서는 친히 이방 민족들과 경계를 이루는 지역에 사는 자들에게 말씀을 전하셨고(막 3:6-8을 보라), 또한 사도들을 통해서 이방 세계에 그의 복음을 전하셨는데, 여기서는 복음을 그의 심판이라 부른다. 아들에게 맡겨진 구원의 길과 방법을, 즉 심판을 그가 우리의 큰 대제사장으로서 행하시는 것은 물론, 그가 우리의 큰 선지자로서 선포하고 알리시는 것이다. 복음은 행위와 처신의 규범이므로 사람의 마음과 삶을 변화시키고 더 낫게 만드는 직접적인 성향을 지니고 있는데, 그 복음이 이방에 알려질 것이라는 것이다. 하나님의 심판은 유대인들의 고유한 것이었으나(시 147:19), 구약의 선지자들은 그것이 이방에 알려질 것임을 자주 예언하였다. 그러므로 심판이 이방에 알려진다고 해서 믿지 않는 유대인들이 깜짝 놀랄 이유는 없었고, 더구나 그것 때문에 괴로워해서도 안 되는 것이었다.

〔2〕 이방들이 그의 이름을 바라리라(21절). 그가 이방에게 심판을 어찌나 놀랍게 알게 하는지, 그가 알리는 것을 그들이 주의 깊게 살피게 되며, 그것에 영향을 받아 그를 의지하게 되며, 자기들을 그에게 맡기게 되고, 그의 심판을 따르게 되리라는 것이다. 주목하라. 복음의 큰 목표는 사람들로 하여금 예수 그리스도의 이름에 신뢰를 두게 하는 데에 있다. 그의 이름 예수는 곧 구주라는 고귀한 이름이요, 이는 가득 부어지는 향기로운 기름과도 같다. 여호와 우리의 의. 복음서 기자는 여기서 칠십인 역본을 따른다(혹은 어쩌면 칠십인 역본의 후기 판본이 복음서 기자를 따르는지도 모른다). 히브리어로는 섬들이 그의 법을 앙망하리라이다(사 42:4. 한글 개역개정판은 섬들이 그의 교훈을 앙망하리라로 되어 있다). 이방의 섬들은 야벳의 아들들에게서 난 백성들로 나타나는데(창

10:5), 이들에 대해서, 하나님이 야벳을 창대하게 하사 셈의 장막에 거하게 하시고라고 말씀한 바 있다(창 9:27). 그런데 이것이 이제 성취된다. 섬들이 그의 법을 앙망할 것이요(선지자 이사야의 말씀), 이방들이 그의 이름을 바랄 것이다(마태복음 기자의 말씀). 이 둘을 서로 비교하라. 그리고 관찰하라. 이들이, 오직 이들만이 그리스도의 이름을 신뢰하며 바랄 것이요, 오직 이들만이 그리스도의 법을 앙망하며 그 법의 다스림을 받기로 결단할 것이다. 또한 관찰하라. 우리가 바라는 법은 믿음의 법이요, 그의 이름을 신뢰하는 법이다. 그의 큰 계명은 바로 그리스도의 이름을 믿는 것이다(요일 3:23).

3. 그에 관한 예언. 그가 그의 일을 온유하고도 조용히 이루실 것이라는 것(19절). 이 본문이 여기에 인용된 것은 주로 그리스도께서 지금 홀로 숨어 지내시는 정황을 염두에 둔 때문이다.

(1) 그가 그의 일을 시끄러운 소동이나 겉치장이 없이 행하시리라는 것. 그는 다투지도 아니하며 들레지도 아니하리니. 그리스도와 그의 나라는 볼 수 있게 임하는 것이 아니다(눅 17:20, 21). 맏아들께서 세상에 오셨을 때에, 화려한 치장과 의식이 있었던 것이 아니다. 그는 공적으로 등장하신 것도 아니요 그를 왕으로 선포하는 선발대도 없이 오셨다. 그가 세상에 계셨으나 세상이 그를 알지 못하였다(요 1:10). 화려하게 치장한 구주를 기대하는 자들은 잘못된 것이다. 길에서 그 소리를 듣지 못하리라. "보라 그리스도가 여기 있다" 혹은 "보라 그가 저기 있다"는 식의 소리가 없다는 뜻이다. 그는 세미한 소리로 말씀하셨는데, 이는 모든 사람에게 매력을 끄나 아무에게도 두려움을 주지 못하는 것이었다. 그는 시끄러운 소리를 내지 않으시고, 마치 이슬처럼 소리 없이 강림하셨다. 그의 말씀과 행위는 가장 겸손한 것이요 자기를 부인하는 것이었다. 그의 나라는 영적인 나라였으며, 따라서 무력이나 폭력으로, 혹은 고상한 치장으로 나아가는 것이 아니다. 아니다. 하나님의 나라는 말에 있지 않고 능력에 있는 것이다.

(2) 그가 가혹함과 경직됨이 없이 그의 일을 이루실 것이라는 것(20절). 상한 갈대를 꺾지 아니하시며. 어떤 이들은 이를 악인들을 견디시는 그의 인내를 뜻하는 것으로 이해한다. 그는 바리새인들을 마치 상한 갈대처럼 쉽게 꺾고 꺼져가는 심지처럼 쉽게 꺼뜨릴 수 있었다. 그러나 그는 심판 날이 오기까지 그렇게 하지 않으실 것이요, 그 날이 오면 그의 모든 원수들이 그의 발등상이 될 것이다. 그러나 다른 이들은 이것을 약한 자를 참으시는 데에서 나타나는 그의

능력과 은혜를 뜻하는 것으로 이해한다. 대체적으로, 그의 복음의 계획은 많은 부족함이 있는 가운데서 순전함을 장려하는 식의 구원 방법을 세우는 것이다. 복음은 완전무결한 무죄한 순종을 강요하는 것이 아니라, 올바른 뜻을 가진 자를 받아들이는 것이다. 온유함과 두려움으로, 또한 많이 떠는 중에 그리스도를 따르는 자를 받아들이는 것이다. 관찰하라.

〔1〕 여기서 그런 자들의 처지가 어떻게 묘사되는지를. 그들은 마치 상한 갈대와 꺼져가는 심지와 같다. 신앙이 어린 초신자들은 상한 갈대처럼 약하며 그들의 연약함이 마치 꺼져가는 심지처럼 거슬린다. 그들에게 작은 생명이 있지만, 그것은 마치 상한 갈대의 생명과도 같고, 그들에게 작은 열기가 있지만, 그것은 마치 꺼져가는 심지의 열기와도 같다. 그리스도의 제자들은 아직 연약한 상태에 있었고, 또한 그리스도의 권속 가운데 있는 많은 자들이 그러하다. 그들 속에 있는 은혜와 선은 마치 상한 갈대와도 같고, 그들 속에 있는 부패와 악은 마치 꺼져가는 심지와 같고, 이미 꺼졌으나 아직 연기를 내고 있는 양초의 심지와 같은 것이다.

〔2〕 그들을 향하신 우리 주 예수의 사랑은 어떠한가? 그는 그들을 억제하지도 않으시고, 그들을 거부하시거나 내어쫓지 않으신다. 상한 갈대는 꺾여 짓밟히지 않고, 뒷받침을 받아 백향목이나 잘 자라나는 종려나무처럼 강하게 될 것이다. 새로이 불을 붙인 양초가 불을 밝히지 못하고 연기만 내더라도, 그것을 꺼뜨리지 않고 살살 불어 불을 밝히게 만드실 것이다. 작은 일의 날은 귀한 일의 날이며, 따라서 그는 그 날을 멸시하지 않으시고 그 날을 큰 일의 날로 만드실 것이다(슥 4:10). 주목하라. 참된 은혜가 있는 자들은 그 가운데서 연약할지라도 우리 주 예수께서 온유하게 대하신다(사 40:11; 히 5:2). 그는 우리가 티끌일 뿐 아니라 우리가 육체라는 것을 기억하신다.

〔3〕 이 일이 선하게 결실을 맺으리라는 것. 심판하여 이길 때까지 하리니라는 말씀이 이를 시사하고 있다. 그가 이방에게 보여주신 심판이 승리를 거둘 것이요, 그는 계속해서 이기고 또 이기실 것이다(계 6:2). 세상에서 이루어지는 복음 전파와, 마음속에 역사하는 복음의 능력이 결국 이길 것이다. 은혜가 부패를 누를 것이요 결국 영광 중에 완성될 것이다. 그리스도의 심판이 승리로 이어질 것이다. 그가 심판하실 때에는 그가 이기시기 때문이다. 그가 진실로 정의를 시행할 것이다(사 42:3). 진리와 승리는 같은 것이다. 진리가 크니 반드시 이

기리라.

[22]그 때에 귀신 들려 눈 멀고 말 못하는 사람을 데리고 왔거늘 예수께서 고쳐 주시매 그 말 못하는 사람이 말하며 보게 된지라 [23]무리가 다 놀라 이르되 이는 다윗의 자손이 아니냐 하니 [24]바리새인들이 듣고 이르되 이가 귀신의 왕 바알세불을 힘입지 않고는 귀신을 쫓아내지 못하느니라 하거늘 [25]예수께서 그들의 생각을 아시고 이르시되 스스로 분쟁하는 나라마다 황폐하여질 것이요 스스로 분쟁하는 동네나 집마다 서지 못하리라 [26]만일 사탄이 사탄을 쫓아내면 스스로 분쟁하는 것이니 그리하고야 어떻게 그의 나라가 서겠느냐 [27]또 내가 바알세불을 힘입어 귀신을 쫓아내면 너희의 아들들은 누구를 힘입어 쫓아내느냐 그러므로 그들이 너희의 재판관이 되리라 [28]그러나 내가 하나님의 성령을 힘입어 귀신을 쫓아내는 것이면 하나님의 나라가 이미 너희에게 임하였느니라 [29]사람이 먼저 강한 자를 결박하지 않고서야 어떻게 그 강한 자의 집에 들어가 그 세간을 강탈하겠느냐 결박한 후에야 그 집을 강탈하리라 [30]나와 함께 아니하는 자는 나를 반대하는 자요 나와 함께 모으지 아니하는 자는 헤치는 자니라 [31]그러므로 내가 너희에게 이르노니 사람에 대한 모든 죄와 모독은 사하심을 얻되 성령을 모독하는 것은 사하심을 얻지 못하겠고 [32]또 누구든지 말로 인자를 거역하면 사하심을 얻되 누구든지 말로 성령을 거역하면 이 세상과 오는 세상에서도 사하심을 얻지 못하리라 [33]나무도 좋고 열매도 좋다 하든지 나무도 좋지 않고 열매도 좋지 않다 하든지 하라 그 열매로 나무를 아느니라 [34]독사의 자식들아 너희는 악하니 어떻게 선한 말을 할 수 있느냐 이는 마음에 가득한 것을 입으로 말함이라 [35]선한 사람은 그 쌓은 선에서 선한 것을 내고 악한 사람은 그 쌓은 악에서 악한 것을 내느니라 [36]내가 너희에게 이르노니 사람이 무슨 무익한 말을 하든지 심판 날에 이에 대하여 심문을 받으리니 [37]네 말로 의롭다 함을 받고 네 말로 정죄함을 받으리라

이 단락에는 다음과 같은 내용이 담겨있다.

I. 그리스도께서 사탄을 영광스럽게 정복하심. 그는 하나님의 허락하심으로, 사탄의 권세 아래 있었고 그의 소유로 있었던 자를 은혜로이 고치심으로 사탄을 정복하셨다(22절). 여기서 다음을 관찰하라.

1. 그 사람의 처지가 매우 애처로웠다. 그는 귀신 들린 상태였다. 그리스도의

시대에 이런 경우들이 더 많았는데, 이는 그리스도의 권능이 더욱 높임을 받고 사탄을 대적하여 이기시려는 그의 목적이 더욱 밝히 드러나서, 그가 마귀의 일을 멸하러 오셨다는 것이 더 분명하게 드러나도록 하기 위함이었다. 귀신에 들린 이 불쌍한 사람은 게다가 눈이 멀고 말도 못했다. 이 얼마나 비참한가! 눈으로 보지도 못했고, 말도 하지 못하여 다른 사람의 도움을 청할 수도 없는 처지였다. 사탄의 권세 아래에 있고 그에게 사로잡혀 있는 영혼은 하나님의 일들에 대해 눈이 멀어 있고, 은혜의 보좌 앞에서 말을 하지 못한다. 아무것도 보지 못하고, 아무 말도 하지 못하는 것이다. 사탄이 믿음의 눈을 감기고, 기도의 입술을 닫아 버리는 것이다.

2. 그가 고침받은 일이 매우 이상스럽다. 그리고 그 일이 이루어졌기 때문에 더욱더 그렇다. 예수께서 고쳐 주시매. 주목하라. 사탄을 정복하고 그에게서 해방시키는 것이 영혼을 고치는 것이다. 원인이 제거되면, 곧바로 그 결과도 사라진다. 그리하여 그 말 못하는 사람이 말하며 보게 된지라. 주목하라. 그리스도의 자비하심은 사탄의 악의와, 그의 호의는 귀신의 악행과 정반대 되는 것이다. 영혼을 사로잡던 사탄의 권세가 깨어지면, 눈이 떠져서 하나님의 영광을 보게 되고, 입술이 열려서 그를 찬양하게 되는 것이다.

II. 그가 사람들에게 주신 확신.   무리가 다 놀라 이르되. 그리스도께서는 전에도 이런 유의 다양한 이적들을 행하신 바 있다. 그러나 그 이직이 자주 반복된다고 해서 그것이 덜 놀랍게 된다거나, 사람들이 덜 놀라게 되는 것이 아니다. 사람들은 이 이적을 보고서 이렇게 유추하였다: "이는 다윗의 자손이 아니냐? 다윗의 자손에게서 난다고 약속되신 그 메시야가 아니냐? 이 사람이 장차 반드시 오리라 한 그분이 아니냐?" 우리는 이것을 다음 두 가지 중 하나의 의미로 취할 수 있을 것이다.

1. 사실 여부를 묻는 질문으로. 그들은, 이는 다윗의 자손이 아니냐? 라고 물었다. 그러나 그들은 답변을 기다리지 않았다. 그럴 것 같다는 인상은 받았으나, 그것은 일시적인 것에 지나지 않았다. 그들은 아주 좋은 질문을 제기했으나, 금방 사라졌고, 계속 답을 찾으려 하지 않았다. 이런 식의 신념들이 머리에 들어와 박혀야 한다. 그래야 그 다음에 마음에도 들어와 박힐 것이다. 아니면,

2. 사실을 긍정하는 질문으로. 이는 다윗의 자손이 아니냐? "그렇다. 분명 그렇다. 그렇지 않을 수가 없다. 이런 이적들이 일어나는 것을 보니, 메시야의 나라

가 지금 세워지고 있는 것이 분명하다." 그리스도의 이적들을 근거로 이런 생각을 유추해낸 것은 일반 백성들이요, 비천한 자들이었다. 무신론자들은 이렇게 말할 것이다: "그것은 그들이 바리새인들보다 덜 까다롭기 때문이었다." 그러나 그렇지 않다. 사실이 너무도 명확했고, 따지고 살펴야 할 필요가 없었다. 그들이 그런 생각을 한 것은 세상적인 관심사로 인해서 생긴 편견과 치우친 정도가 덜했기 때문이다. 그리스도께서 메시야시요 세상의 구주시라는 이 큰 진리가 너무도 분명하게 깨닫기 쉽게 되었기 때문에, 일반 백성들조차도 그것을 놓칠 수가 없었던 것이다. 우매한 행인이라도 그 길에서 잘못을 행하지 못하리라(사 35:8). 그것을 찾는 자는 다 찾았다. 지혜롭고 슬기 있는 자들에게서는 숨겨진 것들이 어린아이들에게 나타났다는 것은 하나님께서 은혜로 자신을 낮추신 하나의 사례인 것이다. 세상이 자기 지혜로 하나님을 알지 못하였고, 지혜자들이 어리석은 일들로 혼란에 빠진 것이다.

Ⅲ. 바리새인들의 신성모독적인 비방(24절).　　바리새인들은 다른 사람들보다 하나님의 율법에 대한 지식도 더 많고 열심도 더 큰 것처럼 행동하는 자들이었다. 그러나 그들은 그리스도와 그의 가르침에게는 가장 완강한 원수들이었다. 그들은 사람들 사이에서 그들이 지닌 명성을 자랑스러워했고, 그것이 그들의 교만을 키웠고, 그들의 권세를 뒷받침했고, 그들의 주머니를 가득 채웠다. 그런데 이는 다윗의 자손이 아니냐?라는 사람들의 말을 듣자, 극도로 분노하였다. 이적 그 자체보다는 그 말에 더 분개하였고, 그 말 때문에 우리 주 예수에 대해 질투하게 되었다. 그리고 백성들이 그를 높이 떠받들수록 그들에 대한 관심과 존경은 뒤로 사라질 수밖에 없다는 것을 알고 있었으므로 그를 시기한 것이다. 마치 여인들이 노랫소리를 듣고서 사울이 다윗에 대해 시기한 것처럼 말이다(삼상 18:7, 8). 주목하라. 사람들의 칭찬과 박수에서 행복을 찾는 자들은 다른 사람에 대해 호의적인 말이 들릴 때마다 마음에 불편함을 갖게 된다. 그리스도께서 존귀와 찬양으로부터 피하셨으나 그 그림자가 그를 뒤따랐고, 존귀와 찬양을 열렬히 구했던 바리새인들은 존귀와 찬양을 열렬히 구했으나 그것이 그들을 피해 간 것이다. 바리새인들은 이렇게 말했다: "이가 귀신의 왕 바알세불을 힘입지 않고는 귀신을 쫓아내지 못하느니라. 그러니 이 자는 다윗의 자손이 아니니라." 다음을 관찰하라.

1. 그들이 그리스도에 대해 얼마나 모욕적인 언사를 쓰는지를 보라. 이 자가

(한글 개역개정판은 "이가"로 번역함). 마치 부어진 향유와 같은 그의 고귀한 이름이 입에 올릴 만한 가치조차 없는 것처럼 취급한 것이다. 그들의 교만하고 사람을 깔보는 자세와, 또한 그들의 마귀적인 시기심이 여기서 단적으로 드러나고 있다. 백성들이 그리스도를 존귀하게 여길수록 그들은 더욱 열심히 그를 비방하였다. 자기들이 초라하다고 해서 선한 사람들에 대해 비방하는 것은 나쁜 일이다.

2. 그리스도의 이적에 대해 얼마나 신성모독적으로 말하는지를 보라. 사실은 그들로서도 부인할 수가 없었다. 귀신들이 그리스도의 말씀으로 쫓겨난 사실은 태양만큼이나 밝고 분명했다. 또한 그 일이 놀라운 초자연적인 일이라는 것도 부인할 수 없었다. 이렇게 전제를 인정할 수밖에 없는 처지가 되자, 그들로서 이는 다윗의 자손이다라는 결론을 피하는 방법은 그리스도가 바알세불을 힘입어 귀신을 쫓아냈으며 그리스도와 귀신 사이에 무언가 묵계가 있었다는 식으로 제안하는 것밖에는 없었다. 그리하여 그들은 그리스도가 귀신을 쫓아낸 것이 아니라, 귀신이 그 묵계에 동의하여 고의로 자발적으로 물러간 것이었으며, 혹은 귀신의 왕과 합의가 되어 있었으므로 그가 하급의 귀신들을 내어쫓을 수가 있었다는 식으로 이야기한 것이다. 진리 그 자체이신 그가 거짓의 아비와 내통하여 세상을 속였다는 것처럼 지독하게 거짓되고 악한 비방은 없을 것이나. 이것은 지극히 명백한 확신을 스스로기로 작정한 자들의 마지막 탈출구, 아니 핑계요, 혹은 완악한 불신앙의 마지막 표현이다. 관찰하라. 귀신들 중에 왕, 혹은 하나님으로부터 배도하고 그를 거슬러 반역한 우두머리가 있는데, 이 왕이 바로 바알세불, 즉 파리의 신, 혹은 똥더미 신이다. 오 계명성이여 네가 어떻게 빛의 천사의 위치에서 떨어져 파리의 왕이 되었는고! 그러나 이는 귀신들의 왕이요, 지옥의 영들의 무리의 대장이다.

IV. 이 사악한 비방에 대한 그리스도의 답변(25-30절). 예수께서 그들의 생각을 아시고. 주목하라. 예수 그리스도는 언제든 우리가 무슨 생각을 하는지를 아시며, 사람 속에 무엇이 있는 지를 아신다. 그는 멀리서도 우리의 생각을 아신다. 바리새인들은 부끄러워 겉으로 발설하지 못하고 속으로 생각만 갖고 있었던 것 같다. 그런 말로 백성들이 만족할 것 같지 않았고, 그리하여 속으로 그들 자신의 양심의 확신들을 잠재우는 데에만 사용한 것이다. 주목하라. 많은 이들이 그들이 지니고 있는 부끄러운 것들 때문에 의무를 소홀히 하나, 예수 그리스도께서는 이 모든 것을 다 아신다. 아마 바리새인들은 자기들 가운데서는 그런 생각을 서로 나누어서 서로 완악한 자세를 견지하도록 했을 것이다. 그러나 그리스도께서는 그들의 생각을 다 아시고 그것에 대해 답변하셨다. 그들이 무슨 생각을 갖고 있으며 무슨 원리로 그런 생각을 하는지를, 그들이 성급하게 이야기하지는 않았으나 뿌리 깊은 악의에서 그런 생각이 나왔다는 것을 그는 다 알고 계셨던 것이다.

그들의 생각에 대한 그리스도의 답변은 풍부하고도 설득력 있었고, 불과 유황으로 모든 사람들의 입이 잠잠해지기 전에 합당한 논리와 이성으로 그들의 입을 잠잠케 하는 것이었다. 바리새인들의 이런 생각이 불합리하다는 것을 입증하기 위해 그리스도께서는 세 가지 논지를 제시하신다.

1. 사탄이 그런 묵계를 통해서 쫓겨난다는 것은 매우 이상스럽고도 개연성이 희박한 일이다. 그렇다면 그것은 사탄의 나라가 스스로 분쟁하는 것인데, 사탄의 교묘함을 생각할 때에 상상조차 할 수 없는 일이다(25, 26절).

(1) 여기서 익히 아는 법칙이 제시된다. 곧, 서로 분쟁하는 사회는 반드시 함께 망한다는 것이다. 스스로 분쟁하는 나라마다 황폐하여질 것이요, 스스로 분쟁하는 가족도 마찬가지다. "적의와 불화에 전복되지 않을 만큼 강한 가정이, 그렇게 든든한 사회가 어디 있는가?" (키케로). 분열은 대개 황폐화로 끝난다. 우리가 서로 싸우면 서로 깨어진다. 서로 분리되면 공동의 적에게 손쉬운 먹이가 되고 만다. 더욱이 서로 물고 먹으면 피차 멸망하는 법이다(갈 5:15). 교회들과 국가들이 뼈아픈 경험을 통해서 이 사실을 다 잘 알고 있다.

(2) 당면한 현실에 이 법칙을 적용시키신다(26절). 만일 사탄이 사탄을 쫓아내면, 귀신의 왕이 그 하급의 귀신들과 불화한다면, 그 나라 전체가 곧 깨어지고 말 것이다. 아니, 만일 사탄이 그리스도와 협약을 한다면, 그것이 바로 그 자신의 패망이 될 것이다. 그리스도의 복음 전파와 이적들의 분명한 목적과 경향이 바로 사탄의 나라를 어둠과 악과 하나님을 향한 적의의 나라로 간주하여 무너뜨리는 것이었고, 또한 그 폐허 위에다 빛과 거룩함과 사랑의 나라를 세우는 것이었으니 말이다. 그러므로 바알세불이 그런 계획에 수긍하여 그 속으로 들어갔다고 생각한다면, 그것은 그야말로 가장 어처구니없는 생각이 될 것이다. 만일 그리스도와 함께 했다가 그가 무너지면, 어떻게 그의 나라가 서겠느냐? 사탄 자신이 자기 나라의 패망에 기여하는 꼴이 될 것이다. 주목하라. 귀신에게

는 나라가 있고, 하나님과 그리스도를 대적하는 공통의 관심사가 있는데, 그는 자신의 능력을 최대한으로 발휘하여 그것을 지킬 것이요, 절대로 그리스도의 뜻을 따르지 않을 것이다. 그리스도께서 그를 정복하시고 깨뜨리셔야 하며, 따라서 그 스스로는 그리스도께 굴복할 수가 없는 것이다. 빛과 어둠이 어찌 사귀며 그리스도와 벨리알이, 그리스도와 바알세불이 어찌 조화되리요? 그리스도께서 귀신의 나라를 멸하실 것이다. 그러나 바알세불과 은밀하게 협약을 맺는 식의 하찮은 간계를 써서 그 일을 하실 필요는 없다. 아니다. 그는 더 고귀한 방법들로 그 승리를 얻으시는 것이다. 귀신의 왕이 총력을 기울이고, 모든 권세와 정권을 다 동원하고 긴밀하게 모든 힘을 결집시킨다 해도, 그의 연합 세력도 그리스도와는 도저히 견줄 수 없을 것이요, 그의 나라는 결코 서지 못할 것이다.

2. 귀신들이 하나님의 영으로 말미암아 쫓겨난다는 것이 전혀 이상하거나 개연성이 없는 일이 아니었다. 왜냐하면,

(1) 너희의 아들들은 그렇게 하지 않고 달리 어떻게 쫓아내느냐? 유대인들 중에는 지극히 높으신 하나님이나 아브라함과 이삭과 야곱의 하나님의 이름을 빌려서 때때로 귀신을 쫓아내는 자들이 있었다. 요세푸스는 그의 시대에 그런 자가 있었음을 보도하고 있다. 악귀를 쫓아내는 유대인들을 볼 수 있고(행 19:13), 또한 주의 이름으로 귀신을 내쫓으면서도 그를 따르지 않는 자도 있었고(막 9:38), 또한 그리스도를 신실하게 섬기지 않는 자들도 있었다(7:22). 바리새인들은 이런 자들을 징죄하지 않았고, 그들이 한 행위를 하나님의 영이 하신 것으로 간주하여 그것을 높이 기렸다. 그러니, 그들이 다른 이들은 하나님의 영으로 말미암아 귀신들을 쫓아낸다고 인정하면서, 그리스도께서는 바알세불과의 묵계로 귀신을 쫓아낸다고 간주하니, 이것은 순전히 그리스도에 대한 시기와 미움에서 나온 것이었다. 주목하라. 악의를 가진 사람들은, 특히 그리스도와 기독교를 사악하게 박해하는 자들은, 자기들이 선호하는 자들이 행하면 인정하고 박수를 칠 일을 그들이 미워하는 자들이 행하면 그 일을 정죄하는 식으로 처신한다. 사실 때문에가 아니라 사람 때문에, 정당한 이유가 있어서가 아니라 편견 때문에 시기로 판단하는 것이다. 얼굴은 알고 있으나 그 외에는 아무것도 모르는 그런 자들은 모세의 자리에 앉아 재판을 행하기에는 부적격자들이었다. 그러므로 그들이 너희의 재판관이 되리라. "마지막 그 큰 날에 이렇게 너희가 스스로 모순되게 행하는 것이 일어나 너희를 판단할 것이요, 너희를

정죄하리라." 주목하라. 마지막 심판 때에는 모든 죄는 물론 죄를 부추긴 행위까지도 하나하나 다 판단을 받을 것이며, 옳고 선했던 우리의 생각들이 우리를 대적하여 증거할 것이요, 우리의 편파성을 정죄할 것이다.

(2) 이처럼 귀신을 쫓아내는 것은 하나님의 나라가 다가오며 나타난다는 확실한 증표였다(28절). "그러나 사실이 과연 그렇듯이, 내가 하나님의 성령을 힘입어 귀신을 쫓아내는 것이면, 너희는 인정하기를 원치 않겠지만, 이제 메시야의 나라가 너희 가운데 세워지려 하고 있다고 결론지을 수밖에 없다." 그리스도께서 행하신 다른 이적들은 그가 하나님께로부터 보내심을 받았음을 입증했다. 그러나 이 이적은 그가 귀신의 나라와 그의 역사를 무너뜨리기 위해 하나님께로부터 보내심받았음을 입증하는 것이었다. 여자의 후손은 뱀의 머리를 상하게 할 것이라(창 3:15)는 위대한 약속이 여기서 분명히 성취된 것이다. "오랫동안 기다려온 그 하나님의 나라의 영광스러운 역사가 이제 시작되고 있으니, 그것을 가벼이 여기면 너희가 멸망에 빠질 것이다." 주목하라. [1] 귀신의 권세를 파괴하는 일은 하나님의 영이 하시는 일이다. 믿음의 순종을 이루시는 성령께서 불신앙과 불순종의 아들들 가운데서 역사하는 그 영의 도모를 뒤집어엎으시는 것이다. [2] 귀신들을 쫓아내는 일이야말로 하나님 나라의 분명한 서막을 알리는 사건이다. 한 사람의 영혼 속에서 역사하던 귀신의 활동이 관습이나 외형적인 제재 수단을 통해서 통제를 받을 뿐 아니라 거룩하게 하시는 분(Sanctifier)이신 하나님의 영으로 말미암아 깨어지고 무너진다면, 이는 그 영혼에게 하나님의 나라가, 저 영광의 나라의 복된 보증이 되는 그 은혜의 나라가 임한 것임에 틀림없다.

3. 그리스도께서는 자신이 행하신 이적들을, 특히 귀신들을 쫓아내는 이 이적들을, 그의 가르침과 및 그의 거룩한 신앙의 목표와 성향과 비교하심으로써 그가 사탄과 동맹 관계에 있기는커녕 오히려 사탄을 공공연히 대적하며 그와 싸우고 계신다는 것을 입증하신다. 사람이 먼저 강한 자를 결박하지 않고서야 어떻게 그 강한 자의 집에 들어가 그 세간을 강탈하겠느냐 결박한 후에야 그 집을 강탈하리라(29절). 집이 강한 자의 소유가 되어 그의 권세 아래 있는 것처럼 어둠과 악 속에 있는 세상은 사탄의 소유가 되어 있고 그의 권세 아래 있다. 중생하지 못한 영혼은 모두 그런 상태에 있다. 사탄이 거기에 거주하며 거기서 다스리는 것이다. 그런데, (1) 그리스도의 복음의 의도는 귀신이 강한 자로서 세상 속에

서 지키고 있는 그의 집을 파괴하는 것에 있었다. 사람들을 어둠에서 빛으로, 죄에서 거룩으로, 이 세상에서 더 나은 세상으로, 사탄의 권세에서 하나님께로 돌아오게 하는 데 있었다(행 26:18). (2) 이 목표를 위하여, 그는 그의 말씀으로 더러운 영들을 쫓아내심으로써 강한 자들을 결박하셨다. 귀신의 손에서 규(sceptre)를 강탈하시려고 그의 손에서 검을 강탈하신 것이다. 그리스도의 가르침은 그의 이적들을 어떻게 이해해야 할지를 가르쳐 주며, 또한 모든 귀신을 사람들의 몸에서 그렇게도 쉽고도 효과적으로 쫓아내시는 것을 보여주시면서 모든 신자들에게, 사탄이 권세를 찬탈하여 사람의 영혼 속에서 역사한다 할지라도 그리스도께서는 그의 은혜로 그것을 깨뜨리리라는 소망을 갖도록 격려하시는 것이다. 그가 귀신을 결박하실 수 있다는 것이 나타나고 있으니, 귀신을 완전히 무너뜨리시는 일도 이루어질 것이다. 민족들이 우상을 섬기는 데에서 돌이켜 살아 계신 하나님을 섬기게 되고, 악하디 악한 죄인들 중에서 몇몇이 거룩하게 되고 의롭다 하심을 받아 최고의 성도들이 될 때에, 그리스도께서는 귀신의 집을 망하게 하신 것이요, 더욱더 그 집을 망하게 하실 것이다.

4. 또한 그리스도께서 귀신과 그의 나라에 대해 힘을 다하여 수행하시는 이 거룩한 싸움에는 중립을 지키는 일이 허용되지 않는다는 것이 여기서 시사되고 있다. 나와 함께 아니하는 자는 나를 반대하는 자요(30절). 그리스도의 제자들 사이에서 생길 수 있는 사소한 차이들에 있어서는, 그런 차이들을 최소화하고 너희를 반대하지 않는 자는 너희를 위하는 자(눅 9:50)로 여기고 서로 평화를 추구할 것을 가르침받는다. 그러나 그리스도와 귀신 사이의 이 큰 싸움에서는 평화를 추구해서도, 그 문제에 대해 개의치 않는 자들에 대해 호의적인 자세를 가져서도 안 된다. 그리스도를 향하여 마음을 다하지 않는 자들은 사실 그를 반대하는 것으로 간주해야 한다. 그리스도의 대의에 대해 냉담한 자는 적으로 바라보아야 한다. 하나님과 바알이 서로 대적할 때에는, 둘 사이에 중립적인 입장을 취하는 것은 있을 수 없다(왕상 18:21). 그리스도와 벨리알 사이에도 중간적인 입장이 있을 수 없다. 그리스도의 나라는 귀신의 나라를 영원히 대적하며, 또한 그 나라에 대해 영원히 승리할 것이기 때문이다. 그러므로 이 대의에는 요단 강 저쪽의 길르앗이나 해변의 아셀과 함께 조용히 머물러 있는 것은 허용되지 않는다(삿 5:16, 17). 전적으로 신실하게 불변하게 그리스도의 편에 있어야 한다. 그 쪽이 올바른 쪽이며, 또한 결국 승리를 거두는 쪽이다(참조.

출 32:26).

그 다음의 말씀도 동일한 의미다: 나와 함께 모으지 아니하는 자는 헤치는 자니라. 주목하라. (1) 그리스도께서 이 세상에 오셔서 하시는 임무는 모으는 일이었다. 추수로 모아들이며, 아버지께서 그에게 주신 자들을 모으는 일이었다(요 11:52; 엡 1:10). (2) 그리스도께서는 그와 함께 하는 자들에게 그와 함께 모으기를 기대하시고 또한 요구하신다. 그들은 자기들 스스로 그에게 모여들어야 하며, 동시에 그 처한 곳에서 할 수 있는 대로 다른 이들을 그리스도께 모아야 하며, 그리하여 그리스도의 대의를 섬겨야 한다. (3) 그리스도의 나라의 전진을 위하여 행동하지 않는 자들은 그 나라를 방해하는 자들로 간주될 것이다. 만일 우리가 그리스도와 함께 모으지 아니하면, 우리는 헤치는 자들이다. 해(害)를 끼치지 않는 것만으로는 부족하다. 반드시 선을 행해야 하는 것이다. 그리스도께서 그 자신과 사탄 사이의 반목을 이렇게 확대시키시는 것은 바리새인들이 속으로 생각하는 것 같은 그런 밀약(密約)이 둘 사이에 결코 없음을 보여주기 위함이었다.

V. 그리스도께서 이를 계기로 말로 하는 죄에 대하여 강론하심. 그러므로 내가 너희에게 이르노니. 그는 바리새인들에게서 백성들에게로, 논쟁하던 데에서 가르치는 데로 주의를 돌리시는 것 같다. 그는 바리새인들의 죄에 근거하여 백성들에게 말로 하는 죄의 세 종류에 관하여 경고하신다. 다른 이들의 악행들이 우리에게 교훈이 되기 때문이다.

1. 성령을 모독하는 것이야말로 말로 하는 죄 가운데 가장 악한 것이요 이는 사하심을 얻지 못한다(31, 32절).

(1) 복음의 조건에 따라 모든 죄가 사하심을 받는다는 은혜로운 확신이 여기에 있다. 아무리 죄가 크더라도 진정으로 회개하고 복음을 믿으면 그 죄가 하나님께서 우리를 용납하시는 데에 전혀 장애거리가 되지 못하리라는 말씀은, 그리스도께서 우리에게 주시는 말씀이요 또한 매우 위로가 되는 말씀이다. 사람에 대한 모든 죄와 모독은 사하심을 얻되. 그 죄가 진홍 같이 붉을지라도(사 1:18), 그 본질이 아무리 사악하며 주변의 정황으로 인하여 아무리 완악해졌고 또한 아무리 자주 반복되었다 할지라도, 그 죄가 하늘에 이를지라도, 주께는 하늘 너머에까지 이르는 긍휼이 있는 것이다. 그의 긍휼은 심지어 하나님의 이름과 존귀를 직접 손상시키는 모독의 죄까지도 포용하는 것이다. 바울은 전

에 모독자였으나(딤전 1:13. 한글 개역개정판은 '비방자'로 번역함), 긍휼을 입었다. 우리로서는 다음과 같이 고백할 수도 있을 것이다: 주께서 죄악과 허물을 사유하시니 주와 같은 신이 어디 있으리이까?(미 7:8). 또한 심지어 누구든지 말로 인자를 거역해도 사하심을 얻는다. 그리스도께서 죽으실 때에 그를 비방했던 자들처럼, 수많은 사람들이 죄를 회개했고, 긍휼을 입었다. 여기서 그리스도께서는 모든 사람들에게 하나의 모범을 세우셨다. 곧, 말로 비방하는 자들을 용서하라는 것이다. 나는 못 듣는 자 같이 듣지 아니하고(시 38:13). 관찰하라. 누구든지 말로 인자를 거역하면 사하심을 얻되. 그러나 귀신은 여기에 해당되지 않는다. 사람이 지은 모든 죄가 사하심을 받는다는 것은, 인류의 세계 전체에 대한 — 이 세계는 타락한 천사들의 세계 위에 있다 — 그의 사랑인 것이다.

(2) 그러나 성령을 모독하는 것은 예외로서 사하심을 얻지 못한다. 여기서 다음을 보라.

〔1〕 이 죄의 본질. 이것은 성령을 모독하여 말하는 것이다. 유일하게 사하심을 얻지 못하는 죄가 말로 하는 죄에 속하니, 말로 하는 죄가 얼마나 악한지를 알 수 있다. 그러나 예수께서 그들의 생각을 아시고(25절). 여기의 성령을 모독하는 것이란, 성령의 위격이나 본질을 거슬러서나 성령의 좀 더 은밀한 역사하심을 거슬러서, 혹은 죄인 속에 역사하시는 성령의 뜻을 단순히 저항하여 말하는 것을 뜻하는 것이 아니다. 만일 그런 것을 뜻한다면 과연 누가 구원받을 수 있겠는가? 인간의 법에서도 사면 법(act of indemnity)은 언제나 그 해당 법이 의도하는 바 은혜와 관용을 선호하는 쪽으로 이해된다. 그러므로 어떤 법의 예외 조항은 반드시 필수적인 경우 이상으로 확대되는 것이 아니다. 복음은 일종의 사면 법이다. 이 법에는 어느 누구도 이름으로나 설명으로나 예외가 없고, 오직 성령을 모독하는 자만 예외에 해당되며, 따라서 이 예외는 가장 좁은 의미로 보아야 한다. 예외에 해당될 것으로 추정되는 모든 죄인들이 사면의 조건, 즉 믿음과 회개에 의해서 다 제외되며, 따라서 다른 예외들도 그 이상 확대시킬 수가 없는 것이다. 그러나 여기 나타나는 모독은 여기서 제외된다. 하나님의 긍휼이나 그리스도의 공로에 결점에 있어서가 아니라, 그것이 불가피하게 죄인을 불신앙과 회개하지 않는 완악함 속에 내버려두기 때문이다. 그리스도께서 하나님의 아들이심을 믿으며 또한 그의 공로와 자비에 참여하기를 진정 사모하는 자들 중에는 아무도 이 죄를 범하지 않는다고 생각하는 것이 합당하다.

그리고 스스로 이 죄를 범한 것이 아닌가 하여 두려워하는 자들은 그 두려워하는 것이 바로 그 죄를 범하지 않았다는 좋은 증표라 할 것이다. 박식한 휘트비 박사는, 그리스도께서는 일어난 일에 대해 말씀하신 것이 아님을 잘 지적하였다: 누구든지 성령을 모독하는 자는(막 3:18; 눅 12:10). 그리스도께서 이 땅에 계실 때에 그를 모독하며 그를 술 취한 자, 사기꾼, 신성모독자 등으로 부른 자들에 대해서는 다소 변명의 여지가 있다. 그의 외모가 초라했고, 민족이 그에 대해 편견을 가지고 있었고, 그의 신적인 사명에 대한 증거가 그의 승천 이후에야 완전해졌으므로, 회개하면 사하심을 받을 것이었다. 그리고 성령이 부어지시면 그를 배반했고 그를 살해하는 데 가담했던 자들도, 성령이 부어지신 후에는 납득하게 될 수가 있었고, 실제로 그 중 많은 이들이 모든 것을 깨닫고 회개하였다.

그러나 만일 성령이 내적인 계시의 은사로써 역사하시며, 사도들 가운데서 방언으로 말하는 등 성령의 역사하심이 분명히 나타나는데도 계속해서 성령을 악령으로 간주하며 모독하면, 그들에게는 그리스도를 믿는 믿음에로 나아올 소망이 전혀 없다. 왜냐하면, 첫째로, 사도들에게서 나타나는 성령의 은사들은 복음을 확증하기 위해 하나님께서 사용하신 마지막 증거로서, 다른 방법들이 다 사용된 후에 맨 마지막에 사용되었기 때문이다. 둘째로, 성령의 은사들이야말로 가장 강력한 증거로서, 이적 자체보다 더 설득력이 있었기 때문이다. 셋째로, 그러므로 성령의 이러한 역사하심을 모독하는 자들은 그리스도를 믿게 될 수가 없다. 바리새인들이 그리스도의 이적들을 그렇게 간주하듯이, 그런 성령의 역사들을 사탄의 것으로 간주하는 자들을 대체 어떻게 납득시킬 수 있겠는가? 그러니 이것은 어떻게 해도 거기서 사람을 끄집어 내올 수 없는 불신앙의 강력한 보루이며, 따라서 사하심을 받을 수가 없다. 왜냐하면 회개라는 것이 그 죄인들의 시야에서 완전히 가려져 있기 때문이다.

[2] 그 죄를 지은 자들에게 선포되는 선고의 내용. 이 세상과 오는 세상에서도 사하심을 얻지 못하리라. 유대인 교회의 당시 현 상태에서 짐짓 죄를 범하는 자에게 속죄하는 제사가 없었던 것처럼, 복음의 은혜의 경륜 아래서도 — 성경은 이를 흔히 오는 세상이라 부른다 — 언약의 피를 부정한 것으로 여기고 은혜의 성령을 욕되게 하는 자들에게는 사하심이 없다. 치료를 베푸는 자를 그렇게도 정면으로 대적하는 죄에 대해서는 치료할 수가 없는 것이다. 우리의 옛 법에 모

독에 대해서는 성역이 없다는 법칙이 있었다. 아니면, 지금도, 그 큰 날에도 사하심을 얻지 못하리라의 뜻으로 볼 수도 있다. 곧, 죄인 자신의 양심에서도 사하심을 얻지 못하고, 사하심이 최종적으로 선포될 그 날에도 사하심을 얻지 못하리라는 뜻이다. 아니면, 이 말씀은 그 죄를 범한 죄인이 세상적인 형벌과 영원한 형벌을, 현재의 진노와 장차 올 진노를 받으리라는 뜻으로 볼 수도 있을 것이다.

2. 그리스도는 여기서 다른 사악한 말들에 대해서, 마음을 지배하는 부패의 산물이요 거기서부터 나오는 것임을 말씀하신다(33-35절). 예수께서는 그들의 생각을 아셨다고 말씀한 바 있는데(25절), 여기서는 그가 그들을 염두에 두시고, 그들의 마음이 그렇게 적의와 악의가 가득하니 그렇게 악하게 말하는 것이 이상한 일이 아님을 보여주신다. 그들 스스로 의로운 사람으로 가장하여 마음속의 것을 위장하고 덮으려고 노력하였으나 그렇게 되지 않은 것이다. 그리하여 우리 주 예수께서는 문제의 근원을 지적하시고 치료하신다. 마음이 거룩해지면 그것이 우리의 말로 나타날 것이라는 것이다.

(1) 마음은 뿌리요, 겉으로 발설되는 언어는 열매다(33절). 나무가 좋으면 거기에 따라서 열매도 좋다. 마음속에서 은혜가 지배하면, 언어가 가나안의 언어가 될 것이다. 그리고 반대로 무슨 정욕이든, 정욕이 마음을 지배하면 그것이 겉으로 드러난다. 폐가 병들면 숨이 고르지 못하게 된다. 사람의 언어를 보면 그 사람이 어느 나라 사람인지를 알 수 있다. 이와 마찬가지로 사람의 말을 보면 그의 마음이 어떤 상태인지를 아는 것이다. "나무도 좋고 열매도 좋다 하든지. 마음이 순결해지면 입도 삶도 순결해질 것이다. 아니면 나무도 좋지 않고 열매도 좋지 않다 하든지 하라. 품종 나쁜 나무를 좋은 나무가 되게 하려면 그 나무에 좋은 나무의 순을 접붙이면 된다. 그러면 그 열매도 좋아질 것이다. 그러나 그 나무가 그 상태 그대로 있으면, 아무리 좋은 곳에다 심고 아무리 열심히 물을 주어도, 좋지 않은 열매를 맺을 수밖에 없다." 주목하라. 마음이 변화되지 않으면 절대로 삶이 철저히 변화되지 않는 법이다. 이 바리새인들은 수치스러워서 예수 그리스도에 대한 자기들의 악한 생각을 말로 발설하지 못하였다. 그러나 그리스도께서는 여기서, 그들이 속에 있는 쓴 뿌리를 죽이려는 노력을 전혀 하지 않고 그저 그것을 감추려고만 애쓰는 것이 얼마나 헛된 일인가를 암시하시는 것이다. 주목하라. 겉으로만 좋게 보이는 것보다 정말로 좋아지는 것에

더 마음을 써야 하는 것이다.

(2) 마음은 샘이요, 말은 거기서 흐르는 시냇물이다. 샘이 넘쳐서 시냇물이 되어 흐르듯이, 마음에 가득한 것을 입으로 말함이라(34절). 샘이 그 물을 솟구쳐 냄 같이 악한 마음이 악을 드러낸다고 말씀한다(렘 6:7). 솔로몬이 말씀하는 그런 흐려진 우물과 더러워진 샘(잠 25:26)은 반드시 불쾌한 흙탕물을 흘려보내기 마련이다. 악한 말은 순전히 악한 마음에서 나오는 자연스런 산물이다. 더러운 말을 정결케 하는 방법은 은혜의 소금을 샘에다 뿌려서 물을 깨끗하게 하는 것 밖에는 없다. 말을 소금으로 맛을 냄과 같이 하여서 부패한 언행을 정결케 하여 야 한다(골 4:6). 너희는 악하니 어떻게 선한 말을 할 수 있느냐? 그들은 독사의 자 식들이었다. 세례 요한도 그들을 그렇게 부른 바 있었는데(3:7), 그들은 여전 히 동일한 상태였다. 구스인이 그의 피부를 변하게 할 수 있느냐?(렘 13:23). 사람 들은 바리새인들을 거룩한 자들로 우러러보았으나, 그리스도는 그들을 독사의 자식들이라 부르신다. 곧, 그리스도와 그의 복음을 대적하는 뱀의 후손이라는 것이다. 그러니 독사의 자식들에게서 독과 악의가 가득한 것 외에 달리 무엇을 기대할 수 있었겠는가? 독사가 어떻게 독이 없을 수가 있단 말인가? 주목하라. 다음의 옛 사람들의 속담처럼, 악한 사람에게서는 악한 일밖에는 기대할 수 없 는 것이다: 악은 악인에게서 난다(삼상 24:13). 어리석은 자는 어리석은 것을 말하 며(사 32:6). 사람이 마땅히 선한 것을 말하여야 하나, 스스로 악한 자들은 선 한 것을 말할 재주도, 뜻도 없는 것이다. 그리스도께서는 제자들이 과연 그들 이 어떤 사람들에 둘러싸여 살고 있는지를 알고 또한 그들에게서 무엇을 기대 할 것인가를 알기를 바라셨을 것이다. 그들은 에스겔처럼 전갈 가운데에 있는 것이요(겔 2:6), 따라서 그들이 물어뜯고 찌르더라도 이상하게 여겨서는 안 되 는 것이었다.

(3) 마음은 보고(寶庫)요, 말은 그 보고에서 꺼낸 물건들이다(35절). 그러므 로 그것들에서 사람의 성품이 드러나고 또한 그것으로 어떤 사람인가 하는 것 을 판단할 수도 있다.

〔1〕 기회가 있을 때마다 마음에 쌓은 선에서 선한 것을 내는 것이 선한 사람의 성품이다. 은혜, 위로, 체험, 선한 지식, 선한 정서, 선한 결단 등이 마음에 쌓 은 선이다. 하나님의 말씀이 마음에 숨겨져 있고, 하나님의 법이 거기에 기록 되어 있으며, 하나님의 진리들이 거기에 거하며 그것을 다스린다. 그러므로 값

진 보화가 마음속에 은밀하고도 안전하게 자리잡고 있어서, 언제든 기회가 있을 때마다 그것이 곧바로 발휘되는 것이다. 이렇게 선한 보화를 지닌 선한 사람은 마치 요셉이 곡식 창고를 열 듯이, 선한 것을 내고, 선한 것을 말하고 행하여 하나님께 영광을 돌리고 다른 이들을 강건케 하는 것이다(잠 10:11, 13, 14, 20, 21, 31, 32). 바로 이것이 선한 것을 내는 것이다. 어떤 이들은 선한 것이 없으면서 선한 것을 내는 척한다. 그러니 이들은 곧바로 파산하고 만다. 어떤 이들은 속에 선한 것이 있는 척하나 아무런 증거도 보여주지 못한다. 속에 선한 것이 있으면 좋겠다는 소망을 갖고 있고, 말이나 행동이 어떻든 간에 선한 마음을 갖고 싶어한다. 그러나 행함이 없는 믿음은 죽은 것이다. 어떤 이들은 지혜와 지식의 선한 것을 갖고 있으나 그것을 나누어 줄 줄을 모르고, 그것에서 아무것도 내지를 못한다. 이들은 달란트는 가졌으나 그것을 어떻게 써야 할 지를 모르는 것이다. 온전한 그리스도인은 이 점에서 하나님의 형상을 드러낸다. 곧, 그는 선하며 또한 선을 행하는 것이다.

〔2〕 마음에 쌓은 악에서 악한 것을 내는 것이 악한 사람의 성품이다. 마음속에 거하며 마음을 지배하고 있는 정욕과 부패가 악한 것이요, 그것에서부터 죄인이 악한 말과 행동을 내어 하나님을 욕되게 하고 다른 이들에게 상처를 주는 것이다(창 6:5, 12; 마 15:18-20; 약 1:15). 그러나 악한 보물은 진노의 보물이 될 것이다.

3. 그리스도는 여기서 무익한 말에 대해 말씀하시면서, 그 속에 악이 있음을 보여주신다(36, 37절). 그러니 바리새인들의 악한 말에는 얼마나 악이 더 많겠는가? 우리는 심판 날에 대해 많이 생각해야 하며, 그리하여 그것으로 우리의 혀가 제재를 받아야 할 것이다. 다음을 살펴보자.

(1) 그 날에 혀로 짓는 죄에 대한 심문이 구체적으로 이루어지리라는 것. 사람이 무슨 무익한 말을 하든지 심판 날에 이에 대하여 심문을 받으리니. 이는 다음을 시사한다. 〔1〕 우리는 주목하지 않을지라도 하나님은 우리가 하는 말 하나하나를 다 주의 깊게 보신다는 것. 여호와여 내 혀의 말을 알지 못하시는 것이 하나도 없으시니이다(시 139:4). 별 뜻이 없이 그냥 이야기한 말도 하나님께서는 놓치지 않고 아신다. 〔2〕 헛되고 건방지며 한가한 말은 하나님을 불쾌하시게 하는 것이다. 그런 말은 선한 목적이 전혀 없는 것으로 사람을 서로 강건하게 세워주는 데에 아무런 유익이 되지 않으며, 허망하고 하찮은 마음에서 나오는

것이다. 이 무익한 말은, 신자들에게 금지되는 어리석은 말이나 희롱의 말과 동일한 것이다(엡 5:4). 도움이 되지 아니하는 이야기, 무익한 말에서 이런 죄가 나타나지 않는 법이 거의 없다(욥 15:3). 〔3〕 얼마 지나지 않으면 우리가 반드시 이런 무익한 말들에 대해 심문을 받을 것이다. 이 말들이 우리를 거슬러 증거로 제시될 것이며, 우리가 무익한 종들이라는 것을 입증할 것이요, 우리가 부여받은 달란트의 일부인 이성과 언어의 기능들을 잘 활용하지 못했다는 것이 드러날 것이다. 그러므로 우리의 무익한 말들에 대해 회개하지 않고 그리하여 그런 과실이 그리스도의 피로 말미암아 보상되지 않으면, 우리는 멸망하고 마는 것이다.

(2) 그 심문 결과에 따라 심판이 엄정하게 이루어지리라는 것. 네 말로 의롭다 함을 받고 네 말로 정죄함을 받으리라(37절). 이것이 사람의 판단에도 일상적으로 적용되는 규범인데, 여기서 하나님께 적용되고 있다. 주목하라. 우리가 하는 말의 일상적인 성향에 은혜로우냐 은혜롭지 못하냐에 따라서 그것이 우리에게 좋은 증거가 될 수도 있고, 우리에게 나쁜 증거가 될 수도 있다는 것이다. 신앙이 있는 것처럼 보이면서도 혀를 재갈 물리지 않는 자는 헛된 경건으로 자기 자신을 속인 것으로 드러날 것이다(약 1:26). 어떤 이들은 여기서 그리스도께서 엘리바스의 말을 염두에 두고 말씀하시는 것으로 생각하기도 한다: 너를 정죄한 것은 내가 아니요 네 입이라(욥 15:6). 또 어떤 이들은 솔로몬의 말을 염두에 두신 것으로 보기도 한다: 죽고 사는 것이 혀의 힘에 달렸나니(잠 18:21).

³⁸그 때에 서기관과 바리새인 중 몇 사람이 말하되 선생님이여 우리에게 표적 보여 주시기를 원하나이다 ³⁹예수께서 대답하여 이르시되 악하고 음란한 세대가 표적을 구하나 선지자 요나의 표적 밖에는 보일 표적이 없느니라 ⁴⁰요나가 밤낮 사흘 동안 큰 물고기 뱃속에 있었던 것 같이 인자도 밤낮 사흘 동안 땅 속에 있으리라 ⁴¹심판 때에 니느웨 사람들이 일어나 이 세대 사람을 정죄하리니 이는 그들이 요나의 전도를 듣고 회개하였음이거니와 요나보다 더 큰 이가 여기 있으며 ⁴²심판 때에 남방 여왕이 일어나 이 세대 사람을 정죄하리니 이는 그가 솔로몬의 지혜로운 말을 들으려고 땅 끝에서 왔음이거니와 솔로몬보다 더 큰 이가 여기 있느니라 ⁴³더러운 귀신이 사람에게서 나갔을 때에 물 없는 곳으로 다니며 쉬기를 구하되 쉴 곳을 얻지

못하고 ⁴⁴이에 이르되 내가 나온 내 집으로 돌아가리라 하고 와 보니 그 집이 비고 청소되고 수리되었거늘 ⁴⁵이에 가서 저보다 더 악한 귀신 일곱을 데리고 들어가서 거하니 그 사람의 나중 형편이 전보다 더욱 심하게 되느니라 이 악한 세대가 또한 이렇게 되리라

여기서 그리스도와 대화하는 바리새인들은, 그를 비방하면서 그의 이적들을 인정하려 하지 않은 자들(24절)이 아니라, 또 다른 부류의 바리새인들인 것으로 보인다. 그들은 그리스도의 이적들을 인정하려 하면서도 그가 베푸시는 표적들로 만족하지도 않고, 그가 증거를 더 보여주셔야만 그 이적들의 증거를 인정하겠다는 태도를 취하였다.

I. 그들이 그리스도께 한 말(38절). 그들은 선생님이라는 호칭으로 그를 치켜세우며, 사실 그를 음해하려는 의도를 갖고 있으면서도 마치 그를 존경하기라도 하는 것처럼 가장한다. 그리스도를 선생님이라 부른다고 해서 모두가 그리스도의 종인 것은 아니다. 그들은, 우리에게 표적 보여주시기를 원하나이다 라고 요구했다. 그들이 표적을 보는 것이나, 그가 자신이 하나님께서 보내신 자이심을 이적으로 증명해 보이는 것이나, 모두 지극히 합리적인 일이었다(출 4:8, 9을 보라). 그가 오신 것은 이적을 근거로 하여 세워진 신앙의 모델을 끌어내리기 위함이었고, 그러므로 그 역시 동일한 증거들을 보여주셔야만 했다. 그러나 이미 그렇게 많은 표적들을 베푸셔서 자신이 하나님께로부터 보내심을 받았음을 충족히 입증하신 상태에서 다시 표적을 요구한다는 것은 정말로 부당한 일이었던 것이다. 주목하라. 교만한 사람에게는 하나님께 무언가를 제시한 다음 그대로 되지 않는 것을 하나님께 복종하지 않는 핑계로 삼는 것이 자연스런 일이다. 그러나 하나님은 결코 사람의 그런 공격으로 자신을 입증하시지 않는 것이다.

II. 이 오만한 요구에 대한 그리스도의 답변.

1. 그는 그런 요구를 악하고 음란한 세대의 요구로 정죄하신다(39절). 그는 비단 서기관과 바리새인만이 아니라 유대인 민족 전체를 향하여 책망하신다. 그들은 그 지도자들과 같아서 모두가 행악자들이었다. 그들은 과연 악한 세대였다. 그리스도의 이적들을 보고도 스스로 마음을 완악하게 하였으며, 오히려 그를 비난하고 그의 이적들을 경멸하였다. 그들은 음란한 세대였다. 이는 그들이

(1) 음란한 자손들이라는 뜻일 수도 있다. 조상들의 믿음과 순종에서 너무도 처절하게 타락해 있어서 아브라함과 이스라엘이 그들을 자손으로 인정하지 않을 정도였다(사 57:3). 혹은 (2) 그들이 음란한 아내라는 뜻일 수도 있다. 그들은 자기들이 언약으로 아내가 된 그 하나님을 떠났고, 바벨론 포로 이전처럼 우상숭배의 간음을 저지르지는 않았으나 불신앙과 모든 악행의 죄를 지었는데, 이 역시 간음과 같은 것이었다. 그들은 자기들이 신을 만들어 섬기지는 않았으나, 자기들이 생각해낸 표적들을 구하였는데, 이는 간음과 같은 것이었다.

2. 그는 이미 그들에게 수많은 표적들을 베푸셨으니, 이제는 다시 표적을 베풀지 않으시고, 선지자 요나의 표적 밖에는 보일 것이 없다고 하신다. 주목하라. 그리스도는 언제나 거룩한 간구들과 기도들을 기꺼이 들으시고 응답하시나, 부패한 욕심과 호기심을 만족시켜 주지는 않으신다. 구하여도 받지 못함은 잘못 구하기 때문이다. 아브라함과 기드온의 경우처럼 믿음을 확증하고자 하여 표적을 원할 때에는 표적들이 베풀어지지만, 자기들의 불신앙에 대하여 변명거리로 삼기 위하여 표적을 요구하는 자들에게는 베풀어지지 않는 것이다.

그리스도께서는 얼마든지, 그들이 다시는 이적을 보지 못하리라는 식으로 말씀하셨을 수도 있다. 그러나 여기서 그의 선하심이 놀랍게 드러난다. (1) 그들에게 동일한 표적이 다시 반복되어 그들에게 유익을 주고 더 풍성한 확신을 갖게 할 것이다. (2) 그들에게 다른 모든 표적들과 전혀 종류가 다른 한 가지 표적이 베풀어질 것인데, 곧 그리스도께서 그 자신의 권능으로 죽은 자 가운데서 부활하시는 것이다. 그리고 이것을 가리켜 선지자 요나의 표적이라 부르신다. 이 표적이 그들의 확신을 위하여 아직 예비되어 있었고, 바로 이것이야말로 그리스도께서 메시야이시라는 위대한 증거가 될 것이었다. 그 부활로 말미암아 그가 능력으로 하나님의 아들로 선포되실 것이기 때문이었다(롬 1:4). 그것이야말로 다른 모든 표적들을 능가하는 위대한 표적이요, 다른 모든 표적들을 완성하는 것이요, 그 표적들의 면류관이 되는 표적이었다. "그들이 이전의 이적들은 믿지 아니하여도 이것은 믿으리라(출 4:9). 그리고 이것마저도 믿지 않으면 아무것도 믿지 않으리라." 그러나 유대인들의 불신앙은 이 이적마저도 회피하고 받아들이지 않고, 그의 제자들이 밤에 와서 그를 도둑질하여 갔다고 둘러댔다(28:13). 아무 이적도 보지 않기로 작정하는 자들만큼 철저한 몽매(蒙昧)에 빠져 있는 자들이 없는 것이다.

여기서 주님은 선지자 요나의 표적에 대해 더 설명하신다. 요나가 밤낮 사흘 동안 큰 물고기 뱃속에 있었다가 다시 안전하게 나온 것 같이 그리스도도 사흘 동안 무덤 속에 계실 것이요 그 후에 다시 거기서 나오실 것이다(40절). 〔1〕 그리스도께 무덤은 요나의 물고기 뱃속과 같다. 요나는 풍랑 속에 있는 사람들의 목숨을 살리기 위한 속량물로서 물에 던져졌고, 그리하여 음부의 뱃속과 같은 물고기 뱃속에 들어가 있었고(욘 2:2), 하나님께로부터 버려진 것 같은 상태에 있었다. 〔2〕 요나가 밤낮 사흘 동안 물고기 뱃속에 있었던 것처럼 그도 무덤 속에 계셨다. 요나는 완전한 사흘 동안을 거기에 있었던 것이 아니라, 날수로 사흘 동안(헬라인들은 이를 뉘크테메라이라 부른다) 거기에 있었다. 그리스도는 주중 엿새째 되는 날 오후에 장사지낸 바 되시고 주중 첫째 날 오전에 다시 살아나셨다. 이런 표현 방식은 매우 일상적인 것이다(왕상 20:29; 에 4:16; 5:1; 눅 2:21 등을 보라). 요나는 자기 자신의 죄 때문에 날수로 사흘 동안 물고기 뱃속에 있었고, 그리스도는 우리 죄를 위하여 똑같은 기간 동안 무덤 속에 계셨다. 〔3〕 요나가 물고기 뱃속에서 다시 주의 성전을 바라보겠다는 확신으로 스스로를 위로했던 것처럼(욘 2:4), 그리스도도 무덤 속에 계실 때에 썩음을 당하지 않으리라는 확신을 가진 자로서 희망에 거하셨다고 분명히 말씀하고 있다(행 2:26, 27). 〔4〕 요나가 사흘만에 물고기 뱃속으로부터 산 자의 땅으로 다시 나온 것처럼, 그리스도께서도 제삼일에 다시 살아나 무덤에서 나오셔서 복음이 이방인들에게 널리 전파되게 하실 것이었다.

3. 그리스도는 이를 계기로 하여 그 당시의 세대의 안타까운 성격과 처절한 상태를 표현하신다. 그 세대는 변화를 원치 않는 세대요, 따라서 멸망할 수밖에 없는 세대라는 것이다. 그리고 그 세대가 심판 날에 그 세대의 모든 것이 드러나 마지막 심판을 받을 것임을 말씀하신다. 지금은 사람들과 사실들이 거짓 색깔로 위장되어 나타날 수 있고 그 성격들과 상태가 얼마든지 바뀔 수 있다. 그러므로 올바른 평가를 하려면, 마지막 심판에 근거하여 바라보아야 한다. 그 때에는 모든 것이 있는 그대로 드러날 것이요, 또한 그 상태가 영원히 갈 것이기 때문이다.

그리스도께서는 유대인들을 다음과 같이 묘사하신다.

(1) 니느웨 사람들에 의해서 정죄받을 세대로. 요나의 전도를 듣고 회개한 니느웨 사람들이 일어나 그들을 정죄할 것이다(41절). 그리스도의 부활이 그들에게

선지자 요나의 표적이 될 것이지만, 그것이 그들에게 요나의 표적이 니느웨 사람들에게 미친 것만큼 유익한 효과를 내지 못할 것이다. 니느웨 사람들은 요나의 전도로 회개하여 멸망을 면했다. 그러나 유대인들은 불신앙 가운데서 더욱 완악해져서 멸망을 재촉할 것이다. 그리고 심판 날에 니느웨 사람들이 회개한 사실이 죄를 가중시키는 것으로 언급될 것이요 결국 그리스도의 전도를 받는 자들을 정죄하는 근거가 될 것이다. 이는 그리스도께서 요나보다 더 크시기 때문이다. 〔1〕 요나는 우리와 성정이 같으며 죄악된 욕심을 지닌 사람에 불과했으나 그리스도는 하나님의 아들이시다. 〔2〕 요나는 니느웨에서는 낯선 자였고, 자기 나라에 대해 편견을 가진 낯선 자들 중에 왔다. 그러나 그리스도는 자기 백성 유대인에게 오셔서 말씀을 전하셨고, 더욱이 그가 그의 이름으로 불리는 그리스도인들 가운데서 전파되신다. 〔3〕 요나는 한 번의 짧은 설교밖에는 하지 않았고, 그것도 엄중하고 위엄 있게 한 것이 아니라 거리를 지나다니면서 하였다. 그러나 그리스도는 거듭거듭 촉구하시고 가르치셨고, 회당에 앉아 가르치셨다. 〔4〕 요나는 40일 동안 진노와 멸망만을 전하였고, 회개의 교훈이나 지침이나 격려를 전혀 주지 않았다. 그러나 그리스도는 우리의 위엄에 대해 경고하시는 것 외에도 우리가 어떤 점을 회개해야 하는지를 보여주셨고, 천국이 가까이 왔으므로 우리가 회개하면 받아주실 것이라는 확신도 주셨다. 〔5〕 요나는 이적을 행하여 자신의 메시지를 확증한 일이 없고, 니느웨 사람들의 안녕을 바라는 마음도 없었다. 그러나 그리스도는 수많은 이적을 행하셨고, 그 이적 모두가 자비의 이적들이었다. 그런데 니느웨 사람들은 요나의 전도를 듣고 회개하였으나, 유대인들은 그리스도의 전도를 받고도 전혀 변화가 없었다. 주목하라. 영혼을 위해 도움도 유익도 덜 받은 자들이 선한 변화를 보이는 사실이, 더 많은 것을 받은 자들의 완악함을 더욱 가중시킬 것이다. 황혼의 빛을 받고도 자기들의 평화에 관한 일을 발견하는 자들이 정오의 햇빛을 받고도 헤매는 자들을 부끄럽게 할 것이다.

(2) **남방 여왕**, 곧 스바 여왕에 의해서 정죄받을 세대로(42절). 니느웨 사람들은 그들의 회개치 않음을 정죄할 것이며, 스바 여왕은 그들의 그리스도를 믿지 않음을 정죄할 것이다. 스바 여왕은 솔로몬의 지혜를 들으려고 먼 나라에서 왔다. 그러나 그 사람들은 와서 그리스도의 지혜를 들으려 하지 않을 것이다. 그리스도가 모든 점에서 솔로몬보다 더 크신 데도 말이다. 〔1〕 스바 여왕은 초

청도 받지 않았고, 환영받으리라는 약속도 없이 솔로몬에게로 나아왔다. 그러나 우리는 그리스도께로 와서 그의 발 아래 앉아 그의 말씀을 들으라는 초청을 받고 있다. 〔2〕 솔로몬은 지혜로운 사람에 불과했으나, 그리스도는 지혜 그 자체이시며, 속에 지혜의 모든 보화가 숨겨져 있는 분이시다. 〔3〕 스바 여왕에게는 극복해야 할 어려움들이 많았다. 그는 여자로서 여행하기 적절치 못했고, 여정도 길고 위험했다. 그는 여왕이었으니, 그가 없는 동안 그 나라가 어떻게 되겠는가? 그러나 우리에게는 그런 방해거리가 없다. 〔4〕 스바 여왕은 과연 그 일이 그렇게 멀리까지 가야 할 만큼 가치가 있는 일인지에 대해 확신을 가질 수 없었다. 명성이 부풀려진 경우가 많을 뿐더러, 자기 나라에나 왕궁에도 교훈을 얻을 만한 지혜자가 얼마든지 있었을 것이다. 그러나 솔로몬의 명성을 듣고는 그를 만나보고자 한 것이다. 그러나 우리는 그런 불확실한 상태로 그리스도께 나아오는 것이 아니다. 〔5〕 스바 여왕은 솔로몬의 지혜로운 말을 들으려고 땅 끝에서 왔으나, 우리의 경우는 그리스도께서 우리 가운데 계시며, 그의 말씀이 가까이 있다. 볼지어다 내가 문 밖에 서서 두드리노니(계 3:20). 〔6〕 스바 여왕이 듣고자 한 지혜는 그저 철학과 정치에 불과했으나, 그리스도께 있는 지혜는 구원의 지혜다. 〔7〕 스바 여왕은 그저 솔로몬의 지혜를 듣기만 했고, 솔로몬은 그녀에게 지혜를 줄 수가 없었다. 그러나 그리스도는 그에게 나아오는 자들에게 지혜를 주실 것이다. 아니 그가 친히 하나님으로부터 나와서 지혜가 되신다. 그러므로 이 모든 점들을 볼 때에, 우리가 만일 그리스도의 지혜를 듣지 않으면 솔로몬의 지혜를 듣기 위해 그에게로 나아온 스바 여왕의 선한 역사가 일어나 심판 때에 우리를 정죄할 것이다. 예수 그리스도는 솔로몬보다 더 크신 분이시기 때문이다.

(3) 그들을 사탄의 권세에서 구원하기 위해 드려진 모든 수단들에도 불구하고, 사탄에게 사로잡혀 있는 상태로 계속 나아가기를 고집하는 세대로. 이 세대가 귀신이 나왔다가 더 많은 힘을 갖고 다시 들어가 사로잡은 사람에게 비유된다(43-45절). 귀신이 여기서 더러운 귀신으로 불리는데, 이는 그가 순결함을 완전히 상실하였고, 사람들 가운데서 모든 불순한 것들을 즐거워하고 그것들을 위해 일하기 때문이다.

〔1〕 이 비유는 귀신이 사람의 육체를 사로잡은 것으로 묘사한다. 그리스도께서는 바로 앞에서 귀신을 쫓아내신 바 있고, 그들은 그가 귀신을 힘입어 그런

일을 했다고 말하여, 그들이 얼마나 사탄의 권세 아래 있는가를 여실히 보여주었다. 이는 그리스도께서 귀신과의 밀약으로 귀신을 쫓아내신 것이 아니라는 또 하나의 증거다. 만일 그렇게 해서 귀신을 쫓아내셨다면, 귀신이 다시 들어왔을 것이다. 그러나 그리스도께서 귀신을 쫓아내셨을 때에는 그것으로 모든 것이 종결되며, 다시 들어오지 못했다. 우리는 그가 악한 귀신에게 나오고 다시 들어가지 말라고 명령하시는 것을 보게 된다(막 9:25). 아마도 귀신이 자기가 사로잡고 있던 자들과 그런 식으로 힘 겨루기를 하는 일이 많았던 것 같다. 귀신이 나갔다가 더 맹렬한 힘을 갖고 다시 들어오며, 그리하여 그 중간에 많은 시간이 있은 후에 더 격렬한 혼란이 이어지는 것이다. 귀신이 나가면 그 사람은 불안해진다. 왜냐하면 무언가 악을 행하지 않으면 잠이 오지 아니하기 때문이다(잠 4:16). 귀신은 마치 극심한 우울증에 빠진 사람처럼 물 없는 곳으로 다니며 쉬기를 구하되 쉴 곳을 얻지 못하여 본래 자리로 돌아오는 것이다. 그러나 그리스도께서 군대 마귀를 쫓아내실 때에, 그들은 돼지 떼에게 들어가게 해 주시기를 청했고, 결국 물 없는 곳에 오래 머물지 않고 호수 속으로 들어갔다.

〔2〕이 비유의 적용을 통해서 유대인 교회와 민족의 사정을 대변하신다. 이 악한 세대가 또한 이렇게 되리라. 이들이 그리스도의 복음을 저항하니, 결국에도 거부할 것이다. 그리스도와 그의 제자들의 수고로 많은 유대인들에게서 쫓겨난 귀신이 이방인들 가운데 거하기를 구하였는데, 어디서나 그리스도인들이 그 사람들과 그들의 신전들에서 그를 쫓아낼 것이다. 휘트비 박사가 이렇게 이해한다. 아니면, 하몬드 박사의 견해를 따라, 이방인 세계에서는 어디에서도 여기 유대인들의 마음만큼 유쾌하고 기분 좋으며 만족을 얻는 거처를 찾지 못하여, 다시 유대인들 속으로 들어올 것이라는 뜻으로 볼 수도 있을 것이다. 그리스도께서도 그들 중에서 영접을 받지 못하셨고, 그들은 사악하고 완고한 불신앙으로 그 어느 때보다 더 귀신을 받아들일 준비가 되어 있을 것이기 때문이다. 그리하여 귀신이 한동안 그들의 마음을 사로잡을 것이며, 이 백성의 상태는 그리스도께서 그들 가운데 오시기 전보다, 혹은 사탄이 전혀 쫓겨남을 당하지 않았을 경우보다 더 절박하게 악하여질 것이다.

그 당시의 유대 민족이 여기서 다음과 같이 묘사되고 있다.

첫째로, 배도(背道)한 백성으로. 바벨론 포로 이후 그들이 우상들을 버리고 개혁하기 시작하였고, 그리하여 어느 정도 신앙적인 면모가 그들에게서 나타났다. 그러나 곧바로 다시 부패하였다. 우상숭배에는 빠지지 않았으나, 온갖 불경과 속된 것에 빠져들어 그 상태가 더욱 악화되었고, 그들의 온갖 사악함에 다 그리스도와 그의 복음을 멸시하고 대적하는 악행을 덧붙였다. 둘째로, 멸망을 위하여 지정된 백성으로. 그 외식하는 민족, 하나님의 진노를 받은 백성(사 10:6처럼)에 대해 인(印)들이 쳐지고 있었고, 그들의 죄악이 더 극악무도해졌으므로 로마인들에게서 당할 멸망이 다른 어떤 것보다 더 클 것이며, 그리하여 노하심이 끝까지 그들에게 임하게 될 것이었다(살전 2:15, 16). 모든 민족들과 교회들은 이 사실에서 경고를 받아 첫 사랑을 버리지 않도록, 그들에게서 시작된 개혁의 선한 역사가 무너지지 않도록 조심하며, 또한 그들이 전에 버렸던 그 악에게로 다시 돌아가지 않도록 조심해야 할 것이다. 그 나중 형편이 전보다 더욱 심하게 되기 때문이다.

⁴⁶예수께서 무리에게 말씀하실 때에 그의 어머니와 동생들이 예수께 말하려고 밖에 섰더니 ⁴⁷한 사람이 예수께 여짜오되 보소서 당신의 어머니와 동생들이 당신께 말하려고 밖에 서 있나이다 하니 ⁴⁸말하던 사람에게 대답하여 이르시되 누가 내 어머니이며 내 동생들이냐 하시고 ⁴⁹손을 내밀어 제자들을 가리켜 이르시되 나의 어머니와 내 동생들을 보라 ⁵⁰누구든지 하늘에 계신 내 아버지의 뜻대로 하는 자가 내 형제요 자매요 어머니이니라 하시더라

구체적인 일들이 있을 때에 고귀하고 유익한 많은 말씀들이 우리 주 예수의 입에서 나왔다. 그가 행하신 강화들은 물론 심지어 그의 지엽적인 말씀들도 매우 교훈적인데, 여기서 그것을 볼 수 있다. 관찰하라.

I. 그리스도께서 말씀 도중에 그의 어머니와 동생들로 인하여 방해를 받으심. 그들이 예수께 말하려고 밖에 서 있었고(46, 47절), 이런 그들의 바람이 무리를 통하여 그에게 전해진 것이다. 그의 어머니와 함께 그를 만나러 온 자들이 그의 동생들 중 누구였는지(어쩌면 그들이 예수를 믿지 아니하는 자들이었을 것이다, 요 7:5), 그들의 용무가 무엇이었는지에 대해서는 궁금해 할 필요가 없다. 어쩌면 그저 그가 지칠까 염려하여 그를 좀 쉬게 하기 위함이었거나, 아니면 바리새인들을 거슬리게 하는 강론을 하지 말도록 하거나, 혹은 스스로 곤란한 일에 얽히지 않도록 조심시키기 위함이었을 것이다. 마치 그들이 그에게 지

혜를 가르칠 수 있기라도 한 것처럼 말이다.

1. 그는 사람들에게 말씀하고 계신 중이었다. 주목하라. 그리스도의 설교는 말씀하는 것이었고, 평이하며 쉬웠고, 친숙하며, 사람들의 역량과 사정에 적합하였다. 그리스도께서 전하신 내용에 대해 사람들이 트집을 잡았었으나 그는 계속해서 말씀하셨다. 주목하라. 일을 하는 중에 반대를 만나더라도 그 때문에 일을 그만두어서는 안 된다. 바리새인들과는 말씀 나누기를 그만두셨다. 그들에게 유익을 줄 수 없음을 보셨기 때문이다. 그러나 일반 백성들에게는 말씀을 계속하셨다. 바리새인들처럼 자기들의 지식에 대한 교만이 없었으므로 그들은 기꺼이 배우기를 원했던 것이다.

2. 그의 어머니와 동생들이 그에게 말하려고 밖에 서 있었다. 그들은 안에 들어와서 그의 말씀을 듣기를 사모했어야 옳았다. 그들은 날마다 사사로이 그와 대화를 나누는 유리한 위치에 있었으므로, 그의 공적인 설교에 참석하는 일에는 별로 신경을 쓰지 않았던 것이다. 주목하라. 지식과 은혜의 수단에 가장 가까이 있는 자들이 가장 무관심한 경우가 허다하다. 어느 날이라도 그것을 접할 수 있다고 생각하면 오늘은 그것을 소홀히 하기 쉬운 법이다. 그러나 이것은 우리에게 확실한 것은 오직 현재뿐이라는 것을 망각하는 처사다. 내일은 결코 우리의 것이 아닌 것이다. "교회에서 가까울수록 하나님께로부터 멀어진다"라는 일상적인 격언이 있는데, 이것이 사실이라는 것이 참 안타까운 일이지만, 과연 일리가 있다.

3. 그들은 자기들만 그의 말씀을 듣지 않으려 한 것이 아니라 즐겁게 듣고 있는 다른 사람들을 방해하였다. 마귀는 우리 구주의 설교를 대적하는 철천지원수였다. 그는 서기관과 바리새인들의 얼토당토않은 트집으로 주님의 설교를 방해하려 했고, 그런 식으로 뜻을 이루지 못하자, 친척들의 무분별한 방문을 통해서 그것을 무산시키려 한 것이다. 주목하라. 우리 주변의 친지들로 인해서 우리의 일에 방해와 장애를 만나는 경우도 많고, 인간적인 정 때문에 우리의 영적인 관심사를 뒤로 물리게 되는 경우도 많다. 우리와 우리의 사역을 진정 위하는 사람들도 때로는 그들의 무분별한 행동 때문에 결국 임무 중인 우리에게 장애가 될 수도 있는 것이다. 베드로도 스스로 그리스도를 위한다고 생각하여 "주여 그리 마옵소서"라고 항변하여 그리스도께 거스름이 되었다. 우리 주님의 어머니는 그와 말을 나누기를 원했다. 로마 교회가 그 불법과 우상숭배로

스스로 그녀를 가르치는 것처럼 행세해오고 있으나, 그녀는 당시 아들을 대하는 법을 터득하지 못했었던 것 같으며, 또한 로마 교회가 주장하는 것만큼 오류와 어리석음에서 완전히 벗어나 있지도 못했다. 모든 일을 지혜롭고도 적당하게, 그리고 시의적절하게 행하는 것은 그리스도의 대권(大權)이었지 그의 어머니의 대권은 아니었다. 그리스도께서는 언젠가 그 어머니에게, 어찌하여 나를 찾으셨나이까 내가 내 아버지의 일에 관계하여야 할 줄을 알지 못하셨나이까라고 말씀하셨고, 이 때에 그 어머니는 이 모든 말을 마음에 두었다고 말씀하고 있다(눅 2:49, 51). 그런데 지금 그녀가 그것을 기억했더라면, 그가 아버지의 일에 몰두하고 계신 중에 이렇게 방해하려 하지는 않았을 것이다. 주목하라. 우리 생각이 좋은 진리라 여겨지는 것도 들을 때에는 마음에 두는데, 막상 그것을 실제로 사용해야 할 일이 닥치면 그렇게 되지 않는 경우가 많은 것이다.

II. 그리스도께서 이 방해에 대해 분개하심(48-50절).

1. 그는 그들의 말을 들으려 하지 않으셨다. 그의 일에 몰두하고 계셔서 그 어떠한 자연적인 혹은 인간적인 정으로도 결코 그 일에 방해를 받지 않으신 것이다. 누가 내 어머니이며 내 동생들이냐? 혈연적인 관계를 끊어내야 한다거나 혹은 신앙을 빙자하여 부모에게 불효하거나 다른 친척들에게 불친절해도 상관없다는 뜻이 아니라, 무슨 일이든 시의에 맞아야 아름다우며, 큰 일을 하는 동안에는 그보다 덜 중요한 의무는 뒤로 물려야 한다는 뜻이다. 친척들과 관계하는 일이 하나님을 섬기는 일과 또한 선을 행할 기회를 증진시키는 일과 서로 상충될 경우에, 우리는 레위가 했던 것처럼 우리의 부모에게 대하여 이르기를 내가 그들을 보지 못하였다고 말해야 할 것이다(신 33:9). 아무리 가까운 친척도 상대적인 의미에서 미워해야 한다. 즉 그리스도보다 그들을 덜 사랑해야 하며(눅 14:26) 하나님을 향한 우리의 의무가 우선되어야 한다. 그리스도께서는 여기서 이에 대하여 모범을 보여주셨다. 즉 자기 자신은 물론 가장 사랑하는 친척들까지도 잊을 정도로, 주의 전을 사모하는 열심이 그를 삼켰던 것이다(요 2:17). 그러므로 우리의 친구들이 우리를 기쁘게 하기보다는 하나님을 기쁘시게 하고자 할 때에 그것을 불쾌히 여기거나 그들을 악하다고 비난해서는 안 되며, 하나님의 영광과 다른 사람들의 유익을 위한 경건한 열심으로 인하여 나타나는 그런 소홀함에 대해 기꺼이 용서하는 자세를 가져야 할 것이다. 그렇다. 우리의 친구들로 하여금 하나님을 위한 의무들을 소홀히 하도록 그들을 끌어

당길 소지가 있는 행동을 하기보다는 우리 자신과 우리 자신의 만족을 부인해야 할 것이다.

2. 그는 이를 혈연적인 인척 관계보다 그의 영적인 혈족인 제자들을 더 선호할 기회로 삼으셨다. 그렇기 때문에 그는 설교를 중지하고 동생들과 이야기하려 하지 않으신 것이다. 그는 친척들을 기쁘게 하기보다는 차라리 제자들에게 유익을 주고자 하신 것이다. 관찰하라.

(1) 그리스도의 제자들에 대한 묘사. 그들은 그 아버지의 뜻대로 하는 자들이다. 그 뜻을 듣고 알고 그것에 대해 이야기만 하는 것이 아니라 그것을 행하는 자들이다. 하나님의 뜻을 행하는 것이야말로 제자가 되는 최상의 길이요(요 7:17), 제자의 최상의 증거이기 때문이다(7:21). 바로 그것이 과연 우리를 그리스도의 제자로 구별지어 주는 것이다. 그리스도께서는 "누구든지 내 뜻대로 하는 자가"라고 말씀하시지 않는다. 그는 그 아버지의 뜻과는 구별된 자기 자신의 뜻을 구하거나 행하러 오신 것이 아니기 때문이다. 그의 뜻과 아버지의 뜻이 동일하지만 그는 그 아버지의 뜻을 말씀하신다. 왜냐하면 현재의 상태와 일에서 그 자신도 아버지의 뜻을 행하시는 것이기 때문이다(요 6:38).

(2) 그리스도의 제자들의 존엄성. 누구든지 하늘에 계신 내 아버지의 뜻대로 하는 자가 내 형제요 자매요 어머니이니라. 그에게는 모든 것을 버려두고 그를 좇으며 그의 가르침을 받는 그의 제자들이야말로 육체를 따라 그와 가까운 그 어떠한 자들보다 더 사랑스러운 자들이었다. 그들은 다른 모든 인척 관계보다 그리스도를 우선시켰고, 아버지까지도 버려두고 떠나왔다(4:22; 10:37). 이제 그리스도께서는 그들에게 보상하시고 또한 그들이 사랑을 잃어버린 것이 아님을 보여주시기 위하여 친히 자신의 친척들보다 그들을 우선시키신 것이다. 그들이 이렇게 해서 존귀의 면에서 여러 배를 받은 것이 아니겠는가(참조. 19:29)? 나의 어머니와 나의 동생들을 보라는 그리스도의 말씀은 무척이나 사랑스럽고 고무적이었다. 그러나 그것은 그들만의 특권이 아니었다. 모든 성도들이 이런 존귀를 누리는 것이다.

주목하라. 순종하는 신자는 모두 예수 그리스도의 가까운 친척이다. 그의 이름을 덧입고 그의 형상을 지니며, 그의 본성을 지니고, 그의 가족에 속한다. 그는 그들을 사랑하시고 친척들로 대하시며 자유로이 대화를 나누신다. 그들을 환영하여 함께 식탁에 앉게 하시며, 그들을 돌보시며, 그들을 위하여 공급하시며, 그들에게 합당한 것이 하나도 부족하지 않게 하신다. 그는 죽으시면서 풍성한 유산을 그들에게 남기셨고, 이제는 하늘에 계시사 그들과 교통을 계속하시며, 마지막에 그들 모두를 불러 친히 함께 계실 것이며, 기업 무를 자의 책임(룻 3:13)을 하나도 남김없이 다 행하실 것이며, 빈약한 관계를 부끄러워하시지 않고 사람들 앞에서와 천사들 앞에서, 그리고 그의 아버지 앞에서 그들을 인정하실 것이다.

제
— 13 —
장

개요

이 장의 내용은 다음과 같다: I. 그리스도께서 그의 고향 사람들에게 천국을 전하심으로 그들에게 은혜를 베푸심(1-2절). 그는 그들에게 비유로 말씀하셨는데, 여기서 비유로 말씀하시는 이유를 제시하신다(10-17절). 또한 마태복음 기자는 또 다른 이유를 제시한다(34, 35절). 이 장에는 여덟 개의 비유가 기록되어 있는데, 이 비유들은 천국을 가르치는 것이요, 세상에 복음의 나라를 심는 방법과 또한 그 나라가 자라고 결실하는 방법을 가르치는 것이다. 그 나라의 위대한 진리들과 법들이 다른 성경에 비유를 사용하지 않고 분명하게 제시되어 있다. 그러나 그 날의 시작과 발전에 관계되는 몇 가지 정황들이 여기서 비유를 통해 분명하게 제시되고 있다. 1. 여기 한 가지 비유는 복음의 말씀에서 유익을 얻지 못하도록 하는 큰 장애거리들이 무엇이며, 개개인의 어리석음으로 인하여 그 말씀이 목적을 이루지 못하는 경우가 얼마나 많은가를 보여주는데, 이는 네 가지 종류의 땅에 관한 비유로서 먼저 비유가 제시되고(3-9절), 이어서 이 비유에 대한 해명이 이어진다(18-23절). 2. 두 비유를 통해서, 복음 교회에 선한 자와 악한 자가 뒤섞여 있을 것이요, 마지막 심판 날에 최종적인 분리의 역사가 있기까지 그런 상태가 계속되리라는 것을 보여주는데, 이는 가라지 비유(24-30절)와 — 그리스도는 제자들의 요청에 의하여 이 비유의 뜻을 해명해 주신다(36-43절) — 또한 바다에 던져진 그물의 비유다(47-50절). 3. 두 비유를 통해서, 복음 교회가 처음에는 매우 작으나 시간이 경과하면서 상당히 커질 것을 보여주는데, 곧 겨자씨 비유(31, 32절)와 누룩 비유가 그것이다(33절). 4. 두 비유를 통해서, 복음으로 말미암아 구원을 기대하는 자들은 그 구원을 바라보는 데에 모든 것을 걸어야 하며 또한 모든 것을 버려야 한다는 것을 보여주는데, 곧 밭에 감추어진 보화의 비유(44절)와 값진 진주의 비유(45, 46절)가 그것이다. 5. 한 가지 비유를 통해서, 그리스도께서 제자들에게 주신 교훈들을 다른 이들의 유익을 위해 사용하는 것에 대해 지침을 주시는데, 선한 집 주인의 비유(51, 52절)가 그것이다. II. 그리스도의 동족들이 그의 부모의 비천함을 빌미로 그를 멸시함(53-58절).

¹그 날 예수께서 집에서 나가사 바닷가에 앉으시매 ²큰 무리가 그에게로 모여 들거늘 예수께서 배에 올라가 앉으시고 온 무리는 해변에 서 있더니 ³예수께서 비유로 여러 가지를 그들에게 말씀하여 이르시되 씨를 뿌리는 자가 뿌리러 나가서 ⁴뿌릴새 더러는 길 가에 떨어지매 새들이 와서 먹어버렸고 ⁵더러는 흙이 얕은 돌밭에 떨어지매 흙이 깊지 아니하므로 곧 싹이 나오나 ⁶해가 돋은 후에 타서 뿌리가 없으므로 말랐고 ⁷더러는 가시떨기 위에 떨어지매 가시가 자라서 기운을 막았고 ⁸더러는 좋은 땅에 떨어지매 어떤 것은 백 배, 어떤 것은 육십 배, 어떤 것은 삼십 배의 결실을 하였느니라 ⁹귀 있는 자는 들으라 하시니라 ¹⁰제자들이 예수께 나아와 이르되 어찌하여 그들에게 비유로 말씀하시나이까 ¹¹대답하여 이르시되 천국의 비밀을 아는 것이 너희에게는 허락되었으나 그들에게는 아니되었나니 ¹²무릇 있는 자는 받아 넉넉하게 되되 없는 자는 그 있는 것도 빼앗기리라 ¹³그러므로 내가 그들에게 비유로 말하는 것은 그들이 보아도 보지 못하며 들어도 듣지 못하며 깨닫지 못함이니라 ¹⁴이사야의 예언이 그들에게 이루어졌으니 일렀으되 너희가 듣기는 들어도 깨닫지 못할 것이요 보기는 보아도 알지 못하리라 ¹⁵이 백성들의 마음이 완악하여져서 그 귀는 듣기에 둔하고 눈은 감았으니 이는 눈으로 보고 귀로 듣고 마음으로 깨달아 돌이켜 내게 고침을 받을까 두려워함이라 하였느니라 ¹⁶그러나 너희 눈은 봄으로, 너희 귀는 들음으로 복이 있도다 ¹⁷내가 진실로 너희에게 이르노니 많은 선지자와 의인이 너희가 보는 것들을 보고자 하여도 보지 못하였고 너희가 듣는 것들을 듣고자 하여도 듣지 못하였느니라 ¹⁸그런즉 씨 뿌리는 비유를 들으라 ¹⁹아무나 천국 말씀을 듣고 깨닫지 못할 때는 악한 자가 와서 그 마음에 뿌려진 것을 빼앗나니 이는 곧 길 가에 뿌려진 자요 ²⁰돌밭에 뿌려졌다는 것은 말씀을 듣고 즉시 기쁨으로 받되 ²¹그 속에 뿌리가 없어 잠시 견디다가 말씀으로 말미암아 환난이나 박해가 일어날 때에는 곧 넘어지는 자요 ²²가시떨기에 뿌려졌다는 것은 말씀을 들으나 세상의 염려와 재물의 유혹에 말씀이 막혀 결실하지 못하는 자요 ²³좋은 땅에 뿌려졌다는 것은 말씀을 듣고 깨닫는 자니 결실하여 어떤 것은 백 배, 어떤 것은 육십 배, 어떤 것은 삼십 배가 되느니라 하시더라

　　여기서는 그리스도께서 말씀을 전하시는 것을 보게 되는데, 다음과 같은 점들을 관찰할 수 있을 것이다.

　　1. 그리스도께서 이 설교를 하신 때. 이 설교는 앞 장의 설교와 같은 날에 행

해졌다. 그는 선을 행하시며 자기가 보내심을 받은 임무를 다하시기에 지칠 줄 모르셨다. 주목하라. 그리스도께서는 하루의 시작과 끝을 설교로 보내셨는데, 이는 그의 교회를 위하여 모범을 보이신 것이라 하겠다. 우리는 아침에 씨를 뿌리고 저녁에도 손을 놓지 말아야 할 것이다(전 11:6). 오후 설교를 잘 듣는다고 해서, 그 때문에 오전 설교가 내어쫓기는 것이 아니다. 오히려 더 확실해지고, 더 든든히 못이 박히는 것이다. 오전에는 그리스도께서 그의 대적들에게 공격과 비방을 당하셨고, 형제들에게서 방해를 받으셨으나, 그는 그의 일을 계속 행하셨다. 그리고 그 날 오후에는 그런 실망스런 일들이 없었다. 하나님의 일에서 만나는 갖가지 어려운 일들을 용기와 열정으로 깨뜨리는 자들은 그런 일들이 염려하는 것만큼 그렇게 자주 재발하지 않는다는 것을 알게 될 것이다. 그것들을 대적하라. 그리하면 도망하리라.

2. 그리스도의 이 설교를 들은 사람들. 그들은 그에게로 모여든 큰 무리였다. 서기관들이나 바리새인들은 그 자리에 없었다. 그들은 그리스도께서 회당에서 설교하실 때에는 기꺼이 들었으나(12:9, 14), 바닷가에서 설교하는 것을 듣는다는 것은 자기들의 격에 어울리지 않는다고 생각한 것이다. 그리스도께서 친히 하시는 설교인데도 말이다. 그들은 있는 것보다 차라리 없는 것이 더 나았다. 그들이 없으니 그는 아무런 반대를 받지 않고 조용히 말씀을 계속해 나가신 것이다. 주목하라. 때로는 겉으로 드러나는 화려한 장식이 가장 적은 곳에서 경건의 능력이 가장 많이 드러나기도 한다. 가난한 자에게 복음이 전파된다. 그리스도께서 바닷가에 가시니 큰 무리가 그에게로 모여들었다. 왕이 있는 곳에 왕궁이 있다. 마찬가지로 그리스도께서 계시면 그 곳에 교회가 있는 것이다. 그 곳이 비록 바닷가일지라도 말이다. 주목하라. 말씀으로 유익을 얻고자 하는 사람들은 말씀이 어디로 이끌든지 기꺼이 따라가야 한다. 법궤가 이동하면 그 법궤를 좇아서 이동하는 것이다. 바리새인들은 비열한 비방과 조롱들로 그리스도를 따르지 못하도록 사람들을 몰아 내려고 온갖 힘을 다 써 왔으나, 사람들은 여전히 무리를 지어 그에게로 모여들었다. 주목하라. 아무리 반대가 있다 해도, 반드시 그리스도께서 영광을 받으신다. 그를 따르는 사람들이 반드시 있는 것이다.

3. 그리스도께서 이 설교를 하신 장소.

(1) 그는 바닷가를 설교 장소로 삼으셨다. 집에서 나가서서(청중을 다 수용

할 수가 없었으므로) 노천에서 설교하고자 하신 것이다. 마땅히 그는 마치 로마의 원형 극장처럼 가장 넓고 호화롭고 편리한 장소에서 설교하셨어야 할 분이셨으나, 지금 그는 낮아지심의 상태에 계셨으므로, 다른 일들에서와 마찬가지로 이 일에서도 자신이 마땅히 받으셔야 할 존귀를 스스로 부인하신 것이다. 자기 소유의 집 한 채도 없으셨던 것처럼, 스스로 마음껏 설교할 수 있는 강당 하나도 없으셨던 것이다. 그리스도께서는 이로써 우리에게 외형적인 예배의 환경에 대해서 당당하고 그럴듯한 것을 탐하지 말고, 하나님께서 그의 섭리로 우리에게 허락하시는 형편을 최상으로 사용해야 한다는 것을 가르쳐 주신다. 그리스도께서는 나실 때에 구유에서 사람들을 대하셨고, 지금은 바닷가에 계셔서 모든 사람들이 자유로이 그에게 나아오도록 하신다. 이교도들에게는 비밀스런 것들이 많으나, 진리 그 자체이신 그는 아무것도 감추시는 것이 없는 것이다. 지혜가 길거리에서 부르며(잠 1:20; 요 13:20).

(2) 배가 그의 강단이었다. 특별히 지은 에스라의 강단(느 8:4) 같은 것이 아니라, 더 나은 것이 없어서 용도를 변경한 것이었다. 그리스도께는 그 어떠한 장소도 문제가 되지 않았다. 그가 계신다는 것만으로도 어느 곳이든 위엄이 넘치고 거룩한 곳이 되었던 것이다. 혹시 설교할 장소가 불편하거나 보잘것없다 해도, 그리스도를 전하는 자들은 부끄러워해서는 안 된다. 어떤 이들은, 청중들은 마른 땅 위에 든든한 곳에 서 있었고 설교자이신 그리스도는 더 위험한 물 위에 계셨다는 점을 지적하기도 한다. 목사들이 가장 위험에 노출되어 있는 것이다. 그리스도의 강단은 참된 강단이요, 배 강단이었다.

4. 그리스도께서 설교하신 내용과 방법.

(1) 그리스도는 여러 가지를 그들에게 말씀하셨다. 여기 기록된 것보다 더 많은 것을 말씀하셨으나 모두 탁월한 것들이요 필수적인 것들로서, 우리의 평화에 관한 것들과, 천국에 관한 것들이었을 것이다. 그리스도께서 말씀하신 것은 결코 하찮은 것들이 아니요 영원한 결과를 초래하는 것들이었다. 그리스도께서 여러 가지를 우리에게 말씀하실 때에는 하나도 놓치지 않도록 더욱 정신을 집중시켜야 한다.

(2) 그는 그런 여러 가지 내용들을 비유로 말씀하셨다. 때로는 비유가, 교훈이 담긴 지혜롭고도 무게 있는 모든 말을 다 의미하기도 한다. 그러나 여기 복음서에서는 보통 계속적으로 사용되는 직유법 혹은 비교법을 의미한다. 이 세

상의 삶의 일들에서 빌려온 언어를 사용하여 영적인 일들이나 하늘에 속한 일들을 묘사하는 것이다. 이는 유대인 랍비들은 물론 아랍인들과 기타 동방의 지혜자들이 매우 많이 사용한 교육법이었다. 이 방법은 매우 효과가 컸고, 즐겁기 때문에 더욱더 효과가 컸다. 우리 구주께서는 그 방법을 많이 사용하셨고, 이를 사용하심으로써 사람들의 수준에 맞추셨고, 사람들의 사용하는 언어로 그들에게 접근하신 것이다. 하나님은 오랫동안 선지자들을 통하여 비유를 베푸셨으나(호 12:10), 백성들에게서는 별 반응이 없었다. 이제 그는 그의 아들로 말미암아 비유를 사용하신다. 하늘로부터 하늘의 일들을 말씀하시되 이 땅의 일들에서 취한 표현들로 옷을 입혀서 말씀하시니, 그들이 반드시 그를 존귀히 여길 것이다. 그러나 요 3:12을 보라. 그리하여 구름을 타고 강림하시는 것이다.

I. 그리스도께서 비유로 가르치시는 일반적인 이유가 여기 제시된다. 제자들은 그리스도께서 비유로 가르치시는 것을 듣고 다소 의아해했다. 지금까지는 비유로 가르치신 바가 많지 않았고, 그래서 그들은 어찌하여 그들에게 비유로 말씀하시나이까 라고 물었다. 사람들이 말씀을 듣고 깨닫기를 진정으로 바랐기 때문이다. 그들은 어찌하여 우리에게 비유로 말씀하시나이까 라고 묻지 않고 (그들 자신은 그리스도께 설명을 들을 수 있었으므로), 어찌하여 그들에게 비유로 말씀하시나이까 라고 물었다. 주목하라. 전해지는 말씀으로 우리 자신은 물론 다른 사람들이 유익을 얻기를 바라고 그 일에 관심을 가져야 한다. 우리 자신이 강건하면, 연약한 자들의 부족함을 함께 져야 하는 것이다.

이 질문에 대해서 그리스도께서는 주로 11-17절에서 답변하신다. 그가 비유로 설교하신 것은 그렇게 함으로써 하나님의 일들이 무지하면서도 기꺼이 듣기를 원하는 자들에게 더 평이하고 쉬워지도록 함이요, 그리하여 복음이 어떤 이들에게는 생명에 이르는 냄새가 되게 하고 또 어떤 이들에게는 사망에 이르는 냄새가 되게 하기 위함이었다. 비유는 마치 구름 기둥과 불기둥처럼 애굽 사람들에게는 어둠이 드리워 혼란스럽게 하지만, 이스라엘 사람들에게는 밝게 하여 위로를 베풀며, 그리하여 이중적인 목적을 실현시키는 것이다. 동일한 빛이 어떤 이들에게는 길을 인도하며, 어떤 이들에게는 눈을 부시게 만드는 것이다.

1. 이유를 제시하심(11절). 천국의 비밀을 아는 것이 너희에게는 허락되었으나 그들에게는 아니되었나니. 이는 다음과 같은 의미다. (1) 제자들은 지식이 있었

으나 백성들은 없었다. 너희들은 이미 이 비밀들 중에 일부를 알고 있으니 이런 식의 친숙한 방법으로 교훈을 받을 필요가 없다. 그러나 백성들은 무지하고 아직 어린 아기에 불과하니 그런 식의 쉬운 비유법들로 가르침을 받아야 하고, 아직 다른 방식으로는 교훈을 받을 능력이 없다. 눈이 있어도 아직 사용을 할 줄 모르니 말이다. 아니면, (2) 제자들은 복음의 비밀들에 대한 지식을 얻고 비유들 속으로 파들어 가서 그 비밀들을 더 친숙하게 익히고자 하는 간절함이 있었으나, 육신적인 청중들은 그냥 듣기만 하는 것에 그치고 더 이상 살피는 고통을 간수하려 하지 않고, 비유의 의미를 물으려고도 하지 않으니 이들은 더 지혜를 얻을 수도 없고, 따라서 그들이 자초하는 결과를 그대로 받으리라는 뜻이다. 비유는 부지런한 자들에게는 좋은 열매를 나누어주나 게으른 자들에게는 감추는 조개 껍질이라 하겠다. 주목하라. 천국에는 비밀들이 있고, 논란의 여지 없이 경건의 비밀이 크다. 그리스도의 성육신, 보상, 간구하심, 그리스도와의 연합으로 말미암는 우리의 칭의와 성화, 과연 구원 역사의 총체가 처음부터 마지막까지 비밀이다. 이 비밀은 하나님의 계시를 통하지 않고서는 절대로 발견할 수 없는 것이요(고전 15:51), 이 때에 제자들은 이를 부분적으로 발견하였으나 휘장이 찢어지기까지는 절대로 완전히 발견하지 못할 것이다. 그렇다고 해서 복음 진리의 신비함으로 인해서 우리가 의기소침해져서는 안 되고, 오히려 그것을 사모하고 간절히 찾아야 마땅한 것이다.

〔1〕 이 비밀을 접할 수 있는 은혜가 그리스도의 제자들에게 베풀어졌다. 지식은 하나님의 첫째가는 선물이요, 또한 이는 특별한 선물이다(잠 2:6). 그것이 사도들에게 베풀어진 것은 그들이 그리스도를 변함없이 따르며 수종드는 자들이었기 때문이다. 주목하라. 그리스도께 가까이 갈수록, 또한 그와 더 많은 대화를 나눌수록, 복음의 비밀에 대해서 우리가 더 잘 접하게 될 것이다. 〔2〕 이 비밀을 접하는 은혜가 모든 참된 신자들에게 베풀어진다. 그들은 복음의 비밀에 대한 체험적인 지식이 있으며, 이것이야말로 최상의 지식이다. 마음속에 있는 은혜의 원리야말로 여호와를 경외하며 그리스도를 믿으며, 그리하여 비유들의 의미를 진정으로 깨닫는 참된 명철이 있는 사람으로 만들어 주는 것이다. 니고데모는 이스라엘의 스승이었으나, 이것이 없었으므로 거듭남의 비밀을 들으면서도 마치 색맹(色盲)이 있는 사람처럼 반응을 보인 것이다. 〔3〕 이런 지식이 베풀어지지 않는 자들이 있다. 하늘에서 주신 바 아니면 사람이 아무것

도 받을 수 없느니라(요 3:27). 하나님은 아무에게도 빚진 자가 아니시라는 것을 기억하라. 그의 은혜는 오직 그의 것이다. 하나님께서 그의 기뻐하시는 대로 베풀기도 하시고 물리기도 하시는 것이다(롬 11:35). 이런 차이는 오직 하나님의 주권에서 비롯되는 것이다(11:25, 26).

2. 하나님께서 그의 은사들을 나눠주실 때에 지키시는 법칙을 통해서 이 이유에 대해 더 상세히 예증하심. 그 은사들을 받아 선용하는 자들에게는 베푸시고, 그것들을 파묻어 두는 자들에게서는 물리신다. 사람들 사이에서도, 게으름을 피우다가 원금을 갉아먹은 자들보다는 부지런히 원금을 사용하여 증식시킨 자들에게 돈을 위탁하는 법이다.

(1) 참된 은혜를 가진 자에게, 은혜의 선택을 계속 선용하며 자기가 가진 것을 열심히 사용하는 자에게, 더욱더 풍성하게 받으리라는 약속이 주어짐. 하나님이 베푸시는 호의는 그 다음에 올 더 큰 호의에 대한 보증이다. 하나님께서는 기초를 세우시고 반드시 그 위에 건물을 지으시는 것이다. 그리스도의 제자들은 현재 지닌 지식을 사용하였고, 후에 성령을 더욱 풍성하게 부음 받았다(행 2장). 은혜의 진리를 지닌 자들은 은혜를 더 많이 얻게 되고, 풍성한 영광을 얻게 될 것이다(잠 4:18). 요셉이라 하니 … 내게 더하시기를 원하노라(창 30:24).

(2) 참된 은혜를 갖지 못한 자에게 경고가 주어짐. 자기에게 있는 은사들과 은혜들을 올바로 사용하지 않는 자들은 뿌리가 없고, 견고한 원리가 없는 자들이요, 가졌으나 가진 것을 사용하지 않는 자들이니, 이들이 가졌거나 혹은 가졌다고 생각하는 것을 이들에게서 취하여질 것이다. 이들의 잎사귀가 마를 것이요, 그 가진 은사들이 썩을 것이다. 이들이 가졌으나 사용하지 않는 그 은혜의 수단들이 그들에게서 취하여질 것이다. 하나님께서 속히 파산할 자들의 손에서 그가 주신 달란트들을 다시 취하실 것이다.

3. 그리스도께서 대하신 두 종류의 사람들과 관련하여 이 이유를 구체적으로 설명하심.

(1) 고의적으로 무지한 자들이 있었다. 이들은 비유를 듣고 즐거워했다. 그들이 보아도 보지 못하며(13절). 그들은 그리스도의 더 분명한 설교의 명백한 빛에 대해서 눈을 가렸으므로, 지금 어둠 속에 그대로 있을 수밖에 없었다. 그리스도를 직접 보고도 그의 영광을 보지 못했고, 그와 다른 사람의 차이를 보지

못했다. 그의 이적들을 보고 그의 설교를 듣고도 보지 못하며 듣지 못하여 아무런 반응이 없었고, 깨달음도 없었다. 주목하라. 〔1〕 복음의 빛을 보고 복음의 소리를 듣는데도 그것이 전혀 마음에 와 닿지 않고 마음속에 자리를 잡지도 못하는 사람들이 많다. 〔2〕 복음의 빛을 향하여 눈을 감는 자들에게서 그 빛을 거두어 가시는 일은 오직 하나님께 달린 일이다. 그런 자들은 무지할 것이요, 하나님께서는 그런 자들을 그렇게 대하심으로써 그의 제자들에게 별도로 은혜를 주시는 그의 역사가 더욱 위엄이 있게 되는 것이다.

그런데 이 사실에서 성경이 성취된다(14, 15절). 이 본문은 이사야 6:9, 10의 인용이다. 복음의 은혜에 대해 가장 분명하게 말씀한 이 복음의 선지자는 그 은혜에 대한 멸시와 또한 그 멸시의 결과들에 대해 예언하였다. 이 본문은 신약 성경에서 무려 여섯 번이나 언급되는데, 이는 곧, 복음의 시대에는 영적인 심판들이 지극히 흔할 것이요, 시끄러운 소리는 거의 없으나 지극히 처참할 것임을 시사한다. 이사야의 시대의 죄인들에 대해 말씀한 사실이 그리스도의 시대에도 성취되었고, 또한 지금도 여전히 날마다 성취되고 있다. 사람의 악한 마음이 동일한 죄를 계속 범하는 동안, 하나님의 의로우신 손길이 동일한 형벌을 가하시는 것이다. 여기서 다음과 같은 점들을 보라.

첫째로, 죄인들의 처지에 대한 묘사. 그들은 사악한 몽매와 완악함의 상태에 있고, 이것이 그들의 죄다. 그들의 마음은 살쪄서 기름덩이 같다고 말씀하는데, 이는 곧 그들의 감각주의와 또 무감각한 상태를 나타내는 것이다(시 119:70). 그들은 하나님의 말씀과 철장(鐵杖) 아래 있었고 기름져서 발로 찬 여수룬처럼 조롱받을 만했다(신 32:15). 그렇게 마음이 무거운 상태에 있으니, 귀가 듣지 못하고, 성령의 세미한 음성을 듣지 못하는 것이 전혀 이상한 일이 아니다. 그리고 말씀이 그들과 가까이 있어서 크게 소리를 쳐도, 그들은 들은 척도 하지 않고, 전혀 그것에 감동을 받지도 않는다. 그들은 귀를 막은 것이다(시 58:4, 5). 그리고 그들은 지식을 얻지 않기로 결심하였으므로, 배우는 통로를 닫아버렸다. 세상에 들어오는 빛을 보지 않기로 결심하고서 눈까지도 감아버렸고, 의로운 해가 떠올랐으나 그들은 창문을 닫아버렸다. 빛보다 어둠을 더 사랑하였기 때문이다(요 3:19; 벧후 3:5).

둘째로, 법적인 몽매 상태에 대한 묘사. 이는 죄인들에 대한 의로운 형벌이다. "너희가 듣기는 들어도 깨닫지 못할 것이요 보기는 보아도 알지 못하리라. 너희가 가진 은혜의 수단이 아무런 목적을 이루지 못하리라. 그러나 다른 이들에게는 긍휼로 그 수단이 계속 역사할 것이다. 그러나 베풀어지는 축복을 저버리는 너희에게는 그렇게 심판이 임하리라." 지옥에 이르기 전 이 땅에서 사람이 처할 수 있는 가장 애처로운 상황은 지극히 활발한 은혜의 수단 아래 앉아 있으면서도 죽어 있고 어리석으며 닫힌 마음을 고수하는 것이다. 하나님의 말씀을 들으며 또한 자기나 다른 사람들에게서 일어나는 하나님의 섭리들을 보면서도 그의 뜻을 깨닫지도 못하고 지각하지도 못하는 것이야말로 가장 큰 죄요 또한 가장 큰 심판인 것이다. 관찰하라. 깨닫는 마음을 주시기도 하고, 또한 듣는 귀를 주시고 보는 눈을 주셨으나 그것을 전혀 사용하지 않는 자들에게 그의 의로우신 판단으로 그런 마음을 물리시는 분이 바로 하나님이시다. 이렇게 하나님은 죄인들에게 착각을 택하여 주시고(사 66:4), 그 마음의 정욕에 그들을 내버려 두사 그들로 하여금 눈이 어둔 상태에서 지극히 큰 멸망에 빠지도록 하시는 것이다(시 81:11, 12). 에브라임이 우상과 연합하였으니 버려두라(호 4:17). 나의 영이 영원히 사람과 함께 하지 아니하리니(창 6:3).

셋째로, 이로 인하여 생기는 저주스런 결과. 이는 눈으로 보고 귀로 듣고 마음으로 깨달아 돌이켜 내게 고침을 받을까 두려워함이라. 그들이 보지 못하게 되는 것은 돌이키지 않을 것이기 때문이다. 그런데 하나님은 그들이 돌이키지 않을 것이므로 보지 못할 것인데, 이는 그들이 마음으로 깨달아 돌이켜 내게 고침을 받을까 두려워함이라고 말씀하신다.

주목하라. 1. 보고 듣고 깨닫는 것이 회심, 곧 돌이키는 일에 필수적이다. 하나님은 은혜를 베푸실 때에 사람을 사람으로, 이성 있는 활동자로 대하시기 때문이다. 그는 사람의 끈으로 사람을 당기시고, 눈을 뜨게 하심으로 마음을 변화시키시고, 먼저 어둠에서 빛으로 돌이키시고 그리하여 사탄의 권세에서 하나님께로 돌아오게 하신다(행 26:18). 2. 진정 하나님께로 돌이키는 모든 자들은 분명 그에게서 고침을 받을 것이다. "그들이 돌이키면 내가 그들을 고칠 것이요 그들을 구원할 것이라." 그러므로 죄인들이 멸망하면 그것은 하나님 탓이 아니라 그들 자신 탓이다. 돌이키지도 않고서 어리석게도 스스로 고침받기를 기대한 것이다. 3. 오랫동안, 그리고 자주 은혜를 거부해온 자들에게 하나님께서 그의 은혜를 물리시는 것은 정당한 일이다. 바로는 한동안 마음을 완악하게 했고(출 8:15, 32), 후에 하나님께서 그 마음을 더 완악하게 하셨다(참조. 출

9:12; 10:20). 그러므로 하나님의 은혜를 거슬러 죄를 지음으로써 그 은혜를 떠나버리게 만드는 죄를 범하지 않도록 두려워하여야 할 것이다.

(2) 어떤 이들은 유효적으로 부르심을 받아 그리스도의 제자들이 되었고, 그에게서 가르침받기를 진정으로 사모하였다. 이들은 가르침을 받았고, 이 비유들을 통해서 — 특히 그리스도께서 설명해 주심으로 — 지식이 크게 향상되었다. 그리고 이들을 통해서 하나님의 일들이 더욱 분명하게 되고, 더욱 알기 쉽고 친숙하게 되고, 기억하기 더욱 쉽게 되었다(16, 17절). 너희 눈은 봄으로, 너희 귀는 들음으로. 그들은 그리스도에게서 하나님의 영광을 보았고, 그리스도의 가르침에서 하나님의 마음을 들었고, 많은 것을 보았고, 더 많이 보기를 사모했고, 그리하여 더 깊은 교훈을 받을 준비를 갖추었다. 그들은 끊임없이 그리스도를 따름으로써 그런 교훈을 받을 기회를 가졌고, 그것을 날마다 받았고, 또한 그것과 더불어 은혜도 함께 받았다. 그런데, 그리스도께서는 이것을 두 가지로 말씀한다.

〔1〕 복으로. "너희 눈은 봄으로, 너희 귀는 들음으로 복이 있도다. 이것이 너희의 행복이며, 이 행복은 바로 하나님의 특별하신 호의와 축복에서 비롯되는 것이다." 이것은 약속된 복이다. 메시야의 날에 보는 자의 눈이 감기지 아니할 것이요 듣는 자가 귀를 기울일 것이라고 예언된 바 있다(사 32:3). 그리스도의 은혜를 체험적으로 아는 신자는 아무리 비천하더라도 하나님에 대해 문외한인 가장 위대한 학자들이나 철학자들보다도 그 눈이 더 복된 것이다. 그들은 그들이 섬기는 우상들처럼 눈이 있어도 보지 못하는 것이다. 주목하라. 참된 축복은 하나님 나라의 비밀들을 올바로 깨닫고 늘 향상되어 가는 데 있다. 듣는 귀와 보는 눈이야말로 거룩하게 되는 자들에게서 하나님께서 행하시는 역사인 것이다. 그것들은 그의 은혜의 역사요(잠 20:12) 또한 복된 역사로서, 지금은 거울로 보는 것같이 희미하게 보는 자들이 얼굴과 얼굴을 대하여 보게 될 그 때에 능력으로 완성될 것이다. 그리스도께서 무지한 가운데 버림을 받는 자들의 비참한 상태를 그렇게 많이 말씀하신 것은 바로 이 복을 돋보이게 하기 위함이었다. 그들은 눈이 있어도 보지 못하나, 너희 눈은 복이 있도다. 주목하라. 그리스도를 아는 지식은 그것을 가진 자들을 구별짓는 호의를 베풀며, 그렇기 때문에 그것을 가진 사람들의 책임이 더 커지는 것이다(요 14:22). 사도들은 다른 사람들을 가르칠 자들이었고, 따라서 하나님의 진리를 지극히 선명하게 발견하는 복을 받

은 것이다. 파수꾼들의 눈이 마주 보리로다(사 52:8).

〔2〕 많은 선지자들과 의인들이 사모하였으나 허락받지 못한 초월적인 복으로(17절). 복음의 빛이 약간씩 반짝이는 것을 힐끗 바라보았던 구약의 성도들은 더 상세한 진리의 발견을 진실로 사모하였다. 그들에게는 그 진리들의 모형들, 그림자들, 예언들이 있었다. 그리하여 그들은 그 모든 것들의 실체를 보기를 사모하였고, 자기들이 똑바로 바라볼 수 없는 그것의 영광스런 결말을, 속을 들여다 볼 수 없는 그것들의 영광스런 내부를 보기를 간절히 바랐던 것이다. 그들은 그 큰 구원을, 이스라엘의 위로를 보기를 간절히 바랐으나 보지 못했다. 아직 때가 차지 않았기 때문이었다. 주목하라. 첫째로, 그리스도에 대해 무언가를 아는 자들은 더 많이 알기를 사모하지 않을 수가 없다. 둘째로, 하나님의 은혜의 발견은 심지어 선지자들과 의인들이라도 그들이 처한 경륜에 따라서 이루어진다. 그들이 하늘의 사람들이요 하나님의 비밀이 그들에게 있으나, 그들은 보기를 사모하는 것들을 보지 못했다. 하나님께서는 아직 그것들을 빛 가운데 드러내지 않기로 작정하셨기 때문이다. 그 때에는, 지금도 마찬가지지만, 아직 영광이 드러나지 않았고, 하나님께서는 무언가를 남겨두셔서 우리가 아니면 그들로 온전함을 이루지 못하게 하신 것이다(히 11:40). 셋째로, 우리에게 감사함이 넘쳐 부지런히 힘쓰게 하려면, 우리가 누리는 수단이 과연 어떤 것이며, 우리가 발견한 것들이 어떤 것인가를 곰곰이 생각하는 것이 좋을 것이다. 지금 복음 아래 있는 우리는 구약 경륜 아래서 산 사람들이 누렸던 것보다 훨씬 고상한 것을 누리고 있는 것이다. 특히 죄를 위한 속죄의 계시에 있어서는 더더욱 그러하다. 신약이 구약에 비해서 얼마나 유리한지를 보라(고후 3:7; 히 12:18, 등). 그러니 우리가 그렇게 유리한 위치에 있는 만큼 우리가 더욱더 힘써야 마땅한 것이다.

Ⅱ. 이 본문에는 우리 구주께서 말씀하신 비유들 가운데 한 가지, 곧 씨 뿌리는 자와 씨의 비유가 있고, **비유 그 자체와 또한 그 비유에 대한 설명이 함께 나타난다.** 그리스도의 비유들은 흔히 볼 수 있는 일상적인 일들에서 빌려온 것들이다. 철학적인 개념이나 사색들이나 특이한 자연 현상에서 빌려온 것이 아니라, 날마다 관찰할 수 있고 또한 지극히 무지한 자들도 알 수 있는 지극히 분명한 일들에서 빌려온 것들이다. 여기 씨 뿌리는 자의 비유나 가라지의 비유 등, 많은 것들이 농사 짓는 일에서 취하여온 것들이다. 그리스도께서 그렇게 하신

것은, 1. 영적인 일들을 좀 더 선명하게 드러내시기 위함이요, 또한 친숙한 비유들을 사용하심으로써 우리의 뇌리 속에 더 쉽게 들어와 박히도록 하시기 위함이다. 2. 일상적인 활동들에 영적인 의미를 부여하셔서, 우리로 하여금 날마다 흔히 보는 일들도 그것들을 접할 때에 하나님의 일들을 묵상하는 기쁨을 갖도록 하기 위함이요, 또한 그리하여, 우리의 손이 이 세상의 일들로 바쁠 때에라도, 오히려 그것 때문에 도움을 받아 하늘에 마음을 두게 되도록 하기 위함이다. 이렇게 해서 하나님의 말씀이 우리와 친밀하게 말씀하게 되는 것이다(잠 6:22).

씨 뿌리는 자의 비유는 분명하다(3-9절). 그리스도께서 친히 하신 설명도 함께 있다. 그는 자신이 말한 그 의미를 가장 잘 아시는 분이시다. 어찌하여 그들에게 비유로 말씀하시나이까라고 물음으로써(10절) 제자들은 사람들을 위하여 비유의 설명을 듣기를 바라는 속내를 드러냈다. 또한 그들 스스로 그 의미를 알고 싶어했다고 해도 전혀 그들을 무시하는 것이 아니다. 우리 주 예수께서는 친절하게도 그런 암시를 취하셔서 제자들에게 그 의미를 알려 주셔서 그 비유를 깨닫도록 해 주셨다. 그러나 무리들이 듣는 자리에서 하셨다. 무리들이 36절에 가서야 비로소 물러가기 때문이다. "그런즉 씨 뿌리는 비유를 들으라(18절). 너희가 이미 들었으나 다시 자세히 살피도록 하자." 주목하라. 이미 들은 것을 다시 듣는 것이 말씀을 깨닫고 유익을 얻는 데에 아주 유익하다(빌 3:1). "너희가 비유를 들었는데, 이제 그 해석을 들으라." 주목하라. 우리가 말씀을 올바로, 또한 선한 목적을 위하여 들을 때에야 비로소 우리가 들은 바를 깨닫게 된다. 깨달음이 없으면 전혀 듣는 것이 아니다(느 8:2). 깨달음을 주시는 것이 과연 하나님의 은혜이나, 깨닫도록 정신을 집중시키는 것은 우리의 의무다.

그러므로 비유와 그 설명을 함께 비교해 보자.

(1) 뿌려진 씨는 하나님의 말씀인데, 여기서 그 나라의 말씀(참조. 한글 개역 개정판 난외주)이라 불린다. 여기서 그 나라란 곧 천국이다. 이 나라와 대비되는 세상의 나라는 나라라 불러서는 안 된다. 복음은 그 나라로부터 오며, 그 나라를 향하여 나아간다. 복음의 말씀은 곧 그 나라의 말씀이요, 그 나라의 왕의 말씀이요, 따라서 그 말씀이 있는 곳에는 능력이 있다. 그 말씀은 그것으로 우리가 다스림을 받아야 할 법이다. 이 말씀이 뿌려지는 씨다. 씨는 죽은 것처럼 보이고 죽어 가는 것 같으나, 모든 열매가 사실상 그 속에 담겨 있는 것이다.

그것은 썩지 아니할 씨(벧전 1:23)요, 그것은 영혼 속에서 열매를 맺는 복음인 것이다(골 1:5, 6).

(2) 그 씨를 뿌리는 농부는 우리 주 예수 그리스도시다. 그가 친히, 혹은 목사들을 통하여 씨를 뿌리신다(37절). 사람들은 하나님의 밭이요 경작지다. 그리고 목사들은 하나님의 동역자들이다(고전 3:9). 무리들에게 설교하는 것은 곡식을 뿌리는 것이다. 어디에 뿌려야 싹이 돋아날지 우리는 모른다. 다만 곡식이 잘 될 것이라는 것을 보고, 씨를 충분하게 뿌릴 뿐이다. 말씀의 씨를 뿌리는 것은 하나님의 밭에 백성을 뿌리는 것이다. 그 백성은 곧 그의 타작 마당의 곡식인 것이다(사 21:10).

(3) 이 씨가 뿌려지는 밭은 사람들의 마음인데, 이 밭의 조건이 여러 가지로 다르게 묘사되며, 따라서 말씀의 성공 여부도 달리 묘사된다. 사람의 마음은 땅과 같아서 개간하여 좋은 열매를 맺을 능력을 갖추고 있다. 그러니 그 땅을 놀려두거나 게으른 자의 밭처럼 내버려둔다면 그것은 참 안타까운 일이다(잠 24:30). 영혼은 하나님의 말씀이 거하고 속에서 역사하기에 적절한 곳이다. 그 말씀이 양심에 작용한다. 말씀이 여호와의 촛불을 밝히는 것이다. 우리가 어떤 상태냐에 따라서 말씀도 우리에게 그와 같다. "어떻게 받아들이느냐는 받아들이는 자에 달려 있다." 땅의 경우를 보면, 어떤 밭은 그렇게도 많이 수고하여 가꾸고 그렇게도 좋은 씨를 뿌리는데도 열매를 전혀 내지 못한다. 사람의 마음도 마찬가지다. 사람의 갖가지 다른 성격들이 네 가지 종류의 밭으로 묘사되는데, 그 중 세 가지는 나쁘고 한 가지만 좋다. 주목하라. 열매 없이 말씀을 듣기만 하는 자들의 숫자가 매우 많고, 그 중에는 그리스도께 친히 말씀을 들은 자들도 있다. 우리가 전한 것을 누가 믿었느냐? 이 비유는 교회에 복음이 전해지나 네 명 중 한 명도 채 온전한 열매를 맺지 못한다는 애처로운 처지를 전망하게 만든다. 많은 사람들이 일반적 부르심을 통해 부르심을 받으나 그 부르심에 유효적으로 응답하여 영원한 선택을 입증하는 자는 극히 적은 것이다(20:16).

이제 이 네 종류의 밭의 성격들을 관찰하라.

〔1〕 길가(4-10절). 밭 사이사이에 작은 길들이 있는데(12:1), 그 길들에 떨어진 씨는 절대로 속으로 들어가지 못하고 새들에게 먹히고 만다. 그리스도의 말씀을 듣는 자들이 지금 서 있는 곳이 그들 대부분의 성격을 대변한다. 곧, 바닷가의 모래 위인데, 이는 길가와 같은 밭과도 같은 것이다. 다음을 관찰하라.

첫째로, 말씀을 듣는 자들 중에서 어떤 종류의 사람들이 길가와 같은 밭에 비유되는가. 말씀을 듣고 깨닫지 못하는 자들이 그런 자들인데, 그들이 깨닫지 못하는 것은 그들 자신의 과실이다. 그들은 말씀에 관심을 두지 않고, 마치 길가가 씨를 뿌리기 위해 있는 것이 아니듯이 그들은 말씀에서 선을 얻고자 하는 바람도 전혀 없다. 그들도 하나님의 백성들처럼 하나님께 나아와 그 앞에 앉는다. 그러나 그것은 겉모양을 위한 것이요, 사람들을 보고 사람들에게 보이기 위한 것일 뿐 전해지는 말씀에는 전혀 관심이 없어서 한 귀로 듣고 다른 귀로 흘려 버리며, 전혀 감동도 받지 않는다.

둘째로, 그들이 어떻게 무익한 청중들이 되는가. 악한 자, 곧 마귀가 와서 그 마음에 뿌려진 것을 빼앗는다. 그처럼 정신없고 부주의하며 한가한 청중들이 사탄의 손쉬운 먹이들이다. 사탄은 영혼의 위대한 살인자요 설교를 훔쳐 가는 큰 도둑이므로, 우리가 단단히 정신차려서 말씀을 붙잡지 않으면, 마치 새가 와서 길가에 뿌려진 씨를 쪼아먹듯이, 사탄이 우리에게서 반드시 말씀을 빼앗아 가고 말 것이다. 말씀을 위하여 우리 마음을 준비하고, 말씀을 받도록 그 마음을 낮추며, 주의를 기울여서, 묵혀놓은 밭을 개간하지 않으면, 그리고 그 씨를 뿌린 다음 묵상과 기도로 씨를 덮지 않으면, 들은 바 말씀의 내용에 대해 성실하게 유념하지 않으면, 우리는 길가와 같은 밭이다. 주목하라. 마귀는 하나님의 말씀에서 유익을 얻는 일에 대해 칠천지원수다. 그들의 평화에 관한 일들에 대해 생각하여야 할 때에 다른 일에 생각을 쏟고 있는 한심한 청중들만큼 마귀의 계획에 알맞는 사람이 없는 것이다.

〔2〕돌밭. 더러는 흙이 얕은 돌밭에 떨어지매(5, 6절). 이는 바로 앞의 경우보다는 한 걸음 더 나아가서 말씀에 대해 무언가 선한 감동을 받으나 오래가지 못하는 청중들을 대변한다(20, 21절). 주목하라. 우리가 다른 몇몇 사람들보다는 상당히 나으나, 마땅히 선해야 할 만큼 선하지 못할 수도 있다. 우리 이웃보다는 더 나아가나 천국에는 이르지 못할 수도 있는 것이다. 이제, 돌밭으로 묘사되는 이 청중들에 관해서 다음을 관찰하라.

첫째로, 이들이 어디까지 나아갔는지를 보라. 1. 이들은 말씀을 듣는다. 말씀에 등을 돌리지도 않고, 귀를 돌려대지도 않는다. 주목하라. 아무리 자주, 아무리 진지하게 말씀을 듣는다 해도, 그것에 머물면 절대로 천국에 들어갈 수 없다. 2. 이들은 말씀을 즉시 받아들인다. 신속하게 듣고 곧바로 받아들인다.

곧 싹이 나온다(5절). 좋은 땅에 떨어진 씨보다 더 빨리 겉으로 드러난다. 주목하라. 겉모양으로 드러나는 데에서는 외식자들이 참된 그리스도인보다 빠른 경우가 많다. 그들은 즉시 받아들인다. 씹지도 않고 곧바로 삼키므로, 소화가 잘 될 리가 없다. 범사에 헤아려 좋은 것을 취해야 하는데, 그렇게 하지를 않는 것이다(살전 5:21). 3. 이들은 말씀을 기쁨으로 받아들인다. 주목하라. 좋은 설교를 기쁘게 들으면서도 그것에서 아무런 유익을 얻지 못하는 자들이 많다. 이들은 말씀을 매우 기뻐하나 그 말씀으로 변화되거나 말씀으로 다스림 받지를 않는다. 말씀 아래에서 마음이 녹으면서도 그 말씀으로 인하여 완전히 녹아지지 않을 수도 있고, 완전히 녹아져서 말씀 속으로 들어가지 못할 수도 있는 것이다. 하나님의 선한 말씀을 맛보고(히 6:5), 그 속에서 감미로움을 찾았다고 말하는 사람들이 많으나, 그 중에 혀 밑에 그들이 사랑하는 정욕이 감겨 있어서 그것이 말씀과 어울리지 못하며, 그리하여 다시 말씀을 내뱉어버리는 경우가 많은 것이다. 4. 이들은 잠시 견딘다. 격렬한 어떤 동작처럼, 힘을 받으면 그 영향이 남아 있는 동안에는 계속되나 그 자체가 사라지면 죽어버리는 것이다. 주목하라. 많은 사람들이 잠시 동안 견디나 끝까지 견디지 못하여, 끝까지 인내하는 자에게만 약속된 행복에 이르지 못한다(10:22). 이들은 열심히 달리기는 했으나, 무언가가 그들을 가로막은 것이다(갈 5:7).

둘째로, 이들이 어떻게 넘어져서 아무 열매도 온전히 맺지 못하는가를 보라. 흙에 깊이가 없어 수분을 흡수하지 못하여 싹이 자라지 못하고, 태양의 열기에 말라버린다. 이렇게 되는 이유는 다음과 같다.

1. 이들은 속에 뿌리가 없어, 안정되어 있지도 못하고, 어떤 분명한 판단의 원리도 없고, 확고한 의지의 결단도 없고, 깊이 뿌리박힌 건전한 습관도 없다. 이들은 겉으로 드러내는 바 신앙의 모습을 유지해 줄 든든한 힘이 없는 것이다. 주목하라. (1) 겉으로 푸른 잎사귀를 드러내 보여도, 은혜의 뿌리가 없을 수도 있다. 완악함이 마음을 주도하고 있어서, 흙과 부드러움에 속한 것이라곤 오로지 겉으로 드러나는 그것밖에는 없고, 속으로는 돌처럼 딱딱하게 굳어 있다. 이들에게는 뿌리가 없고, 믿음으로 우리의 뿌리이신 그리스도와 연합하여 있지 않으므로, 그에게서 모든 것을 받아들이지도 않고 그를 의지하지도 않는 것이다. (2) 겉으로 드러내는 고백이 있더라도 원리가 거기에 없으면, 인내를 기대할 수가 없다. 뿌리가 없는 나무는 잠시 동안밖에는 견딜 수가 없는 법이

다. 무게 중심을 잡는 밸러스트(ballast)가 없는 배는, 처음에는 짐을 가득 실은 다른 배보다 빨리 나아갈 수도 있으나, 날씨가 궂으면 반드시 압박을 받게 되어 있고, 결코 다시 모항(母港)으로 돌아오지 못하는 것이다.

2. 시험의 때가 오는데, 그 때에는 아무것도 아닌 것이 되고 만다. 말씀으로 말미암아 환난이나 박해가 일어날 때에는 곧 넘어지는 자요. 그것이 그의 길에 도저히 넘을 수 없는 걸림돌이 되며, 그리하여 모든 것을 포기해 버리는데, 그가 겉으로 드러내 보인 모든 것의 결국이 이렇게 되는 것이다. 주목하라. (1) 기회의 순풍이 불어오고 난 다음에는 보통 박해의 폭풍이 밀려와서 과연 말씀을 순전하게 받았는지 그렇지 않은지를 시험한다. 그리스도의 나라의 말씀이 그리스도의 인내의 말씀이 될 때에(계 3:10), 그 때에 시험이 있어서 그것을 지키는 자와 지키지 않는 자가 드러난다(계 1:9). 그러므로 그런 날을 미리 대비하는 것이 지혜로운 일이다. (2) 시련의 때가 올 때에 뿌리가 없는 자는 곧 넘어진다. 먼저 그들이 겉으로 드러낸 것과 갈등을 일으키고, 그 다음에는 그것을 저버린다. 처음에는 트집을 잡고, 그 다음에는 던져버린다. 그러므로 십자가의 걸림돌을 말씀하는 것이다(갈 5:11). 관찰하라. 박해가 이 비유에서 작열하는 태양열로 묘사된다(6절). 뿌리가 든든히 박힌 자에게 따뜻함을 주는 그 동일한 태양이 뿌리가 없는 자는 마르게 하고 태우는 것이다. 그리스도의 말씀이 그렇듯이, 그리스도의 십자가도 어떤 이에게는 생명으로부터 생명에 이르는 냄새요 어떤 이에게는 사망으로부터 사망에 이르는 냄새인 것이다(고후 2:16). 동일한 환난이 어떤 이들은 배도와 멸망에 이르게 하고, 어떤 이들에게는 지극히 크고 영원한 영광의 중한 것을 위하여 일하게 한다. 시련이 어떤 이들을 뒤흔들고, 어떤 이들은 확신을 준다(빌 1:12). 이들이 얼마나 속히 넘어지는가를 관찰하라. 이들은 익자마자 썩어버린다. 생각 없이 믿음이 있는 체하면, 대개 생각 없이 넘어지는 법이다. "가볍게 오면, 가볍게 가버린다."

〔3〕가시떨기. 더러는 가시떨기(이것이 울타리로 서 있을 때에는 곡식을 잘 보호해 주는 역할을 하지만, 그것이 밭에 있으면 곡식에게 큰 해가 된다) 위에 떨어지매 가시가 자라서 기운을 막았고(7절). 가시가 자라났다는 것은 곧 씨가 뿌려질 때에는 별로 보이지 않았다가 후에 그것들이 자라나 기운을 막았다는 것을 시사한다. 이 경우는 앞의 경우보다 한 걸음 더 나아갔다. 뿌리가 있었기 때문이다. 이것은 겉으로 드러내는 신앙의 모습을 완전히 버리지는 않으나 여

전히 그것에서 구원 얻는 유익을 얻기에는 부족한 자들의 처지를 나타낸다. 말씀을 통해서 얻는 유익이 자기도 모르는 사이에 세상의 일들에게 정복당하고 눌린다. 박해가 하는 것처럼 세상적인 번영이 마음속의 말씀을 파괴시키며, 더욱 위험한 것은 그 일이 더 조용히 일어난다는 것이다. 돌들이 뿌리를 망가뜨리고, 가시들이 열매를 망가뜨리는 것이다.

그러면 이 가시떨기란 어떤 것들인가?

첫째로, 세상의 염려다. 또 다른 세상에 대한 염려는 이 씨의 자라는 것을 촉진하나, 이 세상에 대한 염려는 그 기운을 막는 법이다. 세상의 염려를 가시떨기에 비하는 것은 매우 적절하다. 왜냐하면 그것들은 죄와 함께 들어오는 것으로 저주의 열매이기 때문이다. 그것들이 제자리에 있어서 틈을 메우는 것은 좋으나, 그것들에 빠지지 않도록 든든히 무장해야 한다(삼하 23:6, 7). 그것들은 얽어매고, 진을 빼고, 긁는다. 그 마지막은 불사름이다(히 6:8). 이 가시떨기들이 좋은 씨의 기운을 막는 것이다. 주목하라. 세상의 염려는 하나님의 말씀에서 유익을 얻고 신앙이 자라는 일을 가로막는 큰 방해거리다. 하나님의 일들에 쏟아야 할 영혼의 정력을 다 잡아먹고, 의무를 다하는 데에서 우리를 돌이키고 산만하게 하고, 그런 모든 일을 행한 후에도 우리에게 가장 악한 일을 행한다. 선한 감정이 일어나는 것을 꺼뜨리고, 선한 결심의 끈을 잘라버리는 것이다. 여러 가지 일을 염려하고 근심하는 자들은 보통 한 가지 필수적인 일을 소홀히 하는 법이다.

둘째로, 재물의 유혹이다. 부지런히 염려하고 수고하여 이미 재물을 모아놓고 있어서 염려에서 오는 위험이 사라진 것처럼 보이고, 그리하여 말씀을 계속 잘 들을 것 같은 자들에게도 여전히 함정이 있다(렘 5:4, 5). 부자가 천국에 들어가기가 어려운 법이다. 그들은 재물을 더 탐하고, 그것들에 의지하고, 재물 속에서 무절제한 안일에 빠지기가 쉬운데, 이것도 염려만큼이나 말씀의 기운을 막는 것이다. 관찰하라. 악을 행하게 만드는 것은 재물 자체가 아니라 재물의 유혹이다. 그런데 우리가 그것들에게 신뢰를 두고 그것들에게서 기대감을 높게 갖지 않는다면, 그것들이 우리에게 유혹이 된다고 말할 수 없을 것이다. 그러나 그런 것들이 있어서 좋은 씨를 질식시키는 것이다.

〔4〕 좋은 땅(8절). 더러는 좋은 땅에 떨어지매. 좋은 씨가 항상 좋은 땅에 떨어지고 하나도 버려지는 것이 없어야 하는데, 그렇지 못한 것이 안타까운 일이

다. 이는 곧 말씀을 듣고 깨닫는 자다(23절). 주목하라. 하나님의 은혜와 그의 은혜의 말씀을 헛되이 받는 자들이 많으나, 하나님께는 선한 목적으로 그것들을 받을 남은 자들이 있다. 하나님의 말씀은 결코 헛되이 되돌아오지 아니하는 법이다(사 55:10, 11).

이 좋은 땅과 나머지 땅을 구별짓는 것은 한 마디로 열매를 맺는 것이다. 참된 그리스도인이 외식자들과 다른 점이 바로 열매를 맺는다는 것이다. 너희가 열매를 많이 맺으면 너희는 내 제자가 되리라(요 15:8). 그리스도는 이 좋은 땅에 돌이나 가시떨기가 없다고 말씀하시지 않는다. 다만 그 땅에서는 그것들이 열매를 맺는 것을 방해할 만큼 영향을 미치지를 못하는 것이다. 성도는 이 세상에서 죄의 잔재들에서 완전히 자유롭지 못하다. 그러나 그것들의 통치와 군림에서는 자유로운 것이다.

좋은 땅에서 열매를 맺는 자들은 다음과 같이 묘사된다.

첫째로, 이들에게는 깨달음이 있다. 말씀을 듣고 깨닫는 자니. 말씀의 의미를 이해할 뿐 아니라 그 말씀 속에서 자기들의 처지를 깨달으며, 마치 사업가들이 자기들의 사업을 이해하듯이 그렇게 말씀을 이해하는 것이다. 하나님께서는 그의 말씀 속에서 사람들을 사람으로 대하시고, 그들을 이성적인 방식으로 대하시며, 그들에게 깨달음을 주심으로 의지와 감정을 소유하게 하시다 반면에, 도둑이요 강도인 사탄은 문으로 들어오지 않고, 다른 길로 넘어 오는 법이다.

둘째로, 이들에게는 열매가 있다. 결실하여. 열매는 선한 깨달음의 증거다. 열매란 씨 그 자체의 몸이요, 마음과 생명에서 나는 본질적인 산물이요, 받은 바 말씀의 씨와 일치하는 것이다. 말씀에 따라 행할 때에 열매를 맺게 된다. 우리의 정신의 기질과 우리의 삶의 모습이 우리가 받은 바 복음에 일치할 때에, 또한 우리가 가르침을 받은 대로 행할 때에, 열매를 맺게 되는 것이다.

셋째로, 모두가 똑같은 양의 열매를 맺는 것이 아니다. 어떤 것은 백 배, 어떤 것은 육십 배, 어떤 것은 삼십 배가 되느니라. 주목하라. 열매 맺는 그리스도인들 중에서도, 개인에 따라 열매 맺는 정도가 각기 다르다. 참된 은혜가 그들에게 있으나 그 정도가 각기 다르다. 어떤 이들은 다른 이들보다 지식과 거룩에서 더 큰 것을 이룬다. 모든 그리스도인 학자들의 수준이 다 똑같은 것이 아니다. 우리는 가능한 가장 높은 정도를 목표로 삼아, 이삭의 땅이 그랬듯이(창 26:12) 백 배를 내어야 한다. 주의 일에서 풍성해야 한다(요 15:8). 그러나 땅이 좋고, 열매가 좋으며, 마음이 정직하고 그 삶이 그것과 일치하면, 삼십 배만 내었더라도 하나님께서 은혜로이 받으실 것이요, 풍성한 열매가 될 것이다. 우리가 율법 아래 있지 아니하고 은혜 아래 있기 때문이다.

마지막으로, 그리스도께서는 주목을 요청하는 엄숙한 말씀으로 비유를 끝맺음하신다. 귀 있는 자는 들으라(9절). 주목하라. 여기서 들으라는 것은 하나님의 말씀을 들으라는 뜻이다. 어떤 이들은 감미로운 곡조를 듣기를 좋아하고, 귀가 온통 음악하는 여자들에게 가 있다(전 12:4). 그러나 하나님의 말씀의 곡조와 같은 곡조는 없다. 또 어떤 이들은 새로운 것을 듣기를 좋아한다(행 17:21). 그러나 하나님의 말씀처럼 새로운 것이 없는 것이다.

[24]예수께서 그들 앞에 또 비유를 들어 이르시되 천국은 좋은 씨를 제 밭에 뿌린 사람과 같으니 [25]사람들이 잘 때에 그 원수가 와서 곡식 가운데 가라지를 덧뿌리고 갔더니 [26]싹이 나고 결실할 때에 가라지도 보이거늘 [27]집 주인의 종들이 와서 말하되 주여 밭에 좋은 씨를 뿌리지 아니하였나이까 그런데 가라지가 어디서 생겼나이까 [28]주인이 이르되 원수가 이렇게 하였구나 종들이 말하되 그러면 우리가 가서 이것을 뽑기를 원하시나이까 [29]주인이 이르되 가만 두라 가라지를 뽑다가 곡식까지 뽑을까 염려하노라 [30]둘 다 추수 때까지 함께 자라게 두라 추수 때에 내가 추수꾼들에게 말하기를 가라지는 먼저 거두어 불사르게 단으로 묶고 곡식은 모아 내 곳간에 넣으라 하리라 [31]또 비유를 들어 이르시되 천국은 마치 사람이 자기 밭에 갖다 심은 겨자씨 한 알 같으니 이는 모든 씨보다 작은 것이로되 자란 후에는 풀보다 커서 나무가 되매 공중의 새들이 와서 그 가지에 깃들이느니라 [33]또 비유로 말씀하시되 천국은 마치 여자가 가루 서 말 속에 갖다 넣어 전부 부풀게 한 누룩과 같으니라 [34]예수께서 이 모든 것을 무리에게 비유로 말씀하시고 비유가 아니면 아무것도 말씀하지 아니하셨으니 [35]이는 선지자를 통하여 말씀하신 바 내가 입을 열어 비유로 말하고 창세부터 감추인 것들을 드러내리라 함을 이루려 하심이라 [36]이에 예수께서 무리를 떠나사 집에 들어가시니 제자들이 나아와 이르되 밭의 가라지의 비유를 우리에게 설명하여 주소서 [37]대답하여 이르시되 좋은 씨를 뿌리는 이는 인자요 [38]밭은 세상이요 좋은 씨는 천국의 아들들이요 가라지는 악한 자의 아들들이요 [39]가라지를 뿌린 원수는 마귀요 추수 때는 세상 끝이요 추수꾼은 천사들이니 [40]그런즉 가라지를 거두어 불에 사르는 것 같이 세상 끝에도 그러하리라 [41]인자가 그 천사들을 보내

리니 그들이 그 나라에서 모든 넘어지게 하는 것과 또 불법을 행하는 자들을 거두어 내어 [42]풀무 불에 던져 넣으리니 거기서 울며 이를 갈게 되리라 [43]그 때에 의인들은 자기 아버지 나라에서 해와 같이 빛나리라 귀 있는 자는 들으라

I. 그리스도께서 비유로 설교하시는 또 다른 이유가 제시된다(34, 35절). 예수께서 이 모든 것을 무리에게 비유로 말씀하시고. 그 나라의 비밀들을 더 분명하고도 평이하게 드러내실 때가 아직 이르지 아니했기 때문이다. 그리스도께서는 사람들의 주의를 끌고 그들에게 기대감을 갖게 하시고자 비유로 설교하셨고, 비유가 아니면 아무것도 말씀하지 아니하셨다. 즉 이번에 이 설교 때에 그렇게 하셨다는 뜻이다. 주목하라. 그리스도께서는 사람의 영혼에게 유익을 주고 감동을 주시기 위해 모든 방법들을 다 시도하신다. 평이한 설교로 사람들이 교훈과 영향을 받지 않으면, 비유들로 말씀을 전하실 것이다. 그리고 그 이유를 여기서 제시하시는데, 그것은 곧, 성경을 이루려 하심이다. 이를 위해 여기서 인용하시는 본문은 역사적인 내용이 담긴 시편 78편의 서두의 일부인 2절이다. 내가 입을 열어 비유로 말하고. 시편 기자인 다윗이나 아삽이 거기서 자신의 역사에 대해 말하는 내용을 그리스도께서 자신의 설교에 맞추시며, 그 뚜렷한 전례(前例)를 자신의 설교법의 정당성을 입증하는 것으로 제시하셔서 이의를 제거하시는 것이다.

1. 그리스도의 설교의 주제. 그는 영세 전부터 감추어졌던 일들을 전파하셨다. 복음의 비밀은 영원부터 하나님 속에, 그의 경륜과 작정으로, 감추어진 것이었다 (엡 3:9; 롬 16:25; 고전 2:7; 골 1:26). 옛날 일들의 기록과 감추어진 비밀들이 드러나는 것을 기뻐한다면, 복음이야말로 얼마나 환영할 만한 것인지 모른다. 그것이야말로 오래된 것이요 또한 감추어졌던 것이니 말이다! 복음은 영세 전부터 모형과 그림자들 속에 싸여 있었으나, 지금은 그 모형과 그림자들이 사라졌고, 그리하여 그 감추어졌던 것들이 지금 우리와 우리 자손에게 속한 것으로 계시된 것들이 된 것이다(신 29:29).

2. 그리스도의 설교의 방식. 그는 비유로 설교하셨는데, 이는 주의를 집중시키고 부지런히 궁구(窮究)하는 데에 도움이 되는 방식이었다. 직유법들이 가득한 솔로몬의 문장을 가리켜 잠언, 혹은 비유라 부르는데, 여기서도 동일한 단어가 쓰인다. 그러나 보라 솔로몬보다 큰 이가 여기 계시니, 그 안에는 지혜의 보화

가 감추어져 있느니라.

Ⅱ. 가라지 비유와 그 해설이 제시된다. 이 둘은 함께 보아야 한다. 해설이 비유를 설명해 주고, 비유가 해설을 예증해 주기 때문이다. 관찰하라.

1. 이 비유를 설명해 달라는 제자들의 요청(36절). 이에 예수께서 무리를 떠나사. 그러니 무리 중 많은 이들이 말씀의 소리는 들었으나 아무런 지혜도 얻지 못하고 그런 상태 그대로 돌아갔을 것이다. 설교를 통하여 은혜의 말씀을 마음에 품고 돌아가는 사람이 몇이나 되는지를 생각하면 참 서글프다. 집에 들어가시니. 몸을 쉬기 위함이 아니라 제자들과 대화를 나누기 위함이었다. 그의 설교는 주로 제자들을 교훈하기 위한 의도로 행해진 것이었다. 그는 모든 곳에서 선을 행하실 준비가 되어 계셨다. 제자들은 그가 집에 들어가시는 것을 기회로 삼아 그에게 나아왔다. 주목하라. 다른 모든 일에 대해서 지혜롭고자 하는 자는 자기에게 주어진 기회들을 분별하고 선용하는 데에도 지혜로워야 하며, 특히 홀로 은밀한 묵상과 기도로 그리스도와 대화를 나누는 일에 지혜로워야 한다. 엄숙한 집회에서 돌아와 거기서 들은 바에 대해 이야기를 나누며, 다른 사람들도 그것을 함께 깨닫고 기억하도록 친숙한 담화를 통해서 그들을 돕고, 또한 그것에서 감동을 받는 것은 매우 좋은 일이다. 예배 후에 허망하고 무익한 대화들을 통해서 수많은 설교가 주는 유익을 잃어버리는 경우가 얼마나 많은지 모른다. 눅 24:32; 신 6:6, 7을 보라. 목사에게 그가 전한 말씀의 의미에 대해 물어보는 일은 특별히 좋은 일이다. 그들의 입술은 지식을 지키기 때문이다 (말 2:7). 사적인 대화가 공적인 설교를 통해서 유익을 얻는 데에 많은 도움이 된다. 당신이 그 사람이라는 나단의 말이 다윗의 마음을 찔렀던 것이다.

제자들이 주께 요청한 것은 비유에 대한 설명이었다. 밭의 가라지의 비유를 우리에게 설명하여 주소서. 이것은 그들이 무지를 시인하였음을 시사한다. 그들은 자신들의 무지를 알리기를 부끄러워하지 않았다. 아마도 비유의 대략적인 윤곽은 인지하였을 것이나, 좀 더 구체적으로 그것을 깨달아서 분명하게 알기를 사모하였던 것이다. 주목하라. 그리스도의 가르침에 대해 올바른 자세를 갖춘 자들은 자기들의 무지를 지각하며, 가르침받기를 진정으로 바라는 법이다. 그가 온유한 자를 지도하실 것이나(시 25:8, 9) 그렇게 하시기를 구하여야 할 것이다. 누구든지 교훈이 부족하거든 하나님께 구하라. 앞의 비유의 경우는 제자들이 구하지 않았는데도 그리스도께서 설명하셨으나, 이 비유의 경우는 그들이 그리스도께 설명을 구한다. 주목하라. 우리는 기도의 방향을 지도받고 기도에 격려를 얻도록, 우리가 받은 자비하신 은혜들을 잘 사용해야 할 것이다. 최초의 빛과 최초의 은혜는 그릇된 것을 방지하는 방식으로 베풀어지나, 그 이후의 후속적인 빛과 은혜에 대해서는 날마다 구해야 하는 것이다.

2. 제자들의 요청에 따라 그리스도께서 비유를 설명하심. 그리스도께서는 제자들의 그런 간절한 바람에 속히 응답하신다. 비유의 흐름은, 천국, 즉 복음 교회의 현재의 상태와 미래의 상태를 제시하는 것이다. 그리스도께서 천국을 보살피시나 마귀가 그것을 대적하며, 선인과 악인이 그 속에 뒤섞여 있다는 것이다. 주목하라. 가시적 교회는 천국이다. 그 속에 수많은 외식자들이 있으나 그리스도께서 왕으로서 천국을 다스리신다. 그리고 그 속에는 남은 자들이 있는데, 이들이 하늘의 신민들이요 상속자들이며, 이들이 교회의 더 나은 부분이다. 교회는 이 땅의 천국이다.

이 비유의 구체적인 내용에 대한 설명을 살펴보자.

(1) 좋은 씨를 뿌리는 이는 인자요. 예수 그리스도는 밭의 주인이시요, 추수의 주인이시요, 좋은 씨를 뿌리는 자시다. 그는 위로 올라가실 때에 세상에 선물을 주셨다. 좋은 목사뿐 아니라 다른 선한 사람들을 주신 것이다. 주목하라. 세상에 있는 좋은 씨는 무엇이든 다 그리스도의 손에서 오는 것이요 그가 뿌리신 것이다. 전해지는 진리와 심어지는 은혜들과 거룩하게 되는 영혼들은 좋은 씨요, 모두가 그리스도로 말미암는 것이다. 목사들은 그리스도의 손에서 좋은 씨를 뿌리는 일에 사용함을 받는 도구들로서 그에게 고용되어 그의 밑에서 일하며, 그들의 수고의 성공 여부는 순전히 그의 축복에 달려 있으므로 좋은 씨를 뿌린 분이 다른 누구도 아니요 오직 그리스도시라는 말은 지극히 합당한 말이다. 그는 인자시다. 우리 중의 하나요, 그에게 처절하게 두려운 것이 있으나 그것 때문에 그가 무서워지지 않는다. 그는 인자, 곧 중보자요 권세가 있으신 분이시다.

(2) 밭은 세상이요. 세상은 인류의 세계로서, 좋은 열매를 낼 능력을 지닌 큰 밭이다. 그러므로 그것이 나쁜 열매를 그렇게 많이 낸다면 그것은 더욱 애처로운 일이다. 여기서 세상은 온 세계에 흩어져 있고, 한 민족에 한정되지 않는 가시적 교회다. 관찰하라. 비유에서는 이것을 제 밭이라 부른다. 세상은 그리스도의 밭이다. 만물이 아버지께로부터 그에게 전해지기 때문이다. 마귀가 세상에

서 어떠한 능력과 관심을 갖고 있든 간에 그것은 그가 찬탈한 것이요 불의한 것이다. 그리스도께서 오실 때에 그는 제 밭의 권한을 지니신 분으로서 그것을 소유하신다. 그것은 그의 밭이요, 그것이 그의 것이기 때문에 좋은 씨를 골라서 그 밭에 뿌리시는 것이다.

(3) 좋은 씨는 그 나라의 아들들이요(참조. 한글 개역개정판 난외주:역자주). 곧, 참된 성도들을 가리킨다. 그들은 〔1〕 그 나라의 아들들이다. 유대인처럼 그 나라의 본 아들들일 뿐 아니라(8:12), 진정으로 그 나라의 아들들이다. 참된 유대인이요 진정한 이스라엘로서, 믿음과 순종으로 교회의 위대한 왕이신 예수 그리스도께 연합한 자들이다. 〔2〕 그들은 좋은 씨요 귀중한 씨다(시 126:6). 씨는 밭의 핵심이며 거룩한 씨도 마찬가지다(사 6:13). 그 씨는 흩어져 있고, 성도들도 마찬가지다. 많이 뿌려진 곳도 있고 적게 뿌려진 곳도 있으나 여기저기 산재하여 있다. 씨는 열매가 예상되는 것이다. 하나님께서 이 세상으로부터 받으시는 존귀와 봉사의 열매는 모두가 성도들에게서 오는 것이요, 하나님께서 그들을 친히 이 땅에 심으신 것이다(호 2:23).

(4) 가라지는 악한 자의 아들들이요. 이들은 죄인들의 성품을 지닌 외식자들이요, 모든 속된 것과 악이 가득한 자들이다. 〔1〕 이들은 악한 자 마귀의 아들들이다. 마귀의 이름을 지니지는 않으나, 그의 형상을 지니고 있고, 마귀의 정욕을 행하며, 그에게서 교육을 받는다. 마귀가 그들을 다스리며 그들 속에서 역사한다(엡 2:2; 요 8:44). 〔2〕 이들은 이 세상의 밭의 가라지들이다. 선은 하나도 행하지 않고 해를 끼치며, 스스로 무익하며, 유혹과 박해로 좋은 씨에게 상처를 입힌다. 그들은 정원의 잡초들로서 좋은 나무들과 동일한 비와 햇빛과 흙을 누리나 전혀 무용지물이다. 곡식 가운데 가라지를 덧뿌리고 갔더니. 주목하라. 하나님께서는 이 세상에 선과 악이 한데 뒤섞여 있도록 만드셔서, 선한 자는 연단을 받고, 악한 자는 핑곗거리가 없게 하셨고, 땅과 하늘이 서로 구별되게 하신 것이다.

(5) 가라지를 뿌린 원수는 마귀요. 마귀는 그리스도와 또한 선한 모든 것에 대해, 선하신 하나님의 영광에 대해, 그리고 모든 선한 사람들의 위로와 행복에 대해 철천지원수다. 그는 세상의 밭에 대해서도 원수요, 그 속에 자기의 가라지들을 뿌려서 세상을 자기 것으로 만들려 애쓴다. 마귀가 스스로 악령이 된 이후, 그는 언제나 악을 조장하기 위해 부지런히 움직여왔으며, 그 일을 자기

의 본업으로 삼아왔고, 그리스도의 일을 저지하는 것을 항상 목표로 삼아왔다.

가라지를 뿌린 일에 대해서, 비유에서 다음을 관찰하라.

〔1〕 사람들이 잘 때에 원수가 가라지를 덧뿌렸다. 자기들의 권세로 이런 악행을 막았어야 할 관원들도 잠들었고, 설교로 이런 악행을 막았어야 할 목사들도 잠들었다. 주목하라. 사탄은 언제나 기회를 노리며 모든 유리한 것들을 이용하여 악행과 속된 것을 퍼뜨린다. 사람에게 사탄이 편견을 심는 것은 그들의 이성과 양심이 잠들어 있을 때요, 그들이 모두 경계를 풀어놓고 있을 때다. 그러므로 우리는 정신을 차리고 깨어있어야 할 필요가 있다. 사탄은 밤에 가라지를 덧뿌린다. 그 때에는 사람들이 다 잠자기 때문이다. 주목하라. 사탄은 세상의 어둠 속에서 다스린다. 그것이 그에게 가라지를 뿌릴 기회를 주는 것이다(시 104:20). 주목하라. 농부가 잠들어 있을 때에 원수가 밭을 망치는 것을 막지 못하는 것처럼, 우리도 외식자들이 교회에 있는 것을 미연에 방지한다는 것이 불가능하다.

〔2〕 원수가 가라지를 뿌리고 갔다(25절). 그러므로 누가 그런 일을 범했는지 아무도 모른다. 주목하라. 사탄은 지극히 큰 악행을 저지를 때에 최고의 노력을 경주하여 자신을 숨긴다. 자신이 발각되면 계획이 완전히 수포로 돌아갈 위험이 있기 때문이다. 그러므로, 가라지를 뿌리러 올 때에 그는 자기를 광명의 천사로 가장하는 것이다(고후 11:13, 14). 사탄은 미치 아무런 일도 행하지 않은 것처럼 해놓고 갔다. 음녀의 자취도 그러하다(잠 30:20). 관찰하라. 원수가 가라지를 뿌려 놓고 아무 일도 하지 않은 것처럼 가버리니 그것들이 스스로 돋아나 해를 주기 때문에, 타락한 사람이 죄를 범하기가 그렇게 쉽다. 반면에 좋은 씨는 뿌리고 나서, 가꾸고, 물을 주고, 방비를 해 주어야 한다. 그렇지 않으면 아무것도 추수할 수가 없게 되는 것이다.

〔3〕 싹이 나고 결실할 때에 비로소 가라지가 보였다(26절). 사람의 마음속에는 그럴듯한 겉모양 속에 오랫동안 감추어져 있는 은밀한 악이 굉장히 많다. 그런데 그것은 마지막에 가서야 비로소 드러난다. 좋은 씨와 마찬가지로 가라지도 한동안 흙 속에 묻혀있기 때문에 돋아날 때에도 분간하기가 여간 어려운 것이 아니다. 그러나 열매가 나는 추수 때가 오면, 신실한 신자와 외식자가 서로 구별될 것이다. 그 때에는 이것은 알곡이요 저것은 가라지다 라고 말할 수 있을 것이다.

〔4〕 종들이 이것을 보고서, 주여 밭에 좋은 씨를 뿌리지 아니하였나이까? 라고 주인에게 말했다(27절). 주인은 분명 그렇게 했다. 교회 안에서 합당치 않은 자는 누구든지 그리스도께 속한 자가 아니다. 그리스도께서 뿌리신 씨를 생각하면, 그런데 가라지가 어디서 생겼나이까? 라고 얼마든지 말할 수 있다. 주목하라. 오류가 생겨나고 추문이 나돌고, 속된 것이 자라나는 현상은 그리스도의 모든 종들에게와 특히 그의 신실한 목사들에게는 크게 슬퍼할 일이며, 그들은 그 밭의 주인이신 주님께 그 사실에 대해 아뢰게 된다. 그런 가라지와 그런 잡초들이 주의 밭에 있는 것은, 그렇게 해서 좋은 땅이 망쳐지고 좋은 씨가 질식해 버려서, 마치 그의 밭이 게으른 자의 밭처럼 온통 가시떨기로 가득 차게 되어 그리스도의 이름과 존귀가 실추되는 일은 정말 슬픈 일이 아닐 수 없다.

〔5〕 주인이 그것이 어디서 온 것인지를 곧바로 알아차렸다. 원수가 이렇게 하였구나(28절). 그는 종들을 탓하지 않는다. 그것을 막기 위해서 자기들의 능력으로 할 수 있는 일은 다 했으나 그들도 어쩔 수가 없었다. 주목하라. 신실하고 근면한 그리스도의 목사들은 그리스도께 심판을 받지 않을 것이며, 따라서 교회라는 밭에 좋은 씨와 나쁜 씨, 외식자들과 신실한 성도들이 뒤섞여 있는 현상에 대해서 그들을 욕해서는 안 될 것이다. 그런 일이 반드시 일어날 것이요, 그것이 바람직한 현상은 아니지만 우리가 우리의 책무를 다하면, 그런 일이 우리의 책임으로 돌려지지 않을 것이다. 그들이 물론 잠을 자지만 잠을 사랑하는 것이 아니라면, 가라지가 뿌려지지만 그들이 그것들을 뿌리고 물 주는 것이 아니라면, 가라지에 대한 책임이 그들에게 지워지지 않을 것이다.

〔6〕 종들이 나서며 가라지를 뽑으려 했다. 그러면 우리가 가서 이것을 뽑기를 원하시나이까? 주목하라. 그리스도의 종들은 때때로 지나친 경솔함과 생각 없는 열정으로 주께 묻기도 전에 가라지처럼 보이는 모든 것들을 발본색원하여 교회에 위험을 초래하려 하는 경우도 있다. "주여 우리가 불을 명하여 하늘로부터 내려 저들을 멸하라 하기를 원하시나이까"(눅 9:54).

〔7〕 주인이 매우 지혜롭게 이를 막았다. 가만 두라 가라지를 뽑다가 곡식까지 뽑을까 염려하노라(29절). 주목하라. 사람은 얼마든지 실수할 수 있으므로 가라지와 곡식을 오류 없이 완전하게 구별하는 일이 불가능하다. 그러므로 그리스도께서는 곡식을 위험에 빠뜨리기보다는 차라리 가라지를 허용하시는 지혜와 은혜를 베푸신다. 물론 진리를 거스르는 자들은 제재를 받아야 하고, 또한 우

리는 공공연히 악한 자의 아들임을 드러내는 자들에게서 물러나야 하고, 그들을 성례에 참여시켜서는 안 된다. 그러나 권징을 시행할 때에 규정 자체에 실수가 있을 수도 있고, 그것을 시행하는 데에 지나치게 세밀하여 진정 경건하고 양심적인 많은 신자들에게 괴로움이 될 수도 있는 것이다. 그러므로 교회의 권징을 시행할 때에는 크게 조심해야 하고 또한 중용(中庸)이 발휘되어야 한다. 그렇지 않으면 곡식이 뽑히거나 땅에 짓밟힐 수도 있는 것이다. 위로부터 난 지혜는 첫째 성결하고 다음에 화평하며(약 3:17), 또한 거역하는 자를 끊어낼 것이 아니라 온유함으로 훈계할 것이다(딤후 2:25). 계속해서 은혜의 수단 아래 있으면, 혹시 가라지가 좋은 곡식이 될 수도 있을 것이며, 그러므로 그들에 대해 인내해야 하는 것이다.

(6) 추수 때는 세상 끝이요(39절). 이 세상은 끝이 있을 것이다. 오랫동안 계속되지만 항상 그렇게 계속되지만은 않을 것이요, 시간이 곧 영원 속으로 삼켜질 것이다. 세상의 종말에 큰 추수 날이, 심판 날이 있을 것이다. 추수 때에는 모든 것이 익어 잘라지기를 기다린다. 그 날에는 곡식도 가라지도 모두 다 익는다(계 6:11). 그 때는 땅의 곡식을 거둘 때다(계 14:15). 추수 때에는 일꾼들이 모든 것을 다 자르며, 밭 하나도, 한 모퉁이도 남겨두지 않는다. 이처럼 그 큰 날에 모든 사람이 다 심판을 받게 될 것이다(계 20:12, 13). 하나님께서 추수할 일을 정하셨고(호 6:11), 그러므로 반드시 이루어질 것이다(창 8:22). 추수 때에는 각 사람이 그 뿌린 대로 거두게 되며, 각 사람의 땅과 씨와 기술과 수고가 밝히 드러날 것이다(갈 6:7, 8). 그 때에는 울며 씨를 뿌린 자가 반드시 기쁨으로 곡식을 거둘 것이요(시 126:5, 6), 추수하는 즐거움을 누릴 것이다(사 9:3). 게으른 자는 그 때에 구걸할지라도 얻지 못할 것이요(잠 20:4), 주어 주어라고 외치나 소용이 없을 것이요, 육체로 심는 자들에게는 추수의 날이 근심과 심한 슬픔의 날이 될 것이다(사 17:11).

(7) 추수꾼은 천사들이니. 그 큰 날에 그리스도의 의로운 선고 — 승인과 정죄의 선고 — 를 시행하기 위하여 천사들이 그의 정의의 사역자들로 동원될 것이다(25:31). 천사들은 기술적이며 강하고 민첩하며 순종하는 그리스도의 종들이요, 악인들에게는 거룩한 원수요, 모든 성도들에게는 신실한 친구들이다. 그러므로 그 일을 위해 쓰임받기에 적절한 것이다. 거두는 자가 삯을 받는 법이니

천사들도 그들의 사역에 대해 삯을 받을 것이다. 뿌리는 자와 거두는 자가 함께 즐거워하니 말이다(요 4:36). 곧, 하나님의 천사들 앞에 기쁨이 되는 것이다.

(8) 지옥의 고통이 가라지가 던져져 타게 될 풀무 불이다. 그 큰 날에 분리가 있을 것인데, 양쪽의 운명이 서로 엄청난 차이가 있다. 그 날은 과연 놀라운 날이 될 것이다.

〔1〕 그 날에 가라지가 거두어질 것이다. 추수꾼들(이들의 주요 임무는 곡식을 거두어들이는 일이다)이 가라지는 먼저 거두라는 명령을 받을 것이다. 주목하라. 이 세상에서는 선인과 악인이 구별되지 않은 채 함께 있으나, 그 큰 날에는 그 둘이 서로 갈라질 것이다. 가라지는 하나도 곡식 가운데 있지 않을 것이요, 죄인이 성도 가운데 있지도 않을 것이다. 지금은 그렇게 하는 것이 힘든 경우가 많으나, 그 때에는 의인과 악인을 분명하게 분별하리라(말 3:18; 4:1). 그리스도께서 언제까지나 참지는 않으실 것이다(시 50:1, 등). 그들이 그 나라에서 모든 넘어지게 하는 것과 또 불법을 행하는 자들을 거두어 내어 풀무 불에 던져 넣으리니. 성도를 넘어지게 하고 교회에 추문이 되며 사람들의 양심에 거치는 돌이 되어온 모든 부패한 교리들과 예배와 행위들이 그 날에 의로운 재판장에게서 정죄를 받을 것이요, 그의 강림하심의 밝은 빛으로 나무나 풀이나 짚이 불탈 것이요(고전 3:12), 불법을 행하며 불법을 고집하는 자들에게 화가 있을 것이다. 그리스도의 지상 나라의 마지막 시대를 사는 자들만이 아니라 각 시대의 모든 사람들에게 이 일이 일어날 것이다. 어쩌면 이는 내가 거치게 하는 것과 악인들을 아울러 진멸할 것이라라는 습 1:3의 말씀을 간접적으로 인용하는 것일지도 모른다.

〔2〕 그 다음 가라지가 단으로 묶여질 것이다(30절). 그 큰 날에 동일한 종류의 죄인들이 동일한 단으로 함께 묶여질 것이다. 무신론자의 단, 쾌락을 일삼는 자의 단, 박해자의 단, 외식자의 단, 등으로 말이다. 죄와 연루되어온 자들이 수치와 슬픔 가운데서 그렇게 단으로 묶여질 것이다. 영화롭게 된 성도들이 복락 가운데 있게 될 것이므로, 이들의 비참함이 더 가중될 것이다. 그러므로 다윗처럼, 내 영혼을 죄인과 함께 거두지 마시고(시 26:9), 내 주의 하나님 여호와와 함께 생명의 단 속에 묶이게 하소서(삼상 25:29. 한글 개역개정판은 "생명 싸개 속에"로 번역함)라고 기도하여야 할 것이다.

〔3〕 가라지가 풀무 불에 던져질 것이다. 밭의 가라지처럼 교회 안에 있는 악

인들과 불법을 행하는 자들의 결국이 그렇게 될 것이다. 이들은 불 속에 들어가는 것 외에 아무런 쓸모가 없으니 그리로 들어가게 될 것이다. 불 속이야말로 그들에게 가장 적합한 장소인 것이다. 주목하라. 지옥은 풀무 불로서, 하나님의 진노로 지펴지고, 그 속에 던져지는 가라지 단들로 계속 타오른다. 가라지 단들은 그 속에서 영원토록 타오를 것이요 그 태워짐이 끝이 없을 것이다. 여기서 그리스도께서는 은유법을 살짝 바꾸셔서, 그 불 속에서 태워지는 자들의 고통을 묘사하신다. 거기서 울며 이를 갈게 되리라. 위로가 없는 슬픔과 도저히 치료할 길 없는 하나님의 진노가 정죄받은 영혼들의 끝없는 괴로움이 될 것이다. 그러므로 우리는 주의 두려우심을 알므로, 불법을 행하지 말아야 할 것이다.

(9) 천국은 추수 날에 하나님의 곡식이 거두어들여질 곳간이다. 이 비유에서는 곡식은 모아 내 곳간에 넣으라고 말씀한다(30절). 주목하라. 〔1〕 이 세상의 밭에서 선인들이 곡식이요, 밭에서 가장 고귀하며 가치 있는 부분이다. 〔2〕 이 곡식이 속히 가라지와 잡초들 가운데서 거두어들여질 것이요, 모두가 함께 총회로 모일 것이다. 구약의 모든 성도와 신약의 모든 성도들이 하나도 빠지지 않고 함께 모일 것이다. 나의 성도들을 내 앞에 모으라(시 50:5). 〔3〕 하나님의 모든 곡식이 하나님의 곳간에 넣어질 것이다. 개개인의 영혼은 죽을 때에 곡식단을 제 때에 들어올림 같이(욥 5:26) 곳간에 넣어지나, 마지막 때에 전반적으로 곡식을 곳간에 넣는 일이 있을 것이다. 그 때에는 하나님의 곡식이 더 이상 흩어지지 않도록 함께 모아질 것이다. 그리하여 곡식 단과 가라지 단이 있을 것이며, 곡식 단은 안전하게 보관되어 더 이상 바람과 궂은 날씨와 죄와 슬픔에 노출되지 않게 될 것이며, 더 이상 밭의 여기저기에 흩어져 있지 않고 곳간에 있게 될 것이다. 아니, 천국은 곡식을 타작한 후 들여놓는 곳간(3:12)이다. 곡식이 곳간에 있어서 가라지와 분리되는 것은 물론 곡식 자체의 부패한 쭉정이가 다 떨려난 상태가 될 것이다.

이 비유의 설명에서 이 점이 찬란하게 드러난다. 그 때에 의인들은 자기 아버지 나라에서 해와 같이 빛나리라(43절). 첫째로, 그들은 지금 하나님이 그들의 아버지시라는 존귀를 누리고 있다. 사랑하는 자들아 우리가 지금은 하나님의 자녀라(요일 3:2). 하늘에 계신 우리 아버지는 그 곳의 왕이시다. 그리스도는 하늘에 올라가실 때에 그의 아버지 곧 우리 아버지께로 올라가셨다(요 20:17). 그 곳은 우리 아버지의 집이요, 우리 아버지의 궁이요 우리 아버지의 보좌다(계 3:21). 둘째로, 그들에게는 자기 아버지 나라에서 해와 같이 빛나게 될 존귀가 예비되어 있다. 여기서는 그들이 희미하며 감추인 상태에 있고(골 3:3), 그들의 아름다움이 그들의 궁핍함과 외형적인 초라한 상태에 가려 있다. 그들 자신의 연약함과 부족함, 그리고 수욕과 치욕이 그들에게 드리워져 있다. 그러나 그 때에는 그들이 어둔 구름을 젖히고 해와 같이 빛나게 될 것이다. 죽을 때에 그들 스스로 빛날 것이요, 그 큰 날에 온 세계 앞에 그들이 공적으로 빛나게 될 것이요, 그들의 몸이 그리스도의 영광된 몸처럼 될 것이다. 빛의 근원이신 그분께 빌려온 빛을 반사하여 빛날 것이며, 그들의 성화가 완성되고, 그들의 칭의가 공포될 것이요, 하나님이 그들을 그의 자녀로 소유하실 것이요, 그들이 그의 이름을 위하여 한 모든 봉사와 고난의 기록이 드러날 것이요, 그리하여 그들이 눈에 보이는 것들 중에서 가장 영광스러운 해와 같이 빛날 것이다. 구약의 성도들의 영광이 궁창과 별의 영광에 비유되는데, 여기서는 해의 영광에 비유된다. 생명과 썩지 않는 것이 율법 아래서보다는 복음으로 더 분명한 빛으로 드러나기 때문이다. 이 세상에서 빛처럼 빛나서 하나님께 영광이 되는 자들은 저 세상에서 해처럼 빛나서 그들에게 영광이 될 것이다. 전처럼 우리 주님은 주목할 것을 촉구하심으로 말씀을 마치신다. 귀 있는 자는 들으라. 이것들이야말로 들어서 복된 것이요, 또한 반드시 들어야 할 의무가 있는 것이다.

Ⅲ. 여기에 겨자씨 비유가 있다(31, 32절).　　이 비유의 의도는 복음의 시작이 작으나 후에는 매우 커지리라는 것을 보여주는 데 있다. 복음 교회, 즉 우리 가운데 있는(among us) 하나님 나라가 이 세상에서 이런 식으로 세워질 것이요, 마음속에 있는 은혜의 역사, 즉 우리 속에 있는(within us) 하나님의 나라가 이런 방식으로 개개인에게서 이루어질 것이다.

이제 복음의 역사에 관하여 다음을 관찰하라.

1. 그것은 마치 모든 씨보다 작은 겨자씨 한 알처럼 처음에는 보통 매우 약하고 작다. 지금 세워져 가고 있는 메시야의 나라는 작게만 보인다. 그리스도와 사도들은 세상의 위대한 자들과 비교하면 마치 세상에서 가장 작고 초라한 겨자씨 한 알처럼 보인다. 개개의 장소에서 복음의 빛이 처음 밝아오는 것은 날이 밝아오는 것에 지나지 않고, 개개인의 영혼에게도 복음의 빛은 마치 상한 갈대처럼 작고 초라하게 보인다. 새로 회심한 자들은 품에 안아야 할 양과도 같다

(사 40:11). 믿음이 조금 있지만 또한 거기에 부족한 것도 많고(살전 3:10), 말할 수 없는 탄식도 많아서 너무도 작은 것이다. 영적 생명의 원리와 그 조그만 활동을 거의 분간할 수가 없는 것이다.

2. 그러나 그것이 자라고 있다. 그리스도의 나라가 이상스럽게도 뿌리를 내렸고, 큰 발전이 이루어진다. 지옥과 땅으로부터 온갖 반대거리들을 만나는데도 나라들이 즉시 태어났고. 영혼 속에 참된 은혜가 있으면 지각할 수는 없어도 반드시 자라는 법이다. 겨자씨 한 알은 작으나, 그럼에도 불구하고 그것은 씨요, 따라서 그 속에 성장의 기질이 있는 것이다. 은혜가 뿌리를 내리고 점점 더 빛나게 될 것이다(잠 4:18). 은혜로운 습관이 확증되고, 행위들이 새로워지고, 지식이 더 분명해지며, 믿음이 더욱 든든해지고, 사랑이 더욱 불타오른다. 여기에 씨가 자라고 있는 것이다.

3. 후에는 그 힘과 유용성이 커질 것이다. 어느 정도 성숙하게 자라나면, 나무가 된다. 그 나라에서는 우리 나라보다 더 큰 나무가 된다. 교회는 애굽에서 가져온 포도나무 같아서 그 뿌리가 깊이 박혀서 땅에 가득하였다(시 80:9-11). 교회는 공중의 새들이 와서 가지에 깃들이는 큰 나무와 같다. 하나님의 백성들이 거기로 가서 음식과 쉼과 그늘과 보금자리를 얻는다. 개개인에게서는 은혜의 원리가 끝까지 역사하여 마지막에 가서 완전해진다. 은혜가 자라나 강한 은혜가 되며, 많은 것을 가져다 줄 것이다. 겨자씨가 다 자라나 새들에게 유용하게 되는 것처럼, 성숙한 그리스도인들은 다른 이들에게 유용하게 되기를 사모하며, 자기의 그늘 가까이에 있는 자에게 더 큰 유익이 되기를 바라야 할 것이다(호 14:7).

Ⅳ. 여기에 누룩 비유가 있다(33절).   이 비유의 의도는 앞의 비유와 대동소이한데, 복음이 점진적으로, 그러나 조용히 아무도 모르는 사이에 역사하여 성공을 거둔다는 것을 보여주는 데 있다. 복음의 전파는 마치 누룩과 같고, 그것을 받는 자들의 마음에 누룩처럼 역사하는 것이다.

1. 여자가 누룩을 갖다 넣었다. 그것이 그의 일이었다. 목사들은 복음의 누룩을 영혼들 속에 갖다 넣는 임무를 맡은 자들이다. 여자는 더 연약한 그릇이지만, 우리는 그런 약한 그릇 속에 이 보배를 갖고 있는 것이다.

2. 누룩이 가루 서 말 속에 넣어졌다. 마음은 가루와 같아서 부드럽고 마음대로 주물러진다. 말씀으로 유익을 얻는 마음은 부드러운 마음이다. 갈아놓지 않

은 곡식에다 누룩을 넣으면 아무런 효과도 없다. 이처럼 영혼이 죄로 인하여 낮아지고 깨어지지 않고서는 복음이 아무런 역사를 하지 못한다. 율법이 마음을 갈고, 그 다음에 복음의 누룩이 넣어져야 하는 것이다. 가루 서 말이라 말씀하는데, 이는 큰 양이다. 적은 누룩이 온 덩어리에 퍼지는 것이다. 누룩을 갖다 넣기 전에 가루를 먼저 반죽해야 한다. 우리의 마음도 깨어져야 하고, 물로 적셔져야 하고, 그렇게 고통으로 말씀을 받을 준비를 갖추어야만 비로소 말씀으로 감동을 받을 수 있는 것이다. 누룩을 마음에 두어야 한다(시 119:11). 안전을 위해 은밀하게 감추는 것이 아니라(누룩은 그 자체가 결국 드러나기 때문이다), 마리아가 그리스도의 말씀에 주목한 것처럼(눅 2:51) 우리의 내적인 생각을 그것에 모으고 그것을 붙잡아야 한다. 여자가 누룩을 가루 속에 갖다 넣을 때에는 그 누룩이 그 맛과 향을 전달하게 하기 위해 그렇게 하는 것이다. 이와 마찬가지로 우리도 말씀을 우리 영혼 속에 쌓아서 그것으로 우리가 거룩해져야 할 것이다(요 17:17).

3. 이렇게 가루 속에 넣어진 누룩은 거기서 발효한다. 하나님의 말씀은 살아 있고 활력이 있다(히 4:12). 누룩은 급속히 역사한다. 이와 마찬가지로 말씀도 역사하나 점진적으로 역사한다. 엘리야의 겉옷이 엘리사에게 얼마나 갑작스런 변화를 일으켰던가!(왕상 19:20). 말씀은 조용히 지각할 수 없도록(막 4:26), 그러나 강력하게, 또한 도저히 저항할 수 없도록 역사한다. 누룩은 시끄러운 소리를 내지 않고 역사한다. 성령의 길도 이와 같다. 그러나 실패가 없이 역사한다. 누룩을 가루 속에 넣기만 해도, 그것이 그 맛과 향을 세상에게 전달시키는 일을 아무도 막을 수가 없다. 그 일이 어떻게 이루어지는지 아무도 보지 못하나, 조금씩 온 덩어리에 퍼지는 것이다.

(1) 세상에서 그렇게 역사한다. 사도들은 그들의 설교를 통하여 무수한 인류에게 적은 누룩을 갖다 넣었고, 그것이 이상한 결과를 냈다. 온 세상이 그것으로 발효되었고, 어떤 의미에서 어지럽게 되었고(행 17:6), 점차 그 맛과 향에 놀라운 변화가 생겨났다. 복음의 냄새가 각처에서 나타났다(고후 2:14; 롬 15:19). 이렇게 효과를 냈다. 외형적인 힘으로나, 강제력을 사용하여 그렇게 한 것이 아니라, 아무도 막을 수 없는 만군의 여호와의 영이 역사하셔서 그렇게 한 것이다.

(2) 마음에서도 그렇게 역사한다. 복음이 영혼 속에 들어오면 〔1〕 그것에 변

화를 일으킨다. 그 본질이 바뀌는 것은 아니다. 가루는 동일하나 그 질(質)이 바뀌는 것이다. 전과 냄새가 달라지고, 전에 내던 것과는 다른 모습이 풍겨나게 된다(롬 8:5). 〔2〕 전면적인 변화를 일으킨다. 영혼의 능력과 기능 전체에 퍼져서 몸의 각 지체들의 성격을 바꾸어 놓는 것이다(롬 6:13). 〔3〕 누룩이 가루에 일으키는 변화처럼, 이 변화로 인하여 영혼이 그 말씀의 본질에 참여하게 된다. 마치 양초에 찍힌 도장(印)의 자국처럼, 동일한 형으로 화하며(롬 6:17), 동일한 형상으로 변화되는 것이다(고후 3:18). 복음을 통하여 전해지는 하나님과 그리스도와 값없는 은혜와 장차 올 세상의 냄새가 영혼에 맞을 주는 것이다. 그것은 믿음과 회개와 거룩과 사랑의 말씀이요, 그 말씀으로 말미암아 이것들이 영혼 속에서 이루어지는 것이다. 이 냄새는 강력하게 전해진다. 우리의 생명이 감추어져 있으나 그 냄새와 분리되지 않기 때문이다. 은혜가 베풀어지는 자는 절대로 그 은혜를 빼앗기지 않는 법이다. 가루가 누룩으로 부풀어지면, 뜨거운 불에 넣고 굽는다. 이처럼 복음으로 말미암아 변화가 생기고 나면 대개 시련과 환난이 찾아온다. 그러나 이를 통하여 성도가 주의 식탁에 합당한 떡이 되는 것이다.

⁴⁴천국은 마치 밭에 감추인 보화와 같으니 사람이 이를 발견한 후 숨겨 두고 기뻐하며 돌아가서 자기의 소유를 다 팔아 그 밭을 사느니라 ⁴⁵또 천국은 마치 좋은 진주를 구하는 장사와 같으니 ⁴⁶극히 값진 진주 하나를 발견하매 가서 자기의 소유를 다 팔아 그 진주를 사느니라 ⁴⁷또 천국은 마치 바다에 치고 각종 물고기를 모는 그물과 같으니 ⁴⁸그물에 가득하매 물 가로 끌어 내고 앉아서 좋은 것은 그릇에 담고 못된 것은 내버리느니라 ⁴⁹세상 끝에도 이러하리라 천사들이 와서 의인 중에서 악인을 갈라 내어 ⁵⁰풀무 불에 던져 넣으리니 거기서 울며 이를 갈리라 ⁵¹이 모든 것을 깨달았느냐 하시니 대답하되 그러하오이다 ⁵²예수께서 이르시되 그러므로 천국의 제자 된 서기관마다 마치 새것과 옛것을 그 곳간에서 내오는 집 주인과 같으니라

여기에는 네 개의 짧은 비유들이 있다.

I. 밭에 감추인 보화의 비유. 지금까지 그리스도께서는 천국을 작은 것들에 비유하셨다. 천국의 시작이 작기 때문이었다. 그러나 그 때문에 천국을 초라한 것으로 생각하지 않도록 하기 위하여, 이 비유와 그 다음 비유에서는 그 자체

가 굉장히 가치 있는 것으로 묘사하시며, 그것을 포용하며 또한 그 조건에 기꺼이 부응하는 자들에게 큰 유익이 있는 것으로 말씀하신다. 천국은 여기서 밭에 감추인 보화에 비유된다. 이 보화는 우리가 원하면 우리의 것으로 만들 수 있는 것이다.

1. 예수 그리스도야말로 참된 보화이시다. 그에게는 풍성하고도 유용한 모든 것이 풍부하게 있는데, 그 모든 것이 우리의 몫이 될 것이다. 모든 충만(골 1:19; 요 1:16), 지혜와 지식의 모든 보화(골 2:3), 의와 은혜와 평강 등, 이 모든 것들이 우리를 위하여 그리스도 안에 쌓여 있다. 그러므로 우리가 그에 대해 관심을 가지면 그 모든 것이 우리의 소유가 되는 것이다.

2. 복음이 보화가 감추어진 밭이다. 그 보화는 구약과 신약의 복음의 말씀 속에 감추어져 있다. 마치 가슴의 젖처럼, 뼈 속의 골수처럼, 이슬 속의 만나처럼, 우물 속의 물처럼(사 12:3), 벌집 속의 꿀처럼, 그 보화가 복음의 규례 속에 감추어져 있는 것이다. 그것이 담이 쳐진 정원이나, 닫혀진 샘에 감추어진 것이 아니라 훤히 트인 밭에 감추어져 있다. 그러므로 누구든지 원하는 자는 나아와 성경을 상고하며, 이 밭을 팔 수 있으며(잠 2:4), 또한 거기서 아무리 좋은 것을 발견한다 해도 우리가 그것을 올바른 절차를 따라 취하기만 하면 그 모든 것이 우리의 것이 되는 것이다.

3. 이 밭에 감추인 보화를 발견하는 것은 놀라운 일이요 말할 수 없이 가치 있는 일이다. 그렇게 많은 이들이 복음을 가볍게 여기고 그것을 소유하기 위해 비용을 지불하거나 위험을 무릅쓰려 하지 않는 이유는, 그들이 그 밭의 표면만을 바라보고 그것으로 판단하기 때문이다. 그렇게 표면만 보니 철학자들의 가르침을 무한히 뛰어넘는 기독교의 교훈의 탁월함을 보지 못하는 것이다. 아니, 가장 고귀한 광석들이 가장 메말라 보이는 땅 속에 묻혀 있어서, 밭을 사려 하지도 않을 뿐더러 그 일에 그렇게 큰 비용을 들이는 일은 더더욱 하려 하지 않는 것이다. 성경이 다른 좋은 책들보다 나은 것이 무엇인가? 그리스도의 복음은 플라톤의 철학이나 공자의 도덕보다 더한 것이다. 성경을 연구하여 그 속에서 그리스도와 영생을 발견한 자(요 5:39)는 이 밭에서 그 무한한 가치를 지닌 놀라운 보화를 발견한 자인 것이다.

4. 밭에 감추인 이 보화를 보고 그 가치를 올바로 가늠하는 자는 그것을 자기 소유로 삼기까지 절대로 편하지 못할 것이다. 이 보화를 발견한 자는 그것

을 감추는데, 이는 거룩한 질투를 나타낸다. 즉 우리가 이르지 못할까(히 4:1), 혹시 사탄이 우리를 가로막아 그 보화를 소유하지 못할까 하여 부지런히 살피는 것이다(히 12:16). 아직 계약은 하지 않았지만 그 보화를 보고 매우 기뻐한다. 밭을 계약하여 보화를 얻을 길이 있다는 것이 기쁘고, 그리스도께 나아갈 좋은 길이 있다는 것이 기쁘다. 여호와를 구하는 자들은 마음이 즐거울지로다(시 105:3). 그는 그 밭을 사기로 결심한다. 복음을 받아들이는 자들은 복음의 조건을 좇아 이 밭을 산다. 그 속에 감추어진 보화를 위하여 그것을 자기의 소유로 만드는 것이다. 우리가 바라보아야 할 것은 복음 속에 계신 그리스도다. 그리스도를 구하기 위해서 하늘로 올라갈 필요가 없다. 말씀 속에 계신 그리스도께서 우리 옆에 계시기 때문이다. 이를 마음에 두고서, 그 사람은 자기의 소유를 다 팔아 그 밭을 산다. 그리스도로 말미암아 구원의 은덕을 얻을 사람은 반드시 그 은덕을 자기 것으로 삼기 위하여 모든 것을 기꺼이 다 버리며, 그리스도를 얻고 그 안에서 발견되기 위하여 모든 것을 해로 여기는 것이다(빌 3:7, 8).

Ⅱ. 값진 진주 비유(45, 46절).　　앞의 비유와 동일한 의도를 가진 것이다. 꿈을 두 번 겹쳐 꾸는 것은 그 일이 정해졌음이라(창 41:32). 다음을 주목하라.

1. 모든 사람들은 좋은 진주를 구하느라 바쁘다. 어떤 이는 부자가 되려 하고, 어떤 이는 명예를 얻으려 하고, 어떤 이는 학식을 얻으려 한다. 그러나 대부분 가짜 진주를 얻을 수밖에 없다.

2. 예수 그리스도야말로 측량할 길 없는 극히 값진 진주다. 그러므로 그를 소유하는 자는 진정 부자가 되며, 하나님께 대하여 부요한 자가 된다. 그를 소유하는 것이야말로 이 세상에서와 영원토록 복을 누리게 해 주는 것이다.

3. 참된 그리스도인은 이 극히 값진 진주를 구하고 찾는 영적인 장사다. 그리스도에 대한 관심에 모자라는 것은 절대로 취하지 않는다. 영적으로 부자가 되고자 결심한 자는 고상한 것을 구하며 그것을 사는 것이다. 가서 그 진주를 사느니라. 흥정만 하는 것이 아니라 그것을 사는 것이다. 그가 우리의 것이 되시고 우리에게 지혜가 되신다는 것(고전 1:30)을 알지 못한다면, 그리스도를 아는 것이 무슨 소용이 있겠는가?

4. 그리스도에 대해 구원 얻는 관심을 가지려 하는 자는 그를 위하여 모든 것을 기꺼이 버리고 그를 따를 준비가 되어 있어야 한다. 무엇이든 그리스도를 대적하는 것이나 그와 경쟁하여 우리의 사랑과 수고를 요구하는 것은, 그것이

아무리 우리에게 좋은 것이라도 기꺼이 버려야 한다. 황금을 사기 위해서는 지나친 투자를 할 수 있으나, 이 값진 진주에 대해서는 결코 지나침이 없는 것이다.

Ⅲ. 바다에 쳐진 그물 비유(47-49절).

1. 비유 그 자체를 보자. 여기서 주목할 것은, (1) 세상은 넓은 바다요, 인생은 그 바다 속에 있는 생물 곧 크고 작은 동물들이다(시 104:25). 사람의 본성적인 상태는 다스리는 자 없는 바다의 고기와 같다(합 1:14). (2) 복음을 전하는 일은 이 바다에 그물을 치는 것이다. 고기를 잡아 그 바다의 주권자이신 하나님께 영광을 돌리기 위해 그렇게 하는 것이다. 목사들은 **사람을 낚는 어부들이요**, 이 그물을 던지고 끌어올리는 자들이다. 그리스도의 말씀에 순종하여 그물을 던진다. 그렇지 않으면 아무리 수고해도 아무것도 낚지 못하는 것이다. (3) 이 그물에는 온갖 종류의 고기들이 다 낚인다. 가시적 교회에는 고기는 물론 온갖 찌꺼기와 오물과 잡초들이 끼여있다. (4) 이 그물이 가득하게 되어 물 가로 끌어낼 때가 온다. 복음이 보내어진 목적이 이루어질 정해진 때가 있으며, 그 때가 헛되지 않고 반드시 올 것이다(사 55:10, 11). 그물이 지금 채워지고 있다. 어떤 때는 다른 때보다 더 속히 채워지기도 하나, 여전히 채워지고 있으며, 결국 물 가로 끌어내질 것이요 그 때에는 하나님의 비밀이 이루어질 것이다. (5) 그물이 가득 채워져 물 가로 끌어내질 때에는, 그물 속에서 좋은 것과 못된 것이 분리될 것이다. 외식자들과 참된 그리스도인이 서로 갈라질 것이요, 좋은 것은 값진 것으로 여겨 그릇에 담아 조심스럽게 보관될 것이요, 못된 것은 더럽고 무익한 것으로 여겨져 내버려질 것이니, 그 날에 내버려지는 자들의 처지가 비참할 것이다. 그물이 바다에 쳐져 있는 동안에는 그 속에 무엇이 있는지 모르고, 어부들조차도 분간할 수 없다. 그러나 그들은 그물 속에 있는 좋은 것이 다치지 않도록 그물을 조심스럽게 끌어내어 그 속에 들어 있는 모든 것을 다 물 가에 내어놓는다. 하나님께서는 가시적인 교회를 이렇게 돌보신다. 그러므로 목사들도 그들이 책임 맡은 자들을 위하여 — 거기에 좋은 것과 못된 것이 뒤섞여 있을지라도 — 그와 같이 돌보아야 하는 것이다.

2. 비유의 후반부에 대한 설명이 있다. 비유의 전반부는 분명하고도 확실하다. 가시적 교회 안에 각종 물고기가 모여 있는 것을 보기 때문이다. 그러나 후반부는 장차 이루어질 일에 관한 것이요, 따라서 좀 더 구체적인 설명이 주어

지는 것이다(49, 50절). 세상 끝에도 이러하리라. 그 때에 분리의 날이 올 것이다. 우리는 그물에 좋은 고기만 가득할 것을 기대해서는 안 된다. 그릇에는 물론 좋은 고기만 담겨질 것이나, 그물에는 좋은 고기와 못된 고기가 섞여 있는 것이다. 여기서 다음을 보라. (1) 악인이 의인과 구별됨. 교회의 천사들이 절대로 할 수 없었던 그 일을 하늘의 천사들이 와서 할 것이다. 천사들이 와서 의인 중에서 악인을 갈라 낼 것이다. 모든 사람을 아시며, 자기에게 속한 자들과 그렇지 않은 자들을 아시는 그분께 명령과 구체적인 지침을 받았으므로, 그들이 어떻게 그들을 갈라낼지 궁금해할 필요가 없다. 그 일에는 결코 실수가 있을 수 없다는 것을 확신할 수 있다. (2) 그렇게 분리된 이후 악인이 당할 운명. 그들은 풀무 불에 던져질 것이다. 주목하라. 거룩한 성도들 가운데 살면서도 거룩해지지 않은 상태로 죽는 자들이 반드시 영원한 비참함과 슬픔을 몫으로 받을 것이다. 이는 42절의 말씀과 동일하다. 주목하라. 그리스도께서 친히 지옥 형벌의 고통과 외식자들의 영원한 형벌을 말씀하셨으니, 우리도 이 진리를 자주 귀담아 들음으로써 각성하는 것이 합당하다.

IV. 좋은 집주인 비유.　이는 그 앞의 모든 비유들을 확실하게 굳히는 의도를 지닌 것이다.

1. 제자들이 부지런히 가르침을 배웠고, 또한 이 설교로 유익을 얻었다는 사실이 이 비유의 계기기 되었디. (1) 그리스도께서 그들에게 이 모든 것을 깨달았느냐? 라고 물으셨는데, 이는 곧, 그들이 깨닫지 못하였으면 그 깨닫지 못한 내용을 설명해 주시겠다는 뜻이었다. 주목하라. 말씀을 읽고 듣는 모든 사람들이 그것을 깨닫는 것이 그리스도의 뜻이다. 그렇지 못하면 말씀에서 어떻게 유익을 얻겠는가? 그러므로 말씀을 읽거나 들은 다음, 과연 깨달았는지를 스스로 점검하거나 점검받는 것이 좋다. 그리스도의 제자들이 가르침을 받는다는 것은 결코 부끄러운 일이 아니다. 그리스도는 우리로 하여금 그에게 가르침받기를 구하라고 하신다. 그러므로 목사들은 설교나 가르침을 들은 청중들이 그 내용에 관하여 질문을 할 때에 기꺼이 받아서 적절히 설명해 주어야 하는 것이다. (2) 제자들은 그러하오이다라고 대답하였다. 우리로서는 그들이 참말을 했다고 믿을 만한 이유가 있다. 깨닫지 못했을 때에는 그들이 설명을 구했었기 때문이다(36절). 그리고 이 비유에 대한 설명이 나머지 모든 것의 열쇠였다. 주목하라. 한 가지 좋은 설교를 올바로 깨닫는 것이 또 다른 설교를 깨닫는 데

에 매우 큰 도움이 된다. 건전한 진리들이 서로서로를 설명해 주고 예증해 주기 때문이다. 깨닫는 자는 지식을 얻기가 쉬운 법이다.

2. 이 비유의 의도는 제자들의 배움을 인정하고 칭찬하는 데 있었다. 주목하라. 그리스도께서는 비록 연약하나 열의를 갖고 그의 학교에서 배우는 학생들을 격려하시며, 잘 하였도다, 잘 말하였도다라고 말씀하신다.

(1) 그는 제자들을 천국의 제자된 서기관들로 칭찬하신다. 그들은 잘 배워 이제 가르칠 수 있을 정도가 되었고, 유대인들 중에서 가르치는 선생들은 서기관들이었다. 에스라는 이스라엘에게 가르치기로 결심하였고, 그는 익숙한 학자라 불렸다(스 7:6, 10). 이제 능숙하고 신실한 복음 목사도 서기관이다. 그러나 구별을 위해서 그를 천국의 제자된 서기관이라 부른다. 곧, 복음의 일들에 정통하고 능숙하여 그런 일들을 가르칠 수 있는 서기관인 것이다. 주목하라. 〔1〕 다른 이들을 가르칠 자들은 자기들 스스로 잘 가르침받은 상태라야 한다. 제사장의 입술이 지식을 발설해야 한다면, 그의 머리부터 먼저 지식으로 가득해야 하는 것이다. 〔2〕 복음 목사의 교훈은 천국에 속한 것이어야 한다. 그 목사의 임무는 바로 천국에 관한 내용을 전달하는 것이다. 위대한 철학자나 정치가이면서도 천국에 대해 가르침을 제대로 받지 못했다면, 그 사람은 못된 목사가 될 수밖에 없는 것이다.

(2) 그는 제자들을, 새것과 옛것을 그 곳간에서 내오는, 작년에 자란 열매와 금년에 모은 열매를 다양하고도 풍성하게 내어와서 친구들에게 즐거움을 주는(아 7:13) 선한 집주인과 비교하신다. 여기서 다음을 보라. 〔1〕 목사는 무엇을 구비하여야 하는가? 곳간에 있는 새것과 옛것을 구비해야 한다. 갖가지 다양한 경우를 만나는 자들에게는 그런 모든 경우에 대처하도록 새 진리와 옛 진리를, 구약과 신약의 진리들을, 고대와 현대의 진리에 관한 논의들을 구비하고 있어야 한다. 이는 하나님의 사람으로 온전하게 하며 능력을 갖추게 하려 함이라(딤후 3:16, 17). 과거의 경험들과 새로이 관찰한 것들 모두가 나름대로 용도가 있다. 그러므로 옛날에 발견한 것들로 만족해서는 안 되고, 새로운 것을 항상 덧붙여 가야 하는 것이다. 살며 배우라! 〔2〕 목사는 이렇게 구비한 것을 어떤 용도로 사용해야 하는가? 그것들을 내와야 한다. 속에 쌓아두는 것은 바깥으로 드러내어 다른 이들에게 유익을 주기 위함이다. 쌓아두어야 하나, 네 자신을 위해서 쌓아두면 안 된다. 많은 이들이 가득 갖고 있으나 밖으로 내보내는 출구가 없

고(욥 32:19), 달란트가 있으나 땅에 묻어두는데, 이들은 쓸데없는 종들이다. 그리스도께서도 친히 받으신 것은 주시기 위함이었다. 그러므로 우리도 더욱 그렇게 해야 한다. 내오되, 새것과 옛것을 함께 내오는 것이 가장 좋고, 옛 진리들을, 그러나 새로운 방법과 표현으로, 특히 새로운 정서로 내오는 것이 합당한 것이다.

[53]예수께서 이 모든 비유를 마치신 후에 그 곳을 떠나서 [54]고향으로 돌아가사 그들의 회당에서 가르치시니 그들이 놀라 이르되 이 사람의 이 지혜와 이런 능력이 어디서 났느냐 이는 그 목수의 아들이 아니냐 그 어머니는 마리아, 그 형제들은 야고보, 요셉, 시몬, 유다라 하지 않느냐 [56]그 누이들은 다 우리와 함께 있지 아니하냐 그런즉 이 사람의 이 모든 것이 어디서 났느냐 하고 [57]예수를 배척한지라 예수께서 그들에게 말씀하시되 선지자가 자기 고향과 자기 집 외에서는 존경을 받지 않음이 없느니라 하시고 [58]그들이 믿지 않음으로 말미암아 거기서 많은 능력을 행하지 아니하시니라

여기서 우리는 그리스도께서 고향에 계시는 것을 접하게 된다. 그는 여기저기 다니시면서 선을 행하셨는데, 어느 곳에서든 자신의 증언을 끝까지 마친 후에 그 곳을 떠나셨다. 그의 고향 사람들이 예전에 그를 배척한 적이 있었으나, 그는 다시 그들에게로 나아가셨다. 주목하라. 그리스도께서는 거부하는 자들을 한 번 대하고 그냥 버려두시는 것이 아니라, 거듭 거부하는 자들에게 계속해서 나아가사 증언하신다. 다른 점에서와 같이 이 점에서도 그리스도는 그의 형제들과 비슷하셨다. 자신의 고향에 대한 본성적인 애정을 지니고 계셨던 것이다. "누구나 자기 고향을 사랑하나, 이는 그것이 아름답기 때문이 아니라 그것이 자기 것이기 때문이다"(세네카〔Seneca〕). 그러나 그에 대한 고향 사람들의 대접은 예전과 똑같았다. 경멸과 모욕이었다. 여기서,

I. 그들이 그에 대한 멸시를 어떻게 표현했는지를 보라. 그가 그들의 회당에서 가르치시니 그들이 놀랐다. 그들이 그의 설교에 사로잡혔다거나 그의 가르침 그 자체를 흠모했다는 것이 아니고, 다만 그것이 그의 가르침이라는 사실에 놀란 것이다. 그들은 그가 그런 선생이 될 성싶지 않은 사람으로 보았던 것이다. 그들은 그에 대해서 두 가지 점으로 비판하였다.

1. 학문적인 교육의 부재. 그가 지혜가 있고 능력을 행한다는 것은 인정했다. 그러나 문제는 그것들이 어디서 났느냐 하는 것이었다. 그가 랍비들에게 사사받은 일이 없다는 것을 잘 알고 있었기 때문이다. 그는 대학에 다녀본 일도, 학위를 취득한 일도, 사람들에게서 **랍비여, 랍비여**라고 불린 일도 없었다. 주목하라. 편견을 가진 천한 사람들은 사람을 교육 수준으로 판단하고, 정당한 이유보다도 배경을 문제삼기가 쉬운 법이다. "이 사람의 이 지혜와 이런 능력이 어디서 났느냐? 그런 것들이 정직하게 얻은 것인가? 검은 술수를 통해서 얻은 것은 아닌가?" 이렇게 해서 그들은 진정 그를 뒷받침해주는 것을 갖고서 오히려 그를 배척하였다. 그들이 악의를 갖고 눈을 감은 것이 아니었다면, 그가 하나님께로부터 도움을 받고 보내심을 받은 분이시며, 그렇기 때문에 교육을 전혀 받지 않고서도 그런 놀라운 지혜와 능력을 드러내 보인 것이라고 결론지었어야 마땅했을 것이기 때문이다.

2. 그의 친척들의 초라함과 궁핍(55, 56절).

(1) 그들은 그의 아버지를 들어서 그를 비난했다. 이는 그 목수의 아들이 아니냐? 그렇다. 그가 그렇게 알려지신 것은 사실이다. 그런데 그것이 무슨 문제인가? 정직한 직업인의 아들이라는 것은 결코 그를 깎아 내릴 만한 사유가 아니다. 그들은 이 목수가 다윗의 집에 속한 자요(눅 1:27) 다윗의 자손(1:20)이라는 것을 기억하지 못했다(그 사실을 알고 있었을 수도 있으나). 그는 비록 목수였으나 존귀한 사람이었다. 트집을 잡으려는 사람들은, 귀중하고 가치 있는 사실을 그냥 지나치고, 비천하게 보이는 것만을 강조한다. 심령이 더러운 자들은 맨 꼭대기의 가지가 아니면, 이새의 줄기에서 난 가지라도(사 11:1) 전혀 인정하지 않는 것이다.

(2) 그들은 그의 어머니를 들어서 그를 비난했다. 그녀에 대해 무슨 트집을 잡았는가? 과연 그 어머니는 마리아라 불렸다. 그런데 마리아는 지극히 평범한 이름이었으며, 더욱이 그들 모두가 그녀를 알고 있었고, 그녀가 평범한 사람이라는 것을 알고 있었다. 그녀는 마리아 여왕도, 마리아 부인도, 마리아 여사도 아닌 그냥 마리아로 불렸고, 이것이 그에게 수치가 되어 돌아온 것이다. 마치 사람에게 외국 혈통이나, 지체 높은 가문의 출생이나 혹은 화려한 칭호들 외에는 가치를 따질 만한 것이 별달리 없기라도 한 것처럼 말이다. 이런 것들은 가치를 가늠하는 척도로는 정말 보잘것없는 것들이다.

(3) 그들은 그의 형제들을 들어서 그를 비난했다. 그 형제들은 이름까지도 잘 아는 자들이었고, 그 서열까지도 야고보, 요셉, 시몬, 유다 등으로 익히 잘 알려져 있는 사람들이었다. 모두들 좋은 사람들이지만 가난하여 멸시받는 자들이었고, 그리스도께서도 그들로 인하여 멸시를 받으신 것이다. 이 형제들은 아마도 요셉이 그 전 부인에게서 얻은 자식들이었던 것 같고, 혹은 그와 인척 관계가 어떻든 간에 같은 가족으로 그와 함께 자라난 것 같다. 열두 제자 중의 일원인 세 사람(야고보, 시몬, 유다 다대오도 마찬가지였다)을 제자로 부른 사실에 대해서는 구체적으로 나타나는 바가 없다. 어쩌면 그들이 어려서부터 그리스도와 아는 사이였던 자들이라면 구태여 새삼 그리스도와 알고 지내라는 분명한 부르심이 필요 없었을 것이기 때문일지도 모른다.

(4) 그의 누이들도 그들과 함께 있었다. 그러므로 그들은 그를 더욱 사랑하고 존경했어야 마땅하다. 그가 그들과 같은 사람이었으니 말이다. 그러나 그들은 그를 멸시하였다. 그들은 그에게서 기분이 상했고, 이런 거치는 돌에 걸려 넘어졌다. 그는 비방을 받는 표적으로 세워진 분이시기 때문이다(눅 2:34; 사 8:14).

Ⅱ. 그가 이러한 멸시와 비난에 대해 어떻게 분개하셨는지를 보라(57, 58절).

1. 그는 마음에 상처를 받지 않으셨다. 그는 그 일에 별로 개의치 않으신 것으로 보인다. 그는 부끄러움을 개의치 아니하시더ㅣ(히 12:2). 그런 멸시와 비난에 대해 대꾸하셔서 그 어리석음을 지적하시며, 그들이 마땅히 받아야 할 책망을 하시지 않고, 자신의 탁월하심을 값싸고 평범한 것으로 폄훼하는 그들의 태도를 어린아이들의 철없는 장난 정도로 가볍게 돌리신다. 이런 일은 사람들에게서 흔히 접하는 일이다. 선지자가 자기 고향과 자기 집 외에서는 존경을 받지 않음이 없느니라. 주목하라. (1) 선지자들은 마땅히 존경을 받아야 하고, 또한 보통 존경을 받는다. 하나님의 사람들은 위대하며 존경받을 만한 사람들이다. 그러니 선지자들이 존경을 받지 않는다면 정말 이상한 일이다. (2) 그럼에도 불구하고, 고향에서는 그들이 대개 존경을 받지 못하고, 때로는 극한 시기를 받는다. 친숙하게 안다는 것이 멸시를 불러일으키는 것이다.

2. 그는 이 일을 계기로 거기서 그의 손을 접으신다. 그들이 믿지 않음으로 말미암아 거기서 많은 능력을 행하지 아니하시니라. 주목하라. 불신앙은 그리스도의 호의를 가로막는 큰 장애물이다. 일반적으로 말하면, 하나님으로서는 다 하실 수

있다(19:26). 그러나 구체적으로 말하면, 믿는 자에게 행하시는 것이다(막 9:23). 복음은 구원을 주시는 하나님의 능력이다. 그러나 이는 모든 믿는 자에게 해당되는 것이다(롬 1:16). 그러므로 우리에게 권능의 역사가 일어나지 않는다면, 이는 그리스도의 능력이나 은혜가 부족하기 때문이 아니라, 우리에게 믿음이 없기 때문이다. 너희는 그 은혜에 의하여 구원을 받았다. 이는 분명 권능의 역사다. 그러나 그 일은 믿음으로 말미암아 이루어지는 것이다(엡 2:8).

제
— 14 —
장

개요

세례 요한은 그리스도에 관하여 말하기를, 그는 흥하여야 하겠고 나는 쇠하여야 하리라고 했었다(요 3:30). 여기서 그 새벽 별이 사라지고 의로운 해이신 그리스도께서 찬란하게 솟아오르신다. I. 요한의 순교. 헤롯에게 신실하게 행한 것 때문에 그가 투옥되고(1-5절), 헤로디아를 기쁘게 하기 위하여 그가 목이 잘려 죽음(6-12절). II. 그리스도의 이적들. 1. 가르침받기 위해 그에게 나아온 오천 명의 사람들을 보리떡 다섯 개와 물고기 두 마리로 먹이심(13-21절). 2. 그리스도께서 풍랑 중에 물 위를 걸어 제자들에게 가심(22-33절). 3. 그의 옷자락만 만져도 병든 자가 나음을 얻음(34-36절). 그는 이렇게 나아가시고 정복하기를, 아니, 병 고치기를 계속하셨다.

¹그 때에 분봉 왕 헤롯이 예수의 소문을 듣고 ²그 신하들에게 이르되 이는 세례 요한이라 그가 죽은 자 가운데서 살아났으니 그러므로 이런 능력이 그 속에서 역사하는도다 하더라 ³전에 헤롯이 그 동생 빌립의 아내 헤로디아의 일로 요한을 잡아 결박하여 옥에 가두었으니 ⁴이는 요한이 헤롯에게 말하되 당신이 그 여자를 차지한 것이 옳지 않다 하였음이라 ⁵헤롯이 요한을 죽이려 하되 무리가 그를 선지자로 여기므로 그들을 두려워하더니 ⁶마침 헤롯의 생일이 되어 헤로디아의 딸이 연석 가운데서 춤을 추어 헤롯을 기쁘게 하니 ⁷헤롯이 맹세로 그에게 무엇이든지 달라는 대로 주겠다고 약속하거늘 ⁸그가 제 어머니의 시킴을 듣고 이르되 세례 요한의 머리를 소반에 얹어 여기서 내게 주소서 하니 ⁹왕이 근심하나 자기가 맹세한 것과 그 함께 앉은 사람들 때문에 주라 명하고 ¹⁰사람을 보내어 옥에서 요한의 목을 베어 ¹¹그 머리를 소반에 얹어서 그 소녀에게 주니 그가 자기 어머니에게로 가져가니라 ¹²요한의 제자들이 와서 시체를 가져다가 장사하고 가서 예수께 아뢰니라

여기서 우리는 요한이 순교한 이야기를 접하게 된다. 관찰하라.

I. 여기서 이 이야기를 기록하게 된 정황(1, 2절).

1. 그리스도께서 행하신 이적에 대한 소문이 헤롯에게 전해짐. 분봉 왕 혹은 갈릴리 관할 통치자 헤롯이 예수의 소문을 들었다. 그 당시 그의 고향 사람들은 그의 초라한 출신 때문에 그를 멸시하였으나, 궁궐에서는 그의 명성이 커지기 시작하고 있었다. 주목하라. 하나님께서는 그를 위하여 멸시당하는 자들을 높이신다. 그리고 복음은 바다처럼 한 곳에서 잃는 것을 다른 곳에서 얻는다. 그리스도께서는 이미 이년 이상을 설교하시고 이적을 행하셨다. 그런데 헤롯은 지금에서야 비로소 그에 대해 소문을 듣게 된 것 같다. 주목하라. 세상의 위대한 자들은 대부분 가장 좋은 일들을 듣는 길이 막혀 있어 참된 복을 누리지 못한다. 이 지혜는 이 세대의 통치자들이 한 사람도 알지 못하였나니(고전 2:8). 그리스도의 제자들이 이제 보내심을 받아 멀리 나아가 복음을 전하고 그의 이름으로 이적을 행하였으므로, 그의 소문이 전보다 더 널리 퍼졌다. 이는 장차 그가 승천하신 후 그들을 통하여 복음을 널리 전하게 하실 일을 시사하는 것이었다.

2. 그리스도의 소문을 들은 헤롯의 추리(2절). 그는 예수의 소문을 전해 준 신하들에게 이르되 이는 세례 요한이라 그가 죽은 자 가운데서 살아났다고 하였다. 헤롯의 사상적 배경이 사두개인들과 달랐든지 — 사두개인들은 부활이 없다고 하므로(행 23:8) — 아니면 헤롯이 이 때에 양심에 죄책감이 생겨(무신론자들이 대개 그렇듯이) 그것이 그의 생각을 좌우하여, 세례 요한이 분명 살아난 것이요 그렇기 때문에 이런 능력이 그 속에서 역사하는 것이라고 결론짓게 되었을 것이다. 요한은 살아 생전에 아무 표적도 행하지 아니하였다(요 10:41). 그런데도 헤롯은 그가 과거에 살아 있을 때보다 더 큰 능력을 옷 입고서 죽은 자 가운데서 살아났다고 결론짓는 것이다. 그리고 헤롯은 요한이 행하는 것으로 여긴 그 이적들을 그의 능력이라 말하지 않고 능력이 그 속에서 역사하는 것이라고 한다. 여기서 헤롯에 관하여 관찰하라.

(1) 그는 그가 요한의 목을 벰으로써 의도했던 일에 크게 실망하였다. 그는 그 말썽 많은 사람을 제거할 수 있다면, 누구에게서도 방해를 받지 않고 계속해서 죄 중에 거할 수 있으리라고 생각했다. 그런데 그 일을 행하자마자 예수와 그의 제자들이 요한이 전했던 것과 동일한 순전한 가르침을 전한다는 소문을 듣게 되었고, 게다가 제자들이 그 주인의 이름으로 이적을 행하여 그 가르침을 확증하기까지 한다는 것이었다. 주목하라. 목사들은 제거되고, 투옥되고, 유배당하고 죽임당할 수 있으나, 하나님의 말씀은 결코 무너지지 않는다. 선지

자들은 영원히 살지 못하나 말씀은 굳게 서는 것이다(슥 1:5, 6; 딤후 2:9). 때로는 한 목사의 재로부터 수많은 신실한 목사들을 일으키기도 하신다. 하나님의 나무에 대해서는 희망이 있나니 찍힐지라도 다시 새로 심은 것과 같다(욥 14:7-9).

(2) 그는 단순히 양심의 죄책감 때문에 이유 없이 두려움에 휩싸였다. 이렇게 피를 흘린 땅에서 뿐 아니라 그 피를 흘린 사람의 마음에서도 그 피가 소리 높이 외치며, 그리하여 그를 **마골밋사빕**, 즉 온통 두려움에 휩싸인 자로 만든다(렘 20:3). 죄악된 양심이 온갖 두려운 것들을 생각하게 하고, 마치 소용돌이처럼 그 주변의 모든 것을 다 끌어들이는 것이다. 그리하여 악인은 쫓아오는 자가 없어도 도망하며(잠 28:1), 두려움이 없는 곳에서 크게 두려워한다(시 14:5). 조금만 잘 수소문했더라면, 헤롯은 이 예수가 세례 요한이 죽기 오래 전부터 있었으므로, 요한이 되살아난 존재일 수가 없다는 것을 알았을 것이고, 그리하여 스스로 속임을 당하지 않았을 것이다. 그러나 하나님께서는 정의롭게 그를 이런 얼빠진 상태에 내버려두신 것이다.

(3) 그럼에도 불구하고 그는 악을 더욱 가중시켰다. 그는 요한이 선지자요 하나님의 사람이라는 것을 인식하고 있으면서도 그를 죽음에 넘겨줄 때에 최소한의 가책이나 죄에 대한 슬픔을 드러내지 않았기 때문이다. 귀신들도 믿고 떤다. 그러나 그들은 절대로 믿고 회개하지 않는 것이다. 주목하라. 구원 얻는 회심이 없는 자들도 강한 가책을 받아 두려움에 떠는 경우가 얼마든지 있을 수 있다.

Ⅱ. 요한의 투옥과 순교의 이야기. 최초의 복음 설교자였던 요한의 이 비범한 고난의 사실들은 복음을 전하는 자들에게 환난이 따른다는 것을 선명하게 보여준다. 최초의 구약의 성도와 마찬가지로, 최초의 신약의 목사도 순교자의 죽음을 맞았다. 그리스도의 선구자가 그렇게 되었다면, 그를 따르는 자들도 세상에게서 좋은 대접을 받을 것을 기대하지 말아야 할 것이다. 여기서 관찰하라.

1. 헤롯을 책망하는 요한의 신실함(3, 4절). 헤롯은 요한의 청중 가운데 한 사람이었고(막 6:20), 그리하여 요한은 그에 대해 더 담대했을지노 모른다. 주목하라. 책망하는 직무를 맡은 목사들은 특히 그들의 책임 아래 있는 자들을 책망하여 그들에게 죄가 틈타지 않도록 해야 한다. 그들을 적절히 대할 가장

좋은 기회가 그들에게 있고, 그들의 책망이 가장 흔쾌히 받아들여질 것이니 말이다.

요한이 지적하며 책망한 헤롯의 구체적인 죄는 그의 동생 빌립의 아내와 결혼한 것이다. 빌립이 죽어서 그의 아내와 결혼했다면 이는 죄악된 행동이 아니었다. 그러나 빌립이 아직 살아 있었는데, 헤롯이 그에게서 그의 아내를 유혹하고 자기 사람으로 만든 것이다. 이미 그 아내와의 사이에 아이까지 있는 빌립에게 못할 짓을 한 것 외에도 이는 사악함, 간음, 근친상간 등이 함께 결부된 죄악이었다. 이는 빌립이 그와 아버지가 같은 이복 동생이었으므로 더욱더 악한 행위였다. 시 50:20을 보라. 이 죄에 대해서 요한이 헤롯을 책망하였다. 희미하게 빙 돌려서 이야기한 것이 아니라 분명한 어조로 책망하였다. 당신이 그 여자를 차지한 것이 옳지 않다. 그는 그 행위를 죄로 지적하였다. 그는 그 일이 명예스럽지 못하다거나 안전하지 못하다고 말하지 않고, 그 일이 옳지 않다고 하였다. 죄의 죄됨은 율법을 범하는 데 있으며, 이것이야말로 죄의 가장 악한 것이다. 이것이 헤롯 자신의 악행이요 그가 사랑한 죄였다. 그러므로 세례 요한은 이 죄를 구체적으로 지적한 것이다.

주목하라. (1) 다른 사람에게 옳지 않은 행위임이 하나님의 율법으로 정해진 그런 행위는 동일한 율법에 따라서 왕들과 위인들에게도 옳지 않은 것이다. 사람들을 다스리는 자들은 그들 자신이 사람이요 따라서 하나님의 다스림을 받는 존재들임을 잊어서는 안 된다. "다른 사람의 아내를 빼앗는 행위는 당신의 가장 비천한 백성에게는 물론 당신에게도 옳지 않은 일이다." 아무리 위대하며 무소불위의 권력을 지닌 왕이라 할지라도 하나님의 법을 깨뜨릴 특권은 없는 것이다. (2) 왕들이나 위인들이 하나님의 법을 어기면, 적절한 사람들이 적절한 방식으로 그 사실을 지적해 주는 것이 매우 합당하다. 그들이 하나님의 말씀의 명령보다 더 높은 존재들이 아니므로, 하나님의 목사들의 책망을 받아 마땅한 것이다. 왕에게 무용지물이라 말하는 것은(욥 34:18) 형제에게 라가라 혹은 바보라 일컫는 것만큼이나 합당치 못하다. 그들이 자기들의 권위의 영역을 잘 지킬 때에는 그런 비난이 합당치 못하다. 그러나, 책망의 임무를 지닌 자들이 옳지 않은 일에 대해서 지적하고 책망하는 일은 합당한 것이다. 목사들을 보내어 책망하게 하시는 그 하나님은 고관을 외모로 대하지 아니하시며 가난한 자들 앞에서 부자의 낯을 세워주지 아니하시는 분이시기 때문이다(욥 34:19).

2. 요한이 그의 신실함 때문에 투옥됨(3절). 헤롯이 요한을 잡아. 그가 복음을 전하고 세례를 베푸는 일을 계속할 때에 헤롯이 요한을 잡아 그의 사역을 종식시켰고 결박하여 옥에 가두었으니, 이는 부분적으로는 복수심을 만족시키기 위함이요, 부분적으로는 헤로디아를 기쁘게 해 주기 위함이었다. 헤롯보다 오히려 헤로디아가 요한에 대해 강한 적개심을 갖고 있었던 것 같다. 그는 그 여자를 위하여 그렇게 한 것이다. 주목하라. (1) 신실한 책망은 그것을 받아들여 유익을 얻지 않으면 대개 분노를 촉발시킨다. 책망에서 유익을 얻지 못하면 그 책망을 받은 사람들이 분개하여, 마치 아합이 미가야에게 행한 것처럼(왕상 22:8) 그 책망에 굴복하지 않고 오히려 책망하는 자를 향하여 분노하며 그를 미워하는 것이다. 잠 9:8; 15:10, 12을 보라. Veritas odium parit (진리가 미움을 만들어낸다). (2) 하나님의 목사들이 신실하게 행함으로써 오히려 화를 당하는 것이 새삼스런 일이 아니다. 가장 부지런하고 신실하게 임무를 다하는 자들에게 어려움이 가장 많은 법이다(행 20:20). 어쩌면 요한의 측근들은 헤롯을 책망하여 그의 화를 촉발시키는 것이 사려 깊지 못한 행위라고 하며, 헤롯의 화를 돋구는 것보다 그냥 조용히 있는 것이 더 낫겠다고 권면했을지도 모른다. 헤롯의 성정을 잘 아는 터이니, 괜히 그를 건드려서 요한이 자유를 빼앗기는 일이 있어서는 안 되겠다고 생각했을 것이다. 그러나 사람들로 하여금 관원들로서, 목사들로서, 혹은 그리스도인들로서 임무를 다하지 못하도록 방해하는 생각일랑 물리쳐야 한다. 내가 믿기로는 요한 자신의 마음은 자신의 그런 처신에 아무런 거리낌이 없었을 것이다. 오히려 그의 양심에 따라 증거함으로써 그는 자신의 사명을 감당하였고, 선을 행하다가 고난을 당하였으나 결코 남의 일을 간섭하는 자로서 고난을 받은 것은 아니었다(벧전 4:15).

3. 헤롯이 요한에 대한 격한 분노를 다 쏟아낼 수 없었던 요인(5절).

(1) 그는 요한을 죽이려 하였다. 어쩌면 처음 그를 옥에 가두었을 때에는 그럴 의도가 없었는지도 모른다. 그러나 그의 복수심이 점점 더 끓어올라 그를 죽이려 하는 데까지 이르렀다. 주목하라. 죄의 길은, 특히 박해의 죄의 경우는 내리막길이다. 그러므로 일단 어떤 일을 계기로 그리스도의 목사들에 대한 존경심이 사라지고 깨어지면, 곧 그 목사의 말씀에서 죄를 깨닫는 것이 아니라 그를 개로 여기게 되는 것이다(왕하 8:13).

(2) 그러나 요한을 죽이지 못한 것은 **무리가 그를 선지자로 여기므로** 그를

두려워하였기 때문이다. 그가 하나님을 두려워했기 때문도(만일 그가 하나님을 두려워했다면 애초에 요한을 옥에 가두지도 않았을 것이다), 요한을 두려워했기 때문도 아니었다. 전에는 한때 요한을 존경했었으나 자신의 정욕이 그에 대한 존경심을 삼켜버린 것이다. 그가 감히 요한을 죽이지 못한 것은 백성들이 두려웠기 때문이다. 그는 자신의 안전과 자신의 정권의 안위가 걱정스러웠다. 이미 권력을 악용하여 백성들의 원성을 사고 있는 터였으므로, 선지자를 죽이게 되면 그 일로 인해서 백성들의 원성이 어떤 사태로 발전될지 알 수 없었던 것이다. 주목하라. 〔1〕 폭군들도 두려워하는 것들이 있다. 무수한 사람들에게 두려움의 대상이 되는 자들은 그들 자신이 두려움을 갖고 있는 경우가 허다하며, 백성들에게서 두려움을 받고자 하는 야망이 큰 사람일수록 백성들을 두려워하는 것이다. 〔2〕 악인들이 지극히 사악한 행위들을 행하지 못하는 것은 하나님에 대한 두려움 때문이 아니라 자기들의 세속적인 관심사에 대한 염려 때문이다. 그들의 안락함, 부귀, 안전에 대한 염려가 그들의 통치 원리이므로, 그것들로 인하여 여러 의무들을 이행하지 않게 되고, 동시에 많은 죄들을 범하지 않게도 된다. 그런 염려가 없다면, 전혀 제재를 받지 않고 마음대로 악행을 저지를 것이다. 이것이 죄인들로 하여금 지나치게 악을 행하지 않도록 막아 주는 한 가지 수단이다(전 7:17). 감각이나 생각에 호소하는 죄의 위험이 믿음에 호소하는 죄의 위험보다 사람에게 더 영향을 미친다. 헤롯은 요한을 죽이면 백성들 사이에 소요가 일어날 것을 우려했으나 그런 일은 없었다. 그러나 그는 요한을 죽이는 일이 그 자신의 양심을 괴롭게 할 것이라는 것에 대해서는 전혀 두려워하지 않았다. 그러나 요한을 죽이자 양심의 두려움이 무섭게 일어났다(2절). 하나님께 정죄받는 것은 두려워하지 않으면서, 사람에게 해를 당하는 것은 두려워하는 것이 사람이다.

4. 요한을 죽음에 이르게 한 음모. 요한은 오랫동안 감옥에 갇혀 있었다. 백성의 기본권을 거슬러서(감사하게도 우리의 경우는 국가에서 법으로 이것이 보장되어 있다) 정당하게 재판을 받지도 못하고, 보석으로 풀려나지도 못했다. 그는 일년 반 동안을 옥에 갇힌 것으로 추정되는데, 그렇다면 그가 공생애 사역으로 보낸 기간만큼 옥에 갇혀 있었던 것이 된다. 그런데 여기서 그가 풀려난 기사를 접하게 된다. 그는 오로지 죽음을 통해서만 옥에서 풀려났고, 그리하여 선한 사람의 고난의 시기가 끝나고, 죄수들이 모두 쉬게 되었고, 요한

은 감독자의 호통 소리를 듣지 아니하게 된 것이다(욥 3:18).

헤로디아가 음모를 꾸몄다. 그녀의 마음속 깊은 원한이 요한의 피에 굶주려 있었으니, 요한의 죽음이 아니고서는 만족을 얻을 수가 없었다. 육신적인 정욕이 부추겨지면 지극히 야만적인 격정으로 변한다. 성도들의 피와 예수의 증인들의 피에 취한 것은 여자, 곧 음녀들의 어미였다(계 17:5, 6). 헤로디아는 백성들이 소요를 일으키지 않도록 헤롯을 개입시키지 않고 요한을 살해하는 방법을 꾸며냈다. 안타까운 핑곗거리가 있는 것이 전혀 없는 것보다 나은 법이다. 그러나 진실이 알려진다면, 헤롯 자신이 그 음모에 가담하였고, 겉으로는 깜짝 놀라며 안타까워하는 척하면서도 속으로는 그 음모를 꾸민 장본인이었고, 헤로디아가 무엇을 요구할지를 사전에 이미 알고 있었던 것으로 보인다. 그러므로 그가 한 맹세나 손님들을 존중하는 자세는 모두 꾸며낸 것에 지나지 않는 것이다. 그러나 설사 그가 자기도 모르는 사이에 요한을 죽이는 음모에 걸려들었다 하더라도, 그 자신이 그 일을 막을 수 있었는데도 그렇게 하지 않았으니, 그 모든 음모가 그의 책임이었다 할 것이다. 이세벨이 나봇을 죽였어도, 아합이 그 소유를 취했으니, 그가 죽인 것이다. 이와 마찬가지로, 헤로디아가 요한의 목을 벨 음모를 꾸몄으나, 헤롯이 그것에 동의하고 그 기쁨을 맛보았다면, 그는 살인방조자일 뿐 아니라 주요 살인자인 것이다. 그러나 음모가 장막 뒤에서 꾸며졌으니, 그 음모가 어떻게 행해졌으며, 어떤 방법으로 이루어졌는지를 보기로 하자.

(1) 생일 날 헤로디아의 딸이 춤을 추어 헤롯의 마음을 흥겹게 함. 헤롯의 생일 축하 행사가 엄숙하게 치러졌던 것 같다. 그 날을 기념하여 왕궁에서 연회가 있었고, 그 엄숙함을 이용하여 헤로디아의 딸이 손님들 앞에서 춤을 추었다. 왕비의 딸이 사람들 앞에서 춤을 춘다는 것은 격식을 깨뜨린 매우 파격적인 행동이었다. 주목하라. 육신적인 쾌락과 흥겨움이 가득한 때야말로 하나님의 백성들을 대적하는 악한 계획을 수행하는 편리한 기회다. 왕이 술의 뜨거움으로 병이 나면 오만한 자들과 더불어 악수하는 법이다(호 7:5). 악을 행하는 것이 미련한 자의 낙이기 때문이다(잠 10:23). 블레셋 사람들은 마음에 흥이 나자 삼손을 불러다 놓고 그를 괴롭혔다. 파리 대학살(the Parisian massacre)은 결혼식장에서 일어났다. 젊은 여아의 춤에 헤롯이 흥겨워졌다. 함께 춤을 춘 사람들이 누구였는지는 알 수 없으나, 그녀의 춤만큼 헤롯을 유쾌하게 하는 것은

없었다. 주목하라. 허망한 마음은 육체와 안목의 정욕을 크게 사랑하며, 정욕이 발동하면 더 큰 유혹에 빠져든다. 사탄이 그것으로 그들을 사로잡는 것이다. 잠 23:31-33을 보라. 헤롯은 이제 흥에 취하였고, 그의 허영을 부추기는 것만큼 그의 마음에 드는 것이 없었다.

(2) 헤롯이 경솔하고도 어리석게 이 방자한 여아에게 원하는 것은 무엇이든 해 주겠다고 약속함. 그는 이 약속을 맹세로 확증하기까지 했다(7절). 헤롯은 스스로 터무니없는 의무를 졌다. 그 입의 말로 인하여 잡히게 되는 것(잠 6:2)을 두려워하는 사려 깊은 사람에게나, 혹은 맹세하기를 무서워하는 선한 사람(전 9:2)에게는 그런 일이 전혀 어울리지 않는 것이다. 그 여아의 손에 이처럼 무제한의 권한을 주고 그녀 마음대로 원하는 것을 얻게 해 주는 것은 그 여아가 준 기쁨에 대한 보상으로서는 너무나 큰 것이었다. 그리고, 그가 사전에 헤로디아나 그 딸에게서 귀띔을 받지 않았다면, 헤롯이 그런 어리석은 약속을 했다 해도 그것이 큰 죄가 되지는 않았을 것이라 여겨진다. 주목하라. 맹세로 무엇을 약속하는 일은 사람을 얽어매는 것이요, 그런 일을 경솔하게 하는 것은 내적인 부패에서 비롯되는 것이며, 그것이 많은 유혹의 계기가 된다. 그러므로 실수라고 말하는 우를 범하지 않으려면(전 5:6), 절대로 그런 식으로 맹세하지 말라.

(3) 이 여아가 세례 요한의 머리를 요구함(8절). 그 여아는 사전에 그 어머니에게서 그것을 요구하라고 교육을 받았다. 주목하라. 아하시야의 경우처럼(대하 22:3) 부모에게서 악을 행하도록 교육을 받는 어린아이들의 경우는 안타깝기 그지없다. 그런 부모들은 자녀들에게 죄 가운데 있도록 가르치고 격려하며, 그들 스스로 악한 모범을 보인다. 선한 모범을 통해서 부패한 본성을 억제하고 죽이는 일보다는 악한 교훈을 통해서 부패한 본성이 드러나게 하는 것이 훨씬 더 쉽고 또한 그런 일이 더 속히 일어나는 법이다. 자녀들은 주를 거슬러서 부모에게 순종해서는 안 된다. 부모가 죄를 짓도록 명령하면, 레위가 부모에게 한 것처럼 그들을 보지 않겠다고 말해야 한다.

그 여아는 헤롯에게서 약속을 받고 또한 헤로디아에게서 지침을 받은 다음, 세례 요한의 머리를 소반에 얹어서 달라고 요구하였다. 어쩌면 헤로디아는 헤롯이 자기에 대해 싫증이 나서(정욕이 시들해지고 싫증을 내는 경우가 많으니) 세례 요한의 책망을 빌미로 자기를 버리지 않을까 염려하였고, 그리하여 이런 사태를 막기 위해 헤롯을 요한을 죽이는 일에 끌어들여 그의 마음을 굳게 하려 하였을지도 모른다. 그러므로 요한은 목이 베일 수밖에 없었다. 그것이야 말로 하나님을 영화롭게 하기 위해 반드시 당해야 할 죽음이었다. 복음이 시작 된 이후 수많은 순교자들이 갖가지 방식으로 죽임을 당하였고, 모두가 쉽지 않 은 아주 명예로운 죽음이었으나, 최초로 죽은 것은 바로 요한이었다. 그러나 그 이후에도 수많은 이들이 목 베임을 당하였다. 예수를 증언함과 하나님 말씀 때문에 목 베임을 당한 자들의 영혼들이 언급되고 있는 것이다(계 20:4). 그러나 이것이 다가 아니다. 그 일이 웃음거리가 되어야 했고, 복수만 하는 것이 아니 라, 사람의 욕망이 만족되어야 했다. 그러므로 요한의 머리를 소반에 얹어, 피에 젖은 채로, 연회석에 쓰는 고기 접시로, 혹은 다른 모든 접시들의 소스(양념) 로, 여기서 그 여아에게 주도록 요구한 것이다. 요한은 이렇게 철저하게 치욕 을 당하였고, 그렇기 때문에 그의 죽음은 희귀한 죽음이었다. 죽음에 엄숙함을 더해 줄 어떤 재판도, 공적인 심문도, 법이나 정의의 적용도 그에게는 없었다. 그는 한 순간에 재판을 받고 정죄를 받고 사형을 당한 것이다. 그렇게 갑작스 럽게 죽기는 했으나, 그는 다행스럽게도 이미 세상에 대해 죽은 상태였으므로 그런 죽음이 그에게 전혀 깜짝 놀랄 일이 아니었다. 그의 머리가 그 여아에게 주어졌고, 그 여아는 그것을 자기의 춤에 대한 보상으로 간주하고 그 이상 아 무것도 바라지 않았다.

(4) 헤롯이 이 요구대로 승낙함(9절). 왕이 근심하나. 최소한 그런 것처럼 보 였다. 그러나 자기가 맹세한 것 때문에 그 여아의 요구대로 해 주라 명하였다. 여 기서 다음을 관찰하라.

〔1〕 요한에 대해 걱정하는 체함. 왕이 근심하나. 주목하라. 많은 사람들이 근 심하면서 죄를 범하나, 이들은 절대로 자기 죄에 대해 참되게 근심하지 않는 다. 죄에 대해 근심하나, 거룩한 근심에 대해서는 철저히 외인(外人)이다. 머 뭇거리며 죄를 범하나, 계속해서 죄를 범하는 것이다. 하몬드 박사(Dr. Hammond)는 헤롯이 근심한 한 가지 이유는 그 때가 자기의 생일이었는데 자 기의 생일에 피를 흘리는 일이 흉조가 될 것이기 때문이었다고 지적한다. 그 날은 나른 기쁜 날과 마찬가지로 은덕을 베푸는 행위로 치장되어야 하는 날이 었다. Natalem colimus, tacete lites(우리가 생일을 축하하고 있으니, 분쟁거리가 없 을지로다).

〔2〕자기의 맹세에 대해 명예와 정직함을 화려하게 드러내 보임으로써 양심을 지키는 체함. 맹세를 했으니, 그것에 따라 행동을 해야 했다. 주목하라. 사악한 맹세가 사악한 행동을 정당화시켜 준다고 생각한다면, 이는 큰 잘못이다. 정당하고도 명예로운 일은 무엇이든 그 여아를 위하여 행할 것이라는 의도가 너무도 분명하므로 이것을 구태여 표현할 필요가 없었다. 그러므로 그 여아가 정당하고 명예로운 것이 아닌 것을 요구했을 때에, 그 약속이 무효임을 선포하고 그 약속에 대한 이행 의무가 중지되었음을 공포하는 것이 명예로운 일이었을 것이다. 하나님께서 이미 각 사람에게 죄를 범하지 말아야 할 의무를 그렇게도 강하게 부여하셨으므로, 아무도 여하한 의무 아래서도 죄를 범할 수 없는 것이다.

〔3〕악한 동료들과 야합하는 것이야말로 정말 비열한 처신임. 헤롯이 승낙한 것은 이미 맹세를 했기 때문이 아니라 그 맹세가 그와 함께 앉은 사람들 앞에서 공적으로 행해졌기 때문이었다. 그들에게 자기가 약속을 깨뜨린 사람으로 보이는 것이 싫어서 그 요구를 승낙한 것이다. 주목하라. 양심보다 명예를 더 소중히 여기는 사람들이 많다. 헤롯과 함께 연회석상에 앉은 자들도 헤롯과 마찬가지로 그 여아의 춤에 매우 흥겨웠을 것이다. 그러므로 흥청망청 떠드는 분위기에서 그 여아에게 마음껏 보상해 주기를 바랐을 것이고, 따라서 그 여아와 똑같이 세례 요한의 목을 베는 일을 원했을 것이다. 그러나 여호야김의 왕후들이 행한 것처럼(렘 36:25), 중간에 개입하여 그 일을 막으려 한 사람은 그 중에 하나도 없었다. 만일 평민들이 그 중에 있었더라면, 그들이 이 요나단을 구하려 했을 것이다(삼상 14:45).

〔4〕이 일의 밑바닥에는 요한에 대한 극한 악의가 있음. 그렇지 않다면 헤롯은 다른 방법을 써서 얼마든지 자신의 약속에서 벗어날 수 있었을 것이다. 주목하라. 악인이 절대로 핑계를 원치 않을지라도, 사실은 각 사람이 시험을 받는 것은 자기 욕심에 끌려 미혹되는 것이다(약 1:14). 어쩌면 헤롯은 그 자리에서 자기의 약속이 터무니없는 것임을 생각했을 것이다. 그 여아는 그 약속을 근거로 큰 돈을 요구했을 수도 있었을 것이요, 그렇다면 그 일은 세례 요한을 죽이는 일보다 훨씬 더 손해나는 일이었을 것이다(그는 세례 요한보다 돈을 훨씬 더 사랑했으니). 그러므로 그 여아가 세례 요한의 머리를 요구하자 그렇게도 쉽게 그 요구를 그대로 승낙하였고, 그것도 문서로 하지 않고 구두로만 명령하

였다. 그 고귀한 생명에 대한 최소한의 존중도 없었다: 주라 명하고.

(5) 헤롯의 명령에 따라 요한이 죽임을 당함. 사람을 보내어 옥에서 요한의 목을 베어(10절). 감옥이 왕궁의 입구에 아주 가까운 곳에 위치했던 것 같다. 그리로 신하를 보내어 이 위대한 사람의 머리를 베게 하였다. 헤로디아를 만족시키기 위해 그 일이 신속하게 이루어졌을 것이다. 그녀는 그 일이 이루어지기까지 그 일을 고대하고 있었던 것이다. 요한이 목을 베인 때는 밤이었을 것이다. 저녁 만찬 석상에서 그런 일이 있었으니, 아마도 저녁 만찬이 끝난 후에 그 일이 집행되었을 것이다. 백성들의 소요가 염려되므로, 통상적인 사형장이 아니라 감옥에서 그의 머리를 베었다. 이리하여 무수한 무죄한 자의 피와, 순교자들의 피가 여러 구석에 흘려졌다. 하나님께서 강림하셔서 피에 대해 심문하실 때에 땅이 더 이상 덮어두지 않고 그 위에 젖었던 피를 드러낼 것이다(사 26:21; 시 9:12).

이렇게 해서 그 목소리가 잠잠해졌고, 그 환히 불타는 빛이 꺼졌다. 이렇게 해서 그 선지자가, 그 신약의 엘리야가 그 오만한 음녀의 분노를 사서 희생되고 말았다. 이렇게 해서 여호와 보시기에 위대했던 그의 죽음이 미련한 자의 죽음 같았고, 그 손이 결박되지 아니하였고 그 발이 차꼬에 채이지 아니하였거늘 불의한 자식의 앞에 엎드러짐 같이 그가 엎드러진 것이다(삼상 3:33, 34). 그는 이렇게 넘이졌다. 그 모든 의도와 목적으로 보아 참된 순교자의 죽음을 죽은 것이다. 그는 그 믿음의 고백을 위하여가 아니라 그 의무의 이행을 위하여 죽은 것이다. 그러나, 그는 그의 사명과 증언을 다 행한 것이었다. 그 때까지 하나님의 증인이 죽임을 당한 일이 없었기 때문이다. 하나님께서는 이 일을 통해서 선을 이루셨다. 그의 살아 생전에, 심지어 감옥에 있을 때에도, 그를 가까이 따르던 그의 제자들이 그의 죽음 이후 예수 그리스도를 마음으로 받아들이고 그를 따랐던 것이다.

5. 이 복된 성도요 순교자의 시체가 처리됨. 그의 머리와 몸이 분리되었다.

(1) 그 여아는 소반에 담긴 그의 머리를 그 어머니에게 가져다 주었다. 그것은 그녀의 악의와 복수가 승리를 거두어 얻은 트로피와도 같았다(11절). 제롬(Jerome)과 루피누스(Rufin)는, 풀비아(Fulvia)가 키케로의 머리에 대해 행한 것처럼, 헤로디아는 세례 요한의 머리를 받고서 바늘로 혀를 뽑는 야만적인 행위를 했다고 보도한다. 주목하라. 몹쓸 마음을 지닌 자들은 온유한 심령을 지

닌 자들이 보면서 몸서리칠 그런 피비린내 나는 처참한 광경을 즐거워한다. 때때로 처절한 박해자들의 지칠 줄 모르는 격노가 성도들의 시체에게 발하여, 그들이 그 시체들을 갖고 장난질치기도 한 것을 보게 된다(시 79:2). 증인들이 죽임을 당하면, 땅에 사는 자들이 그들의 죽음을 즐거워하고 기뻐하는 것이다(계 11:10; 시 14:4, 5).

(2) 요한의 제자들이 시체를 가져다가 장사하고, 우리 주 예수께 눈물로 그 소식을 고하였다. 요한의 제자들은 요한이 옥에 갇혀 있는 동안 자주 금식하였다. 그들은 그들의 신랑을 빼앗겼고, 그리하여 그들은 마치 교회가 베드로의 구원을 위하여 간절히 기도한 것처럼(행 12:5) 그의 구원을 위하여 간절히 기도하였다. 그들은 옥에 갇힌 그를 자유로이 만났고 그리하여 위로를 얻었으나, 그들은 그가 자유를 얻어 다시 다른 이들에게 복음을 전하게 되기를 바랐다. 그러나 이제 갑자기 그들의 모든 소망이 무너져버렸다. 세상은 기뻐하고 있는 동안 제자들은 슬피 울며 애통하였던 것이다. 그들이 행한 일을 보자.

〔1〕 시체를 가져다가 장사하였다. 주목하라. 그리스도의 종들은 그들이 살아 있을 때는 물론 죽었을 때에도 그들의 시체와 기념물들을 존귀하게 다루어야 한다. 신약의 최초의 두 순교자들에 관하여, 성경은 그들이 엄숙하게 장사된 사실을 구체적으로 언급한다. 세례 요한의 제자들이 그를 장사하였고, 경건한 사람들이 스데반을 장사하였다(행 8:2). 그러나 그들의 뼈나 기타 기념물들을 성물(聖物)로 만들어 섬기는 일은 없었다. 그런 일은 오랜 후에 원수가 가라지를 뿌려 놓은 때에 돋아나기 시작한 하나의 미신이었다. 성도들의 시체를 존중하여 그렇게 지나치게 행하는 것은 실제로 그들을 훼손하는 것이다. 성도들의 시체를 마구 대하여 모욕해서도 안 되지만, 그것들을 신격화해서도 안 되는 것이다.

〔2〕 가서 예수께 아뢰었다. 이는 예수님도 안전을 위하여 몸을 피하게 하고자 함이 아니라(온 나라가 그 일로 시끄러웠으니, 예수께서는 다른 이들에게서 그런 말을 들으셨을 것이다), 그에게서 위로를 받고, 그의 제자로 영입되고자 함이었다. 주목하라. 첫째로, 언제든 무슨 일로 하여 괴로움이 있을 때에는 그리스도께 그것을 알리는 것이 우리의 의무이자 특권이다. 자유로이 나아갈 수 있는 친구의 가슴에 기대면 우리의 무거운 심령이 위로를 얻게 될 것이다. 친척이 죽었거나 불친절할 때에, 위로가 사라지고 화가 치밀어 오를 때에, 가서

예수께 아뢰라. 그는 이미 다 알고 계시지만, 환난 중에 있는 우리의 영혼의 괴로움을 우리에게서 들으실 것이다. 둘째로, 우리의 목사들이 죽는다고 해서 우리의 신앙과 고백이 함께 죽지 않도록 조심해야 한다. 요한이 죽었을 때에 그의 제자들은 각자 자기 갈 길을 간 것이 아니라 그대로 믿음을 지키기로 결심하였다. 목자들이 넘어지더라도, 변함이 없고 언제나 동일하신 큰 목자장이 계셔서 그에게로 갈 수 있으니 양들이 흩어질 필요가 없는 것이다(히 13:8, 20). 목사들이 죽으면 우리는 그리스도께 더 가까이 가서 그와 더 긴밀한 교제를 나누어야 마땅한 것이다. 셋째로, 위로거리들이 우리에게 귀한 만큼, 때때로 그것들이 우리에게서 사라지기도 한다. 그것들이 우리와 그리스도 사이에 있어서, 오직 그리스도께만 드려야 할 사랑과 존경을 가로채기가 쉽기 때문이다. 요한은 오래 전부터 그의 제자들을 그리스도께로 인도하였고, 그들을 그에게로 넘겼다. 그러나 그들은 요한이 살아 있는 동안에는 그를 떠날 수가 없었다. 그러므로 그들이 예수께 나아갈 수 있도록 그가 제거된 것이다. 그리스도께 전혀 나아가지 않는 것보다는 잃어버리고 상실한 상태로 그리스도께 이끌림을 받는 것이 나은 것이다. 우리의 스승들이 우리 앞에서 사라지면, 우리에게 하늘의 주가 계시다는 것이 우리의 위로가 된다. 그분이야말로 우리의 머리이신 것이다.

요세푸스는 세례 요한이 죽임당한 이야기를 언급하면서(「유대 고대사」, 18.116-119) 덧붙이기를, 헤롯의 군대가 페트레아의 왕 아레타스(헤롯이 헤로디아를 택하면서 그에게 버림받은 여자가 바로 그의 딸이었다)와의 전쟁에서 치명적인 패배를 당하는데, 유대인들은 대부분 이것을 세례 요한을 죽인 일에 대한 정당한 심판으로 간주하였다고 한다. 헤롯은 헤로디아의 사주를 받아 황제의 명을 거역했고, 결국 권좌에서 쫓겨나 프랑스 리옹(Lyon)에 유배되었는데, 요세푸스는 이것이 헤로디아의 간교한 말을 따른 데 대한 정당한 형벌이었다고 말한다. 그리고 마지막으로, 헤로디아의 딸에 대해서는, 겨울에 얼음 위를 가다가 얼음이 깨어져 날카로운 얼음 날에 목을 찔려서 죽었다고 한다. 휘트비 박사에 따르면 하나님께서는 세례 요한의 머리에 대해서 그녀의 머리를 요구하신 것이라고 한다. 이는 과연 놀라운 섭리가 아닐 수 없다.

[13]예수께서 들으시고 배를 타고 떠나사 따로 빈 들에 가시니 무리가 듣고 여러 고을

로부터 걸어서 따라간지라 ¹⁴예수께서 나오사 큰 무리를 보시고 불쌍히 여기사 그 중에 있는 병자를 고쳐 주시니라 ¹⁵저녁이 되매 제자들이 나아와 이르되 이 곳은 빈 들이요 때도 이미 저물었으니 무리를 보내어 마을에 들어가 먹을 것을 사 먹게 하소서 ¹⁶예수께서 이르시되 갈 것 없다 너희가 먹을 것을 주라 ¹⁷제자들이 이르되 여기 우리에게 있는 것은 떡 다섯 개와 물고기 두 마리뿐이니이다 ¹⁸이르시되 그것을 내게 가져오라 하시고 ¹⁹무리를 명하여 잔디 위에 앉히시고 떡 다섯 개와 물고기 두 마리를 가지사 하늘을 우러러 축사하시고 떡을 떼어 제자들에게 주시매 제자들이 무리에게 주니 ²⁰다 배불리 먹고 남은 조각을 열두 바구니에 차게 거두었으며 ²¹먹은 사람은 여자와 어린이 외에 오천 명이나 되었더라

이 본문은 떡 다섯 개와 물고기 두 마리로 오천 명을 먹이신 이적에 관한 것으로 사복음서 모두 기록하고 있는데, 이는 그리스도의 이적들에 대한 기록으로는 매우 희귀한 일이다. 이는 이 이적에 무언가 특별히 살펴볼 만한 귀중한 것이 있음을 시사한다. 다음을 관찰하라.

I. 그리스도께서 물러가셔서 따로 빈 들에 계실 때에 수많은 사람들이 그에게로 모여옴(13절). 그는 이야기를 듣고 홀로 물러가셨다. 세례 요한의 죽음에 관한 이야기가 아니라, 헤롯이 그를 세례 요한으로 여기며 요한이 죽은 자 가운데서 살아난 것으로 여긴다는 이야기를 듣고서, 헤롯의 관할 지역을 벗어나기 위하여 더 멀리 물러가신 것이다. 주목하라. 위험의 때에 하나님께서 피할 길을 열어 주시면, 우리 자신을 드러내야 할 무슨 특별한 부르심이 없는 한 우리 자신의 안전을 위하여 피하는 것이 합당하다. 그리스도의 때가 아직 이르지 아니하였고, 따라서 그는 스스로 고난을 재촉하려 하지 않으신 것이다. 그는 신적인 권능으로 자신을 보호하실 수 있었다. 그러나 그의 생애는 모범을 보이기 위한 것이기도 했으므로, 그는 인간적인 신중함으로 그 일을 행하였다. 그는 배를 타고 떠나셨다. 그러나 산 위에 있는 동네는 숨겨지지 못하는 법이다. 무리가 듣고 여러 고을로부터 걸어서 따라간지라. 무리들이 그리스도에 대한 관심이 어찌나 컸던지, 그가 그들에게서 물러가시자 그들은 더욱더 간절하게 그를 따라갔다. 자주 그렇듯이 여기서도, 그에게 모든 백성이 모여들리로다(창 49:10. 한글 개역개정판은 "복종하리로다"로 번역함)라는 성경이 성취되었다. 요한이 순교한 이후에 전보다 더 많은 무리가 그리스도께로 몰려든 것 같다. 때로는 성도들의 고난이 복음 전파에

진전이 되며(빌 1:12), "순교자들의 피가 교회의 씨앗"이 되기도 한다. 이제 요한의 증언은 끝났고, 수많은 이들이 그것을 기억하며 전보다 더 그것을 기렸다.

주목하라. 1. 그리스도와 그의 말씀이 우리에게서 물러갈 때에는, 아무리 인간적인 사정들이 그것을 가로막더라도 그 어떠한 세속적인 이익보다 우리의 영혼을 위한 기회를 우선시키고 그것을 따라가는 것이 가장 좋다. 레위 사람 제사장들이 너희 여호와의 언약궤 메는 것을 보거든 너희가 있는 곳을 떠나 그 뒤를 따르라(수 3:3). 2. 말씀의 순전한 젖을 진정 사모하는 자는 어떠한 어려움이 있더라도 모든 것을 무릅쓰고 말씀을 만난다. 그리스도와 그의 복음이 있다는 사실로 인하여 사막이 견딜 만해지는 것은 물론 사모할 만한 곳이 된다. 그것이 광야를 에덴으로 만드는 것이다(사 51:3; 41:19, 20).

II. 우리 주 예수께서 그를 따라온 자들을 불쌍히 여기심 (14절). 1. 그는 그 무리들 중에 모습을 드러내셨다. 그는 그 자신의 안전과 휴식을 위하여 물러가셨으나, 무리들이 그의 말씀을 듣기를 원하는 모습을 보시고서 그들에게 모습을 드러내셨다. 그는 영혼들의 유익을 위하여 수고를 아끼지 않으셨고, 이를 위해 자기 자신을 드러내셨다. 그리스도께서도 자기를 기쁘게 하지 않으신 것이다. 2. 그는 큰 무리를 보시고 불쌍히 여기셨다. 주목하라. 큰 무리를 보면 당연히 연민을 가질 수 있다. 큰 무리를 보며, 귀중히며 불멸한 영혼들이 얼마나 많이 여기 있으며, 또한 그들 대부분이 소외당하여 있고 멸망을 향하여 가고 있는지를 생각하면 불쌍한 마음이 생길 것이다. 그리스도만큼 영혼을 불쌍히 여기는 분이 없으며, 그의 연민은 결코 헛되지 않은 것이다. 3. 그는 그들을 불쌍히 여기실 뿐 아니라 그들을 도우셨다. 그들을 불쌍히 여기사 그 중에 있는 병자들을 고쳐 주시니라. 그는 위대한 치료자로 이 세상에 오셨으니 말이다. 그리고 얼마 지나자 그들이 모두 시장하였고, 그가 그들을 불쌍히 여기사 그들을 먹이신 것이다. 주목하라. 그리스도께서 우리에게 보이시는 모든 호의는 우리를 불쌍히 여기는 데에서 비롯되는 것이다(사 63:9).

III. 제자들이 모인 자들을 보낼 것을 제안하였으나, 그리스도께서는 그 제안을 받아들이지 않으심. 1. 저녁이 되매 제자들은 그리스도께 무리들을 놀려보낼 것을 제의하였다. 하루의 일을 다 마쳤으니 이제 그들을 해산시킬 때가 되었다고 생각한 것이다. 주목하라. 그리스도의 제자들이 하나님의 일들에 대한 풍성한 애착과 열정을 보이기보다는 염려를 더 많이 드러내는 경우가 많다. 2. 그리스도께서는 그들을 시장한 채로 그냥 해산시키지도 않으시며, 먹을 것이 없이 오랫동안 붙잡아두지도 않으시고, 그의 제자들에게 그들을 위하여 음식을 준비할 것을 명하신다. 그리스도께서는 계속해서 제자들보다 더 백성들에 대해 불쌍히 여기는 마음을 표현해오셨다. 아무리 긍휼이 많은 사람이라도 그리스도 안에 나타난 하나님의 부드러운 긍휼하심과는 비교할 수 없는 것이다. 그와 떨어지지 않으려는 사람들을 그리스도께서도 그냥 보내지 않으시는 것을 보라. 그들은 떠나갈 필요가 없었다. 주목하라. 그리스도를 소유한 자들은 그것으로 족하며, 행복과 활력을 찾으려고 피조물에게로 물러갈 필요가 없는 것이다. 한 가지 필요한 일에 대해 확신이 있는 자는 많은 수고를 할 필요가 없다. 그리스도께서도 그를 따르는 자들에게 불필요한 비용을 물리지 않으시며, 그를 따르는 일이 무리가 없도록 하실 것이다.

그러나 그들이 시장하다면 그 자리를 떠날 수밖에 없다. 그들이 무리들에게 먹을 것을 주어야 하기 때문이다. 주목하라. 주는 몸을 위하신다. 몸은 그의 손으로 지으신 바다. 몸은 그가 값을 주고 사신 것의 일부다. 그 자신이 몸을 취하신 것은, 우리로 하여금 몸의 필요를 공급받는 일도 그에게 의지할 것을 격려하시기 위함이었다. 그러나 몸이,주님을 직접 섬기는 영혼을 섬길 때에는, 주님이 몸에 대해 구체적으로 돌보신다. 우리가 먼저 하나님의 나라를 구하고, 그것을 우리의 주요 관심사로 삼으면, 다른 모든 것들을 우리에게 더하시는 일에 대해 하나님을 의지할 수 있는 것이요, 하나님을 의지하고 그것들에 대한 모든 염려를 던져버릴 수 있을 것이다. 그들은 현재 열정이 있어서 그저 시험적으로 그리스도를 따랐을 뿐이었으나, 그런데도 그리스도는 그들을 이렇게 돌보셨다. 그러니 그를 충실하게 따르는 자들에 대해서는 더욱더 공급하실 것이다.

IV. 이 큰 무리를 위해 준비된 것이 극히 보잘것없었음. 여기서, 식사에 초대받은 손님의 숫자와 그들을 먹이는 데 필요한 음식의 양을 비교해보아야 한다.

1. 무리의 숫자가 여자와 어린이 외에 오천 명이나 되었다. 그리고 아마 여자와 어린이가 나머지 무리의 숫자보다 많지는 않았다 하더라도 그만큼은 되었을 것으로 추정된다. 그리스도께서는 그렇게도 많은 무리에게 말씀을 전하신 것

이다. 그리고 그들이 주의 깊게 말씀을 듣는 자들이었다고 생각해야 할 것이다. 그러나 그 중에 상당 부분은 이런 겉으로 드러나는 열정과 열의에도 불구하고 결국 아무것도 아닌 것이 되고 만다. 그들은 중도에 떨어져 나가서 더 이상 그를 따르지 않게 될 것이다. 부르심을 받은 사람은 많으나 택한 자는 적은 법이다. 많은 무리가 보이는 것이 보기도 좋고 좋은 징조이기는 하나, 우리는 말씀을 받아들이는 효과를 청중의 숫자보다도 그들의 회심을 기준으로 생각해야 할 것이다.

2. 무리의 숫자에 비해서 준비된 것은 너무나 적었다. 떡 다섯 개와 물고기 두 마리뿐이니이다. 이것은 제자들이 가족끼리 먹기 위하여 준비해 온 것이고, 이제 그들은 빈 들에 있었다. 그리스도께서는 이적을 통해서 그들을 먹이실 수도 있었으나, 우리의 가족들을 우리가 먹이도록 모범을 보이시고자, 일상적인 방식으로 음식을 공급하도록 명하셨다. 그들에게 있는 음식은 풍성한 것도, 다양한 것도, 맛이 좋은 것도 아니었다. 물고기 두 마리는 어부들인 그들에게는 희귀한 것이 아니었다 물고기 두 마리는 그저 열두 명이 저녁 식사로 먹기에 편리한 음식이었고, 떡 다섯 개는 하루 이틀 정도 먹을 양이었다. 그리고 포도주나 독주도 없었다. 식사에 곁들일 수 있는 음료도 빈 들에 있는 강에서 떠온 물이 고작이었다. 그러나 이것을 가지고 그리스도께서는 그 많은 무리를 먹이실 것이있다. 주목하라. 조금밖에 없다 할지라도 절박할 때에는 그 적은 것으로 다른 이들의 필요를 채우도록 도와야 한다. 그리고 그것이 그것을 더 많게 하는 방법이다. 하나님이 광야에서 식탁을 베푸실 수 있으랴(시 78:19)? 그렇다. 베푸실 수 있다. 그가 기뻐하시면, 풍성한 식탁을 얼마든지 베푸시는 것이다.

Ⅴ. 무리들에게 이 준비된 것으로 풍성하게 나누어주심(18, 19절).   그것을 내게 가져오라. 주목하라. 우리가 피조물답게 위로를 얻는 길은 그것들을 그리스도께로 가져 가는 것이다. 모든 것이 그의 말씀과 기도로 그에게 거룩하게 되기 때문이다. 우리가 무엇을 그리스도의 손에 가져다 드려서 그가 기뻐하시는 대로 나누어 주시도록 하면, 그것이 우리에게 유익이 되고 배나 멋진 것이 될 것이다. 사랑으로 드리는 것을 먼저 그리스도께로 가져 가서 그가 은혜로 그것을 받으시고, 그리하여 그것을 받는 자들에게 은혜로이 복주시도록 해야 하는 것이다. 이것이 주께 하듯 하는 것이다.

이제 그리스도께서 이적적으로 무리를 먹이신 사건에 대해서 다음을 관찰할 수 있을 것이다.

1. 무리들을 앉히심. 무리를 명하여 잔디 위에 앉히시고(19절). 이는 그가 말씀을 전하시는 동안 그들이 줄곧 서 있었다는 것을 시사한다. 서 있는 것은 존경의 자세요, 움직일 준비를 갖추는 자세다. 그러나 그들에게 음식을 먹이려면 어떻게 해야 할까? 그들을 잔디 위에 앉혀야 한다. 아하수에로가 그의 영화로운 나라와 그의 탁월한 위엄을 과시하기 위하여 그 나라의 모든 귀인들을 청하여 잔치를 베풀었을 때에, 그들은 화반석, 백석, 운모석, 흑석을 깐 땅에 세워 놓은 금과 은으로 만든 걸상에 앉았다(에 1:6). 우리 주 예수께서는 신적인 잔치에서 그보다 더 영광스러운 나라의 풍요로움과 그 찬란한 위엄의 존귀를, 또한 자연 그 자체를 다스리는 그의 통치권을 보여주려 하신 것이다. 그러나 여기 이 잔치에는 천을 깔아놓은 것도, 접시나 수건이 놓여진 것도 아니요, 나이프와 포크도 없고, 앉을 걸상도 없었다. 그러나 마치 그리스도께서는 과연 온 세상을 가장 평범하고도 단순한 상태로, 에덴 동산에서 아담이 누린 순진무구함과 행복의 상태로 바꾸실 의향이라도 있으셨던 것처럼, 무리를 명하여 잔디 위에 앉히셨다. 이렇게 모든 일을 전혀 화려함이나 치장이 없이 행하심으로, 그의 나라가 이 세상에 속한 것이 아니요 눈으로 보게 임하는 것도 아니라는 사실을 보여주신 것이다.

2. 축복을 기원하심. 그의 제자 중 한 사람을 대표로 선택하여 축복을 기원하도록 하신 것이 아니라, 그 자신이 친히 하늘을 우러러 축사하셨다. 그들에게 베풀어지는 그 공급하심에 대해 하나님을 찬양하셨고, 그들에게 그것으로 복 주시기를 간구하신 것이다. 그의 축사하심은 복을 명하는 것이었다. 그는 설교하실 때나 기도하실 때나 권세 있는 자처럼 행하신 것이다. 그리고 이 기도와 감사에서 우리는 그가 이 음식을 증가시키시는 일을 특별히 언급하셨을 것으로 생각할 수 있다. 그는 여기서 우리의 양식에 대해 복을 빌며 감사해야 할 선한 의무를 우리에게 가르치신 것이기도 하다. 하나님께서 지으신 좋은 피조물들은 감사함으로 받을 것이다(딤전 4:4). 사무엘은 제물을 축사하였다(삼상 9:13; 행 2:46, 47; 27:34, 35). 이것이 하나님의 영광을 위하여 먹고 마시는 것이요(고전 10:31), 하나님께 감사하는 것이요(롬 14:6), 모세와 그의 장인의 경우처럼 하나님 앞에서 먹는 것이다(출 18:12, 15). 그는 하늘을 우러러 축사하셨는데, 이는 기도할 때에 하나님을 하늘에 계신 아버지로 바라볼 것을 가르치시기 위함

이었다. 그러므로 이 땅의 위로거리들을 받을 때에 하늘을 우러러보아야 하며, 그것들을 하나님의 손에서 받는 것으로 여기며 그의 축복을 의지해야 하는 것이다.

3. 떡을 떼심. 잔치의 주인 자신이 떡을 떼는 장본인이셨다. 그가 친히 떡을 떼어 제자들에게 주시고 제자들은 그것들을 무리에게 주었다. 이렇게 해서 그리스도는 제자들에게 존귀를 베푸사 그들이 그와 함께 일하는 동역자들로서 존경받도록 하신 것이요, 동시에 말씀이라는 영적 양식이 어떤 방식으로 세상에 전달되는지를 보여주고자 하신 것이다. 본래의 주인이신 그리스도께로부터 그의 목사들을 통하여 그 일이 이루어지는 것이다. 그리스도께서는 교회들에게 주시고자 하신 것들을 그 종 요한에게 보내어 알게 하셨다(계 1:1, 4). 그들은 주께 받은 것을 모두 전하였다(고전 11:23). 그리스도께서 먼저 목사들의 손을 가득 채워주시지 않으면, 절대로 그들이 사람들의 마음을 가득 채워줄 수가 없다. 그리고 제자들은 그리스도께로부터 받은 것을 반드시 무리들에게 주어야 한다. 그들은 각 사람에게 **때를 따라** 양식을 나눠주어야 할 지혜 있는 종이기 때문이다(24:45). 그리고 정말 감사하게도, 무리가 아무리 커도 모든 사람 각자에게 충족하게 나누어지는 것이다.

4. 떡이 늘어남. 이 현상은 그 원인이나 방식에서가 아니라 오로지 결과에서만 나타난다. 그리스도께서 떡이 늘어나게 명하신 말씀이 전혀 언급되지 않는다. 비록 언급되지는 않으나, 그리스도의 목적과 의도가 그대로 이루어지는 것이다. 그러나 떡이 첫 덩어리에서 증가된 것이 아니라 그것이 분배되는 과정에서 증가되었다는 것은 관찰할 수 있다. 과부의 기름이 그것을 퍼낼 때에 증가했던 것처럼, 여기서 떡도 떼는 과정에서 늘어난 것이다. 그리하여 행동 과정 속에서 은혜가 자라난다. 다른 것들은 쓸수록 쇠하여 사라지는데, 영적인 은사들은 사용할수록 더 늘어나는 것이다. 하나님은 심는 자에게 씨와 먹을 양식을 주시고, 쌓아놓은 씨가 아니라 심어 놓은 씨를 증가시키시는 것이다(고후 9:10). 그러므로 흩어져 뿌려지지만 증가하는 것이 있다. 흩어져 뿌려지니 증가하는 것이다.

VI. 이 준비된 것으로 모든 무리가 배불리 먹고 남음. 무리의 숫자와 준비된 음식의 양이 전혀 터무니없이 비율이 맞지 않았으나, 모두가 충족히 먹고 남았다.

1. 충족했다. 다 배불리 먹고. 주목하라. 그리스도께서 먹이시는 자들은 배불리 먹는다. 그들이 풍족할 것이라는 것이 주님의 약속이다(시 37:19). 모든 사람에게 충분한 양이 있었으니, 모두 다 배불리 먹었다. 별로 많지 않았으나, 충족할 정도는 있었고, 그러므로 잔치만큼이나 배불리 먹은 것이다. 주목하라. 하나님의 축복은 작은 것을 크고도 놀랍게 만들 수 있다. 마찬가지로 우리가 가진 것을 하나님께서 헛것이 되게 하시면, 우리가 먹을지라도 배부르지 못한 것이다(학 1:6).

2. 남은 것이 있었다. 남은 조각을 열두 바구니에 차게 거두었으며. 사도 한 사람에 한 바구니가 남았다. 이렇게 해서 그들이 준 것을 그대로 갖게 되었고 그보다 훨씬 많게 되었다. 그들은 이 새로이 생겨난 떡을 남겨 두어 다시 한 번 먹고 하나님께 감사할 수 있게 하였다. 이는 그 이적의 위엄을 분명하게 드러내는 것이요, 또한 그리스도께서 그의 백성에게 공급하시는 것은 모자라거나 부족하지 않고 풍성하며 넘치는 것임을 보여주는 것이었다. 그에게는 양식이 풍족하며 남는 것이다(눅 15:17). 넘치는 충만이다. 엘리사가 떡이 불어나도록 한 것도 이와 다소 비슷하나, 이것에는 결코 미치지 못한다. 그런데도 말씀하기를 그들이 먹고 남으리라고 하였다(왕하 4:43).

땅에 뿌려진 씨가 해마다 증가하여 땅이 풍성하게 되며, 한 움큼씩 뿌렸는데 단으로 거두는 것도, 물론 일상적인 방식으로 되는 것이지만, 이 역시 동일한 신적인 권능이다. 이것이 여호와의 행하심이요, 모든 자연의 만물이 유지되는 것은 그리스도로 말미암음이며, 그의 능력의 말씀으로 말미암아 그것들이 지탱되는 것이다.

²²예수께서 즉시 제자들을 재촉하사 자기가 무리를 보내는 동안에 배를 타고 앞서 건너편으로 가게 하시고 ²³무리를 보내신 후에 기도하러 따로 산에 올라가시니라 저물매 거기 혼자 계시더니 ²⁴배가 이미 육지에서 수 리나 떠나서 바람이 거스르므로 물결로 말미암아 고난을 당하더라 ²⁵밤 사경에 예수께서 바다 위로 걸어서 제자들에게 오시니 ²⁶제자들이 그가 바다 위로 걸어오심을 보고 놀라 유령이라 하며 무서워하여 소리 지르거늘 ²⁷예수께서 즉시 이르시되 안심하라 나니 두려워하지 말라 ²⁸베드로가 대답하여 이르되 주여 만일 주님이시거든 나를 명하사 물 위로 오라 하소서 하니 ²⁹오라 하시니 베드로가 배에서 내려 물 위로 걸어서 예수께로 가되 ³⁰바

람을 보고 무서워 빠져 가는지라 소리 질러 이르되 주여 나를 구원하소서 하니 [31]예수께서 즉시 손을 내밀어 그를 붙잡으시며 이르시되 믿음이 작은 자여 왜 의심하였느냐 하시고 [32]배에 함께 오르매 바람이 그치는지라 [33]배에 있는 사람들이 예수께 절하며 이르되 진실로 하나님의 아들이로소이다 하더라

여기에는 그리스도께서 제자들을 안심시키기 위하여 행하신 또 다른 이적에 관한 기사가 기록되어 있다. 곧, 그가 물 위를 걸어 제자들에게 가신 일이다. 앞의 이적에서는 그가 궁핍한 사람들의 필요를 공급하시는 능력이 있으신 자연의 주(主)이심을 보여주셨다. 그리고 이 이적에서는 자연의 능력을 교정하시고 통제하심으로써 위험과 어려움에 처한 자들을 구원하심으로써 자신이 자연의 주이심을 드러내신다.

I. 그리스도께서 이적적으로 무리를 먹이신 후 제자들과 무리들을 떠나보내심. 그는 즉시 제자들을 재촉하사 배를 타고 앞서 건너편으로 가게 하셨다(22절). 요한은 그리스도께서 이 무리들을 황급히 흩어 보내신 구체적인 이유를 제시한다. 그것은 무리들이 이 오천 명을 먹이신 이적에 감동된 나머지 그를 억지로 붙들어 임금으로 삼으려 하였기 때문이었다(요 6:15). 이것을 피하기 위하여 즉시 무리들을 흩어 보내시고, 제자들도 무리와 합세하지 않도록 떠나 보내셨고, 그 자신도 홀로 물러가신 것이다.

무리들은 앉아 음식을 먹은 다음, 일어나 노닌 것이 아니라 그리스도를 왕으로 삼으려 한 것이다.

1. 그리스도께서 무리들을 흩어보내셨다. 이는 그들을 흩어보내신 일에 위엄이 있었음을 시사한다. 그는 그들을 돌려보내시면서, 축복과 아울러 경계와 권면과 위로의 말씀을 주셔서 그들이 계속 그 말씀을 새기도록 하셨다.

2. 그는 제자들을 재촉하사 배를 타고 앞서 가게 하셨다. 제자들이 먼저 가지 않으면 무리들이 흩어지지 않았을 것이다. 제자들은 가기를 싫어했다. 그러므로 그가 재촉하지 않으셨다면 가지 않았을 것이다. 그들은 그가 없이 바다로 가는 것을 싫어했던 것이다. 주께서 친히 가지 하니하시려거든 우리를 이 곳에서 올려보내지 마옵소서(출 33:15). 그들은 그가 타고 오시도록 배를 남겨두지도 않은 상태에서 그리스도를 홀로 남겨두기를 싫어하였다. 그러나 순전히 그리스도의 명령에 순종하여 그렇게 한 것이다.

Ⅱ. 그리스도께서 홀로 계심. 기도하려 따로 산에 올라가시니라(23절). 여기서 다음을 관찰하라.

1. 그는 홀로 계셨다. 그는 따로 한적한 곳으로 가사 거기서 홀로 계셨다. 다른 이들과 함께 하실 일이 많았으나 그는 때때로 우리에게 모범을 보이시기 위하여 혼자 계셨다. 혼자 있는 일에 관심도 없고, 오직 하나님밖에는 대화하고 즐길 상대가 없을 때에 홀로 있지 못하는 자는 그리스도를 따르는 자가 아니다.

2. 그는 홀로 계시면서 기도하셨다. 그가 홀로 계시면서 하신 일은 기도였다. 그리스도는 하나님으로서 만유의 주이셨고, 따라서 기도를 받으시는 분이셨으나, 동시에 그리스도는 인간으로서 종의 형체를 가지셨고, 따라서 기도하셨다. 그리스도는 여기서 은밀한 기도의 모범을 세우셨고, 자신이 제시한 원칙에 따라(6:6) 은밀하게 기도를 행하신 것이다. 어쩌면 이 산에 사사로운 기도처가 있었는지도 모른다. 유대인들에게는 대개 그런 장소가 있었으니 말이다. 관찰하라. 제자들이 바다로 나갔을 때에, 주님은 기도하러 가셨다. 베드로가 밀 까부르듯 시험을 당할 때에, 그리스도께서는 그를 위하여 기도하신 것이다.

3. 그는 오랫동안 홀로 계셨다. 저물매 거기 혼자 계시더니. 그는 새벽녘이 가까워 오는 밤 사경까지 그 곳에 계신 것으로 보인다. 그날 따라 바람이 심하게 부는 밤이었으나 그리스도께서는 계속해서 기도에 힘쓰셨다. 주목하라. 최소한 때때로, 특별한 일이 있고 우리 마음에 감동이 있을 때에, 은밀한 기도를 오랫동안 계속하며 또한 하나님 앞에 우리 마음을 쏟아 붓는 일에 전념하는 것이 매우 좋다. 기도를 억제해서는 안 되는 것이다(욥 15:4).

Ⅲ. 그 때에 제자들이 처하여 있던 상황. 배가 이미 육지에서 수 리나 떠나서 바람이 거스르므로 물결로 말미암아 고난을 당하더라(24절). 여기서 다음을 관찰할 수 있다.

1. 그들은 풍랑이 일어날 때에 바다 한가운데 있었다. 처음 배를 탈 때에는 날씨가 좋다가 목적지에 도착하기 전에 풍랑을 만날 수도 있다. 그러므로 갑옷 입는 자가 갑옷 벗는 자 같이 자랑해서는 안 되며(왕상 20:11), 오랫동안 고요하다가 갑자기 풍랑이 일 것을 예상해야 하는 것이다.

2. 제자들은 그리스도께서 보내신 곳에 있었는데, 거기서 이 풍랑을 만났다. 만일 그들이 요나처럼 주께로부터 도망한 상태에서 풍랑을 만났더라면, 상황이 정말 끔찍했을 것이다. 그러나 그들은 주께로부터 바다로 가라는 특별한 명

령을 받은 상태였고, 또한 그들의 임무를 이행하는 중이었다. 주목하라. 그리스도의 제자들이 임무를 이행하는 중에 풍랑을 만나는 것이나, 주께서 풍랑을 미리 아시면서 그들을 바다로 보내시는 것이 새삼스런 일이 아니다. 그러나 그것을 짜증으로 대해서는 안 된다. 그가 행하시는 것을 지금은 그들이 모르나 후에는 알게 될 것이다. 그리스도께서는 그들에게 더 놀라운 은혜로 자신을 드러내시고자 하시는 것이다.

3. 제자들에게는 그리스도께서 함께 계시지 않는다는 것이 크게 실망스런 일이었다. 과거에도 풍랑을 만난 적이 있으나, 그 때에는 비록 잠들어 계셨지만 그리스도께서 그들과 함께 계셨었다(8:24). 그런데 지금은 그가 그들과 함께 계시지 않았다. 이렇게 해서 그리스도께서는 처음에는 좀 약한 어려움을 주시고, 그 다음에는 좀 더 큰 어려움을 주심으로써, 그들로 하여금 눈에 보이는 것이 아니라 믿음을 따라 살도록 단계적으로 훈련시켜 가신 것이다.

4. 바람이 거스르므로 물결로 말미암아 고난을 당하고 있었으나, 그들은 주님의 명령에 따라 건너편으로 가고 있었다. 바람이 분다고 해서 배를 돌이켜 다시 돌아오지 않고, 최선을 다해 목적지를 향하여 가고 있었다. 주목하라. 우리가 임무를 행하는 중에 어려움과 난관을 만날지라도, 그것 때문에 임무를 포기해서는 안 된다. 온갖 어려움 가운데서도 계속해서 전진해야 한다.

IV. 이런 형편에서 그리스도께서 그들에게 다가오심(25절).   여기서 그리스도의 다음과 같은 면을 보게 된다.

1. 그의 선하심. 그는 그들의 처지를 아는 자로서 그들에게 나아가셔서 아버지가 자녀를 돌보듯이 그렇게 그들을 돌보셨다. 주목하라. 교회와 하나님의 백성의 극한 곤경은 그리스도께서 그들에게 찾아가셔서 그들을 돌보실 기회가 된다. 그러나 그는 밤 사경, 즉 새벽 3시가 되어서야 오신다. 여호와께서 홍해에서 이스라엘을 위하여 나타나신 것도 새벽이었다(출 14:24). 이스라엘을 지키는 자는 졸지도 아니하고 주무시지도 아니하며, 급한 상황이 있을 때에는 어둠 속에서 나아가사 그들을 구원하시는 것이다.

2. 그의 권능. 그는 바다 위로 걸어서 그들에게 오셨다. 이것이야말로 그리스도께서 모든 피조물들을 주재하시는 위대한 증거다. 그것들이 모두 그의 발 아래 있고, 그의 명령에 따라 움직이며, 그리하여 우리가 본질이라 부르는 그 본성을 잊어버리고 그 성질들이 바뀌는 것이다. 이 일이 어떻게 이루어졌는지를

— 물의 표면을 단단하게 만든 것인지(하나님께서 원하시면 큰 물이 바다 가운데 엉기는 것이다. 출 15:8) 혹은 그의 몸의 중력을 잠시 유보시킨 것인지(그가 원하시면 그의 몸은 얼마든지 변화될 수 있었다) — 궁금해할 필요가 없다. 이것으로 그의 신적인 권능이 입증되는 것으로 족하다. 바람 날개를 타고 오르시는 것과 마찬가지로, 바다 물결을 밟으시는 것이 하나님만의 대권이니 말이다(욥 9:8). 바다 깊은 곳에 길을 내어 구속받은 자들을 건너게 하신 이가(사 51:10) 여기서는 구속자 자신이 그 위를 걷게 만드신다. 만유의 주이신 그는 한 발은 바다를 밟고 다른 발은 땅을 밟고 계시는 것으로 나타난다(계 10:2). 쇠도끼를 떠오르게 한 그 권능이(왕하 6:6) 이 일을 행한 것이다. 바다야 네가 도망함은 어찌함인가(시 114:5). 주의 길이 바다에 있었고 주의 곧은 길이 큰 물에 있었나이다(시 77:19). 주목하라. 그리스도께서는 그가 원하시는 대로 무슨 길이든 취하셔서 그의 백성을 구하러 오신다.

V. 그리스도께서 고난을 당하는 제자들에게 다가가실 때에, 그와 제자들 사이에 일어난 일에 대한 기사.

1. 그리스도와 모든 제자들 사이에 일어난 일.

(1) 그들이 두려워하였다. 제자들이 그가 바다 위로 걸어오심을 보고 놀라 유령이라 하며 무서워하여 소리 지르거늘(26절). 유령이라, 이는 "이것은 허깨비라"로 번역하는 것이 더 나을 것이다. 사두개인들을 제외하고 모든 사람들이 전반적으로 영의 존재와 출현을 믿었던 것으로 보인다. 그리스도께서는 사두개인들의 가르침을 경계할 것을 제자들에게 명하신 바 있다. 그러나 많은 이들은 허깨비는 사람이 두려운 나머지 상상으로 만들어낸 존재에 불과한 것으로 간주하였다. 이 제자들은 유령이라고 하였다. 그러나 그것은 주님 이외에 다른 존재일 수가 없었다. 주목하라. 〔1〕 구원의 역사가 다가오고 나타나도 때로는 그것이 하나님의 백성들에게 혼란과 괴로움을 자아내기도 한다. 가장 상처가 덜한 때에, 아니 동정녀 마리아의 경우처럼(눅 1:29) 가장 은혜를 받을 때에, 오히려 가장 무서움을 많이 타는 경우도 있는 것이다(출 3:6, 7). 양자의 영의 위로가 종의 영의 두려움과 공포로 말미암아 베풀어지는 법이다(롬 8:15). 〔2〕 유령이나 혹은 상상 속의 허깨비의 출현은 무서움과 공포를 자아낼 수밖에 없다. 영의 세계가 우리에게 멀고 낯설기 때문이다(욥 4:14, 15). 영들의 아버지이신 하나님과 더 친밀하게 지내며, 그의 사랑 가운데 우리 자신을 조심스럽게 지킬

수록, 그만큼 그런 두려움과 공포를 잘 다룰 수 있게 될 것이다. 〔3〕 선한 사람들이 당혹스럽고 혼란스런 두려움을 갖는 것은 그리스도와 그의 위격과 직분과 그 시행에 관한 오해와 그릇된 깨달음에서 비롯된다. 우리가 그의 이름을 더 분명하고도 충실하게 알수록, 더욱 확신을 갖고 그를 신뢰하게 될 것이다 (시 9:10). 〔4〕 풍랑 속에서는 조그만 것도 두려워진다. 밖에 싸움이 있을 때에는 속에 두려움이 있다고 해서 놀랄 일이 아니다. 제자들은 어쩌면 어떤 악령이 풍랑을 일으켰다고 상상했을지도 모른다. 주목하라. 외부적인 어려움에서 오는 위험은 대부분이 그것이 내부적인 혼란을 일으키는 계기가 되는 데서 비롯되는 것이다.

(2) 그 두려움이 사라졌다(27절). 그리스도께서는 그들의 잘못을 보여주심으로써 곧바로 그들을 안심시키셨다. 그들이 물결과 싸우고 있을 때에 그는 얼마 동안 구원의 역사를 연기시키셨다. 그러나 그들이 무서워하자 곧바로 그것을 없애 주시고 곧바로 말씀으로 풍랑을 잠잠케 하사 그들을 위험에서 건져주셨다. 안심하라 나니 두려워하지 말라.

〔1〕 그리스도께서 제자들의 잘못을 바로잡으심. 요셉이 형들에게 자신을 드러냈듯이, 자신을 드러내심으로 그들의 오해를 풀어 주셨다. 나니 두려워하지 말라. 바울에게는 자신의 이름을 말씀하셨으나(나는 예수라) 여기서는 자신의 이름을 말씀하시지 않는다. 바울은 그를 아직 알지 못하는 처지였으나, 제자들은 나니라는 한 마디로 족했다. 막달라 마리아처럼(요 20:16), 그들은 양들로서 그의 음성을 알고 있었던 것이다(요 10:4). 그들은, 주여 뉘시오니이까? 우리를 위하는 자니이까, 아니면 우리를 해치는 자이니까? 라고 물을 필요가 없었다. 그들은, 내 사랑하는 자의 목소리로구나 라고 말할 수 있었다(아 2:8). 참된 신자는 선한 증거를 통해서 그의 음성을 안다. 그들이 보는 것이 누구인지를 쉽게 이해하게만 해 주면 족했다. 주목하라. 바른 지식이, 특히 그리스도에 대한 지식이 참된 위로를 얻는 문을 열어준다.

〔2〕 두려워하지 말 것을 격려하심. 나니, 첫째로, 안심하라, 즉 "용기를 내라, 분발하라." 그리스도의 제자들이 풍랑 속에서 침체된 상태에 있었다면 그것은 그들 자신의 잘못이요, 그는 그들이 용기를 내기를 바라셨을 것이다. 둘째로, 두려워하지 말라. ① "이제 나라는 것을 알았으니 나에 대해 두려워하지 말라. 내가 너희에게 해를 주지 않을 것을 너희가 알고 있으니 이제 두려워할 이유가

없다." 주목하라. 그리스도께서 자신을 나타내신 자들은 그리스도에 대해 두려움을 갖지 않을 것이다. 그를 올바로 깨닫게 되면, 공포가 사라지는 것이다. ② "풍랑이 세차게 불어와 위협하지만 그것을, 바람과 물결을 두려워하지 말라. 내가 너희와 가까이 있으니, 내가 너희를 돌볼 것이요 너희가 물에 빠져 죽는 것을 그냥 가만 보고 있지 않을 것이라." 주목하라. 그리스도와 가까이 있으며 그가 그들의 것임을 아는 자들은 아무것도, 죽음 그 자체라도 두려워할 필요가 없다.

2. 그리스도와 베드로 사이에 일어난 일(28-31절).

(1) 베드로의 용기와 이에 대한 그리스도의 응답.

〔1〕 담대하게도 베드로가 물 위를 걸어 그리스도께 감히 가고자 함. 주여 만일 주님이시거든 나를 명하사 물 위로 오라 하소서(28절). 용기는 베드로에게서 나타나는 특징적인 은혜였다. 그리고 그러한 용기가 그로 하여금 앞으로 나아가 그리스도에 대한 자신의 사랑을 표현하게 만들었다. 물론 다른 제자들도 그를 사랑하였을 것이나, 그가 나서서 그것을 표현한 것이다.

첫째로, 그가 그리스도께로 가기를 사모한 것은 그리스도를 향한 베드로의 애정을 보여준다. 그는 풍랑 중에서 그리스도께서 함께 계셨으면 얼마나 좋을까 하고 수없이 바라다가 막상 그리스도를 보자 그가 함께 오실 때까지 조급하여 기다릴 수가 없었다. 그는, 나를 명하여 물 위로 걸으라 하소서 라고 말하지 않고, 나를 명하사 물 위로 오라 하소서 라고 하였다. 즉 이적 자체를 체험하기를 바란 것이 아니라 그리스도께 속히 가기를 바라서 그렇게 요청한 것이다. "어찌 해서든지, 나를 주께로 가게 하소서." 주목하라. 참된 사랑은, 그리스도께로 오라 부르심을 받을 때에 물불을 가리지 않는 것이다. 그리스도께서 그들을 구원하기 위하여 그들에게로 오고 계셨다. 그런데 베드로는, 주여 나를 명하사 주께로 오라 하소서 라고 한 것이다. 주목하라. 그리스도께서 긍휼하심으로 우리에게 오고 계실 때에, 우리는 의무적으로 그를 만나러 나아가야 한다. 그리고 이를 위하여 그와 함께, 또한 그를 위하여, 기꺼이 위험을 무릅쓸 자세가 되어 있어야 한다. 구주이신 그리스도께로부터 은덕을 입고자 하는 자들은 믿음으로 그에게 나아와야 하는 것이다. 그리스도께서는 한동안 그 자리에 계시지 않았었는데, 여기서 그가 어째서 계시지 않았는지 그 이유가 드러난다. 그것은 곧, 제자들로 하여금 그가 오실 때에 훨씬 더 그를 사모하며 환영하도록 하시기 위함이었다. 주목하라. 잠시 동안 그리스도께서 그의 백성들을 버려 두셨다가 다시 돌아오시면 그들이 그를 지극한 사랑으로 환영하게 된다. 은혜를 입은 영혼들이 오랫동안 구하다가 그 사랑하는 자를 드디어 만나면, 그를 붙잡고 놓지 아니하는 것이다(아 3:4).

둘째로, 그가 그리스도의 허락이 없이는 가려 하지 않은 것은 그리스도의 뜻을 지키고자 하는 베드로의 사려 깊은 마음을 보여준다. "만일 주님이시거든 내가 가오리다"라고 하지 않고, 만일 주님이시거든 나를 명하사 물 위로 오라 하소서 라고 하였다. 아무리 담대한 자라도 위험한 일을 할 때에는 분명한 부르심을 기다려야 하는 법이다. 그러므로 우리는 성급하고 경솔하게 그런 일을 감행해서는 안 된다. 봉사와 고난을 향하여 뜻이 있으나 그리스도의 뜻을 따르지 않고, 그의 부르심과 명령의 제재를 받지 않는다면, 그것은 자발적인 열정이 아니라 제멋대로 행하는 악한 의지인 것이다. 오늘날의 우리로서는 베드로에게 주어진 이러한 비범한 허락을 기대해서는 안 되고, 말씀의 일반적인 법칙에 의지하여야 한다. 하나님의 섭리적인 인도하심에 도움을 받아 말씀의 가르침을 구체적인 경우들에 적용시키는 것이다. 오직 지혜는 성공하기에 유익하니라(전 10:10).

셋째로, 베드로가 그리스도의 허락을 받아 물 위로 들어선 것은 그의 믿음과 결심을 보여준다. 배의 안전함을 벗어나, 그렇게도 무서웠던 물결의 위협을 비웃으며 스스로 죽음의 나락으로 자신을 내어 던졌으니, 이는 그리스도의 권능과 말씀을 강하게 의지하였다는 증거가 아닐 수 없다. 그런 믿음과 그런 열정 앞에서 과연 어떤 어려움이나 위험이 견뎌낼 수 있었겠는가?

〔2〕 그리스도께서는 친절하게 자신을 낮추사 베드로의 청을 들어 주셨다(29절). 그는 베드로의 청을 어리석고 경솔한 것으로, 아니 교만하고 건방진 것으로 정죄하셨을 수도 있다. "베드로가 과연 주님처럼 행하는 체해도 괜찮은가?" 그러나 그리스도께서는 그것이 그에 대한 정직하고도 열정적인 사랑에서 비롯된 것임을 아시고, 그것을 은혜로이 용인하셨다. 주목하라. 비록 갖가지 부족한 것들이 뒤섞여 있다 할지라도, 그리스도께서는 그의 백성들의 사랑의 표현들을 매우 기뻐하시고, 그것들을 최고로 사용하신다.

첫째로, 그는 베드로에게 오라고 명하셨다. 바리새인들의 경우는 표적을 구했다가 혹독한 책망을 받았었다. 그들은 그리스도를 시험할 목적으로 그것을 구했기 때문이다. 그러나 베드로가 표적을 구할 때에는 그리스도께서 허락하셨다. 왜냐하면 그는 그리스도를 신뢰하고자 결심하며 구하였기 때문이다. 복음의 초청이 바로 이것이다: "오라, 그리스도께로 오라. 모든 것을 그의 손에 맡기고, 너희의 영혼을 지키는 일을 그에게 맡기라. 물결치는 바다를 통과하고, 문제 많은 세상을 지나, 예수 그리스도께로 오라."

둘째로, 베드로가 오는 동안 그를 지켜보셨다. 베드로가 물 위로 걸었다. 참된 신자가 그리스도와 함께 나누는 하나된 교제를 가리켜 그리스도와 함께 살리시고 또 함께 일으키사 그리스도 예수 안에서 함께 하늘에 앉히시는 것으로(엡 2:5, 6), 또한 그리스도와 함께 십자가에 못 박히는 것으로 묘사한다(갈 2:20). 그런데 이 이야기에서는 그것을 그리스도와 함께 물 위로 걷는 것으로 묘사하는 것 같다. 그리스도의 힘으로 우리가 세상 위에 있게 되고, 세상을 밟을 수 있게 되며, 그 속으로 빠지거나 그것에 압도되지 않도록 보호하심을 받고, 그리스도의 승리를 믿음으로써(요 16:33) 세상을 이기는 승리를 얻으며(요일 5:4), 또한 그와 더불어 세상에 대하여 십자가에 못 박히는 것이다(갈 6:14). 사도 바울이 예수님과 함께 물 위를 걷는 것을 보라. 그는 위협하는 모든 물결들을 다 이기며 그리스도로 말미암아 넉넉히 이긴다. 아무리 물결이 거세다 해도 그리스도의 사랑에서 끊을 수 없는 것이다(롬 8:35, 37). 그리하여 세상의 바다는 마치 딱딱한 유리 바다와 같이 되며, 그들은 이미 승리를 얻어 그 위에 서서 노래를 부르는 것이다(계 15:2, 3).

그가 물 위를 걸은 것은 자기를 과시하기 위함이 아니라 예수께 가기 위함이었고, 그 점에서 그는 놀랍게 전진하였다. 주목하라. 나의 영혼이 주를 가까이 따르면 그 때에 주의 오른손이 나를 붙드신다. 이것은 다윗이 직접 체험한 사실이다(시 63:8). 특별한 지원이 약속되며, 따라서 그것을 기대해야 한다. 그러나 오직 영적으로 전진하는 중에 그렇게 해야 하는 것이다. 그리스도의 능력에 붙들린 바 되지 않으면 우리가 그에게로 나아갈 수가 없다. 오직 그리스도 자신의 능력 가운데서 우리가 그와 씨름하며 그를 좇는 것이요, 하나님의 능력에 붙들린 바 되어 우리가 푯대를 향하여 달려가는 것이다. 베드로가 물 위로 걸어갈 때에 그랬던 것처럼, 하나님의 능력에 의지해야 한다. 영원하신 팔이 아래에 있으면(신 33:27), 결코 빠질 위험이 없는 것이다.

(2) 베드로가 두려움에 빠졌고, 그리스도께서 그를 책망하시고 구원하심. 그

리스도께서 그를 명하여 오라 하신 것은, 그로 하여금 물 위로 걸어가게 하고 그리하여 그리스도의 능력을 알게 하려 하심이었다. 그러나 동시에 그리스도께서 그렇게 명하신 것은, 그로 하여금 물 속으로 빠져 들어가게 하셔서 그 자신의 연약함을 알게 하려 하심이기도 했다. 그리스도께서는 그의 믿음을 격려하고자 하셨고, 또한 베드로 자신의 자신감을 스스로 점검하게 하고 그것을 부끄러워하도록 하신 것이다. 여기서 관찰하라.

〔1〕 베드로의 큰 두려움. **바람을 보고 무서워 빠져 가는지라**(30절). 아무리 믿음이 강하고 용기가 크다 해도 거기에는 두려움이 섞여 있는 법이다. 주여 내가 믿나이다 라고 말할 수 있는 사람은 또한 주여 나의 믿음 없음을 도와주소서 라고 말할 수밖에 없는 것이다. 오직 온전한 사랑 밖에는 두려움을 내어쫓을 수 있는 것이 없다. 선한 사람들이 자기들이 가장 뛰어나고 또한 시행 중에 있는 은사들을 사용하다가 넘어지는 경우가 많은데, 이는 그들이 아직 푯대에 다 이른 것이 아님을 보여주기 위함이다. 베드로도 처음에는 매우 결연했다. 그러나 후에는 마음이 무너져 내렸다. 시련이 길어지면 믿음이 연약해지는 것을 보게 된다. 여기서 다음을 보라.

첫째로, 이 두려움의 원인. **바람을 보고**. 두 눈으로 그리스도를 똑바로 바라보며, 그의 말씀과 능력에 전적으로 의지하는 동안에는 베드로가 물 위로 걸어가고도 남았다. 그러나 자기가 얼마나 끔찍한 위험 속에 있는가를 지각하고, 큰 물이 그 물결을 높이는 것(시 93:3)을 보자, 두려움이 생긴 것이다. 주목하라. 제멋대로 생기는 우리의 모든 두려움의 밑바닥에는 믿음의 눈으로 주의 명령과 약속을 바라보는 것보다 더 감각의 눈으로 난관을 바라보는 것이 — 공적인 것에 대한 두려움이든 사적인 것에 대한 두려움이든 — 제멋대로 일어나는 우리의 모든 두려움의 밑바닥에 자리잡고 있다. 아브라함의 믿음이 강했던 것은 자기의 몸을 돌아보지 않았기 때문이다(롬 4:19). 그는 도저히 가망이 없을 것 같은 실망스러운 사정을 개의치 않고, 오직 하나님의 능력에 시선을 집중시켰고, 그리하여 바랄 수 없는 중에 바라고 믿은 것이다(롬 4:18). 베드로는 바람을 보았을 때에, 과거에 그가 본 대로 바람과 바다가 그리스도께 복종한 사실을 기억했어야 마땅했다(8:27). 그러나 우리를 지은 자 여호와를 잊어버리기 때문에, 계속해서 날마다 두려워하는 것이다(사 51:12, 13).

둘째로, 이 두려움의 효과. **빠져 가는지라**. 믿음이 지속되는 동안에는 그가 계속해서 물 위로 걸었다. 그러나 믿음이 휘청거리자 **빠져** 들어갔다. 주목하라. 우리의 심령이 침체되는 것은 우리 믿음의 연약함 때문이다. 우리가 믿음으로 말미암아 지탱되는 것이요(벧전 1:5), 따라서 우리의 영혼이 낙심하며 불안해할 때에 주권적인 치유책은 바로 하나님께 소망을 두는 것이다(시 43:5). 베드로는 어부로 자라온 사람이었으므로 수영을 잘할 줄 알았을 것이다(요 21:7). 그러므로 어쩌면 스스로 바다에 들어갈 때에 부분적으로는 자신의 수영 실력을 믿었을지도 모른다. 물 위로 걷지 못하면 수영을 하면 될 것이라고 생각한 것이다. 그러나 그리스도께서는 그가 빠지도록 하심으로써, 베드로로 하여금 자기 자신의 기술이 아니라 그리스도의 오른손과 그의 거룩한 팔이 그의 안전을 지켜 주는 것임을 깨닫게 하신 것이다. 그리고 그리스도께서는 그에게 큰 긍휼을 베푸사, 그의 믿음이 무너질 때에 그로 하여금 곧바로 돌처럼 깊음 속에 가라앉게(출 15:5) 하시지 않고, 그에게 주여 나를 구원하소서 라고 소리 지를 수 있는 시간적 여유를 주셨다. 참된 신자들을 향한 그리스도의 돌보심은 바로 그런 것이다. 후에 지옥에 있을 자가 아니면 결코 완전히 빠져서 망하지 않는 법이다. 믿는 동안에는 베드로가 물 위로 걸었다. 그에게나 다른 이들에게나, 네 믿음대로 될지니라라는 법칙이 정확히 적용되는 것이다.

셋째로, 이런 곤란한 상황에서 의지할 치유책. 이는 시험을 통해 입증된 오래된 치유책으로서 바로 기도가 그것이다. 그는 주여 나를 구원하소서 라고 소리를 질렀다. 관찰하라. ① 그의 기도의 자세. 그것은 열렬하면서도 끈질긴 기도였다. 소리 질러 이르되. 주목하라. 믿음이 약할 때에는 기도가 강해야 한다. 우리 주 예수께서는 두려움이 있을 때에 심한 통곡과 눈물로 간구와 소원을 올릴 것을 가르치셨다(히 5:7). 위험을 지각하게 되면 소리를 지르게 된다. 우리의 의무와 또한 하나님을 의지한다는 의식이 우리로 하여금 그에게 소리를 지르게 만드는 것이다. ② 그가 기도한 내용은 적절하고도 목적이 뚜렷한 것이었다. 소리 질러 이르되 주여 나를 구원하소서. 그리스도는 위대한 구주시며, 구원하러 오신 분이시다. 구원받고자 하는 자는 그에게 나아올 뿐 아니라 그에게 소리 질러 구원하시기를 구해야 한다. 그러나 우리 자신이 빠져 가는 것을 깨닫기 전에는 절대로 이렇게 구하게 되지를 않는다. 절박성에 대한 지각이 있어야 우리가 그에게로 나아가게 되는 것이다.

〔2〕 이런 절박한 상황에서 그리스도께서 베드로에게 베푸신 큰 호의. 처음

시도할 때에 베드로의 믿음에 주제넘는 경솔함이 섞여 있었고, 또한 물 속에 빠져 갈 때에는 그의 믿음에 불신앙이 섞여 있었지만, 그리스도께서는 그를 내치지 않으셨다. 오히려,

첫째로, 그는 베드로를 구원하셨다. 그의 오른손의 구원하는 힘으로 그에게 응답하셨다(시 20:6). 즉시 손을 내밀어 그를 붙잡으신 것이다. 주목하라. 그리스도께서 구원하시는 때는 바로 우리가 빠져 가는 때다(시 18:4-7). 그는 절박한 상황에서 도움을 주신다. 그리스도께서 모든 신자들에게 손을 내밀어 그들이 빠지지 않도록 지키시는 것이다. 그는 한 번 자기의 소유로 인정하시고, 불에 그슬린 나무의 불을 끄듯이 구원하신 자들은 반드시 물에서도 붙잡으신다. 그가 손을 놓으신 것처럼 보이더라도 겉보기에만 그렇다. 그들은 영원히 멸망하지 아니할 것이요 그들을 그의 손에서 빼앗을 자가 없는 것이다(요 10:28). 그가 자기의 소유된 자들을 붙잡으시니, 절대로 두려워할 필요가 없다. 우리가 우리 자신의 두려움에 압도되어도 구원받는 것은 바로 그의 능력과 은혜의 손길 덕분인 것이다(시 34:4).

둘째로, 그를 책망하셨다. 그는 자신이 사랑하시고 구원하시는 자마다 책망하시고 채찍질하신다. 믿음이 작은 자여 왜 의심하였느냐? 주목하라. ① 참된 믿음이면서도 연약할 수 있다. 처음에는 그 믿음이 겨자씨처럼 작다. 베드로는 물 속에 몸을 던질 만큼의 믿음이 있었으나, 그를 끝까지 지탱시킬 만큼은 되지 못하였으므로, 그리스도께서 그에게 믿음이 작은 자라 하신 것이다. ② 실망스러운 의심과 두려움이 우리에게 있는 것은 모두가 우리 믿음의 연약함 때문이다. 우리의 믿음이 작기 때문에 우리가 의심하는 것이다. 믿음이 하는 일은 풍랑이 일 때에 감각으로 다가오는 의심을 해소하여 그런 때에도 머리를 물 위로 내밀게 하는 것이다. 좀 더 믿기만 해도, 의심이 덜할 것이다. ③ 우리 믿음이 연약하여 의심이 지배하는 것을 우리 주 예수께서 결코 기뻐하지 않으신다. 물론, 그가 연약한 신자들을 내치시는 것은 아니다. 그러나 그가 연약한 믿음은, 그와 가장 가까이 있는 자들의 연약한 믿음은 더더욱 기뻐하지 않으신다는 것도 사실이다. 왜 의심하였느냐? 의심의 이유가 어디 있었느냐? 주목하라. 의심의 원인을 철저하게 따지고 늘어가면 우리의 의심과 두려움이 곧 사라신다. 모든 사실을 따지고 보면, 그리스도의 제자들이 의심을 해야 할 정당한 이유가 하나도 없기 때문이다. 아니, 풍랑이 일 때에도 의심할 이유가 하나도 없

다. 그가 옆에서 도울 준비를 갖추고 계시기 때문이다.

VI. 바람이 그침(32절). 그리스도께서 배에 오르시자, 곧바로 순조롭게 해변에 이르렀다. 그리스도께서는 바다 위로 걸어서 배에까지 오셨고, 계속해서 걸어서 해변까지 가실 수 있었는데도 배에 오르셨다. 그가 일상적인 수단을 취하실 때에는, 이적을 기대해서는 안 되는 것이다. 그리스도께서는 아무런 도구가 없이도 얼마든지 자신의 일을 행할 수 있으셨으나, 그는 도구들을 사용하기를 기뻐하셨다. 관찰하라. 그리스도께서 배에 오르실 때에, 베드로도 그와 함께 배에 올랐다. 환난 중에 그리스도의 참음에 동참하는 자들은 그의 나라에서도 그와 더불어 있을 것이다(계 1:9). 그와 함께 행하는 자는 그와 함께 다스릴 것이요, 그와 함께 고난을 당하는 자는 그와 함께 승리를 거둘 것이다.

배에 함께 오르매 바람이 그치는지라. 바람이 그 괴로움을 주는 역할을 다 했기 때문이다. 바람을 그 장중에 모으고, 물을 옷에 싼 자는 바로 하늘에 올라갔다가 내려온 자와 동일한 분이시요(잠 30:4), 심지어 광풍까지도 그의 말씀을 따르는 것이다(시 148:8). 그리스도께서 심령 속에 들어오실 때에, 심령의 바람과 광풍을 잠잠케 하시고 평화를 명하신다. 그리스도를 맞아들이라. 그러면 곧바로 물결의 흔들림이 진정될 것이다(시 65:7). 고요함을 얻는 길은 그가 하나님이시요, 우리와 함께 계신 주님이심을 아는 것이다.

VII. 이 일에 대하여 그리스도께 드린 찬양의 고백. 배에 있는 사람들이 예수께 절하며 이르되 진실로 하나님의 아들이로소이다 하더라(33절). 이 괴로움과 이 구원을 통해서 그들은 두 가지 유익을 얻었다.

1. 이는 그리스도를 믿는 그들의 믿음의 확증이었다. 그들은 이 일을 통하여 그에게 신성의 충만함이 거한다는 것을 풍성하게 납득하게 되었다. 세상을 창조하신 자 외에는 그 누구도 떡이 늘어나게 할 수 없으며, 세상을 주관하는 자 외에는 그 누구도 바닷물 위로 걸을 수가 없는 것이다. 그러므로 그들은 드러나는 증거에 굴복하여 그들의 믿음을 고백하기에 이른 것이다: 진실로 하나님의 아들이로소이다. 그들은 그가 하나님의 아들이심을 전에도 알고 있었다. 그러나 이제 그것을 더 잘 알게 된 것이다. 믿음은 불신앙과의 갈등을 겪은 후에 더 적극적이 되기도 하며, 그것이 발휘됨으로써 더 큰 힘을 갖게 되는 것이다. 이제 그들은 그가 하나님의 아들이심이 과연 진실임을 안 것이다. 주목하라. 이미 알고 있는 바를 계속해서 더 확실하게 아는 것이(눅 1:4) 우리에게 좋은 것이

다. 충만한 확신에 도달하여, 분명히 바라보며 진실로 라고 말할 때에 믿음이 자라는 것이다.

2. 그들은 이 모든 것을 보고 그에게 그의 이름에 합당한 영광을 돌려 드렸다. 그들은 그 위대한 진리를 소유했을 뿐 아니라 그것에 적절한 감동을 받았다. 예수께 절하며. 주목하라. 그리스도께서 그의 영광을 우리에게 드러내실 때에, 우리는 그것을 그에게로 돌려드려야 마땅하다. 내가 너를 건지리니 네가 나를 영화롭게 하리로다(시 50:15). 그리스도를 향한 그들의 경배와 앙모가 이렇게 표현되었다: 진실로 하나님의 아들이로소이다. 주목하라. 우리가 신조로 고백하는 문제는 반드시 찬양의 문제가 되어야 한다. 믿음은 예배의 적절한 원리요, 예배는 믿음의 순전한 산물인 것이다. 하나님께 나아가는 자는 반드시 하나님을 믿어야 하고, 하나님을 믿는 자는 반드시 그에게 나아가는 법이다(히 11:6).

³⁴그들이 건너가 게네사렛 땅에 이르니 ³⁵그 곳 사람들이 예수이신 줄을 알고 그 근방에 두루 통지하여 모든 병든 자를 예수께 데리고 와서 ³⁶다만 예수의 옷자락에라도 손을 대게 하시기를 간구하니 손을 대는 자는 다 나음을 얻으니라

여기에는 갈릴리 바다 건너편 게네사렛 땅에서 그리스도께서 행하신 대대적인 이적에 관한 기사가 기록되어 있다. 그리스도께서는 가시는 곳마다 선을 행하셨다. 게네사렛은 벳새다와 가버나움 사이에 위치한 곳으로, 게네사렛 호수라 불리는(눅 5:1) 이 바다의 이름에서 따온 것이거나, 아니면 그 바다가 이 곳의 이름을 딴 것일 것이다. 이는 가지들의 골짜기(the valley of branches)라는 뜻이다. 여기서 다음을 관찰하라.

I. 그 곳 사람들의 적극적인 자세와 믿음. 이들은 같은 호수의 연안에 있는 인근 지역인 거라사 사람들보다 훨씬 더 고상하였다. 그들은 그리스도께 떠나시기를 구하였고 그를 배척했었으나, 이들은 자기들을 도와주시기를 간구하였고, 그를 필요로 하였다. 그리스도께서는 그의 도움을 구하는 것을 우리가 할 수 있는 최고의 존귀로 여기시는 것이다. 여기서 다음과 같은 사실을 보게 된다.

1. 그 곳 사람들이 그리스도께 나아옴. 그들은 그가 예수이신 줄을 알았다. 아마도 배에 타고 있던 사람들이 그가 이적적으로 물 위를 걸어 오신 사실을 열

심히 퍼뜨려서, 그가 이 지역에서 그렇게 환영을 받게 되는 데 한 몫을 한 것으로 보인다. 어쩌면 그리스도께서 그 점도 염두에 두셨는지도 모른다. 그 지역 사람들은 그리스도께서 행하신 그 이적과 기타 다른 이적들에 대해서 알고서 그에게 몰려든 것이다. 주목하라. 그리스도의 이름을 아는 자들은 그에게로 나아오게 된다. 그리스도를 더 잘 알게 되면, 결코 그를 소홀히 대하지 않는다. 그를 아는 만큼 그를 신뢰하게 되는 것이다.

그들은 그에 대해서 알았다. 즉 그가 그들 가운데 한동안 계시리라는 것을 알았다. 주목하라. 우리에게 기회가 주어지는 날을 분별하는 것이 그 기회를 선용하게 되는 첫 걸음이다. 세상이 정죄 아래 있은 것은, 그리스도께서 세상에 계셨으되 세상이 그를 알지 못하였기 때문이다(요 1:10). 예루살렘도 그를 알지 못했다(눅 19:42). 그러나 그가 그들 가운데 계실 때에 그를 알아보는 자들이 있었다. 과거에 선지자가 있었다는 것을 아는 것보다는, 지금 우리 가운데에 선지자가 있음을 아는 것이 더 나은 일이다(겔 2:5).

2. 그들이 다른 사람들을 그리스도께 데리고 옴. 그리스도께서 오셨다는 소식을 이웃들에게 널리 알려서 다 모이게 하였다: 그 근방에 두루 통지하여. 주목하라. 스스로 그리스도를 아는 지식을 얻은 자들은 힘을 다하여 다른 사람들을 그에게 데려와 그를 알도록 하여야 한다. 우리 혼자서 이 영적인 양식을 먹으려 해서는 안 된다. 그리스도 안에는 우리 모두에게 풍족하고도 남는 것이 있다. 그러므로 우리 홀로 독점할 것이 하나도 없다. 우리의 영혼에게 유익을 얻을 기회가 있을 때면, 할 수 있는 대로 많은 이들에게 전하여 우리와 함께 유익을 얻게 해야 하는 것이다. 나아가 사람들을 초청하기만 해도, 우리가 생각하는 것보다 더 많은 이들이 기회를 얻게 될 것이다. 그들은 그 근방에 두루 통지하였다. 그들 모두가 동족이요 따라서 그들이 함께 유익을 얻기를 간절히 바랐던 것이다. 주목하라. 동족에 대한 우리의 사랑을 드러내 보이는 것으로 그리스도를 아는 지식을 전파하는 것보다 나은 것이 없다. 우리는 최소한 모범을 보여서라도 우리와 가까이 있는 자들을 그리스도께 가까이 나아가도록 하기에 최선을 다해야 하는 것이다.

3. 그들이 그리스도에 대해 가진 주된 관심은, 그의 말씀을 듣는 것이 아니라 병든 자들을 낫게 하는 데 있었음. 모든 병든 자를 예수께 데리고 와서. 그리스도와 그의 가르침에 대한 사랑이 없어서 그에게로 나아오려 하지 않는다면, 그

들 자신에 대한 사랑으로라도 그에게로 나아올 것이다. 우리 자신의 일들을, 우리의 평화와 복지에 관한 일들을 올바로 추구하기만 해도, 그리스도의 일들을 구하게 될 것이다. 그에게서 은혜와 의를 얻음으로써 그를 존귀하게 하고 그를 기쁘시게 해야 할 것이다. 주목하라. 그리스도야말로 병든 자를 데려갈 합당한 분이시다. 의사이신 그분에게로, 치료하는 광선을 비추시는 공의로운 해에게로(말 4:2) 가지 않으면 대체 누구에게로 간단 말인가?

4. 그들이 그리스도를 신뢰하여 그에게 병 낫기를 구함. 다만 예수의 옷자락에라도 손을 대게 하시기를 간구하니(36절). (1) 그들은 매우 끈질기게 구하였다. 하나님께서 그의 목사들을 통하여 고침을 받을 것을 명하실 때에, 고침을 받기를 구하는 것은 지극히 합당한 일이다. 주목하라. 그리스도께 가장 큰 호의와 축복을 받는 길은 간구를 통하는 것이다. 구하라 그리하면 너희에게 주실 것이요. (2) 그들은 큰 겸손으로 구하였다. 그들은 자기들의 비천함을 지각하고 그에게 나아와 겸손하게 도움을 청하였다. 그들이 그의 옷자락에라도 손을 대게 해 주시기를 구하였다는 것은, 그들이 자기들이 그리스도께서 그들을 특별히 주목해 주시는 것조차도 감당할 수 없는 존재들임을 인식하고 있었다는 것을 시사해 준다. 그러니 그들로서는 구태여 그들의 처지를 위하여 특별한 말씀을 하시지 않아도 그저 옷자락을 만지게만 해 주어도 그것을 크나큰 호의로 여기겠다는 것이었다. 동방의 사람들은 왕의 옷자락에 입을 맞춤으로써 그들에 대해 경의를 표하였다. (3) 그의 능력의 충족함을 확신하였다. 그들은 그의 옷자락에 손을 대기만 해도 반드시 나을 것임을, 그와 조금이라도 접촉하게 되면 그로부터 풍성한 역사를 얻으리라는 것을 의심하지 않았다. 그들은 나아만 장군과는 달리(왕하 5:11), 그리스도께서 병든 자들의 환부에 손을 얹는 따위의 형식적인 행위를 해 줄 것을 기대하지도 않았다. 그에게 치료의 능력이 충만히 넘치므로 그와 가까이 있게만 되어도 반드시 병이 나을 것임을 확신하고 있었던 것이다. 혈루증으로 앓던 여자가 예수의 겉옷 가를 만짐으로 나음을 입었고 그리하여 그녀의 믿음이 칭찬받은 일은 이 근방에서 이루어진 일이었다(9:20-22). 어쩌면 그런 전례 때문에 이렇게 간구하게 되었을지도 모른다. 주목하라. 다른 사람이 그리스도를 따르며 얻은 체험들이 우리로 하여금 그리스도를 따르도록 이끌고 격려하는 데 도움이 될 수도 있다. 우리 이전의 다른 사람들이 사용한 수단과 방법들이 우리에게도 잘 적용되는 것이다.

Ⅱ. 그리스도를 신뢰함으로써 나타난 결과와 성공. 야곱의 자손들이 그리스도를 헛되이 구한 것이 아니었다. 손을 대는 자는 다 나음을 얻었으니 말이다. 주목하라.

1. 그리스도의 치유는 완전한 치유다. 그에게서 병 고침을 받는 자들은 완전하게 고침받는다. 그는 그의 일을 절반쯤만 하고 그만두시는 법이 없다. 영적인 치유가 처음에는 완성되지 않지만, 착한 일을 시작하신 이가 반드시 그 일을 이루실 것이다(빌 1:6).

2. 그리스도게 풍성한 치유의 능력이 있으므로 그를 신뢰하고 그에게 구하는 자들은 모두 나음을 받는다. 그의 머리에 부어진 보배로운 기름이 그의 옷깃까지 내린다(시 133:2). 그리스도의 옷자락 같은 가장 하찮은 부분이라도 그의 은혜가 충만히 흘러 넘치므로, 그가 끝까지 구원하실 수 있는 것이다.

3. 그리스도 안에 있는 치유의 능력이, 참되고 살아 있는 믿음으로 그에게 접촉하는 자들의 유익을 위해서 발휘된다. 그리스도는 하늘에 계시지만 그의 말씀이 우리와 가까이 있고, 그 자신이 그 말씀 속에 계신다. 믿음을 그 말씀과 뒤섞어 그것을 우리 자신에게 바르고, 그것을 의지하며, 그 능력과 명령에 복종하면, 그것이야말로 그리스도의 옷자락을 만지는 것과 같다. 그렇게 만지기만 하면, 우리가 온전하게 된다. 그렇게 손쉬운 조건으로 영적인 치유가 베풀어지므로, 과연 그가 값없이 치유하신다고 진정으로 말할 수 있는 것이다. 그러므로 우리 영혼이 상처를 입고 그냥 죽는다면, 그것은 우리의 의사이신 그분 탓이 아니요, 그에게 기술이나 뜻이 없어서가 아니요, 순전히 우리 자신의 탓인 것이다. 그가 우리를 낫게 하실 수 있었고, 그가 우리를 낫게 하실 뜻도 가지셨으나, 우리가 나음을 얻으려 하지 않은 것이며, 따라서 우리의 피가 우리 머리 위에 있을 수밖에 없는 것이다.

제
— 15 —
장

개요

본 장에서는 우리 주 예수님이 가르치시는 위대한 선지자로, 치료하시는 위대한 의사로, 양들을 먹이시는 위대한 목자로, 심령들을 교훈하시는 아버지로, 사탄을 물리치시는 정복자로 제시되며, 또한 그 백성들의 육체를 돌아보사 그 필요를 공급하시는 분으로 제시된다. 그 내용을 구분하면 다음과 같다. I. 인간의 전통과 교훈에 관하여 서기관들과 바리새인들에게 말씀하심(1-9절). II. 사람을 더럽게 하는 것들에 관하여 무리에게와 제자들에게 강론하심(10-20절). III. 가나안 여자의 딸에게서 귀신을 내어쫓으심(21-28절). IV. 그에게 나아오는 모든 자들의 병을 고치심(29-31절). V. 떡 일곱 개와 작은 생선 두어 마리로 사천 명을 먹이심(32-39절).

[1]그 때에 바리새인과 서기관들이 예루살렘으로부터 예수께 나아와 이르되 [2]당신의 제자들이 어찌하여 장로들의 전통을 범하나이까 떡 먹을 때에 손을 씻지 아니하나이다 [3]대답하여 이르시되 너희는 어찌하여 너희의 전통으로 하나님의 계명을 범하느냐 [4]하나님이 이르셨으되 네 부모를 공경하라 하시고 아버지나 어머니를 비방하는 자는 반드시 죽임을 당하리라 하셨거늘 [5]너희는 이르되 누구든지 아버지에게나 어머니에게 말하기를 내가 드려 유익하게 할 것이 하나님께 드림이 되었다고 하기만 하면 [6]그 부모를 공경할 것이 없다 하여 너희의 전통으로 하나님의 말씀을 폐하는도다 [7]외식하는 자들아 이사야가 너희에 관하여 잘 예언하였도다 일렀으되 [8]이 백성이 입술로는 나를 공경하되 마음은 내게서 멀도다 [9]사람의 계명으로 교훈을 삼아 가르치니 나를 헛되이 경배하는도다 하였느니라 하시고

악한 행위가 선한 법을 낳는다고들 말한다. 유대인 교사들이 자기들의 전통과 위계질서를 지지하기 위하여 무절제하게 감정을 터뜨리곤 했고, 이 때마다 우리 구주께서는 갖가지 탁월한 강론들로 진리를 확고히 세우셨는데, 여기서도 이를 볼 수 있다.

I. 그리스도의 제자들이 떡 먹을 때에 손을 씻지 아니하는 것에 대해 서기관들과 바리새인들이 비방하였다. 서기관들과 바리새인들은 유대인 교회의 지도자들로서, 경건을 이익의 재료로 삼는 자들이요, 그리스도의 복음의 큰 원수들이었다. 이들은 실제로는 사람의 양심을 짓누르고자 하는 의도 외에는 아무 것도 없으면서도 스스로 모세의 율법을 위하여 열정이 있는 체함으로써 그리스도에 대한 자기들의 반감을 위장하였다. 이들은 학식이 많은 자들이요 이익을 추구하는 데 능한 자들이었다. 여기 소개되는 이 서기관과 바리새인들은 그 거룩한 성 예루살렘에 속한 자들이었다. 그러므로 다른 이들보다 나았어야 했다. 그러나 이들은 오히려 더 나빴다. 주목하라. 외형적인 특권들은, 정당하게 사용되지 않으면, 대개 사람들을 우쭐하게 하여 교만과 악의를 갖게 만드는 법이다. 예루살렘은 순전한 샘이었어야 마땅했으나, 이제 독이 가득한 샘이 되어 버린 것이다. 신실하던 성읍이 어찌하여 창기가 되었는고!(사 1:21).

이 큰 지도자들이 비난하는 자들이 되었다면, 과연 그들의 비난거리는 무엇인가? 그리스도의 제자들에 대해서 구체적으로 무엇을 비방하였는가? 그들이 비난한 것은 자기들의 교회의 규범에 복종하지 않는다는 것이었다. 당신의 제자들이 어찌하여 장로들의 전통을 범하나이까?(2절). 제자들의 구체적인 행위로 보면 그들의 이러한 비난은 정당한 것이었다 하겠다. 떡 먹을 때에 손을 씻지 아니하나이다. 이는 매우 그릇된 처신이 아닐 수 없었다. 그런 행위가 지극히 비난받을 만한 행위였음에도 불구하고 그렇게 행했다는 것은 그리스도의 제자들의 행위에 고의성이 없었음을 보여준다. 여기서 관찰하라.

1. 장로들의 전통은 무엇이었는가? 손을 자주 씻어야 하고, 특히 음식을 먹을 때에는 항상 손을 씻어야 한다는 것이었다. 그들은 이것에 굉장한 종교적인 의미를 부여했다. 곧, 씻지 않은 손으로 음식을 만지면 그것으로 사람이 더럽혀진다는 것이었다. 바리새인들은 스스로 이를 실천했고 다른 사람들에게도 굉장히 철저하게 이를 요구하였다. 이는 시민적인 형벌을 받는 문제는 아니고 양심의 문제이지만, 이를 범하면 하나님 앞에서 죄를 짓는 것이 된다고 보았던 것이다. 랍비 요세스(Rabbi Joses)는 "씻지 않은 손으로 음식을 먹는 것은 간음과 같은 중죄다" 라고 가르쳤다. 그리고 랍비 아키바(Rabbi Akiba)는 옥에 갇혀 있을 때에 손을 씻고 음식과 함께 마시도록 물을 받았으나 실수로 물을 대부분 쏟아버리자, 남은 물을 마시지 않고 그것으로 손을 씻으면서 말하기를,

장로들의 전통을 지키지 못하느니 차라리 죽는 것이 낫다고 하였다. 그들은 식사 전에 손을 씻지 않고는 절대로 음식을 먹지 않았다. 그들이 이처럼 사소한 문제에 그렇게 열정을 기울이는 것은 전혀 이상스런 일이 아니다. 교회를 짓누르는 자들도 그들 자신이 만들어낸 것을 실천하기를 좋아하는 것은 물론 그것들을 철저히 지키게 만들려고 열정적으로 힘을 쏟는 것을 보는 것이다.

2. 제자들이 이 전통 혹은 교훈을 범한 것이 무엇이었는가? 그들은 떡을 먹을 때에 손을 씻지 않았던 것 같다. 바리새인들에게는 이것이 더욱 거슬렸다. 왜냐하면 그들은 다른 일에 있어서는 철저하고 양심적이었기 때문이다. 그 관습은 순전한 것이었고 시민적으로 지켜질 때에는 예의를 갖추는 것이었다. 그리스도께서 참석하신 혼인 잔치에 손을 정결케 씻기 위한 물이 있었던 것을 보게 된다(요 2:6). 물론 그리스도께서 그 물을 포도주로 만드셔서 더 이상 그 물을 그 본래의 목적에 맞게 사용하지 못하도록 하셨지만 말이다. 그런데 그 관습이 하나의 종교적인 의례와 의식으로 의무적으로 시행되게 되자, 제자들은 비록 지식이 미약했으나 그것을 따르지 말아야 한다는 것을 잘 배웠으므로 그것을 행하지 않았고, 서기관들과 바리새인들이 그들을 주시할 때에도 그 의식을 시행하지 않은 것이다. 그들은 이미 다음과 같은 사도 바울의 교훈을 터득하고 있었던 것이다. 모든 것이 내게 가하다. 물론 식사 전에 씻는 것은 합당한 일이다. 그러나 내가 무엇에든지, 특히 내 영혼에게 엎드리라 우리가 넘어가리라라고 말하는 자들에게는 더욱더, 얽매이지 아니하리라(고전 6:12).

3. 서기관과 바리새인들이 그들에게 비난한 것은 무엇이었는가? 그들은 그리스도와 그 일에 대해 언쟁을 벌였다. 그리스도께서 제자들에게 그렇게 하도록 했다고 생각한 것이다. 물론 그리스도께서는 스스로 모범을 보이사 그렇게 하셨다. "당신의 제자들이 어찌하여 교회의 규범을 범하나이까? 어찌하여 당신은 그들이 그렇게 하도록 내버려두나이까?" 그들이 그리스도께 항의한 것은 잘한 일이다. 왜냐하면 제자들도 물론 자기들의 의무를 잘 알고 있었으나, 그들로서는 그렇게 하는 이유를 제대로 제시하지 못했을 것이기 때문이다.

II. 이런 비난에 대한 그리스도의 답변. 그리스도께서는 제자들의 행위의 정당성을 제시하셨다. 수복하라. 그리스도께서 우리를 자유케 하신 문제에서 그를 붙잡고 자유를 누리면, 그가 우리를 위하여 반드시 증거하실 것이다.

그리스도께서는 두 가지로 답변하신다.

1. 맞받아 질문하심으로(3-6절). 그들은 제자들의 눈에서 티를 보고 그것을 책잡았으나, 그리스도께서는 그들의 눈에 들보가 있음을 보여주신다. 그러나 그가 그들에게 하신 것은 그저 맞받아 비난하는 것이 아니다. 이것이 우리를 책하는 자들을 우리가 정죄해도 괜찮다는 것을 보증해 주는 것이 아니기 때문이다. 이는 그들의 전통을(그리고 그들이 근거하여 비난하는 바 그 전통의 권위를) 따르지 않는 것이 정당한 동시에 그것을 반대하는 것이 의무임을 보여주는 것이다. 신적인 권위와 동등하게 세워진 인간의 권위는 절대로 복종해서는 안 되는 것이다.

(1) 일반적인 반론. 너희는 어찌하여 너희의 전통으로 하나님의 계명을 범하느냐? 그들은 그것을 장로들의 전통이라 부르면서, 그것이 오래 전부터 내려왔으므로 권위가 있다는 점을 강조하였다. 로마 교회도 마찬가지로 교부들과 공의회들에 권위를 부여했다. 그러나 그리스도께서는 그것을 너희의 전통이라 부르신다. 주목하라. 처음 전통을 만들어 사람들에게 부여한 자들은 물론 그것들을 뒷받침하고 지지하며 지켜온 자들도 그 불법적인 행위에 대해 정죄를 면치 못할 것이다(미 6:16). 너희는 어찌하여 하나님의 계명을 범하느냐? 주목하라. 자기들 스스로 만들어낸 전통을 지키는 데에 지극히 열정적인 자들은 대개 하나님의 계명을 지키는 데에는 지극히 소홀한 법이다. 그렇기 때문에 그리스도의 제자들은 그런 일에 대해서 조심스레 경계해야 하는 것이다. 처음에는 그저 그리스도인들의 자유를 조금 침해하는 정도에 지나지 않는 것 같으나 결국 그리스도의 권위를 대적하게 되기 때문이다. 음식을 먹기 전에 손을 씻으라는 이 명령에서는 바리새인들이 그리스도의 어떤 계명을 침해한 것이 없었으나, 다른 경우들에서 그들이 그리스도의 계명을 침해하였기 때문에 그리스도께서는 제자들이 바리새인들의 계명을 지키지 않는 것을 정당화하시는 것이다.

(2) 이 반론의 정당성을 구체적인 사례를 통하여 입증하심. 그는 제오계명을 범하는 것을 실례로 제시하신다.

〔1〕 하나님의 계명이 무엇이며(4절), 그 명하는 바가 무엇이며, 그 제재하는 바가 무엇인지를 살펴보자.

그 계명은 네 부모를 공경하라는 것이다. 이는 인류의 공통적인 아버지께서 명하시는 것이요, 또한 섭리로 말미암아 우리의 존재를 위하여 도구가 된 자들을 공경함으로써 우리의 존재의 참 주인이시요 또한 그들로 말미암아 그의 이

미지를 우리에게 베푸신 그분을 공경할 것을 명하는 것이다. 부모에 대한 자녀들의 의무 전체가 그들을 공경하는 것 속에 포함되어 있다. 그들을 공경하는 것이야말로 나머지 모든 의무들의 근원이요 원천인 것이다. 내가 아버지일진대 나를 공경함이 어디 있느냐?(말 1:6). 우리 주님은 여기서 부모를 공경한다는 것은 곧 자녀들이 부모의 생활을 지탱시키며, 그들의 필요를 채워주며, 모든 면에서 그들을 위로할 의무를 의미한다는 것을 말씀하시는 것이다. 과부를 존대하라는 말씀은 곧 그들의 생활을 지탱시켜 주라는 뜻이다(딤전 5:3).

제오계명은 이를 지키는 자들이 장수할 것을 약속한다. 그러나 이것이 그저 칭찬받을 만하고 유익한 일일 뿐 그 이상 아무것도 아니라는 식으로 생각하지 못하도록, 우리 주님은 다른 성경을 인용하여 이 계명을 어길 때에 주어질 형벌을 강조하심으로써 이 의무가 반드시 이행되어야 할 고귀한 의무임을 말씀하신다. 아버지나 어머니를 비방하는 자는 반드시 죽임을 당하리라. 이 법은 출 21:17에 나타난다. 부모를 비방하는 죄가 부모를 공경하는 의무에 반하는 것으로 제시되는 것이다. 곧, 부모를 비방하거나, 부모가 잘못되기를 바라는 자나, 그들을 조롱하거나 그들에게 욕하는 자는 네 부모를 공경하라는 이 계명을 어기는 것이다. 형제를 향하여 라가라 하는 것이 큰 형벌을 받아 마땅한 일이라면, 아버지를 그렇게 부르는 것은 과연 어떻겠는가? 우리 주님이 적용하시는 것에 근거하면, 부모를 섬기고 그들의 필요를 공급하는 일을 부인하는 행위가 그들을 비방하는 행위에 포함되는 것이다. 말을 공손하게 하고 비난이나 욕을 하지 않더라도, 행위가 말과 일치하지 않는다면 무슨 소용이 있겠는가? 이는 가겠나이다 하고 가지 아니한 사람과 같은 것이다(21:29).

〔2〕 장로들의 전통이 이 계명을 어떻게 거슬렀는지를 살펴보자. 장로들의 전통은 직접적이거나 노골적이지 않고, 암시적이었다. 제오계명의 의무를 손쉽게 회피할 수 있는 규정들을 제시한 것이다(5, 6절). 하나님께서는 이렇게 말씀하셨거늘 너희는 저렇게 말하는도다. 주목하라. 사람들의 말은, 심지어 위대한 사람이나 학식 있는 사람이나 권위 있는 사람의 말도, 하나님께서 하시는 말씀으로 점검해야 하며, 그리하여 모순이 있거나 일치하지 않으면, 반드시 거부해야 한다(행 4:19). 관찰하라.

첫째로, 그들의 전통은 어떤 것이었는가? 그것은 곧, 사람은 어떠한 경우에도 제사장들에게 주어 성전의 봉사를 위해 드리는 것보다 더 나은 것을 다른 사람들에게 베풀 수가 없으며, 따라서 어떤 것을 성전 봉사를 위해 드렸으면, 그것을 다른 데로 양도하는 것이 불법이 되는 것은 물론, 다른 의무들은 — 아무리 정당하고 신성한 것이라도 — 이로 인하여 면제되며, 따라서 사람이 그런 의무에서 벗어나게 된다는 것이었다. 이는 부분적으로는 의식을 철저히 준수하는 그들의 자세와 성전에 대해 갖고 있는 미신적인 사고에서 비롯되었고, 또한 부분적으로는 돈을 사랑하는 탐욕에서 비롯되었다. 성전에 드려진 것에 대해서는 그들이 이득을 누렸기 때문이다. 이러한 그들의 전통의 밑바닥에 전자는 겉모양으로, 후자는 진실로, 깔려 있었던 것이다.

둘째로, 그들은 어떻게 이 전통을 자녀들의 경우에 적용시켰는가? 부모들의 처지가 자녀들이 도와야 할 만큼 어려울 때에, 자녀들은 자기들 자신과 또 자기들의 자녀를 위해 필요한 것을 제외한 나머지는 이미 성전 봉사를 위해 바쳤다고 변명하였다. 내가 드려 유익하게 할 것이 하나님께 드림이 되었다고 말하면, 그것으로 그 부모들은 그들에게서 아무것도 기대해서는 안 되며, 그들이 성전 봉사를 위해 그렇게 드린 그것이 주는 영적인 유익이 부모들에게도 돌아가니 그것으로 만족해야 한다는 식이었다. 그들은 그렇게 말하는 것이 아주 선하고 정당하다고 가르쳤는데, 의무를 다하지 않으려는 많은 자녀들이 이것을 이용하였고, 그들은 그런 악한 자녀들의 행위를 정당화시키면서, 그 부모를 공경할 것이 없다고 하였다. 이것이 우리가 이해하는 본문의 의미다. 그런데 어떤 이들은 더 나아가서 다음과 같은 의미를 붙인다: "이들은 잘 행한 것이요, 땅에서 장수할 것이다. 이들은 제오계명을 지킬 의무를 잘 이행한 것이다." 신앙적인 행위를 하는 체하면서 결국 부모를 돌보지 않는 행위를 용납할 만한 것으로 만드는 것은 물론 그런 행위를 그럴 듯하게 포장하는 것이다. 그러나 이 전통이 터무니없고 불경한 것임이 분명히 드러난다. 계시된 신앙적 의무는 본성적인 의무를 뒤집어엎는 것이 아니라 오히려 그것을 개선하고자 하는 의도가 있는 것이다. 본성적인 의무 중에 가장 근본적인 법은 바로 부모를 공경하라는 법이다. 그러므로 만일 그들이 내가 제사를 원하지 않고 의와 긍휼을 원하노라라는 말씀이 무슨 의미인지를 알았다면 이처럼 가장 필수적인 도덕을 파괴시키는 터무니없는 의례를 만들어내지 않았을 것이다. 이것은 하나님의 **말씀**을 폐하는 것이었다. 주목하라. 무엇이든 불순종으로 이끄는 것은 결국 계명을 폐하는 것이 되며, 그것을 고집하여 하나님의 법을 무시하는 자들은 그리스도를 핑계로 그것을 폐하는 것이다. 율법을 어기는 것은 나쁜 일이나, 서기관과 바리새인들처럼 사람들을 그렇게 가르치는 것은 더 나쁜 일이다(5:19). 순종하게 하려는 것이 아니면 대체 그 계명이 무슨 목적으로 주어졌단 말인가? 어떤 규범이든 우리가 그것을 지키지 않으면, 그것은 아무런 소용이 없는 것이다. 지금은 여호와께서 일하실 때니이다. 위대한 개혁자요 위대한 연단자(鍊鍛者)이신 주께서 나타나실 때니이다. 왜? 그들이 주의 법을 폐하였사옵고(시 119:126) 주의 계명을 거슬러 죄를 범하였으며, 계명 자체를 무시하여 죄를 범하였음이옵니다. 그러나 과연 감사하게도, 그들과 그들의 모든 전통에도 불구하고, 하나님의 계명은 여전히 충만한 힘과 능력과 덕성으로 굳건히 서 있는 것이다.

2. 책망하심으로. 그는 여기서 그들의 외식을 책망하신다. 외식하는 자들아(7절). 주목하라. 외식하는 자들에게 외식하는 자들이라 선언하는 것은 마음을 살피시며 사람 속에 있는 것을 아시는 그분만이 지니신 대권이다. 겉으로 드러나는 불경(不敬)은 사람의 눈으로도 감지할 수 있다. 그러나 외식을 분별하는 일은 오직 그리스도의 눈만이 할 수 있는 것이다(눅 16:15). 외식이야말로 그의 눈 앞에 드러나는 죄요, 또한 그 죄야말로 다른 무엇보다 혐오하시는 것이다.

그런데 그리스도께서는 사 29:13을 인용하여 책망하신다: 이사야가 너희에 관하여 잘 예언하였도다. 이사야는 그가 예언했던 그 당시의 사람들에 대해서 이 말씀을 하였으나, 그리스도께서는 이를 서기관들과 바리새인들에게 적용시키신다. 주목하라. 성경에 나타나는 바 죄와 죄인들에 대한 책망들은 세상 끝날까지 비슷한 사람들과 행위들에게 해당되는 것이다. 그것들은 사사로이 해석할 것들이 아니다(벧후 1:20). 훗날의 죄인들에 대해 예언들이 주어져 있다(딤전 4:1; 딤후 3:1; 벧후 3:3). 우리가 동일한 죄를 범하면, 다른 이들에게 행해진 경고들이 우리에게도 해당된다. 이사야는 그 당시 사람들에 대해서만이 아니라, 다른 모든 외식하는 자들에 대해서도 예언한 것이요, 그의 말씀은 모든 외식하는 자들에게 적용되며, 힘을 발휘하는 것이다. 성경의 예언들은 날마다 성취되는 것이다.

이 예언은 외식적인 백성들의 참 모습을 정확히 드러내 준다(사 9:17; 10:6).

(1) 외식하는 자들이 두 가지 면에서 묘사된다.

〔1〕 그들의 종교적인 예배 행위에서. 이 백성이 입술로는 나를 공경하되 마음은 내게서 멀도다(8절). 다음을 관찰하라.

첫째로, 그들의 외식이 어디까지 나아가는가. 그들은 하나님께 가까이 나아가고 그를 공경한다. 겉으로 보면 그는 하나님을 예배하는 자다. 바리새인은 기도하러 성전에 올라갔다. 그는 세상에서 하나님이 없이 사는 자들처럼 멀리 떨어져 서 있지 않고, 하나님께 가까이 나아가는 자들의 부류에 끼여 있는 것이다. 그들은 하나님을 공경한다. 즉 하나님을 공경하는 일을 스스로 행하며, 하나님을 공경하는 자들과 함께 행동한다. 하나님께서는 심지어 외식하는 자들의 섬기는 행위에서도 존귀를 취하신다. 그들이 세상에서 경건의 모양이 유지되는 데에 도움을 주므로, 그들이 비록 하나님을 공경할 의도가 없다 할지라도 그런 점에서 하나님은 스스로 존귀를 받으시는 것이다. 하나님의 원수들이 겉모양으로 굴복하여 그에게 복종할 때에도(시 66:3), 그것이 그의 존귀가 되고, 그 스스로 이름을 얻으시는 것이다.

둘째로, 그들의 외식이 어디에서 나타나는가. 입과 입술에서 나타난다. 그들의 경건은 입에서 바깥으로 나오는 것 외에 아무것도 아니다. 많은 사랑을 보여주나, 그것이 전부요, 그 마음에는 참된 사랑이 전혀 없다. 그들은 자기들의 목소리를 상달하게 하려 하고(사 58:4), 여호와의 이름을 언급한다(사 48:1). 외식하는 자들은 곧 오로지 입의 수고로만 신앙을 드러내고 예배하는 자들이다. 말과 혀로는 최악의 외식자들이 최고의 성도들과 똑같이 잘할 수 있다. 야곱처럼 목소리를 바꾸어 가장하여 말하는 일이 얼마든지 가능한 것이다.

셋째로, 그들에게 결핍된 것이 무엇인가. 가장 중요한 것에서 결핍이 나타난다. 마음은 내게서 멀도다. 마음이 습관적으로 멀어져 있고 하나님에게서 떠나 있으며(엡 4:18), 다른 것에게 머물러 있고 떠다니고 있다. 하나님에 대한 진지한 생각도, 그를 향한 경건한 사랑도, 영혼과 영원에 대한 관심도, 그 일에 합당한 생각도 전혀 없는 것이다. 그들의 입은 가까우나 그들의 마음은 머니이다(렘 12:2; 겔 33:31). 그들의 마음은 미련한 자가 눈을 땅 끝에 두듯이 그들의 마음이 그러하며, 또한 지혜가 없는 어리석은 비둘기 같다(호 7:11). 외식하는 자는 마음의 생각과 말이 서로 다르다. 하나님께서 살피시고 요구하시는 것은 바로 마음인데(잠 23:26), 그것이 그에게서 멀다면 아무리 섬긴다 해도 합당치 못한 것이요, 그것은 우매한 자들이 제물 드리는 것과 같을 뿐이다(전 5:1).

〔2〕 다른 이들을 가르치는 데에서. 그들은 사람의 계명으로 교훈을 삼아 가르친다. 그 당시 유대인들은, 그 이후의 교황주의자들과 마찬가지로, 구두로 내려온 전통을 하나님의 말씀과 동등하게 높이 받들었고, 그것을 "동일한 경건한 애정과 존경으로"(트렌트 공의회 법령) 취하였다. 사람이 만들어낸 것들이 하나님의 제정하신 것들에 덧붙여져서, 사람들에게 부과되면, 이것은 외식이요, 그저 인간의 종교에 불과한 것이 된다. 사람의 계명들은 사람들의 일에 적절히 적용되지만, 하나님께서는 그 자신의 규범들로 자신의 일을 행하시며, 그 자신이 정하지 않으신 것은 수용하시지 않는다. 그는 오직 그에게서 오는 것만을 인정하시는 것이다.

(2) 외식하는 자들의 결국. 그들의 멸망이 멀지 않았다. 나를 헛되이 경배하는도다. 그들의 예배는 그 소기의 목적을 이루지 못한다. 하나님을 기쁘시게 하지도 못하고, 그들 자신에게도 유익을 주지 못한다. 신령으로 하지 않는 예배는 진리로 하는 것도 아니요, 결국 아무것도 아닌 것이다. 믿음이 있는 것처럼 보이기만 할 뿐 실제로 믿음이 없는 자는 그의 믿음이 헛것이다(약 1:26). 우리의 신앙이 헛된 모양뿐이면 그것은 진정 헛된 것이니, 그 헛됨이 얼마나 크겠는가! 기도와 설교와 안식일과 성례 가운데서 살면서, 그 모든 것이 헛되고 그저 허공을 칠 뿐이라면, 이 얼마나 서글픈 일이겠는가! 마음이 하나님과 함께 있지 않으면 그럴 수밖에 없는 것이다. 입술의 수고는 헛된 수고일 뿐이다(시 1:11). 외식하는 자들은 바람의 씨앗을 뿌리고, 폭풍우를 거둔다. 헛된 것을 신뢰하니, 헛된 것을 보상으로 받는 것이다.

이렇게 해서 그리스도는 장로들의 전통에 복종하지 않는 제자들의 태도의 정당성을 입증하셨고, 서기관들과 바리새인들은 그들을 비난했다가 아무것도 얻지 못하고 말았다. 그들이 이에 대해 답변한 내용은 본문에 나타나 있지 않다. 그들은 불만이 있었더라도 아무 말도 하지 못했을 것이다. 그리스도의 권위 있는 말씀을 저항할 수가 없었던 것이다.

¹⁰무리를 불러 이르시되 듣고 깨달으라 ¹¹입으로 들어가는 것이 사람을 더럽게 하는 것이 아니라 입에서 나오는 그것이 사람을 더럽게 하는 것이니라 ¹²이에 제자들이 나아와 이르되 바리새인들이 이 말씀을 듣고 걸림이 된 줄 아시나이까 ¹³예수께서 대답하여 이르시되 심은 것마다 내 하늘 아버지께서 심으시지 않은 것은 뽑힐 것

이니 [14]그냥 두라 그들은 맹인이 되어 맹인을 인도하는 자로다 만일 맹인이 맹인을 인도하면 둘이 다 구덩이에 빠지리라 하시니 [15]베드로가 대답하여 이르되 이 비유를 우리에게 설명하여 주옵소서 [16]예수께서 이르시되 너희도 아직까지 깨달음이 없느냐 [17]입으로 들어가는 모든 것은 배로 들어가서 뒤로 내버려지는 줄 알지 못하느냐 [18]입에서 나오는 것들은 마음에서 나오나니 이것이야말로 사람을 더럽게 하느니라 [19]마음에서 나오는 것은 악한 생각과 살인과 간음과 음란과 도둑질과 거짓 증언과 신성모독이니 [20]이런 것들이 사람을 더럽게 하는 것이요 씻지 않은 손으로 먹는 것은 사람을 더럽게 하지 못하느니라

그리스도께서는 제자들이 손을 씻지 않고 음식을 먹은 것이 장로들의 전통과 교훈을 어긴 것으로 비난을 받을 만한 일이 아님을 입증하신 다음, 계속해서 그들이 악한 일을 행한 것이 아님을 보여주신다. 앞의 강론에서는 그가 율법의 권위를 뒤집으셨고, 여기서는 그 이유를 제시하시는 것이다. 관찰하라.

I. 엄숙한 도입.　무리를 불러(10절). 그리스도께서 서기관들과 바리새인들과 말씀을 나누시는 동안 무리들이 물러가 있었다. 아마도 이 교만한 자들이 무리들에게 물러갈 것을 명령했을지도 모른다. 그들이 듣는 데서 그리스도와 말씀을 나누는 것을 원치 않았을 것이기 때문이다. 그러나 그리스도께서도 그들이 원하는 대로 그들과만 따로 말씀을 나누셨을 것이다. 그러나 그리스도는 무리들을 생각하셨다. 서기관들과 바리새인들을 물리신 후에, 곧바로 무리들을 불러 그들을 청중으로 삼으셨고, 그리하여 가난한 자들이 복음을 받으며, 세상의 미련한 자들과 비천한 자들이 그리스도의 택함을 받은 것이다. 겸손하신 예수님은 교만한 바리새인들이 멸시하는 자들을 포용하셨고, 그리하여 바리새인들을 물리치셨다. 그들을 도저히 가르침을 받지 않는 사악한 자들로 여기사 그들에게서 떠나셔서, 무리들에게로 주의를 돌리셨다. 그들은 비록 연약했으나 겸손했고, 가르침받기를 원하는 자들이었다. 그는 그들을 향하여 듣고 깨달으라고 하셨다. 주목하라. 그리스도께로부터 듣는 말씀을 부지런히 힘써 깨달아야 한다. 학자들만이 아니라, 심지어 무리들도, 보통 사람들도 그리스도의 말씀을 깨닫는 일에 마음을 쏟아야 한다. 그리스도께서 그들에게 듣고 깨달으라고 말씀하시는 것은, 그가 이제 가르치실 내용은 그들의 교사들로부터 받은 것과 정반대 되는 것이요 또한 그들이 당연한 사실로 익숙하게 알고 강조

해오던 관습과 행위들을 뒤집어엎는 것이기 때문이다. 주목하라. 오랫동안 젖어온 나머지 매우 익숙해져 있는 그런 부패한 원리들과 행위들에서 자유함을 얻기 위해서는 정신을 차려서 분명한 깨달음을 가져야 한다. 그렇게 오랫동안 부패한 원리 속에 젖어왔을 경우에는 깨달음이 편견에 의하여 치우치게 되는 것이 보통이기 때문이다.

Ⅱ. 진리가 두 가지 진술로 제시됨(11절).   이 진술들은 당시의 속된 오류들과 정반대 되는 것이요, 따라서 깜짝 놀랄 만한 것이었다.

1. 입으로 들어가는 것이 사람을 더럽게 하는 것이 아니다. 우리가 먹는 음식의 종류나 질이, 혹은 우리 손의 상태가 우리의 영혼에게 도덕적인 오염이나 더러움을 가져다 주는 것이 아니다. 하나님의 나라는 먹는 것과 마시는 것이 아니요(롬 14:17). 사람을 더럽게 하는 것은 곧 하나님 앞에서 죄책을 갖게 하여 그를 거스르게 하며 그와의 교제에 합당치 못하게 만드는 것이다. 그런데 우리가 먹는 음식은, 부적절하게나 무절제하게 먹지 않는다면, 그렇게 만드는 것이 아니다. 깨끗한 자들에게는 모든 것이 깨끗하니 말이다(딛 1:15). 바리새인들은 이런저런 음식을 먹음으로써 일어나는 의식적인 오염의 상태를 율법이 의도한 것보다 훨씬 더 확대시켰고, 거기에다 자기들 자신의 전통을 덧붙여 놓았는데, 우리 주님은 이것의 부당함을 증언하셨고, 그리하여 이 문제에 대하여 의식법을 폐기하도록 길을 열어놓고자 하셨다. 그는 이제 그를 따르는 자들에게 아무 것도 속되고 더럽다 여기지 말 것을 가르치기 시작하고 계신 것이다. 만일 베드로가 잡아 먹으라는 말씀을 들었을 때에 이 말씀을 기억했더라면, 주여 그럴 수 없나이다라고 말하지는 않았을 것이다(행 10:13-15).

2. 입에서 나오는 그것이 사람을 더럽게 하는 것이다. 씻지 않은 손으로 음식을 먹는 것이 우리를 더럽게 하는 것이 아니라, 거룩하지 못한 마음으로 하는 말이 우리를 더럽게 하는 것이다. 그러므로 네 입으로 네 육체가 범죄하게 하지 말라고 말씀하는 것이다(전 5:6). 그리스도께서는 앞의 강론에서 우리의 말에 대해 크게 강조하신 바 있는데(12:36, 37), 이는 그를 비난하는 자들을 책망하시고 경계하시기 위함이었다. 그리고 여기서 이 말씀을 하시는 것은 제자들을 비난하는 자들을 책망하시고 경계하시기 위함이다. 제자들이 씻지 않은 손으로 음식을 먹어서 스스로 더러워진 것이 아니라, 바리새인들이 그들을 향하여 비난하며 욕함으로써 스스로를 더럽게 한 것이라는 것이다. 주목하라. 사람의 계

명들을 어긴 것으로 다른 사람들에게 죄책을 씌우는 자들은, 경솔하게 판단하지 말라는 하나님의 율법을 범함으로써 자기들 자신에게 몇 배나 더 죄책을 지우는 것이다. 다른 사람들의 더러움을 가장 앞장서서 비난하는 자들이야말로 가장 자기를 더럽게 하는 자들이다.

Ⅲ. 이 진리에 대해 제자들이 거슬림을 받아 그리스도께 간언함(12절). "이에 제자들이 나아와 이르되 바리새인들이 이 말씀을 듣고 걸림이 된 줄 아시나이까? 이렇게 말씀하시면 그들이 주님에 대해서와 주의 가르침에 대해서 더 악하게 생각하게 되고 그리하여 주님을 더 대적하게 될 것을 미리 보지 못하셨나이까?"

1. 바리새인들이 이 평범한 진리에 걸림이 된다는 것은 이상한 일이 아니었다. 그들은 오류와 악의, 실수와 적대감이 가득한 자들이었기 때문이다. 시린 눈으로는 환한 빛을 감당할 수가 없는 것처럼, 교만한 사기꾼들에게는 자기들이 눈을 가리고 얽어매어 놓은 자들에게 바른 진리가 전해지는 것보다 더 거리끼는 것이 없다. 전통을 철저히 준수하는 바리새인들이 전통을 가르치는 서기관들보다 더 그리스도의 가르침에 거리낌이 되었던 것으로 보이며, 입을 철저히 다스리라는 뒤의 가르침에 대해서도 손을 씻는 문제에 대한 앞의 가르침만큼이나 거리낌이 있었을 것이다. 신앙의 형식을 철저히 주장하는 자들은 신앙의 본질에 대해서는 철저히 멸시하는 경우가 태반이다.

2. 제자들은 그리스도께서 그렇게 크게 거리낌이 될 말씀을 하시는 것을 의아하게 생각하였다. 그는 대개 그런 말씀은 잘 하지 않으셨던 것이다. 그들은, 만일 그런 말씀이 얼마나 거리낌을 주는지를 고려하셨다면 그리스도께서 그런 말씀을 하지 않으셨을 것이라고 생각하였다. 그러나 그는 그 말씀이 거리낌을 준다는 사실도, 그 말씀을 들은 자들이 누구인지도, 또한 그 말씀으로 어떤 결과가 생길지도 다 알고 계셨다. 그리고 그는 이를 통하여, 중립적인 사안에 대해서는 거리낌을 주지 않도록 주의해야 하나 거리낌을 줄까 두려워 진리나 의무를 회피하는 일이 있어서는 안 된다는 것을 우리에게 가르치려 하신 것이다. 진리는 반드시 소유해야 하고, 의무는 행해야 한다. 그리고 그것 때문에 거리낌을 받는다면, 그것은 그 사람 자신의 과오다. 거리낌을 준 것이 문제가 아니라, 거리낌을 받은 것이 문제인 것이다.

어쩌면 제자들 자신이 그리스도의 말씀에 걸림이 된 것 같기도 하다. 그들은 그의 말씀이 과격할 뿐 아니라, 하나님의 율법으로 정결한 음식과 부정한 음식을 서로 구별해 놓은 것과 거의 조화시킬 수가 없다고 생각했고, 그리하여 그들 자신이 더 상세히 설명을 듣기 위하여 그리스도께 이런 반론을 제기했을 수도 있다는 말이다. 바리새인들과 언쟁을 벌이기는 했으나 그들은 바리새인들을 위하여 염려가 있기도 했다. 이 점은 우리의 원수들이나 박해자들이나 비방하는 자들을 용서하고, 선을 추구하고, 특히 영적인 유익을 추구할 것을 우리에게 가르쳐 준다. 그들은 바리새인들이 그리스도의 말씀을 듣고 불쾌한 상태로 떠나가는 것을 원치 않았다. 그리하여 그들은 그리스도께서 자신의 말씀을 완전히 철회하시는 것은 기대하지 않았으나, 그가 자신의 말씀을 설명하시고 수정하시기를 바랐다. 때로는 믿음이 연약한 자들이 사악한 자들이 거리낌을 받지 않았으면 하는 마음을 정도 이상으로 지나치게 신경을 쓰기도 하는 것이다. 그러나 만일 우리가 진리를 감추고 그들의 오류와 부패를 부추겨서 사람들을 기쁘게 한다면, 우리는 그리스도의 종이 아닌 것이다.

Ⅳ. 바리새인들과 그들의 부패한 전통들에게 심판을 선포하심. 그리스도께서는 그가 그들에게 거리낌을 주신 것에 대해 어째서 개의치 않으시며, 또한 어째서 제자들도 그것을 개의치 말아야 하는지 그 이유를 제시하심으로써 그들의 결국이 어떻게 될지를 드러내신다 그것은 그들이 변화되기를 혐오하는 자들이요 멸망받을 것으로 징해진 자들이기 때문이라는 것이나 여기서 그리스도께서는 그들에 대해 두 가지를 예언하신다.

1. 그들과 그들의 전통이 사라질 것임. 심은 것마다 내 하늘 아버지께서 심으시지 않은 것은 뽑힐 것이니(13절). 바리새인들의 부패한 사상과 미신적인 행위들만이 아니라, 그들의 분파, 그들의 길, 그들의 조직이 하나님이 심으시지 않은 것들이었다. 그들이 표방하는 규정들은 하나님께서 제정하신 것이 아니라, 그들의 교만과 형식주의에서 비롯된 것이었다. 유대인들은 극상품 포도나무로 심어졌다. 그런데 그들이 이제 품질이 형편없이 떨어지는 들 포도가 되어 버렸고, 그리하여 하나님께서는 그들이 자신의 심으신 것이 아닌 것으로 간주하신 것이다. 주목하라. (1) 가시적 교회에 하늘 아버지께서 심지 않으신 나무들이 있는 것이 이상한 일이 아니다. 교회에 있는 것 중 무엇이든 선한 것은 하나님께서 심으신 것에 속한다는 것이 암시되어 있다(사 41:19). 그러나 농부가 아무리 조심하여 쭉정이를 솎아낸다 해도, 원수가 있어서 가라지를 심어 놓는 법

이다. 부패한 것은 하나님께서 허용하시는 것에 속하기는 해도, 하나님께서 심으신 것은 아니다. 그는 오로지 좋은 씨만을 밭에 심으신다. 그러므로 속지 말아야 한다. 교회 안에 있는 모든 것들이 다 올바른 것들이 아니요, 우리 아버지의 정원에 있는 모든 것들과 사람들이 다 아버지께서 심으신 것이 아닌 것이다. 영을 다 믿지 말고 오직 영들이 하나님께 속하였나 분별하라(요일 4:1). 렘 19:5; 23:31, 32을 보라. (2) 교만하고 형식적이며 위압적인 바리새인들의 영에 속한 자들은 겉모양이 어떠하든지, 어떤 분파에 속하든지 간에, 하나님께서 그가 심으신 것으로 인정하시지 않는다. 그들의 열매로 그들을 알리라. (3) 하나님께서 심지 않으신 것들은 그의 보호하심을 받지 못하고 반드시 뽑힐 것이다. 하나님께 속하지 않은 것은 결코 서지 못한다(행 5:38). 비성경적인 것들은 스스로 시들고 죽거나, 혹은 교회들에 의해서 정당하게 오류로 드러날 것이요, 마지막 그 큰 날에 거스르는 가라지들은 모아 불에 던져질 것이다. 바리새인들과 그들의 전통들이 결국 어떻게 되었는가? 이미 사라진지 오래 되었다. 그러나 진리의 복음은 위대하여 계속 남을 것이다. 그것은 결코 뽑혀지지 않는 것이다.

2. 그들과 그들을 따르는 자들의 멸망(14절).

(1) 그리스도께서는 제자들에게 그들을 그냥 두라고 명하신다. "그들과 함께 행하지도 말고, 그들에 대해 관심을 갖지도 말고, 그들의 환심을 사려하지도 말고 그들이 불쾌해하는 것을 두려워하지도 말며, 그들이 거슬림을 받아도 염려하지 말라. 그들은 자기들의 길을 갈 것이니 그 결국을 그대로 당하게 내버려 두라. 그들은 자기들의 착각 속에서 모든 일을 자기들의 방식대로 행하니, 그냥 두라. 하나님을 기쁘시게 하지 않고(살전 2:15) 또한 너희의 양심을 완전히 사로잡아야만 기쁨을 얻는 그런 자들을 기쁘게 하려 하지 말라. 그들은 에브라임처럼 자기들이 꿈꾸는 우상과 연합한 자들이니(호 4:17) 그냥 두라. 더러운 자는 그대로 더럽게 하라(계 22:11)." 그리스도께서 그의 목사들더러 그들을 그냥 두라고 말씀하시니 이 죄인들의 처지는 과연 처절할 수밖에 없다.

(2) 그는 그냥 두라고 명하시면서 이에 대해 두 가지 이유를 제시하신다.

〔1〕 그들이 교만하고 무지하기 때문이다. 이 두 가지 악이 한데 어우러져 사람이 어리석음 속에서 헤어나오지 못하게 되는 경우가 많다(잠 26:12). 그들은 맹인이 되어 맹인을 인도하는 자로다. 그들은 하나님의 일들에 무지하며 하나님

의 율법의 영적인 본질에 대해 전혀 문외한이면서도 스스로 교만하여 자기들이 다른 누구보다 더 낫고 더 훌륭하다고 생각하며, 그리하여 자기들 스스로 한 걸음조차도 알지 못하면서 천국으로 향하는 길을 제시하며 다른 이들을 인도하려 하며, 그리하여 모든 사람들에게 지시를 내리며, 자기들을 따르지 않는 자들을 배척하는 것이다. 비록 맹인들이나, 만일 그 사실을 인식하고 그리스도께 나아와 안약을 구했다면, 그들이 볼 수도 있었을 것이다. 그러나 그들은 자기들의 상태가 그렇다는 것을 결코 인정하지 않았다. 우리도 맹인인가?(요 9:40). 그들은 자기들이 맹인의 길을 인도하는 자이며(롬 2:19, 20) 그렇게 임명받았고, 그 일을 감당하기에 합당한 자격이 있다는 것을 의심치 않았고, 자기들이 하는 모든 말이 하나님의 말씀이요 율법이라고 여겼다. "그러니 그들을 그냥 두라. 그들이 그렇게 완악하니 그들과 얽히지 말라. 그들의 화를 돋구게 될 뿐 절대로 그들을 납득시키지 못하리라." 지도자들이 맹인이요 자기 착각에 빠진 바보들이고 고집불통인 자들이고, 또한 백성들은 지독하게 어리석어서 맹목적으로 믿고 순종하며 그들을 따르고 그들의 명령 뒤따르기를 좋아하니(호 5:11), 유대인 교회의 처지가 얼마나 비참했겠는가! 이제 사 29:10, 14의 예언이 성취되었다. 선지자들은 거짓을 예언하며 제사장들은 자기 권력으로 다스리며 백성은 그것을 좋게 여기니 그 마지막이 어떻게 될지 쉽게 상상할 수 있을 것이다(렘 5:31).

〔2〕 그들은 멸망을 위하여 나아가고 있고, 곧 그리로 들어갈 것이기 때문이다. 둘이 다 구덩이에 빠지리라. 둘 다 맹인이면서도 다 똑같이 대담하여 위험을 전혀 감지하지 못하고 앞으로 나아간다면, 결국 이렇게 될 수밖에 없다. 둘이 다 유대인들에게 임하는 그 전반적인 황폐에 연루될 것이요, 둘이 다 영원한 멸망에 빠지게 될 것이다. 눈먼 지도자와 눈먼 추종자들이 함께 멸망할 것이다. 거짓말을 지어내는 자와 그 지어낸 거짓말을 좋아하는 자들의 몫인 것을 보게 된다(계 22:15). 속는 자와 속이는 자가 다 하나님의 심판을 혐오하는 법이다(욥 12:6). 주목하라. 첫째로, 간교한 술수로 다른 사람들을 죄와 오류에로 이끄는 자들은 그 모든 간교한 술수로도 자기들 자신의 멸망을 피하지 못할 것이다. 둘이 다 구덩이에 빠지면, 눈먼 지도자들이 가장 밑바닥에 빠질 것이요, 가장 처절한 처지가 될 것이다(렘 14:15, 16을 보라). 선지자들이 먼저 멸망할 것이요, 그 다음에 그들의 예언을 믿고 따르는 백성들이 멸망할 것이다(렘

20:6; 27:15, 16). 둘째로, 속이는 자들의 죄와 멸망이 그들에게 속는 자들에게 결코 안전을 보장해 주지 않는다. 이 백성을 인도하는 자들이 그들을 미혹하니 인도를 받는 자들이 멸망을 당한다(사 9:16). 빛을 보면 그들의 오류를 바로잡을 수 있었을 것인데, 그들이 그 빛에 대해 눈을 감았기 때문이다. 세네카는 대다수 사람들이 공통적인 생각과 행위에 이끌림을 받는 것에 대해 탄식하면서 다음과 같이 결론짓는다: "전혀 점검해보지도 않고 그냥 무조건 믿어버린다. 그리하여 무리들이 광대한 혼란 속에 한꺼번에 빠지는 것이다"(「복된 삶」). 둘이 함께 멸망하니 그들의 멸망이 더 극심해지는 것이다. 그렇게 둘이 상대방의 죄를 더 가중시켰고, 그리하여 상대방의 멸망을 더 부추기는 것이다.

V. 그리스도께서 자신이 제시하신 진리에 대해 제자들에게 지침을 주심(10절).   그리스도께서는 가르침을 받기를 원치 않는 사악한 무식자들은 버리시나, 배우기를 원하는 무식자들에 대해서는 측은히 여기신다(히 5:2). 율법을 폐한 바리새인들은 거리낌을 받더라도 그냥 버려두시나, 주의 법을 사랑하는 자에게는 큰 평안이 있으니 그들에게 장애물이 없으며(시 119:165), 거리끼는 것이 제거될 것이다.

1. 이에 대해 더 깨우침을 얻기를 바라는 자세(15절). 여러 경우에 베드로가 나서서 주께 요청하곤 했는데, 여기서도 베드로가 그들의 대변인이 되어 주께 가르침을 요청하고, 나머지 사람들은 베드로더러 말하게 하여 그들도 같은 생각임을 드러내 보이는 것일 것이다. 이 비유를 우리에게 설명하여 주옵소서. 그리스도의 말씀은 평이하고 분명한 것이었으나, 제자들이 갖고 있던 생각과 일치하지 않았고, 그리하여 그들은 그 말씀을 반박할 마음은 없었으나 그것을 비유라 칭하면서 그것을 잘 이해할 수 없다는 것을 나타낸 것이다. 주목하라. (1) 깨달음이 미약하면 평이한 진리들을 비유로 바꾸어 놓기가 쉽다. 제자들이 자주 그렇게 했다(요 16:17을 보라). 위가 약한 자에게는 메뚜기도 부담스러우며, 깨달음에 있어서 어린아이인 자들은 딱딱한 음식을 소화시킬 수가 없다. (2) 연약한 지성을 지닌 자들은 그리스도의 말씀에 대해 의심하나, 올바른 마음과 기꺼운 정신을 지닌 자는 교훈받기를 구한다. 바리새인들은 거리낌을 받았으나 전혀 움직이지 않았다. 그들은 변화되기를 싫어했고, 그리하여 가르침 받기를 싫어한 것이다. 그러나 제자들은 거리낌이 있었으나 만족을 얻기를 구했고, 거리낌에 대해서도 자기들이 전해 받은 가르침을 탓한 것이 아니라 그들

자신의 능력의 부족함을 탓하였다.

2. 그리스도께서 그들의 연약함과 무지를 책망하심. 너희도 아직까지 깨달음이 없느냐?(16절). 그리스도께서는 그가 사랑하사 가르치시는 모든 자들을 이렇게 책망하신다. 주목하라. 도덕적인 부패와 오염이 의식적인 오염보다 훨씬 더 나쁘고 더 위험하다는 것을 깨닫지 못한다면, 그것은 정말로 무지한 것이다. 다음 두 가지가 그들의 무지와 몽매(蒙昧)를 더욱 가중시킨다.

(1) 그들이 그리스도의 제자들이라는 것. "너희도 깨달음이 없느냐? 내가 너희들을 나와 함께 그렇게 친밀하게 지내도록 허락하였는데, 너희가 의의 말씀을 깨닫는 데에 그렇게도 더디냐?" 주목하라. 신앙을 고백하며 교회의 일원으로서의 특권을 누리는 자들이 무지하고 오류에 빠져 있는 것은 주 예수께 근심이 되어 마땅한 일이다. 주목하라. "바리새인들은 메시야의 나라에 대해 아무것도 모르니 이 가르침을 깨닫지 못하는 것이 당연하거니와, 너희는 이미 그 나라에 대해서 들었고 너희 스스로 그 나라를 받아들였고 다른 이들에게 그것을 전하고 있으면서도 아직 그 정신과 특성에 대해서 그렇게도 무지하단 말이냐?"

(2) 그들이 이미 한동안 그리스도의 학도들이었다는 것. "그렇게 오랫동안 내게 가르침을 받았는데도, 너희가 아직까지 깨달음이 없느냐?" 그들이 그리스도의 학교에 입학한 것이 어제 오늘의 일이라면 문제가 달랐을 것이다. 그러나 그들은 여러 달 동안 그리스도에게서 끊임없이 말씀을 들어왔는데도 깨달음이 없으니, 이는 크게 책망받을 일이었다. 주목하라. 그리스도께서는 우리에게 주어진 시간과 수단만큼 그것에 비례하여 우리에게 지식과 은혜와 지혜가 있을 것을 기대하신다(요 14:9; 히 5:12; 딤후 3:7, 8을 보라).

3. 그리스도께서 이 오염에 대한 가르침을 그들에게 설명하심. 그리스도께서는 그들의 더딤을 책망하셨으나, 그들을 내어쫓지 않으시고 그들을 불쌍히 여기사 그들을 가르치신다(눅 24:25-27을 함께 보라). 여기서 그는 다음을 보여주신다.

(1) 입으로 들어가는 모든 것은 우리를 더럽게 하는 데에는 위험이 거의 없다는 것(17절). 무절제한 식욕이나 식탐은 마음에서 나오는 것으로 사람을 더럽히는 것이나, 바리새인들의 주장과는 달리 음식 그 자체는 그렇지 않다. 우리가 먹는 음식물 속에 찌꺼기와 더러운 것이 있으나 그것은 자동적으로 우리에

게서 제거된다(아니, 오히려 자연을 운행하시는 하나님께서 그것들을 제거하신다). 배로 들어가서 뒤로 내버려지므로, 순전한 영양만이 우리에게 남는 것이다. 우리를 지으심과 보존하심이 이렇게 심히 기묘한 것이다. 배설 기능도 다른 기능 못지않게 우리 몸에 필수적이다. 남는 것이나 거슬리는 것이 자동적으로 밖으로 내어 보내지며, 그리하여 몸이 건강을 유지한다. 이런 수단이 있으니 아무것도 사람을 더럽게 하는 것이 없다. 손을 씻지 않고 음식을 먹어서 더러운 것이 음식물과 뒤섞여도, 자동적으로 그 더러운 것이 분리되어 밖으로 배설되니, 아무것도 우리를 더럽게 하지 않는다. 손을 씻는 것이 청결함을 유지하는 데에는 필요한 것이나, 음식을 먹기 전에 손을 씻는 것이 양심의 문제는 아니다. 그 문제를 신앙과 결부시키면 그것은 큰 오류인 것이다. 그리스도께서 정죄하시는 것은 손을 씻는 행위 그 자체가 아니라, 그 행위를 둘러싼 사람의 그릇된 생각 — 마치 음식이 우리를 하나님 앞에 내세우기라도 하는 것처럼 생각하는 것(고전 8:8) — 인 것이다. 기독교는 그런 식의 행위에 있는 것이 아니다.

(2) 입에서 나오는 것이 우리를 더럽게 할 위험이 다분하다는 것(18절). 마음에 가득한 것이 입에서 나오는 것이다(12:34을 보라). 하나님께서 베푸시는 산물에는 더러운 것이 없다. 더러워지는 것은 부패의 산물들에서 비롯되는 것이다. 여기서 다음을 보라.

〔1〕 입에서 나오는 것들의 부패한 근원. 그것들은 마음에서 나오는 것이요, 마음이야말로 모든 죄의 샘이요 근원이다(렘 17:9). 말이나 행위 속에 있는 죄치고 먼저 마음에서 나오지 않은 것이 없다. 독초와 쑥의 뿌리가 거기에 있다. 죄인은 그 마음속이 심히 악한 법이다(시 5:9). 모든 악한 말은 마음에서 나며, 그것이 사람을 더럽게 한다. 속의 부패한 마음이 겉으로 드러나는 부패한 말과 행동으로 나타나는 것이다.

〔2〕 이 악한 근원에서 흘러나오는 몇 가지 부패한 것들이 구체적으로 명시된다. 이 모두가 다 입에서 나오는 것은 아니나, 모두 다 사람에게서 나오는 것이요 그 마음속에 있는 사악함의 열매들로서 그 마음속에서 행해지는 것이다(시 58:2).

첫째로, 악한 생각. 모든 계명들을 거스르는 죄다. 그러므로 다윗은 헛된 마음의 생각을 주의 법과 반대되는 것으로 제시한다(시 119:113). 이것은 부패한 본성의 장자(長子)요, 그 힘의 시작이요, 그것을 가장 닮은 것이다. 이것이 아들과 상속자로서 우리 집에 거하며 우리 속에 머문다. 바깥으로 드러나지 않고 마음에서 시작하여 마음에서 끝나는 죄가 굉장히 많은 법이다. 육신적인 공상과 상상들은 악한 생각이며, 그 계획이 악하며(디알로기스모이 포네로이), 그 목적과 계략이 악하며, 다른 이들에게 악을 행하는 수단이다(미 2:1).

둘째로, 살인. 제육계명을 거스르는 죄다. 이는 형제의 목숨을 대적하는 마음의 악의에서 오는 것이다. 그러므로 형제를 미워하는 자를 가리켜 살인자라 불리며, 하나님의 심판대에서 그렇게 간주되는 것이다(요일 3:15). 그의 마음은 전쟁이요(시 55:21; 약 4:1).

셋째로, 간음과 음란. 제칠계명을 거스르는 죄다. 이것은 불결하며 육신적이요 제멋대로인 마음에서 나온다. 마음을 사로잡는 정욕이 마음에 품어지면, 이러한 죄가 생겨나는 것이다(약 1:15). 먼저 마음에 간음이 있고, 그 다음에 그것이 행동으로 나타나는 것이다(5:28).

넷째로, 도둑질. 제팔계명을 거스르는 죄다. 속임수와 강탈과 약탈 등 모든 해로운 행위들이 이에 속하는데, 이 모든 것의 근원은 바로 마음에 있으며, 탐욕에 연단된 마음이 재물에 눈이 어두워져 행하는 것이다(벧후 2:14; 시 62:10). 아간도 물건을 먼저 탐내었고 그 다음 그 물건들을 취한 것이다(수 7:20, 21).

다섯째로, 거짓 증언. 제구계명을 거스르는 죄다. 이것은 거짓과 탐욕이 마음에서 서로 얽혀 작용하는 데서 나오는 것이다. 하나님께서 심중에 요구하시는 진리와 거룩함과 사랑이 정상적으로 마음을 지배한다면, 거짓 증언 같은 것은 없을 것이다(시 64:6; 렘 9:8).

여섯째로, 신성모독(한글 개역개정판은 "비방"으로 번역함). 하나님에 대해 악담하는 경우는 제삼계명을 거스르는 죄이며, 또한 이웃에 대해 비방하는 경우는 제구계명을 거스르는 죄다. 이는 둘 다 마음속에 있는 멸시와 경시(輕視)에서 나오는 것이다. 성령을 모독하는 것이 거기서 나온다(12:31, 32). 이것은 속에 분노가 가득 차 있다.

이런 것들이 사람을 더럽게 하는 것이다(20절). 주목하라. 죄는 영혼을 더럽게 하며, 순결하시고 거룩하신 하나님 보시기에 역겹고 가증스럽게 만들며, 하나님과의 교제와 새 예루살렘의 복락에 합당치 못하게 만드는 것이다. 더러운 자나 불법을 행하는 자는 아무도 거기에 들어갈 수 없는 것이다. 생각과 양심이 죄로 더러워져 있으면, 그로 인하여 모든 것이 더러워지는 것이다(딛 1:15). 의식적인 더러움이 바로 죄로 인하여 더러워지는 것을 의미하는 것이었다. 유대인 교사들은 의식적인 더러움에 대하여 갖가지 규정들을 덧붙였으나, 정작 그 참된 의미는 깨닫지 못했던 것이다. 히 9:13, 14; 요일 1:7을 보라.

그러므로 우리는 손을 씻는 일에 강조점을 두지 말고, 이것들을 피하며 이것들에 접근하는 일을 피하도록 조심해야 할 것이다. 그리스도께서는 음식을 구별하는 율법은 아직 폐하시지 않으나(이는 행 10장에 가서 행해진다), 그 율법에 덧붙여진 장로들의 전통을 폐하시며, 그리하여 결론짓기를, 씻지 않은 손으로 먹는 것은 사람을 더럽게 하지 못하느니라라고 하신다. 손을 씻는다고 해서 사람이 하나님 앞에서 더 나아지는 것이 아니요, 손을 씻지 않는다고 해서 하나님 앞에서 더 나빠지는 것도 아니라는 말씀이다.

²¹예수께서 거기서 나가사 두로와 시돈 지방으로 들어가시니 ²²가나안 여자 하나가 그 지경에서 나와서 소리 질러 이르되 주 다윗의 자손이여 나를 불쌍히 여기소서 내 딸이 흉악하게 귀신 들렸나이다 하되 ²³예수는 한 말씀도 대답하지 아니하시니 제자들이 와서 청하여 말하되 이 여자가 우리 뒤에서 소리를 지르오니 그를 보내소서 ²⁴예수께서 대답하여 이르시되 나는 이스라엘 집의 잃어버린 양 외에는 다른 데로 보내심을 받지 아니하였노라 하시니 ²⁵여자가 와서 예수께 절하며 이르되 주여 저를 도우소서 ²⁶대답하여 이르시되 자녀의 떡을 취하여 개들에게 던짐이 마땅하지 아니하니라 ²⁷여자가 이르되 주여 옳소이다마는 개들도 제 주인의 상에서 떨어지는 부스러기를 먹나이다 하니 ²⁸이에 예수께서 대답하여 이르시되 여자여 네 믿음이 크도다 네 소원대로 되리라 하시니 그 때로부터 그의 딸이 나으니라

여기서 우리는 그리스도께서 가나안 여인의 딸에게서 귀신을 쫓아내신 유명한 이야기를 접하게 된다. 이 이야기는 그 자체가 매우 독특하며 놀랍다. 여기서는 그리스도께서 불쌍한 이방인들에게 호의를 베푸시며, 그들을 위하여 긍휼을 베푸시는 모습을 보게 되는 것이다. 이방을 비추는 한 줄기 빛(눅 2:32)이 어렴풋하게나마 나타나고 있다. 그리스도께서 자기 땅에 오매 자기 백성이 영접하지 아니하였고, 오히려 많은 이들이 그와 언쟁을 벌였고 그에게

서 거리낌을 받았다. 그리하여 다음의 결과가 이어진다(21절).

I. 예수께서 거기서 나가셨다. 주목하라. 빛이 주어졌으나 그것을 갖고 장난치거나 그것에 대해 반기를 드는 자들에게서 그 빛을 취하여 가시는 것은 정당한 일이다. 그리스도와 그의 제자들이 그들 중에서 조용히 있을 수 없게 되자, 그는 그들을 떠나셨고, 그리하여 그 자신의 원칙에 대해 친히 모범을 보이셨다(너희 발의 먼지를 떨어 버리라, 10:14). 그리스도께서는 오래 참으시지만, 죄인들이 그를 대적하는 것을 항상 참고 계시지는 않는다. 그는 앞에서 그냥 두라고 말씀하셨었고(14절), 그 말씀을 그대로 행동으로 옮기신 것이다. 주목하라. 복음을 대적하여 사악한 편견과 비방이 일어날 때에 그리스도께서 물러가시고, 그들을 향하여 발의 티끌을 떨어 버리시는 경우가 많다(행 13:46, 51).

II. 그는 거기서 나가사 두로와 시돈 지방으로 들어가셨다. 두로와 시돈으로 가신 것이 아니고(그 도시들은 그리스도의 권능에서 제외되어 있었다. 11:21, 22), 그 도시들로 향하는 길에 위치한 이스라엘 지방으로 들어가신 것이다. 엘리야가 시돈 땅에 있는 사렙다의 한 과부에게로 간 것처럼 그도 그 지방으로 들어가셨고(눅 4:26), 거기서 이 불쌍한 여자를 불쌍히 여기사 그를 돌아보셨다. 그는 여기저기 다니면서 선을 행하셨으나, 절대로 자신의 길을 벗어나신 적이 없다. 가장 멀리 있는 어두운 촌구석이 그의 따스한 권능의 역사를 누리게 될 것이다. 이제 이스라엘 땅의 끝이 그리스도의 권능의 역사를 누리며, 후에는 그의 구원을 베풀어서 땅 끝까지 이르게 하실 것이다(사 49:5). 이 이적을 베푸시는 기사에서 우리는 다음을 관찰할 수 있다.

1. 가나안 여자가 그리스도께 아룀(22절). 그 여자는 이방인으로서 이스라엘 나라 밖의 사람이었다. 그 여자는 아마도 가나안은 저주를 받으리라라는 말씀에 해당되는 그 저주받은 민족의 후예였을 것으로 보인다. 주목하라. 정치적 집단의 운명이 언제나 거기에 속한 개개인에게 떨어지는 것은 아니다. 하나님께서는 모든 민족들 가운데 그의 남은 자들을, 모든 곳에서 — 심지어 지극히 개연성이 없는 곳에서도 — 택한 그릇들을 남겨두실 것이다. 그리스도께서 이 지방을 찾아가지 않으셨다면, 그 여자는 결코 그에게로 나아오지 못했을 것이다. 주목하라. 그리스도를 대할 기회가 우리 문 앞에 주어지고, 그의 말씀을 가까이 할 기회를 얻는 것이 잠자는 믿음과 열심을 자극하는 경우가 많은 것이다.

그 여자의 간청은 매우 끈질겼다. 그 여자는 그리스도께 간절히 소리 질렀다.

가나안 사람이므로 거슬림이 될까 두려워 감히 그리스도께 가까이 다가가지 못하고 멀리 떨어져서 소리를 지른 것이다. 그 여자는,

(1) 자기의 비참한 처지를 아뢰었다. 내 딸이 흉악하게 귀신 들렸나이다, 카코스 다이모니제타이, 극심하게 귀신 들렸나이다. 귀신 들린 비참한 처지들에도 서로 정도의 차이가 있었는데, 이것이 가장 극심한 경우였다. 그 당시에는 이런 경우가 아주 흔했다. 주목하라. 자녀들이 괴로움당하는 것은 부모에게 가슴 아픈 일이요, 특히 자녀가 사탄의 권세 아래 있는 것은 다른 어떤 경우보다 더 가슴아픈 일이다. 마음이 여린 부모들은 자기들의 피붙이들의 비참한 처지들을 매우 강하게 느낀다. "귀신에게 시달리고 있지만, 그래도 내 딸이로다." 우리의 친족들이 아무리 큰 어려움에 처해 있더라도 우리는 그들에게 의무를 지며, 따라서 그들을 향한 애정을 거두어서는 안 되는 것이다. 그 딸의 일로 인하여 그 여자의 가족이 괴로움과 근심 중에 있었고, 그리하여 그 일 때문에 그 여자가 그리스도께 나아온 것이다. 그 여자가 나아온 것은 가르침을 받기 위함이 아니라 치유를 얻기 위함이었다. 그러나 그럼에도 불구하고 믿음으로 나아왔기 때문에 그는 그를 거부하지 않으셨다. 우리가 무언가가 필요하여 그 때문에 그리스도께로 나아가게 되지만, 그 필요 때문에 그리스도께로부터 벗어나게 되어서는 안 된다. 딸의 괴로움 때문에 그 여자가 그리스도께로 나아갈 기회를 갖게 된 것이다. 다른 이들의 괴로움을 우리 자신의 것으로 여겨 함께 아파하고 괴로워하는 것은 좋은 일이다. 그로 말미암아 우리가 유익을 얻게 될 것이기 때문이다.

(2) 그리스도께 자비를 구함. 주 다윗의 자손이여 나를 불쌍히 여기소서. 그 여자는 그가 메시야이심을 알아보았다. 이것이야말로 믿음이 붙잡고 거기서 위로를 얻어야 할 큰 사실이다. 주(主)께로부터는 권능의 역사를 기대할 수 있다. 그는 구원을 명하실 수 있다. 다윗의 자손으로부터는 그에 관하여 예언된 대로 모든 자비와 은혜를 기대할 수 있다. 비록 이방인이었으나, 그 여자는 유대인의 조상들에게 베풀어진 약속과 다윗 가문의 존귀함을 알고 있었다. 이방인들은 반드시 기독교를 받아들여야 한다. 그러나 자연 종교가 발전된 것으로서가 아니라, 구약 성경에 대한 안목을 갖고서 유대인 종교의 완성으로서 받아들여야 하는 것이다.

그 여자는, 나를 불쌍히 여기소서라고 간청하였다. 그 여자는 그리스도를 이

런저런 긍휼의 실례에다 제한시키지 않고, 그저 긍휼을 구하였다. 불쌍히 여겨 달라는 것이 그 여자의 간청이었다. 그 여자는 자기의 공로를 주장하지 않고, 오로지 불쌍히 여기시는 긍휼에 의지한다. 나를 불쌍히 여기소서. 자녀에게 긍휼을 베푸시는 것이 곧 부모에게 긍휼을 베푸시는 것이 된다. 우리 자식들에게 베풀어지는 호의가 곧 우리 자신에게 베풀어지는 것으로 간주되는 것이다. 주목하라. 부모는 자식을 위해 간절히 기도할 의무가 있으며, 특히 그들의 영혼을 위하여 더욱 간절히 기도해야 한다. "내 아들이, 딸이 교만한 생각과 더러운 귀신에게, 흉악한 귀신에게 스스로 포로가 되어 극심하게 시달리고 있나이다. 주여 저를 도우소서." 이처럼 영혼이 귀신에 들린 상태는 육체가 병든 상태보다 더욱더 처참하다. 오직 그리스도만이 그들을 고치실 수 있으니, 믿음과 기도로 그에게 그들을 데려가라. 부모는 자녀들의 영혼이 사탄의 권세에서 해방되는 것을 자기들 자신에게 베풀어지는 큰 자비로 바라보아야 하는 것이다.

2. 그리스도께서 고의적으로 여자의 간청을 물리치심. 그리스도의 사역에서 이런 식의 조치가 거의 나타나지 않는다. 그는 자기에게 나아오는 모든 자들을 대면하시고 격려하시며, 그들이 부르기도 전에 대답하시거나 아니면 그들이 말하는 동안에 들으시는 것이 상례였는데, 여기서는 경우가 다르다. 그 이유는 무엇이었을까?

(1) 어떤 이들은 그리스도께서 그 여자에게서 스스로 물러서시는 듯한 태도를 취하신 것은 유대인들에게 거리낌을 주지 않으면서 이 가련한 여자의 청을 들어주시기 위함이었다고 본다. 유대인들에게 하신 것과 똑같이 이방인에게도 기꺼이 자유롭게 호의를 베푸셨다면 필경 그들이 거슬림을 받았을 것이기 때문이다. 그는 제자들에게도 이방인의 길로 가지 말라고 명하신 바 있고(10:5), 그러므로 여기서 이방인들에게 이끌리는 모습을 보이지 않으시려고 일부러 뒤로 물러서신 것이라는 것이다.

(2) 그보다는 오히려, 그리스도께서는 그 여자를 시험하시려고 그렇게 대하신 것이다. 그는 마음에 있는 것을 아시며, 그 여자의 믿음이 얼마나 강한지, 그 여자가 그의 은혜로 말미암아 장애거리를 얼마나 잘 이겨낼 수 있는지를 아셨고, 그리하여 그 여자의 믿음을 시험하여 칭찬과 영광과 존귀를 얻게 하기 위하여 그렇게 시험하신 것이다(벧전 1:6, 7). 이것은 하나님께서 아브라함을 시험하신 것과 같고(창 22:1), 천사가 야곱과 씨름한 것과도 같다(창 32:24). 그

의 백성에게 나타나는 그리스도의 섭리 가운데, 특히 그의 은혜의 섭리 가운데
는 더욱더, 침울하고 혼란스런 것들이 많은데, 이러한 사실을 이 이야기의 핵
심을 통해 설명할 수 있을 것이다. 그리스도께서 그렇게 대하시는 것은 그의
얼굴에 사랑이 있음을 가르치시며 또한 그리하여 그가 우리를 죽이실지라도 그
를 여전히 의뢰하도록(욥 13:15. 참조. 한글 개역개정판 난외주) 격려하시기
위함인 것이다.

그리스도께서는 그 여자에게 다음과 같이 행하셨다.

〔1〕 그 여자가 소리 지를 때에, 예수는 한 말씀도 대답하지 아니하셨다(23절).
그는 불쌍한 자들의 간청하는 외침에 언제나 귀를 여시고 주의 깊게 들으셨고,
또한 언제나 입술을 여사 평화의 대답을 주시곤 하셨다. 그런데 이 불쌍한 여
자에게는 전혀 대꾸하지 않으셨고, 그 여자는 동정도 대답도 얻을 수가 없었
다. 그 여자가 이런 대접을 받고서 투덜거리며 물러가며, "이분이 과연 자비하
고 온유한 것으로 그렇게 명성이 높은 그분이란 말인가? 그렇게도 많은 이들이
응답을 얻었다고들 하는데, 그렇다면 내가 처음 거절당한 사람이란 말인가? 그
가 그렇게 많은 사람들을 돌아보았다면 유독 나는 어째서 이렇게도 멀리한단
말인가?"라고 말할 만도 했을 것인데, 그렇게 하지 않은 것은 참 기이한 일이었
다. 그러나 그리스도께서는 모든 것을 다 알고 계셨고, 그리하여 그 여자로 하
여금 더욱더 간절히 기도하게 하시려고 대답하지 않으셨다. 그 여자가 기대한
대답을 곧바로 주지는 않으셨으나, 그리스도는 그 여자의 간청을 들으셨고, 그
여자를 기뻐하셨으며, 그 영혼에 힘을 주어 그를 강하게 하시고자 하신 것이다
(시 138:3; 욥 23:6). 짐짓 그 여자를 꺼리며 그 간청을 물리치는 모습을 보이
심으로써, 그 여자를 이끌어 더욱더 끈질기게 간청하게끔 하신 것이다. 주목하
라. 응답을 얻는 기도가 모두 즉각적으로 응답받는 것은 아니다. 때로 하나님
께서는 마치 잠든 사람이나 깜짝 놀라는 사람처럼(시 44:23; 렘 14:9; 시
22:1, 2) 그 백성들의 기도를 돌아보지 않는 것처럼 행하기도 하시며, 아니 때
로는 그들에게 진노하시는 것처럼 행하기도 하신다(시 80:4; 애 3:8, 44). 그
러나 그것은 그들의 믿음을 확증하며, 그 이후에 베풀어지는 응답이 그에게 더
욱 영광이 되며 그 백성들에게 더욱더 기쁨이 되게 하시기 위함인 것이다. 욥
35:14을 보라.

〔2〕 제자들이 그 여자를 위하여 청하자, 그는 그 여자의 청을 거절하시는 이

유를 말씀하셨고, 그 여자로서는 이것이 더욱 실망스러웠다.

첫째로, 제자들이 그 여자를 위하여 나서준 사실은 다소 위로가 되었다. 그들은, 그 여자가 우리 뒤에서 소리를 지르오니 그를 보내소서라고 말했다. 선한 사람들의 기도에 관심을 갖는 것은 바람직한 일이며, 우리가 그것을 사모해야 한다. 그러나 제자들은 그 여자가 온 목적을 이루기를 바라면서도, 그 불쌍한 여자가 문제를 해결받는 것보다는 오히려 그들 자신이 편해지기를 원했다. "그 여자가 우리 뒤에서 소리를 지르고, 우리를 괴롭게 하고 부끄럽게 하오니, 얼른 치료하시고 그를 보내소서." 계속해서 끈질기게 간구하는 것이 사람들에게는, 심지어 선한 사람들에게조차 불편을 끼칠 수도 있다. 그러나 그리스도께서는 그런 간절한 간구를 들으시기를 원하시는 것이다.

둘째로, 제자들에게 하신 그리스도의 답변이 그 여자의 기대를 완전히 무너뜨렸다. "나는 이스라엘 집의 잃어버린 양 외에는 다른 데로 보내심을 받지 아니하였노라. 그런데 그 여자는 이스라엘 집에 속한 자가 아니다. 그러니 너희가 나로 하여금 내 사명을 저버리게 만들려 하는가?" 지혜로운 자가 확고한 이유를 제시하면 아무리 끈기가 있다 해도 그것을 이길 수 없고, 그저 잠잠히 물러갈 수밖에 없다. 그리스도께서는 그 여자에게 대답을 하지 않으실 뿐 아니라 그 여자를 상대로 논리를 제시하셔서 그 입을 잠잠하게 만드신다. 사실 그 여자도 잃어버린 양으로서 다른 누구에 못지않게 그의 보살핌이 필요한 사람이었다. 그러나 그 여자는 그리스도께서 우선적으로 보내심을 받은(행 3:26) 이스라엘 집에 속한 양이 아니었고, 그러므로 우선적으로 보살핌을 받을 자격이 없었다. 그리스도는 할례의 목사이셨고(롬 15:8, 한글 개역개정판은 "추종자"로 번역함), 그가 결국 이방을 비추는 빛이 되실 분이셨으나, 아직 그 일을 위해서는 때가 차지 않았으며, 휘장이 찢어지지도 않았고, 중간에 막힌 담이 헐어지지도 않았던 것이다. 그리스도의 개인적인 사역은 그 백성 이스라엘의 영광을 위한 것이었다. "내가 그들에게 보내심을 받았을진대, 그들에 속하지 않은 자들과는 아무런 상관이 없느니라." 주목하라. 과연 우리가 그리스도께서 보내심을 받은 자들에 속하는가 하는 의문이 제기되는 계기를 맞는 것은 정말 크나큰 시험이다. 그러나 하나님을 찬양할지니, 그런 의심의 여지가 전혀 남아 있지 않다. 유대인과 이방인 사이의 구별이 사라졌고, 또한 그가 자기 목숨을 많은 사람의 대속물로 주신 분이심이 확실하니, 그의 목숨이 많은 사람을 위한 것이었다면,

나를 위한 것이기도 하지 않은가?

셋째로, 그 여자가 계속 끈질기게 간청하자, 그는 그것이 부적절하다는 것을 강조하시고, 그 여자를 책망하는 것처럼 보이기까지 하셨다. 자녀의 떡을 취하여 개들에게 던짐이 마땅하지 아니하니라(26절). 이 말씀은 모든 소망을 다 끊어 내며 절망으로 몰아가는 것처럼 보인다. 만일 그 여자에게 정말 매우 강한 믿음이 있지 않았다면 이를 감당하지 못했을 것이다. 복음의 은혜와 이적적인 치유(그리고 그것에 속하는 일들)는 자녀들의 떡으로서 양자 됨을 누리는 자들에게 속한 것이었고(롬 9:4), 하나님께서 자기들의 길들을 가는 민족들에게도 똑같이 베푸시는 하늘로부터 내리는 비나 결실기(結實期) 같은 것들과 수준이 같은 것이 아니었다(행 14:16, 17). 이것은 특별한 호의로서 특별한 백성들만이 누릴 것이었다. 그리스도께서 사마리아 사람들에게 말씀을 선포하셨으나(요 4:41), 그러나 그가 그들 중에서 병을 고치셨다는 보도는 성경에 나타나지 않는다. 구원이 유대인에게서 남이라. 그러므로 이들을 소외시키는 일은 합당치 않은 것이다. 유대인들은 이방인들을 크게 경멸하였고, 그들을 개들로 취급하여 이스라엘 집의 위엄 있는 존귀한 위치와 비교하였다. 그리스도께서는 여기서 그런 태도를 용인하시는 것처럼 보이고, 또한 유대인들에게 베풀어지는 호의를 이방인이 함께 누리는 것이 합당치 않다고 여기시는 것 같다. 그런데 이런 처지가 어떻게 뒤바뀌는지를 보라. 이방인들이 교회에 들어오고 난 후, 율법 준수를 고집하는 유대인 열심당들이 개들로 불리는 것이다(빌 3:2).

그리스도께서는 가나안 여자를 향하여 이런 말씀을 하시는 것이다. "가족의 일원이 아닌 네가 어떻게 자녀의 떡을 먹기를 기대할 수 있느냐?" 주목하라. ① 그리스도께서는 지극히 존귀하게 높이고자 하시는 자들을 먼저 낮추사 자기들의 비천함과 무가치함을 깨닫게 하신다. 먼저 우리 자신이 하나님의 자비의 지극히 작은 부분도 감당할 수 없는 개들임을 깨달아야만 비로소 위엄과 존귀한 특권을 누리기에 합당하게 되는 것이다. ② 그리스도께서는 큰 믿음을 큰 시련으로 시험하기를 기뻐하시며, 때로는 가장 예리한 시련을 맨 나중으로 미루어 놓으셔서 우리를 단련하신 후에 우리가 순금 같이 되어 나오도록 하신다(욥 23:10). 이러한 일반적인 원칙은 방향을 제시받는 다른 경우 적용되지만, 여기서는 오직 시련을 위해서 사용된다. 특별한 규례들과 교회의 특권들은 자녀들의 떡들로서 무지몽매하고 속된 자들에게 팔아 넘겨서는 안 된다. 일반적인 사랑은 모든 이들에게 베풀어져야 하지만, 특별히 위엄을 지닌 것들은 믿음의 권속들에게만 해당되는 것이며, 따라서 적절한 분별이 없이 무작정 그것들을 허용하는 것은 자녀들의 떡을 낭비하는 것이요, 거룩한 것을 개에게 주는 것과 같은 것이다(7:6). 너희 속된 자들아 물러가라.

　3. 이런 모든 실망스런 조건들을 깨뜨리는 그 여자의 믿음과 결연한 의지. 많은 이들은 이렇게 시험을 받으면, 실망하여 입을 닫고 침묵하든지 아니면 격렬하게 항의하며, 이렇게 말했을 것이다: "큰 어려움을 당한 불쌍한 자를 이렇게 냉대하다니! 여기까지 와서 이렇게 모욕을 당하다니! 나의 가련한 처지가 무시당하는 것도 모자라서 개로 취급받기까지 했으니, 차라리 집에 그냥 있는 편이 나았을 것인데!" 교만하고 낮아지지 않은 마음이었다면 이것을 감당할 수 없었을 것이다. 그 당시 이스라엘 민족의 명성이 그리 높지 않았으므로, 이 불쌍한 여자 편에서 그럴 마음이 있었다면 이방인들을 이렇게 멸시하는 것에 대해 얼마든지 반박했을 수도 있었다. 그 여자가 그리스도에 대해 갖고 있던 좋은 생각이 충격을 받았을 수도 있고, 그리스도의 명성에 흠이 될 수도 있었을 것이다. 우리는 흔히 우리 눈에 보이는 대로 사람들을 판단하기를 잘하기 때문이다. 그 여자는 이렇게 말할 수도 있었다: "이 사람이 정말 다윗의 자손이란 말인가? 이 사람이 과연 그렇게도 친절하고 부드러우며 연민이 가득하다고 소문이 난 그 사람이 맞는가? 내 평생 그렇게 홀대를 받은 적이 없으니, 이 사람은 절대로 그런 사람이 아니다. 다른 사람들에게도 나에게 하듯 그렇게 했을 것이다. 그렇지 않다 해도, 최소한 나를 자기 민족의 개로 취급할 필요까지는 없었다. 나는 개가 아니다. 나는 정직한 여자요, 큰 어려움 중에 있는 여자다. 그러니 나를 개로 취급하는 것은 절대로 합당치 못하다." 그러나 그 여자는 이런 식의 말을 한 마디도 하지 않았다. 주목하라. 그리스도를 진정 사랑하는 겸손하고도 믿음 있는 사람은 그가 말씀하고 행하시는 모든 것을 좋은 쪽으로 취하며, 그것에 근거하여 최상으로 생각하는 법이다.

　그 여자는 이 모든 실망스런 조건들을 다 깨뜨린다.

　(1) 자신의 간구를 관철시키려는 거룩한 마음의 간절함으로. 이것은 앞에 나타나는 그의 행동에서 나타난다. 여자가 와서 예수께 절하며 이르되 주여 저를 도우소서(25절).

〔1〕 그 여자는 계속해서 간구했다. 그리스도의 말씀을 듣고 제자들은 침묵했다. 더 이상 제자들은 말이 없다. 이미 응답을 받았기 때문이다. 그러나 그 여자는 응답을 받지 못했다. 주목하라. 무거운 짐을 지각할수록 더욱더 결연하게 그것을 없애주시기를 구해야 한다. 우리가 쉬지 말고 기도하는 것이, 항상 기도하고 낙심하지 않는 것이 하나님의 뜻이다.

〔2〕 그 여자는 더 간절히 기도하였다. 그리스도를 탓하거나 불친절하다고 불평하지 않고, 오히려 자신을 의심하며 자신에게서 오점을 찾으려 하였다. 자기가 앞에서 한 말이 겸손하지 못했고 존경심이 부족하지 않았는지 염려하였고, 그리하여 이제 와서 예수께 절하며, 앞에서 한 것보다 더 높은 경의를 표하였고, 앞에서 자신의 간절함을 충분히 표하지 못한 것은 아닌가 하여 이제 예수께 나아와 주여 저를 도우소서 라고 외친 것이다. 주목하라. 기도의 응답이 연기되면, 이는 하나님께서 우리에게 기도를 더 많이 하고 더 낫게 기도할 것을 가르치시는 것이다. 이럴 때면 우리는 우리가 이전에 드린 기도들에 모자란 것이 무엇인지를 살펴서, 그 그릇된 것들을 교정시켜야 한다. 기도의 성공을 가로막는 실망스런 일들은 오히려 기도의 의무를 더욱 힘쓰게 만드는 자극제로 받아들여야 하는 것이다. 그리스도께서는 고뇌 가운데서 더욱 간절히 기도하셨다.

〔3〕 그 여자는 자기가 과연 그리스도께서 보내심을 받은 자들에 속하는지 아닌지 하는 문제는 그냥 지나친다. 그녀 자신도 이스라엘 집과 가까운 친족이라고 주장할 수 있었을지도 모르나, 그리스도와 그 문제로 왈가왈부하지 않는다. 그녀는 오히려 이런 심정이었다: '이스라엘 민족이든 아니든, 내가 긍휼을 구하러 다윗의 자손께 나아왔으니, 내게 복을 주시지 아니하면 그를 떠나 보내지 아니하리라.' 믿음이 연약한 그리스도인들은 흔히 그들이 과연 택한 백성인가, 그들이 과연 이스라엘 집에 속하였는가 아닌가에 대한 의심으로 혼란을 겪는다. 그러나 하나님께 드려야 할 의무를 생각하며, 계속해서 긍휼과 은혜를 위하여 쉬지 말고 기도하는 것이 낫다. 죽으면 죽으리라라는 각오로 그리스도의 발 앞에 믿음으로 자신을 내어 던지라. 그러면 그 문제가 스스로 조금씩 명확해질 것이다. 이런저런 생각으로도 우리의 불신앙을 가라앉힐 수 없다면, 그것이 가라앉기를 위해 기도하라. 때때로 실망스러운 일들이 우리를 끌어내리고 압도하지만, 열심 있고 애정어린 주여 저를 도우소서가 수많은 문젯거리들을 극복하도록 도움을 줄 것이다.

〔4〕그 여자의 기도는 매우 짧았으나 함축적이었고 열렬했다. 주여 저를 도우소서. 이는 다음과 같은 의미로 이해할 수 있다. 첫째로, 자신의 처지를 안타까워하는 의미로. "메시야가 이스라엘 집에게만 보내심을 받았다 해도, 주여 저를 도우소서. 저와 제 딸이 어떻게 되겠나이까?" 주목하라. 상한 마음이 자신의 처지를 애도하는 것이 헛된 일이 아니다. 그 때에 하나님이 그들을 돌아보시기 때문이다(렘 31:18). 둘째로, 이 시련의 때에 간구를 계속하도록 은혜를 구하는 의미로. 그렇게 실망스런 대답을 듣는 그 여자로서는 믿음을 계속 유지하기가 매우 힘들었고, 그리하여 이렇게 간구하는 것이다. "주여 저를 도우소서. 주여 지금 저의 믿음을 강건하게 하소서. 나의 영혼이 주를 가까이 따르니 주여, 주의 오른손으로 나를 붙드소서(시 63:8)." 아니면, 셋째로, 자신의 본래의 간청을 더 강화시키는 의미로. "주여 저를 도우소서. 주여 저의 간청을 들어주소서." 그 여자는 자신이 이스라엘 집에 속하지 않았으나 그리스도께서 자기를 도우실 수 있고 또한 기꺼이 도우실 것임을 믿었다. 그렇지 않았다면 자신의 간구를 철회했을 것이다. 그 여자는 여전히 그리스도에 대해 좋게 생각하고 있었고, 그에 대한 신뢰를 저버리지 않을 것이었다. 끝까지 잘 견딘다면, 주여 저를 도우소서는 좋은 간구다. 그러나 이 간구가 지나가는 말이 되어 버리고 우리가 하나님의 이름을 헛되이 취한다면, 이는 정말 애처로운 일이 아닐 수 없다.

(2) 거룩한 믿음의 지혜로 매우 놀라운 탄원을 함. 그리스도께서는 유대인들을 자녀의 위치로 놓고, 이방인들을 개로 말씀하셨다. 그런데 그 여자는 이런 그리스도의 말씀이 적절하다는 것을 부인하지 않는다. 주목하라. 아무리 받아들이기 어려운 말씀이라도, 그리스도께서 하신 말씀을 반박하는 것으로는 아무것도 얻지 못한다. 이 불쌍한 여자는 그리스도의 말씀을 반박할 수 없었으므로 그 말씀을 최대한으로 인정하기로 결심한다. 주여 옳소이다마는 개들도 제 주인의 상에서 떨어지는 부스러기를 먹나이다(27절).

〔1〕그 여자는 매우 겸손하게 모든 것을 시인하였다. 주여 옳소이다. 주목하라. 우리는 겸손한 신자에 대해 비하하여 낮추어서 말을 할 수가 없다. 그러나 그 신자 자신은 기꺼이 자기 자신에 대해 그렇게 비하하여 낮추어서 말을 하는 법이다. 자기 자신을 낮추는 것 같이 보이는 사람도 다른 사람이 자기에 대해 그렇게 낮추어 말하면 그것을 모욕으로 받아들이기도 한다. 그러나 진정 올바로 자신을 낮추는 사람은 지극히 모욕적인 도전에 대해서도 그대로 수긍하며

인정할 것이다. "주여 옳소이다. 그것을 부인할 수 없나이다. 저는 개요 자녀의 떡을 먹을 자격이 없나이다." 네가 심히 미련하게 행하였도다. 주여 옳소이다(다윗, 대상 21:8). 너는 하나님 앞에서 짐승이로다. 주여 옳소이다(아삽, 시 73:22). 너는 다른 사람에 비하면 짐승이라. 주여 옳소이다(아굴, 잠 30:2). 너는 죄인 중에 괴수요, 모든 성도 중에 지극히 작은 자보다 더 작으며, 사도라 칭함 받기를 감당하지 못할 자로다. 주여 옳소이다(바울, 딤전 1:15).

〔2〕 그 여자가 이러한 시인을 탄원으로 발전시킨 것은 매우 독창적이었다. 마는 개들도 제 주인의 상에서 떨어지는 부스러기를 먹나이다. 그녀는 독특한 예리함과 영적인 영민함으로 멸시하는 것처럼 보이는 그리스도의 말씀에서 비집고 들어갈 틈을 발견해 낸 것이다. 주목하라. 살아 있는 능동적인 믿음이 우리를 거스르는 것처럼 보이는 것을 우리를 위한 것으로 만들어 주며, 또한 먹는 자에게서 먹는 것을 취하고 강한 자에게서 단 것을 잡아채는 것이다. 불신앙은 자기를 위하는 자를 원수로 착각하고, 심지어 고무적인 상황에서도 불길한 결론을 이끌어내기 십상이다(삿 13:22, 23). 그러나 믿음은 실망스런 일 속에서도 격려를 찾고, 자기를 밀어내려고 뻗은 손을 굳게 붙잡아 하나님께 더 가까이 나아가는 것이다. 여호와를 경외함으로 속히 깨닫는 것이야말로 지극히 좋은 것이다.

그 여자의 탄원은 개들도 부스러기를 먹는다는 것이다. 충만한 음식은 오직 자녀만을 위한 것이다. 그러나 어쩌다 흘리는 작은 부스러기는 개들에게도 허용되며, 개들은 그것을 마다하지 않는다. 개들이 바로 그것을 기대하고 상 아래에 앉아 있는 것이다. 비천한 이방인들로서는 다윗의 자손의 정규적인 사역과 이적들은 기대할 수 없다. 그것은 유대인들에게 속한 것이다. 그러나 그들이 자기들의 음식을 지겨워하여 그것으로 장난을 치고 그것을 트집 잡고 부스러기를 버리기 시작하니, 비천한 이방인이 그 떨어지는 부스러기를 먹어도 상관이 없을 것이다. "똑같은 귀한 떡의 일부이지만, 그들이 누리는 떡 덩이에 비하면 지극히 작은 부스러기에 불과한 것으로라도 제발 치료해 주옵소서." 주목하라. 자녀들의 떡은 누구나 마음껏 먹으려 하지만, 부스러기들을 기뻐하며 먹을 사람이 과연 얼마나 되는지를 기억해야 한다. 우리가 누리는 영적인 특권들의 부스러기들이 수많은 심령들에게는 잔칫상이 되는 것이다(행 13:42). 여기서 관찰하라.

첫째로, 그녀의 겸손함과 절박함이 부스러기를 달게 받도록 만들었다. 스스로 아무런 자격이 없다는 것을 깨닫는 자들은 무엇에라도 감사하게 되며, 우리 자신이 하나님의 긍휼하심의 부스러기도 감당할 수 없다는 것을 보게 될 때에 비로소 우리가 하나님의 크나큰 긍휼하심을 받을 준비를 갖추게 되는 것이다. 그리스도의 것은 지극히 작은 부스러기라도 신자에게 보배로운 것이요, 그것이야말로 생명의 떡의 부스러기인 것이다.

둘째로, 그녀의 믿음이 그녀를 격려하여 이 부스러기들을 기대하게 했다. 귀인들의 집에서는 자녀들만큼이나 개들도 확실하게 양식을 공급받는데, 그리스도의 식탁이 그렇지 않을 이유가 무엇인가? 관찰하라. 그녀는 제 주인의 상이라 부른다. 그녀가 개라 할지라도, 그녀는 그의 개였다. 우리가 그리스도와 아무리 미천한 관계에 있다 할지라도, 그것이 우리에게 해로울 수가 없는 법이다. "자녀라 일컬음을 감당하지 못하겠나이다 나를 품꾼의 하나로 보소서. 아니, 나를 개와 함께 있게 하시고 집에서 쫓아내지는 마시옵소서. 내 아버지에게는 양식이 풍족하고도 남으니이다"(눅 15:17-19). 비록 문지방에 눕는다 해도, 하나님의 집에 눕는 것이야말로 복된 일이다.

4. 이 모든 일의 복된 결과와 병의 치유. 그 여자는 이 씨름으로부터 인정하심과 위로를 받았다. 비록 가나안 여자였으나, 진정한 이스라엘의 딸임을 스스로 입증하였다. 하나님과 거루어 이겼음이라(창 32:28) 시금까지 그리스도는 그 여자에게서 얼굴을 잠시 가리셨으나, 이제는 영원한 자비로 그를 긍휼히 여기신다(사 54:8). 이에 예수께서 대답하여 이르시되 여자여 네 믿음이 크도다(28절). 이것은 마치 요셉이 자기 형들에게 자신의 정체를 드러낸 것과도 같다. 나는 요셉이라. 여기서 그리스도께서는 사실상 나는 예수라라고 말씀하신 것이다. 이제부터 그는 진정한 자신의 모습으로 말씀하시기 시작한다. 그는 영원히 다투지 아니하신다(사 57:16).

(1) 그는 그 여자의 믿음을 칭찬하셨다. 여자여 네 믿음이 크도다. 관찰하라.

[1] 그가 칭찬하시는 것은 그 여자의 믿음이다. 지금까지의 그녀의 행동에서 지혜, 겸손, 온유함, 인내 등, 몇 가지 다른 은혜들이 밝히 드러나기도 했으나 그것들은 그녀의 믿음의 산물이었다. 그리하여 그리스도께서는 믿음을 가장 칭찬받을 만한 것으로 지적하신 것이다. 모든 은혜 가운데 믿음이 가장 그리스도를 존귀하게 하는 것이므로, 그리스도께서도 모든 은혜 가운데서 믿음을 가

장 존귀하게 높이시는 것이다.

〔2〕 그는 그 여자의 믿음이 크다는 것을 칭찬하신다. 주목하라. 첫째로, 모든 성도들의 믿음이 똑같이 고귀하지만, 모든 성도의 믿음이 다 똑같이 강한 것은 아니다. 신자들 모두가 다 역량과 분량이 동일한 것이 아니다. 둘째로, 믿음이 크다는 것은 곧, 실망스런 조건 속에서도 예수 그리스도를 모든 점에 충족하신 구주로 알아서 그를 결연히 붙잡으며, 심지어 그가 마치 원수처럼 우리를 대적하는 것 같을 때에도 그를 사랑하고 친구로 신뢰하는 것이다. 이것이야말로 큰 믿음이다. 셋째로, 믿음이 연약하더라도 그것이 참된 믿음인 이상 거부되지 않는다. 그러나 큰 믿음은 칭찬을 받으며 그리스도께 큰 기쁨이 된다. 그런 믿음이 있는 자들에게서 그가 가장 극진히 높임을 받으시기 때문이다. 그리하여 그리스도께서는 백부장의 믿음을 칭찬하셨는데, 그 역시 이방인이었다. 그는 그리스도의 능력에 대해 강한 믿음을 가졌다. 그리고 이 여자는 그리스도의 선하신 뜻에 대해 강한 믿음을 가졌다. 두 사람 모두 그리스도께서 받으셨다.

(2) 그는 그 여자의 딸을 고쳐주셨다. "네 소원대로 되리라. 내가 아무것도 네게 거부하지 아니하리니 네 소원대로 취하라." 주목하라. 큰 믿음이 있는 자들은 그 구하는 것을 얻을 수 있다. 우리의 뜻이 그리스도의 계명의 뜻을 따르면, 그의 뜻이 우리가 소원하는 뜻에 동의하는 것이다. 그리스도께 아무것도 거부하지 않는 자들은, 그리스도께서 잠시 동안 얼굴을 가리시는 것 같아도 결국 그가 그들에게 아무것도 거부하지 않으시는 것을 알게 될 것이다. "네 죄가 사함받으며, 네 부패한 것이 죽임당하며, 네 본성이 거룩하게 되리라. 네 소원대로 되리라. 네가 이보다 더 바랄 것이 무엇인가?" 이 비천한 여자가 행한 것처럼 우리가 나아와서 사탄과 그의 나라를 대적하여 기도하며, 그리스도의 간구하심을 붙잡으면, 모든 일이 그것에 따라서 이루어질 것이다. 사탄이 베드로를 밀 까부르듯 하며, 가시가 되어 바울을 찌를 수도 있으나, 그리스도의 간구와 충족한 그의 은혜를 통하여 우리가 넉넉히 이길 것이다(눅 22:31, 32; 고후 12:7-9; 롬 16:20).

그리스도의 말씀대로 일이 이루어졌다. 그 때로부터 그의 딸이 나으니라. 그 때로부터 그의 딸이 다시는 귀신에게서 시달림을 받지 않았다. 어머니의 믿음이 딸의 치유를 이루어낸 것이다. 환자가 먼 거리에 있었으나 그리스도의 말씀의 효능에는 전혀 장애가 되지 않았다. 그가 말씀하시니 그대로 이루어진 것이다.

²⁹예수께서 거기서 떠나사 갈릴리 호숫가에 이르러 산에 올라가 거기 앉으시니 ³⁰큰 무리가 다리 저는 사람과 장애인과 맹인과 말 못하는 사람과 기타 여럿을 데리고 와서 예수의 발 앞에 앉히매 고쳐 주시니 ³¹말 못하는 사람이 말하고 장애인이 온전하게 되고 다리 저는 사람이 걸으며 맹인이 보는 것을 무리가 보고 놀랍게 여겨 이스라엘의 하나님께 영광을 돌리니라 ³²예수께서 제자들을 불러 이르시되 내가 무리를 불쌍히 여기노라 그들이 나와 함께 있은 지 이미 사흘이매 먹을 것이 없도다 길에서 기진할까 하여 굶겨 보내지 못하겠노라 ³³제자들이 이르되 광야에 있어 우리가 어디서 이런 무리가 배부를 만큼 떡을 얻으리이까 ³⁴예수께서 이르시되 너희에게 떡이 몇 개나 있느냐 이르되 일곱 개와 작은 생선 두어 마리가 있나이다 하거늘 ³⁵예수께서 무리에게 명하사 땅에 앉게 하시고 ³⁶떡 일곱 개와 그 생선을 가지사 축사하시고 떼어 제자들에게 주시니 제자들이 무리에게 주매 ³⁷다 배불리 먹고 남은 조각을 일곱 광주리에 차게 거두었으며 ³⁸먹은 자는 여자와 어린이 외에 사천 명이었더라 ³⁹예수께서 무리를 흩어 보내시고 배에 오르사 마가단 지경으로 가시니라

I. 그리스도께서 여러 사람들을 한꺼번에 고치신 일이 개략적으로 기록되어 있다.   그리스도의 능력과 선하심의 증표들은 희귀한 것도, 희미한 것도 아니다. 그에게는 넘치는 충만함이 있기 때문이다. 여기서 관찰하라.

1. 이 병고침의 역사가 행해진 장소. 그곳은 갈릴리 호숫가로서 그리스도께서 친근하게 다니시던 지역의 일부였다. 두로와 시돈의 해변가에서는 그리스도께서 가나안 여자의 딸에게서 귀신을 내어쫓으신 것 이외에는 다른 이적이 전혀 나타나지 않는다. 마치 그리스도께서 그 일을 염두에 두시고 의도적으로 그 곳으로 가신 것처럼 보이기까지 한다. 목사들은 선을 행하기에 힘써야 하고, 그저 몇 사람에게라도 선을 행하기를 불평해서는 안 된다. 영혼의 가치를 아는 자라면, 한 사람을 죽음과 사탄의 권세에서 구원하도록 돕는 일을 위해서도 먼 길을 마다하지 않을 것이다.

예수께서 거기서 떠나셨다. 그는 부스러기를 상 밑에 던지신 다음, 여기서 자녀들에게 충만한 잔치를 베푸시기 위해 돌아가신다. 우리는 일상적으로 하지 않는 일을 한 사람을 위해서 이따금씩 할 수도 있다. 그리스도께서는 두로와 시돈의 해변가로 발걸음을 하시나, 갈릴리 호숫가에 이르러 산에 올라가 거기 앉으신다(29절). 높은 보좌나 재판장 석이 아니라, 그렇게도 초라하고 평범한 곳

에 앉으신다. 육체에 계시는 동안에는 그런 초라한 곳이야말로 그의 지극히 엄숙한 임재가 자리하는 곳이었다! 산에 올라가 거기 앉으시니, 이는 모든 사람이 그를 바라볼 수 있게 하기 위함이요 그에게 자유로이 나아갈 수 있도록 하기 위함이었다. 그는 모든 것을 열어 놓으시는 구주이시기 때문이다. 그는 여정으로 피곤한 자로서, 잠시 휴식을 갖기를 원하는 자로서 거기 앉으셨다. 아니, 그보다는 은혜 베푸시기를 기다리는 자로서 거기 앉으셨다고 해야 옳을 것이다. 그는 거기 앉으셔서, 마치 아브라함이 장막 앞에서 객을 맞기 위해 대기하는 것처럼, 환자들이 오기를 기대하고 계셨다. 그는 이 선을 베푸는 일에 완전히 익숙해져 계셨다.

2. 그에게서 고침받은 무리들과 질병들. 큰 무리가 다리 저는 사람과 장애인과 맹인과 말 못하는 사람과 기타 여럿을 데리고 와서(30절). 이는 그에게 모든 백성이 모여들리로다라는 성경을 성취하는 것이었다(창 49:10. 한글 개역개정판은 "복종하리로다"로 번역함). 만일 그리스도의 목사들이 그리스도께서 행하신 것처럼 육체의 질병을 고칠 수 있다면, 더 많은 사람들이 그들에게 몰려들 것이다. 육체의 고통과 질병에 대해서는 누구나 다 지각하지만, 영혼과 영적인 질병에 대해서는 관심을 갖는 사람이 별로 없다.

(1) 그리스도께서는 온갖 종류의 사람들을 받아들이심으로 자신의 선하심을 드러내셨다. 가난한 자나 부한 자나 다 그리스도께 환영받으며, 그는 모든 사람을 다 수용하고도 남는 분이시다. 그는 한 번도 자기에게 나아오는 무리들과 병자들에 대해 불평하시거나, 비천하고 무식한 자들에 대해 멸시하신 적이 없다. 그에게는 천한 백성의 영혼도 군주들의 영혼과 똑같이 고귀하기 때문이다.

(2) 그리스도께서는 온갖 종류의 질병을 다 고치심으로 자신의 권능을 드러내셨다. 무리들이 병든 친척들과 친지들을 함께 데리고 와서 예수의 발 앞에 앉혔다(30절). 그들이 그리스도께 한 말은 하나도 기록되어 있지 않으나, 그들은 그가 긍휼히 여겨주시기를 바라는 마음으로 그들을 그의 앞에 내려놓았다. 그들의 비참한 처지 그 자체가 최고의 웅변가의 혀보다 더 설득력 있게 호소하였다. 다윗은 그의 우환을 하나님 앞에 진술하였고, 그것을 하나님께 맡겼는데(시 142:2), 우리로서는 그것으로 족한 것이다. 우리의 처지가 어떠하든 간에, 평안과 위로를 찾는 유일한 길은, 그것을 그리스도의 발 앞에 내려놓는 것이요, 그것을 그의 앞에 펼쳐놓는 것이요, 그것을 그에게 알리고 그 다음 그에게

굴복하고 그의 처분에 완전히 맡기는 것이다. 그리스도로부터 영적 치유를 받으려면, 우리 자신을 그의 발 앞에 내려놓고, 그가 기뻐하시는 대로 행하시도록 그대로 맡겨야 하는 것이다.

사람들이 다리 저는 사람과 장애인과 맹인과 말 못하는 사람과 기타 여럿을 그리스도께로 데려왔다. 죄가 만들어놓은 결과를 보라! 세상을 온통 병원으로 바꾸어 놓았다. 인간의 육체가 얼마나 다양한 질병으로 고통을 받게 되었는가를 보라! 구주께서 어떤 역사를 이루시는지를 보라! 그는 그 다양한 인류의 원수들을 모조리 정복하신다. 그 원인도, 그 치유도 결코 상상할 수 없는 그런 극심한 질병들이 여기 나타난다. 그러나 이 질병들 모두가 그리스도의 명령에 굴복하는 것이었다. 그가 그의 말씀을 보내어 그들을 고치셨다(시 107:20). 주목하라. 모든 질병은 그리스도의 명령 아래 있으므로, 그의 명령에 따라 가기도 하고 오기도 한다. 이것은 그리스도의 권능의 실례로서 모든 연약함 속에 있는 우리에게 위로를 주는 것이요, 또한 그의 긍휼하심의 실례로서 모든 비참함 속에 있는 우리에게 위로를 주는 것이다.

3. 이 일이 백성들에게 미친 영향(31절).

(1) 그들이 보고 놀랍게 여겼다. 충분히 그럴 만했다. 그리스도의 역사하심은 우리에게 경이(驚異)일 수밖에 없다. 이는 여호와께서 행하신 것이요 우리 눈에 기이한 바로다(시 118:23). 그리스도께서 행하시는 영적인 치유들은 과연 경이로운 것이다. 눈먼 영혼들이 믿음으로 보게 되고, 말 못하는 사람이 기도로 말하고, 다리 저는 사람이 거룩한 순종으로 걸을 때에, 이것이야말로 경이로운 것이다. 새 노래로 여호와께 찬송하라 그는 기이한 일을 행하셨음이로다(시 98:1).

(2) 그들이 이스라엘의 하나님께 영광을 돌렸다. 바리새인들은 이런 일들을 보고 하나님을 모독했는데, 이들은 영광을 돌렸다. 이적들은 우리에게 경이를 불러일으키며, 따라서 우리가 찬송해야 마땅한 일이요, 긍휼의 역사는 우리에게 기쁨을 불러일으키며, 따라서 우리가 감사해야 마땅한 일이다. 병 고침을 받은 자들이 하나님께 영광을 돌렸다. 그가 우리의 질병을 고치시면, 우리 속에 있는 모든 것이 다 그의 거룩한 이름을 찬양해야 한다. 우리가 은혜로 말미암아 눈먼 것과 다리 저는 것과 말 못하는 것에서 보존을 받아왔다면, 그가 그 질병들을 고쳐주신 것만큼이나 하나님께 찬송을 드려야 마땅한 것이다. 아니, 주위에서 그 광경을 본 사람들이 하나님께 영광을 돌렸다. 주목하라. 우리들 자신

에게 베풀어지는 긍휼만이 아니라, 다른 이들에게 긍휼이 베풀어질 때에도 찬송과 감사로 하나님께 영광을 돌려야 한다. 그들은 이스라엘의 하나님이신 그에게 영광을 돌렸다. 곧, 그의 교회의 하나님으로, 그 백성과 언약을 맺으시고, 약속하신 메시야를 보내신 하나님으로 알고 그에게 영광을 돌린 것이다. 이분이 바로 그 하나님이시다. 찬송하리로다 주 이스라엘의 하나님이여(눅 1:68). 이 역사는 이스라엘의 하나님의 능력으로 이루어진 것이요, 다른 누구도 그 일을 할 자가 없다.

II. 그리스도께서 떡 일곱 개와 작은 생선 두어 마리로 사천 명을 먹이신 사실이 구체적으로 기록되어 있다. 얼마 전에도 그는 떡 다섯 개로 오천 명을 먹이신 일이 있는데, 이번에는 무리의 숫자도 그 때보다 약간 적고, 있는 음식물도 그 때보다 약간 더 많았다. 그러나 이것은 그리스도의 능력이 줄어든 것을 시사하는 것이 아니라, 그가 상황에 따라서 합당하게 이적을 행하시는 것을 시사하는 것이다. 그는 이적을 통해서 자기를 과시하려 한 일이 없다. 그러므로 언제나 상황에 맞도록 적절히 이적을 행하셨다. 그 때에나 지금이나 그 자리에 모인 모든 사람들을 다 먹이셨고, 현장에 있는 음식물을 모두 다 사용하신 것이다. 자연의 최고의 능력을 넘어서는 일이 일어나면, 우리는 이는 하나님의 권능이라라고 고백해야 한다. 그 때에나 지금이나 과연 틀림없는 이적이 행해진 것이다. 여기서 다음을 보라.

1. 그리스도의 불쌍히 여기심. 내가 무리를 불쌍히 여기노라(32절). 그가 제자들에게 이 말씀을 하신 것은 그들이 불쌍히 여기는 마음이 있는가를 시험하심은 물론 그런 마음을 불러일으키기 위함이었다. 이 이적을 행하려 하실 즈음, 그는 제자들을 불러서 그의 목적을 알리시고 그것에 대해서 그들에게 말씀하셨는데, 이는 그들의 조언이 필요해서가 아니라 그들을 향하여 자신을 낮추시는 그의 사랑을 가르쳐 주시기 위함이었다. 그는 그들을 종이라 부르시지 않는다. 종은 그 주인이 행하는 일을 알지 못하기 때문이다. 오히려 그들을 자신의 친구와 의논 상대로 대하신다. 내가 하려는 것을 아브라함에게 숨기겠느냐?(창 18:17). 그가 제자들에게 하신 말씀에서 다음을 관찰하라.

(1) 무리들의 처지. 그들이 나와 함께 있은 지 이미 사흘이매 먹을 것이 없도다. 이는 그리스도와 그의 말씀을 향한 그들의 열심이 어느 정도였으며 그들의 애정이 얼마나 강했는지를 보여주는 사례라 하겠다. 그들은 그를 따르느라 며칠

동안 직업도 뒤로 제쳐두었을 뿐 아니라, 그와 함께 계속 있기 위해서 상당한 괴로움을 감내하였다. 그들에게는 휴식이 필요했으나, 겨우 들판에서 마치 군졸들처럼 누워서 휴식을 취했다. 그들에게 음식이 필요했으나, 생명과 영혼을 함께 지켜주기에는 음식이 턱없이 부족했다. 팔레스타인처럼 더운 지방 사람들은 추운 지방에 사는 우리보다도 오랜 금식을 더 잘 견딜 수 있었다. 그러나 그렇더라도 그런 상황에서는 육체가 괴로움을 겪을 수밖에 없었고 또한 건강이 위협을 당할 수밖에 없었다. 그러나 하나님의 집을 사모하는 열심이 그들을 삼켰고, 그리하여 그들은 필요한 음식보다도 그리스도의 말씀을 더 소중히 여겼던 것이다. 우리는 공적인 규례에 겨우 세 시간 동안 참석하는 것도 너무 지나치게 길다고 생각한다. 그러나 이 사람들은 사흘이나 함께 있었는데도 아무도 불평하지 않았고, 또한 이 얼마나 지루한 일이냐! 라고 말하는 사람도 없었다. 관찰하라. 그리스도께서 얼마나 따뜻한 마음으로 말씀하셨는가! 내가 무리를 불쌍히 여기노라. 그가 사흘 동안 무리들과 함께 있는 고통을 이기시면서 가르침과 병 고치시는 일에 그렇게도 지칠 줄 모르고 힘쓰셨고, 그러면서도 그 역시 함께 금식을 하고 계셨으니, 오히려 무리들이 그를 불쌍히 여기는 것이 합당했을 것이다. 그러나 그가 무리를 불쌍히 여기셨다. 주목하라. 우리 주 예수께서는 그를 따르는 자들이 얼마나 오랫동안 그를 따라왔는지를 염두에 두고 계시며, 그동안 그들이 겪는 어려움을 잘 보고 계신다. 내가 네 행위와 수고와 네 인내를 아노라(계 2:2). 그리고 그것은 결코 상을 잃지 아니할 것이다.

그런데 그 무리들이 당한 절박한 사정이 다음을 크게 드러내게 된다. 〔1〕 그들을 위해 공급하시는 그리스도의 긍휼하심. 그들이 배고플 때에 그가 그들을 먹이셨고, 그 때에 음식이 배나 더 환영을 받았다. 그는 그 옛날 이스라엘에게 행하신 대로 그들을 대하셨다. 그들을 주리게 하시고 다시 그들을 먹이신 것이다(신 8:31). 배부른 자가 싫어하는 것도 주린 자에게는 달기 때문이다. 〔2〕 그들을 위해 공급하시는 그리스도의 이적. 오랫동안 금식을 해온 뒤라서 식욕이 어느 때보다 더 강했다. 두 번 식사를 굶으면 세 번째는 폭식을 하게 되기 마련인데, 사흘이나 굶었으니 그 식욕이 어떠했겠는가? 그런데도 그들은 모두 다 배불리 먹었나. 주목하라. 그리스도께서는 긍휼과 은혜가 풍성하여 지극히 순전하고도 강렬한 욕구를 충족하게 만족시키고도 남는다. 네 입을 크게 열라. 내가 채우리라(시 81:10). 그는 굶주린 영혼에게 좋은 것으로 채워주심이로다(시 107:9).

(2) 그리스도께서 그들의 처지를 돌아보심. 길에서 기진할까 하여 굶겨 보내지 못하겠노라. 그들이 굶어 기진한다면, 이는 그리스도와 그의 제자들의 수치가 될 것이요, 그 무리들과 다른 이들에게도 실망스런 일이 될 것이다. 주목하라. 우리의 현 상태가 어려워지면, 우리의 영혼이 어느 정도 높이 올라가서 활동하므로 우리의 육체가 선한 의무들을 행하는 일에서 영혼과 보조를 맞추지 못할 정도가 된다. 육체의 연약함이 영의 능동적인 의지에 큰 근심거리가 되는 것이다. 그러나 육체가 영적인 것이 되는 천국에서는 그렇지 않을 것이다. 그들이 밤낮 쉬지 않고 하나님을 찬송하되 지치지 아니하며, 거기서는 다시 주리지도 아니하며 목마르지도 아니할 것이다(계 7:16).

2. 그리스도의 권능. 그는 그들의 절박한 처지를 불쌍히 여기사 권능으로 그들을 위해 음식을 공급하신다. 이제 관찰하라.

(1) 그의 제자들은 그의 권능을 신뢰하지 못했다. 광야에 있어 우리가 어디서 이런 무리가 배부를 만큼 떡을 얻으리이까?(33절). 아마도 모세의 질문이 이 경우에 적절했을 것이라고 생각하는 이도 있을 것이다. 그들을 위하여 양 떼와 소 떼를 잡은들 족하오리이까?(민 11:22). 그러나 여기서는 그런 질문이 적절치 못했다. 제자들은 그리스도의 권능에 대해 전반적인 확신을 갖고 있었을 뿐 아니라 이와 비슷한 상황에 처하여 이미 이적을 통해서 적절하고도 풍성하게 공급을 받은 구체적인 경험을 한 바 있기 때문이다. 그 전의 이적이 일어날 때에 그들은 직접 그 광경을 목격했을 뿐 아니라 몸소 그 이적에 참여하기까지 했었다. 늘어난 떡이 그들의 손을 통해서 무리들에게 분배되었기 때문이다. 그러므로 그런 경험이 있는 그들이 우리가 어디서 떡을 얻으리이까? 라고 질문한 것은 정말 그들의 믿음이 연약한 소치라고 밖에는 볼 수 없다. 주께서 그들과 함께 계시는데도 과연 그들이 낭패를 당할 수 있겠는가? 주목하라. 이전의 체험을 잊어버리면 지금 의심 아래 있게 된다.

그리스도께서는 그들이 지닌 음식이 얼마나 되는지를 잘 알고 계셨으나 그들에게서 그것을 확인하고자 하셨다. 너희에게 떡이 몇 개나 있느냐?(34절). 그는 일하시기 전에, 그 자리에 주어진 것이 얼마나 적은지를 제자들로 하여금 보게 하셨고, 그리하여 그의 권능이 더욱 밝히 비치게 하셨다. 그들이 가진 것은 그들 자신이 먹으려던 것이요, 그들의 가족을 위해서도 턱없이 부족한 것이었다. 그러나 그리스도께서는 그 적은 것을 무리들에게 베풀어주게 하시며, 더 많은 것을 위하여 섭리를 신뢰하게 하신다. 주목하라. 그리스도의 제자들은 너그러이 베푸는 것이 어울린다. 주님이 그러하셨으니 말이다. 형편에 따라서 우리가 가진 것을 자유로이 나누어 줄 줄 알아야 한다. 나발 같아서는 안 되고 (삼상 25:11), 엘리사와 같아야 한다(왕하 4:42). 내일을 염려하여 오늘 인색한 것은 부패한 애착에서 비롯되는 것으로 반드시 없애야 한다. 우리가 지닌 것으로 사려 깊게 친절을 베풀면, 하나님께서 더 많은 것을 보내실 것을 경건하게 바랄 수가 있을 것이다. 여호와 이레, 곧 여호와께서 공급하시리라. 제자들이, 우리가 어디서 떡을 얻으리이까? 라고 묻자, 그리스도께서는, 너희에게 떡이 몇 개나 있느냐? 라고 물으셨다. 주목하라. 우리가 바라는 것을 얻을 수 없을 때에는 우리가 가진 것을 최대한 사용하며, 할 수 있는 만큼 그것으로 선을 베풀어야 하며, 우리에게 모자라는 것이 아니라 우리에게 있는 것을 생각해야 한다. 여기서 그리스도께서는 마르다에게 주신 원칙에 따라서 행하신 것이다: 많은 일로 염려하고 근심하지 말라(눅 10:41). 자연은 적은 것으로 만족하며, 은혜는 그보다 더 적은 것으로 만족하나, 욕심은 아무것으로도 만족하지 못하는 법이다.

(2) 그가 풍성하게 먹이심으로 무리들이 그의 권능을 보았다. 이 이적이 일어난 과정은 그 전의 이적과 동일하다(14:18). 여기서 관찰하라.

〔1〕 제자들에게 있는 음식물. 떡 일곱 개와 작은 생선 두어 마리가 전부였다. 떡이 생명을 지탱하는 주식이므로, 생선의 양이 떡과 비율이 맞지 않았다. 아마도 생선은 그들 스스로 잡은 것이었을 것이다. 그들은 어부들이었고, 호수가 가까이 있었으니 말이다. 주목하라. 우리 손이 수고한 대로 먹는 것이 편하고(시 128:2), 우리가 노력하여 얻은 것을 누리는 것이 좋다(잠 12:27). 그리고 우리의 수고에 하나님께서 복 주심으로 얻은 것에 대해서는 값없이 베풀어야 한다. 우리가 수고하는 것이 가난한 자에게 구제할 수 있도록 하기 위함이기 때문이다 (엡 4:28).

〔2〕 무리들을 떡을 받을 수 있는 자세로 정렬시킴. 예수께서 무리에게 명하사 땅에 앉게 하시고(35절). 그들은 음식이 지극히 적은 것을 보았다. 그러나 그 적은 것으로 그들 모두가 배불리 먹을 것임을 믿고서 앉아야 했다. 그리스도께로부터 영적 양식을 얻고자 하는 자는 반드시 그의 발 앞에 앉아서 그의 말씀을 듣고, 또한 그 양식이 눈에 보이지 않는 방식으로 올 것을 기대해야 한다.

〔3〕 있는 음식을 무리들에게 분배함. 예수께서 먼저 감사하셨다, 유카리스테사스(한글 개역개정판은 "축사하시고"로 번역함). 앞의 이적을 묘사할 때에는 율로게세(그가 축복하셨다)가 사용되었다. 이는 모두 한 가지를 뜻한다. 하나님께 감사하는 것이야말로 하나님께로부터 오는 복을 사모하는 적절한 길인 것이다. 그리고 우리가 나아가 구하여 더 많은 긍휼을 받으면, 그 받은 바 긍휼에 대하여 감사를 드려야 마땅하다. 이어서 그는 그 떡을 떼어(떡을 뗄 때에 그 떡이 늘어났다) 제자들에게 주셨고, 다시 제자들이 무리에게 주었다. 제자들이 그리스도의 권능을 신뢰하지 못하였으나, 그는 예전처럼 지금도 그들을 사용하셨다. 그의 목사들이 연약하며 부족하다 해도, 그 때문에 그가 진노를 발하셔서 그들을 내치시지는 않는다. 오히려 여전히 생명의 말씀을 그들에게 주사 그들로 하여금 그의 백성들에게 분배하게 하시는 것이다.

〔4〕 무리들에게 음식이 풍성하게 분배되었다. 다 배불리 먹고. 주목하라. 그리스도께서 사람을 먹이시면, 부족하게 하시지 않고, 배불리 먹이신다. 우리가 세상을 위해 수고하지만, 그것은 만족하지 못할 것을 위해 수고하는 것이다(사 55:2). 그러나 진정 그리스도를 바라는 자들은 주의 집의 아름다움으로 만족할 것이다(시 65:4). 그리스도께서 이렇게 다시 한 번 백성을 먹이셨는데, 이는 그가 나사렛 예수라 칭함을 받으셨으나 그는 베들레헴(즉 떡집)의 예수이셨으며, 아니 그가 친히 생명의 떡이심을 시사하는 것이었다.

그들이 다 배불리 먹었음을 보여주기 위하여 많은 음식이 남았다. 남은 조각을 일곱 광주리에 차게 거두었으며. 그 전처럼 많이 남지는 않았다. 왜냐하면 음식을 먹은 사람의 숫자가 전보다 적었기 때문이다. 그러나 그 남은 것은 그리스도께 양식이 풍족하고도 남는다는 것을 보여주기에 충분했다. 구한 것보다 은혜의 공급이 더 풍성했다.

〔5〕 음식을 먹은 무리들의 숫자가 기록되었다. 각자 먹은 만큼 값을 지불하게 하기 위함이 아니라(그 음식은 무료로 제공된 것이었다), 그리스도의 권능과 선하심을 증언하게 하기 위함이었고, 또한 이 이적이 모든 육체에게 먹을 것을 주시는(시 136:25) 그 보편적인 섭리를 닮은 것이 되게 하기 위함이었다. 이때에 사천 명이 먹었다. 그러나 날마다 하나님의 보살피심으로 필요한 것을 공급받는 그 큰 무리에 비하면 이들은 아무것도 아니었다. 하나님은 위대한 주부(Housekeeper)시요, 모든 사람의 눈이 주를 앙망하며 주는 때를 따라 그들에게 먹

을 것을 주시는 것이다(시 104:27; 145:15).

[6] 무리들이 해산하고, 그리스도께서도 다른 곳으로 떠나셨다. 예수께서 무리를 흩어 보내시고(39절). 그가 두 번 그들을 먹이셨으나, 그들은 이적이 그들의 일용할 양식이기를 기대해서는 안 되었다. 그리하여 이제 무리들을 집으로, 그들의 식탁에로 돌아가게 하셨다. 그리고 예수님 자신도 배를 타고 다른 곳으로 떠나셨다. 그는 세상의 빛이시니, 여전히 사방에 빛을 발하셔야 했고, 두루 다니며 선을 행하셔야 했던 것이다.

제
— 16 —
장

개요

본 장에는 그리스도의 이적이 하나도 기록되어 있지 않고, 다만 네 차례의 강화(講話)가 기록되어 있다. I. 하늘로부터 오는 표적을 보여 달라고 도전하는 바리새인들과의 대화(1-4절). II. 바리새인들의 누룩에 관하여 제자들에게 하신 말씀(5-12절). III. 자신이 그리스도이심에 관하여, 또한 그가 세우실 그의 교회에 관하여 제자들에게 하신 말씀(13-20절). IV. 그들을 위한 그의 고난과 그를 위한 그들의 고난에 관하여 하신 말씀(21-28절). 이 모든 강론이 다 우리를 가르치기 위하여 기록된 것이다.

¹바리새인과 사두개인들이 와서 예수를 시험하여 하늘로부터 오는 표적 보이기를 청하니 ²예수께서 대답하여 이르시되 너희가 저녁에 하늘이 붉으면 날이 좋겠다 하고 ³아침에 하늘이 붉고 흐리면 오늘은 날이 궂겠다 하나니 너희가 날씨는 분별할 줄 알면서 시대의 표적은 분별할 수 없느냐 ⁴악하고 음란한 세대가 표적을 구하나 요나의 표적 밖에는 보여줄 표적이 없느니라 하시고 그들을 떠나 가시니라

여기서 바리새인들과 사두개인들에게 하신 그리스도의 말씀을 접하게 된다. 행 23:7, 8에서 나타나듯이 이 사람들은 서로 갈등이 있었으나 그리스도를 대적하는 일에서는 서로 의견이 일치하였다. 그리스도의 가르침이 영의 존재와 미래의 상태를 부인하는 사두개인들의 오류와 이단성을 여지없이 무너뜨렸고, 또한 장로들의 전통을 강제로 부과시키는 바리새인들의 교만과 폭거와 외식을 완전히 뒤집어엎는 것이었기 때문이다. 그리스도와 기독교는 사방에서 반대를 받는 법이다. 관찰하라.

I. 그들의 요구와 의도.

1. 그들의 요구는 하늘로부터 오는 표적을 보여 달라는 것이었다. 그들은 사실은 전혀 그렇지 않으면서, 표적만 보여주면 기꺼이 만족하고 믿을 것처럼 하였다. 그러나 고집불통의 불신앙으로 변명거리를 구하였던 것이다. 그들이 속

으로 바라는 체하며 그리스도께 요구한 것은,

(1) 지금까지 본 것과는 다른 표적이어야 한다는 것. 그들은 표적을 수없이 보아왔다. 그리스도께서 행하신 이적 하나하나가 다 표적이었다. 하나님이 함께 계시지 아니하시면 그가 행하신 이 표적을 아무도 할 수 없었다(요 3:2). 그러나 이것은 소용이 없었다. 그들은 자기들이 선택하는 한 가지 표적이 있어야 했다. 그들은 병든 자와 슬픔에 잠긴 자들의 절박한 처지를 해결해 준 표적들을 경멸하였고, 교만한 자들의 호기심을 채워줄 무언가 다른 표적을 고집하였다. 신적인 계시의 증거들은 사람의 어리석음과 환상에 따라서가 아니라, 하나님의 지혜에 따라서 택하여지는 것이 합당한 일이다. 지금까지 베풀어진 증거는 편견이 없는 지성을 충족히 만족시키는 것이었으나, 헛된 교만을 기쁘게 해주는 것은 아니었다. 우리에게 주어진 것은 무시해 버리고 우리에게 없는 수단과 유리한 조건을 통하여 무언가가 우리에게 이루어지기를 바라는 것은 마음의 간교함의 증거인 것이다. 모세와 선지자들에게 듣지 아니하면 비록 죽은 자 가운데서 살아나는 자가 있을지라도 만족을 얻지 못할 것이다(눅 16:31).

(2) 하늘로부터 오는 표적이어야 한다는 것. 그들은 시내 산에서 율법을 주실 때에 행해진 것 같은 그런 이적들로 그가 하나님께로부터 보내심을 받은 사실을 증명하기를 바랐다. 그들은 우레와 번개와 음성 등, 하늘로부터 오는 표적을 요구한 것이다. 그러나 사람이 지각할 수 있는 표적과 놀라운 이적들은 신령한 복음의 세대와는 어울리지 않는 것이었다. 이제는 말씀이 우리에게 더 가까이 오며(롬 10:8), 그러므로 이적들도 과거에 그랬던 것처럼 우리를 말씀과 그렇게 거리를 두게 만들지 않는 것이다(히 12:18).

2. 그들의 의도는 그를 시험하는 것이었다. 그에게서 가르침받으려는 것이 아니라 그를 미혹하려는 것이었다. 만일 그가 하늘로부터 오는 표적을 보이면, 그들은 그것을 공중의 권세 잡은 자와 결탁하여 행한 것으로 돌릴 것이었고, 만일 표적을 보이지 않으면(그들은 그가 표적을 보여주지 않을 것으로 예상하고 있었다), 그들이 그를 믿지 않는 핑곗거리로 삼을 심사였다. 그들은 지금 과거 이스라엘이 행한 것처럼 그렇게 그리스도를 시험한 것이다(고전 10:9). 여기서 그들의 사악함을 보라. 이스라엘은 하늘로부터 오는 표적을 보고서 그리스도를 시험하여 말하기를, 그가 광야에서 식탁을 베푸실 수 있으랴?(시 78:19)라고 하였다. 그런데 정작 그가 광야에서 식탁을 베풀자 그들은 그를 시

험하여 말하기를, 그가 하늘로부터 오는 표적을 보일 수 있으랴?라고 한 것이다.

Ⅱ. 이러한 요구에 대한 그리스도의 대답. 그들이 자기들 스스로 우쭐해지지 않도록 그는 미련한 자에게 그의 어리석음을 따라 대답하셨다(잠 26:5). 이 대답에서,

1. 그는 이미 주어져 있는 표적들을 무시하는 그들의 처사를 정죄하신다(2, 3절). 하나님 나라의 표적들이 이미 그들 중에 있는데도 그들은 그것을 구하고 있었다. 주께서 자기 땅에 계셨으나, 그들은 그것을 알지 못했다. 그리하여 믿음이 없는 그들의 조상들은 이적이 일용할 양식처럼 베풀어질 때에도, 주께서 우리 중에 계시나, 계시지 않느냐? 라고 물었다.

이런 사실을 폭로하시고자, 그는 다음의 사실들을 지적하신다.

(1) 다른 일들에 대한 그들의 기술과 영민함, 특히 날씨를 예측하는 기술과 영민함. 너희가 저녁에 하늘이 붉으면 날이 좋겠다 하고 아침에 하늘이 붉고 흐리면 오늘은 날이 궂겠다 하나니. 관찰과 경험에서 이끌어낸 공통적인 법칙들이 있어서, 그것으로 날씨가 어떨지를 쉽게 예측할 수 있다. 자연의 움직임이 획일적이고 일관성이 있으므로, 부차적인 원인들이 작용하기 시작하면 쉽게 그 결과를 예측할 수 있는 것이다. 구름이 어떻게 균형을 이루는지는 알 수 없다(욥 37:16), 그러나 구름의 모양을 보고 무언가를 유추해낼 수는 있다. 이것은 하늘을 살피며 별을 보며 또한 초하룻날에 한참 후의 날씨에 대해 예고하여 비천하고 어리석은 백성들을 미혹시키는 자들(사 47:13)을 지지하는 것이 결코 아니다. 우리는 씨 뿌리는 때와 추수할 때, 추운 때와 더운 때, 여름과 겨울이 그쳐지지 않고 계속 있다는 일반적인 사실은 확실히 알고 있다. 그러나 구체적인 사실들에 대해서는, 날씨의 변화를 감지하게 하는 임박한 표적과 징조들을 보기 전에는 알 수 없는 것이다. 그러므로, 하나님께서 기뻐하시는 대로 날씨가 변화할 것이요, 하나님이 기뻐하시는 그런 날씨에 대해서 불평하지 않는 것으로 만족할 수밖에 없다.

(2) 그들의 영혼에 관한 문제에 대한 어리석음과 우매함. 시대의 표적은 분별할 수 없느냐?

〔1〕 "메시야가 임하였다는 것을 보지 못하느냐?" 유다에게서 규가 떠났고, 다니엘의 일곱 때가 지금 막 시기를 다했는데도 그들은 그것을 깨닫지 못했다. 그리스도께서 행하신 이적들과, 또한 백성들이 그에게로 모이는 것이 과연 천

국이 가까웠으며 이 때야말로 그들이 보응 받을 날이라는 분명한 징후였던 것이다. 주목하라. 첫째로, 시대의 표적들이 있으며, 이로써 지혜로운 자와 올바른 자들이 도덕적인 예측을 할 수 있고 섭리의 움직임과 방법들을 깨달아 그것에 합당하게 대처하며, 마치 잇사갈 지파의 사람들처럼, 의사가 특정한 증상을 근거로 질병을 파악하는 것처럼, 이스라엘이 해야 할 바를 알 수 있다. 둘째로, 다른 일에서는 충족한 예지가 있으면서도 그들에게 기회가 되는 날을 분간할 수도 없고 분간하지도 않으며, 순풍이 불 때에도 그것을 감지하지 못하고 그냥 지나치게 하는 자들이 많다(렘 8:7; 사 1:3). 셋째로, 하나님께서 정하시는 표적들을 무시하고 우리 자신이 지정하는 표적들을 구하는 것은 큰 외식이다.

〔2〕 "그를 배척하면 너희에게 멸망이 온다는 것을 예견하지 못하느냐? 화평의 복음을 너희가 받아들이지 않을 것이니, 그것 때문에 멸망이 반드시 너희 머리 위에 임할 것을 분별하지 못하느냐?" 주목하라. 그리스도를 거부하는 결과가 어떻게 될지를 알지 못하는 것이 바로 그들의 멸망이다.

2. 전에도 똑같은 말씀으로 그렇게 하셨듯이(12:39) 그는 다른 표적을 보이기를 거부하신다(4절). 똑같은 악행을 계속 반복하는 자들은 똑같은 책망을 받기를 기대할 수밖에 없다. 여기서, (1) 그는 그들을 가리켜 음란한 세대라 부르신다. 이는 그들이 스스로 하나님의 참된 교회에 속하며 하나님의 신부(新婦)로 사처하면서도 그를 배반하여 그에게서 떠나 있고, 하나님과의 언약을 깨뜨렸기 때문이다. 바리새인들은 자기들의 눈에는 순결한 세대였다. 음란한 여자가 하듯 자기가 악을 행하지 아니하였다고 생각하는 것이다(잠 30:20). (2) 그는 그들의 욕구를 채워주기를 거부하신다. 그리스도는 우리의 욕심대로 움직이는 분이 아니시다. 우리가 구하여도 받지 못함은 정욕으로 쓰려고 잘못 구하기 때문이라(약 4:3). (3) 그는 선지자 요나의 표적 밖에는 보여줄 것이 없다고 말씀하신다. 이는 곧, 그가 죽은 자 가운데서 부활하실 것과 사도들을 통하여 이방인들에게 그가 선포되실 것을 뜻하는 것이다. 이 일들은 그의 신적 사명의 가장 마지막의 최고의 증거들로 남겨져 있었다. 주목하라. 교만한 사람들의 허망한 욕심은 채워지지 않을 것이나 겸손한 자들의 믿음은 뒷받침을 받을 것이요, 그리하여 멸망하는 자들의 불신앙이 결코 핑계를 댈 수 없게 되고, 모든 입이 막힐 것이다.

이 강화는 갑자기 종결된다. 그들을 떠나 가시니라. 그리스도께서는 그를 멸시하는 자들과 함께 오래 계시지 않고, 그와 말싸움을 하는 자들에게서 물러가신다. 그는 그들을 돌이킬 수 없는 자들로 버려두셨다. 그들을 그냥 두라. 스스로 알아서 하도록 내버려두셨고, 그들을 마음의 정욕대로 내버려두신 것이다.

5 제자들이 건너편으로 갈새 떡 가져가기를 잊었더니 6예수께서 이르시되 삼가 바리새인과 사두개인들의 누룩을 주의하라 하시니 7제자들이 서로 논의하여 이르되 우리가 떡을 가져오지 아니하였도다 하거늘 8예수께서 아시고 이르시되 믿음이 작은 자들아 어찌 떡이 없으므로 서로 논의하느냐 9너희가 아직도 깨닫지 못하느냐 떡 다섯 개로 오천 명을 먹이고 주운 것이 몇 바구니며 10떡 일곱 개로 사천 명을 먹이고 주운 것이 몇 광주리이던 것을 기억하지 못하느냐 11어찌 내 말한 것이 떡에 관함이 아닌 줄을 깨닫지 못하느냐 오직 바리새인과 사두개인들의 누룩을 주의하라 하시니 12그제서야 제자들이 떡의 누룩이 아니요 바리새인과 사두개인들의 교훈을 삼가라고 말씀하신 줄을 깨달으니라

여기에는 그리스도께서 제자들에게 떡에 대해서 하신 말씀이 기록되어 있다. 여러 다른 강화에서처럼 그는 여기서도 비유를 사용하여 영적인 일들에 대해 말씀하시고, 제자들은 속된 것에 대한 말씀인 줄로 오해한다. 그가 제자들과 이런 말씀을 나누게 된 것은 그들이 배에 양식을 싣는 것을 잊은 일 때문이었다. 그들은 호수 건너편에 있는 가족들을 위하여 양식을 준비해야 했던 것이다. 그들은 보통 떡을 지니고 다녔다. 때로 식량을 구할 수 없는 광야에 있기도 했고, 광야에 있지 않을 때에는 짐을 무겁게 지려 하지 않았다. 그런데 여기서 그들은 양식 마련하는 일을 잊었다. 그들의 생각이 더 나은 일들로 가득 차 있었기 때문이라는 바람을 갖기로 하자. 주목하라. 그리스도의 제자들은 세상의 일에 대해서는 배려하기를 잘못하는 경우가 많다.

I. 그리스도께서 제자들을 경계하심. 바리새인과 사두개인들의 누룩을 주의하라(6절). 그는 바로 전에 바리새인과 사두개인들과 변론하셨었고, 그들이 제자들에게 전혀 관계하지 말도록 경계할 필요가 있는 사람들임을 보셨다. 제자들은 외식하는 자들에게서 가장 큰 위협을 받고 있었다. 노골적으로 악을 행하는 자들을 상대로는 오히려 경계하기가 쉽다. 그러나 경건을 가장하는 데 대가인 바리새인들과 또한 진리를 자유롭고도 편견 없이 진리를 추구하는 체하는

사두개인들에 대해서는 전혀 경계가 없는 것이 보통이었다. 그러므로 이중으로 경계하시는 것이다. 삼가고 주의하라.

그리스도는 바리새인들과 사두개인들의 부패한 원리들과 행위들을 누룩과 비교하신다. 그것들은 마치 누룩처럼 시어지고 부풀어오르고 퍼진다. 가는 곳마다 악한 원리들과 행위들을 퍼뜨리는 것이다.

II. 이러한 경계를 제자들이 오해함(7절).   그들은 그리스도께서 그들이 중요한 것을 잊고 준비하지 못한 것에 대해 책망하시는 것으로 생각하였다. 그리스도께서 바리새인들과 변론하시는 것에 온통 관심을 빼앗겨서 그들이 사사로이 관심을 가져야 할 것에 대해서는 전혀 신경을 쓰지 못했던 것이다. 아니면, 떡을 준비하지 못했으니 아는 사람들에게 부탁하여 떡을 마련해야 했는데, 그리스도께서 바리새인들과 사두개인들에게는 떡을 구하지도 말고 그들에게서 도움도 받지 말라는 뜻으로 말씀하시는 것으로 생각하였다. 그들이 제자들에게 양식을 공급해 주는 것을 핑계로 그들에게 그릇된 일을 행할까 염려하셔서 그것을 금하신 것이라고 본 것이다. 아니면, 그들은 그 말씀을 바리새인들이나 사두개인들과 친하게 지내지 말고, 그들과 식사도 함께 하지 말라는 경계의 말씀으로 받아들였다(잠 23:6). 그러나 위험한 것은 그들의 떡이 아니라(그리스도께서도 친히 그들과 함께 식사하기도 하셨다. 눅 7:36; 11:37; 14:1) 그들의 가르침이었던 것이다.

III. 그리스도께서 이 일에 대해서 제자들을 책망하심.

1. 그는 자신이 이런 곤경 속에서 제자들에게 양식을 공급하실 능력이 있고 또한 그럴 뜻이 계시다는 것을 제자들이 신뢰하지 않은 것에 대해 책망하신다. "믿음이 작은 자들아 너희가 어찌 떡이 없으므로 당황해하느냐? 너희 주께서 너희 사정을 다 아시니 마땅히 모든 것을 공급하시리라는 것을 어찌 생각하지 못하느냐?" 그는 제자들이 앞일을 제대로 예측하지 못하는 것을 탓하시는 것이 아니다. 주목하라. 부모와 주인들은 자녀들과 종들이 중요한 일들을 잊어버리는 것에 대해 필요 이상으로 화를 내서는 안 된다. 우리 모두가 우리의 마땅한 의무를 잊기를 잘 하고, 그것을 과실에 대한 핑계로 삼기를 잘 하기 때문이다. 혹 잘못이 있었을까 두렵도다. 그리스도께서 제자들의 부주의를 얼마나 쉽게 용서하셨는가를 보라. 떡을 준비하는 중요한 문제를 잊어버렸는데도 주님은 그것을 문제삼지 않으셨다. 그러니 우리도 그렇게 해야 한다. 그러나 그들의 믿

음이 작은 것에 대해서는 주님이 책망하신다.

(1) 그 곳이 광야였으나 그는 그들이 양식을 공급하는 문제에 대해 그를 의지하고, 그 문제로 염려하지 말 것을 바라셨다. 주목하라. 그리스도의 제자들이 자기들 자신의 부주의와 생각 없음으로 인하여 부족함과 곤경에 처한다 할지라도, 그리스도께서는 그들이 그를 의지하여 문제를 해결할 것을 격려하신다. 그러므로 우리는 정말로 가난한 자들을 구제하지 않는 것에 대하여 그들이 자기들의 문제를 제대로 처리하지 못하여 그런 곤경에 처한 것이므로 그들을 도울 필요가 없다는 식으로 핑계를 대서는 안 되는 것이다. 그들이 실제로 그럴 수도 있으나, 그렇다고 해서 그들이 정말로 먹을 것이 없는 상태로 고통을 당하도록 내버려두어서는 안 되는 것이다.

(2) 그는 제자들이 이 문제로 염려하는 것을 기뻐하지 않으신다. 사람들은 세상적인 일들에 대해 연약하고 무능한 것을 정죄하기를 잘 한다. 그러나 그리스도께는 세상적인 일에 대해 무절제하게 근심하고 염려하는 것만큼 거슬리는 것이 없다. 우리는 전혀 무관심한 태도와 또한 염려하는 태도의 중간을 유지하기를 힘써야 한다. 그러나 이 둘 중에 세상에 대한 지나친 근심과 염려야말로 그리스도의 제자들에게 최악의 것이다. "믿음이 작은 자들아 어찌 떡이 없으므로 근심하느냐?" 주목하라. 그리스도를 신뢰하지 못하고 또한 곤경과 어려움에 처할 때에 염려로 우리 스스로를 괴롭게 하는 것이야말로 우리 믿음이 연약하다는 증거다. 믿음이 정상적으로 발휘된다면, 우리를 보살피시는 주께 그 모든 것을 맡김으로 우리의 짐을 덜 것이니 말이다.

(3) 그들은 바로 전에 그리스도께서 양식을 공급하시는 능력과 선하심을 친히 보이신 일을 경험한 바 있으므로(9, 10절), 그들의 염려는 더더욱 사리에 벗어난 것이다. 떡이 그들의 수중에 없어도, 떡을 공급하실 수 있는 그분이 그들과 함께 계셨다. 물통은 없었으나, 그들에게는 샘이 있었던 것이다. 너희가 아직도 깨닫지 못하느냐? 기억하지 못하느냐? 주목하라. 그리스도의 제자들이라도 깨달음이 얄팍한 것과 기억이 흐린 것에 대해 책망을 받아야 할 경우가 많다. "자비롭게 이적적으로 양식을 공급받은 일이 여러 번 있었는데 그것들을 잊었느냐? 떡 다섯 개로 오천 명이 먹었고, 떡 일곱 개로 사천 명이 먹고도 남지 않았느냐? 주운 것이 몇 광주리이던 것을 기억하라." 그 옛날 이스라엘 백성은 만나를 언약궤에 넣어 보관했었는데(출 16:32), 그것처럼 이 광주리들은 주께

서 베푸신 긍휼을 기억하게 하기 위한 기념물이었다. 그렇게 넘치게 양식을 공급하신 분이라면 지금 필요한 것도 충분히 공급하시고도 남을 것이다. 그들의 육체를 위하여 공급하신 양식은 그들의 믿음의 양식이 되게 하려는 의도로 주어진 것이요(시 74:14), 따라서 그들은 그것을 근거로 살아야 했고, 더욱이 그들이 양식을 가져오기를 잊은 상황에서는 더욱 그러했다. 주목하라. 우리가 지금 근심과 불신으로 우왕좌왕하는 것은 과거에 하나님께서 우리에게 베푸신 능력과 선하심을 정당하게 기억하지 못하기 때문이다.

2. 그는 제자들이 그의 경계의 말씀을 오해한 것을 책망하신다. 어찌 내 말한 것이 떡에 관함이 아닌 줄을 깨닫지 못하느냐?(11절). 주목하라. 그리스도의 제자들은 하나님의 일들을 깨닫는 데 더디고 무딘 것에 대해 부끄러워해야 마땅할 것이다. 특히 은혜의 수단을 오랫동안 누린 다음에는 더더욱 그렇다. 내 말한 것이 떡에 관함이 아니었도다. 그는 (1) 그리스도의 양식은 그 아버지의 뜻을 행하는 것이었는데도(요 4:34) 제자들이 그도 자기들처럼 떡에 대해 염려하실 것으로 생각하는 것을 안타까워하셨다. (2) 그들이 그의 설교 방식을 간파하지 못하여 그가 비유로 하시는 말씀을 문자적으로 이해하며, 그리하여 그리스도의 비유의 말씀을 들어도 듣지 못하고 보아도 보지 못하는 무리들처럼 되어 버리는 것에 대해(13:13) 안타까워하셨다.

Ⅳ. 이 책망으로 그들의 오류를 바로잡으심. 그제서야 제자들이 그의 말씀의 진의(眞意)를 깨달으니라(12절). 주목하라. 그리스도께서는 이렇게 우리의 어리석음과 연약함을 보여주사, 우리로 하여금 스스로 그릇된 것을 바로잡게 하신다. 그의 말씀의 바른 뜻을 명확하게 그들에게 말씀하지 않으시고, 누룩을 삼가라는 앞에서 하신 말씀을 다시 반복하셨고, 그리하여 그들이 이 말씀을 그의 다른 말씀들과 비교하여 그들 스스로 생각하여 올바른 의미를 깨닫도록 하셨다. 이렇게 하여 그리스도는 마음속에 역사하는 지혜의 영으로 말미암아 가르치시며, 말씀 속에서 역사하는 계시의 영으로 말미암아 깨닫게 하시는 것이다. 그리고 오류를 범한 후에 우리가 탐구하여 찾아낸 진리들이야말로 가장 귀한 것들이다. 그리스도께서 명확히 말씀해 주지 않으셨으나, 이제 그들은 바리새인과 사두개인들의 누룩이란 곧 그들의 가르침과 삶의 방식을 뜻하는 것임을 깨닫게 되었다. 그들의 가르침과 삶의 방식이 부패하였고 사악한 것이었으나 마치 누룩처럼 사람들의 마음속에 파고 들어가서 모든 것을 망치기가 쉽다

는 뜻임을 깨달은 것이다. 그들은 다른 사람들을 이끄는 지도자들이요 명성이 높은 자들이었으므로, 그들의 오류에 오염될 위험이 그만큼 더 컸던 것이다. 오늘날 우리 시대에는 무신론(無神論)과 자연신론(自然神論: deism, 혹은 이신론[理神論])을 사두개인들의 누룩으로, 또한 교황주의를 바리새인들의 누룩으로 간주할 수 있을 것이다. 이것들에 대하여 모든 그리스도인들은 삼가고 경계해야 할 것이다.

[13]예수께서 빌립보 가이사랴 지방에 이르러 제자들에게 물어 이르시되 사람들이 인자를 누구라 하느냐 [14]이르되 더러는 세례 요한, 더러는 엘리야, 어떤 이는 예레미야나 선지자 중의 하나라 하나이다 [15]이르시되 너희는 나를 누구라 하느냐 [16]시몬 베드로가 대답하여 이르되 주는 그리스도시요 살아 계신 하나님의 아들이시니이다 [17]예수께서 대답하여 이르시되 바요나 시몬아 네가 복이 있도다 이를 네게 알게 한 이는 혈육이 아니요 하늘에 계신 내 아버지시니라 [18]또 내가 네게 이르노니 너는 베드로라 내가 이 반석 위에 내 교회를 세우리니 음부의 권세가 이기지 못하리라 [19]내가 천국 열쇠를 네게 주리니 네가 땅에서 무엇이든지 매면 하늘에서도 매일 것이요 네가 땅에서 무엇이든지 풀면 하늘에서도 풀리리라 하시고 [20]이에 제자들에게 경고하사 자기가 그리스도인 것을 아무에게도 이르지 말라 하시니라

여기서 우리는 그리스도께서 제자들과 더불어 그 자신에 관하여 사사로이 말씀을 나누시는 장면을 접하게 된다. 장소는 가나안 땅 북방의 경계에 위치한 빌립보 가이사랴 해변이었다. 그 곳은 외딴 한적한 곳으로 다른 곳보다 그에게 몰려드는 사람들이 적었고, 그리하여 제자들과 사사로이 대화를 나눌 여유가 있었을 것이다. 주목하라. 목사들은 공적인 일이 줄어들 때에 가족들과 함께 하는 일에 더불어 더 많은 노력을 기울여야 한다.

그리스도께서는 여기서 그의 제자들을 가르치고 계신다.

I. 그는 자기 자신에 대해 다른 사람들이 어떻게 여기는지를 물으신다. 사람들이 인자를 누구라 하느냐?(13절).

1. 그는 자신을 인자라 부르신다. 이는 다음 두 가지 중 하나의 의미일 것이다. (1) 다른 사람들과 공통으로 지닌 칭호로서. 그는 정당하게 하나님의 아들이라 불리셨고, 과연 그는 하나님의 아들이셨다(눅 1:35). 그러나 그가 자신을

인자라 부르신 것은 그가 진정으로 "여자에게서 난 사람"이시기 때문이다. 명예의 전당에서는 사람을 그 최고의 칭호를 써서 구별짓는 것이 상례다. 그러나 그리스도는 자신을 비우시고 스스로 하나님의 아들이셨는데도 인자의 풍모와 칭호로써 알려지실 것이다. 에스겔 역시 자주 인자라 불렸는데, 이는 그를 낮추기 위함이었다. 그리스도께서도 자신의 낮아지심을 보여주시기 위해 자신을 인자라 부르신 것이다. 아니면, (2) 중보자로서 그가 고유하게 지닌 호칭으로서. 그는 다니엘의 이상 가운데서 인자로서 알려지신다(단 7:13). 곧, "나는 메시야요, 약속된 그 인자로다"라는 의미가 담겨 있다. 그러나,

  2. 그는 그에 대한 사람들의 정서가 어떠한지를 물으신다. "사람들이 나를 누구라 하느냐? 인자라 하느냐?"(나는 여기의 본문을 이런 뜻으로 읽는 것이 더 낫다고 본다). "그들이 나를 메시야로 여기느냐?" 그는 "서기관들과 바리새인들이 나를 누구라 하느냐?"라고 묻지 않으셨다. 그들은 그에 대해 편견을 갖고 있었고, 그를 사기꾼이요 사탄과 함께 하는 자라고 이야기하는 자들이었다. 그는 "사람들이 나를 누구라 하느냐"라고 물으셨다. 그는 바리새인들이 멸시하는 보통 사람들을 지칭하신 것이다. 그리스도께서는 모르셔서 이 질문을 하신 것이 아니다. 그는 사람의 생각을 다 아시는 분이시니, 그들이 하는 말은 더 잘 아시기 때문이다. 또한 그리스도께서 자신에 대한 칭찬을 듣고 싶어서 이 질무을 하신 것도 아니다. 다만 그 자신이 그리스도시라는 것을 보여주심으로써 제자들로 하여금 그들의 전도의 성공 여부에 대해 염려하게 만드시고자 함이었다. 보통 사람들은 그리스도보다는 제자들과 더 친숙하게 대화를 나누었고, 그러므로 제자들에게서 보통 사람들이 하는 말을 더 잘 알 수 있었을 것이다. 그리스도께서는 자신이 누구신지를 명확히 말씀하지 않으셨고, 사람들이 그의 행하시는 일들에 근거하여 그것을 유추하도록 하셨다(요 10:24, 25). 이제 그는 그의 행하시는 일들과 사도들이 그의 이름으로 행한 이적들을 근거로 사람들이 그에 대해서 어떻게 유추하는지를 알고자 하시는 것이다.

  3. 이 질문에 대해 제자들은, 더러는 세례 요한, 더러는 엘리야, 어떤 이는 예레미야나 선지자 중의 하나라 하나이다라고 대답한다(14절). 그를 가리켜 다윗의 자손이라고 한 사람도 있었고(12:33), 또한 세상에 오실 그 선지자라고 한 사람들도 있었다(요 6:14). 그러나 제자들은 그런 견해에 대해서는 언급하지 않고, 오로지 그들의 고향 사람들에게서 모아들인, 진실과는 동떨어진 견해들만을 언급

한다. 관찰하라.

(1) 이는 서로 다른 견해들이다. 어떤 이들은 이것을 말하고 또 어떤 이들은 저것을 말한다. 그러나 진실은 하나다. 그리고 진실과 동떨어진 자들은 서로 견해가 다르다. 그러므로 그리스도께서는 결국 분쟁하게 하려고 오신 것이다 (눅 12:51). 그렇게 유명한 분이시니, 사람들마다 제각기 그에 대한 견해를 갖고 있을 것이요, 또한 "사람이 많으면 생각도 많은 법이다." 그를 그리스도로 보기를 원치 않는 자들은 끝없는 미궁 속을 헤매며, 온갖 불확실한 추측과 허황된 가설들을 쫓아다니는 것이다.

(2) 이는 존귀한 견해들이요, 사람들이 자기들의 최고의 판단에 따라 그에 대해 갖고 있는 존경을 반영하는 것이다. 이는 그를 대적하는 자들의 정서가 아니라, 사랑과 경이로 그를 따르는 자들의 진지한 생각들이었다. 주목하라. 사람이 그리스도에 대해 좋은 생각은 있으나 올바른 생각은 갖지 못하는 일이 얼마든지 가능하다. 그에 대해 높은 생각이 있으나, 올바른 수준에는 미치지 못할 수도 있는 것이다.

(3) 그들은 모두 그를 죽은 자 가운데서 다시 살아난 자로 생각한다. 이는 어쩌면 메시야의 부활에 대하여 혼란스런 생각을 가진 데에서 연유했을 것이다. 그가 공적인 설교를 행하기 전부터 그들은 메시야가 마치 요나처럼 다시 살아날 것으로 생각했을지도 모른다. 아니면, 이는 역사가 오랜 것을 고귀하게 생각하는 사고가 지나친 데에서 기인하는 것이었을 수도 있다. 탁월한 사람이라면 자기들의 시대에 날 수가 없고 반드시 고대의 어느 시대에 살았다가 다시 살아나야만 한다는 식으로 생각한 것이다.

(4) 이는 모두 실수와 고의적인 오류에 근거한 그릇된 견해였다. 그리스도의 가르침과 이적들은 그가 비범한 인물임을 입증해 주었다. 그러나 그의 초라한 모습 때문에 — 그의 모습이 그들이 기대한 것과 너무 달랐기 때문에 — 그들은 그가 메시야시라는 생각을 하지 않았고, 오히려 메시야 외에 다른 어떤 인물일 것으로 생각한 것이다.

〔1〕 더러는 세례 요한. 헤롯이 그렇게 말했고(14:2), 그의 주변에 있는 자들도 그와 똑같이 말하곤 했을 것이다. 그들은 순교자로 죽은 자들이 다른 이들보다 앞서 다시 살아난다고 믿었는데, 예수가 세례 요한이라는 그들의 생각이 이런 믿음으로 인해 더 한층 강화되었다. 어떤 이들은 마카베오의 일곱 아들 가운데

둘째 아들이 안티오쿠스 왕에게 한 대답 중에서 이를 지칭하여 말한다고 생각하기도 한다. 율법을 위해 죽은 세상의 왕이 우리를 일으키사 영생으로 인도하시리라(마카베오 2서 7:9).

[2] 더러는 엘리야. 이는 말라기의 예언에 근거한 것임이 분명하다. 내가 선지자 엘리야를 너희에게 보내리니(말 4:5). 아니, 어쩌면 엘리야가(그리스도처럼) 많은 이적들을 행하였고, 그 스스로 들림을 받아 그 자신이 최고의 이적이 되었기 때문일 수도 있다.

[3] 어떤 이는 예레미야. 예레미야가 눈물의 선지자였고 또한 그리스도께서 자주 눈물을 보이셨기 때문일 수도 있고, 하나님께서 그를 여러 나라와 여러 왕국 위에 세우셨는데(렘 1:10) 이것이 그들이 생각하는 메시야 상과 일치하였기 때문일 수도 있다.

[4] 선지자 중의 하나라 하나이다. 이는 그들이 선지자들을 얼마나 높이 생각했는지를 보여준다. 그러나 그들은 선지자를 죽인 자의 자손이었다(23:31). 그들은 자기들과 동향인 나사렛 예수를 그 자신의 갖가지 일들이 증명해 주는 것처럼 그런 비범한 인물로 여기기를 원치 않았고, 그리하여 그를 옛 선지자 중의 하나 정도로 보았던 것이다.

Ⅱ. 그는 그에 관한 제자들의 생각을 물으시다. "너희는 나를 누구라 하느냐?(15절). 다른 사람들이 나에 대해 하는 말을 이야기했으니, 너희는 더 나은 대답을 할 수 있느냐?"

1. 제자들은 다른 사람들보다 더 나은 가르침을 받아왔고, 또한 그리스도와 친밀한 교제를 통해서 다른 이들보다는 지식을 전수받기에 훨씬 더 유리한 위치에 있었다. 주목하라. 다른 이들보다 지식과 은혜의 수단을 풍성하게 누리는 자들은 당연히 다른 이들보다 하나님의 일들에 대해 더 분명하고 확실한 지식을 가지게 된다. 다른 이들보다 그리스도와 친밀한 접촉을 더 많이 갖는 자들은 그에 관하여 더 참된 정서를 갖기 마련이고, 또한 그에 대해 더 나은 진술을 할 수 있는 법이다.

2. 제자들은 다른 이들을 가르치도록 훈련을 받았으므로 그들 스스로 진리를 깨닫고 있어야 마땅하다. "하나님 나라의 복음을 전할 사명을 받은 너희들아, 너희를 보내신 그분에 대해 너희는 어떤 생각을 갖고 있느냐?" 주목하라. 목사들은 보냄을 받기 전에 먼저 심사를 받아야 하며, 특히 그리스도에 관한

그들의 정서가 어떠하며, 그를 누구라고 생각하는지를 점검받아야 한다. 그리스도에 관하여 무지하거나 그릇된 지식을 갖고 있다면 어떻게 그리스도의 목사라 할 수 있겠는가? "우리는 주 예수를 누구라 하며, 어떤 분이라 하는가? 그가 과연 우리에게 고귀한 분이신가? 그가 과연 천만인 중에 최고로 보이는가? 그가 과연 우리 영혼이 사모하는 분이신가?" 이것이야말로 우리들 각자 자신에게 자주 해야 할 질문이다. 예수 그리스도에 관한 우리의 생각들이 옳으냐 그르냐에 따라서 우리의 상태가 정상이냐 비정상이냐가 판가름나는 것이다.

자, 이것이 그리스도의 질문인데, 이제 관찰하자.

(1) 이 질문에 대한 베드로의 답변(16절). 그리스도에 대한 다른 사람들의 생각이 어떤지를 묻는 질문에 대해서는 여러 제자들이 제각기 사람들에게서 들은 것들로 답변하였다. 그러나 이 질문에 대해서는 베드로가 나머지 제자들을 대표하여 답변하고, 나머지 제자들 모두 그 답변에 동의한다. 베드로는 성격상 기회가 있을 때마다 앞에 나서서 발언하기를 잘 했는데, 어떤 때는 합당하게 말하기도 하고, 어떤 때는 잘못 말하기도 했다. 어느 집단이든, 다른 사람보다 앞서서 발언을 하는 열정적이며 대담한 사람이 그 중에 있는 법이다. 베드로가 바로 그런 사람이었다. 그러나 때로는 다른 사도가 모든 사도들을 대변하는 경우도 있었다. 요한(막 9:36), 도마, 빌립, 유다(요 14:5, 8, 22). 그러므로 이는 로마 교회가 주장하는 것처럼 베드로가 모든 사도들 중에서 가장 앞서며 우월하였다는 증거가 될 수 없다. 로마 교회는 베드로를 재판장으로 높이려 하나, 그들이 그에 대해 할 수 있는 것은 그저 수석 배심원 정도로 만드는 것뿐이다. 그가 나머지 제자들을 대변하였으나 다만 그 때 한 번만 그렇게 한 것이다. 의회의 영구한 의장(議長)이 아니었고, 이 때에만 임시로 의장의 역할을 한 것뿐이다.

베드로의 답변은 짧으나 충실하며, 참되며, 목적에 부합되는 것이었다. 주는 그리스도시요 살아 계신 하나님의 아들이시니이다. 이것은 그리스도께 행하는 기독교 신앙의 고백이요 따라서 하나의 경배의 행위가 되는 것이다. 이것은 말 못하는 죽은 우상과는 다른 살아 계시고 참되신 하나님에 대한 고백이요, 또한 그가 보내신 예수 그리스도 ─ 그를 아는 것이 영생이다 ─ 에 대한 고백이다. 이것이야말로 이 문제 전체를 결론짓는 것이다.

[1] 사람들은 그를 그 선지자라 불렀으나(요 6:14), 제자들은 그를 그리스도

요, 기름 부은 자요, 교회의 큰 선지자요 제사장이요 왕이시며, 조상들에게 약속되신 참 메시야요, 오실 그 이로 여겨 그를 의지하였다. 겉모습이 유대인들이 메시야에 대해 갖고 일반적인 메시야 상과 정반대되는 그런 분에 대해서 이것을 믿는다는 것은 정말 귀한 일이었다.

〔2〕 그는 자기 자신을 인자라 부르셨으나, 제자들은 그를 살아 계신 하나님의 아들로 보았다. 사람들은 그에 대해서 엘리야나 예레미야 등 죽은 사람의 유령으로 여겼으나, 제자들은 그가 살아 계신 하나님의 아들이심을 알고 그렇게 믿었다. 하나님께서 생명을 그의 아들에게 주사 그 안에 생명이 있게 하시고, 그리하여 세상의 생명이 되게 하셨음을 믿은 것이다. 그가 살아 계신 하나님의 아들이시라면, 그는 그 하나님과 본질이 동일하시며, 그의 신성이 지금 육체 속에 감추어져 있으나 그 감추어진 신성을 보았고, 아버지의 독생자의 영광이요 은혜와 진리가 충만한 그의 영광을 본 자들이 있었다. 자 우리는 과연 믿음의 확신을 갖고서 이 고백에 동의할 수 있는가? 그렇자면, 열정적인 애정과 앙모의 마음으로 그리스도께 나아가 고백하자. 주 예수여, 주는 그리스도시요 살아 계신 하나님의 아들이시니이다.

(2) 베드로의 답변을 그리스도께서 인정하심(17-19절). 그리스도는 베드로에게 신자로서, 또한 사도로서 대하신다.

〔1〕 신자로서(17절). 그리스도는, 우리들이 흔히 하듯 민일이나 그러면 등의 단서가 전혀 없는 명확한 베드로의 고백에 대해 매우 기뻐하신다. 주목하라. 그리스도의 제자들이 지식과 은혜에 능숙한 것이야말로 그리스도께서 매우 기뻐하시는 것이다. 그리스도께서는 이 진리의 지식이 어디서 온 것인지를 베드로에게 보여주신다. 복음이 밝아와 이 진리를 처음 발견할 때부터 이는 믿어야 할 고귀한 것이었다. 이 믿음이 없이는 아무도 이런 지식을 갖지 못했다. 그러나,

첫째로, 베드로는 그 지식을 얻는 복이 있었다. 바요나 시몬아 네가 복이 있도다. 그리스도는 그의 가문의 비천함과 그의 출신의 미약함을 상기시키신다. 그는 바요나, 즉 비둘기의 아들이었다. 그를 떠낸 반석을 생각하게 하고, 그리하여 그가 이런 위엄을 타고난 것이 아니라 하나님의 호의로 이런 위엄이 그에게 베풀어진 것임을 보게 하셨다. 그를 남들과 다르게 만든 것은 값없는 은혜였다. 성령을 받은 자들은 그들의 아버지가 누구인지를 기억해야 하는 것이다(삼상

10:12). 이 점을 생각하게 하신 다음, 그는 베드로에게 그가 신자로서 받은 이 큰 복을 깨닫게 하신다. 네가 복이 있도다. 주목하라. 참된 신자들은 진정 복 받은 자들이요, 그리스도께서 복이 있다고 선언하시는 자들은 과연 복 있는 자들이다. 그들이 복이 있다는 그리스도의 말씀이 그들을 복 있는 자들로 만들어 주는 것이다. "베드로야, 너는 복 있는 자로다. 그러니 즐겁게 소리칠 줄 아는도다"(시 89:15). 너희 눈이 복이 있도다(13:16). 그리스도를 올바로 아는 것에 모든 복이 있는 것이다.

둘째로, 그 일의 영광을 하나님께 돌려야 한다. "이를 네게 알게 한 이는 혈육이 아니요 하늘에 계신 내 아버지시니라. 네가 네 자신의 지혜나 이성으로 이것을 만들어낸 것도 아니요, 다른 이들에게서 가르침을 받고 정보를 얻은 것도 아니로다. 이 빛은 본성에서나 교육에서 오는 것이 아니다. 오직 하늘에 계신 내 아버지께로부터 오는 것이다." 주목하라. 1. 기독교는 계시 종교요 하늘에서 비롯된 것이며, 위로부터 임한 종교요, 하나님의 감동으로 주어진 것이지, 철학자들의 학식이나 정치가들의 이념에서 비롯된 것이 아니다. 2. 구원 얻는 믿음은 하나님의 선물이요, 그 믿음은 어떤 경우든 하나님께서 이루시는 것이다. 그가 우리 주 예수 그리스도의 아버지로서 그리스도를 위하여, 또한 그의 중보 사역을 근거로 하여 이루시는 것이다(빌 1:29). 네가 복이 있도다 이를 네게 알게 한 이는 … 하늘에 계신 내 아버지시니라. 주목하라. 우리에게 또한 우리 속에 그리스도를 계시하시는 것이야말로 하나님께서 우리를 향하여 선한 뜻을 갖고 계신다는 뚜렷한 증표요, 참된 복의 견고한 초석이다. 그러므로 그렇게 귀한 은혜를 받은 자들은 과연 복된 자들이다.

어쩌면 그리스도께서 베드로의 고백에서 무언가 교만하고 허황된 것, 즉 매우 교묘한 죄를 간파하셨는지도 모른다. 우리의 선한 의무들에 이러한 죄가 뒤섞이기가 쉬운 것이다. 선한 사람은 자기 자신을 다른 이들과 비교하고서 스스로 교만해지지 않기가 매우 어렵다. 이것을 방지하기 위해서는 우리가 다른 이들보다 나은 것이 우리 자신이 이룬 것이 아니요 하나님께서 우리에게 베푸신 은혜의 값없는 선물 때문임을 생각하여야 한다. 그러므로 우리는 자랑할 것이 아무것도 없는 것이다(시 115:1; 고전 4:7).

〔2〕 그리스도는 베드로를 사도 혹은 목사로서 대하신다(18, 19절). 베드로는 교회의 이름으로 그리스도를 고백했고, 따라서 교회를 위하여 의도하신 약속

을 그에게 주신다. 주목하라. 그리스도를 고백하는 일에 앞장서면 아무런 손해가 없다. 그를 존귀하게 하는 자들을 그가 존귀하게 하실 것이니 말이다.

그리스도에 대해서 이 위대한 고백이 행해지자 — 이는 그를 향한 교회의 경의와 충성이다 — 그는 이 왕적이며 신적인 교회의 헌장을 서명하시고 반포하셨다. 그리스도와 교회의 하나된 교제(communion)는 바로 이런 것이다. 이는 신랑과 신부의 교제다. 하나님께서는 처음부터 세상 속에 교회를 두셨고, 그 교회는 약속된 후손이라는 반석 위에 세워진 것이다(창 3:15). 그러나 이제 그 약속된 후손이 오셨으니, 이미 오신 그리스도와의 관계에 합당한 새로운 헌장이 교회에 요구되었다. 그런데 여기 그 헌장이 있다. 그런데 그리스도의 나라를 뒷받침하는 큰 버팀목인 이 말씀이 왜곡되어 적그리스도를 섬기도록 둔갑해버렸으니, 이는 천만번 가슴아픈 일이다. 그러나 마귀는 시 91:11을 자기 목적에 맞게 왜곡시켰듯이(4:6), 이 헌장도 교묘하게 왜곡시켰다. 그리하여 그는 그리스도의 길을 가로막고서 그 성경 말씀과 이 헌장을 모두 왜곡시켰고 이를 악용한 것이다.

이제 이 **헌장의 의도**는 다음과 같은 것이다.

첫째로, 교회의 존재를 확립시키기 위함이다. 또 내가 네게 이르노니. 이 헌장을 베푸시는 분은 교회의 머리이시며 통치자이신 그리스도시다. 그는 모든 심판을 주관하시고 모든 권능을 지니시며, 또한 아버지로부터 받으신 권위에 근거하여 그 헌장을 베푸시고, 또한 택한 자들의 구원을 위하여 행하시는 분이시다. 이 헌장이 베드로의 손에 주어진다: "내가 네게 이르노니." 교회에 관한 구약의 약속들은 아브라함과 다윗 등 믿음과 경건에 출중한 특정한 인물들에게 직접 주어졌다. 그러나 그 약속들을 받았다고 해서 그들이 다른 이들보다 우위에 있게 된 것이 아니었다. 이와 마찬가지로 신약의 헌장도 여기서 하나의 대리인인 베드로에게 주어지지만, 이는 모든 시대의 교회가 거기에 명시된 목적들에 따라 사용함으로써 유익을 얻게 하기 위함이었다. 여기서 다음의 사실이 약속되고 있다.

1. 그리스도께서 그의 교회를 반석 위에 세우시리라는 것. 이 집단이 그리스도의 교회라는 호칭으로 불린다. 이는 세상으로부터 부르심을 받고 세상으로부터 구별되어 그리스도께 드려진 사람들을 지칭한다. 이는 네 교회가 아니라 내 교회다. 베드로도 이 사실을 기억하고, 목사들에게 맡은 자들에게 주장하는 자세

를 하지 말라고 경계하고 있다(벧전 5:3). 교회는 그리스도의 소유다. 세상은 하나님의 것이요 거기에 거하는 자들 역시 하나님의 것이다. 그러나 교회는 중보자이신 그리스도를 통하여 하나님과의 관계 속에 있는 택함받은 남은 자로서, 그리스도의 형상과 소유권을 지니는 것이다.

(1) 교회를 세우시고 지으시는 분은 그리스도 자신이시다. 내가 … 내 교회를 세우리니. 교회는 그리스도께서 건축자가 되시는 전(殿)이다(슥 6:11-13). 그런 점에서 솔로몬이 그리스도의 모형이었고 고레스 역시 그렇다(사 44:28). 그 재료와 솜씨가 그의 것이다. 그의 성령의 역사하심으로 그의 말씀의 전파를 통하여 그가 그의 교회에 영혼들을 더하시고, 그리하여 산 돌들로 교회를 세우시는 것이다(벧전 2:5). 너희는 하나님의 집이라. 집을 짓는 일은 점진적인 일이요, 이 세상에서 교회는 건축 중에 있는 집처럼 형성되는 과정에 있을 뿐이다. 신적인 지혜와 권능을 지니신 그리스도께서 교회를 세우는 일을 주관하신다는 것은 교회가 잘 되기를 바라는 모든 이들에게 큰 위로가 아닐 수 없다.

(2) 교회를 세우는 터는 이 반석이다. 건축가가 자신의 소임을 잘 감당한다 할지라도, 터가 든든하지 못하면 건물이 설 수가 없다. 그러므로 그 터가 무엇인지를 잘 보도록 하자. 그 터가 그리스도께 속하여야 한다. 능히 다른 터를 닦아 둘 자가 없으니 말이다(사 28:16을 보라).

〔1〕 교회는 반석 위에 세워진다. 곧, 시간이 지나도 쇠하지 않으며, 건물의 무게를 능히 떠받칠 수 있는 견고하고 든든하며 영구한 터 위에 세워진다. 그리스도는 그의 집을 모래 위에 세우실 리가 없다. 폭풍이 오리라는 것을 알고 계셨기 때문이다. 반석은 높다(시 61:2). 그리스도의 교회는 이 세상과 같은 수준에 서 있는 것이 아니다. 반석은 크고 또한 넓다. 교회의 터도 그러하다. 아니 더 크고 더 견고하다. 교회의 터를 좁히는 자들은 교회의 친구가 아니다.

〔2〕 교회는 이 반석 위에 세워진다. 너는 베드로라. 베드로는 바위 혹은 반석이란 뜻이다. 그리스도는 그를 처음 부르실 때에 그 이름을 주셨고(요 1:42), 여기서 그 이름을 확증하고 계신다. "베드로야, 너는 네 이름 그대로이니, 너는 견고한 제자요, 확정되어 있고 든든히 붙잡는 것이 있는 자다. 베드로가 네 이름이니, 네게 힘과 견고함이 있느니라. 너는 나에 대한 사람들의 들쭉날쭉한 생각들의 파고에 흔들리지 않고, 현재의 진리 가운데 세워지느니라"(벧후 1:12). 이 중요한 이름을 언급한 사실에서, 이 반석 위에 내 교회를 세우리니라는

은유법의 진의에 대해 여러 가지 견해가 제기된다.

첫째로, 어떤 이들은 이 반석을 열두 사도를 대표한 사도 — 그러나 사도들의 수장(首長)은 아니요, 그들보다 우월한 지위가 있는 것도 아니었다 — 인 베드로를 뜻하는 것으로 이해한다. 교회는 사도들의 터 위에 세워진다(엡 2:20). 교회라는 건물의 첫 돌들이 그들의 사역으로 말미암아 놓여졌고, 따라서 그들의 이름이 새 예루살렘의 기초석에 기록되어 있다고 말씀하는 것이다(계 21:14). 베드로는 유대인 회심자들과(행 2장) 이방인 회심자들 가운데서(행 10장) 그의 손으로 교회의 첫 돌들을 놓은 사도이므로, 어떤 의미에서 그를 그 위에 교회가 세워지는 반석이라고 말할 수 있을 것이다. 게바는 기둥처럼 보이는 사람이었다(갈 2:9). 그러나 건물의 첫 돌을 놓기만 한 사람을 가리켜 그 건물을 지탱하는 터라 부르는 것은 터무니없는 논리다. 첫 돌을 놓는 일은 일순간에 끝난 행위이지만, 건물의 터는 영구한 것이기 때문이다. 그러나 설령 그렇다 할지라도 이것이 로마 교황의 헛된 주장들을 뒷받침해주지는 않는다. 베드로는 로마 교황이 주장하는 것처럼 교회의 수위권(首位權)을 지닌 것이 아니었고, 따라서 그 수위권을 후계자들에게 물려줄 수도 없었고, 로마 교황들에게는 더더욱 물려줄 수가 없었다. 교황들이 과연 그런 직위에 있는가 하는 것이 의문이며, 또한 기독교의 진리에서는 그들에게 그런 직위가 없다는 것이 명약관화하기 때문이다.

둘째로, 다른 이들은 이 반석을 그리스도를 뜻하는 것으로 이해한다. "너는 베드로라 네가 돌의 이름을 지녔도다. 그러나 이 반석 위에 (그리스도 자신을 가리키시며) 내가 내 교회를 세우리니." 어쩌면 이 때에 그리스도께서 손을 자기 가슴에 대셨을지도 모른다. 이 성전을 헐라(요 2:19)고 말씀하셨을 때도 그렇게 하셨다. 그 때에 그는 성전 된 자기 육체를 가리켜 말씀하신 것이다. 그 때에 그는 그가 계시던 성전을 사용하여 자기 자신에 대해 말씀하셨고, 그리하여 사람들로 하여금 그의 말씀을 성전에 관한 말씀으로 오해하도록 만드셨다. 그런데 여기서도 그는 베드로를 사용하셔서 반석이신 자기 자신에 대해 말씀하셨고, 그리하여 그의 말씀을 베드로에 관한 말씀으로 오해하게 만드시는 것이다. 그러나 이 말씀은 그리스도를 교회의 유일한 터로 말씀하는 여러 성경 본문을 근거로 설명해야 한다(고전 3:11; 벧전 2:6). 그리스도는 교회를 세우시는 분이시요 동시에 교회의 터이시다. 그는 영혼들을 이끄시며 그들을 자기 자신에게로 이끄신다. 그들이 그에게로 연합되며, 또한 그의 위에서 안식하며 그를 끊임없이 의지하는 것이다.

셋째로, 또 다른 이들은 이 반석을 베드로가 그리스도에 대해 행한 고백을 뜻하는 것으로 이해하는데, 이는 반석을 그리스도 자신을 뜻하는 것으로 이해하는 견해와도 일맥상통한다. 베드로가 한 고백은 과연 좋은 고백이었다. 주는 그리스도시요 살아 계신 하나님의 아들이시니이다. 나머지 모든 사도들이 그와 더불어 그 고백에 동의하였다. 이에 그리스도께서는 "자, 이것이야말로 그 위에 내가 내 교회를 세울 그 큰 진리이니라"라는 뜻으로 말씀하시는 것이다. ① 이 진리를 제거하면, 보편적 교회가 땅에 떨어지고 만다. 만일 그리스도께서 하나님의 아들이 아니시라면, 기독교는 거짓이요, 교회는 그저 신기루에 불과하며, 우리가 전파하는 것도 헛것이요 또 너희 믿음도 헛되며 너희가 여전히 죄 가운데 있을 것이라(고전 15:14-17). 예수께서 그리스도가 아니시라면, 그를 그렇게 믿는 자는 교회에 속한 자가 아니라 속이는 자요 속임당하는 자들일 것이다. ② 어느 교회에서든 이 진리에 대한 믿음과 고백을 제거하면, 그 교회는 그리스도의 교회가 아닌 것이 되고, 불신앙의 상태 속으로 떨어진다. 이것이야말로 인정하거나 부인하는 것에 따라 교회가 유지되거나 무너지는 중대한 강령(articulus stantis et cadentis ecclesia)이요, "구원의 문이 열리고 닫히는 주 돌쩌귀다." 이것을 던져버리는 자들은 교회의 터를 던져버리는 것이요, 그러므로 그들 스스로 그리스도인이라 칭할지라도 그들은 스스로 거짓말을 하고 있는 것이다. 교회는 거룩한 공동체로서 이 큰 진리의 확실성에 근거하여 존재하는 것이다. 이 진리는 과연 큰 진리요 또한 그 확실성이 입증되었다.

2. 그의 교회를 세우신 다음 그 교회를 보호하시고 보존하시리라는 것. 음부의 대문이(한글 개역개정판 난외주를 보라) 진리도, 또한 그 위에 세워지는 교회도 이기지 못하리라.

(1) 이는 교회를 대적하며 그것을 전복시키려 애쓰는 원수들이 있다는 것을 시사한다. 여기서 그 원수가 음부의 대문으로, 즉 음부의 성(城)으로(이는 하늘의 성, 살아 계신 하나님의 성과 정반대 되는 것이다) 묘사되고 있다. 음부의 대문은 귀신의 나라의 권세와 영향력을 가리킨다. 이는 어린 양을 향하여 싸우는 용의 머리와 뿔이다. 음부에서 꾸며낸 모든 것들이 음부의 대문에서 나온다. 이것들이 복음 진리들을 대적하고, 복음의 규례들을 부패하게 하고, 간교한 꾀

로 사람들을 미혹하고 설득시키고, 잔인한 힘으로 강압하여 순전한 신앙과 모순되는 것으로 나아가도록 함으로써 교회와 싸운다. 기독교의 이름을 말살시키고(시 83:4), 그 아이를 삼키고(계 12:4), 이 하나님의 성을 땅에 무너뜨리려는 것이 음부의 대문의 계교다.

(2) 이는 교회의 원수들이 그 뜻을 이루지 못하리라는 확신을 준다. 어둠의 권세들이 온갖 방법으로 대적하더라도, 세상이 존재하는 한 그리스도께서는 그 속에 교회를 두실 것이요, 또한 그 교회에서 그의 진리와 규례들이 유지되고 보존되게 하실 것이다. 그들이 나를 이기지 못하리라(시 129:1, 2). 이 말씀이 어느 특정한 교회나 교회의 지도자들에게 그들이 절대로 오류를 범하거나 배도하거나 망하지 않을 것임을 안심시켜 주는 것은 아니다. 다만 어느 곳에든 기독교 신앙이 존재할 것임을 확신시켜 주는 것이다. 물론 그 순결함과 광채의 정도가 항상 동일하지는 않으나, 교회가 완전히 끊어지는 법은 결코 없으리라는 것이다. 비록 광야에 있으나 그 여자가 살아 있으며(계 12:14), 거꾸러뜨림을 당하여도 망하지 아니하는 것이다(고후 4:9). 교회에 안타까운 부패가 끼어들고, 극심한 박해들이 있을지라도, 절대로 그런 것들에게서 치명적인 영향을 받지는 않는 것이다. 교회가 특정한 싸움에서 질 수도 있으나, 주요한 싸움에서는 능히 이기고도 남는다. 신자들은 구원을 얻기 위하여 믿음<u>으로</u> 말미암아 하나님의 능력으로 말미암아 보호하심을 받는 것이다(벧전 1:5).

둘째로, 이 헌장의 다른 부분은 교회의 질서와 치리(治理)를 세우는 것이다(19절). 도시나 사회가 형성되면, 공동의 유익을 위해 일하도록 관리들이 임명되고 권한을 부여받는다. 치리가 없는 도시는 혼란일 뿐이다. 그런데 교회의 치리가 여기서 풀고 매는 열쇠를 전해 받는 것으로 표현되고 있다. 이것을 베드로가 어떤 고유한 권세를 부여받은 것으로 이해해서는 안 된다. 그가 천국의 유일한 문지기라도 되는 것처럼, 다윗의 열쇠를 지닌 자라도 되는 것처럼 여겨서는 안 된다. 다윗의 열쇠는 오직 다윗의 자손이신 그리스도의 소유인 것이다. 그렇다. 이 열쇠는 지교회들에서 복음의 규칙에 따라 그리스도의 교회를 지도하고 치리하는 목회적 권세를 지닌 모든 사도들과 그들의 후계자들에게 부여되는 것이다. "사제들인 우리는 모두 복된 사도 베드로 안에서 천국 열쇠를 받았다"(암브로시우스). 베드로가 처음으로 이방인에게 믿음의 문을 연 사람이었기 때문에(행 10:28), 그 열쇠들이 처음으로 그의 손에 주어진 것뿐이다. 왕이 자기 나라에 헌장을 반포하고, 휘하 관리들에게 그의 이름으로 재판을 시행하며 사리를 판단하고 법에 따라 결정하여 문제를 확정할 권한을 부여하는 것처럼, 그리스도께서도 그의 교회를 세우시고, 질서와 치리를 유지하며 그의 법이 정당히 시행되도록 하기 위하여 직분자들을 임명하시는 것이다. 내가 천국 열쇠를 네게 주리니. 그는 "내가 천국 열쇠를 주었노라"나 혹은 "내가 지금 천국 열쇠를 주노라"라고 말씀하지 않고, "내가 천국 열쇠를 주리라"라고 말씀하여, 그가 부활하신 후에 열쇠를 주실 것을 시사하신다. 그가 위로 올라가실 때에 선물을 주셨다(엡 4:8). 그 때에 이 권세가 실제로 주어졌는데, 베드로에게만이 아니라 나머지 모든 사도들에게 주어졌다(28:19, 20). 그는 "천국 열쇠가 주어지리라"고 말씀하지 않고, "내가 천국 열쇠를 주리라"고 말씀하신다. 목사들의 권위가 그리스도께로부터 말미암는 것이요, 그들의 모든 권세는 그의 이름으로 사용되어야 하는 것이다(고전 5:4).

1. 여기서 주어지는 권세는 영적인 권세다. 이는 천국에 관한 권세다. 즉 교회에 관한, 이 땅에서 전투 중에 있는 교회의 부분에 관한 권세요, 복음의 경륜에 관한 권세다. 그러므로 사도들의 권세와 목사들의 권세는 바로 이런 성격을 띠는 권세인 것이다. 그 권세는 시민적인, 세속적인 권세가 아니다. 그리스도의 나라는 이 세상에 속한 것이 아니요, 사도들이 후에 받게 되는 교훈도 하나님 나라의 일들에 관한 것이었다(행 1:3).

2. 여기서 주어지는 것은 열쇠의 권세다. 어느 곳에 대한 권한을 부여할 때에 흔히 그 곳의 열쇠를 전달하는 관습이 있는데, 이것에 빗댄 표현이라 할 것이다. 혹은 집주인이 일꾼에게 곳간의 열쇠를 맡겨서 그로 하여금 집의 각 사람에게 때를 따라 양식을 나누어주게 하며(눅 12:42) 필요할 경우 그 집의 규칙에 따라 양식을 나누어주기를 거부하게도 하는 관습에 빗댄 것일 수도 있을 것이다. 목사들은 일꾼들이다(고전 4:1; 딛 1:7). 다윗 집의 열쇠를 지닌 엘리야김은 그 집을 관리하는 책임을 맡았다(사 22:22).

3. 그 열쇠는 매고 푸는 권세다. 즉 (열쇠라는 은유에 따르면) 문을 닫고 여는 권세다. 요셉은 바로의 집의 신하요 창고를 맡은 청지기로서 모든 신하를 다스리며 장로들을 교훈하는 권세를 지녔다(시 105:21, 22). 사람들에게 집의 창고와 보화들이 닫혀 있을 때에, 그것은 매여 있는 것이다. "나는 불과 물의 사용을

네게 금하노라." 그것들이 다시 열리면, 그것들이 매인 상태에서 풀려서 그들이 자유로이 사용하게 되는 것이다.

4. 그것은 정당하게 시행하도록 그리스도께서 약속하신 권세다. 그리스도의 일꾼들이 행한 선고들을 그 자신이 승인하심으로써 확정하실 것이다. 하늘에서도 매일 것이요, 하늘에서도 풀리리라. 물론 옳은 것이건 그른 것이건 교회의 모든 견책들을 그리스도께서 무조건 다 그대로 확정하신다는 뜻은 아니다. 다만 말씀에 따라 정당하게 시행되는 것들은, 올바른 방식으로 작동하는 열쇠는 하늘에서 인쳐진다는 뜻이다. 다시 말해서, 신실한 목사가 입으로 전하는 복음의 말씀을 사람의 말이 아니라 하나님의 말씀으로 바라보아야 하고 그렇게 받아들여야 한다는 것이다(살전 2:13; 요 12:20).

여기서 천국 열쇠는 다음과 같은 것을 뜻한다.

(1) 교리의 열쇠, 혹은 지식의 열쇠. "네가 할 일은 진리와 의무에 대한 하나님의 뜻을 세상에 설명하는 것이며, 이를 위하여 네게 위임과 자격과 또한 매고 푸는 완전한 지침이 베풀어지리라." 이는 당시의 유대인들의 일반적인 어법에서는 금지와 허용의 뜻을 담고 있다. 곧, 정당치 못하다고 가르치거나 선언하는 것은 매는 것이었고, 정당하다고 가르치거나 선언하는 것은 푸는 것이었다. 이제 사도들은 이런 유의 비범한 권세를 지녔다. 이런저런 짐승의 고기를 먹는 일 등 모세의 율법으로 금지된 여러 가지들이 이제 허용되게 되어 있었고, 이혼 등 모세의 율법으로 허용된 일들이 이제 금지되게 되어 있었으며, 사도들이 이를 세상에 선포하는 권세를 부여받았으며, 사람들은 그들의 말씀을 그대로 취하도록 된 것이다. 베드로는 아무도 속되다 하거나 깨끗하지 않다 하지 말 것을 먼저 그 스스로 가르침받았고, 그리고 다른 이들에게 가르쳤다. 또한 이로써 목사들은 임직된 직분자들로서, 복음을 전하며 하나님의 이름으로 성경 말씀에 따라서 선한 것과 주께서 요구하시는 것을 사람들에게 가르치는 일상적인 권세를 부여받았다. 그리고 하나님의 뜻을 온전히 선포하는 자들은 이 열쇠들을 잘 사용하는 것이다(행 20:27).

어떤 이들은 열쇠를 준다는 것을 특정인을 율법 학사로 세우는 유대인들의 관습에 빗댄 것으로 보기도 한다. 그 때에는 율법 책이 보관되어 있는 함의 열쇠를 손에 쥐어주는 예식이 거행되었는데, 이는 곧 그가 그 책을 취하여 읽을 권한을 부여받는 것을 뜻하는 것이었다. 그리고 매고 푸는 것은 두루마리로 되어 있는 그 책들의 모양을 빗댄 것이라고 본다. 두루마리들을 말아서 끈으로 매면 그 책들이 닫히는 것이요, 끈을 풀면 그 책들이 펼쳐진다는 것이다. 그리스도께서는 사도들에게 복음의 책을 경우에 따라서 사람들에게 닫거나 펼치는 권세를 주시는 것이다. 이 권세가 시행되는 것을 보라(행 13:46; 18:6). 뉘우치는 자들에게는 용서와 화평을, 뉘우치지 않는 자들에게는 진노와 저주를 그리스도의 이름으로 전할 때에, 목사들은 이 매고 푸는 권위에 근거하여 행하는 것이다.

(2) 징계의 열쇠. 이것은 앞의 열쇠를 구체적으로 사람들에게 적용시키는 것이다. 여기서 주어지는 것은 입법권이 아니라 사법권이다. 재판관은 법을 만드는 것이 아니라 다만 무엇이 법인지를 선포하며, 사안을 공정하게 조사하여 그것에 따라 선고하는 것이다. 교회의 회원 됨과 그것에 속한 특권들과 관련하여 시행하는 것이 바로 열쇠의 권세다. 〔1〕 그리스도의 목사들은 특정인을 교회에 받아들일 권세를 지닌다. "가서 모든 민족을 제자로 삼아, 그리스도를 믿는 믿음과 그에 대한 순종을 고백하는 자들에게 세례를 베풀고, 그들과 그들의 자손을 세례로써 교회의 회원으로 받아들이라." 목사들은 초청받은 자들은 혼인 잔치에 받아들이며, 또한 그런 거룩한 집회에 합당치 않은 자들은 받아들이지 말아야 할 의무를 지니고 있는 것이다. 〔2〕 목사들은 교회의 회원 자격을 저버린 자들을 내어쫓는 권세를 지니는데, 이것은 매는 것이다. 불신자들에게 복음의 약속들과 그 인(印)을 적용시키기를 거부하며, 악독이 가득하며 불의에 매인 바 된 것으로 보이는 자들에게 그들이 그리스도의 도에 관계도 없고 분깃 될 것도 없다는 것을 선언하는 것이다. 베드로는 마술사 시몬이 세례를 받았음에도 그에게 그렇게 선언하였다(행 8장). 이것은 하나님의 심판에 매어 놓는 것이다. 〔3〕 목사들은 전에 내어쫓긴 자들이 회개할 때에 그들을 다시 받아들이고 회복시키는 권세를 지닌다. 이는 매였던 자들을 푸는 것이요, 그들의 회개가 진정일 경우 죄 용서의 약속이 그들에게 속한다는 것을 그들에게 선언하는 것이다. 사도들은 영을 분별하는 이적적인 은사를 지니고 있었다. 그러나 사람들이 외적인 규범을 지키더라도(행 8:21; 고전 5:1; 고후 2:7; 딤전 1:20의 경우처럼) 신실하고 지혜가 있는 목사들이라면 그들에 대해서 판단을 할 수 있을 것이다.

마지막으로, 그리스도께서는 제자들에게 자신의 정체를 당분간 말하지 말 것을 경고하신다. 자기가 그리스도인 것을 아무에게도 이르지 말라 하시니라(20

절). 제자들은 그들이 그에게 고백한 내용을 세상에 알리지 말아야 했는데, 여기에는 몇 가지 이유가 있었다. 1. 이 때가 그의 나라를 준비하는 때였기 때문이다. 현재 전해지는 큰 일은 천국이 가까이 왔다는 것이었고, 따라서 그리스도를 위하여 길을 예비하는 데에 적절한 일들, 즉 예수가 그리스도시라는 위대한 진리가 아니라, 천국이 세워지는 바 회개의 교리에 관심을 집중시켜야 했던 것이다. 모든 것은 시의적절해야 아름다운 법이다. 너를 위하여 밭에서 준비하고 그 후에 네 집을 세울지니라(잠 24:27). 2. 그리스도께서는 그가 메시야이심이 그의 역사로 입증되기를 원하셨고, 제자들이 그 사실을 말하는 것보다는 사람들이 그가 메시야이심을 증거하게 되기를 바라셨다. 제자들이 증거하면 그것은 그 자신이 자신에 대해 증거하는 것과도 같기 때문이다(요 5:31, 34을 보라). 3. 예수가 그리스도이심을 알았더라면 그들이 영광의 주를 십자가에 못 박지 아니하였을 것이다(고전 2:8). 4. 그리스도께서는 제자들이 지극히 설득력 있는 증거를 갖고서 그 사실을 확증하게 되기 전에는 그들이 그 사실을 전하는 것을 바라지 않으셨다. 위대한 진리들이라도 충족히 입증되기 전에 주장되면 손상을 입을 수도 있는 것이다. 그런데 예수께서 그리스도시라는 큰 증거는 바로 그의 부활이었다. 부활로 말미암아 그가 하나님의 아들이심이 능력으로 선포되었다. 그러므로 부활을 통해서 입증되기 전에는 이 진리를 전하지 않는 것이 신적인 지혜였던 것이다. 5. 그렇게도 위대한 진리를 전하는 자들은 사도들이 아직 지니지 못했던 큰 분량의 성령의 함께 하심이 있어야 했다. 그러므로 그 진리를 공개적으로 전하는 일이 성령이 그들에게 부어지신 이후로 연기되었던 것이다. 그러나 그리스도께서 영광을 입으시고 성령이 부어지신 후에, 베드로가 지금 한 모퉁이에서 한 말을 대중 앞에서 선포하는 것을 보게 된다. 예수를 하나님이 주와 그리스도가 되게 하셨느니라(행 2:36). 잠잠해야 할 때가 있듯이, 목소리를 높여야 할 때가 있는 법이다.

[21] 이 때로부터 예수 그리스도께서 자기가 예루살렘에 올라가 장로들과 대제사장들과 서기관들에게 많은 고난을 받고 죽임을 당하고 제삼일에 살아나야 할 것을 제자들에게 비로소 나타내시니 [22] 베드로가 예수를 붙들고 항변하여 이르되 주여 그리마옵소서 이 일이 결코 주께 미치지 아니하리이다 [23] 예수께서 돌이키시며 베드로에게 이르시되 사탄아 내 뒤로 물러 가라 너는 나를 넘어지게 하는 자로다 네가 하나

님의 일을 생각하지 아니하고 도리어 사람의 일을 생각하는도다 하시고

여기서 그리스도께서는 제자들에게 그 자신의 고난에 관하여 강론하신다. 여기서 다음을 관찰하라.

I. 그리스도께서 자신이 고난 당하실 것을 예언하심. 이 때로부터 그는 그 말씀을 자주 하신다. 그는 이미 자신의 고난에 대해 여러 번 암시를 하셨었다. 이 성전을 헐라고 말씀하신 것이나, 인자가 들려야 하리라고 하신 것이나, 그의 살을 먹고 그의 피를 마시는 것 등에 대해 말씀하신 것이 그것이다. 그러나 이제부터 그는 그것을 분명하고도 직설적으로 말씀하기 시작하시는 것이다. 제자들이 연약하여 그와 같은 이상한 일에 대한 말씀을 감당할 수 없었으므로, 지금까지는 그 일에 대해 직접 말씀하신 적이 없었다. 그러나 그들의 지식이 좀 더 성숙해졌고, 믿음이 더 강해졌으므로, 이에 대해서 말씀하기 시작하신 것이다. 주목하라. 그리스도께서는 자신의 뜻을 그의 백성들에게 점차적으로 드러내시며, 그들이 감당하고 받아들일 수 있을 만큼의 빛을 허용하신다.

이 때로부터. 제자들이 그가 하나님의 아들이시라는 온전한 고백을 하자, 그 때부터 그가 고난당하실 것을 보이기 시작하셨다. 그들이 한 가지 진리를 알자, 또 다른 진리를 가르치신 것이다. 있는 자는 더 받으리라. 그리스도의 가르침의 원리들에서 먼저 확신을 갖게 하고, 그 다음에 완전을 향하여 나아가는 것이다(히 6:1). 그리스도가 하나님의 아들이시라는 믿음에서 확실하게 뿌리를 내리지 않은 상태에서 그의 고난에 대해 말씀을 들었다면 그들의 믿음이 크게 흔들렸을 것이다. 언제나 모든 사람들에게 모든 진리들을 다 말씀할 것이 아니고, 그들의 현 상태에 합당하고 적절한 것들을 가르쳐야 할 것이다. 여기서 관찰하라.

1. 그가 자신의 고난에 관하여 예언하신 내용. 이는 모두 깜짝 놀랄 만한 것이었다.

(1) 그가 고난당하실 장소. 그는 거룩한 수도인 예루살렘으로 올라가 거기서 고난당하시게 될 것이었다. 그는 생애의 대부분을 갈릴리에서 지내셨으나 예루살렘에서 죽으셔야 한다. 그 곳이야말로 모든 희생 제물들이 드려지는 곳이었으니, 거기서 그가 죽으셔야 한다. 그 자신이 큰 희생 제물이시기 때문이다.

(2) 그에게 고난을 주는 사람들. 장로들과 대제사장들과 서기관들. 이들은 예

루살렘에서 위대한 산헤드린을 구성하고 있던 자들이요, 백성들에게서 존귀를 받는 자들이었다. 그리스도를 영접하고 사모하는 일에 가장 앞장섰어야 마땅한 자들이 그를 가장 극심하게 박해하게 되는 것이다. 성경에 대해 지식을 갖고 있고, 메시야의 강림을 대망한다고 입으로 고백하며, 스스로 무언가 성스러운 성품을 지닌 체했던 자들이 정작 그가 오시자 그렇게 무자비하게 대한다는 것은 정말 이상스런 일이었다. 그리스도를 정죄하고 십자가에 못 박은 것은 로마의 권세였다. 그러나 그리스도께서는 처음 그것을 선동하는 대제사장들과 서기관들을 주동자로 지목하신다.

(3) 그가 당하실 일. 많은 고난을 받고 죽임을 당하고. 그의 원수들의 끈질긴 악의와 또한 그리스도 자신의 무한한 인내가 그가 당하시는 갖가지 극심한 고난에서 나타난다. 그들은 그가 죽기 전에는 만족하지 않을 것이며, 따라서 그는 반드시 죽으셔야 했다. 죽음에 이르지 않는 것이라면 많은 고난이라도 용납할 만하다. 목숨이 있는 한 소망이 있기 때문이다. 그리고 그런 극심한 고난이 없는 죽음이라면 처절함이 훨씬 덜할 것이다. 그러나 그는 먼저 많은 고난을 받고 그 다음에 죽임을 당하게 될 것이었다.

(4) 그의 모든 고난 이후의 복된 결말. 그가 제삼일에 살아나야 할 것. 전에 선지자들이 그랬던 것처럼, 그리스도께서도 자신이 고난당하실 것을 미리 증거하실 때에 그 다음에 올 영광도 증거히셨다(벧전 1:11). 그가 고난당하실 것이나 그가 제삼일에 살아나심으로써 그가 하나님의 아들이심이 입증될 것이며, 그렇기 때문에 그들의 믿음을 유지시키기 위하여 그 사실을 언급하시는 것이다. 십자가와 그 수치를 말씀하실 때에 그는 자기 앞에 있는 기쁨에 대해서도 단숨에 말씀하셨다. 그 기쁨을 바라보고 그가 십자가를 참으시고 부끄러움을 개의치 아니하시는 것이다(히 12:2). 그러므로 우리는 그리스도께서 우리를 위하여 당하신 고난을 바라보아야 하고, 그 속에서 그의 영광에로 나아가시는 길을 추적해야 한다. 그리고 동시에 그리스도를 위한 우리의 고난을 바라보아야 하며, 그 고난을 통해서 상급이 주어질 것을 바라보아야 한다. 우리가 그와 함께 고난받으면, 그와 함께 왕 노릇하리니.

2. 그가 자신의 고난을 예언하신 이유.

(1) 그의 고난이 영원한 합의의 산물이요 영원 전에 아버지와 아들 사이에 함께 동의한 일임을 보여주기 위함. 그리스도께서 … 고난을 받고 … 살아나야 할

것을…나타내시니. 그 문제는 하나님의 정하신 뜻과 미리 아신 대로 이미 정리된 것이었고, 우리의 구원을 위하여 그리스도께서 자의로 담당하시게 되어 있던 일이었다. 그의 고난은 그에게 갑작스럽게 다가온 것이 아니었다. 그는 그것을 분명하고도 확실하게 미리 보고 계셨다. 그러니 그의 사랑이 더욱더 고귀한 것이다(요 18:4).

(2) 그리스도의 나라를 외형적으로 화려하고 권능이 있는 것으로 잘못 생각하고 있는 제자들의 오류를 바로잡기 위함. 예수께서 메시야이심을 믿으나, 그들은 이 세상에서 위엄과 존귀를 받는 것 외에는 생각하지 않았다. 그러나 여기서 그리스도께서는 그들에게 또 다른 교훈을 주신다. 곧, 십자가와 고난을 말씀하시며, 또한 제자들은 대제사장들과 장로들이 메시야의 나라의 지지자들이 될 것으로 기대했으나, 그리스도께서는 그들이 오히려 그 나라의 큰 원수들이요 박해자들이 될 것임을 말씀하신다. 이런 말씀을 통해서 제자들은 그들이 지금껏 가까이 왔다고 전해오던 그 나라에 대해서 전혀 다른 생각을 갖게 될 것이었다. 그리고 이런 오류는 반드시 바로잡아야 할 필요가 있었다. 그리스도를 따르는 자들은 명확한 가르침을 받아야 하고, 이 세상에서 큰 일들을 기대하지 않도록 경고를 받아야 했던 것이다.

(3) 그리스도께서 고난당하실 때에 그들이 함께 당하게 될 슬픔과 두려움을 위하여 미리 그들을 준비시키기 위함. 그가 많은 고난을 당하신다면, 제자들도 어느 정도의 고난을 당하지 않을 수가 없다. 스승이 죽임당하면 그들은 공포에 사로잡힐 것이다. 그러므로 사전에 미리 그것을 알게 하여 미리 대비하게 하는 것이 합당했다. 사전에 경고를 받으면 미리 대비하게 될 것이니 말이다.

Ⅱ. 이 말씀을 들은 베드로가 범한 과실. 주여 그리 마옵소서. 아마도 다른 모든 제자들도 베드로와 같은 심정이었을 것이다. 그가 대변자 격으로 말한 것이다. 베드로가 예수를 붙들고 항변하여 이르되. 어쩌면 베드로는 그리스도께서 방금 그에게 말씀하신 큰 일들에 다소 우쭐해져서 정도 이상으로 그리스도께 대담하게 대하였는지도 모른다. 큰 진보가 있을 때에 마음을 낮추고 겸손을 유지한다는 것이 그렇게 힘든 일이다!

1. 베드로가 감히 그의 스승의 말을 뒤집고 그에게 조언한 것은 그에게 합당치 않은 일이었다. 그는 그리스도께서 반드시 그래야 한다고 말씀하셨을 때에, 주여 그리 마옵소서라고 그렇게 단언적으로 말하지 않고서도 얼마든지 자신의

바람을 표현할 수 있었을 것이다. 가령, 할 수만 있다면 이 잔을 물리소서라고 할 수도 있었다. 누가 능히 하나님께 지식을 가르치겠느냐(욥 21:22)? 하나님을 탓하는 자는 대답할지니라(욥 40:2). 주목하라. 하나님의 경륜이 미묘하거나 우리의 생각과 어긋날 때에, 우리는 조용히 그것을 받아들이고 하나님의 뜻에 토를 달지 않는 것이 합당하다. 하나님께서는 우리의 가르침이 없이도 그가 행하시는 바를 알고 계신다. 우리가 주의 생각을 알지 못하는 이상, 우리가 그의 모사가 되려 해서는 안 되는 것이다(롬 11:34).

2. 베드로가 그리스도의 고난에 대해서 그렇게 뜨겁게 반응을 보이고, 십자가에 대해 그렇게 깜짝 놀라는 것을 보면, 그에게서 육신의 지혜의 냄새가 많이 풍긴다. 그런 부패한 부분이 우리의 겉 표면 속에 잠재되어 있는 것이다. 우리는 고난을 이 현재의 삶과 관계되는 것으로 보고서 불편해하기가 쉽다. 그러나 고난을 가늠하는 다른 척도가 있다. 그것을 제대로 간파하게 되면, 고난을 기꺼이 즐겁게 감당하게 될 것이다(롬 8:18). 베드로가 얼마나 감정적으로 말하는가를 보라. "주여 그리 마옵소서. 주께서 고난당하시고 죽으시다니 절대로 그럴 수 없나이다. 그런 생각만으로도 도저히 참을 수 없나이다." 주여 주님 자신을 말리소서로도 읽을 수 있을 것이다. 힐레오스 소이 퀴리에, 즉 "당신 자신에게 긍휼을 베푸소서. 그러면 어느 누구도 당신께 잔인할 수 없사옵니다 당신 자신을 불쌍히 여기소서. 그리면 이 일이 결코 주께 미치지 아니하리이다." 그는 그리스도께서도 자기만큼 고난을 끔찍하게 여기시기를 바랐을 것이다. 그러나 우리 자신의 것으로 그리스도의 사랑과 인내를 가늠하려 한다면, 그것은 큰 잘못이다. 베드로는 또한 인간적으로 볼 때에 그 일이 도무지 타당성이 없다는 것을 시사한다. "이 일이 결코 주께 미치지 아니하리이다. 주님처럼 백성들에게 그렇게 큰 관심을 가지신 분이 백성들을 두려워하는 장로들에게 깨어지신다니 이것은 불가능한 일이요, 이 일이 결코 일어날 수 없나이다. 주를 따르는 우리가 주를 위하여 싸울 것이며, 수천의 사람들이 우리와 뜻을 함께 할 것이옵니다."

Ⅲ. 베드로의 간언을 그리스도께서 기뻐하지 않으심(23절).   제자들이 그리스도께서 기뻐하지 않으시는 일을 행한 적이 자주 있었으나, 이 때처럼 그가 그의 제자가 행한 일에 대해 극심하게 말씀하신 적은 없었다. 관찰하라.

1. 그리스도께서 그의 불쾌하심을 어떻게 표현하셨는가. 그는 베드로를 돌

아보시며(아마도 이마를 찡그리셨을 것이다), 사탄아 내 뒤로 물러 가라고 말씀하셨다. 그는 시간을 두고 그 일에 대해 생각하시지 않고, 그 유혹에 대해 즉각적으로 응답하셨다. 이는 그가 그것을 얼마나 악하게 보셨는가를 보여준다. 바로 앞에서 그는 시몬아 네가 복이 있도다라고 말씀하시고 그를 가슴에 품으시기까지 하셨다. 그런데 여기서는 사탄아 내 뒤로 물러 가라고 하시는데, 이 두 경우 모두 그럴 만한 이유가 있었던 것이다. 주목하라. 선한 사람도 유혹에 놀라서 자기 자신과 전혀 어울리지 않는 모습이 될 수도 있다. 그리스도께서는 마치 사탄 자신에게 말씀하시듯 베드로에게 말씀하셨다(4:10). 주목하라.

(1) 사탄은 지극히 교묘하여, 우리의 가장 귀하고 사랑스러운 친구들의 손을 통해서 우리에게 시험을 보낸다. 그는 하와를 통해서 아담을 공격했고, 욥의 아내를 통해서 욥을 공격했고, 여기서는 사랑하는 제자 베드로를 통해서 그리스도를 공격하고 있는 것이다. 그러므로 사탄의 계략에 대해 무지해서는 안 되고, 누가 우리를 부추기든 거기에 빠지지 않도록 언제나 죄에 대해 든든히 경계함으로써 그의 교묘한 깊은 책략을 대비해야 한다. 사탄은 때때로 심지어 우리 동료들의 친절함마저도 악용하여 그것을 시험거리로 이용하여 우리를 공격하는 것이다.

(2) 영적인 분별이 있는 자들은 사탄의 목소리를 경계해야 한다. 심지어 의무를 소홀히 하게 만드는 친구나 제자나 목사의 말에서도 사탄의 목소리를 간파해 낼 것이다. 누가 말하는가 하는 것보다는 무엇을 말하는가를 보아야 하고, 성도를 통해서 시험하거나 뱀을 통해서 시험하거나 간에 사탄의 목소리를 간파하기를 배워야 하는 것이다. 선한 것에서 우리를 끌어당기며 하나님을 위해 지나치게 많은 것을 행할까봐 두려워하게 만드는 자가 있다면 그것이 누구든 간에, 그 사람은 사탄의 말을 하는 것이다.

(3) 가장 사랑하는 친구가 우리에게 그렇게 잘못을 행하거나 말할 때에 — 그것이 비록 우리를 사랑하는 데에서 나오는 것이라 할지라도 — 그를 자유롭고도 신실하게 책망할 줄 알아야 한다. 잘못된 예의로 그들을 칭찬하지 말고, 그들을 책망해야 할 것이다. 친구의 아픈 책망은 충직으로 말미암는 것이다(잠 27:6). 그런 책망을 친절로 받아들여야 하는 것이다(시 141:5).

(4) 죄로 이끄는 유혹으로 보이는 것은 무엇이든 타협해서는 안 되고, 반드시 단호히 물리쳐야 한다.

2. 그리스도의 불쾌하심의 근거는 무엇이었는가. 해가 없고 오히려 친절하게 보이는 이런 제안에 대해서 그리스도는 왜 그렇게 분개하셨는가? 두 가지 이유가 제시되고 있다.

(1) 너는 나를 넘어지게 하는 자로다. 스칸달론 무 에이, 즉 너는 나의 방해자로다(이런 뜻으로 읽을 수도 있다). "네가 내 길을 막고 있도다." 그리스도께서는 우리를 구원하는 일을 속히 진행하고 계셨고 그의 마음을 온통 그 일에 쏟고 계셨다. 그러므로 그는 그 일에 방해를 받는 것이나 그 일의 가장 힘들고 어려운 부분을 피하도록 유혹하는 것을 크나큰 악으로 여기신 것이다. 그가 우리를 구속하는 일에 그렇게 강하게 매진하고 계셨으므로, 그를 그 일에서 벗어나도록 간접적으로 힘을 쓰는 자들은 그의 가장 예민한 부분을 건드린 것이다. 베드로는 그리스도께서 고난당하실 때에 그를 부인하였는데, 그 일에 대해서도 이 일만큼 매섭게 책망받지는 않았다. 그리스도를 부인한 것은 결점이었으나, 이 경우는 친절이 지나친 것이었다. 사람이 반대되는 말을 악한 것으로 여겨 전혀 듣지 않으려 하는 것은 곧, 그 사람의 마음이 지극히 결연하며 단호하다는 것을 드러내 준다. 룻의 경우가 그러했다. 어머니를 따르지 말고 돌아가라 강권하지 마옵소서(룻 1:16). 주목하라. 우리 주 예수님은 자기 자신의 안락함과 편안함보다 우리의 구원을 선호하셨다. 그리스도께서도 자기를 기쁘게 하지 아니하셨나니(롬 15:3). 그기 세상에 오신 것은 베드로의 권고처럼 자기 자신이 살아남기 위함이 아니요, 자기 자신을 쓰시기 위함이었다.

그가 왜 베드로를 사탄이라 부르셨는지를 보라. 이는 그가 우리를 구원하는 길 가운데 가로막는 것은 무엇이든 그 구원의 역사의 철천지원수인 마귀에게서 오는 것으로 보셨기 때문이다. 후에 유다에게 들어가 사악한 의도로 그리스도를 멸하게 한 그 동일한 사탄이 여기서는 베드로를 부추겨 그리스도로 하여금 그 길을 피하도록 설득하고 있었던 것이다.

너는 나를 넘어지게 하는 자로다. 주목하라. 〔1〕 주를 위하여 큰 일을 감당하는 자들은 동료들에게서나 원수들에게서 안팎으로 방해와 반대를 만날 것을 예상해야 한다. 〔2〕 의무를 감당하는 데에 방해거리가 되는 자들은 우리를 넘어지게 하는 자로 간주해야 한다. 우리의 의무를 감당하는 데에 유혹을 받는 것이 우리에게 괴로움이 되면, 그 때에야말로 그리스도께서 하신 것처럼 하나님의 뜻을 행하는 것이다. 그리스도께는 하나님의 뜻을 행하는 것이 양식이요 음료였다. 우리가 하나님을 위하여 일하거나 고난을 당하도록 부르심을 받을 때에 그 일을 하지 못하도록 가로막는 자들은, 다른 일들에서는 어떻든지 간에 그 일에 있어서는 사탄이요 우리의 대적인 것이다.

(2) 네가 하나님의 일을 생각하지 아니하고 도리어 사람의 일을 생각하는도다. 주목하라 [1] 하나님의 일, 즉 하나님의 뜻과 영광에 대한 관심사가 사람의 일, 즉 우리 자신의 부귀와 명예와 상충되고 모순되는 경우가 많다. 그리스도인의 의무를 우리의 길과 일로 여기고 하나님의 은혜를 우리의 목적으로 여기는 동안에는 우리가 하나님의 일을 생각하게 된다. 그러나 이것들을 생각하려면 육신을 부인해야 하며, 위험과 어려움을 무릅써야 한다. 그러므로 이 둘 중에 어느 것을 생각하느냐 하는 시험이 있는 것이다. [2] 그리스도를 위하여 고난당하도록 부르심을 받을 때에 무절제하게 두려워하며 그것을 꺼리는 자들은 하나님의 일보다는 사람의 일을 생각하는 것이다. 그들은 자기들 스스로도 사람의 일을 더 풍기고, 그들이 그렇다는 것을 다른 이들에게도 풍긴다.

²⁴이에 예수께서 제자들에게 이르시되 누구든지 나를 따라오려거든 자기를 부인하고 자기 십자가를 지고 나를 따를 것이니라 ²⁵누구든지 제 목숨을 구원하고자 하면 잃을 것이요 누구든지 나를 위하여 제 목숨을 잃으면 찾으리라 ²⁶사람이 만일 온 천하를 얻고도 제 목숨을 잃으면 무엇이 유익하리요 사람이 무엇을 주고 제 목숨과 바꾸겠느냐 ²⁷인자가 아버지의 영광으로 그 천사들과 함께 오리니 그 때에 각 사람이 행한 대로 갚으리라 ²⁸진실로 너희에게 이르노니 여기 서 있는 사람 중에 죽기 전에 인자가 그 왕권을 가지고 오는 것을 볼 자들도 있느니라

그리스도께서는 제자들에게 자신이 고난당하셔야 하며 또한 기꺼이 고난을 감당하실 것임을 말씀하시고 나서, 제자들도 고난을 당하여야 하며, 또한 기꺼이 그 고난을 감당해야 할 것을 말씀하신다. 이는 중대한 문제가 아닐 수 없다.

I. 제자 됨의 법칙이 제시되며, 그 조건이 확정된다. 이것에 근거하여 우리가 제자 됨의 존귀와 유익을 얻을 수 있는 것이다(24절). 그리스도께서 이것을 제자들에게 말씀하신 것은 다른 이들에게 이에 관하여 교훈하도록 하기 위함일 뿐 아니라 또한 그들이 이 법칙을 근거로 자기들의 안전을 점검하도록 하기

위함이었다. 관찰하라.

1. 그리스도의 제자가 된다는 것이 무엇인가. 그것은 그를 따라가는 것이다. 그리스도께서 제자들을 부르실 때에, 나를 따라오라고 명령하셨다. 그리스도의 참된 제자는 의무를 감당하며 그를 따르며 또한 그를 따라 영광에 들어가는 자다. 참된 제자는 자신의 위치를 망각하고 베드로처럼 그리스도께 교훈하는 자가 아니라, 그리스도를 뒤따르는 자다. 그리스도의 제자는 양 떼가 목자 뒤를 따라가듯, 종이 주인을 따르듯, 군대에서 부하가 상관을 따르듯, 그리스도를 따른다. 참된 제자는 그리스도께서 목표로 삼으시는 것과 동일한 것을, 즉 하나님의 영광과 하늘의 영광을 목표로 삼는 자요, 또한 그가 행하신 것과 동일한 방식으로 행하며 그의 성령으로 말미암아 인도받으며 그의 발자취를 따르며, 그의 지도(指導)에 굴복하며, 어린 양이 어디로 인도하든지 따라가는 자다 (계 14:4).

2. 그리스도의 제자가 될 자들에게 요구되는 큰 일들이 무엇인가. 누구든지 나를 따라오려거든, 에이 티스 뗄레이, 즉 누구든지 (나를 따라)오려는 뜻이 있거든. 이는 의도적인 선택을 뜻하며, 또한 그 선택이 기꺼운 것이요 결연한 것임을 의미한다. 자기 자신의 뜻에 의해서보다는 우연히 혹은 다른 사람들의 뜻에 의해서 제자가 되는 사람들이 많다. 그러나 그리스도께서는 자원자들을 그의 사람들로 받으신다(시 110:3). 그리스도께서는 이런 뜻으로 말씀하시는 것이다: "내 제자가 아닌 사람들이 내게 나아오려는 결연한 마음이 있다면, 그리고 이미 내 제자가 된 너희들도 비슷하게 나를 따르려는 결연한 마음이 있다면, 이 조건들을 따라야 한다. 다른 것이 아니고 바로 이 조건들을 따라야 한다. 다른 일에서는 물론 고난 중에도 나를 따라야 한다. 그러므로 너희가 앉아서 수고를 따질 때에 이 조건을 생각하라."

그러면 이 조건들은 무엇인가?

(1) 자기를 부인하고. 베드로는 그리스도께 자신을 아끼라고 권면했었고, 그 자신도 비슷한 경우를 당하면 기꺼이 그런 권면을 받아들이려는 자세였다. 그러나 그리스도께서는 그들 모두에게 결코 자기 자신을 아껴서는 안 되고 오히려 자기를 부인해야 한다고 말씀하신다. 이 점에서 그들은 그리스도를 따라야 했다. 왜냐하면 그의 탄생과 생애와 죽으심 모두가 연속적인 자기 부인과 자기 비움의 행위였기 때문이다(빌 2:7, 8). 자기 부인이 정말 힘든 일이며 혈과 육

에 맞지 않는 것이라면, 우리 주께서는 그보다 더한 것을 우리보다 앞서서 또한 우리를 위하여, 우리의 구속과 우리의 교훈을 위하여, 친히 배우셨고 행하신 것이다. 그리고 종이 그 주인보다 못한 법이다. 주목하라. 예수 그리스도의 제자들과 그를 따르는 모든 사람들은 반드시 자기 자신을 부인해야 한다. 우리 자신을 부인하는 것— 이것은 그리스도의 학교에 입학하는 근본적인 원칙이요 이 학교에서 배울 첫째가는 큰 교훈이다. 이것은 좁은 문이요 또한 좁은 길이다. 이 원칙은 이 학교에서 가르쳐지는 다른 모든 선한 교훈들을 배우기 위해 필수적으로 구비해야 할 조건이다. 우리는 우리 자신을 절대적으로 부인해야 하고, 우리 자신의 그림자를 사모해서도 안 되고, 우리 자신의 기분을 만족시키려 해서도 안 된다. 우리 자신의 이해에 의지해서도 안 되고, 우리 자신의 일이나 우리 자신의 목적을 추구해서도 안 된다. 또한 상대적으로도 우리 자신을 부인해야 한다. 그리스도를 위하여, 그의 뜻과 영광을 위하여, 이 세상에서 그의 대의를 섬기는 일을 위해서 우리 자신을 부인해야 한다. 우리 형제들을 위하여, 그들의 유익을 위하여 우리 자신을 부인해야 한다. 또한 우리 자신을 위해서도 우리 자신을 부인해야 하며, 영혼의 유익을 위하여 육체의 욕심을 부인해야 한다.

(2) 자기 십자가를 지고. 여기서 십자가란 사람으로서 혹은 그리스도인으로서 당하는 모든 고난들, 섭리적인 괴로움들, 의를 위한 박해들, 선을 행하는 것 때문에, 혹은 악을 행하지 않는 것 때문에 우리에게 닥치는 온갖 괴로움을 일컫는다. 그리스도인들의 괴로움은 십자가라 불러 마땅하다. 십자가는 죽음을 나타내는 것이요, 그리스도께서는 십자가에 달리시기까지 복종하셨다. 그 괴로움들이 우리가 그리스도와 똑같이 지는 것들이요, 또한 그가 우리보다 먼저 십자가를 지셨다는 것을 생각하면, 그것들에 대해 두려워하거나 그것들로 인하여 근심에 싸이는 일이 없을 것이다. 주목하라.

〔1〕 그리스도의 제자는 누구나 자기의 십자가가 있으며 그것을 고려해야 한다. 각자 행하여야 할 자기만의 특별한 의무가 있으므로 각자가 자기만이 감당해야 할 특별한 괴로움이 있고, 또한 각자 자기의 짐을 가장 진하게 느끼는 법이다. 십자가는 하나님의 자녀들이 공통으로 당하는 운명 같은 것이다. 그러나 이 하나님의 자녀들의 공통적인 운명 가운데서 각자가 자기만의 특별한 몫을 담당하는 것이다. 무한하신 지혜자께서 우리를 위하여 지정하셨고, 주권적인

섭리자께서 우리에게 가장 합당한 것으로 우리에게 부과하신 그것이 바로 우리의 십자가다. 그러므로 우리가 당하는 그 십자가를 우리의 것으로 여기고 그렇게 감당하는 것이 좋다. 우리의 십자가보다는 다른 사람의 십자가를 더 잘 견디겠다고 생각하기가 쉬우나, 우리에게 주어진 십자가가 우리에게 최고의 것이요, 따라서 우리는 그 십자가를 최고로 감당해야 마땅한 것이다.

〔2〕 그리스도의 제자는 누구나 지혜로우신 하나님께서 그의 십자가로 만들어 주신 그것을 져야 한다. 이것은 십자가에 못 박도록 정죄를 받은 자들에게 자기가 달릴 십자가를 몸소 지고 가도록 하는 로마의 관습에 빗댄 것이다. 구레네 시몬이 그리스도의 십자가를 대신 지고 간 사실이 이에 대한 좋은 예증이 될 것이다. 첫째로, 십자가가 우리의 길에 놓여 있으며 우리를 위하여 예비되어 있다는 것을 상정한다. 십자가를 우리의 것으로 삼는 것이 아니라, 하나님께서 우리를 위해 만들어 놓으신 십자가에 우리 자신을 적응시켜야 하는 것이다. 우리가 따라야 할 법칙은 십자가를 만나기 위해서든 그것을 놓기 위해서든 의무의 길에서 한 걸음이라도 벗어나서는 안 된다는 것이다. 조급함과 경솔함으로 십자가를 우리 머리 위로 끌어당겨서는 안 되고, 우리의 길에 놓여 있는 십자가를 취하여 져야 한다. 하나님을 위하여 행하는 봉사에 걸림돌이나 방해거리가 되지 않도록 우리에게 닥치는 환난을 잘 처리해야 하는 것이다. 십자가의 걸림돌을 극복함으로써 우리의 길에 놓인 십자가를 져야 하며, 또한 그것이 무거울지라도 그것을 지고 우리의 길을 가야 하는 것이다. 둘째로, 우리가 해야 할 일은 십자가를 견디며 십자가 아래서 묵묵히 있는 것만이 아니라, 십자가를 져야 하고, 그것을 사용함으로써 선한 유익을 얻도록 되어야 한다. "이것은 악한 것이니 견딜 수밖에 달리 도리가 없다"라는 식으로 말하지 말고, "이것은 악한 것이지만, 결국 내게 유익을 줄 것이니 내가 견뎌야 한다"라고 말해야 한다. 환난 중에 즐거워하며 의무를 감당할 때에, 그것이 바로 십자가를 지고 가는 것이다. 이것이 우리 자신을 부인하는 것에 뒤이어 오는 것이 적절하다. 죄의 쾌락과 이 세상의 이익들을 그리스도를 위하여 스스로 부인하지 않는 사람은 절대로 자기 십자가를 지려는 마음을 가질 수가 없을 것이기 때문이다. 틸롯슨 대주교(Archbishop Tillotson)는 다음과 같이 말한다: "성자(聖者)로 살고자 하는 결단을 취하지 못하는 자는 절대로 순교자로 죽지 않는다는 하나의 증거를 그 자신 속에 지니고 있는 것이다."

(3) 이렇게 구체적으로 십자가를 지고서 나를 따를 것이니라. 고난당하는 성도는 예수님을 바라보아야 한다. 그러면 고난 중에도 그에게서 지시와 격려를 받는다. 우리는 십자가를 지는가? 그렇다면 우리는 우리보다 앞서서 우리를 위하여 십자가를 지신 그리스도를 따르는 것이다. 그는 저주가 실려 있는 십자가를 지셨다. 그 십자가는 과연 무거운 것이었고, 그로 인하여 우리의 십자가가 쉽고 가볍게 되었다. 혹은, 이를 일반적인 의미로 취하면, 우리는 모든 일에서 거룩함과 순종을 추구함으로써 그리스도를 따라야 한다. 주목하라. 그리스도의 제자들은 그리스도를 본받기에 힘써야 하며, 모든 일에서 그가 보이신 모범을 그대로 좇아야 하며, 중간에 그 어떠한 십자가가 놓여 있을지라도 계속해서 그의 모범을 좇아야 한다. 선을 행하고 악을 당하는 것이 바로 그리스도를 따르는 것이다. 누구든지 나를 따라오려거든 나를 따를 것이니라. 이는 같은 말을 반복하는 것처럼 보인다. 전반부와 후반부가 어떻게 다른가? "누구든지 외양으로 나를 따라오려거든, 그리하여 제자라는 이름과 신임을 지니려거든, 진실로 나를 따를 것이니라, 곧 제자의 일과 의무를 행할지니라." 혹은, "누구든지 나를 따라오려거든, 즉 처음에 출발을 잘 하게 되면, 모든 인내로 계속해서 나를 따를 것이니라." 갈렙이 행한 것처럼 그것이 주를 온전히 따르는 것이다. 그리스도를 따라오는 자는 반드시 그의 뒤를 따라가야 하는 것이다.

II. 이 법칙들에 굴복하고 이 조건들을 지키도록 우리를 설득시키는 논지들이 제시된다. 자기를 부인하며 고난을 견디는 것은 정말 힘든 교훈이므로, 혈과 육과 상의해서는 절대로 배울 수가 없다. 그러므로 우리 주 예수와 상의하여 그가 우리에게 주시는 권고를 생각하자. 여기서 그가 그러한 권고를 주신다.

1. 자기를 부인하고 그리스도를 위하여 고난당하는 이 의무들을 적절히 감당하게 해줄 만한 고려 사항들. 다음을 생각하라.

(1) 누구든지 그리스도를 부인함으로 제 목숨을 구원하고자 하면 잃을 것이요 누구든지 그리스도를 소유함으로 인하여 제 목숨을 잃는 것을 그대로 만족하면 찾으리라(25절). 여기 우리 앞에 생명과 사망, 선과 악, 축복과 저주가 놓여 있다. 관찰하라.

〔1〕 지극히 설득력 있어 보이는 배도(背道)에 수반되는 비참한 결과. 이 세상에서 죄로 말미암아 제 목숨을 구원하고자 하면 오는 세상에서 그것을 잃을 것

이요, 육신적인 목숨을 보존하기 위하여, 혹은 육신적인 죽음을 회피하기 위하여 그리스도를 저버리는 자는 영생에 이르지 못하며, 둘째 사망을 맞게 되며 영원토록 그 상태에 있게 될 것이다. 목숨을 살린다는 것만큼 배도와 악행의 핑계로서 정당해 보이는 것은 없다. 그만큼 자기 보존의 법칙이 설득력이 있는 것이다. 그러나 그런 논리조차도 어리석은 것이다. 결국에는 그것이 자기를 파괴하는 것임이 드러날 것이기 때문이다. 구한 목숨은 그저 한순간밖에는 가지 못하며, 피한 사망은 그저 한 잠(수면)에 지나지 않는다. 그러나 잃어버린 목숨은 영원한 것이요, 모든 선한 것에서 끝없이 분리된 상태로서 모든 비참한 것 중에서 가장 깊은 것이다. 그러니, 생각 있는 사람은 이것을 생각하고, 배도를 통해서 재물과 직위와 목숨을 구했다 해도 과연 최종적으로 얻을 유익이 있는지를 속으로 잘 따져보기를 바란다.

〔2〕 지극히 위험하고 값비싼 희생이 수반되는 절개(節槪)에 수반되는 유익. 누구든지 이 세상에서 나를 위하여 제 목숨을 잃으면 더 나은 세상에서 그것을 찾으며, 그리하여 무한한 유익을 누리리라. 주목하라. 첫째로, 많은 사람이 그리스도를 위하여 목숨을 잃는다. 그의 이름을 위하여 열정적으로 수고하며 고난을 당하다가 목숨을 잃기도 하고, 그리스도와 그의 진리와 도를 부인하기보다 죽기를 택하여 목숨을 잃기도 한다. 수많은 이들이 그들의 의무와 예수를 증언하는 일을 위하여 목숨을 희생시켜야 할 때에 그것을 돌아보시 않고 느꼈고 (계 20:4), 그리스도의 거룩한 종교가 바로 그들의 피로 인쳐져서 우리에게로 전수된 것이다. 둘째로, 수많은 이들이 그리스도를 위하여 심지어 목숨까지도 잃었으나, 결국에는 그 중에 한 사람도 그리스도로 인하여 잃은 자가 되지 않을 것이다. 그리스도를 위하여 다른 위로거리들을 잃어버린 것은 이 세상에서도 다시 보상받을 수도 있다(막 10:30). 그러나 잃어버린 목숨은 이 세상에서는 보상받을 수가 없고, 오는 세상에서 영생 가운데서 보상받을 것이다. 모든 시대의 성도들이 믿음으로 이것을 소망함으로써 크나큰 힘을 얻어왔다. 그리스도를 위하여 이 세상에서 목숨을 버려도 그 목숨을 도로 찾으리라는 확신이 그들로 하여금 죽음의 공포를 이기고 승리할 수 있게 만들었고, 그리하여 그들은 웃으면서 화형대에 오르고, 찬양하면서 단두대에 오르고, 원수들의 잔악한 노기(怒氣)를 가벼운 환난으로 여긴 것이다.

〔3〕 희생자의 영혼의 값어치와 또한 상대적인 세상의 무가치함. 사람이 만일

온 천하를 얻고도 제 영혼을 잃으면 무엇이 유익하리요(26절. 한글 개역개정판은 "목숨"으로 번역함). 텐 프스켄 아우투. 이는 목숨으로도 번역된다(25절). 목숨이 영혼에 있기 때문이다(창 2:7). 이는 사람이 무엇을 얻든지 간에 목숨을 잃으면 그것이 아무 소용이 없고 그 사람이 그 얻은 것을 누릴 수가 없다는 일반적인 원리에 빗대는 것이다. 그러나 이 말씀은 그보다 더 높이 올라가서, 영혼을 불멸하는 것으로 말씀하며, 죽음 이후에 그것을 잃어버리면 온 세상을 얻는 것으로도 보상받을 수 없다는 뜻으로 말씀한다. 주목하라. 첫째로, 사람에게는 자기의 영혼이 있다. 영혼은 사람의 영적이며 불멸하는 부분으로서 생각하고 추리하며 반성하고 전망하는 능력을 지니고 있으며, 지금은 육체를 움직이며 잠깐 후에는 육체와 분리되어 활동할 것이다. 통치와 소유 면에서는 우리의 영혼이 우리의 것이 아니다(우리가 우리의 것이 아니기 때문이다. 모든 영혼이 내 것이라고 하나님께서 말씀하신다). 그러나 가까움과 관심의 면에서 보면 우리의 영혼이 우리의 것이다. 그것들이 우리 자신이기 때문이다. 둘째로, 영혼을 잃어버릴 수도 있으며, 그것은 위험한 일이다. 영혼이 모든 선한 것들에게서 모든 악한 것들에게로 영원히 분리되면, 영혼이 하나님의 은혜에게서 분리되어 그의 진노와 저주 아래 가라앉으면, 그 영혼은 잃어버린 것이다. 사람이 지옥에 있기까지는 절대로 완전히 망한 것이 아니다. 셋째로, 영혼을 잃으면, 그것은 죄인이 스스로 잃어버린 것이다. 사람이 제 영혼을 잃는 것은 영혼을 파괴시키는 일을 행하며 유일하게 그것을 구원하는 그것을 소홀히 하기 때문이다(호 13:9). 죄인이 죽는 것은 그가 죽을 것이기 때문이다. 그의 피가 그의 머리로 돌아간다. 넷째로, 한 영혼이 온 세상보다 더 가치가 있다. 우리 자신의 영혼이 우리가 지닌 세상의 모든 재물과 명예와 쾌락보다 더 큰 가치가 있다. 온 세상이 한 영혼을 상대로 저울 위에 올라 있다. 그 위에 데겔이라 기록되어 있다. 저울 위에 무게를 달아보니 영혼과 비교할 수 없을 만큼 무게가 가볍다. 이것이 그리스도의 판단이요, 그는 유능한 재판관이시다. 그는 영혼의 값어치를 당연히 아신다. 그가 그들을 속하셨기 때문이다. 그러나 동시에 세상을 과소평가하지도 않으신다. 그가 그 세상을 지으셨기 때문이다. 다섯째로, 천하를 얻는 것이 영혼을 잃는 것일 경우가 많다. 세상적인 관심사를 이루고 실현시키는 데에 터무니없는 관심을 갖는 나머지 그의 영원한 관심사를 완전히 망가뜨린 사람들이 많은 것이다. 세상을 사랑하는 것과 그것을 열심히 추구하는 것이 사람으로 파멸과 멸망에 빠지게 하는 것이다(딤전 6:9). 여섯째로, 영혼을 잃는 것은 온 세상을 얻는 것으로도 도무지 갚을 수 없을 만큼 큰 손실이다. 영혼을 잃는 자는 비록 온 세상을 얻었다 해도 스스로 형편없는 거래를 하는 것이요 결국에 가서는 말할 수 없는 패배자로 자리에 앉게 될 것이다. 장부를 갖고서 이익과 손실을 비교하여 계산해 보면, 스스로 약속한 이익대신 모든 의도와 목적이 망가뜨려졌고 돌이킬 수 없이 망해 버렸다는 것을 깨닫게 될 것이다.

사람이 무엇을 주고 제 영혼과 바꾸겠느냐(한글 개역개정판은 "목숨"으로 번역함)? 주목하라. 한번 영혼을 잃으면 영원히 잃는 것이다. 그것에 대해서는 대신 지불할 보상금이 없다. 그것은 절대로 치유되거나 회복될 수 없는 손실이다. 그리스도께서 우리 영혼을 속하시고 우리를 회복시키시사 영혼을 소유하게 하기 위하여 그 큰 값을 치르신 이후에 그들이 세상에 대한 관심 때문에 그것을 소홀히 하여 그것을 잃어버리면, 절대로 새로운 값을 다시 치를 수가 없다. 죄를 위하여 드릴 희생 제사도, 영혼을 위한 값도 더 이상 남아 있지 않고, 구속의 지분을 누리는 데에서 영원토록 제외되는 것이다. 그러므로 기회가 있을 때에 우리 자신을 위하여 지혜로이 행하는 것이 좋은 것이다.

2. 그리스도를 위하여 자기를 부인하고 고난당하는 일에 격려를 얻게 해 주는 몇 가지 적절한 사실들이 여기서 제시된다.

(1) 그리스도께서 세상을 심판하기 위하여 재림하실 때에 그가 얻으실 영광에 대해 우리가 갖는 확신(27절). 이 모든 것들을 마지막까지 보고 세상의 마지막과 그 때의 영혼들의 처지를 보게 되면, 현재의 처지들에 대해 매우 다른 생각을 갖게 될 것이다. 그 때에 되어질 모습으로 사물을 보게 되면, 현재에 마땅히 지녀야 할 모습으로 그것들을 보게 될 것이다.

신앙의 절개를 굳건히 지킬 큰 격려를 그리스도의 재림으로부터 얻게 된다.

〔1〕 그의 재림에서 그의 존귀를 보라. 인자가 아버지의 영광으로 그 천사들과 함께 오리니. 낮아지신 상태에 계신 그리스도를 바라보면, 그는 너무도 비천하고 너무도 욕을 당하며, 사람들에게 멸시를 받은 자여서, 그를 따르는 자들에게서 그를 위하여 고난을 당하거나 위험을 무릅쓸 마음이 일어나지 않는다 그러나 믿음의 눈으로 우리의 구원의 대장이신 그분께서 그의 영광 가운데서 천상 세계의 모든 광휘와 권능으로 임하시는 것을 바라보면, 우리에게 생기가 나고 그를 위하여 그 어떤 어려움과 고난도 능히 감당할 마음이 생길 것이다. 인

자가 오리니. 그는 여기서 그의 낮아지신 상태의 칭호를 사용하셔서(그는 인자이시다) 그가 그 상태를 취하심을 부끄러워하지 않으신다는 것을 보여주신다. 그의 초림(初臨)은 육체를 취하시고 그의 자녀들의 비천함을 그대로 입은 상태로 이루어졌다. 그러나 그의 재림(再臨)은 그의 아버지의 영광 가운데 계신 모습으로 이루어질 것이다. 그의 초림 시에는 초라한 제자들이 그를 호위하였으나, 그의 재림 시에는 영광스러운 천사들이 그를 호위할 것이다. 그러므로 우리가 참으면 또한 함께 왕 노릇 할 것이다(딤후 2:12).

〔2〕 그의 재림에서 우리의 관심사를 보라. 그 때에 각 사람이 행한 대로 갚으리라. 관찰하라. **첫째로**, 예수 그리스도께서 심판주로 오셔서 이 세상의 그 어떤 군주가 시행한 것보다 무한히 큰 상급과 형벌을 베푸실 것이다. 그리스도의 심판대의 영광을 믿음으로 바라봄으로써 사람의 재판정에 대한 공포가 사라질 것이다(10:18). **둘째로**, 그 때에 사람들이 이 세상에서 얻은 것에 따라서가 아니라, 그들의 행위에 따라, 그들의 모습과 행한 일에 따라 상급을 받을 것이다. 그 날에 타락한 자들의 배반이 영원한 멸망으로 형벌을 받을 것이요 신실한 영혼들의 절개가 생명의 면류관으로 보상을 받을 것이다. **셋째로**, 그 날을 가장 잘 대비하는 것은 우리 자신을 부인하며 십자가를 지고 그리스도를 따르는 것이다. 그렇게 하면 심판주가 우리의 친구가 되실 것이요 그의 심판이 무사히 지날 것이기 때문이다. **넷째로**, 사람에게 그 행위에 따라 상급을 주는 일이 그 날까지 연기된다. 여기서는 선과 악이 뒤죽박죽 섞여 있는 것 같고, 배도자에게 즉각적인 형벌이 주어지지는 것을 볼 수 없고, 신실한 자가 곧바로 하늘로부터 복을 받는 것을 볼 수도 없다. 그러나 그 날에는 모든 것이 귀정(歸正)될 것이다. 그러므로 **때가 이르기 전에는 아무것도 판단하지 말라**(딤후 4:6-8).

(2) 그의 나라가 가까움(28절). 그의 나라는 그와 함께 있는 자들 중에 그 나라가 임하는 것을 살아서 볼 자가 있을 정도로 가까이 와 있다. 시므온이 주의 그리스도가 육체로 오시는 것을 보기까지는 죽음을 보지 않으리라는 확신을 받았던 것처럼, 여기 있는 몇몇 사람도 주의 그리스도가 그의 나라에서 임하시는 것을 보기까지 죽음(죽음이란 지각할 수 있는 것이요, 그 공포도 눈에 보이며, 그 아픔도 맛볼 수 있는 것이다)을 보지 않으리라는 확신을 받는다. 시간의 종말에 그가 그의 아버지의 영광으로 오실 것이다. 그러나 이제 때가 차서 그가 그의 나라에, 곧 그의 중보적인 나라(his mediatorial kingdom)에 임하

실 것이다. 이로부터 며칠 후에 그가 변형되사(17:1) 그의 영광이 약간 드러나는 사건이 일어난다. 그러나 이것은 그의 성령이 부어지심과 복음 교회의 성립, 예루살렘의 패망, 기독교의 가장 처절한 원수들인 유대인의 땅과 민족이 제거됨 등을 통하여 그리스도께서 임하실 것을 지칭하는 것이다. 인자가 그 나라에서 오는 것(한글 개역개정판은 "인자가 그 왕권을 가지고 오는 것"으로 번역함)이 이로써 이루어질 것이었다. 그러므로 이 때에 있던 많은 자들이 살아서 그것을 볼 것이었고, 특별히 요한의 경우는 예루살렘의 패망 이후까지 살았고, 기독교가 세상에 심어지는 것을 보았다. 그리스도를 따르는 자들은 다음의 사실을 근거로 그를 위하여 고난받아야 할 것이었다.

〔1〕 그들의 수고가 성공을 거두리라는 것. 사도들은 그리스도의 나라를 세우는 일에 사명을 받았다. 그러니 그들이 어떠한 반대를 만나든 그들의 맡은 사명을 끝까지 수행해 나가도록 힘을 얻기 위해 이 사실을 알아야 했다. 주목하라. 고난당하는 성도들에게는 그들의 안전은 물론 그리스도의 나라가 사람들 가운데서 전진한다는 확신을 얻는 것이야말로 큰 격려가 된다. 그들의 고난에도 불구하고 그 나라가 전진하는 것일 뿐만 아니라, 그들의 고난을 통하여 그 나라가 전진하는 것이다. 영광의 나라에 우리가 참여하리라는 것은 물론 은혜의 나라가 성공하리라는 것을 믿음으로 바라볼 때에, 우리가 기쁨으로 우리의 고난을 이기고 사명을 이루어갈 수 있는 것이다.

〔2〕 그들의 대의가 실현되며, 그들의 죽음이 보상을 받고, 그들을 박해하던 자들이 보응을 받으리라는 것.

〔3〕 이 일이 현세에서 속히 이루어지리라는 것. 주목하라. 교회가 구원받는 일이 가까울수록, 우리는 더욱 기쁨으로 그리스도를 위하여 고난을 받아야 한다. 보라 심판주가 문 밖에 서 게시니라(약 5:9). 현재의 어두운 때에 살아남을 자들에게 격려를 주기 위하여, 그들이 더 나은 날을 보게 될 것임을 말씀하는 것이다. 주목하라. 교회와 더불어 기쁨을 함께 나누는 것이 바람직하다(단 12:12). 관찰하라. 그리스도께서는 여기서 모든 사람이 아니라 일부가 살아서 그 영광스러운 날들을 볼 것이라고 말씀하고 있다. 일부가 약속의 땅에 들어갈 것이나, 나머지는 광야에서 죽을 것이다. 그는 과연 누가 살아서 이 나라를 보게 될 것인지는 말씀하지 않으신다. 그것을 알면 죽는다는 생각을 미리부터 버리게 될 것이었다. 다만 제자들 중 일부가 그렇게 될 것임을 말씀한다. 보라 주

께서 가까이 계시도다. 심판주가 문 앞에 서 계시니, 형제들아 인내하라.

제
— 17 —
장

개요

이 장의 주요 내용은 다음과 같다. I. 그리스도께서 찬란함과 영광 가운데 변형되심 (1-13절). II. 그리스도께서 그의 권능과 은혜로 어린아이에게서 귀신을 내어쫓으심(14-21절). III. 그리스도께서 궁핍과 큰 낮아지심 중에 계심. 1. 그 자신의 고난을 예언하심 (22, 23절). 2. 세금을 지불하심(24-27절). 그러므로 아버지의 영광의 광채로서, 친히 우리 죄를 씻으시고, 우리의 빚을 지불하시며, 죽음의 권세를 가진 자, 곧 마귀를 우리를 위하여 멸하시는 그리스도의 모습이 나타난다. 그리스도의 은혜로우신 의도를 보여주는 몇 가지 암시들이 멋지게 서로 얽혀서 나타난다.

¹엿새 후에 예수께서 베드로와 야고보와 그 형제 요한을 데리시고 따로 높은 산에 올라가셨더니 ²그들 앞에서 변형되사 그 얼굴이 해 같이 빛나며 옷이 빛과 같이 희어졌더라 ³그 때에 모세와 엘리야가 예수와 더불어 말하는 것이 그들에게 보이거늘 ⁴베드로가 예수께 여쭈어 이르되 주여 우리가 여기 있는 것이 좋사오니 만일 주께서 원하시면 내가 여기서 초막 셋을 짓되 하나는 주님을 위하여, 하나는 모세를 위하여, 하나는 엘리야를 위하여 하리이다 ⁵말할 때에 홀연히 빛난 구름이 그들을 덮으며 구름 속에서 소리가 나서 이르시되 이는 내 사랑하는 아들이요 내 기뻐하는 자니 너희는 그의 말을 들으라 하시는지라 ⁶제자들이 듣고 엎드려 심히 두려워하니 ⁷예수께서 나아와 그들에게 손을 대시며 이르시되 일어나라 두려워하지 말라 하시니 ⁸제자들이 눈을 들고 보매 오직 예수 외에는 아무도 보이지 아니하더라 ⁹그들이 산에서 내려올 때에 예수께서 명하여 이르시되 인자가 죽은 자 가운데서 살아나기 전에는 본 것을 아무에게도 이르지 말라 하시니 ¹⁰제자들이 물어 이르되 그러면 어찌하여 서기관들이 엘리야가 먼저 와야 하리라 하나이까 ¹¹예수께서 대답하여 이르시되 엘리야가 과연 먼저 와서 모든 일을 회복하리라 ¹²내가 너희에게 말하노니 엘리야가 이미 왔으되 사람들이 알지 못하고 임의로 대우하였도다 인자도 이와 같이 그들에게 고난을 받으리라 하시니 ¹³그제서야 제자들이 예수께서 말씀하신 것이 세

례 요한인 줄을 깨달으니라

그리스도께서 변형되신 이야기가 여기서 나타난다. 앞에서 그는 인자가 속히 그의 나라에서 오실 것을 말씀하셨었다. 세 복음서 기자가 모두 이 약속을 이 이야기와 연결시키고 있다. 마치 그리스도의 변형되심의 의도가 그리스도의 나라와 또한 그가 택하사 거룩하게 하신 자들에게 나타난 그의 빛과 사랑의 실례를 제시하고 또한 그것을 보증하기 위함이었던 것처럼 보인다. 베드로는 이 일을 그리스도의 능력과 강림하심으로 말씀한다(벧후 1:16). 그 일은 그의 능력이 발휘된 사건이요, 그의 강림하심을 미리 주지시켜 주는 것이었다. 그의 강림하심이 그런 서두를 통해서 소개되는 것은 지극히 적절한 일이었다.

그리스도께서 그의 낮아지심의 상태에서 여기 계실 때에, 그의 상태가 주로 굴욕과 고난의 상태였으나, 그 스스로도 고난 중에 더 격려를 받으시고, 또한 다른 이들도 거부감이 덜하도록 하기 위하여 그의 영광이 조금씩 드러나는 일들이 간혹 있었던 것이다. 그의 탄생, 세례받으심, 시험당하심, 그리고 그의 죽음 등은 그의 낮아지심을 드러내 주는 가장 두드러진 실례들이다. 그리고 이것들 하나하나마다 그의 영광과 하늘의 미소를 드러내 주는 점들이 반드시 수반되었다. 그러나 그의 공생애 사역이 전체적으로 볼 때에 낮아지심의 연속이었으므로, 여기서, 그 낮아지심의 상태 한 가운데에서, 그의 영광을 발견하는 사건이 일어나는 것이다. 지금 하늘에 계시는 그리스도께서 그의 낮아지심을 지니신 것처럼, 그가 이 땅에 계실 때에도 그는 그의 영광의 모습을 지니고 계셨던 것이다.

그러면 그리스도의 변형에 관하여 다음을 관찰하라.

I. 그 정황. 여기 1절에서 그것을 볼 수 있다.

1. 그 때. 그가 제자들과 엄숙한 담화의 시간을 가지신 지(16:21) 엿새 후에. 누가는 팔 일쯤 되어 라고 보도한다(눅 9:28). 중간의 엿새 전체요, 이 날은 팔 일째 되는 날이요, 일곱 번째 밤이 지난 다음 날이다. 이 변형 사건이 있기 전 엿새 동안 주 예수께서 하신 말씀이나 활동이 기록되어 있지 않다. 그러므로 무언가 큰 일이 있기 전에 하늘이 반시간쯤 고요했던 것이다(계 8:1). 그러므로 그리스도께서 그의 교회를 위하여 아무것도 하지 않으시는 것 같은 때에는 기대하라. 머지않아 무언가 일상적인 일보다 더한 일을 행하실 것이다.

2. 그 장소. 높은 산 꼭대기였다. 그리스도는 산을 택하셨다. (1) 산은 은밀한 장소였다. 그는 **따로** 가셨다. 산 위에 있는 동네는 감추어지기가 어려우나, 두어 사람이 산 위에 있으면 찾기가 어려운 법이다. 그러므로 그리스도와 제자들은 대개 산 위에서 사사로운 교훈의 시간들을 가진 것이다. 그리스도께서 변형의 장소로 한적한 곳을 택하신 것은, 그가 영광의 모습으로 대중 앞에 나타나시는 것은 그의 현 상태에 합당하지 않기 때문이었다. 그리고 이로써 그의 겸손을 보여주시고 또한 하나님과의 교제를 누리는 데에는 사사로이 홀로 있는 것이 좋다는 것을 가르치고자 하신 것이다. 하늘과의 교제를 유지하고자 하는 이들은 반드시 이 세상의 갖가지 일들로부터 벗어나는 일을 자주 해야 한다. 홀로 있을 때라도 아버지께서 함께 계시므로 절대로 홀로 있는 것이 아닌 것이다. (2) 산 아래의 것들 위에 높이 있는 장엄한 곳이었다. 주목하라. 변화를 이루는 하나님과의 교제를 누리고자 하는 자들은 홀로 있을 뿐 아니라 높이 올라가야 한다. 그들의 마음을 높이 올리고, 위의 것을 찾아야 한다. 이리로 올라 오라(계 4:1).

3. 그 증인들. 그는 베드로와 야고보와 요한을 데리고 가셨다. (1) 그는 세 사람을 데려가셨는데, 이들은 자기들이 본 바를 증언할 수 있는 유능한 사람들이었다. 두세 증인의 입으로 말마다 확증하게 되기 때문이었다. 그리스도께서는 그의 모습이 분명하게 드러나게 하시나, 동시에 너무 흔하게 만늘지는 않으신다. 모든 백성에게 하신 것이 아니요 오직 미리 택하신 증인에게 하신 것이니(행 10:41), 이는 보지 못하고 믿은 자들이 복을 받게 하기 위함이었다. (2) 이 세 사람을 데려가신 것은 그들이 제자들 중에서 주요 인물들이었고, 다윗의 자손에게 가장 귀중한 세 사람이었기 때문이다. 아마도 그들이 은사와 은혜 면에서 다른 이들보다 뛰어났을 것이다. 그들은 그리스도께서 아끼신 자들이었고, 그리하여 그가 홀로 계실 때의 사정을 증언할 인물들로 지목된 것이다. 그리스도께서 죽은 어린 소녀를 일으키실 때에도 그들이 그 현장에 있었다(막 5:37). 그리고 후에 그리스도의 고뇌하심을 목격하게 되는데, 지금의 이 일은 그 일을 위한 준비의 일환이었다. 주목하라. 이 땅에 있는 동안 그리스도의 영광을 보는 것은 그와 함께 고난받는 일을 위한 좋은 준비가 된다. 우리가 이 땅에서 받는 고난은 오는 세상에서 그의 영광을 보는 것을 준비시켜 주는 것이니 말이다. 온갖 괴로움을 당한 바울은 풍성한 계시를 받았다.

II. 그의 변형의 방식. 그들 앞에서 변형되사(2절). 그의 몸의 본질은 그대로 있되, 그 겉모습이 크게 바뀌었다. 그가 영으로 변화되신 것이 아니라, 지금까지 연약함과 부끄러움의 상태로 나타났던 그의 몸이 이제 능력과 영광 중에 나타난 것이다. 변형되사, 메타모르포테, 즉 그가 모습이 바뀌었다(he was metamorphosed)는 뜻이다. 세상의 시인들은 화려한 변형의 이야기들로, 특히 그들의 신들의 변형의 이야기들로 — 이는 그 신들을 가볍게 만들고 비하시키는 이야기들로 거짓이요 터무니없는 것들이다 — 한가하게 세상을 유쾌하게 해왔다. 어떤 이들은 베드로가 이 그리스도의 변형을 언급하면서 우리 주 예수 그리스도의 능력과 강림하심을 너희에게 알게 한 것이 교묘히 만든 이야기를 따른 것이 아니라고 말하는 것(벧후 1:16)이 특히 그런 시인들을 염두에 둔 것이라고 보기도 한다. 그리스도는 하나님이시며 사람이셨으나, 육체로 계시는 동안에는 종의 형체 — 모르펜 둘루 — 를 가지셨다(빌 2:7). 그의 신격의 영광 위에 휘장을 가리셨다. 그러나 변형되실 때에 그 휘장을 걷으시고 하나님의 본체로 — 엔 모르페 데우 — 나타나셨고(빌 2:6), 제자들에게 그의 영광을 잠시나마 보게 하셨다. 그러기 위해서는 그의 형체를 변화시킬 수밖에 없었던 것이다.

우리가 선포하는 큰 진리는 하나님은 빛이시요(요일 1:5), 빛에 거하시며(딤전 6:16), 옷을 입음 같이 빛을 입으신다는 것이다(시 104:2). 그러므로 그리스도께서 하나님의 본체로 나타나실 때에, 그도 눈에 보이는 만물 중에 가장 영광스러운 것인 빛 속에서 나타나신 것이다. 그는 만물의 맏아들이시요 영원하신 아버지와 가장 근사하게 닮으신 분이시다. 그리스도는 빛이시며, 이 세상에 계시는 동안 어둠에 비치되 세상이 그를 알지 못하였다(요 1:5, 10). 그러나 이 때에는 그 빛이 어둠을 뚫고 환히 비친 것이다.

그런데 그의 변형된 모습은 두 가지로 나타났다.

1. 그 얼굴이 해 같이 빛나며. 얼굴은 몸의 가장 주요한 부분으로서, 얼굴로써 사람을 알아본다. 그렇기 때문에 그리스도의 얼굴이 해 같이 빛나게 된 것이요, 후에는 그가 모욕과 침 뱉음을 당하여도 그의 얼굴을 가리지 아니하신 것이다. 그는 힘있게 나아가실 때에 그의 얼굴이 해 같이 분명하고도 환하게 빛났다. 그는 의로운 해이시며, 세상의 빛이시기 때문이다. 모세의 얼굴은 해의 빛을 반사하는 달처럼 밖에는 빛나지 않았다. 그러나 그리스도의 얼굴은 고유한 자신의 빛을 발하는 해 같이 빛났다. 그리고 이런 그의 얼굴의 광채는 잠깐 비치

다가 갑자기 사라졌기 때문에 더욱더 영광스럽게 드러났다.

2. 옷이 빛과 같이 희어졌더라. 얼굴과 마찬가지로 그의 몸 전체가 변화되었다. 그 찬란한 빛살이 그의 전신에서 나와 그의 옷을 통과하여 비치므로 그 몸이 희고 찬란하게 보였다. 모세의 얼굴의 광채는 얇은 수건으로 쉽게 가릴 수 있었을 만큼 약하고 희미하였다. 그러나 그리스도의 몸의 영광은 그의 옷도 그것으로 찬란해질 만큼 놀라운 것이었다.

Ⅲ. 함께 나타난 인물들. 그는 마지막에 수천의 성도들과 함께 오실 것이요, 여기서 그 성도들의 표본들로서 이제 모세와 엘리야가 나타나 예수와 더불어 말하는 것이 보였다(3절). 관찰하라.

1. 영화롭게 된 성도들이 그를 수행하였다. 땅에서도 베드로와 야고보와 요한 등 세 사람이 사실을 확증하러 와 있었으니, 하늘에서도 사실을 확증할 사람들이 있을 만했다. 그러므로 이 장면은 그리스도의 나라와 생생하게 닮았다 하겠다. 그의 나라는 하늘의 성도들과 땅의 성도들로 이루어졌다. 온전하게 된 의인의 영들이 그 나라에 속하는 것이다. 여기서 우리는, 그리스도 안에서 잠자는 자들이 망한 것이 아니라 분리된 상태로 존재하며 기회가 있을 때에 나타날 것임을 보게 된다.

2. 이 두 사람은 모세와 엘리야로서, 당대에 매우 뛰어났던 사람들이다. 두 사람 모두 그리스도와 똑같이 사십 일 동안 밤낮으로 금식하였고, 나름 이적들을 행하였으며, 두 사람 모두 이 세상의 삶뿐 아니라 이 세상에서 떠나간 일도 두드러졌다. 엘리야는 불수레를 타고 하늘로 올라갔고, 죽음을 보지 않았다. 모세의 육체도 발견된 일이 없다. 어쩌면 부패로부터 보존되었고, 여기서 나타나도록 예비되어 있었을지도 모른다. 유대인들은 모세와 엘리야에 대해 크나큰 존경으로 기억하였고, 그렇기 때문에 그들이 와서 그리스도를 증거한 것이요, 그에 대한 소식들을 갖고서 지상 세계로 온 것이다. 그들로 말미암아 율법과 선지자가 그리스도를 높였고, 또한 그를 증거한 것이다. 모세와 엘리야가 제자들에게 나타났고, 제자들이 그들을 보았으며, 그들이 말하는 것을 들었고, 그들이 모세와 엘리야라는 것을 알았다. 그들의 말하는 내용을 듣고서 알았든지, 아니면 그리스도께서 그들의 정체를 그들에게 알려주셨을 수도 있다. 영화롭게 된 성도들은 천국에서 서로를 알게 될 것이다. 그들은 그리스도와 대화를 나누었다. 주목하라. 그리스도께서는 복된 자들과 교류를 나누셨고, 따라서 영

화롭게 된 기관의 그 어떤 일원과도 낯설지 않으실 것이다. 그리스도는 이제 선지자로서 인침을 받으실 분이므로, 이 두 위대한 선지자들이 그를 수행하며 그들의 모든 존귀와 관심을 그에게로 돌려드리는 것이야말로 지극히 적절했다 할 것이다. 이 모든 날 마지막에는 아들을 통하여 우리에게 말씀하시기 때문이다 (히 1:1).

IV. 그리스도의 영광을 보고서 제자들이 얻은 큰 기쁨과 만족. 보통 때처럼 베드로가 나서서 말했다: 주여 우리가 여기 있는 것이 좋사오니. 베드로는 여기서 다음을 표현하고 있다.

1. 이 현장에 있으면서 그들이 얻은 기쁨. 주여 여기 있는 것이 좋사오니. 거칠고 불쾌하며 황량하고 추울 것이라 생각되는 높은 산에 있는데도, 여기 있는 것이 좋사오니 라고 한다. 그는 동료 제자들의 느낌을 대변하여 말하고 있다. 나만이 아니라 우리가 여기 있는 것이 좋다고 한다. 그는 이런 좋은 기회를 혼자서 독점하려는 욕심을 품지 않았고, 기꺼이 나머지 제자들과 함께 나눈다. 그는 그리스도께 이 말을 하였다. 경건하고 열정적인 애정은 주 예수 앞에 스스로 토로되는 법이다. 그리스도를 사랑하는 영혼은, 그리고 그와 함께 있기를 사모하는 영혼은, 그에게 나아가 그것을 말하기를 사모하는 것이다. 주여 우리가 여기 있는 것이 좋사오니. 이는 그들이 그 현장에 함께 있도록 호의를 베푸신 그리스도의 친절함에 대해 감사한 마음이 있었음을 시사해 준다. 주목하라. 그리스도와의 교제야말로 그리스도인들에게는 기쁨이다. 주 예수의 모든 제자들은 이 거룩한 산에 그와 함께 있는 것을 좋은 일로 여기는 법이다. 그리스도께서 계신 여기에 함께 있는 것이 좋은 일이요, 또한 그가 우리를 데려가시는 곳에 함께 따라가는 일이야말로 좋은 일이다. 사람들에게서 물러가 홀로 그리스도와 함께 있는 것은 좋은 일이다. 주 예수의 아름다움을 바라보는 이 곳에 있는 것이야말로 좋은 일이다(시 27:4). 그리스도께서 모세와 선지자들과 더불어 말씀을 나누시는 것을 들으며, 율법의 모든 제도와 선지자들의 모든 예언들이 그리스도를 지향하며 그에게서 성취된 사실을 보는 것은 과연 기쁜 일이다.

2. 그 상황이 계속되기를 바라는 제자들의 심정. 내가 여기서 초막 셋을 짓되. 베드로의 다른 여러 말씀에서와 마찬가지로 이 말씀에도 선한 의도와 연약함이 함께 뒤섞여 있다. 그는 분별보다는 열정이 더 많았다.

(1) 하늘의 일들을 접하는 것에 대한 그의 열정이 나타난다. 그리스도의 영

광을 직접 보았으니 그런 안일한 자세를 갖는 것도 결코 무리가 아니었을 것이다. 주목하라. 믿음으로 여호와의 집에서 여호와의 아름다움을 바라보는 자는 평생에 거기에 살기를 사모하지 않을 수가 없다(시 27:4). 하나님의 성소에 박힌 못처럼 된다는 것은, 그 곳을 영구한 거처로 삼는다는 것은 좋은 일이다(스 9:8). 방랑하는 사람이 아니라 집에 거하는 사람처럼 정상적으로 거룩한 규례에 참여한다는 것은 과연 좋은 일이다. 베드로는 이 산이 집을 세우기에 아주 좋은 장소라고 생각하였다. 모세가 광야에서 쉐키나, 즉 하나님의 영광을 위하여 장막을 지은 것처럼, 거기에 장막을 지을 생각을 한 것이다.

그는 그리스도와 모세와 엘리야를 위하여 각각 초막 하나씩을 짓기를 바라고, 자기를 위해서는 하나도 지으려 하지 않았다. 그는 스승과 하늘의 손님들에 대해 큰 존경이 있었고 아울러 자기 자신과 동료 제자들에 대해서는 완전히 잊고 있었다. 그렇게 고귀한 분들과 함께만 있다면 자기는 노천에서 차가운 땅 위에 있어도 좋다고 여긴 것이다. 스승께서 머리 둘 곳이 있다면, 자기 자신은 아무래도 상관이 없었던 것이다.

(2) 그러나 이 열정에서 그는 상당한 연약함과 무지(無知)를 드러내 보였다. 모세와 엘리야에게 무슨 초막이 필요하단 말인가? 그들은 다시는 주리지도 아니하며 목마르지도 아니하고 해나 아무 뜨거운 기운에 상하지도 아니하는 저 복된 세계에 속하는 자들이었다. 그리스도께서는 바로 얼마 전에 그가 고난당하실 것을 예언하셨고, 제자들에게도 그 비슷한 일을 예상할 것을 명하신 바 있다. 베드로는 이것을 잊고서, 혹은 그 고난을 막기 위하여, 어려운 길에서 벗어나 있는 이 영광의 산 위에 초막을 세우기를 제안하는 것이다. 그는 그 때에 주여 그리 마옵소서라고 했었고, 그 일로 주께 질책을 받았으나, 여전히 그러한 생각을 되뇌는 것이다. 주목하라. 선한 성도들도 십자가 없이 면류관만을 기대하기가 쉬운 법이다. 베드로는 아직 그가 싸워야 할 싸움을 싸우지도 않았고, 가야 할 길을 다 가지도 않은 상태로 이것을 상(賞)으로 붙잡으려 한 것이다(20:21). 이 땅에서 천국을 찾으려 한다면 그것은 우리의 목표가 잘못된 것이다. 외인이요 나그네인 자가(이 세상에서 아무리 좋은 처지에 있다 해도 우리는 나그네일 뿐이다) 영구히 있는 건물이나 성(城)을 논하거나 기대한다는 것은 합당치 않은 것이다.

그러나 그가 자기도 모르는 말을 했고(눅 9:33) 또한 그런 제안을 그리스도께서 지혜로 판단하시기를 구한 것을 볼 때에(만일 주께서 원하시면 내가 여기서 초막 셋을 짓되) 베드로의 부적절한 제안이 그래도 어느 정도 이해할 만한 것이었다 하겠다. 주목하라. 이 세상에서 어떤 초막을 지을 생각을 하든지, 언제나 그리스도께 물어야 한다는 것을 기억해야 한다.

이 베드로의 말에 대해서는 답변이 전혀 없었다. 잠시 후 영광이 사라지는 것으로 답변이 주어질 것이었다. 이 땅에서 큰 일들을 스스로 약속하는 자들은 잠시 후면 그들 자신의 경험을 통해서 그 헛됨을 깨우치게 될 것이다.

V. 성부 하나님께서 우리 주 예수에 대해 주신 영광스러운 증언. 지극히 큰 영광 중에서 소리가 날 때에 그가 하나님 아버지께 존귀와 영광을 받으셨다(벧후 1:17). 이것은 마치 왕자가 대관식에서 모든 예복을 입고 나타날 때에 그의 존귀와 왕적인 품위를 드러내는 칭호들을 선언하는 것과도 같은 것이었다. 그리스도의 왕적인 품위는 그의 중보(mediation)에서 드러난다는 것을 알아야 한다. 이것은 인류에게 큰 위로가 된다. 그리하여 그는 이상 중에 그의 보좌에 둘려 있는 언약의 인(印)인 무지개와 더불어 나타나신 것이다(계 4:3). 왜냐하면 우리의 구속주이신 것이 그의 영광이기 때문이다.

그리스도에 대하여 하늘로부터 임한 이 증언에 대해서 관찰하자.

1. 그것이 어떻게 임했으며, 어떤 식으로 나타났는가.

(1) 구름이 있었다. 구름이 하나님의 임재하심을 나타내는 눈에 보이는 증표였다는 것을 구약에서 자주 보게 된다. 그는 시내 산 위에서 구름 가운데서 임하셨고(출 19:9), 모세에게도 그렇게 임하셨다(출 34:5; 민 11:25). 그는 구름 가운데서 장막에 임하셨고, 후에는 성전에도 그렇게 임하셨다. 성전은 그리스도께서 그의 영광 중에 계신 것이요, 거기서 하나님께서 친히 임재하심을 보이신 것이다. 구름이 어떤 식으로 나타나며 사라지는지는 알 수 없으나, 하늘과 땅 사이의 교류와 교통이 구름을 통해서 유지된다는 것은 알 수 있다. 구름을 통해서 수증기가 올라가고, 비가 내려온다. 그러므로 하나님께서는 구름으로 그의 병거를 삼으신다고 말씀한다. 그러므로 여기 이 산에 강림하실 때에도 그렇게 하신 것이다.

(2) 그것은 빛난 구름이었다. 하나님께서 율법 아래서 그의 임재하심의 증표로 삼으신 것은 보통 빽빽하고 어두운 구름이었다. 그는 시내 산에서 빽빽한 구름 속에서 임하셨고(출 19:16), 또한 그가 캄캄한데 계시겠다고 말씀하셨다

(왕상 8:12). 그러나 우리가 침침함과 흑암이 있는 산이 아니라(히 12:18), 빛난 구름으로 가득 찬 산에 이른 것이다. 구약의 경륜에도, 신약의 경륜에도 하나님의 임재하심의 증표들이 있다. 그러나 구약은 침침함과 흑암과 두려움과 종노릇의 경륜이었고, 신약은 빛과 사랑과 자유의 경륜인 것이다.

(3) 그 구름이 그들을 덮었다. 이 구름은 제자들을 완전히 압도하여 도저히 견딜 수 없게 만들었을 그 찬란한 빛을 가리기 위해 주어진 것이었다. 그것은 마치 모세의 얼굴에서 광채가 날 때에 그것을 가리기 위해 쓴 수건과도 같은 것이었다. 하나님께서는 자신을 그의 백성에게 나타내실 때에 그들의 연약함을 고려하신다. 그들의 눈에 비친 이 구름은 깨달음을 주기 위한 비유와도 같은 것이었다. 곧, 그들이 감당할 만한 영적인 사실들을 지각할 수 있는 것들을 통해서 전달해 주는 것이다.

(4) 구름 속에서 소리가 났다. 그것은 하나님의 음성이었다. 그는 이 때에도 그 옛날처럼 구름 기둥 가운데서 말씀하신 것이다(시 99:7). 모세가 율법을 받을 때처럼 우레나 번개나, 나팔 소리 같은 것이 없었고, 오로지 음성, 곧 세미한 음성뿐이었다. 하나님께서 엘리야에게 말씀하실 때처럼 크고 강한 바람이나 지진이 그 앞에 있지도 않았다(왕상 19:11, 12). 여기서 모세와 엘리야는, 이 모든 날 마지막에 하나님이 아들을 통하여 말씀하시되, 전에 그들에게 말씀하실 때와는 다른 방식으로 하시는 것을 친히 목격하였던 것이다. 이 음성은 지극히 큰 영광 중에 임하였다(벧후 1:17). 과거에 모세와 엘리야에게 말씀하실 때에는 영광이 없었던 것과 대조적으로 여기서는 지극히 큰 영광이 나타난 것이다. 물론 그 지극히 큰 영광이 구름에 가려졌으나, 거기서 음성이 임하였다. 믿음은 들음에서 나기 때문이다.

2. 하늘로부터 난 음성의 내용. 이는 내 사랑하는 아들이요 내 기뻐하는 자니. 여기서 다음의 사실을 접하게 된다.

(1) 복음의 큰 비밀이 계시됨. 이는 내 사랑하는 아들이요 내 기뻐하는 자니. 이 것은 그가 세례를 받으실 때에 하늘로부터 들려온 음성과 정확히 일치하는 것이었다(3:17). 이것이야말로 사람이 죄를 범한 이후 하늘로부터 땅에 임한 최고의 소식이었다. 이는 하나님께서 그리스도 안에 계시사 세상을 자기와 화목하게 하셨다는 저 위대한 가르침(고후 5:19)과 같은 의미를 담은 것이다. 모세와 엘리야는 위대한 사람들이었고 하늘에서 큰 자들이었다. 그러나 그들은 종들에

불과했고, 하나님께서 그들을 항상 기뻐하신 것만은 아니다. 모세는 경솔하게 말했고, 엘리야는 격정에 사로잡힌 사람이었기 때문이다. 그러나 그리스도는 아들이시요, 하나님께서 언제나 기뻐하시는 분이셨다. 모세와 엘리야는 가끔 하나님과 이스라엘 사이의 화목의 도구로 사용되었다. 모세는 위대한 중재자였고, 엘리야는 위대한 개혁자였다. 그러나 하나님께서는 그리스도 안에서 세상을 화목하게 하신다. 그의 중재는 모세의 중재보다 더 능력이 크며, 그의 개혁은 엘리야의 개혁보다 훨씬 더 효과적인 것이다.

그가 세례를 받으실 때에 하늘로부터 임한 음성이 여기서 다시 반복되고 있으나, 이는 쓸데없는 반복이 아니었다. 마치 바로가 꿈을 두 번 반복하여 꾸었듯이, 그 사실이 확실히 세워져 있음을 보여주기 위한 것이었다. 하나님께서는 한 번 말씀하신 것은 반드시 지키시는데, 두 번씩 반복하시니 이는 더욱 확실히 지키실 것이요, 하나님은 우리가 그 점을 알아채기를 기대하신다. 그리스도께서 세례를 받으실 때에 그 음성이 들린 것은 그 때가 바로 그가 시험받으시고 공생애 사역에 들어가실 때였기 때문이다. 그리고 지금 그것이 다시 반복되는 것은, 이 때로부터 시작하여 그가 그의 고난에 들어가시기 때문이다. 전에는 전혀 언급하지 않으시다가 지금 비로소 그의 고난에 대해 예언하시며, 이 변형의 사건이 있은 직후에 예수께서 승천하실 기약이 차 가매라고 말씀하기 때문이다(눅 9:51). 그러므로 십자가에 대한 두려움을 맞서도록 그리스도를 무장시키기 위하여, 또한 그의 십자가가 제자들에게 걸림돌이 되지 않도록 막기 위하여 이 음성이 반복된 것이다. 고난이 넘치면 위로도 넘치는 법이다(고후 1:5).

(2) 큰 복음의 의무가 요구됨. 이것이 그리스도로 말미암아 우리가 유익을 얻는 조건이다. 너희는 그의 말을 들으라. 하나님께서는 오직 그리스도 안에서 그의 말씀을 듣는 자들을 기뻐하신다. 그의 말씀을 그냥 귀로 듣는 것만으로는 안 된다(이것이 우리에게 무슨 소용이 있겠는가?). 그의 말씀을 듣고 그를 위대한 선지자와 교사로 믿어야 한다. 그의 말씀을 듣고 그를 위대한 왕이시요 율법 제정자로 알고 그에게 다스림을 받아야 한다. 그의 말씀을 듣고 깊이 유념해야 한다. 하나님의 뜻을 알고자 하는 자는 반드시 예수 그리스도의 말씀을 들어야 한다. 이 마지막 때에는 하나님께서 그로 말미암아 우리에게 말씀하셨기 때문이다. 하늘로부터 임한 이 음성이 그리스도가 말씀하신 모든것들이 순

전한 것임을 드러내었다. 그의 모든 말씀들이 마치 구름 속으로부터 임한 것들인 것처럼 말이다. 하나님은 여기서, 이를테면 그의 뜻에 대한 모든 계시들을 그리스도에게서 찾도록 우리를 그에게로 향하게 하시는 것이다. 그리고 이 음성은, 하나님이 모세와 같은 선지자 하나를 일으키시리라는 예언(신 18:18)을 지칭하는 것이다. 너희는 그의 말을 들으라.

그리스도께서 이제 영광 중에 나타나셨다. 그리고 그리스도의 영광을 보면 볼수록, 한층 더 그의 말씀에 귀를 기울여야 한다. 그러나 제자들은 눈에 보이는 그의 영광을 바라보기만 했고, 그리하여 그를 바라보지 말고 그의 말씀을 들으라고 명령하시는 것이다. 이 영광의 광경은 곧 구름에 가려졌다. 그러나 그들의 임무는 그의 말씀을 듣는 것이었다. 우리는 믿음으로 — 이것은 들음에서 난다 — 행하고 보는 것으로 행하지 아니하는 것이다(고후 5:7).

모세와 엘리야가 그와 함께 있었다. 율법과 선지자가 그와 함께 하였다. 그러므로 그것들에 대해서 말씀하기를 그들에게 들을지니라(눅 16:29)라고 하는 것이다. 제자들은 그리스도를 위해서는 물론 그들을 위해서도 초막을 지을 생각을 가졌고, 그리하여 그들을 그리스도와 동등하게 대접하려 하였다. 모세와 엘리야가 그리스도와 대화를 나누고 있었고, 제자들은 아마도 그들의 대화 내용을 매우 알고 싶어했을 것이고, 그들에게서 좀 더 듣기를 바랐을 것이다. 그런데 하나님은, 아니다. 그의 말을 들으라. 그것으로 족하나. 함께 있는 모세와 엘리야가 아니라 그의 말씀을 들으라는 것이다. 그들은 그의 말씀에 거스르는 것을 말하지 않았다. 그들이 선지자로서 세상에서 어떤 관심이 있었든지 간에, 그들은 모든 것이 그리스도께로 집중되고, 그가 친히 만물의 으뜸이 되시는 것을 기꺼이 보기를 원했던 것이다. 모세와 엘리야가 그렇게 잠시 머물다 가는 것으로 근심하지 말라. 그리스도의 말씀을 들으라. 그러면 다시 그들을 원하지 않을 것이다.

VI. 이 음성을 들은 제자들이 극심한 두려움과 그리스도께서 그들에게 주신 격려.

1 제자들은 듣고 엎드려 심히 두려워하였다. 그 빛의 찬란한 광채와 그것에 대한 놀라움 때문에 그들이 엎드려졌고 두려워하였을 수도 있을 것이다. 그러나 그것이 전부가 아니었다. 사람이 죄를 짓고 동산에서 하나님의 음성을 들은 이후, 하나님의 비범한 나타나심은 언제나 사람에게 공포의 대상이었다. 하나

님께서 자기에게 선을 베푸실 이유가 전혀 없다는 것을 알기에 하나님께로부터 직접 말씀을 듣는 것을 두려워해 온 것이다. 주목하라. 바람이 불어 하늘이 말끔하게 되었을 때조차도 하나님께는 두려운 위엄이 있는 것이다(욥 37:21, 22). 여호와의 소리가 얼마나 놀라운 역사를 행하는지를 보라(시 29:4). 하나님께서 우리와 같은 사람들을 통해서 우리에게 말씀하시는 것이 우리에게 얼마나 좋은 일인지 모른다. 그들에 대해서는 두려움이 없는 것이다.

2. 그리스도께서는 풍성한 온유함으로 그들을 자비롭게 일으키셨다. 주목하라. 우리 주 예수께서 아무리 영광 중에 계시더라도, 연약함 중에 있는 그의 백성들에 대한 그의 관심과 사랑은 결코 줄어들지 않는다. 지금 그의 높아지신 상태에 계신 그리스도께서 지극히 비천한 참된 신자를 동정하시며 그를 돌아보신다는 것을 생각하면 큰 위로를 얻게 된다. 여기서 관찰하라.

(1) 그가 하신 일. 예수께서 나아와 그들에게 손을 대셨다. 그가 다가오심으로 그들의 두려움이 사라졌다. 그리스도께서 그들을 돌아보신다는 것을 알자, 그 이상 다른 것이 필요 없었다. 그리스도께서 요한에게(계 1:17), 또한 다니엘에게(단 8:18; 10:18) 오른손을 대신 것도 비슷한 경우라 하겠다. 그리스도께서 손을 대실 때에 치유의 역사가 일어났는데, 여기서는 제자들이 힘과 위로를 얻은 것이다.

(2) 그가 하신 말씀. 일어나라 두려워하지 말라. 주목하라. 하늘과 대면하여 높이 우러르는 두려움을 갖는 것은 그리스도께서 기뻐하시는 것이나, 공포감에서 나오는 두려움은 그렇지 않다. 그러므로 반드시 제거해야 한다. 그리스도께서는 일어나라고 하셨다. 주목하라. 선한 사람들을 침체의 상태에서 일으키고 그들의 두려움을 잠재우는 것은 바로 그리스도시다. 그가 그의 말씀으로, 또한 그의 은혜의 능력으로 그렇게 하시는 것이다. 그리고 그리스도 이외에는 아무도 그 일을 할 수가 없다. 일어나라 두려워하지 말라. 주목하라. 우리가 두려움에 굴복하지 않고 그 아래에 누워있지 않고 일어나서 그것들과 싸워 우리가 행할 바를 행하면 근거 없는 두려움들이 곧 사라질 것이다. 그들이 보고 들은 바를 생각하면 두려움보다는 기쁨이 더 많아야 마땅했다. 그러나 그들에게는 이런 경계가 필요했던 것이다. 주목하라. 육체의 연약함 때문에, 우리가 격려를 받아야 마땅할 그런 일에 대해서 오히려 놀라서 두려워하는 경우가 많다. 관찰하라. 그리스도의 말씀을 들으라는 하늘의 분명한 명령이 있은 후에, 그들

이 그리스도께로부터 들은 첫 마디는 바로 두려워하지 말라는 것이었다. 그러니 그 말씀을 들으라. 주목하라. 그리스도께서 세상에 임하신 것은 선한 백성에게 위로를 주시기 위함이었다. 곧, 원수들의 손에서 구원함을 받고, 두려움이 없이 하나님을 섬기게 하려 함이었던 것이다(눅 1:74, 75).

VII. 이상이 사라짐.　제자들이 일어나 눈을 들고 보매 오직 예수 외에는 아무도 보이지 아니하더라(8절). 모세와 엘리야가 사라졌고, 그리스도의 영광의 광채가 물러갔다. 혹은 다시 가려졌다. 그들은 이 날이야말로 그리스도께서 그의 나라에 들어가시는 날이요, 그들이 꿈꾸어오던 대로 그리스도께서 대중 앞에 찬란한 모습으로 나타나실 날이기를 바랐다. 그러나 그들의 소망은 이루어지지 않았다. 주목하라. 이 세상에서 우리의 기대를 높이 가지는 것은 지혜롭지 못하다. 왜냐하면 우리가 이 땅에서 아무리 값진 영광과 기쁨을 누리더라도 그것들은 사라져 가는 것들이기 때문이다. 심지어 하나님과 가까이 교제하는 데에서 누리는 영광과 기쁨도, 끊임없이 계속되는 축제가 아니라 한 번 열리는 연회와 같은 것이다. 때로 하나님의 은혜를 특별히 체험하며, 미래에 올 영광을 흘낏 보고 확증을 얻는 기쁨을 누리더라도, 그것들은 곧바로 사라지는 법이다. 하나의 하늘도 누릴 자격이 없는 자들이 두 하늘을 기대한다는 것은 너무도가 지나친 것이다. 이제 제자들이 눈을 들고 보매 오직 예수 외에는 아무도 보이지 아니하였다. 주목하라. 모세와 엘리아가 사라질 때에도 그리스도께서는 우리와 계속 계실 것이다. 선지자들은 영원히 살지 못한다(슥 1:5). 그리고 우리 목사들의 사역의 기간도 마찬가지다. 그러나 예수 그리스도는 어제나 오늘이나 영원토록 동일하신 것이다(히 13:7, 8).

VIII. 그리스도와 제자들이 산에서 내려오며 나눈 대화(9-13절). 관찰하라.

1. 그들이 산에서 내려올 때에. 주목하라. 하나님과 교제를 나누는 그 거룩한 산에서 내려와야 한다. 하나님과 교제를 나누는 안락함 속에서 여기 있는 것이 좋사오니 라고 말하는 그 상태에서 벗어나야 한다. 그 산은 우리가 영구히 거할 성(城)이 아니다. 그러나 하나님을 찬양할지니, 우리가 절대로 내려오지 않을 저 영광과 기쁨의 산이 따로 우리 앞에 있는 것이다. 그러나 관찰하라. 제자들이 산에서 내려올 때에 예수께서도 그늘과 함께 내려오셨다. 수복하라. 거룩한 규례에 참여한 후에 다시 세상으로 돌아갈 때에, 반드시 그리스도와 함께 가기를 유념해야 하며, 그가 우리와 함께 가시면 그것이 우리의 위로가 되는 것이

다.

2. 그들이 내려올 때에 그리스도와 말씀을 나누었다. 주목하라. 거룩한 규례에 참여하고 돌아올 때에, 우리가 행한 그 일에 합당한 대화를 서로 나누는 것이 좋다. 서로를 강건케 하는 데에 유익을 주는 그런 대화는 특별히 시의적절하다. 그러나 반대로 그 때에 부패한 대화를 나누는 것은 다른 때보다 더 나쁜 것이다.

(1) 당분간 그 본 것을 사람들에게 이르지 말라는 그리스도의 당부. 인자가 죽은 자 가운데서 살아나기 전에는 본 것을 아무에게도 이르지 말라(9절). 그들이 그것을 사람들에게 알렸다면, 이제 곧 일어날 그의 고난으로 인하여 그 신빙성이 해를 입을 것이었다. 그가 부활하시기까지 그 일을 알리는 것을 유보시키면, 그 때의 영광과 그 이후의 영광이 그 사실성을 높이 세우고 확증할 것이다. 주목하라. 그리스도는 자기 자신을 드러내시는 데에 한 가지 방법을 준수하셨다. 곧, 그의 행하신 모든 일들을 함께 모아서 그것들이 서로를 해명하고 예증하게 함으로써, 그것들의 충만한 힘과 설득력 있는 증거들과 더불어 드러나게 하신 것이다. 모든 것은 때에 맞아야 아름다운 법이다. 그리스도의 부활은 복음에 속한 경륜과 나라의 시작이요, 그 이전의 모든 것은 그것을 예비하는 성격을 띠며, 그것의 서두에 지나지 않는 것이었다. 그러므로 이 변형의 역사가 먼저 일어났으나, 후에 부활이 일어나 이 변형의 역사가 확증하여 신앙을 북돋고자 의도된 그 역사가 완전히 성숙해지기 전에는(그리고 그 때에는 이 사건이 매우 강조되었던 것으로 나타난다, 벧후 1:16-18), 그 변형의 역사가 증거로서 제시되어서는 안 되었던 것이다. 그리스도께서 의도하시는 때가 그 자신을 나타내실 가장 적절한 최고의 때요, 따라서 우리는 그 때를 준수해야 하는 것이다.

(2) 그리스도께서 하신 한 말씀에 대한 제자들의 반문. 그러면 어찌하여 서기관들이 엘리야가 먼저 와야 하리라 하나이까?(10절). "엘리야가 그렇게 짧게밖에는 머물지 않고 갑자기 사라지고, 또한 우리도 그에 대해 아무 말도 하지 말아야 한다면, 어째서 우리는 율법에서 메시야의 나라가 세워지기 직전에 그가 대중 앞에 모습을 드러낼 것을 기다리라고 가르침받았사옵니까? 엘리야가 임하는 것을 모든 사람이 기다리고 있는데, 과연 그것을 비밀로 해야 합니까?" 아니면 이런 뜻일 수도 있다. "메시야의 부활과 또한 더불어 그의 나라가 시작되는

일이 가까이 와 있다면, 엘리야가 임하는 것에서 우리가 기대하는 그 영광된 전조(前兆)와 서두(序頭)는 어떻게 되는 것입니까?" 공적인 율법 해설자들인 서기관들은 성경에 근거하여 이를 가르쳤다. 보라 내가 선지자 엘리야를 너희에게 보내리니(말 4:5). 제자들은 유대인들이 일상적으로 쓰던 언어로 말한 것이다. 그들은 서기관들의 말을 성경의 말씀으로 이해하였다. 우리는 목사들이 하나님의 말씀에 따라 우리에게 하는 말씀에 대해서, "목사들이 아니라, 하나님이 우리에게 말씀하신다"라고 말해야 한다. 그 말은 사람의 말로 받아들일 것이 아닌 것이다(살전 2:13). 관찰하라. 제자들은 그리스도께서 말씀하신 것과 그들이 들은 바 구약에 근거한 말씀이 서로 상충될 때에, 그리스도께 설명해 주시기를 구하였다. 주목하라. 성경의 난제들이 해결되지 않을 때에, 우리는 기도로 그리스도께 나아가 그의 성령으로 우리의 눈을 여시고 우리를 모든 진리 가운데로 인도하시기를 구해야 한다.

(3) 이 문제에 대한 해결. 구하라 그리하면 너희에게 주실 것이요라고 말씀하였으니, 가르침을 구하라. 그리하면 너희에게 주시리라.

〔1〕 그리스도께서 그 예언을 인정하신다. "엘리야가 과연 먼저 와서 모든 일을 회복하리라. 여기까지는 너희 말이 옳도다"(11절). 그리스도는 구약에서 예언된 사실을 변경하거나 무효화시키러 오신 것이 아니다. 주목하라. 부패한 그릇된 해석들을 거부하고 그 허구성을 드러내도, 거룩한 성경 본문의 권위나 위엄이 삭감되거나 해를 입지 않는다. 신약의 예언들은 참이요 선한 것이며, 따라서 받아들이고 사용해야 한다. 그러나 개중에 어리석은 자들이 그것들을 그릇 해석하여 그것들에게서 잘못된 추론들을 이끌어낼 가능성은 얼마든지 있는 것이다. 엘리야가 과연 올 것이요, 모든 일을 회복할 것이다. 그러나 그것들을 그 이전의 상태로 회복하는 것이 아니라(세례 요한은 와서 그 일을 한 것이 아니다) 모든 일을, 즉 그에 관하여 기록된 모든 일을, 엘리야에 대한 모든 예언들을 회복할 것이다. 세례 요한이 온 것은 일들을 영적으로 회복하기 위함이었고, 신앙적 부패를 갱신시키기 위함이었고, 아버지의 마음을 자녀에게로 돌이키게 하기 위함이었다. 이것이 바로 모든 일을 회복하리라는 말씀과 동일한 것을 뜻하는 것이다. 요한은 회개를 전했고, 그것이 모든 일을 회복하는 것이다.

〔2〕 그는 그 예언이 이미 성취되었음을 확언하신다. 서기관들의 말이 옳다. 엘리야가 이미 왔다(12절). 주목하라. 하나님의 약속들이 이미 성취되었는데 사

람들이 그것을 알지 못하고서, 약속이 어디 있나이까? 라고 묻는 경우가 많다. 엘리야가 이미 왔으되 사람들이 알지 못하고 임의로 대우하였도다. 그들은 그가 메시야의 선구자로서 약속된 엘리야인 것을 알지 못하였다. 서기관들은 성경에 근거하여 비판하기에 바쁜 나머지, 시대를 분별하지 못하여 성경이 성취되는 것을 깨닫지 못한 것이다. 주목하라. 하나님의 말씀을 설명하기는 쉬우나, 그것을 적용시키고 그것을 올바로 사용하기는 그보다 어려운 것이다. 그러니, 새벽 별이 떴으나 그것을 보지 못하는 것도 놀랄 일이 아니고, 또한 스스로 해(日)이신 그가 세상에 계셨으되 세상이 그를 알지 못한 것도 전혀 무리가 아닌 것이다.

그를 알아보지 못하였으므로, 사람들이 그를 임의로 대우하였다. 만일 그들이 알아보았다면, 그리스도를 십자가에 못 박지 않았을 것이고(고전 2:8), 세례 요한을 목 베지도 않았을 것이다. 그들은 요한을 조롱하고, 박해하였고, 결국 그를 죽였다. 그를 죽인 것은 헤롯이었으나, 여기서는 믿지 않는 유대인들의 세대 전체의 책임으로, 특히 서기관들의 책임으로 간주된다. 서기관들 자신이 요한을 죽인 것은 아니나, 그들은 헤롯이 행한 일을 기뻐하였다. 그리스도께서는 이어서 덧붙이신다. 인자도 이와 같이 그들에게 고난을 받으리라. 엘리야가 그를 큰 존경의 자세로 기대하는 체하는 자들에게 화를 당하고 죽임을 당한 것에 놀라지 말라. 메시야 자신도 그와 비슷하게 대우를 받게 될 것이다. 주목하라. 그리스도의 고난은 다른 모든 고난들의 이상스러움을 무색케 하는 것이다(요 15:18). 세례 요한의 피에 손을 더럽혔으니, 그들은 그리스도께도 비슷하게 행할 준비가 되어 있었던 것이다. 주목하라. 사람들은 그리스도의 종들을 대하는 방식 그대로, 그리스도 자신도 똑같이 대하는 법이다. 순교자들의 피에 취한 자들은 여전히 계속해서 그 일을 기뻐하며 외치는 것이다(행 12:1-3).

(4) 그리스도의 답변에 제자들이 만족함. 그제서야 제자들이 예수께서 말씀하신 것이 세례 요한인 줄을 깨달으니라(13절). 그는 요한의 이름을 언급하지 않으셨으나, 그가 하신 묘사가 전에 요한에 대해 하신 말씀과 일치하였으므로 그들이 그것이 세례 요한을 가리키는 말씀인 것을 깨달은 것이다. 이것이야말로 아주 유용한 가르침의 방법이다. 배우는 자 자신으로 하여금 생각하게 하고, 그들 자신의 기억을 떠올려 가르침을 얻게 하며, 그리하여 쉽게 지식을 갖게 하는 것이다. 우리가 부지런히 지식의 수단을 사용하면, 이상스럽게도 안개가 걷

히고 그릇된 것들이 바로잡히는 것이다!

¹⁴그들이 무리에게 이르매 한 사람이 예수께 와서 꿇어 엎드려 이르되 ¹⁵주여 내 아들을 불쌍히 여기소서 그가 간질로 심히 고생하여 자주 불에도 넘어지며 물에도 넘어지는지라 ¹⁶내가 주의 제자들에게 데리고 왔으나 능히 고치지 못하더이다 ¹⁷예수께서 대답하여 이르시되 믿음이 없고 패역한 세대여 내가 얼마나 너희와 함께 있으며 얼마나 너희에게 참으리요 그를 이리로 데려오라 하시니라 ¹⁸이에 예수께서 꾸짖으시니 귀신이 나가고 아이가 그 때부터 나으니라 ¹⁹이 때에 제자들이 조용히 예수께 나아와 이르되 우리는 어찌하여 쫓아내지 못하였나이까 ²⁰이르시되 너희 믿음이 작은 까닭이니라 진실로 너희에게 이르노니 만일 너희에게 믿음이 겨자씨 한 알만큼만 있어도 이 산을 명하여 여기서 저기로 옮겨지라 하면 옮겨질 것이요 또 너희가 못할 것이 없으리라 (²¹기도와 금식이 아니면 이런 유가 나가지 아니하느니라)

　　　　여기서는 귀신에 사로잡혀 고생하는 한 소년을 이적적으로 고치신 일이 기록되어 있다. 관찰하라.

　I. 괴로움 당하는 그 아버지가 그리스도께 이 아이의 사정을 아주 가엾게 묘사하여 아룀.　이 일은 그가 변형되신 그 산에서 내려오시자마자 일어났다. 주목하라. 그리스도께서 영광을 입으셔도 그는 여전히 우리와 우리의 필요와 비참한 현실들을 돌아보신다. 그리스도께서는 모세와 엘리야와 더불어 대화를 나누신 후 산 위에서 내려오실 때에, 스스로 위엄을 취하신 것이 아니라 사람들이 쉽게 다가갈 수 있도록 편안한 자세를 취하셨고, 언제나 그러셨던 것처럼 불쌍한 자들을 받으시고, 무리들을 친숙하게 대하셨다. 이 불쌍한 사람의 간청은 매우 절박한 것이었다. 그는 그리스도께 꿇어 엎드렸다. 주목하라. 자신의 비참한 사정을 깨달으면, 사람들이 무릎을 꿇게 된다. 그리스도가 필요하다는 것을 깨닫는 자들은 그에게 나아와 진정으로 구할 것이다. 그리고 그리스도께서는 그렇게 나아와 구하는 것을 기뻐하신다.

　그 아이의 아버지는 두 가지에 대해 안타까이 아뢰었다.

　1. 아들의 괴로움. 주여 내 아들을 불쌍히 여기소서(15절). 자녀들의 괴로움은 온유한 부모들에게도 괴로움이다. 자녀들은 부모의 분신이기 때문이다. 그리

고 괴로움당하는 자녀들의 사정은 신실하고 열정적인 기도로 하나님께 아뢰어야 한다. 아마도 이 아이는 그 정신 상태가 온전치 못하여 자기 자신을 위해서 기도할 수 없었을 것이다. 주목하라. 부모는 자녀를 위하여 기도하는 일에 배나 더 힘써야 한다. 비단 연약하여 스스로 기도할 수 없는 자녀들을 위해서만이 아니라, 악하여 스스로 기도하지 않는 자녀들을 위해서는 더욱더 기도해야 하는 것이다. 여기서 관찰하라. (1) 이 아이의 질병의 본질이 매우 안타까웠다. 그가 간질로 심히 고생하여. 간질은 뇌에 이상이 있는 것으로, 달이 바뀌면 증상이 돌아온다. 귀신이 하나님의 허용하심을 받아 이런 증상을 일으켰고, 어쩌면 이미 있는 증상을 귀신이 이용하여 그것을 더 고조시키고 악화시킨 것인지도 모른다. 그 아이의 질병이 극심했고, 거기에는 사탄의 손길이 있었다. 사탄이 그 질병으로 그 아이를 괴롭혔고, 그 아이는 보통 그런 질병으로 당하는 것보다 더 극심한 괴로움을 당했다. 사탄은 그가 사로잡은 자들을 육체의 질병으로 괴롭혀서 정신에 크게 영향을 미친다. 그가 목표로 삼는 것이 바로 영혼이기 때문이다. 그 아버지는 그리스도께 그 아들이 간질로 심히 고생한다고 말하여 그 외형적인 결과에 주목하였다. 그러나 그리스도께서는 그 상태를 치유하시면서 귀신을 꾸짖으셨고, 그리하여 그 원인을 제거하셨다. 그는 영적으로 그를 치유하시는 것이다. (2) 그 질병의 결과가 매우 애처로웠다. 자주 불에도 넘어지며 물에도 넘어지는지라. 질병의 힘이 그 아이를 넘어지게 했다면, 귀신의 사악한 힘은 그 아이를 불에도, 물에도 넘어지게 하였다. 귀신은 그 사로잡은 영혼에게 사악한 힘을 발휘하여 지극히 불행하게 만든다. 그는 삼킬 자를 찾는 것이다(벧전 5:8).

2. 그는 제자들을 기대했으나 그 기대가 무너졌음. 내가 주의 제자들에게 데리고 왔으나 능히 고치지 못하더이다(16절). 그리스도께서는 귀신을 내어쫓는 권세를 제자들에게 주셨고(10:1, 8), 그들은 그 일에서 성공을 거두었었다(눅 10:17), 그러나 이 때에는 제자들이 아홉 명이 함께 있었는데도 큰 무리들 앞에서 실패하고 말았다. 그리스도께서 이것을 허용하신 것은 (1) 그들을 계속해서 낮추시고, 그들이 그에게 의지하고 있음을, 그가 없이는 그들이 아무것도 할 수 없음을 보여주시기 위함이었다. (2) 그 자신의 능력을 높이 드러내사 그 자신을 영화롭게 하시기 위함이었다. 다른 이들에게서 아무 도움을 얻지 못하고 막다른 골목에 다다랐을 때에 그리스도께서 오셔서 도우심으로 그의 영광

을 드러내시는 것이다. 게하시의 손에 엘리야의 지팡이가 있었으나 그는 아이를 일으키지 못했다. 엘리야 자신이 와야만 했던 것이다. 주목하라. 그리스도께서는 자기 자신이 영광을 받으시도록 특별한 은혜를 남겨두기도 하신다. 그리고 때로는 우물을 마르게 하셔서, 참된 샘이 되시는 자기 자신에게로 우리를 이끌기도 하시는 것이다. 그러나 도구들이 실패했다고 해서 그의 은혜의 역사가 방해를 받지는 않는다. 그 도구들이 실패하면, 그들이 없이 은혜가 역사하는 것이다.

Ⅱ. 그리스도께서 먼저 사람들을 책망하시고, 이어 귀신을 책망하심.

1. 그는 주위에 있던 자들을 책망하신다. 믿음이 없고 패역한 세대여!(17절). 이 말씀은 제자들이 아니라 주위의 사람들에게 하신 말씀이요, 특히 서기관들에게 하신 말씀이다. 이들은 막 9:14에 언급되고 있는데, 제자들이 문제를 해결하지 못하는 것을 보고 이들이 십중팔구 제자들을 모욕했을 것이다. 그리스도 자신도 불신앙이 지배하고 있는 사람들 중에서는 능력의 역사를 많이 행하실 수 없었다. 그들이 여기서 하나님께로부터 그런 복을 얻지 못했던 것은 바로 이 세대의 불신앙 때문이었다. 그렇지 않았다면 제자들이 아이를 고쳤을 것이다. 또한 제자들이 하나님을 위하여 그 일을 행하지 못했던 것은 제자들의 믿음의 연약함 때문이었다. 그들의 믿음이 그렇지 않았다면 그 일을 이루었을 것이다. 그들은 믿음이 없고 패역했다. 주목하라. 믿음이 없는 자들은 패역하게 되며, 패역함은 죄의 가장 악한 모습이다. 믿음은 하나님을 따르는 것이요, 불신앙은 하나님을 대적하고 거역하는 것이다. 옛날의 이스라엘은 믿음이 없기 때문에 패역했고(시 55:9), 진실이 없기 때문에 심히 패역했다(신 32:20).

그는 두 가지 사실과 관련하여 책망하신다. (1) 그가 그렇게 오랫동안 그들과 함께 계신 사실. "내가 얼마나 너희와 함께 있으리요? 너희에게 항상 내가 육체로 함께 있어야겠느냐? 언제나 너희 홀로 설 수 있을 만큼 성숙한 상태에 이르겠느냐? 언제나 일반 사람들은 제자들의 품행을 하게 되고, 제자들은 성령의 인도하심으로 사명을 다할 수 있게 되겠느냐? 어린아이처럼 항상 데리고 다녀야 되겠느냐? 언제나 홀로 가기를 배우겠느냐?" (2) 그가 그렇게 오랫동안 그들을 참으신 사실. 얼마나 너희에게 참으리요? 주목하라. 〔1〕 은혜의 수단을 누리는 자들의 믿음 없고 패역한 상태야말로 주 예수께 큰 근심이 된다. 그 옛날 이스라엘 백성의 태도를 그와 같은 근심으로 참으셨다(행 13:18). 〔2〕 믿음 없고 패역한 백성을 참으면 참으실수록, 그는 그들의 믿음 없고 패역한 상태에 대해 더욱더 불쾌히 여기신다. 그러나 그는 사람이 아니라 하나님이시다. 그렇지 않다면 그렇게 오랫동안, 그렇게 많은 것을 견디고 참지 못하실 것이다.

2. 그가 아이를 고치시고 다시 회복시키신다. 그는 그를 이리로 데려오라고 하셨다. 사람들이 패역하여 그리스도께서 불쾌히 여기셨으나, 그 어린아이는 돌보셨다. 주목하라. 그리스도께서는 진노 중에라도 절대로 불친절하지 않으시며, 불쾌함이 지극히 큰 상태에서도 비참한 자들을 향한 연민과 동정의 마음을 끊지 않으시는 것이다. 그를 이리로 데려오라. 주목하라. 다른 모든 구원과 도움의 방도가 실패로 돌아갔을 때라도, 그리스도께서 우리를 환영하시니, 우리는 그의 안에서, 또한 그의 능력과 선하심 안에서 확신을 갖게 된다.

여기서 그리스도께서 우리의 구속자로서 행하시는 역사를 보라.

(1) 그는 사탄의 권세를 깨뜨리신다. 예수께서 귀신을 꾸짖으시니(18절). 그는 권위를 지닌 자로서, 자신의 명령을 힘으로 뒷받침하실 수 있는 분으로서 귀신에게 명령하신다. 주목하라. 사탄을 이기는 그리스도의 승리는 그의 말씀의 능력으로 말미암아, 그의 입에서 나오는 검으로 말미암아 얻어진다(계 19:21). 사탄이 아무리 그 아이를 오랫동안 사로잡아 왔더라도, 그리스도의 꾸짖으심 앞에서는 견딜 수가 없다. 통치자들과 권세들과 싸우고 있는 자들에게는 그리스도께서 그들을 무력화하셨다는 사실이야말로 큰 위로가 된다(골 2:15). 아무리 사탄이 우는 사자와 같이 삼킬 자를 찾는다 해도, 유대 지파의 사자이신 그리스도에게는 결코 당하지 못하는 것이다.

(2) 그는 그 아이의 괴로움을 치유하신다. 그 아이가 그 때부터 나으니라. 그의 치유는 즉각적이며 완전한 치유였다. 사탄의 권세 아래 있는 자녀들을 지닌 부모들은 이로써 그 자녀들을 그리스도께로 데려갈 용기를 얻게 된다. 그는 그들을 고치실 수 있고, 이에 못지않게 고치실 뜻도 갖고 계시기 때문이다. 기도로 그들을 그리스도께 데려갈 뿐 아니라, 그들을 그리스도의 말씀에게로 데려가라. 그의 말씀이야말로 영혼 속에 진치고 있는 사탄의 견고한 요새들을 무너뜨리는 일상적인 수단인 것이다. 그리스도의 꾸짖음이 마음에 와 닿고, 그것이 사탄의 권세를 물리칠 것이다.

III. 이 일에 대하여 그리스도께서 제자들과 말씀을 나누심.

1. 제자들은 그들이 어째서 이 때에 귀신을 내어쫓지 못했는지를 그에게 문

는다. 이 때에 제자들이 조용히 예수께 나아와 이르되(19절). 주목하라. 대중 속에서 그리스도를 위하여 사역하는 목사들은 그리스도와 사사로운 교제를 계속 유지하여야 한다. 아무도 보지 않는 은밀한 상태에서, 그들의 공적 사역에서 나타나는 연약함과 경직됨, 어리석음과 부족함 등을 탄식하며 그 원인들에 대해 물어야 하는 것이다. 우리는 예수께 홀로 조용히 나아가 그와 자유로이 말씀을 나눌 수 있는 이 자유를 활용하여야 한다. 제자들이 그리스도께 제기한 그런 질문들을, 우리도 침상에 누워 마음으로 그리스도와 교제하는 중에 우리 자신에게 물어야 하는 것이다. 그 때에 우리가 어째서 그렇게 우둔하고 부주의했는가? 우리가 어째서 그런 거룩한 의무를 제대로 감당하지 못하고 실패하였는가? 이는 잘못된 것을 발견하고, 그것을 교정하고자 함이다.

2. 그리스도는 그들이 실패한 두 가지 원인을 제시하신다.

(1) 그것은 그들이 믿음이 없었기 때문이다(20절). 그 아이의 아버지와 주위의 사람들에게 말씀하실 때에는, 그것이 그들이 믿음이 없었기 때문이라고 책망하셨다. 그런데 제자들에게 말씀하실 때에는, 제자들이 믿음이 없었기 때문이라고 하신다. 사실은 양쪽 모두가 잘못되었던 것이다. 그러나 다른 사람들의 과실보다는 우리 자신의 과실을 더 귀담아 들어야 하며, 잘못된 점을 다른 사람이 아니라 우리 자신의 탓으로 돌려야 마땅한 것이다. 말씀 선포가 별로 성공적이지 못하게 보이는 경우가 가끔 있는데, 이 때에 사람들은 모두 책임을 목사에게 돌리기가 쉽고, 목사는 사람들에게 돌리기가 쉽다. 그러나 각자가 자기 자신의 탓으로 돌리고 "그것은 제 탓입니다"라고 말하는 것이 훨씬 더 합당할 것이다. 목사들은 책망할 때에 각자가 자기의 잘못을 깨닫도록 합당하게 말씀을 전하기를 배워야 하며, 또한 모든 사람에게 자기 자신을 판단하도록 가르침으로써 다른 사람을 판단하기를 중지하도록 해야 한다. 너희 믿음이 작은 까닭이니라. 그들에게 믿음이 있었으나, 그 믿음이 약하여 아무런 효과가 없는 것이었다. 주목하라. 〔1〕 믿음이 그 정당한 힘과 활력과 활동에 미치지 못하는 한, "믿음이 없다"고 말하는 것이 합당할 것이다. 불신자들이라 부를 수는 없으나, 그들의 불신앙이 책망받아 마땅한 자들이 많은 법이다. 〔2〕 신앙의 면에서 우리가 이루는 것이 그렇게도 적고, 또한 신한 일에서 실패하는 경우가 그렇게도 많은 것이 바로 우리의 불신앙 때문인 것이다.

우리 주 예수께서는 이를 계기로 삼아, 다음에는 이번처럼 믿음의 부족 때문에 실패하지 않도록 그들에게 믿음의 능력을 보여주신다. 너희에게 믿음이 겨자씨 한 알만큼만 있어도 놀라운 일을 행하리라(20절). 어떤 이들은 이 말씀이 겨자씨의 성질을 지칭하는 것으로 본다. 즉 겨자씨가 상처를 입으면 예리해지고 뚫고 들어가는 성질이 있다는 것이다. "너희 믿음이 죽었거나 무기력하지 않고 적극적으로 자라는 것이라면, 그렇게 난처해지지 않을 것이다." 그러나 이는 오히려 겨자씨의 양을 가리키는 것이다. "너희가 참된 믿음의 씨앗만 있더라도, 그것이 모든 씨앗 중에 가장 작은 것만큼 아주 작더라도, 너희가 놀라운 일을 행하리라." 믿음이란 일반적으로 모든 신적 계시를 확고하게 동의하는 것이요, 그것에 복종하는 것이요, 그것을 신뢰하는 것이다. 그리스도께서는 특정한 계시를 통하여 제자들에게 그들이 전하는 가르침을 확증하기 위하여 그의 이름으로 이적을 행하는 능력을 주셨는데, 여기서 그리스도께서 요구하시는 믿음은 바로 그 특정한 계시를 대상으로 삼는 것이었다. 그들은 바로 이 계시를 믿는 믿음이 부족했던 것이다. 그들이 받은 바 사명의 타당성을 의심했거나, 아니면 그 사명이 그들의 첫 사역으로 종결되었다고 느낀 나머지 그 사명을 수행하기를 계속하지 않았거나, 아니면 어찌어찌하여 그 사명을 저버렸거나 포기한 상태였을 것이다. 어쩌면 그리스도께서 세 사람의 수석 제자들과 함께 떠나가시면서 나머지 제자들에게 따라오지 말라고 명하신 일 때문에, 그들이 이 일을 행할 그들 자신의 능력에 대해서나 아니면 그들을 통하여 일하시는 주님의 능력에 대해 의심을 갖게 되었을지도 모른다. 그러나 그 남은 제자들로서는 그리스도께서 그들과 함께 하신다는 약속을 견고히 붙잡고 신뢰했어야 마땅한데, 그 때에 그들에게 그것이 없었던 것이다. 우리 자신이나 우리 자신의 힘을 신뢰하지 않는 것은 좋은 일이다. 그러나 그리스도께서 베푸시는 능력을 신뢰하지 않는다면 그것은 그리스도께서 기뻐하지 않으시는 것이다.

너희에게 이런 순전한 믿음이 그렇게 작게만 있어도, 너희가 너희에게 맡겨진 능력을 진정 의지한다면, 이 산을 명하여 여기서 저기로 옮겨지라 하면 옮겨질 것이요. 이것은 하나의 금언적인 표현으로서, 그 다음에 이어지는 너희가 못할 것이 없으리라는 말씀을 의미하는 것 이외에 다른 뜻이 없다. 그들에게는 어떠한 경우도 예외 없이 귀신들을 내어쫓으라는 완전한 명령이 주어져 있었다. 이 귀신이 보통의 경우보다 더 악하고 완강하였으므로, 그들이 자기들이 받은 능력을 신뢰하지 못하게 되었고, 그리하여 실패한 것이다. 이 점을 납득시키기 위하여, 그리스도께서는 그들이 얼마든지 행하였을 수 있는 일을 보여주시는 것이다. 주목하라. 능동적인 믿음은 산을 옮길 수도 있다. 그 믿음 자체가 그 일을 행하는 것이 아니라, 신적인 약속으로 맡겨진 신적인 능력을 믿음으로 견고히 붙잡음으로써 그 일이 이루어지는 것이다.

(2) 이 질병에 무언가 그 치유를 보통의 경우보다 더 어렵게 만든 것이 있었기 때문이다. 기도와 금식이 아니면 이런 유가 나가지 아니하느니라(21절. 한글 개역개정판 난외주를 보라). "이렇게 맹렬하게 활동하는 귀신에 사로잡혀 넘어지는 이런 상태는 대개 큰 헌신의 행위로써가 아니면 치유되지 않는데, 너희에게 그것이 부족했도다." 주목하라. 〔1〕 우리가 모든 통치자들과 권세들을 상대로 싸우는데, 그들 중에 어떤 존재들은 다른 존재보다 더 강하여 그 권세를 깨뜨리기가 힘들다. 〔2〕 사탄의 권세가 크고 놀랍다고 해서 우리의 믿음이 침체될 것이 아니고, 우리는 오히려 더 힘써 그 믿음을 시행해야 하고, 그 믿음을 배가시켜 주시도록 더욱더 하나님께 간구하여야 한다. 어떤 이들은 본문을 이런 의미로 본다: "이런 유의 믿음(산을 옮길 만한)은 간절하고 진정한 기도가 아니고서는 하나님께로부터 나오지도 않고 그에게서 얻어지지도 않으며, 그 충만한 분량이 발휘되지도 않고, 시행되지도 않는다." 〔3〕 기도와 금식이야말로 우리를 대적하는 사탄의 권세를 무너뜨리며 신적인 능력을 붙잡아 그것의 도움을 얻는 적절한 수단이다. 금식은 기도를 북돋는 데에 유용하다. 그것은 기도에 반드시 필수적인 겸손의 증거요 실례요, 또한 부패한 습관들을 죽이며 기도할 때에 육체로 하여금 영혼을 섬기도록 만드는 수단이기도 하다. 귀신이 영혼을 노린다는 것이 육체의 기질과 연약함으로 인하여 확증될 때에는, 금식이 반드시 기도에 수반되어야 한다. 금식을 통해서 육체의 기질과 연약함을 억제시키는 것이다.

²²갈릴리에 모일 때에 예수께서 제자들에게 이르시되 인자가 장차 사람들의 손에 넘겨져 ²³죽임을 당하고 제삼일에 살아나리라 하시니 제자들이 매우 근심하더라

그리스도는 여기서 그 자신의 고난을 예언하신다. 전에도 이에 대해 예언을 하셨는데(16:21), 제자들에게 그 말씀이 어려운 말씀임을 보시고, 여기서 그 말씀을 다시 반복할 필요가 있다고 보신 것이다. 하나님이 한 번, 아니

두 번 말씀하시는데도 사람이 깨닫지 못하는 것들이 있는 것이다. 여기서 관찰하라.

1. 그가 자신에 관하여 예언하신 내용 — 그가 배반당하시고 죽임을 당하시리라는 것. 그는 자신에게 일어날 모든 일들을 사전에 완전하게 알고 계셨다. 그러면서도 우리를 구속하는 그 일을 이루신 것이다. 이는 그의 사랑이 얼마나 큰가를 잘 보여준다. 사람을 향한 사랑으로 인하여 그 모든 일이 쉬워지지 않았다면, 그가 모든 일을 사전에 분명하게 보신다는 것이 오히려 역으로 작용하였을 것이다.

(1) 그는 장차 자신이 배반당하여 사람들의 손에 넘겨질 것임을 말씀하신다. 그가 넘겨지리라는 것은 그의 아버지께서 그를 정하신 뜻과 미리 아신 대로 내주신 것을 뜻하는 것으로 이해할 수도 있다(행 2:23; 롬 8:32). 그러나 우리가 번역하는 대로, 이것은 유다가 그를 배반하여 제사장들의 손에 넘겨주며, 또한 그들이 그를 로마인들의 손에 넘겨주는 것을 뜻한다. 그는 사람들의 손에 넘겨지셨다. 그가 본성으로 동류(同類)가 되셨고 따라서 그가 동정과 부드러움을 기대할 만한 사람들이요, 그가 구원의 역사를 행하시니 마땅히 존경과 감사의 자세를 기대할 만한 자들이었으나, 이들이 그를 박해한 자들이요 살해한 자들인 것이다.

(2) 그가 죽임을 당하실 것임을 말씀하신다. 그를 죽이지 않고서는 그들의 노기가 가실 줄을 몰랐다. 그들이 목말라 했던 것은 바로 그의 피, 그의 보배 피였다. 이는 상속자니 자 죽이고 그의 유산을 차지하자(21:38). 죽음이 아니고서는 하나님의 정의가 만족될 수 없다. 그가 과연 속죄의 희생 제물이시라면, 그는 반드시 죽임을 당해야 한다. 피 흘림이 없이는 죄 사함도 없는 것이다.

(3) 그가 제삼일에 살아나실 것임을 말씀하신다. 자신의 죽음을 말씀하시면서, 그는 자신의 부활에 대해서도 힌트를 주셨다. 그는 그 앞에 있는 기쁨을 바라보시며 십자가를 참으사 부끄러움을 개의치 아니하셨다(히 12:2). 이는 그에게만이 아니라 그의 제자들에게도 용기를 주는 것이었다. 그가 삼일만에 다시 살아나신다면, 그가 떠나 계시는 시간이 길지 않을 것이요, 그의 돌아오심도 영광스러울 것이기 때문이다.

2. 이에 대한 제자들의 반응. 제자들이 매우 근심하더라. 스승에 대한 제자들의 사랑이 여기서 나타나나, 또한 그의 하시는 일에 대한 무지와 오류가 함께

나타난다. 베드로는 과거에 나서서 참견했었으나 극심한 책망을 받았으므로 다시는 감히 아무 반론도 제기하지 못한다. 그러나 그와 나머지 모든 제자들이 다 이 일로 크게 근심하였다. 그들의 근심은 그들에게는 손실이요, 그리스도께 는 근심이 될 일이었고, 죄와 그들의 좌절감 때문에 생겨난 것이었다.

[24]가버나움에 이르니 반 세겔 받는 자들이 베드로에게 나아와 이르되 너의 선생은 반 세겔을 내지 아니하느냐 [25]이르되 내신다 하고 집에 들어가니 예수께서 먼저 이 르시되 시몬아 네 생각은 어떠하냐 세상 임금들이 누구에게 관세와 국세를 받느냐 자기 아들에게냐 타인에게냐 [26]베드로가 이르되 타인에게니이다 예수께서 이르시 되 그렇다면 아들들은 세를 면하리라 [27]그러나 우리가 그들이 실족하지 않게 하기 위하여 네가 바다에 가서 낚시를 던져 먼저 오르는 고기를 가져 입을 열면 돈 한 세겔을 얻을 것이니 가져다가 나와 너를 위하여 주라 하시니라

여기에는 그리스도께서 세금을 지불하신 기사가 기록되어 있다.

I. 그에게 세금을 요구한 경위를 관찰하라(24절).   그리스도는 이 때에 그 의 본거지인 가버나움에 계셨고 거기서 주로 거하셨다. 세금을 지불하지 않기 위하여 그것에서 떠나 계시지 않고, 오히려 세금을 지불하실 의도로 그 곳으로 가신 것이다.

1. 여기서 그리스도께 요구한 세금은 로마 당국자들에게 지불하는 시민세가 아니라 ― 그것은 철저하게 세리들이 징수하였다 ― 성전세였다. 각 사람마다 혹은 성전에서 예배할 때마다 소요 비용으로 반 세겔을 지불해야 했던 것이다. 이는 생명의 속전이라 불린다(출 30:12, 등). 때로는 이를 철저하게 징수하기도 했으나, 이 당시에는 그렇게 철저하게 징수하지 않았었고, 특히 갈릴리 지방에 서는 더욱 그랬다.

2. 그 금액은 별로 크지 않은 것이었다. 세금 징수원들은 그리스도의 능력의 역사들을 보고서 경이감에 가득 찬 나머지, 감히 그에게 세금 이야기를 꺼낼 수가 없었다. 그리하여 그들은 베드로에게 가서 그 문제를 제기하였다. 당시 베드로의 집이 가버나움에 있었고, 아마도 그 집에 그리스도께서 기거하고 계 셨을 것이다. 그러므로 집주인인 베드로야말로 세금 문제를 거론하기에 아주 적합한 사람이었다. 그들은 베드로라면 그 스승의 의도를 알고 있을 것이라고

생각하였다. 그들은, 너의 선생은 반 세겔을 내지 아니하느냐? 라고 물었다. 어떤 이들은 그들이 그리스도를 책잡을 생각이었다고 보기도 한다. 곧, 그가 세금을 내지 않으면 그를 성전 봉사에 대해 불만을 품은 자로 간주하고, 그의 제자들을 조공과 관세와 통행세를 바치지 아니하는(스 4:13) 불법한 자들로 간주하려 했다는 것이다. 그러나 오히려 그들이 존경의 자세로 세금 문제를 제기한 것으로 보아야 할 것이다. 곧, 그리스도께서 만일 이 세금을 면제받으실 어떤 특권을 지니고 계시면 그에게 세금을 징수하지 않으려는 마음으로 세금 문제를 제기했다는 것이다.

베드로는 곧바로 그리스도를 위하여 대답하였다: "그렇다. 나의 스승께서는 반 세겔을 내신다. 이것이 그의 원칙이요 실천이다. 그에게 그 문제 제기하기를 두려워할 필요가 없다." (1) 그는 율법 아래에 나셨다(갈 4:4). 그러므로 이 율법 아래에서 40일만에 그를 위하여 세금이 지불되었고(눅 2:22), 이제 낮아지신 상태에서 종의 형체를 가지신 자로서(빌 2:7, 8) 자신을 위하여 성전세를 지불하신 것이다. (2) 그는 우리를 위하여 죄가 되셨고, 죄 있는 육신의 모양으로 보내심을 받았다(롬 8:3). 그런데 이 성전세는 생명의 속전이라 불린다(출 30:15). 그리스도께서는 모든 일에서 죄인의 모양으로 나타나시기 위하여, 비록 자신은 속할 아무런 죄도 없으셨으나 그 속전을 지불하신 것이다. (3) 이와 같이 하여 모든 의를 이루는 것이 그에게 합당하였다(3:15). 그는 다음과 같은 면에서 모범을 세우시기 위하여 그렇게 하셨다. 〔1〕 모든 자에게 줄 것을 주되 조세를 받을 자에게 조세를 바치는 것(롬 13:7). 그리스도의 나라는 이 세상에 속하지 않으므로, 그 나라의 관리들은 다른 사람들에게 조세를 물리는 권세를 지니고 있지 않으며, 오히려 그들 자신이 세상에 있는 권세에 굴복하여 있는 것이다. 〔2〕 우리 각자의 처소에서 하나님을 공적으로 예배하는 일을 후원하는 일. 영적인 것들을 수확한다면, 육신적인 것들로 그것을 되돌려 주는 것이 합당한 일이다. 성전은 현재 도둑들의 소굴이 되었고, 성전 예배는 대제사장들이 그리스도와 그의 가르침을 대적하는 것을 눈가림하고 있는 상태였으나, 그럼에도 불구하고 그리스도께서는 세금을 내셨다. 주목하라. 합법적으로 요구되는 교회의 의무들은 교회가 부패한 상태라도 이행하여야 한다. 우리가 자유가 있으나 그 자유로 악을 가리는 데 쓰지 말도록 조심해야 할 것이다(벧전 2:16). 그리스도께서도 세금을 내셨다면, 누가 과연 그것을 면제받은 체할 수 있겠는가?

Ⅱ. 세금에 대한 반론(25절). 세금 징수원들에게 이런 반론을 제기하신 것이 아니라, 베드로에게 제기하신 것이다. 이는 그리스도께서 세금을 지불하시는 이유에 대해서 베드로를 납득시키사 그것에 대해 잘못 생각하지 않도록 하기 위함이었다. 베드로가 세금 징수원들을 집으로 들였으나, 그리스도께서는 그가 그렇게 할 것을 미리 아심으로써 자신의 전지(全知)하심의 증거를 그에게 주셨고, 그 어떠한 생각도 그에게서 감추어질 수 없다는 것을 보여주셨다. 그리스도의 제자들은 절대로 그리스도께서 모르는 사이에 공격을 받지 않는 것이다. 여기서,

1. 그는 이 땅의 임금들이 외인들이나 그 나라의 신민(臣民)들이나 혹은 그들과 거래하는 타국인들에는 세금을 물리되, 자기 가족에 속한 친자녀들에게는 세금을 물리지 않는 사실을 지적하신다. 부모와 자녀는 서로 재물을 공유하며 또한 그 가진 것에 대해 공동의 소유 의식이 있으므로, 부모가 자녀들에게 세금을 물린다거나 그들에게서 무엇을 요구한다면 그것은 우스꽝스러운 일이 되고 말 것이다. 이는 마치 오른손이 왼손에게 세금을 물리는 것과도 같은 처사일 것이다.

2. 그는 이러한 반론을 자기 자신에게 적용시키신다. 그렇다면 아들들은 세를 면하리라. 그리스도는 하나님의 아들이시요 만물의 상속자이시다. 성전은 그의 성전이며(말 3:1), 그의 아버지의 집이요(요 2:16), 그는 그 집을 맡은 아들이시며(히 3:6), 따라서 성전 봉사를 위한 이 세금을 지불할 의무가 없으시다. 그리하여 그리스도께서는 자신의 권리를 단호히 주장하심으로써, 그가 이 세금을 지불하시는 것 때문에 하나님의 아들이시며 이스라엘의 임금으로서의 자신의 칭호가 잘못 약화되지 않도록 하시며, 그 자신이 스스로 자신의 권리를 버리시는 것으로 보이게 하시는 것이다. 이러한 자녀들의 면세권은 우리 주 예수님 자신 이상 그 어느 누구에게도 확대될 것이 아니다. 하나님의 자녀들은 은혜로 말미암아 죄와 사탄에게 종노릇하던 데에서 입양되었으므로 자유를 누린다. 그러나 시민적인 사안에 대해서는 여전히 시민적인 관리들에게 굴복하여 있는 것이다. 이 점에 대해서 그리스도의 법은 명확하다. 각 사람은(거룩함을 입은 사람도 예외가 아니다) 위에 있는 권세들에게 복종하라(롬 13:1). 가이사의 것은 가이사에게 바치라(22:21).

Ⅲ. 세금을 지불하신 경위(27절).

1. 스스로 면세권을 지니셨음에도 불구하고, 그리스도께서 자신의 특권을 유예하시고 세금을 지불하신 이유. 그들이 실족하지 않게 하기 위하여. 베드로처럼 그가 하나님의 아들이시라는 것을 알고 있는 사람들이 별로 없었고, 따라서 여기서 면세권을 주장하기 위하여 그것을 드러내셨다면, 아직 비밀에 속하였던 그 위대한 진리의 존귀함이 손상되었을 것이다. 그러므로 그리스도께서는 자신의 논지를 유예시키시고, 만일 세금 지불을 거부하신다면 그와 그의 가르침에 대해 백성들의 편견이 커질 것임을 고려하셔서, 세금을 지불하기로 정하신 것이다. 주목하라. 그리스도인의 겸손과 신중함은, 우리가 우리의 권리를 주장하여 남에게 거슬림을 주기보다는 우리의 권리를 유예시켜야 할 경우가 많다는 것을 가르쳐 준다. 사람에게 거슬림을 주는 것이 두려워 우리의 의무를 행하지 않아서는 절대로 안 된다(그리스도의 설교와 이적들이 사람들에게 거슬림을 주었으나 그는 그 일을 계속하셨다, 15:12, 13. 사람을 거스르는 것이 하나님을 거스르는 것보다 낫다). 그러나 세속적인 이익이 관련될 경우에 사람을 거스르기보다는 그 이익을 스스로 부인하여야 할 때도 있는 것이다(바울의 경우처럼, 고전 8:13; 롬 14:13).

2. 세금을 지불하시기 위하여 취하신 조치. 그는 물고기의 입에서 취한 돈으로 세금을 지불하셨다(27절). 여기서 관찰하라.

(1) 그리스도의 빈곤. 그는 병든 자들을 그렇게도 많이 고치셨건만, 반 세겔의 세금조차 지불할 돈이 수중에 없으셨다. 그는 모든 환자들을 무료로 치료하셨다. 그는 부유하신 이로서 우리를 위하여 가난하게 되셨다(고후 8:9). 일상적인 비용은 구제금에 의지하여 생활하셨고(눅 8:3), 특별한 비용은 이적들에 의지하여 생활하셨다. 그는 유다에게 그가 지닌 돈에서 지불하라고 명하지 않으셨다. 그 돈은 생활비였고, 공동체의 유익을 위한 돈을 자신의 사사로운 용도로 사용하도록 명령하실 생각이 없으셨던 것이다.

(2) 그리스도의 능력. 그는 세금 지불을 위하여 물고기의 입에서 돈을 취하게 하셨다. 그가 전능하심으로 돈을 거기에 두셨든지, 아니면 그가 전지하심으로 돈이 거기에 있는 것을 아셨든지 간에 결과는 동일하다. 이는 그의 신성의 증거였고, 그가 만군의 주시라는 증거였다. 사람에게서 지극히 멀리 있는 피조물들도 그리스도의 명령을 따르며, 심지어 바다의 고기들도 그의 발 아래 있는 것이다(시 8:5). 그는 자신이 이 낮은 세상을 통치하심을 증명하고, 스스로 현

재의 낮아지심의 상태에 자신을 적응시키기 위하여, 천사의 손을 통해서도 얼마든지 문제를 해결하실 수 있었는데도 물고기의 입에서 동전을 취하기를 택하신 것이다. 이제 관찰하라.

〔1〕 베드로는 낚시질을 해서 고기를 잡아야 했다. 이적을 행하실 때조차 그는 부지런함과 열심히 애쓰도록 격려하기 위하여 인간적인 수단을 사용하시는 것이다. 여기서 베드로가 할 일이 있으며, 그것이 그 자신의 소명을 수행하는 길이기도 하다. 그리스도께서는 또한 여기서 우리가 부르심을 받은 사명에서 부지런히 임무를 행해야 한다는 것을 가르쳐 주신다. 그리스도께서 우리에게 주시기를 기대하는가? 그렇다면 그를 위하여 일할 준비를 갖추도록 하자.

〔2〕 고기가 잡혔고 그 입에서 돈이 나왔는데, 이는 우리가 순종할 때에 순종에 대한 상급이 주어진다는 것을 보여준다. 그리스도의 명령을 받아 일을 행할 때에, 그 일에 대한 상급이 함께 베풀어진다. 하나님의 명령을 행한 후에는 물론 그 명령을 행할 때에도 상이 큰 것이다(시 19:11). 베드로는 사람을 낚는 어부가 되었고, 그가 그렇게 해서 사람들을 낚게 되었다. 그리스도의 말씀을 마음을 다하여 행할 때에, 그리스도의 손이 그의 사역자들에게 함께 하여 용기를 주시는 것이다.

〔3〕 그리스도와 베드로를 위하여 세금을 지불할 만큼의 돈이 물고기의 입에서 나왔다. 내가 돈 힌 세겔을 잃을 것이니. 생명의 속전은 한 사람 낭 반 세겔이니(출 30:13), 이는 두 사람 분의 성전세에 해당하는 금액이었다. 그리스도께는 한 보따리의 돈을 얻게 하는 일이 아무 일도 아니었다. 그러나 그는 풍성하게 남는 것을 탐하지 말고 지금 필요한 것이 있으면 그것으로 만족할 것을 가르치고자 하신 것이며, 동시에 비록 하루 벌어서 하루를 사는 처지라 하더라도 하나님을 불신하지 말아야 할 것을 가르치고자 하신 것이다. 그리스도께서는 그 물고기를 그의 금고로 삼으셨다. 그러니 우리도 하나님의 섭리를 우리의 창고요 금고로 삼아야 하지 않겠는가? 오늘 쓸 것이 있으면, 내일 일은 내일이 염려하게 할 것이다. 그리스도께서는 자기 자신과 베드로를 위하여 세금을 지불하셨다. 여기서는 그에 대해서만 세금이 징수되었기 때문이다. 어쩌면 나머지 제자들은 이미 지불했거나, 아니면 다른 곳에서 지불하게 되어 있었을지도 모른다. 교황주의자들은 그리스도께서 베드로를 위해 세를 지불하신 것을 큰 신비로 만든다. 마치 이것이 베드로를 온 교회의 머리요 대표로 만들기라도 한

것처럼 말이다. 그러나 그를 위하여 세를 지불하신 것은 그의 우월함이 아니라 그가 굴복의 상태에 있음을 보여주는 표시였다. 소위 그의 후계자들이라 칭하는 자들은 세를 지불하지 않고 면제받는다. 베드로는 이 돈을 위하여 낚시질을 했고, 그러므로 그 돈의 일부가 그를 위하여 사용된 것이다. 그리스도와 함께 일꾼이 되어 영혼을 건지는 자들은 그와 더불어 빛날 것이다. 나와 너를 위하여 주라. 그리스도께서 자신을 위해 지불하신 것은 빚을 갚으신 것이요, 베드로를 위해 지불하신 것은 그에 대한 호의였다. 주목하라. 하나님께서 기뻐하사 세상의 재물을 얻을 때에 그것을 정의롭게 사용하는 것만이 아니라 그것으로 자비를 베푸는 것이, 또 가난한 자를 구제하는 것뿐 아니라 우리의 친지들에게 의무를 다하는 것이 바람직하다. 사람이 있는 재물로 더 많은 선을 행할 수 있게 되지 않는다면, 대체 큰 재물이 무슨 소용이 있겠는가?

마지막으로, 관찰하라. 마태복음 기자는 여기서 그리스도께서 베드로에게 주신 명령만을 기록하고, 그 결과에 대해서는 당연히 이루어진 것으로 취급하여 특별히 언급하지 않는다. 이는 정당한 일이다. 그리스도께서 말씀하시면 그대로 이루어지기 때문이다.

제
— 18 —
장

개요

복음서들은 간단히 말하면 예수께서 행하시고 가르치기 시작하신 일에 대한 기록이다. 앞 장에는 그의 행하신 일에 대한 기사가 나타나고, 이 장에서는 그의 가르침에 대한 기사가 나타나는데, 아마도 이 기사는 모두 동일한 때에 연속적인 강론으로 주어진 것이 아니라 각기 다른 때에 여러 번 행하신 가르침들을 함께 모아 놓은 것일 것이다. 여기의 내용은 다음과 같다. I. 겸손에 대한 교훈(1-6절). II. 과실(過失) 전반에 관한 교훈(7절)과 특정한 과실들에 대한 교훈. 1. 우리가 우리 자신에게 행하는 과실(8, 9절). 2. 우리가 다른 이들에게 행하는 과실(10-14절). 3. 다른 이들이 우리에게 행하는 과실. 이것은 두 종류다. (1) 명예롭지 못한 죄들: 이는 책망하여야 한다(15-20절). (2) 개인적인 과실: 이는 용서해야 한다(21-35절). 그리스도의 설교가 얼마나 실제적이었는지를 보라. 그는 신비한 것들을 드러내실 수도 있었으나, 지극히 평범한 의무들을, 특히 사람에게 지극히 불쾌한 것들을 강조하신 것이다.

[1]그 때에 제자들이 예수께 나아와 이르되 천국에서는 누가 크니이까 [2]예수께서 한 어린 아이를 불러 그들 가운데 세우시고 [3]이르시되 진실로 너희에게 이르노니 너희가 돌이켜 어린 아이들과 같이 되지 아니하면 결단코 천국에 들어가지 못하리라 [4]그러므로 누구든지 이 어린 아이와 같이 자기를 낮추는 사람이 천국에서 큰 자니라 [5]또 누구든지 내 이름으로 이런 어린 아이 하나를 영접하면 곧 나를 영접함이니 [6]누구든지 나를 믿는 이 작은 자 중 하나를 실족하게 하면 차라리 연자 맷돌이 그 목에 달려서 깊은 바다에 빠뜨려지는 것이 나으니라

그리스도보다 더 큰 겸손의 실천자는 없었고, 또한 그리스도보다 더 큰 겸손의 설교자도 없었다. 그는 기회가 있을 때마다 제자들과 그를 따르는 자들에게 그것을 명령하셨고, 또한 그것을 친히 보여주셨다.

I. 그리스도께서는 스스로 높임을 받고자 하는 가당치 않은 경쟁이 제자들

사이에 있는 것을 보시고, 여기서 겸손에 대하여 강론하셨다. 제자들이 예수께 나아와 자기들끼리(그리스도께 묻기가 부끄러웠기 때문이다, 막 9:34) 이르되 천국에서는 누가 크니이까? 그들은 어떤 성격을 지닌 사람이 크냐고 물은 것이 아니라(만일 이것을 물었다면 이는 좋은 질문이었을 것이다. 어떤 은혜와 어떤 의무들이 뛰어난 것인지를 알고자 한 것이기 때문이다), 자기들 중에 누가 크냐고 물은 것이다. 그들은 천국에 대해서, 메시야의 나라에 대해서, 이 세상에서의 그의 나라에 대해서 많은 말씀을 들었었고, 또한 많은 설교를 했었다. 그러나 지금껏 그들은 그것에 대해 분명한 깨달음이 없었고, 그리하여 그들은 세속적인 나라와 그 외형적인 화려함과 권세를 꿈꾸고 있었던 것이다. 그리스도께서는 바로 얼마 전 그의 고난을 예언하셨고 그가 다시 살아나실 것을 말씀하셨고, 그 때로부터 제자들은 그의 나라가 시작될 것을 기대하였다. 그리고 그들은 이제는 그 나라에서 그들이 차지할 지위에 대해 관심을 두어야 할 때라고 생각하였다. 그런 경우에 일찍 말하는 것이 좋다. 그리스도께서 다른 때에 이런 취지의 강론을 하셨을 때에도, 이 비슷한 논쟁이 일어났다(20:19, 20; 눅 22:22, 24). 그는 자신의 고난에 대해 많은 말씀을 하시고, 자신의 영광에 대해서는 오로지 한 말씀만 하셨는데도, 그들은 어떻게 해야 그와 함께 고난받을 힘과 은혜가 있겠느냐고 묻기는커녕, 오히려 "누가 최고의 자리에서 그와 함께 통치할 것인가"를 물은 것이다. 주목하라. 자기들이 누릴 특권과 영광에 대해서는 듣고 말하기를 좋아하면서도 자기들이 담당해야 할 수고와 괴로움에 대해서는 그냥 지나쳐버리는 자들이 얼마나 많은지 모른다. 면류관만을 바라보는 나머지 멍에와 십자가는 잊어버리는 것이다. 여기서 천국에서는 누가 크니이까? 라고 물은 제자들의 자세가 바로 그러했다.

1. 그들은 그 나라에서 자리를 차지하는 자들은 모두 크다고 생각한다. 왜냐하면 그 나라는 제사장 나라이기 때문이다. 주목하라. 참으로 선한 자들이 참으로 큰 자들이다. 그리고 그들이 참으로 선하다는 것은 마지막에 나타날 것이다. 그들이 이 세상에서 언제나 비천하고 가난한 상태에 있으나 그리스도께서 그들을 자기의 것으로 삼으실 그 때에 그것이 나타나는 것이다.

2. 그들은 그 나라의 지위에 차서(次序)가 있다고 생각한다. 모든 성도들이 다 존귀하나, 모두 똑같이 존귀한 것이 아니다. 별과 별의 영광이 다르도다(고전 15:41). 다윗의 모든 신하들이 다 존귀한 자들이 아니었고, 그의 모든 존귀한

자들이 최고의 신하 세 사람에 드는 것도 아니었다.

3. 그들은 그들 중에 몇 사람이 그 나라의 총리가 될 것이라고 생각한다. 그러나 임금이신 예수께서 기뻐 존귀를 베푸실 자들은 그를 위하여 모든 것을 버린 자들이요, 그를 위하여 인내로 환난을 당하는 자들이 아닌가?

4. 그들은 각자 자기가 큰 자에 해당될 것이라 여기며, 그것이 누구일지를 놓고 서로 싸운다. 베드로는 언제나 나서서 발언하는 자였고, 이미 열쇠를 얻었으니, 그 자신이 총리나 수상이 될 것이요 그리하여 가장 큰 자가 될 것이라고 기대한다. 가룟 유다는 전대(錢帶)를 지니고 있으니, 자신이 지금은 맨 나중에 있으나 후에는 자신이 재무상이 될 것이요 따라서 가장 큰 실권자가 될 것이라 기대한다. 시몬과 유다는 그리스도와 가장 가까운 친척들이니, 피를 나눈 왕자들로서 그 나라의 큰 신하들을 능가하는 권력을 누릴 것을 희망한다. 요한은 임금의 총애를 받는 사랑하는 제자이므로, 가장 큰 자가 될 희망을 갖고 있다. 안드레는 처음 부르심 받은 자이니, 그가 첫째 가지 못하라는 법이 어디 있는가? 주목하라. 절대로 이루어지지 않을 일들을 어리석게 상상하여 즐거워하기가 매우 쉬운 법이다.

II. 그리스도의 강론. 이는 누가 크니이까?라는 질문에 대한 꾸짖음이다. 만일 그리스도께서 베드로와 또한 로마의 그의 후계자들을 교회의 머리로, 이 땅의 대리자로 심으려 하셨다면, 여기서 그의 제자들에게 그 사실을 분명히 알리셨을 것이다. 그러나 그는 절대로 그렇게 하지 않으시고, 그런 주제 자체를 용인하지 않으시고 정죄하시는 것이다. 그리스도께서는 그의 교회의 어디에서도 그런 권위나 군림을 허용하지 않으신다. 그것을 주장하는 자는 누구든지 불법한 찬탈자(簒奪者)들이다. 제자 중 누구든지 한 사람을 그런 위엄의 자리에 세우시기는커녕 절대로 그런 생각을 갖지 말라고 경계하시는 것이다.

그리스도께서는 여기서 겸손할 것을 가르치신다.

1. 표본을 통해서. 예수께서 한 어린아이를 불러 그들 가운데 세우시고(2절). 그리스도는 옛날 선지자들처럼 표본이나 실물 등을 사용하여 가르치신 적이 많다. 주목하라. 겸손은 배우기가 매우 힘들므로, 모든 방법과 수단을 통해서 가르침받아야 할 필요가 있다. 어린아이를 바라볼 때에, 우리는 그리스도께서 이 어린아이를 사용하신 의도를 마음에 깊이 새겨야 할 것이다. 예수께서 한 어린아이를 그들 가운데 세우시고. 그 아이와 장난하며 놀게 하기 위한 것이 아니고,

그 아이를 통하여 배우게 하기 위한 것이었다. 성인들과 큰 사람들은 어린아이들과 어울리는 것을 경멸하거나 그 아이들을 돌아보는 것을 하찮은 일로 여겨서는 안 된다. 그 아이들도 그들에게 말씀하고 그들에게 교훈을 줄 수도 있고, 그들을 바라보고 그들에게서 교훈을 받을 수도 있는 것이다. 그리스도께서도 어린 시절 친히 선생들 중에 계셨었다(눅 2:46).

2. 이 표본을 사용하여 말씀하심으로. 여기서 그는 제자들과 우리들에게 다음과 같은 점을 보여주신다.

(1) 겸손이 필수적임(3절). 그리스도의 서두의 말씀은 엄숙하며, 그것에 주목하며 동의할 것을 촉구하는 것이다. 진실로 너희에게 이르노니 너희가 돌이켜 어린아이들과 같이 되지 아니하면 결단코 천국에 들어가지 못하리라. 여기서 관찰하라.

〔1〕 그가 요구하시고 강조하시는 것.

첫째로, "천국에서 자리를 탐하기 전에 먼저 회심하여야 하고, 너희 자신과 천국에 대해 생각이 달라져야 하고 사고 방식과 기질이 변해야 하고, 정신이 달라져야 한다. 명예와 권력을 탐하는 교만과 야망과 외식이 너희에게 나타나는데, 너희가 이것을 회개하고 죽이고 변화시키고 정신을 차려야 한다." 주목하라. 영혼이 본성의 상태로부터 은혜의 상태로 바뀌는 최초의 회심 이외에도, 구체적인 침체의 길에서 벗어나는 이후의 회심들이 있는데, 이것도 구원에 똑같이 필수적이다. 죄로 말미암아 바른 길에서 벗어날 때마다 다시 회개로써 바른 길로 들어서야 하는 것이다. 베드로는 주를 부인한 것을 회개할 때에, 그는 회심한 것이다.

둘째로, 너희는 어린아이와 같이 되어야 한다. 주목하라. 회심의 은혜는 우리를 어린아이 같게 만든다. 어린아이들처럼 어리석게 만드는 것도(고전 14:20), 변덕스럽게 만드는 것도(엡 4:14), 장난을 좋아하게 만드는 것도 아니고(11:16), 어린아이들처럼 순전하고 신령한 젖을 사모하게 만드는 것이다(벧전 2:2). 어린아이들처럼 아무것도 염려하지 말고 천부께서 우리를 돌보시도록 그에게 맡겨야 한다(6:31). 우리는 어린아이들처럼 악의가 없고 적개심이 없으며(고전 14:20), 통제를 받고, 명령을 받는 자세가 있어야 한다(갈 4:2). 그리고 (이것이 여기서 주로 의도하시는 바지만), 어린아이들처럼 겸손해야 한다. 어린아이들은 거드름을 피우지도, 명예나 체면을 따지지도 않는다. 지체 높은 자의 아이가 누더기를 입은 거지의 아이와 함께 놀며(롬 12:16), 유모의 젖만 있으면 기쁨을 누리며, 비단 옷을 입은 다른 아이의 즐거움을 탐하지 않는다. 어린아이들은 높은 지위에 대한 야망도 없고, 세상에서 자기들을 높이고자 하는 욕망도 없다. 큰 일과 감당하지 못할 놀라운 일을 하려고 힘쓰지도 않는다. 우리도 그와 같이 고요하고 평온하게 행하여야 하는 것이다(시 131:1, 2). 어린아이들의 몸이 작고 키가 작은 것처럼, 우리도 심령으로 작아야 하고, 우리 자신에 대한 생각도 작아야 하는 법이다. 이것이야말로 다른 선한 성향들로 이끄는 기질이다. 어린아이의 시기는 배우는 시기인 것이다.

〔2〕 그가 이를 근거로 강조하시는 것. 이것이 없이는 결단코 천국에 들어가지 못하리라. 주목하라. 그리스도의 제자들은 이런 경계의 말씀을 통하여 항상 경계를 받아서, 혹 이르지 못할까 두려워할 필요가 있다(히 4:1). 제자들은 그 질문(1절)을 할 때에, 스스로 천국에 들어갈 것에 대해 확신을 갖고 있었다. 그러나 그리스도께서는 자기들 자신에 대해 마음을 쓰도록 그들을 일깨우신다. 그들은 자기들이 천국에서 큰 자가 되고자 하는 야망을 갖고 있었는데, 그리스도께서는 그들의 기질이 나아지지 않고서는 절대로 그 곳에 가지 못할 것임을 말씀하시는 것이다. 주목하라. 교회에서 큰 자로 세움받는 자들 중에, 작은 자로 드러날 뿐 아니라 전혀 아무것두 아니며 교회와 아무런 관게도 없는 것으로 드러날 자들이 많다. 우리 주님의 의노는 여기서 교만과 야망의 크나큰 위험을 보여주고자 하는 것이다. 사람이 겉으로 어떤 모습을 보이든 간에, 스스로 이 죄 가운데 있으면 하나님의 장막에서와 그의 거룩한 산에서 내어쫓김을 받을 것이다. 교만이 죄를 지은 천사들조차도 하늘에서 내어쫓았으니, 우리가 변화되어 죄에서 벗어나지 않으면 우리도 내어쫓김을 당하고 말 것이다. 교만으로 높아진 자들은 마귀를 정죄하는 그 정죄에 빠지는 것이다. 이를 막기 위해서, 우리는 어린아이들과 같이 되어야 하고, 그렇게 되기 위해서는 거듭나야 하고, 새 사람을 입어야 하고, 거룩한 소자 예수와 같이 되어야 한다. 승천하신 후까지도 그리스도는 거룩한 소자(小子)라 불리시는 것이다(행 4:27, 한글 개역개정판 난외주 참조).

(2) 그는 겸손에 따르는 존귀와 큰 지위를 보여주시며(4절), 그리하여 그들의 질문에 대해 직설적으로 깜짝 놀랄 만한 대답을 주신다. 어린아이와 같이 자기를 낮추는 자가, 혹시 그렇게 했다가 생각이 분명치 않은 자로 멸시를 받

지 않을까 두려워하면서도 교만의 길 바깥으로 자신을 던지는 자가 천국에서 큰 자라는 것이다. 주목하라. 가장 겸손한 그리스도인들이 가장 좋은 그리스도인이요, 그리스도를 가장 닮은 자들이요, 그에게 최고의 사랑을 받는 자들이며, 하나님의 은혜를 전해 주는 데 가장 적절한 자들이요, 이 세상에서 하나님을 섬기고 오는 세상에서 그를 즐거워하기에 가장 합당한 자들인 것이다. 그들이 큰 자들이요, 하나님께서는 천지를 둘러보시며 그런 자를 찾으시는 것이다. 가장 겸손하고 자기를 부인할 줄 아는 자들이야말로 교회에서 가장 존경받고 높이 여김을 받을 자들이다. 그들이 그것을 가장 추구하지 않는 자들이지만, 그들이야말로 그것을 누릴 자격이 있는 자들이기 때문이다.

(3) 그리스도께서 겸손한 자들을 특별히 보살피심. 그는 그들의 대의를 지지하시고 그들을 보호하시며 친히 그들의 걱정거리들에 관심을 가지시며, 그들이 잘못되지 않도록 역사하신다. 그렇게 자신을 낮추는 자들은 다음을 두려워할 것이다.

〔1〕 아무도 그들을 받아주지 않을 것을 두려워할 것이다. 그러나, 누구든지 내 이름으로 이런 어린아이 하나를 영접하면 곧 나를 영접함(5절)이다. 그런 자들에게 행한 친절은 무엇이든 다 그리스도께서 자기에게 행한 것으로 간주하신다. 온유하고 겸손한 그리스도인을 그렇게 섬기고 그들의 낯을 세워주는 자는 상대방의 비천함 때문에 그 사람을 업신여기지 않을 것이고, 그를 사랑과 우정의 교제에로 받아들이고 돌보며, 그에게 친절을 베풀기를 힘쓰며, 이 일을 그리스도의 이름으로, 그리스도를 위하여 행하는 것이다. 그리스도께서 상대방을 받으셨으니 자기도 받아들이는 것이다. 바로 이런 것이 그리스도를 높이는 합당한 행위로서 인정되며 또한 상급을 받게 되는 것이다. 관찰하라. 그리스도의 이름으로 어린아이처럼 지극히 작은 자를 영접하는 것조차도 그리스도께 인정함을 받을 것이다. 주목하라. 그리스도께서 그의 교회를 향하여 행하시는 부드러운 보살피심은 교회원 하나하나에게까지 미치며, 심지어 가장 비천한 자에게까지 미친다. 온 가족 전체에게는 물론 그 가족의 어린아이 하나하나에게까지 미치는 것이다. 우리가 작은 자들에게 친절을 보일수록, 그리스도를 향한 선한 뜻이 거기에 더 많이 담겨 있는 것이고, 우리 자신을 위한 것이 아닐수록 그리스도를 위한 것이며, 따라서 그리스도께서는 그것에 따라 인정하시는 것이다. 그리스도께서 친히 우리 가운데 계시다면, 그를 아무리 영접하고 환영

해도 모자란다고 생각할 것이다. 가난한 자들과 심령이 가난한 자들이 언제나 우리와 함께 있으며, 그들을 영접하는 것이야말로 그를 영접하는 것이다 (25:35-40).

〔2〕모든 사람이 그들을 잘못 대할 것을 두려워할 것이다. 비열한 사람일수록 비천한 자를 짓밟기를 좋아한다. "비난은 비둘기에게 쏟아지는 법이다." 그러나 그리스도께서는 이런 염려를 제거하신다(6절). 그는 모든 사람들에게, 그리스도의 작은 자 중 하나에게 해를 입히지 말 것을 경고하신다. 그런 행위 하나하나에 대해서 극한 형벌이 주어질 것이기 때문이다. 이 말씀이 작은 자들 주위에 벽을 쌓아 놓는다. 그들을 손대는 자는 하나님의 눈동자를 손대는 것이다.

관찰하라. 첫째로, 여기서 제시되는 범죄. 그리스도를 믿는 이 작은 자 중 하나를 실족하게 함. 비록 작은 자들일지라도 그들은 그리스도를 믿음으로 그와 연합하였고, 그리스도와 합한 대의를 위하는 자들이다. 그러므로 그들이 그의 고난의 유익에 참여하므로, 그 역시 그들이 당하는 학대를 돌아보시는 것이다. 그를 믿는 자는 아무리 작은 자들이라도 큰 자들과 동일한 특권을 지닌다. 그들 모두 똑같이 고귀한 믿음을 받았기 때문이다. 그런데 이 작은 자들을 죄 짓도록 이끌고(고전 8:10, 11), 그들의 의로운 심령을 근심하게 하고 괴롭게 하며, 그들을 기로막으며, 그들의 온유힘을 익용하여 그들 개인과 가정과 새물과 명성을 더럽히는 자들이 있다. 그리하여 지극히 선한 사람들이 이 세상에서 최악의 대우를 받는 경우가 많은 것이다.

둘째로, 이 범죄에 대한 형벌. 차라리 연자 맷돌이 그 목에 달려서 깊은 바다에 빠뜨려지는 것이 나으니라. 그 죄가 지극히 악하며, 그 멸망 또한 그만큼 크므로, 극심한 악행자들에게 극심한 형벌을 가하는 것이 오히려 낫다. 아무리 극심한 형벌이라도 육체를 죽이는 것 이상은 하지 못하기 때문이다. 주목하라. 1. 지옥은 깊은 바다보다 더 무섭다. 그 곳은 밑바닥이 없는 구덩이요 불바다이기 때문이다. 깊은 바다는 죽이기밖에는 하지 못하나, 지옥은 영원토록 고통을 주는 것이다. 깊은 바다에서 위로를 얻은 한 사람을 만나는데, 요나가 바로 그 사람이었다(욘 2:2, 4, 9). 그러나 지옥에서는 영원히 아무도 눈곱만큼의 위로도 얻을 수 없다. 2. 누구도 거역할 수 없고 돌이킬 수 없는 위대한 심판주의 형벌이 연자 맷돌이 목에 달리는 것보다 더 속히, 더 확실하게, 더 단단하게 그를 매어 지옥으로 가라앉힐 것이다. 이는 절대로 건너갈 수 없는 큰 구렁텅이를 놓는다(눅 16:26). 마땅히 행할 바를 행하지 않는 것으로라도 그리스도의 작은 자들에게 해를 입히는 것이야말로 이 저주받은 자들아 내게서 떠나가라라는 무서운 선고를 받을 사유가 되는 것이며, 그들을 박해하는 교만한 자들은 마침내 그러한 운명에 처해지고 말 것이다.

[7]실족하게 하는 일들이 있음으로 말미암아 세상에 화가 있도다 실족하게 하는 일이 없을 수는 없으나 실족하게 하는 그 사람에게는 화가 있도다 [8]만일 네 손이나 네 발이 너를 범죄하게 하거든 찍어 내버리라 장애인이나 다리 저는 자로 영생에 들어가는 것이 두 손과 두 발을 가지고 영원한 불에 던져지는 것보다 나으니라 [9]만일 네 눈이 너를 범죄하게 하거든 빼어 내버리라 한 눈으로 영생에 들어가는 것이 두 눈을 가지고 지옥 불에 던져지는 것보다 나으니라 [10]삼가 이 작은 자 중의 하나도 업신여기지 말라 너희에게 말하노니 그들의 천사들이 하늘에서 하늘에 계신 내 아버지의 얼굴을 항상 뵈옵느니라 ([11]인자가 온 것은 잃은 자를 구원하려 함이니라) [12]너희 생각에는 어떠하냐 만일 어떤 사람이 양 백 마리가 있는데 그 중의 하나가 길을 잃었으면 그 아흔아홉 마리를 산에 두고 가서 길 잃은 양을 찾지 않겠느냐 [13]진실로 너희에게 이르노니 만일 찾으면 길을 잃지 아니한 아흔아홉 마리보다 이것을 더 기뻐하리라 [14]이와 같이 이 작은 자 중의 하나라도 잃는 것은 하늘에 계신 너희 아버지의 뜻이 아니니라

우리 주님은 여기서 과실 혹은 실족케 함에 대해 말씀하신다.

I. 과실 전반에 대해서(7절). 작은 자들을 해하는 일에 대해 언급하신 다음, 그는 이를 계기로 하여 과실 전반에 대하여 더 말씀하신다. 과실이란, 1. 죄책을 유발시키는 것으로, 유혹이나 위협을 통해서 선한 것으로부터 악한 것에게로 사람을 끄는 것이다. 2. 근심을 유발시키는 것이요, 의로운 자의 마음을 아프게 하는 것이다. 이제, 과실에 관하여 그리스도께서는 다음의 사실들을 말씀하신다.

1. 과실이 반드시 있는 일이라는 것. 실족하게 하는 일이 없을 수는 없다. 위험이 있다는 것을 확실히 알면 그것을 더 잘 대비하게 된다. 누구든지 실족하게 하는 일을 반드시 해야 한다는 뜻이 아니라, 그 원인들을 바라보는 결과로 하

시는 하나의 예언이다. 사탄의 교묘한 간계를 생각하고, 사람의 마음의 연약함과 부패함, 그리고 어리석음을 생각할 때에, 과실이 없다는 것이 도덕적으로 불가능하다는 것이다. 하나님께서도 지혜롭고 거룩하신 목적을 위하여 지혜로운 자 몇 사람이 몰락하여 무리 중에서 연단을 받아 정결하게 되도록 허용하기로 정하신 것이다(고전 11:19; 단 11:35). 유혹하는 자들과 시험하는 자들과 박해하는 자들과 수많은 악한 모범들이 있으리라는 것을 사전에 들었으니, 굳게 서서 경계하여야 할 것이다(24:24; 행 20:29, 30).

2. 그것들이 화(禍)를 부르는 일이요 그 결과가 치명적이라는 것. 과실에 이중적인 화가 결부되어 있다.

(1) 부주의하고 경계하지 않다가 과실을 당하는 자에게 미치는 화. 실족하게 하는 일들이 있음으로 말미암아 세상에 화가 있도다. 곳곳마다 믿음과 거룩에 대해 파괴와 반대를 가하는 일이 있는데 이는 인류의 해악이요 병폐이며, 수많은 사람들이 이로써 멸망당하는 것이다. 현 세상은 악한 세상이요, 과실과 죄와 함정과 슬픔으로 가득 차 있으며, 우리는 거치는 돌들과 절벽들과 거짓된 안내자들이 즐비한 위험한 길을 가는 것이다. 세상에 화가 있을진저. 그러나 하나님께서 택하사 세상으로부터 불러내시고 구원하신 자들은 하나님의 능력으로 말미암아 이 과실의 거짓된 것으로부터 보호하심을 받는 것이다. 주의 법을 사랑하는 자에게는 큰 평안이 있으니 그들에게 장애물이 없으리이다(시 119:165).

(2) 악의로 과실을 범하는 악인에게 미치는 화. 실족하게 하는 그 사람에게는 화가 있도다. 실족하게 하는 일이 있을 것이나, 그렇다 해도 실족하게 하는 그 사람은 핑계할 수가 없다. 주목하라. 하나님께서 죄인들의 죄를 사용하여 그의 목적들을 이루기도 하시지만, 그렇다고 해서 그 때문에 그들이 하나님의 진노에서 벗어날 수는 없다. 과실을 당하는 자들도 화를 받게 되지만, 과실을 범하는 자들의 문에 여전히 죄책이 드리워질 것이다. 주목하라. 어떤 식으로든 다른 이들의 구원을 가로막는 자들은, 마치 스스로도 죄를 범하였고 이스라엘로 하여금 죄를 범하게 한 여로보암처럼 더욱더 견딜 수 없는 정죄를 받게 될 것이다. 이 화는 구덩이를 파고 불을 놓는 자들이 그로 인하여 초래되는 모든 손해에 대해 책임을 지는 시민법과도 같은 것이다(출 21:33-22:6). 그리스도를 대적하는 세대는 죄인들을 미혹시키고(살후 2:11, 12) 성도들을 박해하는 등(계 17:1, 2, 6) 큰 과실을 범하므로 이 화를 당하게 된다. 고귀한 영혼들의 영

원한 관심사와 고귀한 성도들의 세속적인 관심사를 망치는 자들에게 의로우신 하나님께서 반드시 책임을 물으실 것이기 때문이다. 성도들의 피가 여호와의 보시기에 귀하기 때문이다. 또한 사람들은 그들의 행위에 대해서는 물론 그들이 행한 악행들의 열매에 대해서도 책임을 지게 될 것이다.

Ⅱ. 그리스도께서는 여기서 사람들이 범하는 구체적인 과실들에 대해 말씀하신다.

1. 우리가 우리 자신에게 범하는 과실. 이는 우리의 손이나 발이 우리를 범죄하게 하는 것으로 표현된다. 그럴 경우 그것을 찍어 내버려야 한다(8, 9절). 그리스도께서는 전에도 이를 말씀하신 바 있는데(5:29, 30), 거기서는 특히 제칠계명을 범하는 죄를 지칭하였다. 그러나 여기서는 좀 더 일반적인 의미로 말씀하신다. 주목하라. 육신에게 불쾌감을 주는 그리스도의 힘든 말씀들은 거듭거듭 반복하여 들을 필요가 있다. 여기서 관찰하라.

(1) 여기서 명령하시는 것이 구체적으로 어떤 것인가. 우리는 눈이나 손이나 발 등 우리가 지극히 아끼는 것들이라 할지라도 ─ 그것이 무엇이든 간에 ─ 우리로 하여금 죄를 범할 수밖에 없도록 만들 때에는, 그것과 결별해야 한다. 주목하라. 〔1〕 죄를 범하게 만드는 온갖 강력한 유혹거리들이 우리들 자신 속에서 일어난다. 우리의 눈과 손이 우리를 실족하게 만드는 것이다. 우리를 미혹시키는 마귀가 전혀 없더라도, 우리 자신의 욕심에 이끌리는 법이다. 그 자체로서는 선하고 선의 도구로 사용될 수 있는 것들까지도 우리 마음의 부패함 때문에 우리에게 함정이 되고, 우리를 이끌어 죄를 짓게 만들고, 의무를 다하지 못하도록 방해하기도 하는 것이다. 〔2〕 그럴 경우, 우리는 죄를 범하도록 우리를 얽어매는 그것들을 합법적으로 할 수 있는 만큼 벗어버려야 한다. 첫째로, 비록 우리에게 눈이나 손처럼 지극히 귀한 것일지라도, 우리 속의 내적인 욕심을 죽여야 한다. 그리스도 예수의 사람들은 육체와 함께 그 정욕과 탐심을 십자가에 못 박았느니라(갈 5:24). 죄의 몸이 멸해져야 하고, 부패한 성향과 취향을 점검하고 억제시켜야 한다. 마치 입 속에 들어 있는 감칠맛 나는 음식물처럼 우리 속에 고이 품어져온 정욕을 역겨움으로 내던져야 하는 것이다. 둘째로, 죄를 범할 소지가 있는 외형적인 기회들을 피해야 한다. 그것이 마치 손을 찍어내거나 눈을 빼어내는 것처럼 우리 자신에게 큰 아픔을 주더라도 반드시 그렇게 해야 한다. 아브라함이 고향의 우상숭배에 미혹되지 않기 위하여 그의 본

토를 떠날 때에도, 그리고 모세가 죄악된 쾌락에 얽매이지 않도록 바로의 궁궐을 떠날 때에도, 오른손을 찍어내는 아픔이 그들에게 있었던 것이다. 선한 양심을 지키기 위해서는 아무리 아끼는 것이라도 기꺼이 던져버려야 한다는 생각을 가져야 할 것이다.

(2) 어떤 근거로 이를 요구하시는가. 장애인이나 다리 저는 자로 영생에 들어가는 것이 두 손과 두 발을 가지고 영원한 불에 던져지는 것보다 나으니라. 그것을 요구하시는 근거는 미래의 상태다. 즉 천국과 지옥이다. 그것을 근거로 하여 죄를 막는 가장 설득력 있는 논지를 제시하시는 것이다. 이는 사도 바울의 논지와 동일하다(롬 8:13). 〔1〕 너희가 육신대로 살면 반드시 죽을 것이로되. 두 눈을 그대로 지니고 있고, 죄의 몸에 아무런 상해도 가하지 않고, 아도니야처럼 타고난 부패성을 불쾌해하지도 않으면, 우리는 영원한 불에 던져질 것이다. 〔2〕 영으로써 몸의 행실을 죽이면 살리니. 곧 장애인이나 다리 저는 자가 된다는 것이 바로 이런 뜻이다. 즉 죄의 몸이 장애의 상태가 되는 것이다. 그러나 그것은 아무리 해도 우리가 세상에 있는 동안에만 장애의 상태에 있는 것이다. 옛 사람의 오른손이 찍혀지고, 오른눈이 빼어지며, 주요한 기능들이 망가지고 힘이 빠지더라도 상관 없다. 아직도 한 눈과 한 손이 남아 있어서 그것으로 몸이 지탱될 것이다. 그리스도의 사람들은 육신을 십자가에 못 박았으나, 아직 육신이 죽지는 않았다. 그 생명은 연장되나 그 권세는 빼앗긴 것이며(단 7:12), 치명적인 상처를 받아 도저히 소생될 수 없는 상태가 된 것이다.

2. 우리가 다른 사람들에게, 특히 그리스도의 작은 자들에게(6절) 범한 과실. 관찰하라.

(1) 삼갈 것. 삼가 이 작은 자 중의 하나도 업신여기지 말라. 이는 제자들에게 주신 말씀이다. 교회의 원수들이 교회의 지체들에게, 지극히 작은 자들에게 잘못을 행할 때에 그리스도께서는 그 원수들에 대해 불쾌히 여기시는데, 교회의 큰 자들이 작은 자들을 업신여기면 그들에 대해서도 불쾌히 여기실 것이다. "큰 자가 되려고 힘쓰는 자들아, 이런 경쟁 속에서 작은 자들을 업신여기지 않도록 주의하라." 이것을 문자 그대로 어린아이들을 뜻하는 것으로 이해할 수도 있을 것이다. 그리스도께서는 2, 4절에서 어린아이들을 언급하셨다. 믿는 자들의 어린 자녀는 그리스도의 가족에 속하며, 따라서 업신여겨서는 안 된다. 아니면, 비유적인 의미로 취할 수도 있다. 연약한 신자들도 이 작은 자들이다.

그들의 외형적인 조건이나 그들의 영적인 상태가 어린아이들과 비슷하며, 그리스도의 양 떼에 속한 어린 양들인 것이다.

〔1〕 그들을 업신여겨서는 안 되고, 천하게 생각하거나 멸시해서는 안 된다(욥 12:5). 그들의 연약함을 조롱하거나, 그들을 멸시해서도 안 되고, 그들이 어떻게 되든 전혀 개의치 않는 것처럼 그들을 모욕하거나 천대해서도 안 된다. "그들이 상처를 받고 괴로워하고 실족한다 한들 우리와 무슨 상관이 있으랴?"라는 식으로 말해서도 안 된다. 그들을 얽어매고 괴롭게 하는 일을 행하는 것을 가벼운 문제로 여겨서도 안 된다. 작은 자들을 업신여기는 것이야말로 우리가 주로 경계를 받는 문제다(롬 14:3, 10, 15, 20, 21). 다른 이들의 양심에 억지로 짐을 지워서도 안 되며, 마치 사람들에게 "머리를 숙여라 우리가 밟고 지나가리라"라고 말하는 사람들이 행하는 것처럼, 그들을 우리에게 굴복하게 해서도 안 된다. 각 사람의 양심을 존중해야 마땅한 것이다.

〔2〕 그들을 업신여기지 않도록 조심해야 한다. 그런 죄를 두려워해야 하며, 말과 행동에 매우 조심하여, 자칫 우리의 의도와는 달리 그리스도의 작은 자들을 실족하게 하는 일이 없도록 해야 하며, 우리도 모르는 사이에 그들을 업신여기는 결과가 초래되는 일이 없도록 해야 한다. 그들을 미워하고 그들을 따돌리면서도, 주께서 영광을 받으시기를 원하노라라고 말하는 자들이 있었다. 그리고 우리는 그 죄에 대한 형벌을 두려워해야 한다. "삼가 그들을 업신여기지 말지니, 그렇게 하면 너희가 형벌을 면치 못할 것임이니라."

(2) 이런 경계를 강화시켜 주는 이유들. 이 작은 자들을 업신여겨서는 안 되는 것은, 그들이 진정 존중받을 만한 자들이기 때문이다. 하늘이 귀하게 여기는 자들을 땅이 업신여겨서는 안 된다. 그리스도를 믿는 작은 자들이 존중받을 가치가 있다는 것은 다음의 사실을 생각하면 입증된다.

〔1〕 선한 천사들이 그들을 위하여 일함. 그들의 천사들이 하늘에서 하늘에 계신 내 아버지의 얼굴을 항상 뵈옵느니라. 이는 그리스도께서 우리에게 하시는 말씀이요, 우리는 이를 그의 말씀으로 받아들일 수 있다. 그는 하늘로부터 임하셔서 천사들의 세계에서 행해지는 일을 우리에게 알려 주시는 것이다. 그는 그들에 대해서 두 가지를 알려 주신다.

첫째로, 그들이 작은 자들의 천사들이라는 것. 하나님의 천사들이 그들의 것이다. 우리가 그리스도의 것이면 그의 모든 것이 우리의 것이기 때문이다(고전 3:22). 그들은 그들의 것이다. 천사들은 성도들을 위하여 섬길 임무를 받았으며(히 1:14), 그들 주위에 장막을 치고 그들을 위하여 무장을 드는 자들이기 때문이다. 어떤 이들은 모든 성도에게는 각자 자기의 수호 천사가 있다고 상상하기도 했다. 그러나 모든 성도가 필요시에 항상 천사들의 보호를 받는다는 것이 확실한데, 그렇게 생각할 이유가 어디 있겠는가? 여기서 구체적으로 작은 자들에 대해 언급하는 것은 그들이 가장 업신여김을 받고 또한 가장 노출되어 있기 때문이다. 그들은 자기 것이라 부를 수 있는 것이 별로 없지만, 믿음으로 하늘의 천사들을 바라보며 그들을 자기 것이라 부를 수 있다. 세상의 큰 자들은 존귀한 자들을 자기들의 부하로, 수호자로 지니고 있지만, 교회의 작은 자들에게는 영광된 천사들이 함께 하는 것이다. 이는 작은 자들의 위엄을 드러내는 것이기도 하지만, 동시에 그들을 업신여기며 마구 대하는 자들은 스스로 위험을 초래하는 것임을 시사하는 것이기도 하다. 그렇게 천사들의 보호를 받는 자들과 원수가 된다는 것은 나쁜 일이며, 하나님을 우리의 하나님으로 모시는 것은 좋은 일이다. 그렇게 되면 그의 천사들이 우리의 천사들이 되기 때문이다.

둘째로, 그들이 하늘에서 하늘에 계신 아버지의 얼굴을 항상 뵈옵는다는 것. 이는 다음의 사실을 드러낸다. 1. 천사들이 계속해서 복락과 존귀를 누림. 하늘의 복락은 하나님을 직접 대면하여 뵈오며 그의 아름다움을 바라본다는 데 있다. 그런데 천사들이 이를 끊임없이 누린다는 것이다. 땅 위에 있는 우리를 섬길 때에도 그들은 하나님의 얼굴을 뵈옵는다. 그들은 안에 눈들이 가득하기 때문이다(계 4:8). 가브리엘은 사가랴에게 말씀할 때에도 여전히 하나님 앞에 서 있었다(눅 1:19). 어떤 이들의 생각처럼, 이 표현은 작은 자들의 천사들의 특별한 위엄과 존귀를 시사한다. 국가의 총리 대신들이 왕의 얼굴을 본다고 말씀하는데(에 1:14), 그렇다면 가장 강한 천사들이 가장 연약한 성도들을 섬길 책임을 맡은 것이라 할 것이다. 2. 그들이 성도들을 섬기기 위하여 항상 준비를 갖추고 있음. 그들은 하나님의 얼굴을 뵈며, 성도들의 유익을 위하여 행할 것에 대해 하나님께로부터 명령을 받을 것을 기다리는 것이다. 종의 눈이 상전의 손을 향하며 명령에 따라 신속히 가고 오듯이, 천사들의 눈이 하나님의 얼굴을 향하여 그의 지시를 기다리며, 지시가 주어질 때에 신속히 이행할 준비를 갖추고 있는 것이다. 그들은 번개 모양 같이 왕래한다(겔 1:14). 천사들처럼 우리도 후에 영광 중에 계신 하나님의 얼굴을 뵙게 된다면(눅 20:36), 지금도 천사들처럼 우리의 임무를 수행할 준비를 갖추고서 하나님의 얼굴을 바라보아야 할 것이다(행 9:6).

〔2〕그리스도께서 그들에 대해 은혜로운 의도를 갖고 계심. 인자가 온 것은 잃은 자를 구원하려 함이니라(11절. 한글 개역개정판 난외주 참조). 그렇기 때문에, 첫째로, 작은 자들의 천사들이 그들에 대해 임무를 맡고 그들을 섬긴다. 그들이 그렇게 하는 것은 그들을 구원하시고자 하는 그리스도의 의도를 이루기 위함인 것이다. 주목하라. 천사들의 섬김은 그리스도의 중보에 기초를 둔다. 그로 말미암아 천사들이 우리와 화목되는 것이요, 또한 그들이 사람들을 향하신 하나님의 선하신 뜻을 받들 때에 그 뜻에 자기들의 뜻을 복속시키는 것이다. 둘째로, 그들을 업신여겨서는 안 된다. 그리스도께서 오신 것이 그들을 구원하려 하심이요, 잃어버린 자, 곧 자기들 자신의 안목으로 잃어버린 자들(사 66:3)을, 자기들 스스로 잃어버린 상태에 처한 자들을, 아니 사람의 자녀들을 구원하려 하심이기 때문이다. 주목하라. 1. 우리의 영혼은 본질상 잃어버린 영혼들이다. 길에서 벗어난 여행객이 길을 잃은 상태이며, 정죄받은 죄수가 잃어버린 상태이듯이, 우리의 영혼이 그런 것이다. 하나님께서는 타락한 인간의 섬김을 상실하셨고, 그가 그 인간에게서 마땅히 받으셔야 할 존귀를 상실하신 것이다. 2. 그리스도께서 세상에 오신 것은 잃은 자를 구원하려 하심이요, 우리로 하여금 충성하게 하려 하심이요, 우리를 본연의 임무를 다하도록 회복시키시기 위함이요, 우리의 특권들을 회복시키시기 위함이요, 그리하여 우리를 지으신 위대한 목적에로 이끄는 바른 길에 들어서도록 하심이요, 영원토록 잃어버린 바 되어 영적으로 상실된 자들을 구원하시기 위함이다. 3. 이것이야말로 지극히 작고 연약한 신자들을 업신여기거나 실족하게 해서는 안 될 분명한 이유가 된다. 그리스도께서 그들을 그렇게 가치 있게 여기시는데, 어떻게 우리가 그들을 하찮게 여긴단 말인가! 그리스도께서 그들의 구원을 위하여 그렇게 자신을 부인하셨다면, 우리도 마땅히 그들을 강건하게 하고 위로를 주기 위하여 우리 자신을 부인하여야 할 것이다. 이 논지가 강하게 제시되는 것을 보라(롬 14:15; 고전 8:11, 12). 아니, 그리스도께서 영혼들을 구원하시려고 세상에 오셨고, 또한 그가 그 일에 마음을 온전히 기울이신다면, 얼굴을 하늘을 향하며 나아가는 자들의 행로를 방해하여 그들의 구원을 가로막아서 결국 그리스도의

그 큰 의도를 무산시키려 하는 자들은 그가 극심한 형벌로 다스리실 것이다.

〔3〕 하늘에 계신 아버지께서 이 작은 자들을 향하여 베푸시는 온유한 자비와 그들의 복지에 대한 아버지의 관심. 이는 12-14절의 비유에서 드러난다. 여기서 논지가 점층적으로 전개되는 것을 관찰하라. 하나님의 천사들이 그들을 돌보는 자들이요, 하나님의 아들이 그들의 구원자시요, 또한 하나님께서 친히 그들의 친구이시며, 그리하여 그들의 존귀가 완전히 드러나는 것이다. 그들을 내 손에서 빼앗을 자가 없느니라(요 10:28). 여기서 살펴보라.

첫째, 비유(12, 13절). 양 백 마리 중에 한 마리를 잃은 주인이 그 일을 가볍게 여기지 않고 부지런히 양을 찾아다니다가 결국 찾고서 크게 기뻐하였고, 길을 잃지 않은 나머지 양들보다 그 한 마리 양을 찾은 것을 더 기뻐하였다. 그 한 마리를 잃은 것에 대한 두려움과 그 양을 찾은 설렘으로 그런 기쁨이 더 커진 것이다. 이 비유는 다음의 경우에 적용시킬 수 있다. 1. 타락한 인간 전반의 상태에 적용시킬 수 있다. 인간은 잃어버린 양처럼 헤매고 있고, 천사들은 길을 잃지 않은 아흔아홉 마리와 같았다. 그리스도께서는 산들을 넘어 그를 찾아다니시고 결국 찾으신다. 이는 크게 기뻐할 일이다. 돌아오는 죄인들이 우리에 그대로 남아 있는 천사들보다 하늘에서 더 큰 기쁨이 된다. 2. 거치는 돌에 걸려 실족하였거나 혹은 악한 자들의 악의에 찬 꾀임에 빠져 바른 길에서 벗어나 있는 구체적인 신자들 개개인에게 적용시길 수도 있다. 백 명 중에 난 한 사람이 이렇게 길을 잃은 양처럼 바른 길에서 벗어나 있더라도, 그리스도께서는 크나큰 보살피심으로 그를 찾으시며, 그가 돌아올 때에 큰 기쁨으로 그를 영접하시며, 따라서 그에게 행한 과실에 대해서 큰 진노로 다스리실 것이다. 이 작은 자들 중 하나를 찾을 때에 하늘에 큰 기쁨이 있다면, 그들을 실족하게 한 것에 대해서는 하늘에서 진노가 있는 것이다. 주목하라. 하나님은 그의 양 떼 전체에 대해서는 물론, 양 떼에 속해 있는 한 마리 한 마리에 대해서 구체적으로 은혜로운 관심을 가지시고 보살피신다. 그는 큰 목자이시므로 양들이 많으나 그 많은 양들 중에 쉽게 한 마리를 잃을 수 있다. 그러나 그는 선한 목자이시므로 쉽게 양 한 마리를 잃어버리지 않으시며, 그 어떤 목자보다도 양 떼에 속한 양 한 마리 한 마리를 더 구체적으로 아신다. 그는 자기 양의 이름을 각각 불러 인도하시는 것이다(요 10:3). 이 비유에 대한 충실한 해설에 대해서는 겔 34:2, 10, 15, 19을 보라.

둘째, 이 비유의 적용. 이와 같이 이 작은 자 중의 하나라도 잃는 것은 하늘에 계신 너희 아버지의 뜻이 아니니라(14절). 여기서는 설명되는 것보다 암시되는 것이 더 많다. 사람이 멸망하는 것은 하나님의 뜻이 아니다. 그러나, 1. 이 작은 자들이 구원받는 것이 하나님의 뜻이며, 그가 의도하시고 기뻐하시는 뜻이다. 그가 그 일을 의도하셨고, 그 일에 마음을 쏟으셨고, 그가 그 일을 이루실 것이다. 모든 사람이 그 일을 이루기 위하여 할 수 있는 일을 하는 것이 그의 계시된 뜻이요, 아무것도 그것을 막지 못할 것이다. 2. 하나님의 이러한 보살피심은 양 떼에 속한 사람 하나하나에게, 심지어 가장 비천한 자에게까지도 적용된다. 우리는 하나나 둘 정도가 실족하고 함정에 빠지면 그것은 큰 문제가 아니니 신경 쓸 필요가 없다고 생각한다. 그러나 하나님의 사랑과 자비는 우리의 사랑과 자비를 뛰어넘는 것이다. 3. 이 작은 자 중 하나를 멸망의 위험에 빠뜨릴 행위를 저지르는 자들은 하나님의 뜻을 거스르는 것이요, 그의 크나큰 진노를 촉발시키는 것이라는 것이 여기서 암시되고 있다. 그들의 행위대로 작은 자들이 멸망에 빠지지 않더라도 하나님께서는 그들의 그런 행위에 대해 처벌하실 것이다. 그는 그의 성도들에게서도 존귀를 받으시기를 원하시며, 그 존귀가 짓밟히는 것을 그냥 두고 보시지 않으시는 것이다. 어찌하여 너희가 내 백성을 짓밟느냐?(사 3:15. 또한 시 76:8, 9을 보라).

관찰하라. 그리스도께서는 하나님을 하늘에 계신 내 아버지라 부르셨고(19절), 여기서는 그를 하늘에 계신 너희 아버지라 부르시는데(14절), 이는 그가 그의 비천한 제자들을 형제라 부르시기를 부끄러워하지 않으신다는 것을 시사한다. 그와 그의 제자들의 아버지가 한 분이 아니시던가? 내가 내 아버지 곧 너희 아버지, 내 하나님 곧 너희 하나님께로 올라간다 하라(요 20:17). 이는 또한 그의 작은 자들의 안전의 근거를 시사한다. 하나님이 그들의 아버지이시므로 그들을 구원하시니 말이다. 아버지는 그의 모든 자녀들을 돌보시고, 작은 자들을 특별히 보살피시는 것이다(창 33:13). 그는 하늘에 계신 그들의 아버지이시며, 하늘은 모든 것을 보는 곳이요, 따라서 그는 작은 자들에게 가해진 모든 행위들을 다 보고 계신다. 하늘은 또한 권능의 장소이니, 그는 그들을 벌하실 수 있는 것이다. 억울한 일을 당한 작은 자들로서는 그들의 증인이 하늘에 계시며(욥 16:19), 그들의 재판장이 거기 계시다(시 68:5)는 사실이야말로 큰 위로를 주는 것이다.

[15]네 형제가 죄를 범하거든 가서 너와 그 사람과만 상대하여 권고하라 만일 들으면 네가 네 형제를 얻은 것이요 [16]만일 듣지 않거든 한두 사람을 데리고 가서 두세 증인의 입으로 말마다 확증하게 하라 [17]만일 그들의 말도 듣지 않거든 교회에 말하고 교회의 말도 듣지 않거든 이방인과 세리와 같이 여기라 [18]진실로 너희에게 이르노니 무엇이든지 너희가 땅에서 매면 하늘에서도 매일 것이요 무엇이든지 땅에서 풀면 하늘에서도 풀리리라 [19]진실로 다시 너희에게 이르노니 너희 중의 두 사람이 땅에서 합심하여 무엇이든지 구하면 하늘에 계신 내 아버지께서 그들을 위하여 이루게 하시리라 [20]두세 사람이 내 이름으로 모인 곳에는 나도 그들 중에 있느니라

그리스도께서는 제자들에게 형제들을 실족하게 하지 말 것을 경계하신 다음, 그들이 과실을 당했을 경우에 어떻게 해야 할지에 대해서 말씀하신다. 이는 개인적인 과실에 관한 것으로 이해할 수도 있고, 공적인 과실에 관한 것으로 이해할 수도 있다. 전자의 경우에는 교회의 평화를 보존하기 위한 말씀이 되고, 후자의 경우에는 교회의 순결성과 아름다움을 보존하기 위한 말씀이 된다. 양쪽의 경우를 각각 살펴보기로 하자.

I. 먼저 이 말씀을, 어떤 이유에서든 그리스도인 사이에서 일어나는 분쟁에 해당되는 것으로 보자. 네 형제가 네 양심을 상하게 하거나(고전 8:12), 너를 모욕하거나, 너를 업신여기거나 하여 네게 과실을 범하거든, 그릇된 이야기를 하거나 소문을 퍼뜨려 네 명예를 손상시키거든, 네 권리를 침해하거나, 네 재산에 손해를 입히거든, 혹은 레 6:2, 3에 규정된 과실을 범하거든, 정의와 사랑과 상대적인 의무에 관한 법을 범하거든, 이는 우리에게 죄를 범하는 것인데 ─ 그리스도의 제자들이 사려 깊지 못하여 서로 간에 이런 과실을 범하는 예가 자주 있다 ─ 이는 매우 해로운 결과를 낳는다. 이럴 경우 어떻게 처신할지에 대해 무어라 말씀하시는지를 관찰하라.

1. 너와 그 사람과만 상대하여 권고하라. 이 말씀은 레 19:17(너는 네 형제를 마음으로 미워하지 말며)과 비교하여 해명하여야 할 것이다. 이 말씀은 이런 의미다. "네 형제가 네게 어떤 해를 끼쳐서 네가 그에 대해 불쾌한 마음이 있거든, 그런 불쾌감이 은밀한 악의(惡意)로 무르익도록 내버려두지 말고(상처가 났을 때에 속으로 피를 흘리면 지극히 위험스러운 법이다), 온유하고 진지하게 권고함으로써 바깥으로 터뜨리라. 그렇게 하면 곧 불쾌함이 사라질 것이다. 등

뒤에서 그를 대적하여 비난하지 말고, 그를 권고하라. 그가 정말 상당한 잘못을 행했을 경우는 그가 그 사실을 인지하도록 힘쓰되, 너와 그 사람과만 사사로이 상대하여 그렇게 하라. 그가 잘못을 인정하면 더 이상 그를 폭로하지 말라. 그렇게 하면 그를 더욱 격동시키게 되고, 너의 권고가 보복처럼 보이게 되는 것밖에 없을 것이기 때문이다." 이는 잠 25:8, 9의 교훈과 일치한다. "너는 서둘러 나가서 다투지 말고, 그 이웃과 조용히 온화하게 변론만 하라. 그가 만일 들으면 잘된 일이고 네가 네 형제를 얻은 것이요, 논쟁이 그것으로 좋게 종식될 것이다. 그러면 더 이상 그 일에 대해 거론하지 말고, 형제와의 관계가 새로워지게 하라."

2. "만일 듣지 않거든, 만일 그가 자신의 과실을 인정하지 않더라도 실망하지 말고, 한두 사람을 데리고 가서 증인으로 삼고 그와 그 문제에 대해 더 토론을 나누어 보라. 그들은 제삼자들이니 그들의 말은 들을 것이다. 그가 이성적으로 그 문제를 대처한다면, 두세 증인의 입으로 하는 말은 더욱 설득력이 있을 것이며(여러 개의 눈이 한 눈보다 더 많은 것을 본다), 어쩌면 그들과의 토론을 통해서 그가 자기 잘못을 시인하고, 내가 잘못했습니다 라고 말할지도 모른다."

3. "만일 그들의 말도 듣지 않거든, 그들의 설득력 있는 중재 노력이 허사가 되거든, 교회에 말하라. 네가 속한 교회의 목사들과 장로들에게, 혹은 다른 직원들이나 그 교회에서 가장 사려 깊은 사람들에게 알리고 그들에게 네 문제를 소상히 알리라. 세상의 관원에게 탄원하거나 그 사람에게 소환장을 발부하도록 하지 말라." 이는 사도가 충실하게 설명하는 문제다(고전 6장). 거기서 사도는 성도들 앞에가 아니라(1절) 불의한 자들 앞에 고발한 자들을 책망하면서, 세상 일에 관계되는 작은 문제에 대해서 성도들로 하여금 판단하도록 하여야 할 것을 교훈하는 것이다(2, 3절). 본문에서 교회에 말하라고 말씀하는데, 그 교회가 누구를 가리키느냐? 라고 묻는다면, 사도 바울이 거기서 그 문제에 대해 답변해 준다: 너희 가운데 그 형제 간의 일을 판단할 만한 지혜 있는 자가 이같이 하나도 없느냐?(5절). 곧, 회중 가운데서 그런 문제에 대해 올바른 판단을 할 능력이 가장 많다고 여겨지는 자들인 것이다. 그는 역설적으로 말씀한다: "교회에서 경히 여김을 받는 자들을 세우라(한글 개역개정판은 이를 의문문으로 보아, '교회에서 경히 여김을 받는 자들을 세우느냐?'로 번역함). 그보다 더 나은 자가 없을 경우에는 교회원 두 사람 사이에 화합할 수 없는 반목이 생기게 하는 것

보다 차라리 경히 여김을 받는 자들이라도 세우라." 외인(外人)일 뿐 아니라 원수인 자들이 시민 정부의 권력을 쥐고 있는 당시로서는 특히 이 원칙이 매우 중요하였다.

4. "교회의 말도 듣지 않거든, 교회의 권면도 듣지 않고 계속해서 네게 행해온 잘못을 그대로 고집하거든, 이방인과 세리와 같이 여기라. 그를 법에 고발하라. 그러나 언제나 그 일은 최후의 수단으로 시행되어야 한다. 그 문제를 중재하는 모든 수단을 시도한 후에 그래도 해결되지 않으면 그 때에 법정의 재판에 호소하라. 아니면, 그러기를 원하면, 그와의 우정과 교제를 절연할 수도 있다. 보복을 하려 해서는 안 되나, 그와의 모든 교분을 그렇게 절연함으로써 그에게 회개할 기회를 줄 수도 있을 것이다. 그렇게 해서 그가 회복되면 그와의 교제가 보존될 것이나, 그렇게 되지 않으면 그가 너와의 교제를 저버린 것이다." 누가 내게 한 번 속이고 악을 행하면, 그것은 그 사람의 잘못이다. 그러나 그런 일이 두 번 발생하면 그것은 나 자신의 잘못이다.

Ⅱ. 이 본문을, 작은 자들에게는 실족하게 하며, 연약한 자들에게는 나쁜 모범이 되며, 소심한 자들에게는 큰 근심거리가 되는 **수치스러운 죄에다 적용시켜 보자.** 그리스도께서는 형제들의 연약함을 보살필 것을 가르치신 다음, 여기서는 그것을 핑계 삼아 그들의 악함을 묵인하지 말 것을 경계시키시는 것이다. 그리스도께서는 자기를 위하여 세상에 교회를 세우실 의도를 가지시고, 여기서 그 교회의 보존을 위한 조치를 취하시는 것이다. 1. 교회의 순결의 보존. 교회가 출교(黜敎)의 기능을, 생수의 샘처럼 스스로를 깨끗하게 하는 자정(自淨) 능력을 소유하게 하는 것이다. 이는 복음의 그물에 좋은 고기와 나쁜 고기가 함께 잡혀드는 한, 이것은 필수적인 기능이다. 2. 교회의 화평과 질서의 보존. 교회원 각자가 자신의 위치와 임무를 알게 하고, 그리하여 교회의 순결성이 소란스럽지 않고 정상적인 방법으로 보존되도록 하는 것이다. 이제 좀 더 구체적으로 살펴보자.

(1) 이는 어떤 상황을 지칭하는 것인가? 네 형제가 죄를 범하거든. 〔1〕 "죄를 범하는 자가 형제다. 곧, 그리스도인의 교제 가운데 있는 자요, 즉 세례를 받았고, 말씀을 들으며 너와 함께 기도하는 자요, 하나님을 예배하는 일에 너와 함께 하는 자다." 주목하라. 교회의 권징은 교회원을 위한 것이다. 밖에 있는 사람들은 하나님이 심판하시려니와(고전 5:12, 13). 어떤 과실이 우리에게 범해질 때

에, 그 일을 범한 자가 형제라는 것을 기억하는 것이 좋다. 그 일에 대한 조치에서 이 사실이 중요한 조건이 된다. [2] "네 형제가 네게 죄를 범하거든, 그가 그리스도인으로서 네게 해를 입히는 어떤 일을 행하면." 주목하라. 하나님을 향하여 범하는 큰 죄는 하나님의 영광과 존귀를 진정으로 생각하는 그의 백성들에게도 해를 입히는 것이 된다. 그리스도와 신자들은 관심사를 공유하고 있으므로, 그들에 대해 행해진 악행을 그리스도께서는 자신에게 행해진 것으로 여기시며, 그리스도께 행해진 악행을 그들은 자기들에게 행해진 것으로 여길 수밖에 없는 것이다. 주를 비방하는 비방이 내게 미쳤나이다(시 69:9).

(2) 이럴 경우 취해야 할 조치.

[1] 원칙이 제시된다(15-17절). 다음과 같은 방식을 따라 조치하라.

첫째로, "너와 그 사람과만 상대하여 권고하라. 그가 네게 오기까지 그냥 있지 말고, 의사가 환자를 방문하듯이, 또한 목자가 잃어버린 양을 찾아가듯이, 그에게로 가라." 주목하라. 죄인을 돌이켜 회개하게 하는 일에는 아무리 고통을 당해도 개의치 않으리라고 생각하여야 한다. "그의 과실을 그에게 말하고, 그가 행한 일과 그 악함을 생각하게 하고, 그의 가증된 것들을 보여주라." 주목하라. 사람들은 자기들의 과실을 보기를 싫어하므로, 남에게서 들을 필요가 있다. 사실이 분명하고, 과실도 분명하지만, 그것들을 함께 잘 적용시켜 제시해야 한다. 큰 죄들은 양심을 무디게 하고 어리석게 하고 잠잠하게 하는 경우가 많으므로, 그것을 일깨우도록 도움을 줄 필요가 있다. 다윗이 사울의 옷자락을 잘랐을 때에 그의 마음이 사울을 찌른 것이다. 그러나 우리야의 문제에 있어서는 나단이 그에게 나아와서 왕이 바로 그 사람이나이다라고 말하기 전에는 마음에 찔림을 받지 않았다.

"그 사람과만 상대하여 권고하라. 엘렝손 아우톤, 그와 그 문제를 논하되, 감정으로 하지 말고, 이성과 논리로 하라." 어떤 사람이 내게 저지른 과오가 분명하고 크고, 또한 그 당사자와 대화를 나눌 기회가 있고, 이롭기보다 해로울 위험이 별로 없을 경우, 우리는 당사자를 만나 온유함과 신실함으로 그의 과오를 이야기해야 한다. 그리스도인의 책망은 죄인들로 하여금 회개하도록 하기 위한 그리스도의 규례요, 따라서 규례답게 행해야 한다. "너와 상대방과만 상대하여 책망하여, 네가 책망하는 것이 그를 책하기 위함이 아니라 회개하게 하기 위함이라는 것이 드러나도록 하라." 주목하라. 먼저 당사자 자신에게 말하기 전에는 형제의 과오를 다른 이들에게 말하지 않는 것이 그리스도인들 사이에 일상적으로 지켜져야 할 좋은 법칙이다. 우리가 그 사람의 구원을 걱정할 뿐 아니라 그의 명예를 생각하여 단 둘이서만 이야기하는 것임을 알게 되면, 우리에게 과오를 범한 당사자가 회개하게 될 가능성이 많을 것이다.

"만일 들으면", 즉 "책망을 통하여 그가 깨닫게 된다면, 잘된 일이다. 네가 네 형제를 얻은 것이다. 죄와 멸망에서 그를 구원하도록 도운 것이요, 그것으로 위로를 얻게 될 것이다"(약 5:19, 20). 주목하라. 사람의 마음을 변화시키는 것은 그 사람을 얻는 것이니(잠 11:30), 우리는 그것을 우리의 이익으로 여겨 그것을 사모하며, 그것을 위하여 수고하여야 할 것이다. 사람을 잃는 것이 큰 손실이라면, 사람을 얻는 것은 결코 작은 이익이 아닌 것이다.

둘째로, 만일 듣지 않거든 한두 사람을 데리고 가라(16절). 주목하라. 당장 일이 뜻대로 진행되지 않더라도 선히 행하는 일에 지쳐서는 안 된다. "네 말을 듣지 않는다 해서 그것으로 일을 포기하지 말라. '더 이상 그 사람을 상대하는 것이 아무 소용없는 일이다' 라는 식으로 말하지 말고, 계속해서 다른 수단을 강구하라. 완악하여 목이 곧은 자들이라도 자주 책망을 받아야 하며, 스스로 대적하는 자들도 온유함으로 교훈을 받아야 한다." 이런 일에서 우리는 해산하는 수고를 해야 한다(갈 4:19). 큰 산고를 겪은 후에야 아기가 태어나는 법이다.

"한두 사람을 데리고 가라. 1. 네게 협력하기 위하여. 그들이 내가 생각도 하지 못한 설득력 있는 말을 할 수도 있고, 너보다 더 사려 깊게 문제를 잘 처리할 수도 있을 것이다." 주목하라. 그리스도인들은 선을 행하는 일에 도움이 필요하다는 것을 알아야 하고, 서로 도움을 구해야 한다. 다른 일에서는 물론이고, 특히 책망을 하는 일에서 임무가 잘 행해지려면, 반드시 다른 사람의 도움이 필요한 법이다. 2. "그 당사자에게 영향을 주기 위하여. 두세 사람이 증인이 되는 것을 보면 자신의 과오를 겸손하게 인정할 가능성이 더 많아질 것이다"(신 19:15). 주목하라. 자신의 실수가 전반적인 과오가 되고 스캔들이 되는 것을 보면, 그 때야말로 회개하고 자신을 변화시킬 중요한 때임을 생각하여야 한다. 모든 사람이 좋게 말하는 한 선한 사람을 찾기가 매우 힘든 세상이기는 하나, 모든 사람이 나쁘게 말하는 한 선한 사람을 찾기는 더욱더 어려운 법이다. 3. "앞으로 그 문제가 교회 앞에 제시될 때를 대비하여, 그의 행실의 증인으로 삼기 위하여." 충분한 증거로서 입증되기 전에는 그 누구도 교회 앞에서 완악하고 반항적인 자로 탄핵을 받아서는 안 된다.

셋째로, 만일 그들의 말도 듣지 않고, 겸손으로 수긍하려 하지 않거든, 교회에 말하라(17절). 가장 효과 있을 납득의 수단을 사용해도 전혀 마음을 움직이지 않는 목이 곧은 자들이 간혹 있다. 그러나 그런 자들을 구제불능으로 포기하지 말고, 문제를 좀 더 공적으로 드러내고, 더 도움을 요청하라. 주목하라. 1. 언제나 공적인 탄핵에 앞서서 사적인 권면이 시행되어야 한다. 온건한 방법들로 문제가 해결되면, 거칠고 심한 방법은 사용하지 말아야 한다(딛 3:10). 이성적인 대화를 통해서 잘못을 인정하는 자는 부끄러움을 당할 필요가 없다. 하나님의 일을 효과적으로 하되, 할 수 있는 대로 시끄럽지 않게 하여야 한다. 그리스도의 나라는 권능으로 임하지만 사람들이 보게끔 임하지는 않는 것이다. 그러나, 2. 사적인 권면이 소용이 없을 경우는 공적인 탄핵을 시행할 수밖에 없다. 교회는 과실을 당한 자의 탄원을 받고, 공정한 조사를 통하여 확인한 후 과실을 저지른 자의 죄를 책망하고, 둘 사이에 판단을 해야 한다.

교회에 말하라. 이견(異見)을 종식시키고 과실을 제거하기 위하여 그리스도께서 이렇게 정하신 절차 그 자체가, 인간의 마음의 부패성 때문에, 그렇게 논쟁거리가 되고, 이견과 과실을 일으키는 빌미가 된다는 것은 정말로 안타깝기 그지없는 일이다. 여기서 말하는 교회가 과연 무엇인가 하는 것이 큰 문젯거리다. 어떤 이들은 시민 정부의 관리라고 하고, 어떤 이들은 당시에 존재하던 유대인들의 산헤드린이라고 한다. 그러나 그 다음에 이어지는 18절의 논지로 보아, 그리스도께서는 당시 아직 형성되지는 않고 배아(胚芽)의 상태에 있던 그리스도인의 교회를 뜻하시는 것이 분명하다. "교회에 말하라, 즉 과실을 범한 자가 속한 특정한 교회에 말하라. 그 일에 대한 정보를 접수하기로 동의한 그 회중에게 그 문제를 알게 하라. 교회의 지도자들과 치리자들에게, 목사나 목사들에게, 장로나 집사들에게, 혹은 회중의 대표들에게, 혹은 회중의 모든 회원들에게 말하라. 그리하여 그들이 그 문제를 조사하게 하여, 그 탄원이 경솔하고도 사실 무근으로 밝혀지면 탄원자를 책망하고, 정당한 것으로 밝혀지면 과실을 범한 자를 책망하고 회개할 것을 촉구하도록 하라. 이렇게 책망을 받으면 문제가 효과적으로 해결될 가능성이 많다. 왜냐하면" 1. "더욱 위엄 있게 책망이 베풀어지기 때문이요" 또한, 2. "더욱 권위 있게 책망이 베풀어지기 때문이다." 교회로부터, 목사로부터 공적으로 책망을 받는다는 것은 끔찍한 일이다.

그러므로 그리스도와 그의 사신들이 세운 제도를 존중하는 자들은 그것에 더 힘써 복종할 것이다.

넷째로, "교회의 말도 듣지 않거든, 공적인 책망을 받고도 자신의 과오를 부끄러워하거나 그것을 고치지 않거든 그 사람을 이방인과 세리와 같이 여기라. 교회의 교제에서 그 사람을 축출시키고, 특별한 규례들에서 격리시키고, 교회의 회원의 위엄에서 떨어뜨리고, 그에게 치욕을 안겨주며 교회의 회원들에게 그와의 교제를 금하도록 경계하여, 그로 하여금 자신의 죄를 부끄러워하게 하며, 또한 다른 회원들이 그 사람의 죄에 오염되거나 함께 가담하지 않도록 하라." 교회의 질서와 법칙들을 무시하고, 교회에게 부끄러움을 안겨주며, 교회의 존귀와 특권들을 저버리는 자들은 다시 회개하고 교회의 규례에 굴복하며 스스로 다시 교회와 화목되기까지는 옆으로 제쳐두는 것이 정당한 일이다. 그리스도께서는 교회의 존귀를 확증하며, 교회의 순결을 보존시키고, 또한 문제를 일으킨 자들로 하여금 깨우치고 회개하게 하기 위하여 이 방법을 지정하신 것이다. 그러나 관찰하라. 그는 "마귀나 저주받은 자로나 혹은 완전히 구제불능인 자로 여기라"고 하지 않으시고, "이방인과 세리로, 다시 회복되고 받아들여질 가능성이 있는 자로 여기라. 원수로 취급하지 말고, 형제로 그를 권고하라"고 말씀하신 것이다. 간음한 자에 관하여 고린도 교회에 주신 사도의 지침도 여기의 이 법칙과 일치한다. 그런 자를 그들 중에서 쫓아내야 하고, 사탄에게 내주어야 한다(고전 5:2, 5). 만일 그리스도의 나라에서 쫓겨나면, 그 사람은 사탄의 나라에 속한 자로 간주되며, 따라서 그런 자와는 교제를 계속해서는 안 된다(고전 5:11, 13). 그러나 이 일을 통해서 그가 낮아지고 회개하면 다시 그를 교회의 교제 속에 환영하여야 하며, 그렇게 되면 모든 일이 잘 되는 것이다.

〔2〕 이 법칙에 따라 행하는 교회의 모든 조치들에 대한 하나님의 인준이 제시된다(18절). 앞에서 베드로에게 주신 말씀이 여기서 모든 제자들에게, 또한 교회의 모든 신실한 직분자들에게 세상 끝까지 해당되는 것으로 제시된다. 목사들이 그리스도의 말씀을 신실하게 전하고 그가 세우신 규범에 따라 철저히 교회를 치리하면(열쇠를 잘못 돌리지 않으면), 그리스도께서 그들을 인정하시고 그들을 뒷받침하시고, 그들이 하는 말과 행동을 인준하셔서 그 자신이 하시는 말과 행위로 간주하실 것이다. 그는 다음의 사실에서 그들을 인정하신다.

첫째로, 그들의 권징의 선고에서. 무엇이든지 너희가 땅에서 매면 하늘에서도 매일 것이요. 교회의 치리가 그리스도의 규범을 정당하게 따르면, 그리스도의 판단이 교회의 치리를 뒤따를 것이다. 이는 그리스도의 영적인 판단으로서 내어쫓긴 유대인들에게 임한 것 같은 것으로, 모든 판단 중에서 가장 혹독한 것이요, 혼미한 심령이 그것이다(롬 11:8). 그리스도께서는 그의 규례들이 짓밟히도록 내버려두지 않으실 것이나, 교회가 완악한 범법자들에게 내리는 의로운 선고들에 대해 아멘으로 화답하실 것이다. 교만하게 조롱하는 자들이 교회의 치리를 아무리 가볍게 취급한다 해도, 하늘의 법정에서도 그것이 인정되며 또한 그들에 대해서 이미 판단이 베풀어졌기 때문에 그 법정에 호소해도 소용이 없다는 것을 알아야 한다. 의인의 회중으로부터 내어쫓기는 자들은 그 큰 날에 그 회중에 들지 못할 것이다(시 1:5). 그리스도께서는 교회가 정당하게 사탄에게 내어준 자들을 그의 것으로 인정하지도 않으시고 그에게 받아들이지도 않으실 것이다. 그러나 교회가 오류와 질투로 인하여 정당하지 못하게 치리를 행할 경우, 그리스도께서는 그렇게 내어쫓긴 자들을 은혜로 찾으실 것이다(요 9:34, 35).

둘째로, 그들의 징계 해제의 선고에서. 무엇이든지 땅에서 풀면 하늘에서도 풀리리라. 주목하라. 1. 죄인이 회개하고 행실이 변화되면 그들에 대한 징계가 해제될 수 있고, 또한 반드시 해제되어야 한다. 징계가 그 목적을 이루었으니 이제 형벌이 그것으로 족한 것이요, 과오를 범한 자가 용서받고 위로를 얻어야 마땅하다(고후 2:6). 지옥과 하늘 사이의 간격 이외에는 메우지 못할 간격이 없는 것이다. 2. 회개한 후 다시 교회의 교제가 회복된 자들은, 마음이 하나님과 함께 올바르면 다시 하늘에서 해제될 위로를 얻을 수 있다. 징계가 완악한 자들에게 두려움이 되듯이, 해제는 회개하는 자에게 위로가 된다. 사도 바울은, 너희가 무슨 일에든지 누구를 용서하면 나도 그리하리라(고후 2:10)고 하는데, 이는 그리스도의 심정으로 하는 말씀이다.

그리스도께서 친히 낮추사 교회의 선고들을 아실 뿐 아니라 그것들을 인준하시니, 이는 그리스도께서 교회에게 크나큰 존귀를 베푸시는 것이다. 다음의 절들에서 이에 대한 두 가지 근거가 제시된다.

(1) 하나님께서 교회의 기도들을 기꺼이 들으심. 너희 중의 두 사람이 땅에서 합심하여 무엇이든지 구하면 하늘에 계신 내 아버지께서 그들을 위하여 이루게 하시리라(19절). 이를 적용하라.

〔1〕 일반적으로, 야곱의 자손의 신실한 기도의 모든 요구들에 적용하라. 그들이 하나님의 얼굴을 찾는 것이 헛되지 않을 것이다. 성경에서 믿음의 기도들에 대한 은혜로운 응답의 약속들이 많이 나타나는데, 이는 특별히 합심 기도를 격려해준다. "너희 두 사람이 합심하여 아뢰는 요구를 들어주실 것이니, 여러 사람이 합심하여 아뢰면 더 들으실 것이다." 하늘의 법은 결코 간구하는 자들의 숫자에 제한이 없다. 주목하라. 그리스도께서는 신실한 자들의 합심 기도와 그들이 하나님께 아뢰는 공동의 간구들에 대해 존귀를 베푸시며 특별한 효능을 허용하기를 기뻐하셨다. 그들이 마음을 합하여 기도하면, 그들이 함께 모여 은혜의 보좌 앞에 나아가 특별한 간구를 드리면, 혹은, 서로 멀리 떨어져서도 구체적인 기도의 제목으로 함께 기도하면, 하나님께서 속히 들으실 것이다. 하나님께서는 성도들의 기도들을 일반적으로 돌아보시지만, 그 이외에도 그는 성도들이 함께 연합하여 한마음으로 하는 기도를 기뻐하시는 것이다(대하 5:13; 행 4:31을 보라).

〔2〕 구체적으로, 매고 푸는 일에 관하여 하나님께 아뢰는 간구들에 적용하라. 본문은 특히 매고 푸는 일에 관한 이 약속을 지칭하는 것 같다. 관찰하라. **첫째로,** 교회의 징계권이 여기서 한 사람의 손에 주어지는 것이 아니며, 최소한 두 사람이 그 일에 관여하는 것이다. 고린도 교회에서 간음한 자의 문제를 처리할 때에 교회가 함께 모였고(고전 5:4), 많은 사람이 형벌을 가하였다(고후 2:6). 그런 중요한 사안에 있어서는 둘이 하나보다 낫고, 의논 상대가 많으면 안전한 법이다. **둘째로,** 교회의 징계 절차를 시행하는 자들이 그 일에 한마음이 되는 것이 좋은 일이다. 과오를 제거하는 임무를 맡은 자들이 서로 의견이 맞지 않아서 갈등을 일으키면 그것이야말로 가장 큰 과오가 될 것이다. **셋째로,** 교회의 징계는 반드시 기도와 함께 진행되어야 한다. 먼저 하나님께 믿음으로 인정해 주시기를 구하지 않고서는, 그 어떠한 선고도 내려서는 안 된다. 앞에서 언급된 매고 푸는 일(16:19)은 설교를 통해서 이루어졌으나, 여기서는 기도로 이루어지는 것이다. 그러므로 복음 사역자들의 권한 전부가 결국 말씀과 기도로 귀결되며, 사역자들은 전적으로 그 일에 자신을 드려야 한다. 그리스도께서는 "만일 너희가 선고에 동의하고 그 일을 공포하면 그대로 이루어지리라"고 하시지 않고(마치 목사들이 재판관이요 주이기라도 한 것처럼), "만일 너희가 마음을 합하여 하나님께 그 일을 아뢰면, 그에게서 그것을 얻으

리라"고 말씀하신다. 죄인의 회심을 위한 우리의 모든 수고에 기도가 항상 병행되어야 하는 것이다(약 5:16). **넷째로,** 하나님의 교회가 행한 정당한 징계를 인정해 주시기 위하여 한 마음으로 드리는 간구를 하나님이 들으시고 응답하신다. "이루게 하시리라. 하늘에서도 매이고 풀리리라. 너희가 아뢰는 간구들을 하나님께서 인가하시리라." 그리스도께서(그는 여기서 권위를 지니신 분으로서 말씀하신다) "이루게 하시리라"고 말씀하시면, 비록 우리가 찾는 식으로 효과가 눈에 보이지 않더라도 그 일이 이루어진다는 것을 확신해도 되는 것이다. 우리가 하나님과 우리를 거스르는 자들을 위하여 기도할 때에, 하나님께서는 특별히 그런 기도를 들으신다. 욥이 자기 자신을 위해서가 아니라 그를 거스른 친구들을 위하여 기도할 때에, 여호와께서 욥의 곤경을 돌이키셨다.

(2) 그리스도께서 그리스도인들의 모임 가운데 임재하심(20절). 각 신자마다 그리스도께서 임재하신다. 그러나 여기 주어진 약속은 두세 사람이 그리스도의 이름으로 모이는 모임을 ― 징계를 위한 모임은 물론, 예배나 그리스도인의 교제를 위한 모임까지도 ― 지칭하는 것이다. 이로써 거룩한 목적을 위한 그리스도인의 집회들을 지정하시고, 지시하시고, 격려하시는 것이다.

〔1〕 이로써 집회들을 지정하신다. 그리스도의 교회는 세상에서 신앙적인 집회들로서 가장 눈에 띄게 존재한다. 하나님께 영광을 돌리며 사람들을 강건하게 세우고, 세상에서 신앙의 면모를 보존하도록 하기 위하여 이 집회들을 세우고 지속시키는 것이 그리스도의 뜻이다. 하나님께서는 기도를 특별히 들으시기로 의도하실 때에, 엄숙한 집회를 소집하신다(욜 2:15, 16). 수많은 사람이 모이는 큰 집회를 위한 자유와 기회가 없을 때에라도, 두세 사람이 모여서 그들의 선한 뜻을 드러내 보이는 것이 하나님의 뜻인 것이다. 주목하라. 신앙적으로 하고 싶은 일을 할 수 없을 때에라도 할 수 있는 일을 해야 하며, 하나님께서는 그 때에 우리를 받으실 것이다.

〔2〕 이로써 성도들에게 그리스도의 이름으로 함께 모일 것을 지시하신다. 교회의 징계를 시행할 때에는 반드시 그리스도의 이름으로 함께 모여야 한다(고전 5:4). 그 이름이 그들이 땅에서 행하는 일에 권위를 부여하며 또한 하늘에서 그 일이 받아들여지도록 하는 것이다. 예배 모임에서 우리는 그리스도를 바라보아야 하며, 그리스도와의 관계의 증표로 그리스도의 권위와 그의 지명하심에 의지하여 함께 모여서, 그에 대한 믿음을 고백하며, 그의 이름을 부르는

각처의 성도들과 하나된 교제 가운데 있어야 하는 것이다. 우리가 함께 모일 때에, 성령과 또한 우리를 도우시는 중보자이신 그리스도의 은혜에 의지하며, 또한 우리를 받으시게 하는 중보자이신 그의 공로와 의를 의지하며, 실질적으로 그를 아버지께 나아가는 길이시요 또한 아버지 앞에 계시는 우리의 대언자로 바라보면, 이것이야말로 우리가 그리스도의 이름으로 모이는 것이 되는 것이다.

〔3〕 이로써 그리스도께서 임재하심을 확신하도록 격려하신다. 나도 그들 중에 있느니라. 그는 하나님으로서 모든 곳에 공통으로 임재하신다. 그러나 이것은 그의 특별하신 임재에 대한 약속이다. 그의 성도들이 있는 곳에 그의 성소가 있으며, 그가 거기에 거하신다. 그 곳이 그의 쉴 곳이요(시 132:14), 그 곳에서 그가 거니시는 것이다(계 2:1). 태양이 우주의 한가운데에 있는 것처럼, 그가 그들 가운데 계셔서, 그들에게 힘을 주시고 강건하게 하시며, 새롭게 하시고 위로를 주시는 것이다. 그가 그들 중에 계신다. 즉 그들의 마음속에 계신다. 여기서 뜻하는 임재란 영적인 임재요, 그리스도의 영이 그들의 영과 더불어 임재하는 것이다. 나도 그들 중에 있느니라. 그리스도께서 장차 그들 중에 계실 것임은 물론, 현재 그들 중에 계신다는 것이다. 이를테면, 그가 먼저 오셔서 그들 앞에서 대기 중이신데, 그들이 거기서 그를 발견하게 될 것이라는 뜻이다. 그는 후에 제자들을 떠나시면서도 이 약속을 반복하신다. 볼지어다 내가 세상 끝날까지 너희와 항상 함께 있으리라(28:20). 주목하라. 그리스도인들의 모임에 그리스도께서 임재하실 것이 약속되고 있으므로, 믿음으로 그것을 간구하며 또한 그것을 의지할 수 있다. 나도 그들 중에 있느니라. 이것은 쉐키나, 즉 구약의 성막과 성전에 계시는 하나님의 특별한 임재하심과 동등한 것이다(출 40:34; 대하 5:14).

겨우 두세 사람밖에 모이지 않는다 해도, 그리스도께서 그들 중에 계신다. 이는 몇 사람이 모이는 모임에 큰 격려가 된다. 첫째로, 몇 사람이 선택적으로 모일 경우에 격려가 된다. 개개인이 드리는 은밀한 예배와 온 회중이 함께 모이는 공적인 예배 이외에도, 간혹 두세 사람이 함께 모여 서로 도움을 얻고 함께 기도로 협력하는 경우가 있을 수 있는데, 거기에 그리스도께서 임재하신다는 것이다. 혹은 둘째로, 몇 사람밖에는 모일 수 없는 사정 때문에 하는 수 없이 몇 사람이 모일 경우에도 격려가 된다. 두세 사람밖에는 모일 사람이 없거나, 아니면 모이고 싶어도 유대인이 두려워 감히 모이지 못하는 경우에도, 그리스도께서 그들 중에 계신다. 그리스도께서 임재를 위하여 보시는 것이 예배자들의 많은 숫자가 아니라 그들의 믿음과 진지한 헌신이기 때문이다. 그러므로 모일 수 있는 최소의 숫자인 두세 사람만 있어도 그리스도께서 그들 중에 계시면 그것이 가장 중요한 것이요, 따라서 그들의 모임은 이삼 천 명이 모이는 집회에 못지않게 존귀한 모임이 되는 것이다.

[21]그 때에 베드로가 나아와 이르되 주여 형제가 내게 죄를 범하면 몇 번이나 용서하여 주리이까 일곱 번까지 하오리이까 [22]예수께서 이르시되 네게 이르노니 일곱 번뿐 아니라 일곱 번을 일흔 번까지라도 할지니라 [23]그러므로 천국은 그 종들과 결산하려 하던 어떤 임금과 같으니 [24]결산할 때에 만 달란트 빚진 자 하나를 데려오매 [25]갚을 것이 없는지라 주인이 명하여 그 몸과 아내와 자식들과 모든 소유를 다 팔아 갚게 하라 하니 [26]그 종이 엎드려 절하며 이르되 내게 참으소서 다 갚으리이다 하거늘 [27]그 종의 주인이 불쌍히 여겨 놓아 보내며 그 빚을 탕감하여 주었더니 [28]그 종이 나가서 자기에게 백 데나리온 빚진 동료 한 사람을 만나 붙들어 목을 잡고 이르되 빚을 갚으라 하매 [29]그 동료가 엎드려 간구하여 이르되 나에게 참아 주소서 갚으리이다 하되 [30]허락하지 아니하고 이에 가서 그가 빚을 갚도록 옥에 가두거늘 [31]그 동료들이 그것을 보고 몹시 딱하게 여겨 주인에게 가서 그 일을 다 알리니 [32]이에 주인이 그를 불러다가 말하되 악한 종아 네가 빌기에 내가 네 빚을 전부 탕감하여 주었거늘 [33]내가 너를 불쌍히 여김과 같이 너도 네 동료를 불쌍히 여김이 마땅하지 아니하냐 하고 [34]주인이 노하여 그 빚을 다 갚도록 그를 옥졸들에게 넘기니라 [35]너희가 각각 마음으로부터 형제를 용서하지 아니하면 나의 하늘 아버지께서도 너희에게 이와 같이 하시리라

이 부분의 강론은 분명 우리 자신이 용서할 권한을 지닌 개인적으로 범한 오류에 대한 것으로 이해해야 한다. 여기서 관찰하라.

I. 이 문제에 대한 베드로의 질문. 주여 형제가 내게 죄를 범하면 몇 번이나 용서하여 주리이까? 일곱 번까지 용서하면 족하겠나이까?(21절).

1. 그는 반드시 용서해야 한다는 사실을 당연한 일로 여긴다. 그리스도께서는 전에 이미 제자들에게 이 교훈을 주신 바 있었고(6:14), 베드로는 그것을

잊지 않고 있었다. 형제에 대해서 투정을 부리지도 말고 복수를 생각하지도 말고 언제나 그랬듯이 좋은 친구로 여기고, 자신이 받은 해(害)는 잊어버려야 한다는 것을 베드로는 잘 알고 있다.

2. 그는 일곱 번까지 용서하는 것을 큰 일로 생각하고 있다. 그의 말은 그리스도의 말씀처럼 하루에 일곱 번이 아니라(눅 17:4), 평생에 일곱 번을 뜻한다. 즉 어떤 사람이 그에게 일곱 번 잘못을 범하였으면, 그 사람이 화해하기를 아무리 바라더라도 그와의 교제를 단절하고 더 이상 그와 관계하지 않아도 무방한 것으로 생각하는 것이다. 어쩌면 베드로는 대저 의인은 일곱 번 넘어질지라도 다시 일어나리라라는 잠 24:16의 말씀이나 혹은 하나님께서 서너 가지 범죄를 지나치지 않으신다는 말씀(암 2:1)을 염두에 두었는지도 모른다. 주목하라. 우리의 부패한 본성에는 선한 일에 인색하며, 신앙적인 문제에 지나치게 몰두하지 않을까 염려하며, 우리 자신은 그렇게도 많이 용서하면서도 다른 사람들에 대해서는 너무 지나치게 용서하는 것이 아닐까 염려하는 경향이 있다.

Ⅱ. 베드로의 질문에 대한 그리스도의 직설적인 답변. 네게 이르노니 일곱 번뿐 아니라(그는 절대로 용서의 한계를 제시할 의도가 없으셨다) 일곱 번을 일흔 번까지라도 할지니라. 큰 숫자를 언급하심으로써 무제한적인 용서를 제시하시는 것이다. 주목하라. 형제들이 우리에게 행한 과실의 횟수를 계속 세고 있는 것은 별로 좋은 일이 아니다. 우리가 용서하는 과실의 횟수를 계산해 놓고 있는 것은 나쁜 의도가 있는 것처럼 보인다. 마치 그 양이 다 차면 우리 스스로 복수할 의도를 가지고 있는 것처럼 보이는 것이다. 하나님은 그런 기록을 갖고 계신다(신 32:34). 그는 재판장이시요, 행한 그대로 사람에게 보응하는 것이 그의 하시는 일이기 때문이다. 그러나 우리는 그래서는 안 된다. 그렇게 하면 하나님의 보좌에 기어오르는 것이기 때문이다. 얼마나 자주 해를 당했는지를 따지지 않고 그냥 지나치며, 용서하고 잊는 것이 속으로나 겉으로나 평화를 보존하는 길이다. 하나님께서 거듭거듭 용서하시니(시 78:37, 40), 우리도 마땅히 그래야 한다. 이는 우리가 받은 상해에 대해 용서하기를 습관처럼 해야 하고, 또한 그것이 습관처럼 될 때까지 우리 자신을 그 일에 적응시켜야 한다는 것을 시사한다.

Ⅲ. 우리에게 행해진 상해를 용서하는 것이 필수적인 일임을 보여주기 위하여 주께서 비유를 사용하여 행하시는 강론. 비유들은 그리스도인의 의무들

을 강조하는 데에도 효용이 있다. 비유는 깊은 감동을 남겨주기 때문이다. 이 비유는 주기도의 다섯째 간구 ― 즉 우리가 우리에게 죄 지은 자를 사하여 준 것 같이 우리 죄를 사하여 주옵시고 ― 에 대한 하나의 주석이다. 형제들의 허물을 용서하는 자들이, 오로지 그런 자들만이 하나님께 용서받기를 기대할 수 있는 법이다. 이 비유는 천국을, 즉 교회와 또한 복음의 경륜의 시행을 나타내는 것이다. 교회는 하나님의 권속이요 그의 뜰이다. 거기에 그가 거하시고, 거기서 그가 다스리신다. 하나님은 우리의 주인이시요, 우리는 그의 종들이다. 최소한 의무로 따지면 그렇다. 일반적으로 이 비유는 이 땅의 하나님의 권속들이 얼마나 하나님을 진노하시게 하며, 또한 그의 종들이 얼마나 종답지 못한지를 시사해준다.

이 비유에서 세 가지가 드러난다.

1. 임금이 그에게 빚진 종에게 놀라운 은혜를 베풀어 줌. 그는 그 종을 향한 순전한 자비로 그에게 일만 달란트의 빚을 탕감해 주었다(23-27절). 여기서 관찰하라.

(1) 우리가 범하는 죄 하나하나가 모두 하나님께 지는 빚이다. 물건을 사거나 돈을 빌림으로써 동등한 자에게 지는 빚이 아니라, 높은 상전에게 지는 빚이다. 보석금이 몰수되거나, 법을 위반하여 벌금을 납부해야 할 처지가 됨으로써 왕에게 지는 빚과도 같고, 종이 봉사를 제대로 하지 않거나, 주인의 재물을 낭비하거나, 봉사의 약속을 깨뜨림으로써 형벌을 초래하여 주인에게 지는 빚과도 같다. 우리는 모두 빚진 자들이요, 보상할 의무를 지고 있고, 따라서 법의 조치를 당할 처지에 있는 것이다.

(2) 이 빚들을 기록해 놓은 장부가 있으며, 우리는 머지않아 그것들에 대해서 결산을 해야 한다. 이 임금은 그 종들과 결산하려 하였다. 하나님은 지금 우리의 양심을 통해서 우리와 결산하신다. 양심은 심령 속에서 하나님을 위하여 일하는 감사관으로서, 우리에게 결산할 것을 촉구하며 또한 우리와 결산을 한다. 각성한 그리스도인이 양심에게 묻는 첫 질문 중의 하나는, 네가 내 주인에게 얼마나 빚졌느냐? 하는 것이다(눅 16:5). 뇌물을 받지 않은 이상, 양심은 진실을 말할 것이며 백을 오십이라 쓰는 따위의 일은 하지 않을 것이다. 그러나 결산을 위한 또 다른 날이 올 것인데, 이 날에는 이 장부들이 낱낱이 검토되어 통과되든지 기각되든지 할 것이요, 그리스도의 피 이외에는 그 어떤 것으로도 장부

가 통과되지 못할 것이다.

(3) 죄의 빚은 매우 큰 빚이다. 죄 때문에 짓는 빚이 사람들마다 각기 다르다. 임금이 결산할 때에, 첫 번째 종은 일만 달란트의 빚을 진 것으로 드러났다. 하나님의 정의의 심문 앞에서는 그 어떠한 것도 피해갈 수 없다. 여러분의 죄가 반드시 여러분의 진실을 드러내고 말 것이다. 그 빚은 일만 달란트였는데, 이는 영국의 화폐 가치로 환산해 보면 1,875,000 파운드에 해당하는 어마어마한 금액이다. 종의 빚이라기보다는 임금의 속량금 혹은 한 나라의 보상금에 더 어울린다. 우리의 죄의 상태가 어떤지를 보라. 〔1〕 그 본질이 사악하다. 그것은 달란트로서, 돈이나 무게를 환산하는 데 사용된 최고의 단위다. 죄는 하나하나가 다 달란트 덩어리다. 우리는 하나님의 은혜를 맡은 청지기들이요 우리에게 베풀어지는 신뢰 하나하나가 모두 달란트요(25:15), 금 달란트다. 그러므로 신뢰를 묻어두고 낭비하면, 그만큼 우리가 달란트를 빚지는 것이요, 우리의 부채 장부의 금액이 그만큼 올라가는 것이다. 〔2〕 그 숫자가 어마어마하다. 일만 달란트요, 무수하며, 우리의 머리카락보다도 많다(시 40:12). 자기 허물의 숫자가 얼마나 많으며, 얼마나 자주 허물을 범하는지를 능히 깨달을 자 누구리요?(시 19:12).

(4) 죄의 빚은 너무나 커서 도저히 우리가 갚을 수가 없다. 갚을 것이 없는지라. 죄인들은 파산한 채무자들이다. 성경은 모든 사람이 죄 아래 있다고 결론 짓는 것으로, 우리 모두를 향한 파산 선고장이다. 은과 금으로는 우리의 빚을 갚을 길이 없다(시 49:6, 7). 희생 제사와 헌물로도 갚을 수가 없다. 우리의 선행들은 하나님께서 우리 속에서 행하시는 일 이외에 아무것도 아니므로, 그것으로도 보상할 수가 없다. 우리는 힘이 없고 완전히 속수무책인 것이다.

(5) 만일 하나님께서 철저한 정의로 우리를 대하시면, 우리는 파산한 채무자들로서 정죄를 받을 수밖에 없고, 우리를 완전히 멸망시키사 그 자신을 영화롭게 하심으로써 그 빚을 보상받으실 수 있는 것이다. 정의는 보상을 요구하기 때문이다. 법의 선고대로 시행하라. 그 종은 낭비하여 고의로 그 빚을 졌고, 그러므로 당연히 그 빚을 갚아야 하는 것이다. 주인이 명하여 그 몸을 노예선에 노예로 팔고 아내와 자식들과 모든 소유를 다 팔아 갚게 하라 하니. 여기서 죄 하나하나가 받아 마땅한 비참한 처지를 보게 된다. 이것이 바로 죄의 삯이다. 〔1〕 자신을 파는 것. 악을 행하려고 자신을 파는 자들은 반드시 팔려서 보상을 해야

한다. 죄에 사로잡힌 자들은 진노에 사로잡힌 자들이다. 노예로 팔리는 자는 모든 위로거리를 다 빼앗기며, 목숨밖에는 남는 것이 없고, 그리하여 자신의 비참한 처지를 지각하게 된다. 이것이 정죄받은 죄인의 처지인 것이다. 〔2〕 그렇게 자신을 팔아서 빚을 갚고자 한다. 즉 빚을 보상하고자 무슨 일을 행하려 한다. 그러나 그렇게 무가치한 자를 팔아서 그렇게 큰 빚을 갚는다는 것은 불가능한 일이다. 죄인이 정죄받음으로써 영원토록 하나님의 정의를 보상하는 과정 속에 있으나 그 정의는 절대로 보상되지 않는 것이다.

(6) 죄를 깨달은 죄인은 하나님 앞에서 자신을 낮추고 자비를 구하지 않을 수가 없다. 그 종이, 이런 절박한 처지에서, 임금의 발 아래 엎드려 절하였다. 혹은 몇몇 사본들의 읽기처럼, 간청하였다. 그의 언사는 매우 공손하였고, 또한 매우 간절하였다. 내게 참으소서 다 갚으리이다(26절). 그 종은 전부터 이미 자신이 그렇게 큰 빚을 지고 있다는 것을 알았으나 지금껏 그것에 대해 관심이 없다가, 결산을 할 때가 되니 이렇게 절박한 상황을 깨닫게 된 것이다. 죄인들은 보통 자기들의 죄를 용서받는 일에 대해 무관심하다. 무언가 각성을 주는 말씀이나 깜짝 놀라게 만드는 섭리나, 임박한 죽음 등에 사로잡히고서야 비로소 내가 무엇을 가지고 여호와 앞에 나아갈까?(미 6:6) 하는 생각이 드는 것이다. 하나님께서 교만하기 그지없는 죄인을 그의 발 아래 꿇어앉히는 일이 얼마나 쉬운지 모른다. 아합은 베옷을 입었고, 므낫세는 간구하였고, 바로는 고백하였고, 유다는 보응을 받았고, 마술사 시몬은 간청하였고, 벨사살과 벨릭스는 두려워 떨었다. 하나님께서 죄를 그 앞에 펼쳐놓으실 때에, 아무리 완강한 사람도 가슴이 무너져 내리는 것이다. 이 종은 빚을 부인하지도, 회피하려 하지도, 도망하려 하지도 않는다. 그 대신,

〔1〕 시간을 달라고 청한다. 내게 참으소서. 참고 견뎌주는 것도 큰 호의이지만, 이것만으로 우리가 구원받으리라 생각하는 것은 어리석은 일이다. 연기(延期)와 사면(赦免)은 다른 것이다. 하나님께서 참아주셔도 그것으로 회개에 이르지 않는 자들이 많은데(롬 2:4), 이들에게는 하나님께서 그들을 참아주신 사실이 결코 호의가 될 수 없는 것이다.

〔2〕 갚을 것을 약속한다. 잠시만 내게 참으소서 다 갚으리이다. 주목하라. 정죄 아래 있는 자들 중에 자기들이 하나님께 범한 잘못에 대해 보상할 수 있다고 생각하는 자들이 많은데, 이는 정말 어리석은 생각이다. 그런 자들은 자기가

범한 허물을 위하여 맏아들을 드리면(미 6:7) 빚을 탕감받고 파산 문제를 해결할 수 있다고 생각하는 자요, 자기 의를 세우려고 힘쓰는 자들이다(롬 10:3). 갚을 것이 없는 자는(25절) 마치 자기가 갚을 능력이 있는 것처럼 상상한다. 심지어 죄를 깨달은 사람에게도 교만이 얼마나 지독하게 작용하는지를 보라. 납득은 하지만, 자신을 낮추지는 않는 것이다.

(7) 자비가 무한하신 하나님은 순전한 자비로, 그의 앞에서 자기를 낮추는 자들의 죄를 사하실 준비를 갖추고 계신다(27절). 그 종의 주인이 그를 망하게 하셨어도 얼마든지 정의로운 그런 상황에서 자비로 그를 놓아주셨다. 빚을 갚는 것으로 보상을 받으실 수 없으니, 그것을 사하심으로써 영광을 받고자 하신 것이다. 그 종의 간구는 내게 참으소서였다. 그러나 주인의 응답은 빚을 완전히 탕감하는 것이었다. 주목하라.

〔1〕 죄 사함은 하나님의 자비하심과 그의 부드러운 긍휼 덕분에 얻어지는 것이다. 이는 우리 하나님의 긍휼로 인함이라(눅 1:77, 78). 하나님이 긍휼을 베푸시는 까닭은 그 자신 속에 있다. 그가 긍휼을 베푸시는 것은 그가 긍휼을 베푸시기 때문이다. 하나님께서는 인류 전체가 비참한 상태에 있는 것에 대해 불쌍히 여기셨고, 그리하여 그들을 위한 속량물로 그의 아들을 보내셨다. 그는 회개하는 자들을 불쌍히 여기신다. 그들의 비참함을 아시고 그의 사랑하시는 자 안에서 그들을 받으시기 때문이다.

〔2〕 아무리 큰 죄라도 회개하면 하나님께서 용서하신다. 그는 그런 어마어마한 빚을 다 탕감하여 주셨다(27절). 우리 죄가 아무리 많고 아무리 악하다 할지라도, 복음의 조건에 따라서 사하심을 얻을 수 있는 것이다.

〔3〕 빚을 탕감해주는 것은 곧 빚진 자를 놓아주는 것이다. 놓아 보내며. 의무가 취소되고, 심판이 면제된다. 우리 죄가 사함받기까지는 절대로 자유로이 행하지 못하는 것이다. 그러나 관찰하라. 임금은 그 종을 빚진 자로서 당할 형벌은 면제해 주셨으나, 종으로서 행할 의무는 면제해 주지 않으셨다. 죄 사함을 받았다고 해서 우리의 순종의 의무가 느슨해지는 것이 아니고 오히려 강화되는 것이다. 하나님께서 우리처럼 쓸모 없는 종들을 그의 고귀한 일에 사용해오신 것이야말로 큰 은혜임을 알아야 할 것이다. 여호와여 나는 진실로 주의 종이라 주께서 나의 결박을 푸셨나이다(시 116:16).

2. 그 종이 임금의 은혜를 받고서도 다른 동료 종에게 무자비하게 가혹하게 대함(28-30절). 자기 소유가 아닌 것을 요구하는 것이 아니니 불의한 것은 아니나, 비록 자기 것이라 하더라도 무자비하게 가혹하게 요구하여 정의를 실현하려 하면, 이는 그릇된 것이요 죄악된 것이다. 주장을 극단에까지 밀어붙이면 그것이 그릇된 것이 된다. 진정한 보상을 위하여나 공공의 선을 위해서가 아니라, 순전히 복수를 위하여, 공포를 조장하기 위하여, 빛을 정확히 보상받고자 하는 것은, 법이 허용한다 할지라도, 그리스도인의 자세는 아니다. 빛진 자가 갚을 능력이 없는데 빛 때문에 소송을 제기하여 그 빛진 자를 감옥에서 망하게 하는 것은 돈을 사랑하는 탐욕을 드러내는 것이요, 우리가 마땅히 가져야 할 이웃에 대한 사랑이 없음을 드러내는 것이다(느 5:7). 여기서 다음과 같은 점들을 보라.

(1) 그 종이 탕감받은 일만 달란트에 비하여 다른 동료 종의 빛이 얼마나 작았는가. 그는 백 데나리온의 빛을 졌는데, 이는 영국의 가치로 환산하면 3.5 파운드에 해당되는 작은 돈이다. 주목하라. 사람들에게 저지른 과오는 하나님께 저지른 것에 비하면 아무것도 아니다. 우리 같은 사람들에게 저지른 불명예는 데나리온이나 티 정도밖에 안 되나, 하나님께 저지른 불명예는 달란트요, 들보요 약대와도 같은 것이다. 하나님께 저지른 죄가 아니라 사람에게 저지른 것이므로 이웃에게 잘못을 저지르는 것을 가볍게 여겨도 무방하다는 것이 아니라, 이웃이 우리에게 저지른 잘못을 가볍게 여기고, 그것을 확대시키거나 복수를 꾀해서는 안 된다는 것이다. 다윗은 자신에게 저질러진 무례에 대해 전혀 개의치 않았다. 나는 못 듣는 자 같이 듣지 아니하였다(시 38:13). 그러나 하나님께 대해 저지른 죄들에 대해서는 크게 마음을 썼다. 그 죄들에 대해서 눈물을 강처럼 흘렸다.

(2) 그의 요구가 얼마나 가혹했는가. 붙들어 목을 잡고. 교만하고 화난 사람들은, 자기들이 요구하는 것이 정당하다면 그 요구하는 자세가 잔인하고 무정하다 해도 상관 없다는 식으로 생각한다. 그러나 이는 결코 정당한 것이 아니다. 이런 폭력이 대체 무슨 필요가 있단 말인가? 빛진 사람의 목을 잡지 않고도, 집달리를 시켜서 강제 집행시키지 않아도, 얼마든지 빛 갚을 것을 요구할 수도 있었다. 이 사람의 행위가 얼마나 당당하며, 그러면서도 이 사람의 자세가 얼마나 비열하고 비굴한가! 만일 그 자신이 임금께 진 빛 때문에 감옥에 들

어갔다면, 그의 처지가 너무도 절박하였을 것이고, 그러니 자기의 빚을 상환시키는 데에 이렇게 극단적인 수단을 사용하는 것이 당연하게 여겨졌을지도 모른다. 그러나 교만과 악의가 지배하여 사람이, 지극히 절박할 때에 어쩔 수 없이 행하게 되는 것보다 훨씬 더 가혹하게 만드는 경우가 비일비재한 것이다.

(3) 그에게 빚진 동료 종이 얼마나 복종적인 자세를 보였는가. 그 동료가, 그와 동등하지만 자신이 그의 자비를 구할 처지임을 알고서 엎드려 간구하였고, 이 하찮은 빚 때문에 자신을 낮추었다. 그가 큰 빚을 진 것 때문에 임금에게 엎드려 간구했던 것처럼, 그의 동료도 그에게 그렇게 한 것이다. 빚진 자는 채주의 종이 되느니라(잠 22:7). 주목하라. 빚을 갚지 못하는 자들은 채권자를 매우 공대해야 하며 말도 높여서 해야 하고, 할 수 있는 최고의 대접을 해야 한다. 자기의 권리를 주장하는 자들에게 화를 내서도 안 되고 말을 나쁘게 해서도 안 되며, 하나님께서 그들의 주장에 대해 역사하시도록 그에게 맡겨야 한다. 그 빚진 동료는 나에게 참아 주소서 라고 간청하였다. 그는 자기가 빚진 것을 증명하라고 채주에게 따지지 않고, 정직하게 자신의 빚진 것을 고백하며, 다만 시간을 달라고 간청하는 것이다. 주목하라. 참아 주는 것은 탕감해 주는 것은 아니나, 때로는 정말로 필요하고 바람직한 자비가 되기도 한다. 우리의 요구를 주장하는 데에 가혹해서두 안 되지만, 서둘러서도 안 된다. 하나님께서 얼마나 오랫동안 우리를 참으시는가를 생각해야 한다.

(4) 그 채주가 얼마나 무자비하고 냉혹했는가. 허락하지 아니하고, 그의 정당한 약속을 들으려 하지 않고 무자비하게 그를 옥에 가두거늘(30절). 자기에 못지않게 선한 그가 자기에게 굴복하는데, 그는 무자비하게 그를 짓밟아 버린 것이다! 자기에게 아무런 유익도 없는데도, 자기에게 아무런 해를 가하지도 않은 자를 그렇게 잔인하게 대한 것이다. 삼키고 파괴하는 것 외에 아무것에서도 만족을 얻지 못하며(삼하 20:19), 가련한 채무자들의 뼈를 갉아야 직성이 풀리는 그런 무정한 채주들이 많은데, 그들은 여기서 마치 거울로 보듯 자신들의 모습을 볼 것이다.

(5) 다른 동료 종들이 얼마나 염려했는가. 몹시 딱하게 여겨(31절). 그들은 채주의 잔인함에 분노하였고, 그 빚진 자가 당한 재난에 대해 안타까워하였다. 주목하라. 동료된 종들의 죄와 고난이 우리에게 염려와 걱정의 문제로 다가와야 한다. 형제 중 하나가 스스로 잔인하고도 야만적인 행위로 먹이를 잡아먹는

맹수가 되거나, 또는 권력을 지닌 자들에게 노예처럼 비인간적인 대우를 받는 일은 정말 안타까운 일이다. 동료된 종이 곰처럼 날뛰거나 혹은 벌레처럼 짓밟히는 것을 본다는 것은, 그들의 신앙의 본질이 존귀하게 드러나기를 간절히 바라는 모든 사람들에게는 정말 크나큰 괴로움이 아닐 수 없다. 솔로몬이 학대받는 자들의 눈물과 또한 학대하는 자들의 권세를 어떤 눈으로 바라보았는지를 보라(전 4:1).

(6) 주인이 이 일을 알게 되었다. 주인에게 가서 그 일을 다 알리니(31절). 동료된 종들은 감히 그를 나무라지 않았다. 그가 너무도 터무니없고 난폭했기 때문이다(차라리 새끼 배앗긴 암콤을 만날지언정 미련한 일을 행하는 미련한 자를 만나지 말 것이니라, 잠 17:12). 그러나 그들은 주인에게 가서, 학대받는 동료 종의 문제를 아뢰었다. 주목하라. 안타까움을 주는 문제가 있으면, 그것에 대해 기도하여야 한다. 악한 자의 사악함에 대해서와 고통당하는 자의 고통에 대한 안타까움을 하나님께 아뢰고, 그에게 맡겨야 할 것이다.

3. 종이 저지른 잔인무도한 일에 대한 주인의 정의로운 진노. 동료 종들이 그 일을 끔찍하게 여겼다면, 그 종에게 무한한 자비를 베푼 주인으로서는 그 일을 더욱더 끔찍하게 여겼을 것이다. 여기서 관찰하라.

(1) 그가 그의 종의 잔인함을 책망하였다(32, 33절). 악한 종아. 주목하라. 무자비함은 악이요, 그것도 크나큰 악이다. 〔1〕 그는 자신이 베풀어준 자비를 근거로 그를 책망한다. 네가 빌기에 내가 네 빚을 전부 탕감하여 주었거늘. 하나님의 자비를 올바로 사용하는 자들은 절대로 그것을 근거로 책망을 받지 않을 것이다. 그러나 그 자비를 악용하는 자들은 그런 책망을 받을 것이다(11:20). 생각하라. 그 큰 빚을 전부 탕감받은 것이다. 주목하라. 죄가 크므로 용서하는 긍휼의 풍성함이 크게 드러난다. 우리는 얼마나 많은 죄가 사하여졌는지를 생각해야 한다(눅 7:47). 〔2〕 그 다음 그가 동료 종에게 자비를 베풀 의무가 있음을 보여준다. 내가 너를 불쌍히 여김과 같이 너도 네 동료를 불쌍히 여김이 마땅하지 아니하냐?(33절). 주목하라. 불쌍히 여김을 받은 자는 마땅히 다른 사람도 불쌍히 여기는 것이 합당하며 정당한 법이다. "용서가 필요한 자는 쉽게 남을 용서한다"(세네카). 그는 두 가지 사실을 보여준다. 첫째로, 자기 자신이 똑같이 괴로움을 당했으니 그 동료 종의 괴로움에 대해 불쌍히 여기는 마음이 더했어야 했다

는 것. 우리 스스로 체험한 일에 대해서는 형제들의 괴로움을 더 잘 공감할 수 있다. 이스라엘 사람들이 외인의 마음을 알았으니, 이는 그들도 외인이었음이라. 그러므로 이 종도 그 빚진 자의 심정을 더 잘 알았어야 했던 것이다. 둘째로, 주인의 자비한 모범을 친히 받았으니, 그것을 잘 따라서 유익을 얻어야 했다는 것. 주목하라. 용서하시는 자비를 체험하고 지각하게 되면 그만큼 형제를 용서하는 마음을 갖게 된다. 속죄일이 끝나는 마지막에 비로소 희년의 나팔을 불어 모든 빚에서 해방되는 자유를 공포하였다(레 25:9). 하나님께서 우리를 불쌍히 여기신 것처럼 우리도 형제에 대해서 불쌍히 여겨야 마땅한 것이다.

(2) 과거에 죄를 용서했던 것을 철회하고 빚의 탕감을 취소하였고, 그리하여 그에 대한 심판이 부활되었다. 주인이 노하여 그 빚을 다 갚도록 그를 옥졸들에게 넘기니라(34절). 그 종의 사악함이 매우 컸으나, 주인은 그에게 그가 지은 빚을 갚는 것 외에 다른 형벌을 내리지 않았다. 주목하라. 복음의 조건들을 받아들이지 않을 자들은 법대로 규정된 벌을 받는 것 외에는 달리 비참한 일을 당하지 않을 것이다. 형벌이 죄와 그대로 상응하는 것을 보라. 용서하지 않는 자는 용서받지 못할 것이다. 그를 옥졸들에게 넘기니라. 동료 종에게 그가 가할 수 있었던 최고의 고통은 그를 옥에 가두는 것이었다. 그러므로 그 자신도 옥졸들에게 넘겨진 것이다. 주목하라 우리를 망하게 하는 하나님이 진노의 권능은 피조물의 힘과 진노의 최고의 정도를 훨씬 뛰어넘는 것이다. 그 자신의 양심의 치욕과 공포도 그에게 옥졸의 역할을 할 것이다. 그것이 바로 죽지 않는 벌레이기 때문이다. 그러나 하나님의 진노를 시행하며, 지금 죄인들을 미혹시키는 자들인 마귀들이 영원토록 그들의 옥졸이 되어 그들에게 고통을 줄 것이다. 그 종은 그 빚을 다 갚도록 옥에 갇히게 되었다. 주목하라. 하나님께 진 우리의 빚은 절대로 분리 처리되지 않는다. 모두 탕감받든지, 아니면 모두 갚도록 요구받든지 둘 중의 하나다. 영화롭게 된 성도들은 그리스도의 완전한 보상으로 말미암아 하늘에서 모든 죄를 탕감받는다. 그리고 정죄받은 죄인들은 지옥에서 모든 빚을 갚는다. 곧, 모든 죄에 대해 형벌을 받는 것이다. 죄로 인하여 하나님께 저지른 과오는 하나님의 존귀하심을 깎아내린 것인데, 이는 일부를 갚을 수 있는 것이 아니요, 따라서 죄인 스스로든 그의 대리인을 통해서든 반드시 전부를 완전히 보상해야 하는 것이다.

마지막으로, 비유 전체에 대한 적용이 제시된다. 나의 하늘 아버지께서도 너희에게 이와 같이 하시리라(35절). 그리스도께서 여기서 사용하시는 하나님의 칭호는 이미 19절의 약속에서 사용하신 바 있다. 하늘에 계신 내 아버지께서 그들을 위하여 이루게 하시리라. 그런데 여기서는 무서운 경고에서 동일한 칭호를 사용하신다. 하나님의 다스리심이 아버지로서 하시는 것이라면, 그 다스림은 의로운 다스림이다. 그러나 그렇다고 해서 그 다스림이 준엄하지 않다거나, 우리가 하나님의 진노에 대한 두려움으로 떨 필요가 없어지는 것은 결코 아닌 것이다. 그리스도께서는 우리에게, 하늘에 계신 우리 아버지이신 하나님께 기도할 때에 우리에게 죄 지은 자를 사하여 준 것 같이 우리 죄를 사하여 주옵소서라고 구할 것을 가르치신 것이다. 여기서 관찰하라.

1. 용서가 의무라는 것. 반드시 마음으로부터 용서해야 한다. 주목하라. 마음으로부터 용서하지 않으면 형제를 올바로, 제대로 용서하는 것이 아니다. 마음으로부터 하는 용서를 하나님께서 보시기 때문이다. 겉으로는 평화와 화해의 모습을 보이면서도 속으로는 전혀 딴판인 경우가 많은데, 우리는 결코 우리에게 죄 지은 사람에 대해 악의를 품어서도 안 되고, 나쁜 생각을 가져서도 안 된다. 복수하고자 하는 마음을 품어서도 안 되고, 그것을 바라서도 안 된다. 그러나 이것만으로도 부족하다. 우리를 해친 자들에 대해서도 우리는 마음으로부터 그들이 잘 되기를 바라고 또한 그들이 잘 되도록 구체적으로 힘써야 하는 것이다.

2. 용서하지 않는 것이 위험천만한 일이라는 것. 나의 하늘 아버지께서도 너희에게 이와 같이 하시리라. (1) 이는 하나님께서 누구에게라도 그의 용서하심을 뒤집으신다는 것을 가르치고자 함이 아니라, 복음에 순종하지 않으므로 용서를 받을 자격이 없는 자들에게 용서를 부인하신다는 것을 가르치고자 하는 것이다. 아합처럼 겉으로는 낮아진 것처럼 보이고, 죄 사함받은 상태인 것처럼 보이고, 그것을 믿고 담대해져 있다 할지라도, 자격이 없는 자들에게는 용서하심이 적용되지 않는 것이다. 죄 용서를 몰수하는 일에 대한 암시는 성경에 풍족하게 나타난다. 그러므로 경솔하게 판단하지 않도록 주의해야 한다. 그러나 죄 용서하심이 그대로 지속된다는 확신이 우리에게 있으므로 신실하면서도 소심한 자들이 충분한 위로를 얻는다. 그리하여 어떤 이는 두려워하게 되고, 어떤 이는 소망을 갖게 되는 것이다. 형제의 허물을 용서하지 않는 자들은 자기들의 허물을 한 번도 진실하게 회개한 적이 없을 뿐 아니라, 복음을 한 번도 진

실하게 믿은 적이 없는 것이다. 그러므로 그런 자들은 그 있는 줄로 아는 것을 빼앗기는 것뿐이다(눅 8:18). (2) 이는 우리에게, 긍휼을 행하지 아니하는 자에게는 긍휼 없는 심판이 있으리라(약 2:13)는 것을 가르치고자 함이다. 용서와 평화를 위해서는 우리가 정의로 행하는 것은 물론 자비를 사랑하는 것이 절대적으로 필요하다. 이것이야말로 하나님 아버지 앞에서 순결하고 더럽지 아니한 신앙의 필수적인 요소요, 관용하며 양순한 위로부터 난 지혜의 필수적인 요소인 것이다. 마치 인간의 제멋대로의 정욕을 만족시키기 위하여 그리스도의 지극히 엄중한 법들을 무시해도 무방하기라도 한 것처럼, 그리스도인이라는 이름을 지니고서도 형제를 가혹하고 무자비하게 대하기를 고집하는 자들이 과연 마지막 날에 어떻게 답변할지를 보라. 그러므로, 그런 자들은 주님 가르치신 기도로 기도할 때마다 자기들 스스로를 저주하는 것이 되는 것이다.

제
— 19 —
장

개요

이 장에는 다음과 같은 내용이 기록되어 있다. I. 그리스도께서 갈릴리를 떠나 유대 해변 지방으로 거처를 옮기심(1, 2절). II. 바리새인들과 이혼에 대해서 논쟁을 벌이시고, 이를 기회로 제자들에게 강론하심(3-12절). III. 그에게 나아오는 어린아이들을 친절하게 영접하심(13-15절). IV. 그에게 나아온 젊은 관원과의 대화(16-22절). V. 이를 계기로, 세상에서 가진 것이 많은 자들에게 구원이 어려운 사실에 대하여, 또한 그리스도를 위하여 모든 것을 버리는 자들에 대한 확실한 상급에 대하여 제자들에게 하신 강론(23-30절).

[1]예수께서 이 말씀을 마치시고 갈릴리를 떠나 요단 강 건너 유대 지경에 이르시니 [2]큰 무리가 따르거늘 예수께서 거기서 그들의 병을 고치시더라

여기에는 그리스도께서 거처를 옮기신 기사가 기록되어 있다. 관찰하라.

1. 그가 갈릴리를 떠나셨다. 그는 가장 천대받는 시골인 갈릴리에서 자라나셨고 거기서 생애의 대부분을 보내셨다. 물론 예루살렘에 올라가 거기서 자신을 나타내기도 하셨으나, 그것은 절기를 맞아서 그렇게 하셨던 것이다. 그리하여 그가 가신 그 곳에 계속해서 거주하지 않으셨으므로 그의 설교와 이적들이 더욱 사람들의 이목을 끌었고 또한 사람들이 그를 받아들인 것이라고 생각할 수 있을 것이다. 그러나 그것은 또한 그의 낮아지심을 드러내는 것이기도 했고, 그는 이 점에서도 비천한 상태 속에서 나타나셨다. 곧, 그 나라에서 가장 정중하지 못하고 세련되지 못한 북방인 갈릴리 사람의 모습을 지니셨던 것이다. 지금까지의 그리스도의 설교들과 또한 그의 이적들은 대부분 갈릴리 지방에서 행해졌다. 그러나 이제 이 말씀을 마치시고 갈릴리를 떠나셨고, 마지막으로 갈릴리에 작별을 고하셨다. 그는 부활하신 이후까지 다시는 갈릴리로 가지

않으셨다(눅 17:11에 기록된 사마리아와 갈릴리 사이로 지나가신 것이 이 일 이후가 아니었다면). 그러므로 이런 변화는 매우 괄목할 만한 것이다. 그리스도께서는 갈릴리에서 하셔야 할 일을 다 하셨으므로 그 곳을 떠나신 것이다. 주목하라. 그리스도의 신실한 사역자들이 임무를 다하기까지 세상을 떠나는 것이 아니듯이, 한 곳에서 증언을 완수하기 전에는(계 11:7) 그 곳에서 떠나지 않는다. 자기의 생각이 아니라 하나님의 섭리를 따라 움직이는 자들에게는, 자기들의 임무가 끝나기 전에는 떠나게 되지 않는다는 것이야말로 큰 위로가 되는 것이다. 하나님께서 한 곳에서 행하도록 맡기신 임무가 다 끝났는데도 계속해서 그 곳에 머물기를 바랄 사람이 어디 있겠는가?

2. 그가 요단 강 건너 유대 지경에 이르셨으니, 이는 갈릴리 사람들과 마찬가지로 그 곳의 사람들에게도 찾아가시고자 함이었다. 그들도 이스라엘 집의 잃어버린 양들에 속하기 때문이었다. 그러나 그리스도께서는 여전히 다른 민족들과의 접경 지역에 머물러 계셨다. 갈릴리는 이방의 갈릴리라 불리며, 수리아인들이 요단강 건너편에 거하고 있었다. 그리하여 그리스도께서는, 유대 민족의 경내에 머물러 계시면서도 이방인들도 주시하고 계셨으며 또한 그의 복음이 그들을 목표로 하며 또한 그들을 향하여 나아가는 것임을 암시하시는 것이다.

3. 큰 무리가 그를 따랐다. 실로가 있는 곳에 그 백성이 모이는 법이다 구속함을 받은 주의 백성은 어린 양이 어디로 인도하든지 따라가는 자들이다(계 14:4). 그리스도께서 떠나실 때에는, 그를 따라가는 것이 최선이다. 그가 어디로 가시든 그를 따라가는 것은 그리스도를 향한 존경의 표시였으나, 가시는 곳마다 무리들이 그를 따른다는 것은 그로서는 어려운 일이었다. 그러나 그는 자신의 편안함을 구하지 않으셨고, 이 무리들이 비천하고 초라한 것도 개의치 않으셨고, 그 자신의 명예도 따지지 않으셨다. 그는 두루 다니며 선을 행하셨고, 가는 곳마다 사람들의 병을 고치셨다. 이는 그들이 병든 자들을 고치기 위하여 그를 따랐다는 것을 보여준다. 그들은 그리스도께서 갈릴리에서 그리하셨으니, 여기서도 병을 고치실 수 있고 또한 기꺼이 고치시리라는 것을 알고 있었던 것이다. 공의로운 해가 떠오르는 곳마다 치료하는 광선이 비치기 때문이었다(말 4:2). 거기서 그들의 병을 고치신 것은 그들로 하여금 예루살렘에까지 그를 따라가는 괴로움을 겪게 하지 않으려 함이었다. 그는 다투지도 아니하며 들레지도 아니하리니(27:19).

³바리새인들이 예수께 나아와 그를 시험하여 이르되 사람이 어떤 이유가 있으면 그 아내를 버리는 것이 옳으니이까 ⁴예수께서 대답하여 이르시되 사람을 지으신 이가 본래 그들을 남자와 여자로 지으시고 ⁵말씀하시기를 그러므로 사람이 그 부모를 떠나서 아내에게 합하여 그 둘이 한 몸이 될지니라 하신 것을 읽지 못하였느냐 ⁶그런즉 이제 둘이 아니요 한 몸이니 그러므로 하나님이 짝지어 주신 것을 사람이 나누지 못할지니라 하시니 ⁷여짜오되 그러면 어찌하여 모세는 이혼 증서를 주어서 버리라 명하였나이까 ⁸예수께서 이르시되 모세가 너희 마음의 완악함 때문에 아내 버림을 허락하였거니와 본래는 그렇지 아니하니라 ⁹내가 너희에게 말하노니 누구든지 음행한 이유 외에 아내를 버리고 다른 데 장가 드는 자는 간음함이니라 ¹⁰제자들이 이르되 만일 사람이 아내에게 이같이 할진대 장가 들지 않는 것이 좋겠나이다 ¹¹예수께서 이르시되 사람마다 이 말을 받지 못하고 오직 타고난 자라야 할지니라 ¹²어머니의 태로부터 된 고자도 있고 사람이 만든 고자도 있고 천국을 위하여 스스로 된 고자도 있도다 이 말을 받을 만한 자는 받을지어다

여기에는 이혼에 관한 그리스도의 법이 제시되어 있는데, 그리스도께서는 다른 여러 문제들의 경우처럼 바리새인들과의 논쟁을 계기로 이를 말씀하셨다. 그는 죄인들의 논쟁들을 그렇게 인내로 견디심으로써 오히려 그것을 제자들에게 교훈하시는 기회로 바꾸신 것이다! 여기서 관찰하라.

I. 바리새인들이 제기한 질문. 사람이 어떤 이유가 있으면 그 아내를 버리는 것이 옳으니이까?(3절). 그들이 이 질문을 한 것은 그에게서 가르침을 받기 위해서가 아니라 그를 시험하기 위해서였다. 얼마 전 갈릴리에서 그는 이미 이 문제와 관련하여 일반적인 관례가 되어 있는 것과는 다른 그 자신의 뜻을 선포하신 바 있다(5:31, 32). 그러므로 그가 다시 전과 비슷하게 이혼을 반대하는 뜻을 밝히신다면, 그들은 그것을 이용하여 그를 폄훼하고 사람들로 하여금 그를 배척하도록 만들려 한 것이다. 백성들로서는 자기들이 누리는 자유를 침해하려 하는 자에게 곱지 않은 생각을 갖게 될 것이었기 때문이다. 그의 다른 가르침들도 그렇지만, 특히 이 가르침 때문에라도 그가 백성들에게 호감을 잃게 되기를 바랐던 것이다. 아니면, 그들이 의도한 시험은 이런 것이었을 수도 있다. 즉 만일 그가 이혼이 부당하다고 말하면, 그들은 그를 모세의 율법의 원수로 간주하려 했을 것이다. 모세의 율법은 이혼을 허용하기 때문이었다. 그러나 만

일 이혼이 정당하다고 말하면, 그들은 메시야의 가르침은 완전할 것인데 그의 가르침은 그렇지 못하다고 떠벌릴 것이었다. 왜냐하면 이혼이 묵인되긴 했으나 철저한 사람들은 이혼을 별로 좋지 못한 것으로 보고 있었기 때문이다. 어떤 이들은 모세의 율법이 이혼을 허용하긴 했으나 거기에 정당한 사유가 있어야 한다는 단서가 있었으므로 바리새인들끼리도 이에 대해서 논란이 분분했고, 따라서 그들은 이에 대하여 그리스도의 생각을 알고자 한 것이라고 보기도 한다. 결혼에 관한 문제는 매우 다양하고, 때로는 복잡미묘한데, 하나님의 법이 그렇게 만든 것이 아니라 인간의 정욕과 어리석음 때문에 그렇게 된 것이다. 그리고 사람들은 묻기도 전에 벌써 자기들이 행할 일을 결정해 놓고 있는 경우가 허다한 것이다.

그들의 질문은, 사람이 어떤 이유가 있으면 그 아내를 버리는 것이 옳은가 하는 것이다. 간음 등의 사유가 있을 경우에는 이혼을 해도 무방한가? 그러나 좀 해이한 사람들 중에서는 온갖 이유로 이혼을 시행하는 일이 다반사인데, 단순히 싫어하거나 불쾌히 여기는 등의 경박스러운 이유만으로도 얼마든지 이혼을 할 수 있는 것인가? 하는 것이다. 이 경우는 이혼이 허용되었다. 사람이 아내를 맞이하여 데려온 후에 그에게 수치되는 일이 있음을 발견하고 그를 기뻐하지 아니하면 이혼 증서를 써서 그의 손에 주고 그를 자기 집에서 내보낼 것이요(신 24:1), 그리하여 그들은 이를 넓게 해석하여 이유가 있든 없든 불쾌히 여기면 이혼 사유가 되는 것으로 간주했던 것이다.

Ⅱ. 이 질문에 대한 그리스도의 답변. 그 질문이 그를 시험하기 위하여 제기된 것이긴 했으나, 그것이 양심의 문제요, 또한 중대한 문제이므로, 그는 이에 대해 충실하게 답변하셨다. 그저 한 마디로 답변하신 것이 아니고, 효과 있게 상세하게 답변하셨다. 그는 그 당시에 관례적으로 행해지고 있던 그런 임의적인 이혼은 결혼의 결속 관계를 매우 불안정하게 만드는 것으로서 절대로 정당하지 못하다는 것을 도저히 부인할 수 없도록 입증하는 견고한 원리들을 제시하신 것이다. 그리스도께서는 이유가 없이 그냥 원칙을 제시하시지 않았고, 성경적 증거가 없이 자신의 판단을 제시하시지도 않았다. 자, 그의 논지는 다음과 같은 것이다. "남편과 아내가 하나님의 뜻의 정하심에 따라 지극히 철저하고도 친밀한 연합의 관계 속에 들어간 다음에는, 그 어떠한 경우라도 가볍게 서로 분리되어서는 안 된다. 결혼이 신성한 것임을 알면, 그것을 쉽게 깨뜨릴

수가 없는 것이다." 여기서, 남자와 그 아내 사이에 그런 연합이 있다는 것을 입증하기 위하여 그는 세 가지를 강조하여 말씀하신다.

1. 아담과 하와의 창조. 이에 대해서 그는 그들 자신의 성경 지식에 호소하신다. 읽지 못하였느냐? 성경을 읽어서 알고 있는 자들을 대하여 논지를 제시하는 것이 다소 유리한 점이 있다. 사람을 지으신 이가 본래 그들을 남자와 여자로 지으셨다는 것을 너희가 읽었느니라(그러나 생각지 않았느니라)(창 1:27; 5:2). 주목하라. 우리의 창조를 생각하는 것이 ― 우리가 어떻게, 누구에 의해서, 어떤 상태로, 무엇을 위하여 창조되었는지를 생각하는 것이 ― 우리에게 큰 유익이 될 때가 많다. 그가 본래 그들을 남자와 여자로, 한 남자에 한 여자를, 지으셨으므로, 아담은 그의 아내와 이혼하고 다른 여자를 아내로 취할 수가 없었다. 취할 다른 여자가 없었기 때문이다. 이는 그들 사이의 연합이 분리될 수 없는 것이었음을 시사하는 것이었다. 하와는 아담의 옆구리에서 취하여 낸 갈비뼈였다. 그러므로 아담이 하와를 내어버린다는 것을 자기 자신의 일부를 내어버리는 것과 같았고, 그것은 그녀를 창조하신 분명한 목적에 위배되는 것이었다. 그리스도께서는 간략하게 이 점을 암시하신다. 그러나 그들이 읽은 내용에 호소하시는 중에, 그는 그 본래의 기록에 대해 언급하시는데, 그 내용은 다른 생물들도 암컷과 수컷으로 지음받았으나 그들에게는 해당되지 않고 오로지 인간에게만 해당된다는 것이 드러난다. 남자와 여자 사이의 관계는 이성적인 것이요, 감각적인 즐거움과 자손의 번식 따위의 목적보다는 더 고상한 목적들이 거기에 있으며, 그러므로 남자와 여자 사이에는, 아담과 하와처럼 서로를 위한 배필이 될 능력이 없는 맹수들 사이의 암컷과 수컷의 연합보다 더 긴밀하고 더 견고한 연합이 있는 것이다. 그렇기 때문에 단수를 사용하여 표현된다. 하나님이 자기 형상 곧 하나님의 형상대로 사람(단수)을 창조하시되 남자와 여자(복수)를 창조하시고(창 1:27). 여기서 단수와 복수가 뒤섞여 사용된다. 하나로 창조되었으나 둘이 되었으니, 결혼 언약을 통해서 다시 하나가 될 때에는 그 하나됨이 더 긴밀해지며 깨어질 수 없는 것이 될 수밖에 없었던 것이다.

2. 결혼의 근본적인 규례. 즉 사람이 그 부모를 떠나서 아내에게 합하여 그 둘이 한 몸이 되는 것이라는 것(5절). 남편과 아내 사이의 관계는 부모와 자녀 사이의 관계보다 더 가까운 것이다. 그러니, 부모 자식 간의 관계가 쉽게 깨어지는 것이 아니라면, 결혼의 하나된 관계는 그보다 더 깨어지기 어려운 것이다. 어

떤 이유로든 자녀가 부모를 버릴 수 있으며, 부모가 자녀를 버릴 수 있는가? 결코 그럴 수 없다. 그렇다면, 남편은 그보다 더 아내를 버릴 수 없는 것이다. 그들 사이에는 천성적인 것은 아니나 하나님의 정하심을 통하여 하나된 관계가 성립되었는데, 이 관계는 부모와 자녀의 관계보다도 더 가깝고 그 하나된 결속이 더욱 강한 것이다. 사람이 결혼을 하면 부모를 떠나 그 아내에게 합하게 되는 것이요, 이 때에 부모 자식 간의 관계가 상당 부분 폐지되는 것이다. 여기서 하나님이 세우신 제도의 강력한 힘을 보게 된다. 본성적인 최상의 의무에서 나오는 결과보다 더 강한 연합이 그 제도를 통해서 생겨나는 것이다.

3. 결혼 언약의 본질. 그것은 두 사람이 하나가 되는 것이다. 이제 둘이 아니요 한 몸이니(6절). 사람의 자녀는 그의 분신(分身)들이다. 그러나 아내는 자기 자신이다. 결혼으로 인한 연합은 부모 자식 간의 연합보다 더 친밀한 것이요, 이는 자연의 몸에 속한 지체들 사이의 연합과 동등한 것이다. 그렇기 때문에 남편들은 자기 아내들을 사랑해야 하며, 또한 자기 아내들을 버려서는 안 된다. 아무도 자기의 살을 미워하거나 잘라내는 자가 없고, 모두 그것을 사랑하고 아끼며 할 수 있는 모든 노력을 다하여 그것을 보존하는 것이다. 그 둘이 한 몸이 되므로, 오로지 한 아내밖에는 없어야 한다. 하나님께서는 한 아담을 위하여 한 하와만을 지으셨기 때문이다(말 2:15).

이를 근거로 하여 그는, 하나님이 짝지어 주신 것을 사람이 나누지 못할지니라라고 말씀하신다. 주목하라. (1) 남편과 아내는 하나님이 짝지어 주신 것이다. 수네제욱센, 그들을 함께 멍에로 묶으셨다. 이 단어는 매우 의미심장하다. 하나님께서는 인간의 타락 이전에 남편과 아내 사이의 관계를 제정하셨다. 결혼과 안식일은 신적인 규례들 가운데 가장 오래된 것들이다. 결혼이 교회에만 있는 것이 아니라 세상에도 공통적으로 존재하는 것이기는 하나, 신적인 제정으로 인침받은 것이므로, 우리 주 예수께서도 여기서 이를 인정하신다. 결혼의 관계는 경건하게 유지되어야 하고, 하나님의 말씀과 기도로 거룩하여져야 하는 것이다. 이 규례에서 양심적으로 하나님을 대하는 것이 결혼 관계에 주어지는 의무에, 또한 그것이 주는 위로에 선한 영향을 미치는 것이다. (2) 남편과 아내가 하나님의 규례로써 짝지어졌으니, 사람의 그 어떤 규례로도 나누어서는 안 된다. 사람이 그 둘을 나누지 못하니, 남편 자신도, 그 어느 누구도, 관원까지도 그렇게 하지 못한다. 하나님께서는 절대로 사람에게 그렇게 할 권한을 주신 적이 없다. 이스라엘의 하나님은 말씀하시기를, 나는 이혼하는 것을 미워하노라라고 하셨다(말 2:16). 하나님이 짝지어 주신 것을 사람이 나누려고 해서는 안 된다는 것이 일반적인 법칙인 것이다.

Ⅲ. 이에 대한 바리새인들의 반론. 이 반론은 색깔도 설득력도 없는 것이었다. "그러면 어찌하여 모세는 사람이 그 아내를 버릴 경우 이혼 증서를 주라고 명하였나이까?" 그리스도께서는 이혼에 반대되는 성경적 이유를 제시하셨는데, 그들은 이혼을 허용하는 성경적인 권위를 주장하는 것이다. 주목하라. 마음이 부패한 사람들에게는 하나님의 말씀 속에 존재하는 것처럼 보이는 모순들이 큰 거침돌이 된다. 모세가 자기를 세우신 이에게 신실하였고 여호와께로부터 받은 것 이외에는 아무것도 명하지 않은 것은 사실이다. 그러나 그들이 명령으로 간주한 그 일 자체는 그저 허용일 뿐이었다(신 24:1). 이혼을 장려하기 위한 것이 아니라 그 일의 부당한 시행을 억제하기 위한 조치였던 것이다. 유대인 학자들 자신은 그 법에서 그런 제한성을 보았다. 매우 신중을 기하지 않고서는 이혼을 할 수 없다는 것을 알고 있었다. 구체적인 사유가 있어야 하고, 이혼 증서를 기록해야 하고, 또한 법적인 행위로서 모든 절차들을 엄숙하게 지키고 시행하고 등록해야 하는 것이었다. 이혼 증서를 반드시 아내의 손에 주어야 하고, 남편은 그런 행위를 통해서 다시는 그들이 서로 합쳐질 수 없다는 것을 분명히 표현하도록 되어 있었던 것이다.

Ⅳ. 이 반론에 대한 그리스도의 답변. 여기서,

1. 그는 모세의 율법에 대한 그들의 오류를 바로잡으신다. 그들은 그것을 명령이라 불렀으나, 그리스도께서는 그것을 허용, 관용에 지나지 않는다고 말씀하신다. 육신적인 마음은 툇마루를 빌려주면 안방까지도 내어달라는 법이다. 모세의 율법은 이 경우 정치적인 법이었다. 하나님께서 그 백성의 통치자로서 그 법을 주신 것이요, 그 백성의 상태로 인하여 이혼을 허용하신 것이었다. 결혼을 통한 연합의 엄밀함은 본성의 결과가 아니라 실정법(實定法)의 결과이므로, 하나님께서는 지혜로 몇몇 경우에 이혼을 허용하셨고, 그리하여 그럴 경우에 이혼을 하더라도 그의 거룩하심을 범하지 않도록 하신 것이다.

그러나 그리스도께서는 이렇게 허용하신 데에는 이유가 있었음을 말씀하신다. 너희 마음의 완악함 때문에 아내 버림을 허락한 것이다. 모세는 그 당시 이스라엘 사람들의 마음의 완악함을 토로한 바 있다(신 9:6; 31:27). 그들은 하나

님을 향하여 목이 곧은 상태였던 것이다. 여기서는 그들이 갖가지 관계들에서 완악한 상태에 있었다는 뜻이다. 그들은 어떤 길을 취하든지 전반적으로 폭력적이었고 포악하였다. 그러므로 아내를 버리는 것이 허용되지 않으면, 그 아내가 싫을 경우 그들을 잔인하게 대하고, 때리고, 학대하고, 심지어 죽이기까지 했을 것이다. 주목하라. 세상에서 남자가 자기 아내를 가혹하게 대하는 것보다 더 완악한 것은 없다. 유대인들은 이 일로 악명이 높았던 것 같다. 그리하여 그들에게 아내를 버릴 수 있도록 허용한 것이다. 학대하는 것보다는 차라리 이혼을 하는 것이 더 낫고, 눈물과 울음과 탄식으로 여호와의 제단을 가리게 하는 것보다 차라리 이혼을 하는 것이 낫다(말 2:13). 미친 사람에게나 격정으로 날뛰는 사람에게 약간 유연하게 처신하는 것이 더 큰 불행을 막을 수도 있는 것이다. 본성의 법을 보존하기 위해서는 실정법을 유예할 수도 있다. 하나님께서는 제사가 아니라 긍휼을 원하시기 때문이다. 그런데 마음이 완악한 자들은 이혼을 필수적인 것으로 여겼다. 결국 마음이 완악해지지 않고서는 아무도 이혼의 자유를 갖기를 원할 수가 없는 것이다. 관찰하라. 그는 이혼을 허락한 것이 너희 마음의 완악함 때문이라고 말씀하신다. 모세 당시 사람들만이 아니라 그들의 모든 후손들의 완악한 마음의 상태 때문에 이혼을 허락한 것이다. 주목하라. 하나님께서는 사람들의 마음의 완악함을 보시기만 하는 것이 아니라, 예견하시기도 한다. 구약의 규례들과 섭리들을 그 백성의 기질에 알맞게 하신 것이다. 다시 관찰하라. 모세의 율법은 사람의 마음의 완악함을 고려하였으나, 그리스도의 복음은 그것을 치료한다. 그의 은혜가 굳은 마음을 제거하고 부드러운 마음을 주는 것이다(겔 36:26). 율법으로는 죄를 깨닫는 것이요, 복음으로는 그것을 정복하는 것이다.

2. 본래의 제도를 제시하신다. 본래는 그렇지 아니하니라. 주목하라. 하나님의 규례에 부패가 끼어들면, 반드시 본래의 제도로 돌아가서 그것을 정결케 해야 한다. 복사판이 부패하였으면, 원판으로 그것을 점검하고 교정해야 하는 것이다. 그러므로, 고린도 교회에서 주의 성찬과 관련하여 불미스런 일들이 일어나자 이를 교정시키면서 사도 바울은 본래 주께서 제정하신 내용에 호소하였다(고전 11:23). "내가 주께 받은 것은 이러이러한 것들이다." 진리는 태초부터 있었던 것이다. 그러므로 우리는 옛적 길이 어디인지 알아보아야 하고(렘 6:16), 후대의 변형들로써가 아니라 옛적의 규례들로써 우리 자신을 변화시켜

야 하는 것이다.

3. 분명한 법으로 문제를 정리하신다. 내가 너희에게 말하노니. 그리고 이것은 그가 앞에서 말씀한 것과 일치한다(5:32). 거기서 그는 설교 중에 말씀하셨고, 여기서는 논쟁 중에 말씀하시나, 내용은 동일하다. 그리스도는 시종여일하시기 때문이다. 이제 이 두 차례의 말씀에서 그는,

(1) 간음의 경우에는 이혼을 허용하신다. 이혼을 금하는 이유는 그 둘이 한 몸이 되었다는 데 있다. 만일 아내가 다른 사람과 간음을 범하여 스스로 그 사람과 한 몸이 되면, 이혼을 금지할 이유가 종결되고 만다. 모세의 율법에 의하면 간음은 죽음의 형벌을 받게 되어 있었다(신 22:22). 그런데 주님은 그 율법의 혹독함을 완화시키시고, 이혼을 형벌로 지명하신다. 휘트비 박사는 이를 간음이 아니라(주님께서는 포르네이아, 음행이라는 단어를 사용하시므로), 결혼 이전에 범하였는데 결혼 후에 드러난 부정한 행위를 뜻하는 것으로 이해한다. 만일 결혼 후에 범하였다면 그것은 사형을 받을 범죄요 따라서 이혼할 필요가 없었기 때문이다.

(2) 다른 모든 경우들에는 이혼을 불허하신다. 누구든지 음행한 이유 외에 아내를 버리고 다른 데 장가드는 자는 간음함이니라. 이것은 그들의 문의에 대한 직설적인 답변이니, 곧 그것은 불법이라는 것이다. 다른 점에서도 그렇지만, 이 점에서 복음의 때는 개혁할 때다(히 9:10). 그리스도의 법은 사람을 그 본연의 순전함 속으로 복원시켜준다. 사랑의 법, 부부간의 육체적인 사랑의 법은 전혀 새로운 명령이 아니라, 태초부터 있었던 법이었다. 임의적인 이혼 뒤에 가족과 국가에 어떤 불행들과 혼란과 무질서가 생겼는지를 생각해 보면, 이 그리스도의 법이 얼마나 우리 자신의 유익을 위한 것이며 또한 기독교가 우리의 세속적인 관심사에 대해서도 얼마나 유익을 주는가를 보게 될 것이다.

모세의 율법은 사람의 마음의 완악함 때문에 이혼을 허용하고 그리스도의 법은 그것을 금한다는 사실은, 그리스도인들이 사랑과 자유의 경륜 아래 있으므로 그들에게는 마음의 부드러움을 기대하고 또한 그들이 유대인들처럼 완악한 마음을 갖지 않을 것을 기대하여 마땅하다는 것을 시사해 준다. 하나님께서는 우리를 화평 가운데로 부르셨기 때문이다. 우리가 서로를 하나님께서 용서하시고 내보내지 않으시는 자들로 여기고(사 50:1) 사랑 가운데서 서로를 참아주고 서로를 용서한다면, 이혼을 해야 할 경우가 없을 것이다. 남편이 아내

를 사랑하고, 아내가 남편에게 복종하며, 둘이 함께 생명의 은혜를 유업으로 받는 자로서 동거한다면, 이혼이 필요가 없다. 이런 것들이 그리스도의 법이요, 이는 모세의 율법에서는 전혀 찾을 수 없는 것들이다.

V. 그리스도의 이 법에 대한 제자들의 의견. 만일 사람이 아내에게 이같이 할진대 장가 들지 않는 것이 좋겠나이다(10절). 제자들도 이혼의 자유를 포기하기를 싫어했던 것 같다. 결혼의 상태에서 위로를 보존하기 위해서는 이혼의 자유가 있어야 한다고 생각한 것이다. 그리하여 그들은 마치 갖고 싶은 것을 갖지 못하면 언짢아하며 가진 것도 내던져버릴 태세가 되는 어린아이들처럼 행동하였다. 원할 때에 아내를 내보내는 일이 허용되지 않는다면, 차라리 아내가 없는 편이 낫겠다는 식의 생각이다. 그러나 이혼이 허용되지 않았던 태초부터 하나님께서는 사람이 혼자 사는 것이 좋지 아니 하다고 말씀하셨고, 그들을 복 주시고, 그렇게 철저하게 연합된 자들에게 복을 선포하신 것이다. 그런데도 그들은 이혼의 자유가 없다면, 사람이 결혼을 하지 않는 것이 좋겠다고 생각하는 것이다. 주목하라. 1. 부패한 본성은 제재를 받는 것에 조급해하며, 그리스도의 하나된 결속을 깨뜨리고 자기의 정욕을 위하여 자유를 갖고자 하는 법이다. 2. 십자가들이 함께 얽혀 있다는 것 때문에 이 삶의 위로거리들을 버린다는 것은 정말 어리석은 일이다. 이는 마치 이 세상의 것들 중에 마음에 들지 않는 것이 있다고 해서 세상 비깥으로 나가야 한다고 하는 것이나, 혹은 의무감으로 억지로라도 감당해야 하니 이 세상에 가질 만한 유익한 직업도 조건도 없다고 하는 것이나 마찬가지인 것이다. 아니다. 우리의 조건이 어떻든지, 그것에 마음을 두어야 하고, 그것이 주는 위로거리들에 대해 감사하며, 또한 그것과 결부되어 다가오는 십자가들에 굴복하여야 하며, 하나님께서 하셨듯이 그 두 가지를 병행하며(전 7:14), 있는 것을 최상으로 만들어 사용하여야 하는 것이다. 결혼의 멍에를 마음 내키는 대로 던져버릴 수 없다고 해서 그 멍에 아래 들어가지 말아야 하는 것이 아니다. 그 멍에를 던져버릴 수 없으니, 그 아래 들어간 후에는 사랑과 온유함과 인내로 그 멍에와 더불어 처신할 것을 다짐해야 할 것이다. 그렇게 하면 이혼이 가장 필요 없고 바람직하지 못한 일이 될 것이다.

VI. 이 의견에 대한 그리스도의 답변(11, 12절).

1. 결혼하지 않는 것이 좋은 사람들도 있다고 하신다. 이 말을 받을 만한 자는 받을지어다. 그리스도께서는 장가들지 않는 것이 좋겠나이다라는 제자들의 말 그

자체는 인정하셨다. 그러나 그들이 의도한 것처럼 이혼을 금하는 것에 대한 반론으로서가 아니라, 그들에게 하나의 규범을 제시하시는 것이다. 곧, 독신의 은사가 있는 자들은 결혼할 필요가 없으며 계속해서 독신으로 지내는 것이 가장 좋다는 것이다(고전 7:1). 결혼하지 않은 자들은 마음만 먹으면 주의 일을 염려하여 어찌하여야 주를 기쁘시게 할까를 더 생각하며(고전 7:32-34), 이 세상의 걱정거리들에 덜 얽매이며 또한 생각과 시간의 여유가 더 많아서 더 나은 것들을 위하여 더 많은 일을 할 수 있기 때문이다. 은혜가 늘어나는 것이 가족이 늘어나는 것보다 더 낫고, 아버지와 그의 아들 예수 그리스도와의 교제가 다른 그 어떠한 교제보다 우선되는 것이다.

2. 결혼을 금하는 것은 터무니없는 것으로 보시고 허용하지 않으신다. 사람마다 이 말을 받지 못하고, 오직 몇 사람만이 이를 받을 수 있기 때문이다. 그러므로 결혼 상태에 결부되는 십자가들을 피하기 위하여 스스로 시험에 빠지기보다는 그런 십자가들을 견디고 인내하여야 하는 것이다. 정욕이 불 같이 타는 것보다 결혼하는 것이 나으니라(고전 7:9).

그리스도께서는 여기서 결혼하기에 부적절한 두 가지 경우에 대해 말씀하신다.

(1) 하나님의 섭리로 인하여 결혼하지 못하는 재난을 당한 경우. 고자로 타고났거나 인위적으로 고자가 된 자들은 결혼의 한 가지 큰 목표에 부응할 수 없으니, 이들은 결혼하지 말아야 하며, 오히려 독신의 상태로 하나님을 더 잘 섬김으로써 그런 재난에 대해 균형을 맞추는 기회로 삼아야 한다.

(2) 하나님의 은혜로 인하여 결혼하지 않는 것이 덕이 되는 경우. 천국을 위하여 스스로 된 고자의 경우가 여기에 해당된다. 이는 육체적인 면에서가 아니라(어떤 이들은 이 본문을 오해하여 어리석고도 악하게 자신에게 적용하기도 한다) 정신적인 면에서 결혼이 부적절한 상태를 뜻한다. 결혼 생활의 모든 즐거움들에 대해 거룩하게 무관심하는 상태에 이르렀고 또한 하나님의 은혜의 힘으로 그런 것들로부터 완전히 떠나 있기로 확고히 결심한 상태에 있고, 또한 금식이나 기타 자기를 죽이는 방법을 통해서 그런 욕구들을 모두 가라앉히는 자들이 있는데, 이런 자들이 스스로 된 고자들이요, 이런 자들이 바로 이 말을 받을 만한 자들이다. 그러나 이런 자들도 현재의 마음으로 결혼을 하지 않으려 하는 것뿐이지, 절대로 결혼하지 않겠다는 서원을 하여 자기 자신을 얽매어서는

안 된다. 그런데 여기서,

〔1〕 독신을 선호하는 이런 마음의 상태를 하나님께서 주셔야만 한다. 오직 타고난 자 외에는 아무도 이것을 받을 수 없기 때문이다. 주목하라. 독신은 어떤 사람들에게는 주시고 다른 사람들에게는 주시지 않는 하나님의 특별한 은사다. 그러므로 남자가 독신의 상태에서 경험을 통해서 자신에게 이 은사가 있는 것을 알게 되면, 그 스스로 결정하고(사도께서 말씀하는 것처럼, 고전 7:37) 마음으로 굳게 지킬 수도 있다. 그러나 반드시 그래야 하는 것은 아니고, 다만 그 자신의 의지를 다스리는 능력이 있으니 스스로 그 상태를 지켜나가는 것이다. 그러나 이럴 경우에, 그릇된 은사를 자랑하지 않도록 조심해야 할 것이다(잠 25:14).

〔2〕 반드시 천국을 위하여 독신을 택하여야 한다. 책임을 회피하기 위해서나 이기적인 동기로나 혹은 다른 정욕과 쾌락을 누릴 더 큰 자유를 얻기 위해서 절대로 결혼하지 않기로 결심하는 자들에게는, 그 결혼하지 않는 것이 결코 덕이 아니라 본질이 잘못된 악이다. 그러나 신앙을 위하여, 그 자체를 공로를 쌓는 행위로 보는 것이 아니라(교황주의자들의 경우처럼) 우리의 마음을 온전히 신앙을 위한 섬김에 쏟기 위한 하나의 수단으로, 봉사의 일을 더 많이 하기 위하여, 결혼을 하여 가정을 갖는 일을 스스로 피한다면, 이는 합당한 것이요 하나님께서 받으시는 것이다. 주목하라. 우리의 영혼에게 사상 좋고 또한 천국을 위하여 가장 잘 준비할 수 있고 또한 천국에 이르도록 우리를 보존시켜 줄 수 있는 그런 상태가 우리에게 가장 좋은 것이요, 따라서 그런 상태를 선택하고 그것을 지켜가야 할 것이다.

¹³그 때에 사람들이 예수께서 안수하고 기도해 주심을 바라고 어린아이들을 데리고 오매 제자들이 꾸짖거늘 ¹⁴예수께서 이르시되 어린아이들을 용납하고 내게 오는 것을 금하지 말라 천국이 이런 사람의 것이니라 하시고 ¹⁵그들에게 안수하시고 거기를 떠나시니라

여기서는 그리스도께서 그에게로 나아오는 어린아이들을 그가 환영하신 기사가 기록되어 있다. 관찰하라.

I. 그들을 그리스도께로 데려온 자들의 믿음.   어린아이들이 몇 명이나 되

었는지는 알 수 없다. 그들이 너무 어려서 팔로 안아서 데려왔으니, 한 살이나 많아야 두 살 미만이었을 것이다. 여기 나타난 기사에 의하면, 사람들이 예수께서 안수하고 기도해 주심을 바라고 어린아이들을 데리고 왔다(13절). 아마도 그 어린아이들을 데려온 자들은 그들의 부모나 보호자나 유모들이었을 것이다. 여기서, 1. 그들은 자기들이 그리스도를 존경하고 있었고 또한 그의 사랑과 축복을 가치 있는 것으로 여기고 있었음을 이로써 드러내 보였다. 주목하라. 스스로 그리스도께 나아옴으로 그를 영화롭게 하는 자들은 그들에게 있는, 혹은 그들이 영향을 미칠 수 있는, 모든 이들을 그리스도께 데려옴으로써 더욱더 그를 영화롭게 해야 한다. 그리하여 그의 말할 수 없는 풍성한 은혜와 그의 넘치는 충만에 대해 그에게 존귀를 돌려야 할 것이다. 그를 널리 누리는 것보다 더 그리스도를 존귀하게 하는 것은 없다.

2. 그들은 제사장과 왕은 아니라 할지라도 선지자로서 비범한 분이라 여겨지는 이 주 예수님의 축복과 기도를 받으면 이 세상과 저 세상에서 더 나으리라는 것을 의심치 않았고, 그리하여 어린아이들에게 친절을 베풀려 하였다. 그런 분의 축복은 가치 있는 것이요 바람직한 것이다. 다른 이들은 그 자녀들이 병들었을 때에 치료를 위하여 그리스도께 그들을 데려왔으나, 이 아이들의 경우는 질병에 걸린 것이 아니었고 오로지 축복받기를 원하여 그들을 데려온 것이다. 주목하라. 우리 자신이 그리스도께 나아올 때에 우리 자녀들을 그에게 데리고 가는 것이야말로 좋은 일이다. 어려운 일을 당할 때에 그리스도를 찾아가서, 그에게 의지하여 우리 자신을 그에게 의탁하는 것만이 아니라, 그런 일이 없을 때에도 그에게서 은혜를 기대하고 나아가는 것은 그를 기쁘시게 하는 것이다.

그들은 그리스도께서 아이들에게 안수하시고 기도해 주시기를 바랐다. 손을 얹는 것은 특히 부모가 축복할 때에 사용된 예식이었다. 야곱이 요셉의 아들들을 축복하고 그들을 자기 아들들로 삼을 때에 그렇게 했다(창 48:14). 이는 능력과 권위와 더불어 사랑과 친밀함이 함께 어우러진 것을 시사하며, 그 축복이 과연 효능이 있음을 말해 준다. 그리스도께서는 자신이 하늘에서 위하여 기도하시는 자를 그의 성령으로 안수하시는 것이다. 주목하라. (1) 어린아이들을, 그리스도의 주시는 복을 필요로 하며 또한 그 복을 받을 수 있고 또한 그의 기도에 관심을 갖는 것으로 여기고 그들을 그에게로 데려갈 수도 있다. (2) 그러므로 그들을 그에게로 데려가야 한다. 우리의 자녀들을 주 예수께 의탁하여 그의 안수를 받고 기도를 받는 것보다 더 좋은 일은 없다. 우리는 그들을 위하여 복을 구하는 것밖에는 없고, 복을 명하여 베푸시는 것은 오직 그리스도시다.

Ⅱ. 그들을 비난한 제자들의 실수. 제자들은 그 사람들의 청을 헛되고 경박스러운 것으로 묵살하고, 무례하고 성가신 요구라고 비난하였다. 그들은 주께서 어린아이들을 주목하신다는 것이 격이 떨어지는 일이라고 생각했든가, 아니면 이런 청을 격려하면 사방에서 어린아이들을 그에게로 데려오려 할 것이고 그런 사람들의 행렬이 끝이 없을 것이라고 생각하였을 것이다. 주목하라. 제자들의 사랑과 온유함보다 그리스도께서 더 큰 사랑과 온유함을 지니셨다는 것이 우리로서는 얼마나 좋은 일인지 모른다. 그리스도께서 연약하기 그지없는 사람들이 선한 뜻으로 그에게 복 주시기를 청하는 자들을 물리치지 않으신 것을 배우도록 하자. 그가 상한 갈대를 꺾지 않으신다면, 우리도 꺾지 말아야 한다. 그리스도를 찾고 구하는 자들은 도중에, 심지어 선한 이들로부터 반대와 비난을 받더라도 이상한 일로 여겨서는 안 된다. 그들은 자기들이 그리스도의 마음을 더 잘 안다고 생각한다.

Ⅲ. 우리 주 예수님이 그 어린아이들을 환영하심. 여기서 그리스도께서 하신 일을 관찰하라.

1. 제자들을 꾸짖으셨다. 어린아이들을 용납하고 내게 오는 것을 금하지 말라 (14절). 주목하라. (1) 믿는 부모들의 자녀들은 천국에 속하며 가시적 교회의 지체들이다. 기질과 성질 상 어린아이 같은 자들은 물론(그렇기 때문에 비둘기나 어린 양이 그에게 나아올 수 있는 것이기도 하다) 연령 상 어린아이들인 자들도 천국에 속하며, 가시적 교회의 지체들의 특권이 그 옛날 유대인들의 경우와 마찬가지로 그들에게도 해당된다. 이 약속은 너희와 너희 자녀에게 하신 것이니 내가 네게와 네 자손에게 하나님이 되리라. (2) 그렇기 때문에 그들이 그리스도께 환영을 받는 것이다. 그는 스스로 그에게 나아올 수 없어서 남이 데리고 와야만 하는 자들을 기꺼이 받아주신다. 그리고 이것은 〔1〕 그 어린아이들 자신들에게 해당된다. 그는 어린아이들에 대해서 항상 관심을 갖고 계셨고, 이 아이들은 첫 사람 아담의 죄의 악한 영향 속에 있는 이들이요 둘째 아담의 은혜의 풍성함을 나눌 필요가 있는 자들이다. 그렇지 않다면 사도의 병행이 되는 논지가 어떻게 되겠는가(고전 15:22; 롬 5:14, 15 등)? 그리스도께서는, 그가

값 주고 사신 일부분으로서 그에게 주어진 자들을 절대로 내어쫓지 않으시는 것이다. [2] 그들을 데리고 와서 산 제물로 내어놓은 부모들의 믿음을 바라보는 것이다. 부모들은 어린아이들의 뜻을 위탁받은 자들이요 아이들의 유익을 위하여 행할 권한을 본성적으로 부여받은 자들이다. 그러므로 그리스도께서는 그들의 헌신을 그들의 행위로 받아들이시고, 그가 이 드려진 것들로 보배들을 만드실 그 날에 이들을 그 자신의 것으로 소유하실 것이다. [3] 그러므로 주님은, 그가 받아들이신 자들을 가로막고 배척하며 주의 기업에서 쫓아내며 너희는 여호와께 받을 분깃이 없다(수 22:27)고 말하는 자들을, 또한 약속이 성취되어(사 44:4) 우리가 보기에 우리와 같이 성령을 받은 자들이 세례를 받지 못하도록 물을 금하는 자들을 악하게 여기시는 것이다.

2. 어린아이들을 용납하고, 그들이 바라는 대로 그들에게 안수하셨다. 즉 그들에게 축복하셨다. 지극히 강한 신자도 그리스도를 붙잡음으로써가 아니라 그리스도께 붙잡힌 바 됨으로써 살며(빌 3:12), 하나님을 앎으로써가 아니라 하나님이 아신 바 됨으로써 사는데(갈 4:9), 지극히 작은 어린아이에게도 이것이 가능하다. 그들이 스스로 그리스도께 손을 내어 밀지 못하더라도, 그리스도께서 그들에게 안수하시사 그들을 자기의 것으로 삼으시고 소유하실 수 있는 것이다.

그가 이 일을 행하신 후 그 곳을 떠나신 사실(15절)에 무언가 관찰할 것이 있다고 생각된다. 이는, 그렇게 하여 그가 그의 양 떼에 속한 어린 양들의 권리를 확증하시고 그의 나라의 신민들이 계승되도록 이런 조치를 마련하셨으니, 이제 거기서 하실 일을 다 하신 것으로 여기셨다는 것을 시사하는 것이다.

[16]어떤 사람이 주께 와서 이르되 선생님이여 내가 무슨 선한 일을 하여야 영생을 얻으리이까 [17]예수께서 이르시되 어찌하여 선한 일을 내게 묻느냐 선한 이는 오직 한 분이시니라 네가 생명에 들어가려면 계명들을 지키라 [18]이르되 어느 계명이오니이까 예수께서 이르시되 살인하지 말라, 간음하지 말라, 도둑질하지 말라, 거짓 증언하지 말라, [19]네 부모를 공경하라, 네 이웃을 네 자신과 같이 사랑하라 하신 것이니라 [20]그 청년이 이르되 이 모든 것을 내가 지키었사온대 아직도 무엇이 부족하니이까 [21]예수께서 이르시되 네가 온전하고자 할진대 가서 네 소유를 팔아 가난한 자들에게 주라 그리하면 하늘에서 보화가 네게 있으리라 그리고 와서 나를 따르라 하

시니 [22]그 청년이 재물이 많으므로 이 말씀을 듣고 근심하며 가니라

여기에는 그리스도와, 그에게 나아와 진지한 문제에 대해 문의한 한 희망에 찬 젊은 신사 사이에 오간 대화가 기록되어 있다. 그는 청년이라 불린다(20절). 필자가 이 사람을 신사라 부른 것은 그가 재물이 많기도 했지만 그가 그 나라의 관리(눅 18:18), 즉 직위가 높은 관원이었기 때문이다. 그는 아마도 나이에 비해 뛰어난 능력이 있는 자였을 것이다. 그렇지 않다면 나이 때문에 그런 높은 관리의 직분에 오르지 못했을 것이다.

이 젊은 신사에 대해서, 본문은 그가 천국을 소유할 가망이 많았는데도 결국 그렇게 되지 못했다는 것을 말씀해 준다.

I. 그가 천국을 소유할 가망이 많았다는 사실과 또한 그리스도께서 그의 선한 출발을 좋게 여기고서 그를 친절하고도 부드럽게 대하신 사실.

1. 그 신사가 예수 그리스도께 진지하게 문의함. 선생님이여 내가 무슨 선한 일을 하여야 영생을 얻으리이까?(16절). 이보다 더 낫고 더 진지한 문의를 할 수가 없다.

(1) 그는 그리스도께 존귀한 호칭을 사용한다. 선한 선생님이여, 디다스칼레 아가테(한글 개역개정판은 그냥 '선생님이여'로 번역함). 이는 다스리는 주인이 아니고 가르치는 스승을 뜻한다. 그가 그를 선생님이라 부른다는 것은 그가 그에게 굴복하여 기꺼이 배우기를 원한다는 것을 나타내며, 선한 선생님이라 부른다는 것은 그가 그 선생에 대해 애정과 특별한 존경을 갖고 있다는 것을 나타내 준다. 니고데모도 그를 하나님께로부터 오신 선생이라 불렀다. 사람들이 그리스도를 부를 때에 이스라엘의 선생이요 통치자보다 더 높고 귀한 칭호를 사용한 경우가 성경에 나타나지 않는다. 사람들의 품위와 존귀함이 그들의 교양과 예의를 높여준다는 것은 좋은 일이다. 그리스도께서 초라한 모습을 하고 있었는데도 그에 대한 존경으로 그에게 이런 호칭을 썼다는 것은 과연 신사다운 처사였다. 유대인들 가운데서도 자기들의 선생에게 선한 선생님이라는 호칭을 쓰는 것은 자주 볼 수 없는 일이었다. 그러므로 이는 그가 그리스도에 대해 비범한 존경심을 갖고 있었다는 것을 말해 준다. 주목하라. 예수 그리스도는 선한 선생님이시요, 최고의 스승이시다. 누구도 그처럼 가르치는 자가 없고, 그는 또한 선하심이 탁월하신 분이시다. 그는 무식한 자를 용납하시며, 마음

이 온유하고 겸손한 분이시다.

(2) 그는 중요한 문제를 갖고 그에게 나아온다(그보다 중요한 문제가 없다). 그는 그리스도를 시험하기 위해서가 아니라 진정 그에게서 가르침을 받기 원하여 나아오는 것이다. 그는 그리스도께 이렇게 묻는다. 내가 무슨 선한 일을 하여야 영생을 얻으리이까? 여기서 다음과 같은 점들이 나타난다. 〔1〕 영생에 대한 확고한 믿음이 그에게 있었다는 것. 그는 사두개인이 아니었다. 그는 이 세상에서 잘 준비하는 자들에게는 저 세상의 행복이 기다리고 있다는 것을 믿었다. 〔2〕 그는 자신이 영원토록 살 것을 확실히 해두고자 하였고, 또한 이 세상의 삶의 그 어떠한 기쁨보다도 영원한 삶을 더 사모하였다는 것. 그런 연령과 수준에 있는 사람이 저 세상에 대해 그렇게 관심을 둔다는 것은 매우 희귀한 일이었다. 부자들은 이런 식의 문의를 하는 것을 자기들의 격에 맞지 않는 것이라 생각하는 경우가 많다. 그리고 젊은이는 아직도 시간이 많이 남았다고 생각한다. 그런데 여기에 젊고 부자인 사람이 그의 영혼과 영원에 대해 궁구하고 있는 것이다. 〔3〕 그는 이 행복을 얻기 위해서는 자신이 무언가 선한 일을 해야 한다고 여겼다는 것. 우리는 참고 선을 행함으로써 썩지 아니함을 구한다(롬 2:7). 우리는 선한 일을 행하여야 한다. 그리스도의 피로써 유일하게 영생을 값 주고 사신 것이지만(그가 친히 공로를 세우셔서 우리를 위하여 영생을 얻어 놓셨다), 그리스도께 순종하는 것이 영생으로 들어가는 지정된 길이다(히 5:9). 〔4〕 그가 이 영생을 얻기 위해서 행하여야 할 일을 기꺼이 행할 마음이었고, 최소한 스스로 그렇게 생각하였다는 것. 영생을 얻는다는 것이 무엇이며 또한 영생에 이르지 못한다는 것이 무엇인지를 아는 자들은 어떠한 조건으로라도 그것을 기꺼이 수용하게 될 것이다. 그러한 거룩한 공격의 자세가 천국을 침노하는 것이다. 주목하라. 과연 누가 우리에게 선한 것을 보여 줄까? 라고 묻는 사람들이 많으나, 우리가 물어야 할 큰 질문은, 영생을 얻기 위해서는 우리가 무엇을 해야 할까? 저 세상에서 영원토록 복을 누리기 위해서 우리가 무엇을 해야 할까?라는 것이다. 이 세상에서는 우리로 하여금 복을 누리게 해 줄 것이 아무것도 없기 때문이다.

2. 이 질문에 대해 주신 예수 그리스도의 격려. 그리스도께서는 그런 문제를 갖고 그에게 나아오는 자를 답변도 주지 않고 그냥 돌려보내시는 법이 없다. 이 이상 그를 기쁘시게 하는 것이 없기 때문이다(17절). 그리스도께서는 답변

을 주시면서,

(1) 따뜻하게 그의 믿음을 도우신다. 어찌하여 나를 선하다 하느냐?(한글 개역 개정판은, 이를 "어찌하여 선한 일을 내게 묻느냐"로 번역함:)라는 그의 말씀은 책망의 뜻이 아니었던 것이 분명하다. 그는 그 젊은 신사가 그를 선한 선생님이라 부를 때에 그의 말 속에서 그 신사 자신도 의식하지 못했던 믿음을 찾고자 하셨을 것이다. 그의 의도는 그저 그를 선한 사람으로 높이려는 것이었으나, 그리스도께서는 그를 이끄사 그 자신을 선하신 하나님으로 보고 높이도록 하고자 하신 것이다. 왜냐하면 선한 이는 오직 한 분이시기 때문이다. 주목하라. 그리스도께서는 사람이 잘못 말하고 행한 일을 은혜로써 가능한 최고의 것으로 만드실 준비가 되어 계시듯이, 올바로 말하고 행한 일은 더더욱 최고의 것으로 만드실 준비가 되어 계시다. 그가 이루시는 것이 우리가 의도한 것보다 더 나을 경우가 많은 것이다. "너희는 그것이 내게 한 것임을 거의 알지 못하였으나 실상 내가 주릴 때에 너희가 먹을 것을 주었도다"(25:35). 그리스도께서는 이 청년으로 하여금 그가 하나님이심을 알게 하시든가, 아니면 그를 선하다 부르지 못하게 하실 것이다. 그는 우리에게 주어지는 모든 찬양을 오로지 하나님께로 돌려드릴 것을 가르치신다. 어떤 사람이 우리를 선하다고 부르는가? 그러면 모든 선한 것은 오직 하나님께로부터 오는 것이니 우리에게가 아니라 하나님께 영광을 돌려드려야 한다고 그 사람에게 일러주어야 할 것이다. 모든 면류관들이 그의 보좌 앞에 내어드려야 하는 것이다. 주목하라. 오직 하나님만이 선하시며, 하나님 외에는 본질적으로 본래적으로 불변하게 선한 존재는 없다. 그의 선하심은 그 자신에게 속하며 그 자신에게서 비롯되는 것이요, 피조물에게 있는 모든 선한 것은 그에게서 비롯된 것이다. 그는 선한 것의 근원이며, 온갖 좋은 은사와 온전한 선물이 그에게서부터 내려온다(약 1:17). 그는 선함의 위대한 전형이요 모범이시며, 모든 선함이 그로 말미암아 측정되며, 그를 닮고 그의 뜻에 합한 것이 선한 것이다. 우리는 우리의 언어로 그를 하나님(God)이라 부르는데 이는 그가 선하시기(good) 때문이다. 다른 일에서도 그렇지만 이 점에서 우리 주 예수님은 그의 영광의 광채시요(그의 선하심이 그의 영광이다), 그 본체의 형상이시며, 따라서 선한 선생님이라 불러 마땅하신 분이시다.

(2) 그의 질문에 답하심으로 그의 행위에 분명한 지침을 주신다. 그는 자신이 선하시며 따라서 하나님이시라는 사상을 먼저 가르치셨으나, 그것에 머물

지 않으셨다. 사람들이 쓸데없이 말싸움을 하다가 주요 논제에서 빗나가서 엉뚱한 데로 빠지는 경우가 많은데, 그렇게 되기를 바라지 않으셨기 때문이다. 이제 그리스도의 답변은, 간단히 말하면, 이것이다. 네가 생명에 들어가려면 계명들을 지키라.

〔1〕 목적을 제시하시는데, 곧 생명에 들어가는 것이다. 청년은 질문에서 영생에 대해 이야기하였다. 그런데 그리스도께서는 답변하시면서 생명에 대해 말씀하신다. 이는 곧, 영생이야말로 유일한 참된 생명이라는 것을 가르치기 위함이었다. 그것에 관한 말씀은 곧 이 생명의 말씀이다(행 5:20). 현재의 삶은 생명이라는 이름으로 불릴 자격이 거의 없다. 이 삶 속에서 우리는 죽음 속에 있기 때문이다. 혹은, 생명으로 들어간다고 하는데, 이는 영생의 시작이요 보증인 영적 삶을 뜻한다. 그는 어떻게 하여야 영생을 얻을 수 있을지를 알고자 하였으나, 그리스도께서는 어떻게 하여야 생명에 들어가게 될지를 말씀하신다. 그것을 얻는 것은 그리스도의 공로로 말미암는데, 이는 아직 충만히 계시되지 않은 신비였으므로 그는 그 문제를 생략하신다. 그러나 생명에 들어가는 길은 순종으로 말미암는 것이요, 그리스도께서는 우리를 순종에로 이끄시는 것이다. 그리스도의 공로로는 우리가 생명을 우리의 소유로 만들며, 순종으로는 우리가 생명을 소유한 사실을 우리의 증거를 통해서 입증하는 것이다. 우리의 믿음에 덕을 더함으로써 영원한 나라에 들어감을 넉넉히 우리에게 주실 것이다(벧후 1:5, 11). 우리의 생명이신 그리스도께서 아버지께로 가는 길이시며, 그를 만나는 길이시다. 그가 유일한 길이시다. 그러나 믿음으로 의무를 다하고 순종하는 것이 그리스도께로 가는 길이다. 후에 죽음 이후에, 그 큰 날에 생명에로 들어가는 문이 있는데, 이는 완전한 문이며, 의무를 다하는 자들만이 그 때에 생명에로 들어가게 될 것이다. 부지런히 일하는 신실한 종이 그 때에 주의 즐거움에 참여할 것이다. 지금 생명에 들어가는 문이 있다. 이미 믿는 우리들은 저 안식에 들어가는도다(히 4:3). 장차 영광이 나타날 것을 믿고 바라는 중에 평안과 위로와 기쁨을 누리는 것인데, 이를 위해서는 신실한 순종이 필수적으로 요구되는 것이다.

〔2〕 방법을 제시하시는데, 곧 계명을 지키는 것이다. 주목하라. 계시되고 우리에게 알려진 하나님의 계명을 지키는 것이 생명과 구원을 얻는 유일한 길이다. 신실하게 계명을 지키면 그리스도로 말미암아 우리의 복음의 완전함으로

받아들여지고 죄 사함이 베풀어지는데, 우리에게는 이것이 불가능하다. 그리스도로 말미암아 우리가 율법의 정죄에서 구원받으나, 중보자께서 여전히 계명의 권한을 지니고 계시므로, 그 권한 아래 있고, 중보자의 손 안에 있는 우리는 여전히 그리스도의 율법 아래에 있다(고전 9:21). 언약이 아니라 하나의 규범인 그리스도의 율법 아래 있는 것이다. 계명을 지키는 일에는 예수 그리스도를 믿는 믿음이 포함된다. 그것이야말로 큰 계명이기 때문이다(요일 3:23). 그리고 큰 선지자가 일어날 때에 그를 청종하라는 것이 모세의 율법 가운데 하나이기도 했다. 관찰하라. 이 세상에서와 영원토록 복락을 누리기 위해서는 하나님의 계명들을 아는 것으로는 부족하고, 그것들을 지켜야 하며, 그 안에서 행하여야 하고, 그것을 우리의 규범으로 지켜야 하고, 우리의 보배로 여겨 눈동자와 같이 보살펴야 하는 것이다.

〔3〕 그 청년은 자신이 지켜야 할 몇 가지 구체적인 계명들을 언급한다(18, 19절). 이르되 어느 계명이오니이까? 주목하라. 하나님의 계명을 행하고자 하는 자는 그것들이 무엇인지를 부지런히 찾아야 하고 물어야 한다. 에스라는 율법을 찾아 준행하기로 결심하였다(스 7:10). "모세의 율법에는 계명들이 많습니다. 선한 선생님이여, 그 중에서 구원을 얻기 위해 반드시 지켜야 할 것들이 무엇인지를 알려주소서."

이에 대해 답변하시면서, 그리스도께서는 몇 가지 계명들을, 특히 둘째 돌판에 속한 계명들을 언급하신다. 첫째로, 살인하지 말라. 이는 우리와 우리 이웃의 목숨에 관계되는 계명이다. 둘째로, 간음하지 말라. 이는 우리와 우리 이웃의 순결에 관계되는 계명이다. 셋째로, 도둑질하지 말라. 이는 우리와 우리 이웃의 부(富)와 외형적인 재물의 보존에 관계되는 계명이다. 넷째로, 거짓 증언하지 말라. 진실과 또한 우리와 우리 이웃의 명예에 관계되는 계명이다. 다섯째로, 네 부모를 공경하라. 이는 특정한 인간 관계의 의무들에 관계되는 계명이다. 여섯째로, 네 이웃을 네 자신과 같이 사랑하라. 이는 이 모든 의무들의 근원으로서 그 모든 의무들이 흘러나오며, 그 모든 의무들의 기초요, 그 모든 의무들을 성취시키는 포괄적인 사랑의 법에 관한 것인데(갈 5:14; 롬 13:9), 이것이 최고의 법이나(약 2:8). 어떤 이들은 이것이 여기서 둘째 돌판의 요약으로서가 아니라 제십계명(탐내지 말라)의 구체적인 의미로서 언급되는 것이라고 보기도 한다. 곧, 내가 다른 사람의 손해를 조장함으로써 이익을 보든가 무엇을 얻으려 하는 것이 정당하지 못하다는 뜻이다. 그렇게 하는 것은 탐내는 것이요, 나 자신을 이웃보다 더 사랑하는 것이기 때문이다. 그러나 나는 이웃을 나 자신과 같이 사랑해야 하며, 내가 나 자신을 대하듯이 그렇게 대해야 하는 것이다.

우리 구주께서는 여기서 둘째 돌판의 의무들만을 언급하시는데, 이는 첫째 돌판의 의무들이 별로 중요치 않기 때문이 아니라, 1. 그 당시에 모세의 자리에 앉은 자들이 그들의 가르침에서 둘째 돌판에 속한 계명들을 완전히 무시했든가 아니면 크게 왜곡시켰기 때문이다. 그들은 박하와 회향과 근채의 십일조는 강조하면서도, 둘째 돌판의 요약인 정의와 긍휼과 믿음은 간과해 버렸다 (23:23). 그들의 가르침은 온통 예식에 관한 것으로 가득했고, 도덕적인 의무들에 관한 것은 하나도 없었다. 그러므로 그리스도께서는 그들이 가장 강조하지 않은 그것들을 가장 강조하신 것이다. 한 진리나 한 의무가 다른 진리나 의무를 밀쳐내서는 안 되고 각기 자기 자리를 알고 그 자리를 지켜야 하는 법이다. 그러나 형평을 지켜야 하므로 가장 무시되는 것을 강조하는 것이 필요하다. 우리는 사람들이 대적하는 진리는 물론 그들이 무시하고 소홀히 하는 진리도 증거해야 할 의무가 있는 것이다. 2. 그는 그에게와 우리 모두에게 도덕적인 정직이 참된 기독교의 필수적인 요소이며 따라서 그것에 관심을 쏟아야 한다는 것을 가르치고자 하셨기 때문이다. 그저 도덕적이기만 한 사람도 완전한 그리스도인이 될 수 없지만, 부도덕한 사람은 분명 참된 그리스도인일 수가 없다. 하나님의 은혜는 경건하게 사는 것과 더불어 건전하고 의롭게 살기를 가르치기 때문이다. 첫째 돌판의 의무들은 신앙의 본질과 더 관계가 있으나, 둘째 돌판의 의무들은 신앙의 증거와 더 관계가 있는 것이다. 우리의 빛은 하나님을 향한 사랑으로 불타지만, 동시에 그 빛은 이웃에 대한 사랑으로 비치는 것이다.

II. 여기서, 그가 그 때까지 열심히 노력해왔으나 영생에 이르지 못하고 실패한 것을 보라. 그는 두 가지 점에서 실패하였다.

1. 교만. 그는 자기 자신의 공로와 힘을 헛되이 믿고 자랑하였다. 이것이야말로 스스로 복되다고 착각하여 비참한 상태 속에 빠져 있는 수많은 사람들의 패망의 요인이다. 그리스도께서 그가 지켜야 할 계명들을 말씀하시자, 그는 매우 비웃으며 대답했다. 이 모든 것을 내가 지키었사온데 아직도 무엇이 부족하니이까?(20절).

(1) 그는 율법을 오로지 외형적으로 죄악된 행위를 금하는 것으로만 이해하였으므로, 그는 참말을 한 것이고 그리스도께서도 그것을 알고 계셨다고 여겨진다. 그는 자신을 속여 말한 것이 아니었다. 마가복음에 의하면, 예수께서는 그를 사랑하셨다. 여기까지는 매우 좋았고 그리스도를 기쁘시게 하는 것이었다. 사도 바울은 자신이 율법의 의로는 흠이 없는 자라는 사실을 — 물론 그리스도와 비할 때 불순물이 많이 끼여 있으나 — 경멸할 것이 아니라 하나의 특권으로 간주하였다(빌 3:6). 그는 이 계명들을 다 준수하였다고 말한다. 이 모든 것을 내가 지키었사온데. 그는 어려서부터 이를 지켜왔다(한글 개역개정판에는 나타나지 않음). 주목하라. 사람이 큰 죄를 짓지 않았다 할지라도 은혜와 영광에 이르지 못한다. 외형적인 오염에 물들지 않고 손이 깨끗하다 할지라도 그 마음의 사악함으로 인하여 영원토록 멸망할 수도 있는 것이다. 그러면 이런 상태에도 이르지 못하는 자들에 대해서는 어떻게 생각해야 할까? 그리스도인이라는 이름을 가지고서도 그들은 어려서부터 계속해서 속임수와 부정과 술취함과 불결한 일들을 저질러왔으니, 그것들이 그들을 대적하여 증언하니 말이다. 천국에 이르지 못하는 자들에도 이르지 못하는 것은 애석하기 그지없다.

그가 자신의 의무가 무엇인지를 더 알기를 원한 일은 잘한 일이었다. 아직도 무엇이 부족하니이까? 그는 조금만 노력하면 하나님 앞에서 자신의 행위를 완전히 채울 수 있다고 생각했고, 그리하여 그것이 무엇인지를 알고자 하였다. 자신이 실수하여 행하지 못한 것이 있다면, 그것을 기꺼이 행하려는 마음이었던 것이다. 아직 이르지 못하였으니, 계속 전진하려 한 것으로 보인다. 그리하여 그는 모세의 제도를 개선하고 완전하게 하는 가르침이 그리스도께 있다고 생각하여 그에게 나아가 문의한 것이다. 그를 보다 세련되게 해주고 영생을 성취하게 해 줄 만한 특정한 계명들이 무엇인지를 알기를 원하였다. 이보다 더 노력하고 애쓸 수 있는 사람이 과연 어디 있겠는가?

그러나, (2) 그가 한 이런 말에서도, 그는 자신의 무지함과 어리석음을 발견하였다. 〔1〕 그리스도께서 해명하시는 대로 율법을 영적인 의미로 취하면, 그는 이 모든 계명들에서 많은 것들을 범한 것이 되었다. 율법의 범위와 영적인 의미를 알았더라면, 그는 이 모든 것을 내가 지키었사온데 아직도 무엇이 부족하니이까?라고 말하는 대신, 부끄러움과 슬픔에 가득 차서 "이 모든 것을 어겼사오니, 어떻게 해야 내 죄를 사함받을 수 있사오리이까?"라고 말했을 것이다. 〔2〕

그의 말에는 교만과 허영이 들어 있었고, 믿음의 법으로도 있어서는 안 되고 (롬 3:27) 또한 의롭다하심도 얻을 수 없는(눅 18:11, 14) 자랑이 그 속에 너무나 많이 들어 있었다. 그는 바리새인들처럼 자기 자신을 지나치게 높이 평가하였고, 자신의 가치를 자랑하였으며, 그것 때문에 모든 것이 망가진 것이다. 아직도 무엇이 부족하니이까?라는 그의 말은 더 교훈을 얻기를 바라는 자세가 아니고 자신이 상상하는 완전한 상태를 칭찬해 줄 것을 요구하는 자세요, 그의 부족한 점을 하나라도 지적해 달라고 그리스도께 감히 도전하는 자세였던 것이다.

2. 그는 세상과 세상의 즐거움에 대한 무절제한 사랑 때문에 생명에 이르지 못하였다. 이것이야말로 그가 걸려 넘어진 치명적인 걸림돌이었다. 관찰하라.

(1) 그리스도께서 이 문제로 그를 시험하셨다. 예수께서 이르시되 네가 온전하고자 할진대 가서 네 소유를 팔아 가난한 자들에게 주라(21절). 그리스도께서는 그가 자랑하는 바 율법을 지키는 문제를 뒤로 물리시고, 제쳐두셨다. 율법의 범위에 대해 논쟁을 벌이는 것보다 그렇게 하는 것이 그의 진정한 모습을 아는 더 효과적인 방법이기 때문이다. 말하자면, 그리스도께서는 이렇게 말씀하신 것이다. "오라. 네가 완전하다면, 네 순종에서 네 자신이 순전하다는 것을 입증하겠다면(순전함이 우리의 복음적 완전함이기 때문에), 그리스도께서 모세의 율법에 덧붙이신 그 상태에까지 이를 것이라면, 생명에 들어가 완전한 복락을 누리고자 한다면, 오라." 그리스도께서 여기서 제시하시는 것은 남아도는 것이나 그것이 없이도 구원받을 수 있는 완전함이 아니고, 그 주된 의도로 볼 때에 우리가 반드시 지켜야 할 필수불가결한 의무인 것이다. 그리스도께서 그에게 말씀하신 것은, 그러므로 우리 모두에게 말씀하시는 것은, 우리 자신이 그리스도인들임을 입증하고 마지막에 영생을 유업으로 받는 자들로 밝혀지려면, 우리가 다음 두 가지를 행해야 한다는 것이다.

〔1〕 이 세상의 모든 부와 재물보다 하늘의 보배를 실질적으로 더 선호해야 한다. 우리의 판단과 자세에서 하늘의 영광이 이 세상의 영광보다 탁월함을 지녀야 한다. 천국을 지옥보다 선호하는 것은 아무런 소용이 없다. 세상에서 가장 악한 사람도 자신이 세상에서 더 이상 머물 수 없을 때에 예루살렘이 피난처로 있는 것을 보고 기뻐할 것이다. 그러나 하늘의 영광을 선택하고, 그것을 이 땅보다 우선시키는 것 — 이것이야말로 그리스도인이 되는 것이다. 그런데,

이에 대한 증거로서, **첫째로**, 하나님의 영광과 그를 향한 섬김을 위하여 이 세상에서 지닌 것을 처분해야 한다. "네 소유를 팔아 가난한 자들에게 주라. 사랑을 베푸는 일이 매우 중요하니, 네가 가진 소유를 팔아 가난한 자들에게 주라. 초대 교인들도 이 말씀을 유념하여 그렇게 했다(행 4:34). 경건한 용도를 위해 남겨둘 수 있는 것과 네게 남아도는 모든 것을 팔아라. 그것들로 선을 행할 수 없다면 팔아라. 하나님의 영광과 가난한 자들을 돕는 일을 위하여 기꺼이 그것들과 이별하라." 세상을 은혜로이 경멸하고, 세상의 가난한 자들과 환난당한 자들을 불쌍히 여기는 것은 모두 구원의 필수적인 요건이다. 재물이 있는 자들에게는 구제하는 것이 세상을 멸시하며 형제를 불쌍히 여기는 것을 입증하는 필수적인 증거다. 마지막 날에도 이것으로 심판이 이루어질 것이다(25:35). 많은 이들이 자신을 그리스도인이라 부르면서도 믿는 것 같이 행동하지 않으나, 우리가 그리스도를 영접하면 세상을 떠나 보내야 하는 것이 분명한 사실이다. 하나님과 재물을 동시에 섬길 수가 없기 때문이다. 그리스도는 탐심이 이 청년에게 가장 쉽게 끼어 드는 죄라는 것을 아셨고, 그가 자신의 재물을 정직하게 벌었더라도 그것과 기꺼이 결별할 수가 없으니, 이로써 그의 불순함이 드러난다는 것을 아셨던 것이다. 이 명령은 아브라함에게 주신 부르심과 같은 것이었다. 너는 너의 고향과 친척과 아버지의 집을 떠나 내가 네게 보여 줄 땅으로 기리(창 12:1). 하나님께서는 믿는 자들은 그들의 가장 강한 은혜로 시험하시고, 외식자들은 그들의 가장 강한 썩은 것들로 시험하시는 것이다. **둘째로**, 이 세상에서 하나님을 위하여 버려두었거나 잃어버린 모든 것들에 대해 저 세상에서 풍성하게 보상받을 것으로 알아 그것에 소망을 갖고 그것을 의지해야 한다. 오직 너희를 위하여 보물을 하늘에 쌓아 두라(6:20). 우리는 눈에 보이지 않는 복에 대해 하나님을 신뢰하여야 한다. 하나님께서는 그를 섬기기 위해 사용한 우리의 모든 비용에 대해 그 복으로 보상해 주실 것이다. "네 가진 것을 팔아 나누어 주라"는 명령은 아주 가혹하고 거칠게 들리고, "재물이 있어야 구제도 있다"는 반발심이 곧바로 일어날 것이다. 그러므로 그리스도께서는 곧바로 하늘에 보화가 있다는 확신을 덧붙이시는 것이다. 주목하라. 그리스도의 약속이 그의 명령들을 쉽게 만들어 주며, 그의 멍에를 견딜 만한 것은 물론 유쾌하고 즐겁고 매우 편안한 것으로 만들어 준다. 그러나 세상을 멸시하고 구제하라는 명령에 못지않게, 이러한 약속도 이 청년의 믿음을 시험하는 것이었다.

〔2〕 우리 주 예수님의 다스림과 행실에 전적으로 헌신해야 한다. 그리고 와서 나를 따르라. 여기 이 말씀은 다른 제자들이 직업을 완전히 버린 것처럼 그 역시 세상에서 지닌 것들을 팔고서 그리스도께 나아와서 가까이에서 늘 함께 지내야 한다는 뜻으로 보인다. 그러나 우리의 경우 그리스도를 따른다는 것은 그의 규례에 정당하게 참여하고, 그의 패턴을 철저하게 따르며, 그의 처분에 기꺼이 복종하고, 올바른 순종으로 그의 명령들을 준행하고 그의 법을 지키며, 이 모든 일을 그를 향한 사랑의 원리로 행하며, 그를 의지하며, 그와 경쟁이 되는 다른 모든 것을 거룩하게 멸시하는 것이다. 이것이야말로 그리스도를 온전히 따르는 것이다. 모든 것을 팔아 가난한 자들에게 주어도, 그리스도께 나아가 그를 따르지 않으면 아무런 소용이 없다. 내 모든 재물을 주어 가난한 자들을 먹인다 해도, 사랑이 없으면 그것이 내게 아무런 유익이 없는 것이다. 자, 이러한 조건으로 구원이 주어진다. 그리고 이는 매우 쉽고 합리적인 조건이요, 그 어떠한 조건도 기꺼이 받아들일 자세가 되는 자들에게는 분명 이것이 매우 쉽고도 합리적인 것으로 여겨질 것이다.

(2) 그의 본색이 드러났다. 이 말씀이 그에게 거리낌이 되었다. 그 청년이 재물이 많으므로 이 말씀을 듣고 근심하며 가니라(22절).

〔1〕 그는 부자로서 자기의 재물을 사랑하였고, 그리하여 떠나갔다. 그는 이런 조건으로는 영생을 얻기를 원치 않은 것이다. 주목하라. 첫째로, 세상에서 많이 가진 자들에게는 그 가진 것을 사랑하고 거기에 마음을 두게 될 크나큰 유혹이 있다. 세상적인 부귀는 그렇게 사람을 홀리는 성질이 있으므로, 가장 많이 가진 자들이 그것을 가장 바란다. 재물이 늘어나면 그것들에 마음을 두게 될 위험이 생기는 법이다(시 62:10). 만일 그에게 세상에서 눈곱만큼밖에는 가지지 못했는데 그에게 그것들을 가난한 자들에게 주라고 명하셨다면, 혹은 통에 한 끼 먹을 정도의 밀가루와 기름밖에는 없었는데 그리스도께서 그것을 가난한 선지자를 위하여 빵을 만들어 먹이라고 명하셨다면, 유혹이 훨씬 더 컸으리라고 생각할 것이다. 그러나 그런 유혹을 이긴 사람들이 있다(눅 21:4; 왕상 17:14). 이는 곧 세상을 사랑하는 것이 가장 절박한 필요보다 더 끄는 힘이 강하다는 것을 보여준다. 둘째로, 그리스도를 향하여 어느 정도 선한 사모함이 있는 것 같은 많은 자들이 이 세상에 대한 사랑 때문에 그를 저버린다. 큰 재물은 그것 위에서 그것을 다스리는 자들에게는 천국을 향한 길에 큰 전진이 있으

나, 그 재물을 향한 사랑에 얽매여 있는 자들에게는 그것이 큰 장애가 되는 것이다.

그러나 최소한 그에게서 정직한 면이 조금은 드러난다. 그는 그 조건이 마음에 들지 않자 물러갔고, 그것을 따르는 체하지 않았다. 그것을 철저히 행할 마음을 가질 수 없자, 그대로 물러선 것이다. 데마는 의(義)의 도를 안 후에 이 세상에 대한 사랑으로 인하여 변질되어 그의 신앙 고백에 더 큰 치욕거리가 되었으나, 그렇게 하는 것보다는 차라리 처음부터 물러서는 것이 낫다. 완전한 그리스도인이 될 수 없으니, 외식자도 되고 싶지 않았던 것이다.

〔2〕 그러나 그는 생각하는 사람이었으므로, 근심하며 돌아갔다. 그는 그리스도를 향하여 기울어져 있었고 그와 결별하고 싶지 않았다. 주목하라. 마지못해서 범한 죄로 인하여 멸망에 빠지는 사람이 많다. 근심하며 그리스도를 떠나나, 그를 떠나는 것에 대해 절대로 진정으로 근심하지 않는 것이다. 그것이 진정 근심이 되었다면, 그리스도께로 돌아갔을 것이기 때문이다. 그리하여 이 사람에게는 재물이 유혹거리가 되었고 또한 영적인 근심거리가 되었다. 그러니 나중에 그의 재물이 사라지고 또한 영생의 모든 소망이 사라질 때에는 그의 근심이 어떠하겠는가?

[23]예수께서 제자들에게 이르시되 내가 진실로 너희에게 이르노니 부자는 천국에 들어가기가 어려우니라 [24]다시 너희에게 말하노니 낙타가 바늘귀로 들어가는 것이 부자가 하나님의 나라에 들어가는 것보다 쉬우니라 하시니 [25]제자들이 듣고 몹시 놀라 이르되 그렇다면 누가 구원을 얻을 수 있으리이까 [26]예수께서 그들을 보시며 이르시되 사람으로는 할 수 없으나 하나님으로서는 다 하실 수 있느니라 [27]이에 베드로가 대답하여 이르되 보소서 우리가 모든 것을 버리고 주를 따랐사온대 그런즉 우리가 무엇을 얻으리이까 [28]예수께서 이르시되 내가 진실로 너희에게 이르노니 세상이 새롭게 되어 인자가 자기 영광의 보좌에 앉을 때에 나를 따르는 너희도 열두 보좌에 앉아 이스라엘 열두 지파를 심판하리라 [29]또 내 이름을 위하여 집이나 형제나 자매나 부모나 자식이나 전토를 버린 자마다 여러 배를 받고 또 영생을 상속하리라 [30]그러나 먼저 된 자로서 나중 되고 나중 된 자로서 먼저 될 자가 많으니라

여기에는 부자 청년이 그리스도를 떠나간 일을 계기로 그리스도께서

제자들에게 하신 말씀이 기록되어 있다.

I. 그리스도께서는 이를 계기로 하여 부자들이 구원받는 것이 어렵다는 것을 보여주신다(23-26절).

1. 부자가 — 앞에서 떠나간 그 부자와 같은 사람이 — 천국에 이르는 것이 매우 어렵다는 것. 주목하라. 다른 사람들이 당한 해(害)와 패망에서 경계를 받을 일을 생각하는 것이 우리에게 좋다.

(1) 우리 주님은 이 점을 강력하게 단언하셨다(23, 24절). 제자들은 가난하였고 이 세상에서 별로 가진 것이 없는 자들이었는데 그가 그들에게 이 점을 말씀하신 것은, 그들로 하여금 세상에서 재물이 적은 사람일수록 천국으로 향하는 길에서 장애거리가 적다는 것을 그들의 처지에 비추어서 확실히 깨닫게 하고자 하신 것이다. 주목하라. 열악한 처지에 있는 자들은 자신들이 높고 풍족한 처지에 있는 자들이 당하는 유혹에 노출되어 있지 않다는 것에서 만족을 얻어야 한다. 그들이 부자보다 이 세상에서 더 어렵게 산다 할지라도, 더 나은 세상에 더 쉽게 들어갈 수 있다면, 불평할 이유가 없는 것이다. 그리스도께서는 이를 확인하신다. 내가 진실로 너희에게 이르노니(23절). 곧, 천국으로 향하는 길이 무엇인지를 알 이유가 있는 자에게, 그 길에서 만나는 가장 큰 어려움 가운데 하나가 바로 이것임을 말씀하시는 것이다. 그리고 그 말씀을 다시 반복하신다. 다시 너희에게 말하노니(24절). 사람이 생각하기를 싫어하고 믿기는 더더욱 싫어하는 그 사실을 두 번씩이나 말씀하신다.

〔1〕 그는 부자가 선한 그리스도인이 되고 구원받는다는 것이, 금생에서나 내생에서 천국에 들어간다는 것이, 어려운 일이라고 말씀하신다. 천국으로 향하는 길은 모든 이들에게 좁은 길이며, 그 길로 인도하는 문 역시 좁은 문이다. 그러나 부자들에게는 특별히 더욱 그러하다. 그들은 다른 이들보다 행하여야 할 의무가 더 많은데 그런 것들을 감당하기가 어려울 것이고, 또한 피하기 힘든 죄들이 더 쉽게 더 많이 그들을 에워쌀 것이다. 부자들은 대적해야 할 크고도 교묘한 유혹거리들이 있고, 미소로 유혹하는 세상에게 매료되지 않기가 힘들며, 재물들이 가득 있을 때에는 그 일부로 그런 것들을 취하지 않는다는 것이 매우 힘든 법이다. 부자들은 다른 무엇보다도 재물을 모으고, 이윤과 시간과 기회를 사용하여 이익을 얻는 일에 마음을 쏟는다. 이런 어려운 것들을 깨뜨릴 수 있게 되려면 하나님의 은혜의 큰 분량이 그 사람에게 있어야만 하는

것이다.

〔2〕 그는 부자가 회심하여 구원받기가 얼마나 극심하게 어려운지, 낙타가 바늘귀로 들어가는 것이 부자가 하나님의 나라에 들어가는 것보다 쉬운 일이라고 말씀하신다(24절). 이것은 하나의 금언적인 표현으로, 사람의 기술과 능력으로 도저히 극복할 수 없는 어려움을 뜻한다. 하나님의 전능의 은혜가 있어야만 부자가 이런 어려움을 극복할 수 있게 되는 것이다. 그러므로 배도한 자들이 구원받는 것(히 6:4)과 옛 죄인들이 구원받는 것이 어렵다는 것(렘 13:23)을 불가능으로 표현하는 것이다. 누구에게라도 구원받는 일은 매우 어렵다(심지어 의인도 거의 구원받지 못한다). 그러므로 특수한 어려움이 있는 경우에는 불가능한 것으로 말하는 것이 적절한 것이다. 사람이 부자이면서 자신의 부에 마음을 두지 않는 경우가 매우 희귀하며, 또한 자신의 부에 마음을 두는 사람이 천국에 이르는 것이 완전히 불가능하다. 누구든지 세상을 사랑하면 아버지의 사랑이 그 안에 있지 아니하기 때문이다(요일 2:14; 약 4:4). **첫째로,** 천국에 이르는 길을 매우 적절하게 **바늘귀**로 표현하신다. 바늘귀는 그 속으로 통과하기가 매우 어렵다. **둘째로,** 부자를 매우 적절히 **낙타**와 비교하신다. 그 사람이 부자이므로 등에 짐을 지는 짐승인 낙타에 비유하신 것이다. 낙타가 짐을 지듯, 부자도 재물을 지니고 있다. 그러나 낙타의 짐은 남의 것이다. 이와 마찬가지로 부자도 다른 사람에게서 재물을 빌어 다른 사람들을 위해 쓰고, 얼마 후에는 다른 사람들에게 남겨주어야 한다. 그러므로 그것은 짐이다. 볼모 잡은 것으로 무겁게 짐 진 자여(합 2:6). 낙타는 큰 짐승이나 비둔한 짐승이다.

(2) 제자들은 이 진리에 매우 놀라고 믿으려 하지 않았다. 제자들이 몹시 놀라 이르되 그렇다면 누가 구원을 얻을 수 있으리이까?(25절). 그리스도께서는 그들이 깜짝 놀라고 도저히 어찌 이해해야 할지 모를 그런 진리들을 많이 가르치셨다. 이것이 그 중의 하나였다. 그러나 이 경우는 그들이 연약함 때문에 이렇게 놀란 것이다. 그렇다면 누가 구원을 얻을 수 있으리이까?라는 제자들의 말은 그리스도께 반발하는 것이 아니라 깜짝 놀라서 한 말이다. 주목하라. 구원의 길에 널려 있는 많은 장애거리들을 생각하면, 누가 구원을 받든 사람이 구원을 받는다는 사실 자체가 정말 이상한 일이다. 하나님이 얼마나 선하신가를 생각하면, 그의 백성이 그렇게 적다는 것이 이상스럽게 여겨질 것이다. 그러나 인간이 얼마나 악한가를 생각하면 하나님의 백성이 그렇게 많으며 또한 그들이 그리스

도를 영원토록 사모하게 될 것이라는 사실이 더욱더 기이하게 여겨진다. 그렇다면 누가 구원을 얻을 수 있으리이까? 부자들과 재물을 많이 가진 자들이 그렇게 많고, 또 더 많은 사람들이 부자가 되고 재물에 마음을 두게 될 것이니, 과연 누가 구원을 얻을 수 있겠는가? 부유한 자들에게 부가 장애가 된다면, 부유하지 않은 자들에게도 어쩌다가 값비싸고 화려한 것이 생길 수도 있는데, 그러면 그런 것들도 그들에게 똑같이 위험하지 않겠는가? 그러니 과연 누가 천국에 들어갈 수 있겠는가? 그렇기 때문에 부유한 자들은 흘러가는 조류와 싸워야 하는 것이다.

2. 부자가 구원받는 일이 어렵기는 해도 불가능한 것은 아니라는 것. 예수께서 그들을 보시며(26절). 그의 제자들을 물끄러미 바라보시며. 곧, 부한 자들이 영적인 면에서 누리는 이점을 탐하는 그들의 습성을 부끄럽게 하고자 그렇게 하신 것이다. 그는 그들을 이런 어려움을 이미 극복하고 천국으로 향하는 바른 길에 서 있는 자들로서 바라보셨다. 그들은 이 세상에서 가난했기 때문에 더욱 그러했다. 이르시되 사람으로서는 할 수 없으나 하나님으로서는 다 하실 수 있느니라. 모든 피조물의 능력을 훨씬 뛰어넘는 일을 하나님께서 하실 수 있다는 것이나 하나님께는 어려워서 하지 못하시는 일이 없다는 것은 일반적으로 적용되는 위대한 진리다(창 18:14; 민 12:23). 사람이 속수무책일 때에도 하나님은 그렇지 않으시다. 그의 능력은 무한하시고 저항할 수가 없기 때문이다.

그러나 여기서는 이 진리가 (1) 사람의 구원 문제에 적용된다. 제자들은, 누가 구원을 얻을 수 있으리이까?라고 말한다. 그리스도께서는 이에 대해, 피조물의 능력으로는 아무도 구원을 얻을 수 없다고 말씀하신다. 사람으로서는 할 수 없으나. 한 영혼을 구원하는 일은 사람의 지혜로도 궁리할 수가 없고, 사람의 능력으로도 이루지 못하는 일이다. 피조물은 자기 스스로나 다른 이를 통해서나 영혼의 구원에 필수적인 변화를 일으킬 수가 없다. 사람으로서는 그렇게 도도히 흐르는 물을 돌릴 수도 없고, 그렇게 굳은 마음을 부드럽게 바꿀 수도 없고, 그렇게 완고한 의지를 꺾을 수도 없는 것이다. 그런 일은 창조요, 또한 부활이다. 그러나 사람으로서는 이것이 불가능한 것이다. 이 일은 철학으로도, 의학으로도, 정치로도 절대로 불가능하다. 그러나 하나님으로서는 다 하실 수 있느니라. 주목하라. 구원의 역사의 시작도 과정도 그 완성도 전적으로 하나님의 전능하신 능력에 의존하는 것이요, 그의 능력으로는 모든 일이 가능하다. 그 능력으로 믿음이 베풀어지며(엡 1:19), 또한 그 능력으로 믿음이 지켜진다(벧전 1:5). 납득하게 하시고 겸손하게 낮추시는 은혜를 체험하여, 욥은 다른 무엇보다도 주께서는 못 하실 일이 없사오며 무슨 계획이든지 못 이루실 것이 없는 줄을 알았다(욥 42:2).

(2) 특히 부자들의 구원 문제에 적용된다. 부자들이 구원받는다는 것이 사람에게는 불가능하지만, 하나님께는 이 일조차도 가능하다. 부한 사람이 세상적인 자세를 가진 채로 구원받는다는 것이 아니라, 그들이 그런 자세로부터 구원받는다는 것이다. 주목하라. 이 세상의 유혹거리에 온통 둘러싸인 사람들이 거룩하게 되고 구원받는 일에 대해서 절망할 필요는 없다. 모든 것에 충족한 하나님의 은혜가 그 일을 얼마든지 이룰 수 있기 때문이다. 그런 자들이 천국에 들어가면, 그들은 거기서 하나님의 능력을 보여주는 영원한 기념물들이 될 것이다. 필자의 생각에는, 그리스도의 이 말씀에는 이 젊은 관원이 지금 근심하며 떠나가게 되지만 그리스도께서 그를 위하여 긍휼을 예비해 놓고 계시다는 암시가 들어 있다고 보여진다. 하나님께서는 여전히 그를 회복시키시고 더 나은 마음을 갖게 하시는 것이 불가능한 일이 아니었던 것이다.

II. 베드로는 이를 계기로 삼아, 그 젊은 관원은 그리스도께서 제시한 조건에 실망하여 물러갔으나 그 조건을 따라 **모든 것을 버리고 그를 따른 자들은 과연 무엇을 얻겠는지를 물었다**(27절). 여기서 우리는 그리스도께로부터 제자들이 기대한 것과 그리스도께서 그들에게 약속하시는 내용을 보게 된다.

1. 제자들이 그리스도께로부터 기대한 것들. 베드로는 나머지 제자들을 대표하여, 그들이 그리스도를 위하여 모든 것을 버렸으니 그 대신 그리스도께서 무언가를 주실 것이라는 기대를 표현한 것이다. 보소서 우리가 모든 것을 버리고 주를 따랐사온대 그런즉 우리가 무엇을 얻으리이까? 그리스도는 그 청년에게, 모든 것을 팔고 그에게 나아와 그를 따르면 그에게 하늘에서 보화가 있으리라고 약속하셨었다. 이제 베드로는 다음과 같은 점을 알고자 한 것이다.

(1) 그들이 과연 그런 조건을 충족히 만족시켰는지. 그들은 모든 것을 팔지는 않았으나(그들 중 부양할 아내와 가족이 있는 자들이 많았다), 모두를 버렸다. 그들은 사신 것을 가난한 자들에게 주지는 않았으나, 그리스도를 섬기는 일에 결코 장애거리가 되지 않도록 그것들을 버렸던 것이다. 주목하라. 구원받을 자들의 성품들이 어떤 것인지를 들으면, 우리가 과연 은혜로 말미암아 이런

성품들을 갖추었는지를 진지하게 살펴야 할 것이다. 베드로는 그들이 그리스도의 조건의 주된 범위와 의도를 충족시켰기를 바랐다. 하나님께서 눈에 보이는 것들과 세상을 멸시하는 거룩한 자세를 그들 속에 베푸셨고, 그 대신 그리스도와 눈에 보이지 않는 것들을 사모하게 하셨기 때문이다. 이것에 대한 증거들을 어떻게 나타내야 할지에 대해서는 특정한 규범을 제시할 수 없고, 다만 우리가 부르심을 받은 대로 나타내야 하는 것이다.

베드로는, 주여 우리가 모든 것을 버리고 주를 따랐나이다라고 말한다. 아뿔싸! 그들이 버린 모든 것이래야 고작 보잘것없는 것이었다. 그들 중 한 사람은 사실 세관의 직위를 버렸으나, 베드로를 비롯한 그들 대부분은 그저 조각배와 그물과 초라한 어부의 기구들을 버린 것이 전부였다. 그런데 베드로가 그것에 대해 어떻게 말하는지를 관찰하라. 그는 마치 그것이 정말 굉장한 일인 것처럼 이야기한 것이다. 보소서 우리가 모든 것을 버리고 주를 따랐사온대. 주목하라. 우리는 우리 자신이 그리스도를 위하여 행한 봉사와 고난, 우리가 쓴 비용과 당한 손해를 지나치게 부풀려 생각하고, 그리스도를 빚쟁이로 취급하여 그에게 할 만큼 했다고 생각하는 경향이 많다. 그러나, 그리스도께서는 이 일로 그들을 나무라지 않으신다. 그들이 버린 것이 극히 적지만, 마치 과부의 두 푼처럼 그것이 그들이 가진 전부였으니, 그리스도께서는 그들이 그것을 버리고 그를 따르는 것을 너그러이 대하셨다. 그는 사람이 가진 것에 따라 받으시는 것이다.

(2) 그들도 그 청년이 모든 것을 팔 경우에 얻게 될 그 보화를 기대할 수 있는지. 베드로의 말은, "주여 우리가 모든 것을 버렸으니 우리가 그것을 받겠사옵니까?"라는 뜻이었다. 사람은 누구나 그들이 얻을 수 있는 것을 구한다. 그러므로 그리스도를 따르는 자들도 자기들의 진정한 관심사를 돌아보고, 우리가 무엇을 얻으리이까?라고 물을 수 있는 것이다. 그리스도는 그 앞에 있는 기쁨을 보셨고, 모세는 상 주심을 바라보았다. 그러므로 우리도 참고 선을 행하여 그것을 구하여야 하는 것이다. 그리스도께서는 우리가 모든 것을 버리고 그리스도를 따름으로써 얻을 것이 무엇인지를 묻는 것을 격려하신다. 그리하여 그리스도께서 우리를 부르시는 것이 우리의 편견이 아니라 우리의 유익을 위한 것임을 깨닫도록 하시는 것이다. 계명을 염두에 두고 "우리가 무엇을 행하오리이까?"라고 묻는 것이 순종하는 믿음의 언어이듯이, 약속을 염두에 두고 "우리가 무엇을 얻으리이까?"라고 묻는 것은 소망과 신뢰를 갖는 믿음의 언어인 것이

다. 그러나 관찰하라. 제자들은 오래 전부터 이미 모든 것을 버려두고 그리스도를 섬기는 일에 헌신해왔으나, 지금까지 한 번도 우리가 무엇을 얻으리이까? 라는 질문을 한 적이 없다. 그리스도를 그렇게 섬김으로써 유익을 얻을 가망이 전혀 보이지 않았으나, 그들은 그의 선하심을 확신하였고, 그리하여 결국에 가서는 그가 그들을 버리지 않으실 것임을 알았고, 그리하여 그가 어떤 방식으로 그들에게 보상하실지에 대해서는 그에게 맡기고, 그들이 할 일을 감당하였고 그 문제에 대해서 묻지 않은 것이다. 주목하라. 그리스도를 신뢰하고 그를 섬기는 것이, 또한 그와 거래를 하지 않는 것이 그를 존귀하게 하는 것이다. 그런데 이 청년이 그리스도를 떠나 자기 재물에게로 돌아갔으니, 이제는 그들이 무엇을 얻을 것인가, 무엇을 신뢰해야 할 것인가를 생각할 때가 온 것이다. 다른 사람들이 외식과 배도로 그리스도를 떠나갈 때에, 우리는 우리가 은혜로 말미암아 우리의 진실함과 변함없는 섬김에 대해서 얻을 것이 무엇인가를 생각하는 것이 합당하다. 이를 생각하면 그들을 부러워하기보다는 불쌍히 여길 이유가 더 많다는 것을 깨닫게 될 것이다.

2. 제자들에게와 또한 그들의 믿음과 순종의 발자취를 따르는 모든 다른 사람들에게 그리스도께서 주시는 약속들. 베드로의 질문 속에 허영과 헛된 소망의 기미가 있었으나, 그리스도께서는 그것을 극단적으로 꾸짖지 않고 긴과하시고서, 이를 계기로 굳은 약속을 주신다.

(1) 그를 직접 따르는 제자들에게(28절). 그들은 최초로 그리스도를 따른 자들로서 그를 향한 존경을 드러내 보였고, 그러므로 그들에게 하늘에서 보화가 있을 것은 물론 존귀함까지도 약속하신다. 그리고 여기서 그들은 그 나라에서 존귀의 근원이신 그분께로부터 그 보증서를 받는 것이다. 나를 따르는 너희도 열두 보좌에 앉아 이스라엘 열두 지파를 심판하리라.

〔1〕 그 보증서의 서언 혹은 보증의 사유. 이것은 대개 그렇듯이 그들의 섬김을 묘사하는 것이다. "너희가 이 새롭게 되는 때에 나를 따랐으니, 내가 이것을 너희에게 주리로다." 그리스도께서 이 세상에 임하시는 때가 세상이 새롭게 되는 때 혹은 개혁할 때였고(히 9:10), 이 때에 옛 것들이 사라지고 모든 것이 새롭게 보이기 시작하였다. 제자들은 교회가 아직 배아(胚芽)의 상태에 있을 때에, 복음의 성전이 뼈대를 갖추는 단계에 있을 때에 그리스도를 따랐고, 이 때에 그들은 사도의 직분에 속한 위엄과 권세를 누리기보다는 사도로서 감

당해야 할 수고와 봉사에 힘썼다. 그리스도를 전적으로 따르는 자들이 거의 없을 때에 그들은 그렇게 했다. 그러므로 그리스도께서는 그들에게 특별한 존귀를 베푸시겠다는 것이다. 주목하라. 그리스도는 일찍부터 그를 따르고 눈으로 볼 때뿐 아니라 그 이후까지도 그를 신뢰하고 따르는 자들에게 특별한 호의를 베푸신다. 그들은 세상이 새롭게 되기(regeneration)까지 그를 따랐던 것이다. 관찰하라. 베드로는 그들이 그리스도를 따르기 위해 모든 것을 버린 사실을 이야기했으나. 그리스도는 오직 그를 따르는 일에 대해서만 말씀하신다. 그를 따르는 일이 가장 중요한 것이다.

〔2〕 그들이 존귀를 얻게 될 시기. 지금 당장이 아니다. 얼마 동안 현재의 모습으로 계속 있어야 한다. 그러나 인자가 자기 영광의 보좌에 앉을 때에는 그들이 존귀를 얻을 것이다. 어떤 이들은 이 때를 세상이 새롭게 되는 때를 지칭하는 것으로 본다. 곧, "너희가 지금 나를 따랐으니 장차 새롭게 되는 때에 그렇게 높임을 받으리라"라는 뜻이다. 그리스도의 재림이야말로 새롭게 되는 때요, 그 때에 새 하늘과 새 땅과 만물의 회복이 있을 것이다. 은혜 가운데 이루어지는 중생(regeneration in grace)에 참여하는 모든 자들(요 3:3)은 영광 가운데 이루어질 새롭게 됨(regeneration in glory)의 역사에도 참여하게 될 것이다. 은혜가 첫째 부활인 것처럼(계 20:6), 영광이 둘째 중생(혹은 새롭게 됨)인 것이다.

그런데 그들이 얻을 존귀는 인자가 그의 영광의 보좌에 앉을 때에 베풀어지는데, 이는 다음과 같은 사실을 시사한다. 첫째로, 그 때까지 그들이 계속해서 전진해야 한다는 것. 주목하라. 우리 주님의 영광이 연기되는 동안 우리의 영광도 연기되는 것이 당연한 일이요, 따라서 우리는 신실한 기대와 소망을 갖고서 그것을 기다려야 한다(롬 8:19). 우리는 믿음과 소망과 인내로 살고 일하고 고난받아야 하며, 그의 영광이 연기되는 것을 통해서 연단을 받아야 하는 것이다. 둘째로, 그들이 그리스도의 전진을 함께 나누어야 한다는 것. 그들의 존귀는 그리스도의 존귀를 나누는 것이다. 그들이 고난당하시는 예수님과 함께 고난당했으니, 통치하시는 그리스도와 함께 통치하게 되는 것이다. 지금이나 이후로나 그리스도는 만유 가운데 계시다. 그가 계신 곳에 우리도 있을 것이요(요 14:3), 또한 그와 함께 나타날 것이니(골 3:4), 이는 우리가 잃어버린 것은 물론 그리스도의 영광이 연기된 사실에 대해서도 풍성한 보상인 것이다. 우리 주께서 오실 때에 우리는 우리의 원금은 물론 이자까지도 받을 것이다(25:27). 항해가 긴 만큼 수확도 풍성한 것이다.

〔3〕그들이 받을 존귀의 내용. 너희도 열두 보좌에 앉아 이스라엘 열두 지파를 심판하리라. 이 약속의 구체적인 의미는 제대로 알기가 매우 어렵고, 애써 연구해도 별로 얻는 것이 없다. 이 점을 인정한다 해서 특별히 해로울 것은 없으리라 본다. 첫째로, 그리스도께서 아버지의 우편에 오르사 그의 영광의 보좌에 앉으실 때에, 제자들은 성령으로 말미암아 권능을 받을 것이요(행 1:8), 지금의 처지보다 훨씬 더 높이 올라가게 되며, 복음을 전파하는 일에 있어서 그들이 보좌에 앉은 것으로 생각하게 될 것이다. 마치 재판관이 재판정에서 하듯, 그렇게 권위로 복음을 전파하게 될 것이요, 그들의 직무가 확대되어, 하나님의 영적 이스라엘인 교회가(갈 6:16) 통치를 받고 또한 다른 이들과 똑같이 행하여 계속해서 불신앙 가운데 있을 육체를 따라난 이스라엘이 정죄를 받게 될 그리스도의 법을 반포하게 될 것이다. 그들이 받을 존귀와 권능을 렘 1:19(보라 내가 오늘 너를 그 온 땅 ⋯ 앞에 견고한 성읍 ⋯ 이 되게 하였은즉), 겔 20:4(네가 그들을 심판하려느냐?), 단 7:18(지극히 높으신 이의 성도들이 나라를 얻으리니), 또한 그리스도의 도리를 가리켜 열두 별의 관이라 부르는 계 12:1 등과 연관지어 설명할 수도 있을 것이다. 둘째로, 그리스도께서 예루살렘을 멸망시키기 위하여 나타나실 때에(24:31), 그가 사도들을 보내사 유내 민족을 심판하게 하실 것이라는 뜻으로도 볼 수 있다. 왜냐하면 예루살렘의 멸망을 통해서 그리스도의 말씀에 따르는 그들의 예언이 성취될 것이기 때문이다. 셋째로, 어떤 이는 이것이 장차 적그리스도가 무너진 후 세상의 종말에 있을 유대인들의 회심을 지칭하는 것으로 보기도 한다. 휘트비 박사도 이를 취한다. "이는 사도들이 이스라엘 열두 지파를 다스리는 것을 지칭하는데, 그들이 부활하여 직접 다스린다는 뜻이 아니라, 그들 속에 거하신 성령과, 또한 사도들이 복음을 믿음과 삶의 표준으로 인정함으로써 세상에 전한 바 순결함과 지식이 다시 역사하여 그들을 다스리신다는 뜻이다." 넷째로, 이 말씀의 완전한 성취는 예수 그리스도의 재림 시에 이루어지는 것이 분명하다. 그 때에는 그 큰 날의 심판에서 성도들이 모두 세상을 심판할 것이요, 그 중에서도 특히 열두 사도들이 그리스도와 함께 하는 재판관들로서 심판할 것이다. 그 때에 온 세상이 최종적인 심판을 받을 것인데, 그들이 그 심판 선고를 인정하고 찬양할 것이다. 그런데 이스라

엘 지파를 언급하는 것은, 사도들의 숫자가 지파들의 숫자와 의도적으로 동일하게 맞추어졌기 때문이기도 하며 또한 사도들이 유대인들로서 그들과 가장 가까웠음에도 불구하고 그들에게서 가장 격렬하게 박해를 받았기 때문이기도 하다. 그리고 이는 성도들이 육체를 따라 자기들이 아는 자들과 혈연 관계에 있는 자들을 심판할 것이며, 또한 그들이 친절히 여기던 자들을 그 큰 날에 심판할 것이며, 또한 이 세상에서 그들을 심판한 그 박해자들을 그들이 심판하게 될 것임을 시사한다.

그러나 이 약속의 전반적인 의도는, 성도들을 위하여 하늘에 예비된 영광과 위엄을 보여주는 데 있다. 이 땅에서 그리스도의 대의를 위하여 당한 치욕에 대하여 그러한 영광과 위엄으로 풍성하게 보상받을 것임을 말씀하고자 하는 것이다. 가장 많이 행하고 가장 고난을 많이 당한 자들에게는 더 높은 영광이 주어질 것이다. 사도들은 이 세상에서 이리저리 끌려다니고 밀려다녔으니, 천국에서 그들이 안식과 평안 가운데 앉을 것이다. 이 땅에서는 환난과 곤고와 박해와 죽음을 당하였으나, 천국에서는 그들이 영광의 보좌에 앉을 것이다. 여기서는 그들이 재판정에 끌려갔으나 거기서는 그들이 재판관의 자리에 앉을 것이다. 여기서는 이스라엘 열두 지파가 그들을 짓밟았으나, 거기서는 그들이 사도들 앞에서 두려워 떨 것이다. 그러니 이런 것이 사도들이 그리스도를 위하여 받은 모든 해와 수고를 갚고도 남을 충족한 보상이 되지 않겠는가(눅 22:29)?

〔4〕이 약속에 대한 확인. 이 약속은 견고하며 확실하여 결코 변하지 않는 것이다. 그리스도께서는 "아멘이요 충성되고 참된 증인이요 이 약속을 할 만한 권세를 지닌 내가 진실로 너희에게 이르노니, 내가 말했으니 결코 취소될 수 없으리라."

(2) 그들과 마찬가지로 모든 것을 버리고 그리스도를 따르는 모든 다른 사람들에게. 이러한 존귀는 사도들에게만이 아니라 그의 모든 성도들에게 베풀어지는 것이다. 그리스도께서는 그들을 돌보사 그들이 그로 인하여 아무것도 잃지 않게 하실 것이다. 그리스도를 위하여 무엇이든 버린 자마다 여러 배를 받고 또 영생을 상속하리라(29절).

〔1〕그리스도를 위하여 무언가를 버린 사실이 전제된다. 그리스도께서는 그의 제자들은 반드시 이 세상에서 당하는 모든 일에서 자기를 부인해야 할 것을

말씀하신 바 있는데, 여기서는 그 구체적인 사항들을 말씀하신다. 가장 최악의 경우를 고려하는 것은 좋은 일이다. 그들은 사도들처럼 모든 것을 다 버리지는 않았더라도, 굉장히 많은 것을 버렸다. 예컨대 집을 버리고 광야에서 방황하는 처지가 되었거나, 사랑하는 가족을 버리고 그리스도를 따랐을 수도 있다. 자비롭고 부드러운 마음을 지닌 자들에게는 이런 것들이 특히 버리기 힘든 것들로 여기서 특별히 언급되고 있다. 형제나 자매나 부모나 자식, 그리고 가족의 생계 유지를 위해 필수적인 전토가 특별히 언급되고 있다.

여기서 **첫째로**, 그리스도의 이름을 위하여 이런 것들을 버리는 것이 전제된다. 그렇지 않으면 모든 것을 버릴 이유가 없다. 많은 사람들이 마치 보금자리를 떠나 떠도는 새처럼 자신의 정욕 때문에 형제와 아내와 자녀들을 버리는데, 이는 죄악된 행위다. 그러나 그리스도를 위하여 그들을 버리면, 이는 보상을 받는 것이다. 우리가 선한 양심을 지키면서 그들을 돌볼 수 없으면 그들을 버리든지, 아니면 그리스도에 대한 우리의 관심을 끊든지 해야 할 것이기 때문이다. 그들에 대한 염려와 그들을 돌보는 일을 저버리지 않고 다만 그들에게 의지하는 것을 버리고, 그리스도와 그의 뜻과 영광을 위하여 그렇게 할 때에, 이것은 보상을 받게 될 것이다. 순교자와 신앙 고백자로 만드는 것은 고난이 아니라 그 고난의 이유인 것이다.

둘째로, 그것이 큰 **손실이리**는 것이 시사된다. 큰 손실임에도 불구하고 그리스도께서는 그것을 감당하게 하신다. 아무리 큰 일이라도 그는 행하실 수 있기 때문이다. 그리스도를 붙든다는 것 외에 다른 범죄가 없는데도 불구하고 그 무고한 사람들이 지닌 모든 것을 완전히 빼앗는 박해자들의 야만성을 보라! 박해받는 자들의 인내와, 그리스도를 향한 그들의 강한 사랑을 보라. 그 사랑의 불길은 그 어떠한 물로도 꺼뜨릴 수 없는 것이었다.

〔2〕 이런 손실에 대한 보상이 보장된다. 수많은 사람들이 그리스도께 헌신하였고 끝까지 그를 신뢰하였다. 그러나 절대로 한 사람도 그에게 버림받은 자가 없고, 마지막에 문제를 정리할 때에 한 사람의 예외도 없이 그로 말미암아 말할 수 없는 이득을 얻은 것이다. 그리스도께서는 여기서 그 뮤제에 대해 분명히 단언하신다. 그의 고난받는 종들에게 보상하시고 그들을 해 없이 구원하실 뿐 아니라, 그들에게 풍성한 상급을 베푸실 것이다. 그리스도를 위하여 손실을 당하면, 반드시 다시 받을 것이다.

첫째로, 여러 배를 받고. 그들이 버린 것과 같은 종류의 것을 받는다. 하나님께서는 고난받는 그의 종들을 위하여 그들이 버린 자들보다 더 많은 신실한 벗들을 일으키실 것이다. 사도들은 어디를 가든지 그들에게 친절을 베풀고 그들을 섬기며 그들에게 마음을 여는 사람들을 만났다. 그러나, 그들은 그들이 버린 것들보다 더욱 고귀하고 가치 있는 것들을 여러 배로 받는다. 그들의 은혜가 더욱 커지고, 위로가 풍성하며, 하나님의 사랑의 증표들을 받으며, 하나님과 더욱 긴밀한 교제를 누리며, 장차 나타날 영광을 더 분명하게 바라보고 더욱 감미롭게 맛보게 되며, 그리하여 아내와 자녀에게서 얻을 수 있었던 위로보다 하나님과 그리스도 안에서 백 배나 더한 위로를 얻었다고 진실로 고백할 수 있게 될 것이다.

둘째로, 영생을 상속하리라. 더 이상의 상급이 없고 앞의 것만 있더라도 충족하고도 남을 것이다. 1센트에 1센트의 이익도 큰 것인데, 백 배의 이익이 있다면 어떻겠는가? 그러나 그리스도를 위하여 모든 것을 버린 자에게 이것 이상의 상급이 베풀어진다. 여기서 약속하시는 영생에는 최고의 삶의 모든 위로들과 모든 영원한 것이 포함되어 있다. 그러니 믿음을 약속과 합치고, 그 약속의 성취에 대해 그리스도를 신뢰할 수 있다면, 아무리 힘든 일도 그리스도를 위하여 못할 것이 없고, 아무리 아끼는 것도 그리스도를 위하여 버리지 못할 것이 없을 것이다.

구주께서는 마지막 절에서 사람들의 오류를 제거하신다. 곧, 은혜의 수단과 정도보다도 그리스도를 위해 헌신한 순서대로 영광을 얻는다는 식의 그릇된 생각을 제거하시는 것이다. 먼저 된 자로서 나중 되고 나중 된 자로서 먼저 될 자가 많으니라(30절). 하나님께서 그의 손을 교차시키실 것이요, 어린아이에게는 나타내시고 지혜롭고 명철한 자들에게는 숨기실 것이요, 믿지 않는 유대인들을 버리시고 믿는 이방인들을 받으실 것이다. 하늘의 기업은 이 땅의 기업처럼 나이 순서대로, 출생한 순서대로 얻어지는 것이 아니요, 오직 하나님이 기뻐하시는 뜻에 따라 얻어지는 것이다. 이것은 다음 장에서 만나게 될 또 다른 설교의 주제가 된다.

제
— 20 —
장

개요

이 장에는 네 가지가 있다. I. 포도원 품꾼의 비유(1-16절). II. 다가오는 그리스도의 고난에 대한 예언(17-19절). III. 두 제자의 모친의 청원과 그것에 대한 책망(20-28절). IV. 두 맹인의 간구를 들으사 그들의 눈을 뜨게 하심(29-34절).

[1]천국은 마치 품꾼을 얻어 포도원에 들여보내려고 이른 아침에 나간 집 주인과 같으니 [2]그가 하루 한 데나리온씩 품꾼들과 약속하여 포도원에 들여보내고 [3]또 제삼시에 나가보니 장터에 놀고 서 있는 사람들이 또 있는지라 [4]그들에게 이르되 너희도 포도원에 들어가라 내가 너희에게 상당하게 주리라 하니 그들이 가고 [5]제육시와 제구시에 또 나가 그와 같이 하고 [6]제십일시에도 나가보니 서 있는 사람들이 또 있는지라 [7]이르되 너희는 어찌하여 종일토록 놀고 여기 서 있느냐 이르되 우리를 품꾼으로 쓰는 이가 없음이니이다 이르되 너희도 포도원에 들어가라 하니라 [8]저물매 포도원 주인이 청지기에게 이르되 품꾼들을 불러 나중 온 자로부터 시작하여 먼저 온 자까지 삯을 주라 하니 [9]제십일시에 온 자들이 와서 한 데나리온씩을 받거늘 [10]먼저 온 자들이 와서 더 받을 줄 알았더니 그들도 한 데나리온씩 받은지라 [11]받은 후 집 주인을 원망하여 이르되 [12]나중 온 이 사람들은 한 시간밖에 일하지 아니하였거늘 그들을 종일 수고하며 더위를 견딘 우리와 같게 하였나이다 [13]주인이 그 중의 한 사람에게 대답하여 이르되 친구여 내가 네게 잘못한 것이 없노라 네가 나와 한 데나리온의 약속을 하지 아니하였느냐 [14]네 것이나 가지고 가라 나중 온 이 사람에게 너와 같이 주는 것이 내 뜻이니라 [15]내 것을 가지고 내 뜻대로 할 것이 아니냐 내가 선하므로 네가 악하게 보느냐 [16]이와 같이 나중 된 자로서 먼저 되고 먼저 된 자로서 나중 되리라

포도원 품꾼 비유에는 다음과 같은 의도가 있다.

I. 우리에게 천국을 제시하기 위함(1절).　　즉 복음의 경륜의 길과 방법을 제

시하기 위한 의도가 있다. 그 나라의 법은 비유 속에 감추어지지 않고 명확하게 제시된다. 그러나 그 나라의 신비한 것들은 여기서와 13장에서 비유로 베풀어진다. 기독교의 의무들을 아는 것이 기독교의 개념들을 파악하는 것보다 더 절실하다. 그러나 기독교의 개념들은 의무보다 예증을 통하여 제시할 필요성이 더 많은데, 비유들이 바로 이를 위하여 베풀어지는 것이다.

II. 천국에 관하여, 앞 장 마지막 절에서 말씀한 내용, 즉 먼저 된 자로서 나중 되고 나중 된 자로서 먼저 될 자가 많다는 사실을 우리에게 제시하기 위함. 이 비유는 이것과 연관되어 있다. 이 진리는 겉으로는 모순처럼 보이지만, 좀 더 상세한 해명이 필요하다. 복음의 경륜에서 유대인이 배척받고 이방인이 부르심을 받아 함께 상속자들이 된다는 것보다 더한 신비는 없었다. 사도께서도 그렇게 말씀하고 있다(엡 3:3-6). 그리고 그 사실만큼 유대인들에게 거슬리는 것도 없었다. 그러므로 이 비유의 주된 의도는, 유대인들이 처음 포도원에서 일하도록 부르심을 받았고 그들 가운데 많은 이들이 부르심을 받고 나아왔으나 결국 복음이 이방인에게도 전파되어 그들이 그것을 받아들이고 그리하여 유대인들과 동등한 특권과 지위를 얻게 된다는 것을 보여주고자 하는 것인 듯하다. 이방인들이 함께 성도의 교제 가운데 있게 된다는 것은 믿는 유대인들에게조차도 혐오스러운 것이나, 그들의 그런 혐오는 전혀 근거가 없는 것이다.

그러나 이 비유는 좀 더 일반적인 의미로 적용될 수도 있다. 그렇게 보면 이 비유는 다음의 사실들을 보여주는 것이 된다. 1. 하나님은 아무 사람에게도 빚진 자가 아니시라는 것. 이는 위대한 진리로서 성경의 갖가지 내용들이 제시하는 것이다. 2. 나중에 시작하여 신앙에서 별로 희망이 없어 보이는 자들이 하나님의 복을 받아, 먼저 시작하여 큰 희망이 있는 것처럼 보이는 자들보다도 오히려 지식과 은혜와 쓰임받는 면에서 더 큰 성취에 이르는 경우가 많다는 것. 구스 사람은 아히마아스보다 먼저 달려갔으나, 아히마아스는 들길로 달음질하여 구스 사람보다 앞질러갔다(삼하 18:21-23). 요한은 걸음이 빨라 무덤에 먼저 달려갔다. 그러나 베드로가 용기가 더 많아 무덤 속에 먼저 들어갔다. 그러므로 나중 된 자로서 먼저 될 자가 많은 것이다. 어떤 이들은 이 비유를 제자들에게 주는 경계로 이해한다. 제자들은 그들이 적시에 그리스도를 열정적으로 받아들였고 모든 것을 버리고 그를 따랐다. 그러나 계속해서 열심을 다하여야 하고, 계속 전진하며 인내해야 한다. 그렇지 않으면 처음에 좋게 시작한 것이 별로 소용이 없게 되고 말 것이다. 그들이 처음 된 자들인 것 같으나 나중 된 자가 될 수도 있다는 것이다. 때로는 늦은 나이에 회심하는 자들이 이른 나이에 회심하는 자들을 능가하는 경우도 있다. 바울은 만삭되지 못하여 난 자 같았으나 지극히 크다는 사도들보다 부족한 것이 조금도 없었고, 그보다 먼저 그리스도 안에 있던 자들보다 더 많은 일을 행하였다. 이 비유와 탕자의 비유에는 무언가 유사점이 있다. 탕자의 비유에서는 방황 후에 돌아온 아들이 전혀 집을 떠난 일이 없는 아들과 똑같이 아버지의 사랑하시는 자식으로 나타난다. 3. 성도들에게 상급이 회심의 시기에 따라서가 아니라 은혜로 말미암아 이 세상에서 그 상급을 준비하는 것에 따라서, 나이의 차서에 따라서가 아니라(창 43:33) 그리스도의 장성한 분량에 따라서 주어질 것이라는 것. 그리스도께서는 세상이 새롭게 될 때에, 즉 큰 영광과 복음의 경륜이 시작할 때에 그를 따른 사도들에게 약속하셨었다(19:28). 그런데 이제는 그들과 마찬가지로 그리스도께 신실한 자들은 후에 세상 끝날에 사도들과 동일한 상급을 받게 될 것이요, 또한 그들과 마찬가지로 그리스도와 함께 보좌에 앉을 것임을(계 2:26-3:21) 말씀하시는 것이다. 후대에 그리스도를 위하여 고난당하는 자들도 초기의 순교자들과 신앙 고백자들과 똑같이 동일한 상급을 받을 것이요, 오늘날의 신실한 사역자들도 최초의 신앙의 아버지들과 동일한 상급을 받을 것이다.

이 비유에는 두 가지가 나타난다. 품꾼들과 합의한 약속과 나중에 그들과 행한 정산(定算)이 그것이다.

(1) 품꾼들과 합의한 약속(1-7절). 이에 대해서 다음과 같은 질문을 할 수 있다.

〔1〕 누가 그들을 고용하는가? 집 주인이다. 하나님은 위대한 집 주인이시다. 우리가 그의 것이요 또한 우리가 그를 섬기고 있다. 집 주인으로서 그는 자신이 행하실 일이 있고, 종들을 시켜서 행하실 일이 있다. 그에게는 하늘과 땅에 예수 그리스도로 명명된 큰 가족이 있고(엡 3:15), 하나님께서는 그 주인이시요 통치자이시다. 하나님은 품꾼들을 고용하시는데, 이는 그들이나 그들의 수고가 필요하기 때문이 아니다(우리가 아무리 의롭다 해도 과연 그를 위해 무엇을 하겠는가?). 자비로운 인간 집 주인들이 하듯이, 하나님께서는 가난한 자들을 고용하여 일하게 하시며, 그들에게 자비를 베푸시고, 나태함과 빈곤에서 그들을 구하시며, 그들이 일한 대가를 그들 자신에게 지불하시는 것이다.

〔2〕 그들을 어디서 불러서 고용하는가? 장터에서 불러서 고용한다. 하나님을

섬기는 일에 고용되기까지 그들은 장터에서 놀고 서 있고(3절), 하루 종일도 거기에 서 있다(6절). 주목하라. 첫째로, 사람의 영혼은 무언가 봉사를 위해서 고용될 준비를 갖추고 서 있다. 사람의 영혼은 (모든 피조물들이 그렇듯이) 일하기 위하여 창조되었으며, 불법의 종이 되든가 의의 종이 되든가 둘 중의 하나다(롬 6:19). 마귀는 품꾼들을 꾀어 돼지를 먹이게 한다. 그러나 하나님은 그의 복음을 통하여 품꾼들을 얻어 포도원에 들여보내시며, 입히시고 먹이시며 하늘의 일을 하게 하시는 것이다. 우리는 갈림길에 있다. 어느 쪽으로든 반드시 고용될 것이기 때문이다. 너희가 섬길 자를 오늘 택하라(수 24:15). 둘째로, 하나님을 섬기기 위하여 고용되기까지, 우리는 하루 종일 놀고 서 있는 것이다. 죄악된 상태를 가리켜 놀고 있는 게으름의 상태라 부를 수 있다. 죄인들은 그들이 세상으로 보내심을 받은 그 큰 일을 위해서나 마지막 정산을 잘 넘기기 위해서는 하는 것이 아무것도 없는 것이다. 셋째로, 장터에 놀고 서 있는 사람들에게 복음의 소명이 주어진다. 장터는 사람들이 많이 모이는 곳이요 지혜가 소리를 높이는 곳이요(잠 1:20, 21), 아이들이 앉아 노는 곳이다(11:6). 복음은 우리를 허망함에서 진지함에로 부른다. 그 곳은 사업의 장소요 시끄러움과 번잡함의 장소요, 우리는 그런 곳으로부터 조용히 물러가도록 부르심을 받는 것이다. "오라, 이 장터에서 나오라."

〔3〕 그들을 어디에 쓰기 위해 고용하는가? 포도원에서 일하게 하기 위하여. 주목하라. 첫째로, 교회는 하나님의 포도원이다. 그가 심으시고 물 주시고 담을 치시며, 따라서 거기서 나는 열매에 대해서는 하나님께 영광과 찬송을 돌려야 한다. 둘째로, 우리는 모두 이 포도원에서 일하는 품꾼들이다. 신앙의 일은 포도원의 일로서, 가지를 치고, 땅을 파고 물을 주며 담을 치고 가라지를 파내는 것이다. 우리에게는 우리 각자가 운영하고 지켜야 할 포도원이 있으니, 우리 자신의 영혼이 그것이다. 우리의 영혼은 하나님의 것이요, 그를 위하여 유지하고 단장해야 하는 것이다. 이 일에서 우리는 게으름을 피거나 빈둥거리며 놀아서도 안 된다. 품꾼들로서 일해야 하며 우리 자신의 구원을 이루어가야 한다. 하나님을 위한 일은 하찮게 할 일이 아니다. 지옥에 들어가려면 게을리 해도 무방하나, 천국으로 들어가는 자는 부지런히 일해야 한다.

〔4〕 그들의 품삯은 얼마인가? 첫째로, 주인은 한 데나리온을 주기로 약속한다(2절). 이것은 한 사람의 하루 품삯으로, 하루를 살기에 충족한 금액이었다. 그

렇다고 해서 이것이 하나님께 드리는 우리의 순종에 대한 상급이 행위에 의한 것이나 보수로 여겨질 것도 아니요(아니다, 그 상급은 값없는 은혜로 주어지는 것이다. 롬 4:4), 우리의 봉사와 하늘에서 받을 영광이 서로 비례되는 것도 아니다. 아니다. 모든 일을 다 행한 후에도 우리는 여전히 무익한 종에 불과하다. 이것은 다만 우리 앞에 상급이 놓여 있고 그 상급이 충족하다는 것을 나타내주는 것이다. 둘째로, 아무 품삯이라도 정당하다(4-7절). 주목하라. 하나님은 종들이 그를 위하여 행하는 봉사에 대해 결코 빚지는 법이 없으시며, 누구도 하나님을 위하여 일하는 것으로 인하여 버림받는 법이 없는 것이다. 우리 앞에 놓인 면류관은 의로우신 재판장이 주실 의의 면류관이다.

〔5〕 그들의 고용 조건은 무엇인가? 하루를 일하는 것이다. 여기서는 하루의 일에 대해서만 품꾼을 고용한다. 인생의 기간은 낮이요, 그 안에 우리를 세상에 보내신 그분의 일을 행하여야 한다. 이는 짧은 기간이요, 상급은 영원을 위한 것이다. 일은 하루의 몫이다. 사람은 품꾼 같이 그의 날을 마치는 것이다(욥 14:6). 일할 시간이 얼마 없고 일할 수 없는 밤이 곧 오고 있다는 것을 생각할 때에 우리는 일을 열심히 부지런히 해야 한다. 하루가 끝날 때에 일을 다 마치지 못하면 우리는 영원토록 버림을 받고 만다. 또한 우리의 일이 하루를 위한 것이라는 사실도 갖가지 어려움과 괴로움을 이길 수 있도록 용기를 준다. 종이 몹시 바라는 저녁 그늘이 다가오면, 안식의 때와 품삯을 받을 때가 이를 것이다(욥 7:2). 믿음과 인내로 계속 전진하라. 잠시 잠깐이면 모든 것이 끝난다.

〔6〕 고용된 품꾼들이 일한 시간들이 언급되고 있다. 사도들은 복음의 날의 아침과 제삼시에 부르심을 받았다. 그들은 그리스도께서 땅에 계시는 동안 첫째와 둘째 사명을 부여받았으니, 곧 유대인들 중에서 사람들을 불러내는 일이 그것이다. 그리스도의 승천 이후, 즉 제육시와 제구시에도 다시 동일한 사명들이 부여되었는데, 유대 지방에 있는 유대인에게 먼저 복음을 전파하는 일이었고, 후에는 흩어진 유대인들에게 전하는 일이 부여되었다. 그러나 결국 제십일시 경에는 이방인들에게 유대인들과 동일한 일과 특권을 부여하여 그들을 부르셨고, 그리스도 예수 안에서는 유대인과 이방인 사이에 차별이 없음을 말씀하셨다.

그러나 이것은 흔히 그렇듯이 사람들이 그리스도께로 회심하는 연령에도 적용될 수 있을 것이다. 포도원에서 일하도록 부르는 일반적인 소명은 불규칙하다. 그러나 유효적 소명은 구체적이며, 우리가 부르심을 받고 올 그 때에 그 소명이 유효해지는 것이다.

첫째로, 어떤 이들은 나이가 매우 어릴 때에 유효적으로 소명을 받아 포도원에서 일하기 시작하며, 이른 오전에 일터로 보냄을 받으며, 은혜를 받아 그 어린 나이에 창조주를 기억하게 된다. 세례 요한은 모태로부터 성령의 충만함을 받아 큰 자가 되었고(눅 1:15), 디모데도 어려서부터 그렇게 되었고(딤후 3:15), 오바댜도 어려서부터 여호와를 경외하였다. 그런 여정이 앞에 놓인 자는 일찍 출발할 필요가 있고, 빠를수록 좋은 법이다.

둘째로, 또 어떤 이들은 중년에 구원을 받는다. 제삼시와 제육시와 제구시에도 포도원에 들여보낸다. 하나님의 은혜의 능력은, 바울처럼, 한참 쾌락과 세상적인 것들을 추구하는 도중에 사람들이 회심하는 데에서 크게 드러난다. 하나님은 모든 연령층에게 일하신다. 하나님께 돌아오기에 너무 늦은 때란 없다. 아무도 "이제 너무 늦었다"고 말할 수 없다. 우리가 하루의 어느 시간에 해당되든, 죄를 섬기는 일은 우리의 지나간 인생으로 족한 것이기 때문이다. 너희도 포도원에 들어가라. 고용되기를 바라는 자들은 아무도 돌려보내시지 않는다. 아직도 일자리가 남아 있기 때문이다.

셋째로, 또 어떤 이들은 노년에, 제십일시에, 인생의 날이 다 저물어 가는 때에 포도원에 고용된다. 그 때는 제십이시까지 한 시간밖에 남지 않은 때다. 인생이 끝나고 기회가 다하는 제십이시에는 아무도 고용되지 않는다. 그러나 "목숨이 있는 동안에는 소망이 있다." 1. 늙은 죄인들에게 소망이 있다. 진정으로 하나님께 돌아오면 반드시 영접을 받는다. 참된 회개에는 너무 늦은 때란 없는 법이다. 2. 늙은 죄인들의 소망이 있다. 곧, 참된 회개에 이르게 되리라는 것이 그것이다. 전능자의 은혜로는 못할 일이 없다. 그 은혜는 구스인의 피부를, 표범의 반점을 변하게 할 수 있고, 나태함이 습관처럼 굳어진 사람들을 불러 일을 하게 할 수 있는 것이다. 니고데모도 늙은 나이에 거듭날 수 있었고, 그 나이에도 부패한 옛 사람을 벗어버릴 수 있는 것이다.

그러나 그렇다고 해서 늙을 때까지 회개를 보류해야겠다고 생각해서는 안 된다. 물론 그 품꾼들이 제십일시에 포도원에 들어간 것은 사실이다. 그러나 그 때까지 아무도 그들을 고용하지도 않았고, 그들을 부르지도 않았다. 이방인들이 제십일시에 포도원에 들어왔다. 그러나 그것은 그 때까지 복음이 그들에게 전파되지 않았었기 때문이었다. 제삼시나 제육시에 복음을 제시받았으나 그것을 저항하고 거부했던 자들은 제십일시에 와서 "우리를 품꾼으로 쓰는 이가 없음이니이다"라고 말할 수가 없을 것이요, 제십일시나 제십이시에 그들을 고용해 줄 자가 과연 있을지에 대해서 확신할 수가 없을 것이다. 그러므로 우리는 모두 각성하여, 지금은 은혜 받을 만한 때요, 우리가 그의 음성을 들으려면 그 때가 바로 지금이라는 것을 기억해야 할 것이다.

(2) 품꾼들과의 정산. 관찰하라.

〔1〕 정산의 시기. 저물매. 보통 그렇듯이 날이 저물 때에 품꾼들을 불러서 품삯을 지불하였다. 주목하라. 저녁은 정리하는 때다. 우리 인생의 저녁에 구체적인 정산이 이루어진다. 죽음 후에는 심판이 오는 법이다. 신실한 일꾼들은 죽을 때에 상급을 받는다. 그들로 하여금 그것을 인내로 기다리도록 하기 위하여 상급이 그때까지 미루어지나, 더 이상 미루어지지는 않는다. 하나님께서는 그 품삯을 당일에 주고 해 진 후까지 미루지 말라(신 24:15)는 그 자신의 원칙을 스스로도 준수하시기 때문이다. 신실한 일꾼 바울은 세상을 떠나면 그리스도와 함께 있을 것이라고 말씀하였다. 품삯이 부활의 아침이 오기까지 완전히 미루어지는 것이 아니고, 세상이 마감되는 저녁에 정산이 이루어져서 각 사람이 그 몸으로 행한 것을 따라 받을 것이다. 시간이 끝나고, 그와 함께 세상의 일과 기회가 끝나면, 보상의 상대가 시작된다. 그 때에 품꾼들을 불러 품삯을 지불하는 것이다. 세상에서 부르심을 받아 포도원에서 일을 하다가 죽음을 통해서 포도원에서 나와 품삯을 받게 된다. 포도원으로 들어가게 하는 부르심은 유효적인 부르심이요, 포도원에서 불러내는 부르심은 기쁨의 부르심이다. 관찰하라. 그들은 정산을 위해 부르심을 받기까지 그들의 품삯에 대해서 개의치 않았다. 우리도 우리의 안식과 보상을 위하여 하나님께서 정하신 때가 오기까지 인내로 기다려야 할 것이다. 우리 주님의 시계에 맞추어 나아가야 한다. 그 큰 날 마지막 나팔 소리가 품꾼들을 부를 것이요(살전 4:16), 그 때에 나를 부르라 내가 응답하리라고 선하고 신실한 종께서는 말씀하신다. 품꾼들을 부를 때에 마지막에 온 품꾼들부터 부르고 나중에 처음에 온 품꾼들을 부른다. 제십일시에 온 자들이 안식에서 처져 실망하지 않도록 그들을 맨 처음 부르시는 것이다. 그 큰 날에 그리스도 안에서 죽은 자들이 먼저 일어나고 그 후에 우리 살아 남은 자들도 그들과 함께 구름 속으로 끌어올려지리니. 여기서 나이의 차서는 아무런 관

계가 없고, 각 사람이 마지막 날에 자신이 행한 대로 받을 것이다.

〔2〕정산의 내용. 여기서 관찰하라.

첫째로, 일반적인 품삯. 그들은 한 데나리온씩 받았다(9, 10절). 주목하라. 참고 선을 행하여 영광과 존귀와 썩지 아니함을 구하는 자는 두말할 것도 없이 영생을 얻을 것이다(롬 2:7). 그러나 이것은 그들의 일의 가치를 따지는 품삯이 아니라 하나님의 선물로 베풀어지는 것이다. 천국의 영광에 차서가 있으나, 모두가 완전한 복락 가운데 있을 것이다. 동서로부터 많은 사람이(늦게 온 사람이나 길과 산울타리 가에서 불러온 사람도 함께) 이르러 아브라함과 이삭과 야곱과 함께 천국에 앉아 잔치에 함께 참여할 것이다(8:11). 천국에서는 그릇마다 크기와 용량이 같지는 않으나 그릇마다 가득 채워질 것이다. 미래의 복락을 분배하는 과정에서는 만나를 거둘 때와 같이 많이 거두는 자도 남는 것이 없고 적게 거두는 자도 모자람이 없을 것이다(출 16:18). 그리스도께서 이적으로 먹이신 사람들도 숫자가 때마다 달랐으나, 남자와 여자와 어린아이들 모두 배불리 먹었다.

하루의 십분의 일밖에 일하지 않은 사람들에게 하루 품삯 전체를 주는 것은 하나님께서 그의 주권적인 은혜로 상급을 베푸시는 것이지 그가 지신 빚을 갚으시는 뜻이 아니라는 것을 보여주고자 함이다. 가장 많이 수고한 품꾼들도 있고, 또한 많은 시간을 허비한 후에 가장 늦게 일을 시작하여 하나님 앞에서 충족하게 일했다 할 수 없는 자들도 있다. 후자의 일꾼들은 열두 시간 중 한 시간 정도밖에는 일하지 못한 것이다. 그러나 우리가 율법 아래 있지 않고 은혜 아래 있으므로, 그런 결함이 가득한 봉사도 진실하게 행했을 경우는 인정을 받을 뿐 아니라 값없는 은혜로 풍성한 상급을 받는 것이다. 눅 17:7, 8; 12:37을 보라.

둘째로, 동일한 품삯에 대해 불만을 품은 자들의 탄원. 이러한 정황이 이 비유를 더욱 장식해 준다. 그러나 전반적인 의도는 분명하다. 곧, 나중 된 자로서 먼저 될 자가 많다는 것이다. 여기서 관찰하라.

1. 품꾼들의 불평(11, 12절). 받은 후 집 주인을 원망하여 이르되. 천국에서 불만이나 불평이 있다거나 있을 수 있다는 것이 아니다. 이는 죄와 슬픔인데 천국에는 그런 것이 없기 때문이다. 그러나 이 세상에서 천국에 대한 전망과 약속 중에 있을 때에는 천국과 천국의 것들에 대해서 불만과 불평이 있을 수도 있고 또한 실제로 있는 경우도 많다. 이것은 이방인들이 천국에 들어옴으로써

유대인들이 질투하게 된 것을 지칭한다. 탕자의 비유에 나오는 형이 아버지가 자기 동생을 받아들이고 환대한 일에 대해 불평하고 항의하듯이, 이 품꾼들도 집 주인과 언쟁을 벌이며 주인의 불공평한 처사를 탓한다. 그들이 부족하게 받았기 때문이 아니라 다른 이들이 자기들과 똑같이 받았기 때문이었다. 그들은 탕자의 형처럼 자기들의 선한 봉사를 자랑한다. 우리는 종일 수고하며 더위를 견뎠나이다. 그것이 그들이 이용할 수 있는 최고의 논리였다. 죄인들은 불 가운데서 수고한다고 말씀한다(합 2:13. 한글 개역개정판은 "불 탈 것으로 수고하는 것"으로 번역함). 반면에 하나님의 종들은 아무리 열악하다 해도 햇볕 아래서 수고하는 것뿐이요, 용광로의 열기가 아니라 낮의 더위 속에서 일하는 것뿐이다. 그런데 나중 온 이 사람들은 한 시간밖에 일하지 아니하였고, 더욱이 시원할 때에 일했는데도, 우리와 같게 하였다는 것이다. 이방인들은 나중에 부르심을 받았으나, 구약 교회라는 포도원에서 의식법의 멍에를 지고 천국을 기대하면서 그렇게 오랫동안 수고해온 유대인들과 마찬가지로 메시야의 나라에서 동일한 특권을 누리는 것이다. 주목하라. 하나님의 사랑의 증표들을 우리는 너무 적게 받고 다른 사람들은 너무 많이 받았고, 또한 우리는 하나님의 일을 너무 많이 하며 다른 이들은 너무 적게 한다는 식으로 생각하는 경향이 우리에게 다분하다. 우리 자신의 공로는 과대평가하고 다른 이들의 공로는 과소평가하기가 너무나도 쉬운 것이다. 어쩌면 그리스도께서는 여기서 베드로에게 모든 것을 버리고 주를 따랐다는 것에 대해서 지나치게 자랑하지 말 것을, 마치 그와 나머지 제자들이 그렇게 하여 대낮의 더위 속에서 모든 짐을 다 졌기 때문에 그들이 당연히 천국을 누려야 하는 것처럼 생각하지 말 것을 넌지시 알려주시는 것인지도 모른다. 하나님을 위해서 보통보다 더 많이 행하고 더 많이 고통 받는 자들로서는 스스로 우쭐하여져서 자신의 그런 행위를 높이 평가하고 그것으로 인한 공로를 기대하지 않게 되기가 어려운 일이다. 사도 바울은 이 점에 대해 경계하였다. 그는 크다 하는 사도들에 못지않은 사도였으나 이를 아무것도 아닌 것으로 여겼고, 자신을 모든 성도들 중에 지극히 작은 자보다 더 작은 존재로 여겼던 것이다.

2. 불평이 제거됨. 집 주인은 이런 그릇된 항의에 대해 세 가지로 답변한다.

(1) 불평하는 자들은 자기가 불이익을 당했다고 말할 이유가 전혀 없다는 것 (13, 14절). 여기서 그는 자신의 정의로운 처사를 단언한다. 친구여 내가 네게

잘못한 것이 없노라. 그는 품꾼을 친구라 부른다. 다른 이들과 토론할 때에 우리는 부드러운 말과 분명한 논지를 사용해야 하는 것이다. 우리보다 낮은 자들이 불평이 가득하여 화를 촉발한다 할지라도, 우리는 감정을 발하지 말고 그들에게 조용히 말해야 할 것이다. 〔1〕 하나님께서 아무런 잘못도 행하실 수 없다는 것은 논란의 여지가 없는 사실이다. 이것은 왕 중의 왕이신 그분의 대권이다. 하나님께 불의가 있느냐? 사도는 그런 것을 생각하는 것조차도 끔찍스러워한다. 결코 그렇지 아니하니라(롬 3:5, 6). 하나님께서 우리에게 무엇을 행하시든, 혹은 우리에게서 무엇을 거두어 가시든, 그가 우리에게 그릇 행하시는 것이 없다는 바울의 말씀으로 우리의 모든 불평이 잠잠해져야 할 것이다. 〔2〕 하나님께서 우리에게 주시지 않는 어떤 은혜를 다른 이들에게 주시면, 그것은 그들에게 자비를 베푸시는 것이지만 우리에게도 불의를 행하시는 것이 아니다. 그러므로 우리는 이런 것을 탓해서는 안 된다. 우리에게 베풀어지는 모든 것은 값없는 은혜이므로 절대로 자랑해서는 안 된다. 그리고 우리에게 베풀어지지 않는 그것도 값없는 은혜이므로, 우리가 받지 못하는 것에 대해서 절대로 불평해서도 안 된다. 모든 입을 막고, 모든 육체가 하나님 앞에서 잠잠해야 하는 것이다.

집 주인은 자신이 불법을 행한 것이 없다는 것을 납득시키기 위해 애초에 그들과 맺은 계약을 언급한다: "네가 나와 한 데나리온의 약속을 하지 아니하였느냐? 네가 받기로 동의한 그것을 받았으니, 부당하다고 항의할 이유가 없는 것이다. 네가 받을 것을 받았으니 된 것이다." 하나님은 아무에게도 빚지신 분이 아니시나, 그는 은혜로 약속을 행하시고 결국 자신을 빚진 자로 만들기를 기뻐하시며, 그리스도로 말미암아 신자들이 그 약속에 동의하면 그는 그 약속에 따라 자신의 몫을 기꺼이 담당하시는 것이다. 주목하라. 우리가 하나님과 합의한 것이 무엇인지를 자주 생각하는 것이 우리에게 유익하다. **첫째로,** 세상에 속한 육신적인 자들은 하나님과 이 세상에 속한 데나리온을 받기로 동의한다. 그들은 살아 있는 동안의 분깃을 택하며(시 17:14), 이런 것들에서 자기들의 상급과(6:2, 5), 위로와(눅 6:24), 좋은 것(눅 16:25)을 기꺼이 받아 누리며, 그것들과 함께 끊어질 것이요, 신령하며 영원한 복들로부터 끊어질 것이다. 그러나 하나님께서는 이 일에서 그릇 행하시는 것이 하나도 없다. 그들이 자신이 택하고 동의한 한 데나리온을 그것으로 받은 것이기 때문이다. **둘째로,** 순종하는 신자들은 다가올 세상에 속한 한 데나리온을 받기로 동의한다. 그러니 그들은 자기들이 그렇게 동의했다는 것을 기억해야 한다. 네가 하나님의 말씀을 좇아 그것을 받기로 동의하지 아니하였느냐? 네가 그렇게 동의하였는데도 가서 세상과 함께 지내며 세상과 어울리려 하느냐? 네가 천국을 네 분깃으로 취하기로 동의하지 아니하였느냐? 그것을 위해 네 모든 것을 버리기로 동의하지 아니하였느냐? 그런데도 피조물에게서 복을 구하고, 하나님 안에서 누리는 복을 부족하게 여기고 그 부족한 것들을 거기서 채우려고 생각하느냐?

그리하여 주인은, 1. 품꾼을 그 계약에 묶어둔다. 네 것이나 가지고 가라(14절). 만일 이 말씀이 우리가 진 빚이나 우리의 절대적인 소유를 의미하는 것이라면, 이는 정말 끔찍한 말씀일 것이다. 우리가 우리 것이라 부를 수 있는 그것만 가지고 갈 수 있다면 우리는 모두 망한 자들이다. 자기 것만 가지고 가야 한다면 최고의 피조물이라도 아무것도 아닌 존재가 되어 버릴 것이다. 그러나 이것을 우리가 하나님께로부터 값없이 선물로 받은 것을 뜻하는 것으로 이해하면, 이 말씀은 우리가 가진 것들로 만족할 것을 가르치는 것이 된다. 더 많이 가지지 못한 것에 대해 투정부리기보다 우리가 가진 것을 누리고 감사하도록 하자. 하나님이 우리보다 다른 사람들에게 더 나은 것을 주시더라도 우리가 불평할 이유가 없다. 하나님께서는 우리가 무익한 종들에 불과한데도 우리에게 데나리온을 주시고 우리에게 합당한 것보다 훨씬 더 나은 것을 주시는 것이다. 2. 품꾼에게 그가 시기하는 그 사람도 그와 똑같이 품삯을 받아야 한다는 것을 주지시킨다. 나중 온 이 사람에게 너와 같이 주는 것이 내 뜻이니라. 주목하라. 선물들을 분배하시는 하나님의 목적들이 불변하다는 사실 앞에서 우리는 불평을 할 수가 없다. 하나님께서 그렇게 행하신다면, 우리가 불평할 것이 아닌 것이다. 하나님께서 사람의 말에 대답하지 않으신다 하여 어찌 하나님과 논쟁하겠느냐? 그런 논쟁 자체가 합당치 않은 것이다.

(2) 그는 주인과 논쟁할 이유가 없었다. 주인이 준 것은 절대적으로 주인 자신의 것이기 때문이다(15절). 앞에서 그가 자신의 정의를 단언한 것처럼 여기서도 그의 주권을 주장한다. 내 것을 가지고 내 뜻대로 할 것이 아니냐? 주목하라. 〔1〕 하나님은 모든 선한 것의 소유자이시다. 그의 소유권은 절대적이요 주권적이며 무제한적이다. 〔2〕 그러므로 그는 그가 기뻐하시는 대로 복을 주기도 하시고 물리기도 하신다. 우리가 가진 것은 우리 것이 아니며, 따라서 우리가 원

하는 대로 그것을 다루는 것은 합당치 못한 일이다. 그러나 하나님이 가지신 것은 그의 것이요 따라서 그는 그의 뜻대로 행하실 권리가 있으시다. **첫째로,** 그의 모든 섭리의 처리에서. 우리가 애착을 가지고 있으나 우리에게 적절치 못한 것을 하나님께서 취해 가시면, 우리는 이에 대해 불만하지 말아야 한다. 내 것을 가지고 내 뜻대로 할 것이 아니냐? 그가 취해 가셨으나 본래는 그가 주셨었다. 주권자 하나님께 그렇게 전적으로 의지하고 있는 피조물인 우리가 어떻게 하나님과 논쟁을 한단 말인가! **둘째로,** 하나님께서는 그의 은혜를 베푸시는 데에서 은혜의 수단들과 은혜의 영을 그가 기뻐하시는 대로 주기도 하시고 물리기도 하신다. 하나님의 모든 뜻에는 그의 경륜이 있으므로, 우리에게는 임의적인 것처럼 보일지라도 결국에는 거룩한 목적을 위하여 지혜롭게 행해진 것임이 나타날 것이다. 그러나 하나님께서 만유의 주권자이시므로, 그가 자신의 것으로 자신의 뜻대로 행하실 수 있다는 사실만으로도 모든 불평과 반론들이 제거되고도 남는 것이다.

(3) 그는 동료 품꾼이 나중에 포도원에 들어온 사실에 대해 그를 질투하거나 투덜거릴 하등의 이유가 없었다. 그리고 주인이 다른 품꾼이 잠시 일을 했는데도 하루치의 품삯을 지불한 것에 대해서 화를 낼 이유도 없었다. 내가 선하므로 네가 악하게 보느냐? 여기서 다음과 같은 점을 보게 된다.

〔1〕 시기(猜忌)의 본질. 그것은 악한 눈이다. 눈이 이 죄의 입구와 출구인 경우가 많다. 사울은 다윗이 잘 되는 것을 주목하였다(삼상 18:9, 15). 다른 사람들이 잘되는 것을 불쾌히 여기고 그들이 해를 받기를 바라는 것은 악한 눈이다. 그 눈에 그보다 악한 것이 어디 있겠는가? 그것은 우리 자신에게는 근심을, 하나님께는 화(禍)를, 이웃에게는 악의(惡意)를 발하는 것이다. 그것은 기쁨도 유익도 존귀함도 없는 죄다. 그것은 악하며, 오로지 악하기만 할 뿐이다.

〔2〕 시기가 악화됨. "내가 선하기 때문이다." 하나님은 선하시고 선을 행하시고 선을 행하시기를 기뻐하시는데, 시기는 그를 전혀 닮지 않은 것이다. 아니, 그것은 하나님을 반대하는 것이요 대적하는 것이다. 그것은 하나님의 하시는 일을 싫어하는 것이요, 그의 처리에 불만을 갖는 것이요 불쾌히 여기는 것이다. 그것은 두 가지 큰 계명들을 한꺼번에 다 직접적으로 범하는 것이다. 곧, 하나님을 사랑하라는 계명과 이웃을 사랑하라는 계명이 그것이다. 그러므로 우리는 하나님의 뜻을 그대로 받아들이고, 이웃이 잘될 때에 기뻐해야 한다.

이렇게 볼 때에 사람의 악함이 하나님의 선하심을 기회로 삼아 발동하는 것은 더욱더 죄악된 것이다.

마지막으로, 이 비유의 적용이 있다. 이와 같이 나중 된 자로서 먼저 되고 먼저 된 자로서 나중 되리라(16절. 또한 19:30을 보라). 이제 복음의 나라가 처음 세워지고 이 유대인 회심자들이 다른 사람들의 선두에서 일할 때에 그리스도를 따른 많은 자들이 있었다. 그런데 그리스도께서는 그들의 자랑하는 것을 잠잠케 하기 위하여 여기서 그들에게 다음과 같은 사실을 말씀하신다.

1. 그들이 그들의 후계자들보다 못하게 될 수도 있다는 것. 그리고 그들이 다른 이들보다 먼저 믿음을 가졌더라도 지식과 은혜와 거룩함에서 그들보다 열등하게 될 수도 있다는 것. 이방인 교회가 아직 태어나지 않았고, 이방 세계가 아직 장터에 놀고 서 있으나, 장차 탁월하고 유능한 그리스도인들이 유대인보다 그들에게서 더 많이 배출될 것이었다. 홀로 된 여인의 자식이 남편 있는 자의 자식보다 많고 더 탁월한 것이다(사 54:1). 교회가 후 시대에 가서 과거 어느 때보다도 더 살찌고 번창하여 주께서 의로우시다는 것을 보여줄지 누가 알겠는가? 오늘날 우리가 살고 있는 타락한 시대보다는 초기의 기독교가 거룩한 신앙의 순결성과 능력을 더 많이 보유했었던 것은 사실이나, 교회의 하루 중 제 십일시에, 빌라델비아 교회의 시기에, 어떤 품꾼들이 포도원에 들여보내질지, 그리고 그 때에 성령의 역사하심이 지금까지 있었던 것보다 훨씬 더 풍성할지 누가 알겠는가?

2. 마지막에 혹시 그들 자신이 외식자들로 발견되지 않을까를 두려워할 이유가 있다는 것. 청함을 받은 자는 많되 택함을 입은 자는 적기 때문이다. 이것이 당시에는 유대인들에게 적용되었다(22:14). 그러나 그것은 지금도 여전히 사실이다. 일반적 소명으로 부르심을 받으나, 구원받는 택함을 얻지 못하는 자들이 많은 것이다. 영원 전부터 택함받은 자들은 모두 **때가 차매** 유효적으로 부르심을 받으며(롬 8:30), 따라서 우리의 유효적 소명을 확실히 하는 중에 우리의 **택하심을 굳게** 하게 된다(벧후 1:10). 그러나 외형적인 부르심은 그렇지 않다. 청함받은 자는 많되, 많은 이들이 거부하며(잠 1:24), 아니 하나님께 가라고 부르심을 받을 내에 그들은 오히려 하나님께로부터 도망하는 것이다(호 11:2, 7). 그리고 이로써 그들이 택함받지 않은 사실이 드러난다. 택하심을 입은 자가 구원을 얻을 것이기 때문이다(롬 11:7). 주목하라. 그저 그리스도인이라 불

리기만 하는 자들에 비해서 택함받은 그리스도인들의 숫자가 적다. 그러므로 천국을 향한 우리의 소망을 외형적 부르심이라는 모래가 아니라 영원한 택하심이라는 반석 위에 세우는 것이 무엇보다 중요하다. 그리고 우리가 그리스도인처럼 보이는 자로 발견되어 결국 구원에 이르지 못하지 않을까 두려워하여야 한다. 아니, 결함 있는 그리스도인으로 발견되어 결국 이르지 못하지 않을까를 두려워해야 하는 것이다(히 4:1).

¹⁷ 예수께서 예루살렘으로 올라가려 하실 때에 열두 제자를 따로 데리시고 길에서 이르시되 ¹⁸ 보라 우리가 예루살렘으로 올라가노니 인자가 대제사장들과 서기관들에게 넘겨지매 그들이 죽이기로 결의하고 ¹⁹ 이방인들에게 넘겨 주어 그를 조롱하며 채찍질하며 십자가에 못 박게 할 것이나 제삼일에 살아나리라

여기서 그리스도께서는 다가오는 자신의 고난에 대해 제자들에게 세 번째로 말씀하신다. 그가 예루살렘으로 올라가시는 것은 유월절을 지키기 위함이요 동시에 자기 자신을 위대한 유월절 양으로 드리기 위함이었다. 그 일은 반드시 예루살렘에서 행해야 하고, 거기서 유월절을 지켜야 하며(신 12:5), 거기서 선지자가 죽어야 한다. 그 곳이 산헤드린이 모이는 곳이요, 산헤드린에서 그 문제를 심의했기 때문이다(눅 13:33). 관찰하라.

I. 이 예언이 사사로이 베풀어짐. 열두 제자를 따로 데리시고. 이는 그리스도께서 그들에게 어두운 데서 말씀하였으나 후에는 광명한 데서 말하게 되는 여러 가지 사실 중의 하나였다(10:27). 그들은 그리스도의 친구들로서 그의 은밀한 비밀이 그들에게 있었고, 그 중에서도 그의 고난에 대한 비밀이 그들에게 주어진 것이다. 이는 받아들이기 힘든 말씀이었고, 그것을 감당할 수 있는 사람들이 있다면 바로 그들이었다. 그들은 그와 함께 직접적으로 위험을 당할 자들이었고, 따라서 그들이 사전에 그 일을 알고 미리 경계를 받는 것이 필수적이었다. 그래야 미리 무장할 수 있었기 때문이다. 그 일을 공개적으로 말씀하는 것은 아직 적당하지 못했다. 1. 그에게 차갑게 대하는 많은 이들이 그런 말씀을 들으면 그에게서 완전히 등을 돌릴 것이기 때문이었다. 십자가가 걸림돌이 되어 많은 이들이 두려워 더 이상 그를 따르지 않을 것이었다. 2. 그를 뜨겁게 따르는 많은 이들이 그런 말씀을 들으면 무력을 사용해서라도 그를 지키려 할 것

이요 그렇게 되면 민란이 일어나게 되고(26:5), 그가 미리 대중에게 그런 말씀을 하셨다면 그 민란의 모든 책임이 그에게 돌려질 것이었다. 그리고 그런 방법이 이 세상에 속하지 않은 그의 나라의 방법과 완전히 모순되는 것 외에도, 그리스도께서는 그의 고난을 가로막을 소지가 있는 것은 그 어떠한 것도 절대로 용인하지 않으셨던 것이다. 이 말씀은 회당에서나 집에서가 아니라 그들이 여행을 하는 중에 길에서 말씀하셨다. 이는 형제들과 함께 걷거나 여행하는 중에 선하며 유익이 되는 말씀들을 함께 나눌 것을 우리에게 가르쳐준다(신 16:7을 보라).

Ⅱ. 예언의 내용(18, 19절).　　관찰하라.

1. 전에 이미 말씀하셨던 내용을 반복하신 것이다(16:21; 17:22, 23). 이는 곧 그가 자기 앞에 놓여 있는 어려움을 분명히 보고 계셨다는 것은 물론, 그가 자신이 장차 행하셔야 할 고난의 역사에 마음을 쓰고 계셨다는 것을 시사해 준다. 그것에 대한 생각이 그를 가득 채우고 있었다. 그러나 두려움이 있었던 것은 아니다. 그랬다면 그것을 회피할 방법을 찾았을 것이요 또 결국 그것을 회피할 수 있었을 것이다. 그러나 그는 그 고난에 대해 간절한 바람과 기대가 있었다. 그러므로 그는 자신의 고난에 대해 자주 말씀하셨다. 고난을 통해서 그가 자신의 영광에 들어가게 될 것이었기 때문이다. 주목하라. 우리도 우리의 죽음에 대해서, 또한 이 세상과 무덤의 사이에서 만나게 될 가능성이 많은 고난들에 대해서 자주 생각하고 이야기하는 것이 좋다. 그렇게 더 친숙하게 만들어 놓으면 그것들이 덜 어렵게 될 것이다. 이것이 날마다 죽고, 날마다 우리 십자가를 지며, 날마다 십자가와 죽는 일에 대해 말씀하는 한 가지 방법이다. 그렇게 생각하고 이야기한다고 해서 그것이 더 일찍 오거나 더 확실하게 오는 것은 아니다. 그러나 우리의 생각과 대화가 그런 것들에 가 있으면 훨씬 더 나은 것이다.

2. 여기서는 그 전보다 그의 고난에 대해 더 구체적으로 말씀하신다. 전에는 그가 많은 고난을 받고 죽임을 당할 것과(16:21), 또한 장차 사람들의 손에 넘겨져 죽임을 당할 것을 말씀하셨었는데(17:22), 여기서는 이방인들에게 넘겨 주어 그를 소통하며 채찍질하며 십자가에 못 박게 할 것임을 덧붙이신다. 이런 사실들은 끔찍한 일들이요, 그것들을 또렷하게 미리 보는 것만으로도 위축되어 의기소침해지기에 충분한 일이었다. 그러나 (그에 대해 미리 예언된 대로) 그는 쇠하

지 아니하며 낙담하지 아니하셨고(사 42:4), 오히려 그의 고난을 분명하게 미리 볼수록 더욱더 활기차게 그것을 당하러 나아가신 것이다. 그는 전처럼 자신이 대제사장들과 서기관들에 의해서 고난당하실 것을 예언하신다. 그러나 여기서 이방인들에게 넘겨 주리라는 것을 덧붙이심으로써, 그가 문제를 사태를 정확히 알고 계시다는 것을 드러내신다. 대제사장과 서기관들은 그를 사형에 처할 권한이 없었고, 또한 십자가에 못 박는 형이 유대인들 사이에서 사용되는 사형의 방법도 아니었기 때문이다. 그리스도께서 유대인과 이방인 모두의 악의로 인하여 고난당하신 것은, 그의 고난이 유대인과 이방인 모두의 구원을 위한 것이었기 때문이다. 유대인과 이방인 모두가 그의 죽음에 가담한 것은 그리스도께서 그의 십자가로 둘을 화목하게 하실 것이었기 때문이다(엡 2:16).

3. 전처럼 여기서도 그는 그의 부활과 영광에 대해 언급하신다. 제삼일에 살아나리라. 이렇게 말씀하시는 것은, (1) 고난 중에 자기 자신을 격려하시고, 즐겁게 고난을 통과하시도록 하기 위함이다. 그는 그 앞에 있는 기쁨을 위하여 십자가를 참으셨다. 그는 자신이 다시 살아날 것을, 그것도 사흘만에 살아날 것을 미리 아셨다. 그리고 부활 이후에 곧바로 영광을 얻으실 것이다(요 13:32). 상급이 확실할 뿐 아니라 매우 가까이 와 있는 것이다. (2) 그의 고난으로 인하여 완전히 압도되고 크나큰 두려움 속에 있게 될 제자들을 격려하시고 위로하시기 위함이다. (3) 이 땅에서 온갖 고난 중에 있는 우리들에게 장차 영광이 나타날 것을 믿음으로 바라보고, 눈에 보이지 않는 영원한 것들을 사모하여 잠깐 동안 있을 현재의 환난을 가볍게 여길 수 있도록 지도하시기 위함이다.

[20]그 때에 세베대의 아들의 어머니가 그 아들들을 데리고 예수께 와서 절하며 무엇을 구하니 [21]예수께서 이르시되 무엇을 원하느냐 이르되 나의 이 두 아들을 주의 나라에서 하나는 주의 우편에, 하나는 주의 좌편에 앉게 명하소서 [22]예수께서 대답하여 이르시되 너희는 너희가 구하는 것을 알지 못하는도다 내가 마시려는 잔을 너희가 마실 수 있느냐 그들이 말하되 할 수 있나이다 [23]이르시되 너희가 과연 내 잔을 마시려니와 내 좌우편에 앉는 것은 내가 주는 것이 아니라 내 아버지께서 누구를 위하여 예비하셨든지 그들이 얻을 것이니라 [24]열 제자가 듣고 그 두 형제에 대하여 분히 여기거늘 [25]예수께서 제자들을 불러다가 이르시되 이방인의 집권자들이 그들을 임의로 주관하고 그 고관들이 그들에게 권세를 부리는 줄을 너희가 알거니와

²⁶너희 중에는 그렇지 않아야 하나니 너희 중에 누구든지 크고자 하는 자는 너희를 섬기는 자가 되고 ²⁷너희 중에 누구든지 으뜸이 되고자 하는 자는 너희의 종이 되어야 하리라 ²⁸인자가 온 것은 섬김을 받으려 함이 아니라 도리어 섬기려 하고 자기 목숨을 많은 사람의 대속물로 주려 함이니라

여기에는 먼저, 두 제자가 그리스도께 요청한 것과 그리스도께서 그들의 오류를 교정해 주신 기사가 나타난다(20-23절). 세베대의 아들들은 야고보와 요한이었는데, 이들은 그리스도의 처음 세 제자 중 두 사람이었다. 베드로와 그 두 사람이 그가 아끼시던 제자들이었다. 요한은 예수께서 사랑하시는 제자였다. 그러나 그들만큼 자주 책망을 받았던 제자들이 없었다. 그리스도께서는 가장 사랑하시는 자들을 가장 많이 책망하시는 것이다(계 3:19).

I. 그들이 그리스도께 제기한 야망이 가득한 요청. 곧, 그리스도의 나라에서 하나는 그의 우편에, 하나는 그의 좌편에 앉게 해 달라는 것이었다(20, 21절). 그리스도의 나라가 현재 초라한 상태로 나타나 있음에도 그 나라에 대해 확신이 있었다는 것은 상당한 정도의 믿음이었다. 그러나 그리스도께서 거듭거듭 고난과 자기 부인에 대해 말씀하셨는데도 그들이 여전히 세상적인 화려함과 능력을 지닌 세속적인 나라를 기대했다는 것은 상당한 무지의 소치였다. 그들은 이 나라에서 쓰임받기를 구한 것이 아니라 오로지 명예를 얻기만을 구하였다. 그들은 이 상상 속의 나라에서 다른 모든 사람들보다 높은, 그리스도 바로 밑자리를 얻고자 하였다. 어쩌면 그들이 제삼일에 살아나리라는 그리스도의 마지막 말씀을 듣고서 이런 요구를 하게 되었을지도 모른다. 그들은 그리스도께서 부활하시면 그의 나라에 들어가실 것이라고 결론지었고, 그러므로 지금이야말로 그 나라에서 최고의 자리를 얻을 절호의 기회이며, 남들보다 일찍 말하지 않으면 그 자리를 놓칠 것이라고 생각하였다. 그리스도께서 그들을 위로하기 위하여 하신 말씀을 그들은 이렇게 억지로 이해하여 스스로 우쭐해진 것이다. 위로를 감당하지 못하는 사람도 있으나, 그들은 그런 위로를 그릇된 목적으로 바꾸어 버렸다. 좋은 음식도 위가 나쁘면 체하는 법이다. 여기서 관찰하라.

1. 그들은 그리스도께 이 말씀을 드릴 때에 효과가 크게 하기 위하여 방법을 썼다. 곧, 그들의 어머니로 하여금 그런 요청을 하게 하여, 그런 요청이 그들의

요청이 아니라 그 어머니의 요청인 것처럼 보이게 만든 것이다. 교만한 자들은 자기 자신을 굉장히 생각하면서도 그렇게 보이기를 원치 않으며, 따라서 자기들 스스로는 그렇게 할 수 없으니 다른 사람들을 동원하여 자기들을 높여 주도록 만들며, 결국 꾸며낸 겸손(골 2:18)을 드러낼 뿐이다. 야고보와 요한의 어머니는 살로메였다(27:61과 막 15:40을 보라). 어떤 이들은 그녀가 글로바 혹은 알패오의 딸이요, 우리 주님의 모친 마리아의 친자매 혹은 사촌이었다고 생각하기도 한다. 그녀는 그리스도께 시중들고 옆에서 도운 여자 중 한 사람이었으므로, 그들은 그녀가 그리스도께 그렇게 봉사하니 그가 그녀의 청을 거절할 수 없을 것이라고 생각하였고, 그리하여 그녀를 자기들의 대변인으로 내세운 것이다. 아도니야도 솔로몬에게 청을 할 때에 밧세바로 하여금 이야기하도록 하였다. 그녀는 자기 아들들의 야망을 간파하였어야 했는데 그렇게 해서 결국 아들들의 야망을 채우는 도구가 되어 버렸으니, 이는 그녀의 연약함의 소치였다. 지혜롭고 선한 자들은 동기가 그릇된 일에는 가담하지 않을 것이다. 은혜로운 요청에 대해서, 우리는 이런 지혜를 배워야 한다. 곧, 은혜의 보좌에 관심을 가진 자들이 기도해 주기를 바라고 사모하여야 하며, 기도하는 친구들에게 우리를 위해서 기도해 줄 것을 청하며, 그들이 기도해 주는 것은 진정 감사한 일로 여겨야 하는 것이다.

또한 그리스도께 먼저 전반적인 응답을 구하는 것도 믿음의 방법이 아니라 인간적인 방법이다. 그들은 먼저 그리스도께 자기들에게 무엇을 해 주시기를 구하였다. 구하라 그리하면 너희에게 주시리라는 일반적인 약속에 근거하여 그렇게 하기도 하나, 이 약속에는 조건이 내포되어 있다. 곧, 우리의 요구가 하나님의 계시된 뜻에 따른 것이어야 한다는 것이다. 그렇지 않으면 그것은 정욕에서 나온 것으로 구하여도 얻지 못하는 것이다(약 4:3).

2. 그 요구의 밑바닥에 교만이 있었다. 그들 자신의 공로를 자랑하는 교만이요, 형제를 멸시하는 교만이요, 명예와 높은 지위를 바라는 교만이었다. 교만은 가장 손쉽게 우리를 에워싸는 죄요, 또한 깨끗하게 씻어버리기가 매우 힘든 죄이기도 하다. 은혜와 거룩함에서 다른 사람들을 능가하고자 애쓰는 것은 거룩한 야망이다. 그러나 화려함과 멋에서 다른 사람들을 능가하기를 탐하는 것은 죄악된 야망이다. 네 주께서 조롱과 멸시를 당하시고 십자가에 못 박히시리라는 말씀을 방금 듣고서도 네가 너를 위하여 큰 일을 찾느냐? 부끄러운 줄을 알

라! 그것을 찾지 말라(렘 45:5).

Ⅱ. 이 요청에 대한 그리스도의 답변(22, 23절).　그는 어머니가 아니라 그녀를 내세운 두 아들에게 답변하신다. 다른 사람들이 우리를 위하여 기도해도, 그들의 기도에 대한 응답은 우리에게 임한다. 그리스도의 답변은 매우 부드럽다. 그들은 야망에 휩싸여 있었으나, 그리스도께서는 온유한 심령으로 그들을 회복시키셨다. 관찰하라.

1. 그는 그들의 요청의 무지와 오류를 책망하셨다. 너희는 너희가 구하는 것을 알지 못하는도다.

(1) 그들은 그리스도의 나라에 관심을 가지면서도 그 나라에 대해 매우 어두운 상태에 있었다. 그들은 세속적인 나라를 꿈꾸었으나 그리스도의 나라는 이 세상에 속한 것이 아니었다. 그들은 그리스도의 우편과 좌편에 앉는다는 것이 무엇인지를 알지 못하였다. 그들은 마치 맹인이 색깔에 대해 논하는 것처럼 그것에 대해 이야기한 것이다. 장차 나타날 그 영광에 대한 우리의 의견들은 마치 어린아이가 성인(成人)들의 승진(진급)에 대해 갖고 있는 생각과도 같다. 은혜로 말미암아 우리가 완전에 이르게 되면, 그런 어린아이 같은 환상은 벗어버리게 될 것이다. 우리가 얼굴과 얼굴을 대하여 보게 되면, 우리가 누리는 것이 무엇인지를 알게 될 것이다. 그러나 안타깝게도 지금은 우리가 구하는 것을 알지 못한다. 그저 약속하신 바 선한 것을 구하는 것밖에는 할 수가 없다(딛 1:2). 후에 모든 것이 성취될 것인데, 그 때의 상황은 눈으로도 보지 못하고 귀로도 듣지 못하는 것이다.

(2) 그들은 그 나라에 들어가는 길에 대해서도 매우 어두운 상태에 있었다. 나중의 결과를 구하면서 그 결과에 이르는 수단을 간과하는 자들은 자기들이 구하는 것을 알지 못하는 것이요, 또한 하나님께서 하나되게 하신 것을 나누는 것이다. 그 제자들은, 자기들이 그리스도를 위하여 자기들의 적은 소유 전체를 버렸고 시골로 다니면서 얼마 동안 그 나라의 복음을 전파하였으니 이제는 우리가 무엇을 얻겠나이까?라는 질문을 제기할 때가 되었다고 생각한 것이다. 그들은 이제는 마치 면류관과 화관 외에는 바라볼 것이 아무것도 없는 것처럼 생각하였다. 그러나 지금까지 낭했던 것보다 훨씬 더 큰 어려움과 환난이 그들 앞에 놓여 있었던 것이다. 아직 싸움을 시작하지도 않았고 달려가야 할 길이 먼 상태에서 그들은 자기들의 싸움이 다 끝났다고 상상하였다. 그들은 벌써 가

나안에 들어와 있는 꿈을 꾸면서, 요단 강을 어떻게 건널지에 대해서는 전혀 생각하지 않는 것이다. 주목하라. 〔1〕 우리는 모두 갑옷을 입고 있으면서도 마치 갑옷을 벗은 것처럼 자랑하기가 쉽다(왕상 20:11). 〔2〕 면류관을 쓰는 영광은 구하면서 그 영광으로 나아가는 길에서 십자가를 견딜 은혜를 구하지 않으면, 그것은 우리가 구하는 것을 알지 못하는 것이다.

2. 그는 허영과 야망이 가득 찬 그들의 요청을 제지하셨다. 그들은 그리스도의 좌우편에 앉는 높은 지위를 상상하며 스스로 즐거워하고 있었다. 주님은 이것을 제지하시고자 그들이 당할 고난에 대해 깊이 생각하게 하시고, 또한 그들의 영광에 대해서는 어둠 속에 있는 상태로 내버려두신다.

(1) 그들이 당할 고난에 대해 생각하도록 이끄신다. 그들은 마땅히 고난을 깊이 생각했어야 했으나 그렇게 하지 않았던 것이다. 그들은 면류관과 상급을 간절히 바라는 나머지 그릇된 방법으로라도 그것들을 쟁취하고자 정면으로 돌진할 태세였다. 그러므로 주님은 장차 환난을 당할 때에 깜짝 놀라거나 공포에 사로잡히지 않도록 그들의 앞에 환난이 놓여 있다는 사실을 주지시키는 것이 필요하다고 생각하시는 것이다. 관찰하라.

〔1〕 그는 이 어려움에 대해서 그들에게 문제를 똑바로 제시하신다(22절). "너희가 그 나라에서 첫째가는 존귀한 자리에 서기를 바라는데, 내가 마시려는 잔을 너희가 마실 수 있느냐? 너희는 너희에게 주어진 일을 다 행한 후에 어떤 큰 것들을 받아야 할지에 대해서 이야기하는데, 너희가 과연 끝까지 그 일을 행할 수 있겠느냐?" 이 문제를 여러분 자신에게 진지하게 적용시켜 보라. 이 두 제자는 자신들이 무슨 정신으로 말하는지도 모르면서 화를 발하였었다(눅 9:55. 한글 개역개정판 난외주 참조). 그리고 여기서는 야망으로 마음이 부풀어 있어서 그들의 심령에 무엇이 잘못되었는지를 알지 못하고 있었다. 그리스도께서는 우리가 우리 자신 속에서 분별해 내지 못하는 교만을 우리 속에서 보시는 것이다.

주목하라. 첫째로, 그리스도를 위해 고난받는 것이 곧 잔을 마시는 것이요 세례를 받는 것이다. 고난을 이렇게 묘사하는 데에서, ① 환난이 도처에 가득하다는 것이 참이다. 그것은 괴로움과 고통이 가득한 쓴 잔을 마시는 것이요, 그런 잔이 하나님의 백성에게 돌려진다(시 43:10). 이는 과연 떨림으로 마시는 잔이지만, 악인들의 몫인 불과 유황의 잔은 아니다(시 11:6). 그것은 환난의 물로 씻는 세례요, 어떤 이들은 그 속에 잠기며, 물이 심지어 그들의 영혼에까지 차기도 한다(욘 2:5). 다른 이들은 그냥 물로 뿌림을 받기만 한다. 둘 다 세례인데 어떤 이들은 마치 홍수를 당하듯이 그것에 완전히 잠기기도 하고, 또 어떤 이들은 물 뿌림을 받아 젖기도 하는 것이다. 그러나, ② 이 일에서도 위로가 넘친다. 그것은 큰 바다가 아니고 그저 잔에 불과하다. 쓰디쓰지만 바닥이 보인다. 그것은 아버지의 손에 있는 잔이며(요 18:11), 속에 섞은 것이 가득하다(시 75:8). 그것은 세례 이상 아무것도 아니다. 물에 잠기지만 그것이 최악이고, 물에 빠져 죽는 법은 없다. 혼란스러우나 절망 속에 있는 것은 아니다. 세례는 우리가 언약과 교제 속에서 주님과 하나가 되는 규례다. 그리스도를 위한 고난도 마찬가지다(겔 20:37; 사 48:10). 세례는 "내적인 영적 은혜를 보여주는 눈에 보이는 외적인 표증이다." 그리스도를 위한 고난도 마찬가지다(빌 1:29).

둘째로, 그것은 그리스도께서 마신 잔과 동일한 잔을 마시는 것이요, 그가 받으신 세례와 동일한 세례를 받는 것이다. 그리스도는 먼저 고난 가운데서 우리와 함께 하시며, 다른 일에서와 같이 그 일에서도 우리에게 모범을 남기셨다. ① 그가 그런 잔을(요 18:11), 아니 그런 시냇물을(시 110:7)을 마시며, 더욱이 그렇게 깊이 마시면서도 그렇게 기쁘게 마신다는 것은, 또한 그가 그런 세례를 기꺼이 받으신다는 것은(눅 12:50), 고난당하시는 그리스도께서 자신을 낮추셨음을 보여준다. 그가 보통의 죄인처럼 물로 세례를 받으시는 것도 큰 일인데, 특별한 악인으로서 피로써 세례를 받으신다는 것은 그보다 훨씬 더한 일이다. 그러나 이 모든 일에서 그는 죄악된 육체와 같이 되셨고, 우리를 위하여 죄가 되신 것이다. ② 그리스도인들이 그 쓴 잔을 마심으로써 그리스도께 맹세하며 그의 고난에 참여하며 그들의 뒤에 있는 것을 채운다는 것은 고난당하는 그들에게 위로가 있음을 말씀해 준다. 그러므로 우리는 동일한 마음으로 무장하여 영문 밖으로 그에게 나아가야 할 것이다(히 13:13).

셋째로, 우리가 과연 이 잔을 마실 수 있고 이 세례를 받을 수 있는지 우리 자신에게 자주 질문을 던지는 것이 우리에게 좋다. 고난을 기대해야 하고, 고난당하기를 어려운 일도 보지 말아야 한다. 그것이야말로 우리에게 어울리는 일이기 때문이다. 우리는 과연 기쁨으로 고난당할 수 있는가? 그리고 최악의 때에도 여전히 우리의 순결함을 지켜갈 수 있는가? 그리스도를 위하여 무엇을 버릴 수 있는가? 우리가 얼마나 그를 신뢰할 수 있겠는가? 그리스도를 붙들던 것을 놓아버리기보다는 차라리 그 쓴 잔을 마시고 피로 받는 세례를 받을 뜻이 내 마음속에 있는가? 신앙이 전부의 가치가 있다. 그러나 그것을 위해서 고난을 받을 가치가 없다면 별로 가치가 없는 것이다. 이제 자리에 앉아 그리스도를 부인하기보다는 그를 위해 죽는 비용을 따져보고, 그리고 나서 우리 자신에게 물어보자. 우리가 이런 조건하에서도 그를 받아들일 수 있겠는가?

〔2〕 두 제자가 자기들 자신에 대해 얼마나 담대했는지를 보라. 그들은 그리스도의 우편과 좌편에 앉고 싶은 마음으로, 할 수 있나이다라고 말했다. 그러나 동시에 과연 그런지를 절대로 시험받고 싶지 않은 심정이었다. 바로 앞에서 그들이 구하는 것을 알지 못했듯이, 지금도 그들은 자기들이 답변하는 것을 알지 못했다. 할 수 있나이다. 그들은 마땅히 "주여 주의 힘과 주의 은혜로 우리가 할 수 있나이다. 그렇지 않고서는 우리가 할 수 없나이다"라고 대답했어야 옳았다. 그러나 베드로가 자기 자신의 충족한 능력을 확신하고 자신의 힘을 자신하여 시험에 빠졌듯이, 야고보와 요한 역시 여기서 그런 시험에 빠지고 말았다. 그리고 이것은 우리 모두가 쉽게 저지르는 죄다. 그들은 그리스도의 잔과 그의 세례가 무엇인지를 알지 못하였고, 따라서 그들 스스로 담대하게 대답한 것이다. 흔히 가장 자신을 신뢰하는 자들이 십자가를 가장 모르는 것이다.

〔3〕 그리스도께서는 그들이 당할 고난을 분명하고도 명확하게 예언하신다. 너희가 과연 내 잔을 마시려니와(23절). 고난을 미리 예견하면 더 쉽게 그것을 당할 수 있고, 특히 그것에 대해 올바른 사고를 갖고서 그것을 그리스도의 잔을 마시는 것이요 그리스도의 세례를 받는 것으로 인식하면 더더욱 쉽게 그것을 당할 수 있을 것이다. 그리스도께서는 우리를 위하여 고난당하셨고, 우리가 그를 의지하여 그를 위하여 고난을 감당할 것을 기대하신다. 그리스도께서는 우리로 하여금 최악의 상황을 알게 하시고, 그리하여 천국으로 향하는 길에 최선을 다하게 하신다. 너희가 과연 내 잔을 마시려니와. 즉 너희가 고난을 당하리라는 뜻이다. 야고보는 사도들 중 가장 먼저 피의 잔을 마셨다(행 12:2). 요한은 결국 후에 나이 많아 침상에서 죽었으나, 교회 역사가들의 증언을 받아들인다면, 밧모 섬에 유배되었을 때나(계 1:9), (역사가들의 말처럼) 에베소에서 끓는 기름 솥에 들어갔으나 이적적으로 생명을 보존하였을 때에 그랬던 것처럼 이런 쓰라린 잔을 자주 마셨다. 나머지 사도들처럼 그 역시 자주 죽음 가운

데 있었다. 그는 쓰라린 고난의 잔을 취하였고, 그것이 받아들여진 것이다.

(2) 그리스도께서는 그들이 장차 얻게 될 영광에 대해서는 어두운 상태로 내버려두신다. 장차 임할 고난을 기쁨으로 이기게 하기 위해서는 그들이 그리스도의 나라의 일원이라는 확신만으로도 족했다. 천국에서 아무리 낮은 자리라도 이 땅에서의 가장 큰 고난에 대한 보상으로서는 차고도 넘치는 것이다. 그러나 그들이 앉을 자리의 차서에 대해서는 알려주는 것이 합당하지 못했다. 왜냐하면 그들의 현 상태가 연약하므로 그것에 대해 아는 것을 올바르게 감당할 수가 없기 때문이었다. "내 좌우편에 앉는 것은 내가 주는 것이 아니니 너희가 묻거나 아는 것이 합당치 않으며, 내 아버지께서 누구를 위하여 예비하셨든지 그들이 얻을 것이니라." 주목하라.

〔1〕 천국에서 누릴 영광에 차서가 있을 가능성이 매우 높다. 왜냐하면 우리 구주께서는 최고의 자리인 그의 좌우편에 앉을 자들이 있다는 것을 인정하시는 것 같기 때문이다.

〔2〕 미래의 영광 그 자체와 그 영광의 차서는 하나님의 영원한 경륜 안에서 계획되고 예비된다. 일반적인 구원과 또한 더 특별한 존귀가 미리 정해져 있듯이, 그 문제 전체가 오래 전에 이미 확정되어 있으며, 또한 은혜와 영광에서 우리가 이르게 될 장성한 분량이 있다(엡 4:13).

〔3〕 그리스도께서는 그 자신이 값 주고 사신 열매들을 나누어주실 때에 아버지의 목적의 분량대로 정확하게 행하신다. 내가 주는 것이 아니라 내 아버지께서 누구를 위하여 예비하셨든지 그들이 얻을 것이니라. 그리스도는 영생을 주는 유일한 권한을 지니고 계신다. 그러나 아버지께서 그에게 주신 모든 사람에게만 영생을 주시는 것이다(요 17:2). 내가 주는 것이 아니라. 즉 그것을 지금 약속하는 것은 그리스도가 아니라는 뜻이다. 그 문제는 이미 확정되어 있고, 아버지와 아들은 이 문제에서 서로를 완전하게 이해하고 계신 것이다. "그것을 얻기 위해 힘쓰고 구하는 자들에게 그것을 주는 것은 나의 권한이 아니다. 그것은 큰 겸손과 자기 부인으로 그것을 위하여 준비를 갖추는 자들에게 주어질 것이다."

Ⅲ. 야고보와 요한의 요청에 대해 불쾌해하는 열 제자들에게 그리스도께서 주신 책망과 교훈. 그리스도께서는 제자들의 모든 것을 다 견디셔야 했다. 그들이 지식과 은혜에서 너무나도 연약하였으나 그는 그들의 그런 사정들을

다 견디셨다.

1. 열 제자들이 불쾌해함. 열 제자가 듣고 그 두 형제에 대하여 분히 여기거늘(24절). 그 두 형제가 주께 더 인정을 받고자 했기 때문이 아니다. 그것은 그들의 죄요 그것에 대해 그리스도께서 그들을 기쁘게 여기시지 않았다. 오히려 그 두 형제가 자기들보다 더 인정을 받고자 했기 때문에 그들에 대해 분히 여긴 것이다. 많은 이들이 죄에 대해 분노하는 것 같다. 그러나 그것이 죄이기 때문이 아니라 그것이 자기들과 관계가 되기 때문에 분노하는 것이다. 그들은 맹세하는 사람에 대해서 나쁘게 이야기한다. 그러나 그 사람이 하나님의 존귀를 실추시키기 때문이 아니라, 자기들에게와 자기들을 대적하여 맹세한다는 것 때문에 그를 나쁘게 이야기하는 것이다. 이 제자들은 형제들의 야망을 보고서 분히 여겼다. 그러나 그들이 분히 여긴 것은 자기들 자신도 야망이 있었기 때문이다. 주목하라. 사람들은 자기들 스스로는 허용하고 또한 탐닉에 빠지는 죄라도 다른 사람들이 범하면 분을 내는 것이 보통이다. 교만하고 욕심이 많은 자들은 다른 사람들이 그런 것에는 개의치 않는다. 그러나 형제들 사이에 분노와 갈등이 생기는 원인으로서 야망과 또한 커지고자 하는 욕망보다 더한 것은 없는 법이다. 그리스도의 제자들이 서로 언쟁을 할 때에 이와 비슷한 무엇이 그 밑바닥에 없었던 적이 없었다.

2. 그리스도께서 그들을 경계하심. 그는 그들의 모습을 책망하시지 않고 오히려 그들이 어떠해야 하는지를 매우 부드럽게 교훈하셨다. 전에도 바로 이 죄에 대해서 책망하시면서(18:3) 어린아이와 같이 겸손해야 할 것을 말씀하셨었다. 그러나 그들이 다시 그 죄에 빠졌고, 그는 이렇게 부드럽게 그들을 책망하신 것이다. 예수께서 제자들을 불러다가 이르시되. 이는 온유함과 친근함을 시사해 준다. 그는 진노하셔서 그들에게 물러가라고 명령하지 않으시고, 사랑으로 그들을 부르사 자기에게로 나아오게 하신 것이다. 그렇기 때문에 그분이 가르치기에 적절하시며, 그가 마음이 온유하고 겸손하시므로 그에게서 배우도록 초청받는 것이다. 주께서 하신 말씀은 두 제자와 나머지 열 제자 모두에게 해당되는 말씀이요, 그는 그들 모두를 함께 대하시는 것이다. 그리고 제자들에게, 이 땅의 나라에서는 권력을 누리는 자들이 있으나 그들 중에는 그런 권력이 전혀 해당 없다는 것을 말씀하신다. 왜냐하면,

(1) 그들은 이방인의 집권자들과 같아서는 안 되기 때문이다. 그리스도의 제

자들은 이방인들과, 또한 이방인의 집권자들과 같아서는 안 된다. 이방 사상이 그리스도인들에게 합당치 않듯이, 집권자의 자세도 결코 사역자들의 자세에는 합당치 않은 것이다. 관찰하라.

〔1〕 이방인의 집권자들의 길은 그 휘하의 사람들을 임의로 주관하고 권세를 부리며, 또한 (고관들의 비호를 받기만 하면) 할 수 있는 대로 동료들에 대해서도 그렇게 행하는 것이다(25절). 권력과 권위야말로 이방인의 집권자들이 추구하는 큰 것이요, 그들 스스로 뽐내는 것이다. 그들은 그 모든 것을 그들 앞에 지니고 다니며, 모든 사람으로 하여금 굽실거리고 그들에게 절하게 만든다. 모든 사람들에게 무릎을 꿇고 엎드리라고 외치는 것이다. 느부갓네살처럼 자기의 뜻대로 사람을 죽이고 살리는 것이다.

〔2〕 이 문제에 대해 그리스도께서 그의 사도들과 사역자들에게 가지신 뜻.

첫째로, "너희 중에는 그렇지 않아야 하나니. 신령한 나라의 원리는 이것과는 전혀 다르다. 너희는 이 나라의 신민들에게 임의로 주관하고 권세를 부리지 말고, 그들을 가르치며, 교훈하고, 권면하며, 조언하고, 위로를 주며, 그들과 고통을 함께하고, 함께 고난을 받아야 한다. 너희는 하나님의 권속들에게 주장하는 자세를 갖지 말고(벧전 5:3), 그들 가운데서 수고해야 한다." 이것은 독재와 권력의 남용만이 아니라, 이방인의 집권자들이 합법적으로 행사하는 세속적인 권세를 주장하는 것이나 사용하는 것까지도 금하는 것이다. 헛된 사람들은 심지어 선한 사람일지라도 그런 권세를 갖고 있으면서 우쭐해지지 않기가 어렵고 또한 해보다 유익을 주기가 어려우므로, 우리 주 예수께서는 그것을 그의 교회에서 완전히 제거하는 것이 합당하다고 보신 것이다. 바울 자신도 다른 사람들의 믿음을 주관하려 하지 않는다(고후 1:24). 이방인의 집권자들의 화려함과 뽐내는 자세는 그리스도의 제자들에게는 전혀 어울리지 않는 것이다. 그러므로, 그런 권세와 존귀가 교회 내에 있는 것이 합당하지 않다면, 제자들이 그것을 갖기 위해서 애쓰는 것은 말도 안 되는 것이었다. 너희는 너희가 구하는 것을 알지 못하는도다.

둘째로, 그렇다면 그리스도의 제자들 사이에서는 어떠해야 하는가? 그리스도께서는 진히 그들 가운데 큰 자에 대해서 이미 암시를 하신 바 있고, 여기서 그것을 설명하신다. "너희 중에 누구든지 크고자 하는 자와 너희 중에 누구든지 으뜸이 되고자 하는 자는, 진정 마지막에 그렇게 되기를 원하는 자는 너희를 섬기는 자와 너희의 종이 되어야 하리라"(26, 27절). 여기서 관찰하라.

① 그리스도의 제자들은 서로를 섬김으로써 서로를 강건케 할 의무가 있다. 여기에는 겸손과 유용성이 포함된다. 그리스도를 따르는 자들은 서로서로를 위하여 아무리 비천한 직무라도 사랑의 직무를 기꺼이 감당해야 하고, 또한 서로 복종하여야 하고(벧전 5:5; 엡 5:21), 또한 서로 덕을 세워야 하며(롬 14:19), 이웃을 기쁘게 하여야 한다(롬 15:2). 바울은 자기 자신을 모든 사람의 종으로 삼았다(고전 9:19).

② 신실하게 이 의무를 수행하는 것이 그리스도의 제자들의 존귀함이다. 크고 첫째가 되는 길은 낮아지고 섬기는 자세를 갖는 것이다. 그런 자들이 교회에서 가장 높이 인정받고 존경을 받으며, 사리를 올바로 깨닫는 모든 사람들에게서 그렇게 대접을 받을 것이다. 화려한 권력을 자랑하는 이 땅의 위대한 사람들처럼 높고 권위 있는 이름으로 존귀를 받는 자들이 아니라, 가장 겸손하며 자기를 부인하며 선을 행하기 위하여 자신을 기꺼이 내어주는 그런 자들을 하나님께서 가장 높이 여기실 것이다. 지혜로운 자가 되려면 어리석은 자가 되어야 하는 것처럼, 으뜸이 되고자 하는 자는 종이 되어야 하는 것이다. 사도 바울이야말로 이에 대한 큰 모범을 보였다. 모든 사람들보다 더 힘써 수고하였고, 일을 마다하지 않았으니, 그야말로 으뜸이 아닌가? 우리 모두가 그가 큰 사도라는 데에 동의하지 않는가? 그런데도 그는 자기 자신을 가장 작은 자보다 더 작게 여겼다. 우리 주 예수님은 나중 된 자로서 먼저 될 자가 많으리라고 말씀하셨는데, 어쩌면 이것이 바울을 염두에 두신 말씀이었을지도 모른다. 바울은 만삭되지 못하여 난 자 같았으며(고전 15:8), 사도들 중에서 가장 어린 자였을 뿐 아니라 그리스도께서 돌아가신 후에 사도가 된 자였으나 그가 가장 큰 사도가 되었기 때문이다. 그리고 아버지께서는 어쩌면 그리스도의 나라에서 가장 으뜸가는 존귀의 자리를 그것을 구한 야고보가 아니라 바울을 위하여 예비해 놓으셨는지도 모른다. 그러므로 바울이 사도로서 유명해지기 시작하기 전에 섭리로써 야고보가 죽임을 당하였고(행 12:2), 그리하여 바울이 그를 대신하여 열두 사도의 반열에 들어간 것일지도 모를 일이다.

(2) 그들은 주님 자신을 닮아야 했다. 그러므로 그들이 세상에 있는 동안 주께서 세상에 계실 때와 같은 모습이 되어야 하는 것이 당연한 일이었다. 주님과 제자들 모두에게 현 세상의 상태는 낮아짐의 상태요, 면류관과 영광은 미래

의 상태 속에 예비되어 있었다. 그러므로 그들은 인자가 온 것은 섬김을 받으려 함이 아니라 도리어 섬기려 하고 자기 목숨을 많은 사람의 대속물로 주려 함이라는 것을 깊이 생각해야 할 것이다(28절). 우리 주 예수님은 여기서 자기 자신을 그가 앞에서 제시하신 겸손과 유용성의 모범으로 제시하신다.

〔1〕 그리스도의 생애에서 드러난 것 같은 그런 겸손과 낮추심의 모범은 절대로 없었다. 그의 오심 자체가 섬김을 받으려 함이 아니라 도리어 섬기려 함이었다. 우리는, 만일 하나님의 아들께서 사람을 향한 전권 대사로서 이 땅에 오셨다면, 그는 마땅히 섬김을 받으셔야 했고 그의 위격과 품성에 합당한 모습으로 나타나셨어야 했다고들 생각할 것이다. 그러나 그는 그렇게 하지 않으셨다. 그는 아름다운 모습을 지니지도 않으셨고, 그에게 시중드는 화려한 신하들을 대동하지도 않으셨고, 존귀한 의복으로 치장하지도 않으셨고, 오히려 스스로 종의 형체를 취하셨다. 사실 그는 비천한 사람으로서 섬김을 받으셨는데, 이것이 그의 낮아지심의 일부였다. 주위의 사람들이 자기들의 소유로 그를 섬겼다(눅 8:2, 3). 그러나 그는 절대로 위대한 사람으로서 섬김을 받지 않으셨고, 누구에게서 시중을 받지도 않으셨다. 그가 제자들의 발을 씻으신 일은 기록되어 있으나 제자들이 그의 발을 씻었다는 기록은 전혀 나타나지 않는다. 그가 오신 것은 괴로움 중에 있는 모든 자들을 섬기며 돕기 위함이었다. 그는 병든 자들에게 종으로 섬기셨다. 종이 주인의 명령을 받고 행하듯이, 그는 언제나 그들의 요구에 기꺼이 응하셨고, 그들을 섬기기 위해 온갖 고통을 감수하셨다. 그는 바로 이 일을 끊임없이 행하셨고, 그 일을 위하여 음식과 휴식을 부인하셨던 것이다.

〔2〕 그리스도의 죽으심에서 드러난 것 같은 그런 선행과 유용함의 모범은 절대로 없었다. 그는 자기 목숨을 많은 사람의 대속물로 주셨다. 그는 종으로 사셨고 두루 다니시면서 선을 행하셨다. 그러나 그는 희생 제물로 죽으셨고, 그의 죽으심에서 가장 큰 선을 행하셨다. 그는 그의 목숨을 대속물로 주고자 하는 분명한 목적을 갖고 세상에 오셨다. 그것이 그의 첫째가는 의도였던 것이다. 야망이 가득한 이방인의 집권자들은 자기 자신의 명예를 위하여 수많은 사람들의 목숨을 대속물로 삼으며, 자기들의 오락을 위하여 그들을 희생 제물로 만들기까지 한다. 그러나 그리스도께서는 그렇게 행하지 않으셨다. 그의 백성들의 피가 그에게 소중했고, 그는 그것을 탕진하지 않으시며(시 71:14), 오히려

그 반대로, 그는 자신의 명예와 목숨을 그의 백성들을 위하여 대속물로 내어주시는 것이다. 주목하라.

첫째로, 예수 그리스도는 그의 목숨을 대속물로 내어주셨다. 죄로 말미암아 우리의 목숨들이 하나님의 정의의 손길 아래 있었다. 그런데 그리스도께서는 그의 목숨과 결별하심으로써 속죄를 이루사 우리들의 목숨을 구하셨다. 그는 우리를 위하여 죄가 되고 저주를 받으셨고, 우리의 유익을 위해서는 물론 우리를 대신하여 죽으신 것이다(행 20:28; 벧전 1:18, 19).

둘째로, 그것은 많은 사람들을 위한 대속물이었다. 즉 모든 사람을 위하여 충족하며, 또한 많은 사람들을 위하여 효력이 있는 대속물이었다. 그것이 많은 사람을 위한 대속물이라면, 의심 많은 가엾은 영혼은 "나를 위한 대속물일 수도 있지 않은가?"라고 묻는다. 그는 많은 사람을 위한 대속물이 되사, 그로 말미암아 많은 사람들이 의롭게 되게 하시고자 하신 것이다. 이 많은 사람들은 그의 씨였고, 그들을 위하여 그의 영혼이 수고하신 것이다(사 53:10, 11). 지금은 몇 사람 되지 않는 것 같아도, 후에 다 모이면 많은 사람이 될 것이다.

자, 우리가 남들보다 으뜸이 되기를 힘쓰지 말아야 하는 분명한 이유가 있다. 곧, 십자가가 우리의 깃발이요 우리 주님의 죽으심이 우리의 생명이기 때문이다. 그렇기 때문에 우리는 선을 행하기를 힘쓰고, 또한 우리를 위하여 죽으신 그리스도의 사랑을 생각하여 우리도 형제들을 위하여 목숨을 버리기를 주저하지 말아야 하는 것이다(요일 3:16). 바울이 행했던 것처럼, 목사들은 다른 이들보다 앞장서서 영혼들의 선을 위하여 섬기고 고난당하여야 할 것이다(행 20:24; 빌 2:17). 그리스도의 겸손과 낮아지심을 깊이 생각하고 그로 인하여 유익을 얻을수록, 더욱더 그것을 닮는 일에 기꺼이 힘쓰게 되는 것이다.

²⁹그들이 여리고에서 떠나갈 때에 큰 무리가 예수를 따르더라 ³⁰맹인 두 사람이 길가에 앉았다가 예수께서 지나가신다 함을 듣고 소리 질러 이르되 주여 우리를 불쌍히 여기소서 다윗의 자손이여 하니 ³¹무리가 꾸짖어 잠잠하라 하되 더욱 소리 질러 이르되 주여 우리를 불쌍히 여기소서 다윗의 자손이여 하는지라 ³²예수께서 머물러 서서 그들을 불러 ³³이르시되 너희에게 무엇을 하여 주기를 원하느냐 이르되 주여 우리의 눈 뜨기를 원하나이다 ³⁴예수께서 불쌍히 여기사 그들의 눈을 만지시니 곧 보게 되어 그들이 예수를 따르니라

이는 그리스도께서 두 사람의 불쌍한 맹인 거지를 치유하신 기사인데, 여기서 우리는 다음의 내용을 관찰할 수 있을 것이다.

Ⅰ. 그들이 그리스도께 아룀(29, 30절).

1. 그 사건의 정황이 잘 드러난다. 그리스도와 제자들이 여리고를 떠날 때에 그 일이 있었다. 여리고는 저주 아래 재건된 도시였는데 그리스도께서 그리로 들어가셨었고, 이제 이 사건을 통해서 복을 주시고 그 곳을 떠나신다. 그는 배역한 자들을 위해서도 은사를 받으셨던 것이다. 그 때에 큰 무리가 예수를 따랐다. 그리스도에게 화려하지는 않으나 무수한 무리들이 따랐는데, 그는 그들에게 선을 행하셨으나, 그들을 자랑하지는 않으셨다. 그 무리 중에는 떡을 얻고자 그를 따른 자들도 있었고, 사랑을 얻기 위해서, 혹은 호기심 때문에, 혹은 그가 땅에서 통치하실 것을 기대하여 그를 따른 자들도 있었다. 제자들 자신도 그리스도께서 언젠가는 땅에서 통치하실 것을 꿈꾸고 있었다. 그런데 그들이 해야 할 의무를 가르침받고자 하는 바람으로 그를 따르는 사람은 아주 적었다. 그러나 그 적은 사람들을 위하여 그리스도께서는 수많은 무리가 보는 앞에서 이적을 행하심으로써 자신의 가르침을 확증하신 것이다. 이런 이적들을 통해서도 믿지 못하면, 그 무리들이 더욱더 핑계할 거리가 없게 될 것이었다. 두 사람의 맹인이 함께 그리스도께 청하였다. 합심 기도는 그리스도께서 기뻐하시는 것이다(18:19). 함께 고통을 당하는 이들이 함께 청한 것이나, 동일한 고통을 함께 지고 있던 이들이 간구에서도 함께 한 것이다. 주목하라. 동일한 재난을 당하거나 육체나 마음의 연약함 때문에 동일하게 고통당하는 자들은 그것을 완화해 주시기를 하나님께 함께 간구하는 것이 좋다. 그렇게 하면 서로의 열정이 더욱 장려되고 서로의 믿음이 북돋아질 것이기 때문이다. 그리스도께서는 모든 간구하는 자들을 위하여 충족한 긍휼이 있다. 흔히 맹인 거지들이 그렇게 하듯이 이 맹인들은 길 가에 앉아 있었다. 주목하라. 그리스도로부터 긍휼을 받고자 하는 자는 그가 가시는 길목에 자리를 잡고 있어야 한다. 그래야 거기서 그를 만나 문제를 해결할 수 있게 된다. 그러므로 그가 행하시는 길에서 그를 기다리는 것이 좋다.

예수께서 지나가신다 함을 듣고. 그들은 맹인이기는 했으나 귀머거리는 아니었다. 시각과 청각은 배움을 주는 감각이다. 이 둘 중 어느 쪽이든 잃는다는 것은 크나큰 재난이다. 그러나 한 가지 감각에 결함이 있으면 다른 감각이 매우 예리해지기도 한다. 그러므로 어떤 이들은 하나님의 섭리의 선하심을 관찰하여 말하기를, 아무도 맹인과 귀머거리의 장애를 모두 갖고 출생한 것으로 알려진 자가 하나도 없었다는 것은, 또한 이쪽을 쓰든 저쪽을 쓰든 모두가 지식을 받아들일 능력이 있다는 것은, 하나님의 섭리의 선하심의 구체적인 증거라고 하였다. 이 맹인들은 귀로 들음으로써 그리스도에 대해 들었으나, 눈으로 직접 그를 보기를 원하였다. 예수께서 지나가신다 함을 듣고, 그들은 누가 그와 함께 있는지, 혹은 그가 급히 서둘러 가시는지 하는 따위에 대해서 더 캐묻지 않고, 즉시 소리 질렀다. 주목하라. 현재의 기회를 선용하는 것이 좋고, 현재 손에 있는 것을 최상의 것으로 만드는 것이 좋다. 한번 그것을 놓치면 다시는 돌아오지 않을 수도 있기 때문이다. 이 맹인들은 그렇게 했고, 또한 지혜롭게 처신했다. 그리스도께서는 다시는 여리고로 가시지 않았던 것이다. 지금이 은혜 받을 때인 것이다.

2. 그들의 간청은 더욱더 두드러진다. 주여 우리를 불쌍히 여기소서 다윗의 자손이여. 그들은 이를 반복하여 외쳤다(31절). 그들의 이 간청에서 우리가 모범으로 삼을 것이 네 가지다. 그들은 비록 육체의 눈은 어두웠으나 영혼의 눈은 진리와 의무에 대하여 떠 있는 상태였던 것이다.

(1) 간절한 기도의 모범. 그들은 간절하게 외쳤다. 무언가를 절실히 원하는 사람은 물론 간절할 수밖에 없다. 냉랭한 소원은 거부를 재촉할 뿐이다. 기도의 응답을 얻고자 하는 자는 스스로 간절하게 하나님을 붙들어야 한다. 반대를 만나자 그들은 더욱더 크게 외쳤다. 격렬히 흘러가는 물을 막으면 더욱 높이 거세게 흘러가는 법이다. 이렇게 기도로 하나님과 씨름하는 것이 하나님의 긍휼을 받기에 더 적절하게 만들어 주는 것이다. 무언가 얻기를 위해 애쓸수록, 후에 그것을 받을 때에 그것을 귀히 여기고 감사함으로 그것을 인정할 것이기 때문이다.

(2) 겸손한 기도의 모범. 우리를 불쌍히 여기소서. 그들은 구체적인 요구 사항을 말하지도, 자신들의 공로를 내세우지도 않고, 그저 엎드려 중보자의 불쌍히 여기심만을 청하였다. 이런 자세를 그가 기뻐하시는 것이다. "다만 불쌍히 여기소서." 그들은 가난한 자들이었으나 은과 금을 구하지 않았고, 오로지 불쌍히 여기심과 긍휼을 구하였다. 긍휼하심을 받기 위하여 은혜의 보좌 앞에 나아갈 때에 우리의 마음이 바로 이것에 집중되어 있어야 하는 것이다(히 4:16; 시

130:7).

(3) 믿음의 기도의 모범. 그들은 그리스도에게 주여, 다윗의 자손이여 라고 불렀다. 그들은 예수 그리스도가 주이시며 따라서 그들의 구원을 명령하실 권세를 지니셨음을 고백하는 것이다. 그들이 그리스도를 주라 부른 것은 분명 성령으로 말미암은 것이었다(고전 12:3). 그리하여 그들은 그리스도의 권능에서 기도할 힘을 취하였고, 그를 다윗의 자손이라 부름으로써 그의 메시야로서의 선하심으로부터 격려를 받았다. 메시야에 대해서 온유하고 부드러운 많은 것들이, 특히 그가 가난하고 불쌍한 자들을 불쌍히 여기신다는 것이 예언되어 있었다(시 72:12, 13). 기도할 때에는, 그리스도께서 메시야로서 은혜와 영광 가운데 계심을 바라보고, 그가 다윗의 자손으로서 돕고 구원하는 직무를 지니고 계심을 기억하며, 그것으로 그에게 아뢰는 것이 매우 중요한 것이다.

(4) 인내의 기도의 모범. 그들은 저지를 받고서도 굴하지 않고 계속 외쳤다. 그들이 시끄럽고 소란스럽게 하자 무리가 꾸짖어 잠잠하라 하고, 주님이 방해받지 않으시게 하려 하였다. 어쩌면 처음에는 주께서 그들을 돌아보지 않으셨을지도 모른다. 기도로 그리스도를 따르는 데에 안팎으로 갖가지 장애를 만나리라는 것을 예상해야 한다. 이런저런 요소들이 우리더러 잠잠하라고 종용하는 것이다. 하나님께서는 믿음과 끈질김, 인내와 오래 참음을 시험하기 위하여 그런 책망을 허용하신다. 이 가련한 맹인들은 그리스도를 따르던 무리들에게서 그렇게 비난을 받은 것이다. 주목하라. 진지하고도 순전한 자들이 그리스도께 나아갈 때에, 그를 겉모양으로 가식적으로 따르는 자들에게서 최악의 비난을 받는 경우가 흔한 법이다. 그러나 그들은 물러서지 않았다. 그런 크나큰 긍휼을 구할 때에는 미지근한 자세로 주위를 돌아볼 때가 아닌 것이다. 그렇다. 그들은 더욱 소리 질렀다. 주목하라. 항상 기도하고 낙심하지 말아야 하며(눅 18:1), 모든 인내로 기도하여야 하며, 단호한 결단으로 기도를 계속하고 반대에 굴하지 말아야 한다.

Ⅱ. 그들의 요청에 대한 그리스도의 응답. 무리들은 그들을 꾸짖었으나 그리스도께서는 그들을 격려하셨다. 만일 주께서 무리보다 더 친절하고 부드럽지 않으셨다면, 우리에게 참 안타까운 일이었을 것이다. 그러나 그는, 사람에게서 꾸짖음과 책망과 멸시를 당하는 자들을 특별한 사랑으로 대하기를 기뻐하신다. 그는 겸손히 그에게 간구하는 자들로 하여금 낙망하여 물러가게 하지 않

으시는 것이다.

1. 예수께서 머물러 서서 그들을 불러 이르시되(32절). 그는 예루살렘을 향하여 가시는 중이셨고, 그 곳에서의 일이 완수되기까지 그 일에 마음을 쏟고 계셨으나, 그는 이 두 맹인을 고치기 위하여 머물러 서신 것이다. 주목하라. 어떤 일로 해서 아무리 급하게 서둘 때에라도, 우리는 선을 행하는 일을 위하여 기꺼이 머물러 설 자세를 가져야 한다. 그들을 불러. 그들을 부르신 것은 멀리서는 그들을 고치실 수 없었기 때문이 아니라, 연약하나 간절히 원하는 환자와 간구자들을 직접 대면하시고 가장 교훈을 주는 방식으로 치유를 행하려 하셨기 때문이다. 그리스도는 우리에게 기도할 것을 명하시는 동시에 또한 우리를 불러 그에게로 오게 하신다. 황금 규를 우리에게 내미시고 우리더러 그 끝을 만지라고 명하시는 것이다.

2. 그는 그들의 소원을 자세히 물으셨다. 너희에게 무엇을 하여 주기를 원하느냐? 이는 다음을 시사한다.

(1) 굉장한 것을 베풀려 하심. "내가 여기 있으니, 너희에게 무엇을 베풀지를 내가 알아야겠다." 그 이상 더 무엇이 필요하겠는가? 그는 우리를 위해 행하실 능력이 있으시고, 또한 그 능력을 행할 뜻을 갖고 계신 것이다. 구하라 너희에게 주실 것이요.

(2) 여기에 덧붙여진 조건. 이것은 매우 쉽고 또 합리적인 것이다. 곧, 그들이 주님이 자기들에게 무엇을 해주시기를 원하는지 말하여야 한다는 것이다. 누구라도 자기들이 원하는 것을 이야기할 것이니, 이것은 아주 이상한 질문이라고 생각할 수도 있을 것이다. 그리스도께서는 이미 충분히 알고 계셨다. 그러나 그들이 보통 사람에게서 바라듯이 구제금을 원하는지, 아니면 메시야에게서 병 고침을 원하는지를 그들에게서 직접 듣고자 하신 것이다. 주목하라. 모든 일에서 기도와 간구로 우리의 원하는 것을 그에게 알리는 것이 하나님의 뜻이다. 그가 모르시는 것을 알려드리거나 그의 마음을 움직이기 위함이 아니라, 우리 자신을 불쌍히 여김을 받을 자격을 갖추게 하기 위하여 그렇게 하게 하시는 것이다. 배에서 노를 젓는 뱃사공은 노를 저음으로써 해변을 배에게로 끌어당기는 것이 아니고, 배를 해변으로 다가가게 하는 것이다. 마찬가지로 기도에서도 우리는 하나님의 긍휼하심을 우리 자신에게로 끌어당기는 것이 아니라, 우리 자신을 긍휼하심에게로 이끌어가는 것이다.

그들은 곧바로 그들이 원하는 것을 주께 아뢰었다. 그것은 지금까지 어느 누구에게도 한 번도 요구한 적이 없는 것이었다. 주여 우리의 눈 뜨기를 원하나이다. 육체의 부족함과 괴로움은 곧바로 지각할 수 있는 것이요, 즉시 전달할 수 있는 것이다. "손가락이 즉시 고통스런 자리를 찍는다"(Ubi dolor, ubi digitus). 오오, 우리의 영적 질병에 대해서도, 특히 우리의 영적 눈먼 상태에 대해서도, 그렇게 곧바로 지각하고 정말 아픔을 느끼며 그것을 주께 아뢸 수 있다면 얼마나 좋겠는가! 영적으로 눈이 멀어 있으면서도 본다고 말하는 자들이 많다(요 9:41). 우리 자신의 눈먼 상태를 지각하기만 해도, 우리는 곧바로 주님께 주여 우리의 눈 뜨기를 원하나이다라고 간구할 것이다. 오직 그만이 그것을 낫게 하는 안약을 지니고 계신 것이다.

3. 그리스도께서 그들을 고치셨다. 그에게 구하라고 격려하실 때에, 헛되이 구하라고 말씀하신 것이 아니다. 그가 행하신 일은 다음과 같은 것을 드러내 준다.

(1) 그의 불쌍히 여기심. 예수께서 불쌍히 여기사. 비참함은 불쌍히 여김의 대상이다. 가난하고 눈먼 자들은 곤고하고 가련한 자들이요(계 3:17) 연민의 대상이다. 우리 하나님은 어둠에 앉은 백성들에게 빛과 시력을 주셨는데, 이는 그의 따뜻한 긍휼이 아닐 수 없다(눅 1:78, 79). 우리는 그리스도처럼 그런 재난을 당하는 자들을 도울 수 없다. 그러니 그리스도처럼 그들을 불쌍히 여길 수는 있고 또한 반드시 우리의 마음으로 그렇게 해야 한다.

(2) 그의 능력. 눈을 지으신 이가 고치지 못하랴? 그렇다. 그는 고치실 수 있고, 또한 고치셨고, 쉽게 그들을 고치셨다. 그들의 눈을 만지시니 효력이 나타나 그들이 곧 보게 되었다. 그리하여 그는 자신이 하나님께로부터 보내심을 받은 자이심을 입증하셨을 뿐 아니라, 그가 어떤 사명을 지고 보내심을 받으셨는지도 분명히 보여주셨다. 그는 영적으로 맹인 상태에 있는 자들의 눈을 뜨게 하시고 그들을 어둠에서 빛으로 인도하시기 위해 보내심을 받으신 것이다.

마지막으로, 이 맹인들은 시력을 회복하자 예수를 따르니라. 주목하라. 아무도 맹인의 상태로 그리스도를 따르는 것이 아니다. 그는 먼저 그의 은혜로 사람들의 눈을 뜨게 하시고, 그리하여 그들의 마음을 그를 향하게 하신다. 그들은 그리스도를 따랐고, 제자들로서 그에게서 배우고, 그의 증인들로서, 목격자들로서, 그의 능력과 선하심을 증언하였다. 영적으로 눈을 떴다는 가장 확실한 증거는 주 예수 그리스도를 우리 주와 인도자로 삼아 끊임없이 그를 붙잡고 따르는 것이다.

제 21 장

개요

예수 그리스도의 죽으심과 부활은 구원의 문을 좌우하는 가장 큰 두 가지 요인이다. 그는 자기 목숨을 대속물로 주시고자 하는 목적으로 세상에 오셨다고 바로 얼마 전에 말씀하셨었다(20:28). 그렇기 때문에 복음서 기자들 모두가 그의 고난과 죽으심과 다시 살아나심의 역사를 그에 관한 다른 어떠한 사실보다 더 상세히 기록하고 있다. 그리고 이제 마태복음 기자는 바로 그 사건을 향해서 급속히 나아가고 있는 것이다. 이 장에서부터 고난 주간이라 불리는 그 일이 시작되기 때문이다. 그는 "보라 우리가 예루살렘으로 올라가리니 거기서 인자가 배반을 당하리라"라는 말씀을 여러 번 제자들에게 하신 바 있다. 예루살렘으로 향하는 도중에 많은 선한 일을 행하시고, 이제 드디어 예루살렘에 당도하셨다. 여기에는 다음의 사실이 기록되어 있다. I. 고난 주간 첫 날에 예루살렘에 공적으로 입성하심(1-11절). II. 거기서 성전을 청결케 하시고 물건들을 사고 파는 자들을 내어쫓으심으로 자신의 권위를 시행하심(12-16절). III. 메마른 무화과나무를 보시고 제자들에게 강론하심(17-22절). IV. 요한의 세례에 호소하심으로 자신의 권위를 정당화하심(23-27절). V. 세리들의 회개를 제시하심으로써 대제사장들과 장로들의 불신앙과 완악함을 부끄럽게 하시며, 이를 두 아들의 비유로 예증하심(28-32절). VI. 포도원과 배은망덕한 농부들의 비유로, 유대인 교회가 그 열매 없음으로 당할 운명을 말씀하심(33-46절).

¹그들이 예루살렘에 가까이 가서 감람 산 벳바게에 이르렀을 때에 예수께서 두 제자를 보내시며 ²이르시되 너희는 맞은편 마을로 가라 그리하면 곧 매인 나귀와 나귀 새끼가 함께 있는 것을 보리니 풀어 내게로 끌고 오라 ³만일 누가 무슨 말을 하거든 주가 쓰시겠다 하라 그리하면 즉시 보내리라 하시니 ⁴이는 선지자를 통하여 하신 말씀을 이루려 하심이라 일렀으되 ⁵시온 딸에게 이르기를 네 왕이 네게 임하나니 그는 겸손하여 나귀, 곧 멍에 매는 짐승의 새끼를 탔도다 하라 하였느니라 ⁶제자들이 가서 예수께서 명하신 대로 하여 ⁷나귀와 나귀 새끼를 끌고 와서 자기들의 겉옷을 그 위에 얹으매 예수께서 그 위에 타시니 ⁸무리의 대다수는 그들의 겉옷

을 길에 펴고 다른 이들은 나뭇가지를 베어 길에 펴고 [9]앞에서 가고 뒤에서 따르는 무리가 소리 높여 이르되 호산나 다윗의 자손이여 찬송하리로다 주의 이름으로 오시는 이여 가장 높은 곳에서 호산나 하더라 [10]예수께서 예루살렘에 들어가시니 온 성이 소동하여 이르되 이는 누구냐 하거늘 [11]무리가 이르되 갈릴리 나사렛에서 나온 선지자 예수라 하니라

네 복음서 기자 모두 그리스도께서 죽으시기 닷새 전에 예루살렘으로 승리의 입성을 하신 사실을 주목한다. 유월절은 그 달 14일이었고, 이 날은 10일이었는데, 이 날은 율법이 유월절 양을 취하는 날로 정해 놓은 날이었다(출 12:3). 우리를 위해 희생당하실 유월절 양이신 그리스도께서는 바로 이 날에 대중 앞에 모습을 드러내셨다. 이는 그의 고난의 서막이었다 할 것이다. 그는 예루살렘에서 멀지 않은 베다니에 얼마 동안 머물러 계셨었다. 하루 전 날 거기서 저녁 식사를 하실 때에 마리아가 그의 발에 기름을 부었다(요 12:3). 그러나 사신들이 늘상 그렇게 하듯이, 그는 베다니에 도착하신 후 얼마 동안 공적인 예루살렘 입성을 연기시키셨다. 우리 주 예수님은 여행을 많이 하셨고, 그는 갈릴리에서부터 예루살렘까지 도보로 여행하셨으니, 이는 자신을 낮추는 것이요 굉장히 수고스러운 것이었다. 선을 행하며 다니실 때에 그는 더럽고 지친 발걸음을 수없이 떼신 것이다. 주님은 안락함도 편안함도 전혀 모르셨는데, 그리스도인들이 무절제하게 안락함과 편안함을 추구하며 그것 때문에 안달한다면 이 얼마나 터무니없는 일이겠는가! 그러나 그의 생애 가운데 단 한 번 그는 예루살렘으로 승리의 입성을 하셨는데, 바로 지금이 그 때였다. 고난당하시고 죽으시기 위해 예루살렘으로 승리의 환호를 받으며 입성하신 것이다. 마치 고난당하시고 죽으시는 것이 그의 기쁨이요 그가 바라던 일이기라도 한 것처럼 말이다.

여기서 우리는 다음의 사실을 보게 된다.

I. 이 엄숙한 입성을 위하여 예비된 것. 그것은 매우 보잘것없고 평범한 것으로서 그의 나라가 이 세상에 속한 것이 아님을 보여줄 만한 그런 것이었다. 무장을 한 전령이나, 그의 입성을 알리는 나팔이나, 찬란한 마차나, 화려한 복장도 없었다. 이런 것들은 현재의 그의 낮아지심의 상태에는 합당치 않은 것이었고, 그가 찬란한 마지막 나팔소리와 영광스런 천사들과 함께 구름을 타고 재

림하실 때에는 이보다 훨씬 더한 것들이 예비될 것이다. 그러나 이 공적인 입성에서는,

1. 필요한 것이 갑작스럽게 즉석에서 준비되었다. 저 세상에서의 그의 영광은, 그리고 그와 함께 하는 우리의 영광은 만세 전부터 준비되어 있었고, 그의 마음이 이 영광에 가 있었으므로 그가 세상의 영광에 대해 죽어 있었으며, 그렇기 때문에, 그가 그것을 보시면서도 그것을 미리 말씀하지 않으셨고, 바로 그 다음에 이루어질 것을 그저 취하시기만 하신 것이다. 그들은 벳바게에 이르렀는데, 이 곳은 예루살렘에 속한 마을로서 감람 산 쪽으로 나아가는 구불구불한 긴 도로변에 위치하였다. 그 곳에 이르자, 예수께서 두 제자를 보내셨다. 어떤 이들은 베드로와 요한이었다고 본다. 그는 나귀를 끌어오라고 하였다. 아직 아무것도 그에게 준비되지 않았기 때문이다.

2. 그것은 매우 보잘것없었다. 그는 그저 나귀와 나귀 새끼를 끌어오도록 하셨을 뿐이다(2절). 그 나라에서는 여행하는 데에는 나귀가 주로 사용되었고, 말은 오로지 귀인들과 전쟁을 위해서만 사용되었다. 그리스도께서는 그룹을 불러 그것을 타실 수도 있었다(시 18:10). 그러나 그의 이름 야(이는 그가 하나님이심을 말씀해 준다)로 말미암아 하늘을 타고 행하시나, 그는 지금 그의 낮아지심의 상태에서는 그의 이름 예수로 말미암아 임마누엘, 즉, 우리의 함께 계신 하나님으로서 나귀를 타시는 것이다. 그러나 어떤 이들은 그가 여기서 사사들이 흰 나귀를 타고(삿 5:10) 그의 아들들이 나귀 새끼를 탔던(삿 12:14) 이스라엘의 관습을 염두에 두신 것이라고 보기도 한다. 그러므로 그리스도께서는 정복자로서가 아니라 심판을 위하여 이 세상에 오신 이스라엘의 사사로서 예루살렘에 입성하고자 하신 것이라는 것이다.

3. 그것은 그의 소유가 아니라 빌려온 것이었다. 그는 자기 집도 없으셨으나, 친구들의 도움으로 사는 세상의 방랑자들처럼 최소한 자신이 타고 다니는 나귀 정도는 스스로 소유하셨을 것이라고 생각할 만하다. 그러나 우리를 위하여 그는 모든 면에서 가난하게 되셨다(고후 8:9). "빌리며 사는 자들은 슬픔 위에 산다"는 말처럼, 이 점에서도 그리스도는 슬픔의 사람이셨다. 그는 다른 이들이 베풀어주기나 빌려준 것 외에는 이 세상의 재물이 하나도 없으셨던 것이다.

이 나귀를 빌리는 임무를 띠고 보냄받은 제자들에게 그는 주께서 쓰시겠다고 말하라고 지시하셨다. 도움이 필요한 상태에 있는 자들은 자신의 그런 상태를

부끄러워해서도 안 되고, 불의한 청지기처럼 빌어먹자니 부끄럽구나 라고 말해서도 안 된다(눅 16:3). 또한 필요한 것이 없는데도 간청하거나 빌려달라고 함으로써 친구들에게 친절을 강요해서도 안 된다. 이 나귀를 빌려오는 데에서 우리는,

(1) 그리스도의 지식의 실례를 접하게 된다. 그 일이 전혀 우연한 것이었는데도 그리스도께서는 제자들에게 나귀와 나귀 새끼가 매여 있는 곳을 정확히 말씀하실 수 있었다. 그의 전지(全知)하심은 그의 피조물 가운데 가장 비천한 것까지도 포괄하며, 그는 그것들이 매여 있거나 풀려 있는 것까지도 아시는 것이다. 하나님께서 어찌 소들을 위하여 염려하심이냐?(고전 9:9). 그는 물론 소들도 돌보시며, 발람의 나귀가 잘못 이용되는 것을 그대로 보지 않으셨다. 그는 모든 피조물들을 다 아시며, 그리하여 그것들을 사용하여 그 자신의 목적을 이루시는 것이다.

(2) 사람의 심령을 주장하시는 그의 권능의 실례를 접하게 된다. 왕들의 마음은 물론 가장 비천한 백성의 마음까지도 여호와의 손에 있다. 그리스도는 나귀를 끌어오라고 명하심으로써 그것을 사용할 자신의 권한을 천명하신다. 땅의 충만한 것이 주 그리스도의 것이다. 그러나 그는 제자들이 이 일을 수행할 때에 당할 약간의 장애거리를 미리 보고 계신다. 그것을 은밀하게 끌어와서는 안 되고 주인이 보는 앞에서 끌어와야 했고 힘과 무력으로 끌어와서는 더더욱 안 되고 주인의 동의를 받아서 끌어와야 했는데 그는 주인이 동의하도록 조치하시는 것이다. 만일 누가 무슨 말을 하거든 주가 쓰시겠다 하라. 주목하라. 그리스도께서 우리에게 무슨 일을 시키시면 그는 그 일을 견디게 하시고 우리가 당할 갖가지 반대들에 대해서 응답을 주시고, 결국 그 일을 이루게 하신다. 그리스도는 나귀를 명하여 그를 섬기게 하시는 데에서 자신이 만군의 주이심을 보여주셨고, 주인으로 하여금 더 이상 묻지 않고 나귀를 내어주게 하시는 데에서 그가 모든 육체의 영들의 하나님이시며 따라서 사람의 마음을 숙이게 하실 수 있다는 것을 보여주신 것이다.

(3) 그의 정의로우심과 정직하심의 모범을 보게 된다. 잠시 얼마 동안 나귀를 빌려 타는 작은 일에도 그는 주인의 동의를 얻어서 행하신다. 이 본문의 다른 읽기를 보면 이러한 정의로우심이 더 잘 드러난다. "주가 쓰시겠고 그가 즉시 돌려보내리라 하라"(한글 개역개정판 난외주를 보라). 즉, 다 쓰고 나면 곧바로 다

시 안전하게 주인에게 돌려보내리라는 뜻이다. 주목하라. 우리도 빌리는 것은 정한 시간에 안전하게 돌려보내야 한다. 악인은 꾸고 갚지 아니한다. 또한 빌려 온 것들은 상하지 않도록 조심하여 돌려보내야 한다. 아아, 내 주여 이는 빌려온 것이니이다.

Ⅱ. 이 일에서 예언이 성취됨(4, 5절).   우리 주 예수는 그가 행하시고 당하시는 모든 일에서 성경 말씀을 이루려 하시는 데에 늘 염두에 두셨다. 선지자들이 그를 바라보았듯이(그들은 모두 그를 증거하였다) 그도 그들을 바라보셨고, 그리하여 메시야에 관하여 기록된 모든 일들이 그에게서 정확하게 이루어지도록 하셨다. 이 일은 슥 9:9에 그에 관하여 기록된 것으로 메시야의 나라에 대한 큰 예언으로 이어지는 것이다. 시온 딸에게 이르기를 네 왕이 네게 임하나니라는 말씀이 이루어져야 했던 것이다. 여기서 관찰하라.

1. 그리스도의 오심이 어떻게 예언되어 있는가. 시온 딸에게, 교회에게, 그 거룩한 산에게, 이르기를 네 왕이 네게 임하나니. 주목하라. (1) 예수 그리스도는 교회의 왕이시요, 그 나라의 법으로는 우리와 같은 우리의 형제 중 하나이시다(신 17:5). 그는 교회 위에 지정된 왕이시다(시 2:6). 그는 교회가 영접하는 왕이시다. 시온의 딸이 그에게 충성을 서원한다(호 1:11). (2) 교회의 왕이신 그리스도께서 이 낮은 세상에 있는 그의 교회에 임하셨다. 그가 너를 다스리고, 네 안에서 다스리고, 너를 위하여 다스리고자 네게로 오신다. 그는 온 교회의 머리이시다. 그가 시온에서 오사(롬 11:26), 시온에서 그 법을 반포하신다. 교회와 그 관심사들이 모두 구속자와 함께 하는 것이기 때문이다. (3) 교회에게 그 왕의 오심이 사전에 알려지는 것을 보라. 시온 딸에게 이르라. 주목하라. 그리스도는 그의 백성들이 그의 오심을 바라보고 기다리며 큰 기대를 갖게 하신다. 시온 딸에게 이르라. 시온의 딸들아 나와서 솔로몬 왕을 보라(아 3:11). 그리스도의 오심을 알리는 고지(告知)는 보통 보라!(Behold!,한글 개역개정판에는 나타나 있지 않음)로 시작된다. 이는 주목할 것과 앙모할 것을 함께 명령하는 말이다. 보라 네 왕이 네게 임하나니. 보라, 그리고 그에 대해 놀라라. 보라. 그리고 그를 환영하라. 진정 감격하며 높이 찬양하여 마땅할 왕의 행진인 것이다. 빌라도는 가야바와 마찬가지로, 무슨 뜻인지도 모르면서 보라 너희 왕이로다라는 위대한 말을 하였다(요 19:14).

2. 그의 오심이 어떻게 묘사되는가. 왕이 임할 때에는, 특히 그의 나라를 소유

하러 오실 때에는, 무언가 위대하고 장엄한 것이 기대되는 법이다. 만군의 주이신 왕께서 높이 들린 보좌에 앉으셨다(사 6:1). 그러나 여기에는 그런 것이 하나도 없다. 보라 네 왕이 네게 임하나니 그는 겸손하여 나귀, 곧 멍에 매는 짐승의 새끼를 탔도다. 그리스도께서 영광 중에 나타나시는데, 그의 위엄 중에서 나타나시지 않고, 그의 온유함 중에 나타나시는 것이다.

(1) 그의 성정은 매우 온유하다. 그는 복수하고자 진노 중에 임하시지 않고, 구원을 이루시고자 온유함 중에 임하신다. 그는 시온을 위하여 크나큰 해와 치욕을 당하실 만큼 온유하시고, 시온의 자녀들의 어리석음과 홀대를 견디실 만큼 온유하시다. 그는 쉽게 다가갈 수 있는 분이시요, 쉽게 나아가 간청할 수 있는 분이시다. 그는 교사로서는 물론 통치자로서도 온유하시다. 사랑으로 통치하시기 때문이다. 그의 통치는 온유하고 부드러우며, 그의 법은 그 백성의 피가 아니라 자기 자신의 피에 기록되어 있다. 그의 멍에는 쉽다.

(2) 이에 대한 증거로서 그의 외모는 매우 초라하여 나귀를 타셨다. 나귀는 영광을 받기 위해서가 아니라 섬기기 위해서, 전쟁터를 위해서가 아니라 짐을 지기 위해서 지음받은 피조물이다. 움직임이 느리나, 확실하고 안전하며 변함이 없다. 이 사실이 오래 전부터 예언되어 있었고, 또한 이것이 정확히 이루어졌다는 것은, 이것이 비천한 심령들에게 스스로 그리스도께 나아갈 용기를 주는 데에 특별한 의미를 지닌다는 것을 시사해 준다. 시온의 왕이 임하시는데, 껑충껑충 뛰는 말을 타고 있어서 소심한 백성이 감히 다가가 무엇을 간청할 수 없는 것도 아니고, 달리는 말을 타고 있어서 걸음이 느린 백성이 그 속도를 따라가지 못하는 것도 아니고, 조용한 나귀를 타고 계셔서 가장 비천한 백성도 그에게 거리낌이 없이 나아가게 하신 것이다. 그 예언에 멍에 매는 짐승의 새끼가 언급되어 있으므로 그리스도께서도 이 성경을 이루시고자 나귀와 나귀 새끼를 끌어오게 하신 것이다.

Ⅲ. 그리스도의 예루살렘 입성. 이는 준비된 그대로 진행되었고, 세상적인 화려함이 전혀 없으나 영적인 능력이 수반되었다. 관찰하라.

1. 그의 장비. 제자들이 가서 예수께서 명하신 대로 하여(6절). 그들이 나귀와 나귀 새끼를 끌어오려고 나갔는데, 그것을 찾는 것에 대해서나 그 주인이 기꺼이 빌려 줄 것에 대해 전혀 의심이 없었다. 주목하라. 그리스도의 명령에 대해서는 토를 달지 말고 그대로 복종해야 한다. 진실하게 그 명령을 복종하는 자들은

결코 실패하거나 부끄러움을 당하지 않을 것이다. 나귀와 나귀 새끼를 끌고 와서. 그리스도께서 타신 짐승이 초라하고 보잘것없었으므로 장식을 화려하게 해서 보완할 수도 있었을 것이다. 그러나 그 짐승들에는 전혀 장식이 없었다. 안장도 없어서 제자들이 옷을 벗어 그 위에 깔아 놓았고 그것이 전부였다. 우리는 겉으로 드러나는 편안한 것들에서 화려하고 사치스런 것을 추구해서도 안 되고 지나치게 가혹해서도 안 된다. 이런 것들을 거룩하게 무관심하거나 무시하는 것이 우리에게 어울린다. 이것이 우리의 마음이 그것들에게 가 있지 않다는 것을, 또한 낮은 데 처하라는 사도의 규범을 우리가 터득했다는 것을 증거해 줄 것이다(롬 12:16). 여행객들에게는 무엇이라도 만족스럽다. 그리고 그런 무관심에는, 그런 숭고한 무시에는 일말의 아름다움이 있다. 그런데 제자들은 자기들이 가진 최고의 것으로 그를 치장하였고, 주께서 필요로 하신다면 그들의 의복이 망가져도 전혀 개의치 않았다. 주목하라. 우리가 입고 있는 의복이라도 애착을 가지지 말고 기꺼이 그리스도를 섬기는 데에, 환난을 당하는 가난한 이웃을 입히는 데에 내어 주어야 한다. 내가 헐벗었을 때에 너희가 옷을 입혔고(25:36). 그리스도께서는 우리를 위하여 스스로 헐벗으신 것이다.

2. 그의 수행자들. 여기에도 당당하거나 위엄 있는 점이 하나도 없었다. 시온의 왕이 시온에 임하며, 오래 전에 시온의 딸이 그의 임하신에 대헤 말씀을 들었다. 그러므로 마땅히 그를 영접했어야 옳았으나, 그 곳의 귀인들 가운데 아무도 그를 맞지 않았고, 그 성의 관리들 가운데 아무도 그를 공식적으로 환영하지 않았다. 그는 그 성의 열쇠를 전달받으셨어야 했고, 심판의 보좌에로, 다윗의 집의 보좌에로, 편안하게 오르셔야 했으나, 그에게는 그런 모든 일이 전혀 없다. 그러나 그를 수행한 자들이 있었으니, 곧 백성의 큰 무리였다. 그리스도의 승리의 입성을 환영한 자들은 그저 평민들이요 오합지졸들일 뿐이었다. 그런 자들밖에는 그 자리에 없었다. 대제사장들과 장로들은 후에 그를 십자가에서 죽게 하려고 무리들을 불러모았으나, 그들(대제사장들과 장로들) 중에 아무도 그리스도께 존귀를 돌리는 무리들 중에 있었다는 기록이 없다. 형제들아 너희를 부르심을 보라. 그리스도를 따르는 자 중에 육체를 따라 지혜로운 자가 많지 아니하며 능한 자가 많지 아니하며 문벌 좋은 자가 많지 아니하며, 세상의 천한 것들과 멸시 받는 것들과 없는 것들이 대부분이로다(고전 1:26, 28). 주목하라. 귀인들보다는 비천한 무리들이 그리스도를 더 높이는 법이다. 그는 그들의 신분이나 이름

이나 위치가 아니라 그들의 심령을 따라 사람들의 가치를 보시기 때문이다.

이 큰 무리에 대해서 다음의 사실들이 보도되고 있다.

(1) 그들이 행한 일. 그들은 자기들의 역량을 다하여 힘써 그리스도께 존귀를 돌렸다. [1] 무리의 대다수는 그들의 겉옷을 길에 펴서 그가 그 위로 지나가시게 하였다. 예후가 왕으로 선포되자, 휘하의 장군들은 그의 발 아래에 의복을 깔아서 그에게 충성을 표시한 바 있다. 주목하라. 그리스도를 왕으로 모시는 자들은 그들의 모든 것을, 마음을 드리는 의미로 의복까지도 그의 발 아래 내려놓아야 한다. 그리스도께서 오시면, 심중에 말하기를 그가 지나가시도록 머리를 숙여라 라고 해야 하는 것이다. 어떤 이들은, 사람들이 자기의 의복들을 땅에 펼쳐 놓은 것이 아니라 행렬이 지나가는 길 주위를 장식하기 위하여 울타리나 벽에 걸쳐 놓았다고 본다. 기마대 행렬을 치장하기 위해 발코니에 울긋불긋한 천들을 늘어뜨리는 것과도 같다는 것이다. 이것은 비록 보잘것없는 장식에 불과했으나, 그리스도께서는 그들의 선한 뜻을 받으셨다. 그러므로 우리는 여기서 그리스도를, 그리스도와 그의 은혜를, 그리스도와 그의 복음을 어떻게 우리 마음과 집으로 환영해야 하는가를 배우게 된다. 그리스도를 높이 기리는 우리의 마음을 어떻게 표현해야 하겠는가? 그에게 어떤 존귀를 돌리며 어떤 위엄을 돌려야 하겠는가? [2] 다른 이들은 초막절에 흔히 하듯이 자유와 승리의 기쁨을 나타내기 위하여 나뭇가지를 베어 길에 폈다. 초막절의 신비가 복음의 때에 속하는 것으로 구체적으로 말씀되기 때문이다(슥 14:16).

(2) 그들이 한 말. 앞에서 가고 뒤에서 따르는 무리가 똑같은 마음이었다. 그의 입성을 알린 자들과 그를 수행한 자들 모두가 박수치며 소리 높여 이르되 호산나 다윗의 자손이여라고 하였다(9절). 초막절에도 사람들은 나뭇가지들을 들고서 호산나를 외쳤고, 그리하여 그 나뭇가지 묶음들을 가리켜 그들의 호산나라 부르게 되었다. 호산나는 주께 구하옵나니 이제 구원하소서라는 뜻인데, 이는 시 118:25을 지칭하는 것이다. 거기서는 메시야가 건축자가 버린 돌이나 집 모퉁이의 머릿돌이 되었음을 예언하며, 그리하여 그의 모든 백성들이 그와 함께 승리를 누리며 그의 나라의 모든 번성을 마음을 다하여 기원하며 그를 수행할 것을 예언한다. 호산나 다윗의 자손이여는, "다윗의 자손을 높이 기리며 이를 행하나이다"라는 의미다.

그리스도를 높여 부른 이 호산나 찬양은 두 가지를 드러내준다.

[1] 그들이 그의 나라를 환영함. 호산나는 주의 이름으로 오시는 이가 복되다와 같은 뜻이다. 이 다윗의 자손에 대하여 모든 민족이 다 그를 복되다 할 것이 예언되었다(시 72:17). 이 예언이 여기서 시작되었고, 모든 시대의 모든 참된 신자들이 함께 이에 동의하여 그를 복되다 부른다. 이것이야말로 믿음의 순전한 언어인 것이다. 주목하라. 첫째로, 예수 그리스도는 주의 이름으로 오시는 이이시다. 그는 거룩한 자로서 이 세상에 중보자로 보내심을 받으셨고, 하나님 아버지께서 인치신 자시다. 둘째로, 그리스도께서 주의 이름으로 오시는 것은 모두가 환영할 만한 일이다. 그러므로 우리는 마땅히 주의 이름으로 오시는 이여 복되도다라고 외쳐야 하며, 그를 찬송하여 그를 기뻐해야 한다. 그가 주의 이름으로 오시는 일을 벅찬 가슴으로 기쁘게 찬송하여 위로를 얻고 그에게 영광을 돌려야 할 것이다. 그가 복되도다라고 말하는 것은 잘하는 일이다. 우리가 바로 그의 안에서 복을 누리기 때문이다. 그가 그의 복으로 우리를 맞으시니 우리의 찬송으로 그를 따르는 것이 좋은 것이다.

[2] 그들이 그의 나라의 번성을 기원함. 이는 그들의 호산나에 나타나 있다. 그들은 그 나라에 번성과 성공이 있기를, 또한 그 나라가 승리의 나라가 되기를 진정으로 사모하였다. "이제 그 나라에 번성을 보내소서." 그들이 그 나라를 이 땅의 나라로 이해하고 그 나라를 향하여 그렇게 마음을 쏟았다면 그것은 그들의 잘못이었고, 얼마 후면 바로잡혀질 것이었다. 그러나 그들의 선한 뜻은 받아들여졌다. 주목하라. 그리스도의 나라가 이 세상에서 번성하고 성공을 거두기를 진심으로 사모하고 그것을 위해 기도하는 것이 우리의 의무다. 그러므로 세상에서 그의 관심사에 모든 행복이 깃들기를 바라며, 또한 그가 비록 나귀를 타실지라도 온유로 위엄을 세우시기를 바라며(시 45:5), 그를 위하여 항상 기도하여야 한다(시 72:15). 주의 나라가 임하옵소서라는 우리의 간구가 바로 이런 의미를 담은 것이다. 그들은 가장 높은 곳에서 호산나라고 덧붙인다. 최고의 번영이 주와 함께 하소서, 그의 이름이 모든 이름 위에 뛰어나게 하소서, 그의 보좌가 모든 보좌 위에 뛰어나게 하소서, 혹은, 그의 교회가 하늘 위의 하늘에 오르며 거기서 평화와 구원이 임하니 최고의 자세로 그를 찬송할지어다라는 의미다, 여호와께서 자기에게 기름 부음 받은 자를 구원하시며, 그의 거룩한 하늘에서 그에게 응답하시리로다(시 20:6).

3. 예루살렘의 환호. 예수께서 예루살렘에 들어가시니 온 성이 소동하여(10절).

모든 사람이 그를 주목하였고, 어떤 이들은 이 고귀한 일에 놀라고 감동하였고, 어떤 이들은 그 초라함에 대해 비웃었고, 이스라엘의 위로를 기다린 사람들은 어쩌면 기쁨이 충만하였을 것이다. 또 바리새파에 속한 자들은 시기와 분노가 끓어올랐을 것이다. 그리스도의 나라가 임할 때에 사람들의 마음의 움직임이 그렇게 각양각색인 것이다.

이 소동과 관련해서 다음과 같은 사실들이 보도되고 있다.

(1) 시민들의 말: 이는 누구냐? [1] 그들은 그리스도에 대해 무지했던 것으로 보인다. 그가 그 백성 이스라엘의 영광이셨으나, 이스라엘이 그를 알지 못하였다. 그가 그들 중에서 수많은 이적을 행하셔서 자신의 위대하심을 드러내셨는데도, 예루살렘의 딸들은 남의 사랑하는 자와 구별하지 못하였다(아 5:9). 거룩한 성에서 그 거룩하신 자를 전혀 알지 못했던 것이다! 가장 밝은 빛이 비치고 가장 위대한 신앙의 고백이 있는 곳에서 오히려 우리보다 더 많은 무지가 있다. [2] 그러나 그들은 그에 대해 알고 싶어했다. 그렇게 사람들이 소리치며 환호하는 이 사람이 과연 누구란 말인가? 우리의 마음에 들어오기를 요구하는 이 영광의 왕이 누구시냐?(시 24:8; 사 63:1).

(2) 그에 대한 무리들의 대답. 갈릴리 나사렛에서 나온 선지자 예수라(11절). 무리들이 귀인들보다 그리스도를 더 잘 알아보았다. 때로는 백성들의 음성(Vox populi)이 하나님의 음성(Vox Dei)이기도 하다. 그들의 이러한 대답은 [1] 그를 선지자, 그 큰 선지자라 부른 점은 옳았다. 지금까지 그는 가르치고 이적을 행하는 선지자로 알려지셨으나, 지금 그들은 그를 왕으로 모시고 있다. 그리스도의 세 직분 가운데 제사장 직분이 가장 나중에 발견된다. [2] 그러나 그들이 그를 갈릴리 나사렛에서 나왔다고 한 것은 잘못이었다. 그들이 그를 그렇게 알고 있었기 때문에 그에 대해 편견이 굳어진 것이다. 주목하라. 기꺼이 그리스도를 높이고 그에 대해 증언하고자 하면서도 그에 대해 그릇된 사고를 갖고서 애쓰는 자들이 있는데, 그들 스스로 힘써 바르게 알고자 하면 그 그릇된 사고가 바로잡힐 것이다.

¹²예수께서 성전에 들어가사 성전 안에서 매매하는 모든 사람들을 내쫓으시며 돈 바꾸는 사람들의 상과 비둘기 파는 사람들의 의자를 둘러 엎으시고 ¹³그들에게 이르시되 기록된 바 내 집은 기도하는 집이라 일컬음을 받으리라 하였거늘 너희는

강도의 소굴을 만드는도다 하시니라 ¹⁴맹인과 저는 자들이 성전에서 예수께 나아오매 고쳐주시니 ¹⁵대제사장들과 서기관들이 예수께서 하시는 이상한 일과 또 성전에서 소리 질러 호산나 다윗의 자손이여 하는 어린이들을 보고 노하여 ¹⁶예수께 말하되 그들이 하는 말을 듣느냐 예수께서 이르시되 그렇다 어린 아기와 젖먹이들의 입에서 나오는 찬미를 온전하게 하셨나이다 함을 너희가 읽어 본 일이 없느냐 하시고 ¹⁷그들을 떠나 성 밖으로 베다니에 가서 거기서 유하시니라

그리스도께서는 왕으로 예루살렘에 입성하셨으나 왕궁으로 올라가지 않으시고, 성전에 들어가셨다. 그의 나라는 이 세상에 속한 것이 아니요 영적인 나라이기 때문이다. 그가 다스리시는 것은 거룩한 일에서요, 그가 권세를 시행하는 것은 하나님의 성전에서다. 그러면, 그는 거기서 무슨 일을 행하셨는가?

I. 그는 매매하는 자들을 성전에서 내쫓으셨다. 먼저 악행하는 자들을 소탕하고, 하나님께서 심으신 것이 아닌 자들을 뽑아내어야만 비로소 올바른 것이 세워질 수 있는 법이다. 위대한 구속자께서 경건하지 않은 것을 돌이키시는 위대한 개혁자로 나타나시는 것이다(롬 11:26). 여기에 다음과 같은 내용이 보도된다.

1. 그가 행하신 일. 성전 안에서 매매하는 모든 사람들을 내쫓으시며(12절). 그는 전에도 한 번 이를 행하신 적이 있는데(요 2:14, 15), 그 일을 반복하실 이유가 있었던 것이다. 주목하라. 끊임없는 보살핌과 감독을 통해서 방지하지 않으면, 그리고 내쫓는 일을 자주 반복하지 않으면, 성전에서 매매하는 자들이 내쫓긴 후에 다시 돌아와 거기에 둥지를 틀기 마련이다.

(1) 그들의 악행: 그것은 곧, 성전에서 사고 팔며 돈을 바꾸는 것이었다. 주목하라. 합법적인 일들이라도 시간과 장소가 잘못되면 죄악된 일이 될 수도 있다. 다른 장소에서와 다른 날에는 알맞고 합법적일 뿐 아니라 지극히 칭송할 만한 일이라도, 성소를 더럽히고 안식일을 더럽히는 것이 될 수 있는 것이다. 이처럼 매매하는 행위와 돈 바꾸는 행위는 분명 세속적인 일이었음에도, 그들은 그 일이 영적인 목적을 위한 것인양 가장하였다. 짐승보다는 돈을 갖고 오는 것이 더 손쉬웠으므로 사람늘의 편의를 위하여 희생 제사에 쓸 짐승을 팔았고, 또한 성전세나 속량금으로 반 세겔이 필요한 자들을 위해서 돈을 바꾸어 주었다. 그러므로 이를 하나님의 집의 외형적인 사안으로 간주하여 그냥 지나칠 수도 있었

다. 그러나 그리스도는 이를 허용하지 않으시는 것이다. 주목하라. 경건을 이익의 방도로 생각하는 자들 ― 세상적인 이익을 자기들의 경건의 목표로 여기며 거짓된 경건으로 세상적인 이익을 얻고자 애쓰는 자들 ― 의 행위로 말미암아 큰 부패와 악행들이 교회 안에 들어온다. 이것들을 피하라(딤전 6:5; 11).

(2) 이 악행을 일소하심. 그리스도는 매매하는 모든 사람들을 내쫓으셨다. 전에는 노끈으로 채찍을 만드셔서 그들을 내쫓으셨는데(요 2:15), 지금은 눈쌀을 찌푸리는 표정으로, 명령의 말씀으로 그 일을 행하셨다. 어떤 이들은 그가 그렇게 성전을 깨끗하게 하시는데 그 중에서 그에게 반기를 들고 도전한 사람이 하나도 없었다는 것은 그리스도의 이적이라고 간주한다. 이는 사람들의 심령을 다스리는 그의 권능이 나타난 것이요, 그가 그들 자신의 양심을 통제하시는 실례라는 것이다. 이는 그리스도께서 육체로 계시는 동안 법적인 권위와 강제력을 발휘하신 유일한 경우였다. 그는 요한복음 2장에서 이를 시작하셨고, 여기서 종결지으셨다. 전승에는, 그의 얼굴이 빛났고 그의 눈에서 광선이 나와 이 매매하는 자들을 깜짝 놀라게 했고, 결국 그의 명령에 굴복하지 않을 수 없게 되었다고 한다. 만일 그랬다면, 이는 다음의 성경이 성취된 것이라 하겠다. 심판 자리에 앉은 왕은 그의 눈으로 모든 악을 흩어지게 하느니라(잠 20:8). 그는 돈 바꾸는 자들의 상과 비둘기 파는 사람들의 의자를 둘러 엎으셨다. 그는 돈을 착복하지 않으셨고, 땅에 흩어 버리셨다. 땅이야말로 돈을 버리기에 가장 좋은 장소가 아닐 수 없었다. 에스더 시대에 유대인들은 그들의 재산에는 손을 대지 아니하였다(에 9:10).

2. 그리스도의 말씀. 이는 그들을 정죄하는 것이 아니라 자기 자신을 정당화하는 말씀이다. 기록된 바(13절). 주목하라. 교회를 개혁할 때에 성경에 시선을 집중시켜야 하며, 이것을 법칙으로 철저히 지켜야 한다. 그리고 성경에 기록된 바로써 정당화할 수 있는 범위를 넘어서서는 안 된다. 부패한 규례들이 본래에 제정된 상태로 돌려질 때에 그 때에 비로소 개혁이 올바른 것이 되는 것이다.

(1) 그는 성경의 예언에 근거하여 성전이 어떠해야 하며 그 의도가 무엇인지를 보여주신다. 내 집은 기도하는 집이라 일컬음을 받으리라 하였거늘. 이는 사 56:7을 인용한 것이다. 주목하라. 모든 의식적인 제도들은 도덕적인 의무들에 종속되도록 의도된 것이요, 희생 제사를 드리는 집은 기도하는 집이 되도록 되어 있었다. 그것이 그 모든 제도들의 골자요 중심이었기 때문이다. 성전은 특별

한 방식으로 기도하는 집으로 거룩하게 구별되도록 되어 있었다. 왜냐하면 그 곳은 그러한 예배의 장소일 뿐 아니라, 그 예배의 매개체여서 그 집에서나 혹은 그 집을 향하여 드리는 기도들이 받아들여진다는 구체적인 약속이 있었기 때문이다(대하 6:21). 성전이 곧 그리스도의 모형이었기 때문이다. 그러므로 다니엘은 성전 쪽을 바라보고 기도하였다. 그런데 이런 의미에서는 지금은 그 어떠한 집이나 장소도 기도하는 집이 아니요 또한 될 수가 없다. 그리스도께서 우리의 성전이시기 때문이다. 그러나 어떤 의미에서는 우리의 신앙적 집회의 장소로 지정된 곳들을 가리켜 기도할 곳이라 불러도 무방할 것이다(행 16:13).

(2) 그는 성경의 책망에 근거하여, 그들이 성전을 얼마나 훼손시켰고 성전의 의도를 왜곡시켰는가를 보여주신다. 너희는 강도의 소굴을 만드는도다. 이는 이 집이 너희 눈에는 도둑의 소굴로 보이느냐? 라고 말씀하는 렘 7:11을 인용한 것이다. 거짓된 경건이 불의(不義)를 덮어 감추는 겉옷이 되어 버릴 때에, 기도하는 집이 강도의 소굴이 된다고 말할 수 있을 것이다. 매매하는 데에 온갖 부패한 것과 속임수들이 난무하여, 장터가 강도의 소굴이 되는 경우가 비일비재하다. 그러니 성전 안에 장터가 있다면 그것은 분명 강도의 소굴일 수밖에 없다. 하나님께로부터 존귀를 빼앗아버리니 강도 중의 가장 악한 강도들인 것이다(말 3:8). 제사장들이 제단에 근거하여 살았고 또 풍족하게 살았다. 그러나 그들은 그것으로 만족하지 않고 백성들에게서 돈을 쥐어짜 낼 다른 방도를 만들어내었다. 그러므로 그리스도께서는 여기서 그들을 강도라 부르시는 것이다. 그들은 자기 것이 아닌 것들을 착복했기 때문이다.

Ⅱ. 그는 그 곳 성전에서 맹인과 저는 자들을 고쳐주셨다(14절).　매매하는 자들을 성전에서 내쫓으신 후, 그는 맹인과 저는 자들을 그리로 불러들이셨다. 그는 주리는 자를 좋은 것으로 배불리시며 부자는 빈 손으로 보내시는 분이시다(눅 1:53). 그리스도는 성전에서, 거기서 선포되는 그의 말씀으로, 그리고 거기서 드려지는 기도에 대한 응답으로, 영적으로 맹인이요 저는 상태에 있는 자들을 고쳐주신다. 그리스도께서 계실 때에 성전에 나아오는 것은 정말 귀한 일이다. 그는 성전을 더럽히는 자들을 내쫓으심으로써 그가 얼마나 그의 성전의 존귀를 귀히 여기시는지를 보여주시는 동시에, 겸손하게 그를 찾는 자들에게 친히 자비를 베푸시는 것이다. 맹인과 다리 저는 사람은 다윗의 궁궐에는 들어가지 못했으나(삼하 5:8), 하나님의 집에는 출입이 허락되었다. 그의 성전의 존귀와 거룩

함은 왕의 궁궐과 같은 위용에 있는 것이 아니다. 그러므로 왕의 궁궐에는 맹인과 다리 저는 사람들이 들어갈 수 없었으나, 하나님의 성전에는 오직 악인과 속인(俗人)만이 들어갈 수 없는 것이다. 성전이 장터가 되었을 때에는 그것이 더럽혀지고 부패해졌으나, 병원이 될 때에는 은혜와 존귀가 가득해졌다. 성전에서 돈을 모으는 것보다는 성전에서 선을 행하는 것이 더욱 존귀한 일이다. 그리스도께서 이들을 고쳐주신 것은 바로 이는 누구냐?(10절)라는 질문에 대한 확실한 답변이었다. 그의 행하신 역사가 호산나 찬송소리보다 더 확실하게 그에 대해 증언해 주었다. 그가 성전에서 병을 고쳐주신 일은, 이 성전의 나중 영광이 이전 영광보다 크리라(학 2:9)라는 약속의 성취였다.

거기서 그는 또한 대제사장들과 서기관들이 사람들의 환호에 노하는 것을 잠잠하게 하셨다(15, 16절). 가장 앞장서서 그에게 존귀를 돌렸어야 마땅한 자들이 도리어 그의 철천지원수가 된 것이다.

1. 그들은 그가 행하신 그 놀라운 일을 보고 속으로 걱정이 태산이었다. 그것이 진정한 이적이라는 것을 부인할 수 없었으므로 그것들에 대해 마음에 분노가 치밀어 올랐다(행 4:14; 5:33을 보라). 그리스도께서 행하신 역사들 그 자체가 각 사람의 양심에 호소한 것이다. 그들이 지각이 있었더라면 그들 스스로 그 이적을 인정하지 않을 수 없었을 것이고, 그들에게 조금이라도 선한 본성이 있었더라면, 그 이적들의 자비함을 사랑하지 않을 수 없었을 것이다. 그러나 그들은 그를 시기하여 트집을 잡으려 하였고, 그를 반대하기로 마음을 굳게 먹고 있었던 것이다.

2. 그들은 어린아이들의 호산나 찬송 소리를 공개적으로 나무랐다. 그들은 어린아이들이 그렇게 함으로써 그에게 속하지도 않은 존귀를 그에게 돌린다고 생각하였다. 교만한 사람들은 자기들 외에 다른 누구에게 존귀가 돌아가는 것을 견딜 수가 없고, 칭찬받아 마땅한 사람들을 정당하게 칭찬하는 것보다 마음이 불편한 것이 없는 법이다. 그리하여 사울은 여자들의 노랫소리를 듣고 다윗을 시기하였다. 그러니 과연 시기 앞에 누가 설 수 있으랴? 그리스도께서 가장 크게 존귀를 받으실 때에, 그의 원수들은 가장 불쾌해하는 것이다.

바로 앞에서 그리스도는 성전에서 매매하는 자들을 물리치시고 맹인과 저는 자들을 기뻐 받으셨는데, 여기서는 그가 제사장들과 서기관들을 물리치시고 어린아이들을 기뻐 받으시는 것을 보게 된다(16절). 여기서 관찰하라.

(1) 어린아이들이 성전에 있었고, 어쩌면 거기서 놀고 있었을 것이다. 관원들이 성전을 장터로 만들었으니 어린아이들이 그 곳을 놀이터로 삼은 것도 무리가 아니다. 그러나 그 중 많은 아이들이 거기서 예배드리고 있었으리라는 소망을 가져본다. 주목하라. 어린아이들을 때맞추어 기도하는 집에 데리고 가는 것이 좋다. 천국이 그런 자들의 것이니 말이다. 어린아이들에게 경건의 형식을 갖추도록 가르치라. 그러면 그들이 그 도움으로 경건의 능력에로 이끌림을 받을 것이다. 그리스도께서는 그의 양 떼에 속한 어린 양들을 온유하게 대하신다.

(2) 그 아이들은 거기서 소리 질러 호산나 다윗의 자손이여 하였다. 이것은 성인들의 찬미 소리에서 배운 것이다. 어린아이들은 다른 사람들의 말과 행동을 그대로 따라하며, 모방하기를 손쉽게 한다. 그러므로 그들에게 악한 모범은 보이지 않고 선한 모범만 보이도록 크게 조심하여야 한다. 어린이들과 교류할 때에 가장 빈틈없이 조심하여 행해야 한다. 어린아이들은 저주와 맹세를 하든, 기도와 찬양을 하든, 그들과 함께 있는 자들이 하는 대로 배워서 따라하는 것이다. 유대인들은 초막절에 나뭇가지들을 들고 호산나를 노래하도록 가르쳐 놓았다. 그러나 하나님은 여기서 그 찬송을 그리스도께 돌리도록 그들을 가르치신 것이다. 주목하라. 호산나 다윗의 자손이여라는 찬송은 어린아이들의 입에 아주 잘 어울린다. 그들이 어려서부터 가나안의 언어를 배웠을 것이니 말이다.

(3) 우리 주 예수님은 그런 찬송을 허용하신 것은 물론 그것을 크게 기뻐하셨고, 그 일로 성취된, 혹은 최소한 그것과 관련이 되는 성경을 인용하셨다(시 8:2). 어린 아기와 젖먹이들의 입에서 나오는 찬미를 온전하게 하셨나이다. 어떤 이들은 이것을, 다윗이 블레셋 사람들을 살육하고 돌아올 때에 그를 찬양한 백성들의 환호소리와 여인들의 노랫소리에 어린아이들이 합세한 것을 지칭하는 것으로 보기도 한다. 그러므로 이것을 다윗의 자손을 찬양하는 호산나에 적용시키는 것이 지극히 적절하다 할 것이다. 더욱이 그가 그 골리앗, 즉 사탄과의 싸움에 돌입하시는 중이니 더욱 그러하다. 주목하라. [1] 그리스도께서는 어린아이들의 봉사들을 절대로 부끄러워하지 않으시므로, 그것들을 특별히 주목하시고(어린아이들은 주목받는 것을 너무도 좋아한다) 그들을 매우 기뻐하신다, 하나님께서 어린 아기와 젖먹이들에게서 존귀를 받으신다면, 장성하여 어느 정도 능력을 갖춘 자녀에게서는 더욱더 존귀를 받으실 것이다. [2] 그런 자들의 입에서 나오는 찬미가 온전하게 된다. 어린아이들이 하나님을 향한 찬양에 합

세하는 것은 하나님의 존귀와 영광을 더욱 높이는 특별한 경향이 있다. 어린아이들이 함께 하지 않으면 그 찬양이 결함이 있고 불완전한 것으로 간주될 것이다. 그러므로 어린아이들에게 그렇게 하도록 격려하며, 부모들이 그렇게 하도록 자녀들을 가르치는 것이 합당하다. 그렇지 않으면, 어린아이들의 수고도, 부모들의 수고도 모두 헛된 것이 될 것이다. 시편에서는, 어린아이들과 젖먹이들의 입으로 권능을 세우심이여라고 말씀한다. 주목하라. 하나님께서는 어린아이들과 젖먹이들의 입으로 권능을 세우심으로써 그들의 찬미를 온전하게 하신다. 연약하고 전혀 어울리지 않는 도구들을 통해서 위대한 일들이 일어날 때에, 하나님께서 그로 인하여 크게 영광을 받으신다. 그의 능력이 약한 데서 온전하여지기 때문이다. 어린아기들과 젖먹이들의 연약한 면들이 하나님의 능력을 돋보이게 해 주는 것이다. 시편에서 그 다음에 이어지는 말씀 곧, 이는 원수들과 보복자들을 잠잠하게 하려 하심이니이다는 제사장들과 서기관들에게 얼마든지 적용할 수 있었다. 그러나 그리스도께서는 그 말씀을 그들에게 적용시키지 않으셨고, 그들이 그것을 적용하도록 내버려두셨다.

마지막으로, 그리스도께서는 그들을 잠잠하게 하신 다음 그들을 버리셨다. 그들을 떠나(17절)셨다. 그의 때가 오기 전에 그들에게 사로잡히지 않도록 사려 깊게 그렇게 처신하셨으며, 이는 또한 정의로운 것이었다. 그의 임재하시는 은혜를 그들 스스로 저버렸기 때문이다. 그리스도를 향한 찬양을 불평하면, 그것은 결국 그를 우리에게서 몰아내는 처사다. 그는 그들을 완악한 자들로 여겨 그들을 떠나 성 밖으로 베다니에 가서 거기서 유하셨다. 베다니는 좀 더 조용하고 한적한 곳이었다. 방해받지 않고 주무시기 위함이 아니라, 방해받지 않고 기도하시고자 함이었다. 베다니는 예루살렘에서 가깝기가 한 오 리쯤 되는 곳이었는데, 그는 그 곳까지 걸어가셨다. 이러한 사실은 그가 나귀를 타신 것은 오로지 성경을 이루게 하기 위함이었다는 것을 보여준다. 그는 사람들의 호산나 찬미소리에 마음이 들뜨지 않으셨고, 마치 그것들을 잊으신 것처럼 곧바로 다시 비천하고 고된 여정의 길을 떠나신 것이다.

[18]이른 아침에 성으로 들어오실 때에 시장하신지라 [19]길 가에서 한 무화과나무를 보시고 그리로 가사 잎사귀 밖에 아무것도 찾지 못하시고 나무에게 이르시되 이제부터 영원토록 네가 열매를 맺지 못하리라 하시니 무화과나무가 곧 마른지라 [20]제자

들이 보고 이상히 여겨 이르되 무화과나무가 어찌하여 곧 말랐나이까 ²¹예수께서 대답하여 이르시되 내가 진실로 너희에게 이르노니 만일 너희가 믿음이 있고 의심하지 아니하면 이 무화과나무에게 된 이런 일만 할 뿐 아니라 이 산더러 들려 바다에 던져지라 하여도 될 것이요 ²²너희가 기도할 때에 무엇이든지 믿고 구하는 것은 다 받으리라 하시니라

관찰하라.

I. 그리스도께서 이른 아침에 예루살렘 성으로 다시 들어오셨다(18절).   어떤 이들은 그가 밤새 성 바깥으로 나가셨다고 본다. 그 곳의 동료들이 관원들을 두려워하여 아무도 그를 환영하지 않았기 때문이라는 것이다. 그러나 그 성에서 하실 일이 있으셨으므로 다시 돌아오셨다고 한다. 주목하라. 대적들의 악의 때문이나 친구들의 불친절함 때문에 우리의 의무를 포기하는 일이 있어서는 절대로 안 된다. 그 성에서 결박과 환난이 그를 기다리는 것을 알고 계셨으나 그는 이런 것에 전혀 개의치 않으셨다. 바울도 성령에 매여 예루살렘으로 갈 때에 그리스도의 모범을 따랐다(행 20:22).

II. 그 때에 그가 시장하셨다. 그는 사람이셨고, 인성의 연약한 것들에 굴복한 상태에 계셨다.   그는 능동적인 사람이셨고, 그의 일에 열중하신 나머지 음식을 소홀히 하셨고 그리하여 시장하셨다. 하나님의 집을 위한 열심이 그를 삼켰고, 또한 그의 양식과 음료는 바로 그의 아버지의 뜻을 행하는 것이었다. 그는 가난한 사람이어서 양식을 공급받지 못하였다. 그는 자기를 기쁘게 하지 않는 사람이셨다. 무언가 따뜻한 음식을 드셨어야 했으나, 그는 야생 무화과나무 열매를 아침 식사로 드시는 것에 만족하셨던 것이다.

그리스도께서 시장하셨던 것은, 열매 없는 무화과나무를 저주하여 말라죽게 하는 이적을 행하시며, 그리하여 우리에게 그의 정의와 권능을 보여주실 기회를 갖기 위함이었다.

1. 그의 정의를 보라(19절). 무화과나무가 잎사귀가 있었으므로 열매를 기대하고 다가가셨으나, 아무 열매도 얻지 못하시자 영원토록 열매를 맺지 못할 것을 선언하셨다. 그가 베푸신 다른 이적들과 마찬가지로 이 이적에도 의의가 있었다. 지금까지 그리스도께서 행하신 모든 이적들은 선한 이들을 위하여 행하신 것이요 그의 은혜와 축복의 능력을 입증해 주는 것이었다(귀신들을 돼지 떼

에게 들어가게 하신 것은 그저 허용일 뿐이었다). 그가 행하신 모든 것은 그를 따르는 자들의 유익과 위로를 위한 것이었고, 그의 원수들에게 두려움이나 형벌을 주기 위한 것은 하나도 없었다. 그러나 이제 드디어 모든 심판이 그에게 맡겨졌다는 것과 또한 그는 구원하는 일뿐 아니라 멸하는 일도 하실 수 있다는 것을 보여주시고자, 그의 진노와 저주의 능력의 한 가지 실례를 베푸시는 것이다. 그러나 그 능력을 남자나 여자나 어린아이에게가 아니라 — 그의 큰 진노의 날이 아직 임하지 않았으므로 — 생명이 없는 나무에게 행하셨고, 그것을 하나의 실례로 제시하시는 것이다. 무화과나무의 비유를 배우라(24:32). 이 이적의 의미는 무화과나무의 비유와 동일하다(눅 13:6).

(1) 열매 없는 무화과나무를 저주하신 이 일은 일반적인 외식자들의 상태를 나타내며, 따라서 우리에게 다음과 같은 사실들을 가르쳐 준다. [1] 잎사귀가 있는 무화과나무에게서는 열매를 기대하는 것이 정당하다는 것. 그리스도는 신앙을 고백하는 자들에게서 신앙의 능력을 찾으시고, 신앙의 모습을 보이는 자들에게서 그 증거를 찾으시며, 비옥한 땅에 심겨진 포도나무에게서 포도 열매를 찾으신다. 그는 그것을 찾으시며, 그의 영혼이 처음 익은 열매를 바라시는 것이다. [2] 몰려드는 신앙 고백자들에게서 그리스도께서 정당한 것을 기대하시나 실망으로 가득 차는 경우가 많다는 것. 많은 사람들에게 가서서 열매를 구하시나, 잎사귀만을 보시는 경우가 많은 것이다. 살았다 하는 이름은 있으나 진정 살아 있는 것이 아닌 자들이 많으며, 경건의 모양은 있으나 그 능력을 부인하는 자들이 많은 것이다. [3] 열매 없는 죄는 저주와 또한 열매 없는 상태가 영구히 지속되는 재난으로 벌하는 것이 정당하다는 것. 이제부터 영원토록 네가 열매를 맺지 못하리라. 축복 중에 가장 첫째가는 것이 바로 생육하라, 열매를 맺으라는 것이듯이, 저주 중에서 가장 비참한 것이 바로 열매를 맺지 못하리라인 것이다. 이렇게 해서 외식의 죄가 그 자신에게 형벌이 된다. 그들이 선을 행하려 하지 않으므로 그들이 아무것도 행하지 않을 것이요, 열매가 없는 자는 여전히 열매 없는 상태로 있어서 존귀와 위로를 잃어버리게 되는 것이다. [4] 거짓된 외식의 신앙 고백은 대개 이 세상에서 시들어 버리는데, 이는 그리스도의 저주의 효과다. 열매 없는 무화과나무는 곧바로 그 잎사귀마저 잃어버렸다. 외식자들은 잠시동안은 그럴듯해 보이나, 속에 원리가 없고 뿌리가 없어 겉으로 드러나는 그들의 신앙적인 모습이 곧 아무것도 아닌 것이 되어 버린다. 그들의 은

사가 시들어버리고, 일반 은혜들이 부패하며, 신앙적인 모습에 대한 좋은 인식이 사라지고 가라앉으며, 겉모양으로 치장하는 자들의 거짓됨과 어리석음이 모든 사람에게 드러나는 것이다.

(2) 이는 특히 유대 민족과 사람들의 상태를 나타낸다. 그들은 그리스도의 방식으로 교회로 심겨진 무화과나무였다. 여기서 관찰하라. [1] 그들이 우리 주 예수님께 드린 실망. 그는 무언가 열매를, 무언가 그를 기쁘시게 하는 것을 기대하시고 그들 중에 오셨다. 그는 그것을 갈구하셨다. 그가 스스로 필요하셔서 은사를 바라신 것이 아니라, 좋은 열매가 풍성하기를 바라신 것이다. 그러나 그의 기대들은 좌절되었고, 잎사귀밖에는 아무것도 찾지 못하셨다. 그들은 아브라함을 조상이라 부르면서도 아브라함의 행위는 행하지 않았다. 그들은 스스로 약속되신 메시야를 기다리는 척하였으나, 정작 그가 오시자 그들은 그를 영접하지도, 환대하지도 않았다. [2] 그가 그들에게 멸망을 선포하심. 이제부터 영원토록 네가 교회로서 혹은 백성으로서 열매를 맺지 못하리라. 그들이 그리스도를 배척한 후 그들에게서 선한 것이 전혀 나오지 않았고(그들 가운데 믿는 특정한 사람들은 제외하고), 그들이 점점 더 악화되었고, 무지몽매와 완악함이 그들에게 생겨나 자라서 결국 그들이 교회 바깥의 사람들이 되고, 백성이 아닌 자들이 되고 망한 상태가 되었고, 그들의 위치와 국가가 뽑혀버렸고, 그들이 아름다움이 일그러졌고, 그들의 특권들과 장식물들과 성전과 제사상 제도와 희생 제사와 절기들과 그들의 교회와 국가의 온갖 영화로운 것들이 가을에 잎사귀가 떨어지듯 다 떨어져버린 것이다. 그 피를 우리와 우리 자손에게 돌릴지어다!(27:25)라고 말한 후에 그들의 무화과나무가 얼마나 속히 시들어버렸는지 모른다. 그리고 주께서는 그 모든 일에서 의로우셨다.

2. 그리스도의 능력을 보라. 그의 정의는 속에 싸여 있으나, 그의 능력은 더욱 충만하게 드러난다. 그리스도께서는 그의 제자들에게 그들의 능력을 사용하는 법을 지시하고자 하신 것이다.

(1) 제자들은 그리스도의 저주의 효과를 보고 경탄하였다. 제자들이 보고 이상히 여겨(20절). 그의 능력 이외에는 그 어떤 능력으로도 그렇게 할 수가 없었다. 그러나 그가 말씀하시매 그대로 이루어졌다. 그들은 그 일의 갑작스러움에 깜짝 놀랐다. 무화과나무가 어찌하여 곧 말랐나이까! 무화과나무가 시들어버릴 눈에 보이는 원인이 하나도 없었다. 그러나 그리스도의 저주야말로 은밀한 충격이

었고 그 뿌리를 갉아먹은 벌레였다. 그 나무 잎사귀만 마른 것이 아니라, 나무 둥지까지도 다 말라버렸다. 급속하게 말랐고 마치 바싹 마른 막대기처럼 되었다. 이로 보건대 복음의 저주들이 가장 끔찍스럽다. 그것은 무감각하게 소리 없이 조용하게 역사한다. 그것은 겉으로 드러나지 않으나 모든 것을 효과적으로 태우는 불길인 것이다.

(2) 그리스도께서는 그들도 믿음으로 그 비슷한 일을 행하도록 능력을 주셨다(21, 22절). 그의 말씀처럼, 내가 하는 일을 그도 할 것이요 또한 그보다 큰 일도 하리라(요 14:12). 관찰하라.

[1] 이 이적을 행하는 믿음에 대한 묘사. 만일 너희가 믿음이 있고 의심하지 아니하면. 주목하라. 하나님의 능력과 약속을 의심하는 것이야말로 믿음의 효능과 성공을 망치는 큰 요인이다. "하나님의 약속을 의심하지 않고 믿음으로 견고하여지면"(롬 4:20), 그렇게 하면 우리의 믿음이 결손이 있는 것이다. 약속이 확실한 것만큼 우리의 믿음도 그렇게 확실해야 하는 것이다.

[2] 그 능력과 효능이 비유적으로 표현됨. 이 산더러, 즉, 감람 산더러, 들려 바다에 던져지라 하여도 될 것이요. 이 산에 대해서 주께서 그렇게 말씀하신 데에는 특별한 이유가 있을 것이다. 왜냐하면 감람 산은 그 한 가운데가 동서로 갈라져 매우 큰 골짜기가 되어서 산 절반은 북으로, 절반은 남으로 옮기리라는 예언이 있었기 때문이다(슥 14:4). 그 말씀의 의도가 무엇이었든 간에, 그것이 아무리 인간의 지각으로 불가능해 보인다 해도 믿음의 기대도 그와 똑같아야 한다. 그러나 이것은 하나의 잠언적인 표현으로서, 하나님께는 불가능한 것이 없으며 따라서 그가 약속하신 것은 우리가 보기에는 불가능해 보여도 반드시 이루어진다는 것을 믿어야 한다는 것을 시사하는 것이다. 유대인들 사이에서는 흔히 그들의 학식많은 랍비들을 높이기 위하여, 그들이 크나큰 난제들을 해결할 수 있다는 뜻으로 그들을 산을 움직이는 자들이라 불렀다. 그런데 하나님의 말씀에 서서 믿음으로 행함으로써 이런 일들이 행해질 수도 있고, 그로써 위대하고 이상한 일들이 일어나게 될 것이라는 것이다.

[3] 이 믿음을 시행하는 방법과 수단. 너희가 기도할 때에 무엇이든지 믿고 구하는 것은 다 받으리라. 믿음이 영혼이고, 기도는 육체다. 둘이 함께 모여 온전한 사람을 이룬다. 믿음은, 그것이 바른 믿음이라면, 기도를 자극한다. 그리고 믿음으로부터 솟아나는 것이 아니라면 그런 기도는 바른 것이 아니다. 우리가 구하

는 것을 받는 조건은 이것이다. 곧, 믿고 기도로 구하는 것이다. 기도의 간구들은 거절되지 않으며, 믿음의 기대들은 좌절되지 않을 것이다. 우리 주 예수님께서는 친히 이런 의미의 약속들을 많이 하셨으며, 그 모든 약속들이 주요한 은혜인 믿음과 또한 주요한 의무인 기도를 격려하는 것들이다. 구하고 얻는 것이요, 믿고 받는 것이다. 그러나 더 이상 무엇이 필요하겠는가? 관찰하라. 그 약속이 얼마나 포괄적인가를. 무엇이든지 믿고 구하는 것은. 이는 모든 것을 다 포괄하는 것이다. 일반적으로 모든 것을, 구체적으로 무엇이든 다 포괄한다. 일반적인 것은 구체적인 것을 포함하나, 우리의 불신앙이 너무도 우매하여 일반적인 것에 대한 약속들에 동의한다고 생각하면서도 구체적인 것들에 이르면 의심이 생기곤 한다. 그러므로 무엇이든지라는 이 포괄적인 표현에서 큰 위로를 얻는 것이다.

[23]예수께서 성전에 들어가 가르치실새 대제사장들과 백성의 장로들이 나아와 이르되 네가 무슨 권위로 이런 일을 하느냐 또 누가 이 권위를 주었느냐 [24]예수께서 대답하시되 나도 한 말을 너희에게 물으리니 너희가 대답하면 나도 무슨 권위로 이런 일을 하는지 이르리라 [25]요한의 세례가 어디로부터 왔느냐 하늘로부터냐 사람으로부터냐 그들이 서로 의논하여 이르되 만일 하늘로부터라 하면 어찌하여 그를 믿지 아니하였느냐 할 것이요 [26]만일 사람으로부터라 하면 모든 사람이 요한을 선지자로 여기니 백성이 무섭다 하여 [27]예수께 대답하여 이르되 우리가 알지 못하노라 하니 예수께서 이르시되 나도 무슨 권위로 이런 일을 하는지 너희에게 이르지 아니하리라

우리 주 예수님이(후의 사도 바울도 마찬가지다) 그의 복음을 전하실 때에 많은 논쟁이 있었다. 처음 열두 살 때에 성전에서 선생들과 토론을 벌이셨고, 여기서는 죽으시기 직전에 논쟁을 벌이시는 장면을 접하게 된다. 이런 의미에서 그는 예레미야처럼 다투는 자와 싸우는 자이셨다. 스스로 싸우신 것이 아니라 싸움을 당하신 것이다. 그와 싸운 원수들은 대제사장들과 백성의 장로들로서 서로 다른 두 법정에 속한 관원들이었다. 대제사장들은 교회의 법정에서 주님과 관련되는 모든 문제들을 주관하였고, 백성의 장로들은 시민 법정에서 세속적인 문제들을 관장하였다. 대하 19:5, 8, 11을 보라. 이들이 그리스도를 불쾌

히 여겨 서로 합세하여 공격한 것이다. 그 세대가 얼마나 악하게 타락하였는가를 보라. 교회와 국가의 지도자들이 마땅히 메시야의 나라를 앞장서서 받들어야 했건만, 그들이 오히려 그 나라를 가장 극렬하게 반대하였으니 말이다! 여기서 우리는 그리스도께서 설교하실 때에 그들이 그것을 방해하는 광경을 접하게 된다(23절). 그들은 자기들 스스로도 그의 가르침을 받지 않으려 하였고, 다른 사람들도 받지 못하게 하였다. 관찰하라.

I. 그는 예루살렘에 들어가자마자 곧바로 다시 성전에 들어가셨다. 그 전날 거기서 반대를 받으신 바 있었고, 또한 원수들이 도사리고 있어서 위험천만하였으나 그는 그리로 들어가셨다. 예루살렘의 그 어느 곳보다 그 곳에서 영혼들에게 선을 행할 더 좋은 기회가 있기 때문이었다. 예루살렘으로 오는 중에 시장하셨고, 무화과나무 열매로 아침 식사를 대신하시려다 실망하셨으나, 그는 곧바로 성전으로 들어가셨다. 그는 정한 음식보다 하나님의 입의 말씀을 귀히 여기신 것이다.

II. 성전에서 그는 가르치고 계셨다. 그는 그 곳을 기도하는 집이라 부르셨었는데(13절), 지금은 그 곳에서 설교하고 계신다. 주목하라. 그리스도인들의 거룩한 집회에서는 기도와 설교가 반드시 함께 있어야 하고, 그 중 어느 한 가지라도 무시되거나 옆으로 제쳐져서는 안 된다. 하나님과의 교제에서 기도로 그에게 말씀하는 것만으로는 안 되고 그가 그의 말씀으로 말씀하시는 것을 들어야 한다. 목사들은 기도하는 일과 말씀 사역에 힘써야 한다(행 6:4). 그리스도께서는 성전에 들어가 가르치셨는데, 이는 우리가 하나님의 전에 이르자 그가 그의 길을 우리에게 가르치실 것이라(사 2:3)는 성경을 이루는 것이었다. 옛날 제사장들은 거기서 여호와의 선한 지식을 가르치곤 했으나 그리스도와 같은 선생은 결코 없었다.

III. 그리스도께서 사람들을 가르치고 계실 때에 제사장들과 장로들이 그에게 나아와 그의 권위가 무엇인지를 따졌다. 사탄의 손길이 그 뒤에 있어서 그로 일을 하지 못하도록 방해하려 한 것이다. 주목하라. 어쩔 수 없이 논쟁에 휘말림으로써 분명하고도 실천적인 설교를 방해받는 일은 신실한 목사로서는 힘든 고역이 아닐 수 없다. 그러나 이런 악한 일로 인하여 결국 선이 이루어졌다. 그리스도께서는 그에게 제기된 반론들을 훌륭히 제거하심으로써 그의 추종자들에게 더 큰 만족을 주게 되는 결과가 생긴 것이다. 그의 원수들은 자기들의 권력으로 그를 잠잠하게 했다고 생각했으나 그는 오히려 그의 지혜로 그들을 잠잠하게 한 것이다.

이제 그들과의 논쟁에서 우리는 다음과 같은 점들을 관찰할 수 있을 것이다.

1. 그들이 무례한 요구로 그를 공격함. 네가 무슨 권위로 이런 일을 하느냐? 누가 이 권위를 주었느냐? 그가 행하신 이적들과 또한 그 이적들을 행하신 능력을 정당하게 생각했다면, 이런 질문 따위는 할 필요도 없었을 것이다. 그러나 그들은 완악한 불신앙의 도피처를 찾기 위해 무언가 말을 해야만 했다. "네가 예루살렘으로 당당히 입성하였고, 백성들의 호산나 찬양을 받았고, 성전을 통제하였고, 성전 담당관들에게 정당한 허가를 받아 그들에게 세를 내고 거기서 일하는 자들을 내어쫓았고, 또한 여기서 새로운 가르침을 전하고 있으니, 대체 이런 모든 일을 행하는 권위가 네게 있느냐? 네 허가증을 보여라. 네가 너무 지나치게 행하는 것이 아니냐?" 주목하라. 권위를 갖고서 행하는 일을 맡은 자들로서는 자기 자신에게 이런 질문을 해보는 것이 좋다: "누가 이 권위를 주었느냐?" 이 문제에 대하여 자신의 양심이 깨끗하지 않으면, 결코 평안한 마음으로나 성공을 바라는 마음으로 행할 수가 없기 때문이다. 정당한 권위가 없이 행하는 자들은 축복이 없이 행하는 것이다(렘 23:21, 22).

그리스도께서는 자주 이 말씀을 하셨고 무순의 여지 없이 입증하셨다. 그리하여 이스라엘의 선생인 니고데모는 그가 하나님께로부터 오신 선생이심을 인정하였다(요 3:2). 그런데 그 점이 이미 완전히 드러났고 밝혀진 이 시점에서 그들이 그에게 이런 질문을 던진 것이다. 이는 (1) 대제사장과 장로들로서 그들 자신이 지닌 권위를 과시하고자 한 것이다. 자기들이 대제사장과 장로들이므로 그가 어떤 연유로 그렇게 행동하는지를 확인하고 제지할 권위가 있다고 생각한 것이다. 누가 이 권위를 주었느냐?는 그들의 질문은 거만하기 짝이 없고, 그들은 그가 자기들에게서 권위를 받지 않았기 때문에 그에게 아무런 권위가 있을 수 없다고 생각한 것이다(왕상 22:24; 렘 20:1). 주목하라. 권위를 가장 남용하는 자들이 권위를 가장 격렬하게 주장하며 또한 그 권위를 시행하는 것에 가장 큰 자부심과 쾌감을 느끼는 것이 보통이다. (2) 그리스도를 얽어매고자 그렇게 한 것이다. 그가 이 질문에 답하기를 거부하면, 그들은 아무 말도 하지 않는다는 것에 근거하여 그를 탄핵하고 정죄할 것이었다. 곧, 아무 말도 하지 못한다는 것은 곧 자신이 권위를 부당하게 행사하고 있다는 무언의 고백이 될 것이었다. 그리고 그가 하나님께로부터 권위를 받은 사실을 주장하면, 그들은 예전처럼 하늘로부터 오는 표적을 요구하여 그의 변론을 공격 거리로 삼고, 그를 신성모독자로 규정할 심사였다.

2. 이에 대해 그는 다른 질문으로 대답하셔서 오히려 답변이 자동적으로 이루어지도록 하심(24, 25절). 나도 한 말을 너희에게 물으리니. 그는 직접적인 답변을 피하셔서 그들이 그의 답변을 이용하지 못하게 하시고, 다른 질문을 던지심으로 답변하셨다. 이리 가운데 있는 자들은 뱀 같이 지혜로워야 한다. 지혜자의 마음은 대답을 찾느니라. 우리 속에 있는 소망에 관한 이유를 묻는 자들에게 대답할 것을 항상 준비하되 온유함과 두려움으로(벧전 3:15), 영민함과 사려 깊음으로 하여, 진리가 손상을 받거나 우리 자신이 위험에 빠지지 않도록 해야 하는 것이다.

그리스도의 질문은 요한의 세례에 관한 것이었다. 여기서 그는 요한의 사역 전체를, 세례는 물론 설교까지도 다 포괄하여 물으시는 것이다. "이것이 하늘로부터냐 사람으로부터냐? 둘 중의 하나일 것이 분명하다. 그가 행한 일이 그 자신이 꾸며낸 것이든가, 아니면 그가 하나님께로부터 보내심을 받아 그 일을 했던가 둘 중의 하나였다." 가말리엘의 논지도 이 점에 근거한 것이었다: 이 사상과 이 소행이 사람으로부터 났으면 무너질 것이요 만일 하나님께로부터 났으면 너희가 그들을 무너뜨릴 수 없겠고(행 5:38, 39). 분명하게 나쁜 것은 하나님께 속한 것일 수가 없으나, 좋아 보이는 것은 사람에게, 아니 사탄에게 속한 것일 수도 있다. 그는 자기를 광명의 천사로 가장하기 때문이다. 이 질문은 결코 그들의 질문을 회피하기 위한 교묘한 술책이 아니었다. 오히려,

(1) 그들이 이 질문에 답하면, 그들의 질문에 대한 답변도 자명해질 것이었다. 그들이 자기들의 양심을 거슬러 요한의 세례가 사람으로부터 온 것이라고 말하면, 요한은 이적을 행하지 않았으나(요 10:41) 그리스도는 많은 이적을 행하셨고 쉽게 답변할 수 있을 것이었다. 그러나 요한의 세례가 하늘로부터 온 것이라고 답하면(그에게 물은 네가 엘리야냐? 네가 그 선지자냐?라는 질문에서 이것이 전제된다. 요 1:21), 그들의 질문은 그대로 답변되는 것이었다. 왜냐하면 요한이 그리스도를 증언했기 때문이다. 주목하라. 진리들을 그 정당한 질서대로 취할 때에 그것들이 가장 밝히 드러난다. 이전의 질문을 해결하는 것이 주요한 질문을 해결하는 열쇠가 되는 것이다.

(2) 그들이 이 질문에 답변하기를 거부하면, 그것이야말로 가장 강력한 확신을 대적하여 완악한 편견을 가진 자들에게 그리스도께서 그의 권위에 대한 증거들을 제시하기를 거부할 합당한 이유가 될 것이다. 그것은 돼지에게 진주를 던지는 격이었다. 그리하여 그는 지혜 있는 자들로 하여금 자기 꾀에 빠지게 하시는 것이다(고전 3:19). 지극히 명확한 진리들을 납득하려 하지 않는 자들은 가장 비열한 악의의 죄로 정죄받을 것이다. 그들은 먼저 요한에 대한 진리를 거부했고, 그 다음 그리스도에 대한 진리를 거부하였으며, 이 둘로써 하나님을 대적한 것이다.

3. 그들이 당황하여 물러감. 그들은 진실을 알고 있었으나, 인정하려 하지 않았고, 그리하여 우리 주 예수님을 얽어매려 했던 올무에 자기들이 빠진 것이다. 관찰하라.

(1) 그들이 서로 의논하였다. 그러나 요한의 세례의 신적 기원에 대한 증거가 무엇인지를 따지는 것이 아니라, 그리스도를 대적하여 어떻게 대답하는 것이 자기들에게 좋은가를 따지려 한 것이다. 그들은 서로 의논하면서 두 가지를, 곧 그들의 위신과 그들의 안전을 고려하였다.

[1] 그들은 자기들의 위신을 고려하였다. 요한의 세례가 하나님께로부터 온 것임을 인정하면 그들의 위신이 망가질 것이었다. 그것을 인정하면 그리스도는 모든 사람들 앞에서, 그런데 이찌하여 니희는 그를 믿시 아니하였느냐? 라고 물으실 것이고, 또한 하나님께로부터 온 것임을 시인하면서도 그것을 받아들이고 환영하지 않았다면, 그것이야말로 가장 우매하고 악한 죄악이 될 것이었다. 참되고 선한 것이라 알고 있는 것을 무시하고 반대하면서도 죄에 대한 두려움 때문에는 그런 일을 그만두지 않을 사람들도, 그들이 무시하고 반대하는 그것이 참되고 선하다는 것이 드러나 자기들에게 수치가 돌아오는 것에 대해서는 두려움을 갖는 경우가 많다. 그리하여 그들은 요한의 세례를 인정하지 않음으로 그들을 향한 하나님의 경륜을 거부하였고, 결국 핑계할 수 없게 되었다.

[2] 그들은 자기들의 안전을 고려하였다. 요한의 세례가 사람으로부터 온 것이라고 말하면 백성들이 분노할 것이었다. 모든 사람이 요한을 선지자로 여기니 백성이 무섭다. 그러므로 여기서 다음과 같은 점들이 드러난다. 첫째로, 대제사장들과 장로들보다 백성들이 요한에 대해 더 진실된 정서를 갖고 있었다는 것, 혹은 자기들의 정서를 표현하는 데에 백성들이 더 자유롭고 더 진실하였다는

것. 대제사장들과 장로들이 교만하여 율법을 알지 못하는 이 무리는 저주를 받은 자로다(요 7:49)라고 말한 이 백성들이 복음을 알고 있었고 따라서 복된 자들이었던 것 같다. 둘째로, 대제사장들과 장로들이 일반 백성들을 두려워하였다는 것. 이는 그들 사이에 질서가 없었고, 백성과 그들 상호 간에 시기가 최고조에 달해 있었으며, 통치자들이 백성에게 역겨움과 증오와 조롱의 대상이 되었으며, 그리하여, 나도 너희로 하여금 모든 백성 앞에서 멸시와 천대를 당하게 하였느니라라는 성경이 성취되었다는 것(말 2:8, 9)을 입증해 준다. 그들이 순전함을 지켜서 의무를 행했다면 그들이 권위를 유지했을 것이요 백성을 두려워할 필요가 없었을 것이다. 때로는 백성들이 그들을 두려워하여, 그것 때문에 감히 그리스도를 고백하지 못했던 경우들을 보게 된다(요 9:22; 12:42). 주목하라. 백성들로 하여금 자기들을 두려워하도록 만드는 것만을 연구했으니, 그들은 백성을 두려워하지 않을 수가 없었다. 셋째로, 일반 백성들도 자기들이 신성하고 거룩하다고 여기는 자들의 명예를 위하여 열심이 있었다는 것. 그들이 요한을 선지자로 여긴다면, 그의 세례가 사람으로부터 온 것이라는 말을 그냥 참고 있지는 않을 것이다. 거룩한 일들에 대해 뜨거운 열심이 있었던 것이다. 넷째로, 대제사장들과 장로들이 하나님이 아니라 백성들을 두려워하여 자기들의 속마음의 생각과는 달리 진리를 정면으로 부인하지 못했다는 것. 사람을 두려워하면 선한 사람이 올무에 걸리게 되지만(잠 29:25), 때로는 악인들이 기한 전에 죽지 않으려고 지나치게 악인이 되지 않도록 하는 효과도 있을 수 있다(전 7:17). 그런 제어 장치가 없다면, 많은 악인들이 더욱더 악해질 것이다.

(2) 그들이 주님께 대답하였고, 자기들의 질문을 취소시켰다. 그들은 솔직하게, 우리가 알지 못하노라라고 고백하였다. 우크 오이다멘— 우리가 절대로 모르노라. 그들은 스스로 백성들의 지도자로 행세하며 따라서 그들의 직책상 이런 일들을 알아야 할 의무가 있는데도, 모른다고 했으니 그들에게 더 수치스런 일이었다. 자기들의 아는 것을 고백하지 않음으로써, 자기들의 무식을 고백하지 않을 수 없게 된 것이다. 그리고 여기서 관찰하라. 우리가 알지 못하노라라는 그들의 말은 거짓말이었다. 그들은 요한의 세례가 하나님께로부터 온 것임을 알고 있었다. 주목하라. 거짓말하는 죄악에 대해서보다는 거짓말하는 수치에 대해서 더 두려워하는 사람들이 많다. 그들은 자기들의 생각과 이해, 혹은 감정이나 의도, 혹은 그들이 기억하는 일이나 잊어버린 일 등에 대해서 거짓말하기를 주저

하지 않는다. 아무도 자기들의 거짓말을 탐지하여 밝혀낼 수가 없다는 것을 잘 알고 있기 때문이다.

그리스도께서는 이렇게 하여 자신에게 드리워진 올무를 제거하셨고, 그들을 인정하기를 거부하시는 자신의 처사가 정당함을 드러내셨다. 나도 무슨 권위로 이런 일을 하는지 너희에게 이르지 아니하리라. 그들이 요한의 세례가 하늘로부터 온 것임을(그 세례가 회개를 큰 의무로 촉구하였고, 하나님 나라가 가까이 왔음을 큰 약속으로 확증하였음에도 불구하고) 믿지도 않고 고백하지도 않을 만큼 그렇게 악하고 비열하다면, 그리스도의 권위에 관하여 논할 자격조차 없는 사람들이었다. 그런 기질을 지닌 사람들은 진리를 납득할 수가 없고, 오히려 진리로 말미암아 분노가 끓어오르기밖에 하지 않을 것이기 때문이었다. 그러므로 만일 누구든지 알지 못하면 그는 알지 못하는 대로 두라(고전 14:38. 한글 개역 개정판 난외주 참조). 주목하라. 자기들이 알고 있는 진리들을 불의로 가로막는 사람들은 (그 진리들을 공언하지 않거나, 혹은 그 진리들을 따라 행동하지 않음으로써), 더 깊은 진리들에 대해 궁금해하여도 거부를 당하는 것이 정당한 일이다(롬 1:18, 19). 달란트를 파묻은 자에게서 그 달란트를 빼앗아 버리라. 보지 못하는 자는 보지 못하리라.

28 그러나 너희 생각에는 어떠하냐 어떤 사람에게 두 아들이 있는데 맏아들에게 가서 이르되 얘 오늘 포도원에 가서 일하라 하니 29 대답하여 이르되 아버지 가겠나이다 하더니 가지 아니하고 30 둘째 아들에게 가서 또 그와 같이 말하니 대답하여 이르되 싫소이다 하였다가 그 후에 뉘우치고 갔으니 31 이 둘 중의 누가 아버지의 뜻대로 하였느냐 이르되 둘째 아들이니이다 예수께서 그들에게 이르시되 내가 진실로 너희에게 이르노니 세리들과 창녀들이 너희보다 먼저 하나님의 나라에 들어가리라 32 요한이 의의 도로 너희에게 왔거늘 너희는 그를 믿지 아니하였으되 세리와 창녀는 믿었으며 너희는 이것을 보고도 끝내 뉘우쳐 믿지 아니하였도라

그리스도께서 제자들을 가르치실 때에 좀 더 쉽게 하기 위하여 비유를 사용하신 것처럼, 때때로 그는 그를 대적하는 자들을 비유를 사용하셔서 납득시키셨다. 비유를 통해서 책망이 더 확연히 드러나게 하시고, 그들 스스로 책망을 받도록 하신 것이다. 나단 선지자도 비유를 사용하여 다윗을 납득시켰고

(삼하 22:1), 드고아의 여인도 같은 방식으로 다윗을 깜짝 놀라게 하였다(삼하 14:2). 책망의 성격을 띤 비유들은 범죄자들 자신에게 호소하는 것이요 그들 자신의 입으로 자신을 판단하게 하는 것이다. 첫 마디에서 드러나듯이, 그리스도께서는 여기서 바로 이것을 의도하신 것이다. 그러나 너희 생각에는 어떠하냐?(28절).

여기서 우리는 포도원에 일하러 보냄을 받은 두 아들의 비유를 보게 되는데, 이는 요한의 세례가 하나님께로부터 온 것임을 알지 못하는 자들은 그것을 알고 그대로 믿은 세리들과 창녀들에게서조차 부끄러움을 당한다는 것을 보여주고자 하는 것이었다.

I. 비유의 내용. 이는 두 종류의 사람들을 보여준다. 어떤 이들은 자기들의 말보다 더 못한 모습을 보여주는데, 이는 첫째 아들을 통해서 나타내며, 어떤 이들은 자기들의 말보다 더 나은 모습을 보여주는데, 이는 둘째 아들을 통해서 나타낸다.

1. 그들은 동일한 한 분 아버지를 두었다. 이는 하나님이 모든 인류에게 공통적인 아버지이심을 나타낸다. 아버지께로부터 모두 동일하게 받는 은혜들이 있고, 또한 그의 아래에서 모두가 동일하게 지고 있는 의무들이 있다. 우리 모두에게 한 아버지가 계시지 아니하냐? 그렇다. 그러나 사람들의 성품마다 굉장한 차이가 있다.

2. 그들은 둘 다 동일한 명령을 받았다. 얘 오늘 포도원에 가서 일하라. 부모들은 자녀를 게으른 상태로 키워서는 안 된다. 젊은이들에게는 그것보다 더 기쁜 것도 없고, 또한 그것보다 더 해로운 것이 없다(애 3:27). 하나님은 그의 자녀들이 모두 상속자들인데도, 그들에게 일을 시키시는 것이다. 주목하라. (1) 우리 모두는 신앙의 일에 참여하도록 부르심을 받았는데, 이것이야말로 신뢰성 있고, 유익하며, 즐거운 포도원의 일이다. 아담의 죄로 인하여 우리 모두가 허드렛일을 하게 되었고, 밭의 푸성귀를 먹게 되었다. 그러나 우리 주 예수님의 은혜로 말미암아 우리는 다시 포도원에서 일하도록 부르심을 받은 것이다. (2) 포도원에서 일하라는 복음의 부름은 즉시 복종해야 한다. 얘 오늘 가서 일하라. 오늘이라 부르는 동안에 가서 일해야 한다. 일할 수 없는 밤이 오기 때문이다. 우리가 게으르도록 세상에 보내심을 받은 것도 아니요, 대낮이 놀고 지내도록 우리에게 주어진 것도 아니다. 그러므로 하나님과 우리의 영혼을 위하여 무슨 일을

하려면, 지금, 오늘 해야 할 것이다. (3) 아버지는 우리를 자녀로 대하시고(히 12:5), 애 오늘 포도원에 가서 일하라고 명령하신다. 이것은 아버지의 명령으로서, 거기에 권위와 애정이 동시에 묻어 있다. 이 명령은 자녀들을 사랑하시며 그들의 사정을 고려하시며 그들을 지나치게 부리지 않으시며(시 103:13, 14), 또한 자기를 섬기는 아들을 지극히 아끼시는 아버지(말 3:17)의 명령인 것이다. 우리가 아버지의 포도원에서 일하면, 그것은 우리 자신을 위해 일하는 것이다.

3. 그들의 행동이 서로 매우 달랐다.

(1) 첫째 아들은 말이 행동보다 나았고, 지키지도 못할 약속을 하였다. 그의 대답은 선하였으나 그의 행동은 악하였다. 두 아들에게 주신 명령이 동일했다. 복음의 부름은 결과는 매우 다르나, 모든 사람에게 동일하게 주어진다. 우리는 동일한 명령과 격려를 받는다. 다만 어떤 이들에게는 그것이 생명의 냄새가 되고, 다른 이들에게는 사망의 냄새가 되는 것이다. 관찰하라.

[1] 이 아들은 좋게 대답하였다. 아버지 가겠나이다. 그는 아버지라고 하여 그에 대한 존경을 표시하였다. 주목하라. 자녀들은 부모에게 존경하는 자세로 말하는 것이 합당하다. 이것은 제오계명이 요구하는 바 부모에 대한 공경의 한 부분이다. 그는 기꺼운 복종의 의사를 표시하였다. 가겠나이다. "가도록 해보겠습니다"라고 하지 않고, "아버지, 기꺼이 가겠나이다. 지금 곧바로 가겠나이다." 우리는 하나님의 말씀이 모든 부름과 명령에 대해 마음으로부터 이런 내납을 해야 할 것이다(렘 3:22; 시 27:8을 보라).

[2] 그러면서 행동은 하지 않았다. 가지 아니하고. 주목하라. 신앙에 관하여 말은 좋게 하고 선한 약속도 하며, 당분간 선하게 행동하기는 하나, 거기서 머물며 더 이상 나아가지 않으므로 아무런 결과도 내지 못하는 사람들이 많다. 말하는 것과 행동하는 것은 서로 별개의 것이며, 말은 하면서도 행하지 않는 자들이 많다. 특별히 바리새인들이 이런 혐의를 받는다(23:3). 많은 사람들이 입으로는 사랑을 보이면서도 마음은 전혀 다른 방향으로 나아간다. 그들은 신앙적인 자세를 가지려는 좋은 생각은 있으나, 자기들이 보기에 너무 힘든 어떤 일을 행해야 하거나 너무 애착을 가진 어떤 것을 버려야 하는 상황이 닥치면 아무런 행동노 하지 않고, 그리하여 목적이 있으나 전혀 목적이 없는 것과 똑같이 되어 버리는 것이다. 싹이나 활짝 핀 꽃은 열매와는 다른 것이다.

(2) 둘째 아들은 말보다 행동이 나았고, 약속한 것보다 더 나은 모습을 보였

다. 그의 대답은 악했으나 그의 행동은 선하였다.

[1] 그는 아버지께 퉁명스럽고도 확실하게 자기의 의사를 표명하였다. 싫소이다. 아버지의 명령에 대해 싫소이다라고 딱 잘라서 대답한다는 것은 인간의 부패한 본성의 오만함이 아닐 수 없다. 이런 자들은 마음이 완악한 뻔뻔스러운 자식이다. 굽힐 줄 모르는 자들은 얼굴이 붉어질 줄도 모른다. 조금이라도 겸손함이 있었다면, 아니라(렘 2:25)고 대답할 수가 없었을 것이다. 변명도 악하지만, 노골적인 거부는 더욱 악하다. 그런데 복음의 초청이 그런 노골적인 거부를 당하는 예가 자주 있는 것이다. 첫째로, 어떤 이들은 편안함을 사랑하여 일하려 하지 않는다. 마치 리워야단이 물 속에서 놀며 지내듯 그렇게 세상에서 살려 한다(시 104:26). 그들은 일하기를 좋아하지 않는 것이다. 둘째로, 그들은 자기 자신의 일에 너무나 골몰한 나머지 하나님의 포도원에서 일하는 것에는 관심이 없다. 그들은 신앙의 문제보다 세상의 일을 더 사랑한다. 그리하여 어떤 이들은 감각적인 쾌락 때문에, 또 어떤 이들은 세상의 일 때문에, 그들이 행하도록 세상에 보내심을 받은 그 큰 일을 행하지 않고, 종일토록 놀고 서 있는 것이다.

[2] 그러나 그는 다시 생각하여 생각과 길을 바꾸었다. 그 후에 뉘우치고 갔으니. 주목하라. 처음에는 악하고 뻔뻔스럽고 전혀 가망이 없어 보여도 후에 회개하고 뉘우쳐 무언가를 행하는 자들이 많다. 하나님께서 택하신 자들도 오랜 동안 크고 심각한 타락의 상태 속에 있기도 한다. 너희 중에 이와 같은 자들이 있더니(고전 6:11). 이들은 그리스도께서 일체 오래 참으심을 보이신 자들이다(딤전 1:16). 그 후에 뉘우치고. 뉘우침, 혹은 회개는 메타노이아, 즉 나중의 생각(after-wit)이요, 메타멜레이아, 나중의 보살핌(after-care)이다. 전혀 뉘우치지 않는 것보다는 늦게라도 뉘우치는 것이 낫다. 관찰하라. 그는 뉘우치고 일하러 갔다. 이것이 회개에 합당한 열매였다. 과거의 저항하던 상태를 뉘우쳤다는 유일한 증거는 즉시 말씀에 복종하고 일을 시작하는 것이다. 그러면 과거의 일이 용서함 받고, 모든 것이 잘 될 것이다. 하나님이 어떤 아버지이신지를 보라. 우리의 반항에 진노하셔도 얼마든지 정당한 일이겠지만, 그는 진노하지 않으신다. 아버지가 명하신 일을 거부하며 그의 면전에서 싫소이다라고 말한 그 아들은 문 밖으로 영원히 쫓겨나야 마땅하였다. 그러나 우리 하나님은 은혜로 기다리시며, 우리의 어리석은 행위에도 불구하고 우리가 뉘우치고 회개하면 우리를 사랑으

로 받아주신다. 우리가 그와 같은 회개의 여지가 남아 있는 그런 언약 아래 있으니, 하나님을 찬양하여야 마땅할 것이다.

II. 비유에 근거한 전반적인 호소. 그 둘 중의 누가 아버지의 뜻대로 하였느냐?(31절). 두 아들 모두 잘못을 범하였다. 하나는 거짓을 행했고, 또 하나는 무례하였다. 부모들은 때때로 자녀들에게서 이런 다양한 대접을 받는다. 그러므로 자녀들을 어떻게 대하는 것이 가장 좋은 길인지를 알기 위해서 상당한 지혜와 은혜가 필요하다. 그러나 문제는, 둘 중에 누가 더 나으며 과실이 더 가벼운가? 하는 것이었다. 그런데 이 문제는 곧 해결되었다. 둘째 아들이 더 낫고 과실이 더 가벼웠다. 그는 말보다 더 낫게 행동했고, 나중이 시작보다 나았기 때문이다. 말보다는 더 낫게 행동하는 사람이 거짓으로 말하는 사람보다 훨씬 더 낫다는 것이 인류의 공통적인 사고를 통해서 배우는 것이다. 그러므로 그들은 하나님께서 그의 심판의 원칙으로 제시하시는 내용, 즉 악인이 만일 그가 행한 모든 죄에서 돌이켜 떠나면 용서함 받을 것이요 또한 의인이 돌이켜 그 공의에서 떠나 범죄하면 그가 버림받을 것이라는 것(겔 18:21-24)에서도 이미 이것을 배운 바 있다. 스스로 거부하였다가 후에 뉘우치고 더 낫게 행하는 자들이 아버지의 뜻을 행하는 자들로 인정을 받는다는 것이야말로 성경 전체가 우리에게 깨닫게 해 주는 것이다.

III. 당면한 문제에 이 점을 구체적으로 적용시키심(31, 32절). 이 비유의 주된 의도는 메시야와 그의 나라에 대해 한 번도 이야기한 적이 없는 세리와 창녀들이 그 가르침을 받아들였고 그의 선구자인 세례 요한의 징계에 순복하였고, 반면에 메시야를 크게 기대하는 것으로 보이고 그에게 순복할 것으로 보이던 대제사장들과 장로들이 세례 요한을 무시했고, 그의 사역을 정면으로 반대했다는 것을 보여주고자 하는 것이었다. 그러나 이 비유에는 좀 더 다른 의도도 있다. 곧, 이방인들이 둘째 아들처럼 때때로 불순종하여 오랜 동안 불순종의 자녀였으나(딛 3:3, 4), 복음이 그들에게 전파되자 그들이 믿음에 복종하게 되었다. 그러나 유대인들은 아버지 가겠나이다라고 말하고, 선한 약속을 하였으나(출 24:7; 수 24:24), 가지 않았다. 그들은 입으로 하나님께 아첨한 것밖에 없는 것이다(시 78:36).

그리스도께서 이 비유를 적용하시는 데에서 다음을 관찰하라.

1. 그는 요한의 세례가 사람으로부터가 아니라 하나님께로부터 온 것임을 입

증하신다. "너희가 말하지 못하나, 너희가 알 것이다."

(1) 그의 사역의 의도에서. 요한이 의의 도로 너희에게 왔거늘. 요한이 하늘로부터 사명을 받고 왔다는 것을 알려면, 그들의 열매로, 그들의 가르침의 열매로, 그들의 행위의 열매로, 그들을 알지니라라는 법칙을 기억하라. 그들의 길을 관찰하라. 그러면 그들의 과거와 미래의 방향을 모두 추적할 수 있을 것이다. 요한이 의의 도로 왔다는 것은 분명한 사실이었다. 그는 백성들에게 회개하고 의의 행위를 행할 것을 가르쳤다. 그는 행실에서도 철저함과 진지함과 세상을 멸시함과 자기를 부인함과 모든 사람에게 선을 행하는 등의 큰 모범을 보였다. 그러므로 그리스도께서는 요한에게 세례를 받으셨다. 왜냐하면 그렇게 하여 모든 의를 이루는 것이 합당했기 때문이다. 자, 요한이 과연 의의 도로 왔다면, 그들이 그의 세례가 하늘로부터 왔다는 것에 대해 무지하거나 그것을 의심할 수가 있었겠는가?

(2) 그의 사역의 성공에서. 세리와 창녀는 믿었으며. 그는 백성들 중에서도 가장 열악한 상태에 있는 자들에게 풍성한 선을 행하였다. 사도 바울은 자신의 사도 됨을 자신의 사역의 증거들에 근거하여 입증한다(고전 9:2). 하나님께서 세례 요한을 보내신 일이 없다면, 그의 수고가 그렇게 놀라운 성공을 거두지도, 영혼의 회심에 그렇게 놀랍게 기여하지도 못했을 것이다. 세리들과 창녀들이 그의 말씀을 믿었다면, 주의 팔이 그와 함께 한 것이 분명할 것이다. 사람들이 유익을 얻는 것이야말로 목사가 보여줄 최고의 증거다.

2. 그는 그들이 요한의 세례를 멸시하는 것을 책망하신다. 그들은 속으로는 그의 세례를 멸시하면서도 백성을 두려워하여 그것을 드러내기를 꺼렸다. 그리스도께서는 그들의 그러한 부끄러운 점을 드러내시고자, 세리와 창녀들의 믿음과 회개와 순종을 그들 앞에 제시하시고, 그리하여 그들의 불신앙과 회개치 않는 완악함을 더욱 밝히 드러내신다. 앞에서는 가능성이 없어 보이는 자들이 회개하였을 것임을 말씀하셨는데(11:21), 여기서는 그런 자들이 실제로 회개한 것을 보여주시는 것이다.

(1) 세리들과 창녀들은 이 비유에 등장하는 둘째 아들과 같았다. 그들에게서는 신앙적인 것에 대해 거의 기대할 것이 없었다. 그들도 선한 것을 거의 약속하지 않았고, 그들을 아는 자들도 그들에게서 선한 것이 나올 것을 거의 기대하지 않았다. 그들의 기질은 전반적으로 무례하였고, 그들의 행위는 방탕하고

퇴폐적이었다. 그런데도 그들 중 많은 이들이 엘리야의 심령과 능력으로 온 요한의 사역에 영향을 받았다. 눅 7:29을 보라. 이들은 이방 세계를 적절히 나타낸다. 휘트비 박사가 지적한 대로, 유대인들은 일반적으로 세리들을 이교도와 같이 취급하였고, 이교도들은 창녀들과 또한 창녀들의 자식들로 여겼다(요 8:41).

(2) 서기관들과 바리새인들, 대제사장들과 장로들, 그리고 유대 민족 전체가 처음에 선하게 대답한 첫째 아들과 같았다. 그들은 겉으로 그럴듯하게 신앙을 고백하였으나, 요한의 세례를 통하여 메시야의 나라가 그들에게 제시되자 그것을 무시하였고, 그 나라에 등을 돌렸고, 그 나라를 대적하여 발꿈치를 들었다. 심각한 죄인보다도 오히려 외식자가 더 완악한 자들이다. 경건의 모양이 있으면서 그것에 안주한다면 그것이 사탄의 보루가 되며, 그것으로 오히려 경건의 능력을 부인하게 된다. 다음과 같은 점에서 그들의 불신앙이 더욱 드러난다. [1] 요한이 탁월한 인물이었다는 것. 그는 의의 도로 그들에게 왔다. 수단이 좋을수록, 더 큰 것이 요구되는 법이다. [2] 세리와 창녀들이 자기들보다 천국에 먼저 들어가는 것을 보고서도 ― 이로 인하여 거룩한 시기가 생겼을 법도 한데 (롬 11:14) ― 그들은 나중에 회개하지도, 믿지도 않았다. 세리와 창녀들이 은혜와 영광을 얻으니, 우리에게도 몫이 있지 않겠는가? 우리보다 못한 자들이 우리보다 더 거룩하고 더 복되겠는가? 에서가 지녔던 그런 의기와 은혜가 그들에게는 없었다. 에서는 자기 동생의 모범을 보고 시기가 생겨 다른 방법을 강구하였었다(창 28:6). 그러나 이처럼 지도자로 행세하는 교만한 제사장들은 세리와 창녀들의 뒤를 따르는 것을 조롱하였다. 그것이야말로 천국으로 향하는 길이었는데도 말이다. 그들의 얼굴의 교만으로 인하여 그들은 하나님도 그리스도도 좇으려 하지 않았던 것이다(시 10:4).

³³다른 한 비유를 들으라 한 집 주인이 포도원을 만들어 산울타리로 두르고 거기에 즙 짜는 틀을 만들고 망대를 짓고 농부들에게 세로 주고 타국에 갔더니 ³⁴열매 거둘 때가 가까우매 그 열매를 받으려고 자기 종들을 농부들에게 보내니 ³⁵농부들이 종들을 잡아 하나는 심히 때리고 하나는 죽이고 하나는 돌로 쳤거늘 ³⁶다시 다른 종들을 처음보다 많이 보내니 그들에게도 그렇게 하였는지라 ³⁷후에 자기 아들을 보내며 이르되 그들이 내 아들은 존대하리라 하였더니 ³⁸농부들이 그 아들을 보고 서로

말하되 이는 상속자니 자 죽이고 그의 유산을 차지하자 하고 [39]이에 잡아 포도원 밖에 내쫓아 죽였느니라 [40]그러면 포도원 주인이 올 때에 그 농부들을 어떻게 하겠느냐 [41]그들이 말하되 그 악한 자들을 진멸하고 포도원은 제 때에 열매를 바칠 만한 다른 농부들에게 세로 줄지니이다 [42]예수께서 이르시되 너희가 성경에 건축자들이 버린 돌이 모퉁이의 머릿돌이 되었나니 이것은 주로 말미암아 된 것이요 우리 눈에 기이하도다 함을 읽어 본 일이 없느냐 [43]그러므로 내가 너희에게 이르노니 하나님의 나라를 너희는 빼앗기고 그 나라의 열매 맺는 백성이 받으리라 [44]이 돌 위에 떨어지는 자는 깨지겠고 이 돌이 사람 위에 떨어지면 그를 가루로 만들어 흩으리라 하시니 [45]대제사장들과 바리새인들이 예수의 비유를 듣고 자기들을 가리켜 말씀하심인 줄 알고 [46]잡고자 하나 무리를 무서워하니 이는 그들이 예수를 선지자로 앎이었더라

이 비유는 유대 민족의 죄와 패망을 분명하게 제시해 준다. 그들과 그들의 지도자들이 이 비유에 등장하는 농부들이다. 그리고 그들을 향한 준엄한 심판은 바로 가시적인 교회의 특권들을 누리는 모든 이들에게 교만한 마음을 갖지 말고 두려워할 것을 경계하시는 뜻으로 주시는 것이다.

I. 농부들에게 포도원을 맡기는 것에서 유대인 교회가 누린 특권들을 접하게 된다. 그들은 위대한 주인이신 하나님에게서, 또한 그의 아래에서, 포도원을 맡아 경영하는 소작농들이었다. 관찰하라.

1. 하나님께서 자신을 위하여 이 세상에 교회를 세우셨다는 것. 이 땅에 있는 하나님의 나라가 여기서 포도원에 비유된다. 그리고 그 포도원을 발전적으로 운영하며 선용하기에 필요한 모든 것들이 구비되어 있다. (1) 그가 이 포도원을 만드셨다. 교회는 여호와께서 심으신 존재다(사 61:3). 교회를 세우는 것은 포도원을 만드는 것과 마찬가지로 그 자체가 상당한 희생과 보살핌이 요구되는 일이다. 그것은 주의 오른손으로 심으셨고(시 80:15) 극상품 포도나무가(사 5:2), 귀한 포도나무가(렘 2:21) 심겨진 포도원이다. 땅 그 자체에서는 가시와 엉겅퀴밖에는 생산되지 않으므로, 포도나무는 반드시 심어야만 된다. 교회가 존재한다는 것은 하나님의 특별하신 은혜 덕분이요, 일부 사람들에게만 특별하게 자신을 드러내신 사실 덕분이다. (2) 그가 산울타리로 두르셨다. 주목하라. 이 세상에 있는 하나님의 교회는 그의 특별한 보호 아래 있다. 산울타리를 주위에 두르

셨으니, 마치 욥 주위에 두르신 울타리와도 같고(욥 1:10), 불로 둘러싼 성곽과도 같다(슥 2:5). 하나님께서 어디에 교회를 세우시든 간에, 거기에 그의 특별하신 보살핌이 있으며 또한 언제나 있을 것이다. 할례의 언약과 의식법은 유대 교회 주위를 둘러 다른 것과 구별하는 산울타리 혹은 벽이었는데, 그리스도께서 이것을 무너뜨리시고 복음의 질서와 치리를 그의 교회의 산울타리로 지정하셨다. 그는 그의 포도원이 아무런 보호장치가 없이 그냥 있어서 바깥에 있는 자들이 아무나 그리로 들락거리도록 하거나 혹은 그 안에 있는 자들이 마음대로 뒹굴게 하지 않으시고, 이 거룩한 산 주위에 경계를 세우시는 것이다. (3) 그는 거기에 즙 짜는 틀을 만들고 망대를 지으셨다. 번제 단이 모든 제물들을 가져가는 즙 짜는 틀이었다. 하나님은 그의 교회를 정당하게 치리하고 그 교회가 열매를 맺도록 촉진하시기 위하여 그의 교회 안에 규례를 제정하셨다. 모든 면에서 다 편리하게 만드는 데에 과연 이것 외에 무엇을 더 할 수 있었겠는가?

2. 그는 이 가시적 교회의 특권들을 유대 민족에게, 특히 그 대제사장들과 장로들에게 맡기셨다. 그는 그들을 농부로 삼아 그들에게 그것을 맡기셨다. 지주가 소작농을 필요로 하는 것처럼 그들이 그에게 필요했기 때문이 아니라, 그들에게 그 일을 맡기셔서 그들에게서 영광을 얻고자 그렇게 하신 것이다. 유다 백성이 하나님을 알고 그의 이름을 높일 때에, 유다를 하나님께 속하게 하여 그들로 그의 백성이 되게 히며 그의 이름과 명예와 영광이 되게 하셨을 때에(렘 13:11), 그의 말씀을 야곱에게 보이실 때에(시 147:19), 생명과 평강의 언약을 레위와 세우실 때에(말 2:4, 5), 이 포도원이 그들에게 맡겨진 것이다. 이러한 임대계약이 아 8:11, 12에 정리되어 있다. 포도원 주인은 은 천 개를 받도록 되어 있었다(사 7:23을 보라). 주 소득은 포도원 주인의 것이었으나, 농부들은 이백 개를 받게 되어 있었다. 이는 아주 좋은 조건이었다. 그리고 주인은 타국에 갔다. 하나님께서는 시내 산에서 눈에 보이도록 나타나셔서 유대인 교회를 세우시고 난 다음 거기서 사라지셨고, 그리하여 그 백성들은 더 이상 공개적인 이상을 보지 못하고, 기록된 말씀으로 만족해야 했다. 혹은, 그 농부들이 그가 타국에 갔다고 상상한 것일 수도 있다. 이스라엘이 모세가 사라졌다고 생각하여 이를 참지 못하고 금송아지를 만든 것처럼 말이다.

Ⅱ. 하나님께서 이 농부들에게서 세를 기대하심(34절).   이것은 정당한 기대였다. 누가 포도를 심고 그 열매를 먹지 않겠느냐?(고전 9:7). 주목하라. 목사들이든

일반 교인들이든 교회의 특권들을 누리는 자들에게서 하나님께서는 그것에 합당한 열매를 찾으신다. 1. 그의 기대는 성급한 것이 아니었다. 이미 포도원에 많은 비용이 들어갔으나, 그는 선불을 요구하지 않으셨고, 열매 거둘 때가 가까이 오기까지 기다리셨다. 그리고 그 때가 가까워 오자 요한이 천국이 가까이 왔다고 선포하였다. 하나님은 은혜로우사 우리에게 시간을 주시고 기다리시는 것이다. 2. 그 기대가 높지도 않았다. 그는 그들이 자기에게 와서 세를 낼 것을 기대하시지 않았고, 그들이 소득이 적어서 세를 내지 못할 경우 그들과의 임대 계약을 파기하는 벌을 부과할 의사를 가지신 것도 아니었다. 그는 자기 종들을 농부들에게 보내어 그들의 의무와 또한 세를 지불할 날짜를 알리셨고, 그리하여 그들이 열매를 거두고 정리하여 세를 낼 수 있도록 도우셨다. 이 종들은 구약의 선지자들로서, 유대 백성들에게 보내심을 받아 그들을 책망하고 교훈하였다. 3. 그것은 힘든 일도 아니었다. 그저 열매를 받는 것뿐이었다. 그는 그들이 마련할 수 있는 이상을 요구하지 않으셨고, 그 자신이 심어 놓으신 나무에서 난 열매의 일부만을 요구하신 것이다. 곧, 유대 민족에게 주신 율법과 규례들을 준수하는 것이 그것이었다. 이 이상 어떻게 더 정당할 수 있었겠는가? 이스라엘은 열매 없는 포도나무였다. 아니, 들포도 나무로 전락해 버려서, 들포도를 맺은 것이다.

Ⅲ. 농부들이 비열하게도 주인이 보낸 사자들을 능욕함.

1. 그가 자기 종들을 그 농부들에게 보내셨으나, 그들이 그들을 능욕하였다. 그 종들이 그 주인을 대변하며 그의 이름으로 말을 전하는데도 불구하고 그렇게 능욕한 것이다. 주목하라. 말씀의 부름과 책망들은 그것을 받아들이지 않으면 분노를 촉발시키기 마련이다. 여기서 하나님의 신실한 사자들이 일반적으로 어떤 일을 당해왔는지를 보라. (1) 고난당하였다. 그들이 선지자들도 이같이 박해하였느니라. 그들은 극심한 미움을 받았다. 그들이 그 선지자들을 멸시하고 모욕하였을 뿐 아니라 그들을 가장 악질적인 악인들로 취급하여 그들을 때리고 죽이고 돌로 치기까지 하였다. 그들은 예레미야를 때렸고, 이사야를 죽였고, 여호야다의 아들 스가랴를 성전에서 돌로 쳐 죽였다. 만일 그들이 그리스도 예수 안에서 경건하게 산다면 그들 자신이 박해를 받을 것이다. 하나님의 선지자들을 능욕하였다는 것이 바로 하나님께서 유대인들을 정죄하신 내용이었다(대하 36:16). (2) 주인의 소작인들에게서 고난당하는 것이 그들의 몫이었다. 그들

을 그렇게 대한 것은 농부들이었고, 모세의 자리에 앉아 신앙과 하나님과의 관계를 과시한 대제사장과 장로들이었다. 주의 선지자들을 쫓아내고 죽이며 여호와께서 영광을 받으소서라고 말했으니, 이들이야말로 선지자들의 가장 극렬한 원수들이었다(사 66:5; 렘 20:1, 2; 26:11).

이제 다음을 보라. [1] 하나님께서는 그들을 선대하시며 참으셨다. 그는 처음보다 더 많은 종들을 다시 보내셨다. 그러나 농부들은 계속해서 그들을 능욕하였다. 그는 세례 요한을 그들에게 보내셨으나, 그들은 그를 목베어 죽였다. 그러나 그는 요한의 제자들을 그들에게 보내사 그의 길을 예비하게 하셨다. 멸시당하고 박해받는 사역을 계속해서 그의 교회 속에 유지해 오시다니, 오오 하나님의 풍성하신 인내와 오래 참으심이여! [2] 그들은 끈질기게 악행을 계속하였다. 그들은 그들에게도 그렇게 하였는지라. 한 가지 죄는 동일한 유의 또 다른 죄를 범하도록 길을 만들어 놓는 법이다. 성도들의 피를 마시는 자들은 피에 취하는 것에다 갈증을 덧붙여서, 계속해서 다오(give), 다오 외치는 것이다.

2. 마침내 그는 자기의 아들을 보내셨다. 계속해서 종들을 보내시는 하나님의 선하심과, 또한 그들을 능욕한 농부들의 악함은 이미 보았다. 그런데 이 최후의 사건에서 그 두 가지가 극명하게 드러난다.

(1) 자기 아들을 보내는 일에서만큼 은혜가 풍성하게 드러난 적이 결코 없었다. 이 일은 다른 모든 일이 행해진 후에 이루어졌다. 주목하라. 모든 선지자들은 그리스도의 예고자(豫告者)들이요 선구자들이었다. 그는 맨 나중에 보내심받았다. 다른 것으로는 농부들을 움직이지 못했어도, 아들이 보냄받으면 그들이 움직일 것이었다. 그러므로 그 일은 최후의 수단으로 행해진 것이었다. 그들이 내 아들은 존대하리라, 그러니 내가 그를 보내리라. 주목하라. 하나님의 아들이 그의 소유된 자들에게로 오시면 존대를 받을 것으로 기대하는 것이 합당한 일이었다. 그리스도를 존대하는 것이야말로 열매를 맺고 순종하는 능력 있고 유효적인 원리가 되며, 그것이야말로 하나님께 영광을 돌리는 것이 될 것이다. 그들이 아들을 존대하기만 하면, 그들이 내 아들은 존대하리라는 말씀대로 되는 것이었다. 아들은 종들보다 더 큰 권위를 지니고 오시며, 그에게 심판이 맡겨져 있으므로, 모든 사람이 그를 존대해야 하는 것이었다. 모세의 율법을 멸시하는 것보다 그를 거부하는 것이 더욱더 위험천만한 것이다.

(2) 아들을 능욕하는 것에서보다 죄의 죄악성이 더 심각하게 드러난 적이 결

코 없었다. 그 일이 이제 이틀이나 사흘 안에 행해질 것이었다. 관찰하라.

[1] 그들이 음모를 꾸밈. 농부들이 그 아들을 보고(38절). 사람들이 메시야로 인정하고 따른 그 아들이 오시자, 그들은 그가 세를 지불하게 하든지 아니면 포도원을 몰수하든지 할 것이라고 생각하였고, 그리하여 그들은 탐심이 생겨 대담하게 일을 처리할 결심을 하였다. 그가 자기들에게 유일한 방해거리요, 자기들의 유일한 경쟁자이니 그를 제거하여 자기들의 부와 명예를 보존하기로 결심한 것이다. 이는 상속자니 자 죽이자. 이 세상의 통치자들인 빌라도와 헤롯은 알지 못하였나니 만일 알았더라면 영광의 주를 십자가에 못 박지 아니하였으리라(고전 2:8). 그러나 대제사장과 장로들은, 최소한 그들 중 몇몇은, 그가 상속자임을 알고 있었고, 그리하여 자 죽이자고 하였다. 많은 사람들이 자기들이 가진 것 때문에 죽임을 당한다. 그들이 그를 시기한 주된 요인은, 그리고 그들이 그를 미워하고 두려워한 주요한 요인은, 백성들의 관심이 그에게로 향하여 있고 그에게 호산나 찬미를 부른다는 것이었다. 그러므로 그를 제거하면, 백성들의 관심이 자연히 자기들에게로 올 것으로 생각하였다. 그들은 로마인들에게서 백성을 구원하기 위하여 그가 반드시 죽어야 하는 것처럼 가장하였다(요 11:50). 그러나 메시야의 나라가 임하면 그들의 외식과 횡포가 개혁되게 될 것이니, 그들의 그런 것들을 구하기 위해서 반드시 그를 죽여야 했던 것이다. 그가 매매하는 자들을 성전에서 내쫓으니, 자 그를 죽이자. 그리고 그의 유산을 차지하자. 그들은 이 예수만 제거할 수 있다면, 교회에서 아무런 제재도 받지 않고 자기들의 뜻대로 아무 전통이라도 백성들에게 부과할 수 있고, 백성들의 굴복을 강제로 요구할 수도 있을 것이라고 생각한 것이다. 그들은 이렇게 하여 여호와와 그의 기름 부음 받은 자를 대적하여 그의 결박을 벗어버리자 하나, 하늘에 계신 이가 웃으신다. 그들은 그를 죽여 그의 유산을 가로채리라고 생각하였으나, 그는 그의 십자가를 통하여 그의 면류관에게로 나아가셨고, 철장으로 그들을 깨뜨리셨고, 그들의 기업을 몰수하셨기 때문이다(시 2:2, 3, 6, 9).

[2] 그들이 그 음모를 실행에 옮김(39절). 그들은 자기들의 위신과 권위를 지키고자 그를 죽이려고 하였고, 또한 그리스도는 사탄을 정복하시고 그의 택한 자들을 구원하시고자 죽음에로 나아가시니, 그의 때가 오면 그들이 그를 내쫓아 죽이게 될 것이 의심의 여지가 없다. 로마 권력이 그를 정죄하였으나, 대제사장들과 장로들에게 혐의가 주어진다. 그들이 그리스도를 탄핵했을 뿐 아니

라 그를 죽이는 일을 추진한 주요 장본인들이었으므로, 그들의 죄가 더 컸다. 너희가 법 없는 자들의 손을 빌려 못 박아 죽였도다(행 2:23). 그들은 그를 살 가치도 없고 살 의사도 없는 자로 간주하여 포도원 밖에 내쫓아 죽였다. 자기들이 열쇠를 쥐고 있다고 여긴 거룩한 교회 바깥으로, 거룩한 성 바깥으로 그를 내쫓아 죽인 것이다. 그리스도는 영문 밖에서 십자가에 못 박히셨다(히 13:12). 그의 백성 이스라엘의 가장 큰 영광이셨으나, 그가 부끄러움과 치욕거리로 여겨지신 것이다. 그들은 그렇게 종들을 박해하였고, 아들을 박해하였다. 사람들은 하나님의 사역자들을 대하는 것과 똑같이 그리스도 자신을 대하는 법이다.

Ⅳ. 그들이 스스로 자기들이 당할 운명을 아룀(40, 41절). 그는 그들에게 이렇게 물으신다. 포도원 주인이 올 때에 그 농부들을 어떻게 하겠느냐? 그런 악행을 범한 사람들을 향한 하나님의 심판을 알고 있으므로 그 사람들은 더욱더 핑계할 거리가 없다는 그들의 확신을 더욱 강하게 하시기 위해 그렇게 물으신 것이다. 주목하라. 하나님의 행하심에는 결코 예외가 없으므로, 죄인들에게 그 공평함을 호소할 필요가 없다. 하나님은 그의 말씀에서 의롭다 함을 얻으신다(롬 3:4). 그들은 곧바로 그 악한 자들을 진멸할지니이다 라고 대답할 수 있었다. 주목하라. 다른 사람들의 죄의 처참한 결과는 쉽게 예측하면서 정작 그것이 자기들이 당할 운명이라는 것은 보지 못하는 사람들이 많다.

1. 이 질문에서, 우리 주님은 포도원 주인이 와서 그들을 처리하실 것을 말씀하신다. 하나님은 포도원 주인이시다. 그것이 그의 것이요, 지금 마치 그 포도원이 자기들의 소유인 것처럼 처신하는 그 자들로 하여금 그 사실을 알게 하실 것이다. 포도원 주인은 오실 것이다. 박해자들은 마음속으로 말하기를, 그의 오심이 더디다고 하고, 그가 보지도 못하고, 요구하지도 않을 것이라고 하나, 그들은 결국, 그가 그들을 오래 참으시나 항상 참으시기만 하는 것이 아니라는 것을 알게 될 것이다. 박해당하는 성도들과 사역자들에게는 주께서 가까이 계시며, 심판자가 문 앞에 서 계시다는 것이 큰 위로가 된다. 그가 오셔서, 과연 외식자들을 어떻게 하실까? 그들을 불러 정산하실 것이다. 지금은 그들의 날이나, 그는 그의 날이 오는 것을 보고 계신 것이다.

2. 그들의 답변을 보면, 그들이 그 때에 끔찍한 심판이 있을 것임을 알고 있다는 것을 보게 된다. 행악자들의 범죄에 대해 다음과 같은 사실을 분명히 알 수 있다

(1) 그가 그 악한 자들을 진멸하실 것이라는 것. 그들의 최종적인 운명은 멸망이다. 악을 행하고 잘되기를 기대해서는 안 된다. 이것은 유대인들에게 성취되었다. 그들이 로마인들에게 역사에 유례없이 온갖 처절한 상황 속에서 비참하게 멸망하게 되는 일이 이로부터 40년쯤 후에 이루어진다. 이는 또한 그들의 악한 자취를 밟는 모든 자들에게도 성취될 것이다. 지옥은 영원한 멸망이요, 교회의 특권을 가장 크게 누리면서도 그것들을 올바로 사용하지 않은 모든 다른 사람들에게는 지극히 비참한 멸망이 될 것이다. 지옥의 가장 뜨거운 곳이 외식자들과 박해자들의 차지가 될 것이다.

(2) 그가 그의 포도원을 제 때에 열매를 바칠 만한 다른 농부들에게 세로 주시리라는 것. 주목하라. 교회의 특권들을 악용하는 많은 이들의 무익함과 반대가 있으나, 그럼에도 불구하고 하나님은 세상에 교회를 두실 것이다. 사람의 불신앙과 완고함 때문에 하나님의 말씀이 효력 없게 되는 일은 없다. 한 사람이 합당치 못하면 다른 사람이 그 자리를 채울 것이다. 유대인들이 남기고 간 자리가 이방인들의 잔칫자리가 되었다. 박해자들이 사역자들을 멸할 수는 있으나, 교회는 멸할 수가 없다. 유대인들은 자기들이 하나님의 백성이며 따라서 그들이 죽으면 지혜와 거룩함도 함께 사라지는 것임을 의심하지 않았다. 그들이 끊어지면, 하나님께서 세상에서 교회를 위해서 무슨 일을 하시겠냐는 것이었다. 그러나 하나님께서 어떤 이를 사용하사 자기의 이름을 지지하도록 하시는 것이 그들이 그에게 필요하기 때문도 아니고, 그가 그들에게 신세를 지시는 것도 아니다. 우리가 황폐화되고 부패한 존재가 된다 해도, 하나님께서는 우리의 폐허 위에 번창하는 교회를 세우실 수가 있다. 우리와 우리의 위치가 어떻게 되든, 그는 결코 방해받지 않으시고 그의 위대한 이름을 위하여 일을 하시는 것이다.

V. 그리스도께서 친히 이를 예증하시고 적용시키심. 그는 결국 그들이 올바로 판단했다는 것을 말씀하신다.

1. 그는 이 일에서 성취된 성경을 말씀하셔서 이를 예증하신다. 너희가 성경에 … 읽어 본 일이 없느냐?(42절). 그들은 분명 그 말씀을 자주 읽었었고 노래했었다. 그러나 진지하게 살펴본 일은 없었다. 성경을 읽어도 묵상하는 것이 없으면 그 유익을 잃어버리고 마는 법이다. 그가 인용하시는 성경은 시 118:22, 23로서, 어린아이들이 호산나 찬양을 외친 것과 문맥이 동일하다. 곧, 그리스도의 친구들과 그를 따르는 자들에게는 찬양과 위로가 되는 말씀이 그의 원수들에

게는 정죄와 공포를 일으키는 말씀이 된다. 하나님의 말씀은 이처럼 양쪽에 날이 선 검과도 같은 것이다. 건축자들의 버린 돌이 모퉁이의 머릿돌이 되었나니라는 성경 말씀은 그 앞의 비유를, 그 중에서도 특히 그리스도를 지칭하는 부분을 예증하는 것이다.

(1) 건축자들이 돌을 버린 것은 농부들이 그들에게로 보내심 받은 아들을 능욕하여 죽이는 것과 같은 것이다. 대제사장들과 장로들은 하나님의 건축물인 유대 교회를 감독하는 건축자들이었는데, 그들은 그리스도께서 그들의 건축물에 자리를 차지하는 것을 허용하려 하지 않았고, 그의 가르침이나 법을 그들의 체제에 받아들이려 하지 않았다. 그들은 그를 멸시받는 깨어진 그릇처럼 옆으로 제쳐두어 사람들에게 밟히는 돌로만 사용되게 한 것이다.

(2) 이 돌이 모퉁이의 머릿돌이 된 것은 포도원을 다른 농부들에게 세로 주는 것과 같다. 유대인들이 버린 그분을 이방인들이 영접하였고, 그리하여 할례나 무할례가 차이가 없는 그 교회에게 그리스도께서 만유요 만유 안에 계시는 것이다. 그가 복음 교회 위에 권위를 지니시며, 영향을 미치시며, 머리로서 그 교회를 다스리시고, 머릿돌로서 그 교회를 하나되게 하시는 것이야말로 그의 높아지심을 보여주는 위대한 증표들이다. 그러므로 제사장들과 장로들이 악의로 가로막았음에도 불구하고 그는 존귀한 자와 함께 몫을 받으셨고, 그의 나라를 받으신 것이다.

(3) 이 모든 일에 하나님의 손길이 있었다. 이것은 주로 말미암아 된 것이요. 심지어 유대인 건축자들이 그를 버린 일도 하나님의 분명한 경륜과 예지로 이루어진 일이었다. 그가 그 일을 허용하셨고 감독하셨다. 그의 오른손과 그의 거룩한 팔이 이를 이루었다. 그를 지극히 높이사 모든 이름 위에 뛰어난 이름을 그에게 주셨고, 그리하여 우리 눈에 기이하게 되게 하신 것이 바로 하나님이셨던 것이다. 그를 버린 유대인의 사악함이라니 정말 기이하다. 사람들이 자기들의 이익에 반하여 그렇게도 심한 편견을 가졌다니 말이다(사 29:9, 10, 14을 보라). 하나님의 백성들이 행한 악행에도 불구하고 이방인의 세계가 그에게 존귀를 돌리다니, 이 역시 기이한 일이다. 사람들이 멸시하고 몸서리치던 그가 왕들에게시 칭송을 받으시나니 말이다(사 49:7). 그러나 그 일은 주로 말미암아 된 것이다.

2. 그리스도께서 이를 그들에게 적용하심. 적용이야말로 설교의 생명이다.

(1) 그는 그들이 내린 판단을(41절) 그들 자신에게 되돌려 주신다. 그가 그들에게 적용시키시는 것은 농부들의 비참한 멸망에 관한 전반부가 아니라, 포도원을 다른 농부들에게 세로 주는 것에 관한 후반부다. 왜냐하면 유대인들에게는 절망적이나 이방인들에게 소망이 주어지기 때문이다. 그러므로 여기서 다음과 같은 점들을 보라.

[1] 유대인들이 교회 바깥에 있게 되리라는 것. 하나님의 나라를 너희는 빼앗기고(43절). 이처럼 농부들에게서 포도원을 빼앗는다는 것은 포도원을 뒤엎고 헐어버리는 것과 동일한 것을 말씀한다(사 5:5). 유대인들은 오랜 동안 양자 됨과 영광을 누려왔었고(롬 9:4), 그들에게 하나님의 말씀이 맡겨졌었고(롬 3:2), 계시된 종교가 거룩하게 맡겨졌고 세상에서 하나님의 이름을 지녀왔다(시 76:1, 2). 그러나 이제 더 이상 그런 상태가 되지 않을 것이다. 그들은 그들의 특권들을 불성실하게 사용했을 뿐 아니라 그 특권들을 빙자하여 그리스도의 복음을 반대하였고 그것들을 저버렸으며, 결국 그것들을 몰수당한 것이다. 주목하라. 하나님께서 교회의 특권들을 거슬러 죄를 지을 뿐 아니라 그것들을 누리면서 죄를 짓는 자들에게서 그것들을 제거하시는 것은 의로운 일이다(계 2:4, 5). 결국 유대인들이 하나님의 나라를 빼앗겼다. 세상적인 심판들이 그들에게 임하였을 뿐 아니라 동시에 맹목적인 마음의 상태와 완악함, 그리고 복음에 대한 분노 등 영적인 심판이 그들에게 임한 것이다(롬 11:8-10; 살전 2:15).

[2] 이방인들이 교회 안에 들어오리라는 것. 하나님께서는 한 곳에서 포도원을 뒤집어 엎으셔도, 다른 곳에서 그것을 세우신다. 그는 그것을 에트네이, 이방인 세계에게 주셔서 열매 맺게 하실 것이다. 과거에 백성이 아니었고, 긍휼하심을 받지 못했던 자들이 하늘의 사랑하는 백성들이 되는 것이다. 이것은 사도 바울이 그렇게도 감동을 받았고(롬 11:30, 33) 동시에 유대인들이 그렇게도 모멸감을 느꼈던(행 22:21, 22) 비밀이다. 처음 이스라엘이 가나안에 심겨질 때에 이방인들의 몰락이 이스라엘의 복이 되었던 것처럼(시 135:10, 11), 이스라엘이 실패하고 몰락하는 것이 이방인의 풍성함이 되었던 것이다(롬 11:12). 하나님의 나라가 그 나라의 열매 맺는 백성에게 주어질 것이다. 주목하라. 그리스도께서는 복음의 수단을 사용하여 복음의 열매를 맺을 자들이 누구일지를 미리 아신다. 우리가 열매를 맺는 것 모두가 그의 손으로 하시는 일이요, 또한 그의 모든 일들을 하나님께서 아시기 때문이다. 그들이 과거 이방인들이 했던 것보다 더

나은 열매를 맺을 것이다. 하나님께서는 구약의 교회보다 신약의 교회에서 더 많은 영광을 얻으신 것이다. 백성이 바뀌어도 그에게는 결코 손해가 되지 않을 것이기 때문이다.

(2) 그는 자신이 인용하신 성경(42절)을 그들에게 적용하여 그들을 두려움에 떨게 하신다(44절). 건축자들이 버린 돌이 이스라엘 중 많은 자들을 패하게 하기 위하여 세움받는다고 한다. 여기서 우리는 그리스도께서 그들을 패하게 하기 위하여 세우심받으셨음을 입증해 주는 두 종류의 사람들의 패망을 보게 된다.

[1] 어떤 이들은 무지함으로 인하여, 낮아지심의 상태에 계신 그리스도를 보고 걸려 넘어진다. 건축자들이 이 돌을 땅에 버려 두어 그 돌이 땅 위에 놓여 있을 때에, 그들은 눈이 멀고 부주의하여 그 위에 걸려 넘어져 깨질 것이다. 그들이 그리스도에 대해서 거슬림을 받으나 그리스도께서 그것으로 해를 받으시는 것이 아니다. 그리고 그들이 돌에 걸려 넘어질 때에 그 돌이 해를 받는 것도 아니다. 그들 자신이 해를 받게 되고, 그들이 넘어지며 깨어지고 함정에 빠지는 것이다(사 8:14; 벧전 2:7, 8). 죄인들의 불신앙 그 자체가 그들의 패망이 되는 것이다.

[2] 또 어떤 이들은 악의를 갖고 그리스도를 대적하며, 그 돌이 모퉁이의 머릿돌이 되어도 높아지신 상태에 계신 그리스도를 향하여 도전한다. 그리하여 그 돌이 그들 위에 떨어진다. 그들은 마치 유대인들이 그리스도의 피를 우리와 우리 자손에게 돌리소서라고 소리지른 것처럼, 그 돌을 끌어 당겨서 자기 머리 위에 떨어지게 하며, 결국 그 돌이 그들을 가루로 만들어 흩을 것이다. 전자는 모든 불신자들의 죄와 멸망을 말씀하는 것 같고, 그러나 후자의 경우는 박해자들의 죄와 멸망으로 전자보다 더욱 극심하다. 그들은 가시채를 뒷발질하기를 고집한 것이다. 그리스도의 나라는 그것을 전복시키기를, 혹은 그 자리에서 뽑아내기를 시도하는 모든 자들에게는 무거운 돌이 될 것이다(슥 12:3). 손을 대지 않고 산에서 떠낸 이 돌이 반대하는 모든 권세들을 산산조각 낼 것이다(단 2:34, 35). 어떤 이들은 이것이 돌로 사람을 쳐죽이는 유대인들의 풍습을 넌지시 빗대는 것이라고 보기도 한다. 악행을 저지른 자들을 먼저 큰 돌 위의 높은 형틀에서 격렬하게 끌어내려 그들에게 큰 상처를 낸 다음, 그들 위에 다른 큰돌을 던져서 그들을 완전히 깨뜨리는 것이다. 그리스도께서는 그를 대적하여 싸우는 모든 자들을 이런저런 방식으로 완전히 멸망시키실 것이다. 그들이 완악하기 그

지없어서 이 돌 위에 떨어지고도 파괴되지 않으면, 그들 위에 그 돌이 떨어져 그들을 완전히 깨뜨릴 것이다. 그가 왕들을 쳐서 깨뜨리실 것이요 시체로 가득하게 하실 것이다(시 110:5). 하나님을 대적하여 마음을 완악하게 하고도 번성한 자는 하나도 없는 것이다.

마지막으로, 그리스도의 이 비유를 통한 강론을 들은 대제사장들과 장로들의 반응.

1. 그들이 그리스도의 말씀이 자기들을 가리켜 말씀하심인 줄 알았다(45절). 그들은 자기들의 말(41절)이 결국 자기들이 당할 운명을 스스로 말한 것임을 직감하였다. 주목하라. 죄 지은 양심에게는 구태여 정죄하는 자가 없어도 된다. 때로는 사역자가 네가 그 사람이로다라고 말하는 수고를 하지 않아도 된다. 이름만 바뀔 뿐, 똑같은 운명이 말해지는 것이다. 하나님의 말씀은 너무도 신속하고 강력하며 또한 마음의 생각과 뜻까지도 분별하므로, 악인들이 (그들의 양심이 마비되지 않았다면) 그것이 자기들에 대한 것임을 쉽게 직감하게 되는 것이다.

2. 그들이 그리스도를 잡고자 하였다. 주목하라. 말씀의 책망들을 듣고서 그것이 자기들을 지칭하는 것임을 직감하게 되면, 그것이 그들에게 큰 유익을 주거나 아니면 그들에게 크나큰 상처를 입히게 된다. 그들이 행 2:37의 경우처럼 마음에 큰 찔림을 받아 죄에 대한 깨달음과 후회가 생기지 않으면, 행 5:33의 경우처럼 격렬한 화와 분노가 마음에서 끓어오르게 되는 것이다.

3. 그러나 그들은 무리를 무서워하여 감히 행동에 옮기지 못하였다. 무리들이 예수를, 비록 메시야는 아니더라도, 선지자로 알고 있었기 때문이다. 이 때문에 바리새인들이 계속해서 두려워하였다. 그들은 백성들을 두려워하여 요한에 대해서도 나쁘게 말하지 못하였고(26절), 여기서는 그리스도를 해치지도 못하였다. 주목하라. 하나님께서는 사람의 노여움이 결국 주를 찬송하게 하는 것이 되게 하시는 것처럼(시 76:10), 여러 가지 방법들로 남은 진노를 억제시키시는 것이다.

제
— 22 —
장

개요

이 장은 그리스도께서 죽으시기 이틀 혹은 사흘 전에 성전에서 행하신 강론들의 계속이다. 그러므로 그의 강론들이 특별히 무게 있고도 위엄을 갖고서 기록되어 있다. 이 장에는 다음과 같은 내용을 볼 수 있다. I. 혼인 잔치 비유를 통해서, 유대인들이 버림받고 이방인들이 부름받는 일에 관한 교훈이 혼인 잔치 비유를 통하여 제시되며(1-10절), 또한 혼인 예복을 입지 않은 손님이 당하는 운명을 통해서 기독교를 입으로 고백하는 자들 중 외식자들이 당할 위험이 제시됨(11-14절). II. 바리새인, 사두개인, 서기관 등 그리스도를 대적하는 자들과의 논쟁. 1. 가이사에게 세를 바치는 문제에 관하여(15-22절). 2. 죽은 자들의 부활과 미래의 상태에 관하여(23-33절). 3. 율법의 큰 계명에 관하여(34-40절). 4. 메시야와 다윗의 관계에 관하여(41-46절).

[1]예수께서 다시 비유로 대답하여 이르시되 [2]천국은 마치 자기 아들을 위하여 혼인 잔치를 베푼 어떤 임금과 같으니 [3]그 종들을 보내어 그 청한 사람들을 혼인 잔치에 오라 하였더니 오기를 싫어하거늘 [4]다시 다른 종들을 보내며 이르되 청한 사람들에게 이르기를 내가 오찬을 준비하되 나의 소와 살진 짐승을 잡고 모든 것을 갖추었으니 혼인 잔치에 오소서 하라 하였더니 [5]그들이 돌아 보지도 않고 한 사람은 자기 밭으로, 한 사람은 자기 사업하러 하고 [6]그 남은 자들은 종들을 잡아 모욕하고 죽이니 [7]임금이 노하여 군대를 보내어 그 살인한 자들을 진멸하고 그 동네를 불사르고 [8]이에 종들에게 이르되 혼인 잔치는 준비되었으나 청한 사람들은 합당하지 아니하니 [9]네거리 길에 가서 사람을 만나는 대로 혼인 잔치에 청하여 오라 한대 [10]종들이 길에 나가 악한 자나 선한 자나 만나는 대로 모두 데려오니 혼인 잔치에 손님들이 가득한지라 [11]임금이 손님들을 보러 들어올새 거기서 예복을 입지 않은 한 사람을 보고 [12]이르되 친구여 어찌하여 예복을 입지 않고 여기 들어왔느냐 하니 그가 아무 말도 못하거늘 [13]임금이 사환들에게 말하되 그 손발을 묶어 바깥 어두운 데에 내던지라 거기서 슬피 울며 이를 갈게 되리라 하니라 [14]청함을 받은 자는 많되 택함을

입은 자는 적으니라

여기서 혼인 잔치에 초대받은 손님들의 비유를 접하게 된다. 여기서 본문은 예수께서 … 대답하여 이르시되라고 말씀한다(1절). 곧, 대제사장들과 장로들이 한 말에 대해서가 아니라(그들은 아무 말도 하지 못했다) 그를 잡을 기회를 기다리는(21:46) 그들의 생각에 대해서 대답하신 것이다. 주목하라. 그리스도는 사람의 생각을 아시며, 그것에 대해 어떻게 대답할지를 아신다. 혹은 그가 대답하셨다는 것은, 곧 동일한 의미를 지닌 강론을 계속하셨다는 뜻일 수도 있다. 이 비유는 그 앞의 비유와 마찬가지로 복음 제시와 또한 거기에 따르는 즐거움을 나타내는 것이나 다른 방식으로 그것을 나타내는 것이기 때문이다. 포도원 비유는 선지자들을 박해한 통치자들의 죄를 나타내며, 또한 통치자들이 사자들을 박해하는 동안 복음 메시지를 전반적으로 무시한 백성들의 죄를 보여주는 것이기도 하다.

I. 여기서 복음의 준비 과정이 임금이 자기 아들을 위하여 혼인 잔치를 베푸는 것으로 묘사된다. 천국이 그러하며, 새 언약 안에서, 또한 새 언약으로 말미암아 고귀한 영혼들을 위하여 예비된 것이 그러하다. 임금은 하나님이시니, 그는 큰 왕이시요 왕 중의 왕이시다.

1. 자기 아들을 위하여 혼인이 거행된다. 그리스도께서 신랑이시고 교회가 신부다. 복음의 날은 혼인날이다(아 3:11). 하늘에 기록되었고 그리스도께 드려진 장자들의 교회를 믿음으로 바라보라. 그러면 그들에게서 신부 곧 어린 양의 아내를 보게 된다(계 21:9). 복음의 언약은 그리스도와 신자들 간의 혼인 언약이요, 이는 하나님께서 행하시는 혼인이다. 이 혼인에 관한 부분은 그저 언급되기만 하고, 여기서는 더 이상 상술되지 않는다.

2. 혼인 잔치가 베풀어진다(4절). 죄 사함, 하나님의 사랑, 양심의 평안, 복음의 약속 등 교회 회원의 모든 특권들과 새 언약의 모든 축복들과, 또한 은혜의 보좌 앞에 나아감, 성령의 위로들, 영생에 대한 확실한 소망 등 그 속에 포함된 모든 풍성한 것들을 일컫는다. 이것들이 이 잔치를 위한 준비들이다. 하늘이 지금 이 땅에 임하여 있고, 장차는 하늘 속에서 하늘을 누릴 것이다. 하나님께서 그의 경륜으로 그의 언약으로 이 잔치를 베푸셨다. 이는 오찬으로서 낮 동안에 지금 누리는 특권들을 뜻한다. 후에 밤에 영광 중에 누릴 만찬이 있을 것이다.

(1) 이것은 잔치다. 복음의 준비들이 기름진 것과 오래 저장하였던 포도주의 연회로 예언되었고(사 25:6), 또한 의식법에 속한 여러 명절들로 예표되었다(고전 5:8). 유대인들이 즐기고 기뻐하여 잔치를 베풀었으며(에 8:17), 복음도 마찬가지로 잔치가 계속되는 것이다. 이 잔치를 위하여 소와 살진 짐승을 잡았다. 고상한 음식은 아니나 충족하고도 풍성한 최고의 음식이다. 잔칫날은 살육의 날이다(약 5:5). 복음의 준비는 모두 그리스도께서 자신을 희생 제물로 드리신 그의 죽으심에 있다. 잔치는 사랑을 위하여 베풀어지는 것으로, 화목의 잔치요, 사람들을 향하신 하나님의 선의를 나타내는 증표다. 그것은 희락을 위하여 베푸는 것이요(전 10:19) 즐거운 잔치다. 그것은 충만히 채우기 위하여 베풀어지는 것이었다. 복음의 계획은 주린 심령을 좋은 것들로 채우는 것이었다. 그것은 교제를 위하여, 하늘과 땅의 교류를 유지하기 위하여 베풀어지는 것이었다. 우리는 우리의 소청이 무엇이며 우리의 요구가 무엇인지를 아뢸 수 있는 잔치에 초청을 받는 것이다(에 5:6).

(2) 이것은 혼인 잔치다. 혼인 잔치는 대개 풍성하고 자유롭고 유쾌하다. 그리스도께서 행하신 첫 번째 이적은 혼인 잔치를 위해 풍성하게 공급하신 일이었다(요 2:7). 그러므로 어린 양의 혼인 기약이 이르렀고 그의 아내가 자신을 준비를 마칠 때에 베풀어지는 그 자신의 혼인 잔치를 위해서는 무든 것이 결코 모자람이 없게 하실 것이요, 그 때에 승리의 잔치가 베풀어질 것이나(계 19:7, 17, 18).

(3) 이것은 임금의 아들의 혼인 잔치다. 이는 왕의 잔치요(삼상 25:36), 그것도 종이 아니라 아들의 혼인을 위하여 베풀어지는 잔치다. 이 때에는 그 임금이 아하수에로처럼 그의 영화로운 나라의 부함과 위엄의 혁혁함을 나타낼 것이다(에 1:4). 은혜 언약에 속한 신자들을 위하여 예비된 것은 우리처럼 무가치한 벌레들이 기대함직한 그런 것이 아니요, 영광의 왕께서 주시기에 합당한 것들이다. 그는 그 자신답게 주신다. 그는 그 자신을 엘 샤다이, 충족하신 하나님으로, 한 심령을 위한 잔치로 그들에게 주시기 때문이다.

Ⅱ. 복음의 부름과 복음 제시가 이 잔치에 초청하는 것으로 묘사된다. 잔치를 베푸는 자들은 당연히 그 잔치에 참석할 손님을 맞기 마련이다. 하나님의 손님들은 사람들이다. 여호와여 사람이 무엇이관대 그를 그렇게도 높이시나이까! 먼저 초청된 손님들은 유대인들이었다. 복음이 전파되는 곳마다 이 초청이 주어진다. 목사들은 초청하러 보내심을 받는 종들이다(잠 9:4, 5).

1. 손님들이 혼인 잔치에 오라 부르심을 받고 명령을 받는다. 복음의 즐거운 소리를 듣는 모든 자들에게는 이러한 초청의 말씀을 받는 것이다. 이 초청을 전하는 종들은 손님들의 이름을 초청장에 적어놓지 않는다. 그럴 이유가 없다. 스스로 고사하는 사람들 이외에는 아무도 그 초청에서 제외되지 않기 때문이다. 잔치에 참석하도록 초청받은 자들은 혼인에도 참여하도록 초청받는다. 복음의 특권들에 참여하는 자들은 모두 신랑되신 주 예수의 신실한 친구들과 비천한 종들로서 그의 혼인에 정당하고도 정중하게 참석하게 되어 있다. 모든 사람이 아들을 존귀하게 하는 것이 아버지의 뜻이기 때문이다.

2. 손님들이 부름받는다. 복음에서는 은혜로운 초청만이 아니라 은혜로운 설득이 있는 것이다. 우리는 사람들을 권면하고, 그리스도를 대신하여 간청하노니(고후 5:11, 20). 불쌍한 영혼들의 행복을 위하여 그리스도께서 얼마나 마음을 쓰시는가를 보라! 그는 그들의 필요를 생각하사 그들을 위해 베푸실 뿐 아니라, 그들의 연약함과 무지함을 생각하사 그들에게 사람들을 보내어 설득하고 간청하게 하시는 것이다. 초청받은 손님들이 오기를 게을리 하자, 임금은 다시 다른 종들을 보낸다(4절). 구약의 선지자들과, 세례 요한과, 그리스도 자신이 잔치가 거의 임박하였음을(천국이 가까이 왔음을) 알렸는데도 사람들이 듣지를 않자, 그리스도의 부활 이후에 복음의 사도들과 사역자들이 보내심을 받아 잔치가 완전히 준비되었음을 알리며 그 초청을 받아들일 것을 설득하였다. 사람들에게 엄숙한 혼인 잔치가 거행되는 동안 임금이 집을 개방할 것이니 그저 오기만 하면 된다고 알려 주기만 하면 족했을 것이라고 생각하는 사람이 있을 수도 있을 것이다. 그러나, 육신에 속한 사람은 하나님의 성령의 일을 알지 못하고, 따라서 바라지도 않으므로, 지극히 강력한 회유를 통하여, 사람의 줄 곧 사랑의 줄로 이끌어, 그 초청을 받아들이도록 노력하여야 하는 것이다. 다시 초청하는데도 사람이 마음을 움직이지 않으면, 성령이 말씀하시기를 오라 하시는도다 듣는 자도 오라 할 것이요 목마른 자도 올 것이요 또 원하는 자는 값없이 생명수를 받으라(계 22:17). 소와 살진 짐승을 잡고 모든 것을 갖추었다는 초청의 이유를 우리가 납득하게 되면, 아버지께서 우리를 영접하시고, 아들이 우리를 위하여 간구하시고, 성령께서 우리를 거룩하게 하실 준비가 되어 계시다. 죄 사함이 준비되었고, 평안이 준비되었고, 위로가 준비되었고, 약속들이 준비되었다. 생명수가 공급될 준비를 갖추었고, 규례들이 준비되었고, 황금 피리들이 준비되었고, 천사

들이 우리를 수종들 준비를 갖추었고, 피조물들이 우리와 함께 있을 준비가 되었고, 섭리가 우리의 선을 위하여 역사할 준비가 되었고, 마지막으로 하늘이 우리를 받을 준비가 되었다. 이것은 말세에 나타내기로 예비하신 천국이다. 이 모든 것이 준비되었는데, 우리가 준비를 갖추지 못하겠는가? 이 모든 준비가 우리를 위해서 마련되었고, 우리가 정당한 방식으로 나아갈 때에 환영받으리라는 데에 의심의 여지가 있는가? 그러므로 오라 혼인 잔치에 나아오라. 너희를 권하노니 하나님의 은혜를 헛되이 받지 말라(고후 6:1).

Ⅲ. 그리스도의 복음이 사람들 가운데서 자주 냉대를 받는다.　그것은 혼인 잔치에 초대받은 손님들의 차가운 반응과 또한 임금 자신과 신랑이 모욕을 받은 것으로 묘사된다. 이는 첫째로 하나님의 경륜을 거부한 유대인들을 지칭하는 것이나, 더 나아가서 모든 시대에 그리스도의 복음에 대해 멸시하고 반대하는 모든 자들을 지칭하는 것이다.

1. 초청의 메시지를 무례하게 거절한다. 오기를 싫어하거늘(3절). 주목하라. 죄인들이 그리스도와 그로 말미암는 구원에게로 나아오지 않는 이유는 그들이 나아올 수 없기 때문이 아니라 그들이 나아올 뜻이 없기 때문이다. 너희가 영생을 얻기 위하여 내게 오기를 원하지 아니하는도다(요 5:40). 이로써 죄인들의 비참함이 가중된다. 그들이 와서 얼마든지 행복을 누릴 수도 있는데, 그들 스스로 그것을 거부하니 말이다. 그러나 그것만이 아니다. 그들은 그 초청을 돌아보시도 않았다(5절). 그들은 그것이 갈 만한 가치가 없는 것이라 여겼고, 종들이 쓸데없이 소란을 피우는 것이라고 생각하였다. 그들이 그렇게 풍성한 것들을 준비했든 말든, 그들은 집에서 잔치를 즐길 수도 있다는 것이었다. 주목하라. 그리스도와 그로 말미암아 이루어진 그 큰 구원을 가볍게 여기는 것이야말로 세상의 정죄받는 죄다. 아멜레산테스, 그들이 무관심하였다. 주목하라. 수많은 무리들이 그저 무관심하여, 곧 정면으로 도전하지 않으나 그들의 영혼의 문제에 무관심으로 일관하며 전혀 개의치 않음으로 멸망하는 것이다.

그들이 혼인 잔치를 돌아보지도 않은 이유는 그들이 다른 일들에 더 마음이 가 있었기 때문이다. 한 사람은 자기 밭으로, 한 사람은 자기 사업하러 가고. 주목하라. 세상적인 사업과 이윤 때문에 많은 이들이 그리스도께 나아가는 데에 큰 방해를 받는다. 아무도 잔치에 등을 돌리지는 않으나, 무언가 그럴듯한 핑곗거리를 제시하여 피한다(눅 14:18). 시골 사람들은 밭을 돌보아야 하는데, 거기에는 언제나 이런저런 할 일이 있다. 도시 사람들은 가게를 돌보아야 하고 거래가 끊이지 않는다. 사고 팔고 하는 일을 반복해야 한다. 농부들과 상인들이 그들의 일에 부지런해야 하는 것은 사실이나, 신앙을 주된 일로 삼지 못할 만큼 거기에 부지런해서는 안 된다. 여러 가지 다른 일들에 마음을 쏟고 염려하는 나머지 한 가지 필요한 일에 무관심하게 되면, 이 정당한 일들이 우리를 망치도다. 관찰하라. 도시에도 시골에도 유혹거리들이 있다. 도시에는 장사하는 일이, 시골에는 농사 짓는 일이 유혹거리가 된다. 그러므로 이 세상에서 손으로 무슨 일을 하든 간에, 우리와 그리스도 사이를 가로막는 것에 대해서는 마음에서 제외시키도록 조심해야 한다.

2. 종들이 심하게 모욕을 당하였다. 그 남은 자들, 즉 밭으로나 사업하러 가지 않은 자들이 ― 이들은 농부도 상인도 아니고 교회의 직분자들로서 서기관과 바리새인과 대제사장들이요 박해자들이었다 ― 종들을 잡아 모욕하고 죽였다. 이들은 자기들을 잔치에 초청하기 위해 온 종들에게 절대로 행할 수 없는 엄청난 무례와 야만적인 행위를 저질렀다. 아름다운 소식을 알리므로 발이 아름다운 자들(나 1:15)이 세상의 더러운 것과 만물의 찌꺼기 같이 취급받은 것이다(고전 4:13). 선지자들과 세례 요한이 이미 그렇게 취급받았고, 그리스도의 사도들과 목사들이 똑같이 취급받을 것이다. 유대인들이 최초의 복음 전도자들에 대한 대부분의 박해에 간접적으로 직접적으로 가담하였다. 사도행전의 역사를, 즉 사도들의 고난의 역사를 보라.

IV. 유대인 교회와 민족에게 임한 처절한 패망이, 이 잔악무도한 사람들에게 임금이 진노하여 행한 복수로 묘사된다. 임금이 노하여(7절). 하나님의 사랑과 축복을 받는 백성이었던 유대인들이 복음을 거부함으로써 그의 진노와 저주를 받는 세대가 되어 버린 것이다. 노하심이 끝까지 그들에게 임하였느니라(살전 2:16). 여기서 관찰하라.

1. 그들이 패망하게 된 처절한 죄는 바로 그들이 살인한 자들이 되었다는 데 있었다. 그는 그의 초청을 멸시한 자들이 아니라 그의 종들을 살인한 자들을 진멸하였다고 말씀하신다. 하나님께서 마치 그의 복음의 존귀보다 그의 사역자들의 목숨에 대해 더 마음을 쓰기라도 하시는 것처럼 보인다. 그들을 범하는 자는 그의 눈동자를 범하는 것이다(슥 2:8). 주목하라. 그리스도의 신실한 사역자들을 박해하는 것이 다른 무엇보다 죄의 분량을 더 많이 채우는 것이다. 무죄한 자의 피

를 흘려 예루살렘에 가득하게 한 므낫세의 죄에 대해 여호와께서 사하시기를 즐겨 하지 아니하시니라(왕하 24:4).

2. 그들에게 임한 패망 그 자체. 군대를 보내어. 로마 군대가 그가 그의 진노의 백성들을 향하여 일으키시고 보내신 군대였다. 그는 그 군대로 하여금 그들을 짓밟게 하셨다(사 10:6). 하나님은 무수한 사람들의 주시며, 그들의 뜻이 이같지 아니하며 그들의 마음의 생각도 이같지 아니할지라도(사 10:7) 그 기뻐하시는 대로 그들을 사용하셔서 자신의 목적을 이루게 하시는 것이다. 미 4:11, 12을 보라. 군대를 보내어 그 살인한 자들을 진멸하고 그 동네를 불사르고. 이는 이로부터 40년 후에 일어날 로마인들에 의한 예루살렘 함락과 유대인의 패망을 지칭하는 것이 분명하다. 역사 이래 이보다 더 큰 황폐화가 없었고 이보다 더 끔찍한 불과 검의 효과가 없었다. 예루살렘이 거룩한 성이요 하나님이 택하사 그 이름을 두신 성이요 터가 높고 아름다워 온 세계가 즐거워하던 성이었으나, 그 성이 창기가 되었고 정의가 거기에 충만하였고 공의가 그 가운데에 거하였더니 이제는 살인자들뿐인 상태가 되었고(선지자의 말씀처럼, 사 1:21), 심판이 임하였고, 도저히 치료할 수 없도록 멸망하였다. 이것은 그리스도와 그의 복음을 반대하는 모든 자들에게 하나의 모범으로 제시되는 것이다. 그의 언약을 거스르는 자들에게 복수하는 것이 바로 여호와께서 행하시는 일이었다.

V. 이방인들을 불러들이심으로 다시 교회를 채우는 일이 여기서 길에서 불러온 손님들로 잔치에 참석하게 하는 일로 묘사된다(8-10절).

1. 임금이 처음 초청한 자들에 대해 합당하지 않게 여김(8절). 혼인 잔치는 준비되었으나, 은혜 언약이 인쳐질 준비를 갖추었고, 교회가 세워질 준비가 되었으나, 청한 사람들은, 즉 옛부터 언약과 약속을 맡았고 기름진 것들의 연회에 초청받은 유대인들은, 합당하지 아니하니. 그들은 철저하게 무익한 자들이었고, 그들이 초청받은 바 그 모든 특권들을 그리스도를 멸시함으로 완전히 몰수당하였다. 주목하라. 죄인들이 멸망하는 것이 하나님의 책임이 아니라 죄인들 자신의 책임이다. 그러므로 그 옛날 약속의 땅 가나안이 눈 앞에 있고 젖과 꿀이 예비되어 있을 때에, 이스라엘이 불신앙과 투덜거림과 그 풍족한 땅을 멸시함으로 그것들을 무시하였다가 그늘의 시체가 광야에 버려졌으니, 그들에게 일어난 이런 일이 우리에게 본보기가 되는 것이다(고전 10:11; 히 3:16-4:1을 보라).

2. 임금이 종들에게 다른 손님들을 초청할 것을 명령함. 동네의 사람들이 거

부하였으니(7절), 네거리 길에 가라. 처음에는 가지 않았던 이방인의 길(10:5)로 가라고 하였다. 이렇게 해서 유대인이 무너짐으로 구원이 이방인에게 오게 되었다(롬 11:11, 12; 엡 3:8). 주목하라. 많은 이들이 그 나라의 은혜를 거부하고 그 나라의 능력에 저항하더라도, 그리스도께서는 세상에 그의 **나라**를 세우실 것이다. 이스라엘이 모이지 않아도 그가 영광을 얻으실 것이다. 그리스도와 구원이 이방인들에게 베풀어지는 일은, (1) 전혀 예기치 못한 일이었다. 길을 지나가던 방랑자들이 혼인 잔치에 초청을 받는다는 것은 깜짝 놀랄 만한 일이 아닐 수 없었다. 유대인들은 오래 전에 복음을 지각하였고 메시야와 그의 나라를 기대하였다. 그러나 이방인들에게는 그것이 전혀 새로운 것이었고 전에 한 번도 들어보지 못한 것이었고(행 17:19, 20), 그들에게 속하게 될 것을 도저히 생각조차 할 수 없는 그런 것이었다. 사 65:1, 2을 보라. (2) 보편적이었고 차별이 없는 일이었다. 가서 사람을 만나는 대로 혼인 잔치에 청하여 오라. 네거리 길은 공공 장소요 거기서 지혜가 소리를 높인다(잠 1:20). "길가는 사람들을 청하고(욥 21:29), 높은 자든 낮은 자든, 부자든 가난한 자든, 노예든 자유인이든, 젊은이든 늙은이든, 유대인이든 이방인이든 누구든지 청하라. 복음의 조건을 따르면 복음의 특권을 누리게 될 것임을 그들에게 전하라. 누구든지 원하는 자는 예외 없이 오게 하라."

  3. 이 두 번째 초청이 성공을 거둠. 오지 않는 자가 있더라도 다른 사람들이 올 것이다. 종들이 길에 나가 악한 자나 선한 자나 만나는 대로 모두 데려오니(10절). 종들은 임금의 명령에 순종하였다. 요나는 네거리 길로 보내심을 받았으나 그의 조국의 명예에 너무도 집착하여 그 명령을 회피하였다. 그러나 그리스도의 사도들은 비록 유대인들이었으나 민족의 명예보다 그리스도를 섬기기를 택하였다. 사도 바울은 유대인들에 대해 안타까운 마음을 가졌으나 이방인의 사도로서의 자신의 직분을 충실하게 감당하였다. 모두 데려오니. 복음의 의도는 (1) 영혼들을 함께 모으는 데 있다. 유대인 민족만이 아니라 흩어진 하나님의 자녀를 모으는 것이요(요 11:52), 이 우리에 들지 아니한 다른 양들을(요 10:16) 모으는 것이다. 그들이 모여 한 몸과 한 가족과 한 공동체가 된 것이다. (2) 영혼들을 함께 모아 혼인 잔치에 참여하게 하고, 그리스도께 존귀를 표하게 하며, 새 언약의 특권들에 참여하게 하는 데 있다. 나눠 받을 물건들이 있는 곳에 가난한 자들이 함께 모여드는 법이다.

모여든 손님들은, [1] 많은 무리였다. 만나는 대로 모두 데려오니. 혼인 잔치를 가득 채울 만큼 많은 무리였다. 유대인 중 인침받은 자들은 숫자가 제한되었으나, 다른 민족들에 속한 자들은 아무도 능히 셀 수 없는 큰 무리였다(계 7:9; 사 60:4, 8). [2] 악한 자와 선한 자가 섞여 있는 무리였다. 어떤 이들은 경건한 헬라인들(행 17:4)과 고넬료의 경우처럼 회심 전부터 사려 깊고 생각이 있었고, 또 어떤 이들은 고린도 사람들처럼 과도하게 악을 행하기도 했다. 너희 중에 이와 같은 자들이 있더니(고전 6:11). 혹은, 회심 후에 결국 온 마음으로 주께 돌아온 것이 아닌 악한 자로, 거짓된 자로 밝혀지는 자도 있고, 올바르고 참되며 바른 그리스도인으로 드러나는 자들도 있었다. 목사들이 복음의 그물을 던질 때에 좋은 고기와 나쁜 고기가 함께 잡힌다. 그러나 주께서는 그에게 속한 자들을 아신다.

VI. 외식자들의 경우. 이들은 교회 안에 있으나 교회에 속한 자들이 아니다. 살았다 하는 이름은 있으나 진정 살아 있는 것이 아닌 자들인데, 이들이 잔치에 초청받아 참석한 악한 자 중 하나인 예복을 입지 않은 한 사람을 통해 묘사된다. 신앙의 모습을 지니기를 거부하는 자들은 물론, 신앙의 모습을 지녔으나 마음이 건전치 못한 자들도 그리스도께서 베푸시는 구원에 이르지 못한다. 이 외식자에 대해 관찰하라.

1. 그가 밝히 드러남(11절).

(1) 임금이 손님들을 보러, 준비된 자들을 환영하여 맞이하고 그렇지 못한 자들을 내어쫓으러, 들어올 새. 주목하라. 하늘의 하나님은 신앙의 모습을 가졌고 가시적 교회 안에 지위와 이름을 지닌 자들을 구체적으로 주목하신다. 우리 주 예수님은 금 촛대 사이를 거니시고 그들의 행위를 아신다(계 2:1, 2; 아 7:12). 우리는 이 사실에 경계를 받아 외식을 물리쳐야 할 것이다. 그 겉으로 가린 것들이 속히 벗겨질 것이요, 각 사람이 그 자신의 모습 그대로 드러날 것이며, 하나님께서 친히 그것을 보실 것이다. 그러니 신실한 믿음 가운데 있는 우리에게는 이것이 위로와 격려가 된다.

관찰하라. 임금이 손님들을 보러 들어오시기 전에는 이 외식자가 혼인 예복이 없는 것이 전혀 발견되지 않았다. 주목하라. 누구의 마음이 건전하며 누구의 마음이 그렇지 않은지를 아는 것이야말로 하나님의 대권이다. 사람들의 경우는 얼마든지 속아넘어갈 수 있으나, 그는 결코 그렇게 되실 수가 없다. 심판의 날은 위대한 발견의 날이 될 것이요, 그 날에는 모든 손님들이 임금의 앞에 서게 될 것이요, 그가 귀한 자들과 더러운 자들을 구분할 것이요(25:32), 마음의 은밀한 것들이 분명히 드러날 것이며, 의인과 악인이 오류 없이 분명하게 구별지어질 것이다. 지금은 그것이 쉽지 않으나 그 때에는 그렇게 될 것이다. 모든 손님들은 그러한 절차를 대비하여야 하며, 마음을 살피시는 하나님의 꿰뚫는 눈을 어떻게 통과할 것인가를 생각해야 할 것이다.

(2) 임금은 잔치에 들어오자마자 곧바로 외식자를 알아보셨다. 거기서 예복을 입지 않은 한 사람을 보고. 많은 사람들 중 겨우 한 사람에 지나지 않았으나 그는 곧바로 그 사람을 주목하였다. 아무리 무리 중에 숨어 있다 해도 하나님의 정의의 시선을 피할 가망은 없다. 그 사람은 혼인 예식의 위엄에 어울리는 의복을 입지 않고 있었다. 주목하라. 혼인 잔치에 혼인 예복이 없이 오는 자들이 많다. 복음이 혼인 잔치라면, 혼인 예복은 복음과 또한 복음에 대한 고백과 일치하는 마음의 자세요 삶의 모습이며, 부르심을 받은 일에 합당하게 행하는 것이요(엡 4:1), 그리스도의 복음에 합당하게 생활하는 것이다(빌 1:27). 성도들의 의로움, 그들의 진정한 거룩함과 성화가 그들의 세마포 옷이요 그것은 곧 그들의 옳은 행실이로다(계 19:8). 이 사람은 벌거벗은 것도 아니고 누더기를 걸친 것도 아니었다. 무언가 의복을 입고 있었으나, 혼인 예복은 아니었다. 오직 주 예수 그리스도로 옷 입은 자들만이, 그리스도인다운 마음의 기질을 갖고 있고, 그리스도의 은혜들로 장식하고 있으며, 그리스도를 믿는 믿음으로 살며, 그리스도를 모든 것으로 인정하고 아는 자들만이 혼인 예복이 있는 자들인 것이다.

2. 그에 대한 심문(12절). 여기서 우리는 다음을 관찰할 수 있다.

(1) 그를 심문함. 친구여 어찌하여 예복을 입지 않고 여기 들어왔느냐 (12절). 잔치 석상에 안전하게 자리를 잡고 앉아 스스로 뽐내는 자에게 이것은 소스라치게 놀라운 질문이었다. 친구여! 이것은 가슴을 찌르는 예리한 말이었다. 곧, 친구인 체하는 자여, 친구처럼 보이는 자여, 친구로 행세하는 자여,라는 뜻이다. 주목하라. 예수 그리스도를 사랑한다고 말하면서도 마음으로는 그와 거리가 먼 그의 거짓 친구들이 교회 안에 많다. 어찌하여 여기 들어왔느냐? 그는 그 사람들을 들여보낸 종들을 나무라지 않고(혼인 예복을 입는 일은 잔치에 들어온 다음의 절차다. 사역자들은 자기들의 맡은 임무에 충실해야 한다), 그 사람의 마음가짐을 나무란다. 마음이 올바르지 않으면서 어떻게 뻔뻔스럽게 잔치에 들

어올 수 있느냐는 것이다. "복음의 규범을 존중하는 것이 전혀 없으면서 어떻게 감히 복음의 유익을 함께 나누려고 하느냐? 네가 어찌하여 내 율례를 전하며 내 언약을 네 입에 두느냐?"(시 50:16, 17). 그런 자는 혼인 잔치의 오점이요, 신랑의 수치요, 다른 손님들을 거슬리게 하는 자요, 자기 자신의 치욕이다. 그러므로 어찌하여 여기 들어왔느냐? 라고 묻는 것이다. 주목하라. 외식자들이 뻔뻔스럽게 복음의 규례에 침입하고 복음의 특권들을 찬탈한 모든 악행에 대해 책임을 지게 될 그 날이 오고 있다. 이것을 누가 너희에게 요구하였느냐?(사 1:12). 하나님의 은혜를 헛되이 받은 모든 자들에 대해, 안식일을 멸시하고 성례를 남용한 것에 대해 책임을 물으실 것이요, 온갖 헛된 행위들에 대해 심판이 내려질 것이다. "그런 때에 자신을 낮추지도 않고 거룩하게 되지도 않은 채 어떻게 주의 성찬에 나아오는가? 그의 백성들이 하듯 마음이 탐욕에 끌린 상태로 하나님의 선지자들 앞에 서다니, 대체 어떻게 된 일인가? 어떻게 여기 들어왔느냐? 문으로 들어온 것이 아니라 절도나 강도처럼 다른 길을 통해 들어온 것이다. 그것은 부정한 문이요, 정당한 소유권이 없이 소유하는 것이다." 주목하라. 교회에 속한 자들은 자주 다음과 같은 질문을 자신에게 제기하는 것이 좋다. "내가 어떻게 이리로 들어왔는가? 나는 혼인 예복이 있는가?" 이렇게 우리가 우리를 살폈으면 판단을 받지 아니할 것이다(고전 11:31).

(2) 그가 정죄받음. 그가 아무 말도 못하거늘. 에피모데, 그가 입에 재갈이 물려졌다(고전 9:9에서도 동일한 단어가 사용된다). 임금의 추궁에 그 사람은 묵묵부답이었다. 자기 자신의 양심에 의해서 정죄를 받은 것이다. 교회 안에 살고 그리스도 밖에서 죽는 자들은 그 큰 날 심판대 앞에서 아무 말도 하지 못하게 될 것이요, 핑계하지 못할 것이다. 눅 13:26에서처럼 우리가 주 앞에서 먹고 마셨나이다라고 탄원해도, 그것은 유죄를 탄원하는 것에 지나지 않는다. 그들이 불려 오기도 전에 그들이 범한 죄가 그들을 그리스도의 임재 앞에, 그의 심판대 앞에 던져놓을 것이기 때문이다. 이 혼인 잔치에 대해 한 마디도 들은 적이 없는 사람들이, 혼인 예복이 없이 잔치에 참석하여 가장 분명한 빛과 가장 긴밀한 사랑을 거슬러 죄를 범한 자들보다 오히려 더 할 말이 있을 것이고, 그들의 죄에 대해 핑세할 여지가 더 많을 것이고, 그들의 정죄가 더 견딜 만할 것이다.

3. 그에 대한 심판 선고(13절). 그 손발을 묶어 바깥 어두운 데에 내던지라.

(1) 임금은 그를 정죄받은 악독한 범죄자로 간주하여 결박하라고 명령한다.

마땅히 일하고 행하여야 하는 대로 일하고 행하지 않는 자들은 손과 발이 묶이게 될 것을 예상해야 한다. 이 세상에서도 묶는 일이 있다. 곧, 무질서하게 행하여 교회에 추문을 일으키는 자들을 종들과 목사들이 징계하는 것을 가리켜 그들을 묶는 것이라 부른다(18:18). "그들을 묶어 특별한 규례에 참여하지 못하게 하며, 교회의 회원 된 고유한 특권들을 누리지 못하게 하라. 그들을 묶어 하나님의 의로운 심판에 회부하라." 심판 날에 외식자들이 묶여질 것이요, 천사들이 가라지를 거두어 불에 사를 것이다(13:40). 정죄받은 죄인들은 돌이킬 수 없는 선고로써 손과 발이 묶인다. 이는 저 큰 간격을 고정시키는 것과 같다. 그들의 형벌은 저항할 수도 뒤집을 수도 없는 것이다.

(2) 임금은 그를 혼인 잔치 석상에서 끌어다 내던지라고 명령한다. 외식자들의 사악함이 드러나면, 그들은 신실한 백성들의 모임에서 끌어내어 던져야 하며, 마른 가지로 간주하여 끊어버려야 한다. 이는 오는 세상에서 있을 잃어버림의 형벌을 나타낸다. 그들이 임금에게서, 나라로부터, 혼인 잔치에서 끌어내질 것이다. 너 저주받은 자여 내게서 떠나가라. 그들은 (믿지 못한 왕처럼, 왕하 7:2) 풍성한 것들을 눈으로 보면서도 그것을 맛보지 못할 것이니, 이로써 그들의 비참한 처지가 한층 더 가중된다. 주목하라. 기독교 신앙에 합당치 않게 행하는 자들은 그들이 아무 근거도 없이 뻔뻔스럽게 기대하고 주장하는 모든 행복을 다 몰수당할 것이다.

(3) 임금은 그를 캄캄한 지하 감옥에 던지라고 명령한다. 바깥 어두운 데에 내던지라. 우리 구주님은 여기서 지금까지의 비유에서 벗어나사 그 말씀하시고자 하는 뜻 ― 오는 세상에서 있을 외식자들의 정죄 ― 으로 옮아가신다. 지옥은 완전한 어둠이요, 빛의 처소인 하늘에서 벗어난 어둠이다. 혹은 지옥은 최고의 극한 어둠이요, 거기에는 최소한의 광선도, 그것에 대한 소망도 없다. 땅이 어두워서 흑암 같고 죽음의 그늘이 져서 아무 구별이 없고 광명도 흑암 같으니이다(욥 10:22). 주목하라. 복음의 빛을 받으면서도 계속해서 외식하는 자들은 처절한 어둠 속으로 내려가는 것이다. 그런 자들에게는 지옥이 과연 지옥다울 것이며, 정죄가 더욱 견디기 힘들 것이며, 거기서 슬피 울며 이를 갈게 되리라. 우리 주님은 이 표현을 일부 지옥의 고통을 묘사하는 데에 자주 사용하시는데, 이는 그 비참한 상태 자체가 아니라 그것에 대해 죄인들이 갖는 분노를 나타내는 것이다. 그들이 거기서 슬피 울 것이라고 하는데, 이는 지극한 슬픔과 고뇌를 표현하

는 것이다. 간간이 눈물을 닦을 새도 없이 끊임없이 울 것을 나타내는데, 이는 고통이 끊임없이 계속되는 것을 뜻한다. 그리고 이를 갈게 되리라라고 하는데, 이는 지극한 화와 분노의 표현이다. 그들은 곤비하여 그물에 걸린 영양 같이 될 것이요, 여호와의 분노와 하나님의 견책이 가득할 것이다(사 51:20; 8:21, 22). 그러므로 이 말씀을 듣고 두려워하여야 할 것이다.

마지막으로, 이 비유는 앞에서 살펴본 바 있는 놀라운 말씀으로(20:16) 결말을 맺는다. 청함을 받은 자는 많되 택함을 입은 자는 적으니라(14절). 혼인 잔치에 초청받은 많은 사람들 중에, 그 초청을 가벼이 여겨 그것을 무시하고 다른 일들을 그보다 우선으로 여긴 택함받지 않은 모든 자들을 제쳐두고, 신앙의 겉모습을 보이되 계속해서 그것을 삶의 행실로 뒤집는 모든 자들도 제쳐두고, 모든 속된 자들과 외식하는 자들을 제쳐두면, 택함받은 자가 매우 적은 것을 알게 될 것이다. 많은 이들이 혼인 잔치에 초청받으나 택함받아 혼인 예복을 입는 자는, 즉 구원에 이르는 성령의 거룩하게 하심에 이르는 자는 적은 법이다. 이것이 바로 찾는 사람이 적은 좁은 문이요 좁은 길이다.

¹⁵이에 바리새인들이 가서 어떻게 하면 예수를 말의 올무에 걸리게 할까 상의하고 ¹⁶자기 제자들을 헤롯 당원들과 함께 예수께 보내어 말하되 선생님이여 우리가 아노니 당신은 참되시고 진리로 하나님의 도를 가르치시며 아무도 끼리는 일이 없으시니 이는 사람을 외모로 보지 아니하심이니이다 ¹⁷그러면 당신의 생각에는 어떠한지 우리에게 이르소서 가이사에게 세금을 바치는 것이 옳으니이까 옳지 아니하니이까 하니 ¹⁸예수께서 그들의 악함을 아시고 이르시되 외식하는 자들아 어찌하여 나를 시험하느냐 ¹⁹세금 낼 돈을 내게 보이라 하시니 데나리온 하나를 가져왔거늘 ²⁰예수께서 말씀하시되 이 형상과 이 글이 누구의 것이냐 ²¹이르되 가이사의 것이니이다 이에 이르시되 그런즉 가이사의 것은 가이사에게, 하나님의 것은 하나님께 바치라 하시니 ²²그들이 이 말씀을 듣고 놀랍게 여겨 예수를 떠나가니라

죄인들이 자기에게 거역한 일을 참으시고, 그를 제거할 방도를 찾기 위해 올무를 놓는 자들의 책략들을 견디신 것은 그리스도의 고난 중에 결코 작다 할 수 없는 것이었다. 여기서는 그리스도께서 가이사에게 세금을 바치는 문제에 관하여 바리새인과 헤롯 당원들에게 공격을 받으신다. 관찰하라.

Ⅰ. 그들의 계획. 그들은 어떻게 하면 예수를 말의 올무에 걸리게 할까 상의하였다. 지금까지 그리스도는 주로 대제사장들과 장로들에게서 공격을 받아오셨다. 그들은 권력을 의지하는 자들이었고, 그의 권위에 대해 그를 시험하였다 (21:23). 그러나 이제 그는 다른 사람들에게서 공격을 받으신다. 바리새인들이 그들의 율법 지식으로, 그들의 결의론적(決疑論的) 신학 지식으로, 그를 누르려 한다. 그들은 그에게 새로운 시험을 부과하는 것이다. 주목하라. 아무리 훌륭하고 지혜로운 사람들이라 해도 자기들의 창의성이나 관심 혹은 근면함 혹은 순전함과 성실함으로 악한 자들의 미움과 악의를 피할 수 있고, 또 말의 올무에 걸리지 않을 수 있다고 생각한다면 그것은 헛된 일이다. 그리스도와 그의 나라의 원수들의 반대가 얼마나 끈질긴지 모른다!

1. 그들은 서로 상의하였다. 그리스도에 대하여, 관원들이 서로 꾀할 것임이 예언되었고(시 2:2), 또한 그들이 선지자들도 그렇게 박해하였다. 오라 우리가 꾀를 내어 예레미야를 치자(렘 18:18; 20:10). 주목하라. 죄에 대해서 책략과 모의가 많을수록 더 나쁘다. 죄를 꾀하며 악을 꾸미는 자들에게 화가 있다(미 2:1). 악의를 갖고 죄를 모의하는 일이 많을수록, 그 일을 실행하는 데에는 악의가 더해지는 법이다.

2. 그들의 목표는 예수를 말의 올무에 걸리게 하는 것이었다. 그들은 그가 자신의 뜻을 말씀하는 데에 자유롭고 담대한 것을 보았고, 그를 무언가 미세하고 예민한 문제에 걸리게 하면, 그것을 이용할 수 있지 않을까 하는 바람을 가졌다. 사탄의 종들은 옛부터 사람을 말의 실수와 말의 오해에 걸리게 하는 책략을 사용하였다. 의도가 순전한데도 악의 있는 빈정거림으로 왜곡되게 만들며, 그리하여 성문에서 판단하는 자를 올무로 잡으며(사 29:21), 가장 위대한 선생들을 이스라엘의 가장 큰 문젯거리로 만들며, 그리하여 악인이 의인 치기를 꾀하는 것이다(시 37:12, 13).

그리스도의 원수들이 그를 제거할 수 있는 방법은 두 가지인데, 법으로 하는 방법과 힘으로 하는 방법이 그것이다. 그러나 그리스도를 시민 정부에게 반역하는 자로 만들지 않는 한 법으로는 할 수가 없었다. 그들에게는 사람을 죽이는 권한이 없었고(요 18:31), 로마 당국자들은 언어와 명칭과 그들의 법에 관한 문제에 대해서는 관여하지 않았기 때문이다(행 18:15). 그를 백성들에게 역겨운 존재로 만들지 않는 한, 힘으로도 그를 제거할 수가 없었다. 그러나 백성들이 그리스도를 선지자로 알고 있었으므로, 그의 원수들은 그들을 동원하여 그에게 폭력을 행사할 수 없었던 것이다. 그러므로 (옛 뱀이 처음부터 들짐승들 가운데 가장 간교하였으므로) 그들은 그를 딜레마에 빠지게 만들고자 계교를 꾸몄다. 곧, 그리스도로 하여금 유대인의 무리들과 로마 관원들 중 어느 하나를 거스르게 만드는 것이었다. 어느 쪽으로 답하든지 간에, 둘 중 어느 한 쪽을 거스르게 되도록 만드는 그런 교묘한 질문을 던짐으로써, 그가 자기의 말로 인하여 곤경에 빠지게 하려는 것이었다.

II. 그들이 이런 계교를 위하여 던진 질문(16, 17절).   이처럼 숨어서 은밀하게 악을 꾸민 다음, 그들은 때를 놓치지 않고 즉시 이를 실행에 옮겼다. 관찰하라.

1. 다른 사람들을 내세움. 그들은 자기들의 음모가 의심을 받아 그리스도께서 경계할지 모르므로, 자기들이 스스로 가지 않고, 시험하는 자가 아니라 배우려는 자세를 가진 자로 보일 만한 그들의 제자들을 보냈다. 주목하라. 악인들은 자기들의 악한 도모를 실행하는 데에 언제나 악한 도구들을 사용하는 법이다. 바리새인들에게는 그들의 지시를 무조건 잘 따르고 시키는 대로 말을 하는 제자들이 있었다. 사람들을 뽑아 자기들의 제자로 만들고자 열심히 노력하면서, 그들은 이 점을 중요하게 염두에 두었던 것이다.

그들은 제자들과 더불어 헤롯 당원들을 함께 보냈다. 헤롯 당원들은 유대인의 한 분파로서 로마 황제와 그의 대리자인 헤롯에게 기꺼이 전적으로 복종하는 자들이었고, 백성들을 정부에게 복종하게 하고 세금을 바치도록 모두에게 압력을 가하는 것을 임무로 삼는 자들이었다. 어떤 이들은 그들이 세관에 있는 세리들처럼 토지세를 거두어들이는 자들이었다고 보며, 그들이 의도적으로 바리새인들과 함께 그리스도께 나아갔다고 본다. 곧, 헤롯 당원들은 세금을 요구하였고 바리새인들은 세금을 부인하였는데, 이 두 부류의 사람들이 함께 그리스도께 나아가 그 문제를 거론하여 그리스도를 곤란하게 만들려 하였다는 것이다. 헤롯은 자신의 통치권의 기본 강령에 따라 세금을 걷어 처리하지 않을 수 없었고, 헤롯 당원들은 그를 도움으로써 그가 로마에 있는 그의 측근들에게 환심을 사도록 돕고 있었다. 반면에 바리새인들은 유대인의 해방을 염원하였고 로마의 멍에를 벗어버리는 일을 위하여 무슨 일이든 할 수 있는 사람들이었다. 그러니, 그리스도께서 세금을 바치는 것을 지지하면, 바리새인들은 백성들을 부추겨 그를 대적하게 만들 심사였고, 그가 세금을 인정하지 않거나 반대하면, 헤롯 당원들이 정부를 부추겨 그를 대적하게 만들 것이었다. 주목하라. 서로 대적하는 자들이라도 그리스도와 그의 나라를 대적하는 데에는 힘을 합쳐 노력하는 것이 흔히 있는 일이다. 삼손의 여우들이 서로 꼬리에 횃불이 붙여져서 여기저기 다니며 불을 놓았다. 시 83:3, 5, 7, 8을 보라. 그들이 의기투합하여 복음을 대적한다면, 우리도 한마음으로 복음을 위하여 섬겨야 하지 않겠는가?

2. 매우 그럴듯하게 서두를 꺼냄. 곧, 우리 주님을 높이 칭찬하는 것이었다. 선생님이여 우리가 아노니 당신은 참되시고 진리로 하나님의 도를 가르치심이니이다(16절). 주목하라. 가장 악독한 계교를 가장 훌륭한 것으로 가리고 치장하는 것이 지극히 흔한 일이다. 그들이 지극히 진지한 자세와 지극히 순전한 의도를 갖고 그리스도께 나아왔더라도, 이보다 더 좋은 말은 하지 못했을 것이다. 미움이 속임수로 위장하였고, 악한 마음이 온유한 입술로 가려진 것이다(잠 26:23). 유다가 그리스도께 입을 맞춤으로써 배반하였고, 요압이 입을 맞추고 죽인 것을 보게 된다.

(1) 그들이 그리스도에 대해 한 말은 옳았다. 그들이 그것을 알았든 몰랐든 간에 우리는 다음과 같은 사실을 안다.

[1] 예수 그리스도께서 신실한 선생이셨다는 것. 당신은 참되시고 진리로 하나님의 도를 가르치시며. 그는 아멘이시요 충성되고 참된 증인이시다. 그는 진리 그 자체이시다. 그의 가르침으로 말하자면, 그의 가르침은 하나님의 도였다. 하나님께서 우리더러 걷기를 요구하시는 길, 축복에 이르는 의무의 길, 이것이 하나님의 도다. 그는 이 도를 진리로 가르치셨다. 그는 백성들에게 그들이 걸어가야 할 올바른 길을 보여주셨다. 그는 하나님의 도를 알고 계신 능력 있는 선생이셨고, 우리에게 그 도를 확실하게 알게 해 주시는 신실한 선생이셨다. 잠 8:6-9을 보라. 좋은 선생은 진리를 전하고, 순전한 진리를, 오로지 진리만을 전하며, 또한 사람에게 칭찬을 받기 위해서나 미움이나 선의로나 사람을 기쁘게 하거나 거스르지 않으려고 진리를 억누르거나 왜곡시키거나 확대시키지 않는 법이다.

[2] 그는 담대히 책망하는 분이셨다는 것. 그는 설교에서 아무도 꺼리는 일이 없으셨다. 그는 사람을 외모로 보지 아니하시므로 사람들이 이맛살을 찌푸리든 미소를 짓든 전혀 개의치 않으셨고, 아무리 많은 사람들이라 해도 전혀 두려워

하지 않으셨다. 그의 복음적 판단에는 사람의 체면을 용납하는 것이 없었다. 유다 지파의 사자는 아무 짐승 앞에서도 물러가지 아니하였고(잠 30:30), 아무리 강력한 대적 앞에서도 그는 진리에서나 자신의 일에서 한 발자국도 돌아서지 아니하였다. 그는 공의로 심판하며(사 11:4), 절대로 편파성을 띠는 일이 없었다.

(2) 그들이 한 말 자체는 사실이었으나, 그들의 의도는 아첨과 기만 외에 아무것도 아니었다. 그들은 그를 가장 악독한 악행자로 취급하고자 음모를 꾸미면서도 그를 선생님으로 불렀다. 그를 무너뜨리려는 의도를 갖고 있으면서도 그를 존경하는 체한 것이다. 그들은 사람으로서의 그의 지혜는 물론, 하나님으로서 지니신 그의 전지하심을 모욕하였다. 그는 자신의 그러한 전지하심을 절대로 부인할 수 없는 증거들로 그렇게 자주 보여주셨으나, 그들은 이런 겉치레로 그를 대해도 그가 자기들의 속을 꿰뚫어볼 수 없으리라고 생각한 것이다. 마음을 살피시는 그리스도를(계 2:23) 속일 수 있다고 생각하는 것이야말로 가장 큰 무신론이요 세상에서 가장 어리석은 짓이다. 하나님을 업신여기는 자는 자기 자신을 속이는 것일 뿐이다(갈 6:7).

3. 문제를 제기함. 그러면 당신의 생각에는 어떠한지? "많은 사람들이 이 문제에 대해 여러 가지로 생각하는데, 이는 일상 생활에서 일어나는 실천과 관계된 문제이니, 이 문제에 대한 당신의 기탄 없는 생각을 듣고 싶소이다. 가이사에게 세금을 바치는 것이 옳으니이까 옳지 아니하니이까?" 이 질문은 또 다른 질문을 시사하는 것이다: 가이사가 세금을 요구할 권리가 있사옵니까? 유대 국가는 최근, 약 일백 년 전에, 로마의 칼날에 정복을 당하였고, 다른 민족들처럼 로마의 통치 아래 복속되어 로마 제국의 변방이 되었고, 그리하여 통행세, 조공, 관세를 바쳐야 했고, 때로는 인두세(人頭稅)도 바쳐야 했다. 이로써 규가 유다를 떠났음이 나타났고(창 49:10), 그러므로 그들이 시대의 징조를 깨달았더라면, 실로가 왔다고 결론지었을 것이고, 따라서 그리스도께서 바로 그 실로이든, 아니면 거기에 더 가까운 다른 사람을 찾든 했을 것이었다.

그런데 문제는, 자의로 이런 세금들을 내는 것이 정당한가, 아니면 강압을 당하여 억지로 세금을 낼지언정 유대 국가의 자의적인 충성을 주장하지 않는 것이 정당한가 하는 것이었다. 의심의 근거는 그들이 아브라함의 자손이므로 남의 종이 되어서는 안 된다는 것이었다(요 8:33). 하나님께서는 그들이 남의 손에 통치를 받아서는 안 된다는 법을 주셨었다. 그것은 곧 그들 자신의 국가와 종교에 속하지 않은 다른 어떠한 왕이나 국가나 군주에게도 자의로 굴복해서는 안 된다는 것을 뜻하는 것이 아니었던가? 이것은 옛적부터 범해진 실수로서 패망과 넘어짐을 가져오는 교만과 거만한 마음에서 나오는 것이었다(잠 16:18). 예레미야는 그의 시대에 하나님의 이름으로 말씀했지만, 그 백성을 때리거나 설득하여 바벨론 왕에게 굴복하도록 만들 수가 없었다. 그들이 그 문제에 대해 완고하여 결국 패망을 불러온 것이다(렘 27:12, 13). 그런데 그들은 여기서 똑같은 돌에 걸려 넘어졌다. 그리고 바로 이 문제로 인하여 그로부터 몇 년 후 그들에게 로마인들에게 최후로 완전히 멸망하는 일이 발생하게 되는 것이다. 그들은 하나님께서 주신 계명과 특권 모두를 잘못 이해하여, 막대기에 입을 맞추고 그들의 허물에 대한 징벌을 수용했어야 마땅했을 때에, 하나님의 말씀을 구실삼아 하나님의 섭리에 대적하였던 것이다.

그러나, 이 질문으로 그들은 그리스도를 얽어매기를 기대하였다. 그가 어느 방향으로 답하든지, 열정적인 유대인들이든 열정적인 로마인이든 둘 중의 하나에게 분노를 촉발시키게 될 것이라 생각하였다. 과거 바로가 이스라엘에 대해 그랬듯이 그들은 승리를 예상하고 있었다. 그가 사면초가에 빠질 것이고, 그의 가르침이 교회의 권리를 손상시키든, 왕과 관원들에게 상처를 주든 둘 중의 한 가지 결과가 있을 것이라 예상하였다.

Ⅲ. 주 예수께서 지혜로 이 올무를 깨뜨리심.

1. 그런 계교를 간파하셨다. 예수께서 그들의 악함을 아시고(18절). 새가 보는 데서 그물을 치면 헛일이다(잠 1:17). 유혹을 간파하면 절반은 정복한 것이다. 뱀이 푸른 잔디 속에 숨어 있을 때에 가장 위협적인 법이다. 외식하는 자들아 어찌하여 나를 시험하느냐? 주목하라. 외식하는 자들이 어떠한 가면을 쓰고 나타나든 우리 주 예수께서는 그것을 꿰뚫어 보신다. 그는 겉으로 꾸미는 자들의 마음속의 모든 악을 간파하시며 그것들을 그들 앞에 적나라하게 제시하실 수 있다. 우리는 자주 당하지만 그는 결코 아첨이나 그럴듯한 술수에 넘어가는 분이 아니신 것이다. 아히야가 여로보암의 아내에게 행한 것처럼, 마음을 살피는 자는 외식자들을 그 이름까지도 불러 책망할 수 있는 것이다. 네가 어찌하여 다른 사람인 체하느냐? (왕상 14:6). 외식하는 자들아 어찌하여 나를 시험하느냐? 주목하라. 외식자들은 그리스도를 시험한다. 그들은 그가 과연 자기들이 위장한 것을 꿰뚫어보실 수 있는지, 그의 지식을 시험하며, 그가 그들을 이 교회 안에 허용하

실 것인지 그의 거룩하심과 참되심을 시험한다. 그러나, 과거에 그리스도께서 그저 희미하게 계시되셨을 때에 사람들이 주를 시험하다가 뱀에게 멸망하였나니, 하물며 복음의 빛과 사랑 가운데 있는 지금 그를 시험하는 자가 당연히 받을 형벌은 얼마나 더 무겁겠는가! 그리스도를 시험하려는 자들은 그가 자기들에게 너무나 어려운 상대이심을 분명히 알게 될 것이요, 또한 그의 눈은 예리하고 정결하여 외식자들이 아무리 그들의 사악함을 위장하고 그들의 계교를 속에 깊이 감춘다 해도 그것을 꿰뚫어보시고 판단하신다는 것을 깨닫게 될 것이다.

2. 그것을 회피하셨다. 그리스도께서는 그들의 외식을 드러내시고 정죄하시는 것으로도 충분히 답변하실 수 있었으나(그런 음흉하고도 악한 질문은 답변이 아니라 책망을 받아야 마땅하다), 그들의 질문에 충실하게 답변하셨고, 그 답변을 충족히 뒷받침할 만한 논지를 제시하셔서 그의 교회를 위하여 이 문제에 대한 하나의 원칙을 세우셨고, 그러면서도 거슬림을 주지 않으시고 그리하여 올무를 깨뜨리셨다.

(1) 그들이 미처 깨닫기도 전에, 그는 그들로 하여금 어쩔 수 없이 자기들이 가이사의 권세 아래 있음을 고백하게 만드셨다(19, 20절). 트집을 잡으려는 자들을 대할 때에는 우리의 단호한 입장을 제시하기 전에 먼저 이유들을 제시하는 것이 좋고, 가능하다면 이미 고백하여 설득력을 지닌 이유들을 제시하는 것이 좋다. 그리하여 신리의 증서가 느러나 그 트집 삽으려는 자들이 삼싹 놀라 입을 다물게 되고, 그저 그 진리 자체를 대적하여 방비하는 데에만 급급하게 될 것이다. 세금 낼 돈을 내게 보이라. 그들을 납득시킬 수 있는 것이 그에게는 하나도 없었다. 그는 동전 하나도 지니지 않으셨던 것 같다. 그는 우리를 위하여 자기를 비우사 비천하게 되셨으니 말이다. 그는 이 세상의 부를 멸시하셨고, 우리에게도 그것에 대해 지나친 가치를 두지 말 것을 가르치셨다. 그에게는 은과 금이 하나도 없었다. 그렇다면 우리 역시 이 세상의 것을 쌓기를 탐할 이유가 어디 있겠는가? 로마인들은 세금을 당시 유대인들 사이에 통용되던 자기들의 돈으로 내기를 요구하였다. 그리하여 그것을 가리켜 세금 낼 돈이라 부르는 것이다. 그는 돈의 명칭을 거론하지 않고 그저 세금 낼 돈이라고만 말씀하신다. 그는 그런 것들에 대해 관여하지도 않으셨고 개의치도 않으셨음을 볼 수 있다. 그는 하나님의 나라와 그 나라의 부와 의 등 더 나은 것들에 마음을 쏟으셨다. 그러니 우리도 역시 그런 것들에 마음을 쏟아야 할 것이다. 그들은 데나리온 하

나를 가져왔다. 곧, 당시 흔하게 사용되던 로마의 은전 하나를 가져온 것이다. 거기에는 황제의 형상과 글이 새겨져 있었고, 그것이 그 은전의 가치에 대한 공적인 인정을 보장하는 것이었다. 이는 돈이 보다 쉽게 통용되도록 하기 위해 대부분의 나라들이 사용하는 방법이었다. 돈을 주조하는 일은 언제나 통치자의 대권의 일부요, 면류관의 꽃으로 여겨져왔다. 그리고 그 돈을 국가에서 통용되는 합법적인 화폐로 인정한다는 것은 그런 통치 권력에 대한 무언의 복종이요, 금전 문제에서 그 권력을 인정하는 것이다. 돈에 새겨진 형상과 글은 통치자의 것이지만 재산은 신민(臣民)의 것으로 법의 보호를 받으며, 그리하여 우리가 가진 것을 우리 것이라 부를 수 있으니, 이런 나라에서 산다는 것이 얼마나 행복한 일인가!

그리스도는 그들에게 물으셨다. 이 형상과 이 글이 누구의 것이냐? 그들은 그것이 가이사의 것임을 인정하였고, 그리하여, 우리는 누구에게도 종이 되어본 적이 없다라고 말하는 자들의 거짓됨을 스스로 드러나게 하셨고, 후에 그들이 말하게 되는 바 가이사 외에는 우리에게 왕이 없나이다(요 19:15)라는 말이 확증되게 하셨다. 유대인의 탈무드에는 "그 나라에 통용되는 동전의 주인이 그 나라의 왕이다"라는 법칙이 있다. 어떤 이들은 이 은전의 글은 로마인들이 유대를 정복한 기념문으로 anno post catam Judeam, 즉 유대 정복 원년(元年)이었고, 그들도 그것을 인정하였다고 본다.

(2) 그는 이를 근거로 가이사에게 세금을 바치는 일이 정당함을 말씀하셨다. 가이사의 것은 가이사에게 바치라(21절). "그에게 주라"는 뜻이 아니라(17절에서 그들이 쓴 표현처럼), "그에게 돌리라", "그에게 돌려 주라"는 뜻이다(한글 개역개정판은 모두 "바치라"로 번역함). "모든 것이 가이사의 것이니, 가이사의 명령대로 하라. 가이사에게 세금을 내는 문제에 대해 논란을 벌이기에는 너무 때가 늦었다. 너희가 이미 제국의 변방에 속해졌으니, 그런 관계에 들어갔다면 그에 합당한 의무도 행해야 할 것이다. 그 정당한 대로 돌리고, 또한 마땅히 낼 자에게 세금을 내라." 그런데 이 답변을 통해서,

[1] 아무도 거슬림을 받지 않았다. 그리스도께서 이런 성질의 문제에 대해 재판장이 되지 않으시고 그들을 그대로 두셨다는 것은 그와 그의 가르침의 존귀를 높이는 일이었다. 그의 나라는 이 세상에 속한 것이 아니기 때문이다. 그리고 이 일에서 그는 그의 목사들이 신령한 일들을 다루되 세속적인 논란에 얽히

지 않고 그 문제를 그것들을 담당하는 자들에게 맡겨두도록 그들에게 모범을 보이셨다. 목사들이 자기들의 임무를 돌아보아 주님을 기쁘시게 하고자 하면 이 세상의 일에 얽매여서는 안 된다. 그렇게 본연의 임무를 벗어나게 되면, 성령의 인도하심과 하나님의 섭리의 역사를 저버리는 것이 되는 것이다. 그리스도께서는 황제의 칭호를 논하시는 것이 아니고, 다만 위에 있는 권세에 평화롭게 복종할 것을 명하시는 것이다. 그러므로 정부는 그의 이런 결단에 거슬림을 받을 이유가 없었고, 오히려 그에게 감사해야 했다. 왜냐하면 백성들에게 선지자로 인정받는 그리스도께서 그들 중에서 가이사에 대한 관심사를 강화시켜 주었기 때문이다. 그러나 그리스도를 해하려는 자들은 오만하게도, 그가 가이사의 것은 가이사에게 바치라고 분명히 말씀하셨음에도 불구하고 그가 가이사에게 세금 바치는 것을 금하였다고 정반대로 진술하여 그를 탄핵하였던 것이다(눅 23:2). 그렇다고 바리새인들이 백성들 앞에서 그를 비난할 수도 없었다. 그들 자신이 자기들도 모르는 사이에 전제를 인정해 버렸으니 그 결론을 피하기에는 너무 늦었기 때문이었다. 주목하라. 진리를 거짓으로 감출 필요는 없으나, 지혜롭게 대처하여 그로 인하여 생길 수 있는 거슬림을 미연에 방지할 필요가 있는 경우도 간혹 있다.

[2] 그를 대적하는 자들이 책망을 받았다. **첫째로,** 그들 중 어떤 이들은 그로 하여금 가이사에게 세금 바치는 것이 정당치 못하다고 선언하게 함으로써 돈을 절약할 구실을 얻으려 했을 것이다. 그리하여 반드시 행하여야 하는 일에 대해서 그 일을 해야 하는지 혹은 하지 않아도 되는지를 문제 삼음으로써 그것을 핑계 삼아 그 일을 하지 않으려 하는 자들이 많은 것이다. **둘째로,** 그들은 모두 마땅히 하나님께 드려야 할 것을 드리지 않았고, 그것에 대해 책망을 받는다. 자기들의 시민적인 자유권에 대해서는 헛되이 싸우느라 신앙의 생명과 능력을 잃어버렸고, 따라서 가이사에게 행하여야 할 의무를 돌아보는 동시에 하나님께 행하여야 할 의무를 돌아보아야 했던 것이다.

[3] 그의 제자들이 교훈을 받았고, 교회에 항구적인 원칙이 세워졌다.

첫째로, 기독교는 시민 정부의 원수가 아니라 친구라는 것. 그리스도의 나라는 이 땅의 나라들의 통치 영역에 관련된 어떠한 일에서도 그 나라들과 충돌을 일으키지 않는다. 그리스도로 말미암아 왕들이 통치하는 것이다.

둘째로, 신민들은 국가의 법에 따라 마땅히 바칠 바를 관원들에게 바칠 의무가 있다. 위에 있는 권세들에게는 공적인 복지와 신민의 보호, 평화의 보존 등이 맡겨져 있고, 또한 이를 위하여 공적인 재산과 국가의 수입을 공정하게 유지하고 운용하는 일이 맡겨져 있다. 우리가 조세를 바치는 것은 그들이 하나님의 일꾼이 되어 바로 이 일에 항상 힘쓰기 때문이다(롬 13:6). 그러므로 정부를 속이는 것은 사사로운 개인을 속이는 것보다 더 큰 죄임이 분명하다. 가이사의 것이 무엇인지를 결정하는 것은 헌법이지만, 그것이 결정되면 그리스도께서는 우리에게 그것을 그에게 돌릴 것을 명하신다. 나의 겉옷은 사람의 법에 따라 나의 겉옷이다. 그러나 그것을 내게서 빼앗아 가는 자는 하나님의 법에 따라 도둑이 되는 것이다.

셋째로, 가이사의 것을 가이사에게 돌릴 때에, 우리는 하나님의 것들을 하나님께 돌릴 것을 더욱 유념해야 한다. 우리의 재산이 가이사의 것이라면, 우리의 양심은 하나님의 것이다. 그는 말씀하시기를, 내 아들아 네 마음을 내게 돌리라라고 말씀하셨다. 우리의 마음속에 하나님께서 가장 깊고 가장 고귀한 처소를 두시게 해야 하는 것이다. 우리의 시간과 재물 가운데 하나님께 돌려야 할 것을 하나님께 돌려야 한다. 가이사가 자기의 것을 누리듯 하나님께서도 그것들 속에서 자신의 것을 소유하셔야 한다. 그리고 가이사의 명령이 하나님의 명령과 충돌할 때에는 사람보다 하나님을 순종해야 하는 것이다.

마지막으로, 그들이 이 답변으로 얼마나 난처해졌는지를 관찰하라. 그들이 이 말씀을 듣고 놀랍게 여겨 예수를 떠나가니라(22절). 그들은 자기들이 그렇게 교묘하게 놓은 올무를 발견하고 피해가시는 그의 영민함을 경탄해 마지않았다. 그리스도는 그의 사랑하는 제자들에게나 그의 원수들에게나 기묘자(奇妙者: the Wonder)이셨고 또한 계속해서 그러실 것이다. 그들이 놀라서 그를 따르고 그에게 굴복했을 것이라고 생각할 수도 있을 것이다. 그러나 그렇지 않다. 그들은 놀랍게 여겨 그를 떠나갔다. 주목하라. 그리스도를 놀랍게 여기나 귀하게는 여기지 않는 자들이 많다. 그의 지혜는 경탄하나 그에게 인도함 받으려 하지 않으며, 그의 능력에 경탄하나 그것에 굴복하려 하지 않는 것이다. 예수를 떠나가니라. 그들은 창피를 당하고 수치스럽게 물러갔다. 그들의 계략은 수포로 돌아갔고, 그들은 현장에서 떠나갔다. 주목하라. 그리스도와 다투면 아무것도 얻을 것이 없다.

[23]부활이 없다 하는 사두개인들이 그 날 예수께 와서 물어 이르되 [24]선생님이여 모세가 일렀으되 사람이 만일 자식이 없이 죽으면 그 동생이 그 아내에게 장가 들어 형을 위하여 상속자를 세울지니라 하였나이다 [25]우리 중에 칠 형제가 있었는데 맏이가 장가 들었다가 죽어 상속자가 없으므로 그 아내를 그 동생에게 물려주고 [26]그 둘째와 셋째로 일곱째까지 그렇게 하다가 [27]최후에 그 여자도 죽었나이다 [28]그런즉 그들이 다 그를 취하였으니 부활 때에 일곱 중의 누구의 아내가 되리이까 [29]예수께서 대답하여 이르시되 너희가 성경도, 하나님의 능력도 알지 못하는고로 오해하였도다 [30]부활 때에는 장가도 아니 가고 시집도 아니 가고 하늘에 있는 천사들과 같으니라 [31]죽은 자의 부활을 논할진대 하나님이 너희에게 말씀하신 바 [32]나는 아브라함의 하나님이요 이삭의 하나님이요 야곱의 하나님이로라 하신 것을 읽어 보지 못하였느냐 하나님은 죽은 자의 하나님이 아니요 살아 있는 자의 하나님이시니라 하시니 [33]무리가 듣고 그의 가르치심에 놀라더라

여기서는 그리스도께서 부활에 대해서 사두개인들과 논쟁하시는 장면을 접하게 된다. 이는 세금을 바치는 문제에 대해 바리새인들의 공격을 받으신 같은 날에 일어난 일이다. 사탄은 이제 어느 때보다 더 바삐 그를 어지럽히고 방해하였다. 그 때는 시험할 때였다(계 3:10). 그리스도 안에 있는 진리는 어전히 반대를 당한다. 관찰하라.

I. 사두개인들이 신앙의 지극히 큰 진리에 대해 반대함. 바보들은 하나님이 없다고 말하는데, 그들은 부활이 없다고 말한다. 이 이단자들은 사두개인들로 불렸는데, 이는 주님의 탄생 284년 전 경에 활동했던 안티고누스 소캐우스(Antigonus Sochaeus)의 제자인 사독(Sadoc)이라는 사람의 후예들이었다. 이들은 유대인 저술가들에게서도 행실이 비열하고 방탕한 자들로 심하게 비난을 받았다. 그들이 지녔던 원리들이 그들을 그렇게 만들어 놓았던 것이다. 이들은 유대인의 모든 분파 가운데 가장 숫자가 적었으나 상당히 지체가 높은 자들이 대부분이었다. 바리새인들과 에세네인들이 플라톤과 피타고라스를 추종했던 것처럼, 사두개인들은 에피쿠로스파에게서 큰 영향을 받았다. 그들은 부활을 부인하였고, 미래의 상태도 내세의 생명도 없으며 육체가 죽을 때에 영혼도 소멸하고 육체와 함께 죽으며 내세의 상급이나 형벌의 상태도 없고, 심판도 천국도 지옥도 없다고 주장하였다. 이들은 또한 하나님 외에는 영도 없고(행 23:8),

오로지 물질과 운동밖에 없다고 주장하였다. 그들은 선지자들이 신적인 영감을 받았다는 것도, 하늘로부터 계시가 임한다는 것도 인정하지 않았고, 오로지 하나님께서 시내 산에서 친히 말씀하신 것만을 인정하였다. 그런데 그리스도께서는 부활과 미래 상태에 대한 위대한 진리를 그 이전까지 계시된 것보다 훨씬 더 밝히 가르치셨으므로, 사두개인들은 구체적으로 그의 가르침을 반대하였던 것이다. 바리새인과 사두개인은 서로 반목하였으나 그리스도를 대적하여 함께 공동전선을 펴고 있었다. 그리스도의 복음은 미신적이고 의식적인 외식자들과 고집쟁이들과, 또한 세속적인 이신론자들과 불신자들 사이에서 항상 고난을 당해왔다. 전자는 경건의 모양을 왜곡시키고 후자는 그것을 멸시하나, 둘 다 경건의 능력은 부인하는 것이다.

Ⅱ. 그들이 진리를 대적하여 제기한 반론. 그들은 차례로 일곱 남편을 둔 여자의 경우를 가상으로 제시하여 반론을 제기하였다. 그들은 만일 부활이 있다면 지금 현재의 상태와 정황 그대로 다시 돌아가는 것일 것이라는 것을 당연시하였다. 그리고 만일 그렇다면, 미래의 상태에서 이 여인이 일곱 남자를 한꺼번에 남편으로 취하여야 할 것인데, 이는 터무니없는 일이 될 것이고, 그렇지 않다면 그 여인은 첫째 남편을 취해야 할지, 마지막 남편을 취해야 할지, 혹은 가장 사랑했던 남편을 취해야 할지, 가장 함께 오래 살았던 남편을 취해야 할지, 도저히 해결할 수 없는 어려움에 빠지게 될 것이라고 생각하였다.

1. 그들은, 남편이 자녀 없이 죽어 과부가 된 여자는 그 다음으로 가까운 친족과 결혼해야 한다는 모세의 율법을 제시하였다(신 25:5). 룻 4:5에서 실제로 이 율법을 실천하는 것을 보게 된다. 이것은 하나의 정치적인 법으로서, 유대 국가의 구체적인 헌법에 속하는 것으로 가족과 기업의 구별성을 보존하기 위한 것이었다.

2. 그들은 이 율법에 근거하여 한 가지 사례를 제시하였는데, 그것이 실제로 있었던 사례든, 가상적인 사례든 별 차이가 없다. 실제로 발생하지 않았더라도 얼마든지 발생할 수 있는 것이었기 때문이다. 그것은 같은 여자와 결혼한 일곱 형제들의 사례였다(25-27절). 이 사례는,

(1) 죽음으로 인하여 때때로 가족들에게 생기는 황폐를 상정한다. 잠깐 동안에 온 가문 전체가 쓸려 가는 일이 얼마나 많은가! 여기 이 사례에서 나타나는 것처럼 나이에 따라 죽는 경우는 거의 없고(어둠의 땅에는 질서가 전혀 없다)

무더기로 죽기도 하며, 크게 번성하여 있는 가문들이 그로 인하여 쇠퇴하기도 한다(시 107:37, 38). 일곱 형제가 장성하게 자라 있었다면, 십중팔구 한 가족이 세워질 것이었다. 그러나 이 많은 가족에게 후손도 없고 후예도 없다(욥 18:19). 그러니 여호와께서 집을 세우지 아니하시면 세우는 자의 수고가 헛되도다라는 말씀이 참이다. 죽음과 평화의 언약을 맺거나 무덤과 약조하지 않는 이상, 사람의 이름과 가족들의 발전과 영속성을 아무도 보장할 수 없는 것이다.

(2) 일곱 형제는 그것을 거부할 권한이 있었음에도 불구하고(신 25:7) 그 율법에 복종하였음을 상정한다. 주목하라. 실망스런 일을 당한다 해도 의무를 이행하여야 한다. 우리는 처지나 상황이 아니라 원칙에 다스림을 받기 때문이다. 그 과부와 마지막에 결혼한 일곱째 사람이 전적으로 하나님께 순종하여 그렇게 했다면 그는 선한 사람이요 양심으로 의무를 다한 사람이라 할 것이다.

그러나, 최후에 그 여자도 죽었다. 주목하라. 살아남는 것은 그저 살아 있는 기간이 연장되는 것에 지나지 않는다. 오래 살아서 다른 친족들과 이웃들을 하나씩 장사지내는 자들도 그런 일로 불사(不死)의 상태를 얻는 것이 아니다. 그들에게도 죽음이 오게 되어 있다. 죽음의 쓴 잔이 돌고 돌아 조만간 우리 모두가 그 잔을 마셔야 할 것이다(렘 25:26).

3. 그들은 이 사례에 대해 의혹을 제기한다(28절). "부활 때에 일곱 중의 누구이 아내가 되리이까? 누구의 아내가 될지 알 수가 없으니, 부활이 없다고 결론지을 수밖에는 없사옵니다." 바리새인들은 부활을 믿는다고 주장하면서도 그것과 미래의 상태에 대해 아주 그릇되고 세속적인 생각을 갖고 있었다. 이슬람교도들이 낙원에 대해서 기대하듯이, 그들은 거기에 가면 육신적인 삶의 모든 기쁨과 쾌락이 있을 것으로 기대하였고, 어쩌면 이 때문에 사두개인들이 부활과 미래의 상태 자체를 부인하게 되었는지도 모른다. 신앙을 고백하는 자들이 감각적인 욕구와 세속적인 관심사에 종노릇하며 외식하며 세속적인 모습을 보이는 것처럼 무신론과 불신앙을 크게 조장하는 것이 없기 때문이다. 오류에 빠진 자들은 진리를 부인하나, 미신적인 자들은 스스로 진리를 저버리는 것이다. 그들은 이러한 반론을 통해서 바리새인들의 가설을 뒤집었다. 주목하라. 육신적인 사람들이 영적이며 영원한 일들에 대해 매우 그릇된 생각을 갖는 것이 이상한 일이 아니다. 육에 속한 사람은 이런 일들을 받지 아니하나니 이는 그것들이 그들에게는 어리석게 보임이라(고전 2:14). 진리를 밝은 빛 가운데 제시하라. 그러면

그것이 힘있게 드러날 것이다.

Ⅲ. 이 반론에 대한 그리스도의 답변. 그는 그들의 무지(無知)를 책망하시고 그들의 오류를 교정하심으로써, 그들의 반론이 전혀 근거 없는 그릇된 것임을 보여주신다.

1. 그리스도께서 그들의 무지를 책망하신다. 너희가 … 오해하였도다(29절). 주목하라. 그리스도의 판단에는 부활과 미래의 상태를 부인하는 자들은 크게 오해하는 것이다. 대제사장들과 장로들에게는 가끔 그렇게 하셨으나, 여기서 그리스도께서는 그들을 날카롭게 탄핵하지 않으시고 지혜자의 온유함으로 부드럽게 꾸짖으신다. 너희가 … 알지 못하는 고로 오해하였도다. 주목하라. 무지가 오류의 원인이다. 어둠 속에 있는 자들은 길을 잃기 마련이다. 오류를 비호하는 자들은 빛을 거부하며, 할 수 있는 대로 지식의 열쇠를 제거하려 한다. 너희가 … 알지 못하는 고로 이 문제에 대해 오해하였도다. 주목하라. 무지가 부활과 미래의 상태에 대한 오류의 원인이다. 아무리 지혜로운 자라도 그것이 무엇인지를 구체적으로 알 수가 없다. 우리가 어떻게 될지는 아직 나타나지 않았다. 그것은 장차 나타날 영광이다. 영혼의 분리와 육체의 부활과 영원한 복락과 불행에 대해 이야기를 하면 얼마 가지 못해서 곤란에 빠지게 된다. 어둠에 속한 추리로는 우리의 대화를 유지할 수가 없는데, 그것이야말로 우리에게는 어둠 속에 남겨져 있는 문제인 것이다. 하나님은 복되시나, 우리는 아니다. 이 점을 부인하는 자들은 의도적인 무지를 추구하는 죄를 범하는 것이다. 사두개인들 중에, 그리스도인이라 하는 자들 중에, 어떤 사람들은 죽은 자 가운데서 부활이 없다 하며(고전 15:12), 또한 부활을 부인하는 자들 중에 어떤 이들은 그것을 알레고리로 바꾸어서, 부활이 이미 지나갔다고 한다. 여기서 관찰하라.

(1) 그들은 하나님의 능력을 알지 못한다. 하나님의 능력을 알지 못하기 때문에 사람들은 부활과 미래의 상태가 있을 수도 있다고 추정하는 것이다. 주목하라. 하나님의 능력에 대한 무지, 불신, 혹은 연약한 믿음이 갖가지 오류의 밑바닥에 — 특히 부활을 부인하는 자들의 오류에 — 깔려 있다. 영혼이 존재하며 육체로부터 분리된 상태에서도 활동하며, 특히 이미 죽어서 오랜 세월 동안 무덤 속에 누워 있고 도저히 분간할 수 없는 흙으로 변해 버린 육체가 다시 일으킴을 받아 다시 살아나 움직이며 활동한다는 말을 들으면, 우리는 어떻게 이런 일이 있을 수 있는가? 라고 반문하게 된다. 자연의 현상을 보면 다음의 금언이 타당하

게 보인다: 존재의 상태와 결부된 습관들은 그 상태 자체와 더불어 돌이킬 수 없는 상태로 사라진다. 사람이 한 번 죽었는데, 과연 다시 살아나겠는가? 허망한 사람들은 그 부활의 길을 깨닫지 못하기 때문에 그 부활의 참됨을 의심한다. 반면에, 전능하신 아버지 하나님을 굳게 믿고, 그에게는 불가능이 없다는 것을 확신하면, 이런 모든 난제들이 사라진다. 그러므로 우리는 우선 하나님이 전능하시고 그가 뜻하시는 대로 행하실 수 있다는 것을 굳게 믿어야 한다. 그렇게 하면, 그가 약속하신 일을 행하시리라는 것을 의심할 여지가 완전히 사라질 것이다. 그렇다면, 당신들은 하나님이 죽은 사람을 살리심을 어찌하여 못 믿을 것으로 여기나이까(행 26:8). 그의 능력은 자연의 능력을 훨씬 능가하는 것이다.

(2) 그들은 성경을 알지 못한다. 성경은 부활과 미래의 상태가 있을 것임을 확실하게 단언한다. 부활을 약속하신 하나님의 능력이 믿음을 세우는 터전이다. 그런데 성경은 영혼이 불멸하며 금생 이후에 또 다른 생이 있다는 것을 분명하게 말씀한다. 의인과 악인의 부활이 있으리라는 것이 율법과 선지자의 가르침이다(행 24:14, 15). 욥도 그것을 알고 있었고(욥 19:26), 에스겔도 그것을 미리 보았고(겔 37장), 다니엘은 그것을 분명히 예언하였다(단 12:2). 그리스도께서 성경대로 다시 살아나셨으니(고전 15:3), 우리 역시 그렇게 될 것이다. 그러므로 부활을 부인하는 자들은 성경을 제대로 공부하지 않았거나, 성경을 믿지 않거나, 성경의 참된 의미를 올바로 취하지 않은 자들이다. 주목하라. 성경에 대한 무지가 온갖 악행의 계기가 된다.

2. 그리스도께서 그들의 오류를 교정하신다(30절). 그는 부활과 미래의 상태에 대해 그들이 가진 터무니없는 생각들을 교정하시고, 참된 근거 위에 이 가르침들을 든든히 세우신다. 부활과 미래의 상태에 대해 관찰하라.

(1) 그것은 지금 이 땅의 상태와는 다르다. 부활 때에는 장가도 아니 가고 시집도 아니 가고. 현 상태에서는 결혼이 필수적이다. 결혼은 타락 이전의 상태에서 제정된 것으로, 다른 제도들은 중단되거나 소홀히 하는 것이 있었으나 결혼은 절대로 뒤로 제쳐진 적이 없었고, 세상 끝날까지도 그런 일이 없을 것이다. 옛 시대에도 사람들은 결혼하였다. 유대인들은 다른 모든 규례들이 중단되었던 바벨론 포로 시절에도 결혼할 것을 명령받았다(렘 29:6). 모든 문명화 된 민족들은 결혼 언약을 의무화해야 한다는 의식을 가져 왔다. 결혼은 인간의 욕구들을 충족시키고 부족한 부분들을 채우는 데에 필수적인 요건이다. 그러나 부활

때에는 결혼이 없다. 영광을 입은 육체에 남녀의 성(性)의 구별이 있느냐 하는 것에 대해 어떤 이들은 지나치게 호기심을 갖고 논란을 벌이지만(고대인들도 이에 대한 견해가 갈라진다), 그런 구별이 있든 없든 간에 성의 결합이 없을 것이라는 것은 분명하다. 하나님이 만유 안에 계셔 만유가 되시면, 다른 도움이 필요 없다. 몸이 신령한 상태가 될 것이므로, 충족시켜야 할 육신적인 욕구들도 없게 될 것이며, 결혼 제도의 한 가지 목적이 경건한 자손을 얻는 것인데(말 2:15), 신비한 몸이 완성되면 그런 자손을 얻어야 할 이유가 없는 것이다. 천국에서는 개개인의 썩어짐이 없을 것이니 먹고 마시는 것도 없을 것이며, 종족의 썩어짐이 없을 것이니 결혼도 없을 것이며, 다시는 사망이 없을 것이니(계 21:4) 출생도 없을 것이다. 결혼한 상태는 기쁨과 근심이 복합되는 상태요, 결혼 상태에 들어가는 자들은 부하고 가난하며 질병과 죽음 등 변화에 종속되는 것으로 바라보도록 가르침을 받는다. 그러므로 결혼 제도는 이처럼 뒤섞여 있고 변화하는 세상에 합당한 것이다. 그러나 지옥에서는 기쁨이 전혀 없고 신랑과 신부의 음성이 더 이상 들려지지 않는 것처럼, 천국에서는 근심이나 고통이나 괴로움이 전혀 없고 모든 것이 기쁨뿐이며 또한 결혼도 없는 것이다. 천국의 기쁨은 순결하고 신령하며, 이는 성도들끼리의 혼인이 아니라 모든 이들과 어린 양과의 혼인에서 비롯되는 것이다.

(2) 그것은 지금 하늘에 있는 천사들의 상태와 같다. 하늘에 있는 천사들과 같으니라. 부활 때에는 성도들이 하늘에 있는 천사들의 상태와 같이 될 것이다. 그들은 머리인 그리스도 안에서 이미 그러하다. 그들이 그와 함께 하늘에 앉은 것이다(엡 2:6). 이미 온전하게 된 의인의 영혼들이 무수한 천사들과 동일한 상태 속에 있는 것이다(히 12:22, 23). 사람은 창조 때에 천사보다 조금 못하게 지음 받았다(시 8:5. 한글 개역개정판 난외주 참조). 그러나 구속이 완성되고 변화된 상태에 가서는 천사들과 같아질 것이요, 천사들처럼 순결하고 신령하게 되며, 복된 스랍들처럼 알고 사랑하게 되며, 그들처럼 또한 그들과 함께 영원토록 하나님을 찬양하게 될 것이다. 성도들의 몸이 썩지 아니하는 영광된 몸으로 다시 살아날 것이다(고전 15:42 등). 그러므로 천사들이 지금 하늘에서 하듯 우리도 하나님의 뜻을 행하기를 사모하고 힘써야 할 것이다. 얼마 지나지 않아서 언제나 우리 아버지의 얼굴을 뵈옵는 천사들처럼 될 것이기 때문이다. 그리스도께서는 부활 때의 악인의 상태에 대해서는 아무 말씀도 하지 않으신다. 그러나

그들이 귀신의 정욕들로 행해왔으니 결국 귀신들과 같이 될 것이다.

Ⅳ. 부활과 미래의 상태의 이 위대한 진리를 확증하는 그리스도의 논지. 이 문제가 매우 중요하므로, 그는 그저 그 반론의 오류와 교묘함을 드러내는 것으로 만족하지 않으시고 그 진리를 견고한 논지로 뒷받침하신다. 그리스도께서는 승리는 물론 진리에 대한 판단을 제시하셔서 그를 따르는 자들로 하여금 그 속에 있는 것에 대한 소망에 대한 이유를 제시할 수 있도록 하시는 것이다. 여기서 관찰하라.

1. 그의 논지의 근거는 성경이다. 성경이야말로 우리가 방어를 위한 것이든 공격을 위한 것이든 신령한 무기를 공급받을 수 있는 큰 무기고다. 기록되었으되야말로 골리앗의 검이다. 하나님이 너희에게 말씀하신 바 … 하신 것을 읽어 보지 못하였느냐? 주목하라. (1) 성경의 말씀이 곧 하나님의 말씀이다. (2) 모세에게 하신 말씀은 우리에게 하신 말씀이다. 그것은 우리로 배우게 하기 위하여 기록된 것이다. (3) 하나님께서 말씀하신 것을 읽고 듣는 것이 우리에게 중요하다. 왜냐하면 그것이 우리에게 하시는 말씀이기 때문이다. 그 말씀은 우선 유대인들에게 하신 말씀이다. 그들에게 하나님의 말씀(the oracles of God)이 맡겨졌기 때문이다. 그는 모세의 글에서 논지를 취하셨다. 사두개인들은 모세의 글들만을 정경으로 받아들였거나(어떤 이들의 생각처럼) 혹은 최소한 그것들을 주로 받아들였기 때문이다. 그러므로 그리스도께서는 전혀 논란의 여지가 없는 근원에서 이 증거를 취하신 것이다. 미래의 상태에 대해서는 모세의 율법보다는 후대의 선지자들에게서 분명한 증거들이 더 많이 나타난다. 모세의 율법이 영혼의 불멸과 미래의 상태를 소위 자연 종교의 원리들로 상정하고 있으나 그것을 분명하게 드러내지는 않기 때문이다. 모세의 율법의 대부분이 그 백성들에게만 해당되는 고유한 것이요 따라서 한시적인 약속들과 경고들과 더불어 사용되는 시민법들로 주어졌으므로, 미래의 상태에 대한 좀 더 분명한 계시는 후대를 위하여 준비되어 있었다. 그러나 주님은 모세의 글들에서도 부활에 대한 매우 견고한 논지를 찾아내시는 것이다. 많은 성경이 표면 밑에 있으므로 속으로 파들어가야 하는 것이다.

2. 그리스도의 논지의 내용(32절). 나는 아브라함의 하나님이요. 이것은 여러 말로 되어 있는, 분명한 증거는 아니었으나, 과연 결정적인 논지였다. 성경에 근거한 추론들도 올바로 추론된 것이면 성경의 말씀으로 받아들여야 한다. 성경은

이성을 사용하는 자들을 위하여 기록되었기 때문이다.

이 논지의 내용은 다음을 입증하기 위한 것이다.

(1) 금생 이후에 미래의 상태, 즉 또 다른 생이 있으며, 거기서는 의인이 진정으로 언제나 복을 누린다는 것. 그리스도는 이것을 하나님께서 하신 바, 나는 아브라함의 하나님이요라는 말씀으로 증명하신다.

[1] 하나님께서 누군가의 하나님이시라는 것은 무언가 비범한 특권과 복을 전제한다. 하나님이 어떤 분이신가를 충족하게 알지 못하면, 내가 네게 하나님이 되리라라는 말씀의 풍성한 의미를 깨달을 수가 없다. 이는, 즉 내가 네게 나 자신처럼 복을 주는 자(Benefactor)가 될 것이라는 뜻이다. 이스라엘의 하나님은 이스라엘에게 하나님이신 자요(대상 17:24), 신령한 복을 주는 자이시다. 그는 신령한 복들로 복을 누리시는 영들의 아버지이시다. 그 하나님은 만유에 충족하신 복 주시는 분이셔야 하고, 스스로 충족하시며 완전하신 하나님이셔야 하고, 영원한 복 주시는 자이셔야 한다. 그 자신이 영원하신 하나님이시며, 따라서 그는 그와 함께 언약을 맺은 자들에게 영원한 선(善)이 되실 것이다. 하나님께서는 이 위대한 말씀을 아브라함과 이삭과 야곱에게 자주 하셨었는데, 이는 하나님의 부르심을 받아 고향을 떠나온 그들의 순전한 믿음과 순종에 대한 하나의 보상으로 의도된 것이다. 유대인들은 이 세 명의 족장들에 대해 깊은 우러름과 존경이 있었고, 하나님께서 그들에게 주신 약속을 최대한 확대시키고자 하였다.

[2] 이 선한 족장들에게 그런 위대한 말씀이 주어졌으니 그것을 이루기 위해서라도 그들이 큰 복을 누렸어야 했는데, 그들은 금생에서는 그런 복을 누리지 못했던 것이 확연하다. 그들은 약속의 땅에서 객으로 살았고, 기근으로 시달리며 방황하였다. 그들에게는 장사 지낼 터 외에는 자기들의 땅이 없었다. 그러므로 그들은 무언가 금생 너머에 있는 것을 바라보게 되었다. 금생에서 그들이 누린 복은 이 언약 바깥에 있었던 다른 이웃들에 비해 훨씬 열악한 것이었다. 그렇다면 이 세상에서 그들과 그들의 믿음의 후손들을 다른 백성들과 구별지어 주는 것이 과연 무엇이었는가? 이 언약의 위엄과 구별성에 걸맞는 어떤 것이 조금이라도 있었던가? 만일 죽음 이후에 이 위대한 선인들을 위하여 복락이 예비되어 있지 않았다면, 가련한 야곱이 늙어서 한 애수에 찬 말 ― 내 나이가 얼마 못 되나 짧고 험악한 세월을 보내었나이다(창 47:9) ― 은 스스로 야곱의 하

나님이라 자주 부르셨던 그 하나님의 지혜와 선하심과 신실하심을 영원토록 치욕스럽게 만드는 것이 되었을 것이다.

[3] 그러므로 하나님께서 항상 살아 계셔서 영원토록 상급을 주셔서 아브라함과 이삭과 야곱이 항상 살아서 영원토록 상급을 누리게 될 미래의 상태가 반드시 있어야만 된다. 사도의 논지(히 11:16)가 이 논지의 열쇠가 된다. 사도는 이 땅에서의 족장들의 믿음과 순종에 대해 말씀한 다음, 이러므로 하나님이 그들의 하나님이라 일컬음 받으심을 부끄러워하지 아니하시고 그들을 위하여 한 성을, 곧 하늘의 성을 예비하셨다고 덧붙이는데, 이는 만일 내생에서 그들을 위해 그렇게 좋은 것들을 예비하지 않으셨다면 금생에서의 그들의 삶을 생각하건대 그 하나님이 자신을 그들의 하나님이라 일컬음 받으신 것이 그야말로 수치스러운 일이었을 것임을 시사한다. 그러나 그렇지 않다. 그가 그 말씀의 진정한 뜻에 합당한 모든 놀라운 복들을 그들의 내생을 위하여 예비해 놓으셨던 것이다.

(2) 영혼이 불멸하다는 것과, 몸이 다시 살아 영혼과 연합하리라는 것. 전자의 논지가 입증되면, 후자의 논지도 성립한다. 그러나 하나님께서 이 말씀을 하신 시점을 고려하면 이 두 가지 논지가 모두 입증된다. 이는 아브라함과 이삭과 야곱이 죽어 장사된 지 오랜 세월이 흐른 후 모세에게 하신 말씀인데, 하나님께서는 "나는 아브라함의 하나님이었노라"라고 하지 않고 나는 아브라함의 하나님 … 이로라라고 말씀하셨다. 하나님은 죽은 자의 하나님이 아니요 살아 있는 자의 하나님이시다. 그는 살아 계신 하나님이시요, 또한 살아 계신 하나님으로서 그가 하나님이 되시는 자들에게 생명의 영향력들을 전달하신다. 만일 아브라함이 죽음으로써 그의 모든 것이 끝나버렸다면, 이와 동시에 그와 하나님과의 관계도 종결되었을 것이다. 그러나 하나님께서 모세에게 말씀하실 그 당시에 그는 아브라함의 하나님이셨다. 그러므로 아브라함이 그 때에 살아있었던 것이 분명하며, 이는 복락의 상태에서 영혼이 불멸의 상태로 존재함을 입증하는 것이요, 결과적으로 몸의 부활을 시사하는 것이다. 인간의 영혼은 그 몸에게 이끌리는 성향이 있으므로, 영혼이 육체와 최종적으로 영원토록 분리된다면 그것은 하나님을 그들의 하나님으로 두는 자들의 복락의 상태와는 모순을 일으키게 된다. 사누개인들의 사고는, 육체와 영혼의 연합이 긴밀하여 육체가 죽으면 영혼도 그와 함께 죽는다는 것이었다. 그러므로 동일한 가설에 근거하면, 사실이 그렇듯이 영혼이 살아 있다면, 육체도 그와 더불어 살아 있어야 되는 것이

다. 게다가 하나님은 육체를 위하시니, 육체가 사람의 필수적인 부분이다. 흙과의 언약이 있어서 그것이 기억될 것이며, 그렇지 않으면 사람이 복을 누리지 못할 것이다. 족장들이 죽으면서 자기들의 뼈에 대해 믿음으로 유언을 행하였다는 것은 그들이 그들의 육체가 부활할 것에 대해 기대가 있었다는 증거였다. 그러나 이 가르침은 그리스도의 부활 이후 더 충만히 계시되기까지 남겨져 있었다. 그리스도야말로 잠자는 자들의 첫 열매이셨던 것이다.

마지막으로, 이 논쟁의 결말. 사두개인들은 그리스도의 답변에 대해 대답할 수 없었고(34절), 그리하여 부끄러움을 당하였다. 그들은 자기들의 교묘함으로 그리스도를 부끄럽게 할 것으로 생각하였으나, 결국 자기들의 부끄러움을 스스로 준비한 꼴이 되었다. 그러나 무리는 그의 가르치심에 놀랐다(33절). 1. 그 가르침이 그들에게 전혀 새로운 것이었기 때문이다. 무리들이 이 위대한 진리에 적용된 근본적인 약속을 듣는 것을 이적으로 여겨 깜짝 놀랄 때에, 성경의 해명이 그들에게는 안타까움을 자아내었다. 그렇지 않으면 이런 일이 그들에게 새삼스러운 것이 아니었을 것이다. 2. 그 가르침 자체에 매우 선하고 위대한 점이 있었기 때문이다. 진리는 반대를 받음으로써 오히려 더 밝히 드러나고 더 많은 우러름을 받는 경우가 많다. 관찰하라. 진리를 부인하는 많은 자들이 말을 못하게 되고 많은 청중들이 깜짝 놀랐으나, 구원을 얻도록 회심하지는 못했다. 그러나 거룩함을 입지 못하는 영혼들의 침묵과 놀람 속에서도 하나님께서는 그의 법을 높이시며 그의 복음을 높이시고, 그리하여 둘 모두를 존귀하게 만드시는 것이다.

[34]예수께서 사두개인들로 대답할 수 없게 하셨다 함을 바리새인들이 듣고 모였는데 [35]그 중의 한 율법사가 예수를 시험하여 묻되 [36]선생님 율법 중에서 어느 계명이 크니이까 [37]예수께서 이르시되 네 마음을 다하고 목숨을 다하고 뜻을 다하여 주 너의 하나님을 사랑하라 하셨으니 [38]이것이 크고 첫째 되는 계명이요 [39]둘째도 그와 같으니 네 이웃을 네 자신 같이 사랑하라 하셨으니 [40]이 두 계명이 온 율법과 선지자의 강령이니라

여기에는 율법의 큰 계명에 관하여 그리스도께서 바리새인 중의 율법사와 나눈 대담이 기록되어 있다. 관찰하라.

I. 바리새인들이 그리스도를 대적하여 함께 모임(34절). 그들은 그리스도께서 사두개인들로 대답할 수 없게 하셨고 그들의 입을 다물게 하셨다는 것을 듣고서, 함께 모였다. 마땅히 해야 할 바대로 그에게 감사의 뜻을 전하기 위함이 아니라, 그를 시험하기 위함이었다. 그가 그들의 종교적인 원수인 사두개인들을 대항하여 진리를 효과적으로 드러내시고 확증하셨으니 마땅히 감사해야 옳았을 것이다. 그러나 그들은 사두개인들을 물리친 장본인을 곤란하게 했다는 명성을 얻고자 그를 시험하기 위해 함께 모인 것이다. 그들은 사두개인들이 부끄러움을 당한 것에 대한 기쁨보다는 그리스도께서 존귀를 받는 것에 대한 거슬림이 더 컸다. 그들은 사두개인들이 반대한 부활과 미래의 상태의 교리가 세워지는 것보다는 그리스도께서 그들의 전통들과 폭정에 대적하신다는 점에 대한 걱정이 더 컸던 것이다. 주목하라. 자기들이 좋아하지 않는 자들이 진리를 수호한다고 해서 그것을 불쾌히 여기며, 사사로운 분노와 편견 때문에 공적인 선(善)을 희생시키는 것이야말로 바리새인들의 시기와 악의를 보여주는 단적인 증거다. 그러나 사도 바울의 마음가짐은 이들과는 달랐다(빌 1:18).

II. 율법사가 그리스도께 제기한 질문. 율법사(lawyer)는 서기관들(scribes)과 마찬가지로 모세의 율법을 연구하며 가르치는 자들이었으며, 어떤 이들은 그들이 서기관보다는 좀 더 실천적인 문제를 다룬다는 점이 다르다고 본다. 그들은 결의론적(決疑論的) 신학(casuistical divinity)을 연구하고 고백하였다. 이 율법사는 예수를 시험하여 물었다. 그러나 그를 올무에 빠뜨리려는 의도는 없었다. 마가복음에 의하면, 그리스도께서는 그에게 네가 하나님의 나라에서 멀지 않도다라고 하셨기 때문이다(막 12:34). 그는 다만 그가 무슨 답변을 하는지를 듣고 그와 대담을 이끌어내어 그 자신과 동료들의 호기심을 충족시키려 한 것뿐이었다.

1. 율법사의 질문은, 선생님 율법 중에서 어느 계명이 크니이까?라는 것이었다. 하나님의 율법에 속한 모든 것들이 큰 것들이요(호 8:12) 또한 위로부터 난 지혜는 편파성이 없고, 율법도 그러하며(말 2:9) 모든 율법들이 동일하므로, 이 질문은 쓸데없는 것이었다. 그러나 계명 중에 하나님의 말씀의 원리들이 되어 다른 것보다 더 광범위하고 포괄적인 것들이 있는 것은 사실이다. 그리스도께서도 율법의 더 중한 것들에 대해서 논하시는 것을 볼 수 있다(23:23).

2. 그의 의도는 예수를 시험하는 것이었다. 그의 지식이 아니라 그의 판단을

시험하고자 한 것이다. 그것은 율법의 비평가들 사이에서 논란이 있던 문제였다. 어떤 이들은 할례 법을 큰 계명으로 보았고, 또 어떤 이들은 안식일 법을 큰 계명으로, 또 어떤 이들은 희생 제사 법을 큰 계명으로 보았고, 각기 자기들이 큰 계명으로 여기는 것에다 열정을 쏟았다. 그러므로 그들은 그리스도께서 이 문제에 대해 어떻게 대답하는가를 시험하고자 하였고, 그가 백성의 통속적인 견해와 일치하지 않는 답변을 하여 백성들의 반감이 부추겨지기를 바랐다. 그리고 만일 그가 어느 한 가지 계명을 크게 높인다면, 그들은 그가 나머지 계명들을 헐뜯는다고 선전할 심사였다. 그 질문 자체는 해가 없는 것이었고, 눅 10:27, 28과 비교해 보면, 율법사들 사이에 하나님을 사랑하고 우리 이웃을 사랑하는 것이 큰 계명이요 나머지 모든 계명의 요약이라는 것에 대한 대략적인 의견일치가 있었고, 그리스도께서도 그것을 인정하신 것으로 드러난다. 그러므로 여기서 그런 질문을 그에게 던진다는 것은 어쩌면 그를 원수로 여겨 그와 논쟁을 벌이려는 악심보다는 차라리 그를 조롱하며 어린아이로 취급하고자 하는 의도가 담겨 있는 것으로 보인다.

Ⅲ. 이 질문에 대한 그리스도의 답변. 그런 질문이 그에게 제기되었다는 것은 우리를 위해서 매우 잘 된 일이다. 우리가 그의 답변을 접할 수 있게 되었으니 말이다. 위대한 사람들이 평범한 질문에 답변한다고 해서 명예가 손상되는 것이 아니다. 그리스도께서 그것들을 큰 계명들로 우리에게 제시하시는 것은 그것들이 다른 것들과는 전혀 다른 면이 있기 때문이 아니라 다른 모든 계명들을 포괄하는 것이기 때문인 것이다. 관찰하라.

1. 이 큰 계명들이 무엇인가(37-39절). 시민법은 가장 큰 계명이 될 수 없었다. 그것들은 유대인들을 위한 것이었고 그들이 너무나 적었기 때문이다. 의식법도 이제 낡아져서 사라질 채비를 갖추고 있었으므로 가장 큰 계명일 수가 없었다. 그렇다고 어떤 구체적인 도덕적인 강령도 큰 계명이 될 수 없었다. 오히려 하나님과 우리 이웃을 사랑하는 것이 가장 큰 계명이었다. 그것들은 나머지 모든 계명들의 샘이요 근원이며, 이 계명을 준수하면 나머지 계명들이 함께 따라오는 것이었다.

(1) 모든 율법이 한 단어에서 성취되는데, 그것은 **사랑**이다. 롬 13:10을 보라. 모든 순종은 사랑에서 시작되며, 먼저 사랑에서부터 시작되지 않으면 신앙의 그 어떠한 것도 올바로 행해지는 것이 아니다. 사랑은 가장 주도적인 덕목으로

서 나머지 것들에 법과 근거를 주는 것이며, 따라서 하나님을 위해서 가장 먼저 확보되고 주둔되어야 할 주요 요새인 것이다. 사람은 사랑을 위해 구별된 피조물이요, 그러므로 마음속에 기록된 법이 있으니 그것은 곧 사랑의 법이다. 사랑은 짧으면서도 감미로운 단어다. 그러므로 그것이 율법을 이루는 것이라면, 율법의 계명의 멍에는 매우 쉬운 것이 분명하다. 사랑은 영혼의 안식이요 만족이다. 이 선한 옛길을 걸어가면, 우리가 반드시 안식을 얻게 될 것이다.

(2) 하나님을 사랑하는 것이 모든 계명 중 첫째 되는 큰 계명이요, 첫 돌판에 속한 모든 계명들의 요약이다. 사랑의 적절한 행위는 위로요, 사랑의 적절한 목표는 선(善)이다. 그런데 하나님은 무한히 본래부터 영원토록 선하시니 가장 우선적으로 그를 사랑해야 하며, 그를 위하여 사랑해야 할 것 이외에는 그 밖에 아무것도 사랑해서는 안 된다. 사랑은 하나님께서 우리에게서 요구하시는 가장 첫째 되는 큰 것이며, 따라서 사랑이야말로 우리가 그에게 쏟아야 할 가장 첫째 되는 큰 것이다.

여기서 우리는 다음과 같은 명령을 받는다.

[1] 하나님을 우리 하나님으로 여겨 사랑하라는 것. 주 너의 하나님을 너의 하나님으로 사랑하라. 제일계명은 다른 신들을 네게 두지 말라는 것인데, 이는 그를 우리의 하나님으로 무셔야 하며, 우리의 사랑을 그에게 드려야 할 것임을 시사한다. 해와 달을 자기들의 신으로 삼은 자들은 그 신들을 사랑하였다(렘 8:2; 삿 18:24). 하나님을 우리 하나님으로 사랑한다는 것은 그가 우리의 것이요 우리의 창조주요 주인이요 통치자이시기 때문에 그를 사랑하는 것이요, 또한 그를 우리 하나님으로 여겨 그에게 순종하며 의지하여 그에게 합당하게 처신하는 것이다. 우리는 하나님을 우리와 화목된 자로, 또한 언약을 통해서 우리의 하나님이 되신 분으로 여겨 그를 사랑하여야 한다. 그것이 바로 너의 하나님이라는 말의 근원인 것이다.

[2] 우리의 마음을 다하고 목숨을 다하고 뜻을 다하여 그를 사랑하라는 것. 어떤 이들은 이 모든 표현들을 동일한 의미로 보아, 우리의 모든 능력을 다하여 그를 사랑하라는 뜻으로 간주하고, 또 어떤 이들은 이 하나하나를 구별한다. 마음과 목숨(soul)과 뜻(mind)을 각각 의지와 감정과 이해, 혹은 의지적이며 감정적이며 지성적인 기능들로 보는 것이다. 하나님을 향한 우리의 사랑은 신실한 사랑이어야 하고, 입으로는 하나님을 사랑한다 하면서 마음이 그에게 가 있지 않

은 자들처럼 말과 혀로만 하는 사랑이어서는 안 된다. 그것은 강한 사랑이어야 하며, 그를 가장 열렬하게 사랑하여야 한다. 우리가 우리 속에 있는 모든 것들로 찬양해야 하듯이, 우리 속에 있는 모든 것들로 그를 사랑해야 한다(시 103:1). 그것은 유례없는 최상급의 사랑이어야 한다. 우리는 다른 모든 것 이상으로 그를 사랑하여야 한다. 우리의 모든 감정의 흐름이 전적으로 이 길로 흘러가야 한다. 마음이 하나로 연합하여 하나님을 사랑해야 한다. 우리가 아무리 사랑한다 해도 하나님 앞에 드리기에는 너무나도 적고 비천하다. 그러므로 영혼의 모든 능력들이 그 사랑에 개입되어야 하고, 그에게로 향해야 하는 것이다. 이것이 크고 첫째 되는 계명이요. 이 계명에 순종하는 것이 나머지 다른 모든 계명에 대한 순종의 원천이다. 순종이 사랑으로부터 흘러나올 때 비로소 하나님께서 받으실 만하게 되는 것이다.

(3) 네 이웃을 네 자신 같이 사랑하라는 것이 둘째로 큰 계명이요, 그와 ― 첫째 되는 계명과 ― 같은 것이다(39절). 이것은 둘째 돌판에 속한 모든 계명들을 포괄하는 것이다. 이것은 첫째 되는 계명과 같으니, 이는 그것에 기초하며 그것에서 흘러나오기 때문이다. 우리가 보는 바 형제를 올바로 사랑하는 것은 보지 못하는 바 하나님을 향한 우리의 사랑의 실례요 증거인 것이다(요일 4:20).

[1] 우리가 우리 자신을 사랑하고 또한 사랑해야 한다는 것이 암시되고 있다. 부패하였고 또한 가장 큰 죄들의 뿌리가 되는 자기 사랑이 있는데, 이것은 반드시 제거하고 죽여야 한다. 그러나 자연스럽고 또한 가장 큰 의무의 원리가 되는 자기 사랑이 있는데, 이것은 반드시 거룩하게 보존하여야 한다. 우리는 우리 자신을 사랑하여야 한다. 즉, 우리 자신의 위엄에 대해 정당한 대접을 해야 하며, 우리 자신의 영혼과 육체의 복지에 대해 정당한 관심을 가져야 한다.

[2] 우리 이웃을 우리 자신 같이 사랑하여야 할 것이 제시되고 있다. 모든 사람을 귀히 여겨야 하고, 아무에게도 잘못 행하거나 해를 주지 말아야 하며, 모든 이들에게 선한 뜻을 가져야 하며, 기회가 주어지는 대로 모든 이들에게 선을 행하여야 한다. 우리 이웃을 우리 자신 같이 사랑하여야 한다. 우리가 우리 자신을 사랑하듯 그렇게 진실하고도 진지하게 사랑하여야 한다. 아니, 여러 경우들에는 이웃의 유익을 위하여 우리 자신을 부인하여야 하고, 다른 이들의 진정한 복지를 위하여 우리 자신을 종으로 삼아 섬기고, 그들을 위하여 자신을 소비하며, 형제를 위하여 우리 목숨이라도 내어놓아야 한다.

2. 이 계명들이 얼마나 크고 중요한지를 관찰하라. 이 두 계명이 온 율법과 선지자의 강령이니라(40절). 본성적으로 사람의 마음에 기록되어 있는 실천적 신앙에 관계되는 모든 강령들의 총체요 요약으로서, 모세에 의하여 새롭게 제시되었고 선지자들의 설교와 글을 통해서 뒷받침되고 강화되었다. 모든 것이 사랑의 법에 걸려 있다. 이것을 제거하면 모든 것이 땅에 떨어지고 아무것도 아닌 것이 되어 버린다. 의식과 예식들도 이 법에 자리를 내어주어야 하며, 모든 영적인 은사들도 마찬가지다. 사랑이 더 좋은 길이기 때문이다. 이것이야말로 율법에 활력을 불어넣는 율법의 정신이요, 율법을 하나로 엮는 끈이다. 그것은 다른 모든 의무들의 뿌리요 샘이며, 율법과 선지자뿐 아니라 복음까지도 포함하여 성경 전체의 대요(大要)다. 다만 이 사랑이 믿음의 열매요, 우리는 그리스도 안에서 하나님을 사랑하며, 그리스도를 위하여 우리 이웃을 사랑하는 것이다. 결과가 그 동력인(動力因: efficient cause)과 목적인(目的因: final cause)에 달려 있듯이, 모든 것이 이 두 계명에 달려 있다. 사랑은 율법의 완성이며(롬 13:10), 율법의 목적이 사랑이기 때문이다(딤전 1:5). 사랑의 법은 못이다. 율법과 선지자의 모든 영광이 그 위에 걸려 있는(사 22:24) 회중의 스승들이 잘 박아놓은 못이다(전 12:11). 이는 절대로 빠지지 않는 못이요, 이 못에 새 예루살렘의 모든 영광이 영원토록 걸릴 것이다. 사랑은 언제까지나 떨어지지 아니한다(고전 13:8), 그러므로, 이 두 계명들에 우리의 마음을 밀착시켜야 할 것이다. 마치 율법과 선지자가 걸려 있는 크고 중한 것이기라도 한 것처럼 이름과 개념과 말에다 우리의 정열을 쏟는 나머지 하나님과 이웃을 향한 사랑을 희생시킬 것이 아니라, 이 계명들을 수호하고 증명하는 데에 우리의 열정을 쏟아야 할 것이다. 이 계명들의 통치권에 다른 모든 것들이 머리를 조아리게 되어야 할 것이다.

[41]바리새인들이 모였을 때에 예수께서 그들에게 물으시되 [42]너희는 그리스도에 대하여 어떻게 생각하느냐 누구의 자손이냐 대답하되 다윗의 자손이니이다 [43]이르시되 그러면 다윗이 성령에 감동되어 어찌 그리스도를 주라 칭하여 말하되 주께서 내 주께 이르시되 내가 네 원수를 네 발 아래에 둘 때까지 내 우편에 앉아 있으라 하셨도다 하였느냐 [45]다윗이 그리스도를 주라 칭하였은즉 어찌 그의 자손이 되겠느냐 하시니 [46]한 마디도 능히 대답하는 자가 없고 그 날부터 감히 그에게 묻는 자도 없더라

바리새인들은 그리스도를 올무에 빠뜨리려는 생각으로 그에게 많은 질문을 했었으나 도리어 자기들이 그것들에 걸려 넘어졌다. 그런데 이제는 그리스도께서 그들에게 질문을 하신다. 그리고 그들이 함께 모여 있을 때에 그 질문을 하신다(41절). 그는 그들 중 한 사람을 따로 불러내지 않으셨고(헤라클레스라 해도 압도당할 수 있다), 더 많은 이들을 부끄럽게 하시고자 그들이 함께 모여 그에 대해 모의를 꾸미고 있을 때에 그들 모두를 향하여 질문을 던지셨고, 그리하여 그들을 난처하게 하신 것이다. 주목하라. 하나님은 그의 원수들이 가장 강할 때에 그들을 부끄럽게 하기를 기뻐하신다. 그들에게 그들이 바라는 모든 유리한 것들을 다 주시고서 그들을 정복하시는 것이다. 너희 허리에 띠를 따라 그러나 끝내 패망하리라 너희는 함께 계획하라 그러나 끝내 이루지 못하리라(사 8:9, 10).

I. 그리스도는 그들에게 쉽게 대답할 수 있는 질문을 던지신다. 그것은 그들 자신이 교훈을 위하여 흔히 묻는 질문이었다. "너희는 그리스도에 대하여 어떻게 생각하느냐? 누구의 자손이냐? 너희는 조상들에게 약속되신 바 메시야가 누구의 자손일 것으로 기대하느냐?" 이에 대해 그들은 쉽게 대답할 수 있었다. 다윗의 자손이니이다. 이는 메시야를 일컫는 관용적인 표현이었다. 그들은 메시야를 다윗의 자손이라 불렀다. 성경을 해명하는 서기관들도 시 89:35, 36에 근거하여 그렇게 가르쳤다. 내가 다윗에게 거짓말을 하지 아니할 것이라 그의 후손이 장구하고(사 9:7) 그의 왕위는 해 같이 내 앞에 항상 있으리라. 이새의 줄기에서 한 싹이 나며 그 뿌리에서 한 가지가 나서 결실할 것이요(사 11:1). 다윗과 맺어진 왕위의 언약은 그리스도와 맺은 구속의 언약의 그림자요, 그리스도는 다윗으로서 맹세로 임금이 되셨고, 먼저 낮아지셨다가 후에 높아지셨다. 그리스도께서 다윗의 자손이셨다면 그는 진정 사람이셨다. 이스라엘은 말하기를, 우리는 다윗에 속한 열 부분이 있다고 하였고, 유다는 그는 우리의 뼈요 우리의 살이로다라고 하였다. 그렇다면 우리의 본성을 스스로 취하신 다윗의 자손 안에 우리는 어떤 부분이 있는가?

너희는 그리스도에 대하여 어떻게 생각하느냐? 그들은 계속해서 율법에 근거하여 그에게 질문을 던졌었다. 그러나 그는 오셔서 약속에 근거하여 그들에게 질문을 던지신다. 율법으로 가득 찬 나머지 그리스도를 잊어버리고, 마치 그리스도의 공로와 은혜가 없이도 의무를 다하면 그것으로 구원 얻을 것처럼 생각하는 사람들이 많다. 우리는, 너희는 그리스도에 대하여 어떻게 생각하느냐?라는 질문을 우리 스스로 진지하게 물어보아야 한다. 어떤 이들은 그에 대해 전혀 생각하지 않는다. 생각 속에 그가 전혀 들어 있지 않은 것이다. 어떤 이들은 그에 대해 아주 빈약하게 생각하고 어떤 이들은 별로 중요하게 생각하지 않는다. 그러나 믿는 자들에게 그는 보배로운 분이시다. 그러니 그에 대한 생각이 어찌 그리 보배로운지 모른다. 예루살렘의 딸들은 그리스도를 그저 또 다른 사랑하는 자 정도로 생각하나, 그의 신부는 그를 만인 중에 뛰어난 자로 여기는 것이다.

Ⅱ. 그는 그들의 대답에 근거하여, 그들이 쉽게 풀 수 없는 어려운 난제를 제시하신다(43-45절). 많은 사람들이 진리를 기꺼이 시인하고 스스로 자랑할 만한 충족한 지식이 있다고 생각하나, 그 진리를 확증하고 그것을 변호하라는 요청을 받으면 부끄러운 무지를 드러내 보인다. 그리스도께서 제기하신 반론은, 다윗이 그리스도를 주라 칭하였은즉 어찌 그의 자손이 되겠느냐?라는 것이었다. 그는 이 반론으로 그들을 올무에 빠뜨리려 하신 것이 아니고(그들은 그에게 그렇게 하려 했으나), 그들이 믿기를 싫어하는 한 가지 진리를 그들에게 가르치려 하신 것이니, 곧 그들이 기다리는 메시야가 하나님이시라는 것이 그것이었다.

1. 다윗이 그리스도를 주라 부르며 또한 하나님의 영감을 받아 예언의 영으로 그렇게 부른다는 것을 쉽게 볼 수 있다. 여호와의 영이 그를 통하여 말씀하셨기 때문이다(삼하 23:1, 2). 다윗은 성령의 감동하심을 받아 말한 거룩한 사람들 중의 하나였고, 특히 그리스도를 주라 부르는 데에서는 더욱 그러했다. 그 당시에나 지금이나 성령으로 아니하고는 누구든지 예수를 주시라 할 수 없기 때문이다(고전 12:3). 그런데 다윗이 성령의 감동하심으로 그리스도를 주라 불렀음을 입증하기 위하여, 그는 시 110:1을 인용하시는데, 이는 서기관들 자신도 그리스도에 관한 내용으로 이해하는 시편이다. 거기서 선지자는 다른 어느 누구도 아닌 그리스도에 대해 말씀하는 것이 분명하며, 또한 그것은 그리스도론에 대한 선지자적 요약으로서, 그를 낮아지심의 상태에서와 또한 높아지심의 상태에서 선지자와 제사장과 왕의 직무를 시행하시는 것으로 묘사하는 것이다.

그리스도는 높아지심의 상태에 계시는 구속자를 보여주는 구절 전체를 인용하신다. (1) 하나님 우편에 앉아 계심. 그가 앉아 계시다는 것은 안식과 통치 둘 다를 뜻한다. 그가 하나님 우편에 앉아 계시다는 것은 최상급의 존귀와 주권적인 권세를 뜻한다. 이것이 놀라운 언어로 표현되어 있는 것을 보라. 그는 하늘에서 지극히 크신 이의 보좌 우편에 앉으셨으니(히 8:1). 또한 빌 2:9; 엡 1:20을 보라. 그가 스스로 그런 존귀를 취하신 것이 아니라, 아버지와의 언약으로 말미암아 그것을 부여받았고, 그로부터 받은 사명으로 인하여 그 자리에 오르신 것이다. 그 사명은 다음과 같다. (2) 그의 원수들을 물리치심. 그의 원수들이 그의 친구들이 되거나 그의 발등상이 되기까지 그가 거기에 앉아 계실 것이다. 육신의 생각은 어디에 있든지 그리스도와 원수가 되는데, 그의 원수된 자들은 그의 발 앞으로(사 41:2) 부르심을 받은 자들의 회심을 통해서, 또한 회개치 않는 원수들이 그의 발 아래 무너져 내림으로써(마치 가나안의 왕들이 여호수아의 발 아래 있었던 것처럼) 정복되는 것이다.

그러나 이 구절을 인용한 것은 다윗이 메시야를 그의 주라 부른다는 것을 지적하고자 함이었다. 주께서(여호와께서) 내 주에게 이르시되. 이는 우리에게, 성경을 해명할 때에 한 구절의 주요 의도와 의미가 되는 것만이 아니라 성령께서 문장을 표현하도록 택하시는 단어들과 문구들도 주목하고 살펴야 한다는 것을 시사해 준다. 그렇게 하는 것이 매우 유용한 교훈을 주는 경우가 많은데, 여기서 그리스도께서는 내 주라는 단어를 중요하게 주목하신다.

2. 메시야의 신성을 믿지 않는 자들로서는 이 본문의 모순을 깨끗이 정리하기가 쉽지 않다. 아버지가 자기 아들을 가리켜, 먼저 난 자가 나중 난 자를 가리켜, 자기의 주라고 말한다는 것은 말이 되지 않는다. 다윗이 그를 주라 부른다면, 그것이야말로 더 명백한 진리로 확정된다(45절). 그리스도의 인성과 낮아지심에 관하여 어떠한 말씀이 있든지 간에, 그것은 그의 신성과 통치라는 진리와 일관성 있는 것으로 생각하고 이해해야 하기 때문이다. 우리는 그가 다윗의 주시라는 것을 든든히 견지해야 하며, 그것으로 그가 다윗의 자손이심을 해명해야 하는 것이다. 여기의 경우와 같이 성경의 모순처럼 보이는 것이 정리될 수 있을 뿐 아니라, 성경 전체의 아름다움과 조화에 기여할 수 있는 것이다. 성경에 나타나는 차이들은 도움이 되는 것이다. 우리의 차이도 이처럼 도움이 되는 것이면 얼마나 좋을까!

Ⅲ. 그리스도께서 바리새인들의 지식에 대해 행하신 이 부드러운 시험이 두 가지 점에서 성공을 거두었다.

1. 그들을 곤란하게 했다. 한 마디도 능히 대답하는 자가 없고(46절). 메시야가 하나님이시라는 것을 인정해야만 이 난제가 해결되는데, 이것을 그들이 몰랐

기 때문에 대답을 하지 못했을 수도 있고, 아니면 그들이 메시야가 하나님이시라는 것을 인정하고 싶지 않았기 때문에 대답을 하지 못했을 수도 있다. 그 랍비들이 대답하지 못했던 것을 ― 그리스도께서 하나님으로서 다윗의 주이셨고, 그리스도께서 사람으로서 다윗의 자손이었다는 사실을 ― 그리스도의 복음을 깨닫는 지극히 평범한 그리스도인이 분명히 믿고 알 수 있으니, 하나님께 찬양할 일이다. 그는 이 사실을 여기서 친히 설명하지 않으시고, 그의 부활로써 그 증거가 완전히 드러나기까지 그것을 보류해 두셨다. 그러나 우리는 그가 영광 중에 그것을 충실히 설명해 주시는 것을 접하게 된다: 나는 다윗의 뿌리요 자손이니(계 22:16). 그리스도는 하나님으로서 다윗의 뿌리이셨고, 또한 사람으로서는 다윗의 자손이셨던 것이다. 예수 그리스도께서 무엇보다도 영원히 복되신 하나님이시라는 이 진리를 든든히 붙잡지 않으면, 우리는 도저히 해명할 수 없는 어려움에 빠지고 만다. 그리스도의 모친 마리아가 그를 잉태한 후 그를 가리켜 주와 하나님 내 구주라 불렀으니(눅 1:46, 47), 그의 먼 조상인 다윗도 얼마든지 그를 주라 부를 수 있었던 것이다.

2. 그를 대적하려는 모든 자들을 잠잠케 했다. 그 날부터 감히 그에게 그런 올무에 빠뜨리는 악의가 담긴 질문을 묻는 자도 없더라. 주목하라. 하나님께서는 그가 구원하사 친히 영광을 받으실 자들이 아닌 수많은 자들을 잠잠케 하심으로써 친히 영광을 받으실 것이다. 많은 사람들이 말씀을 납득하면서도 그로 말미암아 회심하지 않을 것이다. 이들이 회심하였다면, 더 많은 질문을 했을 것이다. 특히 우리가 어떻게 하여야 구원을 얻으리이까?라는 중요한 질문은 반드시 했을 것이다. 그러나 자기들에게 아무런 득이 될 것이 없었으므로, 그와 더 이상 대면하려 하지 않은 것이다. 이리하여, 이 바리새인들과 서기관들의 경우와 같이, 주님과 논쟁하려 하는 사람들은 모두 도저히 그를 이길 수 없다는 것을 인식하게 될 것이다.

제
— 23 —
장

개요

앞 장에서는 구주께서 서기관들과 및 바리새인들과 대답을 나누셨는데, 여기서는 그들에 관하여, 아니 그들을 대적하여 강론하신다. I. 그는 그들의 직분을 용인하신다(2, 3절). II. 그는 제자들에게 그들의 외식과 교만을 본받지 말 것을 경고하신다(4-12절). III. 그는 그들이 율법을 훼손시키고 복음을 대적하여 갖가지 큰 범죄와 악행을 저지르며 또한 하나님과 사람을 배반하여 처신하는 것에 대해 책망하시며, 각 조목마다 화가 있을 것임을 말씀하신다(13-33절). IV. 그는 예루살렘을 향하여 심판을 선고하시며, 특히 박해의 죄로 인하여 예루살렘 성과 성전이 황폐화될 것을 예언하신다(34-49절).

[1]이에 예수께서 무리와 제자들에게 말씀하여 이르시되 [2]서기관들과 바리새인들이 모세의 자리에 앉았으니 [3]그러므로 무엇이든지 그들이 말하는 행위는 본받지 말라 그들은 말만 하고 행하지 아니하며 [4]또 무거운 짐을 묶어 사람의 어깨에 지우되 자기는 이것을 한 손가락으로도 움직이려 하지 아니하며 [5]그들의 모든 행위를 사람에게 보이고자 하나니 곧 그 경문 띠를 넓게 하며 옷술을 길게 하고 [6]잔치의 윗자리와 회당의 높은 자리와 [7]시장에서 문안 받는 것과 사람에게 랍비라 칭함을 받는 것을 좋아하느니라 [8]그러나 너희는 랍비라 칭함을 받지 말라 너희 선생은 하나이시니 곧 그리스도시요 너희는 다 형제니라 [9]땅에 있는 자를 아버지라 하지 말라 너희의 아버지는 한 분이시니 곧 하늘에 계신 이시니라 [10]또한 지도자라 칭함을 받지 말라 너희의 지도자는 한 분이시니 곧 그리스도시니라 [11]너희 중에 큰 자는 너희를 섬기는 자가 되어야 하리라 [12]누구든지 자기를 높이는 자는 낮아지고 누구든지 자기를 낮추는 자는 높아지리라

그리스도께서는 그의 모든 설교에서 서기관들과 바리새인들에 대해서는 그 어떤 사람들보다 더 혹독하게 책망하시는 것을 보게 된다. 이는 사실상, 교만과 세속성과 횡포가 가득하면서도 겉으로는 신앙으로 위장하고 있고, 그

러면서도 백성들의 우상으로 추앙받고 있는 이 사람들의 기질과 행실만큼 — 백성들은 오로지 두 사람만 천국에 들어간다면 그 중에 하나는 바리새인일 것이라고 생각하였다 — 복음의 정신에 정면으로 반대되는 것이 없기 때문이었다. 여기서 그리스도께서는 무리와 제자들에게 강론을 하셔서, 서기관들과 바리새인들에 대한 그들의 오해를 바로잡아 주신다(1절). 그는 이 강론에서 그들의 본색을 드러내시고, 무리 가운데서 그리스도와 그의 가르침에 대해 갖고 있었던 편견을 제거하신다. 서기관들과 바리새인들이 스스로 백성의 인도자로 자처하면서 그리스도와 그의 가르침에 대해 반대하였기 때문에 백성들이 그런 편견을 갖게 되었던 것이다. 주목하라. 사람들의 참된 성격을 앎으로써 유명하고 위대한 이름이나 칭호나 권력 때문에 편견을 갖게 되지 않는 것이 좋다. 사람들이 이리에 대해서(행 20:29, 30), 개들에 대해서(빌 3:2), 속이는 일꾼에 대해서(고후 11:13) 가르침 받아야 한다. 그래야 그들을 경계할 줄 알게 되는 것이다. 그리고 여러 종류의 사람들의 뒤섞여 있는 무리는 물론, 제자들에게도 이런 경계가 필요하다. 선한 사람들도 세상적인 화려함에 눈이 휘둥그레지기가 쉽기 때문이다.

이 강론에서 그리스도는,

I. 율법을 해명하는 그들의 직분을 용인하신다. 서기관들과 바리새인들(즉, 교회 통치의 주도권을 잡은 산헤드린 전체를 지칭한다. 이들은 모두 서기관들이라 불렸고, 그들 중에는 바리새인들도 있었다)이 모세의 자리에 앉았으니(2절). 이들은 율법의 공적인 교사와 해석자들로서 행세했고, 또한 모세의 율법이 국가의 시민법이었으므로 그들은 재판관으로 행세하기도 했다. 가르치는 것과 재판하는 것이 같은 것으로 여겨졌다(대하 17:7, 9과 19:5, 6, 8을 서로 비교하라). 그들은 여러 곳을 다니는 순회 판사들이 아니었고, 항존 재판관들로서 소송에 대해 판결하고 율법으로 특별한 선고나 영장을 발부하는 자들이었다. 그들이 모세의 자리에 앉았다는 것은, 그들이 하나님과 이스라엘 사이의 중보자로서 모세가 행한 역할을 담당했다는 것이 아니라, 다만 대재판관으로서 그가 행한 역할을 담당했다는 뜻이다(출 18:26). 아니면, 이 본문을 산헤드린이 아니라, 율법을 해명하고 백성들에게 구체적인 사례들에 그것을 적용하는 법을 가르친 다른 바리새인들과 서기관들에게 해당되는 것으로 볼 수도 있을 것이다. 학사 에스라를 위하여 특별히 만든 것과 같은 그런 나무 강단(느 8:4)이 여기서 모세의 자리

라 일컬어진다. 모세를 전하는 자들이 각 성에 있었고(행 15:21의 표현대로) 그들은 강단에서 그를 전했다. 이것이 그들의 임무였으며, 또한 그것은 의롭고 존귀한 것이었다. 백성들이 그 입에서 율법을 구할 수 있는 그런 자들이 반드시 있어야 했던 것이다(말 2:7). 주목하라. 1. 선한 지위에 악한 사람들이 가득 차 있는 경우가 많다. 사악하기 그지없는 사람들이 심지어 모세의 자리에까지 오르는 일이 새삼스런 일이 아니다(시 12:8). 그리고 그런 일이 있을 때에 사람들이 그 자리로 말미암아 존귀함을 받는 것이 아니라, 그 자리가 사람들로 말미암아 치욕을 당하게 된다. 이제 모세의 자리에 앉은 이들이 너무도 타락하였으므로 모세와 같은 큰 선지자가 일어나 다른 자리를 세울 때가 되었다. 2. 때때로 악인의 손에 들어가 악용된다고 해서, 선하고 유익한 직분과 권세들을 정죄하고 폐지할 것은 아니다. 서기관들과 바리새인들이 차지하였다고 해서 그 때문에 모세의 자리를 무너뜨려서는 안 된다. 오히려 둘 다 추수 때까지 함께 자라게 두라(13:30).

그리하여 그리스도는, "무엇이든지 그들이 말하는 바는 행하고 지키라. 곧, 그들이 모세의 자리에 앉아 있을 동안에는 모세가 주신 율법을 읽고 전하고(아직 율법이 그 충만한 힘과 권세와 덕으로 지속되고 있었으므로), 그 율법에 따라 판단하고, 그 기록된 말씀을 따르며 기억하라"고 말씀하신다(3절). 서기관들과 바리새인들은 성경을 연구하는 일을 업으로 삼았고, 그리하여 성경의 언어와 역사와 관습과 그 문체와 용어들을 익숙하게 알고 있었다. 그리스도께서는 성경의 이해를 위하여 그들이 주는 도움을 일반 사람들이 활용하고 그것에 따르기를 바라셨다. 그들의 가르침이 성경 본문의 뜻을 드러내며 또한 그것을 왜곡하지 않는 한, 하나님의 계명을 분명히 하며 또한 헛된 것으로 만들지 않는 한, 그것을 지키고 복종해야 하되, 단 조심해야 하며 분별하여 판단하여야 했던 것이다. 주목하라. 악한 목사들이 전한다고 해서 선한 진리를 악하게 여겨서는 안 되며, 악한 관리들이 시행한다고 해서 선한 법을 악하게 여겨서도 안 된다. 우리의 양식을 천사들이 공급해 주면 가장 바람직하겠지만, 하나님께서 까마귀들을 통해서 양식을 보내시면, 그리고 그것이 선하고 온전하면, 우리가 그것을 취하고 그것에 대해 하나님께 감사해야 마땅하다. 우리 주 예수께서 이것을 약속하신 것은 이 강론에 대해 사람들이 잡을 트집을 미연에 방지하기 위함이었다. 마치 그리스도께서 서기관들과 바리새인들을 정죄함으로써 모세의 율법을 멸시하고 백성들을 거기서 끌어내고자 계획한 것처럼 트집을 잡을 수도 있었다. 그러나 그는 율법을 폐하러 온 것이 아니라 완전하게 하려 함이었다. 주목하라. 정의로운 책망에 대해 가질 수 있는 예외 사항을 제거하는 것이 지혜인데, 특히 직분자들과 직분을 서로 구별해야 할 경우에는 ― 사역자들은 책망받으나 사역 자체는 그렇지 않을 경우에는 ― 더욱 그렇다.

Ⅱ. 그는 사람들을 정죄하신다. 그는 무리들에게 그들이 가르치는 대로 행하라고 명하신 바 있다. 그러나 여기서 그는 그들이 행하는 대로 행하지 말고 그들의 누룩을 주의하라는 경계를 덧붙이신다. 그들이 하는 행위는 본받지 말라. 그들의 전통은 그들의 행위요, 그들의 우상이요 그들의 환상의 행위였다. 혹은, "그들의 모범에 따라 행하지 말라." 가르침과 행위들이야말로 시험해야 할 영이요, 기회가 있을 때에 그 둘을 조심스럽게 구별하여야 한다. 가르치는 자들의 행위들이 칭찬할 만하다고 해서 그들의 부패한 가르침들을 삼켜서는 안 되듯이, 그들의 가르침이 그럴듯하다고 해서 그것 때문에 그들의 악한 모범들을 본받아서는 안 되는 것이다. 서기관들과 바리새인들은 자기들의 정통적인 가르침은 물론 자기들의 선한 행위를 많이 자랑했고, 그것들로 의롭다 하심을 얻기를 소망하였다. 이것이 그들의 간구였다(눅 18:11, 12). 그러나 그들이 그렇게도 가치 있는 것으로 여긴 이런 것들이 하나님께서 보시기에는 가증한 것들이었던 것이다.

우리 주님은 여기서와 다음에 이어지는 절들에서, 그들의 행위들 가운데서 우리가 본받아서는 안 될 갖가지 구체적인 사항들을 말씀하신다. 전반적으로 그들은 외식과 위장, 혹은 종교적인 이중성 등으로 책망받는데, 이는 인간의 법정에서는 추궁할 수 없는 범죄들이다. 우리는 겉으로 드러나는 것에 따라서만 판단할 수 있기 때문이다. 그러나 하나님은 마음을 살피시며, 따라서 외식을 정죄하실 수 있으며, 외식만큼 그를 불쾌하게 하는 것이 없다. 그는 진실을 바라시기 때문이다.

그리스도께서는 그들에게 네 가지를 책망하신다.

1. 그들의 말과 행위가 서로 전혀 달랐다. 그들의 행위는 그들의 가르침이나 그들이 말로 하는 고백과 전혀 일치하지 않았다. 그들은 말만 하고 행하지 아니하였기 때문이다. 그들은 율법에서 선한 것을 가르치나, 그들의 행위로 그것들을 거짓으로 만든다. 그들은 자기들이 다른 이들에게 보여주는 길 외에 천국으로

가는 또 다른 길이 자기들에게 있는 것처럼 보인다. 롬 2:17-24은 이 점을 분명히 드러내 주며 잘 예증해 준다. 다른 사람들을 정죄하는 그 죄들을 자기 자신에게는 용인하거나 그보다 더 악한 행위를 용인하는 자들이야말로 모든 죄인들 가운데 가장 용서받을 수 없는 자들이다. 이는 특히 악한 목사들에게 그대로 적용된다. 그들은 외식으로 인하여 그들에게 지정된 몫을 반드시 받게 될 것이다(24:51). 자기 스스로는 믿지도 않고 순종하지도 않는 것들을 믿고 행하여야 할 것으로 다른 이들에게 떠맡기며, 설교에서 세워놓은 것을 행위로 무너뜨리며, 강단에서는 너무도 설교를 잘하여 강단에서 내려오는 것이 안타까울 지경이면서도 강단 밖에서는 너무도 형편없이 행하므로 그들이 강단에 올라간다는 것이 너무도 안타까울 지경이며, 종(鐘)처럼 사람들을 교회로 부르면서도 자기들은 그냥 매달려 있고, 이정표처럼 다른 사람들에게 길을 알려주면서도 자기들은 그냥 그대로 서 있으니, 이보다 더 큰 외식이 또 어디 있겠는가? 그런 이들은 자기들의 입으로 심판을 받을 것이다. 이는 또한 말만 하고 행하지 아니하는 모든 다른 사람들에게도 적용된다. 그럴듯하게 신앙을 고백하나 그런 고백과 일치하는 삶을 살지 않으며, 좋은 약속을 하지만 그 약속을 이행하지 않으며, 좋은 말이 입에 가득하나 선한 행위는 전혀 없으며, 말로는 위대하나 행위는 거의 없으며, 음성은 야곱의 음성이나 손은 에서의 손인 자들은 심판을 받을 것이다. 이들은 소리밖에는 아무것도 없는 자들이다. 이들은 가겠나이다라고 선하게 이야기하지만, 그들의 마음에 일곱 가지 가증한 것이 있기 때문에(잠 26:25) 신뢰할만한 것이 하나도 없다.

2. 그들은 자기들 스스로는 짐을 지려 하지 않으면서도 무거운 짐들을 다른 이들에게 가혹하게 지웠다. 무거운 짐을 묶어 사람의 어깨에 지우되(4절). 그들은 멍에라 불리는(행 15:10) 율법의 세세한 주변적인 내용들을 지킬 것을 강요하며, 하나님이 요구하신 것보다 더 철저하고 심하게 지킬 것을 요구할 뿐 아니라(법률가들의 금언은, 법의 정황적인 내용들만으로는 법이 아니라는 것인데), 하나님의 말씀에다 자기들이 창안해낸 것들과 전통들을 덧붙이고 그것들을 최고의 형벌을 붙여서 요구하였다. 그들은 자기들의 권위를 과시하며 그것을 휘두르는 것을 좋아하였다. 하나님의 기업을 그것으로 다스리며, 사람들의 영혼을 향하여, 엎드리라 우리가 지나가리라라고 이야기하기를 좋아하였다. 그들은 제4계명에다 갖가지 것들을 덧붙여서, 사람들의 마음에 기쁨을 주기 위하여 의도

된 안식일 계명을 무거운 짐으로 만들어 버렸다. 이렇게 해서 그 목자들은 옛날처럼 강제와 포악으로 양 떼를 다스렸다(겔 34:4).

그러나 그들의 외식을 보라. 자기는 이것을 한 손가락으로도 움직이려 하지 아니하며. (1) 그들은 다른 사람들에게 강요하는 일들을 자기들 스스로는 행하려 하지 않았다. 백성들에게는 철저한 종교적 의례를 강요하면서도 자기들은 거기에 전혀 얽매이려 하지 않았고, 자기들이 공적으로 강제로 시행하게 하는 자기들의 전통들을 자기들 자신은 은밀하게 범했던 것이다. 그들은 다른 사람들에게 율법을 부과하는 데에서 자긍심을 누렸으나, 자기들 자신의 행위에서는 편안함과 손쉬움을 추구하였다. 그리하여, 교황주의의 사제들을 비난하는 뜻에서 다음과 같은 말이 있었다. 곧, 그들은 포도주와 사탕으로 금식하면서도 백성들에게는 빵과 물로 금식하게 만들고, 평신도들에게 지우는 고해성사를 자기들은 거절한다는 것이다. (2) 그들은 이런 일에서 백성들이 괴로움을 당하는 것을 보면서도 그들의 짐을 가볍게 해 주려 하지 않았다. 그들은 하나님의 율법을 다소 느슨하게 적용시킬 수도 있었고, 그리하여 백성들의 짐을 가볍게 해 줄 수도 있었으나, 자기들이 부과한 것들은 조금도 완화시키려 하지 않았고, 또한 그것들을 지극히 사소하게 범할 때에도 그것을 그냥 지나치지 않으려 하였다. 그들은 그들의 통상적인 법의 가혹함이 완화되는 것을 전혀 허용하지 않았다. 그리스도의 사도들은 이것과 얼마나 달랐는지 모른다. 그들은 교회의 평화와 덕을 위하여 자기들의 자유는 부인하면서도, 다른 이들은 그리스도인의 자유를 누리도록 허용하였으니 말이다! 그들은 요긴한 것들과 손쉬운 것들 외에는 달리 짐을 지우려 하지 않았다(행 15:28). 바울이 그의 글을 읽는 자들을 위하여 얼마나 조심스럽게 교훈을 주는지를 보라(고전 7:28; 9:12).

3. 그들의 행위는 온통 겉모양뿐이었고, 신앙적인 실체가 전혀 없었다. 그들의 모든 행위를 사람에게 보이고자 하나니(5절). 우리는 보는 사람들이 하나님께 영광을 돌리게 될 그런 선한 행위들을 반드시 행해야 한다. 그러나 다른 사람들이 보고 우리에게 영광을 돌리게 만들려는 의도를 갖고서 우리의 선행들을 선전해서는 안 된다. 우리 주께서는 여기서 바리새인들이 기도와 구제의 구체적인 경우들에서는 물론 전반적으로 그렇게 하고 있음을 책망하신다. 그들의 목적은 사람들에게서 칭찬을 받는 것이었다. 그러므로 그들은 사람들에게 보이는 것에다 온통 신경을 쏟았던 것이다. 사람들의 눈에 보이는 종교적인 의무들

에 있어서는, 그들만큼 언제나 풍성한 모습을 보이는 자들이 아무도 없었다. 그러나 하나님과 그들의 영혼 사이의 문제에 있어서는, 그들의 골방에서 마음속 깊은 곳에서 처신하는 문제에 있어서는, 그들은 핑계할 거리를 찾고 있었다. 경건의 모양이 그들에게 살았다 하는 이름을 줄 것이므로 그들 모두가 그것을 목표로 삼고 있으며, 그러므로 과연 생명에 필수적인 경건의 능력에 대해서는 전혀 관심이 없는 것이다. 사람들에게 보이려고 모든 일을 행하는 자는 목적에 부합되는 일은 하나도 하지 않는 것이다.

그리스도께서는 그들이 사람들에게 보이려고 행한 두 가지 일을 지적하신다.

(1) 그들은 경문 띠를 넓게 하였다. 그것은 율법의 네 가지 문구들(출 13:2-11; 13:11-16; 신 6:4-9; 11:13-21)을 아주 세밀하게 적어놓은 작은 종이나 양피 두루마리들이었다. 이것들은 가죽으로 꿰매어서 이마와 왼 팔에 차고 다녔다. 이것은 장로들의 전통이었는데, 이는 출 13:9과 잠 7:3에 언급되어 있는데, 이는 비유적인 표현으로서 그저 우리가 하나님의 일들을 마치 두 눈 사이에 붙이는 것만큼이나 조심스럽게 우리 마음에 새겨야 한다는 뜻인 것으로 보인다. 그런데 바리새인들이 이 경문 띠를 넓게 만든 것은 그들이 다른 이들보다 더 거룩하고 더 철저하며 율법에 더 열심을 지닌 것처럼 보이게 만들기 위함이었다. 다른 이들보다 진정 더 거룩하게 되기를 사모하는 것은 은혜로운 야망이다. 그러나 그렇게 보이기를 탐하는 것은 교만한 야망이다. 진정한 경건에 뛰어나는 것은 선한 일이나, 겉으로 경건을 보이는 일에 뛰어나는 것은 그렇지 않다. 지나치게 행하는 것은 그 의도를 의심받기 쉬운 법이다(잠 27:14). 필요 이상으로, 선한 사랑과 영혼의 기질을 드러내기에 필요한 정도 이상으로, 외형적인 봉사에 소란을 피우는 것은 외식이다.

(2) 그들은 옷술을 길게 하였다. 하나님께서는 다른 민족들과 구별하고 또한 그들이 특별한 백성임을 기억하게 하기 위하여 유대인들에게 의복에 옷술을 달도록 명하셨다(민 15:38). 그러나 바리새인들은 다른 사람들처럼 그저 옷술을 다는 것만으로는 만족하지 못했고, 스스로 사람들의 시선의 표적이 되도록 하려는 의도를 갖고서 보통보다 그것을 길게 만들었다. 마치 그들이 다른 사람들보다 더 신앙적인 것처럼 보이게 하려는 것이었다. 그리하여 그들은 의복의 경문 띠를 넓게 하고 옷술을 길게 하였으나, 그들의 마음은 좁고, 하나님과 이

웃에 대한 사랑이 전혀 없었다. 그러므로 지금은 다른 사람들을 속일 수 있을지 모르나 결국은 자기들 자신을 속이게 될 것이다.

4. 그들은 탁월함과 우월함을 사모했고 스스로 그것에서 지극히 교만하였다. 교만이야말로 바리새인들을 사로잡은 죄였고, 가장 손쉽게 저지르는 죄였으며, 우리 주 예수님은 이 죄에 대해 기회가 있을 때마다 가르치셨던 것이다.

(1) 그는 그들의 교만을 묘사하신다(6, 7절). 그들은 다음과 같은 것들을 탐하였다.

[1] 존귀와 존경의 자리. 잔치나 회당 등 모든 공공 장소에서 그들은 윗자리와 높은 자리에 앉기를 기대하였고, 또한 그것을 마음으로 기뻐하였다. 그들은 다른 모든 사람들의 자리를 취하였고, 가장 높고 귀한 사람들로서 높은 자리를 배정받았다. 그러므로 그들이 얼마나 편안한 마음으로 그런 자리를 취했는지를 쉽게 상상할 수 있다. 그들은 으뜸 되기를 좋아하였다(요삼 9). 그리스도께서는 여기서 높은 자리와 윗자리에 앉는 것 자체를 정죄하시는 것이 아니다(누군가는 반드시 그런 자리에 앉아야 한다). 그는 다만 그런 것을 좋아하고 그것을 바라는 것을 정죄하시는 것이다. 사람이 가장 높은 자리에 앉고, 앞서서 가며, 그런 것들에 가치를 두고 그것을 구하며, 그런 것을 갖지 못할 때에 분을 내는 것이 대체 무엇인가? 우리 자신을 우상으로 만들고 그 앞에 머리를 숙여 예배하는 것이 아니고 무엇이겠는가! 그것이야말로 우상숭배 중에서도 최악의 것이 아닌가! 그것은 어디에서나 나쁘지만, 특히 회당에서는 더욱더 나쁘다. 하나님께 영광을 돌리기 위해, 그 앞에서 우리 자신을 낮추기 위해 있는 그 곳에서 우리 자신을 높이고 우리 자신의 존귀함을 구하다니, 이는 하나님을 섬기는 것이 아니라 오히려 그를 조롱하는 것이다. 다윗은 하나님의 집에서 윗자리를 탐하기는커녕 그 곳 문간에서 문지기로 있기를 사모하였다(시 84:10). 교회당에서 멋지게 보이고 사람들에게 관심을 끌지 못하면 차라리 교회에 가기를 원치 않는 사람이 있다면, 그 사람은 교만과 외식의 냄새를 강하게 풍기는 것이다.

[2] 존귀와 존경의 이름. 그들은 시장에서 문안 받는 것을 좋아하였고, 사람들을 거리에서 만날 때에 그들에게서 인사 받기를 좋아하였다. 그들은 주목을 받고, 이 분이 바로 그 분이나라는 말을 듣는 것을 얼마나 기뻐했는지 모른다. 그들은 시장에서 "물렀거라! 여기 바리새인이 오신다!"라는 말을 들으며 무리들 사이로 지나가기를 좋아했고, 또한 랍비라는 고귀하고 화려한 칭호를 듣기를 좋아했

다. 그들에게는 이것이 고기요 음료요 맛있는 음식이었다. 느부갓네살이 그의 왕궁에서, 이 큰 바벨론은 내가 능력과 권세로 건설한 것이 아니냐? 라고 말하며 만족하였던 것처럼, 이들도 그런 칭호를 듣는 데에서 만족을 느꼈다. 그들이 시장에 있지 않아서, 그들이 존경을 받고 백성들에게서 높이 칭송을 받는 모습이 모든 사람들에게 보여지지 않았다면, 이런 문안에서 얻는 만족감이 크게 줄어들었을 것이다. 유대인 교사들과 이스라엘의 선생들이 크다 혹은 많다는 뜻으로서 스승 혹은 나의 주(主)라는 의미를 가졌던 랍비, 랍, 혹은 랍반 등의 칭호로 불려진 것은 그리스도의 시대 직전의 일이었다. 그런데 그들이 그런 관례를 크게 강조하였고, 그리하여 "선생께 인사하면서 랍비라 부르지 않는 자는 신적인 위엄이 이스라엘에게서 떠나기를 조장하는 자다"라는 격언이 나돌 정도였다. 그저 예의바른 사소한 행동에 지나지 않는 것에다 지나치게 종교적인 의미를 부여했던 것이다. 말씀을 가르침받는 자가 가르치는 자에 대한 존경심으로 그렇게 문안한다면 그것은 지극히 합당한 것이요 권장할 만한 일이다. 그러나 가르치는 당사자가 그것을 좋아하고, 그것을 요구하며, 그것으로 우쭐해지며, 그렇게 문안받지 않을 때에 불쾌히 여긴다면, 그것은 죄악된 것이요 가증한 처사다. 그러므로 그런 사람은 가르칠 것이 아니라, 그리스도의 학교의 가장 기본이 되는 겸손부터 배워야 할 것이다.

(2) 그는 제자들에게 그들처럼 되지 말고 그들의 행위를 본받지 말 것을 경계하신다. 너희는 랍비라 칭함을 받지 말라(8절). 여기에는 다음과 같은 의미가 있다.

[1] 교만을 금지하심. 그리스도께서는 여기서 다음과 같은 것들을 금하신다.

첫째로, 스스로 존귀한 칭호를 받고자 하는 자세(8-10절). 이 금지 명령이 두 차례 반복된다. 너희는 랍비라 칭함을 받지 말라(8절). 또한 지도자라 칭함을 받지 말라(10절). 주 안에서 우리의 위에 있는 자들에게 시민적인 존경을 표시하는 것이 부당하다는 뜻이 아니다. 오히려 그런 이들에게 그런 존경을 표시하는 것이 우리의 의무다. 그러나 1. 기독교 목사들은 다른 사람들과 구별되고자 랍비나 선생이라는 칭호로 불리기를 좋아해서는 안 된다. 왕궁에 있는 자들에게나 합당한 것을 목사들이 탐한다면, 그것은 복음의 단순함과 어울리지 않는 것이다. 2. 그들은 그런 칭호가 암시해 주는 권위나 권력을 취해서는 안 된다. 마치 자기들이 그리스도인들의 믿음에 대해 권한이 있기라도 한 것처럼 형제들을, 하나님의 기업을 장악하고 다스리려 해서는 안 된다. 그들이 하나님께로부터 받은 것에 대해서는 형제들에게서 인정받아야 마땅하다. 그러나 다른 것들에 있어서는 자기들의 생각과 뜻을 다른 사람들에게 법칙과 표준으로 제시하여 은연중에 복종을 요구해서는 안 되는 것이다. 이런 금지 명령에 대한 이유는 다음과 같다.

① 너희 선생은 하나이시니 곧 그리스도시요(8절. 한글 개역개정판에는 "곧 그리스도시요"가 없음). 또한 10절을 보라. 주목하라. [1] 그리스도는 우리의 선생이요 우리의 스승이요 우리의 인도자시다. 조지 허버트(George Herbert)는 그리스도의 이름을 부를 때에 보통 나의 선생 그리스도라 불렀다. [2] 오직 그리스도만이 우리의 선생이시요, 목사들은 그의 학교의 문지기에 지나지 않는다. 오직 그리스도만이 우리가 청종하고 다스림을 받아야 할 유일한 선생이요 위대한 선지자시다. 그의 말씀은 우리에게 법이어야 한다. 우리는 진실로 내가 너희에게 이르노니로 만족해야 한다. 그리고 오직 그리스도만이 우리의 선생이시라면, 그의 목사들이 사람들 위에 군림하여 지고한 권위와 무오성을 가장한다면 그것은 그리스도께서 아무에게도 넘겨주지 않으시는 그의 존귀를 감히 찬탈하는 것이다.

② 너희는 다 형제니라. 목사들은 그들끼리뿐 아니라 일반 사람들에게도 형제들이다. 그러므로 아무도 선생이 될 사람이 없고 형제뿐인데, 사람들에게 신생이 되려 한다면 그것은 어울리지 않는 처사다. 그렇다. 우리는 모두 장자가 아니라 어린 형제들이다. 그렇지 않으면 형제 중에 장자가 월등한 위풍과 탁월한 권능을 주장할 수도 있을 것이다(창 49:3). 그러나 그것을 방지하기 위하여, 그리스도께서 친히 많은 형제 중에서 맏아들이 되신다(롬 8:29). 동일한 선생의 제자들이니 우리는 모두 형제들이다. 학교의 동창생들은 형제요, 따라서 배우는 일에서 서로를 도와야 한다. 그러나 학생 중 하나가 선생의 자리에 올라가 학교에 법을 제시하는 일은 절대로 용인되지 않는다. 우리가 모두 형제라면, 선생이 많이 되지 말아야 할 것이다(약 3:1).

둘째로, 그런 칭호들을 다른 이들에게 붙이는 것을 금하심(9절). "땅에 있는 자를 아버지라 하시 말라. 사람을 너희가 신앙적으로 우러러보는 아버지로 여기지 말라, 즉, 그 신앙의 창시자로, 주체로, 인도자로, 통치자로 여기지 말라." 우리 육체의 아버지는 아버지라 불러야 마땅하고, 또한 아버지로서 그를 공경해야 한다. 그러나 영의 아버지는 오직 하나님 한 분뿐이어야 한다(히 12:9). 그 어떠한 사람에게서도 우리의 신앙을 이끌어 내거나 우리의 신앙을 의지해서도 안 된다. 우리가 신령한 신적 생명으로 거듭난 것은 썩어질 씨로 된 것이 아니요 하나님의 말씀으로 된 것이요, 육정으로나 사람의 뜻으로 된 것이 아니라 오직 하나님께로부터 된 것이다. 사람의 뜻이 우리 신앙의 근본이 아니므로, 그것이 그 신앙을 좌우해서는 안 된다. 우리는 아무리 지혜롭고 선하다 할지라도 피조물의 명령을 따라 맹세해서는 안 되고, 사람을 완전하게 믿어서도 안 된다. 사람이 우리를 어디로 이끌어갈지 알 수가 없기 때문이다. 사도 바울은 자신이 도구가 되어 회심한 자들에게 자기 자신을 아버지라 칭한다(고전 4:15). 그러나 그는 그들에 대해 자신이 치리권이 있는 것처럼 가장하지 않으며, 그 호칭을 권위의 뜻이 아니라 애정의 뜻으로 사용한다. 그러므로 그는 그들을 그에게 복종해야 할 자녀가 아니라, 그의 사랑하는 자녀라 부르는 것이다(고전 4:14).

이에 대한 이유는 너희의 아버지는 한 분이시니 곧 하늘에 계신 이시라는 뜻이다. 하나님이 우리 아버지시요 우리 신앙에서 만유가 되시는 분이시다. 그는 우리 신앙의 근본이시요 창시자시요, 그 빛이시요 그 주(主)이시니, 우리의 영적 생명이 오직 그에게서 나오며 그에게 의존하는 것이다. 그는 모든 빛들의 아버지이시요(약 1:17), 만유 위에 계시고 만유를 통일하시고 만유 가운데 계시는 한 아버지이시다(엡 4:6). 그리스도께서 하나님을 하늘에 계시는 우리 아버지라 부를 것을 가르치셨으니, 우리는 땅에 있는 자를 아버지라 하지 말아야 할 것이다. 우리와 똑같은 돌에서 뜨여진 사람은 누구도 그렇게 불러서는 안 되며 — 사람은 벌레요 인생도 벌레이므로 — 특히 땅에 있는 자는 더욱 그렇게 불러서는 안 된다. 땅에 있는 사람은 죄악된 벌레에 불과하기 때문이다. 땅에는 선을 행하며 죄를 짓지 않는 의인이 하나도 없으며, 따라서 아무도 아버지라 칭함받기에 합당치 못한 것이다.

[2] 겸손과 상호 복종을 명하심. 너희 중에 큰 자는 너희를 섬기는 자가 되어야 하리라(11절). 자신을 섬기는 자, 즉 종으로 부를 뿐 아니라(우리는 자기 자신을 하나님의 종들의 종이라 칭하면서, 실제로는 랍비와 아버지와 주인과 주 우리 하나님으로 행동하는 사람을 알고 있다:교황을 지칭함-역자주) 실질적으로 그렇게 되어야 한다. 이 본문은 약속의 의미로 취하여, "가장 자신을 낮추어 섬기는 자가 가장 큰 자로 인정받고 하나님의 은혜로 가장 높임을 받으리라"는 뜻으

로 이해할 수도 있고, 혹은 명령의 의미로 취하여, "교회에서 위엄과 신뢰와 존경을 받는 지위에 오르는 자는 반드시 너희를 섬기는 자가 되어야 하리라", "존귀의 지위가 편안함을 보장해 주는 것이라 생각해서는 안 된다. 큰 자는 주인이 아니라 섬기는 종이다"라는 뜻으로 이해할 수도 있다(어떤 사본들은 에스타이를 에스토로 읽기도 한다). 사도 바울은 자신의 의무와 특권을 모두 알고 있으면서도, 모든 사람에게서 자유로우나 스스로 모든 사람에게 종이 되었다(고전 9:19). 또한 우리 주님은 제자들에게 자신을 낮추고 자신을 부인하며, 온유하고 겸손하며, 스스로 가장 비천한 자가 되어 모든 직무에서 그리스도인의 사랑이 풍성하게 할 것을 자주 말씀하셨다. 그리고 그 스스로 이 일에서 모범을 세우셨다.

[3] 이 모든 것에 대한 합당한 근거를 제시하심(12절). 다음을 생각하라.

첫째로, 교만한 자에게 주어질 형벌. 누구든지 자기를 높이는 자는 낮아지고. 하나님께서 그들에게 회개를 주시면, 그들이 자기들이 보는 앞에서 낮아질 것이요, 그것으로 인하여 자신들을 혐오하게 될 것이다. 그리고 그들이 회개하지 않으면, 조만간 그들이 세상이 보는 앞에서 낮아질 것이다. 느부갓네살은 교만이 최고조에 달해 있을 때에 평민이 되어 짐승들과 함께 있게 되었다. 헤롯은 충이 먹어 죽었고, 왕비로 행세하던 바벨론은 열방의 치욕거리가 되었다. 히니님은 교만하고 야망이 많은 제사장들을 모든 백성 앞에서 멸시와 천대를 당하게 하셨고(말 2:9), 거짓말하는 선지자를 꼬리가 되게 하셨다(사 9:15). 그러나 교만한 사람들이 이 세상에서 낮아짐의 증표를 받지 않으면, 날이 이르러 그들이 영원히 부끄러움을 당하게 될 것이요(단 12:2), 하나님께서 교만하게 행하는 자에게 엄중히 갚으실 것이다(시 31:23).

둘째로, 겸손한 자에게 주어질 상급. 누구든지 자기를 낮추는 자는 높아지리라. 자기를 낮추는 것은 하나님 앞에 값진 장식이다. 겸손한 자는 이 세상에서 거룩하신 하나님께 영접을 받으며, 모든 지혜자와 선인들에게서 존경받는 존귀를 누리며, 가장 존귀한 일을 위하여 자격을 갖추게 되고 또한 그런 일에 부르심을 받는 존귀를 누린다. 존귀는 마치 그림자와 같아서 그것을 잡으려고 좇아가는 자에게서는 도망하며, 그것을 피하려는 자는 따라가는 법이다. 그러나 오는 세상에서는, 자기들의 죄를 후회하며 자신을 낮추고, 하나님의 뜻을 좇아 형제들에게 자신을 낮춘 자들이 높아져서 영광의 보좌를 기업으로 받을 것이요, 천사들과 사람들 앞에서 면류관을 쓰게 될 것이다.

[13]화 있을진저 외식하는 서기관들과 바리새인들이여 너희는 천국 문을 사람들 앞에서 닫고 너희도 들어가지 않고 들어가려 하는 자도 들어가지 못하게 하는도다 ([14]화 있을진저 서기관들과 바리새인들이여 너희는 과부의 가산을 삼키며 외식으로 길게 기도하는 자니 너희의 받는 판결이 더욱 중하리라) [15]화 있을진저 외식하는 서기관들과 바리새인들이여 너희는 교인 한 사람을 얻기 위하여 바다와 육지를 두루 다니다가 생기면 너희보다 배나 더 지옥 자식이 되게 하는도다 [16]화 있을진저 눈 먼 인도자여 너희가 말하되 누구든지 성전으로 맹세하면 아무 일 없거니와 성전의 금으로 맹세하면 지킬지라 하는도다 [17]너희 바보들이여 맹인들이여 어느 것이 크냐 그 금이냐 그 금을 거룩하게 하는 성전이냐 [18]너희가 또 이르되 누구든지 제단으로 맹세하면 아무 일 없거니와 그 위에 있는 예물로 맹세하면 지킬지라 하는도다 [19]맹인들이여 어느 것이 크냐 그 예물이냐 그 예물을 거룩하게 하는 제단이냐 [20]그러므로 제단으로 맹세하는 자는 제단과 그 위에 있는 모든 것으로 맹세함이요 [21]또 성전으로 맹세하는 자는 성전과 그 안에 계신 이로 맹세함이요 [22]또 하늘로 맹세하는 자는 하나님의 보좌와 그 위에 앉으신 이로 맹세함이니라 [23]화 있을진저 외식하는 서기관들과 바리새인들이여 너희가 박하와 회향과 근채의 십일조는 드리되 율법의 더 중한 바 정의와 긍휼과 믿음은 버렸도다 그러나 이것도 행하고 저것도 버리지 말아야 할지니라 [24]맹인 된 인도자여 하루살이는 걸러 내고 낙타는 삼키는도다 [25]화 있을진저 외식하는 서기관들과 바리새인들이여 잔과 대접의 겉은 깨끗이 하되 그 안에는 탐욕과 방탕으로 가득하게 하는도다 [26]눈 먼 바리새인이여 너는 먼저 안을 깨끗이 하라 그리하면 겉도 깨끗하리라 [27]화 있을진저 외식하는 서기관들과 바리새인들이여 회칠한 무덤 같으니 겉으로는 아름답게 보이나 그 안에는 죽은 사람의 뼈와 모든 더러운 것이 가득하도다 [28]이와 같이 너희도 겉으로는 사람에게 옳게 보이되 안으로는 외식과 불법이 가득하도다 [29]화 있을진저 외식하는 서기관들과 바리새인들이여 너희는 선지자들의 무덤을 만들고 의인들의 비석을 꾸미며 이르되 [30]만일 우리가 조상 때에 있었더라면 우리는 그들의 선지자의 피를 흘리는 데 참여하지 아니하였으리라 하니 [31]그러면 너희가 선지자를 죽인 자의 자손임을 스스로 증명함이로다 [32]너희가 너희 조상의 분량을 채우라 [33]뱀들아 독사의 새끼들아 너희가 어떻게 지옥의 판결을 피하겠느냐

여기서는 우리 주 예수 그리스도께서 서기관들과 바리새인들을 향하여 직접적으로 퍼부으신 여덟 차례의 화(禍)를 보게 되는데, 이는 마치 시내 산에 임했던 우레와 번개와도 같다. 세 차례의 화도 매우 끔찍스러워 보이는데 (계 8:13; 9:12), 여기에는 여덟 가지 복에 반하여(마 5:3) 여덟 차례의 화가 있다. 복음은 율법에 더하여 게다가 화도 있다. 그리고 복음의 저주는 모든 저주 가운데서 가장 무거운 것이다. 이 화들은 그 권위 때문에는 물론 그것을 발하시는 그분의 온유함과 부드러움 때문에도 더 놀랍다. 그는 복을 주러 오셨고, 또한 복 주기를 좋아하셨다. 그러므로 그에게서 진노가 발한다면 거기에는 반드시 그럴만한 이유가 있다. 그 위대하신 간구자께서 저주하신다면, 과연 누가 그 사람을 위해 탄원하겠는가? 그리스도께서 발하시는 화는 도저히 치료가 불가능한 화인 것이다.

여기서 그야말로 지극한 위중한 경고와 저주가 주어진다. 화 있을진저 외식하는 서기관들과 바리새인들이여. 주목하라. 1. 서기관들과 바리새인들은 외식하는 자들이었다. 그들에게 악한 면이 많으나 그들의 성격 전체가 그것으로 정리된다. 그것이야말로 그들의 모든 말과 행동에게 맛을 가져다 준 누룩이었던 것이다. 외식하는 자는 신앙적인 연극 배우다. 그는 자기 자신과는 전혀 다른 그런 역할을 행하는 것이다. 2. 그 외식자들은 화를 부르는 상태에 있다. 말씀 한 마디로 그들이 처지를 비참하게 만드시는 그리스도께서 그들을 향하여 화 있을진저 외식하는 자들이여라고 말씀하신다. 살아 있는 동안 그들의 신앙은 헛것이요, 죽으면 그들의 파멸이 큰 것이다.

서기관들과 바리새인들에게 퍼부어지는 이 화(禍)에는 그들이 저지른 범죄가 별도로 덧붙여져서, 그들의 외식을 입증해 주며 또한 그들을 향한 그리스도의 판단의 정당함을 드러내 준다. 그리스도께서는 결코 이유 없이 화나 저주를 발하시는 법이 없기 때문이다.

Ⅰ. 그들은 그리스도의 복음을 향하여 철천지원수였고, 끊임없이 사람의 영혼 구원을 대적하였다. 너희는 천국 문을 사람들 앞에서 닫고, 즉 그들은 사람들이 그리스도를 믿어 그의 나라에 들어가지 못하도록 수단과 방법을 가리지 않았다. 그리스도께서는 천국 문을 열기 위해, 즉 천국으로 들어가는 새롭고 산 길을 열기 위해 오셨다. 그러므로 모세의 자리에 앉아 지식의 열쇠를 가진 것으로 행세하는 서기관들과 바리새인들은 메시야와 그의 나라를 지시해 주는 구약

성경들을 참되고 성실하게 풀어서 사람들이 그리로 들어가도록 도움을 주어야 마땅했다. 그들은 모세와 선지자를 해석하는 일을 담당했으므로, 그들은 과연 모세와 선지자들이 그리스도를 어떻게 증거하는지를 백성들에게 보여주었어야 옳았다. 다니엘의 주(週)가 다해가고 있고, 규가 유다에게서 떠났으므로 이제는 메시야가 오실 때라는 것을 보여주었어야 옳았다. 그렇게 했다면 그들은 큰 일을 담당했고, 수많은 이들이 천국에 들어가도록 도왔을 것이다. 그러나, 그러기는커녕 이들은 오히려 천국 문을 닫아 버렸다. 그들은 지금 사라져가고 있는 의식법을 강조하고, 이제 성취되고 있는 예언들을 억제하여 결국 백성들에게 그리스도와 그의 가르침에 대한 편견들을 일으키고 조장하는 것을 주요 임무로 삼았던 것이다.

1. 그들 스스로도 천국에 들어가려 하지 않았다. 당국자들이나 바리새인 중에 그를 믿는 자가 있느냐?(요 7:48). 그들은 비천한 그에게 굴복하기에는 너무나 교만하였고, 그의 평범함을 인정하기에는 너무나 형식적이었다. 그들은 겸손과 자기 부인, 세상에 대한 경멸과 영적인 예배를 그렇게 강조하는 그런 신앙을 좋아하지 않았다. 회개가 이 나라에 들어가는 문이었는데, 스스로 의롭다 여기고 자기를 칭찬하던 바리새인들로서는 회개하는 일만큼 거슬리는 것이 없었다. 회개한다는 것은 자기들 자신을 정죄하고 혐오하는 것이니 말이다. 그러므로 그들은 천국에 들어가려 하지 않았다. 그러나 이것이 전부가 아니었다.

2. 그들은 천국에 들어가려 하는 자도 들어가지 못하게 하였다. 우리 자신을 그리스도께로부터 멀리하는 것도 악하지만, 다른 사람들을 그에게서부터 멀어지게 만드는 것은 더 악하다. 그런데도 그것이 외식자들이 일상적으로 하는 일이다. 그들은 신앙에 있어서 누구도 자기들보다 뛰어나거나 더 나아지는 것을 좋아하지 않는다. 그들 스스로 나아가지 않는다는 것이 많은 사람들에게 방해거리였다. 그들은 사람들에게 큰 관심을 갖고 있었고, 무리들은 오로지 그 지도자들이 복음을 거부했기 때문에 그들도 복음을 거부한 것이다. 그 이외에도, 그들은 그리스도께서 죄인들을 영접하시는 것도 적대시했고(눅 7:39), 또한 죄인들이 그리스도를 영접하는 것도 대적하였다. 그들은 그의 가르침을 왜곡시켰고, 그의 이적들에 대해 도전하였고, 그의 제자들과 논쟁을 벌였고, 그의 가르침과 행실을 백성들에게 사람이 상상할 수 있는 한 최고로 불리하게, 부정직하게 전달하였다. 그들은 그리스도를 고백하는 자들을 향하여 출교로 위협하였고, 그

들의 기지와 권력을 최대한 사용하여 그를 거슬러 악의를 도모하였다. 그들은 서기관들과 바리새인들의 무리를 통하여, 또한 그들이 만들어낼 수 있는 모든 방해와 어려움들을 다 동원하여 이렇게 천국문을 사람들 앞에서 닫아놓았고, 그리하여 그리로 들어가고자 하는 자는 침노하여야 하고(11:12) 그리로 침입하여야만 했다(눅 16:16). 그러니 우리의 구원이 세상에 속한 사람들의 무리의 손에 맡겨져 있지 않다는 것이 우리를 위해서 얼마나 좋은 일인지 모른다! 만일 그렇다면, 우리는 망한 처지일 수밖에 없을 것이다. 교회를 닫아버리는 자들은 할 수만 있으면 천국도 닫아버리려 할 것이다. 그러나 사람들의 악의가 아무리 거세더라도, 택한 자들에게 주신 하나님의 약속은 무효화시킬 수가 없다. 이것이 얼마나 복된 일인지 모른다.

Ⅱ. 그들은 종교와 경건의 모양을 그들의 탐욕적인 행위와 야망을 위장하는 겉옷으로, 위장도구로 삼았다(14절. 한글 개역개정판에는 14절이 없다). 여기서 관찰하라.

1. 그들의 악한 행위들이 무엇이었는가. 그들은 **과부의 가산**을 삼켰다. 그들 자신과 추종자들이 과부들의 집들을 다니며 여흥을 즐겼든지, 아니면 그들의 환심을 사서 그들의 재산의 위탁인이 되어 그들을 쉽게 먹이로 삼았든지 둘 중의 하나였을 것이다. 누가 감히 그들의 행위를 바로잡을 수 있었겠는가? 그들이 목표로 삼은 것은 축재였다. 그리고 이것이 그들의 최고의 목표였으니 정의와 평등에 대한 생각들은 모두 뒤로 제쳐졌고, 심지어 과부들의 가산까지도 희생시켜 버렸던 것이다. 과부들은 연약한 여자들 중에서도 가장 연약한 상태에 있는 자들이요, 쉽게 억울한 일을 당하곤 했다. 그러므로 그들은 쉽게 과부들에게 다가가 그들을 먹이로 삼을 수 있었다. 그들은 그들이 보호하고 후원하고 도움을 주도록 하나님의 율법에 의해서 구체적인 임무를 부여받은 그런 자들을 삼켜버린 것이다. 구약에는 **과부에게 토색한 자들**에게 화가 있을 것을 선포하는데(사 10:1, 2), 그리스도께서는 여기서 그의 화(禍)로 그것을 확인하신 것이다. 하나님은 과부들의 재판관이시며, 과부들은 하나님의 특별한 보호를 받는다. 그가 과부의 지계를 정하시며(잠 15:25), 또한 그들의 부르짖음을 들으신다(출 22:22, 23). 그런데도 바리새인들이 이런 자들의 가산을 도매금으로 삼켜버렸고, 악의 보화들로 배를 채웠으니 그들이 얼마나 탐욕스러웠는지 모른다! 그들의 삼키는 행위는 탐욕을 나타낼 뿐 아니라 그들의 잔인한 압제를 나타내기도

한다. 그들의 살을 먹으며 그 가죽을 벗기며 그 뼈를 꺾어 다지기를 냄비와 솥 가운데에 담을 고기처럼 하는도다(미 3:3). 그리고 이 모든 악행들을 율법을 빙자하여 감행하였음은 물론이다. 그런 일들을 너무도 기술적으로 행하여 전혀 탄핵받지 않고 지나갔고, 백성들의 추앙도 전혀 잃지 않았던 것이다.

2. 이런 악행을 감춘 겉옷이 무엇이었는가. 외식으로 길게 기도하는 자니. 유대인 저술가들 몇몇의 보도가 참이라면 그들은 묵상과 기도의 형식적인 의례를 무려 세시간 동안이나 행하였고, 그 일을 매일 세 차례나 행하였다고 하는데, 이는 올바른 사람이 하나님과 내적인 교제를 위하여 일상적으로 행한다고 감히 양심적으로 증언할 수 있는 한계를 훨씬 뛰어넘는 것이었다. 그러나 바리새인들은 절대로 성심을 다해서 그 일을 한 적이 없고 언제나 겉으로 그렇게 보이기만 했으니 그들에게는 그 일이 쉬운 일이었다. 그들은 이런 간교한 술책으로 재물을 얻었고, 화려한 명성을 유지하였다. 이 긴 기도는 즉흥적인 것이 아니었을 것으로 보인다. 만일 즉흥적인 기도였다면(백스터[Mr. Baxter]가 간파한 대로) 바리새인들은 그리스도의 제자들보다 기도의 은사를 훨씬 더 많이 받은 것이 될 것이다. 그러나 그보다는 그들은 자기들끼리 기도문 형식을 별도로 사용하였을 것으로 보인다. 이들은 마치 교황주의자들이 염주를 하나씩 손가락으로 떨어뜨리며 기도하듯이, 그 기도문을 계속해서 되풀이했을 것이다. 그리스도는 여기서 긴 기도 자체를 외식적인 것으로 정죄하시지는 않는다. 만일 긴 기도에 무언가 좋은 모습이 보이지 않았다면, 길게 기도하는 것을 자기들을 위장하는 데에 사용하지 않았을 것이다. 그런 악한 행실을 덮는 데에 사용되었으니 그 겉옷은 그야말로 두터웠을 것이다. 그리스도께서도 친히 밤새도록 하나님께 기도하셨고, 우리도 쉬지 말고 기도하라는 명령을 받고 있다. 많은 죄를 고백해야 하고, 많은 것을 공급받기를 간구해야 하고, 하나님이 베푸신 긍휼에 대해 감사할 것이 많을 때에는 길게 기도하게 될 것이다. 그러나 바리새인들의 긴 기도는 헛된 반복일 뿐이었고, 그것들은 그저 겉으로 체하는 것 외에 아무것도 아니었다. 그들은 그런 기도로, 경건하며 기도를 사랑하는 사람이요 천국에 가장 먼저 들어갈 자라는 명성을 얻었다. 그리고 이런 방법을 통해서 백성들은 그런 자들이 그들을 속인다는 것은 결코 있을 수 없는 일이라 믿게 되었고, 그리하여, 바리새인을 그 자녀들의 후견인으로 모시는 과부가 있다면 그 여자야말로 복 받은 자라고 생각하게 되었다. 그리하여, 그들이 기도의 날개를 달

고 하늘 높이 올라가는 것처럼 보였으나, 그들의 눈은 마치 솔개처럼 과부의 가산이나 자기들이 잡아먹기 편한 땅 위의 먹이들을 향하고 있었다. 이와 같이 할례가 세겜 사람들의 탐욕을 감추는 겉옷이었고(창 34:22, 23), 서원한 것을 헤브론에서 갚겠다는 것이 압살롬의 반역의 핑곗거리였고(삼하 15:7), 이스르엘에서 행한 금식이 나단을 살해하는 일을 방조하는 것이었고, 바알을 축출하는 것이 예후의 야망을 감추는 핑계였다. 교황주의의 사제들은 죽은 자들을 위한 긴 기도와 미사와 애가들을 핑곗거리로 삼아서 과부와 고아들의 가산을 삼켜서 얼마나 자신을 부요하게 하는지 모른다. 주목하라. 경건의 모습을 빙자하여 지극히 큰 악행들을 감추는 겉옷으로 삼는 것이 전혀 새삼스런 일이 아니다. 그러나 지금은 가장된 경건이 전혀 드러나지 않고 지나갈지라도, 하나님이 사람의 은밀한 것을 판단하시는 그 날에는 그것이 배나 악한 악으로 인정받을 것이다.

3. 이에 대하여 그들에게 전해지는 심판. 너희의 받는 판결이 중하리라. 주목하라. (1) 정죄에 정도의 차이가 있다. 죄가 더 중한 사람들도 있고, 멸망이 더 견디기 힘든 자들도 있다. (2) 외식하는 자들이 자기들의 죄를 감추기 위하여 사용하는 종교적인 겉모습이 지금은 그냥 지나쳐지지만 얼마 지나지 않아서 그것 때문에 그들의 정죄가 가중될 것이다. 죄는 그야말로 간교하여, 죄인들이 자기들의 죄를 속하여 줄 것으로 기대하는 바로 그것이 오히려 그들을 대석하게 되며, 그들의 죄를 더욱 죄악된 것으로 만들게 되는 것이다. 그러니, 죄인이 자기 자신을 변호하기 위해 사용하는 그것이 결국 그를 공격하고, 그의 간구들이(우리가 주의 이름으로 선지자 노릇하며 주의 이름으로 길게 기도하였나이다) 그에 대한 판결을 더 위중하게 만든다는 것은 정말 안타까운 일이 아닐 수 없다.

III. 그들은 비록 영혼들을 기독교로 회심시키는 일에 대해서는 크나큰 원수들이었으나, 자기 파에게로 사람들을 끌어들이는 일에는 매우 열심이었다. 그리스도께 돌아오려는 자들에게 천국 문을 닫으면서도, 동시에 교인 한 사람을 얻기 위하여 바다와 육지를 두루 다녔던 것이다(15절). 여기서 관찰하라.

1. 유대교의 개종자를 만드는 일에서 그들이 보인 열심. 그들은 노아의 자손들의 일곱 강령들을 지키는 것으로 만족한 문의 개종자들은 물론, 유대교의 모든 의식들에 전적으로 탐닉하는 의의 개종자들을 만드는 일에 최선을 다하였다. 이 일을 위해서는 오로지 한 사람을 위해서라도 바다와 육지를 두루 다녔

고, 갖가지 간교한 술수를 다 사용했고, 말을 타기도 하고 달리기도 하며, 사람을 보내고 편지를 쓰는 등 지칠 줄 모르고 수고하였다. 그런데 그들의 목표가 무엇이었던가? 하나님의 영광도, 영혼들의 유익도 아니었다. 오로지 그들 자신이 개종자들을 얻음으로써 인정을 받고 또한 그 개종자들을 먹이로 삼을 수 있는 이점을 누리는 것이 그들의 유일한 목표였던 것이다. 주목하라. (1) 개종자를 만드는 일은, 그것이 진리와 진지한 경건에로 사람을 이끄는 일이고 또한 선한 의도로 그런 일이 행해진다면, 그것은 선한 일이요, 지극한 수고와 고통을 기울일 가치가 충분한 일일 것이다. 한 영혼을 사망에서 구원하기 위해서는 그 어떠한 일도 마다해서는 안 될 만큼, 영혼의 가치가 큰 것이다. 여기서 바리새인들이 보인 부지런한 수고는, 바른 원리에 근거하여 행동한다고 하면서도 복음을 전하는 데에 아무런 고통도 희생도 치르지 않는 많은 사람들의 게으름을 돋보이게 해 준다 할 것이다. (2) 개종자를 만들기 위해서는 바다와 육지를 두루 다녀야 한다. 모든 방법과 수단을 사용해야 한다. 한 방법을 사용하고, 그 다음에는 다른 방법을 시도해 보아야 한다. 방법으로는 되지 않지만, 목적을 이룬다면 그 모든 수고가 보상되는 것이다. (3) 육신적인 마음을 가진 자들도 자기들의 육신적인 목적을 이루는 데에는 아무리 고통이 뒤따르더라도 마다하는 일이 거의 없다. 개종자를 만들어 스스로 유익을 얻기 위해서라면, 그들은 가만히 있다가 실망하기보다는 바다와 육지를 두루 다녀서라도 그런 사람을 만들려 애쓰는 것이다.

2. 개종자가 생기고 나면 그들을 악용하는 그들의 저주받은 불경함. "너희가 사람을 개종시켜 바리새인의 제자로 만들어 그 사람이 바리새인의 사고를 다 흡수하였으니, 너희보다 배나 더 지옥 자식이 되게 하는도다." 주목하라. (1) 외식자들은 자기 자신들을 천국의 상속자들로 착각하지만, 그리스도의 판단에는 지옥 자식들이다. 그들의 외식은 지옥에서 비롯되는 것이다. 마귀야말로 거짓의 아비이기 때문이다. 또한 그들의 외식은 지옥을 향하여 나아가는 것이다. 지옥이야말로 그들이 속한 본향이요, 그들이 상속받을 기업이다. 그들이 지옥 자식으로 불리는 것은 그들이 천국을 근본적으로 적대시하기 때문이다. 바리새주의의 원리와 특색이 바로 그것이었다. (2) 사악하게 복음을 대적하는 모든 자들이 지옥 자식들이지만, 그 중에는 다른 이들보다 배나 더하며 더욱 열정적이며 고집스럽고 사악한 자들이 있다. (3) 왜곡된 개종자들이 일반적으로 가장 완고

한 고집불통들이다. 제자들이 스승들을 능가하는 법이다. [1] 의식을 좋아하는 면에서. 바리새인 자신들은 그들 자신의 모순된 처신의 어리석음을 보고 있었고, 그것들을 따르는 자들의 복종하는 모습을 보며 마음속으로 비웃었다. 그러나 바리새인들의 개종자들은 그것들을 향하여 열정적이었다. 주목하라. 머리가 연약하여 생각할 줄 모르는 자들은 대개 지혜로운 사람들이 천박하게 여겨 마지않는 그런 화려한 모양이나 의식들을 동경하고 그것들을 향하여 열정을 갖는 법이다. [2] 기독교를 대적하는 열정 면에서. 그 개종자들은 그들의 간교한 지도자들이 소유하기를 원치 않는 그런 원리들에 흠뻑 젖은 나머지, 진리를 대적하여 격렬하게 행동하게 되었다. 사도들이 각처에서 만난 가장 격렬한 원수들은 헬라파 유대인들이었는데, 이들은 대부분 개종자들이었다(행 13:45; 14:2-9; 17:15; 18:6). 바울의 스승 가말리엘은 좀 더 온건했던 것으로 보이는데, 바리새인들의 제자인 바울 자신은 그리스도인들에 대하여 심히 격분하였었다(행 26:11).

IV. 그들은 하나님의 영광보다 자기들 자신의 세상적인 이익과 명예를 추구하여 전혀 근거 없는 그릇된 구별을 제시하였다. 그리하여 특히 맹세의 문제와 관련하여 백성들을 위험한 오류에로 이끌었다. 화 있을진저 눈 먼 인도자여(16절). 주목하라.

1. 스스로 무지하면서도 다른 이들에게 바른 길을 보여주려 하는 그런 눈먼 자들의 인도를 받는 자들이 얼마나 많은가를 생각하면 정말 안타깝기 그지없다. 이스라엘의 파수꾼들은 맹인이요 다 무지하며 벙어리 개들이라(사 56:10). 그리고 사람들이 그것을 좋아하여 선견자들에게 보지 말라고 말하는 경우도 얼마나 많은지 모른다. 그러나 백성의 지도자들이 그들을 미혹한다면(사 9:16), 이는 정말 상황이 악한 것이다. 2. 눈먼 자들을 인도자로 둔 사람들의 처지도 매우 안타깝지만, 스스로 인도자인 체하는 그 눈먼 자들의 처지는 더욱더 화가 되는 것이다. 그리스도는 그렇게 많은 심령들이 흘린 피에 대해 책임을 져야 할 그 눈먼 인도자들에게 화가 있을 것을 선포하신다.

이제, 그들의 눈 먼 상태를 입증하기 위하여 그리스도는 맹세의 문제를 구체적으로 다루시고, 또한 그들이 얼마나 부패한 결의론자들(決疑論者: casuists)이었는가를 보여주신다.

(1) 그는 그들이 가르친 교의를 제시하신다.

[1] 그들은 하나님을 섬기는 일을 위하여 성별되어 하나님과 특별한 관계에 있는 것이라면 그것으로 맹세해도 무방하다고 가르쳤다. 성전과 제단이 사람의 손으로 만든 것들이요 하나님의 존귀를 함께 나누어 지니는 것이 아니라 그 존귀를 섬기는 종들에 불과했는데도, 그들은 그것들로 맹세하는 일을 허용하였다. 맹세는 하나님께, 그의 전지하심과 정의에 호소하는 것이므로, 이런 호소를 피조물에게 행하는 것은 그 피조물을 하나님의 자리에 올려놓는 것이다. 신 6:13을 보라.

[2] 그들은 성전으로 하는 맹세와 성전의 금으로 하는 맹세를, 또한 제단으로 하는 맹세와 제단 위에 있는 예물로 하는 맹세를 서로 구별하고, 후자의 맹세는 반드시 지켜야 하나 전자의 맹세는 지키지 않아도 무방하다고 가르쳤다. 여기서 그들의 가르침의 이중적인 사악함이 드러났다. 첫째로, 진실을 증언하고 약속을 이행하기 위해서는 지키지 않아도 되고 가볍게 여겨도 되는 맹세가 있다는 것. 성전이나 제단으로 맹세해서는 안 되었다. 그러나 그렇게 맹세를 해버렸다면, 그들은 입의 말로 발설한 것뿐이었다. 어떤 경우든 믿음을 깨뜨리는 것을 장려하는 가르침은 진리이신 하나님께 속한 것일 수가 없다. 맹세는 날선 연장이요 따라서 장난치며 놀 것이 아니다. 둘째로, 그들이 백성들로 하여금 제단에 예물을 가져오고 성전에 금을 가져오도록 장려하여 그들이 예물과 금으로 배를 채울 수 있게 되도록 하기 위하여 성전보다 금을, 그리고 제단보다 예물을 더 앞세웠다는 것. 금을 소망으로 삼고, 은밀한 가운데 선물에 눈이 어두워진 자들은 고르반에게 훌륭한 친구들이었다. 그리고 이득이 그들의 경건이었으므로, 온갖 교묘한 방법을 다 동원하여 종교를 그들의 세상적인 관심사를 채우는 도구로 이용하였다. 부패한 교회의 인도자들은 자기들의 목적에 부합하느냐를 죄와 죄 아닌 것을 판단하는 기준으로 삼으며, 또한 하나님의 영광과 영혼들의 유익을 위한 것보다 자기 자신의 이익에 관계되는 것을 훨씬 더 크게 강조하는 것이다.

(2) 그는 이러한 구별의 어리석음과 터무니없음을 보여주신다(17-19절). 너희 바보들이여, 맹인들이여(한글 개역개정판은 어리석은 맹인들이여로 번역함). 그리스도께서 그들을 바보들이라고 하신 것은 분노에 찬 질책이 아니라 필요한 책망을 하신 것이었다. 지혜의 말씀을 근거로 보면 우리로서는 죄악된 생각들과 행위들을 보여주는 것으로 족하며, 특정한 사람들의 성품을 드러내는 일은

그리스도께 맡겨두어야 할 것이다. 그는 사람 속에 있는 것을 아시며, 또한 우리가 너희 바보들이여라고 말하지 못하도록 금하셨다.

그들의 어리석음을 책망하시고자, 그는 그들 자신에게 호소하신다. 어느 것이 크냐 그 금(금 그릇과 금 장식물, 혹은 창고에 있는 금)이냐 그 금을 거룩하게 하는 성전이냐? 그 예물이냐 그 예물을 거룩하게 하는 제단이냐? 누구든지 다음의 논지를 인정할 것이다: 어떤 사물을 어떤 방식으로 자격 요건을 갖추게 해 주는 것은 그것이 동일한 방식으로 훨씬 더한 자격 요건을 갖출 수밖에 없다. 성전의 금으로 맹세하는 자들은 그 금을 거룩한 것으로 간주하였다. 그러나 그것이 성전을 섬기기 위해 전용된 것이니, 그 금을 거룩하게 만든 것이 과연 성전의 거룩함이 아니고 무엇이란 말인가? 그러므로 성전이 금보다 덜 거룩할 수가 없고, 반드시 더 거룩할 수밖에 없는 것이다. 낮은 자가 높은 자에게서 축복을 받고 거룩하게 되는 법이기 때문이다(히 7:7). 성전과 제단은 분명하게 하나님께 드려진 것이지만, 금과 예물은 부차적인 것에 지나지 않았다. 그리스도께서 우리의 제단이요(히 13:10), 우리의 성전이시다(요 2:21). 우리의 모든 은사들을 거룩하게 하시고 그것들을 받으실 만하게 만드시는 것이 바로 그분이시기 때문이다(벧전 2:5). 그러므로 칭의에서 그리스도의 의의 자리에 자기들의 행위를 가져다 놓는 자들은, 제단보다 예물을 앞세운 바리새인들의 어리석은 죄를 그대로 범하는 것이다. 참된 그리스도인은 누구나 산 성전이요, 성전 덕분에 보통의 깃들이 그를 위하여 거룩하게 구별된다. 깨끗한 자들에게는 모든 것이 깨끗하며(딛 1:15), 믿지 아니하는 남편이 아내로 말미암아 거룩하게 되는 것이다(고전 7:14).

(3) 그는 그들이 만들어낸 모든 맹세들을 맹세의 참된 의도에로 돌려놓으심으로써 그런 오류를 바로잡으신다(20-22절). 모든 맹세는 주의 이름으로 하는 것이다. 그러므로 성전으로나 제단으로나 하늘로 하는 맹세가 악할지라도, 여전히 그것이 구속력을 지니는 것이다. 연루되어서는 안 될 것이라도 일단 연루되면 구속력을 지닌다. 사람은 절대로 자기 자신의 과오를 이용할 수 없는 법이다.

[1] 제단으로 맹세하는 자는, "제단은 그저 나무요 돌이요 구리일 뿐이다"라고 말하면 그 의무를 털어 버릴 수 있다는 식으로 생각해서는 안 된다. 왜냐하면 그의 맹세가 시극히 상력하게 그 자신을 대적할 것이기 때문이다. 그가 잘못을 했으니 그 맹세가 그대로 보존될 것이다. 이렇게 해서 의무가 사라지기는커녕 오히려 강화된다. 그러므로 제단으로 하는 맹세는 제단과 거기에 연루된 모

든 것들에 근거하여 해석될 것이다. 부속물들이 주된 것과 함께 엮어져 있기 때문이다. 그러므로 제단 위에 있는 것들이 하나님께 드려지는 것들이므로, 그것들로 맹세하는 것은 결국 하나님 자신을 증인으로 삼는 것이었다. 그것이 하나님의 제단이며, 제단에 나아가는 자는 하나님께 나아가는 것이기 때문이었다(시 43:4; 26:6).

[2] 성전으로 맹세하는 자가 자기의 행위를 이해한다면, 성전을 그렇게 높이 우러르는 이유가 그것이 멋진 집이기 때문이 아니라 그것이 하나님의 집이요 그를 섬기기 위해 드려진 것이요, 하나님께서 그의 이름을 두시고자 택하신 곳이기 때문이라는 것을 인식하지 않을 수가 없고, 그렇기 때문에 그는 성전과 그 안에 계신 이로 맹세하는 것이 된다. 하나님께서는 거기서 특별한 방식으로 자신을 나타내시고 거기에 그의 임재하심의 증거들을 주시기를 기뻐하셨다. 그러므로 성전으로 맹세하는 자는, 이것은 내 안식이요 여기에 내가 거하리라라고 말씀하신 바 있는 그분으로 맹세하는 것이다. 선한 그리스도인들은 하나님의 성전이요 하나님의 영이 그들 속에 거하신다(고전 3:16; 6:19). 그리고 하나님께서는 그들에게 행해지는 일을 자기 자신에게 행해지는 것으로 간주하신다. 자비로운 심령을 근심하게 하는 자는 그 심령과 아울러 그 속에 거하시는 성령을 근심하게 하는 것이다(엡 4:30).

[3] 사람이 하늘로 맹세하면 죄를 짓는 것이다(5:34). 그러나 그렇다고 해서 그 사람이 그의 맹세를 지킬 의무에서 방면되는 것이 아니다. 하나님께서는 그가 근거하여 맹세하는 그 하늘이 그의 보좌라는 것을(사 66:1) 그로 하여금 알게 하실 것이다. 그리고 그 보좌로 맹세하는 자는 거기에 앉으신 그분께 호소하는 것이 된다. 그 보좌에 앉으신 하나님은 맹세의 형식으로 그를 모욕하는 행위에 분개하시며 동시에 그 맹세를 깨뜨림으로써 그를 더 크게 모욕하는 자들에게 반드시 벌로 갚으실 것이다. 그리스도께서는 엄숙하게 행한 맹세를 아무리 그럴듯하게 회피하려 해도 그것을 용납하지 않으실 것이다.

V. 그들은 율법의 사소한 문제들에서는 매우 철저하고 정확하면서도, 더 중대한 문제들에 있어서는 부주의하고 느슨한 태도를 가졌다(23, 24절). 그들은 율법을 행할 때에 사람에게 치우치게 하였고(말 2:9), 자기들 마음대로 혹은 이해관계에 따라서 아무런 의무나 선택하여 행하였다. 신실한 순종은 보편성을 띠며, 따라서 올바른 원리를 갖고서 하나님의 명령에 순종하는 자는 그 명령 전

체를 높이 우러르는 법이다(시 119:6). 그러나 외식자들은 하나님을 위해서가 아니라 자기 자신을 위하여 종교적 행위를 행하므로, 자기들에게 이익이 되는 정도 이상으로는 종교적 행위를 행하지 않는다. 여기서 서기관들과 바리새인들의 치우친 면이 두 가지 경우에서 드러난다.

1. 그들은 작은 의무들은 준수하였으나 큰 의무들은 무시하였다. 그들은 십일조를 드리는 데에 매우 세밀하여 박하와 회향과 근채에 대해서까지도 십일조를 계산하여 드렸다. 그러나 이런 정확한 십일조는 별로 비용이 들지 않으면서도 효과는 컸고, 그리하여 그들은 아주 값싸게 명성을 산 셈이다. 바리새인은 이것을 자랑하였다. 나는 소득의 십일조를 드리나이다(눅 18:12). 그러나 그들은 자기 나름대로 계산이 있었을 것으로 보인다. 십일조를 받는 제사장들과 레위인들이 그들과 이해 관계가 있었고 그리하여 그들에게 관대하게 돌려주는 방법을 알고 있었기 때문이다. 십일조를 드리는 것은 그들의 임무였고, 또한 율법이 요구하는 것이었다. 그리스도께서는 그것을 이행하지 않고 그냥 두어서는 안 된다는 것을 말씀하신다. 주목하라. 모든 사람은 항존적인 사역을 뒷받침하고 유지하도록 자기 처지에서 헌금을 드려야 한다. 십일조를 드리지 않는 것은 하나님의 것을 도둑질하는 것이라 불린다(말 3:8-10). 말씀의 가르침을 받고도 그 가르치는 자들과 아무것도 나누지 않는 자는 값싼 복음을 사랑하는 자요, 바리새인에게도 못 미치는 자다.

그리스도께서 여기서 그들에 대해 정죄하시는 것은, 그들이 율법의 더 중한 바 정의와 긍휼과 믿음은 버렸다는 것이다. 이처럼 사소한 것에 십일조를 내는 그들의 행위는, 하나님 앞에서는 속죄할 수가 없지만, 최소한 사람들에게는 보다 중요한 것들을 버린 것에 대해 상쇄시키는 효과는 있었다. 하나님의 율법의 모든 것들이 다 중한 것들이다. 그러나 마음의 내적인 거룩함과 자기 부인, 세상에 대한 경멸, 하나님을 향한 헌신을 드러내는 것들은 가장 중한 것들이며, 신앙의 생명이 바로 이것들에 있는 것이다. 사람들을 향한 정의와 긍휼, 그리고 하나님을 향한 믿음이 율법의 더 중한 문제들이요 여호와 우리 하나님이 구하시는 선한 것들이니, 곧 정의를 행하며 긍휼을 사랑하며 겸손히 믿음으로 하나님과 함께 행하는 것이다(미 6:8). 이것이 제물이나 십일조보다 나은 순종이다. 정의가 제사보다 앞서는 것이다(사 1:11). 제사장들에게는 십일조로 정의를 행하면서도 다른 모든 사람들을 속이고 사기치는 것은 하나님을 조롱하는 것이요 우리 자신을 기만하는 것 외에 아무것도 아니다. 긍휼 역시 제사보다 앞선다(호 6:6). 살진 짐승의 기름에 배부른 자들을 먹이면서 굶주리고 헐벗는 형제나 자매에게는 따뜻한 밥 한 그릇조차 주지 않는 것은, 제사장에게는 박하의 십일조를 드리면서 나사로에게는 떡 부스러기도 주지 않는 것은, 긍휼이 없이 그 정의에게 노골적으로 거짓을 행하는 것이다. 그리고 하나님의 계시에 대한 믿음이 없이 정의와 긍휼을 행하는 것도 마찬가지다. 하나님께서는 그의 율법에서와 마찬가지로 그의 진리들에서도 영광을 받으시기 때문이다.

2. 그들은 작은 죄는 피하면서 큰 죄는 범하였다(24절). 화 있을진저 눈 먼 인도자여. 그들의 부패한 가르침에 대해서 앞에서 그들을 그렇게 칭하셨다(16절). 그런데 여기서는 그들의 부패한 삶에 대해서 그들을 그렇게 부르신다. 그들의 모범이 그들의 가르침만큼이나 백성들에게 영향을 주는 것인데, 그들이 삶의 모범에서도 눈이 멀었고 치우쳤던 것이다. 그들은 하루살이는 걸러 내고 낙타는 삼켰다. 그들의 가르침에서도 그들은 하루살이는 걸러 내며, 장로들의 전통을 사소하게 범한 것에 대해서도 백성들을 경고하였다. 그러나 그들의 삶에서도 하루살이는 걸러 내며, 마치 끔찍한 것을 보듯이 역겨워했다. 마치 죄에 대해 큰 혐오감을 가진 것처럼 아주 사소한 죄까지도 무서워한 것이다. 그러나 그런 사소한 죄에 비하면 마치 낙타만큼 큰 죄들에 대해서는 전혀 개의치 않았다. 과부들의 가산을 삼킨 것은 정말이지 낙타를 삼킨 것이다. 유다에게 무죄한 피를 흘리는 대가를 주었으나, 그 되돌아온 돈을 성전고에 두기를 꺼렸다(27:6). 그들은 더럽힘을 받을까 두려워 관정에 들어가려 하지 않았으나(요 18:28) 그러면서도 기꺼이 그 문간에 서서 거룩한 예수에 대해 소리를 질렀다. 그들은 제자들이 손을 씻지 않고 음식을 먹는다고 그들을 탓하였으나, 고르반을 채우기 위하여 제오계명을 어길 것을 백성들에게 가르쳤다. 이 모든 경우에 그들은 하루살이는, 혹은 사소한 것은 걸러 내고, 낙타는 삼킨 것이다. 그리스도께서 여기서 책망하시는 것은 그들이 사소한 죄를 꺼리는 것에 대한 것이 아니다. 어떤 일이 죄라면 하루살이에 불과하다 할지라도 반드시 걸러 내어야 한다. 그가 책망하시는 것은 그들이 그렇게 하면서도, 낙타는 그냥 삼킨다는 것이다. 여기서 그리스도께서 정죄하시는 것은 바로 율법의 사소한 문제들에 대해서는 미신적이며 또한 더 중한 문제들에 대해서는 속된 외식인 것이다.

Ⅵ. 그들은 모두 신앙의 겉만 있고 속은 아무것도 없었다. 그들은 하나님께

스스로 인정받는 것보다는 사람들에게 경건한 자로 보이기를 더 바랐고, 그것에 더 신경을 쏟았다. 이 사실이 두 가지 비유를 통해서 예증된다.

1. 그들이 겉은 깨끗하게 씻겨 있으나 속은 온통 더러운 것으로 가득한 그릇에 비유된다(25, 26절). 바리새인들은 잔과 주발과 놋그릇을 씻는 것 등(막 7:4), 잘 보아야 깨끗한 품위 이상 아무것도 아닌 것을 신앙으로 보았다. 그들은 깨끗한 잔과 주발에다 음식을 담아 먹는 일에 신경을 쓰면서도 억지로 강탈하여 양식을 얻고 그것을 과다하게 사용하는 데에서는 전혀 양심의 가책을 받지 않았다. 눈에 잘 드러나는 잔의 겉은 깨끗하게 씻고 실제로 음식과 접촉하는 속은 더러운 상태 그대로 내버려둔다면 이 얼마나 어리석은 일이겠는가! 그런데 그들은 사람들 사이에서 얻는 명성이 흐려질까 두려워 겉으로 드러나는 죄는 피하면서 마음속에 악을 품어 순결하고 거룩하신 하나님을 역겹게 만들고 있으니, 그들 역시 똑같이 어리석은 짓을 하고 있는 것이다. 여기서 다음을 관찰하라.

(1) 바리새인들의 행위. 그들은 겉을 깨끗하게 했다. 그들은 다른 사람들의 눈에 띄는 것들에 대해서는 매우 꼼꼼하게 행하는 것처럼 보였고, 또한 그들의 사악한 음모를 매우 교묘하게 행하였으므로, 그들의 사악함이 전혀 드러나지 않았고, 배성들은 대개 그들을 매우 좋은 사람들로 여겼다. 그러나 그들의 마음속과 그늘의 삶의 은밀한 부분에서는 **남욕과 방방으로 가득하였나**(혹은 하몬드 박사에 따르면 폭력과 무절제로 가득하였다). 즉, 불의와 방종이 가득하였다. 그들은 건전하지도 못했고 의롭지도 못했다. 그들의 심중이 심히 악하였다(시 5:9). 그런데 우리의 속 모습이 진정한 우리의 모습인 것이다.

(2) 이러한 행위에 반하여 그리스도께서 주시는 법칙(2절). 이것은 눈먼 바리새인들에게 주시는 말씀이다. 그들은 스스로를 그 땅의 선견자들로 생각했다. 그러나 그리스도는 그들을 가리켜 눈이 멀었다고 하신다(요 9:39). 주목하라. 그리스도께서 보시기에, 그들의 마음의 사악함에 대해 문외한이요 또한 원수도 아닌 자들이, 그리하여 거기에 감추어져 있는 은밀한 죄를 보지도 못하고 싫어하지도 않는 자들이 눈먼 자들이다. 자기에 대한 무지야말로 가장 부끄럽고 해로운 무지다(계 3:17). 그가 주시는 법칙은 먼저 안을 깨끗이 하라는 것이다. 주목하라. 우리 각자가 가장 신경을 써야 할 것은 우리 마음을 악에서 깨끗이 하는 것이다(렘 4:14). 그리스도인이 염두에 두어야 할 주요 관심사는 내부에

있으니, 곧 영의 더러운 것을 깨끗이 하는 것이다. 부패한 애착과 끌리는 마음, 눈에 보이지도 않고 겉으로 드러나지 않으나 영혼 속에서 번뜩이는 은밀한 정욕들, 이런 것들을 먼저 죽이고 물리쳐야 한다. 마음을 살피시는 하나님의 눈에만 드러나는 그런 죄들을 양심적으로 제거해야 하는 것이다.

그리스도께서 제시하시는 방법을 관찰하라. 그는 먼저 안을 깨끗이 하라고 하신다. 오로지 안만 깨끗이 하라고 하시지 않고, 먼저 안부터 깨끗이 하라고 하시는데, 이는 안에 대해 정당하게 관심을 갖고 그것을 깨끗이 하면 겉도 함께 깨끗해지기 때문이다. 겉을 깨끗이 하려는 동기와 뜻이 있으면 겉은 깨끗해질 것이나, 안은 더러운 상태 그대로 있을 것이다. 그러나 새롭게 하며 거룩하게 하는 은혜가 안을 깨끗이 하면 그것이 겉에도 영향을 미치는 법이다. 모든 것을 통제하는 원리가 안에 있기 때문이다. 마음을 잘 지키면 모든 것이 잘 된다. 생명의 근원이 이에서 나기 때문이다(잠 4:23). 돌출 행동들이 사라지는 것은 물론이다. 마음과 영이 새로워지면, 새로운 생명이 있게 될 것이다. 그러므로 여기서 시작해야 한다. 먼저 안에 있는 것을 깨끗이 하여야 한다. 먼저 이것부터 일하면, 확실히 일하게 될 것이다.

2. 그들이 회칠한 무덤에 비유된다(27, 28절).

(1) 그들은 겉으로는 회칠한 무덤처럼 아름답게 보였다. 어떤 이들은 이것을 무덤을 하얗게 칠하는 유대인들의 관습을 지칭하는 것으로 본다. 유대인들은 무덤이라는 것을 사람들에게 알려서 그것에 접촉하여 의식적으로 부정하게 되지 않도록 하게 하기 위하여(민 19:16) 거기에 칠을 해놓았고, 특히 그것이 의외의 장소에 있을 때에는 더욱더 그렇게 했다는 것이다. 무덤에 회칠한 것이 노후화 된 것을 보수하여 무덤을 뚜렷하게 보이게 만드는 일을 선지자가 맡았다(왕하 23:16, 17). 외식하는 자들은 자기들을 세상에 돋보이게 하려고 형식적인 것에만 치중하였으나, 모든 지혜로운 자들과 선한 이들은 오히려 이 때문에 그들을 피하였다. 그들로 인하여 자기들이 더럽혀질까 두려워해서였다. 서기관들을 삼가라(눅 20:46). 오히려 이것은 유명한 사람들의 무덤을 미화하기 위하여 하얗게 칠했던 관습을 일컫는 것으로 보아야 할 것이다. 여기서 그리스도는 그들이 의인들의 비석을 꾸민다고 말씀하신다(29절). 이는 오늘날 우리가 보통 위대한 사람들의 무덤에다 기념비를 세우고, 사랑하는 친구들의 무덤에 꽃을 뿌리는 것과 마찬가지다. 그런데 서기관들과 바리새인들의 의는 마치 무덤의

장식이나 죽은 시체를 치장하는 것과도 같아서, 그냥 겉으로 보이기 위한 것뿐이었다. 그들의 최고의 야망은 사람들 앞에서 의롭게 보이고 그들에게서 박수와 칭송을 받는 것이었다. 그러나,

(2) 그들은 마치 무덤처럼 안에는 죽은 사람의 **뼈**와 모든 더러운 것이 가득하였다. 영혼이 버려 두고 떠나 버린 육체는 더럽기 그지없다! 이처럼 그들은 외식과 악이 가득하였다. 외식은 모든 악 중에서도 가장 악한 것이다. 주목하라. 마음에 죄가 가득한 사람이 그들의 삶에 흠이 하나도 없고 매우 선해 보이는 일이 얼마든지 가능하다. 그러나, 우리 주께서 잘 하였도다라고 말씀하시지 않는다면, 우리의 동료 종들이 아무리 좋게 말한들 그것이 무슨 소용이 있겠는가? 모든 다른 무덤들이 열리는 날, 이 회칠한 무덤들의 안이 드러날 것이요, 죽은 사람의 뼈와 모든 더러운 것들이 그 무덤에서 끌어내어 하늘의 뭇 별 아래에서 펼쳐질 것이다(렘 8:1, 2). 그 날에 하나님이 사람들의 겉이 아니라 은밀한 속의 심중을 판단하실 것이다. 그 때에 외식에 대한 보응을 받게 될 자들은 그들이 얼마나 이웃들의 칭찬을 받으면서 자신 있게, 또한 그럴 듯한 모습으로 지옥에 들어갔는지를 기억하고 괴로워하게 될 것이다.

VII. 그들은 이미 죽은 과거의 선지자들을 추모하며 그들을 높이 기리는 체하면서도, 그들과 함께 있는 자들은 미워하고 박해하였다. 이것을 맨 나중에 열거하신 것은, 이것이 그들의 모습에서 가장 깊은 것이있기 때문이나. 하나님은 그의 율법과 규례들에서 열심히 존귀를 구하시며, 사람들이 그것을 욕되게 하고 악용하면 진노를 발하신다. 그러나 그는 그의 선지자들과 사역자들을 통해서도 똑같이 존귀를 받으시기를 구하시며, 그들이 그릇된 대우를 받고 박해를 받을 때에 그가 진노하신다는 것을 자주 표현하신 바 있다. 그러므로 우리 주 예수께서는 이 항목에 오자, 다른 어느 항목에서보다도 상세히 말씀하신다(29-37절). 그것이 그의 사역자들을 다치게 하는 것이요, 그의 기름 부은 자를 다치게 하는 것이요, 그의 눈동자를 다치게 하는 것이기 때문이다. 여기서 관찰하라.

1. 서기관들과 바리새인들이 과거의 선지자들을 존경하는 체하였다는 것(29, 30절). 이것은 그저 멋진 장식에 불과했고, 이를 통해서 그들은 겉으로 의롭게 보였다.

(1) 그들은 선지자들의 유물을 높이 받들었다. 그들의 무덤을 만들고, 그들의

무덤을 비석으로 장식했다. 아마도 그들의 매장지가 알려져 있었던 것 같다. 다윗의 무덤이 그들의 무덤과 함께 있었다고 한다(행 2:29). 하나님의 사람의 묘실이라는 호칭이 사용되었고(왕하 23:17), 요시야는 그 사람의 **뼈**를 옮기지 않는 것이 그 무덤을 높이는 것이라 생각하였다(18절). 그러나 서기관들과 바리새인들은 그 이상의 일을 했다. 그 무덤들을 새로 만들고 멋지게 장식했던 것이다. 이 일을 다음과 같이 생각하라. [1] 이미 죽은 선지자들에게 ― 이들은 살아 있을 동안에는 만물의 찌끼같이 여겨졌고, 또한 온갖 악한 험담을 다 들었었다 ― 존경을 표한 실례로. 주목하라. 하나님께서는 심지어 악인들에 대해서도 그들의 경건과 거룩함의 존귀함을 시인하실 수 있다. 하나님을 존귀하게 하는 자들을 존귀하게 하실 것이며, 또한 때로는 멸시를 받을 법한 자들과 함께 존귀하게 하기도 하신다(삼하 6:22). 의인을 미워하고 박해한 자들의 이름이 수치로 뒤덮일 때에, 의인에 대한 기념이 복될 것이다. 의무를 행하는 데에 단호하고 변함없이 행하는 존귀야말로 영구한 존귀일 것이요, 하나님께 그렇게 나타나는 자들은 그 주위의 사람들의 양심에도 그렇게 나타날 것이다. [2] 그들에게 존경을 표한 서기관들과 바리새인들의 외식의 실례로. 주목하라. 속된 사람들도 이미 죽은 신실한 사역자들에 대한 기억은 쉽게 존귀하게 여길 수 있다. 그들이 이미 죽었으므로 죄악 가운데 있는 그들을 향하여 책망하지도 않고 성가시게 하지도 않기 때문이다. 죽은 선지자들은 보지 못하는 선견자들이니, 그들에 대해서는 잘 대우할 수 있다. 그러나 살아 있는 음성으로, 증언하는 산 증인들은 도저히 용납할 수가 없는 것이다(계 11:10). 그들이 어떠해야 할지를 말씀해 주는 죽은 선지자들의 글에 대해서는 존경을 표시할 수도 있다. 그러나 현재의 그들의 본 모습을 들추어내는 살아 있는 선지자들의 책망에 대해서는 그렇게 할 수 없는 것이다. 성자들이 있어도 무방하다. 그러나 여기에 살아 있지 않게 하라. 로마 교회가 이미 죽은 성도들을, 특히 순교자들을 날과 장소들을 그들의 이름에 헌정하고 그들의 유물을 신성시하며 그들에게 기도하며 그들의 형상에게 헌물을 드리는 등 온갖 화려한 방식으로 기념하고 존경을 표하면서도 그 당대의 성도들을 죽여 그 피에 취하는 것이야말로 그들이 선지자들의 무덤을 만들면서도 선지자들의 가르침은 미워하는 서기관들과 바리새인들의 외식적인 가짜 신앙을 계승하였을 뿐 아니라 그들을 훨씬 능가한다는 것을 보여주는 확실한 증거인 것이다.

(2) 그들은 선지자들을 죽인 일들에 대해 반대하였다. 만일 우리가 조상 때에 있었더라면 우리는 그들이 선지자의 피를 흘리는 데 참여하지 아니하였으리라(30절). 그들은 아모스를 침묵케 하는 데에도, 미가야를 옥에 가두는 데에도, 하나니를 옥에 가두는 데에도, 예레미야를 구덩이에 던지는 데에도, 스가랴를 돌로 쳐죽이는 데에도, 주의 모든 사자들을 조롱하고 그의 선지자들을 학대하는 데에도 결코 동의하지 않았을 것이라는 것이다. 아니, 만일 그런 일을 범했다면 그 즉시 오른손을 잃어버렸을 것이라는 것이다. 당신의 개 같은 종이 무엇이기에 이런 큰 일을 행하오리이까? 그러나 이 당시 그들은 모든 선지자들이 증거하는 그리스도를 죽이려는 음모를 꾸미고 있었다. 그들은 만일 자기들이 선지자들의 시대에 살았었다면, 선지자들의 말씀을 기쁨으로 듣고 순종했을 것이라고 생각한다. 그러나 그러면서도 그들은 그리스도께서 세상에 가지고 오신 그 빛을 거슬러 반역했던 것이다. 그러나 분명한 것은 세례 요한에게 헤롯과 헤로디아가 된 사람은 엘리야에게도 아합과 이세벨이 되었을 것이라는 점이다. 주목하라. 죄인들의 마음의 간사함이 여기서 여실히 드러난다. 그들은 자기들의 시대에서는 죄의 물결에 휩싸여 그대로 흘러 내려가면서도, 과거 시대에 살았다면 그 때에는 죄의 물결을 거슬러 올라갔을 것이라고 상상하며, 만일 자기들에게 다른 사람들과 같은 기회가 주어졌었다면 자기들은 그 기회를 훨씬 더 신실하게 사용했을 것이라고 상상하며, 만일 자기들에게 다른 사람들의 시험이 주어졌다면 자기들은 그 시험을 더욱 맹렬하게 저항했을 것이라고 상상한다. 자기들에게 현재 주어진 기회를 선용하지도 못하고, 현재 주어진 시험을 이기지도 못하면서 말이다. 우리도 가끔, 우리가 만일 그리스도께서 이 땅에 계실 때에 살아있었다면 우리는 그를 변함없이 좇았을 것이라고 생각한다. 서기관들과 바리새인들처럼 그를 멸시하거나 거부하지도 않았을 것이라고 한다. 그러나 그의 성령으로, 그의 말씀으로, 그의 사역자들을 통해서 지금 역사하시는 그리스도를 대하는 우리의 태도 역시 전혀 나을 것이 없는 것이다.

2. 그리스도와 그의 복음에 대한 그들의 적개심과 반대. 그리고 그럼에도 불구하고 그로 인하여 그들 자신과 그 세대에 초래될 멸망(31-33절). 여기서 관찰하라.

(1) 그의 탄핵이 증명됨. 너희가 … 스스로 증명함이로다. 주목하라. 죄인들은 그리스도의 판단에 증거가 부족하여 그 판단을 피할 꿈을 꿀 수가 없다. 그들

을 참소할 증인들이 얼마든지 있기 때문이다. 그들의 탄원 그 자체가 뒤집히는 것뿐 아니라 그것들이 오히려 그들의 유죄의 증거가 되어 돌아온다. 이러므로 그들이 엎드러지리니 그들의 혀가 그들을 해함이라(시 64:8).

[1] 그들 자신의 고백을 통해서, 그들의 조상들이 선지자들을 죽이는 크나큰 악을 행하였음이 드러났다. 그러므로 그들 자신이 그 과거에 저질러진 과오를 알고 있었으면서도 자기들도 똑같은 죄를 저지르고 있었던 것이다. 주목하라. 다른 사람들의 죄를 정죄하면서도 똑같은 죄나 그보다 더 악한 죄를 자기들에게는 묵인하는 자들이야말로 가장 용서받을 수 없는 죄인들이다(롬 1:32-2:1). 그들은 자기들이 박해자들의 범죄를 되풀이해서는 안 된다는 것을 알면서도, 그들의 전철을 그대로 밟았다. 현재의 그러한 자기 모순은 결국 그 큰 날에 자기 정죄로 이어질 것이다. 그리스도께서는 그들이 만든 선지자들의 무덤 위에 그들이 의도한 것과는 전혀 다른 또 다른 무덤을 세우시는 것이다. 그들은 마치 선지자들의 무덤을 멋지게 미화함으로써 그들을 살해한 자들을 정당화시킨 것과도 같다(눅 11:48). 그들이 그 과거의 죄를 그대로 반복하였기 때문이다.

[2] 그들 자신의 고백을 통해서, 이 사악한 박해자들이 그들의 조상임이 드러났다. 너희가 선지자를 죽인 자의 자손이로다. 그들은 자기들이 혈통적으로나 본질적으로나 그 박해자들의 자손들이 절대로 아니라고 했으나, 그리스도께서는 그들이 심정적으로나 기질적으로 그들의 자손이라는 것을 확실히 드러내셨다. 너희는 너희 조상들에게 속하였으니, 그들과 똑같이 탐욕을 구하리라. 너희의 말대로 그들은 너희 조상들이니 너희 조상과 똑같이 행하여라. 너희 가운데 피로 망하게 하는 것이 바로 그 죄이니라. 너희도 너희 조상과 같이 행하느니라(행 7:51). 그들은 박해자들에게서 나왔고, 행악의 종자였고(사 1:4), 그들의 조상의 대를 이어 일어난 죄인의 무리였다(민 32:14). 악독과 시기와 잔인함이 그들의 뼈에 새겨져 있었고, 그들은 과거에 그들의 선조가 하던 대로 행하는 것을 하나의 원칙으로 삼았었다(렘 44:17). 그리고 여기서(30절) 그들이 그런 관계를 얼마나 조심스럽게 언급하는지를 관찰할 수 있다. "선지자들을 죽인 자들이 우리의 조상들이었고, 명예와 권력을 지닌 사람들이었으며, 우리는 그들의 자손들이요 후계자들이다." 만일 그들이 자기 조상들의 사악함을 혐오했더라면 ― 그래야 마땅했겠지만 ― 그들을 가리켜 자기들의 조상이라 부르기를 그렇게 좋아하지는 않았을 것이다. 그들이 아무리 위엄과 권세가 있었다 해도, 박해자들의 후손

이라는 것은 전혀 그들에게 도움이 되지 않기 때문이다.

　(2) 그들에게 선포된 선고. 그리스도께서는 여기서,

　[1] 그들을 돌이킬 수 없는 죄에게로 내던지신다. 너희가 너희 조상의 분량을 채우라(32절). 에브라임이 우상에 접하였고, 변화되기를 싫어한다면 그냥 버려 두라. 더러운 자는 그대로 더럽게 되게 하라. 그리스도는 그들이 지금 그를 죽이기를 공모하고 있으며 며칠 후면 그 일을 이루게 될 것임을 잘 알고 계셨다. 말하자면 그의 말씀은 이런 뜻이다: "자, 너희 음모를 계속 진행시키고, 너희의 저주를 취하라. 너희 마음에 내키는 대로, 너희 눈이 보는 대로 행하고, 과연 무슨 일이 일어나는지를 보라. 네 하는 일을 속히 하라. 너희가 결국은 죄의 분량을 채우게 될 것이요, 그 때에 진노가 홍수처럼 너희에게 넘치리라." 주목하라. 첫째로, 개인과 가정과 교회와 국가에 처절한 파멸이 임하기 전에 채워져야 할 분량이 있다. 하나님께서는 오래 참으시지만, 더 참을 수 없으시는 때가 올 것이다(렘 44:22). 성경은 아모리 족속들의 분량이 채워져야 했고(창 15:16), 땅의 곡식이 다 익어 거둘 때가 이르렀고(계 14:15-19), 학대하며 속이는 죄인들이 그 충만한 분량에 이르는 것(사 33:1)에 대해 말씀하고 있다. 둘째로, 조상들이 죽은 후에 자손들이 동일하거나 비슷한 죄를 계속 저지르면 자녀들이 조상들의 죄의 분량을 채우는 것이다. 국가적인 패망을 초래하는 국가적인 죄악은 여러 세대 동안 많은 사람들의 계속되는 죄들이 쌓여진 것이다. 정의로우신 하나님은 조상들의 악을 그들의 전철을 그대로 밟는 그 자손들에게 갚으시는 것이다. 셋째로, 그리스도와 그의 백성과 사역자들을 박해하는 것은 다른 어떤 것보다 국가의 죄악의 분량을 속히 채우는 죄다. 이것이 바로 조상들에게 돌이킬 수 없는 진노를 초래한 것이요(대하 36:16), 그 자녀들에게까지 극한으로 진노를 초래한 것이다(살전 2:16). 여호와께서는 그 백성들의 서너 가지 죄로 말미암아 그 벌을 돌이키지 아니하실 것인데, 이것이 그 마지막 네 번째 범죄다(암 1:3, 6, 9, 11, 13). 넷째로, 하나님께서 완악하게 그 마음의 정욕대로 고집하는 자들을 그 정욕에 합당하게 대하시는 것은 정의로운 것이다. 멸망을 향하여 정면으로 돌진하는 자들은 그대로 목에 고삐를 달고 그렇게 하도록 내버려둠을 당하니, 이것이야말로 지옥에 이르기 이전 이 세상에서 사람이 처할 수 있는 가장 안타까운 처지일 것이다.

　[2] 그들을 돌이킬 수 없는 멸망에게로 내던지신다. 뱀들아 독사의 새끼들아 너

희가 어떻게 지옥의 판결을 피하겠느냐? (33절). 그리스도의 입에서는 은혜가 쏟아지는데, 그가 이런 말씀을 하신 것이 이상스럽다. 그러나 그는 처절한 심판을 말씀하실 수 있고 또한 말씀하실 것이다. 그리고 이 말씀에서 그는 서기관들과 바리새인들에게 선포하신 여덟 가지 화(禍)를 설명하시고 정리하시는 것이다. 여기서 다음을 보라.

첫째로, 그들에 대한 묘사. 뱀들아. 그리스도께서 그들을 그렇게 지목하시는가? 그렇다. 그러나 우리는 그렇게 해서는 안 된다. 그는 사람 속에 있는 것을 오류 없이 명확히 알고 계시며, 그리하여 그들이 땅에 기어다니며 먼지를 먹고 사는 간교한 뱀들임을 아셨던 것이다. 그들은 겉으로는 그럴듯하나 속에는 악의가 가득하고, 혀 밑에 독을 품은 옛 뱀의 후손이었다. 그들은 독사의 새끼들이었다. 그들과 그들보다 앞서 간 자들은 그리스도와 그의 복음에 대해 독기를 품었고, 격렬히 요동하는 원수들이었다. 그들은 사람들이 자기들을 향하여 랍비여, 랍비여라고 부르는 것을 좋아하였으나, 그리스도는 그들을 뱀이라 하시고 독사라 하신다. 그는 사람들을 그 참된 본질대로 보시며, 교만한 자들을 부끄럽게 하기를 기뻐하시기 때문이다.

둘째로, 그들이 당할 최후의 운명. 그는 그들의 처지를 매우 처절하고도 절박한 방식으로 묘사하신다. 너희가 어떻게 지옥의 판결을 피하겠느냐? 그리스도께서는 친히 지옥과 멸망을 설교하셨다. 그런데 그의 사역자들은 그런 것을 전혀 들으려 하지 않는 자들에게 그것 때문에 자주 비난을 받아왔다. 주목하라. 1. 지옥의 판결은 회개치 않는 모든 죄인들이 당하게 될 처절한 종말이다. 이 판결은 그리스도께로부터 오는 것이요, 모든 선지자들과 사역자들에게서 오는 것보다 더 처절한 것이었다. 왜냐하면 그가 재판장이시요 그의 손에 지옥과 사망의 열쇠가 있으며, 그가 판결을 선고하시면 그대로 이루어지기 때문이다. 2. 이 판결을 피할 길이 있는데, 여기서 그것이 암시되고 있다. 다가올 진노에서 구원받는 자들이 있는 것이다. 3. 모든 죄인들 중에서, 서기관들과 바리새인들의 정신을 그대로 따르는 자들은 이 판결을 피할 가망이 거의 없다. 그것을 피하는 데에는 회개와 믿음이 필수적이기 때문이다. 그런데 그들이 그렇게도 스스로 교만하고 또한 그리스도와 그의 복음에 대해 그렇게 치우쳐 있으니 그들이 어떻게 그것을 피하겠는가? 자기들의 상처를 찾아 드러내는 것도 견디지 못하고, 길르앗의 향유를 그 위에 바르는 것도 견디지 못하니, 그들이 어떻게 치유를 받고 구원을 받을 수 있겠는가? 자기들의 문제성을 잘 인식하고서 의사이신 그리스도께 나아가 치유를 구한 세리들과 창녀들이 오히려, 지옥으로 향하는 큰 길에 서 있으면서도 스스로 천국으로 가는 길에 서 있다고 확신에 차 있던 사람들보다 지옥의 판결을 피할 가망이 훨씬 더 많았던 것이다.

[34]그러므로 내가 너희에게 선지자들과 지혜 있는 자들과 서기관들을 보내매 너희가 그 중에서 더러는 죽이거나 십자가에 못 박고 그 중에서 더러는 너희 회당에서 채찍질하고 이 동네에서 저 동네로 따라다니며 박해하리라 [35]그러므로 의인 아벨의 피로부터 성전과 제단 사이에서 너희가 죽인 바라갸의 아들 사가랴의 피까지 땅 위에서 흘린 의로운 피가 다 너희에게 돌아가리라 [36]내가 진실로 너희에게 이르노니 이것이 다 이 세대에 돌아가리라 [37]예루살렘아 예루살렘아 선지자들을 죽이고 네게 파송된 자들을 돌로 치는 자여 암탉이 그 새끼를 날개 아래에 모음 같이 내가 네 자녀를 모으려 한 일이 몇 번이더냐 그러나 너희가 원하지 아니하였도다 [38]보라 너희 집이 황폐하여 버려진 바 되리라 [39]내가 너희에게 이르노니 이제부터 너희는 찬송하리로다 주의 이름으로 오시는 이여 할 때까지 나를 보지 못하리라 하시니라

우리는 눈먼 인도자들이 그리스도의 선고를 받아 지옥의 판결의 구덩이 속에 빠지도록 내버려 두었다. 그러니 이제 유대인 교회에, 특히 예루살렘의 유대인 교회에 속한 눈먼 추종자들은 과연 어떻게 될지 살펴보도록 하자.

I. 예수 그리스도는 황송하게도 아직도 그들에게 은혜의 수단을 적용하신다. 내가 너희에게 선지자들과 지혜 있는 자들과 서기관들을 보내매. 여기서 전후의 연결이 이상스럽다. "독사의 새끼들아 너희가 지옥의 판결을 피하지 못하리라"라고 말씀하셨으니 그 다음에는 당연히 "그러므로 너희에게 다시는 선지자가 보냄받지 않으리라"라는 말씀이 이어져야 마땅할 것이다. 그런데 그렇게 말씀하시지 않는다. "그러므로 내가 너희에게 선지자들을 보내어 과연 너희가 결국에 가서 돌아서게 될지를 보고, 그렇지 않으면 너희를 변명의 여지가 없는 상태로 버려 두어 너희를 멸망하게 하시는 하나님의 역사가 정의로움을 드러내리라." 그러므로 이 말씀이, 보라!(한글 개역개정판에는 나타나지 않음)라는 말로 도입되는 것이다. 관찰하라.

1. 그들을 보내시는 분은 바로 그리스도다. 내가 … 보내매. 이로써 그는 자신

이 선지자들을 보내는 권세를 지니신 하나님이심을 확언하신다. 그런 일은 임금의 임무에 속하는 행위다. 그리스도께서는 우리의 영혼들의 문제를 다루시기 위하여 그들을 사신들로 보내시는 것이다. 부활하신 후 그는 나도 너희를 보내노라(요 20:21)라고 말씀하시는데, 이 때에 이 말씀이 확증된다. 지금 그의 모습이 비록 비천하나, 그는 이러한 큰 권세를 지니고 계셨던 것이다.

2. 그는 그들을 먼저 유대인에게 보내신다. "내가 너희에게 보내매." 그들은 예루살렘에서부터 일을 시작하였고, 어디를 가든지 먼저 복음의 은혜를 유대인에게 전하는 이 법칙을 그대로 준수하였다(행 13:46).

3. 그가 보내시는 자들이 선지자들과 지혜 있는 자들과 서기관들이라 불려진다. 구약의 명칭들이 신약의 사역자들에게 붙여지는데, 이는 지금 그들에게 파송되는 사역자들이 구약의 선지자들이나 지혜자 솔로몬이나 서기관 에스라보다 열등하지 않다는 것을 보여주시기 위함이다. 첫 시대에 신적으로 영감을 받은 특별한 사역자들은 하늘로부터 직접 선지자로 파송받은 자들이었다. 그리고 그 이후로 지금까지 교회에 계속 있고 마지막 종말 때까지 있게 될 일상적인 사역자들은 지혜 있는 자들과 서기관들로서 하나님의 일들에 관하여 사람들에게 인도하고 가르친다. 혹은, 사도들과 전도자들을 선지자들과 지혜 있는 자들로 취급하고, 목사들과 교사들을 천국의 제자된 서기관들로 취급할 수도 있을 것이다(13:52). 서기관의 직분은 사람들이 그것을 치욕스럽게 만들기까지는 존귀한 것이었기 때문이다.

II. 그는 그의 사자들이 그들 중에서 그릇 대접받을 것을 예견하시고 예언하신다. "너희가 그 중에서 더러는 죽이거나 십자가에 못 박을 것이나, 그래도 나는 그들을 보내리라." 그리스도는 그의 종들이 어떻게 취급받을지를 미리 아시면서도, 그들을 보내시고, 또한 그들에게 각기 분량대로 고난을 부여하신다. 그러나 그럼에도 불구하고 그들을 사랑하시며 그들의 고난을 통해서 자신을 영화롭게 하시고 그 후에는 그들을 영화롭게 하고자 하신다. 그들의 고난을 막지는 않으시지만, 그 균형을 맞추실 것이다. 관찰하라.

1. 이 박해자들의 잔인함. 죽이거나 십자가에 못 박으리라. 그들이 갈구하는 것은 그들의 피요 그들의 목숨이다. 그들의 파멸이 아니고서는 그들의 욕심이 만족되지를 않는다(출 15:9). 그들은 두 사람의 야고보를 죽였고, 글로바의 아들 시몬을 십자가에 못 박았으며, 베드로와 요한을 몹시 괴롭혔다. 그리하여 지체

들이 머리이신 그리스도의 고난에 참여하였다. 그가 죽임당하시고 십자가에 달리셨으니, 그들 역시 고난을 당했던 것이다. 그리스도인들은 목숨이 다하기까지 저항할 것을 예상하여야 한다.

2. 그들의 지칠 줄 모르는 부지런함. 이 동네에서 저 동네로 따라다니며 박해하리라. 사도들이 이 동네에서 저 동네로 다니며 복음을 전할 때에 유대인들이 그들을 계속 추적하고 따라다녔고 그들을 향하여 박해를 조장하였다(행 14:19; 17:13). 유대에서 순종하지 아니하는 자들이 다른 어떤 불신자들보다 더 격렬하게 복음을 대적했던 것이다(롬 15:31).

3. 이 일을 신앙으로 가장함. 그들은 자기들의 예배 처소인 회당에서 그들을 괴롭힘으로써, 그 일이 교회를 섬기기 위해 행하는 일로 치부하였다. 그들을 쫓아내며 이르기를 여호와께서는 영광을 나타내시기를 원하노라라고 하였다(사 66:5; 요 16:2).

III. 그는 조상들의 죄를 그들에게 전가시키신다. 그들이 그 죄를 모방했기 때문이다. 땅 위에서 흘린 의로운 피가 다 너희에게로 돌아가리라(35, 36절). 하나님은 박해하는 자들을 오래 참으시나, 항상 참고만 계시는 것이 아니다. 그의 참으심을 악용하면, 그것이 크나큰 진노로 바뀌는 것이다. 죄인들이 악을 쌓는 기간이 길수록, 진노도 그만큼 깊고 더 충만할 것이요, 그 진노가 터져나오는 것이 마치 깊고 깊은 샘이 터져나오는 것 같을 것이다. 관찰하라.

1. 이 전가(轉嫁)의 범위. 땅 위에서 흘린 의로운 피가 다 그들에게 전가된다. 그 피가 모두 하나님의 곳간에 쌓여져 왔고 하나도 흘려지지 않았다. 그것이 존귀하기 때문이다(시 72:14). 그는 의인 아벨의 피로부터 시작한다. 그 때로부터 이 순교자들의 시대가 시작된다. 그가 의인 아벨이라 불리는 것은 그가 하늘로부터 의로운 자라 하시는 증거를 얻었기 때문이다. 얼마나 일찍부터 순교가 이 세상에 일어났는지 모른다! 최초로 신앙 때문에 죽은 자는 죽었으나 그 믿음으로써 지금도 말하고 있다(히 11:4). 그의 피는 가인에 대해서는 물론, 그 이후 가인의 길로 행하여, 형제의 행위가 의롭다고 해서 그들을 미워하고 박해하는 모든 자들에 대해서 소리치는 것이다. 그리스도께서는 바라갸의 아들 사가랴의 피까지 이를 확대시키신다(36절). 선지자 스가랴가 베레갸(바라갸)의 아들이었으나(슥 1:1), 어떤 이들은 여기의 사가랴를 선지자 스가랴가 아닌 것으로 보며, 또 다른 이들은 세례 요한의 아버지인 사가랴도 아닌 것으로 본다. 오히려 여호와의 전 뜰 안

에서 돌로 쳐죽임을 당한 여호야다의 아들 스가랴를 지칭하는 것으로 보는 것이 가장 개연성이 높다 할 것이다(대하 24:20, 21). 그의 아버지를 여기서 바라캬라 부르는데, 이 이름은 여호야다와 의미가 거의 같고, 또한 유대인들 사이에서는 한 사람이 두 이름을 지니는 것이 늘상 있는 일이기도 했다. 너희가 죽인, 즉 이 세대에 속한 자들이 죽였다는 뜻이 아니라, 너희 민족이 죽였다는 뜻이다. 여기서 그를 명시하신 것은, 아벨의 죽음과 마찬가지로 그의 죽음도 정황이 상세히 기록되어 있기 때문이다(대하 24:22). 유대인들은 바벨론 포로를 통해서 그들의 죄가 충족히 속해졌다고 상상하였다. 그러나 그리스도께서는 그것이 완전히 마무리된 것이 아니고 아직도 죄가 그대로 남아 있다는 것을 그들에게 알려 주신다. 어떤 이들은 이것을 언급하신 것이 미래의 일을 예언적으로 암시하는 것이었다고 생각하기도 한다. 요세푸스(Josephus)는 바룩의 아들 스가랴라는 인물에 대해 보도하는데(유대 전쟁사. 4:335), 그는 정의롭고 선한 사람으로서 로마인들이 예루살렘 성전을 훼파하기 조금 전에 성전에서 죽임을 당하였다. 틸롯슨 대주교는 그리스도께서 과거 역대기에 나오는 스가랴의 이야기를 말씀하는 동시에 요세푸스에 나오는 이 후자의 스가랴의 죽음을 미리 예언하시는 것으로 본다. 후자가 아직 살해당하지 않았으나, 이 파멸이 오기 전에 사실상 이미 그들이 그를 살해한 것이라 하겠다. 그러므로 처음부터 마지막까지 모든 이들이 함께 묶여지는 것이다.

2. 그 효과. 이것이 다 이 세대에 돌아가리라(36절). 이 피에 대한 모든 죄책이, 또한 그것에 대한 모든 형벌이, 이 세대에 돌아가리라. 그들에게 임하게 되는 비참함과 멸망은 너무도 큰 것이어서, 그들 자신의 죄의 사악함에 비해서는 덜한 것이지만, 다른 심판들과 비교할 때에는 그들의 조상들의 모든 사악함을, 특히 하나님께서 특별히 이 멸망으로 갚으시겠다고 선포하신 그들의 박해 행위들을 전반적으로 다 포괄할 만큼 크고 무서운 것이 될 것이다. 마치 하나님께서 이 세상에서 흘린 모든 의로운 피에 대해서 그들에게 단번에 책임을 묻기라도 하신 것처럼, 그 파멸이 너무도 끔찍할 것이다. 그 일이 이 세대에 돌아가리라. 이는 그 일이 속히 일어날 것을 시사한다. 여기 있는 자들 중에 살아서 그것을 볼 자도 있을 것이다. 주목하라. 죄에 대한 형벌이 쓰라리고 가까울수록, 회개와 변화를 촉구하는 외침이 더 커진다.

IV. 그는 예루살렘의 사악함을 애도하시며, 그들을 향하여 의롭게 책망하신

다(37절). 그가 그 성을 향하여 얼마나 애도하시는지를 보라. 예루살렘아! 예루살렘아! 이러한 반복은 강조의 의미를 지니며, 따라서 불쌍히 여기는 마음을 풍성하게 보여준다. 그리스도께서 예루살렘을 향하여 슬피 우시기 하루 혹은 이틀 전인 이 시점에서 그는 예루살렘을 향하여 한숨지으시며 탄식하시는 것이다. 예루살렘, 곧 **평화를 바라봄**(이것이 그 단어의 뜻이다)이 이제 전쟁과 혼란의 자리가 될 것이다. 과거에 온 땅의 기쁨이었던 예루살렘이 이제 경악과 조소와 수모의 대상이 될 것이다. 잘 짜여진 성읍이던 예루살렘이 이제 그 내부의 소동으로 인하여 흩어지고 패망할 것이다. 하나님이 그의 이름을 두시려고 택하신 곳 예루살렘이 버려져 노략과 강도들의 손에 폐허가 될 것이다(애 1:1; 4:1). 그런데 주께서는 무엇 때문에 예루살렘에 이 모든 일을 행하시는가? 예루살렘이 크게 범죄하였기 때문이다(애 1:8).

1. 예루살렘이 하나님의 사자들을 박해하였다. 선지자들을 죽이고 네게 파송된 자들을 돌로 치는 자여. 특별히 예루살렘에게 이 죄를 물으시는 것은 거기에 산헤드린이 있어서 교회의 문제들을 처리하였고, 따라서 선지자가 예루살렘 외에서는 죽임을 당할 수가 없었기 때문이다(눅 13:33). 그 당시 사람을 죽일 수 있는 권한이 그들에게 없었다는 것은 사실이다. 그러나 그들은 대중적인 소동과 민란을 일으켜 선지자들을 죽였고, 로마의 권세자들을 부추겨 그들을 죽였다. 예루살렘에서 복음이 최초로 전해졌고, 거기서 최초로 박해가 일어났으며(행 8:1), 그 곳이야말로 박해자들의 본부였다. 거기서 다른 도시로 체포 영장들이 발행되었고, 그리로 성도들이 압송되었다(행 9:2). 돌로 치는 자여. 이는 오직 유대인들 사이에서만 사용된 사형 방법이었다. 율법이 거짓 선지자와 꿈꾸는 자들을 돌로 쳐죽이도록 규정하였는데(신 13:10), 그들은 이런 율법을 빙자하여 참 선지자들을 죽였다. 주목하라. 사탄은 본래 교회를 보호하기 위해 세워진 것을 교회를 대적하는 무기로 탈바꿈시키는 교묘한 방법을 자주 사용해왔다. 참 선지자들을 미혹하는 자들로, 참된 신앙 고백자들을 이단으로 몰면, 그들을 박해하기가 매우 쉬워지는 것이다. 예루살렘에는 다른 악도 넘쳤다. 그러나 이것이야말로 다른 어떠한 죄보다 하나님께서 더 크게 보시고 그들에게 멸망을 주신 죄였나(왕하 24:4; 대하 36:16). 관찰하라. 그리스도께서는 현재 시제로 말씀하신다. 너희가 죽이고, 돌로 치도다. 그들이 과거에 행한 모든 일이, 또한 그들이 앞으로 행할 모든 일이, 그리스도 앞에서는 다 현재에 행해지는 것이었다.

2. 예루살렘이 그리스도와 그가 제시하시는 복음을 거부하고 배척하였다. 그리스도를 거부한 것은 치유가 없는 죄였고, 그의 복음을 거부한 것은 치유를 대적하는 죄였다. 여기서 다음을 보라.

(1) 그들을 향하신 그리스도의 놀라운 은혜와 사랑. 암탉이 그 새끼를 날개 아래에 모음 같이 내가 네 자녀를 모으려 한 일이 몇 번이더냐! 예루살렘의 자녀들이 아무리 악해도 그 작은 자들이 제외되지 않고 복음의 은혜가 그들에게까지 베풀어지니 이 얼마나 자비로운 일인지 모른다.

[1] 그리스도께서는 사랑으로 그들을 모으고자 하셨다. 그의 계획은 가여운 영혼들을 모으고, 그 방황하던 데에서 모아 그에게 함께 연합하게 하는 것이었다. 사람들이 그에게로 모여야 하는 것이다. 그는 유대 민족의 전체를 교회 안으로 취하여, 그들 모두를 (유대인들이 개종자들에 대해 말하듯이) 하나님의 위엄의 날개 아래에 모아들이고자 하셨다. 그것이 여기서 비유적으로 표현되고 있다. 암탉이 그 새끼를 날개 아래에 모음 같이, 그리스도께서도 그들을 모아들이고자 하셨다. 첫째로, 암탉처럼 부드러운 애정으로 그렇게 하셨다. 암탉은 본능적으로 그 새끼들을 특별하게 보살피는데, 그리스도께서는 그의 사랑으로 영혼들을 모아들이시는 것이다(렘 31:3). 둘째로, 동일한 목적으로 그렇게 하셨다. 암탉이 그 새끼를 보호하고 안전하게 지키고 또한 따뜻한 위로를 주기 위하여 날개 아래에 모음 같이, 그리스도께서도 가여운 영혼들을 모아 그들에게 피난처와 새로운 활력을 주시는 것이다. 병아리들은 다른 새들의 위협을 받으면 본능적으로 암탉에게로 달려가 피한다. 어쩌면 그리스도께서는, 그가 너를 그의 깃으로 덮으시리라(시 91:4)는 약속을 지칭하시는 것일지도 모른다. 그리스도께는 치료하는 날개가 있다(말 4:2. 한글 개역개정판 난외주를 보라). 그것은 암탉이 병아리들을 위해 지닌 것보다 훨씬 더한 것이다.

[2] 그리스도께서는 이 사랑을 적극적으로 베푸신다. 그의 베푸심은 **첫째로**, 지극히 자의적(自意的)이다. 내가 모으려 하였노라. 예수 그리스도는 그에게 나아오는 가련한 영혼들을 진심으로 기꺼이 받으시고 구원하신다. 그는 그들의 멸망을 바라지 않으시며, 그들이 회개할 때에 기뻐하신다. **둘째로**, 그의 베푸심은 매우 잦다. 내가 네 자녀를 모으려 한 일이 **몇 번이더냐**? 그리스도는 자주 예루살렘에 올라가 설교하시고 거기서 이적을 행하셨다. 이는 그가 그들을 모으려고 그렇게 하신 것이다. 그는 그의 부르심이 몇 번이나 반복되었는지를 잘

알고 계신다. 복음의 음성을 들은 횟수만큼 우리가 성령의 역사하심을 느낀 것이요, 또한 그리스도께서 그 만큼 우리를 모으려 하신 것이다.

[3] 이 은혜와 사랑을 그들이 악의로 거부하였다. 그러나 너희가 원하지 아니하였도다. 그리스도의 자비하심을 거부하는 그들의 완고함이 얼마나 강한지 모른다! 나는 원하였으나, 너희가 원하지 아니하였도다. 그는 그들을 구원하고자 하셨으나, 그들이 그에게서 구원받기를 원하지 않은 것이다. 주목하라. 죄인들이 주 예수님의 날개 아래 모아지지 않는 것은 전적으로 그들의 사악한 의지 때문이다. 그들은 그리스도께서 그들을 모으고자 제시하시는 조건들을 좋아하지 않았다. 그들은 자기들의 죄를 사랑하였고, 그러면서도 자기들의 의를 신뢰하였다. 그들은 그리스도의 은혜에도, 그의 다스림에도 굴복하려 하지 않았고, 그리하여 일이 성사되지 않은 것이다.

V. 그는 예루살렘의 운명을 선포하신다. 보라 네 집이 황폐하여 버려진 바 되리라(38, 39절). 예루살렘 성과 성전이, 하나님의 집과 그 백성의 집이 모두 황폐하게 될 것이다. 그러나 특히 그들이 자랑하고 신뢰하던 성전이 그렇게 될 것이다. 그들이 그 거룩한 산 때문에 그렇게도 교만하였는데, 그 산도 황폐하게 될 것이다. 주목하라. 그리스도의 사랑과 은혜로 말미암아 모아지지 않는 자들은 그의 진노로 말미암아 삼켜지고 흩어질 것이다. 내 백성이 내 소리를 듣지 아니하며 이스라엘이 나를 원하지 아니하였도다. 그러므로 내기 그의 마음을 완익한 내로 버려 두어 그의 임의대로 행하게 하였도다(시 81:11, 12).

1. 그들의 집이 버려진 바 될 것이다. 그것이 너희에게 버려지리라. 그리스도는 이제 성전에서 떠나가시며 다시는 그리로 들어가지 않으시고, 이 말씀으로 그것을 황폐에 내버려 두신다. 그들이 맹목적으로 그것만을 사랑하였으니, 그리스도께서는 거기에 아무런 관심이 없으실 수밖에 없었다. 그리스도의 말씀은 이런 뜻이다. "자, 이제 성전이 너희에게 버려졌으니 그것을 취하고 잘 이용하여라. 나는 다시는 절대로 그것에 대해 상관하지 않겠노라." 그들이 성전을 장사꾼들과 강도의 소굴을 만들어버렸으니, 그들 마음대로 하도록 버려 두시는 것이다. 이로부터 얼마 지나지 않아서, 성전에서 "이 곳을 떠나자"라는 음성이 들렸다. 그리스도께서 떠나시면, 이가봇, 즉 영광이 떠난 것이다. 그들의 성읍 역시 하나님의 임재와 은혜가 떠나 그들에게 버려졌다. 그는 더 이상 그들에게 불벽이 아니셨고, 그들 가운데 거하시는 영광도 아니셨다.

2. 그것이 황폐하게 될 것이다. 그것이 너희에게 황폐하게 되리라. 그것이 에레모스, 즉 광야처럼 될 것이다. (1) 그리스도께서 그 곳을 떠나시자마자 이성을 지닌 모든 사람의 눈에 그 곳이 매우 황량하고 처량한 곳이 되어 버렸다. 그리스도께서 떠나시면, 아무리 잘 짜여져 있고 화려한 곳이라도 광야로 변해 버리며, 성전이라도, 사람들이 모이는 집합 장소라도 그렇게 되는 것이다. 그리스도께서 계시지 않는데 거기에 무슨 위로가 있을 수 있겠는가? 만족할 만한 다른 것들이 가득 차 있더라도, 그리스도의 특별한 영적 임재하심이 떠나버리면 그 영혼은, 그 장소는, 광야가 되며, 어두운 땅이 되며, 어둠 그 자체가 되어 버리고 만다. 그리스도를 거부하고 그를 자기들에게서 내어쫓는 자들의 처지가 이렇게 되는 것이다. (2) 그로부터 얼마 지나지 않아 그 곳이 파괴되고 무너져서 돌 하나도 돌 위에 남지 않게 되었다. 과거 예루살렘의 원수들이 당했던 운명이 이제 예루살렘의 운명이 되어, 성읍이 돌무더기가 되며 견고한 성읍이 황폐하게 될 것이며(사 25:2), 그가 솟은 성을 헐어 땅에 엎으실 것이다(사 26:5). 그 거룩하고 아름답던 성전이 황폐하게 되었다. 하나님께서 떠나시면 온갖 원수들이 그리로 치고 들어오는 것이다.

마지막으로, 그리스도께서 그들과 그들의 성전에 대해 하시는 마지막 작별. 이제부터 너희는 찬송하리로다 주의 이름으로 오시는 이여 할 때까지 나를 보지 못하리라. 여기서 다음을 관찰하라.

1. 그가 그들에게서 떠나가심. 그가 세상을 떠나 아버지께로 가실 때가, 그리하여 다시는 사람들에게 보이지 않으실 때가 가까웠다. 부활하신 후 택하신 증인들 몇몇에게만 보이셨는데, 그들도 오랜 동안 그를 보지 못하였다. 그는 곧바로 눈에 보이지 않는 세계로 사라지셔서, 만물을 회복하실 때까지 그런 상태로 계시다가, 그 때에 그의 초림 때와 같이 큰 소리로, 찬송하리로다 주의 이름으로 오시는 이여! 라고 외치며 그를 환영하는 일이 되풀이될 것이다. 우리는 과연 그 날에, 찬송하리로다 주의 이름으로 오시는 이여! 라고 외치는 자들과 함께 있게 될 것인가? 지금 우리는 예수 그리스도를 진정으로 예배하며 그를 진정으로 환영하는 자들과 함께 있어야 할 것이다.

2. 그들의 계속되는 눈먼 상태와 완악함. 이제부터 너희는 찬송하리로다 주의 이름으로 오시는 이여 할 때까지 나를 보지 못하리라. 즉, 그 때까지 너희가 내가 메시야인 것을 알아보지 못하며, 내게 관하여 진리의 빛을 보지 못하며, 평화에

관한 일을 알지 못하리라. 그들은 그리스도의 재림으로 모든 것이 분명하게 드러나기까지 절대로 납득하지 못할 것이다. 그의 재림 때가 되면 이미 모든 것이 늦을 것이고, 오직 무서운 마음으로 심판을 기다리는 것밖에는 아무것도 남아있지 않을 것이다. 주목하라. (1) 고의적인 사악한 눈먼 상태는 법적인 심판의 눈먼 상태로 징벌받는 경우가 많다. 그들이 보려 하지 않으면, 그들이 보지 못하게 될 것이다. 그는 이 말씀으로 그의 공적인 말씀 선포를 종결지으신다. 선지자 요나의 표적이었던 그의 부활이 일어난 후에는 인자의 징조를 보게 되기까지(24:30) 다른 표적이 그들에게 전혀 주어지지 않을 것이었다. (2) 주께서 그 수만의 거룩한 자와 함께 임하실 때에 그가 메시야이심을 모든 사람에게 납득시키시며 또한 그의 가장 교만한 원수들로도 강제로 그것을 인정하게 하실 것이요, 그들이 그에게 거짓말쟁이들임이 밝혀질 것이다. 지금 그의 부르심을 받고 나아오지 않는 자들은 그 때에 그의 저주를 받고 강제로 떠나가게 될 것이다. 대제사장들과 서기관들은 어린아이들이 그리스도께 호산나 하며 찬양하는 것을 매우 불쾌하게 여겼다. 지금은 교만한 박해자들이 낮고 추한 자들을 짓밟고 있으나, 날이 이르리니 그들이 그 낮고도 추한 처지에 있는 것이 드러나게 될 것이다. 지금 성도들의 호산나를 욕하며 조롱하는 자들은 얼마 지나지 않아서 생각이 달라질 것이다. 그러므로 지금 생각을 바꾸는 것이 더 낫다. 어떤 이들은 이 말씀을 유대인들이 그리스도를 믿는 믿음에로 회심할 것을 지칭하는 것으로 보기도 한다. 그 때에는 그들이 그를 보고 믿으며, 찬송하리로다 주의 이름으로 오시는 이여! 라고 할 것이라는 것이다. 그러나 오히려 그리스도께서 완전히 드러나시고 죄인들이 책망을 받는 일이 그 마지막 영광의 날까지 유보되어 있다는 것을 뜻하는 것으로 보는 것이 타당할 것이다.

제
— 24 —
장

개요

그리스도의 설교는 대부분 실제적이었다. 그러나 이 장에서 우리는 다가올 일들에 대한 예언적인 강론을 접하게 된다. 그러나 이것도 실제적인 성향을 지니고 있었고, 제자들의 호기심을 만족시키는 것이 아니라 그들의 양심과 처신을 지도하고자 의도하신 것이었다. 그러므로 실제적인 적용으로 마무리된다. 교회에는 일반적인 약속들 이외에 언제나 구체적인 예언들이 있어서 신자들이 지도를 받고 격려를 받아왔다. 그러나 여기서, 그리스도께서 그의 사역 마지막에 이 예언적인 설교를 하셨다는 것을 관찰할 수 있다. 계시록이 신약의 마지막 책이고, 구약의 예언서들이 마지막에 위치하는 것처럼, 이는 희미하고 어려운 문제들에 들어가기 전에, 밝은 진리들과 의무들에 든든히 뿌리를 내리고 있어야 하며 그것들을 잘 새겨야 한다는 것을 우리에게 시사하는 것이다. 많은 이들이 성경을 앞 부분이 아니라 끝 부분에서부터 대하기 시작하여 스스로 혼란에 빠지는 것을 본다. 자, 이 장에서 우리는 다음의 내용을 접하게 된다. I. 이 강론의 정황(1-3절). II. 강론의 내용. 1. 갖가지 사건들에 대한 예언. 특히 예루살렘의 패망과 유대인 교회와 민족의 처절한 멸망에 관한 예언. 그 일은 속히 이루어지지 않고, 그로부터 40년 가량 후에 이루어졌다. 그 멸망의 징조와, 그 때에 일어날 일들과 그 결과들. 더 나아가서 종말 시에 있을 그리스도의 재림과 모든 일의 완성. 그 일은 그것의 모형과 그림자였다(4-31절). 2. 제자들을 각성시키고 일깨워 이 크고 끔찍한 일들에 대해 대비하도록 이 예언을 실제적으로 적용시키심(32-51절).

[1]예수께서 성전에서 나와서 가실 때에 제자들이 성전 건물들을 가리켜 보이려고 나아오니 [2]대답하여 이르시되 너희가 이 모든 것을 보지 못하느냐 내가 진실로 너희에게 이르노니 돌 하나도 돌 위에 남지 않고 다 무너뜨려지리라 [3]예수께서 감람 산 위에 앉으셨을 때에 제자들이 조용히 와서 이르되 우리에게 이르소서 어느 때에 이런 일이 있겠사오며 또 주의 임하심과 세상 끝에는 무슨 징조가 있사오리이까

I. 그리스도께서 성전을 떠나시고 성전에서의 공적 사역을 떠나심. 그는 앞장 말미에서, 너희 집이 황폐하여 버려진 바 되리라고 말씀하셨는데, 여기서 그 말씀에 준하여 행하신다. 예수께서 성전에서 나와서 가실 때에. 이 표현의 숨은 의미를 여기서 간파할 수 있다. 그는 그저 성전에서 나가신 것만이 아니라, 다시는 들어가지 않으시려고 성전을 떠나셨고, 그 다음에 곧바로 성전의 황폐에 대한 예언이 이어지는 것이다. 주목하라. 그리스도께서 떠나시면, 그 집은 정말 말 그대로 황폐하게 버려지는 것이다. 내가 그들을 떠나는 때에는 그들에게 화가 미치리로다(호 9:2; 렘 6:8). 이 때야말로 그들의 이가봇을 탄식하며, 영광이 떠났고 보호하심이 떠났다고 탄식해야 할 때였다. 이로부터 사흘 후, 성전의 휘장이 찢어졌다. 그리스도께서 떠나시니, 모든 것이 속되고 부정하게 된 것이다. 그러나 그리스도께서는 그들에게 내어 쫓김을 받아 그 곳을 떠나신 것이다. 그들이 먼저 그를 거부하기까지 그는 그들을 거부하지 않으셨다.

II. 제자들과의 사사로운 대화. 그는 성전은 떠나셨으나 열두 제자는 버려두지 않으셨다. 그들은 복음의 교회의 씨였고, 유대인 중에서 버려진 자들이로되 오히려 그들을 부요하게 하는 자들이었다. 그가 성전을 떠나자, 제자들도 성전을 떠나 그에게로 나아왔다. 주목하라. 그리스도께서 계신 곳에 함께 있고, 그가 떠나면 그 곳을 함께 떠나는 것이 좋다. 그들이 그에게 니이온 것은 공적인 설교기 끝났으니 이제 사사로이 교훈을 받고자 함이었다. 여호와의 친밀하심이 그를 경외하는 자들에게 있음이여(시 25:14). 그는 무리들에게 비유로 유대인 교회의 패망에 대해 말씀하신 바 있는데, 늘 하시듯이 여기서는 그의 제자들에게 그것을 설명하신다. 관찰하라.

1. 제자들이 성전 건물들을 가리켜 보이려고 나아오니. 성전은 아주 위풍당당하고 아름다운 구조물로서 세계의 경이(驚異) 가운데 하나였다. 그것을 화려하게 짓는 데에 비용을 아끼지 않았고, 기술이 남김없이 쏟아 부어졌다. 솔로몬 성전에는 미치지 못하였으나, 그래도 그 시작은 미미했으나 그 나중은 창대해졌다. 그 성전은 갖은 헌물과 헌금으로 풍성하게 장식되었고, 거기에 계속해서 헌물들이 더해졌다. 제자들은 그리스도께 이런 것들을 보여드렸고, 그가 그것들을 주목하시기를 바랐다. 아니면,

(1) 자기들이 성전의 모습을 보고 크게 기뻐하였으므로, 그 역시 그러실 것으로 기대하였다. 그들은 성전에서 멀리 떨어진 갈릴리에서 생애의 대부분을 보

냈고 성전을 본 일이 거의 없었다. 그러므로 그것을 보고 경탄해 마지않았고, 그리스도께서도 그들과 똑같이 경탄해 마지않을 것이라 생각하였고, 또한 그의 시선을 다른 데로 돌리고자 하였다. 설교가 끝난 후, 그가 슬픈 마음에 거의 압도된 듯 보였으므로 분위기를 돌리려고 그렇게 한 것일 것이다. 주목하라. 선한 사람들이라도, 심지어 하나님의 일들에서조차도, 겉으로 보이는 화려함과 찬란함에 매혹되고, 그것을 과대 평가 하기가 쉽다. 그러나 우리는 그리스도께서 하신 것처럼 그것에 대해 죽은 상태가 되어야 하고, 그것을 멸시의 자세로 바라보아야 할 것이다. 성전은 과연 찬란하였다. 그러나, [1] 제사장들과 백성들의 죄악으로 인하여 그 영광이 훼손되고 얼룩진 상태에 있었다. 금을 거룩하게 하는 성전보다 금을 더 귀하게 여긴 바리새인들의 사악한 가르침으로도 성전의 모든 장식들의 아름다움을 흉하게 만들기에 족했다. [2] 그리스도께서 성전에 임재하심으로써 성전의 영광이 무색하게 되었다. 그분이야말로 이 성전의 나중 영광이셨으니(학 2:9), 그 뛰어난 영광과 비교할 때에 그 건물들은 영광이 없는 것이었다. 아니면,

(2) 성전이 황폐하게 버려질 것을 안타까이 여겨, 혹시 그가 마음이 움직여 앞에서 하신 선고를 돌이키시지 않을까 하는 생각으로 그에게 그 건물들을 보여드린 것이다. "주여, 이 거룩하고 아름다운 성전에서 우리 조상들이 주를 찬송하였으니, 이 성전을 황폐하게 버려 두지 마소서." 그들은 솔로몬 성전에 대해 역사한 수많은 섭리들이, 백성들이 악할 때에 하나님께서는 그들이 그렇게도 우러러보는 겉모양의 영광에 대해 전혀 개의치 않으신다는 것을 전혀 잊고 있었던 것이다. 이 성전이 비록 높을지라도 죄가 그것을 낮추실 것이다(대하 7:21). 그리스도께서는 최근 귀한 영혼들을 바라보시며, 그들을 위해 우신 바 있다(눅 19:41). 그런데 제자들은 화려한 건물을 바라보고 그것들을 위해 울려 하는 것이다. 다른 일에서와 마찬가지로 이 일에서도, 그의 생각은 우리의 생각과 다르다. 멋진 건물들을 그렇게 좋아한 것은 제자들의 연약함이요 영의 초라함이었다. 그것은 유치한 일이었다. 큰마음에게는 아무것도 큰 것이 없다(세네카).

2. 이를 듣고 그리스도께서 성전에 임할 처절한 황폐와 패망을 예언하신다(2절). 주목하라. 세상의 모든 영광이 사라질 것을 믿음으로 미리 예견하면, 그 영광을 사모하고 과대 평가하는 데에서 벗어나도록 도움을 받을 것이다. 아무리 아름다운 육체도 얼마 지나지 않아서 벌레의 먹이가 될 것이고, 아무리 멋진

건물도 폐물더미가 될 것이다. 그런데도 얼마 있지 않아서 사라질 것에 우리의 시선을 집중시키며, 얼마 지나지 않아서 크게 역겨워하게 될 것들을 그렇게 애지중지 사모하여야 하겠는가? 너희가 이 모든 것을 보지 못하느냐? 그들은 그리스도께서 그것들을 바라보고 또한 그들만큼 그도 그것들을 좋아하기를 바랐다. 그러나 그는 그들이 그와 똑같이 그것들에 대해 죽은 자처럼 되기를 바라셨다. 이런 것들을 바라보는 것이 우리에게 유익을 주는 경우도 있다. 곧, 그것들을 꿰뚫어 보고, 그 결국을 보는 것이 그것이다.

그리스도께서는 자신의 선포를 돌이키시기는커녕, 그것을 확증하신다. 내가 진실로 너희에게 이르노니 돌 하나도 돌 위에 남지 않고 다 무너뜨려지리라.

(1) 그는 그것을 확실한 멸망으로 말씀하신다. "내가 너희에게 이르노니, 무슨 말을 하는지를 잘 알고 있는 내가 이르노니, 이 말씀을 명심하여라. 그대로 이룰 것이라. 아멘이요 참된 증인인 내가 네게 이르노라." 모든 판단이 아들에게 맡겨져 있으니, 약속들은 물론 경고까지도 모두 그의 안에서 예와 아멘인 것이다 (히 6:17, 18).

(2) 그는 그것을 완전한 멸망으로 말씀하신다. 성전이 그저 무너지고 훼파되기만 하는 것이 아니라, 완전히 파괴되고 폐허가 될 것이다. 돌 하나도 돌 위에 남지 않고 다 무너뜨려지리라. 제2성전의 건물이 돌이 돌 위에 놓인 것을(학 2:15) 주목하시며, 또한 여기서 돌 하나도 돌 위에 남지 않고 다 무너뜨려지는 것을 주목하신다. 이것이 후일 그대로 성취되는 것을 역사가 증언해 준다. 로마의 티투스(Titus) 황제는 예루살렘 성을 함락시킬 때에 성전을 보존하기 위해 최선을 다했으나, 병사들이 분이 가득 차서 그것을 완전히 파괴시키는 것을 막지 못하였고, 투르누스 루푸스(Turnus Rufus)가 성전이 서 있던 터를 쟁기로 갈 정도가 되었다. 그리하여, 시온은 갈아엎은 밭이 되리라는 성경이 성취되었다(미 3:12). 그리고 그 후 배교자 율리아누스(Julian the Apostate)의 시대에 유대인들이 그에게서 격려를 받아, 기독교에 대적하기 위하여 성전을 재건하려 할 때에, 성전의 터가 완전히 무너져 내려 있어서 새로이 기초를 세우기 위하여 땅을 평평하게 고르는 작업을 했다. 그러나 이적적으로 땅에서 불이 나서 그들이 세운 기초를 파괴하였고, 일꾼들이 모두 두려워하며 피하여 그 일이 수포로 돌아가고 말았다. 그런데 성전의 최종적이며 회복 불가능한 황폐화에 대한 예언에는 레위 제사장 제도와 의식법의 종결에 대한 예언이 포함된다.

3. 제자들은 이 선고의 진실성에 대해서나 공평성에 대해서 논란을 벌이지 않고, 또한 이 선고의 성취에 대해서 의심하지도 않고, 이 일이 일어날 때에 대해서, 또한 이 일이 임박할 때에 나타날 징조들에 대해서 좀 더 구체적으로 문의한다(3절). 관찰하라.

(1) 그들이 이에 대해 문의한 장소. 그들은 예수께서 감람 산 위에 앉으셨을 때에 사사로이 문의하였다. 아마도 그는 베나니로 향하고 계셨고, 중간에 쉬기 위해 잠시 앉으셨을 것이다. 감람 산은 성전이 정면으로 보이는 곳이었고, 거기서 그는 멀리 있는 성전을 환히 바라보셨을 것이다. 거기서 그는 재판관으로서 재판석에 앉으셔서, 그의 앞의 피고석에 있는 성전과 예루살렘을 향하여 선고하신 셈이다. 우리는 여호와의 영광이 성전으로부터 떠나 산으로 옮겨가는 것을 성경에서 본다(겔 11:23). 이와 마찬가지로 위대한 쉐키나이신 그리스도께서 여기 이 산으로 옮겨와 계시는 것이다.

(2) 그들이 문의한 내용. 어느 때에 이런 일이 있겠사오며 또 주의 임하심과 세상 끝에는 무슨 징조가 있사오리이까? 여기서 세 가지 질문이 제기된다.

[1] 어떤 이들은 이 질문들이 모두 한 가지 동일한 일, 즉 성전의 파괴와 또한 유대인 교회와 유대 민족의 종결(16:28)에 관한 것으로 본다. 그리스도께서는 친히 이것을 자신의 오심으로 말씀하셨었고(16:28), 또한 이것이 그 시대의 완성이요, 그 세대의 종결이 될 것이었다. 아니면, 제자들은 성전의 파괴를 세상의 종말로 생각하였을 수도 있다. 성전이 황폐하게 되면, 세상이 설 수가 없다. 랍비들은 성전이야말로 세상이 지어진 목적이 되는 일곱 가지 중의 하나라고 가르쳤고, 그러므로 그들은 만일 그렇다면 성전이 무너지면 세상도 남아 있지 않을 것이라 생각한 것이다.

[2] 다른 이들은, 어느 때에 이런 일이 있겠사옵니까?라는 질문이 예루살렘의 패망을 지칭하는 것이요, 나머지 두 질문은 세상의 종말을 지칭하는 것이라고 본다. 혹은 그리스도의 오심이 그의 복음의 나라를 세우심과, 또한 세상의 종말과 심판의 날을 지칭하는 것일 수도 있다. 필자가 보기에는 그들의 질문이 그리스도께서 지금 예언하신 그 사건 이상 더 넘어서지 않는 것으로 여겨진다. 그러나 다른 본문들에 근거하여 볼 때에, 그들이 미래의 사건들에 대해 매우 혼란스런 생각들을 갖고 있었고, 그러므로 그들의 이 질문에 근거하여 어떤 확실한 것을 구성해낼 수가 없다.

그러나 그리스도께서는 그의 답변에서, 제자들의 오류들을 분명히 바로잡으시지는 않으나(그 일은 성령의 부어지심으로써 이루어질 것이다), 그들이 질문한 것 이상으로 바라보시며, 그리하여 그의 교회에게 예루살렘의 패망 등 그 시대의 큰 사건들에 관해서 뿐 아니라 마지막 종말 시에 있을 그의 재림에 관해서도 교훈하신다. 여기서 그는 그의 재림에 관한 강론으로 서서히 들어가시며, 다음 장에서 이 말씀이 계속되는 것이 분명하다.

[4]예수께서 대답하여 이르시되 너희가 사람의 미혹을 받지 않도록 주의하라 [5]많은 사람이 내 이름으로 와서 이르되 나는 그리스도라 하여 많은 사람을 미혹하리라 [6]난리와 난리 소문을 듣겠으나 너희는 삼가 두려워하지 말라 이런 일이 있어야 하되 아직 끝은 아니니라 [7]민족이 민족을, 나라가 나라를 대적하여 일어나겠고 곳곳에 기근과 지진이 있으리니 [8]이 모든 것은 재난의 시작이니라 [9]그 때에 사람들이 너희를 환난에 넘겨 주겠으며 너희를 죽이리니 너희가 내 이름 때문에 모든 민족에게 미움을 받으리라 [10]그 때에 많은 사람이 실족하게 되어 서로 잡아 주고 서로 미워하겠으며 [11]거짓 선지자가 많이 일어나 많은 사람을 미혹하겠으며 [12]불법이 성하므로 많은 사람의 사랑이 식어지리라 [13]그러나 끝까지 견디는 자는 구원을 얻으리라 [14]이 천국 복음이 모든 민족에게 증언되기 위하여 온 세상에 전파되리니 그제야 끝이 오리라 [15]그러므로 너희가 선지자 다니엘이 말한 바 멸망의 가증한 것이 거룩한 곳에 선 것을 보거든 (읽는 자는 깨달을진저) [16]그 때에 유대에 있는 자들은 산으로 도망할지어다 [17]지붕 위에 있는 자는 집 안에 있는 물건을 가지러 내려 가지 말며 [18]밭에 있는 자는 겉옷을 가지러 뒤로 돌이키지 말지어다 [19]그 날에는 아이 밴 자들과 젖 먹이는 자들에게 화가 있으리로다 [20]너희가 도망하는 일이 겨울에나 안식일에 되지 않도록 기도하라 [21]이는 그 때에 큰 환난이 있겠음이라 창세로부터 지금까지 이런 환난이 없었고 후에도 없으리라 [22]그 날들을 감하지 아니하면 모든 육체가 구원을 얻지 못할 것이나 그러나 택하신 자들을 위하여 그 날들을 감하시리라 [23]그 때에 사람이 너희에게 말하되 보라 그리스도가 여기 있다 혹은 저기 있다 하여도 믿지 말라 [24]거짓 그리스도들과 거짓 선지자들이 일어나 큰 표적과 기사를 보여 할 수만 있으면 택하신 자들도 미혹하리라 [25]보라 내가 너희에게 미리 말하였노라 [26]그러면 사람들이 너희에게 말하되 보라 그리스도가 광야에 있다 하여도 나가지 말고 보라 골방에 있다 하여도 믿지 말라 [27]번개가 동편에서 나서 서편까지 번쩍임

같이 인자의 임함도 그러하리라 [28] 주검이 있는 곳에는 독수리들이 모일 것이니라 [29] 그 날 환난 후에 즉시 해가 어두워지며 달이 빛을 내지 아니하며 별들이 하늘에서 떨어지며 하늘의 권능들이 흔들리리라 [30] 그 때에 인자의 징조가 하늘에서 보이겠고 그 때에 땅의 모든 족속들이 통곡하며 그들이 인자가 구름을 타고 능력과 큰 영광으로 오는 것을 보리라 [31] 그가 큰 나팔소리와 함께 천사들을 보내리니 그들이 그의 택하신 자들을 하늘 이 끝에서 저 끝까지 사방에서 모으리라

제자들은 시기에 대해서 문의했었다. 어느 때에 이런 일이 있겠사오리이까? 그런데 그리스도는 그 질문에 대해서는 답변을 주시지 않는다. 며칠 후에, 혹은 몇 년 후에 그의 예언이 성취될 것인지는 우리의 알 바가 아니기 때문이다(행 1:7). 그들은 또 무슨 징조가 있사오리이까? 라고 질문했었는데, 이에 대해서는 그리스도께서 충실하게 답변하신다. 이는 우리로 하여금 시대의 표적을 분별하도록 하기 위함이다(16:3). 그런데 이 예언은 주로 가까운 장래에 일어날 사건들에 관한 것이니, 곧 예루살렘의 패망과 유대인 교회와 국가의 종결, 이방인들이 부르심을 받고 그리스도의 나라가 이 세상에 세워지는 일이 그것이다. 그러나 구약의 예언들이 일차적으로 유대인들의 일들과 그들의 처지의 변화를 가리키지만 그것들을 모형으로 하여 더 먼 미래의 복음 교회와 메시야의 나라를 바라보는 것이요, 또한 신약 성경에서 그렇게 설명되며, 또한 특별히 그 먼 미래에만 해당되고 달리는 적용시킬 수 없는 그런 표현들이 그 예언들에 나타나듯이, 이 예언 역시 예루살렘의 패망을 모형으로 하여 마지막에 온 세상에 임할 보편적인 심판을 멀리 바라보는 것이요, 또한 예언에서 늘상 나타나듯이, 몇몇 구절들은 특별히 그 모형(type)에 치중하며, 다른 구절들은 그 모형이 나타내는 바 원형(antitype)에 치중한다. 그리고 대개 그렇듯이 말미에 가서 후자를 더 구체적으로 지칭하는 것이다. 여기서 그리스도께서 제자들에게 말씀하시는 내용은 그들의 호기심을 만족시키는 것이 아니라 그들에게 더욱 경각심을 불러일으키며, 미래에 있을 사건들 자체를 분명하게 상술하기보다는 그 일어날 사건들에 대해서 미리 준비하도록 하는 면이 크다는 것을 알 수 있다. 바로 이것이 때를 올바로 분별하는 것이요, 우리는 이것을 사모해야 하고, 이로써 이스라엘이 행하여야 할 바를 생각해야 하는 것이다. 그러므로 이 예언은 교회에서 지속적으로 효용성을 갖는 것이요, 마지막 때까지 계속 그러할 것이다. 이

미 있던 것이 후에 다시 있을 것이기 때문이다(전 1:5, 6, 7, 9). 일어나는 일들의 연속이나 연결이나 전조(前兆) 등이 예전에 있던 것과 매우 같으며, 따라서 이 장의 예언에 근거하여, 그 사건을 바라봄으로써, 도덕적인 예측을 할 수 있고 또한 이러한 시대의 표적을 지혜롭게 분별하여 그것을 잘 적용시킬 수가 있는 것이다.

I. 그리스도는 여기서 미혹하는 자들이 나타날 것을 예고하신다. 그는 먼저, 너희가 사람의 미혹을 받지 않도록 주의하라고 경계하신다. 제자들은 언제 이런 일이 일어날 것이며 그 비밀이 무엇인지에 대해 말씀을 듣기를 기대하였으나, 주님은 이러한 경고로 그들의 호기심을 점검하시는 것이다. "그것이 너희에게 무슨 상관이 있느냐? 너희의 의무를 다하라. 나를 따르라. 그리고 미혹을 받아 내게서 떠나가지 말라." 사람이 알 수 없는 은밀한 일들에 관하여 지극히 독선적인 자들이야말로 미혹하는 자들에게서 미혹을 받기가 가장 쉬운 법이다(살후 2:3). 가장 지독한 원수인 유대인들이 멸망하게 될 것을 들었으니, 이제 제자들은 안일에 빠질 위험이 있었다. 이에 그리스도는, "아니다. 너희는 다른 방식으로 더 크게 위험에 노출되어 있다"고 말씀하시는 것이다. 박해하는 자들보다 오히려 미혹하는 자들이 교회에 더 위험한 원수들인 것이다.

이 강론에서 그리스도는 거짓 선지자들이 나타날 것을 세 차례 언급하시는데, 그것은,

1. 예루살렘의 패망의 전조 현상이다. 참 선지자들을 죽인 자들은 거짓 선지자들에게서 미혹당하는 것이 마땅했고, 참 메시야를 십자가에 못 박은 자들은 적그리스도와 가짜 메시야들에게서 속고 무너져야 마땅했다. 이들이 나타나는 것은 그 사람들을 분파와 파당으로 갈라지게 하여 그들의 파멸이 더욱 쉽고도 속히 이루어지도록 하는 계기가 될 것이었다. 그리고 그들로 인하여 미혹되는 수많은 이들의 죄가 그 분량이 채워지도록 도움을 줄 것이었다.

2. 그것은 그리스도의 제자들에게는 시련이었고, 따라서 그들의 임시적인 상태와 일치하는 것이다. 그리하여 온전하게 된 자들이 드러날 것이다.

여기서 이 미혹하는 자들에 대해서 관찰하라.

(1) 그들이 어떻게 가장하는가를. 사탄은 지극히 간교하게 자기를 광명의 천사로 나타낸다. 가장 선한 겉모양이 가장 큰 악을 가장하는 것일 경우가 많다.

[1] 거짓 선지자들이 나타날 것이다(11-24절). 미혹하는 자들은 신적으로 영감

받았음을, 직접 보내심 받았음을, 예언의 영을 받았음을 가장할 것이다. 그러나 그 모든 것은 거짓말이다. 과거에도 그랬었고(렘 23:16; 겔 13:6), 그런 일이 있을 것이 미리 예언되기도 했다(신 13:3). 어떤 이들은 여기서 지적되는 그 미혹하는 자들이 교회 내에서 교사들로 이미 정착된 자들이요 따라서 교사들로서 명성을 이미 얻은 자들이었다고 본다. 그런 교사들이 자기들이 배운 바 진리를 후에 배반하고 오류에 빠졌다는 것이다. 그러므로 이런 상황에서는 위험이 더욱 크다. 그들이 의심을 전혀 받지 않기 때문이다. 외부의 수천의 적보다도 아군의 병영 내에 있는 한 사람의 배반자가 더 큰 해를 끼칠 수 있는 법이다.

[2] 거짓 그리스도들이 그리스도의 이름으로 나타나(5절), 스스로 나는 그리스도라 하여 사람들을 미혹할 것이다(24절). 그 당시에는 모든 사람들이 메시야가 나타날 것을 기대하고 있었다. 그에 대해서 오실 자라고 불렀다. 그러나 정작 그가 오시자 민족 전체가 그를 거부하였다. 그러자 스스로 이름을 내고자 하는 야망을 가진 자들이 이것을 이용하여 자신을 그리스도로 내세운 것이다. 요세푸스는 이 때와 예루살렘의 패망 사이에 그런 여러 사기꾼들을 언급하고 있다. 코스피우스 파두스(Cospius Fadus)에 의해서 진압된 드다(Theudas)라는 사람이 있었고, 벨릭스가 진압시킨 자도, 베스도가 진압시킨 자도 있었다. 도세테우스(Dosetheus)는 자기가 모세가 예언한 그리스도라고 하였다. 행 5:36, 37을 보라. 술사 시몬은 스스로 크다 일컫는 하나님의 능력으로 가장하였다(행 8:10). 그 이후 시대들에도 그런 위장꾼들이 나타났다. 주후 일백년 경에는 바르코크바, 즉 별의 아들이라는 사람이 나타났으나 결국 바르코스바, 즉 거짓의 아들임이 입증되었다. 약 50년 전에는 사바티 레위(Sabbati-Levi)가 터키 제국 내에서 등장하여 메시야임을 주장하였는데, 유대인들이 그를 크게 추앙하였다. 그러나 잠시 후 그의 거짓이 분명하게 드러났다. 폴 리커트 경(Sir Paul Rycaut)의 『역사』(*History*)를 보라. 교황 종교도 결국 거짓 그리스도를 세우는 것이다. 교황이 그리스도의 이름으로 와서 그의 대리자임을 자처하며 그의 모든 직무들을 찬탈하니, 결국 그리스도와 라이벌이며, 그러니 그의 원수요, 미혹하는 자요 적그리스도인 것이다.

[3] 이 거짓 그리스도들과 거짓 선지자들은 그의 대리자들과 수족(手足)들을 각처에 퍼뜨려 사람들을 자기들에게로 끌 것이다(23절). 그 때에, 즉 공적인 문제들이 크게 위협하여 사람들이 구원해 줄 것처럼 보이는 것이면 무조건 다 잡

게 될 그런 때에, 사탄이 이것을 이용하여 그들을 사로잡을 것이다. 그들은 보라 그리스도가 여기 있다 혹은 저기 있다고 할 것이다. 그러나 그들을 믿지 말라. 참 그리스도는 애쓰거나 소리를 지르지도 않으셨고, 그에 대해서 여기 있다 저기 있다는 말도 없었다(눅 17:21). 그러므로 누구든지 그에 대해서 그렇게 말하면, 그것을 미혹하는 것으로 단정하라. 신앙을 수도원 생활로 보는 은둔자들(the hermits)은 그가 광야에 있다고 말한다. 떡을 거룩하게 하여 그것을 그리스도라 칭하는 사제들은, "그는 찬장 속에, 은밀한 방 속에 있다. 보라 그가 이 신당에, 이 형상 속에 있다"고 말한다. 그리하여 어떤 이들은 마치 그들이 그리스도와 기독교를 독점하기라도 한 것처럼, 그리스도의 영적 임재를 한 분파나 그룹에다 전유시키는데, 그렇게 하면 그리스도의 나라가 그들과 함께 서고 무너지며, 살고 죽어야 하는 것이다. "보라 그가 이 교회에, 이 공의회에 있다." 그러나 그리스도는 만유 안에 계셔서 만유가 되신다. 이곳이나 저곳에 계시는 것이 아니라, 그가 그의 이름을 기념하게 하는 모든 곳에 임하여 그 백성을 만나시고 그들에게 복을 주시는 것이다(출 20:24).

(2) 그들이 이렇게 가장한 것을 그럴듯하게 보이기 위해 제시하는 증거. 큰 표적과 기사를 보여(24절). 신적인 인(印)침이 있고 또한 그리스도의 가르침을 굳게 확증시켜 주는 그런 진정한 이적들을 보이는 것이 아니다. 그러므로 누군가가 표적과 기사를 보여주목을 끌면 옛적에 주어진 법칙을 적용시켜야 한다(신 13:1-3). 이적과 기사가 이루어지더라도, 다른 신들을 따라 섬기자고 하거나 다른 그리스도를 믿자고 하면 그를 따르지 말아야 한다. 우리의 하나님 여호와께서 우리를 시험하심이기 때문이다. 이것들은 거짓 기적들로서(살후 2:9) 공중의 권세 잡은 자 곧 사탄이 행하는 것이다(하나님께서 그를 허용하심이다). 본문은 그들이 이적을 행하리라고 하지 않고, 그들이 큰 표적과 기사를 보이리라고 한다. 그것들은 그저 쇼(show)일 뿐이다. 거짓된 이야기들로 사람들의 어리석음을 이용하는 것이든지, 눈속임의 기술로 눈을 속이는 것이든지, 아니면 애굽의 마술사들이 주문으로 행한 것 같은 주술(呪術)이든지 할 것이다.

(3) 그들이 이런 일에서 성공을 거둘 것임.

[1] 많은 사람을 미혹하리라(5절, 11절). 주목하라. 마귀와 그의 수족들이 가련한 영혼들을 미혹시키는 데에 큰 성공을 거둘 수도 있다. 좁은 문을 발견하는 사람은 몇 명 되지 않고, 많은 이들이 넓은 길로 이끌려 간다. 많은 사람들이 그

들의 표적과 기사에 매료되고, 많은 사람들이 그들의 억압된 상태에서 구원될 것을 바라며 그들에게로 끌려간다. 주목하라. 기적도, 많은 무리가 모이는 것도 참된 교회를 보여주는 확실한 증표가 아니다. 온 땅이 놀랍게 여겨 짐승을 따르기 때문이다(계 13:3).

[2] 할 수만 있으면 택하신 자들도 미혹하리라(24절). 이는 다음과 같은 점들을 보여준다. 첫째로, 그 미혹의 강력한 힘. 수많은 사람들이 휩쓸려 가고, 심지어 든든히 설 것이라 생각되는 자들까지도 거기에 끌려 갈 정도로 그 미혹이 강력할 것이다. 사람의 지식도, 재능도, 학식도, 저명한 지위도, 오랜 동안의 믿음도 안전을 보장해 주지 못할 것이다. 수많은 사람들이 그런 것들을 갖고 있으면서도 미혹을 당할 것이다. 오직 하나님의 영원한 목적을 위하여 역사하는 그의 전능한 은혜만이 그런 미혹에서 보호해 줄 것이다. 둘째로, 이 위험 중에서도 택한 자는 안전함. 이는 할 수만 있으면이라는 삽입절에서 잘 드러난다. 이는 하나님께서 능력으로 그들을 지키시므로 그들을 미혹하는 것이 불가능하다는 것을 명확하게 암시하는 것이다. 택하심을 따라 되는 하나님의 뜻이 서는 것이다. 빛을 받은 자들이 타락하는 일이 가능하다(히 6:4, 5, 6). 그러나 택함받은 자는 그렇지 않다. 하나님께서 택하신 자가 미혹을 당한다면, 하나님의 택하심이 무너지는 것이요, 이는 상상조차 할 수 없는 일이다. 미리 정하신 그들을 또한 부르시고 부르신 그들을 또한 의롭다 하시고 의롭다 하신 그들을 또한 영화롭게 하셨기 때문이다(롬 8:30). 그들은 그리스도께 주신 바 되었고, 그는 그에게 주신 바 된 자들을 하나도 잃어버리지 않을 것이다(요 10:28). 그로티우스(Grotius)는 이것을 초대 교회의 그리스도인들을 그들의 신앙에서 끌어내리기가 지극히 힘들었다는 뜻으로 이해하며 갈렌(Galen)이 금언적인 의미로 사용한 것을 인용한다. 곧, 매우 힘들고 또한 도덕적으로 불가능한 일을 표현하고자 할 때에, 그는 "그리스도인을 그리스도에게서 끌어내기가 더 쉬울 것이다"라고 하였다.

(4) 우리 주님께서 제자들에게 부지런히 경계할 것을 거듭 당부하심. 보라 내가 너희에게 미리 말하였노라(25절). 사전에 어디서 공격을 받을 것을 미리 들은 사람은 얼마든지 자기를 구원할 수 있을 것이다. 이스라엘 왕이 과거에 그랬던 것처럼 말이다(왕하 6:9, 10). 주목하라. 그리스도의 경고들은 우리로 하여금 경계하도록 하기 위함이다. 그러므로 택한 자들이 미혹으로부터 보존함을 받을 것이지만, 동시에 그들이 지정된 수단을 사용하여 보존함을 받을 것이요, 따라

서 마땅히 말씀의 경계들을 유념하여야 한다. 우리는 그리스도께서 미리 말씀하신 바 그의 말씀을 믿는 믿음으로 말미암아 보호를 받는 것이다.

[1] 보라 그리스도가 여기 있다 혹은 저기 있다고 말하는 자를 믿지 말아야 한다(23절). 우리는 참 그리스도는 하나님 우편에 계시고, 그의 영적 임재는 두세 사람이 그의 이름으로 모이는 그 곳에 있다는 것을 믿는다. 그러므로 그리스도가 이 땅 어디에 있다고 선전하여 우리를 하늘에 계신 그리스도에게서 끌어내려고 하는 자들을 믿어서는 안 된다. 또한 그리스도가 여기 있다 혹은 저기 있다고 말하여 이 땅의 보편적 교회(the catholic church on earth)에게서 우리를 끌어내려 하는 자들도 믿어서는 안 된다. 그것을 믿지 말라. 주목하라. 헛되이 무턱대고 믿는 것보다 더 큰 참 신앙의 적(敵)이 없다. 단순하고 무식한 자는 모든 말을 다 믿고, 모든 외침을 다 따라다니는 것이다. 믿는 것을 삼가라.

[2] 그리스도가 광야에 있다고 하거나 보라 그가 골방에 있다고 말하는 자도 따라가서는 안 된다(26절). 자기의 개인적인 체험을 이야기하는 자나 체험한 것처럼 이야기하는 자의 말을 다 들어서도 안 되고, 새로운 그리스도와 새로운 복음을 제시하는 자도 따라서는 안 된다. "그들을 따라가지 말라. 만일 그들을 따라가면 그들에게 붙잡힐 위험에 처하게 된다. 그러니 해로운 길을 피하고, 바람 부는 대로 따라가지 말라. 많은 사람들이 호기심으로 따라가다가 치명적인 배도에 빠졌다. 그런 때에는 조용히 앉아서 은혜로 마음을 확정짓는 것이 너희의 강한 무기가 된다."

Ⅱ. 그는 나라들 사이에 전쟁들과 큰 난리들이 있을 것을 예언하신다(6, 7절). 그리스도께서 탄생하셨을 때에는 제국 내에 보편적인 평화가 있었고, 야누스(Janus)의 성전이 닫혀 있었다. 그러나 그리스도께서 그런 평화를 주거나 그것을 지속시키기 위해 온 줄로 생각해서는 안 된다(눅 12:51). 아니다. 그의 성과 그의 벽은 심지어 혼란의 때에도 세워져야 하고, 심지어 전쟁들이 그의 역사를 진행시키기도 하는 것이다. 유대인들이 그리스도를 거부하여 그가 그들의 집을 황폐한 상태로 버리신 때로부터, 검이 그들의 집을 떠나지 않았고, 여호와의 검이 절대로 조용히 있지 않았다. 그가 그 외식하는 민족과 그의 진노의 백성을 향하여 그것을 형벌로 주셨고, 그것으로 말미암아 그들에게 패망이 임했기 때문이다. 여기서 다음을 보라.

1. 그 날의 사건에 대한 예언. 이제 곧 난리와 난리 소문을 들을 것이다. 난리가

나면 그 소식이 전해진다. 군인들의 싸움이 어지러운 소음을 내기 때문이다(사 9:5). 그것이 얼마나 끔찍한지를 보라. 나의 심령이 나팔 소리와 전쟁의 경보를 들음이로다!(렘 4:19). 그 땅의 아무리 조용한 사람도, 새로운 일들에 대해 전혀 놀라지 않는 사람도, 난리의 소문을 듣지 않을 수가 없다. 복음을 거부하다가 어떻게 되는지를 보라! 평화의 사자들의 말을 듣지 않는 자들은 난리의 소식을 전하는 사자들의 말을 듣게 될 것이다. 하나님께서는 그의 언약에 대해, 그의 새 언약에 대해 왈가왈부하는 것을 복수하시기 위해 검을 준비해 놓고 계시다. 나라가 나라를 대적하여 일어나겠고, 즉 유대 민족의 한 부분 혹은 한 지방이 다른 지방을 대적하고, 한 성이 다른 성을 대적하여 일어나며(대하 15:5, 6), 또한 같은 지방과 성에서도 한 분파나 당파가 다른 분파를 대적하여 일어나서, 서로가 서로에게 먹히게 되고 산산조각 나게 될 것이다(사 9:19-21).

2. 그 날에 해야 할 의무에 대한 지침. 너희는 삼가 두려워하지 말라. 그런 슬픈 소식을 듣고도 과연 마음에 두려움이 없을 수가 있겠는가? 그러나 하나님을 신뢰하여 마음을 정하고 있으면 평화를 유지하게 되고, 두려움이 없게 된다. 난리의 소식을 듣고, 난리에 대한 소문을 들어도 흔들림이 없다. 혼란이나 소동에 빠지지 말라. 어린아이를 가진 여자가 깜짝 놀라 전율하는 것처럼 그렇게 요동치지 말라는 뜻이다. 주목하라. 바깥에 전쟁이 있을 때에 마음에서 두려움이 없도록 항상 조심하고 살필 필요가 있다. 혼란의 때에라도 그의 백성들이 두려운 마음을 갖는다는 것은 그리스도의 뜻에 거스르는 것이다.

우리는 다음 두 가지 이유로 두려워하지 말아야 한다.

(1) 이 일을 미리 예상하고 있으라는 명령을 받고 있기 때문이다. 유대인들이 징벌을 받아야 하고, 그들에게 패망이 임해야 한다. 이로써 하나님의 정의와 구속자의 존귀가 세워져야 한다. 그러므로 이런 일이 반드시 있어야 한다. 하나님의 입에서 말씀이 발설되었으니, 정해진 때에 반드시 이루어질 것이다. 주목하라. 모든 사건들을 지배하는 하나님의 경륜이 불변하다는 것을 생각하여, 무슨 일이 일어나든지 우리의 심령이 안정을 유지하고 고요해야 할 것이다. 그러므로 일어나는 일을 그대로 묵인하도록 하자. 이런 일이 있어야 하기 때문이다. 그저 신적 경륜의 산물이기 때문만이 아니라, 차후의 목적을 위한 하나의 수단이기 때문이다. 새로운 구조물을 세우려면 그 전에 먼저 옛 집을 헐어야 한다(시끄러운 소음과 먼지와 위험이 없이는 그 일을 할 수가 없다). 진동하지 아니하는 것

을 영존하게 하기 위하여 진동할 것들(그들은 그릇 진동하는 것이다)을 제거해야 하는 것이다(히 12:27).

(2) 이보다 더 악한 상황을 예상해야 하기 때문이다. 아직 끝은 아니니라. 아직 마지막 때는 아니다. 그러므로 시간이 지속되는 동안 우리는 난리를 예상해야 하고, 한 가지 환난이 끝나면 다른 환난이 시작된다는 것을 예상해야 한다. 아니면, "이 난리들의 끝은 아직 아니다. 유대인의 권세를 끌어내리기 위해서는 더 많은 심판이 임해야 하고, 더 많은 진노의 대접들이 쏟아져야 한다. 이제 한 가지 화가 지나갔을 뿐이니 더 많은 화들이 아직 남아 있으며, 하나님의 화살통에서 더 많은 화살들이 쏘아져야 한다. 그러므로 두려워하지 말고, 현재의 환난에 가라앉지도 말고, 오히려 모든 힘과 기운을 다 모아 너희 앞에 아직 올 것들을 대비하라. 난리와 난리 소문을 들어도 두려워하지 말라. 두려워하게 되면 기근과 질병이 올 때에 너희가 과연 어떻게 되겠느냐?" 소식을 깨닫는 것이 오직 두려움과 근심뿐이라면(사 28:19), 그것이 뼈와 살에 닿을 때에는 그 몸서리침이 어떻겠는가? 보행자와 함께 달려도 피곤하면 어찌 능히 말과 경주하겠느냐? 얕은 시냇물에 깜짝 놀란다면, 요단 강 물이 넘칠 때에는 어찌하겠느냐?(렘 12:5).

III. 그는 하나님께서 좀 더 직접적으로 보내시는 다른 심판들, 즉 기근과 질병과 지진이 있을 것을 예언하신다. 기근은 전쟁의 결과로 나타나는 경우가 많고, 질병은 기근의 결과로 나타날 경우가 많다. 다윗은 세 가지 심판 중에 하나를 선택해야 했었고, 그는 큰 곤경에 처하였다. 어느 것이 가장 최악인지를 몰랐기 때문이다. 그러나 그 세 가지가 모두 백성들에게 퍼부어진다면 그 황폐함이 얼마나 처절하겠는가! 전쟁 외에도(이것만으로도 처절하기 그지없는데), 다음의 것들이 있을 것이다.

1. 기근. 이것은 셋째 인에서 검은 말로 표현된다(계 6:5, 6). 그리스도의 시대 후 얼마 지나지 않아서 유대 지방에 큰 기근이 있었는데, 이것은 엄청난 재난이었다(행 11:28). 그러나 가장 혹독한 기근은 예루살렘이 포위를 당하던 동안에 있었다(애 4:9, 10).

2. 질병(한글 개역개정판에는 나타나지 않음). 이것은 넷째 인에서 청황색 말과 사망과 그 뒤의 음부로 표현된다(계 6:7, 8). 이것은 무차별하게 모든 것을 파괴하며, 짧은 시간에 시체더미들로 가득 차게 만든다.

3. 곳곳의 지진. 웃시야 때처럼 도망하는 자들을 지진이 뒤쫓는다는 것이다

(슥 14:5). 최근이나 옛날이나 지진으로 인해서 큰 재난이 일어나는 경우가 종종 있었다. 수많은 사람들이 죽었고, 더 많은 사람들이 공포에 떨었다. 계시록의 이상에서는, 지진이 교회에게 악한 것이 아니라 좋은 징조가 된다는 것을 볼 수 있다(계 6:12). 또한 계 6:15; 11:12, 13, 19; 16:17-19을 비교하라. 하나님께서 땅을 진동시키실 때에(사 2:21), 그것은 악한 자들을 그 땅에서 떨쳐 버리기 위함이요(욥 38:13), 또한 모든 나라의 사모하는 것을 이르게 하기 위함이다(학 2:6, 7. 한글 개역개정판 난외주 참조). 그러나 여기서는 이것이 끔찍한 심판으로 언급된다. 그러나 이 모든 것이 재난의 시작에 불과하다. 재난은 급속하고도 격렬하게 찾아오면서도 끈질기게 지속되는 처절한 괴로움을 뜻한다. 주목하라. 하나님께서 심판하시면 모든 것이 무너진다. 그가 진노를 발하시면 처음부터 끝까지 그것이 다 이루어진다(삼상 3:12). 그리스도와 그의 복음을 거부하는 완악한 자들 앞에 있게 될 그 영원한 비참을 바라보면서, 우리는 그 지극히 큰 지상의 심판에 대해서 다음과 같이 진정으로 말할 수 있을 것이다: "그것들은 슬픔의 시작에 불과하다. 그것들이 끔찍한 일들이지만, 그보다 더 심한 것들이 뒤에 있다."

IV. 그는 그의 백성들과 사역자들의 박해와, 또한 그로 인한 전면적인 배도(背道)와 종교의 부패를 예언하신다(9, 10, 12절).   관찰하라.

1. 십자가 자체가 예언되고 있다(9절). 주목하라. 물론 흔히 별로 바라지는 않으나, 모든 미래의 사건들 가운데서 다른 무엇보다도 우리 자신의 고난에 대해서 알기에 힘써야 할 것이다. 그 때에, 기근과 질병들이 창궐할 때에 그들이 그것들을 그리스도인들의 탓으로 돌리고 그것들을 그들을 박해하는 구실로 삼을 것이다. 그리스도인들을 사자들에게 던져라. 그리스도께서는 제자들을 처음 내보내시면서 그들이 얼마나 어려운 일들을 당할 것인가를 이미 말씀하신 바 있다. 그러나 그들은 지금까지 그것을 거의 경험하지 못했다. 그러므로 그는 그들에게 그들이 고난을 덜 당한 만큼 뒤에 채워질 것이 더 많이 남아 있다는 것을(골 1:24) 다시 한 번 상기시키시는 것이다.

(1) 그들이 환난에 넘겨지며 옥에 갇힐 것이요, 사도 바울처럼 매도 수없이 맞고 여러 번 죽을 뻔도 할 것이다(고후 11:23-25). 그는 곧바로 죽임당하지 않았으나, 종일토록 죽는 줄 아는 경험을 여러 번이나 했고 세계에 구경거리가 되었다(고전 4:9, 11).

(2) 사람들이 그들을 죽일 것이다. 교회의 원수들이 너무도 잔인하여 성도들의 피에 목말라 하여 마치 물처럼 그것을 핥고 흘려야 만족할 것이다.

(3) 전에 말씀하신 바대로(10:22) 그들이 그리스도의 이름 때문에 모든 민족에게 미움을 받을 것이다. 세계가 전반적으로 그리스도인들을 향하여 적의와 악의를 품었다. 유대인들이 이교도들을 경멸했지만, 이교도들은 그리스도인들이 받은 것 같은 박해를 그들에게서 받은 적이 한 번도 없었다. 그러나 그리스도인들은 세계에 흩어져 있는 유대인들에게서 미움을 받았고, 세상의 악의의 희롱을 받는 표적이었다. 최고의 사람들이 세상에서 최악의 대우를 받으니, 우리는 과연 이 세상에 대해서 어떻게 생각해야 옳겠는가? 그들을 순교자로 만들어 그들을 위로하는 것이 바로 이것 때문이다. 그들이 그렇게 미움받은 것은 그리스도를 위함이었다. 그들이 그의 이름을 고백하고 전하는 것 때문에 민족들이 그들을 향하여 그렇게 적의를 발하게 된 것이다. 마귀는 그의 나라가 치명적인 충격을 받은 사실을 알고 또한 그의 때가 얼마 남지 않았다는 것을 알고서, 크게 분내어 내려간 것이다(계 12:12).

2. 십자가의 거치는 것(10-12절). 사탄이 이렇게 무력의 힘으로 자기의 이익을 위하여 역사하나, 결국 그리스도께서 그의 백성과 사역자들의 고난을 통해서 그 자신에게 영광이 되게 하실 것이다. 박해의 세 가지 악한 결과들이 여기서 예언되고 있다.

(1) 일부 사람들의 배도. 기독교 신앙을 고백함으로써 사람들이 큰 희생을 당하기 시작하면, 많은 사람이 실족하게 되고, 처음에는 신앙을 겉으로 준수하면서 타락하게 되고, 후에는 완전히 신앙에서 타락하게 될 것이다. 그들이 자기들의 신앙에 대해 트집을 잡게 되고 해이해지고 지치다가 결국 그것에 대해 반기를 들게 될 것이다. 주목하라. [1] 의의 길을 안 자들이 그것에서 돌아서는 것이 새삼스런 일이 아니다(물론 이상한 일이지만). 바울은 신앙을 저버린 자들에 대해 자주 탄식한다. 시작은 잘 했으나 무언가가 그들을 가로막은 것이다. 그들이 우리와 함께 있었으나, 우리에게서 나갔으니, 이는 한 번도 진정으로 우리에게 속한 적이 없기 때문이다(요일 2:19). 앞에서도 이에 대해서 말씀을 들은바 있다. [2] 고난의 때는 흔들리는 때이며, 돌밭에 뿌려진 씨와 같은 자들은 날씨가 좋을 때에는 잘 서 있다가도, 폭풍이 불면 넘어진다(13:21). 해가 비칠 때에 그리스도를 따르다가도 구름이 끼는 어둔 날에는 스스로 물러서며 그리스도를

내버리는 자들이 많다. 그들은 값싸게 취할 수 있고 또한 그것을 지닌 채 무사히 잠을 잘 수 있을 동안에는 자기들의 신앙을 좋아하나, 그 신앙을 고백함으로써 자기들에게 조금이라도 희생이 따르면 곧바로 그것을 버리는 것이다.

(2) 일부 사람들의 악의. 박해가 유행처럼 일어날 때에는, 이상하게도 시기와 적의와 악의가 사람들의 마음속에 전염되어 퍼진다. 그리고 사랑과 온유함과 부드러움은 희귀한 일로 여겨지며, 그런 사람은 마치 얼룩이 있는 새처럼 여겨진다. 그 때에는 사람들이 서로 잡아 주고 미워할 것이다. 이처럼 최악의 상황에 해당하는 두 가지, 곧 배신과 미움이 — 이것은 최선에 해당하는 두 가지, 곧 진실과 사랑에 정반대되는 것이다 — 한창 기승을 부릴 때야말로 위험천만한 때일 수밖에 없다. 이는 유대인들 가운데 서로 경쟁하는 당파들이 서로를 매도하고 야만적으로 처신할 것을 지칭하는 것인 듯하다. 하나님의 백성들을 마치 떡을 먹듯이 먹어치운 자들이 그렇게 서로 물고 뜯어서 결국 서로를 삼키게 되는 것이 당연한 일이었다. 아니면, 이것이 그리스도의 제자들이 그들의 가장 가까운 자들에게서 악행을 당할 것을 지칭하는 것일 수도 있다. 장차 형제가 형제를 죽는 데에 내주리라(10:21).

(3) 전반적인 침체와 대부분 사람들의 식어짐(12절). 거짓 선지자들이 일어나는 미혹의 때와, 성도들이 미움을 받는 박해의 때에는 이 두 가지 일이 예상된다.

[1] 불법이 성함. 세상은 언제나 사악함 속에 있다. 그러나 불법이 특별히 성하다고 말할 수 있는 그런 때도 있다. 고대에 모든 육체가 부패한 길을 가던 때와 같이 일상적인 상태보다 더욱 광범위하게 퍼지고, 또한 그것이 일상적인 정도보다 더욱 과다하게 기승을 부리며, 포학이 일어나서 죄악의 몽둥이가 되어(겔 7:11) 마치 지옥이 하나님에 대한 신성모독과 성도들에 대한 적의를 마구 풀어 놓은 듯한 그런 때도 있는 것이다.

[2] 사랑이 식어짐. 이것은 전자의 결과로 나타나는 것이다. 불법이 성하므로 많은 사람의 사랑이 식어지리라. 이것을 진실하고 진지한 일반적인 경건 — 이를 사랑으로 요약할 수 있다 — 을 지칭하는 것으로 이해할 수 있다. 악인들의 악이 기승을 부릴 때에는 신앙을 고백하는 자들의 고백이 식어지는 일이 비일비재하다. 에베소 교회가 첫 사랑을 버린 것처럼 말이다(계 2:2-4). 혹은, 이를 좀 더 구체적으로 형제 간의 사랑을 뜻하는 것으로 이해할 수도 있을 것이다. 사람을

미혹하는 불법이나 성도들을 박해하는 불법이 성하면 이 은혜가 식어지는 것이 보통이다. 그리스도인들이 서로를 의심하기 시작하고, 사랑이 사라지고, 거리감이 조성되고, 파당이 생겨나고, 결국 사랑이 아무것도 아닌 것이 되어 버린다. 마귀는 형제들을 참소하는 자다. 형제들에게 원수가 되어 박해의 불법을 성하게 할 뿐 아니라, 형제들끼리 서로서로 원수가 되게 하여, 많은 사람의 사랑을 식어지게 만드는 것이다.

사랑이 크게 부패할 것이라는 것이 그 때를 애처로운 마음으로 바라보게 만든다. 그러나, 첫째로, 그것은 많은 **사람**의 사랑일 뿐 모든 **사람**의 사랑이 그렇게 된다는 뜻은 아니다. 최악의 시기에도 하나님께서는 순결함을 굳게 붙들며 열정을 소유하고 있는 그의 남은 자들을 남겨두신다. 엘리야는 자기 혼자 남았다고 생각하였으나, 하나님께서는 다른 남은 자들을 남겨두셨던 것이다. 둘째로, 이 사랑이 차가워지지만 죽는 것은 아니다. 이 사랑이 식어지지만 완전히 사라지는 것은 아니다. 뿌리에는 생명이 남아 있어서, 겨울이 지나면 그것이 모습을 드러내 보이게 될 것이다. 새 본질이 식어질 수도 있으나 낡아지지는 않는다. 그렇게 되면 썩어지고 사라질 것이니 말이다.

3. 주의 백성을 뒷받침하기 위하여 십자가의 거치는 것에 대하여 위로가 베풀어짐(13절). 그러나 끝까지 견디는 자는 구원을 얻으리라. (1) 그리스도의 대의(大義)가 이루어지기를 전반적으로 바리는 자들에게는, 비록 많은 사람들이 거슬림을 받아도 몇몇은 끝까지 견디리라는 것이 위로가 된다. 그렇게 많은 사람들이 넘어지는 것을 보면서, 우리는 그리스도의 대의가 지지자들이 없어서 가라앉지 않을까, 또한 높이 받드는 자들이 없어서 그의 이름이 내버려둠을 당하고 잊혀지지 않을까를 두려워하게 된다. 그러나 이런 때에라도 은혜로 택하심을 따라 남은 자가 있는 것이다(롬 11:5). 동시에 이 예언이 지칭하는 바를 말씀해 준다. 곧, 뒤로 물러가 멸망할 자들에 속하지 않고 믿고 끝까지 인내하여 영혼의 구원을 받을 남은 자가 있다는 것이다. 이들은 끝까지 견딘다. 그들의 삶의 마지막까지, 그들의 현재의 시험의 상태의 마지막까지, 혹은 이 고난이 가득한 환난의 때의 마지막까지, 피로써 저항할 부름을 받는 것이다. (2) 그렇게 끝까지 견디며 변힘없이 고난을 낭하는 자들에게는 그들이 구원을 얻으리라는 것이 위로가 된다. 인내는 값없는 은혜로 말미암아 면류관을 얻으며, 그 면류관을 쓸 것이다. 구원을 얻으리라. 어쩌면 그들이 그들의 환난들에서 구해냄을 받고 이

세상에서 편안히 살아남을 수도 있을 것이다. 그러나 여기서 의도하는 바는 영원한 구원이다. 생애의 마지막까지 견디는 자는 그 이후에 그들의 믿음과 소망의 결국, 곧 영혼의 구원을 받을 것이다(벧전 1:9; 롬 2:7; 계 3:20). 영광의 면류관이 그 모든 이들에게 베풀어질 것이요, 이것을 믿음으로 바라봄으로써, 우리는 박해자들과 왕궁에서 편안히 살기보다 오히려 박해받는 자들과 함께 화형대에서 죽기를 택할 수 있게 될 것이다.

V. 그는 복음이 온 세계에 전파될 것을 예언하신다. 이 천국 복음이 … 온 세상에 전파되리니 그제야 끝이 오리라(14절). 여기서 관찰하라. 1. 이것을 천국 복음이라 부르는데, 이는 복음이 은혜의 나라를 드러내며, 또한 영광의 나라에로 인도하기 때문이며, 이 세상에서 그리스도의 나라를 세우며 오는 세상에서 우리의 것을 확보해주기 때문이다. 2. 이 복음은 조만간 온 세상에 전파되며, 모든 민족이 그것으로 가르침받을 것이다. 왜냐하면 그 복음 안에서 그리스도께서 땅 끝까지 구원이 되실 것이기 때문이다. 이러한 목적을 위하여 방언의 은사가 성령의 처음 익은 열매로 베풀어진 것이다. 3. 복음이 전파되어 모든 민족들에게 증언한다. 즉, 하나님이 사람들에게 요구하시는 의무와 또한 사람이 하나님께로부터 기대할 수 있는 보상에 관한 그의 생각과 뜻을 신실하게 선포하는 것이다. 그것은 하나의 기록이요 하나의 증거로서(요일 5:11), 믿는 자들에게는 그들이 구원받을 것이라는 증거가 되며, 불신앙을 고집하는 자들에게는 그들이 정죄를 받을 것이라는 증거가 된다. 막 16:16을 보라. 그러나 여기서는 이 일이 어떻게 임한다고 하는가?

1. 이는 복음이 그 당시 알려진 세계 전체에서 전파되고 그 후에 예루살렘의 패망이 있을 것임을 시사하며, 신약 교회가 잘 세워져서 상당한 기반을 갖추고 그 모습을 드러내기 시작하기 전에는 구약 교회가 와해되지 않을 것임을 시사한다. 부패하고 타락한 교회의 모습이 있는 것이 전혀 없는 것보다는 낫다. 그리스도께서 죽으신 지 40년 내에, 복음의 소리가 온 땅에 퍼졌다(롬 10:18). 바울은 예루살렘으로부터 두루 행하여 일루리곤까지 그리스도의 복음을 편만하게 전하였고(롬 15:19), 다른 사도들도 이 일을 게을리 하지 않고 수고하였다. 예루살렘에서 성도들이 박해를 당하자, 뿔뿔이 흩어져서 두루 다니며 복음의 말씀을 전하였다(행 8:1-4). 이렇게 구속자의 소식이 세상의 각처에 전해진 다음에 유대 국가의 종말이 올 것이다. 그러므로, 그들이 그리스도를 죽임으로써 자기들이 방

지하려 한 일이 오히려 그의 죽으심으로 인하여 촉발되었다. 모든 사람이 그를 믿었고 로마인들이 와서 그들의 땅과 민족을 빼앗아간 것이다(요 11:48). 바울은 복음이 천하 만민에게 전파된 사실을 말씀하고 있다(골 1:6-23).

2. 또한 미혹과 환난과 박해의 시기에도 천국 복음이 전파될 것이요, 아무리 큰 반대라도 다 무릅쓰고 나아갈 것임을 시사한다. 교회의 원수들이 매우 뜨거워지고, 교회의 많은 친구들이 식어질지라도, 여전히 복음이 전파될 것이다. 그리고 많은 이들이 칼과 불에 넘어지고, 많은 이들이 악하게 행하고 아첨으로 부패할지라도, 하나님을 아는 사람들은 힘을 얻어 많은 사람들을 가르치는 일에 크나큰 일을 행할 것이다. 단 11:32, 33; 빌 1:12-14을 보라.

3. 여기서 주로 의도하는 바는 복음이 세상에서 그 일을 행한 후라야 비로소 세상의 종말이 올 것이라는 뜻인 것 같다. 너희가 죽어도 복음이 전파될 것이고 그 일이 계속 진행될 것이며, 그리하여 모든 민족들이 복음을 누리게 되든지 아니면 거부하게 되든지 할 것이고, 그제야 끝이 올 것이다. 나라가 아버지 하나님께 돌려지고, 하나님의 신비가 완결되며, 신비한 몸이 완성되며, 민족들이 복음으로 말미암아 회심하고 구원받거나 혹은 정죄를 받게 될 것이요, 그제야 끝이 오리라. 이에 대해서는 전에도 말씀하신 바 있다(6, 7절). 중간의 모든 경륜들이 다 성취되고 난 후에야 끝이 올 것이다. 하나님의 택하신 자들이 부르심을 받지 않은 상태로 있는 동안에는 세상이 그대로 서 있을 것이다. 그러나 그들이 모두 부르심을 받으면, 즉시 온 세상이 불에 휩싸일 것이다.

VI. 그리스도는 좀 더 구체적으로 유대인과 그들의 성(城)과 성전과 나라에 임할 멸망을 예언하신다(15절 이하).　여기서 그는 성전이 황폐될 것에 대한 그들의 질문에 대해 좀 더 상세하게 답변하시는데, 여기서 그가 주신 말씀이 그의 제자들에게 유익이 될 것이다. 그러한 큰 일을 대하면서 그들의 처신을 돌아보게 되고 위로를 받게 될 것이다. 그는 그 재난의 갖가지 단계들을 묘사하신다.

1. 로마인들이 멸망의 가증한 것을 거룩한 곳에 세움(15절). 여기서, (1) 어떤 이들은 이를 로마의 몇몇 총독들이 성전 안에 세운 형상이나 주상을 뜻하는 것으로 이해한다. 이는 유대인들에게는 극히 거슬리는 것이었고, 그들로 하여금 반역을 도모하게 만들고 그리하여 그들에게 멸망을 가져오게 될 것이었다. 안티오쿠스(Antiochus)가 하나님의 제단 위에 세우게 한 유피테르 올림피우스

(Jupiter Olympius)의 형상을 멸망의 가증한 것이라 부르는데, 역사가가 바로 여기의 이 단어를 사용된다(마카베오상 1:54). 바벨론 포로 이후 유대인들에게는 성소에 형상이 있는 것처럼 역겨운 것이 없었다. 그들은 로마 황제 칼리굴라(Caligula)가 그의 주상을 성소에 세우자 그것에 대해 격렬하게 저항했는데, 페트로니우스(Petronius)가 그들의 도모를 사전에 방지하고 문제를 완화시키지 않았더라면 그로 인하여 치명적인 결과가 생겼을 것이다. 그러나 헤롯은 성전 문 위에 독수리 상(像)을 세웠고, 어떤 이들은 성전 안에 티투스(Titus) 상이 세워졌다고 말한다. (2) 또 어떤 이들은 본문을 그 병행 구절 — 예루살렘이 군대들에게 에워싸이는 것을 보거든 그 멸망이 가까운 줄을 알라(눅 20:21) — 에 비추어 해석한다. 예루살렘은 거룩한 성이었고, 가나안은 거룩한 땅이었으며, 예루살렘 옆에 서 있는 모리아 산은 성전과 가까워 특별히 거룩한 땅으로 여겨졌다. 예루살렘 근처에 뻗어있는 지역에 로마 군대가 포진하고 있었는데, 그것이 멸망으로 이어지는 가증한 것이었다. 원수의 땅은 네가 미워하는 땅이라 일컬어지며(사 7:16), 따라서 그 허약하나 사악한 백성에게는 원수의 군대가 가증한 것이라 불려질 만한 것이다. 그런데 이것이 선지자 다니엘이 말한 바라고 말씀한다. 다니엘은 구약 선지자들 가운데 누구보다 메시야와 그의 나라에 대해 분명하게 말씀하였다. 그는 안티오쿠스가 멸망하게 하는 가증한 것을 세울 것에 대해 말씀한다(단 11:31; 12:11). 그러나 우리 주께서 말씀하시는 것은 천사가 그에게 전해 준 메시지 속에 들어있는 것으로(단 9:27), 안티오쿠스가 멸망의 가증한 것을 세운지 오랜 후인, 칠십 이레의 마지막에 일어날 일이었다. 가증한 것이 날개를 의지하여 설 것이며, 혹은 난외주의 읽기를 취하면, 가증한 군대들과 함께(이것이 여기의 예언과 맞아떨어진다) 그가 그것을 황폐하게 하시리라. 우상숭배자들의 군대는 가증한 군대들이라 부를 만하다. 그리고 어떤 이들은 최소한 성과 성전에서 시끄럽게 왁자지껄하는 소요와 가증스러운 폭동과 싸움은 멸망하게 하는 가증한 것의 일부로 취할 만하다고 생각한다. 그리스도께서는 다니엘의 예언을 언급하셔서, 그들의 성과 성전의 패망에 대해서 구약에서 어떻게 말씀하고 있는지를 그들로 하여금 보게 하시며, 그리하여 자신의 예언을 확증하시고 또한 그의 예언에 대한 역겨움을 제거하시는 것이다. 그들은 또한 그 일이 일어나는 시기에 대해서도 생각하게 되었을 것이다. 곧, 왕이신 메시야가 끊어진 직후, 그들이 그를 거부하고 그 예언의 확실성을 거부한 죄가 그것을 촉발

시키게 된다는 것이다. 그것은 이미 결정된 멸망이다. 그리스도께서 그의 교훈으로 율법을 확증시키셨고, 또한 그의 예언들로 구약의 예언들을 확증하셨으니, 이 둘을 함께 비교하는 것이 큰 유익이 될 것이다.

예언은 보통 희미하고 확실치 않으므로, 그리스도께서는 다음과 같은 말씀을 덧붙이신다. "읽는 자는 깨달을진저. 다니엘의 예언을 읽는 자는 그것이 이제 곧 예루살렘의 멸망에서 성취되는 것임을 깨달을진저." 주목하라. 성경을 읽는 자는 성경을 깨닫도록 힘써야 한다. 그렇지 않으면 그 읽는 것이 별 소용이 없다. 깨닫지 못하면 사용할 수도 없는 법이다(요 5:39; 행 8:30을 보라). 다니엘에게 이 예언을 전한 천사는 그에게, 너는 깨달아 알지니라라고 촉구하였다(단 9:25). 그러므로 심지어 희미한 예언들이라도 깨닫기에 힘쓰고 절망하지 말아야 할 것이다. 신약의 큰 예언을 가리켜 비밀이라 하지 않고 계시라 부르는 것이다. 나타난 일은 우리에게 속하였으므로(신 29:29) 겸손하고도 부지런히 그것을 살펴야 할 것이다. 혹은, 깨달을진저란 그 일들에 대해 말씀하는 그 본문들만이 아니라 성경을 근거로 "때를 깨달으라"는 뜻이기도 하다. 시세(時勢)를 아는 우두머리가 이백 명이니(대상 12:32). 어떤 이들은, "관찰하고 주목하라"는 뜻으로 보기도 한다. 그렇게 보면, 미혹에 빠진 사람들이 헛된 소망을 가지나 가증한 군대들이 멸망을 가져올 것을 확신하라는 뜻이 된다.

2. 생각 있는 사람들이 주지해야 할 생명 보존의 수난(16, 20절). 그 때에 유대에 있는 자들은 산으로 도망할지어다. 도망하는 것 외에는 이를 피할 다른 방도가 없다는 것을 깨닫고 그리하라. 우리는 이를 다음과 같은 뜻으로 취할 수 있을 것이다.

(1) 멸망 그 자체에 대한 예언으로. 그것이 피할 수 없으며, 아무리 완강한 마음으로 그것을 저항하고 그것과 싸워도 그것을 막을 수가 없으며, 그것을 피할 방도를 찾아야만 한다는 것이다. 백성들이 듣지 않음에도 불구하고 예루살렘이 갈대아인들에게 함락될 것이며 그들에게 저항해도 아무런 소용이 없다는 것을 예레미야가 그렇게 끈질기게 외친 것처럼, 여기서 그리스도께서는 그 멸망에 저항해도 아무런 소용이 없음을 보여주시고, 모든 사람에게 도망할 것을 명하시는 것이다.

(2) 그리스도의 제자들에게 행할 일을 지시하시는 것으로 취할 수도 있을 것이다. 로마인들을 대적하여 싸우고 투쟁하는 자들과 공모하여 그 성과 민족을

보존시키라고 말하지 말라. 그들은 자기들의 정욕 위에다 재물을 불태우기밖에 아무런 일도 하지 못할 것이다(유대인들이 최종적으로 멸망하기 몇 년 전 로마의 권세를 대항하여 그들이 투쟁을 벌이는 바로 이 사건에 대해서 사도가 언급한다. 약 4:1-3). 그렇게 하지 말고, 그들에게 제시된 선언을 그대로 받아들이고 속히 그 성과 그 곳을 떠나라. 롯이 소돔 땅을 떠났고, 이스라엘이 다단과 아비람의 장막을 떠난 것처럼, 무너지는 집이나 가라앉는 배를 기꺼이 떠나듯이 그렇게 떠나라. 그는 그들에게 다음을 보여주신다.

[1] 그들이 어디로 도망해야 할지를 보여주신다. 유대로부터 산으로 도망하라고 하신다. 예루살렘 근방에 둘러 있는 산이 아니라 그 땅의 먼 곳에 있는 산들로 도망하라고 하신다. 그 곳들이 그들에게 피난처가 될 것인데, 그 곳이 강력한 보루이기 때문이 아니라 은밀하게 숨어 있기 때문에 피난처를 제공해 줄 수가 있는 것이다. 이스라엘이 산에 흩어졌다고 말씀한다(대하 18:16. 또한 히 11:38을 보라). 폭동을 벌이는 유대인들이나 격노한 로마인들 가운데 있는 것보다 차라리 사자의 굴에 거하고 표범이 거하는 산에 있는 것이 더 안전할 것이다. 주목하라. 재난과 위험이 임박한 시기에는 모든 선하고 정직한 수단을 다 사용하여 우리 자신을 보존하기를 힘쓰는 것이 정당할 뿐 아니라 우리의 의무이기도 하다. 그리고 만일 하나님께서 도피의 문을 여시면, 반드시 도피해야 한다. 그렇게 하지 않으면 그것은 하나님을 신뢰하는 것이 아니라 그를 시험하는 것이다. 하나님을 인정하고 그의 이름을 크게 높이는 유대에 있는 자들조차도 산으로 도망해야 할 때가 올 수도 있다. 그럴 때에는 위험의 길에서는 벗어나야 하나, 의무의 길에서는 벗어나려 해서는 안 된다. 하나님께서 그의 쫓겨난 자들에게 피할 곳을 주실 것을 신뢰하여야 할 것이다(사 16:4, 5). 공적인 재난의 시기에는, 집에서는 도저히 견딜 수가 없을 것이요 따라서 바깥이 안전할 수도 있는데, 이런 때에는 섭리에 따라 도망하여야 한다. 도망하는 자는 후에 다시 싸울 수가 있는 것이다.

[2] 그들이 얼마나 일을 서둘러 행하여야 할지를 보여주신다(17, 18절). 목숨이 달린 위험이 임박하고 갑자기 살육이 일어날 것이므로, 경보가 울리면 지붕 위에 있는 자는 집 안에 있는 물건을 가지러 내려가지 말고, 밑으로 내려가는 가장 가까운 길을 찾아 즉시 도망해야 한다. 그리고 밭에 있는 자도 겉옷을 가지러 혹은 집의 물건들을 가지러 돌이키지 말고 즉시 도망하는 것이 가장 지혜로운 처

사다. 왜냐하면, **첫째로**, 물건들을 꾸리는 데에 시간이 걸리므로 도망하는 일이 지체될 것이기 때문이다. 주목하라. 사망이 문 앞에 와 있을 때에 지체한다는 것은 위험천만한 일이다. 천사들은 롯에게, 뒤를 돌아보지 말라고 당부하였다. 죄악된 상태의 비참함과 그 상태에 있는 자들에게 임할 멸망을 납득하며, 또한 결과적으로 그리스도께 피해야 한다는 것을 인식하는 자들은 이런 모든 깨달음을 갖고도 지체하는 것 때문에 영원히 멸망하는 일이 없도록 주의해야 할 것이다. **둘째로**, 겉옷이나 기타 귀한 물건들을 지니고 가면 도망하는 걸음이 더딜 것이기 때문이다. 아람 사람들은 의복과 병기를 버려두고 도망하였다(왕하 7:15). 그런 때에 비록 우리 자신은 아무것도 구하지 못하나, 우리의 생명이 노략물 주듯 우리에게 주어진다면 그것에 대해 진정 감사하여야 할 것이다(렘 45:4, 5). 목숨이 음식보다 중하기 때문이다(6:25). 가장 물건을 적게 지닌 자들이 가장 안전하게 도망할 것이었다. 철학자 비아스는 빈손으로 도망하면서, 나는 내 모든 재물을 지니고 있다고 말했다. 마음속에 은혜를 지닌 사람은 모든 것을 다 잃어버렸을 때에도, 모든 것을 지닌 것이다.

그런데 그리스도의 이 말씀을 직접 들은 자들은 살아 생전에 이런 처참한 날을 보지 못했고, 열두 제자들 중에서도 요한을 제외하고는 아무도 보지 못했다. 그들은 산에 숨어 있을 필요가 없었다(그리스도께서 그들을 히늘에 숨기셨다). 그러나 그들은 후에 오는 자들에게 지침을 남겨서 유익을 주었다. 예루살렘과 유대에 있는 그리스도인들은 재난이 다가오는 것을 보고 모두 요단강 동편의 펠라(Pella)라는 안전한 마을로 숨어 들어갔고, 결국 예루살렘이 패망할 때에 수천 명이 멸망하였으나 그리스도인은 그 중에 한 사람도 없었다. 유세비우스(Eusebius)의 『교회사』(3권 5장)를 보라. 슬기로운 자는 재앙을 보면 숨어 피하느니라(잠 22:3; 히 11:7). 이러한 경고는 사사로이 은밀하게 숨겨지지 않았다. 그 멸망이 임하기 오래 전에 마태복음이 반포되었고, 그리하여 많은 이들이 유익을 얻었다. 그러나 이것을 믿지 않은 자들은 멸망하였으니, 이는 그리스도께서 장차 임할 진노에 대해 주신 경고들을 믿지 않음으로 영원히 멸망할 것에 대한 하나의 모형이었던 것이다.

[3] 그 때에 특별히 괴로움을 당할 자들이 누구인가를 보여주신다. 아이 밴 자들과 젖먹이는 자들에게 화가 있으리로다(19절). 그리스도께서 죽으시면서 하신 말씀이 이 동일한 사건을 지칭한다. 잉태하지 못하는 이와 해산하지 못한 배와 먹

이지 못한 젖이 복이 있다 하리라(눅 23:29). 살육당할 자녀들이 없는 자들은 복이 있다. 그러나 아이를 밴 자들과 젖먹이를 둔 자들은 지극히 복이 없는 자들이다. 모든 사람들 가운데 그들의 처지가 가장 처량할 것이다. **첫째로**, 그들에게는 기근이 가장 쓰라릴 것이다. 젖먹이가 목말라서 혀가 입천장에 붙는 것을 볼 것이요(애 4:3, 4), 그리하여 다른 누구보다도 그 재난의 잔임함을 뼈아프게 겪을 것이기 때문이다. **둘째로**, 야만적인 노도보다 더 극심한 손에 칼이 들려서 그들에게 정말 끔찍한 일을 행할 것이다. 아이 밴 부녀들이 격노한 정복자의 칼에 베임을 당하고(왕하 15:16; 호 13:16), 어린아이들이 살인하는 자에게로 끌어냄을 당하는 것(호 9:13)이야말로 비참한 일이 아닐 수 없다. **셋째로**, 그들에게는 도망하는 일이 지극히 괴로운 일이 될 것이다. 어린 아기를 데리고 있는 여자는 급히 서둘 수도 없고 멀리 도망할 수도 없다. 젖먹이는 뒤로 버려 둘 수가 없다. 만일 어쩔 수 없이 버려 두어야 한다면, 여인이 어찌 그 젖 먹는 자식을 잊겠으며 자기 태에서 난 아들을 긍휼히 여기지 않겠느냐(사 49:15). 젖먹이를 데리고 가려 해도 그 어미의 도피가 지체될 수밖에 없어서 그녀의 목숨이 위험에 빠지게 되고, 그 아이도 므비보셋의 운명을 당할 위험에 처하게 된다. 그는 그 유모가 앉고 급히 도망하다가 떨어져 다리를 절게 되었다(삼하 4:4).

[4] 그 시기에 대해 그들이 기도할 바를 보여주신다. 너희가 도망하는 일이 겨울에나 안식일에 되지 않도록 기도하라(20절). 관찰하라. 일반적으로, 공적인 어려움과 재난의 시기에는 그리스도의 제자들이 기도에 힘쓰는 것이 합당하다. 기도야말로 모든 쓰라린 상처를 위한 연고(軟膏)로서 언제든 필요하지 않은 때가 없으나, 특별히 우리가 사방에서 괴로움을 당할 때에는 더욱 필요하다. 하나님의 심판의 선고가 이미 내려졌으므로 도망하는 것밖에는 해결책이 없다. 그러므로 하나님께서도 그의 진노를 돌이켜 달라는 탄원을 듣지 않으실 것이다. 그렇다. 비록 노아, 다니엘, 욥이 거기에 있을지라도 안 된다. 그만해도 족하니 이 일로 다시 내게 말하지 말고(신 3:26), 현재의 상태에서 최선을 다하여 수고하라. 어쩔 수 없이 도망해야 할 사태가 오지 않게 해달라고는 믿음으로 기도할 수 없을 때에는, 모든 상황이 은혜 가운데서 풀어지게 해 달라고 기도할 것이요, 그렇게 하면 잔이 네게서 돌이켜지지는 않을 것이나 심판의 극한 사태는 예방될 수 있을 것이다. 주목하라. 하나님께서는 때때로 이런저런 방식으로 큰 변화가 일어나도록 그렇게 사건들의 정황을 다스리시므로, 그런 일을 당할 때에 우리의 눈

이 언제나 그를 향하여야 하는 것이다. 그리스도께서 이런 일을 위하여 기도하라고 명하신다는 것은 그가 그들에게 그것을 들으시겠다는 것을 시사한다. 전면적인 재난이 닥칠 때에도 우리는 하나님께서 정황 속에서 베푸시는 자비를 간과해서는 안 되며, 상황이 더 악할 수도 있었는데 하나님의 은혜로 그나마 그렇게 되지 않았다는 것을 깨달아야 할 것이다. 그리스도께서는 또한 제자들에게 그들 자신과 친지들을 위하여, 어쩔 수 없이 도망해야 할 사태가 올 때에라도 그 일이 가장 편리한 때에 일어나도록 기도하라고 명하신다. 주목하라. 어려움이 멀리 내다보일 때에는 미리 기도에 힘쓰는 것이 합당하다. 그리고 이 때에 다음과 같은 것을 기도해야 한다. 첫째로, 하나님의 뜻에 따라 그들이 도망해야 할 일이 생기더라도, 그 일이 겨울에 되지 않도록 기도해야 한다. 겨울에는 낮이 짧고 날씨가 추우며 길이 더러우므로 그 때에 길을 떠난다는 것은, 특히 온 가족이 함께 길을 떠난다는 것은 불편하기 그지없다. 바울은 디모데에게 겨울이 되기 전에 그에게로 속히 오라고 명하였다(딤후 4:21). 주목하라. 육체를 편안하게 하는 문제만을 주로 생각해서는 안 되지만, 그 문제를 정당하게 고려하는 것은 필요한 일이다. 하나님께서 보내시는 것을 받을 수밖에 없으나, 그것이 올 때에 우리는 육체의 불편함을 고려하여 기도할 수 있고, 또한 그렇게 기도하라고 주님이 격려하고 계신다. 그는 육체를 돌아보시는 주님이신 것이다. 둘째로, 그 일이 안식일에 되지 않도록 기도해야 한다. 우선 그 일이 유대인의 안식일에 되지 않도록 기도해야 했다. 왜냐하면 유대인들은 제자들이 안식일에 이삭을 자른 것 때문에 그들에게 분노를 터뜨렸으니, 그 날에 먼길을 떠나면 그것이 그들의 큰 분노를 촉발시킬 것이었기 때문이다. 또한 그리스도인의 안식일에 되지 않도록 기도해야 한다. 왜냐하면 그 날에 어쩔 수 없이 먼길을 떠나야 한다면 그것이 그리스도인들에게 큰 괴로움이 될 것이기 때문이다. 이는 온 세상에 복음이 전파된 후에 그의 교회에서 매주마다 안식일을 지키는 것이 그리스도의 뜻임을 시사해 준다. 우리는 그리스도께서 유대인 교회의 순전히 의식적인 규례에 대해 관심을 표명하신 것을 본 일이 없다. 왜냐하면 그것들 모두가 사라질 것들이었기 때문이다. 그러나 안식일에 대해서는 그가 자주 관심을 보이셨다. 이는 또한 안식일이 일상적으로 여행과 세상적인 수고와 노동에서 휴식하는 날로 지켜져야 한다는 것을 시사한다. 그러나, 제4계명에 대한 그리스도 자신의 설명에 따르면, 필수적인 일들은 안식일에도 정당했고, 원수에게서 목숨을 살리기 위해 도망하는 일이 이에 해당된다. 그 일이 정당하지 못했다면 그는 이렇게 말씀하셨을 것이다: "너희에게 무슨 일이 일어나든 안식일에는 도망하지 말고, 네가 죽을지라도 그 날을 지키라." 지극히 큰 환난을 피하기 위해 지극히 작은 죄를 범할 수는 없기 때문이다. 그러나 이는 또한 피치 못할 사정 때문에 안식일에 하나님을 예배하는 일을 하지 못하게 되는 것이 선한 사람에게는 매우 불편한 일이라는 것을 시사하기도 한다. 우리는 고요하고 방해받지 않고 안식일을 지내기 위해서, 안식일에 마땅히 할 일 외에 다른 할 일이 없기를 위해서, 흐트러짐이 없이 주께 경배할 수 있기 위해서 기도해야 할 것이다. 반드시 도망해야 한다면, 안식일이 주는 유익과 위로를 받아서 그 일을 더 잘 감당할 수 있게 되는 것이 바람직한 일이었다. 겨울에 도망하는 일은 육체에 괴로움을 주는 일이다. 그러나 안식일에 도망하는 일은 영혼에 괴로움을 주며, 전에 지키던 안식일을 생각하면 더욱더 괴로워진다(시 42:4).

3. 곧바로 큰 환난이 이어짐. 그 때에 큰 환난이 있겠음이라(21절). 불법의 분량이 가득 찰 때에, 하나님의 종들이 보호함을 받고 난 다음에 환난이 온다. 롯이 소알 땅에 당도하기까지는 소돔에 아무런 일도 일어나지 않았다. 그 후에야 불과 유황이 곧 쏟아져 내렸던 것이다. 그 때에 큰 환난이 있겠음이라. 성내에는 전염병과 기근, 그리고 파당과 분쟁이 기승을 부려 각 사람의 칼이 동료들을 향하는 때에 그 환난이란 과연 크고 무서울 수밖에 없다. 성 바깥에는 로마의 군대가 그들을 삼킬 준비를 갖추고 있었다. 그저 유대인들이기 때문이 아니라 반역한 유대인들이기 때문에 그들을 몰살시킬 준비를 하고 있었던 것이다. 다윗이 세 가지 쓰라린 심판 중에서 유일하게 제외시킨 것이 바로 전쟁이었다. 그러나 유대인들은 전쟁으로 멸망하였고, 지극한 기근과 전염병이 있었다. 요세푸스의 『유대 전쟁사』(*History of the Wars of Jews*)에는 그 어떠한 역사에서도 볼 수 없는 비참한 상황들이 기록되어 있다.

(1) 그것은 유례가 없는 황폐였고, 창세로부터 지금까지 없었고 후에도 없을 큰 환난이었다. 수많은 성과 나라들이 황폐화되었으나 이런 황폐와 같은 것은 있은 일이 없다. 겁 없는 죄인들은 이것이 하나님께서 행하신 최악의 것이라고 생각해서는 안 된다. 가증스런 행위들이 커지고 또 커지는 것을 보실 때에 그는 풀무 불을 일곱 배나 더 뜨겁게 달구실 수도 있는 것이다. 로마 사람들은 예루살렘을 함락시킬 때에 그들의 선조들의 명예와 덕성에서 타락한 상태였고,

그리하여 유대인들을 상대로 더 쉽게 승리를 얻은 것이다. 또한 유대인들 자신의 사악함과 고집스러움으로 인하여 환난이 더욱더 커졌다고 볼 수도 있다. 예루살렘의 패망이 유례가 없는 패망이었다는 것은 이상스러울 것이 없다. 그들이 심지어 그리스도를 십자가에 못 박기까지 했으니 그들의 죄악 역시 유례가 없는 죄였던 것이다. 어느 백성이든 입으로 하는 고백과 그들이 누리는 특권에서 하나님께 가까울수록, 그들이 그 특권들을 악용하고 그 고백을 거짓으로 만들 때에 하나님께로부터 당하게 될 심판도 더 커지고 더 무거워지는 법이다(암 3:2).

(2) 그것은 만일 오랫동안 지속되면 도저히 견딜 수가 없고, 그리하여 모든 육체가 구원을 얻지 못하게 될 그런 황폐였다(22절). 사망이 그렇게 온갖 끔찍한 모습으로 승승장구하며 활개치고, 그렇게 막강한 사람들을 부리며 나아가므로, 피할 길도 없고 큰 자나 작은 자나 할 것 없이 모두가 끊어질 수밖에 없는 처지였다. 한 번 칼을 피한 자라도 또 다른 칼에 넘어질 것이었다(사 24:17, 18). 요세푸스에 따르면, 여러 곳에서 죽임을 당한 사람들의 숫자를 계산해 보니 이백만 명 가량 되었다고 한다. 모든 육체가 구원을 얻지 못할 것이다. 그는 "모든 영혼이 구원을 얻지 못할 것"이라고 말씀하지 않으신다. 왜냐하면 육체의 멸망이 주 예수의 날에 영혼이 구원받게 하기 위함일 수도 있기 때문이다. 그러나 육체적인 목숨이 그렇게도 엄청나게 희생될 것이므로, 그 환난이 너 오래 지속되면 아무도 구원을 얻지 못하겠다고 생각할 만한 것이다.

그러나 이 모든 두려움 중에서도 한 가지 위로의 말씀이 있다. 곧, 택하신 자들을 위하여 그 날들을 감하시리라는 것이다. 하나님께서 정하신 것보다 더 감해지지는 않으나(이미 정한 종말까지 진노가 황폐하게 하는 자에게 쏟아질 것이므로, 단 9:27), 그들의 죄를 기준으로 그가 정하셨을지도 모를 기간보다, 인간적인 가능성으로 생각하는 자들이 판단하는 것보다, 또한 원수가 계획한 것보다도 감해졌다. 만일 하나님께서 그들을 사용하시면서 한도를 정해놓지 않으셨다면, 그들은 자기들의 진노를 무한정 쏟아부었을 것이고 그리하여 모든 사람들을 완전히 쓸어버렸을 것이다. 주목하라. [1] 전면적인 재난의 시기에도 하나님께시는 그의 백하신 남은 자들에게 자비를 보이신다. 그들은 그가 그런 재난의 시기에 만드실 그의 보배들이요, 모든 것이 약탈자들에 의해 버려질 때에도 그가 안전하게 보존하실 그의 특별한 보화들인 것이다. [2] 재난의 기간을 감하시는 것은 하나님께서 택한 자들을 위하여 자주 베푸시는 그의 자비다. 우리의 환난이 그렇게 오랫동안 지속된다고 불평하는 대신, 우리의 오점들을 생각한다면, 그 환난이 언제나 오래 지속되지는 않는다는 것에 대해 감사할 이유를 깨닫게 될 것이다. 우리에게 환난이 있을 때에, 우리는 "더 악화되지 않는 것에 대해 하나님을 찬양할지로다. 이것이 끝이 없고 치료가 없는 지옥과 같은 상태가 아니라는 것에 대해 하나님을 찬양할지로다"라고 말하는 것이 합당할 것이다. 여호와의 인자와 긍휼이 무궁하시므로 우리가 진멸되지 아니함이니이다(애 3:22)라고 고백한 것은 바로 환난 중에 있는 교회였다. 주께서 그렇게 하시는 것은 택한 자들을 위하심이다. 그가 영원토록 싸우시면 그들의 심령이 원수들 앞에서 무너질 것이고, 또한 그들의 마음은 아니더라도 그들의 손이 미혹당하여 불법에 빠질 것이므로, 그들을 위하여 그렇게 감하시는 것이다.

그리고 여기서 거짓 그리스도들과 거짓 선지자들에게 미혹당하지 않도록 주의하라는 경고가 되풀이된다(23절 이하). 그들은 예레미야 시대의 거짓말하는 선지자들처럼 구원을 약속하나(렘 14:13; 23:16, 17; 27:16; 28:2), 그들을 속이는 자들이었다. 큰 환난의 때는 큰 유혹의 때요, 따라서 그 때에는 배나 더 경계를 해야 한다. 보라, 로마 사람들에게서 우리를 구원해 줄 그리스도가 여기 있다 혹은 저기 있다고 말해도, 그들의 말을 듣지 말라. 그것은 모두 그저 말뿐이다. 그런 구원이란 기대할 수조차 없는 것이요, 따라서 그런 구원자도 없는 것이다.

VII. 그는 이 큰 사건들이 일어나는 시기에 갑자기 복음이 세상에 전파될 것을 예언하신다. 번개가 동편에서 나서 서편까지 번쩍임 같이 인자의 임함도 그러하리라(27, 28절). 이는 보라 그리스도가 여기 있다 혹은 저기 있다 라고 말하는 미혹하는 자들의 독을 방지해 주는 것으로 나타나고 있다(눅 17:23, 24과 비교하라). 그들의 말을 듣지 말라. 인자가 임하는 것이 마치 번개 같을 것이기 때문이다.

1. 이는 무엇보다도 그가 이 세상에서 그의 신령한 나라를 세우기 위하여 임하시는 것을 의미하는 것 같다. 복음이 그 밝은 빛과 능력으로 임하면 거기에 인자가 오신 것이다. 미혹하는 자들과 거짓 그리스도들은 광야나 은밀한 집(딤후 3:6)에 숨은 상태로 왔으나, 그리스도는 그런 두려워하는 영이 아니라 능력과 사랑과 절제하는 마음의 영으로 오시는 것이다. 복음은 두 가지 면에서 특별할 것이다.

(1) 그 급속한 전파. 그것은 마치 번개처럼 날아가며, 복음이 그렇게 전파될 것이다. 복음은 빛이요(요 3:19), 반면에 번개는 갑작스럽게 번쩍하고 사라지는 섬광이다. 그러나 복음은 한낮에 작열하는 태양 빛과 같은 것이다. 그러나 복음은 다음과 같은 점에서 번개와도 같다.

[1] 그것은 번개처럼 하늘로서 오는 빛이다. 번개를 보내시고 다시 돌이키시는 분은 하나님이지 사람이 아니다. 그것을 지시하시는 분이 하나님이시다(욥 37:3). 사람에게 그것은 하나의 자연적인 이적이요 그의 힘으로나 기술로 일으킬 수 있는 것이 아니고, 그것은 위로부터 온 것이다. 그의 번개가 세계를 비추니 땅이 보고 떨었도다(시 97:4).

[2] 그것은 번개처럼 눈에 뚜렷하게 보인다. 미혹하는 자들은 사탄의 깊음에 근거하여 광야와 은밀한 집에서 활동하며 빛을 피한다. 이단들을 가리켜 빛을 피하는 자들이라 불렀다. 그러나 진리는 어둔 구석을 찾지 않는다. 그러나 해를 옷 입은 여자가 광야로 도망하는 것처럼(계 12:1, 6), 때로는 어쩔 수 없이 어둔 구석으로 내몰리기도 한다. 그리스도는 그의 복음을 공개적으로 선포하셨고(요 18:20), 그의 사도들은 한쪽 구석에서가 아니라(행 26:26) 집 위에서(10:27) 전파하였다. 시 98:2을 보라.

[3] 그것은 번개처럼 세상에 갑작스럽게 나타나 놀라움을 준다. 유대인들은 그것에 대한 예언을 받은 바 있으나, 이방인들에게 그것은 전혀 처음 대하는 것이었고 설명할 수 없는 에너지로 그들에게 임하였다. 그것은 흑암 속에서 비치는 빛이었다(4:16; 고후 4:6). 우리는 번개로 군대를 무찌른 사실을 접하게 된다(삼하 22:15; 시 144:6). 복음의 번개로 말미암아 어둠의 권세들이 흩어지고 사라진 것이다.

[4] 그것은 번개처럼 널리, 멀리까지, 또한 급속하게 저항할 수 없도록, 퍼진다. 번개는 동에서 번쩍 하고(그리스도는 해 돋는 동쪽에서 올라오신다고 한다. 계 7:2; 사 41:2), 서쪽까지 번쩍 한다. 그렇게 다양한 언어들을 가진 그렇게 많은 먼 나라들에게, 그렇게도 어울리지 않는 도구들로, 또한 모든 세상의 유리한 점이 전혀 없고 오히려 그렇게 많은 반대가 있는 상황에서, 그것도 그렇게 짧은 시간 내에 기독교가 전파된 사실은 이 예언의 말씀을 확증해 주는 가장 큰 이적 중의 하나였다. 여기서 그리스도께서는 힘과 빠른 속도를 의미하는 흰 말을 타시고 나아가서 이기고 또 이기신 것이다(계 6:2). 복음의 빛이 태양과 함께

떠올라 태양과 함께 나아가서 그 광선이 땅 끝까지 이른 것이다(롬 10:18; 또한 시 19:3, 4과 비교하라). 비록 저항은 받으나, 미혹하는 자들처럼 광야나 은밀한 곳에 가두어질 수는 없었다. 가말리엘의 법칙에 따르면, 하나님께로부터 난 것이면 사람이 그것들을 무너뜨릴 수가 없는 것이었다(행 5:38, 39). 그리스도께서는 번개가 서편까지 번쩍이는 것을 언급하시는데, 이는 조지 허버트(신앙시인)가 그의 『전투적 교회』(Church Militant)에서 간파하듯이, 복음이 예루살렘 서편에 있는 나라들에서 가장 효과적으로 전파되기 때문이다. 복음의 번개가 얼마나 속히 이 영국이라는 섬나라에까지 이르렀던가! 테르툴리아누스(Tertullian)는 제2세기에 이를 주목하여, 로마인들도 접근할 수 없었던 영국이 예수 그리스도에 의해 그렇게 속히 점령되었다. 이것이 주께서 하신 일이다.

(2) 이상하게도 그 전파된 곳에서 성공을 거둠. 복음이, 외형적인 강압에 의해서가 아니라, 말하자면 본능적인 끌림으로, 마치 새들이 먹이를 좇아가듯이, 그렇게 많은 무리들을 모아 들였다. 주검이 있는 곳에는 독수리들이 모일 것이며(28절), 이와 같이 그리스도께서 전파되는 곳에 영혼들이 그에게로 모여들 것이다. 그리스도께서 땅에서 들리심이, 즉 십자가에 달리신 그리스도를 전파함이, 모든 사람들을 그에게서 내몰 것이라 생각하지만, 실제로는 모든 사람을 그에게로 이끌게 될 것이며(요 12:32), 이는 그에게 모든 백성이 모이리로다라는 야곱의 예언에 따른 것이다(창 49:10. 한글 개역개정판은 "그에게 모든 백성이 복종하리로다"로 번역되어 있음. 또한 사 60:8을 보라). 주검이 있는 곳에는 독수리들이 모일 것이다. 그 주검이야말로 그들에게 유익하며 그들에게 잔칫거리가 되기 때문이다. 시체가 있는 곳에는 독수리가 있느니라(욥 39:30). 독수리들은 냄새에 대한 감각이 특별히 발달되어 있어서 먹이를 쉽게 찾으며, 또한 먹이를 향하여 신속하게 날아간다(욥 9:26). 이와 마찬가지로 하나님께서 영혼을 휘저으시면, 그 영혼들이 유효적으로 예수 그리스도께 이끌리어 그에게 와서 먹게 된다. 독수리가 먹이에게 가지 않으면 어디로 가겠는가? 영혼이 영생의 말씀을 지니신 예수 그리스도께로 가지 않으면 어디로 가야 하겠는가? 독수리들은 무엇이 자기들에게 적절한 것인지, 그렇지 않은 것인지를 구별하여 행동한다. 이와 마찬가지로 영적인 감각을 발휘하는 자들은 선하신 목자의 음성을 강도와 도둑의 음성과 구별하는 법이다. 거짓 그리스도가 있는 곳이 아니라 참 그리스도가 계신 곳에 사탄도 있을 것이다. 이는 은혜를 입은 영혼이 그리스도를 사모하여

그와의 하나된 교제를 사모하는 데에 적용할 수 있다. 그리스도께서 그의 규례들 속에 계시는 그 곳에, 그의 종들이 있을 것이다. 은혜라는 살아 있는 원리는 모든 성도들에게 일종의 본능과도 같아서 그들을 그리스도께로 이끌어 그에게 의지하여 살게 하는 것이다.

2. 어떤 이들은 이 본문을 인자가 임하여 예루살렘을 멸하시는 것을 뜻하는 것으로 이해한다(말 3:1, 2, 5). 그 사건에 신적 능력과 정의의 역사가 너무나 놀랍게 드러나므로, 그것을 가리켜 그리스도의 오심이라 부른다는 것이다.

그런데 여기서 이와 관련하여 두 가지가 시사되고 있다.

(1) 대부분의 사람들에게는 그것이 번개의 번쩍임처럼 전혀 갑작스러운 일이 될 것이라는 것. 번개의 번쩍임은 후에 이어지는 우레를 경고하는 것이지만, 그 번쩍임 자체도 깜짝 놀랄 만한 것이다. 미혹하는 자는 말하기를, 보라 그리스도가 여기 있다 저기 있다고 하지만, 그것은 그들의 상상에 불과하다. 그러나 그들이 알아차리기도 전에 참 그리스도이신 어린 양의 진노가 그들을 사로잡을 것이요 그들이 결코 그것을 피하지 못할 것이다.

(2) 그 일이 마치 독수리가 주검에게로 날아가듯 당연한 것으로 예상될 수 있을 만한 것이었다는 것. 그들은 그 쓰라린 날을 전혀 생각하지 않았으나, 먹이를 찾는 새들이 들판에 넘어져 있는 주검에 모이듯 그만큼 확실하게 황폐가 임할 것이었다. [1] 유대인들은 너무나도 부패하고 썩었고, 너무도 악하고 더러워서, 그들이 하나님의 의로운 판단에 역겨움을 주는 주검이 되었고, 또한 너무도 파당적이고 또한 모든 면에서 로마인들을 자극하여 그들 스스로 그들의 화를 불러 일으켰고, 결국 스스로 자기들을 먹이로 삼도록 그들을 불러들인 것이다. [2] 로마인들은 독수리와 같았다. 그들의 군대의 기장(旗章)도 독수리였다. 갈대아인들의 군대는 마치 먹이를 움키려 하는 독수리의 날음과 같다고 하였다(합 1:8). 신약의 바벨론의 폐허를 묘사하면서, 그 죽임당한 자들에게로 와서 그 시체들을 배불리 먹으라고 새들을 부르는 것으로 표현하고 있다(계 19:17, 18). [3] 주검이 독수리들에게서 자신을 보호할 수 없듯이, 유대인들이 로마인들에게서 자신을 보존할 수 없다는 것. [4] 독수리가 먹이의 냄새를 맡듯이, 유대인들이 어디에 있든 멸망이 그들을 찾아낼 것이라는 것. 주목하라. 사람들이 자기들의 죄로 인하여 자기 자신들을 냄새나고 역겨운 주검으로 만들면, 하나님께서 그들 가운데 독수리들을 보내사 그들을 삼키고 멸하도록 만드실 것밖에는 기대

할 것이 아무것도 없다.

3. 이것을 심판 날과 또한 그 날에 이루어질 주 예수 그리스도의 강림하심과 우리가 그 앞에 모임에도(살후 2:1) 얼마든지 적용할 수 있다. 여기서 다음을 보라.

(1) 그가 어떻게 임하시는지. 번개처럼 임하실 것이다. 그가 세상을 떠나 아버지께로 가실 때가 이제 임박하였다. 그러므로 그리스도에 대해 물어볼 사람들은 광야나 은밀한 곳으로 들어가서도 안 되고, 그리스도가 계신 곳을 손가락으로 가리키며 그들을 미혹하는 자들의 말도 들어서는 안 된다. 그는 하늘에 계시니 그리로부터 구주가 오시기를 기다려야 하는 것이다(빌 3:20). 번개가 그렇듯이 그도 구름을 타고 오실 것이요, 번개가 번쩍일 때에 모든 생물들이 그리로 얼굴을 돌리듯이 각 사람의 눈이 그를 볼 것이다(계 1:7). 그리스도께서 하늘 이 끝에서 저 끝까지 온 세상에 나타나실 것이다. 그 어떠한 것도 그 날의 빛과 열기에서 피할 수 없을 것이다.

(2) 성도들이 그에게 어떻게 모일 것인지. 마치 독수리들이 본능적으로 신속하고도 민첩하게 주검에게 모이듯이 그렇게 모일 것이다. 성도들은 영광에로 들어갈 때에 독수리 날개에 업혀서 인도함받을 것이다(출 19:4). 그들은 새 힘을 얻으리니 독수리가 날개치며 올라감 같을 것이다(사 40:31).

VIII. 그는 마지막 때에 있을 그의 재림을 예언하신다.　해가 어두워지며 …(29-31절).

1. 어떤 이들은 이것을 예루살렘과 유대 민족의 멸망만을 지칭하는 것으로 이해하여야 한다고 본다. 해와 달과 별들이 어두워지는 것은 그 나라의 영광의 몰락과 무너짐과, 그리고 그 황폐에 수반되는 전면적인 혼란을 의미한다는 것이다. 구약에서는 큰 살육과 파괴를 그렇게 표현하고 있다(사 13:10; 34:4; 겔 32:7; 욜 2:31). 아니면, 해와 달과 별은 성전과 예루살렘과 유다의 성읍들을 의미할 수도 있다. 이렇게 보면 그 모든 것들이 다 폐허가 된다는 의미라 할 것이다. 인자의 징조(30절)란 그 일에서 주 예수의 권능과 정의가 분명하게 드러나는 것을 뜻한다. 그가 그 자신의 피에 대해서 그들에게 복수하시고 그의 피를 흘린 죄책을 그들과 그들의 자녀들에게 갚으실 것이다. 그리고 그의 택하신 자들을 모으는 일(31절)은 남은 자들을 이 죄와 멸망으로부터 구원해 내는 것을 의미한다 할 것이다.

2. 그러나 이것은 오히려 그리스도의 재림을 지칭하는 것인 듯하다. 교회의

특정한 원수들이 멸망하는 것은 그들 모두를 완전히 정복하는 것을 예표하는 것이었고, 따라서 그 특정한 원수들의 멸망은 그 큰 날에 실제로 이루어질 일에 얼마든지 은유적으로 적용 가능한 것이다. 그러나 우리는 본문의 주된 의미에 주목해야 한다. 그리스도의 재림을 기대하는 것에서 우리 모두가 동의하고 있고, 뿐만 아니라 이 본문이 그리스도의 재림을 그렇게도 분명하게 말씀하며, 또한 다른 성경과 그렇게 일치하여 말씀하고 있고, 특히 그리스도께서 여기서 세상 끝날 그의 임하심에 관한 문의에 대답하고 계시니, 몇몇 사람들이 그렇게 하듯이 이 본문들을 억지로 끼워 맞추어 이해하여야 할 필요가 어디에 있겠는가?

이에 대한 유일한 반론은, 그 날 환난 후에 즉시 그 일이 있으리라고 말씀한다는 점이다. 그러나 이에 대해서는, (1) 크고 확실한 일들에 대해서 가깝고 임박한 것으로 말씀하는 것이 예언에서 흔히 볼 수 있는 어법이며, 이는 다만 그 일들이 크고 확실함을 표현하는 것일 뿐이다. 에녹은 그리스도의 재림이 시야에 들어와 있는 것으로 보아서, 보라 주께서 임하시나니라고 말씀한다(유 14. 한글개역개정판은 '임하셨나니' 로 번역함). (2) 하나님 보시기에는 천년이 하루 같다(벧후 3:8). 그리스도의 재림과 관련하여 그렇게 강조하고 있으므로, 그 일을 가리켜 즉시 있을 일로 얼마든지 말씀할 수 있는 것이다. 그 날의 환난에는 예루살렘의 멸망은 물론 교회기 통과하여야 할 모든 다른 환난까지도 포함되며, 나라들이 재난을 당할 때에 교회가 함께 당하는 환난은 물론 교회 자체가 특수하게 당하는 환난들까지도 포함된다. 나라들이 전쟁으로 찢어지나, 반면에 교회는 분열과 미혹과 박해 등으로 찢어지므로, 그 날의 환난이 지나갔다고 말할 수가 없다. 지상에서의 교회의 상태는 언제나 전투의 상태다. 이 점을 반드시 유념해야 한다. 그러나 교회의 환난이 끝나고, 교회의 전투가 완결되고, 그리스도의 남은 고난이 채워질 때에, 그 때에 종말이 오는 것이다.

이제 그리스도의 재림에 관하여 여기서 다음의 사실들이 예언되고 있다.

[1] 피조 세계에, 특히 천체(天體)들에게, 크고 놀라운 변화가 있으리라는 것. 해가 어두워지며 달이 빛을 내지 아니하며(29절). 달은 해의 빛을 반사하여 비추므로, 해가 어두워지면 자연히 달도 빛을 내지 못하고 망하게 된다. 별들이 하늘에서 떨어지며. 별들이 그 빛을 잃고 사라질 것이요 마치 떨어진 것처럼 될 것이다. 그리고 하늘의 권능들이 흔들리리라고 말씀하는데, 이는 다음을 시사한다.

첫째로, 모든 것을 새롭게 하기 위하여 큰 변화가 있으리라는 것. 하늘이 누더기처럼 던져지지 않고, 더 낫게 옷 입기 위하여 의복 같이 바꾸어질 때에(시 102:26), 만물의 회복하심이 있을 것이다. 새 하늘이 있기 위하여 하늘이 큰 소리로 떠나갈 것이다(벧후 3:10-13).

둘째로, 그것은 온 세상이 주목할 수 있는 눈에 보이는 변화일 것이라는 것. 해와 달이 어두워지는 일은 그럴 수밖에 없다. 그것은 놀라운 변화다. 왜냐하면 천체들은 이 땅의 피조물처럼 그렇게 쉽게 변하는 것이 아니기 때문이다. 변함이 없고 영구하게 지속되는 것을, 하늘의 낮과 해와 달의 지속성에 비한다(시 89:29; 36:37). 그런데도 그것들이 그렇게 흔들릴 것이다.

셋째로, 그것은 온 우주적인 변화일 것이라는 것. 해가 어두워지고 하늘의 권능들이 흔들린다면, 땅은 지하 동굴로 바뀌지 않을 수가 없고, 그 기초가 흔들리기 마련이다. 백향목이 넘어지면 아름다운 나무들이 쓰러지지 않을 수가 없다(슥 11:2). 하늘의 별들이 떨어지면 영구한 산들이 녹아지고 영원한 언덕들이 고개를 숙인다고 해서 놀랄 것이 없다. 자연이 전면적인 충격과 혼란을 당할 것이나, 그가 땅을 심판하러 임하실 때에 하늘과 땅에 기쁨과 즐거움이 없을 것이다(시 96:11, 13). 이는 마치 환난 중의 영광과도 같을 것이다.

넷째로, 낮과 밤을 주관하는 권세를 받은 해와 달과 별들이(이는 피조물이 다스림의 권세를 지니는 것으로는 처음 언급되는 것이다. 창 1:16-18) 어두워진다는 것은, 통치와 모든 권세와 능력을 멸하시고(가장 오래되고 가장 유용한 것으로 여겨지는 것들까지도) 나라를 아버지 하나님께 바쳐 그가 만유의 주로서 만유 안에 계시리라는 것을 뜻한다(고전 15:24, 28). 그리스도께서 죽임당하실 때에 해가 어두워졌는데, 이는 그 때가 어떤 의미에서 이 세상에 대한 심판이었고(요 12:31), 마지막 전면적인 심판 때에 어떻게 될지를 나타내는 것이기 때문이다.

다섯째로, 그 때에 주 예수께서 영광 중에 나타나사 친히 아버지의 영광의 광채요 그의 본체의 형상으로 자신을 나타내시므로, 마치 대낮의 햇빛 속에서 촛불이 빛을 잃듯이 해와 달이 어두워질 것이라는 것. 더 큰 영광으로 말미암아 그것들의 영광이 없어질 것이다(고후 3:10). 하나님께서 나타나실 때에는 달이 수치를 당하고 해가 부끄러워할 것이다(사 24:23).

여섯째로, 그 때에 해와 달이 어두워질 것인데, 이는 더 이상 그것들이 빛을 발할 이유가 없을 것이기 때문이다. 이 세상의 삶의 분깃을 택하는 죄인들에게는 모든 위로가 영원토록 사라질 것이다. 한 방울의 물도 얻지 못할 것이며, 또한 한 조각의 빛도 그들에게 없을 것이다. 지금은 하나님께서 그의 해를 땅 위에 뜨게 하시나, 그 때에는 내가 네게 햇빛과 달빛을 금하노라. 어둠이 그들의 몫이 될 것이다. 그러나 위에다 보화를 쌓은 성도들에게는 해와 달을 뛰어넘는 기쁨과 위로의 빛이 주어질 것이며, 그리하여 해와 달이 쓸모 없게 될 것이다. 빛의 근원이시요 아버지이신 그분께로 나아가는데, 빛을 담은 도구들이 무슨 필요가 있겠는가? 사 60:19; 계 22:5을 보라.

[2] 그 때에 인자의 징조가 하늘에서 보이리라는 것(30절). 이뿐 아니라, 모든 사람들이 인자가 구름을 타고 오는 것을 보리라고도 말씀한다. 초림(初臨) 시에는 그가 비방을 받는 표적이 되기 위하여 세움을 받으셨으나(눅 2:34), 재림 시에는 높이 기리고 받을 표적으로 세움을 받으시는 것이다. 에스겔은 징조가 되게 세움받은 인자였다(겔 12:6). 어떤 이들은 이것을 그리스도의 오심을 미리 전하며 그의 가까이 오심을 선포하는 선구자들에 대한 예언으로 이해한다. 그의 앞에는 빛이 비치고, 삼키는 불이 있다(시 50:3; 왕상 19:11, 12). 광선이 그의 손에서 나오는 그의 권능이 그 속에 감추어졌도다(합 3:4). 고대의 몇몇 사람들은 여기서 말씀하는 인자의 징조란 깃발처럼 드러나는 십자가의 징조일 것이라고 추리하였으나, 이것은 전혀 근거가 없는 것이다. 그것은 모든 불신앙을 완전히 무니뜨리고, 그가 오신다는 약속이 어디 있느냐? 라고 말하는 자들의 얼굴을 수치로 가득 채울 그런 분명한 징조일 것임이 분명하다.

[3] 그 때에 땅의 모든 족속들이 통곡하리라는 것(30절). 모든 족속이 그로 말미암아 애곡하리니 그러하리라(계 1:7). 땅의 모든 족속과 친족에 속한 자들 중에서 일부가 애곡할 것이다. 왜냐하면 택하신 남은 자들은 그들의 구속이 임박했고 그들의 구속자가 곧 오시리라는 사실에 기쁨으로 머리를 들 것이나, 대다수의 사람들은 그의 오심에 대해 두려워 떨 것이기 때문이다. 주목하라. 모든 죄인들이 통곡하는 자들이 될 것이다. 회개하는 죄인들은 그리스도를 바라보며, 경건한 의미로 통곡한다. 그리고 눈물로 씨를 뿌리는 자들은 머지않아 곧 기쁨으로 거둘 것이다. 그리고 회개하지 않는 죄인들은 그들이 찌른 자를 바라볼 것이요, 그러므로 지금은 웃으나 그 때에는 끝없는 공포와 절망 속에서 통곡하며 슬퍼울 것이다.

[4] 그들이 인자가 구름을 타고 능력과 큰 영광으로 오는 것을 보리라는 것. 주목하

라. 첫째로, 그 큰 날의 심판이 인자에게 맡겨질 것이며(요 5:22, 27), 그는 중보자로서 우리를 위하여 그 일을 행하실 것이다. 둘째로, 인자는 그 날에 구름을 타고 오실 것이다. 하늘과 땅 사이의 눈에 보이는 교류는 대부분 구름을 통해서 이루어진다. 구름은 말하자면 참여의 매개체로서, 하늘이 땅 사이에 둔 것이요 하늘이 이것을 통해 땅을 순화시키는 것이다. 그리스도께서는 구름을 타고 하늘로 올리셨고, 그 모습 그대로 다시 오실 것이다(행 1:9, 11). 볼지어다 그가 구름을 타고 오시리라(계 1:7). 구름은 통치자의 수레요(시 104:3), 그의 의복이요(계 10:1), 그의 장막이요(시 18:11), 그의 보좌다(계 14:14). 세상이 물로 멸망했을 때에 심판이 하늘 구름 속에서 왔다. 하늘의 창문들이 열렸기 때문이다. 그리고 세상이 불로 멸망하게 될 때에도 이와 마찬가지일 것이다. 그리스도는 이스라엘의 앞에서 구름 속에서 행하셨는데, 거기에는 밝은 면과 어둔 면이 있었다. 마찬가지로 그리스도께서 그 큰 날에 타고 오실 구름도 위로와 공포를 동시에 가져올 것이다. 셋째로, 그는 능력과 큰 영광으로 오실 것이다. 그의 초림은 연약함과 초라함 속에서 이루어졌다(고후 13:4). 그러나 그의 재림은 그의 위엄과 그의 오심의 목적에 걸맞도록 능력과 영광으로 이루어질 것이다. 넷째로, 그가 오실 때에 육안으로 보일 것이다. 그가 육안으로 보이므로 인자가 재판장이 되실 것이요, 그리하여 죄인들이 옛날 발람이 그랬던 것처럼 그를 보고서 더욱 더 두려움에 싸일 것이다(민 24:17). 그 저주받은 죄인은 멀리서 아브라함을 봄으로써 두려움이 더해졌던 것이다. "이분이 우리가 멸시하고 거부하고 반역했던 그분이며, 우리가 십자가에 못 박은 분이란 말인가? 그가 우리의 구주가 되셨을 수도 있는데, 우리의 재판장이요 영원토록 우리의 원수가 되신단 말인가?" 그 때에는 모든 열국의 소망이던 것이 그들의 처절한 두려움이 될 것이다.

[5] 그가 큰 나팔소리와 함께 천사들을 보내리라는 것(31절). 주목하라. 첫째로, 그리스도의 재림 시에 천사들이 그의 시종들로서 그를 옹위할 것이다. 그들을 가리켜 그의 천사들(한글 개역개정판에는 번역되어 있지 않음)이라 부르는데, 이것이 그가 하나님이시요 천사들의 주(主)이심을 입증해 주는 것이다. 천사들은 그를 섬길 의무를 지니게 될 것이다. 둘째로, 그리스도께서는 이 시종들을 그 날의 심판에서 법정의 관원들로 사용하실 것이다. 그들은 지금 그리스도께서 보내시는 섬기는 영들이요(히 1:14), 그 때에도 그럴 것이다. 셋째로, 그들의 일은 큰 나팔소리와 함께 개시될 것이며, 이로써 잠자는 세상을 깨우게 될 것

이다. 이 나팔소리는 고전 15:52과 살전 4:16에서도 언급된다. 시내 산에서 율법을 주실 때에도 나팔 소리가 큰 두려움을 주었다(출 19:13, 16). 그러나 그 큰 날에는 그보다 훨씬 더할 것이다. 율법에 의하면, 대회를 소집하기 위하여(민 10:2), 하나님을 찬양할 때에(시 81:3), 희생 제물을 드릴 때에(민 10:10), 그리고 희년을 선포할 때에(레 25:9) 나팔을 울렸다. 그러므로 그 마지막 큰 날에 나팔 소리가 나는 것은 매우 적절한 것이다. 그 때에는 전체의 집회가 소집될 것이요, 하나님을 향한 찬양들이 영광스럽게 울려 퍼질 것이요, 죄인들이 넘어져 하나님의 정의에 희생 제물들이 될 것이요, 또한 성도들이 그들의 영원한 희년에 들어갈 것이기 때문이다.

[6] 그들이 그의 택하신 자들을 하늘 이 끝에서 저 끝까지 사방에서 모으리라는 것. 예수 그리스도의 재림 시에 모든 성도들 전체가 모이게 될 것이다. 첫째로, 오직 택하신 자들만이 모일 것이다. 부르심을 받는 많은 이들에 비하면 이 택하신 남은 자들은 숫자가 적을 것이다. 성도의 영원한 행복의 기초는 그들이 하나님의 택하신 자들이라는 데에 있다. 영원토록 사랑을 주시는 일은 영원 전부터 사랑하신 것에서 비롯되는 것이다. 주께서 자기 백성을 아신다(딤후 2:19). 둘째로, 천사들이 그리스도의 종들로서와 성도들의 친구들로서 그들을 함께 모으는 일에 쓰임받을 것이다. 그들에게 주어진 명령이 있다: 나의 성도들을 내 앞에 모으라(시 50:5) 아니, 그들에게, 이들이 너희 형제들이니라라는 말씀이 주어질 것이다. 왜냐하면 그 때에는 택한 자들이 천사와 동등이 될 것이기 때문이다(눅 20:36). 셋째로, 그들이 하늘 이 끝에서 저 끝까지 사방에서 모일 것이다. 하나님의 택하신 자들은 널리 흩어져 있어서(요 11:52), 곳곳마다, 모든 나라마다 택하신 자들이 있다(계 7:9). 그런데 그 큰 모임의 날이 오면 그 중에 하나도 놓치는 자가 없을 것이다. 아무리 먼 곳에 있더라도, 마음이 먼 것이 아닌 이상 그 때문에 하늘에서 제외되는 법은 없다. 하늘은 어느 곳에서도 똑같이 갈 수 있다. 8:11; 사 43:6; 49:12을 보라.

[32]무화과나무의 비유를 배우라 그 가지가 연하여지고 잎사귀를 내면 여름이 가까운 줄을 아나니 [33]이와 같이 너희도 이 모든 일을 보거든 인자가 가까이 곧 문 앞에 이른 줄 알라 [34]내가 진실로 너희에게 말하노니 이 세대가 지나가기 전에 이 일이 다 일어나리라 [35]천지는 없어질지언정 내 말은 없어지지 아니하리라 [36]그러나 그 날과

그 때는 아무도 모르나니 하늘의 천사들도, 아들도 모르고 오직 아버지만 아시느니라 [37]노아의 때와 같이 인자의 임함도 그러하리라 [38]홍수 전에 노아가 방주에 들어가던 날까지 사람들이 먹고 마시고 장가 들고 시집 가고 있으면서 [39]홍수가 나서 그들을 다 멸하기까지 깨닫지 못하였으니 인자의 임함도 이와 같으리라 [40]그 때에 두 사람이 밭에 있으매 한 사람은 데려가고 한 사람은 버려둠을 당할 것이요 [41]두 여자가 맷돌질을 하고 있으매 한 사람은 데려가고 한 사람은 버려둠을 당할 것이니라 [42]그러므로 깨어 있으라 어느 날에 너희 주가 임할는지 너희가 알지 못함이니라 [43]너희도 아는 바니 만일 집 주인이 도둑이 어느 시각에 올 줄을 알았더라면 깨어 있어 그 집을 뚫지 못하게 하였으리라 [44]이러므로 너희도 준비하고 있으라 생각하지 않은 때에 인자가 오리라 [45]충성되고 지혜 있는 종이 되어 주인에게 그 집 사람들을 맡아 때를 따라 양식을 나눠 줄 자가 누구냐 [46]주인이 올 때에 그 종이 이렇게 하는 것을 보면 그 종이 복이 있으리로다 [47]내가 진실로 너희에게 이르노니 주인이 그의 모든 소유를 그에게 맡기리라 [48]만일 그 악한 종이 마음에 생각하기를 주인이 더디 오리라 하여 [49]동료들을 때리며 술친구들과 더불어 먹고 마시게 되면 [50]생각하지 않은 날 알지 못하는 시각에 그 종의 주인이 이르러 [51]엄히 때리고 외식하는 자가 받는 벌에 처하리니 거기서 슬피 울며 이를 갈리라

여기서는 앞의 예언의 실제적인 적용을 보게 된다. 전반적으로 말해서, 우리는 여기 예언되어 있는 그 사건들을 예상하고 미리 대비하여야 할 것이다.

I. 그것들을 예상하여야 한다. "무화과나무의 비유를 배우라(32, 33절). 너희가 들은 일들을 어떻게 적용시킬지를 배우라. 시대의 표적들을 관찰하고 깨달으며, 그것들을 말씀의 예언들과 비교하여, 바로 임박한 일들을 미리 보고 적절하게 대비하도록 하라." 무화과나무의 비유는 바로 이것이다. 곧, 그 나무가 잎사귀를 내면 그것이 여름이 온다는 징조라는 것이다. 하늘의 황새도, 땅의 나무들도 그들의 정해진 때를 하는 법이다. 제2의 원인들이 역사하기 시작하는 것을 보면 그것이 발전되고 완성될 것을 확신하게 된다. 그러므로 하나님께서 예언들을 성취하기 시작하시면, 반드시 그것을 끝맺음하실 것이다. 자연의 움직임도 그렇지만, 섭리의 역사들에는 특정한 연결이 있다. 때의 표적들이 날씨의 징후들에 비유되는데(16:3), 여기서도 땅의 모습이 때의 표적들에 비유된다. 그

것이 새로워지면, 여름이, 임박하지는 않았으나 약간 먼 거리에서 오고 있다는 것을 예견하게 된다. 그 가지가 연하여지면, 우리는 3월의 바람과 4월의 소나기를 예상하게 되고, 물론 그보다는 좀 더 멀리 있으나 그 다음에 반드시 여름이 온다는 것을 알게 된다. "그러므로 이와 같이 너희도 복음의 낮이 밝아오면, 그것을 보고서 내가 너희에게 이른 이 각양 사건들을 통하여 그 완전한 날이 오리라는 것을 가늠하라. 계시된 일들이 반드시 속히 일어나리라(계 1:1). 그 일들이 각기 정해진 순서대로 임하리라. 그것이 가까이 이른 줄 알라(한글 개역개정판은 "인자가 가까이 이른 줄 알라"로 번역함)." 무엇이 가까이 이르렀는지는 구체적으로 말씀하시지 않으나, 그의 제자들이 마음을 두고 있고 그들이 사모하고 기다리는 그것이다. 본문과 병행을 이루는 눅 21:31은 하나님 나라가 가까이 온 줄을 알라고 표현하고 있다. 주목하라. 의의 나무들이 움이 돋고 잎사귀를 내면, 하나님의 백성들이 신실함을 약속하면, 그것은 좋은 시절이 오는 복된 징조다. 하나님께서 그 백성들 속에서 그의 일을 시작하신다. 먼저 그들의 마음을 준비시키시고 그 다음 그 마음을 갖고 계속 일을 하시는 것이다. 하나님의 일은 완전하며, 그는 그들의 시간 중에 그 일을 새롭게 하시기 때문이다.

이제 여기서 예언된 그 사건들에 관해서 우리는 다음과 같은 점을 예상하여야 한다.

1. 그리스도는 여기서 그것들의 확실함을 확인하신다. 천지는 없어질지언정(35절). 천지는 하나님의 규례에 따라 이 날까지 지속된다. 그러나 영원토록 계속되지는 않을 것이다(시 102:25, 26; 벧후 3:10). 그러나 내 말은 없어지지 아니하리라. 주목하라. 그리스도의 말씀이 천지보다 더 확실하고 더 지속성이 있다. 그가 말씀하셨으니 행하지 아니하시랴? 하늘의 기둥이나 땅의 견고한 기초 위에 세우는 것보다는 그리스도의 말씀 위에 더 확실하게 세울 수 있다. 땅의 것들은 흔들리고 무너져 사라질지라도 그리스도의 말씀은 여전히 그 힘과 능력과 덕을 충만히 발휘할 것이기 때문이다. 벧전 1:24, 25을 보라. 그리스도의 말씀보다도 천지가 없어짐이 쉬우리라라고 표현되어 있다(눅 16:17). 사 54:10과 비교하라. 이 예언들의 성취가 더딘 것 같고, 그 중간의 사건들이 그 예언들과 모순이 되는 것처럼 보일 수도 있다. 그러나 그렇기 때문에 그리스도의 말씀이 땅에 떨어진다고 생각해서는 안 된다. 그의 말씀은 절대로 없어지지 않을 것이기 때문이다. 우리가 예상하는 시간에 혹은 예상하는 방식대로는 성취되지 않아도,

하나님의 시간에(이것이 최상의 시간이다) 하나님의 방식으로(이것이 최상의 방식이다) 반드시 성취될 것이다. 그리스도의 말씀은 하나하나가 다 순결하며, 지극히 확실한 것이다.

2. 그는 여기서 그 일들이 일어날 시기에 대해 교훈하신다(34, 36절). 여기서 저 박식한 그로티우스(Grotius)는 타우타, 이 일(34절)과 에케이네, 그 날과 그 때(36절)가 서로 분명히 구별된다는 점을 잘 지적한 바 있는데, 이것이 이 예언을 분명히 밝히는 데에 도움이 될 것이다.

(1) 여기 예언된 이 일들, 즉, 전쟁과 미혹과 박해, 그리고 특히 유대 민족의 멸망에 대해서는 "이 세대가 지나가기 전에 이 일이 다 일어나리라(34절). 지금 살아 있는 자들 중에 예루살렘이 함락되고 유대인 교회가 종식되는 것을 볼 자도 있느니라." 이것이 다소 이상스럽게 여겨질 수도 있으므로, 그는 엄숙한 단언으로 그것을 뒷받침하신다. "내가 진실로 너희에게 말하노니. 내 말을 그대로 믿어도 좋으니라. 이 일들이 문 앞에 다가와 있도다." 그리스도께서는 그 황폐가 가까이 와 있다는 말씀을 자주 하신다. 이는 그들에게 더욱 영향을 주고, 그들을 일깨워 그 일을 대비하게 하기 위함이다. 주목하라. 우리가 아는 것보다 우리 세대에 더 큰 시험과 어려움들이 있을 수도 있다. 나이 많은 자들도 마지막 조우를 위하여 어떤 아낙 자손들이 아직 남겨져 있는지를 알지 못한다.

(2) 그러나 정확한 시기를 확정짓는 그 날과 그 때는 아무도 모른다(36절). 그러므로 이 둘을 혼동하지 않도록 조심해야 한다. 과거에 어떤 이들은 그리스도의 말씀과 사도들의 편지들에 근거하여 그리스도의 날이 가까웠다고 추정하기도 했는데, 이런 일이 있어서는 안 된다(살후 2:1, 2). 아니다. 그런 것이 아니었다. 이 세대가 지나가야만 그 날과 그 때가 이를 것이다. 주목하라. [1] 심판이 임할 날과 때가 정해져 있다. 그것을 가리켜 주의 날이라 부른다. 변경이 완전히 불가능하도록 정해져 있기 때문이다. 하나님의 심판들은 특정한 날을 지정하지 않고서 연기되는 법이 없다. [2] 그 날과 그 때는 큰 비밀이다.

> 그러나 하늘은 지혜롭게 인간의 시야에서 감추어져 있고
> 미래의 운명에 대한 어둔 작정들은
> 밤의 깊음 속에 그 씨가 뿌려져 있네. ─ 호라티우스(로마의 시인)

아무도 모르나니. 아무리 지혜로운 사람도 그 영민함으로 알 수 없고, 아무리 거룩한 사람이라도 신적인 발견으로도 알 수가 없다. 그런 날이 있으리라는 것은 우리 모두 알지만, 그 날이 언제인지는 아무도 모른다. 천사들이 지식이 크고 이 유익한 것을 알 기회가 있고(그들은 빛의 맨 끝에 거한다) 그들이 그 엄숙한 날에 쓰임을 받게 되지만, 그들도 그 날이 언제인지는 알지 못한다. 아무도 모르나니 … 오직 아버지만 아시느니라. 이것이야말로 여호와 우리 하나님께 속한 감추어진 것들 가운데 하나다. 그리스도의 재림의 때가 이렇게 불확실하다는 것은 삼가 주위를 살피는 자들에게는 생명에 이르게 하는 생명의 향기로서 그들을 더욱 경계하도록 만든다. 그러나 부주의한 자들에게는 사망에 이르게 하는 사망의 냄새로서 그들을 더욱 부주의하게 만드는 것이다.

II. 이 사건들을 예상하고 그것들을 대비해야 한다. 그리고 여기서 안일함과 쾌락에 빠져 그 날에 부끄러움을 당하지 않도록 조심하라는 경계가 주어진다(37-41절). 이 본문에서 심판 날에 대한 교훈을 제시하시는 것은, 우리를 깜짝 놀라게 하고 각성시키사 다른 사람들처럼 잠자지 않게 하시기 위함이다.

그 날은 깜짝 놀라게 만드는 날이요, 또한 분리의 날이 될 것이다.

1. 그 옛날 홍수가 날 때처럼 그 날은 깜짝 놀라게 만드는 날이 될 것이다(37-39절). 그가 여기서 묘사하고자 하시는 것은 인자가 임하실 때에 세상이 어떤 상태일까 하는 것이다. 그가 구원하시기 위해 오신 그의 초림 이외에도, 심판을 위하여 오실 재림이 그에게 있다. 그는 내가 심판하러 이 세상에 왔다고 말씀하신다(요 9:39). 그는 또한 심판하러 다시 오실 것이다. 말씀의 심판과 검의 심판 등, 모든 심판이 그에게 맡겨져 있기 때문이다.

자, 이것은 다음에 적용할 수 있다.

(1) 일시적인 심판에. 특히 유대 민족과 그 백성들에게 지금 속속 다가오고 있는 그 심판에 적용시킬 수 있다. 그들이 그 심판들에 대해 명확한 경고를 받았고, 또한 그것을 예고하는 갖가지 징조들이 있었으나, 그들은 안일하여 평안하다, 안전하다라고 외쳤다(살전 5:3). 티투스 베스파시아누스(Titus Vespasian)에 의해서 예루살렘 공격이 이루어졌는데, 그 때에 그들은 유월절을 보내며 즐겁게 들뜬 가운데 있었다. 라이스의 사람들처럼 멸망이 그들을 사로잡는 때에 부주의함 속에 거하였던 것이다(삿 18:7, 27). 구약에서도 신약에서도 바벨론이, 내가 영영히 여주인이 되리라고 말할 때에 멸망이 찾아오는 것을 본다(사 47:7-9;

계 18:7). 그러므로 그 재앙들이 한날한시에 갑자기 임하는 것이다. 주목하라. 사람들이 불신앙을 갖고 있다 해도 하나님의 경고는 절대로 무효가 되지 않는다.

(2) 영원한 심판에. 그 큰 날에 있을 심판을 가리켜 영원한 심판이라 부른다(히 6:2). 에녹 때부터 이것에 대하여 경고되어왔으나, 그것이 올 때에는 대부분의 사람들이 전혀 그것을 예상하지 못할 것이다. 그 날이 가장 가까이 와 있는 말세에, 주께서 강림하신다는 약속이 어디 있느냐? 라고 말하는 조롱하는 자들이 있을 것이다(벧후 3:3, 4; 눅 18:8). 현재의 세상이 불로 파괴될 때에 그렇게 될 것이다. 옛날에 세상이 물로 넘칠 때에도 그렇게 사람들이 멸망했다(벧후 3:6, 7). 여기서 그리스도께서는 그 옛날 홍수가 왔을 때에 세상의 사정이 어떠했는지를 보여주신다.

[1] 그 때의 사람들은 쾌락을 추구하였고 세상적이었다. 사람들이 먹고 마시고 장가 들고 시집 가고 있으면서. 그들이 사람을 죽이고 도둑질하며, 음행하고 망령되이 맹세하고 있었다고(그들 중 지극히 악한 자들 중에는 이런 끔찍한 범죄들이 비일비재했다. 포악함이 땅에 가득하므로, 창 6:13) 말씀하지 않고, 노아를 제외하고 그들 모두가 하나님의 말씀을 무시하고 세상에다 머리와 귀를 온통 기울이고 있었고, 바로 이 때문에 그들이 멸망하였던 것이다. 주목하라. 이곳 저곳에서 나타나는 대담한 불신앙적인 행위들보다도 전반적인 신앙을 무시하는 행태가 전반적으로 퍼지는 것이 더 위험한 징후다. 먹고 마시는 일은 인간의 생명을 보존하는 데에 필수적이다. 장가 들고 시집 가는 일도 인류의 보존을 위해 필수적이다. 그러나 정당치 못하게 이를 운용하면, 이 합법적인 일들이 우리를 망친다. 첫째로, 그들은 관능적인 쾌락과 세상의 이득을 추구하는 데에 합리성을 잃었고, 무절제하며, 온통 거기에 홀려 있었고, 이것들에 완전히 빠져 있었다. 그들은 먹고 있었다. 마치 그들의 존재의 목적이 오로지 먹고 마시는 일에만 있는 것처럼 이런 일에 몰두하고 있었다. 사 56:12. 둘째로, 그들은 어리석기 그지없었다. 멸망이 오리라는 분명한 경고가 있었는데도 막상 멸망이 코앞에 닥치자 그들은 세상과 육체에 완전히 사로잡혀 있었다. 회개하고 기도하고 있었어야 마땅한 때에 그들은 먹고 마시고 있었다. 노아의 사역을 통해서 하나님께서 통곡하며 애곡하라고 하셨을 때에, 그들은 오히려 기뻐하며 즐거워했던 것이다. 나중에 이스라엘의 경우처럼 그들에게는 이것이 용서받지 못할 죄였다(사

22:12, 14). 경고를 귀담아 듣고 일깨움을 받았어야 마땅했는데, 그 경고를 무시해 버렸기 때문이다. "내일 죽으리니 먹고 마시자. 어차피 짧은 인생이라면, 사는 동안 즐겁게 지내자." 사도 야고보는 예루살렘의 패망 이전 부유한 유대인들이 전반적으로 이렇게 행했다고 말씀한다. 그들에게 임할 고생으로 말미암아 울고 통곡했어야 할 그 때에, 그들은 땅에서 사치하고 방종하여 살육의 날에 그들의 마음을 살찌게 한 것이다(약 5:1, 5).

[2] 그들은 안일하고 부주의하였다. 홍수가 나서 그들을 다 멸하기까지 깨닫지 못하였으니(39절). 알지 못하였느냐? 그들은 알지 않을 수가 없었다. 하나님께서 노아를 통해서 그들에게 분명히 경고하시지 않았던가? 오래 참으심으로 기다리시면서, 그들에게 회개할 것을 촉구하시지 않았던가?(벧전 3:19, 20). 그런데도 그들은 알지 못하였다. 즉, 믿지 않았다. 얼마든지 알 수도 있었으나, 그들이 알려 하지 않은 것이다. 주목하라. 우리의 영원한 평화에 관한 일을 알면서도 거기에 믿음을 섞어서 그것을 진정 소유하지 않으면, 그것은 마치 그것을 전혀 모르는 것과 마찬가지다. 그들의 경우, 깨닫지 못한 것이 먹고 마시고 장가 드는 것과 직결되었다. 첫째로, 그들은 안일했기 때문에 쾌락을 추구하였다. 주목하라. 사람들이 이 세상의 쾌락을 그렇게 열심히 추구하고 그것에 그렇게 얽매이는 이유는 그들이 코앞에 놓인 영원을 깨닫지도, 믿지도, 생각하지도 않기 때문이다. 이 모든 것들이 곧 무너져버릴 것이고 우리가 그 이후에 세속 남아 있을 것을 똑바로 깨닫는다면, 지금처럼 그런 것에 우리의 눈과 마음을 쏟아서는 안 될 것이다. 둘째로, 그들은 쾌락을 추구하는 것 때문에 안일해졌다. 먹고 마시고 있었기 때문에 홍수가 오는 데도 전혀 깨닫지 못한 것이다. 눈에 보이는 현재의 일에 그렇게 매달려 있었기 때문에 아직 보지 못한 것들에 대해 경고를 받으면서도 그것들에 마음을 쏟을 시간도 여유도 없었던 것이다. 주목하라. 안일한 자세가 사람들의 짐승 같은 쾌락주의를 부추기지만, 동시에 쾌락주의가 그들을 육신적인 안일함 속에서 잠들게 만드는 것이다. 홍수가 나서 그들을 다 멸하기까지 깨닫지 못하였으니. 1. 정말 홍수가 왔으나, 그들은 그것을 미리 예측하려 하지 않았다. 주목하라. 믿음으로 알지 않는 자들은 느낌으로 알게 될 것이다. 하나님의 신노가 그들의 경건하지 않음과 불의에 대하여 하늘로부터 나타났으니. 사람들이 악한 날을 멀리에 두려고 아무리 애써도 그 날은 결코 멀어지지 않는다. 2. 너무 늦어서 막을 수 없게 되기까지 그들은 그것을 알지 못했다. 제때에

알았더라면 그것을 막을 수 있었을 것이었는데, 그렇게 하지 못했으니 정말 원통한 일이 아닐 수 없다. 심판은 안일한 자와 가볍게 조롱하는 자들에게 가장 몸서리치고 무섭게 임하는 것이다.

그리스도는 인자의 임함도 그러하리라는 말씀으로 그 옛날의 일을 적용하신다. 즉, (1) 그 역시 사람들이 먹고 마시면서 그를 전혀 예상치 않는 모습을 대하게 될 것이다. 주목하라. 안일과 쾌락주의가 말일에 사람들에게 전면적으로 퍼질 질병일 가능성이 농후하다. 모두 졸고 잠자고 있을 때에 한밤중에 신랑이 온다. 모두가 경계를 게을리 하고 안일한 상태에 빠져 있다. (2) 그가 놀라운 권능과 놀라운 목적을 위하여 그들에게 임하실 것이다. 그 옛날 홍수가 죄인들에게 임하여 완전히 그들을 쓸어버린 것처럼, 그 큰 진노의 날에 그리스도와 그의 강림하심을 조롱하는 안일한 죄인들이 어린 양의 진노에 휩싸일 것인데, 그 진노가 마치 홍수처럼 임할 것이며 그 멸망에서 아무도 피할 자가 없을 것이다.

2. 그 날은 분리의 날이 될 것이다. 그 때에 두 사람이 밭에 있으매(40, 41절). 이것은 두 가지로 적용할 수 있을 것이다.

(1) 이것을 복음의 성공에, 특히 최초에 복음을 전파한 역사에 적용시킬 수 있을 것이다. 그것이 세상을 갈라놓았다. 어떤 이들은 말씀을 믿어 그리스도께 취한 바 되었고, 어떤 이들은 믿지 않아서 불신앙 가운데서 멸망하도록 버려졌다. 세상에서 동일한 시대와 장소와 역량과 직업과 상태에 있는 자들 가운데, 같은 가족에 속한 이들 중에서도, 하나는 유효적으로 부르심을 받고, 다른 하나는 그냥 지나쳐져서 쓰라린 원통함 가운데 버려졌다. 이것이 바로 그리스도께서 던지러 오신 그 분리의 역사요, 가르는 불(火)이다(눅 12:49, 51). 분리의 역사가 있다는 이 사실이 값없는 은혜를 더욱 자비로운 것으로 만드는 것이다. 우리에게는 나타내시고 세상에는 아니하시는 것이요(요 14:22), 같은 밭에, 같은 방앗간에, 같은 집에 있는 다른 자들에게는 아니하시고 우리에게 나타내시는 은혜인 것이다.

예루살렘에 멸망이 임할 때에도, 하나님의 은혜로 미리 되어진 그의 섭리로 말미암아 분리의 역사가 있었다. 예루살렘 거민 중 모든 그리스도인들이 하늘의 특별한 보호하심을 받아 그 재난에서 구원받은 것이다. 두 사람이 밭에서 함께 일하고 있는데 그 중 한 사람이 그리스도인이었다면, 그는 피난처로 취해져서 생명을 보존하게 되었고, 다른 한 사람은 원수의 칼에 쓰러지게 되었다. 아니, 두 여자가 맷돌질을 하고 있었는데, 그 중 하나가 그리스도께 속하였다면, 가난한 여종에 불과했으나 그 여자는 안전한 곳으로 인도함 받았고, 다른 하나는 버려졌다. 이렇게 해서 겸손한 자들이 여호와의 분노의 날에 하늘에서나 하늘 아래서나 숨김을 얻은 것이다(습 2:3). 주목하라. 전면적인 파괴의 시기에 구별되어 보존된다는 것은 하나님의 은혜의 특별한 증표요 마땅히 그렇게 인정하여야 한다. 수많은 무리들이 왼편과 오른편에서 넘어질 때에 우리가 안전하다면, 주위의 사람들이 삼켜질 때에 우리가 삼킨 바 되지 않는다면, 이는 여호와의 긍휼하심이라라고 고백해 마땅하다. 이는 과연 큰 긍휼인 것이다.

　(2) 이를 예수 그리스도의 재림과 그 날에 이루어질 분리의 역사에 적용할 수 있을 것이다. 그리스도께서는 앞에서 택한 자들이 모일 것을 말씀하신 바 있다(31절). 그런데 여기서는, 그 일을 위해서는 그들이 이 세상에서 가장 가까이 있는 자들에게서 분리될 것임을 말씀하시는 것이다. 택한 자들은 영광에 들어가고, 다른 이들은 버려져 영원토록 멸망할 것이다. 두 사람이 땅의 티끌 속에서, 같은 무덤 속에서 잠자고, 그들이 똑같이 재 속에 누워 있어도, 그 중 하나는 일어나 영원한 생명에 들어가고, 다른 하나는 일어나 영원히 부끄러움을 당하게 될 것이다(단 12:2). 여기서는 이 원리가 그 때에 살아 있을 자들에게 적용된다. 그리스도께서는 예기치 않은 때에 임하실 것이요, 사람들이 방앗간에서, 밭에서, 그들의 일상적인 일들로 바쁜 것을 보실 것이다. 그리고 그 때에, 영광을 위하여 예비된 긍휼의 그릇이냐, 아니면 멸망을 위하여 예비된 진노의 그릇이냐에 따라서 그들이 분리될 것이요, 하나는 끌어올려 공중에서 주님과 그의 천사들을 영접하게 하고 영원토록 함께 있게 될 것이고, 다른 하나는 마귀와 그의 사자들에게 버려질 것이다. 그리스도께서 그의 백성을 모으신 다음, 마귀와 그 사자들이 그 남은 자들을 쓸어버릴 것이다. 다른 이들은 영광에로 취하여 감을 받고 죄인들은 뒤에 남게 되는 이 사실로 인하여, 죄인들의 정죄가 더욱 처절해질 것이다. 그리고 이것은 주의 백성들에게 임할 풍성한 위로를 말씀해 준다. [1] 그들이 밭에서 일하는 종이나 방앗간에서 일하는 여종처럼 이 세상에서 비천하고 멸시받는 자들인가(출 11:5)? 그러나 그 날에 그들이 잊혀지거나 무시되지 않을 것이다. 이 세상에서 비천할지라도, 믿음에서 부유하면, 하나님 나라의 상속자들인 것이다. [2] 그들이 밭이나 방앗간처럼 영광의 상속자들이 있으리라

고 예상할 수 없는 그런 멀고 초라한 곳에 흩어져 있는가? 그러나 천사들은 그런 곳에서도 그들을 발견하고(사울이 물건들 속에 숨어 있었으나 그가 발견되어 왕위에 올랐다) 그들을 그곳에서 데려갈 것이다. 그러므로 그들이 변화된다는 말이 마땅하다 할 것이다. 밭을 갈고, 맷돌질을 하던 데에서 하늘로 올라간다는 것은 과연 엄청난 변화인 것이다. [3] 그들이 연약하여 스스로 하늘을 향하여 움직일 능력이 없는가? 마치 롯이 은혜로운 하나님의 개입으로 소돔 바깥으로 데려감을 받은 것처럼(창 19:16) 그들이 취하여 감을 받을 것이다. 그리스도께서는 한 번 취하시면 절대로 놓치는 법이 없으시다. [4] 그들이 동일한 장소와 사회와 직업 속에서 다른 이들과 함께 뒤섞여 있고 그들과 관계를 맺고 있는가? 참된 그리스도인은 이것 때문에 실망해서는 안 된다. 하나님께서는 귀한 자와 더러운 자를, 같은 덩어리에서 금과 녹을, 같은 곡식에서 알곡과 가라지를 분리하시는 법을 알고 계시는 것이다.

III. 우리에게 주시는 일반적인 권면이 있다. 곧, 갖가지 무게 있는 사실들을 고려하여 그 날이 오는 것을 깨어 있고 준비하고 있으라는 것이다(42절, 등). 관찰하라.

1. 주께서 요구하시는 의무. 깨어 있으라(42절), 준비하고 있으라(44절).

(1) 그러므로 깨어 있으라(42절). 주목하라. 돌아볼 것을 돌아볼 수 있도록 계속해서 깨어 있는 것이 모든 그리스도의 제자들의 큰 의무요 관심사다. 죄악된 상태나 죄악된 길이 무감각하고 무활동적인 잠자는 상태에 비유되는 것처럼(살전 5:6), 은혜로운 상태나 은혜로운 길은 깨어 있는 상태에 비유된다. 우리는 우리 주님의 강림하심을 깨어 준비해야 한다. 우리 주님은 특히 우리가 죽을 때에 우리에게 임하시는데, 그 후에는 심판이 있으니, 그 날이 우리에게는 큰 날이요 시간의 종말이다. 그리고 그는 모든 시간의 종말에 세상을 심판하시기 위하여 강림하시는데, 이는 모든 인류에게 큰 날이 된다. 깨어 있다는 것은 우리 주님이 오시리라는 것을 믿고만 있는 것이 아니라 그가 오시기를 사모하며, 그의 강림하심에 대해 자주 생각하고, 언제나, 또한 그 시기가 불확실할 때에는 더욱더, 그의 오심을 확실하고 가까운 것으로 알고 기다리는 것을 뜻한다. 그리스도께서 강림하시기를 위하여 깨어 있다는 것은 그가 오실 때에 우리에게서 보기를 바라실 그런 은혜로운 기질과 마음의 성향을 유지하는 것이다. 깨어 있다는 것은 그의 오심의 첫 징후들을 염두에 두고서 즉시 그의 움직임을 주시하

고 그를 환영할 의무를 새기는 것이다. 깨어 있다는 것은 잠자는 시간인 밤에 해당되는 것이다. 우리가 이 세상에 있는 동안, 우리는 밤중에 거하는 것이요, 따라서 우리는 스스로 깨어 있기 위하여 수고를 아끼지 말아야 하는 것이다.

(2) 너희도 준비하고 있으라(44절). 준비하지 않으면, 아무리 깨어 있어도 소용이 없다. 그런 일들을 바라보는 것만으로는 안 된다. 준비를 힘써야 한다(벧후 3:11, 14). 그 때에 우리는 우리 주님과 함께 있으면서 그의 시중을 들어야 하고, 따라서 우리의 등불을 준비해 놓고 있어야 한다. 판결받아야 할 소송이 있으니, 우리의 대언자께서 우리의 탄원에 서명을 하시도록 준비해 놓고 있어야 한다. 정산(定算)을 해야 하니, 우리는 우리의 모든 장부들을 점검하고 맞추어 놓고 있어야 한다. 그 때에는 우리가 기업을 물려받을 것으로 소망하고 있으니, 우리 자신이 그 몫을 얻기를 준비하고 있어야 한다(골 1:12).

2. 그 날을 위하여 깨어 준비하고 있으라고 권면하시는 이유들. 이는 두 가지다.

(1) 우리 주의 강림의 시기가 매우 불확실하기 때문이다. 이것이 이중적인 권면(42, 44절)에 곧바로 덧붙여져 있는 이유이며, 또한 이것이 43절의 비유적인 표현을 통해서 예증되기도 한다. 그러므로 다음을 생각하자.

[1] 어느 날에 주가 임할는지 우리가 알지 못한다는 것(42절). 우리는 어느 날 죽을는지 알지 못한다(창 27:2). 우리가 사는 시간이 짧다는 것은 알 수 있다(나의 떠날 시각이 가까웠도다, 딤후 4:6). 그러나 살 시간이 오래 남아 있다는 것은 알 수 없고, 우리가 살아야 할 시간이 얼마나 적은지도 알 수 없다. 왜냐하면 우리가 기대하는 것보다 얼마든지 더 짧을 수도 있기 때문이다. 그리고 온 세상의 심판을 위하여 정해진 시간은 더더욱 알 수 없다. 이 두 가지에 대해서 우리는 알 수가 없으니, 날마다 언제고 그 날이 올 수 있다는 것을 예상하여야 하고, 한 해 동안 무사히 지나간다는 것을 절대로 자랑해서는 안 된다(약 4:13). 마치 내일이 우리 것이라도 되는 양, 내일이 올 것에 대해서 자랑해서는 안 된다(잠 27:1; 눅 12:20).

[2] 생각하지 않은 때에 그가 오시리라는 것(44절). 시기에 대해서는 불확실함이 있으나, 그 사실 자체는 그렇지 않다. 그가 언제 오실지는 알 수 없으나, 그가 반드시 오신다는 것은 확실하다. 그는 떠나가시면서, 내가 진실로 속히 오리라고 말씀하셨다. "내가 진실로 오리라"라고 말씀하셨으니, 우리는 마땅히 그가

반드시 오실 것을 기대하여야 한다. 또한 "내가 속히 오리라"고 말씀하셨으니 우리는 언제나 그가 오실 것을 기대하여야 한다. 그렇게 해서 언제라도 그를 기다리는 상태를 유지해야 하는 것이다. 생각하지 않은 때에, 즉 그의 재림을 준비하지 않는 자들이 생각하고 있지 않은 그 때에(50절), 아니, 그의 재림을 지극히 활기 있게 기대하는 자들이 가장 가능성이 없다고 생각하는 그런 때에, 오시리라는 것이다. 지혜로운 처녀들이 졸고 있을 때에 신랑이 도착하였다. 우리의 현 상태에 비추어 볼 때에, 특정한 전조나 징후에 의지하기보다는 ― 이는 우리를 미혹하여 헛된 욕망과 바람을 갖게 할 소지가 많다 ― 끊임없이 전반적으로 기대하는 자세를 가지는 것이 합당하다.

[3] 이 세상에 속한 자들이 그 세대에서는 지혜롭다는 것. 즉, 그들은 위험이 다가오는 것을 알면 계속해서 깨어서 경계한다. 주님은 이것을 구체적인 실례를 통해서 보여주신다(43절). 도둑이 어느 날 밤 어느 시각에 들어와 집에서 도둑질을 할 줄을 알면, 집주인은 모든 사람이 잠들어 있을 한밤중에라도 깨어서 조그만 소리까지도 귀를 기울이며 대비하는 법이다. 그런데, 우리 주께서 정확히 언제 오실지는 알지 못하나 그가 반드시 속히 오신다는 것은 알고 있으니, 그가 말씀으로 주신 경고 외에 다른 경고가 없다 해도, 우리는 언제나 깨어서 준비하여야 하는 것이다. 주목하라. 첫째로, 우리는 각자 지켜야 할 집이 있는데, 그 집은 우리에게 가치 있는 모든 것이 들어 있으며 온갖 위험에 노출되어 있다. 이 집은 곧 우리 자신의 영혼이다. 우리는 힘써 이를 지켜야 한다. 둘째로, 주께서 임하시는 날은 마치 밤중에 도둑이 들듯이 예기치 않은 때에 갑자기 임한다. 그리스도께서는 가장 그럴듯하지 않은 때에 임하셔서, 그의 원수들의 승리의 환성이 더 큰 부끄러움으로 바뀌게 하시고, 또한 그의 백성들의 눈물이 더 큰 기쁨으로 바뀌게 하시는 것이다. 셋째로, 그리스도께서 오실 때에 우리가 잠들어 있고 준비가 되어 있지 않은 것을 보시면, 우리의 집이 무너질 것이요 그리하여 우리는 가치 있는 모든 것을 다 잃을 것이다. 불의한 도둑질로 잃는 것이 아니라, 정의롭고 합법적인 과정을 통해서 잃어버리는 것이다. 그리고 사망과 심판이 우리가 지닌 모든 것을 사로잡아 우리는 돌이킬 수 없도록 해를 입고 철저히 망하게 될 것이다. 그러므로 너희도 준비하고 있으라. 도둑의 침입이 예상되는 때에 집주인이 철저히 준비하고 있듯이, 언제나 그렇게 준비하고 있으라. 그 악한 날에 든든히 서고 또한 정복자가 되어 노획물을 함께 나누게

되도록, 하나님의 전신갑주를 입어야 하는 것이다.

(2) 우리 주님의 강림의 소식이, 준비하고 있는 자들에게는 지극히 복된 위로가 될 것이요, 또한 준비하지 않은 자들에게는 지극히 애처롭고 끔찍한 일이 될 것이기 때문이다(45절 이하). 이러한 사실이 주인이 와서 정산할 때에 선한 종들과 악한 종들이 당할 서로 다른 운명을 통해서 묘사된다. 그 날에 우리가 준비가 되어 있느냐 준비되지 못하였느냐에 따라서 영원한 복락과 영원한 형벌로 갈릴 것이다. 그리스도께서 오셔서 각 사람을 그의 행위대로 갚으실 것이기 때문이다. 24장 마지막에 나오는 이 비유는 모든 그리스도인들에게도 적용이 가능하다. 그리스도인들은 모두 하나님의 종들이요 따라서 그에 합당한 의무를 지고 있는 것이다. 그러나 이것은 특히 사역자들을 경계하고자 하는 의도가 있는 것 같다. 왜냐하면 여기서 말씀하는 종은 청지기(steward)이기 때문이다. 여기서 그리스도께서 하시는 말씀을 관찰하라.

[1] 좋은 청지기에 관하여. 그리스도는 여기서 그가 어떤 사람인지, 그가 어떠해야 하는지, 그리고 영원토록 그가 어떻게 될지를 보여주신다. 그는 집 사람들을 맡은 자요, 집을 맡은 자로서 충성되고 지혜 있어야 하며, 또한 그렇게 하면 복이 있으리라는 것이다. 이는 그리스도의 사역자들에게 귀한 교훈과 격려가 된다.

첫째로, 그 청지기의 위치와 지무가 니타나 있다. 그는 그 집 사람들을 맡아 때를 따라 양식을 나눠 줄 자다. 주목하라. 1. 그리스도의 교회는 그의 집 사람들, 혹은 그의 가족으로서, 그를 아버지와 주인으로 모시는 관계 속에 있다. 교회는 그리스도를 따라 이름을 받은 하나님의 가족이다(엡 3:15). 2. 복음 사역자들은 이 가족들을 맡은 자들로 지정받았다. 왕이 아니라(그리스도께서 이를 금하신다) 청지기나 다른 하급 직무자들로 지정받았으며, 주인이 아니라 안내자로 지정받았고, 새로운 길을 제시하는 것이 아니라 그리스도께서 지정하신 그 길들을 보여주고 그 길들로 인도하는 책무를 받았다. 이것이 헤구메노이가 뜻하는 바다. 이 단어를 우리는 인도하는 자들(히 13:17)이라 번역한다. 그리고 그들은 감독자들로서, 새로운 일을 지도하는 것이 아니라 그리스도께서 명하신 일을 지도하고 행하도록 하는 책무를 맡았다. 이것이 바로 에피스코포이, 즉 감독자들이라는 단어가 뜻하는 바다. 그들은 그리스도로 말미암아 치리하는 자들이다. 그들이 지닌 권세는 그리스도께로부터 비롯된 것이므로 아무도 그들에게서 그 권세를 빼앗거나 축소시킬 수가 없다. 그가 바로 주께서 치리자로 삼으신 자다. 그리스도께서 그들을 사역자로 삼으신 것이다. 그들은 그리스도의 아래에 있는 치리자들이요, 따라서 그에게 복종하여 행하여야 하며, 그리스도를 위한 치리자들로서 그의 나라의 전진을 위하여 일하여야 하는 것이다. 3. 복음 사역자들의 일은 청지기로서 그리스도의 가족들에게 때를 따라 양식을 나눠주는 것이며, 이를 위하여 그들에게 열쇠들이 주어져 있는 것이다. (1) 그들의 직무는 그들 스스로 취하는 것이 아니라 나눠주는 것이다(겔 34:8). 주인이 사놓은 것을 가족들에게 나눠주는 것이요, 그리스도께서 값 주고 사신 것을 분배하는 것이다. 그러므로 사역자들에게는, 주는 것이 받는 것보다 복이 있다는 말씀이 있는 것이다(행 20:35). (2) 그들의 직무는 양식을 나눠주는 것이다. 법을 제시하는 것이 아니라(이것은 그리스도께서 하시는 일이다), 정상적으로 소화할 경우 영혼의 양식이 될 그런 가르침들을 교회에 전해 주는 것이다. 그들은 독(毒)이 되는 거짓 가르침이나, 어렵고 무익한 돌과 같은 가르침이 아니라, 온전하고 순결한 양식을 전달해 주는 것이다. (3) 그 양식을 때를 따라 나눠주어야 한다. 시간이 있는 동안에. 영원이 오면 이미 너무 늦었다. 낮이 계속되는 동안에 일해야 한다. 혹은 이를 때에 맞추어의 뜻으로 보아, 기회가 주어질 때마다 나눠주어야 한다는 뜻으로 볼 수도 있고, 아니면 매 번마다, 하루의 의무가 요구하는 대로 계속적으로 나눠주어야 한다는 뜻으로 볼 수도 있다.

둘째로, 이 직무의 올바른 수행. 좋은 종은 좋은 청지기로서 역할을 담당할 것이다. 왜냐하면,

1. 그는 충성되기 때문이다. 청지기는 반드시 그래야 한다(고전 4:2). 임무를 맡은 자는 신뢰받을 만해야 한다. 그리고 그 신뢰가 클수록 그들에게서 더 많은 것을 기대하는 법이다. 사역자들에게 맡겨진 것이 아름다운 것이요(딤후 1:14), 따라서 그들은 모세처럼 충성되어야 한다(히 3:2). 그리스도께서는 오직 충성된 사역자들만을 귀하게 여기신다(딤전 1:12). 예수 그리스도의 충성된 사역자는 자기의 명예가 아니라 그 주인의 존귀를 진지하게 생각하며, 자기의 헛된 이야기나 자랑거리가 아니라 하나님의 온전한 경륜을 전하며, 그리스도께서 세우신 제도들을 따르고 준수하며, 지극히 비천한 자라도 존중하며, 지극히 큰 자들이라도 책망하며, 사람의 외모를 돌아보지 않는 것이다.

2. 그는 지혜 있는 자로서, 자신의 의무와 그 적절한 수행 시기를 잘 알고 있

기 때문이다. 양 떼를 인도하는 데에는 순전한 마음 이외에도 노련한 손의 기술이 필요하다. 좋은 종에게는 정직만 있어도 족하나, 좋은 청지기에게는 지혜가 필요한 것이다.

3. 그는 일을 행하고 있기 때문이다. 이렇게 하는 것. 그는 그의 직무가 요구하는 대로 성실히 일을 한다. 사역자의 일은 좋은 일이요, 그 일을 담당한 자는 언제나 할 일이 있다. 편안히 놀며 게으름을 피워서도 안 되며, 일을 행하지 않은 채 버려 두어서도 안 되며, 무책임하게 다른 이들에게 돌려서도 안 되고, 목적에 부합되게 스스로 행한다. 집 사람들에게 양식을 나눠주는 일을 성실히 감당하며, 자기의 임무가 아닌 것에 끼어 들지 않는다. 주인이 지정해 준 대로, 직무가 요구하는 대로, 가족들의 갖가지 상황들이 요구하는 대로 일을 행한다. 말하는 것이 아니고 행동하는 것이다. 다음과 같은 것이 퍼킨스(Mr. Perkins)의 모토였다. 너는 말씀의 사역자다. 일하는 것은 물론, 이렇게 행하라.

4. 주인이 올 때에 그가 이렇게 하는 것을 보시기 때문이다. 이는 다음을 시사한다. (1) 그가 언제나 변함없이 일을 한다는 것. 주인이 어느 시각에 오든, 그 날의 직무를 행하느라 바쁜 그의 모습이 보인다. 주께서 빈 시간에 오실지도 모르므로, 사역자들은 빈 시간을 남겨두어서는 안 된다. 선하신 하나님께서 한 가지 긍휼이 끝나면 곧바로 또 다른 긍휼을 베풀기 시작하시는 것처럼, 선한 사람도, 선한 사역자도 한 가지 임무를 마치면 곧바로 또 다른 임무를 시작하여야 하는 것이다. 칼빈(Calvin)은 목회의 임무를 중단하라는 권고를 받고서, 다소 고양된 목소리로 다음과 같이 대답했다고 한다: "무엇이라구요? 그대는 나의 주께서 나의 게으른 모습을 보시기를 바라십니까?" (2) 주께서 오시기까지 인내하며 계속 일을 한다는 것. 내가 올 때까지 굳게 잡으라(계 2:25). 이 일을 계속하라(딤전 4:16; 6:14). 끝까지 견디라.

셋째로, 이에 대해 그에게 상급이 주어질 것임을 말씀하신다. 다음 세 가지 면에서 상급이 주어질 것이다.

1. 그가 주인의 눈에 띌 것이다. 충성되고 지혜 있는 종이 될 자가 누구냐?라는 말씀이 이를 시사해 준다. 이는 그 때에 이런 묘사에 해당될 자들이 별로 많지 않을 것임을 상징하는 것이나, 그저럼 충성되고 지혜 있는 청지기는 천에 하나 정도밖에 없을 것이다. 지금 겸손과 근면함과 성실함으로 스스로를 구별하는 자들은, 그 큰 날 그리스도께서 그들을 구별하사 영광을 베푸시고 그들의 위엄

을 드러내실 것이다.

2. 그에게 복이 있을 것이다. 그 종이 복이 있으리로다. 그리스도께서 이렇게 선언하시니 그가 그렇게 복이 있게 될 것이다. 주 안에서 죽는 자들은 복 있는 자들이다(계 14:13). 그러나 스스로 충성된 청지기들임을 입증하며 또한 그렇게 행하는 것이 드러나는 자들에게는 특별한 복이 주어질 것이다. 순교자들로서 그리스도를 위하여 고난을 당하며 처절하게 죽어간 자들의 존귀 다음으로, 그리스도를 위하여 밭을 갈고 씨를 뿌리며 곡식을 거두는 섬김의 장(場)에서 죽는 자들의 존귀가 귀하게 여겨질 것이다.

3. 그가 더 큰 자로 인정받을 것이다. 주인이 그의 모든 소유를 그에게 맡기리라(47절). 이는 집 주인이 그 청지기들이 그 직무를 잘 수행할 경우 보통 그들을 인정하여 전체를 관리하는 임무를 주는 것에 빗대어 말씀하시는 것이다. 요셉도 그렇게 보디발의 집의 모든 문제를 관리하는 임무를 맡았었다(창 29:4, 6). 그러나 이 세상에서 가장 자비로운 주인이 가장 큰 어려움을 견디며 충성한 종들에게 베풀어줄 수 있는 존귀가 아무리 크더라도, 주 예수께서 장차 다가올 세상에서 그의 충성된 종들에게 베푸실 영광의 무게에 비하면 아무것도 아니다. 여기서 비유를 통해서 말씀하시는 바는 다른 곳에서 좀 더 직설적으로 하시는 말씀과 동일하다. 내 아버지께서 그를 귀히 여기시리라(요 12:26). 하나님의 종들은 이렇게 크게 인정받을 때에 지혜와 거룩함이 완전하게 되어 그 영광의 무게를 짊어지기에 충족하게 될 것이요, 이 종들의 다스림에 아무런 위험이 없는 것이다.

[2] 악한 종에 관하여.

첫째로, 그에 대한 묘사가 주어짐(48, 49절). 버린 자의 본색이 드러난다. 피조물 중에 가장 악한 것이 악인이요, 사람 중에서 가장 악한 것이 악한 그리스도인이며, 그 중에서 가장 악한 것이 악한 목사다. 최상의 것이 부패하면 최악의 것이 된다. 예루살렘의 선지자들의 사악함이야말로 정말 가증스럽다(렘 23:14). 여기서 다음을 보라.

1. 그의 악함의 원인. 곧, 그리스도의 재림에 대한 실질적인 불신앙이 그 원인이다. 그는 마음에 생각하기를 주인이 더디 오리라 하며, 그리하여 그가 절대로 오지 않으며 그의 교회를 완전히 버린 것이라고 생각하기 시작한다. 관찰하라. (1) 그리스도는 여기 종들처럼 입으로는 주여 주여 하면서 마음으로 무슨 생각

을 하는지를 알고 계신다. (2) 그리스도의 오심이 더딘 것은 그가 은혜로 오래 참으시는 하나의 실례이지만, 악인들은 이것을 크게 악용하며, 그리하여 그들의 마음이 악한 길로 완악해진다. 그리스도의 오심이 의심쩍은 일로나 혹은 무한정 멀리 있는 일로 여겨지면, 인생들이 악을 행하는 데에 마음이 담대해지는 것이다(전 8:11. 또한 겔 12:27을 보라). 눈에 보이는 것을 의지하여 행하는 자들은 마치 모세가 시내 산에서 오래 지체하고 내려오지 않을 때에 이스라엘 백성들이 행한 것처럼 눈에 보이지 않는 예수님에 대해서, 그가 어찌 되었는지 알지 못하니 우리를 위하여 우리를 인도할 신을 만들자라고 한다. 그리하여 세상의 신도 만들고, 배(腹)의 신도 만들고, 참되신 하나님 이외에 아무 신이라도 만들려 하는 것이다.

2. 그의 악함의 구체적인 모습들. 그것들은 최악의 죄들이다. 그는 자기의 육신적인 정욕의 노예다.

(1) 박해. 그는 동료들을 때리기 시작한다. 주목하라. [1] 집의 청지기들은 마땅히 그 집의 모든 종들을 동료로 여겨야 하며, 따라서 그들을 지배하려 해서는 안 된다. 천사가 요한에게 자기 자신을 같이 된 종이라 부른다면(계 19:10), 요한이 아시아의 교회들에 속한 그리스도인들에게 자기 자신을 형제라 부른다고 해서 이상할 것이 없을 것이다(계 1:9) [2] 악한 종들이 동료 종들을, 사사로운 그리스도인들과 신실한 사역자들을, 때리는 일은 새삼스런 일이 아니다. 그 종이 동료들을 때리는 것은, 그들이 그를 책망하기 때문이거나, 혹은 그에게 절하거나 경의를 표하지 않기 때문이거나, 아니면 그들이 양심에 거슬러 자기의 말대로 행하지 않기 때문일 것이다. 그는 동료들을 말로 때린다(렘 18:18). 그리고 손에 권력을 쥐거나, 혹은 마치 짐승의 머리에 달린 열 개의 뿔처럼 자기가 주장할 수 있게 되면, 거기서 더 나아간다. 제사장 바스훌은 예레미야를 때리고 나무 고랑으로 채웠다(렘 20:2). 반역하는 자들이 다른 모든 사람들보다 살육죄에 더 깊이 빠지는 경우가 많았다(호 5:2). 이 악한 청지기는 동료 종들을 때리면서 주인의 권위와 주인의 이름으로 그것을 정당화시키면서, 여호와께서 영광을 나타내시기를 원하노라라고 말하나(사 66:5), 그는 그 주인께 그보다 더 큰 모욕을 행하는 것이 없다는 것을 알게 될 것이다.

(2) 속됨과 부도덕함. 술친구들과 더불어 먹고 마시게 된다. [1] 그는 지극히 악한 죄인들과 어울리며 그들과 친하게 지낸다. 그들의 꾀를 좇고, 그들의 길에

서며, 그들의 자리에 앉으며, 그들의 노래를 부르는 것이다. 술친구들은 즐겁고 유쾌하게 놀며, 그는 그런 자들과 함께 하며, 결국 그들의 악함을 더욱 가중시킨다. [2] 그는 그들처럼 행한다. 누가복음은 먹고 마시고 술에 취한다고 한다. 이것은 온갖 죄에 빠지는 구멍이다. 술취함이야말로 주도적인 악이요, 그것에 종된 자들은 절대로 다른 일에서도 자기들을 다스리지 못하는 법이다. 하나님의 백성들을 박해하는 자들은 대개 지극히 악하며 부도덕한 사람들이었다. 박해하는 양심들은, 겉으로 어떻게 꾸미든지 간에, 대개 가장 난잡하고 무절제한 양심들이다. 성도들의 피에 취할 자들이니 무엇엔들 취하지 않겠는가? 자, 이것은 사악한 목사를 묘사하는 것이다. 그는 다른 이들보다 뛰어난 학식과 언변의 재능을 갖고 있고, 어떤 이들에 대해서 말씀하는 것처럼, 그들이 강단에서 그렇게 설교를 잘할지도 모른다. 그러나 강단 바깥에서의 삶이 그렇게 형편없다는 것은 정말 애처로운 일이 아닐 수 없다.

둘째로, 그가 당할 운명이 묘사된다(50, 51절). 악한 사역자들의 겉모양과 겉으로 드러나는 성격이 아무리 그럴듯해도 그들이 정죄를 피할 수 없을 것이요, 오히려 그 정죄가 크게 가중될 것이다. 로마 교회에서는 사제들이 국가의 관리들에게서 피할 수 있는 것처럼 행동하나, 아무리 탄원해도 그리스도의 통치에서는 전혀 벗어날 수가 없다. 그리스도의 심판대 앞에서는 성직자라고 해서 유리한 것이 하나도 없는 것이다. 관찰하라.

1. 그의 최후의 운명이 갑작스럽게 임함. 그 종의 주인이 이르러(50절). 주목하라. (1) 우리가 그리스도의 오심이 더디다고 생각한다고 해서, 그 때문에 그의 오심이 더뎌지는 것이 아니다. 악한 종이 아무리 헛된 망상에 미혹된다 해도 그의 주인은 반드시 오실 것이다. 사람의 불신앙이 그 위대한 주님의 약속이나 경고를 무효로 만들 수는 없는 것이다. (2) 안일하고 무관심한 죄인들에게는, 특히 악한 목사들에게는, 그리스도의 오심이 정말 갑작스럽고 지극히 처절한 사태가 될 것이다. 생각하지 않은 날 알지 못하는 시각에 그 종의 주인이 이르러. 주목하라. 말씀의 경고들을 가볍게 무시하고, 다가올 심판에 관하여 그들 자신의 양심의 소리를 묵살한 자들은 또다시 경고가 주어질 것을 기대할 수가 없다. 이들이 받아들이든 말든, 이미 충족한 법적인 고지(告知)가 주어진 것으로 판결받을 것이므로, 그리스도께서 달리 통지를 하지 않고 갑작스럽게 오신다 해도, 그에게 불공평하다고 탓할 수가 없을 것이다. 보라, 그가 이미 우리에게 말

쓰하지 않으셨더냐?

2. 그가 당할 최후의 운명의 처절함(51절). 그것은 의로운 것이요 결코 지나치게 가혹한 것이 아니다. 그러나 거기에는 처절한 멸망이 수반되며, 이 멸망은 사망과 영원한 정죄라는 두 가지 끔찍한 단어로 표현된다.

(1) 사망. 그의 주인이 그를 쪼개어 내고(한글 개역개정판 난외주를 보라), 그를 산 자의 땅에서, 의인의 회중에서 끊어낼 것이요, 그를 악에게로 분리시킬 것인데, 이것이 바로 저주의 정의다(신 29:21). 땅을 거추장스럽게 만드는 나무를 잘라내듯이 그를 잘라낼 것이다. 이는 어쩌면 율법에서 자주 사용되는 선고 — 그 영혼이 그 백성 중에서 끊어지리라 — 를 간접적으로 지칭하는 것일지도 모른다. 그리고 이렇게 보면 이는 철저한 박멸(撲滅)을 뜻한다. 사망은 선한 사람도 끊어내는데, 이는 마치 좋은 가지를 잘라서 더 나은 나무에 접붙이는 것과도 같다. 그러나 사망은 악인도 끊어내는데, 이는 마치 마른 가지를 잘라내어 불에 던지는 것과도 같다. 그렇게도 애착을 갖고 있고, 말하자면, 완전히 하나가 되어 버린 세상으로부터 그를 끊어내는 것이다. 혹은 그를 쪼개어 내리라로 번역하면, 육체와 영혼을 분리시켜 육체는 무덤에 보내어 벌레들의 먹이가 되게 하고, 영혼은 지옥에 보내어 마귀들의 먹이가 되게 한다는 뜻인데, 쪼개어 내진 죄인이 바로 거기에 있는 것이다. 경건한 사람도 죽을 때에 영혼과 육체가 분리된다. 그러나 영혼은 기쁨으로 하나님께 올려지고, 육체는 티끌 중에 남겨진다. 그러나 악인의 경우는 죽을 때에 영혼과 육체가 쪼개어지고, 찢겨진다. 그들에게 죽음은 공포의 왕인 것이다(욥 18:14). 악한 종은 스스로 하나님과 세상을, 그리스도와 벨리알을, 그의 입술의 고백과 그의 정욕을 서로 분리시켰으니, 그렇게 정의롭게 분리될 것이다.

(2) 영원한 정죄. 외식하는 자가 받는 벌에 처하리니. 이 벌은 정말로 가련한 벌일 수밖에 없다. 거기서 슬피 울며 이를 갈게 될 것이기 때문이다. 주목하라. [1] 저 세상에는 영원한 비참의 장소와 상태가 있는데, 그 곳은 슬피 울며 이를 가는 것밖에는 아무것도 없고, 그 곳에서 영혼이 하나님의 처절한 진노 아래에서 괴로움과 고뇌를 당하게 된다. [2] 하나님은 그의 엄중한 선고를 통해서 이 장소와 상태를 자기들의 죄로 인하여 거기에 적합한 자들의 몫으로 지정하실 것이다. 하나님을 자신의 주로 고백한 자들 중에서도 이 몫을 받을 자들이 있을 것이다. 그리스도는 지금은 구주이시나 그 때에는 심판주가 되실 것이요, 사람들이

그의 정하심에 따라 영원한 상태에 들어갈 것이다. 금생에서 세상을 그들의 몫으로 택하는 자들은 내생에서는 지옥을 그들의 몫으로 갖게 될 것이다. 이는 악인이 하나님께 받을 분깃이요 하나님이 그에게 정하신 기업이니라(욥 20:29). [3] 지옥은 외식하는 자들에게 합당한 곳이다. 이 악한 종은 외식하는 자가 받을 벌을 받는다. 그들은, 말하자면, 지옥의 주인들이요 다른 죄인들은 그들과 함께 있는 자들이며, 그들의 비참한 벌을 함께 지는 것이다. 그리스도께서는 저 세상에서 있을 가장 가혹한 형벌을 표현하고자 하실 때에 그것을 외식하는 자가 받을 벌이라 부르신다. 지옥에서 다른 어떤 곳보다 뜨거운 곳이 있다면 — 십중팔구 있을 것이다 — 경건의 모양은 있으나 그 능력은 혐오하는 자들이 있을 곳이 바로 그 곳일 것이다. [4] 악한 사역자들은 저 세상에서 가장 악한 죄인들인 외식하는 자들과 동일한 벌을 받게 될 것이다. 그리고 이는 지극히 정의로운 일이다. 왜냐하면 그들이야말로 가장 악한 외식자들이기 때문이다. 그들이 그들의 속됨으로 짓밟은 그리스도의 피와 또한 그들이 불성실함으로 그들의 머리 위에 흐르게 한 영혼들의 피가 그 괴로운 곳에서 그들을 밟을 것이다. 사역자가 다른 죄인들처럼 멸망한다면, 아들아 기억하라라는 말이야말로 그에게 정말 쓰라린 말이 될 것이다. 그러므로 다른 사람들에게 설교하는 자들은 그들 자신이 버림받지 않도록 조심하고 두려워해야 할 것이다.

제 — 25 — 장

개요

　　본 장은 우리 구주께서 앞장에서 시작하신 그의 재림과 세상의 종말에 관한 강론의 계속이요 결말이다. 요한복음 14, 15, 16장이 제자들에게 주신 위로의 성격을 띤 고별 설교였던 것처럼, 이것은 경계의 성격을 띤 고별 설교였다. 이처럼 유혹과 어려움이 많은 세상에 처한 그들에게는 이 두 가지 모두가 필요했다. 이러한 강론의 적용은, 그러므로 깨어 있고 준비하고 있으라는 것이었다. 그런데 이처럼 심각한 경계의 말씀을 하시는 중에, 본 장에서는 세 가지 비유를 말씀하신다. 이 비유의 주된 내용은 같은 것이다. 곧, 그리스도의 재림을 위하여 우리 모두 깨어서 부지런히 준비하여야 한다는 것인데, 그리스도께서 교회에게 주시는 모든 고별의 말씀에서 이것이 언급되고 있다. 그가 죽으시기 전에도(요 14:2), 그가 승천하실 때에도(행 1:11), 또한 성경의 정경을 마감할 때에도(계 22:20) 이것이 언급되는 것이다. 우리는 깨어 그리스도의 재림을 준비하여야 하는데, 이는, I. 그와 함께 있을 준비를 갖추기 위함인데, 이는 열 처녀의 비유에서 나타난다(1-13절). II. 그의 앞에서 우리의 모든 행위를 정산받을 준비를 갖추기 위함인데, 이는 세 사람의 종의 비유에서 나타난다(14-30절). III. 그에게서 최후의 심판에서 영생을 받을 준비를 갖추기 위함인데, 이는 최후의 심판 과정에 대한 좀 더 분명한 묘사에서 드러난다(31-46절). 이는 진지하게 고려하여야 할 문제들이다. 왜냐하면 우리 각 사람의 영원과 직결되기 때문이다.

[1]그 때에 천국은 마치 등을 들고 신랑을 맞으러 나간 열 처녀와 같다 하리니 [2]그 중의 다섯은 미련하고 다섯은 슬기 있는 자라 [3]미련한 자들은 등을 가지되 기름을 가지지 아니하고 [4]슬기 있는 자들은 그릇에 기름을 담아 등과 함께 가져갔더니 [5]신랑이 더디 오므로 다 졸며 잘새 [6]밤중에 소리가 나되 보라 신랑이로다 맞으러 나오라 하매 [7]이에 그 처녀들이 다 일어나 등을 준비할새 [8]미련한 자들이 슬기 있는 자들에게 이르되 우리 등불이 꺼져가니 너희 기름을 좀 나눠 달라 하거늘 [9]슬기 있는 자들이 대답하여 이르되 우리와 너희가 쓰기에 다 부족할까 하노니 차라리 파는 자들

에게 가서 **너희** 쓸 것을 사라 하니 [10]그들이 사러 간 사이에 신랑이 오므로 준비하였던 자들은 함께 혼인 잔치에 들어가고 문은 닫힌지라 [11]그 후에 남은 처녀들이 와서 이르되 주여 주여 우리에게 열어 주소서 [12]대답하여 이르되 진실로 **너희**에게 이르노니 내가 **너희**를 알지 못하노라 하였느니라 [13]그런즉 깨어 있으라 **너희**는 그 날과 그 때를 알지 못하느니라

I. 전체적으로 볼 때에, 천국, 즉 복음 아래에 있는 상태, 그리스도의 외형적인 나라, 그리고 그 나라의 운행과 성공이 예증되고 있다. 그리스도께서는 이미 몇 가지 비유들을 통해서, 현재 그 나라를 받는 상태가 어떠한지를 보여주신 바 있다(13장). 이는 하나님의 비밀이 완성되고 그 나라가 아버지께로 돌려질 때에 그 상태가 어떨지를 말씀해 준다. 그 큰 날에 준비된 자들과 준비되지 않은 자들을 향해서 그리스도께서 행하실 치리가 이 비유를 통해서 예증된다 할 것이다. 아니면, 그 나라의 백성들이 그 나라로 표현된다 할 것이다. 그렇다면, 기독교를 고백하는 자들이 이 열 처녀에 비유되고 그렇게 서로 구분될 것이다.

II. 천국이 엄숙한 결혼 예식으로 예증된다. 이는 유대인들이 결혼 예식에서 때때로 행한 풍습을 반영하는 것이다. 곧, 신부는 그 친구들과 함께 신랑을 기다리고, 신랑은 늦은 밤에 친구들과 함께 신부의 집으로 가는데, 신랑이 도착한다는 통지가 신부에게 전해지면 신부의 친구들은 손에 등불을 들고 나가서 예의를 갖추어 신랑 일행을 맞고, 그렇게 해서 유쾌하게 결혼을 경축하는 것이었다. 어떤 이들은 이런 행사에서 보통 열 처녀가 동원되었다고 보기도 한다. 유대인들은 최소한 열 사람이 출석하지 않으면 회당을 구성하거나 유월절을 지키거나 결혼식을 거행하는 일을 절대로 행하지 않았기 때문이라는 것이다. 보아스는 룻과 결혼할 때에 장로 열 명을 증인으로 청한 바 있다(룻 4:2). 그런데 이 비유에서,

1. 신랑은 우리 주 예수 그리스도시다. 시편 45편과 아가서에서, 또한 신약에서도 자주 그를 그렇게 묘사한다. 이는 신부 된 교회에 대한 그의 유일무이한 최고의 사랑을 말씀해 주며, 또한 그가 교회와 맺으신 깨뜨려질 수 없는 신실한 언약을 말씀해 준다. 신자들은 현재 그리스도와 정혼한 상태에 있다(호 2:19). 그러나 엄숙한 결혼 예식은 어린 양의 아내인 신부가 완전한 준비를 갖추게 되는 그 큰 날에 거행될 것이다(계 19:7, 9).

2. 열 처녀들은 신앙을 고백하는 자들이요, 교회의 회원들이다. 그런데 여기서는 신부의 친구 처녀들로(시 45:14)로 묘사되나, 다른 곳에서는 그녀의 자식으로(사 54:1), 그녀의 장식으로 묘사된다(사 49:18). 어린 양을 따르는 자들을 가리켜 순결한 자(virgins. 계 14:4)라 부르는데, 이는 그들의 아름다움과 정결함을 나타낸다. 그들은 정결한 처녀로 그리스도께 드려질 자들이다(고후 11:2). 신랑은 왕이며, 따라서 이 처녀들은 무수한 시녀들인데(아 6:8), 여기서는 열 명이라고 말씀한다.

3. 이 처녀들의 임무는 신랑을 맞는 것인데, 이는 그들의 의무요 동시에 그들만이 누리는 특권이기도 하다. 그들은 신랑이 올 때에 그를 호위하며, 그 때가 오기까지 그를 기다리는 임무를 맡다. 여기서 기독교의 본질을 보라. 그리스도인들로서 우리는 우리 자신이 (1) 그리스도를 모시는 시종들임을 고백한다. 그를 영광된 신랑으로 받들어 모시며, 그에게 존귀와 찬송을 돌리는 것이다. 특히 그가 그의 성도들 중에서 영광을 받으시기 위하여 오실 때에는 더욱 그러하다. 우리는 주인을 섬기는 종들이 주인에게 하듯 그렇게 그를 따라야 한다(요 12:26). 높이 오르신 그리스도의 이름을 높이고, 그를 찬양하는 것, 이것이 우리의 할 일이다. (2) 그리스도와 그의 재림을 기다리는 자들임을 고백한다. 그리스도인들로서 우리는 그리스도의 강림하심을 믿고 구할 뿐 아니라 그것을 사랑하고 사모하며, 우리의 삶 전체를 그것에 맞추어 처신한다고 고백한다. 그리스도의 재림이야말로 우리의 신앙의 모든 것들이 만나는 중심이요, 우리의 모든 삶이 끊임없이 그것을 의지하고 그것과 관련을 맺는 것이다.

4. 그들이 첫째로 신경을 써야 할 일은, 신랑을 맞을 때에 손에 등불을 들고서 신랑에게 예의를 갖추고 그를 섬겨야 한다는 것이다. 주목하라. 그리스도인들은 빛의 자녀들이다. 복음은 빛이요, 따라서 복음을 받아들이는 자들은 스스로 그것으로 밝아져야 하며, 또한 그들 스스로도 빛들로 나타내며 그 빛을 밝혀야 하는 것이다(빌 2:15, 16).

이 열 처녀에 대해서 다음을 관찰할 수 있을 것이다.

(1) 그들의 서로 다른 성격, 그리고 그것에 대한 증거.

[1] 그들의 성격은, 다섯은 미련하고 다섯은 슬기 있는 자들이었다(2절). 유능한 판단자인 솔로몬은 지혜가 우매보다 뛰어남이 빛이 어둠보다 뛰어남 같다고 하였다(전 2:13). 주목하라. 사람들 중에서는 동일한 신앙고백과 동일한 부류에 속

한 것으로 보이는 자들이, 하나님 보시기에는 전혀 다른 성격을 지닌 자들일 수도 있다. 신실한 그리스도인들은 슬기 있는 처녀들이요, 외식하는 자들은 미련한 처녀들이다. 다른 비유에서는 이 두 부류의 사람들이 지혜로운 건축자들과 어리석은 건축자들로 표현된다. 주목하라. 영혼의 문제들에서 슬기 있는 자들이 진정 슬기 있는 자들이요, 영혼의 문제들에서 미련한 자들이 진정 미련한 자들이다. 참된 신앙이야말로 참된 지혜다. 죄는 어리석음이다. 그러나 특히 외식의 죄는 극한 어리석음이다. 스스로 지혜롭게 여기는 자들이야말로 가장 큰 바보들이요, 스스로 의인인 체하는 자들이야말로 가장 악한 죄인들이다. 어떤 이들은 슬기 있는 자들과 미련한 자들의 숫자가 같다는 사실에서, 그리스도께서는 마치 참 신자들의 숫자가 외식하는 자들의 숫자와 거의 동일한 것으로 보기라도 하시는 것처럼, 아니면 최소한 신앙을 고백하는 자들에 대해서 잘 되기를 바라고 그들이 참된 신자들의 부류에 들기를 바라도록 가르치기라도 하시는 것처럼, 여기서 큰 호의를 표현하신다고 본다(틸롯슨 대주교). 우리 자신에 대해 판단할 때에는, 문이 좁아서 그것을 찾는 자가 적다는 것을 기억해야 하나, 다른 이들에 대해 판단할 때에는 우리 구원의 대장께서 많은 자녀들을 영광에로 이끄신다는 것을 기억해야 하는 것이다.

[2] 이 성격에 대한 증거는 그들이 행하여야 하는 임무 그 자체에서 드러났고, 그것으로 심판을 받는다.

첫째로, 미련한 처녀들은 등을 가지되 기름을 가지지 아니하였는데, 이것이 바로 그들의 미련함이었다(3절). 그들은 잠시동안 등을 밝힐 수 있을 만큼만 기름을 갖고 있었다. 곧, 자기들이 신랑을 맞으려는 의도를 갖고 있는 것처럼 보이게 하는 정도만 준비해 놓고 있었고, 신랑이 늦어질 경우에 대비하여 여분의 기름 주전자나 기름 병을 준비하지는 않았다. 외식하는 자들이 이와 같다.

① 그들은 속에 진정한 원리가 없다. 드러내 보이기 위하여 손에 등은 갖고 있으나 마음속에는 현 세상에서의 섬김과 시련을 통과하기에 필요한 건전한 지식, 뿌리 깊은 기질, 그리고 확고한 의지가 없었다. 그들은 외형적인 동기들의 영향을 받아 처신하나, 마치 물건이 없이 장사를 떠나는 상인이나 돌밭에 떨어져 뿌리가 없는 씨와도 같이 영적인 생명이 없다.

② 그들은 장차 일어날 일을 예상하지도 않고, 그것을 대비하지도 않는다. 그들은 지금 보여주기 위하여 등은 가지고 갔으나, 나중에 사용할 기름은 가지

고 가지 않았다. 이처럼 생각 없는 것이 많은 고백자들을 망치는 것이다. 그들의 관심은 온통 지금 함께 교류하는 이웃들에게 자기 자신을 돋보이게 만드는 데 있고, 나중에 그리스도 앞에 서게 될 것인데도 그들은 그리스도께 인정받는 일에는 전혀 관심이 없다. 지금 문제가 없이 잘 지나가면 만사 형통이라는 식이다. 그들에게 아직 보이지 않는 일들에 대해 이야기하면, 롯이 사위들에게 멸망을 이야기할 때에 그들이 롯을 비웃은 것처럼 그런 대접을 받을 것이다. 개미는 미래를 대비하나, 그들은 미래를 대비하지 않고 장래에 자기를 위하여 좋은 터를 쌓지도 않는 것이다(딤전 6:19).

둘째로, 슬기 있는 처녀들은 그릇에 기름을 담아 등과 함께 가져갔는데, 이것이 그들의 슬기였다(4절). 그들은 속에 그들의 고백을 유지하고 지탱해 줄 선한 원리가 있었다. ① 마음이 그릇이며, 그것을 채우는 것이 우리의 지혜다. 마음에 있는 선한 보고(寶庫)에서 선한 것들이 나오기 때문이다. 그러나 그 뿌리가 썩은 것이면, 그것이 만개해도 먼지밖에는 없는 것이다. ② 은혜가 우리가 이 그릇 속에 담아야 할 기름이다. 성막에도 끊임없이 불이 켜 있도록 등유가 구비되어 있었다(출 35:14). 선한 행실로써 우리의 빛이 사람들 앞에서 비쳐야 한다. 그러나 마음속에 그리스도를 믿는 믿음과 하나님과 이웃들을 향한 사랑이라는 확고한 능동적 원리가 없으면, 그 빛이 비칠 수도 없고 오래 갈 수두 없다. 신앙저으로 행하는 모든 일에서 우리 앞에 놓인 것을 직시하면서 마음에 있는 그 원리에 근거하여 행하여야 하는 것이다. 그들은 그릇에 기름을 담아 가져갔는데, 신랑이 더디 올지도 모른다는 것을 가정하여 그렇게 한 것이다. 주목하라. 앞을 바라볼 때에는 최악의 상황을 대비하는 것이 좋다. 그러나 등불을 계속 타도록 유지시켜 주는 이 기름이, 선지자의 이상에서 나타나듯이, 위대하시며 선하신 감람나무이신 예수 그리스도께로부터 순금 등잔대, 곧 규례들을 통해서 촛대에 전달되는 것을 기억해야 한다. 이를 요한복음 1:16이 설명해 준다. 그의 충만한 데서 받으니 은혜 위에 은혜러라.

(2) 신랑이 지체하는 동안 그들의 공통적으로 저지른 허물. 신랑이 더디 오므로 다 졸며 잘새(5절). 여기서 관찰하라.

[1] 신랑이 지체하였다. 즉, 그들이 예상한 때에 맞추어 곧바로 오지 않았다. 우리는 어떤 것이 확실하다고 생각하면 그것을 매우 가깝게 생각하기가 쉽다. 사도 시대에도 많은 사람들이 주의 날이 가까이 왔다고 생각하였으나 그렇지 않

았다. 그리스도는 우리가 보기에 지체하시는 것 같으나 사실은 그렇지 않다(합 2:3). 신랑이 지체하는 것에는 마땅한 이유가 있다. 갖가지 경륜들과 목적들이 그 전에 이루어져야 하고, 택한 자들이 모두 부르심을 받아야 하고, 하나님의 오래 참으심이 드러나야 하고, 성도들의 인내가 시험받아야 하고, 땅의 곡식들을 수확할 때가 이르러야 하고 천국의 수확도 때가 되어야 하기 때문이다. 그러나 그리스도께서 우리가 예상하는 시간보다는 지체하시지만, 정해진 시간보다 지체하시는 법은 없다.

[2] 신랑이 더디 오자, 그를 기다리던 자들이 주의가 산만해졌고, 그들의 임무를 잊었다. 다 졸며 잘새. 마치 그를 기다리기를 포기한 것처럼 보인다. 주님은, 인자가 올 때에 세상에서 믿음을 보겠느냐? 라고 하셨다(눅 18:8). 그의 오심이 확실하다는 것에 근거하여 그것이 속히 이루어질 것이라고 추리한 자들은, 그들의 예상대로 그가 오시지 않으면, 그의 오심이 불확실하다고 생각하기가 쉬운 법이다. 어떤 이들은, 슬기 있는 처녀들은 졸았고 미련한 처녀들은 잤다고 본다. 그러나 둘 다 잘못을 범한 것이다. 슬기 있는 처녀들은 등을 계속 밝히고 있으면서도, 그들 자신은 깨어 있지 못했다. 주목하라. 선한 그리스도인들 중에서도, 신앙 생활이 오래 되면 그리스도의 재림을 준비하는 일에 부주의하게 되고, 주의가 산만해지고, 열정이 식어지며, 은혜가 활기를 띠지 못하고, 하나님 앞에서 행위가 완전하지 못하게 되며, 사랑을 완전히 잃어버리지는 않으나 처음 사랑을 버린 상태가 되는 경우가 비일비재하다. 제자들이 한 시간 동안 그리스도와 함께 깨어 있기를 어려워했다면, 그와 함께 한 세대를 깨어 있는 일은 더욱더 어려운 일일 것이다. 신부는, 내가 잘지라도 마음은 깨었도다라고 말한다(아 5:2). 관찰하라. 첫째로, 그들이 다 졸았고, 이어서 다 함께 잤다. 주목하라. 부주의함과 산만함은 또 다른 부주의함과 산만함을 조장한다. 스스로 조는 것을 허용하는 자들은 잠을 피하기가 거의 어렵다. 그러므로 영적인 부패의 시초를 끔찍하게 여겨야 한다. 질병의 첫 증상을 다스리라. 옛 사람들은 대체로 처녀들이 졸고 잠을 잔 것을 그들이 죽어가고 있는 것으로 이해하였다. 슬기 있는 자들이나 어리석은 자들이나 심판 날 이전에 모두 죽었다(시 49:10). 페루스(Ferus)도 이렇게 보며, 칼빈(Calvin)도 이렇게 본다. 신랑이 오기 전에 모두가 잠든다. 즉, 죽는다. 그러나 필자는 이것을 우리가 이해한 대로 이해하는 것이 합당하리라고 본다.

(3) 신랑을 맞으라는 통지가 갑작스럽게 그들에게 주어짐. 밤중에 소리가 나되 보라 신랑이로다 맞으러 나오라 하매(6절). 주목하라.

[1] 그리스도께서 지체하시더라도, 그는 반드시 오실 것이다. 더딘 것 같으나 분명히 오시는 것이다. 그의 초림의 경우도, 이스라엘의 위로를 기다리던 자들은 그것을 매우 더딘 것으로 생각하였으나 결국 때가 차매 그가 오셨다. 그의 재림의 경우도 마찬가지다. 오래 지체되는 것 같으나, 반드시 오실 것이다. 그의 원수들은 더딘 것이 취소가 아니라는 것을 뼈저리게 깨닫게 될 것이요, 또한 그의 친구들은, 묵시는 정한 때가 있나니 그 종말이 속히 이르겠고 결코 거짓되지 아니하리라(합 2:3)는 것을 보고 위로를 얻을 것이다. 구속받은 자들의 해(年)가 정해졌으니, 반드시 올 것이다.

[2] 그리스도의 오심이 우리가 가장 그를 덜 찾고 가장 안락한 중에 있을 한밤중에 이루어질 것이다. 그의 오심은 그의 백성을 세우시고 위로하기 위한 일이나, 그런 선한 의도를 가진 자들이 그 일을 머나먼 일로 생각하는 그 때에 그 일이 이루어지며, 동시에 그의 오심은 그의 원수들을 처리하시기 위한 일이나, 그들이 그 악한 날이 멀고도 멀었다고 생각하는 그 때에 그 일이 이루어지는 것이다. 애굽의 장자들이 죽임을 당하고 이스라엘이 구원받은 일이 한밤중에 일어났다(출 12:29). 가장 예기치 못한 때에 죽음이 닥치는 경우가 많다. 오늘 밤에 네 영혼을 도로 찾으리니(눅 12:20). 그리스도께서는 그의 주권을 보여주시기 위하여 그가 기뻐하시는 때에 오실 것이요, 또한 우리에게 의무를 가르치기 위하여 그 때가 언제일지를 알려 주시지 않으시는 것이다.

[3] 그리스도께서 오시면, 우리는 나아가 그를 맞아야 한다. 그리스도인들로서 우리는 주 예수의 모든 움직임들을 주시하여야 하고, 그가 오실 때에 그를 맞아야 한다. 우리가 죽을 때에 그가 우리에게 오시는데, 이 때에 우리는 육체와 세상을 벗어나 나아가 그를 맞아야 하며, 또한 그를 사모하는 마음과 그를 만나 뵙기에 합당한 자세로 그를 맞아야 한다. 신랑이로다 맞으러 나오라라는 말씀은 늘 준비하고 있는 자들에게 실질적으로 준비하라는 통지다.

[4] 그리스도께서 오시니 맞으러 나오라는 통지를 받고 사람들이 잠을 깰 것이다. 밤중에 소리가 나되. 그의 초림 때에는 아무런 통지도 없었고, 보라 그리스도가 여기 있다, 혹은 보라 그리스도가 저기 있다는 말도 없었다. 그가 세상에 계셨으되 세상이 그를 알지 못하였다. 그러나 그의 재림 때에는 온 세상이 바라보게

될 것이다. 하늘로부터 소리가 날 것이다. 그리스도께서는 너희 죽은 자들아 일어나 심판에로 나아오라는 호령 소리와 함께 강림하실 것이다. 그리고 땅에서도 소리가 있을 것이요, 산들과 바위에게도 소리를 지르게 될 것이다(계 6:16).

(4) 이 갑작스런 통지에 대한 모두의 반응. 그 처녀들이 다 일어나 등을 준비할새(7절). 초의 심지를 잘라내고 기름을 다시 부어 등불을 준비하고 신랑을 맞을 채비를 갖추고 나갔다. 그런데, [1] 이것은 슬기 있는 처녀들의 경우, 신랑이 올 것에 대비하여 그들이 실질적으로 모든 것을 준비해 놓고 있다는 것을 보여준다. 주목하라. 죽음을 잘 준비하고 있는 사람들도, 막상 죽음이 닥치면 할 일이 있는 법이다. 준비해온 것들을 활용하여 실제로 채비를 갖추어, 평강 가운데서 나타나도록 하고(벧후 3:14), 행하는 것이 보이고(24:46), 또한 벗은 자들로 발견되지 않도록 하여야 하는 것이다(고후 5:3). 그 날은 조사와 심문의 날이 될 것이므로, 그 때에 어떤 상태로 발견될지를 생각하는 것이 중요한 것이다. 그 날이 다가오는 것을 볼 때에, 우리는 모든 진지함으로, 죄에 대한 회개와 언약에 대한 우리의 동의와, 세상에 대한 작별을 새롭게 함으로써 죽는 일을 잘 감당하여야 하며, 마지막 숨이 남아 있을 동안 우리 영혼을 하나님께 부탁하여야 할 것이다. [2] 미련한 처녀들의 경우, 이것은 그들이 헛된 자신감을 가졌었고, 자기들의 그릇된 상태를 오히려 선한 것으로 자랑했고, 또한 내세에 대해 준비가 전혀 없었음을 드러내 보여준다. 주목하라. 가짜 은혜들은 그 사람의 평생의 모습에서도 드러나지만 그 사람이 죽게 될 때에 화려하게 그 본색을 드러낸다. 외식하는 자들은 자기들이 마치 죽음 직전의 번갯불처럼 꺼져가고 있는 중인데도 오히려 활활 타오르기를 바란다.

(5) 기름이 없는 미련한 처녀들이 당한 곤경(8, 9절). 이는, [1] 외식하는 자들 중에는 죽기 전에도 자기들의 비참한 처지를 깨닫는 이들도 있다는 것을 보여준다. 하나님께서는 눈을 열어 주셔서 그들의 어리석음을 보게 하시고, 또한 그들 자신이 그 오른손에 거짓말을 들고서 멸망하는 것을 보게 하기도 하시는 것이다. 아니면, 오히려 [2] 죽음 이후와 심판에서 그들의 비참한 상태를 보여준다. 겉으로 보기에는 그럴 듯하나 거짓인 그들의 신앙적인 모습이 그 큰 날에는 아무런 소용이 없을 것이다. 그 결과가 어떤지를 보라.

첫째로, 그들의 등불이 꺼져간다. 외식하는 자들의 등불은 금생에서도 꺼지는 일이 잦다. 영으로 시작한 자들이 육체로 마칠 때에, 외식이 노골적인 배도(背

道)로 터져 나오게 된다(벧후 2:20). 겉모양의 신앙이 시들어 버리고, 그 신빙성이 사라지며, 그 소망들이 무너지고, 그들의 위로가 사라진다. 악인의 등불이 그렇게 꺼지는 경우가 얼마나 많은가?(욥 21:17). 그런데도 외식하는 자들은 계속해서 겉모양의 신앙을 지속해 가고, 마지막까지 그것에서 위로를 찾는다. 그러나 하나님께서 그의 영혼을 거두실 때에는 과연 어찌 되겠는가? (욥 27:8). 그의 등불이 그보다 앞서서 꺼지지는 않더라도, 그와 함께 꺼지는 법이다(욥 18:5, 6). 그는 고통 가운데서 누울 것이다(사 50:11). 외식적인 신앙 행위를 통해서 얻은 이익은 사람의 심판에까지 이어지는 것이 아니다(7:22, 23). 등불이 꺼지면, 그 때에 외식하는 자들의 소망이 마치 거미줄 같고(욥 8:11), 숨을 거두는 것 같고(욥 11:20), 그를 참나무에다 내버려둔 압살롬의 나귀처럼 되리라는 것이 입증된다.

둘째로, 신랑을 맞으러 나갈 때에 불을 밝힐 기름이 없다. 주목하라. 참된 은혜가 모자라는 자들은 반드시 조만간 그것이 없다는 것을 알게 될 것이다. 겉모양의 신앙은 어느 정도까지는 사람들이 지닐 수 있으나, 끝까지 지닐 수는 없다. 이 세상에서는 그 사람을 빛나게 해 줄 수 있을지 모르나, 사망의 음침한 골짜기의 습기 때문에 꺼지고 말 것이다.

셋째로, 슬기 있는 처녀들에게 기름을 공급해 주기를 청하는 것을 당연한 일로 생각한다. 너희 기름을 좀 나눠 달라. 주목하라. 육신적인 외식자들이 참된 그리스도인들의 처지를 진정 부러워하고 그 가운데 있기를 사모하게 될 날이 다가오고 있다. 지금은 철저한 신앙을 혐오하나, 죽음과 심판을 당할 때에는 그 신앙의 견고한 위로를 사모하게 되는 것이다. 의인의 삶은 살려 하지 않으면서, 죽을 때에는 의인의 죽음을 죽기를 바라는 것이다. 회개하는 비천한 성도들을 멸시의 눈초리로 바라보는 자들이 그들의 관심을 끌기를 바라고, 또한 지금은 개(犬)만큼도 못하게 여기는 자들을 가장 좋은 친구들이요 유익을 주는 자들로 가치 있게 여기게 될 그 날이 오고 있다. 너희 기름을 좀 나눠 달라. 어떤 이들은 이를, "우리를 위해 좋게 말을 해 달라"는 뜻으로 본다. 그러나 심판주께서 각 사람의 참된 성격을 다 아시므로 그 큰 날에는 증인이 필요 없다. 하지만, 그들이 성도들에게 너희 기름을 좀 나눠 달라고 말하게 된다는 것이 좋지 않은가? 과연 좋은 일이다. 그러나, 1. 어쩔 수 없이 필요성을 느껴서 이런 요구를 하게 된 것이다. 주목하라. 지금 은혜가 그들을 구원해 주고 거룩하게 해줄 때에는 그 은혜의 필요성을 보지 못하는 자들도, 나중에 가서는 그 은혜의 필요성을 보게 될 것이다. 2. 그러나 때는 너무 늦었다. 그들이 적절한 시기에 요구했더라면, 하나님께서 그들에게 기름을 주셨을 것이다. 그러나 시장이 문을 닫고 난 다음에는 살 수가 없는 법이다.

넷째로, 슬기 있는 처녀들이 기름을 나눠주기를 거절한다. 그들이 선한 자들에게 그렇게 배척을 받는다는 것은 하나님에게서도 배척을 받게 될 안타까운 징조다. 슬기 있는 자들이 대답하여 이르되. 많은 이들이 이유를 제시하지 않은 채 적극적인 거절의 의사를 표시하나, 이 슬기 있는 처녀들은 그렇게 하지 않고, 적극적인 거절의 의사 표시가 없이 그들의 요청을 들어줄 수 없는 이유를 제시한다. 그들은 곤란에 빠진 이웃들을 도와줄 마음을 갖고 있었다. 그러나, 그렇게 해서도 안 되고, 할 수도 없고, 감히 그러지도 못한다. 왜냐하면 우리와 너희가 쓰기에 다 부족할까 하기 때문이다. 구제는 집에서 시작된다. 그러나 차라리 파는 자들에게 가서 너희 쓸 것을 사라. 주목하라. 1. 구원받을 자들은 그들 자신의 은혜가 있어야 한다. 성도의 교제를 통해서 유익을 얻고, 다른 이들의 믿음과 기도들이 우리에게 이점이 되지만, 우리 자신의 구원에는 우리 자신의 거룩함이 필수적이다. 의인은 자기의 믿음으로 말미암아 산다. 각 사람이 자기 자신에 대하여 직고할 것이며, 따라서 각 사람이 자기의 행위를 증명해 보여야 한다. 그 날에는 다른 사람을 불러서 자기를 위해 변명하게 할 수가 없기 때문이다. 2. 아무리 많은 은혜를 받은 자라도 남는 것은 없다. 우리가 가진 모든 것을 다 합쳐도 우리 자신이 하나님 앞에 서기에 족하지 못하다. 아무리 선한 자라도 그리스도께로부터 빌려와야 하니, 이웃에게 빌려줄 것이 하나도 없는 것이다. 로마 교회는 잉여 행위와 성자들의 의의 전가를 꿈꾸나, 이들은 자기들이 쓰기에 족한 정도의 기름밖에는 없으며 다른 이들에게 나눠줄 것이 없다는 것을 깨달은 것이 이 슬기 있는 처녀들의 지혜였다는 것을 망각하고 있는 것이다. 이 슬기 있는 처녀들은 그들의 소홀함을 책망하지도 않고, 자기들의 선견지명을 자랑하지도 않으며, 그들을 절망에 빠뜨리는 말로 그들을 괴롭히지도 않고, 그 처지에서 할 수 있는 최선의 조언을 해 준다. 파는 자들에게 가서 너희 쓸 것을 사라. 주목하라. 영혼의 문제에서 어리석게 처신하는 자들에게는 모욕을 줄 것이 아니라 불쌍히 여겨야 한다. 너희가 그들과 같지 않은 것이 누구 덕분인가? 하나님과 자기들의 영혼에 대해 평생토록 무관심해오다가 임종시에 각성하게 되는 자들을 대할 때에, 목사들은, 참된 회개는 아무리 늦어도 결코 늦는 법이 없으므로, 그들에게 회개하고 하나님께로 돌아오며 그리스도와 함께 생을 마감하라고 권면한다. 그러나 늦은 회개가 참된 경우가 거의 없기 때문에, 목사들은 이 슬기 있는 처녀들이 미련한 처녀들에게 한 대로 행한다. 아직 늦은 것이 아닌지 모르나 그들에게 행하여야 할 바를 말해 줄 수밖에는 없다. 그러나 아직 가게문이 닫히지 않았을 수도 있지만, 그렇게 행한다는 것이 말할 수 없이 위험천만한 것은 사실이다. 그러나 아직 시간이 남아 있다면, 이것은 좋은 권면이다. 파는 자들에게 가서 너희 쓸 것을 사라. 주목하라. 은혜를 얻을 자들은 반드시 은혜의 수단에 이끌리며 그것을 사용하게 된다. 사 55:1을 보라.

(6) 신랑이 도착함. 그리고 이로 말미암아 슬기 있는 처녀와 미련한 처녀들의 다른 성격이 완전히 드러남. 어떤 결과가 나타나는지를 보라.

[1] 그들이 사러 간 사이에 신랑이 오므로. 주목하라. 중대한 일을 마지막 순간까지 미뤄둔 자들에게는, 그 일을 할 시간이 없다는 것이 치명적인 사실로 다가온다. 은혜를 얻는 일은 시간을 요하는 일이요 급하게 서둘러서 되는 일이 아니다. 가련한 영혼이 병상에 누워 각성하여 회개와 기도의 필요성을 절감하게 되어도, 끔찍한 혼란 속에 빠져서 어디서부터 시작해야 될지, 혹은 무엇부터 해야 할지를 알 수 없고, 그러는 동안에 죽음이 오고, 심판이 오고, 그 가련한 죄인은 영원히 망하는 것이다. 기름으로 등불을 밝혀야 할 때에 기름을 사러 가야 하고, 은혜를 사용해야 할 때에 은혜를 받아야 하는 처지에 있게 되면, 이렇게 될 수밖에 없는 것이다.

신랑이 오므로. 주목하라. 우리 주 예수께서는 그 큰 날 신랑이 되사 화려한 복장으로 친구들의 호위를 받으며 그의 백성들에게 오실 것이다. 지금 신랑을 빼앗긴 때에는 우리가 금식하나(9:15), 그 때에는 영원한 잔치가 있을 것이다. 그 때에는 신랑이 신부를 안아 집으로 들이시고, 그가 계신 곳에 함께 있게 하시며(요 17:24), 그 신부를 기뻐하실 것이다(사 62:5).

[2] 준비하였던 자들은 함께 혼인 잔치에 들어가고. 주목하라. 첫째로, 영원토록 영광을 받는 것이 바로 그리스도와 함께 혼인 잔치에 들어가는 것이요, 그의 직접적인 임재 속에, 영원한 안식과 기쁨과 복락의 상태 속에서 그와 친밀하게 교제하는 것이다. 둘째로, 이 땅에서 천국을 위하여 준비가 되어 있는 자들만이, 그 일을 이루게 하심을 입은 자들만이(고후 5:5), 장차 천국에 들어갈 것이다.

셋째로, 우리가 항상 준비가 되어 있다면, 죽음이 갑작스럽게 찾아오고, 그리스도의 재림이 홀연히 일어나도 우리의 복락에는 아무런 장애가 되지 않을 것이다.

[3] 문은 닫힌지라. 들어올 자들이 다 들어왔을 때에는 대개 그렇다. 문이 닫힌 것은, 첫째로, 안에 들어온 자들의 안전을, 곧 우리 하나님 성전의 기둥이 된 자들(계 3:12)의 안전을 보장하기 위함이다. 아담이 낙원에 있었으나, 그 문이 열려 있었으므로 그가 밖으로 나갔다. 그러나 영광을 입은 성도들이 하늘의 낙원에 들어갈 때에는, 문이 닫혀 그 안에 계속해서 있게 되는 것이다. 둘째로, 바깥에 있는 자들을 들어오지 못하게 막기 위함이다. 그 때에는 성도들과 죄인들의 처지가 불변하도록 확정되므로, 바깥에 있는 자들은 영원토록 바깥에 내어쫓긴 상태에 있게 된다. 그 문이 비록 좁으나 지금은 그것이 열려 있다. 그러나 그 때에는 닫히고 잠길 것이요, 안과 바깥 사이의 큰 간격이 영원토록 고정될 것이다. 이것은 마치 노아가 들어간 후에 방주의 문을 닫은 것과 비슷하다. 그로 말미암아 그가 보존되었듯이, 바깥에 있는 나머지 모든 이들이 영원토록 버림받은 것이다.

[4] 미련한 자들이 왔으나 이미 때가 늦었다. 그 후에 남은 처녀들이 와서(11절). 첫째로, 나중에 축복을 받으러 온 세속적인 에서처럼, 이미 늦은 때에 천국에 들어가기를 구하는 자들이 많을 것이다. 이런 때늦은 간청으로 죄인들이 구원받지 못할 것이나, 이로 인하여 하나님이 영광을 받으실 것이다. 지금은 간절하고도 끈질긴 기도를 소홀히 하나 잠시 후면 그런 기도에 모든 소망을 걸 자들이 있을 것이나 그 때에 그런 간절한 기도가 응답을 받지 못하고 거절될 것인데, 이는 주의 영광을 위한 것이다. 둘째로, 외식하는 자들은 헛된 자신감으로 행복에 대한 기대를 매우 크게 가질 것이다. 그들은 천국 문에까지 나아가 들어가기를 요구하나, 쫓겨나고 만다. 자기들의 선한 상태에 대한 허망한 자신감으로 사기가 하늘을 찌를 듯하나 결국 지옥으로 던져지고 마는 것이다.

[5] 에서가 그랬던 것처럼 그들이 쫓겨났다. 내가 너희를 알지 못하노라(12절). 주목하라. 우리는 만날 만한 때에 여호와를 찾아야 한다. 그를 찾을 수 없는 때가 오고 있기 때문이다. 문을 두드리라 그리하면 너희에게 열릴 것이니라는 약속 덕분에, 주여 주여 우리에게 열어 주소서라는 간청이 응답을 받는 때가 있었다. 그러나 이제는 때가 너무 늦었다. 진실로 너희에게 이르노니라는 말로 엄숙한 선고

가 내려지는데, 그 선고는 바로, 내가 노하여 맹세한 바와 같이 그들이 내 안식에 들어오지 못하리라(히 4:3)는 것이다. 이는 주께서 단언하셨고, 그들이 그로 말미암아 아무런 말도 할 수 없었음을 보여준다.

마지막으로, 이 비유에 근거하여 실천적인 적용이 주어진다. 그런즉 깨어 있으라(13절). 앞에서도 이 말씀이 주어졌었고(24:42), 여기서도 가장 절실한 경고 사항으로 다시 되풀이된다. 주목하라. 1. 우리의 큰 의무는 깨어 있는 것이요, 우리의 영혼의 문제를 지극히 부지런히 살피며 돌아보는 것이다. 2. 우리가 깨어 있어야 할 합당한 이유는, 우리 주님의 재림의 때가 매우 불확실하기 때문이다. 우리는 그 날과 그 때를 알지 못하느니라. 그러므로 매일 매시간마다 준비하고 있어야 하고, 일년 중 그 어떤 날도, 또한 하루 중 그 어느 시간도 깨어 있기를 게을리 해서는 안 된다. 날마다 종일토록 여호와를 경외하여야 할 것이다.

[14]또 어떤 사람이 타국에 갈 때 그 종들을 불러 자기 소유를 맡김과 같으니 [15]각각 그 재능대로 한 사람에게는 금 다섯 달란트를, 한 사람에게는 두 달란트를, 한 사람에게는 한 달란트를 주고 떠났더니 [16]다섯 달란트 받은 자는 바로 가서 그것으로 장사하여 또 다섯 달란트를 남기고 [17]두 달란트 받은 자도 그같이 하여 또 두 달란트를 남겼으되 [18]한 달란트 받은 자는 가서 땅을 파고 그 주인의 돈을 감추어 두었더니 [19]오랜 후에 그 종들의 주인이 돌아와 그들과 결산할새 [20]다섯 달란트 받았던 자는 다섯 달란트를 더 가지고 와서 이르되 주인이여 내게 다섯 달란트를 주셨는데 보소서 내가 또 다섯 달란트를 남겼나이다 [21]그 주인이 이르되 잘하였도다 착하고 충성된 종아 네가 적은 일에 충성하였으매 내가 많은 것을 네게 맡기리니 네 주인의 즐거움에 참여할지어다 하고 [22]두 달란트 받았던 자도 와서 이르되 주인이여 내게 두 달란트를 주셨는데 보소서 내가 또 두 달란트를 남겼나이다 [23]그 주인이 이르되 잘하였도다 착하고 충성된 종아 네가 적은 일에 충성하였으매 내가 많은 것을 네게 맡기리니 네 주인의 즐거움에 참여할지어다 하고 [24]한 달란트 받았던 자는 와서 이르되 주인이여 당신은 굳은 사람이라 심지 않은 데서 거두고 헤치지 않은 데서 모으는 줄을 내가 알았으므로 [25]두려워하여 나가서 당신의 달란트를 땅에 감추어 두었있나이다 보소서 당신의 것을 가지셨나이다 [26]그 주인이 대답하여 이르되 악하고 게으른 종아 나는 심지 않은 데서 거두고 헤치지 않은 데서 모으는 줄로 네가 알았느냐 [27]그러면 네가 마땅히 내 돈을 취리하는 자들에게나 맡겼다가 내가 돌

아와서 내 원금과 이자를 받게 하였을 것이니라 [28]그에게서 그 한 달란트를 빼앗아 열 달란트 가진 자에게 주라 [29]무릇 있는 자는 받아 풍족하게 되고 없는 자는 그 있는 것까지 빼앗기리라 [30]이 무익한 종을 바깥 어두운 데로 내쫓으라 거기서 슬피 울며 이를 갈리라 하니라

이는 세 종에게 맡겨진 달란트의 비유다. 앞의 비유는 우리가 기다리고 준비하는 상태에 있음을 시사하나, 이 비유는 우리가 일과 임무를 다하는 상태에 있음을 시사한다. 앞의 비유는 습관적으로 준비를 갖추어야 할 필요성을 보여주나, 이 비유는 우리의 현재의 일과 봉사에 실질적으로 부지런히 임해야 할 필요성을 보여준다. 앞의 비유에서는 우리가 우리 자신의 영혼을 위하여 선하게 준비하도록 자극을 받으나, 이 비유에서는 하나님의 영광과 다른 이들의 선을 위하여 우리 자신을 드리도록 자극을 받는다.

이 비유에서, 1. 주인은 그리스도시다. 그는 모든 사람들과 사물들의 절대적인 소유주요 주관자이시며, 특별한 의미에서 그의 교회의 소유주이시다. 만물이 그의 손에 맡겨져 있다. 2. 종들은 그리스도인들이다. 그들은 그리스도의 종들로 부르심을 받았다. 그의 집에서 났으며, 그의 돈으로 산 바 되었고, 그의 찬양을 위하여 드려졌고, 그의 일을 위하여 고용된 자들이다. 아마도 여기서 특별히 그를 좀 더 직접적으로 섬기며 그에게서 보내심을 받는 사역자들(혹은, 목사들)을 지칭하고자 하는 의도가 있는 것 같다. 사도 바울은 자주 자기 자신을 예수 그리스도의 종이라 칭한다. 딤후 2:24을 보라.

이 비유에서는 전반적으로 세 가지를 보게 된다.

I. 이 종들에게 맡겨진 위탁물. 주인이 그 종들을 불러 자기 소유를 맡겼다. 일하도록 그들을 세우신 후(그리스도께서는 그의 종들을 그냥 놀리지 않으시므로), 그들에게 일할 재료를 남기셨다. 주목하라. 1. 그리스도의 종들은 그들의 모든 것을 그리스도께로부터 받았다. 그들은 그 자신만으로는 아무런 가치도 없으며, 죄 이외에는 자기들의 것이라 부를 것이 하나도 없기 때문이다. 2. 우리가 그리스도로부터 받은 것은 그를 위하여 일하기 위함이다. 우리가 누리는 특권들은 우리로 하여금 임무를 다하게 하기 위함이다. 각 사람에게 성령의 나타남을 주신 것은 모두의 유익을 위한 것이다. 3. 그리스도를 위하여 사용하도록 우리가 무엇을 받았든 간에, 그것은 그리스도의 소유이며, 우리는 그의 땅의 소

작인들에 불과하며, 여러 가지 은혜를 맡은 선한 청지기에 불과하다(벧전 4:10).

(1) 이 종들에게 위탁물이 맡겨진 정황. 그 때는 주인이 타국에 갈 때였다. 엡 4:8이 이것을 설명해 준다: 그가 위로 올라가실 때에 사로잡혔던 자들을 사로잡으시고 그 사람들에게 선물을 주셨다. 주목하라. [1] 그리스도께서 승천하실 때에 그는 사람이 타국에 가듯 그렇게 가셨다. 즉, 한동안 그 곳에 계실 목적을 갖고 가셨다는 뜻이다. [2] 그는 타국으로 떠나시면서 그가 친히 계시지 않는 동안 필요한 모든 것을 그의 교회에 구비시켜 놓으셨다. 그는 떠나실 것을 고려하셔서, 그의 교회에게 진리와 법과 약속들과 권세들을 맡기신 것이다. 이것들은 큰 위탁물(딤전 6:20; 딤후 1:14에서 그렇게 부른다. 한글 개역개정판은 "부탁한 것"으로 번역함), 곧 우리에게 맡겨진 선한 것이다. 그리고 그는 그의 성령을 보내사 그의 종들로 하여금 그 진리들을 가르치고 고백하며, 그 법들을 준수하며, 그 약속들을 적용시키고, 일상적으로든 특별하게든 그 권세들을 사용하고 활용할 수 있도록 능력을 주셨다. 그리하여 그리스도는 승천하실 때에 그의 선한 것들을 그의 교회에 남겨두신 것이다.

(2) 이 위탁물이 종들마다 다른 비율로 맡겨짐.

[1] 그는 달란트를 주셨다. 박식한 컴벌랜드 주교(Bishop Cumberland)의 조사에 따르면, 은 한 달란트를 우리의 돈으로 환산하면, 353파운드 11실링 10페니 0.5펜스라고 한다. 주목하라. 그리스도의 은사들은 풍성하고 고귀하며, 그의 피로 값주고 사신 것들은 가치를 가늠할 수가 없고, 그것들 가운데 비천한 것이 하나도 없다.

[2] 어떤 종들에게는 더 주시고, 어떤 종들에게는 덜 주셨다. 한 종에게는 다섯 달란트를, 또 다른 종에게는 두 달란트를, 또 한 종에게는 한 달란트를 주셨으니, 각 사람마다 각기 다른 능력에 따라 주신 것이다. 하나님의 섭리로 인하여 정신과 육체와 신분과 처지와 관심사 등에서 사람의 능력이 각기 다르게 주어졌고, 하나님의 은혜가 이에 따라서 합당하게 영적인 은사들을 나누어주신다. 그러나 그 능력 그 자체는 하나님께로부터 나오는 것이다. 관찰하라. 첫째로, 각 사람에게 최소한 한 가지 달란트가 주어졌고, 따라서 아무리 비천한 종이라두 비천한 능력을 받은 것이 아니다. 우리 자신의 영혼이 우리 각자가 맡은 바 한 가지 달란트이며, 우리는 그 영혼으로 일을 해야 한다. "사람은 주위에 있는 자들에게 스스로 유익을 끼칠 의무가 있고, 가능한 한 많은 이들에게 유익을 끼쳐야 한다.

그러나 그럴 수 없을 경우에는 적은 사람들에게, 가까운 친지들에게라도 유익을 끼쳐야 하고, 아니면 최소한 자기 자신에게라도 유익을 끼쳐야 한다. 다른 이들에게 유익을 주는 자가 공통의 선으로 인정받을 수 있을 것이다. 누구든지 스스로 인정받는 자는 다른 이들에게 봉사하는 자다. 스스로 다른 이들에게서 호감을 얻을 그런 습관들을 배양하기 때문이다"(세네카). 둘째로, 모두가 똑같이 받은 것이 아니다. 능력이나 기회가 모두 같지 않기 때문이다. 하나님은 자유로이 행하시는 분이시며, 각 사람에게 그의 뜻대로 나누어주신다. 사람의 몸의 각 지체들처럼, 어떤 이들은 한 종류의 봉사를 위하여 쓰임받고, 어떤 이들은 다른 종류의 봉사를 위하여 쓰임받는다. 집 주인은 이렇게 집안 일을 정비해 놓은 다음, 곧바로 길을 떠났다. 우리 주 예수님은 사도들에게 계명들을 주신 다음, 마치 급히 떠나야 할 사람처럼 하늘로 올라가셨다.

II. 이 위탁물에 대한 관리와 운용이 각기 다르게 나타남(16-18절).

1. 두 종은 잘 관리하였다.

(1) 그들은 부지런하고 신실하였다. 바로 가서 그것으로 장사하였다. 그들은 자기들이 맡은 돈을 투자하여 그 본래의 의도대로 사용하여 이득을 남겼다. 주인이 떠나자마자 곧바로 일을 시작한 것이다. 모든 그리스도인이 그렇듯이, 할 일이 많은 이들은 속히 일을 시작하여 시간을 허비하지 말아야 한다. 그들은 바로 가서 그것으로 장사하였다. 주목하라. 참된 그리스도인은 영적인 상인이다. 이 상업을 가리켜 비밀이라 부른다. 크도다 경건의 비밀이여, 그렇지 않다 하는 이 없도다(딤전 3:16). 이것은 제조업이다. 우리 자신의 마음에, 또한 다른 이들의 유익을 위하여 무언가 행하여야 할 것이 있다. 이것은 매매업이다. 가치가 적은 것을 버리고 가치가 큰 것을 구하는 것이다. 지혜의 장사(잠 3:15; 마 13:45). 상인은 상업을 자기의 직업으로 택하고, 온갖 수고를 다하여 그것을 배우고, 그 사업을 발전시키는 데에 전심을 다하며, 다른 모든 일들을 그것에다 맞추고, 거기서 나오는 이익으로 생활하는 사람이다. 참된 그리스도인도 신앙의 일에서 그렇게 행한다. 우리는 우리 자신의 물건을 파는 것이 아니라, 주인의 물건을 대리로 파는 것이다. 이성이나 재치나 학식 등 정신적인 재능들은 반드시 신앙을 돕는 데에 사용되어야 하며, 재산이나 돈이나 권세나 지위 등 세상에서 누리는 것들도 그리스도를 존귀하게 하는 데에 사용되어야 한다. 성경, 목사, 안식일, 성례 등 복음의 규례들과 거기에 참여하도록 우리에게 주어지는 기회들

은 그것들이 제정된 본래의 목적에 합당하게 사용되어야 하며, 그것들로 인하여 하나님과의 교제가 유지되어야 하고, 성령의 은사들과 은혜들이 시행되어야 한다. 이것이 우리의 달란트로 장사하는 것이다.

(2) 그들은 성공했다. 그들은 짧은 시간에 자본을 두 배로 늘렸다. 다섯 달란트 받은 자는 또 다섯 달란트를 남겼다. 우리의 달란트로 다른 이들과 거래하는 일에서는 언제나 성공을 거두는 것이 아니다. 그러나 우리 자신과의 거래에서는 반드시 성공을 거두어야 한다(사 49:4). 주목하라. 부지런히 수고하는 자의 손이 은혜와 위로와 선행의 보화가 풍성하게 만드는 법이다. 신앙에 부지런히 수고하면 많은 것을 얻는 것이다.

관찰하라. 지닌 달란트에 비례하여 이득이 생겼다. [1] 하나님께서는 다섯 달란트를 주신 자에게서는 다섯 달란트 만큼의 이익을 기대하시며, 많이 심은 곳에서 많이 거두기를 기대하신다. 큰 사업을 관리하는 자들이 그럴 수밖에 없듯이, 받은 은사가 클수록 더 많은 고통을 감내해야 하는 법이다. [2] 두 달란트를 주신 자에게서는 두 달란트만큼의 이익을 기대하신다. 이는 능력이 적고 낮은 자들에게 격려가 된다. 자기들에게 주어진 능력과 기회를 갖고 최선을 다하면, 비록 다른 사람들만큼 좋지 못하더라도 인정을 받게 되는 것이다.

2. 세 번째 종은 잘 관리하지 못했다. 한 달란트 받은 자는 가서 땅을 파고 그 주인의 돈을 감추어 두었더니(18절). 이 비유에서는 세 사람 중 하나가 불성실한 것으로 나타나나, 이 비유를 답변해 주는 역사에서는 비율이 전혀 다른 것을 보게 된다. 나병환자 열 명이 깨끗함을 받았으나 그 중에 아홉은 달란트를 감추어 두었고, 오로지 한 사람만 나아와 감사하였다(눅 17:17, 18). 불성실한 종은 한 달란트만 받은 자였다. 다섯 달란트를 받고도 모두 감추어 두는 자들이 많다. 큰 능력과 큰 기회를 받았으나 그것들이 아무런 유익이 없는 자들이 많다. 그러나 그리스도께서는 우리에게 다음을 암시하시려는 것 같다. (1) 한 달란트밖에 받지 않은 자가 그 한 달란트를 땅에 감추어 둔 것에 대해서 심판을 받게 된다면, 그보다 달란트를 더 많이 받고 그것들을 땅에 감추어 둔 자들은 그보다 훨씬 더 큰 심판을 면치 못할 것이라는 것. 작은 능력밖에 없는 자가 그 받은 작은 것을 성실히 사용하시 않은 것 때문에 바깥 어두운 데로 내쫓겼다면, 하물며 지극히 큰 은혜를 짓밟는 자가 당연히 받을 형벌은 얼마나 더 무겁겠느냐 너희는 생각하라(히 10:26). (2) 하나님을 위하여 할 일이 가장 적은 자들이 자기

들의 할 일을 가장 적게 행하는 경우가 비일비재하다는 것. 어떤 이들은, 다른 이들은 하나님을 섬길 기회가 있는데 자기들은 없다는 것을 핑계로 게으름을 피운다. 자기들이 하고 싶어도 할 일이 별로 없다고 하면서, 자기들이 할 수 있는 일들을 전혀 하지 않고, 가만히 앉아 그냥 있는 것이다. 한 달란트만 잘 사용하면 되는데도 그 하나를 소홀히 한다면, 그것은 정말 게으름의 극치다.

한 달란트 받은 종은 땅을 파고 그 주인의 돈을 감추어 두었다. 남이 훔쳐가지 않을까 하여 그렇게 한 것이다. 그는 그것을 잘못 소비하거나 잘못 투자하지도 않았고, 그것을 횡령하거나 착복한 것도 아니다. 그는 그것을 감추어 두었다. 돈은 마치 거름과 같아서(베이컨 경[Lord Bacon]이 이렇게 말하곤 했다) 더미로 쌓아두면 아무런 쓸모가 없고, 반드시 골고루 펼쳐야 한다. 그런데도 재물을 쌓아 두고 아무에게도 유익을 주지 않는 악을 해 아래에서 자주 보게 된다(약 5:3; 전 6:1, 2). 영적인 은사들도 마찬가지다. 많은 이들이 은사들을 가졌으나 그것이 주어진 목적에 합당하게 사용하지를 않는 것이다. 재물을 지닌 자들은 경건과 구제의 일을 위하여 그것들을 내어놓지 않으며, 권력을 지닌 자들도 그들의 삶의 현장에서 신앙을 증진시키는 데에 그것을 사용하지 않는다. 목사들도 능력과 선을 끼칠 기회들이 있으면서도 그들 속에 있는 은사를 불러일으키지 않는데, 이들 모두가 그리스도의 일보다 자기 자신의 일을 추구하는 게으른 종들인 것이다.

그는 주인의 돈을 감추어 두었다. 그것이 마치 자기 것인 양 자기가 원하는 대로 행한 것이다. 그러나 우리에게 어떠한 능력과 기회가 있든지, 그것들은 우리의 것이 아니다. 우리는 그저 청지기들에 불과하며, 그것들의 참 주인이신 우리 주님께 그것들을 관리하는 일에 대해 결산을 해야 한다. 다른 종들이 바쁘게 움직여 장사에서 성공을 거두는 사실을 통해서 그도 각성하여 열정을 가졌어야만 하는데 그렇게 하지 않고 게으름을 피웠다는 것은 배나 더 죄악된 일이었다. 다른 이들은 열심히 수고하는데, 과연 우리가 게으르게 있어도 괜찮은 일인가?

Ⅲ. 종들의 행위에 대한 결산(19절).

1. 그 결산이 연기된다. 그들은 오랜 후에야 비로소 주인과 결산하게 된다. 주인이 그의 사무를 소홀히 하는 것이나 혹은 하나님이 약속이 더딘 것이 아니다(벧후 3:9). 아니다. 그는 심판하기로 예비하고 계신다(벧전 4:5).

2. 그러나 그 결산의 날이 반드시 온다. 그 종들의 주인이 돌아와 그들과 결산할 새. 주목하라. 갖가지 하나님의 은혜를 받은 청지기들은 반드시 잠시 후 그들의 청지기 직무를 셈하여야 한다. 우리는 모두 결산을 해야 한다. 우리가 받은 선으로 우리 자신의 영혼에게 행한 것에 대해서와, 또한 우리가 누린 기회들을 통해서 다른 이들에게 행한 것에 대해서 결산을 해야 한다. 롬 14:10, 11을 보라. 여기서,

(1) 신실한 종들의 결산의 결과가 좋다. 여기서 관찰하라.

[1] 종들이 자기들의 사업에 대해 보고함. "주인이어 내게 다섯(혹은, 두) 달란트를 주셨는데 보소서 내가 또 다섯(혹은, 두) 달란트를 남겼나이다"(20, 22절).

첫째로, 그리스도의 신실한 종들은 그들에게 맡겨주신 것들에 대해 감사를 표하였다. 주인이어 내게 다섯(혹은, 두) 달란트를 주셨는데. 주목하라. 1. 우리가 하나님께로부터 받은 것들을 구체적으로 기록해 두는 것이, 우리가 받은 것을 기억해 두는 것이 좋다. 그래야 하나님께서 우리에게서 기대하시는 바를 알 수 있고, 또한 그 받은 것에 따라서 돌려드릴 수 있을 것이다. 2. 우리 자신이 일해서 얻은 것은 절대로 바라보지 말고, 오직 하나님께서 우리에게 베푸신 것들만을, 또한 그가 그의 것으로 우리에게 맡기심으로써 우리에게 베푸신 존귀만을 바라보아야 하고, 또한 우리 속에 있는 은혜만을, 혹은 우리가 행하는 모든 선한 것들의 샘이요 근원이 되는 그 은혜만을 바라보아야 한다. 사실은 우리가 하나님을 위하여 더 많이 행할수록 하나님께 더 많은 빚을 지는 것이다. 그가 우리를 그만큼 구비시키시고 사용하셔서 그를 섬기게 하신 것이기 때문이다.

둘째로, 그들은 그들의 신실함의 증거로서, 자기들이 번 것을 내어놓는다. 주목하라. 하나님의 선한 청지기들은 무언가 그들의 근면함을 보여주는 것을 갖고 있다. 나는 행함으로 내 믿음을 보이리라(약 2:18). 선한 사람은 그것을 보일지니라(약 3:13). 우리가 우리의 영적 장사에서 충성을 다하면, 곧 그것이 우리에게 보일 것이다. 이는 그들의 행한 일이 따름이라(계 14:13). 성도들이 그 큰 날에 자기들의 선행을 드러내고 언급할 것이라는 것이 아니다. 아니, 그리스도께서 그들을 위하여 그것을 말씀하실 것이다(35절). 그러나 이는 신실하게 자기들의 달란트를 사용하는 자늘은 그리스도의 날에 담대함을 얻을 것임을 시사한다(요일 2:28-4:17). 또한 여기서 두 달란트만 받은 자도 다섯 달란트 받은 자와 똑같이 기쁨으로 결산을 보고한다는 것을 관찰할 수 있다. 그 결산의 날에 우리

가 우리의 능력이 아니라 우리의 충성됨에 따라서, 우리의 성공 여부가 아니라 우리의 성실함에 따라서, 우리에게 주어진 기회들의 정도에 따라서가 아니라 우리의 마음의 올바름에 따라서 결산을 하게 될 것이라는 사실이 우리에게 위로를 준다.

[2] 주인이 그들의 결산 보고를 받아들이고 인정함(21, 23절).

첫째로, 주인이 그를 칭찬함. 잘하였도다 착하고 충성된 종아. 주목하라. 부지런함과 순전함으로 스스로 예수 그리스도의 착하고 충성된 종임을 드러내 보이는 자들은 예수 그리스도께서 나타나실 때에 칭찬과 영광과 존귀를 얻게 될 것이다(벧전 1:7). 지금 하나님을 의지하고 존귀하게 하는 자들은 얼마 지나지 않아서 그 스스로 존귀를 얻게 될 것이다. 1. 그들 자신이 인정을 받을 것이다. 착하고 충성된 종아. 그가 지금 그의 종들의 순전함을 알고 계시니 그 큰 날에 그것을 증언하실 것이요, 지금 충성된 자는 후에도 충성된 자라 일컬음을 받을 것이다. 사람들은 그런 자들을 지나치게 의롭다고 배척할지 모르나, 그리스도께서는 착하고 충성된 그들의 본 모습을 인정하실 것이다. 2. 그들의 행위가 인정을 받을 것이다. 잘하였도다. 그리스도께서는 잘 행한 사람을, 오로지 그런 자만을 착한 종이라 부르실 것이다. 우리가 인내로 끝까지 잘 행함으로써 이 영광과 존귀를 구하기 때문이다. 그리고 구하면 얻을 것이다. 선한 일을 잘 행하면, 잘하였도다 라는 칭찬을 얻을 것이다. 어떤 주인들은 너무 까다로워서 종들이 아무리 일을 잘하여도 칭찬하지 않는 경우도 있다. 책망하지 않는 것만으로도 충분하다는 식의 생각이다. 그러나 그리스도께서는 잘하는 종들을 칭찬하실 것이다. 사람들이 그런 종들을 칭찬하든 하지 않든 간에, 그는 칭찬하실 것이다. 그리고 우리 주님께서 칭찬하시면 다른 사람들의 말은 중요하지 않다. 주님께서 잘하였도다 라고 칭찬하시면 우리는 그것으로 만족하며, 그런 칭찬을 받으면 사람들에게서 받은 판단은 사소한 것이 되어 버린다. 자기 스스로 칭찬하거나 이웃들에게서 칭찬 받는 사람이 주께 인정받는 것이 아니라, 주님께서 칭찬하시는 사람이 인정받는 것이다.

둘째로, 주인이 그들에게 상을 베풂. 그리스도의 충성된 종들은 그저 칭찬만 받는 것이 아니고, 그들의 모든 사랑의 수고와 땀에 대해 상급이 주어진다.

여기서 이 상급이 두 가지로 표현되고 있다.

① 한 가지 표현은 이 비유에 잘 들어맞는다. 네가 적은 일에 충성하였으매 내

가 많은 것을 네게 맡기리니. 왕궁이나 귀인들의 가문에서는 적은 일에 충성한 자를 더 높은 직위로 진급시키는 것이 통상적인 관례다. 주목하라. 그리스도는 충성을 다하는 종들을 아끼시는 주인이시다. 그리스도께서는 그를 높이는 자들을 높일 준비를 갖추고 계신다. **면류관**(딤후 4:8), **보좌**(계 3:2), **나라**(25:34)를 그들에게 수여하실 것이다. 이 땅에서 그들은 구걸하는 자들이나, 천국에서는 다스리는 자들이 될 것이다. 올바른 자가 통치권을 갖게 될 것이다. 그리스도의 종들은 모두 통치자들이다.

관찰하라. 종들의 수고와 상급이 서로 비율이 맞지 않는다. 성도들이 하나님의 영광을 위하여 섬기는 일은 그저 몇 가지에 불과한데, 그들이 하나님과 함께 영화롭게 되는 일은 많다. 우리가 하나님께로부터 받는 임무와 이 세상에서 하나님을 위하여 행하는 일은 우리 앞에 놓인 즐거움에 비하면 아무것도 아니다. 우리의 모든 봉사와 모든 고난과 모든 수고와 다른 이들에게 행한 모든 선한 일들을 다 합쳐도, 장차 우리에게 베풀어질 영광과는 도저히 비교할 수 없을 만큼 아무것도 아닌 것이다.

② 또 한 가지 표현은 이 비유의 범위를 벗어나, 이 비유를 통해서 말씀하고자 하시는 사실을 다룬다. 네 주인의 즐거움에 참여할지어다. 주목하라. (1) 복 있는 자의 상태는 즐거움의 상태다. 모든 눈물이 씻겨지기 때문임은 물론, 모든 위로의 근원들이 그들에게 열리고, 즐거움의 샘이 디저 나올 것이기 때문이다. 하나님의 때가 무르익어 거룩이 완성되고 복 있는 자들이 함께 모이는 것을 바라보면, 즐거움으로 가득 차지 않을 수가 없다. (2) 이 즐거움은 주인의 즐거움이다. 그 자신이 그들을 위하여 값 주고 사셔서 베풀어주시는 즐거움이요, 구속자의 고난으로 값 주고 사신 구속받은 자들의 즐거움이다. 그것은 그 자신이 소유하고 계시는 즐거움이요, 그가 십자가를 참으시고 부끄러움을 개의치 아니하실 때에 염두에 두셨던 즐거움이다(히 12:2). 그것은 그 자신이 근원이시요 중심이신 즐거움이다. 그것은 우리 주님의 즐거움이다. 그것은 우리의 넘치는 즐거움이신 주 안에 있는 즐거움이기 때문이다. 아브라함은 그의 집의 청지기가 신실하였으나 그가 자신의 상속자가 되는 것을 바라지 않았다(창 15:3), 그러나 그리스도는 그의 충성된 청지기들을 그의 즐거움에 참여하게 하시고 그와 함께 상속자가 되게 하시는 것이다. (3) 영화롭게 된 성도들이 이 즐거움에 들어갈 것이요, 그가 마지막 때에 오실 때에 상속자로서 그 즐거움을 충만하고도 완전

하게 소유할 것이요, 혹은 준비를 갖춘 자들로서 혼인 잔치에 참여하게 될 것이다. 이 땅에서는 우리 주님의 즐거움이 성령의 보증을 통하여 성도들에게 들어온다. 그러나 잠시 후면 그들 자신이 그 즐거움에 들어가 영원토록 있을 것이다.

(2) 게으른 종의 결산의 결과가 나쁘다. 여기서 관찰하라.

[1] 그가 자기 자신을 변명함(24, 25절). 그는 한 달란트밖에 받지 않았으나, 그 한 달란트에 대해서 결산해야 한다. 우리가 받은 것이 적다고 해서 결산이 면제되는 것이 아니다. 아무도 자기가 받은 것보다 더 많은 것에 대해 결산하게 되지는 않는다. 그러나 우리가 받은 것에 대해서는 반드시 결산을 해야 하는 것이다.

관찰하라. 첫째로, 그가 신뢰하는 것. 그는 상당한 자신감을 갖고 결산에 임하였다. 그는 자신이 변명으로 제시할 말을 의지하였고, 결국 다음과 같이 말한다. "보소서 당신의 것을 가지셨나이다. 다른 사람들처럼 이익을 내지는 못하였으나, 손해는 보지 않았다는 말은 할 수 있겠습니다." 그는, 이런 대답이면 칭찬을 받지 못해도 안전은 보장될 것이라고 생각한 것이다.

주목하라. 허망하고 주제 넘는 것으로 간주되고 말 변명거리를 정당한 것으로 생각하여 아주 안일한 자세로 심판에 나아갈 자들이 많다. 하나님을 위하여 너무 지나치게 열심히 행하지 않을까 하여 두려워하면서도, 신앙 생활에서 무수한 고난을 당하며 수고한 자들과 똑같이 대접받기를 바라는 게으른 외식자들이 바로 그런 자들이다. 그러므로, 게으른 자는 사리에 맞게 대답하는 사람 일곱보다 자기를 지혜롭게 여기는 법이다(잠 26:16). 그의 변명은 이런 것이다. "주여 저는 안식일을 더럽히지도 않았고, 선한 사역자들과 선한 설교를 반대하지도 않았습니다. 주여, 저는 성경을 조롱한 적이 없고, 신앙을 방해하려 수작을 벌인 적도 없고, 제 권세를 이용하여 선한 사람을 박해한 일도 없고, 술취함과 방탕으로 몸을 허비한 일도 없고, 제가 아는 한 그 누구에게도 해를 끼친 일이 없습니다." 그리스도인이라 불리는 자들 중에서 그런 변명거리에 근거하여 천국에 들어갈 큰 소망을 갖는 자들이 많다. 그러나 이 모든 변명거리들은 보소서 당신의 것을 가지셨나이다라는 것 이상 아무것도 아니다. 마치 주께서 그 이상 아무것도 요구하거나 기대하지 않으시는 것처럼 말이다.

둘째로, 그가 고백하는 내용. 그는 자기의 달란트를 땅에 파묻은 것을 고백한다. 당신의 달란트를 땅에 감추어 두었었나이다. 그는 마치 큰 잘못이 없는 것처럼 말한다. 아니, 마치 그 달란트를 안전한 곳에 두어 위험부담을 제거한 자신의 지혜로움이 칭찬받아 마땅한 것처럼 이야기한다. 주목하라. 사람들이 그 큰 날에 그들을 처절한 정죄에 빠지게 만들 그 일을 지극히 가벼운 문제로 취급하는 것이 보통 있는 일이다. 아니면, 만일 그것이 자신의 과오라는 것을 생각했다면, 이는 게으른 종들이 심판에서 정죄를 받는 일이 얼마나 쉬운지를 시사해 준다 할 것이다. 그 날에는 구태여 증거를 찾을 필요가 전혀 없다. 그들의 혀가 그들에게 떨어질 것이기 때문이다.

셋째로, 그가 변명하는 내용. 주인이여 당신은 굳은 사람이라 심지 않은 데서 거두고 헤치지 않은 데서 모으는 줄을 내가 알았으므로 두려워하였나이다. 하나님에 대해 올바로 생각하면 사랑이 생기고 그 사랑이 우리를 부지런하고 충성되게 만든다. 그러나 하나님에 대해 그릇되게 생각하면 두려움이 생기고 그 두려움이 우리를 게으르고 불충하게 만드는 것이다. 그의 변명은 다음과 같은 것을 보여준다.

① 원수의 정서. 주인이여 당신은 굳은 사람이라. 이것은 이스라엘 집의 악인의 말과 같다. 주의 길이 공평하지 아니하다(겔 18:25). 그리하여 그의 변명이 그의 공격이 된다. 사람이 미련하므로 자기 길을 굽게 하며, 마치 그것이 문제를 해결하기라도 하는 것처럼 마음으로 여호와를 원망하느니라(잠 19:3). 이것은 범죄를 덮어 가리는 것이다. 아담도 암암리에 허물을 하나님께 돌렸다. 하나님이 주셔서 나와 함께 있게 하신 여자 그가 그 나무 열매를 내게 주므로 내가 먹었나이다(창 3:12). 주목하라. 육신적인 마음은 하나님에 관하여 그릇되고 악한 견해들을 품기를 잘 하며, 더 완악해져서 악행을 더욱 굳게 한다. 그가 얼마나 자신 있게 말하는지를 관찰하라. 당신은 굳은 사람이라. 주인이 그렇다는 것을 그가 어떻게 알았는가? 너희 조상들이 내게서 무슨 불의함을 보았기에 나를 멀리 하고 가서 헛된 것을 따라 헛되이 행하였느냐(렘 2:5). 그가 그의 일로 우리를 괴롭게 하고, 그의 품삯으로 우리를 속인 일이 대체 어디 있었는가?(미 6:3). 그가 우리에게 광야가 되고, 어둠의 땅이 되었던 적이 있었는가? 하나님께서 그렇게 오랫동안 세상을 다스려 오셨으니, 사무엘보다도 더 분명한 논지로, 내가 누구를 속였느냐? 누구를 압제하였느냐?(삼상 12:3)라고 물을 수 있으신 것이다. 오히려 그 반대라는 것을 온 세상이 다 알지 않는가? 그는 굳은 주인이기는커녕 오히려 온 땅이 그의 선

하심으로 충만하며, 심지 않은 데서 거두기는커녕 아무것도 거두지 못하는 곳에 많은 것을 심으시는 분이시지 않은가? 그는 악하고 감사할 줄 모르는 악인들에게 해를 비추시고 비를 내리시며, 전능하신 하나님께 우리에게서 떠나소서라고 말하는 자들에게 양식과 즐거움으로 마음을 가득 채우시는 분이신 것이다. 이러한 말은 악인들이 하나님께 던지는 일상적인 푸념을 잘 보여준다. 그들의 죄와 멸망이 모두 그들에게 은혜를 내리지 않으신 하나님의 탓이기라도 한 것처럼 원망하는 것이다. 그러나 사실은 그들이 받은 일반 은혜를 성실하게 사용한 자들은 절대로 특별 은혜가 없다는 것 때문에 멸망하지 않는 것이 분명하다. 이치를 따진다면, 사실 열매 맺지 못하는 포도원을 위하여 하나님께서 하신 것만큼 할 수 있는 사람이 아무도 없는 것이다. 하나님께서는 지푸라기는 받지 않으시고 벽돌만을 요구하시는 분이 아니시다. 언약에서 무엇을 요구하든 그것은 언약에 약속되어 있는 것이다. 그러므로 만일 우리가 멸망한다면, 그것은 우리 자신의 책임이다.

② 노예 근성. 두려워하여. 하나님을 향한 원망은 그에 대한 그 사람의 그릇된 사고에서 일어난 것이다. 그러므로 노예들이 갖는 식의 두려움보다 하나님께 합당치 않은 것이 없고, 그것보다 하나님께 드리는 의무를 방해하는 것이 없는 법이다. 이것은 종노릇이요 괴로운 고통이다. 그러므로 위대한 하나님의 계명들이 요구하는 바 전적인 사랑과는 정면으로 배치되는 것이다. 주목하라. 하나님에 대한 그릇된 생각들은 그를 섬기는 일을 가로막는 방해거리가 된다. 하나님을 기쁘시게 하는 것이 불가능하며 아무리 그를 섬기려 해도 헛되다고 생각하는 자들은 신앙에 있어서 합당한 일을 하나도 할 수가 없다.

[2] 이 변명에 대한 주인의 답변. 그 종의 변명은 인정받지 못하고 기각된다. 아니 오히려 거꾸로 그를 정죄받게 만들며, 그는 그것에 대해 아무런 대답도 할 수 없게 된다. 그에 대한 정죄와 심판을 여기서 보게 된다.

첫째로, 그에 대한 정죄(26, 27절). 그는 두 가지에 대해 정죄를 받는다.

① 게으름. 악하고 게으른 종아. 주목하라. 게으른 종들은 악한 종들이며, 따라서 주인에게서 그런 자들로 인정될 것이다. 왜냐하면 자기의 일을 게을리 하며 하나님께서 명하신 선한 일을 소홀히 하는 자는 하나님께서 금하신 악을 행하는 자로서 패가하는 자의 형제이기 때문이다(잠 18:9). 하나님의 일에서 태만하는 자는 마귀의 일에 바쁜 자와 매우 가깝다. 선을 행하지 않는 것은 매우 심각한

비난을 불러일으키는 것이다. 선을 행하지 않는 것도 죄요, 따라서 심판을 받을 것이다. 게으름은 사악함으로 이어지며, 다 치우쳐 함께 더러운 자가 되니, 이는 선을 행하는 자가 하나도 없기 때문이다(시 14:3). 집이 비어 있으면 더러운 영이 그 곳을 차지한다. 영혼의 문제에서 게으른 자들은 게으른 것뿐 아니라 악한 것이다(딤전 5:13). 사람들이 잠자고 있을 때에 원수가 가라지를 뿌리는 것이다.

② 자기 모순. 나는 심지 않은 데서 거두고 헤치지(뿌리지) 않은 데서 모으는 줄로 네가 알았느냐 그러면 네가 마땅히 내 돈을 취리하는 자들에게나 맡겼다가 내가 돌아와서 내 원금과 이자를 받게 하였을 것이니라(26, 27절). 주목하라. 죄인들이 하나님께 대하여 갖는 그릇된 생각은 거짓되며 불의하지만 그들의 사악함과 게으름을 정당화시켜 주기는커녕 오히려 그들의 죄책을 더욱 위중하게 만든다. 이 말씀을 다음 세 가지 중 하나의 의미로 이해할 수 있을 것이다. (1) "가령 내가 그렇게도 굳은 주인이었다고 가정해 보자. 그렇다면 너는 더욱 부지런히 조심스럽게 행하여 나를 기쁘게 하여야 하지 않았겠느냐? 사랑으로는 아니더라도 두려움으로라도 그렇게 했어야 마땅할 것이니, 그 때문이라도 너는 일을 열심히 했어야 하지 않았겠느냐?" 우리 하나님이 소멸하는 불이시라면, 그러한 사실을 생각해서라도 우리는 열심히 그를 섬겨야 마땅한 것이다. 아니면, (2) "네가 나를 굳은 주인으로 생각하여, 잃어버릴까 두려워서 그 돈으로 장사를 하지 못했다면, 돈 바꾸는 자들이나 은행에 맡겨서 그 돈을 굴리게 하여 내가 올 때에 다른 종들처럼 그렇게 많은 이윤을 남기지는 못해도, 내 원금과 이자는 받게 했어야 하지 않겠느냐?" 은행에 맡기는 일이 그 당시에 흔히 있는 일이었던 것 같고, 주께서는 그것을 금하지 않으신 것 같다. 주목하라. 우리가 할 일을 할 수 없고 혹은 감히 할 마음을 먹지 못한다고 해서 변명의 사유가 될 수 있는 것이 아니다. 우리가 할 수 있는 일을 하지 않은 것이기 때문이다. 우리 마음에 더 어렵고 위험 부담이 있는 봉사를 감히 행할 마음을 먹지 못했다손치더라도, 그렇다고 해서 더 안전하고 손쉬운 일을 행하지 않은 것까지 정당화되겠는가? 아무것도 행하지 않은 것보다는 무엇이라도 행한 것이 더 낫다. 대담한 일에서는 용기를 보이지 못하더라도, 정직하게 힘씀으로써 우리의 선한 의지를 드러내 보이기는 해야 한다. 우리 주께서는 작은 일의 날이라도 멸시하지 않으실 것이다(슥 4:10). 아니면, (3) "가령 내가 심지 않은 데서 거둔다 해도, 그것은 네게 아무 문제가 안 된다. 네게는 내가 심었기 때문이다. 내가 달란트를 네게 맡겼는

데, 그것은 그냥 갖고 있으라는 것이 아니라 사용하여 이윤을 남기라는 것이었다." 주목하라. 결산의 날에, 악하고 게으른 종들은 전혀 변명의 여지가 없을 것이다. 경박스런 탄원이 기각되고, 모든 입이 다물어질 것이요, 지금은 자기 의(義)에 근거하여 자신 있게 서 있는 자들이 그 날에는 한 마디 말도 하지 못하게 될 것이다.

둘째로, 그가 받은 심판. 그 게으른 종은 다음과 같은 선고를 받는다.

① 그가 받았던 달란트를 빼앗김. 그에게서 한 달란트를 빼앗아(28, 29절). 달란트들은 본래 주인이 절대적인 소유자로서 분배했던 것인데, 이제는 주인이 재판장으로서 그것을 처리한다. 그는 불충한 종에게서 그 달란트를 빼앗아 그를 벌하고, 특별히 충성한 종에게 상급으로 주는 것이다. 비유의 이 부분의 의미가 그 선고의 이유에서 드러난다. 무릇 있는 자는 받아 풍족하게 되고 없는 자는 그 있는 것까지 빼앗기리라(29절). 이 말씀은 (1) 금생의 축복들, 즉 세상적인 부와 재물에 적용시킬 수 있다. 이것들은 하나님의 영광과 주위 사람들의 유익을 위하여 사용하도록 우리에게 맡겨진 것들이다. 그런데 이런 것들이 있고 또한 그것들을 이 목적에 합당하게 사용한 자는 받아 풍족하게 되고 — 어쩌면 이것들 자체를 풍성하게 받는다는 뜻이거나, 최소한 그것들이 주는 위로를 풍성하게 받는다는 뜻일 것이다 — 없는 자는 그 있는 것까지 빼앗기리라. 즉, 이런 것들이 있으면서도 마치 없는 것처럼 그것들을 사용할 능력도 없고 유익을 끼치지도 못하는 자들은(인색한 자는 그가 갖지 못한 것은 물론 그가 가진 것까지도 전혀 없는 것으로 간주될 것이다) 다 빼앗기리라. 솔로몬은 잠 11:24에서 이를 다음과 같이 설명한다: 흩어 구제하여도 더욱 부하게 되는 일이 있나니 과도히 아껴도 가난하게 될 뿐이니라. 가난한 자들에게 베푸는 것이 우리가 가진 것으로 장사하는 것이며, 그 이윤이 풍성하게 될 것이다. 뒤박에 양식이 가득하게 하며, 병에 기름이 가득 차게 만들 것이다. 그러나 인색하고 베풀 줄 모르는 자들은 그렇게 해서 얻은 부귀가 재난을 당할 때 없어지는 법이다(전 5:13, 14). 때로는 섭리가 이상스럽게 역사하여 재물을, 그것으로 아무런 유익을 끼치지 못하는 자들에게서 그것으로 유익을 끼치는 자들에게로 옮아가는 것을 보게 된다. 그들은 결국 가난한 사람을 불쌍히 여기는 자를 위해 그 재산을 저축하는 것 이외에 아무것도 아니다(잠 28:8. 또한 잠 13:22; 욥 27:16, 17; 전 2:26을 보라). (2) 이를 은혜의 수단에 적용시킬 수도 있다. 그들이 받은 기회들을 부지런히 활용하는 자들에게 하

나님께서 그것들을 크게 하사 그들 앞에 **열린 문**을 세우실 것이나(계 3:8), 신원의 날을 알지 못하는 자들에게는 그들의 평화에 속한 일에 대해서 전혀 깨닫지 못할 것이다. 이에 대한 증거로는, 실로에 가서 내 백성 이스라엘의 악에 대하여 내가 어떻게 행하였는지를 보라(렘 7:12). (3) 이를 성령의 공통적인 은사들에 적용시킬 수도 있다. 이 은사들을 지니고 선히 행하는 자는 풍성하게 받을 것이다. 이 은사들은 활용을 통해서 나아지고, 사용됨으로써 더 밝아진다. 신앙적으로 더 많이 행할수록 더 많이 행할 수 있게 된다. 그러나 자기들 속에 있는 은사를 불일듯하게 하지 않고, 자기들의 능력에 따라 은사들을 발휘하지 않는 자들은, 그 은사들이 녹슬고 썩어 마치 버려진 불처럼 꺼져버린다. 영혼 속에 있는 살아 있는 은혜의 원리를 지니지 않은 자는, 마치 미련한 처녀들의 등불에서 기름이 떨어진 것처럼(8절), 그 가진 공통적인 은사들마저 빼앗기게 된다. 그리하여 선지자는, 팔을 가슴에 품고 아무것도 하지 않은 게으른 목자의 팔이 말라 버리며, 그저 아무것도 하지 않고 한가하게 있는 그의 오른쪽 눈도 아주 멀어 버리라고 경고한다(슥 11:17).

② 그는 바깥 어두운 데로 내쫓으라는 선고를 받는다(30절). 여기서,

(1) 그는 무익한 종이다. 주목하라. 게으른 종들은 그들이 세상에 있는 목적에 합한 일을 하나도 행하지 않고, 그들의 출생이나 세례의 목적도 전혀 이루지 못하며, 하나님의 영광과 다른 사람들의 유익과 자기들 자신의 영혼의 구원을 위해서도 아무런 것도 하지 않으며, 따라서 무익한 종으로 간주될 것이다. 게으른 종은 몸의 마른 지체요, 포도원의 메마른 가지요, 벌통에 들어 있는 게으른 수벌이요, 아무 짝에도 쓸모 없는 인간이다. 어떤 의미에서 우리는 모두 무익한 종들이다(눅 17:10). 우리는 하나님께 유익을 드릴 수 없다(욥 22:2). 그러나 다른 이들에게와 우리들 자신에게는 우리가 유익하게 하는 존재가 되어야 한다. 그렇지 못하면, 그리스도께서 우리를 그의 종으로 소유하지 않으실 것이다. 상처를 주지 않는 것으로는 안 되고, 선을 행하여야 하고, 열매를 내어야 한다. 이것이 하나님을 유익하게 하는 것은 아니나, 이로써 하나님이 영광을 받으시는 것이다(요 15:8).

(2) 그의 마지막 운명은 **바깥 어두운 데로 내쫓기는 것이다.** 충성된 종들의 경우와 마찬가지로 여기서도 주님은 이 비유로부터 그 뜻하고자 하는 내용에로 접어 들어가시는데, 이것이 전체를 이해하는 열쇠가 된다. 바깥 어두운 데나 거

기서 슬피 울며 이를 갈리라는 것은 그리스도의 강론에서는 지옥에 버림받은 자들의 비참한 처지를 지칭하는데 통상적으로 쓰이는 완곡어법이기 때문이다. 그들의 처지는, [1] 매우 비참하다. 바깥 어두운 데 내쫓긴 상태다. 어둠은 무섭고 불편하다. 그것은 애굽에 내린 재앙 가운데 하나였다. 지옥에는 어두운 구덩이가 있다(벧후 2:4). 어둠 속에서는 아무도 일을 할 수 없는데, 이는 게으른 종에게는 지극히 적절한 형벌이라 할 것이다. 그것은 바깥 어두운 데다. 충성된 종들이 들어가는 천국의 빛의 바깥이요, 주님의 즐거움의 바깥이요, 잔치의 바깥이다. 8:12; 22:13을 보라. [2] 매우 슬프다. 거기서 슬피 울며 이를 갈리라고 하는데 이는 극한 슬픔과 극한 분노와 한(恨)이 있을 것임을 말해 준다. 이것이 게으른 종이 마지막에 당할 몫이다.

[31]인자가 자기 영광으로 모든 천사와 함께 올 때에 자기 영광의 보좌에 앉으리니 [32]모든 민족을 그 앞에 모으고 각각 구분하기를 목자가 양과 염소를 구분하는 것 같이 하여 [33]양은 그 오른편에 염소는 왼편에 두리라 [34]그 때에 임금이 그 오른편에 있는 자들에게 이르시되 내 아버지께 복 받을 자들이여 나아와 창세로부터 너희를 위하여 예비된 나라를 상속받으라 [35]내가 주릴 때에 너희가 먹을 것을 주었고 목마를 때에 마시게 하였고 나그네 되었을 때에 영접하였고 [36]헐벗었을 때에 옷을 입혔고 병들었을 때에 돌보았고 옥에 갇혔을 때에 와서 보았느니라 [37]이에 의인들이 대답하여 이르되 주여 우리가 어느 때에 주께서 주리신 것을 보고 음식을 대접하였으며 목마르신 것을 보고 마시게 하였나이까 [38]어느 때에 나그네 되신 것을 보고 영접하였으며 헐벗으신 것을 보고 옷 입혔나이까 [39]어느 때에 병드신 것이나 옥에 갇히신 것을 보고 가서 뵈었나이까 하리니 [40]임금이 대답하여 이르시되 내가 진실로 너희에게 이르노니 너희가 여기 내 형제 중에 지극히 작은 자 하나에게 한 것이 곧 내게 한 것이니라 하시고 [41]또 왼편에 있는 자들에게 이르시되 저주를 받은 자들아 나를 떠나 마귀와 그 사자들을 위하여 예비된 영원한 불에 들어가라 [42]내가 주릴 때에 너희가 먹을 것을 주지 아니하였고 목마를 때에 마시게 하지 아니하였고 [43]나그네 되었을 때에 옷 입히지 아니하였고 병들었을 때와 옥에 갇혔을 때에 돌보지 아니하였느니라 하시니 [44]그들도 대답하여 이르되 주여 우리가 어느 때에 주께서 주리신 것이나 목마르신 것이나 나그네 되신 것이나 헐벗으신 것이나 병드신 것이나 옥에 갇히신 것을 보고 공양하지 아니하더이까 [45]이에 임금이 대답하여 이르시되

내가 진실로 너희에게 이르노니 이 지극히 작은 자 하나에게 하지 아니한 것이 곧 내게 하지 아니한 것이니라 하시리니 ⁴⁶그들은 영벌에, 의인들은 영생에 들어가리라 하시니라

여기서는 그 큰 날에 이루어질 마지막 심판의 과정이 묘사되고 있다. 이 중에서, 양과 염소를 분리하는 것과 심판주와 심판 받는 자들 사이의 대화 등, 몇몇 부분은 비유의 성격을 띤다. 그러나 이 강론 전체를 통틀어 직유법의 맥락이 계속 이어지며, 따라서 이는 비유라기보다는 마지막 심판에 대한 묘사로 보아야 할 것이다. 이것은, 말하자면, 그 앞의 비유들에 대한 설명이라 하겠다. 여기서 다음의 내용들을 볼 수 있다.

I. 심판주께서 심판의 보좌에 앉으심. 인자가 … 올때에(31절). 여기서 관찰하라.

1. 다가올 심판이 있다는 것. 각 사람이 영원한 복음의 원리에 의하여 이 시험의 세상에서 행한 바에 따라 심판을 받아 보상의 세상에서 영원한 복락이나 영원한 비참의 상태에로 선고를 받을 것이다.

2. 그 큰 날의 심판의 시행이 인자에게 맡겨져 있다. 하나님께서는 그로 말미암아 세상을 심판하실 것이요(행 17:31), 또한 그에게 모든 심판이 맡겨져 있으므로 그 모든 심판의 중심이 되는 그 날의 심판도 그에게 맡겨져 있다. 다른 곳에서처럼 여기 마지막 심판이 언급되는 곳에서도 그리스도께서 인자라 불리시는데, 이는 그가 인자(人子: 사람의 아들)들을 심판하실 것이기 때문이요, 또한 그가 자기를 낮추사 우리의 본성을 취하사 인자가 되신 것이 그 날의 이러한 영예로써 보상을 받아 그의 인성이 존귀하게 될 것이기 때문이다.

3. 그리스도께서 세상을 심판하러 나타나시는 것이 찬란하고 영광스러울 것이다. 아그립바와 버니게가 크게 위엄을 갖추고 재판석상에 나타났으나(행 25:23), 그것은 (원문에 따르면) 큰 공상(great fancy)으로 그렇게 한 것이었다. 그러나 그리스도께서는 참된 영광 가운데서 심판의 보좌에 임하실 것이다. 그 때에 의로운 해가 그의 절정의 광채를 발할 것이요, 이 땅의 왕들의 왕께서 그의 영광된 나라의 풍성함과 그의 탁월한 위엄의 존귀를 보일 것이요, 지금 성도들만이 믿는 그것을, 즉 그가 그의 아버지의 영광의 광채이심을 온 세상이 보게 될 것이다. 그는 비단 그의 아버지의 영광만이 아니라 중보자로서 그 자신의

영광 중에 오실 것이다. 그의 초림은 캄캄한 구름 아래에서 희미한 가운데 이루어졌으나, 그의 재림은 찬란한 영광의 구름 속에서 이루어질 것이다. 그리스도께서 그의 제자들에게 그의 미래의 영광에 대해 주신 확신이 십자가의 거치는 것과 그의 다가오는 치욕과 고난을 털어 버리도록 도움을 줄 것이다.

4. 그리스도께서는 세상을 심판하기 위해 그의 영광 중에 오실 때에, 그의 모든 거룩한 천사들과 함께 오실 것이다. 영광된 수행원들이, 그의 무수한 거룩한 천사들이, 이 영광된 분을 수행하며 동시에 그의 정의를 시행할 것이다. 그들이 그와 함께 임하는 것은 예전을 위한 일이요 또한 섬김을 위한 일이기도 하다. 천사들은 법정을 소환하고(살전 4:16), 택한 자를 모으며(24:31), 가라지를 골라내고(13:40), 성도들의 영광(눅 12:8)과 죄인들의 비참(계 14:10)의 증인들이 되기 위하여 반드시 올 것이다.

5. 그 때에 그는 그의 영광의 보좌에 앉으실 것이다. 그는 지금 아버지와 함께 그의 보좌에 앉아 계신다. 그것은 은혜의 보좌요, 우리가 담대하게 나아갈 수 있는 보좌다. 그것은 통치의 보좌요 그의 조상 다윗의 보좌다. 그는 그 보좌에 계시는 제사장이시다. 그러나 그 때에 그는 영광의 보좌에, 심판의 보좌에 앉으실 것이다. 단 7:9, 10을 보라.

Ⅱ. 모든 사람의 자손들이 그의 앞에 나타남. 모든 민족을 그 앞에 모으고(32절). 주목하라. 그 큰 날의 심판은 전체적인 심판이 될 것이다. 모두가 그리스도의 심판대 앞에 소환된다. 태초부터 마지막까지 각 시대에 속한 모든 사람들이, 땅의 오지로부터 가장 가까운 곳까지 각처에 있는 모든 사람들이, 지면 위에 거하는 모든 민족들이 하나도 빠짐없이 다 그리스도의 심판대 앞에 모일 것이다.

Ⅲ. 존귀한 자들과 악한 자들 사이에 분리가 이루어짐. 각각 구분하기를. 추수 때에 가라지와 알곡이 구분되듯이, 타작 마당에서 알곡과 겨가 구분되듯이 그렇게 각 사람이 구분될 것이다. 지금은 악인과 경건한 자가 동일한 나라와 도시와 교회와 가정에 함께 거하고 있고, 서로 구분이 불가능하다. 성도들이 연약하기 때문에, 혹은 죄인들의 외식 때문에 구분이 어렵다. 그러나 그 날에는 그들이 분리될 것이요 영원히 서로 갈라질 것이다. 그 때에 너희가 돌아와서 의인과 악인을 분별하고 하나님을 섬기는 자와 섬기지 아니하는 자를 분별하리라(말 3:18). 이 세상에서는 그들도 그들 자신을 각기 분리시킬 수가 없고(고전 5:10),

다른 누구도 그들을 분리시킬 수가 없다(13:29). 그러나 주께서는 그에게 속한 자들을 아시며 따라서 그들을 분리시키실 수 있다. 이 분리는 너무도 정확하여, 아무리 미미한 성도라도 결코 죄인의 무리에 버려지지 않으며, 아무리 그럴듯한 죄인이라도 성도의 무리에 숨어 있을 수 없고(시 1:5), 각 사람이 자기 자리에 있게 될 것이다. 이것이 목자가 양과 염소를 서로 구분하는 것에 비유된다. 이것은 겔 34:17에서 취한 것이다. 내가 양과 양 사이와 숫양과 숫염소 사이에서 심판하노라. 주목하라.

1. 예수 그리스도는 위대한 목자이시다. 그는 지금 목자처럼 그의 양 떼들을 먹이시며, 잠시 후에는 그의 것들과 그의 것이 아닌 것들을 서로 구분하실 것이다. 이는 마치 라반이 야곱의 양과 자기 양을 구분하여 서로 사흘 길 정도 거리를 두게 한 것과도 같다(창 30:35, 36).

2. 경건한 자들은 양과 같아서 순진하고 온유하며 인내하고 유용하다. 악인들은 염소와 같아서 비열하고 불쾌하며 제멋대로 군다. 지금은 양과 염소들이 동일한 초장에서 하루 종일 먹이를 뜯어먹지만, 밤이 되면 각기 다른 우리에 들어가게 될 것이다. 그렇게 구분한 다음, 그는 양은 그 오른편에, 염소는 왼편에 둘 것이다(33절). 그리스도께서는 경건한 자들에게 존귀를 더하신다. 이는 우리가 존경하는 자들을 오른쪽에 앉히는 것과도 같다. 그러나 악인은 영원한 부끄러움에 있게 될 것이다(단 12:2). 그가 부자는 오른편에, 가난한 자는 왼편에 둔다고도 말씀하지 않고, 학식 있고 고상한 자는 오른편에, 무식하고 멸시받는 자는 왼편에 둔다고도 말씀하지 않는다. 경건한 자를 오른편에, 악인을 왼편에 둔다고 말씀하는 것이다. 곧, 다른 모든 구분과 구별은 그 때에 다 사라질 것이고, 성도와 죄인, 거룩하게 된 자와 거룩하게 되지 않은 자 사이의 큰 구별은 영원토록 남아 있을 것이요, 사람의 영원한 상태가 그것으로 말미암아 결정될 것이다. 악인은 왼손으로 축복과 부귀와 존귀를 취하였으니, 그들의 최후의 운명도 그렇게 될 것이다.

Ⅳ. 이 각각에 대한 심판의 과정.

1. 오른편에 있는 경건한 자들의 심판 과정. 그들이 악인의 심판에서 그리스도를 보좌하게 될 것에 대한 이유가 먼저 밝혀진다. 악인들은 아브라함과 이삭과 야곱이 천국에 들어가는 것을 보게 되는데, 이로써 그들의 비참함이 가중된다(눅 13:28). 여기서 관찰하라.

(1) 그들에게 영광이 수여된다. 그들은 선고를 통해서 사면될 뿐 아니라 칭찬과 상급을 받는다. 그 때에 임금이 그 오른편에 있는 자들에게 이르시되(34절). 목자였던 그분이(이는 그가 이 심판에서 그들을 향하여 부드럽고 따뜻하게 대하신다는 것을 시사해 준다) 여기서는 임금으로 나타나는데, 이는 그의 심판 선고에 권위가 있음을 보여준다. 이 임금의 말씀이 있는 곳에 권세가 있다. 이 선고에서는 두 가지를 보게 된다.

[1] 성도들이 주의 복된 자들임이 인정됨. 내 아버지께 복 받을 자들이여.

첫째로, 그가 그들을 복 받을 자들이라고 부르시니, 그의 이러한 말씀으로 인하여 그들이 그런 자들이 된다. 율법은 그들의 갖가지 모순거리들로 인하여 그들을 저주한다. 그러나 그리스도께서는 율법의 저주에서 그들을 구속하시고 그들을 위하여 복을 값 주고 사시고서, 그들에게 복이 있으라고 명령하시는 것이다.

둘째로, 내 아버지께 복 받을 자들이여 라고 말씀하신다. 세상에게서는 모욕과 저주를 받았으나, 하나님께 복 받는 자들이다. 성령이 아들을 영화롭게 하시듯이(요 16:14), 아들은 성도들의 구원의 제일 원인으로 아버지께 돌림으로써 아버지를 영화롭게 하신다. 하늘에 속한 모든 복들이 우리 주 예수 그리스도의 아버지이신 하나님께로부터 우리에게 오는 것이다(엡 1:3).

셋째로, 그들더러 나아오라고 부르신다. 이는 결국 이런 의미다: "너희를 환영하노니, 나아와 내 아버지의 복을 받으라. 내게 오라. 내게 와서 영원토록 나와 함께 있으라. 나를 따라 십자가를 진 자들아, 이제 나아와 나와 함께 면류관을 쓰라. 내 아버지께 복 받을 자들은 내가 중심으로 사랑하는 자들인데, 오랜 동안 내게서 떨어져 있었도다. 이제 나아오라. 내가 안으리니 나의 따뜻한 품으로 나아오라." 그 날 이 말씀을 듣는 성도들의 기쁨이 얼마나 크겠는가! 지금 우리는 은혜의 보좌에 담대하게 나아간다. 그러나 그 때에는 영광의 보좌에 담대히 나아갈 것이다. 그리고 이 말씀이 황금 규가 되어, 우리의 요구들이 나라의 절반보다 크더라도 그것들이 다 허락되리라는 확신을 준다. 이제 성령께서 말씀 속에서 말씀하시기를, 오라 하시며, 신부는 기도 가운데서 오시옵소서라고 아뢴다. 그리하여 아름다운 연합의 교제가 이루어진다. 그러나 이 완전한 복락은 임금이 오라고 말씀하실 때에 이루어질 것이다.

[2] 성도들이 아버지의 복락과 그의 나라에로 들어감을 얻음. 창세로부터 너희

를 위하여 예비된 나라를 상속받으라.

첫째로, 그들이 소유하게 될 복락은 지극히 풍성한 것이다. 그가 그것을 아시며 그들을 위하여 그것을 값 주고 사셨고, 친히 그것을 소유하셨다.

① 그것은 나라다. 이는 이 땅에 속한 소유 가운데 가장 고귀한 것이며, 지극히 큰 부와 존귀가 거기에 포함되어 있다. 나라를 상속받는 자들은 온갖 화려한 면류관을 쓰고, 왕궁의 온갖 쾌락을 다 누리며, 그 나라에 속한 모든 보화들을 주무른다. 그러나 성도들이 천국에서 누릴 복락에 비하면 이런 것은 아무것도 아니다. 이 땅에서 거지들이요 옥에 갇힌 자들이요, 만물의 찌끼처럼 대접받은 자들이 그 때에 나라를 상속받을 것이다(시 113:7; 계 2:26, 27).

② 그것은 예비된 나라다. 그 나라의 복락은 클 수밖에 없다. 왜냐하면 그것은 하나님의 경륜의 산물이기 때문이다. 주목하라. 영광의 나라에서 성도들이 누릴 복락을 위해서 큰 준비가 있었다. 아버지께서 사랑으로 그들을 위하여 그것을 계획하셨고, 그의 크신 지혜와 권능으로 그들을 위하여 그것을 베푸셨다. 아들은 그들을 위하여 그 나라를 값 주고 사셨고, 그들을 위하여 처소를 예비하기 위하여 그리로 들어가 계신다(요 14:2). 그리고 복되신 성령께서는 그 나라에 합당하도록 그들을 준비시키시며, 그런 중에 결국 그들을 위하여 그 나라를 준비하고 계시는 것이다.

③ 그것은 너희를 위하여 예비되었다. 이는 다음을 시사한다. (1) 이 복락이 성도들에게 적절한 것임. 그것은 영혼의 본질과 거룩하게 된 영혼의 새로운 본질에 모든 면에서 완전히 들어맞는다. (2) 성도들이 그것을 온전하게 누리게 됨. 이는 그들을 위하여 의도적으로 예비된 것이다. 너희 같은 자들을 위한 것만이 아니라, 성화를 통하여 구원에 이르도록 택함받은 너희 개개인을 위한 것이다.

④ 그것은 창세로부터 예비되었다. 이 복락은 시간이 시작되기도 전에, 영원 전부터 성도들을 위하여 계획된 것이다(엡 1:4). 마지막에 가서 이루어질 그 목적이 최초부터 의도된 것이다. 하나님께서 무한한 지혜로 창조가 처음 이루어질 때부터 성도들의 영원한 영화(榮化)를 보고 계셨던 것이다. 이 모든 것이 너희를 위함이니(고후 4:15). 아니면, 이는 이 복락의 장소를, 복받을 자들의 거처가 될 장소를 창조의 역사의 시초에(창 1:1) 예비해 놓으신 것을 의미한다. 땅의 기초가 놓여질 때에 하늘의 하늘에서 새벽 별들이 기뻐 노래하였다(욥 38:4-7).

둘째로, 그들이 그 복락을 차지하고 소유하게 될 그 소유권이 지극히 안전하다. 그들이 나아와 그 나라를 상속받을 것이기 때문이다. 우리가 상속을 통해서 얻게 되는 것은 우리 자신의 노력으로 획득하는 것이 아니라, 법적인 의미에서 순전히 하나님의 행위로 말미암은 것이다. 상속자들을, 천국의 상속자들을 삼으시는 것이 바로 하나님이신 것이다. 우리가 상속받는 것은 우리가 자녀이기 때문이며, 우리가 양자가 되었기 때문이다. 자녀이면 또한 상속자니. 상속으로 물려받은 명의(名義)는 가장 아름답고도 가장 확실한 명의다. 이는 상속으로 전수받아 희년이 되기까지밖에는 양도할 수 없는 가나안 땅의 소유권과도 유사하다. 천국의 기업은 취소할 수 없는 것이요, 양도할 수 없는 것이다. 이 세상에서 성도들은 성년(成年)이 되지 않은 상속자들이요, 아버지께서 정하신 때까지 통제를 받고 가르침을 받는 자들이다(갈 4:1, 2). 그런데 그 때에는 지금 은혜로 말미암아 소유권을 지니게 된 그것을 완전히 소유하게 될 것이다. 나아와 그것을 상속받으라.

(2) 영광이 그들에게 수여되는 근거. 내가 주릴 때에 너희가 먹을 것을 주었고 (35, 36절). 그러나 우리의 선행 그 자체가 탁월한 가치가 있어서 그것이 천국의 복락을 얻을 공로가 된다는 식으로 추론해서는 안 된다. 우리의 선행은 하나님에게까지 미치는 것이 아니다. 그러나 예수 그리스도께서는 세상을 다스리시는 것과 동일한 규범으로 세상을 심판하실 것임이 분명하므로 그는 그 법에 복종한 자들에게 상을 베푸실 것이다. 그리고 심판 때에 그들의 순종에 대한 언급이 있을 것이다. 그들의 공로로서가 아니라, 그들이 그리스도를 믿는 자들이요 그가 값 주고 사신 자들이라는 증거로서 언급되며, 공로의 측정을 통해서(이는 행위와 상급 사이에 균형이 맞아야 된다는 것을 전제한다)가 아니라, 예수 그리스도로 말미암아 값 주고 사신 바 하나님의 약속에 근거하는 것이요 또한 일정한 조건과 한계 내에서 그 혜택을 누리는 것이다. 그러므로 그리스도께서 값 주고 사셨다는 사실과 하나님의 약속이 그 복락의 소유권을 확보해 주는 것이요, 성도들의 순종은 오로지 그 복락을 받도록 계획된 그 사람의 자격 조건일 뿐이다. 어떤 재산이 유언을 통해서 어떤 조건에 맞을 때에 상속되도록 정해질 경우, 그 유언자의 진정한 의도대로 그 조건이 만족되면, 그 재산이 절대적으로 그 당사자의 것이 되며, 이 때에 그 소유권은 순전히 유언에 근거한 것이지만 조건을 만족시키는 것을 그 증거로 제시해야 한다. 여기서도 마찬가지다. 그리스도께서 영원한 구원의 주인이시고, 그에게 순종하며 또한 인내로

끝까지 선을 행하는 자들에게만 그 구원을 베푸시기 때문이다.

그런데 여기서 언급되는 선행은 우리가 보통 가난한 자들을 구제하는 일이라 부르는 그런 일이다. 그러나 오른편에 있는 많은 사람들이 주린 자들을 먹이거나 벗은 자를 입힐 능력이 없고 오히려 그들 스스로 다른 이들의 구제를 받아 먹고 입은 자들이었다. 이는 신실한 순종의 한 가지 실례를 들어서 그 나머지 전체를 나타내는 것이요, 따라서 이는 일반적으로, 사랑으로 행하는 믿음이 기독교에서 모든 것이라는 것을 가르쳐 준다. 나는 행함으로 내 믿음을 네게 보이리라(약 2:18). 지금 선한 행실로 나타나는 의의 열매 이외에는 그 어떠한 것도 나중에 있을 결산에서 선한 결과를 주지 않을 것이다. 여기서 묘사되고 있는 선행은 구원받은 모든 자들에게 반드시 있어야 할 세 가지를 시사한다.

[1] 자기 부인과 세상에 대한 경멸. 세상의 것들로 선을 행할 수 있다는 것 외에는 그것들을 좋은 것으로 간주하지 않고, 스스로 만족하고 기꺼이 가난하게 삶으로써 그러한 기질을 드러내 보여야 한다. 땅에 대해 죽는 자들이 천국에 합당한 것이다.

[2] 형제들에 대한 사랑. 이는 둘째가는 큰 계명으로, 율법을 성취하는 것이요, 영원한 사랑의 세상을 위한 탁월한 준비가 된다. 우리는 기꺼이 선을 행하고 선을 전해 줌으로써 이 사랑의 증거를 제시해야 한다. 선행이 없이 그냥 말로만 좋은 밀 하는 섯은 조롱하는 것이다(약 2:15, 16; 요일 3:17). 줄 것이 없는 사람들도 무언가 다른 방식으로 동일한 기질을 드러내 보여야 한다.

[3] 예수 그리스도를 믿고 그를 섬김. 여기서 상급이 주어지는 것은 그리스도를 위하여, 그에 대한 사랑의 마음으로, 그를 염두에 두고서, 가난한 자들을 돕는 행위다. 자기들의 삶을 위해서나 다른 이들을 살도록 돕기 위해서도 선행을 할 수 있으나, 주 그리스도를 섬기기 위해 선을 행하는 것이야말로 지극히 고귀한 것이다. 엡 6:5-7을 보라. 주 예수의 이름으로 행하는 선행이 인정을 받게 되는 것이다(골 3:17).

내가 주릴 때에, 즉 나를 따르는 자들과 제자들이 원수들의 박해로 인하여나, 혹은 하나님의 일반적인 섭리로 말미암아 주릴 때에라는 뜻이다. 이런 일에는 의인과 악인에게나 똑같이 닥치는 일인데, 너희가 먹을 것을 주었다. 주목하라. 첫째로, 하나님의 섭리로 말미암아 그의 백성들이 이 세상에서 당하는 갖가지 처지들이 생겨나서, 어떤 이들은 안심하는 상황에 있게 되고, 또 어떤 이들은 매우 힘든 상황 속에 처하게 된다. 하늘의 고귀한 것들을 충족하게 누리는 자들이 이 세상에서 주리고 목마르며 일용할 양식이 없어 고생하고, 하나님 안에 있는 자들이 낯선 땅에서 외인으로 지내며, 그리스도로 옷 입은 자들이 육신의 의복이 없어 몸을 따뜻하게 하지 못하고, 영혼이 건강한 자들이 육체가 질병에 걸리며, 그리스도께서 자유하게 하신 자들이 감옥에 갇히는 일이 전혀 새삼스런 일이 아니다. 둘째로, 우리의 능력에 따라 구제와 자비를 베푸는 행위가 구원에 필요하다. 그리고 그 큰 날의 심판 때에 이 문제가 보통 생각하는 것보다 비중이 더 클 것이다. 이 행위들이 그리스도를 향한 우리의 사랑과 또한 그의 복음에 복종한다는 증거들로서 제시되어야 할 것이다(고후 9:13). 그러나 자비를 보이지 않는 자들은 심판 때에 자비를 얻지 못할 것이다.

그런데 의인들은 이러한 이유를 완곡하게 부인하고, 심판주께서 친히 이를 설명하신다.

① 의인들은 이에 대해 의문을 제기한다(37-39절). 그들이 나라를 상속하기를 싫어하거나 그들의 선행에 대해 부끄러워하거나 그들이 양심적으로 그들의 행위를 인정하지 못한 것이 아니라, (1) 이 표현들이 비유적인 것으로서 그리스도께서 구제의 일을 귀하게 여기시고 특히 그를 위하여 그의 백성에게 친절을 베푸는 일을 매우 기뻐하신다는 위대한 진리를 소개하고 각인시키기 위한 것이다. 아니면, (2) 영화롭게 된 성도들이 겸손한 감탄으로 가득 차 있음을 보여주는 것이다. 곧, 그들은 자기들의 보잘것없고 무익한 봉사들이 그렇게 높이 칭찬을 받고 풍성하게 상급을 받는다는 사실에 크게 놀라워하는 것이다. 주여 우리가 어느 때에 주께서 주리신 것을 보고 음식을 대접하였나이까? 주목하라. 은혜를 입은 영혼들은 대개 자기들의 선한 행실을 보잘것없는 것으로 여긴다. 특히 장차 나타날 영광과 비교할 때에는 더욱더 그것들이 무가치하다는 것을 깨닫는 것이다. 우리가 금식하되 어찌하여 주께서 보지 아니하시나이까? 라고 말하는 자들의 정서는 이런 것과는 판이하게 다른 법이다(사 58:3). 성도들은 천국에서 그들을 그 곳에 들어가게 이끈 것이 무엇인지를 깨닫고 놀랄 것이요, 하나님께서 그들과 그들의 봉사를 그렇게 귀하게 여기신다는 것에 놀라 마지않을 것이다. 그리스도께서 자기를 칭찬하시는 말씀을 듣고서 나다나엘도 깜짝 놀랐다. 어떻게 나를 아시나이까?(요 1:47, 48; 또한 엡 3:20을 보라). "우리가 어느 때에 주께서 주리신 것을 보았나이까? 가난한 자들이 어려운 가운데 있는 것은 여러 번 보았

지만, 어느 때에 주님을 뵈었나이까?" 주목하라. 그리스도께서는 우리가 생각하는 것보다 더 많이 우리 가운데 계신다. 주께서는 그의 말씀으로, 그의 규례들로, 그의 사역자들로, 그의 성령으로, 또한 그의 가난한 자들로 이 곳에 계시는데, 우리가 그것을 모르는 것이다. 네가 무화과나무 아래에 있을 때에 보았노라(요 1:48).

② 심판주께서 친히 이를 설명하신다. 너희가 여기 내 형제 중에 지극히 작은 자 하나에게 한 것이 곧 내게 한 것이니라(40절). 성도들의 선한 행실들은 그 큰 날에, (1) 모두가 기억될 것이요, 아무리 작은 것도, 심지어 냉수 한 그릇 대접한 것까지도 그냥 넘어가지 않을 것이다. (2) 그들에게 유리한 방향으로 최고로 해석될 것이다. 그리스도께서 그들의 연약함을 최고로 사용하시듯이, 그들의 봉사도 최고로 대하실 것이다.

주린 자들을 먹이고 헐벗은 자들을 입히는 자들에 대해서 그리스도께서 어떻게 상급을 내리시는지를 여기서 보게 된다. 그러나 그런 일을 전혀 할 수 없는 가난한 성도들은 어떻게 될 것인가? 그들이 쫓겨나겠는가? 아니다. [1] 그리스도께서, 아무리 작은 자라도 그의 형제로 여기실 것이다. 그가 그들을 형제라 부르시기를 부끄러워하지 아니하실 것이다(히 2:11). 그는 그의 높은 영광 중에서도 그의 가난한 친족들을 물리지 않으실 것이다. 거지 나사로도 그의 품에 친구로, 형제로 안겨 있다. 그들을 그렇게 시인하실 것이다(10:32). [2] 그는 그들에게 베풀어진 친절을 자기 자신에게 행해진 것으로 취하실 것이다. 내가 주릴 때에 너희가 먹을 것을 주었고. 이는 주께서는 가난한 자를 도운 부자들을 높이 보시는 동시에 그 도움을 받은 가난한 성도들도 높이 보신다는 것을 보여준다. 주목하라. 그리스도께서는 그의 백성들의 대의를 자신의 것으로 간주하시며, 그것들 가운데서 자신이 영접받으시며 사랑받으시고 높이 기림을 받으시는 것으로 여기신다. 그리스도께서 친히 궁핍한 처지로 우리 가운데 계시다면, 우리는 얼마나 기꺼이 그를 도와주려 하겠는가? 그가 만일 옥에 계시다면, 얼마나 자주 그를 찾아가겠는가? 자기들의 소유로 그리스도를 섬긴 자들이(눅 8:3) 가진 존귀함을 부러워할 것이다. 가난한 성도들과 가난한 사역자들이 있는 곳이면 어디든지 그리스도께서 계셔서, 우리가 그들에게 베푸는 친절을 기꺼이 받으시고, 그 자신에게 한 것으로 인정하실 것이다.

2. 왼편에 있는 악인들에 대한 심판 과정.

(1) 그들에게 주어진 선고(41절). 왼편에 세워지는 것만도 치욕인데, 그것도 모자라서 그가 그들에게, 저주를 받은 자들아 나를 떠나가라고 말씀하실 것이다. 시내 산에서 울린 나팔소리의 처절한 두려움처럼 이 한 마디 한 마디가 모두 끔찍스럽다. 더욱더 크게 울려 퍼지고, 액센트 하나하나가 처절하고, 도무지 위로를 찾을 길이 없다.

[1] 그리스도께서 이맛살을 찌푸리시더라도 그에게 가까이 있다면 조금이라도 만족이 있을 것이다. 그러나 그것도 허용되지 않을 것이다. 나를 떠나가라. 이 세상에서 그들은 그리스도께 오라, 생명과 안식을 위하여 그리스도께로 오라는 초청을 자주 받았으나 그의 부르심에 전혀 귀를 기울이지 않았다. 그러므로 그에게 나아오지 않은 자들이 그리스도로부터 떠나가라는 명령을 받는 것은 지극히 정의로운 일이다. "모든 선의 근원인 나를 떠나가라. 구주이신 내게서 떠나가라. 그러므로 구원의 모든 소망에서부터 벗어나라. 내가 너희에게 더 이상 할 말도, 할 일도 없다." 이 땅에서는 그들이 전능하신 하나님께, 우리에게서 떠나가소서라고 이야기했는데, 그 때에는 그가 그들의 환상을 깨뜨리시고, 그들에게 나를 떠나가라고 말씀하실 것이다. 주목하라. 그리스도께로부터 떠나는 것이야말로 지옥 중의 지옥이다.

[2] 그들이 그리스도께로부터 떠나가야 한다면, 한 마디 축복의 말씀, 혹은 최소한 친절한 말씀이라도 듣고 물러갈 수는 없을까? 그렇다. 저주를 받은 자들아 나를 떠나가라는 말씀밖에는 없다. 그리스도께로 와서 복을 상속받지 않는 자들은 저주를 받고 그에게서 물러갈 수밖에 없다. 곧, 율법을 범하는 모든 자에게 미치는 율법의 저주가 그것이다(갈 3:10). 그들이 저주하기를 좋아하니 저주가 그들에게 임할지라. 그러나 관찰하라. 의인들이 내 아버지께 복 받을 자들이라 불리는 것은 그들의 복이 순전히 하나님의 은혜와 그의 축복에서 비롯되기 때문이다. 그러나 악인들은 그저 저주를 받은 자들이라고만 불리는데, 이는 그들의 정죄와 저주가 그들 자신의 탓이기 때문이다. 하나님께서 그들을 파셨는가? 아니, 그들이 자기 자신을 팔아버렸고, 스스로 저주 아래 놓인 것이다(사 50:1).

[3] 그들이 저주를 받고 떠나가야 한다면, 어딘가 편안하고 안락한 곳으로 들어갈 수는 없을까? 그들의 잃어버린 상태에 대해 슬피 우는 것만으로도 충족히 비참한 일이 아니겠는가? 아니다. 잃어버린 상태는 물론 느낌의 형벌까지 받는다. 그들은 그리스도를 떠나 불에 들어가게 되고, 불에 데는 것만큼, 아니, 그것

과 비교도 되지 않는 극심한 고통 속에 들어가게 될 것이다. 이 불은 영원하신 하나님께서 죄악된 영혼들과 죄인들의 양심에게 가하시는 진노다. 그들 스스로가 진노를 초래한 것이다. 우리 하나님은 소멸하는 불이시며, 죄인들은 그의 손에 즉시 떨어진다(히 10:31; 롬 2:8, 9).

[4] 불 속에 떨어진다면, 조금이라도 빛이 있거나 아니면 부드러운 불에 떨어질 수는 없을까? 아니다. 그 불은 **예비된** 불이다. 그것은 옛부터 **예비된** 고통이다(사 30:33). 죄인들의 형벌을 하나님의 권능의 역사로 말씀하는 경우가 많다. 그가 그들을 지옥에 던지시며, 진노의 그릇들을 통해서 하나님께서 그의 권능을 알리시는 것이다. 그것은 여호와의 임재로부터 멸망하는 것이요, 그의 권능의 영광으로부터 멸망하는 것이다. 진노하시는 하나님께서 그의 진노를 촉발한 피조물을 얼마만큼 비참하게 하실 수 있는지를 죄인들이 불 속에서 멸망하는 일에서 보게 될 것이다.

[5] 예비된 불에 들어가게 된다 해도, 오오, 잠시 동안만 그 속에 있게 되면 좋으련만. 그저 그 불을 통과하게 되기만 해도 좋으련만, 그렇지 않다. 하나님의 진노의 불은 영원한 불이 될 것이다. 불멸하는 영혼들을 태우는 그 불은 연료가 없이도 절대로 꺼지지 않는다. 불멸하신 하나님의 진노로 말미암아 계속해서 타오르며, 바람이 없고 부추김이 없어도 절대로 꺼지지 않는다. 그리고 긍휼과 은혜의 물이 영원토록 제외될 것이며, 따라서 그 불을 끌 수 있는 것이 아무것도 없다. 물 한 방울로 혀를 잠시 축이는 일도 불가능하다면, 통에 가득한 물로 타오르는 불꽃을 꺼뜨리는 일은 결코 허용될 수가 없는 것이다.

[6] 그들이 그처럼 영원한 비참의 상태 속에 들어갈 수밖에 없다 해도, 혹시 좋은 동무와 함께 있을 수는 있지 않을까? 아니다. 그들을 이 비참한 처지 속에 빠지도록 도운 그들의 철천지원수인 마귀와 그 사자들밖에는 아무도 없고, 그들이 그 불 속에서 그들을 이길 것이다. 그들은 이 땅에 사는 동안 마귀를 섬겼으니 그가 있는 곳에 함께 있도록 형벌을 받는 것이 정당한 일이다. 그리스도를 섬긴 자들이 그가 계신 곳에 들어가 그와 함께 있게 되는 것이 정당한 일인 것처럼 말이다. 마귀들이 가득한 집에 있다는 것은 끔찍한 일이다. 그렇다면 그들과 함께 영원토록 있는 것은 얼마나 더 끔찍하겠는가? 여기서 관찰하라. 첫째로, 그리스도의 말씀은, 마귀들의 두목이 하나 있고 나머지는 그의 사자들이요 그의 전령들로서 그들의 활동을 통해서 그가 자기의 나라를 지탱하는 것임을 시

사한다. 그리스도와 그의 천사들이 그 날에 용과 그의 사자들을 이길 것이다(계 12:7, 8). 둘째로, 나라는 의인들을 위하여 예비된 것이나, 그 불은 본래 악인들을 위해 예비된 것이 아니라, 마귀와 그 사자들을 위하여 예비된 것이라고 말씀한다. 죄인들이 정욕에 빠져서 사탄과 스스로 연루되면, 그들이 마귀와 그 사자들을 위해 예비된 비참한 처지에 함께 들어가게 되는 것에 대해 스스로 감사해야 할 것이다. 칼빈(Calvin)은 이를 주목하고서, 저주받은 자들의 고통을 마귀와 그 사자들을 위하여 예비된 것으로 말씀하는 것은 거기에서 헤어날 가망이 조금도 없음을 보여주고자 함이라고 본다. 마귀와 그 사자들이 이미 그 구덩이에 갇힌 자들이 되었는데, 과연 이 땅의 버러지들이 어떻게 그 곳에서 헤어날 생각을 할 수 있겠는가?

(2) 이처럼 저주를 선고하시는 이유. 하나님의 심판은 모두가 정의로우며, 그 심판을 통해서 하나님께서 의로우심이 드러날 것이다. 그는 친히 심판주이시며, 따라서 하늘이 그의 의를 선포할 것이다.

그런데, [1] 그들에게 형벌이 선고되는 혐의는 모두가 마땅히 행할 일을 행하지 않는 부작위(不作爲: omission)에 해당한다. 앞의 비유에서 종이 정죄를 받는 것이 자기가 받은 달란트를 잘못 사용했기 때문이 아니라 땅에 감추어 두었기 때문이었던 것처럼, 여기서도 주님은, "너희가 내 양식과 음료를 내게서 취하였으므로 내가 주리고 목말랐고, 너희가 나를 버렸으므로 내가 나그네가 되었고, 너희가 나를 벗겼으므로 내가 벗었고, 너희가 나를 옥에 가두었으므로 내가 옥에 갇혔느니라"라고 말씀하시지 않고, "내가 이런 괴로움 중에 있을 때에 너희가 이기적이어서 너희 자신의 쾌락과 안락만을 추구하여 오직 그것을 위해 수고하며, 너희의 돈과 작별하기를 그렇게 싫어하여, 나를 구하기 위해 할 수 있는 일을 위해서 아무런 노력도 하지 않았도다. 너희는 시온에서 안락하게 지내면서도 요셉의 환난에 대하여는 근심하지 아니하는 쾌락주의자들과도 같았노라"(암 6:4-6). 주목하라. 행할 일을 행하지 않는 것 때문에 무수한 사람이 패망하는 것이다.

[2] 그것은 가난한 자들을 구제하는 행위를 하지 않은 것이다. 그들이 형벌을 받는 것은 희생 제사나 번제물을 드리지 않았기 때문이 아니다(그들은 이것들을 열심히 드렸다. 시 50:8). 오히려 율법의 더 중요한 문제인 정의와 긍휼과 믿음을 가벼이 여기고 행하지 않았기 때문에 형벌을 받는 것이다. 암몬 사람들과

모압 사람들이 성소에서 제외되었는데, 이는 그들이 떡과 물로 이스라엘을 영접하지 아니하였기 때문이다(신 23:3, 4). 주목하라. 가난한 자들에게 긍휼을 베풀지 않는 것은 저주받을 죄다. 상급에 대한 소망에 자극을 받아 구제의 일을 하게 되지는 않는다 할지라도, 형벌에 대한 두려움 때문에라도 그 일에 대해 우리의 마음이 움직여야 할 것이다. 긍휼을 행하지 아니하는 자에게는 긍휼 없는 심판이 있을 것이기 때문이다(약 2:13). 관찰하라. 그는, "내가 아파도 너희가 나를 고쳐주지 아니하였고, 감옥에 있어도 너희가 나를 구해내지 아니하였느니라"(어쩌면 이것은 그들이 할 수 있는 한도를 넘어선 것일지도 모른다)라고 말씀하시지 않고, "너희가 얼마든지 할 수 있는 일인데도 너희가 와서 돌보지 아니하였느니라"라고 말씀하신다. 주목하라. 죄인들은 그 큰 날에 그들의 손으로 얼마든지 할 수 있었던 선한 일을 하지 않은 것 때문에 형벌을 받을 것이다. 긍휼을 베풀지 않은 자가 당할 형벌이 그토록 끔찍하다면, 과연 잔인한 자들이, 박해자들이 받을 형벌은 얼마나 더 견디기 어렵겠는가! 자, 이 형벌의 선고에 대한 이러한 분명한 근거를,

첫째로, 죄인들이 반박한다. 주여 우리가 어느 때에 주께서 주리신 것이나 목마르신 것 … 을 보고 공양하지 아니하더이까?(44절). 정죄받은 죄인들은 아무것도 탄원할 근거가 없는데도 공연히 변명거리를 늘어놓을 것이다. 여기서, 1. 그들의 탄원하는 자세기 그들의 현재의 버림받은 처지를 잘 보여준다. 그들은 마치 급히 서두르는 사람들처럼 간단히 줄여 대답한다. 우리가 어느 때에 주께서 주리신 것이나 목마르신 것이나 헐벗으신 것 … 을 보고 공양하지 아니하더이까? 그들은 자기들 자신의 죄를 의식하고 있고 또한 심판의 처절함을 견딜 수가 없으므로, 주님이 제시한 그들의 혐의를 애써 다시 반복하지 않는다. 또한 그런 경박스러운 탄원을 늘어놓을 시간도 그들에게 허용되지 않을 것이다. 그 모든 것들은 우리가 쓰는 말처럼 "법정의 사소한 일"이기 때문이다. 2. 그들이 탄원하는 내용 자체가 그들이 과거에 얼마든지 알 수 있었던 것을 주의 깊게 보지 않았고, 지금까지도 중요하게 생각하지 않았다는 것을 드러내 준다. 가련한 그리스도인들을 업신여기고 박해했던 자들도 자기들이 그리스도를 업신여기고 박해했다는 생각은 하지 않을 것이다. 그들 스스로는 절대로 그를 모욕하려 하지 않았고, 그런 일이 그렇게 큰 문제가 된다는 것도 도무지 예상하지 못했다. 그들은 그 일이 비천하고 연약하며 어리석고 건방진 사람들이 종교에 대해 필요 이

상으로 소란을 피우는 것을 조용하게 만든 것밖에 없다고 생각한다. 그러나 그렇게 행하는 자들은 바울이 회심하던 날이나 여기서처럼 그들이 정죄받는 날에 그들이 박해한 것이 예수이시라는 것을 알게 될 것이다. 그들이, 나는 그것을 알지 못하였노라라고 말한다 해도, 마음을 저울질하시는 이가 어찌 통찰하지 못하시겠느냐?(잠 24:11, 12).

둘째로, 심판주께서 그 정당함을 입증하신다. 그는 그를 향하여 원망의 말을 내뱉는 모든 불경한 자들을 납득시키신다(유 15). 그는 다음과 같은 원칙을 제시하신다: 이 지극히 작은 자 하나에게 하지 아니한 것이 곧 내게 하지 아니한 것이니라(45절). 주목하라. 그리스도의 신실한 제자들과 그를 따르는 자들을 ― 그 중에 아무리 작고 미천한 자들이라도 ― 대적하여 행한 일을 그는 자기 자신을 대적하여 행한 일로 간주하신다. 그들 중에서 그가 모욕을 당하시고 박해를 받으시며, 또한 그들의 모든 환난 중에서 그가 환난을 당하신다. 그들을 다치게 하는 자는 그의 눈동자를 찌르는 것과 다를 바 없다.

마지막으로, 이어서 이 선고들이 그대로 시행된다(46절). 시행이 법의 생명이며, 따라서 그리스도께서는 선고에 따라 그대로 시행되도록 조치하실 것이다.

① 그들은(악인들은) 영벌에 … 들어가리라. 선고가 속히 시행될 것이다. 연기도 전혀 허용되지 않고 시간을 끌지도 않는다. 악인들에 대한 형벌의 시행이 먼저 언급되는 것은, 가라지들을 모아 불에 태우는 일이 먼저 있기 때문이다. 주목하라. (1) 미래에 있을 악인의 형벌은 영원한 형벌이 될 것이다. 왜냐하면 그 상태는 결코 바뀌지 않는 상태이기 때문이다. 이 세상에서 은혜의 날을 헛되이 보내고, 은혜의 성령을 거부하며, 은혜의 수단들을 남용하고 배척하고 나면, 죄인들의 본성이 바뀌는 법도 없고, 하나님께서 그의 은혜로 그들을 변화시키시는 법도 없는 것이다. (2) 악인들은 그 형벌에 들어가게 된다. 그들이 자의로 들어가는 것이 아니라, 빛으로부터 어둠 속으로 내몰리는 것이다. 이는 저항할 수 없는 정죄와, 긍휼에 대한 최종적인 절망을 보여준다.

② 의인들은 영생에 들어가리라. 즉, 그들이 나라를 상속받으리라는 것이다(34절). 주목하라. (1) 천국은 생명이며, 모든 것이 행복이다. 육체의 생명이 영혼과 연합하는 데에서 비롯되듯이, 영혼의 생명은 예수 그리스도의 중보로 말미암아 하나님과 연합하는 데에서 비롯된다. 천국의 생명은 하나님을 바라보는 것과, 그에게 완전히 복종하는 것과 그와의 방해받지 않는 직접적인 교제를 나누

는 데에 있다. (2) 그것은 영원한 생명(영생)이다. 그 생명 자체를 마감짓는 사망이 없고, 삶의 위로를 마감하는 노화(老化)도 없고, 삶을 쓰라리게 하는 슬픔도 없다. 이렇게 해서 생명과 사망, 선과 악, 복과 저주가 우리 앞에 놓여 있어서 우리가 우리의 길을 택할 수 있고, 우리의 종말도 그러할 것이다. 오는 세상의 상태가 이처럼 선과 악으로 나뉘어 있다는 것에 대해 심지어 이교도들도 어느 정도 생각을 갖고 있다. 키케로(Cicero)는 다음과 같이 말한다: "육체를 떠나는 자들 앞에 두 가지 길이 열려 있다. 인간의 악행들로 스스로 오염되고 정욕에 빠진 자들은 신들의 회중에서 멀리 떠나게 하는 길을 차지하게 되나, 올바르고 정숙하여 육체에 가장 적게 물들었고 또한 육체에 있는 동안 신들을 닮은 삶을 산 자들은 그들이 본래 나온 그 숭고한 존재들에게로 쉽게 돌아가게 될 것이다."

제
— 26 —
장

개요

사복음서에서는 그리스도의 생애의 어느 부분보다도 그의 고난과 죽으심에 관한 사실들이 더욱 구체적으로 충실하게 기록되어 있다. 십자가에 달리신 그리스도보다 더 중요하게 알아야 할 것이 무엇이겠는가? 본 장에서 바로 그 사실에 대한 서술이 시작된다. 구속받은 자의 해가 이제 임하였고, 정해진 일흔 이레가 되어 왕이신 메시야가 끊어짐으로써 허물이 그치며 화목이 이루어지고 영원한 의가 드러나게 되었다(단 9:24, 26). 그 끔찍한 장면이 여기서 시작되는데, 우리는 이를 지극한 공경심과 거룩한 두려움으로 읽어야 마땅하다. 본 장의 주요 내용은 다음과 같다. I. 그리스도의 고난의 서곡. 1. 그리스도께서 제자들에게 미리 통지하심(1, 2절). 2. 그를 잡으려는 관원들의 모의(3-5절). 3. 베다니에서 그의 머리에 기름을 부은 일(6-13절). 4. 유다가 그를 배반하여 제사장들과 거래함(14-16절). 5. 그리스도께서 제자들과 유월절 만찬을 하심(17-25절). 6. 성찬을 제정하심, 그리고 그 후에 제자들에게 강론하심(26-35절). II. 그리스도의 고난이 시작됨, 그리고 몇 가지 구체적인 내용들. 1. 그리스도께서 동산에서 고뇌하심(36-46절). 2. 관원들이 유다의 도움으로 그를 사로잡음(47-56절). 3. 그가 대제사장 앞에서 심문 받으심, 그리고 정죄받으심(57-68절). 4. 베드로가 그리스도를 부인함(69-75절).

[1]예수께서 이 말씀을 다 마치시고 제자들에게 이르시되 [2]너희가 아는 바와 같이 이틀이 지나면 유월절이라 인자가 십자가에 못 박히기 위하여 팔리리라 하시더라 [3]그 때에 대제사장과 백성의 장로들이 가야바라 하는 대제사장의 관정에 모여 [4]예수를 흉계로 잡아 죽이려고 의논하되 [5]말하기를 민란이 날까 하노니 명절에는 하지 말자 하더라

여기서는 다음의 사실들을 볼 수 있다.

1. 그리스도께서 제자들에게 그의 고난이 가까이 왔음을 알리심(1, 2절). 원수들이 그를 붙잡기 위해 준비하고 있는 동안, 그는 자신과 그를 따르는 자들

을 그 일을 위하여 준비시키고 계셨다. 그는 일찍부터 멀리 다가오는 자신의 고난에 대해 일찍부터 자주 말씀하셨는데, 이제는 그 일이 바로 문 앞에 와 있는 것으로 말씀하신다. 이틀이 지나면. 주목하라. 환난에 대해 미리 많은 말씀을 들었더라도 여전히 새로운 말씀이 필요한 법이다. 관찰하라.

(1) 그가 이 경계의 말씀을 주신 때. 바로 예수께서 이 말씀을 다 마치신 때였다.

[1] 그가 하실 말씀을 다 마치신 후에 비로소 그 말씀을 주셨다. 주목하라. 그리스도의 증인들은 그들의 증언을 다 마치기 전에는 죽지 않는다. 그리스도께서 선지자로서의 사명을 다 하신 후, 그는 제사장으로서의 그의 직무를 시행하는 데로 나아가셨다.

[2] 바로 앞에 오는 모든 말씀들을 다 마치신 후에, 제자들에게 붙잡힘과 환난을 당하게 될 괴로운 시절을 예상하라고 명하신 다음, 그들에게 인자가 십자가에 못 박히기 위하여 팔리리라고 말씀하시는데, 이는 제자들의 고난이 그리스도의 고난보다 더하지 않을 것이며 또한 그의 고난이 그들의 고난의 혹독함을 완화시켜 줄 것임을 시사한다. 주목하라. 그리스도와 함께 그리스도를 위하여 고난당하는 그리스도인에게는 고난당하시는 그리스도를 생각하는 것이 큰 힘이 된다.

(2) 그가 제자들에게 알려주신 내용. 인자가 십자가에 못 박히기 위하여 팔리리라. 그 일이 확실할 뿐 아니라 너무도 임박하여 있으므로, 이미 일어나는 것과도 같았다. 주목하라. 장차 올 고난을 이미 와 있는 것으로 간주하는 것이 좋다. 그는 팔리고 있다(한글 개역개정판은 "팔리리라"고 번역함). 유다가 그 때에 그를 배반할 계획을 꾸미고 있었기 때문이다.

2. 우리 주 예수를 잡아 죽이려는 대제사장들과 서기관들과 백성의 장로들의 음모(3-5절). 그리스도의 목숨을 빼앗으려는 음모가 이미 많이 있었지만, 이 음모는 과거의 어느 것보다 더 깊은 것이었다. 모든 고관들이 그 일에 합세하였기 때문이다. 교회의 문제들을 주관하는 대제사장들과, 시민적인 문제들을 판결하는 장로들과, 율법 학사들인 서기관들은 모두가 산헤드린의 회원들이었는데, 이들이 그리스도를 대적하여 함께 공모하였다. 관찰하라.

(1) 그들이 만난 장소. 이 악한 음모에서 중심이 된 대제사장의 관정이었다.

(2) 음모 그 자체. 예수를 흉계로 잡아 죽이려는 것이었다. 그의 피를 흘려 죽여야만 그들의 계획이 이루어지는 것이었다. 그리스도와 그의 교회의 원수들의

계획들이 그렇게 잔인한 것이었다.

(3) 음모를 꾸민 자들의 계획. 명절에는 하지 말자. 왜? 그 시기가 거룩하기 때문이었는가, 아니면 그 날의 종교적인 행사를 방해하고 싶지 않기 때문이었는가? 아니다. 민란이 날까 하여 그렇게 한 것이다. 그들은 일반 백성들이 그리스도를 높이 기린다는 것을 잘 알고 있었다. 그런데 백성들이 다 모이는 명절에 그리스도를 붙잡아 죽인다면 백성들 가운데 큰 소요가 일어날 위험이 다분하였다. 그들이 그를 선지자로 여겨 높이 받들었기 때문이다. 그들은 하나님을 두려워해서가 아니라 백성들을 두려워하여 멈칫하였다. 그들은 하나님의 존귀가 아니라 오로지 자기들의 안전에만 관심이 있었다. 그들은 명절에 그 일을 하려 했을 것이다. 행악자들을 세 차례의 명절 중 어느 하나에 맞추어 죽임으로써 온 이스라엘이 보고 두려워하게 하는 것이 유대인들의 전통이었기 때문이다. 그러나 그들은 명절에는 하지 말자 하였다.

[6]예수께서 베다니 나병환자 시몬의 집에 계실 때에 [7]한 여자가 매우 귀한 향유 한 옥합을 가지고 나아와서 식사하시는 예수의 머리에 부으니 [8]제자들이 보고 분개하여 이르되 무슨 의도로 이것을 허비하느냐 [9]이것을 비싼 값에 팔아 가난한 자들에게 줄 수 있었겠도다 하거늘 [10]예수께서 아시고 그들에게 이르시되 너희가 어찌하여 이 여자를 괴롭게 하느냐 그가 내게 좋은 일을 하였느니라 [11]가난한 자들은 항상 너희와 함께 있거니와 나는 항상 함께 있지 아니하리라 [12]이 여자가 내 몸에 이 향유를 부은 것은 내 장례를 위하여 함이니라 [13]내가 진실로 너희에게 이르노니 온 천하에 어디서든지 이 복음이 전파되는 곳에서는 이 여자가 행한 일도 말하여 그를 기억하리라 하시니라

여기서는 다음과 같은 내용을 살펴볼 수 있다.

I. 한 선한 여인이 주 예수님의 머리에 기름을 부음으로써 귀한 친절을 베풂 (6, 7절).   장소는 예루살렘에서 가까운 마을인 베다니의 나병환자 시몬의 집이었다. 아마도 시몬은 우리 주 예수로 말미암아 이적적으로 나병에서 깨끗함을 얻은 사람이었을 것이며, 그는 그리스도께 감사하는 뜻으로 그를 접대하고자 하였다. 그리스도께서도 그와 함께 하기를 혐오하지 않으시고, 그에게 나아가 그와 함께 음식을 나누셨다. 그가 깨끗함을 얻었으나, 여전히 그는 나병환자 시

몬이라 불렸다. 악명 높은 죄를 지은 자들은 그 죄를 용서함 받아도 그 죄와 결부되는 치욕은 씻기가 지극히 어렵다는 것을 알게 될 것이다. 이 일을 행한 여인은 마르다와 나사로와 형제 간인 마리아였을 것으로 추정된다. 라이트푸트 박사(Dr. Lightfoot)는 그 여인이 막달라 마리아라 불리는 여인과 동일 인물이었다고 본다. 그녀는 매우 귀한 향유 한 옥합을 가지고 나아와서 식사하시는 예수의 머리에 부었다. 우리가 보기에는 이 일이 높이 기리는 일치고는 아주 희한한 것으로 생각될 것이다. 그러나 그 당시에는 최고의 존경의 표시로 여겨졌다. 향기가 매우 아름다웠고, 향유 자체가 머리를 시원하게 하는 것이었다. 다윗도 그 머리에 기름을 부음 받았다(시 23:5; 눅 7:46). 이 일은 다음과 같이 받아들일 수 있을 것이다.

1. 메시야, 즉 기름 부은 자이신 우리 주 예수 그리스도에 대한 믿음의 행위로. 그녀는 자신이 그리스도가 하나님께서 왕으로 세우사 기름 부으신 자이심을 믿는다는 것을 나타내고자, 그에게 기름을 부어 자기의 왕으로 삼은 것이다. 그들이 한 무두머리를 세울 것이다(호 1:11). 이것이 아들에게 입맞추는 것이다(시 2:12).

2. 그에 대한 사랑과 존경의 행위로. 어떤 이들은 먼저 많이 사랑한 것은 바로 그리스도이셨고, 그래서 그녀가 눈물로 그리스도의 발을 씻은 것이요(눅 7:38, 47), 그 이후 그녀가 첫 사랑을 잃지 않았고, 그녀는 믿음이 어린 초신자로서 이제 장성한 그리스도인의 헌신만큼이나 고귀하게 헌신한 것이라고 본다. 주목하라. 마음에 예수 그리스도를 향한 참된 사랑이 있으면 그에게 그 어떠한 것을 드린다 해도 결코 아까운 생각이 없을 것이다.

II. 제자들이 이 여인의 행동을 비방함(8, 9절).   그들은 이 광경을 보고 분개하였다. 이 향유를 더 좋은 일에 쓸 수도 있었는데 이렇게 허비하는 것을 보고 언짢아한 것이다.

1. 그들이 그들의 언짢은 마음을 어떻게 표현하였는지를 보라. 그들은, 무슨 의도로 이것을 허비하느냐? 라고 하였다. 이는 다음의 사실을 보여준다.

(1) 이 선한 여인에 대해 부드러운 마음이 없었음. 그들은 그녀의 지나친 친질(그들은 그렇게 보았다)을 쓸데없이 낭비하는 것으로 해석하였다. 성도들이 행하는 모든 일에서, 특히 선한 일을 행하기에 열심인 자들의 말과 행동에 대해서는, 그들의 행동을 전부 사려 깊은 것으로 생각하지는 않더라도, 사랑이 있

다면 그것들을 가장 좋게 이해하고 생각하여야 마땅할 것이다. 선을 행하는 일에도 과다한 것이 얼마든지 있을 수 있다. 그러나 우리는 극단에 빠지지 않도록, 또한 다른 이들에 대해 비난하지 않도록 스스로 조심하는 법을 배워야 할 것이다. 사려 깊지 못하다는 비난을 받을 수 있는 그런 행동을 하나님께서는 풍성한 사랑을 드러내는 행위로 인정하실 수도 있기 때문이다. 우리는, 사람들이 신앙을 위해 지나치게 열심이라거나, 우리보다 더 많이 행한다는 식으로 비난해서는 안 된다. 오히려 그들만큼 행하도록 최선의 노력을 기울여야 할 것이다.

(2) 그들의 상전에 대해 존경하는 마음이 없었음. 그들의 이런 처신은 아무리 잘 보아도, 그들이 주께서 모든 감각적인 즐거움에 대해 완전히 무감각하신 것으로 알고 있었다고 볼 수밖에는 없다. 그는 요셉의 환난에 대하여 그렇게 근심하시니, 귀한 기름을 몸에 바르는 일에는 전혀 관심이 없으시리라는 것이다(암 6:6). 그러므로, 기름 바르는 따위의 일을 전혀 기뻐하지 않는 분에게 기름을 발랐으니 그것은 지극히 부적절한 처사였다고 생각한 것이다. 그러나, 설사 그렇게 생각했더라도, 그리스도께서 그 일을 허락하셨고 친구의 사랑의 증표로 받아들이셨다는 것을 알면서도 그들이 그것을 허비하는 것으로 생각한 것은 그들답지 못한 처사였다. 주목하라. 무엇이든 다른 이들이나 우리 자신이 주 예수께 드리는 것을 허비하는 것으로 생각하지 않도록 주의해야 한다. 그리스도를 섬기는 일에 소비하는 시간이나 경건의 일을 위하여 드리는 돈을 허비하는 것으로 생각해서는 안 된다. 마치 물 위에 던져버리는 것 같을지라도, 여러 날 후에 도로 찾아 유익을 얻게 될 것이기 때문이다(전 11:1).

2. 그들이 그들의 거리낌에 대해 어떻게 변명하는지를 보라. 이것을 비싼 값에 팔아 가난한 자들에게 줄 수 있었겠도다. 주목하라. 나쁜 마음을 그럴듯한 핑곗거리로 포장하는 것이 전혀 새삼스런 일이 아니다. 사람들은 경건한 행위들을 꺼리면서 구제의 행위로 그럴듯하게 포장하기를 잘 한다.

Ⅲ. 그리스도께서 이 선한 여인의 행동을 비방하는 제자들을 책망하심. 너희가 어찌하여 이 여자를 괴롭게 하느냐?(10, 11절). 주목하라. 선한 이들도 그들의 선행이 비난을 당하고 오해를 받으면 괴로움이 크다. 그리고 예수 그리스도께서는 이런 일을 매우 나쁘게 여기신다. 제자들은 주께서 그들의 편을 들어주실 것으로 기대하였으나, 그리스도께서는 여기서 이 선하고 정직하며 선의를 지

닌 열심 있는 여인의 편에 서서 그들을 책망하신다. 그는 업신여김을 당하는 작은 자들의 뜻을 마음으로 뒷받침하시는 것이다(18:10).

그의 이유를 관찰하라. 가난한 자들은 항상 너희와 함께 있거니와. 주목하라.

1. 계속해서 선을 행하고 유익을 끼칠 기회들이 우리에게 있다. 성경이 언제나 우리와 함께 있고, 안식일이 언제나 우리와 함께 있으며, 이처럼 가난한 자들도 항상 우리와 함께 있다. 주목하라. 선을 행할 마음이 있는 자는 기회가 없는 것에 대해 탓할 필요가 절대로 없다. 심지어 이스라엘 땅 바깥에서도 절대로 가난한 자가 사라지는 법이 없었다(신 15:11). 이 세상에서는 구제의 손길이 필요한 자들이 반드시 있을 수밖에 없다. 그리스도의 가난한 지체들이 항상 주위에 있기 마련이며, 따라서 우리는 우리 자신에게 하듯 그들에게 친절을 보여 주어야 한다.

2. 선을 행하고 유익을 끼칠 기회 중에서 흔하게 잘 찾아오지 않는 기회들이 있다. 이 기회는 짧고 불확실하며, 그것을 선용하기 위해서는 특별한 부지런함과 또한 다른 것보다 그것을 더 우선시키는 것이 요구된다. "나는 항상 함께 있지 아니하리라. 그러므로 내가 너희에게 있는 동안에 나를 사용하라." 주목하라. (1) 그리스도께서 끊임없이 육체로 임재해 계시는 일은 이 세상에서는 기대해서는 안 되는 일이었다. 그가 떠나가시는 것이 유익한 일이었다. 성찬에서 그가 실재하신다는 것은 우스꽝스럽고 근거 없는 이론이며, 여기서 말씀하는 바 나는 항상 함께 있지 아니하리라라는 말씀과 모순이 된다. (2) 때로는 경건과 헌신을 위한 특별한 일들을 일상적인 구제의 일보다 우선시켜야 할 경우도 있다. 가난한 자들이 그리스도에 대한 헌신을 빼앗아갈 수는 없는 일이다. 우리는 모든 사람에게 선을 행하되, 특별히 믿음의 가족들에게 행하여야 한다.

IV. 이 선한 여인의 친절에 대해 그리스도께서 인정하시고 칭찬하심.

그의 종들과 그들의 봉사가 사람들에게 시기를 받을수록, 그는 그것들을 자신이 인정하신다는 것을 더 확실히 드러내신다. 그는 그 일을 좋은 일이라 부르시며(10절), 상상외로 그 일을 크게 칭찬하신다. 구체적으로 살펴보면,

1. 그 일의 의미가 신비였다는 것. 이 여자가 내 장례를 위하여 함이니라(12절). (1) 어떤 이들은 그 여자가 그렇게 의도했다고 본다. 그 여자는 그리스도께서 그의 죽으심과 고난에 대해 자주 행하신 예언들을 사도들보다 더 잘 이해하였다는 것이다. (2) 그러나 이는 그리스도께서 그렇게 해석하신 것이다. 그는 언

제나 그의 백성들의 선의의 말과 행동을 최선으로 활용하시려 하셨다. 이 일은 이를테면 그의 몸에 향유를 바르는 것으로서, 그가 죽으신 후에 부활로 인하여 그 일을 할 수가 없을 것이므로 그가 죽으시기 전에 그 일이 행해진 것이다. 어느 때든 그 일이 행해져서 그가 여전히 메시야이심을 — 심지어 죽음에 의해서 완전히 패배한 것 같아 보이는 때에도 — 보여주는 것이 합당했기 때문이다. 제자들은 그 향유를 그의 머리에 붓는 것을 허비하는 것으로 생각하였다. 그러나 그는 이런 뜻으로 말씀하신다. "그러나 죽은 사람의 시체에 그렇게 많은 향유를 붓는 너희의 관례에 대해서는 그것을 탓하거나 그것을 허비하는 것으로 생각하지 않지 않느냐? 이제 이 일은 결국 그와 같은 것이니라. 그 여자가 기름을 부은 그 몸은 죽은 것이나 마찬가지이며, 그 여자의 친절은 그 목적을 위해 아주 적절한 것이니라. 그러므로 그것을 허비하는 것으로 보지 말고, 그런 의미로 취하라."

2. 그 일을 존귀하게 기념하여야 한다는 것. 이 여자가 행한 일도 말하여 그를 기억하리라(13절). 이러한 믿음과 사랑의 행위가 너무도 귀하여, 십자가에 달리신 그리스도를 전하는 자들과 또한 그의 고난의 역사를 기록한 영감된 저자들은 이 구절을 주목하고 영원토록 그 일을 기념하지 않을 수가 없었다. 그리고 일단 이 기록에 등록되자, 철필과 납으로 영원히 돌에 새겨진 것이요(욥 19:24) 결코 잊혀질 수가 없게 된 것이다. 아무리 유명한 나팔도 영원한 복음만큼 크게, 그리고 오래도록 소리를 내지는 못하는 것이다. 주목하라. (1) 그리스도의 죽으심의 이야기는 비극적이지만 복음이요 복된 소식이다. 그가 우리를 위해 죽으셨기 때문이다. (2) 복음이 온 세상에서 전파될 것이었다. 유대에서만이 아니라 각 나라와 각 민족에서 전파될 것이었다. 제자들은 그들의 소리가 땅 끝까지 울려 퍼진다는 사실을 주지하고 위로와 격려를 받을지어다. (3) 물론 복음에서는 주로 그리스도의 존귀하심이 계획되어 있으나 그의 성도들과 종들의 존귀도 완전히 간과되지는 않는다. 이 여자를 기념하는 일이 보존될 것이다. 그 여자에게 교회당을 헌정하거나 그 여자를 기념하여 명절을 지키거나 그 여자의 유물을 성스러운 유산으로 남겨 보존하지는 않는다. 그러나 복음을 전할 때에 그 여자의 믿음과 경건을 언급함으로써 다른 이들에게 모범으로 삼게 하는 것이다(히 6:12). 이리하여 존귀가 그리스도 자신께로 되돌아간다. 그는 장차 올 세상에서는 물론 이 세상에서도 그의 성도들에게서 영광을 받으시고 모든 믿는 자

들에게서 놀랍게 여김을 얻으실 것이다(살후 1:10).

¹⁴그 때에 열둘 중의 하나인 가룟 유다라 하는 자가 대제사장들에게 가서 말하되 ¹⁵ 내가 예수를 너희에게 넘겨 주리니 얼마나 주려느냐 하니 그들이 은 삼십을 달아 주거늘 ¹⁶그가 그 때부터 예수를 넘겨 줄 기회를 찾더라

그리스도께 행해진 크나큰 친절의 실례 직후에, 그에게 행해진 가장 큰 불친절의 실례가 이어진다. 그리스도를 따르는 자들 가운데 이렇듯 선과 악이 뒤섞여 있는 것이다. 그에게는 충성된 친구들도 있었고, 거짓되고 위장된 친구들도 있었다. 유다가 여기서 그리스도를 배반하여 대제사장들에게 그를 넘겨주기로 약속하는데, 과연 이보다 더 비열한 짓이 또 어디 있겠는가?

I. 배반자는 가룟 유다였다. 그를 가리켜 열둘 중의 하나라고 말씀하는데, 이로써 그의 악행이 한없이 가중된다. 제자가 더 많아진 때에는(행 6:1) 부끄러움과 괴로움을 끼치는 자들이 그 중에 있었다 해도 별로 놀랄 일이 아니었다. 그러나 그들이 모두 열둘밖에 되지 않을 때에 그 중의 하나가 마귀였다면, 이 세상의 그 어떠한 모임에 대해서도 완전히 순결하기를 기대해서는 안 될 것이다. 열두 사람은 그리스도의 택하신 친구들이었고, 그의 특별하신 관심과 사랑을 누렸다. 그들은 그를 끊임없이 따른 자들이요 그와 가장 친밀한 교제를 나누는 혜택을 누렸고, 따라서 그를 진정으로 사랑하고 진실로 그를 대할 이유가 충분한 자들이었다. 그런데도 그들 중 하나가 그를 배반하였다. 주목하라. 마귀에게 사로잡힌 자들은 그 어떠한 의무나 감사의 끈으로도 제어할 수가 없다(막 5:3, 4).

II. 그가 대제사장들에게 제시한 제안. 그가 대제사장들에게 가서 말하되 내가 예수를 너희에게 넘겨 주리니 얼마나 주려느냐?(14, 15절). 그들이 그를 부른 것도 아니고 그에게 무언가를 제시한 것도 아니다. 그들로서는 그리스도의 제자 중 하나가 그를 배반할 것이라는 것은 생각할 수도 없는 일이었다. 주목하라. 그리스도를 따르는 자들 중에서 사람이 상상할 수 있는 것보다 더 악하여 기회만 있으면 그 속을 드러내 보일 자들이 있다. 관찰하라.

1. 유다가 약속한 것. "내가 예수를 너희에게 넘겨 주리라. 그가 어디 있는지를 너희에게 알려 줄 것이요, 시끄러운 소란이나 싸움이 없이 그를 사로잡을 수

있는 편리한 시간에 너희를 그에게로 데려가리라." 그들이 그리스도를 대적하여 음모를 꾸미고 있었는데, 바로 이것이 그들에게 절실히 필요한 것이었다(4, 5절). 그들은 대중 앞에서는 감히 그와 실랑이하지 못했고, 그 외에는 그가 어디에 있는지를 알지 못하였다. 여기서 문제점이 있었고, 그 난제는 정말 극복하기 어려운 것이었다. 그런데 이런 상황에서 유다가 와서 스스로 그들을 돕겠다고 나선 것이다. 주목하라. 유다가 대제사장들에게 한 것처럼, 마귀에 이끌리도록 자신을 포기하는 자들은 그들이 상상하는 것보다 훨씬 더 마귀가 그들의 도움을 절박하게 필요로 한다는 것을 알게 된다. 관원들은 그들의 권력을 이용하여 그가 그들의 손아귀에 있을 때에 얼마든지 그를 죽일 수가 있었으나, 제자 외에는 아무도 그를 배반할 수가 없었다. 주목하라. 사람이 신앙에서 크게 올라갈수록, 또한 그들이 신앙을 연구하며 그것을 섬기는 일에 더 많이 헌신할수록, 그들의 마음이 하나님과 올바르지 않으면 악을 행할 기회가 더 많아지는 법이다. 유다도 사도가 아니었다면 배반자가 될 수 없었을 것이다. 사람이 의의 길을 알았다면, 그것을 악용할 수가 없었을 것이다.

내가 예수를 너희에게 넘겨주리니. 그들에게는 예수를 처단할 증거가 필요했으나(59절), 그는 자신이 그리스도를 대적하여 증인이 되겠다고 제안하지도 않았고, 그들도 그에게 그것을 요구하지 않았다. 그런데 만일 그를 처단하기 위해 그가 사기꾼이라는 거짓 증거를 제시하여 무언가 증언이 이루어졌다면, 유다가 그런 증인이 되었을 가장 유력한 인물이었다. 그러나 그리스도의 가르침과 생활 모습을 익히 잘 알면서도 그를 배반한 그의 제자가 자신의 그 배은망덕한 행위를 정당화시켜 줄 것을 알면서도 그에게 범죄를 뒤집어씌우지 못했다는 것은 우리 주 예수의 순결하심을 보여주는 한 가지 증거가 아닐 수 없다.

2. 이런 일의 대가로 그가 요구한 것. **얼마나 주려느냐?** 유다가 그의 주를 배반한 것은 오로지 그 대가로 돈을 얻으리라는 희망 때문이었다. 그리스도께서는 처음부터 그가 마귀라는 것을 아시면서도 그에게 아무런 빌미도 제공하지 않으셨다. 오히려 그는 다른 사람들과 똑같이 그를 친절하게 대하셨고, 그에게 치욕을 주어 그를 불쾌하게 만드는 일도 전혀 하지 않으셨다. 그는 그에게 기꺼이 받을 직분을 주셨고, 그를 전대를 관리하는 자로 삼으셨다. 유다가 공금을 착복하였으나(그가 도둑이라 불리므로. 요 12:6), 그가 그 사무를 결산하여야 할 위기에 처했다는 것은 전혀 나타나지 않는다. 또한 유다가 복음이 가짜라는 의

심을 했다는 것도 나타나지 않는다. 아니다. 유다를 배반자로 만든 것은 주 예수에 대한 혐오도, 그와의 분쟁도 아니었고, 순전히 돈에 대한 욕심이었다.

얼마나 주려느냐? 그가 원한 것은 대체 무엇이었는가? 먹을 양식도, 입을 의복도 아니었다. 생활필수품도 사치품도 아니었다. 주께서 어디에 계시든 그가 환영하지 않았던가? 주께서 사신 것처럼 그도 살지 않았던가? 베다니 나병환자 시몬의 집에서 주와 함께 음식을 먹지 않았던가? 그리고 조금 전에는 마르다의 공궤를 받아 주와 함께 식사를 하지 않았던가? 그런데도 이 욕심 많은 사람은 만족하지 못했고, 결국 제사장들에게 가서 비열하게 얼마나 주려느냐? 라고 물었던 것이다. 주목하라. 돈이 모자라는 것이 아니라 돈을 사랑하는 것이 모든 악의 뿌리요, 또한 그리스도를 배반하는 악행의 뿌리다. 데마를 보라(딤후 4:10). 사탄은, 이 모든 것을 네게 주리라(4:9)라는 미끼로 우리 주님을 유혹하였다. 그러나 유다는 그것으로 유혹을 받도록 자기 자신을 내어 주었다. 그는 마치 그의 주님이 그의 손에 쥐어진 상품이기라도 한 것처럼, 얼마나 주려느냐? 라고 묻는다.

Ⅲ. 대제사장들이 그와 행한 거래. 그들이 은 삼십을 달아 주거늘. 삼십 세겔인데, 우리 돈으로(18세기 영국의 화폐 가치로) 환산하면, 어떤 이들은 3파운드 8실링 가량이라고 하고, 또 어떤 이들은 3파운드 15실링이라고 한다. 유다가 그들에게 값을 제시했고, 그들이 주는 금액을 그대로 받았을 것이다. 그 다음 금액이 더 낮을까 두려워 처음 제의한 금액을 그대로 받아들였을 것이다. 유다는 고가(高價)의 거래에 익숙해 있지 않았고, 따라서 약간의 돈으로도 그는 만족하였다. 율법에 의하면(출 21:32) 은 삼십은 종의 값이었다. 그리스도께서 이 값으로 팔렸으니 참 좋은 값이다!(슥 11:13). 시온의 왕의 가치가 그렇게 형편없이 여겨졌으니, 시온의 아들들이 세련된 금의 가치가 있으면서도 질그릇으로 인정받는 것이 전혀 이상할 것이 없는 것이다. 그들이 은 삼십으로 그와 계약을 맺으니(한글 개역개정판은 이를 "그들이 은 삼십을 달아 주거늘"로 번역함). 그들이 지불하니. 곧, 삯을 손에 쥐어주어 그를 확보하고 그의 사기를 높여 준 것이다.

Ⅳ. 유다가 자신이 한 약속을 지키기 위해 기회를 노림. 그가 그 때부터 예수를 넘겨 줄 기회를 찾더라(16절). 그는 어떻게 하면 그 일을 효과적으로 행할까 하여 계속해서 머리를 짜내고 있었다. 주목하라. 1. 죄를 범할 기회를 찾고 악행

을 꾸미는 것은 지극히 악한 일이다. 이는 사람이 계획적인 악행에 온통 마음이 가 있다는 증거이기 때문이다. 2. 그 일이 아무리 악해도 한번 발을 들여놓은 자들은 그 일을 계속해야 한다고 생각한다. 그 악한 거래를 행한 후에도 그는 회개하고 돌이킬 시간이 있었다. 그러나 대제사장들과의 계약으로 인하여 그 전보다 마귀가 그를 더 강하게 사로잡게 되었고, 마귀는 또한 그에게 주께는 잘못하는 일이지만 이미 약속을 했으니 반드시 지켜야 한다고 이야기하고 있었다. 헤롯도 자기의 맹세를 지키기 위하여 요한의 목을 벨 수밖에 없었던 것이다.

[17]무교절의 첫날에 제자들이 예수께 나아와서 이르되 유월절 음식 잡수실 것을 우리가 어디서 준비하기를 원하시나이까 [18]이르시되 성안 아무에게 가서 이르되 선생님 말씀이 내 때가 가까이 왔으니 내 제자들과 함께 유월절을 네 집에서 지키겠다 하시더라 하라 하시니 [19]제자들이 예수께서 시키신 대로 하여 유월절을 준비하였더라 [20]저물 때에 예수께서 열두 제자와 함께 앉으셨더니 [21]그들이 먹을 때에 이르시되 내가 진실로 너희에게 이르노니 너희 중의 한 사람이 나를 팔리라 하시니 [22]그들이 몹시 근심하여 각각 여짜오되 주여 나는 아니지요 [23]대답하여 이르시되 나와 함께 그릇에 손을 넣는 그가 나를 팔리라 [24]인자는 자기에 대하여 기록된 대로 가거니와 인자를 파는 그 사람에게는 화가 있으리로다 그 사람은 차라리 태어나지 아니하였더라면 제게 좋을 뻔하였느니라 [25]예수를 파는 유다가 대답하여 이르되 랍비여 나는 아니지요 대답하시되 네가 말하였도다 하시니라

여기서는 그리스도께서 유월절을 지키시는 기사를 접하게 된다. 율법 아래 계셨으므로, 그는 율법의 모든 규례들에 굴복하셨고, 특히 그 중에서도 이 규례를 성실히 지키셨다. 유월절은 이스라엘이 애굽에서 구원받은 일을 기념하여 지키는 규례였다. 유대인들에게는 메시야의 시대에 그들이 애굽에서 나온 바로 그 날에 구속함을 받을 것이라는 전승이 있었는데, 그것이 정확하게 성취되었다. 그리스도께서 유월절 이후 그들이 행진을 시작한 바로 그 날에 죽으셨기 때문이다.

I. 그리스도께서 유월절 음식을 잡수신 시기는, 하나님께서 정하셨고 또한 유대인들도 지키는 정상적인 때, 곧 무교절의 첫날이었다(17절). 그 해에는 그

날이 주간의 제5일에 해당되었고, 오늘날 우리의 목요일이었다. 어떤 이들은 우리 주 예수께서 그 날 하루 중 보통 시간보다 이른 시간에 유월절 음식을 잡수셨다는 의견을 제시하기도 하나, 박식한 휘트비 박사는 대체로 그것을 인정하지 않았다.

Ⅱ. 그 장소는 제자들의 질문을 받고서 그리스도께서 친히 정하셨다. 유월절 음식 잡수실 것을 우리가 어디서 준비하기를 원하시나이까?(17절). 어쩌면 유다도 자기의 계교를 더 잘 실행하기 위하여 다른 제자들과 함께 이 질문을 했을지도 모른다. 그러나 나머지 제자들의 질문은 일상적인 것으로 그 준비를 위해 할 일을 하기 위한 것이었다.

1. 그들은 주께서 현재 대제사장들에게 박해를 당하시며 목숨이 위태로운 상황에 처하여 계시나 그래도 당연히 유월절 음식을 잡수실 것으로 여겼다. 그들은 외적인 위협 때문이든 내적인 두려움 때문이든 결코 그의 의무를 물리시는 법이 없다는 것을 잘 알고 있었다. 갖가지 어려움과 수많은 원수들이 있고 온갖 걱정과 두려움이 있다는 것을 핑계로 삼아 우리의 복음적 유월절인 성찬에 참여하지 않는 자들은 그리스도의 모범을 따르는 것이 아니다. 만일 그렇다면, 그들에게는 두려움을 가라앉히고 어려움 가운데서 위로를 얻게 하기 위하여, 원수들을 용서하고 하나님께 모든 걱정거리를 맡기도록 돕기 위해서 오히려 그런 규례가 더 필요할 것이기 때문이다.

2. 그들은 그 식사를 위해서는 반드시 준비가 있어야 하며 그 준비를 하는 것이 그의 종 된 자기들의 일이라는 것을 잘 알고 있었다. 우리가 어디서 준비하기를 원하시나이까? 주목하라. 엄숙한 규례에 앞서서 반드시 엄숙한 준비가 필요하다.

3. 그들은 그가 유월절 음식 잡수실 자기 소유의 집이 없으시다는 것을 잘 알고 있었다. 다른 점에서도 그렇지만 이 점에서도 그는 우리를 위하여 가난하게 되셨다. 시온의 모든 궁궐 중에 시온의 임금을 위한 것은 하나도 없었다. 그러나 그의 나라는 이 세상에 속한 것이 아니었다. 요 1:11을 보라.

4. 그들은 그리스도의 지시가 없이 아무 곳에나 음식을 준비해 놓으려 하지 않았는데, 그에게서 지시가 있었다. 그는 그들을 아무에게 보내셨는데(18절), 그는 아마도 그를 따르는 친구였을 것으로 보인다. 그는 그리스도와 제자들을 그의 집으로 영접하였다.

(1) 그에게, 내 때가 가까이 왔다고 말하라. 이는 곧 그의 죽으심의 때를 뜻한다. 다른 곳에서는 그의 시각(his hour, 요 8:20; 13:1. 한글 개역개정판은 그의 때로 번역함)이라 불린다. 그리스도의 마음은 하나님의 경륜 속에 고정되어 있는 그 때와 그 시각으로 향하고 있었고, 그는 그것에 대해 그렇게도 자주 말씀하신 것이다. 그는 언제 그 때가 오는지를 알고 계셨고, 그것에 대비하고 계셨다. 사람은 자기의 시기도 알지 못하나니(전 9:12), 따라서 우리는 절대로 경계를 게을리 해서는 안 된다. 우리 때는 늘 준비되어 있으며(요 7:6), 따라서 우리는 언제나 준비를 갖추고 있어야 한다. 관찰하라. 그의 때가 가까이 왔으므로, 그는 유월절을 … 지키려 하신 것이다. 주목하라. 죽음이 가까이 다가오고 있다는 것을 생각하여, 우리는 각성하여 모든 기회들을 우리의 영혼을 위하여 부지런히 활용하여야 한다. 우리 때가 가까이 왔고 영원이 바로 우리 앞에 와 있는가? 그렇다면, 우리가 명절을 지키되 누룩이 없이 오직 순전함과 진실함의 떡으로 하여야 할 것이다(고전 5:8). 관찰하라. 우리 주 예수께서 이 선한 사람의 집으로 자신을 이끄실 때에, 그는 자기 때가 가까이 왔다는 이 사실을 그에게 알리셨다. 주목하라. 그리스도를 마음에 모시는 자들에게는 그리스도의 비밀이 있다. 요 14:21을 계 3:20과 비교하라.

(2) 그에게, 내가 내 제자들과 함께 유월절을 네 집에서 지키겠다 하시더라고 말하라. 이는 그의 주인으로서의 권위를 보여주는 사례였다. 아마 이 사람도 그것을 인정하고 있었을 것이다. 그는 유월절 식사를 위하여 그의 집을 사용하기를 위하여 간청하신 것이 아니라 명령하신 것이다. 그러므로 그리스도께서 그의 성령으로 마음에 임하실 때에는 그 마음의 소유자로서 받아들일 것을 요구하시며, 또한 모든 권능을 지니고 계시며 결코 거부할 수 없는 분으로서 들어가시는 것이다. 그가 "내가 아무개의 영혼 속에서 명절을 지키겠노라"라고 말씀하시면 그대로 되는 것이다. 그의 하시는 일은 아무도 방해할 수가 없기 때문이다. 그의 백성들도 그것을 기꺼이 원하게 된다. 왜냐하면 그가 그들을 그렇게 만드시기 때문이다. 내 제자들과 함께 유월절을 네 집에서 지키겠다. 주목하라. 그리스도를 영접하면, 그는 그의 제자들도 영접하기를 기대하신다. 하나님을 우리 하나님으로 영접하면 그의 백성도 우리의 백성으로 영접하는 것이다.

Ⅲ. 제자들이 그대로 준비하였다. 제자들이 예수께서 시키신 대로 하여(19절). 주목하라. 복음적 유월절에 그리스도께서 임재하셔서 그들과 함께 계시

기를 바라는 자들은 철저하게 그의 지시를 지켜야 하고 그가 시키신 대로 해야 한다. 유월절을 준비하였더라. 성전 뜰 안에서 어린 양을 잡아 구웠고, 쓴 나물과 떡과 포도주를 준비하였고, 수건을 마련하는 등, 그 신성하고 엄숙한 명절을 지키는 데 필요한 모든 것들을 완비하였다.

IV. 그들은 율법에 따라 유월절 식사를 하였다. 저물 때에 예수께서 열두 제자와 함께 앉으셨더니(20절). 앉는 것은 식사시에 보통 취하는 자세였다. 옆으로 누운 것이 아니다. 그런 자세로는 음식을 먹기도 쉽지 않을 뿐더러 마실 수도 없기 때문이다. 그들은 똑바로 앉았다. 다른 식사 때에 그가 취하신 자세를 묘사할 때에도 동일한 단어가 쓰이고 있다(9:10; 26:7; 눅 7:37). 허리띠를 띠고, 발에 신발을 신고 손에 지팡이를 잡고 유월절 식사를 한 것은, 대다수 사람들의 생각처럼, 애굽에서의 최초의 유월절 때뿐이었고, 그 때에 그런 차림을 했으나 앉은 자세로 음식을 먹었을 것이다. 그가 앉으셨다는 것은 이 엄숙한 규례를 지키시면서 그의 마음이 차분히 가라앉아 있었음을 나타낸다. 예수께서 열두 제자와 함께 앉으셨더니. 유다도 제외되지 않았다. 율법에 의하면, 각 가족대로 어린 양을 취하도록 되어 있었으며(출 12:3, 4), 가족의 숫자는 최소 열 명에서 최고 스무 명 이내여야 했다. 그리스도의 제자들은 그의 가족이었다. 주목하라. 하나님께로부터 가족을 책임 맡은 자들은 반드시 그 가족들과 함께 주를 섬거야 한다.

V. 유월절 식사 중에 그리스도께서 제자들에게 말씀하셨다. 그 규례에서 보통 행해지는 말씀의 주제는 이스라엘이 애굽으로부터 구원받은 일이었다(출 12:26, 27). 그러나 그 위대한 유월절이 이제 드려질 차비를 갖추고 있으므로 그 일에 대한 말씀이 다른 모든 주제를 삼켜버리는 것이다(렘 16:14, 15). 여기서 다음을 보게 된다.

1. 그리스도께서 제자들 중에 배반할 자가 있음을 알리심. 너희 중의 한 사람이 나를 팔리라(21절). 관찰하라.

(1) 그리스도께서 그것을 알고 계셨다. 우리는 어떤 어려운 일이 우리에게 닥칠지, 또한 어떻게 그런 일이 일어날지를 모른다. 그러나 그리스도는 그 모든 일을 알고 계셨다. 이는 그의 전지(全知)하심을 입증하는 것이기도 하거니와 그의 사랑을 높이 드러내기도 한다. 그에게 일어날 일을 모두 다 아시면서도 전혀 뒤로 물러나지 않으셨으니 말이다. 그는 자기의 한 제자의 배반과 비열함

을 미리 아시면서도 계속 나아가셨고, 유다가 제자들 중에 있다는 것을 아시면서도 그에게 주어진 자들을 돌보셨고, 그들을 값 주고 사신 주를 부인할 자들이 있다는 것을 미리 아시면서도 우리의 구속을 위하여 값을 지불하셨고, 그의 피를 부정한 것으로 여겨 짓밟을 자들이 있다는 것을 아시면서도 그의 피를 흘리신 것이다.

(2) 기회가 오자 그는 주위의 사람들에게 그것을 알려주셨다. 그는 인자가 팔릴 것을 자주 말씀하신 바 있는데, 이제는 그들 중의 하나가 그 일을 저지를 것임을 말씀하시며, 그리하여 그런 일이 닥칠 때에 덜 놀라게 하시며 또한 그에 대한 그들의 믿음이 견고히 세워지게 하신 것이다(요 13:19; 14:29).

2. 이 사실을 들은 제자들의 느낌(22절). 그들은 그 사실을 어떻게 받아들였는가?

(1) 그들이 몹시 근심하였다. [1] 그들은 주께서 팔리시리라는 것을 듣고 크게 근심하였다. 베드로는 처음 그 이야기를 듣고서, 주여 그리 마옵소서 이 일이 결코 주께 미치지 아니하리이다라고 말했었다. 그런데 이제 그 일이 임박했다는 것을 듣고서, 그와 다른 제자들 모두가 큰 근심에 잠기지 않을 수 없었다. [2] 그들은 그들 중의 하나가 그 일을 하리라는 말씀을 듣고 더욱 근심하였다. 사도 중 하나가 배반자가 된다면 이는 그 사랑의 교제에 큰 치욕거리가 될 것이며, 이 때문에 그들이 크게 근심하였다. 은혜 안에 있는 심령들은 다른 이들의 죄에 대해, 특히 그저 일상적으로 신앙을 표명하는 것 이상으로 헌신하는 모습을 보이는 자들의 죄에 대해, 근심하는 법이다(고후 11:29). [3] 무엇보다 그들을 근심하게 한 것은 그것이 누구인지 확실치 않다는 것이었고, 각자 자기에 대해 염려하였다. 하사엘의 말처럼(왕하 8:13), 자기가 이런 큰일을 행할 개 같은 종이 될까 두려워한 것이다. 미혹하는 자의 힘과 간교함을 알고, 또한 자기 자신의 연약함과 어리석음을 아는 자들은 많은 사람의 사랑이 식어지리라는 말씀을 들을 때에 스스로 근심에 빠지지 않을 수가 없는 것이다.

(2) 각각 여짜오되 주여 나는 아니지요? 라고 하였다.

[1] 그들은 유다를 의심하지 않았다. 그가 도둑이었으나, 그가 너무도 그럴듯하게 처신하였으므로 그와 매우 친밀했던 자들도 그를 의심하지 않았을 것이다. 그들 중에 누구도 그를 지목하지도 않았을 뿐더러, 주여 유다이지요? 라고 말한 사람도 없었다. 주목하라. 외식하는 자가 그 정체가 드러나지도 않고 의심받

지도 않고 이 세상에서 지내는 일이 얼마든지 가능하다. 이는 교묘하게 위폐 (僞幣)를 만들어 유통시켜도 아무도 그것을 의심하지 않는 것과 마찬가지다.

[2] 그들은 각자 자기 자신을 의심하였다. 주여 나는 아니지요? 자기들이 그런 쪽으로 기우는 것을 의식하지는 않았으나(그들의 마음에는 그런 생각이 없었다), 그들은 최악의 경우를 두려워하였고, 그리하여 우리 자신보다 우리를 더 잘 아시는 주님께 여쭌 것이다. 주여 나는 아니지요? 주목하라. 그리스도의 제자들로서는 언제나, 특히 시련의 때에는 더욱더, 경건한 근심을 갖는 것이 합당하다. 우리가 얼마나 강하게 시험받을지, 혹은 하나님께서 언제까지 우리 스스로 내버려두실지를 알지 못하므로, 마음을 높이지 말고 두려워하는 것이 일리가 있는 것이다. 우리 주 예수께서는 성찬을 제정하시기 직전에 제자들에게 이런 시험을 두시고 스스로 의심하게 하셔서, 자기를 살피고 그 후에야 이 떡을 먹고 이 잔을 마실 것을 그들에게 가르치신 것을 볼 수 있다.

3. 주께서 그들에게 이 문제에 관하여 더 상세하게 알려 주셨다(23, 24절). 그는 그들에게 다음과 같은 사실을 말씀하셨다.

(1) 그를 배반할 자가 아주 친근한 친구라는 것. 나와 함께 그릇에 손을 넣는 그가 나를 팔리라. 즉, 지금 나와 함께 식탁에 앉은 너희 중 하나가 그를 배반할 자라는 것이다. 그가 이를 언급하시는 것은 그 배반하는 행위가 더욱더 죄악되게 나타나게 만들고자 하심이다. 주목하라. 겉으로 거룩한 규례에서 그리스도와 교제하는 것이 그에 대해 거짓 행하는 일의 죄를 크게 가중시킨다. 그리스도와 함께 그릇에 손을 담그면서 그를 배반한다는 것은 정말 비열한 배은망덕인 것이다.

(2) 이 일이 성경에 따른 것이라는 것. 그리스도께서 제자에게 배반을 당하셨는가? 성경에 이미 그것이 기록되어 있었다. 내가 신뢰하여 내 떡을 나눠 먹던 나의 가까운 친구도 나를 대적하여 그의 발꿈치를 들었나이다(시 41:9). 우리의 괴로움 중에 성경이 성취되는 것을 볼수록, 우리가 그것들을 더 잘 견딜 수 있다.

(3) 그 배반자에게는 합당한 결과가 오리라는 것. 인자를 파는 그 사람에게는 화가 있으리로다. 이 말씀을 하신 것은 유다의 양심을 일깨워 회개하고 대제사장들과의 거래를 파기하게 하기 위한 것일 뿐 아니라, 다른 모든 이들도 주의하여 유다와 같은 죄를 짓지 않도록 그들을 경계하기 위한 것이기도 했다. 하나님께서는 사람의 죄를 통해서도 그 자신의 목적을 이루실 수 있으나, 그렇다

고 해서 죄인이 화를 덜 받게 되는 것은 아니다. 그 사람은 차라리 태어나지 아니하였더라면 제게 좋을 뻔하였느니라. 주목하라. 그리스도를 배반하는 자들에게 임할 패망이 너무도 크므로, 그렇게 비참한 처지를 당하는 것보다는 차라리 아예 존재하지 않는 편이 더 낫다.

4. 주께서 유다에게 알게 하셨다(25절).

(1) 그도 나는 아니지요? 라고 물었다. 조용히 있다가 의심을 받을까 두려워 그 상황을 모면하기 위하여 그렇게 물었다. 그는 바로 자기가 그 사람이라는 것을 잘 알고 있었으나, 그런 계교와는 전혀 상관없는 사람처럼 보이고 싶었던 것이다. 주목하라. 양심에 큰 거리낌이 있으면서도, 주여 나는 아니지요?라는 말로 사람들 앞에서 체면을 세우고 자기들을 정당화시키려 안간힘을 쓰는 자들이 많다. 그는 그리스도께서 알고 계신다는 것을 모를 리가 없었다. 그러나 그가 점잖게 그냥 넘어가실 것으로 여겼다. 그가 지금까지 그 일을 감추어오셨으므로, 계속 감추어주실 것으로 생각하여 뻔뻔스럽게도 그런 질문을 한 것이다. 아니면, 여호와가 보지 못하리라(시 24:7)고 말하며, 하나님이 흑암 중에서 어찌 심판하실 수 있으랴?(욥 22:13)라고 말하는 자들처럼, 어쩌면 그가 불신앙 가운데 완전히 빠져 버려서 그리스도께서 그것을 모르시는 것으로 상상했을지도 모른다.

(2) 이에 대해 그리스도께서 곧바로 답변하신다. 네가 말하였도다, 즉, "네가 말한 대로니라." 나단은 다윗에게, 당신이 그 사람이라고 했는데, 주님의 이 말씀은 그 정도로 분명하지는 않다. 그러나 그를 책망하기에는 족했다. 그의 마음이 돌이킬 수 없을 정도로 완악하게 굳어지지만 않았더라도, 그는 자신의 은밀한 계교가 주께 발각되었다는 것을 알고서 그의 계획을 중단했을 것이었다. 주목하라. 그리스도를 배반할 계교를 꾸미는 자들은 언젠가는 자기 자신들을 배반하게 될 것이요, 그들의 혀가 그들을 해할 것이다.

[26]그들이 먹을 때에 예수께서 떡을 가지사 축복하시고 떼어 제자들에게 주시며 이르시되 받아서 먹으라 이것은 내 몸이니라 하시고 [27]또 잔을 가지사 감사 기도 하시고 그들에게 주시며 이르시되 너희가 다 이것을 마시라 [28]이것은 죄 사함을 얻게 하려고 많은 사람을 위하여 흘리는 바 나의 피 곧 언약의 피니라 [29]그러나 너희에게 이르노니 내가 포도나무에서 난 것을 이제부터 내 아버지의 나라에서 새것으로 너희와 함께 마시는 날까지 마시지 아니하리라 하시니라 [30]이에 그들이 찬미하고 감람 산으로 나아가니라

여기서는 주께서 성찬이라는 큰 복음의 규례를 제정하시는 것을 보게 된다. 관찰하라.

I. 그것이 제정된 시기. 그들이 먹을 때에. 식탁을 물리기 전 유월절 식사의 후반부였다. 왜냐하면 희생 제물을 먹는 잔치였으므로 그 규례가 시행되는 그 방에서 이루어져야 했기 때문이다. 그리스도는 속죄를 행하시는 우리의 유월절 희생 제물이시다. 우리의 유월절 양 곧 그리스도께서 희생되셨느니라(고전 5:7). 이 규례는 우리에게 유월절 식사인데, 이는 이스라엘이 애굽에서 구원받은 것보다 훨씬 더 큰 구원을 기념하는 것이다. 율법의 모든 화목 제물들이 그리스도의 죽음에서 정리되고 폐기되므로, 율법의 모든 명절들이 이 성례로 정리되고 폐기되는 것이다.

II. 제정 그 자체. 성례는 반드시 제정되어야 한다. 이는 도덕적인 예배의 일부도 아니요, 본성의 빛에 의해 지배를 받는 것도 아니다. 이 성례는 그 존재와 의의가 신적인 제정에서 비롯되는 것이다. 그 인(印)을 지정하시는 것은 언약을 세우신 그분의 특권이다. 그리하여 사도 바울은 이 규례에 관한 강론에서 시종일관 예수 그리스도를 주(主)라 부르는 것이다. 왜냐하면 그가 주로서, 언약의 주요 교회의 주로서 이 규례를 지정하셨기 때문이다. 여기서,

1. 떡으로 그리스도의 몸을 뜻하며 나타낸다. 그는 전에 나는 생명의 떡이니라고 말씀하신 적이 있는데(요 6:35), 이 은유법에 근거하여 이 성례가 세워지는 것이다. 육체의 생명이 떡으로 지탱되고 떡이 모든 육체의 영양을 위해 취해지는 것처럼(4:4; 6:11), 영혼의 생명도 그리스도의 중보로 말미암아 지탱되고 유지되는 것이다.

(1) 예수께서 떡을 가지사. 에스테산, 즉 떡 덩이를 취하셨다는 뜻이다. 그 목적을 위하여 앞에 떡 덩이가 놓여 있었을 것이며, 그것은 아마도 무교병이었을 것이다. 그러나 그런 세세한 정황은 여기서 주목되지 않으며, 따라서 우리는 헬라의 몇몇 교회들이 하는 것처럼 무교병을 고집할 필요는 없을 것이다. 그가 떡을 취하신 것은 엄숙한 행동이었고, 아마도 그 행동은 그와 함께 식탁에 앉은 이들이 그 일에서 범상치 않은 무언가를 예상할 수 있도록 그들이 잘 관찰힐 수 있는 방식으로 행해졌을 것이다. 이렇듯 주 예수님은 우리의 구속을 이루기 위하여 하나님의 사랑의 경륜 가운데서 구별되신 분이신 것이다.

(2) 축복하시고. 그는 성례의 목적을 위하여 기도와 감사로 떡을 구별하셨다.

여기서 그가 무슨 정형화된 언어를 사용하셨다는 증거는 나타나지 않는다. 그러나 그가 하신 말씀은 이 규례를 통해서 새 언약을 인치시고 확증하시는 그 일에 잘 들어맞는 것이었다. 이는 마치 하나님께서 일곱째 날을 복되게 하신 것과도 같다(창 2:3). 하나님은 그 날을 하나님의 영광을 위하여 구별하시고 모든 사람에게 그 날을 복된 날로 정당하게 준수하도록 만드신 것이다. 그리스도께서는 복을 명하실 수 있고, 또한 우리도 그의 이름으로 감히 복을 청할 수 있는 것이다.

(3) 떼어. 여기에는 다음과 같은 뜻이 내포되어 있다. [1] 그리스도의 몸이 우리를 위하여 깨어지셨다는 것. 그는 마치 곡식이 부수어지듯이(사 28:28), 우리의 죄악 때문에 상함을 당하셨다(사 53:5). 그의 **뼈가 하나도 꺾이지 아니하였으나**(그의 뼈가 다 꺾였다 해도 그는 전혀 약해지지 않으셨을 것이다) 그의 육체가 치고 다시 침을 당하였고, 그의 상처가 깊어졌고(욥 16:14; 9:17), 그것이 그를 고통스럽게 했다. 하나님께서는 그가 죄인들의 음란한 마음으로 인하여 근심하심을 탄식하신다(겔 6:9). 그의 율법이 깨어졌고, 그와의 언약이 깨어졌으니, 이제 정의가 상처에는 **상처로** 갚을 것을 요구한다(레 24:20). 그런데 그리스도께서 깨어지심으로 그 요구를 만족시키신 것이다. [2] 가장(家長)이 떡을 떼어 자녀들에게 주듯이, 그리스도의 몸이 떼어져 우리에게 베풀어진다는 것. 그리스도께서 떡을 떼어 우리에게 주시는 것은 그렇게 적용될 수 있다. 하나님의 말씀의 허락과 그의 은혜의 역사하심으로 말미암아 모든 것이 우리를 위해 예비되는 것이다.

(4) 제자들에게 주시며. 그는 가족의 주인으로서, 이 잔치의 주인으로서 떡을 떼어 제자들에게 주신다. 그가 떡을 **사도들에게** 주셨다고 말씀하지 않는다. 그들이 과연 사도였고, 또한 이 일 이전에도 그렇게 자주 불렸으나 여기서는 **사도**라는 용어를 사용하지 않고 제자들에게 주셨다고 말씀한다. 이는 그리스도의 모든 제자들이 이 규례에 참여할 권리가 있으며, 그의 제자들이 성찬의 유익을 받게 될 자들이기 때문이다. 그러나 그는 떡 덩이를 그들에게 먼저 주셨고, 그들을 통하여 그를 따르는 다른 모든 자들에게 전해지도록 하신 것이다.

(5) 이르시되 받아서 먹으라 이것은 내 몸이니라 하시고(26절). 여기서 그는,

[1] 그는 그것으로 어떻게 해야 할지를 말씀하신다. "받아서 먹으라. 너희에게 베풀어지는 대로 그리스도를 받아들이라. 속죄를 받아들이고, 그것을 인정하며

그것에 동의하며, 너희에게 제시되는 바 그 유익을 위한 조건을 이루라. 그의 은혜와 그의 다스림에 굴복하라." 그리스도를 믿는 것이 그를 영접하는 것으로도(요 1:12), 그를 먹는 것으로도 표현된다(요 6:57, 58). 양식을 쳐다보거나 접시를 깨끗이 닦는 것만으로는 우리에게 영양이 공급되지 않는다. 반드시 먹어야 한다. 그리스도의 가르침도 이와 같다.

[2] 그것과 함께 무엇을 가져야 할 것을 말씀하신다. 이것은 내 몸이니라. 여기서 이것은 아우토스, 즉 이 떡이 아니라, 투토, 즉 이 먹고 마시는 것이다. 믿는 것이 그리스도의 죽으심의 모든 효능을 우리의 영혼에 적용시키는 것이다. 이것은 내 몸이니라, 영적으로 성례적으로 그러하다는 뜻이다. 이것이 내 몸을 뜻하며 또한 내 몸을 대변하는 것이라는 뜻이다. 그는 출 12:11의 이것이 여호와의 유월절이니라라는 말씀처럼 성례의 언어를 사용하신다. 이 말씀을 그릇 이해하여 육신적인 의미로 취함으로써 로마 교회는 저 괴상한 화체(化體)의 교리(the doctrine of transubstantiation)를 세웠으니, 곧 떡이 그 부수적인 조건만 그대로 남아 있고 실제로 그리스도의 몸의 실체로 바뀐다는 것이 그것이다. 그러나 이 교리는 그리스도를 욕되게 하는 것이요, 성례의 본질을 파괴시키는 것이요, 우리의 감각에 거짓 것을 가져다주는 것이다. 우리가 태양을 받지만, 태양의 큰 덩어리를 우리 손에 받는 것이 아니라 그 광선을 쬐는 것이다. 마찬가지로 그리스도의 은혜를 받아 누림으로써 그리스도를 받는 것이요, 그의 몸의 깨어지신 그 복된 열매들을 받아 누리는 것이다.

2. 포도주로 그리스도의 피를 뜻하고 나타낸다. 그는 육체에 힘을 주는 떡만이 아니라, 마음을 즐겁게 하는 포도주도 베푸셔서 그 잔치를 완전하게 하신다(27, 28절). 또 잔을 가지사. 그것은, 유대인의 유월절 풍습에 따라 감사를 드린 후 마시도록 준비되어 있는 은혜의 잔이었다. 그리스도께서는 이 잔을 가지사 그것을 성례의 잔으로 삼으셔서 그 속성을 변경시키셨다. 그 잔은 축복의 잔(유대인들이 그렇게 불렀다)으로 의도된 것이요, 따라서 사도 바울은 우리가 축복하는 축복의 잔과 그들이 축복하는 축복의 잔을 서로 구별하였다. 감사 기도 하시고. 이는 모든 규례에서도 그렇게 해야 하나, 동시에 규례의 각 부분마다 우리의 시선을 하나님께로 향하여야 한다는 것을 우리에게 가르치기 위함이었다.

잔을 제자들에게 주시면서 그는,

(1) 제자들에게 명령하셨다. 너희가 다 이것을 마시라. 이렇게 해서 그는 손님들을 그의 식탁에 환영하시고 그들 모두에게 그의 잔을 마시게 하신다. 성례의 이 부분에서 유독 그리스도께서 모든 사람에게 마시라고 분명하게 명령하시고 아무도 그냥 지나치지 않도록 하시는 이유는 무엇인가? 분명코 이는 후 시대에 이 부분을 분명한 주의 명령의 예외 조항으로 여겨, 평신도들에게 잔을 금지함으로써 이 규례를 망치게 되는 일이 있을 것임을 미리 보셨기 때문일 것이다.

(2) 제자들에게 설명하셨다. 이것은 죄 사함을 얻게 하려고 많은 사람을 위하여 흘리는 바 나의 피 곧 언약의 피니라. 그러므로 기쁨으로 이것을 마시라. 너무도 풍성한 음료이니 말이다. 지금까지는 그리스도의 피가 짐승의 피로써, 진짜 피로써 표현되었었다. 그러나 후에는 그 피가 실제로 흘려질 것이었고, 따라서 포도주의 피로써, 은유적인 피로써 표현된 것이다. 그러므로 포도주가 구약에서 그리스도에 대한 예언으로 불리는 것이다(창 49:10, 11).

이제 성례에서 그의 피가 나타내는 것에 대해 그리스도께서 하시는 말씀을 관찰하라.

[1] 그것은 나의 피 곧 언약의 피다. 옛 언약은 송아지와 염소의 피로써 확증되었다(히 9:19, 20; 출 24:8). 그러나 새 언약은 그리스도의 피로써 확증되며, 이 사실이 이것은 … 나의 피 곧 새 언약의 피니라(한글 개역개정판은 "새 언약"이라 하지 않고 그냥 "언약"으로 번역함)라는 말씀으로 구별된다. 하나님께서 우리와 기뻐 맺으시는 언약과 또한 그 언약의 모든 혜택과 특권들은 모두가 그리스도의 죽으심의 공로 덕분에 베풀어지는 것이다.

[2] 그것은 흘리는 것이다. 그 이튿날까지는 그 피가 흘려지지 않으나, 이제 흘려지는 시점에 이르렀으므로, 흘린 것과 마찬가지다. "너희가 이 규례를 다시 반복하여 시행하기 전에, 그 피가 흘려지리라." 그는 이제 드려지기 직전에 계셨고, 속죄를 행하는 희생의 피인 그의 피를 흘리기 직전에 계셨다.

[3] 그것은 많은 사람을 위하여 흘리는 것이다. 그리스도께서는 많은 사람들과 더불어 언약을 굳게 맺기 위하여 오셨고(단 9:27), 그의 죽으심의 의도가 이와 일치하였다. 구약의 피는 그저 몇 사람을 위해서 흘려졌다. 그것은 (모세의 말씀처럼) 여호와께서 너희와 세우신 언약을 굳게 하는 것이었다(출 24:8). 속죄는 오로지 이스라엘 자손을 위하여 행해졌으나(레 16:34), 예수 그리스도는 온 세상의 죄를 위한 화목제물이신 것이다(요일 2:2).

[4] 그것은 죄 사함을 얻게 하려고 … 흘리는 것이다. 즉, 우리를 위하여 죄 사함을 값 주고 사시기 위해 흘리는 것이다. 우리가 이 피로 말미암아 얻는 구속은 바로 죄 사함이다(엡 1:7). 그리스도의 피로 말미암아 맺어지고 확증되는 새 언약은 하나님과 사람 사이의 화목을 위한 용서의 헌장이요 또한 무죄 사면의 행위인 것이다. 죄가 분쟁이 일어나게 만든 유일한 원인이었는데, 피 흘림이 없은즉 사함이 없기 때문이다(히 9:22). 죄 사함이야말로 성찬에서 모든 참된 신자들에게 베풀어지는 큰 축복이다. 그리고 그것이 다른 모든 축복들의 근원이 되며 영원한 위로의 샘이 된다(9:2, 3). 그리스도께서는 이제 포도나무 열매에 대해 작별을 고하신다(29절). 그리스도와 그의 제자들은 지금 옛 언약과 새 언약의 명절에서, 두 언약을 연결시키는 끈에서, 함께 식사를 나누시고 큰 위로를 받으셨다. 이 장막들이 얼마나 아름다웠는가! 여기에 있다는 것이 얼마나 좋은가! 이 식탁 같은 천국이 이 땅에 있어본 적이 없었다. 그러나 그 식탁은 영구히 계속되기 위한 것이 아니었다. 그는 이제 제자들에게 말씀하시기를, 조금 있으면 너희가 나를 보지 못하겠고 또 조금 있으면 나를 보리라고 하셨는데(요 16:16), 이것이 여기의 이 상황을 설명해 준다 하겠다.

첫째로, 그는 그 교제의 자리를 떠나신다. 내가 포도나무에서 난 것을 이제부터 … 마시지 아니하리라. 즉, 나는 세상에 더 있지 않을 것이요(요 17:11), 이제 충분히 있었으니, 세상을 떠난다는 것이 기쁘고, 이것이 그 마지막 식사라는 것을 생각해도 기쁘도다. 그러므로 이제 이 포도나무 열매와, 이 유월절 잔과, 이 성례의 포도주와 작별하느니라. 죽음을 눈앞에 둔 성도들은 그들이 이 세상에서 누린 성례들과 다른 교제의 규례들과 작별을 고하며 위로를 얻는다. 그들이 들어가게 될 세상에서 누릴 그 기쁨과 영광이 이 모든 것을 대신할 것이기 때문이다. 태양이 떠오르면 촛불과 작별을 고하게 되는 법이다.

둘째로, 그는 마지막에 다시 복되게 만날 것을 그들에게 확신시키신다. 그 작별은 오랜 기간을 위한 것이나 결코 영원한 작별이 아니다. 새것으로 너희와 함께 마시는 날까지. 1. 어떤 이들은 이것을 부활 이후 그가 그들과 만나신 것을 뜻하는 것으로 이해한다. 부활이 그가 아버지의 나라에로 높이 올리신 첫 단계였고, 그 사십일 동안 과거처럼 그들과 함께 계속 계시지는 않으셨으나, 그래도 그는 그들과 함께 음식을 잡수셨다(행 10:41). 이는 그들의 믿음을 확증시켜 주는 것이었고, 동시에 그들의 마음이 이로 인하여 크게 위로를 받았을 것이 틀림없다. 왜냐하면 그들이 너무나 기뻐했기 때문이다(눅 24:41). 2. 다른 이들은 이것을 미래에 있을 기쁨과 영광의 상태를 뜻하는 것으로 이해한다. 곧, 성도들이 주 예수와 영원한 교제를 누리게 될 것을 여기서 포도주를 함께 마시는 것으로 표현하고 있다는 것이다. 그것은 그의 아버지의 나라일 것이다. 그 때에는 그 나라가 아버지께 돌려질 것이기 때문이다. 거기서는 위로의 잔(렘 16:7)이 언제나 새로울 것이며, 오래 보관된 포도주처럼 절대로 미지근하거나 시지도 않고, 많이 마신 자들이 느끼는 것처럼 결코 메스껍거나 불쾌하지 않고 언제나 신선할 것이다. 그리스도께서 친히 그 기쁨에 참여하실 것이다. 그는 그 앞에 놓인 즐거움을 바라보셨고, 그의 충성된 친구들과 추종자들이 모두 그와 함께 그 즐거움을 누리게 될 것이다.

마지막으로, 찬미로 엄숙하게 끝을 맺는다(30절). 이에 그들이 찬미하였다. 유월절 만찬의 마지막에 유대인들이 보통 부르던 것으로 시편 113편과 그 다음에 이어지는 다섯 편의 시편(이를 가리켜 유대인들은 큰 할렐이라 불렀다)이었는지, 아니면 그 명절에 더 알맞도록 지은 어떤 새로운 찬미였는지 우리로서는 알 길이 없다. 필자는 전자를 취하고 싶다. 만일 새로운 찬미였다면, 요한이 그것을 기록하지 않았을 리가 없다. 주목하라. 1. 시편을 노래하는 것은 복음의 규례다. 그리스도께서 유월절의 마지막 부분에서 성찬의 마지막 부분으로 찬미를 옮기시는 것은 그 규례가 그의 교회에서 계속되기를 그가 의도하셨다는 것을 시사한다. 그것이 의식법과 함께 탄생한 것이 아니므로, 의식법과 함께 사라져서도 안 되는 것이다. 2. 성찬 후에 예수 그리스도로 말미암아 하나님 안에서 우리의 기쁨을 표현하며, 또한 하나님께서 그의 안에서 우리를 사랑하신 그 큰 사랑에 대해 감사를 표현하는 것은 매우 적절하다. 3. 슬픔과 고난의 때에도 찬미는 부적절한 것이 아니다. 제자들은 근심 중에 있었고, 그리스도께서는 고난에 들어가고 계셨다. 그러나 그들은 함께 찬미를 부를 수 있었다. 외부적인 환난 때문에 우리의 신령한 기쁨이 방해받아서는 안 될 것이다.

찬미를 부른 다음, 그들은 감람 산으로 나아가니라. 그는 그 집에 계속 머물려 하지 않으셨다. 거기서 붙잡히셔서 그 집주인이 곤경에 빠지는 것을 원치 않으신 것이다. 또한 성내에 머무는 것도 원치 않으셨다. 그로 인하여 소란이 일어날 가능성이 많았기 때문이다. 그는 인근에 있는 한적한 감람 산으로 물러가셨다. 다윗도 환난을 당할 때에 울면서 바로 그 산으로 올라갔다(삼하 15:30). 그들은 달빛을 받아 그리로 걸어갔다. 유월절에는 언제나 보름달이 떴기 때문이다. 주목하라. 성찬을 받은 다음 우리는 물러가 기도와 묵상을 통해서 하나님과 홀로 교제하는 시간을 갖는 것이 좋다.

[31]그 때에 예수께서 제자들에게 이르시되 오늘밤에 너희가 다 나를 버리리라 기록된 바 내가 목자를 치리니 양의 떼가 흩어지리라 하였느니라 [32]그러나 내가 살아난 후에 너희보다 먼저 갈릴리로 가리라 [33]베드로가 대답하여 이르되 모두 주를 버릴지라도 나는 결코 버리지 않겠나이다 [34]예수께서 이르시되 내가 진실로 네게 이르노니 오늘 밤 닭 울기 전에 네가 세 번 나를 부인하리라 [35]베드로가 이르되 내가 주와 함께 죽을지언정 주를 부인하지 않겠나이다 하고 모든 제자도 그와 같이 말하니라

이는 감람 산으로 나아가는 도중에 그리스도께서 제자들에게 주신 말씀이다. 관찰하라.

I. 그와 그의 제자들이 겪어야 할 시험에 대한 예언. 그는 여기서 다음을 예언하신다.

1. 모든 제자들을 뿔뿔이 흩어버리는 폭풍이 지금 막 일어나고 있다는 것(31절)

(1) 그 날 밤에 그들이 모두 그를 버리리라는 것. 오늘밤에 너희가 다 나를 버리리라.(매튜 헨리의 영역판은, All ye shall be offended because of me this night[오늘밤에 너희가 다 나로 인하여 거리낌을 받으리래로 번역함:역자주) 즉, 그리스도의 고난 때문에 너무도 겁에 질린 나머지 그를 붙잡을 용기를 갖지 못하고 모두 비겁하게 그를 버릴 것이라는 뜻이다. 오늘밤에 ⋯ 나를. 엔 에모이 엔 테 뉙티 타우테인데, 나 때문에, 또한 밤 때문에라는 뜻으로 읽을 수도 있다. 즉, 오늘밤에 나에게 일어나는 일 때문에. 주목하라.

[1] 시험과 유혹의 때에 그리스도의 제자들 가운데 과실들이 생겨날 것이다. 그들이 연약하므로 그럴 수밖에 없다. 사탄은 부지런히 움직이며, 하나님께서도 과실을 허용하신다. 마음이 올바른 자들도 때때로 과실을 범하고 넘어질 수 있다.

[2] 시험과 과실 중에는 그 효과가 그리스도의 제자들 전체에 보편적으로 미

치는 것들도 있다. 너희가 다 나를 버리리라. 그리스도께서는 방금 전에 유다의 배신을 그들에게 알리셨다. 그러나 나머지 제자들도 안심해서는 안 된다는 것이다. 배신자는 한 사람밖에 없을 것이나, 그들 모두가 주님을 버리게 될 것이다. 이 말씀을 하시는 것은 그들 모두를 경계하여 각자 자기를 살피도록 하시기 위함이다.

[3] 우리는 갑작스럽게 찾아오는 시련들을 대비할 필요가 있다. 어떤 시험은 지극히 짧은 시간에 갑자기 찾아오기도 한다. 그리스도와 제자들은 평화와 고요함 가운데서 함께 유월절 식사를 잘 마쳤다. 그런데 바로 그 밤이 그런 거리낌의 밤이었던 것이다. 순식간에 폭풍이 불어닥칠 수도 있는 것이다! 하루 동안에, 하룻밤 새에 무슨 일이 일어날지 아무도 모르는 것이다(잠 27:1).

[4] 그리스도의 십자가는 그의 제자들에게 큰 거치는 돌이다. 그가 우리를 위하여 지신 십자가도 그렇고(고전 1:23), 또한 우리가 그를 위하여 지고 가야 할 십자가도 그렇다(16:24).

(2) 이로써 성경이 성취되리라는 것. 기록된 바 내가 목자를 치리니 양의 떼가 흩어지리라 하였느니라(32절). 이는 슥 13:7을 인용한 것이다. [1] 목자를 치는 일은 그리스도의 고난으로 성취된다. 하나님께서 그의 사랑하는 아들에게 그의 진노의 칼을 빼시고, 그가 내리침을 당하시는 것이다. [2] 양의 떼가 흩어지는 것은 곧, 제자들이 도망하는 것으로 성취된다. 그리스도가 원수들의 손에 넘겨지자 제자들이 각자 뿔뿔이 도망하였다. 각자가 자기를 보전해야 했고, 십자가로부터 가장 멀리 도망하는 자가 복 있는 자였다.

2. 그는 제자들에게 이 폭풍이 지난 후 다시 평안 가운데서 함께 모일 것임을 말씀하신다. "내가 살아난 후에 너희보다 먼저 갈릴리로 가리라(32절). 너희가 나를 버리겠으나 나는 너희를 버리지 아니하리라. 너희가 넘어질 것이나 내가 너희를 보호하여 영원히 넘어지지는 않게 하리라. 우리가 갈릴리에서 다시 만날 것이라. 목자가 양 떼들의 앞에서 행하듯이, 내가 너희보다 먼저 갈릴리로 가리라." 어떤 이들은 그 예언의 마지막 말씀(작은 자들 위에는 내가 내 손을 드리우리라. 슥 13:7)을 여기의 말씀과 동일한 약속으로 보기도 한다. 그의 손을 그들에게 드리우지 않고서는 그들을 돌이키는 일도 있을 수 없다. 주목하라. 우리 구원의 대장께서는 그의 군대가 변덕을 부려 무질서 상태에 빠져 있을 때에 어떻게 그들을 다시 모아 정렬시키는지를 잘 아신다.

II. 베드로의 주제넘는 발언. 무슨 일이 일어나도 자기는 신의를 지키겠다고 한다. 모두 주를 버릴지라도 나는 결코 버리지 않겠나이다(33절). 베드로는 자신감이 넘쳤고, 그리하여 기회가 있을 때마다 나서서 말하였고, 특히 자기 자신을 위해서 말하기를 좋아하였다. 때로는 그것이 좋은 결과를 낳기도 했으나, 또한 말과 실제가 다를 경우도 있었는데, 이 경우가 그러했다. 여기서 관찰하라.

1. 그는 약속으로 자신을 얽어매었다. 오늘밤만이 아니라 어느 때라도 자신은 절대로 그리스도를 버리지 않겠다는 것이었다. 이 약속이 그리스도의 은혜를 겸손하게 의지하는 자세로 행해졌다면, 이는 그야말로 훌륭한 발언이었을 것이다. 성찬이 있기 전, 그리스도의 말씀을 들은 제자들은 주여 나는 아니지요?라는 말로써 자기 자신들을 점검하였다. 그것이 우리가 행하여야 할 예비적인 의무이기 때문이다. 그리고 성찬이 끝난 후에 그리스도의 말씀을 듣고서 그들은 그리스도와 가까이 행하게 되었다. 이것이 후속적인 의무이기 때문이다.

2. 베드로는 자신은 다른 누구보다 시험을 이길 준비가 되어 있다는 착각에 빠졌다. 이것이 그의 연약함이요 어리석음이었다. 모두 주를 버릴지라도 나는 결코 버리지 않겠나이다. 이것은 당신의 개 같은 종이 무엇이기에 이런 큰 일을 행하오리이까?라는 하사엘의 말(왕하 8:13)보다 더 나쁜 것이었다. 하사엘은 자기에게 닥친 일이 너무도 나빠서 아무도 할 수 없다고 말하는 것이기 때문이다. 그러나 베드로는 몇 사람이 주를 버릴 것이나 그래도 자기는 그 누구보다도 낫게 그런 악을 피할 것이라고 생각한 것이다. 주목하라. 모든 사람들이 똑같이 시험과 부패에 노출되어 있는데 우리 자신은 시험에서 안전하다거나 부패에서 벗어나 있다고 생각하는 것은 굉장한 자기 교만이요 자기 자랑이다. 오히려 우리는, 다른 이들이 악에 빠질 수 있다면, 나도 역시 그럴 위험이 있다고 생각해야 할 것이다. 그러나 자기 자신을 지나치게 과대 평가하는 자들은 대개 쉽게 다른 이들을 의심하는 법이다. 갈 6:1을 보라.

III. 베드로에게 일어날 일에 대해 그리스도께서 구체적으로 경고하심(34절). 베드로는 시험이 올 때에 자기는 다른 누구보다도 잘 대처할 것이라고 상상하였으나, 그리스도는 그가 다른 사람보다 더 악하게 행할 것임을 말씀하신다. 주께서는 경고의 말씀을 하기 전에 먼저 엄숙히 선언하신다. 내가 진실로 네게 이르노니. "네가 너를 아는 것보다 내가 너를 더 잘 아니, 내 말을 잘 들으라." 그는 베드로에게,

1. 그가 그리스도를 부인하리라는 것을 말씀하신다. 베드로는 자기는 그리스도 때문에 넘어지지도 않고 그를 버리지도 않겠다고 약속하였다. 그러나 그리스도는 그가 한 걸음 더 나아가 그를 부인할 것이라고 말씀하신다. 그는, 모두 주를 버릴지라도 나는 결코 버리지 않겠나이다라고 말했으나, 그는 다른 누구보다도 먼저 주를 버린 것이다.

2. 그가 얼마나 속히 그렇게 행할지를 말씀하신다. 오늘밤에, 내일이 오기 전에, 아니, 닭 울기 전에 주를 부인할 것이라고 하신다. 사탄의 유혹은 화살과도 같아서(엡 6:16) 우리가 알아채기도 전에 날아와서 꽂힌다. 우리에게 시험이 언제 닥칠지 모르는 것처럼, 우리가 얼마나 속히 죄에 빠질지도 모른다. 하나님께서 우리를 그냥 내버려두시면 우리는 언제나 위험 가운데 있는 것이다.

3. 그가 몇 번이나 주를 부인할지를 말씀하신다. 네가 세 번 나를 부인하리라. 그는 한 번도 그런 일을 행하지 않을 것이라고 생각했으나, 그리스도는 그가 계속해서 그 일을 행할 것이라고 말씀하신다. 한 번 발이 실족하여 미끄러지기 시작하면, 똑바로 서 있는 상태로 회복되기가 어려운 법이기 때문이다. 죄의 시작은 둑에서 물이 새는 것과 같다.

Ⅳ. 베드로가 자기의 신의에 대한 확신을 되풀이함. 내가 주와 함께 죽을지언정 주를 부인하지 않겠나이다(35절). 그는 모두 주를 버릴지라도 나는 결코 버리지 않겠나이다라고 말할 때에 이미 그 시험이 강하다는 것을 예상한 바 있다. 그러나 여기서는 그 시험이 그보다 더 강할 것으로 예상한다. 목숨을 버릴 위험까지 예상하기 때문이다. 내가 주와 함께 죽을지언정. 그는 자기가 마땅히 해야 할 바를, 즉 그리스도를 부인하기보다 그와 함께 죽어야 한다는 것을 잘 알고 있었다. 그것이 제자도의 조건이었기 때문이다(눅 14:26). 그리고 그는 자신이 그대로 행할 것이라고 생각하였다. 곧, 어떠한 희생이 따르더라도 결코 주를 저버리지 않으리라고 자신한 것이다. 그러나 결국 그는 주를 버리고 말았다. 멀리서는 죽음에 대해 별 생각이 없이 담대하게 말하기가 쉽다. "그렇게 할 바에는 차라리 죽겠노라." 그러나 마침내 죽음이 그 모습을 드러내는 상황이 오면, 그 말대로 곧바로 행하게 되지를 않는 법이다.

베드로가 한 말에 다른 제자들도 동의하였다. 모든 제자도 그와 같이 말하니라. 주목하라. 1. 선한 사람들에게도 자기들의 힘과 안정성을 과신하는 성향이 있다. 아무리 강한 시험이 와도 능히 대처할 수 있으며, 아무리 어렵고 위험한 일이라도 다 할 수 있으며, 그리스도를 위하여 아무리 큰 환난도 감당할 수 있을 것처럼 자신만만해 하는 것이다. 그러나 그것은 우리가 우리 자신을 모르는 소치일 뿐이다. 2. 자기 자신을 가장 신뢰하는 자가 가장 먼저 가장 추하게 시험에 빠지는 경우가 비일비재하다. 가장 안전하다고 생각하는 자들이 가장 안전하지 못한 법이다. 사탄은 그런 자들을 미혹하는 데에 가장 부지런히 움직인다. 그들이 가장 경계가 느슨한 자들이요, 하나님께서는 그런 자들을 그들 스스로 내버려 두사 그들을 낮추시는 것이다. 고전 10:12을 보라.

[36]이에 예수께서 제자들과 함께 겟세마네라 하는 곳에 이르러 제자들에게 이르시되 내가 저기 가서 기도할 동안에 너희는 여기 앉아 있으라 하시고 [37]베드로와 세베대의 두 아들을 데리고 가실새 고민하고 슬퍼하사 [38]이에 말씀하시되 내 마음이 매우 고민하여 죽게 되었으니 너희는 여기 머물러 나와 함께 깨어 있으라 하시고 [39]조금 나아가사 얼굴을 땅에 대시고 엎드려 기도하여 이르시되 내 아버지여 만일 할 만하시거든 이 잔을 내게서 지나가게 하옵소서 그러나 나의 원대로 마시옵고 아버지의 원대로 하옵소서 하시고 [40]제자들에게 오사 그 자는 것을 보시고 베드로에게 말씀하시되 너희가 나와 함께 한 시간도 이렇게 깨어 있을 수 없더냐 [41]시험에 들지 않게 깨어 기도하라 마음에는 원이로되 육신이 약하도다 하시고 [42]다시 두 번째 나아가 기도하여 이르시되 내 아버지여 만일 내가 마시지 않고는 이 잔이 내게서 지나갈 수 없거든 아버지의 원대로 되기를 원하나이다 하시고 [43]다시 오사 보신즉 그들이 자니 이는 그들의 눈이 피곤함일러라 [44]또 그들을 두시고 나아가 세 번째 같은 말씀으로 기도하신 후 [45]이에 제자들에게 오사 이르시되 이제는 자고 쉬라 보라 때가 가까이 왔으니 인자가 죄인의 손에 팔리느니라 [46]일어나라 함께 가자 보라 나를 파는 자가 가까이 왔느니라

지금까지는 그리스도의 고난의 예비적인 상황들을 보았는데, 이제부터 그 처절한 역사 속으로 들어가게 된다. 여기서는 그리스도께서 동산에서 고뇌하시는 장면을 접하게 된다. 이것이 우리 주 예수의 슬픔의 시작이었다. 이제 여호와의 칼이 그의 짝 된 자를 치기 시작하였고(슥 13:7), 여호와께서 이를 명령하셨은즉 어떻게 잠잠하며 쉬겠느냐?(렘 47:7). 한동안 구름이 모여들어 캄캄하게 되었다. 며칠 전 그는 지금 내 마음이 괴로우니라고 말씀하셨다(요 12:27). 그

런데 이제는 그 폭풍이 세차게 불기 시작하였다. 그의 원수들이 그를 괴롭게 하기 전에 그 자신을 이 고뇌 속에 몰아넣으심으로써 그가 자원 제물이심을, 즉 그의 목숨을 그에게서 빼앗는 자가 있는 것이 아니라 그가 자신의 목숨을 스스로 버리신다는 것을 보여주신 것이다(요 10:18). 관찰하라.

I. 그가 이 큰 고뇌를 겪으신 장소. 그 곳은 겟세마네라 하는 곳이었다. 그 이름은 올리브 공장 곧 올리브를 짜는 곳, 감람 열매를 밟는 곳(미 6:15)이라는 뜻이다. 그리고 그 곳은 감람 산 기슭에 위치하여 그런 일을 하기에 적절한 곳이었다. 거기서 우리 주님의 고난이 시작되었다. 주께서는 거기서 그를 상하게 하시고 그를 밟으셔서 신선한 기름이 그로부터 나와 모든 신자들에게 흐르게 하고, 그리하여 우리가 그 선한 감람나무 열매의 뿌리와 비옥함을 누리게 하기를 기뻐하셨다. 그리스도는 거기서 홀로 그 아버지의 진노의 포도즙 틀을 밟으신 것이다.

II. 그가 이런 고뇌 가운데 계실 때에 제자들을 함께 데리고 가심.

1. 그는 유다를 제외한 모든 제자들을 동산에 데리고 가셨다. 유다는 이 때에 다른 일을 꾸미고 있었다. 이미 밤이 깊어 잠잘 시간이었으나 그들은 그와 함께 달빛을 받으며 동산으로 걸어 들어갔다. 엘리사가 그의 스승 엘리야가 떠날 때가 가까이 왔다는 말씀을 듣고 그를 떠나지 않겠노라고 선언하고서 그를 따라갔던 것처럼, 이 제자들도 어린 양이 어디로 가든지 그를 따르는 것이다.

2. 그는 베드로와 야고보와 요한을 따로 데리고 그가 고뇌하실 동산 모퉁이로 가셨다. 나머지 제자들은 약간 먼 거리에, 어쩌면 동산 문에 남겨두시면서, 내가 저기 가서 기도할 동안에 너희는 여기 앉아 있으라라고 당부하셨다. 마치 아브라함이 종들에게, 너희는 나귀와 함께 여기서 기다리라 내가 아이와 함께 저기 가서 예배하고 너희에게로 돌아오리라라고 말씀했던 것처럼 말이다(창 22:5). (1) 그리스도는 얼마 전 제자들과 함께 기도하셨으니(요 17:1) 이제는 홀로 기도하러 가신 것이다. 주목하라. 가족들과 함께 기도한다고 해서 그것을 핑계삼아 우리의 은밀한 기도 생활을 게을리 해서는 안 된다. (2) 그는 그들더러 거기에 앉아 있으라고 명령하셨다. 주목하라. 하나님과의 은밀한 교제를 위하여 홀로 물러가 있는 자들을 방해하거나 산만하게 하지 않도록 주의하여야 한다. 그가 이 세 사람을 함께 데려가신 것은 그들이 변화산에서 그리스도의 영광을 직접 목격한 바 있으므로(17:1, 2) 그의 고뇌도 직접 목격할 만한 준비가 되어 있었을

것이기 때문이다. 주목하라. 믿음으로 그리스도의 영광을 바라보았고 또한 거룩한 산 위에서 영광을 입은 성도들과 대화를 나눈 자가 그리스도와 함께 고난당할 준비를 가장 잘 갖춘 자들이다. 주와 함께 고난당하면 그와 함께 왕 노릇할 것이요, 그와 함께 왕 노릇할 소망이 있으면, 그와 함께 고난당하기를 예상하여야 마땅한 것이다.

Ⅲ. 그리스도의 고뇌하심.　　고민하고 슬퍼하사. 이것은 갈등이요 고민이었다. 그가 육체적인 고통이나 괴로움을 당하신 것이 아니었다. 육체적으로는 아무런 고통이 없었다. 그러나 그의 속사람이 괴로움을 당하고 있었고, 그의 심령이 비통에 잠기셨던 것이다(요 11:33). 여기 사용되는 단어들은 큰 강조의 의미를 지닌다. 엔 에모이 엔 테 눅티 타우테, 슬픔과 섬뜩한 놀람 속에 있었다. 나중의 단어는 다른 사람들과 함께 있기도 합당치 않고 그러기를 바라지도 않을 만큼 심각한 슬픔을 의미한다. 마치 그의 심령이 납덩이를 올려놓은 것과도 같았다. 의사들도 이와 비슷한 단어를 사용하여, 오한(惡寒)이나 발열(發熱)의 이상 증세를 표현한다. 나는 물 같이 쏟아졌으며 내 모든 뼈는 어그러졌으며 내 마음은 밀랍 같아서 내 속에서 녹았나이다(시 22:14)와, 다윗이 자신의 영혼의 괴로움을 탄식하는 시편의 모든 구절들(시 18:4, 5; 42:7; 55:4, 5; 69:1-3; 88:3; 116:3)과 요나의 탄식(욘 2:4, 5) 등이 이제 성취되었다.

그런데 이 모든 일의 원인이 무엇이있는가? 그를 그런 고뇌 속에 집어넣은 것이 무엇이었는가? 복되신 예수여, 어찌하여 낙심하며 … 어찌하여 불안해하는가? 그 아버지에 대한 실망이나 불신 때문은 분명 아니었고, 아버지와의 갈등이나 싸움 때문은 더더욱 아니었다. 그가 양 떼를 위하여 자기 목숨을 버리시므로 아버지께서 그를 사랑하신 것 같이, 그는 이 일에서 그의 아버지의 뜻에 전적으로 복종하셨다. 오히려 그는,

1. 어둠의 권세와 대면하셨다. 그는 이 점을 암시하신다. 이제는 너희 때요 어둠의 권세로다(눅 22:53). 또한 바로 직전에 이에 대해서 말씀하셨다. "이 세상의 임금이 오겠음이라. 그가 자기 세력을 결집시켜 전면적인 공세를 준비하는 것이 보이도다. 그러나 그는 내게 관계할 것이 없고, 그를 위한 병영도 없고 그와 은밀하게 내통하는 자가 하나도 없으니 그의 공세가 아무리 거세도 아무런 열매가 없을 것이다. 그러나 아버지께서 명하시니 내가 행하는 것이다. 여하튼 나는 그와 싸움을 싸워야 하고 그 싸움이 매우 치열할 것이니, 일어나라 여기를 떠나자. 싸

움터로 속히 가서 원수와 맞서자"(요 14:30, 31). 이제 미가엘과 용 사이에 단번의 싸움이 개시되고 있다. 이제 위대한 대의가 결정되었고 결정적인 싸움이 싸워지며, 이 싸움에서 반드시 이 세상의 임금이 쫓겨날 것이다(요 12:31). 그리스도는 그가 구원을 이루실 때에 마치 싸움터를 휘젓는 장군처럼 묘사되신다(사 59:16-18). 이제 뱀이 맹렬하게 여자의 후손을 공격하고 그를 사망의 찌르는 것으로 내리친다. 그리고 그 상처가 치명적이다.

2. 아버지께서 그에게 지우신 허물을 지셨다. 또한 그는 슬픔과 근심으로 그일을 친히 행하셨다. 그가 이제부터 당하시는 고난은 우리의 죄를 위함이었다. 우리의 모든 죄가 그에게 지워졌고, 그도 그것을 알고 계셨다. 우리가 갖가지 죄들에 대해 안타까운 마음을 가지지 않을 수 없듯이, 그는 우리 모두의 죄를 위하여 탄식하신 것이다. 피어슨 주교(Bishop Pearson)가 이렇게 본다. 이제, 그리스도께서는 여호사밧 골짜기에 계신 것이요, 하나님께서는 만국을 모아 거기에 데리고 내려가사 그 아들 안에서 그들을 심문하고 계신 것이다(욜 3:2, 12). 그는 그에게 지워진 죄의 지독한 사악함을 알고 계셨다. 그것이 얼마나 하나님의 진노를 불러일으키며 사람을 패망하게 만드는지를 잘 알고 계셨던 것이다. 그런데 이 모든 죄가 그의 앞에 정렬하여 그에게 지워지며, 그리하여 그가 고민하고 슬퍼하셨다. 이미 과거에 예언된 대로 모든 죄악이 그를 덮치므로 우러러 볼수도 없었던 것이다(시 40:7, 12).

3. 그의 앞에 있는 모든 고난을 완전하고도 분명하게 바라보고 계셨다. 그는 유다의 배반과 베드로의 넘어짐과 유대인들의 악의와 그들의 비열한 배은망덕을 다 미리 보고 계셨다. 그는 이제 몇 시간만 지나면 자신이 모욕과 침 뱉음을 당하고 가시 면류관을 쓰고 십자가에 못 박히실 것을 알고 계셨다. 죽음이 가장 끔찍한 모습으로, 온갖 처절한 공포와 함께 그의 얼굴을 바라보고 있었고, 이것이 그를 슬프시게 했다. 특히 그것이 그가 보상하고자 하신 우리 죄의 삯이었기 때문이다. 그리스도를 위해 고난당하고 가장 큰 고통을 감내하고 가장 처참한 죽음을 죽은 순교자들은 그런 슬픔이나 고민이 전혀 없이 죽음의 감옥을 유쾌한 과수원이라 불렀고, 불꽃이 타오르는 화형대(火刑臺)를 장미꽃이 만발한 침상이라고 부른 것이 사실이다. 그러나 (1) 그리스도께서는 그들이 누린 지지와 위로를 전혀 누리지 않으셨다. 즉, 그는 그런 것들을 스스로 부인하셨고 그의 임무를 올바로 수행하시기 위하여 그의 영혼이 위로받기를 거부하셨다. 순

교자들이 십자가 아래에서도 밝고 즐거움을 잃지 않은 것은 하나님의 은혜와 위로 덕분이었다. 그러나 주 예수께는 그런 것들이 당분간 보류되었던 것이다. (2) 그리스도의 고난은 순교자들과는 본질이 달랐다. 사도 바울은 성도들의 믿음의 희생과 봉사를 위하여 자신이 드려질 때에 그들 모두와 함께 기뻐하고 즐거워하였다. 그러나 죄를 속하기 위한 희생 제물로 드려지는 것은 그런 것과는 전혀 경우가 다르다. 성도들의 십자가 위에는 축복이 선언되며, 그렇기 때문에 그들은 그 십자가를 지고서 즐거워할 수 있다(5:10, 12). 그러나 그리스도의 십자가에는 저주가 덧붙여져 있었고, 이것이 그를 슬프게 하고 고민하게 만들었고, 또한 십자가를 지시며 그가 당하신 슬픔이 십자가를 지는 성도들의 즐거움의 초석이었던 것이다.

IV. 그가 이러한 고뇌를 토로하심. 그는 자신이 이러한 격정에 싸이는 것을 보시고 제자들에게 가시는데(38절), 여기서,

1. 그는 그들에게 자신의 처지를 알려주신다. 내 마음이 매우 고민하여 죽게 되었으니. 마음이 괴로운 사람에게는 기꺼이 마음속에 있는 괴로움을 털어놓을 수 있는 친구가 있다는 것이 조금은 위로가 된다. 그리스도께서는 여기서 그들에게, (1) 그의 고민의 좌소(座所)가 무엇이었는지를 말씀하신다. 지금 극심한 고민 중에 있는 것은 그의 영혼(soul, 한글 개역개정판은 "마음"으로 번역함)이었다. 이는 그리스도께서 참된 인간의 영혼을 지니셨음을 입증해 준다. 그는 그의 육체로만이 아니라 그의 영혼으로도 고난을 당하셨기 때문이다. 우리는 우리의 육체와 영혼으로 죄를 범하였다. 육체와 영혼 모두가 죄를 범하는 데에 사용되었고 둘 다 죄로 말미암아 잘못되었다. 그렇기 때문에 그리스도께서 육체로만이 아니라 영혼으로도 고난을 당하신 것이다. (2) 그의 고민이 어느 정도였는지를 말씀하신다. 그는 매우 고민하여, 페릴리포스, 사방이 고민으로 둘러싸여 있다는 뜻이다. 그것은 최악의 고민이었고 심지어 죽게까지 된 고민이었다. 그것은 사람을 죽이는 고민이었고, 유한한 인간으로서는 도저히 견뎌낼 수 없는 그런 고민이었다. 그는 근심으로 죽을 상태에 계셨다. 그것은 죽음의 고민이었던 것이다. (3) 그 고민의 기간을 말씀하신다. 그 고민은 심지어 죽기까지 계속될 것이다. "이 육체 속에 있는 한 내 영혼이 고민으로 가득 찰 것이다. 죽음 이외에는 달리 출구(出口)가 보이지 않는다." 그는 지금 그 고민을 시작하신 것이요, 다 이루었다라고 말씀하시기까지 절대로 사라지지 않는다. 그리스도에 대해

서 그가 고민의 사람이 되리라는 예언이 있었다(사 53:3. 한글 개역개정판은 "질고를 아는 자"로 번역함). 그는 언제나 그러셨다. 그가 웃으셨다는 것을 읽어본 적이 없다. 그러나 지금까지 그가 당한 모든 고민은 이것에 비하면 아무것도 아니었다.

2. 그는 그들에게 그와 함께 있기를 당부하신다. 너희는 여기 머물러 나와 함께 깨어 있으라. 그에게는 과연 아무런 도움이 없었다. 제자들에게 당부하셨으나, 그들은 정말 형편없는 위로자들에 불과하다는 것을 그도 알고 계셨다. 그러나 그는 이를 통하여, 성도들의 교제의 유익을 가르치고자 하신 것이다. 언제라도 우리가 괴로움 중에 있을 때에는 형제들의 도움을 받는 것이 좋으며, 따라서 그런 도움을 구하는 것이 좋은 것이다. 두 사람이 한 사람보다 나으니. 그는 그들에게 하신 말씀을 모두에게 하셨다. 깨어 있으라(막 13:37). 그가 장차 오실 것을 기대하여 깨어서 그를 기다릴 뿐 아니라, 그와 함께 깨어 있어서 우리에게 주어진 현재의 일을 잘 감당하라는 것이다.

V. 그가 이런 고민 중에 계실 때에 그와 그의 아버지 사이에 오간 일. 기도하여 이르시되. 기도는 언제든 적절치 않을 때가 없으나, 고민 중에 있을 때에는 특히 더 적절하다. 관찰하라.

1. 그가 기도하신 곳. 조금 나아가사. 그는 그들에게서 물러가셨는데, 이는 내가 홀로 포도즙틀을 밟았는데(사 63:3)라는 성경을 이루시기 위함이었다. 그는 기도하러 물러가셨다. 괴로움 중에 있는 영혼은 홀로 하나님과 함께 있을 때에 가장 편안함을 얻는다. 한숨과 탄식의 흐트러진 언어를 하나님께서 알아들으시기 때문이다. 이 점에 대한 칼빈의 경건한 논평은 주목할 만한 가치가 있다. "따로 떨어져서 기도하는 것이 유익하다. 그렇게 하면 신실한 영혼이 더 친밀하게, 그리고 더 단순하게 그 간구와 탄식과 걱정과 두려움과 소망과 기쁨을 하나님의 가슴속에 쏟아 놓을 수 있기 때문이다." 이로써 그리스도는 은밀한 기도는 반드시 은밀하게 이루어져야 한다는 것을 가르치셨다. 그러나 어떤 이들은 그가 동산 문에 남겨두신 제자들까지도 그의 기도 내용을 멀리서 들었다고 생각하기도 한다. 왜냐하면 그의 기도가 심한 통곡이었다고 말씀하기 때문이다(히 5:7).

2. 그의 기도의 자세. 얼굴을 땅에 대시고 엎드려. 그의 엎드리는 자세는 (1) 그의 고뇌와 극심한 고민을 보여준다. 욥은 큰 괴로움으로 인하여 땅에 엎드렸고, 큰 괴로움이 티끌에 구르는 것으로 표현된다(미 1:10). (2) 그의 겸손을 보여준다.

이러한 자세는 그의 율라베이아, 경건한 두려움(히 5:7에 언급됨)을 표현하는 것이었다. 그는 그런 경건한 두려움으로 이 기도를 올렸다. 또한 이로써 그는 육체로 계실 때의 그의 낮아지심의 상태에 스스로 적응하신 것이다.

3. 그의 기도 내용. 여기서 우리는 세 가지를 관찰할 수 있다.

(1) 그가 하나님께 드리는 칭호. 내 아버지여. 그는 캄캄한 구름 속으로 보는 것처럼 아버지이신 하나님을 보실 수 있었다. 주목하라. 하나님께 아뢸 때에 우리는 언제나 그를 우리의 아버지로 바라보아야 한다. 그리고 우리가 고뇌에 차 있을 때에는 이것이 특별히 우리에게 위로가 된다. 그럴 때에 내 아버지여라고 부르짖는 것은 기쁜 일이다. 무언가가 괴롭게 할 때에 아버지께로 가지 않으면 자녀가 갈 데가 어디이겠는가?

(2) 그의 간구. 만일 할 만하시거든 이 잔을 내게서 지나가게 하옵소서. 그는 그의 고난을 잔이라 부르신다. 그것을 강이나 바다라고 하지 않고 잔이라 하시는데, 이는 곧 그 바닥을 보게 될 것임을 시사한다. 그의 고난을 잔이라 부를 수 있는 것은 마치 잔치에서 각 손님에게 잔을 주듯이 그 고난이 그에게 주어졌기 때문이다. 그는 이 잔이 지나가게 하시기를 구하신다. 즉, 지금 그의 앞에 놓인 고난을 피할 수 있게 해 주시기를, 혹은, 최소한 그 고난을 줄여 주시기를 구하시는 것이다. 이는 그가 진정으로 사람이셨으며, 또한 사람으로서 고통과 고난을 싫어할 수밖에 없으셨음을 시사한다. 우리를 감각적으로 괴롭게 하는 것에서 벗어나고, 그것을 방지하고 제거하기를 바라는 것이야말로 사람의 첫째가는 단순한 의지의 행동이다. 이러한 순전한 인간의 본성에 근거하여 자기 보존의 법칙이 시행되며, 또한 다른 어떤 법칙이 지배하기까지는 이 법칙이 계속해서 인간을 지배한다. 그러므로 그리스도께서는 고난당하기를 꺼리는 인간의 본연의 법칙을 받아들이시고 표현하셔서, 그가 사람 가운데서 택한 자이시고(히 5:1), 우리의 연약함을 동정하시며, 또한 죄는 없으시나 모든 일이 우리와 똑같이 시험을 받으신 이이심을 보여주신 것이다(히 4:15). 환난을 당할 때에 하는 믿음의 기도는 환난 가운데서 갖는 소망의 인내와 지극히 잘 어울린다. 다윗은 내가 잠잠하고 입을 열지 아니함은 주께서 이를 행하신 까닭이니이다라고 말씀하고 나서 곧바로 이어서 주의 징벌을 나에게서 옮기소서라고 간구하였다(시 39:9, 10). 그러나 여기에 단서가 붙은 것을 보라. 만일 할 만하시거든. 만일 그가 이 쓴 잔을 마시지 않고도 하나님께서 영광을 받으시고 사람이 구원받고 그의 행하는 일의 목적

이 이루어진다면, 이 고난을 당하지 않고 지나가게 되기를 바라신다. 그러나 그렇지 않다면, 그러기를 바라지 않으시는 것이다. 우리의 큰 목적을 위하여 해서는 안 될 것이 있다면, 그것을 결국 불가능한 것으로 간주해야 할 것이다. 그리스도께서 그렇게 하셨다. 합법적으로 할 수 있는 일이 우리가 할 수 있는 일이다. 진리를 거스르는 일은 우리가 해서도 안 될 뿐더러 할 수도 없는 일이다.

(3) 그가 하나님의 뜻에 전적으로 복종하심. 그러나 나의 원대로 마시옵고 아버지의 원대로 하옵소서. 그리스도의 인간적인 뜻이 하나님의 뜻을 거스른 것이 아니라, 다만 처음에 그것과 달랐을 뿐이다. 그러나 다시 모든 상황을 비교하고 선택하는 그의 의지의 두 번째 행동은 자의로 하나님의 뜻에 절대 복종하는 것이었다. 주목하라. [1] 우리 주 예수는 그가 당하실 고난의 그 지극한 쓰라림을 인지하셨으나, 우리의 구속과 구원을 위하여 그 고난에 기꺼이 자의로 복종하고자 하셨고, 우리를 위하여 자기를 드리셨다. [2] 그리스도께서 그 고난에 굴복하신 이유는 그것이 아버지의 뜻이었기 때문이다. 아버지의 원대로 하옵소서(39절). 그는 아버지의 뜻에 전적으로 복종할 뜻을 갖고 계시며, 온전히 그 뜻에 따르신다. 그리하여 그는 고난을 온전히 당하셨고, 또한 기쁨으로 당하셨다. 왜냐하면 그것이 하나님의 뜻이었기 때문이다(시 40:8). 그는 친히 아버지의 뜻을 끝까지 이루실 것임을 자주 언급하신 바 있다. 내 아버지의 뜻은 … 이것이니(요 6:39, 40). 그는 이 뜻을 구하셨고(요 5:30), 또한 이 뜻을 행하는 것이 그의 양식이었다(요 4:34). [3] 하나님께서 우리 손에 베푸시는 잔이 아무리 쓸지라도, 우리는 이러한 그리스도의 모범을 좇아 그 잔을 마셔야 한다. 우리의 육신은 괴로움과 싸울지라도, 은혜로 하나님의 뜻에 복종하여야 한다. 혈과 육에게는 그렇게 쓰라릴지라도, 모든 일에서 우리의 뜻이 하나님의 뜻 속으로 녹아질 때에, 우리가 그리스도와 같은 자세가 되는 것이다. 주의 뜻대로 이루어지이다(행 21:14).

4. 기도를 반복하심. 다시 두 번째 나아가 기도하여 이르시되(42절). 그리고 세 번째 다시 동일한 내용으로 기도하셨다(44절). 다만 첫 번째 기도와는 달리, 이 두 번째와 세 번째 기도에서는 그 잔이 지나가기를 분명히 구하지 않으셨다. 주목하라. 환난을 방지하고 제거해 달라는 기도를 하나님께 드릴 수는 있으나, 우리의 가장 주된 임무는, 따라서 가장 염두에 두어야 할 것은, 그 환난을 잘 견딜 수 있도록 은혜를 주시기를 위하여 기도하는 것이다. 우리의 괴로움이 제거

되는 것보다는 그 괴로움이 거룩하게 되고 또한 그 괴로움을 통하여 우리 마음이 거룩하게 되기를 더 바라야 하는 것이다. 아버지의 원대로 되기를 원하나이다 하시고. 주목하라. 기도는 우리의 소원하는 것들을 하나님께 올리는 것만이 아니라 우리의 포기하는 것들도 그에게 올리는 것이다. 언제든 우리가 괴로움 중에 있을 때에 우리 자신을 하나님께 맡기고 우리의 길과 일을 그에게 의탁할 때에 그것이 하나님께서 받으실 만한 기도가 된다. 아버지의 원대로 되기를 원하나이다. 그는 세 번째 같은 말씀으로 기도하셨다. 율라베이아, 동일한 말로, 즉 동일한 문제 혹은 논지로 기도하셨다는 뜻이다. 그가 이것만을 말씀하신 것이 아니라고 얼마든지 생각할 수 있다. 왜냐하면 40절에 의하면 그는 고뇌와 기도 가운데서 한 시간을 계속하셨기 때문이다. 그러나 그 외에 달리 무슨 말씀을 하셨든지 간에, 결국 그 내용은 그의 다가오는 고난을 인간적으로 꺼리시나 그럼에도 불구하고 하나님의 뜻에 모든 것을 맡기신다는 것이었다.

그러나 그는 이 기도에 대해 어떤 응답을 얻으셨는가? 분명 그 기도는 헛되지 않았다. 아버지께서 그의 말씀을 언제나 들으셨으니, 지금도 그를 거부하지 않으셨을 것이다. 그 잔이 그에게서 지나가지 않은 것은 사실이다. 그가 그 간구를 고집하지 않으셨고 철회하셨기 때문이다(만일 그가 고집하셨더라면, 잘은 모르겠으나, 그 잔이 지나갔을 것이다). 그러나 그럼에두 불구하고 그는 기도의 응답을 받으셨다. 왜냐하면 (1) 그가 간구하는 닐에 그의 영혼에 힘을 주어 그를 강하게 하셨기 때문이다(시 138:3). 그것이야말로 진정한 응답이었다(눅 22:43). (2) 조급함과 불신으로 말미암아 아버지를 거스르며 그리하여 스스로 자신의 임무를 계속할 수 없게 되는 일이야말로 그가 염려하신 것인데, 바로 이런 일이 그에게 생기지 않았기 때문이다(히 5:7). 그리스도의 기도에 응답하셔서, 하나님께서는 그가 실패하시거나 좌절되시지 않도록 역사하신 것이다.

VI. 그리스도와 그의 세 제자들 사이에 오간 일. 여기서 우리는 다음을 관찰할 수 있다.

1. 그들이 범한 과오. 그가 고뇌 가운데서 근심하시고 고민하시고 땀을 흘리시며 씨름하시고 기도하시는 동안, 그들은 그런 일에 별로 관심이 없었고 그리하여 깨어있지도 못했다. 그가 오사 그늘이 자는 것을 보셨다(40절). 이상한 일이 벌어지는 것을 감지하고서라도 그들의 심령이 돌이켜 이 큰 광경을, 떨기나무에 불이 붙었으나 그 떨기나무가 사라지지 아니하는 광경을, 보았어야 옳았다.

그리고 그들이 과연 주를 사랑했고 그를 염려했다면, 마땅히 그의 문제에 좀 더 관심을 갖고 그와 함께 깨어 있었어야 옳았다. 그런데도 그들은 덤덤하여서 눈을 뜨고 있을 수조차 없었던 것이다. 만일 그리스도께서 지금 그 제자들처럼 졸린 눈을 하고 계셨더라면, 대체 우리는 어떻게 되었겠는가? 우리의 구원이 졸지도 아니하시고 주무시지도 아니하시는 분의 손에 있다는 것이 우리를 위하여 얼마나 잘 된 일인지 모른다. 마치 무언가 도움이라도 기대하시는 듯, 그들더러 자신과 함께 깨어 있기를 당부하셨으나, 그들은 자고 있었다. 정말 한심한 일이 아닐 수 없었다. 다윗이 감람 산에서 울 때에 그를 따르는 모든 사람들이 함께 울었다(삼하 15:30). 그러나 다윗의 자손이 여기서 눈물을 흘리실 때에 그를 따르는 자들은 다 잠자고 있었다. 그를 찾는 그의 원수들은 깨어서 그를 좇고 있었는데(막 14:43), 그와 함께 당연히 깨어 있어야 할 제자들은 잠자고 있었다. 주여, 사람이 어찌 이리 무정할 수 있사옵니까! 아무리 선한 사람이라도, 하나님께서 그들 스스로 내버려 두시면 그 모습이 이럴 수밖에 없는 것이다. 주목하라. 특히 그리스도께서 고뇌 중에 계실 때에, 무관심과 육신적인 안일함을 갖는 것은 누구에게나 큰 과오일 수밖에 없다. 그러나 특히 그와 가장 가까이 있다고 자처하는 자들에게는 크나큰 과오가 아닐 수 없다. 그리스도의 몸 된 교회도 안팎의 싸움과 두려움을 안고서 고뇌 중에 있는 일이 잦은데, 이럴 때에 마치 이 일을 상관하지 아니한 갈리오처럼, 혹은 대접으로 포도주를 마시며 귀한 기름을 몸에 바르면서 요셉의 환난에 대하여는 근심하지 아니하는 자들(암 6:6)처럼, 과연 우리가 잠자고 있어야 되겠는가?

2. 과오에도 불구하고 그리스도께서 그들을 사랑하심. 근심 중에 있는 사람들은 그 주위의 사람들이 자기를 소홀히 대한다 싶으면, 그들에게 짜증을 내고 비난을 하기가 너무 쉽다. 그러나 그리스도께서는 고뇌 가운데서도 여느 때와 같이 온유하시며, 아버지를 대하시듯 제자들을 대하시는 데에서도 인내로 나아가셨고, 제자들의 과오를 섭섭하게 여기지 않으셨다.

그리스도의 제자들이 이렇게 그에 대해 소홀히 할 때에,

(1) 그는 마치 그들에게서 무언가 위로를 좀 얻기를 바라시는 것처럼 그들에게 오셨다. 만일 그리스도께서 자신의 부활과 영광에 대해 하신 말씀을 그들이 조금이라도 염두에 두고 있었다면 그들이 무언가 그에게 도움이 되었을 수도 있었을 것이다. 그러나 그들은 오히려 그의 근심에다 슬픔을 더 안겨 주었다.

그런데도 그는 그들에게 나아오셔서 그들을 돌보셨다. 사나 죽으나 그의 마음이 그에게 주어진 자들에게 가 계셨던 것이다.

(2) 그는 그들을 부드럽게 책망하셨다. 그는 사랑하시는 자마다 책망하시는 분이시다. 그는 제자들을 대변하여 말하곤 한 베드로에게 책망하셨다. 그 책망에는 정이 가득 배어 있었다. 너희가 나와 함께 한 시간도 이렇게 깨어 있을 수 없더냐? 그들이 그렇게 아둔한 것을 보고 의아해하시는 모습이 나타난다. 그가 하신 말씀 하나하나를 잘 더듬어 생각했더라면 그렇게는 되지 않았을 것인데, 그들이 그렇게 아둔하였으니 그들의 과오가 더 큰 것이다. 다음을 생각하라. [1] 그들이 누구였는가. "너희가 깨어 있을 수 없더냐? 나의 제자들이요 나를 따르는 자들인 너희가? 다른 이들이 나를 무시해도, 온 땅이 평안하고 조용하더라도 (슥 1:11), 그것은 놀랄 일이 아니다. 그러나 너희는 그보다 더 낫기를 기대하였노라." [2] 그가 누구셨는가. "너희가 나와 함께 깨어 있을 수 없더냐? 너희 중 하나가 고민 중에 아파할 때에 그와 함께 깨어 있어 주는 것이 마땅한 도리인데, 너희의 선을 위하여 오랜 동안 깨어 너희를 살펴왔고, 너희를 인도하고 먹이며 가르쳤고, 너희를 낳은 스승과 함께 깨어 있지 않는다면 그것은 정말 배은망덕한 일일 텐데, 너희가 그에게 이렇게 갚으려느냐?" 그는 제자들이 괴로움 중에 있을 때에 잠에서 깨어나사 그들을 도우셨는데(8:36), 그를 생각했다면, 특히 그가 지금 그들을 위하여 고난당하고 계시고, 그들을 위하여 고민 중에 계시다는 것을 생각했다면, 그들이 어떻게 그렇게 할 수 있었단 말인가? 너희의 대의를 위하여 내가 고난당하노라. [3] 그가 그들에게서 기대하신 것이 얼마나 작은 것이었는가. 그저 그와 함께 깨어 있기를 기대하신 것이다. 만일 그들에게 무언가 큰 일을, 그와 함께 고뇌하거나 그와 함께 죽기를 명하셨더라면, 그 일을 할 수 있다고 생각했을 것이다. 그런데 그가 그와 함께 깨어 있기만을 바라셨는데도, 그들은 그렇게 하지를 못했다(왕하 5:13). [4] 그들이 깨어 있기를 기대하신 시간이 얼마나 짧았는가. 그는 그저 한 시간만을 기대하셨다. 선지자처럼 밤새도록 깨어 보초를 서기를 기대하신 것이 아니라(사 21:8), 그저 한 시간만 깨어 있기를 기대하신 것이다. 자신은 때때로 온 밤을 지새우며 하나님께 기도하셨으나, 제자들은 그와 함께 온 밤을 지새울 것을 기대하지 않으셨다. 다만 한 시간만 그와 함께 기도하기를 기대하신 것이다.

(3) 그는 그들에게 선한 교훈을 주셨다. 시험에 들지 않게 깨어 기도하라(41절).

[1] 시험의 때가 다가오고 있었고 또한 매우 가까이 와 있었다. 그리스도의 고난은 그를 따르는 자들에게는 그를 불신하고 그를 신뢰하지 못하게 되며, 그를 부인하고 그를 버리며, 그와의 모든 관계를 절연하게 될 수 있는 큰 시험거리였다. [2] 그들이 마치 함정에 빠지듯 그 시험에 빠지고, 그 시험과 타협하거나 그것을 좋게 생각하고 그것에 영향을 받고 그것에 만족하게 될 위험이 있었다. 그것이야말로 시험에 넘어지는 첫 걸음이다. [3] 그러므로 그는 깨어 기도하라고 교훈하신다. 나와 함께 깨어, 나와 함께 기도하라. 잠들어 있는 동안에는 그리스도의 기도에 함께 하는 유익을 잃어버렸었다. "너희 스스로 깨어, 너희 스스로 기도하라. 이처럼 졸리고 안일한 데에 빠지는 이 시험을 이기기 위해 깨어 기도하라. 너희가 깨어 있기를 위하여 기도하라. 지금 바로 이 때에 깨어 있도록 하나님께 은혜를 구하라." 하나님께 예배하는 중에 졸음이 오면, 기도해야 한다. 언젠가 어느 선한 그리스도인은, "주여 이 졸음 마귀에게서 나를 구하옵소서"라고 기도하였다고 한다. 주여 주의 길로 나를 살아나게 하소서. 혹은 "너희에게 앞으로 다가올 시험을 위하여 깨어 기도하라. 이 죄가 더 많은 죄로 이어지지 않도록 깨어 기도하라." 주목하라. 우리가 시험에 빠지는 것을 볼 때에, 깨어 기도할 필요가 있다.

(4) 그는 친절하게 그들의 연약함을 동정하셨다. 마음에는 원이로되 육신이 약하도다. 그들 자신은 한 마디도 하지 않았으나(그들은 자기들의 연약함을 깨닫고 아무 말도 하지 못했다) 그 때에 그가 그들을 위하여 부드러운 말씀을 주셨다. 이것이 보혜사로서 그가 담당하신 임무다. 이로써 그는 우리들에게 허다한 죄를 덮는 사랑의 모범을 세우신 것이다. 그는 그들의 연약함을 생각하셨으나 그것을 탓하지 않으셨다. 그들이 그저 육체일 뿐임을 돌아보신 것이다. 그리하여 마음에는 원이로되 육신이 약하도다라고 하신 것이다(시 78:38, 39). 주목하라. [1] 마치 같은 어머니 뱃속에 야곱과 에서가 함께 있고, 같은 땅에 가나안 족속과 이스라엘 자손이 함께 있는 것처럼(갈 5:17, 24), 그리스도의 제자들은 이 세상에 존재하는 한, 영혼과 아울러 육체를 지니며, 은혜의 통치와 아울러 상존하는 부패의 원리를 지니고 있는 것이다. [2] 그들의 육체가 경건과 헌신의 일에서 영혼과 보조를 맞추지 못하고 그들에게 방해거리가 되는 경우가 허다하다는 것이야말로 그리스도의 제자들의 불행이요 무거운 짐이다. 영은 선한 일을 행하기에 자유롭고 그것을 향하여 기우나, 육체가 그것을 반대하고 거스르는 것

이다. 바울 사도도 이것을 안타까워하고 있다. 내 자신이 마음으로는 하나님의 법을 육신으로는 죄의 법을 섬기노라(롬 7:25). 하나님을 섬기는 일에서 나타나는 우리의 무능력함은 우리의 본성적인 악이요 불신앙이다. 그런데 이것은 우리 속에 여전히 남아 있는 부패성에서 비롯되는 것이며, 이 부패성이야말로 하나님의 백성들에게 끊임없는 근심과 짐인 것이다. [3] 그러나 우리 주께서 은혜로이 이 연약함을 돌아보시고 마음의 원을 받아주시며 육체의 연약함과 부족함을 동정하시고 용서하신다는 것이야말로 우리의 위로가 된다. 우리는 율법 아래 있지 아니하고 은혜 아래 있는 것이다.

(5) 그들이 계속해서 무디고 조는 상태에 있었으나 그는 더 이상 그것에 대해 책망하지 않으셨다. 우리가 날마다 주를 거스르나 그럴 때마다 항상 우리를 책하지 않으실 것이다. [1] 그가 두 번째로 그들에게 오셨을 때에, 그는 그들에게 무슨 말씀을 하신 것이 기록되어 있지 않다. 다시 오사 보신즉 그들이 자니(43절). 주께서는 그들을 깨어 있게 하기 위해 하실 말씀을 다 하셨다고 볼 수도 있을 것이다. 그러나 졸린 상태에서 회복시킨다는 것은 어려운 일이다. 육신적인 안일함이 가득하게 되면, 쉽게 그것을 떨어버릴 수가 없다. 이는 그들의 눈이 피곤함일러라. 이는 그들이 할 수 있는 대로 깨어 있으려고 안간힘을 다 썼으나, 마치 내가 잘지라도 마음은 깨었는데 라고 말하는 여인처럼(아 5:2), 어쩔 수 없이 잠에 빠졌다는 것을 시사한다. 그러므로 주께서는 그들을 동성의 눈으로 바라보신 것이다. [2] 세 번째로 오셨을 때에는 그가 위험이 임박했음을 그들에게 경계하셨다. 이제는 자고 쉬라(45절). 이는 역설적인 말씀이다. "잘 수 있으면, 감히 자고 싶으면 자라. 유다와 그 부류에 속한 사람들이 상관치 않는다면, 너희가 자고 쉬어도 나는 너희를 상관치 않으리라." 여기서 그리스도께서 스스로 안일함에 압도되어 버리고 거기서 깨어나지 않으려는 자들을 어떻게 대하시는지를 보라. 첫째로, 때때로 그는 그 안일함의 힘에 그들을 그냥 포기하신다. 이제는 자고 쉬라. 잠잘 사람은 그냥 자게 내버려 두라. 영적 졸음의 저주야말로 영적 졸음의 죄에 대한 의로운 심판이다(롬 11:8; 호 4:17). 둘째로, 말로는 깨어나지 않는 자들을 깨우시기 위해서 그는 깜짝 놀랄 만한 심판을 보내시는 때가 많다. 논리와 추론으로 경계받지 않을 자들은 안일함 가운데서 멸망하도록 내버려두느니 차라리 칼과 창으로라도 경계를 받도록 해 주는 것이 낫다. 믿지 않으려는 자들은 느끼도록 만들어 주라.

여기 제자들에 대해서는, 1. 주께서 그의 원수들이 가까이 왔음을 알려 주셨다. 그들은 그 오는 것이 감지될 만큼 가까이 와 있었다. 그들은 횃불을 들고 또한 시끄러운 소리를 내며 오고 있었던 것이다. 인자가 죄인의 손에 팔리느니라. 그리고 다시 나를 파는 자가 가까이 왔느니라라고 말씀하신다. 주목하라. 그리스도의 고난은 그 자신에게는 갑작스런 일이 아니었다. 그는 그가 어떤 일을 언제 당하시게 될지를 알고 계셨다. 이 때에는 그의 극한 고뇌가 거의 다 지나갔고, 혹은 최소한 극복되었고, 이제 그는 곧바로 일어날 일을 불굴의 용기로, 혹은 싸움에 임하는 챔피언처럼, 언급하시는 것이다. 2. 그는 제자들에게 일어나 함께 가자고 하셨다. "일어나 이 위험에서 피하자"라고 하신 것이 아니라, "일어나 저 위험을 대면하자"라고 하신 것이다. 기도하시기 전에는 그의 고난을 염려하셨다. 그러나 이제는 그 염려를 완전히 극복하신 것이다. 그러나 3. 그는 위험에 대한 준비로 보냈어야 할 시간을 잠으로 허비한 제자들의 어리석음을 암시하신다. 이제 그들이 준비 없이 위험을 만났으니 그것이 그들에게 크나큰 두려움일 수밖에 없었다.

[47]말씀하실 때에 열둘 중의 하나인 유다가 왔는데 대제사장들과 백성의 장로들에게서 파송된 큰 무리가 칼과 몽치를 가지고 그와 함께 하였더라 [48]예수를 파는 자가 그들에게 군호를 짜 이르되 내가 입맞추는 자가 그이니 그를 잡으라 한지라 [49]곧 예수께 나아와 랍비여 안녕하시옵니까 하고 입을 맞추니 [50]예수께서 이르시되 친구여 네가 무엇을 하려고 왔는지 행하라 하신대 이에 그들이 나아와 예수께 손을 대어 잡는지라 [51]예수와 함께 있던 자 중의 하나가 손을 펴 칼을 빼어 대제사장의 종을 쳐 그 귀를 떨어뜨리니 [52]이에 예수께서 이르시되 네 칼을 도로 칼집에 꽂으라 칼을 가지는 자는 다 칼로 망하느니라 [53]너는 내가 내 아버지께 구하여 지금 열두 군단 더 되는 천사를 보내시게 할 수 없는 줄로 아느냐 [54]내가 만일 그렇게 하면 이런 일이 있으리라 한 성경이 어떻게 이루어지겠느냐 하시더라 [55]그 때에 예수께서 무리에게 말씀하시되 너희가 강도를 잡는 것 같이 칼과 몽치를 가지고 나를 잡으러 나왔느냐 내가 날마다 성전에 앉아 가르쳤으되 너희가 나를 잡지 아니하였도다 [56]그러나 이렇게 된 것은 다 선지자들의 글을 이루려 함이니라 하시더라 이에 제자들이 다 예수를 버리고 도망하니라

　　　여기서는 복된 예수께서 붙잡히신 일을 접하게 된다. 이는 그의 고뇌하심 직후에 그가 말씀하실 때에 벌어진 일이다. 고난의 시작부터 마지막까지 그에게는 숨 돌릴 틈도 없었고, 휴식의 시간도 없었다. 깊음이 서로 부를 뿐이었다. 지금까지의 어려움은 그 자신 속에서 일어난 것이었다. 그런데 이제 상황이 바뀌었으니, 복된 삼손이여 블레셋 사람들이 네게 왔으며, 우리의 콧김 곧 여호와께서 기름 부으신 자가 그들의 함정에 빠졌음이라!(애 4:20).

　주 예수의 붙잡히심에 관하여 다음을 관찰하라.

I. 그 일에 가담한 자들이 누구였는지.

　1. 열둘 중의 하나인 유다가 이 악명 높은 호위병들의 맨 앞에 있어, 예수 잡는 자들의 길잡이 역할을 하고 있었다(행 1:16). 그의 도움이 없이는 그들이 이런 곳에서 그를 찾을 수가 없었다. 자세히 보고 놀라라! 그의 원수와 함께 맨 먼저 나타난 것이 한 두 시간 전만 해도 그와 함께 떡을 나누었던 그의 제자 중 하나였다니 말이다! 2. 큰 무리가 그와 함께 있었는데, 이는 여호와여 나의 대적이 어찌 그리 많은지요라는 성경을 성취하기 위함이었다(시 3:1). 이 무리에는 로마 총독이 주둔시킨 안토니아 대 소속인 호위병들이 포함되어 있었는데, 이들은 이방인들로서 그리스도의 말씀대로 죄인들이었다(45절). 그 나머지는 대제사장들의 종들과 관리들이었는데, 이들은 유대인들이었다. 이들은 본래 서로 적대간이었으나 그리스도를 대적하는 데에 뜻을 같이하였다.

II. 그들이 이 일을 위하여 갖춘 무장(武裝).

　1. 그들이 지니고 온 무기들. 그들은 칼과 몽치를 가지고 왔다. 로마 군병들은 분명 칼을 가지고 왔을 것이고, 칼을 지니지 않은 제사장들의 종들은 몽치나 곤봉 같은 것을 갖고 왔을 것이다. 그들의 격노가 그들에게 무기를 공급하였다. 그들은 정규적인 군대가 아니라 폭도들이었다. 그런데 이런 소동을 벌일 이유가 어디 있는가? 그들이 이보다 숫자가 열 배가 많았어도, 그리스도께서 용인하지 않으셨다면 그를 붙잡을 수가 없었을 것이고, 또한 그가 자신을 내어주실 때가 되었으면 이런 모든 무력이 아무런 필요가 없었다. 도살자가 양을 도살하기 위해 들판에 나갈 때 군대를 이끌고 무장을 하고서 나아가는가? 아니다. 그럴 필요 없다. 그런데도 하나님의 어린 양을 붙잡기 위해 이런 무력이 동원되고 있는 것이다.

　2. 그들이 지닌 체포영장. 대제사장들과 백성의 장로들에게서 파송된 큰 무리가

… 그와 함께 하였더라. 이 무장한 무리들은 바로 대제사장들과 장로들에게서 이 임무를 띠고 파송받은 자들이었다. 그는 그 위대한 산헤드린에게 거리끼는 인물로 지목되어 그 체포영장에 의하여 붙잡히신 것이다. 로마 총독 빌라도는 그를 체포할 영장을 그들에게 발부한 적이 없었다. 그는 예수에 대해 아무런 감정이 없었던 것이다. 그러나 종교를 빙자하며 교회의 사안들을 주재하는 자들이 이 일에 적극적이었고, 그들이 그리스도의 가장 극렬한 원수들이었다. 그것은 그가 신적인 능력으로 뒷받침을 받았다는 하나의 표적이었다. 이 땅의 모든 세력들은 그를 버렸을 뿐 아니라 반대했던 것이다. 빌라도도, 네 나라 사람과 대제사장들이 너를 내게 넘겼으니 네가 무엇을 하였느냐? 라고 그를 책망하였다(요 18:35).

III. 그 일이 행해진 자세와 그 때에 일어난 일.

1. 유다가 그를 배반함. 그는 자기 임무를 효과적으로 수행하였고, 이러한 악을 향한 그의 결심은 선한 일을 행하지 못하는 우리를 부끄럽게 할 것이다. 관찰하라.

(1) 그가 군병들에게 신호를 알려줌. 예수를 파는 자가 그들에게 군호를 짜 이르되(48절). 이 임무를 위한 군대의 대장으로서 그는 군호를 제시한다. 혹시 군병들이 실수하여 예수가 아니라 제자 중 하나를 붙잡을까 싶어서 그들에게 군호를 짜 주었다. 유다는 최근 제자들이 예수를 위하여 죽기도 각오한 사실을 알고 있었기 때문이었다. 유다와 군병들이 여기서 그를 놓치지 않기 위해 얼마나 조심했는지를 보라. 내가 입맞추는 자가 그이니 그를 잡으라. 누가 예수인지를 알면 그를 절대로 놓치지 말고 잡으라. 때때로 그는 그를 붙잡으려는 자들에게서 피하신 적이 있기 때문이다(눅 6:30). 유대인들은 성전을 자주 들락거렸으니 그를 모를 수 없었을 것이나, 로마 군병들은 한 번도 그를 본 적이 없었을 것이니 군호를 보고서야 그를 알아차릴 수밖에 없었다. 유다는 입맞춤으로 예수가 누구인지를 알리려 했을 뿐 아니라 그를 움직이지 못하도록 잡고 있으려 하였다. 그동안 군병들이 그의 뒤로 와서 그를 붙잡도록 한 것이다.

(2) 유다가 거짓으로 예수께 인사함. 그는 예수께 가까이 나아왔다. 그의 악한 마음이 누그러질 때가 있었다면 바로 지금이었을 것이다. 예수께 나아와 그의 얼굴을 대면할 때에 그 위엄에 압도당하거나 그 아름다움에 매료될 수도 있었을 것이다. 그런데 감히 그를 배반하기 위하여 그의 면전에 다가오다니, 이 얼

마나 뻔뻔한 일인가? 베드로도 그리스도를 부인하였으나, 주께서 돌이켜 그를 보시자 그는 곧바로 가책을 받았다. 그러나 유다는 주의 면전에 다가와 그를 배반하는 것이다. 배반자여, 네가 네 자신에게 나를 배반하느냐? 유다는 랍비여 안녕하시옵니까 하고 입을 맞추었다. 우리 주 예수는 그의 제자들이 한동안 함께 있지 않다가 다시 만날 때에 뺨에 입을 맞추도록 허용하셨던 것 같고, 유다는 사악하게도 이를 배신의 군호로 사용한 것이다. 입맞춤은 충성과 우정의 증표다(시 2:12). 그러나 유다는 사랑과 의무의 모든 법을 깨뜨리고서 이 신성한 표를 속되게 이용하여 자기 목적을 이루려 한 것이다. 주목하라. 입맞춤과 랍비여 안녕하시옵니까라는 말로 그리스도를 배반하는 자들이 많다. 그들은 그를 존귀하게 한다는 구실로 그를 배반하며 그의 나라의 관심사를 해치는 것이다. 입에는 꿀이 있으나 마음에는 증오가 있다. "포옹하는 것과 사랑하는 것은 서로 전혀 별개다"(필로 유다이우스[Philo Judaeus]). 야곱의 입맞춤과 유다의 입맞춤은 매우 비슷했다.

(3) 예수께서 유다에게 대답하심(50절).

[1] 그는 유다를 친구라 부르신다. 그를 악당이나 배반자나 라가나 바보나 마귀의 자식이라 불렀다 해도 그리 잘못된 것이 아니었다. 그러나 그는 우리에게 지극히 큰 분노를 일으키는 상황에서도 끝까지 견디며 악한 말을 하지 않고 모든 온유함을 보일 것을 가르치고자 하신 것이다. 친구여. 그가 친구였고 친구였어야 했고 친구로 보였기 때문이다. 그리하여 그는 유다를 책하신다. 이는 아브라함이 지옥에 있는 부자를 아들이라 부르신 것과도 같다. 그가 유다를 친구라 부르는 것은, 그(예수)가 그의 고난을 더욱 깊게 하였고 그리하여 그것으로 친구인 것을 드러내었기 때문이다. 반대로 그는 베드로가 그를 방해하려 하자 그를 사탄이라 부르셨다.

[2] 그는 유다에게 물으신다. "네가 무엇을 하려고 왔느냐? 유다여, 네가 온 것이 평안을 위함이냐? 너 스스로 설명하라. 원수로 오는 것이라면, 이 입맞춤은 무슨 뜻이냐? 네가 무엇을 하려고 왔느냐? 내가 네게 무슨 해를 주었더냐? 내가 네게 무슨 괴로움을 주었더냐? 엡 호 파레이, 네가 무엇을 위하여 여기 와 있느냐? 네가 수치스러워서라도 여기 나타나지 않았을 것인데, 뻔뻔스럽게도 여기 나타나서 내가 있는 곳을 관원들에게 알려주느냐?" 그런 악한 일을 도모하려고 철면피가 되어 앞장서서 군병들을 인도해 온 것은 그야말로 뻔뻔스러움의 극치

였다. 그러나 배도하는 자가 신앙적인 상태에서 변하여 지극히 격렬한 신앙의 원수가 되는 일이 보통 있는 일인 것이다. 배교자 율리아누스(Julian)를 보라. 유다는 이렇게 해서 자기 몫을 행하였다.

2. 관원들과 군병들이 그를 붙잡음. 이에 그들이 나아와 예수께 손을 대어 잡는지라. 그들이 그를 죄수로 사로잡았다. 어떻게 여호와의 기름 부음 받은 자를 손을 들어 치려 하기를 두려워하지 않았더냐? 이 야만적인 무리가 그리스도께 얼마나 무례하고 잔인한 일을 범하였는지 잘 상상할 수 있을 것이다. 더욱이 그들이 그를 사로잡으려 했다가 실패한 적이 얼마나 많은지를 생각하면, 그들이 더 거칠게 그를 대할 수도 있었을 것이다. 그가 스스로 굴복하지 않으셨더라면, 또한 그가 하나님께서 정하신 뜻과 미리 아신 대로 내준 바 되지 않으셨더라면(행 2:23), 그들이 아무리 애써도 그를 도저히 붙잡을 수가 없었을 것이다. 그러나, 그의 기름 부으신 종들에 대해서, 그들을 손대지 말며 그들을 해하지 말라 하신 그분께서(시 105:14, 15) 그의 기름 부으신 아들을 아끼지 아니하시고 우리 모든 사람을 위하여 내주셨으며, 또한 그의 능력을 포로에게 넘겨주시며 그의 영광을 대적의 손에 붙이셨다(시 78:61). 욥의 탄식이 무엇이었는지를 보라. 하나님이 나를 악인에게 넘기시며 행악자의 손에 던지셨구나(욥 16:11), 그리고 이 본문과 욥기의 다른 본문들을 그리스도의 모형으로 적용시키라.

우리 주 예수께서 갇힌 자가 되신 것은, 모든 일에서 행악자로 취급받고 우리의 범죄에 대해 형벌을 받으시기 위함이었고, 또한 우리의 빚에 대한 보증물로 붙잡힌 바 되시기 위함이었다. 우리의 범죄의 멍에가 아버지의 손으로 말미암아 주 예수의 목에 매어진 것이다(애 1:14). 그가 갇힌 자가 되신 것은 우리를 자유하게 하시기 위함이었다. 그가, 나를 찾거든 이 사람들이 가는 것은 용납하라라고 말씀하셨으니(요 18:8) 그가 자유하게 하신 자들은 과연 자유로운 것이다.

3. 베드로가 그리스도를 위하여 싸움. 여기서는 다만 예수와 함께 있던 자 중의 하나가 그 일을 했다고 되어 있으나 요 18:10에 의하면 그가 바로 베드로였다는 것을 알 수 있다. 관찰하라.

(1) 베드로의 성급함. 그는 손을 펴 칼을 뺐다(51절). 제자들 중에는 칼이 두 자루밖에는 없었는데(눅 22:38), 그 중의 하나가 베드로의 손에 들려 있었다. 이제 그는 바로 이 때가 칼을 빼야 할 때라고 생각하였고, 무언가 중대한 일을 하려 하는 듯 그리스도를 보호하여 칼을 빼들었다. 그러나 그가 한 일은 고작 대

제사장의 한 종의 귀를 떨어뜨리는 것이 전부였다. 그 종이 앞장서서 그리스도께 손을 대려 하였기 때문에 그의 목을 벨 계획이었으나, 빗나가 결국 귀를 떨어뜨리는 것으로 그쳤다. 그러나 필자가 보기에, 베드로가 칼을 빼들려 했다면, 오히려 유다를 악한으로 지목하여 그를 겨냥했어야 옳았을 것이다. 베드로는 자신이 주를 위해 어떤 일을 할지를 많이 이야기해왔고, 그를 위하여 자기 목숨을 버리겠다는 말을 많이 해오던 터였다. 그리고 지금 이 때에 그의 말대로 시행하고자 하였고, 주를 구원하고자 자기 목숨을 걸려 한 것이다. 그리고 그가 그리스도를 위하여, 그의 존귀와 안전을 위하여, 큰 열심이 있다는 것은 높이 평가할 만했다. 그러나 그것은 지식을 따르는 것도, 분별 있게 처신하는 것도 아니었다. 왜냐하면 [1] 그는 정당한 권위가 없이 그 일을 했기 때문이다. 제자들 중에는, 주여 우리가 칼로 치리이까? 라고 물은 이도 있었다(눅 22:49). 그러나 베드로는 그 질문에 대한 답변을 듣기도 전에 먼저 칼로 내리친 것이다. 칼을 뽑기 전에 먼저 우리의 대의가 선한지를 보아야 하고, 동시에 그 일에 대한 주의 명령이 분명하게 있는지도 보아야 한다. 우리가 무슨 권위로 그런 일을 하며 누가 우리에게 그 권위를 주었는지도 반드시 보여주어야 하는 것이다. [2] 그는 무분별하게 자기 자신은 물론 동료 제자들까지 무리들의 격노에 노출시켰다. 겨우 칼 두 자루 밖에 없는 그들이 수많은 폭도들을 상대하여 과연 무엇을 할 수 있었겠는가?

(2) 우리 주 예수께서 베드로에게 책망하심. 네 칼을 도로 칼집에 꽂으라(52절). 그는 관원들과 군병들에게 자신을 향하여 드리워진 칼들을 도로 꽂으라고 명령하시지 않는다. 그들은 하나님의 심판에 내어 맡기신다. 외인들인 그들은 하나님이 심판하실 것이다. 그는 베드로에게 칼을 도로 꽂으라고 명령하시며, 또한 그의 행동이 선의에서 우러나온 것이었으므로 이미 저지른 행동에 대해서 꾸짖지 않으시나 그의 행동이 계속 진행되지 않도록 막으시며 그리하여 그것이 하나의 전례가 되지 않도록 하신다. 그리스도께서 이 세상에 오신 사명은 평화를 이루는 일이었다. 주목하라. 우리의 싸우는 무기는 육신에 속한 것이 아니요 신령한 것이다. 따라서 그리스도의 사역자들은 그의 군사들이지만 육신에 따라 싸우지 아니하는 것이다(고후 10:3, 4). 시민적인 권리와 자유와 종교를 수호하는 일에 정당하게 시행되는 한, 그리스도의 법이 자연의 법과 국가의 법을 전복시키는 것이 아니고, 오히려 사사로운 개인들이 위에 있는 권세를 거부하

지 못하도록 금지함으로써 공공의 평화와 질서를 보존하도록 기여한다. 아니, 우리에게는 악을 대적하지 말라(5:39)는 일반적인 계명도 있고, 또한 그리스도 께서 그의 사역자들이 그를 믿는 신앙을 무력의 힘을 빌려 전파하기를 바라지도 않으시는 것이다. "신앙은 강제로 될 수 있는 것이 아니며, 따라서 죽이는 것이 아니라 죽는 것을 통해서 수호되어야 한다"(락탄티우스). 그리스도께서는 제자들에게 정의의 칼을 금하신 바 있는데(20:25, 26), 여기서는 전쟁의 칼을 금하시는 것이다. 그리스도는 베드로에게 칼을 도로 꽂으라고 명령하셨고, 칼을 다시 빼라는 명령은 절대로 하지 않으셨다. 그러나 베드로가 여기서 책망을 받는 것은 그 일을 때에 맞지 않게 행했다는 것 때문이었다. 그리스도께서 고난당하시고 죽으실 때가 왔고, 그는 베드로가 그것을 알고 있다는 것을 아셨다. 여호와의 칼이 이미 그를 향하여 빼어졌으므로(슥 13:7), 베드로가 그를 위하여 칼을 빼어드는 것은 그가 주여 그리 마옵소서 (16:22)라고 말한 것과도 같은 것이었다.

그리스도께서는 베드로에게 이렇게 책망하신 이유를 세 가지로 제시하신다.

[1] 그가 칼을 빼어드는 것은 그 자신에게와 동료 제자들에게 위험한 일이다. 칼을 가지는 자는 다 칼로 망하느니라. 폭력을 사용하는 자들은 폭력으로 몰락하며, 사람이 피비린내 나는 방법으로 자기를 보호하려 하는 자는 결국 스스로 문제를 자초하는 법이다. 칼이 드리워지기도 전에 칼을 취하는 자들은, 정당한 근거나 권위가 없이 칼을 사용하는 자들은, 전쟁의 칼이나 공공의 정의에 스스로를 노출시키는 것이다. 주 예수의 특별하신 보호와 섭리가 없었더라면, 베드로와 그 나머지 제자들은, 잘은 모르겠으나, 즉시 무리들에게 갈가리 찢겨버렸을 것이다. 그로티우스(Grotius)는 이에 대하여 좀 더 설득력 있는 의미를 부여한다. 그는 칼을 가지는 자가 베드로가 아니라, 그리스도를 체포하려고 칼을 들고 온 관원들과 군병들이라고 본다. 곧, 그들이 칼로 망하리라는 것이다. "베드로야, 네가 칼을 빼어 그들을 벌할 필요가 없다. 하나님께서 반드시 곧 그들을 극심하게 벌하실 것이다." 그들은 로마인의 칼을 취하여 그리스도를 붙잡았고, 그리하여 머지않아 로마인의 칼로 말미암아 그들과 그들의 국가가 망하였던 것이다. 그러므로 우리는 친히 원수를 갚지 말아야 한다. 하나님이 갚으실 것이기 때문이다(롬 12:19). 그러므로 우리는 믿음과 인내로 고난을 당해야 한다. 박해자들이 자기들의 칼로 보응을 받을 것이기 때문이다. 계 13:10을 보라.

[2] 주를 보호하기 위해서는 구태여 그가 칼을 뺄 필요가 없었다. 그가 원하셨

다면 천군천사들을 불러 그를 보호하게 하실 수도 있었기 때문이다. "너는 내가 내 아버지께 구하여 지금 열두 군단 더 되는 천사를 보내시게 할 수 없는 줄로 아느냐? 베드로야, 내가 이 고난을 물리려면 네 손이나 네 칼의 도움이 없이도 얼마든지 그렇게 할 수 있느니라"(53절). 주목하라. 하나님은 그의 목적을 이루시는 데에 우리나 우리의 봉사가 필요 없으시며, 우리의 죄는 더더욱 필요 없으시다. 그를 위한다는 핑계로 우리의 의무를 이행하는 정도를 벗어나게 되면 그것은 그리스도의 권능에 대한 불신과 불신앙의 소치인 것이다. 하나님은 우리가 없이도 그의 일을 행하실 수 있다. 하늘을 우러러보고 그가 거기에 좌정해 계신 것을 보면, 우리가 의로운들 하나님이 우리의 신세를 지지 않으신다는 것을 쉽게 알 수 있을 것이다(욥 35:5, 7). 그리스도께서 연약하셔서 십자가에 못 박히셨을지라도, 그것은 자의적인 연약함이었다. 그가 죽음에 굴복하신 것은 그것과 싸우실 능력이 없어서가 아니라 싸우려 하지 않으셨기 때문이다. 이것이 그리스도의 거치는 돌을 제거해 주며, 십자가에 달리신 그리스도가 과연 하나님의 능력이심을 입증해 준다. 지금 그 깊은 고난 중에서도 그는 천군천사들을 소환하셔서 그를 돕게 하실 수 있었던 것이다. 지금, 아르티, 지금이라도. "지금까지 일이 상당히 진행되었으나, 지금이라도 나는 말 한 마디로 상황을 완전히 역전시킬 수 있노라." 그리스도는 여기서 우리에게 다음과 같은 것을 알게 하신다.

첫째로, 그가 그의 아버지에 대해 얼마나 큰 관심이 있으셨는지를. 내가 내 아버지께 구하리니, 그가 성소로부터 내게 도움을 보내시리라. 내가 내 아버지께 이런 도움을 요구할 수 있도다. 그리스도는 권세 있는 자로서 기도하신다. 주목하라. 하나님의 백성들이 사방으로 원수들에 둘러싸여 있을 때에 하늘을 향하여 길이 열려 있다는 것은 그들에게 크나큰 위로가 아닐 수 없다. 다른 일은 할 수 없어도, 모든 일을 하실 수 있는 그분께 기도할 수는 있다. 그리고 평상시에 기도에 열심인 자들은 환난의 때가 올 때에 기도에서 가장 큰 위로를 얻는 법이다. 관찰하라. 그리스도께서는, 하나님이 그 수많은 천사들을 그에게 보내실 수 있을 뿐 아니라 만일 그가 정 원하시면 하나님이 그렇게 하실 것이라고 말씀하신다. 그가 우리를 구속하는 일을 시행하셨으나, 그럼에도 불구하고 만일 그가 그 일에서 놓임받기를 원하셨다면 아버지께서도 그를 그 일에 붙잡아 놓지 않으셨을 것이다. 그가 그 일에서 자유함을 얻으셨을 수도 있었다. 그러나 그는 그 일을 사랑하셨으므로 그렇게 하려 하지 않으셨고, 따라서 그가 제단에 매인 것은 오로지 그 자신의 사랑의 줄로 매이신 것이었다.

둘째로, 하늘의 군대에 대해 그가 얼마나 큰 관심이 있으셨는지를. 지금 열두 군단 더 되는, 칠만 이천이 넘는, 천사를 보내시게 할 수 없는 줄로 아느냐? 여기서 관찰하라. 1. 무수한 천사들이 있다(히 12:22). 열두 군단이 넘는 천사들을 보내어 우리를 돕게 하셔서 보좌 주위에 천사들이 하나도 모자람이 없을 것이다. 단 7:10을 보라. 마치 잘 훈련된 군대처럼 그들은 정확한 명령대로 수행한다. 그들은 혼란스러운 무리가 아니라 정규적인 군대다. 모두가 자기의 위치를 알고 명령을 그대로 수행한다. 2. 이 무수한 천사들은 모두 우리의 하늘 아버지의 뜻을 행하며 그의 기뻐하시는 대로 행한다(시 103:20, 21). 3. 그리스도께서 필요로 하시거나 원하실 경우를 대비하여, 이 천군천사들이 고난 중의 우리 주 예수를 도우러 올 준비를 갖추고 있었다. 히 1:6, 14을 보라. 그들은 마치 엘리사에게 불말과 불수레로 보인 것처럼 그를 안전하게 지키고 그를 해하려 하는 자들을 불태웠을 것이다. 4. 천군들의 모든 돕는 사역들에 대해서 우리 하늘 아버지를 바라보고 그를 인정해야 한다. 네 아버지께서 그들을 내게 보내시리라. 그러므로 천사들에게 기도할 것이 아니라 천사들의 주께 기도해야 한다(시 91:11). 5. 천사들의 세계가 언제나 주 예수님을 섬기고 있다는 것은 그리스도의 나라가 잘 되기를 바라는 모든 이들에게는 크나큰 위로가 된다. 천군을 등에 업은 자는 땅의 거민들 중에서 그가 원하는 일을 다 할 수 있다. 그런데 그가 그 천사들을 내게 보내 주실 것이다. 그의 아버지께서 얼마나 기꺼이 그의 기도를 들으시며, 천사들이 그의 명령을 얼마나 기꺼이 이행할 준비를 갖추고 있었는지를 보라. 그들은 기꺼운 종들이요, 날개 달린 사자들이요, 급히 나는 자들이다. 이것은 그리스도의 존귀와 그의 교회의 안녕을 마음에 품고 있는 자들에게는 매우 고무적인 사실이다. 하나님과 거룩한 천사들보다 그들이 그리스도와 그의 교회를 더 보살피고 염려한다고 생각할 수 있겠는가?

[3] 그 때는 그리스도를 보호하거나 혹은 반격할 때가 전혀 아니었다. 내가 만일 그렇게 하면 이런 일이 있으리라 한 성경이 어떻게 이루어지겠느냐(54절). 성경은 기록하기를, 그리스도께서 마치 도수장으로 끌려가는 어린 양 같이 되리라고 하였다(사 53:7). 그가 천사들을 불러 그를 돕게 하신다면 그는 전혀 도수장으로 끌려가지 않을 것이고, 제자들이 싸우도록 허용하신다면 잠잠하게 아무런

저항 없이 끌려가는 어린 양 같이 되지도 않을 것이었다. 그러므로 그와 제자들은 반드시 예언이 성취되도록 처신해야 했다. 주목하라. 모든 어려운 사안들에서 하나님의 말씀이 우리의 모든 도모들의 최종적인 결론이 되어야 하며, 성경의 성취에 어긋나는 일은 해서도 안 되고, 시도해도 안 된다. 우리의 고통을 줄이고, 매인 끈을 끊고, 우리 목숨을 구하는 일이 성경의 성취와 일치되지 않는다면, 우리는 이렇게 말해야 마땅하다: "우리가 어떻게 되든지, 하나님의 말씀과 그의 뜻이 이루어지며 그의 법이 높임을 받고 존귀하게 될지어다." 베드로가 나서서 그를 구하려 하고 그의 목숨을 지키는 호위병의 임무를 행하려 할 때에 그리스도는 이렇게 그를 말리신 것이다.

4. 그리스도께서 그를 잡으러 온 무리들에게 말씀하심(55절). 그는 그들의 행위에 저항하지 않으셨으나, 그들과 변론하셨다. 주목하라. 다윗이 사울에게 한 것처럼(삼상 24:14; 26:18) 우리의 원수들과 박해자들에게 조용히 훈계하는 것은 고난당하며 인내하는 그리스도인에게 매우 합당한 일이다. 너희가 (1) 격한 분노와 적의로 강도를 잡는 것 같이 ⋯ 나왔느냐? 마치 내가 공공의 안전을 해치는 원수로서 이런 일을 당해 마땅하기라도 한 것처럼 말이다. 강도들은 스스로 모든 사람들의 증오를 끌어들인다. 강도를 붙잡기 위해서라면 모든 사람이 다 협력할 것이다. 그들은 그리스도를 이처럼 만물의 찌끼처럼 대하였다. 만일 그가 그 나라의 전염병과도 같은 존재였다면 더 격한 분노와 폭력으로도 그를 붙잡지 못하였을 것이다. (2) 법을 무시하며 공공의 정의를 짓밟고 죄에다 반역을 더하는 가장 악독한 강도를 잡으려는 듯이 이 모든 무력과 힘을 지니고 내게 나왔느냐? 너희는 저항할 위험이 있기라도 한 것처럼, 강도를 잡는 것 같이 칼과 몽치를 가지고 내게 나왔도다. 그러나 너희는 의인을 정죄하고 죽였으나 그는 너희에게 대항하지 아니하였느니라(약 5:6). 만일 그가 고난당하기를 원치 않으셨더라면, 칼과 몽치를 가지고 나오는 것이 어리석은 일이었을 것이다. 그들이 그를 이길 수 없었기 때문이다. 만일 그가 대항할 생각을 가지셨더라면, 그들의 철을 지푸라기처럼 대하셨을 것이고, 그들의 칼과 몽치는 타오르는 불 앞의 찔레나무처럼 되었을 것이다. 그러나 그가 기꺼이 고난을 당하고자 하셨으니, 그렇게 무장을 하고 나오는 것이 어리석은 짓이었다. 그가 그들에게 대항하지 않을 것이었기 때문이다.

그는 지금까지 그가 그들을 향하여 어떻게 처신하셨고 또한 그들이 그에게 어떻게 처신해왔는지를 지적하여 그들에게 훈계하신다. [1] 그가 대중 앞에 나타나신 일에 대하여. 내가 날마다 성전에 앉아 가르쳤으되. [2] 그들이 대중 앞에서 그를 묵인한 일에 대하여. 너희가 나를 잡지 아니하였도다. 그런데 어떻게 이렇게 태도가 바뀌었느냐? 그들이 예수를 그렇게 대한 것은 지극히 사리에 맞지 않았다. 첫째로, 그는 자신을 강도로 바라보도록 빌미를 제공하신 일이 없다. 성전에서 가르치셨기 때문이다. 그리고 그는 그의 말씀을 들은 모든 이들의 양심에서 그가 나쁜 사람이 아니라는 것이 드러나도록 그렇게 행하셨고 가르치셨다. 그의 입에서 나오는 그런 은혜로운 말씀은 강도의 말도, 귀신 들린 자의 말도 아니었던 것이다. 둘째로, 그는 그들이 밤에 그를 잡으러 와야 할 만큼, 자신을 정의를 짓밟고 도망한 자로 보도록 빌미를 제공한 일도 없었다. 그들이 그에게 무슨 할 말이 있었다면 언제든 성전에서 그를 찾을 수 있었고, 그는 모든 혐의나 도전에 대해 답변할 준비가 되어 계셨고, 거기서 그들이 하고픈 대로 얼마든지 그에게 행할 수가 있었다. 대제사장들이 성전을 주관하고 있었고 성전 주위의 호위병들이 휘하에 있었기 때문이다. 그런데도 이렇게 그가 홀로 계시는 장소에까지 은밀하게 그에게 나온 것은 비겁하고도 야비한 짓이었다. 그러니 공개적인 장소에서는 감히 얼굴조차 쳐다보기를 두려워하면서도, 은밀한 어느 모퉁이에서는 얼마든지 위대한 영웅을 야비하게 살해할 수 있는 것이다.

그러나 이렇게 된 것은 다 선지자들의 글을 이루려 함이니라(56절). 이 진술이 마태복음 기자가 그리스도인 독자들에게 이 일을 가리켜 주는 구약 성경의 본문들과 비교해 보도록 하기 위하여 이 이야기에 대한 하나의 논평으로 기록해 놓은 것인지, 아니면 앞에서 말씀하신 것처럼(54절) 그리스도께서 이런 비열한 대접에 분개하실 수밖에 없었으나 선지자들의 글이 이루어지도록 그것에 굴복하셨다는 것을 드러내시기 위해 그가 친히 하신 말씀인지 분간하기가 매우 어렵다. 주목하라. 성경은 날마다 이루어지고 있다. 그리고 메시야에 대해 말씀하는 모든 성경이 우리 주 예수에게서 충만히 이루어졌다.

5. 그리스도께서 이처럼 어려운 중에 부끄럽게도 제자들에게서 버림받으심. 이에 제자들이 다 예수를 버리고 도망하니라(56절).

(1) 이것은 그들의 죄였다. 그를 따르기 위해 모든 것을 버렸던 자들이 이제는 자기들도 모르는 것을 위해 그를 버렸으니 이는 큰 죄였다. 그와의 관계나 그에게서 받은 사랑이나 그가 현재 처하여 계신 그 암울한 처지를 생각하면,

이는 정말 무정한 처사였다. 그것은 또한 신실하지 못한 처사였다. 왜냐하면 그들은 전에 그를 끝까지 따르고 절대로 그를 저버리지 않을 것을 엄숙하게 약속했었기 때문이다. 그는 그들의 안전을 위하여 조치하셨었다(요 18:8). 그러나 그들은 그것을 의지할 수가 없었고 부끄럽게 도망함으로써 스스로 안전을 도모한 것이다. 그들 스스로 그가 생명의 근원이심을 알고 시인했었는데(요 6:67, 68), 이제 죽음이 두려워 그에게서 도망을 하다니, 이 얼마나 어리석은 짓인가? 오 주여, 사람이 무엇이나이까?

(2) 이것은 그리스도의 고난의 일부였다. 이처럼 버림받으심으로써 붙잡히신 것에 괴로움이 덧붙여졌다. 과거에 욥도 그랬고(나의 형제들이 나를 멀리 떠나게 하시니, 욥 19:13), 다윗도 이를 경험했다(내 사랑하는 자와 내 친구들이 내 상처를 멀리하나이다, 시 38:11). 그들은 그와 함께 머무르며 그를 돌보고 그와 대면했어야 했고, 필요하다면 그가 심문받을 때에 그를 위하여 증인들이 되었어야 했다. 그런데 그를 배반하고 그를 버린 것이다. 바울의 경우도 처음 변명할 때에 그와 함께 한 자가 하나도 없고 다 그를 버렸다(딤후 4:16). 그러나 이 일에는 비밀이 있었다. [1] 그리스도는 죄를 위한 희생 제물로서 그렇게 철저하게 버린 바 되셨다. 사냥꾼이 화살을 쏘아 사슴이 쓰러지면, 그 즉시 주위의 사슴 떼는 모두 다 그 사슴을 버리고 도망하는 법이다. 이 일에서 그는 우리를 위하여 저주가 되셨고, 악에게 구별된 사로서 홀로 계셨던 것이다. [2] 그리스도는 영혼의 구주로서 그렇게 홀로 서 계셨다. 우리의 구원을 이루시는 일에 다른 누구의 도움도 필요가 없었고, 그리하여 그런 도움을 받지 않으신 것이다. 그는 모든 짐을 다 지셨고, 또한 홀로 다 지셨다. 그는 홀로 포도즙 틀을 밟으셨고, 도와주는 자도 없고 붙들어 주는 자도 없이 그의 팔이 구원을 이루셨다(사 63:3, 5). 여호와께서 홀로 이스라엘을 인도하셨으니(신 32:12), 그들은 그저 이 큰 구원을 바라볼 뿐이다.

⁵⁷예수를 잡은 자들이 그를 끌고 대제사장 가야바에게로 가니 거기 서기관과 장로들이 모여 있더라 ⁵⁸베드로가 멀찍이 예수를 따라 대제사장의 집 뜰에까지 가서 그 결말을 보려고 안에 들어가 하인들과 함께 앉아 있더라 ⁵⁹대제사장들과 온 공회가 예수를 죽이려고 그를 칠 거짓 증거를 찾으매 ⁶⁰거짓 증인이 많이 왔으나 얻지 못하더니 후에 두 사람이 와서 ⁶¹이르되 이 사람의 말이 내가 하나님의 성전을 헐고 사흘 동안에 지을 수 있다 하더라 하니 ⁶²대제사장이 일어서서 예수께 묻되 아무 대답

도 없느냐 이 사람들이 너를 치는 증거가 어떠하냐 하되 ⁶³예수께서 침묵하시거늘 대제사장이 이르되 내가 너로 살아 계신 하나님께 맹세하게 하노니 네가 하나님의 아들 그리스도인지 우리에게 말하라 ⁶⁴예수께서 이르시되 네가 말하였느니라 그러나 내가 너희에게 이르노니 이후에 인자가 권능의 우편에 앉아 있는 것과 하늘 구름을 타고 오는 것을 너희가 보리라 하시니 ⁶⁵이에 대제사장이 자기 옷을 찢으며 이르되 그가 신성 모독 하는 말을 하였으니 어찌 더 증인을 요구하리요 보라 너희가 지금 이 신성 모독 하는 말을 들었도다 ⁶⁶너희 생각은 어떠하냐 대답하여 이르되 그는 사형에 해당하니라 하고 ⁶⁷이에 예수의 얼굴에 침 뱉으며 주먹으로 치고 어떤 사람은 손바닥으로 때리며 ⁶⁸이르되 그리스도야 우리에게 선지자 노릇을 하라 너를 친 자가 누구냐 하더라

이제 우리 주 예수는 교회의 법정인 산헤드린 앞에서 심문을 받으신다. 관찰하라.

I. 법정이 열림. 다른 사람들이 다 잠자는 한밤중이었는데도 서기관과 장로들이 모여 있었다. 그들은 그리스도를 향한 자기들의 악의를 만족시키느라 자연적인 휴식도 마다한 채 밤새도록 앉아서 유다와 그 일당들이 잡아올 먹이를 덥칠 채비를 하고 있었다.

보라. 1. 거기에 모인 자들. 유대인 교회의 유력한 교사들인 서기관들과 유력한 통치자들인 장로들이었다. 이들은 우리의 위대한 교사요 통치자이신 그리스도의 처절한 원수들이었고 따라서 이들은 자기들을 무색하게 만드는 이분에 대해 시기의 눈초리로 바라보아왔다. 어쩌면 이들 중에는 다른 이들처럼 그리스도에 대해 그렇게 악의를 심하게 갖지 않은 이들도 있었을 것이다. 그러나 그들도 나머지 사람들의 행위에 동조함으로써 스스로 죄를 지은 것이다. 이로써, 개들이 나를 에워쌌으며 악한 무리가 나를 둘러 내 수족을 찔렀나이다라는 성경이 성취되었다(시 22:16). 예레미야도 불충한 사람들의 모임을 한탄하며, 다윗도 그의 원수들이 그를 치며 찢기 위해 모이는 것을 한탄하고 있다(시 35:15).

2. 그들이 모인 곳. 대제사장 가야바의 저택이었다. 그들은 이틀 전 그 곳에 모여 계략을 꾸몄는데(3절), 이제 그 계략을 실행에 옮기려고 거기에 다시 모였다. 대제사장은 압-벳-딘, 즉 재판의 집의 아버지였다. 그런데 그런 자가 이제 악의 후원자가 되었다. 그의 집은 억눌린 무죄의 성소여야 마땅했는데, 이제 그 곳이

불법의 보좌가 되었다. 하기야 하나님의 기도하는 집이 강도의 소굴이 되어버렸으니, 이렇게 된 것이 전혀 놀랄 일이 아니다.

II. 죄인을 법정에 세움. 예수를 잡은 자들이 그를 끌고 갔다. 분명 폭력을 동원하여 급히 그를 끌고 갔을 것이다. 그를 승리의 트로피처럼 끌고 갔고, 제단에 놓을 희생양처럼 그를 끌고 갔다. 그는 양문(sheep-gate)이라 불리는 문을 통하여 예루살렘으로 끌려 들어가셨다. 그 문이 감람 산으로부터 성 안으로 들어가는 입구였기 때문이다. 그리고 그 곳이 그렇게 불린 것은 희생 제물이 될 양들이 그 곳을 통과하여 성전으로 들어갔기 때문이다. 그러므로 세상 죄를 지고 가시는 하나님의 어린 양이신 그리스도께서 그 길로 끌려가시는 것은 매우 적절한 일이었다. 그리스도는 먼저 대제사장에게로 끌려 가셨다. 율법에 의하면 모든 희생 제물은 먼저 제사장에게 주어 그의 손에 맡겨져야 했기 때문이다(레 17:5).

III. 베드로의 비겁한 처신. 베드로가 멀찍이 예수를 따라 대제사장의 집 뜰에까지 가서(58절). 이 대목이 여기 오는 것은 그가 그리스도를 부인하는 그 다음 이야기를 염두에 둔 것이다. 예수께서 붙잡히실 때에 그는 나머지 제자들과 똑같이 그를 버렸다. 그러므로 여기서 그가 예수를 따라갔다는 것은 그가 그를 버린 일과 쉽게 조화될 수 있다. 그렇게 그를 따라가는 것은 그를 버리는 것보다 나을 것이 하나도 없었다.

1. 예수를 따라가긴 했으나 그저 멀찍이 따라갔을 뿐이다. 주를 향한 사랑과 염려 때문에 견딜 수 없어 그를 따라갔으나, 그 자신의 안전에 대한 염려와 두려움 때문에 가까이 가지 못하고 멀리서 따라간 것이다. 주목하라. 그리스도의 제자들이 되기를 바라면서도 자신이 그렇다는 것이 알려지는 것을 바라지 않는 것은 조짐이 좋지 않다. 베드로가 그리스도를 부인한 일이 바로 여기서 시작되었다. 그를 멀찍이 따라간다는 것은 곧 조금씩 조금씩 그에게서 뒷걸음질 친다는 뜻이기 때문이다. 뒤로 물러서는 것은, 아니 뒤를 바라보는 것은 위험천만한 일이다.

2. 예수를 따라가긴 했으나 안에 들어가 하인들과 함께 앉아 있었다. 그는 법정에 올라가 주님과 함께 배석하고 그를 위해 나섰어야 옳았다. 그러나 그는 불이 지펴져 있는 안으로 들어가 하인들과 함께 앉아 있었다. 예수를 비난하는 그들을 잠잠하게 하기 위해서가 아니라 자기 자신을 은폐하기 위해서였다. 자

기 자신을 시험 속으로 밀어 넣은 것은 베드로로서는 주제넘는 처사였다. 그렇게 처신하는 것은 자기 자신을 하나님의 보호하심 바깥으로 내던지는 것과 같은 것이다. 그리스도께서는 그가 지금 자신을 따를 수가 없음을 말씀하셨고, 특별히 오늘 밤 그에게 닥칠 위험을 경고하신 바 있었다. 그런데도 그는 이 사악한 무리들의 한가운데에 자신을 몰아넣는 위험을 무릅쓴 것이다. 다윗은 행악자의 집회를 미워하며 악한 자와 같이 앉지 아니함으로써 순전함 중에 행하도록 도움을 받았다(시 26:5).

3. 예수를 따라가긴 했으나 그 결말을 보려는 것뿐이었다. 양심보다는 호기심에 더 이끌린 것이다. 그는 문제의 당사자인 제자로서보다는 한가한 방관자로서 예수를 따라갔다. 그는 안으로 들어가 그리스도를 위해 무언가 일을 했어야 옳았고, 아니면 고난당하시는 그리스도의 모습을 바라봄으로써 무언가 지혜와 은혜를 얻기라도 했어야 했다. 그러나 그는 그저 그에 대해서 멀리서 바라보기 위해서 안으로 들어간 것이다. 어쩌면 베드로는 그리스도께서 박해자들의 손아귀에서 이적적으로 피하실 것을 기대하고 안으로 들어갔을 가능성도 없지 않을 것이다. 최근에 그를 잡으러 온 자들을 물리치셨으니, 이제 법정에 앉아 그를 재판하는 자들을 죽어 넘어지게 하실 것이라고 기대했고 이것을 보려고 들어갔을지도 모른다. 만일 그렇더라도 그 자신이 죽임을 당하셔야 한다는 그리스도의 예언이 성취되는 것 이외에 다른 결말을 보려 했으니, 이는 어리석은 처사였다. 주목하라. 결말이 어떻게 되는지를 호기심어린 자세로 궁금해하기보다는, 결말이 어떻게 되든 그 결말을 대비하는 데에 마음을 써야 할 것이다. 사건의 결말이 하나님께 있으니, 우리는 의무를 다할 뿐이다.

IV. 이 법정에서 우리 주 예수께서 심문당하심.

1. 그들은 그의 반대 증인들을 심문하였다. 옳든 그르든 간에 그를 처단하기로 이미 결정되어 있었으면서도, 모양새를 좋게 하기 위하여 그를 책하는 증거를 만들어 내려 한 것이다. 그들의 법정에서 인정되는 범죄는 거짓 가르침과 신성모독이었다. 그들은 이 죄목을 그에게 씌우려 하였다. 여기서 관찰하라.

(1) 그들이 증거를 찾으려 함. 그를 칠 거짓 증거를 찾으매. 그를 붙잡았고 학대하였고 모두가 그에게 무언가 혐의를 씌울 거리를 찾으려 했으나 찾을 길이 없었다. 그리하여 그들은 그들 중에 그에게 혐의를 씌울 만한 무언가를 알고 있는 자를 찾았고, 거짓된 모략을 제시하여 사실로 밝혀지면 목숨을 빼앗을 수

있는 그런 거짓 비방거리들을 찾았다. 불량한 자는 악을 꾀하나니(잠 16:27). 여기서 그들은 꾀를 내어 예레미야를 친 선배들의 전철을 그대로 밟았다(렘 18:18; 20:10). 그들은 누구든지 법정에 서 있는 피고에 대해 정보를 제시하면 그대로 받을 것이라고 선언하였고, 그리하여 많은 이들이 그를 대적하여 거짓 증거들을 제시하였다(60절). 관원이 거짓말을 들으면 그의 하인들은 다 악하게 되어 거짓 이야기를 그에게 늘어놓게 되는 법이다(잠 29:12). 이러한 악행은 해 아래에서 자주 볼 수 있다(전 10:5). 나봇을 제거하려면, 그를 대적하여 맹세하는 불량자들이 있는 법이다(왕상 21:10).

(2) 그들이 증인을 찾음. 여러 사람을 시도했으나 수포로 돌아갔고, 그들 중에서 거짓 증언을 구했고 다른 이들이 와서 그들을 도왔으나 아무것도 찾을 수가 없었다. 진실이나 일관성을 가장하려 하였으나 할 수가 없었다. 그들 자신이 재판관들이었는데도 할 수가 없었다. 제기된 문제들 자체가 어처구니없는 거짓말들이었고, 그들이 미리 계산하여 만들어놓은 것이었다. 그들이 그에게 치욕을 안겨주는 상황에서 이러한 일이 있는 것은 그리스도의 존귀함을 매우 높여주는 것이었다.

그런데 드디어 그들에게 두 사람의 증인이 생겼다. 그들은 합당한 증거를 확보하고 있는 것으로 보였고 따라서 이들의 증거로 그리스도를 처단할 수 있으리라는 소망이 생겼다. 그들이 예수를 대적하여 맹세한 말은, 이 사람의 말이 내가 하나님의 성전을 헐고 사흘 동안에 지을 수 있다 하더이다라는 것이었다(61절). 그들은 이제 이를 근거로 예수를 [1] 성전의 원수요 또한 성전을 파괴하기를 꾀한 자로 정죄하려 하였다. 성전을 파괴한다는 것은 들을 수조차 없는 엄청난 일이었다. 왜냐하면 그들은 여호와의 성전(렘 7:4)으로 자기들의 가치를 매겼고, 또한 다른 우상들을 다 버리고서도 성전을 완전한 우상으로 삼았기 때문이다. 스데반은 이 거룩한 곳을 거슬러 말한다고 하여 정죄를 받았다(행 6:13, 14). [2] 주술이나 무언가 불법한 기술을 다루는 자로 정죄하려 하였다. 성전을 사흘 만에 다시 짓는 일은 그런 것의 힘을 빌리지 않고서는 이룰 수 없는 일이었기 때문이다. 그들은 그가 바알세불과 한 패라고 자주 주장해온 바 있다. 그런데 이에 대해서는, 첫째로, 그 증인들의 말은 오도된 것이었다. 그는 너희가 이 성전을 헐라(요 2:19)고 말씀하였고, 그리하여 그의 원수들이 파괴하려 하는 어떤 성전에 대해 말씀하는 것임을 분명히 시사하신 바 있다. 그런데도 그 자들은 와서 그가 내가 하나님의 성전을 헐 수 있다고 말했다고 맹세하여, 그가 마치 성전을 파괴할 계획을 가진 것처럼 오도한 것이다. 그는 내가 사흘 동안에 일으키리라고 말씀하셨다. 에게로 아우톤, 내가 그것을 살아나게 하리라, 여기서 살아 있는 성전을 일컫는 단어가 사용되었다. 그런데 그들은 와서 그가 지을 수 있다 ─ 이는 오이코도메사이, 건축할 수 있다라는 뜻인데 이는 건물을 짓는다는 의미로 사용되는 단어다 ─ 고 말씀한 것으로 증언하였다. 둘째로, 그들은 그리스도의 말씀의 뜻을 잘못 이해하였다. 그는 성전된 자기 육체를 가리켜 말씀하신 것이었고(요 2:21), 어쩌면 이 성전이라고 말씀하실 때에 자기 자신의 육체를 손가락으로 가리키셨을지도 모른다. 그런데 그들은 그가 하나님의 성전 곧 이 거룩한 곳을 뜻하여 말씀하신 것으로 증언하였다. 주목하라. 그리스도의 말씀들을 억지로 비틀어 풀다가 스스로 멸망에 이른 자들이 있었고, 지금도 여전히 있다(벧후 3:16). 셋째로, 그들의 법에 따라서 최악으로 이를 적용시켜도 그것은 사형에 해당하는 범죄는 아니었다. 만일 그랬다면 그가 몇 년 전 대중 앞에서 강론 중에 그 말씀을 하셨을 그 때에 벌써 붙잡혀 처단되었을 것이다. 아니 오히려 이 말씀은 성전을 높이는 좋은 뜻으로도 얼마든지 해석될 수 있는 것이었다. 만일 그것이 파괴된다면 그는 그것을 재건하는 데에 최선의 수고를 아끼지 않을 것이었다. 그러나 범죄처럼 보이는 것은 무엇이든 그들의 악의에 가득 찬 모의를 정당화시켜 주는 좋은 재료가 되었던 것이다. 이제 위증자와 악을 토하는 자가 일어나 나를 치려 함이니이다라고 말씀한 성경이 성취되었다(시 27:12. 또한 시 35:11을 보라). 내가 그들을 건져 주려 하나 그들이 나를 거슬러 거짓을 말하였으며(호 7:13). 우리는 정당하게 비난을 받으니 율법이 우리를 저주하는 것이다(신 27:26; 요 5:45). 사탄과 우리 자신의 양심이 우리를 비난한다(요일 3:20). 피조물들이 우리를 쳐서 소리를 지른다. 그런데, 이 모든 정당한 비난들로부터 우리를 자유하게 하기 위하여 우리 주 예수께서 이 일에 굴복하사 부당하게 거짓으로 비난을 받으셨으며, 그의 고난 덕분에 우리가 모든 도전들을 이기고 승리할 수 있게 된 것이다. 누가 능히 하나님께서 택하신 자들을 고발하리요(롬 8:33, 34). 그가 비난받으신 것은 우리가 정죄를 받지 않게 하기 위함이었다. 그러므로 언제든 우리가 온갖 악한 비방을 당하며, 우리를 쳐서 거짓말을 할 뿐 아니라 거짓으로 맹세까지 하는 상황이 벌어지더라도, 우리 주님도 그렇게 당하셨으니 우리가 그보다 낫기를 기대할 수가 없다는 것을 기억해야 할 것이다.

(3) 이런 모든 비난을 받는 중에도 그리스도께서 침묵하심(62절). 그 법정의 판사인 대제사장이 다소 흥분하여 말하였다. "아무 대답도 없느냐? 자, 법정 앞에 선 피고인 그대여, 너를 쳐서 맹세하여 진술한 내용을 들었으니, 이제 너는 너 자신을 위해 무슨 말을 하겠느냐? 네 자신을 변호해 보라. 이러한 혐의에 대해 너는 무슨 답변을 하고자 하느냐?" 그러나 예수께서 침묵하셨다(63절). 이는 언짢거나, 그 스스로 혐의를 인정하거나, 깜짝 놀라 혼란 중에 있었거나, 무언가 말을 하고 싶었으나 그 말을 어떻게 할지를 몰랐기 때문이 아니라, 도수장으로 끌려가는 어린 양과 털 깎는 자 앞에서 잠잠한 양 같이 그의 입을 열지 아니하였도다(사 53:7)라는 성경이 이루어지게 하고자 하심이었고, 또한 그가 원수가 악한 말을 할 때에 말 못하는 자 같이 입을 열지 아니한 다윗의 자손이 되고자 하심이었다(시 38:12-14). 그가 침묵하신 것은 그의 때가 왔기 때문이었다. 그가 혐의를 부인하려 하지 않은 것은 그 선고에 기꺼이 굴복하고자 하셨기 때문이었다. 그렇지 않았다면 그는 아주 손쉽게 그들을 침묵하게 만드실 수 있었다. 전에도 그는 여러 차례 그들을 부끄러움으로 침묵하게 하신 적이 있었던 것이다. 하나님께서 우리와 변론하셨다면 우리는 천 마디에 한 마디도 대답하지 못했을 것이다(욥 9:3). 그러므로 그리스도께서는 우리를 위하여 죄가 되셨을 때에 침묵하셨고 그의 피가 말하게 내버려두셨다(히 12:24). 이 법정에서 침묵으로 일관하신 것은 하나님의 법정에서 부언가 하실 말씀이 있노록 하기 위함이있던 것이다.

자, 이렇게는 안 될 것이다. 무언가 다른 마땅한 방법을 **써야 한다**.

2. 그들은 그들의 직권으로 맹세로 우리 주 예수 자신을 심문하셨다. 그리고 그들이 그를 정죄할 수 없자, 평등 법에 어긋나게 그 스스로 자기 자신을 정죄하도록 하는 방법을 썼다.

(1) 대제사장이 그에게 제기한 질문. 관찰하라.

[1] 그 질문 자체. 네가 하나님의 아들 그리스도인지 우리에게 말하라. 즉, 네가 그리스도인 체하는 것인지 우리에게 말하라는 뜻이다. 그들은 그가 진정 그리스도인지 아닌지를 고려할 자세가 절대로 아니었기 때문이다. 메시야가 이스라엘의 위로가 되실 것이었고 또한 구약에서 그에 관하여 영광스러운 일들이 말씀되어 있었으나, 이상스럽게도 그들은 무엇이든 자기들의 그 터무니없는 권세와 화려함을 위협하는 것에 대해서는 질투로 일관하였으므로, 예수께서 과연

메시야이신지 아닌지에 대한 문제를 진정으로 살피는 데에는 전혀 관심이 없었다. 단 한 번도 그가 과연 메시야가 아닐까 하는 가정을 제기해 본 적이 없었다. 그들은 오로지 그가 스스로 메시야로 행세했다고 고백하고, 그리하여 그를 사기꾼으로 고발할 수 있게 되기를 바랐던 것이다. 교만과 악의로 가득 차 있으니 무엇인들 못하겠는가?

[2] 그 제안의 엄숙함. 내가 너로 살아 계신 하나님께 맹세하게 하노니 … 우리에게 말하라. 대제사장 자신이 살아 계신 하나님을 높이는 마음이 있었던 것이 아니고 그저 그의 이름을 헛되게 취한 것이고, 그리하여 우리 주 예수께 자기의 목적을 이루고자 한 것뿐이었다. "네가 하나님의 복된 이름을 조금이라도 가치 있게 여기고 또한 그의 위엄을 높인다면, 우리에게 이를 말하라." 그렇게 말했는데도 그가 대답하기를 거부하면 그들은 그를 하나님의 복되신 이름을 멸시한다는 혐의를 씌울 것이었다. 다니엘의 원수들이 그의 하나님에 관한 문제를 걸어 그에게 그렇게 했듯이, 선한 사람들을 박해하는 자들이 이렇게 그들의 양심을 걸어 그들을 궁지로 몰아넣은 일이 자주 있었던 것이다.

(2) 이 질문에 대하여 그리스도께서 대답하심(64절).

[1] 그는 자신이 하나님의 아들 그리스도이심을 인정하신다. 네가 말하였느니라. 즉, "네가 말한 바와 같다"는 뜻이다. 마가복음에는 내가 그니라라고 되어 있다 (막 14:62). 이 때까지는 그가 자신이 하나님의 아들 그리스도이심을 분명하게 인정하신 적이 거의 없었다. 그의 가르침의 취지가 그 사실을 드러내 주며, 그의 이적들이 그것을 입증하였다. 그러나 이제는 그것을 고백하시는데, 그 이유는 첫째로, 만일 그것을 고백하지 않으면 그가 증거하러 세상에 오신 그 진리를 부인하는 것처럼 보였을 것이기 때문이다. 둘째로, 그것을 시인하면 그의 원수들이 그에게 행하기를 바라는 모든 일들을 다 할 기회를 갖게 될 것임을 알고 계셨으니, 만일 그것을 고백하지 않으면 그것은 마치 그가 고난받기를 꺼리는 것처럼 보였을 것이기 때문이다. 그리하여 그는 그를 따르는 자들에게 모범과 격려를 주시기 위해 친히 고백하신 것이다. 사람 앞에서 그를 고백하도록 요구받을 때에는 그 어떠한 위험이 앞에 놓여 있다 할지라도 그렇게 할 것을 친히 자신의 모범으로 가르치신 것이다. 그리고 바로 이 모범을 좇아 순교자들이 자기들이 죽을 줄을 알면서도 기꺼이 자신들을 그리스도인들로 고백하였다. 테바이스(Thebais)의 순교자들이 그랬다(유세비우스, 「교회사」, 50.8, 100.9). 그리

스도께서 가야바가 살아 계신 하나님을 걸고서 맹세하게 하는 그 속된 방법 때문에 답변하셨는데, 이는 필자가 생각하기에는 귀신의 입에서 맹세하라는 말이 나올 때에 그가 그것에 대해 답변하신 것과 별 다를 것이 없다고 여겨진다 (막 5:7).

[2] 그는 이에 대한 증거로 그의 재림을, 그리고 그의 높아지심의 상태 전체를 언급하신다. 그들은 그가 "내가 그니라"라고 말씀하실 때에, 아마도 그를 조롱하고 비웃는 자세로 바라보았을 것이다. 그들은 '메시야는 그토록 화려함과 권능 가운데서 올 것인데, 이 친구가 메시야라고?' 라고 생각하였을 것이며, 여기의 그러나는 바로 이런 태도에 대해 말씀하시는 것이다. "지금은 너희가 나를 이런 비천하고 초라한 상태에서 보며 내가 나 자신을 메시야라 부르는 것을 우스꽝스러운 일로 생각하나, 그러나 날이 오리니 내가 다른 모습으로 나타나리라." 이후에, 압 아르티, 속히. 왜냐하면 그의 높아지심이 며칠 후면 시작되고, 이제 그의 나라가 속히 세워지기 시작할 것이었으며, 이후에 인자가 권능의 우편에 앉아 세상을 심판하는 것을 너희가 보게 될 것이었기 때문이다. 그가 속히 임하여 유대 민족을 심판하고 멸망시키실 것이 바로 그 세상 심판에 대한 모형이요 보증이 될 것이었다. 주목하라. 가장 완악한 불신앙은 심판 날의 그 처절한 두려운 것들을 지각하게 될 것이나, 그것은 회심을 위한 것이 아니라(이미 때가 늦을 것이다) 영원한 혼란을 위한 것이다. 관찰하라. 첫째로, 그들이 인자를 보게 될 것이다. 지금 이 낮아지심의 상태에서도 자신이 하나님의 아들이심을 인정하셨으니, 그는 그의 높아지심의 상태에서도 자신을 인자로 말씀하신다. 그는 한 분이시되 이 두 가지 본성을 지니셨기 때문이다. 그리스도는 성육신으로 말미암아 하나님의 아들과 인자(사람의 아들)가 되셨다. 그는 임마누엘, 즉 우리와 함께 계신 하나님이시기 때문이다. 둘째로, 그가 다음과 같은 상태에 계신 것을 그들이 보게 될 것이다. 1. 권능의 우편에 앉아 있는 것. 이는 메시야에 관한 예언에 따른 것이다. 너는 내 우편에 앉아 있으라(시 110:1). 이는 그가 위엄과 권세의 위치로 높이 오르심을 나타낸다. 지금은 그가 법정 앞에 서 계시나, 머지 않아 그가 보좌에 앉아 계신 것을 보게 될 것이다. 2. 하늘 구름을 타고 오는 것. 이는 인자에 관한 다른 예언을 지칭하는 것인데(단 7:13, 14), 이 예언은 그리스도께서 예루살렘을 멸하러 오신 때에 그에게 적용된다(눅 1:33). 그 심판이 너무도 끔찍하고 그 심판 속에 어린 양의 진노의 사실이 분명히 지각할 수 있도

록 너무도 확연하게 드러나므로, 그것을 그리스도께서 눈에 보이게 나타나시는 것으로 말할 수 있는 것이다. 그러나 분명 그것은 온 세상의 심판을 지칭하는 것이다. 그는 바로 이 날에다 호소하시며 그들을 불러 그 심판 날에 나타나, 그들이 지금 이 자리에서 행하고 있는 일에 대해 그 때 거기서 대답할 것을 말씀하시는 것이다. 그는 얼마 전 제자들을 위로하시기 위하여 이 날에 대해 말씀하시고, 이 날을 바라보면서 기쁨으로 머리를 들라고 명령하신 바 있다(눅 21:27, 28). 그런데 이제는 그의 대적들에게 그 날에 대해 말씀하셔서 그들을 두렵게 하신다. 그리스도께서 마지막 날에 세상을 심판하신다는 것이야말로 의인에게는 그 이상 위로가 되는 것이 없고, 악인에게는 그 이상 두려운 것이 없기 때문이다.

V. 그리스도께서 이 심문에서 정죄받으심. 이에 대제사장이 자기 옷을 찢으며. 유대인들의 풍습에 따르면, 하나님을 모욕하는 말을 듣거나 그런 행동을 볼 때에 옷을 찢었다(사 36:22; 37:1; 행 14:14). 가야바는 이러한 신성 모독을 차마 견디지 못하는 모습을 보임으로써 자신이 하나님의 영광에 대해 지극히 민감한 것처럼 사람들에게 보였을 것이나(와서 만군의 여호와를 향한 그의 열심을 보라), 그야말로 가장 큰 신성 모독자였다. 그는 대제사장은 어떠한 경우에도 의복을 찢어서는 안 된다는 율법을 잊어버린 것이다(혹시 이것이 예외의 경우가 아니었다면). 관찰하라.

1. 그들이 그에게 씌운 범죄. 그것은 신성 모독이었다. 그가 신성 모독 하는 말을 하였으니. 즉, 살아 계신 하나님을 모욕하는 발언을 했다는 것이다. 이것이 우리가 지닌 신성 모독의 개념이다. 우리가 죄로 말미암아 주를 모욕했었기 때문에, 그리스도께서 우리를 위하여 죄가 되셨고, 그가 말씀한 진리로 인하여 신성 모독자로 정죄를 받으신 것이다.

2. 그들이 그의 범죄에 대해 제시한 증거. 너희가 지금 이 신성 모독 하는 말을 들었도다. 그러니 더 이상 증인을 심문할 필요가 어디 있는가? 그는 자신이 하나님의 아들임을 인정했다는 사실을 인정하셨고, 그리하여 그들은 그것을 신성 모독의 발언으로 간주하고 그의 고백을 근거로 그를 유죄로 판결하였다. 대제사장은 그가 처놓은 함정이 성공함으로써 승리하였다. "자, 이제 그 자가 스스로 문제를 해결해 주었도다." 그리하여 그는 법정에서 자신의 입의 말로 판단을 받으셨으니, 이는 우리가 하나님의 법정에서 그렇게 심판을 받을 처지에 있기

때문이다. 우리에 대해서는 증인이 필요 없다. 수많은 증인들 대신 우리 자신의 양심이 우리를 쳐서 증거하기 때문이다.

Ⅵ. 이러한 유죄 판결에 근거하여 선고가 내려짐(66절).   여기서,

1. 가야바가 배석한 자들에게 호소함. 너희 생각은 어떠하냐? 그의 비열한 외식과 편파적인 자세를 보라. 그는 먼저 그리스도에 대해 판단부터 해 놓고 그를 신성 모독자로 선언한 다음, 마치 다른 이들의 조언을 받을 의향이 있기라도 한 것처럼 동료들의 판단을 물었으나, 실상은 정의의 의복 속에 계속해서 악의를 간교하게 숨겨놓고 있었다. 그러나 그 사실은 결국 드러나고 말 것이었다. 만일 그가 문제를 공정하게 다루려 했다면, 순서에 따라, 젊은이로부터 시작하여 배석한 모든 사람들의 의사를 묻고 자기의 의사는 맨 나중에 제시했어야 옳았다. 그러나 그는 자신에게 권위가 있으므로 모두가 동조할 것임을 알고서 그냥 자신의 판단을 선포하고 모두 그의 뜻과 같은 것으로 간주한 것이다. 그는 그리스도가 연루된 범죄를 자백된 범죄로 취급했고, 그 법정의 판결에 대해서는 합의된 판결로 간주하였다.

2. 그들이 가야바에게 동의함. 그들은, 그는 사형에 해당하니라라고 하였다. 어쩌면 모든 사람이 다 동의한 것은 아닐지도 모른다. 아리마대 요셉이 그 자리에 있었다면 그는 분명 반대했을 것이고(눅 23:51), 니고데모도 그랬을 것이고, 그들과 함께 다른 이들도 반대했을 것이다. 그러나 대다수는 그 쪽으로 기울었다. 어쩌면 이 법정이 특수한 법정, 아니 비밀 법정이었으므로, 자기들의 의견에 동조할 자들만 출석 통지를 받았고, 그리하여 결국 만장일치로 표결이 진행될 수 있었을 것이다. 그 판결은 "그는 사형에 해당하니라. 율법에 따라 그는 죽어 마땅하다"였다. 물론 그들에게는 사람을 사형시킬 권한은 없었다. 그러나 이런 판결을 통해서 그들은 사람을 그 백성 중에서 법의 보호에서 버려진 자(outlaw)로 만들었다(우리의 옛 법은 버려진 자를 늑대의 머리를 지닌 자로 묘사하였다). 그리하여 그 사람을 스데반의 경우처럼 대중적인 폭동으로 처단하기도 했고, 또한 그리스도의 경우처럼 총독 앞에 몰려가 소동을 벌이도록 하기도 했다. 이렇게 해서 생명의 주께서 정죄를 받아 사형 판결을 받으셨다. 그리고 이는 그로 말미암아 우리에게 정죄함이 없게 하기 위함이었다.

Ⅶ. 선고가 내려진 후 그에게 가해진 모욕과 학대(67, 68절).   이에, 그가 그렇게 유죄 판결을 받고 나자, 그들은 예수의 얼굴에 침을 뱉었다. 그들은 그를 사

형시킬 권한이 없었고 또한 과연 총독의 마음을 움직여 그를 사형시키도록 할 수 있을지 확신이 없었으므로, 그가 그들의 손아귀에 있는 동안 그에게 할 수 있는 모든 악행을 가할 심사였던 것이다. 유죄 판결을 받은 죄인들은 법의 특별한 보호를 받으며, 또한 모든 문화 국가들은 그들을 부드럽게 대하여 왔다. 형벌을 받는 것으로 족한 것이다. 그러나 우리 주 예수께서는 판결을 선고받은 후, 마치 지옥이 풀려나 그에게 임하기라도 한 것처럼, 마치 그가 죽음조차도 그에게는 과분하고 가장 극악한 악인에게 보여줄 최소한의 동정심도 그에게는 해당이 안 되는 것처럼, 그런 끔찍한 일을 당하셨다. 이렇게 그는 우리를 위하여 저주가 되셨다. 그런데 그렇게 야만적으로 행동한 그들이 누구였는가? 그에게 사형을 선고한 바로 그 사람들이었다. 그들이 대답하여 이르되 그는 사형에 해당하니라 하고 이에 예수의 얼굴에 침을 뱉은 것이다. 제사장들이 침을 뱉기 시작하였고, 이어서 그들의 사환들이 악한 상전들의 환심을 사기 위하여 서로서로 그 일에 가담하여 침을 뱉었다. 그들이 그를 어떻게 학대하였는지를 보라.

1. 얼굴에 침을 뱉었다. 이리하여, 모욕과 침 뱉음을 당하여도 내 얼굴을 가리지 아니하였느니라라는 성경이 성취되었다(사 50:6). 욥은 이러한 치욕스런 일을 당하고 탄식하였는데, 이 점에서 그는 그리스도의 모형이었다. 그들이 내 얼굴에 침을 뱉는도다(욥 31:10). 이것은 최대한의 경멸과 분노의 표현이었다. 사람이 땅에다 침을 뱉는데 바로 그 땅보다도 더 멸시하는 것이다. 미리암이 나병에 걸렸을 때, 그것은 그의 아버지가 그의 얼굴에 침을 뱉는 것과도 같은 수치였다(민 12:14). 형제에게 씨를 이어주기를 거절하는 자는 이런 치욕을 받게 되어 있었다(신 25:9). 그러나 그리스도는 인류라는 큰 가족의 부패를 치유하시느라 이런 치욕에 굴복하셨다. 어느 사람보다 더 아름다우며 천사들이 높이 우러러 보는 그 얼굴이 가장 비열하고도 야만적인 사람들에게서 그렇게 더러운 치욕을 당하셨다. 우리의 얼굴이 영원한 수치와 모욕으로 가득 차지 않도록 하기 위하여 그의 얼굴에 그런 치욕이 퍼부어진 것이다. 지금 그의 복된 이름을 욕되게 하는 자들이 그의 말씀을 악용하고 그의 거룩한 성도들 가운데 나타나는 그의 형상을 미워한다. 그것이 그의 얼굴에 침을 뱉는 것보다 더 나은 것이 무엇이겠는가? 만일 그의 얼굴이 바로 앞에 있다면 능히 침을 뱉고도 남을 것이다.

2. 주먹으로 치고 … 손바닥으로 때렸다. 치욕에다 고통까지 덧붙여졌다. 둘 다

죄와 함께 임한 것이다. 이제, 나의 수염을 뽑는 자들에게 나의 뺨을 맡기며(사 50:6), 자기를 치는 자에게 뺨을 돌려대어 치욕으로 배불릴지어다(애 3:30), 또한 그들이 우리를 에워쌌으니 막대기로 이스라엘 재판자의 뺨을 치리로다(미 5:1) 등의 성경이 여기서 이루어졌다. 본문의 난외주는 채찍으로 때리고 라고 읽고 있다 (한글 개역개정판에는 없다). 에라피산이 그런 뜻을 함유하기 때문이다. 그리스도께서는 이런 일에도 굴복하신 것이다.

3. 먼저 그의 눈을 가리고, 그를 친 자가 누구인지 말하라고 하며 조롱하였다. 그리스도야 우리에게 선지자 노릇을 하라 너를 친 자가 누구냐? (1) 블레셋 사람들이 삼손을 데리고 장난친 것처럼 그들도 그리스도를 그렇게 대하였다. 비참한 지경에 처한 자들에 대해 사람들이 농담하며 즐거워해도 괴로운 일인데, 그 당사자를 앞에 놓고서 농담을 지껄이며 장난친다면 이는 정말 괴로운 일이다. 이는 인간 본성에게 있을 수 있는 최악의 부패와 타락이 드러난 경우로서, 사람들의 인간성을 회복시켜 줄 신앙이 절대적으로 필요하다는 것을 보여주는 것이었다. (2) 그들은 그의 선지자 직분을 갖고 장난을 쳤다. 그들은 그가 선지자라 불려지며 놀라운 일들을 드러내는 것으로 유명한 것을 들은 바 있었다. 그들은 이것에 대해 그를 비방하며 그것을 심문하는 시늉을 한 것이다. 마치 신적인 전지하심이 어린아이들의 장난에 굴복해야만 되기라도 하듯이 말이다. 마치 벨사살이 성전의 그릇들을 갖고 장난친 것처럼, 스스로 속되게 성경을 갖고 농담을 지껄이며 스스로 거룩한 것들로 장난치는 자들이 그리스도께 대해서도 비슷하게 장난치는 것이다.

[69]베드로가 바깥 뜰에 앉았더니 한 여종이 나아와 이르되 너도 갈릴리 사람 예수와 함께 있었도다 하거늘 [70]베드로가 모든 사람 앞에서 부인하여 이르되 나는 네가 무슨 말을 하는지 알지 못하겠노라 하며 [71]앞문까지 나아가니 다른 여종이 그를 보고 거기 있는 사람들에게 말하되 이 사람은 나사렛 예수와 함께 있었도다 하매 [72]베드로가 맹세하고 또 부인하여 이르되 나는 그 사람을 알지 못하노라 하더라 [73]조금 후에 곁에 섰던 사람들이 나아와 베드로에게 이르되 너도 진실로 그 도당이라 네 말소리가 너를 표명한다 하거늘 [74]그가 저주하며 맹세하여 이르되 나는 그 사람을 알지 못하노라 하니 곧 닭이 울더라 [75]이에 베드로가 예수의 말씀에 닭 울기 전에 네가 세 번 나를 부인하리라 하심이 생각나서 밖에 나가서 심히 통곡하니라

여기서 우리는 베드로가 주님을 부인한 이야기를 접하게 되는데, 이 이야기가 그리스도의 고난의 일부로 기록되어 있다. 우리 주 예수는 지금 대제사장의 집에 계셨다. 거기서 심문받으시는 것이 아니라 조롱과 모욕을 당하고 계셨다. 그러니 옆에 친구들이 있는 것을 보셨다면 조금이라도 위로가 되었을 것이다. 그러나 그 저택에는 베드로 이외에는 그의 친구들이 아무도 없었다. 그러나 그 마저도 차라리 멀리 떨어져 있었으면 더 좋았을 것이다. 그가 어떻게 시험에 빠졌고 또한 어떻게 회개하여 회복되었는지 관찰하라.

I. 베드로의 죄. 모든 일을 신실하게 다루는 성경 기자답게 이 기사가 공평하게 기록되고 있다. 관찰하라.

1. 베드로가 죄를 짓게 된 직접적인 계기. 그는 대제사장의 종들 가운데 집 바깥의 뜰에 있었다. 주목하라. 악인들과 어울리는 것이 죄를 범하는 계기가 되는 경우가 허다하다. 그리고 쓸데없이 그런 상황 속에 자기를 몰아넣고, 마귀의 마당을 밟고 다니며, 마귀의 무리들 속으로 들어가는 자는 베드로처럼 시험을 받고 올무에 빠지거나 아니면 그의 주님처럼 모욕과 수치를 당하거나 둘 중의 하나다. 죄를 범하거나 괴로움을 당하거나 하지 않고서는 그런 상태에서 벗어나기가 거의 어려운 법이다. 하나님의 계명과 자기 자신의 언약을 지키고자 하는 자는 악을 행하는 자들에게 나를 떠날지어다라고 말해야 한다(시 119:115). 베드로는 새로이 회심한 자들에게, 이 패역한 세대에서 구원을 받으라라고 경계하였는데(행 2:40), 이는 그 자신의 경험에서 우러난 발언이었다 할 것이다. 그도 한 번 그들 가운데 행했다가 스스로 멸망에 빠질 뻔했기 때문이다.

2. 그에게 닥친 시험. 그는 갈릴리 사람 예수와 함께 한 자로 지목받았다. 처음에는 한 여종이 그랬고, 또 다른 여종이 그랬고, 그 다음에는 나머지 모든 종들이 그를 그렇게 지목하였다. 너도 갈릴리 사람 예수와 함께 있었도다(69절). 또 다시, 이 사람은 나사렛 예수와 함께 있었도다(71절). 그리고 다시, 너도 진실로 그 도당이라 네 말소리가 너를 표명한다(73절). 갈릴리 사람들의 사투리 발음이 다른 유대인들의 발음과 달랐던 것이다. 그 말소리가 그리스도의 제자임을 표명하는 사람은 복된 자요, 말에서 풍겨나는 거룩함과 진지함으로 예수와 함께 있었다는 것이 드러나는 사람은 과연 복된 자라 할 것이다! 그들이 그리스도에 대해 얼마나 조롱조로 이야기하는지를 보라. 갈릴리 사람 예수요 나사렛 예수라 부른다. 곧, 그의 출신 지방으로 그를 비하하는 것이다. 그리고 베드로를 또 얼마

나 경멸적으로 대하는가! 이 자(this fellow. 한글 개역개정판에는 이 사람으로 되어 있음). 마치 그런 사람이 자기들의 무리 중에 있다는 것 자체가 모욕이라고 생각하기라도 한 것처럼 말이다. 그러나 그가 예수와 함께 있었다는 것 외에는 달리 그를 비난할 것이 없었다. 그러나 예수와 함께 있었다는 것만으로도 그는 미심쩍은 자요 의심의 소지가 다분한 자로 간주된 것이다.

3. 그 죄 자체. 베드로는 자신이 그리스도의 제자 중 하나라는 의심을 받자 곧바로 그것을 부인하였다. 그는 자신이 그렇다는 것이 부끄러웠고 또한 두려웠고, 그리하여 주위의 모든 사람들이 자신이 그를 알지도 못하고 그에 대해 관심이 없다고 믿어주기를 바랐다.

(1) 처음 그 사실을 지적받고서, 그는 나는 네가 무슨 말을 하는지 알지 못하겠노라라고 하였다. 이것은 슬쩍 핑계를 대는 답변이었다. 그는 자신이 그 여종의 말을 알아듣지 못한 것처럼 속였다. 그 여자가 말한 그 갈릴리 사람 예수가 누구인지도 모르며, 혹은 그와 함께 있었다는 말이 무슨 뜻인지 모르는 것처럼 대답했고, 그리하여 자기 마음속에 가득 차 있는 것을 전혀 낯선 것으로 만든 것이다. [1] 우리 자신의 생각이나 애착, 관심 등을 오도하며, 우리가 알고 있고 생각하고 기억하고 있는 것을 모르고 생각하지도 않았고 기억하지도 못하는 체하는 것은 잘못이다. 이것은 다른 어떤 거짓말보다 우리가 더 빠지기 쉬운 거짓말이다. 왜냐하면 그렇게 하면 다른 사람이 쉽게 반박할 수가 없기 때문이다. 자기 자신 외에 누가 사람의 마음을 알겠는가? 그러나 하나님께서 그것을 아시니, 우리는 그를 경외함으로 이러한 악을 삼가야 할 것이다(잠 24:12). [2] 더욱이 그리스도를 부끄러워하여 그를 아는 지식을 인정하고 그를 고백해야 할 상황에서 그를 아는 우리의 지식을 부인하며 그를 고백하지 않고 슬쩍 넘어가는 것은 그보다 더 큰 잘못이다. 사실상 그것은 그를 부인하는 것이다.

(2) 또 다시 공격을 받자, 그는 퉁명스럽고도 분명하게 나는 그 사람을 알지 못하노라라고 말하고, 맹세로 자기의 말을 보증하였다(72절). 이는 결국 나는 그를 인정하지 않겠노라, 나는 그리스도인이 아니로다라고 말하는 것과 같았다. 그리스도를 아는 자가 곧 그리스도인이니 말이다. 왜 그랬느냐 베드로야? 법정에 죄인으로 서 계신 주님을 바라보면서도 그를 모른다고 말할 수 있었단 말이냐? 그를 따르기를 완전히 그만 둔 것이 아니냐? 너는 그의 옆에서 그를 보좌하던 자가 아니냐? 다른 누구보다 그를 더 잘 알지 않았더냐? 네가 그를 가리켜

그리스도시요 복되신 하나님의 아들이라고 고백하지 않았더냐? 그가 네게 보여준 그 모든 자비와 온유한 일들과 또한 그와 함께 누렸던 그 모든 친밀한 교제를 다 잊어버렸더냐? 그의 얼굴을 대면하고서도 그를 모른다고 말할 수 있겠느냐?

(3) 세 번째 공격을 받자, 그는 저주하며 맹세하여 이르되 나는 그 사람을 알지 못하노라고 하였다(74절). 이는 최악의 죄악이었다. 죄의 길은 내리막길인 법이다. 그가 저주하고 맹세한 것은, [1] 자기 말을 뒷받침하고 신뢰를 얻고, 그리하여 그들이 더 이상 의심하지 않도록 하기 위함이었다. 그는 그저 말하기만 한 것이 아니라 맹세하였다. 그러나 그가 한 말은 거짓이었다. 주목하라. 경솔한 맹세와 저주를 섞어서 하는 말은 그 진실성을 의심할 만하다. 마귀의 말들 외에는 마귀의 증거를 요하는 것이 없다. 제3계명의 제어를 받아 하나님을 조롱하기를 삼가지 않는 자는 형제를 속이지 말라는 제9계명도 지키지 않는 법이다. [2] 그는 그것을 자기가 그리스도의 제자가 아니라는 하나의 증거로 제시하고자 하였다. 왜냐하면 그들은 이런 식의 언어를 쓰지 않았기 때문이다. 저주하고 맹세하는 것만으로도 사람이 그리스도의 제자가 아니라는 것이 입증되고도 남는다. 왜냐하면 이것은 그의 이름을 망령되게 하려고 애쓰는 그의 원수들의 언어이기 때문이다.

이 이야기는 우리를 경계하기 위하여 기록된 것이다. 베드로의 과오와 비슷한 과오를 범하지 않도록 하기 위함이요, 직접적으로나 간접적으로나 우리가 그의 베푸신 것들을 거부하고 그의 영을 저항하며 그를 아는 우리의 지식을 부인하며 그와 그의 말씀을 부끄러워하고 그를 위해 고난당하기를 두려워하고 또한 고난당하는 그의 백성과 함께하기를 혐오함으로써, 우리를 값 주고 사신 그리스도 우리 주를 부인하는 일이 없도록 하기 위함인 것이다.

4. 이 죄를 더욱 무겁게 만드는 요인들. 이를 눈여겨봄으로써 우리 자신의 죄들 가운데서도 비슷한 과오를 관찰하는 것이 유익할 것이다. 생각해 보라. (1) 그가 누구였던가. 그는 사도요, 그 중에서도 첫째가는 세 사람 중 하나였고, 그리스도를 높이기 위하여 항상 가장 먼저 앞장서서 말하던 사람이었다. 신앙을 크게 떠벌릴수록, 그것에 따라 행하지 못할 때에 우리 죄가 더 커지는 법이다. (2) 주께서 그에게 그 당할 위험에 대해 얼마나 분명하게 경고하셨는가. 이 경고를 마음에 두었더라도 그는 그런 시험 속으로 자신을 몰아넣지는 않았을 것

이다. (3) 그리스도께서 심문당하시던 날 밤 그가 그를 끝까지 떠나지 않겠다고 얼마나 진지하고도 엄숙하게 약속했던가. "내가 주와 함께 죽을지언정 주를 부인하지 않겠나이다"(35절). 그러나 그는 이 약속을 산산조각 내버렸고, 그의 말은 전혀 시행되지 않았다. (4) 성찬을 마친 후 얼마나 속히 이 죄에 빠졌던가. 성찬에서 그런 구속의 사랑의 측량할 수 없는 보증을 받았는데, 이튿날 아침이 되기도 전 그 날 밤에 그의 구속자를 부인하고 그렇게 속히 돌아서 버린 것이다. (5) 그 시험이 상대적으로 얼마나 약했던가. 그를 예수의 제자라고 공격한 사람은 재판관도, 그 집의 관원도 아니었고, 어리석은 여종 한두 명이었다. 그들은 아마 그를 해칠 생각이 없었을 것이고 그가 시인했더라도 아무 조치도 하지 않았을 것이다. 이것은 마치 보행자와 함께 달리는 것과도 같은 것이었다(렘 12:5). (6) 그가 몇 번이나 그 죄를 반복했던가. 닭이 한 번 울고 나서도 그는 계속해서 시험에 빠져 있었고, 두 번째, 세 번째로 그 죄에 계속 빠졌다. 이것이 과연 베드로인가? 네가 어찌 그렇게 넘어졌는고!

이렇게 해서 그의 죄는 더욱 무거워졌다. 그러나 반면에 여기에 정상을 참작할 만한 요소도 있다. 곧, 그가 놀라서 엉겁결에 그렇게 말했다는 것이다(시 116:11). 그는 유다처럼 고의적으로 죄를 범한 것이 아니라, 깜짝 놀라서 얼떨결에 죄에 빠진 것이다. 그의 마음은 그것을 대적하고 있었다. 그가 정말 말을 잘못했으나, 자신이 알아차리기도 전에 경각 중에 그렇게 한 것이었다.

Ⅱ. 베드로가 자기의 죄를 회개함(75절). 그가 죄를 범한 내용은 우리로 하여금 죄를 짓지 말도록 교훈하기 위하여 기록된 것이다. 그러나 언제든 죄에 이끌렸을 때에는 속히 회개하여야 한다는 교훈을 이 기록을 통해 얻게 되는 것이다. 관찰하라.

1. 베드로로 하여금 회개하도록 만든 것은 무엇이었는가.

(1) 곧 닭이 울더라(74절). 닭이 우는 것은 흔히 있는 우연한 사건이다. 그러나 그리스도께서 그에게 경고하실 때에 닭이 울 것을 언급하셨기 때문에, 닭이 우는 소리를 듣고 정신을 차리게 된 것이다. 그리스도의 말씀은 그가 무슨 표적을 택하시든 그것에 의미를 부여할 수 있으며, 그 말씀을 통하여 그의 백성의 영혼에 큰 유익이 베풀어질 수 있는 것이다. 베드로에게는 세례 요한 대신 닭 우는 소리가 회개를 촉구하는 음성이었다. 우리에게는 양심이 우리가 잊어버린 것을 일깨우는 닭 우는 소리가 되어야 한다. 다윗의 마음이 그를 칠 때에 그

것은 곧 닭이 우는 것이었다. 영혼 속에 은혜의 살아 있는 원리가 있으면, 잠시 시험에 짓눌려 있더라도, 하나님께서 속에 역사하시면 약간의 힌트로도, 작은 메모 하나로도 곁길에서 돌이키게 되는 것이다. 닭이 우는 소리가 한 영혼이 회개에 이르는 계기가 된 복된 사실이 여기서 일어났다. 그리스도는 때때로 닭의 울음소리를 통해서 자비로이 임하시기도 하는 것이다.

(2) 예수의 말씀 … 이 생각나서. 그로 하여금 정신을 차리게 하고, 그리스도께 배은망덕을 범하였고 그리스도께서 자기에게 주신 그 은혜로운 경고를 가벼이 생각했던 자신의 과오에 대해서 경건한 슬픔으로 눈물을 흘리게 만든 것은 바로 주의 말씀이었다. 주목하라. 주 예수의 말씀을 진지하게 생각하는 것이 회개에로 이끌며 또한 죄에 대해 마음을 깨뜨리도록 돕는 강력한 자극제가 된다. 회개하는 자에게는 주 예수의 은혜와 그의 사랑의 증표들을 거슬러 죄를 지었다는 것만큼 한탄스러운 것이 없는 것이다.

2. 그의 회개가 어떻게 표현되었는가. 그가 밖에 나가서 심히 통곡하니라.

(1) 그의 슬픔은 은밀한 것이었다. 그는 자신이 대제사장의 집 안으로 들어왔다는 것부터 후회하며 바깥으로 나갔다. 자신이 올무에 빠져 있었다는 것을 깨닫고서 즉시 거기를 빠져나온 것이다. 그는 이미 앞문까지 나가 있었으니(71절), 거기서 밖으로 나갔더라면, 두 번째와 세 번째 그리스도를 부인하는 죄는 범하지 않았을 것이다. 그러나 그 때에 그는 다시 안으로 들어왔었는데, 이제는 밖으로 완전히 나가 다시는 들어오지 않은 것이다. 그는 밖으로 나가, 골짜기의 비둘기들처럼 슬피 울 수 있는(겔 7:16; 렘 9:1, 2) 은밀하고 한적한 곳으로 갔다. 그는 이 슬픈 때에 자신의 마음 자세가 흐트러지지 않게 하기 위하여 밖으로 나간 것이다. 이 세상의 잡다한 일들에서 가장 자유로울 때에, 하나님과의 교제에서 가장 자유로울 수 있는 것이다. 죄에 대해 애통할 때에는 각 족속이 따로 애통하고 그들의 아내들이 따로 하는 법이다(슥 12:11, 12).

(2) 그의 슬픔은 진지한 것이었다. 심히 통곡하니라. 죄에 대한 애통은 가벼워서는 안 되고, 마치 외아들을 위해 애통하는 것처럼 극심하고 깊어야 한다. 달콤하게 죄를 지은 자는 심히 울어야 한다. 왜냐하면 조만간 죄가 쓰라려오기 때문이다. 이 깊은 애통은 하나님의 정의를 보상하는 것은 아니지만(눈물로 바다를 이루어도 그것을 보상하지는 못한다), 참된 회개의 핵심인 마음의 진정한 변화의 증거로서 또한 죄 용서를 더욱 달게 받게 하며 미래의 죄를 더욱 혐오

하게 만드는 데에 필수요건이다. 베드로는 그리스도를 부인한 것에 대해 심히 통곡하였고, 그 이후 다시는 그를 부인하지 않았고, 자주 공개적으로, 또한 위험 중에서도 그를 고백하였다. 나는 그 사람을 알지 못하노라 라고 말하기는커녕, 이스라엘의 모든 집을 향하여 이 예수가 주(主)요 그리스도이심을 분명히 알게 하였던 것이다. 죄를 진정 회개하는 것이야말로 우리에게 그것과 정반대되는 은혜와 의무가 가득 차 있다는 것을 보여주는 최고의 증거다. 그것이야말로 우리의 극심하고도 진지한 통곡이 증표로 보여주는 것이다. 옛 사람 중에 어떤 이들은 말하기를, 베드로는 평생토록 닭 울음 소리를 들을 때마다 슬피 통곡하지 않은 적이 없었다고 한다. 죄에 대해 진정 애통하는 자들은 그것이 기억날 때마다 항상 애통하나, 그것이 하나님과 그의 자비와 은혜 가운데 있는 기쁨을 방해하는 것이 아니라 오히려 더 크게 증가시켜 줄 것이다.

제
— 27 —
장

개요

본 장에 기록되어 있는 우리 주 예수의 고난과 죽음에 관한 이야기는 매우 감동적이다. 그 내용 자체를 생각해 보아도 그보다 더 비극적인 이야기는 없을 것이다. 그렇게 순전하고 훌륭한 인물이 그렇게 학대를 당한다는 것에 보통 사람이면 누구나 마음이 녹아내릴 것이다. 그러나 그리스도의 고난의 계획과 그 열매를 생각하면, 예수 그리스도께서 우리의 죄를 위하여 그렇게 내어준 바 되셨다는 것이 복음이요 복된 소식이며, 따라서 그리스도의 십자가보다 더 자랑할 것이 아무것도 없는 것이다. 본 장에서는 다음을 관찰하라. I. 그가 고발되신 경위. 1. 그를 빌라도에게 넘김(1, 2절). 2. 유다의 절망(3-10절). 3. 빌라도 앞에서 그리스도께서 심문을 받으심(11-14절). 4. 백성들이 그를 대적하여 소동함(15-25절). 5. 선고가 내려지고 그의 사형 집행이 허가됨(26절). II. 그가 처형되신 경위. 1. 그가 야만적으로 희롱당하심(27-30절). 2. 사형장으로 끌려가심(31-33절). 3. 거기서 가능한 온갖 치욕이 그에게 가해짐(34-44절). 4. 하늘이 그에게 얼굴을 찌푸림(45-49절). 5. 그의 죽으실 때에 많은 놀라운 일들이 일어남(50-56절). 6. 그가 장사되시고 그의 무덤에 경비병이 보초를 섬(57-66절).

¹새벽에 모든 대제사장과 백성의 장로들이 예수를 죽이려고 함께 의논하고 ²결박하여 끌고 가서 총독 빌라도에게 넘겨 주니라 ³그 때에 예수를 판 유다가 그의 정죄됨을 보고 스스로 뉘우쳐 그 은 삼십을 대제사장들과 장로들에게 도로 갖다 주며 ⁴이르되 내가 무죄한 피를 팔고 죄를 범하였도다 하니 그들이 이르되 그것이 우리에게 무슨 상관이냐 네가 당하라 하거늘 ⁵유다가 은을 성소에 던져 넣고 물러가서 스스로 목매어 죽은지라 ⁶대제사장들이 그 은을 거두며 이르되 이것은 핏값이라 성전고에 넣어 둠이 옳지 않다 하고 ⁷의논한 후 이것으로 토기장이의 밭을 사서 나그네의 묘지를 삼았으니 ⁸그러므로 오늘날까지 그 밭을 피밭이라 일컫느니라 ⁹이에 선지자 예레미야를 통하여 하신 말씀이 이루어졌나니 일렀으되 그들이 그 가격 매겨진 자 곧 이스라엘 자손 중에서 가격 매긴 자의 가격 곧 은 삼십을 가지고 ¹⁰토기장

이의 밭 값으로 주었으니 이는 주께서 내게 명하신 바와 같으니라 하였더라

그리스도는 대제사장들과 장로들에게 사형 선고를 받고 그들의 손에 붙잡혀 계셨다. 그러나 그들은 그저 이를 갈 뿐이었다. 이 일이 있기 이년 전쯤에 로마 사람들이 유대인에게서 사형 집행권을 탈취하였고, 그리하여 그들은 아무도 죽일 수가 없었다. 그리하여 이튿날 아침 일찍 또 다른 회의를 열어 대책을 논의하였다. 이들이 겨우 두세 시간 정도 잠을 자고 나서 모인 새벽 회의에서 되어진 일을 여기서 보도하고 있다.

I. 그리스도에게 내린 선고를 집행하기 위해 그를 빌라도에게 넘겨줌. 이로부터 백여 년 전 유대는 폼페이우스(Pompey)에게 정복당하여, 그 이후 계속해서 로마의 속국으로 있었고, 최근에는 시리아 속주에 편입되어 시리아 총독의 관할 하에 있게 되었으며, 여러 명의 총독이 그 땅을 통치하였는데, 그들은 주로 세금 문제를 돌보아왔으나 때로는 총독이 자기에게 주어진 권한 전체를 완전히 발휘하기도 했는데, 특히 빌라도가 그러했다. 이것은 야곱의 예언에 따라(창 49:10) 규가 유다를 떠나고 또한 이제 실로가 와야 한다는 분명한 증거였다. 당시의 로마 작가들은 빌라도를 거칠고 오만한 심성을 지녔고, 사악하고 무자비하며 시기가 심하고 강압적인 사람으로 묘사하고 있다. 유대인들은 이 사람에 대해 큰 적개심을 가졌고 그의 통치에 지쳐 있있으나, 그리스도에 대한 그들의 악의를 실행시키는 도구로 그를 이용하였다.

1. 그들은 예수를 결박하였다. 그는 처음 붙잡히실 때에도 결박을 당하셨다. 그러나 법정에 들어가기 전에 그들이 그 결박을 풀어주었거나, 아니면 본래 결박을 당한 상태에다 다시 더 결박을 했을 것이다. 그가 유죄임이 선고되자, 보통 유죄 판결을 받은 범죄자들에게 행하듯이 그의 손을 등 뒤로 돌려 결박하였다. 그는 이미 사람에 대한 사랑의 끈에 자의로 결박을 당하여 계셨다. 그렇지 않았다면 삼손처럼 그 결박을 곧바로 끊어버리셨을 것이다. 우리는 악의 끈으로 결박당하여 있고 죄의 끈으로 묶여져 있으나, 하나님은 우리의 죄악의 멍에를 주 예수의 목에 얽어 매셔서(애 1:14) 그의 결박으로 말미암아 우리가 풀려나고 그가 채찍에 맞으므로 우리가 나음을 받게 하신 것이다.

2. 그들은 예수를 끌고 갔다. 의기양양하여, 마치 어린 양을 도수장에 끌고 가듯이 그렇게 끌고 갔고, 그는 곤욕과 심문을 당하고 끌려갔다(사 53:7, 8). 가야

바의 집에서 빌라도의 관저까지는 거의 일 마일(1.6km) 정도 떨어져 있었다. 그들은 예루살렘의 거리들을 통과하여 그를 그리로 끌고 갔고, 아침 시간이었으므로 거리에 사람들이 가득 들어차기 시작하는 때였고, 그리하여 그는 세상에 구경거리가 되신 것이다.

3. 그들은 예수를 본디오 빌라도에게 넘겨주었다. 그리스도께서 자신이 이방인에게 넘겨지리라고 자주 말씀하신 대로 되었다. 유대인과 이방인 모두가 하나님의 판단에 가증스런 존재들이어서 모두 죄 아래 있었고, 그리하여 그리스도께서는 유대인과 이방인 모두의 구주가 되셔야 했다. 그러므로 그리스도께서는 유대인과 이방인 모두의 재판에 회부되셨고, 유대인과 이방인 모두가 그의 죽음에 가담한 것이다. 이 부패한 교회의 집권자들이 국가의 관원을 악용하며 자기들의 불의한 선고를 집행하도록 이용하는 것을 보라. 불의한 법령을 만들며 불의한 말을 기록하며(사 10:1). 그와 같이 교황의 권력이 이 땅의 왕들을 그렇게 강제로 이용했고, 옳든 그르든 자기들이 이단으로 지목한 자들을 정죄하여 그 왕들의 정의의 칼은 물론 전쟁의 칼까지 동원하여 그들을 쓸어버리는 등, 자기들 마음대로 권력을 이용해온 것이다.

II. 유다가 그리스도를 배반하는 대가로 받은 돈을 그들에게 다시 돌려주고, 절망 가운데서 스스로 목을 매어 죽음. 대제사장들과 장로들은 이 돈으로 그리스도를 처단하는 일을 도모하여, 그의 제자로 하여금 그를 그들에게 팔도록 하였다. 그런데 그 일이 한참 진행 중인 때에 그 끈이 실패로 돌아갔고, 심지어 유다가 그들에게 그리스도의 무죄함을 대변하는 증인이 되며, 또한 하나님의 정의의 기념비가 된 것이다. 이 일은 다음과 같은 효과를 내었다. 1. 고난 중에 계신 그리스도의 영광이 드러났고, 유다 속에 들어가 역사한 사탄에 대한 그의 승리의 사례가 되었다. 2. 그를 박해하는 자들에게 경고가 되었고, 그들을 더욱 용서받지 못할 죄인들로 버려 두었다. 만일 그들의 마음이 이 악을 행하는 일에 완전히 몰입되어 있지 않았더라면, 유다의 말과 행동으로 예수에 대한 모든 악행이 거기서 중단되었을 것이라고 생각할 만하다.

(1) 여기서 유다의 후회를 보라. 이는 베드로의 경우와는 달랐다. 베드로는 회개하였고 믿었고 용서함을 받았다. 그러나 유다는 후회하였고 절망하였고 멸망하였다. 여기서 관찰하라.

〔1〕그로 하여금 후회하게 만든 요인. 그의 정죄됨을 보고 스스로 뉘우쳐. 아마

도 유다는 그리스도께서 스스로 그들의 손아귀에서 벗어나시든가 아니면 법정에서 자신을 위하여 변론하셔서 혐의를 벗으실 것이요, 그렇게 되면 그리스도께서 존귀를 얻으시고 유대인들은 부끄러움을 얻고 자기는 돈을 얻으니 아무런 해가 될 것이 없다고 생각했을 것이다. 그는 이런 일을 기대할 이유가 전혀 없었다. 왜냐하면 주께서 자신이 십자가에 못 박히셔야 한다는 말을 너무도 자주 들었었기 때문이다. 그러나 그럼에도 불구하고 아마도 유다는 그런 상황을 기대했을 것이며, 일이 자기의 헛된 망상대로 이루어지지 않고 그리스도께서 완전히 정죄를 받으시는 것을 보고서 두려움에 빠진 나머지 그렇게 했을 것이다. 주목하라. 하나님의 법에 의해서가 아니라 어떤 일의 결과들을 미리 예측하여 처신하는 자들은 자기들의 예측이 잘못되었다는 것을 깨닫게 될 것이다. 죄의 길은 내리막길이다. 그러니 우리의 걸음을 중단시키기가 쉽지 않다면, 우리와 함께 죄악된 길로 내려가는 다른 이들을 중단시키기는 더더욱 어려운 법이다. 그는 스스로 뉘우쳤다. 즉, 자기가 저지른 일을 돌아보고서 자기 자신에 대한 탄식과 고뇌와 분노로 가득 찼다. 주를 배반할 유혹을 받았을 때에는, 마치 포도주가 붉고 잔에서 번쩍이듯이(잠 23:31), 은 삼십이 매우 크고 좋게 보였다. 그러나 모든 일을 마치고 돈도 지불 받은 후에 보니, 은이 녹이 슬어 있었고, 마침내 뱀 같이 물고 독사 같이 쏘는 것이었다(잠 23:32). 이제 그의 양심이 그의 얼굴을 때렸다. "내가 대체 무슨 일을 저질렀는가! 그렇게 하찮은 것에 내 주를 팔다니, 그리고 그의 안에서 누린 나의 모든 위로와 행복을 팔아버리다니, 이 얼마나 몹쓸 짓이며 바보 같은 짓이란 말인가! 주께서 당하신 이 모든 치욕과 불명예스런 것들은 모두가 내가 저지른 것이로다. 그가 결박당하시고, 정죄받으시고, 침 뱉음과 내리침을 당하신 모든 것이 나 때문이로다. 처음에 그 악한 거래를 할 때에는 이렇게 되리라고는 생각하지 못했는데, 내가 정말 어리석었고, 무지하니 짐승과 같도다." 이제 그는 그가 지니던 가방을, 그가 탐하던 돈을, 그와 거래한 제사장들을, 그리고 그가 태어난 날을 저주한다. 주께서 그에게 선히 대하셨는데 그가 그것을 그렇게도 야비하게 저버린 것과, 그 자비와 사랑을 멸시한 것과, 또한 주의 분명한 경고를 자신이 가벼이 여긴 것들이 기억나서 그에게 가책이 되었고, 그로 인하여 더욱더 마음에 찔렸다. 이제 그는, 그 사람은 차라리 태어나지 아니하였더라면 제게 좋을 뻔하였느니라라는 주의 말씀이 참임을 깨달았다(26:24). 주목하라. 죄는 곧바로 그 맛이 바뀐다. 마치 요한의 책처럼(계 10:9) 비록 달게 여겨 혀 밑에 감추고 있을지라도 뱃속에 들어가면 독사의 쓸개가 되는 것이다(욥 20:12-14).

〔2〕 그의 뉘우침의 표현들.

첫째로, 돈을 되돌려 주었다. 그는 대제사장들과 장로들이 공적으로 함께 모여 있을 때에 그 은 삼십을 그들에게 도로 갖다 주었다. 이제 그 돈이 그의 양심을 찔렀으므로 전에 좋아하던 그만큼 이제는 그것에 염증이 난 것이다. 주목하라. 그릇 행하여 얻은 것은 그 얻는 사람에게 절대로 유익을 주지 못한다(렘 13:10; 욥 20:15). 그리스도를 배반하기 전에 회개하고 돈을 돌려 주었더라면 위로를 얻을 수 있었을 것이다. 그러나 이제는 너무 때가 늦었고, 이제는 아무리 후회해도 두려움을 없앨 수가 없고, 그런 일을 저지른 것이 천번 만번 후회스러울 뿐이었다. 약 5:3을 보라. 이런 상태에서 돈을 도로 돌려 준 것이다. 주목하라. 부당하게 얻은 것은 지니고 있어서는 안 된다. 계속 그것을 지니는 것은 그것을 얻은 그 죄 가운데 계속 나아가는 것이요, 그런 상태에서는 아무리 고백을 해도 일관성이 없는 뉘우침일 뿐이기 때문이다. 그는 그 돈을 준 사람들에게 돌려 주어서 자신이 그 거래를 뉘우치고 있다는 것을 알게 하였다. 주목하라. 다른 이들을 자기의 죄에 연루시켜서 죄를 범하게 만든 자들은 하나님께서 뉘우침을 주실 때에 그 다른 사람들에게 그들이 죄에 연루되었음을 알려 주어야 한다. 그것이 그들로 하여금 회개하게 하는 수단이 될 수도 있기 때문이다.

둘째로, 고백하였다. 내가 무죄한 피를 팔고 죄를 범하였도다(4절). 1. 그는 그의 피를 무죄하다고 선언하여 그리스도의 존귀하심을 드높였다. 유다가 비록 죄악된 행위로 말미암아 죄를 지었더라도 그는 그리스도의 제자였으므로 분명 자신이 죄를 범한 사실을 알았을 것이고, 또한 그를 배반한 자로서도 그 사실을 발견했을 것이다. 그런데 그는 아무런 권고도 받지 않은 상태에서 자의로 그리스도의 유죄를 선언한 자들의 면전에서 그리스도의 무죄를 선언한 것이다. 2. 그는 자신이 그리스도를 배반하여 죄를 지었음을 고백하여 스스로 자신의 수치를 드러내었다. 그는 다른 누구의 탓도 하지 않고, 또한 "나를 그런 일에 끌여들였으니 네가 범죄하였다"고 말하지도 않고, 모든 것을 자기의 책임으로 돌린다. "내가 그 일을 했으니 내가 죄를 범하였도다." 여기까지 유다는 자신의 회개를 향하여 나아갔으나, 그러나 구원에 이르는 회개는 아니었다. 그가 고백하였으나 하나님께 한 것은 아니었다. 하나님께 나아가서, 아버지여 내가 하늘을 거슬러 범죄하였나이다라고 고백한 것이 아니다. 그는 자신이 무죄한 피를 판 사실을 고백하였으나 돈에 대한 사악한 사랑을 고백하지는 않았다. 그런데 바로 그것이 이 악의 뿌리였던 것이다. 그리스도를 팔면서도 그 일에서 자기를 정당화시키며, 그리하여 유다에게도 못 미치는 자들이 있다.

(2) 대제사장들과 장로들이 유다의 후회에 찬 고백을 듣고 어떻게 반응했는지를 보라. 그들은, 그것이 우리에게 무슨 상관이냐? 네가 당하라라고 대답하였다. 유다는, 이를테면, 그들을 고해 신부(confessors)로 삼았는데, 고작 그것이 그들이 그에게 준 사면(赦免: absolution)이었다. 그러니 그들은 거룩하신 살아 계신 하나님의 제사장들보다는 마귀의 제사장들을 더 닮았다 할 것이다.

〔1〕 여기서 그들이 그리스도를 판 일을 얼마나 무관심하게 이야기하는지를 보라. 유다는 그들에게 그리스도의 피가 무죄한 피라고 이야기했는데, 그들은 그것이 우리에게 무슨 상관이냐? 라고 하였다. 그들이 이 피를 흘리기를 갈구하였고 유다를 매수하여 그 피를 팔도록 했고 지금은 정죄하여 부당하게 그 피를 흘리도록 만들었는데, 과연 그것이 그들에게 아무런 상관이 없는가? 이것이 과연 그들에게 아무것도 아니란 말인가? 유다의 이 말을 듣고도 과연 자기들이 저지른 폭력을 돌이켜보게 되지 않고, 이 의로운 사람에게 행한 일을 돌아보고 경계를 받지 못했단 말인가? 과연 어리석은 자들은 지극히 큰 악을 저지르고서도 마치 아무런 위해도 가하지 않은 것처럼 죄를 조롱하는 법이다. 십자가에 달리신 그리스도에 대해 이렇게 가벼이 대하는 이들이 많다. 그가 그런 일을 당한 것이 그들에게 무슨 상관이냐?

〔2〕 여기서 그들이 유다의 죄에 대해 얼마나 무관심하게 이야기하는지를 보라. 유다는, 내가 죄를 범하였도다라고 말하였는데, 그들은 "그것이 우리에게 무슨 상관이냐? 네가 지은 죄에 우리가 상관할 것이 무엇이냐?"라고 하였다. 주목하라. 다른 사람들의 죄가 우리와 상관이 없다고 생각하는 것은, 특히 우리가 어떤 식으로든 관여되어 있을 경우에는 더욱더, 어리석은 일이다. 하나님이 모욕을 당하시고 영혼이 상처를 입고 사탄이 쾌재를 부르고 그의 목적이 이루어지며, 더욱이 우리가 그런 일을 돕고 부추겼는데도 그것이 우리에게 아무것도 아니란 말인가? 이스르엘의 장로들이 이세벨을 기쁘게 하기 위해서 나봇을 죽인다면, 그것이 과연 아합과 아무런 상관이 없는 일인가? 아니다. 아합이 그의

포도원을 차지했으니 그가 그를 죽인 것이다(왕상 21:15). 죄에 대한 책임은 몇몇 사람들이 생각하는 것처럼 그렇게 쉽게 전가되는 것이 아니다. 그들은, 만일 이 문제로 인하여 죄책이 있다면 유다더러 그것을 보고 그것을 당하라고 하였다. 그 이유는, 첫째로, 그가 예수를 그들에게 팔아 넘겼기 때문이다. 물론 그의 죄가 더 컸다(요 19:11). 그러나 그렇다고 해서 그들의 죄가 전혀 죄가 아닌 것이 되는 것은 아니었다. 다른 사람들의 죄를 무겁게 만들어서 우리 자신의 죄를 가볍게 만들려 하는 것이야말로 인간의 마음의 간사함이 드러나는 비근한 사례인 것이다. 그러나 하나님의 판단은 경중의 비교에 따라 되는 것이 아니라 진실에 따라 이루어지는 것이다. 둘째로, 그는 예수가 무죄하다는 것을 알고 믿었기 때문이다. "만일 그가 무죄하다면 너는 그렇게 보라. 그러나 우리는 모른다. 우리는 그가 유죄임을 선고했으니 그를 유죄로 인정하고 정당하게 처리할 뿐이다." 악한 행위는 악한 원칙을 통해서 뒷받침을 받는데, 특히 이 경우에 그러하다. 죄는 오로지 죄라고 생각하는 자에게만 죄일 뿐이요, 따라서 선한 사람도 우리가 악인으로 알아서 박해하면 그것이 전혀 해가 되지 않는다는 식의 논리다. 그러나 실상 그렇게 생각하는 자는 하나님을 조롱하는 것이요, 자기들 자신을 속이고 망치는 것이다.

〔3〕 여기서 그들이 유다가 당한 뉘우침과 두려움과 후회에 대해 얼마나 무관심하게 이야기하는지를 보라. 그들은 죄악된 일로 그를 이용하기를 기뻐했고, 그 때에는 그를 매우 좋아했다. 유다가 그들에게 와서, 내가 예수를 너희에게 넘겨주리니 얼마나 주려느냐? 라고 했을 때 그 이상 반가운 것이 없었다. 그 때에 그들은 그것이 우리에게 무슨 상관이냐? 라고 말하지 않았다. 그러나 이제 그가 자신의 죄로 인하여 두려움에 빠지자 그들은 그를 거추장스럽게 여겼고, 그 스스로 공포에 빠지도록 내버려 둘 수밖에 달리 할 말이 없었다. 어째서 그가 이런 우울한 망상을 그들에게 늘어놓고 괴롭게 만든단 말인가? 그들은 다른 일에 바빠서 그에게 관심을 쓸 겨를이 없었다. 그런데 어째서 그들이 그렇게 그를 제대로 대하기를 꺼렸는가? 첫째로, 어쩌면 그들이 유다의 뉘우침을 받아주다가 자기들 자신의 양심에까지 거리낌을 받고 그의 슬픔을 들어주다가 자기들 자신까지 뉘우치게 될까 두려웠기 때문일 것이다. 주목하라. 완악한 죄인들은 뉘우치지 않도록 단단히 경계한다. 그리고 후회하지 않기로 결심한 자들은 후회하는 자들을 경멸한다. 둘째로, 그러나 그들은 유다를 구해 줄 의사가 전혀

없었다. 일단 그를 함정에 집어넣고나자, 그를 버렸을 뿐 아니라 그를 비웃은 것이다. 주목하라. 죄인이 뉘우치게 되면 과거에 함께 죄 가운데서 어울리던 자들이 정말 형편없는 동료들이었음을 깨닫게 된다. 배반을 좋아하는 자들도 배반자는 미워하는 것이 보통이다.

(3) 이로써 유다는 완전한 절망에 빠져버렸다. 대제사장들이 그에게 예수의 소송 사건을 중단하겠다고 약속했더라면 그에게 조금이나마 위로가 되었을 것이다. 그러나 그럴 가망이 전혀 없는 것을 보고 그는 절박해졌다(5절).

〔1〕 그는 은을 성소에 던져 넣었다. 대제사장들은 돈을 돌려 받지 않았다. 돈을 받음으로써 모든 책임이 자기들에게 돌아갈까 두려웠기 때문이다. 그들은 유다가 그 짐을 다 지기를 바랐던 것이다. 유다는 그 돈을 갖고 있지 않으려 했다. 너무나 뜨거워 손에 쥐고 있을 수가 없었다. 그리하여 그는 억지로라도 대제사장들의 손에 들어가도록 그 돈을 성전에 던져 넣었다. 죄의 책임이 함께 결부되니 그 돈이 굉장한 마취제가 되어버린 것이다.

〔2〕 그는 물러가서 스스로 목매어 죽었다. 첫째로, 그는 물러갔다. 물러가서, 아네코레세. 그는 어딘가 한적한 곳으로 물러갔다. 귀신들린 자가 귀신에 이끌려 광야로 들어간 것처럼 말이다(눅 8:29). 절망 중에 있고, 게다가 홀로 있는 자에게 화가 있을진저! 유다가 그리스도께로, 혹우 몇몇 제자들에게로 갔다면 ― 물론 자신의 처지가 정말 힌심했으나 ― 어쩌면 그래도 약간의 위로는 받았을지 모른다. 그러나 대제사장들과 만나느라 그렇게 하지 못하였고, 결국 그는 절망에 빠져 버렸다. 그리고 제사장들의 도움을 받아 그를 죄에로 끌어넣은 그 동일한 마귀가 그들의 도움을 받아 그를 절망 속으로 몰고 간 것이다. 둘째로, 그는 자신의 사형집행자가 되었다. 스스로 목매어 죽은지라. 하몬드 박사는 그는 슬픔과 고뇌로 질식하였다고 한다. 그러나 휘트비 박사는 현재의 영역본의 번역이 옳다는 것을 분명히 하고 있다. 유다는 죄를 보았고 느꼈으나 그리스도 안에 있는 하나님의 긍휼하심을 깨닫지 못하였고, 그리하여 죄악 중에 패망한 것이다. 그의 죄 자체는 사하심을 얻지 못하는 것이 아니었다고 생각할 수 있을 것이다. 그리스도를 배반하고 살해한 자들 중에 구원받은 자들도 있었다 그러나 그는 가인처럼 자신의 죄악이 사하심받을 수 있는 정도를 넘어섰다고 결론지었고, 그리하여 하나님의 긍휼하심보다는 차라리 마귀의 자비에다 자신을 던져 버린 것이다. 어떤 이는 말하기를, 유다는 주님의 피를 판 것보다 하나

님의 긍휼하심에 대해 절망한 죄가 더 크다고 하였다. 이제 전능하신 하나님에 대한 처절한 공포가 그를 대적하여 공격을 준비하고 있었다. 하나님의 책에 기록된 모든 저주들이 이제 물 같이 그의 몸 속으로 들어가며 기름 같이 그의 **뼈** 속으로 들어갔고(시 109:18, 19), 그리하여 그는 이런 절박한 처지에 몰렸고, 그는 자기 속에 있는 지옥에서 도망하여 이처럼 완전하고 영구한 두려움과 절망 속으로 몸을 던진 것이다. 그는 불꽃을 피하려고 불 속에 자신을 던지지만, 편안해지기 위해 지옥으로 들어가는 이 사람이야말로 정말 비참한 것이다.

　그런데 이 이야기에서 우리는, 1. 사탄이 속에 들어와 역사하는 자들과, 또한 돈을 사랑하는 데에로 내버려진 자들의 비참한 말로의 한 사례를 보게 된다. 이것이 많은 사람들이 빠져 죽은 멸망이다(딤전 6:9, 10). 마귀가 들어간 돼지와 또한 배반자가 결국 어떻게 되었는지를 기억하고 **마귀에게 틈을 주지 말**라. 2. 사람의 불경건함과 불의에 대해 하늘로부터 나타난 하나님의 진노(롬 1:18)의 한 사례를 보게 된다. 베드로의 이야기에서 하나님의 선하심을 바라보고 또한 몇몇 죄인들의 회심에서 그리스도의 은혜의 승리를 보듯이, 유다의 이야기에서는 하나님의 처절하심을 바라보고 또한 다른 죄인들의 혼란스러움에서 그리스도의 능력과 정의의 승리를 보게 된다. 사탄이 들어가 역사했던 유다가 이렇게 목매어 죽음으로써, 그리스도께서는 통치자들과 권세들을 무력화하여 드러내어 구경거리로 삼으신 것이다(골 2:15). 3. 절망의 처참한 효과들의 한 사례를 보게 된다. 그것이 자살로 끝나는 경우가 많다. 근심은 ― 심지어 죄에 대한 근심일지라도― 하나님의 뜻대로 하는 것이 아니면 **사망을**, 그것도 지극히 처참한 종류의 사망을 이루는 것이다(고후 7:10). **심령이 상하면 그것을 누가 일으키겠느냐?**(잠 18:14). 사하심을 얻지 못한다는 생각만 없다면 죄에 대해서 가능한 최악의 경우를 생각하자. 우리 자신에게서 도움을 얻는 일에 대해서는 절망의 자세를 갖자. 그러나 하나님의 도우심에 대해서는 그렇게 해서는 안 된다. 자기 목숨을 파괴시킴으로써 자기의 양심을 편안케 하리라고 생각하는 자들은 결국 감히 전능하신 하나님으로 하여금 최악의 일을 하시도록 만드는 것이다. 이교도 도덕론자들 중에는 자살을 제시하기도 하나, 아무리 질병이 심하다 할지라도 그것은 질병 자체보다 더 나쁜 치료법이다. 우울한 상태가 시작되는 것을 잘 살피고, 주여 시험에 들게 하지 마옵소서라고 기도하자.

　(4) 유다가 던져 놓은 돈의 처리(6-10절). 그 돈으로 **토기장이의 밭**이라 불리

는 밭을 사는 데 썼다. 그 밭을 그렇게 부른 것은 토기장이가 그것을 소유했거나 거기에나 혹은 그 가까이 살았기 때문이거나, 아니면 깨어진 토기들이 그 밭에 던져졌기 때문일지도 모른다. 그리고 이 밭은 나그네들, 즉 다른 민족에 속하나 유대교로 개종한 자들이 예루살렘에 예배하러 왔다가 거기서 죽을 경우 그 시체를 매장하는 곳으로 쓰이게 되었다.

〔1〕 나그네를 매장하는 수고를 했다는 것은 그들의 인간성의 단면을 보여주며, 이는 그들 스스로(사도 바울이 행 24:15에서 말씀했듯이) 의인과 악인의 부활이 있으리라는 것을 용인하였음을 시사한다. 죽은 자의 시체가 이성을 지닌 영혼의 거소였기 때문만이 아니라 그것이 다시 그렇게 될 것이기 때문에 시체를 그렇게 조심스럽게 처리하는 것이다. 그러나,

〔2〕 마치 나그네들이 자기들의 매장지에 묻힐 만한 가치가 없기라도 하듯이, 그들 스스로 아무 곳에나 나그네를 매장하였는데, 이는 그들의 겸손을 보여주는 사례가 아니었다. 나그네는 살아 있거나 죽었거나 간에 거리를 유지해야 했다. 그리고 그 원칙은 무덤에까지 적용되었다. 너는 네 자리에 서 있고 내게 가까이 하지 말라 나는 너보다 거룩함이라(사 65:5). 셋의 자손들은 아브라함을 선히 대한 것이다. 그가 그들 중에 나그네였으나 그들은 그에게 자기들의 무덤 가운데 가장 좋은 것을 그에게 제공했기 때문이다(창 23:6). 스스로 여호와께 합류한 나그네의 자손들은 자기들끼리 매장될지라도 그리스도 안에서 죽은 모든 자들과 함께 일어날 것이다.

토기장이의 밭을 사는 일은 그리스도께서 죽으신 날이 아니라(그 때에는 그들이 그를 처단하는 데에 온 신경을 다 쏟았으므로 다른 일에는 전혀 여력이 없었다) 그로부터 조금 시일이 지난 후에 이루어졌다. 그리스도께서 승천하신 직후에 베드로가 그것에 대해 언급하기 때문이다. 그런데도 그것이 여기에 기록된 것은,

첫째로, 대제사장들과 장로들의 외식을 드러내기 위함이다. 그들은 복되신 예수를 악의로 박해하고 있었다. 그런데, 1. 그들은 배반자를 매수한 그 돈을 고르반으로 삼아 성전고에 집어넣기를 꺼렸다. 그 돈이 본래 공공의 선을 위한다는 명목으로 성선고에서 꺼낸 것이었고 또한 그들이 고르반에 대해서 무척 까다로운 자들로서 국가의 모든 재산을 고르반으로 삼으려고 애를 쓰는 자들이었으나, 그 돈은 거기에 집어넣으려 하지 않았다. 왜냐하면 그것이 핏값이었기

때문이다. 배반자를 매수한 돈은 창녀를 산 값과 동등한 것이요 악인(그들은 그리스도를 악인으로 만들었다)의 값은 개의 값과 동등한 것으로 여겼으므로, 그 중에 어느 것도 여호와의 전에 가져오는 것이 금지되었던 것이다(신 23:18). 그리하여 그들은 성전을 귀하게 높이는 사고를 갖고 있다는 것을 보여줌으로써 백성들의 신망을 유지하려 하였다. 그러니 그들은 하루살이는 걸러내고 낙타는 삼킨 것이다. 2. 그들은 비록 자기들 자신의 돈은 아니지만 이 돈으로 나그네를 위해 묘지를 제공해 주는 공적인 선행을 함으로써 자기들이 행한 일에 대해 상쇄시킬 수 있다고 생각하였다. 그리하여 무지한 시대에는 사람들을 교회당들을 건축하고 수도원들을 후원하면 그들이 범한 부도덕한 행위들이 상쇄된다고 믿게끔 가르쳤다.

둘째로, 그리스도의 피로 말미암아 의도되는 은혜가 나그네들, 곧 이방의 죄인들에게 베풀어지는 것을 나타내기 위함이다. 그의 핏값으로 그들에게 죽음 이후의 안식처가 제공되는 것이다. 많은 고대인들이 이 본문을 이렇게 적용하고 있다. 무덤은 토기장이의 밭으로서 시체들이 멸시받은 깨어진 그릇들로 간주되어 던져지는 곳이다. 그러나 그리스도는 그의 피로 값 주고, 이 땅에서 스스로 나그네로라 고백하여 더 나은 본향을 사모하는 자들을 위하여 그 밭을 사셨다. 그가 그 밭의 소유권을 변경해 놓으셔서(값을 주고 사는 자가 그렇게 하는 것처럼) 이제 죽음도 우리의 것이요, 무덤도 우리의 것이요 우리를 위한 안식의 침상이 된 것이다. 독일어로는 매장지를 하나님의 밭이라 부른다. 하나님께서 그 곳에다 그 백성을 한 알의 밀로 뿌리시기 때문이다(요 12:24; 또한 호 2:23; 사 26:19을 보라).

셋째로, 그리스도의 피를 사고 판 자들의 치욕을 영속화하기 위함이다. 이 밭은 보통 아겔다마, 피밭이라 불렸다. 대제사장들이 그렇게 부른 것이 아니다. 그들은 이 매장지에 자기들의 범죄에 대한 기억이 매장되기를 바랐다. 대제사장들은 아무런 언급도 하지 않았으나 백성들이 유다가 무죄한 피를 판 사실을 스스로 시인하였음을 알고서 그렇게 부른 것이다. 그들이 이 이름을 영구한 기념물로 삼아, 이 밭에다 붙여놓은 것이다. 주목하라. 하나님의 섭리는 여러 가지 방식으로 사람들의 — 심지어 위인들일지라도 — 사악한 행위들에 치욕을 남긴다. 그들이 아무리 자기들의 수치를 가리려 애써도 영원히 그들에게 욕되게 하는 것이다.

넷째로, 우리로 하여금 성경이 어떻게 성취되었는지를 보게 하기 위함이다. 이에 선지자 예레미야를 통하여 하신 말씀이 이루어졌나니(9, 10절). 여기 인용된 말씀은 스가랴의 예언에 나타난다(슥 11:12). 그런데 어떻게 여기서 그것이 예레미야를 통하여 하신 말씀이라고 하는가 하는 것은 어려운 난제다. 그러나 그리스도의 가르침의 신빙성이 여기에 의존되지는 않는다. 물론 사소한 기록상의 정황에서 무언가 인간적인 점이 나타나기는 하나 이 말씀 자체는 완전히 신적이라는 것이 입증되기 때문이다. 고대의 시리아 역본은 선지자의 이름은 언급하지 않고 그냥 이에 선지자를 통하여 하신 말씀이라고 읽으며, 그리하여 어떤 이들은 여기의 예레미야가 어떤 필사자에 의해 덧붙여진 것으로 생각해왔다. 어떤 이들은 선지자들의 책 전체가 한 권으로 되어 있고 예레미야의 예언이 그 첫 부분이었으므로, 필사자가 그 책에 속한 본문을 그의 이름을 붙여 인용하는 것이 부적절한 것이 아닐 수도 있다고 보기도 한다. 유대인들은 예레미야의 영이 스가랴 속에 있었으므로 그 둘이 마치 한 선지자와 같았다고 말하곤 했다. 어떤 이들은 이 말씀이 예레미야가 말씀했고 스가랴가 기록하였다고 보기도 하고, 혹은 스가랴서 9장부터 11장을 예레미야가 기록하였다고 보기도 한다. 그런데 선지자의 이 본문은 유대인들에 대한 하나님의 크나큰 경멸을 나타내는 것이다. 그들이 하나님께로부터 풍성한 것을 받고도 그렇게 보잘것없이 돌려드렸기 때문이다. 그 본문에서는 그저 비유적으로 표현된 것이었는데, 여기서는 그것이 실제로 행해진다. 돈의 금액도 은 삼십으로 동일하다. 그들은 이것을 달아서 품삯으로 삼아 주었다. 또한 이 돈이 여호와의 전에서 토기장이에게 던져졌는데, 여기서 이것이 문자 그대로 이루어지는 것이다. 주목하라. 성경의 언어와 표현을 더 잘 알게 되면, 섭리의 사건들을 더 잘 이해하게 될 것이다. 때로는 섭리의 경륜들이 너무도 분명하게 기록되어서 달리는 자도 읽을 수 있을 정도가 되는 경우도 있다. 다윗이 비유적인 뜻으로 말한 내용을(시 42:7), 요나는 문자 그대로 적용하였다. 큰 물이 나를 둘렀고 주의 파도와 큰 물결이 다 내 위에 넘쳤나이다(욘 2:3).

가격 매겨진 자의 값을 그 사람이 아니라 토기장이의 밭 값으로 준 것은 다음을 시사한다.

1. 그리스도께 높은 가격을 매겼어야 옳았다는 것. 값이 매겨졌으나 그것은 그리스도에 대한 것이 아니었다. 그 값을 그를 위하여 지불하자, 그것이 곧바

로 다시 경멸과 함께 되돌아왔다. 그의 가치에 비해서 무한히 낮다는 것이다. 그는 오빌의 금으로도 가격을 매길 수가 없고, 이 말로 할 수 없는 선물을 돈으로 살 수도 없는 것이다.

2. 그리스도께 매겨진 가격이 매우 낮았다는 것. 이스라엘 자손 중에 속한 그들이 이상스럽게도 그의 가치를 낮게 매겨서, 그의 가격으로는 눈여겨볼 가치도 없는 황량한 땅인 토기장이의 밭을 살 정도밖에는 못되었다. 그가 가격이 매겨져서 팔리는 것만 해도 그에게는 큰 치욕이었는데, 게다가 그렇게 낮은 가격으로 팔린 것이다. 스가랴서에서는 토기장이에게 던지라고 말씀한다. 곧, 가치를 제대로 따질 줄 아는 상인에게가 아니라 보잘것없는 하찮은 장사치에게 주라는 것이다. 여기서 관찰하라. 이스라엘 자손 중에서 그들이 그에게 그렇게 낮은 가격을 매겼다. 그 자신의 백성이었고, 그에게 어느 정도의 가치가 있는지를 더 잘 아는 자들이 그렇게 가격을 매긴 것이다. 그가 처음 보내심을 받았고, 그가 그들의 영광이셨으며, 그가 그렇게 높은 가치를 두어 그렇게 귀한 값을 주고 사신 자들인데, 그들이 그를 그렇게 무가치하게 대한 것이다. 그는 그들을 위해 왕의 속량물을 주셨고, 가장 풍요로운 나라들인 애굽과 구스와 스바를 속량물로 주셨다(사 43:3, 4. 그들이 그만큼 그의 눈에 보배롭고 존귀하였다). 그런데 그들은 그를 위해 노예의 속량물밖에는 지불하지 않았고(출 21:32을 보라), 그의 가치를 토기장이의 밭 정도의 값어치밖에는 보지 않았다. 우리를 위하여 값 주고 천국을 산 그 보배로운 피가 그렇게 발에 짓밟힌 것이다. 그러나 이 모든 일은 주께서 명하신 바와 같았다. 선지자의 이상이 그러했고, 그것은 이 사건을 예표하는 것이었다. 그리고 그 사건 그 자체도 그리스도의 고난의 다른 사례들처럼 하나님께서 정하신 뜻과 미리 아신 대로 이루어진 것이다.

¹¹예수께서 총독 앞에 섰으매 총독이 물어 이르되 네가 유대인의 왕이냐 예수께서 대답하시되 네 말이 옳도다 하시고 ¹²대제사장들과 장로들에게 고발을 당하되 아무 대답도 아니하시는지라 ¹³이에 빌라도가 이르되 그들이 너를 쳐서 얼마나 많은 것으로 증언하는지 듣지 못하느냐 하되 ¹⁴한 마디도 대답하지 아니하시니 총독이 크게 놀라워하더라 ¹⁵명절이 되면 총독이 무리의 청원대로 죄수 한 사람을 놓아주는 전례가 있더니 ¹⁶그 때에 바라바라 하는 유명한 죄수가 있는데 ¹⁷그들이 모였을 때에 빌라도가 물어 이르되 너희는 내가 누구를 너희에게 놓아 주기를 원하느냐 바

라바냐 그리스도라 하는 예수냐 하니 [18]이는 그가 그들의 시기로 예수를 넘겨 준 줄 앎이더라 [19]총독이 재판석에 앉았을 때에 그의 아내가 사람을 보내어 이르되 저 옳은 사람에게 아무 상관도 하지 마옵소서 오늘 꿈에 내가 그 사람으로 인하여 애를 많이 태웠나이다 하더라 [20]대제사장들과 장로들이 무리를 권하여 바라바를 달라 하게 하고 예수를 죽이자 하게 하였더니 [21]총독이 대답하여 이르되 둘 중의 누구를 너희에게 놓아 주기를 원하느냐 이르되 바라바로소이다 [22]빌라도가 이르되 그러면 그리스도라 하는 예수를 내가 어떻게 하랴 그들이 다 이르되 십자가에 못 박혀야 하겠나이다 [23]빌라도가 이르되 어찜이냐 무슨 악한 일을 하였느냐 그들이 더욱 소리 질러 이르되 십자가에 못 박혀야 하겠나이다 하는지라 [24]빌라도가 아무 성과도 없이 도리어 민란이 나려는 것을 보고 물을 가져다가 무리 앞에서 손을 씻으며 이르되 이 사람의 피에 대하여 나는 무죄하니 너희가 당하라 [25]백성이 다 대답하여 이르되 그 피를 우리와 우리 자손에게 돌릴지어다 하거늘

여기서 우리는 빌라도의 법정에서 되어진 일에 관한 기사를 접하게 된다. 복되신 예수는 오전에 때맞춰 그리로 끌려 가셨다. 빌라도는 즉시 그에 관한 사건을 다루었다. 여기서 관찰하라.

I. 그리스도께서 빌라도 앞에서 당하신 심문.

1. 그가 심문받으심. 예수께서 총독 앞에 섰으매. 그는 피고가 판사 앞에 서듯이 빌라도 앞에 섰다. 그리스도께서 이렇게 우리를 대신하여 죄가 되지 않으셨더라면, 우리는 우리의 죄 때문에 하나님 앞에 설 수도 없고, 그의 임재 앞에서 고개를 들 수도 없었다. 그가 고발되신 것은 우리를 무죄 방면받게 하기 위함이었다. 어떤 이들은 이것이 그리스도의 용기와 담대하심을 보여준다고 본다. 그는 그들의 모든 격노에도 전혀 동요가 없이 꿋꿋하게 서 계셨다. 그가 이렇게 이 법정에 서신 것은 우리를 하나님의 심판에 서게 하기 위함이었다. 그는 마치 나봇이 심문당할 때에 백성 가운데에 높이 앉혀진 것처럼 그도 서서 사람들의 구경거리가 되셨다.

2. 그에 대한 고발. 네가 유대인의 왕이냐? 유대인들은 현재 로마의 권력의 통지 아래 있었을 뿐 아니라 로마 정부로부터 매우 의심에 찬 감시를 받고 있었고, 그들 편에서는 그것을 지극히 혐오하고 있었으나, 여기서는 자기들의 목적을 관철시키기 위해 로마의 권력에 대해 관심이 있는 것처럼 행동하며 예수를

가이사의 원수로 고발하였다(눅 23:2). 이에 대해서 그들은 그가 스스로 그리스도로 행세한다는 것 외에는 다른 증거를 댈 수가 없었다. 그들은 그리스도가 누구든지 간에 그는 유대인의 왕이요 로마의 권세로부터 그들을 구원하고 그들을 위해 세속적인 권력을 회복시켜서 그들로 하여금 모든 이웃들을 짓밟을 수 있도록 해 주는 인물이라고 생각하였다. 그들 자신의 이 신기루 같은 논지에 따라서, 그들은 우리 주 예수를 로마의 권력에 반대하여 유대인의 왕으로 자처한다며 고발하였다. 그러나 그는 그가 그리스도라고 말씀하기는 했으나, 이런 그리스도를 뜻하신 것이 아니었다. 주목하라. 그리스도의 거룩한 신앙의 본질을 잘못 이해하여 그것을 대적하는 자들이 많다. 그들은 그것에다 그릇된 색깔을 입히고는 그것을 대항하여 싸우는 것이다. 그들은 총독에게, 그가 스스로 그리스도로 행세한다면 그것은 유대인의 왕으로 행세하는 것임을 확신시켰고, 총독은 그가 그 나라를 두루 다니며 왜곡시키고 그리하여 정권을 전복시킬 것을 당연한 이치로 받아들였던 것이다. 네가 왕이냐? 그가 실질적으로 왕이 아니셨다는 것은 분명했다. "그러나 네가 통치를 주장하거나 아니면 유대인들을 다스릴 권한을 갖고 있는 양 행세하느냐?" 주목하라. 그리스도의 거룩한 종교가 실제로 왕들과 군주들 모두에게 큰 유익을 주는데도, 마치 큰 해를 끼치기라도 하는 것처럼 국가 권력들의 의혹을 받는 어려운 상황을 맞은 적이 많았다.

3. 그리스도의 답변. 예수께서 대답하시되 "네가 말하도다. 네 말이 옳도다. 네가 의미하는 바와 같지는 않으나, 나는 왕이로다. 그러나 네가 의심하는 것 같은 그런 왕은 아니로다." 이렇게 해서 주님은 빌라도 앞에서 선한 고백으로 증언하셨고, 그것이 어리석게 보였으나 그는 자신이 왕이심을 인정하기를 부끄러워하지 않으셨고, 이 때에 그것이 위험하였으나 그는 전혀 두려워하지 않으셨다.

4. 증거(12절). 그는 대제사장들과 장로들에게 고발을 당하셨다. 그러나 빌라도는 혐의점을 찾지 못하였다. 그에 대해 온갖 말이 쏟아졌으나 아무런 증거도 제시되지 못했고, 이렇듯 증거가 충분치 못하자 그들은 시끄러운 소란과 폭력으로 증거를 삼으려 했고, 계속해서 똑같은 고발을 거듭하였다. 그러나 그들은 그렇게 계속 되풀이하면 총독을 억지로라도 믿게 만들 수 있다고 생각한 것이다. 그들은 비방하는 것뿐 아니라 강력하게 비난하는 것을 터득하고 있었다. 홀

룡한 사람들이 이렇게 최악의 범죄자로 비난받은 예가 많다.

5. 고발자들의 비난에 대해 죄인이 침묵으로 일관함. 아무 대답도 아니하시는 지라. (1) 대답할 상황이 아니었기 때문이다. 모든 것을 미리 계산하여 주장하고 있었던 것이다. (2) 그는 지금 그와 아버지 사이에 놓인 큰 관심사에, 즉 아버지께 자기 자신을 희생 제물로 드려서 그의 정의의 요구에 부응하시는 일에 완전히 몰입하여 계셨으므로 그들이 자기에 대해 억지로 주장하는 말에 대해서는 전혀 개의치 않으셨다. (3) 그의 때가 왔고, 그는 그 아버지의 뜻에 복종하셨다. 나의 원대로 마시옵고 아버지의 원대로 하옵소서. 그는 아버지의 뜻이 무엇인지를 아셨고, 그리하여 조용히 의롭게 판단하시는 그분께 자신을 의탁하신 것이다. 우리는 이렇게 침묵하여 우리의 목숨을 버려서는 안 된다. 그리스도는 그의 목숨의 주인이셨으나 우리는 우리 목숨의 주인이 아니기 때문이며, 또한 그리스도는 그의 때가 온 것을 아셨으나 우리는 알지 못하기 때문이다. 그러므로 우리는 욕을 당하되 맞대어 욕하지 않기를 배워야 할 것이다(벧전 2:23).

그런데, 〔1〕 빌라도는 그더러 무언가 대답을 하도록 종용하였다. 그들이 너를 쳐서 얼마나 많은 것으로 증언하는지 듣지 못하느냐?(13절). 그들의 그런 증언이 무엇이었는지는 눅 23:3, 5과 요 19:7 등에서 알 수 있다. 빌라도는 예수에 대해 악의가 전혀 없었으므로 그기 자신의 혐의를 깨끗하게 씻기를 바라고서, 그렇게 하라고 종용하였고, 또한 그가 그렇게 할 수 있다고 믿었다. 듣지 못하느냐? 그렇다. 그는 듣고 계셨고, 지금도 여전히 그의 진리와 그의 길을 거슬러 불의하게 제시되는 온갖 증언들을 다 듣고 계시다. 그러나 침묵으로 일관하신 것은 그 때가 그의 인내의 날이요, 따라서 아무 대답도 하지 않으신 것이다. 그러나 곧 대답하실 것이다(시 50:3). 〔2〕 그는 그의 침묵에 대해 심히 의아해하였다. 그것은 그 법정을 모욕하는 것이 아니라, 자기 자신을 경멸하는 것으로 해석되었고, 그러므로 빌라도는 그것에 대해 화를 내지 않고, 크게 놀라워하였고, 매우 이상스런 일로 받아들였다. 빌라도는 그가 무죄하다고 믿었고, 어쩌면 그처럼 말하는 사람이 없었다는 이야기를 이미 듣고 있었는지도 모른다. 그러므로 그는 그가 자기 자신에 대해 한 마디도 하지 않는 것을 이상하게 여긴 것이다.

II. 백성들이 총독을 압박하여 그리스도를 십자가에 못 박게 하려고 격분하

여 소란을 부림. 대제사장들은 백성들에게 큰 관심이 있었다. 그들은 대제사장들더러 랍비여 랍비여 라고 불러서 그들을 우상으로 삼았고, 그들의 말을 하나님의 말씀으로 받아들였다. 그리하여 그들은 이 점을 이용하여 백성들로 하여금 예수에 대해 격분하도록 부추겼고, 달리 목적을 이룰 수 없게 되자 폭도들의 힘으로 몰아붙이려 한 것이다. 여기서 그들이 격분한 두 가지 사례가 나타난다.

1. 바라바를 예수보다 우선시켰고, 예수보다 그를 석방하기를 청원하였음.

(1) 로마의 총독들이 유대인들을 존중하여 유월절에 죄수 한 사람을 석방하는 은전을 베푸는 것이 관례가 되어 있었던 것 같다(15절). 이렇게 하는 것이 그 명절을 존중하는 것이요 또한 그들의 구원을 기념하는 의미도 있다고 생각한 것이다. 그러나 그것은 그들 자신이 만들어낸 것이요 신적으로 제정된 것이 아니었다. 그러나 어떤 이들은 그런 관례가 그들이 로마의 속국이 되기 전 옛부터 유대인의 왕들이 지켜오던 것이라고 보기도 한다. 그러나 그것은 정의를 방해하고 악을 조장하는 것으로 나쁜 관습이었다. 그러나 우리의 복음적 유월절에는 땅에서 죄를 사하는 권세를 가지신 그분께서 죄인들을 자유하게 하신 일을 경축한다.

(2) 우리 주 예수와 경쟁 상대로 제시된 죄인은 바라바였다. 여기서 그를 가리켜 유명한 죄수라 부르는데(16절), 출신 성분이 아주 귀하고 높기 때문이었거나 아니면 악명 높은 범죄로 자신을 낙인찍었기 때문이었을 것이다. 그가 백성들이 선호하여 그의 무죄 방면을 청원할 만큼 좋은 의미에서 유명했는지, 아니면 그가 나쁜 의미에서 유명했는지는 분명치 않다. 어떤 이들은 후자로 보며, 그렇기 때문에 빌라도가 그의 이름을 거론한 것이라고 생각한다. 곧, 다른 사람이 무죄 방면되는 것은 용인할지언정 그 사람은 백성들이 절대로 무죄 방면을 원치 않을 것이라고 자신했다는 것이다. 반역, 살인, 강도 등 세 가지 중범죄가 보통 정의의 칼로 형벌을 받았는데, 바라바는 이 세 가지 범죄를 모두 범하였다(눅 23:19; 요 18:40). 그 범죄가 그렇게 복잡하니 과연 유명한 죄수였다.

(3) 빌라도 총독이 제의하였다. 너희는 내가 누구를 너희에게 놓아주기를 원하느냐?(17절). 아마도 재판관이 두 사람을 천거하고 백성들이 그 중 하나를 선택하도록 되어 있었을 것이다. 빌라도는 그들에게 예수를 놓아주기를 제의하

였다. 그가 무죄하며 그에 대한 고발이 악의에 의한 것임을 믿고 있었으나, 그를 무죄 방면할 용기가 없었다. 자기의 권한으로 그렇게 했어야 했는데 그렇게 하지 못하고, 백성들로 하여금 선택하게 하여 그를 놓아주려 하였고, 그리하여 자기 자신의 양심과 백성들을 동시에 만족시킬 수 있기를 희망한 것이다. 그러나 그에게서 혐의를 찾지 못하였으니 그는 예수의 문제를 그런 식으로 처리하지 말았어야 옳았다. 그러나 이처럼 약간의 계책을 사용하여 문제를 정리하고 그리하여 양심과 세상을 동시에 만족시키는 것이 하나님보다 사람을 기쁘게 하는 자들의 일상적인 행위인 것이다. 빌라도는 물었다. 그러면 그리스도라 하는 예수를 내가 어떻게 하랴? 그는 백성들에게, 자신이 석방을 원하는 이 예수가 그들 중 일부가 메시야로 높이 받드는 자이며 또한 그가 과연 그렇다는 신빙성 있는 증거들이 제시되었다는 사실을 염두에 두기를 바란 것이다. "너희 민족이 그런 기대를 갖고 있는 사람을 버리지 말라"는 것이었다.

　빌라도가 이렇게 예수를 놓아주기 위해 애쓴 것은 그들의 시기로 예수를 넘겨 준 줄을 그가 알고 있었기 때문이다(18절). 그들이 그를 향하여 분을 발한 것은 그의 죄 때문이 아니라 그의 선함 때문이었음을 알고 있었다. 그리하여 그는 백성들이 그의 놓임을 원할 것이라고 생각하여 그들의 도움을 받아 그를 놓아 주려 한 것이다. 다윗도 백성들의 환호를 받아 사울에게 시기를 받았고, 불과 며칠 전 그리스도께서 예루살렘에 입성할 때에 백성들이 호산나로 환영했다는 것을 들은 사람은 누구나 그가 백성들에게 크게 높임을 받는다고 생각했을 것이고, 그러므로 빌라도 역시 그 백성들에게 호소하는 것이 문제를 안전하게 해결하는 것이라 여겼을 것이다. 특히 이처럼 백성들의 존경을 차지하기 위해 억울하게 사람을 죽이려는 공작을 꾸미는 상황에서는 더욱 그러했다. 그러나 결과는 그 반대로 나타났다.

　(4) 빌라도가 그 문제 때문에 애쓰고 있을 무렵, 예수를 정죄하기를 꺼리는 그의 자세가 옳다는 것이 그의 아내가 전해준 경계의 말로 확증되었다. 저 옳은 사람에게 아무 상관도 하지 마옵소서 오늘 꿈에 내가 그 사람으로 인하여 애를 많이 태웠나이다(19절). 아마도 이 메시지는 빌라도에게만이 아니라 예수를 고발하는 자들에게도 경고가 되도록, 함께 있는 모든 사람들이 다 듣도록 공개적으로 그에게 전달되었을 것이다. 관찰하라.

　〔1〕 빌라도의 아내에게 이런 꿈을 보내신 하나님의 특별한 섭리. 그 전에 그

녀는 그리스도에 대해 무슨 말을 들었을 가능성은 별로 없고, 최소한 이 때에 그에 관하여 꿈을 꿀 만한 계기가 될 만한 일은 전혀 없었다. 그 꿈은 하나님께로부터 온 것이었다. 어쩌면 그녀는 교양 있고 존귀한 귀부인에 속하는 사람으로서 종교에 대해 지각이 있는 사람이었을지도 모른다. 그러나 느부갓네살의 경우처럼 하나님께서는 전혀 그렇지 않은 자들에게도 꿈으로 자신을 드러내신 적이 있다. 그녀는 꿈 속에서 애를 많이 태웠다. 이 무죄한 사람을 잔인하게 대하는 것을 보았든지, 아니면 그를 죽이는 데에 가담한 자들에게 내려질 심판을 보았는지도 모르고, 혹은 둘 다였는지도 모른다. 그것은 몸서리쳐지는 무서운 꿈이었고, 단 2:1; 4:5의 경우처럼 그로 인하여 마음이 번민한 것 같다. 주목하라. 영들의 아버지께서는 갖가지 방법으로 사람의 영들에게 접근하시며, 꿈에나 밤에 환상을 볼 때에 사람의 귀를 여시고 경고로써 두렵게 하실 수 있는 것이다(욥 33:15, 16). 그러나 기록된 말씀이 있는 자들에게는 꿈에서보다는 깨어 있을 때에 양심으로 말씀하시는 것이 보통이다.

〔2〕남편에게 이러한 경계의 메시지를 보낸 빌라도의 아내의 부드러운 권고. 저 옳은 사람에게 아무 상관도 하지 마옵소서. 첫째로, 예수께서 가장 악질적인 악인으로 박해받고 계실 때에 그가 옳은 사람임을 증언하였으니 이는 우리 주 예수에 대한 존귀한 증언이었다. 예수의 측근들이 두려워 감히 나서서 그를 변호하지 못할 때에 하나님께서 외인이요 원수인 자들을 사용하사 그를 변호하게 하신 것이다. 베드로가 그를 부인하였을 때에 유다가 그를 고백하였고, 대제사장들이 그에게 사형을 선고했을 때에 빌라도는 그에게서 죄를 찾지 못하였고, 예수를 사랑한 여자들이 멀리서 서 있을 때에 그를 잘 알지도 못하는 빌라도의 아내가 그에 대해 변호한 것이다. 주목하라. 원수들이 가장 지독하게 그의 진리를 무너뜨리고 진리의 친구들이 가장 수치스럽게 그것을 저버리는 것 같을 때에도, 하나님께서는 그의 진리와 대의를 증언할 자들이 없이 그냥 계시지 않는 것이다. 둘째로, 그것은 빌라도에게는 분명한 경고였다. 저 옳은 사람에게 아무 상관도 하지 마옵소서. 주목하라. 죄인들이 죄악된 일을 도모할 때에 하나님께서는 여러 방법으로 그들에게 경고하시며, 따라서 섭리를 통해서나 신실한 친구들과 우리 자신의 양심으로부터 그런 경고를 받는다는 것은 큰 은혜다. 또한 그 경고들을 귀담아 듣는 것이 우리의 큰 의무다. 시험에 빠지려 할 때에, 여호와께서 미워하는 이 가증한 일을 행하지 말라는 말씀을 들으면 이 말씀에 귀

를 기울여야 하는 것이다. 빌라도의 아내는 그를 향한 사랑으로 이 경고를 그에게 보냈다. 그녀는 남편에게서 자기의 소관이 아닌 일에 간섭한다는 꾸중을 듣기를 두려워하지 않았다. 혹시 그런 꾸중을 듣더라도 그에게 경고를 해주어야겠다고 생각한 것이다. 주목하라. 우리의 친구나 친척이 죄에 빠질 위험이 있을 때에 할 수 있는 대로 힘을 써서 그들이 죄를 범하지 않도록 해주는 것이 그들을 향한 참된 사랑이다. 우리에게 가까운 사람일수록, 그리하여 그들에 대한 애정이 클수록, 우리는 죄가 그들에게 끼어 들지 않도록 더욱 세심하게 주의하여야 할 것이다(레 19:17). 최고의 우정은 영혼에게 향하는 우정이다. 빌라도가 이러한 경고를 어떻게 받아들였는지는 나타나지 않는다. 아마도 그저 가벼운 이야기로 받아들였을 것이다. 그러나 이 옳은 사람의 소송 사건을 처리하는 과정에서 그가 그 경고를 중요시하지 않았다는 것이 나타난다. 죄에 대해 경고하는 이러한 충성된 권고가 가볍게 받아들여지고 만다. 그러나 죄가 가중되는 사실을 생각하게 되면 그렇게 쉽게 그런 권고를 가벼이 여기지는 않을 것이다.

(5) 그동안 대제사장들과 장로들은 백성들이 바라바를 택하게 만드느라 바삐 움직였다. 대제사장들과 장로들이, 그들 자신은 물론 무리들 중에 있던 그들의 수족들을 동원하여, 무리를 권하여 바라바를 달라 하게 하고 예수를 죽이자 하게 하였더니(20절). 그들은, 이 예수가 사탄과 결탁한 사기꾼이요 교회와 성전의 원수이니 그를 그냥 내버려두면 로마인들이 와서 그들의 가정과 국가를 쓸어갈 것이고, 바라바는 비록 악인이지만 예수와 같은 그런 악한 의도가 있는 것도 아니고 그런 끔찍한 해를 끼칠 수도 없는 사람이라고 하였다. 이렇게 해서 그들은 무리들을 돌려놓았다. 그렇지 않았더라면 그들은 예수에게 마음이 끌렸을 것이고, 또한 제사장들의 선동에 휘말리지 않았다면 바라바를 예수보다 앞세우는 그런 터무니없는 짓은 절대로 하지 않았을 것이다. 여기서, 〔1〕 우리는 이 사악한 제사장들에 대해 분노하지 않을 수가 없다. 율법에 의하면, 피를 흘리는 문제로 논란이 생기면 제사장들에게 지도를 받고 그들이 말하는 대로 행하도록 되어 있었다(신 17:8, 9). 그들은 자기들에게 주어진 이 큰 권세를 사악하게 악용하였고, 결국 백성들의 지도자들이 그들로 하여금 잘못을 범하게 만든 것이다. 〔2〕 이 미혹에 빠진 무리들을 애처롭게 바라보지 않을 수가 없다. 그들이 그렇게도 끔찍한 악을 그렇게도 격분하여 급히 서둘러 범했으니,

제사장들에게 넘어갔고, 눈먼 인도자들과 함께 구덩이에 빠졌으니, 이 얼마나 애처로운 일인가.

(6) 제사장들의 선동에 넘어가서 무리들은 결국 바라바를 택하였다(21절). 빌라도는, 둘 중의 누구를 너희에게 놓아주기를 원하느냐? 라고 물었다. 그는 예수를 놓아주려는 자신의 의도가 이루어지기를 소망했다. 그러나, 뜻밖에 그들은 바라바로소이다라고 대답했다. 바라바의 범죄가 예수의 죄보다 더 약하여 사형을 받기에 합당치 않기라도 한 것처럼, 아니면 그의 공로가 더 커서 예수보다 살아남을 자격이 있는 것처럼 말이다. 너도나도 할 것 없이 모두가 바라바를 놓아달라고 외쳤으므로, 두 사람을 놓고 서로 지지를 비교할 필요가 전혀 없었다. 너 하늘아 이 일로 말미암아 놀랄지어다 심히 떨지어다 두려워할지어다!(렘 2:12). 사람이 이성과 종교를 가장하고서 그렇게도 엄청난 미친 짓을, 그렇게도 끔찍한 악을 행한 적이 있었던가! 베드로는 바로 이 점을 지적하여 그들의 마음을 찔렀다. 너희가 거룩하고 의로운 이를 거부하고 도리어 살인한 사람을 놓아주기를 구하여 생명의 주를 죽였도다(행 3:14). 그러나 하나님보다 세상을 택하며 자기들의 권세와 몫을 택하는 무리들은 그렇게 해서 결국 유혹을 택하는 것이다.

2. 무리들이 예수를 십자가에 못 박기를 열렬히 요구함(22, 23절). 빌라도는 그들이 바라바를 택하는 것을 보고 놀라며, 그것이 예수에 대한 적개심보다는 바라바에 대한 친근감에서 비롯된 것이기를 바랐고, 그리하여 무리들에게 물었다. "그러면 그리스도라 하는 예수를 내가 어떻게 하랴? 너희의 명절을 경축하는 의미로 그도 마찬가지로 석방하랴, 아니면 그 문제를 내게 맡기겠느냐?" 그러자 그들이 다 이르되 십자가에 못 박혀야 하겠나이다라고 하였다. 그들은 그를 십자가에 못 박기를 바랐다. 그것이 가장 치욕적이요 괴로운 사형법이었으며, 그들은 그를 그렇게 죽게 함으로써 그를 따르는 자들로 하여금, 그를 따르고 그와 관계를 가진 자기들의 행위를 치욕스럽게 여기도록 만들려 했던 것이다. 그들은 재판관에게 어떤 선고를 내려야 할지를 지정해 주었는데, 이는 어처구니없는 일이었다. 그러나 그들은 악의를 갖고 격노하였으므로 모든 질서와 예의의 규칙들을 완전히 잊어버렸고 정의의 법정을 소란과 무질서와 혼란의 집회로 만들어 버렸다. 이제 진실이 땅에 떨어졌고, 정의가 발을 들여놓을 수 없었다. 정의를 바랐더니 도리어 포학이요, 그것도 최악의 포학이요, 공의를 바랐더니

도리어 부르짖음이요, 가장 사악한 부르짖음이었다. 십자가에 못 박혀야 하겠나이다. 영광의 주를 십자가에 못 박아야 한다는 것이었다. 어쩌면 이렇게 부르짖은 무리들은 전날 호산나를 부른 자들과 같은 사람들이 아니었을지도 모른다. 그러나 그렇게 잠깐 동안에 백성들의 마음이 그렇게 바뀌었으니 이 얼마나 놀라운 일인가! 전날 그가 예루살렘으로 승리의 입성을 할 때에 찬양의 부르짖음이 너무나 가득하여 그에게 원수들이 하나도 없다고 생각했을 정도였다. 그런데 이제 빌라도의 법정에 서 있을 때에는 적개심에 가득 찬 부르짖음이 너무도 가득하여 그에게 친구가 하나도 없다고 생각될 정도가 되어 버린 것이다. 이 변화무쌍한 세상에는 그런 급격한 변화들이 있는 법이다. 천국으로 향하는 길에는 주님이 당하신 것처럼, 영광과 욕됨이, 악한 이름과 아름다운 이름이 계속 변화하며 나타나는데(고후 6:8), 이는 우리가 영광을 받는다고 해서 우쭐해지지 않도록 하기 위함이다. 박수와 칭찬을 받을 때에 마치 우리가 별 사이에 둥지를 튼 것처럼, 그래서 그 둥지에서 죽을 것처럼 여기지 말고, 또한 욕된 일을 당하여 실망스러울 때에도 마치 우리가 지옥의 밑바닥을 밟고 있어서 구원의 가망이 전혀 없는 것처럼 여기지 말아야 하는 것이다. "네게 박수를 치는 자들을 잘 관찰하라. 그들 모두가 네 원수이거나 아니면, 같은 말이지만, 그들이 원수가 될 수 있느니라"(세네카).

이제, 이 요구에 대해 다음의 내용이 좀 너 상세히 기록되어 있다.

(1) 빌라도가 그것을 반대한 사실. 어찜이냐 무슨 악한 일을 하였느냐? 일상적인 대화에서도 비난하기 전에 이런 질문을 해야 마땅한 법이니, 하물며 재판관이 사형 언도를 하기 전에는 당연히 이런 질문을 해야 마땅했다. 주목하라. 주께서 악을 행한 자로 고난을 당하셨으나 그의 재판관도, 그를 고발한 자들도 그가 악을 행한 것을 찾지 못하였으니, 이는 우리 주 예수의 존귀하심을 높이는 일이라 할 것이다. 그가 하나님을 거슬러 무슨 악한 일을 하였던가? 아니다. 그는 언제나 그를 기쁘시게 하는 일을 행하셨다. 그가 국가의 통치권을 거슬러 무슨 악한 일을 하였던가? 아니다. 그는 가이사의 것은 가이사에게 돌리라고 다른 이들에게도 가르쳤고, 자기 자신도 그것을 실천하였다. 그가 공공의 평화를 거슬러 무슨 악한 일을 하였던가? 아니다. 그는 싸우거나 부르짖지 않았고, 그의 나라도 눈에 보이게 임하지 않았다. 그가 어느 개인을 거슬러 무슨 악한 일을 하였던가? 그가 누구의 소를 빼앗았느냐? 누구를 속였느냐? 아니다. 결코 그렇

지 않다. 그는 두루 다니시며 선을 행하셨다. 이처럼 그의 흠 없는 무죄함을 거듭거듭 보여주는 단언들은 그가 다른 이들의 죄를 보상하기 위해 죽으셨다는 것을 분명히 시사해준다. 그가 그렇게 해를 받으신 것이 우리의 허물을 인함이 아니었다면, 그리고 그가 내어주신 바 된 것이 우리의 과실 때문이 아니었다면, 그 죄들을 속하기 위하여 그가 자의로 그 일을 행하신 것이 아니었다면, 그릇된 생각이나 말이나 행동이 단 하나도 없었던 이 사람이 이렇게 이례적으로 고난을 당한 사실이 세상을 다스리는 그 섭리의 정의로움과 공평함과 과연 어떻게 조화될 수 있을지 도무지 알 수가 없다.

(2) 그들이 계속 고집한 사실. 그들이 더욱 소리질러 이르되 십자가에 못 박혀야 하겠나이다 하는지라. 그들은 그가 행한 악한 일을 입증하려 하지 않고, 그가 옳든 그르든 간에 반드시 십자가에 못 박혀야 한다고 고집하였다. 십자가형을 받아야 할 마땅한 사유를 거짓으로 둘러대기를 중지하고, 그들은 결론을 관철시키기로 결심하였다. 증거가 부족한 부분을 소요를 일으킴으로 채우려 한 것이다. 예수의 비유에서는 불의한 재판관이 의로운 판결을 내리는데(눅 18:4, 5), 이 불의한 재판관은 끈질긴 백성들의 소란에 못 이겨 불의한 선고를 내리고 말았고, 순전히 시끄러운 소요에 밀려서 그렇게 결말을 내린 것이다.

Ⅲ. 그리스도의 피의 책임이 백성과 제사장들에게 돌려진다.

1. 빌라도가 그 책임을 회피하려 애씀(24절).

(1) 그는 반대하는 것이 소용없다는 것을 알았다. 그의 한 말이, 〔1〕 아무 성과도 없었다. 빌라도 자신도 무죄한 것으로 믿고, 또한 그들도 유죄를 입증할 것을 제시하지 못하는 상황에서 그런 사람을 정죄한다는 것이 얼마나 부당하고 사리에 맞지 않는 일인가를 납득시킬 수가 없었다. 탐욕과 격분의 파도가 때로 얼마나 거센지를 보라. 권위도 이성적인 추론도 그것을 막을 수가 없을 정도다. 아니, 〔2〕 오히려 그의 말이 해를 끼치고 있었다. 그는 오히려 민란이 나려는 것을 보았다. 이 잔악무도한 백성들의 목소리가 높아졌고, 자기들이 원하는 대로 하지 않으면 민란을 일으킬 것처럼 하여 빌라도를 위협하기 시작하였다. 제사장들과 그들의 졸개들이 계속 바람을 불어대고 있으니, 이 문제로 인해 얼마나 큰 불이 일어나겠는가! 그런데, 여기서 빌라도를 겁주어 자기 양심을 거스르며 그리스도를 정죄하게 만든 유대인의 이러한 시끄러운 소란을 피우는 기질이, 다른 무엇보다도, 그로부터 머지않아 그 민족을 파멸로 이끄는

데 기여하게 된다. 그들의 이런 소요가 잦아지자 로마 사람들이 격분하여 그들을 멸망시켜 버린 것이다. 그리고 그들끼리의 상습적인 분쟁들로 인하여 그들이 쉽게 멸망하고 만 것이다. 이리하여 그들의 죄가 곧 그들의 멸망이었던 것이다.

우리가 일반 사람들의 의향으로 인하여 실수하기가 얼마나 쉬운가를 관찰하라. 제사장들은 그리스도를 붙잡으려는 그들의 노력이 소요를 일으킬 수도 있고, 특히 명절에는 더더욱 그럴 가능성이 높다는 것을 인지하였다. 그러나 그를 구하려는 빌라도의 노력이 민란을 일으키는 원인이 되었고, 그것도 명절에 그랬다는 것이 밝혀졌다. 무리들의 정서는 그만큼 불확실한 것이다.

(2) 이로 인하여 그는 큰 고민에 빠졌다. 자기 자신의 마음의 평화와 예루살렘 성의 평화 사이에서 갈등하였다. 그는 무죄한 사람을 정죄하는 것이 싫었다. 그러나 백성들의 뜻을 거슬러 잘 가라앉지 않을 마귀를 불러 깨우게 되는 것도 싫었다. 만일 재판관의 당연한 소임대로, 정의의 신성한 법을 끈질기고도 단호하게 지켰더라면, 결코 곤란에 빠지지 않았을 것이다. 문제가 분명했고 논란의 여지가 없었다. 죄가 발견되지 않으면 그 어떠한 거짓 증언에 근거해서도 사람을 십자가에 못 박아서는 안 되는 법이고, 또한 세상의 그 어떠한 사람을 만족시키기 위해서라도 불의한 일을 행해서는 안 되는 법이었다. 그러므로 대의는 곧바로 결정되었을 것이다. 천지가 함께 온다 해도, 정의를 행할지어다. 악인에게서 악이 나온다면, 그들이 제사장일지라도, 나는 그와 손을 잡지 아니하리라.

(3) 빌라도는 그 일을 행하면서도 자기 책임이 아니라고 발뺌함으로써 백성들과 자기 자신의 양심을 함께 안돈시키고자 하였다. 일은 그대로 시행하면서도 동시에 자기 자신은 그 일에서 무죄방면되고자 한 것이다. 확신이 강하나 그들의 부패가 더 강하여, 그런 어리석은 일들과 자기 모순을 무릅쓰는 것이다. 사도 바울은, 자기가 옳다 하는 바로 자기를 정죄하지 아니하는 자는 복이 있도다라고 말씀하는데(롬 14:22), 자기가 정죄하는 바를 자기에게 허용하지 아니하는 자도 복이 있는 것이다.

빌라도는 스스로 그 일의 책임을 면하기 위해 애쓴다.

〔1〕표승을 통하여. 그는 물을 가져다가 무리 앞에서 손을 씻었다. 그렇게 하면 하나님 앞에서 범한 죄의 책임을 스스로 깨끗이 씻을 수 있다고 생각하여 그렇게 한 것이 아니라, 백성들 앞에서 자기 자신은 그 죄악된 일에 책임을 지지 않

겠다는 표시로 그렇게 한 것이다. 이는 마치 이런 말과도 같다: "그 일을 행하겠으면, 그것이 내가 한 일이 절대로 아니라는 것을 증언하라." 그는 그 의식을, 드러나지 않은 살인의 죄책에서 그 해당 지방을 깨끗하게 하는 데에 적용된 율법에서 빌려왔고(신 21:6, 7), 그는 백성들에게 그 죄수가 무죄하다는 자신의 확신을 백성들에게 더 강하게 심어 주기 위해 그 의식을 사용하였다. 아마도 백성들의 부르짖는 소리가 너무도 커서 만일 그들이 다 보는 앞에서 그런 표현을 행동으로 하지 않았더라면, 그의 말소리가 전혀 들리지 않았을 것이다.

〔2〕 말을 통하여. **첫째로,** 그는 자신의 무죄를 선언한다. 이 사람의 피에 대하여 나는 무죄하니 너희가 당하라. 그를 정죄하면서도 자기는 그의 피에 대해 무죄하다고 항변하고 있으니, 이 얼마나 얼토당토않은 말이었는가! 사람이 어떤 일에 대해 강하게 반대하면서도 그 일을 행한다면, 그것은 그 사람이 자기의 양심을 거슬러 죄를 범하는 것을 선언하는 것일 뿐이다. 빌라도는 자신의 무죄를 항변했으나, 하나님은 그에게 책임을 물으신다(행 4:27). 어떤 이들은 자기들의 손이 죄를 범하지 않았다고 호소하여 자기들을 정당화시키려 한다. 그러나 다윗은 암몬 자손의 칼로 살인을 범했고, 아합은 이스르엘의 장로들의 칼을 빌려 살인을 했다. 빌라도는 여기서, 자신의 마음은 그 일에 동의하지 않았다고 항변하여 자기 자신을 정당화 할 수 있다고 생각하나, 이는 절대로 용납될 수 없는 주장인 것이다. 자신이 어떤 행동을 범하면서 동시에 그 행동에 대해 반대해도 아무 소용이 없다. **둘째로,** 그는 죄를 제사장들과 백성들에게로 돌린다. "너희가 당하라. 정 그렇게 해야 한다면, 나도 어쩔 수가 없다. 하나님과 세상 앞에서 너희가 그것을 책임지라." 주목하라. 죄는 아무도 소유하기를 원치 않는 선머슴이며, 누구든 죄의 책임을 떠맡길 사람만 찾을 수 있으면 자기는 책임을 면한다고 생각하여 자기 자신을 속이는 사람들이 많다. 그러나 죄의 책임을 전가시키는 일은 많은 이들이 생각하는 것처럼 그렇게 쉬운 일이 아니다. 사람이 다른 사람에게서 전염되든 아니면 자기가 남에게 전염시키든, 전염병에 걸린 사람의 처지는 마찬가지다. 우리가 죄를 짓도록 유혹을 받을 수는 있어도, 억지로 죄를 짓게 될 수는 없는 법이다. 제사장들은 그것을 유다에게 떠넘겼다. 네가 당하라. 그리고 이제는 빌라도가 그것을 제사장들에게 떠넘긴다. 너희가 당하라. 너희가 헤아리는 그 헤아림으로 너희가 헤아림을 받을 것이니라(7:2).

2. 제사장들과 백성들은 그 죄의 책임이 자기들에게 돌려지는 것에 동의하

였다. "그 피를 우리와 우리 자손에게 돌릴지어다. 그를 죽이는 일에 죄도 위험도 없다는 것을 우리가 확신하고 있으니, 우리가 그 위험을 기꺼이 다 떠맡으리라." 마치 그 죄책이 그들과 그들의 자손에게 아무런 해도 주지 않을 것처럼 생각한 것이다. 그들은 빌라도가 그렇게 주저하는 것이 죄의 책임을 지는 끔찍한 일 때문이며, 또한 그가 이 책임을 전가할 수 있다는 착각으로 이 난제를 해결하려 한다는 것을 보았고, 그리하여 자기들의 손아귀에 있는 그 희생양을 놓치지 않기 위해 그런 착각을 확증시켜 주고자 하였고, 그리하여 격분하여 소리치는 중에, 그 피를 우리와 우리 자손에게 돌릴지어다라고 소리친 것이다. 그런데,

(1) 그들은 이로써 빌라도를 사면시키고자 하였다. 즉, 그에게 아무런 해가 돌아가지 않도록 자기들 스스로 하나님의 정의에 얽매임으로써 그가 자신이 사면받았다고 생각하게끔 만들었다. 그러나 자기들 스스로 파산한 거지들인 자들은 절대로 다른 이들을 위해 보증을 설 수가 없는 법이다. 스스로 담당할 죄가 없는 사람 이외에는 어느 누구도 다른 사람의 죄를 질 수 없다. 전능하신 하나님께 죄인을 위하여 전능하신 하나님께 매인다는 것은 너무도 커서 그 어떤 피조물도 능히 감당할 수 없는 대담한 시도인 것이다.

(2) 그러나 그들은 사실상 자기들과 자기들의 자손들에게 진노와 보응이 임하기를 빈 것이다. 이 얼마나 절박한 발언이었던가! 이 말에 남긴 저절한 의미가 무엇인지에 대해, 혹은 그것이 그들과 그들의 자손들에게 얼마나 끔찍하고도 비참한 결과를 가져올지에 대해, 얼마나 생각이 없었던가! 그리스도께서는 최근 그들에게, 의로운 아벨의 피로부터 시작하여 땅에 흘려진 모든 의인의 피가 그들에게로 돌아갈 것임을 말씀하신 바 있다. 그러나 마치 그것이 아무것도 아닌 듯이, 그들은 여기서 다른 모든 피보다 더 귀하고 더 무거운 피에 대한 책임이 자기들에게 돌아가도록 빌고 있는 것이다. 아아, 이 무모하고 경솔한 사악한 죄인들이여, 목을 세우고 방패를 들고 하나님께 달려들다니!(욥 15:25, 26). 관찰하라.

〔1〕 저주를 빌다니 이들은 정말 잔인하였다. 그들은 이 죄에 대한 형벌이 자기들 자신에게 뿐 아니라 그들의 자손에게까지, 심지어 아직 출생하지도 않은 자손들에게까지 임하도록 빌었다. 하나님은 저주를 삼 사대까지로 제한하기를 기뻐하셨으나, 그들은 그 저주를 전혀 제한시키지도 않은 것이다. 자기들 자신

에게 빈 것도 미친 짓이었는데, 그것을 후손들에게까지 미치게 했으니 이는 야만성의 극치였다. 그들은 마치 타조가 그 새끼에게 모질게 대함이 제 새끼가 아닌 것처럼 하였다(욥 39:16). 이 죄책과 진노가 그들에게와 그들의 자손들에게 영원토록 전해졌고, 이것이 만장일치로 그들 자신의 행위로 전해지니 이 얼마나 처참한 일이었는가! 이것은 분명, 내가 너희와 너희 자손들에게 하나님이 되리라는 옛 언약을 몰수하는 것이요 파기하는 것이었다. 그들은 메시야의 피에 대한 저주를 자기 민족에게 돌림으로써 그 피의 복이 그들의 가문에게 임하는 것을 끊어버린 것이다. 아브라함에게 주어진 또 다른 약속에 따르면 그의 안에서 땅의 모든 족속이 복을 받을 것이었는데, 그 복이 그들에게서 끊어진 것이다. 악인들이 그들의 자손과 가문에게 얼마나 엄청난 원수들인가를 보라. 자기 자신의 영혼을 저주하는 자들은 자기들과 더불어 얼마나 많은 이들이 지옥에 들어가든 상관하지 않는 것이다.

〔2〕 저주를 빈 그대로 보응하셨으니 하나님은 정말 의로우셨다. 그들은, 그 피를 우리와 우리 자손에게 돌릴지어다라고 하였고, 하나님은 그것에 대해 아멘이라 하셨다. 그러니 그것이 그들의 운명이 될 것이다. 그들이 저주하기를 좋아했으니 그 저주가 그들에게 임한 것이다. 그 버림받은 백성들 중 남은 자들이 비참함 가운데서 오늘날까지 그것을 느끼고 있다. 이 피를 자기들에게 돌리던 그 때부터 그들에게 심판이 끊이지 않고 이어졌고, 결국 그들은 완전히 황폐되었고, 놀라움과 비웃음의 대상이 되었다. 그러나 그들과 그들의 자손 중 어떤 이들에게는 이 피가 임하되, 그들을 정죄한 것이 아니라 그들을 구원하였다. 그들의 회개와 믿음에 대해 하나님의 긍휼하심이 임하여 이런 저주가 끊어지고, 다시금 그들과 그들의 자손에게 약속이 주어진 것이다. 하나님은 우리와 우리 자손들에게 우리보다도 더 나은 분이시다.

²⁶이에 바라바는 그들에게 놓아 주고 예수는 **채찍질하고 십자가에 못 박히게 넘겨주니라** ²⁷이에 총독의 군병들이 예수를 데리고 관정 안으로 들어가서 온 군대를 그에게로 모으고 ²⁸그의 옷을 벗기고 홍포를 입히며 ²⁹가시관을 엮어 그 머리에 씌우고 갈대를 그 오른손에 들리고 그 앞에서 무릎을 꿇고 희롱하여 이르되 유대인의 왕이여 평안할지어다 하며 ³⁰그에게 침 뱉고 갈대를 빼앗아 그의 머리를 치더라 ³¹희롱을 다 한 후 홍포를 벗기고 도로 그의 옷을 입혀 십자가에 못 박으려고 끌고

나가니라 [32]나가다 시몬이란 구레네 사람을 만나매 그에게 예수의 십자가를 억지로 지워 가게 하였더라

이 본문에서는 우리 주 예수를 십자가에 못 박기 위한 준비 혹은 서곡을 보게 된다.

I. 사형 선고가 내려지고, 사형 집행을 위한 허락이 주어졌다. 이 일이 즉시 같은 시각에 이루어졌다.

1. 그 악명 높은 범죄자 바라바는 석방되었다. 그가 그리스도와 함께 백성의 선택의 대상으로 지목되지 않았더라면, 그는 그의 범죄로 인해 죽었을 것이다. 그러나 이로 인하여 그는 사형을 면할 수 있었다. 이는 곧 그리스도께서 죄인들이, 심지어 가장 악독한 죄인들까지도, 놓임받도록 하기 위하여 그가 정죄를 받으셨고, 우리가 석방되도록 하기 위해 그가 넘겨 준 바 되셨다는 것을 시사한다. 그러나 하나님의 섭리의 정상적인 예는, 악인은 의인의 속전이 되고 사악한 자는 정직한 자의 대신이 되는 것이다(잠 21:18; 11:18). 그런데 이 유례가 없는 하나님의 은혜의 예에서는 의인이 악인의 속전이 되고 정직한 자가 사악한 자의 대신이 되는 것이다.

2. 예수께서 채찍질을 당하셨다. 이것은 치욕스럽고 잔인한 형벌이었고, 특히 로마인들이 가하는 형벌이었으니 더욱 극심하였다. 유대인의 율법은 사십 대 이상은 채찍질을 금지하여 온건함을 유지하였으나, 로마인들은 이에 제한을 받지 않았던 것이다. 이 형벌은 사형을 선고받은 자에게 가해진 가장 치욕스런 형벌이었다. 이로써 성경이 성취되었다: 밭 가는 자들이 내 등을 갈아 그 고랑을 길게 지었도다(시 129:3), 나를 때리는 자들에게 내 등을 맡기며(사 50:6), 또한 그가 채찍에 맞으므로 우리는 나음을 받았도다(사 53:5). 그가 채찍으로 징계를 받으셨으므로, 우리가 영원토록 전갈 채찍으로 징계를 받지 않게 된 것이다.

3. 그리고 그는 십자가에 못 박히게 넘겨지셨다. 그의 징계받으심이 우리의 평화를 위한 것이었으나 그의 십자가의 피로 말미암지 않고는 평화가 없다(골 1:20). 그러므로 채찍질로는 부족하고, 반드시 그가 십자가에 못 박히셔야 했다. 십자가형은 오로지 로마인들만 사용한 사형법으로서, 그 교묘함과 잔인함이 함께 결합하여 극한의 고통을 주어 그 죽음을 최고로 처참하고 끔찍하게 만드는 것이었다. 십자가를 땅에 세워놓고, 거기에 손과 발에 못을 박아 사람의

몸을 매달아 놓음으로써, 몸의 무게가 그 못에 다 걸리게 하여 죽을 때까지 그 처절한 고통을 느끼게 되어 있었던 것이다. 그리스도께서 바로 이러한 죽음을 당하도록 정죄를 받으셨고, 그리하여 장대 위에 매달린 놋뱀의 모형을 실현시키신 것이다. 그것은 피흘리는 죽음이요, 고통스럽고 치욕스러우며, 저주받은 죽음이었다. 그 죽음이 너무도 비참하므로, 자비로운 군주들은 법에 의하여 십자가형을 당할 자들을 먼저 목 졸라 죽이고 그 다음에 십자가에 못 박도록 하였다. 율리우스 카이사르(Julius Caesar)가 몇몇 해적들을 그렇게 처형했다 (Sueton. lib. 1). 최초의 그리스도인 황제인 콘스탄티누스(Constantine)는 칙령을 공포하여, 구원의 상징이 희생자의 멸망에 도움을 주는 것이 되지 않도록 하기 위하여, 로마인들 사이에서는 십자가형의 사용을 금지하였다(소조메노스,「교회사」).

II. 그리스도의 형 집행을 위한 준비를 갖추는 동안 군병들이 그에게 가한 야만적인 행위들. 정죄를 받으실 때에, 그는 죽음을 준비할 약간의 시간을 허용받는 것이 마땅했다. 티베리우스(Tiberius) 시대에 로마 원로원은 사형 언도로부터 집행까지 죄수에게 최소한 열흘의 시간을 주도록 법을 제정했는데, 어쩌면 이런 일에 대한 모순 때문이었을 것이다(수에토니우스: 2세기 로마 역사가). 그러나 우리 주 예수의 경우에는 몇 분조차도 지연이 허용되지 않았고, 잠시 동안이라도 숨쉴 틈이 주어지지 않았다. 그것은 위기였으나 그에게 조금의 틈도 없었다. 깊음이 깊음을 불렀고, 광풍이 쉴새없이 몰아붙였던 것이다.

그가 십자가에 못 박히게 넘겨지면 그것으로 족했다. 육체를 죽이는 자들은 그 이상 할 수 있는 것이 없다. 그러나 그리스도의 원수들은 할 수만 있다면 한 번의 죽음으로 수천의 죽음을 죽게 하려 할 것이다. 빌라도가 그의 무죄함을 선언하였으나, 그의 군병들과 호위병들은 상전의 증언보다는 백성들의 분노에 찬 열기에 압도되어 그리스도를 학대하였다. 유대인의 소동이 로마인의 군대 정신을 흐려놓았다. 어쩌면 그들이 그를 학대한 것이 그에 대한 분노 때문이 아니라 그들 스스로 즐기기 위함이었을 것이다. 그들은 그가 면류관의 주인 행세를 한 것으로 이해하여, 그에게 가짜 면류관을 씌워 조롱하며 그것으로 서로를 유쾌하게 하는 기회로 삼은 것이다. 주목하라. 비참한 가운데 있는 자들을 모욕하며, 다른 사람의 재난을 유희와 여흥의 계기로 삼는 것은 비열하고 치사스럽고 비굴한 정신을 보여주는 증거다.

관찰하라. 1. 이 일이 행해진 곳. 관정 안이었다. 억울하게 학대받는 자들의 피난처가 되었어야 마땅했을 총독의 집이 이런 야만적인 행위가 벌어지는 장소가 되었다. 이 옳은 사람의 피에 대한 책임에서 자신이 벗어나기를 그렇게도 바랐던 총독이 과연 자기 집에서 이런 일이 벌어지도록 내버려두었을까 의심스럽다. 어쩌면 그가 그렇게 행하도록 명령하지는 않았고, 그저 그것을 묵인했을지도 모른다. 권좌에 있는 자들은 자기들이 악을 행하거나 지정한 것에 대해서도 책임을 지게 되지만, 또한 자기들의 통치권 내에서 악이 행해지는 것을 통제하지 않는 것에 대해서도 책임을 지게 되는 것이다. 가문의 장(長)들은 그들의 집이 누구에게도 학대의 장소가 되지 않도록 해야 하며, 또한 사환들이 다른 사람들의 죄나 비참한 처지나 신앙 등에 대해 장난치는 것을 용인해서도 안 된다.

2. 이 일에 연루된 사람들. 온 군대가 거기에 연루되었다. 곧, 형 집행을 맡은 군병들이 당시 경내에 주둔하고 있던 부대 전체(최소한 오백 명은 되었을 것이고, 어떤 이들은 천이백 명 내지 천삼백 명 정도로 본다)를 모아 그 일로 여흥을 즐기도록 하였다. 그리스도께서 이렇게 구경거리가 되셨다면, 그를 따르는 자들은 그런 일을 당할 때에 아무도 그것을 이상스럽게 여겨서는 안 될 것이다(고전 4:9; 히 10:33).

3. 그에게 행해진 구체적인 모욕 행위들.

(1) 그의 옷을 벗겼다(28절). 벌거벗은 부끄러움은 죄와 함께 들어왔고(창 3:7), 그러므로 그리스도께서는 죄를 보상하시고 죄를 제거하실 때에 벌거벗겨지시고 그 부끄러움에 굴복하심으로써, 우리를 위하여 흰 옷을 사서 벌거벗은 수치를 보이지 않게 하도록 준비하신 것이다(계 3:18).

(2) 홍포를 입혔다. 곧, 왕들과 황제들이 입었던 홍포를 흉내내기 위해 로마 군병들이 입었던 것과 같은 옛날의 붉은 겉옷을 입힌 것인데, 그가 왕이라 불리는 것을 이렇게 비웃고 놀린 것이다. 초라하고 비참한 것 외에는 그의 모습에서 아무것도 나타나지 않는 때에 그에게 이런 위엄을 조롱하는 의복을 입혔으니, 그는 구경꾼들에게 더욱 우스꽝스럽게 보였다. 그러나 여기에는 무어가 신비한 점이 있었다. 그 의복이 붉으며(사 63:1, 2) 그의 복장을 포도즙에 빨리로다(창 49:11)라는 말씀들이 그를 지칭하는 것이었고, 그리하여 그가 홍포를 입게 되었다는 것이다. 우리 죄는 진홍같이 붉다. 그리스도께서 홍포를 입으셨다

는 것은 그가 친히 나무에 달리사 우리의 죄를 지시며 그 수치를 당하심을 나타낸다. 그리하여 우리는 어린 양의 피에 우리의 의복을 빨고 희게 씻을 수 있게 된 것이다.

(3) 가시관을 엮어 그 머리에 씌웠다(29절). 이 역시 그를 조롱거리로 만들어 놀리기 위한 것이었다. 그러나 오로지 수치를 주기 위한 것이었다면 지푸라기로 면류관을 만들었을 수도 있을 것이다. 그러나 그에게 고통을 주기 위해, 문자 그대로 가시로 면류관을 만들어 씌운 것이다. 이것을 창안해낸 자는 아마도 자신의 그 기발한 생각에 찬사를 보냈을 것이다. 그러나 이 일에도 신비가 있었다. 〔1〕 가시는 죄와 함께 왔고 죄로 인하여 주어진 저주의 일부였다(창 3:18). 그러므로 그리스도께서는 우리를 위하여 저주가 되시고 우리에게서 저주를 제거하시기 위해 죽으시는 그리스도께서는 이 가시들의 고통과 아픔을 느끼셨고, 아니 그것을 왕관처럼 머리에 쓰셨다(욥 31:36). 우리를 위하여 당하시는 그의 고난이 곧 그의 영광이었던 것이다. 〔2〕 이제 그는 이삭을 대신하여 제물로 드려진 수풀에 걸린 아브라함의 양의 모형을 실현시키셨다(창 22:13). 〔3〕 가시는 환난을 뜻한다(대하 33:11). 그리스도는 가시를 면류관으로 쓰셨다. 그는 그 가시의 속성을 그 자신이 당하셨고, 그리하여 그에게 속한 자들로 하여금 환난 중에 즐거워하며, 그것이 영광이 되게 하셨다. 〔4〕 그리스도께서 가시 면류관을 쓰신 것은, 그의 나라가 이 세상에 속한 것이 아니요 또한 그 영광이 세상의 영광이 아니고 오히려 여기서는 환난과 괴로움을 당하나 후에 그 영광이 나타날 것임을 보여주시기 위함이었다. 〔5〕 몇몇 이교도 국가들에서는 제물을 제단에 드릴 때에 화관(花冠)을 씌워 드리는 풍습이 있었다. 이 가시들은 이 위대한 희생 제물이신 주께서 쓰신 화관이었다. 〔6〕 이 가시들은 그의 복되신 머리에서 피를 흘리게 했는데, 이는 마치 **보배로운 기름**(이는 그리스도께서 자신을 거룩하게 드리시면서 흘리실 그 피를 예표하는 것이었다)이 수염 곧 아론의 수염에 흘러서 그의 옷깃까지 내림 같았다(시 133:2). 그리하여, 그가 그의 사랑, 그의 비둘기, 곧 순결한 그의 교회와 결혼할 때에, 그의 머리에는 이슬이, 그의 머리털에는 밤이슬이 가득하였던 것이다(아 5:2).

(4) 갈대를 그 오른손에 들렸다. 이는 왕의 규(圭)를 조롱하는 의도를 지녔다. 그들은 이것으로 왕의 위엄의 상징을 조롱하였다. 마치 바람에 흔들리는 갈대(11:7)와도 같아서 규(圭)도 왕권도 모두 유약하고 흔들리며 쇠퇴하고 가치를

잃어버린 그런 왕에게는 갈대로 된 규만으로도 족한 것처럼 조롱한 것이다. 그러나 그들은 완전히 잘못 본 것이다. 왜냐하면 그의 보좌는 영원하며 주의 나라의 규는 공평한 규이기 때문이다(시 45:6).

(5) 그 앞에서 무릎을 꿇고 희롱하여 이르되 유대인의 왕이여 평안할지어다 하였다. 그를 가짜 왕으로 만든 다음, 그들은 그에게 가짜로 경배를 했고, 그리하여 그의 왕권을 조롱하였으니, 마치 요셉의 형들이 요셉에게, 네가 참으로 우리를 다스리게 되겠느냐? 라고 한 것과도 같았다(창 37:8). 그러나 그 형들이 후에 요셉에게 복종하지 않을 수 없게 되는 것처럼, 이들도 지금은 무릎을 꿇고 그를 희롱하나, 후에는 그가 하나님의 우편에 앉으시고 모든 무릎을 그의 이름에 꿇게 하실 것이다. 그러므로 여기서 희롱으로 하는 행동은 조만간 이루어질 일의 보증이 되는 셈이다.

(6) 그에게 침을 뱉었다. 그는 대제사장의 관정에서도 침 뱉음을 당하신 바 있다(26:27). 충성을 표시하기 위하여 밑에 있는 자가 군주에게 입을 맞추었다. 사무엘도 그렇게 사울에게 입을 맞추었고, 우리도 아들에게 입 맞추라는 명령을 받고 있다. 그러나 그들은 이처럼 희롱하기 위한 가짜 충성을 표시하면서 입을 맞추는 대신 그의 얼굴에 침을 뱉었다. 해(태양)도 그 앞에서 빛을 잃고, 천사들도 그 앞에서 자기들의 얼굴을 가리는 그 복된 얼굴이 이렇게 해서 더럽혀졌다. 인간들이 그런 끔찍한 악행을 저지르며, 또한 하나님의 아들이 그런 치욕을 당하신다는 것은 이상한 일이 아닐 수 없다.

(7) 갈대를 빼앗아 그의 머리를 쳤다. 그의 왕권을 상징하는 가짜 규로 만든 것을 이제는 자기들의 잔인함을 드러내는 진짜 도구로 만들어 그에게 고통을 가하였다. 그들은 그의 머리를 쳤다. 아마도 가시관을 쳐서 가시가 그의 머리를 찌르게 하여 극심한 고통을 유발시켰고, 그의 고통스러워하는 모습을 보면서 크게 흥겨워했을 것이다. 그는 이렇게 멸시를 받아 사람들에게 버림 받았으며 간고를 많이 겪었으며 질고를 아는 자셨다(사 53:3). 그는 우리를 위해 영원한 생명과 기쁨과 영광을 값 주고 사시기 위해, 이 모든 비참한 일과 치욕을 친히 당하신 것이다.

Ⅲ. 그를 사형장으로 데리고 감. 자기들의 성에 찰 때까지 그를 조롱하고 학대한 다음, 그들은 홍포를 벗겼는데, 이는 그를 조롱하기 위해 가짜로 부여했던 모든 왕의 권위를 제거시키는 것을 뜻한다. 그리고 다시 그의 옷을 입

혔다. 왜냐하면 그 옷은 그를 십자가에 못 박을 때에 군병들이 나누어 가질 것이었기 때문이다. 홍포는 벗겼으나, 가시관을 벗겼다는 언급이 없으므로 대개 그가 머리에 가시관을 쓰고 십자가에 못 박히셨다고들 생각한다(그러나 이는 확실한 것은 아니다). 그가 보좌에 앉으신 제사장이시듯, 그는 그의 십자가에 오르신 왕이셨기 때문이다. 그리스도께서는 그의 옷을 입으시고 사형장으로 끌려가셨다. 그가 친히 나무에 달려 그 몸으로 우리 죄를 담당하실 것이었기 때문이다. 그런데 여기서,

1. 그들이 그를 십자가에 못 박으려고 끌고 나갔다. 그는 제단에 드려질 희생 제물이 되사, 도수장으로 끌려가는 어린양처럼 끌려가셨다. 그들은 이 보배로운 피를 흘림으로써 자기들의 잔인한 분노를 채우려는 의도가 중간에 다른 일로 방해받지 않도록 가능한 한 빨리 사형장에 당도하기 위해 급하게 그를 끌고 갔을 것으로 상상해도 무방할 것이다. 아마도 그들은 지금 그를 온갖 모욕과 수치를 들려서 그를 만물의 찌꺼기로 대했을 것이다. 그들은 그를 성 바깥으로 끌고 나갔고, 이로 말미암아 그리스도께서는 성문 밖에서 고난을 받으심으로 그의 피로 그 백성을 거룩하게 하셨다(히 13:12). 마치 예루살렘에서 구속을 기다리는 자들의 영광이 되신 그가 그들 가운데 사실 가치가 없었던 것처럼 말이다. 그는 비유에서 농부들이 아들을 포도원 밖에 내쫓아 죽였다는 것을 말씀하시는데, 이 때에 자기 자신이 장차 그렇게 되실 것을 미리 보셨던 것이다(21:39).

2. 그들은 구레네 시몬에게 억지로 예수의 십자가를 지게 하였다(32절). 처음에는 그리스도께서 스스로 십자가를 지고 가셨던 것 같다. 이삭도 자기를 번제로 불태울 나무를 지고 갔었다. 그런데 이는 다른 것과 마찬가지로 그에게 고통과 수치를 주기 위함이었다. 그러나 잠시 후 그들은 그에게서 십자가를 벗겼는데, 이는 (1) 그에 대한 연민이었을 것이다. 그에게는 그것이 너무 큰 짐인 것을 보았기 때문이다. 그들 자신이 그 점을 고려했다고는 거의 생각할 수가 없다. 그러나 이는 하나님께서 그 백성의 연약함을 돌아보사 그들이 감당하지 못할 시험 당함을 허락하지 아니하시고, 숨돌릴 틈을 주신다는 것을 가르쳐 준다. 그러나 그 십자가는 다시 돌아오며 또한 중간의 간격은 그 다음 십자가에 합당하도록 스스로 준비할 틈으로 주시는 것이다. 그러나, (2) 어쩌면 십자가를 등에 지고서 그가 그들이 원하는 만큼 빨리 앞으로 나아가지를 못했기 때문일 것

이다. 아니면, (3) 그들은 그가 십자가를 지고 가다가 중간에 기진하여 죽어서 그에 대해 행하고자 했던 마지막 악행을 하지 못하게 될까 염려하였기 때문일지도 모른다. 그러므로 악인의 온유한 자비는 역시 잔인한 법이다. 그들은 그에게서 십자가를 벗겨내서, 구레네 사람 시몬에게 억지로 지워 가게 하였다. 총독이나 제사장들의 권위로 강제로 그런 봉사를 하도록 한 것이다. 그것은 치욕스런 일이었으므로 억지로 떠맡기지 않으면 아무도 그 일을 하려 하지 않았던 것이다. 어떤 이들은 이 시몬이 그리스도의 제자였고, 최소한 그가 잘 되기를 바라던 자였으며, 그들이 그것을 잘 알고 있어서 그에게 그 일을 맡겼다고 본다. 주목하라. 스스로 진정 그리스도의 제자들임을 인정하는 자들은 자기 십자가를 지고(16:24), 그의 치욕을 짊어지고(히 13:12) 그리스도를 따라야 한다. 우리는 우리를 위한 그의 고난을 알아야 하고, 우리에게 주어지는 그를 위한 모든 고난들을 인내로 감당해야 한다. 그와 함께 고난당하는 자들만이 그와 함께 다스릴 것이며, 그의 잔을 마시며 그의 세례를 받는 자만이 그의 나라에서 그와 함께 앉을 것이기 때문이다.

[33]골고다 즉 해골의 곳이라는 곳에 이르러 [34]쓸개 탄 포도주를 예수께 주어 마시게 하려 하였더니 예수께서 맛보시고 마시고자 하지 아니하시더라 [35]그들이 예수를 십자가에 못 박은 후에 그 옷을 제비 뽑아 나누고 [36]거기 앉아 지키더라 [37]그 머리 위에 이는 유대인의 왕 예수라 쓴 죄패를 붙였더라 [38]이 때에 예수와 함께 강도 둘이 십자가에 못 박히니 하나는 우편에, 하나는 좌편에 있더라 [39]지나가는 자들은 자기 머리를 흔들며 예수를 모욕하여 [40]이르되 성전을 헐고 사흘에 짓는 자여 네가 만일 하나님의 아들이어든 자기를 구원하고 십자가에서 내려오라 하며 [41]그와 같이 대제사장들도 서기관들과 장로들과 함께 희롱하여 이르되 [42]그가 남은 구원하였으되 자기는 구원할 수 없도다 그가 이스라엘의 왕이로다 지금 십자가에서 내려올지어다 그리하면 우리가 믿겠노라 [43]그가 하나님을 신뢰하니 하나님이 원하시면 이제 그를 구원하실지라 그의 말이 나는 하나님의 아들이라 하였도다 하며 [44]함께 십자가에 못 박힌 강도들도 이와 같이 욕하더라 [45]제육시로부터 온 땅에 어둠이 임하여 제구시까지 계속되더니 [46]제구시쯤에 예수께서 크게 소리 질러 이르시되 엘리 엘리 라마 사박다니 하시니 이는 곧 나의 하나님, 나의 하나님, 어찌하여 나를 버리셨나이까 하는 뜻이라 [47]거기 섰던 자 중 어떤 이들이 듣고 이르되 이 사람이 엘리야를 부

른다 하고 [48]그 중의 한 사람이 곧 달려가서 해면을 가져다가 신 포도주에 적시어 갈대에 꿰어 마시게 하거늘 [49]그 남은 사람들이 이르되 가만 두라 엘리야가 와서 그를 구원하나 보자 하더라

여기서는 우리 주 예수께서 십자가에 못 박히시는 기사가 나타난다.

I. 우리 주 예수께서 죽임을 당하신 장소.

1. 그들은 예루살렘 바로 옆의 골고다라 불리는 장소로 갔는데, 그 곳은 아마 흔히 사형 집행 장소로 쓰이는 곳이었을 것이다. 만일 그에게 예루살렘에 자기 소유의 집이 있었다면, 그의 치욕을 더 크게 하기 위해 아마 그 집 문 앞에서 그를 십자가에 못 박았을 것이다. 그러나 이제 통치권의 정의를 위해 범죄자들을 사형시켰던 그 곳이 바로 우리 주 예수께서 하나님의 정의를 위해 희생 제물로 드려지시는 장소가 되었다. 어떤 이들은 그 곳이 해골의 곳이라 불린 것은 그 곳이 흔히 납골당으로 사용되던 곳으로, 죽은 시체들의 뼈와 해골들이 묻혀 있어서, 사람들이 시체와 접촉하여 자신을 더럽히는 일이 없도록 그 뼈와 해골들을 길 바깥에 묻어둔 곳이었을 것으로 본다. 여기에 무수한 사람들을 이긴 죽음의 승리의 트로피들이 놓여 있었다. 그런데 그리스도께서는 친히 죽으심으로 죽음을 멸하려 하실 때에, 그의 승리에 존귀를 더하시기 위하여 그 자신이 이 누추한 곳 위에서 죽음에 대해 승리를 거두신 것이다.

2. 거기서 그들이 그를 십자가에 못 박았다(35절). 그의 손과 발을 십자가에 못 박아, 그 십자가를 세웠고, 그리하여 그가 십자가에 매달리셨다. 그것이 로마인들이 십자가에 못 박는 방식이었던 것이다. 우리의 복되신 구주께서 당하신 이 크나큰 고통을 느낌으로 우리 마음에 감동을 받아야 하겠고, 그렇게 찢기신 주님을 바라보아야 하겠다. 그의 슬픔 같은 슬픔이 과연 있었던가? 그리고 그가 죽으신 죽음의 방식을 바라보고, 그 속에서 그가 우리를 사랑하신 사랑이 과연 어떤 사랑이었는가를 생각하여야 할 것이다.

II. 그들이 그에게 행한 야만적인 학대. 그 속에서 그들의 악의와 기지가 서로 우열을 가리는 듯 경쟁적으로 나타났다. 마치 그렇게 큰 죽음 그 자체로도 부족한 듯, 그들은 다음과 같은 방법을 써서 그것에 처참한 고통과 공포를 더하였다.

1. 십자가에 못 박기 전에 그에게 음료를 줌(34절). 독주는 죽게 된 자에게 줄

지어다(잠 31:6, 7)라는 솔로몬의 지침을 따라, 사형에 처해질 자들은 독한 포도주를 마시게 하는 것이 상례였으나, 그리스도의 경우는 그들이 그것에 쓸개를 타서 더 쓰고 시게 만들어서 마시게 하였다. 이는 다음과 같은 것을 의미한다. (1) 사람의 죄. 이는 곧 독초와 쑥의 뿌리다(신 29:18). 죄인은 그것을 달콤한 것으로 혀 아래 굴리지만, 하나님께 그것은 독이 든 포도다(신 32:32). 우리 주 예수께서 우리의 죄를 담당하셨을 때에 그에게도 그러했고, 조만간 죄인 자신에게도 그렇게 될 것이요, 사망보다 더 쓰게 될 것이다(전 7:26). (2) 하나님의 진노. 아버지께서 그의 손에 주시는 잔이요, 저주가 되게 할 쓴 물처럼 과연 쓰디쓴 잔이다(민 5:18). 성경의 예언처럼 문자 그대로 이 음료가 그에게 제공되었다(시 69:21). 그리고, 〔1〕 예수께서 맛보셨다. 그 쓰디쓴 것을 입에 대셨다. 그는 금지된 실과를 맛본 우리의 모든 죄악에 대해 속죄하시는 마당에서, 쓴 잔을 맛보지 않고 그냥 물리지 않으셨다. 이제 그는 죽음의 그 쓰라림을 완전히 맛보고 계신 것이다. 〔2〕 마시고자 아니하셨다. 그는 그 쓴 잔의 좋은 면을 누리지 않으려 하셨고, 자신의 고통을 누그러뜨리는 것은 조금도 취하지 않으려 하셨기 때문이다. 그는 스스로 죽음을 느끼시면서 죽으시려 하신 것이다. 우리의 대제사장으로서 이 고난의 일에서 하실 일이 그렇게 많으셨기 때문이다.

2. 그의 의복을 나누어 가짐(35절). 그들은 그를 십자가에 못 박을 때에 그의 옷을, 최소한 웃옷은 벗겼다. 죄로 말미암아 우리가 벌거벗은 수치를 얻었고, 그리하여 그가 우리를 위하여 흰옷을 사서 가려 주신 것이다. 어느 때든 그리스도를 위하여 위로가 우리에게서 벗겨지더라도, 우리는 그것을 인내로 참아야 할 것이다. 그도 우리를 위하여 벗은 바 되셨기 때문이다. 원수들이 우리의 옷을 벗길 수는 있어도, 우리의 최고의 위로는 벗길 수 없고, 찬양의 의복은 빼앗아갈 수 없다. 사형당하는 죄수의 의복은 사형 집행자에게 주는 수고비다. 네 사람의 군졸이 그리스도를 십자가에 못 박는 데에 동원되었으니 그들 각자가 몫이 있다. 그의 웃옷을 나누면 아무런 쓸모가 없을 것이므로, 그들은 그것을 제비 뽑아 나누었다. (1) 어떤 이는 그 옷이 너무도 세련되고 멋있어서 서로 경생할 만한 가치가 있었다고 보나, 이는 그리스도께서 궁핍한 중에 계셨던 것과 일치되지 않는다. (2) 어쩌면 그들의 그 옷자락을 만져서 사람이 병을 고쳤다는 이야기를 들었던 터여서 그 옷에 어떤 마술적인 힘이 있다고 생각했을지

도 모른다. 혹은, (3) 그 성스러운 유물을 친구들에게 돈을 받고 팔 생각으로 그렇게 했을 것이다. 혹은, (4) 예수를 조롱하느라, 그 옷을 마치 왕의 옷처럼 대하여 그것을 귀하게 여기는 것처럼 장난쳤을 수도 있다. 혹은, (5) 그저 심심해서, 그리스도가 죽기까지 기다리는 동안 시간을 보내는 방법으로 주사위를 던져 그의 옷 내기 게임을 했을 수도 있다. 그러나 그들의 의도가 어디에 있었든 이로써 하나님의 말씀이 성취되었다. 십자가상에서 그리스도께서 첫 절을 인용하신 그 유명한 시편은, 내 겉옷을 나누며 속옷을 제비 뽑나이다라고 말씀했었다(시 22:18). 이 말씀은 다윗에게는 전혀 맞지 않는 것이었고 주로 그리스도를 바라보는 것이었다. 다윗이 성령의 감동으로 그리스도에 대해 말씀한 것이었다. 이는 하나님께서 정하신 뜻과 미리 아신 대로 되어진 것이다. 그리스도께서 친히 자신의 영광을 벗으시고 우리 가운데서 그 영광을 나누어 주셨다.

그리고 그들은 거기 앉아 지켰다(36절). 대제사장들은 백성들을 여전히 우려하였고, 그들이 일어나 그를 구하지 못하도록 이 호위병들을 거기에 세워놓았다. 그러나 일이 그렇게 되도록 한 것은 하나님의 섭리였다. 거기 앉아 지킬 임무를 받은 자들이 그리스도를 위한 훌륭한 증인들이 되어주었다. 그들은 일어나는 모든 광경을 지켜보았고, 결국 이는 진실로 하나님의 아들이었도다라는 귀한 고백이 그들에게서 나온 것이다(54절).

3. 그의 머리 위에 죄패를 붙임(37절). 공공의 정의를 드러내고 사형당하는 죄수에게 더 큰 수치를 주기 위하여 그들 앞에서 외치는 자로 하여금 죄상을 선언하게 하는 것은 물론 그들의 머리 위에 그들이 사형당하는 죄상을 기록해 두는 것이 보통이었다. 그러므로 그들은 그리스도의 머리 위에도 모든 사람이 다 볼 수 있도록 그의 혐의를 기록하여 붙여놓았으니, 곧, 유대인의 왕 예수가 그것이었다. 그들은 그를 모욕하는 의도로 이것을 기록해 놓았는데, 하나님께서는 심지어 그의 혐의까지도 그의 존귀가 되도록 역사하셨다. 왜냐하면, (1) 그가 범했다는 범죄에 대한 기록이 없었다. 그들은 그럴 생각을 가졌으나(요 19:21) 그가 구주를 가장했다거나 왕위를 찬탈한 왕이었다거나 하는 언급이 전혀 없었다. 그러나 구주 예수라 했어도 이는 범죄가 아니었다. 그리고 유대인의 왕 예수는 더더욱 범죄가 아니었다. 메시야가 죄가 없어야 한다는 것이 백성들의 기대였기 때문이다. 그러므로, 그의 원수들 자신이 재판관이 되었어도 그에게서 아무런 악도 찾을 수가 없었던 것이다. 아니, (2) 오히려 그에 관한 지

극히 영광스러운 진리가 여기서 증언되고 있다. 곧 그가 유대인의 왕 예수시라는 것이다. 그가 바로 유대인이 기대했고 마땅히 굴복해야 할 그 왕이시라는 것이다. 그러므로 그에 대한 혐의는 결국, 그가 참 메시야요 세상의 구주시라는 것이다. 마치 발람이 이스라엘을 저주하러 보냄을 받았을 때에 오히려 그들을 세 차례에 걸쳐서 계속 축복하기만 한 것처럼(민 24:10), 빌라도도 그리스도를 범죄자로 정죄한 것이 아니라 그를 왕으로 선포하였고, 그것도 세 차례에 걸쳐서, 세 가지의 비명(碑銘)으로 선포한 것이다. 그리하여 하나님께서는 사람들에게 역사하사 그들의 뜻과는 전혀 달리 하나님의 목적을 이루게 하시는 것이다.

4. 그와 함께 강도 둘을 십자가에 못 박음(38절). 그 두 사람을 예수와 동시에 같은 장소에서 같은 호위병의 호위 아래 십자가에 못 박았다. 이들은 단어가 뜻하는 대로 노상강도였을 것이다. 아마도 그 날이 **사형 집행일**로 지정된 날이었을 것으로 보인다. 그렇기 때문에 그 날 아침 일찍부터 서둘러 그리스도의 사형 절차를 진행시켜서 다른 죄수들과 함께 그 날에 사형시키려 했을 것이다. 어떤 이는 빌라도가 그렇게 명령했다고 본다. 이 강도들을 그 날에 함께 사형시킴으로써 필수적인 정의를 시행하여 그리스도를 정죄한 자신의 불의를 상쇄하고자 했을 것이라는 것이다. 다른 이들은, 유대인들이 우리 주 예수의 고난에 치욕을 더하게 하기 위해 그렇게 일을 꾸민 것이라고 본다. 어찌됐는 간에, 그가 범죄자 중 하나로 헤아림을 받았음이니라라는 성경이 이 일에서 성취되었다(사 53:12).

(1) 그가 그들과 함께 십자가에 못 박히시는 것은 그에게 모욕이었다. 살아 계신 동안에는 그가 죄인들에게서 분리되셨으나, 죽을 때에는 그들에게서 나뉘지 않으셨고, 마치 그가 그들의 죄에 참여하기라도 한 것처럼 가장 악독한 악행자들과 함께 형벌을 받으셨다. 그가 우리를 위하여 죄가 되셨고 죄악된 육체의 모양을 취하신 것이다. 그가 죽으실 때에 범죄자 중 하나로 헤아림을 받으시고, 또한 그의 몫(운명)이 악인과 함께 하였으므로, 우리가 죽을 때에 성도 중 하나로 헤아림을 받고 우리의 몫(운명)이 택한 자들 중에 있게 되는 것이다.

(2) 그가 두 강도들의 한가운데에서 십자가에 못 박히신 것은 더한 모욕이었다. 이는 마치 그가 세 죄수 중 가장 악한 자요 그들의 수괴(首魁)인 것처럼 보

이게 하는 것이었다. 셋의 중간은 수괴를 위한 자리이기 때문이다. 마치 크신 구주께서 모든 사람들 가운데 가장 큰 죄인이기라도 한 것처럼, 모든 정황 하나 하나마다 그에게 치욕을 주기 위해 고안되었다. 이 일은 또한 그를 어지럽히고 불안하게 만들려는 의도로 행한 것이다. 그의 마지막 순간까지 옆에서 함께 십 자가에 달려 있는 두 악행자들의 신음과 신성모독의 말과 울부짖음을 들어야 했으니, 그가 얼마나 혼란스러우셨겠는가! 그들은 십자가에 못 박힐 때에 소 름끼치도록 울부짖었을 것이다. 그러나 이렇게 하여 그리스도께서는 죄인들의 구원을 위해 고난당하시면서 죄인들의 비참한 처지를 몸소 당하신 것이다. 베 드로나 안드레 등 그리스도의 사도들 가운데 몇 명도 후에 십자가에 못 박혔 다. 그러나 그들 중에 아무도 그와 함께 십자가에 못 박힌 자는 없었는데, 이는 사람의 죄를 보상하는 일에 그들이 그리스도와 함께 고난을 받았고 그들이 그 리스도와 함께 생명과 영광을 값 주고 산 자들인 것처럼 보이지 않게 하기 위 함이었다. 그러므로 그는 두 강도 사이에서 십자가에 못 박히셨고, 그리하여 누구도 그들이 그리스도의 죽으심의 공로에 기여한 것으로 생각하지 않도록 하신 것이다. 그가 친히 그의 몸으로 우리 죄를 지신 것이다.

5. 그가 십자가에 달리실 때에 그들이 그에게 온갖 신성모독과 모욕의 말들 을 퍼부음. 그와 함께 십자가에 못 박힌 두 강도에 대해서 그렇게 모욕했다는 기록은 찾아볼 수 없다. 그들이 그를 십자가에 못 박음으로써 최악의 일을 행 한 것이요 그들의 악의가 그것으로 다 소진되었을 것으로 생각하는 사람도 있 을 것이다. 범죄자가 옥에 갇히는 형을 받았다면 그것이 사형보다 약한 것이므 로 그들에게 온갖 학대의 표현들이 가해진다. 그러나 죽어 가는 사람에게는, 비록 중죄인이지만, 측은히 여기는 마음으로 대하여야 하는 법이다. 그런데 죽 음으로도, 그렇게 큰 죽음으로도 만족할 줄 모른다면 그것은 정말 가혹하기 그 지없는 복수다. 그러나 주 예수의 낮아지심을 완성하며, 또한 그가 죽어 가시 면서 허물을 짊어지셨다는 것을 보여주기 위하여, 그 때에 그가 그렇게 치욕을 당하셨고, 또한 며칠 전 그에게 호산나를 외치던 그의 후원자들 중에 아무도 감히 나서서 그를 위해 연민의 마음을 표현하지 못했던 것이다.

(1) 지나가는 일반 백성들이 예수를 모욕하였다. 그의 극한 비참과 또한 그가 비참 속에서 보여주신 모범적인 인내로도 그들은 진정되지 않았다. 그들은 자 기들의 부르짖음으로 그를 이런 상태에 몰아넣었으니, 이제 갖은 모욕을 퍼부

음으로써 자기들의 행위를 정당화시키려 하였다. 마치 그를 정죄한 것이 잘한 일이라도 되는 것처럼 말이다. 그들은 그를 모욕하였다, 아블라스페문, 신성모독을 행하였다. 하나님과 동등됨을 취할 것으로 여기지 아니하신 그에게 악담하였으니, 이는 엄밀한 의미에서 과연 신성모독이었다. 여기서 관찰하라.

〔1〕 그를 모욕한 자들. 지나가는 자들, 즉 길을 가는 행인들이었다. 그 곳은 예루살렘에서 기브온으로 이어지는 큰 길가에 위치하였다. 그들은 대제사장들의 하수인들이 조작해낸 이야기와 풍문으로 그에 대하여 완전히 편견에 사로잡혀 있었다. 사방에서 모욕하고 악담하는 그런 사람이나 일에 대해 좋은 생각을 유지하려면, 보통보다는 더 강한 결의와 적용이 필요하다. 누구나 다른 사람들이 말하는 대로 말하기가 쉽고, 다른 이들이 악담하여 던지는 돌에 합류하기가 쉬운 법이다. "로마의 무리들은 사람의 들쭉날쭉한 운명에 함께 들쭉날쭉 춤추며, 가라앉고 있는 자들을 더 가라앉히지 않는 법이 없다" (유베날리스).

〔2〕 그들이 그를 모욕하기 위해 사용한 몸짓. 자기 머리를 흔들며. 이는 그가 무너짐으로 그들이 승리했음을 나타내며, 또한 그에 대한 모욕을 나타낸다(사 37:22; 렘 18:16; 애 2:15). 아하 우리가 그를 삼켰다라는 것이 그들의 언어였다(시 35:25). 블레셋 사람들이 그들을 몰락시킬 삼손에게 행한 것처럼, 그들의 구원자가 되시는 그에게 그렇게 모욕한 것이다. 이 몸짓 자체도 이미 예언된 것이었다. 나를 보는 자는 다 머리를 흔들며 말하되(시 22:7, 또한 109:25을 보라).

〔3〕 그들이 발설한 욕과 조소. 다음과 같은 것들이 기록되어 있다.

첫째로, 그들은 그에게 성전을 헐고 사흘에 짓는 자라고 꾸짖었다. 재판관들 자신은 그의 말이 잘못 오도된 것임을 지각하였으나(막 14:59에서 나타나듯이) 그들은 그 말을 백성들 중에 열심히 퍼뜨려서 그가 성전을 파괴할 계획을 가졌다고 오해하게 만들어 그를 증오하게 하였다. 그 백성들에게 있어서 성전을 파괴하려 한다는 것은 다른 무엇보다도 더 지독한 악이었던 것이다. 그리스도의 원수들이 자기들이 거짓이라고 알아온 신앙과 하나님의 백성과 그 혐의에 대해 불의하다고 믿게끔 만들려고 애를 쓴 것이 이번이 처음이 아니었다. "네가 저 크고 견고한 성전을 허는 자라고 하니, 이제 네 힘으로 그 십자가를 뽑고, 그 못들을 뽑고 네 자신을 구원하라. 네가 가졌다고 자랑하는 그 힘이 진정 네게 있다면, 지금이 그 힘을 발휘할 때가 아니냐? 그것을 증명해 보아라.

사람이 자기를 구원하기 위해서라면 최고의 힘을 발휘하는 법이니 말이다." 바로 이 때문에 유대인들에게 그리스도의 십자가가 큰 거치는 돌이 되었다. 십 자가는 메시야의 능력과 모순이라고 생각한 것이다. 그는 약하심으로 십자가에 못 박히셨다(고후 13:4). 그들이 보기에는 그랬다. 그러나 사실 십자가에 못 박 히신 그리스도야말로 하나님의 능력인 것이다.

둘째로, 그들은 그가 자기 자신을 하나님의 아들이라 하였다고 꾸짖었다. 그 들은, 네가 만일 정말 그렇다면 십자가에서 내려오라고 하였다. 여기서 그들은 마귀가 광야에서 그리스도를 시험할 때에 했던 말을 그의 입에서 취하여(4:3, 6) 그것으로 똑같이 공격하는 것이다. 네가 만일 하나님의 아들이어든. 그들은 지금 그가 하나님의 아들이라는 것을 증명하지 못하면 결코 그것을 증명할 수 가 없다고 생각하였다. 그가 이적들을 행하심으로, 심지어 죽은 자까지 살림으 로써 그 사실을 이미 증명했다는 것을 잊어버렸고, 또한 그가 그렇게 자주 예 언하신 대로 그 자신의 부활을 통해서 그것을 완전히 증명하시기까지 기다리 기를 원치 않았다. 그들이 그것을 관찰했다면, 십자가의 거치는 것도 예상했을 것이다. 현재의 일만으로 판단하며, 과거의 일을 정당하게 기억하고 미래에 일 어날 일을 인내로 기대하는 것이 없으면 이렇게 되는 것이다.

(2) 교회의 지도자들인 대제사장들과 서기관들과, 또한 국가의 통치자들인 장 로들이 함께 그를 희롱하였다(41절). 그들은 무리들을 불러서 그리스도를 모 욕하게 하는 것으로는 성에 차지 않아서, 그들 스스로 거기에 가담하여 그리스 도께 모욕하였다. 그 날은 무교절 첫 날로서 성회가 모이는 날이었으므로(레 23:7), 그들은 성전에서 경건한 시간을 보내고 있었어야 했다. 그런데 그들은 사형장에서 주 예수께 침을 뱉고 독을 뱉고 있었다. 그들의 직무의 위엄과 무 게에 비할 때에 이 얼마나 조잡한 짓이었는가! 이것만으로도 그들은 백성들 앞에서 멸시와 조소를 받을 것이었다. 그들이 하나님을 경외하지도 사람을 존 중하지도 않으나, 그리스도의 죽음에 그렇게 크게 가담한 그들로서는 할 수 있 는 대로 일을 감추고 눈에 드러나게 하지 않도록 처리하여야 한다는 것이 상식 이었을 것이라고 생각할 수 있을 것이다. 악의가 개입되어 있다는 것이 드러난 다면 그보다 비열할 수가 없을 것이다. 그런데 그들이 그리스도께 악의를 행하 기 위해서 그렇게 자기 자신들까지도 옆으로 제쳐두었는데, 우리는 어떠해야 하겠는가? 무리와 함께 목소리를 높여 그에게 존귀를 돌리기 위하여 우리 자신

들을 제쳐두어야 하지 않겠는가?

제사장들과 장로들은 그를 두 가지로 질책하였다.

〔1〕그가 자기는 구원할 수 없다는 것(42절). 그는 이미 그의 선지자직과 왕직에서 학대를 당하신 바 있고, 이제는 그의 제사장직에서 구주로서 학대를 당하신다. **첫째로,** 그는 실상 우리를 구원하시기 위해 죽고자 하셨으므로 자기를 구원하실 의사가 없으셨는데, 그들은 그가 자기를 구원할 수 없으며 따라서 그가 있는 체하는 그 능력이 없다고 단정짓는다. 그들은 마땅히, "그가 다른 이들을 구원하였으니 자기도 구원할 수 있으리라. 그런데도 그가 자기를 구원하지 않는다면 거기에 무언가 다른 이유가 있을 것이다"라는 식으로 추론했어야 옳았다. 그러나, **둘째로,** 그들은 그가 지금 자기를 구원하지 않으니 다른 이들을 구원했다고 가장한 모든 일은 가짜요 속임수며 절대로 진정으로 행해진 것이 아니라는 것을 넌지시 주입시키려 하였다. 그가 이적을 행하신 일이 과연 진실이라는 것이 의심의 여지 없이 입증되었는데도 말이다. **셋째로,** 그들은 그를 이스라엘의 왕이라 부르며 조롱하였다. 그들은 메시야의 외형적인 화려함과 권세를 꿈꾸어 왔으므로, 십자가는 전혀 이스라엘의 왕과는 어울리지 않으며 메시야라는 인물과는 모순이라고 생각하였다. 만일 그가 십자가에서 내려오기만 하면, 그의 나라에 환난만 없다면, 많은 사람들이 이스라엘의 왕을 좋아할 것이었다. 그러나 문제는 이미 정리되어 있었다. 십자기가 없다면 그리스도도, 면류관도 없는 것이다. 그와 함께 다스리고자 하는 자는 반드시 그와 함께 기꺼이 고난을 당해야 했다. 그리스도와 그의 십자가가 이 세상에서 함께 못 박히기 때문이다. **넷째로,** 그들은 그에게, 십자가에서 내려올지어다라고 도전하였다. 그러면 우리가 어떻게 되며, 우리의 구속과 구원의 역사는 어떻게 되었겠는가? 만일 그가 이런 조롱에 격분하여 십자가에서 내려오셨다면, 그리하여 그의 사명을 미완성인 채로 버려 두셨다면, 우리는 영원히 망해 버렸을 것이다. 그러나 그의 무궁한 사랑과 결단이 이 시험을 대항하여 든든한 방벽이 되었고, 그리하여 그는 넘어지지도, 실망하지도 않으신 것이다. **다섯째로,** 그들은 만일 그가 십자가에 내려오면 우리가 **믿겠노라** 하고 약속하였다. 그가 스스로 메시야라는 승거를 제시하면, 사기들노 그렇게 받아들이겠다는 것이다. 전에도 그들은 표적을 요구했는데, 그 때에 그는 자신이 주실 표적은 십자가에서 내려오는 것이 아니라 그보다 그의 능력이 훨씬 더 크게 드러나는 무덤에서 살아 나오

는 것임을 말씀하셨었다. 이삼일만 기다리면 되는데 그들은 그것을 참고 기다 릴 생각이 없었던 것이다. 만일 그가 십자가에서 내려오셨다면, 그들은 군병들 이 그를 십자가에 못 박을 때에 실수하였다고 했을 것이다. 그들은 후에 그리 스도께서 죽은 자 가운데서 살아나셨을 때에 제자들이 밤에 와서 그를 도둑질하 여 갔다고 이야기하였다. 하나님께서 지정하신 것은 믿지 않으면서 우리가 요 구하는 이런저런 믿음의 수단과 근거가 주어지면 믿겠다고 약속하는 것은, 모 든 것을 파괴하는 완악한 불신앙에 대한 초라한 변명이요 핑계 외에 아무것도 아닌 것이다.

〔2〕그의 아버지 하나님께서 그를 구원하지 않으시리라는 것(43절). 그가 하 나님을 신뢰하니, 즉, 그가 나는 하나님의 아들이라고 말하니 그가 하나님을 신뢰 하는 체하는 것이다. 하나님을 아버지라 부르며 자신을 그의 아들로 삼는 자들 은 이로써 그를 신뢰하는 것이다(시 9:10). 그들은 그가 스스로 굉장한 하늘의 사랑을 받는 것으로 말하였으니 이는 자기 자신과 다른 이들을 속이는 것이라 고 하였다. 왜냐하면 만일 그가 진정 하나님의 아들이었다면(욥의 친구들이 욥에게 제시한 논지처럼) 그가 그렇게 버림받아 온갖 비참한 가운데에 있지 않았을 것이기 때문이다. 이것은 다윗의 탄식처럼 그의 **뼈**를 찌르는 칼이었고 (시 42:10), 양쪽에 날 선 칼이었다. 왜냐하면 그것은 **첫째로**, 그를 헐뜯어서 지나가는 자들로 하여금 그를 사기꾼과 악당으로 생각하게 만들기 위한 것이 었기 때문이다. 마치 자기가 하나님의 아들이라는 말이 거짓임이 이제 효과적 으로 입증되기라도 한 것처럼 말이다. **둘째로**, 그를 겁주고 그의 아버지의 능 력과 사랑에 대해 불신과 절망을 갖도록 만들기 위한 것이었기 때문이다. 어떤 이들은 그가 두려워하였고, 그렇게 되지 않도록 기도하였고, 또한 거기서부터 구원받은 그것이 바로 그러한 아버지에 대한 불신과 절망이었다고 본다(히 5:7). 다윗은 그의 박해자들이 그의 보좌를 흔들고 그를 그의 나라에서 내쫓으 려고 시도하는 것보다 그들이 그의 믿음을 흔들고 하나님을 향한 소망에서 그 를 내몰려고 애쓰는 것에 대해 더 많이 탄식하였다. 그들은, 그는 하나님께 구원 을 받지 못한다 하였고(시 3:2), 또한 하나님이 그를 버리셨다고도 하였다(시 71:11). 다른 점에서도 그렇지만, 이 점에서도 그는 그리스도의 모형이었다. 아니, 다윗은 바로 이 말을 그리스도에 대한 그 유명한 예언에서 그리스도의 원수들이 하는 말로 언급하고 있다. 그가 여호와께 의탁하니 구원하실 걸 하나이

다(시 22:8). 이 제사장들과 서기관들은 분명 그들의 시편을 잊어버렸다. 아니면, 그 모형과 예언을 그렇게도 정확히 성취시키는 그 동일한 말들을 쓰지 않았을 것이다. 그러나 성경은 마침내 성취되는 것이다.

(3) 그 모욕을 완결 지으려는 듯, 함께 십자가에 못 박힌 강도들도 이와 같이 욕하였다. 마치 그리스도와 비교할 때에 자기들은 성자들이기라도 한 듯, 그들이 함께 그리스도를 욕하였고, 그들이 그와 함께 고난을 받는 자들이요 그와 박해에 함께 당하고 있음에도 불구하고 그에게 이를 갈았다. 그 둘 중 하나가 말하기를, 네가 그리스도가 아니냐? 너와 우리를 구원하라라고 하였다(눅 23:39). 이 강도들이야말로 모든 사람들 중에 그리스도를 모욕할 이유가 가장 적은 자들이요 따라서 그를 가장 조롱하지 않았어야 옳았을 자들이었다고 생각할 수 있을 것이다. 이유가 달라도 함께 고난을 당하는 자들은 서로를 가엾게 여기고, 죽을 때까지 욕하는 일은 거의 없다. 그러나, 육체의 아무리 큰 고통도, 아무리 사람을 낮추는 섭리의 책망도, 하나님의 은혜가 없이 그 자체만으로는 영혼의 부패성을 죽이지 못하고, 악인의 사악함을 억제하지도 못한다.

이렇게 우리 주 예수는 죄로 말미암아 하나님께 행한 잘못에 대해서 하나님의 정의를 만족시키는 일을 행하시는 중에 그의 존귀로 고난을 당하셨고, 비단 하나님의 아들로서 그에게 합당한 일을 빼앗김으로써만이 아니라, 가장 악한 사람에게 행해질 수 있는 극한 치욕을 당하심으로써 그 일을 이루셨다. 그는 우리를 위하여 죄가 되셨으므로 우리를 위하여 저주가 되신 것이요, 그리하여 모욕이 임하고 거짓으로 온갖 악한 말이 우리에 대해 행해질 때에 언제나 의를 위하여 그것을 쉽게 당하도록 하신 것이다.

Ⅲ. 여기서 우리는 우리 주께서 이 모든 해와 치욕을 사람들에게서 당하시는 것에 대해 하늘이 이맛살을 찌푸리는 것을 보게 된다. 이에 대해 다음을 관찰하라.

1. 자연의 현상. 놀랍게도 해가 이적적으로 세 시간 동안 계속해서 빛을 잃었다(45절). 대부분의 해석자들은 에피 파산 텐 겐, 온 땅 위에, 어둠이 있었다는 뜻으로 이해한다. 그러나 우리의 영역본은 그 땅에 어둠이 임한 것으로 번역한다(한글 개역개정판은 온 땅에로 번역함). 몇몇 고대인들은 그리스도의 사망 시에 있었던 이 놀라운 일식(日蝕)에 관하여 기록한 국가의 연대기에 호소하여, 그 사건이 잘 알려졌고, 그 당시에는 그 지방에서 굉장한 일로 주목을 받았

었음을 지적한다. 마치 히스기야의 시대에 해가 뒤로 물러갔던 것처럼 말이다. 디오니시우스(Dionysius)가 이집트의 헬리오폴리스(Heliopolis)에서 이 어둠을 인지하고서 다음과 같이 말한 것으로 보도되고 있다: "자연의 신이 고통을 당하고 있든지, 아니면 세상의 체계가 망하고 있든지 둘 중의 하나다." 놀라운 빛이 그리스도의 탄생을 알렸으므로(2:2), 놀라운 어둠이 그의 죽음을 고지하는 것이 적절한 일이었다. 그가 바로 세상의 빛이시기 때문이다. 우리 주 예수께 행해진 가혹 행위들이 하늘을 놀라게 하였고 심지어 무질서와 혼돈 속에 빠지게 하기까지 했다. 이와 같은 사악함은 지금껏 해가 본 일이 없었고, 그리하여 물러가서 이를 보지 않으려 한 것이다. 이 갑작스럽고 놀라운 어둠은 그리스도께서 십자가에 매달려 계시는 동안 그를 욕하던 신성모독자들의 입을 닫게 하기 위한 것이었다. 그러므로 이 현상은 즉시 그들을 공포 속으로 몰아넣었을 것이고, 그리하여 비록 그들의 마음은 변하지 않았으나 침묵하였고 이것이 무슨 뜻인지를 몰라 멍하니 서 있었던 것으로 보인다. 세 시간만에 어둠이 흩어진 후에, 마치 바로가 재앙이 끝났을 때에 그랬던 것처럼, 다시(47절에서 나타나듯이) 그들의 마음이 완악해졌다.

그러나 이 어둠을 통해서 주로 의도되었던 것은, (1) 그리스도께서 현재 어둠의 권세와 싸우고 계신다는 것을 보여주는 것이었다. 이제 이 세상의 임금과 그의 세력들은, 곧 이 세상의 어둠의 주관자들은 내어쫓기고 망하고 사라지게 되어 있었다. 그리고 그의 승리를 더욱 환히 드러내시기 위해 그는 그들의 땅에서 그들과 싸우시며, 그들에게 이 어둠을 줌으로써 그를 대항할 수 있는 모든 유리한 것들을 주시며, 그들에게 바람과 해를 차지하게 하신다. 그러나 그는 그런 중에도 그들을 물리치시고, 그리하여 승리자로서의 모습을 더 찬란하게 드러내시는 것이다.

(2) 그에게 현재 하늘의 위로가 없다는 것을 보여주는 것이었다. 이 어둠은 우리 주 예수의 인간적 영혼을 뒤덮고 있는 검은 구름을 나타낸다. 하나님은 그의 해로 하여금 의로운 자와 불의한 자에게 비치게 하시는데, 우리 구주께서 우리를 위하여 죄가 되실 때에는 그에게서 심지어 햇빛까지도 물러가게 하신 것이다. 눈으로 해를 보는 것이 즐거운 일이다(전 11:7). 그러나 지금 그의 영혼이 극히 괴로움 중에 있고 하나님의 진노의 잔이 그대로 그에게 가득 차 있었으므로 햇빛조차도 뒤로 물려진 것이다. 땅이 그에게 찬 물 한 방울을 거부했을 때,

하늘도 그에게 한 줄기 빛을 거부하였다. 우리를 완전한 어둠으로부터 구원하셔야 했으므로, 그 자신이 그의 깊은 고난 속에서 빛이 없이 어둠 가운데 걸으신 것이다(사 50:10). 이 어둠이 계속되던 세 시간 동안, 그는 한 마디도 말씀하지 않으셨고, 이 시간을 조용히 침묵하시며 지금 고뇌 가운데서 어둠의 권세와 싸우고 있고 아버지의 진노를 ― 그 자신에 대한 진노가 아니라 사람의 죄에 대한 진노를 ― 느끼시며 그 자신의 영혼 속으로 물러가 계셨다. 그는 지금 그의 영혼을 그것을 위하여 제물로 드리고 계신 것이다. 하나님이 땅 위에 사람을 창조하신 날 이래 그와 같은 세 시간이, 그와 같은 어둡고 참혹한 광경이 있은 적이 없었다. 과연 인간의 구속과 구원의 큰 문제가 걸려 있는 결정적인 위기였던 것이다.

2. 그리스도의 탄식(46절). 오랜 침묵의 갈등 후에 어둠이 가시기 시작하던 제 구시쯤에 예수께서 크게 소리 질러 이르시되 엘리 엘리 라마 사박다니 하셨다. 이 말씀은 본래 발설된 아람어를 그대로 음역한 것인데, 이는 배나 상고할 가치가 있고, 또한 그의 원수들이 이 말에서 엘리를 엘리야로 왜곡시켰기 때문이다. 이제 여기서 관찰하라.

(1) 이 탄식은 시 22:1에서 빌려온 것이다. 어떤 이들은 시편 22편 전체를 그가 암송하셨다고 보기도 하나 그럴 것 같지는 않다. 그러나 그 첫 절을 인용함으로써 그 시편 전체가 그에게 적용되며, 또한 다윗은 성령의 감동을 받아 그 시편에서 그의 낮아지심과 높아지심에 대해 말씀하였다는 것을 시사한다. 이 말씀과 또한 내 영혼을 아버지 손에 부탁하나이다라는 다른 말씀(눅 23:46)이 그가 다윗의 시편에서 빌려서 말씀한 것인데(물론 그 자신이 자기의 말로 표현하셨을 수도 있으나), 이로써 그는 하나님의 말씀이 우리에게 쓰여지는 용도를 가르치시며, 기도를 지도하시고 또한 기도에서 성경의 표현들을 사용할 것을 추천하시며, 그것이 우리의 연약함을 도울 것임을 말씀하시는 것이다.

(2) 그는 크게 소리 질러 그 말씀을 하셨다. 이는 그의 극심한 고통과 고뇌와 그에게 아직 남아 있는 자연의 힘과, 또한 그의 심령의 지극한 간절함을 말씀해 준다. 이로써, 해와 달이 캄캄하며 별들이 그 빛을 거두도다 여호와께서 시온에서 목소리를 내시리니 하늘과 땅이 진동하리로다라는 성경이 성취되었다(욜 3:15, 16). 다윗도 기도에서 그가 크게 소리 지른 사실을 자주 언급한다(시 55:17).

(3) 그의 탄식의 내용은, 나의 하나님, 나의 하나님, 어찌하여 나를 버리셨나이까?였다. 하나님의 택한 자요 그가 마음에 기뻐하시는 자이시고(사 42:1) 또한 하나님이 언제나 기뻐하시는 분이신 우리 주 예수의 입에서 나온 탄식으로는 정말 이례적인 탄식이다. 아버지께서는 지금 그를 사랑하신다. 아니, 그가 양들을 위하여 자기 목숨을 버리시므로 하나님이 그를 사랑하신다는 것을 그가 알고 계셨다. 그런데, 하나님이 그를 버리셨다니, 그것도 그의 고난 중에 그를 버리셨다니! 죄에서 완전히 자유로우신 이분에게서 나오는 이런 탄식에 담겨 있는 슬픔 같은 처절한 슬픔을 당하시면서도 그는 전혀 두려워하지 않으셨다. 그러나 마음이 쓰라려 오는 것은 아셨다. 이런 탄식이 땅을 흔들리게 하고 바위를 가른 것도 무리가 아니다. 이 탄식은 그것을 듣는 자마다 두 귀가 울리게 하고, 크나큰 두려움으로 말하게 하기에 충분한 것이었다. 주목하라.

〔1〕 우리 주 예수께서 고난 가운데서 일시적으로 아버지께 버림받으셨다는 것. 그는 그 자신의 처지에 대해 결코 실수가 없는 분이신데, 그가 스스로 그렇게 말씀하신다. 그러나 신성과 인성의 상호 연합이 조금이라도 약화되거나 충격을 받은 것이 아니었다. 아니다. 그는 지금 영원한 성령으로 말미암아 자기를 드리고 계셨다. 또한 그에 대한 아버지의 사랑이나 아버지에 대한 그의 사랑이 감퇴된 것도 아니었다. 그의 생각에 하나님을 향한 끔찍한 두려움이나 그의 사랑에 대한 절망이나 지옥의 고통 같은 것에 대한 절망이 전혀 없었다는 것을 확신할 수 있다. 그러나 그의 아버지께서 그를 버리셨다. 이는 **첫째로**, 아버지께서 그를 그의 원수들의 손에 넘겨주셨고 그를 그들의 손에서 구하지 않으셨다는 것이다. 그는 어둠의 권세들을 그를 향하여 풀어놓으시고 최고로, 욥의 경우보다 더 심하게, 역사하게 하셨다. 이제, 하나님이 나를 악인에게 넘기시며 행악자의 손에 던지셨구나라는 성경이 성취된 것이다(욥 16:11). 그리고 그를 구하기 위해 하늘로부터 보내심을 받은 천사가 하나도 없었고, 이 땅에서도 그를 위해 도움을 주는 친구도 하나도 없었다. **둘째로**, 아버지께서는 그의 안에 있는 안락함에 대한 감각을 잠시 동안 물리셔서 위로가 없게 하셨다. 처음 그의 마음이 괴로움을 당할 때에는 하늘에서 소리가 나서 그를 위로했었다(요 12:27, 28). 동산에서 고뇌 가운데 계실 때에도 천사가 하늘로부터 나타나 그에게 힘을 주었다. 그러나 이제 그에게는 아무도 없었다. 하나님께서 그의 얼굴을 그에게서 가리셨고, 잠시 동안 사망의 음침한 골짜기를 지나는 그 아들에

게서 그의 지팡이와 막대기를 물리신 것이다. 하나님께서 그를 버리셨다. 그러나 사울을 버리신 것처럼 그를 끝없는 절망 속에 버려 두신 것이 아니다. 오히려 다윗을 버리신 것처럼 잠시 동안 낙담 속에 있게 하신 것이다. 셋째로, 하나님은 그리스도의 마음이 인간의 죄에 대한 하나님의 진노를 지각하심으로 괴로움을 갖도록 하셨다. 그리스도는 우리를 위하여 죄가 되시고 우리를 위하여 저주가 되셨다. 그러므로 하나님께서 아들로서는 그를 사랑하였으나 보증물로서는 그에게 이맛살을 찌푸리신 것이다. 그는 이러한 것들을 기꺼이 받아들이셨고, 그것들에 대해 있을 수 있는 저항을 뒤로 물리셨다. 왜냐하면 그는 언제나 그러하셨듯이 자신의 힘으로 회피하실 수 있었는데도, 이에 기꺼이 자신을 적응시키려 하셨기 때문이다.

〔2〕 그리스도께는 아버지께 버림받으시는 것이야말로 그가 당하신 고난 중에서 가장 쓰라린 것이요 가장 탄식할 고난이었다는 것. 그는 여기에다 가장 암울한 강조점을 두셨다. 그는, "어째서 제가 채찍을 맞사옵니까? 어째서 제가 침 뱉음을 당하옵니까? 그리고 어째서 십자가에 못 박힌단 말입니까?"라고 묻지 않으셨다. 또한 제자들이 그에게서 등을 돌렸을 때에도 그들에게, 너희가 어찌하여 나를 버렸느냐? 라고 묻지 않으셨다. 그러나 아버지께서 멀리 서 계시자, 그는 그렇게 크게 소리치셨다. 왜냐하면 그것이야말로 쓰라림과 괴로움으로 환난과 비참에 빠지는 것이기 때문이었다. 그로 인하여 물들이 그의 영혼에까지 흘러 들어온 것이다(시 69:1-3).

〔3〕 우리 주 예수께서는 그렇게 아버지께 버림받으실 때조차도 그를 그의 하나님으로 붙드셨다는 것. 나의 하나님, 나의 하나님, 비록 나를 버리시오나 여전히 나의 하나님이시옵니다. 그리스도는 구속의 일을 수행하는 데에서는 하나님의 종이셨고, 하나님께 보상을 하셔야 했고, 하나님으로 말미암아 그 일을 끝까지 수행하시고 면류관을 쓰실 것이니, 그로 인하여 하나님을 나의 하나님이라 부르시는 것이다. 그는 지금 하나님의 뜻을 행하고 계셨던 것이다. 사 49:5-9을 보라. 그의 깊은 고난 가운데서도 하나님이 그의 하나님이시라는 사실이 그를 뒷받침했고, 그로 하여금 견디게 하였다. 그러므로 그가 이것을 굳게 붙잡기로 결심하시는 것이다.

(4) 그의 원수들이 불경하게도 이 탄식을 조롱하며 비웃었다. 이르되 이 사람이 엘리야를 부른다 하고(47절). 어떤 이들은 이것이 로마 군병들의 무식한 실수

였다고 본다. 곧, 그들이 엘리야에 대한 이야기도 들었고 유대인들이 엘리야가 올 것을 기대하고 있다는 것에 대해서도 들었으나 엘리, 엘리라는 말의 뜻을 알지 못하였고, 또한 백성들의 시끄러운 소리 때문에 뒤의 말씀을 듣지 못하여 그리스도의 이 말씀에 대해 그렇게 어처구니없게 이야기한 것이라는 것이다. 주목하라. 하나님의 말씀과 하나님의 백성에 대해 던져지는 비난들이 순전히 무지에서 비롯되는 경우가 허다하다. 성경의 언어와 문체에 대한 무지로 인하여 하나님의 진리들이 자주 왜곡된다. 절반만 듣는 자들은 그 듣는 것을 왜곡시키는 것이다. 그러나 다른 이들은 그것이 몇몇 유대인들의 악의에 찬 오류였다고 본다. 그들은 그가 하는 말씀을 매우 잘 알고 있었으나, 그를 매도하고, 자기들과 동료들을 흥겹게 하며, 그를 하나님께 버림받아 사람을 의지할 수밖에 없게 된 가련한 존재로 만드는 데에 온 신경이 가 있어서 그의 말씀을 그렇게 왜곡시켰다고 한다. 어쩌면, 스스로 메시야로 행세했던 그가 이제는 메시야의 선구자밖에는 아닌 엘리야에게 기대고 있다는 것을 넌지시 암시하는 것이었을지도 모른다는 것이다.

주목하라. 지극히 훌륭한 사람들의 지극히 경건한 발언들을 조롱하는 자들이 왜곡시켜 우습게 만들어 버리는 일이 새삼스런 일이 아니다. 또한 기도나 설교에서 훌륭하게 말씀한 내용이 오도되고 우리에게 비난거리로 되돌아오더라도 그것을 이상하게 생각해서는 안 된다. 그리스도의 말씀이 그런 일을 당했다. 그가 절대로 사람이 말하듯 말씀하신 일이 없는데도 말이다.

IV. 이 고뇌 중에 있는 그에게 그의 원수들이 베푼 차가운 위로.

1. 어떤 사람이 신 포도주를 마시게 하였다(48절). 이 무거운 짐을 지고 괴로워하고 있는 그에게 생기를 줄 수 있는 무언가 적당한 물을 주는 것이 아니라, 그에게 치욕을 주는 것은 물론 그의 아버지께서 그의 손에 들려주신 그 떨리는 잔을 감각적으로 나타내는 그것을 주어 그에게 애를 먹였다. 그 중의 한 사람이 곧 달려가서 그것을 가져왔다. 그를 학대하고 모욕할 기회를 얻은 것이 정말 즐거웠고, 또한 다른 사람이 자기 대신 가지나 않을까 하여 급히 달려간 것이다.

2. 다른 이들도 그를 혼란스럽게 만들고 학대하려는 동일한 목적으로 그에게 엘리야 이야기를 하였다(49절). "가만 두라 엘리야가 와서 그를 구원하나 보자. 자, 가만 두라. 하늘도 땅도 그를 돕지 않으니 그의 처지가 절박하도다. 그의 죽음을 괜히 재촉하거나 지연시키려고 애쓸 필요가 없다. 엘리야에게 호소

했으니 엘리야에게 가라고 하라."

[50]예수께서 다시 크게 소리 지르시고 영혼이 떠나시니라 [51]이에 성소 휘장이 위로부터 아래까지 찢어져 둘이 되고 땅이 진동하며 바위가 터지고 [52]무덤들이 열리며 자던 성도의 몸이 많이 일어나되 [53]예수의 부활 후에 그들이 무덤에서 나와서 거룩한 성에 들어가 많은 사람에게 보이니라 [54]백부장과 및 함께 예수를 지키던 자들이 지진과 그 일어난 일들을 보고 심히 두려워하여 이르되 이는 진실로 하나님의 아들이었도다 하더라 [55]예수를 섬기며 갈릴리에서부터 따라온 많은 여자가 거기 있어 멀리서 바라보고 있으니 [56]그 중에는 막달라 마리아와 또 야고보와 요셉의 어머니 마리아와 또 세베대의 아들들의 어머니도 있더라

여기서 우리는 그리스도께서 죽으시는 기사와 그 때의 사정에 관한 몇 가지 놀라운 내용들을 상세히 접하게 된다.

I. 그가 마지막 숨을 거두신 경위(50절).   제삼시와 제육시 사이에, 즉 우리의 시간 계산법으로는 9시와 12시 사이에, 그가 십자가에 못 박히셨고, 제 구시가 지나고 곧바로, 즉 오후 3시와 4시 사이에 그가 죽으셨다. 그 때는 저녁 제사를 드릴 때였고, 유월절 양이 죽임을 당하는 시간이었다 우리의 유월절 양이신 그리스도께서 우리를 위하여 제물이 되사 세상의 저녁에 자기 자신을 하나님이 기뻐 받으시는 제물로 드리신 것이다. 천사 가브리엘이 다니엘에게 메시야에 대한 그 영광된 예언을 전한 것도 바로 그 날 그 때였다(단 9:21, 24, 등). 어떤 이들은 천사가 그 말씀을 전한 바로 그 때로부터 그리스도께서 죽으신 이 때까지가 정확히 칠십 주, 즉 하루를 일년으로 쳐서 사백구십 년이라고 본다. 이스라엘이 애굽에서 떠난 일도 사백삼십 년이 끝나는 바로 그 날에 이루어졌다(출 12:41).

여기서 그리스도께서 죽으시는 경위에 대해 두 가지를 주목할 수 있다.

1. 그가 앞에서처럼(46절) 다시 크게 소리 지르셨다는 것. 그런데,

(1) 이것은 모든 고통과 기진맥진한 상태를 당한 후에도 그의 목숨이 온전히 그에게 있었고, 그의 본성이 강하였다는 것을 보여주는 하나의 표시였다. 사람이 죽어갈 때에 가장 먼저 무너지는 것이 목소리다. 가쁜 숨과 말라 가는 혀로 인해서 몇 마디 깨어진 말조차도 하기 힘들고, 그것도 거의 듣기가 어렵다. 그

러나 그리스도는 숨을 거두시기 직전에도 마치 힘이 충만한 사람처럼 말씀하셨는데, 이는 그가 강제로 목숨을 빼앗기시는 것이 아니라 자의로, 그 자신의 행위로, 아버지의 손에 그것을 맡기시는 것임을 보여준다. 죽을 때에 그렇게 큰 소리를 지를 힘이 있으셨으니, 그가 얼마든지 사람들에게 붙잡히지 않으시고 벗어나실 수 있었고, 죽음의 권세를 물리치실 수 있었다. 그러나 그가 제물로서, 또한 제사장으로서, 영원한 성령으로 말미암아 자기를 드리시는 것을 보여주시기 위해 그렇게 크게 소리 지르신 것이다.

(2) 그것은 의미가 있는 것이었다. 이 큰 소리는 그가 우리의 영적 원수들을 굴하지 않는 용기와 단호한 결단으로 공격하셨음을 보여준다. 이는 그가 자신이 지닌 목적을 굳게 마음에 품고 계셨고, 원수들과의 대면에서 담대하셨음을 보여준다 할 것이다. 그는 통치자들과 권세를 무찌르고 계셨고, 이 큰 소리로 그는, 이를테면, 구원하는 능력을 가진 이로서(사 63:1) 주도권을 잡기 위하여 외치신 것이다. 이를 사 62:13, 14과 비교하라. 삼손이, 이제 블레셋 사람과 함께 죽기를 원하노라라고 말하고 몸을 굽힌 것처럼(삿 16:30), 그도 이제 온 힘을 다하여 몸을 굽히고 계셨고, 그리고 그의 목숨을 내어 주신다. 그가 죽으시면서 크게 소리 지르신 것은 그의 죽음이 온 세상에 반포되고 선포되어야 할 것을 의미하였다. 온 인류가 그 일에 관심을 가져야 하고, 그것을 주시해야 하는 것이다. 그리스도의 큰 소리는 마치 희생 제물 위에 나팔을 부는 것과도 같았다.

2. 그리고 그의 영혼이 떠나셨다는 것. 이는 죽음을 뜻하는 일상적인 완곡어법으로서, 하나님의 아들이 십자가에서 그에게 닥친 그 극심한 고통을 당하시고 진정으로 죽으셨음을 보여준다. 그의 영혼이 그의 몸에서 분리되었고, 그리하여 그의 몸이 진정으로 죽은 상태가 되었다. 그가 죽으신 것이 분명했다. 왜냐하면 그가 반드시 죽으셔야 했기 때문이다. 하나님의 경륜이라는 닫힌 두루마리와 또한 하나님의 예언이라는 증명서 속에 그렇게 기록되었고, 따라서 그가 반드시 고난당하셔야 했던 것이다. 첫 언약을 어긴 것에 대해 죽음이 형벌이므로(네가 반드시 죽으리라), 새 언약의 중보자께서는 죽음으로써 속죄하셔야 했고, 그 외에는 죄 사함이 없는 것이었다(히 9:15). 그는 그의 영혼을 죄를 위해 드리고자 하셨고, 영혼을 떠나보내심으로써 자의로 목숨을 내어주신 것이다.

II. 그의 죽음과 함께 나타난 이적들. 그가 살아 계실 때에 친히 수많은 이적들을 행하셨으니, 그가 죽으실 때에도 몇 가지 이적들이 그에 대하여 일어날 것을 예상할 수 있을 것이다. 그의 이름이 기묘자이셨기 때문이다. 엘리야처럼 불수레를 타고 올려지셨더라면 그 자체만으로도 충족한 이적이었을 것이다. 그러나 치욕적인 십자가로 말미암아 죽으셨으니, 그의 낮아지심에 무언가 신적인 영광이 분명히 나타나는 것이 필수적이었던 것이다.

1. 이에 성소 휘장이 위로부터 아래까지 찢어져 둘이 되고. 이 기사는 보라(behold)라는 말로 시작된다(한글 개역개정판에는 번역되어 있지 않음). "돌이켜, 깜짝 놀랄 만한 이 굉장한 광경을 보라." 저녁 제사 드릴 시간에, 그것도 제사장들이 성전에서 일을 하고 있을 그 엄숙한 날에, 우리 주 예수께서 숨을 거두시자, 성소 휘장이, 성소와 지성소 사이에 칸막이 역할을 하는 휘장이, 보이지 않는 어떤 힘에 의해서 찢어져 둘이 되었고, 이 광경을 제사장들 스스로 목격했을 것이다. 그들은 그리스도께서 내가 이 성전을 헐리라고 말했다고 하며 그를 정죄했었다. 그런데 그의 능력을 보여주는 이 사건을 통해서 그는 그가 원했다면 그 말씀을 그대로 시행하셨을 수도 있다는 것을 그들에게 보여주신 것이다. 그리스도의 다른 이적들의 경우와 같이, 여기에도 신비가 있었다.

(1) 그것은 성전된 그리스도의 몸에 상응하여 일어났다. 그리스도의 몸이 이제 무너져 내리고 있었기 때문이다. 그의 몸은 신성이 충만하게 거하는 참된 성전이었다. 그리스도께서 크게 소리 지르시고 영혼이 떠나시고, 그리하여 그 성전이 무너져 내리자, 이 문자적인 성전도, 이를테면, 그 휘장이 찢어져 둘이 됨으로써 그 소리에 메아리를 친 것이다. 주목하라. 죽음은 우리와 지성소 사이를 가로막고 있는 육체라는 휘장이 찢어지는 것이다. 그리스도의 죽음이 그러했고, 참된 그리스도인의 죽음이 그러하다.

(2) 그것은 구약 성경의 신비들이 나타나고 풀어지는 것을 뜻하였다. 성전의 휘장은 모세의 얼굴에 두른 수건과 마찬가지로 가리기 위한 것이었고, 그러므로 그것을 가리켜 언약의 휘장이라 불렀다. 대제사장 이외에 누구든지 지성소의 가구를 들여다볼 수 없었고, 대제사장도 일년에 단 한 차례만 큰 의식과 더불어 연기가 자욱한 가운데 거기에 들어갈 수 있었다. 이를 범하는 것은 큰 범죄였다. 이 모든 것은 구약 시대의 경륜의 어둠을 의미하는 것이었다(고후 3:13). 그러나 이제 그리스도께서 죽으심으로 모든 것이 공개되고 신비한 것들이 드러났으므로, 이제는 달리는 자도 그 의미를 읽을 수가 있을 정도가 되

었다. 이제 우리는 속죄소가 위대한 화목제물이신 그리스도를 의미했고, 만나를 담은 항아리가 생명의 떡이신 그리스도를 의미했다는 것을 보고 있다. 그리하여 우리가 다 수건을 벗은 얼굴로 거울을 보는 것 같이 주의 영광을 본다(고후 3:16). 우리 눈이 구원을 보는 것이다.

(3) 이것은 중간에 막혔던 담이 제거됨으로써 유대인과 이방인이 연합된 것을 의미하였다. 유대인들은 의식법으로 말미암아 다른 모든 사람들로부터 구별되어 하나님께 나아갔고, 다른 사람들은 멀리 있게 되어 있었다. 그런데 그리스도께서 죽으심으로 의식법을 폐지시키시고 법조문으로 쓴 증서를 제하여 버리시고 그것을 십자가에 못 박으사 중간에 막힌 담을 헐으셨고, 또한 그 제도들을 폐지하심으로써 그 원수된 것을 소멸하셨고, 그 둘로 자기 안에서 한 새 사람을 지어(마치 중간에 막힌 담을 무너뜨림으로써 두 개의 방이 크고 환한 한 방이 되는 것처럼) 화평하게 하셨다(엡 2:14-16). 그리스도께서 죽으심으로 모든 휘장들이 찢어지고 그의 백성들이 하나가 된 것이다(요 17:21).

(4) 그것은 하나님께로 나아가는 새롭고 산 길이 거룩하게 구별되어 환히 열린 것을 의미하였다. 그 휘장은 사람들이 쉐키나가 있는 지성소에 가까이 나아가지 못하도록 막았다. 그러나 그것이 찢어졌다는 것은 그리스도께서 그의 죽으심을 통하여 하나님께로 나아가는 한 길을 여셨다는 것을 의미하는 것이었다. 〔1〕 그리스도 자신을 위하여. 이 날은 큰 속죄일로서, 큰 대제사장이신 우리 주 예수께서 염소와 송아지의 피로 하지 아니하고 오직 자기의 피로 영원한 속죄를 이루사 단번에 성소에 들어가셨고, 그 증표로 휘장이 찢어진 것이다(히 9:7, 12). 바깥 뜰에서 제물을 드린 후, 그 피가 이제 휘장 속에 있는 속죄소 위에 뿌려질 것이었다. 그러므로, 문들아 너희 머리를 들지어다 영원한 문들아 들릴지어다 영광의 왕이, 영광의 제사장이, 들어가시리로다(시 24:7). 이제 그가 가까이 나아오게 되셨다(렘 30:21). 물론 사십 일이 지나기까지는 그가 손으로 짓지 아니한 성소에로 올라가지 않으셨으나, 즉시 그리로 들어갈 권한을 획득하셨고 또한 실질적으로 그것을 누리고 계셨던 것이다. 〔2〕 그의 안에 있는 우리를 위하여. 사도께서 그것을 그렇게 적용하고 있다. 우리가 예수의 피를 힘입어 성소에 들어갈 담력을 얻었나니 그 길은 우리를 위하여 휘장 가운데로 열어놓으신 새로운 산 길이요(히 10:19, 20). 그가 죽으신 것은 우리를 하나님께로 인도하시기 위함이요, 또한 그 일을 위하여 우리와 하나님 사이를 가로막은 죄책과 진노의

휘장을 찢으시기 위함이며, 그룹들과 화염검을 제거하사 생명 나무에로 나아가는 길을 열어놓기 위함이었다. 우리는 그리스도로 말미암아 지금은 은혜의 보좌 혹은 속죄소에, 또한 차후에는 영광의 보좌에 담대히 나아갈 수 있게 되었다(히 4:16; 6:20). 그러므로 휘장이 찢어진 것은 (옛 찬송가가 훌륭하게 표현해 주고 있듯이) 그리스도께서 죽음의 쓰라림을 극복하사 모든 신자들에게 천국을 열어놓으셨다는 것을 뜻하는 것이다. 휘장이 찢어졌으니 그 어떠한 것도 천국에 나아가는 것을 방해하거나 억제할 수가 없다. 하늘에 열린 문이 있는 것이다(계 4:1).

2. 땅이 진동하며. 그리스도께서 십자가에 못 박히신 골고다만이 아니라 그 땅 전체와 그 인근 지역까지 진동하였다. 이 지진은 두 가지 의미를 갖는다.

(1) 그리스도를 십자가에 못 박은 자들의 끔찍한 사악함. 땅이 흔들림으로써 박해받은 그분의 무죄함과 박해한 자들의 불경함을 증언하였다. 전 피조 세계가 하나님의 아들이 십자가에 못 박히시는 그런 무거운 부담과 또한 그를 십자가에 못 박은 그 죄악된 자들 아래에서 탄식하였는데, 이는 전무후무한 일이었다. 땅이 진동하였다. 마치 땅이 그 입을 벌려 아벨의 피보다 무한히 더 고귀한 그리스도의 피를 받고 그로 인하여 저주를 받기를 두려워하는 듯하였고(창 4:11, 12), 또한 마치 땅이 입을 벌려, 과거에 그보다 훨씬 약한 범죄를 저지른 다단과 아비람을 삼킨 것처럼, 그를 죽인 자들을 삼키려는 듯하였다. 선지자는 악인의 사악함에 대하여 하나님의 극심한 불쾌하심을 표현하고자 할 때에, 이로 말미암아 땅이 떨지 않겠느냐? 라고 물었다(암 8:8).

(2) 그리스도의 십자가의 영광스러운 역사. 이 지진은 마귀의 나라에게 지금 강력한 충격, 아니 치명적인 가격이 주어졌음을 의미하였다. 그리스도께서 지옥의 권세들에게 베푸신 공격이 너무도 강력하여(옛날 주께서 세일에서부터 나오시고 에돔 들에서부터 진행하실 때처럼) 땅이 진동한 것이다(삿 5:4; 시 68:7, 8). 온 민족들이 사모하는 것이 임할 때에 하나님께서 하늘과 땅과 바다와 육지를 진동시키시며, 또한 모든 나라를 진동시킬 것이라고 하였는데, 어쩌면 이것이 바로 지금 땅이 진동하는 것을 지칭할지도 모른다(학 2:6, 7, 21).

3. 바위가 터지고. 땅의 가장 단단하고 견고한 부분까지도 이 강력한 충격을 느끼게 되었다. 그리스도께서는, 어린아이들이 호산나를 외치면 즉시 돌들이 소리를 지르리라고 말씀하신 바 있는데, 지금 결국 돌들이 그렇게 소리를 지르며,

고난당하시는 예수의 영광을 선포한 것이다. 마음이 완악한 유대인들보다도 오히려 바위들이 그리스도께 행해진 잘못을 더 지각하였다. 그 유대인들은 머지않아 보좌 위에 앉으신 이의 얼굴에서 피하기 위해 암혈과 험악한 바위틈에 들어가기 위해 여념이 없을 것이다(계 6:26; 사 2:21을 보라). 그러나 그의 진노가 불처럼 쏟아지니 그로 말미암아 바위들이 깨질 것이다(나 1:6). 예수 그리스도께서 반석이시므로, 이 반석들이 터진다는 것은 그 반석이 터지는 것을 의미한다. (1) 모세가 호렙산의 바위틈에 숨었던 것처럼 그 틈에 숨어서, 모세처럼 여호와의 영광을 보게 하기 위함이었다(출 33:22). 그리스도의 비둘기가 바위틈에 숨어 있다고 말씀한다(아 2:14). 즉, 어떤 이들의 해석처럼 터진 반석이신 우리 주 예수 그리스도의 상처 속에 거한다는 뜻이다. (2) 모세가 내리친 반석에서(출 17:6), 또한 하나님이 쪼개신 반석에서(시 78:15) 물이 흘러 넘쳤듯이, 그 바위틈에서 생수가 흘러 넘쳐 이 광야에서 우리를 따라오도록 하기 위함인데, 그 반석은 바로 그리스도이시다(고전 10:4). 우리가 그리스도의 죽으심을 기념할 때에, 우리의 완악하고 돌 같은 마음이 찢어져야 한다. 옷을 찢지 말고 마음을 찢어야 하는 것이다. 예수 그리스도께서 십자가에 못 박히신 것이 분명히 제시되는 데도 굴복하지도 않고 녹지도 않는 마음은 바위보다 더 단단한 것이다.

4. 무덤이 열리며 자던 성도의 몸이 많이 일어나되. 이 문제는 우리의 호기심을 채워줄 만큼 상세히 보도되지 않는다. 성경은 호기심을 채우기 위한 것이 아니기 때문이다. 바위들을 터지게 한 그 동일한 지진으로 여러 무덤이 열리며 자던 성도의 몸이 많이 일어난 것 같아 보인다. 성도들에게 있어서 죽음은 몸이 자는 것에 불과하며, 무덤은 그 몸이 그 위에 누워 잠자는 침상이다. 그런데 그들이 주 예수의 능력으로 일어나, 예수의 부활 후에 그들이 무덤에서 나와서 거룩한 성에 들어가 많은 사람에게 보이니라(53절). 여기서,

(1) 이에 대해 탐구해 보아도 도저히 해결할 수 없는 내용들이 많은데, 예를 들면 다음과 같다.

〔1〕그 때에 일어난 성도들이 누구였는가. 어떤 이들은 이 이른 부활의 이점을 믿음으로 미리 예견하여 조심스럽게 가나안 땅에 묻힌 고대의 족장들이었을 것이라고 본다. 그리스도는 최근 부활의 교의를 족장들의 실례를 들어 입증하신 바 있는데(22:32), 이 때에 그의 논지를 속히 확증하신 것이라는 것이다.

다른 이들은 그 당시의 성도들이 일어났을 것으로 생각한다. 즉, 그리스도의 아버지 요셉이나 사가랴, 시므온, 세례 요한 등, 그리스도께서 육체로 계실 때에 그와 함께 있었으나 그보다 먼저 세상을 떠난 자들이 그 때에 일어났을 것이라고 한다. 그들은 살아 있는 동안 제자들에게도 알려졌던 자들이요 따라서 그들이야말로 죽은 후에 영으로 그들에게 증인들이 되어주기에 더 합당했던 자들이었다는 것이다. 혹 이들이 구약 시대에 피로써 하나님의 진리들을 인쳤던 순교자들이었다고 상정하면 어떨까? 그리스도께서는 그들을 자신의 선구자들로 지적하신다(23:35). 그리고 성경은 예수를 증언함과 하나님의 말씀 때문에 목 베임을 당한 자들이 그 나머지 죽은 자들보다 먼저 살아날 것을 말씀하기도 한다(계 20:4, 5). 그리스도와 함께 고난당하는 자들이 먼저 그와 함께 왕 노릇할 것이다.

〔2〕 (어떤 이들의 생각처럼) 지금 그리스도께서 죽으실 때에 일어난 자들이 다른 곳에 있다가 그리스도께서 부활하신 후에 그 성에 들어갔는지, 아니면 (다른 사람의 생각처럼) 무덤들이(바리새인들이 세우고 치장하여 눈에 띄게 만들어 놓았던, 23:29) 지진으로 인하여 열렸으나(하나님은 외식하는 자들을 별로 돌아보지 않으시니), 그리스도의 부활 이후에야 일어난 것인지, 확실치 않다. 간단히 말해서, 이것은 그저 무덤이 열린 것을 언급한 것에 덧붙여서 언급된 것일 뿐인데, 이것이 더 개연성이 높을 듯하다.

〔3〕 어떤 이들은 그들이 일어난 것은 오직 그리스도의 부활을 사람들에게 증언하기 위함이었고, 그들의 증언을 마친 후 다시 무덤으로 물러갔다고 생각한다. 그러나 그리스도의 존귀하심과 그들의 존귀함에 더 잘 들어맞는 것은, 그들이 그리스도처럼 일어나 다시 죽지 않았고 그리스도와 함께 영광에로 올라갔다고 추측하는 것인데, 물론 이것은 입증할 수는 없는 것이다. 그의 첫째 부활에 참여한 그들에게는 둘째 사망이 권세가 없었을 것이 분명하다.

〔4〕 그들이 어떤 이들에게 나타났으며(모든 사람에게 나타난 것은 아니나 분명 많은 이들에게 나타났을 것이다), 원수들에게 나타났는지 아니면 친구들에게 나타났는지, 어떤 방식으로, 얼마나 자주 나타났으며, 나타나서 무슨 말을 했고 어떤 행동을 했는지, 또한 그들이 어떻게 사라졌는지, 등등의 문제는 우리가 알 수 없는 비밀한 일들이다. 우리는 기록된 것 이상 지혜로워지기를 탐해서는 안 된다. 이 문제를 그렇게도 간단하게 언급하고 있는 것은, 우리가

그런 식으로 우리의 믿음을 확증하려 해서는 안 된다는 것을 분명하게 시사해 주는 것이다. 우리에게는 더 확실한 예언의 말씀이 있는 것이다. 눅 16:31을 보라.

(2) 그러나 이 내용에서 여러 가지 좋은 교훈을 받을 수는 있을 것이다.

〔1〕 그리스도의 이후에 산 자들은 물론 그리스도의 죽으심과 부활 이전에 살다가 죽은 자들까지도 그로 말미암아 구원의 은덕을 누렸다는 것. 그는 어제나 오늘이나 영원토록 동일하시기 때문이다(히 13:8).

〔2〕 예수 그리스도께서는 죽으심을 통하여 사망을 정복하셨고, 무장을 해제시키셨고 무력화하셨다는 것. 그 때에 일어난 이 성도들은 그리스도의 십자가가 사망의 권세에 대해 얻으신 승리의 트로피들이었고, 그리스도께서는 그의 승리를 그렇게 공개적으로 드러내신 것이다. 친히 죽으심으로 말미암아 사망의 권세를 지닌 자를 멸하셨고, 그리하여 사로잡혔던 자들을 사로잡으시고, 이 다시 취한 상들을 자랑으로 삼으셨고, 내가 그들을 스올의 권세에서 속량하며 사망에서 구속하리라는 성경을 그들을 통하여 성취하셨다.

〔3〕 때가 차면 그리스도의 부활 덕분에 모든 성도들의 몸이 다시 일어나리라는 것. 이것은 무덤 속에 있는 자가 다 그의 음성을 들을 그 마지막 날에 있을 보편적인 부활을 보증하는 하나의 보증물이었다. 그리고 여기서 예루살렘을 거룩한 성이라 부르는 것은 성도들이 보편적인 부활 때에 새 예루살렘에 들어갈 것이기 때문일 것이다. 지상의 예루살렘은 그 거룩한 성, 곧 새 예루살렘의 모형에 지나지 않았다(계 21:2).

Ⅲ. 이 일에 동원된 원수들이 찔림을 받음(54절).　어떤 이들의 말처럼, 모든 정황을 살펴보면 이는 또 하나의 이적이었다. 관찰하라.

1. 찔림을 받은 사람들. 백부장과 및 함께 예수를 지키던 자들. 이 때에 경계를 서고 있던 부대의 대장과 그 부하들이었다.

(1) 그들은 군병들로서, 그들은 단련이 되어 있어서 다른 이들처럼 두려움으로나 동정심으로나 감동을 잘 받지 않는 자들이었다. 그러나 깨뜨리시고 낮추시는 그리스도의 능력에는 아무리 크고 담대한 심령이라도 당할 수가 없는 것이다.

(2) 그들은 로마인들이요 이방인들로서, 지금 성취되고 있는 성경을 전혀 모르는 자들이었으나, 오로지 그들만 찔림을 받았다. 복음이 이방인들에게 전해

지고 그들의 눈을 뜨게 할 때에, 이스라엘은 맹인의 상태로 있다는 것은 정말 안타까운 징조일 수밖에 없다. 여기서 이방인들은 살처럼 부드러워졌고, 유대인들은 완악해진 것이다.

(3) 그들은 그리스도를 박해한 자들이었고, 조금 전만 해도 그를 조롱하고 비난하던 자들이었다(눅 23:36). 하나님께서는 사람의 양심에 역사하는 능력으로 얼마나 속히 그들의 언어를 바꾸시며 그의 참되심을 고백하게 하사 그 자신의 영광을 드러내시는지 모른다. 위협과 살육과 신성모독 외에는 입에서 나오는 것이 없는 자들을 순식간에 그렇게 바꾸어 놓으신 것이다!

2. 그들이 마음에 찔림을 받게 한 수단. 그들은 지진과 그 일어난 일들을 보고 두려운 공포를 느꼈다. 그런 것들은 고난당하신 그리스도의 존귀하심을 드러내기 위해 계획된 일들이었고, 다른 사람들은 모르나 이 군병들이 그 영향을 받은 것이다. 주목하라. 이상하게도 하나님의 처절하고 두려운 섭리가 죄인들에게 찔림을 주고 각성하게 하는 역사를 일으키는 경우가 종종 있다.

3. 그들의 찔림의 표현. 이는 두 가지로 나타난다.

(1) 그들에게 충격을 준 극심한 두려움. 그들이 심히 두려워하였다. 그들이 어둠 속에 매장되거나 지진에 삼켜질까 두려워한 것이다. 주목하라. 하나님은 그의 가장 대담한 원수들이라도 쉽게 겁을 먹게 하시고, 또한 자기들이 그저 사람에 지나지 않는다는 것을 깨닫게 하실 수 있다. 직책이 사람을 두려움 속에 몰아넣는 것이다. 불법이 성할 때에 경계하거나 두려워하지 않는 자는 심판이 성할 때에는 심히 놀라고 두려워하지 않을 수 없다. 반면에 땅이 변해도 두려워하지 않을 자들이 있는 것이다(시 46:1, 2).

(2) 그들에게서 나온 증언. 그들은, 이는 진실로 하나님의 아들이었도다라고 하였다. 이는 고귀한 고백이었다. 베드로도 이 고백으로 복을 받았다(16:16, 17). 이는 현재 논란이 되고 있던 큰 문제요, 그리스도와 그의 원수들의 공동 관심사였다(26:63, 64). 그의 제자들은 그 사실을 믿었으나 이 때에 감히 그것을 고백하지 못했다. 우리 주님 자신도, 어찌하여 나를 버리셨나이까? 라고 말씀하실 때에 그 사실을 의심하고픈 유혹을 받으셨다. 그가 십자가 위에서 죽어가고 계실 때에 유대인들은 그것을 보고서 그가 하나님의 아들이 아니라고 분명히 결론을 내렸다. 그가 십자가에서 내려오지 않으셨기 때문이다. 그런데 이제 이 백부장과 그의 부하들이 자발적으로 그리스도에 대한 신앙 고백을 하고 있

는 것이다. 이는 진실로 하나님의 아들이었도다. 그리스도의 제자 가운데 가장 훌륭한 자도 더 이상 고백하지 못했고, 이 때에는 그렇게 말할 믿음도 용기도 없었는데 말이다. 주목하라. 진리가 산산조각 나고 무너져 내린 것 같은 때에도 하나님께서는 얼마든지 진리의 존귀함을 유지하시고 분명히 드러내실 수 있다. 진리가 크니 반드시 이기리라.

VI. 그리스도의 측근들이 현장에서 그의 죽음을 목격함(55, 56절). 관찰하라.

1. 그들은 누구였는가. 갈릴리에서부터 따라온 많은 여자들이었다. 제자들은 그 자리에 없었다(다른 곳에서는 요한만 십자가 옆에 있었던 것으로 나타난다. 요 19:26). 그들의 마음에 실망이 가득했고, 또한 그리스도와 똑같이 정죄받아 죽을까 두려워 감히 나타날 수가 없었다. 그러나 제자들이 비겁하게 그리스도를 버리고 도망했을 때에 일부 여자들이 그 자리에 있었다. 어떤 이들의 말처럼, 어리석은 여자들이 담대하게 그리스도를 붙든 것이다. 그리스도의 강하심이 연약한 중에 온전하게 되도록 하기 위해, 심지어 연약한 여자들이 하나님의 은혜로 믿음이 더 강한 경우가 많다. 그리스도의 대의를 위하여 용기와 단호한 결의로 유명한 여자 순교자들이 있었다. 그런데 이 여자들에 대해 다음과 같이 말씀하고 있다.

(1) 그들이 예수를 … 갈릴리에서부터 따라온 자들이라고 한다. 그들은 그를 향한 큰 사랑과 또한 그의 말씀을 듣고자 하는 사모하는 마음에서 그렇게 한 것이다. 그렇지 않았다면, 오직 남자들만이 올라가 유월절에 예배하였을 것이다. 갈릴리에서부터 예루살렘까지 130km 혹은 160km 가량 되는데, 그렇게 먼 길을 예수를 따라왔으니, 그 여자들은 그를 버리지 않기로 결심하였다. 주목하라. 우리가 예전에 그리스도를 섬기며 그를 위하여 고난받은 것이, 끝까지 인내로 그를 신실하게 따르게 만들어 주는 자극제가 되어야 할 것이다. 지금까지 그렇게 오래 그를 따라왔고, 그를 위하여 그렇게 많은 일을 했고 수고하였는데, 이제 그를 저버리겠는가?(갈 3:3, 4).

(2) 그들은 예수를 섬기던 자들이었다. 그의 필요한 생활을 위해 물심양면으로 지원해온 자들이었다. 그들이 허락을 받았더라면, 지금 얼마나 기꺼이 그를 섬기려 했겠는가! 그러나, 그것이 금지되자, 그를 따라가기로 결심한 것이다. 주목하라. 그리스도를 섬기기 위해 하고픈 일이 금지되더라도, 그를 섬기기 위

해 우리가 할 수 있는 일을 행하여야 한다. 지금 그가 하늘에 계시므로 우리의 섬김이 그에게까지 미치지 못하나, 우리의 믿음의 생각들은 얼마든지 그에게 까지 미칠 수 있다.

(3) 그들 중 특별히 이름이 언급되는 자들이 있다. 하나님께서는 그리스도를 존귀하게 하는 자들을 존귀하게 하실 것이다. 그들은 전에도 몇 차례 만난 바 있는 자들이었는데 그들을 마지막에 다시 만나게 되니, 이는 그들에 대한 칭찬이었다 하겠다.

2. 그들이 무엇을 했는가. 멀리서 바라보고 있었다.

(1) 그들은 멀리 서 있었다. 그들이 그들의 두려움 때문에 멀리서 바라보고만 있었는지, 아니면 원수들의 격분하여 날뛰는 모습 때문에 그렇게 했는지는 확실치 않다. 그러나 그를 사랑하는 자와 그의 친구들이 그의 상처를 멀리하고 멀리 서 있다는 것은(시 38:11; 욥 19:13) 그리스도께는 고난이 더욱 가중되는 것이었다. 어쩌면, 하고자 했으면 그들이 가까이 왔을 수도 있었을 것이다. 그러나 선한 사람들은 고난 중에 있을 때에 그들의 가장 가까운 친구들이 그들을 부끄러워한다 해도 그것을 이상스럽게 생각해서는 안 될 것이다. 바울에게 위험이 임박해 있을 때에 그와 함께 한 자가 하나도 없었다(딤후 4:16). 우리도 그렇게 이상하게 대접을 받는다면, 두말할 필요도 없이 우리 주님도 우리 앞에서 그렇게 대접받으셨을 것이다.

(2) 그들은 바라보고 있었다. 그리스도를 향한 걱정과 사랑을 그렇게 나타냈다. 그를 사랑하는 것 외에 다른 어떠한 일도 할 수 없는 상황에서 그들은 그에게 사랑의 시선을 보낸 것이다.

〔1〕 그것은 슬픔이 가득한 시선이었다. 지금 찢겨지는 그를 바라보면서 슬퍼하였고, 그를 향한 쓰라린 아픔이 있었을 것이다. 이런 극심한 고통 중에 계신 그를 바라보고 있었으니 그들의 마음이 얼마나 아팠겠으며 또한 얼마나 눈물이 났겠는가를 얼마든지 상상할 수 있을 것이다. 십자가에 달리신 그리스도를 믿음의 눈으로 바라보며, 그가 우리를 사랑하신 그 큰 사랑에 감격하여야 할 것이다. 그러나,

〔2〕 그러나 그저 바라보는 것 외에 아무것도 아니었다. 그를 바라보면서도 그를 도울 수가 없었던 것이다. 주목하라. 그리스도께서 고난 중에 계실 때에는 그의 가장 가까운 친구들도 그저 방관자요 바라보는 자일 수밖에 없었다.

심지어 수호 천사들도 서서 떨고 있었다(노리스[Norris]). 그는 그와 함께 한 사람이 아무도 없이 홀로 포도즙틀을 밟으셨고, 그렇게 그의 팔로 친히 구원을 이루신 것이다.

[57]저물었을 때에 아리마대의 부자 요셉이라 하는 사람이 왔으니 그도 예수의 제자라 [58]빌라도에게 가서 예수의 시체를 달라 하니 이에 빌라도가 내주라 명령하거늘 [59]요셉이 시체를 가져다가 깨끗한 세마포로 싸서 [60]바위 속에 판 자기 새 무덤에 넣어 두고 큰 돌을 굴려 무덤 문에 놓고 가니 [61]거기 막달라 마리아와 다른 마리아가 무덤을 향하여 앉았더라 [62]그 이튿날은 준비일 다음 날이라 대제사장들과 바리새인들이 함께 빌라도에게 모여 이르되 [63]주여 저 속이던 자가 살아 있을 때에 말하되 내가 사흘 후에 다시 살아나리라 한 것을 우리가 기억하노니 [64]그러므로 명령하여 그 무덤을 사흘까지 굳게 지키게 하소서 그의 제자들이 와서 시체를 도둑질하여 가고 백성에게 말하되 그가 죽은 자 가운데서 살아났다 하면 후의 속임이 전보다 더 클까 하나이다 하니 [65]빌라도가 이르되 너희에게 경비병이 있으니 가서 힘대로 굳게 지키라 하거늘 [66]그들이 경비병과 함께 가서 돌을 인봉하고 무덤을 굳게 지키니라

이는 그리스도를 장사지낸 일과 그 정황에 대한 기사다. 이에 대해 관찰하라. 1. 그를 무덤에 넣어둔 친구들의 선의와 친절. 2. 그를 무덤 속에 가두어놓고자 매우 고심한 그의 원수들의 완악한 악의.

I. 그의 친구들이 그를 정성껏 장사지냈다.　관찰하라.

1. 일반적으로, 예수 그리스도께서 장사되셨다는 것. 그의 귀한 영혼이 낙원으로 가신 후, 그의 복되신 몸은 무덤의 묘실에 안치되어, 이로써 요나의 모형이 실현되었고, 그의 무덤이 악인들과 함께 있었다는 이사야의 예언이 성취되었다. 그리하여 그는 모든 면에서 형제들과 같이 되셨으되 죄만 없으셨고, 우리와 같이 흙으로 돌아가야 하셨다. 그는 장사되심으로써 그의 죽음을 더욱 확실하게 하고 그의 부활을 더욱 놀랍게 드러내었다. 빌라도는 그가 진정 죽었다는 것을 확실히 알기까지는 그의 시체를 장사하도록 내어주지 않으려 했을 것이다. 증인들이 장사되지 않고 그냥 누워 있는 동안에는 그들에게 모종의 소망이 있었다(계 11:8). 그러나 위대한 증인이신 그리스도는 죽은 자 중에 던져진 바

되었으며 죽임을 당하여 무덤에 누운 자 같으시다(시 88:5). 그가 장사되신 것은 무덤의 공포를 벗어 버리사 우리도 그것을 쉽게 당하게 하기 위함이요, 또한 우리를 위하여 그 악취가 나는 차가운 침상을 훈훈하게 하시고 향기가 나게 하시기 위함이요, 또한 우리로 하여금 그와 함께 장사되게 하시기 위함이었다.

2. 여기 기록되어 있는 그의 장례의 구체적인 정황들.

(1) 그가 장사되신 때. 저물었을 때에. 그가 죽으신 바로 그 날 저녁 해가 지기 전이었다. 보통 범죄자들을 그 시각에 장사지냈다. 그 이튿날까지 장례가 연기되지 않은 것은 그 이튿날이 안식일이었기 때문이다. 시체를 장사하는 일은 휴일이나 기쁨의 날에는 적절한 일이 아닌데, 안식일이 바로 그런 날이었다.

(2) 장례를 주관한 사람은 아리마대의 부자 요셉이었다. 요한의 제자들은 그가 목 베임을 당한 후 시체를 가져다가 장사하였는데(14:12), 그리스도의 사도들은 모두 도망하였고, 주께 이러한 경의를 표하기 위해 나타난 자가 하나도 없었다. 그를 따라온 여자들도 감히 그렇게 할 엄두도 내지 못하였다. 그런데 하나님께서는 이 선한 사람을 들어서 그 일을 행하게 하셨다. 하나님은 어떤 일을 하시든, 합당한 도구를 들어 쓰시는 것이다. 요셉은 그 임무를 위하여 매우 적절한 인물이었다.

〔1〕 그는 부자여서 그 일을 행할 여유가 있었다. 그리스도의 제자들은 대부분 가난하여 각 지방을 다니며 복음을 전하는 데에 지극히 적절한 자들이었다. 그런데 부자가 한 사람 등장하여 비용이 많이 필요한 그 봉사에 쓰임받은 것이다. 주목하라. 세상의 재물은 신앙의 길에 여러 가지로 장애거리가 되나, 그리스도를 위하여 행하는 어떤 봉사에는 유리하고 기회가 되기도 한다. 그러므로 하나님의 영광을 위하여 그것을 사용할 마음이 있다면 재물이 있는 자에게 좋은 일이다.

〔2〕 그는 우리 주 예수께 많은 감동을 받았다. 그 자신이 그의 제자였으며, 드러내놓지는 않았으나 그를 믿었기 때문이다. 주목하라. 우리가 알고 있는 것보다 그리스도의 은밀한 제자들이 더 많다. 이스라엘 중의 칠천 명을 보라(롬 11:4).

(3) 빌라도가 예수의 시체를 장사하도록 내어 주었다(58절). 요셉이 빌라도에게 갔다. 그는 그 시체를 처리할 수 있는 적절한 인물이었다. 시민적인 관리

들의 권세에 관계되는 일에 있어서는 그 권세를 정당하게 존중하여야 하며, 그것을 깨뜨리는 일은 해서는 안 된다. 우리가 선을 행할 때에 평화롭게 행하여야 하고, 소동을 일으켜서는 안 된다. 빌라도는 예수의 시체를 정중하게 장사해 줄 마땅한 사람에게 기꺼이 시체를 내줄 마음이었다. 그렇게 해서 그 죄 없는 사람을 정죄한 자신의 행위에 대해 양심으로 느끼는 죄책감을 조금이나마 상쇄하려 한 것이다. 요셉의 간청에서도, 또한 빌라도가 기꺼이 시체를 내준 데서도, 그리스도께 존귀가 돌려졌다. 이는 그의 무죄함을 입증하는 하나의 증언이었다.

(4) 예수의 시체에 수의를 입혔다(59절). 그는 지체 높은 관리였으나 친히 그 치욕적이요 저주스러운 나무에서 시체를 취하였고, 팔로 안아서 내렸을 것으로 보인다(행 13:29). 그리스도에 대해 참된 사랑이 있으면 어떠한 봉사라도 비천하여 하지 못할 것이 없는 것이다. 그는 시체를 가져다가 깨끗한 세마포로 감쌌다. 당시에는 세마포를 입혀서 장사하는 것이 보통이었고, 요셉은 그런 관례를 따른 것이다. 주목하라. 선한 사람의 시체는 조심스럽게 취하여야 한다. 부활 때에 그들에게 영광이 있을 것이요, 우리는 더 나은 곳을 위하여 시체를 잘 다룸으로써 부활에 대한 우리의 믿음을 증명해 보여야 하는 것이다. 이러한 인류의 공통적인 행위가 경건한 예를 따라 행해지면, 이는 기독교에서 받아들일 만한 행위인 것이다.

(5) 그 시체를 무덤 속에 안치하였다(60절). 무덤에 놓여지는(욥 21:32) 세상의 귀인들의 경우와 같은 그런 화려함과 위엄 같은 것은 여기에 하나도 없었다. 그의 나라가 눈에 보이게 임한 것이 아니니 사사로운 장례가 그에게 가장 적절했다.

〔1〕 그는 빌린 무덤 속에 안치되셨다. 곧, 요셉이 소유한 무덤에 묻히셨다. 예수는 살아 계시는 동안에는 머리를 둘 자기 소유의 집도 없으셨고 죽어서는 자기 몸을 둘 자기의 무덤도 없으셨으니, 이는 그의 궁핍함을 잘 보여주는 실례였다. 그런데 여기에 무언가 신비가 있을 수도 있다. 무덤은 죄인의 고유한 유산이다(욥 24:19). 우리의 죄와 우리의 무덤밖에는 진정 우리 것이라고 부를 수 있는 것이 하나도 없다. 흙으로 돌아가기 때문이다(시 146:4). 무덤에 들어가는 것이 곧 우리 자신의 처소로 가는 것이다. 그러나 죄가 하나도 없으신 우리 주 예수는 그 자신의 무덤이 없으셨다. 전가된 죄를 지고 죽으셨으니, 그는

빌려온 무덤에 장사되시는 것이 합당했다. 유대인들은 그의 무덤이 악인과 함께 있게 하기 위하여 함께 십자가에 못 박힌 강도들과 함께 장사되게 하려고 계획하였으나, 하나님께서 그 일에 간섭하셔서 그의 무덤이 부자와 함께 있도록 하신 것이다(사 539).

〔2〕그는 새 무덤에 안치되셨다. 이는 아마도 요셉이 자신을 위하여 준비한 무덤이었을 것이다. 그러나 그렇게 속히 다시 일어나실 그분께서 그 무덤 속에 누워 계신다 해도 절대로 더 나쁘지 않을 것이요, 오히려 그가 거기에 누우시는 것이 훨씬 더 나았을 것이다. 그가 무덤의 속성을 바꾸어 새롭게 하시며, 그것을 성도들을 위한 안식의 침상으로, 아니 향기로운 침상으로 바꾸실 것이니 말이다.

〔3〕그 무덤은 바위 속에 판 무덤이었다. 예루살렘 지역의 땅은 보통 바위가 속에 깔려 있었다. 셉나는 예루살렘 근처에 반석에서 쪼아낸 무덤을 갖고 있었다(사 22:16). 그리스도의 무덤이 견고한 반석 속에 있도록 된 것은 그의 제자들이 땅 속에 굴을 뚫거나 뒷벽을 무너뜨려 시체를 훔쳐갈 수 있는 모든 가능성을 배제하기 위한 하나님의 섭리였다. 문 이외에는 그 안으로 들어갈 수가 없었고, 그 문은 경비병들이 지키고 있었다.

〔4〕큰 돌을 굴려 무덤 문에 놓았다. 이것 역시 죽은 자를 장사하는 유대인의 관습에 따른 것이다. 나사로의 무덤도 역시 그랬던 것으로 나타니는데(요 11:38), 큰 돌로 무덤 입구를 막는 것은 죽은 자들이 산 자들에게서 완전히 분리되고 끊어졌음을 의미한다. 무덤이 그의 감옥이었다면, 이제 감옥 문이 닫히고 잠긴 것이다. 무덤 입구에 돌을 굴리는 것으로 장례가 완결되었다. 그들은 우리 주 예수님의 고귀한 시체를 고요함과 슬픔 속에서 이렇게 무덤에, 모든 산 자를 위하여 지정된 집에 둔 후, 그 이상의 다른 예식이 없이 그 곳을 떠나갔다. 우리의 그리스도인 친구들의 장례식에서 어두컴컴하고 고요한 무덤 속에 그들의 시체를 놓아두고 집으로 돌아가는 것이야말로 가장 침울한 상황이다. 그러나, 남겨두고 집으로 가는 것은 우리가 아니라 바로 그들이다. 그들이 더 나은 집으로 돌아간 것이요, 우리가 뒤에 남겨진 것이다.

(6) 장례에 참석한 무리들. 그들은 매우 숫자가 적었고 초라했다. 시체를 뒤따라가며 슬퍼 애곡하는 친척들도, 엄숙한 장례 절차도 없었고, 막달라 마리아와 다른 마리아 등, 몇몇 선한 여자들이 있어 진정으로 슬퍼하였을 뿐이다(56

절). 이들은 십자가에까지 그를 따랐었고, 이제 무덤에까지 따라간 것이다. 그들은 함께 모여 슬퍼하려는 듯, 무덤을 향하여 앉아 있었다. 일어난 일들을 모두 눈에다 가득 채우려는 것이 아니라 강 같은 눈물로 모두 비워내려는 것이었다. 주목하라. 그리스도를 향한 참된 사랑은 끝까지 계속해서 그를 따르게 할 것이다. 사망 그 자체도 신적인 불길을 끌 수가 없다(아 8:6, 7).

Ⅱ. 그의 원수들은 그의 부활을 예방하기 위해 할 수 있는 조치를 다 하였음. 그들은 그 일을 위해 그 이튿날, 곧 준비일 다음 날에 모였다(62절). 그 날은 한 주간의 일곱째 날, 곧 유대인의 안식일이었다. 그러나 그렇게 명시하지 않고 완곡어법으로 그렇게 불렀다. 왜냐하면 얼마 지나지 않아서 그 날이 그 이튿날에 시작하는 그리스도인의 안식일로 대체될 것이었기 때문이다. 그런데, 1. 그 날 하루 종일, 그리스도는 무덤 속에 죽은 상태로 누워 계셨다. 엿새 동안 수고하시고 모든 일을 다 행하신 후 일곱째 날에 안식하신 것이다. 2. 그 날, 대제사장들과 바리새인들은 그 지난 주간의 죄에 대해 용서를 구하며 예배한 후에 빌라도와 함께 무덤을 안전하게 지킬 방도를 논의하였다. 그들은 그렇게 그들의 죄에 반역을 더하였다. 안식일에 행해지는 지극히 큰 자비의 일로 인하여 그리스도와 그렇게 자주 논쟁을 벌였던 그들이 그 날에 가장 큰 악을 행하기 위해 바빴던 것이다. 여기서 관찰하라.

(1) 그들이 빌라도에게 말한 내용. 그들은 예수를 정성껏 장사할 사람에게 그 시체가 주어진 일에 대해 매우 당혹스러워했으나, 이미 그렇게 처리된 일이므로 무덤에 경비병을 세워 지키기를 원했다.

〔1〕 그들의 청원의 내용은, 저 속이던 자(그들은 진리 그 자체이신 그리스도를 그렇게 불렀다)가 살아 있을 때에 말하되 내가 사흘 후에 다시 살아나리라 하였다는 것이다. 그가 과연 그렇게 말씀하셨었고, 그의 제자들은 그들의 믿음을 확증하기 위해 그 말씀을 기억하였으나, 그를 박해한 자들은 그들의 격노와 악의를 촉발시키기 위해 그 말씀을 기억한 것이다. 그리하여 그리스도의 똑같은 말씀이 어떤 이에게는 생명에서 생명에 이르는 향기요, 다른 이에게는 죽음에서 죽음에 이르는 냄새인 것이다. 그들이 빌라도에게 주라고 부르며 그를 높이는 체하면서, 그리스도는 속이는 자라고 하여 비난하는 것을 보라. 이처럼 선한 사람들을 가장 지독하게 악의로 비방하는 자들이 보통 높은 사람들 앞에서는 가장 비겁하게 아첨하는 자들인 것이다.

〔2〕 그들이 자기들의 시기를 더 드러낸다. 그의 제자들이 와서 시체를 도둑질하여 가고 백성들에게 말하되 그가 죽은 자 가운데서 살아났다 하면 후의 속임이 전보다 더 클까 하나이다.

첫째로, 그들이 진짜 무서워했던 것은 그의 부활이었다. 그리스도께는 가장 큰 존귀요 그의 백성에게는 가장 큰 기쁨인 그것이 그의 원수들에게는 가장 큰 공포의 대상인 것이다. 요셉의 형들이 그에 대해 화를 품게 된 것은, 그가 크게 되어 그들을 다스릴까 하는 우려 때문이었고(창 37:8). 그들은 온통 그렇게 되는 것을 막는 데에 정신이 팔려 있었고, 그리하여 그를 대적하여 행한 것이다. 그들은 이렇게 말했다. 자, 그를 죽이고, 그의 꿈이 어떻게 되는지를 보자! 이처럼 대제사장들과 바리새인들도 자신의 부활에 대한 그리스도의 예언들을 무력화시키기 위해 애썼다. 그러면서 마치 다윗의 원수들이 그에 대해 한 말처럼, 이제 그가 눕고 다시 일어나지 못하리라라고 한 것이었다(시 41:8). 그러나 그가 일어나면 그들의 계획이 완전히 망가질 것이었다. 주목하라. 그리스도의 원수들은 그들이 목적을 이루었을 때에도 여전히 그것을 다시 잃어버릴까 두려워한다. 어쩌면 대제사장들이 요셉과 니고데모 등 두 존귀한 관원들이 그리스도의 시체에게 보여준 그런 경의의 자세를 보고 깜짝 놀라며, 그것을 좋지 않은 징조로 여겼을지도 모르며, 또한 그가 죽은 나사로를 살려서 그들을 혼비백산하게 한 일도 잊지 못했을 것이다.

둘째로, 그들이 두려워했던 또 한 가지는 제자들이 밤에 와서 시체를 도둑질하여 가는 것이었다. 그러나 이는 가능성이 거의 없는 일이었다. 왜냐하면, 1. 그들은 그가 살아 있을 동안에도 그를 따를 용기가 없던 자들이었는데, 그의 죽음으로 인해 그 비겁한 자들에게 용기가 생겼을 리가 없었다. 2. 만일 그가 다시 살아나지 않으므로 그 스스로 속이는 자임을 증명한다면, 제자들이 오는 세상에서 보상받을 것에 의지하여 그를 위하여 이 세상에서 모든 것들을 다 버렸으니, 그들이 억울해서라도 가장 앞장서서 그의 이름에 돌을 던질 것인데, 그들이 그의 시체를 도둑질하여 그가 살아났다고 백성들에게 떠벌릴 이유가 어디 있겠는가? 그가 살아나지 않으면 그들의 믿음도 헛것이요 그들이 모든 사람 가운데 더욱 불쌍한 자들이 될 것인데, 그의 시체를 도둑질하여 그가 죽은 자 가운데서 살아났다고 하며 자기들을 속이는 것이 그들에게 무슨 득이 되겠는가? 대제사장들은 그리스도의 부활의 가르침이 한 번 전해지고 믿어지면 후의 속임이 전보다 더 클 것임을 인지하고 있었다. 이는 금언적인 표현으로, 우리의 일이 폭로되면 그것으로 우리는 끝장난다는 것을 시사한다. 그들은 자기들이 그의 설교와 이적들을 그렇게 오랫동안 묵인해온 것이 그들의 잘못이었다고 생각하며, 그 잘못을 그를 죽임으로써 바로잡았다고 생각하였다. 그러나 만일 백성들이 설득되어 그의 부활을 받아들이면 그것으로 모든 것이 다시 망가지며, 그와 더불어 그에 대한 관심이 되살아날 것이요 그를 그렇게 야만적으로 살해한 그들에 대한 관심은 다시 가라앉을 것이 뻔했던 것이다. 주목하라. 그리스도와 그의 나라를 대적하는 자들은 그들의 시도들이 무너지는 것을 볼 뿐만 아니라 그들 스스로 비참하게 놀라고 당황하게 되고, 그들의 나중 잘못이 전보다 더 크게 될 것이다(시 2:4, 5).

〔3〕 이런 점들을 고려하여, 그들은 사흘까지 경비병을 세워 무덤을 지키게 해 달라고 청한다. 명령하여 그 무덤을 사흘까지 굳게 지키게 하소서. 그들에게는 여전히 빌라도가 필요했다. 그들의 악의를 위해서는 아직도 그의 시민적이며 군사적인 권세가 절실히 필요했다. 죽음에 갇힌 자들은 달리 경비병이 필요 없고 무덤 자체가 충족한 안전 장치라고 생각할 만하다. 그러나 스스로 여호와와 그의 기름 부은 자를 대적하여 스스로 죄책과 무능함을 동시에 의식하고 있는 자들이 무엇인들 두려워하지 않겠는가?

(2) 빌라도의 답변. 너희에게 경비병이 있으니 가서 힘대로 굳게 지키라(65절). 그는 그리스도의 친구들의 요구대로 시체를 내어주고 또한 그 원수들을 위해서는 경비병을 무덤에 세우게 해 줌으로써, 양쪽 모두를 기쁘게 해 주고자 하였다. 그러면서도 사람의 죽은 시체에 대해 찬성하고 반대하며 그런 소동을 벌이는 것을 보면서 양쪽 모두를 비웃었을지도 모른다. 희망을 갖는 쪽이나 두려워하는 쪽이나 모두 어리석기 그지없어 보였을 것이다. 너희에게 경비병이 있으니. 곧, 안토니아 대에 항시 주둔하고 있는 경비대가 있었으므로, 그들 중에서 필요한 만큼 차출하도록 허락한 것이다. 그러나 자기 자신이 그 일에 간여한다는 것이 부끄러웠는지, 그는 그 모든 일을 그들더러 알아서 하게 하였다. 힘대로라는 말은 필자에게는 조롱처럼 들리는데, 다음 둘 중 하나일 것이다. 〔1〕 그들의 두려움을 조롱하는 것. "반드시 이 죽은 사람에게 강한 경비병을 세우도록 하라." 혹은, 〔2〕 그들의 희망을 조롱하는 것. "재주와 힘을 다하라. 그러나 그가 하나님께 속한 자라면 너희가 아무리 노력하고 경비병을 세워도 다시 살

아닐 것이다." 아마도 이 때쯤 빌라도는 그의 부하인 백부장과 면대하여, 그에게 그 옳은 사람이 어떻게 죽었는지를 물었을 것이고, 백부장은 그가 진실로 하나님의 아들이었다고 결론짓게 만든 갖가지 일들을 보고했을 것이며, 그리하여 빌라도는 악의가 가득한 대제사장들이 속이는 자라고 부르는 그가 그들보다 천배나 더 신빙성이 있는 것으로 여겼을 것으로 보인다. 만일 그랬다면, 바위를 터뜨리고 땅을 진동하게 한 그 사람을 무덤 속에 가두어 두려는 그들의 계획을 빌라도가 조롱했다 해서 이상할 것이 없을 것이다. 테르툴리아스는 빌라도에 대해 말하기를, 그의 양심으로 말하면 그는 그리스도인이었다고 하였다. 그가 백부장의 보고를 받고 이 때에 그런 찔림이 있었을 가능성은 얼마든지 있다. 그러나 그러면서도 아그립바나 벨릭스처럼 철저하게 설득되어 그리스도인이 되지는 않았다.

(3) 무덤을 지키기 위한 그들의 세심한 노력. 그들이 경비병과 함께 가서 돌을 인봉하고 무덤을 굳게 지키니라(66절). 아마도 산헤드린의 권위가 담겨 있는 큰 인장으로 인봉하였을 것이다. 누가 감히 그 공적으로 인봉해 놓은 것을 뜯겠는가? 그러나 그것도 믿지 못하여, 그들은 경비병을 세워 혹시 제자들이 와서 시체를 도둑질하여 가지 못하도록 하였고, 가능하다면 그가 무덤 속에서부터 바깥으로 나오는 것도 막도록 하였다. 그들은 그런 의도를 가졌다. 그러나 하나님께서는 이것으로 선을 이루셨다. 그의 부활을 막도록 세워진 그 경비병들이 오히려 그것을 볼 기회를 가졌고 또한 실제로 보았고 대제사장들에게 그들이 본 바를 이야기하였고, 그리하여 그들은 핑계할 거리가 없게 되었다. 땅과 지옥의 모든 권세가 연합하여 그리스도를 옥에 가두려 하였으나 그의 때가 오자 모든 것이 허사가 되었다. 사망과, 또한 사망의 아들들과 상속자들은 더 이상 그를 가두어 둘 수가 없었고, 그를 더 이상 좌우할 수가 없게 된 것이다. 초라하고 연약한 제자들을 의식하여 무덤을 보호한 것은 미련한 짓이었다. 그럴 필요가 없었기 때문이다. 그러나 동시에 하나님의 능력을 의식하여 무덤을 보호할 생각을 했다 해도 미련한 짓이었다. 그것이 전혀 소용이 없었기 때문이다. 그러나 그런데도 그들은 자기들이 지혜롭게 조치하였다고 생각하였다.

제

— **28** —

장

개요

앞 장에서 우리는 우리 구원의 대장께서 어둠의 권세와 싸우시며 그들에게서 공격을 받으시고 그들을 맹렬하게 공격하신 것을 보았다. 승리가 양단간에 결정될 것처럼 보였다. 그러나 마침내 승리는 원수들 쪽으로 기울어졌고, 우리의 챔피언은 그들 앞에서 무너지셨다. 보라. 하나님께서 그의 힘을 내어주어 포로로 잡히게 하셨고, 그의 영광을 원수들의 손에 넘겨주셨다. 무덤에 계신 그리스도는 마치 다곤의 신전에 있는 언약궤 같았다. 어둠의 권세들이 마치 말 탄 군대와 같았는데, 그 때에 주께서 마치 잠에서 깨어난 사람처럼, 마치 포도주를 마시고 고함치는 용사처럼 일어나셨다(시 78:61, 65). 본 장에서는 우리의 평화의 왕께서 정복자가 되셔서, 아니 정복자보다 더한 분이 되사 무덤에서 나오시며, 사로잡힌 자를 사로잡으시는 것이다. 언약궤가 비록 사로잡혀 있었으나 다곤이 그 앞에서 넘어지니, 거룩하신 주 하나님 앞에서 능히 설 자가 없다는 것이 이로써 입증되었다. 그리스도의 부활은 우리의 신앙의 주요한 기반이므로, 이에 대해 틀림없는 증거들을 갖는 것이 필수적이다. 본 장에는 그 중 네 가지 증거들이 나타나는데, 그 이외에도 다른 증거들이 다른 곳에 많이 나타난다. 누가복음과 요한복음은 마태복음과 마가복음보다 그리스도의 부활의 증거들을 더 상세히 다루기 때문이다. 여기 나타나는 주 내용은 다음과 같다. I. 그리스도의 부활에 대한 천사의 증언(1-8절). II. 그가 여자들에게 친히 나타나심(9, 10절). III. 무덤을 지키던 원수들의 고백(11-15절). IV. 갈릴리에서 그리스도께서 제자들에게 나타나심, 그리고 그들에게 명령을 주심(16-20절).

[1]안식일이 다 지나고 안식 후 첫날이 되려는 새벽에 막달라 마리아와 다른 마리아가 무덤을 보려고 갔더니 [2]큰 지진이 나며 주의 천사가 하늘로부터 내려와 돌을 굴려 내고 그 위에 앉았는데 [3]그 형상이 번개 같고 그 옷은 눈 같이 희거늘 [4]지키던 자들이 그를 무서워하여 떨며 죽은 사람과 같이 되었더라 [5]천사가 여자들에게 말하여 이르되 너희는 무서워하지 말라 십자가에 못 박히신 예수를 너희가 찾는 줄을 내가 아노라 [6]그가 여기 계시지 않고 그가 말씀하시던 대로 살아나셨느니라 와서 그

가 누우셨던 곳을 보라 ⁷또 빨리 가서 그의 제자들에게 이르되 그가 죽은 자 가운데서 살아나셨고 너희보다 먼저 갈릴리로 가시나니 거기서 너희가 뵈오리라 하라 보라 내가 너희에게 일렀느니라 하거늘 ⁸그 여자들이 무서움과 큰 기쁨으로 빨리 무덤을 떠나 제자들에게 알리려고 달음질할새 ⁹예수께서 그들을 만나 이르시되 평안하냐 하시거늘 여자들이 나아가 그 발을 붙잡고 경배하니 ¹⁰이에 예수께서 이르시되 무서워하지 말라 가서 내 형제들에게 갈릴리로 가라 하라 거기서 나를 보리라 하시니라

그리스도의 부활의 증거로 말하자면, 여기에 그의 부활에 대한 천사와 그리스도의 증언이 나타나 있다. 먼저 많은 증인들이 현장에 와 있는 가운데 천사가 돌을 굴려놓는 것을 보았고, 그리고 이어서 죽은 나사로가 무덤에서 걸어나온 것처럼 그렇게 죽은 시체가 살아 나오는 식으로 일이 일어났다면 부활의 문제에 대한 논란이 전혀 없었을 것이니 그렇게 되었다면 더 나았을 것이라고도 생각할 수 있을 것이다. 그러나 무한한 지혜이신 하나님을 우리 잣대로 재지 않도록 주의해야 한다. 그가 그의 지혜로 그리스도의 부활의 증인들이 그가 살아나신 것은 보되 그가 살아나시는 것은 보지 못하도록 일을 정하신 것이다. 그리스도의 성육신은 신비였다. 이와 마찬가지로 이 둘째 성육신(그렇게 부를 수 있을지 모르지만)도, 그리스도의 높아지신 상태를 위하여 그의 몸을 새로이 만드는 일도, 신비였다. 보지 않고 믿는 자들은 복되도다(요 20:29). 그리스도께서는 성경으로 확증되며, 또한 그가 하신 말씀으로 확증되는 그런 부활의 증거들을 주셨다(눅 24:6, 7-44; 막 16:7). 여기서도 우리는 보는 것으로 행하지 말고 믿음으로 행하여야 하는 것이다. 여기에는 다음과 같은 내용들이 있다.

I. 선한 여자들이 무덤에 나아옴. 관찰하라.

1. 그들이 무덤에 온 때. 안식일이 다 지나고 안식 후 첫날에 되려는 새벽에(1절). 이것이 그리스도의 부활의 시점을 고정시켜 준다.

(1) 그는 그의 죽으신 이후 셋째 날에 일어나셨다. 그는 자주 셋째 날에 살아나실 것을 말씀하셨었고, 그것을 그대로 지키셨다. 그는 한 주간의 여섯째 날 저녁에 장사되셨고, 그 다음 주 첫째 날 새벽에 일어나셨으니, 서른 여섯 시간, 혹은 서른 여덟 시간 가량 무덤에 누워 계신 셈이다. 그가 그렇게 오래 누워 계셨던 것은 그가 진정으로 죽으셨음을 보여주기 위함이었고, 더 이상 누워 계실

수 없었던 것은 썩음을 보지 않기 위함이었다. 그는 제삼일에 일어나사 선지자 요나의 모형을 이루셨고(12:40), 그가 셋째 날에 우리를 일으키시리니 우리가 그의 앞에서 살리라라는 예언을 성취하셨다(호 6:2).

(2) 그는 유대인의 안식일 이후에 일어나셨다. 또한 그 때는 유월절 안식일이었다. 그가 그 날 온 종일 무덤에 누워 계신 것은, 유대인의 절기들과 의식법의 다른 부분들이 폐지되며, 또한 그의 백성들이 그런 규례들에 대해 죽어야 하며 또한 그가 무덤에 누워 계시며 하신 것처럼 그것들에 대해 주의를 기울이지 말아야 한다는 것을 나타내기 위함이었다. 그리스도는 여섯째 날 그의 일을 마치시고, 다 이루었다라고 말씀하셨고, 일곱째 날 안식하셨고, 그 다음 주 첫째 날에 마치 새로운 세상을 시작하시는 것처럼 새로운 일에 들어가셨다. 그러므로 초하루에 대해서나 유대인의 안식일에 대해서 아무도 우리를 판단하지 말도록 하라. 그것들은 다가올 선한 것들의 그림자들이었으나 그 실체는 그리스도께 속하는 것이다. 더 나아가서 우리는 성도들이 무덤에 누워 있는 시간이 그들에게 안식이라는 것(유대인의 안식일이 주로 육체적인 휴식으로 이루어져 있었다)을 관찰할 수 있을 것이다. 거기서 그들이 일을 그치고 쉬기 때문인데(욥 3:17), 그리스도로 말미암아 그렇게 되는 것이다.

(3) 그는 한 주간의 첫날에 일어나셨다. 세상의 첫 주간의 첫날에 하나님께서는 빛이 어둠 가운데서 비치라고 명하셨다. 그러므로 세상의 빛이 되실 그분께서 무덤의 어둠을 뚫고 환히 비치신 것이다. 그리고 일곱째 날 안식일은 그리스도와 함께 장사되었고, 주일이라 불리는(계 1:10) 첫날 안식일로 다시 살아났고, 그 이후로는 신약성경 전체에서 이 날 외에는 주간의 다른 날이 언급되지 않고, 이 날이 그리스도인들이 엄숙한 집회로 모여 종교적으로 지키며 그리스도의 존귀를 드러내는 날로 자주 나타나는 것이다(요 20:19, 26; 행 20:7; 고전 16:2). 이스라엘이 북쪽 땅으로부터 구원받은 일을 기념하는 것이 애굽에서 구원받은 일을 기념하는 것을 대체하였다면(렘 23:7, 8), 그리스도로 말미암아 우리가 구속받은 일이 하나님의 그 이전의 역사들의 영광을 훨씬 능가하는 것이다. 안식일은 창조의 역사의 완성을 기념하여 제정되었다(창 2:1). 그런데 사람이 반역하여 그 완성된 역사를 어그러지게 했고, 이런 상태는 그리스도께서 죽은 자 가운데서 살아나사 천지가 다시 완전해지고 무질서 가운데 있던 천군들이 새로이 형성되고 나서야 비로소 완전히 복구되었다. 그러므로 이 일이

행해진 그 날이야말로, 또한 그로부터 일곱째 날도, 거룩하게 구별되고 복을 받아 마땅한 것이다. 그 날 죽은 자 가운데서 일어나신 그분은 바로 만물이 그로 말미암아, 또한 그를 위하여 창조되었고 또한 이제 새로이 창조되는 바로 그분이신 것이다.

(4) 그는 그 날 새벽에 일어나셨다. 셋째 날이 왔다고 말할 수 있게 되자마자, 그의 부활을 위하여 미리 정해진 때가 되자, 그가 그의 백성에게서 물러가 계시던 상태에서 모든 편리한 속도로 돌아오시고, 할 수 있는 만큼 그 일을 속히 이루시는 것이다. 그는 제자들에게 조금 있으면 그들이 그를 보지 못할 것이로되 다시 조금 있으면 다시 보리라고 말씀하신 바 있는데, 그 말씀에 따라 그 시간을 할 수 있는 대로 짧게 만드셨다(사 54:7, 8). 그리스도께서는 새벽에 일어나셨다. 그 때에 돋는 해가 위로부터 우리에게 임하기 때문이다(눅 1:78). 그의 고난은 밤에 시작되었고, 그가 십자가에 달리실 때에 해가 빛을 잃어 어두워졌고, 저녁 어두워질 무렵에 무덤에 안치되셨다. 그러나 그는 해가 떠오를 무렵에 무덤에서 일어나셨으니, 그는 과연 광명한 새벽 별이시요(계 22:16), 참빛이시다. 그리스도인의 안식일의 예배를 위하여 새벽 일찍부터 일어나 준비하는 자들은 그리스도의 이러한 모범을 따르는 것이요 또한 새벽에 내가 주를 뵈오리라라고 한 다윗의 모범을 따르는 것이다.

2. 무덤에 나아온 자들이 누구였는가. 마달라 마리마와 다른 마리이로서, 그리스도의 장례 때에 참석했었고, 무덤을 향하여 앉아 있던 자들이요, 그 전에는 십자가를 향하여 앉아 있던 자들이었다. 그들은 여전히 그리스도에 대한 사랑을 표현하고자 하였고, 여전히 그에 대해 온 관심을 기울이고 있었다. 우리가 그렇게 계속해서 알고자 힘쓰면, 그 때에 알게 될 것이다. 동정녀 마리아가 그들과 함께 있었다는 언급은 없다. 아마도 사랑하는 제자가 그를 자기 집으로 모셔 갔고, 무덤에 와서 울지 못하도록 막았을 것으로 보인다. 이들은 그리스도를 위하여 무덤에까지만이 아니라 무덤 속에도 들어갔는데, 이는 그리스도의 백성들이 어둠 속에 누울 때에 그가 그들을 보살피시는 것을 그대로 본받은 것이었다. 무덤에 누우신 그리스도께서 성도들의 사랑하는 분이셨듯이, 무덤에 누운 성도들도 그리스도의 사랑하는 자들이다. 숙음이나 무덤이라도 그들 사이에 있는 사랑의 끈을 느슨하게 만들 수는 없기 때문이다.

3. 그들이 무엇을 하러 무덤에 왔는가. 다른 복음서 기자들은 그들이 시체에

기름을 바르기 위해서 왔다고 보도한다. 그러나 마태는 그들이 무덤을 보려고 왔다고 말씀한다. 대제사장들이 경비병들을 세워 무덤을 지키게 했다는 말을 들었을 것이므로 그 무덤이 이전과 같은 상태인지를 확인하려고 간 것이다. 그들은 그 사랑하는 주님을 다시 한 번 찾아가 그들의 선한 뜻을 보여주고자 하였고, 어쩌면 그의 부활에 대한 생각도 없지는 않았을 것이다. 그가 자신의 부활에 대해 하신 말씀을 완전히 잊어버릴 수는 없었을 것이니 말이다. 주목하라. 무덤에 가 보는 일이 그리스도인들에게는 크게 유익하며, 무덤을 친숙하게 익히고 그것에 대한 두려움을 없애는 데에 큰 도움이 될 것이다. 특히 우리 주 예수의 무덤에 찾아가는 일은 더욱 그러하다. 거기서 우리는 죄가 장사되어 눈에 보이지 않는 것을 볼 것이요, 우리의 성화의 패턴을 볼 것이요, 구속의 사랑의 큰 증거가 심지어 그 어둠의 땅에서도 찬란하게 빛나는 것을 보게 될 것이다.

II. 주의 천사가 그들에게 나타남(2-4절).　여기서 우리는 우리가 알기에 합당한 만큼 그리스도의 부활의 정황에 대한 기사가 제시되고 있다.

1. 큰 지진이 있었다. 그가 죽으실 때에 그를 받는 땅이 두려움으로 진동하였다. 그런데 그가 일어나시니 그를 놓아줄 땅이 그의 높아지심에 기쁨으로 뛰었던 것이다. 이 지진은 말하자면 죽음의 끈을 풀어주었고, 무덤의 사슬들을 흔들어 끊었으며, 또한 모든 나라의 사모하는 것을 소개하는 것이었다 할 것이다(학 2:6, 7. 한글 개역개정판 난외주를 보라). 그것은 그리스도의 승리의 신호였다. 이로써 하늘이 기뻐할 때에 땅도 역시 기뻐한다는 것을 지적하는 것이다. 그 지진은 후에 있을 보편적인 부활의 때에 일어날 진동을 미리 보여주는 것이었다. 그 때에는 산과 섬들이 사라지고 땅이 더 이상 그 죽은 자들을 덮을 수 없게 될 것이다. 이 뼈 저 뼈가 들어맞아 뼈들이 서로 연결될 때에 그 골짜기에 소리와 진동이 있었다(겔 37:7). 이제 세워지게 될 그리스도의 나라가 땅에 지진을 일으켜 무섭게 흔든 것이다. 거룩하게 되며, 그리하여 신령한 삶에로 다시 살아난 자들은 그 일이 진행되고 있는 동안 그들의 가슴속에서 지진이 나는 것을 경험하게 된다. 바울도 깜짝 놀라 떨었다.

2. 주의 천사가 하늘로부터 내려왔다. 천사들은 우리 주 예수를 자주 수행하였다. 그가 탄생하실 때에도, 그가 시험받으실 때에도, 고민 중에 계실 때에도 그랬다. 그러나 십자가 위에서는 천사가 그를 수행하지 않았다. 그의 아버지께서

그를 버리시자, 천사들도 그에게서 물러간 것이다. 그러나 이제 그가 창세 전에 가지셨던 영광을 다시 얻으시는 지금, 보라, 하나님의 천사들이 그에게 경배하도다!

3. 그가 내려와 무덤 문에서 돌을 굴려내고 그 위에 앉았다. 우리 주 예수께서 친히 자신의 능력으로 돌을 굴려낼 수도 있었으나, 그는 천사가 그 일을 하게 하셨다. 이는 그가 그에게 전가된 우리의 죄를 보상하시고 그 전가된 죄에 합당한 징벌을 받고 계셨으므로 그는 스스로 감옥을 깨뜨리지 않으시고 하늘로부터 합법적인 석방을 받고자 하신 것이다. 그 스스로 감옥을 깨뜨리지 않으셨고, 그 일을 담당하는 천사가 하늘로부터 보내심을 받아 돌을 굴려내고 감옥 문을 연 것이다. 그가 완전한 보상을 이루지 못하셨다면 이런 일이 절대로 없었을 것이다. 그러나 우리의 범죄한 것 때문에 내어준 바 되시고, 우리를 의롭다 하시기 위하여 살아나사 구원을 완성시키셨다. 우리의 빚을 갚기 위해 죽으셨고, 우리를 사면하시기 위해 살아나신 것이다. 우리의 죄의 돌이 우리 주 예수의 무덤 문으로 굴려졌으나(큰 돌을 굴리는 것이 범죄를 확정하는 것을 뜻한다. 삼상 14:33), 하나님의 정의가 보상된 것을 입증하기 위하여 천사가 보냄을 받아 돌을 다시 굴려낸 것이다. 나사로의 무덤에서 돌을 치운 자들이 그를 살린 것이 아니듯, 천사가 그를 죽은 자 가운데서 살렸다는 뜻이 아니다. 그러나 돌을 굴려냄으로써 천사는 하늘에서 그리스도의 석방에 대하여 동의와 기쁨이 있음을 시사한 것이다. 그리스도의 원수들은 돌을 인봉하였고, 바벨론처럼 그에게 사로잡힌 자들을 집으로 놓아 보내지 않기로 결심했었다. 용사가 빼앗은 것을 어떻게 도로 빼앗을 수 있으랴? 그 때는 그들의 때였기 때문이다. 그러나 사망과 어둠의 모든 권세가 빛과 생명의 하나님의 장중에 있다. 하늘로부터 온 천사는 인봉한 것을 뗄 권세를 지녔다. 그 인봉한 것이 아무리 이스라엘의 인(印)이요 돌을 굴려낼 수 있는 인이요 아무리 위대한 것이라 해도 말이다. 이렇게 하여 용사가 빼앗은 것을 천사가 도로 빼앗은 것이다. 천사가 돌을 굴려내고 그 위에 앉아 있는 것이 눈에 보였는데, 이는 그리스도의 부활의 모든 장애들에 대해 완전한 승리를 이루었다는 것을 보여준다. 거기에 그가 앉아, 돌을 다시 무덤으로 굴리려는 지옥의 모든 권세들을 막고 있었던 것이다. 그리스도께서는 그의 원수들의 반대를 무릅쓰고 안식과 심판의 자리에 앉으신다. 여호와께서 큰물 위에 좌정하시니. 천사는 무덤을 지키는 경비병으로 거기에 앉아서 원수들의 경비병들을

겁에 질려 쫓겨나게 하였다. 그는 거기에 앉아 여자들을 기다리고 있었고 그들에게 그리스도의 부활의 소식을 전할 준비를 갖추고 있었던 것이다.

4. 그 형상이 번개 같고 그 옷은 눈 같이 희었다(3절). 이것은 색깔의 차이를 모르는 눈에 보이지 않는 세계의 찬란하고도 화려한 영광을 눈에 보이는 방식으로 표현한 것이다. 무덤을 지키는 자들에게 그의 모습은 번개 같았다. 번개를 번쩍이사 원수들을 흩으시며(시 144:6). 그의 옷이 눈 같이 희다는 것은 순결의 상징일 뿐 아니라 기쁨과 승리의 상징이기도 했다. 그리스도께서 죽으실 때 하늘의 궁정은 슬픔에 잠겼는데 이것을 해가 어두워지는 것으로 나타냈다. 그러나 그가 살아나실 때에, 다시 찬미의 의복을 입은 것이다. 이 천사의 영광은 그리스도께서 이제 얻으시기 위해 살아나신 그의 영광을 나타냈다. 변화산에서의 그리스도의 모습도 동일하게 묘사되었기 때문이다(17:2). 그러나 그의 부활 이후 제자들과 계실 때에 그는 그 영광에 수건을 두르셨다. 이는 성도들이 부활할 때에 그들의 영광이 하늘에 계신 하나님의 천사들과 같이 될 것임을 말씀해 준다.

5. 지키던 자들이 그를 무서워하여 떨며 죽은 사람과 같이 되었다(4절). 그들은 군병들이었고, 두려움을 모른다고 스스로 생각하던 자들이었다. 그런데 천사의 모습을 보자마자 그들은 공포에 질려버렸다. 하나님의 아들이 구원하시려고 심판하러 일어나실 때에 마음이 강한 자도 빼앗기는 법이다(시 76:5, 9). 주목하라. 그리스도의 부활은 그의 친구들에게는 기쁨이요 그의 원수들에게는 공포와 혼란이다. 그들이 떨며. 에세이스테산은 앞의 2절에서 지진을 묘사하며 쓴 세이스모스와 어근이 같은 단어다(2절). 땅이 떨자, 그 땅에 몫을 갖고 있던 땅의 자손들이 함께 떨었다. 반면에, 위의 것에서 행복을 얻는 자들은 땅이 흔들릴지라도 두려움이 없는 법이다. 무덤을 지키던 자들은, 그들이 지키던 자가 살아나고 그와 함께 성도들이 살아나자 죽은 사람과 같이 되었다. 그들에게 공포가 임하였고, 그로 인하여 혼란에 빠졌다. 그들은 죽은 자를 무덤 속에 가두어 두기 위해 이 곳에 진을 치고 있었다. 이는 그들이 맡아본 임무 가운데 가장 쉬운 일이었다. 그러나 그 일이 그들에게 너무 힘든 일이었다는 것이 입증된 것이다. 그들은 마음이 약한 제자들의 무리가 공격을 해 올지도 모른다는 이야기를 들었다. 그들은 자기들을 보고서 두려워 떨며 죽은 사람과 같이 될 것이었다. 그러나 감히 얼굴을 바라볼 수도 없는 권능의 천사가 내려와 돌을 굴려내는 것

을 보고 겁에 질려버렸다. 이렇게 하나님은 그의 원수들에게 두려움을 주셔서 물리치시는 것이다(시 9:20).

III. 이 천사가 여자들에게 전해준 메시지(5-7절).

1. 무서워하지 말라고 격려한다(5절). 무덤에, 그것도 고요한 정적이 흐르는 가운데, 가까이 간다는 것은 그 자체가 무서운 일이며, 더욱이 그 여자들이 무덤에서 천사를 보았으니 더욱 무서웠을 것이다. 그러나 그는 곧바로 너희는 무서워하지 말라라고 하여 그들을 안심시킨다. 경비병들은 떨며 죽은 사람 같이 되었으나 너희는 무서워하지 말라. 시온의 죄인들은 두려워할지라. 그래야 마땅하기 때문이다. 그러나, 아브라함아, 그리고 아브라함의 믿음의 자손들아, 무서워하지 말라. 선을 행하는 사라의 자손들이 어째서 두려운 일에 놀라겠는가?(벧전 3:6). "너희는 무서워하지 말라. 내가 너희에게 전하는 소식에 의아해하지 말라. 너희가 전부터 주께서 살아나시리라는 것을 들었음이니라. 두려워하지도 말라. 그의 부활이 너희의 위로가 될 것임이니라. 해 받을 것을 두려워하지 말라. 내가 너희에게 전할 소식이 결코 나쁜 것이 아님이니라. 너희는 무서워하지 말라. 십자가에 못 박히신 예수를 너희가 찾는 줄을 내가 아노라. 내가 온 것은 너희를 무섭게 하기 위함이 아니라 너희를 격려하기 위함이니라." 주목하라. 예수를 찾는 자들은 무서워할 이유가 하나도 없다. 부지런히 그를 찾으면 그를 만날 것이요, 그가 넘치도록 상을 주시는 분이심을 알게 될 것이기 때문이다. 믿음으로 주 예수를 찾는 우리의 모든 행위를 하늘에서 주시하신다. 예수를 너희가 찾는 줄을 내가 아노라. 그리고 그런 행위에 대해 위로의 말씀으로 응답하실 것이다. 너희가 십자가에 못 박히신 예수를 찾고 있도다. 여기서 십자가에 못 박히신 예수라는 언급이 그를 향한 그들의 사랑을 더욱 높여 준다. "그가 십자가에 못 박히셨는데도 너희가 여전히 그를 찾고 있고, 여전히 그를 향하여 친절을 보이고 있도다." 주목하라. 참된 신자는 그가 십자가에 못 박히셨음에도 불구하고 그리스도를 사랑하고 그를 찾으며, 뿐만 아니라 그가 십자가에 못 박히셨기 때문에 그를 사랑하고 그를 찾는 것이다.

2. 그리스도께서 부활하셨음을 확신시켜 준다(6절). 그가 여기 계시지 않고 … 살아나셨느니라. 살아나셨느니라라는 말이 덧붙여지지 않았으면, 그가 여기 계시지 않느니라라는 것이 결코 환영할 만한 소식이 아니었을 것이다. 주목하라. 그리스도를 찾으나 그들이 예상한 곳에서 그를 찾지 못한 자들에게 그가 살아

나셨다는 것은 크나큰 위로가 된다. 우리가 감관을 통해 그를 찾고 위로를 받지 못해도, 그는 살아나신 것이다. 보라 그리스도가 여기 있다, 보라 그리스도가 저기 있다라는 말에 귀를 기울이지 말아야 한다. 그가 여기에도 계시지 않고, 저기에도 계시지 않으며 그가 살아나셨기 때문이다. 그리스도를 찾고자 노력할 때에 그가 살아나셨다는 것을 기억하고 그를 살아나신 자로 알고 찾아야 하는 것이다.

(1) 그에 대하여 육신적인 생각을 갖고 그를 찾아서는 안 된다. 육체대로 그리스도를 아는 자들이 있다. 그러나 이제부터 우리는 더 이상 그를 그렇게 알지 않아야 한다(고후 5:16). 그가 몸을 지니셨다는 것은 사실이다. 그러나 그 몸은 이제 영광을 입은 몸이다. 그리스도의 그림과 형상들을 만드는 자들은 그가 여기 계시지 않고 살아나셨다는 사실을 망각하고 있는 것이다. 그리스도와의 교제는 그의 말씀을 믿는 믿음을 통해서 이루어지는 신령한 교제여야 한다(롬 10:6-9).

(2) 극한 존경과 겸손함으로, 또한 그의 영광에 대한 깊은 생각으로 그리스도를 찾아야 한다. 그가 살아나셨기 때문이다. 하나님께서 그를 지극히 높여 모든 이름 위에 뛰어난 이름을 주셨으니, 모든 영이 모든 무릎을 꿇고 그 앞에 절해야 하는 것이다.

(3) 천상의 생각으로 그를 찾아야 한다. 이 세상을 우리의 집으로 삼고 여기 있는 것이 좋사오니 라고 말할 마음이 있을 때에, 우리 주 예수는 여기 계시지 않고 살아나셨다는 것을 기억하여야 하며, 그리하여 우리 마음을 여기에 두지 말고 높여서 위의 것을 찾아야 할 것이다(골 3:1-3; 빌 3:20).

천사는 이 여자들이 믿음을 확증하게 하기 위하여 그리스도의 부활에 관계된 두 가지 사실을 전한다.

〔1〕 그의 말씀이 이제 이루어졌다는 것. 그가 말씀하시던 대로 살아나셨느니라. 그는 이것이 믿음의 정당한 대상임을 보증한다. "그는 자신이 살아나리라고 말씀하셨고, 너희는 그가 진리 그 자체이심을 알고 있으니, 그가 반드시 살아나리라는 것을 기대할 이유가 있다. 그런데 어째서 그가 하신 말씀을 믿지 못하고 뒷걸음질치겠는가?" 현재의 고난이든 장차 나타날 영광이든, 그리스도의 말씀이 우리로 하여금 기대를 갖게 한 것에 대해서는 절대로 이상하게 여겨서는 안 된다. 그리스도께서 우리에게 하신 말씀을 기억하면 그가 우리에게 행하

시는 일에 대해 덜 놀라게 될 것이다. 이 천사는, 그가 여기 계시지 않고 살아나셨느니라라고 말씀했는데, 이 때에 그는 그가 이미 받은 것 외에 다른 복음을 전혀 전하지 않은 것이다. 그는 그리스도께서 하신 말씀을 자신이 증언할 충족한 대상으로 제시하기 때문이다. 그가 말씀하시던 대로 살아나셨느니라.

〔2〕 그의 무덤이 이제 그들이 볼 수 있도록 비어 있다는 것. "와서 그가 누우셨던 곳을 보라. 네가 들은 것과 네가 보는 것을 비교해 보고, 함께 종합해 보면 너희가 믿으리라. 그가 여기 계시지 않은 것을 직접 보고, 또한 그가 하신 말씀을 기억하라. 그러면 그가 살아나셨다는 것에 대해 만족스럽게 알게 될 것이다. 와서 그 곳을 보라. 그러면 그가 거기 계시지 않는 것을 알게 될 것이요, 그가 거기서 도둑질당하실 수 없다는 것도 알게 될 것이요, 따라서 그가 살아나셨다고 결론지을 수밖에 없게 될 것이다." 주목하라. 와서 믿음의 눈으로 그가 누우셨던 곳을 보는 것이 우리에게 감동과 좋은 영향을 줄 수도 있다. 우리를 위하여 그렇게 낮아지사 거기에 그의 사랑의 흔적을 남겨 놓으신 것을 보라. 그가 그 침상에 친히 누우심으로써 우리를 위하여 그 침상을 얼마나 쉽고 가볍게 만들어놓으셨는지를 보라. 우리가 누워 있게 될 무덤 속을 들여다보며 그것에 대한 공포를 사라지게 할 때에, 주께서 누우셨던 무덤 속도 들여다보자. 우리와 마찬가지로 천사들도 그를 그들의 주(主)로 여긴다. 천지에서 온 가족이 그로 말미암아 이름을 얻기 때문이다.

3. 제자들에게 그 소식을 전하라고 당부한다(7절). 빨리 가서 그의 제자들에게 이르되. 아마도 그들은 무덤의 광경과 또한 천사들과의 대화를 자기들끼리 누리려고 했던 것 같다. 여기 있는 것이 좋사오니. 그러나 그들에게는 다른 할 일이 있었다. 그 날은 복된 소식을 전할 날이요, 비록 그 때에 위로의 첫 맛을 보았을 뿐이나, 거지들의 경우처럼(왕하 7:9) 그것을 그들 혼자서 독점하고 있어서는 안 되고, 가서 그의 제자들에게 알려야 했다. 주목하라. 우리 자신이 은밀하게 하나님과 교제를 나누는 즐거움보다 다른 이들에게 공적으로 유익을 끼치는 것이 우선되어야 한다. 주는 것이 받는 것보다 더 복되기 때문이다. 관찰하라.

(1) 그리스도의 세사들에게 맨 저음 그 소식을 전해야 했다. 가서 대제사장들과 바리새인들에게 전하여 그들을 혼비백산하게 하라고 하지 않고, 제자들에게 말하여 그들이 위로를 얻게 하라고 하였다. 하나님은 그의 원수들의 부끄

러움보다 그의 친구들의 기쁨을 더 생각하신다. 물론 둘 다 완전히 이루어지는 것은 훗날을 위하여 예비되었지만 말이다. 그의 제자들에게 이르라. 그들이 너희의 말을 믿을 것이다. 그들에게 말하여, 〔1〕 슬픔과 혼란 중에 있는 그들이 힘을 얻게 하라. 그들은 슬픔과 두려움에 싸여 혼란의 시간을 보내고 있었다. 그러니 주께서 살아나셨다는 소식을 들으면 그들이 얼마나 기뻐하겠는가! 〔2〕 그들 스스로 그 일을 자세히 확인하게 하라. 이 소식이 그들을 일깨워 어리석은 침체의 상태에서 벗어나 새로운 기대를 갖게 할 것이었다. 그들을 각성시켜 그를 찾게 할 것이요 그가 그들에게 나타나실 것을 대비하게 만들 것이었다. 대략적인 힌트는 면밀한 탐구를 불러일으키는 법이다. 이제 그들이 그에 대해 듣고서, 머지않아 그들 스스로 그를 보게 될 것이다. 그리스도께서는 자신을 점진적으로 드러내시는 것이다.

(2) 그 여자들이 그들에게 소식을 전하기 위하여 보냄을 받으니, 이를테면 그들이 사도 중의 사도가 되는 셈이다. 이는 그들에게 베풀어진 존귀요, 십자가 옆에서 무덤에서 끊임없이 그를 수행했던 그들의 사랑에 대한 상급이었고, 동시에 그를 버린 제자들에게는 하나의 책망이기도 했다. 하나님께서는 여전히 세상의 약한 것들을 택하사 강한 자들을 혼란케 하시고, 보배를 질그릇에만 담으시는 것이 아니라 여기서처럼 연약한 그릇에 담으신다. 여자가 악한 자에게 속아 먼저 죄에 빠졌던 것처럼(딤전 2:14), 이 여자들이 선한 천사의 지시를 받아 가장 먼저 그리스도의 부활로 말미암아 죄에서 구속되었다는 믿음을 갖게 되었고, 이 사실로 말미암아 여성을 폄훼하는 것이 굴러서 사라져 남성과 여성 사이에 균형이 이루어지게 되니, 이것이야말로 그들의 영원한 찬양이라 할 것이다.

(3) 그들이 빨리 가라는 지시를 받았다. 무엇이 그렇게 급했는가? 그 소식은 언제나 사실이니 어느 때든 제자들이 환영하지 않겠는가? 옳다. 그러나 제자들이 슬픔에 완전히 압도되어 있으니 그리스도께서 이 복된 소식을 속히 그들에게 전해 주고자 하신 것이다. 다니엘이 하나님 앞에서 죄로 인하여 자신을 낮추고 있을 때, 천사 가브리엘이 위로의 메시지를 갖고 빨리 그에게 임하였다(단 9:21). 우리는 언제나 다음을 위하여 앞으로 나아갈 준비가 되어 있어야 한다. 〔1〕 하나님의 명령에 순종하기 위하여(시 119:60). 〔2〕 형제들의 환난을 친히 동감하는 자로서 그들에게 선을 행하며 그들에게 위로를 전하기 위하여.

갔다가 다시 오라 내일 주리라고 말하지 말고 지금 **빨리** 가라.

(4) 그들은 제자들에게 갈릴리에서 그를 만날 것을 정해 주도록 지시를 받았다. 그리스도께서 전에도 갈릴리에서 그들에게 갑자기 나타나셔서 그들을 놀라게 하신 적이 있었다. 그러나 그는 다시 한 번 엄숙하고도 공적으로 나타나실 것이었고, 사전에 그것을 미리 공지하셨다. 이제 이 전반적인 상면이 예루살렘에서 130km내지 160km 가량 떨어진 갈릴리에서 이루어질 것이 정해졌다. 〔1〕 이는 제자들 중에 갈릴리에 남아 있고 예루살렘에 올라오지 않은(어쩌면 올라올 수 없었던) 자들을 배려한 것이다. 그 곳에 친구들이 남아 있으므로 그 곳으로 가셔서 거기서 그들에게 나타나시고자 한 것이다. 내가 네 일과 어디 거하는지를 아느니라. 그리스도는 그의 제자들이 어디에 거하는지를 아시니, 거기로 가사 그들을 만나실 것이다. 주목하라. 그리스도는 높아지신 후 그 낮고 천한 제자들을 잊으신 것이 아니라, 은혜의 풍성한 수단에서 멀어져 있는 그들에게까지도 은혜로이 자신을 나타내실 것이다. 〔2〕 지금 예루살렘에 있는 제자들의 연약함을 배려한 것이다. 그들은 여전히 예수로 인하여 두려움에 싸여 있고, 감히 대중 앞에 나서지 못하므로, 갈릴리에서 그를 만나도록 하신 것이다. 그리스도는 우리의 두려움을 아시며, 우리의 체질을 돌아보시며, 소란의 위험이 가장 적은 곳에서 만나도록 약속하신 것이다.

마지막으로, 천사는 자신이 그들에게 전한 말씀의 진실성을 엄숙하게 확인한다. "보라 내가 너희에게 일렀느니라. 너희가 확신하고 의지해도 좋으니라. 감히 거짓을 전할 수 없는 내가 너희에게 말하였느니라." 천사들을 통하여 하신 말씀이 견고하게 되어(히 2:2). 전에는 율법을 주실 때처럼 하나님이 그의 뜻을 천사들의 사역을 통해서 그의 백성들에게 알리곤 하셨다. 그러나 복음의 시대에는 그런 전달 방법을 옆으로 물리려 하셨으므로(장차 올 세상을 천사들에게 복종하게 하심이 아니며, 그들을 복음 선포자로 지명하신 것도 아니므로), 지금 이 천사가 보내심을 받아 그리스도의 부활을 제자들에게 확증하였고, 그리하여 그것을 세상에 반포하는 일을 그들의 손에 맡기는 것이다(고후 4:7). 보라 내가 너희에게 일렀느니라라는 말로써 그는, 이를테면, 제자들이 만일 그 말을 믿지 않고 여자들을 나무릴 경우 그들의 불신앙의 탓이 그 자신에게 놀아오지 않도록 하는 것이다. "나는 내 임무를 다했고, 전할 말씀을 신실하게 전했도다. 그러니 이제 그것을 듣고 믿는 것은 너희의 일이다. 너희가 그것을 믿든, 아니면 믿지 않아서 화를 당하든, 나는 너희에게 일렀느니라." 주목하라. 하나님의 부르심을 받아 말씀을 전하는 자들은 그 임무를 신실하게 이행하면, 성공 여부가 어떻든 간에 임무를 다했다는 것으로 위로를 삼을 수 있는 것이다(행 20:26, 27).

IV. 여자들이 무덤을 떠나 제자들에게 알리려 함(8절).   여기서 관찰하라.

1. 그들의 마음의 상태가 어떠했는가. 그들이 무서움과 큰 기쁨으로 무덤을 떠났다. 동시에 무서움과 기쁨이 뒤섞여 있었으니 이상한 상태였다. 그리스도께서 살아나셨다는 것은 분명 기뻐할 일이었다. 그러나 그의 무덤에 들어가 천사를 보고 그와 함께 그 일에 대해 이야기를 나누었다는 것은 크나큰 두려움을 자아낼 만한 일이었다. 그것은 좋은 소식이었다. 그러나 그들은 너무 좋아 사실이 아닌 것이 아닐까 두려웠던 것이다. 그러나 관찰하라. 무서움에 대해서와는 달리, 기쁨에 대해서는 그것이 큰 기쁨이었다고 말씀하고 있다. 〔1〕 거룩한 두려움에는 기쁨이 수반된다. 주를 두려움으로 섬기는 자들은 기쁨으로 그를 섬기는 법이다. 〔2〕 신령한 기쁨에는 떨림이 섞여 있다(시 2:11). 모든 두려움을 내쫓는 것은 오직 온전한 사랑과 기쁨이다.

2. 그들이 얼마나 서둘렀는가. 달음질할새. 무서움과 큰 기쁨이 그들의 발걸음을 재촉했고, 그들의 움직임에 날개를 달아주었다. 천사는 **빨리 가라**고 하였고 그리하여 그들은 달음질하였다. 하나님께로부터 임무를 받고 보내심을 받은 자들은 느릿느릿하거나 시간을 허비해서는 안 된다. 복음의 기쁜 소식으로 마음이 벅차게 되면, 발이 하나님의 계명의 길로 달려갈 것이다.

3. 그들이 무슨 임무를 행하고자 했는가. 부활의 소식을 제자들에게 알리려고 하였다. 그들에게 기쁨의 소식이 될 것이라는 것을 의심하지 않고 달음질하였다. 그들이 하나님께로부터 받은 위로로써 그들을 위로하려고 그렇게 달려간 것이다. 주목하라. 그리스도의 제자들은 하늘과의 감미로운 교제의 체험들을 서로 전해 주어야 하며, 하나님께서 그들의 영혼을 위해 행하시고 말씀하신 일을 다른 이들에게 알려 주어야 한다. 그리스도 예수 안에 있는 기쁨은 오른손에 바른 기름과도 같아서 자연히 드러나며, 그 인근의 모든 곳들을 그 향기로 가득 채우는 법이다. 삼손은 꿀을 발견하고 부모에게 그것을 가져갔다.

V. 그리스도께서 여자들에게 나타나사 천사의 증언을 확증하심(9, 10절). 이 신실하고 선한 여자들은 주님의 부활 소식을 들었을 뿐 아니라 부활하신 그

리스도의 모습을 처음 만났다. 천사는 그리스도를 볼 자들은 갈릴리로 가라고 말씀했으나, 그 때가 오기 전, 지금 여기서도 살아 계신 그를 만나고 그를 보는 것이다. 주목하라. 예수 그리스도는 그의 말씀보다 더 나은 경우가 많으나, 절대로 더 못한 경우는 없다. 그의 백성의 믿음의 기대들을 그대로 응답하시는 경우는 많으나, 절대로 절망에 빠지게 하시지는 않는다. 여기서,

1. 그리스도께서 갑자기 여자들에게 나타나사 그들을 놀라게 하심. 제자들에게 알리려고 달음질할새 예수께서 그들을 만나. 주목하라. 우리가 의무를 다하고 있을 때에 하나님의 은혜가 임하며, 다른 이들의 유익을 위하여 가진 것을 사용하는 자들은 더 많은 것을 받을 것이다. 그리스도와의 이런 해후는 전혀 예기치 않던 것이었고, 그들은 부지중에 그를 만난 것이다(아 6:12). 주목하라. 그리스도는 그의 백성들이 상상하는 것보다 그들에게 더 가까이 계시다. 그리스도를 끌어올리기 위해 깊은 곳까지 내려갈 필요가 없다. 그가 거기 계시지 않고 살아나셨기 때문이다. 그렇다고 해서 하늘로 올라갈 필요도 없다. 아직 그리로 올리지 않으셨기 때문이다. 그리스도께서는 그들과 가까이 계셨고, 지금도 그의 말씀 속에서 우리와 가까이 계신 것이다.

2. 그가 그들에게 문안하심. 평안하냐(All hail). 카이레테. "All hail"이란 고대 영어의 인사말로 사용된 것으로 만나는 자들에게 모든 건강을 기원하는 말인데, 여기 사용된 헬라어 인사말을 잘 표현해 주는 것으로 히브리어로는 평안할지어다에 해당된다(한글 개역 성경이 이를 취하였음)그리고 이것은 다음과 같은 뜻을 나타낸다.

(1) 우리의 행복을 바라는 그리스도의 선하신 뜻. 그는 높아지신 상태에 들어가신 후에도 여전히 예전처럼 우리를 돌보시고 우리에게 위로를 주신다.

(2) 제자들과의 교제에서 그가 가지셨던 자유로움과 거룩한 친근함. 그는 그들을 형제들이라 부르시기 때문이다. 그러나 헬라어는 너희는 기뻐하라라는 뜻이다. 그들은 무서움과 기쁨에 가득 차 있었고, 그의 이 말씀은 그들의 기쁨을 더 크게 해 주고자 하는 것이었다(9절). 또한 너희는 기뻐하라라고 말씀하셔서 그들의 무서움을 없애주고자 하셨다. 무서워하지 말라(10절). 주목하라. 그의 백성들이 즐겁고 기쁜 백성이 되는 것이 그리스도의 뜻이요, 그의 부활이 그들에게 풍성한 기뻐할 거리를 베풀어주는 것이다.

3. 그들이 그에게 행한 애정과 존경의 표시. 여자들이 나아가 그 발을 붙잡고

경배하니. 그들은 이렇게 다음과 같은 것을 표현하였다.

(1) 그들이 그에 대해 갖고 있던 존경과 경의. 그들은 그의 발 아래 엎드려 앙모의 자세를 취하고 겸손과 경건한 두려움으로, 이제 높아지신 하나님의 아들이신 그에게 **경배하였다.**

(2) 그들이 그에게 갖고 있던 사랑과 애정. 그들은 그를 붙잡고 놓지 아니하였다(아 3:4). 주 예수의 발이 그들에게 얼마나 **아름다웠으랴!**(사 52:7).

(3) 그의 부활에 대해 더 확실한 증거를 접하여 그들에게 가득한 기쁨. 그들은 그의 부활을 양팔을 벌려 환영하였다. 우리도 복음 안에서 우리에게 제시되는 예수 그리스도를 그렇게 안아야 할 것이다. 존경의 마음으로 그의 발 아래 조아려 믿음으로 그를 붙잡고, 사랑과 기쁨으로 우리의 마음을 그에게 드려야 하는 것이다.

4. 그리스도께서 그들에게 주신 격려의 말씀(10절). 그들이 그에게 한 말은 전혀 기록되어 있지 않으나, 그들의 애정어린 포옹과 앙모의 자세가 충분히 그것을 짐작케 한다. 그리고 그가 그들에게 하신 말씀은 천사가 한 말과 똑같은 것이었다(5, 7절). 그가 그의 종의 말을 세워주실 것이기 때문이다(사 44:26). 그의 백성을 위로하시는 그의 방법은 그의 사자들, 즉 목사들에게서 먼저 들은 것과 동일한 말씀을 성령으로 말미암아 그들의 마음에 다시 말씀하시는 것이다. 그런데 여기서 관찰하라.

(1) 그들이 무서워하는 것을 꾸짖으심. 무서워하지 말라. 그의 부활에 대한 소식을 이렇게 거듭 받고서도 두려워해서는 안 되며, 죽은 자 가운데서 살아난 자가 나타나더라도 그것에서 상처를 받을 것을 두려워해서도 안 된다. 그 소식은 이상하지만 참이요 또한 선하기 때문이다. 주목하라. 그리스도는 죽은 자 가운데서 살아나셔서 그의 백성들의 무서움을 내쫓으셨다. 그의 부활은 무서움을 내쫓기에 충분한 것이다.

(2) 그가 천사의 말을 반복하심. "가서 내 형제들에게 이르기를, 갈릴리로 가서 거기서 나를 보리라 하라." 우리의 영혼과 그리스도 사이에 교류가 있다면, 만남을 지정하시는 분이 바로 그리스도이시며 그가 그 약속을 지키시는 것이다. 예루살렘은 그리스도의 임재의 존귀함을 저버렸고, 이제 소란스런 성이 되었다. 그러므로 그는 갈릴리에서 만날 것을 지정하신 것이다. 내 사랑하는 자야 우리가 함께 가자(아 7:11). 그러나 여기서 특별히 관찰할 수 있는 것은 그가 제

자들을 형제들이라 부르신다는 것이다. 가서 내 형제들에게 전하라. 그와 친밀했던 자들뿐 아니라 나머지 모든 그의 백성들을 다 지칭하는 것이다. 그들이 모두 그의 형제들이기 때문이다(12:50). 그러나 그는 부활하시기 전에는 한 번도 그들을 그렇게 부르신 적이 없다(또한 요 20:17을 보라). 부활로 말미암아 권능으로 친히 하나님의 아들로 선포되셨고, 그리하여 모든 하나님의 자녀들이 그의 형제들로 선언되었다. 죽은 자들 중에서 처음 나신 자이신 그가 이제 여러 형제들 중에서, 그와 비슷하게 부활하게 될 모든 자들 중에서, 맏아들이 되시는 것이다. 그리스도는 지금 죽으시기 전처럼 그의 제자들에게 일상적으로 친밀하게 행하지 않으셨다. 그러나 그가 그들과 멀어지셨다고 생각하지 않도록 하시기 위하여, 형제들이라는 사랑이 가득한 호칭으로 그들을 부르시는 것이다. 그리고 이것으로 성경이 성취되게 하셨다. 그의 높아지신 상태로 들어가실 것에 대해 말씀하면서, 내가 주의 이름을 형제에게 선포하리이다라고 하였는데 (시 22:22), 이것이 여기서 성취되게 하신 것이다. 그들은 그가 고난 중에 있을 때에 부끄럽게도 그를 버렸으나, 그가 그들을 용서하시고 잊으신다는 것을 보여주시기 위해서, 또한 우리더러도 그렇게 할 것을 가르치시기 위해서, 그들을 만나실 목적을 진행하실 뿐 아니라 그들을 형제들로 부르기까지 하시는 것이다. 모두가 그의 형제들이니 그들은 서로서로 형제들이었고, 따라서 형제들로서 서로 사랑해야 했다. 그가 그들을 그의 형제로 삼으시니 이는 그들에게 크나큰 존귀다. 그러나 그러한 존귀를 지니고서도 겸손해야 할 것을 그들에게 모범으로 보여주신 것이다.

[11]여자들이 갈 때 경비병 중 몇이 성에 들어가 모든 된 일을 대제사장들에게 알리니 [12]그들이 장로들과 함께 모여 의논하고 군인들에게 돈을 많이 주며 [13]이르되 너희는 말하기를 그의 제자들이 밤에 와서 우리가 잘 때에 그를 도둑질하여 갔다 하라 [14]만일 이 말이 총독에게 들리면 우리가 권하여 너희로 근심하지 않게 하리라 하니 [15]군인들이 돈을 받고 가르친 대로 하였으니 이 말이 오늘날까지 유대인 가운데 두루 퍼지니라

그리스도께서 부활하셨다는 후속적인 증거를 위해서, 여기서는 무덤을 경비하던 자들의 고백이 기록되어 있다. 그리고 이 증언을 강화시켜 주는

두 가지 요인이 있다. 그들이 직접 목격한 자들로서 다른 이들이 전혀 보지 못한 부활의 영광을 그들이 직접 보았다는 것과, 그들이 원수들로서 그의 부활을 반대하고 방해하던 자들이었다는 것이다. 여기서 관찰하라.

Ⅰ. 이 증언이 대제사장들에게 전해짐(11절).　여자들이 기쁨이 가득하여 부활의 소식을 제자들에게 전하려고 가고 있을 때에, 군병들은 달려가서 동일한 소식을 대제사장들에게 전하였고, 그들은 마땅히 얼굴에 부끄러움이 가득할 것이었다. 경비병 중 몇이, 아마도 그 중에 대장들이었을 것이다, 성에 들어가 그들을 고용한 자들에게 그들의 당한 일을 보고하였다. 모든 된 일을 대제사장들에게 알리니. 지진이 일어난 일과, 천사가 내려온 일, 돌이 굴려진 일과, 예수의 몸이 무덤 바깥으로 나온 일 등을 다 알렸을 것이다. 그리하여 선지자 요나의 표적이 대제사장들에게 가장 분명하고도 의심 없는 증거와 더불어 제시되었고, 그들을 뉘우치게 할 최고의 수단이 그들에게 베풀어진 것이다. 이 소식은 그들에게 정말 모든 것을 다 무너뜨리는 것이었을 것이고, 그리하여 그들은 유대인의 원수들처럼 크게 낙담하였을 것이다(느 6:16). 이제는 그들이 그리스도를 믿고 그를 죽인 일에 대해 회개할 것으로 기대해도 무방했을 것이다. 그러나 그들은 불신앙 가운데서 완악하였고, 그리하여 불신앙 아래에서 멸망에 들어가도록 인쳐진 것이다.

Ⅱ. 그들이 당혹하며 숨이 막힘.　그들은 회의를 소집하여 향후 대책을 논의하였다. 그들 자신은 예수가 살아났다는 것을 믿지 않기로 결의하였다. 그러나 문제는 다른 사람들이 그것을 믿게 되어 그들 자신이 크게 수치를 당하는 일이 없도록 하는 대책이었다. 그들 자신이 그를 죽였으므로 그들이 행한 일을 정당화할 방법이 없었다. 유일한 방법은 그가 부활했다는 증거를 제거하는 것뿐이었다. 그리하여 그들은 다시 한 번 악을 행하기로 작정하였다. 한 가지 죄는 또 다른 죄를 불러일으키는데, 바로 그들이 스스로 죄악에 죄악을 더하여야 하는 몹쓸 상황에 자기들을 몰아넣었으니(시 69:27), 이것이 그리스도를 박해하는 자들이 받는 저주의 일부인 것이다.

그들의 회의의 결론은, 어떻게 해서든 군인들을 매수하여 그 이야기를 퍼뜨리지 못하게 해야 한다는 것이었다.

1. 그들은 군인들을 매수하였다. 사람이 돈을 사랑하는 것 때문에 빠지지 않을 악행이 어디 있는가? 그들은 군인들에게 돈을 많이 주었다. 유다에게 준 것보

다 훨씬 더 많이 주었을 것이다. 대제사장들은 대부분의 사람들이 그렇듯이 돈을 무척 사랑하는 자들이었으니 돈을 쓴다는 것이 싫었을 것이다. 그러나 그리스도의 복음을 대적하는 그들의 악한 계획을 실행에 옮기기 위해서 아낌없이 돈을 썼다. 아마도 군인들이 요구하는 만큼 돈을 주었을 것이고, 군인들은 이 기회에 큰 이익을 챙기려 했을 것이다. 이들은 자기들이 거짓이라고 알고 있는 일을 추진하기 위해 돈을 많이 주었다. 그런데 스스로 진리인 것을 알면서도 그 일을 위해 적은 돈도 주기를 꺼리는 사람들이 많다. 의인들의 부활 때에 그 모든 것이 상급으로 갚아질 것이라는 약속이 있는데도 말이다. 악인들이 그렇게 풍성하게 자기들의 일을 뒷받침하는 것을 보면서, 우리는 절대로 선한 뜻을 행하는 일에 인색해서는 안 될 것이다.

2. 그들이 그들의 입으로 거짓말을 하게 했다. 너희는 말하기를 그의 제자들이 밤에 와서 우리가 잘 때에 그를 도둑질하여 갔다 하라(13절). 궁색한 변명이라도 아예 없는 것보다는 나으나, 이것은 정말 궁색하기 이를 데 없다.

(1) 이 거짓말은 어리석었고, 스스로 모순을 일으키는 것이었다. 만일 그들이 잠을 자고 있었다면, 그들이 어떻게 그 일을 알았겠으며, 누가 왔는지를 어떻게 알았겠는가? 그 중에 하나라도 깨어 있어서 그 일을 보았다면, 그들을 모두 깨워 그 일을 막았을 것이다. 그것이 그들의 유일한 임무였으니 말이다. 그렇게 초라하고 유약하고 비겁하며 침체에 빠져 있는 자들이 죽은 시체를 도둑질하는 그 굉장한 일을 이루기 위해서 엄청난 위험을 무릅쓰고 무덤에까지 온다는 것은 전혀 얼토당토않은 이야기였다. 설사 그런 일이 있었더라도, 어째서 그들이 머무는 집을 부지런히 수색하거나 하여 그 시체를 찾아내려 하지 않았는가? 이는 누구라도 쉽게 진위를 알아낼 수 있는 얄팍한 거짓말에 불과했다. 그러나 만일 그것이 크게 설득력이 있었다 하더라도,

(2) 대제사장과 장로들이 자기들의 양심을 거슬러 군인들을 매수하여 의도적으로 거짓말을 하게 한 것은 크나큰 악행이었다(그것이 전혀 하찮은 문제에 대한 것이었다 할지라도). 다른 사람들을 끌어들여 사악한 죄를 범하게 하는 자들은 자기들이 무슨 짓을 하는지 알지 못하는 자들이다. 그것은 다른 사람의 양심을 타락시키는 것이요 따라서 많은 죄악의 통로가 되기 때문이다. 그러나,

(3) 이것이 그리스도의 부활의 큰 교리를 뒤집어엎으려는 의도라는 것을 생각할 때에, 이는 마지막 회복의 가능성도 저버린 죄였고, 성령의 능력으로 이루

어진 일을 제자들의 도둑질로 이루어진 것으로 뒤집어씌우는 것으로 성령을 거스르는 신성모독이었다.

그러나 경비를 서면서 잠을 자는 것에 대해 로마법으로 규정해 놓은 형벌이 극심하여(행 12:19) 군인들이 반대할 것을 염려하여, 그들은 총독에게 말을 잘 해놓겠다고 약속하였다. "만일 이 말이 총독에게 들리면 우리가 권하여 너희로 근심하지 않게 하리라. 우리가 그를 잘 설득하여 이것에 대해 문제 삼지 않도록 하리라." 그리고 그들은 최근 그들이 얼마나 총독을 쉽게 요리할 수 있는지를 알았다. 만일 대제사장들과 장로들의 말처럼 그 군인들이 진짜로 잠들어 이어서 제자들이 시체를 도둑질했다면, 대제사장들과 장로들 자신이 가장 앞장서서 그들의 반역 행위에 대해 처단하라고 총독에게 항의했을 것이다. 그러므로 군인들의 안전에 대해 그들이 염려해 준다는 것은 그 이야기에다 거짓말을 붙여서 그렇게 하겠다는 것이 분명했다. 그들은 빌라도의 정의의 칼로부터 그들의 안전을 지켰다. 그러나 거짓말을 좋아하고 그것을 일삼는 자들의 머리 위에 드리워져 있는 하나님의 정의의 칼에서는 그들을 지켜줄 수가 없었다. 악한 죄를 지시하면서 사람을 해 없이 구해 주겠다고 하는 자들은 자기들이 행할 수 없는 불가능한 약속을 하는 것이다.

자, 이렇게 음모가 꾸며졌다. 그런데 그것이 과연 어떤 성공을 거두었는가?

〔1〕 그들은 기꺼이 속이기로 하고 돈을 받고, 가르침 받은 대로 행하였다. 그들은 대제사장들과 장로들처럼 그리스도와 그를 믿는 신앙에는 전혀 관심이 없었다. 전혀 신앙이 없는 사람들은 기독교가 무너지는 것을 보고 매우 기뻐할 수 있고, 또한 필요하다면 거기에 가담할 수도 있는 법이다. 그들은 돈을 받았다. 그들의 목표는 다른 것이 아니라 바로 거기에 있었다. 주목하라. 돈은 가장 악한 유혹의 미끼다. 돈을 좋아하는 자들은 얼마든지 돈을 받고 진리를 파는 법이다.

그리스도가 하나님의 아들이심을 입증하는 큰 증거는 바로 그의 부활이요, 또한 이 군인들만큼 그 진리를 확신하게 하는 증거를 가진 자가 없었다. 그들은 혹시 너무 놀라서 제대로 보지 못했다면 모를까 그렇지 않다면, 천사들이 하늘에서 내려오는 것도 보았고, 돌이 굴려지는 것도 보았고, 그리스도의 몸이 무덤에서 나오는 것도 보았을 것이다. 그런데도 그들은 그 증거들에 의지하여 그 진리를 믿게 되기는커녕 오히려 매수를 당해 그를 거짓되게 증거하며, 다른 이들이 그를 믿지 못하도록 방해한 것이다. 주목하라. 아무리 설득력 있는 증거가 있어도 그것 자체가 사람을 납득시켜 믿게 할 수가 없다. 반드시 성령의 역사하심이 함께 있어야 하는 것이다.

〔2〕 기꺼이 속임을 당한 자들이 그 이야기를 인정하기만 한 것이 아니라 그것을 유포하기까지 하였다. 이 말이 오늘날까지 유대인 가운데 두루 퍼지니라. 그 거짓말은 백성들 사이에 잘 먹혀 들어갔고 소기의 목적을 이루었다. 불신앙을 고집한 유대인들은 그리스도께서 부활하셨다는 논증의 압력을 받을 때에, 그의 제자들이 밤에 와서 그를 도둑질하여 갔다고 대답하였다. 순교자 유스티누스 (Justin Martyr)가 트리포라는 유대인과의 대화에서 보도하듯이, 산헤드린은 흩어져 있는 모든 유대인들에게 이 문제에 대해 다음과 같은 취지의 글을 배포하였고, 그리하여 기독교에 대해 그렇게 맹렬하게 저항하도록 부추겼다. 즉, 그들이 그를 십자가에 못 박았고, 그를 장사지냈는데, 제자들이 밤에 와서, 그를 무덤에서 도둑질하였다는 것이다. 그리하여 그들은 그리스도의 부활의 진실성을 뒤집을 뿐 아니라 그의 제자들을 세상에서 역겨운 자들로, 국가에 가장 지독한 악당들로 만들고자 한 것이다. 일단 거짓말이 생겨나면, 그것이 얼마나 멀리 퍼질지, 얼마나 오래 갈지, 얼마나 악한 영향을 미칠지 아무도 모르는 것이다. 어떤 이들은 이 본문을 다른 의미로 이해한다. 이 말이 오늘날까지 유대인 가운데 두루 퍼지니라. 곧, "백성들을 오도하려고 대제사장들이 꾸며낸 간교한 음모에도 불구하고, 그들과 군인들 사이의 공모 사실과 그들이 거짓을 꾸며대기 위해 그들에게 돈을 주었다는 것이 유대인 가운데 두루 퍼졌다." 어떻게 해서든 진리가 드러나고 말 것이다.

¹⁶열한 제자가 갈릴리에 가서 예수께서 지시하신 산에 이르러 ¹⁷예수를 뵈옵고 경배하나 아직도 의심하는 사람들이 있더라 ¹⁸예수께서 나아와 말씀하여 이르시되 하늘과 땅의 모든 권세를 내게 주셨으니 ¹⁹그러므로 **너희는** 가서 모든 민족을 제자로 삼아 아버지와 아들과 성령의 이름으로 세례를 베풀고 ²⁰내가 **너희에게** 분부한 모든 것을 가르쳐 **지키게** 하라 볼지어다 내가 세상 끝날까지 너희와 항상 함께 있으리라 하시니라

마태복음 기자는 누가와 요한이 기록하고 있는 그리스도의 다른 나타

나심을 그냥 지나치고, 곧바로 이 기사를 다룬다. 이것이 그의 죽으심 이전에 거듭거듭 약속된 바 있고, 또한 그의 부활 이후에 실현된 그의 나타나심 중에서 가장 엄숙한 것이다. 관찰하라.

I. 미리 지정된 대로 제자들이 그의 나타나심을 보았음(16절).   열한 제자가 갈릴리에 가서. 그리스도를 한 번 보기 위해 그렇게 먼 길을 갔으나, 그것은 그럴 만한 충분한 가치가 있었다. 예루살렘에서도 그를 여러 번 보았으나, 그를 다시 보기 위하여 갈릴리로 갔다.

1. 그가 그렇게 하라고 지시하셨기 때문이다. 갈릴리까지 먼 길을 간다는 것이 쓸데없는 일인 것처럼 보였다. 이미 예루살렘에서도 그를 만났고, 게다가 곧바로 다시 예루살렘으로 돌아와야 했기 때문이다. 그러나 그들은 그리스도의 명령에 순종하고 그것에 대해 반대하지 않는 법을 배웠다. 주목하라. 그리스도와의 교제를 유지하고자 하는 자들은 그가 지정하신 장소에서 그를 만나야 한다. 한 가지 규례에서 그를 만난 자들은 또 다른 규례에서도 그를 만나야 한다. 예루살렘에서 그를 만났더라도 갈릴리까지 가야 하는 것이다.

2. 그것이 공적이며 전체적인 만남이 될 것이었기 때문이다. 그들이 사사로이 그를 만나 교제를 나누었다 해서 그것이 많은 사람들이 그를 보기 위해 함께 모이게 될 그 엄숙한 집회에 참석하지 않는 핑곗거리가 되어서는 안 되는 것이었다. 주목하라. 하나님과 은밀한 중에 교제한다고 해서 그것이 기회가 있는 대로 공적인 예배에 참석하는 것을 대신하게 해서는 안 된다. 여호와께서 시온의 문들을 사랑하시니 우리도 그래야 하는 것이다. 그 장소는 갈릴리의 한 산이었다. 아마도 그가 변형되셨던 바로 그 산이었을 것이다. 거기서 사사로이 그와 만날 것이었다. 그리고 어쩌면 그가 이제 들어가 계신 그 높아지신 상태를 나타내고, 그가 위의 세계를 향하여 전진하신 것을 나타내기도 할 것이다.

II. 그들이 그리스도께서 나타나심을 보고 감동을 받음(17절).   이 때가 바로 그가 오백여 형제에게 일시에 보이셨다는 그 때였다(고전 15:6). 어떤 이들은 그들이 처음에는 멀리서 그가 공중에 떠 계신 것을 보았다고 생각한다. 에프테 에파노, 그가 오백 형제들 위에서 보이셨다. 이것이 몇몇 사람들에게 의심을 갖게 했는데, 그가 가까이 나아오시자(18절) 그들이 만족하였다고 한다. 여기서 다음의 내용이 나타난다.

1. 그들이 예수를 뵈옵고 경배하였다는 것. 그들 중 많은 사람들이 그렇게 했

으며, 아니 모든 사람이 그렇게 한 것으로 보인다. 그들이 그에게 신적인 존귀를 드렸고, 이것이 외형적으로 드러나는 앙모의 표현을 통해서 나타났다. 주목하라. 믿음의 눈으로 주 예수를 보는 자들은 모두 그에게 **경배하여야** 마땅하다.

2. 그러나 그 때 현장에 있던 사람들 중에 아직도 의심하는 사람들이 있었다는 것. 주목하라. 경배하는 자들 중에 의심하는 사람들도 있다. 신실한 자들의 믿음이 매우 연약하고 흔들릴 수도 있는 것이다. 그들이 의심하였다. 에디스타산, 그들이 공중에 매달려 있었다. 곧, 어느 쪽으로 기울어지는지 가늠하기 어려울 때의 저울의 모습과 같았다는 뜻이다. 그러나 이런 의심들은 후에 제거되었고 그들의 믿음이 충만한 확신으로 자라났다. 그러므로 제자들이 믿기 전에 먼저 의심하였다는 것은 그리스도의 존귀를 더욱 높이는 것이다. 그들이 억지로 주입되는 일을 무조건 믿는다는 말을 들을 수가 없다. 그들은 먼저 의심하였고 모든 것을 증명하였으며, 그 다음에 참으로 밝혀지는 것을 든든히 붙잡았기 때문이다.

Ⅲ. 예수 그리스도께서 그들에게 하신 말씀(18-20절).   예수께서 나아와 말씀하여 이르시되. 아직 의심하는 자들도 있었으나, 그렇다고 해서 그가 그들을 거부하신 것이 아니다. 그는 상한 갈대도 꺾지 않으시기 때문이다. 그는 멀리 서 계시지 않고 가까이 나아와 그의 부활에 관한 설득력 있는 증거들을 제시하셨고, 그리하여 저울추가 움직였고 그들의 믿음이 의심을 이겼다. 그는 가까이 나아와 그들에게 **말씀**하셨다. 마치 친구끼리 이야기하듯이 친근하게 말씀하셔서 그가 그들에게 주실 그 명령을 완전히 만족스럽게 받게 하신 것이다. 하나님께 가까이 나아가사 우리를 위하여 그에게 말씀하신 그가, 이제 우리에게 가까이 나아와 하나님께로부터 우리에게 말씀하시는 것이다. 그리스도는 지금 그의 사도들에게 이 세상에 있는 그의 나라의 위대한 헌장을 전달하시고, 그들을 그의 사신들로 파송하고 계셨고, 바로 여기에 그들의 권위가 있는 것이다.

이 위대한 헌장을 대하면서 우리는 두 가지를 관찰할 수 있을 것이다.

1. 우리 주 예수께서 아버지께로부터 친히 받으신 명령. 사도들에게 권세를 부여하려 하고 계시는데, 그가 무슨 권세로 그런 일을 하시느냐?, 누가 그런 권세를 그에게 주었느냐? 라고 질문하면, 여기서 그가 그것을 말씀하신다. 하늘과 땅의 모든 권세를 내게 주셨으니. 이는 굉장한 말씀으로 오직 그밖에는 아무도

할 수 없는 말씀이다. 이로써 그는 중보자로서 그가 지니신 보편적인 통치권을 분명히 밝히시는데, 이것이야말로 기독교 신앙의 큰 토대가 된다.

(1) 그가 어디서 이 권세를 받으셨는가. 그가 그냥 취하신 것도, 빼앗으신 것도 아니요, 그에게 주어진 것이다. 만물의 근원이시며 결국 모든 권세의 주인이신 그분께로부터 받으신 것이니 그 권세의 법적인 소유권을 친히 지니고 계셨던 것이다. 하나님이 그를 왕으로 세우셨고(시 2:6), 그를 보좌에 오르게 하셨다(눅 1:32). 아버지와 동등하신 하나님으로서 모든 권세는 본래부터 본질적으로 그의 것이었다. 그러나 신인(神人)이신 중보자로서는 모든 권세가 그에게 주어졌다. 일부는 그의 행위에 대한 보상으로(그가 자신을 낮추셨으므로 하나님이 그를 높이셨다), 일부는 그의 계획을 이루기 위하여 주어진 것이다. 그에게 주어진 권세는 만민을 다스리는 권세로서 그에게 주신 모든 사람에게 영생을 주게 하기 위한 것이요(요 17:2), 우리의 구원을 더욱 효과적으로 이루고 완성시키기 위한 것이다. 그런데 이제 부활하심으로써 이 권세를 더욱 뚜렷하게 부여받으신 것이다(행 13:3). 전에도 그에게 권세가 있었다. 곧, 죄를 사하는 권세가 그것이었다(9:6), 그러나 이제는 모든 권세가 그에게 주어진 것이다. 그는 이제 스스로 나라를 받으시고(눅 19:12), 우편에 앉으시기 위해서 가실 것이다(시 110:1). 그것을 값 주고 사셨으니, 그것을 소유하는 것밖에는 남은 것이 없다. 그것은 영원토록 그의 것이다.

(2) 그가 어디에서 이 권세를 발휘하시는가. 온 우주를 다 포괄하는 하늘과 땅이다. 그리스도는 유일한 우주적인 군주시며, 그는 만유의 주시다(행 10:36). 그는 하늘의 모든 권세를 지니셨다. 그는 천사들을 다스리는 권세를 지니셨고, 그들은 모두가 그의 부리는 종들이다(엡 1:20, 21). 그는 그의 보상과 속죄를 근거로 그의 아버지께 간구하실 권세를 지니셨다. 그는 탄원하는 자로서가 아니라 요구하는 자로서 간구하신다. 아버지여 내가 하오리이다. 그는 또한 땅의 모든 권세를 지니셨다. 그의 속죄의 제사로 말미암아 하나님의 동의를 얻으셨으니, 그는 화목의 사역을 통하여 사람을 굴복시키시고 권세 있는 자로서 그들을 대하신다. 그는 과연 모든 원인들 속에 역사하시고 또한 모든 사람들 위에서 다스리시는 최고의 중재자시요 통치자시다. 그로 말미암아 왕들이 다스린다. 모든 영혼들이 그의 것이요 그에게 모든 무릎이 꿇고 모든 입으로 그를 주라 시인하여야 한다. 우리 주 예수께서 이것을 그들에게 말씀하신 것은 그가 그들

에게 위임하실 그 권세를 만족하게 하기 위함이요 또한 그들로 하여금 그 명령을 시행하게 하기 위함임은 물론 십자가의 거치는 것을 제거하기 위함이기도 했다. 그리스도께서 그렇게 영화롭게 되신 것을 보았으니, 십자가에 못 박히신 그를 부끄러워할 하등의 이유가 없는 것이다.

2. 그가 제자들을 보내시면서 그들에게 주시는 명령. 그러므로 너희는 가서. 이 명령은

(1) 주로 사도들에게 주어졌다. 그들이 그리스도의 나라의 주요 사역자들이요 교회의 주춧돌을 놓은 건축자들이다. 이제 중생으로 그리스도를 따른 그들이 보좌에 앉았다(눅 22:30). 너희는 가라. 이것은 아들아 가서 일하라처럼 명령의 말씀이지만, 동시에 격려의 말씀이기도 하다. 곧, 가라. 그리고 두려워하지 말라. 내가 너희를 보내지 않았느냐? 가라. 이 일을 행하라. 그들은 민족들을 불러서 그들 앞에 세우려 해서는 안 된다. 그들이 가서 그들의 문 앞에 복음을 가져다주어야 한다. 너희는 가서. 그들은 그리스도의 육체적 임재에 흠뻑 빠졌었고 그것에 매달렸고 모든 기쁨과 소망을 그것 위에 세웠다. 그런데 이제 그리스도께서는 그들더러 그 자신에게 더 이상 매달리던 데에서 해산시키고 그들을 바깥으로 보내사 다른 일을 하게 하시는 것이다. 마치 독수리가 자기 보금자리를 어지럽게 하며 자기의 새끼 위에 너풀거려서 그 새끼들을 자극하여 날게 하듯이(신 32:11), 그리스도께서도 그의 제자들을 자극하사 그들을 온 세상에 흩어보내시는 것이다.

(2) 이 명령은 그들의 후계자들, 곧 복음 사역자들에게 주어진 것이다. 그들의 임무는 세상 끝날까지 한 시대에서 다음 시대로 복음을 전달하는 것이요, 또한 세상 끝까지 나아가 이 민족에서 저 민족에게로 그것을 전달하는 것인데, 이 역시 똑같이 필수적인 일이다. 구약 성경은 복음 사역이 대대로 이어질 것을 약속한다(사 59:21). 이 말씀은 반드시 이런 뜻으로도 이해해야 한다. 그렇지 않다면 그리스도께서 어떻게 세상이 완성되기까지 언제나 그들과 함께 계실 수 있겠는가? 그리스도는 승천하실 때 사도들과 선지자들뿐 아니라 목사와 교사들도 교회에 주신 것이다(엡 4:11). 이제 관찰하라.

〔1〕 이 명령이 얼마나 멀리까지 확대되는가. 모든 민족에게. 가서 모든 민족을 제자로 삼으라. 그들이 함께 곳곳마다 다녀야 한다는 뜻이 아니라, 복음의 빛을 가장 효과적으로 발산시킬 수 있는 방식으로 그들 자신이 흩어져야 한다는

뜻이다. 이는 다음과 같은 것이 그리스도의 뜻이라는 것을 분명히 나타내준다. **첫째로**, 유대인들과 맺어진 특수한 언약이 이제 폐지되고 무효화된다는 것. 이 말씀이 오랜 동안 이방인들을 가시적 교회와 국가에서 제외시켰던 그 중간에 막힌 담을 허물었다. 그리하여 사도들이 처음 보내심을 받았을 때에는 이방의 길로 들어가는 것이 금지되었었으나, 이제는 그들이 모든 민족에게로 보내심을 받은 것이다. **둘째로**, 그리스도로 말미암는 구원이 모든 사람에게 제시되며, 스스로 불신앙과 회개치 않음으로 자기들을 제외시키는 자들 이외에는 아무도 거기에서 제외되지 않는 것이다. 그들이 전파하게 될 구원은 공통적인 구원(common salvation)이다. 누구든지 원하는 자는 나아와 **사면의 행위**(act of indemnity)의 은덕을 받으라. 그리스도 예수 안에는 유대인이나 헬라인이나 차별이 없기 때문이다. **셋째로**, 기독교가 국가 제도 속에 들어가서 세상의 나라들이 그리스도의 나라가 되며, 그들의 왕들이 교회를 보호하는 아버지들이 되는 것.

〔2〕이 명령의 주요 의도는 무엇인가. 모든 민족을 제자로 삼는 것이다. 마테튜사테, "제자로 받아들이라. 최선을 다하여 민족들을 기독교적 민족들로 만들라." "민족들에게로 가서 요나가 니느웨에게 했던 것처럼, 또한 다른 구약의 선지자들이 했던 것처럼, 그들을 대적하여 하나님의 심판들을 선포하라"는 것이 아니다(물론 그들이 사악하여 심판을 예상할 이유가 충분하지만). 오히려 "가서 그들을 제자들로 양육하라"는 뜻이다. 중보자 그리스도께서는 세상에 나라를 세우고 계신다. 민족들을 그의 신민(臣民)들로 삼으시며, 학교를 세우시고, 민족들을 그의 학생들로 삼으시며, 어둠의 권세와의 전쟁을 수행하기 위하여 군대를 일으키시며, 땅의 민족들을 그의 깃발 아래로 모으시는 것이다. 사도들이 해야 할 일은 곧, 곳곳마다 기독교 신앙을 세우는 것이요, 이는 존귀한 일이었다. 세상의 막강한 영웅들의 업적들은 그것에 비하면 아무것도 아니었다. 그들은 자기들 자신을 위하여 민족들을 정복하여 그들을 비참하게 만들었으나, 사도들은 그리스도를 위하여 그들을 정복하였고 그들을 행복하게 만든 것이다.

〔3〕이 명령을 시행하는 구체적인 지침들.

첫째로, 거룩한 세례 의식을 통해 제자로 받아들여야 한다. "가서 모든 민족들에게 복음을 전하고, 그들 가운데서 이적들을 행하고, 그들 자신은 물론 그들의 자녀들을 함께 데리고 그리스도의 교회로 나오도록 그들을 설득하고, 그들을 물로 씻음으로 그들과 그 자녀들을 교회에로 받아들이되," 물 속에 잠그든지, 아니면 그들에게 물을 붓든지 뿌리든지 하여 그들을 씻으라. 물을 뿌리는 것이 더 적절한 것 같다. 왜냐하면 그것이 가장 흔하게 표현되기 때문이다. 예컨대, 나의 영을 네 자손에게 부어 주리니(사 44:3), 그 성령을 풍성히 부어 주사(딛 3:5, 6), 맑은 물을 너희에게 뿌려서 너희로 정결하게 하되(겔 36:25), 그가 열방에 뿌릴 것이며(사 52:15. 한글 개역개정판 난외주 참조). 마지막 본문은 민족들에게 세례를 주라는 이 명령에 대한 예언인 것으로 보인다.

둘째로, 이 세례는 아버지와 아들과 성령의 이름으로 시행해야 한다. 즉,

1. 사람의 권세가 아니라 하늘로부터 온 권세에 의해서. 그의 사역자들은 신격의 삼위로부터 온 권세로 행하기 때문이다. 삼위는 우리의 창조에 대해서와 우리의 구속에 대해서 모두 동의하신다. 그들은 하늘의 위대한 인침 아래 그들의 권세를 시행하며, 따라서 비록 육신의 눈에는 그것을 제정하신 그분처럼 고운 형체나 모양이 없을지라도, 그 규례에 존귀가 더해지는 것이다.

2. 아버지와 아들과 성령의 이름을 부름으로써. 모든 것이 기도로 거룩하게 되며, 특히 세례의 물이 기도로 거룩하게 된다. 믿음의 기도는 규례와 함께 하나님의 임재를 얻는데, 그것이 이 규례의 광채요 아름다움이며, 그 생명이요 효능이다. 그러나,

3. 아버지와 아들과 성령의 이름에로(에이스 토 오노마). 이것은 기독교 신앙의, 그리고 새 언약의 첫 번째 원리를 요약하는 의도를 지닌 것이었고, 이것에 따라서 고대의 신조들이 작성되었다. 우리는 세례를 받음으로써 다음을 엄숙하게 선언한다.

(1) 하나님, 즉 아버지와 아들과 성령에 관한 성경 계시에 동의한다는 것. 우리는 한 분 하나님이 계시며 오직 한 하나님 외에는 없다는 것을 믿는다는 것과, 또한 그 신격 속에, 낳으시는 아버지가 계시고, 낳아지는 아들이 계시고, 아버지와 아들의 성령이 계시다는 것을 믿는다는 것을 고백한다. 우리는 아버지와 아들과 성령의 이름들이 아니라 이름으로 세례를 받는데, 이는 이 셋이 하나이시요, 또한 그들의 이름이 하나임을 분명히 시사한다. 삼위일체의 세 분이 여기 기독교 세례에서와 또한 기독교 축복 기도(고후 13:13)에서 명확하게 언급된다는 것은 삼위일체 교리에 대한 충만한 증거로서, 모든 시대의 교회를 통

틀어 그 교리를 순전하고도 온전하게 보존하는 데에 큰 역할을 했다. 기독교 집회에서 이 둘보다 더 크고 엄숙한 것이 없기 때문이다.

(2) 아버지와 아들과 성령의 언약적 관계에 동의한다는 것. 세례는 성례(a sacrament)다. 즉, 맹세다. super sacramentum dicere는 맹세하여 말하다라는 뜻이다. 그것은 포기의 맹세다. 이로써 우리는 우리 마음의 보좌를 얻기 위해 하나님과 경쟁하는 세상과 육체를 버리는 것이다. 또한 그것은 충성의 맹세다. 이로써 우리는 우리 자신을 포기하고 하나님께 그의 것으로 드리는 것이요, 우리 자신의 존재를, 우리 자신 전체를, 육체와 혼과 영을 그의 뜻에 굴복시키고 그의 은혜 안에서 복을 누리게 하는 것이다. 우리의 법에서도 충성의 서약의 형식이, 우리가 그의 사람이 되도다라는 식으로 이어진다. 양도권과 소유권이 토지에 대해 주어지듯이, 세례는 그 개인에게 베푸는 것이다. 왜냐하면 하나님께 드려지는 것이 그 사람 개인이기 때문이다.

〔1〕세례는 아버지의 이름으로(into the name) 베푸는 것이다. 그는 영원한 낳음(eternal generation)을 통하여 우리 주 예수 그리스도의 아버지(여기서는 주로 이런 의미이므로)이시며, 또한 우리의 창조주요 보존자요 시은자(施恩者: Benefector)로서 우리의 아버지이시다. 그러므로 그를 우리를 처리하시고 사용하시는 우리의 절대적인 소유자로 인정하고, 자유로운 행위자들인 우리를 그의 법으로 다스리시는 우리의 지고하신 통치자로 인정하고, 또한 우리의 최고선(最高善)이요 최상의 목적으로 인정하고, 그에게 우리 자신을 드리는 것이다.

〔2〕세례는 아들, 곧 하나님의 아들이시요 아버지와 동등하신 주 예수 그리스도의 이름으로 베푸는 것이다. 세례는 구체적인 방식으로 주 예수의 이름으로 베풀어졌다(행 8:16; 19:5). 세례에서 우리는 베드로가 그랬던 것처럼, 주는 그리스도시요 살아 계신 하나님의 아들이시니이다라고 고백하며(16:16), 또한 나의 주 나의 하나님이시니이다라는 도마의 고백에 동의한다(요 20:28). 그리스도를 우리의 선지자요 제사장이요 왕으로 취하며, 우리 자신을 그에게 포기하여 그에게서 가르침받고 구원받으며 다스림받는 것이다.

〔3〕세례는 성령의 이름으로 베푸는 것이다. 성령의 신격을 믿고, 우리의 구속을 이루는 그의 역사를 믿으므로, 그를 우리를 거룩하게 하는 자요 교사요 인도자요 보혜사로 인정하고 우리 자신을 포기하여 그의 활동과 역사에 맡기는 것이다.

셋째로, 그렇게 세례를 받아 그리스도의 제자가 된 자들은 반드시 가르침을 받아야 한다(20절). 내가 너희에게 분부한 모든 것을 가르쳐 지키게 하라. 이것은 두 가지를 의미한다.

1. 제자들, 즉 세례받은 모든 그리스도인들의 임무. 그들은 그리스도께서 명령하신 것은 무엇이든 반드시 지켜야 하며, 또한 그러기 위해서 그가 보내시는 자들의 가르침에 굴복해야 한다. 우리가 가시적인 교회에 받아들여지는 것은 무언가 그 이상의 것을 위함이다. 그리스도께서 우리를 제자로 삼으셨으면, 그것으로 다 되는 것이 아니다. 그는 우리를 군대에 편입시키사 그를 섬기도록 우리를 훈련시키시는 것이다.

그러므로 세례받는 자들은 모두 다음과 같은 의무를 지닌다.

(1) 그리스도의 명령을 그들의 규칙으로 삼음. 믿음의 법이 있으며, 우리가 그리스도의 법 아래 있다고 말씀한다. 우리는 세례를 통해 그 법에 매이는 것이요 따라서 반드시 그 법에 복종해야 한다.

(2) 그리스도께서 명령하신 바를 준수함. 그리스도의 명령에 정상적으로 복종하기 위해서는 부지런히 지켜야 한다. 잘 명심하지 않으면 지키지 않고 그냥 지나칠 위험이 우리에게 있다. 그리고 모든 복종에서 그 명령에 시선을 두어야 하며 우리가 행하는 바를 주께 하는 것으로 알고 행하여야 한다.

(3) 그가 명령하신 모든 것들을 예외 없이 준수함. 모든 도덕적인 의무들과 모든 제도적인 규례들을 준수하여야 한다. 그리스도의 법에 대한 우리의 복종이 보편성을 띠지 못하면 그것은 신실한 것이 아니다. 우리는 그의 온전하신 뜻 가운데 온전히 서야 한다.

(4) 그리스도의 명령에 자신을 제한시킴. 그 명령에서 삭제하거나 그 명령에 덧붙이거나 하지 않는다.

(5) 그리스도께서 그의 학교의 교사들로 지명하신 자들에게서 그리스도의 법에 따라 우리의 임무를 배움. 세례를 통하여 우리가 그리스도의 학교에 입학한 것이기 때문이다.

2. 그리스도의 사도들과 그의 사역자들의 임무. 그리스도의 명령을 전하며, 그의 제자들에게 해명하며, 복종의 필요성을 그들에게 확인시키며, 그리스도의 일반적인 명령들을 구체적인 사례에 적용시키도록 그들을 돕는 것이다. 그들은 그들에게 그들 자신이 만들어낸 내용이 아니라 그리스도께서 제정하신 바를

가르쳐야 하고, 그리스도께서 제정하신 바를 신앙적으로 붙들며, 그것들을 아는 지식으로 그리스도인들을 훈련시켜야 한다. 그리하여, 그리스도의 몸을 세우기 위하여 우리 모두가 온전한 사람에 이르기까지 교회에 상설 직분이 세워지는 것이다(엡 4:11-13). 하늘의 상속자들은, 나이가 찰 때까지 후견인과 청지기 아래에 있어야 한다.

3. 이 명령을 수행하는 데에 그가 성령으로 그들과 함께 하실 것에 대해 확신을 주심. 볼지어다 내가 세상 끝날까지 너희와 항상 함께 있느니라. 이 굉장히 크고 귀한 약속이 볼지어다라는 말로 도입되어 그들의 믿음을 강화시키고 그들의 관심을 불러일으킨다. "이것을 주의 깊게 보라. 이것이 너희가 확신하고 모든 것을 걸어야 할 그것이니라." 관찰하라.

(1) 그들에게 약속된 사랑과 보호. 내가 너희와 함께 있느니라. 너희와 함께 있으리라가 아니라(한글 개역개정판은 이를 취하였다) 함께 있느니라, 에고 에이미이다. 하나님이 모세를 보내신 것과 같이, 그리스도도 내가 있느니라라는 이름으로 그의 사도들을 보내셨다. 그는 하나님이시요 그에게는 과거와 현재와 미래가 동일하기 때문이다(계 1:18). 그는 이제 그들을 떠나려 하신다. 그의 육체적인 임재가 이제 그들로부터 사라지려 하며, 이것이 그들을 탄식하게 하였다. 그러나 그는 그들에게 그의 영적인 임재를 확신시키신다. 영적 임재가 그의 육체적 임재보다 그들에게 더 유익할 것이었다. 내가 너희와 함께 있느니라. 즉, "나의 영이 너희와 함께 있으며, 보혜사가 너희와 함께 거하시리라(요 16:7). 내가 너희를 대적하여 있는 것이 아니라 너희와 함께 있느니라. 우리 군주 미가엘이 행하리라 말씀하는 대로(단 10:21), 너희의 편이 되고 너희 옆에 있고 너희를 도우리라. 내가 너희와 함께 있고 너희에게서 없어지지도 않고, 멀리 있지도 않느니라. 나는 항상 있는 큰 도움이니라(시 46:1)." 그리스도는 이제 이 세상에서 그의 나라를 세우기 위해 그들을 보내고 계셨다. 그 일은 정말 큰 일이었다. 그리고 그 때에 맞추어서 그들에게 그가 함께 하셔서 다음과 같이 하시겠다고 약속하시는 것이다.

[1] 그들이 만나게 될 어려움들을 이기도록 그들을 이끄심. "내가 너희와 함께 있어, 너희를 지탱시키며, 너희의 대의를 뒷받침하느니라. 너희의 모든 봉사에 함께 하며, 너희의 고난과 함께 하여 너희를 위로와 존귀함으로 그것들을 통과하게 하리라. 내가 불을 지나든 물을 지나든 내가 너와 함께 하리라. 강단에서

나 감옥에서나, 볼지어다 내가 너희와 함께 있느니라."

〔2〕이 위대한 역사에서 성공하게 함. "볼지어다 내가 너희와 함께 있느니라. 너희의 사역에 효력이 있게 하여, 민족들을 제자로 삼고, 사탄의 강력한 진을 파괴하며, 주 예수를 위하여 더 강력한 진을 세우게 하리라." 그들이 나아가 신앙으로 국가의 모든 제도를 뒤흔들고, 그렇게 오랜 동안 내려온 흐름을 바꾸어 놓는다는 것은, 그들이 시대의 정신과 정면으로 반대되는 교리를 뿌리를 내리게 하고 사람들을 설득하여 십자가에 못 박힌 예수의 제자들이 되게 한다는 것은 별로 가능성이 없어 보이는 일이었다. 그러나 볼지어다 내가 너희와 함께 있느니라. 그러니 너희가 이루리라.

(2) 그 사랑과 보호가 지속적임. 세상 끝날까지, 항상.

〔1〕그의 영구한 임재를 누릴 것이다. 세상 끝날까지. 우리의 앞에 절대로 끝나지 않을 세상이 있다. 그러나 이 세상은 그 마침표를 향하여 속히 나아가고 있다. 그리고 그 때까지 기독교 신앙은 세상의 이곳 아니면 저곳에서 지속될 것이요, 그리스도의 임재가 그의 사역자들과 함께 계속될 것이다. 내가 세상 끝날까지 너희와 함께 있느니라. 그들은 속히 죽으니, 그들 개인과 함께 있다는 뜻이 아니요, 첫째로, 너희와 및 너희의 글들과 함께 있다는 뜻이다. 신약 성경과 더불어 신적인 능력이 함께 하여, 그 존재를 보존할 뿐 아니라 그것들로 이상한 효과들을 만들어내며, 그것이 끝날까지 계속될 것이다. 둘째로, 너희와 및 너희의 후계자들과 함께 있다는 뜻이다. 너희와 각 시대의 교회의 모든 복음 사역자들과 함께 있으며, 이 명령을 받는 모든 자들과 함께 있으며, 정당하게 부르심을 받고 보내심을 받아 그렇게 세례를 베풀고 그렇게 가르치는 모든 자들과 함께 있다는 뜻이다. 세상 끝날이 와서 나라가 아버지 하나님께 드려질 때에, 그 때에는 더 이상 사역자들과 그들의 사역이 필요 없게 될 것이다. 그러나 그 때까지 그들은 계속할 것이요, 또한 그 제도의 큰 의도들이 계속 이루어질 것이다. 내가 결코 너를 버리지 아니하고 너희를 떠나지 아니하리라(히 13:5). 이는 신실한 그리스도의 사역자들 모두를 격려하는 말씀이다. 사도들에게 말씀하신 이 말씀은 그들 모두에게 하신 말씀이었던 것이다.

〔2〕그의 끊임없는 임재를 누릴 것이다. 항상, 파사스 나스 헤메라스. 날마다, 매일같이. "내가 안식일들과 주중의 날들에, 좋은 날과 나쁜 날들에, 겨울날들과 여름날들에 너희와 함께 있느니라." 우리 주 예수께서 그의 교회들과 또한 그

의 사역자들과 함께 임재하시지 않는 날도, 시간도 없다. 만일 그런 날이나 시간이 있다면, 그들은 망한 것이다. 부활 이후 그는 그들에게 이따금씩 나타나셨다. 어쩌면 일주일에 한 번 정도나, 아니면 그보다 덜 나타나셨을지도 모른다. 그러나 그는 그의 영적 임재가 중간에 끊어짐이 없이 그들과 계속해서 함께 할 것임을 확신시키신다. 우리가 어디에 있든 그리스도의 말씀이 우리 곁에, 우리의 입에 있을 것이요, 그리스도의 영이 우리 곁에, 우리의 마음에 계신다. 구원자 이스라엘의 하나님은 가끔 스스로 숨어 계시는 하나님이시나(사 45:15), 절대로 부재하신 하나님은 아니시다. 때로는 어둠 속에 계시나, 절대로 멀리 계시지는 않으시는 것이다.

우리 주 예수께서는 그의 교회에게 두 가지 엄숙한 작별의 말씀을 주신다. 그리고 이 작별의 말씀은 둘 다 우리에게 큰 격려가 된다. 그 하나는 여기 나타나는데, 그가 그들과 개인적인 대화를 종결지으실 때에 주신 작별의 말씀이다. "볼지어다 내가 세상 끝날까지 너희와 항상 함께 있느니라. 내가 너희를 떠나나, 여전히 나는 너희와 함께 있느니라." 또 하나는 그가 그의 사랑하는 제자의 펜으로 성경 정경을 종결지으실 때에 주신 작별의 말씀인데, 곧 "내가 진실로 속히 오리라. 내가 잠시 너희를 떠나나 내가 속히 너희와 함께 있으리라"이다(계 22:20). 그가 분노가 아니라 사랑으로 작별하셨고, 또한 우리가 그와의 교제와 그에 대한 기다림 모두를 계속 유지하는 것이 그의 뜻이라는 것이 이로써 드러난다.

한 가지 말씀이 더 남아 있는데, 이는 결코 간과해서는 안 된다. 바로 아멘이 그것이다(한글 개역개정판에는 없다). 이것은 마치 책의 마지막에 붙이는 finis(끝)처럼 그저 결론짓는 말로만 사용되는 하나의 암호가 아니고, 그것에는 의미가 있다. 1. 볼지어다 내가 너희와 함께 있느니라라는 이 약속을 그리스도께서 확증하시는 것을 나타낸다. 그것은 그의 아멘이다. 이것으로 모든 약속이 예와 아멘이 된다. "진실로 내가 너희와 함께 있고, 또한 있으리라. 아니면, 2. 교회가 그리스도의 약속에 동의하며 화답하는 것을 나타낸다. 교회가 그것을 소원하며 기도하며 기대한다는 것이다. 그것은 마태복음 기자의 아멘이다. 복되신 주여 그대로 하옵소서. 그리스도의 약속들에 대한 우리의 아멘은 그 약속들을 기도로 바꾼다. 비록 두세 사람만 그의 이름으로 함께 모였을지라도 그리스도께서 그의 사역자들과 함께, 그의 말씀 속에, 그의 백성의 집회 속에 임재하시겠다고, 그것도 세상 끝날까지 항상 임재하시겠다고 약속하셨는가? 그렇다면 그 약속에 대해 마음을 다하여 아멘으로 화답하자. 그렇게 될 것을 믿고, 그렇게 되기를 위해 기도하자. 주여, 이 주의 종들에게 주신 이 말씀이 우리에게 소망을 갖게 했으니, 이 말씀을 기억하소서.

매튜 헨리 주석전집 16

마태복음

1판 1쇄 발행 2006년 9월 20일
1판 중쇄 발행 2022년 4월 6일

발행인 박명곤 CEO 박지성 CFO 김영은
기획편집 채대광, 김준원, 박일귀, 이은빈, 김수연
디자인 구경표, 한승주
마케팅 임우열, 유진선, 이호, 김수연
펴낸곳 CH북스
출판등록 제406-1999-000038호
전화 070-4917-2074 팩스 0303-3444-2136
주소 서울시 강서구 마곡중앙6로 40, 장흥빌딩 10층
홈페이지 www.hdjisung.com 이메일 main@hdjisung.com
제작처 영신사

ⓒ CH북스 2006